Langenscheidt
Diccionario Compacto
Alemán

Español – Alemán
Alemán – Español

Langenscheidt

Coordinación editorial: Anette Müller

Páginas de actividades: Mónica Castell-Zeising

Ilustraciones: Kirill Chudinskiy

Mapas: © Kunth Verlag, München

Primera edición, 2022 (1,01 - 2022)

www.langenscheidt.com

Impresión: Druckerei C. H. Beck Nördlingen
Impreso en Alemania

ISBN 978-3-12-514523-8

Indice

Prefacio

Este nuevo diccionario alemán-español y español-alemán es una novedosa herramienta de indudable utilidad para estudiantes de alemán, tanto a nivel de principiante como a nivel intermedio.

En sus más de 45.000 entradas se han incluido miles de expresiones coloquiales e idiomáticas actuales. La ortografía del alemán cumple las normas vigentes. El formato con las entradas en azul permite al usuario visualizar fácilmente las palabras y expresiones y sus traducciones correspondientes, lo que pretende agilizar y mejorar el proceso de búsqueda dentro del diccionario.

Es obvio que, en todo idioma, el vocabulario necesita el respaldo de la gramática. Por ello, este diccionario ofrece amplia información gramatical acerca de las declinaciones y conjugaciones alemanas, así como de las formas verbales irregulares.

Se ha incluido igualmente una serie de ilustraciones en color para ayudar al alumno a situar objetos y conceptos en su contexto lingüístico auténtico, en diversos ámbitos relevantes en la vida cotidiana.

Una sección adicional de actividades brinda al usuario la oportunidad de desarrollar sus habilidades lingüísticas con juegos y ejercicios expresamente desarrollados para ello. Estas actividades tienen como objetivo que el alumno pueda mejorar el dominio del vocabulario, la ortografía, la gramática y la comprensión de forma entretenida.

Como ayuda complementaria, cuatro mapas en color de Europa, Alemania, Austria y Suiza, ofrecen a los estudiantes hispanófonos una visión clara de la zona geográfica de habla alemana.

El diccionario online incluido, posibilita una búsqueda digital rápida y cómoda.

Diseñado para poder cubrir un amplio abanico de usos, este diccionario es el acompañante perfecto para aquellos que deseen disfrutar la aventura de conocer la lengua alemana.

LANGENSCHEIDT

Hinweise für die Benutzung des Wörterbuches
Indicaciones para el uso del diccionario

1. Die alphabetische Reihenfolge ist überall streng eingehalten. Die Umlaute ä, ö, ü wurden hierbei den Buchstaben a, o, u gleichgestellt. An alphabetischer Stelle sind auch die wichtigsten unregelmäßigen Formen der spanischen Verben angegeben.

1. El orden alfabético queda rigurosamente establecido. Las metafonías ä, ö, ü fueron tratadas como las vocales simples a, o, u. En el correspondiente lugar alfabético se hallan también las formas irregulares más importantes de los verbos españoles.

2. Phonetische Angaben

a) Die Aussprache der Stichwörter wird in eckigen Klammern durch die Zeichen der Association Phonétique Internationale angegeben (s. S. 10–14).

b) Die Betonung der deutschen Wörter wird durch das Tonzeichen (ˈ) vor der betonten Silbe angegeben. Bei mit Tilde angehängten Stichwörtern, deren Betonung mit der des Hauptstichwortes übereinstimmt, entfällt das Tonzeichen. Bei Gruppenartikeln ist der Tonwechsel zu beachten, z.B.:

2. Indicaciones Fonéticas

a) La pronunciación de las voces-guía se indica entre corchetes, utilizando los símbolos de la Asociación Fonética Internacional (v. págs. 10–14).

b) Acentuación. La sílaba en que carga la pronunciación de las palabras alemanas está marcada con un acento (ˈ) delante de la sílaba tónica. En las voces-guía añadidas con una tilde, cuya acentuación coincide con la de la voz-guía principal, se omite el acento ápice. Si varias palabras van reunidas en párrafo bajo una «voz-guía» (vocablo común), hay que tener en cuenta el cambio de acento, p ej:

über ...: ˈ≗blick; ~ˈblicken

3. Tilde und Strich. Abgeleitete und zusammengesetzte Wörter sind zwecks Raumersparnis oft zu Gruppen vereinigt.

Der senkrechte Strich (|) im ersten Stichwort einer solchen Gruppe trennt den Teil ab, der allen folgenden Wörtern dieser Gruppe gemeinsam ist.

3. Tilde y Raya. Para reservar todo el espacio disponible a las voces-guía, las palabras derivadas y compuestas se han reunido casi siempre en grupos.

La raya (|) separa de la voz-guía la parte común de todas las demás voces del grupo.

Die Tilde (~) vertritt entweder das ganze erste Stichwort einer Gruppe oder den vor dem senkrechten Strich (|) stehenden Teil dieses Stichwortes. Die Tilde vertritt außerdem in Wendungen innerhalb des Artikels das ganze, unmittelbar vorhergehende Stichwort, das selbst schon mithilfe der Tilde gebildet sein kann. Wenn sich der Anfangsbuchstabe ändert (groß in klein oder umgekehrt), steht statt der Tilde die Tilde mit Kreis (♀):

La tilde (~) sustituye la primera voz-guía entera de un grupo o bien la parte de la voz-guía que precede a la raya (|). La tilde sustituye además, en locuciones dentro del artículo, la voz-guía entera que precede inmediatamente y puede ser formada ella misma por medio de la tilde. La transformación de mayúscula en minúscula o viceversa se indica por el signo ♀:

Schuh, ~geschäft = Schuhgeschäft
Schul|ung, ~zeit = Schulzeit
Scheide, ♀n = scheiden, ***sich ~ lassen*** = sich scheiden lassen
Schema, ♀tisch = schematisch

4. Der Bindestrich (-) findet als Abkürzungszeichen vor der Endung -a der weiblichen Form von Substantiven Verwendung und bedeutet Ersatz des Endvokals -o der Maskulinform durch -a oder Anhängung des a an den Endkonsonanten der Maskulinform. Außerdem wird er verwendet bei Ersatz der Endung mit Akzent durch Endung ohne Akzent; z. B.:

4. El guión (-) se emplea como signo de abreviación delante de la letra final -a de la forma femenina de sustantivos y significa sustitución de la -o final del masculino por -a, o agregación de esta letra a la consonante final del masculino precedente. Además se usa el guión para sustituir una terminación con acento por otra sin acento; p ej:

suizo *m*, **-a** *f* = suiza *f* Schweizer(in) *m(f)*
español *m*, **-a** *f* = española *f* Spanier(in) *m(f)*
Berliner(in) *m(f)* berlinés *m*, -esa *f* = berlinesa

5. Wörter gleicher Schreibung, aber von verschiedener Abstammung oder verschiedener Wortart sind getrennt aufgeführt und in solchen Fällen mit [1, 2] usw. bezeichnet worden, z. B.:

5. Voces de igual ortografía, pero de etimología diferente o pertenecientes a partes de la oración distintas se encuentran en apartes distintos y marcadas en tal caso con [1, 2], etc., p ej:

Heide[1] ['haɪːdə] *m (-n; -n)* pagano *m*
Heide[2] *f (-; -n)* brezal *m;* landa *f*

6. Die runden Klammern (). Wenn in einem Wort einzelne Buchstaben in runden Klammern stehen, so handelt es sich um zwei unterschiedslos gebräuchliche Formen, z. B.:

6. Los paréntesis (). Cuando en una voz ciertas letras están entre paréntesis, se trata de dos formas que se usan sin distinción de sentido, p ej:

confes(i)onario = confesonario
confesionario = Beichtstuhl

7. Die grammatischen Bezeichnungen *(adj, adv, v/t, v/i, prp* usw.) sind da, wo beide Sprachen übereinstimmen, weggelassen worden, außer wo eine Unterscheidung notwendig war.

Das Geschlecht *(m, f, n)* ist bei allen spanischen und deutschen Substantiven angegeben.

7. Las advertencias gramaticales *(adj, adv, v/t, v/i, prp* etc.) quedan omitidas siempre que los dos idiomas concuerden entre sí, excepto cuando resulte necesaria una diferenciación.

Se indica **el género** *(m, f, n)* de todos los sustantivos españoles y alemanes.

8. Die Rektion der Verben ist nur da angegeben, wo sie in beiden Sprachen verschieden ist.

8. El régimen de los verbos se indica solamente si hay diferencia en este punto entre los dos idomas.

9. Übersetzung und Bedeutung. Die Bedeutungsunterschiede sind gekennzeichnet: durch Synonyme in runden Klammern; durch vorgesetzte spanische bzw. deutsche Ergänzungen oder Erklärungen; durch vorgesetzte Abkürzungen.

Durch Komma werden gleiche oder ähnliche Bedeutungen getrennt, das Semikolon trennt unterschiedliche Bedeutungen. Wesentliche Bedeutungsunterschiede bzw. verschiedene Wortarten werden durch Zahlen oder Buchstaben gekennzeichnet.

9. Traducción y significación de las palabras. Las diferencias de significación se indican: anteponiendo a la traducción un sinónimo entre paréntesis; por medio de complementos o explicaciones antepuestos a la traducción; por abreviaturas.

Por medio de la coma se separan significados idénticos o similares. El punto y coma separa diferentes significados. Por medio de números o letras se separan diferencias de significado considerables o bien diferentes clases de palabras.

10. Grammatische Angaben

A) Spanische Verben: Bei jedem spanischen Verb weisen die in runden Klammern stehenden Zahlen und Buchstaben auf das entsprechende Konjugationsmuster im Anhang hin (s. S. 615).

B) Deutsche Substantive und Verben:

a) Bei jedem deutschen **Substantiv** wird die Genitiv- und die Pluralform angegeben:

10. Instrucciones gramaticales

A) Verbos españoles: En cada verbo español, los números y letras entre paréntesis aluden al paradigma de conjugación correspondiente indicado en el apéndice (véase pág. 615).

B) Sustantivos y verbos alemanes:

a) En cada **sustantivo** alemán se indica el genitivo y el plural:

Affe *m (-n, -n)* = des Affen; die Affen

Das „e" in eckigen Klammern bedeutet, dass der Genitiv mit „s" oder mit „es" gebildet werden kann: Das Zeichen „¨" bedeutet, dass in der Pluralform ein Umlaut auftritt:

La «e» entre corchetes significa que el genitivo se puede formar con «s» o con «es». El símbolo «¨» significa que el plural lleva vocal modificada:

Blatt *n (-[e]s; ¨er)* = des Blatts, des Blattes; die Blätter

Bleibt das Substantiv im Genitiv bzw. im Plural unverändert, so wird dies mit einem Strich angegeben:

Si el sustantivo permanece invariable en genitivo o bien en plural, esto se indica con un guión:

Kreisel *m (-s; -)* = des Kreisels; die Kreisel

Diese Angaben stehen bei Grundwörtern. Bei zusammengesetzten Wörtern stehen sie nur, wenn der entsprechende Teil an alphabetischer Stelle in der Form abweicht oder wenn dort mehrere Formen angegeben sind, die für das zusammengesetzte Wort nicht alle zutreffen:

Estas indicaciones son válidas para las palabras simples. En las palabras combinadas sólo aparecen cuando la parte correspondiente en orden alfabético diverge en la forma o cuando se indican más formas, de las que no todas se aplican a la palabra combinada:

Bank *f (-; -en* bzw. *¨e)*
Datenbank *f (-; -en)*

b) Bei allen deutschen **Verben** wird das Hilfszeitwort *„sn"* oder *„h"* (sein oder haben) angegeben. Bei regelmäßigen Grundverben ist zusätzlich angegeben, wenn das Partizip mit *„ge"* gebildet wird:

b) En todos los **verbos** alemanes se indica la abreviatura del verbo auxiliar para el perfecto *«sn»* o *«h»* («sein» o «haben»). Para los verbos simples regulares se indica además cuando se construye el participio con *«ge»:*

arbeiten *(ge-, h)* = hat gearbeitet

Bei unregelmäßigen Grundverben stehen in Klammern Imperfekt und Partizip sowie das Hilfszeitwort:

En los verbos irregulares aparecen entre paréntesis el imperfecto y el participio, así como el verbo auxiliar para el perfecto:

bringen *(brachte, gebracht, h)*

Bei zusammengesetzten Verben ist angegeben, ob im Präsens (und im Imperfekt) die Vorsilbe abgetrennt wird und ob im Partizip ein *-ge-* eingeschoben wird:

En los verbos combinados se indica si el prefijo ha de ser separado en presente (y en imperfecto) y si hay que intercalar una «*ge*» en el participio:

abfassen *(sep, -ge-, h)* = fasst(e) ab, hat abgefasst

Bei unregelmäßigen zusammengesetzten Verben ist zusätzlich „*irr*" (= unregelmäßig) sowie der Verweis auf das Grundverb angegeben:

Los verbos irregulares combinados se indican adicionalmente con «*irr*» (= irregular) así como con la referencia al verbo simple:

abschreiben *(irr, sep, -ge-, h →* ***schreiben)***

Die Aussprache des Spanischen

Die Aussprachebezeichnung ist in der Lautschrift der Association Phonétique Internationale wiedergegeben. Bei zwei- und mehrsilbigen Wörtern steht vor der betonten Silbe der Akzent (').

Zeichen	Wert des Zeichens	Beispiele

A. Vokale

Zeichen	Wert des Zeichens	Beispiele
a	kurzes helles **a** wie in *Abend*	mano ['mano] Hand
ɛ e	kurzes offenes **e** wie in *ändern* kurzes halb offenes **e** wie in *essen*	llover [ʎoƀɛr] regnen meseta [me'seta] Hochfläche
i ĭ	reines geschlossenes **i** wie in *hier* unbetonter Teil des Doppellauts [aĭ] wie in *Saite* unbetonter Teil des Doppellauts [ɛĭ] wie in *hebräisch* unbetonter Teil des Doppellauts [ɔĭ] wie in *heute*	mina ['mina] Bergwerk baile ['baĭle] Tanz peine ['pɛĭne] Kamm boina ['bɔĭna] Baskenmütze
ɔ o	kurzes offenes **o** wie in *Wolle* kurzes halb offenes **o** wie in *Norden*	ojo ['ɔxo] Auge oficina [ofi'θina] Büro
u ŭ	reines geschlossenes **u** wie in *Huhn* unbetonter Teil des Doppellauts [ɛŭ] wie in *Jubiläum*	pluma ['pluma] Feder deuda ['deŭđa] Schuld

B. Konsonanten

Zeichen	Wert des Zeichens	Beispiele
b ƀ	deutsches **b** wie in *Bad,* doch möglichst weich zu sprechen stimmhafter, mit beiden Lippen gebildeter Reibelaut	basta ['basta] genügt escribir [eskri'ƀir] schreiben
d đ	deutsches **d** wie in *dann,* doch möglichst weich zu sprechen stimmhafter Reibelaut, ähnlich dem englischen stimmhaften **th** in *other*	donde ['dɔnde] wo nada ['nađa] nichts

Zeichen	Wert des Zeichens	Beispiele
f	deutsches **f** wie in *Fall*	favor [fa'ƀɔr] Gunst
g ǥ	deutsches **g** wie in *Golf,* doch möglichst weich zu sprechen stimmhafter Reibelaut wie in *Hagel*	gusto ['gusto] Geschmack agua ['aǥŭa] Wasser
x	wie **ch** in *Dach*	gerente [xe'rente] Geschäftsführer jefe ['xefe] Chef
j	deutsches **j** wie in *jeder,* jedoch möglichst weich zu sprechen	yema ['jema] Eigelb
k	deutsches **k** wie in *kalt*	casa ['kasa] Haus
l	deutsches **l** wie in *Lampe*	leche ['letʃe] Milch
ʎ	mouilliertes **l** ähnlich wie in *Familie*	capilla [ka'piʎa] Kapelle
m	deutsches **m** wie in *Magen*	miel [mĭɛl] Honig
n	deutsches **n** wie in *nie*	naranja [na'raŋxa] Apfelsine
ɲ	wie **gn** in *Champagner*	España [es'paɲa] Spanien
ŋ	wie deutsches **n** vor **g** oder **k** in *Menge* oder *Anker*	tengo ['teŋgo] ich habe
p	deutsches **p** wie in *Puppe*	pastas ['pastas] Gebäck
r rr	Zungen-**r** stark gerolltes Zungen-**r**	señor [se'ɲɔr] Herr espárragos [es'parraǥos] Spargel
s z	scharfes **s** wie in *Messer,* jedoch mit leichtem Anklang an das deutsche **sch** weiches **s** wie in *Sonne*	casa ['kasa] Haus mismo ['mizmo] selbst
t	deutsches **t** wie in *Tor*	nata ['nata] Sahne
θ	stimmloser Lispellaut wie **th** in englisch *thing*	cinco ['θiŋko] fünf zapato [θa'pato] Schuh

Zeichen	Wert des Zeichens	Beispiele
ð	stimmhafter Lispellaut wie **th** in englisch *there*	juzgado [xuð'gađo] Gerichtshof
tʃ	**t** mit deutschem **sch** wie in *Pritsche*	mucho ['mutʃo] viel
w	kurzes **u,** wie **w** in englisch *ware*	software ['sɔftwɛːr] Software

Für die mit **b** und **v** beginnenden Wörter machen wir den deutschen Benutzer noch besonders darauf aufmerksam, dass der diesen beiden Buchstaben entsprechende Laut im Wörterverzeichnis logischerweise mit deutschem b (Verschlusslaut!) wiedergegeben ist, da er hier im absoluten Anlaut steht, während er im Wortgefüge wie im Wortinneren – außer nach m und n – als ƀ (Reibelaut!) zu sprechen ist, also: *babor* = ba'ƀɔr; aber: *el babor* = el ƀa'ƀɔr; *vivienda* = bi'ƀĭenda, *la vivienda* = la ƀi'ƀĭenda – neben: *viento* ['bĭento] und *un viento* [um 'bĭento].

Das Gleiche gilt für **d**: im Vokabelanfang = d, im Wortgefüge wie im Wortinneren = đ – außer nach l und n, also: *deuda* = 'deŭđa, aber: *la deuda* = la đeŭđa – neben: *dedo* ['deđo], *el dedo* [el 'deđo] und *un dedo* [un 'deđo]. Am Wortende ist đ kaum hörbar: usted [us'teđ].

Das spanische Alphabet

A a	B b	C c	Ch ch	D d	E e	F f	G g	H h	I i	J j	K k
a	be	θe	tʃe	de	e	'efe	xe	'atʃe	i	'xota	ka
L l	**L l ll**	**M m**	**N n**	**Ñ ñ**	**O o**	**P p**	**Q q**	**R r**	**S s**	**T t**	**U u**
'ele	'eʎe	'eme	'ene	'eɲe	o	pe	ku	'ere	'ese	te	u
			V v	**W w**		**X x**	**Y y**	**Z z**			
			'uƀe	'doƀle'uƀe		'ekis	i 'grĭega	'θeđa			

Beim Nachschlagen im spanisch-deutschen Wörterbuch ist darauf zu achten, dass im spanischen Alphabet ñ als eigener Buchstabe auf n folgt.

Hingegen gelten seit 1994 ch und ll im Spanischen nicht mehr als eigene Buchstaben und sind hier dementsprechend wie im Deutschen in c und l eingeordnet.

La pronunciación de las palabras alemanas

según el sistema de la Asociación Fonética Internacional

a) Vocales:

(Las vocales seguidas de dos puntos son largas [aː], las demás breves [a]).

aː como la **â** francesa en **â**me; más larga que la **a** en m**a**dre.
a más breve que la **a** en b**a**rco.
eː más cerrada y larga que la **e** en Jos**é**.
e cerrada y breve como la **e** en d**e**bido.
ɛː abierta y larga como la **è** francesa en m**è**re.
ɛ abierta y breve como la **e** en p**e**rro.
ə (sólo en sílabas átonas); más breve y relajada que la **e** en bail**e**; suena como la **e** francesa en sabr**e**.
iː más larga que la **i** en sal**i**da.
i más breve y abierta que la **i** en c**i**rco.
o cerrada y breve como la **o** en p**ó**liza.
oː más cerrada y larga que la **o** en c**o**la; suena como la **ô** francesa en c**ô**te.
ɔ abierta y breve como la **o** en g**o**rra.
ø más cerrada y larga que la **eu** francesa en qu**eu**e.
œ abierta y breve como la **eu** francesa en m**eu**rtre o la **u** inglesa en h**u**rt.
uː más larga que la **u** en n**u**be.
u breve como la **u** en s**u**spiro.
yː larga como la **û** francesa en s**û**r.
y breve como la **u** francesa en b**u**t.
ã, ɛ̃, ɔ̃, œ̃: vocales de sonido nasal como en las palabras francesas pl**an**, f**in**, b**on**, br**un**; no se encuentran sino en extranjerismos de origen francés.
ʔ significa que la vocal que sigue se pronuncia con una ligera aspiración, p ej Beamte [bəˈʔamtə].

b) Diptongos:

aɪ como **ai** en b**ai**le.
aʊ como **au** en **au**la.
ɔʏ como **oi** en b**oi**na.

c) Consonantes:

k, p, t: como en **k**ilo, **p**adre, **t**ío; al principio de una sílaba tónica se pronuncian con una ligera aspiración.
b, d, g: como en em**b**argo, sol**d**ar, ¡**g**racias!
f, v: como en **f**alta, u**v**a.
s como la **s** sorda en **s**anto.
z como la **s** sonora en Li**s**boa, pero pronunciada con más fuerza.
ts como **ts** en **ts**e-**ts**é (mosca africana) o la **z** italiana en raga**zz**o.
x como la **j** en ba**j**o.
ç sonido palatal que no existe en el idioma español; es el sonido sordo que corresponde al sonido sonoro de la letra **y** en **y**erro.
j como la **y** en a**y**uda o la **i** en p**i**erna.
ʃ como **sh** en la voz inglesa **sh**ip o como **ch** en la palabra francesa **ch**anson.
ʒ como la **g** francesa en **g**êne; no se encuentra sino en extranjerismos de origen francés.
m, n, l: como en **m**adre, **n**oche, **l**ago.
ŋ sonido nasal como el de la **n** en bla**n**co.
r se pronuncia en algunas regiones como la **r** española en mi**r**to; pero en la mayor parte de Alemania tiene un sonido uvular o gutural como la **r** francesa.
w una **u** corta como la **w** en inglés **w**e
h aspiración al principio de una palabra o sílaba, más fuerte que la **h** francesa en **h**âte; su sonido tiene cierta semejanza con el de la **j** española.

d) Acentuación:

El acento prosódico va colocado delante de la sílaba, en la cual debe cargar, p ej fordern [ˈfɔrdərn], Forelle [foˈrɛlə].

Dos acentos indican acentuación ambigua, p ej grundverschieden [ˈgruntfɛr-ˈʃiːdən].

e) Advertencias:

Un guión sustituye una sílaba ya transcrita en las transcripciones precedentes, p ej Witz [vits]; ~bold ['-bɔlt]; direkt [di'rɛkt]; ~or [-'-tɔr].

Por falta de espacio prescindimos de la transcripción fonética de palabras compuestas como Briefkasten, Absicht, visto que la pronunciación de cada uno de sus elementos se indica en el respectivo lugar alfabético: Brief, Kasten, ab, Sicht.

Lista de los sufijos y desinencias

más usuales, cuya transcripción, por falta de espacio, no se incluye en el texto del diccionario:

-bar(keit) [-baːr(kaɪt)]
-ei [-'aɪ]
-el, -eln(d) [-əl, -əln(t)]
-en, -ens... [-ən(s...)]
-end, -ende(r) [-ənt, -əndə(r)]
-er(in), -erisch [-ər(in), -əriʃ]
-ern [-ərn]
-et [-ət]
-haft(s...), -haftigkeit [-haft(s...), -haftiçkaɪt]
-heit(s...) [-haɪt(s...)]
-ieren [-'iːrən]
-ig [-iç], **-igen** [-igən], **-ige(r)** [-igə(r)], **-igkeit** [-içkaɪt], **-igt** [-içt], **-igung** [-iguŋ]
-in [-in]
-isch [-iʃ]
-istisch [-'istiʃ]
-keit(s...) [-kaɪt(s...)]
-lich(keit) [-liç(kaɪt)]
-los, -losigkeit [-loːs, -loːziçkaɪt]
-nis [-nis]
-sal [-zaːl]
-sam(keit) [-zaːm(kaɪt)]
-schaft(s...) [-ʃaft(s...)]
-ste(l), -stens [-stə(l), -stəns]
-te(l), -tens [-tə(l), -təns]
-tum [-tuːm]
-ung(s...) [-uŋ(s...)]

El alfabeto alemán

A a	B b	C c	D d	E e	F f	G g	H h	I i	J j	K k
aː	beː	tseː	deː	eː	'ɛf	geː	haː	iː	jɔt	kaː

L l	M m	N n	O o	P p	Q q	R r	S s	(ß)	T t	U u
ɛl	ɛm	ɛn	oː	peː	kuː	ɛr	ɛs	(ɛs-tsɛt)	teː	uː

V v	W w	X x	Y y	Z z
fau	veː	iks	'ypsilon	tsɛt

Spanisch-Deutsch/Español-Alemán

A

a [a] *prp* **1.** (*lugar*) ***a la mesa*** am Tisch, bei Tisch; ***a la puerta*** an der Tür; ***a la derecha*** rechts; ***al sol*** in der Sonne; ***a tres kilómetros de Madrid*** drei Kilometer von Madrid (entfernt); **2.** (*dirección*) ***a casa*** nach Hause; ***al cine*** ins Kino; ***a Francia*** nach Frankreich; ***ir a la escuela*** (***a la cama, al médico***) zur Schule (ins *od* zu Bett, zum Arzt) gehen; ***a la izquierda*** nach links; **3.** (*tiempo*) ***a las tres*** um drei (Uhr); ***de once a doce*** von elf bis zwölf; ***a la llegada del tren*** bei Ankunft des Zuges; ***a medianoche*** um Mitternacht; ***a los diez años*** mit (*o* nach) zehn Jahren; ***estamos a dos de junio*** heute ist der 2. Juni; **4.** (*modo*) ***a pie*** zu Fuß; ***a mano*** mit der Hand; ***a la española*** auf spanische Art; **5.** (*precio*) ***¿a cómo*** (***está***)***?, ¿a cuánto*** (***está***)***?*** wie teuer ist das?, was kostet das?; ***a tres euros el kilo*** das Kilo drei Euro; **6.** (*complemento directo de personas*): ***he visto a mi amigo*** ich habe meinen Freund gesehen; (*complemento indirecto*): ***lo doy a mi madre*** ich gebe es meiner Mutter

A, a *f* [a] A, a *n*

AA.EE. *m/pl* ***Asuntos Exteriores*** Auswärtige Angelegenheiten

ábaco ['aƀako] *m* Abakus *m*; Rechenbrett *n*; *arqu* Kapitelplatte *f*

abad [a'ƀađ] *m* Abt *m*

aba|desa [aƀa'đesa] *f* Äbtissin *f*; **~día** [-'đia] *f* Abtei *f*

abajo [a'ƀaxo] *adv* (*dirección*) herunter, hinunter, hinab; (*lugar*) unten; ***más ~*** weiter unten; ***hacia ~*** nach unten, abwärts; ***de diez para ~*** unter zehn; ***el ~ firmante*** der Unterzeichnete

abalanzarse [aƀalan'θarse] (*1f*): ***~ sobre*** herfallen über (*ac*); sich stürzen auf (*ac*)

abalorio [aƀa'lorĭo] *m* Glasperle *f*

abanderado [aƀande'rađo] *m* Fahnenträger *m*; *fig* Anführer *m*

abandon|ado [aƀando'nađo] verlassen; (*descuidado*) verwahrlost; **~ar** [-'nar] (*1a*) verlassen; im Stich lassen; (*renunciar*) aufgeben; **~arse** sich gehen lassen; **~o** [-'dono] *m* (*renuncia*) Aufgabe *f*, Verzicht *m*; (*descuido*) Verwahrlosung *f*; Verlassenheit *f*; (*de la energía nuclear*) Ausstieg *m*

abani|car [aƀani'kar] (*1g*) fächeln; **~co** [-'niko] *m* Fächer *m*; *fig* Palette *f*

abarata|miento [aƀarata'mĭento] *m* Verbilligung *f*; **~r** [-'tar] (*1a*) verbilligen; **~rse** billiger werden

abarcar [aƀar'kar] (*1g*) *a fig* umfassen, umschließen; enthalten; **~** (***con la vista***) überblicken

abarrota|do [aƀarrɔ'tađo] überfüllt, F gerammelt voll; **~r** [-'tar] (*1a*) (*llenar*) vollstopfen; füllen

abaste|cedor [aƀasteθe'đɔr] *m* Lieferant *m*; **~cer** [-'θɛr] (*2d*) beliefern, versorgen (***mit*** *dat* de); **~cerse**: **~ *de*** sich eindecken mit (*dat*); **~cimiento** [-θi'mĭento] *m* Versorgung *f*, (Be-)Lieferung *f*; ***~ energético*** Energieversorgung *f*

abasto [a'ƀasto] *m* Versorgung *f* (*bsd mit Lebensmitteln*); ***mercado*** *m* ***de ~s*** Markt(platz) *m*; ***no dar ~*** es nicht schaffen; nicht fertig werden (mit *dat* ***a, con***)

abate [a'ƀate] *m* Abbé *m*

aba|tible [aƀa'tiƀle] Klapp..., Kipp...; ***asiento*** *m* **~** Liegesitz *m* (*auto*); **~tido** [-'tiđo] mutlos, niedergeschlagen; **~timiento** [-ti'mĭento] *m* Niedergeschlagenheit *f*; **~tir** [-'tir] (*3a*) niederreißen; *avia* abschießen; (*persona*) entmutigen

abdica|ción [aƀđika'θĭɔn] *f* Abdankung *f*; Verzicht *m*; **~r** [-'kar] (*1g*) abdanken; ***~ de*** aufgeben

abdom|en [aƀ'đomen] *m* Unterleib *m*; Bauch *m*; **~inal** [aƀđomi'nal] Bauch..., Unterleibs...; ***cavidad*** *f* **~** Bauchhöhle *f*

abecé [aƀe'θe] *m* Alphabet *n*, Abc *n*; *fig* Anfangsgründe *m/pl*

abecedario [aƀeθe'đarĭo] *m* Alphabet *n*; (*libro*) Fibel *f*

abedul [aƀe'đul] *m* Birke *f*

abe|ja [a'ƀɛxa] *f* Biene *f*; ***~ reina*** Bienenkönigin *f*, Weisel *m*; **~ *obrera*** Arbeitsbiene *f*; **~jarrón** [-xa'rrɔn] *m*, **~jón** [-'xɔn] *m* Drohne *f*; Hummel *f*; **~jorro** [-'xɔrrɔ] *m* Hummel *f*; Maikäfer *m*

aberración [aƀɛrra'θĭɔn] *f* Abweichung *f*, *fig* Verirrung *f*

abertura [aƀɛr'tura] *f* Öffnung *f*; Riss *m*; Spalt *m*; Schlitz *m*

abeto [a'ƀeto] *m* Tanne *f*; **~ *blanco*** Edeltanne *f*; **~ *rojo*** Fichte *f*

abierto [a'ƀĭɛrto] offen, geöffnet; *fig* offenherzig; **~ *a a/c*** aufgeschlossen für et (*ac*); **~ *a mediodía*** durchgehend geöffnet

abigarrado [aƀiga'rrađo] bunt, buntscheckig

abisal [aƀi'sal] Tiefsee…

abis|mado [aƀiz'mađo] *fig*: **~ *en*** versunken in (*ac*); **~mal** [-'mal] *fig* abgrundtief; **~marse** [-'marse] (*1a*) sich versenken (in *ac* ***en***); **~mo** [a'ƀizmo] *m a fig* Abgrund *m*; Kluft *f*; ***estar al borde del*** **~** am Rande des Abgrunds stehen (*a fig*)

abjuración [aƀxura'θĭɔn] *f* Abschwören *n*; Widerruf *m*

ablandar [aƀlan'dar] (*1a*) weich machen, aufweichen; *fig* besänftigen, beschwichtigen; **~se** weich werden (*a fig*)

ablución [aƀlu'θĭɔn] *f* Waschung *f* (*a rel*)

abnega|ción [aƀnega'θĭɔn] *f* Selbstverleugnung *f*, Entsagung *f*; **~do** [-'gađo] selbstlos

abobado [aƀo'ƀađo] dumm

abocado [aƀo'kađo] süffig (*vino*); **~ *al fracaso*** zum Scheitern verurteilt

abochorna|do [aƀotʃɔr'nađo] beschämt; **~r** [-'nar] (*1a*) erhitzen; *fig* beschämen; **~rse** schwül werden; *fig* sich schämen

abofetear [aƀofete'ar] (*1a*) ohrfeigen

aboga|cía [aƀoga'θia] *f* Anwaltschaft *f*; **~da** [-'gađa] *f* (Rechts-)Anwältin *f*; **~do** [-'gađo] *m* (Rechts-)Anwalt *m*; *fig* Fürsprecher *m*; **~ *del Estado*** Rechtsvertreter des Staates; **~ *de oficio*** Pflichtverteidiger; **~r** [-'gar] (*1h*) *fig*: **~ *por*** sich einsetzen, eintreten, plädieren für

abolengo [aƀo'leŋgo] *m* Abstammung *f*; ***de rancio*** **~** aus altem Adel; alteingesessen

aboli|ción [aƀoli'θĭɔn] *f* Abschaffung *f*, Aufhebung *f*; **~r** [-'lir] (*3a*) abschaffen, aufheben

aboll|adura [aƀoʎa'đura] *f* Beule *f*; **~ar** [-'ʎar] (*1a*) verbeulen

abombar [aƀɔm'bar] (*1a*) wölben, ausbauschen

abomi|nable [aƀomi'naƀle] abscheulich; scheußlich; **~nación** [-na'θĭɔn] *f* Abscheu *m*; Gräuel *m*; **~nar** [-'nar] (*1a*) verabscheuen

abona|ble [aƀo'naƀle] *com* zahlbar; **~do** [-'nađo] *m* Abonnent *m*; *tel* Teilnehmer *m*; *agr* Düngung *f*

abo|nar [aƀo'nar] (*1a*) *com* (be)zahlen; *agr* düngen; **~ *en cuenta*** gutschreiben; **~narse** [-'narse] (*1a*) abonnieren (*ac* ***a***); **~no** [a'ƀono] *m* (Be-)Zahlung *f*; Vergütung *f*; *teat* Abonnement *n*; *ferro* Zeitkarte *f*; *agr* Dünger *m*; **~ *en cuenta*** Gutschrift *f*

abor|dable [aƀɔr'đaƀle] zugänglich (*a fig*); **~daje** *mar* [-'đaxe] *m* Entern *n*; **~dar** [-'đar] (*1a*) **1.** *v/t mar* entern, rammen; (*tema*) anschneiden, zur Sprache bringen; (*asunto*) in Angriff nehmen; (*persona*) ansprechen; **2.** *v/i mar* anlegen

abo|rigen [aƀo'rixen] **1.** *adj* einheimisch; **2.** **~rígenes** *m/pl* Ureinwohner *m/pl*

aborre|cer [aƀɔrre'θɛr] (*2d*) verabscheuen, hassen; **~cible** [-'θiƀle] abscheulich, hassenswert; **~cimiento** [-θi'mĭento] *m* Abneigung *f*; Abscheu *m*

abor|tado [aƀɔr'tađo] *fig* missglückt, gescheitert; **~tar** [-'tar] (*1a*) abtreiben; (*espontáneamente*) e-e Fehlgeburt haben; *fig* misslingen, fehlschlagen; **~tivo** [-'tiƀo] *m* Abtreibungsmittel *n*; **~to** [a'ƀɔrto] *m* Fehlgeburt *f*; **~ *provocado*** Abtreibung *f*

abotonar [aƀoto'nar] (*1a*) **1.** *v/t* zuknöpfen; **2.** *v/i* Knospen treiben

aboveda|do [aƀoƀe'đađo] gewölbt; **~r** [-'đar] (*1a*) überwölben

abrasa|dor [aƀrasa'đɔr] brennend, sengend; **~r** [-'sar] (*1a*) (ver)brennen; stechen (*sol*); *fig* verzehren; **~rse** verbrennen; **~ *de sed*** (***calor***) vor Durst (Hitze) vergehen *od* F umkommen

abrasivo *tec* [aƀra'siƀo] *m* Schleifmittel *n*

abra|zadera [aƀraθa'đera] *f* Klammer *f*; Rohrschelle *f*, Muffe *f*; **~zar** [-'θar] (*1f*) umarmen; *a fig* umfassen; **~zo** [a'ƀraθo] *m* Umarmung *f*; ***dar un ~*** umarmen

abre|cartas [aƀre'cartas] *m* Brieföffner *m*; **~latas** [-'latas] *m* Büchsen-, Dosenöffner *m*

abre|vadero [aƀreƀa'đero] *m* Tränke *f*; **~var** [-'ƀar] *(1a)* tränken

abrevia|r [aƀre'ƀĭar] *(1b)* (ab-, ver-)kürzen; **~tura** [-ƀĭa'tura] *f* Abkürzung *f*

abridor [aƀri'đor] *m* (Flaschen-)Öffner *m*

abri|gado [aƀri'gađo] warm angezogen; *(sitio)* geschützt; **~gar** [-'gar] *(1h)* *(proteger)* schützen (vor *dat* **de**); *(ropa)* warm halten; *(esperanza)* hegen; **~garse** sich zudecken; sich warm anziehen; **~go** [a'ƀrigo] *m* Schutz *m* *(a fig)*; *(prenda)* Mantel *m*; ***~ de entretiempo*** Übergangsmantel *m*; ***ropa*** *f* ***de ~*** warme Wäsche (*od* Kleidung) *f*; ***al ~ de*** geschützt vor *(dat)*

abril [a'ƀril] *m* April *m*

abrillanta|dor [aƀriʎanta'đɔr] *m* Diamantenschleifer *m*; *(detergente)* Klarspülmittel *n*; **~r** [-'tar] *(1a)* polieren, auf Hochglanz bringen

abrir [a'ƀrir] *(3a; part* ***abierto****)* öffnen, aufmachen; *(libro)* aufschlagen; *(túnel, canal)* bauen; *(camino)* anlegen; *(cuenta, sesión, etc)* eröffnen; *fig* ***~ camino*** e-n Weg bahnen; ***~ los ojos*** staunen, große Augen machen; ***~ el apetito*** Appetit machen; ***~ paso*** Platz machen; ***a medio ~*** halb geöffnet; ***en un ~ y cerrar de ojos*** im Nu; **~se** sich öffnen; *(puerta)* aufgehen; ***~ a alg*** j-m sein Herz ausschütten; ***~ paso*** sich durchdrängen; *fig* s-n Weg machen, sich durchsetzen

abrochar [aƀro'tʃar] *(1a)* zuknöpfen, zuhaken; *(zapatos)* zuschnüren

abroga|ción [aƀroga'θĭɔn] *f* Aufhebung *f*; Abschaffung *f*; **~r** [-'gar] *(1h)* aufheben, abschaffen, außer Kraft setzen

abruma|dor [aƀruma'đɔr] drückend; lästig; **~r** [-'mar] *(1a)* bedrücken, belasten; ***~ de reproches*** mit Vorwürfen überschütten; ***~ de*** (*od* ***con***) ***trabajo*** mit Arbeit überlasten; **~rse** neblig werden

abrupto [a'ƀrupto] steil; *a fig* schroff

absceso [aƀs'θeso] *m* Abszess *m*

abscisa *mat* [aƀs'θisa] *f* Abszisse *f*

absentismo [aƀsen'tizmo] *m* Absentismus *m*, Fernbleiben *n* von der Arbeit

ábside *arqu* ['aƀside] *m* Apsis *f*

absolu|ción [aƀsolu'θĭɔn] *f jur* Freispruch *m*; *rel* Lossprechung *f*, Absolution *f*; **~tamente** [-luta'mente] absolut, durchaus; ***~ nada*** gar nichts; **~tismo** [-lu'tizmo] *m* Absolutismus *m*; **~to** [-'luto] absolut, völlig; unumschränkt; ***en ~*** durchaus nicht, überhaupt nicht

absolver [aƀsɔl'ƀɛr] *(2h; part* ***absuelto****)* *jur* freisprechen; *rel* lossprechen

absor|bente *quím* [aƀsɔr'ƀente] saugfähig; absorbierend; *fig* verzehrend; **~ber** [-'ƀɛr] *(2a)* ein-, aufsaugen, *a fig* aufnehmen, absorbieren; *fig* ganz in Anspruch nehmen; fesseln; **~ción** [-'θĭɔn] *f quím* Absorption *f*; Ein-, Aufsaugung *f*; *fig* Aufnahme *f*; **~to** [aƀ'sɔrto] *fig* versunken (in *ac* **en**)

abstemio [aƀs'temĭo] **1.** *adj* abstinent; **2.** *m* Abstinenzler *m*

abste|nción [aƀsten'θĭɔn] *f* Enthaltung *f*, Verzicht *m*; *pol* Stimmenthaltung *f*; **~nerse** [-'nɛrse] *(2l)*: ***~ de*** sich enthalten *(gen)*; verzichten auf *(ac)*; ***~ (de votar)*** sich der Stimme enthalten

abstinen|cia [aƀsti'nenθĭa] *f* Enthaltsamkeit *f*; Abstinenz *f*; **~te** [-'nente] enthaltsam; mäßig

abstrac|ción [aƀstrag'θĭɔn] *f* Abstraktion *f*; ***hacer ~ de*** außer Acht lassen; ***~ hecha de*** abgesehen von *(dat)*; **~to** [-'trakto] abstrakt *(a pint)*

abstra|er [aƀstra'ɛr] *(2p)* abziehen, abstrahieren; **~erse** sich vertiefen, sich versenken (in *ac* **en**); **~ído** [-'iđo] gedankenverloren; zerstreut

abstruso [aƀs'truso] abstrus, schwer verständlich; verworren

absuelto *jur* [aƀ'sŭɛlto] freigesprochen

absurdo [aƀ'surđo] **1.** *adj* absurd; ungereimt; widersinnig; **2.** *m* Ungereimtheit *f*; Widersinn *m*

abubilla [aƀu'ƀiʎa] *f* Wiedehopf *m*

abuche|ar [aƀutʃe'ar] *(1a)* *v/t* auspfeifen, -zischen, -buhen; **~o** [-'tʃeo] *m* Auspfeifen *n*, -zischen *n*, -buhen *n*

abue|la [a'ƀŭela] *f* Großmutter *f*; F ***¡que se lo cuente a su ~!*** machen Sie das einem andern weis!; **~lo** [a'ƀŭelo] *m* Großvater *m*; **~s** *m/pl* Großeltern *pl*

ab|ulia [a'ƀulĭa] *f* Willenlosigkeit *f*, Willensschwäche *f*; **~úlico** [a'ƀuliko] willensschwach

abulta|do [aƀul'tađo] dick; sperrig,

Platz raubend; **~r** [-'tar] (*1a*) **1.** *v/t fig* übertreiben, aufbauschen; **2.** *v/i* viel Platz einnehmen

abun|damiento [aƀunda'mĭento] *m*: ***a mayor ~*** zu allem Überfluss; **~dancia** [-'danθĭa] *f* Überfluss *m*; Fülle *f*; ***en ~*** in Hülle und Fülle; **~dante** [-'dante] reichlich; reichhaltig; **~dar** [-'dar] (*1a*) reichlich vorhanden sein

aburguesa|do [aƀurge'sađo] bürgerlich; *desp* spießig; **~rse** [-'sarse] (*1a*) verbürgerlichen; *desp* verspießern

aburri|do [aƀu'rriđo] langweilig; **~miento** [-rri'mĭento] *m* Langeweile *f*; **~r** [-'rrir] (*3a*) **~(*se*)** (sich) langweilen

abu|sar [aƀu'sar] (*1a*): ***~ de a/c*** et missbrauchen; ***~ de alg*** j-n ausnützen; ***~ de una mujer*** e-e Frau missbrauchen; **~sivo** [-'siƀo] missbräuchlich; ***precio ~*** Wucherpreis *m*; **~so** [a'ƀuso] *m* Missbrauch *m*; ***~ de autoridad*** Amts-, Ermessensmissbrauch *m*; ***~ de confianza*** Vertrauensbruch *m*; ***~s deshonestos*** unzüchtige Handlungen *f/pl*

abyec|ción [aƀjɛg'θĭɔn] *f* Verworfenheit *f*; **~to** [-'jɛkto] verworfen; niederträchtig, gemein

a/c ***a cargo*** zulasten; ***a cuenta*** auf Rechnung

a.c. ***año corriente*** laufendes Jahr

a.C. ***antes de Cristo*** v Chr. (vor Christus)

acá [a'ka] *adv* hierher; ***~ y allá*** hier und dort; ***de ~ para allá*** hin und her; ***¡ven ~!*** komm her!

acaba|do [aka'ƀađo] **1.** *adj* fertig, vollendet; (*persona*) erledigt; ***producto m ~*** Fertigware *f*; **2.** *m tec* Endverarbeitung *f*; Finishing *n*; **~lladero** [-ƀaʎa'đero] *m* Gestüt *n*; **~miento** *m* Ende *n*; Vollendung *f*; Abschluss *m*

acabar [aka'ƀar] (*1a*) (be)enden, abschließen, vollenden, fertigstellen; ***~ con alg*** j-n erledigen; ***~ con a/c*** fertig sein mit et; *fig* mit et Schluss machen; ***~ de hacer a/c*** et soeben getan haben; ***~ por hacer a/c*** schließlich et tun; ***no acabo de comprender*** ich verstehe einfach nicht; ***~ en*** enden, auslaufen in (*ac*); ***~ en punta*** spitz zulaufen; ***~ bien*** gut ausgehen; **(*él*)** ***va a ~ mal*** es wird ein schlimmes Ende mit ihm nehmen; ***es cosa de nunca ~*** das nimmt ja kein Ende; ***¡acaba ya!*** nun mach doch endlich!; **~se** zu Ende gehen

acacia [a'kaθĭa] *f* Akazie *f*

aca|demia [aka'đemĭa] *f* Akademie *f*; Privatschule *f*; ***~ de idiomas*** Sprachenschule *f*; **~démico** [-'đemiko] **1.** *adj* akademisch; **2.** *m* Mitglied *n* e-r Akademie

acae|cer [akae'θɛr] (*2d*) geschehen, sich ereignen; **~cimiento** [-θi'mĭento] *m* Ereignis *n*, Begebenheit *f*

acallar [aka'ʎar] (*1a*) zum Schweigen bringen; beschwichtigen; **~se** sich beruhigen

acalora|do [akalo'rađo] hitzig, heftig; **~miento** [-ra'mĭento] *m* Erhitzung *f*; *fig* Eifer *m*; **~r** [-'rar] (*1a*) erhitzen; *fig* erregen; **~rse** sich erhitzen; *fig* sich ereifern

acampada [akam'pađa] *f* Zelten *n*

acampanado [akampa'nađo] glockenförmig; ***falda f acampanada*** Glockenrock *m*

acampar [akam'par] (*1a*) *v/i* zelten, kampieren

acanala|do [akana'lađo] gerillt; **~dura** [-'đura] *f* Rille *f*; Auskehlung *f*; **~r** [-'lar] (*1a*) auskehlen, riefeln

acantilado [akanti'lađo] **1.** *adj* steil (*costa*); **2.** *m* Steilküste *f*

acanto [a'kanto] *m bot* Bärenklau *m*; *arqu* Akanthus *m*

acapara|dor [akapara'đɔr] *m* Aufkäufer *m*, Hamsterer *m*; **~r** [-'rar] (*1a*) aufkaufen, hamstern; *fig* an sich reißen

acariciar [akari'θĭar] (*1b*) liebkosen; streicheln; ***~ una idea*** mit e-m Gedanken spielen; ***~ una esperanza*** e-e Hoffnung hegen

ácaro ['akaro] *m* Milbe *f*

acarre|ar [akarrɛ'ar] (*1a*) transportieren, befördern; *fig* verursachen, nach sich ziehen; **~o** [-'rrɛo] *m* Beförderung *f*; Anlieferung *f*; (*precio*) Rollgeld *n*

acaso [a'kaso] vielleicht; ***por si ~*** falls (etwa); für alle Fälle

acata|miento [akata'mĭento] *m* (*de una ley, etc*) Befolgung; **~r** [-'tar] (*1a*) (*ley, regla*) befolgen, einhalten

acatarrarse [akata'rrarse] (*1a*) sich erkälten

acaudalado [akaŭđa'lađo] reich, vermögend, wohlhabend

acaudillar [akaŭđi'ʎar] (*1a*) anführen, befehligen

acceder [agθe'dɛr] (*2a*) zustimmen; einwilligen (in *ac* ***a***)

accesible [agθe'siƀle] zugänglich; (*precio*) erschwinglich
accésit [ag'θesit] *m* Nebenpreis *m*, Trostpreis *m*
acceso [ag'θeso] *m* Zutritt *m*, Zugang *m*; *inform* Zugriff *m*; *med u fig* Anfall *m*; **~ *a la autopista*** Autobahnzubringer *m*; ***de difícil* ~** schwer zugänglich; **~rio** [-'sorĭo] **1.** *adj* nebensächlich, Neben…; **2. ~*s*** *m/pl* Zubehör *n*; (*moda*) Accessoires *n/pl*; *teat* Requisiten *n/pl*
acciden|tado [agθiđen'tađo] **1.** *adj* verunglückt; (*viaje, etc*) voller Zwischenfälle; (*terreno*) hügelig, uneben; **2.** *m* Verunglückte(r) *m*; **~tal** [-'tal] (*casual*) zufällig; (*secundario*) unwesentlich; **~tarse** [-'tarse] (*1a*) verunglücken; **~te** [-'đente] *m* Unfall *m*; (*del terreno*) Unebenheit *f*; *mús* Vorzeichen *n*; **~ *de tráfico*** Verkehrsunfall *m*
acción [ag'θĭɔn] *f* Handlung *f*; Tat *f*; (*efecto*) Wirkung *f*; *com* Aktie *f*; **~ *concertada*** konzertierte Aktion *f*; ***entrar en* ~** in Aktion treten; ***poner en* ~** in Betrieb setzen
acciona|miento *tec* [agθĭona'mĭento] *m* Antrieb *m*; **~r** [-'nar] (*1a*) antreiben, betätigen
accionista [agθĭo'nista] *m* Aktionär *m*
acebo [a'θeƀo] *m* Stechpalme *f*
acech|ar [aθe'tʃar] (*1a*) auflauern (*dat*); **~o** [a'θetʃo] *m* Auflauern *n*; (*caza*) Anstand *m*; ***al* ~** auf der Lauer; ***ponerse al* ~** sich auf die Lauer legen
acedera [aθe'đera] *f* Sauerampfer *m*
acei|tar [aθɛĭ'tar] (*1a*) ölen, schmieren; **~te** [a'θɛĭte] *m* Öl *n*; **~ *de oliva*** Olivenöl *n*; **~ *de hígado de bacalao*** Lebertran *m*; **~ *mineral*** Mineralöl *n*; **~ *pesado*** Schweröl *n*; **~ *solar*** Sonnenöl *n*; **~ *vegetal*** Pflanzenöl *n*; **~tera** [-'tera] *f* Ölkanne *f*; **~tuna** [-'tuna] *f* Olive *f*
acelera|ción [aθelera'θĭɔn] *f* Beschleunigung *f*; **~dor** [-ra'đɔr] *m auto* Gaspedal *n*; **~r** [-'rar] (*1a*) beschleunigen (*a fig*)
acelga *bot* [a'θɛlga] *f* Mangold *m*
acen|to [a'θento] *m* Akzent *m*, Betonung *f*; *fig* Nachdruck *m*; **~tuar** [aθen'tŭar] (*1e*) betonen, hervorheben; **~tuarse** sich verschärfen; zunehmen
acepción [aθɛƀ'θĭɔn] *f* Bedeutung *f*; ***sin* ~ *de personas*** ohne Ansehen der Person
acepilladora [aθepiʎa'đora] *f* Hobelmaschine *f*
acepta|ble [aθɛp'taƀle] annehmbar; **~ción** [-ta'θĭɔn] *f* Annahme *f*; Anerkennung *f*; *com* Akzept *n*; **~nte** [-'tante] *m* Akzeptant *m*; **~r** [-'tar] (*1a*) annehmen; *a com* akzeptieren
acequia [a'θekĭa] *f* Bewässerungsgraben *m*, -kanal *m*
acera [a'θera] *f* Gehweg *m*
acera|do [aθe'rađo] gestählt, stählern; *fig* schneidend, scharf; **~r** [-'rar] (*1a*) *a fig* stählen
acerbo [a'θɛrƀo] herb; *fig* hart
acerca [a'θɛrka]: **~ *de*** betreffs (*gen*); über (*ac*); hinsichtlich (*gen*)
acercar [aθɛr'kar] (*1g*) (näher) heranbringen; **~se** sich nähern, näher kommen
acería [aθe'ria] *f* Stahlwerk *n*
acero [a'θero] *m* Stahl *m*; **~ *especial*** Edelstahl *m*; **~ *bruto*** Rohstahl *m*; **~ *fundido*** Gussstahl *m*
acérrimo [a'θɛrrimo] sehr scharf; *fig* erbittert; hartnäckig
acer|tado [aθɛr'tađo] treffend; richtig; **~tante** [-'tante] *m* Gewinner *m* (*en un concurso, etc*); **~tar** [-'tar] (*1k*) erraten; (das Richtige) treffen; ***no acierto a hacerlo*** es gelingt mir nicht; **~tijo** [-'tixo] *m* Rätsel *n*
acervo [a'θɛrƀo] *m fig* Gemeingut *n*; **~ *cultural*** Kulturgut *n*
acético [a'θetiko] Essig…
ace|tileno [aθeti'leno] *m* Azetylen *n*; **~tona** [-'tona] *f* Azeton *n*
achacar [atʃa'kar] (*1g*): **~ *a*** schieben auf; **~ *la culpa a alg*** j-m die Schuld zuschieben
achacoso [atʃa'koso] kränklich; gebrechlich
achaparrado [atʃapa'rrađo] (*persona*) untersetzt; *bot* verkümmert
achaque [a'tʃake] *m* Unpässlichkeit *f*; *med* Beschwerde *f*; **~*s de la edad*** Altersbeschwerden *f/pl*
achicar [atʃi'kar] (*1g*) verkleinern; (*intimidar*) einschüchtern; *mar* auspumpen; **~se** F *fig* klein werden
achicharrar [atʃitʃa'rrar] (*1a*) (zu) stark braten; anbrennen lassen; **~se** (*de calor*) vor Hitze eingehen
achicoria [atʃi'korĭa] *f* Zichorie *f*
achisparse F [atʃis'parse] (*1a*) sich beschwipsen
achuchar [atʃu'tʃar] (*1a*) aufhetzen;

hetzen auf; zerquetschen

aciago [a'θĭago] Unglück bringend, unheilvoll; ***día*** *m* **~** Unglückstag *m*

aciano [a'θĭano] *m* Kornblume *f*

acicalar [aθika'lar] (*1a*) herausputzen, schniegeln; **~se** sich herausputzen

acicate [aθi'kate] *m fig* Antrieb *m*, Anreiz *m*

acidez [aθi'đeθ] *f* Säure *f*; Säuregehalt *m*; **~ *de estómago*** Sodbrennen *n*

ácido ['aθiđo] **1.** *adj* sauer; **2.** *m* Säure *f*; **~ *acético*** Essigsäure *f*; **~ *carbónico*** Kohlensäure *f*; **~ *clorhídrico*** Salzsäure *f*; **~ *sulfúrico*** Schwefelsäure *f*; **~ *úrico*** Harnsäure *f*

acídulo [a'θiđulo] säuerlich

acierto [a'θĭɛrto] *m* Treffer *m*; *fig* Geschicklichkeit *f*; Erfolg *m*; ***con*** **~** geschickt, treffend

aclama|ción [aklama'θĭɔn] *f* Beifall(sruf) *m*; Zuruf *m*; **~r** [-'mar] (*1a*) zujubeln; applaudieren

aclara|ción [aklara'θĭɔn] *f* Aufklärung *f*; Erläuterung *f*; **~r** [-'rar] (*1a*) **1.** *v/t* (auf-) klären; (*explicar*) erklären, erläutern; (*color*) aufhellen; (*líquido*) verdünnen; (*bosque*) lichten; (*ropa*) spülen; **2.** *v/i* aufklären, sich aufhellen

aclimata|ción [aklimata'θĭɔn] *f* Akklimatisierung *f*; Eingewöhnung *f*; **~r** [-'tar] (*1a*) akklimatisieren; **~rse** sich eingewöhnen

acné *med* [ak'ne] *f* Akne *f*

acobardar [akoƀar'đar] (*1a*) einschüchtern; **~se** verzagen, den Mut verlieren

aco|dado [ako'đađo] gebogen; **~darse** [-'đarse] (*1a*) sich auf die Ellbogen stützen; **~do** *agr* [-'kođo] *m* Ableger *m*

acog|edor [akɔxe'đor] gastlich, gemütlich; **~er** [-'xɛr] (*2c*) aufnehmen; *fig* **~ *con satisfacción*** begrüßen, gutheißen; **~erse**: **~ *a alg*** bei j-m Schutz (*od* Hilfe) suchen; **~ *a a/c*** sich auf et (*ac*) berufen; **~ida** [-'xiđa] *f* Aufnahme *f*, Empfang *m*; ***tener buena*** **~** Beifall finden; gut ankommen (*beim Publikum*)

acolchar [akɔl'tʃar] (*1a*) polstern, steppen, wattieren

acólito [a'kolito] *m* Ministrant *m*; Messdiener *m*; *fig* Anhänger *m*

acome|ter [akome'tɛr] (*2a*) angreifen; *fig* in Angriff nehmen; **~tida** [-'tiđa] *f* Angriff *m*; *tec* Anschluss *m*

acomoda|ble [akomo'đaƀle] anpassungsfähig; **~ción** [-đa'θĭɔn] *f* Anpassung *f*; Umbau *m*, -gestaltung *f*; **~dizo** [-'điθo] anpassungsfähig; fügsam; **~do** [-'đađo] (*cómodo*) bequem; (*rico*) wohlhabend; **~dor** [-'đɔr] *m* Platzanweiser *m*; **~r** [-'đar] (*1a*) anpassen; (*alojar*) unterbringen; **~rse** sich anpassen (an *ac* ***a***)

acompaña|miento [akɔmpaɲa'mĭento] *m* Begleitung *f* (*a mús*); *gastr* Beilage *f*; **~nte** [-'ɲante] *m* Begleiter *m*, Beifahrer *m*; **~r** [-'ɲar] (*1a*) begleiten (*a mús*); *j-m* Gesellschaft leisten; (*adjuntar*) beilegen

acompasado [akɔmpa'sađo] nach dem Takt; rhythmisch; *fig* gemessen

acompleja|do [akɔmplɛ'xađo]: ***estar*** **~** Komplexe haben; **~r** [-'xar] (*1a*) Komplexe verursachen; **~rse** Komplexe bekommen

acondiciona|do [akɔndiθĭo'nađo]: ***aire*** *m* **~** Klimaanlage *f*; **~dor** [-'đɔr] *m*: **~ *de aire*** Klimaanlage *f*; **~miento** [-'mĭento] *m* Einrichtung *f*; Gestaltung *f*; **~ *de aire*** Klimatisierung *f*; **~r** [-'nar] (*1a*) gestalten; herrichten; (*aire*) klimatisieren

acongojar [akɔŋgɔ'xar] (*1a*) bedrücken, bekümmern, beklemmen

acónito *bot* [a'konito] *m* Eisenhut *m*

aconseja|ble [akɔnsɛ'xaƀle] ratsam; empfehlenswert; **~r** [-'xar] (*1a*) empfehlen; *j-m* raten, *j-n* beraten; **~rse**: **~ *de*** (*od* ***con***) sich (*dat*) Rat holen bei (*dat*)

aconte|cer [akɔnte'θɛr] (*2d*) sich ereignen, geschehen; **~cimiento** [-θi'mĭento] *m* Ereignis *n*, Begebenheit *f*

acopi|ar [ako'pĭar] (*1b*) anhäufen, ansammeln; **~o** [a'kopĭo] *m* Anhäufung *f*; Vorrat *m*

acopla|miento *tec* [akopla'mĭento] *m* Kupplung *f*; Kopplung *f*; **~ *en serie*** Reihen-, Serienschaltung *f*; **~r** [-'plar] (*1a*) zusammenfügen; kuppeln

acoraza|do [akora'θađo] **1.** *adj* gepanzert; Panzer…; **2.** *m mar* Panzerkreuzer *m*; **~r** [-'θar] (*1f*) panzern

acor|dado [akɔr'đađo] beschlossen; ***lo*** **~** der Beschluss; die Vereinbarung; **~dar** [-'dar] (*1m*) beschließen, vereinbaren; **~darse** sich erinnern (an *ac* ***de***); ***si mal no me acuerdo*** wenn ich mich recht entsinne; **~de** [a'kɔrđe] **1.**

adj übereinstimmend; **~ con** in Einklang mit; **2.** *mús m* Akkord *m*
acorde|ón [akɔrđe'ɔn] *m* Akkordeon *n*, Ziehharmonika *f*; **~onista** [-đeo'nista] *m* Akkordeonspieler(in) *m(f)*
acordona|miento [akɔrđona'mĭento] *m* Abriegelung *f*, Absperrung *f*; **~r** [-'nar] *(1a)* abriegeln, absperren
acorralar [akɔrra'lar] *(1a)* *(ganado)* einpferchen; *fig* in die Enge treiben
acortar [akɔr'tar] *(1a)* *v/t* (ab-, ver)kürzen; *(falda)* kürzer machen; **~se** *(día)* kürzer werden
aco|sar [ako'sar] *(1a)* hetzen; *fig* bedrängen; *j-m* zusetzen (**con preguntas** mit Fragen); **~so** [a'koso] *m* Hetzjagd *f*; **~ sexual** sexuelle Belästigung *f*
acostar [akɔs'tar] *(1m)* zu Bett bringen; **~se** zu Bett gehen, schlafen gehen
acostumbra|do [akɔstum'brađo] gewohnt; **estar ~ a a/c** an et *(ac)* gewöhnt sein; **~r** [-'brar] *(1a)* **1.** *v/t* gewöhnen (an *ac* **a**); **2.** *v/i* pflegen, gewohnt sein (zu *inf*); **~rse** sich gewöhnen (an **a**)
acota|ción [akota'θĭɔn] *f* Randbemerkung *f*; *teat* Bühnenanweisung *f*; **~miento** [-'mĭento] *m* Abgrenzung *f*; **~r** [-'tar] *(1a)* mit Randbemerkungen versehen; *(terreno)* abgrenzen; einfried(ig)en
ácrata ['acrata] **1.** *adj* anarchistisch; **2.** *m* Anarchist *m*
acre ['akre] scharf, herb *(a fig)*
acrecentar [akreθen'tar] *(1k)* vermehren, steigern; **~se** zunehmen, anwachsen
acredita|do [akređi'tađo] geachtet, angesehen; bewährt; **~r** [-'tar] *(1a)* Ansehen verleihen *(dat)*; verbürgen; *pol* beglaubigen, akkreditieren; *com* gutschreiben; **~rse** sich bewähren; sich Ansehen erwerben
acreedor [akree'đɔr] **1.** *adj* anspruchsberechtigt; **2.** *m* [-'đor] Gläubiger *m*
acribillar [akriƀi'ʎar] *(1a)* durchlöchern; *fig* bedrängen (mit *dat* **a**)
acrimonia [akri'monĭa] *f* Schärfe *f*; *fig* Bitterkeit *f*
acrisolar [akriso'lar] *(1a)* *(metal)* läutern *(a fig)*
acristalar [akrista'lar] *(1a)* verglasen
acritud [akri'tuđ] *f* Schärfe *f* *(a fig)*
acr|óbata [a'kroƀata] *m* Akrobat *m*; **~obático** [akro'ƀatiko] akrobatisch; **vuelo** *m* **~** Kunstflug *m*
acta ['akta] *f* Urkunde *f*; *(de una sesión, etc)* Protokoll *n*; *jur* Akte *f*; **~ notarial** notarielle Urkunde *f*; **hacer constar en ~** aktenkundig machen, protokollieren; **levantar ~** beurkunden, zu Protokoll nehmen
acti|tud [akti'tuđ] *f* Stellung *f*, Haltung *f*; *fig* Einstellung *f*, Verhalten *n*; **~ ante la vida** Einstellung *f* zum Leben *n*; **~var** [-'ƀar] *(1a)* beschleunigen; aktivieren; **~vidad** [-ƀi'đađ] *f* Tätigkeit *f*, Aktivität *f*; *fig* Betriebsamkeit *f*; **~vista** [-'ƀista] *su pol* Aktivist(in) *m(f)*; **~vo** [-'tiƀo] **1.** *adj* aktiv; tätig; tatkräftig; **en ~** im Dienst (stehend); *gram* **voz** *f* **activa** Aktiv *n*; **2.** *m com* Aktivvermögen *n*, Aktiva *pl*
acto ['akto] *m* Tat *f*, Handlung *f*; *teat* Akt *m*, Aufzug *m*; **~ inaugural** Eröffnungsfeier *f*; **~ de clausura** Schlussfeier *f*; **hacer ~ de presencia** sich (kurz) blicken lassen; **~ seguido** anschließend, gleich darauf; **en el ~** auf der Stelle, unverzüglich; **en ~ de servicio** in Erfüllung s-r Pflicht
ac|tor [ak'tɔr] *m* Schauspieler *m*; **~triz** [-'triθ] *f* Schauspielerin *f*
actua|ción [aktŭa'θĭɔn] *f* Tätigkeit *f*; Auftreten *n*, Auftritt *m* *(a teat)*; **~ en directo** Liveauftritt *m*;; **~l** [-'tŭal] aktuell, gegenwärtig; **~lidad** [-tŭaliđađ] *f* Gegenwart *f*; Aktualität *f*; **de gran ~** sehr aktuell; **en la ~** zurzeit, gegenwärtig; **~lización** [-liθa'θĭɔn] *f* Aktualisierung *f*; *inform* Update *n*; **~lizar** [-'θar] *(1f)* aktualisieren, auf den neuesten Stand bringen; *inform* updaten; **~r** [-'tŭar] *(1e)* tätig sein bzw werden; wirken *(a med)*; *teat* auftreten; **~ de** sich betätigen als, auftreten als
acuare|la [akŭa'rela] *f* Aquarell *n*; **~lista** [-re'lista] *m* Aquarellmaler *m*
acuario [a'kŭarĭo] *m* Aquarium *n*; *astr* ♒ Wassermann *m*
acuartela|miento [akŭartela'mĭento] *m* Kasernierung *f*; **~r** [-'lar] *(1a)* kasernieren
acuático [a'kŭatiko] Wasser…
acuchillar [akutʃi'ʎar] *(1a)* niederstechen; *(matar)* erstechen; *(parqué)* abziehen
acucia|nte [aku'θĭante] dringend, brennend; **~r** [-'θĭar] *(1b)* anstacheln
acuclillarse [akukli'ʎarse] *(1a)* sich hocken, sich (nieder)kauern

acudir [aku'đir] (*3a*) herbeieilen; (*asistir*) teilnehmen (an *dat* ***a***); ***~ a alg*** sich an j-n wenden; ***~ a las urnas*** wählen
acueducto [akŭe'đukto] *m* Aquädukt *m*
acuerdo [a'kŭerđo] *m* Übereinkunft *f*; Übereinstimmung *f*; (*convenio*) Abkommen *n*, Vereinbarung *f*; Beschluss *m*; ***~ comercial*** Handelsabkommen *n*; ***estar de ~ con*** einverstanden sein mit (*dat*); ***llegar a un ~*** zu e-r Einigung kommen; ***ponerse de ~*** sich einigen (mit *dat* ***con***); ***tomar un ~*** e-n Beschluss fassen; ***de común ~*** einmütig; ***de ~ con*** gemäß (*dat*); ***¡de ~!*** einverstanden!
acumula|ción [akumula'θĭɔn] *f* Anhäufung *f*; **~dor** [-'đɔr] *el m* Akku(mulator) *m*; **~r** [-'lar] (*1a*) an-, aufhäufen; **~rse** sich ansammeln
acuña|ción [akuɲa'θĭɔn] *f* (Münz-)Prägung *f*; **~r** [-'ɲar] (*1a*) (*moneda, palabra*) prägen
acuoso [a'kŭoso] wässerig; (*fruta*) saftig
acupuntura [akupun'tura] *f* Akupunktur *f*
acurrucarse [akurru'karse] (*1g*) sich ducken; sich zusammenkauern
acu|sación [akusa'θĭɔn] *f* Beschuldigung *f*; *jur* Anklage *f*; **~sado** [-'sađo] *m* Angeklagte(r) *m*; **~sador** [-'đɔr] *m* Ankläger *m*; **~sar** [-'sar] (*1a*) anklagen; beschuldigen; (*mostrar*) aufweisen; ***~ recibo*** den Empfang bestätigen; **~sativo** *gram* [-sa'tiƀo] *m* Akkusativ *m*; **~satorio** [-sa'torĭo] Anklage…; **~se** [a'kuse] *m*: ***~ de recibo*** Empfangsbestätigung *f*
acústi|ca [a'kustika] *f* Akustik *f*; **~co** [-ko] akustisch
acutángulo [aku'taŋgulo] spitzwinklig
adagio [a'đaxĭo] *m* Sprichwort *n*; Spruch *m*; *mús* Adagio *n*
adalid [ađa'liđ] *m* Anführer *m*; *fig* Vorkämpfer *m*
adapta|ble [ađap'taƀle] anpassungsfähig; **~ción** [-ta'θĭɔn] *f* Anpassung *f*; (*de un texto*) Bearbeitung *f*; **~dor** *tec* [-'đɔr] *m* Adapter *m*; **~r** [-'tar] (*1a*) anpassen; bearbeiten; **~rse** sich anpassen (an *ac* ***a***)
adecentar [ađeθen'tar] (*1a*) (ordentlich) herrichten
ade|cuado [ađe'kŭađo] angemessen, geeignet, passend; **~cuar** [-'kŭar] (*1d*) anpassen
adefesio F [ađe'fesĭo] *m* (*persona*) Vogelscheuche *f*
adelanta|do [ađelan'tađo] vorgerückt; fortgeschritten; vorzeitig; ***pagar por ~*** vorausbezahlen; ***ir ~*** vorgehen (*reloj*); **~miento** [-ta'mĭento] *m auto* Überholen *n*; **~r** [-'tar] (*1a*) **1.** *v/t* vorrücken; *auto* überholen; (*dinero*) vorstrecken; (*reloj*) vorstellen; (*fecha*) vorverlegen; **2.** *v/i* Fortschritte machen; (*reloj*) vorgehen; **~rse** vorangehen; *fig* ***~ a alg*** j-m zuvorkommen
adelante [ađe'lante] vorwärts; ***¡~!*** los!; vorwärts!; herein!; ***de ahora*** (*od* ***aquí***) ***en ~*** von jetzt an; ***más ~*** weiter vorn; (*más tarde*) später; ***salir ~*** *fig* vorwärtskommen, es zu et bringen
adelanto [ađe'lanto] *m* Fortschritt *m*; *com* Vorschuss *m*
adelfa *bot* [a'đɛlfa] *f* Oleander *m*
adelgaza|miento [ađelgaθa'mĭento] *m*: ***cura*** *f* ***de ~*** Abmagerungskur *f*; **~r** [-'θar] (*1f*) abnehmen
ademán [ađe'man] *m* Gebärde *f*, Geste *f*
además [ađe'mas] **1.** *adv* außerdem, ferner; **2.** *prp* ***~ de*** außer (*dat*)
adentrarse [ađen'trarse] (*1a*) eindringen (*a fig*) (in *ac* ***en***)
adentro [a'đentro] hinein; *mar* ***~*** seewärts; ***tierra ~*** landeinwärts; ***decir para sus ~s*** zu sich selbst sagen
adepto [a'đɛpto] *m* Anhänger *m*
adere|zar [ađere'θar] (*1f*) herrichten, zurechtmachen; *gastr* zubereiten, anrichten; (*tela*) appretieren; **~zarse** sich zurechtmachen; **~zo** [-'reθo] *m gastr* Zubereitung *f*; Würze *f*; (*adorno*) Schmuck *m*
adeu|dado [ađeŭ'đađo] verschuldet; **~dar** [-'đar] (*1a*) schulden; ***~ en cuenta*** das Konto belasten; **~darse** Schulden machen; **~do** [a'đeŭđo] *m* Schuld *f*; ***~ en cuenta*** Belastung *f*; Lastschrift *f*
adhe|rencia [ađe'renθĭa] *f* Anhaften *n*; *med* Verwachsung *f*; **~rente** [-'rente] (an)haftend, (an)klebend; **~rir** [-'rir] (*3i*) (an)haften; **~rirse** sich anschließen (an *ac* ***a***); beitreten (*a un partido, etc*, *dat*); **~sión** [-'sĭɔn] *f* Anschluss *m*, Beitritt *m*; *fig* Adhäsion *f*; **~sivo 1.** *adj* (an)haftend, Haft…; **2.** *m* Klebstoff *m*
adicción *med* [ađig'θĭɔn] *f* Sucht *f*

adi|ción [ađi'θĭɔn] *f* Zusatz *m*; *mat* Addieren *n*, Addition *f*; **~cional** [-θĭo'nal] zusätzlich, Zusatz…; **~cionar** [-'nar] (*1a*) hinzufügen; *mat* addieren
adicto [a'đikto] **1.** *adj* ergeben, zugetan (*dat* ***a***); (*a las drogas, etc*) süchtig; **2.** *m* Anhänger *m*; *med* Süchtige(r) *m*
adiestra|miento [ađĭestra'mĭento] *m* Abrichtung *f*; Dressur *f*; **~r** [-'trar] (*1a*) abrichten, dressieren; (*instruir*) anleiten, schulen
adinerado [ađine'rađo] vermögend
adiós [a'đĭɔs] **1.** *int* auf Wiedersehen!; **2.** *m* Abschied *m*
adiposo [ađi'poso] Fett…; ***tejido*** *m* **~** Fettgewebe *n*
adit|amento [ađita'mento] *m* Zusatz *m*; **~ivo** [-'tiƀo] *m* Zusatz(stoff) *m*
adivi|nación [ađiƀina'θĭɔn] *f* Wahrsagung *f*; Erraten *n*; **~nanza** [-'nanθa] *f* Rätsel *n*; **~nar** [-'nar] (*1a*) (*predecir*) wahrsagen; (*acertar*) (er)raten; **~no** *m*, **-na** *f* [-'ƀino, -'ƀina] Wahrsager(in) *m*(*f*)
adjetivo [ađxe'tiƀo] *m* Eigenschaftswort *n*, Adjektiv *n*
adjudica|ción [ađxuđika'θĭɔn] *f* Zuerkennung *f*; (*subasta*) Zuschlag *m*; **~ *de una obra*** Vergabe *f* e-s Baues; **~r** [-'kar] (*1g*) zuerkennen; (*subasta*) zuschlagen
adjun|tar [ađxun'tar] (*1a*) beilegen, -fügen; **~to** [-'xunto] beiliegend
administra|ción [ađministra'θĭɔn] *f* Verwaltung *f*; **~dor** [-'đɔr] *m* Verwalter *m*; Geschäftsführer *m*; **~r** [-'trar] (*1a*) verwalten; *med* verabreichen; *rel* spenden; **~tivo** [-tra'tiƀo] **1.** *adj* Verwaltungs…; **2.** *m* Verwaltungsangestellte(r) *m*
admira|ble [ađmi'raƀle] bewundernswert; **~ción** [-ra'θĭɔn] *f* Bewunderung *f*; (*asombro*) Staunen *n*; (***signo*** *m* ***de***) **~** Ausrufungszeichen *n*; **~dor** [-'đɔr] *m* Bewunderer *m*; Verehrer *m*; **~r** [-'rar] (*1a*) bewundern; (*extrañar*) erstaunen; **~rse** sich wundern (über *ac* ***de***)
admi|sible [ađmi'siƀle] zulässig, statthaft; **~sión** [-'sĭɔn] *f* Zulassung *f*; Aufnahme *f*; **~tir** [-'tir] (*3a*) zulassen, aufnehmen; (*reconocer*) zugeben; **~ *en pago*** in Zahlung nehmen
admonición [ađmoni'θĭɔn] *f* Ermahnung *f*; Verwarnung *f*
ado|bar [ađo'ƀar] (*1a*) *gastr* marinieren, beizen; **~be** [a'đoƀe] *m* Luftziegel *m*; **~bo** [a'đoƀo] *m gastr* Marinade *f*, Beize *f*
adocenado [ađoθe'nađo] alltäglich
adoctrinar [ađɔktri'nar] (*1a*) belehren, unterweisen
adolecer [ađole'θɛr] (*2d*) kranken, leiden (an *dat* ***de***)
adolescen|cia [ađoles'θenθĭa] *f* Jünglingsalter *n*; **~te** [-'θente] *m* Jugendliche(r) *m*, Halbwüchsige(r) *m*
adonde [a'đɔnde] wohin
¿adónde? [a'đɔnde] *interr* wohin?
adop|ción [ađɔƀ'θĭɔn] *f* Adoption *f*; **~tar** [ađɔp'tar] (*1a*) adoptieren; (*aceptar*) annehmen; **~ *una medida*** e-e Maßnahme ergreifen; **~ *una resolución*** e-n Entschluss fassen; **~tivo** [-'tiƀo] Adoptiv…; ***patria*** *f* ***adoptiva*** Wahlheimat *f*
ado|quín [ađo'kin] *m* Pflasterstein *m*; **~quinado** [-ki'nađo] *m* Pflaster(n) *n*; **~quinar** [-ki'nar] (*1a*) pflastern
adora|ble [ađo'raƀle] *fig* entzückend; **~ción** [-ra'θĭɔn] *f* Anbetung *f*; Verehrung *f*; **~dor** [-'đɔr] *m* Verehrer *m*; **~r** [-'rar] (*1a*) anbeten; verehren; abgöttisch lieben
adormece|dor [ađɔrmeθe'đɔr] einschläfernd; **~r** [-'θɛr] (*2d*) einschläfern; **~rse** einschlummern
adormidera [ađɔrmi'đera] *f* Mohn *m*
adormi|larse [ađɔrmi'larse], **~tarse** [-'tarse] (*1a*) einnicken
ador|nar [ađɔr'nar] (*1a*) schmücken, verzieren; **~no** [a'đɔrno] *m* Schmuck *m*; Verzierung *f*
adosar [ađo'sar] (*1a*) anlehnen
adqui|rir [ađki'rir] (*3i*) erwerben; anschaffen; (*conseguir*) erlangen; **~sición** [-si'θĭɔn] *f* Erwerb *m*,Erwerbung *f*; Anschaffung *f*; **~sitivo** [-'tiƀo]: ***poder*** *m* **~** Kaufkraft *f*
adrede [a'đređe] *adv* absichtlich
Adriático [a'đrĭatiko] *m* Adria *f*
adua|na [a'đŭana] *f* Zoll *m*; **~nero** [ađŭa'nero] **1.** *adj* Zoll…; **2.** *m* Zollbeamte(r) *m*
aducir [ađu'θir] (*3o*) (*pruebas*) beibringen, vorlegen
adueñarse [ađŭe'ɲarse] (*1a*): **~ *de*** sich bemächtigen (*gen*)
adula|ción [ađula'θĭɔn] *f* Schmeichelei *f*; **~dor** [-'đɔr] *m* Schmeichler *m*; **~r**

[-'lar] (*1a*) *j-m* schmeicheln
adúltera [a'đultera] *f* Ehebrecherin *f*
adultera|ción [ađultera'θĭɔn] *f* Verfälschung *f*; **~r** [-'rar] (*1a*) (ver)fälschen
adulterio [ađul'terĭo] *m* Ehebruch *m*
adúltero [a'đultero] **1.** *adj* ehebrecherisch; **2.** *m* Ehebrecher *m*
adulto [a'đulto] **1.** *adj* erwachsen; **2.** *m* Erwachsene(r) *m*
adusto [a'đusto] finster, mürrisch
adve|nedizo [ađƀene'điθo] **1.** *adj* fremd; hergelaufen; **2.** *m* Fremde(r) *m*; Emporkömmling *m*; **~nimiento** [-ni'mĭento] *m* Ankunft *f*; (*al trono*) Thronbesteigung *f*
adverbio [ađ'ƀɛrƀĭo] *m* Umstandswort *n*, Adverb *n*
adver|sario [ađƀɛr'sarĭo] *m* Gegner *m*; **~sidad** [-si'điađ] *f* Widrigkeit *f*; Missgeschick *n*; **~so** [-'ƀɛrso] widrig; feindlich; ungünstig
adver|tencia [ađƀɛr'tenθĭa] *f* Warnung *f*; Hinweis *m*; **~tir** [-'tir] (*3i*) bemerken; (*indicar*) aufmerksam machen; (*avisar*) warnen
adviento *rel* [ađ'ƀĭento] *m* Advent *m*
adyacente [ađja'θente] angrenzend
aeración [aera'θĭɔn] *f* (Be-)Lüftung *f*
aéreo [a'ereo] Luft…; ***compañía*** *f* ***aérea*** Luftfahrtgesellschaft *f*; ***línea*** *f* ***aérea*** Fluglinie *f*; ***ferrocarril*** *m* **~** Schwebebahn *f*; ***vía*** *f* ***aérea*** Luftweg *m*
aero|bús [aero'ƀus] *m* Airbus *m*; **~deslizador** [-dezliθa'đɔr] *m* Luftkissenboot *n*; **~dinámico** [-đi'namiko] stromlinienförmig
aeródromo [ae'rođromo] *m* Flugplatz *m*
aero|espacial [aeroespa'θĭal] (Luft- und) Raumfahrt…; **~foto** [-'foto] *f* Luftbild *n*; **~grama** [-'grama] *m* Luftpostleichtbrief *m*; **~modelismo** [-mođe'lizmo] *m* Flugmodellbau *m*; **~moza** [-'moθa] *f Am* Stewardess *f*; **~náutica** [-'naŭtika] *f* Luftfahrt *f*; **~náutico** [-'naŭtiko] Luftfahrt…; **~nave** [-'naƀe] *f* Luftschiff *n*; **~navegación** [-naƀega'θĭɔn] *f* Luftfahrt *f*; **~puerto** [-'pŭɛrto] *m* Flughafen *m*; **~sol** [-'sɔl] *m* Aerosol *n*; Spray *m u n*; **aeróstato** [ae'rɔstato] *m* Luftballon *m*, Fesselballon *m*; **~taxi** [-'taksi] *m* Lufttaxi *n*; **~técnica** [-'tɛknika] *f* Flugtechnik *f*; **~vía** [-'ƀia] *f* Fluglinie *f*
afab|ilidad [afaƀili'điađ] *f* Freundlichkeit *f*; **~le** [a'faƀle] freundlich
afamado [afa'mađo] berühmt
afán [a'fan] *m* Streben *n*; Eifer *m*; (*anhelo*) Gier *f*; **~ *de aprender*** Bildungsdrang *m*; **~ *de lucro*** Gewinnsucht *f*
afanar [afa'nar] (*1a*) F klauen, stibitzen; **~se** sich abmühen, F sich abrackern
afear [afe'ar] (*1a*) verunstalten, entstellen; **~ *a/c a alg*** j-m et vorwerfen
afección [afɛg'θĭɔn] *f* Zuneigung *f*; *med* Leiden *n*
afecta|ción [afɛkta'θĭɔn] *f* Geziertheit *f*, Affektiertheit *f*; **~do** [-'tađo] betroffen (von *dat* ***por***); (*amanerado*) geziert, affektiert; **~r** [-'tar] (*1a*) betreffen, angehen; (*fingir*) vorgeben; *med* befallen; (*emocionar*) berühren; ***esto le afecta mucho*** das geht ihm sehr nahe
afec|tivo [afɛk'tiƀo] Gemüts…; gefühlsbetont; **~to** [a'fɛkto] **1.** *adj* geneigt, zugetan (j-m ***a alg***); *med* **~ *de*** befallen von; **2.** *m* Affekt *m*; Zuneigung *f*; **~tuosidad** [-tŭosi'điađ] *f* Herzlichkeit *f*; **~tuoso** [-'tŭoso] herzlich, liebevoll
afei|tado [afɛĭ'tađo] *m* Rasieren *n*, Rasur *f*; **~tadora** [-ta'đora] *f* Trockenrasierer *m*; **~tar** [-'tar] (*1a*) rasieren; **~te** [a'fɛĭte] *m* Schminke *f*
afeminado [afemi'nađo] **1.** *adj* weibisch; **2.** *m* Weichling *m*
aferra|do [afɛ'rrađo] verrannt (in *ac* ***a***); **~miento** [-rra'mĭento] *m* Hartnäckigkeit *f*; **~rse** [-'rrarse] (*1k*): **~ *a a/c*** *fig* auf et (*dat*) beharren
Afganistán [afganis'tan] *m* Afghanistan *n*
afianza|miento [afĭanθa'mĭento] *m* Stütze *f*; Sicherung *f*; **~r** [-'θar] (*1f*) befestigen; (ab)stützen; *fig* festigen
afición [afi'θĭɔn] *f* Zuneigung *f*; Neigung *f* (zu ***por***); ***la*** **~** die Anhänger, die Fans; ***por*** **~** aus Liebhaberei; als Hobby
aficiona|do [afiθĭo'nađo] **1.** *adj*: **~ *a*** geneigt zu; begeistert für; **2.** *m* Liebhaber *m*, Amateur *m*; Fan *m*; **~r** [-'nar] (*1a*) gewinnen für (*ac* ***a***); **~rse**: **~ *a*** sich für et begeistern
afila|cuchillos [afilaku'tʃiʎos] *m* Messerschärfer *m*; **~do** [-'lađo] scharf; spitz; **~dor** [-la'đɔr] *m* (Scheren-) Schleifer *m*; **~dora** [-'đora] *f* Schleifmaschine *f*; **~lápices** [-'lapiθes] *m* Bleistiftspitzer *m*; **~r** [-'lar] (*1a*) schlei-

fen; (*lápiz*) spitzen

afilia|ción [afilĭa'θĭɔn] *f* Beitritt *m* (zu *dat* ***a***); Mitgliedschaft *f* (bei *dat* ***a***); **~do** [-'lĭađo] **1.** *adj*: ***estar ~ a*** angehören (*dat*); **2.** *m* Mitglied *n*; **~rse** [-'lĭarse] (*1b*) eintreten (in *ac* ***a***); beitreten (*dat*)

afín [a'fin] angrenzend; *fig* verwandt

afina|ción [afina'θĭɔn] *f mús* Stimmen *n*; **~dor** [-'đɔr] *m mús* (Klavier-)Stimmer *m*; Stimmschlüssel *m*; **~r** [-'nar] (*1a*) **1.** *v/t* verfeinern; *mús* stimmen; **2.** *v/i* (ton)rein spielen (*od* singen)

afincarse [afiŋ'karse] (*1g*) ansässig werden; sich niederlassen

afinidad [afini'đađ] *f* Verwandtschaft *f* (*a fig*)

afirma|ción [afirma'θĭɔn] *f* Behauptung *f*; Bestätigung *f*; **~r** [-'mar] (*1a*) behaupten; bestätigen; bejahen; (*sujetar*) befestigen; **~tiva** [-ma'tiƀa] *f* Bejahung *f*; Zusage *f*; **~tivo** [-'tiƀo] bejahend

aflic|ción [aflig'θĭɔn] *f* Betrübnis *f*; Kummer *m*; **~tivo** [aflik'tiƀo] betrüblich

afligi|do [afli'xiđo] bedrückt; bekümmert; **~r** [-'xir] (*3c*) betrüben; bedrücken; **~rse** sich grämen

aflojar [aflɔ'xar] (*1a*) **1.** *v/t* lockern; F (*dinero*) locker machen; **2.** *v/i* abflauen; **~se** locker werden

aflorar [aflo'rar] (*1a*) zutage treten

afluen|cia [a'flŭenθĭa] *f* Zustrom *m*; Andrang *m*; **~te** [a'flŭente] *m* Nebenfluss *m*

afluir [a'flŭir] (*3g*) einmünden; herbeiströmen (*a fig*)

afonía [afo'nia] *f* Stimmlosigkeit *f*

afónico [a'foniko] stimmlos; (stock-) heiser

aforismo [afo'rizmo] *m* Sinnspruch *m*, Aphorismus *m*

aforo [a'foro] *m* (*de una sala*, *etc*) Fassungsvermögen *n*

afortuna|damente [afɔrtunađa'mente] glücklicherweise, zum Glück; **~do** [-'nađo] glücklich

afrenta [a'frenta] *f* Beleidigung *f*; **~r** [-'tar] (*1a*) beleidigen

África ['afrika] *f* Afrika *n*; ***~ del Sur*** Südafrika *n*

african|o [afri'kano] **1.** *adj* afrikanisch; **2. ~o** *m*, **~a** *f* Afrikaner(in) *m*(*f*)

afrodisíaco [afrodi'siako] *m* Aphrodisiakum *n*

afrontar [afrɔn'tar] (*1a*) gegenüberstellen; (*arrostrar*) trotzen (*dat*)

aft|a *med* ['afta] *f* Mundfäule *f*; **~oso** [af'toso]: ***fiebre f aftosa*** Maul- und Klauenseuche *f*

afuera [a'fŭera] draußen; hinaus; ***de ~*** von draußen; von auswärts; **~s** *f/pl* Umgebung *f*; Außenbezirke *m/pl*

agachar [aga'tʃar] (*1a*) neigen; beugen; **~se** sich ducken; sich bücken

agalla [a'gaʎa] *f zo* Kieme *f*; F ***tener ~s*** Schneid haben

ágape ['agape] *m* Festessen *n*

agarra|dero [agarra'đero] *m* Griff *m*, Henkel *m*; **~do** [-'rrađo] *fig* F knauserig, geizig; **~dor** [-'đɔr] *m* Griff *m*; Topflappen *m*; **~r** [-'rrar] (*1a*) (er)greifen, (an)packen; **~rse** sich festhalten (an ***a***)

agasa|jar [agasa'xar] (*1a*) bewirten; beschenken; *j-n* feiern; **~jo** [-'saxo] *m* Bewirtung *f*; (festlicher) Empfang *m*; Ehrung *f*

ágata ['agata] *f* Achat *m*

agavanz|a [aga'ƀanθa] *f* Hagebutte *f*; **~o** *m* Heckenrose *f*

agave [a'gaƀe] *f* Agave *f*

agazaparse [agaθa'parse] (*1a*) sich ducken

agencia [a'xenθĭa] *f* Agentur *f*, Vertretung *f*; ***~ de informes*** Auskunftei *f*; ***~ inmobiliaria*** Maklerbüro *n*; ***~ matrimonial*** Eheanbahnungsinstitut *n*; ***~ de noticias*** Nachrichtenagentur *f*; ***~ de publicidad*** Werbeagentur *f*; ***~ de traducción*** Übersetzungsbüro *n*; ***~ de transportes*** Spedition(sfirma) *f*; ***~ de viajes*** Reisebüro *n*

agenda [a'xenda] *f* Notizbuch *n*; Terminkalender *m*; *Am* Tagesordnung *f*

agente [a'xente] *m* Agent *m*; Vertreter *m*; ***~ de cambio y bolsa*** Börsenmakler *m*; ***~ marítimo*** Schiffsmakler *m*; ***~ patógeno*** Krankheitserreger *m*; ***~ de la propiedad industrial*** Patentanwalt *m*; ***~ de la propiedad inmobiliaria*** Immobilienmakler *m*; ***~*** (***de policía***) Polizist *m*; ***~ secreto*** Geheimagent *m*; ***~ de tráfico*** Verkehrspolizist *m*; ***~ de transportes*** Spediteur *m*

agigantado [axigan'tađo] riesenhaft, riesig; ***a pasos ~s*** mit Riesenschritten

ágil ['axil] behänd, flink, beweglich

agili|dad [axili'đađ] *f* Behändigkeit *f*, Gewandtheit *f*; Beweglichkeit *f*; **~zar**

[-'θar] (*1f*) beschleunigen
agio *com* ['axĭo] *m* Agio *n*, Aufgeld *n*; **~tista** [-'tista] *m* (Börsen-)Spekulant *m*
agita|ción [axita'θĭɔn] *f* (heftige) Bewegung *f*; Auf-, Erregung *f*; *pol* Unruhe *f*; **~do** [-'tađo] aufgeregt, erregt; bewegt; stürmisch; **~dor** [-ta'đɔr] *m* Agitator *m*, Aufwiegler *m*; **~r** [-'tar] (*1a*) schwenken, schütteln; *fig* er-, aufregen
aglomera|ción [aglomera'θĭɔn] *f* Anhäufung *f*; Zs.-ballung *f*; **~ *urbana*** Ballungsgebiet *n*; **~ *de gente*** Gedränge *n*; **~r** [-'rar] (*1a*) anhäufen; **~rse** sich zusammenballen; (*gente*) sich ansammeln
aglutina|nte [agluti'nante] **1.** *adj* Binde…, Klebe…; **2.** *m* Bindemittel *n*; **~r** [-'nar] (*1a*) verkleben; agglutinieren
agobi|ante [ago'bĭante] drückend, lastend; **~ar** [-'bĭar] (*1b*) *fig* (be-, nieder-) drücken; überlasten; **~o** [a'gobĭo] *m fig* Druck *m*; Last *f*
agolpa|miento [agɔlpa'mĭento] *m* Auflauf *m*; Andrang *m*; **~rse** [-'parse] (*1a*) sich drängen
agon|ía [ago'nia] *f* Todeskampf *m*, Agonie *f*; **~izar** [-ni'θar] (*1f*) im Sterben liegen
agorafobia *med* [agora'fobĭa] *f* Platzangst *f*
ago|rar [ago'rar] (*1n*) voraussagen, prophezeien; **~rero** [-'rero] **1.** *adj* Unheil verkündend; ***ave** f **agorera*** Unglücksvogel *m*; **2.** *m* Zeichendeuter *m*; *fig* Schwarzseher *m*
agosto [a'gɔsto] *m* August *m*; ***hacer su*** **~** sein Schäfchen ins Trockene bringen
agota|do [ago'tađo] erschöpft, (*mercancía*) ausverkauft; (*libro*) vergriffen; **~miento** [-'mĭento] *m* Erschöpfung *f*; **~r** [-'tar] (*1a*) erschöpfen (*a fig*); (*provisiones*) aufbrauchen
agracia|do [agra'θĭađo] anmutig; (*vom Glück*) begünstigt; ***salir*** **~** gewinnen; **~r** [-'θĭar] (*1b*) auszeichnen (mit *dat* ***con***); *jur* begnadigen
agra|dable [agra'đable] angenehm; nett; **~dar** [-'đar] (*1a*) gefallen
agrade|cer [agrađe'θɛr] (*2d*) danken (***a**/**c a alg*** j-m für et); ***se lo agradezco*** ich bin Ihnen dankbar dafür; **~cido** [-'θiđo] dankbar; **~cimiento** [-θi'mĭento] *m* Dank *m*; Dankbarkeit *f*
agrado [a'građo] *m* Anmut *f*; (Wohl-) Gefallen *n*; ***ser del*** **~** ***de alg*** j-m zusagen
agrandar [agran'dar] (*1a*) vergrößern, erweitern
agrario [a'grarĭo] Agrar…; ***reforma** f **agraria*** Bodenreform *f*, Landreform *f*
agrava|ción [agraƀa'θĭɔn] *f* Erschwerung *f*; Verschärfung *f*; *med* Verschlimmerung *f*; **~nte** [-'ƀante] erschwerend; *jur* strafverschärfend; **~r** [-'ƀar] (*1a*) erschweren; verschärfen; *med* verschlimmern
agravio [a'graƀĭo] *m* Beleidigung *f*
agredir [agre'đir] (*3a*; *ohne stammbetonte Formen*) angreifen; überfallen
agrega|do [agre'gađo] *m pol* Attaché *m*; **~r** [-'gar] (*1h*) hinzufügen; (*destinar*) zuteilen
agre|sión [agre'sĭɔn] *f* Angriff *m*, Überfall *m*; **~sividad** [-siƀi'đađ] *f* Angriffslust *f*, Aggressivität *f*; **~sivo** [-'siƀo] aggressiv; **~sor** [-'sɔr] *m* Angreifer *m*
agreste [a'greste] ländlich; *fig* ungeschliffen, grob
agria|do [a'grĭađo] verbittert; **~rse** (*1b od 1c*) sauer werden; *fig* sich ärgern
agrícola [a'grikola] *adj* landwirtschaftlich, Agrar…
agricul|tor [agrikul'tɔr] *m* Landwirt *m*; **~tura** [-'tura] *f* Landwirtschaft *f*
agridulce [agri'đulθe] süßsauer (*a fig*)
agrietarse [agrĭe'tarse] (*1a*) Risse bekommen, rissig werden (*tb piel*)
agrio ['agrĭo] sauer; **~s** *m*/*pl* Zitrusfrüchte *f*/*pl*
agronomía [agrono'mia] *f* Landwirtschaftskunde *f*
agrónomo [a'gronomo] *m* Agronom *m*; ***ingeniero*** *m* **~** Diplomlandwirt *m*
agrupa|ción [agrupa'θĭɔn] *f* Gruppierung *f*; Gruppe(nbildung) *f*; **~r** [-'par] (*1a*) gruppieren; **~rse** sich zusammenschließen
agua ['agŭa] **1.** *f* Wasser *n*; **~ *bendita*** Weihwasser *n*; **~ *de Colonia*** kölnisch Wasser *n*; **~ *corriente*** fließendes Wasser *n*; **~ *dulce*** Süßwasser *n*; **~ *del grifo*** Leitungswasser *n*; **~ *de manantial*** Quellwasser *n*; **~ *de mar*** Seewasser *n*; **~ *mineral*** Mineralwasser *n*; **~ *oxigenada*** Wasserstoffsuperoxid *n*; **~ *potable*** Trinkwasser *n*; **~ *refrigerante*** Kühlwasser *n*; ***como*** **~** ***de mayo*** hochwillkommen; ***claro como el*** **~** sonnenklar; **~(*s*)** ***abajo*** (***arriba***) stromabwärts (-auf-

wärts); ***ha corrido mucha ~*** viel Zeit ist vergangen; ***llevar el ~ a su molino*** auf s-n Vorteil bedacht sein; ***llevar ~ al mar*** Eulen nach Athen tragen; ***se me hace la boca ~*** das Wasser läuft mir im Munde zusammen; *mar* ***hacer ~*** lecken; **2.** ***~s*** *pl* Gewässer *n*; ***~s freáticas*** (*od* ***subterráneas***) Grundwasser *n*; ***~s jurisdiccionales*** Hoheitsgewässer *n*/*pl*; ***~s residuales*** Abwässer *n*/*pl*; ***~s termales*** Thermalquelle *f*

aguacate [aɡŭa'kate] *m* Avocado *f*

agua|cero [aɡŭa'θero] *m* Platzregen *m*, Regenguss *m*; **~fiestas** [-'fĭestas] *m* Spielverderber *m*; **~fuerte** *m* Radierung *f*; **~marina** [-ma'rina] *f min* Aquamarin *m*; **~nieve** [-'nĭeƀe] *f* Schneewasser *n*, -regen *m*

aguan|tar [aɡŭan'tar] (*1a*) aushalten; ertragen; (*sostener*) (fest) halten; ***no le puedo ~*** ich kann ihn nicht ausstehen; **~te** [a'ɡŭante] *m* Ausdauer *f*; Widerstandsfähigkeit *f*

aguar [a'ɡŭar] (*1a*) verwässern; ***~ la fiesta*** den Spaß verderben

aguardar [aɡŭar'đar] (*1a*) (er-, ab)warten

aguardiente [aɡŭar'đĭente] *m* Branntwein *m*, F Schnaps *m*

aguarrás [aɡŭa'rras] *m* Terpentin *n*

aguatinta [aɡŭa'tinta] *f* Tuschzeichnung *f*

agu|deza [aɡu'đeθa] *f* Schärfe *f*; Scharfsinn *m*; **~dizar** [-đi'θar] (*1f*) verschärfen; ***~se*** sich zuspitzen; **~do** [a'ɡuđo] spitz; scharf; *med* akut; *mús* hoch; *fig* scharfsinnig, geistreich

agüero [a'ɡŭero] *m* Vorbedeutung *f*; ***de mal ~*** Unheil verkündend

aguerrido [aɡɛ'rriđo] *fig* abgehärtet

agui|jar [aɡi'xar] (*1a*) *fig* anstacheln, anspornen; **~jón** [-'xɔn] *m* Stachel *m*; *fig* Antrieb *m*, Ansporn *m*

águila ['aɡila] *f* Adler *m*; *fig* ***ser un ~*** ein schlauer Fuchs sein

agui|leño [aɡi'leɲo] Adler…; ***nariz*** *f* ***aguileña*** Adlernase *f*; **~lucho** [-'lutʃo] *m* Jungadler *m*

aguinaldo [aɡi'naldo] *m Esp* Geldgeschenk *n* zu Weihnachten

aguja [a'ɡuxa] *f* Nadel *f*; (*de reloj*) Zeiger *m*; *arqu* Spitze *f*; *ferro* Weiche *f*; ***~ de coser*** Nähnadel *f*; ***~ de gancho*** Häkelnadel *f*; ***~ de*** (***hacer***) ***media*** (*od* ***punto***) Stricknadel *f*; ***~ de zurcir*** Stopfnadel *f*; ***buscar una ~ en un pajar*** *fig* e-e Stecknadel im Heuhaufen suchen

agu|jerear [aɡuxere'ar] (*1a*) durchlöchern; **~jero** [-'xero] *m* Loch *n*, Öffnung *f*; ***~ en la capa de ozono*** Ozonloch *n*; ***tapar ~s*** Löcher stopfen (*a fig*); **~jetas** [-'xetas] *f*/*pl* Muskelkater *m*

agustino [aɡus'tino] *m* Augustiner *m*

aguzanieves *zo* [aɡuθa'nĭeƀes] *f* Bachstelze *f*

aguzar [aɡu'θar] (*1f*) schärfen (*a fig*); ***~ el oído*** die Ohren spitzen

ahí [a'i] da, dort; dorthin; ***de ~ que*** deshalb, darum; ***por ~*** dort(herum); ungefähr; ***por ~ voy*** darauf wollte ich hinaus

ahija|do *m*, **~da** *f* [ai'xađo, -đa] Patenkind *n*; **~r** [-'xar] (*1a*) adoptieren

ahínco [a'iŋko] *m* Nachdruck *m*; Eifer *m*; ***con ~*** eifrig; ***poner ~ en a/c*** auf et Nachdruck legen, et betonen

aho|gar [ao'ɡar] (*1h*) ertränken; (*asfixiar*) ersticken; **~garse** ertrinken; (*asfixiarse*) ersticken; ***~ en un vaso de agua*** wegen e-r Kleinigkeit den Mut verlieren; **~go** [a'oɡo] *m* Ersticken *n*; Beklemmung *f*; *fig* Bedrängnis *f*

ahondar [aɔn'dar] (*1a*) vertiefen; *a fig* eindringen (in *ac* ***en***); *fig* ergründen

ahora [a'ɔra] jetzt, nun; (*en seguida*) gleich; ***~ mismo*** gerade, soeben; (*en seguida*) gleich, (jetzt) sofort; ***por ~*** vorläufig; ***~ bien*** also; ***~ más*** nun erst recht; ***desde ~*** (***en adelante***) von nun an; ***¡hasta ~!*** bis gleich!

ahorcar [aɔr'kar] (*1g*) (auf)hängen, henken; ***~se*** sich erhängen

ahorr|ador [aɔrra'đɔr] **1.** *adj* sparsam; **2.** *m* Sparer *m*; **~ar** [aɔ'rrar] (*1a*) sparen; *a fig* ersparen; **~o** [a'ɔrro] *m* Sparen *n*; ***~s*** *m*/*pl* Ersparnisse *f*/*pl*

ahuecar [aŭe'kar] (*1g*) aushöhlen; (auf-)lockern; ***~se*** F sich aufblasen

ahuma|do [au'mađo] geräuchert; Räucher…; ***cristal*** *m* ***~*** Rauchglas *n*; **~r** [-'mar] (*1a*) *gastr* räuchern; ausräuchern; mit Rauch füllen

ahuyentar [aujen'tar] (*1a*) verjagen, verscheuchen (*a fig*)

aira|do [aĭ'rađo] zornig, aufgebracht; **~r** [-'rar] (*1a*) erzürnen; **~rse** zornig werden, aufbrausen

airbag ['ɛrƀeɡ] *m auto* Airbag *m*; ***~ la-***

teral Seiten-Airbag *m*

aire ['aĭre] *m* Luft *f*; (*viento*) Wind *m*; (*aspecto*) Aussehen *n*; *mús* Weise *f*, Melodie *f*; ***~ comprimido*** Druckluft *f*; ***al ~ libre*** im Freien; ***a su ~*** wie es ihm passt; ***corre mucho ~*** es zieht; ***darse ~s de*** sich aufspielen als; ***estar en el ~*** in der Luft hängen; in der Schwebe sein; ***flotar en el ~*** in der Luft liegen; ***tomar el ~*** frische Luft schöpfen

airear [aĭre'ar] (*1a*) lüften; **~se** an die Luft gehen

airoso [aĭ'roso] anmutig; ***salir ~*** glänzend abschneiden (bei ***de***)

aisla|do [aĭz'lađo] abgesondert, vereinzelt; isoliert; **~dor** [-'đɔr] *m* Isolator *m*; **~miento** [-'mĭento] *m* Isolierung *f* (*a tec*, *el*); ***~ acústico*** (***térmico***) Schall-(Wärme-)dämmung *f*; *jur* ***~ celular*** Einzelhaft *f*; **~nte** [-'lante] *m* Isolierstoff *m*; **~r** [-'lar] (*1a*) isolieren; absondern

aja|do [a'xađo] zerknittert; *a fig* welk; **~r** [a'xar] (*1a*) zerknittern; **~rse** verblühen; welken (*a fig*)

ajedrea *bot* [axe'đrea] *f* Bohnenkraut *n*

ajedre|cista [axeđre'θista] *m* Schachspieler *m*; **~z** [-'dreθ] *m* Schach(spiel) *n*

ajenjo [a'xeŋxo] *m bot* Wermut *m*; (*bebida*) Absinth *m*

ajeno [a'xeno] fremd, Fremd…; ***~ de*** frei von (*dat*); fern von (*dat*); ***lo ~*** fremdes Gut *n*; ***ser ~ de a/c*** mit et nichts zu tun haben

ajetre|arse F [axetre'arse] (*1a*) sich plagen; sich abhetzen; **~o** F [-'treo] *m* Plackerei *f*; Hetze *f*

ají *bot* [a'xi] *m Am Art* Pfeffer *m od* Paprika *m*

ajillo [a'xiʎo] *m*: ***al ~*** mit Knoblauch (gebraten)

ajo ['axo] *m* Knoblauch *m*; F ***andar*** (*od* ***estar***) ***en el ~*** s-e Hände im Spiel haben

ajonjolí *bot* [axɔŋxo'li] *m* Sesam *m*

ajuar [a'xŭar] *m* Hausrat *m*; (*de novia*) Aussteuer *f*

ajus|table [axus'tab̶le] einstellbar; regulierbar; **~tado** [-'tađo] passend; (*precio*) angemessen; (*cálculo*) knapp; (*vestido*) eng anliegend; **~tar** [-'tar] (*1a*) anpassen, einpassen; angleichen; *tec* justieren (*a tip*), einstellen; ***~ cuentas*** abrechnen (*a fig*); **~tarse**: ***~ a*** sich richten nach; sich halten an; (*corresponder*) entsprechen (*dat*); **~te** [a'xuste] *m* Anpassung *f*; Einstellung *f*; ***~ de cuentas*** Abrechnung *f* (*a fig*)

ajusticiar [axusti'θĭar] (*1b*) hinrichten

ala ['ala] *f* Flügel *m*; *dep* Flügelstürmer *m*; ***~ delta*** Deltaflügel *m*, Flugdrachen *m*; ***~ del sombrero*** Hutkrempe *f*

alaba|nza [ala'b̶anθa] *f* Lob *n*; **~r** [-'b̶ar] (*1a*) loben, rühmen; **~rse** sich rühmen (*gen* ***de***), prahlen (mit ***de***)

alabastro [ala'b̶astro] *m* Alabaster *m*

alacena [ala'θena] *f* Küchenschrank *m*

alacrán [ala'kran] *m* Skorpion *m*

alado [a'lađo] geflügelt; *fig* beschwingt, schnell

alambique [alam'bike] *m* Destillierkolben *m*

alam|brada [alam'brađa] *f* Drahtgitter *n*; ***~ de púas*** Stacheldrahtverhau *m*; **~brado** [-'brađo] *m* Drahtgeflecht *n*; Drahtzaun *m*; **~brar** [-'brar] (*1a*) mit Draht einzäunen; **~bre** [a'lambre] *m* Draht *m*; ***~ de púas*** Stacheldraht *m*; **~brera** [alam'brera] *f* Drahtgitter *n*; (*ventana*) Fliegenfenster *n*

alameda [ala'mеđa] *f* Pappelbestand *m*; (*paseo*) Allee *f*

álamo ['alamo] *m* Pappel *f*; ***~ temblón*** Zitterpappel *f*, Espe *f*

alarde [a'larđe] *m* Prahlerei *f*; Protzerei *f*; ***hacer ~ de*** prahlen mit (*dat*); **~ar** [-'ar] (*1a*) prahlen, protzen (mit *dat* ***de***)

alarga|miento [alarga'mĭento] *m* Verlängerung *f*; **~r** [-'gar] (*1h*) verlängern; (*brazo*) ausstrecken; (*cuello*) recken; **~rse** länger werden; *fig* sich in die Länge ziehen

alarido [ala'riđo] *m* Geschrei *n*; ***dar ~s*** schreien

alarm|a [a'larma] *f* Alarm *m*; *fig* Sorge *f*, Unruhe *f*; ***~ por ozono*** Ozonalarm *m*; ***falsa ~*** blinder Alarm *m*; ***dar la*** (***voz de***) ***~*** Alarm schlagen; **~ante** [alar'mante] beunruhigend, alarmierend; **~ar** [-'mar] (*1a*) alarmieren; *fig* beunruhigen; **~arse** sich beunruhigen; **~ista** [-'mista] *m* Panikmacher *m*

alazán [ala'θan] *m* (*caballo*) Fuchs *m*

alba ['alb̶a] *f* Tagesanbruch *m*; Morgendämmerung *f*

albacea [alb̶a'θea] *m* Testamentsvollstrecker *m*

albahaca *bot* [alb̶a'aka] *f* Basilikum *n*

Albania [al'b̶anĭa] *f* Albanien *n*

albañil [alƀa'ɲil] *m* Maurer *m*; **~ería** [-ɲile'ria] *f* Maurerhandwerk *n*; *(obra)* Mauerwerk *n*
albarán [alƀa'ran] *m* Lieferschein *m*
albarda [al'ƀarđa] *f* Pack-, Saumsattel *m*
albaricoque [alƀari'koke] *m* Aprikose *f*; **~ro** [-ko'kero] *m* Aprikosenbaum *m*
albedrío [alƀe'đrio] *m*: ***libre*** **~** freier Wille *m*; ***a su*** **~** nach s-m Ermessen
alber|gar [alƀɛr'ɡar] *(1h)* beherbergen; *fig (idea, etc)* hegen; **~garse** einkehren, sich einlogieren; **~gue** [al'ƀɛrɡe] *m* Herberge *f*; Obdach *n*; **~ *de carreteras*** Rasthaus *n*; **~ *juvenil*** Jugendherberge *f*
albino [al'ƀino] *m* Albino *m*
albóndiga [al'ƀɔndiɡa] *f* Kloß *m*, Knödel *m*
alborada [alƀo'rađa] *f* Tagesanbruch *m*; *mús* Morgenständchen *n*
albornoz [alƀɔr'nɔθ] *m* Bademantel *m*; *(de los árabes)* Burnus *m*
alboro|tador [alƀorota'đɔr] **1.** *m* Aufwiegler *m*; Randalierer *m*; **2.** *adj* lärmend, randalierend; **~tar** [-'tar] *(1a)*; **3.** *v/t* aufwiegeln; **4.** *v/i* randalieren; **~to** [-'roto] *m* Lärm *m*; Aufruhr *m*
alboro|zar [alƀoro'θar] *(1f)* sehr erfreuen; **~zarse** jubeln, sich sehr freuen; **~zo** [-'roθo] *m* Fröhlichkeit *f*, Jubel *m*
albricias [al'ƀriθĭas] *f/pl*: **¡~!** gute Nachricht!
álbum ['alƀun] *m* Album *n*
alcachofa [alka'tʃofa] *f* Artischocke *f*
alcahueta [alka'ŭeta] *f* Kupplerin *f*
alcal|de [al'kalde] *m* Bürgermeister *m*; **~día** [alkal'dia] *f* Bürgermeisteramt *n*
alcalino [alka'lino] alkalisch
alcance [al'kanθe] *m* Reichweite *f*; *fig* Tragweite *f*; ***accidente*** *m* ***por*** **~** Auffahrunfall *m*; ***al*** **~ *de*** erreichbar für *(ac)*; zugänglich *(dat)*; ***al*** **~ *de la mano*** in Reichweite; ***de largo*** **~** weit reichend; *fig* ***de pocos*** **~*s*** beschränkt
alcancía [alkan'θia] *f* Sparbüchse *f*
alcanfor [alkam'fɔr] *m* Kampfer *m*
alcantarilla [alkanta'riʎa] *f* Abwasserkanal *m*; **~do** [-ri'ʎađo] *m* (städtische) Kanalisation *f*
alcanzar [alkan'θar] *(1f)* **1.** *v/t* einholen; erreichen, erlangen; *(dar)* reichen; *(bala)* treffen; *fig* verstehen, begreifen; **2.** *v/i* (aus)reichen
alcaparra [alka'parra] *f* Kaper *f*
alcázar [al'kaθar] *m* Burg *f*, Festung *f*
alce ['alθe] *m zo* Elch *m*
alcista [al'θista] *m (bolsa)*: ***tendencia*** *f* **~** steigende Tendenz *f*
alcoba [al'koƀa] *f* Schlafzimmer *n*
alco|hol [alko'ɔl] *m* Alkohol *m*; **~ *de quemar*** Brennspiritus *m*; **~ *etílico*** Äthylalkohol *m*; **~ *metílico*** Methylalkohol *m*; **~holemia** [-'lemĭa] *f* Blutalkohol(gehalt) *m*; ***prueba*** *f* ***de*** **~** Alkoholtest *m*; **~hólico** [-'oliko] **1.** *adj* alkoholisch; **2.** *m* Trinker *m*, Alkoholiker *m*; **~holismo** [-o'lizmo] *m* Alkoholismus *m*; Trunksucht *f*
alcornoque [alkɔr'noke] *m* Korkeiche *f*; F *fig* Dussel *m*, Dummkopf *m*
alcurnia [al'kurnĭa] *f* Abstammung *f*; ***de noble*** **~** aus adligem Geschlecht
alcuza [al'kuθa] *f* Ölkrug *m*; Ölkanne *f*
alda|ba [al'daƀa] *f* Türklopfer *m*; **~bonazo** [-ƀo'naθo] *m* Schlag *m* mit dem Türklopfer; *fig* Warnung *f*
aldea [al'dea] *f* Dorf *n*; **~ *infantil*** SOS-Kinderdorf *n*; **~ *de vacaciones*** Feriendorf *n*; **~no** [alde'ano] **1.** *adj* dörflich; **2.** *m* Bauer *m*
alea|ción [alea'θĭɔn] *f* Legierung *f*; **~r** [-'ar] *(1a)* legieren
aleatorio [alea'torĭo] vom Zufall abhängig, aleatorisch
alecciona|dor [alɛɡθĭona'dɔr] lehrreich; **~r** [-'nar] *(1a)* lehren, unterweisen
aledaño [ale'đaɲo] **1.** *adj* angrenzend; *fig* nahe stehend; **2.** *m* Anlieger *m*
alega|r [ale'ɡar] *(1h)* **1.** *v/t* anführen; *(pruebas)* beibringen; **2.** *v/i* plädieren; **~to** [-'ɡato] *m jur* Schriftsatz *m*; *a fig* Plädoyer *n*
ale|goría [aleɡo'ria] *f* Allegorie *f*; **~górico** [-'ɡoriko] allegorisch
ale|grar [ale'ɡrar] *(1a)* erfreuen; *fig* beleben; **~grarse** sich freuen (über *ac* ***de***); **~gre** fröhlich, lustig; *(bebido)* angeheitert; **~gría** [-'ɡria] *f* Freude *f*; Fröhlichkeit *f*
aleja|miento [alɛxa'mĭento] *m* Entfernung *f*; Zurückgezogenheit *f*; *(entre personas)* Entfremdung *f*; **~r** [-'xar] *(1a)* entfernen; fernhalten; **~rse** sich entfernen; sich zurückziehen (von ***de***)
Alejandría [alɛxan'dria] *f* Alexandria *n*
alelado [ale'lađo] blöde, einfältig
aleluya [ale'luja] Halleluja *n*; *(dibujo)* Bilderbogen *m*

alem|án [ale'man] **1.** *adj* deutsch; **2. ~án** *m*, **~ana** *f* Deutsche(r) *f*(*m*); **3.** (*lengua*) Deutsch *n*; ***alto ~*** Hochdeutsch *n* ***bajo ~*** Nieder-, Plattdeutsch *n*; ***en ~*** auf Deutsch

Alemania [ale'manĭa] *f* Deutschland *n*

alenta|dor [alenta'đɔr] ermutigend; **~r** [-'tar] (*1k*) ermutigen; **~rse** Mut fassen

alerce *bot* [a'lɛrθe] *m* Lärche *f*

al|ergia *med* [a'lɛrxĭa] *f* Allergie *f*; **~érgico** [a'lɛrxiko] allergisch (gegen *ac* ***a***) (*a fig*)

ale|ro [a'lero] *m* Schutzdach *n*; Vordach *n*; ***estar en el ~*** in der Schwebe sein; **~rón** [ale'rɔn] *m avia* Querruder *n*

alerta [a'lɛrta] **1.** *adv* wachsam, aufmerksam; **2.** *f* Alarm *m*; **~r** [alɛr'tar] (*1a*) warnen

aleta [a'leta] *f zo* Flosse *f*; ***~ de la nariz*** Nasenflügel *m*; ***~s*** *f*/*pl* Schwimmflossen *f*/*pl*

aletear [alete'ar] (*1a*) flattern

alevín [ale'ƀin] *m* Fischbrut *f*; *fig* Anfänger *m*

alevo|sía [aleƀo'sia] *f* Hinterlist *f*, Heimtücke *f*; **~so** [-'ƀoso] hinterlistig, heimtückisch

alfabético [alfa'ƀetiko] alphabetisch; ***por orden ~*** in alphabetischer Reihenfolge

alfabeto [alfa'ƀeto] *m* Alphabet *n*

alfalfa *bot* [al'falfa] *f* Luzerne *f*

alfare|ría [alfare'ria] *f* Töpferei *f*; Töpferware *f*; **~ro** [-'rero] *m* Töpfer *m*

alféizar [al'fɛĭθar] *m* Fensterbrett *n*, Fenstersims *m od n*

alférez [al'fereθ] *m* Leutnant *m*; ***~ de navío*** Leutnant *m* zur See

alfil [al'fil] *m* (*ajedrez*) Läufer *m*

alfiler [alfi'lɛr] *m* Stecknadel *f*; (*broche*) Brosche *f*; ***~ de corbata*** Krawattennadel *f*; ***no caber un ~*** überfüllt sein; ***de veinticinco ~es*** in vollem Staat; **~azo** [-le'raθo] *m* Nadelstich *m* (*a fig*)

alfom|bra [al'fɔmbra] *f* Teppich *m*; **~brilla** [-'briʎa] *f* kleiner Teppich *m*; Fußmatte *f*; Bettvorleger *m*

alforfón *bot* [alfɔr'fɔn] *m* Buchweizen *m*

alforja(s) [al'fɔrxa(s)] *f*(*pl*) Satteltasche *f*

alga ['alga] *f* Alge *f*; Tang *m*

algarabía [algara'ƀia] *f* Kauderwelsch *n*; (*griterío*) Geschrei *n*, Getöse *n*

algarrobo [alga'rrɔƀo] *m* Johannisbrotbaum *m*

álgebra ['alxeƀra] *f* Algebra *f*

algebraico [alxe'ƀraĭko] algebraisch

álgido ['alxiđo] eisig: ***punto*** *m* ***~*** *fig* Höhepunkt *m*

algo ['algo] etwas; ***por ~*** aus gutem Grund; ***~ es ~*** besser als nichts

algo|dón [algo'đɔn] *m* Baumwolle *f*; ***~*** (***hidrófilo***) (Verbands-)Watte *f*; ***criado entre algodones*** sehr verwöhnt; **~donero** [-đo'nero] **1.** *adj* Baumwoll…; **2.** *m* Baumwollstaude *f*; (*persona*) Baumwollpflanzer *m*

alguacil [algŭa'θil] *m* Gerichts-, Amtsdiener *m*; **~illo** [-θi'liʎo] *m taur* Vorreiter *m*

alguien ['algĭen] jemand

algún [al'gun] = ***alguno*** (*delante de su*/*m*)

alguno [al'guno] **1.** *pron* jemand; **2.** *adj* mancher; (irgend)einer; ***~s*** einige; ***algún día*** e-s Tages; ***alguna vez*** (irgend)einmal; ***de modo ~*** keineswegs, -falls

alhaja [al'axa] *f* Schmuckstück *n*; *a fig* Juwel *n*

alhelí *bot* [ale'li] *m* Levkoje *f*; ***~ amarillo*** Goldlack *m*

alheña *bot* [al'eɲa] *f* Liguster *m*

alia|do [a'lĭađo] **1.** *adj* verbündet; **2.** *m* Verbündete(r) *m*; ***~s*** *m*/*pl pol* Alliierte(n) *m*/*pl*; **~nza** [a'lĭanθa] *f* Bündnis *n*; Allianz *f*; (*anillo*) Trau-, Ehering *m*; **~rse** [a'lĭarse] (*1c*) sich verbünden

alias ['alĭas] **1.** *adv* alias, genannt; **2.** *m* Spitzname *m*; Deckname *m*

alicaído [alika'iđo] *fig* schwach; mutlos

alica|tado [alika'tađo] *m* Fliesenbelag *m*; Kachelung *f*; **~tes** [-'kates] *m*/*pl* Flachzange *f*; ***~ universales*** Kombizange *f*

aliciente [ali'θĭente] *m* Lockmittel *n*; *fig* Anreiz *m*

alie|nación [alĭena'θĭɔn] *f* Veräußerung *f*; ***~ mental*** geistige Umnachtung *f*; **~nar** [-'nar] (*1a*) veräußern; **~nista** [-'nista] *m* Irrenarzt *m*

aliento [a'lĭento] *m* Atem *m*; ***mal ~*** Mundgeruch *m*; *fig* ***cobrar ~*** Mut schöpfen; ***de un ~*** in e-m Zug; ***sin ~*** atemlos; ***tomar ~*** Atem holen

aligerar [alixe'rar] (*1a*) erleichtern; (*atenuar*) lindern; ***~ el paso*** den Schritt beschleunigen

alijo [a'lixo] *m* Schmuggelware *f*; ***~ de***

drogas geschmuggelte Drogen *f/pl*
alimaña [ali'maɲa] *f* kleines Raubzeug *n*; *fig* Ungeziefer *n*
alimen|tación [alimenta'θĭɔn] *f* Ernährung *f*; **~tar** [-'tar] (*1a*) ernähren; *fig* nähren, schüren; **~tario** [-'tarĭo], **~ticio** [-'tiθĭo] Nähr…; Nahrungs…; **~to** [-'mento] *m* Nahrung *f*; Nahrungsmittel *n*; ***~s*** *pl jur* Alimente *n/pl*
alimón [ali'mɔn]: ***al ~*** gemeinsam, mit vereinten Kräften
aline|ación [alinea'θĭɔn] *f* Aufstellung *f*; **~ar** [-'ar] (*1a*) aufstellen; *pol* ***países*** *m/pl* ***no alineados*** blockfreie Länder *n/pl*
ali|ñar [ali'ɲar] (*1a*) schmücken; *gastr* würzen, anmachen; **~ño** [a'liɲo] *m* Verzierung *f*; *gastr* Zubereitung *f*; Würze *f*
alisar [ali'sar] (*1a*) glätten, polieren
alisio [a'lisĭo]: ***(vientos) ~s*** *m/pl* Passatwinde *m/pl*
aliso *bot* [a'liso] *m* Erle *f*
alista|miento [alista'mĭento] *m* Einschreibung *f*; *mil* Anwerbung *f*; Erfassung *f*; **~r** [-'tar] (*1a*) einschreiben; auflisten; *mil* anwerben; erfassen; **~rse** sich einschreiben; sich melden
aliteración [alitera'θĭɔn] *f* Stabreim *m*, Alliteration *f*
alivi|ar [ali'ƀĭar] (*1b*) erleichtern; (*dolor*) lindern; **~o** [a'liƀĭo] *m* Erleichterung *f*
aljibe [al'xiƀe] *m* Zisterne *f*
allá [a'ʎa] dort, da; dorthin; (*tiempo*) damals; ***más ~*** weiter (weg); ***más ~ de*** jenseits von; ***el más ~*** Jenseits *n*; ***por ~*** dorthin; ungefähr dort; ***¡~ voy!*** ich komme schon!; ***~ él*** das ist s-e Sache
allana|miento [aʎana'mĭento] *m* (Ein-)Ebnen *n*; *jur* ***~ de morada*** Hausfriedensbruch *m*; **~r** [-'nar] (*1a*) ebnen, planieren; *jur* ***~ una casa*** Hausfriedensbruch begehen
allegado [aʎe'gađo] **1.** *adj* nahe (stehend); **2.** *m* Angehörige(r) *m*
allí [a'ʎi] da, dort; ***~ mismo*** genau dort; ***de ~*** daher; ***hasta ~*** bis dahin; ***por ~*** dort (herum)
alma ['alma] *f* Seele *f* (*a fig*); *fig* Herz *n*, Gemüt *n*; ***llegar al ~*** tief ergreifen; ***no se ve un ~*** man sieht keine Menschenseele
almacén [alma'θen] *m* Lager *n*; *Am* Gemischtwarenhandlung *f*; ***tener en ~*** auf Lager haben, vorrätig haben; ***grandes almacenes*** *m/pl* Kauf-, Warenhaus *n*
almace|naje [almaθe'naxe] *m* (Ein-)Lagerung *f*; Lagerhaltung *f*; **~namiento** [-'mĭento] *m* Bevorratung *f*, (Ein-)Lagerung *f*; *inform* Speicherung *f*; ***~ final*** Endlagerung *f*; **~nar** [-'nar] (*1a*) speichern (*a inform*), (ein)lagern; *fig* anhäufen; **~nero** [-'nero] *m* Lagerist *m*; **~nista** [-'nista] *m* Lagerhalter *m*; Großhändler *m*
almadraba [alma'đraƀa] *f* Thunfischerei *f*
almanaque [alma'nake] *m* Almanach *m*, Kalender *m*
almazara [alma'θara] *f* Ölmühle *f*
almeja [al'mɛxa] *f* Venusmuschel *f*
almena [al'mena] *f* (Mauer-)Zinne *f*
almen|dra [al'mendra] *f* Mandel *f*; ***~ amarga*** bittere Mandel *f*; ***~ garapiñada*** gebrannte Mandel *f*; **~dro** [-dro] *m* Mandelbaum *m*
almiar *agr* [al'mĭar] *m* (Heu-)Miete *f*
almíbar [al'miƀar] *m* Sirup *m*; ***melocotón*** *m* ***en ~*** Pfirsichkompott *n*
almibarado [almiƀa'rađo] *fig* zuckersüß
almi|dón [almi'đɔn] *m* Stärke *f*; Stärkemehl *n*; **~donar** [-đo'nar] (*1a*) (*ropa*) stärken
alminar [almi'nar] *m* Minarett *n*
almiran|tazgo [almiran'taðgo] *m* Admiralität *f*; **~te** [-'rante] *m* Admiral *m*
almirez [almi'reθ] *m* Mörser *m*
almizcle [al'miθkle] *m* Moschus *m*
almoha|da [almo'ađa] *f* Kopfkissen *n*; ***~ neumática*** Luftkissen *n*; ***consultar a/c con la ~*** et überschlafen; **~dilla** [-'điʎa] *f* kleines Kissen *n*; Sitzkissen *n*; (*de tinta*) Stempelkissen *n*; ***~ eléctrica*** Heizkissen *n*; **~dón** [-'đɔn] *m* großes Kissen *n*; Sofakissen *n*
almorranas [almɔ'rranas] *f/pl* Hämorrhoiden *pl*
almorta *bot* [al'mɔrta] *f* Platterbse *f*
almorzar [almɔr'θar] (*1f u 1m*) zu Mittag essen; *reg* frühstücken
almuecín [almŭe'θin], **almuédano** [al'mŭeđano] *m* Muezzin *m*
almuerzo [al'mŭɛrθo] *m* Mittagessen *n*; *reg* Frühstück *n*; ***~ de negocios, ~ de trabajo*** (*a mediodía*) Arbeitsessen *n*, Geschäftsessen *n*

alocado [alo'kađo] verrückt
alocución [aloku'θĭɔn] *f* kurze Ansprache *f*
aloe, áloe *bot* ['aloe] *m* Aloe *f*
aloja|miento [alɔxa'mĭento] *m* Unterkunft *f*; Unterbringung *f*; **~r** [-'xar] (*1a*) beherbergen; unterbringen; **~rse** absteigen (in *dat* ***en***)
alondra [a'lɔndra] *f* Lerche *f*
alopecia [alo'peθĭa] *f* Haarausfall *m*
alpaca [al'paka] *f zo, metal* Alpaka *n*
alpargata [alpar'gata] *f Esp* Leinenschuh *m* mit Hanfsohle
Alpes ['alpes] *m/pl* Alpen *f/pl*
alpi|nismo [alpi'nizmo] *m* Bergsport *m*; **~nista** [-'nista] *su* Bergsteiger(in) *m(f)*; **~no** [-'pino] Alpen…
alpiste [al'piste] *m* Kanariengras *n*; Vogelfutter *n*
alqui|lar [alki'lar] (*1a*) (*tomar*) mieten; leihen; (*dar*) vermieten; verleihen; ***se alquila*** zu vermieten; **~ler** [-'lɛr] *m* Vermieten *n*; Verleih *m*; (*precio*) Miete *f*; ***~-venta*** Mietkauf *m*; ***de ~*** Miet…
alqui|mia [al'kimĭa] *f* Alchimie *f*; **~mista** [-ki'mista] *m* Alchimist *m*
alquitrán [alki'tran] *m* Teer *m*
alrededor [alrrεđe'đɔr] ringsherum; ***~ de*** um … herum; ungefähr; **~es** *m/pl* Umgebung *f*; Umland *n*
Alsacia [al'saθĭa] *f* Elsass *n*
alsaciano [alsa'θĭano] **1.** *adj* elsässisch; **2.** *m* Elsässer *m*
alta ['alta] *f* Anmeldung *f*; *med* Entlassung(sschein *m*) *f*; ***dar de ~*** anmelden; *med* gesundschreiben, (als gesund) entlassen; ***darse de ~*** (als Mitglied) eintreten; sich anmelden
altamente [alta'mente] höchst, äußerst
altane|ría [altane'ria] *f* Hochmut *m*, Stolz *m*; **~ro** [-'nero] hochmütig
altar [al'tar] *m* Altar *m*; ***~ mayor*** Hochaltar *m*
altavoz [alta'ƀɔθ] *m* Lautsprecher *m*
altera|ble [alte'raƀle] veränderlich; wandelbar; **~ción** [-ra'θĭɔn] *f* Veränderung *f*; (*perturbación*) Störung *f*; (*excitación*) Aufregung *f*; **~r** [-'rar] (*1a*) (ver)ändern; verfälschen; (*persona*) verstören; aufregen; ***~ el orden*** Unruhe stiften; **~rse** (*persona*) sich aufregen; (*alimentos*) schlecht werden
altercado [altεr'kađo] *m* Wortwechsel *m*; Streit *m*
alterna|ción [altεrna'θĭɔn] *f* Abwechslung *f*, Wechsel *m*; **~r** [-'nar] (*1a*) **1.** *v/t* (ab)wechseln; **2.** *v/i*: ***~ con*** alternieren, abwechseln mit; (*tener trato*) verkehren mit; **~rse** sich abwechseln; **~tiva** [-na'tiƀa] *f* Alternative *f*; *taur* ***dar la ~*** als Matador zulassen; **~tivo** [-'tiƀo] alternativ, Alternativ…
alterne [al'tεrne] *m*: ***bar m de ~*** Animierlokal *n*; ***chica f de ~*** Animierdame *f*
alterno [al'tεrno] abwechselnd; *agr* ***cultivo m ~*** Fruchtwechsel *m*
alteza [al'teθa] *f* Hoheit *f*; Würde *f*; *Titel*: (***Su***) ***♀ Real*** Königliche Hoheit *f*
altibajos [alti'baxos] *m/pl fig* Auf und Ab *n*; Wechselfälle *m/pl*
altillo [al'tiʎo] *m* Anhöhe *f*; (*armario*) Schrankaufsatz *m*
altímetro [al'timetro] *m* Höhenmesser *m*
altiplan|icie [altipla'niθĭe] *f* Hochfläche *f*, -ebene *f*; **~o** [-'plano] *m* Hochland *n*, Hochebene *f*
altisonante [altiso'nante] hochtrabend
altitud [alti'tuđ] *f* Höhe *f*
alti|vez [alti'ƀeθ] *f* Stolz *m*, Hochmut *m*; **~vo** [-'tiƀo] stolz, hochmütig
alto ['alto] **1.** *adj* hoch; (*persona*) groß; ***en altas horas de la noche*** spät nachts; ***alta calidad*** erstklassige Qualität *f*; ***alta sociedad*** vornehme Gesellschaft *f*; ***en alta mar*** auf hoher See; ***en voz alta*** laut; **2.** *adv* ***hablar ~*** laut sprechen; ***volar ~*** hoch fliegen; ***llegar ~*** es weit bringen; ***pasar por ~*** *fig* übergehen; **3.** *m* Halt *m*; Rast *f*; (*altura*) Höhe *f*; *geo* Anhöhe *f*; ***dos metros de ~*** zwei Meter hoch; ***dar el ~*** anhalten; ***hacer*** (***un***) ***~*** Halt machen, rasten; ***~ el fuego*** Feuereinstellung *f*, Waffenruhe *f*; ***¡~!*** halt!
altoparlante [altopar'lante] *m Am* Lautsprecher *m*
altramuz *bot* [altra'muθ] *m* Lupine *f*
altruis|mo [altru'izmo] *m* Selbstlosigkeit *f*, Altruismus *m*; **~ta** [-'ista] **1.** *adj* selbstlos; **2.** *m* Altruist *m*
altura [al'tura] *f* Höhe *f*; (*estatura*) Größe *f* (*a fig*); ***a estas ~s*** beim jetzigen Stand der Dinge; ***estar a la ~ de a/c*** e-r Sache gewachsen sein; *avia* ***tomar ~*** steigen
alubia *bot* [a'luƀĭa] *f* (weiße) Bohne *f*
aluci|nación [aluθina'θĭɔn] *f* Halluzination *f*; **~nante** [-'nante] *fig* unglaublich,

F super; **~nar** [-'nar] (*1a*) blenden; fesseln; **~nógeno** [-'noxeno] *m med* Halluzinogen *n*
alud [a'luđ] *m* Lawine *f* (*a fig*)
aludir [alu'đir] (*3a*): **~ *a*** anspielen auf (*ac*); erwähnen; **(*no*) *darse por aludido*** sich (nicht) angesprochen fühlen
alumbra|do [alum'brađo] *m* Beleuchtung *f*; **~ *público*** Straßenbeleuchtung *f*; **~miento** *m* Beleuchtung *f*; *med* Entbindung *f*, Niederkunft *f*; **~r** [-'brar] (*1a*) er-, beleuchten; *med* niederkommen mit
alumbre [a'lumbre] *m* Alaun *m*
aluminio [alu'minĭo] *m* Aluminium *n*; ***papel*** *m* ***de* ~** Alufolie *f*
alum|nado [alum'nađo] *m* Schülerschaft *f*; **~no** *m* [a'lumno] Schüler *m*
aluniza|je [aluni'θaxe] *m* Mondlandung *f*; **~r** [-'θar] (*1f*) auf dem Mond landen
alusi|ón [alu'sĭɔn] *f* Anspielung *f* (auf *ac* ***a***); Erwähnung *f*; ***hacer* ~ *a*** anspielen auf; **~vo** [-'siƀo] anspielend (auf ***a***)
aluvión [alu'ƀĭɔn] *m* Überschwemmung *f*; Schwemmland *n*; *fig* Schwall *m*
alvéolo [al'ƀeolo] *m med* Alveole *f*; Zahnfach *n*; Lungenbläschen *n*
alza ['alθa] *f* Steigerung *f*; **~ *de precios*** Preisanstieg *m*; (*bolsa*) ***jugar al* ~** auf Hausse spekulieren; **~do** [-'θađo] *m arqu* Aufriss *m*; **~miento** [-θa'mĭento] *m pol* Erhebung *f*, Aufstand *m*; **~r** [-'θar] (*1f*) aufheben; hochhalten; emporheben; (*mano, voz, etc*) erheben; (*precio*) erhöhen; **~ *la vista*** aufblicken; **~rse** sich erheben, aufstehen (*a mil*); **~ *con el triunfo*** den Sieg davontragen
ama ['ama] *f* Herrin *f*; **~ *de casa*** Hausfrau *f*; **~ *de cría*** Amme *f*; **~ *de llaves*** Wirtschafterin *f*, Haushälterin *f*
ama|bilidad [amaƀili'đađ] *f* Liebenswürdigkeit *f*; **~ble** [a'maƀle] liebenswürdig; freundlich; **~do** [a'mađo] *m*, **~da** *f* Geliebte(r) *f*(*m*)
amadrinar [amađri'nar] (*1a*) Patin sein bei
amaestra|miento [amaestra'mĭento] *m* Unterweisung *f*; Abrichten *n*, Dressur *f*; **~r** [-'trar] (*1a*) unterweisen; (*animal*) abrichten, dressieren
ama|gar [ama'gar] (*1h*) drohen; **~go** [a'mago] *m* drohende Gebärde *f*; *med* Anflug *m*; Anzeichen *n*
amainar [amaĭ'nar] (*1a*) *v/i* nachlassen
amalgama [amal'gama] *f* Amalgam *n*; *fig* Gemisch *n*; **~r** [-ga'mar] (*1a*) *fig* verquicken; vermengen; **~rse** verschmelzen
amamantar [amaman'tar] (*1a*) stillen; (*animal*) säugen
amanecer [amane'θɛr] **1.** *v/i* (*2d*) tagen, Tag werden; **2.** *m* Tagesanbruch *m*; ***al* ~** bei Tagesanbruch
amanera|do [amane'rađo] geziert; affektiert; **~miento** [-ra'mĭento] *m* Affektiertheit *f*
amansar [aman'sar] (*1a*) zähmen; *fig* besänftigen; **~se** zahm werden
amante [a'mante] **1.** *adj* liebend; **~ *de la paz*** friedliebend; **2.** *su* Liebhaber(in) *m*(*f*); Geliebte(r *m*) *m*/*f*; **~ *de la música*** Musikliebhaber(in) *m*(*f*); **~s** *pl* Liebespaar *n*
amapola *bot* [ama'pola] *f* Mohn *m*
amar [a'mar] (*1a*) lieben
amara|je *avia* [ama'raxe] *m* Wasserung *f*; **~r** [-'rar] (*1a*) wassern
amar|gar [amar'gar] (*1h*) verbittern; **~go** [a'margo] bitter (*a fig*); **~gor** [-'gɔr] *m*, **~gura** [-'gura] *f* Bitterkeit *f* (*a fig*)
amari|llento [amari'ʎento] gelblich; **~llo** [-'riʎo] gelb
amarra *mar* [a'marra] *f* Tau *n*, Trosse *f*; **~dero** [amarra'đero] *m* Anlegeplatz *m*; **~r** [-'rrar] (*1a*) festbinden; *mar* vertäuen
amarre *mar* [a'marre] *m* Vertäuen *n*; Liegeplatz *m*
amartelado [amarte'lađo] sehr verliebt
amasar [ama'sar] (*1a*) (ver)kneten; *fig* anhäufen
amateur [ama'tœr] *m* Amateur *m*
amatista [ama'tista] *f* Amethyst *m*
amazona [ama'θona] *f* Amazone *f* (*a fig*), Reiterin *f*
Amazonas [ama'θonas] *m* Amazonas *m*
ambages [am'baxes] *m*/*pl*: ***sin* ~** unverhohlen, ohne Umschweife
ámbar ['ambar] *m* Bernstein *m*
Amberes [am'beres] *f* Antwerpen *n*
ambi|ción [ambi'θĭɔn] *f* Ehrgeiz *m*; **~cionar** [-θĭo'nar] (*1a*) erstreben, sehnlich wünschen; **~cioso** [-'θĭoso] ehrgeizig
ambien|tación [ambĭenta'θiɔn] *f* (*cine, etc*) Milieugestaltung *f*; **~tador** [-'đɔr] *m* Raumspray *m*; **~tal** [-'tal] Um-

welt...; **~tar** [-'tar] (*1a*) ein Milieu schaffen; **~te** [-'bĭente] **1.** *adj* umgebend; ***medio*** *m* **~** Umwelt *f*; **2.** *m* Umwelt *f*, Milieu *n*; *fig* Stimmung *f*, Atmosphäre *f*

ambigú [ambi'gu] *m* kaltes Büfett *n*; Theaterbüfett *n*

ambi|güedad [ambigŭe'đađ] *f* Zweideutigkeit *f*; **~guo** [-'bigŭo] zweideutig, doppelsinnig; (*carácter*) zwiespältig

ámbito ['ambito] *m* Umkreis *m*; Bereich *m*

amb|os, ~as ['ambɔs, -as] beide

ambula|ncia [ambu'lanθĭa] *f* Krankenwagen *m*; **~nte** [-'lante] wandernd; umherziehend; ***copa*** *f* **~** Wanderpokal *m*; ***vendedor*** *m* **~** Hausierer *m*; **~torio** [-la'torĭo] *m* **1.** *adj med* ambulant; **2.** *m* Ambulanz *f*

ameba [a'meba] *f* = ***amiba***

amedrentar [amedren'tar] (*1a*) einschüchtern; **~se** verzagen

amén [a'men] *m* Amen *n*; ***en un decir ~*** im Nu; **~ *de*** außer (*dat*)

amenaza [ame'naθa] *f* Drohung *f*; **~dor** [-'đɔr], **~nte** [-'θante] drohend; **~r** [-'θar] (*1f*) bedrohen (*ac*); drohen (*dat*)

ame|nizar [ameni'θar] (*1f*) verschönern; anregend gestalten; **~no** [a'meno] anregend; unterhaltsam

amento *bot* [a'mento] *m* Kätzchen *n*

América [a'merika] *f* Amerika *n*; **~ *Central*** Mittelamerika *n*; **~ *Latina*** Lateinamerika *n*; **~ *del Norte*** Nordamerika *n*; **~ *del Sur*** Südamerika *n*

americana [ameri'kana] *f* Jackett *n*, Sakko *m*

american|o [-'kano] **1.** *adj* amerikanisch; **2. ~o** *m*, **~a** *f* Amerikaner(in) *m*(*f*)

ameri|zaje [ameri'θaxe] *m* = ***amaraje***; **~zar** [-'θar] (*1f*) = ***amarar***

ametralla|dora *mil* [ametraʎa'đora] *f* Maschinengewehr *n*; **~r** [-'ʎar] (*1a*) beschießen; niederschießen

amianto [a'mĭanto] *m* Asbest *m*

amiba [a'miba] *f* Amöbe *f*

amiga [a'miga] *f* Freundin *f*; (*amante*) Geliebte *f*; **~ble** [ami'gable] freundlich; freundschaftlich

am|ígdala *med* [a'migđala] *f* Mandel *f*; **~igdalitis** [amigđa'litis] *f* Mandelentzündung *f*

amigo [a'migo] **1.** *adj* befreundet; **2.** *m* Freund *m*; (*amante*) Liebhaber *m*; ***hacerse ~s*** sich anfreunden

amilanar [amila'nar] (*1a*) einschüchtern; **~se** verzagen

aminorar [amino'rar] (*1a*) (ver)mindern; **~ *la marcha*** langsamer fahren

amis|tad [amis'tađ] *f* Freundschaft *f*; **~es** *f*/*pl* Freundes-, Bekanntenkreis *m*; **~toso** [-'toso] freundschaftlich

amnesia [am'nesĭa] *f* Amnesie *f*, Gedächtnisverlust *m*

amnis|tía [amnis'tia] *f* Amnestie *f*; **~tiar** [-'tĭar] (*1c*) amnestieren

amo ['amo] *m* Herr *m*; Eigentümer *m*; Dienstherr *m*

amojonar [amɔxo'nar] (*1a*) vermarken, abgrenzen

amolar [amo'lar] (*1m*) schleifen

amoldar [amɔl'dar] (*1a*) anpassen; formen, modellieren; **~se** sich anpassen (an *ac* ***a***)

amonesta|ción [amonesta'θĭɔn] *f* Ermahnung *f*; Verwarnung *f*; **~ciones** *f*/*pl* (Heirats-)Aufgebot *n*; **~r** [-'tar] (*1a*) ermahnen; verwarnen; (*novios*) aufbieten

amoníaco [-'niako] *m* Salmiakgeist *m*

amontona|miento [amɔntona'mĭento] *m* An-, Aufhäufung *f*; **~r** [-'nar] (*1a*) anhäufen; (auf)stapeln; **~rse** sich häufen; (*gente*) sich ansammeln

amor [a'mɔr] *m* Liebe *f*; **~ *propio*** Eigenliebe *f*; ***por ~ al arte*** gratis, umsonst; ***por ~ de Dios*** um Gottes willen; ***hacer el ~*** lieben, koitieren

amoratado [amora'tađo] dunkelviolett; **~ *de frío*** blau vor Kälte

amordazar [amɔrđa'θar] (*1f*) knebeln; *fig* mundtot machen

amorío [amo'rio] *m* Liebelei *f*

amoroso [amo'roso] liebevoll

amortigua|dor [amɔrtigŭa'đor] *m* Stoßdämpfer *m*; **~r** [-'gŭar] (*1i*) abschwächen, dämpfen; lindern

amortiza|ble [amɔrti'θable] tilgbar, amortisierbar; **~ción** [-θa'θĭɔn] *f* Tilgung *f*, Abschreibung *f*, Amortisierung *f*; **~r** [-'θar] (*1f*) tilgen, abschreiben; amortisieren

amotina|do [amoti'nađo] *m* Meuterer *m*; **~r** [-'nar] (*1a*) aufwiegeln; **~rse** meutern

ampa|rar [ampa'rar] (*1a*) (be)schützen; **~rarse** sich schützen, Schutz suchen; **~ro** [-'paro] *m* Schutz *m*, Hilfe *f*; ***al ~***

de unter dem Schutz von (*dat*)

amplia|ción [amplĭa'θĭɔn] *f* Erweiterung *f*; Vergrößerung *f* (*a fot*); **~ *de capital*** Kapitalerhöhung *f*; **~ *al este*** *pol* Osterweiterung *f*; **~mente** [-'mente] reichlich; ausführlich; **~r** [am'plĭar] (*1c*) erweitern; vergrößern (*a fot*)

amplifi|cación [amplifika'θĭɔn] *f* Erweiterung *f*; *mús* Verstärkung *f*; **~cador** [-'đɔr] *m mús* Verstärker *m*; **~car** [-'kar] (*1g*) erweitern; *mús* verstärken

ampli|o ['amplĭo] weit, ausgedehnt; (*extenso*) ausführlich; (*espacioso*) geräumig; **~tud** [-pli'tuđ] *f* Ausdehnung *f*, Weite *f*; *fis* Amplitude *f*

ampolla [am'poʎa] *f med* Blase *f*; (*vasija*) Ampulle *f*; *fig* ***levantar ~s*** Aufsehen erregen

ampuloso [ampu'loso] schwülstig, hochtrabend

ampu|tación [amputa'θĭɔn] *f med* Amputation *f*; **~tar** [-'tar] (*1a*) amputieren; *fig* beschneiden

amueblar [amŭe'ƀlar] (*1a*) möblieren

amuleto [amu'leto] *m* Amulett *n*

amurallar [amura'ʎar] (*1a*) mit Mauern umgeben

anabolizante [anaƀoli'θante] *m* Anabolikum *n*

anacardo *bot* [ana'karđo] *m* Cashewnuss *f*

ana|crónico [ana'kroniko] anachronistisch; **~cronismo** [-kro'nizmo] *m* Anachronismus *m*

ánade ['anađe] *m* Ente *f*

anadear [anađe'ar] (*1a*) watscheln

anal [a'nal] anal, After…

anales [a'nales] *m/pl* Annalen *pl*

analfabe|tismo [analfaƀe'tizmo] *m* Analphabetentum *n*; **~to** [-'ƀeto] *m* Analphabet *m*

analgésico [anal'xesiko] *m* schmerzstillendes Mittel *n*, Analgetikum *n*

análisis [a'nalisis] *m* Analyse *f*; **~ *de sistema*** *inform* Systemanalyse *f*

ana|lista [ana'lista] *m*: **~ *de sistemas*** Systemanalytiker *m*; **~lítico** [-'litiko] analytisch; **~lizar** [-li'θar] (*1f*) analysieren

analogía [analɔ'xia] *f* Analogie *f*

analógico [ana'lɔxiko], **análogo** [a'nalogo] analog

ananá(s) *bot* [ana'na(s)] *f Am* Ananas *f*

anaquel [ana'kɛl] *m* (Regal-)Brett *n*; Schrankbrett *n*

anaranjado [anaraŋ'xađo] orange(nfarbig)

anar|quía [anar'kia] *f* Anarchie *f*; **~quista** [-'kista] **1.** *adj* anarchistisch; **2.** *m* Anarchist *m*

anatema [ana'tema] *m* Bannfluch *m*

ana|tomía [anato'mia] *f* Anatomie *f*; **~tómico** [-'tomiko] anatomisch

anca ['aŋka] *f* Hinterbacken *m*; *gastr* ***~s de rana*** Froschschenkel *m/pl*

ancestral [anθes'tral] (von den Vorfahren) überliefert

ancho ['antʃo] **1.** *adj* breit; weit; ***estar a sus anchas*** sich wohlfühlen; **2.** *m* Breite *f*; *ferro* **~ *de vía*** Spurweite *f*

anchoa [an'tʃoa] *f* Anschovis *f*, Sardelle *f*

anchura [an'tʃura] *f* Breite *f*, Weite *f*

ancia|na [an'θĭana] *f* Greisin *f*; **~nidad** [-θĭani'đađ] *f* (Greisen-)Alter *n*; **~no** [-'θĭano] **1.** *adj* alt, (hoch)betagt; **2.** *m* Greis *m*

ancla ['aŋkla] *f* Anker *m*; ***echar ~s*** Anker werfen; ***levar ~s*** die Anker lichten; **~dero** [-'đero] *m* Ankerplatz *m*; **~r** [-'klar] (*1a*) (ver)ankern

áncora ['aŋkora] *f* Anker *m* (*reloj*, *fig*); **~ *de salvación*** *fig* Rettungsanker *m*

anda|das [an'dađas] *f/pl*: ***volver a las ~*** in e-e schlechte Gewohnheit zurückfallen; **~dura** [-'đura] *f* Gang *m*; Gangart *f*

Andalucía [andalu'θia] *f* Andalusien *n*

andaluz [anda'luθ] **1.** *adj* andalusisch; **2.** **~** *m*, **~a** *f* [-'luθa] Andalusier(in) *m*(*f*)

anda|miaje [anda'mĭaxe] *m*, **~mio** [-'damĭo] *m* (Bau-)Gerüst *n*

andanza [an'danθa] *f* Abenteuer *n*

andar [an'dar] (*1q*) **1.** *v/i* gehen; *tec* laufen, funktionieren; **~ *mal de dinero*** knapp bei Kasse sein; **~ *con cuidado*** (*od* ***ojo***) vorsichtig zu Werk gehen; **~ *en*** (*od* ***por***) ***los 30*** etwa 30 Jahre alt sein; **~ *por buen camino*** auf dem rechten Wege sein (*a fig*); **~ *por mal camino*** *fig* auf die schiefe Bahn geraten; **~ *tras a/c*** hinter et her sein; ***¡anda!*** nanu!; nur zu!; los!; ***¡andando!*** also los!; **2.** *v/t* (*camino*) zurücklegen; **3.** *m*: **~es** *pl* Gang *m*, Gangart *f*

anda|riego [anda'rĭego], **~rín** [-'rin] **1.** *adj* wanderlustig; gut zu Fuß; **2.** *m* guter Fußgänger *m*

andas ['andas] *f/pl* Bahre *f*; Traggestell *n*

andén [an'den] *m* Bahnsteig *m*
Andes ['andes] *m/pl* Anden *pl*
Andorra [an'dɔrra] *f* Andorra *n*
andorran|o [andor'rano] **1.** *adj* andorranisch; **2.** **~o** *m*, **~a** *f* Andorraner(in) *m(f)*
andrajo [an'draxo] *m* Lumpen *m*; **~so** [-dra'xoso] abgerissen, zerlumpt
an|écdota [a'nɛgđota] *f* Anekdote *f*; **~ecdótico** [anɛg'đotiko] anekdotisch
anegar [ane'gar] (*1h*) unter Wasser setzen
anejo [a'nɛxo] = ***anexo***
anemia [a'nemĭa] *f* Blutarmut *f*, Anämie *f*
anémico [a'nemiko] blutarm
anémona [a'nemona] *bot f* Anemone *f*
anes|tesia [anes'tesĭa] *f* Anästhesie *f*, Narkose *f*; **~ *general*** Vollnarkose *f*; **~ *local*** Lokalanästhesie *f*; **~tesiar** [-te'sĭar] (*1b*) betäuben; **~tésico** [-'tesiko] *m* Betäubungsmittel *n*; **~tesista** [-te'sista] *m* Narkosearzt *m*, Anästhesist *m*
ane|x(ion)ar [anɛg'sar *od* -gsĭo'nar] (*1a*) angliedern; annektieren; **~xión** [-g'sĭɔn] *f* Annexion *f*; **~xo** [a'nɛgso] **1.** *adj* beiliegend; **2.** *m* Nebengebäude *n*; (*en una carta*) Anlage *f*
anfetamina *med* [amfeta'mina] Amphetamin *n*
anfibio [am'fibĭo] **1.** *adj* amphibisch; Amphibien…; **2.** *m* Amphibie *f*
anfiteatro [amfite'atro] *m* Amphitheater *n*; *teat* Rang *m*
anfitr|ión [amfi'trĭɔn] *m* Gastgeber *m*; **~iona** [-'trĭona] *f* Gastgeberin *f*
ánfora ['amfora] *f* Amphore *f*
ángel ['aŋxɛl] *m* Engel *m*; **~ *custodio,* ~ *de la guarda*** Schutzengel *m*
angélica *bot* [aŋ'xelika] *f* Engelwurz *f*
an|gelical [aŋxeli'kal], **~gélico** [-'xeliko] engelhaft
angina *med* [aŋ'xina] *f* (*mst* **~s** *pl*) Angina *f*, Halsentzündung *f*; **~ *de pecho*** Angina *f* pectoris
anglicano [aŋgli'kano] **1.** *adj* anglikanisch; **2.** *m* Anglikaner *m*
anglosajón [aŋglosa'xɔn] angelsächsisch
angos|to [aŋ'gɔsto] eng, knapp; **~tura** [-gɔs'tura] *f* Enge *f*, Verengung *f*
anguila [aŋ'gila] *f* Aal *m*
angula [aŋ'gula] *f* Jungaal *m*; *gastr* Glasaal *m*
angular [aŋgu'lar] eckig; Winkel…; ***piedra*** *f* **~** Eckstein *m* (*a fig*)
ángulo ['aŋgulo] *m* Ecke *f*; *mat* Winkel *m*; **~ *agudo*** (***obtuso***, ***recto***) spitzer (stumpfer, rechter) Winkel *m*
anguloso [aŋgu'loso] winkelig; (*cara*) kantig
angus|tia [aŋ'gustĭa] *f* Angst *f*; Beklemmung *f*; **~tiado** [-gus'tĭađo] ängstlich; **~tiar** [-'tĭar] (*1b*) ängstigen; **~tioso** [-'tĭoso] beängstigend; angstvoll
anhe|lante [ane'lante] *fig* sehnsüchtig; **~lar** [-'lar] (*1a*) *fig* ersehnen; **~lo** [a'nelo] *m* Sehnsucht *f*, Verlangen *n*
anidar [ani'đar] (*1a*) *v/i* nisten (*a fig*)
anilla [a'niʎa] *f tec* Ring *m*; **~s** *f/pl dep* Ringe *m/pl*
anillo [a'niʎo] *m* Ring *m*; **~ *de boda*** Trauring *m*, Ehering *m*; ***como ~ al dedo*** wie angegossen
ánima ['anima] *f rel*, *tec* Seele *f*
anima|ción [anima'θĭɔn] *f* Belebung *f*; Lebhaftigkeit *f*; (*actividad*) bewegtes Treiben *n*, Betrieb *m*; **~do** [-'mađo] lebhaft, munter; (*conversación*) angeregt; **~dor** [-ma'đɔr] *m* Conférencier *m*; Animateur *m*; **~dora** [-'đora] *f* Ansagerin *f*; Animateurin *f*
animadversión [animađbɛr'sĭɔn] *f* Abneigung *f*
animal [ani'mal] **1.** *adj* tierisch; Tier…; **2.** *m* Tier *n*; *fig* Dummkopf *m*
animar [ani'mar] (*1a*) beleben; animieren; aufmuntern; ermutigen; **~se** sich aufraffen, sich entschließen (zu ***a***)
ánimo ['animo] *m* Gemüt *n*; (*valor*) Mut *m*; ***estado*** *m* ***de* ~** Gemütsverfassung *f*; ***presencia*** *f* ***de* ~** Geistesgegenwart *f*; ***con ~ de*** in der Absicht zu; **¡~!** Kopf hoch!; nur Mut!
animo|sidad [animosi'đađ] *f* Abneigung *f*; **~so** [-'moso] tatkräftig; beherzt
aniquilar [aniki'lar] (*1a*) zerstören, vernichten; **~se** zunichtewerden
anís *bot* [a'nis] *m* Anis *m*; (*bebida*) Anislikör *m*
aniversario [aniƀɛr'sarĭo] *m* Jahrestag *m*; Jubiläum *n*; **~ *de boda*** Hochzeitstag *m*
ano ['ano] *m* After *m*
anoche [a'notʃe] gestern Abend; **~cer** [-'θɛr] **1.** *v/i* (*2d*) Nacht werden; **2.** *m* Abenddämmerung *f*; ***al* ~** bei Einbruch der Dunkelheit

anodino [ano'đino] nichtssagend
an|omalía [anoma'lia] *f* Anomalie *f*; **~ómalo** [a'nomalo] anomal
anonadar [anona'đar] (*1a*) vernichten; niederschmettern; verblüffen
anonimato [anoni'mato] *m* Anonymität *f*
anónimo [a'nonimo] **1.** *adj* anonym; **2.** *m* anonymer Brief *m*
anorak [ano'rak] *m* Anorak *m*
anorexígeno [anorɛg'sixeno] *m* Appetitzügler *m*
anormal [anɔr'mal] anormal
anota|ción [anota'θĭɔn] *f* Anmerkung *f*; **~r** [-'tar] (*1a*) notieren
anovulatorio [anoƀula'torĭo] *m* Ovulationshemmer *m*
ansi|a ['ansĭa] *f* Sehnsucht *f*; Drang *m*; (*angustia*) Angst *f*; ***~ de saber*** Wissbegier(de) *f*; **~ar** [-'sĭar] (*1b*) ersehnen; **~edad** [-sĭe'đađ] *f* (Seelen-)Angst *f*; innere Unruhe *f*; **~oso** [-'sĭoso] begierig; ***estar ~ por*** *inf* sich sehnen nach
anta|gónico [anta'goniko] antagonistisch; gegensätzlich; **~gonismo** [-go'nizmo] *m* Antagonismus *m*; **~gonista** [-go'nista] *m* Widersacher *m*; Gegenspieler *m*
antaño [an'taɲo] ehemals, einst
antártico [an'tartiko] antarktisch
Antártida [an'tartiđa] *f* Antarktis *f*
ante ['ante] **1.** *m* Wildleder *n*; **2.** *prp* vor (*dat*); angesichts (*gen*); ***~ todo*** vor allem; **~anoche** [-a'notʃe] vorgestern Abend; **~ayer** [-a'jɛr] vorgestern
antebrazo [ante'ƀraθo] *m* Unterarm *m*
antece|dente [anteθe'đente] **1.** *adj* vorhergehend, vorig; **2.** *m* **~s** *pl* Vorleben *n*; ***~s penales*** Vorstrafen *f/pl*; ***sin ~s*** nicht vorbestraft; ***estar en ~s*** im Bilde sein; **~sor** [-θe'sɔr] *m* Vorgänger *m*; (*antepasado*) Vorfahr *m*
antediluviano [anteđilu'ƀĭano] vorsintflutlich (*a fig*)
ante|lación [antela'θĭɔn] *f*: ***con ~*** im Voraus; ***con la debida ~*** rechtzeitig; **~mano** [-'mano]: ***de ~*** im Voraus
antena [an'tena] *f* Antenne *f*; *zo* Fühler *m*; ***~ colectiva*** Gemeinschaftsantenne *f*; ***~ parabólica*** Parabolantenne *f*
ante|ojeras [anteɔ'xeras] *f/pl* Scheuklappen *f/pl*; **~ojo** [-'ɔxo] *m* Fernglas *n*
antepasados [antepa'sađos] *m/pl* Vorfahren *m/pl*
anteponer [antepo'nɛr] (*2r*) voranstellen; *fig* den Vorrang geben (vor *dat* ***a***)
anteproyecto [antepro'jɛkto] *m* Vorprojekt *n*, Vorentwurf *m*
anterior [ante'rĭɔr] vorhergehend; früher (als ***a***); **~idad** [-rĭori'đađ] *f*: ***con ~*** früher, eher
antes ['antes] **1.** *prp* ***~ de*** vor; bevor; ***~ de hora*** (*od* ***tiempo***) vorzeitig; **2.** *adv* früher; vorher; eher; ***~ bien*** vielmehr; ***cuanto ~, lo ~ posible*** möglichst bald; ***poco ~*** kurz zuvor; ***el día ~*** tags zuvor; **3.** *cj* ***~ (de) que*** *subj* bevor, ehe
antesala [ante'sala] *f* Vorzimmer *n*
antiaéreo [antia'ereo] Fliegerabwehr…
antialcohólico [antialko'oliko] *m* Antialkoholiker *m*
antibalas [anti'ƀalas]: ***chaleco*** *m* ***~*** kugelsichere Weste *f*; ***cristal*** *m* ***~*** Panzerglas *n*
antibelicista [antiƀeli'θista] *m* Kriegsgegner *m*
antibiótico [anti'ƀĭɔtiko] *m* Antibiotikum *n*
antibloqueo [antiblo'keo]: ***sistema*** *m* ***~ de frenos*** Antiblockiersystem *n* (ABS)
anticiclón [antiθi'klɔn] *m* *met* Hoch (-druckgebiet) *n*
antici|pación [antiθipa'θĭɔn] *f* Vorwegnahme *f*; ***con ~*** im Voraus; **~pado** [-'pađo] vorzeitig; (*elecciones, etc*) vorgezogen; ***por ~*** im Voraus; **~par** [-'par] (*1a*) verfrühen; vorwegnehmen; (*dinero*) vorschießen; **~parse** vorzeitig kommen; ***~ a alg*** j-m zuvorkommen; **~po** [-'θipo] *m* Vorschuss *m*; Vorauszahlung *f*
anticoncep|ción [antikonθɛƀ'θĭɔn] *f* Empfängnisverhütung *f*; **~tivo** [-'tiƀo] *m* Empfängnisverhütungsmittel *n*
anticongelante [antikɔŋxe'lante] *m* Frostschutzmittel *n*
anticonstitucional [antikɔnstituθĭo'nal] verfassungswidrig
anticorrosivo [antikɔrro'siƀo] *m* Rostschutzmittel *n*
anticua|do [anti'kŭađo] veraltet; **~rio** [-'kŭarĭo] *m* Antiquitätenhändler *m*
anticuerpo *med* [anti'kŭɛrpo] *m* Antikörper *m*
antideslizante [antiđezli'θante] **1.** *adj* rutschfest; **2.** *m* Gleitschutz *m*
antidisturbios [antiđis'turƀĭos]: ***policía*** *f* ***~*** Bereitschaftspolizei *f*
antidoping [anti'đopiŋ]: ***control*** *m* ***~***

Dopingkontrolle *f*
antídoto [an'tiđoto] *m* Gegengift *n*; *fig* Gegenmittel *n*
antifaz [anti'faθ] *m* Gesichtsmaske *f*
antiglobaliza|dor [antigloƀaliθa'đɔr] *m*, **~dora** [-'đora] *f pol* Globalisierungsgegner(in) *m(f)*
antigualla [anti'gŭaʎa] *f*: **~s** *pl* alter Kram *m*, Plunder *m*
antigüedad [antigŭe'đađ] *f* Altertum *n*, Antike *f*; Dienstalter *n*; **~es** *pl* Antiquitäten *pl*
antiguo [an'tigŭo] *adj* alt; ehemalig; antik
antihigiénico [antii'xĭeniko] unhygienisch
Antillas [an'tiʎas] *f/pl* Antillen *pl*
antílope [an'tilope] *m* Antilope *f*
antinatural [antinatu'ral] widernatürlich
antinuclear [antinukle'ar] *m* Kernkraftgegner *m*
antioxidante [antiɔgsi'đante] *m* Rostschutzmittel *n*
antiparásito *tec* [antipa'rasito] entstört
anti|patía [antipa'tia] *f* Antipathie *f*, Abneigung *f*; **~pático** [-'patiko] unsympathisch
antirreglamentario [antirreglamen'tarĭo] vorschriftswidrig; verkehrswidrig
antirrobo [anti'rrɔƀo] *m*: **(*sistema* *m*) ~** Diebstahlsicherung *f*
antisemitismo [antisemi'tizmo] *m* Antisemitismus *m*
antiséptico [anti'sɛptiko] **1.** *adj* antiseptisch; keimtötend; **2.** *m* Antiseptikum *n*
antiterrorista [antitɛrro'rista]: ***lucha*** *f* **~** Terroristenbekämpfung *f*
antítesis [an'titesis] *f* Antithese *f*; Gegensatz *m*
anto|jadizo [antɔxa'điθo] launenhaft; **~jarse** [-'xarse] *(1a)*: ***se me antoja*** ich habe Lust zu ...; es scheint mir; **~jo** [an'tɔxo] Gelüst *n*; Laune *f*; ***a su* ~** nach Gutdünken
antología [antolɔ'xia] Anthologie *f*; ***de* ~** hervorragend
antonomasia [antono'masĭa] *f*: ***por* ~** schlechthin
antorcha [an'tɔrtʃa] *f* Fackel *f*
ántrax *med* ['antrags] *m* Milzbrand *m*
antro ['antro] *m* Höhle *f*, Grotte *f*; *fig* F Bruchbude *f*; Spelunke *f*
antro|pófago [antro'pofago] *m* Menschenfresser *m*; **~pología** [-polɔ'xia] *f* Anthropologie *f*
anual [a'nŭal] jährlich; Jahres…; **~idad** [anŭali'đađ] *f* Jahresbetrag *m*, -rate *f*
anuario [a'nŭarĭo] *m* Jahrbuch *n*
anudar [anu'đar] *(1a)* (ver)knoten; *(alfombra)* knüpfen; *fig* verbinden
anula|ción [anula'θĭɔn] *f* Aufhebung *f*; Nichtigkeitserklärung *f*; Annullierung *f*; Storno *m u n*; **~r** [-'lar] **1.** *v/t (1a)* streichen, annullieren; rückgängig machen; **2.** *adj* ringförmig; **3.** *m*: **(*dedo* *m*) ~** Ringfinger *m*
anun|ciación [anunθĭa'θĭɔn] *f* Ankündigung *f*; *rel* ♀ Mariä Verkündigung *f*; **~ciante** [-'θĭante] *m* Inserent *m*; **~ciar** [-'θĭar] *(1b)* bekannt machen, ankündigen; inserieren, annoncieren; **~cio** [a'nunθĭo] *m* Anzeige *f*, Annonce *f*; Bekanntmachung *f*
anverso [am'bɛrso] *m* Vorderseite *f*; *(de una moneda)* Bildseite *f*
anzuelo [an'θŭelo] *m* Angelhaken *m*; *fig* Köder *m*
añadi|dura [aɲađi'đura] *f* Zusatz *m*; ***por* ~** obendrein; **~r** [-a'đir] *(3a)* hinzufügen
añejo [a'ɲɛxo] *(vino)* alt
añicos [a'ɲikos] *m/pl*: ***hacer* ~** zerbrechen, F kaputtmachen
año ['aɲo] *m* Jahr *n*; **(*día* *m* *de*) ♀ *Nuevo*** Neujahr(stag *m*) *n*; ***el* ~ *que viene*** nächstes Jahr; ***entrado*** (*od* ***metido***) ***en* ~*s*** bejahrt; ***quitarse* ~*s*** sich für jünger ausgeben; ***¿cuántos* ~*s tienes?*** wie alt bist du?; ***¡feliz* ~ *nuevo!*** ein gutes Neues Jahr!
añora|nza [aɲo'ranθa] *f* Sehnsucht *f*; Heimweh *n*; **~r** [-'rar] *(1a)* sich sehnen nach *(dat)*; nachtrauern *(dat)*
aorta [a'ɔrta] *f* Aorta *f*
apacentar [apaθen'tar] *(1k)* weiden
apacible [apa'θiƀle] mild, ruhig; sanft
apaciguar [apaθi'gŭar] *(1i)* beruhigen, besänftigen
apadrinar [apađri'nar] *(1a)* Pate sein bei *(dat)*; *fig* fördern
apaga|do [apa'gađo] erloschen; *(sonido, color)* gedämpft; *(voz)* dumpf; *(persona)* schwunglos; **~r** [-'gar] *(1h)* (aus)löschen; *(luz, radio)* ausmachen; *(ruidos)* dämpfen; *(sed)* löschen, stillen; **~rse** erlöschen, ausgehen
apagón [apa'gɔn] *m* (plötzlicher) Stromausfall *m*, Black-out *m*

apalabrar [apala'ƀrar] (*1a*) absprechen, vereinbaren; **~se** sich verabreden
apalear [apale'ar] (*1a*) (ver)prügeln
apaña|do [apa'ɲađo] anstellig; geschickt; ***estar ~*** F aufgeschmissen sein; **~r** [-'ɲar] (*1a*) (*arreglar*) flicken, ausbessern, zurechtmachen; (*coger*) wegnehmen; **~rse** zurechtkommen
aparador [apara'đɔr] *m* Büfett *n*, Sideboard *n*
aparato [apa'rato] *m* Apparat *m*; Gerät *n*; (*boato*) Prunk *m*, Pomp *m*; *tel* ***al ~*** am Apparat; **~so** [-'toso] protzig, pompös; aufsehenerregend
aparca|dero [aparka'đero] *m* Parkplatz *m*; **~miento** [-'mĭento] *m* Parken *n*; Parkplatz *m*; ***~ subterráneo*** Tiefgarage *f*; **~r** [-'kar] (*1g*) parken; *fig* auf Eis legen
aparear [apare'ar] (*1a*) *zo* paaren
aparecer [apare'θɛr] (*2d*) erscheinen, auftauchen
apare|jador [aparɛxa'đɔr] *m* Bauleiter *m*, -führer *m*; **~jar** [-'xar] (*1a*) herrichten; (*caballo*) (an)schirren; *mar* auftakeln; **~jo** [-'rɛxo] *m tec* Flaschenzug *m*; (*de caballo*) Geschirr *n*; *mar* Takelage *f*; **~s** *pl* Gerätschaften *f/pl*; ***~ de pescar*** Angelgerät *n*
aparen|tar [aparen'tar] (*1a*) vorspiegeln, vorgeben; ***no aparenta la edad que tiene*** er sieht nicht so alt aus, wie er ist; **~te** [-'rente] scheinbar; sichtbar
aparición [apari'θĭɔn] *f* Erscheinung *f*; Erscheinen *n*
apariencia [apa'rĭenθĭa] *f* Aussehen *n*; Schein *m*; Anschein *m*; ***salvar las ~s*** den Schein wahren; ***las ~s engañan*** der Schein trügt; ***según las ~s*** allem Anschein nach
aparta|do [apar'tađo] **1.** *adj* entfernt, abgelegen; **2.** *m tip* Absatz *m*; **~ (*de correos*)** Postfach *n*; **~mento** [-'mento] *m* Appartement *n*; **~r** [-'tar] (*1a*) entfernen; (*separar*) trennen; ***~ de*** abbringen von (*dat*); **~rse** beiseitetreten; abweichen (von ***de***)
aparte [a'parte] **1.** *adv* beiseite; gesondert, für sich; ***~ de ello*** außerdem; ***~ de que*** abgesehen davon, dass; **2.** *m tip* Absatz *m*; ***punto y ~*** neuer Absatz
apasiona|do [apasĭo'nađo] leidenschaftlich; **~miento** [-na'mĭento] *m* Begeisterung *f*; **~nte** [-'nante] begeisternd, mitreißend; **~r** [-'nar] (*1a*) begeistern; **~rse: *~ por*** sich begeistern für
apatía [apa'tia] *f* Teilnahmslosigkeit *f*, Apathie *f*
apático [a'patiko] teilnahmslos, apathisch
apátrida [a'patriđa] staatenlos
Apdo. ***Apartado*** PF (Postfach)
apea|dero [apea'đero] *m ferro* Haltepunkt *m*; **~rse** aus-, absteigen; *fig* abtreten
apedrear [apeđre'ar] (*1a*) mit Steinen bewerfen; steinigen
ape|gado [ape'gado]: ***estar ~ a a/c*** an et hängen; **~go** [a'pego] *m* Anhänglichkeit *f*, Zuneigung *f*; ***~ a la tierra (tradición)*** Heimat-(Traditions-)verbundenheit *f* ***~ a la ley*** Gesetzestreue *f*
apela|ción *jur* [apela'θĭɔn] *f* Berufung *f*; **~nte** [-'lante] *m* Berufungskläger *m*; **~r** [-'lar] (*1a*) appellieren (an *ac* ***a***); *jur* Berufung einlegen (gegen ***de***)
apelli|dar [apeʎi'đar] (*1a*) nennen; **~darse** heißen; **~do** [-'ʎiđo] *m* Familienname *m*
apelotonarse [apeloto'narse] sich zusammendrängen
apenar [ape'nar] (*1a*) bekümmern; **~se** traurig werden
apenas [a'penas] kaum
apéndice [a'pendiθe] *m* Anhang *m*; *med* ***~ (vermiforme)*** Wurmfortsatz *m*
apendicitis [apendi'θitis] *f* Blinddarmentzündung *f*
apercibir [apɛrθi'ƀir] (*3a*) mahnen; verwarnen; **~se: *~ de a/c*** et merken
aperitivo [aperi'tiƀo] *m* Aperitif *m*
aperos [a'peros] *m* Geräte *n/pl*
apertura [apɛr'tura] *f* Eröffnung *f*; Öffnung *f*; *met* ***~ de claros*** Aufheiterung *f*
apesadumbrar [apesađum'brar] (*1a*) bekümmern; **~se** sich grämen
apes|tar [apes'tar] (*1a*) **1.** *v/t* verpesten; **2.** *v/i* stinken; **~toso** [-'toso] stinkig
apete|cer [apete'θɛr] (*2d*) begehren; ***(no) me apetece*** ich habe (keine) Lust auf (*ac*); **~cible** [-'θiƀle] wünschens-, begehrenswert; **~ncia** [-'tenθĭa] *f* Verlangen *n* (nach *dat* ***de***)
apetito [ape'tito] *m* Appetit *m*; *fig* Trieb *m*, Begierde *f*; **~so** [-ti'toso] appetitlich; verlockend
apiadarse [apĭa'đarse] (*1a*) Mitleid haben (mit *dat* ***de***)
ápice ['apiθe] *m* Gipfel *m*; Spitze *f*; ***no***

falta ni un ~ kein Tüpfelchen fehlt
apicul|tor [apikul'tɔr] *m* Bienenzüchter *m*, Imker *m*; **~tura** [-'tura] *f* Bienenzucht *f*, Imkerei *f*
apilar [api'lar] (*1a*) stapeln
apiña|do [api'ɲađo] dicht gedrängt; **~r(se)** [-'ɲar(se)] (*1a*) (sich) zusammendrängen
apio *bot* ['apĭo] *m* Sellerie *m od f*
apisonadora [apisona'đora] *f* Dampf-, Straßenwalze *f*
aplacar [apla'kar] (*1g*) besänftigen
aplana|miento [aplana'mĭento] *m* Einebnen *n*, Planieren *n*; **~r** [-'nar] (*1a*) (ein)ebnen, planieren
aplasta|nte [aplas'tante] erdrückend; ***con mayoría ~*** mit überwältigender Mehrheit; **~r** [-'tar] (*1a*) platt drücken; zertreten; *fig* erledigen; niederschlagen
aplau|dir [aplaŭ'đir] (*3a*) Beifall klatschen, applaudieren; *fig* begrüßen; **~so** [a'plaŭso] *m* Beifall *m*, Applaus *m*
aplaza|miento [aplaθa'mĭento] *m* Vertagung *f*; Aufschub *m*; **~r** [-'θar] (*1f*) vertagen, auf-, verschieben
aplica|ble [apli'kaƀle] anwendbar (auf ***a***); **~ción** [-ka'θĭɔn] *f* Anwendung *f*; Verwendung *f*; Fleiß *m*; **~do** [-'kađo] fleißig; (*ciencia*) angewandt; **~r** [-'kar] (*1g*) an-, auflegen; (*emplear*) an-, verwenden; **~rse** fleißig sein
aplique [a'plike] *m* Wandlampe *f*
aplomo [a'plomo] *m* Selbstsicherheit *f*; sicheres Auftreten *n*
apoca|do [apo'kađo] kleinmütig, verzagt; (*tímido*) schüchtern; **~miento** [-ka'mĭento] *m* Kleinmut *m*; Verzagtheit *f*; **~rse** [-'karse] (*1g*) sich demütigen; (*desanimarse*) verzagen
apodar [apo'đar] (*1a*) e-n Spitznamen geben (*dat*)
apodera|do [apođe'rađo] *m* Bevollmächtigte(r) *m*, Prokurist *m*; **~r** [-'rar] (*1a*) bevollmächtigen; **~rse**: ***~ de*** sich bemächtigen (*gen*)
apodo [a'pođo] *m* Spitzname *m*
apogeo [apɔ'xeo] *m astr* Erdferne *f*; *fig* Höhepunkt *m*
apolítico [apo'litiko] unpolitisch
apología [apolɔ'xia] *f* Verteidigungsrede *f*, -schrift *f*
apoplejía [apoplɛ'xia] *f* Schlaganfall *m*
aporrear [apɔrre'ar] (*1a*) verprügeln; *fig* hämmern gegen *od* auf
aporta|ción [apɔrta'θĭɔn] *f* Beitrag *m*; **~r** [-'tar] (*1a*) beisteuern, beitragen
aposen|tar [aposen'tar] (*1a*) beherbergen; **~to** [-'sento] *m* Zimmer *n*; Quartier *n*
apósito *med* [a'posito] *m* Wundverband *m*
apostar [apɔs'tar] (*1m*) wetten; setzen auf; *mil* (*1a*) aufstellen, postieren
apostilla [apɔs'tiʎa] *f* Erläuterung *f*; Randbemerkung *f*
apóstol [a'pɔstɔl] *m* Apostel *m*
apostólico [apɔs'toliko] apostolisch
apóstrofo [a'pɔstrofo] *m* Apostroph *m*
apoteosis [apote'osis] *f* Apotheose *f*; *fig* Höhepunkt *m*
apo|yar [apo'jar] (*1a*) stützen; *fig* unterstützen; **~yarse** sich stützen (auf *ac* ***en***); **~yatura** *mús* [-ja'tura] *f* Vorschlag *m*; **~yo** [a'pojo] *m* Stütze *f*; *fig* Unterstützung *f*; Rückhalt *m*
apre|ciable [apre'θĭaƀle] schätzbar, wahrnehmbar; *fig* beachtlich; **~ciación** [-θĭa'θĭɔn] *f* (Wert-)Schätzung *f*; Beurteilung *f*; **~ciar** [-'θĭar] (*1b*) schätzen (*a fig*); taxieren; beurteilen; **~cio** [a'preθĭo] *m* (Hoch-)Achtung *f*
aprehen|der [apreen'dɛr] (*2a*) fassen; (*confiscar*) beschlagnahmen; *fig* erfassen; **~sión** [-'sĭɔn] *f* Ergreifung *f*, Festnahme *f*; Beschlagnahme *f*
apre|miante [apre'mĭante] dringend; **~miar** [-'mĭar] (*1b*) **1.** *v/t* (be)drängen; *jur* mahnen; **2.** *v/i* dringlich sein; **~mio** [a'premĭo] *m* Druck *m*; Dringlichkeit *f*; *jur* Mahnung *f*; ***por ~ de tiempo*** aus Zeitmangel
aprend|er [apren'dɛr] (*2a*) lernen; **~iz** [-'diθ] *m* Lehrling *m*, Auszubildende(r) *m*; **~iza** [-'diθa] *f* Lehrmädchen *n*; **~izaje** [-di'θaxe] *m* Lehrzeit *f*, Lehre *f*
apren|sión [apren'sĭɔn] *f* Besorgnis *f*; Angst *f*; **~sivo** [-'siƀo] überängstlich
apresa|miento [apresa'mĭento] *m mar* Kapern *n*; **~r** [-'sar] (*1a*) ergreifen, fangen; *mar* kapern, aufbringen
apres|tar [apres'tar] (*1a*) vorbereiten; *tec* appretieren; **~tarse** sich bereit machen (zu ***a***); **~to** [a'presto] *m* Vorbereitung *f*; *tec* Appretur *f*
apresura|do [apresu'rađo] eilig; **~miento** [-ra'mĭento] *m* Eile *f*; **~r** [-'rar] (*1a*) antreiben; **~rse** sich beeilen
apre|tado [apre'tađo] eng, knapp; (*gen-*

te) dicht gedrängt; **~tar** [-'tar] (*1k*) **1.** *v/t* drücken; zusammenpressen; (*tornillo, freno*) anziehen; *fig* in die Enge treiben; (be)drängen; **~ *el paso*** den Schritt beschleunigen; **~ *los dientes*** die Zähne zusammenbeißen; **~ *los puños*** die Fäuste ballen; **2.** *v/i* (*tiempo, etc*) drängen; **~tarse** sich drängen; **~ *el cinturón*** den Gürtel enger schnallen; **~tón** [-'tɔn] *m* Druck *m*; Gedränge *n*; **~ *de manos*** Händedruck *m*

apretu|jar [apretu'xar] (*1a*) drängeln; **~ra** [-'tura] *f* Enge *f*; Gedränge *n*; *fig* Bedrängnis *f*

aprieto [a'prĭeto] *m* Bedrängnis *f*, Not (-lage) *f*; ***estar en un ~*** F in der Klemme sein

aprisa [a'prisa] schnell

aprisionar [aprisĭo'nar] (*1a*) einsperren (ins Gefängnis); *fig* einklemmen

aproba|ción [aproƀa'θĭɔn] *f* Billigung *f*; **~do** [-'ƀađo] (*examen*) bestanden; (*nota*) genügend; **~r** [-'ƀar] (*1m*) billigen; (*examen*) bestehen

apropia|ción [apropĭa'θĭɔn] *f* Aneignung *f*; **~do** [-'pĭađo] geeignet, angemessen; **~r** [-'pĭar] (*1b*) anpassen; **~rse**: **~ *a/c*** sich et aneignen

aprovecha|ble [aproƀe'tʃaƀle] brauchbar; verwertbar; **~do** [-'tʃađo] (*alumno*) fleißig; *desp* berechnend; **~miento** [-tʃa'mĭento] *m* Nutzung *f*; Ausnutzung *f*; *tec* Verwertung *f*; **~ *de residuos*** Abfallverwertung *f*; **~r** [-'tʃar] (*1a*) (be)nutzen; ausnutzen; verwerten; ***¡que aproveche!*** guten Appetit!; **~rse**: **~ *de a/c*** sich et zunutze machen, et ausnützen

aprovisiona|miento [aprɔƀisiɔna'mĭento] *m* Versorgung *f*; **~r** [-'nar] (*1a*) versorgen; verproviantieren; **~rse** sich eindecken (mit *dat* ***de***)

aproxima|ción [aprɔgsima'θĭɔn] *f* Annäherung *f*; **~damente** [-đa'mente] ungefähr, etwa; **~do** [-'mađo] annähernd; **~r** [-'mar] (*1a*) nähern; **~rse** sich nähern; **~tivo** [-ma'tiƀo] annähernd

aptitud [apti'tuđ] *f* Eignung *f*, Fähigkeit *f*

apto ['apto] fähig; geeignet; tauglich; **~ *para menores*** jugendfrei

apuesta [a'pŭesta] *f* Wette *f*

apuesto [a'pŭesto] stattlich, schmuck; gut aussehend

apunta|do [apun'tađo] spitz; **~dor** [-ta'đɔr] *m teat* Souffleur *m*

apuntalar [apunta'lar] (*1a*) abstützen

apun|tar [apun'tar] (*1a*) **1.** *v/t* (*arma*) zielen (auf *ac* ***a***); (*señalar*) zeigen, hinweisen (auf *ac* ***a***); (*anotar*) notieren; *teat* soufflieren; **2.** *v/i* sich zeigen; (*día*) anbrechen; (*barba*) sprießen; **~ *a*** hindeuten auf; **~tarse**: **~ *a*** sich melden zu; **~te** [a'punte] *m* Notiz *f*; *pint* Skizze *f*; *com* Buchung *f*; **~s** *pl* Aufzeichnungen *f/pl*; ***tomar ~s*** sich Notizen machen; mitschreiben

apuñalar [apuɲa'lar] (*1a*) erdolchen, erstechen

apura|do [apu'rađo] (*agotado*) erschöpft; (*difícil*) heikel, schwierig; (*apresurado*) eilig; **~ (*de dinero*)** abgebrannt, in Geldnöten; **~r** [-'rar] (*1a*) (*agotar*) aufbrauchen, *a fig* erschöpfen; leeren, austrinken; (*dar prisa*) drängen; **~rse** sich grämen; *bsd Am* sich beeilen

apuro [a'puro] *m* Bedrängnis *f*; Verlegenheit *f*; (Geld-)Not *f*; (*aflicción*) Kummer *m*; *bsd Am* Eile *f*

aqueja|do [akɛ'xađo]: **~ *de*** *med* leidend an (*dat*); **~r** [-'xar] (*1a*) quälen; bedrängen

aquel, **~la**, **~lo** [a'kɛl, a'keʎa, a'keʎo] jener, jene, jenes; der, die, das dort; der-, die-, dasjenige

aquelarre [ake'larre] *m* Hexensabbat *m* (*a fig*)

aquí [a'ki] hier; hierher; ***de ~ que*** daher (kommt es), dass; ***de ~ para allí*** hin u her; ***de ~ a ocho días*** heute in acht Tagen; ***por ~*** hier(her); ***he ~*** hier ist (sind)

aquiescencia [akĭes'θenθĭa] *f* Zustimmung *f*

Aquisgrán [akiz'gran] *m* Aachen *n*

ara ['ara] *f* Altar *m*; ***en ~s de*** um … willen, wegen (*gen*)

árabe ['araƀe] **1.** *adj* arabisch; **2.** *su* Araber(in) *m(f)*

Arabia Saudita *od* **Saudí** [a'raƀĭa saŭ'đi(ta)] *f* Saudi-Arabien *n*

arable [a'raƀle] anbaufähig; ***suelo m ~*** Ackerboden *m*

arado [a'rađo] *m* Pflug *m*

Aragón [ara'gɔn] *m* Aragonien *n*

aragonés [arago'nes] **1.** *adj* aragon(es)isch; **2.** *m* Aragonier *m*

arancel [aran'θɛl] *m* Tarif *m*

arándano [a'randano] *m* Heidel-, Blaubeere *f*; **~ *rojo*** Preiselbeere *f*

arandela *tec* [aran'dela] *f* Scheibe *f*
araña [a'raɲa] *f zo* Spinne *f*; (*lámpara*) Kronleuchter *m*, Lüster *m*; **~r** [-'ɲar] (*1a*) kratzen; *fig* zusammenkratzen; **~zo** [-'ɲaθo] *m* Kratzer *m*; Schramme *f*
arar [a'rar] (*1a*) pflügen
arbitr|aje [arƀi'traxe] *m* Schiedsspruch *m*; **~al** [-'tral] Schieds...; **~ar** [-'trar] (*1a*) schlichten; *dep* Schiedsrichter sein; **~ariedad** [-trar̆e'đađ] *f* Willkür *f*; Eigenmächtigkeit *f*; **~ario** [-'trar̆o] willkürlich; eigenmächtig; **~io** [-'ƀitr̆o] *m* freier Wille *m*; Gutdünken *n*; *com* Abgabe *f*, Steuer *f*
árbitro ['arƀitro] *m* Schiedsrichter *m*
árbol ['arƀɔl] *m* Baum *m*; *mar* Mast *m*; *tec* Achse *f*, Welle *f*; **~ *genealógico*** Stammbaum *m*; **~ *frutal*** Obstbaum *m*; **~ *de levas*** Nockenwelle *f*; **~ *de Navidad*** Weihnachtsbaum *m*; **~ete** *m* Bäumchen *n*
arbotante *arqu* [arƀo'tante] *m* Strebepfeiler *m*, -bogen *m*
arbusto [ar'ƀusto] *m* Strauch *m*; Staude *f*
arca ['arka] *f* Kasten *m*, Truhe *f*; **~ *de Noé*** Arche *f* Noah
arcada [ar'kađa] *f* Arkade *f*, Säulengang *m*; (*puente*) Brückenbogen *m*
arcaico [ar'kaĭko] altertümlich; veraltet
arcángel [ar'kaŋxɛl] *m* Erzengel *m*
arcano [ar'kano] *m* Geheimnis *n*
arce *bot* ['arθe] *m* Ahorn *m*
arcén [ar'θen] *m* Rand-, Seitenstreifen *m*
archi|... [artʃi...] Erz...; **~duque** [-'đuke] *m* Erzherzog *m*; **~duquesa** [-đu'kesa] *f* Erzherzogin *f*; **~piélago** [-'pĭelago] *m* Inselgruppe *f*, Archipel *m*
archi|vador [artʃiƀa'đɔr] *m* Aktenschrank *m*; (Brief-)Ordner *m*; **~var** [-'ƀar] (*1a*) archivieren, ablegen; *fig* ad acta legen; **~vo** [ar'tʃiƀo] *m* Archiv *n*; Datei *f*
arcilla [ar'θiʎa] *min f* Ton *m*
arco ['arko] *m* Bogen *m* (*a arqu*, *mús*); **~ *iris*** Regenbogen *m*
arcón [ar'kɔn] *m* große Truhe *f*
arder [ar'đɛr] (*2a*) brennen; in Flammen stehen; *fig* **~ *de*** (*od* ***en***) brennen vor
ardid [ar'điđ] *m* List *f*; Trick *m*
ardiente [ar'đĭente] brennend, heiß, *fig* feurig
ardilla [ar'điʎa] *f* Eichhörnchen *n*
ardor [ar'đɔr] *m* Glut *f*, Hitze *f*; *fig* Eifer *m*; **~ *de estómago*** Sodbrennen *n*; **~oso** [-đo'roso] glühend; *fig* feurig
arduo ['arđŭo] schwierig; mühselig
área ['area] *f* Fläche *f*; Gebiet *n* (*a fig*); (*medida*) Ar *n*; *dep* **~ *de castigo*, ~ *de penalty*** Strafraum *m*; *auto* **~ *de descanso*** Rastplatz *m*; **~ *de servicio*** Rasthof *m*, -stätte *f*
arena [a'rena] *f* Sand *m*; (*plaza*) Arena *f*
arenga [a'reŋga] *f* Ansprache *f*; **~r** [areŋ'gar] (*1h*) eine Ansprache halten
are|nilla [are'niʎa] *f* Streusand *m*; *med* Grieß *m*; **~nisca** [-'niska] *f* Sandstein *m*; **~noso** [-'noso] sandig
arenque [a'reŋke] *m* Hering *m*; **~ *ahumado*** Bückling *m*
arete [a'rete] *m* Ohrring *m*
argamasa [arga'masa] *f* Mörtel *m*
Argel [ar'xɛl] *m* Algier *n*
Argelia [ar'xelĭa] *f* Algerien *n*
argelin|o [arxe'lino] **1.** *adj* algerisch; **2.** **~o** *m*, **~a** *f* Algerier(in) *m*(*f*)
Argentina [arxen'tina] *f* Argentinien *n*
argentin|o [arxen'tino] **1.** *adj* argentinisch; (*argénteo*) silbern; *fig* silberhell; **2.** **~o** *m*, **~a** *f* Argentinier(in) *m*(*f*)
argolla [ar'goʎa] *f* Metallring *m*
argot [ar'go] *m* Argot *m od n*, Jargon *m*
argucia [ar'guθĭa] *f* Arglist *f*; Spitzfindigkeit *f*
argüir [ar'gŭir] (*3g*) argumentieren, vorbringen; (*deducir*) folgern
argumen|tación [argumenta'θĭɔn] *f* Beweisführung *f*, Argumentation *f*; **~tar** [-'tar] (*1a*) argumentieren; **~to** [-'mento] *m* Argument *n*; Beweis(-grund) *m*; (*de un libro*, *etc*) Inhaltsangabe *f*
aria ['arĭa] *f* Arie *f*
aridez [ari'đeθ] *f* Dürre *f*, Trockenheit *f*
árido ['ariđo] dürr; trocken (*a fig*)
Aries *astr* ['arĭɛs] *m* Widder *m*
ariete [a'rĭete] *m hist* Sturm-, Rammbock *m*; *dep* (Mittel-)Stürmer *m*
ario ['arĭo] **1.** *adj* arisch; **2.** *m* Arier *m*
arisco [a'risko] unliebenswürdig, schroff
arista [a'rista] *f* Kante *f*
aris|tocracia [aristo'kraθĭa] *f* Aristokratie *f*; **~tócrata** [-'tokrata] *m* (*f*) Aristokrat(in) *m*(*f*); **~tocrático** [-to'kratiko] aristokratisch
aritméti|ca [ariđ'metika] *f* Arithmetik

f; **~co** [-ko] arithmetisch

arlequín [arle'kin] *m* Harlekin *m*

arma ['arma] *f* Waffe *f* (*a fig*); *mil* Waffengattung *f*; **~ *blanca*** blanke Waffe *f*; **~ *de fuego*** Schusswaffe *f*; **~ *punzante*** Stichwaffe *f*; **~*s*** *pl* (*blasón*) Wappen *n*; ***pasar por las ~s*** (standrechtlich) erschießen

armada [ar'mađa] *f* Kriegsflotte *f*; *hist* Armada *f*

armadillo *zo* [arma'điʎo] *m* Gürteltier *n*

arma|do [ar'mađo] bewaffnet; **~dor** *mar* [arma'đɔr] *m* Reeder *m*; **~dura** [-'đura] *f* (Ritter-)Rüstung *f*; *tec* Gerüst *n*; **~mento** [-'mento] *m* Rüstung *f*; Bewaffnung *f*; *mar* Bestückung *f*

armar [ar'mar] (*1a*) bewaffnen; ausrüsten; (*montar*) aufstellen; *mar* bestücken; **~se** sich rüsten (*a fig*); **~ *de paciencia*** sich mit Geduld wappnen

armario [ar'marĭo] *m* Schrank *m*; **~ *empotrado*** Einbauschrank *m*; **~ *de luna*** Spiegelschrank *m*; **~ *rinconero*** Eckschrank *m*; **~ *ropero*** Kleider-, Wäscheschrank *m*; ***salir del ~*** F sich outen

armazón [arma'θɔn] *f* Gerüst *n* (*a fig*); Gestell *n*; Rahmen *m*

Armenia [ar'menĭa] *f* Armenien *n*

arme|ría [arme'ria] *f* Waffenhandlung *f*; **~ro** [ar'mero] *m* Waffenschmied, -händler *m*

armiño [ar'miɲo] *m* Hermelin *n*; (*piel*) Hermelinpelz *m*

armisticio [armis'tiθĭo] *m* Waffenstillstand *m*

armonía [armo'nia] *f* Harmonie *f* (*a fig*); *mús* Harmonielehre *f*

armóni|ca [ar'monika] *f* Mundharmonika *f*; **~co** [-ko] harmonisch

armoni|o *mús* [ar'monĭo] *m* Harmonium *n*; **~oso** [armo'nĭoso] harmonisch; **~zación** [-θa'θĭɔn] *f* Harmonisierung *f*; **~zar** [-ni'θar] (*1f*) **1.** *v/t* in Einklang bringen (*a fig*); **2.** *v/i* harmonieren

arnés [ar'nes] *m* Harnisch *m*; ***arneses*** *pl* Pferdegeschirr *n*

aro ['aro] *m* Reifen *m*; ***pasar por el ~*** sich fügen, klein beigeben

aro|ma [a'roma] *m* Duft *m*, Aroma *n*; **~mático** [aro'matiko] aromatisch

arpa ['arpa] *f* Harfe *f*

arpegio *mús* [ar'pɛxĭo] *m* Arpeggio *n*

arpía [ar'pia] *f mit* Harpyie *f*; *fig* Drachen *m*

arpillera [arpi'ʎera] *f* Sackleinen *n*

arpista [ar'pista] *su* Harfenist(in) *m*(*f*)

arpón [ar'pɔn] *m* Harpune *f*

arque|ado [arke'ađo]: ***piernas f/pl arqueadas*** O-Beine *n/pl*; **~ar** [-'ar] (*1a*) wölben; biegen; **~o** [-'keo] *m* Krümmung *f*; *mar* Tonnage *f*; *com* Kassensturz *m*

arque|ología [arkeolɔ'xia] *f* Archäologie *f*; **~ológico** [-'lɔxiko] archäologisch; **~ólogo** [-'ologo] *m* Archäologe *m*

arquero [ar'kero] *m* Bogenschütze *m*

arquetipo [arke'tipo] *m* Urbild *n*, Archetyp *m*

arquitec|to [arki'tɛkto] *m* Architekt *m*; **~tónico** [-tɛk'toniko] architektonisch; **~tura** [-'tura] *f* Baukunst *f*, Architektur *f*

arrabal [arra'ƀal] *m* Vorstadt *f*

arraiga|do [arraĭ'gađo] verwurzelt (*a fig*); **~r** [-'gar] (*1h*) (ein)wurzeln, Wurzel schlagen; **~rse** *fig* Fuß fassen

arran|car [arraŋ'kar] (*1g*) **1.** *v/t* ausreißen; entreißen; abreißen; **2.** *v/i* anfahren; abfahren; anlaufen, starten; (*motor*) anspringen; *fig* ausgehen (von ***de***); **~que** [a'rraŋke] *m* Ausreißen *n*; Anfahren *n*; Anlaufen *n*, Start *m*; *auto* Anlasser *m*; *fig* Anwandlung *f*, Anfall *m*; **~ *automático*** Startautomatik *f*; (*moto*) **~ *de pie*** Kickstarter *m*; ***punto*** *m* ***de ~*** Ausgangspunkt *m*

arrasar [arra'sar] (*1a*) verwüsten; dem Erdboden gleichmachen

arrast|rado [arras'trađo] armselig, elend; **~rar** [-'trar] (*1a*) **1.** *v/t* schleppen, schleifen; mit sich fortreißen; *fig* nach sich ziehen; **~ *los pies*** schlurfen; **2.** *v/i* (*cartas*) Trumpf ausspielen; **~rarse** kriechen; *fig* sich erniedrigen; **~re** [a'rrastre] *m* Fortschleppen *n*; *taur* Abschleppen *n* des toten Stiers; (*cartas*) Trumpfausspielen *n*; ***estar para el ~*** schrottreif sein; *fig* zum alten Eisen gehören

arrayán [arra'jan] *m* Myrte *f*

arrear [arre'ar] (*1a*) (*animal*, *fig*) antreiben; F (*asestar*) versetzen, verpassen

arreba|tado [arrɛba'tađo] ungestüm, hastig; **~tador** [-ta'đɔr] hinreißend; entzückend; **~tar** [-'tar] (*1a*) entreißen, rauben; *fig* hinreißen; **~tarse** außer sich geraten; sich ereifern; **~to** [-'ƀato] *m* (*ímpetu*) Erregung *f*; (*éxta-*

sis) Verzückung *f*; **~ *de cólera*** Jähzorn *m*

arreciar [arrɛ'θĭar] *(1b)* *(viento, etc)* stärker werden

arrecife [arrɛ'θife] *m* Riff *n*

arredrarse [arre'đrarse] *(1a)* zurückweichen; Angst bekommen

arreg|lado [arrɛ'glađo] ordentlich; geregelt; **~lar** [-'glar] *(1a)* regeln, ordnen; in Ordnung bringen; aufräumen; *(reparar)* reparieren, ausbessern; *mús* bearbeiten; **~larse** sich herrichten; *jur* **~ *con alg*** sich mit j-m vergleichen; **~lárselas** zurechtkommen, sich zu helfen wissen; **~lista** *mús* [-'glista] *m* Arrangeur *m*; **~lo** [a'rrɛglo] *m* Regelung *f*; Ordnung *f*; *(acuerdo)* Abmachung *f*; *(reparación)* Reparatur *f*; *mús* Arrangement *n*; ***con* ~ *a*** gemäß *(dat)*; ***esto no tiene* ~** da ist nichts zu machen

arremangar [arrɛmaŋ'gar] *(1h)* auf-, hochkrempeln; **~se** die Ärmel aufkrempeln

arreme|ter [arrɛme'tɛr] *(2a)* angreifen, anfallen; **~ *con*** *(od* ***contra****)* herfallen über *(ac)*; **~tida** [-'tiđa] *f* Angriff *m*, Überfall *m*

arrenda|dor [arrenda'đɔr] *m* Verpächter *m*; Vermieter *m*; **~miento** [-'mĭento] *m* Verpachtung *f*; Vermietung *f*; *(precio)* Pacht *f*; **~r** [-'dar] *(1k)* *(ceder)* verpachten, vermieten; *(tomar)* pachten, mieten; **~tario** [-da'tarĭo] *m* Pächter *m*, Mieter *m*

arrepenti|do [arrɛpen'tiđo] reumütig; ***estar* ~ *de a/c*** et bereuen; **~miento** [-ti'mĭento] *m* Reue *f*; **~rse** [-'tirse] *(3i)*: **~ *de a/c*** et bereuen

arres|tar [arres'tar] *(1a)* verhaften; **~to** [a'rresto] *m* Verhaftung *f*; Haft *f*; Arrest *m*; ***orden* m *de* ~** Haftbefehl *m*; **~ *domiciliario*** Hausarrest *m*; **~*s*** *pl* Mut *m*, F Schneid *m*

arriar [a'rrĭar] *(1c)* *(vela, bandera)* einholen; *fig* **~ *velas*** klein beigeben

arriate [a'rrĭate] *m* Rabatte *f*, Blumenbeet *n*

arriba [a'rriƀa] oben; *(dirección)* hinauf; **~ *de*** mehr als; ***de* ~ *abajo*** von oben bis unten; *fig* ganz u gar, völlig; **~ *mencionado*** oben erwähnt; ***hacia* ~** nach oben, aufwärts; ***más* ~** weiter oben; **¡~!** auf!

arri|bada *mar* [arri'ƀađa] *f* Einlaufen *n*; **~bar** *mar* [-'ƀar] *(1a)* einlaufen; **~bista** [-'ƀista] *m* Emporkömmling *m*

arriero [a'rrĭero] *m* Maultiertreiber *m*

arriesga|do [arrĭez'gađo] gefährlich, riskant; **~r** [-'gar] *(1h)* wagen, riskieren; **~rse** sich in Gefahr begeben; **~ *a a/c*** sich an et wagen

arrimar [arri'mar] *(1a)* nähern; heranrücken; **~ *el hombro*** sich ins Zeug legen; **~se** sich anlehnen; (nah) herankommen

arrimo [a'rrimo] *m* Stütze *f*; *fig* Schutz *m*, Gunst *f*

arrincona|do [arriŋko'nađo] abgelegen, verlassen; vergessen; **~r** [-'nar] *(1a)* in die Ecke stellen *(a fig)*; *fig* vernachlässigen; *(acosar)* in die Enge treiben

arroba [a'rrɔƀa] *f* *(unidad de peso*, 11,5 kg); *inform* Klammeraffe *(@-Zeichen)* *m*

arro|bamiento [arrɔƀa'mĭento] Verzückung *f*; Entzücken *n*; **~barse** [-'ƀarse] *(1a)* in Verzückung geraten; **~bo** [a'rrɔƀo] *m* = ***arrobamiento***

arrodillarse [arrɔđi'ʎarse] *(1a)* niederknien

arroga|ncia [arrɔ'ganθĭa] *f* Arroganz *f*, Anmaßung *f*; **~nte** [-'gante] arrogant, überheblich; *(gallardo)* forsch, schneidig; **~rse**: **~ *a/c*** sich et anmaßen

arro|jado [arrɔ'xađo] mutig, kühn; **~jar** [-'xar] *(1a)* werfen; schleudern; *(humo)* ausstoßen; *com* ergeben; abwerfen; *med* erbrechen; **~jarse** sich stürzen (in ***a***, auf ***sobre***); **~jo** [a'rrɔxo] *m* Verwegenheit *f*, Schneid *m*

arrolla|dor [arrɔʎa'đɔr] überwältigend; umwerfend; **~r** [-'ʎar] *(1a)* aufrollen; *auto* überfahren; *mil u fig* überrollen

arropar [arrɔ'par] *(1a)* zudecken; bedecken

arrostrar [arrɔs'trar] *(1a)* die Stirn bieten, trotzen

arroyo [a'rrɔjo] *m* Bach *m*; *(de la calle)* Rinnstein *n*, *a fig* Gosse *f*

arroz [a'rrɔθ] *m* Reis *m*; **~ *con leche*** Milchreis *m*; **~al** [arrɔ'θal] *m* Reisfeld *n*

arruga [a'rruga] *f* Falte *f*; **~do** [-'gađo] runzlig; verknittert; **~r** [-'gar] *(1h)* runzeln; zerknüllen, zerknittern; *(nariz)* rümpfen; **~rse** knittern

arruinar [arrŭi'nar] *(1a)* zerstören; ruinieren; **~se** sich ruinieren, sich zugrunde richten

arrullar [arru'ʎar] (*1a*) **1.** *v/t* (*niño*) einwiegen; **2.** *v/i* gurren; *fig* turteln
arrumaco F [arru'mako] *m* (*mst pl* **~s**) Geschmuse *n*
arsenal [arse'nal] *m* Arsenal *n*
arsénico [ar'seniko] *m* Arsen *n*
art. *od* **art°** ***artículo*** Art. (Artikel)
arte ['arte] *m* (*pl f*) Kunst *f*; (*habilidad*) Kunstfertigkeit *f*; (*astucia*) List *f*; ***bellas ~s*** schöne Künste *f/pl*
artefacto [arte'fakto] *m* Apparat *m*; **~** (***explosivo***) Sprengkörper *m*
artemisa *bot* [arte'misa] *f* Beifuß *m*
arteria [ar'terĭa] *f* Arterie *f*; *fig* Hauptverkehrsstraße *f*
arteriosclerosis [arterĭɔskle'rosis] *f* Arterienverkalkung *f*
artesa [ar'tesa] *f* (Back-)Trog *m*; **~nal** [artesa'nal] handwerklich; Handwerks…; **~nía** [-'nia] *f* (Kunst-)Handwerk *n*; **~no** [-'sano] *m* Handwerker *m*
artesonado *arqu* [arteso'nađo] *m* Kassettendecke *f*
ártico ['artiko] arktisch
Ártico ['artiko] *m* Arktis *f*
articula|ción [artikula'θĭɔn] *f anat*, *tec* Gelenk *n*; Artikulation *f*; **~do** [-'lađo] gegliedert; Glieder…; **~r** [-'lar] **1.** *adj* Gelenk…; **2.** *v/t* (*1a*) artikulieren
artículo [ar'tikulo] *m* Artikel *m* (*a com*, *gram*); *jur* Paragraph *m*; ***~ de consumo*** Gebrauchsartikel *m*; ***~ de fondo*** Leitartikel *m*; ***~ de gran consumo*** Massenartikel *m*
artífice [ar'tifiθe] *m* Künstler *m*; *fig* Urheber *m*
artifi|cial [artifi'θĭal] künstlich; **~ciero** [-'θĭero] *m* Feuerwerker *m*; **~cio** [-'fiθĭo] *m* Kunstgriff *m*, Kniff *m*; (*destreza*) Kunstfertigkeit *f*; **~cioso** [-fi'θĭoso] gekünstelt
artillería [artiʎe'ria] *f* Artillerie *f*
artilugio [arti'luxĭo] *m* Gerät *n*, F Ding *n*; *fig* Trick *m*, Kniff *m*
artista [ar'tista] *m* (*f*) Künstler(in) *m*(*f*); ***~ de circo*** Artist(in) *m*(*f*)
artístico [ar'tistiko] künstlerisch, Kunst…
artritis [ar'tritis] *f* Arthritis *f*
arveja [ar'ƀɛxa] *f* Wicke *f*; *Am* Erbse *f*
arzobis|pado [arθoƀis'pađo] *m* Erzbistum *n*; **~pal** [-'pal] erzbischöflich; **~po** [-'ƀispo] *m* Erzbischof *m*
as [as] *m* Ass *n* (*a fig*)
asa ['asa] *f* Henkel *m*, Griff *m*
asa|do [a'sađo] **1.** *adj* gebraten; **2.** *m* Braten *m*; **~dor** [asa'đɔr] *m* Bratspieß *m*; Grillrestaurant *n*; **~dura** [-'đura] *f* Innereien *pl*
asalariado [asala'rĭađo] *m* Lohn-, Gehaltsempfänger *m*
asal|tante [asal'tante] *m* Angreifer *m*; **~tar** [-'tar] (*1a*) angreifen; überfallen; *mil* stürmen; *fig* befallen; **~to** [a'salto] *m* Angriff *m*; Überfall *m*; (*boxeo*) Runde *f*; ***tomar por ~*** im Sturm nehmen (*a fig*)
asamblea [asam'blea] *f* Versammlung *f*
asar [a'sar] (*1a*) braten; ***~ a la parrilla*** grillen
asbesto [az'ƀesto] *m* Asbest *m*
ascen|dencia [asθen'denθĭa] *f* Vorfahren *m/pl*; **~dente** [-'dente] (auf)steigend; **~der** [-'dɛr] (*2g*) **1.** *v/t* befördern; **2.** *v/i* hinaufsteigen; ***~ a*** sich belaufen auf; **~diente** [-'dĭente] *m* Einfluss *m*; **~sión** [-'sĭɔn] *f* Aufstieg *m*; Besteigung *f*; ♀ (Christi) Himmelfahrt *f*; **~so** [as'θenso] *m fig* Beförderung *f*
ascensor [asθen'sɔr] *m* Aufzug *m*, Fahrstuhl *m*; **~ista** [-so'rista] *m* Liftboy *m*
as|ceta [as'θeta] *m* Asket *m*; **~cético** [-'θetiko] asketisch
asco ['asko] *m* Ekel *m*; ***me da ~*** es ekelt mich an; ***¡que ~!*** pfui!
ascua ['askŭa] *f* Glut *f*; F ***arrimar el ~ a su sardina*** auf s-n Vorteil bedacht sein; *fig* ***estar en*** (*od* ***sobre***) ***~s*** auf glühenden Kohlen sitzen
asea|do [ase'ađo] sauber, reinlich; **~r** [-'ar] (*1a*) säubern; **~rse** sich zurechtmachen
asedi|ar [ase'dĭar] (*1b*) belagern; *fig* bedrängen, bestürmen; **~o** [a'sedĭo] *m* Belagerung *f*
asegura|do [asegu'rađo] *m* Versicherte(r) *m*; **~dor** [-ra'đɔr] *m* Versicherer *m*; **~r** [-'rar] (*1a*) versichern; (*garantizar*) zusichern, sicherstellen; (*sujetar*) sichern, befestigen; **~rse** sich versichern; sich vergewissern
asemejarse [asemɛ'xarse] (*1a*) ähnlich sehen, ähneln (*dat* ***a***)
asentar [asen'tar] (*1k*) errichten, (auf-)stellen; ansiedeln; (*golpe*) versetzen; *com* buchen; **~se** sich niederlassen, sich ansiedeln
asen|timiento [asenti'mĭento] *m* Zustimmung *f*, Einwilligung *f*; **~tir** [-'tir]

(*3i*) zustimmen

aseo [a'seo] *m* Sauberkeit *f*; ~ (***personal***) Körperpflege *f*; (***cuarto*** *m* ***de***) ~ Badezimmer *n*; Waschraum *m*

aséptico [a'sɛptiko] keimfrei, aseptisch

asequible [ase'kiƀle] erreichbar

aserra|dero [asɛrra'đero] *m* Sägewerk *n*; **~r** [-'rrar] (*1k*) (zer)sägen

asesi|nar [asesi'nar] (*1a*) ermorden; **~nato** [-'nato] *m* Mord *m*; **~no** [-'sino] **1.** *adj* mörderisch; **2.** *m* Mörder *m*

asesor [ase'sɔr] **1.** *adj* beratend; **2.** *m* Berater *m*; ~ ***de empresa*** Unternehmensberater *m*; ~ ***fiscal*** Steuerberater *m*; ~ ***de imagen*** Imageberater *m*; ~ ***de inversiones*** Anlageberater *m*; ~ ***jurídico*** Rechtsberater *m*; **~amiento** [-sora'mĭento] *m* Beratung *f*; **~ar** [-'rar] (*1a*) beraten; **~ía** [-'ria] *f* Beratungsbüro *n*

asestar [ases'tar] (*1a*) (*golpe*) versetzen

aseverar [aseƀe'rar] (*1a*) versichern, behaupten

asfal|tado [asfal'tađo] *m* Asphaltierung *f*; Asphalt(belag) *m*; **~tar** [-'tar] (*1a*) asphaltieren; **~to** [-'falto] *m* Asphalt *m*

asfixia [as'figsĭa] *f* Ersticken *n*; **~r(se)** [-fig'sĭar(se)] (*1b*) ersticken

así [a'si] **1.** *adv* so; ~ ~ soso, mittelmäßig; ~ ***como*** ~ ohne weiteres; ~ ***y todo*** trotzdem; immerhin; ~ ***es*** so ist es; stimmt; **2.** *cj* ~ ***que***, ~ ***pues*** also

Asia ['asĭa] *f* Asien *n*; ~ ***Menor*** Kleinasien *n*

asiátic|o [a'sĭatiko] **1.** *adj* asiatisch; **2.** **~o** *m*, **~a** *f* Asiat(in) *m*(*f*)

asidero [asi'đero] *m* Griff *m*

asidu|idad [asiđŭi'đađ] *f* Fleiß *m*; Eifer *m*; **~o** [a'siđŭo] eifrig; häufig (anwesend); ***cliente*** *m* ~ Stammgast *m*

asiento [a'sĭento] *m* Sitz *m*; Sitzgelegenheit *f*; Platz *m*; *com* Buchung *f*, Posten *m*; *avia* ~ ***eyectable*** *od* ***catapulta*** Schleudersitz *m*; ***tomar*** ~ Platz nehmen

asigna|ción [asigna'θĭɔn] *f* An-, Zuweisung *f*; Zuteilung *f*; **~r** [-'nar] (*1a*) zuweisen, anweisen; zuteilen; **~tura** [-'tura] *f* (Lehr-)Fach *n*

asi|lado [asi'lađo] *m pol* Asylant *m*; **~lar** [-'lar] (*1a*) *pol* Asyl gewähren; **~lo** [a'silo] *m* Asyl *n* (*a pol*); Heim *n*; ~ ***de ancianos*** Altersheim *n*

asimi|lación [asimila'θĭɔn] *f* Angleichung *f*, Assimilation *f*; **~lar** [-'lar] (*1a*) angleichen, assimilieren; verarbeiten (*a fig*)

asimismo [asi'mizmo] auch, ebenfalls, ebenso

asir [a'sir] (*3a*; *pre* ***asgo, ases*** *usw*) (an)fassen; (er)greifen

asis|tencia [asis'tenθĭa] *f* Anwesenheit *f*, Teilnahme *f*; (*ayuda*) Hilfe *f*, Beistand *m*; ~ ***facultativa*** (*od* ***médica***) ärztliche Hilfe *f*; ~ ***social*** Sozialfürsorge *f*; **~tenta** [-'tenta] *f* Assistentin *f*; (*criada*) Zugeh-, Putzfrau *f*; **~tente** [-'tente] *su* Anwesende(r) *f*(*m*), Teilnehmer(in) *m*(*f*); Assistent(in) *m*(*f*); ~ *su* ***social*** Fürsorger(in) *m*(*f*); **~tido** [-'tiđo] ~ ***por ordenador*** *inform* computergestützt, computerunterstützt; **~tir** [-'tir] (*3a*) **1.** *v/t* unterstützen, helfen (*dat*); *med* betreuen; **2.** *v/i* anwesend sein; teilnehmen (an *dat* ***a***)

asma ['azma] *f* Asthma *n*

asmático [az'matiko] asthmatisch

asno ['azno] *m* Esel *m* (*a fig*)

asocia|ción [asoθĭa'θĭɔn] *f* Vereinigung *f*; Verein *m*; Verband *m*; ~ ***de consumidores*** Verbraucherzentrale *f*; ~ ***de ideas*** Gedankenverbindung *f*; **~do** [-'θĭađo] *m* Teilhaber *m*; **~r** [-'θĭar] (*1b*) verbinden; ~ ***a alg a*** j-n beteiligen an (*dat*); **~rse** sich zusammenschließen; ~ ***a*** sich anschließen an (*ac*)

asola|dor [asola'đɔr] verheerend; **~r** [-'lar] (*1m*) zerstören, verwüsten

asomar [aso'mar] (*1a*) **1.** *v/t* hinausst(r)ecken; zeigen; **2.** *v/i* zum Vorschein kommen; hervorgucken; **~se** sich hinauslehnen; sich zeigen; ~ ***a la ventana*** zum Fenster hinaussehen

asom|brar [asɔm'brar] (*1a*) erstaunen; **~brarse** sich wundern; **~bro** [a'sɔmbro] *m* Erstaunen *n*; **~broso** [-'broso] erstaunlich; verblüffend

asomo [a'somo] *m* Anzeichen *n*; Anflug *m*; ***ni por*** ~ nicht die Spur; auf keinen Fall

aspa ['aspa] *f* Windmühlenflügel *m*; (*cruz*) Kreuz *n*; **~vientos** [-'ƀĭentos] *m/pl* Getue *n*

aspecto [as'pɛkto] *m* Anblick *m*; Aussehen *n*; *fig* Aspekt *m*; ***tener buen*** ~ gut aussehen

aspereza [aspe'reθa] *f* Rauheit *f*; Herbheit *f*; (*del terreno*) Unebenheit *f*

áspero ['aspero] rau; herb; (*terreno*)

uneben; *fig* schroff
aspersor [aspɛr'sɔr] *m* Rasensprenger *m*
áspid ['aspiđ] *m* Natter *f*
aspira|ción [aspira'θĭɔn] *f* Einatmen *n*; *tec* An-, Einsaugen *n*; *fig* Streben *n*; **~dor** [-'đɔr] *m*, **~dora** [-'đora] *f* Staubsauger *m*; **~nte** [-'rante] *m* (*f*) Anwärter(in) *m*(*f*); **~r** [-'rar] (*1a*) (ein)atmen; *tec* an-, einsaugen; **~ a** streben nach (*dat*), anstreben (*ac*)
asque|ar [aske'ar] (*1a*) anwidern, anekeln; **~arse** Ekel empfinden; **~roso** [-'roso] ekelhaft, widerlich
asta ['asta] *f* Fahnenstange *f*; (*cuerno*) Horn; ***a media ~*** halbmast
ast|enia *med* [as'tenĭa] *f* Asthenie *f*, Schwäche *f*; **~énico** [-'teniko] asthenisch
aster *bot* [as'tɛr] *m* Aster *f*
asterisco [aste'risko] *m tip* Sternchen *n*
astill|a [as'tiʎa] *f* Splitter *m*, Span *m*; ***hacerse ~s*** zersplittern; **~ero** [-'ʎero] *m* Schiffswerft *f*
astracán [astra'kan] *m* Persianer(mantel) *m*
astral [as'tral] Sternen…; Astral…
astro ['astro] *m* Gestirn *n*; Stern *m*; *fig* Star *m*; **~logía** [-lɔ'xia] *f* Astrologie *f*
astrólogo [as'trologo] *m* Astrologe *m*
astro|nauta [astro'naŭta] *m* Astronaut *m*; **~náutica** [-'naŭtika] *f* Raumfahrt *f*; **~nave** [-'nađe] *f* Raumschiff *n*; **~nomía** [-no'mia] *f* Sternkunde *f*, Astronomie *f*; **~nómico** [-'nomiko] astronomisch (*a fig*)
astrónomo [as'tronomo] *m* Astronom *m*
astroso [as'troso] verlottert; zerlumpt
astucia [as'tuθĭa] *f* Schlauheit *f*; (Hinter-)List *f*
asturiano [astu'rĭano] **1.** *adj* asturisch; **2.** *m* Asturier *m*
Asturias [as'turĭas] *f/pl* Asturien *n*
astuto [as'tuto] schlau; (hinter)listig
asueto [a'sŭeto] *m*: (***día*** *m* ***de***) **~** freier Tag *m*
asumir [asu'mir] (*3a*) übernehmen; auf sich nehmen
Asunción [asun'θĭon] *f* Mariä Himmelfahrt *f*
asunto [a'sunto] *m* Angelegenheit *f*, Sache *f*; (*tema*) Thema *n*
asusta|dizo [asusta'điθo] schreckhaft; **~r** [-'tar] (*1a*) erschrecken; **~rse** erschrecken; sich fürchten (vor *dat* ***de***)
ataca|nte [ata'kante] *m* Angreifer *m*; **~r** [-'kar] (*1g*) angreifen; *med* befallen
atadura [ata'đura] *f* Bindung *f*; Band *n* (*a fig*)
atajo [a'taxo] *m* Abkürzung(sweg *m*) *f*
atalaya [ata'laja] *f* Wachtturm *m*; Aussichtsturm *m*
ataque [a'take] *m* Angriff *m*; *med* Anfall *m*
atar [a'tar] (*1a*) (an-, fest-, zu)binden; *fig* ***~ corto a alg*** j-n kurzhalten
atardecer [atarđe'θɛr] **1.** (*2d*) Abend werden; dämmern; **2.** *m* Abenddämmerung *f*; ***al ~*** gegen Abend
atarea|do [atare'ađo] viel beschäftigt; **~rse** [-'arse] (*1a*) angestrengt arbeiten; F schuften
atas|carse [atas'karse] (*1g*) sich verstopfen; *a fig* stecken bleiben; **~co** [a'tasko] *m* Verstopfung *f*; *auto* Stau *m*
ata|viar [ata'ƀĭar] (*1c*) schmücken; zurechtmachen; **~vío** [-'ƀio] *m* Schmuck *m*; Aufmachung *f*
ateísmo [ate'izmo] *m* Atheismus *m*
atemorizar [atemori'θar] (*1f*) erschrecken, einschüchtern
Atenas [a'tenas] *f* Athen *n*
atenazar [atena'θar] (*1f*) *fig* in die Zange nehmen
aten|ción [aten'θĭɔn] *f* Aufmerksamkeit *f*; (*obsequio*) Gefälligkeit *f*; ***¡~!*** Achtung!, Vorsicht!; ***llamar la ~ de alg sobre a/c*** j-n auf et aufmerksam machen; ***llamar la ~*** auffallen; ***prestar ~*** aufpassen (auf *ac* ***a***); ***en ~ a*** mit Rücksicht auf (*ac*); **~der** [-'dɛr] (*2g*) beachten; (*cuidar*) betreuen, sich kümmern (um *ac* ***a***); (*cliente*) bedienen
atenerse [ate'nɛrse] (*2l*): ***~ a*** sich halten an (*ac*); ***saber a qué ~*** wissen, woran man ist
aten|tado [aten'tađo] *m* Anschlag *m*, Attentat *n*; **~tamente** [-ta'mente] (*final de carta*) hochachtungsvoll; **~tar** [-'tar] (*1k*): ***~ contra alg*** e-n Anschlag auf j-n verüben; ***~ contra a/c*** gegen et verstoßen; **~to** [a'tento] aufmerksam, achtsam
atenua|ción [atenŭa'θĭɔn] *f* Abschwächung *f*, Milderung *f*; **~nte** [-'nŭante] **1.** *adj* mildernd; **2.** *jur m* mildernder Umstand *m*; **~r** [-'nŭar] (*1e*) abschwächen, mildern
ateo [a'teo] **1.** *adj* gottlos, atheistisch; **2.**

m Atheist *m*
aterciopelado [atɛrθĭope'lađo] samtig (*a fig*)
aterra|dor [atɛrra'đɔr] schrecklich; **~r** [atɛ'rrar] (*1a*) erschrecken
aterriza|je *avia* [atɛrri'θaxe] *m* Landung *f*; **~ forzoso** (*od* **de emergencia**) Notlandung *f*; **~ instrumental** Blindlandung *f*; **~r** *avia* [-'θar] (*1f*) landen
aterrorizar [atɛrrɔri'θar] (*1f*) terrorisieren
atesorar [ateso'rar] (*1a*) anhäufen, ansammeln (*a fig*)
ates|tado [ates'tađo] **1.** *adj* gedrängt (F gerammelt) voll; **2.** *m* Attest *n*; Bescheinigung *f*; **~tar** [-'tar] **a)** (*1k*) (ganz) füllen; vollstopfen (mit *dat* **de**) **a)** (*1a*) (be)zeugen, bescheinigen; **~tiguar** [-ti'gŭar] (*1i*) bezeugen
atiborrar [atiƀɔ'rrar] (*1a*) voll pfropfen; **~se**: **~ de** sich vollstopfen mit
ático ['atiko] *m* Dachgeschoss *n*; Dachwohnung *f*
atilda|do [atil'dađo] herausgeputzt, -staffiert; **~r** [-'dar] (*1a*) herausputzen
atiza|dor [atiθa'đɔr] *m* Schür-, Feuerhaken *m*; **~r** [-'θar] (*1f*) schüren (*a fig*); (*golpe*) versetzen; F **¡atiza!** nanu!
Atlántico [at'lantiko] *m* (**Océano** *m*) **~** Atlantik *m*, Atlantischer Ozean *m*
atlas ['atlas] *m* Atlas *m*
at|leta [at'leta] *m* (*f*) Athlet(in) *m*(*f*); **~lético** [-'letiko] athletisch; **~letismo** [-le'tizmo] *m* (Leicht-)Athletik *f*
atmósfera [ađ'mɔsfera] *f* Atmosphäre *f* (*a fig*)
atmosférico [ađmɔs'feriko] atmosphärisch; **presión** *f* **atmosférica** Luftdruck *m*
atolla|dero [atoʎa'đero] *m fig* Klemme *f*, F Patsche *f*; **~rse** [-'ʎarse] (*1a*) sich festfahren (*a fig*)
atolondra|do [atolɔn'drađo] unbesonnen; unvernünftig; **~miento** [-'mĭento] *m* Unbesonnenheit *f*
atómico [a'tomiko] atomar; Atom…
atomiza|dor [atomiθa'đɔr] *m* Zerstäuber *m*; **~r** [-'θar] (*1f*) zerstäuben
átomo ['atomo] *m* Atom *n*; *fig* Spur *f*
atónito [a'tonito] verblüfft, verdutzt
atonta|do [atɔn'tađo] benommen; (*tonto*) blöd, dumm; **~miento** [-'mĭento] *m* Benommenheit *f*; Dummheit *f*
atormentar [atɔrmen'tar] (*1a*) foltern; *fig* quälen, peinigen
atornillar [atɔrni'ʎar] (*1a*) fest-, anschrauben
atosigar [atosi'gar] (*1h*) *fig* drängen
atraca|dero *mar* [atraka'đero] *m* Anlegeplatz *m*; **~dor** [-'đɔr] *m* Bandit *m*, Gangster *m*; **~r** [-'kar] (*1g*) **1.** *v/i mar* anlegen; **2.** *v/t* (*robar*) überfallen
atracción [atrag'θĭɔn] *f* Anziehung(skraft) *f*; **parque** *m* **de atracciones** Vergnügungspark *m*
atraco [a'trako] *m* (Raub-)Überfall *m*; **~ a mano armada** bewaffneter Raubüberfall *m*
atractivo [atrak'tiƀo] **1.** *adj* anziehend, charmant, attraktiv; **fuerza** *f* **atractiva** Anziehungskraft *f*; **2.** *m* Reiz *m*, Charme *m*
atraer [atra'ɛr] (*2p*) anziehen
atragantarse [atragan'tarse] (*1a*) sich verschlucken; *fig* stecken bleiben
atrapar [atra'par] (*1a*) fangen, F erwischen
atrás [a'tras] hinten; rückwärts; zurück; **años ~** vor Jahren; **dejar ~** hinter sich lassen (*a fig*); **echar ~** rückwärtsgehen *od* -fahren; **hacia ~** rückwärts; **quedarse ~** zurückbleiben, nicht mitkommen (*a fig*); **volverse ~** (*od* **echarse**) *fig* e-n Rückzieher machen; **¡~!** zurück!
atra|sado [atra'sađo] (*niño*) zurückgeblieben; (*país*) rückständig; **ir ~, estar ~** (*reloj*) nachgehen; **~sar** [-'sar] (*1a*) **1.** *v/t* verzögern; (*fecha*) verschieben; (*reloj*) zurückstellen; **2.** *v/i* (*reloj*) nachgehen; **~sarse** sich verspäten; **~so** [a'traso] *m* Verspätung *f*; Rückständigkeit *f*; *com* **~s** *pl* Außenstände *m/pl*; Rückstände *m/pl*
atravesar [atraƀe'sar] (*1k*) (*cruzar*) über-, durchqueren; (*traspasar*) durchbohren; *fig* durchmachen, erleben
atrayente [atra'jente] anziehend
atre|verse [atre'ƀɛrse] (*2a*) wagen; sich trauen; **~ a** (*inf*) (es) wagen zu (*inf*); **¿cómo te atreves?** was unterstehst du dich?; **~vido** verwegen; (*insolente*) dreist; **~vimiento** [-ƀi'mĭento] *m* Verwegenheit *f*; (*insolencia*) Unverschämtheit *f*
atribu|ción [atriƀu'θĭɔn] *f* Zuweisung *f*; (*competencia*) Befugnis *f*; **~ir** [-'ir] (*3g*) zuschreiben, zuerkennen
atribular [atriƀu'lar] (*1a*) Sorge (*od* Kummer) machen; betrüben
atributo [atri'ƀuto] *m* Eigenschaft *f*;

gram u fig Attribut *n*
atril [a'tril] *m* Pult *n*; Notenständer *m*
atrincherarse [atrintʃe'rarse] (*1a*) *a fig* sich verschanzen (hinter *dat* ***tras, en***)
atrio ['atrĭo] *m* Vorhalle *f*; Vorhof *m*
atrocidad [atroθi'đađ] *f* Scheußlichkeit *f*, Gräuel *m*
atrofia [a'trofĭa] *f* Atrophie *f*, Schwund *m*; **~rse** [-'fĭarse] (*1b*) verkümmern (*a fig*)
atropell|ado [atrope'ʎađo] überstürzt; **~ar** [-'ʎar] (*1a*) überfahren (*a fig*); umrennen; **~arse** sich überstürzen; **~o** [-'peʎo] *m* Überfahren *n*; *fig* Beleidigung *f*
atroz [a'trɔθ] grässlich, scheußlich
ATS *f* ***Ayudante Técnico-Sanitaria*** *etwa*: MTA *f* (medizinisch-technische Assistentin)
atte. ***atentamente*** hochachtungsvoll
atuendo [a'tŭendo] *m* Kleidung *f*, Aufmachung *f*
atún [a'tun] *m* Thunfisch *m*
aturdi|do [atur'điđo] unbesonnen; (*desconcertado*) verblüfft; *med* benommen; **~miento** [-đi'mĭento] *m* Bestürzung *f*; Verwirrung *f*; *med* Benommenheit *f*; **~r** [-'đir] (*3a*) betäuben; *fig* verblüffen
auda|cia [aŭ'đaθĭa] *f* Kühnheit *f*, Verwegenheit *f*; **~z** [-'đaθ] kühn, verwegen
audi|ble [aŭ'điƀle] hörbar; **~ción** [aŭđi'θĭon] *f* Hören *n*; *mús* Vorspielen *n*; Anhörung *f*
audiencia [aŭ'đĭenθĭa] *f* Audienz *f*; *jur* Gerichtshof *m*; *TV*, *radio* Zuhörer *m*/*pl*, -schauer *m*/*pl*; (***índice*** *m* ***de***) **~** Einschaltquote *f*
audífono [aŭ'đifono] *m* Hörapparat *m*, -gerät *n*
audiovisual [aŭđĭoƀi'sŭal] audiovisuell
auditivo [aŭđi'tiƀo] Gehör…, Hör…
auditor [aŭđi'tɔr] *m* Rechnungsprüfer *m*; **~ía** [-to'ria] *f* Rechnungsprüfung *f*; **~io** [-'torĭo] *m* Zuhörer *m*/*pl*, Zuhörerschaft *f*; (*sala*) Konzertsaal *m*
auge ['aŭxe] *m* Aufschwung *m*; Höhepunkt *m*; ***estar en ~*** florieren
augu|rar [aŭgu'rar] (*1a*) prophezeien, voraussagen; **~rio** [-'gurĭo] *m* Vorzeichen *n*, Omen *n*
augusto [aŭ'gusto] erhaben, edel
aula ['aŭla] *f* Hörsaal *m*; Klassenzimmer *n*
aull|ar [aŭ'ʎar] (*1a*) heulen; **~ido** [-'ʎiđo] *m* Geheul *n*
aumen|tar [aŭmen'tar] (*1a*) **1.** *v/t* vermehren; vergrößern; (*precio*) erhöhen; **2.** *v/i* zunehmen; (*precio*) steigen; **~to** [-'mento] *m* Vergrößerung *f*; Erhöhung *f*; Zunahme *f*; Anstieg *m*; ***ir en ~*** zunehmen
aun [aŭn] sogar; **~ *cuando*** obwohl; ***ni ~*** nicht einmal
aún [a'un] noch, immer noch
aunar [aŭ'nar] (*1a*) verbinden, vereinigen
aunque ['aŭŋke] obwohl, obgleich, wenn auch
aupar F [aŭ'par] (*1a*) hochheben
aureola [aŭre'ola] *f* Heiligenschein *m*
auricular [aŭriku'lar] *m* (Telefon-)Hörer *m*; **~es** *pl* Kopfhörer *m*
aurora [aŭ'rora] *f* Morgenröte *f*
auscultar *med* [aŭskul'tar] (*1a*) abhorchen
ausen|cia [aŭ'senθĭa] *f* Abwesenheit *f*; (*carencia*) Fehlen *n*, Mangel *m* (an ***de***); **~tarse** [-sen'tarse] (*1a*) sich entfernen; weggehen; **~te** [-'sente] abwesend
auspicio [aŭs'piθĭo] *m* Vorzeichen *n*, Vorbedeutung *f*; ***bajo los ~s de*** unter dem Schutz von
auste|ridad [aŭsteri'đađ] *f* Strenge *f*; *com* Sparsamkeit *f*; **~ro** [-'tero] streng; ernst; nüchtern; sparsam
austral [aŭs'tral] südlich, Süd…
Australia [aŭs'tralĭa] *f* Australien *n*
australian|o [aŭstra'lĭano] **1.** *adj* australisch; **2. ~o** *m*, **~a** *f* Australier(in) *m*(*f*)
Austria ['aŭstrĭa] *f* Österreich *n*
austríac|o [aŭs'triako] **1.** *adj* österreichisch; **2. ~o** *m*, **~a** *f* Österreicher(in) *m*(*f*)
autarquía [aŭtar'kia] *f* Autarkie *f*
autenticidad [aŭtentiθi'đađ] *f* Echtheit *f*
auténtico [aŭ'tentiko] echt, authentisch
auto ['aŭto] *m* (*coche*) Auto *n*; *jur* Beschluss *m*; **~ *de detención*** Haftbefehl *m*
auto|adhesivo [aŭtoađe'siƀo] selbstklebend; **~banco** *com* [-'baŋko] *m* Autoschalter *m*; **~biografía** [-bĭogra'fia] *f* Autobiographie *f*; **~bús** [-'ƀus] *m* (Auto-)Bus *m*; **~ *escolar*** Schulbus *m*; **~car** [-'kar] *m* Reisebus *m*; **~caravana** [-kara'ƀana] *f* Wohnmobil *n*; Campingbus

m; **~cine** [-'θine] *m* Autokino *n*
autocompla|cencia [aŭtokɔmpla'θenθĭa] *f* Selbstgefälligkeit *f*; **~ciente** [-'θĭente] selbstgefällig
autóctono [aŭ'tɔktono] eingeboren; einheimisch
auto|determinación [aŭtođetɛrmina'θĭɔn] *f* Selbstbestimmung *f*; **~didacta** [-đi'đakta] *m* Autodidakt *m*; **~disparador** *fot* [-đispara'đɔr] *m* Selbstauslöser *m*; **~dominio** [-đo'minĭo] *m* Selbstbeherrschung *f*
autódromo [aŭ'tođromo] *m* Autorennbahn *f*
auto|escuela [aŭtoes'kŭela] *f* Fahrschule *f*; ***profesor*** *m* ***de ~*** Fahrlehrer *m*; **~expreso** [-es'preso] *m* Auto(reise)zug *m*
autógeno [aŭ'tɔxeno] autogen
autogestión [aŭtoxes'tĭɔn] *f* Selbstverwaltung *f*
auto|giro *avia* [aŭtɔ'xiro] *m* Tragschrauber *m*; **~gol** [-'gol] *m dep* Eigentor *n*
autógrafo [aŭ'tografo] **1.** *adj* eigenhändig (geschrieben); **2.** *m* Autogramm *n*
autómata [aŭ'tomata] *m* Automat *m*
auto|mático [aŭto'matiko] automatisch; **~matización** [-matiθa'θĭɔn] *f* Automatisierung *f*; **~matizar** [-'θar] (*1f*) automatisieren
auto|móvil [aŭto'mođil] *m* Kraftfahrzeug *n*; Auto *n*, Wagen *m*; **~movilismo** [-movi'lizmo] *m* Auto-, Kraftfahrsport *m*; **~movilista** [-'lista] *m* Auto-, Kraftfahrer *m*
autonomía [aŭtono'mia] *f* Autonomie *f*, Unabhängigkeit *f*
autónomo [au'tonomo] unabhängig, selbstständig, autonom
autopista [aŭto'pista] *f* Autobahn *f*; ***~ de datos*** *inform* Datenautobahn *f*
autopsia [aŭ'tɔpsĭa] *f* Obduktion *f*, Autopsie *f*
autor [aŭ'tɔr] *m* Autor *m*, Verfasser *m*; Urheber *m*; *jur* Täter *m*
autori|dad [aŭtori'đađ] *f* Autorität *f*; *mst pl* ***~es*** Obrigkeit *f*, Behörde *f*; **~tario** [-'tarĭo] autoritär; **~zación** [-θa'θĭɔn] *f* Genehmigung *f*; **~zado** [-'θađo] ermächtigt; befugt; **~zar** [-'θar] (*1f*) berechtigen; genehmigen
autorradio [aŭtɔ'rrađĭo] *m* Autoradio *n*
autorrealización [aŭtorrɛaliθa'θĭɔn] *f* Selbstverwirklichung *f*
autorretrato [aŭtɔrrɛ'trato] *m* Selbstbildnis *n*
autoservicio [aŭtɔsɛr'điθĭo] *m* Selbstbedienung *f*
autostop [aŭtɔ'stɔp] *m* Autostopp *m*; ***hacer ~*** trampen, per Anhalter fahren; **~ista** [-stɔ'pista] *m* Anhalter *m*, Tramper *m*
autosugestión [aŭtosuxes'tĭɔn] *f* Autosuggestion *f*
autotrén [aŭto'tren] *m* Auto(reise)zug *m*
autovía [aŭto'đia] *f* Schnellstraße *f*
auxiliar [aŭgsi'lĭar] **1.** *adj* Hilfs…; **2.** *v/t* (*1b*) helfen; beistehen; **3.** *m* Gehilfe *m*; Hilfskraft *f*; *avia* ***~ de vuelo*** Steward *m*; ***~ f de médico*** Arzthelferin *f*
auxilio [aŭ'gsilĭo] *m* Hilfe *f*, Beistand *m*; ***~ en carretera*** Pannenhilfe *f*; ***primeros ~s*** *m/pl* Erste Hilfe *f*
aval [a'đal] *m* Bürgschaft *f*; Aval *m*; ***~ bancario*** Bankbürgschaft *f*
avalancha [ađa'lantʃa] *f* Lawine *f* (*a fig*)
avalar [ađa'lar] (*1a*) bürgen für
avan|ce [a'đanθe] *m* Vorrücken *n*, Vormarsch *m*; (*progreso*) Fortschritt *m*; ***~ editorial*** Vorabdruck *m*; ***~ de programas*** Programmvorschau *f*; **~zado** [-'θađo] fortschrittlich; (*edad, hora*) vorgeschritten; **~zar** [-'θar] (*1f*) vorrücken; *fig* fortschreiten, Fortschritte machen
ava|ricia [ađa'riθĭa] *f* Geiz *m*; **~ro** [a'đaro] **1.** *adj* geizig; **2.** *m* Geizhals *m*
avasalla|dor [ađasaʎa'dɔr] überwältigend; **~r** [-'ʎar] (*1a*) unterwerfen; *fig* überwältigen
Av(da). ***Avenida*** Av. (Avenue)
ave ['ađe] *f* Vogel *m*; ***~ de paso*** Zugvogel *m*; ***~ de rapiña*** Raubvogel *m*; ***~s de corral*** Geflügel *n*
AVE *m* ***Alta Velocidad Española*** span. Hochgeschwindigkeitszug *m*
avecinarse [ađeθi'narse] (*1a*) sich nähern
avefría *zo* [ađe'fria] *f* Kiebitz *m*
avejentado [ađexen'tađo] (*1a*) (vorzeitig) gealtert
avella|na [ađe'ʎana] *f* Haselnuss *f*; **~no** [-'ʎano] *m* Haselstrauch *m*
avena [a'đena] *f* Hafer *m*
ave|nencia [ađe'nenθĭa] *f* Übereinkunft *f*, Vergleich *m*; **~nida** [-'niđa] *f* Allee *f*, Boulevard *m*; (*de un río*)

Hochwasser *n*; **~nido** [-'niđo] ***bien ~*** einig; ***mal ~*** uneinig; (*matrimonio*) unharmonisch

aventaja|do [aƀenta'xađo] (*alumno*) begabt; **~r** [-'xar] (*1a*) übertreffen; **~rse** sich hervortun

aventu|ra [aƀen'tura] *f* Abenteuer *n*; **~rar** [-tu'rar] (*1a*) wagen; **~rarse** sich in Gefahr begeben; **~rero** [-tu'rero] **1.** *adj* abenteuerlich; **2.** *m* Abenteurer *m*

avergonza|do [aƀεrgɔn'θađo] be-, verschämt; **~r** [-'θar] (*1n u 1f*) beschämen; **~rse** sich schämen

ave|ría [abe'ria] *f mar* Havarie *f*; *tec* Schaden *m*; (*auto*) Panne *f*; **~riado** [-'rĭađo] beschädigt

averigua|ción [aƀerigŭa'θĭɔn] *f* Ermittlung *f*; **~r** [-'gŭar] (*1i*) untersuchen; ermitteln; in Erfahrung bringen

aversión [aƀεr'sĭɔn] *f* Abneigung *f*; Widerwille *m*

avestruz *zo* [aƀes'truθ] *m* Strauß *m*

avia|ción [aƀĭa'θĭɔn] *f* Luftfahrt *f*; **~dor** [-'đɔr] *m* Flieger *m*

AVIACO *f* ***Aviación y Comercio, S.A.*** *compañía aérea española*

avícola [a'ƀikola] Geflügel...; ***granja*** *f* ***~*** Geflügelfarm *f*

avicul|tor [aƀikul'tɔr] *m* Geflügelzüchter *m*; **~tura** [-'tura] *f* Geflügelzucht *f*

avidez [aƀi'đeθ] *f* Gier *f*

ávido ['aƀiđo] gierig

avío [a'ƀio] *m* Ausrüstung *f*; **~s** *pl* Werkzeug *n*; Sachen *f/pl*

avión [a'ƀĭɔn] *m* Flugzeug *n*; ***~ comercial*** Verkehrsflugzeug *n*; ***~ chárter*** Chartermaschine *f*; ***~ a*** (*od* ***de***) ***reacción*** Düsenflugzeug *n*; ***por ~*** *corr* mit Luftpost

avioneta [aƀĭo'neta] *f* Sportflugzeug *n*

avi|sado [aƀi'sađo] schlau; ***mal ~*** unklug; übel beraten; **~sador** [-sa'đɔr] *m*: ***~ de incendios*** Feuermelder *m*; **~sar** [-'sar] (*1a*) benachrichtigen, Bescheid sagen; (*anunciar*) melden, ankündigen; (*advertir*) warnen; **~so** [a'ƀiso] *m* Benachrichtigung *f*, Nachricht *f*; (*advertencia*) Warnung *f*; ***estar sobre ~*** auf der Hut sein; ***sin previo ~*** unangemeldet

avis|pa [a'ƀispa] *f* Wespe *f*; **~pado** F [-'pađo] aufgeweckt; **~pero** [-'pero] *m* Wespennest *n*; **~pón** [-'pɔn] *m* Hornisse *f*

avistar [aƀis'tar] (*1a*) erblicken

avituallar [aƀitŭa'ʎar] (*1a*) verpflegen, verproviantieren

avutarda *zo* [aƀu'tarđa] *f* Trappe *f*

axila [a'ɡsila] *f* Achsel(höhle) *f*

axioma [a'ɡsĭoma] *m* Axiom *n*

¡ay! [aĭ] ach!, oh!; (*dolor*) au!; ***¡ay de mí!*** wehe mir!

aya ['aja] *f* Kinderfrau *f*; Erzieherin *f*

ayer [a'jεr] gestern; ***~ por la mañana*** gestern Morgen

ayu|da [a'juđa] **1.** *f* Hilfe *f*; ***~ al desarrollo*** Entwicklungshilfe *f*; **2.** *m* Gehilfe *m*; **~dante** [aju'đante] *m* Gehilfe *m*; Assistent *m*; *mil* Adjutant *m*; **~dar** [-'đar] (*1a*) helfen; ***¿le ayudo?*** kann ich Ihnen helfen?

ayu|nar [aju'nar] (*1a*) fasten; **~nas** [a'junas]: ***en ~*** nüchtern; **~no** [a'juno] *m* Fasten *n*

ayuntamiento [ajunta'mĭento] *m* Rathaus *n*; (*administración*) Gemeinde-, Stadtverwaltung *f*

azada [a'θađa] *f* Hacke *f*

azafata [aθa'fata] *f* Stewardess *f*; ***~ de congresos*** Messehostess *f*

azafrán *bot* [aθa'fran] *m* Safran *m*

azahar [aθa'ar] *m* Orangenblüte *f*

azalea *bot* [aθa'lea] *f* Azalee *f*

azar [a'θar] *m* Zufall *m*; ***al ~*** aufs Geratewohl; ***juego*** *m* ***de ~*** Glücksspiel *n*

azaroso [aθa'roso] gefahrvoll

ázimo ['aθimo] (*pan*) ungesäuert

azogue [a'θoge] *m* Quecksilber *n* (*a fig*)

azor [a'θɔr] *m* (Hühner-)Habicht *m*

Azores [a'θores] *m/pl* Azoren *pl*

azo|taina F [aθo'taĭna] *f* Tracht *f* Prügel; **~tar** [-'tar] (*1a*) geißeln (*a fig*); (aus-)peitschen; **~te** [a'θote] *m* Peitsche *f*; *a fig* Geißel *f*; (*golpe*) Peitschenhieb *m*; Klaps *m*

azotea [aθo'tea] *f* Dachterrasse *f*

azúcar [a'θukar] *m* (*a f*) Zucker *m*; ***~ glas, ~ lustre*** Puderzucker *m*; ***~ cande, ~ candi*** Kandiszucker *m*; ***~ en terrones, ~ cortadillo*** Würfelzucker *m*

azuca|rar [aθuka'rar] (*1a*) zuckern; **~rero** [-'rero] **1.** *adj* Zucker...; **2.** *m* Zuckerdose *f*

azucena [aθu'θena] *f* weiße Lilie *f*

azufre [a'θufre] *m* Schwefel *m*

azul [a'θul] blau; ***~ celeste*** himmelblau; ***~ marino*** marineblau

azulejo [aθu'lεxo] *m* Fliese *f*, Kachel *f*

azuzar [aθu'θar] (*1f*) (*perro*) hetzen; *fig* antreiben, anstacheln

B

B, **b** [be] *f* B, b *n*
baba ['baƀa] *f* Geifer *m*, Speichel *m*
babear [baƀe'ar] (*1a*) geifern, F sabbern
babel [ba'ƀɛl] *su* Wirrwarr *m*
babero [ba'ƀero] *m* Lätzchen *n*
Babia ['baƀĭa] *f* ***estar en ~*** geistesabwesend sein
babor *mar* [ba'ƀɔr] *m* Backbord *n*
babosa *zo* [ba'ƀosa] *f* Nacktschnecke *f*
baca ['baka] *f auto* Dachgepäckträger *m*
bacalao [baka'lao] *m* Kabeljau *m*, Dorsch *m*; **~ (*seco*)** Stockfisch *m*; F ***cortar el ~*** den Ton angeben
bache ['batʃe] *m* Schlagloch *n*; *fig* Tiefpunkt *m*; *avia* **~ (*de aire*)** Luftloch *n*
bachiller [batʃi'ʎɛr] *m* Abiturient *m*; **~ato** [-ʎe'rato] *m* Abitur *n*; ***estudiar el ~*** aufs Gymnasium gehen
bacilo [ba'θilo] *m* Bazillus *m*
bacón [ba'kɔn] *m* (Frühstücks-)Speck *m*
bacteria [bak'terĭa] *f* Bakterie *f*
báculo ['bakulo] *m* Stab *m*; *fig* Stütze *f*; **~ *pastoral*** Bischofsstab *m*
badajo [ba'đaxo] *m* Glockenschwengel *m*, Klöppel *m*
badén [ba'đen] *m* Querrinne *f*
bafle ['bafle] *m* Lautsprecherbox *f*
bagaje [ba'gaxe] *m* Gepäck *n*; *fig* Rüstzeug *n*
bagatela [baga'tela] *f* Lappalie *f*, Bagatelle *f*
bahía [ba'ia] *f* Bucht *f*
bai|lable [baĭ'laƀle] *m* Tanzplatte *f*; ***música*** *f* **~** Tanzmusik *f*; **~lador** *m* [-la'đɔr] Tänzer *m*; **~laor** [-'ɔr] *m* Flamencotänzer *m*; **~lar** [-'lar] (*1a*) tanzen; *fig* **~ *con la más fea*** den Kürzeren ziehen; **~larín** *m*, **~larina** *f* [-la'rin, -'rina] (Ballett-)Tänzer(in) *m*(*f*); **~le** ['baĭle] *m* Tanz *m*; (*fiesta*) Ball *m*; **~ *de disfraces*** Maskenball *m*; **~ *de salón*** Gesellschaftstanz *m*
baja ['baxa] *f* Fallen *n*, Sinken *n* (*tb precios*); (*bolsa*) Baisse *f*; *mil* Verlust *m*; *med* Krankmeldung *f*; (*cese*) Austritt *m*; Abmeldung *f*; ***dar de ~*** abmelden; entlassen; *med* krankschreiben; ***darse de*** *od* ***causar ~*** austreten; ausscheiden; sich abmelden
bajada [ba'xađa] *f* Abstieg *m*
bajamar [baxa'mar] *f* Ebbe *f*
bajar [ba'xar] (*1a*) **1.** *v/t* herunterholen, -nehmen, -bringen, -lassen; (*escalera*) hinuntergehen; (*precio*, *voz*, *etc*) senken; **2.** *v/i* sinken; (*de un vehículo*) aussteigen; *inform* downloaden
bajeza [ba'xeθa] *f* Niedertracht *f*; Gemeinheit *f*
bajista [ba'xista] *com*: ***tendencia*** *f* **~** fallende Tendenz *f*
bajo ['baxo] **1.** *adj* niedrig (*a fig*); tief (gelegen); (*estatura*) klein; (*voz*) leise; *mús* tief; (*inferior*) unter; ***por lo ~*** insgeheim; unter der Hand; **2.** *m mús* Bass *m*; Bassist *m*; **(*piso*** *m***) ~** Erdgeschoss *n*; **3.** *adv*: ***hablar ~*** leise sprechen; **4.** *prp* unter; **~ *juramento*** unter Eid
bajón [ba'xɔn] *m* Niedergang *m*
bajorrelieve [baxɔrrɛ'lĭeƀe] *m* Flachrelief *n*
bakalao [baka'lao] *m* (spanischer) Techno *m*
bala ['bala] *f* Kugel *f*; *com* Ballen *m*
balada [ba'lađa] *f* Ballade *f*
baladí [bala'đi] belanglos
balan|ce [ba'lanθe] *m com* Bilanz *f* (*a fig*); **~cear** [-lanθe'ar] (*1a*) **1.** *v/t* schaukeln; (*equilibrar*) ausbalancieren; **2.** *v/i mar* schlingern; **~cín** [-'θin] *m* Balancierstange *f*; Gartenschaukel *f*
balan|dra *mar* [ba'landra] *f* Kutter *m*; **~dro** [-dro] (leichtes) Segelboot *n*
balanza [ba'lanθa] *f* Waage *f*; *com* **~ *comercial*** Handelsbilanz *f*; **~ *de pagos*** Zahlungsbilanz *f*
balar [ba'lar] (*1a*) blöken
balasto [ba'lasto] *m ferro* Schotter *m*, Bettung *f*
balaustrada [balaŭs'trađa] *f* Balustrade *f*, Brüstung *f*
balazo [ba'laθo] *m* Schuss *m*; (*herida*) Schusswunde *f*
balbu|cear [balƀuθe'ar] (*1a*) stammeln, stottern; **~ceo** [-'θeo] *m* Stammeln *n*, Stottern *n*

Balcanes [bal'kanes] *m/pl* Balkan *m*
balcánico [bal'kaniko] Balkan…, balkanisch
balcón [bal'kɔn] *m* Balkon *m*
baldaquín [balda'kin] *m* Baldachin *m*
balde ['balde] *m bds mar* Wassereimer *m*; ***de ~*** umsonst, unentgeltlich; ***en ~*** vergeblich; ***estar de ~*** überflüssig sein
baldío [bal'dio] **1.** *adj* unbebaut; brachliegend; *fig* zwecklos; **2.** *m* Brachland *n*
baldosa [bal'dosa] *f* (Boden-)Fliese *f*
balear [bale'ar] **1.** (*1a*) *Am* beschießen; erschießen; **2.** *adj* von den Balearen
Baleares [bale'ares] *f/pl* Balearen *pl*
balido [ba'liđo] *m* Blöken *n*
balística [ba'listika] *f* Ballistik *f*
baliza *mar* [ba'liθa] *f* Bake *f*, Boje *f*; **~miento** [-'mĭento] *m* Befeuerung *f* (*a avia*)
ballena [ba'ʎena] *f* Wal(fisch) *m*
ballesta [ba'ʎesta] *f* Armbrust *f*; *tec* Feder *f*
ballet [ba'lɛt] *m* Ballett *n*
balneario [balne'arĭo] *m* Bade-, Kurort *m*
balompié [balɔm'pie] *m* Fußball *m*
balón [ba'lɔn] *m* Ball *m*
balon|cesto [balɔn'θesto] *m* Basketball *m*; **~mano** [-'mano] *m* Handball *m*; **~volea** [balɔmbo'lea] *m* Volleyball *m*
balsa ['balsa] *f* Floß *n*
bálsamo ['balsamo] *m* Balsam *m*
báltico ['baltiko] baltisch
Báltico ['baltiko] *m* Ostsee *f*
baluarte [ba'lŭarte] *m* Bollwerk *n* (*a fig*)
bambú [bam'bu] *m* Bambus *m*
banal [ba'nal] banal; **~idad** [-nali'đađ] *f* Banalität *f*
bana|na *Am* [ba'nana] *f* Banane *f*; **~nero** [-na'nero] *m*, **~no** [-'nano] *m* Bananenstaude *f*
banca ['baŋka] *f com* Bank *f*; Bankwelt *f*, Bankwesen *n*; (*en el juego*) Bank *f*; **~ por internet** [~ pɔr intɛr'net] *f com* Internet-Banking *n*; **~rio** [-'karĭo] Bank…; **~rrota** [-'rrɔta] *f* Bankrott *m*
banco ['baŋko] *m* (Sitz-)Bank *f*; *com* Bank *f*; *tec* Arbeits-, Werkbank *f*; ***~ de arena*** Sandbank *f*; ***~ de carpintero*** Hobelbank *f*; ***2 Central Europeo*** (***BCE***) Europäische Zentralbank *f* (EZB); ***~ de crédito*** Kreditbank *f*; ***~ de datos*** Datenbank *f*; ***~ emisor*** Notenbank *f*; ***2 Europeo de Inversiones*** Europäische Investitionsbank *f* (EIB); ***~ de pruebas*** Prüfstand *m*; ***~ de sangre*** Blutbank *f*
banda ['banda] *f* Band *n*; Schärpe *f*; (*pandilla*) Bande *f*; *mús* Blaskapelle *f*; ***~ sonora*** Tonstreifen *m*; *TV, cine* Soundtrack *m*; **~da** [-'dađa] *f* (*de pájaros, peces*) Schwarm *m*
bandeja [ban'dɛxa] *f* Tablett *n*
bandera [ban'dera] *f* Fahne *f*, Flagge *f*; ***bajada f de ~*** (*taxi*) Grundpreis *m*
banderill|a *taur* [bande'riʎa] *f* Banderilla *f*; **~ero** [-ri'ʎero] *m* Banderillero *m*
banderín [bande'rin] *m* Fähnchen *n*; Wimpel *m*
bandido [ban'điđo] *m* Bandit *m*
bando ['bando] *m* Erlass *m*; Bekanntmachung *f*; (*facción*) Partei *f*
bandole|ra [bando'lera] *f* Schulterriemen *m*; (*bolso*) Umhänge-, Schultertasche *f*; ***en ~*** umgehängt; **~rismo** [-le'rizmo] *m* Räuberunwesen *n*; **~ro** [-'lero] *m* (Straßen-)Räuber *m*, Bandit *m*
bandurria *mús* [ban'durrĭa] *f* Bandurria *f*
BANESTO *m* ***Banco español de Crédito*** *span. Bank*
banjo *mús* ['baŋxo] *m* Banjo *n*
banquero [baŋ'kero] *m* Bankier *m*; (*juego*) Bankhalter *m*
banque|ta [baŋ'keta] *f* Schemel *m*; **~te** [-'kete] *m* Bankett *n*, Festessen *n*
banquillo [baŋ'kiʎo] *m* Fußschemel *m*; *jur* Anklagebank *f*; *dep* Reservebank *f*
bañ|ador [baɲa'đɔr] *m* Badeanzug *m*; Badehose *f*; **~ar** [-'ɲar] (*1a*) baden; **~era** [-'ɲera] *f* Badewanne *f*; **~ero** [-'ɲero] *m* Bademeister *m*; **~ista** [-'ɲista] *m* Badende(r) *m*; Badegast *m*; **~o** ['baɲo] *m* Bad *n*; Badezimmer *n*; *tec* Überzug *m*, Glasur *f*; ***~ de azúcar*** Zuckerguss *m*; ***~ María*** Wasserbad *n*; ***~s pl*** Heilbad *n*
baptisterio [baptis'terĭo] *m* Taufkapelle *f*
baqueta [ba'keta] *f* Gerte *f*, Rute *f*; *mús* Trommelstock *m*, -schlegel *m*
bar [bar] *m* Imbissstube *f*, Café *n*; ***~ americano*** (Nacht-)Bar *f*
bara(h)únda [bara'unda] *f* Lärm *m*, Tumult *m*, Wirrwarr *m*
bara|ja [ba'raxa] *f* Spiel *n* Karten; **~jar** [-ra'xar] (*1a*) (*naipes*) mischen; ***~ cifras*** mit Zahlen jonglieren
baran|da [ba'randa] *f* Geländer *n*; (*billar*) Bande *f*; **~dilla** [-'diʎa] *f* Geländer

n

baratear [barate'ar] (*1a*) verschleudern, verramschen

barati|ja [bara'tixa] *f* (wertlose) Kleinigkeit *f*; **~s** *pl* Ramsch *m*, Plunder *m*; **~llero** [-ti'ʎero] *m* Trödler *m*; **~llo** [-'tiʎo] *m* Trödelmarkt *m*, -laden *m*

bara|to [ba'rato] billig; **~tura** [-ra'tura] *f* Billigkeit *f*

barba ['barƀa] *f* Bart *m*; ***por ~*** pro Kopf, F pro Nase

barbacoa [barƀa'koa] *f* (Garten-)Grill *m*; (*comida*) Grillparty *f*, -fest *n*

barba|ridad [barƀari'đađ] *f* Barbarei *f*; Ungeheuerlichkeit *f*; ***¡qué ~!*** unglaublich!; **~rie** [-'ƀarĭe] *f* Barbarei *f*

bárbaro ['barƀaro] **1.** *adj* barbarisch; roh; F toll; **2.** *m* Barbar *m* (*a fig*)

barbecho [bar'ƀetʃo] *m* Brachfeld *n*; ***estar de ~*** brachliegen

barbe|ría [barƀe'ria] *f* (Herren-)Friseurgeschäft *n*; **~ro** [-'ƀero] *m* Barbier *m*; Herrenfriseur *m*

barbilla [bar'ƀiʎa] *f* Kinn *n*

barbo ['barƀo] *m* (*pez*) Barbe *f*

barbudo [bar'ƀuđo] bärtig

barca ['barka] *f* Boot *n*; Kahn *m*; ***~ de pesca*** Fischerboot *n*; ***~ de remos*** Ruderboot *n*; **~za** *mar* [-'kaθa] *f* Barkasse *f*

barco ['barko] *m* Schiff *n*; ***~ pesquero*** Fischerboot *n*; ***~ salvador*** Bergungsschiff *n*; ***~ de vela*** Segelschiff *n*

bardana *bot* [bar'đana] *f* Klette *f*

baremo [ba'remo] *m* Tarifliste *f*; (Lohn-)Tabelle *f*; Tarifordnung *f*

barítono [ba'ritono] *m* Bariton *m*

barlovento *mar* [barlo'ƀento] *m* Luv (-seite) *f*

barman ['barman] *m* Barkeeper *m*

BARNA *f* ***Barcelona*** Barcelona *n*

barniz [bar'niθ] *m* Firnis *m*; Lack *m*; (*para madera*) Beize *f*; **~ar** [-'θar] (*1f*) firnissen; lackieren; beizen

barómetro [ba'rometro] *m* Barometer *n*

ba|rón [ba'rɔn] *m* Baron *m*, Freiherr *m*; **~ronesa** [baro'nesa] *f* Baronin *f*, Freifrau *f*

barquero [bar'kero] *m* Bootsführer *m*; Fährmann *m*

barquillo [bar'kiʎo] *m* Waffel *f*

barra ['barra] *f* Stab *m*, Stange *f*; *jur* Gerichtsschranken *f/pl*; (*mostrador*) Theke *f*, Bar *f*; *mús* Taktstrich *m*; ***~ americana*** (Nacht-)Bar *f*; *dep* ***~ de equilibrios*** Schwebebalken *m*; ***~ fija*** Reck *n*; ***~ de labios*** Lippenstift *m*; ***~s asimétricas*** Stufenbarren *m*; ***~s paralelas*** Barren *m*

barraca [ba'rraka] *f* Baracke *f*; ***~ de feria*** (Jahrmarkts-)Bude *f*

barranco [ba'rraŋko] *m* Schlucht *f*; Steilhang *m*

barredera [barrɛ'đera] *f* Straßenkehrmaschine *f*

barrena [ba'rrɛna] *f* Bohrer *m*; *avia* Trudeln *n*; ***entrar en ~*** (ab)trudeln; **~dora** [barrɛna'đora] *f* Bohrmaschine *f*; **~r** [-'nar] (*1a*) bohren

barrendero [barren'dero] *m* Straßenkehrer *m*

barreno [ba'rrɛno] *m* Sprengloch *n*, Bohrloch *n*

barreño [ba'rrɛɲo] *m* (große) Schüssel *f*; Kübel *m*

barrer [ba'rrɛr] (*2a*) kehren, fegen

barrera [ba'rrɛra] *f* Schranke *f* (*a ferro*); Barriere *f* (*a fig*); *fig* Hindernis *n*; ***~ del sonido*** Schallmauer *f*

barriada [ba'rrĭađa] *f* Stadtteil *m*

barrica [ba'rrika] *f* Fass *n*; **~da** [barri'kađa] *f* Barrikade *f*, Straßensperre *f*

barrido [ba'rriđo] *m* Kehren *n*; Kehricht *m*

barriga [ba'rriga] *f* Bauch *m*

barril [ba'rril] *m* Fass *n*, Tonne *f*; (*de petróleo*) Barrel *n*

barrio ['barrĭo] *m* Stadtviertel *n*, -teil *m*

barrizal [barri'θal] *m* Morast *m*, Sumpf *m*

barro ['barrɔ] *m* Schlamm *m*; Lehm *m*; (*de alfarero*) Ton *m*

barroco [ba'rrɔko] **1.** *adj* barock; **2.** *m* Barock(stil) *m*

barrote [ba'rrɔte] *m* (Eisen-)Stange *f*

barrun|tar [barrun'tar] (*1a*) ahnen, vermuten; **~to** [ba'rrunto] *m* Ahnung *f*, Vorgefühl *n*

barullo [ba'ruʎo] *m* Wirrwarr *m*; (*ruido*) Lärm *m*, Krach *m*

basalto [ba'salto] *m* Basalt *m*

basar [ba'sar] (*1a*) gründen, stützen (auf ***en***); **~se** beruhen (auf *dat* ***en***)

báscula ['baskula] *f* Waage *f*

base ['base] *f* Grundlage *f*, Basis *f*; *quím* Base *f*; *mil* Stützpunkt *m*; ***a ~ de*** aufgrund von

bási|camente [basika'mente] grundsätzlich; im Wesentlichen; **~co** ['basi-

ko] Grund…; grundlegend; *quím* basisch
Basilea [basi'lea] *f* Basel *n*
basílica [ba'silika] *f* Basilika *f*
basta|nte [bas'tante] **1.** *adj* genügend, ausreichend; **2.** *adv* genug; ziemlich; **~r** [-'tar] *(1a)* genügen, ausreichen
bastar|dilla [bastar'điʎa] *f* Kursivschrift *f*; **~do** [-'tarđo] *m* Bastard *m*
bastidor [basti'đɔr] *m* Rahmen *m*; Gestell *n*; *teat* **~es** *pl* Kulissen *f/pl*; *fig* **entre ~es** hinter den Kulissen
bastión [bas'tĭɔn] *m* Bollwerk *n* (*a fig*), Bastion *f*
bas|tón [bas'tɔn] *m* Stock *m*, Stab *m*; Spazierstock *m*; **~ de esquí** Skistock *m*; **~tonazo** [-to'naθo] *m* Stockhieb *m*
basu|ra [ba'sura] *f* Abfall *m*, Müll *m*; *fig* Dreck *m*; **cubo** *m* **de ~** Mülleimer *m*; **~rero** [-'rero] *m* Müllfahrer *m*, -mann *m*; (*lugar*) Müllhaufen *m*; Mülldeponie *f*
bata ['bata] *f* Haus-, Schlaf-, Morgenrock *m*; Kittel *m*
bata|lla [ba'taʎa] *f* Schlacht *f*; **~ campal** Feldschlacht *f*; **~ de flores** Blumenkorso *m*; **~llar** [bata'ʎar] *(1a)* kämpfen; **~llón** [-'ʎɔn] *m* Bataillon *n*
batata [ba'tata] *f* Batate *f*, Süßkartoffel *f*
batería [bate'ria] **1.** *f mil*, *el* Batterie *f*; *mús* Schlagzeug *n*; **~ de cocina** Topfset *m*; **2.** *m mús* Schlagzeuger *m*
bati|da [ba'tiđa] *f* Treibjagd *f*; (*redada*) Razzia *f*; **~do** [-'tiđo] **1.** *adj* (*camino*) ausgetreten; **2.** *m* (Milch-)Mixgetränk *n*; **~dor** [-ti'đɔr] *m* Schneebesen *m*; **~dora** [-'đora] *f* Mixer *m*, Rührgerät *n*
batín [ba'tin] *m* Hausrock *m*
batir [ba'tir] *(3a)* schlagen; (*récord*) brechen; (*rastrear*) absuchen, durchkämmen; **~se** kämpfen, sich schlagen
batiscafo [batis'kafo] *m* Tiefseetauchgerät *n*
batista [ba'tista] *f* Batist *m*
batuta *mús* [ba'tuta] *f* Taktstock *m*
baúl [ba'ul] *m* Truhe *f*; (*maleta*) Schrankkoffer *m*
bauti|smal [baŭtiz'mal] Tauf…; **~smo** [-'tizmo] *m* Taufe *f*; **~zar** [-ti'θar] *(1f)* taufen; **~zo** [-'tiθo] *m* Taufe *f*; **~ de fuego** Feuertaufe *f*
bávar|o ['bađaro] **1.** *adj* bay(e)risch; **2.** **~o** *m*, **~a** *f* Bayer(in) *m(f)*
Baviera [ba'đĭera] *f* Bayern *n*; **Alta ~** Oberbayern *n*; **Baja ~** Niederbayern *n*
baya ['baja] *f* Beere *f*
bayeta [ba'jeta] *f* Scheuertuch *n*
bayoneta [bajo'neta] *f* Bajonett *n*
baza ['baθa] *f* (*juego*) Stich *m*; *fig* Trumpf *m*; **meter ~** F seinen Senf dazugeben
bazar [ba'θar] *m* Basar *m*
bazo *anat* ['baθo] *m* Milz *f*
bazooka *mil* [ba'θoka] *m* Panzerfaust *f*
BBV *m* **Banco de Bilbao Vizcaya** *span. Bank*
BCE *m* **Banco Central Europeo** EZB *f* (Europäische Zentralbank)
bea|ta [be'ata] *f desp* Betschwester *f*; **~tificar** [-tifi'kar] *(1g)* seligsprechen; **~titud** [-ti'tuđ] *f* Glückseligkeit *f*; **~to** [be'ato] **1.** *adj* selig; *desp* scheinheilig; **2.** *m* Selige(r) *m*
bebé [be'đe] *m* Baby *n*; **~-probeta** Retortenbaby *n*
bebe|dero [beđe'đero] *m* Tränke *f*; Trinknapf *m*; **~dor** *m* [-'đɔr] Trinker *m*; **~r** [be'đɛr] *(2a)* trinken
bebi|da [be'điđa] *f* Getränk *n*; **~do** [-đo] angetrunken
beca ['beka] *f* Stipendium *n*
becada *zo* [be'kađa] *f* Schnepfe *f*
becario [be'karĭo] *m* Stipendiat *m*
becerro [be'θɛrro] *m* Stierkalb *n*; **~ de oro** Goldenes Kalb *n*
bechamel [betʃa'mɛl] *f* Bechamelsoße *f*
becuadro *mús* [be'kŭađro] *m* Auflösungszeichen *n*
bedel [be'đɛl] *m* Pedell *m*
beduino [be'đŭino] *m* Beduine *m*
befa ['befa] *f* Spott *m*, Hohn *m*
béisbol ['beisđɔl] *m* Baseball *m*
bejuco *bot* [bɛ'xuko] *m* Liane *f*
beldad [bɛl'dađ] *f* Schönheit *f*
belén [be'len] *m* (Weihnachts-)Krippe *f*
Belén [be'len] *m* Bethlehem *n*
belfo ['bɛlfo] dicklippig
belga ['bɛlga] **1.** *adj* belgisch; **2.** *su* Belgier(in) *m(f)*
Bélgica ['bɛlxika] *f* Belgien *n*
Belgrado [bɛl'građo] *f* Belgrad *n*
belicista [beli'θista] *m* Kriegshetzer *m*, Kriegstreiber *m*
bélico ['beliko] kriegerisch, Kriegs…
beli|coso [beli'koso] kriegerisch; (*agresivo*) streitsüchtig; **~gerante** [-xe'rante] Krieg führend
bellaco [be'ʎako] *m* Schurke *m*

belladona *bot* [beʎa'đona] *f* Tollkirsche *f*
belleza [be'ʎeθa] *f* Schönheit *f*
bello ['beʎo] schön
bellota *bot* [be'ʎota] *f* Eichel *f*
bemol *mús* [be'mɔl] *m* Erniedrigungszeichen *n*, b *n*; ***tener ~es*** schwierig sein
bencina [ben'θina] *f quím* Benzin *n*
ben|decir [bende'θir] (*3p*) segnen; **~dición** [-di'θĭɔn] *f* Segen *m* (*a fig*); **~dito** [-'dito] gesegnet; geweiht
benedictino [beneđik'tino] *m* Benediktiner *m*
benefi|cencia [benefi'θenθĭa] *f* Wohltätigkeit *f*; **~ciar** [-'θĭar] (*1b*) zustattenkommen, Nutzen bringen; **~ciarse** Nutzen ziehen (aus ***de***); **~ciario** [-'θĭa- rĭo] *m* Begünstigte(r) *m*, Nutznießer *m*; **~cio** [-'fiθĭo] *m com* Gewinn *m*; (*provecho*) Nutzen *m*, Vorteil *m*; **~cioso** [-fi'θĭoso] vorteilhaft, einträglich
benéfico [be'nefiko] wohltätig; wohl tuend; Wohltätigkeits…
bene|mérito [bene'merito] verdienstvoll; **~plácito** [-'plaθito] *m* Genehmigung *f*; ***dar su ~*** sein Plazet geben; **~volencia** [-ƀo'lenθĭa] *f* Wohlwollen *n*
benévolo [be'neƀolo] wohlwollend
ben|gala [beŋ'gala] *f* Leuchtrakete *f*
benig|nidad [benigni'đađ] *f* Güte *f*; Milde *f*; *med* Gutartigkeit *f*; **~no** [-'nigno] gütig; mild; *med* gutartig
benjamín [beŋxa'min] *m fig* Benjamin *m*; Nesthäkchen *n*
beodo [be'ođo] betrunken
berberecho [bɛrƀe'retʃo] *m* Herzmuschel *f*
berbiquí [bɛrƀi'ki] *m* Drillbohrer *m*
berenjena [bereŋ'xena] *f* Aubergine *f*
bergantín *mar* [bɛrgan'tin] *m* Brigg *f*
Berlín [bɛr'lin] *m* Berlin *n*
berli|na [bɛr'lina] *f auto* Limousine *f*; **~nés** [-li'nes] *m*, **~nesa** *f* Berliner(in) *m*(*f*)
bermejo [bɛr'mɛxo] (hoch)rot
bermudas [bɛr'muđas] *f*/*pl* Bermudashorts *pl*
Berna ['bɛrna] *f* Bern *n*
berr|ear [bɛrrɛ'ar] (*1a*) blöken; *fig* plärren; **~ido** [-'rriđo] *m* Blöken *n*; *fig* Geplärr *n*; **~inche** F [-'rrintʃe] *m* Wutanfall *m*
berro ['bɛrrɔ] *m* (Brunnen-)Kresse *f*
berza ['bɛrθa] *f* Kohl *m*
besamel [besa'mɛl] *f s* ***bechamel***
be|sar [be'sar] (*1a*) küssen; **~so** ['beso] *m* Kuss *m*
bestia ['bestĭa] *f* Tier *n*, Vieh *n*; **~l** [bes-'tĭal] bestialisch, viehisch; F toll; **~lidad** [-tĭali'đađ] *f* Bestialität *f*; Gemeinheit *f*
besugo [be'sugo] *m* See-, Meerbrasse *f*
betún [be'tun] *m* Teer *m*; (*para zapatos*) Schuhcreme *f*
biberón [biƀe'rɔn] *m* (Baby-)Flasche *f*
Biblia ['biƀlĭa] *f* Bibel *f*
bíblico ['biƀliko] biblisch
biblio|grafía [biƀlĭogra'fia] *f* Bibliographie *f*; **~teca** [-'teka] *f* Bibliothek *f*; (*mueble*) Bücherschrank *m*; **~tecario** [-te'karĭo] *m* Bibliothekar *m*
bicarbonato [bikarƀo'nato] *m*: ***~ de sodio*** Natron *n*
bíceps ['biθɛƀs] *m* Bizeps *m*
bicho ['bitʃo] *m* Tier *n*; ***~ raro*** komischer Kauz *m*; ***~s*** *pl* Ungeziefer *n*
bicicleta [biθi'kleta] *f* Fahrrad *n*; ***ir*** (*od* ***montar***) ***en ~*** Rad fahren, F radeln; ***~ de carreras*** Rennrad *n*; ***~ de montaña*** Mountain-Bike *n*; ***~ plegable*** Klapprad *n*
bicoca [bi'koka] *f* gutes Geschäft *n*; günstiger Kauf *m*
bicolor [biko'lɔr] zweifarbig
bidé [bi'đe] *m* Bidet *n*
bidón [bi'đɔn] *m* Kanister *m*
biela ['bĭela] *f* Pleuelstange *f*
bien [bĭen] **1.** *m* Gut *n*; Gute(s) *n*; Wohl *n*; ***~es*** *pl* Vermögen *n*; Güter *n*/*pl*; ***~es de consumo*** Konsumgüter *n*/*pl*; ***~es de equipo*** Investitionsgüter *n*/*pl*; **2.** *adv* gut, wohl; gern; sehr; richtig; ***más ~*** eher, vielmehr; **3.** *cj*: ***si ~, ~ que*** obgleich, wenn auch; **~ …** (***o***) **~ …** entweder … oder …
bienal [bĭe'nal] **1.** *adj* zweijährlich; **2.** *f* Biennale *f*
bien|aventurado [bĭenaƀentu'rađo] glücklich; *rel* selig; **~estar** [-es'tar] *m* Wohlstand *m*; Wohlbefinden *n*; Wellness *f*; **~hechor** [-e'tʃɔr] *m* Wohltäter *m*; **~intencionado** [-intenθĭo'nađo] wohlmeinend, wohlgesinnt
bienio [bi'enĭo] *m* Zeitraum *m* von zwei Jahren
bienveni|da [bĭembe'niđa] *f* Willkomm(en *n*) *m*; ***dar la ~*** willkommen heißen; **~do** [-đo] willkommen
bies ['bĭes]: ***al ~*** schräg, quer

biftec [bif'tek] *m s* ***bistec***
bifurca|ción [bifurka'θĭɔn] *f* Gabelung *f*; Abzweigung *f*; **~rse** [-'karse] (*1g*) abzweigen; sich gabeln
bigamia [bi'ɡamĭa] *f* Bigamie *f*
bígamo ['biɡamo] *m* Bigamist *m*
bigo|te [bi'ɡote] *m* Schnurrbart *m*; **~tudo** [-'tuđo] schnurrbärtig
bigudí [biɡu'đi] *m* Lockenwickler *m*
bikini [bi'kini] *m* Bikini *m*
bilateral [bilate'ral] zweiseitig, bilateral
biliar [bi'lĭar] Gallen…
bilingü|e [bi'liŋɡŭe] zweisprachig; **~ismo** [-liŋ'ɡŭismo] *m* Zweisprachigkeit *f*
bilis ['bilis] *f* Galle *f*
billar [bi'ʎar] *m* Billard(spiel) *n*
billete [bi'ʎete] *m* Fahrkarte *f*, -schein *m*; **~** (***de banco***) Banknote *f*, Geldschein *m*; **~** (***de lotería***) (Lotterie-)Los *n*; **~ *de avión*** Flugschein *m*; **~ *de ida y vuelta*** Rückfahrkarte *f*; **~ *infantil*** Kinderfahrkarte *f*
billeter|a [biʎe'tera] *f*, **~o** [-ro] *m* Brieftasche *f*
billón [bi'ʎɔn] *m* Billion *f*
bimensual [bimen'sŭal] vierzehntägig
bimestral [bimes'tral] zweimonatlich
bimotor [bimo'tɔr] **1.** *adj* zweimotorig; **2.** *m* zweimotoriges Flugzeug *n*
bingo ['biŋɡo] *m* Bingo *n*
biodegradable [bĭođeɡra'đaƀle] biologisch abbaubar
bio|grafía [bĭoɡra'fia] *f* Biographie *f*; **~gráfico** [-'ɡrafiko] biographisch
biógrafo ['bĭoɡrafo] *m* Biograph *m*
bio|logía [bĭolɔ'xia] *f* Biologie *f*; **~lógico** [-'lɔxiko] biologisch
biólogo ['bĭoloɡo] *m* Biologe *m*
biombo ['bĭɔmbo] *m* Wandschirm *m*
biopsia *med* ['bĭɔpsĭa] *f* Biopsie *f*
bioquímica [bĭo'kimika] *f* Biochemie *f*
biotopo [bĭo'topo] *m* Biotop *n*
bipartidismo [biparti'đizmo] *m pol* Zweiparteiensystem *n*
biplaza [bi'plaθa] *m* Zweisitzer *m*
birlar F [bir'lar] (*1a*) klauen
birrete [bi'rrɛte] *m* Barett *n*
birria F ['birrĭa] *f* F Mist *m*, Schmarren *m*
bis [bis] *m mús* Zugabe *f*
bisabuel|a [bisa'ƀŭela] *f* Urgroßmutter *f*; **~o** [-lo] *m* Urgroßvater *m*
bisagra [bi'saɡra] *f* Scharnier *n*
bisiesto [bi'sĭesto]: ***año*** *m* **~** Schaltjahr *n*
bismuto [biz'muto] *m* Wismut *m*
bisnieto [biz'nĭeto] *m* Urenkel *m*
bisonte [bi'sɔnte] *m* Bison *m*; **~ *europeo*** Wisent *m*
bisoño [bi'soɲo] **1.** *adj* neu, unerfahren; **2.** *m* Neuling *m*
bistec [bis'te], **bisté** [bis'tɛk] *m* Beefsteak *n*
bisturí [bistu'ri] *m* Skalpell *n*
bisutería [bisute'ria] *f* Modeschmuck *m*
bitácora *mar* [bi'takora] *f* Kompasshaus *n*; ***cuaderno*** *m* ***de*** **~** Logbuch *n*
bizco ['biθko] schielend; ***ser*** **~** schielen
bizcocho [biθ'kotʃo] *m* Zwieback *m*; (*pastel*) Biskuit *n od m*
blanca ['blaŋka] *f mús* halbe Note *f*
Blancanieves [blaŋka'nĭeƀes] *f* Schneewittchen *n*
blanco ['blaŋko] **1.** *adj* weiß; ***en*** **~** unbeschrieben; *com* Blanko…; ***pasar la noche en*** **~** eine schlaflose Nacht verbringen; **2.** *m* Weiß *n*; Weiße(r) *m*; (*de tiro*) Ziel *n*, *a fig* Zielscheibe *f*
blancura [blaŋ'kura] *f* Weiße *f*
blan|do ['blando] weich (*a droga*); zart; *fig* sanft; **~dura** [-'dura] *f a fig* Weichheit *f*; Sanftheit *f*
blanque|ante [blaŋke'ante] *m* Bleichmittel *n*; Weißmacher *m*; **~ar** [-'ar] (*1a*) weißen, tünchen; (*ropa*) bleichen; *gastr* blanchieren; (*dinero*) waschen
blasfe|mar [blasfe'mar] (*1a*) lästern, fluchen; **~mia** [-'femĭa] *f* Gotteslästerung *f*, Blasphemie *f*
blasón [bla'sɔn] *m* Wappen *n*
blinda|do [blin'dađo] gepanzert, Panzer…; **~je** [-'daxe] *m* Panzerung *f*; *el* Abschirmung *f*; **~r** [-'dar] (*1a*) panzern; *el* abschirmen
bloc [blɔk] *m* (Schreib-)Block *m*; **~ *de notas*** Notizblock *m*
blonda ['blɔnda] *f* Seidenspitze *f*
bloque ['bloke] *m* Block *m*; Klotz *m*; ***en*** **~** im Ganzen, pauschal; **~ar** [-ke'ar] (*1a*) blockieren; *a com* sperren; **~o** [-'keo] *m* Blockade *f*; Sperre *f*; Blockierung *f*
blusa ['blusa] *f* Bluse *f*
boa ['boa] *f* Boa *f*
boato [bo'ato] *m* Prunk *m*, Pomp *m*
bobada [bo'ƀađa] *f* Dummheit *f*
bobina [bo'ƀina] *f* Spule *f*; (Garn-)Rolle *f*; **~r** [-'nar] (auf)spulen, wickeln
bobo ['boƀo] **1.** *adj* dumm, albern; **2.** *m*

Narr *m*, Dummkopf *m*
boca ['boka] *f* Mund *m*; (*de animales*) Maul *n*, Schnauze *f*; (*abertura*) Mündung *f*, Öffnung *f*; (*entrada*) Eingang *m*; *med* **~ a ~** *m* Mund-zu-Mund-Beatmung *f*; **~ de riego** Hydrant *m*; **~ abajo** auf dem Bauch; **~ arriba** auf dem Rücken; **a pedir de ~** ganz nach Wunsch; **correr de ~ en ~** von Mund zu Mund gehen; **no decir esta ~ es mía** den Mund nicht aufmachen; **meterse en la ~ del lobo** sich in die Höhle des Löwen wagen; **quedarse con la ~ abierta** sprachlos sein
boca|calle [boka'kaʎe] *f* Straßeneinmündung *f*; **~dillo** [-'điʎo] *m* belegtes Brötchen *n*; (*cómic*) Sprechblase *f*; **~do** [-'kađo] *m* Bissen *m*, Happen *m*; **no probar ~** keinen Bissen anrühren; **~jarro** [-'xarrɔ] *m*: **a ~** aus nächster Nähe; **~ta** F [-'kata] *m* belegtes Brötchen *n*; **~zas** [-'kaθas] *m* F Schwätzer *m*, Großmaul *n*
boceto [bo'θeto] *m* Skizze *f*; Entwurf *m*
bochorno [bo'tʃɔrno] *m* Schwüle *f*; *fig* Scham(röte) *f*; **~so** [botʃɔr'noso] schwül; *fig* beschämend, peinlich
bocina [bo'θina] *f* Sprachrohr *n*, Schalltrichter *m*; *auto* Hupe *f*; *mar* Nebelhorn *n*
bocio *med* ['boθĭo] *m* Kropf *m*
boda ['bođa] *f* Hochzeit *f*; **~s de oro** goldene Hochzeit *f*; **~s de plata** silberne Hochzeit *f*
bode|ga [bo'đega] *f* Weinkeller *m*; Kellerei *f*; Weinhandlung *f*; (*despensa*) Vorratskeller *m*; *mar* Laderaum *m*; **~gón** [bođe'gɔn] *m pint* Stillleben *n*
bodrio ['bođrĭo] *m* F Fraß *m*; (*libro od cuadro malo*) F Schinken *m*
BOE *m* **Boletín Oficial del Estado** Spanisches Amts-, Gesetzblatt *n*
bofe ['bofe] *m* (*mst pl*) Lunge *f* (*de animales*); **~tada** [-'tađa] *f*, **~tón** [-'tɔn] *m* Ohrfeige *f*
boga ['boga] *f* Rudern *n*; **estar en ~** Mode sein; beliebt sein; **~r** [-'gar] (*1h*) rudern; **~vante** [-'ƀante] *m* Hummer *m*
Bohemia [bo'emĭa] *f* Böhmen *n*
bohemio [bo'emĭo] **1.** *adj* böhmisch; **vida** *f* **bohemia** Bohemeleben *n*; **2.** *m* Böhme *m*; Bohemien *m*
boicot [bɔĭ'kɔt] *m* Boykott *m*; **~ear** [-kote'ar] (*1a*) boykottieren
boina ['bɔĭna] *f* Baskenmütze *f*
boite *gal* [bŭat] *f* Nachtlokal *n*
boj *bot* [bɔx] *m* Buchsbaum *m*
bol [bɔl] *m* henkellose Tasse *f*, Schale *f*
bola ['bola] *f* Kugel *f*; *fig* Lüge *f*; (Zeitungs-)Ente *f*; **~ portatipos** Kugelkopf *m*
bolchevi|que [bɔltʃe'ƀike] **1.** *adj* bolschewistisch; **2.** *m* Bolschewist *m*; **~smo** [-'ƀizmo] *m* Bolschewismus *m*
bolera [bo'lera] *f* Kegelbahn *f*
bolero [bo'lero] *m* Bolero *m*
boletín [bole'tin] *m* Bulletin *n*; (amtlicher) Bericht *m*; (*papeleta*) Schein *m*, Zettel *m*; **~ oficial** Amtsblatt *n*; **~ de pedido** Bestellschein *m*
boleto [bo'leto] *m* (Lotterie-)Los *n*; Tippschein *m*; *Am* Fahrkarte *f*; Eintrittskarte *f*
bólido ['bolido] *m* Meteorstein *m*; *fig* Rennwagen *m*
bolígrafo [bo'ligrafo] *m* Kugelschreiber *m*
Bolivia [bo'liƀĭa] *f* Bolivien *n*
bolivian|o [boli'ƀĭano] **1.** *adj* bolivianisch; **2. ~o** *m*, **~a** *f* Bolivianer(in) *m*(*f*)
boll|ería [boʎe'ria] *f* Feinbäckerei *f*; **~o** ['boʎo] *m* Milchbrötchen *n*; (*chichón*) Beule *f*
bolo ['bolo] *m* Kegel *m*; *teat* Tournee *f*; (**juego** *m* **de**) **~s** Kegelspiel *n*; **jugar a los ~s** kegeln
bol|sa ['bɔlsa] *f* Beutel *m*, Tasche *f*; Tüte *f*; Tragetasche *f*; *com* Börse *f*; **~ de agua caliente** Wärmflasche *f*; **~ de aseo** Kulturbeutel *m*; **~ de la basura** Mülltüte *f*; **~ de la compra** Einkaufstasche *f*; **~ de estudios** Stipendium *n*; **~ isotérmica** Kühltasche *f*; **~ de plástico** Plastiktüte *f*; **~ de trabajo** Arbeitsmarkt *m*; **~ de valores** Wertpapier-, Effektenbörse *f*; **~sillo** [-'siʎo] *m* Tasche *f*; **de ~** Taschen…; **~so** ['bɔlso] *m* Handtasche *f*
bomba ['bɔmba] *f* Pumpe *f*; *mil* Bombe *f*; **~ atómica** Atombombe *f*; **~ de calor** Wärmepumpe *f*; **~ explosiva** Sprengbombe *f*; **~ fétida** Stinkbombe *f*; **~ incendiaria** Brandbombe *f*; **~ lacrimógena** Tränengasbombe *f*; **~ de relojería** (*o* **de tiempo**) Zeitbombe *f*; *fig* **caer como una ~** wie e-e Bombe einschlagen; F **pasarlo ~** F sich toll amüsieren
bombacho [bɔm'batʃo] **pantalón** *m* **~, ~s** Pumphosen *f*/*pl*

bombarde|ar [bɔmbarđe'ar] (*1a*) bombardieren; **~o** [-'đeo] *m* Bombardierung *f*, Bombenangriff *m*; **~ro** [-'đero] *m avia* Bombenflugzeug *n*, Bomber *m*

bombe|ar [bɔmbe'ar] (*1a*) pumpen; **~o** [-'beo] *m* Pumpen *n*; **~ro** [-'bero] *m* Feuerwehrmann *m*

bombilla [bɔm'biʎa] *f* Glühbirne *f*

bombín [bɔm'bin] *m* (*sombrero*) Melone *f*

bombo ['bɔmbo] *m mús* große Trommel *f*, Pauke *f*; (*de sorteo*) Lostrommel *f*; *fig* ***a ~ y platillo(s)*** mit großem Tamtam

bom|bón [bɔm'bɔn] *m* Praline *f*; **~bona** [-'bona] *f* Ballon-, Korbflasche *f*; ***~ de gas*** Gasflasche *f*; **~bonera** [-'nera] *f* Pralinenschachtel *f*; **~bonería** [-'ria] *f* Süßwarengeschäft *n*

bonachón [bona'tʃɔn] gutmütig

bonan|cible [bonan'θiƀle] mild; friedlich; **~za** [-'nanθa] *f* Meeresstille *f*

bondad [bɔn'dađ] *f* Güte *f*; **~oso** [-da'đoso] gütig

boniato *bot* [bo'niato] *m* Süßkartoffel *f*

bonifica|ción [bonifika'θĭɔn] *f* Vergütung *f*; **~r** [-'kar] (*1g*) vergüten

bonito [bo'nito] **1.** *adj* hübsch; nett; **2.** *m* Bonito *m* (*Art Thunfisch*)

bono ['bono] *m* Gutschein *m*; Bon *m*; Bonus *m*; **~bús** [-'ƀus] *m* Mehrfahrtenkarte *f* (*für Buslinien*); **~metro** [-'metro] *m* Mehrfahrtenkarte *f* (*für U-Bahn*)

boñiga [bo'ɲiga] *f* Kuhmist *m*

boom [bum] *m* Boom *m*

boque|rón [boke'rɔn] *m zo* Sardelle *f*; **~te** [-'kete] *m* Bresche *f*, Loch *n*

boqui|abierto [bokĭa'ƀĭɛrto] mit offenem Munde; *fig* sprachlos; **~lla** [-'kiʎa] *f mús* Mundstück *n*; (*para cigarrillos*) Zigarettenspitze *f*; *tec* Düse *f*

borbo|llar [bɔrƀo'ʎar], **~tar** [-'tar] (*1a*) sprudeln

borceguí [bɔrθe'gi] *m* Halbstiefel *m*

borda ['bɔrđa] *f mar* Reling *f*; *fig* ***echar por la ~*** über Bord werfen

borda|do [bɔr'đađo] *m* Stickerei *f*; **~dora** [-đa'đora] *f* Stickerin *f*; **~dura** [-'đura] *f* Stickerei *f*; **~r** [-'đar] (*1a*) sticken

borde ['bɔrđe] *m* Rand *m*; (*orilla*) Ufer *n*; ***al ~ de*** am Rande *gen* (*a fig*); **~ar** [-đe'ar] (*1a*) *mar* entlangfahren, umfahren; *fig* grenzen an

bordelés [bɔrđe'les] aus Bordeaux

bordillo [bɔr'điʎo] *m* Randstein *m*, Bordstein *m*

bordo *mar* ['bɔrđo] *m* Bord *m*; ***a ~*** an Bord

boreal [bore'al] nördlich

borgo|ña [bɔr'gɔɲa] *m* Burgunder (-wein) *m*; **~ñón** [-go'ɲɔn] **1.** *adj* burgundisch; **2.** *m* Burgunder *m*

Borgoña [bɔr'gɔɲa] *f* Burgund *n*

bórico ['boriko] Bor…; ***ácido*** *m* ***~*** Borsäure *f*

borla ['bɔrla] *f* Quaste *f*, Troddel *f*

borne ['bɔrne] *m tec* Klemme *f*

boro ['boro] *m* Bor *n*

borra|chera [bɔrra'tʃera] *f* Rausch *m* (*a fig*); **~cho** [-'rratʃo] **1.** *adj* betrunken; *fig* trunken; **2.** *m* Betrunkene(r) *m*

borra|dor [bɔrra'đɔr] *m* Entwurf *m*, Konzept *n*; **~dura** [-'đura] *f* Streichung *f*; **~ja** *bot* [-'rraxa] *f* Borretsch *m*; **~r** [-'rrar] (*1a*) (durch)streichen; ausradieren; löschen (*a inform, cinta*)

borras|ca [bɔ'rraska] *f* Sturm *m*, Unwetter *n*; *met* (Sturm-)Tief *n*; **~coso** [bɔrras'koso] stürmisch

borrego [bɔ'rrɛgo] *m* einjähriges Schaf *n*; *fig* Dummkopf *m*

borrico [bɔ'rriko] *m* Esel *m* (*a fig*)

borrón [bɔ'rrɔn] *m* Klecks *m*; *fig* Schandfleck *m*; ***¡~ y cuenta nueva!*** Schwamm drüber!, Strich drunter!

borroso [bɔ'rrɔso] verschwommen, undeutlich

boscoso [bɔs'koso] waldig

Bósforo ['bɔsforo] *m* Bosporus *m*

Bosnia ['bɔsnĭa] *f* Bosnien *n*; **~ y Herzegovina** [- i jɛrθe'goƀina] *f* Bosnien--Herzegovina *n*

bosni|o ['bosnĭo] **1.** *adj* bosnisch; **2.** **~o** *m*, **~a** *f* Bosnier(in) *m*(*f*)

bosque ['bɔske] *m* Wald *m*; **~jar** [-kɛ'xar] (*1a*) skizzieren; entwerfen; **~jo** [-'kɛxo] *m* Skizze *f*; Entwurf *m*

boste|zar [bɔste'θar] (*1f*) gähnen; **~zo** [-'teθo] *m* Gähnen *n*

bota ['bota] *f* Stiefel *m*; (*para vino*) Lederflasche *f*; ***~ de montar*** Reitstiefel *m*

botadura *mar* [bota'đura] *f* Stapellauf *m*

botáni|ca [bo'tanika] *f* Botanik *f*; **~co** [-ko] **1.** *adj* botanisch; **2.** *m* Botaniker *m*

botar [bo'tar] (*1a*) **1.** *v/t mar* vom Stapel

lassen; **2.** *v/i* zurückprallen

bote ['bote] *m* (*salto*) Sprung *m*, Satz *m*; (*vasija*) Büchse *f*, Dose *f*; *mar* Boot *n*; **~ *neumático*** Schlauchboot *n*; **~ *plegable*** Faltboot *n*; **~ *salvavidas*, ~ *de salvamento*** Rettungsboot *n*; ***tener a alg en el ~*** j-n in der Tasche haben; ***de ~ en ~*** gestopft voll

bote|lla [bo'teʎa] *f* Flasche *f*; **~ *retornable*** Pfandflasche *f*; **~ *no retornable*** *od* ***no recuperable*** Einwegflasche *f*; **~llero** [-te'ʎero] *m* Flaschenständer *m*; **~llín** [-'ʎin] *m* Fläschchen *n*

botica F [bo'tika] *f* Apotheke *f*; **~rio** F [boti'kar̆io] *m* Apotheker *m*

botijo [bo'tixo] *m* Trinkkrug *m* aus Ton

botín [bo'tin] *m* Beute *f*; (*calzado*) Halbstiefel *m*

botiquín [boti'kin] *m* Haus-, Reiseapotheke *f*; *med* Verbandskasten *m*

botón [bo'tɔn] *m* Knopf *m*; *bot* Knospe *f*; **~ *de muestra*** Muster *n*, Probe *f*; **~ *de presión*** Druckknopf *m*

boton|adura [botona'đura] *f* Knopfgarnitur *f*; **~es** [-'tones] *m* Laufbursche *m*; Boy *m*, Page *m*

boutique [bu'tik] *f* Boutique *f*

bóveda ['boƀeđa] *f* Gewölbe *n*

bovino [bo'ƀino] Rind…, Rinder…

boxe|ador [bɔgsea'đɔr] *m* Boxer *m*; **~ar** [-'ar] (*1a*) boxen; **~o** [-'seo] *m* Boxen *n*

boya *mar* ['boja] *f* Boje *f*; (*corcho*) Schwimmer *m*; **~nte** [-'jante] *fig* erfolgreich; glücklich

bo|zal [bo'θal] *m* Maulkorb *m*; **~zo** [-'θo] *m* Flaum-, Milchbart *m*

brace|ar [braθe'ar] (*1a*) mit den Armen fuchteln; **~ro** [-'θero] *m* Tagelöhner *m*; Erntearbeiter *m*

bra|ga ['braga] *f* (*mst* **~s** *pl*) Schlüpfer *m*; **~gazas** F [-'gaθas] *m* Pantoffelheld *m*; **~guero** *med* [-'gero] *m* Bruchband *n*; **~gueta** [-'geta] *f* Hosenlatz *m*

bramante [bra'mante] *m* Bindfaden *m*

bram|ar [bra'mar] (*1a*) brüllen; (*viento*) heulen; **~ido** [-'miđo] *m* Gebrüll *n*; Tosen *n*

Brande(n)burgo [brande(n)'burgo] *m* Brandenburg *n*

bran|di, ~dy ['brandi] *m* Weinbrand *m*

branquia *zo* ['braŋkĭa] *f* Kieme *f*

bras|a ['brasa] *f* Glut *f*; *gastr* ***a la ~*** vom Rost; **~ero** [-'sero] *m* Kohlenbecken *n*

Brasil [bra'sil] *m* Brasilien *n*

brasileñ|o [brasi'leɲo] **1.** *adj* brasilianisch; **2. ~o** *m*, **~a** *f* Brasilianer(in) *m*(*f*)

bravío [bra'ƀio] wild, ungebändigt; *fig* ungehobelt

bravo ['braƀo] tapfer, mutig; wild

bravu|cón F [braƀu'kɔn] *m* Maulheld *m*, Prahlhans *m*; **~ra** [-'ƀura] *f* Mut *m*, Tapferkeit *f*; Wildheit *f*

braza ['braθa] *f* *mar* Faden *m*; *dep* Brustschwimmen *n*; **~l** [-'θal] *m* Armbinde *f*; **~lete** [-θa'lete] *m* Armband *n*; (*brazal*) Armbinde *f*

brazo ['braθo] *m* Arm *m*; Oberarm *m*; *zo* Vorderbein *n*; (*de sillón*) Armlehne *f*; ***a ~ partido*** aus Leibeskräften; ***ir del ~*** Arm in Arm gehen; ***no dar su ~ a torcer*** nicht nachgeben; ***ser el ~ derecho de alg*** j-s rechte Hand sein

brea ['brea] *f* Teer *m*, Pech *n*

brebaje [bre'ƀaxe] *m* *desp* Gesöff *n*

brecha ['bretʃa] *f* Bresche *f*; ***abrir ~*** eine Bresche schlagen (*a fig*); ***seguir en la ~*** (immer) noch tätig sein

brécol(es) ['brekol(es)] *m* (*pl*) Brokkoli *pl*

breg|a ['brega] *f* Kampf *m*; *fig* harte Arbeit *f*; ***andar a la ~*** sich abrackern, schuften; **~ar** [-'gar] (*1h*) sich abrackern, schuften

Brema [brema] *f* Bremen *n*

Bretaña [bre'taɲa] *f* Bretagne *f*

breve ['breƀe] kurz; ***en ~*** bald; ***ser ~*** sich kurzfassen; **~dad** [-ƀe'đađ] *f* Kürze *f*

breviario [bre'ƀiar̆io] *m* Brevier *n*

bre|zal [bre'θal] *m* Heide *f*; **~zo** ['breθo] *m* Heidekraut *n*

bribón [bri'ƀɔn] *m* Gauner *m*; Schurke *m*

bricola|dor [brikola'đɔr] *m* Bastler *m*, Heimwerker *m*; **~ge, ~je** [-'laxe] *m* Basteln *n*, Heimwerken *n*

brida ['briđa] *f* Zaum *m*, Zügel *m*; *tec* Flansch *m*; ***a toda ~*** in vollem Galopp

bridge [bridʒ] *m* Bridge *n*

brigada [bri'gađa] **a)** *f mil* Brigade *f*; (*de trabajadores*) (Arbeiter-)Trupp *m* **a)** *m mil* (Ober-)Feldwebel *m*

brik [brik] *m para bebidas* Kartonverpackung *f*

brill|ante [bri'ʎante] **1.** *adj* glänzend (*a fig*), strahlend; **2.** *m* Brillant *m*; **~antez** [-ʎan'teθ] *f* Glanz *m*; **~ar** [-'ʎar] (*1a*) glänzen (*a fig*), funkeln; **~o** ['briʎo] *m* Glanz *m*, Schein *m*; ***sacar ~ a*** polieren

brin|car [briŋ'kar] (*1g*) hüpfen, sprin-

gen; **~co** ['briŋko] *m* Sprung *m*, Satz *m*; ***dar ~s*** hüpfen
brin|dar [brin'dar] (*1a*) **1.** *v/t* anbieten; **2.** *v/i* anstoßen (auf *ac* ***por***); e-n Trinkspruch ausbringen (auf *ac* ***por***); **~dis** ['brindis] *m* Trinkspruch *m*, Toast *m*
brío ['brio] *m* Schwung *m*, Elan *m*, Schneid *m*
brioso ['brĭoso] schwungvoll; feurig
brisa ['brisa] *f* Brise *f*
británico [bri'taniko] **1.** *adj* britisch; **2.** *m* Brite *m*
broca ['broka] *f* Bohreinsatz *m*
brocado [bro'kađo] *m* Brokat *m*
brocal [bro'kal] *m* Brunnenrand *m*
brocha ['brotʃa] *f* Malerpinsel *m*; **~** (***de afeitar***) Rasierpinsel *m*
broche ['brotʃe] *m* Haken *m* u Öse *f*; (*joya*) Brosche *f*; *fig* ***~ de oro*** Krönung *f*
bro|ma ['broma] *f* Scherz *m*; Witz *m*, Ulk *m*; Spaß *m*; ***~ pesada*** übler Scherz *m*; ***en ~*** zum Spaß; ***no estoy para ~s*** mir ist nicht zum Lachen (zu Mute); **~mear** [-me'ar] (*1a*) scherzen; **~mista** [-'mista] *m* Spaßvogel *m*
bromo ['bromo] *m* Brom *n*
bronca ['brɔŋka] *f* Zänkerei *f*; Krach *m*; F Rüffel *m*; ***echar una ~ a alg*** j-n ausschimpfen
bronce ['brɔnθe] *m* Bronze *f*; **~ado** [-θe'ađo] **1.** *adj* bronzefarben; (*por el sol*) (sonnen)gebräunt, braungebrannt; **2.** *m* (Sonnen-)Bräune *f*; *tec* Bronzieren *n*; **~ador** [-θea'đɔr] *m* Sonnenöl *n*, -creme *f*; **~ar** [-θe'ar] (*1a*) bräunen
bronco ['brɔŋko] *fig* schroff, barsch
bronqui|al [brɔŋ'kĭal] bronchial; **~os** ['brɔŋkĭɔs] *m/pl* Bronchien *f/pl*; **~tis** *med* [-'kitis] *f* Bronchitis *f*
broqueta [bro'keta] *f* Bratspieß *m*
bro|tar [bro'tar] (*1a*) *agr* keimen; sprießen (*a fig*); (*líquido*) hervorquellen; **~te** ['brote] *m* Knospe *f*, Spross *m*, Trieb *m*
bruces ['bruθes] ***caer de ~*** aufs Gesicht (F auf die Nase) fallen
bru|ja ['bruxa] *f* Hexe *f* (*a fig*); **~jería** [-xe'ria] *f* Hexerei *f*, Zauberei *f*; **~jo** ['bruxo] *m* Hexenmeister *m*, Zauberer *m*
Brujas ['bruxas] *m* Brügge *n*
brújula ['bruxula] *f* Kompass *m*
bru|ma ['bruma] *f* Nebel *m*, Dunst *m*; **~moso** [-'moso] neblig, dunstig
brus|co ['brusko] plötzlich, jäh; (*carácter*) brüsk, barsch; **~quedad** [-ke'đađ] *f* Schroffheit *f*
Bruselas [bru'selas] *f* Brüssel *n*
brutal [bru'tal] brutal, roh; F *fig* toll; **~idad** [-tali'đađ] *f* Brutalität *f*; Roheit *f*
bruto ['bruto] **1.** *adj fig* dumm; grob(-schlächtig); *com* brutto, Brutto…; *tec* ***en ~*** im Rohzustand; **2.** *m fig* Rohling
BTT *f* ***bicicleta todo terreno*** Mountainbike *n*
bucal [bu'kal] Mund…
buce|ador [buθea'đɔr] *m* Taucher *m*; **~ar** [-θe'ar] (*1a*) tauchen; **~o** [-'θeo] *m* Tauchen *n*
buche ['butʃe] *m zo* Kropf *m*
bucle ['bukle] *m* Locke *f*; *fig* Windung *f*, Schleife *f*
bucólico [bu'koliko] Hirten…, Schäfer…; bukolisch
budín [bu'đin] *m* Pudding *m*
budis|mo [bu'đizmo] *m* Buddhismus *m*; **~ta** [-'đista] **1.** *adj* buddhistisch; **2.** *m* Buddhist *m*
buen [bŭen] *s* ***bueno***
buenaventura [bŭenaƀen'tura] *f* Glück *n*; ***decir la ~*** wahrsagen
bueno ['bŭeno] (*vor su sg* ***buen***) gut; (*niño*) artig, brav; (*bondadoso*) gutmütig; ***a la buena de Dios*** aufs Geratewohl, auf gut Glück; ***por las buenas*** im Guten; gutwillig; ***de buenas a primeras*** mir nichts, dir nichts
buey [bŭɛĭ] *m* Ochse *m*
búfalo ['bufalo] *m* Büffel *m*
bufanda [bu'fanda] *f* Schal *m*
bufar [bu'far] (*1a*) schnauben; fauchen
bufete [bu'fete] *m* Anwaltskanzlei *f*
buffet [bu'fet] *m gastr* Büfett *n*; ***~ libre*** Selbstbedienungsbüfett *n*
bufido [bu'fiđo] *m* Schnauben *n*
bufo ['bufo] **1.** *adj* komisch; ***ópera*** *f* ***bufa*** komische Oper *f*; **2.** *m mús* Buffo *m*
bufón [bu'fɔn] **1.** *adj* närrisch; **2.** *m* Spaßmacher *m*; Hofnarr *m*
bug [buk] *m inform* Bug *m*
buhardilla [buar'điʎa] *f* Dachkammer *f*; (*ventana*) Dachluke *f*
búho ['buo] *m* Uhu *m*
buhonero [buo'nero] *m* Hausierer *m*
buitre ['bŭitre] *m* Geier *m* (*a fig*)
bujía [bu'xia] *f* Kerze *f*; *auto* Zündkerze *f*
bula ['bula] *f* (päpstliche) Bulle *f*

bulbo ['bulƀo] *m* (Blumen-)Zwiebel *f*, Knolle *f*
bulevar [bule'ƀar] *m* Boulevard *m*
Bulgaria [bul'ɡarĭa] *f* Bulgarien *n*
búlgar|o ['bulɡaro] **1.** *adj* bulgarisch; **2.** **~o** *m*, **~a** *f* Bulgare *m*, Bulgarin *f*
bullicio [bu'ʎiθĭo] *m* Getöse *n*; Tumult *m*; **~so** [-ʎi'θĭoso] lärmend, unruhig
bullir [bu'ʎir] (*3h*) sieden, kochen; *fig* wimmeln
bulo ['bulo] *m* Falschmeldung *f*, Ente *f*
bulto ['bulto] *m* Gepäckstück *n*; Bündel *n*; *med* Beule *f*, Schwellung *f*; *ferro* **~s** *pl* Stückgut *n*; **de ~** wichtig, bedeutend; ***escurrir el ~*** sich drücken
buñuelo [bu'ɲŭelo] *m span* Ölgebäck *n*; **~ *de viento*** Windbeutel *m*
BUP *m* ***Bachillerato Unificado Polivalente*** *Spanien früher: die drei letzten Oberschuljahre*
buque ['buke] *m* Schiff *n*; **~ *de carga*** Frachter *m*; **~ *escuela*** Schulschiff *n*; **~ *frigorífico*** Kühlschiff *n*; **~ *de guerra*** Kriegsschiff *n*; **~ *mercante*** Handelsschiff *n*; **~ *de pasaje(ros)*** Passagierdampfer *m*; **~ *portacontenedores*** Containerschiff *n*
burbu|ja [bur'ƀuxa] *f* (Wasser-, Luft-)Blase *f*; (Sekt-)Perle *f*; **~jear** [-ƀuxe'ar] (*1a*) sprudeln; perlen
burdel [bur'đɛl] *m* Bordell *n*
burdeos [bur'đeɔs] **1.** *adj* bordeauxrot; **2.** *m* (***vino*** *m* ***de***) **~** Bordeaux(wein) *m*
Burdeos [bur'đeɔs] *f* Bordeaux *n*
burdo ['burđo] grob; plump
bur|gués [bur'ɡes] **1.** *adj* bürgerlich; *desp* spießbürgerlich; **2.** *m* Bürger *m*; ***pequeño ~*** Klein-, Spießbürger *m*; **~guesía** [-ɡe'sia] *f* Bürgerstand *m*; (***pequeña***) **~** (Klein-)Bürgertum *n*
buril [bu'ril] *m* Stichel *m*
burla ['burla] *f* Spott *m*; (*broma*) Spaß *m*; ***de ~s*** zum Spaß; **~dero** [-la'đero] *m taur* Schutzwand *f* für den Stierkämpfer; **~dor** [-'đɔr] *m* Spötter *m*; (*libertino*) Verführer *m*; **~r** [-'lar] (*1a*) verspotten, necken; (*engañar*) täuschen, hintergehen; **~rse**: **~ *de alg*** sich über j-n lustig machen
burlesco [bur'lesko] Spaßhaft, burlesk
burlete [bur'lete] *m* Stoffleiste *f* (*zum Abdichten von Fenstern u Türen*)
burlón [bur'lɔn] **1.** *adj* spöttisch; **2.** *m* Spötter *m*
bu|rocracia [buro'kraθĭa] *f* Bürokratie *f*; **~rócrata** [-'rokrata] *m* Bürokrat *m*; **~rocrático** [-ro'kratiko] bürokratisch
burra ['burra] *f* Eselin *f*; F *fig* dumme Kuh *f*; **~da** [-'rrađa] *f* Eselei *f*, Dummheit *f*
burro ['burrɔ] *m* Esel *m* (*a fig*); *tec* Sägebock *m*; **~ *de carga*** Packesel *m* (*a fig*); ***caer*** (*od* ***apearse***) ***del ~*** s-n Irrtum einsehen
bursátil [bur'satil] Börsen…
bus [bus] *m* = ***autobús***
busca ['buska] *f* Suche *f*; ***en ~ de*** auf der Suche nach; **~r** [-'kar] (*1g*) suchen; ***ir a ~*** abholen
buscona [bus'kona] *f* Straßendirne *f*
búsqueda ['buskeđa] *f* Suche *f*; **~ *por texto completo*** *inform* Volltextsuche *f*
busto ['busto] *m* Büste *f*; Oberkörper *m*
butaca [bu'taka] *f* Lehnstuhl *m*; *teat* Parkettplatz *m*
butano [bu'tano] *m* Butan(gas) *n*
butifarra [buti'farra] *f* katalanische Bratwurst *f*
buzo ['buθo] *m* Taucher *m*
buzón [bu'θɔn] *m* Briefkasten *m*
byte [baĭt] *m* Byte *n*

C

c. ***capítulo***
c/ ***cargo*** zulasten
C, c [θe] *f* C, c *n*
C/, c/ ***calle*** Str. (Straße)
cabal [ka'ƀal] richtig; (*sensato*) vernünftig; ***no estar en sus ~es*** F nicht recht bei Trost sein
cabalga|da [kaƀal'ɡađa] *f* Reitertrupp *m*; **~dura** [-ɡa'đura] *f* Reit-, Lasttier *n*; **~r** [-'ɡar] (*1h*) reiten; **~ta** [-'ɡata] *f* Kavalkade *f*; Umzug *m*
caballa *zo* [ka'ƀaʎa] *f* Makrele *f*
caball|ar [kaƀa'ʎar] Pferde…; **~eresco** [-ʎe'resko] ritterlich, Ritter…; **~ería** [-ʎe'ria] *f* Reittier *n*; *mil* Kavallerie *f*; *hist* Rittertum *n*; ***libro*** *m* ***de ~s*** Ritter-

roman *m*
caballero [kaƀa'ʎero] *m* Reiter *m*; *hist* Ritter *m*; Ordensritter *m*; (*hombre cortés*) Kavalier *m*, Gentleman *m*, Herr *m*; **~sidad** [-ʎerosi'đađ] *f* Ritterlichkeit *f*; **~so** [-ʎe'roso] ritterlich
caballete [kaƀa'ʎete] *m pint* Staffelei *f*; *tec* Gestell *n*, Bock *m*
caballito [kaƀa'ʎito] *m*: **~ de** *mar* Seepferdchen *n*; **~s** *m/pl* Karussell *n*
caballo [ka'ƀaʎo] *m* Pferd *n*; (*ajedrez*) Springer *m*; (*naipes*) Dame *f*; F Heroin *n*; *fig* **~ de batalla** Lieblingsthema *n*; **~ blanco** Schimmel *m*; **~ de carreras** Rennpferd *n*; **~ negro** Rappe *m*; **~ de vapor** (**CV**) Pferdestärke *f* (PS); **a ~** zu Pferd; **a ~ entre** zwischen
cabaña [ka'ƀaɲa] *f* Hütte *f*; (*rebaño*) Herde *f*
cabaret [kaƀa'ret] *m* Nachtlokal *n*
cabece|ar [kaƀeθe'ar] (*1a*) **1.** *v/t* (*pelota*) köpfen; **2.** *v/i* mit dem Kopf wackeln; (ein)nicken; *mar* stampfen; **~ra** [-'θera] *f* Kopfende *n*; (*de un río*) Oberlauf *m*
cabecilla [kabe'θiʎa] *m* Anführer *m*; Rädelsführer *m*
cabe|llera [kaƀe'ʎera] *f* (Haupt-)Haar *n*; (*de cometa*) Schweif *m*; **~llo** [-'ƀeʎo] *m* Haar *n*; **~ de ángel** Kürbiskonfitüre *f*
caber [ka'ƀɛr] (*2m*) hineingehen, (-)passen; Platz haben; (*tocarle a alg*) zufallen, zuteilwerden; (*ser posible*) möglich sein; **no ~ en sí de alegría** vor Freude außer sich sein; **no cabe duda** zweifellos; **no me cabe en la cabeza** das will mir nicht in den Kopf
cabestr|illo *med* [kaƀes'triʎo] *m* Armbinde *f*, -schlinge *f*; **~o** [-'ƀestro] *m* Halfter *n*
cabe|za [ka'ƀeθa] **a)** *f* Kopf *m*, Haupt *n* (*a fig*); *fig* Verstand *m*; (*res*) Stück *n* (Vieh); **~ de ajo** Knoblauchzwiebel *f*; **~ de chorlito** leichtsinniger Mensch *m*; **~ de turco** Prügelknabe *m*; **a la ~, en ~** an der Spitze; **meterse a/c en la ~** sich et in den Kopf setzen; **perder la ~** *fig* den Kopf verlieren; **romperse la ~** *fig* sich den Kopf zerbrechen; **sentar la ~** Vernunft annehmen **a)** *m* (An-)Führer *m*, Leiter *m*; **~ de familia** Familienoberhaupt *n*; **~zada** [-'θađa] *f* Stoß *m* mit dem Kopf; **dar una ~** ein Nickerchen machen; **~zal** [-'θal] *m* Kopfkissen *n*; *tec* Abtastkopf *m*; **~zazo** [-'θaθo] *m* Kopfstoß *m*; **~zón** [-'θɔn], **~zota** [-'θota], **~zudo** [-'θuđo] **1.** *adj* dickköpfig; **2.** *m* Dickkopf *m*
cabida [ka'ƀiđa] *f* Fassungsvermögen *n*; **dar ~ a** aufnehmen; *fig* berücksichtigen
cabina [ka'ƀina] *f* Kabine *f*; (*de camión*) Führerhaus *n*; *avia* **~ del piloto** Cockpit *n*; **~ telefónica** Telefonzelle *f*
cabizbajo [kaƀið'ƀaxo] niedergeschlagen, verzagt
cable ['kaƀle] *m* Kabel *n*; Tau *n*, Seil *n*; *s a* **cablegrama**; **~ado** [-e'ađo] *m* Kabelanschluss *m*; **~ar** [-e'ar] (*1a*) verkabeln; **~grafiar** [-ɡra'fĭ- ar] (*1c*) kabeln; **~grama** [-'ɡrama] *m* Kabel(nachricht) *n*(*f*)
cabo ['kaƀo] *m* Ende *n*; *geo* Kap *n*; *mar* Leine *f*, Tau *n*; *mil* Gefreite(r) *m*; **al ~ de un mes** nach e-m Monat; **al fin y al ~** letzten Endes; **de ~ a rabo** von A bis Z
Cabo ['kaƀo] *s.* **El Cabo**
cabotaje [kaƀo'taxe] *m* Küstenschifffahrt *f*
cabra ['kaƀra] *f* Ziege *f*; **~ montés** Steinbock *m*; F **estar como una ~** verrückt sein, spinnen
cabrear F [kaƀre'ar] (*1a*) ärgern; **~se** sich ärgern, F einschnappen
cabrestante *mar* [kaƀres'tante] *m* Ankerwinde *f*, Spill *n*
cabrío [ka'ƀrio] Ziegen…; **macho** *m* **~** Ziegenbock *m*
ca|britilla [kaƀri'tiʎa] *f* Ziegen-, Schaf-, Glacéleder *n*; **~brito** [-'ƀrito] *m* Zicklein *n*; **~brón** [-'ƀrɔn] *m* Ziegenbock *m*; V Saukerl *m*; **~bronada** P [-ƀro'nađa] *f* P Sauerei *f*, Hundsgemeinheit *f*
cacahuete [kaka'ŭete] *m* Erdnuss *f*
cacao [ka'kao] *m* Kakao *m*; *fig* Durcheinander *n*
cacarear [kakare'ar] (*1a*) **1.** *v/i* gackern (*a fig*); **2.** *v/t* häufig erwähnen; F ausposaunen
cacatúa [kaka'tua] *f* Kakadu *m*
cacerola [kaθe'rola] *f* Kasserolle *f*, Schmortopf *m*, Stieltopf *m*
cacería [kaθe'ria] *f* Jagd *f*
cachalote [katʃa'lote] *m* Pottwal *m*
cacharr|ería [katʃarrɛ'ria] *f* Töpferladen *m*; **~o** [-'tʃarro] *m* (irdener) Topf *m*; *desp* altes Stück *n*; **~s** *m/pl* Küchengeräte *n/pl*; Kram *m*

cachear [katʃe'ar] durchsuchen; F filzen
cachemira [katʃe'mira] *f* Kaschmir *m*
cacheo [ka'tʃeo] *m* Durchsuchung *f*; Leibesvisitation *f*
cachet [ka'ʃɛ, ka'tʃɛt] *m* Gage *f*
cachete [ka'tʃete] *m* Klaps *m*
cacho ['katʃo] *m* Stück *n*; Brocken *m*
cachon|deo P [katʃɔn'deo] *m* Spaß *m*, Gaudi *f*; **~do** [ka'tʃɔndo] *zo* läufig; F *fig* scharf, geil; (*gracioso*) witzig
cachorro [ka'tʃɔrrɔ] *m* Junge(s) *n*; (*perro*) Welpe *m*
caciqu|e [ka'θike] *m* Kazike *m*, Häuptling *m*; *fig* Bonze *m*; **~ismo** [-θi'kizmo] *m* Bonzentum *n*, Klüngel *m*
caco F ['kako] *m* Dieb *m*
cacofonía [kakofo'nia] *f* Missklang *m*
cact|o ['kakto], **~us** ['kaktus] *m* Kaktus *m*
cada ['kađa] jeder, jede, jedes; **~ cosa** alles Mögliche; **~ uno, ~ cual** jeder; **~ vez** jedes Mal; **~ vez más** immer mehr; **~ tres días** alle drei Tage; **uno de ~ tres** jeder Dritte
cadalso [ka'đalso] *m* Schafott *n*
cadáver [ka'đaƀɛr] *m* Leiche *f*, Leichnam *m*, Kadaver *m*
cadena [ka'đena] *f* Kette *f*; *TV* Kanal *m*, Programm *n*; **~s (antideslizantes)** Schneeketten *f/pl*; **~ de alta fidelidad** Hi-Fi-Anlage *f*; **~ de montaje** Fließband *n*; **~ perpetua** lebenslängliche Zuchthausstrafe *f*
cadencia [ka'đenθĭa] *f* Rhythmus *m*; Takt *m*; *mús* Kadenz *f*
cadera [ka'đera] *f* Hüfte *f*
cadete [ka'đete] *m* Kadett *m*
cadmio ['kađmĭo] *m* Kadmium *n*
cadu|car [kađu'kar] (*1g*) verfallen (*a fig*); ablaufen; veralten; **~cidad** [-θi'đađ] *f* Hinfälligkeit *f*; *fig* Vergänglichkeit *f*; *com* **fecha** *f* **de ~** Verfallsdatum *n*; **~co** [-'đuko] hinfällig; vergänglich
caer [ka'ɛr] (*2o*) fallen; stürzen; ab-, herunterfallen; **~ sobre** herfallen über; *fig* hereinbrechen über; **~ cerca** in der Nähe liegen; **~ bien (mal)** (*vestido*) gut (schlecht) sitzen *od* stehen; (*persona*) (un)sympathisch sein; **estar al ~** unmittelbar bevorstehen; **~ en domingo** auf e-n Sonntag fallen; **~ enfermo** krank werden; **~ en suerte** zufallen; **~ en la cuenta** begreifen; **~ en la red, ~ en la trampa** in die Falle gehen (*bsd fig*); **~se** stürzen; (hin)fallen, umfallen; **~ de risa** sich totlachen; **~ de sueño** vor Müdigkeit umfallen
café [ka'fe] *m* Kaffee *m*; (*local*) Café *n*; **~ con leche** Milchkaffee *m*; **~ solo** schwarzer Kaffee *m*; **~ con terraza** Straßencafé *n*
cafeína [kafe'ina] *f* Koffein *n*
cafe|tera [kafe'tera] *f* Kaffeekanne *f*; **~ automática** Kaffeemaschine *f*; **~tería** [-te'ria] *f* Cafeteria *f*, Snackbar *f*; **~to** [-'feto] *m* Kaffeebaum *m*
caí|da [ka'iđa] *f* Fall *m*, Sturz *m*; **a la ~ del sol** bei Sonnenuntergang; **~ del pelo** Haarausfall *m*; **~do** [-'iđo] **1.** *adj* gefallen; herabhängend; **2. ~s** *m/pl mil* Gefallene(n) *m/pl*
caigo ['kaĭgo] *s* **caer**
Cairo ['kaĭro] *s.* **El Cairo**
caja ['kaxa] *f* Kiste *f*; Kasten *m*; Dose *f*; Schachtel *f*; *com* Kasse *f*; **~ acústica** Lautsprecherbox *f*; **~ (postal) de ahorros** (Post-)Sparkasse *f*; **~ de cartón** Pappschachtel *f*; **~ de caudales, ~ fuerte** Tresor *m*, Safe *m*; **~ de cambios** *auto* Getriebe *n*; **~ de colores** Malkasten *m*; **~ de compases** Reißzeug *n*; **~ de la escalera** Treppenhaus *n*; **~ de música** Spieldose *f*; **~ negra** *avia* Flugschreiber *m*; **~ de reloj** Uhrgehäuse *n*; **~ de resistencia** Streikkasse *f*; **~ de seguridad** (Bank-)Safe *m*; **~ torácica** Brustkorb *m*
cajero [ka'xero] *m* Kassierer *m*; **~ automático** Geldautomat *m*
cajetilla [kaxe'tiʎa] *f* Schachtel *f* Zigaretten
cajón [ka'xɔn] *m* Schublade *f*; **~ de sastre** F Sammelsurium *n*
cal [kal] *f* Kalk *m*; **de ~ y canto** felsenfest, dauerhaft
cala ['kala] *f* kleine Bucht *f*
calaba|cín [kalaƀa'θin] *m* Zucchini *f*; **~za** [-'ƀaθa] *f* Kürbis *m*; **dar ~s** *fig* einen Korb geben
calabozo [kala'ƀoθo] *m* Verlies *n*, Kerker *m*; Arrestzelle *f*
caladero [kala'đero] *m* Fischgrund *m*
calado [ka'lađo] **1.** *adj* durchnässt; **2.** *m mar* Tiefgang *m*; (*bordado*) Hohlsaum *m*
calafatear *mar* [kalafate'ar] (*1a*) kalfatern; abdichten
calamar [kala'mar] *m* Kalmar *m* (*Art*

Tintenfisch)

calambre [ka'lambre] *m* Muskel-, Wadenkrampf *m*; *el* Schlag *m*

calami|dad [kalami'đađ] *f* Not *f*; Unheil *n*; Katastrophe *f*; *fig* Unglücksmensch *m*; **~toso** [-'toso] unheilvoll; trübselig

calar [ka'lar] (*1a*) (*penetrar*) durchbohren, hineinstoßen; (*mojar*) durchnässen, durchtränken; (*sombrero, etc*) aufsetzen; (*motor*) abwürgen; (*melón*) anschneiden; *fig* durchschauen; **~ hondo** zu Herzen gehen; **~ (hasta los huesos)** (bis auf die Haut) nass werden

calavera [kala'ƀera] **1.** *f* Totenkopf *m*; **2.** *m fig* Windhund *m*

calcar [kal'kar] (*1g*) durchpausen, -zeichnen; *fig* (sklavisch) nachahmen

calcáreo [kal'kareo] kalkig, -haltig

calceta [kal'θeta] *f* Strumpf *m*; **hacer ~** stricken

calcetín [kalθe'tin] *m* Socke *f*

calcinado [kalθi'nađo] ausgebrannt, verkohlt

calcio ['kalθĭo] *m* Kalzium *n*

calco ['kalko] *m* Pause *f*, Durchzeichnung *f*; *fig* Abklatsch *m*; **~manía** [-ma'nia] *f* Abziehbild *n*

calcula|ble [kalku'laƀle] berechenbar; **~dor** [-la'đɔr] **1.** *adj fig* berechnend; **2.** *m* Rechner *m*; **~dora** [-'đora] *f* Rechenmaschine *f*; **~ de bolsillo** Taschenrechner *m*; **~r** [-'lar] (*1a*) (be-, aus)-rechnen; kalkulieren; **~torio** [-la 'tɔrĭo] kalkulatorisch, rechnerisch

cálculo ['kalkulo] *m* Rechnen *n*; Berechnung *f*, Kalkulation *f*; **~ mental** Kopfrechnen *n*; *med* **~ (vesical, renal, biliar)** (Blasen-, Nieren-, Gallen-)-Stein *m*

caldas ['kaldas] *f/pl* Thermalquelle *f*

calde|ar [kalde'ar] (*1a*) erhitzen, erwärmen (*a fig*); **~ra** [-'dera] *f* Kessel *m*; Heizkessel *m*; **~rero** [-'rero] *m* Kesselschmied *m*; **~rilla** [-'riʎa] *f* Kleingeld *n*

calderón [kalde'rɔn] *m mús* Fermate *f*

caldo ['kaldo] *m* Brühe *f*; **~ de carne** Fleischbrühe *f*, Bouillon *f*; **hacer(le) el ~ gordo a alg** j-n begünstigen

calefac|ción [kalefag'θĭɔn] *f* Heizung *f*; **~ central** Zentralheizung *f*; **~ individual** Etagenheizung *f*; **~tor** [-fak'tɔr] *m* Heizgerät *n*

calendario [kalen'darĭo] *m* Kalender *m*; **~ de actos** Veranstaltungskalender *m*; **~ de taco** Abreißkalender *m*

calen|tador [kalenta'đɔr] *m* Heizgerät *n*; **~ de agua** Boiler *m*, Wasserkocher *m*; **~tamiento** [-'mĭento] *m* (Er-)Wärmen *n*, Erhitzen *n*; **~tar** [-'tar] (*1k*) (er)wärmen; (be)heizen; **~tarse** sich wärmen; warm werden; **~tura** [-'tura] *f* Fieber *n*; **~turiento** [-tu'rĭento] fiebrig

cali|brar [kali'ƀrar] (*1a*) messen; eichen; *fig* einschätzen; **~bre** [-'liƀre] *m* Kaliber *n* (*a fig*)

calidad [kali'đađ] *f* Qualität *f*; **de (primera) ~** erstklassig, hochwertig; **en ~ de** als; **~ de vida** Lebensqualität *f*

cálido ['kaliđo] warm (*a fig*); heiß

calidoscopio [kaliđɔs'kopĭo] *m* Kaleidoskop *n*

caliente [ka'lĭente] heiß, warm

califa [ka'lifa] *m* Kalif *m*

califica|ción [kalifika'θĭɔn] *f* Qualifikation *f*, Eignung *f*; (*examen*) Benotung *f*, Note *f*; **~do** [-'kađo] qualifiziert, geeignet; **~r** [-'kar] (*1g*) qualifizieren; beurteilen; bezeichnen (als **de**); **~tivo** [-ka'tiƀo] **1.** *adj* bezeichnend, kennzeichnend; **2.** *m* Beiname *m*

California [kali'fɔrnĭa] *f* Kalifornien *n*

caligrafía [kaligra'fia] *f* Schönschrift *f*; Handschrift *f*

cali|ma [ka'lima], **~na** [-'lina] *f* Dunst *m*

cáliz ['kaliθ] *m* Kelch *m* (*a bot*)

caliza [ka'liθa] *f* Kalkstein *m*

calla|da [ka'ʎađa] *f*: **dar la ~ por respuesta** nicht antworten; **~do** [-'ʎađo] schweigsam; still; **~r** [ka'ʎar] (*1a*) **1.** *v/t* verschweigen; **~ la boca** den Mund halten; **2.** *v/i* schweigen; **~rse** schweigen; still sein

calle ['kaʎe] *f* Straße *f*; *dep* Bahn *f*; **~ de dirección única** Einbahnstraße *f*; **~ comercial** Geschäftsstraße *f*; **~ lateral** Nebenstraße *f*; **~ mayor** Hauptstraße *f*; **en la ~** auf der Straße; **poner a alg (de patitas) en la ~** j-n auf die Straße setzen; **~jear** [-ʎɛxe'ar] (*1a*) durch die Straßen bummeln; **~jero** [-'xero] **1.** *adj* Straßen…; **2.** *m* Straßenverzeichnis *n*; **~jón** [-'xɔn] *m* (enge) Gasse *f*; **~ sin salida** Sackgasse *f* (*a fig*)

calli|cida [kaʎi'θiđa] *m* Hühneraugenmittel *n*; **~sta** [-'ʎista] *m* Fußpfleger *m*

callo ['kaʎo] *m* Schwiele *f*; Hühnerauge *n*; **~s** *pl gastr* Kutteln *f/pl*; **~sidad** [-si'đađ] *f* Hornhaut *f*; **~so** [-'ʎoso] schwielig

cal|ma ['kalma] *f* Stille *f*, Ruhe *f*; *mar* Windstille *f*; *fig* Gemütsruhe *f*; **~ chicha** Flaute *f*; **~mante** [-'mante] **1.** *adj* beruhigend; schmerzlindernd; **2.** *m* Beruhigungsmittel *n*; schmerzstillendes Mittel *n*; **~mar** [-'mar] *(1a)* beruhigen; **~moso** [-'moso] ruhig, still

caló [ka'lo] *m* Zigeunersprache *f*

calor [ka'lɔr] *m* (F *f*) Wärme *f* (*a fig*), Hitze *f*; **hace** (**mucho**) **~** es ist (sehr) heiß; **entrar en ~** warm werden; **tengo ~** mir ist warm *od* heiß

caloría [kalo'ria] *f* Kalorie *f*; **bajo** (**rico**) **en ~s** kalorienarm (-reich)

calorífico [kalo'rifiko] wärmeerzeugend; Wärme…

calumni|a [ka'lumnĭa] *f* Verleumdung *f*; **~ador** [-'đɔr] **1.** *adj* verleumderisch; **2.** *m* Verleumder *m*; **~ar** [-'nĭar] *(1b)* verleumden

caluroso [kalu'roso] heiß; *fig* warm, herzlich

cal|va ['kalƀa] *f* Glatze *f*; *fig* kahle Stelle *f*; **~vario** [-'ƀarĭo] *m* Kreuzweg *m*; *fig* Leidensweg *m*; **~vicie** [-'ƀiθĭe] *f* Kahlheit *f*; Glatze *f*; **~vo** ['kalƀo] **1.** *adj* kahl(köpfig); **2.** *m* Kahl-, Glatzkopf *m*

calza ['kalθa] *f* Keil *m*; **~s** *pl* Hosen *f/pl*; **~da** [-'θađa] *f* Fahrbahn *f*; **~do** [-'θađo] *m* Schuhwerk *n*; **~dor** [-θa'đɔr] *m* Schuhanzieher *m*; **~r** [-'θar] *(1f)* (*zapatos, etc*) anziehen; anhaben; *tec* sichern, verkeilen; **¿qué número calza?** welche Schuhgröße haben Sie?

calzón [kal'θɔn] *m* Hose *f*

calzon|azos F [kalθo'naθos] *m* Pantoffelheld *m*; **~cillos** [-'θiʎos] *m/pl* Unterhose(n) *f(pl)*

cama ['kama] *f* Bett *n*; *agr* Streu *f*; **~ de matrimonio** Ehebett *n*, Doppelbett *n*; **~ elástica** Trampolin *n*; **~ individual** Einzelbett *n*; **~ nido** Bettcouch *f*; **~ plegable** Klappbett *n*; **~ turca** Schlafcouch *f*

camada [ka'mađa] *f zo* Wurf *m*

camaleón [kamale'ɔn] *m* Chamäleon *n*

▸ **cámara** ['kamara] *f* **1. ~ frigorífica** Kühlraum *m*; **~ oscura** Dunkelkammer *f*; **2.** *pol*; **~ de diputados** Abgeordnetenhaus *n*; **~ de comercio** (**e industria**) (Industrie- und) Handelskammer *f*; **3.** *fot*, *tv* Kamera *f*; **~** (**fotográfica**) Fotoapparat *m*; **~ digital** Digitalkamera *f*; **~ de vídeo** Videokamera *f*, Internetkamera *f*; **a ~ lenta** in Zeitlupe

camara|da [kama'rađa] *m* Kamerad *m*; *pol* Genosse *m*; **~dería** [-rađe'ria] *f* Kameradschaft *f*

camare|ra [kama'rera] *f* Kellnerin *f*; (*hotel*) Zimmermädchen *n*; *mar* Stewardess *f*; **~ro** [-'rero] *m* Kellner *m*; *mar* Steward *m*

camarilla [kama'riʎa] *f* Kamarilla *f*; *fig* Clique *f*

camarón *zo* [kama'rɔn] *m* Sandgarnele *f*

camarote *mar* [kama'rote] *m* Kajüte *f*, Kabine *f*

camastro [ka'mastro] *m* Pritsche *f*

cambalache F [kamba'latʃe] *m* Tausch(handel) *m*

cambia|ble [kam'bĭaƀle] ver-, austauschbar; wandelbar; **~nte** [-'bĭante] wechselnd, wechselhaft; *Textilien* schillernd

cambiar [kam'bĭar] *(1b)* **1.** *v/t* (ver-, um-)tauschen; (*dinero*) wechseln; (*modificar*) (ver-, um-, ab)ändern; **2.** *v/i* sich ändern, wechseln; **~ de lugar** um-, verstellen; **~ de traje** sich umziehen; **~ de tren** umsteigen; **~ de velocidad** schalten; **~se** sich umziehen; **~io** [-'bĭarĭo] Wechsel…

cambio ['kambĭo] *m* Wechsel *m*, (Ver-) Änderung *f*; *com* Geldwechsel *m*; Wechselkurs *m*; (*dinero*) Wechselgeld *n*, Kleingeld *n*; (*intercambio*) (Aus-) Tausch *m*; Umtausch *m*; *auto* **~** (**de marchas**) (Gang-)Schaltung *f*; **~ automático** Automatikschaltung *f*; **~ de neumático** Reifenwechsel *m*; **a ~ de** gegen, für; **en ~** hingegen

cambista [kam'bista] *m* (Geld-)Wechsler *m*

Camboya [kam'boja] *f* Kambodscha *n*

camelia *bot* [ka'melĭa] *f* Kamelie *f*

camello [ka'meʎo] *m* Kamel *n*; F Drogenhändler *m*, Dealer *m*

camerino *teat* [kame'rino] *m* Künstlergarderobe *f*

camill|a [ka'miʎa] *f* Tragbahre *f*; (*mesa*) runder Tisch *m*; **~ero** [-mi'ʎero] *m* Krankenträger *m*; Sanitäter *m*

camina|nte [kami'nante] *m* Fußgänger *m*; Wanderer *m*; **~r** [-'nar] *(1a)* gehen, wandern; **~ta** [-'nata] *f* Wanderung *f*, Fußreise *f*; **~** (**con bastones**) *dep* (Nordic) Walking *n*

camino [ka'mino] *m* Weg *m*; **por** (*od*

en) ***el ~*** unterwegs; ***~ de*** auf dem Wege nach; ***abrirse ~*** *fig* s-n Weg machen; ***ponerse en ~*** sich auf den Weg machen

camión [ka'mĭɔn] *m* Last(kraft)wagen *m*; ***~ cisterna*** Tankwagen *m*; ***~ de mudanzas*** Möbelwagen *m*; ***~ frigorífico*** Kühlwagen *m*

camione|ro [kamĭo'nero] *m* Lastwagenfahrer *m*, Fernfahrer *m*; **~ta** [-'neta] *f* Lieferwagen *m*; Kleinbus *m*

cami|sa [ka'misa] *f* Hemd *n*; ***~ de fuerza*** Zwangsjacke *f*; ***~ de vestir*** Oberhemd *n*; ***meterse en ~ de once varas*** F sich in Dinge einmischen, die e-n nichts angehen; **~sería** [-se'ria] *f* Herrenwäschegeschäft *n*; **~sero** [-'sero] *m* Hemdbluse *f*; (***vestido*** *m*) **~** Hemdblusenkleid *n*; **~seta** [-'seta] *f* Unterhemd *n*; T-Shirt *n*; **~són** [-'sɔn] *m* Nachthemd *n*

camorr|a [ka'mɔrra] *f* Streit *m*; Schlägerei *f*; **~ista** [kamɔ'rrista] *m* Raufbold *m*

campa|l [kam'pal]: ***batalla f ~*** Feldschlacht *f*; **~mento** [-pa'mento] *m* (Feld-, Truppen-, Zelt-)Lager *n*

campa|na [kam'pana] *f* Glocke *f*; ***~ de chimenea*** Rauchfang *m*; ***~ de rebato*** Sturmglocke *f*; ***echar las ~s al vuelo*** frohlocken; **~nada** [-pa'nađa] *f* Glockenschlag *m*; *fig* ***dar la ~*** (ärgerliches) Aufsehen erregen; **~nario** [-'narĭo] *m* Glockenturm *m*; **~nilla** [-'niʎa] *f* Glöckchen *n*; Klingel *f*; *anat* Zäpfchen *n*; **~nte** F [-'pante] unbekümmert; ***quedarse tan ~*** so tun, als ob nichts dabei wäre

campaña [kam'paɲa] *f* Kampagne *f*, Feldzug *m*; ***~ electoral*** Wahlkampf *m*; ***~ publicitaria*** Werbeaktion *f*, -feldzug *m*

campechano [kampe'tʃano] ungezwungen; jovial

campe|ón [kampe'ɔn] *m* Meister *m*; *fig* Vorkämpfer *m*; **~onato** [-o'nato] *m* Meisterschaft(skampf *m*) *f*; ***~ mundial, ~ del mundo*** Weltmeisterschaft *f*

campesino [kampe'sino] **1.** *adj* ländlich; **2.** *m* Landbewohner *m*; Bauer *m*

campestre [kam'pestre] ländlich, Land…

camping ['kampiŋ] *m* Zelten *n*, Camping *n*; (*lugar*) Zelt-, Campingplatz *m*, ***hacer ~*** zelten, campen

campista [kam'pista] *m* Zeltler *m*

campo ['kampo] *m* Feld *n*; Acker *m*; Land *n*; *mil* Lager *n*; *dep* Platz *m*; *fig* Gebiet *n*; ***~ de batalla*** Schlachtfeld *n*; ***~ de tiro*** Schießplatz *m*; *med* ***~ visual*** Gesichtsfeld *n*; ***en el ~*** auf dem Land; (***a***) ***~ traviesa*** querfeldein; *fig* ***tener ~ libre*** freie Bahn haben; **~santo** [-'santo] *m* Friedhof *m*

camufla|je [kamu'flaxe] *m* Tarnung *f*; **~r** [-'flar] (*1a*) tarnen

can [kan] *m* Hund *m*

cana ['kana] *f* weißes Haar *n*; ***peinar ~s*** alt sein; F ***echar una ~ al aire*** sich e-n vergnügten Tag machen

Canadá [kana'đa] *m* Kanada *n*

canadiense [kana'đĭense] **1.** *adj* kanadisch; **2.** *su* Kanadier(in) *m*(*f*)

canal [ka'nal] *m* Kanal *m* (*a TV*); *arqu* Rille *f*; ♀ ***de la Mancha*** Ärmelkanal *m*; **~ización** [-liθa'θĭɔn] *f* Kanalisation *f*; **~izar** [-li'θar] (*1f*) kanalisieren

canalla [ka'naʎa] **1.** *f* Gesindel *n*, Pack *n*; **2.** *m* Schuft *m*, Kanaille *f*; **~da** [-'ʎađa] *f* Schurkerei *f*

canal|ón [kana'lɔn] *m* Dachrinne *f*; **~ones** *gastr* [-'lones] *m/pl s* ***canelones***

canana [ka'nana] *f* Patronengurt *m*

canapé [kana'pe] *m* Sofa *n*; *gastr* (fein) belegtes Brot *n*

Canarias [ka'narĭas] *f/pl* (***Islas*** *f/pl*) **~** Kanarische Inseln *f/pl*, Kanaren *pl*

canari|o [ka'narĭo] **1.** *adj* kanarisch; (***Islas*** *f/pl*) ***Canarias*** Kanarische Inseln *f/pl*,Kanaren *pl*; **2.** **~o** *m*, **~a** *f* Kanarier(in) *m*(*f*); **3.** *m* Kanarienvogel *m*

canas|ta [ka'nasta] *f* Henkelkorb *m*; **~tilla** [-'tiʎa] *f* Körbchen *n*; (*de bebé*) Babyausstattung *f*; **~to** [-'nasto] *m* Tragkorb *m*

cancela|ción [kanθela'θĭɔn] *f* Streichung *f*; Absage *f*; *com* Tilgung *f*, Löschung *f*; **~dora** [-'đora] *f*: ***~ de billetes*** Fahrscheinentwerter *m*; **~r** ['lar] (*1a*) streichen; absagen; *com* tilgen, löschen; (*billete*) entwerten

cáncer ['kanθɛr] *m med* Krebs *m*; *astr* ♀ Krebs *m*

cance|rígeno [kanθe'rixeno] Krebs erregend; **~roso** [-'roso] krebsartig, Krebs…

cancha ['kantʃa] *f* Spielplatz *m*, -feld *n*; ***~ de tenis*** Tennisplatz *m*

canciller [kanθi'ʎɛr] *m*, **~a** *f* Kanzler *m*, ~in *f*; **~**, **~a** *f* ***federal*** Bundeskanzler *m*, ~in *f*; **~ía** [-ʎe'ria] *f* (Staats-)Kanzlei *f*;

Kanzleramt *n*
canci|ón [kan'θĭɔn] *f* Lied *n*; **~ *de cuna*** Wiegenlied *n*; **~ *de moda*** Schlager *m*; **~onero** [-θĭo'nero] *m* Liederbuch *n*, -sammlung *f*
candado [kan'dađo] *m* Vorhängeschloss *n*
cande|la [kan'dela] *f* Kerze *f*; **~labro** [-de'laƀro] *m* Armleuchter *m*, Kandelaber *m*; **2laria** *rel* [-de'larĭa] *f* Lichtmess *f*; **~lero** [-'lero] *m* Leuchter *m*
candente [kan'dente] glühend; *fig* aktuell, brennend
candida|to [kandi'đato] *m* Kandidat *m*, Bewerber *m*; **~tura** [-đa'tura] *f* Bewerbung *f*, Kandidatur *f*; ***presentar su ~ para*** sich bewerben um
candidez [kandi'đeθ] *f* Aufrichtigkeit *f*, Offenheit *f*; Naivität *f*
cándido ['kandiđo] arglos; offen; naiv
candil [kan'dil] *m* Öllampe *f*; **~ejas** [-di'lexas] *f/pl teat* Rampenlicht *n*
candor [kan'dɔr] *m* Treuherzigkeit *f*; **~oso** [-do'roso] arglos, aufrichtig
canela [ka'nela] *f* Zimt *m*; **~ *en rama*** Zimtstange *f*
canelones [kane'lones] *m/pl* Cannelonі *pl*
cangrejo *zo* [kaŋ'grɛxo] *m* Krebs *m*; **~ *de río*** Flusskrebs *m*
canguro [kaŋ'guro] **1.** *m* Känguru *n*; **2.** *su* F Babysitter(in) *m(f)*
ca|níbal [ka'niƀal] **1.** *adj* kannibalisch; **2.** *m* Menschenfresser *m*, Kannibale *m*; **~nibalismo** [-ƀa'lizmo] *m* Kannibalismus *m*
canica [ka'nika] *f* Murmel *f*
canícula [ka'nikula] *f* Hundstage *m/pl*
canijo [ka'nixo] schwächlich, kränklich
canino [ka'nino] Hunde…; ***hambre*** *f* ***canina*** Heißhunger *m*; (***diente*** *m*) **~** Eckzahn *m*
canje ['kaŋxe] *m* Austausch *m*; Umtausch *m*; Einlösung *f*; *pol* **~ *de notas*** Notenwechsel *m*; **~ar** [-xe'ar] (*1a*) austauschen; umtauschen; einlösen
cano ['kano] (*pelo*) grau, weiß
canoa [ka'noa] *f* Kanu *n*
canódromo [ka'nođromo] *m* Hunderennbahn *f*
canon ['kanɔn] *m* Regel *f*; Kanon *m* (*a mús*); *jur* Pachtgebühr *f*
canóni|co [ka'noniko] kanonisch; ***derecho*** *m* **~** Kirchenrecht *n*; **~go** [-'nonigo] *m* Domherr *m*; *bot* (***hierba*** *f* ***de***) **~(*s*)** *m(pl)* Feldsalat *m*
canoniza|ción [kanoniθa'θĭɔn] *f* Heiligsprechung *f*; **~r** [-'θar] (*1f*) heiligsprechen
canoro [ka'noro] ***pájaro ~*** Singvogel *m*
canoso [ka'noso] grauhaarig
canotaje [kano'taxe] *m* Kanusport *m*
can|sado [kan'sađo] müde, matt; erschöpft, abgespannt; **~sancio** [-'sanθĭo] *m* Müdigkeit *f*; Erschöpfung *f*; **~sar** [-'sar] (*1a*) ermüden, ermatten; (*aburrir*) langweilen; **~sarse** müde werden; **~ *de a/c*** et satthaben; **~sino** [-'sino] matt, ermüdet
cantábrico [kan'taƀriko] kantabrisch
Cantábrico [kan'taƀriko] *m* (***Mar*** *m*) **~** Golf *m* von Biskaya
cantante [kan'tante] *su* Sänger(in) *m(f)*
cantaor [kanta'ɔr] *m*, **~a** [-'ora] *f* Flamencosänger(in) *m(f)*
cantar [kan'tar] (*1a*) **1.** *v/i* singen (*a fig*); (*gallo*) krähen; **2.** *v/t* besingen, preisen; **3.** *m* Lied *n*; F ***ese es otro ~*** das ist et ganz anderes
cantarela *bot* [kanta'rela] *f* Pfifferling *m*
cántaro ['kantaro] *m* (Henkel-)Krug *m*; ***llover a ~s*** in Strömen regnen
cantata [kan'tata] *f* Kantate *f*
cantautor [kantaŭ'tɔr] *m* Liedermacher *m*
cante ['kante] *m*: **~ *jondo*** *Art Flamencogesang*
cante|ra [kan'tera] *f* Steinbruch *m*; *dep* Nachwuchs *m*; **~ro** [-'tero] *m* Steinmetz *m*; (*de pan*) Kanten *m*
cántico ['kantiko] *m* Kirchenlied *n*
cantidad [kanti'đađ] *f* Quantität *f*, Anzahl *f*, Menge *f*; (*de dinero*) Betrag *m*, Summe *f*
cantimplora [kantim'plora] *f* Feldflasche *f*
cantina [kan'tina] *f* Kantine *f*
canto ['kanto] *m* Gesang *m*; (*canción*) Lied *n*; (*borde*) Kante *f*; Ecke *f*, Rand *m*; (*guijarro*) (Kiesel-)Stein *m*; ***~s rodados*** Geröll *n*
cantón *m* (*Suiza*) Kanton *m*
cantor [kan'tɔr] **1.** *adj* Sing…; ***maestro*** *m* **~** Meistersinger *m*; ***niño*** *m* **~** Sängerknabe *m*; ***pájaro*** *m* **~** Singvogel *m*; **2.** *m* Sänger *m*
canturrear [kanturre'ar] (*1a*) trällern
cánula *med* ['kanula] *f* Kanüle *f*
caña ['kaɲa] *f bot* (Schilf-)Rohr *n*; (*va-*

so) kleines Glas *n* Bier; *mús* Rohrblatt *n*; (*de la bota*) (Stiefel-)Schaft *m*; *anat* Röhrenknochen *m*; **~ de azúcar** Zuckerrohr *n*; **~ de pescar** Angel(rute) *f*
cañada [ka'ɲađa] *f* Engpass *m*; Hohlweg *m*; (*paso de animales*) (Vieh-)Trift *f*
cañamazo [kaɲa'maθo] *m* Gitterleinen *n*, Stramin *m*
cáñamo ['kaɲamo] *m* Hanf *m*
cañería [kaɲe'ria] *f* Rohrleitung *f*
caño ['kaɲo] *m* Röhre *f*, Rohr *n*
cañón [ka'ɲɔn] **1.** *m* Kanone *f*, Geschütz *n*; (*de fusil*) Lauf *m*; *geo* Cañon *m*; **~ de nieve** (***artificial***) Schneekanone *f*; **2.** *adj* F toll, sagenhaft; ***lo pasamos ~*** wir haben uns toll amüsiert
caño|nazo [kaɲo'naθo] *m* Kanonenschuss *m*; **~nero** [-'nero] *m* Kanonenboot *n*
caoba [ka'oƀa] *f* Mahagoni(holz) *n*
ca|os ['kaɔs] *m* Chaos *n*; **~ótico** [ka'otiko] chaotisch
cap. *od* **cap.o *capítulo*** Kap. (Kapitel)
CAP *m* ***Centro de Atención Primaria*** *Ambulanz der span. Sozialversicherung*
capa ['kapa] *f* Schicht *f* (*a fig*); (*prenda*) Umhang *m*, Cape *n*; **~** (***de pintura***) Anstrich *m*; **~ *de ozono*** Ozonschicht *f*; ***bajo ~ de*** unter dem Vorwand von; ***andar*** (*od* ***ir***) ***de ~ caída*** heruntergekommen sein, F schlecht dran sein
capaci|dad [kapaθi'đađ] *f* Fassungsvermögen *n*; (*aptitud*) Fähigkeit *f*; Talent *n*; **~ *de memoria*** *inform* Speicherkapazität *f*; **~tación** [-ta'θĭɔn] *f* Befähigung *f*; ***curso*** *m* ***de ~*** Fortbildungskurs *m*; **~tar** [-'tar] (*1a*) befähigen; berechtigen
capar [ka'par] (*1a*) kastrieren
caparazón [kapara'θɔn] *m zo* Panzer *m*
capataz [kapa'taθ] *m* Vorarbeiter *m*; Werkmeister *m*; Aufseher *m*; *arqu* Polier *m*; *min* **~ *de mina*** Steiger *m*
capaz [ka'paθ] fähig; befähigt; tüchtig; imstande (zu ***de***)
capazo [ka'paθo] *m* (flacher) Korb *m*; Einkaufskorb *m*
capcioso [kaƀ'θĭoso] verfänglich; ***pregunta*** *f* ***capciosa*** Fangfrage *f*
capea *taur* [ka'pea] *f* Amateurkampf *m* mit Jungstieren; **~r** [-pe'ar] (*1a*) *den Stier* mit der Capa reizen
capellán [kape'ʎan] *m* Kaplan *m*
Caperucita [kaperu'θita] *f* **~ *Roja*** Rotkäppchen *n*
caperuza [kape'ruθa] *f* Kapuze *f*; *tec* Kappe *f*
capicúa [kapi'kua] *m* symmetrische Zahl *f* (*z.B. 5665*)
capilar [kapi'lar] Haar…; Kapillar…
capilla [ka'piʎa] *f* Kapelle *f*; **~ *ardiente*** (Raum *m* für die) feierliche Aufbahrung *f*
cápita ['kapita] ***per ~*** pro Kopf
capital [kapi'tal] **1.** *adj* hauptsächlich, wesentlich; Haupt…, Kapital…; **2.** *f* Hauptstadt *f*; **3.** *m com* Kapital *n*; **~ *social*** Gesellschafts-, Stammkapital *n*; **~ismo** [-ta'lizmo] *m* Kapitalismus *m*; **~ista** [-'lista] *su* Kapitalist(in) *m*(*f*); **~izar** [-li'θar] (*1f*) kapitalisieren
capi|tán [kapi'tan] *m mar* Kapitän *m*; *mil* Hauptmann *m*; *dep* Mannschaftsführer *m*; **~tanear** [-tane'ar] (*1a*) befehligen, anführen; *fig* leiten
capitel *arqu* [kapi'tɛl] *m* Kapitell *n*
capitolio [kapi'tolĭo] *m* Kapitol *n*
capitoste F [kapi'tɔste] *m* F Bonze *m*; F Boss *m*
capitula|ción [kapitula'θĭɔn] *f* Kapitulation *f*; ***capitulaciones*** *pl* ***matrimoniales*** Ehevertrag *m*; **~r** [-'lar] **1.** *adj* Kapitel…; **2.** *v/i* (*1a*) kapitulieren (*a fig*); *jur* vereinbaren
capítulo [ka'pitulo] *m* Kapitel *n* (*tb rel*); *fig* ***llamar a ~*** zur Rechenschaft ziehen
capó [ka'po] *m* Motorhaube *f*
capón [ka'pɔn] *m* Kapaun *m*
capota [ka'pota] *f auto* Verdeck *n*; **~r** [-'tar] (*1a*) *avia*, *auto* sich überschlagen
capote [ka'pote] *m* Umhang *m*; *taur* Stierkämpferumhang *m*; ***decir*** (***pensar***) ***para su ~*** bei sich sagen (denken)
capricho [ka'pritʃo] *m* Einfall *m*, Laune *f*; Schrulle *f*; **~so** [-'tʃoso] launisch; kapriziös
Capricornio [kapri'kɔrnĭo] *m astr* Steinbock *m*
cápsula ['kaƀsula] *f* Kapsel *f*, Hülse *f*
capta|ción [kapta'θĭɔn] *f* Erfassung *f*, Gewinnung *f*; **~ *de clientes*** Kundenfang *m*; **~r** [-'tar] (*1a*) gewinnen; (*atención*) fesseln; (*emisora*) empfangen; (*comprender*) erfassen
captura [kap'tura] *f* Fang *m*; *jur* Festnahme *f*; **~r** [-'rar] (*1a*) fangen; *jur* festnehmen; *mar* aufbringen; *inform* erfassen
capu|cha [ka'putʃa] *f* Kapuze *f*; **~china**

[-'tʃina] *f bot* Kapuzinerkresse *f*; **~chino** [-'tʃino] *m* Kapuzinermönch *m*; **~chón** [-'tʃɔn] *m* Kapuze *f*; *tec* (Verschluss-)Kappe *f*

capullo [ka'puʎo] *m* Kokon *m*; *bot* Knospe *f*

caqui ['kaki] **1.** *m* Kakifrucht *f*; **2.** *adj* kaki(farben)

cara ['kara] *f* Gesicht *n*; Miene *f*; (*de disco*) Seite *f*; (*de moneda*) Bildseite *f*; (*aspecto*) Aussehen *n*; *fig* **~** (***dura***) Unverschämtheit *f*; ***~ a ~*** von Angesicht zu Angesicht; ***de ~*** von vorn; (***de***) ***~ a*** im Hinblick auf; angesichts; ***dar la ~*** für s-e Handlung einstehen; ***dar la ~ por alg*** sich für j-n einsetzen; ***echar en ~*** vorwerfen; ***hacer ~ a*** die Stirn bieten; ***tener ~ de*** aussehen wie; ***tener buena*** (***mala***) ***~*** gut (schlecht) aussehen

carabela [kara'ƀela] *f* Karavelle *f*

carabina [kara'ƀina] *f* Karabiner *m*; *fig* F Anstandswauwau *m*

caracol [kara'kɔl] *m zo* Schnecke *f*

carácter [ka'raktɛr] *m* Charakter *m*; Wesen *n*; ***~ especial*** *tip* Sonderzeichen *n*; ***caracteres*** *m/pl* ***de imprenta*** Druckbuchstaben *m/pl*

caracte|rística [karakte'ristika] *f* Kennzeichen *n*, Merkmal *n*; ***~ genética*** genetischer Fingerabdruck *m*; **~rístico** [-ko] bezeichnend, charakteristisch; **~rizar** [-ri'θar] (*1f*) charakterisieren; *teat* treffend darstellen; ***~ de*** verkleiden als

caradura P [kara'đura] *m* unverschämter Kerl *m*

¡caramba! [ka'ramba] verdammt (noch mal)!; (*sorpresa*) na, so was!

carámbano [ka'rambano] *m* Eiszapfen *m*

carambola [karam'bola] *f* Karambolage *f* (*billar*)

caramelo [kara'melo] *m* Bonbon *n/m*; (*azúcar*) Karamell(zucker) *m*

carátula [ka'ratula] *f* Maske *f*

carava|na [kara'ƀana] *f* Karawane (*a fig*); (*de coches*) Autoschlange *f*; (*remolque*) Wohnwagen(anhänger) *m*; **~ning** [-'ƀaniŋ] *m* Reisen *n* im Wohnwagen, Caravaning *n*

¡caray! [ka'raĭ] verdammt

carbón [kar'ƀɔn] *m* Kohle *f*; ***~ vegetal, ~ de leña*** Holzkohle *f*; ***dibujo*** *m* ***al ~*** Kohlezeichnung *f*

carbo|nato [karƀo'nato] *m* Karbonat *n*; **~ncillo** [-ƀɔn'θiʎo] *m* Zeichenkohle *f*, Kohlestift *m*; **~nera** [-ƀo'nera] *f* Kohlenkeller *m*; *mar* Bunker *m*; **~nería** [-ne'ria] *f* Kohlenhandlung *f*; **~nero** [-'nero] **1.** *m* Kohlenhändler *m*; **2.** *adj* Kohlen…; **~nilla** [-'niʎa] *f* Kohlenstaub *m*; **~nizar** [-ni'θar] (*1f*) verkohlen; **~no** *quím* [-'ƀono] *m* Kohlenstoff *m*

carbunco [kar'ƀuŋko] *m* Milzbrand *m*

carbura|ción [karƀura'θĭɔn] *f auto* Vergasung *f*; **~dor** [-'đɔr] *m* Vergaser *m*; **~nte** [-'rante] *m* Treib-, Kraftstoff *m*; **~r** [-'rar] (*1a*) vergasen

carca P ['karka] rückständig, stockkonservativ

carcaj [kar'kax] *m* Köcher *m*

carcajada [karka'xađa] *f* Gelächter *n*; ***reír a ~s*** aus vollem Halse lachen

cárcel ['karθɛl] *f* Kerker *m*; Gefängnis *n*

carcelero *m* [karθe'lero] Gefängniswärter *m*

carcinoma *med* [karθi'noma] *m* Karzinom *n*, Krebsgeschwulst *f*

carco|ma [kar'koma] *f* Holzwurm *m*; **~mido** [-'miđo] wurmstichig

cardar [kar'đar] (*1a*) (*lana*) kämmen; (*pelo*) toupieren

cardenal [karđe'nal] *m* Kardinal *m*; *med* blauer Fleck *m*

cardíaco *med* [kar'điako] Herz…; herzkrank

cardinal [karđi'nal] Haupt…; ***números*** *m/pl* ***~es*** Grundzahlen *f/pl*; ***los puntos ~es*** die Himmelsrichtungen *f/pl*

cardiólogo [kar'điɔlogo] *m* Herzspezialist *m*

cardo *bot* ['karđo] *m* Distel *f*

cardumen [kar'đumen] *m* Fischschwarm *m*, -bank *f*

carear [kare'ar] (*1a*) gegenüberstellen; *fig* vergleichen; **~se** sich aussprechen

carecer [kare'θɛr] (*2d*): ***~ de*** nicht haben; entbehren

caren|cia [ka'renθĭa] *f* Mangel *m* (an *dat* ***de***), Fehlen *n*; **~te** [-'rente]: ***~ de*** mangelnd an, ohne

careo *jur* [ka'reo] *m* Gegenüberstellung *f*

carestía [kares'tia] *f* Mangel *m*; *com* Teuerung *f*; Verteuerung *f*

careta [ka'reta] *f* Maske *f*

carey [ka'rɛĭ] *m* Schildpatt *n*

carga ['karga] *f* Last *f*, Bürde *f* (*a fig*); *com* Fracht *f*; Ladung *f* (*a mil, el*);

mil Angriff *m*; *fig* Belastung *f*; **~ explosiva** Sprengladung *f*; **~ útil** Nutzlast *f*; **~s sociales** Soziallasten *f/pl*, -abgaben *f/pl*; **volver a la ~** auf et bestehen; **~do** [-'gađo] beladen (mit **de**); (*arma*) geladen; (*bebida*) stark; *met* schwül; **~dor** [-ga'đɔr] *m* Verlader *m*; *el* Ladegerät *n*; (*de arma*) Magazin *n*; **~ de muelle** *mar* Dockarbeiter *m*, Schauermann *m*; **~mento** [-'mento] *m* Ladung *f*; Fracht *f*; **~nte** F [-'gante] lästig, aufdringlich

cargar [kar'gar] (*1h*) **1.** *v/t* beladen; (*arma*) laden; *el* aufladen; (*culpa*) zuschieben; **~ en cuenta** ein Konto belasten; **2.** *v/i* lasten (auf **sobre**); **~ con** tragen; *fig* übernehmen; **~ contra** *mil* angreifen; **~se** (*cielo*) sich beziehen; F **~ a alg** (*examen*) j-n durchfallen lassen; P (*matar*) j-n umlegen; **~ a/c** et kaputtmachen

cargo ['kargo] *m* Amt *n*, Posten *m*; *jur* Anklagepunkt *m*; **alto ~** hohe Stellung *f* (*od* Persönlichkeit *f*); **~ en cuenta** Lastschrift *f*; **a ~ de** zulasten von; **hacerse ~ de** übernehmen

carguero [kar'gero] *m mar* Frachter *m*; (**avión** *m*) **~** Lastflugzeug *n*

cariado [ka'rĭađo] (*diente*) faul, kariös

Caribe [ka'riƀe] *m* Karibik *f*

caricatu|ra [karika'tura] *f* Karikatur *f*; **~rista** [-'rista] *m* Karikaturist *m*; **~rizar** [-ri'θar] (*1f*) karikieren

caricia [ka'riθĭa] *f* Liebkosung *f*, Zärtlichkeit *f*

caridad [kari'đađ] *f* Nächstenliebe *f*; Wohltätigkeit *f*; (*limosna*) Almosen *n*

caries ['karĭes] *f med* Karies *f*

carillón [kari'ʎɔn] *m* Glockenspiel *n*

Carintia [ka'rintĭa] *f* Kärnten *n*

cariño [ka'riɲo] *m* Liebe *f*, Zuneigung *f*; **¡~!** Liebling!; **tomar ~ a** lieb gewinnen; **~so** [-ri'ɲoso] liebevoll; zärtlich

carisma [ka'rizma] *m* Charisma *n*, Ausstrahlung *f*

carita [ka'rita] *f inform* Smiley *n*

caritativo [karita'tiƀo] mildtätig, karitativ

cariz [ka'riθ] *m* Aussehen *n*; Lage *f*; **tomar mal ~** bedenklich aussehen

carlinga *avia* [kar'liŋga] *f* Pilotenkanzel *f*, Cockpit *n*

carmelita [karme'lita] *m* (*f*) Karmeliter(in) *m*(*f*)

car|mesí [karme'si] karmesinrot; **~mín** [-'min] *m* Karmin(rot) *n*

carnal [kar'nal] fleischlich, sinnlich; (*pariente*) leiblich

carnaval [karna'ƀal] *m* Karneval *m*, Fasching *m*

carne ['karne] *f* Fleisch *n*; **~ de cañón** *fig* Kanonenfutter *n*; **~ congelada** Gefrierfleisch *n*; **~ de gallina** *fig* Gänsehaut *f*; **~ de membrillo** Quittengelee *n*; **~ picada** Hackfleisch *n*; **poner toda la ~ en el asador** alle Hebel in Bewegung setzen

carné [kar'ne] *m s* **carnet**

carnero [kar'nero] *m* Hammel *m*; (*carne*) Hammelfleisch *n*

carnet [kar'ne] *m* Ausweis *m*; **~ de conducir** Führerschein *m*; **~ de identidad** Personalausweis *m*

carnice|ría [karniθe'ria] *f* Metzgerei *f*, Fleischerei *f*; *fig* Blutbad *n*, Gemetzel *n*; **~ro** [-'θero] *m* Fleischer *m*, Metzger *m*

cárnico ['karniko] Fleisch…

carnívoro [kar'niƀoro] fleischfressend

carnoso [kar'noso] fleischig

caro ['karo] teuer; *fig a*lieb

carótida *anat* [ka'rotiđa] *f* Halsschlagader *f*

carpa ['karpa] *f zo* Karpfen *m*; (*entoldado*) Zirkuszelt *n*

Cárpatos ['karpatos] *m/pl* Karpaten *pl*

carpeta [kar'peta] *f* (Akten-)Mappe *f*; Aktendeckel *m*; Schreibunterlage *f*

carpinte|ría [karpinte'ria] *f* Schreinerwerkstatt *f*, Tischlerei *f*; (*oficio*) Tischlerhandwerk *n*; **~ro** [-'tero] *m* Schreiner *m*, Tischler *m*; (**pájaro** *m*) **~** Specht *m*

carraspe|ar [karraspe'ar] (*1a*) sich räuspern; **~ra** [-'pera] *f* Heiserkeit *f*

carrera [ka'rrɛra] *f* Lauf *m*; Wettlauf *m*; Rennen *n*; (*trayecto*) Weg *m*, Wegstrecke *f*; (*estudios*) Laufbahn *f*, Karriere *f*; (*en la media*) Laufmasche *f*; **~ de armamentos** Wettrüsten *n*; **~ de fondo** Lang(strecken)lauf *m*; **tomar ~** Anlauf nehmen

carre|ta [ka'rrɛta] *f* Karren *m*; **~te** [ka'rrɛte] *m* Spule *f*; *fot* (Roll-)Film *m*; **~ de hilo** Garnrolle *f*; **~tera** [-'tera] *f* Landstraße *f*; **~tilla** [-'tiʎa] *f* Schubkarre *f*

carril [ka'rril] *m* Fahrspur *f*; *ferro* Schiene *f*; **~ de adelantamiento** Überholspur *f*; **~-bici** Fahrradweg *m*; **~ para ve-**

*híc*ulos lentos** Kriechspur *f*

carri|llo [ka'rriʎo] *m* Backe *f*, Wange *f*; **~to** [-'rrito] *m* Wägelchen *n*; **~ de compra** Einkaufswagen *m*; **~ para equipajes** Kofferkuli *m*; **~ de té** (*od* **de servicio**) Teewagen *m*

carrizo [ka'rriθo] *m* Schilf *n*; Rohr *n*

carro ['karrɔ] *m* Karren *m*, Karre *f*; (*máquina de escribir*) Wagen *m*; *Am* Auto *n*; **~ de combate** Panzer(wagen) *m*

carrocería [karrɔθe'ria] *f* Karosserie *f*

carroña [ka'rrɔɲa] *f* Aas *n*

carroza [ka'rrɔθa] **1.** *f* Karosse *f*; **2.** *adj* F alt, altmodisch

carruaje [ka'rrŭaxe] *m* Fuhrwerk *n*

carta ['karta] *f* Brief *m*, Schreiben *n*; *pol* Charta *f*; (*naipe*) (Spiel-)Karte *f*; *gastr* (Speise-)Karte *f*; **~ de ajuste** *TV* Testbild *n*; **~ blanca** Blankovollmacht *f*; **~-bomba** *f* Briefbombe *f*; **~ certificada** Einschreiben *n*; **~ comercial** Geschäftsbrief *m*; **~ con valores** (**declarados**) Wertbrief *m*; **~ de vinos** Getränkekarte *f*; **~ urgente** Eilbrief *m*; **dar ~ blanca a alg** j-m freie Hand lassen; **jugarse todo a una ~** *fig* alles auf e-e Karte setzen; **tomar ~s en el asunto** eingreifen; **tomar ~ de naturaleza** *fig* sich einbürgern

cartabón [karta'ƀɔn] *m* Winkelmaß *n*, Zeichendreieck *n*

cartapacio [karta'paθĭo] *m* Mappe *f*

cartearse [karte'arse] (*1a*) in Briefwechsel stehen

cartel [kar'tɛl] *m* Plakat *n*; **estar en ~** auf dem Spielplan stehen

cártel *com* ['kartɛl] *m* Kartell *n*

cartele|ra [karte'lera] *f* Anschlagbrett *n*; Veranstaltungskalender *m*; **~ro** [-'lero] *m* Plakatkleber *m*

carteo [kar'teo] *m* Briefwechsel *m*

cárter ['kartɛr] *m tec* Gehäuse *n*; *auto* Ölwanne *f*

carte|ra [kar'tera] *f* Brieftasche *f*; Aktentasche *f*; Schultasche *f*; Mappe *f*; *com* Bestand *m*; (*persona*) Briefträgerin *f*; *pol* Portefeuille *n*; **~ría** [-'ria] *f* Briefabfertigung *f*; **~rista** [-'rista] *m* Taschendieb *m*; **~ro** [-'tero] *m* Briefträger *m*

cartílago [kar'tilago] *m* Knorpel *m*

cartilla [kar'tiʎa] *f* Fibel *f*; **~ de ahorro** Sparbuch *n*

cartógrafo [kar'tografo] *m* Kartenzeichner *m*, Kartograph *m*

cartomancia [karto'manθĭa] *f* Kartenlegen *n*, -schlagen *n*

cartón [kar'tɔn] *m* Pappe *f*, Karton *m*; (*de cigarrillos*) Stange *f*; **~ ondulado** Wellpappe *f*; **~ piedra** Pappmaché *n*

cartoné *cien* [karto'ne] kartoniert

cartuch|era [kartu'tʃera] *f* Patronentasche *f*; **~o** [-'tutʃo] *m* Patrone *f*

cartu|ja [kar'tuxa] *f* Kartäuserkloster *n*; **~jo** [-'tuxo] *m* Kartäuser(mönch) *m*

cartulina [kartu'lina] *f* dünner Karton *m*, feine Pappe *f*

carving *m dep* Carvingski *m*

casa ['kasa] *f* Haus *n*; Wohnung *f*; *com* Firma *f*; **a ~** nach Hause; **en ~** zu Hause; **~ adosada** Reihenhaus *n*; **~ de campo** Landhaus *n*; **~-cuna** Kinderkrippe *f*; **~ de empeños, ~ de préstamos** Pfandhaus *n*; **~ de huéspedes** Pension *f*; **~ de locos** Irrenhaus *n*; **~ de maternidad** Entbindungsanstalt *f*; **~ de pisos** (**de alquiler**) Mietshaus *n*; **~ matriz** *com* Stammhaus *n*; **~ prefabricada** Fertighaus *n*; **~ pública** Bordell *n*; **echar** (*od* **tirar**) **la ~ por la ventana** das Geld zum Fenster hinauswerfen; **llevar la ~** den Haushalt führen

casación *jur* [kasa'θĭɔn] *f* Kassation *f*; Aufhebung *f*

casa|dero [kasa'đero] heiratsfähig; **~mentero** *m* [-men'tero] Heiratsvermittler *m*; **~miento** [-'mĭento] *m* Heirat *f*, Hochzeit *f*, Trauung *f*

casar [ka'sar] (*1a*) **1.** *v/t* verheiraten, trauen; *jur* für ungültig erklären; **2.** *v/i fig* harmonieren; **~se** (sich ver)heiraten; **~ por lo civil** (**por la iglesia**) standesamtlich (kirchlich) heiraten

cascabel [kaska'ƀɛl] *m* Schelle *f*; Glöckchen *n*; **serpiente** *f* **de ~** Klapperschlange *f*

casca|da [kas'kađa] *f* Wasserfall *m*; Kaskade *f*; **~do** [-'kađo] verbraucht; altersschwach; (*voz*) brüchig; **~nueces** [-'nŭeθes] *m* Nussknacker *m*

cascar [kas'kar] (*1g*) knacken; zerbrechen; *fig* prügeln; (*charlar*) schwatzen

cáscara ['kaskara] *f* Schale *f*

casco ['kasko] *m* Helm *m*; (*fragmento*) Scherbe *f*; Splitter *m*; *mar* (Schiffs-)Rumpf *m*; *zo* Huf *m*; (*envase*) Flasche *f*; **~ antiguo** Altstadt *f*; **~ azul** Blauhelm *m*; **~ urbano** Stadtkern *m*; **~s** *pl* F Kopfhörer *m/pl*; F **ligero de ~s**

leichtsinnig
cascote [kas'kote] *m* (Bau-)Schutt *m*
case|río [kase'rio] *m* Weiler *m*; Gehöft *n*; **~ro** [-'sero] **1.** *adj* Haus…; häuslich; *gastr* hausgemacht; **2.** *m* Hausherr *m*, -wirt *m*; **~rón** [-se'rɔn] *m* großes, altes Haus *n*; **~ta** [-'seta] *f* Hütte *f*; Bude *f*; **~ de baños** Badekabine *f*; **~ de tiros** Schießbude *f*
casete [ka'sete] *m* = **cassette**
casi ['kasi] beinahe, fast
casilla [ka'siʎa] *f* Häuschen *n*; (*de ajedrez*) Feld *n*; (*de un mueble*) Fach *n*; (*en un papel*) Kästchen *n*; *fig* **salirse de sus ~s** aus dem Häuschen geraten
casino [ka'sino] *m* Kasino *n*; Klubhaus *n*; **~ de juego** Spielbank *f*
casis ['kasis] *f* Schwarze Johannisbeere *f*
caso ['kaso] *m* Fall *m*; *gram a*Kasus *m*; **en ~ de que** (*subj*), **~ de** (*inf*) falls; **estar en el ~** im Bilde sein; **hacer ~ a alg** auf j-n hören; **hacer ~ de** beachten; **no hacer** (*od* **venir**) **al ~** nicht zur Sache gehören; **hacer ~ omiso de** unbeachtet lassen; **¡vamos al ~!** kommen wir zur Sache!; **en todo ~** auf jeden Fall; (*a lo sumo*) allenfalls; **en último ~** notfalls
casorio F [ka'sorĭo] *m* Missheirat *f*
caspa ['kaspa] *f* (Kopf-)Schuppen *f/pl*
Caspio ['kaspĭo] *m* (**Mar** *m*) **~** Kaspi sches Meer *n*
casquillo [kas'kiʎo] *m* Patronenhülse *f*; *tec* Hülse *f*
casquivano F [kaski'ƀano] leichtsinnig, F windig
cassette [ka'sɛt] *f* (Tonband-)Kassette *f*; (*aparato*) Kassettenrekorder *m*; **~ virgen** unbespielte Kassette *f*, Leerkassette *f*
casta ['kasta] *f* Kaste *f*; Geschlecht *n*
casta|ña [kas'taɲa] *f* Kastanie *f*; *fig* **sacar las ~s del fuego** die Kastanien aus dem Feuer holen; **~ño** [-'taɲo] **1.** *adj* kastanienbraun; **2.** *m* Kastanienbaum *m*; F **pasar de ~ oscuro** über die Hutschnur gehen; **~ñuela** [-ta'ɲŭela] *f* Kastagnette *f*
castellan|o [kaste'ʎano] **1.** *adj* kastilisch; (*lengua*) spanisch; **2. ~o** *m*,**~a** *f* Kastilier(in) *m*(*f*);; **3.** *m* **el ~** (*lengua*) Spanisch *n*; **en ~** auf Spanisch
castidad [kasti'đađ] *f* Keuschheit *f*
casti|gador [kastiga'đɔr] *m fig* Frauenheld *m*; **~gar** [-'gar] (*1h*) (be)strafen; **~go** [-'tigo] *m* Strafe *f*, Bestrafung *f*; (*escuela*) Strafarbeit *f*
Castilla [kas'tiʎa] *f* Kastilien *n*
castillete [kasti'ʎete] *m* Förderturm *m*; **~ de sondeos** Bohrturm *m*
castillo [kas'tiʎo] *m* Burg *f*; Schloss *n*; **~ de naipes** Kartenhaus *n* (*a fig*); **~ en el aire** *fig* Luftschloss *n*
castizo [kas'tiθo] echt, rein; urwüchsig
casto ['kasto] keusch, züchtig
castor [kas'tɔr] *m* Biber *m*
castra|ción [kastra'θĭɔn] *f* Kastration *f*; **~r** [-'trar] (*1a*) kastrieren
castrense [kas'trense] Militär…
casual [ka'sŭal] zufällig; **~idad** [-li'đađ] *f* Zufall *m*; Zufälligkeit *f*; **por ~** zufällig
casulla [ka'suʎa] *f* Messgewand *n*
cata ['kata] *f* Probieren *n*, Kosten *n*; **~ de vinos** Weinprobe *f*; **~clismo** [-'klizmo] *m* (Natur-)Katastrophe *f* (*a fig*); **~cumbas** [-'kumbas] *f/pl* Katakomben *f/pl*; **~dor** [-'đɔr] *m*: **~** (**de vinos**) Weinprüfer *m*
catal|án [kata'lan] **1.** *adj* katalanisch; **2. ~án** *m*, **~ana** *f* Katalane *m*, Katalanin *f*;; **3.** *m* (*lengua*) Katalanisch *n*; **en ~** auf Katalanisch
catalejo [kata'lɛxo] *m* Fernrohr *n*
catalizador [kataliθa'đɔr] *m* Katalysator *m* (*tb auto*)
cat|alogar [katalo'gar] (*1h*) katalogisieren; **~álogo** [-'talogo] *m* Katalog *m*
Cataluña [kata'luɲa] *f* Katalonien *n*
cataplasma *med* [kata'plazma] *f* Umschlag *m*
catapulta [kata'pulta] *f* Katapult *m od n*; **~r** [-'tar] (*1a*) katapultieren (*a fig*)
catar [ka'tar] (*1a*) probieren
catarata [kata'rata] *f* Wasserfall *m*; *med* grauer Star *m*
catarro [ka'tarrɔ] *m* Katarr(h) *m*; Erkältung *f*
catastro [ka'tastro] *m* Kataster *m*, *n*
catástrofe [ka'tastrofe] *f* Katastrophe *f*
catastrófico [katas'trofiko] katastrophal
catavino [kata'ƀino] *m* Stechheber *m*; **~s** [-'ƀinos] *m* Weinprüfer *m*
catear F [kate'ar] (*1a*) durchfallen (lassen)
catecismo [kate'θizmo] *m* Katechismus *m*
cátedra ['kateđra] *f* Lehrstuhl *m*, Professur *f*

catedral [kate'đral] *f* Kathedrale *f*; Dom *m*
catedrático [kate'đratiko] *m* Professor *m*; ~ ***de Instituto*** *etwa*: Studienrat *m*
cate|goría [katego'ria] *f* Kategorie *f*; (*rango*) Rang *m*; (*calidad*) Güte *f*; Klasse *f*; ~ ***media*** Mittelklasse *f*; ***de*** ~ bedeutend, von Rang; **~górico** [-'gori-ko] kategorisch
catéter *med* [ka'tetɛr] *m* Katheter *m*
cátodo *el* ['katođo] *m* Kathode *f*
catolicismo [katoli'θizmo] *m* Katholizismus *m*
católico [ka'toliko] **1.** *adj* katholisch; **2.** *m* Katholik *m*
catorce [ka'tɔrθe] vierzehn
catre ['katre] *m* Feldbett *n*
Cáucaso ['kaŭkaso] *m* Kaukasus *m*
cauce ['kaŭθe] *m* Flussbett *n*; *fig* Bahn *f*, Weg *m*; ***volver a su*** ~ *fig* wieder ins Geleise kommen
caucho ['kaŭtʃo] *m* Kautschuk *m*
caución [kaŭ'θĭɔn] *f* Sicherheitsleistung *f*, Kaution *f*
caudal [kaŭ'đal] *m* Wassermenge *f*; *fig* Fülle *f*; Vermögen *n*; **~oso** [-đa'loso] wasserreich
caudillo [kaŭ'điʎo] *m* (An-)Führer *m*
causa ['kaŭsa] *f* Ursache *f*, Grund *m*; *jur* Prozess *m*; ***a*** ~ ***de*** wegen; ***por mi*** ~ meinetwegen; ***hacer*** ~ ***común con*** gemeinsame Sache machen mit (*dat*); **~nte** [-'sante] *m* Urheber *m*; **~r** [-'sar] (*1a*) verursachen
causticidad [kaŭstiθi'đađ] *f fig* Bissigkeit *f*
cáustico ['kaŭstiko] ätzend; *fig* beißend, bissig
caute|la [kaŭ'tela] *f* Vorsicht *f*; **~loso** [-te'loso] vorsichtig, behutsam
cauterizar [kaŭteri'θar] (*1f*) (aus)brennen; ätzen
cauti|var [kaŭti'ƀar] (*1a*) gefangen nehmen; *fig* fesseln, entzücken; **~verio** [-ti'ƀerĭo] *m*, **~vidad** [-ƀi'đađ] *f* Gefangenschaft *f*; **~vo** [-'tiƀo] **1.** *adj* gefangen; **2.** *m* Gefangene(r) *m*
cauto ['kaŭto] vorsichtig; behutsam
cava ['kaƀa] **1.** *f* Weinkellerei *f*; **2.** *m* (spanischer) Sekt *m*; **~r** [-'ƀar] (*1a*) hacken; graben
caverna [ka'ƀɛrna] *f* Höhle *f*
caviar [ka'ƀĭar] *m* Kaviar *m*
cavidad [kaƀi'đađ] *f* Höhlung *f*; Vertiefung *f*; *med* Höhle *f*
cavilar [kaƀi'lar] (*1a*) grübeln
cayad|o *m*, **-a** *f* [ka'jađo, -đa] Hirtenstab *m*; Bischofsstab *m*
caza ['kaθa] **a)** *f* Jagd *f*; (*animales*) Wild *n* **a)** *avia m* Jagdflugzeug *n*; ~ ***de reacción*** Düsenjäger *m*; **~bombardero** [-ƀɔmbar'đero] *m* Jagdbomber *m*; **~dor** [-'đɔr] *m* Jäger *m* (*a mil*); **~dora** [-'đora] *f* Jägerin *f*; (*chaqueta*) Sport-, Windjacke *f*; **~r** [ka'θar] (*1f*) jagen (*a fig*); F ergattern; ertappen
cazo ['kaθo] *m* Stieltopf *m*
cazuela [ka'θŭela] *f* Koch-, Schmortopf *m*
c/c ***cuenta corriente*** laufendes Konto, Girokonto *m*
c.c. ***centímetro(s) cúbico(s)*** Kubikzentimeter, cm³
CC. AA. *pl* ***Comunidades Autónomas*** *autonome span. Regionen*
CC. OO. *pl* ***Comisiones Obreras*** *kommunistische Gewerkschaft*
CD [θe'đe] *m* ***Compact Disc*** CD *f*; ***poner*** (***grabar***) ***un*** ~ e-e CD auflegen (brennen); **~-ROM** *m* CD-ROM *f*
CE *f* **1.** ***Comunidad Europea*** *hist* EG *f* (Europäische Gemeinschaft); **2.** ***Comisión Europea*** Europäische Kommission
ceba|da [θe'ƀađa] *f* Gerste *f*; **~r** [-'ƀar] (*1a*) mästen; *fig* schüren, nähren; **~rse**: ~ ***en alg*** s-e Wut an j-m auslassen
cebellina [θeƀe'ʎina] *f* Zobel *m*
cebo ['θeƀo] *m* Mastfutter *n*; (*para peces, etc*) Köder *m* (*a fig*)
cebo|lla [θe'ƀoʎa] *f* Zwiebel *f*; **~lleta** [-'ʎeta] *f* Frühlingszwiebel *f*; **~llino** [-'ʎino] *m* Schnittlauch *m*
cebra ['θeƀra] *f* Zebra *n*; ***paso*** *m* ~ Zebrastreifen *m*
Ceca ['θeka] *f*: ***ir*** (*od* ***andar***) ***de la*** ~ ***a la Meca*** von Pontius zu Pilatus laufen
cece|ar [θeθe'ar] (*1a*) lispeln; **~o** [-'θeo] *m* Lispeln *n*
cecina [θe'θina] *f* Rauch-, Dörrfleisch *n*
cedazo [θe'đaθo] *m* Sieb *n*
ceder [θe'đɛr] (*2a*) **1.** *v/t* abtreten, überlassen; ~ ***el paso*** den Vortritt lassen; ***ceda el paso*** Vorfahrt gewähren; **2.** *v/i* nachgeben; (*disminuir*) nachlassen
cedro *bot* ['θeđro] *m* Zeder *f*
cédula ['θeđula] *f* Schein *m*; Urkunde *f*; *Am* ~ ***de identidad*** Personalausweis *m*
cegar [θe'gar] (*1h u 1k*) blenden; *fig* verblenden; (*tapar*) verstopfen; zu-

schütten
ceguera [θe'gera] *f* Blindheit *f*
CEI *f* ***Comunidad de Estados Independientes*** GUS *f* (Gemeinschaft Unabhängiger Staaten)
ceja ['θɛxa] *f* Augenbraue *f*; ***tener entre ~ y ~*** (*e-e Sache*) im Auge haben
cejar [θɛ'xar] (*1a*) nachgeben
celador [θela'đɔr] *m* Aufseher *m*; (Gefängnis-)Wärter *m*
cel|da ['θɛlda] *f* (Kloster-, Gefängnis-)Zelle *f*; **~dilla** [-'diʎa] *f* Bienenzelle *f*
celebra|ción [θeleƀra'θĭɔn] *f* Feier *f*; **~r** [-'ƀrar] (*1a*) feiern, begehen; (*alabar*) loben; (*acto*) veranstalten; abhalten; ***lo celebro mucho*** das freut mich sehr; **~rse** stattfinden
célebre ['θeleƀre] berühmt
celebridad [θeleƀri'đađ] *f* Berühmtheit *f*
celeridad [θeleri'đađ] *f* Schnelligkeit *f*
celes|te [θe'leste] himmlisch, Himmels…; (*color*) himmelblau; **~tial** [-'tĭal] himmlisch (*a fig*); **~tina** [-'tina] *f* Kupplerin *f*
celibato [θeli'ƀato] *m* Zölibat *n*, *m*
célibe ['θeliƀe] unverheiratet, ledig
celo ['θelo] *m* Eifer *m*; *zo* Brunst *f*, **~s** *pl* Eifersucht *f*; ***tener ~s de*** eifersüchtig sein auf (*ac*)
celofán [θelo'fan] *m* Cellophan *n*
celosía [θelo'sia] *f* Jalousie *f*
celoso [θe'loso] eifersüchtig (auf *ac* ***de***)
celta ['θɛlta] **1.** *adj* keltisch; **2.** *su* Kelte *m*, Keltin *f*
celtibérico [θɛlti'ƀeriko] keltiberisch
céltico ['θɛltiko] keltisch
célula ['θelula] *f* Zelle *f*; ***~ fotoeléctrica*** Fotozelle *f*; ***~s madre*** Stammzellen *f/pl*
celu|lar [θelu'lar] Zell…, Zellen…; **~litis** *med* [-'litis] *f* Zellulitis *f*; **~losa** [-'losa] *f* Zellulose *f*
cemen|tar [θemen'tar] (*1a*) zementieren; **~terio** [-'terĭo] *m* Friedhof *m*; **~to** [-'mento] *m* Zement *m*
cena ['θena] *f* Abendessen *n*; ***~ de negocios, ~ de trabajo*** Arbeitsessen *n*, Geschäftsessen *n*
cena|gal [θena'gal] *m* Moor *n*; Morast *m*; **~goso** [-'goso] morastig
cenar [θe'nar] (*1a*) zu Abend essen
cencerro [θen'θɛrrɔ] *m* Kuhglocke *f*
cenefa [θe'nefa] *f* Borte *f*; Einfassung *f*; *arqu* Randverzierung *f*
ceni|cero [θeni'θero] *m* Aschenbecher *m*; **ℒcienta** [-'θĭenta] *f* Aschenputtel *n* (*a fig*); **~ciento** [-'θĭento] aschgrau
cenit [θe'nit] *m* Zenit *m* (*a fig*)
ceni|za [θe'niθa] *f* Asche *f*; **~zo** [-θo] *m* F Pechvogel *m*
censo ['θenso] *m* (Volks-)Zählung *f*; ***~ electoral*** Wählerliste *f*; **~r** [-'sɔr] *m* Zensor *m*; ***~ jurado de cuentas*** Wirtschaftsprüfer *m*
censura [θen'sura] *f* Zensur *f*; Tadel *m*; **~ble** [-'raƀle] tadelnswert; **~r** [-'rar] (*1a*) zensieren; kritisieren; tadeln
centavo [θen'taƀo] *m* Hundertstel *n*
centell|a [θen'teʎa] *f* Funke(n) *m*; Blitz *m*; **~ear** [-teʎe'ar] (*1a*) funkeln, glitzern
centena [θen'tena] *f*, **~r** [-te'nar] *m* Hundert *n*; **~rio** [-'narĭo] **1.** *adj* hundertjährig; **2.** *m* Hundertjahrfeier *f*
centeno [θen'teno] *m* Roggen *m*
cen|tésimo [θen'tesimo] hundertste(r); **~tígrado** [-'tigrađo]: ***grados*** *m/pl* ***~s*** Grad *m/pl* Celsius; **~tímetro** [-'timetro] *m* Zentimeter *m od n*
céntimo ['θentimo] *m* **1.** Hundertste(r) *m*; **2.** Cent *m*; *fin* ***~ de euro*** Eurocent *m*; ***moneda*** *f* ***de un ~*** Eurocentmünze *f*
centinela [θenti'nela] *m* (Wacht-)Posten *m*
central [θen'tral] **1.** *adj* zentral; Haupt…; Mittel…; **2.** *f* Zentrale *f*, Hauptstelle *f*; ~ (***eléctrica***) Kraft-, Elektrizitätswerk *n*; ***~ hidroeléctrica*** Wasserkraftwerk *n*; ***~ nuclear*** Kernkraftwerk *n*; ***~ telefónica*** Telefonzentrale *f*; ***~ térmica*** Wärmekraftwerk *n*; **~ismo** [-'izmo] *m* Zentralismus *m*; **~ita** *tel* [-tra'lita] *f* Hausvermittlung *f*; **~izar** [-trali'θar] (*1f*) zentralisieren
centrar [θen'trar] (*1a*) *tec* zentrieren; *dep* flanken; *fig* auf sich ziehen; **~se** sich konzentrieren (auf *ac* ***en***)
céntrico ['θentriko] zentral gelegen
centrifuga|dora [θentrifuga'đora] *f* Zentrifuge *f*; (*para ropa*) Schleuder *f*; **~r** [-'gar] (*1h*) schleudern
centro ['θentro] *m* Mitte *f*; Mittelpunkt *m*; Zentrum *n*; ***~ de cálculo*** Rechenzentrum *n*; ***~ comercial*** Einkaufszentrum *n*; ***~ de gravedad*** Schwerpunkt *m*; ***~ de información*** Informationszentrum *n*; ***~ de servicio*** Service-Center *n*; ***~ urbano*** Stadtzentrum *n*
Centroamérica [θentroa'merika] *f* Mit-

telamerika *n*
centrocampista [-kam'pista] *m dep* Mittelfeldspieler *m*
ceñi|do [θe'ɲiđo] eng anliegend; **~r** [-'ɲir] (*3l u 3h*) gürten, umschnallen; (*rodear*) um-, einfassen; **~rse** sich beschränken (auf *ac* ***a***)
ceñ|o ['θeɲo] *m* Stirnrunzeln *n*; finstere Miene *f*; **~udo** [-'ɲuđo] stirnrunzelnd; (finster) blickend
CEOE *f* ***Confederación Española de Organizaciones Empresariales*** *Dachverband der span. Arbeitgeberorganisationen*
cepa ['θepa] *f* Baumstrunk *m*; (*vid*) Reb-, Weinstock *m*; ***de pura ~*** echt, F waschecht
cepill|ar [θepi'ʎar] (*1a*) bürsten; *tec* hobeln; **~o** [-'piʎo] *m* Bürste *f*; *tec* Hobel *m*; *rel* Opferstock *m*; ***~ de dientes*** Zahnbürste *f*
cepo ['θepo] *m auto* Parkkralle *f*
CEPSA *f* ***Compañía Española de Petróleos, S.A.*** *span. Erdölgesellschaft*
CEPYME *f* ***Confederación Española de la Pequeña y Mediana Empresa*** *Arbeitgeberverband der Klein- und Mittelbetriebe*
cera ['θera] *f* Wachs *n*
cerámica [θe'ramika] *f* Keramik *f*
ceramista [θera'mista] *su* Keramiker(in) *m* (*f*)
cerca[1] ['θɛrka] *f* Umzäunung *f*; Zaun *m*
cerca[2] ['θɛrka] nahe; ***de ~*** aus der Nähe; ***~ de*** nahe bei; (*aproximadamente*) ungefähr
cercado [θɛr'kađo] *m* Umzäunung *f*, Einfriedigung *f*; Gehege *n*
cercanía [θɛrka'nia] *f* Nähe *f*; ***~s*** *f/pl* Umgebung *f*; ***tren*** *m* ***de ~s*** Nahverkehrszug *m*
cercano [θɛr'kano] nahe
cercar [θɛr'kar] (*1g*) umgeben; *mil* einschließen, umzingeln
cerciorarse [θɛrθĭo'rarse] (*1a*) sich vergewissern
cerco ['θɛrko] *m* Ring *m*, Kreis *m*; *mil* Belagerung *f*
cer|da ['θɛrđa] *f* Borste *f*; *zo* Sau *f*; **~do** ['θɛrđo] *m* Schwein *n* (*a fig*)
Cerdeña [θɛr'đeɲa] *f* Sardinien *n*
cereales [θere'ales] *m/pl* Getreide *n*
cere|belo [θere'ƀelo] *m* Kleinhirn *n*; **~bral** [-'ƀral] Gehirn..., Hirn...; **~bro** [-'reƀro] *m* Gehirn *n*, Hirn *n*
ceremoni|a [θere'monĭa] *f* Feierlichkeit *f*; Zeremonie *f*; **~al** [-mo'nĭal] **1.** *adj* feierlich; förmlich; **2.** *m* Zeremoniell *n*; **~oso** [-'nĭoso] förmlich
céreo ['θereo] wächsern
cere|za [θe'reθa] *f* Kirsche *f*; **~zo** [-'reθo] *m* Kirschbaum *m*
cerilla [θe'riʎa] *f* Streichholz *n*
cerner [θɛr'nɛr] (*2g*) sieben; **~se** drohen, sich zusammenbrauen
cero ['θero] *m* Null *f*; F ***ser un ~ a la izquierda*** e-e Null sein
cerra|do [θɛ'rrađo] geschlossen, zu; (*curva*) scharf; (*noche*) finster; (*barba*) dicht; *fig* verschlossen; engstirnig; ***oler a ~*** muffig riechen; **~dura** [θɛrra'đura] *f* Schloss *n*; ***~ de contacto*** Zündschloss *n*; ***~ de seguridad*** Sicherheitsschloss *n*; **~jería** [-xe'ria] *f* Schlosserei *f*; **~jero** [-'xero] *m* Schlosser *m*
cerrar [θɛ'rrar] (*1k*) **1.** *v/t* (ab-, ver-, zu-)schließen, zumachen; (*paso*, *etc*) (ver-)sperren; ***~ al tráfico*** für den Verkehr sperren; **2.** *v/i* schließen, zugehen; **~se** sich schließen; *fig* ***~ a*** sich verschließen (*dat*)
cerro ['θɛrrɔ] *m* Hügel *m*; **~jo** [θɛ'rrɔxo] *m* Riegel *m*; ***echar el ~ a*** zuriegeln
certamen [θɛr'tamen] *m* Wettbewerb *m*, -streit *m*
cer|tero [θɛr'tero] treffend, genau; **~teza** [-'teθa] *f*, **~tidumbre** [-ti'đumbre] *f* Gewissheit *f*, Sicherheit *f*
certifica|ción [θɛrtifika'θĭɔn] *f* Bescheinigung *f*; Bestätigung *f*; **~do** [-'kađo] *m* Bescheinigung *f*; Zertifikat *n*; *med* Attest *n*; *corr* Einschreiben *n*; **~r** [-'kar] (*1g*) bescheinigen; bestätigen; *corr* einschreiben lassen
cerumen [θe'rumen] *m* Ohrenschmalz *n*
cervato [θɛr'ƀato] *m* Hirschkalb *n*
cerve|cería [θɛrƀeθe'ria] *f* Brauerei *f*; (*local*) Bierstube *f*; **~cero** [-'θero] *m* Brauer *m*; **~za** [-'ƀeθa] *f* Bier *n*; ***~ de barril*** Fassbier *n*
cervical [θɛrƀi'kal] Hals...
cesa|ción [θesa'θĭɔn] *f* Aufhören *n*; Einstellung *f*; **~r** [-'sar] (*1a*) aufhören; ***sin ~*** unaufhörlich
cesárea *med* [θe'sarea] *f* Kaiserschnitt *m*
cese ['θese] *m* Aufhören *n*, Beendigung *f*; Ausscheiden *n* (aus dem Dienst); ***~ del negocio*** Geschäftsaufgabe *f*

cesión [θe'sĭɔn] *f* Abtretung *f*, Überlassung *f*
césped ['θespeđ] *m* Rasen *m*
ces|ta ['θesta] *f* Korb *m*; **~ de la compra** Einkaufskorb *m*; *Statistik* Warenkorb *m*; **~tería** [-te'ria] *f* Korbmacherei *f*; **~to** ['θesto] *m* (größerer) Korb *m*
cesura [θe'sura] *f* Zäsur *f* (*a fig*)
cetro ['θetro] *m* Zepter *n*
CFC *m/pl* **Clorofluorocarbonados** FCKW *pl* (*Fluorchlorkohlenwasserstoffe*); **sin ~** FCKW-frei
Ch, **ch** [tʃe] *f* Ch, ch *n*; *s* **C**, **c**
chabaca|nería [tʃađakane'ria] *f* Geschmacklosigkeit *f*; **~no** [-'kano] geschmacklos
chabola [tʃa'đola] *f* Hütte *f*; Elendswohnung *f*
chacal [tʃa'kal] *m* Schakal *m*
chacha F ['tʃatʃa] *f* (Kinder-, Dienst-)Mädchen *n*
cháchara ['tʃatʃara] *f* Geschwätz *n*
Chad ['tʃađđ] *m* Tschad *m*
chafar [tʃa'far] (*1a*) zertreten; zerknittern; zerdrücken
chaflán [tʃa'flan] *m* Schrägkante *f*; (abgeschrägte) Haus- *od* Straßenecke *f*
chal [tʃal] *m* Schal *m*; **~ado** P [tʃa'lađo] verrückt; **~ por** F verknallt in
chalana *mar* [tʃa'lana] *f* Leichter *m*, Schute *f*
chalé [tʃa'le] *m s* **chalet**
chaleco [tʃa'leko] *m* Weste *f*; **~ reflectante** *auto* Warnweste *f*; **~ salvavidas** Schwimmweste *f*
chalet [tʃa'lɛt] *m* Villa *f*; Landhaus *n*; **~ adosado** Reihenhaus *n*
chalote *bot* [tʃa'lote] *m* Schalotte *f*
chalupa [tʃa'lupa] *f mar* Schaluppe *f*
chamba ['tʃamba] *f* Zufallstreffer *m*; glücklicher Zufall *m*
cham|pán [tʃam'pan], **~paña** [-'paɲa] *m* Champagner *m*; **~pañera** [-pa'ɲera] *f* Sektkühler *m*
champiñon [tʃampi'ɲɔn] *m* Champignon *m*
champú [tʃam'pu] *m* Shampoo *n*
chamuscar [tʃamus'kar] (*1g*) an-, versengen; leicht rösten
chancho *Am* ['tʃantʃo] *m* Schwein *n*
chanchull|ero [tʃantʃu'ʎero] *m* Schwindler *m*; **~o** [-'tʃuʎo] *m* Schwindelei *f*; Schiebung *f*
chanc|la ['tʃaŋkla] *f* F Latsche *f*; **~leta** [-'kleta] *f* Pantoffel *m*, Hausschuh *m*; **~lo** ['tʃaŋklo] *m* Überschuh *m*; Gummischuh *m*
chándal ['tʃanđal] *m* Trainings-, Jogginganzug *m*
chanquete [tʃaɲ'kete] *m* (*pez*) Weißgrundel *m*
chanta|je [tʃan'taxe] *m* Erpressung *f*; **hacer ~** erpressen; **~jear** [-taxe'ar] (*1a*) erpressen; **~jista** [-ta'xista] *m* Erpresser *m*
chapa ['tʃapa] *f* Blech *n*; Platte *f*; Blechmarke *f*; (*tapón*) Kronkorken *m*; **~do** [-'pađo] furniert; beschlagen; **~ en oro** aus Golddoublé
chaparrón [tʃapa'rrɔn] *m* Regenguss *m*
chapero F [tʃa'pero] *m* F Strichjunge *m*
chapistería [tʃapiste'ria] *f auto* Karosseriewerkstatt *f*
chapotear [tʃapote'ar] (*1a*) **1.** *v/t* anfeuchten; **2.** *v/i* plätschern; plantschen
chapuce|ar [tʃapuθe'ar] (*1a*) (ver)pfuschen; stümpern; **~ría** [-θe'ria] *f* Pfusch *m*, Pfuscherei *f*; Stümperei *f*; **~ro** [-'θero] *m* Stümper *m*
chapurr(e)ar [tʃapu'rrar, -rrɛ'ar] (*1a*) (*idioma*) radebrechen
chapu|za [tʃa'puθa] *f* Pfuscharbeit *f*; **~zón** [-'θɔn] *m* Untertauchen *n*; Sprung *m* ins Wasser
chaqué [tʃa'ke] *m* Cut(away) *m*
chaque|ta [tʃa'keta] *f* Jacke *f*; **~ de punto** Strickjacke *f*; **~ vaquera** Jeansjacke *f*; **~tón** [-ke'tɔn] *m* Dreivierteljacke *f*
charada [tʃa'rađa] *f* Scharade *f*
charanga [tʃa'raŋga] *f* Blechmusik(kapelle) *f*
char|ca ['tʃarka] *f* Tümpel *m*; **~co** [-ko] *m* Pfütze *f*; Lache *f*
charcutería [tʃarkute'ria] *f* (Schweine-)Metzgerei *f*; Wurstwaren *f/pl*
charla ['tʃarla] *f* Plauderei *f*; **~r** [-'lar] (*1a*) plaudern, schwatzen; **~tán** [-la'tan] *m* Schwätzer *m*; Scharlatan *m*
charnela [tʃar'nela] *f* Scharnier *n*
charol [tʃa'rɔl] *m* Glanzleder *n*; **zapatos** *m/pl* **de ~** Lackschuhe *m/pl*
chárter ['tʃartɛr]: **vuelo** *m* **~** Charterflug *m*
chasco ['tʃasko] *m* Streich *m*; (*decepción*) Reinfall *m*; **llevarse un ~** reinfallen
chasis ['tʃasi(s)] *m auto* Fahrgestell *n*
chasqu|ear [tʃaske'ar] (*1a*) **1.** *v/t* anführen, F reinlegen; **2.** *v/i* (*látigo*) knallen mit; (*lengua*) schnalzen mit; **~ido**

[-'kiđo] *m* (Peitschen-)Knall *m*; Knacken *n*; Schnalzen *n*
chatarr|a [tʃa'tarra] *f* Schrott *m*; **~ero** [-'rrero] *m* Schrotthändler *m*
chato ['tʃato] **1.** *adj* stumpfnasig; **2.** *m* niedriges Weinglas *n*
chaval [tʃa'ƀal] *m* Junge *m*; **~a** [-'ƀala] *f* Mädchen *n*
chaveta [tʃa'ƀeta] *f* Splint *m*; Bolzen *m*; F ***perder la ~*** den Verstand verlieren
chec|o ['tʃeko] **1.** *adj* tschechisch; ***República** f **Checa*** Tschechische Republik *f*; **2. ~o** *m*, **~a** *f* Tscheche *m*, Tschechin *f*
Checoslovaquia [tʃekoslo'ƀakĭa] *f hist* Tschechoslowakei *f*
chelín [tʃe'lin] *m hist* Schilling *m*
cheque *com* ['tʃeke] *m* Scheck *m*; ***~ cruzado*** Verrechnungsscheck *m*; ***~ al portador*** Inhaberscheck *m*; ***~-regalo*** Geschenkgutschein *m*; ***~ de viaje*** Reisescheck *m*; **~o** [-'keo] *m med* Generaluntersuchung *f*; *auto* Inspektion *f*; ***~ oncológico*** *med* Krebsvorsorgeuntersuchung *f*; **~ra** *Am* [-'kera] *f* Scheckheft *n*
chic [tʃik] schick
chica ['tʃika] *f* Mädchen *n*; (*criada*) Dienstmädchen *n*
chicharrón [tʃitʃa'rrɔn] *m* Speckgriebe *f*
chichón [tʃi'tʃɔn] *m* Beule *f am Kopf*
chicle ['tʃikle] *m* Kaugummi *m*
chico ['tʃiko] **1.** *adj* klein; **2.** *m* Junge *m*
chifla|do F [tʃi'flađo] verrückt; ***~ por*** F verknallt in; **~dura** [-'đura] *f* Verrücktheit *f*, Marotte *f*; **~r** [-'flar] (*1a*): ***me chifla …*** ich schwärme für …; **~rse** verrückt sein (nach ***por***)
Chile ['tʃile] *m* Chile *n*
chilen|o [tʃi'leno] **1.** *adj* chilenisch; **2. ~o** *m*, **~a** *f* Chilene *m*, Chilenin *f*
chill|ar [tʃi'ʎar] (*1a*) kreischen; schreien; (*chirriar*) quietschen; **~ería** [-ʎe'ria] *f* Geschrei *n*; **~ido** [-'ʎiđo] *m* (gellender) Schrei *m*; **~ón** [-'ʎɔn] **1.** *adj* kreischend, schrill; (*color*) grell; **2.** *m* Schreihals *m*
chimenea [tʃime'nea] *f* Schornstein *m*; (*hogar*) Kamin *m*
chimpancé [tʃimpan'θe] *m* Schimpanse *m*
china ['tʃina] *f* Chinesin *f*; (*piedra*) Steinchen *n*; (***porcelana** f **de***) **~** feines Porzellan *n*
China ['tʃina] *f* China *n*
chinche ['tʃintʃe] *f zo* Wanze *f*; **~ta** [-'tʃeta] *f* Reiß-, Heftzwecke *f*
chinchilla [tʃin'tʃiʎa] *f* Chinchilla *f*
chinela [tʃi'nela] *f* Pantoffel *m*, Hausschuh *m*
chin|o ['tʃino] **1.** *adj* chinesisch; **2. ~o** *m*, **~a** *f* Chinese *m*, Chinesin *f*; **3. ~o** *m* (*lengua*) Chinesisch *n*; ***esto es ~ para mí*** das kommt mir spanisch vor
chip ['tʃip] *m inform* Chip *m*
chipirón [tʃipi'rɔn] *m* kleiner Tintenfisch *m*
Chipre ['tʃipre] *m* Zypern *n*
chiquill|a [tʃi'kiʎa] *f* kleines Mädchen *n*; **~ada** [-'ʎađa] *f* Kinderei *f*; **~o** *m* kleines Kind *n*
chirigota F [tʃiri'gota] *f* Scherz *m*
chirimía *mús* [tʃiri'mia] *f* Schalmei *f*
chirimoya [tʃiri'mɔja] *f* Zuckerapfel *m*
chiringuito [tʃirin'gito] *m* Trink- *od Imbissbude f im Freien*
chirla ['tʃirla] *f Art* Venusmuschel *f*
chirona F [tʃi'rona] *f* Kittchen *n*; ***estar en ~*** hinter Schloss und Riegel sitzen
chirri|ar [tʃi'rrĭar] (*1c*) quietschen; knarren; (*cigarra*) zirpen; **~do** [-'rriđo] *m* Quietschen *n*; Knarren *n*; Zirpen *n*
¡chis! [tʃis] pst!
chis|me ['tʃizme] *m* Klatsch *m*; F (*trasto*) Ding *n*; **~s** *pl* Zeug *n*, Kram *m*; **~morrear** [-mɔrre'ar] (*1a*) klatschen; **~mosa** [-'mosa] *f* Klatschbase *f*; **~moso** [-'moso] **1.** *adj* klatschsüchtig; **2.** *m* Klatschmaul *n*
chis|pa ['tʃispa] *f* Funke(n) *m*; *fig* Geist(esblitz) *m*; Witz *m*; F Schwips *m*; ***echar ~s*** wütend sein; ***una ~ de*** ein bisschen; ***ni ~*** keine Spur; **~pazo** [-'paθo] *m* Funke(n) *m* (*a fig*); **~peante** [-pe'ante] Funken sprühend; *fig* geistsprühend; **~pear** [-pe'ar] (*1a*) funkeln
chistar [tʃis'tar] (*1a*): ***sin ~*** ohne sich zu mucksen
chiste ['tʃiste] *m* Witz *m*
chistera F [tʃis'tera] *f* Zylinder *m*
chistoso [tʃis'toso] witzig
chita ['tʃita] *f*: F ***a la ~ callando*** still u heimlich
chiva|rse [tʃi'ƀarse] (*1a*) F petzen; **~to** [-'ƀato] *m* F Petze(r *m*) *f*
chivo ['tʃiƀo] *m* Zicklein *n*; ***~ expiatorio*** Sündenbock *m*
choc *med* [tʃɔk] *m* Schock *m*; **~ante** [tʃo'kante] anstößig; schockierend;

~ar [-'kar] (*1g*) **1.** *v/i* zusammenstoßen (*a fig*); **2.** *v/t* (*brindar*) anstoßen; *fig* Anstoß erregen bei, schockieren
chocha ['tʃotʃa] *f* Schnepfe *f*
choch|ear [tʃotʃe'ar] (*1a*) kindisch werden; vertrotteln; **~o** ['tʃotʃo] kindisch; vertrottelt
chocolate [tʃoko'late] *m* Schokolade *f*; (*bebida*) Kakao *m*; P Hasch(isch) *m od n*; **~ría** [-late'ria] *f* Schokoladenfabrik *f*, -geschäft *n*
chófer ['tʃofɛr] *m* Chauffeur *m*, Fahrer *m*
choll|a F ['tʃoʎa] *f* Kopf *m*, P Birne *f*; **~o** F ['tʃoʎo] *m* Gelegenheitskauf *m*, Schnäppchen *n*
chopo ['tʃopo] *m* Pappel *f*
choque ['tʃoke] *m* Stoß *m*; Zusammenstoß *m* (*a fig*); *med* Schock *m*; ***~ en cadena*** Massenkarambolage *f*
chorizo [tʃo'riθo] *m* Paprikawurst *f*; P Taschendieb *m*
chorr|ada P [tʃɔ'rrađa] *f* Unsinn *m*, F Quatsch; **~ear** [-rrɛ'ar] (*1a*) rieseln; triefen
chorro ['tʃɔrrɔ] *m* (Wasser-)Strahl *m*; *fig* Schwall *m*; ***a ~s*** in Strömen
chotis ['tʃotis] *m Madrider Volkstanz*
choto ['tʃoto] *m* Zicklein *n*
choza ['tʃoθa] *f* Hütte *f*
christmas ['krismas] *m* Weihnachtskarte *f*
chubas|co [tʃu'ƀasko] *m* (Regen-)Schauer *m*; **~quero** [-'kero] *m* Wetter-, Regenmantel *m*
chuchería [tʃutʃe'ria] *f* (nette) Kleinigkeit *f*; (*golosina*) Näscherei *f*
chucho ['tʃutʃo] *m* F Köter *m*
chucrut [tʃu'krut] *m* Sauerkraut *n*
chufa *bot* ['tʃufa] *f* Erdmandel *f*
chulear P [tʃule'ar] (*1a*) angeben
chuleta [tʃu'leta] *f* Kotelett *n*; (*papel*) Spickzettel *m*
chulo ['tʃulo] **1.** *adj* vorlaut; kess; F nett, hübsch; **2.** *m* Angeber *m*; F Zuhälter *m*
chupa|da [tʃu'pađa] *f*: ***dar una ~*** e-n Zug tun; **~do** [-'pađo] (*flaco*) ausgemergelt; F (*fácil*) (kinder)leicht; **~r** [-'par] (*1a*) lutschen; (auf)saugen; ***~se los dedos*** sich die Finger nach et lecken; ***no ~se el dedo*** nicht auf den Kopf gefallen sein
chupete [tʃu'pete] *m* Schnuller *m*
churro ['tʃurrɔ] *m in Öl ausgebackenes Spritzgebäck*
chusco ['tʃusko] drollig, witzig
chusma ['tʃuzma] *m* Gesindel *n*, Pöbel *m*
chut [tʃut] *m* (*fútbol*) Schuss *m*; **~ar** [-'tar] (*1a*) schießen; F ***esto va que chuta*** F das geht wie geschmiert
Cía. ***Compañía*** Ges. (Gesellschaft); Co. (Compagnie)
cianuro [θĭa'nuro] *m* Zyankali *n*
ciáti|ca ['θĭatika] *f* Ischias *m* (*a n*); **~co** [-ko] Hüft…
ciber|bar [θiƀerbar] *m*, **~café** *inform* [θiƀerkafe] *n* Internetcafé *n*
cibernética [θiƀer'netika] *f* Kybernetik *f*
cicate|ría [θikate'ria] *f* Knauserei *f*; **~ro** [-'tero] knauserig
cicatriz [θika'triθ] *f* Narbe *f*; **~ación** [-triθa'θĭɔn] *f* Vernarbung *f*; **~ar** [-'θar] (*1f*) vernarben
ciclamen [θi'klamen] *m* Alpenveilchen *n*
cíclico ['θikliko] zyklisch
ciclis|mo [θi'klizmo] *m* Radsport *m*; **~ta** [θi'klista] *m* (*f*) Radfahrer(in) *m*(*f*)
ciclo ['θiklo] *m* Zyklus *m*; **~motor** [-mo'tɔr] *m* Moped *n*
ciclón [θi'klɔn] *m* Wirbelsturm *m*
cicloturismo [-tu'rizmo] *m* Fahrradtourismus *m*, Radwandern *n*
cicuta *bot* [θi'kuta] *f* Schierling *m*
ciego ['θĭego] **1.** *adj* blind; ***a ciegas*** blindlings; **2.** *m* Blinde(r) *m*; (***intestino m***) **~** Blinddarm *m*
cielo ['θĭelo] *m* Himmel *m*; ***llovido del ~*** wie gerufen (kommen)
ciempiés *zo* [θĭɛm'pĭes] *m* Tausendfüßler *m*
cien [θĭen] *s* ***ciento***
ciencia ['θĭenθĭa] *f* Wissenschaft *f*; ***~-ficción*** Science-Fiction *f*; ***a ~ cierta*** mit aller Bestimmtheit; ***~s*** *pl* (***naturales***) Naturwissenschaften *f/pl*; ***~s*** *pl* ***empresariales*** Betriebswirtschaft *f*
cieno ['θĭeno] *m* Schlamm *m*
científico [θĭen'tifiko] **1.** *adj* wissenschaftlich; **2.** *m* Wissenschaftler *m*
ciento ['θĭento] (*delante de su* ***cien***) hundert; ***por ~*** Prozent *n*; ***el cinco por ~*** 5%
cierre ['θĭɛrre] *m* Schließung *f*, Schluss *m*; (*cerradura*) Verschluss *m*; ***~ centralizado*** *auto* Zentralverriegelung *f*; *TV* **~** (***de las emisiones***) Sendeschluss *m*; ***~ patronal*** Lock-out *n*, Aussperrung *f*

cierto ['θĭɛrto] gewiss, sicher; (*exacto*) richtig; ***es ~*** das stimmt; ***por ~*** übrigens; ***estar en lo ~*** recht haben
ciervo ['θĭɛrƀo] *m* Hirsch *m*
cierzo ['θĭɛrθo] *m* Nordwind *m*
cifra ['θifra] *f* Ziffer *f*, Zahl *f*; (*cantidad*) Summe *f*; **~r** [-'frar] (*1a*) verschlüsseln, chiffrieren
cigala *zo* [θi'ɡala] *f* Kaisergranat *m*, Kronenhummer *m*
cigarra *zo* [θi'ɡarra] *f* Zikade *f*, Grille *f*
cigarre|ra [θiɡa'rrera] *f* Zigarrenetui *n*; **~ría** *Am* [-rre'ria] *f* Tabakladen *m*
cigarr|illo [θiɡa'rriʎo] *m* Zigarette *f*; **~o** [-'ɡarro] *m* Zigarre *f*
cigüeña [θi'ɡŭeɲa] *f* Storch *m*; **~l** [θiɡŭe'ɲal] *m auto* Kurbelwelle *f*
cilantro *bot* [θi'lantro] *m* Koriander *m*
cilindrada *auto* [θilin'drađa] *f* Hubraum *m*
cilíndrico [θi'lindriko] zylindrisch
cilindro [θi'lindro] *m* Zylinder *m*, Walze *f*
cima ['θima] *f* Gipfel *m*; Spitze *f*; (*de árbol*) Wipfel *m*; *fig* Höhepunkt *m*
cim|entar [θimen'tar] (*1k*) das Fundament legen; *fig* (be)gründen; **~iento(s)** [-'mĭento(s)] *m*(*pl*) Grundmauer *f*; Fundament *n* (*a fig*)
cinc [θiŋk] *m* Zink *n*
cincel [θin'θɛl] *m* Meißel *m*; **~ar** [-θe'lar] (*1a*) meißeln; ziselieren
cinco ['θiŋko] fünf
cincuen|ta [θiŋ'kŭenta] fünfzig; **~tón** [-kŭen'tɔn] *m* Fünfzig(jährig)er *m*
cine ['θine] *m* Kino *n*; **~asta** [-'asta] *m* Filmschaffende(r) *m*, -regisseur *m*
cinéfilo [θi'nefilo] *m* Filmfan *m*
cinegético [θine'xetiko] Jagd…
cinemato|grafía [θinematoɡra'fia] *f* Filmkunst *f*; **~gráfico** [-'ɡrafiko] Film…
cinética [θi'netika] *f* Kinetik *f*
cínico ['θiniko] **1.** *adj* zynisch; **2.** *m* Zyniker *m*
cinismo [θi'nizmo] *m* Zynismus *m*
cin|ta ['θinta] *f* Band *n*; Schleife *f*; (*de máquina de escribir*) Farbband *n*; (*película*) Film(streifen) *m*; ***~ adhesiva*** Klebestreifen *m*; ***~ aislante*** Isolierband *n*; ***~ magnetofónica*** Tonband *n*; ***~ métrica*** Bandmaß *n*; ***~ de vídeo*** Videoband *n*; **~tura** [-'tura] *f* Taille *f*; ***meter en ~*** zur Vernunft bringen; **~turón** [-tu'rɔn] *m* Gürtel *m*; Gurt *m*; *mil* Koppel *n*; ***~ (de ronda)*** Ringstraße *f*; ***~ de seguridad*** Sicherheitsgurt *m*
ciprés [θi'pres] *m* Zypresse *f*
circense [θir'θense] Zirkus…
circo ['θirko] *m* Zirkus *m*
circuito [θir'kŭito] *m* Umkreis *m*; (*viaje*) Rundfahrt *f*, -reise *f*; *dep* Rennstrecke *f*; *el* Stromkreis *m*
circulación [θirkula'θĭɔn] *f* Kreislauf *m*; *auto* Verkehr *m*; ***~ de la sangre*** Blutkreislauf *m*; ***~ giratoria*** Kreisverkehr *m*; ***~ monetaria*** Geldumlauf *m*
circular[1] [θirku'lar] **1.** *adj* kreisförmig; **2.** *f* Rundschreiben *n*
circular[2] [θirku'lar] (*1a*) (umher)gehen; zirkulieren; (*coches etc*) fahren; (*tren*) verkehren; ***¡circulen!*** weitergehen!
circulatorio [θirkula'torĭo] Kreis…; *med* Kreislauf…
círculo ['θirkulo] *m* Kreis *m* (*a fig*); *avia* Warteschleife *f*; ***~ vicioso*** Teufelskreis *m*
circunci|dar [θirkunθi'đar] (*1a*) beschneiden; **~sión** [-'sĭɔn] *f* Beschneidung *f*
circun|dar [θirkun'dar] (*1a*) umgeben; einfassen; **~ferencia** [-kumfe'renθĭa] *f* Umfang *m*; Umkreis *m*; **~navegación** [-kunnaƀeɡa'θĭɔn] *f* Umseglung *f*, Umschiffung *f*
circunscri|bir [θirkunskri'ƀir] (*3a*) eingrenzen; *mat* umschreiben; **~pción** [-kriƀ'θĭɔn] *f* Eingrenzung *f*; *pol* Bezirk *m*
circunspec|ción [θirkunspeɡ'θĭɔn] *f* Umsicht *f*, Bedacht *m*; **~to** [-'pekto] umsichtig; zurückhaltend
circunstancia [θirkuns'tanθĭa] *f* Umstand *m*
circun|valación [θirkumbala'θĭɔn] *f* Umgehungsstraße *f*; **~volución** [-bolu'θĭɔn] *f* Windung *f*
cirio ['θirĭo] *m* Kerze *f*
cirue|la [θi'rŭela] *f* Pflaume *f*; ***~ claudia*** Reneklode *f*; ***~ pasa*** Backpflaume *f*; **~lo** [-lo] *m* Pflaumenbaum *m*
ciru|gía [θiru'xia] *f* Chirurgie *f*; ***~ estética*** Schönheitschirurgie *f*; **~jano** [-'xano] *m* Chirurg *m*
cisne ['θizne] *m* Schwan *m*; (***jersey*** *m* ***de***) ***cuello*** *m* ***~*** Rollkragen(pullover) *m*
cisterciense [θister'θĭense] *m* Zisterzienser *m*
cisterna [θis'tɛrna] *f* Zisterne *f*
cita ['θita] *f* Verabredung *f*; Termin *m*;

(*referencia*) Zitat *n*; **~ción** [-'θĭɔn] *f jur* Vorladung *f*; **~r** [-'tar] (*1a*) bestellen; *jur* vorladen; (*mencionar*) zitieren, anführen; **~rse** sich verabreden
cítara ['θitara] *f* Zither *f*
cítrico ['θitriko] **1.** *adj*: ***ácido** m* **~** Zitronensäure *f*; **2. ~s** *m/pl* Zitrusfrüchte *f/pl*
ciudad [θĭu'đađ] *f* Stadt *f*; **~ *gemela*** Partnerstadt *f*; **♀ *del Cabo*** Kapstadt *n*; **♀ *del Vaticano*** Vatikanstadt *f*; **~anía** [-đađa'nia] *f* Staatsangehörigkeit *f*; **~ano** [-'đano] **1.** *adj* städtisch; **2.** *m* Bürger *m*; (*súbdito*) Staatsbürger *m*; **~ela** [-'đela] *f* Zitadelle *f*
cívico ['θiƀiko] (staats)bürgerlich; ***deber** m* **~** Bürgerpflicht *f*
civil [θi'ƀil] **1.** *adj* bürgerlich; zivil, Zivil…; **2.** *m bsd Am* Zivilist *m*; **~ización** [-liθa'θĭɔn] *f* Zivilisation *f*, Kultur *f*; **~izado** [-li'θađo] gesittet; gebildet; zivilisiert; **~izar** [-li'θar] (*1f*) zivilisieren
civismo [θi'ƀizmo] *m* Bürgersinn *m*
cizalla(s) [θi'θaʎa(s)] *f(pl)* Blechschere *f*
clamar [kla'mar] (*1a*) schreien (nach *dat* ***por***)
clamor [kla'mɔr] *m* Geschrei *n*; **~oso** [-mo'roso] *fig* laut(stark); (*éxito*) überwältigend
clan [klan] *m* Klan *m*; Sippe *f*
clandesti|nidad [klandestini'đađ] *f* Heimlichkeit *f*; **~no** [-'tino] heimlich; Geheim…, Schwarz…
claqué [kla'ke] *m* Stepptanz *m*
clara ['klara] *f* Eiweiß *n*; **~boya** [-'ƀoja] *f* Dachluke *f*; Oberlicht *n*
clarete [kla'rete] *m* Klarettwein *m*
clari|dad [klari'đađ] *f* Helle *f*; *fig* Klarheit *f*; **~ficar** [-fi'kar] (*1g*) klären
clarín [kla'rin] *m* Signalhorn *n*
clarinet|e [klari'nete] *m* Klarinette *f*; **~ista** [-'tista] *su* Klarinettist(in) *m(f)*
clarividen|cia [klariƀi'đenθĭa] *f* Scharfblick *m*; **~te** [-'đente] scharfsichtig, weitblickend
claro ['klaro] **1.** *adj* hell; klar; (*pelo, etc*) dünn; (*líquido*) dünn(flüssig); ***¡~!*** natürlich!, klar!; **2.** *adv* klar, deutlich; **3.** *m* Helle *f*, Licht *n*; (*del bosque*) Lichtung *f*; (*espacio*) Lücke *f*; *met* (apertura *f* de) **~s** Aufheiterungen *f/pl*; **~ *de luna*** Mondschein *m*; ***poner en* ~** klarstellen
claroscuro [klarɔs'kuro] *m* Helldunkel *n*
clase ['klase] *f* Klasse *f*; Art *f*, Sorte *f*; (*aula*) Klasse(nzimmer *n*) *f*; Hörsaal *m*; (*lección*) Unterricht *m*, Vorlesung *f*; **~ *económica*** Economyklasse *f*; **~ *media*** Mittelstand *m*; **~ *particular*** Privatstunde *f*; ***dar* ~** Unterricht geben
clásico ['klasiko] **1.** *adj* klassisch; **2.** *m* Klassiker *m*
clasifica|ción [klasifika'θĭɔn] *f* Einteilung *f*, Klassifizierung *f*; *dep* Qualifikation *f*; **~dor** [-'đɔr] *m* (Akten-)Ordner *m*; **~r** [-'kar] (*1g*) einordnen; klassifizieren; **~rse** *dep* sich qualifizieren
claudicar [klaŭđi'kar] (*1g*) *fig* nachgeben
claustro ['klaŭstro] *m* Kreuzgang *m*; **~ *de profesores*** Lehrkörper *m*
cláusula ['klaŭsula] *f* Klausel *f*
clausura [klaŭ'sura] *f rel* Klausur *f*; *fig* (Ab-)Schluss *m*; **~r** [-'rar] (*1a*) (*sesión, etc*) (ab)schließen
clava|do [kla'ƀađo] *fig* pünktlich; **~r** [-'ƀar] (*1a*) (an)nageln; befestigen; (*clavo*) einschlagen
clave ['klaƀe] *f fig* Schlüssel *m*; Code *m*; Kennung *f*, Kennwort *n*; *mús* Notenschlüssel *m*;
clavel *bot* [kla'ƀɛl] *m* Nelke *f*
clavi|cémbalo *mús* [klaƀi'θɛmbalo] *m* Cembalo *n*; **~cordio** *mús* [-'kɔrđĭo] *m* Klavichord *n*
clavícula [kla'ƀikula] *f* Schlüsselbein *n*
clavija [kla'ƀixa] *f* Stift *m*, Bolzen *m*; Zapfen *m*; *mús* Wirbel *m*; *el* Stecker *m*; ***apretar las* ~*s a alg*** j-n unter Druck setzen
clavo ['klaƀo] *m* Nagel *m*; *bot* Gewürznelke *f*; ***agarrarse a un* ~ *ardiendo*** *fig* sich an e-n Strohhalm klammern; ***como un* ~** pünktlich; ***dar en el* ~** den Nagel auf den Kopf treffen
claxon *auto* ['klagsɔn] *m* Hupe *f*; ***tocar el* ~** hupen
clemen|cia [kle'menθĭa] *f* Milde *f*, Gnade *f*; **~te** [-'mente] mild, gütig
clementina *bot* [klemen'tina] *f* Klementine *f*
clerical [kleri'kal] geistlich, klerikal; **~ismo** [-ka'lizmo] *m* Klerikalismus *m*
clérigo ['klerigo] *m* Geistliche(r) *m*
clero ['klero] *m* Klerus *m*, Geistlichkeit *f*
clic *inform* [klik] *m* **~ *con el ratón*** Mausklick *m*; ***por un* ~ *con el ratón*** per Mausklick

cliché [kli'tʃe] *m* Klischee *n* (*a fig*)
clien|ta ['klĭenta] *f* Kundin *f*; *jur* Klientin *f*; **~te** ['klĭente] *m* Kunde *m*; *jur* Klient *m*; **~tela** [-'tela] *f* Kundschaft *f*, Kundenkreis *m*; **~ *fija*** Stammkundschaft *f*
clima ['klima] *m* Klima *n* (*a fig*)
climaterio [klima'terĭo] *m* Wechseljahre *n*/*pl*
climático [kli'matiko] klimatisch, Klima…
climatizado [klimati'θađo] klimatisiert; *auto* mit Klimaanlage
clíni|ca ['klinika] *f* Klinik *f*; **~co** [-ko] klinisch
clip [klip] *m* Büroklammer *f*; (*pendiente*) Ohrclip *m*
clítoris ['klitoris] *m* Klitoris *f*
cloaca [klo'aka] *f* Kloake *f* (*a zo*)
cloro ['kloro] *m* Chlor *n*; **~fila** [-'fila] *f* Chlorophyll *n*; **~fluorocarbono** (**CFC**) *m* Fluorchlorkohlenwasserstoff (FCKW) *m*; **~formo** [-'fɔrmo] *m* Chloroform *n*
club [kluƀ] *m* Klub *m*; **~ *deportivo*** Sportverein *m*; **~ *nocturno*** Nachtlokal *n*
clueca ['klŭeka] *f* Glucke *f*
cm ***centímetro*(*s*)** cm (Zentimeter)
CNT *f* ***Confederación Nacional de Trabajadores*** *span. Gewerkschaft*
coagula|ción [koagula'θĭɔn] *f* Gerinnung *f*; **~rse** [-'larse] (*1a*) gerinnen
coágulo [ko'agulo] *m* Gerinnsel *n*
coalición [koali'θĭɔn] *f* Bündnis *n*; *pol* Koalition *f*
coartada [koar'tađa] *f* Alibi *n*
coautor [koaŭ'tɔr] *m* Mitautor *m*; *jur* Mittäter *m*
coba F ['koba] *f*: ***dar* ~ *a alg*** F j-m Honig um den Bart schmieren
cobalto [ko'ƀalto] *m* Kobalt *n*
cobar|de [ko'ƀarđe] **1.** *adj* feige; **2.** *m* Feigling *m*; **~día** [-'đia] *f* Feigheit *f*
cobaya [ko'ƀaja] *f* Meerschweinchen *n*
cobertura [koƀɛr'tura] *f com* Deckung *f*; **~ *de aguas*** *arqu* Richtfest *n*
cobij|ar [koƀi'xar] (*1a*) beherbergen; (*proteger*) (be)schützen; **~arse** Zuflucht suchen; **~o** [-'ƀixo] *m* Unterschlupf *m*
Coblenza [ko'ƀlenθa] *f* Koblenz *n*
cobra ['koƀra] *f* Kobra *f*
cobrador [koƀra'dɔr] *m* Kassierer *m*; (*bus*, *etc*) Schaffner *m*
cobrar [ko'ƀrar] (*1a*) kassieren, einziehen; (*cheque*) einlösen; (*sueldo*) beziehen, verdienen; (*precio*) verlangen; **~ *ánimo*** Mut fassen
cobr|e ['koƀre] *m* Kupfer *n*; **~izo** [-'ƀriθo] kupferfarben
cobro ['koƀro] *m* Einziehung *f*, Inkasso *n*; (*de tasas*) Erhebung *f*; (*de cheques*) Einlösung *f*
coca *bot* ['koka] *f* Kokastrauch *m*
cocaína [koka'ina] *f* Kokain *n*
cocción [kɔg'θĭɔn] *f* (Ab-)Kochen *n*
cocear [koθe'ar] (*1a*) (*caballo*) ausschlagen
cocer [ko'θɛr] (*2b u 2h*) **1.** *v/t* kochen; (*al horno*) backen; (*cerámica*) brennen; **2.** *v/i* kochen
cochambr|e F [ko'tʃambre] *m* F Dreck *m*; **~oso** F [-'ƀroso] F dreckig
coche ['kotʃe] *m* Auto *n*, Wagen *m*; (*de caballos*) Kutsche *f*; *ferro* Waggon *m*; **~ *de alquiler*** Mietwagen *m*; **~*-bomba*** *m* Autobombe *f*; **~*-cama*** Schlafwagen *m*; **~ *de carrera*** Rennwagen *m*; **~ *celular*** Gefängniswagen *m*; **~ *directo*** Kurswagen *m*; **~ *fúnebre*** Leichenwagen *m*; **~ *de línea*** Überlandbus *m*, Linienbus *m*; **~*-literas*** Liegewagen *m*; **~ *de niño*** Kinderwagen *m*; **~ (*radio-*)*patrulla*** (Funk-)Streifenwagen *m*; **~ *restaurante*** Speisewagen *m*; **~ *usado*** (*od* ***de ocasión***) Gebrauchtwagen *m*; **~ra** [ko'tʃera] *f* Wagenschuppen *m*; Garage *f*; **~ro** [-ro] *m* Kutscher *m*
cochi|na [ko'tʃina] *f* Sau *f* (*a fig*); **~nillo** [-'niʎo] *m* Ferkel *n*; **~no** [-'tʃino] **1.** *adj fig* schmutzig, dreckig; **2.** *m* Schwein *n* (*a fig*)
cocido [ko'θiđo] *m spanischer* Eintopf *m*
cociente [ko'θĭente] *m* Quotient *m*
coci|na [ko'θina] *f* Küche *f*; (*aparato*) Herd *m*; **~ *eléctrica*** Elektroherd *m*; **~ *de gas*** Gasherd *m*; **~nar** [-'nar] (*1a*) *v/t u v/i* kochen; **~nera** [-'nera] *f* Köchin *f*; **~nero** [-'nero] *m* Koch *m*; **~nilla** [-'niʎa] *f* (Spiritus-)Kocher *m*
coco *bot* ['koko] *m* Kokosnuss *f*
cocodrilo [koko'đrilo] *m* Krokodil *n*
cocotero [koko'tero] *m* Kokospalme *f*
cóctel ['kɔktɛl] *m* Cocktail *m*
coctelera [kɔkte'lera] *f* Mixbecher *m*, Shaker *m*
codazo [ko'đaθo] *m* Stoß *m* mit dem Ellenbogen; Rippenstoß *m*

codici|a [ko'điθĭa] *f* Habsucht *f*; Geldgier *f*; **~ar** [-'θĭar] (*1b*) begehren; **~oso** [-'θĭoso] habsüchtig

codificar [kođifi'kar] (*1g*) kodieren, verschlüsseln; *jur* kodifizieren

código ['kođiɡo] *m* Kode *m*; *jur* Gesetzbuch *n*; *com* **~ *de barras*** Strichkode *m*; **~ *civil*** Bürgerliches Gesetzbuch *n*; **~ *penal*** Strafgesetzbuch *n*; **~ *postal*** Postleitzahl *f*

codo ['kođo] *m* Ellbogen *m*; *tec* Knierohr *n*; ***hablar por los ~s*** (zu viel) schwatzen

codorniz [kodɔr'niθ] *f* Wachtel *f*

coeficiente [koefi'θĭente] *m* Koeffizient *m*

coetáneo [koe'taneo] **1.** *adj* gleichaltrig; zeitgenössisch; **2.** *m* Alters-, Zeitgenosse *m*

coexist|encia [koɛɡsis'tenθĭa] *f* Koexistenz *f*; **~ir** [-'tir] (*3a*) nebeneinander bestehen

cofa *mar* ['kofa] *f* Mastkorb *m*

cofia ['kofĭa] *f* Haube *f*

cofradía [kofra'đia] *f* Laienbruderschaft *f*

cofre ['kofre] *m* Truhe *f*; Kästchen *n*, Schatulle *f*

coger [kɔ'xɛr] (*2c*) nehmen, (er)greifen; (*ladrón*) fangen; (*enfermedad*) sich holen; *taur* auf die Hörner nehmen; (*flores*, *frutas*) pflücken; **~ *frío*** sich erkälten; **~ *de sorpresa*** überraschen

cogestión [koxes'tĭɔn] *f* Mitbestimmung *f*

cogida [kɔ'xiđa] *f* *taur* Verletzung *f* (*durch den Stier*)

cogollo *bot* [ko'ɡoʎo] *m* (*de lechuga*) Herz *n*

cogote [ko'ɡote] *m* Nacken *m*

cohabitar [koaƀi'tar] (*1a*) (ehelich) zusammenleben

cohech|ar [koe'tʃar] (*1a*) bestechen; **~o** [ko'etʃo] *m* Bestechung *f*

cohe|rencia [koe'renθĭa] *f* Zusammenhang *m*; **~rente** [-'rente] zusammenhängend; **~sión** [koe'sĭɔn] *f* Zusammenhalt *m*; *fig* Kohäsion *f*

cohete [ko'ete] *m* Rakete *f*; **~ *portador*** Trägerrakete *f*

cohibi|ción [koiƀi'θĭɔn] *f* Einschränkung *f*; Hemmung *f* (*a psic*); **~do** [-'ƀiđo] befangen, gehemmt; **~r** [-'ƀir] (*3a*) hemmen, einschüchtern

COI *m* ***Comité Olímpico Internacional*** IOK *n* (Internationales Olympisches Komitee)

coinci|dencia [koinθi'đenθĭa] *f* Zusammentreffen *n*; Übereinstimmung *f*; **~dir** [-'đir] (*3a*) zusammentreffen, zusammenfallen; übereinstimmen

coito ['kɔĭto] *m* Beischlaf *m*, Koitus *m*

coje|ar [kɔxe'ar] (*1a*) hinken, humpeln; (*mueble*) wackeln; **~ra** [-'xera] *f* Hinken *n*

cojín [kɔ'xin] *m* Kissen *n*

cojinete [kɔxi'nete] *m* *tec* Lager *n*; **~ *de bolas*** Kugellager *n*

cojo ['kɔxo] **1.** *adj* hinkend; lahm; (*mueble*) wackelig; **2.** *m* Lahme(r) *m*

co|jón P [kɔ'xɔn] *m* Hoden *m*; **~jonudo** P [-xo'nuđo] toll, fantastisch

col [kɔl] *f* Kohl *m*; **~ *de Bruselas*** Rosenkohl *m*

cola ['kola] *f* Schwanz *m*; (*de cometa*) Schweif *m*; (*del vestido*) Schleppe *f*; (*de gente*) Schlange *f*; (*para pegar*) Leim *m*; **~ *de caballo*** (*peinado*) Pferdeschwanz *m*; ***hacer* ~** Schlange stehen; ***traer* ~** Folgen haben

colabora|ción [kolaƀora'θĭɔn] *f* Mitarbeit *f*; **~dor** [-'đɔr] *m* Mitarbeiter *m*; **~r** [-'rar] (*1a*) mitarbeiten, mitwirken; zusammenarbeiten

colación [kola'θĭɔn] *f* Imbiss *m*; ***traer*** (*od* ***sacar***) ***a* ~** zur Sprache bringen

cola|da [ko'lađa] *f* Wäsche *f*; **~dor** [-'đɔr] *m* Sieb *n*, Durchschlag *m*

colapso [ko'laƀso] *m* *med* Kollaps *m*; *fig* Zusammenbruch *m*

colar [ko'lar] (*1m*) **1.** *v/t* (durch)sieben; **2.** *v/i* durch-, einsickern; **~se** sich einschleichen; sich vordrängeln

colateral [kolate'ral] Seiten…; Neben…

colch|a ['kɔltʃa] *f* Überdecke *f*, Tagesdecke *f*; **~ón** [-'tʃɔn] *m* Matratze *f*; **~ *de muelles*** Sprungfedermatratze *f*; **~ *neumático*** Luftmatratze *f*; **~oneta** [-'neta] *f* Polster *n*; *dep* Matte *f*; Luftmatratze *f*

colear [kole'ar] (*1a*) (mit dem Schwanz) wedeln; *fig* noch anhalten, (an)dauern

colec|ción [kolɛɡ'θĭɔn] *f* Sammlung *f*; *com* Kollektion *f*; **~cionar** [-θĭo'nar] (*1a*) sammeln; **~cionista** [-θĭo'nista] *m* Sammler *m*; **~ta** [-'lɛkta] *f* Kollekte *f*; **~tividad** [-tiƀi'đađ] *f* Gemeinschaft *f*; Kollektiv *n*; **~tivo** [-'tiƀo] **1.** *adj* gemeinsam; Sammel…; **2.** *m* *Am* kleiner

Autobus *m*; **~tor** [-'tɔr] *m tec* Sammelkanal *m*; Kollektor *m*; **~ *solar*** Sonnenkollektor *m*
cole|ga [ko'lega] *su* Kollege *m*, Kollegin *f*; **~giado** [-lɛ'xĭađo] *m dep* Schiedsrichter *m*; **~gial** [-'xĭal] *m* (Ober-)Schüler *m*; **~giala** [-'xĭala] *f* (Ober-)Schülerin *f*; *a fig* Schulmädchen *n*; **~giata** [-'xĭata] *f* Stiftskirche *f*
colegio [ko'lɛxĭo] *m* Schule *f*; (*asociación*) Kammer *f*; **~ *de abogados*** Anwaltskammer *f*; **~ *electoral*** Wahllokal *n*; **~ *mayor*** Studentenheim *n*; **~ *de médicos*** Ärztekammer *f*
cólera ['kolera] **a)** *f* Zorn *m*; ***montar en* ~** zornig werden **a)** *m med* Cholera *f*
colérico [ko'leriko] cholerisch; aufbrausend, jähzornig
▸ **colesterol** [koleste'rɔl] *m med* Cholesterin *n*; ***nivel*** *m* ***de* ~** Cholesterinspiegel *m*; ***sin* ~** cholesterinfrei
colga|dero [kɔlga'đero] *m* Kleiderhaken *m*; **~do** [-'gađo] hängend; ***dejar* ~ *a alg*** j-n im Stich lassen; ***estar* ~** hängen; **~dor** [-'đɔr] *m* Kleiderbügel *m*; **~nte** [-'gante] **1.** *adj* hängend; **2.** *m* (*joya*) Anhänger *m*
colgar [kɔl'gar] (*1h u 1m*) **1.** *v/t* (an-, auf-, um)hängen; *tel* auflegen; *fig* anhängen, zuschieben; F (*en un examen*) durchfallen lassen; ***¡no cuelgue!*** bleiben Sie am Apparat!; **2.** *v/i* (herab-, heraus)hängen; **~se** *inform* abstürzen
colibacilo [koliƀa'θilo] *m* Kolibazillus *m*
colibrí *zo* [koli'ƀri] *m* Kolibri *m*
cólico *med* ['koliko] *m* Kolik *f*
coliflor [koli'flɔr] *f* Blumenkohl *m*
colilla [ko'liʎa] *f* (Zigaretten-)Stummel *m*, Kippe *f*
colina [ko'lina] *f* Hügel *m*
colindante [kolin'dante] angrenzend, benachbart
colirio *med* [ko'lirĭo] *m* Augentropfen *m/pl*
colisión [koli'sĭɔn] *f* Zusammenstoß *m*; *fig* Kollision *f*; **~ *múltiple*** *od* ***en cadena*** Massenkarambolage *f*
colista [ko'lista] *m dep* Tabellenletzte(r) *m*
colitis *med* [ko'litis] *f* Kolitis *f*, Dickdarmentzündung *f*
collar [ko'ʎar] *m* Halskette *f*; (*de perro*) Halsband *n*
colma|do [kɔl'mađo] *m reg* Lebensmittelgeschäft *m*; **~r** [-'mar] (*1a*) (an)füllen (mit *dat* **de**); *fig* überhäufen
colme|na [kɔl'mena] *f* Bienenkorb *m*; **~nero** [-me'nero] *m* Imker *m*
colmenilla [kɔlme'niʎa] *f* Morchel *f*
colmillo [kɔl'miʎo] *m* Eckzahn *m*; *zo* Stoß-, Reißzahn *m*, Hauer *m*
colmo ['kɔlmo] *m* Übermaß *n*; *fig* Gipfel *m*; F ***¡es el ~!*** das ist die Höhe!
coloca|ción [koloka'θĭɔn] *f* Aufstellung *f*; Anordnung *f*; (*empleo*) Stelle *f*, Anstellung *f*; **~r** [-'kar] (*1g*) stellen, legen, setzen; (*dinero*) anlegen; *com* absetzen; (*emplear*) anstellen, unterbringen; **~rse** e-e Anstellung finden
colofón [kolo'fɔn] *m* Abschluss *m*; Höhepunkt *m*
Colombia [ko'lɔmbĭa] *f* Kolumbien *n*
colombian|o [kolɔm'bĭano] **1.** *adj* kolumbianisch; **2. ~o** *m*, **~a** *f* Kolumbianer(in) *m*(*f*)
colon ['kolɔn] *m anat* Grimmdarm *m*
colo|nia [ko'lonĭa] *f* Kolonie *f*; Siedlung *f*; **~** *od agua f de* ♀ *f* Kölnisch Wasser *n*; **~nial** [kolo'nĭal] Kolonial…; **~nización** [-niθa'θĭɔn] *f* Kolonisation *f*; Besiedlung *f*; **~nizar** [-ni'θar] (*1f*) besiedeln; kolonisieren; **~no** [-'lono] *m* (An-)Siedler *m*; *agr* (Pacht-)Bauer *m*
Colonia [ko'lonĭa] *f* Köln *n*
coloquial [kolo'kĭal] umgangssprachlich
coloquio [ko'lokĭo] *m* Gespräch *n*, Kolloquium *n*
color [ko'lɔr] *m* Farbe *f*; ***de* ~** farbig; ***de* ~ *de rosa*** *fig* in rosigem Licht
color|ación [kolora'θĭɔn] *f* Färbung *f*; Farbgebung *f*; **~ado** [-'rađo] rot; ***ponerse* ~** rot werden; **~ante** [-'rante] *m* Farbstoff *m*; **~ear** [-re'ar] (*1a*) kolorieren; färben; *fig* beschönigen; **~ete** [-'rete] *m* Schminke *f*; **~ido** [-'riđo] *m* Farbe *f*, Färbung *f*
colos|al [kolo'sal] riesig, kolossal; **~o** [ko'loso] *m* Koloss *m* (*a fig*)
colum|na [ko'lumna] *f* Säule *f*; *tip* Spalte *f*; *mil* Kolonne *f*; **~ *de anuncios*** Litfaßsäule *f*; **~ *vertebral*** Wirbelsäule *f*; **~nata** [-'nata] *f* Kolonnade *f*; **~nista** [-'nista] *m* Kolumnist *m*
columpi|ar [kolum'pĭar] (*1b*) schaukeln; **~o** [ko'lumpĭo] *m* Schaukel *f*
colza *bot* ['kɔlθa] *f* Raps *m*
coma ['koma] **a)** *f gram* Komma *n* **a)** *m med* Koma *n*

coma|dre [ko'mađre] *f* (*chismosa*) Klatschbase *f*; **~dreja** *zo* [-'đrɛxa] *f* Wiesel *n*; **~drona** [-'đrona] *f* Hebamme *f*

comanda|ncia [koman'danθĭa] *f* Kommandantur *f*; **~nte** [-'dante] *m* Kommandant *m*; *mil* Major *m*; *avia* Kapitän *m*

comanditario *com* [-di'tarĭo] **1.** *adj* Kommandit…; **2.** *m* Kommanditist *m*

comando [ko'mando] *m* Kommando *n*

comarca [ko'marka] *f* Landstrich *m*; Gegend *f*

comba ['kɔmba] *f* Biegung *f*, Krümmung *f*; (*juego*) Springseil *n*; ***jugar*** (*od* ***saltar***) ***a la ~*** Seil springen; **~r** [-'bar] (*1a*) biegen, krümmen

comba|te [kɔm'bate] *m* Kampf *m*; Gefecht *n*; ***fuera de ~*** außer Gefecht (*a fig*); **~tiente** [-ba'tĭente] *m* Kämpfer *m*; **~tir** [-'tir] (*3a*) **1.** *v/i* kämpfen; **2.** *v/t* bekämpfen; **~tivo** [-'tiƀo] kampflustig

combina|ción [kɔmbina'θĭɔn] *f* Kombination *f*; Zusammenstellung *f*; *quím* Verbindung *f*; (*prenda*) Unterrock *m*; **~do** [-'nađo] *m* Cocktail *m*; **~r** [-'nar] (*1a*) zusammenstellen; kombinieren

combusti|ble [kɔmbus'tiƀle] **1.** *adj* brennbar; **2.** *m* Kraftstoff *m*; Brennstoff *m*; **~ón** [-'tĭɔn] *f* Verbrennung *f*

comedia [ko'međĭa] *f* Lustspiel *n*, (*a fig*) Komödie *f*; Schauspiel *n*; ***~ musical*** Musical *n*; **~nte** [kome'đĭante] *m* Schauspieler *m*; *a fig* Komödiant *m*

comedi|do [kome'điđo] bescheiden; zurückhaltend; **~miento** [-đi'mĭento] *m* Höflichkeit *f*; Anstand *m*; **~rse** [-'đirse] (*3l*) sich zurückhalten

come|dón *med* [kome'đɔn] *m* Mitesser *m*; **~dor** [-'đɔr] *m* Esszimmer *n*; Speisesaal *m*; (*de empresa*, *etc*) Kantine *f*; ***~ universitario*** Mensa *f*

comensal [komen'sal] *m* Tischgast *m*, -genosse *m*

comentar [komen'tar] (*1a*) kommentieren; besprechen; **~io** [-'tarĭo] *m* Kommentar *m*; ***~s*** *pl* Bemerkungen *f/pl*; **~ista** [-'rista] *m* Kommentator *m*

comenzar [komen'θar] (*1f u 1k*) anfangen, beginnen

comer [ko'mɛr] (*2a*) **1.** *v/t* essen; (*animal*) fressen; **2.** *v/i* essen; (*almorzar*) zu Mittag essen; **~se** aufessen; (*palabra*) verschlucken

comer|cial [komɛr'θĭal] kaufmännisch, Handels…, Geschäfts…; **~cialización** [-θĭaliθa'θĭɔn] *f* Vermarktung *f*; **~cializar** [-θĭali'θar] (*1f*) vermarkten; kommerzialisieren; **~ciante** [-'θĭante] *su* Kaufmann *m*, Kauffrau *f*, Händler *m*; **~ciar** [-'θĭar] (*1b*) handeln, Handel treiben; **~cio** [ko'mɛrθĭo] *m* Handel *m*; (*tienda*) Geschäft *n*, Laden *m*; *fig* Umgang *m*, Verkehr *m*; ***~ al por mayor*** Großhandel *m*; ***~ exterior*** (***interior***) Außen- (Binnen-)handel *m*

comestible [komes'tiƀle] **1.** *adj* essbar; **2.** ***~s*** *m/pl* Lebensmittel *pl*; ***~s finos*** Feinkost *f*

cometa [ko'meta] **1.** *m* Komet *m*; **2.** *f* (Papier-)Drachen *m*

come|ter [kome'tɛr] (*2a*) begehen; verüben; **~tido** [-'tiđo] *m* Auftrag *m*; Aufgabe *f*; (*deber*) Pflicht *f*

cómic ['komik] *m* Comic *m*

comicidad [komiθi'đađ] *f* Komik *f*

comicios [ko'miθĭɔs] *m/pl* Wahlen *f/pl*

cómico ['komiko] **1.** *adj* komisch; **2.** *m* Komiker *m*

comida [ko'miđa] *f* Essen *n*; (*de mediodía*) Mittagessen *n*; ***~ basura*** Junkfood *n*; ***~ casera*** Hausmannskost *f*; ***~ de negocios*** Geschäftsessen *n*; ***~ de trabajo*** Arbeitsessen *n*

comidilla [komi'điʎa] *f* Stadtgespräch *n*

comienzo [ko'mĭenθo] *m* Beginn *m*, Anfang *m*

comillas [ko'miʎas] *f/pl* Anführungszeichen *n/pl*

comi|lón F [komi'lɔn] **1.** *adj* gefräßig; **2.** *m* Vielfraß *m*; **~lona** [-'lona] *f* Gelage *n*

comino *bot* [ko'mino] *m* Kümmel *m*

comisar|ía [komisa'ria] *f* Kommissariat *n*; Polizeirevier *n*; **~io** [-'sarĭo] *m* Kommissar *m*; Beauftragte(r) *m*

comisión [komi'sĭɔn] *f* Kommission *f*, Ausschuss *m*; *com* Provision *f*; ***≗ Europea*** Europäische Kommission *f*, EU-Kommission *f*; ***~ parlamentaria*** parlamentarische Kommission *f*

comisura [komi'sura] *f*: ***~ de los labios*** Mundwinkel *m*

comi|té [komi'te] *m* Ausschuss *m*, Komitee *n*; ***~ de empresa*** Betriebsrat *m*; **~tiva** [-'tiƀa] *f* Gefolge *n*, Zug *m*

como ['komo] **1.** *adv* wie, sowie; (*en calidad de*) als; (*aproximadamente*) ungefähr; ***~ quien dice*** sozusagen; **2.** *cj* da, weil; (*si*) wenn; ***~ si, ~ que*** als ob

cómo ['komo] wie?; wieso?; wie (sehr) ...; ***¿~ (dice)?*** wie bitte?; ***¿a ~?*** wie viel?, wie teuer?; ***¿~ que no?*** wieso nicht?; ***¡~ no!*** natürlich!, selbstverständlich!
cómoda ['komođa] *f* Kommode *f*
comodidad [komođi'đađ] *f* Bequemlichkeit *f*; **~es** *pl* Komfort *m*
comodín [komo'đin] *m* (*naipe*) Joker *m*
cómodo ['komođo] bequem
compacto [kɔm'pakto] kompakt
compadecer [kɔmpađe'θɛr] (*2d*) bemitleiden; **~se**: ***~ de alg*** Mitleid haben mit j-m
compagina|ción [kɔmpaxina'θĭɔn] *f tip* Umbruch *m*; **~r** [-'nar] (*1a*) *tip* umbrechen; *fig* in Einklang bringen
compañe|rismo [kɔmpaɲe'rizmo] *m* Kameradschaftlichkeit *f*; Kollegialität *f*; **~ro** [-pa'ɲero] *m* Kollege *m*; Kamerad *m*; Gefährte *m*; ***~, -a de clase*** Mitschüler(in) *m*(*f*), Klassenkame- rad(in) *m*(*f*); ***~, -a de vida*** Lebenspartner(in) *m*(*f*)
compañía [kɔmpa'ɲia] *f com* Gesellschaft *f* (*a fig*); *mil* Kompanie *f*; *teat* Truppe *f*; ***~ aérea*** Fluggesellschaft *f*; ***~ naviera*** Reederei *f*; ***~ telefónica*** Telefongesellschaft *f*; ***en ~ de*** in Begleitung von; ***hacer ~ a alg*** j-m Gesellschaft leisten
compara|ble [kɔmpa'rable] vergleichbar; **~ción** [-ra'θĭɔn] *f* Vergleich *m*; **~r** [-'rar] (*1a*) vergleichen; **~tivo** [-ra'tibo] **1.** *adj* vergleichend; **2.** *m gram* Komparativ *m*
comparecer [kɔmpare'θɛr] (*2d*) (vor Gericht) erscheinen
comparsa [kɔm'parsa] *m* (*f*) *teat* Statist(in) *m*(*f*)
comparti|m(i)ento [kɔmparti'm(ĭ)ento] *m* Abteilung *f*, Fach *n*; *ferro* Abteil *n*; **~r** [-'tir] (*3a*) einteilen; (*repartir*) verteilen; ***~ con*** teilen mit (*dat*)
compás [kɔm'pas] *m mat* Zirkel *m*; *mús* Takt *m*; *mar* Kompass *m*
compasi|ón [kɔmpa'sĭɔn] *f* Mitleid *n*; **~vo** [-'sibo] mitleidig
compati|bilidad [kɔmpatibili'đađ] *f* Vereinbarkeit *f*; **~ble** [-'tible] vereinbar; *inform* kompatibel; ***~ con el medio ambiente*** umweltfreundlich; umweltverträglich
compatriota [kɔmpa'trĭota] *su* Landsmann *m*, -männin *f*
compendio [kɔm'pendĭo] *m* Auszug *m*; Abriss *m*; Leitfaden *m*
compenetra|do [kɔmpene'trađo] aufeinander eingestellt; **~rse** [-'trarse] (*1a*) ineinander aufgehen
compensa|ción [kɔmpensa'θĭɔn] *f* Ausgleich *m*; Abfindung *f*; Entschädigung *f*; *com*, *pol* ***~ financiera*** Finanzausgleich *m*; **~r** [-'sar] (*1a*) ausgleichen; entschädigen (für ***de***)
compe|tencia [kɔmpe'tenθĭa] *f* Wettbewerb *m*, Konkurrenz *f*; (*incumbencia*) Kompetenz *f*, Zuständigkeit *f* (*a jur*); **~tente** [-'tente] zuständig; (*capaz*) kompetent, fähig; **~tición** [-ti'θĭɔn] *f* Wettbewerb *m*, -streit *m*; **~tidor** [-ti'đɔr] *m* Konkurrent *m*; **~tir** [-'tir] (*3l*) konkurrieren (mit *dat* ***con***); **~titividad** *f com* Wettbewerbsfähigkeit *f*; **~titivo** [-ti'tibo] konkurrenzfähig, Konkurrenz...
compilar [kɔmpi'lar] (*1a*) zusammenstellen, kompilieren
compla|cencia [kɔmpla'θenθĭa] *f* Wohlgefallen *n*; Gefälligkeit *f*; **~cer** [-'θɛr] (*2x*) gefällig sein; (*contentar*) befriedigen; **~cerse**: ***~ en*** Gefallen finden an (*dat*); **~cido** [-'θiđo] zufrieden; **~ciente** [-'θĭente] gefällig, zuvorkommend
comple|jidad [kɔmplɛxi'đađ] *f* Vielgestaltigkeit *f*; Schwierigkeit *f*; **~jo** [-'plɛxo] **1.** *adj* verwickelt, komplex; kompliziert; **2.** *m* Komplex *m* (*a med*)
complemen|tario [kɔmplemen'tarĭo] ergänzend; **~to** [-'mento] *m* Ergänzung *f*; *gram* Objekt *n*
comple|tar [kɔmple'tar] (*1a*) vervollständigen, ergänzen; **~to** [-'pleto] vollständig; vollkommen; (*lleno*) voll, besetzt; ***por ~*** völlig
complexión [kɔmplɛg'sĭɔn] *f* Körperbau *m*, Konstitution *f*
complica|ción [kɔmplika'θĭɔn] *f* Komplikation *f* (*a med*); Kompliziertheit *f*; **~r** [-'kar] (*1g*) komplizieren
cómplice ['kɔmpliθe] *su* Komplize *m*, Komplizin *f*
complicidad [kɔmpliθi'đađ] *f* Mitschuld *f*, Beihilfe *f*
complot [kɔm'plɔt] *m* Komplott *n*
compone|nte [kɔmpo'nente] *m* Bestandteil *m*; **~r** [-'nɛr] (*2r*) zusammensetzen; bilden; (*reparar*) ausbessern; *tip* (ab)setzen; *mús* komponieren;

~rse bestehen (aus *dat* ***de***)
comporta|miento [kɔmpɔrta'mĭento] *m* Betragen *n*, Verhalten *n*; **~rse** [-'tarse] *(1a)* sich benehmen, sich verhalten
composi|ción [kɔmposi'θĭɔn] *f* Zusammensetzung *f*; *mús* Komposition *f*; *tip* Satz *m*; **~tor** *mús* [-'tɔr] *m* Komponist *m*
compostura [kɔmpɔs'tura] *f* Ausbesserung *f*; *fig* Zurückhaltung *f*; Anstand *m*
compo|ta [kɔm'pota] *f* Kompott *n*; **~tera** [-po'tera] *f* Kompottschale *f*
compra ['kɔmpra] *f* Kauf *m*; Einkauf *m*; ***ir de ~s*** einkaufen gehen; ***~ a plazos*** Ratenkauf *m*; **~dor** *m* [-'đɔr] Käufer *m*; **~r** [-'prar] *(1a)* kaufen; **~venta** [-pra'-ƀenta] *f*: ***contrato*** *m* ***de ~*** Kaufvertrag *m*
compren|der [kɔmpren'dɛr] *(2a)* *(incluir)* umfassen, einschließen; *(entender)* begreifen, verstehen; **~sible** [-'siƀle] verständlich; **~sión** [-'sĭɔn] *f* Verständnis *n*; **~sivo** [-'siƀo] verständnisvoll
compre|sa [kɔm'presa] *f* Kompresse *f*; Damenbinde *f*; **~sión** [-'sĭɔn] *f* Kompression *f*; **~sor** [-'sɔr] *m* Kompressor *m*
comprimi|do *med* [kɔmpri'miđo] *m* Tablette *f*; **~r** [-'mir] *(3a)* zusammenpressen, -drücken
comproba|ción [kɔmproƀa'θĭɔn] *f* Überprüfung *f*; *(prueba)* Beweis *m*, Nachweis *m*; **~nte** [-'ƀante] *m* Beleg *m*; Kassenbon *m*; **~r** [-'ƀar] *(1m)* nach-, überprüfen
comprome|tedor [kɔmpromete'đɔr] kompromittierend; heikel; **~ter** [-'tɛr] *(2a)* kompromittieren; *(arriesgar)* gefährden; verpflichten; **~terse** sich verpflichten (zu ***a***); **~tido** [-'tiđo] heikel; ***estar ~*** schon etwas vorhaben, schon e-e Verabredung haben
compromiso [kɔmpro'miso] *m* Kompromiss *m*; *(obligación)* Verpflichtung *f*; ***~ matrimonial*** Verlobung *f*; ***sin ~*** unverbindlich
compuesto [kɔm'pŭesto] **1.** *adj* zusammengesetzt; **2.** *m quím* Verbindung *f*
compulsión [kɔmpul'sĭɔn] *f* Zwang *m*
computa|dor [kɔmputa'đɔr] *m*, **~dora** [-'đora] *f* Computer *m*; ***asistido por ~*** computergestützt; **~r** [-'tar] *(1a)* aus-, an-, berechnen
computerizar [kɔmputeri'θar] *(1f)* computerisieren
cómputo ['kɔmputo] *m* Berechnung *f*
comulgar [komul'gar] *rel* zur Kommunion gehen, kommunizieren
común [ko'mun] *adj* gemeinsam; *(corriente)* gewöhnlich; ***en ~*** gemeinsam; ***por lo ~*** gewöhnlich
comuna [ko'muna] *f* Kommune *f*, Wohngemeinschaft *f*
comunica|ción [komunika'θĭɔn] *f* Mitteilung *f*; *a tel* Verbindung *f*; ***comunicaciones*** *pl* Verkehrsverbindungen *f/pl*; **~do** [-'kađo] **1.** *adj*: ***bien ~*** mit guten Verkehrsverbindungen; verkehrsgünstig; **2.** *m* Kommuniqué *n*; **~r** [-'kar] *(1g)*; **3.** *v/t* mitteilen; verbinden; **4.** *v/i* in Verbindung stehen; *tel* besetzt sein; **~rse** sich in Verbindung setzen (mit ***con***); **~tivo** [-ka'tiƀo] mitteilsam, gesprächig
comunidad [komuni'đađ] *f* Gemeinschaft *f*; ***♀ Europea*** Europäische Gemeinschaft *f*; ***♀ Europea del Carbón y del Acero*** (***CECA***) Montanunion *f*
comunión [komu'nĭɔn] *f rel* Kommunion *f*, Abendmahl *n*
comunis|mo [komu'nizmo] *m* Kommunismus *m*; **~ta** [-'nista] **1.** *adj* kommunistisch; **2.** *su* Kommunist(in) *m(f)*
comunitario [komuni'tarĭo] Gemeinschafts…; *pol* EG-…
con [kɔn] mit; ***~ tal que*** *subj* vorausgesetzt, dass; ***~ lo caro que es*** obwohl es so teuer ist
CON *m* ***Comité Olímpico Nacional*** NOK *n* (Nationales Olympisches Komitee)
conato *jur* [ko'nato] *m* Versuch *m*
cóncavo ['kɔŋkaƀo] konkav; hohl
concebir [kɔnθe'ƀir] *(3l)* begreifen; *(plan)* fassen; *biol* empfangen
conceder [kɔnθe'đɛr] *(2a)* gewähren; zugestehen
conce|jal [kɔnθɛ'xal] *m* Stadtrat *m* *(persona)*; **~jo** [-'θɛxo] *m* Stadtrat *m*
concentra|ción [kɔnθentra'θĭɔn] *f* Konzentration *f*; ***~ de masas*** Massenkundgebung *f*; **~r(se)** [-'trar(se)] *(1a)* (sich) konzentrieren (auf *ac* ***en***)
concep|ción [kɔnθɛƀ'θĭɔn] *f biol* Empfängnis *f*; *fig* Vorstellung *f*, Auffassung *f*; **~to** [-'θɛpto] *m* Begriff *m*, Idee *f*; Meinung *f*; ***en ~ de*** als
concernir [kɔnθɛr'nir] *(3i)* betreffen,

angehen

concertar [kɔnθɛr'tar] (*1k*) *com* abschließen; (*acordar*) vereinbaren, abmachen

concerti|no *mús* [kɔnθɛr'tino] *m* Konzertmeister *m*, erster Geiger *m*; **~sta** [-'tista] *su* Konzertgeiger(in) *m*(*f*), -pianist(in) *m*(*f*) *etc*

concesi|ón [kɔnθe'sĭɔn] *f* Bewilligung *f*, Gewährung *f*; Konzession *f*, Zugeständnis *n*; **~onario** [-sĭo'narĭo] *m* Konzessionär *m*; Vertragshändler *m*

concha ['kɔntʃa] *f* Muschel *f*; *zo* Schale *f*; Schildpatt *n*

concien|cia [kɔn'θĭenθĭa] *f* Gewissen *n*; Bewusstsein *n*; ***a ~*** gewissenhaft; ***en ~*** mit gutem Gewissen; **~zudo** [-'θuđo] gewissenhaft

concierto [kɔn'θĭɛrto] *m* Übereinkunft *f*; *mús* Konzert *n*; ***~ al aire libre*** Open-Air-Konzert *n*

concili|ación [-lĭa'θĭɔn] *f* Versöhnung *f*; *jur* Schlichtung *f*; **~ar** [-'lĭar] (*1b*) versöhnen; ***~ el sueño*** einschlafen; **~o** [-'θilĭo] *m* Konzil *n*

conciso [kɔn'θiso] knapp, kurz

conclu|ir [kɔŋklu'ir] (*3g*) **1.** *v/t* (ab-) schließen, beenden; (*deducir*) folgern; **2.** *v/i* enden; **~sión** [-'sĭɔn] *f* Abschluss *m*; Schlussfolgerung *f*

concor|dancia [kɔŋkɔr'đanθĭa] *f* Übereinstimmung *f*; Konkordanz *f*; **~dar** [-'đar] (*1m*) **1.** *v/t* in Einklang bringen; **2.** *v/i* übereinstimmen; **~dato** [-'đato] *m* Konkordat *n*; **~dia** [-'kɔrđĭa] *f* Eintracht *f*

concre|tar [kɔŋkre'tar] (*1a*) konkretisieren; **~to** [-'kreto] **1.** *adj* konkret; **2.** *m Am* Beton *m*

concupiscen|cia [kɔŋkupis'θenθĭa] *f* Sinneslust *f*; **~te** [-'θente] lüstern

concurr|encia [kɔŋku'rrenθĭa] *f* Zulauf *m*; Publikum *n*; *fig* Zusammentreffen *n*; **~ido** [-'rriđo] stark besucht, beliebt; **~ir** [-'rrir] (*3a*) zusammenkommen (*a fig*); ***~ a*** teilnehmen an, mitwirken bei (*dat*)

concur|sante [kɔŋkur'sante] *m* Bewerber *m*; Teilnehmer *m*; **~sar** [-'sar] (*1a*) sich an e-m Wettbewerb beteiligen; **~so** [-'kurso] *m* Wettbewerb *m*; Preisausschreiben *n*; (*ayuda*) Mitwirkung *f*; *com* Ausschreibung *f*

con|dado [kɔn'dađo] *m* Grafschaft *f*; **~dal** [-'dal] gräflich; **~de** ['kɔnde] *m* Graf *m*

condeco|ración [kɔndekora'θĭɔn] *f* Auszeichnung *f*; Orden *m*; **~rar** [-'rar] (*1a*) auszeichnen

condena *jur* [kɔn'dena] *f* Verurteilung *f*; Strafe *f*; **~ción** [-dena'θĭɔn] *f* Verurteilung *f*; *rel* Verdammnis *f*; **~r** [-'nar] (*1a*) verurteilen (*a fig*)

condensa|dor [kɔndensa'đɔr] *m* Kondensator *m*; **~r** [-'sar] (*1a*) kondensieren; zusammenfassen

condesa [kɔn'desa] *f* Gräfin *f*

condescen|dencia [kɔndesθen'denθĭa] *f* Nachgiebigkeit *f*; *desp* Herablassung *f*; **~der** [-'dɛr] (*2g*) einwilligen (in *ac* ***a***); *desp* sich herablassen (zu ***a***); **~diente** [-'dĭente] nachgiebig; *desp* herablassend

condici|ón [kɔndi'θĭɔn] *f* Bedingung *f*; (*situación*) Zustand *m*; Beschaffenheit *f*; (*rango*) Rang *m*, Stand *m*; ***condiciones de trabajo*** Arbeitsbedingungen *f/pl*; ***condiciones de uso*** Nutzungsbedingungen *f/pl*; ***~ previa*** Voraussetzung *f*; ***a ~ de que*** unter der Bedingung, dass; **~onal** [-θĭo'nal] *m gram* Konditional *m*; **~onar** [-θĭo'nar] (*1a*) bedingen; abhängig machen von

condimen|tar [kɔndimen'tar] (*1a*) würzen; **~to** [-'mento] *m* Gewürz *n*

condiscípulo *m* [kɔndis'θipulo] Mitschüler *m*

condón [kɔn'dɔn] *m* Kondom *n*, Präservativ *n*

cóndor ['kɔndɔr] *m* Kondor *m*

conduc|ción [kɔndug'θĭɔn] *f auto* Lenkung *f*; *tec* Leitung *f*; **~ir** [-'θir] (*3o*) führen, leiten; *auto* fahren; **~irse** sich benehmen; **~ta** [-'dukta] *f* Verhalten *n*; Benehmen *n*; **~tibilidad** [-duktiƀili'đađ] *f* Leitfähigkeit *f*; **~to** [-'dukto] *m* Leitung *f*; *anat* Gang *m*, Kanal *m*; **~tor** [-'tɔr] *m* Fahrer *m*; *el* Leiter *m*

conectar [konɛk'tar] (*1a*) verbinden; *el* einschalten; anschließen; ***~ a tierra*** erden

cone|jera [konɛ'xera] *f* Kaninchenstall *m*; **~jillo** [-'xiʎo] *m*: ***~ de Indias*** Meerschweinchen *n*; *fig* Versuchskaninchen *n*; **~jo** [-'nɛxo] *m* Kaninchen *n*

conexión [konɛg'sĭɔn] *f* Verbindung *f*; *fig* Zusammenhang *m*; *el* Schaltung *f*; Anschluss *m*

confecc|ión [kɔmfɛg'θĭɔn] *f* Anfertigung *f*; Konfektion *f*; **~ionar** [-θĭo'nar]

(*1a*) anfertigen
confederación [kɔmfeđera'θĭɔn] *f* Bündnis *n*, Bund *m*
conferencia [kɔmfe'renθĭa] *f* Konferenz *f*; (*discurso*) Vortrag *m*; *tel* Ferngespräch *n*; **~ *nacional*** *od* ***interurbana*** Inlandsgespräch *n*; **~ *telefónica*** *tel* Telefonkonferenz *f*; **~nte** [-ren'θĭante] *m* Vortragende(r) *m*, Redner *m*
conferir [kɔmfe'rir] (*3i*) verleihen
confe|sar [kɔmfe'sar] (*1k*) gestehen; *rel* beichten; **~sarse** beichten; **~sión** [-'sĭɔn] *f* Geständnis *n*; *rel* Beichte *f*; Konfession *f*; **~s(i)onario** [-fes(ĭ)o'narĭo] *m* Beichtstuhl *m*; **~so** *jur* [-'feso] geständig; **~sor** *rel* [-'sɔr] *m* Beichtvater *m*
confeti [kɔm'feti] *m* Konfetti *n*
confia|do [kɔm'fĭađo] vertrauensvoll, -selig; **~nza** [-'fĭanθa] *f* Vertrauen *n*; **~ *en sí mismo*** Selbstvertrauen *n*; ***de* ~** zuverlässig; ***en* ~** vertraulich; **~r** [-'fĭar] (*1c*) **1.** *v/t* anvertrauen; **2.** *v/i* vertrauen (auf *ac* ***en***)
confiden|cia [kɔmfi'đenθĭa] *f* vertrauliche Mitteilung *f*; **~cial** [-đen'θĭal] vertraulich; **~te** [-'đente] *m* Vertraute(r) *m*; (*policial*) Spitzel *m*
confina|miento [kɔmfina'mĭento] *m* Zwangsaufenthalt *m*; **~r** [-'nar] (*1a*) verbannen; (*encerrar*) einsperren
confirma|ción [kɔmfirma'θĭɔn] *f* Bestätigung *f*; *rel* Firmung *f*; Konfirmation *f*; **~ *del pedido*** Auftragsbestätigung *f*; **~r** [-'mar] (*1a*) bestätigen; *rel* firmen; konfirmieren
confisca|ción [kɔmfiska'θĭɔn] *f* Beschlagnahme *f*; **~r** [-'kar] (*1g*) konfiszieren, beschlagnahmen
confi|tería [kɔmfite'ria] *f* Süßwarengeschäft *n*; **~tura** [-'tura] *f* Konfitüre *f*
conflic|tivo [kɔmflik'tiƀo] konfliktreich; **~to** [-'flikto] *m* Konflikt *m*
conflu|encia [kɔm'flŭenθĭa] *f* Zusammenfluss *m*; **~ir** [-'ir] (*3g*) zusammenfließen, *a fig* zusammenströmen
confor|mación [kɔmfɔrma'θĭɔn] *f* Gestalt(ung) *f*, Bau *m*; **~mar** [-'mar] (*1a*) bilden, gestalten; **~marse** sich abfinden *bzw* begnügen (mit *dat* ***con***); **~me** [-'fɔrme] **1.** *adj*: ***ser* ~ *a*** entsprechen; ***estar* ~ *con*** einverstanden sein mit; **2.** *prp*: **~ *a*** gemäß, entsprechend; **~midad** [-fɔrmi'đađ] *f* Übereinstimmung *f*; Zustimmung *f*
confort [kɔm'fɔrt] *m* Komfort *m*; **~able** [-fɔr'taƀle] bequem, gemütlich
confortar [kɔmfɔr'tar] (*1a*) trösten
confronta|ción [kɔmfrɔnta'θĭɔn] *f* Gegenüberstellung *f*; **~r** [-'tar] (*1a*) gegenüberstellen; vergleichen
confu|ndir [kɔmfun'dir] (*3a*) verwechseln; (*perturbar*) durcheinanderbringen, verwirren; **~ndirse** in Verwirrung geraten; (*equivocarse*) sich irren; **~sión** [-fu'sĭɔn] *f* Verwirrung *f*; Verwechslung *f*; (*desorden*) Durcheinander *n*; **~so** [-'fuso] verworren, konfus; (*persona*) verwirrt
congela|ción [kɔŋxela'θĭɔn] *f* Gefrieren *n*; (*a fig*) Einfrieren *n*; **~ *de precios*** Preisstopp *m*; **~do** [-'lađo] tiefgekühlt; (***alimentos*** *m/pl*) **~*s*** Tiefkühlkost *f*; **~dor** [-la'đɔr] *m* Gefrierfach *n*; **~ *horizontal*** Tiefkühltruhe *f*; **~r** [-'lar] (*1a*) tiefkühlen, einfrieren; **~rse** gefrieren
con|geniar [kɔŋxe'nĭar] (*1b*) harmonieren; **~génito** [-'xenito] angeboren
congestión [kɔŋxes'tĭɔn] *f* *med* Stauung *f*; **~ *del tráfico*** Verkehrsstockung *f*
Congo ['kɔŋgo] *m* Kongo *m*
congoja [kɔŋ'gɔxa] *f* Kummer *m*
congra|ciarse [kɔŋgra'θĭarse] (*1b*): **~ *con*** sich beliebt machen bei (*dat*); **~tularse**: **~ *de a/c*** *fig* et begrüßen
congre|gar [kɔŋgre'gar] (*1h*) versammeln; **~sista** [-'sista] *m* Kongressteilnehmer *m*; **~so** [-'greso] *m* Kongress *m*
congrio ['kɔŋgrĭo] *m* Meeraal *m*
congruen|cia [kɔŋ'grŭenθĭa] *f* Übereinstimmung *f*; **~te** [-'grŭente] angemessen, passend
cónico ['koniko] kegelförmig
coníferas [ko'niferas] *f/pl* Nadelhölzer *n/pl*
conjetura [kɔŋxe'tura] *f* Vermutung *f*; **~r** [-'rar] (*1a*) mutmaßen
conjuga|ción [kɔŋxuga'θĭɔn] *f* Konjugation *f*; **~r** [-'gar] (*1h*) konjugieren; *fig* vereinigen
conjun|ción [kɔŋxun'θĭɔn] *f* Verbindung *f*; *gram* Konjunktion *f*; **~tiva** *anat* [-'tiƀa] *f* Bindehaut *f*; **~tivitis** *med* [-ti'ƀitis] *f* Bindehautentzündung *f*; **~to** [-'xunto] **1.** *adj* verbunden; gemeinsam; **2.** *m* Gesamtheit *f*, Ganze(s) *n*; *mús*, *moda* Ensemble *n*; ***en* ~** im Ganzen (gesehen)
conjura [kɔŋ'xura], **~ción** [-'θĭɔn] *f* Verschwörung *f*; **~r** [-'rar] (*1a*) **1.** *v/t* be-

schwören; **2.** *v/i* konspirieren

conllevar [kɔnʎe'ƀar] (*1a*) ertragen; *fig* mit sich bringen

conmemora|ción [kɔnmemora'θĭɔn] *f* Gedenken *n*; Gedenkfeier *f*; **~r** [-'rar] (*1a*) gedenken, (feierlich) begehen

conmigo [kɔn'migo] mit mir, bei mir

conmiseración [kɔnmisera'θĭɔn] *f* Erbarmen *n*, Mitleid *n*

conmo|ción [kɔnmo'θĭɔn] *f* Erschütterung *f* (*a fig*); **~ *cerebral*** Gehirnerschütterung *f*; **~cionar** [-'nar] (*1a*) erschüttern; **~vedor** [-ƀe'đɔr] erschütternd, rührend; **~ver** [-'ƀɛr] (*2h*) erschüttern; rühren

conmutador *el* [kɔnmuta'đɔr] *m* Schalter *m*

cono ['kono] *m* Kegel *m*

conoc|edor [konoθe'đɔr] *m* Kenner *m*; **~er** [-'θɛr] (*2d*) kennen; kennenlernen; (*reconocer*) erkennen (an ***por***); ***dar a ~*** bekannt geben

conoci|do [kono'θiđo] **1.** *adj* bekannt; **2. ~do** *m*, **~da** *f* Bekannte(r) *m*, Bekannte *f*; **~miento** [-θi'mĭento] *m* Kenntnis *f*; *med* Bewusstsein *n*

conque ['kɔŋke] also, nun

conquista [kɔŋ'kista] *f* Eroberung *f* (*a fig*); **~dor** [-'đɔr] *m* Eroberer *m*; *fig* Frauenheld *m*; **~r** [-'tar] (*1a*) erobern

consabido [kɔnsa'ƀiđo] bewusst; (sattsam) bekannt

consagra|ción [kɔnsagra'θĭɔn] *f* Weihe *f*; *rel* Wandlung *f*; *fig* Bestätigung *f*; **~r** [-'grar] (*1a*) *rel* weihen; *fig* widmen

consanguíneo [kɔnsaŋ'gineo] blutsverwandt

consciente [kɔns'θĭente] bewusst

consecu|ción [kɔnseku'θĭɔn] *f* Erlangung *f*, Erreichung *f*; **~encia** [-'kŭenθĭa] *f* Folge *f*, Konsequenz *f*; ***a ~ de*** als Folge von; ***en ~*** folglich; **~ente** [-'kŭente] konsequent; **~tivo** [-ku'tiƀo] aufeinanderfolgend; ***tres horas consecutivas*** drei Stunden hintereinander

conseguir [kɔnse'gir] (*3l u 3d*) erreichen; bekommen

conse|jero [kɔnsɛ'xero] *m* Ratgeber *m*; Berater *m*; **~ *matrimonial*** Eheberater *m*; **~jo** [-'sɛxo] *m* Rat(schlag) *m*; *pol* Rat *m*; **~ *de ministros*** Ministerrat *m*; **♀ *de Europa*** Europarat *m*

consen|so [kɔn'senso] *m* Zustimmung *f*; Konsens *m*; ***llegar a un ~*** sich einigen; **~timiento** [-ti'mĭento] *m* Einwilligung *f*, Zustimmung *f*; **~tir** [-'tir] (*3i*) gestatten; zulassen

conserje [kɔn'sɛrxe] *su* Pförtner(in) *m*(*f*); Hausmeister(in) *m*(*f*); **~ría** [-'ria] *f* Pförtnerloge *f*

conserva [kɔn'sɛrƀa] *f* Konserve *f*; **~ción** [-sɛrƀa'θĭɔn] *f* Konservierung *f*; *fig* Erhaltung *f*; **~dor** [-'đɔr] **1.** *adj* konservativ; **2.** *m* (*de museo*) Kustos *m*; *pol* Konservative(r) *m*; **~nte** [-'ƀante] *m* Konservierungsmittel *n*; **~r** [-'ƀar] (*1a*) erhalten, (auf)bewahren; (*alimentos*) konservieren; **~torio** [-ƀa'torĭo] *m* Konservatorium *n*

considera|ble [kɔnsiđe'raƀle] beträchtlich, erheblich; **~ción** [-ra'θĭɔn] *f* Betrachtung *f*; Überlegung *f*; (*respeto*) Rücksicht(nahme) *f*; ***de ~*** erheblich; ***en ~ a*** in Anbetracht (*gen*); **~do** [-'rađo] angesehen; rücksichtsvoll; **~r** [-'rar] (*1a*) bedenken, erwägen; berücksichtigen; **~(*se*)** (sich) halten für

consigna [kɔn'signa] *f* Losung *f*; Weisung *f*; *ferro* Gepäckaufbewahrung *f*; **~ *automática*** Schließfach *n*

consigo [kɔn'sigo] **1.** *pron* mit sich, bei sich; **2.** *s* ***conseguir***

consiguiente [kɔnsi'gĭente] entsprechend (*dat*); ***por ~*** folglich

consis|tencia [kɔnsis'tenθĭa] *f* Konsistenz *f*; Festigkeit *f*; **~tente** [-'tente] fest, stark; **~ *en*** bestehend aus; **~tir** [-'tir] (*3a*): **~ *en*** bestehen aus (*dat*)

consola|ción [kɔnsola'θĭɔn] *f* Trost *m*; **~dor** [-'đɔr] tröstlich; **~r** [-'lar] (*1m*) trösten

consolida|ción [kɔnsolida'θĭɔn] *f* Festigung *f*; Konsolidierung *f*; **~r** [-'đar] (*1a*) festigen, sichern

consomé [kɔnso'me] *m* Kraftbrühe *f*, Bouillon *f*

consonan|cia [kɔnso'nanθĭa] *f* Konsonanz *f*; ***en ~ con*** *fig* in Einklang mit; **~te** [-'nante] *f* Konsonant *m*

consorcio [kɔn'sɔrθĭo] *m* Konzern *m*

consorte [kɔn'sɔrte] *su* Ehegatte *m*, -gattin *f*

conspicuo [kɔns'pikŭo] hervorragend

conspira|ción [kɔnspira'θĭɔn] *f* Verschwörung *f*; **~dor** [-'đɔr] *m* Verschwörer *m*; **~r** [-'rar] (*1a*) sich verschwören

consta|ncia [kɔns'tanθĭa] *f* Beständigkeit *f*, Ausdauer *f*; ***dejar ~ de*** *et* bestätigen; *et* zum Ausdruck bringen; **~nte**

[-'tante] beständig, konstant; **~r** [-'tar] (*1a*) feststehen; **~ *de*** bestehen aus; **~ *en*** verzeichnet sein in; **~tar** [-ta'tar] (*1a*) feststellen

Constanza [kɔns'tanθa] *f* Konstanz *n*

constelación [kɔnstela'θĭɔn] *f* Sternbild *n*; *fig* Konstellation *f*

consterna|ción [kɔnstɛrna'θĭɔn] *f* Bestürzung *f*; **~r** [-'nar] (*1a*) bestürzen

constipa|do [kɔnsti'pađo] **1.** *adj* erkältet; **2.** *m* Erkältung *f*; Schnupfen *m*; **~rse** [-'parse] (*1a*) sich e-n Schnupfen holen; sich erkälten

constitu|ción [kɔnstitu'θĭɔn] *f* Beschaffenheit *f*; *med* Konstitution *f*; *pol* Verfassung *f*; **~cional** [-θĭo'nal] verfassungsmäßig; **~ir** [-tu'ir] (*3g*) bilden; gründen; *jur* einsetzen

constru|cción [kɔnstrug'θĭɔn] *f* Bau(en *n*) *m*; Bauwesen *n*; (*edificio*) Bau *m*; **~ctor** [-truk'tɔr] *m* Erbauer *m*; Konstrukteur *m*; **~ir** [-tru'ir] (*3g*) (er)bauen; errichten

consuegros [kɔn'sŭegros] *m/pl* Gegenschwiegereltern *pl*

consuelo [kɔn'sŭelo] *m* Trost *m*

cónsul ['kɔnsul] *su* Konsul(in) *m(f)*

consulado [kɔnsu'lađo] *m* Konsulat *n*

consul|ta [kɔn'sulta] *f* Befragung *f*; Beratung *f*; *med* Sprechstunde *f*; Praxis *f*; ***obra*** *f* ***de*** **~** Nachschlagewerk *n*; **~tar** [-'tar] (*1a*) befragen, zurate ziehen; **~torio** [-'torĭo] *m* Beratungsstelle *f*; *med* Sprechzimmer *n*; Praxis *f*

consuma|ción [kɔnsuma'θĭɔn] *f* Vollendung *f*; *jur* Vollziehung *f*; **~r** [-'mar] (*1a*) vollbringen; *jur* vollziehen

consumi|ción [kɔnsumi'θĭɔn] *f* *gastr* Verzehr *m*; Zeche *f*; **~dor** [-'đɔr] *m* Verbraucher *m*; **~r** [-'mir] (*3a*) verzehren; verbrauchen

consumo [kɔn'sumo] *m* Verbrauch *m*, Konsum *m*

conta|bilidad [kɔntaƀili'đađ] *f* *com* Buchführung *f*, -haltung *f*; **~ *doble de la moneda*** doppelte Währungsbuchhaltung *f*; **~ble** [-'taƀle] *m* Buchhalter *m*

contac|tar [kɔntak'tar] (*1a*) Verbindung (*od* Kontakt) aufnehmen (mit *dat* ***con***); **~to** [-'takto] *m* Berührung *f*; Kontakt *m* (*a el*); ***ponerse en*** **~** sich in Verbindung setzen (mit *dat* ***con***)

conta|do [kɔn'tađo]: ***al*** **~** bar; ***contadas veces*** selten; **~dor** [-ta'đɔr] *m tec* Zähler *m*; **~duría** [-đu'ria] *f* Rechnungsamt *n*, Rechnungsstelle *f*

contagi|ar [kɔnta'xĭar] (*1b*) anstecken (*a fig*); **~o** [-'taxĭo] *m* Ansteckung *f*; **~oso** [-ta'xĭoso] ansteckend

contamina|ción [kɔntamina'θĭɔn] *f* Verunreinigung *f*; Verseuchung *f*; **~ *ambiental*** Umweltverschmutzung *f*; **~ *atmosférica*** Luftverschmutzung *f*; **~nte** [-'nante]: ***no*** **~** schadstofffrei; ***poco*** **~** schadstoffarm; **~r** [-'nar] (*1a*) verseuchen; verschmutzen

contar [kɔn'tar] (*1m*) **1.** *v/t* zählen; aus-, berechnen; (*narrar*) erzählen; **2.** *v/i* rechnen (*a fig*); **~ *con alg*** auf j-n zählen, mit j-m rechnen; **~ *entre*** zählen zu

contempla|ción [kɔntɛmpla'θĭɔn] *f* Betrachtung *f*; ***sin contemplaciones*** rücksichtslos; **~r** [-'plar] (*1a*) betrachten

contemporáneo [kɔntɛmpo'raneo] **1.** *adj* zeitgenössisch; **2.** *m* Zeitgenosse *m*

conten|ción [kɔnten'θĭɔn] *f* Mäßigung *f*, Beherrschung *f*; **~cioso** [-'θĭoso] strittig; (***asunto*** *m*) **~** Streitsache *f*; **~edor** [-ne'đɔr] *m* Container *m*; **~ *de vidrio reciclable*** Altglascontainer *m*; **~ *para la basura orgánica*** Biotonne *f*; **~er** [-'nɛr] (*2l*) enthalten; (*retener*) zurückhalten; **~erse** an sich halten; **~ido** [-'nido] *m* Inhalt *m*

conten|tar [kɔnten'tar] (*1a*) zufriedenstellen; **~tarse** sich begnügen (mit *dat* ***de***); **~to** [-'tento] **1.** *adj* zufrieden; **2.** *m* Zufriedenheit *f*

contesta|ción [kɔntesta'θĭɔn] *f* Antwort *f*; Beantwortung *f*; **~dor** [-'đɔr] *m tel* Anrufbeantworter *m*; **~r** [-'tar] (*1a*) **1.** *v/t* beantworten; **2.** *v/i* antworten (auf ***a***)

contexto [kɔn'testo] *m* Zusammenhang *m*

contienda [kɔn'tĭenda] *f* Streit *m*

contigo [kɔn'tigo] mit dir, bei dir

contiguo [kɔn'tigŭo] angrenzend; Neben…

continen|cia [kɔnti'nenθĭa] *f* Enthaltsamkeit *f*; **~tal** [-'tal] kontinental; **~te** [-'nente] **1.** *adj* enthaltsam; **2.** *m* Erdteil *m*, Kontinent *m*

contingente [kɔntiŋ'xente] *m* Kontingent *n*

continu|ación [kɔntinŭa'θĭɔn] *f* Fortsetzung *f*; ***a*** **~** anschließend; **~ar** [-nu'ar] (*1e*) **1.** *v/t* fortsetzen; **2.** *v/i* andauern; weitermachen; **~idad** [-nŭi'đađ] *f* Stetigkeit *f*, Kontinuität *f*; **~o** [-'tinŭo] ununterbrochen; dauernd

contor|no [kɔn'tɔrno] *m* Umriss *m*; Kontur *f*; ***~s*** *m/pl* Umgegend *f*; **~sión** [-tɔr'sĭɔn] *f* Verrenkung *f*; **~sionista** [-'nista] *m* Schlangenmensch *m*

contra ['kɔntra] **1.** *prp* gegen (*ac*); **2.** *adv*: ***en ~*** dagegen

contraataque [kɔntra'take] *m* Gegenangriff *m*

contrabajo *mús* [kɔntra'ƀaxo] *m* Kontrabass *m*; (*persona*) Kontrabassist *m*

contraban|dista [kɔntraƀan'dista] *m* Schmuggler *m*; **~do** [-'ƀando] *m* Schmuggel *m*; (*mercancía*) Schmuggelware *f*; ***pasar de ~*** durchschmuggeln

contracción [kɔntrag'θĭɔn] *f* Zusammenziehung *f*; Kontraktion *f*

contracep|ción [kɔntraθɛƀ'θĭɔn] *f* Empfängnisverhütung *f*; **~tivo** [-'tiƀo] *m* Verhütungsmittel *n*

contracorriente [kɔntrakɔ'rrĭente] *f* Gegenströmung *f*

contractual [kɔntrak'tŭal] vertraglich

contra|decir [kɔntrađe'θir] (*3p*) widersprechen; **~dicción** [-đig'θĭɔn] *f* Widerspruch *m*; **~dictorio** [-đik'torĭo] widersprüchlich

contraer [kɔntra'ɛr] (*2p*) zusammenziehen; verkürzen; (*enfermedad*) sich zuziehen; (*deudas*) machen; ***~ matrimonio*** die Ehe schließen; **~se** sich zusammenziehen

contraespionaje [kɔntraespĭo'naxe] *m* Spionageabwehr *f*

contralto *mús* [kɔn'tralto] *m* Alt *m*

contra|luz [kɔntra'luθ] *f* Gegenlicht(-aufnahme *f*) *n*; **~maestre** [-ma'estre] *m* Werkmeister *m*; *mar* Obermaat *m*; **~orden** [-'ɔrđen] *f* Gegenbefehl *m*; *fig* Widerruf *m*; **~partida** [-par'tiđa] *f* *fig* Gegenleistung *f*; **~pelo** [-'pelo]: ***a ~*** gegen den Strich; **~peso** [-'peso] *m* Gegengewicht *n* (*a fig*); **~prestación** [-presta'θĭɔn] *f* Gegenleistung *f*; **~producente** [-prođu'θente] unzweckmäßig; **~puesto** [-'pŭesto] gegensätzlich, entgegengesetzt; **~punto** *mús* [-'punto] *m* Kontrapunkt *m*

contra|ria [kɔn'trarĭa]: ***llevar la ~*** widersprechen; **~riar** [-'rĭar] (*1c*) sich entgegenstellen (*dat*); (*disgustar*) (ver-)ärgern; **~riedad** [-rĭe'đađ] *f* (unvorhergesehene) Schwierigkeit *f*; (*disgusto*) Ärger *m*; **~rio** [-'trarĭo] **1.** *adj* entgegengesetzt; (*adverso*) feindlich; ***al ~, por lo ~*** im Gegenteil; ***de lo ~*** andernfalls, sonst; **2.** *m* Gegner *m*, Feind *m*, Gegenspieler *m*

contra|rrestar [kɔntrarrɛs'tar] (*1a*) entgegenwirken (*dat*); **~rrevolución** [-rrɛƀolu'θĭɔn] *f* Gegenrevolution *f*; **~sentido** [-sen'tiđo] *m* Widersinn *m*; **~seña** [-'seɲa] *f* Losungswort *n*, Kennwort *n*; *inform* Passwort *n*

contras|tar [kɔntras'tar] (*1a*) **1.** *v/t tec* eichen; **2.** *v/i* im Widerspruch stehen (zu *dat* ***con***); **~te** [-'traste] *m* Gegensatz *m*, Kontrast *m*

contrata|ción [kɔntrata'θĭɔn] *f* Vertragsabschluss *m*; (*de obreros*) Einstellung *f*; **~nte** [-'tante] *m* Vertragspartner *m*; **~r** [-'tar] (*1a*) vertraglich abmachen; (*personal*) einstellen; (*artista*) engagieren

contratiempo [kɔntra'tĭempo] *m* Unannehmlichkeit *f*; (ärgerlicher) Zwischenfall *m*

contratista [kɔntra'tista] *m*: ***~ de obras*** Bauunternehmer *m*

▸**contrato** [kɔn'trato] *m* Vertrag *m*; ***~ de alquiler*** Mietvertrag *m*; ***~ temporal*** Zeitvertrag *m*; ***~ de trabajo*** Arbeitsvertrag *m*

contravalor [kɔntraƀa'lɔr] *m* Gegenwert *m*

contraven|ción [kɔntraƀen'θĭɔn] *f* Übertretung *f*; Zuwiderhandlung *f*; **~ir** [-ƀe'nir] (*3s*): ***~ a*** verstoßen gegen (*ac*)

contrayentes [kɔntra'jentes] *m/pl* Eheschließende *pl*

contribu|ción [kɔntriƀu'θĭɔn] *f* Beitrag *m*; (*impuesto*) Steuer *f*, Abgabe *f*; **~ir** [-'ir] (*3g*) beitragen, beisteuern; **~yente** [-ƀu'jente] *m* Steuerzahler *m*

contrincante [kɔntriŋ'kante] *m* Mitbewerber *m*; Gegenspieler *m*

control [kɔn'trɔl] *m* Kontrolle *f*; ***~ aéreo*** Flugsicherung *f*; ***~ de calidad*** Qualitätskontrolle *f*; **~ador** [-trola'đɔr] *m*: ***~ aéreo*** Fluglotse *m*; **~ar** [-'lar] (*1a*) kontrollieren, überwachen; **~arse** sich beherrschen

controver|sia [kɔntro'ƀersĭa] *f* Streit *m*, Kontroverse *f*; **~tido** [-ƀɛr'tiđo] umstritten

contuma|cia [kɔntu'maθĭa] *f* Hartnä-

ckigkeit *f*; **~z** [-'maθ] hartnäckig
contundente [kɔntun'dente] überzeugend, schlagend; ***arma f* ~** Schlagwaffe *f*
contusión *med* [kɔntu'sĭɔn] *f* Quetschung *f*; Prellung *f*
convale|cencia [kɔmbale'θenθĭa] *f* Genesung *f*; **~cer** [-'θɛr] (*2d*) genesen; **~ciente** [-'θĭente] *m* Rekonvaleszent *m*
convalida|ción [kɔmbaliđa'θĭɔn] *f* Bestätigung *f*; (*de certificados, etc*) Anerkennung *f*; **~r** [-'đar] (*1a*) bestätigen; anerkennen
conven|cer [kɔmben'θɛr] (*2b*) überzeugen; überreden; **~cimiento** [-θi'mĭento] *m* Überzeugung *f*; **~ción** [-'θĭɔn] *f* Abkommen *n*, Konvention *f*; **~cional** [-θĭo'nal] herkömmlich, konventionell
convenien|cia [kɔmbe'nĭenθĭa] *f* Zweckmäßigkeit *f*; Nutzen *m*; **~te** [-'nĭente] zweckmäßig, angebracht
convenio [kɔm'benĭo] *m* Abkommen *n*; **~ *colectivo*** (Mantel-)Tarifvertrag *m*
convenir [kɔmbe'nir] (*3s*) **1.** *v/t* vereinbaren; **2.** *v/i* passen; (*estar de acuerdo*) übereinstimmen; (*ser oportuno*) angebracht sein
convento [kɔm'bento] *m* Kloster *n*
conver|gencia [kɔmbɛr'xenθĭa] *f* Zusammenlaufen *n*; *fig* Übereinstimmung *f*; (*financiero*) Konvergenz *f*; **~ger** [-'xɛr] (*2c*), **~gir** [-'xir] (*3c*) konvergieren, zusammenlaufen
conversa|ción [kɔmbɛrsa'θĭɔn] *f* Unterhaltung *f*, Gespräch *n*; **~r** [-'sar] (*1a*) sich unterhalten
conver|sión [kɔmbɛr'sĭɔn] *f* Umwandlung *f*; *rel* Bekehrung *f*; *com* Umrechnung *f*; *inform* Konvertierung *f*; **~ *del dinero efectivo*** (*euro*) Bargeldumstellung *f*; **~so** *rel* [-'bɛrso] *m* Konvertit *m*; **~tible** [-'tiƀle] konvertierbar; **~tir** [-'tir] (*3i*) um-, verwandeln; *com, inform* konvertieren; *rel* bekehren; **~tirse** sich verwandeln (in ***en***), werden (zu ***en***); *rel* übertreten (zu ***a***)
convexo [kɔm'bɛgso] konvex
convic|ción [kɔmbig'θĭɔn] *f* Überzeugung *f*; **~to** [-'bikto] überführt
convida|do [kɔmbi'đađo] *m* Gast *m*; **~r** [-'đar] (*1a*) einladen (zu ***a***)
convincente [kɔmbin'θente] überzeugend
conviv|encia [kɔmbi'ƀenθĭa] *f* Zusammenleben *n*; **~ir** [-'ƀir] (*3a*) zusammenleben
convoca|ción [kɔmboka'θĭɔn] *f* Einberufung *f*; **~r** [-'kar] (*1g*) einberufen
convoy [kɔm'bɔĭ] *m auto* Kolonne *f*; *mil* Geleitzug *m*; *ferro* Zug *m*
convulsión [kɔmbul'sĭɔn] *f* Krampf *m*
conyugal [kɔnju'gal] ehelich; Ehe…
cónyuge ['kɔnjuxe] *su* Ehegatte *m*
coñac [kɔ'ɲak] *m* Kognak *m*
coopera|ción [koopera'θĭɔn] *f* Mitwirkung *f*; Zusammenarbeit *f*; **~nte** [-'rante] *m* Entwicklungshelfer *m*; **~r** [-'rar] (*1a*) mitarbeiten; **~tiva** [-ra'tiƀa] *f* Genossenschaft *f*; **~tivo** [-ra'tiƀo] Genossenschafts…
coordina|ción [koɔrđina'θĭɔn] *f* Koordinierung *f*; **~r** [-'nar] (*1a*) koordinieren
copa ['kopa] *f* (Stiel-)Glas *n*; Pokal *m* (*a dep*); *bot* (Baum-)Krone *f*; **≈ *de Europa*** Europapokal *m*; **~*s*** (*naipes*) *etwa*: Herz *n*
COPE *f/pl* ***Cadenas de Ondas Populares Españolas*** *kirchliche span. Rundfunkgesellschaft*
Copenhague [kope'nage] *f* Kopenhagen *n*
▸ **copia** ['kopĭa] *f* Kopie *f*; Abschrift *f*; Duplikat *n* (*a e-s Schlüssels*); *inform* Ausdruck *m*; *fot* Abzug *m*; **~ *ilegal*** (*od* ***pirata***) Raubkopie *f*; **~ *de seguridad*** *inform* Sicherheitskopie *f*; **~dora** [-'đora] *f* Kopierer *m*, Kopiergerät *n*; **~r** [-'pĭar] (*1b*) kopieren; (*alumno*) abschreiben
copiloto [kopi'loto] *m* Kopilot *m*
copioso [ko'pĭoso] reichlich
copla ['kopla] *f* Strophe *f*; Lied *n*
copo ['kopo] *m* Flocke *f*; **~ *de nieve*** Schneeflocke *f*
coproducción [koprođug'θĭɔn] *f* Koproduktion *f*
copropietario [kopropĭe'tarĭo] *m* Miteigentümer *m*
coque ['koke] *m* Koks *m*
coque|tear [kokete'ar] (*1a*) kokettieren; **~to** [-'keto] kokett; **~tón** [-'tɔn] reizend
coraje [ko'raxe] *m* Mut *m*; (*ira*) Wut *f*
coral [ko'ral] **1.** *m* Koralle *f*; *mús* Choral *m*; **2.** *f* Chor *m*
corán [ko'ran] *m* Koran *m*
coraza [ko'raθa] *f* Panzer *m*
cora|zón [kora'θɔn] *m* Herz *n*; **~zonada** [-θo'nađa] *f* Ahnung *f*

corbata [kɔr'ƀata] *f* Krawatte *f*

corbeta *mar* [kɔr'ƀeta] *f* Korvette *f*

Córcega ['kɔrθega] *f* Korsika *n*

corche|a *mús* [kɔr'tʃea] *f* Achtelnote *f*; **~te** [-'tʃete] *m* Haken *m*; *tip* eckige Klammer *f*

corcho ['kɔrtʃo] *m* Kork(en) *m*

corcovado [kɔrko'ƀađo] bucklig

corda|da [kɔr'đađa] *f* Seilschaft *f*; **~je** *mar* [-'đaxe] *m* Takelwerk *n*

cordel [kɔr'đɛl] *m* Schnur *f*

cordero [kɔr'đero] *m* Lamm *n*

cordial [kɔr'đĭal] herzlich; **~idad** [-đĭali'đađ] *f* Herzlichkeit *f*

cordillera [kɔrđi'ʎera] *f* Gebirgskette *f*

cordobés [kɔrđo'ƀes] aus Córdoba

cordón [kɔr'đɔn] *m* Schnur *f*; (*de zapato*) Schnürsenkel *m*; *mil* Kordon *m*, Sperrkette *f*; **~ *umbilical*** Nabelschnur *f*

cordura [kɔr'đura] *f* Verstand *m*; Besonnenheit *f*

Corea [ko'rea] *f* Korea *n*

core|ografía [koreogra'fia] *f* Choreographie *f*; **~ógrafo** [-'ografo] *m* Choreograph *m*

corista [ko'rista] **1.** *su* Chorsänger(in) *m*(*f*); **2.** *f* Revuegirl *n*

corna|da [kɔr'nađa] *f taur* Verletzung *f* durch Hornstoß; **~menta** [-'menta] *f* Gehörn *n*; Geweih *n*; **~musa** [-'musa] *f* Dudelsack *m*

córnea ['kɔrnea] *f* (*ojo*) Hornhaut *f*

corneja [kɔr'nɛxa] *f* Krähe *f*

córneo ['kɔrneo] Horn…

córner ['kɔrnɛr] *m dep* Eckball *m*

corne|ta [kɔr'neta] *f mús* Kornett *n*; **~zuelo** *bot* [-'θŭelo] *m* Mutterkorn *n*

cornisa *arqu* [kɔr'nisa] *f* Kranzgesims *n*

corno *mús* ['kɔrno] *m*: **~ *inglés*** Englischhorn *n*

cornudo [kɔr'nuđo] gehörnt (*a fig*)

coro ['koro] *m mús* Chor *m*; *arqu* Empore *f*

coroides *anat* [ko'rɔĭđes] *f* Aderhaut *f*

corona [ko'rona] *f* Krone *f*; (*de flores*) Kranz *m*; **~ción** [korona'θĭɔn] *f* Krönung *f* (*a fig*); **~r** [-'nar] (*1a*) krönen (*a fig*); *fig* vollenden; **~rio** *med* [-'narĭo] Herzkranz…, Koronar…

coronel [koro'nɛl] *m* Oberst *m*

corpora|ción [kɔrpora'θĭɔn] *f* Körperschaft *f*; **~l** [-'ral] körperlich, Körper…

corpulen|cia [kɔrpu'lenθĭa] *f* Beleibtheit *f*; **~to** [-'lento] korpulent, beleibt

Corpus ['kɔrpus] *m*: **~ (*Christi*)** Fronleichnam(sfest) *n*

corral [kɔ'rral] *m* Geflügelhof *m*

correa [kɔ'rrɛa] *f* Riemen *m*, Gurt *m*; *tec* Treibriemen *m*; **~ *del ventilador*** Keilriemen *m*

correc|ción [kɔrrɛg'θĭɔn] *f* Verbesserung *f*; Korrektur *f* (*a tip*); *fig* Korrektheit *f*; **~to** [-'rrɛkto] richtig; korrekt; **~tor** [-'tɔr] *m tip* Korrektor *m*

corre|dera [kɔrrɛ'đera] *f tec* Schieber *m*; **~dizo** [-'điθo] Schiebe…; **~dor** [-'đɔr] *m* (Wett-)Läufer *m*; Rennfahrer *m*; *com* Makler *m*; (*pasillo*) Korridor *m*; **~ *aéreo*** Luftkorridor *m*; **~gir** [-'xir] (*3c u 3l*) (ver)bessern, berichtigen; korrigieren; **~girse** sich bessern

correo-e [kɔ'rrɛo-e] F *m* E-Mail *f*

▸ **correo** [kɔ'rrɛo] *m* **1.** (*cartas, paquetes*) Post; **~ *aéreo*** Luftpost *f*; **~ *basura*** Werbemüll *m*; *internet* Junkmails *pl*; Spam *n*; ***por* ~** mit der Post®, per Post®; ***echar al* ~** *carta* einwerfen; ***llevar al* ~** zur Post® bringen; ***por* ~ *aparte*** (*o* ***separado***) mit getrennter Post; **2.** *inform* **~ *electrónico*** E-Mail *f*; **~ *electrónico gratuito*** Freemail *f*; *tel* **~ *de voz*** Voicemail *f*; ***enviar por* ~ *electrónico*** per E-Mail schicken, mailen; **3.** (*institución*) Post® *f*; **♀s** *pl*, ***oficina*** *f* (*o* ***estafeta*** *f*) ***de* ~s** Postamt *n*

correr [kɔ'rrɛr] (*2a*) **1.** *v/i* laufen, rennen; *auto* schnell fahren; (*tiempo*) vergehen; (*agua*) fließen; **~ *con los gastos*** die Kosten tragen; **2.** *v/t* (*mueble*) (ver)rücken; (*cerrojo*) vorschieben; (*cortina*) zuziehen; **~se** (beiseite) rücken

correspon|dencia [kɔrrɛspɔn'denθĭa] *f* Briefwechsel *m*; Korrespondenz *f*; (*cartas*) Post *f*; *ferro* Anschluss *m*; *fig* Entsprechung *f*; **~der** [-'đɛr] (*2a*) entsprechen (*dat* **a**); (*favor, etc*) erwidern; (*pertenecer*) zustehen, -kommen (*dat* **a**); **~diente** [-'dĭente] entsprechend; **~sal** [-'sal] *su* Korrespondent(in) *m*(*f*); Berichterstatter *m*(*f*)

corretaje [kɔrrɛ'taxe] *m* Maklergebühr *f*

corrida [kɔ'rriđa] *f* Lauf *m*; **~ (*de toros*)** Stierkampf *m*

corriente [kɔ'rrĭente] **1.** *adj* laufend; fließend; (*normal*) üblich, gewöhnlich; **2.** *f* Strom *m* (*a fig u el*); *fig* Strömung *f*; **~ *de aire*** Luftzug *m*; **♀ *del Golfo*** Golfstrom *m*; *fig* ***ir contra la ~*** gegen den Strom schwimmen; **3.** *m* laufende(r) Monat *m*; ***estar (tener) al ~*** auf dem Laufenden sein (halten); ***fuera de lo ~*** außergewöhnlich

corro ['kɔrrɔ] *m* Kreis *m* (von Personen)

corroborar [kɔrrɔƀo'rar] (*1a*) (be)stärken; bekräftigen

corromper [kɔrrɔm'pɛr] (*2a*) verderben; *fig* bestechen

corros|ión [kɔrrɔ'sĭɔn] *f* Korrosion *f*; **~ivo** [-'siƀo] **1.** *adj* ätzend; **2.** *m* Ätzmittel *n*

corrup|ción [kɔrruƀ'θĭɔn] *f fig* Bestechung *f*; Korruption *f*, Verfall *m*; ***~ de menores*** Verführung *f* Minderjähriger; **~tible** [-'tiƀle] bestechlich; **~to** [kɔ'rrupto] verdorben; korrupt

corsario [kɔr'sarĭo] *m* Seeräuber *m*, Korsar *m*

corsé [kɔr'se] *m* Korsett *n*

corso ['kɔrso] **1.** *adj* korsisch; **2.** *m* Korse *m*

corta|césped [kɔrta'θespeđ] *m* Rasenmäher *m*; **~do** [-'tađo] **1.** *adj* (*leche*) geronnen; (*turbado*) verlegen; **2.** *m* Kaffee *m* mit et Milch; **~fiambres** [-'fĭambres] *m* Aufschnittmaschine *f*; **~frío** [-'frio] *m* Hartmeißel *m*; **~nte** [-'tante] schneidend (*a fig*); **~papeles** [-tapa'peles] *m* Brieföffner *m*; **~pisa** [-'pisa] *f*: ***poner ~s*** *fig* Steine in den Weg legen

cortar [kɔr'tar] (*1a*) schneiden; ab-, aus-, zer-, durchschneiden; (*tela*) zuschneiden; (*comunicación*) unterbrechen; (*árbol*) fällen; (*agua, gas, luz, calle*) sperren; (*naipes*) abheben; **~se** sich schneiden; (*leche*) gerinnen; (*turbarse*) verlegen werden

corta|úñas [kɔrta'uɲas] *m* Nagelzange *f*; **~vientos** [-'ƀĭentos] *m* Windschutz *m*

corte ['kɔrte] **a)** *m* Schnitt *m*; *med* Schnittwunde *f*; (*de ropa*) Zuschnitt *m*; (*de luz, etc*) Sperre *f* **a)** *f* (Königs-) Hof *m*; *Am* Gerichtshof *m*; **♀s** *pl* das spanische Parlament

corte|jar [kɔrtɛ'xar] (*1a*) den Hof machen; **~jo** [-'tɛxo] *m* Zug *m*, Gefolge *n*; ***~ fúnebre*** Trauerzug *m*

cortés [kɔr'tes] höflich

corte|sana [kɔrte'sana] *f* Kurtisane *f*; *hist* Hofdame *f*; **~sano** [-'sano] **1.** *adj* höfisch; **2.** *m* Höfling *m*; **~sía** [-'sia] *f* Höflichkeit *f*

corteza [kɔr'teθa] *f* Rinde *f*; (*de pan*) Kruste *f*; (*de fruta*) Schale *f*

cortijo [kɔr'tixo] *m andalusisches* Landgut *n*

cortina [kɔr'tina] *f* Gardine *f*, Vorhang *m*

corto ['kɔrto] kurz; *fig* beschränkt; ***~ de vista*** kurzsichtig; ***a la corta*** *od* ***a la larga*** über kurz oder lang; ***no quedarse ~*** keine Antwort schuldig bleiben; **~circuito** *el* [-θir'kŭito] *m* Kurzschluss *m*; **~metraje** [-me'traxe] *m* Kurzfilm *m*

corvo ['kɔrƀo] krumm, gebogen

corzo ['kɔrθo] *m* Reh *n*

cosa ['kosa] *f* Sache *f*, Ding *n*; ***~ de*** ungefähr; ***otra ~*** et anderes; ***poca ~*** wenig; ***como si tal ~*** als ob nichts geschehen wäre

cosaco [ko'sako] *m* Kosak *m*

cosecha [ko'setʃa] *f* Ernte *f*; **~dora** [-'đora] *f* Mähdrescher *m*; **~r** [-'tʃar] (*1a*) ernten

coser [ko'sɛr] (*2a*) nähen; ***ser ~ y cantar*** kinderleicht sein

cosméti|ca [kɔz'metika] *f* Kosmetik *f*; **~co** [-'metiko] **1.** *adj* kosmetisch; **2.** *m* Schönheitsmittel *n*

cósmico ['kɔzmiko] kosmisch

cosmo|nauta [kɔzmo'naŭta] *m* Kosmonaut *m*; **~polita** [-po'lita] *m* Weltbürger *m*

cosmos ['kɔzmɔs] *m* Kosmos *m*

cosquill|as [kɔs'kiʎas] *f/pl* Kitzeln *n*; ***hacer ~*** kitzeln; **~oso** [-ki'ʎoso] kitz(e)lig; *fig* empfindlich

costa ['kɔsta] *f* Küste *f*; **~s** Kosten *pl*; ***a ~ de*** auf Kosten von; ***a toda ~*** um jeden Preis ♀ ***Azul*** Côte d'Azur *f*

Costa de Marfil ['kɔsta đe mar'fil] *f* Elfenbeinküste *f*

costado [kɔs'tađo] Seite *f*; Flanke *f*

cos|tar [kɔs'tar] (*1m*) kosten; *fig* schwerfallen; *fig* ***~ caro*** teuer zu stehen kommen; **~te** ['kɔste] *m* Kosten *pl*; ***~ de la vida*** Lebenshaltungskosten *pl*; **~tear** [kɔste'ar] (*1a*) die Kosten tragen

Costa Rica ['kɔsta 'rika] *f* Costa Rica *n*

coste ['kɔste] *m* Kosten *pl*; Preis *m*; **~s** *pl* ***salariales*** Lohnkosten *pl*; ***~ de la vida*** Lebenshaltungskosten *pl*; ***abaratar ~s*** Kosten senken; ***de bajo ~*** Billig…

costilla [kɔs'tiʎa] *f* Rippe *f*

costo ['kɔsto] *m* Kosten *pl*; **~so** [-'toso] kostspielig; teuer

costra ['kɔstra] *f* Kruste *f*; *med* Schorf

m

costumbre [kɔs'tumbre] *f* Gewohnheit *f*; Sitte *f*; Brauch *m*; ***mala ~*** Unsitte *f*; ***de ~*** gewöhnlich, üblich

costu|ra [kɔs'tura] *f* Naht *f*; Nähen *n*; ***alta ~*** Haute Couture *f*; **~rera** [-'rera] *f* Näherin *f*; **~rero** [-'rero] *m* Nähkasten *m*

cotidiano [koti'đĭano] täglich

cotill|a F [ko'tiʎa] *f* F Klatschbase *f*; **~ear** [-ʎe'ar] (*1a*) F klatschen

cotiza|ción [kotiθa'θĭɔn] *f* Notierung *f*; Kurs *m*; **~r** [-'θar] (*1f*) **1.** *v/t com* notieren; **2.** *v/i* Beitrag zahlen

coto ['koto] *m* eingezäuntes Grundstück *n*; ***~ de caza*** Jagdrevier *n*

cotorra [ko'tɔrra] *f* F Klatschbase *f*

cox|al *med* [kɔg'sal] *adj* Hüft…; **~is** ['kɔgsis] *m* Steißbein *n*

coyuntura [kojun'tura] *f* Konjunktur *f*

coz [kɔθ] *f* (*caballo, etc*) Ausschlagen *n*

C.P. *m* ***Código Postal*** PLZ *f* (Postleitzahl)

crac [krak] *m* Börsenkrach *m*

cráneo ['kraneo] *m* Schädel *m*

craso ['kraso] krass

cráter ['kratɛr] *m* Krater *m*

crea|ción [krea'θĭɔn] *f* Schöpfung *f*; Erschaffung *f*; **~dor** [-'đɔr] **1.** *adj* schöpferisch; **2.** *m* Schöpfer *m*; **~r** [-'ar] (*1a*) (er)schaffen; (*fundar*) gründen; **~tividad** [-tiƀi'đađ] *f* Kreativität *f*; **~tivo** [-'tiƀo] kreativ

cre|cer [kre'θɛr] (*2d*) wachsen; (*río*) anschwellen; *fig* zunehmen; **~cida** [-'θiđa] *f* Hochwasser *n*; **~cido** [-'θiđo] erwachsen; groß; **~ciente** [-'θĭente] steigend, wachsend; (*luna*) zunehmend; **~cimiento** [-θi'mĭento] *m* Wachstum *n*; *fig* Zunahme *f*

credencial [kređen'θĭal]: (***cartas***) **~es** *f/pl* Beglaubigungsschreiben *n*

credi|bilidad [kređiƀili'đađ] *f* Glaubwürdigkeit *f*; **~ticio** [-'tiθĭo] Kredit…

crédito ['kređito] *m com* Kredit *m*; *fig* Ansehen *n*; ***a ~*** auf Kredit; ***dar ~ a alg*** j-m Glauben schenken

credo ['kređo] *m* Kredo *n*, Glaubensbekenntnis *n*

credulidad [kređuli'đađ] *f* Leichtgläubigkeit *f*

crédulo ['kređulo] leichtgläubig

creencia [kre'enθĭa] *f* Glaube *m*

creer [kre'ɛr] (*2e*) glauben (an *ac* ***en***); (*considerar*) halten für; **~se** sich et einbilden; sich halten für

creí|ble [kre'iƀle] glaubhaft; **~do** [-'iđo] eingebildet, eitel

crema ['krema] *f* Creme *f*; (*nata*) Sahne *f*; ***~ dental*** Zahncreme *f*

cremación [krema'θĭɔn] *f* Verbrennung *f*; Feuerbestattung *f*

cremallera [krema'ʎera] *f* Reißverschluss *m*; (***ferrocarril*** *m* ***de***) **~** Zahnradbahn *f*

crematorio [krema'torĭo] *m* Krematorium *n*

crepitar [krepi'tar] (*1a*) prasseln, knistern

crepúsculo [kre'puskulo] *m* Dämmerung *f*

cresta ['kresta] *f* (*de gallo*) Kamm *m*

Creta ['kreta] *f* Kreta *n*

cretino [kre'tino] **1.** *adj* dumm; **2.** *m* Schwachkopf *m*, Kretin *m*

creyente [kre'jente] **1.** *adj* gläubig; **2.** *m* Gläubige(r) *m*

cría ['kria] *f* Zucht *f*; (*animal*) Junge(s) *n*; ***~ de animales en gran escala*** Massentierhaltung *f*

cria|da [kri'ađa] *f* Dienstmädchen *n*; **~do** [-'ađo] *m* Diener *m*; **~dor** [-a'đɔr] *m* Züchter *m*; **~nza** [-'anθa] *f* (Auf-)Zucht *f*; **~r** [-'ar] (*1c*) züchten; (*niño*) aufziehen; **~rse** aufwachsen; **~tura** [-a'tura] *f* Kreatur *f*, Geschöpf *n*; (*niño*) Kind *n*

criba ['kriƀa] *f* Sieb *n*; **~r** [-'ƀar] (*1a*) sieben

crimen ['krimen] *m* Verbrechen *n*

criminal [krimi'nal] **1.** *adj* verbrecherisch, kriminell; **2.** *m* Verbrecher *m*; **~idad** [-nali'đađ] *f* Kriminalität *f*

crío ['krio] *m* F Kind *n*

cripta ['kripta] *f* Gruft *f*, Krypta *f*

crisantemo *bot* [krisan'temo] *m* Chrysantheme *f*

crisis ['krisis] *f* Krise *f*

crisol [kri'sɔl] *m* Schmelztiegel *m* (*a fig*)

crispa|ción [krispa'θĭɔn] *f* Verkrampfung *f*; *fig* Spannung *f*; **~r** [-'par] (*1a*) zusammenkrampfen, verkrampfen; *fig* in Wut bringen; ***~ los nervios*** auf die Nerven gehen

cristal [kris'tal] *m* Kristall *n*; (*vidrio*) Glas *n*; Fensterscheibe *f*; **~era** [-ta'lera] *f* Glasschrank *m*; **~ería** [-le'ria] *f* Glaswaren *f/pl*; Gläser *n/pl*; **~ero** [-'lero] *m* Glaser *m*; **~ino** [-'lino] **1.** *adj* kristallklar; **2.** *m* (*del ojo*) Linse *f*; **~izar**

[-li'θar] (*1f*) kristallisieren
cristia|ndad [kristĭan'dađ] *f* Christenheit *f*; **~nismo** [-'nizmo] *m* Christentum *n*; **~no** [-'tĭano] **1.** *adj* christlich; **2.** *m* Christ *m*
criterio [kri'terĭo] *m* Kriterium *n*; ***~s*** *m/pl* ***de convergencia*** (*euro*) Konvergenzkriterien *n/pl*
crítica ['kritika] *f* Kritik *f*
criticar [kriti'kar] (*1g*) kritisieren
crítico ['kritiko] **1.** *adj* kritisch; **2.** *m* Kritiker *m*
Croacia [kro'aθĭa] *f* Kroatien *n*
croar [kro'ar] (*1a*) quaken
croata [kro'ata] **1.** *adj* kroatisch; **2.** *su* Kroate *m*, Kroatin *f*
crol [krol] *m dep* Kraulen *n*
cromar [kro'mar] (*1a*) verchromen
cromo ['kromo] *m* Chrom *n*; (*estampa*) Sammelbild *n*
cromosoma [kromo'soma] *m* Chromosom *n*
cróni|ca ['kronika] *f* Chronik *f*; (Zeitungs-)Bericht *m*; **~co** [-ko] chronisch
cronista [kro'nista] *m* Chronist *m*
cron|ológico [krono'lɔxiko] chronologisch; **~ometrar** [-me'trar] (*1a*) die Zeit abnehmen (*od* stoppen); **~ómetro** [-'nometro] *m* Stoppuhr *f*
croqueta [kro'keta] *f* Krokette *f*
croquis ['krokis] *m* Skizze *f*
cruce ['kruθe] *m* Kreuzung *f* (*a biol*); **~ro** [-'θero] *m arqu* Querschiff *n*; *mar* Kreuzer *m*; (*viaje*) Kreuzfahrt *f*; **~ta** [-'θeta] *f* Kreuzstich *m*
crucial [kru'θĭal] *fig* entscheidend
crucifi|car [kruθifi'kar] (*1g*) kreuzigen; **~jo** [-'fixo] *m* Kruzifix *n*; **~xión** [-fig-'θĭɔn] *f* Kreuzigung *f*
crucigrama [kruθi'grama] *m* Kreuzworträtsel *n*
cru|deza [kru'đeθa] *f* Rohheit *f*; **~do** ['kruđo] **1.** *adj* roh (*a fig*); *fig* grob; rau; **2.** *m* Rohöl *n*
cruel [kru'ɛl] grausam; **~dad** [kruɛl-'đađ] *f* Grausamkeit *f*
cruento [kru'ento] blutig
cruji|ente [kru'xĭente] *gastr* knusprig; **~r** [-'xir] (*3a*) knistern; knarren
crustáceos [krus'taθeos] *m/pl* Krusten-, Krebstiere *n/pl*
cruz [kruθ] *f* Kreuz *n* (*a fig*); (*de una moneda*) Schriftseite *f*; ***~ gamada*** Hakenkreuz *n*; ***♀ Roja*** Rotes Kreuz *n*; **~ada** [-'θađa] *f* Kreuzzug *m* (*a fig*); **~ado** [-'θađo] **1.** *adj* (*traje*) zweireihig; **2.** *m* Kreuzfahrer *m*; **~ar** [-'θar] (*1f*) kreuzen (*a biol*); (*atravesar*) durchqueren; (*calle*) überqueren; (*cartas*, *palabras*) wechseln; **~arse** sich begegnen
CSCE *f hist* ***Conferencia de Seguridad y Cooperación en Europa*** KSZE *f* (Konferenz über Sicherheit u. Zusammenarbeit in Europa)
CSIC *m* ***Consejo Superior de Investigaciones Científicas*** *oberster span. Forschungsrat*
cta. ***cuenta*** Rechnung *f*
cuaderno [kŭa'đɛrno] *m* Heft *n*
cuadra ['kŭađra] *f* (Pferde-)Stall *m*; **~do** [-'đrađo] **1.** *adj* quadratisch; **2.** *m* Quadrat *n*; **~ngular** [-đraŋgu'lar] viereckig
cuadriculado [kŭađriku'lađo] (*papel*) kariert
cuadrilla [kŭa'đriʎa] *f* Gruppe *f*, Trupp *m*; *taur* Mannschaft *f* e-s Toreros
cuadro ['kŭađro] *m* (*pintura*) Bild *n* (*a teat u fig*), Gemälde *n*; *agr* Gartenbeet *n*; *el* ***~ de distribución*** Schalttafel *f*; *auto* ***~ de mandos*** Armaturenbrett *n*; ***~ sinóptico*** Übersichtstabelle *f*; ***a*** *od* ***de ~s*** kariert
cuádruple ['kŭađruple] vierfach
cua|jada [kŭa'xađa] *f* Dickmilch *f*; **~jar** [-'xar] **1.** *m zo* Labmagen *m*; **2.** (*1a*) *v/i* fest werden; (*nieve*) liegen bleiben; *fig* gelingen, F klappen; **~jarse** gerinnen; **~jo** ['kŭaxo] *m* Lab *n*
cual [kŭal] *pron relat* ***el, la, lo ~*** der, die, das; welche(r, s); ***a ~ más*** um die Wette; ***por lo ~*** weswegen
cuál [kŭal] *pron interr* wer?, welche(r, s)?
cuali|dad [kŭali'đađ] *f* Eigenschaft *f*, Qualität *f*; **~tativo** [-ta'tiƀo] qualitativ
cualquier [kŭal'kĭɛr] irgendein; ***~ día*** irgendwann; ***de ~ modo*** irgendwie; **~a** [-'kĭera] irgendjemand; jeder (beliebige)
cuan [kŭan] wie (sehr)
cuando ['kŭando] **1.** *cj* wenn; (*pasado*) als; **2.** *adv*: ***de ~ en ~*** von Zeit zu Zeit; ***~ más, ~ mucho*** höchstens; ***~ menos*** wenigstens; ***~ quiera*** jederzeit
cuándo ['kŭando] *interr* wann?; ***¿para ~?*** bis wann?
cuan|tía [kŭan'tia] *f* Summe *f*; Menge *f*; **~tioso** [-'tĭoso] reichlich, bedeutend; **~titativo** [-tita'tiƀo] quantitativ

cuanto ['kŭanto] alles, was; so viel wie; ***en ~*** sobald, sowie; ***en ~ a*** was … betrifft; ***~ más que*** um so mehr als; ***~ antes*** möglichst bald; ***~ antes, mejor*** je eher, desto besser; ***unos ~s*** einige, ein paar
cuánto ['kŭanto] *pron* wie viel; wie viele?; ***¿a ~s estamos?*** den Wievielten haben wir heute?; ***¡~ me alegro!*** wie ich mich freue!
cuaren|ta [kŭa'renta] vierzig; **~tena** [-'tena] *f* Quarantäne *f*
cuaresma [kŭa'rezma] *f* Fastenzeit *f*
cuarta ['kŭarta] *f mús* Quart *f*
cuartel [kŭar'tɛl] *m* Kaserne *f*; ***~ general*** Hauptquartier *n*
cuarteto *mús* [kŭar'teto] *m* Quartett *n*
cuarto ['kŭarto] **1.** *adj* vierte(r); **2.** *m* Viertel *n*; (*habitación*) Zimmer *n*; ***~ de baño*** Badezimmer *n*; ***~ de estar*** Wohnzimmer *n*; ***~ de hora*** Viertelstunde *f*
cuarzo *min* ['kŭarθo] *m* Quarz *m*
cuatrillizos [kŭatri'ʎiθos] *m/pl* Vierlinge *m/pl*
cuatro ['kŭatro] vier
cuba ['kuƀa] *f* Fass *n*
Cuba ['kuƀa] *f* Kuba *n*
cuban|o [ku'ƀano] **1.** *adj* kubanisch; **2.** **~o** *m*, **~a** *f* Kubaner(in) *m(f)*
cuberte|ría [kuƀɛrte'ria] *f* Besteck *n*; **~ro** [-'tero] *m* Besteckkasten *m*
cubeta [ku'ƀeta] *f* Zuber *m*; *quím* Wanne *f*
cúbico ['kuƀiko] kubisch; Kubik…
cubier|ta [ku'ƀiɛrta] *f* Hülle *f*; (*de un libro*) Umschlag *m*; *auto* (Reifen-)Decke *f*; *mar* Deck *n*; **~to** [-to] **1.** *adj* bedeckt; *com* gedeckt; **2.** *m* Besteck *n*; (*menú*) Gedeck *n*
cubismo [ku'ƀizmo] *m* Kubismus *m*
cubi|tera [kuƀi'tera] *f* Eiswürfelbehälter *m*; **~to** [-'ƀito] *m*: ***~ de caldo*** Suppenwürfel *m*; ***~ de hielo*** Eiswürfel *m*
cúbito *anat* ['kuƀito] *m* Elle *f*
cubo ['kuƀo] *m mat* Würfel *m*; Kubikzahl *f*; (*vasija*) Eimer *m*, Kübel *m*; *tec* Nabe *f*; ***~ de basura*** Mülleimer *m*
cubrir [ku'ƀrir] (*3a*) be-, zudecken; (*recorrer*) zurücklegen; *com, zo* decken; (*informar*) berichten über; (*puesto*) besetzen; *fig* ***~ de*** überhäufen mit; **~se** den Hut aufsetzen
cucaracha [kuka'ratʃa] *f* Schabe *f*, Kakerlak *m*
cucha|ra [ku'tʃara] *f* (Ess-)Löffel *m*; **~rada** [-'rađa] *f* (ein) Esslöffel voll; **~rilla** [-'riʎa], **~rita** [-'rita] *f* Tee-, Kaffeelöffel *m*; **~rón** [-'rɔn] *m* Schöpflöffel *m*
cuchich|ear [kutʃitʃe'ar] (*1a*) flüstern; **~eo** [-'tʃeo] *m* Getuschel *n*
cuchi|lla [ku'tʃiʎa] *f* Klinge *f*, Schneide *f*; **~llada** [-'ʎađa] *f* Messerstich *m*; **~llo** [-'tʃiʎo] *m* Messer *n*
cuclill|as [ku'kliʎas]: ***en ~*** in Hockstellung; **~o** [-'kliʎo] *m* Kuckuck *m*
cuco ['kuko] *m* Kuckuck *m*
cucurucho [kuku'rutʃo] *m* Tüte *f*
cuece ['kŭeθe] *s* ***cocer***
cuello ['kŭeʎo] *m* Hals *m*; (*de camisa, etc*) Kragen *m*; ***~ de botella*** *a fig* Engpass *m*
cuen|ca ['kŭeŋka] *f geo* Becken *n*; **~co** [-'ko] *m* Napf *m*
cuenta ['kŭenta] *f* Rechnung *f*; *com* Konto *n*; ***~ atrás*** Count-down *m*; ***~ corriente*** Girokonto *n*, laufendes Konto *n*; ***~ de gastos*** Spesenrechnung *f*; ***por ~ de*** auf Rechnung von; ***dar ~*** Rechenschaft ablegen; ***darse ~ de*** (be-)merken; ***echar ~s*** abrechnen; ***pagar a ~*** anzahlen; ***tener*** (*od* ***tomar***) ***en ~*** berücksichtigen; **~gotas** [-'gotas] *m* Tropfenzähler *m*; **~kilómetros** [-ki'lometros] *m* Kilometerzähler *m*; **~rrevoluciones** [-rrɛƀolu'θĭones] *m* Drehzahlmesser *m*
cuento ['kŭento] *m* Geschichte *f*; Märchen *n*; *fig* Gerede *n*; ***dejarse de ~s*** zur Sache kommen
cuerda ['kŭɛrđa] *f* Seil *n*; Schnur *f*; *mús* Saite *f*; (*del reloj*) Feder *f*; ***bajo ~*** heimlich; ***dar ~*** (*reloj*) aufziehen; ***~s*** *pl* ***vocales*** Stimmbänder *n/pl*
cuerdo ['kŭɛrđo] klug, vernünftig
cuerno ['kŭɛrno] *m* Horn *n* (*a mús*); *fig* ***poner ~s a alg*** j-m Hörner aufsetzen
cuero ['kŭero] *m* Leder *n*; ***~ cabelludo*** Kopfhaut *f*; ***en ~s*** splitternackt
cuerpo ['kŭɛrpo] *m* Körper *m*; *mil* Korps *n*; ***~ de bomberos*** Feuerwehr *f*; ***~ docente*** Lehrkörper *m*; *jur* ***~ del delito*** Beweisstück *n*, Corpus Delicti *n*; ***a ~ de rey*** fürstlich; *fig* ***tomar ~*** Gestalt annehmen
cuervo ['kŭɛrƀo] *m* Rabe *m*
cuesta ['kŭesta] *f* Abhang *m*; Steigung *f*; Gefälle *n*; ***~ abajo*** bergab; ***~ arriba*** bergauf; ***a ~s*** auf dem Rücken
cuestación [kŭesta'θĭɔn] *f* Sammlung *f*

cuestión [kŭes'tĭɔn] *f* Frage *f*
cuestiona|ble [kŭestĭo'naƀle] streitig, zweifelhaft; **~r** [-'nar] (*1a*) infrage stellen; **~rio** [-'narĭo] *m* Fragebogen *m*
cueva ['kŭeƀa] *f* Höhle *f*
cuida|do [kŭi'đađo] *m* Sorgfalt *f*; Vorsicht *f*; (*atención*) Pflege *f*; Betreuung *f*; ***tener ~*** aufpassen; ***¡~!*** Vorsicht!; **~dor** [-'đɔr] *m* Pfleger *m*; **~doso** [-'đoso] sorgfältig; **~r** [-'đar] (*1a*) betreuen; pflegen; versorgen; ***~ de*** sorgen für; **~rse** sich pflegen; sich schonen; ***~ de*** sich kümmern um
culata [ku'lata] *f* Gewehrkolben *m*; *auto* Zylinderkopf *m*
cule|bra [ku'leƀra] *f* Schlange *f*; **~brón** F [-'ƀrɔn] *m TV* Endlos-Serie *f*
culinario [kuli'narĭo] kulinarisch; Koch…
culmina|ción [kulmina'θĭɔn] *f* Höhepunkt *m*, Gipfel *m*; **~nte** [-'nante]: ***punto*** *m* **~** Höhepunkt *m*; **~r** [-'nar] (*1a*) **1.** *v/i* gipfeln; **2.** *v/t* vollenden
culo ['kulo] *m* F Hintern *m*
culpa ['kulpa] *f* Schuld *f*; Verschulden *n*; ***echar la ~ de a/c a alg*** j-m die Schuld an et geben; ***tener la ~ de*** schuld sein an; ***por ~ de*** wegen (*gen*); **~bilidad** [-ƀili'đađ] *f* Schuld *f*; **~ble** [-'paƀle] **1.** *adj* schuldig; **2.** *su* Schuldige(r *m*) *f*; **~r** [-'par] (*1a*) beschuldigen
culti|var [kulti'ƀar] (*1a*) anbauen, bebauen; züchten; *fig* pflegen; **~vo** [-'tiƀo] *m* Anbau *m*; Züchtung *f*; *fig* Pflege *f*; ***~ biológico, ecológico*** biologischer, ökologischer Anbau *m*
culto ['kulto] **1.** *adj* gebildet; kultiviert; **2.** *m* Gottesdienst *m*; Kult *m*
cultura [kul'tura] *f* Kultur *f*; Bildung *f*; **~l** [-'ral] kulturell
culturismo [kultu'rizmo] *m* Body-Building *n*
cumbre ['kumbre] *f* Gipfel *m* (*a fig*); *pol* Gipfeltreffen *n*
cumpleaños [kumple'aɲos] *m* Geburtstag *m*; ***¡feliz ~!*** alles Gute zum Geburtstag!
cumpli|do [kum'pliđo] *m* Kompliment *n*; ***por ~*** aus Höflichkeit; ***sin ~s*** ohne Umstände; **~dor** [-'đɔr] gewissenhaft, pflichtbewusst; **~mentar** [-men'tar] (*1k*) begrüßen; beglückwünschen; (*orden, etc*) ausführen; **~miento** [-'mĭento] *m* Erfüllung *f*; Ausführung *f*
cumplir [kum'plir] (*3a*) erfüllen; ausführen; (*pena*) verbüßen, absitzen; ***~ años*** Geburtstag feiern; ***~ con su deber*** s-e Pflicht tun; ***por ~*** aus Höflichkeit; **~se** in Erfüllung gehen
cuna ['kuna] *f* Wiege *f*; Kinderbett *n*; *fig* Abstammung *f*
cuneta [ku'neta] *f* Straßengraben *m*
cuña ['kuɲa] *f* Keil *m*; ***~ publicitaria*** Werbespot *m*
cuña|da [ku'ɲađa] *f* Schwägerin *f*; **~do** [ku'ɲađo] *m* Schwager *m*
cuota ['kŭota] *f* Quote *f*; (Mitglieds-) Beitrag *m*
cupé [ku'pe] *m auto* Coupé *n*
cupo ['kupo] *m* Quote *f*; Kontingent *n*, Anteil *m*
cupón [ku'pɔn] *m* Kupon *m*; Zinsschein *m*
cúpula ['kupula] *f* Kuppel *f*
cura ['kura] **1.** *m* Geistliche(r) *m*; **2.** *f* Kur *f*; ***~ de almas*** Seelsorge *f*; ***~ termal*** Badekur *f*; **~ble** [-'raƀle] heilbar; **~ción** [-'θĭɔn] *f* Heilung *f*; **~ndero** [-ran'dero] *m* Kurpfuscher *m*
curar [ku'rar] (*1a*) **1.** *v/i* genesen, heilen; **2.** *v/t med* behandeln; heilen; (*carne*) einsalzen, räuchern; (*cuero*) gerben; **~se** genesen, gesund werden; ***~ en salud*** vorbeugen, vorbauen
curio|sear [kurĭose'ar] (*1a*) neugierig sein; F herumschnüffeln; **~sidad** [-si'đađ] *f* Neugier(de) *f*; (*cosa rara*) Kuriosität *f*; ***~es*** *pl* Sehenswürdigkeiten *f/pl*; **~so** [ku'rĭoso] neugierig; (*raro*) merkwürdig, sonderbar
curra|nte [ku'rrante] *m* F Jobber *m*; **~r** [-'rrar] F (*1a*) jobben
currícu|lo [ku'rrikulo] *m* Curriculum *n*; **~lum vitae** [-lum ƀitɛ] *m* Lebenslauf *m*
cursar [kur'sar] (*1a*) (*estudios*) studieren; (*dar curso*) weiterleiten; (*telegrama*) aufgeben
cursi F ['kursi] kitschig, geschmacklos; **~lería** [kursile'ria] *f* Kitsch *m*; Getue *n*
cursill|ista [kursi'ʎista] *su* Kursteilnehmer(in) *m*(*f*); **~o** [-'siʎo] *m* Kurs *m*, Lehrgang *m*
cursivo [kur'siƀo] kursiv
curso ['kurso] *m* Lauf *m*; Verlauf *m*; (*cursillo*) Kurs(us) *m*, Lehrgang *m*; (*lección*) Vorlesung *f*; (*año escolar*) Schul-, Studienjahr *n*; ***~ acelerado*** Schnellkurs *m*; ***~ a distancia, ~ por correspondencia*** Fernkurs *m*; ***dar ~ a*** (amtlich) weiterleiten

cursor [kur'sɔr] *m inform* Cursor *m*
curti|do [kur'tiđo] abgehärtet; gebräunt; **~dor** [-ti'đɔr] *m* Gerber *m*; **~r** [-'tir] (*3a*) gerben; *fig* abhärten
cur|va ['kurƀa] *f* Kurve *f*; **~var** [-'ƀar] (*1a*) krümmen; beugen; **~vatura** [-'tura] *f* Krümmung *f*; **~vo** ['kurƀo] gebogen, krumm
cúspide ['kuspiđe] *f* Spitze *f*; Gipfel *m*
custodia [kus'tođĭa] *f* Aufbewahrung *f*; Bewachung *f*; *jur* Sorgerecht *n*; *rel* Monstranz *f*; *com* ***derechos*** *m/pl* ***de ~*** Depotgebühren *f/pl*; **~r** [-'đĭar] (*1b*) bewachen, hüten
cutáneo [ku'taneo] Haut…
cúter *mar* ['kutɛr] *m* Kutter *m*
cutis ['kutis] *m* (Gesichts-)Haut *f*
cuyo, -a ['kujo, -ja] dessen, deren
CV ***caballo de vapor*** PS (Pferdestärke[n])

D

D, d [de] *f* D, d *n*
D. ***Don*** Herr (*vor dem Vornamen*)
Da. ***Doña*** Frau (*vor dem Vornamen*)
dádiva ['dađiƀa] *f* Gabe *f*, Spende *f*
dadivoso [dađi'ƀoso] freigebig
dado ['dađo] **1.** *m* Würfel *m*; **2.** *part de* ***dar***; **3.** *prp* angesichts (*gen*), in Anbetracht (*gen*); **4.** *cj* ***~ que*** da, weil
dador *m jur*, *com* [da'đɔr] Geber *m*
daga ['daga] *f* Dolch *m*
dalia *bot* ['dalĭa] *f* Dahlie *f*
dalto|niano [dalto'nĭano] farbenblind; **~nismo** [-'nizmo] *m* Farbenblindheit *f*
dama ['dama] *f* Dame *f*; (***juego*** *m* ***de***) **~*s*** *f/pl* Damespiel *n*; **~juana** [-'xŭana] *f* Korbflasche *f*; Glasballon *m*
damasco [da'masko] *m* Damast *m*; *Am* Aprikose *f*
Damasco [da'masko] *m* Damaskus *n*
damero [da'mero] *m* Damebrett *n*
damnifica|do [damnifi'kađo] *m* Geschädigte(r) *m*; **~r** [-'kar] (*1g*) schädigen
dandi ['danđi] *m* Dandy *m*
dan|és [da'nes] **1.** *adj* dänisch; **2. ~és** *m*, **~esa** [-'nesa] *f* Däne *m*, Dänin *f*
dantesco [dan'tesko] dantesk, schauerlich
Danubio [da'nuƀĭo] *m* Donau *f*
danza ['danθa] *f* Tanz *m*; **~nte** [-'θante] *su* Tänzer(in) *m*(*f*); **~r** [-'θar] (*1f*) tanzen; **~rín** *m*, **~rina** *f* [-'rin, -'rina] Tänzer(in) *m*(*f*)
dañ|ar [da'ɲar] (*1a*) schaden (*dat*); schädigen; **~arse** Schaden leiden; **~ino** [-'ɲino] schädlich; **~o** ['daɲo] *m* Schaden *m*; ***~ material*** Sachschaden *m*; ***hacer ~*** wehtun; verletzen; ***~s y perjuicios*** *m/pl* Schaden(ersatz) *m*
dar [dar] (*1r*) **1.** *v/t* geben; her-, abgeben; (*regalar*) schenken; (*recuerdos*) bestellen; (*golpe*) versetzen; (*conferencia*) halten; (*valor*) beimessen; ***~ las cinco*** fünf Uhr schlagen; **2.** *v/i* ***~ a*** (*ventana*) gehen auf; ***~ con*** finden; (*persona*) (zufällig) treffen; ***no ~ con el nombre*** nicht auf den Namen kommen; ***~ contra*** stoßen gegen; ***~ de comer*** zu essen geben; ***~ de sí*** (*rendir*) einbringen, hergeben; (*tela*, *etc*) sich dehnen *od* weiten; ***~ por muerto*** für tot halten; ***~ que hablar*** Anlass zu Gerede geben; ***¡qué más da!*** was liegt schon daran!; **~se** (*suceder*) vorkommen; ***~ a*** sich widmen (*dat*); (*a un vicio*, *etc*) sich ergeben, verfallen (*dat*); ***~ por*** sich halten für
dardo ['darđo] *m* Wurfspieß *m*
dársena ['darsena] *f* Hafenbecken *n*
datar [da'tar] (*1a*) **1.** *v/t* datieren; **2.** *v/i*: ***~ de*** zurückgehen auf
dátil *bot* ['datil] *m* Dattel *f*
datilera [dati'lera] *f*: (***palmera*** *f*) **~** Dattelpalme *f*
dativo *gram* [da'tiƀo] *m* Dativ *m*
dato ['dato] *m* Angabe *f*; ***~s*** *pl* Daten *n/pl*; ***~s personales*** Personalien *pl*
d.C. ***después de Cristo*** n. Chr. (nach Christus)
de [de] von, aus; ***~ Madrid*** aus Madrid; ***~ madera*** aus Holz; ***un vaso ~ agua*** ein Glas Wasser; ***el padre ~ mi amigo*** der Vater m-s Freundes; ***más*** (***menos***) **~** mehr (weniger) als; ***~ 20 años*** zwanzigjährig; ***~ miedo*** aus Furcht; ***~ noche*** nachts; ***~ niño*** als Kind; ***trabajar ~ albañil*** als Maurer arbeiten
deambular [deambu'lar] (*1a*) wandeln;

schlendern
debajo [de'ƀaxo] unten; darunter; *~ de* unter
debat|e [de'ƀate] *m* Debatte *f*; **~ir** [-ƀa'tir] (*3a*) besprechen; verhandeln, debattieren über
debe *com* ['deƀe] *m* Soll *n*, Debet *n*
deb|er [de'ƀɛr] **1.** *m* Pflicht *f*; **~es** *m/pl* Hausaufgaben *f/pl*; **2.** (*2a*) *v/t* schulden; *fig* verdanken; **3.** *v/i* + *inf* müssen; sollen; ***no ~*** nicht dürfen; **~erse** zurückzuführen sein (auf *ac* ***a***); **~idamente** [-ƀiđa'mente] ordnungsgemäß; **~ido** [-'biđo] gebührend; ***como es ~*** wie es sich gehört; ***~ a*** wegen
débil ['deƀil] schwach
debili|dad [deƀili'đađ] *f* Schwäche *f* (*a fig*); ***~ mental*** Schwachsinn *m*; **~tar** [-'tar] (*1a*) schwächen; **~tarse** schwach werden
débito ['deƀito] *m* Schuld *f*; Soll *n*
debut [de'ƀut] *m* Debüt *n*; **~ante** [-ƀu'tante] *su* Anfänger(in) *m(f)*, Debütant(in) *m(f)*; **~ar** [-'tar] (*1a*) debütieren
década ['dekađa] *f* Dekade *f*
deca|dencia [deka'đenθĭa] *f* Verfall *m*; Dekadenz *f*; **~dente** [-'đente] dekadent; **~er** [-'ɛr] (*2o*) verfallen; nachlassen; **~ído** [-'iđo] kraftlos; *fig* mutlos; **~imiento** [-kaĭ'mĭento] *m* Verfall *m*; *fig* Niedergeschlagenheit *f*
decálogo *rel* [de'kalogo] *m die* Zehn Gebote *n/pl*
decano [de'kano] *m* Dekan *m*; Älteste(r) *m*
decapitar [dekapi'tar] (*1a*) enthaupten
decatlón [deka'tlɔn] *m* Zehnkampf *m*
decena [de'θena] *f* (etwa) zehn; *mús* Dezime *f*
decencia [de'θenθĭa] *f* Anstand *m*
decenio [de'θenĭo] *m* Jahrzehnt *n*
decente [de'θente] anständig
decepci|ón [deθɛƀ'θĭɔn] *f* Enttäuschung *f*; **~onar** [-θĭo'nar] (*1a*) enttäuschen
decibelio [deθi'ƀelĭo] *m* Dezibel *n*
decidi|do [deθi'điđo] entschieden; entschlossen (zu ***a***); *fig* energisch; **~r** [-'đir] (*3a*) entscheiden; bestimmen; beschließen; **~rse** sich entscheiden; sich entschließen (zu ***a***)
décima ['deθima] *f* Zehntel *n*; ***tener ~s*** leichtes Fieber haben
decimal [deθi'mal] Dezimal…
décimo ['deθimo] **1.** *adj* zehnt; **2.** *m* Zehntel *n*; (*de lotería*) Zehntellos *n*
decir [de'θir] **1.** *v/t*, *v/i* (*3p*) sagen; ***~ que sí*** (***no***) Ja (Nein) sagen; ***como quien dice*** sozusagen; ***querer ~*** bedeuten; ***es ~*** das heißt; ***¡no me diga!*** was Sie nicht sagen!; ***por así ~lo*** sozusagen; ***¡quién lo diría!*** wer hätte das gedacht!; ***dicen que*** man sagt, es heißt, dass; ***¡diga!*** *tel* hallo!; **2.** *m* Redensart *f*; ***es un ~*** das sagt man so
decisi|ón [deθi'sĭɔn] *f* Entscheidung *f*; Entschluss *m*; *jur* Beschluss *m*; *fig* Entschlossenheit *f*; **~vo** [-'siƀo] entscheidend
declamar [dekla'mar] (*1a*) vortragen, deklamieren
declara|ción [deklara'θĭɔn] *f* Erklärung *f*; Aussage *f*; ***~ de impuestos*** Steuererklärung *f*; ***~ jurada*** eidesstattliche Erklärung *f*; *jur* ***tomar ~*** verhören; **~r** [-'rar] (*1a*) erklären; *jur* aussagen; *com* deklarieren, angeben; **~rse** (*incendio*, *etc*) ausbrechen
declina|ción [deklina'θĭɔn] *f gram* Deklination *f*; *fig* Verfall *m*; **~r** [-'nar] (*1a*) **1.** *v/t* ablehnen; *gram* deklinieren; **2.** *v/i* (*día*) sich neigen; (*salud*) sich verschlechtern; (*decaer*) verfallen
declive [de'kliƀe] *m* Abhang *m*; ***en ~*** abschüssig
decomi|sar [dekomi'sar] (*1a*) (gerichtlich) einziehen; **~so** [-'miso] *m* Beschlagnahme *f*, Einziehung *f*
decora|ción [dekora'θĭɔn] *f* Dekoration *f*; **~do** [-'rađo] *m* Ausschmückung *f*; *teat* Bühnenbild *n*; ***~s*** *m/pl* (*cine*) Bauten *m/pl*; **~dor** [-'đɔr] *m* Dekorateur *m*; *teat* Bühnenbildner *m*; ***~ de interiores*** Innenarchitekt *m*; **~r** [-'rar] (*1a*) ausschmücken; dekorieren; **~tivo** [-ra'tiƀo] dekorativ
decoro [de'koro] *m* Anstand *m*; Würde *f*; Schicklichkeit *f*; **~so** [-ko'roso] anständig; sittsam
decrecer [dekre'θɛr] (*2d*) abnehmen
decrépito [de'krepito] hinfällig, altersschwach; verfallen
decrepitud [dekrepi'tuđ] *f* Altersschwäche *f*
decre|tar [dekre'tar] (*1a*) anordnen, verordnen; **~to** [-'kreto] *m* Verordnung *f*; Erlass *m*; ***~ reglamentario*** Durchführungsbestimmung *f*; ***~-ley*** *m* Gesetzesverordnung *f*; ***~ de la UE*** EU-Ver-

ordnung *f*
decúbito *med* [de'kuƀito] *m* Lage *f*; **~ *supino*** Rückenlage *f*
dedal [de'đal] *m* Fingerhut *m*
dédalo ['deđalo] *m* Labyrinth *n*
dedica|ción [deđika'θĭɔn] *f* Widmung *f*; *fig* Hingabe *f*; **~r** [-'kar] (*1g*) widmen; **~toria** [-ka'torĭa] *f* Widmung *f*
dedo ['deđo] *m* Finger *m*; (*del pie*) Zeh *m*, Zehe *f*; ***~ anular*** Ringfinger *m*; ***~ del corazón*** Mittelfinger *m*; ***~ gordo*** große Zehe *f*; ***a dos ~s de*** ganz nah; ***no tener dos ~s de frente*** nicht besonders helle sein
deduc|ción [deđuɡ'θĭɔn] *f* Ableitung *f*; Folgerung *f*; *com* Abzug *m*; **~ir** [-đu'θir] (*3o*) ableiten; folgern; *com* abziehen
defeca|ción [defeka'θĭɔn] *f* Stuhlgang *m*; **~r** [-'kar] (*1g*) Stuhlgang haben
defec|to [de'fɛkto] *m* Fehler *m*; (*carencia*) Mangel *m*; **~tuoso** [-'tŭoso] fehlerhaft; schadhaft
defen|der [defen'dɛr] (*2g*) verteidigen; **~sa** [-'fensa] **1.** *f* Verteidigung *f*; ***~s*** *pl med* Abwehrkräfte *f/pl*; ***legítima ~*** Notwehr *f*; **2.** *m dep* Verteidiger *m*; **~sivo** [-'siƀo] verteidigend; Defensiv…; **~sor** [-'sɔr] *m*, **~sora** *f a jur* Verteidiger(in) *m*(*f*); ***~ de oficio*** Pflichtverteidiger *m*
deferen|cia [defe'renθĭa] *f* Ehrerbietung *f*; **~te** [-'rente] ehrerbietig
deficien|cia [defi'θĭenθĭa] *f* Mangel *m*; Fehlerhaftigkeit *f*; ***~ mental*** Geistesschwäche *f*; **~te** [-te] mangelhaft
déficit ['defiθit] *m* Defizit *n*
deficitario [defiθi'tarĭo] defizitär
defini|ción [defini'θĭɔn] *f* Definition *f*; ***de alta ~*** *TV* hoch auflösend; **~r** [-'nir] (*3a*) bestimmen; definieren; **~tivo** [-ni'tiƀo] endgültig, definitiv; ***en definitiva*** letzten Endes
defoliar [defo'lĭar] (*1b*) entlauben
deforesta|ción [deforesta'θĭɔn] *f* Abholzung *f*; **~r** [-'tar] (*1a*) abholzen
defor|mación [defɔrma'θĭɔn] *f* Entstellung *f*; Verzerrung *f*; *med* Missbildung *f*; **~mar** [-'mar] (*1a*) entstellen; **~me** [-'fɔrme] unförmig; entstellt
defrauda|ción [defraŭđa'θĭɔn] *f* Veruntreuung *f*; Unterschlagung *f*; **~dor** *m* [-'đɔr] Betrüger *m*; **~r** [-'đar] (*1a*) hinterziehen; unterschlagen; betrügen; (*decepcionar*) enttäuschen
defunción [defun'θĭɔn] *f* Tod(esfall) *m*
degenera|ción [dɛxenera'θĭɔn] *f* Entartung *f*; **~r** [-'rar] (*1a*) entarten; ***~ en*** ausarten in
deglución [deɡlu'θĭɔn] *f* Schlucken *n*
degollar [deɡo'ʎar] (*1n*) köpfen; niedermetzeln
degrada|ción [deɡrađa'θĭɔn] *f* Degradierung *f*; Erniedrigung *f*; **~nte** [-'đante] erniedrigend; entwürdigend; **~r** [-'đar] (*1a*) degradieren; (*humillar*) erniedrigen
degusta|ción [deɡusta'θĭɔn] *f* Kosten *n*; ***~ de vino*** Weinprobe *f*; **~r** [-'tar] (*1a*) kosten, probieren
dehesa [de'esa] *f* (Vieh-)Weide *f*; Koppel *f*
deidad [dɛĭ'đađ] *f* Gottheit *f*
deja|dez [dɛxa'đeθ] *f* Nachlässigkeit *f*; Schlamperei *f*; **~do** [-'xađo] nachlässig
dejar [dɛ'xar] (*1a*) lassen; (*permitir*) zulassen; (*ceder*) überlassen; (*omitir*) aus-, weglassen; (*abandonar*) verlassen, im Stich lassen; (*al morir*) hinterlassen; (*empleo*) aufgeben; ***~ atrás*** zurücklassen; *fig* übertreffen; ***~ de*** *inf* aufhören zu *inf*; ***~ mucho que desear*** viel zu wünschen übrig lassen; ***no poder ~ de*** *inf* nicht umhin können zu *inf*; **~se** sich gehen lassen; ***~ caer*** *fig* plötzlich auftauchen; ***~ llevar*** sich hinreißen lassen
deje ['dɛxe] *m* Tonfall *m*; (*sabor*) Nachgeschmack *m*; *fig* Anflug *m*
delantal [delan'tal] *m* Schürze *f*
delante [de'lante] vorn; voran; ***de*** (*od* ***por***) **~** von vorn; ***~ de*** vor; **~ra** [-'tera] *f* Vorderteil *n*; Vorderseite *f*; *dep* Sturm *m*; ***llevar la ~*** e-n Vorsprung haben; ***tomar la ~*** überholen; **~ro** [-ro] **1.** *adj* vorder, Vorder…; **2.** *m dep* Stürmer *m*; ***~ centro*** Mittelstürmer *m*
dela|tar [dela'tar] (*1a*) anzeigen, denunzieren; **~tor** [-'tɔr] *m* Denunziant *m*
delco ['dɛlko] *m auto* Zündverteiler *m*
delega|ción [deleɡa'θĭɔn] *f* Abordnung *f*, Delegation *f*; ***~ de Hacienda*** Finanzamt *n*; ***por ~*** in Vertretung; **~do** [-'ɡađo] *m* Beauftragte(r) *m*; Delegierte(r) *m*; **~r** [-'ɡar] (*1h*) abordnen; delegieren; (*poder*) übertragen
delei|tar [delɛĭ'tar] (*1a*) erfreuen; **~te** [-'lɛĭte] *m* Vergnügen *n*; Wonne *f*
deletrear [deletre'ar] (*1a*) buchstabieren

delfín [dɛl'fin] *m* Delphin *m*
delga|dez [dɛlga'đeθ] *f* Schlankheit *f*; **~do** [-'gađo] dünn; schlank
delibera|ción [deliƀera'θĭɔn] *f* Überlegung *f*; Beratung *f*; **~r** [-'rar] (*1a*) **1.** *v/t* besprechen; **2.** *v/i* beraten (über *ac* ***sobre***)
delica|deza [delika'đeθa] *f* Zartheit *f*; *fig* Zartgefühl *n*; Takt *m*; **~do** [-'kađo] zart; fein; feinfühlig; *med* schwächlich; kränklich; (*sensible*) empfindlich; (*difícil*) heikel
delici|a [de'liθĭa] *f* Vergnügen *n*; Entzücken *n*; Wonne *f*; ***hacer las ~s de alg*** j-n entzücken; **~oso** [-'θĭoso] köstlich; entzückend
delimitar [delimi'tar] (*1a*) abgrenzen, begrenzen
delincuen|cia [deliŋ'kŭenθĭa] *f* Kriminalität *f*; **~ *informática*** Computerkriminalität *f*; **~te** [-te] *m* Delinquent *m*
delinea|nte [deline'ante] *m* technischer Zeichner *m*; **~r** [-'ar] (*1a*) umreißen; *fig* entwerfen
deli|rante [deli'rante] *fig* rasend; **~rar** [-'rar] (*1a*) irrereden, fantasieren; **~rio** [de'lirĭo] *m med* Delirium *n*; *fig* Raserei *f*; **~ *de grandeza*** Größenwahn *m*
delito [de'lito] *m* Vergehen *n*; Straftat *f*
delta ['dɛlta] *m* Delta *n*
demacrado [dema'krađo] abgemagert, ausgezehrt
demago|gia [dema'gɔxĭa] *f* Demagogie *f*; **~go** [-'gogo] *m* Demagoge *m*
demanda [de'manda] *f* Forderung *f*; Anfrage *f*; *com* Nachfrage *f* (nach ***de***); *jur* Klage *f*; ***en ~ de*** auf der Suche nach; **~do** [-'dađo] *m* Beklagte(r) *m*; **~nte** [-'dante] *su* Kläger(in) *m*(*f*); **~r** [-'dar] (*1a*) bitten, fordern; *jur* verklagen
demarca|ción [demarka'θĭɔn] *f* Abgrenzung *f*; Bezirk *m*; **~r** [-'kar] (*1g*) abgrenzen; abstecken
demás [de'mas]: ***lo ~*** das Übrige; ***los ~*** die anderen; ***por lo ~*** im Übrigen
demasía [dema'sia] *f* Übermaß *n*; ***en ~*** im Übermaß, zu viel
demasiado [dema'sĭađo] zu viel; zu (sehr)
demen|cia [de'menθĭa] *f* Wahnsinn *m*; **~ *senil*** Altersschwachsinn *m*; **~te** [-'mente] **1.** *adj* wahnsinnig; **2.** *m* Wahnsinnige(r) *m*
dem|ocracia [demo'kraθĭa] *f* Demokratie *f*; **~ócrata** [-'mokrata] *su* Demokrat(in) *m*(*f*); **~ocrático** [-'kratiko] demokratisch
demo|grafía [demogra'fia] *f* Bevölkerungslehre *f*, Demographie *f*; **~gráfico** [-'grafiko] demographisch, Bevölkerungs…
demo|ler [demo'lɛr] (*2h*) zerstören; abreißen; **~lición** [-li'θĭɔn] *f* Zerstörung *f*; Abbruch *m*
demon|íaco [demo'niako] dämonisch, teuflisch; **~io** [de'monĭo] *m* Teufel *m*; Dämon *m*
demora [de'mora] *f* Verzögerung *f*; *com* Verzug *m*; ***sin ~*** unverzüglich; **~r** [-'rar] (*1a*) verzögern
demostra|ble [demɔs'traƀle] nachweisbar; **~ción** [-'θĭɔn] *f* Vorführung *f*; (*prueba*) Beweis *m*; Nachweis *m*; **~r** [-'trar] (*1m*) (*probar*) beweisen; (*mostrar*) zeigen, vorführen; **~tivo** [-'tiƀo] *gram* demonstrativ
denegar [dene'gar] (*1h u 1k*) verweigern; ablehnen
denigrar [deni'grar] (*1a*) schlecht machen, herabsetzen
denodado [deno'đađo] mutig
denomina|ción [denomina'θĭɔn] *f* Benennung *f*; **~ *de origen*** Ursprungsbezeichnung *f*, Herkunftsbezeichnung *f*; **~dor** [-'đɔr] *m mat* Nenner *m*; **~ *común*** gemeinsamer Nenner *m* (*a fig*); **~r** [-'nar] (*1a*) benennen
denotar [deno'tar] (*1a*) (an)zeigen; hindeuten auf
den|sidad [densi'đađ] *f* Dichte *f*; **~so** ['denso] dicht
den|tadura [denta'đura] *f* Gebiss *n*; **~ *postiza*** (künstliches) Gebiss *n*; **~tal** [-'tal] Zahn…; **~tición** [-ti'θĭɔn] *f* Zahnen *n*; **~tífrico** [-'tifriko] **1.** *adj*: ***agua** f **dentífrica*** Mundwasser *n*; **2.** *m* Zahnpasta *f*; **~tista** [-'tista] *su* Zahnarzt *m*, -ärztin *f*; **~tón** *zo* [-'tɔn] *m* Zahnbrasse *f*
dentro ['dentro] **1.** *adv* darin, drinnen; ***de*** (*od* ***por***) **~** von innen; **2.** *prp* **~ *de*** in (*dat*), innerhalb (*gen*); **~ *de un momento*** gleich
denuncia [de'nunθĭa] *f* Anzeige *f*; **~nte** [-'θĭante] *m* Denunziant *m*; **~r** [-'θĭar] (*1b*) *jur* anzeigen; denunzieren
deparar [depa'rar] (*1a*) bescheren, bieten

departamento [departa'mento] *m* Abteilung *f*; *ferro* Abteil *n*; (*universidad*) Fachbereich *m*
depen|dencia [depen'denθĭa] *f* Abhängigkeit *f*; *arqu* Nebengebäude *n*; *com* Zweigstelle *f*; **~der** [-'dɛr] (*2a*) abhängen (von *dat* **de**); **¡depende!** das kommt darauf an!; **~dienta** [-'dĭenta] *f* Angestellte *f*; Verkäuferin *f*; **~diente** [-'dĭente] **1.** *adj* abhängig; **2.** *m* Angestellte(r) *m*; Verkäufer *m*
depila|r [depi'lar] (*1a*) enthaaren; **~torio** [-la'torĭo] *m* Enthaarungsmittel *n*
deplora|ble [deplo'raƀle] bedauerlich; **~r** [-'rar] (*1a*) bedauern
deportar [depɔr'tar] (*1a*) deportieren, verschleppen
depor|te [de'pɔrte] *m* Sport *m*; **~tista** [-'tista] *su* Sportler(in) *m*(*f*); **~tivo** [-'tiƀo] sportlich; Sport…
deposi|ción [deposi'θĭɔn] *f* Amtsenthebung *f*; *jur* Aussage *f*; **~tante** [-'tante] *m jur* Hinterleger *m*; **~tar** [-'tar] (*1a*) deponieren, hinterlegen; (*dinero*) einzahlen; (*mercancía*) einlagern
depósito [de'posito] *m* Hinterlegung *f*; *com* Einlage *f*; (*de mercancías*) Depot *n*; Lager *n*; (Flaschen-)Pfand *n*; **~ de aduana** Zolllager *n*; **~ de cadáveres** Leichenhaus *n*; **~ de gasolina** Benzintank *m*
deprava|ción [depraƀa'θĭɔn] *f* Verderbnis *f*; Sittenlosigkeit *f*; **~do** [-'ƀađo] verkommen, verworfen
deprecia|ción [depreθĭa'θĭɔn] *f* (Geld-)Entwertung *f*; **~rse** [-'θĭarse] (*1b*) an Wert verlieren
depresión [depre'sĭɔn] *f med*, *com* Depression *f*; *geo* Senke *f*, Senkung *f*
deprim|ente [depri'mente] deprimierend; **~ido** [-'miđo] deprimiert, niedergeschlagen; **~ir** [-'mir] (*3a*) deprimieren
depura|ción [depura'θĭɔn] *f* Reinigung *f*; *pol* Säuberung *f*; **~dora** [-'đora]: (***estación** f*) **~** Kläranlage *f*; **~r** [-'rar] (*1a*) reinigen; *pol* säubern
derecha [de'retʃa] *f* rechte Hand *f*; *pol* die Rechte; ***a la ~*** rechts
derecho [de'retʃo] **1.** *adj* recht; (*erguido*) gerade; aufrecht (*a fig*); **2.** *adv* gerade(aus); **3.** *m* Recht *n*; ***~ de asilo*** Asylrecht *n*; ***~ de autor*** Urheberrecht *n*; ***~ civil*** Zivilrecht *n*; ***~s humanos*** Menschenrechte *n*/*pl*; ***~ internacional*** Völkerrecht *n*; ***~ penal*** Strafrecht *n*; ***~ de la propiedad industrial*** Patentrecht *n*; ***~ de la propiedad intelectual*** Urheberrecht *n*; ***dar ~ a*** berechtigen zu; ***tener ~ a*** Anspruch haben auf; **4.** ***~s*** *pl* Steuer *f*; Gebühren *f*/*pl*; ***~s de aduana*** Zoll *m*; ***~s de inscripción*** Einschreibegebühr *f*
deriva *mar* [de'riƀa] *f*: ***ir a la ~*** abgetrieben werden; **~brisas** [-'ƀrisas] *m auto* Ausstellfenster *n*; **~ción** [-'θĭɔn] *f* Ableitung *f*; Abzweigung *f*; **~do** [-'ƀađo] *m* Nebenprodukt *n*; **~r** [-'ƀar] (*1a*) ableiten; abzweigen (*a el*)
dermatólo|go [dɛrma'tologo] *m*, **~ga** *f* Hautarzt *m*, -ärztin *f*
deroga|ción [deroga'θĭɔn] *f* Aufhebung *f*, Abschaffung *f*; **~r** [-'gar] (*1h*) aufheben, abschaffen
derra|ma [dɛ'rrama] *f* Umlage *f*; **~mamiento** [-'mĭento] *m* Vergießen *n*; **~mar** [-'mar] (*1a*) vergießen, verschütten; **~marse** ausfließen; sich ergießen; **~me** [-'rrame] *m* Auslaufen *n*; *med* ***~ cerebral*** Gehirnblutung *f*
derrapar [dɛrra'par] (*1a*) *auto* ins Schleudern geraten
derretir [dɛrre'tir] (*3l*) schmelzen; **~se** schmelzen, zergehen
derri|bar [dɛrri'ƀar] (*1a*) umwerfen; (*edificio*) abreißen, abbrechen; *avia* abschießen; *pol* stürzen; **~bo** [dɛ'rriƀo] *m* Abbruch *m*; *avia* Abschuss *m*
derrocar [dɛrrɔ'kar] (*1g*) *pol* stürzen
derro|chador *m* [dɛrrɔtʃa'đɔr] Verschwender *m*; **~char** [-'tʃar] (*1a*) verschwenden; **~che** [dɛ'rrɔtʃe] *m* Verschwendung *f*
derro|ta [dɛ'rrɔta] *f* Niederlage *f*; *mar* Kurs *m*; **~tar** [-'tar] (*1a*) schlagen; **~tero** [-'tero] *m mar* Kurs *m*; *fig* Weg *m*, Bahn *f*; **~tista** [-'tista] *m* Defätist *m*
derrumba|miento [dɛrrumba'mĭento] *m* Einsturz *m*; *a fig* Zusammenbruch *m*; **~r** [-'bar] (*1a*) abstürzen; **~rse** einstürzen
desabrido [desa'ƀriđo] (*insípido*) geschmacklos; (*tiempo*) unfreundlich; *fig* mürrisch
desabrochar [desaƀro'tʃar] (*1a*) aufknöpfen, aufmachen
desaca|tar [desaka'tar] (*1a*) respektlos behandeln; (*ley*) missachten; **~to** [-'kato] *m* Respektlosigkeit *f*; Missachtung *f*

desacelerar [desaθele'rar] (*1a*) verlangsamen

desa|certado [desaθɛr'tađo] falsch; irrig; **~certar** [-'tar] (*1k*) sich irren; **~cierto** [-'θĭɛrto] *m* Irrtum *m*; Missgriff *m*

desaconsejar [desakɔnsɛ'xar] (*1a*) abraten

desacostumbra|do [desakɔstum'brađo] ungewohnt, ungewöhnlich; **~r** [-'brar] (*1a*): **~ a alg de a/c** j-m et abgewöhnen

desacreditar [desakređi'tar] (*1a*) in Verruf bringen

desactivar [desakti'ƀar] (*1a*) (*bomba, etc*) entschärfen

desacuerdo [desa'kŭɛrđo] *m* Meinungsverschiedenheit *f*; Unstimmigkeit *f*; ***estar en ~ con*** nicht einverstanden sein mit

desafiar [desafi'ar] (*1c*) herausfordern; (*afrontar*) trotzen (*dat*)

desafina|do *mús* [desafi'nađo] verstimmt; **~r** [-'nar] (*1a*) unrein singen *od* spielen

desafío [desa'fio] *m* Herausforderung *f*

desafortunado [desafɔrtu'nađo] unglücklich

desagra|dable [desagra'đaƀle] unangenehm; peinlich; **~dar** [-'đar] (*1a*) missfallen; **~decido** [-đe'θiđo] undankbar; **~decimiento** [-θi'mĭento] *m* Undank *m*,Undankbarkeit *f*; **~do** [-'građo] *m* Missfallen *n*; **~vio** [-'graƀĭo] *m* Genugtuung *f*; Wiedergutmachung *f*

desagüe [de'sagŭe] *m* Abfluss *m*

desaho|gado [desao'gađo] bequem; geräumig; (*adinerado*) wohlhabend; **~garse** [-'garse] (*1h*) *fig* sich aussprechen; **~go** [-'ogo] *m* Erleichterung *f*

desahuci|ar [desau'θĭar] (*1b*) (*enfermo*) aufgeben; (*inquilino*) zur Räumung zwingen; **~o** [-'uθĭo] *m* Zwangsräumung *f*

desai|rar [desaĭ'rar] (*1a*) kränken; zurückweisen; **~re** [de'saĭre] *m* Zurücksetzung *f*; Kränkung *f*

desajus|tar [desaxus'tar] (*1a*) in Unordnung bringen; **~te** [-'xuste] *m* Unordnung *f*

desalar [desa'lar] (*1a*) entsalzen

desal|entar [desalen'tar] (*1k*) entmutigen; **~iento** [-'lĭento] *m* Mutlosigkeit *f*

desali|ñado [desali'ɲađo] ungepflegt, F schlampig; **~ño** [-'liɲo] *m* Verwahrlosung *f*; F Schlamperei *f*

desalmado [desal'mađo] herzlos; gewissenlos

desaloja|miento [desalɔxa'mĭento] *m* Vertreibung *f*; (*de un edificio*) Räumung *f*; **~r** [-'xar] (*1a*) vertreiben; (*lugar*) räumen

desamor [desa'mɔr] *m* Lieblosigkeit *f*

desampar|ado [desampa'rađo] hilflos; **~o** [-'paro] *m* Schutzlosigkeit *f*

desangrarse [desaŋ'grarse] (*1a*) verbluten

des|animado [desani'mađo] mutlos; lustlos; **~animar** [-'mar] (*1a*) entmutigen; **~animarse** den Mut verlieren; **~ánimo** [de'sanimo] *m* Mutlosigkeit *f*

desapacible [desapa'θiƀle] unangenehm; (*tiempo*) unfreundlich

desapar|ecer [desapare'θɛr] (*2d*) verschwinden; **~ecido** [-'θiđo] *m* Vermisste(r) *m*; Verschollene(r) *m*; **~ición** [-ri'θĭɔn] *f* Verschwinden *n*

desapercibido [desapɛrθi'ƀiđo] unvorbereitet; ***pasar ~*** unbeachtet bleiben

desaprensi|ón [desapren'sĭɔn] *f* Rücksichtslosigkeit *f*; **~vo** [-'siƀo] rücksichtslos

desaproba|ción [desaproƀa'θĭɔn] *f* Missbilligung *f*; **~r** [-'ƀar] (*1m*) missbilligen; ablehnen

desaprovecha|do [desaproƀe'tʃađo] ungenutzt; **~r** [-'tʃar] (*1a*) nicht nutzen; (*ocasión*) versäumen

desar|mar [desar'mar] (*1a*) entwaffnen (*a fig*); **~me** [de'sarme] *m* Abrüstung *f*

desarrai|gar [desarraĭ'gar] (*1h*) entwurzeln; *fig* ausrotten; **~go** [-'rraĭgo] *m* Entwurzelung *f*; *fig* Ausrottung *f*

desarregl|ado [desarrɛ'glađo] unordentlich, liederlich; **~o** [-'rrɛglo] *m* Unordnung *f*; Störung *f*

desarroll|ar [desarrɔ'ʎar] (*1a*) entrollen; *fig* entwickeln; **~arse** sich entwickeln; *fig* sich abspielen; **~o** [-'rrɔʎo] *m* Entwicklung *f*; ***ayuda f al ~*** Entwicklungshilfe *f*

desarticular [desartiku'lar] (*1a*) *med* ausrenken; *fig* zerschlagen

desaseado [desase'ađo] ungepflegt

desaso|segar [desasose'gar] (*1h u 1k*) beunruhigen; **~siego** [-'sĭego] *m* Unruhe *f*

desas|trado [desas'trađo] zerlumpt; **~tre** [de'sastre] *m* Katastrophe *f*; Unglück *n*; **~troso** [desas'troso] katastrophal; verheerend

desata|r [desa'tar] (*1a*) losbinden; lösen; *fig* entfesseln; **~rse** sich lösen; *fig* losbrechen; **~scar** [-tas'kar] (*1g*) (*tubo*) frei machen

desaten|ción [desaten'θĭɔn] *f* Unaufmerksamkeit *f*; (*descortesía*) Unhöflichkeit *f*; **~der** [-'dɛr] (*2g*) nicht beachten; sich nicht kümmern um

desati|nado [desati'nađo] sinnlos; unsinnig; **~nar** [-'nar] (*1a*) Unsinn reden; **~no** [-'tino] *m* Torheit *f*

desatornillar [desatɔrniʎar] (*1a*) ab-, losschrauben

desautorizar [desaŭtori'θar] (*1f*) die Zuständigkeit absprechen (*dat*); (*prohibir*) verbieten

desave|nencia [desaƀe'nenθĭa] *f* Uneinigkeit *f*; Streit *m*; **~nido** [-'niđo] uneinig; **~nirse** [-'nirse] (*3s*) sich entzweien

desaventajado [desaƀenta'xađo] benachteiligt; nachteilig

desayun|ar(se) [desaju'nar(se)] (*1a*) frühstücken; **~o** [-'juno] *m* Frühstück *n*

desa|zón [desa'θɔn] *f* Verdruss *m*; Unbehagen *n*; **~zonar** [-θo'nar] (*1a*) verdrießen; Sorgen machen

desbancar [dezƀaŋ'kar] (*1g*) *fig j-n* verdrängen

desbanda|da [dezƀan'dađa] *f* wilde Flucht *f*; **~rse** [-'darse] (*1a*) auseinander stieben

desbarajuste [dezƀara'xuste] *m* Wirrwarr *m*

desbordar [dezƀɔr'đar] (*1a*) überfluten; *fig* übersteigen; **~se** über die Ufer treten; *fig* überquellen

descabe|llado [deskaƀe'ʎađo] *fig* unsinnig; **~llar** [-'ʎar] (*1a*) *taur* durch Genickstoß töten; **~llo** [-'ƀeʎo] *m* Genickstoß *m*; **~zado** [-ƀe'θađo] kopflos (*a fig*); **~zar** [-'θar] (*1f*) köpfen

descafeinado [deskafɛĭ'nađo] koffeinfrei, entkoffeiniert

descalabro [deska'laƀro] *m* Schaden *m*; Missgeschick *n*; Schlappe *f*

descalcifica|dor [deskalθifika'đɔr] *m* Entkalker *m*; **~r** [-'kar] (*1g*) entkalken

descalificar [deskalifi'kar] (*1g*) disqualifizieren

descalzo [des'kalθo] barfuß

descaminado [deskami'nađo] abwegig; irrig; ***andar ~*** in die Irre gehen

descampado [deskam'pađo] *m* freies Feld *n*

descansa|do [deskan'sađo] bequem; geruhsam; **~r** [-'sar] (*1a*) (aus)ruhen; rasten; ***¡que descanses!*** schlaf gut!

descanso [des'kanso] *m* Ruhe *f*; Erholung *f*; *teat* Pause *f*; *dep* Halbzeit *f*; (*apoyo*) Stütze *f*; ***sin ~*** unermüdlich

descapotable [deskapo'taƀle] *m* Kabriolett *n*

descarado [deska'rađo] unverschämt

descar|ga [des'karga] *f* Entladung *f* (*a el*); Ab-, Ausladen *n*, *mar* Löschen *n*; *mil* Salve *f*; *jur* Entlastung *f*; **~gador** [-'đɔr] *m* Ablader *m*; ***~ de muelle*** Schauermann *m*; **~gar** [-'gar] (*1h*) **1.** *v/t* abladen; *mar* löschen; *el*, (*arma*) entladen; (*tiro*) abgeben; *jur* entlasten; *inform* downloaden, herunterladen; **2.** *v/i* (*tormenta*) losbrechen; **~go** [-'kargo] *m* Entlastung *f* (*a jur*)

descaro [des'karo] *m* Unverschämtheit *f*, Frechheit *f*

descarriar [deska'rrĭar] (*1c*) irreführen; **~se** sich verirren, sich verlaufen; *fig* auf die schiefe Bahn geraten

descarrila|miento *ferro* [deskarrila'mĭento] *m* Entgleisung *f*; **~r** [-'lar] (*1a*) entgleisen

descartar [deskar'tar] (*1a*) ausschließen; **~se** (Karten) ablegen

descastado [deskas'tađo] aus der Art geschlagen; (*niño*) ungeraten

descen|dencia [desθen'denθĭa] *f* Nachkommenschaft *f*; (*origen*) Abstammung *f*; **~dente** [-'dente] absteigend; fallend; **~der** [-'dɛr] (*2g*) **1.** *v/i* herab-, hinuntersteigen, heruntergehen; (*del tren*, *etc*) aussteigen; (*precios*, *etc*) fallen; ***~ de*** abstammen von; **2.** *v/t* herunternehmen, -holen, -tragen; **~diente** [-'dĭente] *m* Nachkomme *m*; **~so** [-'θenso] *m* Heruntersteigen *n*; Abstieg *m*; (*precios*) Fallen *n*; (*esquí*) Abfahrtslauf *m*

descentraliza|ción [desθentraliθa'θĭɔn] *f* Dezentralisierung *f*; **~r** [-'θar] (*1f*) dezentralisieren

descifrar [desθi'frar] (*1a*) entziffern; *fig* enträtseln

descodificador [deskodifika'đɔr] *m* Decoder *m*

descolgar [deskɔl'gar] (*1h u 1m*) abnehmen; (*perseguidor*) abhängen; **~se** sich herablassen; herabsteigen

descollar [desko'ʎar] (*1m*) hervorragen

descolonización [deskoloniθa'θĭɔn] *f* Entkolonisierung *f*

descolor|ar [deskolo'rar] (*1a*) entfärben; **~arse** verblassen; **~ido** [-'riđo] blass, farblos

descombr|ar [deskɔm'brar] (*1a*) Schutt wegräumen; **~o** [-'kɔmbro] *m* Trümmerbeseitigung *f*; Aufräumungsarbeiten *f/pl*

descompo|ner [deskɔmpo'nɛr] (*2r*) zerlegen; zersetzen (*a quím*); (*desordenar*) in Unordnung bringen; **~nerse** sich zersetzen; (*alimentos*) verderben; (*cadáver*) verwesen; *fig* die Fassung verlieren; **~sición** [-si'θĭɔn] *f* Zersetzung *f*, Verfaulen *n*; Verwesung *f*

descompuesto [deskɔm'pŭesto] (*roto*) kaputt; (*cara*) verstört, verzerrt; (*alimento*) schlecht

descomunal [deskomu'nal] ungeheuer; riesig

desconcerta|do [deskɔnθɛr'tađo] verwirrt; bestürzt; **~r** [-'tar] (*1k*) verwirren; bestürzen, verblüffen

desconcharse [deskɔn'tʃarse] (*1a*) abbröckeln; abblättern

desconcierto [deskɔn'θĭɛrto] *m* Verwirrung *f*; (*desorden*) Unordnung *f*

desconectar *el* [deskonɛk'tar] (*1a*) ab-, ausschalten

desconfia|do [deskɔmfi'ađo] misstrauisch; **~nza** [-'anθa] *f* Misstrauen *n*; Argwohn *m*; **~r** [-fi'ar] (*1c*): **~ *de*** misstrauen (*dat*); zweifeln an (*dat*)

descongela|ción [deskɔŋxela'θĭɔn] *f* Auf-, Abtauen *n*; **~r** [-'lar] (*1a*) auf-, abtauen; (*precios*) freigeben

descongestión [deskɔŋxes'tĭɔn] *f* (*del tráfico*) Entlastung *f*

descono|cer [deskono'θɛr] (*2d*) nicht kennen; (*ignorar*) nicht wissen; **~cido** [-'θiđo] **1.** *adj* unbekannt; nicht wieder zu erkennen; **2.** *m* Unbekannte(r) *m*; **~cimiento** [-θi'mĭento] *m* Unkenntnis *f*

desconsiderado [deskɔnsiđe'rađo] rücksichtslos

descon|solado [deskɔnso'lađo] trostlos; untröstlich; **~suelo** [-'sŭelo] *m* Trostlosigkeit *f*; (tiefe) Betrübnis *f*

descontado [deskɔn'tađo]: ***dar por ~*** als sicher annehmen; ***por ~*** selbstverständlich

descontamina|ción [deskɔntamina'θĭɔn] *f* Entseuchung *f*; **~r** [-'nar] (*1a*) entseuchen

descontar [deskɔn'tar] (*1m*) abziehen

descontento [deskɔn'tento] **1.** *adj* unzufrieden; **2.** *m* Unzufriedenheit *f*

desconvocar [deskɔmbo'kar] (*1g*) absagen

descorazonar [deskoraθo'nar] (*1a*) entmutigen; **~se** den Mut verlieren

descorcha|dor [deskɔrtʃa'đɔr] *m* Korkenzieher *m*; **~r** [-'tʃar] (*1a*) entkorken

descorrer [deskɔ'rrɛr] (*2a*) (*cortina*) aufziehen; (*cerrojo*) zurückschieben

descor|tés [deskɔr'tes] unhöflich; **~tesía** [-te'sia] *f* Unhöflichkeit *f*

descoser [desko'sɛr] (*2a*) auftrennen

descrédito [des'kređito] *m* Misskredit *m*; Verruf *m*

descreído [deskre'iđo] ungläubig

descremar [deskre'mar] (*1a*) entrahmen

descri|bir [deskri'ƀir] (*3a*; *part* ***descrito***) beschreiben (*a mat*); **~pción** [-kriƀ'θĭɔn] *f* Beschreibung *f*; Schilderung *f*; **~ptivo** [-krip'tiƀo] beschreibend; anschaulich

descuartizar [deskŭarti'θar] (*1f*) zerstückeln

descubierto [desku'ƀĭɛrto] unbedeckt; offen; (*cielo*) wolkenlos; (*cheque*) ungedeckt; *com* (*cuenta*) überzogen

descubri|dor [deskuƀri'đɔr] *m* Entdecker *m*; **~miento** [-'mĭento] *m* Entdeckung *f*; **~r** [-'ƀrir] (*3a*; *part* ***descubierto***) aufdecken; entdecken, finden; **~rse** den Hut abnehmen

descuento [des'kŭento] *m* Abzug *m*, Rabatt *m*, Skonto *n*; Diskont *m*

descui|dado [deskŭi'đađo] nachlässig; unvorsichtig; **~dar** [-'đar] (*1a*) **1.** *v/t* vernachlässigen; ***¡descuide!*** seien Sie unbesorgt!; **2.** *v/i u* **~darse** nachlässig sein; unvorsichtig sein; **~dero** [-'đero] *m* Taschendieb *m*; **~do** [-'kŭiđo] *m* Nachlässigkeit *f*; Unachtsamkeit *f*; ***por ~*** aus Versehen

desde ['dezđe] **1.** *prp* (*tiempo*) seit, von … an; (*lugar*) aus, von, von … aus (*dat*); ***~ entonces*** seitdem; ***~ hace tres días*** seit drei Tagen; **2.** *adv* ***~ luego*** selbstverständlich; **3.** *cj* ***~ que*** seitdem

desdecirse [dezđe'θirse] (*3p*): ***~ de a/c*** et widerrufen

desdén [dez'đen] *m* Verachtung *f*

desdeñ|ar [dezđe'ɲar] (*1a*) verachten;

verschmähen; **~oso** [-'ɲoso] verächtlich
desdicha [dez'đitʃa] *f* Unglück *n*; **~do** [-đi'tʃađo] unglücklich
desdoblar [dezđo'ƀlar] (*1a*) entfalten, ausbreiten
desea|ble [dese'aƀle] wünschenswert; erwünscht; **~r** [-'ar] (*1a*) wünschen; mögen
desecar [dese'kar] (*1g*) (aus)trocknen; trockenlegen
desech|able [dese'tʃaƀle] Wegwerf…; **~ar** [-'tʃar] (*1a*) wegwerfen; *fig* verwerfen; **~os** [de'setʃos] *m/pl* Abfall *m*
desembalar [desemba'lar] (*1a*) auspacken
desembaraz|ar [desembara'θar] (*1f*) frei machen, räumen; **~arse**: **~ *de a/c*** sich e-r Sache entledigen; **~o** [-'raθo] *m* Ungezwungenheit *f*
desembar|cadero [desembarka'đero] *m* Landungsplatz *m*; **~car** [-'kar] (*1g*) **1.** *v/t* (*personas*) ausschiffen; (*cosas*) ausladen; **2.** *v/i* an Land gehen; auschecken; **~co** [-'barko] *m*, **~que** [-'barke] *m* Ausschiffung *f*; Ausladen *n*; *mil* Landung *f*
desemboca|dura [desemboka'đura] *f* Mündung *f*; **~r** [-'kar] (*1g*) münden
desembols|ar [desembɔl'sar] (*1a*) ausgeben; zahlen; **~o** [-'bɔlso] *m* (Geld-)Ausgabe *f*; Zahlung *f*
desembra|gar [desembra'ɡar] (*1h*) *auto* auskuppeln; **~gue** [-'brage] *m* Auskuppeln *n*
desembrollar F [desembro'ʎar] (*1a*) entwirren
desempapelar [desempape'lar] (*1a*) aus dem Papier wickeln
desempaquetar [desempake'tar] (*1a*) auspacken
desempate [desem'pate] *m* Stichentscheid *m*
desempe|ñar [desempe'ɲar] (*1a*) (*prenda*) auslösen; (*cargo*) ausüben; **~ *un papel*** e-e Rolle spielen (*a fig*); **~ño** [-'peɲo] *m* Ein-, Auslösen *n*; (*de un cargo*) Ausübung *f*
desempleo [desem'pleo] *m* Arbeitslosigkeit *f*
desempolvar [desempɔl'ƀar] (*1a*) abstauben
desencadenar [deseŋkađe'nar] (*1a*) entfesseln; **~se** losbrechen, wüten
desencaja|do *med* verrenkt; *fig* verzerrt; **~rse** [-'xarse] (*1a*) aus der Fassung geraten
desencan|tar [deseŋkan'tar] (*1a*) entzaubern; *fig* enttäuschen; **~to** [-'kanto] *m* Entzauberung *f*; *fig* Ernüchterung *f*; Enttäuschung *f*
desenchufar *el* [desentʃu'far] (*1a*) abstellen, ausschalten
desenfa|dado [desemfa'đađo] ungezwungen, ungehemmt; **~do** [-'fađo] *m* Ungezwungenheit *f*
desenfre|nado [desemfre'nađo] zügellos, hemmungslos; **~no** [-'freno] *m* Zügellosigkeit *f*; Ungestüm *n*
desenganchar [deseŋgan'tʃar] (*1a*) loshaken; ausspannen
desenga|ñar [deseŋga'ɲar] (*1a*) enttäuschen; ernüchtern; **~ño** [-'gaɲo] *m* Enttäuschung *f*; Ernüchterung *f*
desenlace [desen'laθe] *m* Lösung *f*; (*final*) Ausgang *m*, Ende *n*
desenmarañar [desenmara'ɲar] (*1a*) entwirren; aufklären
desenmascarar [desenmaska'rar] (*1a*) demaskieren, entlarven
desenredar [desenrrɛ'đar] (*1a*) entwirren
desenroscar [desenrrɔs'kar] (*1g*) auf-, abschrauben
desentenderse [desenten'dɛrse] (*2g*): **~ *de*** nichts wissen wollen von; sich fernhalten von
desenterrar [desentɛ'rrar] (*1k*) ausgraben (*a fig*)
desentonar [desento'nar] (*1a*) *fig* nicht passen (zu *dat* ***con***)
desentrañar [desentra'ɲar] (*1a*) *fig* ergründen
desentrenado [desentre'nađo] aus der Übung gekommen
desentumecerse [desentume'θɛrse] (*2d*): **~ *las piernas*** sich die Beine vertreten
desenvainar [desembaĭ'nar] (*1a*) (*arma*) zücken
desenvol|tura [desembɔl'tura] *f* Ungezwungenheit *f*; Unbefangenheit *f*; **~ver** [-'ƀɛr] (*2h*; *part* ***desenvuelto***) auf-, loswickeln; auspacken; (*tema*) entwickeln
desenvuelto [desem'ƀŭelto] ungezwungen; zwanglos; keck
deseo [de'seo] *m* Wunsch *m*; Verlangen *n*; Drang *m*; **~so** [dese'oso]: **~ *de*** begierig nach (*dat*)

desequili|brado [desekili'ƀrađo] unausgeglichen; **~ *mental*** geistesgestört; **~brar** [-'ƀrar] (*1a*) aus dem Gleichgewicht bringen; **~brio** [-'liƀrĭo] *m* gestörtes Gleichgewicht *n*; Ungleichgewicht *n*

deser|ción [desɛr'θĭɔn] *f* Fahnenflucht *f*; **~tar** [-'tar] (*1a*) fahnenflüchtig werden; überlaufen

desértico [de'sɛrtiko] wüstenartig; Wüsten…

desertización [desɛrtiθa'θiɔn] *f* Ausbreitung *f* der Wüste; Versteppung *f*

desertor [desɛr'tɔr] *m* Fahnenflüchtige(r) *m*, Deserteur *m*

desespera|ción [desespera'θĭɔn] *f* Verzweiflung *f*; **~do** [desespe'rađo] hoffnungslos; verzweifelt; **~nte** [-'rante] entmutigend; zum Verzweifeln; **~r** [-'rar] (*1a*) **1.** *v/t* zur Verzweiflung bringen; **2.** *v/i* verzweifeln (an *dat* ***de***); **~rse** verzweifeln

desestabilizar [desestaƀili'θar] (*1f*) *pol* destabilisieren

desestimar [desesti'mar] (*1a*) verachten; gering schätzen; (*denegar*) ablehnen

desfachatez [desfatʃa'teθ] *f* Unverschämtheit *f*, Frechheit *f*

desfal|car [desfal'kar] (*1g*) unterschlagen; **~co** [-'falko] *m* Unterschlagung *f*

desfalle|cer [desfaʎe'θɛr] (*2d*) schwach werden; (*desmayarse*) in Ohnmacht fallen; **~cimiento** [-θi'mĭento] *m* Schwäche(anfall *m*) *f*; (*desmayo*) Ohnmacht *f*

desfavorable [desfaƀo'raƀle] ungünstig

desfigurar [desfigu'rar] (*1a*) entstellen; verzerren

desfi|ladero [desfila'đero] *m* Hohlweg *m*, Engpass *m*; **~lar** [-'lar] (*1a*) vorbeimarschieren, defilieren; **~le** [-'file] *m* Parade *f*; **~ *de modelos*** Modenschau *f*

desfogarse [desfo'garse] (*1h*) *fig* sich Luft machen; sich austoben

desgana [dez'gana] *f* Appetitlosigkeit *f*; *fig* Unlust *f*; ***a* ~** ungern, widerwillig

desgañitarse F [dezgaɲi'tarse] (*1a*) sich heiser schreien

desgarbado [dezgar'ƀađo] anmutlos, ungraziös

desgarr|ador [dezgarra'đɔr] herzzerreißend; **~ar** [-'rrar] (*1a*) zerreißen; **~o** [-'garrɔ] *m* *med* Riss *m*; *fig* Frechheit *f*

desgas|tar [dezgas'tar] (*1a*) abnutzen, verschleißen; **~te** [-'gaste] *m* Abnutzung *f*; Verschleiß *m*

desglo|sar [dezglo'sar] (*1a*) aufschlüsseln; **~se** [-'glose] *m* Aufschlüsselung *f*

desgracia [dez'graθĭa] *f* Unglück *n*; Missgeschick *n*; ***caer en* ~** in Ungnade fallen; ***por* ~** leider; ***~s personales*** Personenschaden *m*; **~damente** [-đa'mente] unglücklicherweise; leider; **~do** [-'θĭađo] **1.** *adj* unglücklich; **2.** *m* Unglücksmensch *m*; armer Teufel *m*

desgrava|ción *com* [dezgraƀa'θĭɔn] *f* Steuernachlass *m*; **~r** [-'ƀar] (*1a*) steuerfrei sein

desgreñado [dezgre'ɲađo] zerzaust, struppig

desgua|ce [dez'gŭaθe] *m* *mar* Abwracken *n*; Verschrotten *n*; **~zar** [-gŭa'θar] (*1f*) abwracken; verschrotten

deshabitado [desaƀi'tađo] unbewohnt

deshabituar [desaƀitu'ar] (*1e*): ***~ a alg de a/c*** j-m et abgewöhnen

deshacer [desa'θɛr] (*2s*) auseinandernehmen; aufmachen; (*diluir*) auflösen; (*maleta*) auspacken; (*plan*) zunichtemachen; **~se** auseinander-, F kaputtgehen; (*nudo, etc*) aufgehen; (*diluirse*) sich auflösen; ***~ de a/c*** sich e-r Sache entledigen; et loswerden; ***~ de alg*** sich j-n vom Halse schaffen; ***~ por alg*** F *fig* sich für j-n umbringen

desharrapado [desarra'pađo] zerlumpt

deshecho [de'setʃo] *s* ***deshacer***; *fig* aufgelöst; kaputt

deshelar [dese'lar] (*1k*) (auf)tauen

desherbar *agr* [desɛr'ƀar] (*1k*) jäten

desheredar [desere'đar] (*1a*) enterben

deshidrata|ción *med* [desiđrata'θĭɔn] *f* Flüssigkeitsverlust *m*; **~r** [-'tar] (*1a*) Wasser entziehen (*dat*)

deshielo [de'sĭelo] *m* Auftauen *n*; Tauwetter *n* (*a pol*)

deshinchar [desin'tʃar] (*1a*) die Luft herauslassen; **~se** *med* abschwellen; *fig* klein beigeben

deshojar [desɔ'xar] (*1a*) ab-, entblättern; **~se** die Blätter verlieren

deshollinador [desoʎina'đɔr] *m* Schornsteinfeger *m*, Kaminkehrer *m*

deshonest|idad [desonesti'đađ] *f* Unehrbarkeit *f*; *jur* Unzucht *f*; **~o** [-'nes-

to] unehrlich; (*inmoral*) unanständig; unzüchtig
deshonra [des'ɔnrra] *f* Unehre *f*; Schande *f*; **~r** [-'rrar] (*1a*) entehren; schänden; Schande machen (*dat*)
deshora [des'ora] *f*: ***a ~*** zur Unzeit, ungelegen
deshuesar [desŭe'sar] (*1a*) (*fruta*) entsteinen; (*carne*) entbeinen
desidi|a [de'siđĭa] *f* Nachlässigkeit *f*; **~oso** [-'đĭoso] nachlässig
desierto [de'sĭɛrto] **1.** *adj* leer, öde; (*calle*) menschenleer; (wie) ausgestorben; ***declarar ~*** *e-n Preis* nicht vergeben; **2.** *m* Wüste *f*
desig|nación [designa'θĭɔn] *f* Bezeichnung *f*; (*nombramiento*) Ernennung *f*; **~nar** [-'nar] (*1a*) bezeichnen; (*nombrar*) ernennen; **~nio** [-'signĭo] *m* Vorhaben *n*; Vorsatz *m*
desigual [desi'gŭal] ungleich(mäßig); (*terreno*) uneben; **~dad** [-'dađ] *f* Ungleichheit *f*; Unebenheit *f*
desilusi|ón [desilu'sĭɔn] *f* Enttäuschung *f*; **~onar** [-sĭo'nar] (*1a*) enttäuschen
desinfec|ción [desimfɛg'θĭɔn] *f* Desinfektion *f*; **~tante** [-fɛk'tante] *m* Desinfektionsmittel *n*; **~tar** [-'tar] (*1a*) desinfizieren
desinflar [desim'flar] (*1a*) die Luft herauslassen aus
desinsectación [desinsɛkta'θĭɔn] *f* Insektenvertilgung *f*
desintegra|ción [desintegra'θĭɔn] *f* Zerfall *m* (*a fig*); **~rse** [-'grarse] (*1a*) sich auflösen; zerfallen
desinte|rés [desinte'res] *m* Interesselosigkeit *f*; (*altruismo*) Selbstlosigkeit *f*; **~resado** [-re'sađo] uninteressiert; (*abnegado*) uneigennützig, selbstlos
desintoxi|cación [desintɔgsika'θĭɔn] *f* Entgiftung *f*; ***cura*** *f* ***de ~*** Entziehungskur *f*; **~car** [-'kar] (*1g*) entgiften
desistir [desis'tir] (*3a*): ***~ de*** Abstand nehmen von; verzichten auf (*ac*)
desleal [dezle'al] treulos; unredlich; **~tad** [-leal'tađ] *f* Treulosigkeit *f*; Untreue *f*
desleír [dezle'ir] (*3m*) auflösen; **~se** zergehen
deslenguado [dezleŋ'gŭađo] unverschämt
deslindar [dezlin'dar] (*1a*) abgrenzen (*a fig*)
desliz [dez'liθ] *m* Fehltritt *m*; Versehen *n*; F Ausrutscher *m*; **~ar** [-'θar] (*1f*) **1.** *v/t* gleiten lassen (über ***por***); (*palabra*) fallen lassen; **2.** *v/i u* **~arse** (dahin)gleiten, abgleiten; (herunter)rutschen
deslomarse F [dezlo'marse] (*1a*) sich abrackern
desluci|do [dezlu'θiđo] reiz-, glanzlos; **~r** [-'θir] (*3f*) den Glanz nehmen (*dat*); *fig* beeinträchtigen; **~rse** den Reiz verlieren
deslumbra|nte [dezlum'brante] blendend; glänzend; **~r** [-'brar] (*1a*) blenden (*a fig*)
desmad|rarse F [dezma'đrarse] (*1a*) aus der Rolle fallen; **~re** [-'mađre] *m* Durcheinander *n*
desmán [dez'man] *m* Ausschreitung *f*, Übergriff *m*
desmantela|miento [dezmantela'mĭento] *m* Demontage *f*; **~r** [-'lar] (*1a*) demontieren; ausräumen
desmaquillarse [dezmaki'ʎarse] (*1a*) sich abschminken
desmarcarse [dezmar'karse] (*1g*) sich distanzieren (von ***de***)
desma|yado [dezma'ɟađo] ohnmächtig; (*color*) matt; **~yarse** [-'ɟarse] (*1a*) ohnmächtig werden; **~yo** [-'maɟo] *m* Ohnmacht *f*; *fig* Mutlosigkeit *f*
desmedi|do [dezme'điđo] übermäßig; **~rse** [-'đirse] (*3l*) das Maß überschreiten
desmejorar [dezmɛxo'rar] (*1a*) verschlechtern; (*dañar*) beeinträchtigen; **~se** sich verschlimmern
desmelenar [dezmele'nar] (*1a*) zerzausen
desmembrar [dezmem'brar] (*1k*) zerstückeln; (ab)trennen
desmenti|do [dezmen'tiđo] *m* Dementi *n*; **~r** [-'tir] (*3i*) abstreiten; *pol* dementieren; *fig* widersprechen
desmenuzar [dezmenu'θar] (*1f*) zerkleinern, zerstückeln
desmerecer [dezmere'θɛr] (*2d*) nicht verdienen
desmesurado [dezmesu'rađo] unmäßig, maßlos
desmiga|jar [dezmiga'xar] (*1a*), **~r** [-'gar] (*1h*) zerbröckeln, zerkrümeln
desmilitarizar [dezmilitari'θar] (*1f*) entmilitarisieren
desmonta|ble [dezmɔn'tađle] zerlegbar, abnehmbar; **~je** [-'taxe] *m* De-

montage *f*, Abbau *m*; **~r** [-'tar] *(1a)* **1.** *v/t* demontieren, abbauen; **2.** *v/i* absitzen, absteigen

desmonte [dez'mɔnte] *m* Abholzen *n*; **~ *completo*** Kahlschlag *m*

desmoralizar [dezmorali'θar] *(1f)* demoralisieren; entmutigen

desmorona|miento [dezmorona'mĭento] *m* Einsturz *m*; *fig* Zerfall *m*; **~rse** [-'narse] *(1a)* einstürzen; *fig* ver-, zerfallen

desnacionalizar [deznaθĭonali'θar] *(1f)* reprivatisieren

desnata|do [dezna'tađo] entrahmt, fettarm; **~r** [-'tar] *(1a)* entrahmen

desnaturalizado [deznaturali'θađo] entartet; *quím* denaturiert

desnivel [dezni'ƀɛl] *m* Höhenunterschied *m*, Gefälle *n*; *fig* Ungleichheit *f*

desnu|dar [deznu'đar] *(1a)* ausziehen, entkleiden; *a fig* entblößen; **~darse** sich ausziehen; **~dez** [-'đeθ] *f* Nacktheit *f*, Blöße *f*; **~dismo** [-'đizmo] *m s* ***nudismo***; **~do** [-'nuđo] **1.** *adj* nackt, bloß; *fig* kahl; **2.** *m pint* Akt *m*

desnutri|ción [deznutri'θĭɔn] *f* Unterernährung *f*; **~do** [-'triđo] unterernährt

desobe|decer [desoƀeđe'θɛr] *(2d)* nicht gehorchen; **~diencia** [-'đĭenθĭa] *f* Ungehorsam *m*; **~diente** [-'đĭente] ungehorsam

desocupa|ción [desokupa'θĭɔn] *f* Untätigkeit *f*; Arbeitslosigkeit *f*; **~do** [-'pađo] unbeschäftigt; *(vacío)* leer; frei; **~r** [-'par] *(1a)* räumen, frei machen

desodorante [desođo'rante] **1.** *adj* geruchtilgend; **2.** *m* Deo(dorant) *n*

desoír [deso'ir] *(3q)* überhören, kein Gehör schenken

desola|ción [desola'θĭɔn] *f* Verheerung *f*; *fig* Trostlosigkeit *f*; **~dor** [-'đɔr] trostlos; **~r** [-'lar] *(1m)* verheeren, verwüsten

desorbitado [desɔrƀi'tađo] maßlos

desorden [de'sɔrđen] *m* Unordnung *f*; Durcheinander *n*; **~ado** [-'nađo] unordentlich; **~ar** [-'nar] *(1a)* in Unordnung bringen

desorganiza|ción [desɔrganiθa'θĭɔn] *f* Desorganisation *f*; **~r** [-'θar] *(1f)* zerrütten; durcheinanderbringen

desorientar [desorĭen'tar] *(1a)* irreleiten; *fig* verwirren; **~se** die Richtung verlieren, sich verirren

deso|var [deso'ƀar] *(1a)* laichen; **~ve** [de'soƀe] *m* Laichen *n*

despabila|do [despaƀi'lađo] munter; *fig* aufgeweckt; **~r** [-'lar] *(1a)* aufmuntern; **~rse** munter werden

despa|char [despa'tʃar] *(1a)* abfertigen; erledigen; *(enviar)* (ab)senden; *(despedir)* entlassen; *(cliente)* bedienen; **~cho** [-'patʃo] *m* Abfertigung *f*; Erledigung *f*; *(oficina)* Büro *n*; Arbeitszimmer *n*; *(de venta)* Verkaufsstelle *f*; *(nota)* Depesche *f*; **~ *de bebidas*** Getränkeausschank *m*; **~ *de billetes*** Fahrkartenschalter *m*

despacio [des'paθĭo] langsam; *Am* leise

desparpajo [despar'paxo] *m* Zungenfertigkeit *f*; *(desenvoltura)* Forschheit *f*

desparramar [desparra'mar] *(1a)* zer-, verstreuen; **~se** sich ausbreiten

despavorido [despaƀo'riđo] entsetzt

despecho [des'petʃo] *m* Erbitterung *f*; ***a ~ de alg*** j-m zum Trotz

despectivo [despɛk'tiƀo] verächtlich

despedazar [despeđa'θar] *(1f)* zerfetzen, zerstückeln

despedi|da [despe'điđa] *f* Abschied *m*; Verabschiedung *f*; **~r** [-'đir] *(3l)* verabschieden; *(empleado)* entlassen; kündigen *(dat)*; *(olor, etc)* ausströmen; **~rse** sich verabschieden

despe|gar [despe'gar] *(1h)* **1.** *v/t* ab-, loslösen; **2.** *v/i avia* starten; **~gue** *avia* [-'pege] *m* Start *m*; *fig* Aufschwung *m*

despeina|do [despɛĭ'nađo] mit zerzausten Haaren; ungekämmt; **~r** [-'nar] *(1a)* zerzausen

despe|jado [despɛ'xađo] *(cielo)* wolkenlos; *(mente)* klar; **~jar** [-'xar] *(1a)* frei machen; *fig* (auf)klären; **~jarse** *(cielo)* sich aufheitern; **~jo** [-'pɛxo] *m* Räumung *f*

despenalizar [despenali'θar] *(1f)* für straffrei erklären, entkriminalisieren

despensa [des'pensa] *f* Speise-, Vorratskammer *f*

despeña|dero [despeɲa'đero] *m* steiler Abhang *m*; **~r** [-'ɲar] *(1a)* herab-, hinabstürzen; **~rse** abstürzen

desperdi|ciar [despɛrđi'θĭar] *(1b)* verschwenden, vergeuden; *(ocasión)* versäumen; **~cio** [-'điθĭo] *m* Verschwendung *f*; **~s** *pl* Abfall *m*

desperezarse [despere'θarse] *(1f)* sich

strecken, sich recken

desperfecto [despɛr'fɛkto] *m* Beschädigung *f*; (*defecto*) Mangel *m*, Fehler *m*

desperta|dor [despɛrta'đɔr] *m* Wecker *m*; **~r** [-'tar] (*1k*) **1.** *v/t* wecken; **2.** *v/i u* **~rse** aufwachen

despiadado [despĭa'đađo] erbarmungslos

despido [des'piđo] *m* Entlassung *f*, Kündigung *f*

despierto [des'pĭɛrto] wach; munter; *fig* aufgeweckt; ***soñar ~*** mit offenen Augen träumen

despilfarr|ar [despilfa'rrar] (*1a*) verschwenden, vergeuden; **~o** [-'farrɔ] *m* Verschwendung *f*, Vergeudung *f*; Misswirtschaft *f*

despis|tado [despis'tađo] zerstreut; **~tar** [-'tar] (*1a*) ablenken; irreführen; **~tarse** vom Weg abkommen, sich verirren; *fig* den Faden verlieren; **~te** [-'piste] *m* Zerstreutheit *f*

desplante [des'plante] *m* Frechheit *f*; ***dar un ~ a alg*** j-n abblitzen lassen

desplaza|miento [desplaθa'mĭento] *m* Verschiebung *f*; *mar* Wasserverdrängung *f*; (*viaje*) Fahrt *f*, Reise *f*; **~r** [-'θar] (*1f*) verdrängen (*a mar*); verschieben; **~rse** reisen, fahren

despl|egar [desple'ɡar] (*1h u 1k*) entfalten; ausbreiten; *fig* aufbieten; **~iegue** [-'plĭeɡe] *m* Entfaltung *f*; ***con gran ~ de*** mit großem Aufgebot an

desplomarse [desplo'marse] (*1a*) zu Boden sinken; (*edificio*) einstürzen

desplumar [desplu'mar] (*1a*) rupfen (*a fig*)

despobla|ción [despoƀla'θĭɔn] *f* Entvölkerung *f*; **~r** [-'ƀlar] (*1m*) entvölkern

despo|jar [despɔ'xar] (*1a*) berauben; **~jarse**: **~ *de*** ablegen; **~jo** [-'pɔxo] *m* Beraubung *f*; ***~s*** *pl* Schlachtabfälle *m/pl*; (*restos*) Überbleibsel *n/pl*; ***~s mortales*** sterbliche Überreste *m/pl*

desposa|da [despo'sađa] *f* Braut *f*; **~do** [-'sađo] *m* Bräutigam *m*; **~dos** [-'sađos] *m/pl* Brautpaar *n*; **~r** [-'sar] (*1a*) trauen

déspota ['despota] *m* Despot *m*

des|pótico [des'potiko] despotisch; **~potismo** [-'tizmo] *m* Despotismus *m*

despecia|ble [despre'θĭaƀle] verächtlich; **~r** [-'θĭar] (*1b*) verachten; verschmähen; **~tivo** [-θĭa'tiƀo] verächtlich

desprecio [des'preθĭo] *m* Verachtung *f*

despren|der [despren'dɛr] (*2a*) losmachen; **~derse** sich lösen, abfallen; **~ *de*** sich frei machen von; loswerden; *fig* sich ergeben aus (*dat*); **~dimiento** [-di'mĭento] *m* Losmachen *n*; Freiwerden *n*; *med* ***~ de retina*** Netzhautablösung *f*; ***~ de tierras*** Erdrutsch *m*

despreocupa|ción [despreokupa'θĭɔn] *f* Sorglosigkeit *f*; **~do** [-'pađo] sorglos, unbekümmert

despresti|giar [despresti'xĭar] (*1b*) um sein Ansehen bringen; **~gio** [-'tixĭo] *m* Prestigeverlust *m*

desprevenido [despreƀe'niđo] unvorbereitet; ***coger ~*** überraschen, -rumpeln

desproporci|ón [despropɔr'θĭɔn] *f* Missverhältnis *n*; **~onado** [-θĭo'nađo] disproportioniert

despropósito [despro'posito] *m* Ungereimtheit *f*; Unsinn *m*

desprovisto [despro'ƀisto]: ***~ de*** ohne

después [des'pŭes] **1.** *adv* nachher, später; danach; **2.** *prp* ***~ de*** nach; ***~ de todo*** letzten Endes

desquiciar [deski'θĭar] (*1b*) aus den Angeln heben; *fig* beirren; zerrütten; **~se** *fig* den Halt verlieren

desqui|tar [deski'tar] (*1a*) entschädigen; **~tarse**: **~ *de*** sich revanchieren, sich rächen für; **~te** [-'kite] *m* Vergeltung *f*

desratización [dezrratiθa'θĭɔn] *f* Rattenvertilgung *f*

destaca|do [desta'kađo] führend, hervorragend; **~mento** *mil* [-ka'mento] *m* Sonderkommando *n*; Abteilung *f*; **~r** [-'kar] (*1g*) hervorheben; *mil* abkommandieren; **~rse** sich abheben; sich auszeichnen (durch *ac* ***por***)

destajo [des'taxo] *m* Akkordarbeit *f*; ***a ~*** im Akkord

destapar [desta'par] (*1a*) aufdecken (*a fig*); öffnen

destartalado [destarta'lađo] baufällig

destello [des'teʎo] *m* Aufleuchten *n*; Funkeln *n*

destemplado [destem'plađo] unbeherrscht; unfreundlich; *mús* verstimmt

desteñir [deste'ɲir] (*3h u 3l*) entfärben; **~se** die Farbe verlieren

desternillarse [destɛrni'ʎarse] (*1a*): ***~ de risa*** sich kranklachen

desterrar [destɛ'rrar] (*1k*) verbannen (*a fig*)

destetar [deste'tar] (*1a*) entwöhnen, absetzen, abstillen

destiempo [des'tĭempo]: ***a ~*** zur Unzeit, ungelegen

destierro [des'tĭɛrrɔ] *m* Verbannung *f*

destila|ción [destila'θĭɔn] *f* Destillation *f*; **~r** [-'lar] (*1a*) destillieren

destilería [destile'ria] *f* Brennerei *f*

desti|nar [desti'nar] (*1a*) bestimmen; zuweisen; (*persona*) versetzen; **~natario** [-na'tarĭo] *m* Empfänger *m*, Adressat *m*; **~no** [-'tino] *m* Schicksal *n*; (*lugar*) Bestimmung(sort *m*) *f*; Ziel *n*

destitu|ción [destitu'θĭɔn] *f* Absetzung *f*; **~ir** [-tu'ir] (*3g*) absetzen, des Amtes entheben

destornilla|dor [destɔrniʎa'đɔr] *m* Schraubenzieher *m*; **~r** [-'ʎar] (*1a*) ab-, auf-, losschrauben

destreza [des'treθa] *f* Geschicklichkeit *f*

destronar [destro'nar] (*1a*) entthronen

destro|zar [destro'θar] (*1f*) zerstören; zerbrechen; F kaputtmachen; **~zo** [-'troθo] *m* Zerstörung *f*; **~s** *pl* Schaden *m*

destruc|ción [destruɡ'θĭɔn] *f* Zerstörung *f*; **~tivo** [-truk'tiƀo] zerstörend; destruktiv; **~tor** [-'tɔr] **1.** *adj* zerstörend; **2.** *m* Zerstörer *m* (*a mar*)

destruir [destru'ir] (*3g*) zerstören, vernichten

desuni|ón [desu'nĭɔn] *f* Trennung *f*; *fig* Uneinigkeit *f*; **~r** [-'nir] (*3a*) trennen; *fig* entzweien

desu|sado [desu'sađo] ungebräuchlich; **~so** [de'suso] *m*: ***caer en ~*** außer Gebrauch kommen, veralten

desvalido [dezƀa'liđo] hilflos; schutzlos; verlassen

desvalijar [dezƀali'xar] (*1a*) ausplündern

desvaloriza|ción [dezƀaloriθa'θĭɔn] *f* Entwertung *f*, Abwertung *f*; **~r** [-'θar] (*1f*) entwerten, abwerten

desván [dez'ƀan] *m* Dachboden *m*

desvanecer [dezƀane'θɛr] (*2d*) verwischen; zerstreuen (*a fig*); **~se** verdunsten; sich auflösen; *med* ohnmächtig werden; *fig* verblassen, verschwinden

desva|riar [dezƀa'rĭar] (*1c*) irrereden; *med* fantasieren; **~río** [-'rio] *m* Wahnsinn *m*; (Fieber-)Fantasien *f/pl*

desve|lar [dezƀe'lar] (*1a*) wach halten; *fig* enthüllen, aufdecken; **~larse** nicht schlafen können; *fig* wachsam sein; **~lo** [-'ƀelo] *m* Schlaflosigkeit *f*; *fig* (Für-)Sorge *f*

desvencijarse [dezƀenθi'xarse] (*1a*) aus den Fugen (*od* dem Leim) gehen

desven|taja [dezƀen'taxa] *f* Nachteil *m*; ***~ competitiva*** *com* Wettbewerbsnachteil *m*; **~tajoso** [-'xoso] nachteilig; unvorteilhaft; **~tura** [-'tura] *f* Unglück *n*; **~turado** [-'rađo] unglücklich

desver|gonzado [dezƀɛrɡɔn'θađo] unverschämt, frech; **~güenza** [-'ɡŭenθa] *f* Unverschämtheit *f*; Schamlosigkeit *f*

desvestir [dezƀes'tir] (*3l*) entkleiden, ausziehen

desvia|ción [dezƀĭa'θĭɔn] *f* Abweichung *f*; *auto* Umleitung *f*; *med* Verkrümmung *f*; **~r** [-'ƀĭar] (*1c*) ablenken; *auto* umleiten; **~rse** abweichen

desvío [dez'ƀio] *m* Abweichung *f*; *auto* Abzweigung *f*; Umleitung *f*

deta|llado [deta'ʎađo] ausführlich; **~llar** [-'ʎar] (*1a*) ausführlich beschreiben; einzeln aufführen; **~lle** [-'taʎe] *m* Einzelheit *f*, Detail *n*; *fig* Aufmerksamkeit *f*; ***en ~*** im Einzelnen; **~llista** [-'ʎista] *m* Einzelhändler *m*

detec|ción [detɛɡ'θĭɔn] *f* Aufspüren *n*; *med* ***~ precoz*** Früherkennung *f*; **~tar** [-tɛk'tar] (*1a*) auffinden; entdecken

detective [detɛk'tiƀe] *m* Detektiv *m*; ***~ privado*** Privatdetektiv *m*

detector [detɛk'tɔr] *m* Detektor *m*; ***~ de mentiras*** Lügendetektor *m*

deten|ción [deten'θĭɔn] *f* Festnahme *f*, Verhaftung *f*; *fig* Aufhalten *n*; Verzögerung *f*; ***~ ilegal*** Freiheitsberaubung *f*; **~er** [-te'nɛr] (*2l*) verhaften, festnehmen; (*parar*) an-, aufhalten; **~erse** stehen bleiben; anhalten; **~ido** [-'niđo] **1.** *adj fig* eingehend; **2.** *m* Häftling *m*, Verhaftete(r) *m*; **~imiento** [-ni'mĭento] *m*: ***con ~*** ausführlich, eingehend

detergente [detɛr'xente] *m* Wasch-, Reinigungsmittel *n*

deterio|rar [deterĭo'rar] (*1a*) beschädigen; verderben; **~rarse** verderben, schlecht werden; (*salud*) sich verschlechtern; **~ro** [-'rĭɔro] *m* Beschädigung *f*

determina|ción [determina'θĭɔn] *f* Bestimmung *f*; Entschluss *m*; *fig* Entschlossenheit *f*; **~do** [-'nađo] entschlossen; bestimmt; **~nte** [-'nante] bestimmend; entscheidend; **~r** [-'nar]

(*1a*) bestimmen; festsetzen; **~rse** sich entschließen (zu *dat* ***a***)
detes|table [detes'taƀle] abscheulich; **~tar** [-'tar] (*1a*) verabscheuen; hassen
detona|ción [detona'θĭɔn] *f* Knall *m*; Detonation *f*; **~r** [-'nar] (*1a*) detonieren
detractor *m* [detrak'tɔr] Verleumder *m*
detrás [de'tras] **1.** *adv* hinten; zurück; ***por ~*** von hinten; **2.** *prp*: ***~ de*** hinter; ***uno ~ de otro*** hintereinander
detrimento [detri'mento] *m* Schaden *m*; ***en ~ de*** auf Kosten *gen*; zum Schaden von
deuda ['deŭđa] *f* Schuld *f* (*a fig*)
deudo ['deŭđo] *m* Verwandte(r) *m*
deudor [deŭ'đɔr] *m* Schuldner *m*
devalua|ción [deƀalŭa'θĭɔn] *f* Abwertung *f*; **~r** [-'lŭar] (*1e*) abwerten
devasta|ción [deƀasta'θĭɔn] *f* Verwüstung *f*; **~dor** [-'đɔr] verheerend; **~r** [-'tar] (*1a*) verwüsten, verheeren
deven|gar [deƀeŋ'gar] (*1h*) einbringen; (*intereses*) abwerfen; **~go** [-'ƀeŋgo] *m*: ***con ~ de interés*** verzinslich
devoción [deƀo'θĭɔn] *f* Andacht *f*; Frömmigkeit *f*; *fig* Verehrung *f*
devol|ución [deƀolu'θĭɔn] *f* Rückgabe *f*; (*reembolso*) Rückerstattung *f*; **~ver** [-ƀɔl'ƀɛr] (*2h*; *part* ***devuelto***) zurückgeben, -zahlen; (*visita*, *etc*) erwidern; (*vomitar*) erbrechen
devorar [deƀo'rar] (*1a*) verschlingen (*a fig*); (auf)fressen
devoto [de'ƀoto] **1.** *adj* andächtig; fromm; **2.** *m* Andächtige(r) *m*
D.F. *m* ***Distrito Federal*** Bundesdistrikt *m*
DGT *f* ***Dirección General de Turismo*** *Generaldirektion für Fremdenverkehr*
día ['dia] *m* Tag *m*; ***~ festivo*** (*od* ***inhábil***) Feiertag *m*; ***~ fijado*** (***para la introducción del euro***) Stichtag *m* (zur Einführung des Euro); ***~ hábil*** (*od* ***laborable***) Werktag *m*; ***~ de la Madre*** Muttertag *m*; ***al ~*** auf dem Laufenden; ***poner al ~*** auf den neuesten Stand bringen; ***el ~ menos pensado*** ehe man sich's versieht; ***el otro ~*** neulich; ***en su ~*** zu gegebener Zeit; (*pasado*) seinerzeit; ***de ~*** tagsüber; ***hace mal ~*** es ist schlechtes Wetter; ***un ~ sí y otro no*** jeden zweiten Tag; ***a los pocos ~s*** wenige Tage später; ***todos los ~s*** täglich, jeden Tag; ***¡buenos ~s!*** guten Tag!; guten Morgen!
diab|etes [dĭa'ƀetes] *f* Diabetes *m*, Zuckerkrankheit *f*; **~ético** [-'ƀetiko] **1.** *adj* zuckerkrank; **2.** *m* Diabetiker *m*
dia|blo ['dĭaƀlo] *m* Teufel *m*; ***mandar al ~*** zum Teufel schicken; **~blura** [-'ƀlura] *f* Streich *m*; **~bólico** [-'ƀoliko] teuflisch
diaconisa [dĭako'nisa] *f* Diakonissin *f*
diácono ['dĭakono] *m* Diakon *m*
diadema [dĭa'đema] *f* Diadem *n*
diáfano ['dĭafano] durchsichtig
diafragma [dĭa'fragma] *m anat* Zwerchfell *n*; *fot* Blende *f*; *med* Pessar *n*
diagn|osis [dĭag'nosis] *f* Diagnose *f*; **~osticar** [-nɔsti'kar] (*1g*) diagnostizieren; **~óstico** [-'nɔstiko] **1.** *adj* diagnostisch; **2.** *m* Diagnose *f*
diagonal [dĭago'nal] **1.** *adj* diagonal; **2.** *f* Diagonale *f*
diagrama [dĭa'grama] *m* Diagramm *n*
dial ['dĭal] *m tel* Wählscheibe *f*; (*radio*) Skala *f*
dialec|tal [dĭalɛk'tal] mundartlich; **~to** [-'lɛkto] *m* Dialekt *m*
diálisis *med* ['dĭalisis] *f* Dialyse *f*
dialogante [dĭalo'gante] gesprächsbereit, aufgeschlossen
diálogo ['dĭalogo] *m* Dialog *m*
diamante [dĭa'mante] *m* Diamant *m*
diametralmente [dĭametral'mente]: ***~ opuesto*** grundverschieden
diámetro ['dĭametro] *m* Durchmesser *m*
diana ['dĭana] *f* (das Schwarze der) Zielscheibe *f*; *mil* Wecken *n*; ***hacer ~*** ins Schwarze treffen
diapasón *mús* [dĭapa'sɔn] *m* Stimmgabel *f*; (*del violín*, *etc*) Griffbrett *n*
diapositiva *fot* [dĭaposi'tiƀa] *f* Dia(positiv) *n*
diario ['dĭarĭo] **1.** *adj* täglich; **2.** *m* Tagebuch *n*; (*periódico*) (Tages-)Zeitung *f*
diarrea *med* [dĭa'rrɛa] *f* Durchfall *m*
dibu|jante [diƀu'xante] *m* Zeichner *m*; **~jar** [-'xar] (*1a*) zeichnen; **~jarse** sich abzeichnen; **~jo** [di'ƀuxo] *m* Zeichnen *n*; Zeichnung *f*; (*de tela*) Muster *n*; ***~s pl animados*** Zeichentrickfilm *m*
diccionario [digθĭo'narĭo] *m* Wörterbuch *n*; Lexikon *n*
dice ['diθe] *s* ***decir***
dicha ['ditʃa] *f* Glück *n*
dicho ['ditʃo] **1.** *part v* ***decir***; **2.** *adj* besagt, genannt; ***~ y hecho*** gesagt, getan; ***~*** (***sea***) ***de paso*** nebenbei bemerkt; **3.**

m Ausdruck *m*; Ausspruch *m*; **~so** [di'tʃoso] glücklich; F verflixt

diciembre [di'θĭembre] *m* Dezember *m*

dicta|do [dik'tađo] *m* Diktat *n*; ***al ~*** nach Diktat; **~dor** [-'đɔr] *m* Diktator *m*; **~dura** [-'đura] *f* Diktatur *f*

dictam|en [dik'tamen] *m* Meinung *f*; Urteil *n*; **~inar** [-mi'nar] (*1a*): ***~ sobre*** begutachten

dictar [dik'tar] (*1a*) diktieren; (*conferencia*) halten; *jur* ***~ sentencia*** das Urteil fällen

didácti|ca [di'đaktika] *f* Didaktik *f*; **~co** [-ko] didaktisch

dieci|nueve [dĭeθi'nŭeƀe] neunzehn; **~ocho** [-'otʃo] achtzehn; **~séis** [-'sɛĭs] sechzehn; **~siete** [-'sĭete] siebzehn

diente ['dĭente] *m* Zahn *m* (*a tec*); ***~ de ajo*** Knoblauchzehe *f*; ***~ de leche*** Milchzahn *m*; *bot* ***~ de león*** Löwenzahn *m*; ***dar ~ con ~*** mit den Zähne klappern; ***enseñar los ~s*** *fig* die Zähne zeigen; ***hablar entre ~s*** in den Bart brummen

diestr|a ['dĭestra] *f* rechte Hand *f*; **~o** [-tro] **1.** *adj* rechte(r, -s); rechtshändig; *fig* geschickt; ***a ~ y siniestro*** aufs Geratewohl, F drauflos; **2.** *m* Torero *m*

dieta ['dĭeta] *f* Ernährungsweise *f*; *med* Diät *f*; *pol* Landtag *m*; **~s** *pl* Tagegelder *n/pl*; **~rio** [dĭe'tarĭo] *m* Merkbuch *n*

dietéti|ca [dĭe'tetika] *f* Diätetik *f*; **~co** [-'tetiko]: ***productos*** *m/pl* ***~s*** Reformkost *f*

diez [dĭeθ] zehn; **~mar** [dĭeð'mar] (*1a*) dezimieren (*a fig*)

difama|ción [difama'θĭɔn] *f* Verleumdung *f*; üble Nachrede *f*; **~dor** [-'đɔr] **1.** *adj* verleumderisch; **2.** *m* Verleumder *m*; **~r** [-'mar] (*1a*) verleumden, in Verruf bringen; **~torio** [-'torĭo] verleumderisch

dife|rencia [dife'renθĭa] *f* Unterschied *m*; *mat*, *com u fig* Differenz *f*; ***a ~ de*** zum Unterschied von; ***~ horaria*** Zeitunterschied *m*; **~rencial** [-'θĭal] **1.** *m auto* Differenzial(getriebe) *n*; **2.** *adj* Differenzial…; **~renciar(se)** [-'θĭar(se)] (*1b*) (sich) unterscheiden; **~rente** [-'rente] verschieden; **~rido** [-'riđo]: *TV* ***en ~*** in e-r Aufzeichnung; **~rir** [-'rir] (*3i*); **3.** *v/t* aufschieben; **4.** *v/i* verschieden sein

difícil [di'fiθil] schwer, schwierig

dificult|ad [difikul'tađ] *f* Schwierigkeit *f*; ***sin ~*** ohne weiteres; **~ar** [-'tar] (*1a*) erschweren, behindern; **~oso** [-'toso] schwierig

difteria *med* [dif'terĭa] *f* Diphtherie *f*

difundir [difun'dir] (*3a*) verbreiten; **~se** sich ausbreiten

difunto [di'funto] **1.** *adj* tot, verstorben; **2.** *m* Verstorbene(r) *m*; ***día*** *m* ***de*** (***los fieles***) ***~s*** Allerseelen *n*

difu|sión [difu'sĭɔn] *f* Verbreitung *f*; **~so** [-'fuso] verschwommen; diffus (*a fig*)

digeri|ble [dixe'riƀle] verdaulich; **~r** [-'rir] (*3i*) verdauen (*a fig*)

digesti|ble [dixes'tiƀle] verdaulich; **~ón** [-'tĭɔn] *f* Verdauung *f*; **~vo** [-'tiƀo] Verdauungs…

digita|ción *mús* [dixita'θĭɔn] *f* Fingersatz *m*; **~l** [-'tal] **1.** *adj* digital, Digital…; **2.** *bot f* Fingerhut *m*

dígito ['dixito] *m* einstellige Zahl *f*; ***de dos ~s*** zweistellig

digna|rse [dig'narse] (*1a*) (*inf*) sich herablassen, geruhen (zu *inf*); **~tario** [-na'tarĭo] *m* Würdenträger *m*

dign|idad [digni'đađ] *f* Würde *f*; **~o** ['digno] würdig; ***~ de mención*** erwähnenswert

digo ['digo] *s* ***decir***

digresión [digre'sĭɔn] *f* Abschweifung *f*

dije ['dixe] **1.** *s* ***decir***; **2.** *m* (*colgante*) Anhänger *m*

dilapidar [dilapi'đar] (*1a*) verschwenden, vergeuden

dilata|ble [dila'taƀle] dehnbar; **~ción** [-ta'θĭɔn] *f* Dehnung *f*; **~r** [-'tar] (*1a*) ausdehnen; (*diferir*) verzögern, hinausziehen

dilema [di'lema] *m* Dilemma *n*

diletan|te [dile'tante] *m* Dilettant *m*; **~tismo** [-'tizmo] *m* Dilettantismus *m*

diligen|cia [dili'xenθĭa] *f* Fleiß *m*, Eifer *m*; *hist* Postkutsche *f*; **~s** *pl* Schritte *m/pl*, Maßnahmen *f/pl*; *jur* Ermittlungen *f/pl*; **~te** [-'xente] fleißig

dilucidar [diluθi'đar] (*1a*) aufklären

dilu|ción [dilu'θĭɔn] *f* Verdünnung *f*; **~ente** [-'lŭɛnte] *m* Verdünnungsmittel *n*; **~ir** [-'ir] (*3g*) (auf)lösen; verdünnen

dilu|viar [dilu'ƀĭar] (*1b*) stark regnen, gießen; **~vio** [di'luƀĭo] *m* Sintflut *f*

dimensión [dimen'sĭɔn] *f* Dimension *f*; *fig* Ausmaß *n*; ***dimensiones*** *pl* Abmessungen *f/pl*

diminu|tivo [diminu'tiƀo] *m gram* Diminutiv *n*; **~to** [-'nuto] winzig
dimi|sión [dimi'sĭɔn] *f* Rücktritt *m*; **~tir** [-'tir] (*3a*) zurücktreten
Dinamarca [dina'marka] *f* Dänemark *n*
dinámi|ca [di'namika] *f* Dynamik *f*; **~co** [-ko] dynamisch (*a fig*)
dinami|ta [dina'mita] *f* Dynamit *n*; **~tar** [-'tar] (*1a*) in die Luft sprengen; **~tero** [-mi'tero] *m* Sprengmeister *m*
dínamo ['dinamo] *f* Dynamo *m*
dinastía [dinas'tia] *f* Dynastie *f*
dine|ral [dine'ral] *m* F Heidengeld *n*; **~ro** [-'nero] *m* Geld *n*; ***~ (en) efectivo, ~ en metálico*** Bargeld *n*; ***~ suelto*** Kleingeld *n*
dintel [din'tɛl] *m* Tür-, Fenstersturz *m*
diñarla P [di'ɲarla] (*1a*) F abkratzen, F krepieren
dio ['dĭo] *s* ***dar***
diócesis ['dĭoθesis] *f* Diözese *f*
diodo ['dĭođo] *m* Diode *f*
Dios [dĭɔs] *m* Gott *m*; ***como ~ manda*** wie es sich gehört; ***¡por ~!*** um Gottes willen!; ***a la buena de ~*** aufs Geratewohl
diosa ['dĭosa] *f* Göttin *f*
diplo|ma [di'ploma] *m* Diplom *n*; **~macia** [diplo'maθĭa] *f* Diplomatie *f*; **~mado** [-'mađo] diplomiert; Diplom…; **~mático** [-'matiko] **1.** *adj* diplomatisch; **2.** *m* Diplomat *m*
diptongo [dip'tɔŋgo] *m* Diphthong *m*
diputa|ción [diputa'θĭɔn] *f* Abordnung *f*; **~do** [-'tađo] *m* Abgeordnete(r) *m*
dique ['dike] *m* Damm *m*; Deich *m*; ***~ seco*** Trockendock *n*; ***~ flotante*** Schwimmdock *n*
direc|ción [dirɛg'θĭɔn] *f* Leitung *f*, Führung *f*; Management *n*; (*sentido*) Richtung *f*; (*señas*) Anschrift *f*, Adresse *f*; *teat*, *cine* Regie *f*; *auto* Lenkung *f*; ***~ asistida*** Servolenkung *f*; ***~ habitual*** Heimatadresse *f*; **~tivo** [dirɛk'tiƀo] **1.** *adj* leitend; **2.** *m* Manager *m*; Führungskraft *f*; **~to** [-'rɛkto] direkt; (*derecho*) gerade; *ferro* durchgehend; ***(re-)transmitir en ~*** live senden, direkt übertragen; **~tor** [-'tɔr]; **3.** *adj* leitend; **4.** *m* Direktor *m*; Leiter *m*; ***~ de cine*** Filmregisseur *m*; ***~ de venta*** Vertriebsleiter *m*; ***~ de orquesta*** Dirigent *m*; **~tora** [-'tora] *f* Leiterin *f*, Direktorin *f*; **~torio** [-'torĭo] *m* Direktorium *n*; Leitung *f*; (*agenda*) Adressbuch *n*; *Internet* Verzeichnis *n*; **~triz** [-'triθ] *f* Richtlinie *f*
diri|gente [diri'xente] *m* Leiter *m*; führende Persönlichkeit *f*; **~gible** [-'xiƀle] *m* Luftschiff *n*; **~gir** [-'xir] (*3c*) richten (an ***a***); (*guiar*) leiten, lenken; *mús* dirigieren; *teat*, *cine* Regie führen; **~girse** zugehen, -fahren (auf *ac* ***a, hacia***); sich wenden (an *ac* ***a***)
discernir [disθɛr'nir] (*3i*) unterscheiden
disciplina [disθi'plina] *f* Disziplin *f*, Zucht *f*; *cien* Fach *n*
discípulo [dis'θipulo] *m* Schüler *m*; *rel* Jünger *m*; *fig* Anhänger *m*
disco ['disko] *m* Scheibe *f*; *mús* Schallplatte *f*; *tel* Wählscheibe *f*; *dep* Diskus *m*; *auto* (Verkehrs-)Ampel *f*; ***~ intervertebral*** *anat* Bandscheibe *f*; ***~ compacto*** Compact Disc *f*, CD *f*; ***~ duro*** *inform* Festplatte *f*; ***~ magnético*** Magnetplatte *f*; ***~ de control*** Parkscheibe *f*; **~gráfico** [-'grafiko] Schallplatten…
díscolo ['diskolo] widerspenstig
discor|dancia [diskɔr'đanθĭa] *f* (Meinungs-)Verschiedenheit *f*; **~dante** [-'đante] abweichend; **~dar** [-'đar] (*1m*) abweichen; nicht übereinstimmen; **~dia** [-'kɔrđĭa] *f* Zwietracht *f*
discoteca [disko'teka] *f* Diskothek *f*
discreci|ón [diskre'θĭɔn] *f* Diskretion *f*; ***a ~*** nach Belieben; **~onal** [-θĭo'nal] beliebig; ***parada*** *f* ***~*** Bedarfshaltestelle *f*
discrepa|ncia [diskre'panθĭa] *f* Diskrepanz *f*; (Meinungs-)Verschiedenheit *f*; **~r** [-'par] (*1a*) abweichen; anderer Meinung sein
discreto [dis'kreto] diskret; zurückhaltend; (*listo*) klug
discrimina|ción [diskrimina'θĭɔn] *f* Diskriminierung *f*; ***~ de la tercera edad*** Altersdiskriminierung *f*; **~r** [-'nar] (*1a*) diskriminieren
disculpa [dis'kulpa] *f* Entschuldigung *f*; **~ble** [-'paƀle] entschuldbar; **~r** [-'par] (*1a*) entschuldigen
discurso [dis'kurso] *m* Rede *f*
discu|sión [disku'sĭɔn] *f* Diskussion *f*; Besprechung *f*; **~tible** [-'tiƀle] strittig; fraglich; **~tido** [-'tiđo] umstritten; **~tir** [-'tir] (*3a*) diskutieren; besprechen
diseminar [disemi'nar] (*1a*) ausstreuen; *fig* verbreiten
disentería *med* [disente'ria] *f* Ruhr *f*
disentir [disen'tir] (*3i*) anderer Mei-

nung sein (als ***de***)

dise|ñador [diseɲa'đɔr] *m* Designer *m*; **~ñar** [-'ɲar] (*1a*) zeichnen, entwerfen; **~ño** [di'seɲo] *m* Entwurf *m*; Zeichnung *f*; Design *n*

disertación [disɛrta'θĭɔn] *f* Abhandlung *f*; Vortrag *m*

disfraz [dis'fraθ] *m* Verkleidung *f*; (Masken-)Kostüm *n*; **~ar** [-fra'θar] (*1f*) verkleiden, maskieren; **~arse**: ***~ de*** sich verkleiden als

disfru|tar [disfru'tar] (*1a*): ***~ (de)*** genießen; sich erfreuen (*gen*); **~te** [-'frute] *m* Genuss *m*

disgus|tado [dizgus'tađo] verärgert; verstimmt; **~tar** [-'tar] (*1a*) *j-m* nicht gefallen, missfallen; *j-n* verstimmen; **~tarse** sich ärgern; **~to** [-'gusto] *m* Ärger *m*, Verdruss *m*; ***a ~*** mit Widerwillen

disidente [disi'đente] *m* Dissident *m*

disimul|ación [disimula'θĭɔn] *f* Verstellung *f*; **~ar** [-'lar] (*1a*) **1.** *v/t* verbergen; verheimlichen; **2.** *v/i* sich verstellen; **~o** [-'mulo] *m* Verstellung *f*; ***con ~*** verstohlen; unauffällig

disipa|ción [disipa'θĭɔn] *f* Verschwendung *f*; **~r** [-'par] (*1a*) verschwenden; *fig* zerstreuen; **~rse** (*niebla*) sich auflösen

diskette *inform* [dis'kete] *m* Diskette *f*

dislate [diz'late] *m* Unsinn *m*

dis|lexia [diz'legsĭa] *f* Legasthenie *f*; **~léxico** [-'legsiko] *m* Legastheniker *m*

disloca|ción *med* [dizloka'θĭɔn] *f* Aus-, Verrenkung *f*; **~r** [-'kar] (*1g*) aus-, verrenken

disminu|ción [dizminu'θĭɔn] *f* Verminderung *f*; Abnahme *f*; Rückgang *m*; ***~ física*** Körperbehinderung *f*; **~ido** [-'iđo] *m*: ***~ (físico)*** (Körper-)Behinderte(r) *m*; **~ir** [-'ir] (*3g*) **1.** *v/t* vermindern, verringern; **2.** *v/i* abnehmen, nachlassen

disolu|ción [disolu'θĭɔn] *f* Auflösung *f*; *fig* Ausschweifung *f*; **~to** [-'luto] ausschweifend

disolve|nte [disɔl'đente] *m* Lösemittel *n*; **~r** [-'đɛr] (*2h*; *part* ***disuelto***) auflösen

disonancia [diso'nanθĭa] *f mús* Missklang *m* (*a fig*), Dissonanz *f*

dispar [dis'par] ungleich

dispara|dor [dispara'đɔr] *m* Abzug *m*; *fot* Auslöser *m*; **~r** [-'rar] (*1a*) **1.** *v/t* schießen; (*tiro*) abgeben; *fot* knipsen; **2.** *v/i* schießen; **~rse** (*tiro*) losgehen; (*precios*) in die Höhe schnellen

dispara|tado [dispara'tađo] unsinnig; **~te** [-'rate] *m* Dummheit *f*; Unsinn *m*

disparidad [dispari'đađ] *f* Ungleichheit *f*; *com* Gefälle *n*

disparo [dis'paro] *m* Schuss *m*

dispensa [dis'pensa] *f* Dispens *m*, Erlass *m*; **~r** [-'sar] (*1a*) (*disculpar*) entschuldigen; ***~ de*** befreien, dispensieren von; **~rio** *med* [-'sarĭo] *m* Ambulanz *f*

disper|sar [dispɛr'sar] (*1a*) zerstreuen; **~sión** [-'sĭɔn] *f* (Zer-)Streuung *f*; **~so** [-'pɛrso] zerstreut; vereinzelt

disponer [dispo'nɛr] (*2r*) **1.** *v/t* (an)ordnen; (*preparar*) vorbereiten, herrichten; **2.** *v/i* verfügen (über *ac* ***de***); **~se** sich anschicken (zu ***a***)

disponi|bilidad [disponiđili'đađ] *f* Verfügbarkeit *f*; **~ble** [-'niđle] verfügbar; *com* vorrätig

disposi|ción [disposi'θĭɔn] *f* Anordnung *f*; Verfügung *f*; ***~ a*** Bereitschaft zu; ***~ para*** Veranlagung für; ***estar a (la) ~ de alg*** j-m zur Verfügung stehen; **~tivo** [-'tiđo] *m* Vorrichtung *f*; Gerät *n*; *inform* ***~ de entrada*** Eingabegerät *n*

dispuesto [dis'pŭesto]: ***~ a*** bereit zu

disputa [dis'puta] *f* Disput *m*; *dep* Austragung *f*; **~r** [-'tar] (*1a*) **1.** *v/t* bestreiten; (*juego*, *etc*) austragen; **2.** *v/i* disputieren; streiten; **~rse**: ***~ a/c*** sich um et streiten

disquería *Am* [diske'ria] *f* Schallplattengeschäft *n*

disquete *inform* [dis'kete] *m* Diskette *f*; ***~ de seguridad*** Sicherungsdiskette *f*; ***almacenar en ~*** auf Diskette abspeichern

dista|ncia [dis'tanθĭa] *f* Entfernung *f*; Abstand *m*; **~nciar** [-'θĭar] (*1b*) entfernen; *fig* entfremden; **~nciarse**: ***~ de*** sich distanzieren von; **~nte** [-'tante] entfernt; **~r** [-'tar] (*1a*) entfernt sein; *fig* verschieden sein (von *dat* ***de***)

distensión [disten'sĭɔn] *f med* Zerrung *f*; *pol* Entspannung *f*

distin|ción [distin'θĭɔn] *f* Unterscheidung *f*; (*honor*) Auszeichnung *f*; (*elegancia*) Vornehmheit *f*; ***a ~ de*** zum Unterschied von; **~guido** [-tiŋ'giđo] vornehm, distinguiert; **~guir** [-'gir] (*3d*) unterscheiden; (*honrar*) auszeichnen; **~tivo** [-tin'tiđo] *m* Kennzeichen *n*; Ab-

zeichen *n*; **~to** [-'tinto] unterschiedlich; verschieden; (*claro*) deutlich
distorsión [distɔr'sĭɔn] *f* Verzerrung *f*; *med* Verstauchung *f*
distra|cción [distraɡ'θĭɔn] *f* Unachtsamkeit *f*, Zerstreutheit *f*; (*diversión*) Ablenkung *f*, Zerstreuung *f*; ***por ~*** aus Versehen; **~er** [-'ɛr] (*2p*) zerstreuen, ablenken; (*divertir*) unterhalten; **~erse** sich ablenken lassen; **~ído** [-tra'iđo] zerstreut; unaufmerksam; (*divertido*) unterhaltsam
distribu|ción [distriƀu'θĭɔn] *f* Verteilung *f*; *com* Vertrieb *m*; **~idor** [-i'đɔr] *m com* Auslieferer *m*; *el* Verteiler *m*; ***~ automático*** Warenautomat *m*; **~idora** [-'đora] *f* Filmverleih *m*; (***sociedad*** *f*) **~** Vertriebsgesellschaft *f*; **~ir** [-'ir] (*3g*) aus-, verteilen; *com* vertreiben
distrito [dis'trito] *m* Bezirk *m*, Distrikt *m*; ***~ electoral*** Wahlbezirk *m*
disturbio [dis'turƀĭo] *m* Störung *f*, Unruhe *f*
disua|dir [disŭa'đir] (*3a*): ***~ de*** abbringen von, abraten; **~sión** [-'sĭɔn] *f* Abraten *n*; *pol* Abschreckung *f*
disyuntiva [disjun'tiƀa] *f* Alternative *f*
diurético [dĭu'retiko] harntreibend
diurno ['dĭurno] täglich, Tages…
diva ['diƀa] *f* Diva *f*; ***caprichos*** *m/pl* ***de ~*** Starallüren *f/pl*
divaga|ción [diƀaga'θĭɔn] *f* Abschweifung *f*; **~r** [-'ɡar] (*1h*) abschweifen
diván [di'ƀan] *m* Diwan *m*
diver|gencia [diƀɛr'xenθĭa] *f* Abweichung *f*; Divergenz *f*; *fig* Meinungsverschiedenheit *f*; **~gente** [-'xente] abweichend; **~gir** [-'xir] (*3c*) abweichen; divergieren; **~sidad** [-si'đađ] *f* Verschiedenheit *f*; Mannigfaltigkeit *f*; **~sión** [-'sĭɔn] *f* Ablenkung *f*; Vergnügen *n*; **~so** [-'ƀɛrso] verschieden
diverti|do [diƀɛr'tiđo] lustig; unterhaltend; **~r** [-'tir] (*3i*) unterhalten, vergnügen; **~rse** sich (gut) unterhalten; sich amüsieren; ***¡que te diviertas!*** viel Spaß!
divi|dendo [điđi'đendo] *m* Dividende *f*; *mat* Dividend *m*; **~dir** [-'đir] (*3a*) teilen; *mat* dividieren
divi|nidad [diƀini'đađ] *f* Gottheit *f*; **~no** [-'ƀino] göttlich; himmlisch (*a fig*)
divisa [di'ƀisa] *f* Devise *f*; Wahlspruch *m*; **~s** *pl com* Devisen *f/pl*
divi|sible [diƀi'siƀle] teilbar; **~sión** [-'sĭɔn] *f* Teilung *f*; *gram* Trennungsstrich *m*; *mil*, *mat* Division *f*; **~sor** [-'sɔr] *m mat* Divisor *m*
divo ['diƀo] *m* Opern-, Bühnenstar *m*
divorci|ado [diƀɔr'θĭađo] geschieden; **~arse** [-'θĭarse] (*1b*) sich scheiden lassen; **~o** [-'ƀɔrθĭo] *m* Scheidung *f*
divulga|ción [diƀulga'θĭɔn] *f* Bekanntmachung *f*; Verbreitung *f*; **~r** [-'ɡar] (*1h*) verbreiten, bekannt machen
D.m. ***Dios mediante*** so Gott will
Dn. ***Don*** Herr (*vor dem Vornamen*)
D.N.I. *m* ***Documento Nacional de Identidad*** *span.* Personalausweis *m*
do *mús* [do] *m* C *n*; ***~ de pecho*** hohes C *n*
dobla|dillo [doƀla'điʎo] *m* Kleidersaum *m*; **~je** [-'ƀlaxe] *m* (*cine*) Synchronisation *f*; ***actor*** *m* (***actriz*** *f*) *m*(*f*); **~r** [-'ƀlar] (*1a*) **1.** *v/t* verdoppeln; (*torcer*) biegen; (*plegar*) falten; (*cine*) synchronisieren; **2.** *v/i* (*campana*) läuten; ***~ a la derecha*** rechts abbiegen; **~rse** sich fügen
doble ['doƀle] **1.** *adj* doppelt, Doppel…; **2.** *m* Doppelte *n*; (*persona*) Doppelgänger *m*; (*cine*) Double *n*; **~gar** [-'ɡar] (*1h*) biegen; *fig* gefügig machen; **~garse** nachgeben
doblez [do'ƀleθ] **a)** *m* Falte *f* **a)** *f fig* Falschheit *f*
doce ['doθe] zwölf; **~na** [-'θena] *f* Dutzend *n*
docen|cia [do'θenθĭa] *f* Lehrtätigkeit *f*; **~te** [-'θente] lehrend, unterrichtend; ***cuerpo*** *m* **~** Lehrkörper *m*
dócil ['doθil] folgsam; gelehrig
docto ['dɔkto] gelehrt
doctor [dɔk'tɔr] *m* Doktor *m*; Arzt *m*; **~a** [-'tora] *f* Ärztin *f*; **~ado** [-'rađo] *m* Doktortitel *m*; Promotion *f*; **~arse** s-n Doktor machen, promovieren
doctrina [dɔk'trina] *f* Lehre *f*, Doktrin *f*
documen|tación [dokumenta'θĭɔn] *f* Dokumentation *f*, Unterlagen *f/pl*; (Ausweis-)Papiere *n/pl*; ***~ del coche*** Wagenpapiere *n/pl*; **~tal** [-'tal] *m* Kulturfilm *m*; **~tar** [-'tar] (*1a*) beurkunden, belegen; **~to** [-'mento] *m* Dokument *n*; Urkunde *f*; *Esp* ***~ nacional de identidad*** Personalausweis *m*
dog|ma ['dɔgma] *m* Dogma *n*; **~mático** [-'matiko] dogmatisch
dogo ['doɡo] *m* Dogge *f*

dólar ['dolar] *m* Dollar *m*
dol|encia [do'lenθĭa] *f* Leiden *n*; **~er** [-'lɛr] (*2h*) wehtun, schmerzen; **~erse** bedauern; **~ido** [-'liđo] gekränkt
dolo *jur* ['dolo] *m* Vorsatz *m*; Arglist *f*
dolor [do'lɔr] *m* Schmerz *m*; *fig a* Leid *n*; **~es** (**del parto**) Wehen *f/pl*; **~oso** [-'roso] schmerzhaft; *fig* schmerzlich
doma ['doma] *f* Zähmung *f*; **~dor** [-'đɔr] *m* Dompteur *m*; **~r** [-'mar] (*1a*) zähmen; bändigen
domesticar [domesti'kar] (*1g*) zähmen
doméstico [do'mestiko] häuslich, Haus…
domicili|ación *com* [domiθilĭa'θĭɔn] *f* Domizilierung *f*; Abbuchungsauftrag *m*; **~ado** [-'lĭađo] wohnhaft; **~ar** [-'lĭar] (*1b*) *com* domizilieren; **~o** [-'θilĭo] *m* Wohnort *m*, Wohnsitz *m*
domina|ción [domina'θĭɔn] *f* Herrschaft *f*; **~nte** [-'nante] **1.** *adj* (vor)herrschend, dominierend; (*persona*) herrschsüchtig; **2.** *f mús* Dominante *f*; **~r** [-'nar] (*1a*); **3.** *v/t* beherrschen; **4.** *v/i* vorherrschen; **~rse** sich beherrschen
domin|go [do'miŋgo] *m* Sonntag *m*; **♀ de Ramos** Palmsonntag *m*; **~guero** [-'gero] **1.** *adj* sonntäglich; **2.** *m* F Sonntagsfahrer *m*
dominical [domini'kal] sonntäglich, Sonntags…
dominican|o [domini'kano] dominikanisch; **República** *f* **Dominicana** Dominikanische Republik *f*
dominio [do'minĭo] *m* Herrschaft *f*; **~ de sí mismo** Selbstbeherrschung *f*
dominó [domi'no] *m* Domino(spiel) *n*
don[1] [dɔn] *m* Gabe *f*; **~ de gentes** Gewandtheit *f* im Umgang mit Menschen
don[2] [dɔn] *m* Don (*Titel vor männlichen Vornamen*); Herr *m*
dona|ción [dona'θĭɔn] *f* Schenkung *f*; **~ de sangre** Blutspende *f*; **~dor** *m* [-'đɔr] Spender *m*
donaire [do'naĭre] *m* Anmut *f*
dona|nte [do'nante] *m* Stifter *m*, Spender *m*; **~ de sangre** Blutspender *m*; **~r** [-'nar] (*1a*) schenken; stiften; **~tivo** [-'tiƀo] *m* Gabe *f*, Spende *f*
doncella [dɔn'θeʎa] *f* Jungfrau *f*; (*criada*) Kammermädchen *n*; Zofe *f*
donde (*interr* **dónde**) ['dɔnde] wo; worin; *Am* bei; (*adonde*) wohin; **de ~** woher; von wo; **en ~** wo; **hacia ~** wohin; **~quiera** [-'kĭera] wo auch immer
donoso [do'noso] anmutig
donostiarra [donɔs'tĭarra] aus San Sebastián
doña ['doɲa] *f* Frau *f* (*Titel vor weiblichen Vornamen*)
dop|ar(se) [do'par(se)] (*1a*) (sich) dopen; **~ing** ['-piŋ] *m* Doping *n*
dora|da *zo* [do'rađa] *f* Goldbrasse *f*; **~do** [-'rađo] golden; vergoldet; **~r** [-'rar] (*1a*) vergolden; *gastr* leicht anbraten
dormi|do [dɔr'miđo]: **estar ~** schlafen; **quedarse ~** einschlafen; **~lón** [-'lɔn] *m* Langschläfer *m*; **~r** [-'mir] (*3k*) schlafen; **~rse** einschlafen; **~torio** [-'torĭo] *m* Schlafzimmer *n*
dor|sal [dɔr'sal] Rücken…; **~so** ['-so] *m* Rückseite *f*; **al ~** umseitig
dos [dɔs] zwei; **de ~ en ~** zu zweit; **cada ~ por tres** dauernd, ständig; **~cientos** [-'θĭentos] zweihundert
dosificar [dosifi'kar] (*1g*) dosieren
dosis ['dosis] *f* Dosis *f*
dota|ción [dota'θĭɔn] *f* Ausstattung *f*; *mar* Mannschaft *f*; *avia* Besatzung *f*; **~r** [-'tar] (*1a*) ausstatten, -rüsten, versehen (mit *dat* **de**)
dote ['dote] *m,f* Mitgift *f*; Aussteuer *f*; **~s** *f/pl* Talent *n*, Begabung *f*
doy [dɔĭ] *s* **dar**
Dr. **doctor** Dr. (Doktor)
draga ['draga] *f* Bagger *m*; **~minas** [-'minas] *m* Minensuchboot *n*, -räumboot *n*; **~r** [-'gar] (*1h*) (aus)baggern
dragón [dra'gɔn] *m* Drache *m*
drama ['drama] *m* Drama *n* (*a fig*)
dramático [dra'matiko] dramatisch
drama|tizar [dramati'θar] (*1f*) dramatisieren (*a fig*); **~turgo** [-'turgo] *m* Dramatiker *m*; Dramaturg *m*
drena|je [dre'naxe] *m* Entwässerung *f*; Dränage *f* (*a med*); **~r** [-'nar] (*1a*) entwässern
Dresde ['drezđe] *m* Dresden *n*
driblar [dri'ƀlar] (*1a*) dribbeln
dro|ga ['droga] *f* Droge *f*; Rauschgift *n*; **~gadicto** [-'đikto] **1.** *adj* drogen-, rauschgiftsüchtig; **2.** *m* Drogensüchtige(r) *m*; **~garse** [-'garse] (*1h*) Drogen nehmen; **~godependencia** [-godepen'denθĭa] *f* Drogenabhängigkeit *f*; **~guería** [-ge'ria] *f* Drogerie *f*; **~guero** [-'gero] *m*, **~guista** [-'gista] *m* Drogist *m*

dromedario [drome'đarĭo] *m* Dromedar *n*
ducal [du'kal] herzoglich
ducha ['dutʃa] *f* Dusche *f*; **~r(se)** [-'tʃar(se)] *(1a)* (sich) duschen
ducho ['dutʃo] erfahren; bewandert
dúctil ['duktil] dehnbar; geschmeidig; *fig* gefügig
du|da ['duđa] *f* Zweifel *m*; ***sin ~*** zweifellos; ***poner en ~*** in Zweifel ziehen; infrage stellen; **~dar** [-'đar] *(1a)* **1.** *v/i* zweifeln (an *dat* ***de***); **2.** *v/t* bezweifeln; **~doso** [-'đoso] zweifelhaft; verdächtig
duelo ['dŭelo] *m* Trauer *f*; *(combate)* Duell *n*
duende ['dŭende] *m* Kobold *m*
dueñ|a ['dŭeɲa] *f* Eigentümerin *f*; Herrin *f*; **~o** ['dŭeɲo] *m* Eigentümer *m*; Wirt *m*
duermo ['dŭɛrmo] *s* ***dormir***
dul|ce ['dulθe] **1.** *adj* süß; *fig* lieblich; sanft; **2.** *m* Süßigkeit *f*; Süßspeise *f*; **~zón** [-'θɔn] süßlich; **~zura** [-'θura] *f* Süße *f (a fig)*; Lieblichkeit *f*, Sanftmut *f*
dumping ['dampiŋ] *m* Dumping *n*
duna ['duna] *f* Düne *f*
Dunquerque [duŋ'kɛrke] *m* Dünkirchen *n*
dúo *mús* ['duo] *m* Duett *n*; Duo *n*
duodeno *anat* [dŭo'đeno] *m* Zwölffingerdarm *m*
dúplex ['duplɛks] *m* Maisonette *f*
dupli|cado [dupli'kađo] **1.** *adj* (ver)doppelt; ***por ~*** in zweifacher Ausfertigung; **2.** *m* Duplikat *n*, Zweitschrift *f*; **~car** [-'kar] *(1g)* verdoppeln
duque ['duke] *m* Herzog *m*; **~sa** [-'kesa] *f* Herzogin *f*
dura|ble [du'rađle] dauerhaft; haltbar; **~ción** [-'θĭɔn] *f* Dauer *f*; **~dero** [-'đero] dauerhaft; langlebig; **~nte** [-'rante] während; **~r** [-'rar] *(1a)* (an-)dauern; halten; **~zno** [-'rađno] *m* Herzpfirsich *m*; *Am* Pfirsich *m*
dureza [du'reθa] *f* Härte *f (a fig)*
duro ['duro] **1.** *adj* hart *(a droga)*; *(clima)* rau; *(carne)* zäh; *fig* schwierig; ***~ de oído*** schwerhörig; **2.** *m hist* Duro *m*, Fünfpesetenstück *n*
DVD [deuƀe'đe] *m* ***Digital Video Disc, Digital versatile Disc*** DVD *f*; ***reproductor*** *m* ***de ~*** DVD-Player *m*

E

e [e] und *(vor **i** u **hi**)*
E[1], **e** [e] *f* E, e *n*
E[2] ***este*** O (Osten)
EA *m* ***Ejército del Aire*** Luftstreitkräfte *pl*
ebanis|ta [eƀa'nista] *m* Möbeltischler *m*; **~tería** [-niste'ria] *f* Möbeltischlerei *f*
ébano ['eƀano] *m* Ebenholz *n*
ebrio ['eƀrĭo] betrunken; *fig* trunken (vor ***de***)
ebullición [eƀuʎi'θĭɔn] *f* Sieden *n*
echar [e'tʃar] *(1a)* werfen; wegwerfen; *(expulsar)* hinauswerfen; vertreiben; *(bebida)* eingießen, -schenken; *(carta)* einwerfen; *(humo, etc)* ausströmen, -stoßen; ***~ abajo*** abreißen; ***~ a*** *inf* anfangen zu *inf*; ***~ a correr*** losrennen; ***~ de menos*** vermissen; **~se** sich hinlegen; ***~ encima*** herfallen über; ***echárselas de*** sich aufspielen als
eclesiástico [ekle'sĭastiko] kirchlich
eclip|sar [ekliƀ'sar] *(1a)* verfinstern; *fig* in den Schatten stellen; **~se** [e'kliƀse] *m* Verfinsterung *f*, Finsternis *f*
eco|etiqueta [ekoeti'keta] *f* Umweltzeichen *n*, Ökolabel *n*; **~grafía** *med* [-gra'fia] *f* Ultraschallaufnahme *f*; **~logía** [-lo'xia] *f* Ökologie *f*; **~lógico** [-'lɔxiko] ökologisch; umweltfreundlich; Umwelt…; **~logismo** [-lo'xismo] *m* Ökobewegung *f*; **~logista** [-lo'xista] **1.** *adj* Öko…; **2.** *su* Umweltschützer(in) *m(f)*
economía [ekono'mia] *f* Wirtschaft *f*; *fig* Sparsamkeit *f*; Ersparnis *f*; ***~ de mercado*** Marktwirtschaft *f*; ***~ sumergida*** Schattenwirtschaft *f*
económico [eko'nomiko] wirtschaftlich, Wirtschafts…; *(barato)* billig; *(persona)* sparsam
economi|sta [ekono'mista] *m* Volkswirt(schaftler) *m*; **~zar** [-'θar] *(1f)* (ein)sparen

ecosistema [ekosis'tema] *m* Ökosystem *n*
ecua|ción *mat* [ekŭa'θĭɔn] *f* Gleichung *f*; **~dor** [-'đor] *m* Äquator *m*
Ecuador [ekŭa'đɔr] *m* Ecuador *n*
ecuatorian|o [ekuato'rĭano] **1.** *adj* ekuadorianisch; **2. ~o** *m*, **~a** *f* Ekuadorianer(in) *m(f)*
ecuestre [e'kŭestre] Reiter…
ecuménico [eku'meniko] ökumenisch
eczema *med* [ɛg'θema] *m* Ekzem *n*
Ed. ***Edición*** Ausg. (Ausgabe), Aufl. (Auflage)
edad [e'đađ] *f* Alter *n*; **≈ *Media*** Mittelalter *n*; ***la tercera ~*** (*personas*) die Senioren; ***a la ~ de*** im Alter von; ***¿qué ~ tienes?*** wie alt bist du?
edema *med* [e'đema] *m* Ödem *n*
edición [eđi'θĭɔn] *f* Ausgabe *f*; Auflage *f*
edicto [e'đikto] *m* Verordnung *f*
edifi|cación [eđifika'θĭɔn] *f* Erbauung *f* (*a fig*); Bau *m*; **~cante** [-'kante] erbaulich; **~car** [-'kar] (*1g*) erbauen (*a fig*); **~cio** [-'fiθĭo] *m* Gebäude *n*, Bau *m*
Edimburgo [eđim'burgo] *m* Edinburg *n*
edi|tar [eđi'tar] (*1a*) herausgeben, -bringen; **~tor** [-'tɔr] *m* Herausgeber *m*; Verleger *m*; **~torial** [-to'rĭal] **1.** *adj* Verlags…; **2.** *m* Leitartikel *m*; **3.** *f* Verlag *m*
edredón [eđre'đɔn] *m* Federbett *n*; Daunendecke *f*
educa|ción [eđuka'θĭɔn] *f* Erziehung *f*; ***profesor*** *m* ***de ~ física*** Sportlehrer *m*; **~dor** [-'đɔr] *m* Erzieher *m*; **~r** [-'kar] (*1g*) erziehen
edulcorante [eđulko'rante] *m* Süßstoff *m*
EEE *m* ***Espacio Económico Europeo*** EWR *m* (Europäischer Wirtschaftsraum)
EE.UU. *pl* ***Estados Unidos*** USA *pl*
efec|tismo [efɛk'tizmo] *m* Effekthascherei *f*; **~tivo** [-'tiƀo] wirklich, tatsächlich; ***hacer ~*** *com* einlösen; ***en ~*** in bar; **~to** [e'fɛkto] *m* Wirkung *f*, Effekt *m*; Ergebnis *n*; ***~ secundario*** Nebenwirkung *f*; ***hacer*** (*od* ***surtir***) ***~*** wirken; ***en ~*** in der Tat; ***con ~ retroactivo*** rückwirkend; ***~s*** *pl* Sachen *f/pl*; *com* Effekten *m/pl*, Wertpapiere *n/pl*; **~tuar** [-'tŭar] (*1e*) ausführen; unternehmen; **~tuarse** zustande kommen, stattfinden
efeméride [efe'meriđe] *f* wichtiges Ereignis *n od* Datum *n*
efervescente [efɛrƀes'θente] aufbrausend (*a fig*)
efi|cacia [efi'kaθĭa] *f* Wirksamkeit *f*; *fig* Tüchtigkeit *f*; **~caz** [-'kaθ] wirksam; (*persona*) tüchtig; **~ciencia** [-'θĭenθĭa] *f* Wirksamkeit *f*; Leistungsfähigkeit *f*; **~ciente** [-'θĭente] wirksam; (*persona*) leistungsfähig; tüchtig; effizient
efigie [e'fixĭe] *f* Bildnis *n*
efímero [e'fimero] kurzlebig
efusivo [efu'siƀo] überschwänglich, -strömend
EGB *f* ***Ensenanza General Básica*** *span. Grundschulwesen*
Egeo [ɛ'xeo] *m* Ägäis *f*
egipci|o [ɛ'xiƀθĭo] **1.** *adj* ägyptisch; **2. ~o** *m*, **~a** *f* Ägypter(in) *m(f)*
Egipto [ɛ'xipto] *m* Ägypten *n*
egoís|mo [ego'izmo] *m* Egoismus *m*; **~ta** [-'ista] **1.** *adj* egoistisch; **2.** *su* Egoist(in) *m(f)*
egregio [e'grɛxĭo] berühmt, erlaucht
eje ['ɛxe] *m* Achse *f*; *tec* Welle *f*
ejecu|ción [ɛxeku'θĭɔn] *f* Ausführung *f*, (*ajusticiamiento*) Hinrichtung *f*; *jur* Vollstreckung *f*; *mús* Vortrag *m*, Spiel *n*; **~tante** [-'tante] *m* (vortragender) Künstler *m*; **~tar** [-'tar] (*1a*) ausführen; *jur* vollstrecken; (*matar*) hinrichten; *mús* spielen; **~tivo** [-'tiƀo] **1.** *adj* ausübend; *pol* (***poder*** *m*) **~** Exekutive *f*; **2.** *m* Manager *m*, Führungskraft *f*
ejem|plar [ɛxem'plar] **1.** *adj* vorbildlich, musterhaft; **2.** *m* Exemplar *n*; Muster *n*; **~plo** [ɛ'xemplo] *m* Beispiel *n*; Vorbild *n*; ***por ~*** zum Beispiel
ejer|cer [ɛxɛr'θɛr] (*2b*) **1.** *v/t* ausüben; (*cargo*) bekleiden; **2.** *v/i med* praktizieren; ***~ de*** tätig sein als; **~cicio** [-'θiθĭo] *m* Übung *f*; Ausübung *f*; *com* Geschäfts-, Rechnungsjahr *n*; ***hacer ~*** sich Bewegung machen; *mil* ***~s*** *pl* Exerzieren *n*; *rel* ***~s espirituales*** Exerzitien *pl*
ejército [ɛ'xɛrθito] *m* Heer *n*; Armee *f*
el [ɛl] *art* der
él [ɛl] *pron* er
elabora|ción [elaƀora'θĭɔn] *f* Ausarbeitung *f*; Herstellung *f*; **~r** [-'rar] (*1a*) ausarbeiten; herstellen
elasticidad [elastiθi'đađ] *f* Elastizität *f*
elástico [e'lastiko] **1.** *adj* elastisch; dehnbar; **2.** *m* Gummiband *n*
Elba ['ɛlƀa] *m* Elbe *f*

El Cabo [ɛl'kaƀo] Kapstadt *n*
El Cairo [ɛl'kaĭro] Kairo *n*
elec|ción [elɛg'θĭɔn] *f* Wahl *f*; Auswahl *f*; ***elecciones*** *f/pl* ***europeas*** Europawahlen *f/pl*; **~to** [e'lɛkto] gewählt; **~tor** *m* [-'tɔr] Wähler *m*; **~torado** [-to-'rađo] *m* Wählerschaft *f*; **~toral** [-'ral] Wahl...
electrici|dad [elɛktriθi'đađ] *f* Elektrizität *f*; **~sta** [-'θista] *m* Elektriker *m*
eléctrico [e'lɛktriko] elektrisch
electr|ificar [elɛktrifi'kar] (*1g*) elektrifizieren; **~izar** [-'θar] (*1f*) elektrisieren; *fig* begeistern; **~ocardiograma** [-trokarđĭo'grama] *m* Elektrokardiogramm *n*; **~ocutar** [-ku'tar] (*1a*) durch elektrischen Strom hinrichten *od* töten; **~ochoque** *med* [-'tʃoke] *m* Elektroschock *m*; **~odo** [-'trođo] *m* Elektrode *f*; **~odoméstico** [-đo'mestiko] *m* Elektrogerät *n*; (***tienda*** *f* ***de***) **~s** Elektrogeschäft *n*; **~oencefalograma** [-enθefalo'grama] *m* Elektroenzephalogramm *n*; **~ólisis** [-'trolisis] *f* Elektrolyse *f*; **~ón** [-'tron] *m* Elektron *n*; **~ónica** [-'tronika] *f* Elektronik *f*; **~ónico** [-'troniko] elektronisch; **~otecnia** [-'tɛknia] *f* Elektrotechnik *f*
elefante [ele'fante] *m* Elefant *m*
elegan|cia [ele'ganθĭa] *f* Eleganz *f*; **~te** [-'gante] elegant
elegía [elɛ'xia] *f* Elegie *f*
elegir [ele'xir] (*3c u 3l*) wählen; (*escoger*) aussuchen, -wählen
elemen|tal [elemen'tal] elementar; Grund...; **~to** [-'mento] *m* Element *n* (*a fig*); ***estar en su ~*** in s-m Element sein
elenco [e'leŋko] *m* *teat* Ensemble *n*; Besetzung *f*
elepé [ele'pe] *m* Langspielplatte *f*, LP *f*
eleva|ción [eleƀa'θĭɔn] *f* Anhebung *f*, Erhöhung *f*; *geo* Erhebung *f*; *fig* Höhe *f*; **~do** [-'ƀađo] hoch (*a fig*); **~r** [-'ƀar] (*1a*) (empor)heben; (*precio*, *etc*) anheben, erhöhen; (*edificio*) errichten; **~rse** sich erheben; ***~ a*** sich belaufen auf
elimina|ción [elimina'θĭɔn] *f* Beseitigung *f*; Ausscheidung *f* (*a med*); ***~ de desechos*** Entsorgung *f*; ***~ de residuos*** Abfallentsorgung *f*, Abfallbeseitigung *f*; **~r** [-'nar] (*1a*) beseitigen; ausscheiden; *mat*, *dep* eliminieren; **~toria** [-na'torĭa] *f* Ausscheidungskampf *m*; Vorrunde *f*
elipse [e'liƀse] *f* Ellipse *f*
élite ['elite] *f* Elite *f*
elitista [eli'tista] elitär
ella ['eʎa] *pron* sie; **ello** ['eʎo] *pron* es
elocuen|cia [elo'kŭenθĭa] *f* Beredsamkeit *f*; **~te** [-'kŭente] beredt
elogi|ar [elɔ'xĭar] (*1b*) loben; preisen; **~o** [e'lɔxĭo] *m* Lob *n*; **~oso** [-'xĭoso] lobend, anerkennend
eludir [elu'đir] (*3a*) umgehen
E.M. *m* ***Estado Mayor*** Generalstab *m*
emanar [ema'nar] (*1a*) ausgehen, herrühren (von ***de***)
emancipa|ción [emanθipa'θĭɔn] *f* Befreiung *f*; Emanzipation *f*; **~rse** [-'parse] (*1a*) sich emanzipieren, sich unabhängig machen (von ***de***)
embadurnar [embađur'nar] (*1a*) be-, verschmieren
embaja|da [emba'xađa] *f* Botschaft *f*; **~dor** [-'đɔr] *m*, **~dora** [-'đora] *f* Botschafter(in) *m*(*f*)
embala|je [emba'laxe] *m* Verpackung *f*; ***~ de un solo uso*** *o* ***no recuperable*** Einwegverpackung *f*; **~r** [-'lar] (*1a*) verpacken
embaldosar [embaldo'sar] (*1a*) mit Fliesen belegen
embalsamar [embalsa'mar] (*1a*) einbalsamieren
embalse [em'balse] *m* Stausee *m*
embara|zada [embara'θađa] **1.** *adj* schwanger; **2.** *f* Schwangere *f*; **~zar** [-'θar] (*1f*) hindern, hemmen; (*turbar*) verlegen machen; (*mujer*) schwängern; **~zo** [-'raθo] *m* Schwangerschaft *f*; *fig* Hemmung *f*; ***interrupción*** *f* ***del ~*** Schwangerschaftsabbruch *m*
embarca|ción [embarka'θĭɔn] *f* Wasserfahrzeug *n*, Schiff *n*, Boot *n*; **~dero** [-'đero] *m* *mar* Ladeplatz *m*; Landungsbrücke *f*; **~r** [-'kar] (*1g*) einschiffen; verladen; einchecken; **~rse** sich einschiffen, *a avia* an Bord gehen; einchecken; *fig* sich einlassen (auf *ac* ***en***)
embar|gar [embar'gar] (*1h*) beschlagnahmen; *jur* pfänden; **~go** [-'bargo] *m* Beschlagnahme *f*; Embargo *n*; ***sin ~*** jedoch; trotzdem
embarque [em'barke] *m* Einschiffung *f*, Verschiffung *f*
embarrancar [embarraŋ'kar] (*1g*) *mar* stranden; **~se** stecken bleiben
embaucar [embaŭ'kar] (*1g*) betrügen

embele|sar [embele'sar] (*1a*) begeistern, entzücken; **~so** [-'leso] *m* Entzücken *n*
embelle|cer [embeʎe'θɛr] (*2d*) verschönern; **~cimiento** [-θi'mĭento] *m* Verschönerung *f*
embesti|da [embes'tiđa] *f* Angriff *m*; **~r** [-'tir] (*3l*) anfallen; angreifen
emblema [em'blema] *m* Emblem *n*
embobar [embo'ƀar] (*1a*) verblüffen, erstaunen
embolia *med* [em'bolĭa] *f* Embolie *f*
émbolo *tec* ['embolo] *m* Kolben *m*
embolsar(se) [embɔl'sar(se)] (*1a*) (*dinero*) einnehmen, einstecken
emborrachar [embɔrra'tʃar] (*1a*) betrunken machen; berauschen; **~se** sich betrinken
emboscada [embɔs'kađa] *f* Hinterhalt *m*; *fig* Falle *f*
embotella|miento [emboteʎa'mĭento] *m* Verkehrsstockung *f*; **~r** [-'ʎar] (*1a*) auf Flaschen ziehen, abfüllen
embra|gar [embra'ɡar] (*1h*) kuppeln; **~gue** *tec* [-'braɡe] *m* Kupplung *f*
embria|gar [embrĭa'ɡar] (*1h*) berauschen; *fig a* entzücken; **~garse** sich betrinken; **~guez** [-'ɡeθ] *f* Trunkenheit *f*; Rausch *m* (*a fig*)
embrión [em'brĭɔn] *m* Embryo *m*
embro|llar [embro'ʎar] (*1a*) verwirren; **~llo** [em'broʎo] *m* Verwirrung *f*; Durcheinander *n*
embrujar [embru'xar] (*1a*) be-, verhexen
embrute|cer(se) [embrute'θɛr(se)] (*2d*) verrohen; abstumpfen; **~cimiento** [-θi'mĭento] *m* Verrohung *f*; Stumpfsinn *m*
embudo [em'buđo] *m* Trichter *m*
embuste [em'buste] *m* Schwindel *m*; Lüge *f*; **~ro** [-'tero] *m* Schwindler *m*; Lügner *m*
embutido [embu'tiđo] *m* Wurst *f*; **~s** *m/pl* Wurstwaren *f/pl*
EME *m* ***Estado Mayor del Ejército*** Generalstab *m* des Heeres
emerge|ncia [emɛr'xenθĭa] *f* Auftauchen *n*; (***caso*** *m* ***de***) **~** Notfall *m*; ***estado*** *m* ***de*** **~** Notstand *m*; **~r** [-'xɛr] (*2c*) auftauchen
emérito [e'merito] emeritiert
emigra|ción [emiɡra'θĭɔn] *f* Auswanderung *f*; **~nte** [-'ɡrante] *m* Auswanderer *m*; Emigrant *m*; **~r** [-'ɡrar] (*1a*) auswandern, emigrieren
eminen|cia [emi'nenθĭa] *f geo* Anhöhe *f*; (*persona*) (bedeutende) Persönlichkeit *f*, Größe *f*; (*título*) Eminenz *f*; **~te** [-'nente] hervorragend
emirato [emi'rato] *m* Emirat *n*
Emiratos Árabes Unidos [emi'ratos 'araƀes u'niđos] *m/pl* Vereinigte Arabische Emirate *n/pl*
emi|sario [emi'sarĭo] *m* (Send-)Bote *m*; *tec* Abflussrohr *n*; **~sión** [-'sĭɔn] *f com* Ausgabe *f*, Emission *f*; (*radio*, *TV*) Sendung *f*; **~** ***contaminante*** Schadstoffemission *f*; **~sora** [-'sora] *f* Sendestation *f*, Sender *m*; **~tir** [-'tir] (*3a*) abgeben; *com* ausgeben; (*radio*, *TV*) senden; *a fís* ausstrahlen
emo|ción [emo'θĭɔn] *f* Gemütsbewegung *f*, Emotion *f*; Rührung *f*; (*excitación*) Auf-, Erregung *f*; **~cionante** [-θĭo'nante] ergreifend; (*excitante*) aufregend; **~cionar** [-'nar] (*1a*) rühren, ergreifen; (*excitar*) er-, aufregen
emolumentos [emolu'mentos] *m/pl* Einkünfte *pl*; Bezüge *m/pl*
emoticón *inform* [emoti'kɔn] *m* Emoticon *n*
emotivo [emo'tiƀo] erregend
empacar [empa'kar] (*1g*) ein-, verpacken
empacho [em'patʃo] *m* verdorbener Magen *m*
empadronamiento [empađrona'mĭento] *m* (Eintragung *f* in die) Volkszählungs-, Steuer- *od* Wahlliste *f*
empalagoso [empala'ɡoso] widerlich süß; *fig* süßlich, aufdringlich
empalizada [empali'θađa] *f* Pfahlwerk *n*; Zaun *m*; Palisade *f*
empal|mar [empal'mar] (*1a*) **1.** *v/t* verbinden, zusammenfügen; anschließen; **2.** *v/i* (*tren*, *etc*) Anschluss haben (an *ac* ***con***); **~me** [-'palme] *m* Verbindung *f*; Anschluss *m*; *ferro* Knotenpunkt *m*
empana|da [empa'nađa] *f* Pastete *f*; **~r** [-'nar] (*1a*) panieren
empañar [empa'ɲar] (*1a*) trüben (*a fig*); **~se** (*cristales*) (sich) beschlagen
empapar [empa'par] (*1a*) durchnässen; (*mojar*) tränken; (*absorber*) aufsaugen
empapela|dor [empapela'đɔr] *m* Tapezierer *m*; **~r** [-'lar] (*1a*) tapezieren
empaquetar [empake'tar] (*1a*) ein-, verpacken
emparedado [empare'đađo] *m* Sand-

wich *n*
emparentar [emparen'tar] (*1k*) sich verschwägern
empas|tar [empas'tar] (*1a*) (*diente*) füllen, plombieren; **~te** [-'paste] *m* (Zahn-)Plombe *f*, Füllung *f*
empa|tar [empa'tar] (*1a*) unentschieden enden; **~te** [-'pate] *m* Unentschieden *n*
empedernido [empeđɛr'niđo] hartherzig; (*fumador, etc*) unverbesserlich; (*soltero*) eingefleischt
empedra|do [empe'đrađo] *m* (Straßen-)Pflaster *n*; **~r** [-'đrar] (*1k*) pflastern
empeine [em'pɛĭne] *m* (*del pie*) Rist *m*, Spann *m*
empellón [empe'ʎɔn] *m* Stoß *m*
empe|ñar [empe'ɲar] (*1a*) verpfänden; **~ñarse** Schulden machen; **~ *en*** bestehen auf (*dat*); **~ño** [-'peɲo] *m* Verpfändung *f*; *fig* Bestreben *n*
empeora|miento [empeora'mĭento] *m* Verschlechterung *f*; **~r** [-'rar] (*1a*) **1.** *v/t* verschlimmern; **2.** *v/i* sich verschlimmern; sich verschlechtern
empequeñecer [empekeɲe'θɛr] (*2d*) verkleinern; *fig* herabsetzen
empera|dor [empera'đɔr] *m* Kaiser *m*; *zo* Schwertfisch *m*; **~triz** [-'triθ] *f* Kaiserin *f*
emperejilarse F [emperɛxi'larse] (*1a*) sich herausputzen
empezar [empe'θar] (*1f u 1k*) *v/i u v/t* anfangen, beginnen (zu ***a***); **~ *por hacer a/c*** zunächst et tun
empina|do [empi'nađo] hoch; steil; *fig* hoch stehend; **~r** [-'nar] (*1a*) (steil) aufrichten; F **~ *el codo*** gern e-n heben
empírico [em'piriko] empirisch
emplasto *med* [em'plasto] *m* Pflaster *n*
emplaza|miento [emplaθa'mĭento] *m* Standort *m*; Lage *f*; *jur* Vorladung *f*; **~r** [-'θar] (*1f*) aufstellen; *jur* vorladen
emple|ada [emple'ađa] *f* Angestellte *f*; **~ *del hogar*** Hausangestellte *f*; **~ado** [-'ađo] *m* Angestellte(r) *m*; **~ar** [-'ar] (*1a*) anwenden; verwenden; (*persona*) anstellen, beschäftigen; **~o** [-'pleo] *m* Anwendung *f*; Verwendung *f*; (*puesto*) Stelle *f*
empobre|cer [empoƀre'θɛr] (*2d*) **1.** *v/t* arm machen; **2.** *v/i u* **~cerse** verarmen; **~cimiento** [-θi'mĭento] *m* Verarmung *f*
empoll|ar [empo'ʎar] (*1a*) **1.** *v/t* aus-, bebrüten; **2.** *v/i* F büffeln; **~ón** [-'ʎɔn] *m* Streber *m*
emporio [em'porĭo] *m Am* Kaufhaus *n*
empotrado [empo'trađo] eingebaut; ***armario*** *m* **~** Einbauschrank *m*
emprende|dor [emprende'đɔr] unternehmungslustig; **~r** [-'dɛr] (*2a*) unternehmen
empresa [em'presa] *f* Unternehmen *n*; Betrieb *m*; **~ *de servicios*** Dienstleistungsunternehmen *n*; **~rial** [-'rĭal] Unternehmens…; Betriebs…, betrieblich; **~rio** [-'sarĭo] *m* Unternehmer *m*; *mús, teat* Impresario *m*
empréstito [em'prestito] *m* Anleihe *f*
empu|jar [empu'xar] (*1a*) schieben; drücken; stoßen; *fig* (an)treiben; **~je** [-'puxe] *m* Stoß *m*; (*presión*) Druck *m*; *fig* Schwung *m*; **~jón** [-'xɔn] *m* Stoß *m*; Schub *m*
empuña|dura [empuɲa'đura] *f* Griff *m*; **~r** [-'ɲar] (*1a*) ergreifen, packen
emular [emu'lar] (*1a*) nacheifern (*dat*); wetteifern mit
emulsión [emul'sĭɔn] *f* Emulsion *f*
en [en] in; an; auf; bei; mit
ENAGAS *f* ***Empresa Nacional del Gas*** *Staatl. Gasversorgungsbetrieb*
enagua(s) [e'nagŭa(s)] *f*(*pl*) (Frauen-) Unterrock *m*
enajena|ción [enaxena'θĭɔn] *f* Veräußerung *f*; *fig* Verzückung *f*; **~ *mental*** Irresein *n*, geistige Umnachtung *f*; **~r** [-'nar] (*1a*) veräußern; *fig* verzücken
enaltecer [enalte'θɛr] (*2d*) preisen, verherrlichen
enamo|radizo [enamora'điθo] leicht entflammt; **~rado** [-'rađo] verliebt (in *ac* ***de***); **~rar** [-'rar] (*1a*) verliebt machen; **~rarse** sich verlieben (in *ac* ***de***)
enano [e'nano] *m* Zwerg *m*
enardecer [enarđe'θɛr] (*2d*) *fig* entzünden; entflammen; **~se** *fig* sich erhitzen
encabeza|miento [eŋkaƀeθa'mĭento] *m* Eingangsformel *f*; Briefkopf *m*; **~r** [-'θar] (*1f*) anführen; (*carta, etc*) überschreiben; einleiten
encadenar [eŋkađe'nar] (*1a*) anketten; fesseln
enca|jar [eŋka'xar] (*1a*) **1.** *v/t* einfügen; einpassen; (*golpe, gol*) einstecken; **2.** *v/i fig* passen (zu ***con***); **~je** [-'kaxe] *m* Einfügen *n*; *com* Kassenbestand *m*; (*tejido*) Spitze *f*; **~ *de bolillos*** Klöppelspitze *f*

encalar [eŋka'lar] (*1a*) weißen, tünchen
encallar [eŋka'ʎar] (*1a*) *mar* stranden
encaminar [eŋkami'nar] (*1a*) auf den Weg bringen; **~se** sich aufmachen (nach ***a***)
encandilar [eŋkandi'lar] (*1a*) blenden, bezaubern
encanta|do [eŋkan'tađo] verzaubert, verwunschen; **~ *de*** entzückt über, begeistert von; **~ (*de conocerle*)** es freut mich sehr (, Sie kennen zu lernen); **~dor** [-'đɔr] bezaubernd, entzückend; **~miento** [-'mĭento] *m* Entzücken *n*; Bezauberung *f*; **~r** [-'tar] (*1a*) verzaubern; *fig* begeistern, entzücken
encanto [eŋ'kanto] *m* Zauber *m*, Entzücken *n*; (*atractivo*) Charme *m*
encañonar [eŋkaɲo'nar] (*1a*): **~ *a alg*** auf j-n anlegen
encapotarse [eŋkapo'tarse] (*1a*) (*cielo*) sich beziehen, sich bedecken
encapricharse [eŋkapri'tʃarse] (*1a*) versessen sein (auf *ac* ***de, por***)
encapuchado [eŋkapu'tʃađo] *m* Kapuzenträger *m* (*bei Prozessionen*)
encaramar [eŋkara'mar] (*1a*) emporheben; **~se** (hinauf)klettern (auf *ac* ***en***)
encarcelar [eŋkarθe'lar] (*1a*) einsperren, ins Gefängnis sperren
encare|cer [eŋkare'θɛr] (*2d*) **1.** *v/t* verteuern; (*alabar*) sehr loben; **2.** *v/i u* **~cerse** teurer werden; **~cidamente** [-θiđa'mente] inständig; **~cimiento** [-'mĭento] *m* Verteuerung *f*; *fig* Nachdruck *m*; ***con* ~** eindringlich
encar|gado [eŋkar'gađo] **1.** *adj* beauftragt; **2.** *m* Beauftragte(r) *m*; **~ *de curso*** Lehrbeauftragte(r) *m*; **~ *de negocios*** Geschäftsträger *m*; **~gar** [-'gar] (*1h*) bestellen; **~ *a/c a alg*** j-n mit et beauftragen; **~garse**: **~ *de a/c*** et übernehmen; **~go** [-'kargo] *m* Auftrag *m*; Bestellung *f*; ***por* ~ *de*** im Auftrag von
encariñarse [eŋkari'ɲarse] (*1a*): **~ *con alg*** *od* ***a/c*** j-n *od* et lieb gewinnen
encar|nación [eŋkarna'θĭɔn] *f rel* Fleischwerdung *f*; *fig* Verkörperung *f*; **~nado** [-'nađo] (hoch)rot; ***ponerse* ~** erröten, rot werden; **~nar** [-'nar] (*1a*) verkörpern (*a teat*); **~nizado** [-ni'θađo] *fig* erbittert; **~nizamiento** [-θa'mĭento] *m* Erbitterung *f*; Blutgier *f*
encarrilar [eŋkarri'lar] (*1a*) *fig* auf den rechten Weg bringen; F einrenken
encasillar [eŋkasi'ʎar] (*1a*) *fig* einordnen; festlegen auf
encasquillarse [eŋkaski'ʎarse] (*1a*) stecken bleiben; (*arma*) Ladehemmung haben
encauza|miento [eŋkaŭθa'mĭento] *m* Flussregulierung *f*; **~r** [-'θar] (*1f*) eindämmen; *fig* (in e-e Bahn) lenken
encefálico [enθe'faliko] Gehirn…
encéfalo [en'θefalo] *m* Gehirn *n*
encefalopatía [enθefalopa'tĭa] *f* **~ *espongiforme bovina*** Rinderwahn (-sinn) *m*, BSE *n*
encen|dedor [enθende'đɔr] *m* Anzünder *m*; Feuerzeug *n*; **~der** [-'dɛr] (*2g*) anzünden; (*luz*, *radio*, *etc*) anmachen; *fig* entflammen, entfachen; **~dido** [-'điđo] **1.** *adj* brennend (*a fig*); **2.** *m auto* Zündung *f*
encera|dora [enθera'đora] *f* Bohnermaschine *f*; **~r** [-'rar] (*1a*) bohnern; wachsen
encerrar [enθɛ'rrar] (*1k*) einschließen (*a fig*), einsperren
encestar [enθes'tar] (*1a*) *dep* in den Korb treffen
enchapa|do [entʃa'pađo] *m* Furnier *n*; **~r** [-'par] (*1a*) furnieren
encharcado [entʃar'kađo] sumpfig
enchu|far [entʃu'far] (*1a*) *el* anschließen; *tec* verbinden; **~fe** [-'tʃufe] *m el* Anschluss *m*; Steckdose *f*; Stecker *m*; F *fig* gute Beziehung *f*; Pöstchen *n*
encía(s) [en'θia(s)] *f(/pl)* Zahnfleisch *n*
enciclo|pedia [enθiklo'pedĭa] *f* Enzyklopädie *f*; **~pédico** [-'pediko] enzyklopädisch
encierro [en'θĭɛrro] *m* Einschließen *n*, Einsperren *n*; *taur* Eintreiben *n* der Stiere
encima [en'θima] **1.** *adv* oben; darauf; (*además*) obendrein; ***por* ~** *fig* obenhin, oberflächlich; ***llevar* ~** bei sich haben; **2.** *prp* **~ *de*** auf, über; ***estar por* ~ *de alg*** j-m überlegen sein; ***por* ~ *de todo*** vor allem
encina [en'θina] *f* Steineiche *f*
encinta [en'θinta] schwanger
encla|vado [eŋkla'bađo] eingefügt; **~ve** [eŋ'klabe] *m* Enklave *f*
encofr|ado [eŋko'frađo] *m* Verschalung *f*; **~ar** [-'frar] (*1a*) verschalen
encoger [eŋkɔ'xɛr] (*2c*) **1.** *v/t* einziehen; verkürzen; *fig* einschüchtern; **2.** *v/i* (*tejido*) einlaufen; **~se** sich zusammenziehen; *fig* kleinlaut werden; **~ *de***

hombros die Achseln zucken
encolar [eŋko'lar] (*1a*) leimen
encolerizar [eŋkoleri'θar] (*1f*) erzürnen; **~se** in Zorn geraten
encomendar [eŋkomen'dar] (*1k*): **~ *a/c a alg*** j-n mit et beauftragen; **~se**: **~ *a alg*** sich j-m anvertrauen
encomiar [eŋko'mĭar] (*1b*) loben, preisen
encon|ado [eŋko'nađo] (*1a*) erbittert; verbissen; **~o** [-'kono] *m* Groll *m*
encon|trar [eŋkɔn'trar] (*1m*) treffen; begegnen (*dat*); (*hallar*) finden; **~trarse** sich begegnen, sich treffen; zusammentreffen; (*hallarse*) sich befinden; ***me encuentro bien*** es geht mir gut; **~tronazo** [-tro'naθo] *m* Zusammenstoß *m*
encopetado [eŋkope'tađo] vornehm; *desp* hochgestochen
encorva|do [eŋkɔr'bađo] krumm; **~r** [-'bar] (*1a*) krümmen, biegen
encrespa|do [eŋkres'pađo] kraus; (*olas*) schäumend; **~r** [-'par] (*1a*) kräuseln; **~rse** (*mar*) schäumen; *fig* aufbrausen
encrucijada [eŋkruθi'xađa] *f* Kreuzweg *m*, Kreuzung *f*; *fig* Scheideweg *m*
encuaderna|ción [eŋkŭađɛrna'θĭɔn] *f* Einbinden *n*; Einband *m*; **~dor** [-'đɔr] *m* Buchbinder *m*; **~r** [-'nar] (*1a*) (ein)binden
encu|bierto [eŋku'bĭɛrto] versteckt, verblümt; **~bridor** [-bri'đɔr] *m* Hehler *m*; **~brimiento** [-'mĭento] *m* Hehlerei *f*; Begünstigung *f*; **~brir** [-'brir] (*3a*; *part* ***encubierto***) verbergen; verhehlen; (*criminal*) decken
encuentro [eŋ'kŭentro] *m* Begegnung *f*; Treffen *n* (*a mil*, *pol*, *dep*); ***salir*** (*od* ***ir***) ***al ~ de alg*** j-m entgegengehen
encuesta [eŋ'kŭesta] *f* Umfrage *f*; Befragung *f*; **~ *demoscópica*** Meinungsumfrage *f*; **~dor** [-'đɔr] *m* Meinungsforscher *m*; **~r** [-'tar] (*1a*) e-e Umfrage veranstalten; befragen
encumbra|do [eŋkum'brađo] hoch(gestellt); **~miento** [-bra'mĭento] *m* Erhöhung *f*; *fig* Aufstieg *m*; **~r** [-'brar] (*1a*) *fig* rühmen; **~rse** sich erheben; *fig* aufsteigen, emporkommen
encurtidos [eŋkur'tiđos] *m/pl* Essiggemüse *n*
endeble [en'deble] schwächlich; *a fig* schwach
endémico *med* [en'demiko] endemisch
endemonia|do [endemo'nĭađo] **1.** *adj* besessen; teuflisch; **2.** *m* Besessene(r) *m*
enderezar [endere'θar] (*1f*) gerade richten, aufrichten; *fig* in Ordnung bringen; **~se** sich aufrichten
ENDESA *f* ***Empresa Nacional de Electricidad, S.A.*** *Staatl. Energieversorgungsbetrieb*
endeuda|do [endeŭ'đađo] verschuldet; **~miento** [-'mĭento] *m* Verschuldung *f*; **~rse** [-'đarse] (*1a*) Schulden machen, sich verschulden
endiablado [endĭa'blađo] verteufelt; teuflisch
endibia *bot* [en'dibĭa] *f* Chicorée *m*, *f*
endilgar F [endil'gar] (*1h*) *fig* aufhängen, aufhalsen
endomingado [endomiŋ'gađo] im Sonntagsstaat
endosar [endo'sar] (*1a*) *com* indossieren; *fig* F aufbürden, aufhalsen
endri|na *bot* [en'drina] *f* Schlehe *f*; **~no** [-'drino] *m* Schlehdorn *m*
endulzar [endul'θar] (*1f*) süßen; *fig* versüßen
endure|cer [endure'θɛr] (*2d*) härten; abhärten; *fig* verhärten; **~cerse** hart werden (*a fig*); **~cimiento** [-θi'mĭento] *m* Abhärtung *f*; *fig* Verhärtung *f*
enebro *bot* [e'nebro] *m* Wacholder *m*
eneldo *bot* [e'nɛldo] *m* Dill *m*
enema *med* [e'nema] *m* Klistier *n*; Einlauf *m*
enemigo [ene'migo] **1.** *adj* feindlich; **2.** *m* Feind *m*
enemista|d [enemis'tađ] *f* Feindschaft *f*; **~r** [-'tar] (*1a*) verfeinden
energía [enɛr'xia] *f* Energie *f*; Tatkraft *f*; **~ *alternativa*** Alternativenergie *f*; **~ *eólica*** Windenergie *f*; **~ *nuclear*** Kernenergie *f*; **~ *solar*** Sonnenenergie *f*
enérgico [e'nɛrxiko] energisch
enero [e'nero] *m* Januar *m*
enervar [enɛr'bar] (*1a*) entnerven
enésimo [e'nesimo]: ***por enésima vez*** F zum x-ten Male
enfa|dado [emfa'đađo] böse (auf *ac* ***con***); **~dar** [-'đar] (*1a*) ärgern; **~darse** böse werden; sich ärgern; **~do** [-'fađo] *m* Ärger *m*; **~doso** [-'đoso] ärgerlich
énfasis ['emfasis] *m* Emphase *f*, Nachdruck *m*; ***poner ~ en*** Nachdruck legen

auf (*ac*)

enfático [em'fatiko] emphatisch, nachdrücklich

enfer|mar [emfɛr'mar] (*1a*) **1.** *v/t* krank machen; entkräften; **2.** *v/i* erkranken; **~medad** [-me'đađ] *f* Krankheit *f*; **~mera** [-'mera] *f* Krankenschwester *f*; **~mería** [-me'ria] *f* Krankenstation *f*; **~mero** [-'mero] *m* Krankenpfleger *m*; **~mizo** [-'miθo] kränklich; *fig* krankhaft; **~mo** [-'fɛrmo]; **3.** *adj* krank; **4.** *m* Kranke(r) *m*; Patient *m*

enfisema *med* [emfi'sema] *m* Emphysem *n*

enflaquecer [emflake'θɛr] (*2d*) abmagern

enfo|car [emfo'kar] (*1g*) *fot* einstellen; (*tema, etc*) untersuchen, beleuchten; **~que** [-'foke] *m* Einstellung *f* (*a fig*)

enfrascarse [emfras'karse] (*1g*) sich vertiefen (in *ac* ***en***)

enfrenta|miento [emfrenta'mĭento] *m* *fig* Zusammenstoß *m*; **~r** [-'tar] (*1a*) gegenüberstellen; (*afrontar*) gegenübertreten (*dat*); **~rse** sich gegenüberstehen (*a fig*); **~ *con alg*** j-m gegenübertreten

enfrente [em'frente] gegenüber

enfria|miento [emfrĭa'mĭento] *m* Abkühlung *f* (*a fig*); *med* Erkältung *f*; **~r** [-fri'ar] (*1c*) kühlen; abkühlen; **~rse** sich abkühlen (*a fig*)

enfurecer [emfure'θɛr] (*2d*) wütend machen; **~se** wütend werden

engalanar [eŋgala'nar] (*1a*) schmücken

engan|char [eŋgan'tʃar] (*1a*) ein-, festhaken; (*animal*) anspannen; *mil* anwerben; (*vagón*) koppeln; **~charse** hängen bleiben; *mil* sich anwerben lassen; **~che** [-'gantʃe] *m* Ankoppeln *n*; *mil* Anwerbung *f*

enga|ñabobos F [eŋgaɲa'bobos] *m* Bauernfänger *m*; **~ñar** [-'ɲar] (*1a*) betrügen; täuschen; **~ñarse** sich täuschen; **~ño** [-'gaɲo] *m* Betrug *m*; Täuschung *f*; ***llamarse a ~*** sich betrogen fühlen; **~ñoso** [-'ɲoso] (be)trügerisch

engas|tar [eŋgas'tar] (*1a*) einfassen; **~te** [-'gaste] *m* Fassung *f*

engatusar F [eŋgatu'sar] (*1a*) F einwickeln

engen|drar [eŋxen'drar] (*1a*) (er)zeugen; hervorbringen; **~dro** [eŋ'xendro] *m* Missgeburt *f*; *fig* Ausgeburt *f*

englobar [eŋglo'bar] (*1a*) umfassen; zusammenfassen

engolfarse [eŋgɔl'farse] (*1a*) sich vertiefen (in *ac* ***en***)

engomar [eŋgo'mar] (*1a*) gummieren

engor|dar [eŋgɔr'đar] (*1a*) **1.** *v/t* dick machen; *zo* mästen; **2.** *v/i* dick werden, zunehmen; **~de** [eŋ'gɔrđe] *m* Mast *f*

engorro [eŋ'gɔrrɔ] *m* Belästigung *f*; **~so** [-'rrɔso] lästig; umständlich

engrana|je [eŋgra'naxe] *m* Getriebe *n*; *a fig* Räderwerk *n*; **~r** [-'nar] (*1a*) ineinandergreifen (*a fig*)

engrande|cer [eŋgrande'θɛr] (*2d*) vergrößern; *fig* erhöhen; **~cimiento** [-θi'mĭento] *m* Vergrößerung *f*; Erhöhung *f*

engra|sar [eŋgra'sar] (*1a*) einfetten; *tec* ölen; (ab)schmieren; **~se** [-'grase] *m* (Ab-)Schmieren *n*

engre|ído [eŋgre'iđo] eingebildet; **~imiento** [-'mĭento] *m* Dünkel *m*; Einbildung *f*; **~írse** [-'irse] (*3m*) eingebildet werden

engrosar [eŋgro'sar] (*1m*) **1.** *v/t* vermehren; vergrößern; **2.** *v/i* dicker werden

engrudo [eŋ'gruđo] *m* Kleister *m*

engullir [eŋgu'ʎir] (*3h*) (ver)schlingen

enharinar [enari'nar] (*1a*) mit Mehl bestreuen

enhebrar [ene'brar] (*1a*) einfädeln

enhorabuena [enora'bŭena] *f* Glückwunsch *m*; ***dar la ~*** beglückwünschen; ***¡~!*** ich gratuliere!; ***estar de ~*** Glück haben

enig|ma [e'nigma] *m* Rätsel *n*; **~mático** [-'matiko] rätselhaft

enjabonar [eŋxabo'nar] (*1a*) einseifen; F *fig j-m* Honig ums Maul schmieren

enjalbegar [eŋxalbe'gar] (*1h*) weißen; tünchen

enjambre [eŋ'xambre] *m* Schwarm *m* (*a fig*)

enjarciar *mar* [eŋxar'θĭar] (*1b*) auftakeln

enjaular [eŋxaŭ'lar] (*1a*) in e-n Käfig sperren; F einlochen

enjua|gar [eŋxŭa'gar] (*1h*) (aus)spülen; **~gue** [-'xŭage] *m* Spülen *n*

enjugar [eŋxu'gar] (*1h*) (ab)trocknen; abwischen

enjuicia|miento [eŋxŭiθĭa'mĭento] *m* Einleitung *f* des Gerichtsverfahrens; ***ley*** *f* ***de ~ civil*** (***criminal***) Zivil-, (Straf-)prozessordnung *f*; **~r** [-'θĭar] (*1b*) *jur* das Verfahren eröffnen; *fig* beurteilen

enjundia [eŋ'xundĭa] *f fig* Gehalt *m*, innerer Wert *m*

enjuto [eŋ'xuto] trocken; *fig* dürr; ***a pie ~*** trockenen Fußes

enlace [en'laθe] *m* Verbindung *f*; *ferro* Anschluss *m*; (*persona*) Verbindungsmann *m*; **~** (***matrimonial***) Vermählung *f*, Eheschließung *f*

enlazar [enla'θar] (*1f*) **1.** *v/t* festbinden; (*unir*) verbinden, verknüpfen; *Am* mit dem Lasso (ein)fangen; **2.** *v/i ferro* Anschluss haben (an *ac* ***con***)

enloque|cer [enloke'θɛr] (*2d*) **1.** *v/t* verrückt machen; **2.** *v/i* den Verstand verlieren; **~cimiento** [-θi'mĭento] *m* Verrücktheit *f*

enlosa|do [enlo'sađo] *m* Fliesenbelag *m*; **~r** [-'sar] (*1a*) mit Fliesen (*od* Steinplatten) belegen

enluci|do [enlu'θiđo] *m* (Gips-)Verputz *m*; **~r** [-'θir] (*3f*) weißen; gipsen

enluta|do [enlu'tađo] in Trauer(kleidung); **~rse** [-'tarse] (*1a*) Trauer tragen

enmarañar [enmara'ɲar] (*1a*) verwirren, verwickeln

enmascarar [enmaska'rar] (*1a*) maskieren; *fig* tarnen

enmasillar [enmasi'ʎar] (*1a*) verkitten

enmendar [enmen'dar] (*1k*) (ver)bessern; (*compensar*) (wieder)gutmachen

enmienda [en'mĭenda] *f* Verbesserung *f*; Änderung *f*; *pol* Abänderung(santrag) *f*(*m*)

enmohecerse [enmoe'θɛrse] (*2d*) (ver-)schimmeln

enmoquetar [enmoke'tar] (*1a*) mit Teppichboden auslegen

enmudecer [enmuđe'θɛr] (*2d*) *v/i* verstummen; schweigen

ennegrecer [ennegre'θɛr] (*2d*) schwärzen; *fig* verdunkeln; **~se** schwarzwerden; *fig* sich verfinstern

ennoblecer [ennoƀle'θɛr] (*2d*) veredeln; adeln (*a fig*)

eno|jadizo [enɔxa'điθo] reizbar; jähzornig; **~jar** [-'xar] (*1a*) erzürnen; ärgern; **~jarse** sich ärgern (über *ac* ***de***); **~jo** [e'nɔxo] *m* Zorn *m*; Ärger *m*; **~joso** [-'xoso] ärgerlich

enorgullecer [enɔrguʎe'θɛr] (*2d*) stolz machen; **~se** stolz sein (auf *ac* ***de***)

enor|me [e'nɔrme] riesig, ungeheuer, enorm; **~midad** [-mi'đađ] *f* Ungeheuerlichkeit *f*

enraizar [enrraĭ'θar] (*1f*) Wurzeln schlagen

enrarecido [enrrare'θiđo] (*aire*) dünn; verdorben; *fig* getrübt, gespannt

enre|dadera *bot* [enrrɛđa'đera] *f* Schling-, Kletterpflanze *f*; **~dar** [-'đar] (*1a*) verwickeln (*a fig*); **~darse** *fig* sich verstricken (in *ac* ***en***); **~ *con alg*** sich mit j-m einlassen; **~do** [-'rrɛđo] *m* Verwicklung *f*; Verwirrung *f*; (*intriga*) Intrige *f*; (*amorío*) Techtelmechtel *n*

enreja|do [enrrɛ'xađo] *m* Gitter(werk) *n*; **~r** [-'xar] (*1a*) vergittern

enrevesado [enrrɛƀe'sađo] verzwickt, verworren

enrique|cer [enrrike'θɛr] (*2d*) **1.** *v/t* reich machen; bereichern; *quím* anreichern; **2.** *v/i u* **~cerse** reich werden; **~cimiento** [-θi'mĭento] *m* Bereicherung *f*; *quím* Anreicherung *f*

enrojecer [enrrɔxe'θɛr] (*2d*) **1.** *v/t* röten; **2.** *v/i u* **~se** erröten, rot werden

enrolarse [enrrɔ'larse] (*1a*) sich anwerben lassen; *mar* anmustern

enrollar [enrrɔ'ʎar] (*1a*) aufrollen

enroque [en'rrɔke] *m* (*ajedrez*) Rochade *f*

enroscar [enrrɔs'kar] (*1g*) zusammenrollen; *tec* fest-, einschrauben

enrostrar *Am* [enrrɔs'trar] (*1a*) vorwerfen, ins Gesicht sagen

ensaimada [ensaĭ'mađa] *f span* Hefeblätterteiggebäck *n*

ensala|da [ensa'lađa] *f* Salat *m*; **~dera** [-'đera] *f* Salatschüssel *f*; **~dilla** [-'điʎa] *f*: **~ *rusa*** italienischer Salat *m*

ensalzar [ensal'θar] (*1f*) preisen, rühmen

ensambla|dura *tec* [ensambla'đura] *f* Verbindung *f*, Verzapfung *f*; **~r** [-'blar] (*1a*) zusammenfügen; zusammenbauen, montieren

ensan|char [ensan'tʃar] (*1a*) erweitern, weiter machen; ausweiten; **~charse** sich ausdehnen; **~che** [en'santʃe] *m* Erweiterung *f*; (*de una ciudad*) Außenbezirk *m*

ensangrentar [ensaŋgren'tar] (*1k*) mit Blut beflecken

ensaña|miento [ensaɲa'mĭento] *m* Erbitterung *f*; Grimm *m*; **~rse** [-'ɲarse] (*1a*): **~ *en alg*** s-e Wut an j-m auslassen

ensartar [ensar'tar] (*1a*) (*perlas*) aufreihen

ensa|yar [ensa'jar] (*1a*) versuchen; (aus)probieren; *mús*, *teat* proben, üben; *tec* testen; **~yista** [-'jista] *m* Essayist *m*; **~yo** [-'sajo] *m* Versuch *m*; Probe *f*; *lit* Essay *m*; **~ *general*** Generalprobe *f*

enseguida [ense'giđa] sofort

ensenada [ense'nađa] *f* Bucht *f*

enseña [en'seɲa] *f* Fahne *f*; Feldzeichen *n*; **~nza** [-'ɲanθa] *f* Unterricht(swesen *n*) *m*; *a fig* Lehre *f*; **~ *primaria*** Grundschulwesen *n*; **~ *secundaria*** höheres Schulwesen *n*; **~ *superior*** Hochschulwesen *n*; **~ *a distancia*** Fernunterricht *m*; **~r** [-'ɲar] (*1a*) lehren, unterrichten; (*mostrar*) zeigen

enseres [en'seres] *m/pl* Sachen *f/pl*; Geräte *n/pl*

ensillar [ensi'ʎar] (*1a*) satteln

ensimismarse [ensimiz'marse] (*1a*) sich in Gedanken versenken; *Am* eingebildet werden

ensoberbecerse [ensoƀɛrƀe'θɛrse] (*2d*) hochmütig werden

ensombrecer [ensɔmbre'θɛr] (*2d*) verdüstern, überschatten (*a fig*)

ensordece|dor [ensɔrđeθe'đɔr] (ohren)betäubend; **~r** [-'θɛr] (*2d*) **1.** *v/t* betäuben; taub machen; **2.** *v/i* taub werden

ensortijar [ensɔrti'xar] (*1a*) kräuseln; ringeln

ensuciar [ensu'θi̯ar] (*1b*) beschmutzen, verunreinigen; **~se** sich schmutzig machen; P in die Hose (*od* ins Bett) machen

ensueño [en'sŭeɲo] *m* Traum *m*; Träumerei *f*; ***de* ~** traumhaft

entabla|do [enta'ƀlađo] *m* Bretterboden *m*; Podium *n*; **~r** [-'ƀlar] (*1a*) täfeln; (*conversación*) beginnen, anknüpfen

entablillar *med* [entaƀli'ʎar] (*1a*) schienen

entallado [enta'ʎađo] auf Taille gearbeitet, tailliert

entarima|do [entari'mađo] *m* Täfelung *f*; Parkett *n*; Podium *n*; **~r** [-'mar] (*1a*) täfeln; dielen

ente ['ente] *m* Wesen *n*; *pol* Körperschaft *f*

entender [enten'dɛr] (*2g*) begreifen, verstehen; (*opinar*) meinen; ***dar a* ~** zu verstehen geben; ***hacerse* ~** sich verständlich machen; **~ *de*** et verstehen von; ***a mi* ~** meiner Meinung nach; **~se** sich verständigen; (*comprenderse*) sich verstehen; ***yo me entiendo*** ich weiß, was ich sage

entendi|do [enten'diđo] **1.** *adj* sachverständig; beschlagen; ***¡~!*** einverstanden!; ***tengo ~ que*** ich habe gehört, dass …; **2.** *m* Kenner *m*; **~miento** [-'mĭento] *m* Verständnis *n*; (*juicio*) Verstand *m*; Einsicht *f*

entera|do [ente'rađo] erfahren; ***estar* ~** Bescheid wissen (über *ac* ***de***); **~mente** [-'mente] ganz; völlig; **~r** [-'rar] (*1a*) unterrichten, informieren (über *ac* ***de***); **~rse**: **~ *de a/c*** sich über et informieren; et erfahren

entereza [ente'reθa] *f* Standhaftigkeit *f*; (Charakter-)Festigkeit *f*

enterne|cer [entɛrne'θɛr] (*2d*) *fig* rühren; **~cerse** gerührt werden; **~cimiento** [-θi'mĭento] *m* Rührung *f*

entero [en'tero] **1.** *adj* ganz; *fig* standhaft; (*justo*) redlich; ***por* ~** gänzlich; voll(ständig); **2.** *m* ganze Zahl *f*; *com* Punkt *m*

enterra|dor [entɛrra'đɔr] *m* Totengräber *m*; **~miento** [-'mĭento] *m* Begräbnis *n*; **~r** [-'rrar] (*1k*) begraben (*a fig*); vergraben

entibiar [enti'ƀiar] (*1b*) abkühlen (*a fig*)

entidad [enti'đađ] *f* Wesenheit *f*; (*asociación*) Vereinigung *f*; Verein *m*; Körperschaft *f*; Firma *f*

entierro [en'tĭɛrrɔ] *m* Begräbnis *n*, Beerdigung *f*

entlo. *entresuelo* Hochparterre

entoldado [entɔl'dađo] *m* (Tanz-, Fest-, Bier-)Zelt *n*

entomología [entomolɔ'xia] *f* Insektenkunde *f*, Entomologie *f*

entona|ción [entona'θĭɔn] *f* *mús* Intonation *f*; Tonfall *m*; **~r** [-'nar] (*1a*) **1.** *v/t mús* anstimmen; **2.** *v/i* harmonieren (mit ***con***)

entonces [en'tɔnθes] damals; dann, da; ***desde* ~** seitdem

entontecer [entɔnte'θɛr] (*2d*) verdummen

entor|nar [entɔr'nar] (*1a*) (*puerta*) anlehnen; (*ojos*) halb schließen; **~no** [-'tɔrno] *m* Umgebung *f*, Milieu *n*; Umfeld *n*

entorpe|cer [entɔrpe'θɛr] (*2d*) erschweren; behindern; **~cimiento** [-θi-

'mĭento] *m* Hemmung *f*; Behinderung *f*

entrada [en'trađa] *f* Eingang *m*; Eintritt *m*; Einfahrt *f*; Einreise *f*; (*billete*) Eintrittskarte *f*; *gastr* Vorspeise *f*; *mús* Einsatz *m*; *com* Anzahlung f; (*léxico*) Stichwort *n*; *inform* Eingabe *f*; *teat* **~** (***en escena***) Auftritt *m*; **~*s*** F Geheimratsecken *f/pl*

entramparse [entram'parse] (*1a*) sich in Schulden stürzen

entrante [en'trante] *m gastr* Vorspeise *f*

entraña [en'traɲa] *f*, *mst* **~*s*** *pl* Eingeweide *n*; *fig* Innere(s) *n*; Gemüt *n*; ***sin* ~*s*** hartherzig; **~ble** [-'ɲađle] innig (geliebt); herzlich

entrar [en'trar] (*1a*) **1.** *v/i* eintreten, hineingehen, -fahren; *mar, ferro* einlaufen; *mús* einsetzen; **~ *en*** (***una casa***, *etc*) (ein Haus *etc*) betreten; **2.** *v/t* hineinbringen, -fahren, -stecken; *inform* eingeben; einloggen

entre ['entre] zwischen; **~ *nosotros*** unter uns; **~ *ellos*** untereinander; **~abierto** [-a'đĭerto] halb offen; **~abrir** [-a'đrir] (*3a*; *part* ***entreabierto***) halb öffnen; **~acto** [-'akto] *m* Pause *f*; **~cejo** [-'θɛxo] *m* Stirnrunzeln *n*; **~cortado** [-kɔr'tađo] (*voz*) stockend; **~dicho** [-'đitʃo] *m*: ***poner en* ~** *fig* in Zweifel ziehen

entrega [en'trega] *f* Übergabe *f*; *com* Lieferung *f*; **~ *a domicilio*** Zustellung *f* ins Haus; **~r** [-'gar] (*1h*) abliefern, ausliefern; aushändigen, übergeben; **~rse** sich ergeben; sich hingeben; (*criminal*) sich stellen; **~ *a*** sich widmen (*dat*)

entre|lazar [entrela'θar] (*1f*) verflechten; **~més** [-'mes] *m* Zwischenspiel *n*; **~meses** [-'meses] *m/pl gastr* Vorspeisen *f/pl*; **~meter** [-me'tɛr] (*2a*) einschieben; **~meterse** sich einmischen; **~metido** [-me'tiđo] zudringlich; vorlaut; **~mezclar** [-meθ'klar] (*1a*) unter-, vermischen

entrena|dor [entrena'đɔr] *m* Trainer *m*; **~miento** [-'mĭento] *m* Training *n*; Ausbildung *f*; **~r(se)** [-'nar(se)] (*1a*) trainieren

entrepuente *mar* [entre'pŭente] *m* Zwischendeck *n*

entresuelo *arqu* [entre'sŭelo] *m* Zwischenstock *m*; Hochparterre *n*

entretanto [entre'tanto] **1.** *adv* unterdessen; **2.** *m* Zwischenzeit *f*

entrete|ner [entrete'nɛr] (*2l*) (*detener*) aufhalten; (*dar largas*) hinhalten; (*divertir*) unterhalten; **~nerse** sich unterhalten, sich vergnügen; (*retrasarse*) sich aufhalten lassen; **~nido** [-'niđo] unterhaltend, vergnüglich; **~nimiento** [-'mĭento] *m* Unterhaltung *f*; Zeitvertreib *m*

entretiempo [entre'tĭempo] *m* Übergangszeit *f*; ***ropa f de* ~** Übergangskleidung *f*

entrever [entre'đɛr] (*2v*) undeutlich sehen; *fig* ahnen

entreverado [entređe'rađo] (*tocino*) durchwachsen

entrevista [entre'đista] *f* Interview *n*; Besprechung *f*; **~ *personal*** Vorstellungsgespräch *n*; **~dor** [-'đɔr] *m* Interviewer *m*; **~r** [-'tar] (*1a*) interviewen; **~rse** zusammenkommen, sich treffen

entristecer [entriste'θɛr] (*2d*) traurig machen; **~se** traurig werden

entrometido [entrome'tiđo] neugierig; indiskret

entubar *med* [entu'đar] (*1a*) intubieren

entuerto [en'tŭɛrto] *m* Unrecht *n*

entumecerse [entume'θɛrse] (*2d*) starr werden; (*miembro*) einschlafen

enturbiar [entur'đĭar] (*1b*) trüben (*a fig*)

entusi|asmar [entusĭaz'mar] (*1a*) begeistern; **~asmo** [-'sĭazmo] *m* Begeisterung *f*; **~asta** [-'sĭasta] **1.** *adj* begeistert; **2.** *su* Enthusiast(in) *m*(*f*); begeisterter Anhänger, begeisterte Anhängerin *m*(*f*) (*gen* ***de***); **~ástico** [-'sĭastiko] begeistert, enthusiastisch

enumera|ción [enumera'θĭɔn] *f* Aufzählung *f*; **~r** [-'rar] (*1a*) aufzählen

envalentonar [embalento'nar] (*1a*) ermutigen; **~se** frech werden

envanecer [embane'θɛr] (*2d*) stolz machen; **~se** sich et einbilden (auf ***de***)

enva|sar [emba'sar] (*1a*) ab-, einfüllen; verpacken; **~se** [-'base] *m* (Ab-)Füllen *n*; (*recipiente*) Behälter *m*; Verpackung *f*; **~ *de un solo uso*** *od* ***no retornable*** Einwegverpackung *f*; **~*s vacíos*** Leergut *n*

envejecer [embɛxe'θɛr] (*2d*) **1.** *v/t* alt machen; **2.** *v/i u* **~se** alt werden, altern

envenena|miento [embenena'mĭento] *m* Vergiftung *f*; **~r** [-'nar] (*1a*) vergiften (*a fig*)

envergadura [embɛrga'đura] *f* Spannweite *f*; *fig* Tragweite *f*

envés [em'bes] *m* Rückseite *f*

envia|do [em'bĭađo] *m* Bote *m*; **~ especial** Sonderberichterstatter *m*; **~r** [-'bĭar] (*1c*) (ab)senden, schicken

envidi|a [em'biđĭa] *f* Neid *m*; **tener ~ de** neidisch sein auf (*ac*); **~able** [-'đĭaƀle] beneidenswert; **~ar** [-'đĭar] (*1b*): **~ a/c a alg** j-n um et beneiden; **~oso** [-'đĭoso] neidisch

envile|cer [embile'θɛr] (*2d*) herabwürdigen; **~cerse** sich erniedrigen; **~cimiento** [-θi'mĭento] *m* Erniedrigung *f*

envío [em'bio] *m* Sendung *f*; Versand *m*

enviudar [embĭu'đar] (*1a*) verwitwen

envol|torio [embɔl'torĭo] *m* Bündel *n*; *com* Verpackung *f*; **~tura** [-'tura] *f* Hülle *f*; **~ver** [-'ƀɛr] (*2h*) einwickeln; einpacken; *fig* hineinziehen (in *ac* **en**)

enyesa|do [enje'sađo] *m* Eingipsen *n*; *med* Gipsverband *m*; **~r** [-'sar] (*1a*) eingipsen

enzarzar(se) [enθar'θar(se)] (*1f*) (sich) verstricken (in *ac* **en**)

enzima *quím* [en'θima] *m od f* Enzym *n*

E.P.D. ***en paz descanse*** ruhe in Frieden

épi|ca ['epika] *f* Epik *f*, epische Dichtung *f*; **~co** [-ko] **1.** *adj* episch; **2.** *m* Epiker *m*

epi|demia [epi'đemĭa] *f* Epidemie *f*, Seuche *f*; **~démico** [-'đemiko] epidemisch

epidermis [epi'đɛrmis] *f* Oberhaut *f*

Epifanía [epifa'nia] *f* Dreikönigsfest *n*

epi|lepsia *med* [epi'lɛƀsĭa] *f* Epilepsie *f*; **~léptico** [-'lɛptiko] **1.** *adj* epileptisch; **2.** *m* Epileptiker *m*

epílogo [e'pilogo] *m* Epilog *m*, Nachwort *n*; *fig* Nachspiel *n*

episcopal [episko'pal] bischöflich

episodio [epi'sođĭo] *m* Episode *f*

epistaxis *med* [epis'tagsis] *f* Nasenbluten *n*

epístola [e'pistola] *f* Brief *m*; Epistel *f*

epitafio [epi'tafĭo] *m* Grabschrift *f*

e.p.m. ***en propia mano*** persönlich zu übergeben

época ['epoka] *f* Zeit *f*; Epoche *f*; **hacer ~** Epoche machen

epopeya [epo'peja] *f* Epos *n*

equidad [eki'đađ] *f* Gerechtigkeit *f*

equili|brado [ekili'ƀrađo] ausgeglichen; **~brar** [-'ƀrar] (*1a*) ins Gleichgewicht bringen; *auto* auswuchten; **~brio** [-'liƀrĭo] *m* Gleichgewicht *n*; **~brista** [-li'ƀrista] *su* Seiltänzer(in) *m*(*f*)

equino [e'kino] Pferde…

equinoccio [eki'nɔgθĭo] *m* Tagundnachtgleiche *f*

equipa|je [eki'paxe] *m* Gepäck *n*; **~ de mano** Handgepäck *n*; **~miento** [-'mĭento] *m* Ausstattung *f* (*a auto*), Ausrüstung *f*; **~r** [-'par] (*1a*) ausrüsten; ausstatten

equipara|ble [ekipa'raƀle] vergleichbar; **~r** [-'rar] (*1a*) gleichstellen, -setzen

equipo [e'kipo] *m* Ausrüstung *f*; Ausstattung *f*; *a dep* Mannschaft *f*, Team *n*; *tec* Anlage *f*; **~ de alta fidelidad** Hi-Fi-Anlage *f*; **~ estéreo** (*od* **de sonido**) Stereoanlage *f*; **~ de novia** Brautausstattung *f*; **~ periférico** *inform* Peripheriegeräte *n*/*pl*

equitación [ekita'θĭon] *f* Reiten *n*; Reitsport *m*

equitativo [ekita'tiƀo] gerecht

equivale|nte [ekiƀa'lente] **1.** *adj* gleichwertig; **2.** *m* Gegenwert *m*, Äquivalent *n*; **~r** [-'lɛr] (*2q*) gleich(wertig) sein, gleichkommen

equivoca|ción [ekiƀoka'θĭɔn] *f* Irrtum *m*; Missverständnis *n*; **por ~** aus Versehen; **~do** [-'kađo]: **estar ~** sich irren; **~r** [-'kar] (*1g*) verfehlen; **~rse** sich irren; **~ de** et verwechseln

equívoco [e'kiƀoko] **1.** *adj* doppelsinnig; zweideutig, verdächtig; **2.** *m* Doppelsinn *m*; Zweideutigkeit *f*

era ['era] **1.** *s* **ser**; **2.** *f* Zeitalter *n*; Ära *f*; *agr* Tenne *f*

erario [e'rarĭo] *m* Staatskasse *f*

erec|ción [erɛg'θĭɔn] *f* Errichtung *f*; *med* Erektion *f*; **~to** [e'rɛkto] aufrecht

erguir(se) [ɛr'gir(se)] (*3n*) (sich) aufrichten

erigir [eri'xir] (*3c*) auf-, errichten

eriza|do [eri'θađo] borstig; *fig* gespickt (mit **de**); **~rse** [-'θarse] (*1f*) (*pelo*) sich sträuben

erizo [e'riθo] *m* Igel *m*; **~ de mar**, **~ marino** Seeigel *m*

ermi|ta [ɛr'mita] *f* Einsiedelei *f*; **~taño** [ɛrmi'taɲo] *m* Einsiedler *m*

erosión [ero'sĭɔn] *f* *med* Hautabschürfung *f*; *geo* Erosion *f*

erótico [e'rotiko] erotisch

erotismo [ero'tizmo] *m* Erotik *f*

erra|dicar [ɛrrađi'kar] (*1g*) ausrotten; **~do** [ɛ'rrađo] irrig; unrichtig; **~nte** [ɛ'rrante] umherirrend; **~r** [ɛ'rrar] (*1l*) **1.** *v/t* verfehlen; **~ *el tiro*** vorbeischießen; **2.** *v/i* (sich) irren; (*vagar*) umherirren; **~ta** [ɛ'rrata] *f* Druckfehler *m*
erróneo [ɛ'rrɔneo] irrig, Fehl…
error [ɛ'rrɔr] *m* Irrtum *m*; Fehler *m*; **~ *de cálculo*** Rechenfehler *m*; **~ *judicial*** Justizirrtum *m*
eruc|tar [eruk'tar] (*1a*) aufstoßen, rülpsen; **~to** [e'rukto] *m* Rülpser *m*
erudi|ción [erudi'θĭɔn] *f* Gelehrsamkeit *f*; **~to** [-'đito] **1.** *adj* gelehrt; **2.** *m* Gelehrte(r) *m*
erupción [eruƀ'θĭɔn] *f geo* Ausbruch *m*; *med* Ausschlag *m*
es [es] *s* ***ser***
esa ['esa] *s* ***ese***
esbel|tez [ezƀɛl'teθ] *f* Schlankheit *f*; **~to** [ez'ƀɛlto] schlank
esbo|zar [ezƀo'θar] (*1f*) skizzieren; andeuten; **~zo** [-'ƀoθo] *m* Skizze *f*
escabeche [eska'ƀetʃe] *m gastr* Marinade *f*; ***en* ~** mariniert
escabel [eska'ƀɛl] *m* Schemel *m*
escabroso [eska'ƀroso] holprig, uneben; *fig* anstößig, schlüpfrig; (*difícil*) heikel
escabullirse [eskaƀu'ʎirse] (*3h*) entgleiten; *fig* entwischen
escafandr|a [eska'fandra] *f*, **~o** [-dro] *m* Taucheranzug *m*
escala [es'kala] *f* Skala *f*; (*proporción*) Maßstab *m*; *mús* Tonleiter *f*; *avia* Zwischenlandung *f*; **~ *de cuerda*** Strickleiter *f*; ***hacer* ~ (*en*)** *mar* anlaufen; *avia* zwischenlanden; **~da** [-'lađa] *f* Ersteigen *n*; Klettertour *f*; *pol* Eskalation *f*; **~dor** [-'đɔr] *m* Bergsteiger *m*; **~r** [-'lar] (*1a*) besteigen, erklettern
escalda|do [eskal'dađo] *fig* gewitzigt; abgebrüht; **~r** [-'dar] (*1a*) *gastr* abbrühen
escale|ra [eska'lera] *f* Treppe *f*; **~ (*de mano*)** Leiter *f*; **~ *de caracol*** Wendeltreppe *f*; **~ *de emergencia*** Nottreppe *f*; **~ *de incendios*** Feuerleiter *f*; **~ *mecánica*** Rolltreppe *f*; **~ *telescópica*** Ausziehleiter *f*; **~rilla** [-le'riʎa] *f* Trittleiter *f*; *avia* Gangway *f*
escalfar [eskal'far] (*1a*) *gastr* pochieren
escalinata [eskali'nata] *f* Freitreppe *f*
escalo|friante [eskalofri'ante] schaurig; **~frío** [-'frio] *m* Schüttelfrost *m*; *fig* Schauder *m*
escalón [eska'lɔn] *m* Stufe (*a fig*); (Leiter-)Sprosse *f*
escalonar [eskalo'nar] (*1a*) abstufen; staffeln
escalo|pa [eska'lopa] *f*, **~pe** [-'lope] *m* Schnitzel *n*
escalpelo [eskal'pelo] *m* Seziermesser *n*; Skalpell *n*
escama [es'kama] *f* Schuppe *f*; *fig* Argwohn *m*; **~do** [-'mađo] misstrauisch; **~r** [-'mar] (*1a*) schuppen; *fig* argwöhnisch machen; **~rse** stutzig werden
escamotear [eskamote'ar] (*1a*) wegzaubern; verschwinden lassen
escandalizar [eskandali'θar] (*1f*) Anstoß erregen bei (*dat*), schockieren; **~se** sich entrüsten (über *ac* **de**); Anstoß nehmen (an *dat* **de**)
escándalo [es'kandalo] *m* Skandal *m*; Ärgernis *n*; (*tumulto*) Tumult *m*; ***armar un* ~** Krach schlagen
escandaloso [eskanda'loso] skandalös; anstößig; empörend
Escandinavia [eskandi'naƀĭa] *f* Skandinavien *n*
escandinav|o [eskandi'naƀo] **1.** *adj* skandinavisch; **2.** **~o** *m*, **~a** *f* Skandinavier(in) *m*(*f*)
escanear *inform* [eskane'ar] (*1a*) (ein-)scannen
escaño [es'kaɲo] *m pol* Sitz *m*
escapa|da [eska'pađa] *f* Ausreißen *n*; *fig* Abstecher *m*; **~r** [-'par] (*1a*) *v/i u* **~rse** entkommen, entwischen; ausreißen; *fig* entgehen
escaparate [eskapa'rate] *m* Schaufenster *n*
escapatoria [eskapa'torĭa] *f* Ausflucht *f*; F Hintertür *f*
escape [es'kape] *m* Entweichen *n*; *tec* undichte Stelle *f*; (*de gas*) Ausströmen *n*; *auto* Auspuff *m*; *fig* Ausweg *m*
escara|bajo [eskara'ƀaxo] *m* Käfer *m*; **~mujo** [-'muxo] *m* Hagebutte(nstrauch *m*) *f*; **~muza** *mil* [-'muθa] *f* Scharmützel *n*; *fig* Geplänkel *n*
escarbar [eskar'ƀar] (*1a*) (auf)scharren; wühlen, stochern in (*dat*)
escarcha [es'kartʃa] *f* (Rau-)Reif *m*
escar|dar [eskar'đar] (*1a*) jäten; **~dillo** [-'điʎo] *m* Jäthacke *f*
escarla|ta [eskar'lata] *f* scharlachrot; **~tina** [-'tina] *f med* Scharlach *m*
escar|mentar [eskarmen'tar] (*1k*) **1.** *v/t*

hart bestrafen; **2.** *v/i* aus Erfahrung lernen; **~miento** [-'mĭento] *m* (schlimme) Erfahrung *f*; (abschreckendes) Beispiel *n*

escar|necer [eskarne'θɛr] *(2d)* verspotten; **~nio** [-'karnĭo] *m* Spott *m*

escarola [eska'rola] *f* Endivie *f*

escarpado [eskar'pađo] abschüssig, steil

esca|sear [eskase'ar] *(1a) v/i* selten werden; knapp sein; **~sez** [-'seθ] *f* Knappheit *f*; Mangel *m*; **~so** [es'kaso] knapp; gering

escatimar [eskati'mar] *(1a)* sparen mit; ***~ a/c a alg*** j-m et vorenthalten; ***no ~ esfuerzos*** keine Anstrengungen scheuen

escayola [eska'jola] *f* (Fein-)Gips *m*; *med* Gips(verband) *m*; **~r** [-'lar] *(1a)* eingipsen

escena [es'θena] *f* Bühne *f*; *(a fig)* Szene *f*, Auftritt *m*; ***poner en ~*** inszenieren; ***entrar en ~*** auftreten; **~rio** [-'narĭo] *m* Bühne *f*; *fig* Schauplatz *m*

escenifica|ción [esθenifika'θĭɔn] *f* Inszenierung *f*; **~r** [-'kar] *(1g)* inszenieren

escen|ografía [esθenogra'fia] *f* Bühnenbild *n*; **~ógrafo** [-'nografo] *m* Bühnenbildner *m*

esc|epticismo [esθɛpti'θizmo] *m* Skepsis *f*; **~éptico** [es'θɛptiko] **1.** *adj* skeptisch; **2.** *m* Skeptiker *m*

escisión [esθi'sĭɔn] *f* Spaltung *f*

esclare|cer [esklare'θɛr] *(2d)* erleuchten; *fig* aufklären; **~cimiento** [-θi-'mĭento] *m* Aufklärung *f*

escla|va [es'klaƀa] *f* Sklavin *f*; *(joya)* (glatter) Armreif *m*; **~vitud** [-ƀi'tuđ] *f* Sklaverei *f*; **~vizar** [-'θar] *(1f)* versklaven; **~vo** [es'klaƀo] *m* Sklave *m*

esclerosis [eskle'rosis] *f* Sklerose *f*

esclusa [es'klusa] *f* Schleuse *f*

esco|ba [es'koƀa] *f* Besen *m*; **~billa** [-'ƀiʎa] *f* (Klo-)Bürste *f*; *auto* Wischerblatt *n*

escocer [esko'θɛr] *(2b u h)* brennen, stechen

escoc|és [esko'θes] **1.** *adj* schottisch; **2.** **~és** *m*, **~esa** [-'θesa] *f* Schotte *m*, Schottin *f*

Escocia [es'koθĭa] *f* Schottland *n*

escoger [eskɔ'xɛr] *(2c)* auswählen; aussuchen

esco|lar [esko'lar] **1.** *adj* Schul…; **2.** *su* Schüler(in) *m(f)*; **~larización** [-riθa-'θĭɔn] *f* Einschulung *f*; ***~ obligatoria*** Schulpflicht *f*; **~larizar** [-'θar] *(1f)* einschulen

escollo [es'koʎo] *m* Klippe *f (a fig)*

escolta [es'kɔlta] *f* Eskorte *f*; Begleitung *f*; Geleitschutz *m*; **~r** [-'tar] *(1a)* eskortieren; begleiten

escom|brera [eskɔm'brera] *f* Schuttabladeplatz *m*; **~bros** [-'kɔmbros] *m/pl* Bauschutt *m*; Trümmer *pl*

escon|der [eskɔn'dɛr] *(2a)* verstecken; verbergen; **~didas** [-'điđas]: ***a ~*** im Geheimen; **~dite** [-'dite] *m* Versteck *n*; *(juego)* Versteckspiel *n*; **~drijo** [-'drixo] *m* Versteck *n*

escopeta [esko'peta] *f* Flinte *f*; (Jagd-) Gewehr *n*; ***~ de aire comprimido*** Luftgewehr *n*

escoplo [es'koplo] *m* Meißel *m*

escoria [es'korĭa] *f* Schlacke *f*

Escorpi|o [es'kɔrpĭo] *m astr* Skorpion *m*; **ꝏón** [-'pĭɔn] *m zo* Skorpion *m*

escorzonera [eskɔrθo'nera] *f* Schwarzwurzel *f*

esco|tado [esko'tađo] ausgeschnitten, dekolletiert; **~te** [-'kote] *m* Ausschnitt *m*, Dekolleté *n*; ***(pagar) a ~*** anteilmäßig (zahlen)

escotill|a *mar* [esko'tiʎa] *f* Luke *f*; **~ón** [-'ʎɔn] *m* Falltür *f*; *teat* Versenkung *f*

escozor [esko'θɔr] *m* Brennen *n*

escri|banía [eskriƀa'nia] *f* Schreibtischgarnitur *f*; **~bir** [-'ƀir] *(3a; part* ***escrito****)* schreiben; ***~ a máquina*** mit der Maschine schreiben, tippen; **~to** [es'krito] **1.** *adj* geschrieben; schriftlich; **2.** *m* Schreiben *n*; Schriftstück *n*; ***por ~*** schriftlich; **~tor** *m* [eskri'tɔr] Schriftsteller *m*; **~torio** [-'torĭo] *m* Schreibtisch *m*; ***artículos*** *m/pl* ***de ~*** Büroartikel *m/pl*; Schreibwaren *f/pl*; **~tura** [-'tura] *f* (Hand-)Schrift *f*; *jur* Urkunde *f*; ***Sagrada ꝏ*** Heilige Schrift *f*

escroto [es'kroto] *m* Hodensack *m*

escr|úpulo [es'krupulo] *m* Skrupel *m*, Bedenken *n*; ***sin ~s*** skrupellos; **~upuloso** [-'loso] gewissenhaft, peinlich genau

escru|tador [eskruta'đɔr] **1.** *adj* forschend; **2.** *m* Stimm(en)zähler *m*; **~tar** [-'tar] *(1a) (votos)* (aus)zählen; *fig* erforschen; **~tinio** [-'tinĭo] *m* Stimm(en)-zählung *f*

escua|dra [es'kŭađra] *f mat* Zeichendreieck *n*; *mil* Trupp *m*; *mar* Geschwa-

der *n*; **~drilla** [-'đriʎa] *f* Trupp *m*; *mar* Flottille *f*; *avia* Staffel *f*; **~drón** [-'đrɔn] *m mil* Schwadron *f*; *avia* Geschwader *n*
escucha [es'kutʃa] **a)** *m* Horcher *m*; *mil* Horchposten *m* **a)** *f* (Ab-)Hören *n*; ***~s telefónicas*** Abhören *n* v Telefongesprächen; **~r** [-'tʃar] (*1a*) horchen; an-, zuhören; hören auf (*ac*)
escu|dar [esku'đar] (*1a*) (be)schützen; **~darse** *fig* sich verschanzen (hinter *dat* ***en***); **~dería** [-đe'ria] *f auto* Rennstall *m*; **~dilla** [-'điʎa] *f* (Suppen-)Napf *m*; **~do** [-'kuđo] *m* Schild *m*
escudriñar [eskuđri'ɲar] (*1a*) durchsuchen; nachprüfen, -forschen
escuela [es'kŭela] *f* Schule *f*; ***~ de idiomas*** Sprachenschule *f*
escueto [es'kŭeto] schlicht; einfach
escul|pir [eskul'pir] (*3a*) meißeln; (be-)hauen; schnitzen; **~tor** *m* [-'tɔr] Bildhauer *m*; **~tura** [-'tura] *f* Bildhauerkunst *f*; (*obra*) Skulptur *f*; **~tural** [-'ral] Bildhauer…; *fig* bildschön
escupi|dera [eskupi'đera] *f* Spucknapf *m*; **~r** [-'pir] (*3a*) (aus)spucken
escurreplatos [eskurrɛ'platos] *m* Abtropfständer *m*
escurri|dizo [eskurri'điθo] schlüpfrig, glatt; **~r** [-'rrir] (*3a*) abtropfen lassen; (*ropa*) auswringen; **~rse** ausrutschen; entgleiten
ese, **esa**, **eso**, **esos**, **esas** (*alleinstehend a* **ése**, **ésa[s]**, **ésos**) ['ese, 'esa, 'eso, 'esos, 'esas] dieser, diese, dies(es); *pl* diese; ***¡eso es!*** ganz richtig!; das stimmt!; ***eso sí*** das allerdings; ***a eso de*** (***las dos***) gegen (zwei Uhr)
esencia [e'senθĭa] *f fil* Wesen *n*; *a quím* Essenz *f*; **~l** [-'θĭal] wesentlich; Haupt…; *quím* ätherisch
esfera [es'fera] *f* Sphäre *f* (*a fig*), Kugel *f*; (*de reloj*) Zifferblatt *n*; ***~ privada*** Privatsphäre *f*
esférico [es'feriko] **1.** *adj* kugelförmig; **2.** F *m dep* Ball *m*
esfinge [es'fiŋxe] *f* Sphinx *f*
esfínter *anat* [es'fintɛr] *m* Schließmuskel *m*
esforza|do [esfɔr'θađo] tapfer, mutig; **~r** [-'θar] (*1f u 1m*) ermutigen; (ver-)stärken; **~rse** sich anstrengen, sich bemühen
esfuerzo [es'fŭɛrθo] *m* Anstrengung *f*; Mühe *f*; *tec* Beanspruchung *f*; ***hacer un ~*** sich anstrengen; ***sin ~*** mühelos
esfumarse [esfu'marse] (*1a*) sich auflösen; verschwinden; F *fig* abhauen
esgri|ma [ez'grima] *f* Fechten *n*; **~midor** [-mi'đɔr] *m* Fechter *m*; **~mir** [-'mir] (*3a*) (*arma*) schwingen; (*argumentos*) vorbringen
esguince [ez'ginθe] *m med* Verstauchung *f*; Zerrung *f*
eslabón [ezla'ƀɔn] *m* Kettenglied *n*; *fig* Bindeglied *n*
eslav|o [es'laƀo] **1.** *adj* slawisch; **2. ~o** *m*, **~a** *f* Slawe *m*, Slawin *f*
eslogan [ez'logan] *m* Slogan *m*
eslora *mar* [ez'lora] *f* Kiel-, Schiffslänge *f*
eslovac|o [eslo'ƀako] **1.** *adj* slowakisch; **2. ~o** *m*, **~a** *f* Slowake *m*, Slowakin *f*
Eslovaquia [ezlo'ƀakĭa] *f* Slowakei *f*
Eslovenia [ezlo'ƀenĭa] *f* Slowenien *n*
esloven|o [eslo'ƀako] **1.** *adj* slowenisch; **2. ~o** *m*, **~a** *f* Slowene *m*, Slowenin *f*
esmal|tar [ezmal'tar] (*1a*) emaillieren; **~te** [ez'malte] *m* Email *n*; ***~ dental*** Zahnschmelz *m*; ***~ para uñas*** Nagellack *m*
esmerado [ezme'rađo] sorgfältig
esmeralda [ezme'ralda] *f* Smaragd *m*
esmerarse [ezme'rarse] (*1a*) sich große Mühe geben
esmerilar [ezmeri'lar] (*1a*) schmirgeln; (ab)schleifen
esmero [ez'mero] *m* Sorgfalt *f*; Gewissenhaftigkeit *f*; ***con ~*** sorgfältig
esmirriado [ezmi'rrĭađo] ausgemergelt; F mick(e)rig
esmoquin [ez'mokin] *m* Smoking *m*
esnifar [ezni'far] (*1a*) (*cocaína*) schnupfen, F sniffen
esnob [ez'nɔƀ] **1.** *adj* snobistisch; **2.** *m* Snob *m*; **~ismo** [-no'ƀizmo] *m* Snobismus *m*
eso ['eso] *s* ***ese***
esófago *anat* [e'sofago] *m* Speiseröhre *f*
espabila|do [espaƀi'lađo] aufgeweckt; **~rse** [-'larse] (*1a*) munter werden; F sich zu helfen wissen
espa|ciador [espaθĭa'đɔr] *m* Leertaste *f*; **~cial** [-'θĭal] (Welt-)Raum…; **~cio** [-'paθĭo] *m* Raum *m*; (*de tiempo*) Zeitraum *m*; (*distancia*) Zwischenraum *m*; *TV* Sendung *f*; **~cioso** [-'θĭoso] weit; geräumig
espada [es'pađa] **a)** *f* Degen *m*; Schwert *n*; (*naipes*) **~s** *pl etwa*: Pik *n*

a) *m taur* Matador *m*
espaguetis [espa'getis] *m/pl* Spaghetti *pl*
espal|da [es'palda] *f* Rücken *m*; ***a ~s de*** hinter *j-s* Rücken; ***de ~s a*** mit dem Rücken nach; ***por la ~*** von hinten; *fig* hinterrücks; ***volver las ~s a alg*** j-m den Rücken kehren; **~dera** [-'dera] *f* Sprossenwand *f*; *agr* Spalier *n*; **~dilla** [-'diʎa] *f* Schulterblatt *n*
espan|tadizo [espanta'điθo] schreckhaft; scheu; **~tajo** [-'taxo] *m* Vogelscheuche *f*; *fig* Schreckgespenst *n*; **~tapájaros** [-'paxaros] *m* Vogelscheuche *f* (*a fig*); **~tar** [-'tar] (*1a*) erschrecken; (*ahuyentar*) verscheuchen; **~tarse** erschrecken; **~to** [es'panto] *m* Schrecken *m*; Entsetzen *n*; *Am* Gespenst *n*; **~toso** [-'toso] schrecklich, entsetzlich
España [es'paɲa] *f* Spanien *n*
español [espa'ɲɔl] **1.** *adj* spanisch; **2. ~** *m*, **~a** *f* Spanier(in) *m*(*f*)
esparadrapo [espara'đrapo] *m* Heftpflaster *n*
esparci|miento [esparθi'miento] *m* Aus-, Verstreuen *n*; *fig* Zerstreuung *f*; Vergnügen *n*; **~r** [-θir] (*3b*) ver-, ausstreuen; *fig* verbreiten
espárrago [es'parrago] *m* Spargel *m*
espartano [espar'tano] spartanisch
esparto *bot* [es'parto] *m* Espartogras *n*
espas|mo [es'pazmo] *m* Krampf *m*; **~módico** [-'mođiko] krampfartig
especia [es'peθĭa] *f* Gewürz *n*
especial [espe'θĭal] besonders, speziell; Sonder…; ***en ~*** insbesondere; **~idad** [-li'đađ] *f* Spezialität *f*; Besonderheit *f*; *cien* Fachgebiet *n*; **~ista** [-'lista] *m* Spezialist *m*, Fachmann *m*; *med* Facharzt *m*; (*cine*) Stuntman *m*; **~izarse** [-'θarse] (*1f*) sich spezialisieren (auf *ac* ***en***)
especie [es'peθĭe] *f* Art *f* (*a biol*); (*rumor*) Gerücht *n*; ***en ~(s)*** in Naturalien
espe|cificar [espeθifi'kar] (*1g*) genau angeben, spezifizieren; **~cífico** [-'θifiko] spezifisch
espécimen [es'peθimen] *m* Exemplar *n*; Muster *n*
espec|tacular [espɛktaku'lar] aufsehenerregend; **~táculo** [-'takulo] *m* Schauspiel *n* (*a fig*); Darbietung *f*; Vorstellung *f*; *fig* Anblick *m*; **~tador** *m* [-'đɔr] Zuschauer *m*; **~tro** [es'pɛktro] *m* Gespenst *n*; *fís* Spektrum *n*
especula|ción [espekula'θĭɔn] *f* Spekulation *f*; **~dor** [-'đɔr] *m* Spekulant *m*; **~r** [-'lar] (*1a*) *com* spekulieren
espe|jismo [espɛ'xizmo] *m* Luftspiegelung *f*; Fata Morgana *f*; **~jo** [-'pɛxo] *m* Spiegel *m*; ***~ retrovisor*** Rückspiegel *m*
espeleología [espeleolo'xia] *f* Höhlenforschung *f*
espeluznante [espeluđ'nante] haarsträubend; grauenhaft
espera [es'pera] *f* Warten *n*; Wartezeit *f*; ***en ~ de*** in Erwartung (*gen*); **~nza** [-'ranθa] *f* Hoffnung *f*; ***~ de vida*** Lebenserwartung *f*; **~r** [-'rar] (*1a*) warten (auf *ac*), erwarten; (*desear*) hoffen
esperma [es'pɛrma] *m/f* Sperma *n*
esperpento [espɛr'pento] *m fig* Vogelscheuche *f*
espe|sar [espe'sar] (*1a*) ein-, verdicken; **~so** [-'peso] dick(flüssig); *fig* dicht; **~sor** [-'sɔr] *m* Dicke *f*; Stärke *f*
espetón [espe'tɔn] *m* Bratspieß *m*
espía [es'pia] *su* Spion(in) *m*(*f*)
espiar [espi'ar] (*1c*) (aus)spionieren; bespitzeln
espiga [es'piga] *f* Ähre *f*
espigón [espi'gɔn] *m* Wellenbrecher *m*; Mole *f*
espina [es'pina] *f* Dorn *m*; Stachel *m*; (*de pez*) Gräte *f*; ***~ dorsal*** Rückgrat *n*; ***dar mala ~*** verdächtig vorkommen
espinaca(s) [espi'naka(s)] *f* (*pl*) Spinat *m*
espinazo [espi'naθo] *m* Rückgrat *n*
espinilla [espi'niʎa] *f* Schienbein *n*; *med* Mitesser *m*
espino *bot* [es'pino] *m* Weißdorn *m*; **~so** [-'noso] dornig; *fig* heikel
espionaje [espĭo'naxe] *m* Spionage *f*; ***~ industrial*** Werkspionage *f*
Espira [es'pira] *f* Speyer *n*
espiral [espi'ral] **1.** *adj* spiralförmig, Spiral…; **2.** *f* Spirale *f*
espirar [espi'rar] (*1a*) ausatmen
espiritismo [espiri'tizmo] *m* Spiritismus *m*
espíritu [es'piritu] *m* Geist *m*
espiritu|al [espiri'tŭal] geistig; *rel* geistlich; **~oso** [-'tŭoso]: ***bebidas f/pl espirituosas*** Spirituosen *pl*
espita [es'pita] *f* Fass-, Zapfhahn *m*
espléndido [es'plendiđo] prächtig; herrlich; (*generoso*) freigebig
esplendor [esplen'dɔr] *m* Glanz *m*;

Pracht *f*
espliego *bot* [es'plĭego] *m* Lavendel *m*
espole|ar [espole'ar] (*1a*) anspornen (*a fig*); **~ta** [-'leta] *f* Zünder *m*
espolvorear [espɔlƀore'ar] (*1a*) bestäuben, bestreuen
espon|ja [es'pɔŋxa] *f* Schwamm *m*; **~joso** [-'xoso] porös; locker
esponsales [espɔn'sales] *m/pl* Verlobung *f*
espon|taneidad [espɔntaneĭ'đađ] *f* Spontaneität *f*, Natürlichkeit *f*; **~táneo** [-'taneo] spontan, natürlich
espora *bot* [es'pora] *f* Spore *f*
esporádico [espo'rađiko] vereinzelt, sporadisch
espo|sa [es'posa] *f* Gemahlin *f*, Gattin *f*, Ehefrau *f*; **~s** *f/pl* Handschellen *f/pl*; **~sar** [-'sar] (*1a*) Handschellen anlegen (*dat*); **~so** [-'poso] *m* Gemahl *m*, Gatte *m*, Ehemann *m*; **~s** *m/pl* Eheleute *pl*
espuela [es'pŭela] *f* Sporn *m*
espuma [es'puma] *f* Schaum *m*; *com* Schaumstoff *m*
espumoso [espu'moso] schaumig
esqueje *agr* [es'kɛxe] *m* Steckling *m*
esquela [es'kela] *f*: **~ (*de defunción*)** Todesanzeige *f*
esqueleto [eske'leto] *m* Skelett *n*
esque|ma [es'kema] *m* Schema *n*; **~mático** [-ke'matiko] schematisch
esquí [es'ki] *m* Schi *m*, Ski *m*; (*deporte*) Skisport *m*; ***~ acuático*** Wasserski *m*; ***~ alpino*** alpiner Skilauf *m*; ***~ carving*** Carvingski *m*; ***~ de fondo*** Langlaufski *m*; (*deporte*) (Ski-)Langlauf *m*
esquí *m aparato*: Ski *m*, Schi *m*; *deporte*: Skisport *m*; Skilaufen *n*, -fahren *n*; ***~ acuático*** *o* ***náutico*** *deporte*: Wasserskilaufen *n*; *aparato*: Wasserski *m*; ***~ alpino*** alpiner Skilauf *m*; ***~ carving*** *aparato*: Carvingski *m*; ***~ de descenso*** *deporte*: (Ski)Abfahrtslauf *m*; *aparato*: Abfahrtsski *m*; ***~ de fondo*** *deporte*: (Ski)Langlauf *m*; *aparato*: Langlaufski *m*; ***salto*** *m* ***en*** *o* ***de*** **~(*s*)** Skispringen *n*
esquia|dor *m* [eskia'đɔr] Skiläufer *m*; **~r** [-'ar] (*1a*) Ski laufen
esquil|ar [eski'lar] (*1a*) (*ovejas*) scheren; **~eo** [-'leo] *m* Schafschur *f*
esquimal [eski'mal] *m* Eskimo *m*
esquina [es'kina] *f* Ecke *f*
esquirla [es'kirla] *f* (Knochen-, Glas-) Splitter *m*
esquirol [eski'rɔl] *m* Streikbrecher *m*
esquisto [es'kisto] *m* Schiefer *m*
esqui|var [eski'ƀar] (*1a*) vermeiden; ausweichen; **~vo** [-'kiƀo] spröde, scheu
esquizofr|enia [eskiθo'frenĭa] *f* Schizophrenie *f*; **~énico** [-'freniko] schizophren
esta ['esta] *s* ***este***[2]
esta|bilidad [estaƀili'đađ] *f* Beständigkeit *f*, Stabilität *f*; ***~ de los precios*** *com* Preisstabilität *f*; **~bilizar** [-'θar] (*1f*) stabilisieren; **~ble** [es'taƀle] beständig; fest, stabil
estable|cer [estaƀle'θɛr] (*2d*) (be)gründen; errichten; ein-, festsetzen; **~cerse** sich niederlassen; **~cimiento** [-θi-'mĭento] *m* Errichtung *f*; Festsetzung *f*; (*lugar*) Anstalt *f*; Geschäft *n*
establo [es'taƀlo] *m* Stall *m*
estaca [es'taka] *f* Pfahl *m*, Pflock *m*
esta|ción [esta'θĭɔn] *f* Station *f*; (*del año*) Jahreszeit *f*; *ferro* Bahnhof *m*; ***~ de mercancías*** Güterbahnhof *m*; ***~ meteorológica*** Wetterwarte *f*; ***~ de servicio*** (Groß-)Tankstelle *f*; ***~ termal*** Badeort *m*; **~cional** [-θĭo'nal] jahreszeitlich; saisonbedingt; **~cionamiento** [-na'mĭento] *m* Parken *n*; ***~ prohibido*** Parkverbot *n*; **~cionar** [-'nar] (*1a*) abstellen, parken; *mil* stationieren; **~cionario** [-'narĭo] stationär; *com* stagnierend
estadio [es'tađĭo] *m* Stadion *n*; *med u fig* Stadium *n*
estadista [esta'đista] *m* Staatsmann *m*
estadísti|ca [esta'đistika] *f* Statistik *f*; **~co** [-ko] **1.** *adj* statistisch; **2.** *m* Statistiker *m*
estado [es'tađo] *m* **1.** Stand *m*; Zustand *m*; Lage *f*; ***~ civil*** Familien-, Personenstand *m*; ***~ de excepción*** Ausnahmezustand *m*; **2.** ≗ Staat *m*; ***≗ industrial*** Industriestaat *m*; ***≗ Mayor*** *mil* (General-)Stab *m*; ***≗s Unidos*** *pol* Vereinigte Staaten *pl*; **~unidense** [-uni'đense] aus den USA
Estados Unidos de América [es'tađos u'niđoz đe a'merika] *m/pl* Vereinigte Staaten von Amerika *m/pl*
estafa [es'tafa] *f* Betrug *m*; **~dor** *m* [-'đɔr] Betrüger *m*; Hochstapler *m*; **~r** [-'far] (*1a*) betrügen; (*dinero*) veruntreuen
estafeta [esta'feta] *f* Stafette *f*; ***~ de correos*** Postamt *n*

estall|ar [esta'ʎar] (*1a*) platzen; explodieren; *fig* ausbrechen; **~ido** [-'ʎiđo] *m* Knall *m*; Explosion *f*; *fig* Ausbruch *m*

Estambul [estam'bul] *f* Istanbul *n*

estam|pa [es'tampa] *f* Bild *n*; (*huella*) Abdruck *m*; *fig* Aussehen *n*; **~pado** [-'pađo] (*tela*) bedruckt; **~par** [-'par] (*1a*) (be)drucken; *tec* prägen, stanzen; *fig* aufdrücken; (*firma*) setzen (unter) (*ac*); **~pido** [-'piđo] *m* Knall *m*; Krachen *n*; **~pilla** [-'piʎa] *f Am* Briefmarke *f*

estan|camiento [estaŋka'miento] *m* Stockung *f*; *com* Stagnation *f*; **~car** [-'kar] (*1g*) stauen; *fig* zum Stocken bringen; **~cia** [-'tanθĭa] *f* Aufenthalt *m*; *Am* Viehgroßfarm *f*; **~co** [-'taŋko] **1.** *adj* wasserdicht; **2.** *m com* Monopol *n*; (*tienda*) Tabakladen *m*

estandariza|ción [estandariθa'θĭɔn] *f* Standardisierung *f*; **~r** [-'θar] (*1f*) standardisieren

estandarte [estan'darte] *m* Standarte *f*

estanque [es'taŋke] *m* Teich *m*

estanquero [estaŋ'kero] *m* Tabakhändler *m*

estante [es'tante] *m* Bücherbrett *n*, Bord *n*; **~ría** [-'ria] *f* Regal *n*

estaño [es'taɲo] *m* Zinn *n*

estar [es'tar] (*1p*) sein; sich befinden; stehen; liegen; ***¿cómo estás?*** wie geht es dir?; ***estoy bien*** (***mal***) es geht mir gut (schlecht); ***estamos a 3 de enero*** wir haben den 3. Januar; ***el pan está a treinta céntimos*** das Brot kostet dreißig Cent; **~** + *ger* gerade et tun; **~ *de*** arbeiten *od* tätig sein als; **~ *en todo*** an alles denken; **~ *por a/c*** (***alg***) für et (j-n) sein; **~ *por hacer*** noch zu tun sein; ***¿estamos?*** (ein)verstanden?; ***ya estoy*** ich bin schon fertig; ***¡ya está!*** schon erledigt!

estatal [esta'tal] staatlich

estátic|a [es'tatika] *f* Statik *f*; **~o** [-ko] statisch

estatu|a [es'tatŭa] *f* Statue *f*; **~illa** [-'tŭiʎa] *f* Statuette *f*

estatu|ra [esta'tura] *f* Körpergröße *f*, Statur *f*; **~to** [-'tuto] *m* Statut *n*; **~s** *pl* Satzung *f*

este[1] ['este] *m* Osten *m*

este[2], **esta**, **esto**, **estos**, **estas** (*alleinstehend a* **éste**, **ésta[s]**, **éstos**) ['este, 'esta, 'esto, 'estos, 'estas] dieser (hier), diese, dieses, diese; ***esta tarde*** heute Nachmittag; ***en ésta*** *com* am hiesigen Ort, hier; ***esto es*** nämlich; das heißt; ***por esto*** deshalb, deswegen

estela [es'tela] *f mar* Kielwasser *n*; *fig* Spur *f*; **~r** [-'lar] Stern…

estenotipia [esteno'tipĭa] *f* Maschinenkurzschrift *f*

estentóreo [esten'toreo]: ***voz f estentórea*** Stentorstimme *f*

estepa [es'tepa] *f* Steppe *f*

estera [es'tera] *f* (Fuß-)Matte *f*

estercolero [estɛrko'lero] *m* Mist-, Dunghaufen *m*

estereo|... [estereo…] Stereo…; **~tipado** [-ti'pađo] stereotyp

estéril [es'teril] unfruchtbar; *med* steril (*a fig*)

esterili|dad [esterili'đađ] *f* Unfruchtbarkeit *f*; **~zación** [-θa'θĭɔn] *f* Sterilisierung *f*; **~zar** [-'θar] (*1f*) sterilisieren

esterilla [este'riʎa] *f* (kleine) Matte *f*

esterlina [estɛr'lina]: ***libra f*** **~** Pfund *n* Sterling

esternón [estɛr'nɔn] *m* Brustbein *n*

estética [es'tetika] *f* Ästhetik *f*

esteticista [esteti'θista] *f* Kosmetikerin *f*

estético [es'tetiko] ästhetisch

estetoscopio *med* [estetɔs'kopĭo] *m* Hörrohr *n*; Stethoskop *n*

estibador *mar* [estiƀa'đɔr] *m* Schauermann *m*

estiércol [es'tĭɛrkɔl] *m* Dung *m*, Mist *m*

estigma [es'tigma] *m* Stigma *n*

estilarse [esti'larse] (*1a*) üblich sein

esti|lista [esti'lista] *su* Stilist(in) *m*(*f*); **~lizar** [-'θar] (*1f*) stilisieren; **~lo** [-'tilo] *m* Stil *m*; *bot* Griffel *m*

estilográfica [estilo'grafika]: (***pluma***) **~** *f* Füllfederhalter *m*

estima [es'tima] *f* Schätzung *f*; Achtung *f*; **~ción** [-'θĭɔn] *f* (Ab-)Schätzung *f*; (*aprecio*) Achtung *f*; **~r** [-'mar] (*1a*) **1.** *v/t* (ab-, ein)schätzen; (*apreciar*) (hoch) achten, schätzen; **2.** *v/i* meinen, der Ansicht sein

estimula|nte [estimu'lante] **1.** *adj* anregend; **2.** *m* Anregungs-, Aufputschmittel *n*; **~r** [-'lar] (*1a*) anregen; anspornen

estímulo [es'timulo] *m* Reiz *m* (*a med*); *fig* Anreiz *m*

estío [es'tio] *m* Sommer *m*

estipula|ción [estipula'θĭɔn] *f* Festsetzung *f*; Abmachung *f*; *jur* Klausel

f; **~r** [-'lar] (*1a*) abmachen, vereinbaren
estirar [esti'rar] (*1a*) ziehen, strecken; recken; (*piel*) straffen
Estiria [es'tiria] *f* Steiermark *f*
estirpe [es'tirpe] *f* Stamm *m*; Geschlecht *n*; Herkunft *f*
estival [esti'ƀal] Sommer…
esto ['esto] *s* ***este***[2]
estocada [esto'kađa] *f* Degenstoß *m*
Estocolmo [esto'kɔlmo] *m* Stockholm *n*
estofa|do [esto'fađo] **1.** *adj* geschmort; **2.** *m* Schmorbraten *m*; **~r** [-'far] (*1a*) schmoren, dünsten
estoico [es'toiko] stoisch
estolón *bot* [esto'lɔn] *m* Ausläufer *m*
estomacal [estoma'kal] **1.** *adj* Magen…; **2.** *m* Magenbitter *m*
estómago [es'tomago] *m* Magen *m*
Estonia [es'tonia] *f* Estland *n*
estoni|o [es'tonio] **1.** *adj* estnisch; **2. ~o** *m*, **~a** *f* Este *m*, Estin *f*
estoque [es'toke] *m* Stoßdegen *m*
estor|bar [estɔr'ƀar] (*1a*) stören, (be-)hindern; **~bo** [es'tɔrƀo] *m* Störung *f*; Hindernis *n*
estornino *zo* [estɔr'nino] *m* Star *m*
estornu|dar [estɔrnu'đar] (*1a*) niesen; **~do** [-'nuđo] *m* Niesen *n*
estoy [es'tɔi] *s* ***estar***
estrabismo *med* [estra'ƀizmo] *m* Schielen *n*
estrado [es'trađo] *m* Podium *n*
estrafalario [estrafa'lario] extravagant, ausgefallen
estrago [es'trago] *m* Verwüstung *f*; (schwerer) Schaden *m*
estragón *bot* [estra'gɔn] *m* Estragon *m*
estrambótico F [estram'botiko] extravagant, verschroben
estrangula|ción [estraŋgula'θiɔn] *f* Erdrosselung *f*, Erwürgen *n*; **~r** [-'lar] (*1a*) erdrosseln, erwürgen
Estrasburgo [estraz'ƀurgo] *m* Straßburg *n*
estra|tagema [estrata'xema] *f* Kriegslist *f*; *fig* List *f*; **~tegia** [-'tɛxia] *f* Strategie *f*; **~tégico** [-'tɛxiko] strategisch
estrato [es'trato] *m* Schicht *f*
estre|char [estre'tʃar] (*1a*) verengen; (*vestido*) enger machen; (*mano*) drücken; **~chez** [-'tʃeθ] *f* Enge *f*; *fig* Bedrängnis *f*, Not *f*; ***~ de miras*** Engstirnigkeit *f*; **~cho** [-'tretʃo] **1.** *adj* eng; schmal; **2.** *m* Meerenge *f*
estrella [es'treʎa] *f* Stern *m*; *fig* (Film-)Star *m*; ***~ fugaz*** Sternschnuppe *f*; ***~ de mar*** Seestern *m*; **~r** [-'ʎar] (*1a*) zerschmettern; zertrümmern; **~rse** zerschellen; *fig* scheitern
estreme|cer [estreme'θɛr] (*2d*) erschüttern; **~cerse** schaudern; zusammenfahren; **~cimiento** [-θi'miento] *m* Schauder *m*
estre|nar [estre'nar] (*1a*) *teat* erst-, uraufführen; **~no** [es'treno] *m teat* Erstaufführung *f*, Premiere *f*
estreñimiento *med* [estreɲi'miento] *m* Verstopfung *f*
estr|épito [es'trepito] *m* Getöse *n*, Lärm *m*; **~epitoso** [-'toso] lärmend, geräuschvoll
estr|és [es'tres] *m* Stress *m*; **~esante** [-tre'sante] stressig; **~esar** [-'sar] (*1a*) stressen
estría [es'tria] *f* Rille *f*; Streifen *m*
estri|billo [estri'ƀiʎo] *m* Kehrreim *m*, Refrain *m*; **~bo** [es'triƀo] *m* Steigbügel *m* (*a anat*); Trittbrett *n*; ***perder los ~s*** die Beherrschung verlieren
estribor *mar* [estri'ƀɔr] *m* Steuerbord *n*
estricto [es'trikto] streng; strikt
estridente [estri'đente] schrill
estrofa [es'trofa] *f* Strophe *f*
estrógeno [es'troxeno] *m* Östrogen *n*
estroncio [es'trɔnθio] *m* Strontium *n*
estropear [estrope'ar] (*1a*) beschädigen; kaputtmachen; *fig* verderben; **~se** kaputtgehen
estropajo [estro'paxo] *m* Topfkratzer *m*
estructura [estruk'tura] *f* (Auf-)Bau *m*; Struktur *f*; **~l** [-'ral] strukturell
estruendo [es'truendo] *m* Getöse *n*; **~so** [-'doso] lärmend; tosend
estrujar [estru'xar] (*1a*) aus-, zerdrücken; auspressen
estuario [es'tuario] *m* (breite) Flussmündung *f*, Trichtermündung *f*
estu|cado [estu'kađo] *m* Stuckarbeit *f*; **~co** [-'tuko] *m* Stuck *m*
estuche [es'tutʃe] *m* Futteral *n*, Etui *n*
estudia|ntado [estuđian'tađo] *m* Studentenschaft *f*; **~nte** [-'điante] *su* Student(in) *m*(*f*); Schüler(in) *m*(*f*); **~r** [-'điar] (*1b*) (ein)studieren; lernen; üben
estudio [es'tuđio] *m* Studium *n*; (*obra*) Studie *f*; *mús* Etüde *f*; (*local*) Atelier *n*; *radio*, *TV* Studio *n*; **~so** [-'đioso]

lernbegierig, fleißig
estufa [es'tufa] *f* Ofen *m*
estupe|faciente [estupefa'θĭente] *m* Rauschgift *n*; **~facto** [-'fakto] sprachlos; bestürzt
estupendo [estu'pendo] fabelhaft, großartig, F toll
est|upidez [estupi'đeθ] *f* Dummheit *f*; **~úpido** [-'tupiđo] **1.** *adj* dumm; **2.** *m* Dummkopf *m*
estupor [estu'pɔr] *m* Erstaunen *n*, Verblüffung *f*
esturión [estu'rĭɔn] *m* Stör *m*
ET *m* ***Ejército de Tierra*** Landstreitkräfte *pl*
ETA *f* ***Euskadi Ta Askatasuna*** (*Baskenland u. Freiheit*) ETA *f* (*baskische Terroristenorganisation*)
etapa [e'tapa] *f* Etappe *f*; *fig* Phase *f*; Stufe *f*
ETB ***Euskal Telebista*** Baskisches Fernsehen
etc. ***etcétera*** usw. (und so weiter)
éter ['etɛr] *m* Äther *m*
eter|nidad [etɛrni'đađ] *f* Ewigkeit *f*; **~no** [e'tɛrno] ewig
éti|ca ['etika] *f* Ethik *f*; **~co** [-ko] ethisch
etimología [etimolɔ'xia] *f* Etymologie *f*
Etiopía [etĭo'pia] *f* Äthiopien *n*
etiqueta [eti'keta] *f* Etikett *n*; (*ceremonial*) Etikette *f*
étnico ['ɛtniko] ethnisch, Volks…
etnología [ɛtnolɔ'xia] *f* Völkerkunde *f*
etología [etolɔ'xia] *f* Verhaltensforschung *f*, Ethologie *f*
eucalipto *bot* [eŭka'lipto] *m* Eukalyptus *m*
eucaristía [eŭkaris'tia] *f* Eucharistie *f*
eufemismo [eŭfe'mizmo] *m* Euphemismus *m*
euf|oria [eŭ'forĭa] *f* Euphorie *f*; **~órico** [-'foriko] euphorisch
eunuco [eŭ'nuko] *m* Eunuch *m*
euro ['eŭro] *m* (*moneda*) Euro *m*
euro|diputado [-đipu'tađo] *m*, **~diputada** *f* Europaabgeordnete(r) *f*(*m*)
Europa [eŭ'ropa] *f* Europa *n*
europarlamentario [eŭroparlamen'tarĭo] *m*, **-a** *f* Europaparlamentarier(in) *m*(*f*)
europe|o [eŭro'peo] **1.** *adj* europäisch, Europa…; **2.** **~o** *m*, **~a** *f* [-'pea] Europäer(in) *m*(*f*)
euro|pesimismo [eŭropesi'mizmo] *m* Europessimismus *m*; **~comisario** [-komi'sarĭo] *m* EU-Kommissar *m*; **~copa** [-'kopa] *f* Europapokal *m*; **~zona** [-'θona] *f* Eurozone *f*, Euroland *n*
euskera [eŭs'kera] **1.** *adj* baskisch; **2.** *m* baskische Sprache *f*
eutanasia [eŭta'nasĭa] *f* Euthanasie *f*
evacua|ción [eƀakŭa'θĭɔn] *f* Evakuierung *f*; Räumung *f*; **~dor** [-'đɔr] *m*: **~ *de basuras*** Müllschlucker *m*; **~r** [-'kŭar] (*1d*) räumen
evadir [eƀa'đir] (*3a*) vermeiden, umgehen; **~se** entfliehen
evalua|ción [eƀalŭa'θĭɔn] *f* Schätzung *f*; Bewertung *f*; **~r** [-'lŭar] (*1e*) (ab)schätzen; aus-, bewerten
evan|gélico [eƀaŋ'xeliko] evangelisch; **~gelio** [-'xelĭo] *m* Evangelium *n*
evapora|ción [eƀapora'θĭɔn] *f* Verdunstung *f*; **~rse** [-'rarse] (*1a*) verdampfen, verdunsten; F *fig* verduften, abhauen
evasi|ón [eƀa'sĭɔn] *f* Flucht *f*; **~ *de capitales*** Kapitalflucht *f*; **~va** [-'siƀa] *f* Ausrede *f*; **~vo** [-'siƀo] ausweichend
evento [e'ƀento] *m* Ereignis *n*
eventual [eƀen'tŭal] möglich, eventuell; (*ocasional*) gelegentlich
eviden|cia [eƀi'đenθĭa] *f* Offenkundigkeit *f*; **~te** [-'đente] offensichtlich, klar; ***ser* ~** einleuchten
evita|ble [eƀi'taƀle] vermeidbar; **~r** [-'tar] (*1a*) vermeiden; (*impedir*) verhindern; *j-m* aus dem Weg gehen
evocar [eƀo'kar] (*1g*) heraufbeschwören; wachrufen
evolu|ción [eƀolu'θĭɔn] *f* Entwicklung *f*; Verlauf *m* (*a med*); **~cionar** [-θĭo'nar] (*1a*) sich (weiter)entwickeln
ex [ɛks] *vor su* Ex…; ehemalig; **~ *marido*** *m* Exmann *m*; **~ *mujer*** *f* Exfrau *f*
exac|titud [ɛgsakti'tuđ] *f* Genauigkeit *f*; Richtigkeit *f*; **~to** [ɛg'sakto] genau, exakt; richtig
exagera|ción [ɛgsaxera'θĭɔn] *f* Übertreibung *f*; **~r** [-'rar] (*1a*) übertreiben
exalta|ción [ɛgsalta'θĭɔn] *f* Lobpreisung *f*; Begeisterung *f*; **~do** [-'tađo] überspannt; exaltiert; **~r** [-'tar] (*1a*) preisen; verherrlichen
examen [ɛg'samen] *m* Examen *n*; Prüfung *f*; Untersuchung *f* (*a med*)
examina|dor [ɛgsamina'đɔr] *m* Prüfer *m*; **~r** [-'nar] (*1a*) prüfen; untersuchen (*a med*); **~rse** e-e Prüfung ablegen (in ***de***)
exaspera|ción [ɛgsaspera'θĭɔn] *f* Er-

bitterung *f*; **~r** [-'rar] (*1a*) aufbringen, zur Verzweiflung bringen; **~rse** außer sich geraten
Exca. ***Excelencia*** Exzellenz
excarcelar [eskarθe'lar] (*1a*) aus dem Gefängnis entlassen
excava|ción [eskaƀa'θĭɔn] *f* Ausgrabung *f*; **~dora** [-'đora] *f* Bagger *m*; **~r** [-'ƀar] (*1a*) ausgraben; ausbaggern
excede|nte [esθe'đente] **1.** *adj* überzählig; *com* überschüssig; **2.** *m* Überschuss *m*; **~r** [-'đɛr] (*2a*) übersteigen, übertreffen; **~rse** zu weit gehen
excelen|cia [esθe'lenθĭa] *f* Vortrefflichkeit *f*; ♀ Exzellenz *f*; ***por*** **~** schlechthin; **~te** [-'lente] vortrefflich; ausgezeichnet
ex|centricidad [esθentriθi'đađ] *f* Überspanntheit *f*; **~céntrico** [-'θentriko] überspannt; exzentrisch
excep|ción [esθɛƀ'θĭɔn] *f* Ausnahme *f*; ***a*** (*od* ***con***) **~** ***de*** mit Ausnahme von, ausgenommen; ***sin*** **~** ausnahmslos; **~cional** [-θĭo'nal] außerordentlich; **~to** [es'θɛpto] ausgenommen; **~tuar** [-tu'ar] (*1e*) ausnehmen
exce|sivo [esθe'siƀo] übermäßig; übertrieben; **~so** [es'θeso] *m* Übermaß *n*; **~** ***de velocidad*** Geschwindigkeitsüberschreitung *f*; ***en*** **~** übermäßig
excita|ble [esθi'taƀle] reizbar; **~ción** [-'θĭɔn] *f* Erregung *f*, Aufregung *f*; **~nte** [-'tante] an-, er-, aufregend; **~r** [-'tar] (*1a*) an-, erregen; reizen; **~rse** sich aufregen
exclama|ción [esklama'θĭɔn] *f* Ausruf *m*; **~r** [-'mar] (*1a*) ausrufen
exclu|ir [esklu'ir] (*3g*) ausschließen; **~sión** [-'sĭɔn] *f* Ausschluss *m*; **~siva** [-'siƀa] *f* Alleinvertretung *f*; Exklusivrecht *n*; **~sivo** [-'siƀo] ausschließlich
Excmo. ***Excelentísimo*** Exzellenz
excomu|lgar [eskomul'gar] (*1h*) exkommunizieren; **~nión** [-'nĭɔn] *f* Exkommunizierung *f*
excremento(s) [eskre'mento(s)] *m*(*pl*) Exkrement(e) *n*(*pl*); Kot *m*
excur|sión [eskur'sĭɔn] *f* Ausflug *m*; **~sionista** [-sĭo'nista] *m* Ausflügler *m*
excusa [es'kusa] *f* Entschuldigung *f*; (*pretexto*) Ausflucht *f*, Ausrede *f*; **~r** [-'sar] (*1a*) entschuldigen
exen|ción [ɛgsen'θĭɔn] *f* Befreiung *f*; Freistellung *f*; **~** ***fiscal*** Steuerfreiheit *f*; **~to** [ɛg'sento] frei, befreit; **~** ***de impuestos*** steuerfrei
exequias [ɛg'sekĭas] *f/pl* Begräbnisfeierlichkeiten *f/pl*
exhaust|ivo [ɛgsaŭs'tiƀo] erschöpfend (*a fig*); **~o** [ɛg'saŭsto] erschöpft
exhibi|ción [ɛgsiƀi'θĭɔn] *f* Ausstellung *f*; Vorführung *f*, Schau *f*; **~cionismo** [-θĭo'nizmo] *m* Exhibitionismus *m*; **~r** [-'ƀir] (*3a*) ausstellen; (*a fig*) zur Schau stellen; (*documento*) vorweisen
exhorta|ción [ɛgsɔrta'θĭɔn] *f* Ermahnung *f*; **~r** [-'tar] (*1a*) ermahnen; auffordern (zu ***a***)
exigen|cia [ɛgsi'xenθĭa] *f* Forderung *f*; **~te** [-'xente] anspruchsvoll
exigir [ɛgsi'xir] (*3c*) (er)fordern; verlangen
exil|(i)arse [ɛgsi'l(ĭ)arse] (*1a*) ins Exil gehen; **~io** [-'silĭo] *m* Exil *n*
eximir [ɛgsi'mir] (*3a*) befreien (von ***de***)
exis|tencia [ɛgsis'tenθĭa] *f* Dasein *n*; Existenz *f*; *com* ***en*** **~** vorrätig; **~s** *pl com* Bestände *m/pl*; **~tente** [-'tente] bestehend; vorrätig; **~tir** [-tir] (*3a*) bestehen; existieren; (*vivir*) leben
éxito ['ɛgsito] *m* Erfolg *m*
exitoso *bsd Am* [ɛgsi'toso] erfolgreich
éxodo ['ɛgsođo] *m* Auszug *m*; Abwanderung *f*; **~** ***rural*** Landflucht *f*
exorbitante [ɛgsɔrƀi'tante] übermäßig; übertrieben
exorci|smo [ɛgsɔr'θizmo] *m* Teufelsaustreibung *f*; **~zar** [-θi'θar] (*1f*) beschwören, austreiben
exótico [ɛg'sotiko] exotisch
expansi|ón [espan'sĭɔn] *f* Ausdehnung *f*; Expansion *f*; **~vo** [-'siƀo] expansiv; *fig* mitteilsam; ***onda*** *f* ***expansiva*** Druckwelle *f*
expatriarse [espa'trĭarse] (*1b*) auswandern
expecta|ción [espɛkta'θĭɔn] *f* Erwartung *f*; **~nte** [-'tante] abwartend; **~tiva** [-ta'tiƀa] *f* Erwartung *f*; **~** ***de vida*** Lebenserwartung *f*; ***estar a la*** **~** sich abwartend verhalten
expedición [espeđi'θĭɔn] *f* Beförderung *f*; Versand *m*; (*de un documento*) Ausstellung *f*; (*viaje*) Expedition *f*
expedien|tar [espeđĭen'tar] (*1a*): **~** ***a alg*** gegen j-n ein Verfahren einleiten; **~te** [-'đĭente] *m* Akte *f*; *jur* Verfahren *n*
expedir [espe'đir] (*3l*) (ab-, ver)senden; (*documento*) ausstellen, ausfertigen
expendedor [espende'đɔr] *m*: **~** ***auto-***

mático (Waren-)Automat *m*
expensas [es'pensas] *f/pl* Kosten *pl*; ***a ~ de*** auf Kosten (*gen*)
experiencia [espe'rĭenθĭa] *f* Erfahrung *f*; (*experimento*) Versuch *m*
experimen|tación [esperimenta'θĭɔn] *f* Erprobung *f*; **~tado** [-'tađo] erfahren; erprobt; **~tal** [-'tal] experimentell, Versuchs…; **~tar** [-'tar] (*1a*) **1.** *v/t* erproben; *fig* erleben; erfahren; empfinden; **2.** *v/i* experimentieren; **~to** [-'mento] *m* Versuch *m*; Experiment *n*
experto [es'pεrto] **1.** *adj* sachkundig, erfahren; **2.** *m* Fachmann *m*, Experte *m*
expiar [es'pĭar] (*1c*) sühnen; (*condena*) abbüßen
expira|ción [espira'θĭɔn] *f* Ablauf *m*, Erlöschen *n*; **~r** [-'rar] (*1a*) sterben; (*plazo*) ablaufen
explayarse [espla'jarse] (*1a*) sich ausdehnen; *fig* sich aussprechen
explica|ción [esplika'θĭɔn] *f* Erklärung *f*; **~r** [-'kar] (*1g*) erklären; **~rse**: ***~ a/c*** sich et erklären können; **~tivo** [-'tiƀo] erläuternd
explícito [es'pliθito] ausdrücklich
explora|ción [esplora'θĭɔn] *f* Erforschung *f*; *med* Untersuchung *f*; **~dor** *m* [-'đɔr] Forscher *m*; Pfadfinder *m*; Aufklärer *m*; **~r** [-'rar] (*1a*) erforschen; *med* untersuchen
explosi|ón [esplo'sĭɔn] *f* Explosion *f*; ***hacer ~*** explodieren; **~vo** [-'siƀo] *m* Sprengkörper *m*, -stoff *m*
explota|ción [esplota'θĭɔn] *f* Ausbeutung *f* (*a fig*); *agr* Nutzung *f*; (*empresa*) Betrieb *m*; **~r** [-'tar] (*1a*) **1.** *v/t* (aus)nutzen; ausbeuten; betreiben, bewirtschaften; *min* abbauen; **2.** *v/i* explodieren
expoliar [espo'lĭar] (*1b*) ausplündern
exponer [espo'nεr] (*2r*) darlegen; (*exhibir*) ausstellen; (*arriesgar*) gefährden; *fot* belichten; **~se** sich *e-r Gefahr etc* aussetzen
exporta|ción [espɔrta'θĭɔn] *f* Ausfuhr *f*, Export *m*; **~dor** [-'đɔr] *m* Exporteur *m*; **~r** [-'tar] (*1a*) ausführen, exportieren
exposición [esposi'θĭɔn] *f* Ausstellung *f*; *fig* Darlegung *f*; *fot* Belichtung *f*
expósito [es'posito] *m* Findelkind *n*
expositor [esposi'tɔr] *m* Aussteller *m*
expre|sar [espre'sar] (*1a*) ausdrücken; äußern; **~sión** [-'sĭɔn] *f* Ausdruck *m*; **~sivo** [-'siƀo] ausdrucksvoll; **~so** [-'preso] **1.** *adj* ausdrücklich; **2.** *m ferro* Schnellzug *m*
exprimi|dor [esprimi'đɔr] *m* Fruchtpresse *f*; **~r** [-'mir] (*3a*) auspressen
expropia|ción [espropĭa'θĭɔn] *f* Enteignung *f*; **~r** [-'pĭar] (*1b*) enteignen
expuesto [es'pŭesto] **1.** *part v* ***exponer***; **2.** *adj* gefährdet; gefährlich
expul|sado [espul'sađo] *m* Vertriebene(r) *m*; **~sar** [-'sar] (*1a*) vertreiben, ausweisen; (*humo*) ausstoßen; **~sión** [-'sĭɔn] *f* Vertreibung *f*; Ausweisung *f*; Ausstoßung *f*
exquisito [eski'sito] erlesen, vorzüglich; (*comida*) köstlich
extasiarse [esta'sĭarse] (*1c*) in Verzückung geraten
éxtasis ['estasis] *m* Verzückung *f*, Ekstase *f*
exten|der [esten'der] (*2g*) ausbreiten; ausdehnen; (*cheque, etc*) ausstellen; **~sible** [-'siƀle] ausziehbar; **~sión** [-'sĭɔn] *f* Ausdehnung *f*, Umfang *m*; Dauer *f*; *tel* Durchwahl *f*; **~so** [es'tenso] weit; ausgedehnt
extenua|ción [estenŭa'θĭɔn] *f* Entkräftung *f*; **~r** [-nu'ar] (*1e*) entkräften; erschöpfen
exterior [este'rĭɔr] **1.** *adj* äußerlich, Außen…; **2.** *m* Äußere(s) *n*; ***~es*** *m/pl* Außenaufnahmen *f/pl*; **~izar** [-rĭori'θar] (*1f*) äußern, zum Ausdruck bringen
extermi|nar [estεrmi'nar] (*1a*) ausrotten; vernichten; **~nio** [-'minĭo] *m* Ausrottung *f*; Vernichtung *f*
externo [es'tεrno] äußerlich; extern
extin|ción [estin'θĭɔn] *f* Löschung *f*; *biol* Aussterben *n*; **~guir** [estiŋ'gir] (*3d*) (aus)löschen; **~guirse** erlöschen (*a fig*); *biol* aussterben; **~to** [es'tinto] erloschen; *biol* ausgestorben; **~tor** [-'tɔr] *m* (*de incendios*) Feuerlöscher *m*
extirpa|ción [estirpa'θĭɔn] *f* Ausrottung *f*; **~r** [-'par] (*1a*) ausrotten; *med* entfernen
extorsión [estɔr'sĭɔn] *f* Erpressung *f*
extra ['εgstra] **1.** *adj* Extra…; Sonder…; **2.** *m* Zulage *f*; (*cine*) Statist *m*
extrac|ción [estrag'θĭɔn] *f* Herausziehen *n*; *med* Ziehen *n*; *min* Förderung *f*; Gewinnung *f*; **~to** [es'trakto] *m* Auszug *m*; Extrakt *m*; ***~ de cuenta*** Kontoauszug *m*; **~tor** [-'tɔr] *m*: ***~ de humos*** Rauchabzug *m*

extradi|ción [estrađi'θĭɔn] *f jur* Auslieferung *f*; **~tar** [-'tar] (*1a*) ausliefern
extraer [estra'ɛr] (*2p*) herausziehen; (*muela*) ziehen; (*sangre*) entnehmen; *min* fördern
extranjero [estraŋ'xero] **1.** *adj* ausländisch; **2.** *m* Ausländer *m*; (*país*) Ausland *n*
extra|ñar [estra'ɲar] (*1a*) wundern, befremden; *bsd Am* vermissen; **~ñarse** sich wundern, erstaunt sein (über *ac* ***de***); **~ñeza** [-'ɲeθa] *f* Befremden *n*; Erstaunen *n*; **~ño** [es'traɲo] fremd; (*raro*) sonderbar, seltsam
extra|ordinario [estraɔrđi'narĭo] außergewöhnlich; außerordentlich; Sonder…; **~rradio** [-'rrađĭo] *m* Außenbezirk *m*; Stadtrand *m*; **~terrestre** [-tɛ'rrestre] außerirdisch; **~vagancia** [-ƀa'ganθĭa] *f* Extravaganz *f*; **~vagante** [-'gante] extravagant; **~vertido** [-ƀɛr'tiđo] extrovertiert; **~viar** [-ƀi'ar] (*1c*) (*perder*) verlegen; **~viarse** sich verlaufen; (*cosa*) abhandenkommen
extre|mado [estre'mađo] übertrieben; **~mar** [-'mar] (*1a*) übertreiben; verschärfen; **~maunción** *rel* [-maun'θĭɔn] *f* letzte Ölung *f*; **~meño** [-'meɲo] aus Estremadura; **~midad** [-mi'đađ] *f* Spitze *f*; Ende *n*; **~es** *f/pl* Gliedmaßen *pl*; **~mista** [-'mista] *m* Radikale(r) *m*; Extremist *m*; **~mo** [es'tremo] **1.** *adj* äußerst; extrem; **2.** *m* (äußerste) Ende *n*; Extrem *n*; *dep* Außenstürmer *m*
Extremadura [estrema'đura] *f* Estremadura *f*
exuberan|cia [ɛgsuƀe'ranθĭa] *f* Überfülle *f*; **~te** [-'rante] üppig, wuchernd, strotzend
eyacula|ción [ejakula'θĭɔn] *f* Samenerguss *m*; **~r** [-'lar] (*1a*) ejakulieren

F

F, f ['efe] *f* F, f *n*
fa *mús* [fa] *m* F *n*
fábrica ['faƀrika] *f* Fabrik *f*
fabrica|ción [faƀrika'θĭɔn] *f* Fabrikation *f*, Herstellung *f*; **~ *en serie*** Serienherstellung *f*; **~nte** [-'kante] *m* Fabrikant *m*, Hersteller *m*; **~r** [-'kar] (*1g*) herstellen
fabril [fa'ƀril] Fabrik…
fábula ['faƀula] *f* Fabel *f*
fabuloso [faƀu'loso] fabelhaft
facción [fag'θĭɔn] *f* Rotte *f*; Bande *f*; ***facciones*** *pl* Gesichtszüge *m/pl*
faceta [fa'θeta] *f fig* Aspekt *m*
facha F ['fatʃa] **1.** *f* Aussehen *n*; **2.** *m desp* Faschist *m*; **~da** [fa'tʃađa] *f* Fassade *f*
facial [fa'θĭal] Gesichts…
fácil ['faθil] leicht; *fig* leichtfertig; ***~ de usar*** *inform* benutzerfreundlich
facili|dad [faθili'đađ] *f* Leichtigkeit *f*; Gewandtheit *f*; **~es** *pl* Erleichterungen *f/pl*; **~tar** [-'tar] (*1a*) erleichtern; (*proporcionar*) be-, verschaffen
facsímil(e) [fak'simil(e)] *m* Faksimile *n*
factible [fak'tiƀle] machbar
factor [fak'tɔr] *m* Faktor *m*; ***~ de protección solar*** Lichtschutzfaktor *m*; **~ía** [-to'ria] *f* Fabrik *f*, Werk *n*
factura [fak'tura] *f* Rechnung *f*; **~ción** [-'θĭɔn] *f* Berechnung *f*; *ferro* (Gepäck-)Aufgabe *f*, Abfertigung *f*; Umsatz *m*; **~r** [-'rar] (*1a*) in Rechnung stellen; (*equipaje*) aufgeben; *avia* einchecken
faculta|d [fakul'tađ] *f* Fähigkeit *f*; (*poder*) Befugnis *f*; (*universidad*) Fakultät *f*; **~r** [-'tar] (*1a*) ermächtigen (zu ***para***); **~tivo** [-ta'tiƀo] **1.** *adj* fakultativ; freiwillig; *med* ärztlich; **2.** *m* Arzt *m*
faena [fa'ena] *f* Arbeit *f*; ***hacer una ~ a alg*** j-m übel mitspielen; **~r** [fae'nar] (*1a*) fischen, auf Fang gehen
fagot *mús* [fa'gɔt] *m* Fagott *n*
faisán [faĭ'san] *m* Fasan *m*
faja ['faxa] *f* Schärpe *f*; (*corsé*) Mieder *n*; *med* Leibbinde *f*; (*de terreno*) Streifen *m*; *corr* ***bajo ~*** unter Streif-, Kreuzband *n*
fajo ['faxo] *m* Bündel *n*
falange [fa'laŋxe] *f* Fingerglied *n*
falaz [fa'laθ] (be)trügerisch
falda ['falda] *f* Rock *m*; *geo* Berghang *m*; ***~ pantalón*** Hosenrock *m*; ***~ plisada*** Plisseerock *m*
falible [fa'liƀle] fehlbar

falla ['faʎa] *f* (Material-)Fehler *m*; *geo* Bruch *m*; *Am* Versagen *n*; **~r** [-'ʎar] (*1a*) versagen; *jur* das Urteil fällen
falle|cer [faʎe'θɛr] (*2d*) sterben; **~cido** [-'θiđo] *m* Verstorbene(r) *m*; **~cimiento** [-'mĭento] *m* Tod *m*
fallido [fa'ʎiđo] fehlgeschlagen
fallo ['faʎo] *m jur* Urteil *n*; (*defecto*) Fehler *m*; *med*, *tec* Versagen *n*; **~ humano** menschliches Versagen *n*
false|ar [false'ar] (*1a*) verfälschen; **~dad** [-'đađ] *f* Falschheit *f*; Fälschung *f*
falsifica|ción [falsifika'θĭɔn] *f* (Ver-)Fälschung *f*; **~dor** *m* [-'đɔr] Fälscher *m*; **~ de moneda** Falschmünzer *m*; **~r** [-'kar] (*1g*) fälschen
falso ['falso] falsch; unwahr
falta ['falta] *f* Fehler *m*; (*carencia*) Mangel *m* (an *dat* **de**); (*ausencia*) Fehlen *n*; *dep* Foul *n*; **a** (*od* **por**) **~ de** mangels (*gen*); **sin ~** ganz bestimmt; **echar en ~** vermissen; **hacer ~** nötig sein; **~r** [-'tar] (*1a*) fehlen; ausbleiben; **~ a** verstoßen gegen (*ac*); **~ a clase** den Unterricht versäumen; **~ a su palabra** sein Wort brechen
falto ['falto]: **~ de** in Ermangelung (*gen*); **~ de recursos** mittellos
fama ['fama] *f* Ruf *m*; Ruhm *m*; **de ~ mundial** weltberühmt; **tener mala ~** e-n schlechten Ruf haben
famélico [fa'meliko] ausgehungert
familia [fa'milĭa] *f* Familie *f*; **~ numerosa** kinderreiche Familie *f*; **~r** [fami'lĭar] **1.** *adj* Familien…; *fig* vertraut; familiär; **2.** *m* Familienangehörige(r) *m*; **~rizar(se)** [-ri'θar(se)] (*1f*) (sich) vertraut machen (mit *dat* **con**)
famoso [fa'moso] berühmt
fan [fan] *su* Fan *m*
fanático [fa'natiko] **1.** *adj* fanatisch; **2.** *m* Fanatiker *m*; Fan *m*
fanatismo [fana'tizmo] *m* Fanatismus *m*
fanfarr|ón [famfa'rrɔn] **1.** *adj* prahlerisch; **2.** *m* Aufschneider *m*, Angeber *m*; **~onada** [-farrɔ'nađa] *f* Angeberei *f*; **~onear** [-ne'ar] (*1a*) aufschneiden, angeben
fango ['faŋgo] *m* Schlamm *m*; **~so** [-'goso] schlammig
fantas|ear [fantase'ar] (*1a*) fantasieren; **~ía** [-'sia] *f* Fantasie *f*; **~ma** [-'tazma] *m* Gespenst *n*
fantástico [fan'tastiko] fantastisch
faquir [fa'kir] *m* Fakir *m*
farándula [fa'randula] *f* Komödiantentum *n*; (**mundo** *m* **de la**) **~** Showbusiness *n*
fardo ['farđo] *m* Ballen *m*
farero [fa'rero] *m* Leuchtturmwärter *m*
farfullar [farfu'ʎar] (*1a*) stammeln
faring|e [fa'riŋxe] *f* Rachen *m*; **~itis** *med* [-'xitis] *f* Rachenentzündung *f*
farma|céutico [farma'θeŭtiko] **1.** *adj* pharmazeutisch; **2.** *m* Apotheker *m*; **~cia** [-'maθĭa] *f* Apotheke *f*; (*ciencia*) Pharmazie *f*
fármaco ['farmako] *m* Arzneimittel *n*
faro ['faro] *m* Leuchtturm *m*; *auto* Scheinwerfer *m*; **~ antiniebla** Nebelscheinwerfer *m*; **~ halógeno** Halogenscheinwerfer *m*; **~l** [fa'rɔl] *m* (Straßen-)Laterne *f*; F Bluff *m*; **~la** [-'rola] *f* Straßenlaterne *f*; **~lero** [-'lero] *m fig* Angeber *m*; **~lillo** [-'liʎo] *m* Lampion *m*; **~ rojo** *fig* Schlusslicht *n*
farra *Am* ['farra] *f* lärmendes Fest *n*
farsa ['farsa] *f* Posse *f*; *fig* Farce *f*; **~nte** [-'sante] *m* Schwindler *m*
fascículo [fas'θikulo] *m* Heft *n*
fascina|ción [fasθina'θĭɔn] *f* Faszination *f*, Zauber *m*; **~r** [-'nar] (*1a*) faszinieren, bezaubern
fascis|mo [fas'θizmo] *m* Faschismus *m*; **~ta** [-'θista] **1.** *adj* faschistisch; **2.** *m* Faschist *m*
fase ['fase] *f* Phase *f*
fastidi|ar [fasti'đĭar] (*1b*) ärgern; belästigen; **~o** [-'tiđĭo] *m* Ärger *m*; Überdruss *m*; **~oso** [-'đĭoso] lästig; ärgerlich
fastuoso [fas'tŭoso] prunkvoll
fatal [fa'tal] verhängnisvoll; **~idad** [-li'đađ] *f* Verhängnis *n*; **~ista** [-'lista] **1.** *adj* fatalistisch; **2.** *m* Fatalist *m*
fatídico [fa'tiđiko] unheilvoll
fati|ga [fa'tiga] *f* Mühe *f*; Strapaze *f*; (*cansancio*) Ermüdung *f*; **~gar** [-'gar] (*1h*) ermüden; anstrengen; **~garse** müde werden, ermüden; **~goso** [-'goso] ermüdend; anstrengend
fatuo ['fatŭo] eingebildet, eitel
fauna ['faŭna] *f* Tierwelt *f*, Fauna *f*
fauno ['faŭno] *m* Faun *m*
fausto ['faŭsto] *m* Pracht *f*, Pomp *m*
favor [fa'ƀɔr] *m* Gunst *f*; Gefälligkeit *f*; Gefallen *m*; **a ~ de** zugunsten von; **a mi ~** zu m-n Gunsten; **por ~** bitte!; **hacer**

el ~ de so freundlich sein (*inf*); **~able** [faƀo'raƀle] günstig; **~ecedor** [-reθe'đɔr] *m* vorteilhaft; **~ecer** [-'θɛr] (*2d*) begünstigen; (*vestido*) gut stehen; **~itismo** [-ri'tizmo] *m* Günstlingswirtschaft *f*; **~ito** [-'rito] **1.** *adj* Lieblings…; *plato m ~* Leibgericht *n*; **2.** *m* Günstling *m*; Favorit *m*

fax [faks] *m* Fax(gerät) *n*; ***enviar** (o **mandar**) **un ~ a alg*** j-m ein Fax schicken; ***mandar a/c por ~ a alg*** j-m etw faxen

faz [faθ] *f* Antlitz *n*

fe [fe] *f* Glaube *m* (an *ac* **en**); (*confianza*) Vertrauen *n* (zu *dat*, in *ac* **en**); ***~ de erratas*** Druckfehlerverzeichnis *n*

fealdad [feal'dađ] *f* Hässlichkeit *f*

febrero [fe'ƀrero] *m* Februar *m*

febril [fe'ƀril] fieberhaft (*a fig*)

fecal [fe'kal]: ***materias*** *f/pl* **~es** Fäkalien *pl*; Kot *m*

fecha ['fetʃa] *f* Datum *n*; ***~ de caducidad*** Haltbarkeitsdatum *n*; ***hasta la ~*** bis heute; **~r** [-'tʃar] (*1a*) datieren

fechoría [fetʃo'ria] *f* Missetat *f*

fécula ['fekula] *f* Stärke(mehl *n*) *f*

fecun|dación [fekunda'θĭɔn] *f* Befruchtung *f*; **~dar** [-'dar] (*1a*) befruchten; **~didad** [-di'đađ] *f* Fruchtbarkeit *f*; **~do** [fe'kundo] fruchtbar (*a fig*)

federa|ción [feđera'θĭɔn] *f* Bund *m*; Verband *m*; ***♀ Europea de Bolsas*** Europäischer Börsenverband *n*; **~l** [-'ral] Bundes…; **~lismo** [-'lizmo] *m* Föderalismus *m*

fehaciente [fea'θĭente] glaubhaft

felici|dad [feliθi'đađ] *f* Glück *n*; ***¡~es!*** herzlichen Glückwunsch!; **~tación** [-ta'θĭɔn] *f* Glückwunsch *m*; **~tar** [-'tar] (*1a*) beglückwünschen; gratulieren (zu *dat* **por**)

felino [fe'lino] katzenhaft (*a fig*)

feliz [fe'liθ] glücklich

fel|pa ['fɛlpa] *f* Plüsch *m*; **~pudo** [-'puđo] *m* Fußmatte *f*

femenino [feme'nino] **1.** *adj* weiblich; Frauen…; **2.** *m gram* Femininum *n*

femini|dad [femini'đađ] *f* Weiblichkeit *f*; Fraulichkeit *f*; **~smo** [-'nizmo] *m* Feminismus *m*; **~sta** [-'nista] **1.** *adj* feministisch; **2.** *f* Feministin *f*

fémur ['femur] *m* Oberschenkelknochen *m*, Femur *m*

fenicio [fe'niθĭo] **1.** *adj* phönizisch; **2.** *m* Phönizier *m*

fen|omenal [fenome'nal] *fig* großartig, phänomenal; **~ómeno** [fe'nɔmeno] *m* Phänomen *n*, Erscheinung *f*

feo ['feo] hässlich

féretro ['feretro] *m* Sarg *m*

feria ['ferĭa] *f* Jahrmarkt *m*; *com* Messe *f*; ***~ de muestras*** Mustermesse *f*; ***~ monográfica*** Fachmesse *f*; **~nte** [fe'rĭante] *m* Messebesucher *m*; Schausteller *m*

fermen|tación [fɛrmenta'θĭɔn] *f* Gärung *f*; **~tar** [-'tar] (*1a*) gären; **~to** [-'mento] *m* Ferment *n*

fero|cidad [feroθi'đađ] *f* Wildheit *f*; **~z** [fe'rɔθ] wild; grausam

férreo ['fɛrreo] eisern (*a fig*)

ferretería [fɛrrete'ria] *f* Eisenwarenhandlung *f*

ferro|carril [fɛrrɔka'rril] *m* Eisenbahn *f*; **~viario** [-'ƀĭarĭo] **1.** *adj* Eisenbahn…; **2.** *m* Eisenbahner *m*

ferry ['fɛrri] *m* (Auto-)Fähre *f*

fértil ['fɛrtil] fruchtbar (*a fig*)

fertili|dad [fɛrtili'đađ] *f* Fruchtbarkeit *f*; **~zante** [-'θante] *m* Düngemittel *n*; **~zar** [-'θar] (*1f*) düngen

fer|viente [fɛr'ƀĭente] inbrünstig; glühend; **~vor** [-'ƀɔr] *m* Inbrunst *f*; *fig* Feuereifer *m*; **~voroso** [-ƀo'roso] inbrünstig; eifrig

fes|tejar [festɛ'xar] (*1a*) feiern; **~tín** [-'tin] *m* Festmahl *n*, Bankett *n*; **~tival** [-ti'ƀal] *m* Festival *n*; Festspiele *n/pl*; **~tividad** [-tiƀi'đađ] *f* Fest(lichkeit *f*) *n*; **~tivo** [-'tiƀo] festlich, Fest…; *fig* fröhlich

fetal [fe'tal] *adj* Fötus…, fetal

fetiche [fe'titʃe] *m* Fetisch *m*

fétido ['fetiđo] stinkend

feto ['feto] *m* Fötus *m*

feudal [feŭ'đal] feudal; Lehns…; **~ismo** [-'lizmo] *m* Lehnswesen *n*

FEVE *m/pl* ***Ferrocarriles de Vía Estrecha*** *span.* Schmalspur-Eisenbahngesellschaft

FF.CC. *m/pl* ***Ferrocarriles*** Eisenbahnen *pl*

fia|ble [fi'aƀle] zuverlässig; **~dor** [fia'đɔr] *m* Bürge *m*

fiambre ['fĭambre] *m* Aufschnitt *m*; **~ra** [-'brera] *f* Picknickdose *f*; **~ría** *Am* [-'ria] *f* Feinkostgeschäft *n*

fia|nza [fi'anθa] *f* Bürgschaft *f*; Kaution *f*; ***bajo ~*** gegen Kaution; **~r** [fi'ar] (*1c*) bürgen für (*ac*); **~rse**: ***~ de alg*** j-m trauen; sich auf j-n verlassen

Die Zeit

Die Uhrzeit

1 2

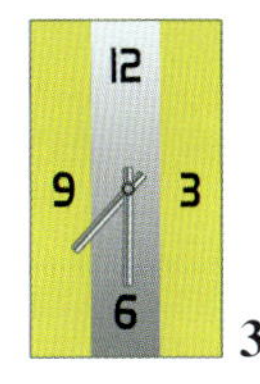
3

4

5

6

7

8

1 neun Uhr
2 zwölf Uhr, Mittag, Mitternacht
3 halb acht
4 Viertel vor zwei
5 Viertel nach vier
6 zehn (Minuten) vor sechs
7 zehn (Minuten) nach sechs
8 25 (Minuten) vor elf, fünf nach halb elf, zehn Uhr 35

Die Tageszeiten

der Morgen

der Mittag

der Abend

die Nacht

Jahreszeiten: das Wetter

der Frühling: wechselhaft

der Sommer: sonnig

der Herbst: windig

der Winter: Schnee(fall)

1 **An der** Halfpipe ist viel Action.
2 Tina steht oben **auf der** Halfpipe.
3 Thomas sitzt im Baum **über der** Halfpipe.
4 Tobias klettert **den Baum hinauf**.
5 Das Fahrrad steht **hinter dem** Baum.
6 Adrian springt **vom Rand** der Halfpipe **ab**.
7 Michael lehnt **an einem** Pfosten.
8 Lukas nimmt seine Skates **aus dem** Rucksack und steckt seine Schuhe hinein.
9 **Vor der** Halfpipe liegt ein BMX-Rad.

10 Die Bank steht **in der** Nähe der Halfpipe.
11 Drei Jugendliche sitzen **auf der** Bank.
12 Patrizia sitzt **neben** Daniel.
13 Daniel sitzt **zwischen** Patrizia und Nicole.
14 Peter skatet den Berg **zu** seinen Freunden hinunter.
15 Die Brücke führt **über den** Bach.
16 Der Bach fließt **unter der** Brücke hindurch.
17 Der Hund spielt **im** Bach.
18 Eine Frau geht **den Weg entlang**.

Die Familie

Susanne ist die **Schwiegertochter** von Erika und Josef.
Susanne ist Evas **Schwägerin**.
Susanne ist Tims **Mutter**.
Thomas ist der **Sohn** von Erika und Josef.
Thomas ist Evas **Bruder**.
Thomas ist Tims **Vater**.
Erika ist Josefs **(Ehe)Frau**.
Erika ist die **Schwiegermutter** von Susanne und Martin.
Erika ist die **Großmutter** von Tim und Nina.
Josef ist Erikas **(Ehe)Mann**.
Josef ist der **Schwiegervater** von Susanne und Martin.
Josef ist der **Großvater** von Tim und Nina.
Eva ist die **Tochter** von Erika und Josef.
Eva ist Thomas' **Schwester**.
Eva ist Tims **Tante**.
Martin ist der **Schwiegersohn** von Erika und Josef.
Martin ist Thomas' **Schwager**.
Martin ist Tims **Onkel**.
Tim ist der **Enkel** von Erika und Josef.
Tim ist der **Neffe** von Eva und Martin.
Tim ist Ninas **Cousin**.
Nina ist die **Enkelin** von Erika und Josef.
Nina ist Susannes und Thomas' **Nichte**.
Nina ist Tims **Cousine**.

fiasco ['fĭasko] *m* Fiasko *n*
fibra ['fiƀra] *f* Faser *f*; (*de un alimento*) Faserstoffe *m/pl*; **~ óptica, ~ de vidrio** Glasfaser *f*; **~ sintética** Kunstfaser *f*
fic|ción [fiɡ'θĭɔn] *f* Fiktion *f*; **~ticio** [fik'tiθĭo] erdacht, fiktiv; fingiert
fich|a ['fitʃa] *f* Spielmarke *f*; *tel* Münze *f*; (*tarjeta*) Karteikarte *f*; **~ de sonido** Soundkarte *f*; **~ar** [fi'tʃar] (*1a*) **1.** *v/t* registrieren, erfassen; *dep* verpflichten, unter Vertrag nehmen; **2.** *v/i dep* sich verpflichten (bei **por**); **~ero** [fi'tʃero] *m* Kartei *f*; Karteikasten *m*; *inform* Datei *f*
ficus *bot* ['fikus] *m* Gummibaum *m*
fidedigno [fiđe'điɡno] glaubwürdig
fidelidad [fiđeli'đađ] *f* Treue *f*; **alta ~** Hi-Fi *f*
fideos [fi'đeos] *m/pl* (Faden-)Nudeln *f/pl*
fiduciario [fiđu'θĭarĭo] *adj* Treuhand…
fiebre ['fĭeƀre] *f* Fieber *n*; **~ amarilla** Gelbfieber *n*; **~ del heno** Heuschnupfen *m*
fiel ['fĭɛl] **1.** *adj* treu; getreu; zuverlässig; **2.** *m rel* Gläubige *m*
fieltro ['fĭɛltro] *m* Filz *m*
fie|ra ['fĭera] *f* Raubtier *n*; **~reza** [-'reθa] *f* Wildheit *f*; **~ro** ['fĭero] wild, grausam
fiesta ['fĭesta] *f* Fest *n*; Feiertag *m*; F Fete *f*; **~ nacional** Nationalfeiertag *m*; *Esp auch* Stierkampf *m*; **hacer ~** nicht arbeiten; **¡felices ~s!** (*an Weihnachten*) schöne Feiertage!
figura [fi'ɡura] *f* Figur *f*; Gestalt *f*; **~do** [-'rađo] (sinn)bildlich; **sentido** *m* **~** übertragene Bedeutung *f*; **~nte** *m*, **~nta** *f* [-'rante, -'ranta] Statist(in) *m*(*f*); **~r** [-'rar] (*1a*) **1.** *v/t* darstellen; **2.** *v/i* aufgeführt sein, stehen (auf, in *dat* **en**); **~rse** sich denken; **¡figúrate!** stell dir (nur) vor!
fija|ción [fixa'θĭɔn] *f* Befestigung *f*; *com* Festsetzung *f*; (*esquí*) Bindung *f*; **~dor** [-'đɔr] *m* Haarfestiger *m*; *fot* Fixiermittel *n*; **~r** [-'xar] (*1a*) befestigen; (*precio, etc*) festsetzen; *fot* fixieren; **~rse** bemerken; achten (auf *ac* **en**)
fijo ['fixo] fest; **idea** *f* **fija** fixe Idee *f*
fila ['fila] *f* Reihe *f*; *mil* Glied *n*; **~ india** Gänsemarsch *m*; *mil* **llamar a ~s** einberufen, einziehen
filateli|a [fila'telĭa] *f* Philatelie *f*; **~sta** [-'lista] *m* Briefmarkensammler *m*
filete [fi'lete] *m gastr* Scheibe *f* Fleisch; (Fisch-)Filet *n*
filia|ción [filĭa'θĭɔn] *f* Abstammung *f*; *pol* Mitgliedschaft *f*; **~l** [fi'lĭal] **1.** *adj* Kindes…; **2.** *f* Tochtergesellschaft *f*
Filipinas [fili'pinas] *f/pl* Philippinen *pl*
filipino [fili'pino] **1.** *adj* philippinisch; **2.** *m* Filipino *m*
film|(e) [film(e)] *m* Film *m*; **~ación** [-ma'θĭɔn] *f* Verfilmung *f*; Filmen *n*; **~adora** [-'đora] *f* Filmkamera *f*; **~ar** [-'mar] (*1a*) (ver)filmen; **~oteca** [-'teka] *f* Filmarchiv *n*
filo ['filo] *m* Schneide *f*; **de dos ~s, de doble ~** zweischneidig
filología [filolɔ'xia] *f* Philologie *f*
filólogo [fi'lɔloɡo] *m* Philologe *m*
filón [fi'lɔn] *m* Erzader *f*; Flöz *n*; *fig* Goldgrube *f*
filosofía [filoso'fia] *f* Philosophie *f*
filósofo [fi'losofo] *m* Philosoph *m*
filoxera [filɔɡ'sera] *f* Reblaus *f*
filtrar [fil'trar] (*1a*) filtern; **~se** durchsickern (*a fig*)
filtro ['filtro] *m* Filter *m*
fin [fin] *m* Ende *n*; (*finalidad*) Ziel *n*; Zweck *m*; **~ de semana** Wochenende *n*; **¡buen ~ de semana!** schönes Wochenende!; **al** (*od* **en, por**) **~** endlich; **a ~ de** *inf* um zu *inf*; **a ~** (*od* **con el ~**) **de que** damit; **a ~es de mayo** Ende Mai; **al ~ y al cabo** letzten Endes
finado *m* [fi'nađo] Verstorbene(r) *m*
final [fi'nal] **1.** *adj* Schluss…, End…; **2.** *m* Ende *n*; *mús* Finale *n*; **3.** *f dep* Endspiel *n*, Finale *n*; **~ista** [-'lista] *m* Endspielteilnehmer *m*; **~izar** [-'θar] (*1f*) beenden; **~mente** [-'mente] endlich, schließlich
finan|ciación [finanθĭa'θĭɔn] *f* Finanzierung *f*; **~ciar** [-'θĭar] (*1b*) finanzieren; **~ciero** [-'θĭero] **1.** *adj* Finanz…; finanziell; **2.** *m* Finanzmann *m*; **~zas** [fi'nanθas] *f/pl* Finanzen *f/pl*
finca ['fiŋka] *f* Grundstück *n*; Landgut *n*; **~ urbana** Wohnhaus *n*
fineza [fi'neθa] *f* Feinheit *f*
fingi|do [fiŋ'xiđo] verstellt, fingiert; **~r** [-'xir] (*3c*) vortäuschen, vorgeben
finland|és [finlan'des] **1.** *adj* finnisch; **2.** **~és** *m*, **~esa** [-'desa] *f* Finne *m*, Finnin *f*
Finlandia [fin'landĭa] *f* Finnland *n*
fino ['fino] fein; dünn; *fig* höflich
finura [fi'nura] *f* Feinheit *f*
firma ['firma] *f* Unterschrift *f*

firmamento [firma'mento] *m* Firmament *n*
firma|nte [fir'mante] *m* Unterzeichner *m*; **~r** [-'mar] (*1a*) unterzeichnen, -schreiben
firme ['firme] **1.** *adj* fest; sicher; **2.** *m* Straßendecke *f*; **~za** [-'meθa] *f* Festigkeit *f*; *fig* Standhaftigkeit *f*
fiscal [fis'kal] **1.** *adj* Steuer…; **2.** *su* Staatsanwalt *m*, -anwältin *f*; **~ía** [-'lia] *f* Staatsanwaltschaft *f*
fisco ['fisko] *m* Fiskus *m*
físi|ca ['fisika] *f* Physik *f*; **~co** [-ko] **1.** *adj* physikalisch; physisch, körperlich; **2.** *m* Physiker *m*; (*aspecto*) Aussehen *n*
fisiología [fisĭolɔ'xia] *f* Physiologie *f*
fisión [fi'sĭɔn] *f*: **~ *nuclear*** Kernspaltung *f*
fisioterapeuta [fisĭotera'peŭta] *su* Physiotherapeut(in) *m(f)*; Heilgymnast(in) *m(f)*
fisonomía [fisono'mia] *f* Physiognomie *f*; Gesichtsausdruck *m*
fístula *med* ['fistula] *f* Fistel *f*
fisura [fi'sura] *f* Spalt *m*; Fissur *f*
fitness ['fitnes] *m* Fitness *f*; ***centro*** *m* ***de*** **~** Fitnesscenter *n*
fito… [fito] *in Zssgn* Pflanzen…, Phyto…
fláccido ['flagθiđo] schlaff
flaco ['flako] **1.** *adj* mager, dürr; *a fig* schwach; **2.** *m* schwache Seite *f*; Schwäche *f*
flagelo [fla'xelo] *m* Geißel *f* (*a fig*)
flagrante [fla'grante]: ***en*** **~** auf frischer Tat
flamante [fla'mante] (funkel)nagelneu
flamenco [fla'meŋko] **1.** *adj* flämisch; **2.** *m* Flame *m*; *zo* Flamingo *m*; *Esp* Flamenco *m*
flan [flan] *m* Pudding *m*
flanco [flaŋko] *m* Seite *f*, Flanke *f*
Flandes ['flandes] *m* Flandern *n*
flaque|ar [flake'ar] nachgeben; nachlassen; **~za** [-'keθa] *f* Magerkeit *f*; *fig* Schwäche *f*
flash [flaʃ] *m fot* Blitzlicht *n*; **~ back** [-'bek] *m* Rückblende *f*
flato ['flato] *m* Blähung *f*
flau|ta ['flaŭta] *f* Flöte *f*; **~ *dulce*** Blockflöte *f*; **~tín** [-'tin] *m* Pikkoloflöte *f*; **~tista** [-'tista] *su* Flötist(in) *m(f)*, Flötenspieler(in) *m(f)*
flebitis [fle'ƀitis] *f* Venenentzündung *f*
flecha ['fletʃa] *f* Pfeil *m*; **~zo** [-'tʃaθo] *m* Pfeilschuss *m*; F Liebe *f* auf den ersten Blick
fleco ['fleko] *m* Franse *f*
flem|a ['flema] *f* Phlegma *n*; **~ático** [-'matiko] phlegmatisch
flemón *med* [fle'mɔn] *m* Zahngeschwür *n*
flequillo [fle'kiʎo] *m* (*pelo*) Pony *m*
fletar [fle'tar] (*1a*) chartern
flexi|ble [flɛgsiƀle] biegsam, flexibel; **~ón** [-'sĭɔn] *f* Biegung *f*; *dep* Beuge *f*; *gram* Flexion *f*
flirt [flirt] *m* Flirt *m*; **~ear** [flirte'ar] (*1a*) flirten; **~eo** [-'teo] *m* Flirten *n*
flojo ['flɔxo] locker; *fig* schlapp; (*débil*) schwach
flor [flɔr] *f* Blume *f*; Blüte *f*; ***la*** **~** ***y nata*** (***de la sociedad***) die Creme (der Gesellschaft); **~a** ['flora] *f* Pflanzenwelt *f*; Flora *f*; **~ación** [-'θĭɔn] *f* Blüte(zeit) *f*; **~ecer** [-re'θɛr] (*2d*) blühen (*a fig*); **~eciente** [-re'θĭente] blühend (*a fig*); **~ero** [-'rero] *m* Blumenvase *f*
Florencia [flo'renθĭa] *f* Florenz *n*
florete [flo'rete] *m* Florett *n*
florín [flo'rin] *m* Gulden *m*
floris|ta [flo'rista] *su* Blumenhändler(in) *m(f)*; **~tería** [-te'ria] *f* Blumengeschäft *n*
flota ['flota] *f* Flotte *f*; **~dor** [-'đɔr] *m* Schwimmgürtel *m*; *tec* Schwimmer *m*; **~r** [-'tar] (*1a*) schwimmen, treiben; (*en el aire*) schweben
flote *mar* ['flote]: ***a*** **~** flott; ***mantenerse a*** **~** *fig* sich über Wasser halten; ***poner*** (*od* ***sacar***) ***a*** **~** flottmachen (*a fig*)
fluctua|ción [fluktua'θĭɔn] *f* Schwankung *f*; **~r** [-'ar] (*1e*) schwanken (*a fig*)
flui|dez [flui'đɛθ] *f* Flüssigkeit *f* (*a fig*); **~do** [-'iđo] flüssig, fließend (*a fig*); **~r** [-'ir] (*3g*) fließen.
flujo ['fluxo] *m* Fluss *m*; Fließen *n*; *med* Ausfluss *m*
flúor ['fluɔr] *m* Fluor *n*
fluvial [flu'ƀĭal] Fluss…
FM ***Frecuencia Modulada*** UKW (Ultrakurzwelle)
FMI *m* ***Fondo Monetario Internacional*** IWF *m* (Internationaler Währungsfonds)
FN *f/pl* ***Fuerzas Navales*** Seestreitkräfte *pl*
fobia ['foƀĭa] *f* Phobie *f*
foca ['foka] *f* Robbe *f*, Seehund *m*
foco ['foko] *m* Brennpunkt *m*; *el*

Scheinwerfer *m*; *med u fig* Herd *m*
fogón [fo'gɔn] *m* (Küchen-)Herd *m*
fogoso [fo'goso] ungestüm; feurig
foie-gras [foa'gras] *m* Leberpastete *f*
folkl|ore [fɔlk'lore] *m* Folklore *f*; **~órico** [-'loriko] folkloristisch
follaje [fo'ʎaxe] *m* Laubwerk *n*
folle|tín [foʎe'tin] *m* Feuilleton *n*; *TV* Seifenoper *f*; **~to** [fo'ʎeto] *m* Broschüre *f*; Prospekt *m*
follón [fo'ʎɔn] *m* Krach *m*; Durcheinander *n*
fomen|tar [fomen'tar] (*1a*) fördern; **~to** [fo'mento] *m* Förderung *f*
fonda ['fɔnda] *f* Gasthaus *n*, -hof *m*
fondo [fɔndo] *m* Grund *m*, Boden *m*; *fot*, *pint* Hintergrund *m*; *com* Fonds *m*; **~ monetario** Währungsfonds *m*; **~s** *pl* Geldmittel *n/pl*; **a ~** gründlich; **en el ~** im Grunde (genommen); *fig* **tocar ~** den Tiefpunkt erreichen; **sin ~s** (*cheque*) ungedeckt; **los bajos ~s** Unterwelt *f*
fonéti|ca [fo'netika] *f* Phonetik *f*; **~co** [-'netiko] phonetisch
fontane|ría [fɔntane'ria] *f* Klempnerei *f*; **~ro** [-'nero] *m* Klempner *m*; Installateur *m*
footing ['futiŋ] *m* Jogging *n*
forastero [foras'tero] **1.** *adj* fremd; auswärtig; **2.** *m* Fremde(r) *m*
forceje|ar [fɔrθexe'ar] (*1a*) (miteinander) ringen; **~o** [-'xeo] *m* Gerangel *n*
fórceps ['fɔrθɛbs] *m* Geburtszange *f*
forense [fo'rense] **1.** *adj* gerichtlich, Gerichts…; **2.** *m* Gerichtsarzt *m*
forestal [fores'tal] Forst…, Wald…
forja ['fɔrxa] *f* Schmiede *f*; **~r** [-'xar] (*1a*) schmieden (*a fig*)
forma ['fɔrma] *f* Form *f*; Gestalt *f*; (*modo*) Art *f*, Weise *f*; **de ~ que** sodass; **de todas ~s** jedenfalls; **estar en ~** in Form sein; **~ción** [-'θĭɔn] *f* Bildung *f*, Gestaltung *f*; (*educación*) Ausbildung *f*; **~l** [-'mal] formal; (*persona*) förmlich, formell; (*serio*) zuverlässig; **~lidad** [-li'đađ] *f* Formalität *f*; Förmlichkeit *f*; Zuverlässigkeit *f*; **~lizar** [-'θar] (*1f*) ordnungsgemäß ausfertigen; offiziell gestalten; **~r** [-'mar] (*1a*) formen, bilden, gestalten; (*educar*) ausbilden; **~rse** sich bilden, entstehen; **~tear** *inform* (*1a*) formatieren; **~teo** *inform* *m* Formatierung *f*; **~to** [-'mato] *m* Format *n*
formidable [fɔrmi'đaƀle] F riesig, toll
formón [fɔr'mɔn] *m* Stemmeisen *n*
fórmula ['fɔrmula] *f* Formel *f*
formular [fɔrmu'lar] (*1a*) formulieren; **~io** [-'larĭo] *m* Formular *n*; **~ de inscripción** Anmeldeformular *n*
fornicar [fɔrni'kar] (*1g*) huren
fornido [fɔr'niđo] stark, stämmig
foro ['foro] *m* Forum *n*
FORPPA *m* ***Fondo de Ordenación y Regulación de Producciones y Precios Agrarios*** *staatl. Regulationsfonds für Agrarprodukte*
forra|do [fɔ'rrađo] gefüttert (mit **de**); *fig* **~** (**de dinero**) F betucht; **~je** [-'rraxe] *m* (Vieh-)Futter *n*; **~r** [-'rrar] (*1a*) (*vestido*) füttern; (*libro*) einschlagen
forro ['fɔrrɔ] *m* Futter *n*; (*de libro*) Umschlag *m*; (*funda*) Überzug *m*
fortale|cer [fɔrtale'θɛr] (*2d*) stärken; **~cimiento** [-θi'mĭento] *m* Stärkung *f*; **~za** [-leθa] *f* Kraft *f*; Stärke *f*; *mil* Festung *f*
fortifica|ción [fɔrtifika'θĭɔn] *f* Befestigung *f*; **~r** [-'kar] (*1g*) stärken; *mil* befestigen
fortuito [fɔr'tŭito] zufällig
fortuna [fɔr'tuna] *f* Schicksal *n*; (*suerte*) Glück *n*; (*dinero*) Vermögen *n*; **por ~** glücklicherweise
forúnculo *med* [fo'ruŋkulo] *m* Furunkel *m*
forza|do [fɔr'θađo] *adj* gezwungen; erzwungen; **trabajos** *m/pl* **~s** Zwangsarbeit *f*; **~r** [-'θar] (*1f u 1m*) zwingen (zu **a**); (*puerta*) aufbrechen; (*violar*) vergewaltigen; *fig* forcieren, erzwingen
forzoso [fɔr'θoso] notwendig; Not…, Zwangs…
forzudo [fɔr'θuđo] sehr stark
fosa ['fosa] *f* Grab *n*; **~ común** Massengrab *n*; **~ nasal** Nasenhöhle *f*
fosfato [fɔs'fato] *m* Phosphat *n*; **sin ~s** phosphatfrei
fósforo ['fɔsforo] *m* Phosphor *m*; (*cerilla*) Streichholz *n*
fósil ['fosil] *m* Fossil *n*
foso ['foso] *m* Graben *m*; Grube *f*; *teat* Versenkung *f*; *mús* Orchestergraben *m*
foto ['foto] *f* Foto *n*; **~copia** [-'kopĭa] *f* Fotokopie *f*; **~copiadora** [-'đora] *f* Fotokopiergerät *n*; **~copiar** [-'pĭar] (*1a*) fotokopieren; **~génico** [-'xeniko] fotogen; **~grafía** [-gra'fia] *f* Fotografie *f*; **~grafiar** [-fi'ar] (*1c*) fotografie-

ren; **~gráfico** [-'grafiko] fotografisch
fotó|grafo [fo'tografo] *m* Fotograf *m*; **~metro** [-metro] *m* Belichtungsmesser *m*
FP *f* ***Formación Profesional*** Berufsausbildung *f*
frac [frak] *m* Frack *m*
fraca|sado [fraka'sađo] *m* (*persona*) Versager *m*; **~sar** [-'sar] (*1a*) scheitern; misslingen; **~so** [-'kaso] *m* Scheitern *n*; Misserfolg *m*, Fehlschlag *m*
fracci|ón [frag'θĭɔn] *f mat* Bruch *m*; Bruchteil *m*; **~onar** [-θĭo'nar] (*1a*) zerteilen; (zer)stückeln
fractura [frak'tura] *f med* Bruch *m*; **~r** [-'rar] (*1a*) (zer)brechen
fragan|cia [fra'ganθĭa] *f* Duft *m*; **~te** [-'gante] duftend
fragata *mar* [fra'gata] *f* Fregatte *f*
frágil ['fraxil] zerbrechlich; (*débil*) schwach
fragilidad [fraxili'đađ] *f* Zerbrechlichkeit *f*; *fig* Schwäche *f*
fragmen|tario [fragmen'tarĭo] fragmentarisch, bruchstückhaft; **~to** [-'mento] *m* Fragment *n*, Bruchstück *n*; Scherbe *f*
fragua ['fragŭa] *f* Schmiede *f*; **~r** [-'gŭar] (*1i*) schmieden (*a fig*)
fraile ['fraĭle] *m* Mönch *m*
frambuesa [fram'bŭesa] *f* Himbeere *f*
francamente [franka'mente] offen (gesagt)
franc|és [fran'θes] **1.** *adj* französisch; **2.** **~és** *m*, **~esa** [-'θesa] *f* Franzose *m*, Französin *f*
Francfort-del-Meno [fraŋk'fɔrt del 'meno] *m* Frankfurt am Main *n*
Francia ['franθĭa] *f* Frankreich *n*
franco ['fraŋko] **1.** *adj* frei; *fig* offen(-herzig); *hist* fränkisch; **~ *de porte*** portofrei; **~ *de servicio*** dienstfrei; **2.** *m* (*moneda*) Franc *m*; Franken *m*
Franconia [fran'konĭa] *f* Franken *n*
franela [fra'nela] *f* Flanell *m*
franja ['fraŋxa] *f* Streifen *m*
franque|adora [fraŋkea'đora] *f* Frankiermaschine *f*; **~ar** [-'ar] (*1a*) *corr* frankieren; (*paso*) frei geben; (*pasar*) überschreiten, durchqueren; ***sin*** **~** unfrankiert; **~o** [-'keo] *m* Frankieren *n*; Porto *n*; **~za** [-'keθa] *f* Offenheit *f*
franquicia [fraŋ'kiθĭa] *f* Zollfreiheit *f*; **~ *postal*** Portofreiheit *f*
frasco ['frasko] *m* Fläschchen *n*, Flakon *m*, *n*
frase ['frase] *f* Satz *m*; **~ *hecha*** Redewendung *f*; **~o** *mús* [-'seo] *m* Phrasierung *f*; **~ología** [-lɔ'xia] *f* Phraseologie *f*
fraternal [fratɛr'nal] brüderlich
fraude ['fraŭđe] *m* Betrug *m*; **~ *fiscal*** Steuerhinterziehung *f*
fraudulento [fraŭđu'lento] betrügerisch
frecuen|cia [fre'kŭenθĭa] *f* Häufigkeit *f*; *el* Frequenz *f*; ***con*** **~** häufig; **~tar** [-'tar] (*1a*) (häufig) besuchen; **~te** [-'kŭente] häufig
frega|dero [frega'đero] *m* Spülbecken *n*; **~r** [-'gar] (*1h u 1k*) scheuern; (*platos*) abwaschen, spülen; *Am* belästigen
frei|dora [frɛĭ'đora] *f* Frittiertopf *m*; **~duría** [-đu'ria] *f* (Fisch-)Braterei *f*
freír [fre'ir] (*3m*; *part* ***frito***) braten; (in Fett) ausbacken, frittieren
fréjol ['frɛxɔl] *m* Bohne *f*
frena|r [fre'nar] (*1a*) bremsen; **~zo** [-'naθo] *m* plötzliche(s) Bremsen *n*
fren|esí [frene'si] *m* Raserei *f*; **~ético** [-'netiko] rasend, frenetisch
freno ['freno] *m* Bremse *f*; (*de caballo*) Zaum *m*; **~ *de alarma*** Notbremse *f*; **~ *de disco*** Scheibenbremse *f*; **~ *de mano*** Handbremse *f*
frente ['frente] **1. a)** *f* Stirn *f* **a)** *m* Vorderseite *f*; *mil* Front *f*; **~ *frío*** Kalt(luft)-front *f*; ***estar al*** **~** an der Spitze stehen; ***hacer*** **~ *a*** die Stirn bieten; (*a un deber, etc*) nachkommen; ***ponerse al*** **~** die Leitung übernehmen; **2.** *adv*, *prp* ***de*** **~** von vorn; ***en*** **~** gegenüber; **~ *a*** gegenüber (*dat*)
fresa ['fresa] *f bot* Erdbeere *f*; *tec* Fräse *f*; **~dora** [-'đora] *f* Fräsmaschine *f*; **~r** [-'sar] (*1a*) fräsen
fresco ['fresko] **1.** *adj* frisch; kühl; **2.** *m* Frische *f*, Kühle *f*; *pint* Fresko *n*; *Am* Erfrischungsgetränk *n*
fres|cor [fres'kɔr] *m* Kühle *f*; **~cura** [-'kura] *f* Kühle *f*; *fig* Frechheit *f*
fresno *bot* ['frezno] *m* Esche *f*
fresón [fre'sɔn] *m* Gartenerdbeere *f*
freza ['freθa] *f* Laich *m*; Laichzeit *f*; **~r** [fre'θar] (*1f*) laichen
frialdad [frial'đađ] *f* Kälte *f*; *fig* Gleichgültigkeit *f*
Friburgo [fri'burgo] *m* Freiburg *n*
fricción [frig'θĭɔn] *f* Ab-, Einreibung *f*; *tec u fig* Reibung *f*

frigidez [frixi'đeθ] *f* Kälte *f* (*a fig*); *med* Frigidität *f*
frigorífico [frigo'rifiko] **1.** *adj* Kühl…; **2.** *m* Kühlschrank *m*; *Am* Kühlhaus *n*
fríjol ['frixɔl] *m* Bohne *f*
frío ['frio] **1.** *adj* kalt (*a fig*); **2.** *m* Kälte *f*; ***coger ~*** sich erkälten; ***tengo ~*** ich friere
friole|ra [frio'lera] *f* Kleinigkeit *f*; **~ro** [-'lero] verfroren
Frisia ['frisĭa] *f* Friesland *n*
friso *arqu* ['friso] *m* Fries *m*
frisón [fri'sɔn] **1.** *adj* friesisch; **2.** *m* Friese *m*
frita|da [fri'tađa] *f* Gebackene(s) *n*; **~r** *Am* [-'tar] (*1a*) *s **freír***
fri|to ['frito] *s **freír***; **~tura** [-'tura] *f* Frittüre *f*
frivolidad [friƀoli'đađ] *f* Leichtfertigkeit *f*, Frivolität *f*
frívolo ['friƀolo] leichtfertig, frivol
frondoso [frɔn'doso] dicht belaubt
frontal [frɔn'tal] Stirn…; frontal
fronte|ra [frɔn'tera] *f* Grenze *f*; **~rizo** [-'riθo] angrenzend, Grenz…
frontón [frɔn'tɔn] *m arqu* Giebel *m*; *dep* Pelotaspielplatz *m*
frotar [fro'tar] (*1a*) reiben; frottieren
frotis *med* ['frotis] *m* Abstrich *m*
fruc|tífero [fruk'tifero] fruchtbringend; *fig* fruchtbar; **~tuoso** [-'tŭoso] *fig* nützlich; einträglich
frugal [fru'gal] einfach, frugal; (*persona*) genügsam
fruición [frui'θĭɔn] *f* Genuss *m*
fruncir [frun'θir] (*3b*) runzeln; (*tela*) kräuseln; ***~ el ceño*** die Stirn runzeln
frustra|ción [frustra'θĭɔn] *f* Frustration *f*; **~r** [-'trar] (*1a*) vereiteln; zum Scheitern bringen; (*persona*) frustrieren; **~rse** scheitern
fru|ta ['fruta] *f* Obst *n*; Frucht *f*; **~tal** [-'tal] *m* Obstbaum *m*; **~tería** [-te'ria] *f* Obstladen *m*; **~ticultura** [-'tura] *f* Obstbau *m*; **~tilla** *Am* [-'tiʎa] *f* Erdbeere *f*
fruto ['fruto] *m* Frucht *f* (*a fig*); *fig* Gewinn *m*, Nutzen *m*
fucsia *bot* ['fugsĭa] *f* Fuchsie *f*
fue ['fŭe] *s **ir**, **ser***
fuego ['fŭego] *m* Feuer *n* (*a fig*); ***~ fatuo*** Irrlicht *n*; ***pegar*** (*od **prender***) ***~ a*** in Brand stecken; ***~s** pl **artificiales*** Feuerwerk *n*
fuelle ['fŭeʎe] *m* (Blase-)Balg *m*
fuel(oil) [fjul(ɔil)] *m* Heizöl *n*
fuente ['fŭente] *f* Quelle *f* (*a fig*); Springbrunnen *m*; (*plato*) Schüssel *f*
fuera ['fŭera] **1.** *adv* außen; draußen; auswärts; ***¡~!*** raus!; **2.** *prp*: ***~ de*** außerhalb; *fig* außer, ausgenommen; ***~ de sí*** außer sich; **~borda** [-'ƀɔrđa] *m* Außenbordmotor *m*; (*barco*) Außenborder *m*
fuerte ['fŭɛrte] **1.** *adj* stark; kräftig; (*duro*) hart; **2.** *adv* laut; kräftig; **3.** *m fig* starke Seite *f*, Stärke *f*
fuerza ['fŭɛrθa] *f* Kraft *f*; Stärke *f*; Gewalt *f*; Macht *f*; ***~ mayor*** höhere Gewalt *f*; ***~s armadas*** Streitkräfte *f/pl*
fuete *Am* ['fŭete] *m* Peitsche *f*
fuga ['fuga] *f* Flucht *f*; *mús* Fuge *f*; *tec* undichte Stelle *f*; ***~ de capitales*** Kapitalflucht *f*; ***darse a la ~*** die Flucht ergreifen; **~rse** [-'garse] (*1h*) fliehen
fugaz [fu'gaθ] *fig* flüchtig; vergänglich
fugitivo [fuxi'tiƀo] **1.** *adj* flüchtig (*a fig*); **2.** *m* Flüchtling *m*
fui ['fŭi] *s **ir**, **ser***
ful|gor [ful'gɔr] *m* Schimmer *m*; Glanz *m*; **~gurante** [-gu'rante] blitzend; glänzend; *med* (*dolor*) stechend
fulminante [fulmi'nante] **1.** *adj* blitzartig; Zünd…; **2.** *m* Zündstoff *m*
fuma|dor *m* [fuma'đɔr] Raucher *m*; ***no ~*** Nichtraucher *m*; **~r** [-'mar] (*1a*) rauchen; ***~ (en) pipa*** Pfeife rauchen
fumigar [fumi'gar] (*1h*) (aus)räuchern
funámbulo [fu'nambulo] *m* Seiltänzer *m*
funci|ón [fun'θĭɔn] *f* Funktion *f*; Amt *n*; *teat* Vorstellung *f*; ***en funciones*** amtierend; **~onal** [-θĭo'nal] funktionell; **~onamiento** [-na'mĭento] *m* Funktionieren *n*; Gang *m* (*e-r Maschine*); Betrieb *m*; **~onar** [-'nar] (*1a*) funktionieren, gehen; in Betrieb sein; ***no funciona*** außer Betrieb; **~onario** [-'narĭo] *m* Beamte(r) *m*
funda ['funda] *f* Hülle *f*; Bezug *m*; *med* (Zahn-)Krone *f*
funda|ción [funda'θĭɔn] *f* Gründung *f*; Stiftung *f*; **~dor** *m* [-'đɔr] Gründer *m*; **~mental** [-men'tal] grundlegend; wesentlich; Grund…; **~mentar** [-'tar] (*1a*) gründen (auf ***en***); **~mento** [-'mento] *m* Grundlage *f*; *arqu mst* ***~s*** *pl* Fundament *n*; ***sin ~*** unbegründet; **~r** [-'dar] (*1a*) gründen; *fig* stützen (auf *ac* ***en***)
fundi|ción [fundi'θĭɔn] *f* Gießen *n*; Gießerei *f*; **~r** [-'dir] (*3a*) schmelzen, gie-

ßen; *fig* verschmelzen; **~rse** schmelzen; *el* durchbrennen; *fig* sich zusammenschließen; *Am* sich ruinieren
fúnebre ['funeƀre] Leichen…; Grab…; Trauer…; traurig; düster
funera|l [fune'ral] *m* Trauerfeier *f*; Trauergottesdienst *m*; **~ria** [-'rarĭa] *f* Beerdigungsinstitut *n*
funesto [fu'nesto] unheilvoll; verhängnisvoll
funicular [funiku'lar] *m* Drahtseilbahn *f*
furg|ón [fur'gɔn] *m ferro* Gepäckwagen *m*; **~oneta** [-go'neta] *f* Lieferwagen *m*
furi|a ['furĭa] *f* Wut *f*, Raserei *f*; Furie *f*; **~oso** [-'rĭoso] wütend; rasend
furor [fu'rɔr] *m* Raserei *f*; Wut *f*; ***hacer ~*** Furore machen
furtivo [fur'tiƀo] heimlich, verstohlen
fusa *mús* ['fusa] *f* Zweiunddreißigstelnote *f*
fuselaje *avia* [fuse'laxe] *m* Rumpf *m*
fusible *el* [fu'siƀle] *m* Sicherung *f*
fusil [fu'sil] *m* Gewehr *n*; **~amiento** [-la'mĭento] *m* Erschießung *f*; **~ar** [-'lar] (*1a*) erschießen
fusi|ón [fu'sĭɔn] *f* Schmelzen *n*; *fig* Verschmelzung *f*, Zusammenschluss *m*; *com* Fusion *f*; **~onar** [-sĭo'nar] (*1a*) *com* fusionieren, sich zusammenschließen
fuso *m* Raute *f*
fustigar [fusti'gar] (*1h*) peitschen
fútbol ['futƀɔl] *m* Fußball *m*; ***~ sala*** Hallenfußball *m*
futbo|lín [futƀo'lin] *m* Tischfußball *m*; **~lista** [-'lista] *m* Fußballspieler *m*
fútil ['futil] nichtig; belanglos
futuro [fu'turo] **1.** *adj* zukünftig; **2.** *m* Zukunft *f*; *gram* Futur *n*; ***en el ~*** in Zukunft, künftig

G

G, **g** [xe] *f* G, g *n*
gabardina [gaƀar'đina] *f* Regenmantel *m*
gabarra *mar* [ga'ƀarra] *f* Last-, Frachtkahn *m*
gabinete [gaƀi'nete] *m* Kabinett *n* (*a pol*)
Gabón [gaƀon] *m* Gabun *n*
gacela [ga'θela] *f* Gazelle *f*
gaceta [ga'θeta] *f* Zeitung *f*
gaditano [gađi'tano] aus Cádiz
gafas ['gafas] *f/pl* Brille *f*; ***~ de concha*** Hornbrille *f*; ***~ de sol*** Sonnenbrille *f*
gafe F ['gafe] *m* Unglücksbringer *m*
gait|a *mús* ['gaĭta] *f* Dudelsack *m*; **~ero** [-'tero] *m* Dudelsackpfeifer *m*
gala ['gala] *f* Festkleidung *f*; (***función** f **de***) ~ Galavorstellung *f*; ***de ~*** in Gala; Gala…; ***hacer ~ de*** renommieren mit
galante [ga'lante] galant; **~ría** [-'ria] *f* Höflichkeit *f*; Galanterie *f*
galar|dón [galar'đɔn] *m* Auszeichnung *f*, Preis *m*; **~donar** [-đo'nar] (*1a*) auszeichnen
galaxia [ga'lagsĭa] *f* Milchstraße *f*
galera [ga'lera] *f mar* Galeere *f*; *zo* Heuschreckenkrebs *m*; **~da** *tip* [-'rađa] *f* Korrekturfahne *f*
galería [gale'ria] *f* Galerie *f*; *min* Stollen *m*
Gales ['gales] *m* Wales *n*
galgo ['galgo] *m* Windhund *m*
Galicia [ga'liθĭa] *f* Galicien *n* (*Spanien*); Galizien *n* (*Osteuropa*)
galicismo [gali'θizmo] *m* Gallizismus *m*
gallardo [ga'ʎarđo] stattlich; (*valiente*) kühn, F schneidig
galleg|o [ga'ʎego] **1.** *adj* galicisch; **2. ~o** *m*, **~a** *f* Galicier(in) *m*(*f*)
galleta [ga'ʎeta] *f* Keks *m*
galli|na [ga'ʎina] **1.** *f* Huhn *n*, Henne *f*; ***~ ciega*** (*juego*) Blindekuh *f*; **2.** *m* F Memme *f*; **~nero** [-'nero] *m* Hühnerstall *m*; *teat* Olymp *m*
gallo ['gaʎo] *m* Hahn *m*; (*pez*) Flügelbutt *m*; *mús* F Kickser *m*
galo ['galo] **1.** *adj hist* gallisch; *fig* französisch; **2.** *m* Gallier *m*
galón [ga'lɔn] *m* Tresse *f*; Litze *f*
galo|par [galo'par] (*1a*) galoppieren; **~pe** [-'lope] *m* Galopp *m*
galvanizar [galƀani'θar] (*1f*) galvanisieren
gama ['gama] *f mús* Tonleiter *f*; *fig* Palette *f*, Skala *f*; ***~ baja*** Billigware *f*

gamba ['gamba] *f* Garnele *f*
gamberr|ada [gambɛ'rrada] *f* Halbstarkenstreich *m*; **~o** [-'bɛrrɔ] *m* Halbstarke(r) *m*, Rowdy *m*
gamo ['gamo] *m* Damhirsch *m*
gamuza [ga'muθa] *f* Gämse *f*; (*trapo*) Fensterleder *n*
gana ['gana] *f* Verlangen *n*, Lust *f*; (*apetito*) Appetit *m*; ***de buena ~*** gern; ***de mala ~*** ungern; ***no me da la ~*** ich habe keine Lust; ***quedarse con las ~s*** leer ausgehen; ***tener ~s de*** Lust haben zu
gana|dería [ganađe'ria] *f* Viehzucht *f*; **~dero** [-'đero] *m* Viehzüchter *m*; **~do** [-'nađo] *m* Vieh *n*; ***~ mayor*** Großvieh *n*; ***~ menor*** Kleinvieh *n*
gana|dor [gana'đɔr] **1.** *adj* siegreich; **2.** *m* Gewinner *m*; **~ncia** [-'nanθĭa] *f* Gewinn *m*; Ertrag *m*; Verdienst *m*; **~r** [-'nar] (*1a*) gewinnen; (*sueldo*) verdienen
ganchillo [gan'tʃiʎo] *m* Häkelnadel *f*; (*labor*) Häkelarbeit *f*; ***hacer ~*** häkeln
gancho ['gantʃo] *m* Haken *m*
gandul [gan'dul] **1.** *adj* faul; **2.** *m* Faulenzer *m*; **~ear** [-le'ar] (*1a*) bummeln, faulenzen
ganga ['gaŋga] *f fig* Gelegenheitskauf *m*; gutes Geschäft *n*, F Schnäppchen *n*; ***no es ninguna ~*** das ist kein Zuckerlecken
ganglio ['gaŋglĭo] *m* Nervenknoten *m*; Lymphknoten *m*
gangrena *med* [gaŋ'grena] *f* Brand *m*
gángster ['gaŋster] *m* Gangster *m*
ganso *m* ['ganso] Gans *f*
Gante ['gante] *m* Gent *n*
ganzúa [gan'θua] *f* Dietrich *m*, Nachschlüssel *m*
garaba|tear [garaƀate'ar] (*1a*) kritzeln; **~tos** [-'ƀatos] *m/pl* Gekritzel *n*
garaje [ga'raxe] *m* Garage *f*; ***~ subterráneo*** Tiefgarage *f*
garan|te [ga'rante] *m* Bürge *m*; **~tía** [-'tia] *f* Garantie *f*; ***~ de calidad*** Qualitätsgarantie *f*; ***sin ~*** ohne Gewähr; **~tizar** [-ti'θar] (*1f*) garantieren
garbanzo [gar'ƀanθo] *m* Kichererbse *f*
garbo ['garƀo] *m* Anmut *f*; Grazie *f*
gardenia *bot* [gar'đenĭa] *f* Gardenie *f*
garfio ['garfĭo] *m* Haken *m*; Steigeisen *n*
gargan|ta [gar'ganta] *f* Kehle *f*; (*externa*) Hals *m*; *geo* Schlucht *f*; **~tilla** [-'tiʎa] *f* Halskette *f*, -band *n*
gárgara ['gargara] *f* Gurgeln *n*; ***hacer ~s*** gurgeln
gárgola ['gargola] *f* Wasserspeier *m*
gari|ta [ga'rita] *f mil* Schilderhaus *n*; *ferro* Bahnwärterhaus *n*; **~to** [-to] *m* Spielhölle *f*
garlopa [gar'lopa] *f* Schlichthobel *m*
Garona [ga'rona] *m* Garonne *f*
garra ['garra] *f* Klaue *f*; Kralle *f*
garrafa [ga'rrafa] *f* Karaffe *f*; Korbflasche *f*
garrapata [garra'pata] *f* Zecke *f*
garrote [ga'rrɔte] *m* Knüppel *m*, Stock *m*
garza ['garθa] *f* Reiher *m*
gas [gas] *m* Gas *n*; ***con*** (***sin***) ***~*** mit (ohne) Kohlensäure; ***~ de escape*** Abgas *n*; ***~ hilarante*** Lachgas *n*; ***~ lacrimógeno*** Tränengas *n*; ***~ natural*** Erdgas *n*; ***~ propelente*** Treibgas *n*
gasa ['gasa] *f* Gaze *f*; *med* Verbandsmull *m*
gaseo|sa [gase'osa] *f* Brause(limonade) *f*; **~so** [-'oso] gashaltig, gasförmig
gasoducto [gaso'đukto] *m* Erd-, Ferngasleitung *f*
gasoil [ga'sɔĭl] *m*, **gasóleo** [ga'soleo] *m* Dieselöl *n*
gasoli|na [gaso'lina] *f* (Auto-)Benzin *n*; ***~ normal*** Normal(benzin) *n*; ***~ sin plomo*** bleifreies Benzin *n*; ***echar ~*** tanken; **~nera** [-'nera] *f* Tankstelle *f*, *F* Tanke *f*; *mar* Motorboot *n*
gasómetro [ga'sometro] *m* Gasbehälter *m*, Gasometer *m*
gasta|do [gas'tađo] abgenutzt; (*persona*) verbraucht; *fig* abgedroschen; **~dor** [-'đɔr] **1.** *adj* verschwenderisch; **2.** *mil m* Pionier *m*; **~r** [-'tar] (*1a*) ausgeben (für ***en***); (*desgastar*) verbrauchen, abnutzen; (*usar*) benutzen; (*gafas*, *etc*) tragen; ***~ bromas*** Späße machen; **~rse** sich abnutzen
gasto ['gasto] *m* Ausgabe *f*; (*consumo*) Verbrauch *m*; ***~s*** *pl* Auslagen *f/pl*; (Un-)Kosten *pl*; ***~s de almacenaje*** Lagerhaltungskosten *pl*
gástrico ['gastriko] Magen…
gastritis [gas'tritis] *f* Magenschleimhautentzündung *f*, Gastritis *f*
gas|tronomía [gastrono'mia] *f* Gastronomie *f*; **~tronómico** [-'nomiko] gastronomisch; **~trónomo** [-'tronomo] *m* Gastronom *m*; Feinschmecker *m*
gata ['gata] *f* Katze *f*; ***a ~s*** auf allen vie-

ren

gatear [gate'ar] (*1a*) klettern; (*niño*) krabbeln

gatillo [ga'tiʎo] *m* (*de un arma*) Abzug *m*; ***apretar el ~*** abdrücken

gato ['gato] *m* Katze *f*; Kater *m*; *auto* Wagenheber *m*; ***~ montés*** Wildkatze *f*; ***dar ~ por liebre*** F übers Ohr hauen; F *fig* ***cuatro ~s*** nur ein paar Mann

gavilán *zo* [gaƀi'lan] *m* Sperber *m*

gavilla *agr* [ga'ƀiʎa] *f* Garbe *f*

gaviota [ga'ƀĭota] *f* Möwe *f*

gay [gai] **1.** *adj* homosexuell, schwul; **2.** *m* Homo(sexueller) *m*

gazapo [ga'θapo] *m* junges Kaninchen *n*; *fig* Schnitzer *m*

gazmoñería [gaðmoɲe'ria] *f* Scheinheiligkeit *f*; Heuchelei *f*

gaznate [gað'nate] *m* Kehle *f*

gazpacho [gaθ'patʃo] *m kalte Suppe aus Tomaten, Paprika, Brot, Öl, Essig etc*

gel [xel] *m* Gel *n*

gelatin|a [xela'tina] *f* Gelatine *f*; **~oso** [-'noso] gallertartig

gélido ['xeliđo] eisig, eiskalt

gema ['xema] *f* Edelstein *m*

gemelo [xe'melo] **1.** *adj* Zwillings…; **2.** ***~s*** *m/pl* (eineiige) Zwillinge *m/pl*; (*anteojos*) Fernglas *n*; Opernglas *n*; (*botones*) Manschettenknöpfe *m/pl*

gemido [xe'miđo] *m* Wimmern *n*; Ächzen *n*; Stöhnen *n*

Géminis *astr* ['xeminis] *m* Zwillinge *pl*

gemir [xe'miur] (*3l*) ächzen; wimmern; stöhnen

gen *biol* [xen] *m* Gen *n*

genciana *bot* [xen'θĭana] *f* Enzian *m*

genealogía [xenealɔ'xia] *f* Genealogie *f*; Abstammung *f*

genera|ción [xenera'θĭɔn] *f* Generation *f*; *biol* (Er-)Zeugung *f*; **~dor** [-'đɔr] *m el* Generator *m*

general [xene'ral] **1.** *adj* allgemein; General…; ***en*** (*od* ***por lo***) ***~*** im Allgemeinen; **2.** *m* General *m*; **~idad** [-li'đađ] *f* Allgemeinheit *f*; **~izar** [-'θar] (*1f*) verallgemeinern; **~mente** [-ral'mente] im Allgemeinen, meistens

generar [xene'rar] (*1a*) erzeugen

genérico [xe'neriko] **1.** *adj* allgemein; Gattungs…; **2.** *m*: ***~s*** *pl* (*cine*) Vorspann *m*

género ['xenero] *m* Gattung *f* (*a lit, biol*); Geschlecht *n*; *gram* Genus *n*; *com* Ware *f*; ***~s de punto*** Trikotagen *f/pl*

genero|sidad [xenerosi'đađ] *f* Großzügigkeit *f*; Freigebigkeit *f*; **~so** [-'roso] großzügig

génesis ['xenesis] *f* Entstehung *f*

genéti|ca [xe'netika] *f* Genetik *f*; **~co** [-'netiko] genetisch; Gen…

genial [xe'nĭal] genial; **~idad** [-li'đađ] *f* Genialität *f*

genio ['xenĭo] *m* Geistes-, Gemütsart *f*; Wesen *n*; Geist *m*; Genie *n*; ***de buen ~*** gutmütig; ***de mal ~*** jähzornig; ***tener mal ~*** e-n schlechten Charakter haben

genital [xeni'tal] Geschlechts…, genital; ***~es*** *m/pl* Genitalien *pl*

genitivo *gram* [xeni'tiƀo] *m* Genitiv *m*

genocidio [xeno'θiđĭo] *m* Völkermord *m*

Génova ['xenoƀa] *f* Genua *n*

gente ['xente] *f* Leute *pl*; ***la ~ guapa*** Schickeria *f*

gentil [xen'til] hübsch; (*amable*) nett, liebenswürdig; **~eza** [-'leθa] *f* Liebenswürdigkeit *f*; **~hombre** [-'ɔmbre] *m* Edelmann *m*

gen|tío [xen'tio] *m* Menschenmenge *f*; **~tuza** [-'tuθa] *f* Gesindel *n*, Pack *n*

genuflexión [xenuflɛg'sĭɔn] *f* Kniefall *m*, -beuge *f*

genuino [xe'nŭino] echt, unverfälscht

GEO *m* ***Grupo Especial de Operaciones*** *Sondereinsatztruppe der span. Polizei*

geogr|afía [xeogra'fia] *f* Erdkunde *f*, Geographie *f*; **~áfico** [-'grafiko] geographisch

ge|ología [xeolɔ'xia] *f* Geologie *f*; **~ólogo** [-'ɔlogo] *m* Geologe *m*

geometría [xeome'tria] *f* Geometrie *f*

Georgia [xe'ɔrxĭa] *f* Georgien *n*

geranio *bot* [xe'ranĭo] *m* Geranie *f*

geren|cia [xe'renθĭa] *f* Geschäftsführung *f*; Management *n*; **~te** [xe'rente] *m* Geschäftsführer *m*

geri|atría [xerĭa'tria] *f* Geriatrie *f*, Altersheilkunde *f*; **~átrico** [-'rĭatriko] *m*: (***centro*** *m*) ***~*** Altenpflegeheim *n*

germ|ánico [xɛr'maniko] germanisch; *fig* deutsch; **~anista** [-'ista] *su* Germanist(in) *m*(*f*); **~ano** [-'mano] **1.** *adj* germanisch; **2.** *m* Germane *m*; **~anofederal** [-feđe'ral] bundesdeutsch

ger|men ['xɛrmen] *m* Keim *m* (*a fig*); **~minar** [-'nar] (*1a*) keimen

gerundio *gram* [xe'rundĭo] *m* Gerundium *n*
gesta ['xesta] *f* Heldentat *f*; ***cantar*** *m* ***de ~*** Heldenepos *n*
gestación [xesta'θĭɔn] *f* Schwangerschaft *f*; *zo* Trächtigkeit *f*
gesticula|ción [xestikula'θĭɔn] *f* Gestikulieren *n*; **~r** [-'lar] (*1a*) gestikulieren
gesti|ón [xes'tĭɔn] *f* Geschäftsführung *f*; Management *n*; (*de una cosa*) Betreibung *f*; ***~ de residuos*** Abfallmanagement *n*; ***hacer gestiones*** Schritte unternehmen; **~onar** [-tĭo'nar] (*1a*) betreiben
gesto ['xesto] *m* Miene *f*; (*ademán*) Geste *f*, Gebärde *f*
gestor [xes'tɔr] *m* Inhaber *m* e-r 'gestoría'; **~ía** [-to'ria] *f Esp* Agentur *f* zur Erledigung amtlicher Formalitäten
giba ['xiƀa] *f* Höcker *m*, Buckel *m*
gigante [xi'gante] **1.** *adj* riesig; **2.** *m* Riese *m*; **~sco** [-'tesko] riesenhaft, gigantisch
gilipollas P [xili'poʎas] *m* F Blödmann *m*, F Flasche *f*
gimna|sia [xim'nasia] *f* Turnen *n*, Gymnastik *f*; ***hacer ~*** turnen; **~sio** [-'nasĭo] *m* Turnhalle *f*; Fitness-Center *n*; **~sta** [-'nasta] *su* Turner(in) *m*(*f*)
gimo ['ximo] *s* ***gemir***
ginebra [xi'neƀra] *f* Gin *m*
Ginebra [xi'neƀra] *f* Genf *n*
gine|cología [xinekolɔ'xia] *f* Gynäkologie *f*; **~cólogo**, **~cóloga** [-'kɔlogo, -a] *m/f* Frauenarzt *m*, -ärztin *f*
gira ['xira] *f* Rundreise *f*; *teat*, *mús* Tournee *f*
girar [xi'rar] (*1a*) **1.** *v/i* sich drehen, *a fig* kreisen; (*torcer*) (ab)biegen; **2.** *v/t* drehen; (*dinero*) überweisen
girasol [xira'sɔl] *m* Sonnenblume *f*
giratorio [xira'torĭo] Kreis…; Dreh…
giro ['xiro] *m* Drehung *f*, (*a fig*) Wendung *f*; (*frase*) Redewendung *f*; *com* Überweisung *f*; ***~ postal*** Postanweisung *f*
gitano [xi'tano] **1.** *adj* zigeunerhaft (*neg!*); **2.** *m* Zigeuner *m* (*neg!*)
glacial [gla'θĭal] eiskalt, eisig (*a fig*); ***época*** *f* ***~*** Eiszeit *f*
glaciar [gla'θĭar] *m* Gletscher *m*
gladíolo [gla'điolo] *m* Gladiole *f*
glándula ['glandula] *f* Drüse *f*
glandular [glandu'lar] Drüsen…
glaucoma *med* [glaŭ'koma] *m* grüner Star *m*, Glaukom *n*
glicerina [gliθe'rina] *f* Glyzerin *n*
global [glo'ƀal] Pauschal…, global; **~ización** [glo'ƀaliθaθĭɔn] *f* Globalisierung *f*; **~mente** [-'mente] im Ganzen genommen
globo ['gloƀo] *m* Kugel *f*; Globus *m*; (*juguete*) Luftballon *m*; *avia* ***~ aerostático*** Ballon *m*; ***~ del ojo*** Augapfel *m*; ***~-sonda*** Versuchsballon *m* (*a fig*)
glóbulo [gloƀulo] *m*: ***~ sanguíneo*** Blutkörperchen *n*
glori|a ['glorĭa] *f* Ruhm *m*; *fig* Wonne *f*; ***estar en la ~*** überglücklich sein; **~ficar** [-rifi'kar] (*1g*) verherrlichen; rühmen; **~oso** [-'rĭoso] glorreich, ruhmreich
glosa ['glosa] *f* Glosse *f*; ***~*** (***marginal***) Randbemerkung *f*; **~r** [-'sar] (*1a*) glossieren, kommentieren; **~rio** [-'sarĭo] *m* Glossar *n*
glo|tón [glo'tɔn] **1.** *adj* gefräßig; **2.** *m* Vielfraß *m*; **~tonería** [-tone'ria] *f* Gefräßigkeit *f*
gluc|emia [glu'θemĭa] *med* Blutzucker(gehalt) *m*; **~ómetro** [glu'kometro] *m* Blutzuckermessgerät *n*
glucosa [glu'kosa] *f* Traubenzucker *m*
glúteo *anat* ['gluteo] Gesäß…
gnomo ['gnomo] *m* Gnom *m*
goberna|ción [goƀerna'θĭɔn] *f* Regieren *n*; Statthalterschaft *f*; **~dor** [-'đɔr] *m* Statthalter *m*; Gouverneur *m*; **~nte** [-'nante]: ***los ~s*** die Regierenden *m/pl*; **~r** [-'nar] (*1k*) regieren; leiten; *mar* steuern
gobierno [go'ƀĭerno] *m* Regierung *f*; ***~ de la casa*** Haushaltung *f*
goce ['goθe] *m* Genuss *m*; Vergnügen *n*
godo ['godo] **1.** *adj* gotisch; **2.** *m* Gote *m*
gol [gol] *m dep* Tor *n*; **~eador** [-lea'đɔr] *m* Torschütze *m*
golf [gɔlf] *m* Golf *n*; **~ista** [-'fista] *su* Golfspieler(in) *m*(*f*), Golfer(in) *m*(*f*)
golfo ['gɔlfo] *m geo* Golf *m*; (*pilluelo*) Straßenjunge *m*; Strolch *m*
golondrina [golɔn'drina] *f* Schwalbe *f*
golo|sina [golo'sina] *f* Süßigkeit *f*; Leckerbissen *m*; **~so** [-'loso] naschhaft
golpe ['gɔlpe] *m* Schlag *m*; Stoß *m*; Hieb *m*; ***~ bajo*** (*boxeo*, *fig*) Tiefschlag *m*; ***~ de Estado*** Staatsstreich *m*, Putsch *m*; ***~ franco*** *dep* Freistoß *m*; ***~ de gracia*** Gnadenstoß *m*; ***no dar ~*** faulenzen; **~ar** [-'ar] (*1a*) schlagen; klopfen
golpista [gɔl'pista] *m* Putschist *m*

goma ['goma] *f* Gummi *n*, *m*; ~ (***de borrar***) Radiergummi *m*; ~ ***espuma*** Schaumgummi *m*
góndola ['gɔndola] *f* Gondel *f*
gong [gɔŋ] *m* Gong *m*
gonorrea *med* [gonɔ'rrɛa] *f* Tripper *m*
gor|do ['gɔrđo] **1.** *adj* dick; fett; **2.** *m* große(s) Los *n*, Haupttreffer *m*; **~dura** [-'đura] *f* Korpulenz *f*
gorila [go'rila] *m* Gorilla *m*; *fig* Leibwächter *m*
gorr|a ['gɔrra] *f* Mütze *f*; Kappe *f*; *fig* ***de*** ~ auf Kosten anderer; **~ear** F [gɔrre'ar] (*1a*) schmarotzen
gorrino [gɔ'rrino] *m* Schwein *n* (*a fig*)
gorrión [gɔ'rrĭɔn] *m* Sperling *m*, Spatz *m*
gorro ['gɔrrɔ] *m* Mütze *f*
gorrón [gɔ'rrɔn] *m* F Schnorrer *m*
gota ['gota] *f* Tropfen *m*; *med* Gicht *f*; ~ ***fría*** *met* Kaltlufttropfen *m*; *med* ~ ***a*** ~ *m* F Tropf *m*
gote|ar [gote'ar] (*1a*) tröpfeln (*a fig*); tropfen; **~ra** [-'tera] *f* undichte Stelle (im Dach)
gótico ['gotiko] gotisch; (***estilo*** *m*) ~ Gotik *f*
Gotinga [go'tiŋga] *f* Göttingen *n*
goza|da [go'θađa] *f* Hochgenuss *m*; **~r** [-'θar] (*1f*): ~ ***de*** genießen; sich erfreuen (*gen*)
gozo ['goθo] *m* Freude *f*; Vergnügen *n*; **~so** [-'θoso] fröhlich, freudig
gr. ***gramo*** g (Gramm)
graba|ble [gra'ƀaƀle] *CD*, *DVD* beschreibbar; **~ción** [-'θĭɔn] *f* Aufnahme *f*; Aufzeichnung *f*; **~do** [-'ƀađo] *m* Illustration *f*, Abbildung *f*; (*arte*) Stich *m*; Graphik *f*; **~dor** [-'đɔr] *m* Graveur *m*; **~dora** [-'đora] *f* Tonbandgerät *n*; Aufnahmegerät *n*; ~ ***de CD*** (***DVD***) CD-(DVD-)Brenner *m*; ~ ***de voz*** *tel* Voicerecorder *m*; **~r** [-'ƀar] (*1a*) (ein)gravieren; *mús* aufnehmen; *fig* einprägen
gracia ['graθĭa] *f* Grazie *f*; Anmut *f*; Witz *m*; *rel* Gnade *f*; ***hacer*** ~ ***a alg*** j-m gefallen; (*divertir*) j-n amüsieren
gracias ['graθĭas] *f/pl* Dank *m*, Danksagung *f*; ***¡~!*** danke!; ~ ***a*** *prp* dank (*gen*); ***dar las*** ~ ***a alg*** sich bei j-m bedanken
gracioso [gra'θĭoso] **1.** *adj* graziös, anmutig; (*divertido*) witzig; **2.** *m* Witzbold *m*; *teat* komische Person
grada ['građa] *f* Stufe *f*; *teat* Stufensitz *m*; *agr* Egge *f*; **~s** *pl* Freitreppe *f*
gradería [građe'ria] *f* (ansteigende) Sitzreihen *f/pl*
grado ['građo] *m* Grad *m*; Rang *m*; ***de buen*** ~ gern, gutwillig; ***de mal*** ~ ungern, widerwillig, ***en alto*** ~ in hohem Maße
gradua|ción [građŭa'θĭɔn] *f* Gradeinteilung *f*; *tec* Einstellung *f*; *mil* Dienstgrad *m*; (*de un vino*, *etc*) Alkoholgehalt *m*; **~l** [-'đŭal] abgestuft, allmählich; **~r** [-'đŭar] (*1e*) graduieren; abstufen; **~rse** e-n akademischen Titel erwerben
gráfi|ca ['grafika] *f* Grafik *f*; Diagramm *n*; **~co** [-ko] **1.** *adj* grafisch; **2.** *m s* ***gráfica***
grafista [gra'fista] *m* Grafiker *m*
grafito [gra'fito] *m* Graphit *m*
gra|fología [grafolɔ'xia] *f* Graphologie *f*; **~fólogo** [-'fologo] *m* Graphologe *m*
gragea [gra'xea] *f* Dragee *n*
grajo ['graxo] *m* Saatkrähe *f*
gral. ***general*** allg. (allgemein)
grama *bot* ['grama] *f* Quecke *f*
gramática [gra'matika] *f* Grammatik *f*; ~ ***parda*** Bauernschläue *f*
gramo ['gramo] *m* Gramm *n*
gran [gran] *s* ***grande***
grana|da [gra'nađa] *f bot* Granatapfel *m*; *mil* Granate *f*; **~dino** [-'đino] aus Granada
granate [gra'nate] **1.** *m min* Granat *m*; **2.** *adj* granatfarben
Gran Bretaña [gran bre'taɲa] *f* Großbritannien *n*
grande ['grande] (*vor su sg* ***gran***) groß; ***pasarlo en*** ~ sich großartig amüsieren; ***vivir a lo*** ~ auf großem Fuß leben; **~za** [-'deθa] *f* Größe *f*
grandi|locuente [grandilo'kŭente] geschwollen, hochtrabend; **~oso** [-'dĭoso] großartig; herrlich
granel [gra'nɛl]: ***a*** ~ *com* unverpackt, lose
granero [gra'nero] *m* Kornkammer *f* (*a fig*); Getreidespeicher *m*
granito [gra'nito] *m* Granit *m*
grani|zado [grani'θađo] *m* Eisgetränk *n*; **~zar** [-'θar] (*1f*) hageln; **~zo** [-'niθo] *m* Hagel *m*
granja ['graŋxa] *f* Bauernhof *m*; Farm *f*; (*local*) Milchbar *f*; ~ ***marina*** Fischzuchtanstalt *f*
granjero [gran'xero] *m* Farmer *m*, Landwirt *m*

grano ['grano] *m* Korn *n*; (*de café*) Bohne *f*; *med* Pickel *m*; ***ir al ~*** zur Sache kommen
granuja [gra'nuxa] *m* Gauner *m*
granula|do [granu'lađo], **~r** [-'lar] körnig
grapa ['grapa] *f* (Heft-)Klammer *f*; **~dora** [-'đora] *f* Heftmaschine *f*
GRAPO *m* ***Grupo de Resistencia Antifascista Primero de Octubre*** *span. Terrororganisation*
gra|sa ['grasa] *f* Fett *n*; **~siento** [-'sĭento] fettig; schmierig; **~so** ['graso] fett
gratifica|ción [gratifika'θĭɔn] *f* Gratifikation *f*; ***~ navideña*** Weihnachtsgeld *n*; **~nte** [-'kante] erfreulich, angenehm; **~r** [-'kar] (*1g*) belohnen; *fig* erfreuen
gratinar [grati'nar] (*1a*) überbacken, gratinieren
gratis ['gratis] unentgeltlich, gratis
gratitud [grati'tuđ] *f* Dankbarkeit *f*
grato ['grato] angenehm
gratui|dad [gratŭi'đađ] *f* Kostenlosigkeit *f*; ***~ de la enseñanza*** Schulgeldfreiheit *f*; **~to** [-'tŭito] unentgeltlich, kostenlos, *fig* grundlos
grava ['građa] *f* Kies *m*; Schotter *m*; **~r** [-'đar] (*1a*) belasten; besteuern
grave ['građe] schwer; (*serio*) ernst; *mús* tief; ***estar ~*** schwer krank sein; **~dad** [-'đađ] *f* Schwere *f*; Ernst *m*; ***herido de ~*** schwer verletzt
gravidez [građi'đeθ] *f* Schwangerschaft *f*
gravilla [gra'điʎa] *f* Kies *m*; Rollsplitt *m*
gravitación [građita'θĭɔn] *f* Schwerkraft *f*
graznar [građ'nar] (*1a*) krächzen
Grecia [grɛθĭa] *f* Griechenland *n*
gremio ['gremĭo] *m* Innung *f*; *hist* Zunft *f*
greña ['greɲa] *f*: ***andar a la ~*** sich in den Haaren liegen; raufen
gres [gres] *m* Steingut *n*
grieg|o ['grĭego] **1.** *adj* griechisch; **2. ~o** *m*, **~a** *f* Grieche *m*, Griechin *f*
grieta ['grĭeta] *f* Spalte *f*; Riss *m*
grifo ['grifo] *m* Wasserhahn *m*
grillo *zo* ['griʎo] *m* Grille *f*
gring|a *Am* ['griŋga] *f* US-Amerikanerin *f*; **~o** *Am* ['griŋgo] *m* US-Amerikaner *m*, Yankee *m*
gripe *med* ['gripe] *f* Grippe *f*; ***~ aviar*** *med* Vogelgrippe *f*
gris [gris] grau (*a fig*)
Grisones [gri'sones] *m/pl* Graubünden *n*
grisú [gri'su] *m* Grubengas *n*
gri|tar [gri'tar] (*1a*) schreien; rufen; **~tería** [-te'ria] *m* Geschrei *n*; **~to** ['grito] *m* Schrei *m*; Ruf *m*; ***dar ~s*** schreien
Groenlandia [groen'landĭa] *f* Grönland *n*
grosella [gro'seʎa] *f* Johannisbeere *f*; ***~ espinosa*** Stachelbeere *f*
gro|sería [grose'ria] *f* Grobheit *f*; **~sero** [-'sero] **1.** *adj* grob; flegelhaft; **2.** *m* Grobian *m*; Flegel *m*; **~sor** [-'sɔr] *m* Dicke *f*, Stärke *f*
grotesco [gro'tesko] grotesk
grúa ['grua] *f* Kran *m*; *auto* Abschleppwagen *m*
grueso ['grŭeso] **1.** *adj* dick; groß; ***mar f gruesa*** schwere See *f*; **2.** *m* Dicke *f*, Stärke *f*; *mil* Gros *n*
grulla ['gruʎa] *f* Kranich *m*
grumete [gru'mete] *m* Schiffsjunge *m*
grumo ['grumo] *m* Klumpen *m*; **~so** [-'moso] klumpig
gru|ñido [gru'ɲiđo] *m* Grunzen *n*; *fig* Murren *n*; **~ñir** [-'ɲir] (*3h*) grunzen; *fig* murren
grupa ['grupa] *f* Kruppe *f*
grupo ['grupo] *m* Gruppe *f*; ***~ de destino*** Zielgruppe *f*; ***~ electrógeno*** Stromaggregat *n*; ***~ parlamentario*** Fraktion *f*; ***~ de presión*** Interessengruppe *f*; Lobby *f*; ***~ sanguíneo*** Blutgruppe *f*
gruta ['gruta] *f* Grotte *f*; Höhle *f*
guadaña [gŭa'đaɲa] *f* Sense *f*
guante ['gŭante] *m* Handschuh *m*; ***~ de datos*** *inform* Datenhandschuh *m*; **~ra** [-'tera] *f auto* Handschuhfach *n*
guapo ['gŭapo] hübsch; schick
guarda ['gŭarđa] **1.** *su* Wächter(in) *m*(*f*), Aufseher(in) *m*(*f*); ***~ forestal*** Förster *m*; ***~ jurado*** amtlich bestellter Wächter *m*; **2.** *f* Wache *f*; Aufsicht *f*; *jur* ***derecho*** *m* ***de ~*** Sorgerecht *n*; **~barrera** *ferro* [-đa'rrɛra] *m* Schrankenwärter *m*; **~barros** [-'đarrɔs] *m auto* Kotflügel *m*; **~bosque** [-'đɔske] *m* Forstaufseher *m*; **~costas** [-'kɔstas] *m* Küstenwachschiff *n*; **~espaldas** [-es'paldas] *m* Leibwächter *m*; **~fango** *Am* [-'faŋgo] *m* Kotflügel *m*; **~gujas** *ferro* [-'guxas] *m* Weichensteller *m*; **~meta** [-'meta] *m* Torwart *m*; **~muebles** [-'mŭeđles] *m* Möbellager *n*; **~polvo** [-'pɔlđo] *m* (Arbeits-)Kittel *m*

guardar [gŭar'đar] (*1a*) aufbewahren, verwahren; behalten; (*vigilar*) bewachen; **~ cama** das Bett hüten; **~ silencio** schweigen; **~se** sich hüten (vor **de**)
guarda|rropa [gŭarđa'rrɔpa] *m* Garderobe *f*; (*armario*) Kleiderschrank *m*; **encargada** *f* **del ~** Garderobenfrau *f*; **~vía** *ferro* [-'ƀia] *m* Streckenwärter *m*
guardería [gŭarđeria] *f*: **~ infantil** Kinderkrippe *f*
guardia ['gŭarđĭa] **a)** *f* Wache *f*; **~ civil** *Esp etwa*: Landpolizei *f*; **~ urbana** Stadtpolizei *f*; **de ~** Dienst tuend, vom Dienst; **estar de ~** Wache stehen; *med* (Bereitschafts-, Nacht-)Dienst haben **a)** *m* Polizist *m*, Schutzmann *m*; **~ civil** Landpolizist *m*; **~ marina** Seekadett *m*
guardián [gŭar'đĭan] *m* Wächter *m*
guarecer [gŭare'θɛr] (*2d*) schützen (vor *dat* **de**); **~se** Schutz suchen (vor **de**)
guarida [gŭa'riđa] *f* Höhle *f*; Bau *m*; *fig* Schlupfwinkel *m*
guarismo [gŭa'rizmo] *m* Ziffer *f*
guar|necer [gŭarne'θɛr] (*2d*) garnieren (*a gastr*), besetzen (mit **de**); **~nición** [-ni'θĭɔn] *f* Besatz *m*; *mil* Garnison *f*; *gastr* Beilage *f*
guarr|a ['gŭarra] *f* Sau *f* (*a fig*); **~o** [-rrɔ] **1.** *adj* dreckig; **2.** *m* Schwein *n* (*a fig*)
guas|a ['gŭasa] *f* Scherz *m*; **de ~** im Scherz; **~ón** [-'sɔn] *m* Spaßvogel *m*
Guatemala [gŭate'mala] *f* Guatemala *n*
guatemaltec|o [gŭatemal'teko] **1.** *adj* guatemaltekisch; **2. ~o** *m*, **~a** *f* Guatemalteke *m*, -tekin *f*
guateque [gŭa'teke] *m* Party *f*
guberna|mental [guƀɛrnamen'tal], **~tivo** [-'tiƀo] Regierungs…
gubia ['guƀĭa] *f* Hohlmeißel *m*
guedeja [ge'đɛxa] *f* Haarsträhne *f*; Mähne *f*
guepardo *zo* [ge'parđo] *m* Gepard *m*
guerr|a ['gɛrra] *f* Krieg *m*; **~ civil** Bürgerkrieg *m*; **~ fría** kalter Krieg *m*; **~ mundial** Weltkrieg *m*; **dar ~** Ärger (*od* Mühe) machen; **~ear** [gɛrrɛ'ar] (*1a*) Krieg führen; **~ero** [-'rrɛro] **1.** *adj* kriegerisch; **2.** *m* Krieger *m*; **~illa** [-'rriʎa] *f* Guerilla *f*; **~illero** [-'ʎero] *m* Freischärler *m*
guía ['gia] **1.** *su* (Fremden-)Führer(in) *m*(*f*); Reiseleiter(in) *m*(*f*); **~ escolar** (**de tráfico**) Schülerlotse *m*, -lotsin *f*; **2.** *f* Reiseführer *m* (*libro*); *fig* Richtschnur *f*; **~ de ferrocarriles** Kursbuch *n*; **~ telefónica** Telefonbuch *n*
guiar [gi'ar] (*1c*) führen; leiten; *auto* lenken; **~se** sich richten (nach *dat* **por**)
guija ['gixa] *f*, **~rro** [-'xarrɔ] *m* Kieselstein *m*
guillotina [giʎo'tina] *f* Guillotine *f*; *tec* Papierschneidemaschine *f*
guinda ['ginda] *f* Sauerkirsche *f*
guindilla [gin'diʎa] *f* scharfe Pfefferschote *f*
Guinea Ecuatorial [gi'nea ekŭato'rĭal] *f* Äquatorialguinea *n*
guiña|po [gi'ɲapo] *m* Lumpen *m*, Fetzen *m*; **~r** [-'ɲar] (*1a*) blinzeln; **~ los ojos** mit den Augen zwinkern
guiño ['giɲo] *m* Zwinkern *n*, Blinzeln *n*; F Anmache *f*
guiñol [gi'ɲɔl] *m* Kasperletheater *n*
guión [gi'ɔn] *m* (*cine*) Drehbuch *n*; *gram* Binde-, Trennungsstrich *m*
guionista [gio'nista] *su* Drehbuchautor(in) *m*(*f*)
guirnalda [gir'nalda] *f* Girlande *f*
guisa ['gisa] *f*: **a ~ de** als; **de esta ~** auf diese Weise; **de tal ~** derart
guisado [gi'sađo] *m* Schmorgericht *n*
guisante [gi'sante] *m* Erbse *f*
gui|sar [gi'sar] (*1a*) kochen; **~so** ['giso] *m* Gericht *n*
guitarr|a [gi'tarra] *f* Gitarre *f*; **~ista** [-'rrista] *su* Gitarrist(in) *m*(*f*)
gula ['gula] *f* Völlerei *f*; Gefräßigkeit *f*
gusano [gu'sano] *m* Wurm *m*; **~ de seda** Seidenraupe *f*
gus|tar [gus'tar] (*1a*) **1.** *v/t* kosten, probieren; **2.** *v/i* gefallen; (*comida*) schmecken; **me gustaría** *inf* ich möchte (*od* würde) gern *inf*; **me gusta leer** ich lese gern; **cuando guste** wann Sie wollen!; **~tazo** [-'taθo] *m* Riesenfreude *f*; **~tillo** [-'tiʎo] *m* Nach-, Beigeschmack *m*; **~to** ['gusto] *m* Geschmack *m*; (*placer*) Vergnügen *n*; Gefallen *n* (an *dat* **por**); **de buen ~** geschmackvoll; **de mal ~** geschmacklos; **con mucho ~** sehr gern; **¡mucho ~!** sehr erfreut!; **tomar ~ a** Gefallen finden an (*dat*); **~tosamente** [-tosa'mente] gern; **~toso** [-'toso] schmackhaft; *fig* bereitwillig
gutural [gutu'ral] kehlig, Kehl…, guttural

H

h ***hora*** Std. (Stunde), h

H, h ['atʃe] *f* H, h *n*

ha [a] *s* ***haber***

haba [aƀa] *f* dicke Bohne *f*; Saubohne *f*

Habana [a'ƀana] *s.* ***La Habana***

haber [a'ƀɛr] **1.** (*2k*) *vb auxiliar* haben, sein; ***~ de*** *inf* müssen, sollen; ***no ~ de*** *inf* nicht sollen; nicht dürfen; ***hay*** es gibt; ***hay que*** *inf* man muss; ***qué ~?*** F was gibt's?; wie geht's?; ***no hay que*** *inf* man darf nicht; man braucht nicht zu; ***no hay de qué*** nichts zu danken; ***no hay más que*** *inf* man braucht nur zu; ***no hay como*** es geht nichts über (*ac*); **2.** *m* Haben *n*; Guthaben *n*; ***~es*** *pl* Vermögen *n*

habichuela [aƀi'tʃŭela] *f* Bohne *f*

hábil ['aƀil] geschickt, fähig

habili|dad [aƀili'đađ] *f* Geschicklichkeit *f*, Fähigkeit *f*; **~tación** [-ta'θĭɔn] *f* Befähigung *f*; Ermächtigung *f*; (*de un edificio*) Einrichtung *f*; **~tar** [-'tar] (*1a*) befähigen; ermächtigen; (*preparar*) ein-, herrichten

habita|ble [aƀi'taƀle] bewohnbar; **~ción** [-'θĭɔn] *f* Zimmer *n*; ***~ doble*** (***individual***) Doppel- (Einzel-)zimmer *n*; **~nte** [-'tante] *m* Bewohner *m*; Einwohner *m*; **~r** [-'tar] (*1a*) **1.** *v/t* bewohnen; **2.** *v/i* wohnen

hábito ['aƀito] *m* Gewohnheit *f*; *rel* Ordenskleid *n*

habitu|ación [aƀitŭa'θĭɔn] *f* Gewöhnung *f*; **~al** [-'tŭal] gewöhnlich; ***cliente m ~*** Stammgast *m*; **~ar(se)** [-'tŭar(se)] (*1e*) (sich) gewöhnen (an *ac* ***a***)

habla ['aƀla] *f* Sprache *f*; Sprechweise *f*; ***ponerse al ~ con alg*** sich mit j-m in Verbindung setzen; **~durías** [-đu'rias] *f/pl* Gerede *n*, Klatsch *m*

hablar [a'ƀlar] (*1a*) sprechen, reden; ***¡ni ~!*** kommt nicht in Frage!; **~se**: ***no ~*** nicht miteinander sprechen *od* verkehren

habón *med* [a'ƀɔn] *m* Quaddel *f*

hacen|dado [aθen'dađo] *m* Gutsbesitzer *m*; **~dero** [-'dero] *m Am* Farmer *m*; **~doso** [-'doso] arbeitsam

hacer [a'θɛr] (*2s*) machen, tun; veranlassen; (*maleta*) packen; (*pastel*) backen; (*pregunta*) stellen; (*papel*) spielen; ***~ bien*** (***mal***) richtig (falsch) handeln; ***~ de*** arbeiten *od* fungieren als; ***~ clic*** *inform* anklicken; ***~ mobbing*** mobben; ***~ como que*** so tun, als ob; ***~ que*** *subj* veranlassen, bewirken, dass; ***no ~ más que*** *inf* nichts anderes tun als; ***hace calor*** (***frío***) es ist warm (kalt); ***hace tres días*** vor drei Tagen; ***¡qué le vamos a ~!*** was will man da machen!; **~se** werden; ***~ viejo*** alt werden; ***~ de noche*** Nacht werden; ***~ el sordo*** (***tonto***) sich taub (dumm) stellen; ***~ con a/c*** sich etwas verschaffen *od* aneignen

hacha ['atʃa] *f* Axt *f*; Beil *n*; **~zo** [a'tʃaθo] *m* Axthieb *m*

hachís [a'tʃis] *m* Haschisch *n*

hacia ['aθĭa] nach, zu; ***~ aquí*** hierher; ***~ las cuatro*** gegen vier Uhr

hacienda [a'θĭenda] *f Am* Landgut *n*; Farm *f*; ***~*** (***pública***) Finanzwesen *n*, -verwaltung *f*

hacinar [aθi'nar] (*1a*) aufhäufen; *fig* zusammenpferchen

hada ['ađa] *f* Fee *f*

hado ['ađo] *m* Schicksal *n*

hago ['ago] *s* ***hacer***

Haití [ai'ti] *m* Haiti *n*

hala|gar [ala'gar] (*1h*) schmeicheln; **~go** [a'lago] *m* Schmeichelei *f*; **~güeño** [-'gŭeɲo] schmeichelhaft

halcón [al'kɔn] *m* Falke *m*

hálito ['alito] *m* Hauch *m*; Atem *m*

halitosis *med* [ali'tosis] *f* Mundgeruch *m*

hall [xɔl] *m* (Hotel-)Halle *f*

hallar [a'ʎar] (*1a*) finden; (an)treffen; **~se** sich befinden

hallazgo [a'ʎađgo] *m* Fund *m*

halterofilia [altero'filĭa] *f* Gewichtheben *n*

hamaca [a'maka] *f* Hängematte *f*; (*asiento*) Liegestuhl *m*; *Am* Schaukel *f*

ham|bre ['ambre] *f* Hunger *m* (*a fig*); ***pasar ~*** hungern; **~briento** [-'brĭento] hungrig; *fig* begierig (nach ***de***)

Hamburgo [am'burgo] *m* Hamburg *n*

hambur|gués [ambur'ges] *m* Hambur-

ger *m*; **~guesa** [-'gesa] *f* Hamburgerin *f*; *gastr* Frikadelle *f*, Hamburger *m*
hampa ['ampa] *f* Unterwelt *f*
hámster *zo* ['amster] *m* Hamster *m*
hangar [aŋ'gar] *m* (Flugzeug-)Halle *f*
hara|gán [ara'gan] *m* Faulenzer *m*; **~ganear** [-gane'ar] (*1a*) faulenzen; **~piento** [-'pĭento] zerlumpt; **~po** [a'rapo] *m* Lumpen *m*, Fetzen *m*
hardware *inform* ['ha(r)dwea] *m* Hardware *f*
harén [a'ren] *m* Harem *m*
hari|na [a'rina] *f* Mehl *n*; **~noso** [-'noso] mehlig
har|tar [ar'tar] (*1a*) sättigen; **~tarse** sich satt essen; *fig*: **~ *de a/c*** et satthaben; **~to** ['arto] **1.** *adj* (über)satt; *fig* überdrüssig; ***estar ~ de a/c*** et satthaben; **2.** *adv* allzu; sattsam
hasta ['asta] **1.** *prp* bis; ***~ ahora*** bisher, bis jetzt; ***¡~ luego!*** bis nachher!, bis gleich!; ***~ que*** bis; **2.** *adv* sogar, selbst
hastiar [asti'ar] (*1c*) langweilen; **~se**: ***~ de*** überdrüssig werden (*gen*)
hastío [as'tio] *m* Überdruss *m*
hato ['ato] *m* (Kleider-)Bündel *n*; (*rebaño*) Herde *f*
hay [aĭ] *s* ***haber***
hay|a ['aja] *f* Buche *f*; **~uco** [a'juko] *m* Buchecker *f*
Haya ['aja] *f s.* ***La Haya***
haz [aθ] *f* Garbe *f*; Bündel *n*; *tec*, *el* Strahl *m*
hazaña [a'θaɲa] *f* Heldentat *f*
hazmerreír [aðmɛrrɛ'ir] *m* Witzfigur *f*; *fig* Gespött *n*
HB ***Herri Batasuna*** (*Einiges Volk*) *baskische Partei*
he [e] *s* ***haber***
hebilla [e'ƀiʎa] *f* Schnalle *f*
hebra ['eƀra] *f* Faden *m*; Faser *f*
hebreo [e'ƀreo] **1.** *adj* hebräisch; **2.** *m* Hebräer *m*
hecatombe [eka'tɔmbe] *f* Hekatombe *f*; *fig* Blutbad *n*
hechi|cera [etʃi'θera] *f* Hexe *f*, Zauberin *f*; **~cería** [-'ria] *f* Zauberei *f*; **~cero** [-'θero] *m* Hexenmeister *m*, Zauberer *m*; **~zar** [-'θar] (*1f*) verzaubern; *fig* bezaubern; **~zo** [e'tʃiθo] *m* Zauber *m* (*a fig*)
hecho ['etʃo] **1.** *part v* ***hacer***; ***¡bien ~!*** recht so!; ***muy ~*** (*carne*) gut durchgebraten; ***~ para*** (wie) geschaffen für; **2.** *m* Tat *f*; Tatsache *f*; ***de ~*** de facto
hechura [e'tʃura] *f* Anfertigung *f*; Machart *f*; (*dinero*) Macherlohn *m*
hectárea [ek'tarea] *f* Hektar *n od m*
hectolitro [ɛkto'litro] *m* Hektoliter *m od n*
hediondo [e'đĭɔndo] stinkig; ekelhaft
hedor [e'đɔr] *m* Gestank *m*
hegemonía [exemo'nia] *f* Vorherrschaft *f*, Hegemonie *f*
hela|da [e'lađa] *f* Frost *m*; **~dera** [-'đera] *f Am* Kühlschrank *m*; **~dería** [-đe'ria] *f* Eisdiele *f*; **~do** [e'lađo] **1.** *adj* gefroren; *fig* eiskalt; **2.** *m* (Speise-) Eis *n*; **~dora** [-'đora] *f* Eismaschine *f*; **~r** [e'lar] (*1k*) gefrieren lassen; *fig* erstarren lassen; ***hiela, está helando*** es friert; **~rse** er-, gefrieren; (*lago*, *etc*) zufrieren; (*carretera*) vereisen
helecho *bot* [e'letʃo] *m* Farn *m*
hélice ['eliθe] *f* (Schiffs-)Schraube *f*; *avia* Propeller *m*
heli|cóptero [eli'kɔptero] *m* Hubschrauber *m*; **~puerto** [-pŭɛrto] *m* Hubschrauberlandeplatz *m*
helvético [el'ƀetiko] helvetisch, schweizerisch
hematoma *med* [ema'toma] *m* Bluterguss *m*
hembra ['embra] *f zo* Weibchen *n*; F Weib *n*, Frau *f*
hemi|ciclo [emi'θiklo] *m* Halbkreis *m*; **~sferio** [emis'ferĭo] *m* Halbkugel *f*
hemof|ilia *med* [emo'filĭa] *f* Bluterkrankheit *f*; **~ílico** [-'filiko] *m* Bluter *m*
hemorr|agia *med* [ɛmɔ'rraxĭa] *f* Blutung *f*; **~oides** *med* [-'rrɔĭđes] *f/pl* Hämorr(ho)iden *f/pl*
hend|er [en'dɛr] (*2g*) spalten; **~idura** [-di'đura] *f* Spalt *m*; Schlitz *m*
heno ['eno] *m* Heu *n*
hep|ático [e'patiko] Leber…; **~atitis** [-'titis] *f* Leberentzündung *f*, Hepatitis *f*
heráldica [e'raldika] *f* Wappenkunde *f*
herbicida [ɛrƀi'θiđa] *m* Unkrautvernichtungsmittel *n*, Herbizid *n*
herboristería [ɛrƀoriste'ria] *f* Kräuterladen *m*
here|dar [ere'đar] (*1a*) erben (von ***de***); **~dero** [-'đero] *m*, **~dera** *f* [-'đera] Erbe *m*, Erbin *f*; **~ditario** [-đi'tarĭo] erblich; Erb…
here|je [e'rɛxe] *su* Ketzer(in) *m*(*f*); **~jía** [erɛ'xia] *f* Ketzerei *f*
herencia [e'renθĭa] *f* Erbschaft *f*; Erbe

n

heri|da [e'riđa] *f* Wunde *f*; Verletzung *f*; *fig* Kränkung *f*; **~do** [e'riđo] *m* Verwundete(r) *m*; Verletzte(r) *m*; **~r** [e'rir] (*3i*) verwunden; verletzen (*a fig*)

herman|a [ɛr'mana] *f* Schwester *f*; **~amiento** [-mĭento] *m*: **~ *de ciudades*** Städtepartnerschaft *f*; **~ar** [-'nar] (*1a*) verbrüdern; vereinen; **~astro** *m*, **~astra** *f* [-'nastro, -'nastra] Stiefbruder *m*, Stiefschwester *f*; **~dad** [ɛrman'dađ] *f* Bruderschaft *f*; Brüderlichkeit *f*; **~o** [ɛr'mano] *m* Bruder *m*; **~s** *pl* Geschwister *pl*; *com* Gebrüder *pl*

hermético [ɛr'metiko] hermetisch; *fig* verschlossen

hermo|so [ɛr'moso] schön; **~sura** [-'sura] *f* Schönheit *f*

hernia *med* ['ɛrnĭa] *f* Bruch *m*; **~ *discal*** Bandscheibenvorfall *m*; **~ *inguinal*** Leistenbruch *m*

héroe ['eroe] *m* Held *m*

hero|ico [ɛ'rɔĭko] heldenhaft, heroisch; **~ína** [ero'ina] *f* Heldin *f*; *quím* Heroin *n*; **~inómano** [-i'nomano] **1.** *adj* heroinsüchtig; **2.** *m* Heroinsüchtige(r) *m*; **~ísmo** [-'izmo] *m* Heldentum *n*

herpes *med* ['ɛrpes] *m* Herpes *m*

herra|dura [ɛrra'đura] *f* Hufeisen *n*; ***curva f en ~*** Haarnadelkurve *f*; **~mienta** [-'mĭenta] *f* Werkzeug *n*; **~r** [ɛ'rrar] (*1k*) beschlagen

herre|ría [ɛrrɛ'ria] *f* Schmiede *f*; **~ro** [ɛ'rrɛro] *m* Schmied *m*

herrumbre [ɛ'rrumbre] *f* Rost *m*

hervi|dero [ɛrƀi'đero] *m fig* Gewimmel *n*; **~r** [-'ƀir] (*3i*) sieden, kochen; *fig* wimmeln (von ***de***)

heterogéneo [eterɔ'xeneo] heterogen

híbrido ['iƀriđo] hybrid

hice ['iθe] *s* ***hacer***

hidratante [iđra'tante]: ***crema f ~*** Feuchtigkeitscreme *f*

hidráuli|ca [i'đra'lika] *f* Hydraulik *f*; **~co** [-ko] hydraulisch

hidr|oavión [iđroa'ƀĭɔn] *m* Wasserflugzeug *n*; **~ocarburos** [-kar'ƀuros] *m/pl* Kohlenwasserstoffe *m/pl*; **~ocultivo** [-kul'tiƀo] *m* Hydrokultur *f*; **~ofobia** [-'foƀĭa] *f* Wasserscheu *f*; **~ógeno** [i'đrɔxeno] *m* Wasserstoff *m*

hiedra ['jeđra] *f* Efeu *m*

hiel [jɛl] *f* Galle *f*; *fig* Bitterkeit *f*

hielo ['jelo] *m* Eis *n*; Frost *m*; ***romper el ~*** *fig* das Eis brechen

hiena ['jena] *f* Hyäne *f*

hierba ['jɛrƀa] *f* Gras *n*; Kraut *n*; ***mala ~*** Unkraut *n*; **~buena** *bot* [-'ƀŭena] *f* Minze *f*

hierro ['jɛrrɔ] *m* Eisen *n*; **~ *forjado*** Schmiedeeisen *n*; **~ *fundido*** Gusseisen *n*; ***quitar ~ a a/c*** e-r Sache die Spitze nehmen

hígado ['igađo] *m* Leber *f*

higiene [i'xĭene] *f* Hygiene *f*

higiénico [i'xĭeniko] hygienisch

higo ['igo] *m* Feige *f*; **~ *chumbo*** Kaktusfeige *f*

higuera [i'gera] *f* Feigenbaum *m*

hij|a ['ixa] *f* Tochter *f*; **~astro** *m*, **~astra** *f* [i'xastro, -tra] Stiefsohn *m*, Stieftochter *f*; **~o** ['ixo] *m* Sohn *m*; **~ *predilecto*** Ehrenbürger *m*; **~ *único*** Einzelkind *n*; **~s** *pl* Kinder *n/pl*

hila|ndería [ilande'ria] *f* Spinnerei *f*; **~r** [i'lar] (*1a*) spinnen

hilaridad [ilari'đađ] *f* Heiterkeit *f*

hilera [i'lera] *f* Reihe *f*

hilo ['ilo] *m* Faden *m*; Garn *n*; *tec* (feiner) Draht *m*; **~ *de coser*** Nähgarn *n*; ***pender de un ~*** an e-m (seidenen) Faden hängen

hilvanar [ilƀa'nar] (*1a*) heften

himno ['imno] *m* Hymne *f*

hincapié [iŋka'pĭe]: ***hacer ~*** Nachdruck legen (auf *ac* ***en***)

hincar [iŋ'kar] (*1g*) einschlagen; **~se**: **~ *de rodillas*** niederknien

hincha ['intʃa] **a)** *f* Abneigung *f*; F ***tener ~ a alg*** j-n nicht riechen können **a)** *m* Fan *m*; **~do** [in'tʃađo] geschwollen; *a fig* aufgeblasen; **~r** [in'tʃar] (*1a*) aufblasen, -pumpen; *fig* aufbauschen; **~rse** anschwellen (*a med*); *fig* sich aufblähen; **~zón** [intʃa'θɔn] *f med* Schwellung *f*

hinojo *bot* [i'nɔxo] *m* Fenchel *m*

hiper|mercado [ipɛrmɛr'kađo] *m* großer Supermarkt *m*; **~sensible** [-sen'siƀle] überempfindlich; **~tensión** *med* [-ten'sĭɔn] *f* Bluthochdruck *m*

hípi|ca ['ipika] *f* Reitsport *m*; **~co** ['ipiko] Pferde…; Reit…

hipismo [i'pizmo] *m* Pferdesport *m*

hipno|sis [iƀ'nosis] *f* Hypnose *f*; **~tizar** [-ti'θar] (*1f*) hypnotisieren

hipo ['ipo] *m* Schluckauf *m*

hipocresía [ipokre'sia] *f* Heuchelei *f*; Scheinheiligkeit *f*

hipócrita [i'pokrita] **1.** *adj* heuchlerisch;

2. *su* Heuchler(in) *m(f)*
hipódromo [i'pođromo] *m* (Pferde-) Rennbahn *f*
hipófisis [i'pofisis] *f* Hypophyse *f*
hipopótamo [ipo'potamo] *m* Nilpferd *n*
hipoteca [ipo'teka] *f* Hypothek *f*; **~r** [-te'kar] *(1g)* mit e-r Hypothek belasten
hipótesis [i'potesis] *f* Hypothese *f*, Annahme *f*
hirsuto [ir'suto] struppig, borstig
hirviente [ir'bĭente] kochend
his|pánico [is'paniko] (hi)spanisch; **~panista** [-'nista] *su* Hispanist(in) *m(f)*
his|teria [is'terĭa] *f* Hysterie *f*; **~térico** [is'teriko] hysterisch
historia [is'torĭa] *f* Geschichte *f*; ***pasar a la ~*** in die Geschichte eingehen; **~dor** [-'đɔr] *m* Historiker *m*; **~l** [-'rĭal] *m* Werdegang *m*; ***~ médico*** Krankengeschichte *f*
histórico [is'toriko] geschichtlich, historisch
hito ['ito] *m* Grenzstein *m*; *fig* Markstein *m*; ***mirar de ~ en ~*** scharf ansehen
hizo ['iθo] *s* ***hacer***
Hnos. ***hermanos*** Gebr. (Gebrüder)
hocico [o'θiko] *m* Schnauze *f*
hockey ['xɔke] *m* Hockey *n*; ***~ sobre hielo*** Eishockey *n*; ***~ sobre patines*** Rollschuhhockey *n*
hogar [o'gar] *m* Herd *m*; Feuerstelle *f*; *fig* Heim *n*; **~eño** [oga'rɛɲo] häuslich
hoguera [o'gera] *f* Scheiterhaufen *m*; Lagerfeuer *n*
hoja ['ɔxa] *f* Blatt *n* (*a bot*); (*de ventana*) Flügel *m*; ***~ de afeitar*** Rasierklinge *f*
hojalata [ɔxa'lata] *f* Blech *n*
hojaldre [ɔ'xaldre] *m* Blätterteig *m*
hojarasca [ɔxa'raska] *f* dürres Laub *n*
hojear [ɔxe'ar] *(1a)* durchblättern
¡hola! ['ola] hallo!
Holanda [o'landa] *f* Holland *n*
holand|és [olan'des] **1.** *adj* holländisch; **2. ~és** *m*, **~esa** [-'desa] *f* Holländer(in) *m(f)*
holga|do [ɔl'gađo] (*vestido*) weit, bequem; (*espacio*) geräumig; *fig* sorgenfrei; **~nza** [ɔl'ganθa] *f* Müßiggang *m*; **~r** [ɔl'gar] *(1h u 1m)* müßig sein; (*sobrar*) überflüssig sein; sich erübrigen; **~zán** [ɔlga'θan] *m* Faulenzer *m*; **~zanear** [-ne'ar] *(1a)* faulenzen
hollín [o'ʎin] *m* Ruß *m*

holocausto [olo'kaŭsto] *m* (Brand-) Opfer *n*; *fig* Holocaust *m*
hombre ['ɔmbre] *m* Mann *m*; Mensch *m*; ***~ de Estado*** Staatsmann *m*; ***~ de negocios*** Geschäftsmann *m*; **~ra** [ɔm'brera] *f* Schulterpolster *n*; (*tirante*) Träger *m*; Achselstück *n*
hombría [ɔm'bria] *f* Mannhaftigkeit *f*; ***~ de bien*** Rechtschaffenheit *f*
hombro ['ɔmbro] *m* Schulter *f*
homenaje [ome'naxe] *m*; Ehrung *f*; ***en ~ de*** zu Ehren von; **~ado** [-'ađo] *m* Jubilar *m*; Gefeierte(r) *m*; **~ar** [--'ar] *(1a)* ehren, feiern
homeopatía [omeopa'tia] *f* Homöopathie *f*
homici|da [omi'θiđa] *m* Totschläger *m*; **~dio** [-'θiđĭo] *m* Totschlag *m*, Tötung *f*
homogéneo [omo'xeneo] gleichartig, homogen
homólogo [o'mologo] **1.** *adj* homolog; **2.** *m* Amtskollege *m*
homónimo [o'monimo] **1.** *adj* gleichlautend; **2.** *m* Namensvetter *m*; *gram* Homonym *n*
homosexual [omosɛg'sŭal] **1.** *adj* homosexuell; **2.** *m* Homosexuelle(r) *m*; **~idad** [-sŭali'đađ] *f* Homosexualität *f*
hon|da ['ɔnda] *f* Schleuder *f*; **~do** ['ɔndo] **1.** *adj* tief; **2.** *m* Tiefe *f*; **~dura** [-'dura] *f* Tiefe *f*
Honduras [ɔn'duras] *f* Honduras *n*
hondureñ|o [ɔndu'reɲo] **1.** *adj* honduranisch; **2. ~o** *m*, **~a** *f* Honduraner(in) *m(f)*
hones|tidad [onesti'đađ] *f* Ehrlichkeit *f*; Anständigkeit *f*; **~to** [o'nesto] ehrlich; anständig
hongo ['ɔŋgo] *m* Pilz *m*; (*sombrero*) Melone *f*
honor [o'nɔr] *m* Ehre *f*; ***en ~ de*** zu Ehren *gen*; **~able** [ono'rable] ehrenwert; rühmlich; **~ario** [-'rarĭo] Ehren…; **~arios** [-'rarĭos] *m/pl* Honorar *n*; **~ífico** [-'rifiko] ehrenvoll; Ehren…
honra ['ɔnrra] *f* Ehre *f*; Ehrgefühl *n*; (*prestigio*) Ansehen *n*; **~dez** [-'đeθ] *f* Ehrbarkeit *f*; Rechtschaffenheit *f*; **~do** [ɔn'rrađo] ehrlich; rechtschaffen; anständig; **~r** [ɔn'rrar] *(1a)* ehren
honroso [ɔn'rrɔso] ehrenvoll
hora ['ora] *f* Stunde *f*; Zeit *f*; ***~ de cierre*** Polizeistunde *f*; (*de los comercios*) Ladenschlusszeit *f*; ***~ local*** Ortszeit *f*; ***a última ~*** im letzten Augenblick; ***dar***

la ~ (*reloj*) schlagen; ***pedir ~*** sich e-n Termin geben lassen; ***¿qué ~ es?*** wie viel Uhr (*od* wie spät) ist es?; ***a altas ~s de la noche*** spät in der Nacht; ***a primera ~ de la tarde*** am frühen Nachmittag; ***~s de oficina*** Geschäftsstunden *f/pl*; ***~s extra(ordinarias)*** Überstunden *f/pl*; ***~s punta*** Stoßzeit *f*
horadar [ora'đar] (*1a*) durchbohren; durchlöchern
horario [o'rarĭo] *m* Stunden-, Zeitplan *m*; *ferro* Fahrplan *m*; ***~ flexible*** gleitende Arbeitszeit *f*, Gleitzeit *f*; ***~ de verano*** Sommerfahrplan *m*
horca ['ɔrka] *f* Galgen *m*; **~jadas** [-'xađas]: ***a ~*** rittlings
horchata [ɔr'tʃata] *f* Erdmandelmilch *f*
horda ['ɔrđa] *f* Horde *f*
horizon|tal [oriθɔn'tal] horizontal, waagerecht; **~te** [-'θɔnte] *m* Horizont *m*
horma ['ɔrma] *f* Form *f*; Schuhspanner *m*; Leisten *m*
hormi|ga [ɔr'miga] *f* Ameise *f*; **~gón** [-'gɔn] *m* Beton *m*; ***~ armado*** Stahlbeton *m*; **~gonera** [-go'nera] *f* Betonmischmaschine *f*
hormigu|ear [ɔrmige'ar] (*1a*) kribbeln; *fig* wimmeln; **~ero** [-'gero] *m* Ameisenhaufen *m*; *fig* Gewimmel *n*
hormona [ɔr'mona] *f* Hormon *n*
hor|nacina [ɔrna'θina] *f* Mauernische *f*; **~nillo** [ɔr'niʎo] *m* Kocher *m*; Kochplatte *f*; **~no** ['ɔrno] *m* (Back-, Brat-)Ofen *m*; ***alto ~*** Hochofen *m*
horóscopo [o'rɔskopo] *m* Horoskop *n*
horquilla [ɔr'kiʎa] *f* Haarnadel *f*; *agr, tec* Gabel *f*
horrendo [ɔ'rrendo] grausig
horri|ble [ɔrriƀle] schrecklich; grauenvoll; **~pilante** [-pi'lante] haarsträubend; schauerlich
horror [ɔ'rrɔr] *m* Schrecken *m*; Schauder *m*; (*aversión*) Abscheu *m* (vor *dat* ***a***); ***tener ~ a*** verabscheuen; **~izar** [ɔrrɔri'θar] (*1f*) mit Entsetzen erfüllen; **~oso** [-'roso] entsetzlich
hortaliza [ɔrta'liθa] *f* Gemüse *n*
hortelano [ɔrte'lano] *m* Gemüsegärtner *m*
hortensia *bot* [ɔr'tensia] Hortensie *f*
hortícola [ɔr'tikola] Garten(bau)…
horticultura [ɔrtikul'tura] *f* Gartenbau *m*
hospeda|je [ɔspe'đaxe] *m* Beherbergung *f*; **~r** [-'đar] (*1a*) beherbergen; **~rse** logieren; absteigen
hospital [ɔspi'tal] *m* Krankenhaus *n*; **~ario** [-ta'larĭo] gastfreundlich; **~idad** [-li'đađ] *f* Gastfreundschaft *f*; **~ización** [-θa'θĭɔn] *f* Einweisung *f* in ein Krankenhaus; **~izar** [-'θar] (*1f*) in ein Krankenhaus einweisen
hostal [ɔs'tal] *m* Hotel *n*
hoste|lería [ɔstele'ria] *f* Hotel- u Gaststättengewerbe *n*; **~lero** [-'lero] *m* Gastwirt *m*; **~ría** [-'ria] *f* Gasthaus *n*
hostia ['ɔstĭa] *f* Hostie *f*
hostigar [ɔsti'gar] (*1h*) züchtigen, *fig* belästigen; reizen
hostil [ɔs'til] feindlich, feindselig; **~idad** [-li'đađ] *f* Feindseligkeit *f*
hotel [ɔ'tɛl] *m* Hotel *n*; ***~ de cinco estrellas*** Fünfsternehotel *n*; **~ero** [ote'lero] *m* Hotelbesitzer *m*
hoy [ɔĭ] heute; ***de ~*** heutig; ***de ~ en adelante*** von heute an; ***~ por ~*** einstweilen; ***~ (en) día*** heutzutage; ***~ mismo*** noch heute
hoy|o ['ojo] *m* Grube *f*; Grab *n*; **~uelo** [o'jŭelo] *m* Grübchen *n*
hoz [ɔθ] *f* Sichel *f*
hucha ['utʃa] *f* Sparbüchse *f*
hueco ['ŭeko] **1.** *adj* hohl; *fig* eitel; **2.** *m* Lücke *f*; Hohlraum *m*; **~grabado** [-gra'ƀađo] *m* Tiefdruck *m*
huel|ga ['ŭɛlga] *f* Streik *m*; ***~ de advertencia*** Warnstreik *m*; ***~ de brazos caídos*** Sitzstreik *m*; ***~ de celo*** Bummelstreik *m*; ***~ general*** Generalstreik *m*; ***~ de hambre*** Hungerstreik *m*; ***estar en ~*** streiken; **~guista** [-'gista] *m* Streikende(r) *m*
huella ['ŭeʎa] *f* Spur *f*; ***~s*** *pl* ***digitales*** (*od* ***dactilares***) Fingerabdrücke *m/pl*
huelo ['ŭɛlo] *s* ***oler***
huérfan|o ['ŭɛrfano] **1.** *adj* verwaist; **2.** **~o** *m*, **~a** *f* Waise *f*; ***~ de padre y madre*** Vollwaise *f*
huer|ta ['ŭɛrta] *f* Obst- u Gemüseland *n*; **~to** ['ŭɛrto] *m* Obst- u Gemüsegarten *m*
hueso ['ŭeso] *m* Knochen *m*; (*de fruta*) Stein *m*
huésped ['ŭespeđ] *m* Gast *m*
huesudo [ŭe'suđo] (stark)knochig
hue|vas ['ŭeƀas] *f/pl* Rogen *m*; **~vera** [ŭe'ƀera] *f* Eierbecher *m*; **~vo** ['ŭeƀo] *m* Ei *n*; ***~ duro*** hart gekochtes Ei *n*; ***~ pasado por agua*** weiches Ei *n*; ***~ frito*** Spiegelei *n*; ***~s revueltos*** Rührei

n/pl
hui|da [u'iđa] *f* Flucht *f*; **~dizo** [ui'điθo] flüchtig; (*tímido*) scheu; **~r** [u'ir] (*3g*) **1.** *v/t* (ver)meiden; aus dem Weg gehen (*dat*); **2.** *v/i* fliehen; (*tiempo*) verfliegen
hule ['ule] *m* Wachstuch *n*
hulla ['uʎa] *f* Steinkohle *f*
huma|nidad [umani'đađ] *f* Menschheit *f*; Menschlichkeit *f*; **~es** *pl* humanistische Bildung *f*; **~nista** [-'nista] *m* Humanist *m*; **~nitario** [-ni'tarĭo] menschenfreundlich; **~nizar** [-'θar] (*1f*) humanisieren; **~no** [u'mano] menschlich; human
humareda [uma'ređa] *f* Rauchwolke *f*
humear [ume'ar] (*1a*) rauchen; dampfen
hume|dad [ume'đađ] *f* Feuchtigkeit *f*; **~decer** [-đe'θɛr] (*2d*) be-, anfeuchten
húmedo ['umeđo] feucht
húmero ['umero] *m* Oberarmknochen *m*
humil|dad [umil'dađ] *f* Demut *f*; **~de** [u'milde] demütig; bescheiden
humilla|ción [umiʎa'θĭɔn] *f* Demütigung *f*; Erniedrigung *f*; **~r** [-'ʎar] (*1a*) demütigen; erniedrigen
humo ['umo] *m* Rauch *m*; ***echar ~*** rauchen, qualmen; ***tener muchos ~s*** eingebildet sein
humor [u'mɔr] *m* Laune *f*; Humor *m*; ***estar de buen (mal) ~*** guter (schlechter) Laune sein; **~ado** [-'rađo]: ***bien (mal) ~*** gut (schlecht) gelaunt; **~ismo** [-'rizmo] *m* Humor *m*; **~ista** [-'rista] *m* Humorist *m*; **~ístico** [-'ristiko] humoristisch
humus ['umus] *m* Humus *m*
hundi|do [un'điđo] eingefallen; (*ojos*) tief liegend; **~miento** [-'mĭento] *m* Versenken *n*; Einsturz *m*; *a fig* Untergang *m*; **~r** [-'dir] (*3a*) versenken; zerstören; *fig* vernichten; **~rse** versinken, *a fig* untergehen
húngar|o ['uŋgaro] **1.** *adj* ungarisch; **2.** **~o** *m*, **~a** *f* Ungar(in) *m(f)*
Hungría [uŋ'gria] *f* Ungarn *n*
huracán [ura'kan] *m* Orkan *m*
huraño [u'raɲo] mürrisch; menschenscheu
hurgar [ur'gar] (*1h*) stochern, wühlen in
hur|tadillas [urta'điʎas]: ***a ~*** verstohlen; **~tar** [ur'tar] (*1a*) stehlen; **~to** ['urto] *m* Diebstahl *m*
husmear [uzme'ar] (*1a*) wittern; *fig* herumschnüffeln
huso ['uso] *m* Spindel *f*
huyo ['ujo] *s* ***huir***

I

I, i [i] *f* I, i *n*
ib. ***ibídem*** ebendort
ibérico [i'ƀeriko] iberisch
ibero [i'ƀero] *m* Iberer *m*; **~americano** [iƀeroameri'kano] iberoamerikanisch
IBI *m* ***Impuesto sobre bienes inmuebles*** *span. Grundsteuer*
ibicenco [iƀi'θenko] aus Ibiza
iceberg [iθe'bɛr] *m* Eisberg *m*
ICEX *m* ***Instituto Español de Comercio Exterior*** Spanisches Außenhandelsinstitut
ICO *m* ***Instituto de Crédito Oficial*** Öffentliche Kreditanstalt
icono [i'kono] *m* Ikone *f*
ictericia *med* [ikte'riθĭa] *f* Gelbsucht *f*
íd. ***ídem*** id. (dasselbe)
ida ['iđa] *f* Hinweg *m*, -fahrt *f*, -reise *f*; ***~ y vuelta*** Hin- u Rückfahrt *f*
idea [i'đea] *f* Idee *f*; ***no tener (ni) ~*** keine Ahnung haben; **~l** [iđe'al] **1.** *adj* ideal; **2.** *m* Ideal *n*; **~lismo** [-'lizmo] *m* Idealismus *m*; **~lista** [-'lista]; **3.** *adj* idealistisch; **4.** *m* Idealist *m*; **~lizar** [-li'θar] (*1f*) idealisieren; **~r** [iđe'ar] (*1a*) ersinnen, (sich) ausdenken
ídem [iđen] desgleichen, ebenso
idéntico [i'đentiko] identisch
identi|dad [iđenti'đađ] *f* Identität *f*; **~ficación** [-fika'θĭɔn] *f* Identifizierung *f*; **~ficar** [-fi'kar] (*1g*) identifizieren; **~ficarse** sich ausweisen
ideol|ogía [iđeolɔ'xia] *f* Ideologie *f*; **~ógico** [-'lɔxiko] ideologisch
idilio [i'đilĭo] *m* Idyll *n*
idioma [i'dĭoma] *m* Sprache *f*
idiosincrasia [iđĭosiŋ'krasĭa] *f* Eigenart *f*
idio|ta [i'đĭota] **1.** *adj* blöd(sinnig); idiotisch; **2.** *su* Idiot *m*; **~tez** [-'teθ] *f* Blöd-

sinn *m*; Idiotie *f*
ido ['iđo] *s* ***ir***; *fig* verrückt
idola|trar [iđola'trar] (*1a*) vergöttern; **~tría** [-'tria] *f* Vergötterung *f*
ídolo ['iđolo] *m* Idol *n*
idoneidad [iđonɛĭ'đađ] *f* Tauglichkeit *f*; Eignung *f*; Fähigkeit *f*
idóneo [i'đoneo] tauglich; geeignet
iglesia [i'glesĭa] *f* Kirche *f*
ignomini|a [igno'minĭa] *f* Schmach *f*, Schande *f*; **~oso** [-mi'nĭoso] schmachvoll, schändlich
ignora|ncia [igno'ranθĭa] *f* Unwissenheit *f*; Unkenntnis *f*; **~nte** [-'rante] unwissend; **~r** [-'rar] (*1a*) nicht wissen (*od* kennen); ***no ~*** sehr wohl wissen
igual [i'gŭal] gleich; gleichbleibend, -förmig, -mäßig; ***(al) ~ que*** genauso wie; ***es ~*** das ist egal; ***me da ~*** das ist mir gleich; ***sin ~*** unvergleichlich; **~ar** [-'lar] (*1a*) gleichmachen; gleichstellen; (*terreno*) planieren; **~dad** [igŭal'dađ] *f* Gleichheit *f*; ***~ de derechos*** Gleichberechtigung *f*; ***~ de oportunidades*** Chancengleichheit *f*; **~mente** [-'mente] gleichfalls, ebenfalls
iguana *zo* [i'gŭana] *f* Leguan *m*
ilegal [ile'gal] ungesetzlich, illegal; **~idad** [-gali'đađ] *f* Illegalität *f*, Gesetzwidrigkeit *f*
ilegible [ilɛ'xiƀle] unleserlich
ilegítimo [ilɛ'xitimo] ungesetzlich; (*hijo*) unehelich
íleo *med* ['ileo] *m* Darmverschluss *m*
ileso [i'leso] unverletzt
ilícito [i'liθito] unerlaubt
ilimitado [ilimi'tađo] unbeschränkt; unbefristet
Ilmo. ***ilustrísimo*** Hochwürdigste(r)
ilocalizable [ilokali'θaƀle] unauffindbar
ilógico [i'lɔxiko] unlogisch
ilumina|ción [ilumina'θĭɔn] *f* Beleuchtung *f*; **~r** [-'nar] (*1a*) beleuchten
ilu|sión [ilu'sĭɔn] *f* Illusion *f*; (*alegría*) (Vor-)Freude *f*; **~sionista** [-sĭo'nista] *m* Zauberkünstler *m*; **~so** [i'luso] leichtgläubig; naiv; **~sorio** [-'sorĭo] trügerisch; illusorisch
ilus|tración [ilustra'θĭɔn] *f* Illustration *f*, Abbildung *f*; (*cultura*) Bildung *f*; *hist* Aufklärung *f*; **~trado** [-'trađo] gebildet; (*libro*) illustriert; **~trar** [-'trar] (*1a*) erläutern; (*instruir*) bilden; (*libro, etc*) illustrieren, bebildern; **~tre** [i'lustre] berühmt; erlaucht
imagen [i'maxen] *f* Bild *n*; **~ *(pública)*** Image *n*
imagina|ble [imaxi'naƀle] denkbar, vorstellbar; **~ción** [-na'θĭɔn] *f* Fantasie *f*; **~r** [-'nar] (*1a*) (sich) ausdenken, ersinnen; **~rse** sich vorstellen; **~rio** [-'narĭo] erdacht, imaginär; **~tivo** [-'tiƀo] einfallsreich
imán [i'man] *m* Magnet *m*
imbatido [imba'tiđo] ungeschlagen, unbesiegt
im|bécil [im'beθil] **1.** *adj* blöd(sinnig); **2.** *m* Dummkopf *m*, F Blödmann *m*; **~becilidad** [-θili'đađ] *f* Blödsinn *m*
imberbe [im'bɛrƀe] bartlos
imborrable [imbɔ'rraƀle] unauslöschlich
imbuir [imbu'ir] (*3g*) einflößen
IME *m* ***Instituto Monetario Europeo*** EWI *n* (Europäisches Währungsinstitut)
imita|ción [imita'θĭɔn] *f* Nachahmung *f*; **~r** [-'tar] (*1a*) nachahmen, imitieren
impacien|cia [impa'θĭenθĭa] *f* Ungeduld *f*; **~tar** [-θĭen'tar] (*1a*) ungeduldig machen; **~tarse** ungeduldig werden; **~te** [-'θĭente] ungeduldig
impacto [im'pakto] *m* Einschlag *m*; *fig* (Aus-)Wirkung *f*; ***~ ambiental*** (*od* ***ecológico***) Umweltbelastung *f*
impar [im'par] ungerade
imparable [impa'raƀle] unaufhaltsam
imparcia|l [impar'θĭal] unparteiisch; **~lidad** [-li'đađ] *f* Unparteilichkeit *f*
impartir [impar'tir] (*3a*) (*clases*) erteilen, geben
impasi|bilidad [impasiƀili'đađ] *f* Gleichmut *m*; **~ble** [-'siƀle] gefühllos; gleichmütig
impávido [im'paƀiđo] unerschrocken
impecable [impe'kaƀle] tadellos; einwandfrei
impedi|do [impe'điđo] gelähmt; **~mento** [-đi'mento] *m* Hindernis *n*; **~r** [-'đir] (*3l*) (be-, ver)hindern
impenetrable [impene'traƀle] undurchdringlich; *fig* unerforschlich
impensado [impen'sađo] unerwartet, unvermutet
impera|r [impe'rar] (*1a*) herrschen; **~tivo** [-ra'tiƀo] **1.** *adj* gebieterisch; zwingend; **2.** *m gram* Imperativ *m*; *fig* Gebot *n*
imperceptible [impɛrθɛp'tiƀle] un-

merklich; nicht wahrnehmbar
imperdible [impɛr'điƀle] *m* Sicherheitsnadel *f*
imperdonable [impɛrđo'naƀle] unverzeihlich
imperecedero [imperеθe'đero] unvergänglich
imperfec|ción [impɛrfɛɡ'θĭɔn] *f* Unvollkommenheit *f*; **~to** [-'fɛkto] **1.** *adj* unvollkommen; **2.** *m gram* Imperfekt *n*
imperial [impe'rĭal] kaiserlich; **~ismo** [-'lizmo] *m* Imperialismus *m*
impericia [impe'riθĭa] *f* Unerfahrenheit *f*
imperio [im'perĭo] *m* Kaiserreich *n*, Reich *n*; **~so** [-'rĭoso] gebieterisch; dringend
impermea|bilidad [impɛrmeaƀili'đađ] *f* Undurchlässigkeit *f*; **~bilizar** [-'θar] (*1f*) imprägnieren; **~ble** [-'aƀle] **1.** *adj* undurchlässig; wasserdicht; **2.** *m* Regenmantel *m*
impersonal [impɛrso'nal] unpersönlich
impertérrito [impɛr'tɛrrito] unerschrocken; unerschütterlich
impertinen|cia [impɛrti'nenθĭa] *f* Ungehörigkeit *f*; Frechheit *f*; **~te** [-'nente] ungehörig; unverschämt
imperturbable [impɛrtur'ƀaƀle] unerschütterlich
ímpetu ['impetu] *m* Heftigkeit *f*; Ungestüm *n*; Schwung *m*
impetuo|sidad [impetŭosi'đađ] *f* Ungestüm *n*; **~so** [-'tŭoso] heftig; ungestüm
impío [im'pio] gottlos; *fig* herzlos
implacable [impla'kaƀle] unerbittlich
implantar [implan'tar] (*1a*) einpflanzen; *fig* einführen
implicar [impli'kar] (*1g*) verwickeln, hineinziehen (in *ac* ***en***); (*incluir*) mit sich bringen; voraussetzen
implícito [im'pliθito] mit einbegriffen; implizit
implorar [implo'rar] (*1a*) anflehen
impon|ente [impo'nente] imposant, eindrucksvoll; **~er** [-'nɛr] (*2r*) **1.** *v/t* auferlegen; aufdrängen; (*nombre*) geben; (*dinero*) einzahlen; **2.** *v/i* Eindruck machen, imponieren; **~erse** sich durchsetzen; **~ible** [-'niƀle] besteuerbar
impopular [impopu'lar] unbeliebt
importa|ción [impɔrta'θĭɔn] *f* Einfuhr *f*; Import *m*; **~dor** [-'đɔr] *m* Importeur *m*; **~ncia** [-'tanθĭa] *f* Wichtigkeit *f*, Bedeutung *f*; ***dar ~ a*** Wert legen auf; ***darse ~*** sich wichtigmachen; **~nte** [-'tante] wichtig, bedeutend; **~r** [-'tar] (*1a*) **1.** *v/i* wichtig sein; ***no importa*** das macht nichts; **2.** *v/t* einführen, importieren; (*valer*) betragen
importe [im'pɔrte] *m* Betrag *m*
importu|nar [impɔrtu'nar] (*1a*) belästigen; **~no** [-'tuno] lästig; ungelegen
imposi|bilidad [imposiƀili'đađ] *f* Unmöglichkeit *f*; **~bilitar** [-'tar] (*1a*) unmöglich machen; **~ble** [-'siƀle] unmöglich
imposición [imposi'θĭɔn] *f* Auferlegung *f*; Besteuerung *f*; *com* Einlage *f*; ***doble ~*** Doppelbesteuerung *f*
impostor [impɔs'tɔr] *m* Betrüger *m*
impoten|cia [impo'tenθĭa] *f* Unvermögen *n*; *med* Impotenz *f*; **~te** [-'tente] machtlos; unfähig; impotent
impracticable [imprakti'kaƀle] unausführbar; (*camino*) unbefahrbar
imprecar [impre'kar] (*1g*) verwünschen, verfluchen
impreciso [impre'θiso] ungenau
impregnar [impreg'nar] (*1a*) imprägnieren; durchtränken
imprenta [im'prenta] *f* (Buch-)Druckerei *f*; Druck *m*
imprescindible [impresθin'diƀle] unentbehrlich; unumgänglich
impre|sión [impre'sĭɔn] *f* Abdruck *m*; *tip* Druck *m*; *fig* Eindruck *m*; **~sionable** [-sĭo'naƀle] leicht zu beeindrucken; **~sionante** [-'nante] eindrucksvoll; **~sionar** [-'nar] (*1a*) beeindrucken; *fot* belichten; **~sionismo** [-'nizmo] *m* Impressionismus *m*; **~so** [-'preso] **1.** *s* ***imprimir***; **2.** *m* Formular *n*; *corr* Drucksache *f*; **~sor** [-'sɔr] *m* (Buch-)Drucker *m*; **~sora** [-'sora] *f inform* Drucker *m*; ***~ de color*** Farbdrucker *m*
imprevis|ible [impreƀi'siƀle] unvorhersehbar; **~to** [-'ƀisto] unvorhergesehen
imprimir [impri'mir] (*3a*; *part* ***impreso***) (ab)drucken; *fig* einprägen
improbable [impro'ƀaƀle] unwahrscheinlich
ímprobo ['improƀo] mühselig
improcedente [improθe'dente] unzulässig; (*inadecuado*) unangebracht
improductivo [improđuk'tiƀo] unergiebig; unproduktiv
impro|perio [impro'perĭo] *m* Beschimpfung *f*, Schmähung *f*; **~pio** [im-

'propĭo] unschicklich, unpassend
improvisa|ción [improƀisa'θĭɔn] *f* Improvisation *f*; **~r** [-'sar] (*1a*) improvisieren
improviso [impro'ƀiso]: ***al*** (*od* ***de***) **~** unvermutet
impruden|cia [impru'đenθĭa] *f* Unvorsichtigkeit *f*; *jur* Fahrlässigkeit *f*; **~te** [-'đente] unvorsichtig; unvernünftig
impúdico [im'puđiko] unzüchtig
impuesto [im'pŭesto] **1.** *part v* ***imponer***; **2.** *m* Steuer *f*; **~ *sobre bienes inmuebles*** Grundsteuer *f*; **~ *de sociedades*** Körperschaftssteuer *f*; **~ *sobre el patrimonio*** Vermögenssteuer *f*; **~ *sobre la renta*** Einkommensteuer *f*; **~ *sobre la renta del capital*** Kapitalertrag(s)steuer *f*; **~ *sobre el valor añadido*** Mehrwertsteuer *f*; **~ *sobre el volumen de negocios*** Umsatzsteuer *f*
impugnar [impug'nar] (*1a*) anfechten
impul|sar [impul'sar] (*1a*) antreiben; **~sivo** [-'siƀo] impulsiv; **~so** [-'pulso] *m* Antrieb *m*; Impuls *m*
impu|ne [im'pune] straflos; **~nidad** [impuni'đađ] *f* Straflosigkeit *f*
impu|reza [impu'reθa] *f* Unreinheit *f*; **~s** *pl* Verschmutzung *f*; **~ro** [-'puro] unrein (*a fig*)
imputa|ción [imputa'θĭɔn] *f* Beschuldigung *f*; **~r** [-'tar] (*1a*) zuschreiben
inacaba|ble [inaka'ƀaƀle] endlos; **~do** [-'ƀađo] unvollendet
inaccesible [inagθe'siƀle] unzugänglich (*a fig*); unerreichbar
inaceptable [inaθɛp'taƀle] unannehmbar
inacti|vidad [inaktiƀi'đađ] *f* Untätigkeit *f*; **~vo** [-'tiƀo] untätig
inadecuado [inađe'kŭađo] unangemessen; ungeeignet
inadmisible [inađmi'siƀle] unzulässig
inadver|tencia [inađƀɛr'tenθĭa] *f* Unachtsamkeit *f*; **~tido** [-'tiđo] unachtsam; ***pasar*** **~** nicht bemerkt werden
inagotable [inago'taƀle] unerschöpflich
inaguantable [inagŭan'taƀle] unerträglich
inalámbrico *el* [ina'lamƀriko] drahtlos
inalienable [inalĭe'naƀle] unveräußerlich
inalterable [inalte'raƀle] unveränderlich
inani|ción [inani'θĭɔn] *f* Entkräftung *f*; **~mado** [-'mađo] leblos
inapelable [inape'laƀle] unwiderruflich
inapeten|cia [inape'tenθĭa] *f* Appetitlosigkeit *f*; **~te** [-'tente] appetitlos
inaplazable [inapla'θaƀle] unaufschiebbar
inapreciable [inapre'θĭaƀle] unschätzbar (*a fig*); geringfügig
inarrugable [inarru'gaƀle] knitterfrei
inasequible [inase'kiƀle] unerreichbar; (*precio*) unerschwinglich
inaudi|ble [inaŭ'điƀle] unhörbar; **~to** [-'điιo] unerhört
inaugura|ción [inaŭgura'θĭɔn] *f* Einweihung *f*; Eröffnung *f*; **~r** [-'rar] (*1a*) einweihen; eröffnen
incalculable [iŋkalku'laƀle] unberechenbar; unermesslich
incalificable [iŋkalifi'kaƀle] unqualifizierbar; *fig* schmählich
incansable [iŋkan'saƀle] unermüdlich
incapa|cidad [iŋkapaθi'đađ] *f* Unfähigkeit *f*; **~citar** [-θi'tar] (*1a*) unfähig machen; *jur* entmündigen; **~z** [-'paθ] unfähig (zu ***do***)
incau|tarse [iŋkaŭ'tarse] (*1a*): **~ *de*** beschlagnahmen; **~to** [iŋ'kaŭto] unbedacht; leichtgläubig
incen|diar [inθen'dĭar] (*1b*) anzünden; in Brand stecken; **~diarse** in Brand geraten; **~diario** [-'dĭarĭo] *m* Brandstifter *m*; **~dio** [in'θendĭo] *m* Feuer(sbrunst *f*) *n*; Brand *m*; **~ *forestal*** Waldbrand *m*; **~ *provocado*** Brandstiftung *f*
incentivo [inθen'tiƀo] *m* Anreiz *m*, Ansporn *m*
incertidumbre [inθɛrti'đumbre] *f* Ungewissheit *f*
incesante [inθe'sante] unablässig
incesto [in'θesto] *m* Inzest *m*
inciden|cia [inθi'đenθĭa] *f* Auswirkung *f*; **~te** [-'đente] *m* Zwischenfall *m*
incidir [inθi'đir] (*3a*): **~ *en*** verfallen in; *fig* sich auswirken auf
incienso [in'θĭenso] *m* Weihrauch *m*
incierto [in'θĭɛrto] ungewiss; unsicher
incinera|ción [inθinera'θĭɔn] *f* Einäscherung *f*; **~ *de basuras*** Müllverbrennung *f*; **~r** [-'rar] (*1a*) einäschern
incipiente [inθi'pĭente] beginnend
inci|sión [inθi'sĭɔn] *f* Einschnitt *m*; **~sivo** [-'siƀo] schneidend (*a fig*); (***diente*** *m*) **~** Schneidezahn *m*; **~so** [in'θiso] *adj*: ***herida*** *f* ***incisa*** Schnittwunde *f*
incita|ción [inθita'θĭɔn] *f* Anstiftung

f; **~r** [-'tar] (*1a*) antreiben; aufhetzen
inclemencia [iŋkle'menθĭa] *f* (*clima*) Rauheit *f*, Unfreundlichkeit *f*
inclina|ción [iŋklina'θĭɔn] *f* Verneigung *f*, Verbeugung *f*; *fig* Neigung *f*; **~r** [-'nar] (*1a*) neigen, beugen; **~rse** sich neigen; sich (ver)beugen; **~ *a*** neigen zu
inclu|ir [iŋklu'ir] (*3g*) einschließen; aufnehmen; beilegen; **~sión** [-'sĭɔn] *f* Einfügung *f*, Aufnahme *f*; **~sive** [-'siƀe] einschließlich; **~so** [iŋ'kluso] sogar
incógni|ta [iŋ'kɔgnita] *f mat u fig* Unbekannte *f*; **~to** [iŋ'kɔgnito] unbekannt; ***de* ~** inkognito
incoheren|cia [iŋkoe'renθĭa] *f* Zusammenhanglosigkeit *f*; **~te** [-'rente] unzusammenhängend
incoloro [iŋko'loro] farblos
incólume [iŋ'kolume] unversehrt
incombustible [iŋkɔmbus'tiƀle] unverbrennbar, feuerfest
incomo|dar [iŋkomo'đar] (*1a*) belästigen; **~darse** sich ärgern (über ***por***); **~didad** [-đi'đađ] *f* Unbequemlichkeit *f*
incómodo [iŋ'komođo] unbequem
incomparable [iŋkɔmpa'raƀle] unvergleichlich
incomparecencia *jur* [iŋkɔmpare'θenθĭa] *f* Nichterscheinen *n*
incompatible [iŋkɔmpa'tiƀle] unverträglich, unvereinbar
incompeten|cia [iŋkɔmpe'tenθĭa] *f* Unfähigkeit *f*; *jur* Unzuständigkeit *f*; **~te** [-'tente] unfähig; unzuständig
incompleto [iŋkɔm'pleto] unvollständig
incomprensi|ble [iŋkɔmpren'siƀle] unverständlich, unbegreiflich; **~vo** [-'siƀo] verständnislos
incomunicado [iŋkomuni'kađo] *v der Außenwelt* abgeschnitten; *jur* in Einzelhaft
inconcebible [iŋkɔnθe'ƀiƀle] unfasslich, unbegreiflich
inconciliable [iŋkɔnθi'lĭaƀle] unversöhnlich; unvereinbar
incondicional [iŋkɔndiθĭo'nal] bedingungslos
inconfundible [iŋkɔmfun'diƀle] unverwechselbar
incongruente [iŋkɔn'grŭente] zusammenhanglos
inconscien|cia [iŋkɔns'θĭenθĭa] *f* Bewusstlosigkeit *f*; *fig* Leichtfertigkeit *f*; **~te** [-'θĭente] unbewusst; *med* bewusstlos; *fig* leichtfertig
inconsecuen|cia [iŋkɔnse'kŭenθĭa] *f* Inkonsequenz *f*; **~te** [-'kŭente] inkonsequent
inconsiderado [iŋkɔnsiđe'rađo] unbedacht; rücksichtslos
inconsistente [iŋkɔnsis'tente] unbeständig; haltlos
inconsolable [iŋkɔnso'laƀle] untröstlich
inconstante [iŋkɔns'tante] unbeständig; wankelmütig
incontenible [iŋkɔnte'niƀle] unbezähmbar; unaufhaltsam
incontestable [iŋkɔntes'taƀle] unbestreitbar
incontinen|cia [iŋkɔnti'nenθĭa] *f* Hemmungslosigkeit *f*; **~ *nocturna*** Bettnässen *n*; *med* **~ *urinaria*** *med* Inkontinenz *f*; **~te** [-'nente] hemmungslos; *med* inkontinent
incontrolable [iŋkɔntro'laƀle] unkontrollierbar
inconvenien|cia [iŋkɔmbe'nĭenθĭa] *f* Unschicklichkeit *f*; **~te** [-'nĭente] **1.** *adj* unschicklich; unangebracht; **2.** *m* Hindernis *n*; Nachteil *m*; ***no tengo* ~** ich habe nichts dagegen
incordiar [iŋkɔr'đĭar] (*1b*) belästigen, stören
incorpora|ción [iŋkɔrpora'θĭɔn] *f* Aufnahme *f*, Eingliederung *f*; **~r** [-'rar] (*1a*) einfügen; aufnehmen; **~rse** sich aufrichten; sich anschließen (an *ac* ***a***)
incorrec|ción [iŋkɔrrɛg'θĭɔn] *f* Unrichtigkeit *f*; *fig* Unhöflichkeit *f*; **~to** [-'rrɛkto] unrichtig; *fig* unhöflich
incorregible [iŋkɔrrɛ'xiƀle] unverbesserlich
incorruptible [iŋkɔrrup'tiƀle] unverderblich; *fig* unbestechlich
incrédulo [iŋ'kređulo] ungläubig
increíble [iŋkre'iƀle] unglaublich
incremen|tar [iŋkremen'tar] (*1a*) vergrößern; (*precio*) erhöhen; **~to** [-'mento] *m* Zuwachs *m*, Zunahme *f*
increpar [iŋkre'par] (*1a*) beschimpfen
incrimina|ción [iŋkrimina'θĭɔn] *f* Beschuldigung *f*; **~r** [-'nar] (*1a*) beschuldigen
incruento [iŋ'krŭento] unblutig
incrustar [iŋkrus'tar] (*1a*) einlegen; **~se** verkrusten
incuba|ción [iŋkuƀa'θĭɔn] *f* Ausbrütung *f*; *med* (***período** m **de***) **~** Inkuba-

tionszeit *f*; **~dora** [-'đora] *f* Brutapparat *m*, -kasten *m*; **~r** [-'ƀar] (*1a*) ausbrüten (*a fig*)
incuestionable [iŋkuestĭo'naƀle] unbestreitbar
inculcar [iŋkul'kar] (*1g*) einschärfen, F eintrichtern
inculpa|do [iŋkul'pađo] *m* Beschuldigte(r) *m*; **~r** [-'par] (*1a*) beschuldigen
inculto [iŋ'kulto] ungebildet; *agr* unbebaut
incum|bencia [iŋkum'benθĭa] *f* Obliegenheit *f*; ***no es*** (***asunto***) ***de mi ~*** damit habe ich nichts zu tun; **~bir** [-'bir] (*3a*) obliegen
incumpli|miento [iŋkumpli'mĭento] *m* Nichterfüllung *f*; **~r** [-'plir] (*3a*) nicht erfüllen, nicht halten
incurable [iŋku'raƀle] unheilbar
incur|rir [iŋku'rrir] (*3a*) verfallen, geraten (in *ac* ***en***); **~sión** *mil* [iŋkur'sĭɔn] *f* Einfall *m*
indaga|ción [indaga'θĭɔn] *f* Nachforschung *f*; **~r** [-'gar] (*1h*) nachforschen; untersuchen
indebido [inde'ƀiđo] ungebührlich
indecente [inde'θente] unanständig
indecible [inde'θiƀle] unsagbar
indeci|sión [indeθi'sĭon] *f* Unentschlossenheit *f*; **~so** [-'θiso] unentschlossen
indefectible [indefɛk'tiƀle] unausbleiblich; unfehlbar
indefenso [inde'fenso] wehrlos
indefini|ble [indefi'niƀle] unbestimmbar; **~damente** [-đa'mente] auf unbestimmte Zeit; **~do** [-'niđo] unbestimmt
indeformable [indefor'maƀle] formbeständig
indeleble [inde'leƀle] unauslöschlich
indem|ne [in'demne] schadlos; heil; **~nización** [-niθa'θĭɔn] *f* Entschädigung *f*; **~nizar** [-'θar] (*1f*) entschädigen
indepen|dencia [indepen'denθĭa] *f* Unabhängigkeit *f*; **~diente** [-'dĭente] unabhängig; selbstständig; **~dizarse** [-di'θarse] (*1f*) sich selbstständig machen
indescriptible [indeskrip'tiƀle] unbeschreiblich
indeseable [indese'aƀle] unerwünscht
indestructible [indestruk'tiƀle] unzerstörbar
indeterminado [indetɛrmi'nađo] unbestimmt
India ['indĭa] *f* Indien *n*
indica|ción [indika'θĭɔn] *f* Hinweis *m*; Angabe *f*; *inform* Anzeige *f*; **~do** [-'kađo] zweckmäßig; **~dor** [-'đɔr] *m* Anzeiger *m*; Zeiger *m*; **~r** [-'kar] (*1g*) anzeigen; angeben; hinweisen auf (*ac*); **~tivo** [-'tiƀo] *m gram* Indikativ *m*; *tel* (Länder-)Kennzahl *f*, Vorwahl *f*
índice ['indiθe] *m* (Inhalts-)Verzeichnis *n*; Register *n*; *com u rel* Index *m*; *anat* (***dedo*** *m*) ~ Zeigefinger *m*
indicio [in'diθĭo] *m* Anzeichen *n*; *jur* Indiz *n*
Índico ['indiko] *m* (***Océano*** *m*) ~ Indischer Ozean *m*
indiferen|cia [indife'renθĭa] *f* Gleichgültigkeit *f*; **~te** [-'rente] gleichgültig; teilnahmslos
indígena [in'dixena] **1.** *adj* eingeboren; einheimisch; **2.** *su* Eingeborene(r *m*) *f*
indigen|cia [indi'xenθĭa] *f* Armut *f*, Bedürftigkeit, *f*; **~te** [-'xente] arm, bedürftig
indiges|tión [indixes'tĭon] *f* Verdauungsstörung *f*; **~to** [-'xesto] unverdaulich
indig|nación [indigna'θĭɔn] *f* Entrüstung *f*; Empörung *f*; **~nar** [-'nar] (*1a*) empören; **~narse** sich entrüsten; **~no** [in'digno] unwürdig (*gen* ***de***); schändlich
indi|o [ga'ʎego] **1.** *adj* indisch; (*de América*) indianisch; **2. ~o** *m*, **~a** *f* Inder(in) *m*(*f*); Indianer(in) *m*(*f*); F ***hacer el ~*** sich albern benehmen
indirec|ta [indi'rɛkta] *f* Anspielung *f*; **~to** [-to] indirekt
indisciplina [indisθi'plina] *f* Disziplinlosigkeit *f*; **~do** [-'nađo] *f* zuchtlos, undiszipliniert
indiscre|ción [indiskre'θĭɔn] *f* Indiskretion *f*; Taktlosigkeit *f*; **~to** [-'kreto] taktlos, indiskret
indiscutible [indisku'tiƀle] indiskutabel; unbestreitbar
indisoluble [indiso'luƀle] unauflöslich
indispensable [indispen'saƀle] unerlässlich; unentbehrlich
indis|posición [indisposi'θĭɔn] *f* Unwohlsein *n*; **~puesto** [-pŭesto] unpässlich; indisponiert
indistint|amente [indistinta'mente] ohne Unterschied; **~o** [-'tinto] undeutlich
individu|al [indiƀi'đŭal] individuell; Einzel…; **~alista** [-đŭa'lista] *m* Indivi-

dualist *m*; **~o** [-'ƀiđŭo] *m* Individuum *n* (*a desp*)
indivi|sible [indiƀi'siƀle] unteilbar; **~so** [-'ƀiso] ungeteilt
indocumentado [indokumen'tađo] ohne Ausweispapiere
índole ['indole] *f* Beschaffenheit *f*; Art *f*; ***de esta ~*** derartig
indolen|cia [indo'lenθĭa] *f* Trägheit *f*; **~te** [-'lente] träge; lässig
indomable [indo'maƀle] unbezwinglich; un(be)zähmbar
indómito [in'domito] ungebärdig
Indonesia [indo'nesĭa] *f* Indonesien *n*
inducir [indu'θir] (*3o*) verleiten (zu ***a***); (*deducir*) folgern (aus ***de***)
indudable [indu'đaƀle] zweifellos
indulgen|cia [indul'xenθĭa] *f* Nachsicht *f*; **~te** [-'xente] nachsichtig; milde
indul|tar [indul'tar] (*1a*) begnadigen; **~to** [-'dulto] *m* Begnadigung *f*
indumentaria [indumen'tarĭa] *f* Kleidung *f*
industria [in'dustrĭa] *f* Industrie *f*; ***~ del futuro*** Zukunftsindustrie *f*; ***~ pesada*** Schwerindustrie *f*; **~l** [-'trĭal] **1.** *adj* industriell; **2.** *m* Industrielle(r) *m*; **~lización** [-liθa'θĭɔn] *f* Industrialisierung *f*; **~lizar** [-li'θar] (*1f*) industrialisieren
I.N.E. *m* ***Instituto Nacional de Estadística*** Staatliches Institut für Statistik
inédito [i'neđito] unveröffentlicht
inefable [ine'faƀle] unaussprechlich, unsäglich
inefica|cia [inefi'kaθĭa] *f* Unwirksamkeit *f*; **~z** [-'kaθ] unwirksam
ineludible [inelu'điƀle] unumgänglich
INEM *m* ***Instituto Nacional de Empleo*** Staatliches Arbeitsbeschaffungsinstitut; *in der BRD etwa* Bundesanstalt für Arbeit
inenarrable [inena'rraƀle] unbeschreiblich
inencogible [ineŋkɔ'xiƀle] (*tejido*) nicht einlaufend
inepto [i'nɛpto] untüchtig, unfähig
inequívoco [ine'kiƀoko] eindeutig
inercia [i'nɛrθĭa] *f* Trägheit *f* (*a fís*)
inerme [i'nɛrme] unbewaffnet; *fig* wehrlos
inescrutable [ineskru'taƀle] unerforschlich, unergründlich
inesperado [inespe'rađo] unerwartet; unverhofft
inestable [ines'taƀle] unbeständig
inestimable [inesti'maƀle] unschätzbar
inevitable [ineƀi'taƀle] unvermeidlich, unausbleiblich
inexac|titud [inɛgsakti'tuđ] *f* Ungenauigkeit *f*; **~to** [-'sakto] ungenau, unrichtig
inexcusable [inesku'saƀle] unentschuldbar, unverzeihlich
inexorable [inɛgso'raƀle] unerbittlich
inexper|iencia [inespe'rĭenθĭa] *f* Unerfahrenheit *f*; **~to** [-'pɛrto] unerfahren
inexplicable [inespli'kaƀle] unerklärlich, unbegreiflich
inexpresivo [inespre'siƀo] ausdruckslos
inextricable [inestri'kaƀle] unentwirrbar
infalible [imfa'liƀle] unfehlbar (*a rel*)
infam|e [im'fame] schändlich, gemein, infam; **~ia** [-'famĭa] *f* Schändlichkeit *f*; Schande *f*
infan|cia [im'fanθĭa] *f* Kindheit *f*; **~ta** [-'fanta] *f Esp* Infantin *f*; **~te** [-'fante] *m* Kind *n*; *Esp* Infant *m*; *mil* Infanterist *m*; **~tería** *mil* [-'ria] *f* Infanterie *f*; **~til** [-'til] kindlich, Kinder…; *desp* kindisch
infarto *med* [im'farto] *m* Infarkt *m*; ***~ de miocardio*** Herzinfarkt *m*
infatigable [imfati'gaƀle] unermüdlich
infausto [im'faŭsto] unglücklich
infec|ción [imfeg'θĭɔn] *f* Infektion *f*; **~cioso** [-'θĭoso] ansteckend; **~tar** [-fɛk'tar] (*1a*) anstecken, infizieren
infeli|cidad [imfeliθi'đađ] *f* Unglück *n*; **~z** [-'liθ] unglücklich
inferior [imfe'rĭɔr] untere(r, -s); *fig* unterlegen; (*calidad*) minderwertig; **~idad** [-rĭori'đađ] *f* Unterlegenheit *f*; Minderwertigkeit *f*
infernal [imfɛr'nal] höllisch
infestar [imfes'tar] (*1a*) verseuchen; (*invadir*) befallen
infidelidad [imfiđeli'đađ] *f* Untreue *f*
infiel [im'fĭɛl] **1.** *adj* untreu; *rel* ungläubig; **2.** *m* Ungläubige(r) *m*
infiernillo [imfĭɛr'niʎo] *m* Spirituskocher *m*
infierno [im'fĭɛrno] *m* Hölle *f*
infiltra|ción [imfiltra'θĭɔn] *f* Einsickern *n*; *pol* Einschleusung *f*; **~r** [-'trar] (*1a*) infiltrieren; **~rse** einsickern; *pol* ***~ en*** unterwandern
ínfimo ['imfimo] unterst, niedrigst
infini|dad [imfini'đađ] *f* Unendlichkeit

f; *fig* Unmenge *f*; **~tivo** [-'tiƀo] *m* Infinitiv *m*; **~to** [-'nito] **1.** *adj* unendlich; (*numeroso*) zahllos; **2.** *m* Unendlichkeit *f*

inflación [imfla'θĭɔn] *f* Inflation *f*

inflama|ble [imfla'maƀle] entzündbar; feuergefährlich; **~ción** [-'θĭɔn] *f* Entzündung *f* (*a med*); **~r(se)** [-'mar(se)] (*1a*) (sich) entzünden

inflar [im'flar] (*1a*) aufblasen, aufpumpen; **~se** *fig* sich aufblasen

inflexible [imflɛg'siƀle] unbiegsam; *fig* unbeugsam; unerbittlich

infligir [imfli'xir] (*3c*) auferlegen; (*derrota*) bereiten

influ|encia [imflu'enθĭa] *f* Einfluss *m*; **~ir** [-'ir] (*3g*) beeinflussen; **~jo** [-'fluxo] *m* Einfluss *m*; **~yente** [-'jente] einflussreich

informa|ción [imfɔrma'θĭɔn] *f* Auskunft *f*, Information *f*; (*noticia*) Nachricht *f*; **~ *viaria*** Verkehrsfunk *m*; **~dor** [-'đɔr] *m* Informant *m*; Reporter *m*; **~l** [-'mal] zwanglos; (*persona*) unzuverlässig; **~lidad** [-li'đađ] *f* Zwanglosigkeit *f*; Unzuverlässigkeit *f*; **~r** [-'mar] (*1a*) informieren, benachrichtigen; **~rse** sich erkundigen (nach ***de***), sich informieren

informáti|ca [imfɔr'matika] *f* Informatik *f*; **~co** [-'matiko] *m* Informatiker *m*

infor|mativo [imfɔrma'tiƀo] **1.** *adj* informativ, Informations…; **2.** *m* Nachrichtensendung *f*; **~me** [-'fɔrme]; **3.** *adj* formlos; unförmig; **4.** *m* Bericht *m*; *jur* Plädoyer *n*; ***~s*** *pl* Referenzen *f*/*pl*

infortu|nado [imfɔrtu'nađo] unglücklich; **~nio** [-'tunĭo] *m* Unglück *n*

infracción *jur* [imfrag'θĭɔn] *f* strafbare Handlung *f*; Verstoß *m*

infraestructura [imfraestruk'tura] *f* Infrastruktur *f*; *tec* Unterbau *m*

in fraganti *jur* [imfra'ganti] auf frischer Tat, in flagranti

infrahumano [imfrau'mano] menschenunwürdig

infranqueable [imfranke'aƀle] unpassierbar; *fig* unüberwindlich

infrarrojo [imfra'rrɔxɔ] infrarot

infringir *jur* [imfriŋ'xir] (*3c*) verstoßen gegen

infructuoso [imfruk'tŭoso] nutzlos, zwecklos

infun|dado [imfun'dađo] unbegründet; **~dir** [-'dir] (*3a*) einflößen

infusión [imfu'sĭɔn] *f* (Kräuter-)Tee *m*

ingeni|ar [iŋxe'nĭar] (*1b*) ersinnen; **~ería** [-e'ria] *f*: **~ *genética*** Gentechnik *f*; **~ero** [-'nĭero] *m* Ingenieur *m*; **~ *agrónomo*** Diplomlandwirt *m*; **~ *de sonido*** Toningenieur *m*; **~o** [iŋ'xenĭo] *m* Geist *m*; Genie *n*; *tec* Vorrichtung *f*; *Am* Zuckerfabrik *f*; **~oso** [-'nĭoso] sinnreich; erfinderisch; (*persona*) geistreich

ingente [iŋ'xente] ungeheuer groß

ingenu|idad [iŋxenŭi'đađ] *f* Naivität *f*; Unbefangenheit *f*; **~o** [iŋ'xenŭo] treuherzig; naiv

ingerir [iŋxe'rir] (*3i*) zu sich nehmen; *med* einnehmen

Inglaterra [iŋgla'tɛrra] *f* England *n*

ingle *anat* ['iŋgle] *f* Leiste *f*

ingl|és [iŋ'gles] **1.** *adj* englisch; **2. ~és** *m*, **~esa** [-'glesa] *f* Engländer(in) *m*(*f*)

ingra|titud [iŋgrati'tuđ] *f* Undankbarkeit *f*; **~to** [iŋ'grato] undankbar (*a fig*)

ingravidez [iŋgraƀi'đeθ] *f* Schwerelosigkeit *f*

ingre|diente [iŋgre'dĭente] *m* Bestandteil *m*; *gastr* Zutat *f*; **~sar** [-'sar] (*1a*) **1.** *v/i* eintreten; *med* eingeliefert werden; **2.** *v/t* einzahlen; **~so** [iŋ'greso] *m* Eintritt *m*; *med* Einlieferung *f*; *com* Einzahlung *f*; (***examen*** *m* ***de***) **~** Aufnahmeprüfung *f*; ***~s*** *m*/*pl* Einkommen *n*; ***~s brutos*** Bruttoeinkommen *n*

inhábil [i'naƀil] unfähig; untauglich

inhabita|ble [inaƀi'taƀle] unbewohnbar; **~do** [-'tađo] unbewohnt

inhalar [ina'lar] (*1a*) inhalieren, einatmen

inherente [ine'rente] innewohnend; (eng) verknüpft mit

inhibi|ción [iniƀi'θĭɔn] *f* Verbot *n*; *psic* Hemmung *f*; **~r** [-'ƀir] (*3a*) untersagen; *psic* hemmen

inhospitalario [inɔspita'larĭo] ungastlich; unwirtlich

inhuma|ción [inuma'θĭɔn] *f* Beerdigung *f*; **~no** [-'mano] unmenschlich

I.N.I. *m* ***Instituto Nacional de Industria*** Staatliches Institut für Industrie

inici|al [ini'θĭal] **1.** *adj* anfänglich, Anfangs…; **2.** *f* Anfangsbuchstabe *m*; **~alizar** *inform* (*1a*) booten; **~ar** [-'θĭar] (*1b*) beginnen; (*enseñar*) einführen (in ***en***); **~ativa** [-'tiƀa] *f* Initiative *f*; **~o** [-'niθĭo] *m* Beginn *m*, Anfang *m*

iniguala|ble [inigŭa'laƀle] unvergleichlich; **~do** [-'lađo] unerreicht

inimaginable [inimaxi'naƀle] unvorstellbar

inimitable [inimi'taƀle] unnachahmlich

ininteligible [ininteli'xiƀle] unverständlich

ininterrumpido [ininterrum'piđo] ununterbrochen

inje|rencia [iŋxe'renθĭa] *f* Einmischung *f*; **~rirse** [-'rirse] (*3i*) sich einmischen (in *ac* ***en***)

injer|tar [iŋxεr'tar] (*1a*) *agr* pfropfen; *med* verpflanzen; **~to** [iŋ'xεrto] *m agr* Pfropfreis *n*; *med* Verpflanzung *f*

injuria [iŋ'xurĭa] *f* Beleidigung *f*; Beschimpfung *f*; **~r** [-'rĭar] (*1b*) beleidigen; beschimpfen

injus|ticia [iŋxus'tiθĭa] *f* Ungerechtigkeit *f*; Unrecht *n*; **~tificado** [-tifi'kađo] ungerechtfertigt, unberechtigt; **~to** [iŋ'xusto] ungerecht

inmaculado [inmaku'lađo] unbefleckt (*a rel*); makellos

inmadu|rez [inmađu'reθ] *f* Unreife *f* (*a fig*); **~ro** [-'đuro] unreif

inmedia|tamente [inmeđĭata'mente] sofort; **~to** [-'đĭato] unmittelbar; sofortig

inmejorable [inmεxo'raƀle] unübertrefflich, vorzüglich

inmenso [in'menso] unermesslich

inmerecido [inmere'θiđo] unverdient

inmersión [inmεr'sĭɔn] *f* Eintauchen *n*

inmigra|ción [inmigra'θĭɔn] *f* Einwanderung *f*; **~nte** [-'grante] *m* Einwanderer *m*; **~r** [-'grar] (*1a*) einwandern

inminente [inmi'nente] nahe bevorstehend

inmiscuirse [inmisku'irse] (*3g*) sich einmischen

inmobiliario [inmoƀi'lĭarĭo] Immobilien...

inmoderado [inmođe'rađo] unmäßig; maßlos

inmodesto [inmo'đesto] unbescheiden

inmoral [inmo'ral] unmoralisch, unsittlich

inmortal [inmɔr'tal] unsterblich; **~idad** [-tali'đađ] *f* Unsterblichkeit *f*; **~izar** [-'θar] (*1f*) unsterblich machen; verewigen

inmotivado [inmoti'ƀađo] grundlos, unmotiviert

inmóvil [in'moƀil] unbeweglich

inmueble [in'mŭeƀle] *m* Gebäude *n*; **~s** *pl* Immobilien *pl*

inmun|dicia [inmun'diθĭa] *f* Schmutz *m*; Unrat *m*; **~do** [in'mundo] schmutzig; *fig* unrein

inmu|ne [in'mune] immun; **~nidad** [-ni'đađ] *f* Immunität *f*; **~nizar** [-'θar] (*1f*) immunisieren

inmutable [inmu'taƀle] unveränderlich; *fig* unerschütterlich

innato [in'nato] angeboren

innecesario [inneθe'sarĭo] unnötig

innegable [inne'gaƀle] unleugbar

innovación [innoƀa'θĭɔn] *f* Neuerung *f*

innumerable [innume'raƀle] unzählig, zahllos

inocen|cia [ino'θenθĭa] *f* Unschuld *f*; **~te** [-'θente] unschuldig; *fig* naiv

inocuo [i'nokŭo] unschädlich

inodoro [ino'đoro] **1.** *adj* geruchlos; **2.** *m* WC *n*

inofensivo [inofen'siƀo] harmlos; unschädlich

inolvidable [inɔlƀi'đaƀle] unvergesslich

inoperante [inope'rante] wirkungslos

inopinado [inopi'nađo] unerwartet

inoportuno [inopɔr'tuno] ungelegen; unpassend

inorgánico *quím* [inɔr'ganiko] anorganisch

inoxidable [inɔgsi'đaƀle] rostfrei, nicht rostend

inquebrantable [iŋkeƀran'taƀle] *fig* unverbrüchlich

inquie|tar [iŋkĭe'tar] (*1a*) beunruhigen; **~to** [iŋ'kĭeto] unruhig; **~tud** [-'tuđ] *f* Unruhe *f*; Beunruhigung *f*

inquilino [iŋki'lino] *m* Mieter *m*

inquisi|ción [iŋkisi'θĭɔn] *f* Nachforschung *f*; *hist* ♀ Inquisition *f*; **~dor** [-'đɔr] **1.** *adj* forschend; **2.** *hist m* Inquisitor *m*

insaciable [insa'θĭaƀle] unersättlich

insalubre [insa'luƀre] ungesund

insano [in'sano] ungesund

insatisfecho [insatis'fetʃo] unzufrieden

inscri|bir [inskri'ƀir] (*3a*; *part* ***inscrito***) einschreiben, eintragen; **~birse** sich anmelden; **~pción** [-kriƀ'θĭɔn] *f* Inschrift *f*; Anmeldung *f*

insec|ticida [insεkti'θiđa] *m* Insektizid *n*; **~to** [in'sεkto] *m* Insekt *n*

insegu|ridad [inseguri'đađ] *f* Unsicherheit *f*; **~ro** [-'guro] unsicher

insensa|tez [insensa'teθ] *f* Unsinn *m*; Verrücktheit *f*; **~to** [-'sato] unsinnig; unvernünftig
insensible [insen'siƀle] unempfindlich, gefühllos (gegen ***a***)
inseparable [insepa'raƀle] untrennbar; unzertrennlich
insertar [insɛr'tar] (*1a*) einschalten; einfügen; (*anuncio*) aufgeben
inservible [insɛr'ƀiƀle] unbrauchbar
insidioso [insi'đĭoso] hinterlistig; heimtückisch
insign|e [in'signe] berühmt; **~ia** [-nĭa] *f* Abzeichen *n*
insignificante [insignifi'kante] geringfügig, unbedeutend
insinua|ción [insinua'θĭɔn] *f* Anspielung *f*, Andeutung *f*; **~r** [-'ar] (*1e*) andeuten; **~rse** sich einschmeicheln
insípido [in'sipiđo] fade, geschmacklos (*a fig*)
insist|encia [insis'tenθĭa] *f* Beharrlichkeit *f*; Nachdruck *m*; **~ir** [-'tir] (*3a*) dringen, bestehen (auf *dat* ***en***)
insobornable [insoƀor'naƀle] unbestechlich
insociable [inso'θĭaƀle] ungesellig
insolación [insola'θĭɔn] *f* Sonnenstich *m*
insolen|cia [inso'lenθĭa] *f* Unverschämtheit *f*; **~te** [-'lente] unverschämt, frech
insólito [in'solito] ungewöhnlich
insoluble [inso'luƀle] unlöslich
insolven|cia [insɔl'ƀenθĭa] *f* Zahlungsunfähigkeit *f*, Insolvenz *f*; **~te** [-'ƀente] zahlungsunfähig, insolvent
insom|ne [in'sɔmne] schlaflos; **~nio** [-nĭo] *m* Schlaflosigkeit *f*
insondable [insɔn'daƀle] unergründlich
insono|rización [insonoriθa'θĭɔn] *f* Schalldämmung *f*; **~rizar** [-'θar] (*1f*) schalldicht machen; **~ro** [-'noro] schalldicht
insoportable [insopɔr'taƀle] unerträglich; unausstehlich
insospechado [insɔspe'tʃađo] unvermutet
insostenible [insɔste'niƀle] unhaltbar
inspec|ción [inspɛg'θĭɔn] *f* Besichtigung *f*; Kontrolle *f*, Inspektion *f*; **~cionar** [-θĭo'nar] (*1a*) besichtigen; kontrollieren; **~tor** [-pɛk'tor] *m* Aufseher *m*; Inspektor *m*; **~ *tributario*** Steuerprüfer *m*
inspira|ción [inspira'θĭɔn] *f* Einatmung *f*; *fig* Inspiration *f*, Eingebung *f*; **~r** [-'rar] (*1a*) einatmen; *fig* einflößen; (*sugerir*) anregen, inspirieren
instala|ción [instala'θĭɔn] *f* Einrichtung *f*; Installation *f*; *tec* Anlage *f*; ***instalaciones sanitarias*** Sanitäranlagen *f/pl*; **~dor** [-'đɔr] *m* Installateur *m*; Monteur *m*; **~r** [-'lar] (*1a*) einrichten, aufstellen, installieren; **~rse** sich niederlassen
instan|cia [ins'tanθĭa] *f* Gesuch *n*; Eingabe *f*; *jur* Instanz *f*; **~tánea** [-'tanea] *f fot* Schnappschuss *m*; **~táneo** [-'taneo] augenblicklich; Instant…; **~te** [-'tante] *m* Augenblick *m*, Moment *m*; ***al* ~** sofort; ***en un* ~** im Nu
instar [ins'tar] (*1a*) **1.** *v/t* dringend bitten, drängen; **2.** *v/i* dringend sein
instiga|ción [instiga'θĭɔn] *f* Anstiftung *f*; **~r** [-'gar] (*1h*) anstiften (zu ***a***)
instin|tivo [instin'tiƀo] instinktiv; **~to** [-'tinto] *m* Instinkt *m*
institu|ción [institu'θĭɔn] *f* Einrichtung *f*, Institution *f*; Anstalt *f*; **~ir** [-'ir] (*3g*) gründen; einsetzen; **~to** [-'tuto] *m* Institut *n*; **≈ *Monetario Europeo* (*IME*)** Europäisches Währungsinstitut (EWI) *n*; **~ *de belleza*** Kosmetiksalon *m*; *Esp* **≈ (*de Enseñanza Media*)** Gymnasium *n*; **~triz** [-'triθ] *f* Erzieherin *f*
instru|cción [instrug'θĭɔn] *f* Schulung *f*; Ausbildung *f* (*a mil*); (*cultura*) Bildung *f*; *inform* Befehl *m*; ***instrucciones*** *pl* Anweisung *f*; Vorschrift *f*; ***instrucciones de uso*** (*o* ***de servicio***) Bedienungsanleitung *f*; **~ctivo** [-truk'tiƀo] lehrreich; **~ctor** [-'tɔr] *m mil* Ausbilder *m*; **~ido** [-'iđo] gebildet; **~ir** [-'ir] (*3g*) ausbilden, schulen; unterweisen
instrumen|tación *mús* [instrumenta'θĭɔn] *f* Instrumentierung *f*; **~tar** [-'tar] (*1a*) instrumentieren; **~tista** *mús* [-'tista] *m* Instrumentalist *m*; **~to** [-'mento] *m* Instrument *n*; *tec* Werkzeug *n*; *mús* **~ *de arco* (*de cuerda, de percusión, de viento*)** Streich- (Saiten-, Schlag-, Blas-)instrument *n*
insubordina|ción [insuƀɔrđina'θĭɔn] *f* Gehorsamsverweigerung *f*; **~rse** [-'narse] (*1a*) den Gehorsam verweigern
insuficien|cia [insufi'θĭenθĭa] *f* Unzu-

länglichkeit *f*; **~te** [-ˈθĭente] unzulänglich; (*nota*) ungenügend
insufrible [insuˈfriƀle] unerträglich
insular [insuˈlar] Insel…
insulina [insuˈlina] *f* Insulin *n*
insulso [inˈsulso] geschmacklos, fade (*a fig*)
insul|tar [insulˈtar] (*1a*) beleidigen; **~to** [-ˈsulto] *m* Beleidigung *f*
insuperable [insupeˈraƀle] unüberwindlich; *fig* unübertrefflich
insurrección [insurrɛgˈθĭɔn] *f* Aufstand *f*
insustituible [insustituˈiƀle] unersetzlich
intachable [intaˈtʃaƀle] tadellos, einwandfrei
intacto [inˈtakto] unberührt; unversehrt, intakt
intangible [intaŋˈxiƀle] unantastbar
integra|l [inteˈgral] vollständig; *mat* Integral…; **~nte** [-ˈgrante] **1.** *adj* wesentlich; **2.** *su* Mitglied *n*; **~r** [-ˈgrar] (*1a*) bilden; *mat*, *pol* integrieren
integridad [integriˈđađ] *f* Vollständigkeit *f*; *fig* Redlichkeit *f*
íntegro [ˈintegro] vollständig; *fig* rechtschaffen, redlich
intelec|to [inteˈlɛkto] *m* Intellekt *m*; **~tual** [-ˈtŭal] **1.** *adj* intellektuell; **2.** *su* Intellektuelle(r *m*) *f*
inteligen|cia [inteliˈxenθĭa] *f* Intelligenz *f*; **~te** [-ˈxente] intelligent; klug
inteligible [inteliˈxiƀle] verständlich
intemperie [intemˈperĭe] *f*: ***a la ~*** bei Wind und Wetter; im Freien
intempestivo [intempesˈtiƀo] ungelegen
intemporal [intempoˈral] zeitlos
intenci|ón [intenˈθĭɔn] *f* Absicht *f*; ***segunda ~*** Hintergedanke *m*; ***sin ~*** unabsichtlich; **~onado** [-θĭoˈnađo] vorsätzlich, absichtlich; **~onal** [-θĭoˈnal] absichtlich
inten|sidad [intensiˈđađ] *f* Stärke *f*; Intensität *f*; ***~ del sonido*** Lautstärke *f*; **~sificar** [-fiˈkar] (*1g*) verstärken; intensivieren; **~so** [inˈtenso] intensiv; heftig; stark
inten|tar [intenˈtar] (*1a*) versuchen; **~to** [inˈtento] *m* Versuch *m*; **~tona** [-ˈtona] *f*: **~ (*golpista*)** Putschversuch *m*
interacción [intɛragˈθĭɔn] *f* Wechselwirkung *f*
interactivo [intɛrakˈtiƀo] interaktiv
intercalar [intɛrkaˈlar] (*1a*) einfügen, einschieben
intercam|biable [intɛrkamˈbĭaƀle] austauschbar; **~bio** [-ˈkambĭo] *m* Austausch *m*
interceder [intɛrθeˈđɛr] (*2a*) sich verwenden (für *ac* ***por***)
interceptar [interθɛpˈtar] (*1a*) abfangen; *tel* abhören
intercesión [intɛrθeˈsĭɔn] *f* Vermittlung *f*; Fürsprache *f*
interconectado [intɛrkɔnegˈtađo] vernetzt
interés [inteˈres] *m* Interesse *n*; *com* Zins(en) *m*(*pl*); *fig* Eigennutz *m*; ***intereses acreedores*** Habenzinsen *m*/*pl*
interesa|do [intereˈsađo] **1.** *adj* beteiligt; interessiert (an *dat* ***en***); *desp* eigennützig; **2.** *m* Interessent *m*; **~nte** [-ˈsante] interessant; **~r** [-ˈsar] (*1a*) interessieren; (*afectar*) betreffen; in Mitleidenschaft ziehen; **~rse** sich interessieren (für *ac* ***por***)
interfaz *inform* [intɛrˈfaθ] *m u f* Schnittstelle *f*
interferencia [intɛrfeˈrenθĭa] *f el* Interferenz *f*, Überlagerung *f*
interfono [intɛrˈfono] *m* (Gegen-) Sprechanlage *f*
interino [inteˈrino] einstweilig
interior [inteˈrĭɔr] **1.** *adj* innere(r, -s); Innen…; **2.** *m das* Innere *n*; Inland *n*; ***~es*** *m*/*pl* (*cine*) Innenaufnahmen *f*/*pl*; **~idades** [-rĭoriˈđađes] *f*/*pl* private Angelegenheiten *f*/*pl*; Intimsphäre *f*
interjección *gram* [intɛrxegˈθĭɔn] *f* Interjektion *f*
interlocutor [intɛrlokuˈtɔr] *m* Gesprächspartner *m*
interme|diario [intɛrmeˈđĭarĭo] **1.** *adj* Zwischen…, Mittel…; **2.** *m* Vermittler *m*; *com* Zwischenhändler *m*; **~dio** [-ˈmeđĭo]; **3.** *adj* Zwischen…; **4.** *m* Zwischenzeit *f*; *teat* Pause *f*
intermi|nable [intɛrmiˈnaƀle] endlos; **~tente** [-ˈtente] **1.** *adj* intermittierend; ***luz f ~*** Blinklicht *n*; **2.** *m auto* Blinker *m*
internacional [intɛrnaθĭoˈnal] international
intern|ado [intɛrˈnađo] *m* Internat *n*; (*persona*) Internierte(r) *m*; **~ar** [-ˈnar] (*1a*) internieren; *med* einweisen; **~arse** eindringen (in *ac* ***en***); **~ista** *med* [-ˈnista] *su* Internist(in) *m*(*f*)

Internet *inform* ['internet] *m* Internet *n*
interno [in'terno] **1.** *adj* innere(r, -s); innerlich; intern; **2.** *m* Internatsschüler *m*
interpela|ción [interpela'θĭɔn] *f pol* Anfrage *f*; **~r** [-'lar] (*1a*) anfragen; interpellieren
interplanetario [interplane'tarĭo] Weltraum…
interponer [interpo'ner] (*2r*) einschieben; dazwischenstellen
interpreta|ción [interpreta'θĭɔn] *f* Interpretation *f* (*a mús*); Auslegung *f*, Deutung *f*; (*traducción*) Dolmetschen *n*; *teat* Spiel *n*; **~r** ['tar] (*1a*) interpretieren (*a mús*); auslegen; (*traducir*) dolmetschen; *teat* darstellen, spielen
intérprete [in'terprete] *su* Dolmetscher(in) *m*(*f*); Interpret(in) *m*(*f*) (*a mús*); *teat* Darsteller(in) *m*(*f*)
interroga|ción [interrɔga'θĭɔn] *f* Frage *f*; (***signo*** *m* ***de***) **~** Fragezeichen *n*; **~nte** [-'gante] *m* (offene) Frage *f*, Fragezeichen *n*; **~r** [-'gar] (*1h*) befragen; *jur* verhören; **~torio** *jur* [-'torĭo] *m* Verhör *n*
interru|mpir [interrum'pir] (*3a*) unterbrechen; **~pción** [-rruƀ'θĭɔn] *f* Unterbrechung *f*; **~ptor** [-rrup'tɔr] *m el* Schalter *m*
intervalo [inter'ƀalo] *m* Zwischenzeit *f*; (*espacio*) Zwischenraum *m*; Abstand *m*; *mús* Intervall *n*
interven|ción [interƀen'θĭɔn] *f* Eingreifen *n*; *pol* Intervention *f*; *med* Eingriff *m*; **~ir** [-ƀe'nir] (*3s*) **1.** *v/i* vermitteln; (*participar*) teilnehmen (an *dat* ***en***); eingreifen; **2.** *v/t med* operieren; *tel* abhören; **~tor** [-ƀen'tɔr] *m* Kontrolleur *m*; Inspektor *m*
interviú [inter'ƀĭu] *f* Interview *n*
intesti|nal [intesti'nal] Darm…; **~no** [-'tino] **1.** *adj* innere(r, -s); **2.** *m* Darm *m*; **~ *delgado*** Dünndarm *m*; **~ *grueso*** Dickdarm *m*; ***~s*** *pl* Eingeweide *n/pl*
intimar [inti'mar] (*1a*) **1.** *v/t* auffordern; **2.** *v/i* (enge) Freundschaft schließen (mit *dat* ***con***)
intimi|dad [intimi'đađ] *f* Intimität *f*; Vertrautheit *f*; ***en la~*** im engsten Kreis; **~dar** [-'đar] (*1a*) einschüchtern
íntimo ['intimo] innerst; intim; vertraut
intolera|ble [intole'raƀle] unerträglich; **~ncia** [-'ranθĭa] *f* Intoleranz *f*; **~nte** [-'rante] unduldsam, intolerant
intoxica|ción [intɔgsika'θĭɔn] *f* Vergiftung *f*; **~r** [-'kar] (*1g*) vergiften
Intranet *inform* ['intranet] *m* Intranet *n*
intranqui|lidad [intraŋkili'đađ] *f* Unruhe *f*; **~lizar** [-'θar] (*1f*) beunruhigen; **~lo** [-'kilo] unruhig; ängstlich
intransferible [intransfe'riƀle] nicht übertragbar
intransi|gencia [intransi'xenθĭa] *f* Unnachgiebigkeit *f*; **~gente** [-'xente] unnachgiebig; **~table** [-'taƀle] unwegsam; nicht befahrbar; **~tivo** *gram* [-'tiƀo] intransitiv
intrascendente [intrasθen'dente] unwichtig, unwesentlich
intravenoso *med* [intraƀe'noso] intravenös
intr|epidez [intrepi'đeθ] *f* Unerschrockenheit *f*; **~épido** [in'trepiđo] unerschrocken, verwegen
intriga [in'triga] *f* Intrige *f*; **~nte** [-'gante] *m* Intrigant *m*; **~r** [-'gar] (*1h*) **1.** *v/t* neugierig machen; **2.** *v/i* intrigieren
intrincado [intriŋ'kađo] unwegsam; *fig* verwickelt, verworren
intrínseco [in'trinseko] inner(lich), eigentlich
introdu|cción [introđug'θĭɔn] *f* Einführung *f*; Einleitung *f*; **~cir** [-đu'θir] (*3o*) einführen; *inform* eingeben; **~cirse** eindringen
intromisión [intromi'sĭɔn] *f* Einmischung *f*
introvertido [introƀer'tiđo] introvertiert
intruso [in'truso] *m* Eindringling *m*; Störenfried *m*
intui|ción [intŭi'θĭɔn] *f* Intuition *f*; **~r** [intu'ir] (*3g*) intuitiv erkennen; **~tivo** [intŭi'tiƀo] intuitiv
inunda|ción [inunda'θĭɔn] *f* Überschwemmung *f*; **~r** [-'dar] (*1a*) überschwemmen, überfluten (*a fig*)
inusitado [inusi'tađo] ungebräuchlich, ungewöhnlich
inútil [i'nutil] **1.** *adj* unnütz; zwecklos; *mil* untauglich; **2.** *m* Taugenichts *m*
inutili|dad [inutili'đađ] *f* Nutz-, Zwecklosigkeit *f*; **~zar** [-'θar] (*1f*) unbrauchbar machen; (*sello*) entwerten
invadir [imba'đir] (*3a*) überfallen; einfallen in (*ac*); (*plaga*) befallen
invali|dar [imbali'đar] (*1a*) ungültig machen; **~dez** [-'đeθ] *f* Ungültigkeit *f*; *med* Invalidität *f*

inválido [im'baliđo] **1.** *adj* ungültig; *med* invalide; **2.** *m* Invalide *m*
invariable [imba'rĭaƀle] unveränderlich
inva|sión [imba'sĭɔn] *f* Invasion *f*; **~sor** [-'sɔr] *m* Eindringling *m*
invencible [imben'θiƀle] unbesiegbar; *fig* unüberwindlich
invención [imben'θĭɔn] *f* Erfindung *f*
invendible [imben'diƀle] unverkäuflich
inven|tar [imben'tar] (*1a*) erfinden; **~tario** [-'tarĭo] *m* Inventur *f*, Bestandsaufnahme *f*; (*lista*) Inventar *n*; **~tiva** [-'tiƀa] *f* Erfindungsgabe *f*; **~tivo** [-'tiƀo] erfinderisch; **~to** [im'bento] *m* Erfindung *f*; **~tor** [-'tɔr] *m* Erfinder *m*
inverna|dero [imbɛrna'đero] *m* Treibhaus *n*; ***efecto*** *m* **~** Treibhauseffekt *m*; **~l** [-'nal] winterlich; **~r** [-'nar] (*1k*) überwintern
inverosímil [imbero'simil] unwahrscheinlich
inver|sión [imbɛr'sĭɔn] *f* Umkehrung *f*; *com* Anlage *f*, Investition *f*; **~so** [-'bɛrso] umgekehrt; entgegengesetzt; ***a la inversa*** umgekehrt; **~sor** [-'sɔr] *m* *com* Anleger *m*, Investor *m*
inverti|do [imbɛr'tiđo] umgekehrt; (*persona*) homosexuell; **~r** [-'tir] (*3i*) umkehren, umdrehen; *com* anlegen, investieren; (*tiempo*) aufwenden (für ***en***)
investiga|ción [imbestiga'θĭɔn] *f* Forschung *f*; *jur* Ermittlungen *f/pl*, Untersuchung *f*; **~dor** [-'đɔr] *m* Forscher *m*; **~ *privado*** Privatdetektiv *m*; **~r** [-'gar] (*1h*) (er)forschen; untersuchen
inveterado [imbete'rađo] eingewurzelt; eingefleischt
inviable [im'bĭaƀle] undurchführbar
invicto [im'bikto] unbesiegt
invidente [imbi'đente] blind
invierno [im'bĭerno] *m* Winter *m*
inviolable [imbĭo'laƀle] unverletzlich
invisible [imbi'siƀle] unsichtbar
invita|ción [imbita'θĭɔn] *f* Einladung *f*; Aufforderung *f*; **~do** [-'tađo] *m* Gast *m*; **~r** [-'tar] (*1a*) einladen; auffordern (zu ***a***)
involuntario [imbolun'tarĭo] unfreiwillig; unabsichtlich
invulnerable [imbulne'raƀle] unverwundbar
inyec|ción [injɛg'θĭɔn] *f* Injektion *f*, Spritze *f*; *a auto* Einspritzung *f*; **~tar** [-jɛk'tar] (*1a*) (ein)spritzen
IPC *m* ***Índice de Precios al Consumo*** Verbraucherpreisindex *m*
ir [ir] (*3t*) gehen; fahren; reisen; (*vestido*) stehen, passen; **~ *a*** *inf* sich anschicken zu *inf*; ***voy a comer*** ich gehe jetzt essen; **~ *en coche*** (***tren***) mit dem Auto (Zug) fahren; **~ *de compras*** einkaufen (gehen), shoppen; **~ *en avión*** fliegen; **~ *para viejo*** alt werden; **~ *por*** (F ***a por***) ***a/c*** et holen; ***a eso voy*** darauf will ich hinaus; ***¡(ya) voy!*** ich komme (schon)!; ***¡qué va!*** ach was!; ***¡vamos!*** gehen wir!; ***¡vaya!*** na so was!; **~se** (weg)gehen; wegfahren; abreisen; ***¡vámonos!*** los, gehen wir!
ira ['ira] *f* Zorn *m*; Wut *f*; **~cundo** [-'kundo] jähzornig
Irak [i'rak] *m* Irak *m*
irakí [ira'ki] **1.** *adj* irakisch; **2.** *su* Iraker(in) *m*(*f*)
Irán [i'ran] *m* Iran *m*
ira|ní [ira'ni] **1.** *adj* iranisch; **2.** *su* Iraner(in) *m*(*f*)
iris ['iris] *m* *anat* Iris *f*, Regenbogenhaut *f*; ***arco*** *m* **~** Regenbogen *m*
Irlanda [ir'landa] *f* Irland *n*
irland|és [irlan'des] **1.** *adj* irisch; **2. ~és** *m*, **~esa** [-'desa] *f* Ire *m*, Irin *f*
ironía [iro'nia] *f* Ironie *f*
irónico [i'roniko] ironisch
IRPF *m* ***Impuesto sobre la Renta de las Personas Físicas*** *span.* Einkommensteuer *f*
irradia|ción [irrađĭa'θĭɔn] *f* Aus-, Bestrahlung *f*; **~r** [-'đĭar] (*1b*) ausstrahlen (*a fig*); *med* bestrahlen
irreal [irrɛ'al] unwirklich, irreal; **~izable** [-ali'θaƀle] unausführbar
irre|conciliable [irrɛkɔnθi'lĭaƀle] unversöhnlich; **~cuperable** [-kupe'raƀle] unwiederbringlich; **~flexivo** [-fleg'siƀo] unüberlegt; **~futable** [-fu'taƀle] unwiderleglich; unumstößlich
irregular [irrɛgu'lar] unregelmäßig; **~idad** [-ri'đađ] *f* Unregelmäßigkeit *f*
irre|levante [irrɛle'ƀante] irrelevant, unerheblich; **~mediable** [-me'đĭaƀle] unabänderlich; **~parable** [-pa'raƀle] nicht wieder gutzumachen(d); unersetzlich; **~prochable** [-pro'tʃaƀle] untadelig; **~sistible** [-sis'tiƀle] unwiderstehlich; **~spetuoso** [-pe'tŭoso] respektlos; **~sponsable** [-pɔn'saƀle] unverantwortlich; verantwortungslos;

~vocable [-ƀo'kaƀle] unwiderruflich
irriga|ción [irriga'θĭɔn] *f agr* Bewässerung *f*; *med* Spülung *f*; **~r** [-'gar] *(1h) med* spülen; *Am* bewässern
irrisorio [irri'sorĭo] lächerlich, lachhaft; ***precio*** *m* **~** Spottpreis *m*
irrita|ble [irri'taƀle] reizbar; **~ción** [-ta-'θĭɔn] *f* Reizung *f* (*a med*); Gereiztheit *f*; **~r** [-'tar] *(1a)* reizen (*a med*); **~rse** sich aufregen
irrompible [irrɔm'piƀle] unzerbrechlich
irru|mpir [irrum'pir] *(3a)* eindringen, einfallen; **~pción** [irruƀ'θĭɔn] *f* Einfall *m*; Einbruch *m*
isla ['izla] *f* Insel *f*
isl|am [iz'lam] *m* Islam *m*; **~ámico** islamisch
island|és [izlan'des] **1.** *adj* isländisch; **2.** *m*, **~esa** [-'desa] *f* Isländer(in) *m(f)*
Islandia [iz'landĭa] *f* Island *n*
isleño [iz'leɲo] **1.** *adj* Insel…; **2.** *m* Inselbewohner *m*
israelí [izrrae'li] **1.** *adj* israelisch; **2.** *su* Israeli *su*
istmo ['istmo] *m* Landenge *f*
Italia [i'talĭa] *f* Italien *n*
italian|o [ita'lĭano] **1.** *adj* italienisch; **2.** **~o** *m*, **~a** *f* Italiener(in) *m(f)*
itinerario [intine'rarĭo] *m* Reiseplan *m*, -route *f*; Wanderweg *m*
ITV *f* ***Inspección Técnica de Vehículos*** *der span. TÜV*
IU *f* ***Izquierda Unida*** (*Vereinte Linke*) *Kommunistisches Parteienbündnis*
IVA *m* ***Impuesto sobre el Valor Añadido*** MwSt. *f* (Mehrwertsteuer)
izar [i'θar] *(1f)* hissen
izquier|da [iθ'kĭɛrđa] *f* linke Hand *f*; *pol* Linke *f*; ***a la*** (*od* ***por la***) **~** links; **~dista** [-'đista] *m pol* Linke(r) *m*; **~do** [iθ'kĭɛrđo] linke(r, -s)

J

J, **j** ['xota] *f* J, j *n*
jabalí [xaƀa'li] *m* Wildschwein *n*
jabalina [xaƀa'lina] *f dep* Speer *m*
jabón [xa'ƀɔn] *m* Seife *f*
jabonera [xaƀo'nera] *f* Seifenschale *f*
jacinto *bot* [xa'θinto] *m* Hyazinthe *f*
jacta|ncia [xak'tanθĭa] *f* Prahlerei *f*; **~rse** [-'tarse] *(1a)* prahlen (mit *dat* ***de***)
jadear [xađe'ar] *(1a)* keuchen
jaguar [xa'gŭar] *m* Jaguar *m*
jalea [xa'lea] *f* Gelee *n*
jale|ar [xale'ar] *(1a)* anfeuern; **~o** [-'leo] *m* Krach *m*; F Rummel *m*; Durcheinander *n*; ***armar*** **~** F Radau machen
jalón [xa'lɔn] *m* Messstange *f*
jalonar [xalo'nar] *(1a)* abstecken
Jamaica [xa'maĭka] *f* Jamaika *n*
jamás [xa'mas] nie(mals); je(mals)
jamelgo [xa'mɛlgo] *m* Klepper *m*
jamón [xa'mɔn] *m* Schinken *m*; **~ *dulce*** gekochter Schinken *m*; **~ *serrano*** roher Schinken *m*
Japón [xa'pɔn] *m* Japan *n*
japon|és [xapo'nes] **1.** *adj* japanisch; **2.** **~és** *m*, **~esa** [-'nesa] *f* Japaner(in) *m(f)*
jaque ['xake] *m* Schach *n*; **~ *mate*** schachmatt; *fig* ***tener en*** **~** in Schach halten
jaqueca [xa'keka] *f* Migräne *f*
jarabe [xa'raƀe] *m* Sirup *m*
jarcia *mar* ['xarθĭa] *f* Takelwerk *n*
jardín [xar'đin] *m* Garten *m*; **~ *de infancia*** Kindergarten *m*
jardine|ra [xarđi'nera] *f* Gärtnerin *f*; (*macetero*) Blumenkasten *m*; **~ría** [-'ria] *f* Gärtnerei *f*; Gartenarbeit *f*; **~ro** [-'nero] *m* Gärtner *m*
jarr|a ['xarra] *f* Krug *m*; **~o** ['xarrɔ] *m* Krug *m*, Kanne *f*; *fig* ***un*** **~ *de agua fría*** e-e kalte Dusche
jauja ['xaŭxa] *f* Schlaraffenland *n*
jaula ['xaŭla] *f* Käfig *m*; *min* Förderkorb *m*
jauría [xaŭ'ria] *f* Meute *f*
jazmín *bot* [xađ'min] *m* Jasmin *m*
J.C. ***Jesucristo*** Jesus Christus
jefa ['xefa] *f* Chefin *f*; **~tura** [-'tura] *f* Behörde *f*; **~ *de policía*** Polizeipräsidium *n*
jefe ['xefe] *m* Chef *m*; Leiter *m*; **~ *de estación*** *ferro* Stationsvorsteher *m*; **~ *de taller*** Werkmeister *m*; **~ *de tren*** *ferro* Zugführer *m*; **~ *de tribu*** Häuptling *m*
jengibre [xeŋ'xiƀre] *m* Ingwer *m*
jeque ['xeke] *m* Scheich *m*
jerarquía [xerar'kia] *f* Hierarchie *f*;

Rang *m*,Rangordnung *f*
jerez [xe'reθ] *m* Sherry *m*
jerga ['xɛrga] *f* Jargon *m*
jerigonza [xeri'gɔnθa] *f* Jargon *m*; Kauderwelsch *n*
jerin|ga [xe'riŋga] *f*, **~guilla** [-'giʎa] *f* *med* Spritze *f*
jeroglífico [xero'glifiko] *m* Hieroglyphe *f*; *fig* Bilderrätsel *n*
jersey [xɛr'se] *m* Pullover *m*
Jerusalén [xerusa'len] *f* Jerusalem *n*
Jesu|cristo [xesu'kristo] *m* Jesus Christus *m*; **⁀ita** [-'ita] *m* Jesuit *m*
jibia ['xiƀĭa] *f* Tintenfisch *m*
jilguero [xil'gero] *m* Stieglitz *m*, Distelfink *m*
jinete [xi'nete] *m* Reiter *m*
jirafa [xi'rafa] *f* Giraffe *f*
jirón [xi'rɔn] *m* Fetzen *m*
JJ.OO. *m/pl* ***Juegos Olímpicos*** Olympische Spiele *pl*
jocoso [xo'koso] spaßig; lustig
joder V [xo'đɛr] *(2a)* **1.** *v/i* V bumsen, ficken; **2.** *v/t* ärgern; *(j-m)* et vermasseln
joint-venture [dʒɔĭnt 'venʃə] *f* Joint Venture *n*
jolgorio [xɔl'gorĭo] *m* F Rummel *m*
jordan|o [xor'đano] **1.** jordanisch; **2. ~o** *m*, **~a** *f* Jordanier(in) *m(f)*
jornada [xɔr'nađa] *f* (Arbeits-)Tag *m*; *(camino)* Tagesreise *f*; **~(*s*)** *f (pl)* Tagung *f*; **~ *intensiva*** durchgehende Arbeitszeit *f*; **~ *reducida*** Kurzarbeit *f*
jornal [xɔr'nal] *m* Tagelohn *m*; **~ero** [-'lero] *m* Tagelöhner *m*
joro|ba [xo'roƀa] *f* Buckel *m*; **~bado** [-'ƀađo] buck(e)lig; **~bar** [-'ƀar] F belästigen; F nerven
joven ['xoƀen] **1.** *adj* jung; **2.** *su* junger Mann *m*; junges Mädchen *n*; ***los jóvenes*** die Jugendlichen *pl*
jovial [xo'ƀĭal] heiter; fröhlich; **~idad** [-li'đađ] *f* Heiterkeit *f*
joya ['xoja] *f* Juwel *n*, Schmuckstück *n*; *fig* Perle *f*; **~*s*** *pl* Schmuck *m*
joye|ría [xoje'ria] *f* Juwelierladen *m*; **~ro** [-'jero] *m* Juwelier *m*; *(estuche)* Schmuckkasten *m*
juanete [xŭa'nete] *m* *med* Ballen *m*; *mar* Bram-, Toppsegel *n*
jubila|ción [xuƀila'θĭɔn] *f* Pensionierung *f*; Ruhestand *m*; *(dinero)* Rente *f*; Pension *f*; **~do** [-'lađo] **1.** *adj* im Ruhestand; pensioniert; **2.** *m* Rentner *m*; **~r** [-'lar] *(1a)* in den Ruhestand versetzen; pensionieren; **~rse** in Pension *(od* Rente) gehen
júbilo ['xuƀilo] *m* Jubel *m*; Freude *f*
judería [xuđe'ria] *f* Judenviertel *n*
judía [xu'đia] *f* **a)** Jüdin *f* **a)** *bot* Bohne *f*
judi|catura [xuđika'tura] *f* Richteramt *n*; Gerichtsbarkeit *f*; **~cial** [-'θĭal] richterlich; gerichtlich; ***por vía* ~** auf dem Rechtswege
judío [xu'đio] **1.** *adj* jüdisch; **2.** *m* Jude *m*
judo ['xuđo] *m* *dep* Judo *n*
juego ['xŭego] **1.** *s* ***jugar***; **2.** *m* Spiel *n*; *(conjunto)* Satz *m*, Garnitur *f*; **~*s olímpicos*** Olympische Spiele *n/pl*; **~ *de café*** Kaffeeservice *n*; **~ *de cama*** Garnitur *f* Bettwäsche; **~ *de manos*** Taschenspielertrick *m*; **~ *de niños*** *fig* Kinderspiel *n*; ***estar en* ~** auf dem Spiel stehen; ***fuera de* ~** *dep* abseits; ***hacer* ~** zusammenpassen; passen (zu *dat* ***con***)
juerga ['xŭɛrga] *f* lärmendes Vergnügen *n*; Rummel *m*
jueves ['xŭeƀes] *m* Donnerstag *m*; **⁀ *Santo*** Gründonnerstag *m*; ***no es cosa del otro* ~** das ist nichts Besonderes
juez ['xŭeθ] *su* Richter(in) *m(f)*; *dep* **~ *de línea*** Linienrichter *m*
juga|da [xu'gađa] *f* Zug *m*; *fig* übler Streich *m*; **~dor** *m* [-'đɔr] Spieler *m*; **~r** [-'gar] *(1o)* **1.** *v/i* spielen; **~ *al fútbol*** Fußball spielen; **~ *al millón*** flippern; **2.** *v/t* *(carta)* ausspielen; **~rse** *et* verspielen; aufs Spiel setzen; **~ *la vida*** sein Leben riskieren
jugo ['xugo] *m* Saft *m*; **~so** [-'goso] saftig
jugue|te [xu'gete] *m* Spielzeug *n*; **~tería** [-'ria] *f* Spielwarenhandlung *f*; **~tón** [-'tɔn] verspielt
juicio ['xŭiθĭo] *m* Urteil(svermögen) *n*, Verstand *m*; *(opinión)* Meinung *f*; *jur* Prozess *m*; ***el* ~ *final*** das Jüngste Gericht; ***a mi* ~** m-s Erachtens; ***estar en su* ~** bei Verstand sein; **~so** [-'θĭoso] vernünftig
julio ['xulĭo] *m* Juli *m*
Jumbo ['xumbo] *m* Jumbojet *m*
junco ['xuŋko] *m* *bot* Binse *f*
jungla ['xuŋgla] *f* Dschungel *m*
junio ['xunĭo] *m* Juni *m*
junta ['xunta] *f* Versammlung *f*; *tec* Dichtung *f*; **~ *directiva*** Vorstand *m*; **~ *militar*** Militärjunta *f*; **~mente** [-'mente] zusammen; **~r** [-'tar] *(1a)* zusam-

menbringen, zusammenstellen, zusammenfügen; **~rse** sich zusammentun
junto ['xunto] vereint; ***~s*** zusammen; ***~ a*** bei, neben (*dat*)
juntura [xun'tura] *f tec* Gelenk *n*; Fuge *f*; Verbindung *f*
jura ['xura] *f* Eid *m*; ***~ de la bandera*** Fahneneid *m*; **~do** [-'rađo] **1.** *adj* beeidigt; **2.** *m* Jury *f*; *jur* Schwurgericht *n*; (*persona*) Geschworene(r) *m*; **~mentar** [-men'tar] (*1a*) vereidigen; **~mento** [-'mento] *m* Eid *m*; Schwur *m*; ***bajo ~*** unter Eid; **~r** [-'rar] (*1a*); **3.** *v/t* schwören; ***~ el cargo*** den Amtseid leisten; **4.** *v/i* fluchen
jurídico [xu'riđiko] juristisch, rechtlich, Rechts…
juris|dicción [xurizđig'θĭɔn] *f* Gerichtsbarkeit *f*; Rechtsprechung *f*; **~ta** [-'rista] *su* Jurist(in) *m*(*f*)
justi|cia [xus'tiθĭa] *f* Gerechtigkeit *f*; Justiz *f*; **~ciero** [-ti'θĭero] gerechtigkeitsliebend
justifica|ción [xustifika'θĭɔn] *f* Rechtfertigung *f*; **~nte** [-'kante] *m* Beleg *m*; **~r** [-'kar] (*1g*) rechtfertigen; belegen
justo ['xusto] gerecht; (*preciso*) richtig; genau; (*ajustado*) eng; knapp
juven|il [xuђe'nil] jugendlich; **~tud** [xuђen'tuđ] *f* Jugend *f*
juzga|do [xuđ'gađo] *m* Gericht *n*; **~r** [-'gar] (*1h*) richten; (*opinar*) (be)urteilen; halten für

K

K, k [ka] *f* K, k *n*
karate [ka'rate] *m* Karate *n*; **~ca** [-'teka] *m* Karatekämpfer *m*
keroseno [kero'seno] *m* Kerosin *n*
kg. ***kilogramo(s)*** kg (Kilogramm)
kilo(gramo) [kilo('gramo)] *m* Kilo(gramm) *n*
kilometraje [kilome'traxe] *m* Kilometerstand *m*; (*dinero*) Kilometergeld *n*
kilómetro [ki'lometro] *m* Kilometer *m*
kilovatio [kilo'ђatĭo] *m* Kilowatt *n*
kiosco ['kĭɔsko] *m* Kiosk *m*
kiwi *bot* ['kiђi] *f* Kiwi *f*
km. ***kilómetro(s)*** km (Kilometer)
km/h ***kilómetros por hora*** km/h (Stundenkilometer)
Kremlin ['kremlin] *m* Kreml *m*
kwh ***kilovatio-hora*** kWh (Kilowattstunde)

L

l ***litro*** l (Liter)
L, l ['ele] *f* L, l *n*
la [la] *f* die; *mús* A *n*; ***~ bemol*** As *n*
laberinto [laђe'rinto] *m* Labyrinth *n*
labio ['laђĭo] *m* Lippe *f*
labor [la'ђɔr] *f* Arbeit *f*; (*costura*) Handarbeit *f*; **~able** [laђo'raђle]: ***día m ~*** Werktag *m*; **~al** [-'ral] Arbeits…; **~atorio** [-ra'torĭo] *m* Labor(atorium) *n*; ***~ de idiomas*** Sprachlabor *n*; **~ioso** [-'rĭoso] arbeitsam, fleißig; (*penoso*) mühsam
labra|dor [laђra'đɔr] *m* Landmann *m*, Bauer *m*; **~dora** [-'đora] *f* Bäuerin *f*; **~nza** [la'ђranθa] *f* Feldarbeit *f*; ***casa f de ~*** Bauernhof *m*; **~r** [la'ђrar] (*1a*) bearbeiten; (*campo*) bestellen
laca ['laka] *f* Lack *m*; (*para el pelo*) Haarspray *m*; ***~ de uñas*** Nagellack *m*
lacayo [la'kajo] *m* Lakai *m*
lacio ['laθĭo] welk; schlaff; (*pelo*) glatt
lacónico [la'koniko] lakonisch
lac|ra ['lakra] *f* Gebrechen *n*; Defekt *m*; **~rar** [la'krar] (*1a*) versiegeln; **~re** ['lakre] *m* Siegellack *m*
lacrimógeno [lakri'mɔxeno] rührselig; ***gas m ~*** Tränengas *n*
lactan|cia [lak'tanθĭa] *f* Stillperiode *f*; **~te** [-'tante] *m* Säugling *m*
lácteo ['lakteo] milchig; Milch…; ***vía f láctea*** Milchstraße *f*
ladera [la'đera] *f* Bergabhang *m*

ladilla [la'điʎa] *f* Filzlaus *f*
lado ['lađo] *m* Seite *f*; ***hacerse a un ~*** zur Seite treten; ***al ~*** nebenan, daneben; ***al ~ de*** neben; ***al otro ~ de*** jenseits; ***de ~*** seitlich, von der Seite; ***por otro ~*** andererseits; ***dejar a un ~*** beiseitelassen
ladrar [la'đrar] (*1a*) bellen
ladrillo [la'đriʎo] *m* Ziegelstein *m*
ladrón [la'đrɔn] *m* Dieb *m*
lagar [la'gar] *m* Weinkelter *f*
lagar|tija [lagar'tixa] *f* Mauereidechse; **~to** [la'garto] *m* Eidechse *f*
lago ['lago] *m* See *m*; ***≈ Lemán*** Genfer See *m*; ***≈ de los Cuatro Cantones*** Vierwaldstätter See *m*
lágrima ['lagrima] *f* Träne *f*
lagrimear *med* [lagrime'ar] (*1a*) tränen
laguna [la'guna] *f* Lagune *f*; *fig* Lücke *f*
La Habana [la a'ƀana] Havana *n*
La Haya [la 'aja] *f* Den Haag *n*
laico ['laĭko] **1.** *adj* laienhaft; weltlich; **2.** *m rel* Laie *m*
lamen|table [lamen'taƀle] kläglich; bedauerlich; **~tación** [-ta'θĭɔn] *f* Gejammer *n*; **~tar** [-'tar] (*1a*) beklagen; (*sentir*) bedauern; **~to** [la'mento] *m* Wehklagen *n*
lamer [la'mɛr] (*2a*) (ab)lecken
lámina ['lamina] *f* dünne Platte *f*; Blech *n*; Folie *f*; *tec* Lamelle *f*
lamina|do [lami'nađo] *m* Walzen *n*; **~dora** [-'đora] *f* Walzwerk *n*; **~r** [-'nar] (*1a*) (aus)walzen
lámpara ['lampara] *f* Lampe *f*; ***~ de cabecera*** Nachttischlampe *f*; ***~ colgante*** Hängelampe *f*; ***~ de pie*** Stehlampe *f*
lamprea *zo* [lam'prea] *f* Neunauge *n*
lana ['lana] *f* Wolle *f*
lance ['lanθe] *m* Vorfall *m*; ***de ~*** antiquarisch
lancha ['lantʃa] *f* Boot *n*; ***~ motora*** Motorboot *n*; ***~ neumática*** Schlauchboot *n*; ***~ rápida*** Schnellboot *n*
langos|ta [laŋ'gɔsta] *f* Languste *f*; (*insecto*) (Wander-)Heuschrecke *f*; **~tino** [-'tino] *m* Kaisergranat *m*
languidez [laŋgi'đeθ] *f* Mattigkeit *f*; *com* Flaute *f*
lánguido ['laŋgiđo] schlaff; matt
lanza ['lanθa] *f* Lanze *f*; *fig* ***romper una ~ por*** e-e Lanze brechen für; **~dera** *tec* [-'đera] *f* Weberschiffchen *n*; Shuttlebus *m*; ***servicio*** *m* ***de ~*** Pendelverkehr *m*; **~llamas** [-'ʎamas] *m* Flammenwerfer *m*; **~miento** [-'mĭento] *m* Werfen *n*; *mil* Abschuss *m*, -wurf *m*; (Raketen-) Start *m*; *com* Einführung *f*; ***~ de disco*** Diskuswerfen *n*; ***~ de martillo*** Hammerwerfen *n*; ***~ de peso*** Kugelstoßen *n*; **~r** [-'θar] (*1f*) werfen, schleudern; (*bombas*) abwerfen; (*cohete*) starten; (*grito*) ausstoßen; (*moda*) einführen; *com* auf den Markt bringen; **~rse** sich stürzen; (*decidirse*) es wagen; ***~ en paracaídas*** mit dem Fallschirm abspringen
lapa *bot* ['lapa] *f* Klette *f* (*a fig*)
lápida ['lapiđa] *f* Gedenkstein *m*; ***~ (funeraria)*** Grabstein *m*
lapidar [lapi'đar] (*1a*) steinigen; **~io** [-'đarĭo] lapidar
lápiz ['lapiθ] *m* Bleistift *m*; ***~ de cejas*** Augenbrauenstift *m*; ***~ de color*** Farbstift *m*; ***~ de labios*** Lippenstift *m*
lapón [la'pɔn] **1.** *adj* lappländisch; **2.** *m* Lappe *m*
Laponia [la'ponĭa] *f* Lappland *n*
lapso ['laƀso] *m* Zeitraum *m*
larga ['larga] *f*: ***dar ~s a*** auf die lange Bank schieben; ***a la ~*** auf die Dauer; **~r** [-'gar] (*1h*) losmachen, loslassen; **~rse** F abhauen
largo ['largo] **1.** *adj* lang; *fig* langwierig; ***pasar de ~*** vorbeigehen, -fahren; *fig* unbeachtet lassen; ***a la larga*** auf die Dauer; ***a lo ~*** der Länge nach; ***a lo ~ de*** entlang; im Laufe von; **2.** *m* Länge *f*; **~metraje** [-me'traxe] *m* Spielfilm *m*
larin|ge [la'riŋxe] *f* Kehlkopf *m*; **~gitis** [-'xitis] *f* Kehlkopfentzündung *f*
larva ['larƀa] *f* Larve *f*
lascivo [las'θiƀo] geil; schlüpfrig
láser ['lasɛr] *m*: ***rayo*** *m* ***~*** Laserstrahl *m*
la|situd [lasi'tuđ] *f* Mattigkeit *f*; Schlaffheit *f*; **~so** ['laso] matt, schlaff
lástima ['lastima] *f* Mitleid *n*; ***dar ~*** leidtun; ***es una ~*** es ist schade; ***¡qué ~!*** wie schade!
lastimar [lasti'mar] (*1a*) verletzen
lata ['lata] *f* Blech *n*; (*caja*) Dose *f*, Büchse *f*; F ***dar la ~*** F anöden; ***es una ~*** das ist stinklangweilig
latente [la'tente] latent; schleichend
lateral [late'ral] seitlich; Seiten…
latido [la'tiđo] *m med* Klopfen *n*; (*del corazón*) Schlagen *n*
latifundio [lati'fundĭo] *m* Großgrundbesitz *m*
latigazo [lati'gaθo] *m* Peitschenhieb *m*

látigo ['latigo] *m* Peitsche *f*
latín [la'tin] *m* Latein *n*
latino [la'tino] lateinisch
latir [la'tir] (*3a*) klopfen, schlagen
latitud [lati'tuđ] *f geo* Breite *f*
latón [la'tɔn] *m* Messing *n*
laucha *Am* ['laŭtʃa] *f* Maus *f*
laúd *mús* [la'uđ] *m* Laute *f*
laudable [laŭ'đaƀle] lobenswert
laudo ['laŭđo] *m* Schiedsspruch *m*
laureado [laŭre'ađo] preisgekrönt
laurel [laŭrɛl] *m* Lorbeer *m*; ***dormirse sobre*** (*o* ***en***) ***los ~es*** auf s-n Lorbeeren ausruhen
Lausana [laŭ'sana] *f* Lausanne *n*
lava ['laƀa] *f* Lava *f*
lava|ble [la'ƀaƀle] waschbar; **~bo** [-'ƀaƀo] *m* Waschbecken *n*; (*cuarto*) Waschraum *m*; (*retrete*) Toilette *f*; **~da** *Am* [-'ƀađa] *f* Waschen *n*; **~dero** [-'đero] *m* Waschplatz *m*; **~do** [-'ƀađo] *m* Waschen *n*; ***~ de cerebro*** Gehirnwäsche *f*; ***~ en seco*** chemische Reinigung *f*; **~dora** [-'đora] *f* Waschmaschine *f*
lavanda *bot* [la'ƀanda] *f* Lavendel *m*
lava|ndería [laƀande'ria] *f* Wäscherei *f*; Waschsalon *m*; **~parabrisas** [-para'brisas] *m auto* Scheibenwaschanlage *f*; **~platos** [-'platos] *m* Geschirrspülmaschine *f*; (*persona*) Tellerwäscher *m*; **~r** [-'ƀar] (*1a*) waschen; (*platos*) spülen; (*dientes*) putzen; ***~ en seco*** chemisch reinigen; ***~se las manos*** *fig* s-e Hände in Unschuld waschen; **~tiva** [-'tiƀa] *f med* Klistier *n*; **~torio** [-'torĭo] *m Am* Waschbecken *n*; **~vajillas** [-'ƀaxiʎas] *m* Geschirrspülmaschine *f*
laxante *med* [lag'sante] *m* Abführmittel *n*
lazarillo [laθa'riʎo] *m* Blindenführer *m*
lazo ['laθo] *m* Schleife *f*; (*cuerda*) Lasso *n*; (*trampa*) Schlinge *f*; (*corbata*) Fliege *f*; (*vínculo*) Band *n*
le [le] **1.** (*dat*) ihm, ihr; Ihnen; **2.** (*ac*) ihn; Sie
leal [le'al] treu, loyal; **~tad** [-'tađ] *f* Treue *f*, Loyalität *f*
leasing ['lisin] *m* Leasing *n*; ***contrato*** *m* ***de ~*** Leasingvertrag *m*
lebrel [le'ƀrɛl] *m* Windhund *m*
lección [lɛg'θĭɔn] *f* Lektion *f*; (Unterrichts-)Stunde *f*; *fig* Lehre *f*
leche ['letʃe] *f* Milch *f*; ***~ condensada*** Kondensmilch *f*; ***~ descremada*** (*o* ***desnatada***) entrahmte Milch *f*; ***~ entera*** Vollmilch *f*; ***~ en polvo*** Milchpulver *n*; ***~ semidescremada*** (*od* ***semidesnatada***) fettarme Milch *f*; **~ra** [le'tʃera] *f* Milchfrau *f*; (*vasija*) Milchkanne *f*; **~ría** [-'ria] *f* Milchgeschäft *n*; Molkerei *f*; **~ro** [le'tʃero] **1.** *adj* Milch…; **2.** *m* Milchmann *m*
lecho ['letʃo] *m* Bett *n*; (*de río*) Flussbett *n*
lechón [le'tʃɔn] *m* Spanferkel *n*
lechuga *bot* [le'tʃuga] *f* Kopfsalat *m*
lec|tor *m* [lɛk'tɔr] Leser *m*; (*profesor*) Lektor *m*; **~tura** [-'tura] *f* Lesen *n*; Lektüre *f*
leer [le'ɛr] (*2e*) lesen; vorlesen
lega|ción [lega'θĭɔn] *f* Gesandtschaft *f*; **~do** [-'gađo] *m* Vermächtnis *n*
legajo [le'gaxo] *m* Aktenbündel *n*
legal [le'gal] legal, gesetzlich; **~idad** [-li'đađ] *f* Gesetzlichkeit *f*, Legalität *f*; **~ización** [-θa'θĭɔn] *f* Legalisierung *f*; Beglaubigung *f*; **~izar** [-'θar] (*1f*) legalisieren; (*documento*) beglaubigen
legar [le'gar] (*1h*) vermachen
legendario [lɛxen'darĭo] sagenhaft, legendär
legible [lɛ'xiƀle] leserlich
legión [lɛ'xĭɔn] *f* Legion *f* (*a fig*); ♀ ***Extranjera*** Fremdenlegion *f*
legisla|ción [lɛxizla'θĭɔn] *f* Gesetzgebung *f*; **~dor** [-'đɔr] *m* Gesetzgeber *m*; **~r** [-'lar] (*1a*) Gesetze erlassen; **~tivo** [-la'tiƀo] gesetzgebend; (***poder*** *m*) ~ gesetzgebende Gewalt *f*, Legislative *f*; **~tura** [-la'tura] *f* Legislaturperiode *f*
legítima *jur* [lɛ'xitima] *f* Pflichtteil *m od n*
legitima|ción [lɛxitima'θĭɔn] *f* Legitimation *f*; **~r** [-'mar] (*1a*) legitimieren, für rechtmäßig (*niño*: ehelich) erklären; **~rse** sich ausweisen
legítimo [lɛ'xitimo] rechtmäßig, legitim; (*auténtico*) echt
lego ['lego] **1.** *adj* weltlich; *fig* unwissend; **2.** *m* Laie *m* (*a fig*)
legrado *med* [le'građo] *m* Ausschabung *f*
legua ['legŭa] *f* Meile *f*
legumbre *bot* [le'gumbre] *f* Hülsenfrucht *f*; (*hortaliza*) Gemüse *n*
leído [le'iđo] belesen
leja|nía [lɛxa'nia] *f* Ferne *f*; **~no** [lɛ'xano] entfernt, fern
lejos ['lɛxos] fern; weit weg; ***a lo ~*** in der

Ferne; ***de(sde)* ~** von weitem; **~ *de*** weit entfernt von (*a fig*)

lelo ['lelo] dumm, blöd

lema ['lema] *m* Motto *n*

lencería [lenθe'ria] *f* Weißwaren *f/pl*; (*tienda*) Wäschegeschäft *n*

lengua ['leŋgŭa] *f* Zunge *f*; (*idioma*) Sprache *f*; **~ *materna*** Muttersprache *f*; ***no morderse la* ~** kein Blatt vor den Mund nehmen; ***lo tengo en* (*la punta de*) *la* ~** es liegt mir auf der Zunge; **~do** [-'gŭađo] *zo m* Seezunge *f*; **~je** [-'gŭaxe] *m* Sprache *f*; Ausdrucksweise *f*; **~ *de programación*** Programmiersprache *f*

lengüeta [leŋ'gŭeta] *f tec*, *mús* Zunge *f*

lente ['lente] *m opt* Linse *f*; **~*s*** *pl* Brille *f*; **~*s de contacto*** Kontaktlinsen *f/pl*

lente|ja *bot* [len'tɛxa] *f* Linse *f*; **~juela** [-te'xŭela] *f* Paillette *f*

lentillas [len'tiʎas] *f/pl* Kontaktlinsen *f/pl*

len|titud [lenti'tuđ] *f* Langsamkeit *f*; **~to** ['lento] langsam

leñ|a ['leɲa] *f* Brennholz *n*; ***echar* ~ *al fuego*** *fig* Öl ins Feuer gießen; **~ador** [-'đɔr] *m* Holzfäller *m*; **~o** ['leɲo] *m* Holzscheit *n*; (Holz-)Kloben *m*

Leo *astr* ['leo] *m* Löwe *m*

león [le'ɔn] *m* Löwe *m*; *Am* Puma *m*; **~ *marino*** Seelöwe *m*

leo|na [le'ona] *f* Löwin *f*; **~pardo** [-'parđo] *m* Leopard *m*; **~tardos** [-'tarđos] *m/pl* Strumpfhose *f*

lepra *med* ['lepra] *f* Aussatz *m*, Lepra *f*

leproso [le'proso] *f* aussätzig

lerdo ['lɛrđo] schwerfällig; plump

les [les] (*dat*) ihnen; (*ac*) sie

lesbiana [lez'ƀiana] Lesbierin *f*

lesi|ón [le'sĭɔn] *f* Verletzung *f*; **~onar** [lesĭo'nar] (*1a*) verletzen

letal [le'tal] tödlich

letanía [leta'nia] *f* Litanei *f*

letárgico [le'tarxiko] lethargisch (*a fig*)

letargo [le'targo] *m* Lethargie *f*

let|ón [le'tɔn] **1.** *adj* lettisch; **2. ~ón** *m*, **~ona** *f* [-'tona] Lette *m*, Lettin *f*

Letonia [le'tonĭa] *f* Lettland *n*

letra ['letra] *f* Buchstabe *m*; (*escritura*) (Hand-)Schrift *f*; *mús* Text *m*; *com* Wechsel *m*; ***la* ~ *pequeña*** *fig* das Kleingedruckte; ***a*(*l pie de*) *la* ~** wörtlich; **~*s*** *pl* Geisteswissenschaften *f/pl*; **~do** [le'trađo] **1.** *adj* gelehrt; **2.** *m* Rechtsanwalt *m*

letrero [le'trero] *m* Schild *n*; Etikett *n*

letrina [le'trina] *f* Latrine *f*

letrista *mús* [le'trista] *m* Texter *m*

leucemia *med* [leŭ'θemĭa] *f* Leukämie *f*

levadura [leƀa'đura] *f* Hefe *f*; **~ *en polvo*** Backpulver *n*

levanta|miento [leƀanta'mĭento] *m* Heben *n*; *mil* Erhebung *f*, Aufstand *m*; **~ *de pesos*** Gewichtheben *n*; **~r** [-'tar] (*1a*) (er)heben; aufrichten; (*edificar*) errichten; (*desmontar*) abbauen; (*pena*, *etc*) aufheben; (*tropas*) ausheben; (*polvo*) aufwirbeln (*a fig*); **~ *el vuelo*** davonfliegen; **~ *la mesa*** (den Tisch) abdecken; **~ *los ojos*** aufblicken; **~ *la voz*** die Stimme erheben; **~rse** sich erheben (*a fig*), aufstehen; (*viento*) aufkommen

levante [le'ƀante] *m* Osten; (*viento*) Ostwind *m*

leve ['leƀe] leicht; gering(fügig); **~dad** [-'đađ] *f* Leichtigkeit *f*

léxico ['legsiko] *m* Wortschatz *m*; (*diccionario*) Lexikon *n*

ley [lɛĭ] *f* Gesetz *n*; (*de un metal*) Feingehalt *m*; ***oro*** *m* (***plata*** *f*) ***de* ~** Feingold *n* (-silber *n*)

leyenda [le'jenda] *f* Legende *f*; (*inscripción*) Beschriftung *f*

liar [li'ar] (*1c*) binden; einwickeln; (*cigarrillo*) drehen; *fig* verwickeln; **~se** sich einlassen (mit *dat* ***con***)

liban|és [liƀa'nes] **1.** *adj* libanesisch; **2. ~és** *m*, **~esa** [-'nesa] *f* Libanese *m*, Libanesin *f*

Líbano ['liƀano] *m* Libanon *m*

libelo [li'ƀelula] *f* Libelle *f*

libera|ción [liƀera'θĭɔn] *f* Befreiung *f*; Freilassung *f*; **~l** [-'ral] freigebig; (*profesión*) frei; *pol* liberal; **~lidad** [-li'đađ] *f* Freigebigkeit *f*; **~lismo** [-'lizmo] *m* Liberalismus *m*; **~lización** [-liθa'θĭɔn] *f* Liberalisierung *f*; **~lizar** [-li'θar] (*1f*) liberalisieren; **~r** ['rar] (*1a*) befreien

Liberia [liƀerĭa] *f* Liberia *n*

liber|tad [liƀɛr'tađ] *f* Freiheit *f*; *jur* **~ *condicional*** Entlassung *f* auf Bewährung; **~tador** [-ta'đɔr] *m* Befreier *m*; **~tar** [-'tar] (*1a*) befreien; **~tinaje** [-ti'naxe] *m* Zügellosigkeit *f*; Ausschweifung *f*

Libia ['liƀĭa] *f* Libyen *n*

libi|o ['liƀĭo] **1.** *adj* libysch; **2. ~o** *m*, **~a** *f* Libyer(in) *m*(*f*)

libra ['liƀra] *f* Pfund *n*; **~ *esterlina*** Pfund

n Sterling

Libra ['liƀra] *astr f* Waage *f*

librar [li'ƀrar] (*1a*) **1.** *v/t* befreien; retten; (*cheque, etc*) ausstellen; (*batalla*) liefern; **2.** *v/i* frei haben

libre ['liƀre] frei (von ***de***)

librecambio [liƀre'kambĭo] Freihandel *m*

libre|ría [liƀre'ria] *f* Buchhandlung *f*; (*mueble*) Bücherregal *m*, -schrank *m*; **~ *de lance*** (*od* ***de ocasión***) Antiquariat *n*; **~ro** [li'ƀrero] *m* Buchhändler *m*; *Am* Bücherregal *n*

libre|ta [li'ƀreta] *f* Notizbuch *n*; **~ *de ahorros*** Sparbuch *n*; **~to** [-'ƀreto] *m* Libretto *n*, Textbuch *n*

libro [liƀro] *m* Buch *n*; **~ *de bolsillo*** Taschenbuch *n*; **~ *de cabecera*** Bettlektüre *f*; **~ *de cocina*** Kochbuch *n*; **~ *de cuentos*** Märchenbuch *n*; **~ *de reclamaciones*** Beschwerdebuch *n*; **~ *de texto*** Schulbuch *n*

Lic(do). ***licenciado*** Lizentiat

licencia [li'θenθĭa] *f* Erlaubnis *f*, Genehmigung *f*; Lizenz *f*; **~ *de armas*** Waffenschein *m*; **~ *de caza*** Jagdschein *m*; **~ *de pesca*** Angelschein *m*; **~do** [-'θĭađo] *m* Lizenziat *m*; **~r** [-'θĭar] (*1b*) *mil* entlassen; **~rse** *etwa*: sein Staatsexamen ablegen; **~tura** [-'tura] *f etwa*: Staatsexamen *n*

licencioso [liθen'θĭoso] ausschweifend; liederlich

licita|ción [liθita'θĭɔn] *f* Ausschreibung *f*; *Am* Versteigerung *f*; **~r** [-'tar] (*1a*) bieten; ausschreiben; *Am* versteigern

lícito ['liθito] erlaubt, zulässig

licor [li'kɔr] *m* Likör *m*

licuadora [likŭa'đora] *f* Entsafter *m*

lid *lit* [liđ] *f* Kampf *m*, Streit *m*

líder ['liđɛr] *su* Führer(in) *m*(*f*); **~ (*en el mercado*)** (Markt-)Führer *m*

lidera|to, ~zgo [liđe'rato, -'raðgo] *m* Führung *f*; Führungsrolle *f*

lidia ['liđĭa] *f* (Stier-)Kampf *m*; **~r** [li'đĭar] (*1b*) kämpfen

liebre ['lĭeƀre] *f* Hase *m*; ***levantar la ~*** *fig* den Stein ins Rollen bringen

Lieja ['lĭɛxa] *f* Lüttich *n*

lienzo ['lĭenθo] *m* Leinwand *f*; (*cuadro*) (Öl-)Gemälde *n*

liga ['liga] *f* Bund *m*; *pol, dep* Liga *f*; (*de medias*) Strumpfband *n*; Sockenhalter *m*; **~dura** [-'đura] *f med* Abbinden *n*; **~ *de trompas*** Tubenligatur *f*; **~mento** [-'mento] *m anat* Band *n*; **~r** [li'gar] (*1h*) (ver)binden; **~ *con alg*** F mit j-m anbändeln

lige|reza [lixe'reθa] *f* Leichtigkeit *f*; *fig* Leichtsinn *m*; **~ro** [li'xero] leicht; (*rápido*) flink; *fig* leichtsinnig, -fertig; ***a la ligera*** obenhin, leichthin

ligue F ['lige] *m* (Liebes-)Verhältnis *n*; F Anmache *f*

lija ['lixa] *f*: ***papel*** *m* ***de ~*** Schmirgelpapier *n*; **~r** [-'xar] (*1a*) (ab)schmirgeln

lila ['lila] **1.** *adj* lila; **2.** *f bot* Flieder *m*

lima ['lima] *f* Feile *f*; *bot* Limette *f*; **~ *de uñas*** Nagelfeile *f*; **~r** [li'mar] (*1a*) feilen; *fig* ausfeilen

limita|ción [limita'θĭɔn] *f* Begrenzung *f*; Beschränkung *f*; **~ *de velocidad*** Geschwindigkeitsbeschränkung *f*; Tempolimit *n*; **~r** [-'tar] (*1a*) **1.** *v/t* begrenzen; (*reducir*) be-, einschränken; **2.** *v/i*: **~ *con*** grenzen an (*ac*)

límite ['limite] *m* Grenze *f*; *com* Limit *n*

limítrofe [li'mitrofe] angrenzend

limo ['limo] *m* Schlamm *m*

limón [li'mɔn] *m* Zitrone *f*

limo|nada [limo'nađa] *f* Zitronenlimonade *f*; **~nero** [-'nero] *m* Zitronenbaum *m*

limosna [li'mɔzna] *f* Almosen *n*

limpia|barros [limpĭa'ƀarrɔs] *m* Fußabstreifer *m*; **~botas** [-'ƀotas] *m* Schuhputzer *m*; **~cristales** [-kris'tales] *m* Fensterputzmittel *n*; **~parabrisas** [-para'ƀrisas] *m* Scheibenwischer *m*; **~ *trasero*** Heckscheibenwischer *m*; **~r** [-'pĭar] (*1b*) reinigen, säubern, putzen; **~úñas** [-'uɲas] *m* Nagelreiniger *m*

lim|pieza [lim'pĭeθa] *f* Reinheit *f*; Sauberkeit *f*; (*acción*) Putzen *n*, Reinigen *n*; **~ *pública*** Straßenreinigung *f*; **~pio** ['limpĭo] sauber; *a fig* rein; ***poner en ~*** ins Reine schreiben

linaje [li'naxe] *m* Abstammung *f*

linaza [li'naθa] *f* Leinsamen *m*

lince ['linθe] *m* Luchs *m* (*a fig*)

linchar [lin'tʃar] (*1a*) lynchen

lin|dante [lin'dante] angrenzend; **~dar** [-'dar] (*1a*) angrenzen (an *ac* ***con***)

lin|deza [lin'deθa] *f* Nettigkeit *f* (*a iron*); **~do** ['lindo] hübsch, nett; *Am* schön; ***de lo ~*** gründlich, gehörig

línea ['linea] *f* Linie *f*; (*fila*) Reihe *f*; (*renglón*) Zeile *f*; *tel* Leitung *f*; **~ *aérea*** Fluglinie *f*; **~ *directa*** Luftlinie *f*; **~ *de meta*** *dep* Ziellinie *f*; (*fútbol*) Torlinie

f; ***entre ~s*** zwischen den Zeilen
linf|a ['limfa] *f* Lymphe *f*; **~ático** [-'fatiko] Lymph…
lingote [liŋ'gote] *m* (Metall-)Barren *m*; ***~ de oro*** Goldbarren *m*
lingual [liŋ'gŭal] Zungen…
lingü|ista [liŋ'gŭista] *m* Linguist *m*; **~ística** [-'gŭistika] *f* Sprachwissenschaft *f*, Linguistik *f*; **~ístico** [-'gŭistiko] sprachlich, linguistisch
lino ['lino] *m* Leinen *n*; *bot* Flachs *m*
linterna [lin'tɛrna] *f* Laterne *f*; **~ (*de bolsillo*)** Taschenlampe *f*
lío ['lio] *m* Bündel *n*; *fig* Durcheinander *n*; **~ (*amoroso*)** Liebesverhältnis *n*; ***hacerse un ~*** durcheinander kommen; ***meterse en ~s*** in Schwierigkeiten geraten
lipotimia *med* [lipo'timĭa] *f* Ohnmachtsanfall *m*
liquen *bot* ['liken] *m* Flechte *f*
liqui|dación [likiđa'θĭɔn] *f com* Abrechnung *f*; Liquidation *f*; (*rebajas*) Ausverkauf *m*; ***~ de negocio*** Geschäftsaufgabe *f*; ***~ total*** Räumungsverkauf *m*; **~dar** [-'đar] (*1a*) abrechnen; (*cuenta*) begleichen; (*negocio*) liquidieren (*a fig matar*); *fig* erledigen, regeln; **~dez** [-'đeθ] *f com* Liquidität *f*
líquido ['likiđo] **1.** *adj* flüssig; *com* Netto…, Rein…; **2.** *m* Flüssigkeit *f*
lira ['lira] *f mús* Leier *f*; (*moneda*) Lira *f*
líri|ca ['lirika] *f* Lyrik *f*; **~co** ['liriko] lyrisch
lirio ['lirĭo] *m* Schwertlilie *f*
lirón [li'rɔn] *m* Siebenschläfer *m*; ***dormir como un ~*** wie ein Murmeltier schlafen
Lisboa [liz'ƀoa] *f* Lissabon *n*
lisia|do [li'sĭađo] **1.** *adj* verkrüppelt; **2.** *m* Krüppel *m*; **~r** [li'sĭar] (*1b*) verletzen
liso ['liso] eben, glatt; (*color*) uni, einfarbig
lison|ja [li'sɔŋxa] *f* Schmeichelei *f*; **~jear** [-xe'ar] (*1a*) *j-m* schmeicheln
lista ['lista] *f* Liste *f*; ***~ de boda*** Hochzeitsliste *f*; ***~ de control*** Checkliste *f*; ***~ de correos*** postlagernd; ***~ de espera*** Warteliste *f*; ***~ de precios*** Preisliste *f*; ***pasar ~*** aufrufen; **~do** [-'tađo] **1.** *adj* gestreift; **2.** *inform* **~ (*del ordenador*)** (Computer-)Ausdruck *m*
listín [lis'tin] *m* Telefonbuch *n*
listo ['listo] fertig, bereit; (*inteligente*) schlau, klug
listón [lis'tɔn] *m* Leiste *f*; Latte *f*
litera [li'tera] *f* Sänfte *f*; *mar* Koje *f*; (*cama*) Etagenbett *n*; *ferro* Liegewagen (-platz) *m*
literal [lite'ral] buchstäblich, wörtlich
litera|rio [lite'rarĭo] literarisch; **~tura** [-'tura] *f* Literatur *f*
liti|gante [liti'gante] **1.** *adj jur* streitend; **2.** *m* Prozesspartei *f*; **~gio** [li'tixĭo] *m* (Rechts-)Streit *m*
litografía [litogra'fia] *f* Lithographie *f*
litoral [lito'ral] **1.** *adj* Küsten…; **2.** *m* Küstengebiet *n*, -streifen *m*
litro ['litro] *m* Liter *m od n*
Lituania [li'tŭanĭa] *f* Litauen *n*
lituan|o [li'tŭano] **1.** *adj* litauisch; **2. ~o** *m*, **~a** *f* Litauer(in) *m*(*f*)
liturgia [li'turxĭa] *f* Liturgie *f*
liviano [li'ƀĭano] leicht (*a fig*)
lividez [liƀi'đeθ] *f* Totenblässe *f*
lívido ['liƀiđo] (toten)bleich
living ['liƀiŋ] *m* Wohnzimmer *n*
Ll, ll ['eʎe] *f s.u.* ***l***
llaga ['ʎaga] *f* (offene) Wunde *f*; Geschwür *n*; *fig* ***poner el dedo en la ~*** den wunden Punkt berühren
llama ['ʎama] *f* Flamme *f*; *zo* Lama *n*
llama|da [ʎa'mađa] *f* Ruf *m*; *tel* Anruf *m*; **~miento** [-'mĭento] *m* Aufruf *m*; ***~ a filas*** *mil* Einberufung *f*; ***~ al orden*** Ordnungsruf *m*; **~r** [-'mar] (*1a*) **1.** *v/t* rufen; nennen; aufrufen; *tel* anrufen; **2.** *v/i* klingeln, läuten; klopfen; **~rse** heißen
llamativo [ʎama'tiƀo] auffällig
llano ['ʎano] **1.** *adj* eben; *fig* einfach, schlicht; **2.** *m* Ebene *f*, Flachland *n*
llanta ['ʎanta] *f* Felge *f*; *Am* Reifen *m*
llantén *bot* [ʎan'ten] *m* Wegerich *m*
llanto ['ʎanto] *m* Weinen *n*
llanura [ʎa'nura] *f* Ebene *f*
llave ['ʎaƀe] *f* Schlüssel *m*; *mús* Klappe *f*; (*grifo*) Hahn *m*; *dep* Griff *m*; ***~ de contacto*** *auto* Zündschlüssel *m*; ***~ inglesa*** Schraubenschlüssel *m*; ***~ maestra*** Hauptschlüssel *m*; ***~ en mano*** schlüsselfertig; **~ro** [ʎa'ƀero] *m* Schlüsselring *m*, -tasche *f*
llega|da [ʎe'gađa] *f* Ankunft *f*; **~r** [-'gar] (*1h*) (an)kommen; (*alcanzar*) reichen (bis ***a, hasta***); ***~ a viejo*** alt werden; ***~ a comprender*** dahinter kommen; ***~ a saber*** (durch Zufall) erfahren; ***~ lejos*** es weit bringen
llenar [ʎe'nar] (*1a*) füllen (mit ***de***); (*for-*

mulario, etc) ausfüllen; *fig* erfüllen
lleno ['ʎeno] **1.** *adj* voll; *(persona)* füllig; ***de ~*** völlig; **2.** *m* Überfülle *f*; ***~ (total)*** *teat* volles Haus *n*
llevadero [ʎeƀa'đero] erträglich
llevar [ʎe'ƀar] *(1a)* bringen; *(camino)* führen; *(transportar)* mitnehmen, bringen; *(ropa)* tragen, anhaben; *(dirigir)* leiten, führen; *(dinero, etc)* bei sich haben; ***~ a cabo*** durchführen, ausführen; ***~ consigo*** bei sich haben; *fig* mit sich bringen; ***~ las de perder*** den Kürzeren ziehen; ***ya llevo ocho días aquí*** ich bin schon seit acht Tagen hier; ***me lleva dos años*** er ist zwei Jahre älter als ich; **~se** mitnehmen; ***~ bien (mal)*** sich gut (schlecht) vertragen
llorar [ʎo'rar] *(1a)* **1.** *v/i* weinen; **2.** *v/t* beklagen; beweinen
llor|iquear [ʎorike'ar] *(1a)* wimmern; **~o** [ʎoro] *m* Weinen *n*; **~ón** [-'rɔn] **1.** *adj* weinerlich; **2.** *m* F Heulsuse *f*; **~oso** [-'roso] verweint
llov|er [ʎo'ƀɛr] *(2h)* regnen; **~izna** [-'ƀiðna] *f* Sprühregen *m*; **~iznar** [-'nar] *(1a)* nieseln
llueve ['ʎŭeƀe] *s* ***llover***
lluvi|a ['ʎuƀĭa] *f* Regen *m*; ***~ ácida*** saurer Regen; **~oso** [-'ƀĭoso] regnerisch
lo [lo] **1.** *art* das; ***~ bueno*** das Gute; **2.** *pron* es; ihn; ***~ que*** (das) was
loa ['loa] *f* Lob *n*; **~ble** [lo'aƀle] löblich; **~r** [lo'ar] *(1a)* loben
lob|a ['loƀa] *f* Wölfin *f*; **~o** ['loƀo] *m* Wolf *m*; ***~ de mar*** *fig* alter Seebär *m*
lóbrego ['loƀrego] düster, finster
lóbulo *med, bot* ['loƀulo] *m* Lappen *m*; ***~ (de la oreja)*** Ohrläppchen *n*
local [lo'kal] **1.** *adj* örtlich, Orts…; **2.** *m* Lokal *n*; Raum *m*; **~idad** [-li'đađ] *f* Örtlichkeit *f*; *teat* Eintrittskarte *f*; **~izar** [-'θar] *(1f)* lokalisieren; finden
loción [lo'θĭɔn] *f* Lotion *f*; ***~ capilar (facial)*** Haar- (Gesichts-)wasser *n*
loco ['loko] **1.** *adj* verrückt; **2.** *m* Verrückte(r) *m*
locomo|ción [lokomo'θĭɔn] *f* Fortbewegung *f*; **~tora** [-'tora] *f* Lokomotive *f*
locu|az [lo'kŭaθ] geschwätzig; **~ción** [loku'θĭɔn] *f* Redewendung *f*; **~ra** [-'kura] *f* Verrücktheit *f*; Wahnsinn *m*; **~tor** [-'tɔr] *m* Ansager *m*, Sprecher *m*; **~torio** [-'torĭo] *m* Sprechzimmer *n*; *tel* Fernsprechzelle *f*
lodo ['lođo] *m* Schlamm *m*
logia ['lɔxĭa] *f* Freimaurerloge *f*
lógi|ca ['lɔxika] *f* Logik *f*; **~co** ['lɔxiko] logisch
logística [lo'xistika] *f* Logistik *f*
logra|do [lo'građo] (gut) gelungen; **~r** [-'grar] *(1a)* erreichen; es schaffen
logro ['logro] *m* Gewinn *m*; *(éxito)* Gelingen *n*, Erfolg *m*
Loira [lo'ira] *m* Loire *f*
lombarda [lɔm'barđa] *f* Rotkohl *m*
lombriz [lɔm'briθ] *f* Wurm *m*; ***~ (de tierra)*** Regenwurm *m*
lomo ['lomo] *m* Lende *f* *(a gastr)*; *zo* Rücken *m*; *fig* Buchrücken *m*
lona ['lona] *f* Segeltuch *n*; Zeltplane *f*
loncha ['lɔntʃa] *f gastr* Scheibe *f*
Londres ['lɔndres] *m* London *n*
longaniza [lɔŋga'niθa] *f Art* Hartwurst *f*
longe|vidad [lɔŋxeƀi'đađ] *f* Langlebigkeit *f*; **~vo** [-'xeƀo] langlebig
longitud [lɔŋxi'tuđ] *f* Länge *f*; **~inal** [-tuđi'nal] Längen…, Längs…
lonja ['lɔŋxa] *f* Schnitte *f*, Scheibe *f*; *com* (Waren-)Börse *f*
Lorena [lo'rena] *f* Lothringen *n*
loro ['loro] *m* Papagei *m*
los [los] *pl* **1.** *art* die; **2.** *pron ac* sie
losa ['losa] *f* Steinplatte *f*
lote ['lote] *m* Anteil *m*; *com* Posten *m*
lote|ría [lote'ria] *f* Lotterie *f*; Lotto *n*; **~ro** [-'tero] *m* Lotterieeinnehmer *m*
Lovaina [lo'ƀaĭna] *f* Löwen *n*
loza ['loθa] *f* Steingut *n*; Tonware(n) *f* *(pl)*; ***de ~*** irden
loza|nía [loθ'nia] *f* Üppigkeit *f*; **~no** [-'θano] üppig; *fig* frisch
Ltda. ***Limitada*** mbH (mit beschränkter Haftung)
lubina *zo* [lu'ƀina] *f* Wolfsbarsch *m*
lubrica|ción [luƀrika'θĭɔn] *f* Abschmieren *n*; **~nte** [-'kante] *m* Schmieröl *n*; **~r** [-'kar] *(1g)* schmieren
Lucerna [lu'θɛrna] *f* Luzern *n*
lucero [lu'θero] *m* (Abend-, Morgen-)Stern *m*
lucha ['lutʃa] *f* Kampf *m*; *dep* Ringkampf *m*; ***~ antidroga*** Rauschgiftbekämpfung *f*; ***~ libre*** Freistilringen *n*; **~dor** [-'đɔr] *m* Kämpfer *m*; Ringer *m*; **~r** [lu'tʃar] *(1a)* kämpfen; ringen
luci|dez [luθi'đeθ] *f* Klarheit *f*; **~do** [-'θiđo] prächtig, glanzvoll
lúcido ['luθiđo] licht, klar
luciente [lu'θĭente] strahlend
luciérnaga [lu'θĭɛrnaga] *f* Glühwürm-

chen *n*

lucio *zo* ['luθĭo] *m* Hecht *m*; **~perca** *zo* [-'perka] *f* Zander *m*

lucir [lu'θir] (*3f*) **1.** *v/i* leuchten, glänzen; **2.** *v/t* zur Schau stellen, tragen; **~se** sich hervortun, glänzend abschneiden; *iron* sich blamieren

lucr|ativo [lukra'tiƀo] einträglich, lukrativ; **~o** ['lukro] *m* Gewinn *m*; Nutzen *m*; ***sin ánimo de ~*** gemeinnützig

luego ['lŭego] nachher; dann; (*consecuencia*) demnach, also; ***hasta ~*** bis nachher; ***desde ~*** selbstverständlich

lugar [lu'gar] *m* Ort *m*, Stelle *f*; ***~ sin cobertura*** *tel* Funkloch *n*; ***~ común*** Gemeinplatz *m*; ***dar ~ a*** Anlass geben zu; ***fuera de ~*** unangebracht, fehl am Platz; ***tener ~*** stattfinden; ***en ~ de*** statt; ***en primer ~*** erstens

lúgubre ['luguƀre] traurig; düster; unheilvoll

lujo ['luxo] *m* Luxus *m*; ***de ~*** Luxus…; **~so** [lu'xoso] luxuriös

lujuri|a [lu'xurĭa] *f* Unzucht *f*, Geilheit *f*; **~oso** [-'rĭoso] unzüchtig, lüstern

lumba|go *med* [lum'bago] *m* Hexenschuss *m*; **~r** [-'bar] Lenden…

lumbre ['lumbre] *f* (Herd-)Feuer *n*; (*luz*) Licht *n*; **~ra** [-'brera] *f fig* Leuchte *f*

lumino|so [lumi'noso] leuchtend, *a fig* glänzend; Licht…; **~tecnia** [-no'tɛgnĭa] *f* Beleuchtungstechnik *f*

luna ['luna] *f* Mond *m*; (*vidrio*) Schaufensterscheibe *f*; Spiegelglas *n*; ***~ de miel*** Flitterwochen *f/pl*; ***~ nueva*** Neumond *m*; ***~ llena*** Vollmond *m*; ***~ trasera*** Heckfenster *n*, -scheibe *f*; ***estar en la ~*** nicht bei der Sache sein

lunar [lu'nar] **1.** *adj* Mond…; **2.** *m* Muttermal *n*; *fig* Schönheitsfehler *m*; ***de ~es*** (*tela*) gepunktet

lunes ['lunes] *m* Montag *m*; ***el ~*** am Montag

luneta [lu'neta] *f*: ***~ trasera*** *auto* Heckscheibe *f*

lupa ['lupa] *f* Lupe *f*

lúpulo *bot* ['lupulo] *m* Hopfen *m*

luso ['luso] portugiesisch

lus|trar [lus'trar] (*1a*) blank putzen; polieren; **~tre** ['lustre] *m* Glanz *m*

luto ['luto] *m* Trauer *f*; (*ropa*) Trauerkleidung *f*; ***estar de ~ por alg*** um j-n trauern

luxación *med* [lugsa'θĭɔn] *f* Verrenkung *f*

Luxemburgo [lugsem'burgo] *m* Luxemburg *n*

luxemburgu|és [lugsembur'ges] **1.** *adj* luxemburgisch; **2. ~és** *m*, **~esa** [-'gesa] *f* Luxemburger(in) *m*(*f*)

luz [luθ] *f* Licht *n*; ***~ antiniebla trasera*** Nebelschlussleuchte *f*; ***~ intermitente de alarma*** Warnblinkanlage *f*; ***~ de carretera*** Fernlicht *n*; ***~ de cruce*** Abblendlicht *n*; ***~ de marcha atrás*** Rückfahrscheinwerfer *m*; ***~ verde*** *a fig* grünes Licht *n*; ***a todas luces*** in jeder Hinsicht; ***dar la ~*** Licht machen; ***dar a ~*** zur Welt bringen; ***sacar a la ~*** (*obra*) veröffentlichen; ***salir a la ~*** erscheinen

M

m ***metro(s)*** m (Meter); ***minuto(s)*** min. (Minute[n])

M, **m** ['eme] *f* M, m *n*

M.ªª ***María*** Maria

macabro [ma'kaƀro] schaurig; makaber; ***danza f macabra*** Totentanz *m*

macarrones [maka'rrɔnes] *m/pl* Makkaroni *pl*

macedonia [maθe'đonĭa] *f*: **~ (*de frutas*)** Obstsalat *m*; **~ (*de verduras*)** Mischgemüse *n*

Macedonia [maθe'đonĭa] *f* Mazedonien *n*

macerar [maθe'rar] (*1a*) einweichen; *gastr* einlegen

macet|a [ma'θeta] *f* Blumentopf *m*; **~ero** [-'tero] *m* Blumenständer *m*

macha|car [matʃa'kar] (*1g*) **1.** *v/t* zerstoßen; zerquetschen; *fig* F eintrichtern; **2.** *v/i* aufdringlich sein; **~conería** [-kone'ria] *f* Aufdringlichkeit *f*

machete [ma'tʃete] *m* Buschmesser *n*

mach|ismo [ma'tʃizmo] *m* (übertriebener) Männlichkeitskult *m*; **~ista** [-'tʃista] *m* F Chauvi *m*; **~o** ['matʃo] **1.** *m zo* Männchen *n*; **2.** *adj* kräftig;

männlich; *Am* tapfer
macilento [maθi'lento] abgezehrt
macizo [ma'θiθo] **1.** *adj* massiv; **2.** *m geo* Massiv *n*; *bot* Blumenbeet *n*
macro|biótico [makro'bĭotiko] makrobiotisch; **~fiesta** [-'fĭesta] *f* Megaparty *f*, F Megafete *f*
macuto [ma'kuto] *m* Tornister *m*; (*mochila*) Rucksack *m*
Madagascar [mađagas'kar] *m* Madagaskar *n*
madeja [ma'đɛxa] *f* (Haar-)Strähne *f*; (*de lana*) Strang *m*
made|ra [ma'đera] *f* Holz *n*; *fig* ***tener ~ de*** das Zeug haben zu; **~ro** [-'đero] *m* (Stück) Holz *n*; Balken *m*
madona [ma'đona] *f* Madonnenbild *n*
madra|stra [ma'đrastra] *f* Stiefmutter *f*; **~za** [-'đraθa] *f* (allzu) nachsichtige Mutter *f*
madre ['mađre] *f* Mutter *f*; ***~ política*** Schwiegermutter *f*; ***~ soltera*** alleinerziehende Mutter *f*; ***salirse de ~*** (*río*) über die Ufer treten; **~perla** [-'pɛrla] *f* Perlmutt(er *f*) *n*; **~selva** *bot* [-'sɛlƀa] *f* Geißblatt *n*
madriguera [mađri'gera] *f* (Kaninchen-)Bau *m*; *fig* Schlupfwinkel *m*
madrileñ|o [mađri'leɲo] **1.** *adj* aus Madrid; **2. ~o** *m*, **~a** *f* Madrider(in) *m*(*f*)
madrina [ma'đrina] *f* Taufpatin *f*, Patentante *f*; (*de boda*) Trauzeugin *f*
madroño *bot* [ma'droɲo] *m* Erdbeerbaum *m*
madruga|da [mađru'gađa] *f* Morgenfrühe *f*; ***de ~*** sehr früh; **~dor** [-'đɔr] *m* Frühaufsteher *m*; **~r** [-'gar] (*1h*) früh aufstehen
madu|rar [mađu'rar] (*1a*) **1.** *v/t* zur Reife bringen; *fig* reiflich überlegen; **2.** *v/i* reifen; **~rez** [-'reθ] *f* Reife *f* (*a fig*); **~ro** [-'đuro] reif (*a fig*)
maes|tra [ma'estra] *f* (Grundschul-)Lehrerin *f*; Meisterin *f*; ***~ de párvulos*** Kindergärtnerin *f*; **~tría** [-'tria] *f* Meisterschaft *f*; **~tro** [-'estro] **1.** *adj* Meister…; **2.** *m* (Grundschul-)Lehrer *m*; Meister *m*; ***~ de obras*** Bauleiter *m*
mafia ['mafĭa] *f* Mafia *f* (*a fig*)
magia ['maxĭa] *f* Zauberei *f*; Magie *f*
mágico ['maxiko] magisch; (*a fig*) zauberhaft
magisterio [maxis'terĭo] *m* Lehramt *n*; Lehrerschaft *f*
magistra|do [maxis'trađo] *m* Richter *m*; **~l** [-'tral] meisterhaft; Meister…
magn|animidad [magnanimi'đađ] *f* Edelmut *m*; **~ánimo** [-'nanimo] großmütig
magnate [mag'nate] *m* Magnat *m*
magnesio [mag'nesĭo] *m* Magnesium *n*
magn|ético [mag'netiko] magnetisch; **~etismo** [-'tizmo] *m* Magnetismus *m*; **~etizar** [-ti'θar] (*1f*) magnetisieren; *fig* begeistern
magne|tofón [magneto'fɔn], **~tófono** [-'tofono] *m* Tonbandgerät *n*; **~toscopio** [-tɔs'kopĭo] *m* Videorekorder *m*
magn|ificencia [magnifi'θenθĭa] *f* Pracht *f*; Pomp *m*; **~ífico** [-'nifiko] prächtig; herrlich; **~itud** [magni'tuđ] *f* Größe *f*
magnolia *bot* [mag'nolĭa] *f* Magnolie *f*
mago ['mago] *m* Magier *m*; Zauberer *m*; ***los Reyes Magos*** die Heiligen Drei Könige
magro ['magro] mager
magulla|dura [maguʎa'đura] *f* Quetschung *f* (*a med*); **~r** [-'ʎar] (*1a*) (zer-)quetschen
Maguncia [ma'gunθĭa] *f* Mainz *n*
maíz [ma'iθ] *m* Mais *m*
majade|ría [maxađe'ria] *f* Albernheit *f*; **~ro** [-'đero] *m* Trottel *m*, Depp *m*
majareta F [maxa'reta] verrückt
majes|tad [maxes'tađ] *f* Majestät *f*; **~tuoso** [-'tŭoso] majestätisch
majo ['maxo] hübsch, fesch; (*simpático*) nett, sympathisch
mal [mal] **1.** *adj* (*vor m/sg*) *s* ***malo***; **2.** *adv* schlecht; ***~ que bien*** recht und schlecht; ***¡menos ~!*** zum Glück!; ***de ~ en peor*** immer schlechter (*od* schlimmer); ***tomar a ~*** übel nehmen; **3.** *m* Übel *n*; *med* Leiden *n*; ***~ de mar*** Seekrankheit *f*; ***el ~ menor*** das kleinere Übel
malabarista [malaƀa'rista] *m* Jongleur *m*
malaconsejado [malakɔnsɛ'xađo] schlecht beraten
malacostumbrado [malakɔstum'brađo] verwöhnt
malagueño [mala'geɲo] aus Málaga
malaria *med* [ma'larĭa] *f* Malaria *f*
Malasia [ma'lasĭa] *f* Malaysia *n*
malay|o [ma'lajo] **1.** *adj* malaiisch; **2. ~o** *m*, **~a** *f* Malaie *m*, Malaiin *f*
malbaratar [malƀara'tar] (*1a*) verschwenden; (*vender*) verschleudern

malcriado [malkri'ađo] schlecht erzogen; ungezogen
maldad [mal'dađ] *f* Bosheit *f*; Schlechtigkeit *f*
mal|decir [malde'θir] (*3p*) **1.** *v/t* verfluchen; **2.** *v/i* lästern, fluchen (über ***de***); **~dición** [-di'θĭɔn] *f* Fluch *m*; **~dito** [-'dito] verflucht, verdammt; ***¡maldita sea!*** verdammt noch mal!
Maldivas [mal'điƀas] *f/pl* Malediven *pl*
maleante [male'ante] *m* Bösewicht *m*, Übeltäter *m*
malecón [male'kɔn] *m* Damm *m*; Mole *f*
maledicencia [maleđi'θenθĭa] *f* Verleumdung *f*
maleficio [male'fiθĭo] *m* Unheil *n*; Verwünschung *f*
maléfico [ma'lefiko] schädlich; unheilvoll, verderblich
malentendido [malenten'diđo] *m* Missverständnis *n*
malestar [males'tar] *m* Unwohlsein *n*; Unbehagen *n*
male|ta [ma'leta] *f* Koffer *m*; **~tero** [-'tero] *m* Gepäckträger *m*; *auto* Kofferraum *m*; **~tín** [-'tin] *m* Handkoffer *m*; ***~ ejecutivo*** *Am* Aktenkoffer *m*
malévolo [ma'leƀolo] böswillig
maleza [ma'leθa] *f* Unkraut *n*; Gestrüpp *n*
malgache [mal'gatʃe] aus Madagaskar, madagassisch
malgastar [malgas'tar] (*1a*) verschwenden
mal|hablado [mala'ƀlađo] unflätig redend; **~hechor** [-e'tʃɔr] *m* Übeltäter *m*; **~herir** [-e'rir] (*3i*) schwer verwunden; **~humorado** [-umo'rađo] schlecht gelaunt
Malí [ma'li] *m* Mali *n*
malici|a [ma'liθĭa] *f* Bosheit *f*; Tücke *f*; (*astucia*) Verschmitztheit *f*; **~oso** [-'θĭoso] boshaft; tückisch; (*astuto*) gerissen
malign|idad [maligni'đađ] *f* Bösartigkeit *f* (*a med*); **~o** [-'ligno] böse; bösartig (*a med*)
malintencionado [malintenθĭo'nađo] übel gesinnt; heimtückisch
malla ['maʎa] *f* Masche *f*; ***~s*** *pl* Trikot *n*
Mallorca [ma'ʎɔrkal] *f* Mallorca *n*
mallorquín [maʎɔr'kin] **1.** *adj* mallorkinisch; **2.** *m* Mallorkiner *m*
malo ['malo] schlecht; schlimm; *med* krank; (*niño*) unartig; ***por las -as*** mit Gewalt; ***ponerse ~*** krank werden
malogra|do [malo'građo] (zu) früh verstorben; **~r** [-'grar] (*1a*) verderben; F verpfuschen; **~rse** misslingen; scheitern; verderben
maloliente [malo'lĭente] übel riechend
malparado [malpa'rađo] übel zugerichtet; ***quedar*** (*od* ***salir***) **~** schlecht wegkommen
malpensado [malpen'sađo]: ***ser ~*** immer gleich das Schlechte(re) annehmen *od* denken
malsano [mal'sano] ungesund
malsonante [malso'nante] (*palabra*) anstößig
malta ['malta] *f* Malz *n*
maltratar [maltra'tar] (*1a*) misshandeln
maltrecho [mal'tretʃo] übel zugerichtet
malva *bot* ['malƀa] *f* Malve *f*
malvado [mal'ƀađo] **1.** *adj* böse, verrucht; **2.** *m* Bösewicht *m*
malvavisco *bot* [malƀa'ƀisko] *m* Eibisch *m*
malvender [malƀen'dɛr] (*2a*) verschleudern
malversa|ción [malƀɛrsa'θĭɔn] *f*: **~** (***de fondos***) Veruntreuung *f*; **~r** [-'sar] (*1a*) veruntreuen
Malvinas [mal'ƀinas] *f/pl* Falklandinseln *f/pl*
mama ['mama] *f* (weibliche) Brust *f*; **~r** [-'mar] (*1a*) saugen; ***dar de ~*** stillen
mamá [ma'ma] *f* Mama *f*, Mutti *f*
mamarracho F [mama'rratʃo] *m* F Schmarren *m*
mamífero [ma'mifero] *m* Säugetier *n*
mamografía *med* [mamogra'fia] *f* Mammographie *f*
mamotreto F [mamo'treto] *m* F (*libro*) Schinken *m*, Wälzer *m*; *bsd Am* ungefüges Möbel *n*
mampara [mam'para] *f* Wandschirm *m*
mampostería [mampɔste'ria] *f* Mauerwerk *n*
maná [ma'na] *m* Manna *n*
manada [ma'nađa] *f* Herde *f*; Rudel *n*
mana|ntial [manan'tĭal] *m* Quelle *f*; **~r** [-'nar] (*1a*) quellen; fließen
manazas [ma'naθas] *m* ungeschickter Mensch
mancebo [man'θeƀo] *m* Jüngling *m*; (Apotheken-)Gehilfe *m*
mancha ['mantʃa] *f* Fleck *m* (*a fig*); **~r**

[-'tʃar] (*1a*) beflecken (*a fig*); beschmutzen
manchego [man'tʃego] aus der Mancha
mancilla [man'θiʎa] *f* Makel *m*; **~r** [-θi'ʎar] (*1a*) *fig* beflecken
manco ['maŋko] einarmig; ***no ser ~*** nicht ungeschickt sein
mancomunidad [maŋkomuni'đađ] *f* Gemeinschaft *f*; (Zweck-)Verband *m*
manda|do [man'dađo] *m* Auftrag *m*; Befehl *m*; **~más** F [-'mas] *m* F Boss *m*; **~miento** [-'mĭento] *m* Befehl *m*; Gebot *n* (*a rel*); **~nte** [-'dante] *m* Auftraggeber *m*; *jur* Mandant *m*; **~r** [-'dar] (*1a*) **1.** *v/t* befehlen, anordnen; (*enviar*) senden, schicken; *mil* (an)führen; ***~ hacer*** machen lassen; **2.** *v/i* befehlen; ***¿mande?*** wie bitte?
mandarina [manda'rina] *f* Mandarine *f*
manda|tario [manda'tarĭo] *m* Beauftragte(r) *m*; **~to** [-'dato] *m* Befehl *m*; Auftrag *m*; *pol* Mandat *n*
mandíbula [man'điƀula] *f* Kiefer *m*; Kinnlade *f*
mandil [man'dil] *m* Schürze *f*
mando ['mando] *m* Herrschaft *f*; *mil* Befehl *m*, Befehlsgewalt *f*; Kommando *n*; *tec* Steuerung *f*; ***~ a distancia*** Fernbedienung *f*; ***~ global*** Globalsteuerung *f*
mandolina [mando'lina] *f* Mandoline *f*
mandón [man'dɔn] herrisch
manecilla [mane'θiʎa] *f* Uhrzeiger *m*
mane|jable [manɛ'xaƀle] handlich; **~jar** [-'xar] (*1a*) handhaben; bedienen; (*dirigir*) führen, leiten; *Am auto* fahren; **~jo** [-'nɛxo] *m* Handhabung *f*; Bedienung *f*
manera [ma'nera] *f* Art *f*, Weise *f*; ***de ~ que*** sodass; ***de ninguna ~*** keineswegs; ***no hay ~ de*** *inf* es ist nicht möglich zu *inf*; ***hacer de ~ que*** es so einrichten, dass; ***de mala ~*** gemein; übel; ***en gran ~*** in hohem Maße; ***de todas ~s*** jedenfalls; immerhin; ***~s*** *pl* Manieren *f/pl*
manga ['maŋga] *f* Ärmel *m*; *mar* (Schiffs-)Breite *f*; *dep* Durchgang *m*; ***~ de riego*** (Garten-)Schlauch *m*; ***en ~s de camisa*** in Hemdsärmeln; ***sin ~s*** ärmellos
manganeso [maŋga'neso] *m* Mangan *n*
manga|nte P [maŋ'gante] *m* Gauner *m*; **~r** P [-'gar] (*1h*) F klauen
mango ['maŋgo] *m* Stiel *m*; Griff *m*; *bot* Mango *f*
manguera [maŋ'gera] *f* (Wasser-) Schlauch *m*
manguito [maŋ'gito] *m* Muff *m*; *tec* Muffe *f*
maní [ma'ni] *m Am* Erdnuss *f*
manía [ma'nia] *f* Manie *f*; ***~ persecutoria*** Verfolgungswahn *m*; ***tener ~ a alg*** j-n nicht leiden können
maniatar [manĭa'tar] (*1a*) *j-m* die Hände binden
mani|ático [ma'nĭatiko] manisch; verrückt, wahnsinnig; **~comio** [mani'komĭo] *m* Irrenhaus *n*
manicura [mani'kura] *f* Maniküre *f* (*a persona*)
manido [ma'niđo] *fig* abgegriffen
manifesta|ción [manifesta'θĭɔn] *f* Erklärung *f*; Äußerung *f*; *pol* Demonstration *f*; **~nte** [-'tante] *m* Demonstrant *m*; **~r** [-'tar] (*1k*) bekunden; zeigen; (*declarar*) äußern; erklären; **~rse** sich äußern; *pol* demonstrieren
manifiesto [mani'fĭesto] **1.** *adj* offenkundig, deutlich; ***poner de ~*** bekunden; **2.** *m* Manifest *n*
manija [ma'nixa] *f* Griff *m*
manillar [mani'ʎar] *m* Lenkstange *f*
maniobra [ma'nĭoƀra] *f* Manöver *n* (*a fig*); **~s** *pl* Machenschaften *f/pl*, Schliche *m/pl*; **~r** [-'ƀrar] (*1a*) manövrieren (*a fig*); manipulieren
manipula|ción [manipula'θĭɔn] *f* Handhabung *f*; *a fig* Manipulation *f*; ***~ genética*** Genmanipulation *f*; **~do** [-'lađo]: ***~ genéticamente*** genmanipuliert; **~r** [-'lar] (*1a*) handhaben; *a fig* manipulieren
maniquí [mani'ki] **a)** *m* Modell-, Schneiderpuppe *f* **a)** *su* Mannequin *m*
manirroto [mani'rrɔto] verschwenderisch
manivela [mani'ƀela] *f* Kurbel *f*
manjar [maŋ'xar] *m* Speise *f*
mano ['mano] *f* Hand *f*; *zo* Vorderfuß *m*, -pfote *f*; ***~ de obra*** Arbeitskräfte *f/pl*; ***~ de pintura*** Anstrich *m*; ***a ~ armada*** mit Waffengewalt; ***bajo ~*** unter der Hand, heimlich; ***de segunda ~*** aus zweiter Hand, gebraucht; ***echar una ~ a alg*** j-m helfen; ***hecho a ~*** handgemacht; ***llegar a las ~s*** handgemein werden; ***pedir la ~ de alg*** um j-s Hand anhalten; ***tener a ~*** zur Hand haben

manojo [ma'nɔxo] *m* Bündel *n*; **~ de llaves** Schlüsselbund *m od n*
manopla [ma'nopla] *f* Fausthandschuh *m*
manosea|do [manose'ađo] abgegriffen; **~r** [-'ar] (*1a*) betasten; F befummeln
mansedumbre [manse'đumbre] *f* Sanftmut *f*
mansión [man'sĭɔn] *f* Herrensitz *m*; herrschaftliches Haus *n*
manso ['manso] sanft; mild; (*animal*) zahm; (*agua*) still
manta ['manta] *f* Decke *f*; F **a ~** in Hülle und Fülle
manteca [man'teka] *f* Schmalz *n*; *bsd Am* Butter *f*; **~do** [-'kađo] *m Art* Schmalzgebäck *n*
mantel [man'tɛl] *m* Tischtuch *n*; **~ individual** Platzdeckchen *n*, Set *n*; **~ería** [-tele'ria] *f* Tischwäsche *f*
mante|ner [mante'nɛr] (*2l*) halten; (*conservar*) er-, behalten, aufrechterhalten; (*alimentar*) unterhalten; *tec* warten; **~nerse** sich halten; sich behaupten; (*subsistir*) leben (von **de**); **~nimiento** [-ni'mĭento] *m* Erhaltung *f*; Aufrechterhaltung *f*; (*sustento*) Unterhalt *m*; *tec* Wartung *f*
mante|quera [mante'kera] *f* Butterdose *f*; **~quilla** [-'kiʎa] *f* Butter *f*
mantero [man'tero] F *m* (illegaler) Straßenhändler *m*
mantill|a [man'tiʎa] *f* Mantille *f*; (*para bebés*) Einschlagtuch *n*; **~o** [-'tiʎo] *m* Humuserde *f*
man|to ['manto] *m* Umhang *m*; **~tón** [-'tɔn] *m* Schultertuch *n*
manual [ma'nŭal] **1.** *adj* manuell, Hand…; **2.** *m* Handbuch *n*; **~idades** [-li'đađes] *f/pl* Handarbeiten *f/pl*; Werken *n*
manufactura [manufak'tura] *f* Manufaktur *f*; **~r** [-'rar] (*1a*) fabrizieren, fertigen
manuscrito [manus'krito] **1.** *adj* handschriftlich; **2.** *m* Manuskript *n*
manutención [manuten'θĭɔn] *f* Unterhalt *m*; Verpflegung *f*
manza|na [man'θana] *f* Apfel *m*; *arqu* Häuserblock *m*; **~ de la discordia** Zankapfel *m*; **~nilla** [-'niʎa] *f* Kamille *f*; (*infusión*) Kamillentee *m*; **~no** [-'θano] *m* Apfelbaum *m*
maña ['maɲa] *f* Geschicklichkeit *f*; **darse ~** sich geschickt anstellen
mañana [ma'ɲana] **1.** *f* Morgen *m*; Vormittag *m*; **esta ~** heute Morgen; **por la ~** morgens; **~ por la ~** morgen früh; **2.** *adv* morgen; **pasado ~** übermorgen
maño F ['maɲo] *m* Aragonier *m*; **~so** [ma'ɲoso] geschickt
mapa ['mapa] *m* Landkarte *f*; **~mundi** [-'mundi] *m* Weltkarte *f*
maqueta *arqu* [ma'keta] *f* Modell *n*
maquilla|dor [makiʎa'đɔr] *m* Maskenbildner *m*; **~je** [-'ʎaxe] *m* Make-up *n*; **~r(se)** [-'ʎar(se)] (sich) schminken; F (*balance*, *etc*) frisieren
máquina ['makina] *f* Maschine *f*; *ferro* Lokomotive *f*; **~ de afeitar** Rasierapparat *m*; **~ de coser** Nähmaschine *f*; **~ de escribir** (**portátil**) (Reise-) Schreibmaschine *f*; **fotográfica** Fotoapparat *m*; **~ herramienta** Werkzeugmaschine *f*; **a ~** maschinell; **a toda ~** mit Volldampf (*a fig*)
maquina|ción [makina'θĭɔn] *f* Intrige *f*; **-ciones** *pl* Machenschaften *f/pl*; **~l** [-'nal] *fig* mechanisch; **~r** [-'nar] (1a) aushecken
maqui|naria [maki'narĭa] *f* Maschinenpark *m*; Maschinerie *f* (*a fig*); **~nista** [-'nista] *m*; Maschinist *m*; *ferro* Lokomotivführer *m*
mar [mar] *m u f* **1.** Meer *n*, See *f*; **~ de fondo** Dünung *f*; **en alta ~** auf hoher See; *fig* **la ~ de** e-e Unmenge *f* (von); **a ~es** in Strömen; reichlich; **2.** ♀ **Adriático** Adria *f*; ♀ **Báltico** Ostsee *f*; ♀ **Jónico** Jonisches Meer *n*; ♀ **Muerto** Totes Meer *n*; ♀ **Negro** Schwarzes Meer *n*; ♀ **del Norte** Nordsee *f*; ♀ **Rojo** Rotes Meer *n*
maraca *mús* [ma'raka] *f* Rumbakugel *f*
maraña [ma'raɲa] *f* Gestrüpp *n*; *fig* Wirrwarr *m*
marat(h)ón [mara'tɔn] *m u f* Marathonlauf *m*
maravill|a [mara'ƀiʎa] *f* Wunder *n*; **~ar** [-'ʎar] (1a) (verwundern); **~arse** sich wundern, staunen (über *ac* **de**); **~oso** [-'ʎoso] wunderbar
marbete [mar'ƀete] *m* Aufklebezettel *m*
marca ['marka] *f* Marke *f*; Warenzeichen *n*; *dep* Rekord *m*; **~ción** [-'θĭɔn] *f* Markierung *f*; **~ directa** *tel* Kurzwahl *f*, Direktwahl *f*; **~do** [-'kađo] deutlich;

ausgeprägt; **~dor** [-'đɔr] *m dep* Ergebnistafel *f*; **~pasos** *med* [-'pasos] *m* Herzschrittmacher *m*; **~r** [-'kar] (1g) kennzeichnen; markieren; *dep* decken; (*gol*) schießen; (*pelo*) einlegen; *tel* wählen

marcha ['martʃa] *f* Marke *m*; Abreise *f*; *auto* Gang *m*; *dep* Gehen *n*; ***dar ~ atrás*** rückwärtsfahren; *fig* e-n Rückzieher machen; ***a toda ~*** mit Vollgas; ***sobre la ~*** nebenbei; ***poner en ~*** in Gang setzen; **~dor** [-'đɔr] *m dep* Geher *m*; **~nte** [-'tʃante] *m* (Kunst-)Händler *m*; *Am* Kunde *m*; **~r** [-'tʃar] (1a) marschieren; gehen (*a fig*); *tec* funktionieren; **~rse** (weg)gehen; abreisen

marchi|tarse [martʃi'tarse] (1a) verwelken; **~to** [-'tʃito] welk, verwelkt (*a fig*)

marcia|l [mar'θĭal] martialisch, kriegerisch; ***ley f ~*** Standrecht *n*; **~no** [-'θĭano] *m* Marsmensch *m*

marco ['marko] *m* Rahmen *m* (*a fig*); *hist* (*moneda*) Mark *f*; ***~ alemán*** *hist* D Mark *f*

mare|a [ma'rea] *f* Gezeiten *pl*; ***~ alta*** Flut *f*; ***~ baja*** Ebbe *f*; **~ar** [-'ar] (1a) schwindlig machen; *fig* auf die Nerven gehen (*dat*); **~arse** seekrank *od* schwindlig werden; ***me mareo*** mir wird schlecht; **~jada** [-'xađa] *f* hoher Seegang *m*; **~jadilla** [-'điʎa] *f* leichter Seegang *m*; **~moto** [-'moto] *m* Seebeben *n*; **~o** [-'reo] *m* Seekrankheit *f*; Schwindel *m*; Übelkeit *f*

marfil [mar'fil] *m* Elfenbein *n*

marga [marga] *f* Mergel *m*

margarina [marga'rina] *f* Margarine *f*

margarita [marga'rita] *f* Margerite *f*; Gänseblümchen *n*; *tec* Typenrad *n*

margen ['marxen] *m* Rand *m*; *com* Spanne *f*; *fig* Spielraum *m*; ***mantenerse al ~*** sich heraushalten

margina|do [marxi'nađo] *m*: ***~s pl*** (***sociales***) (soziale) Randgruppen *f/pl*; **~l** [-'nal] Rand…

mari|ca F [ma'rika] *m*, **~cón** P [-'kɔn] *m* Schwule(r) *m*

marido [ma'riđo] *m* Ehemann *m*

marihuana [mari'xŭana] *f* Marihuana *n*

mari|na [ma'rina] *f* Marine *f*; ***~ mercante*** Handelsmarine *f*; **~nar** [-'nar] (1a) *gastr* marinieren; **~nero** [-'nero] **1.** *adj* See…; Meeres…; **2.** *m* Seemann *m*

mariposa [mari'posa] *f* Schmetterling *m*; *dep* Schmetterlingsstil *m*

mariquita [mari'kita] **a)** *f* Marienkäfer *m* **a)** *m* F weibischer Mann *m*

mariscal [maris'kal] *m* Marschall *m*

mariscos [ma'riskos] *m/pl* Meeresfrüchte *f/pl*

marisma [ma'rizma] *f* sumpfiges Küstengebiet *n*

marital [mari'tal] ehelich

marítimo [ma'ritimo] Meer…; See…

marketing ['marketiŋ] *m* Marketing *n*

marmita [mar'mita] *f* Kochtopf *m*

mármol ['marmɔl] *m* Marmor *m*

marmota [mar'mota] *f* Murmeltier *n*

maroma [ma'roma] *f* Seil *n*; Trosse *f*

marqu|és [mar'kes] *m* Marquis *m*; **~esa** [-'kesa] *f* Marquise *f*; **~esina** [-'sina] *f* Schutzdach *n*; Markise *f*

marquetería [markete'ria] *f* Einlegearbeit *f*; Intarsie *f*

marra|na [ma'rrana] *f* Sau *f* (*a fig*); **~no** [-'rrano] **1.** *adj* schweinisch; schmutzig; **2.** Schwein *n* (*a fig*)

marras F ['marras]: ***de ~*** der (die, das) bewusste

marrón [ma'rrɔn] braun

marro|quí [marrɔ'ki] **1.** *adj* marokkanisch; **2.** *su* Marokkaner(in) *m*(*f*); **~quinería** [-kine'ria] *f* (feine) Lederwaren *f/pl*

Marruecos [ma'rrŭekos] *m* Marokko *n*

Marsella [mar'seʎa] *f* Marseille *n*

marsopa *zo* [mar'sopa] *f* Tümmler *m*

marta ['marta] *f* Marder *m*

Marte *astr* ['marte] *m* Mars *m*

martes ['martes] *m* Dienstag *m*

marti|llar [marti'ʎar] (*1a*) hämmern; **~llo** [-'tiʎo] *m* Hammer *m*; ***~ neumático*** Presslufthammer *m*

mártir ['martir] *su* Märtyrer(in) *m*(*f*)

martiri|o [mar'tirĭo] *m* Martyrium *n* (*a fig*); **~zar** [-ri'θar] (*1f*) martern, quälen

marzo ['marθo] *m* März *m*

mas [mas] aber, jedoch

más [mas] **1.** *adv* mehr; *mat* plus; ***~ bien*** eher; ***a lo ~*** höchstens; ***a cual ~*** um die Wette; ***~ o menos*** mehr oder weniger, ungefähr; ***por ~ que*** wie sehr auch; ***sin ~ ni ~*** mir nichts, dir nichts; ***tanto ~ cuanto que*** um so mehr als; ***estar de ~*** überflüssig sein; **2.** *comparativo*: ***~ grande*** größer; ***~ lejos*** weiter (entfernt); ***el ~ grande*** der größte

masa ['masa] *f* Masse *f*; *gastr* Teig *m*

masacre [ma'sakre] *f* Massaker *n*

masa|je [ma'saxe] *m* Massage *f*; ***dar*** (***un***) **~** massieren; **~jista** [-'xista] *su* Masseur(in) *m(f)*
mascar [mas'kar] (*1g*) kauen
máscara ['maskara] *f* Maske *f*; **~ *antigás*** Gasmaske *f*
masca|rada [maska'rađa] *f* Maskerade *f*; **~rilla** [-'riʎa] *f* (*cosmética*) Gesichtsmaske *f*; **~rón** [-'rɔn] *m*: **~ *de proa*** *mar* Galionsfigur *f*
mascota [mas'kota] *f* Maskottchen *n*
masculino [masku'lino] männlich
mascullar [masku'ʎar] (*1a*) murmeln
masifica|ción [masifika'θĭɔn] *f* Vermassung *f*; **~r** ['kar] (*1g*) vermassen
masilla [ma'siʎa] *f* (Glaser-)Kitt *m*
masivo [ma'siƀo] massiv, Massen…
masón [ma'sɔn] *m* Freimaurer *m*
masonería [masone'ria] *f* Freimaurerei *f*
masticar [masti'kar] (*1g*) kauen
mástil ['mastil] *m* *mar* Mast *m*; *mús* Griffbrett *n*
mastín [mas'tin] *m* großer Hirtenhund *m*
masturba|ción [masturƀa'θĭɔn] *f* Masturbation *f*; **~rse** [-'ƀarse] (*1a*) masturbieren, onanieren
mata ['mata] *f* Strauch *m*, Busch *m*
mata|dero [mata'đero] *m* Schlachthof *m*; **~dor** [-'đɔr] *m* *taur* Matador *m*; **~nza** [-'tanθa] *f* Schlachtung *f*; *fig* Gemetzel *n*; **~r** [-'tar] (*1a*) töten; (*animal*) schlachten; (*tiempo*) totschlagen; (*hambre*) stillen; **~ *a tiros*** erschießen; **~rse** ums Leben kommen
matasellos [mata'seʎos] *m* Poststempel *m*
mate ['mate] **1.** *adj* matt, glanzlos; **2.** *m* (*ajedrez*) Matt *n*; (*infusión*) Mate(tee) *m*
matemáti|cas [mate'matikas] *f/pl* Mathematik *f*; **~co** [-ko] **1.** *adj* mathematisch; **2.** *m* Mathematiker *m*
materia [ma'terĭa] *f* Materie *f*, Stoff *m*; (*asignatura*) Fach *n*; **~ *prima*** Rohstoff *m*; **~l** [-'rĭal] **1.** *adj* materiell; sachlich; **2.** *m* Material *n*; **~lista** [-rĭa'lista] *m* Materialist *m*; **~lizar** [-li'θar] (*1f*) materialisieren; verwirklichen
mater|nal [matɛr'nal] mütterlich; Mutter…; **~nidad** [-ni'đađ] *f* Mutterschaft *f*; (***casa*** *f* ***de***) **~** Entbindungsanstalt *f*; **~no** [-'tɛrno] *s* ***maternal***
matinal [mati'nal] morgendlich
matiz [ma'tiθ] *m* Farbton *m*; *fig* Nuance *f*; **~ar** [-'θar] (*1f*) (ab)tönen; *fig* nuancieren
matón [ma'tɔn] *m* Raufbold *m*
matorral [matɔ'rral] *m* Gebüsch *n*; Gestrüpp *n*
matrícula [ma'trikula] *f* Register *n*; *auto* Kennzeichen *n*; (*escuela*) Einschreibung *f*; Immatrikulation *f*
matricular [matriku'lar] (*1a*) immatrikulieren, einschreiben; *auto* zulassen
matrimo|nial [matrimo'nĭal] ehelich, Ehe…; **~nio** [-'monĭo] *m* Heirat *f*; Ehe *f*; (*pareja*) Ehepaar *n*; **~ *con dos sueldos*** Doppelverdiener *pl*; **~ *civil*** standesamtliche Trauung; **~ *homosexual*** *od* ***entre homosexuales*** Homoehe *f*
matriz [ma'triθ] *f* *anat* Gebärmutter *f*; *tip* Matrize *f*
matrona [ma'trona] *f* Matrone *f*; (*comadrona*) Hebamme *f*
matutino [matu'tino] Morgen…; (***periódico*** *m*) **~** Morgenzeitung *f*
maullar [maŭ'ʎar] (*1a*) miauen
Mauritania [maŭri'tanĭa] *f* Mauretanien *n*
mausoleo [maŭso'leo] *m* Mausoleum *n*
maxilar [magsi'lar] **1.** *adj* Kiefer…; **2.** *m* Kiefer(knochen) *m*
máxi|ma ['magsima] *f* Grundsatz *m*, Maxime *f*; **~me** [-me] vor allem; umso mehr; **~mo** [-mo] **1.** *adj* größte(r), Höchst…; ***como*** **~** höchstens; **2.** *m* Maximum *n*; *das* Äußerste *n*
mayo ['majo] *m* Mai *m*
mayonesa [majo'nesa] *f* Mayonnaise *f*
mayor [ma'jɔr] **1.** *comparativo*: größer; höher; älter; (*adulto*) erwachsen; Haupt…; Ober…; **~ *de edad*** volljährig; *mús* ***modo*** *m* **~** Dur *n*; ***al por*** **~** *com* en gros; **2.** *superlativo*: ***el*** **~** der größte; der älteste; **3.** *m* Erwachsene(r) *m*; *mil* Major *m*
mayor|al [majo'ral] *m* *agr* Vorarbeiter *m*; **~domo** [-'đomo] *m* (Guts-)Verwalter *m*; (*criado*) Butler *m*; **~ía** [-'ria] *f* Mehrheit *f*; **~ *de edad*** Volljährigkeit *f*; **~ista** [-'rista] *m* Großhändler *m*
mayúscul|a [ma'juskula] *f* Großbuchstabe *m*; **~o** [-lo] riesig
maza ['maθa] *f* Keule *f*
mazapán [maθa'pan] *m* Marzipan *n*
mazmorra [mađ'mɔrra] *f* (unterirdischer) Kerker *m*, Verlies *n*

mazorca [ma'θɔrka] *f* Maiskolben *m*
MC *m* ***Mercado Común*** Gemeinsamer Markt
me [me] mir; mich
mear P [me'ar] (*1a*) F pinkeln
MEC *m* ***Ministerio de Educación y Ciencia*** Erziehungsministerium *n*
mecáni|ca [me'kanika] *f* Mechanik *f*; **~ *de precisión*** Feinmechanik *f*; **~co** [-ko] **1.** *adj* mechanisch; maschinell; **2.** *m* Mechaniker *m*
mecani|smo [meka'nizmo] *m* Mechanismus *m*; Vorrichtung *f*; **~ *de tipo de cambio*** Wechselkursmechanismus *m*; **~zación** [-θa'θĭɔn] *f* Mechanisierung *f*
meca|nógrafa [meka'nografa] *f* Schreibkraft *f*; **~nografía** [-gra'fia] *f* Maschineschreiben *n*; **~nografiar** [-fi'ar] (*1c*) mit der Maschine schreiben
mecedora [meθe'đora] *f* Schaukelstuhl *m*
mecenas [me'θenas] *m* Mäzen *m*
mecer [me'θɛr] (*2b*) wiegen; schaukeln
mech|a ['metʃa] *f* Docht *m*; (*de arma*) Zündschnur *f*; (*de pelo*) Haarsträhne *f*; **~ar** [-'tʃar] (*1a*) *gastr* spicken; **~era** F [-'tʃera] *f* Ladendiebin *f*; **~ero** [-'tʃero] *m* Feuerzeug *n*; **~ón** [-'tʃɔn] *m* (Haar-)Strähne *f*
meda|lla [međa'ʎa] *f* Medaille *f*; **~llón** [međa'ʎon] *m* Medaillon *n*
media ['međĭa] *f* Strumpf *m*; (*promedio*) Durchschnitt *m*; **~ *corta*** Kniestrumpf *m*; **~ción** [-'θĭɔn] *f* Vermittlung *f*; **~do** [-'đĭađo]: ***a ~s de junio*** Mitte Juni; **~dor** [-'đɔr] *m* Vermittler *m*; **~nía** [-'nia] *f* Mittelmäßigkeit *f*; **~no** [-'đĭano] mittelgroß; *fig* mittelmäßig; **~noche** [-'notʃe] *f* Mitternacht *f*; **~nte** [-'đĭante] mittels (*gen*); ***Dios ~*** so Gott will; **~r** [-'đĭar] (*1b*) vermitteln
medicamento [međika'mento] *m* Medikament *n*
medicina [međi'θina] *f* Medizin *f*; (*medicamento*) Arznei *f*; **~ *general*** Allgemeinmedizin *f*
medición [međi'θĭɔn] *f* (Ver-)Messung *f*
médico ['međiko] **1.** *adj* ärztlich; **2.** *m* Arzt *m*; **~ *de cabecera*** Hausarzt *m*; **~ (*de medicina*) *general*** praktischer Arzt *m*; **~ *forense*** Gerichtsarzt *m*; **~ *jefe*** Chefarzt *m*; **~ *de urgencia*** Notarzt *m*
medi|da [me'điđa] *f* Maß *n*; *fig* Maßnahme *f*; ***a ~*** nach Maß, Maß…; ***a ~ que*** in dem Maße wie; ***en gran ~*** in hohem Maße; ***tomar la ~*** Maß nehmen; ***tomar ~s*** Maßnahmen ergreifen; ***~s de readaptación*** (***profesional***) Umschulungsmaßnahmen *f/pl*
medie|val [međĭe'ƀal] mittelalterlich; **~vo** [me'đĭeƀo] *m* Mittelalter *n*
medio ['međĭo] **1.** *adj* halb; Mittel…; Durchschnitts…; ***las dos y media*** halb drei; **2.** *m* Mitte *f*; (*método*) Mittel *n*; ***por ~ de*** mittels (*gen*); **~s** *pl* Geldmittel *n/pl*; ***~ de transporte*** (***colectivo***) (Massen-)Verkehrsmittel *n*; ***~s informativos*** Medien *n/pl*; ***~s de comunicación social*** (*od* ***de masas***) Massenmedien *n/pl*; **3.** *m* (*fútbol*) Mittelfeldspieler *m*; **4.** *m* (*ambiente*) Milieu *n*; ***~ ambiente*** Umwelt *f*; **5.** *adv* halb; ***a ~ hacer*** halb fertig; ***en ~ de*** inmitten (*gen*); ***a medias*** zur Hälfte; ***quitar de en ~*** aus dem Weg räumen; **~ambiental** [-ambĭen'tal] Umwelt…
mediocridad [međĭokri'đađ] *f* Mittelmäßigkeit *f*
mediodía [međĭo'đia] *m* Mittag *m*; ***a ~*** mittags
medir [me'đir] (*3l*) messen
medita|bundo [međita'ƀundo] nachdenklich; **~ción** [-'θĭɔn] *f* Meditation *f*; **~r** [-'tar] (*1a*) nachdenken über (*ac*); meditieren
mediterráneo [međitɛ'rraneo] Mittelmeer…
Mediterráneo [međitɛ'rraneo] *m* (***Mar*** *m*) **~** Mittelmeer *n*
médium ['međĭun] *su* Medium *n*
medrar [me'đrar] (*1a*) gedeihen; *fig* vorwärtskommen
médula ['međula] *f* Mark *n*; *fig* Kern *m*; ***~ espinal*** Rückenmark *n*; ***~ ósea*** Knochenmark *n*
meg|afonía [megafo'nia] *f* Verstärkeranlage *f*; **~áfono** [-'gafono] *m* Megaphon *n*
megalomanía [megaloma'nia] *f* Größenwahn *m*
mejican|o [mexi'kano] **1.** *adj* mexikanisch; **2. ~o** *m*, **~a** *f* Mexikaner(in) *m*(*f*)
Méjico ['mɛxiko] *m* *Spanien* Mexiko *n*
mejilla [mɛ'xiʎa] *f* Wange *f*, Backe *f*
mejillón [mɛxi'ʎɔn] *m* Miesmuschel *f*
mejor [mɛ'xɔr] besser; ***lo ~*** das Beste; ***a lo ~*** vielleicht, womöglich; ***lo ~ posible***

so gut wie möglich; ***está ~*** es geht ihm besser; **~a** [mɛ'xora] *f*, **~amiento** [-'mĭento] *m* (Ver-)Besserung *f*; *com* **~(*miento*) *de calidad*** Qualitätssteigerung *f*

mejorana *bot* [mɛxo'rana] *f* Majoran *m*

mejo|rar [mɛxo'rar] (*1a*) **1.** *v/t* (ver)bessern; steigern; **2.** *v/i* sich bessern, besser werden; ***¡que se mejore!*** gute Besserung!; **~ría** [-'ria] *f med* Besserung *f*

melan|colía [melaŋko'lia] *f* Melancholie *f*; **~cólico** [-'koliko] schwermütig; melancholisch

mele|na [me'lena] *f* Mähne *f*; ***media ~*** halblange Haare *n*/*pl*; **~nudo** [-'nuđo] langhaarig

mella ['meʎa] *f* Scharte *f*; ***hacer ~*** Eindruck machen (auf *ac* ***en***)

mellizo [me'ʎiθo] **1.** *adj* Zwillings…; **2.** *m* Zwilling *m*

meloco|tón [meloko'tɔn] *m* Pfirsich *m*; **~tonero** [-to'nero] *m* Pfirsichbaum *m*

melodía [melo'đia] *f* Melodie *f*

melódico [me'lođiko] melodisch

melodioso [melo'đĭoso] melodiös

melodrama [melo'đrama] *m* Melodram(a) *n*

melómano [me'lomano] *m* Musikliebhaber *m*

melón [me'lɔn] *m* Melone *f*

meloso [me'loso] honigsüß (*a fig*), F schmalzig; (*carne*) zart

membrana [mem'brana] *f* Häutchen *n*; Membran(e) *f*

membrete [mem'brete] *m* Briefkopf *m*

membrillo [mem'briʎo] *m* Quitte *f*

memo ['memo] dumm; blöd(e)

memo|rable [memo'rađle] denkwürdig; **~rándum** [-'randun] *m* Memorandum *n*; **~ria** [-'morĭa] *f* Gedächtnis *n*; (*recuerdo*) Erinnerung *f*; *inform* Speicher *m*; ***~ dura*** *inform* Festplatte *f*; ***~ RAM*** *inform* Arbeitsspeicher *m*; ***de ~*** auswendig; ***hacer ~*** nachdenken; ***~s*** *pl* Memoiren *pl*; **~rizar** [-ri'θar] (*1f*) memorieren; auswendig lernen; *inform* speichern

menaje [me'naxe] *m* Hausrat *m*

menci|ón [men'θĭɔn] *f* Erwähnung *f*; **~onar** [-θĭo'nar] (*1a*) erwähnen

mendi|cidad [mendiθi'đađ] *f* Bettelei *f*; **~gar** [-'gar] (*1h*) betteln; **~go** *m* [-'digo] Bettler *m*

menear [mene'ar] (*1a*) schwenken; schütteln; ***~ la cola*** mit dem Schwanz wedeln

menester [menes'tɛr] *m* Notwendigkeit *f*; ***ser ~*** nötig sein; ***~es*** *pl* Obliegenheiten *f*/*pl*; **~oso** [-te'roso] bedürftig

menestra [me'nestra] *f* Gemüseeintopf *m*

mengua|nte [meŋ'gŭante] abnehmend; **~r** [-'gŭar] (*1i*) **1.** *v/i* abnehmen; **2.** *v/t* schmälern

meningitis *med* [meniŋ'xitis] *f* Hirnhautentzündung *f*

Meno ['meno] *m* Main *m*

menopausia [meno'paŭsia] *f* Wechseljahre *n*/*pl*

menor [me'nɔr] **1.** *adj* kleiner; (*más joven*) jünger; *fig* geringer; *mús* ***modo*** *m* ***~*** Moll *n*; ***~ de edad*** minderjährig; ***el ~*** der Kleinste; der Jüngste; *com* ***al por ~*** im Detail, Einzel…; **2.** *su* Minderjährige(r *m*) *f*

menos ['menos] *adv* weniger; *mat* minus; ***a ~ que*** falls nicht; ***al ~, por lo ~*** wenigstens; ***eso es lo de ~*** darauf kommt es nicht an; ***~ mal*** zum Glück; **~cabo** [-'kađo] *m* Verminderung *f*; Schaden *m*; **~preciar** [-pre'θĭar] (*1b*) gering schätzen; verachten; **~precio** [-'preθĭo] *m* Geringschätzung *f*; Verachtung *f*

mensaje [men'saxe] *m* Botschaft *f*; *tel* Nachricht *f*; ***dejar un ~*** *tel* eine Nachricht hinterlassen; **~ro** [-'xero] *m* Bote *m*

menstruación [menstrŭa'θĭɔn] *f* Menstruation *f*, Regel *f*

mensual [men'sŭal] monatlich; **~idad** [-li'đađ] *f* Monatsgeld *n*; (*plazo*) Monatsrate *f*

menta *bot* ['menta] *f* Minze *f*

men|tal [men'tal] geistig; Geistes…; **~talidad** [-li'đađ] *f* Mentalität *f*; **~tar** [-'tar] (*1k*) erwähnen; **~te** ['mente] *f* Geist *m*; Verstand *m*

mentir [men'tir] (*3i*) lügen; **~a** [-'tira] *f* Lüge *f*; ***¡parece ~!*** unglaublich!; **~oso** [-ti'roso] **1.** *adj* verlogen; **2.** *m* Lügner *m*

mentís [men'tis] *m* Dementi *n*; ***dar un ~ a*** dementieren

mentón [men'tɔn] *m* Kinn *n*

menú [me'nu] *m* Menü *n*; Speisekarte *f*; ***~ del día*** Tagesmenü *n*

menude|ar [menuđe'ar] (*1a*) oft vorkommen; **~ncia** [-'đenθĭa] *f* Kleinig-

keit *f*
menu|dillos [menu'điʎos] *m/pl* (Geflügel-)Innereien *f/pl*; **~do** [-'nuđo] klein, winzig; *fig* geringfügig; ***a ~*** oft
meñique [me'ɲike] *m*: (***dedo*** *m*) **~** kleiner Finger *m*
meollo [me'oʎo] *m* Mark *n*; *fig* Kern *m*
merca|dería [mɛrkađe'ria] *f Am* Ware *f*; **~do** [-'kađo] *m* Markt *m*; **~** *m* ***de valores*** Wertpapiermarkt *m*; **♀ *Común*** Gemeinsamer Markt *m*; **♀ *Único*** (***Europeo***) (europäischer) Binnenmarkt *m*; **~ncía** [-kan'θia] *f* Ware *f*
merced [mɛr'θeđ] *f* Gnade *f*; Gunst *f*; ***estar a ~ de alg*** j-m ausgeliefert sein
mercenario [mɛrθe'narĭo] *m* Söldner *m*; Lohnarbeiter *m*
mercería [mɛrθe'ria] *f* Kurzwaren(geschäft *n*) *f/pl*
mercurio [mɛr'kurĭo] *m* Quecksilber *n*
mere|cer [mere'θɛr] (*2d*) verdienen; **~cido** [-'θiđo] **1.** *adj* verdient; **2.** *m* verdiente Strafe *f*
meren|dar [meren'dar] (*1k*) vespern; **~dero** [-'dero] *m* Ausflugs-, Gartenlokal *n*
merengue [me'reŋge] *m* Baiser *n*
meridi|ano [meri'đĭano] *m* Meridian *m*; **~onal** [-đĭo'nal] **1.** *adj* südlich; **2.** *su* Südländer(in) *m(f)*
merienda [me'rĭenda] *f* Vesperbrot *n*; Picknick *n*
mérito ['merito] *m* Verdienst *n*
meritorio [meri'torĭo] verdienstvoll
merluza [mɛr'luθa] *f* Seehecht *m*
merma ['mɛrma] *f* Verringerung *f*; Abnahme *f*; **~r** [-'mar] (*1a*) **1.** *v/i* abnehmen; **2.** *v/t* verringern; *fig* herabsetzen
mermelada [mɛrme'lađa] *f* Marmelade *f*
mero ['mero] **1.** *adj* rein; bloß; **2.** *m* Zackenbarsch *m*
merodear [merođe'ar] (*1a*) sich herumtreiben
mes [mes] *m* Monat *m*
mesa ['mesa] *f* Tisch *m*; **~ *de centro*** Couchtisch *m*; **~ *redonda*** *fig* Gesprächsrunde *f*
meseta [me'seta] *f* Hochebene *f*
mesita [me'sita] *f*: **~ *de noche*** Nachttisch *m*
mesón [me'sɔn] *m* Gaststätte *f*
mestizo [mes'tiθo] *m* Mestize *m*
mesura [me'sura] *f* Gemessenheit *f*; Mäßigung *f*; **~do** ['rađo] gemessen; gesetzt
meta ['meta] *f* Ziel *n*; (*fútbol*) Tor *n*; **~bolismo** [-ƀo'lizmo] *m* Stoffwechsel *m*
metáfora [me'tafora] *f* Metapher *f*
metal [me'tal] *m* Metall *n*; *mús* Blech *n*; **~ *precioso*** Edelmetall *n*
metálico [me'taliko] metallisch (*a fig*); ***en ~*** bar
metal|urgia [meta'lurxĭa] *f* Hüttenkunde *f*, Metallurgie *f*; **~úrgico** [-'lurxiko] **1.** *adj* Metall…; **2.** *m* Metallarbeiter *m*
metamorfosis [metamɔr'fosis] *f* Umwandlung *f*, Metamorphose *f*
metano [me'tano] *m* Methan *n*
metástasis *med* [me'tastasis] *f* Metastase *f*
meteo|rito [meteo'rito] *m* Meteorit *m*; **~rología** [-rolɔ'xia] *f* Meteorologie *f*; **~rológico** [-'lɔxiko] Wetter…; **~rólogo** [-'rologo] *m* Meteorologe *m*
meter [me'tɛr] (*2a*) stecken (in *ac* ***en***); (hinein)legen, -stecken, -tun; **~se** sich einmischen (in *ac* ***en***); sich einlassen (auf *ac* ***en***); **~ *con alg*** sich mit j-m anlegen
meticulo|sidad [metikulosi'đađ] *f* Gewissenhaftigkeit *f*; *desp* Pedanterie *f*; **~so** [-'loso] gewissenhaft; (peinlich) genau
metódico [me'tođiko] methodisch
método ['metođo] *m* Methode *f*
metrall|a [me'traʎa] *f* Splitter *m*; **~eta** [-'ʎeta] *f* Maschinenpistole *f*
métrico ['metriko] metrisch
metro ['metro] *m* Meter *m od n*; (*tren*) U-Bahn *f*, Metro *f*; **~ (*plegable*)** Zollstock *m*
metrópoli [me'tropoli] *f* Hauptstadt *f*, Metropole *f*
mexican|o [mexi'kano] *Am* → ***mejicano***
México ['mɛxiko] *m Am* Mexiko *n*
mezcla ['meθkla] *f* Mischung *f*; **~r** [-'klar] (*1a*) (ver)mischen; **~rse** sich einmischen (in *ac* ***en***)
mezqui|ndad [meθkin'dađ] *f* Kleinlichkeit *f*; Knauserei *f*; **~no** [-'kino] kleinlich; (*avaro*) knauserig
mezquita [meθ'kita] *f* Moschee *f*
mg ***miligramo*(*s*)** mg (Milligramm)
mi[1], **mis** [mi, mis] mein(e)
mi[2] *mús* [mi] *m* E *n*; **~ *bemol*** Es *n*
mí [mi] (*nach prp*) mir; mich
micción [mig'θĭɔn] *f* Harnen *n*

microbio [mi'kroƀĭo] *m* Mikrobe *f*

micro|bús [mikro'ƀus] *m* Kleinbus *m*; **~chip** [-'tʃip] *m* Mikrochip *m*; **~fibra** [-'fiƀra] *f* Mikrofaser *f*; **~ficha** [-'fitʃa] *f* Mikrofiche *m, n*; **~film** [-'film] *m* Mikrofilm *m*

micrófono [mi'krofono] *m* Mikrofon *n*

micro|onda [mikro'ɔndə] *f* Mikrowelle *f*; (***horno*** *m*) **~*s*** *m* Mikrowellenherd *m*; **~ordenador** [-ɔrđena'đɔr] *m* Mikrocomputer *m*; **~procesador** [-proθesa'đɔr] *m* Mikroprozessor *m*

microscopio [mikrɔs'kopĭo] *m* Mikroskop *n*; **~ *electrónico*** Elektronenmikroskop *n*

mide ['miđe] *s* ***medir***

miedo ['mĭeđo] *m* Furcht *f*, Angst *f* (vor ***a***); F ***de ~*** toll; **~so** [-'đoso] furchtsam

miel [mĭɛl] *f* Honig *m*

miembro ['mĭembro] *m* Glied *n*; (*socio*) Mitglied *n*; **~ (*viril*)** Penis *m*

miente ['mĭente] *s* ***mentir***

mientras ['mĭentras] während; **~ *que*** (*contraste*) während; **~ (*tanto*)** unterdessen, inzwischen

miércoles ['mĭɛrkoles] *m* Mittwoch *m*; **~ *de ceniza*** Aschermittwoch *m*

mierda V ['mĭɛrđa] **1.** *f* Scheiße *f*; **2.** *m* Scheißkerl *m*

miga ['miga] *f* Brotkrume *f*; (*migaja*) Krümel *m*; *fig* Gehalt *m*; ***hacer buenas*** (***malas***) **~*s*** gut (schlecht) miteinander auskommen

migra|ción [migra'θĭɔn] *f* Wanderung *f*; **~ña** [-'graɲa] *f* Migräne *f*; **~torio** [-'torĭo]: ***ave*** *f* ***migratoria*** Zugvogel *m*

mijo *bot* ['mixo] *m* Hirse *f*

mil [mil] tausend

milagro [mi'lagro] *m* Wunder *n*; ***de ~*** wie durch ein Wunder; **~so** [-'groso] wunderbar

Milán [mi'lan] *m* Mailand *n*

milenario [mile'narĭo] **1.** *adj* tausendjährig; **2.** *m* Jahrtausendfeier *f*

milenio [mi'lenĭo] *m* Jahrtausend *n*

mili F ['mili] *f* Wehrdienst *m*; **~cia** [-'liθĭa] *f* Miliz *f*

milímetro [mi'limetro] *m* Millimeter *m od n*

milita|nte [mili'tante] **1.** *adj* militant; **2.** *m* Aktivist *m*; **~r** [-'tar]; **3.** *adj* militärisch; Militär…; **4.** *m* (Berufs-)Soldat *m*, Militär *m*; **5.** *v/i* (*1a*) *mil* dienen; *pol* aktiv sein

milla ['miʎa] *f* Meile *f*

millar [mi'ʎar] *m* tausend *n*

mill|ón [mi'ʎɔn] *m* Million *f*; **~onario** [miʎo'narĭo] *m* Millionär *m*

mimar [mi'mar] (*1a*) verwöhnen

mimbre *bot* ['mimbre] *m* Korbweide *f*; ***sillón*** *m* ***de ~*** Korbsessel *m*

mimeógrafo *Am* [mime'ografo] *m* Vervielfältigungsapparat *m*

mímica ['mimika] *f* Mimik *f*

mimo ['mimo] *m* Liebkosung *f*; Verhätschelung *f*; *teat* (Panto-)Mime *m*; **~sa** *bot* [-'mosa] *f* Mimose *f*

mina ['mina] *f min* Bergwerk *n*; Mine *f* (*a mil*); *fig* Goldgrube *f*; **~r** [-'nar] (*1a*) verminen; *fig* untergraben

mineral [mine'ral] **1.** *adj* Mineral…; **2.** *m* Mineral *n*, Erz *n*

mine|ría *min* [mine'ria] *f* Bergbau *m*; **~ro** [-'nero] *m* Bergmann *m*

miniatura [minĭa'tura] *f* Miniatur *f*

mini|falda [mini'falda] *f* Minirock *m*; **~golf** [-'golf] *m* Minigolf *n*; **~mizar** [-mi'θar] (*1f*) bagatellisieren

mínimo *f* ['minimo] **1.** *adj* kleinste(r, -s); Mindest…; ***como ~*** mindestens; **2.** *m* Minimum *n*

minio ['minĭo] *m* Mennige *f*

ministerio [minis'terĭo] *m* Ministerium *n*; **~ *de Asuntos Exteriores*** Außenministerium *n*; **~ *de Hacienda*** Finanzministerium *n*; **~ *del Interior*** Innenministerium *n*

ministr|o, **~a** [mi'nistro, -a] *m, f* Minister(in) *m*(*f*); **~ *del Interior*** Innenminister *m*; ***ministra de Relaciones Exteriores*** Außenministerin *f*; ***primer ~*** Premierminister *m*

minoría [mino'ria] *f* Minderheit *f*; **~ *de edad*** Minderjährigkeit *f*

minucio|sidad [minuθĭosi'đađ] *f* (peinliche) Genauigkeit *f*; **~so** [-'θĭoso] eingehend, (peinlich) genau

minué *mús* [minu'e] *m* Menuett *n*

minúscul|a [mi'nuskula] *f* Kleinbuchstabe *m*; **~o** [-lo] winzig

minusválido [minuz'ƀaliđo] **1.** *adj* (körper)behindert; **2.** *m* Behinderte(r) *m*

minu|ta [mi'nuta] *f* Gebührenrechnung *f*; *gastr* Speisekarte *f*; **~to** [-'nuto] *m* Minute *f*

mío, **mía** ['mio, mia] mein, meine; ***los ~s*** m-e Angehörigen

mio|pe ['mĭope] kurzsichtig; **~pía** [mĭo'pia] *f* Kurzsichtigkeit *f*

mira ['mira] *f* Visier *n*; ***con ~s a*** im Hinblick auf; **~da** [-'rađa] *f* Blick *m*; ***echar una ~*** e-n Blick werfen (auf ***a***); **~do** [-'rađo]: ***bien ~*** gern gesehen; *fig* genau genommen; **~dor** [-'đɔr] *m* Aussichtspunkt *m*; **~miento** [-'mĭento] *m* Rücksicht *f*; ***sin ~s*** rücksichtslos; **~r** [-'rar] (*1a*) **1.** *v/t* ansehen, anschauen; (*observar*) beobachten; betrachten; **2.** *v/i* sehen, schauen; (*considerar*) überlegen, zusehen; ***~ por*** sorgen für

mirilla [mi'riʎa] *f* Guckloch *n*

mirlo ['mirlo] *m* Amsel *f*

mirón [mi'rɔn] *m* Zaungast *m*; Voyeur *m*

mirra *bot* ['mirra] *f* Myrrhe *f*

mirto *bot* ['mirto] *m* Myrte *f*

misa ['misa] *f* Messe *f*; ***~ del gallo*** Christmette *f*; **~l** [mi'sal] *m* Messbuch *n*

miser|able [mise'rađle] elend; (*avaro*) knauserig; **~ia** [-'serĭa] *f* Elend *n*; Not *f*; *fig* Hungerlohn *m*

misericordia [miseri'kɔrđĭa] *f* Barmherzigkeit *f*; Erbarmen *n*

misil [mi'sil] *m* Rakete *f*

misi|ón [mi'sĭɔn] *f* Mission *f*; *fig* Sendung *f*, Auftrag *m*; **~onero** [misĭo'nero] *m* Missionar *m*

mismo ['mizmo] selbst; (*semejante*) gleich; ***el ~*** derselbe, der gleiche; ***hoy ~*** noch heute; ***aquí ~*** genau hier; ***lo ~ que*** ebenso wie; ***da lo ~*** das ist egal

misterio [mis'terĭo] *m* Geheimnis *n*; **~so** [-'rĭoso] geheimnisvoll

místi|ca ['mistika] *f* Mystik *f*; **~co** [-ko] mystisch

mitad [mi'tađ] *f* Hälfte *f*; ***~ y ~*** halb und halb; ***a ~ del camino*** auf halbem Wege

mítico ['mitiko] mythisch

mitigar [miti'gar] (*1h*) mildern; lindern; beschwichtigen

mitin ['mitin] *m pol* Meeting *n*

mito ['mito] *m* Mythos *m*; **~logía** [-lɔ'xia] *f* Mythologie *f*

mix|to ['misto] gemischt; **~tura** [-'tura] *f* Mixtur *f*; Mischung *f*

ml. ***mililitro*** m (Milliliter)

mm ***milímetro(s)*** mm (Millimeter)

MMS *m* MMS *f*

mobbing [mɔbiŋ] *m* Mobbing *n*

mobiliario [mođi'lĭarĭo] *m* Mobiliar *n*

mocedad [moθe'đađ] *f* Jugendzeit *f*

mochila [mo'tʃila] *f* Rucksack *m*

moción [mo'θĭɔn] *f pol* Antrag *m*; ***~ de censura*** Misstrauensantrag *m*

moco ['moko] *m* Nasenschleim *m*

moda ['mođa] *f* Mode *f*; ***de ~*** modern; modisch; ***fuera*** (*od* ***pasado***) ***de ~*** unmodern; ***~ de diseño*** Designermode *f*

modal|es [mo'đales] *m/pl* Manieren *f/pl*; **~idad** [-li'đađ] *f* Modalität *f*

mode|lar [mođe'lar] (*1a*) formen; modellieren; **~lo** [-'đelo] **1.** *m* Modell *n*; Vorbild *n*; **2.** *f* (*persona*) Modell *n*; Mannequin *n*

modera|ción [mođera'θĭɔn] *f* Mäßigung *f*; **~do** [-'rađo] gemäßigt; mäßig; **~dor** [-'đɔr] *m*, **~dora** [-'đora] *f TV, etc* Moderator(in) *m(f)*; **~r** [-'rar] (*1a*) mäßigen; *TV, etc* moderieren

moder|nismo [mođɛr'nizmo] *m* Jugendstil *m*; **~nizar** [-ni'θar] (*1f*) modernisieren; **~no** [-'đɛrno] modern

modes|tia [mo'đestĭa] *f* Bescheidenheit *f*; **~to** [-to] bescheiden

módico ['mođiko] mäßig, gering

modifica|ción [mođifika'θĭɔn] *f* (Ab-)Änderung *f*; **~do** [-'kađo]: ***~ genéticamente*** genverändert, gentechnisch verändert; **~r** [-'kar] (*1g*) (ab-, ver)ändern

modis|ta [mo'đista] *f* Modistin *f*; Damenschneiderin *f*; **~to** [-'đisto] *m* Modeschöpfer *m*

modo ['mođo] Art *f*, Weise *f*; *gram* Modus *m*; *mús* Tonart *f*; ***~ de empleo*** Gebrauchsanweisung *f*; ***a ~ de*** (in der Art) wie; ***de ~ que*** sodass; also; ***de otro ~*** sonst; ***de ningún ~*** keineswegs; ***de tal ~*** derart, so; ***en cierto ~*** gewissermaßen; ***de todos ~s*** auf alle Fälle

módulo ['mođulo] *m* Modul *n*

mofa ['mofa] *f* Spott *m*; **~rse** [-'farse] (*1a*): ***~ de*** sich lustig machen über (*ac*)

moho ['moo] *m* Schimmel *m*; **~so** [mo'oso] schimm(e)lig

moja|do [mɔ'xađo] nass; feucht; **~r** [-'xar] (*1a*) anfeuchten; nass machen

mojigato [mɔxi'gato] scheinheilig, bigott

mojón [mɔ'xɔn] *m* Grenzstein *m*

molar [mo'lar]: (***diente*** *m*) ***~*** Backenzahn *m*

Moldáu [mɔl'daŭ] *m*, **Moldava** [mɔl'dađa] *m* Moldau *f*

molde ['mɔlde] *m* Form *f*; **~ado** [-'ađo] *m* (*peluquería*) Formwelle *f*; **~ar** [-'ar] (*1a*) formen; modellieren

moldura [mɔl'dura] *f* (Profil-, Zier-)Leiste *f*

molécula [mo'lekula] *f* Molekül *n*
moler [mo'lɛr] (*2h*) mahlen
moles|tar [moles'tar] (*1a*) belästigen; stören; **~tarse** sich bemühen; **~tia** [-'lestĭa] *f* Belästigung *f*; Mühe *f*; **~s** *pl med* Beschwerden *pl*; **~to** [-'lesto] lästig; unbequem; (*enfadado*) ärgerlich
moli|nero [moli'nero] *m* Müller *m*; **~nillo** [-'niʎo] *m*: **~ *de café*** Kaffemühle *f*; **~no** [-'lino] *m* Mühle *f*; **~ *de viento*** Windmühle *f*
molleja [mo'ʎɛxa] *f gastr* Bries *n*
molusco [mo'lusko] *m* Weichtier *n*
momen|táneo [momen'taneo] augenblicklich; **~to** [-'mento] *m* Augenblick *m*, Moment *m*; ***a cada ~*** ständig; ***al ~*** sofort; ***por el ~, de ~*** zurzeit, momentan
momia ['momĭa] *f* Mumie *f*
mona ['mona] *f* Äffin *f*; F Rausch *m*; **~ *de Pascua*** Osterkuchen *m*; ***dormir la ~*** s-n Rausch ausschlafen
Mónaco ['monako] *m* Monaco *n*
monaguillo [mona'giʎo] *m* Ministrant *m*, Messdiener *m*
monar|ca [mo'narka] *m* Monarch *m*; **~quía** [-'kia] *f* Monarchie *f*
monasterio [monas'terĭo] *m* Kloster *n*
monda|dientes [mɔnda'đĭentes] *m* Zahnstocher *m*; **~duras** [-'đuras] *f/pl* (Obst-, Kartoffel-)Schalen *f/pl*; **~r** [-'dar] (*1a*) schälen
mone|da [mo'neđa] *f* Währung *f*; (*pieza*) Münze *f*; Geldstück *n*; **~ *euro*** Eurowährung *f*; **~dero** [-'đero] *m* Portemonnaie *n*, Geldbeutel *m*; **~tario** [-'tarĭo] Währungs…; ***Instituto** m* ♀ ***Europeo*** (***IME***) Europäisches Währungsinstitut *n* (EWI)
Mongolia [mɔŋ'golĭa] *f* Mongolei *f*
monitor [moni'tɔr] *m* (Sport-, Tennis-, Ski-, *etc*)Lehrer *m*; *TV* Monitor *m*
mon|ja ['mɔŋxa] *f* Nonne *f*; **~je** [-xe] *m* Mönch *m*
mono ['mono] **1.** *m zo* Affe *m*; (*prenda*) Overall *m*; Latzhose *f*; **2.** *adj* hübsch; niedlich; nett
monóculo [mo'nokulo] *m* Monokel *n*
mon|ogamia [mono'gamĭa] *f* Monogamie *f*; **~ógamo** [-'nogamo] monogam
monólogo [mo'nologo] *m* Monolog *m*
monopatín [monopa'tin] *m* Skateboard *n*
monopoli|o [mono'polĭo] *m* Monopol *n*; **~zar** [-li'θar] (*1f*) monopolisieren
mon|otonía [monoto'nia] *f* Eintönigkeit *f*, Monotonie *f*; **~ótono** [-'notono] eintönig, monoton
Mons. ***Monseñor*** Monsignore
monseñor [mɔnse'ɲɔr] *m* Monsignore *m*
monstruo ['mɔnstrŭo] *m* Ungeheuer *n*; Monstrum *n*; Scheusal *n*; **~sidad** [-si'đađ] *f* Ungeheuerlichkeit *f*; **~so** [-'trŭoso] ungeheuer(lich); scheußlich; (*enorme*) riesig
monta ['mɔnta] *f* ***de poca ~*** unbedeutend; **~cargas** [-'kargas] *m* Lastenaufzug *m*; **~do** [-'tađo] beritten; **~dor** [-'đɔr] *m* Monteur *m*; (*cine*) Schnittmeister *m*, Cutter *m*; **~je** [-'taxe] *m* Einbau *m*; Montage *f*; (*cine*) Schnitt *m*; *teat* Inszenierung *f*; F *fig* Show *f*
montañ|a [mɔn'taɲa] *f* Gebirge *n*; Berg *m*; **~ *rusa*** Achterbahn *f*; **~ismo** [-'ɲizmo] *m* Bergsteigen *n*, Bergsport *m*; **~oso** [-'ɲoso] bergig; gebirgig
montar [mɔn'tar] (*1a*) *tec* aufstellen, montieren; (*caballo*) reiten; (*casa*) einrichten; (*negocio*) aufziehen; (*obra*) inszenieren; (*nata*, *clara*) schlagen
monte ['mɔnte] *m* Berg *m*; (*bosque*) Wald *m*; **~ *de piedad*** Leih-, Pfandhaus *n*; **~ra** [-'tera] *f* Stierkämpfermütze *f*; **~ría** [-'ria] *f* Hochjagd *f*
montón [mɔn'tɔn] *m* Haufen *m* (*a fig*)
montura [mɔn'tura] *f* Reittier *n*; (*de gafas*) Fassung *f*
monumen|tal [monumen'tal] monumental; gewaltig; **~to** [-'mento] *m* Denkmal *n*
monzón [mɔn'θɔn] *m* Monsun *m*
moño ['moɲo] *m* Haarknoten *m*
MOPT *m* ***Ministerio de Obras Públicas y Transportes*** Ministerium *n* für öffentliche Arbeiten und Verkehrswesen
moqueta [mo'keta] *f* Teppichboden *m*
mora ['mora] *f* Maurin *f*; *bot* Maulbeere *f*; Brombeere *f*
morada [mo'rađa] *f* Wohnung *f*; (*estancia*) Aufenthalt *m*
morado [mo'rađo] dunkelviolett; F ***las pasé moradas*** es ist mir übel ergangen
moral [mo'ral] **1.** *adj* moralisch; sittlich; **2.** *f* Moral *f*; **3.** *m* Maulbeerbaum *m*; **~eja** [-'lɛxa] *f* Moral *f e-r Fabel*; **~idad** [-li'đađ] *f* Sittlichkeit *f*; Moral *f*
moratoria *com* [mora'torĭa] *f* Aufschub *m*; Stundung *f*
Moravia [mo'rabĭa] *f* Mähren *n*

morboso [mɔr'ƀoso] krankhaft
morcilla [mɔr'θiʎa] *f* Blutwurst *f*
mor|dacidad [mɔrđaθi'đađ] *f* Bissigkeit *f*; **~daz** [-'đaθ] bissig; **~daza** [-'đaθa] *f* Knebel *m*; **~dedura** [-đe'đura] *f* Biss *m*; **~der** [-'đɛr] (*2h*) beißen; **~ *el polvo*** ins Gras beißen; **~disco** [-'đisko] *m* Biss *m*; (*trozo*) Bissen *m*
more|na [mo'rena] *f geo* Moräne *f*; *zo* Muräne *f*; **~no** [-no] (dunkel)braun; dunkelhaarig, -häutig
morera [mo'rera] *f* (weißer) Maulbeerbaum *m*
moretón [more'tɔn] *m* blauer Fleck *m*
morfin|a [mɔr'fina] *f* Morphium *n*; **~ómano** [-'nomano] morphiumsüchtig
morir [mo'rir] (*3k*; *part* ***muerto***) sterben (an ***de***); umkommen; **~(*se*) *de hambre*** verhungern; **~se** sterben; *fig* **~ *de*** vergehen vor; **~ *de risa*** sich totlachen
moro ['moro] **1.** *adj* maurisch; **2.** *m* Maure *m*
moroso [mo'roso] langsam; *com* säumig
morral [mɔ'rral] *m* Futterbeutel *m*; Jagdtasche *f*; Brotbeutel *m*
morriña [mɔ'rriɲa] *f* Heimweh *n*
morro ['mɔrrɔ] *m* Schnauze *f*, Maul *n* (*a fig*); ***estar de* ~(*s*)** schmollen
morsa *zo* ['mɔrsa] *f* Walross *n*
morta|ja [mɔr'taxa] *f* Leichentuch *n*; *Am* Zigarettenpapier *n*; **~l** [-'tal] sterblich; tödlich (*a fig*); **~lidad** [-tali'đađ] *f* Sterblichkeit *f*; **~ndad** [-tan'dađ] *f* Massensterben *n*
mortero [mɔr'tero] *m* Mörser *m* (*a mil*); *arqu* Mörtel *m*
mortífero [mɔr'tifero] tödlich
mortifica|ción [mɔrtifika'θĭɔn] *f* Kasteiung *f*; *fig* Demütigung *f*; **~r** [-'kar] (*1g*) kasteien; *fig* demütigen
mortuorio [mɔr'tŭorĭo] Leichen…, Sterbe…; Toten…
morueco [mo'rŭeko] *m* Widder *m*
mosaico [mo'saĭko] *m* Mosaik *n*
mosca ['mɔska] *f* Fliege *f*; F ***soltar*** (*od* ***aflojar***) ***la* ~** Geld herausrücken; F ***por si las* ~*s*** für alle Fälle
moscarda [mɔs'karđa] *f* Schmeißfliege *f*
moscatel [mɔska'tɛl] *m* Muskateller (-wein) *m*
Moscú [mɔs'ku] *m* Moskau *n*
Mosela [mo'sela] *m* Mosel *f*
mosquearse [mɔske'arse] (*1a*) F einschnappen
mosquetero *mil* [mɔske'tero] *m* Musketier *m*
mosqui|tero [mɔski'tero] *m* Moskitonetz *n*; **~to** [-'kito] *m* (Stech-)Mücke *f*
mostaza [mɔs'taθa] *f* Senf *m*
mosto ['mɔsto] *m* Most *m*
mostra|dor [mɔstra'đor] *m* Ladentisch *m*; Theke *f*; **~r** [-'trar] (*1m*) zeigen
mote ['mote] *m* Spitzname *m*
motear [mote'ar] (*1a*) tüpfeln
motel [mo'tɛl] *m* Motel *n*
motín [mo'tin] *m* Meuterei *f*
moti|var [moti'ƀar] (*1a*) verursachen; (*explicar*) motivieren, begründen; **~vo** [-'tiƀo] *m* Grund *m*, Anlass *m*, Motiv *n*; ***con* ~ *de*** anlässlich (*gen*)
moto F ['moto] *f* Motorrad *n*; **~ *de agua*** (*od* ***acuática***) Wassermotorrad *n*; **~cicleta** [-θi'kleta] *f* Motorrad *n*; **~ciclismo** [-'klizmo] *m* Motorradsport *m*; **~ciclista** [-'klista] *m* Motorradfahrer *m*; **~cross** [-'krɔs] *m* Motocross *n*
motor [mo'tɔr] *m* Motor *m*; **~ *de dos*** (***cuatro***) ***tiempos*** Zwei- (Vier-)taktmotor *m*; **~ *de búsqueda*** *inform* Suchmaschine *f*; **~a** [-'tora] *f* Motorboot *n*; **~ismo** [-'rizmo] *m* Motorsport *m*; **~ista** [-'rista] *m* Motorradfahrer *m*; **~izar** [-ri'θar] (*1f*) motorisieren
motosierra [moto'sĭɛrra] *f* Motorsäge *f*
motriz [mo'triθ]: ***fuerza*** *f* **~** Triebkraft *f*
move|dizo [moƀe'điθo] beweglich; **~r** [-'ƀɛr] (*2h*) bewegen, antreiben (*a fig*)
movible [mo'ƀiƀle] beweglich
móvil ['moƀil] **1.** *adj* beweglich; **2.** *m* Beweggrund *m*, Motiv *n*; (*arte*) Mobile *n*; **3.** *m tel* Handy *n*; **~ *con cámara*** (***integrada***) Fotohandy *n*
movili|dad [moƀili'đađ] *f* Beweglichkeit *f*, *Vkw* Mobilität *f*; **~zación** [-θa-'θĭɔn] *f* Mobilmachung *f*; **~zar** [-'θar] (*1f*) mobil machen; *fig* mobilisieren
movimiento [moƀi'mĭento] *m* Bewegung *f*; *fig* Betrieb *m*; *mús* Satz *m*; **~ *pacifista*** Friedensbewegung *f*
moza ['moθa] *f* Mädchen *n*; (*criada*) Magd *f*
mozo ['moθo] **1.** *adj* jung; **2.** *m* junger Mann *m*; Bursche *m*; (*sirviente*) Kellner *m*; Diener *m*; *mil* erfasster Wehrpflichtige(r) *m*; **~** (***de estación***) Gepäckträger *m*
mts. ***metros*** m (Meter)

muca|ma *Am reg* [mu'kama] *f* Dienstmädchen *n*; **~mo** [-mo] *m* Diener *m*
muchach|a [mu'tʃatʃa] *f* Mädchen *n*; (*criada*) Dienstmädchen *n*; **~o** [-'tʃatʃo] *m* Junge *m*
muchedumbre [mutʃe'đumbre] *f* (Menschen-)Menge *f*
mucho ['mutʃo] **1.** *adj* viel; **2.** *adv* sehr, viel; lange; oft; (***ni***) ***con ~*** bei weitem (nicht); ***como ~*** höchstens; ***por ~ que*** *subj* so sehr auch; ***ni ~ menos*** überhaupt nicht, keineswegs
muco|sa [mu'kosa] *f* Schleimhaut *f*; **~sidad** [-si'đađ] *f* Schleim *m*
muda ['muđa] *f* Wäsche *f* zum Wechseln; *zo* Mauser *f*; (*de la voz*) Stimmbruch *m*; **~nza** [-'đanθa] *f* (*de casa*) Umzug *m*; **~r** [-'đar] (*1a*) ändern; wechseln; *zo* sich mausern; **~rse** sich umziehen; **~** (***de casa***) umziehen
mudo ['muđo] stumm
MUE *m* ***Mercado Único Europeo*** Europäischer Binnenmarkt
mueble ['mŭeƀle] **1.** *adj jur* beweglich; **2.** *m* Möbel *n*; ***~ bar*** Hausbar *f*
mueca ['mŭeka] *f* Grimasse *f*
muela ['mŭela] *f* Mühlstein *m*; (*diente*) Backenzahn *m*; ***~ del juicio*** Weisheitszahn *m*
muelle ['mŭeʎe] **1.** *adj* weich; **2.** *m* Sprungfeder *f*; *mar* Mole *f*; Kai *m*
muerdo ['mŭɛrđo] *s* ***morder***
muero ['muɛro] *s* ***morir***
muerte ['mŭɛrte] *f* Tod *m*; ***de mala ~*** elend, erbärmlich; ***dar ~ a*** töten
muert|o ['mŭɛrto] **1.** *adj* tot; gestorben; **2. ~o** *m*, **~a** *f* Tote(r) *m*, Tote *f*
muesca ['mŭeska] *f* Kerbe *f*
muestra ['mŭestra] *f* (Waren-)Probe *f*; (*modelo*) Muster *n*; *fig* Beweis *m*; **~rio** [-'trarĭo] *m* Musterbuch *n*, -kollektion *f*
muestro ['mŭestro] *s* ***mostrar***
muevo ['mŭeƀo] *s* ***mover***
mugir [mu'xir] (*3c*) (*vaca*) muhen; *fig* brüllen
mugr|e ['mugre] *f* Schmutz *m*; **~iento** [-'grĭento] schmierig
muguete [mu'guete] *m bot* Maiglöckchen *n*; *med* Soor *m*
mujer [mu'xɛr] *f* Frau *f*; ***~ de faenas*** Putzfrau *f*; ***~ de negocios*** Geschäftsfrau *f*; **~iego** [muxe'rĭego] *m* Schürzenjäger *m*, Weiberheld *m*
mula ['mula] *f* Maultier *n*
mulato [mu'lato] *m* Mulatte *m*
muleta [mu'leta] *f* Krücke *f*; *taur* Muleta *f*
mulo ['mulo] *m* Maulesel *m*
multa ['multa] *f* Geldstrafe *f*; Strafzettel *m*; **~r** [-'tar] (*1a*) mit e-r Geldstrafe belegen
multi|color [multiko'lɔr] vielfarbig; **~copiar** [-'pĭar] (*1b*) vervielfältigen; **~copista** [-'pista] *f* Vervielfältigungsapparat *m*; **~cultural** [-kultu'ral] **1.** multikulturell; **2.** *m* Multikulti *m*; **~lateral** [-late'ral] multilateral; **~media** [-'međĭa] **1.** *adj* Multimedia…, multimedial; **2.** *m* Multimedia *n*; **~millonario** [-miʎo'narĭo] *m* Multimillionär *m*; **~nacional** [-naθĭo'nal] *f* multinationaler Konzern *m*, F Multi *m*
múltiple ['multiple] vielfältig; ***de ~ uso*** Mehrzweck…
multipli|cación [multiplika'θĭɔn] *f mat* Multiplikation *f*; *biol* Vermehrung *f* (*a fig*); **~car** [-'kar] (*1g*) multiplizieren; vermehren
multitud [multi'tuđ] *f* Menge *f*; **~inario** [-tuđi'narĭo] Massen…
multiuso [multi'uso] Mehrzweck…
munda|nal [munda'nal], **~no** [-'dano] weltlich, Welt…
mundial [mun'dĭal] **1.** *adj* Welt…; **2.** *m* Weltmeisterschaft *f*
mundo ['mundo] *m* Welt *f*; ***el otro ~*** das Jenseits; ***nada del otro ~*** nichts Besonderes; ***todo el ~*** jedermann, alle (Welt)
Múnich [mu'nik] *f* München *n*
munición [muni'θĭɔn] *f* Munition *f*
munici|pal [muniθi'pal] städtisch; Stadt…, Gemeinde…; **~pio** [-'θipĭo] *m* Gemeinde *f*
muñe|ca [mu'ɲeka] *f* Puppe *f*; *anat* Handgelenk *n*; **~co** [-'ɲeko] *m* Puppe *f*; *fig* Marionette *f*
muñón [mu'ɲɔn] *m med* Stumpf *m*
mural [mu'ral] **1.** *adj* Mauer…; Wand…; **2.** *m* Wandbild *n*; **~la** [-'raʎa] *f* (Stadt-)Mauer *f*
murciélago [mur'θĭelago] *m* Fledermaus *f*
murmu|llo [mur'muʎo] *m* Gemurmel *n*; Säuseln *n*; **~ración** [-ra'θĭɔn] *f* Gerede *n*; **~rar** [-'rar] (*1a*) murmeln; murren; (*viento*, *etc*) säuseln; (*cotillear*) lästern, F klatschen
muro ['muro] *m* Mauer *f*; Wand *f*
musa ['musa] *f* Muse *f* (*a fig*)

muscula|r [musku'lar] Muskel…; **~tura** [-la'tura] *f* Muskulatur *f*
músculo ['muskulo] *m* Muskel *m*
musculoso [musku'loso] muskulös
muselina [muse'lina] *f* Musselin *m*
museo [mu'seo] *m* Museum *n*
musgo *bot* ['muzgo] *m* Moos *n*
música ['musika] *f* Musik *f*; (*partitura*) Noten *f/pl*; **~ *de fondo*** Untermalungsmusik *f*; **~ *folk*** Folkmusik *f*; **~ *ligera*** Unterhaltungsmusik *f*; **~ *de cámara*** Kammermusik *f*; ***poner en ~*** vertonen
musica|l [musi'kal] **1.** *adj* musikalisch, Musik…; **2.** *m* Musical *n*; **~r** [-'kar] (*1g*) vertonen
músico ['musiko] *m* Musiker *m*
music|ología [musikolo'xia] *f* Musikwissenschaft *f*; **~ólogo** [-'kologo] *m* Musikwissenschaftler *m*
musitar [musi'tar] (*1a*) murmeln
muslo ['muzlo] *m* Oberschenkel *m*; *gastr* Schenkel *m*
musulmán [musul'man] **1.** *adj* mohammedanisch; **2.** *m* Mohammedaner *m*, Moslem *m*
mutación [muta'θĭɔn] *f* Veränderung *f*; *biol* Mutation *f*
mutila|ción [muti'laθĭɔn] *f* Verstümmelung *f*; **~do** [-'lađo] *m* Krüppel *m*; **~ *de guerra*** Kriegsversehrte(r) *m*; **~r** [-'lar] (*1a*) verstümmeln
mutismo [mu'tizmo] *m* Stummheit *f*; Schweigen *n*
mutualidad [mutŭali'đađ] *f* Gegenseitigkeit *f*; (*asociación*) Versicherung *f* auf Gegenseitigkeit
mutuo ['mutŭo] gegenseitig
muy [mŭi] sehr

N

nº° ***número*** Nr. (Nummer)
n/ unser
N¹, **n** ['ene] *f* N, n *n*
N² ***norte*** N (Norden)
nabo ['nađo] *m* weiße Rübe *f*
nácar ['nakar] *m* Perlmutt(er *f*) *n*
nacer [na'θɛr] (*2d*) geboren werden; (*día*) anbrechen; (*río*) entspringen (*a fig*); *fig* entstehen
naci|ente [na'θĭente] entstehend, werdend; (*sol*) aufgehend; **~miento** [naθi'mĭento] *m* Geburt *f*; *fig* Herkunft *f*, Ursprung *m*; (*de Navidad*) (Weihnachts-)Krippe *f*
nación [na'θĭɔn] *f* Nation *f*
nacional [naθĭo'nal] national, National…; **~idad** [-nali'đađ] *f* Nationalität *f*; Staatsangehörigkeit *f*; **~ismo** [-'lizmo] *m* Nationalismus *m*; **~izar** [-'θar] (*1f*) verstaatlichen
nada ['nađa] **1.** *f* Nichts *n*; **2.** *adv* nichts; **~ *mal*** gar nicht schlecht; **~ *más*** weiter nichts; ***como si ~*** als ob nichts (dabei) wäre; ***¡de ~!*** bitte sehr!, keine Ursache!; ***más que ~*** vor allem; ***¡pues ~!*** also gut!; ***no es ~*** das ist nicht schlimm
nada|dor [nađa'đɔr] *f* Schwimmer *m*; **~r** [-'đar] (*1a*) schwimmen
nadería [nađe'ria] *f* Lappalie *f*
nadie ['nađĭe] niemand
nado ['nađo] *m*: ***a ~*** schwimmend; ***pasar a ~*** durchschwimmen
naipe ['naĭpe] *m* Spielkarte *f*
nalga ['nalga] *f* Hinterbacke *f*; **~s** *pl* Gesäß *n*, F Hintern *m*
nana ['nana] *f* Wiegenlied *n*
Nápoles ['napoles] *m* Neapel *n*
naran|ja [na'raŋxa] **1.** *f* Apfelsine *f*, Orange *f*; F ***media ~*** F bessere Hälfte *f*; **2.** *adj* orange(farben); **~jada** [-'xađa] *f* Orangeade *f*; **~jo** [na'raŋxo] *m* Orangenbaum *m*
narciso *bot* [nar'θiso] *m* Narzisse *f*
narcótico [nar'kotiko] **1.** *adj* betäubend; **2.** *m* Betäubungsmittel *n*
narco|tizar [narkoti'θar] (*1f*) betäuben; **~traficante** [-trafi'kante] *m* Drogenhändler *m*; **~tráfico** [-'trafico] *m* Drogenhandel *m*
nariz [na'riθ] *f* Nase *f*; F ***estar hasta las narices*** F die Nase voll haben; ***meter las narices en a/c*** s-e Nase in et stecken
narra|ción [narra'θĭɔn] *f* Erzählung *f*; **~dor** *m* [-'đor] Erzähler *m*; **~r** [na'rrar] (*1a*) erzählen
nasal [na'sal] Nasen…, nasal
nata ['nata] *f* Rahm *m*, Sahne *f*; **~ *montada*** Schlagsahne *f*
natación [nata'θĭɔn] *f* Schwimmen *n*

natal [na'tal] Geburts…; Heimat…; **~idad** [-li'đađ] *f* Geburtenziffer *f*; ***control*** *m* ***de ~*** Geburtenregelung *f*
natillas [na'tiʎas] *f/pl* Cremespeise *f*
nativo [na'tiƀo] **1.** *adj* gebürtig (aus ***de***); **2.** *m* Einheimische(r) *m*; Eingeborene(r) *m*
nato ['nato] geboren
natural [natu'ral] **1.** *adj* natürlich; Natur…; (*hijo*) unehelich; ***ser ~ de*** stammen aus; ***es ~*** das ist verständlich; **2.** *m* Naturell *n*; **~eza** [-ra'leθa] *f* Natur *f*; ***~ muerta*** Stillleben *n*; **~idad** [-li'đađ] *f* Natürlichkeit *f*; **~ismo** [-'lizmo] *m* Naturalismus *m*; **~ista** [-'lista] *m* Naturalist *m*; (*científico*) Naturforscher *m*; **~izar** [-li'θar] (*1f*) naturalisieren, einbürgern; **~mente** [-'mente] natürlich, selbstverständlich
naturis|mo [natu'rizmo] *m* natürliche Lebensweise *f*; **~ta** [-'rista] *m* Naturist *m*; ***médico*** *m* **~** Naturarzt *m*
naturopatía [naturopa'tia] *f* Naturheilkunde *f*
naufra|gar [naŭfra'gar] (*1h*) Schiffbruch erleiden; *fig* scheitern; **~gio** [-'fraxĭo] *m* Schiffbruch *m*
náufrago ['naŭfrago] **1.** *adj* schiffbrüchig; **2.** *m* Schiffbrüchige(r) *m*
nauseabundo [naŭsea'ƀundo] Übelkeit erregend, ekelerregend
náuseas ['naŭseas] *f/pl* Übelkeit *f*; *fig* Ekel *m*
náuti|ca ['naŭtika] *f* Nautik *f*; *dep* Wassersport *m*; **~co** [-ko] nautisch; ***club*** *m* **~** Jachtklub *m*
navaja [na'ƀaxa] *f* Taschenmesser *n*; ***~ de afeitar*** Rasiermesser *n*; **~zo** [-'xaθo] *m* Messerstich *m*
naval [na'ƀal] See…, Schiffs…
nave ['naƀe] *f* Schiff *n* (*a arqu*); **~** (***industrial***) Fabrik-, Werkhalle *f*; ***~ espacial*** Raumschiff *n*; **~gable** [-'gaƀle] schiffbar; **~gación** [-ga'θĭɔn] *f* Schifffahrt; **~gador** [-ga'đɔr] *m* Seefahrer *m*; *inform* Browser *m*; **~gante** [-'gante] *m* Seefahrer *m*; **~gar** [-'gar] (*1h*) *mar* (zur See) fahren; *avia* fliegen; ***~ por la red*** *inform* im Internet surfen
navi|dad [naƀi'đađ] *f* Weihnacht(en *n*) *f*; **~deño** [-'đeɲo] weihnachtlich, Weihnachts…
navío [na'ƀio] *m* Schiff *n*
n/c ***nuestra cuenta*** unser Konto
NE ***nordeste*** NO (Nordosten)
neblina [ne'ƀlina] *f* Dunst *m*
nebuloso [neƀu'loso] neb(e)lig, dunstig; *fig* nebelhaft
necedad [neθe'đađ] *f* Dummheit *f*
nece|sario [neθe'sarĭo] notwendig, nötig; erforderlich; **~ser** [-'sɛr] *m* Necessaire *n*; **~sidad** [-si'đađ] *f* Notwendigkeit *f*; ***de primera ~*** lebensnotwendig; **~sitado** [-'tađo] bedürftig; Not leidend; **~sitar** [-'tar] (*1a*) **~** (***de***) benötigen; brauchen
necio ['neθĭo] dumm, albern
necrología [nekrolɔ'xia] *f* Nachruf *m*
néctar ['nɛktar] *m* Nektar *m*
nectarina *bot* [nɛkta'rina] *f* Nektarine *f*
neerland|és [neɛrlan'des] **1.** *adj* niederländisch; **2.** **~és** *m*, **~esa** [-'desa] *f* Niederländer(in) *m(f)*
nefasto [ne'fasto] unheilvoll
nefr|ítico [ne'fritiko] Nieren…; **~itis** [-'fritis] *f* Nierenentzündung *f*
nega|ción [nega'θĭɔn] *f* Verneinung *f*; (*rechazo*) Ablehnung *f*; **~r** [-'gar] (*1h u 1k*) verneinen; leugnen; (*denegar*) verweigern, abschlagen; **~rse** sich weigern (zu ***a***); **~tiva** [-'tiƀa] *f* Weigerung *f*, Absage *f*; **~tivo** [-'tiƀo] **1.** *adj* negativ; **2.** *m fot* Negativ *n*
negligen|cia [negli'xenθĭa] *f* Nachlässigkeit *f*; *jur* Fahrlässigkeit *f*; **~te** [-'xente] nachlässig
negocia|ción [negoθĭa'θĭɔn] *f* Verhandlung *f*; **~do** [-'θĭađo] *m* Amt *n*; Geschäftsstelle *f*; **~nte** [-'θĭante] *su* Geschäftsmann *m*, -frau *f*; **~r** [-'θĭar] (*1b*) **1.** *v/t* aushandeln; **2.** *v/i* verhandeln; *com* handeln, Handel treiben (mit ***en***)
negocio [ne'goθĭo] *m* Geschäft *n*; Handel *m*; (*tienda*) Laden *m*; ***hombre*** *m* ***de ~s*** Geschäftsmann *m*
neg|ra ['negra] *f* Schwarze *f*; *Am* Liebling *m*; *mús* Viertelnote *f*; **~rero** [-'grero] *m* Sklavenhändler *m*; *fig* Leuteschinder *m*; **~ro** ['negro] **1.** *adj* schwarz; F ***verse ~ para hacer a/c*** große Mühe haben, et zu tun; **2.** *m* Schwarze(r) *m*; *fig* Ghostwriter *m*; *Am* Liebling *m*
ne|na ['nena] *f* kleines Mädchen *n*; **~ne** ['nene] *m* F kleines Kind *n*
nenúfar [ne'nufar] *m* Seerose *f*
neo… [neo] *in Zssgn* Neu…; Neo…
neófito [ne'ofito] *m fig* Neuling *m*
neologismo [neolɔ'xizmo] *m* Neuwort *n*, Neologismus *m*

neón [ne'ɔn] *m* Neon *n*
neoyorquino [neojɔr'kino] aus New York
neozeland|és [neoθelan'des] **1.** *adj* neuseeländisch; **2.** **~és** *m*, **~esa** [-'desa] *f* Neuseeländer(in) *m(f)*
nepotismo [nepo'tizmo] *m* Vetternwirtschaft *f*
nervio ['nɛrƀĭo] *m* Nerv *m*; *arqu* Rippe *f*; *fig* Kraft *f*; *fig* ***tener ~s*** nervös sein; Lampenfieber haben; **~sismo** [-'sizmo] *m* Nervosität *f*; **~so** [-'ƀĭoso] Nerven...; *fig* nervös
netiqueta *inform* [nɛtikɛta] *f* Netikette *f*
neto ['neto] rein; *com* Netto...
neumático [neŭ'matiko] **1.** *adj* Luft...; **2.** *m auto* Reifen *m*
neumonía [neŭmo'nia] *f* Lungenentzündung *f*
neur|algia [neŭ'ralxĭa] *f* Neuralgie *f*; **~ólogo** [-'rologo] *m* Nervenarzt *m*, Neurologe *m*; **~osis** [-'rosis] *f* Neurose *f*; **~ótico** [-'rotiko] neurotisch
neutral [neŭ'tral] neutral; **~idad** [-li'đađ] *f* Neutralität *f*; **~izar** [-'θar] *(1f)* neutralisieren
neutr|o ['neŭtro] neutral; *gram* sächlich; **~ón** [neŭ'trɔn] *m* Neutron *n*
neva|da [ne'ƀađa] *f* Schneefall *m*; **~r** [-'ƀar] *(1k)* schneien
nevera [ne'ƀera] *f* Kühlschrank *m*; ***~ portátil*** Kühlbox *f*
nexo ['nɛgso] *m* Verbindung *f*; Zusammenhang *m*
ni [ni] auch nicht; **~ ... ~** weder ... noch
Nicaragua [nika'ragŭa] *f* Nikaragua *n*
nicaragüense [nikara'gŭense] **1.** *adj* nikaraguanisch; **2.** *su* Nikaraguaner(in) *m(f)*
nicho ['nitʃo] *m* Nische *f*
nicotina [niko'tina] *f* Nikotin *n*
nidificar [niđifi'kar] *(1g)* nisten
nido ['niđo] *m* Nest *n* *(a fig)*
niebla ['nĭeƀla] *f* Nebel *m*
niego ['nĭego] *s* ***negar***
niet|o *m*, **~a** *f* ['nĭeto, -ta] Enkel(in) *m(f)*; ***~s*** *pl* Enkelkinder *n/pl*
nieva ['nĭeƀa] *s* ***nevar***
nieve ['nĭeƀe] *f* Schnee *m*
NIF *m* ***Número de Indentificación Fiscal*** Steuernummer *f*, steuerliche Identifizierungsnummer
Níger ['nixer] *m* Niger *n*
Nigeria [ni'xerĭa] *f* Nigeria *n*
Nilo ['nilo] *m* Nil *m*
nimbo ['nimbo] *m* Heiligenschein *m*, Nimbus
ninfa ['nimfa] *f* Nymphe *f*
nin|gún [niŋ'gun], **~guno** [-'guno] kein; *(nadie)* niemand
niñ|a ['niɲa] *f* Kind *n*, Mädchen *n*; F ***~ bien*** höhere Tochter *f*; ***~ del ojo*** *anat* Pupille *f*; *fig* Augapfel *m*; **~era** [ni'ɲera] *f* Kindermädchen *n*; **~ez** [ni'ɲeθ] *f* Kindheit *f*; **~o** ['niɲo] *m* Kind *n*
NIP *m* ***número de identificación personal*** persönliche Geheimnummer *f*, PIN-Nummer *f*
nip|ón [ni'pɔn] **1.** *adj* japanisch; **2.** **~ón** *m*, **~ona** *f* [-'pona] Japaner(in) *m(f)*
níquel ['nikɛl] *m* Nickel *n*
níspero *bot* ['nispero] *m* Mispel *f*
nitidez [niti'đeθ] *f* Reinheit *f*; *fot, TV* Schärfe *f*
nítido ['nitiđo] rein; *fot* scharf
nitrato [ni'trato] *m* Nitrat *n*
nitrógeno [ni'trɔxeno] *m* Stickstoff *m*
nivel [ni'ƀɛl] *m* Niveau *n*; *tec* Wasserwaage *f*; *fig* Ebene *f*; ***~ del mar*** Meeresspiegel *m*; ***~ de ruido, ~ sonoro*** Geräuschpegel *m*; ***~ de vida*** Lebensstandard *m*; **~adora** *tec* [-'đora] *f* Planierraupe *f*; **~ar** [-'lar] *(1a)* ebnen, planieren; *a fig* nivellieren
NN.UU. ***Naciones Unidas*** UN *pl* (Vereinte Nationen)
no [no] nicht; nein; ***~ del todo*** nicht ganz; ***~ ya*** nicht nur; ***ya ~*** nicht mehr; ***~ más*** *Am* nur; ***~ más que*** nur (noch); ***~ por eso*** nichtsdestoweniger; ***¡a que ~!*** etwa nicht?; ***un ~ sé qué*** ein gewisses Etwas
n/o ***nuestra orden*** unsere Order
NO ***noroeste*** NW (Nordwesten)
noble ['noƀle] **1.** *adj* ad(e)lig; *fig* edel(-mütig); **2.** *m* Ad(e)lige(r) *m*; **~za** [-'ƀleθa] *f* Adel *m*; *fig* Edelmut *m*
noche [notʃe] *f* Nacht *f*; *(tarde)* Abend *m*; ***de ~, por la ~*** nachts; ***de la ~ a la mañana*** von heute auf morgen; ***hacer ~*** übernachten (in ***en***); ***¡buenas ~s!*** guten Abend!; gute Nacht!; **℞buena** [-'ƀŭena] *f* Weihnachtsabend *m*, Heilige(r) Abend *m*; **℞vieja** [-'ƀĭɛxa] *f* Silvesterabend *m*
noción [no'θĭɔn] *f* Begriff *m*; Idee *f*; ***nociones*** *pl* Grundkenntnisse *f/pl*
nocivo [no'θiƀo] schädlich
noctámbulo [nɔk'tambulo] *m* Nacht-

wandler *m*; F Nachtschwärmer *m*
nocturno [nɔk'turno] **1.** *adj* nächtlich, Nacht…; **2.** *m mús* Notturno *n*
nodriza [no'đriθa] *f* Amme *f*
nódulo *med* ['nođulo] *m* Knötchen *n*
nogal [no'gal] *m* Nussbaum *m*
nómada ['nomađa] *m* Nomade *m*
nombra|miento [nɔmbra'mĭento] *m* Ernennung *f*; **~r** [-'brar] (er)nennen
nombre ['nɔmbre] *m* Name *m*; *gram* Hauptwort *n*; **~ (*de pila*)** Vorname *m*; ***~ de guerra*** Deckname *m*
nomeolvides *bot* [nomeɔl'ƀiđes] *f* Vergissmeinnicht *n*
nómina ['nomina] *f* Gehaltsliste *f*; (*sueldo*) Gehalt *n*; Gehaltsabrechnung *f*
nomina|ción [nomina'θĭɔn] *f pol* Nominierung *f*; **~l** [-'nal] namentlich; **~tivo** [-na'tiƀo] *m gram* Nominativ *m*
noquear [nɔke'ar] (*1a*) k.o. schlagen
nor(d)este [nɔr'(đ)este] *m* Nordost *m*
nórdico ['nɔrđiko] nordisch
noria ['norĭa] *f* Schöpfrad *n*; (*de feria*) Riesenrad *n*
norma ['nɔrma] *f* Regel *f*; Norm *f*; ***~ europea*** Euronorm *f*; **~l** [-'mal] normal; **~lidad** [-li'đađ] *f* Normalität *f*; ***volver a la ~*** sich normalisieren; **~lizar** [-li'θar] (*1f*) normalisieren; *tec* normen
Normandía [nɔrman'dia] *f* Normandie *f*
noroeste [noro'este] *m* Nordwest *m*
norte ['nɔrte] *m* Norden *m*; ***al ~ de*** nördlich von; **~americano** [-ameri'kano] nordamerikanisch
Noruega [no'rŭega] *f* Norwegen *n*
norueg|o [no'rŭego] **1.** *adj* norwegisch; **2. ~o** *m*, **~a** *f* Norweger(in) *m(f)*
nos [nɔs] uns; **~otros** [no'sotros] wir; (*nach prp*) uns
nost|algia [nɔs'talxĭa] *f* Heimweh *n*; Nostalgie *f*; **~álgico** [-'talxiko] sehnsüchtig; wehmütig
nota ['nota] *f* Notiz *f*; (*cuenta*) Rechnung *f*; *mús u fig* Note *f*; ***tomar ~ de*** zur Kenntnis nehmen; (*apuntar*) notieren; **~ble** [-'taƀle] bemerkenswert; beträchtlich; **~r** [-'tar] (*1a*) (be)merken
notar|ía [nota'ria] *f* Notariat *n*; **~ial** [-'rĭal] notariell; **~io** [-'tarĭo] *m* Notar *m*
noticia [no'tiθĭa] *f* Nachricht *f*; **~rio** [-'θĭarĭo] *m* (*radio*) Nachrichten *f/pl*
notifica|ción [notifika'θĭɔn] *f* (*amtliche*) Benachrichtigung *f*; **~r** [-'kar] (*1g*) mitteilen
notorio [no'torĭo] offenkundig
novecientos [noƀe'θĭentos] neunhundert
novedad [noƀe'đađ] *f* Neuheit *f*; (*noticia*) Neuigkeit *f*
nove|la [no'ƀɛla] *f* Roman *m*; ***~ corta*** Novelle *f*; ***~ policíaca*** Kriminalroman *m*; **~lista** [-'lista] *m* Romanschriftsteller *m*
noven|o [no'ƀeno] neunte(r, -s); **~ta** [no'ƀenta] neunzig
novia ['noƀĭa] *f* Braut *f*; Verlobte *f*; (feste) Freundin *f*; **~zgo** [no'ƀĭaðgo] *m* Verlobungs-, Brautzeit *f*
novicio [no'ƀiθĭo] *m* Novize *m*; *fig* Neuling *m*
noviembre [no'ƀĭembre] *m* November *m*
novill|a [no'ƀiʎa] *f* Färse *f*; **~ada** [-'ʎađa] *f* Stierkampf *m* mit Jungstieren; **~ero** [-'ʎero] *m* Stierkämpfer *m* *bei e-r novillada*; **~o** [-'ƀiʎo] *m* Jungstier *m*; F ***hacer ~s*** (die Schule) schwänzen
novio ['noƀĭo] *m* Bräutigam *m*; Verlobte *m*; (fester) Freund *m*; ***los ~s*** das Brautpaar
N.S. ***Nuestro Señor*** Unser Herr (*Jesus Christus*)
ntro. ***nuestro*** unser
nube ['nuƀe] *f* Wolke *f*; *fig* Schwarm *m*; ***estar por las ~s*** unerschwinglich sein
nubla|do [nu'ƀlađo] bewölkt; **~r** [-'ƀlar] (*1a*) trüben; **~rse** sich bewölken
nubo|sidad [nuƀosi'đađ] *f* Bewölkung *f*; **~so** [-'ƀoso] wolkig
nuca ['nuka] *f* Nacken *m*; Genick *n*
nuclear [nukle'ar] Kern…
núcleo ['nukleo] *m* Kern *m* (*a fig*)
nudillo [nu'điʎo] *m* (Finger-)Knöchel *m*
nudis|mo [nu'đizmo] *m* Freikörperkultur *f*, FKK *f*; **~ta** [-'đista] *su* Nudist(in) *m(f)*; ***playa** f* **~** FKK-Strand *m*
nudo ['nuđo] *m* Knoten *m* (*a mar*); ***~ de comunicaciones*** Verkehrsknotenpunkt *m*; **~so** [-'đoso] knotig
nuera ['nŭera] *f* Schwiegertochter *f*
nuestro ['nŭestro] unser
nueva ['nŭeƀa] *f* Neuigkeit *f*; **~mente** [-'mente] von neuem, nochmals
Nueva Guinea ['nŭeƀa gi'nea] *f* Neuguinea *n*
Nueva York ['nŭeƀa 'jɔrk] New York *n*
Nueva Zelanda ['nŭeƀa θe'landa] *f*

Neuseeland *n*
nueve ['nŭeƀe] neun
nuevo ['nŭeƀo] neu; ***de ~*** von neuem, nochmals
nuez ['nŭeθ] *f* Walnuss *f*; *anat* Adamsapfel *m*; ***~ moscada*** Muskatnuss *f*
nul|idad [nuli'đađ] *f* Nichtigkeit *f*; *jur* Ungültigkeit *f*; *fig* Null *f*, Niete *f*; **~o** ['nulo] nichtig; ungültig
numera|ción [numera'θĭɔn] *f* Nummerierung *f*; **~dor** [-'đor] *m mat* Zähler *m*; **~r** [-'rar] *(1a)* nummerieren
número ['numero] *m* Zahl *f*; Nummer *f*; *fig* Anzahl *f*; ***~ de la cuenta*** Kontonummer *f*; ***~ de identificación personal*** PIN-Nummer *f*; ***~ personal*** Geheimnummer *f*; ***sin ~*** unzählig; ***~ de teléfono*** Telefonnummer *f*
numeroso [nume'roso] zahlreich
numismática [numiz'matika] *f* Münzkunde *f*
nunca ['nuŋka] nie, niemals; ***~ jamás*** nie und nimmer; ***~ más*** nie wieder, nie mehr; ***más que ~*** mehr denn je
nuncio ['nunθĭo] *m* Nuntius *m*
nupcia|l [nuƀ'θĭal] Hochzeits…; Braut…; **~s** ['nuƀθĭas] *f/pl* Hochzeit *f*; ***en segundas ~*** in zweiter Ehe
Nuremberg ['nurembɛrg] *f* Nürnberg *n*
nutria ['nutrĭa] *f* Fischotter *m*
nutri|ción [nutri'θĭɔn] *f* Ernährung *f*; **~do** [-'triđo] *fig* zahlreich; **~r(se)** [-'trir(se)] *(3a)* (sich) ernähren; **~tivo** [-tri'tiƀo] nahrhaft

Ñ

Ñ, ñ ['eɲe] *f das spanische* ñ
ñame *bot* ['ɲame] *m* Jamswurzel *f*
ñandú *zo* [ɲan'du] *m* Nandu *m*
ñaque ['ɲake] *m* Gerümpel *n*
ñoño ['ɲoɲo] albern; zimperlich
ñu *zo* [ɲu] *m* Gnu *n*

O

o [o] oder; ***~ … ~*** entweder … oder; ***~ sea*** das heißt
O[1], **o** [o] *f* O, o *n*
O[2] ***oeste*** W (Westen)
oasis [o'asis] *m* Oase *f* (*a fig*)
obceca|ción [ɔƀθeka'θĭɔn] *f* Verblendung *f*; **~do** [-'kađo] verblendet
obe|decer [oƀeđe'θɛr] *(2d)* gehorchen; ***~ a*** zurückzuführen sein auf; **~diencia** [-'đĭenθĭa] *f* Gehorsam *m*; **~diente** [-'đĭente] gehorsam
obelisco [oƀe'lisko] *m* Obelisk *m*
obertura *mús* [oƀɛr'tura] *f* Ouvertüre *f*
obe|sidad [oƀesi'đađ] *f* Fettleibigkeit *f*; **~so** [o'ƀeso] fett(leibig)
obispo [o'ƀispo] *m* Bischof *m*
obje|ción [ɔƀxe'θĭɔn] *f* Einwand *m*; ***~ de conciencia*** Wehrdienstverweigerung *f*; **~tar** [-'tar] *(1a)* einwenden; **~tividad** [-tiƀi'đađ] *f* Sachlichkeit *f*; **~tivo** [-'tiƀo] **1.** *adj* objektiv, sachlich; **2.** *m* Ziel *n*, Zweck *m*; *opt* Objektiv *n*; **~to** [ɔƀ'xeto] *m* Objekt *n*; Gegenstand *m*; (*fin*) Zweck *m*; **~tor** [-'tɔr] *m*: ***~ de conciencia*** Wehrdienstverweigerer *m*
oblea [o'ƀlea] *f* Oblate *f*
oblicuo [o'ƀlikŭo] schräg
obliga|ción [oƀliga'θĭɔn] *f* Pflicht *f*; Verpflichtung *f*; *com* Obligation *f*; **~do** [-'gađo] verpflichtet (zu ***a***); **~r** [-'gar] *(1h)* zwingen; verpflichten (zu ***a***); **~torio** [-ga'torĭo] verbindlich, obligatorisch
obo|e *mús* [o'ƀoe] *m* Oboe *f*; (*persona*) Oboist(in) *m(f)*; **~ísta** [oƀo'ista] *m* Oboist(in) *m(f)*, Oboenspieler(in) *m(f)*
obra ['oƀra] *f* Werk *n*; Arbeit *f*; (*edificio*) Bauwerk *n*; ***~ de arte*** Kunstwerk *n*; ***~ maestra*** Meisterwerk *n*; ***~ de teatro*** Theaterstück *n*; **~s** *pl* Bauarbeiten *f/pl*; ***~s completas*** gesammelte Werke *n/pl*; **~r** [o'ƀrar] *(1a)* handeln, vorgehen; (*tener efecto*) wirken
obrero [o'ƀrero] **1.** *adj* Arbeiter…; **2.** *m* Arbeiter *m*; ***~ especializado*** Fachar-

beiter *m*
obsce|nidad [ɔƀsθeni'đađ] *f* Obszönität *f*; Zote *f*; **~no** [-'θeno] unanständig, obszön
obsequi|ar [ɔƀse'kĭar] (*1b*) beschenken (mit ***con***); (*agasajar*) bewirten; ehren; **~o** [ɔƀ'sekĭo] *m* Geschenk *n*, Aufmerksamkeit *f*
observa|ción [ɔƀsɛrƀa'θĭɔn] *f* Beobachtung *f*; (*comentario*) Bemerkung *f*; **~dor** [-'đɔr] *m* Beobachter *m*; **~ncia** [-'ƀanθĭa] *f* Befolgung *f*; Einhaltung *f*; **~r** [-'ƀar] (*1a*) beobachten; (*ley, regla*) befolgen; (*advertir*) bemerken; **~torio** [-'torĭo] *m* Observatorium *n*
obsesión [ɔƀse'sĭɔn] *f* Besessenheit *f*
obsoleto [ɔƀso'leto] veraltet
obst|aculizar [ɔƀstakuli'θar] (*1f*) behindern; **~áculo** [-'takulo] *m* Hindernis *n*
obstante [ɔƀs'tante]: ***no ~*** *prp* trotz; *adv* trotzdem
obstetricia [ɔƀste'triθĭa] *f* Geburtshilfe *f*
obstina|ción [ɔƀstina'θĭɔn] *f* Hartnäckigkeit *f*; Eigensinn *m*; **~do** [-'nađo] hartnäckig; eigensinnig; **~rse** [-'narse] (*1a*) sich versteifen (auf ***en***)
obstru|cción [ɔƀstrug'θĭɔn] *f* Verstopfung *f*; **~ir** [-tru'ir] (*3g*) verstopfen; versperren
obten|ción [ɔƀten'θĭɔn] *f* Erlangung *f*; *quím* Gewinnung *f*; **~er** [-'nɛr] (*2l*) erlangen, bekommen; *quím* gewinnen
obturador [ɔƀtura'đɔr] *m fot* Verschluss *m*
obtuso [ɔƀ'tuso] stumpf; *fig* schwer von Begriff
obvio ['ɔƀƀĭo] einleuchtend; ***es ~*** es liegt auf der Hand
oca ['oka] *f* Gans *f*
ocasi|ón [oka'sĭɔn] *f* Gelegenheit *f*; ***de ~*** Gelegenheits…; ***con ~ de*** anlässlich (*gen*); ***en ocasiones*** gelegentlich; **~onal** [okasĭo'nal] gelegentlich; **~onar** [-'nar] (*1a*) verursachen
ocaso [o'kaso] *m astr u fig* Untergang *m*
occiden|tal [ɔgθiđen'tal] abendländisch; westlich, West…; **~te** [-'đente] *m* Abendland *n*; Westen *m*
OCDE *f* ***Organización de Cooperación y Desarrollo Económico*** OECD *f* (Organisation für wirtschaftliche Zusammenarbeit und Entwicklung)
Oceanía [oθea'nia] *f* Ozeanien *n*
océano [o'θeano] *m* Ozean *m*; **≗ *Glacial*** Eismeer *n*
ochenta [o'tʃenta] achtzig
ocho ['otʃo] acht; **~cientos** [-'θĭentos] achthundert.
ocio ['oθĭo] *m* Muße *f*; (*tiempo libre*) Freizeit *f*; **~sidad** [-si'đađ] *f* Müßiggang *m*; **~so** [o'θĭoso] müßig
ocre ['okre] ockerfarben
octa|naje [ɔkta'naxe] *m* Oktanzahl *f*; **~no** [-'tano] *m* Oktan *n*
octa|va [ɔk'taƀa] *f mús* Oktave *f*; **~villa** [-'ƀiʎa] *f* Flugblatt *n*
octavo [ɔktaƀo] **1.** *adj* achte(r, -s); **2.** *m* Achtel *n*
octeto *mús* [ɔk'teto] *m* Oktett *n*
octogenario [ɔktɔxe'narĭo] achtzigjährig
octubre [ɔk'tuƀre] *m* Oktober *m*
ocu|lar [oku'lar] **1.** *adj* Augen…; **2.** *m* Okular *n*; **~lista** [-'lista] *su* Augenarzt *m*, -ärztin *f*
ocul|tar [okul'tar] (*1a*) verbergen; verheimlichen; **~to** [o'kulto] verborgen
ocupa F [o'kupa] *m* Hausbesetzer *m*; **~ción** [-'θĭɔn] *f* Besetzung *f* (*a mil*); (*empleo*) Beschäftigung *f*; *mil* Besatzung *f*; **~nte** [-'pante] *m auto* Insasse *m*, Fahrgast *m*; **~r** [-'par] (*1a*) besetzen (*a mil*); beschäftigen; (*espacio*) einnehmen; (*cargo*) bekleiden; (*casa*) bewohnen; ***ocupado*** besetzt; **~rse** sich beschäftigen (mit *dat* ***de***); sich kümmern (um *ac* ***de***)
ocurr|encia [oku'rrenθĭa] *f* Einfall *m*; **~ente** [-'rrente] witzig; **~ir** [-'rrir] (*3a*) passieren, geschehen; ***¿qué ocurre?*** was ist los?; **~irse**: ***se me ocurrió*** mir fiel ein …
oda ['ođa] *f* Ode *f*
odiar [o'đĭar] (*1b*) hassen
odio ['ođĭo] *m* Hass *m*; **~so** [o'đĭoso] verhasst; (*persona*) gehässig, gemein
odisea [ođi'sea] *f* Odyssee *f* (*a fig*)
odont|ología [ođɔntolɔ'xia] *f* Zahnmedizin *f*; **~ólogo** [-'tologo] *m* Zahnarzt *m*
OEA *f* ***Organización de Estados Americanos*** OAS *f* (Organisation der Amerikani schen Staaten)
oeste [o'este] *m* Westen *m*
ofen|der [ofen'dɛr] (*2a*) beleidigen, kränken; **~derse** beleidigt (*od* gekränkt) sein; **~sa** [o'fensa] *f* Beleidi-

gung *f*; Kränkung *f*; **~siva** [ofen'siƀa] *f* Offensive *f*
oferta [o'fɛrta] *f* Angebot *n*; **~r** *com* [-'tar] *(1a)* anbieten
oficial [ofi'θĭal] **1.** *adj* offiziell, amtlich; **2.** *m* Geselle *m*; *mil* Offizier *m*
oficin|a [ofi'θina] *f* Büro *n*; Amt *n*; **~ *de objetos perdidos*** Fundbüro *n*; **~ *de turismo*** Fremdenverkehrsamt *n*; **~ista** [-'nista] *su* Büroangestellte(r *m*) *f*
oficio [o'fiθĭo] *m* Beruf *m*; Handwerk *n*; *rel* Gottesdienst *m*; ***de ~*** von Amts wegen; **~so** [-'θĭoso] halbamtlich, offiziös
ofimática [ofi'matika] *f* Bürokommunikation *f*
ofre|cer [ofre'θɛr] *(2d)* (an)bieten; ***¿qué se le ofrece?*** Sie wünschen?; **~cimiento** [-θi'mĭento] *m* Angebot *n*
oftalm|ología [ɔftalmolɔ'xia] *f* Augenheilkunde *f*; **~ólogo** [-'mologo] *m* Augenarzt *m*
ofusca|ción [ofuska'θĭɔn] *f fig* Verblendung *f*; **~r** [-'kar] *(1g)* (ver)blenden
ogro ['ogro] *m* Menschenfresser *m*
OID *f* ***Oficina de Información Diplomática*** Diplomatisches Informationsbüro
oída [o'iđa] *f*: ***de ~s*** vom Hörensagen
oído [o'iđo] *m* Gehör(sinn *m*) *n*; *(órgano)* Ohr *n*
oigo ['ɔĭgo] *s* ***oír***
oír [o'ir] *(3q)* hören; ***¡oye!*** hör mal!
OIT *f* ***Organización Internacional del Trabajo*** IAO *f* (Internationale Arbeitsorganisation)
ojal [ɔ'xal] *m* Knopfloch *n*
ojalá [ɔxa'la]: ***¡~!*** hoffentlich!; **~ *venga pronto*** hoffentlich kommt er bald
ojeada [ɔxe'ađa] *f* Blick *m*; ***echar una ~*** e-n Blick werfen (auf *ac* ***a, sobre***)
ojiva [ɔ'xiƀa] *f arqu* Spitzbogen *m*; *mil* Sprengkopf *m*
ojo ['ɔxo] *m* Auge *n*; **~ *de la aguja*** Nadelöhr *n*; **~ *de buey*** *mar* Bullauge *n*; ***a ~*** nach Augenmaß; ***¡~!*** Achtung!, Vorsicht!
ola ['ola] *f* Welle *f* *(a fig)*
¡olé! [o'le] bravo!
óleo ['oleo] *m* Öl *n*; *pint* Ölgemälde *n*
oleoducto [oleo'đukto] *m* Ölleitung *f*, Pipeline *f*
oler [o'lɛr] *(2i)* riechen (nach ***a***)
olfato [ɔl'fato] *m* Geruchssinn *m*; *fig* Gespür *n*
olimpíada [olim'piađa] *f* Olympiade *f*
olímpico [o'limpiko] olympisch *(a fig)*; ***juegos*** *m/pl* **~s** Olympische Spiele *n/pl*
oli|va [o'liƀa] *f* Olive *f*; **~vo** [oli'ƀo] *m* Öl-, Olivenbaum *m*
olla ['oʎa] *f* (Koch-)Topf *m*; **~ *a presión*** Dampf-, Schnellkochtopf *m*
olmo ['ɔlmo] *m* Ulme *f*; ***pedir peras al ~*** Unmögliches verlangen
olor [o'lɔr] *m* Geruch *m*; **~oso** [olo'roso] wohlriechend
olvi|dadizo [ɔlƀiđa'điθo] vergesslich; **~dar** [-'đar] *(1a)* vergessen; **~do** [ɔl'ƀiđo] *m* Vergessenheit *f*
ombligo [ɔm'bligo] *m* Nabel *m*
omi|sión [omi'sĭɔn] *f* Auslassung *f*; *jur* Unterlassung *f*; **~tir** [omi'tir] *(3a)* unterlassen; übergehen; auslassen
omnipoten|cia [ɔmnipo'tenθĭa] *f* Allmacht *f*; **~te** [-'tente] allmächtig
omnívoro [ɔm'niƀoro] **1.** *adj* allesfressend; **2.** *m* Allesfresser *m*
omóplato *anat* [o'moplato] *m* Schulterblatt *n*
OMS *f* ***Organización Mundial de la Salud*** WHO *f* (Weltgesundheitsorganisation)
once ['ɔnθe] **1.** elf; **2.** *m dep* Elf *f*
ONCE *f* ***Organización Nacional de Ciegos Españoles*** *span. Blindenorganisation*
oncología *med* [ɔnkolo'xia] *f* Onkologie *f*
ond|a ['ɔnda] *f* Welle *f*; **~ *corta*** (***larga, media, ultracorta***) Kurz- (Lang-, Mittel-, Ultrakurz-)welle *f*; **~ear** [-de'ar] *(1a)* flattern, wehen
ondula|ción [ɔndula'θĭɔn] *f* Wellenbewegung *f*; **~do** [-'lađo] gewellt
oneroso [one'roso] kostspielig
ONG *f* ***Organización No Gubernamental*** NGO *f*, NRO *f* (Nichtregierungsorganisation)
onomástico [ono'mastiko] *m* Namenskunde *f*; Namenstag *m*
ONU *f* ***Organización de las Naciones Unidas*** UNO *f*
OPA *f* ***Oferta pública de adquisición de acciones*** (öffentliches) Übernahmeangebot
opaco [o'pako] undurchsichtig
ópalo *min* ['opalo] *m* Opal *m*
opci|ón [ɔƀ'θĭɔn] *f* Wahl *f*; Option *f*; **~onal** [-θĭo'nal] wahlweise
OPEP *f* ***Organización de Países Exportadores de Petróleo*** OPEC *f* (Organisation Erdöl exportierender Län-

der)

ópera ['opera] *f* Oper *f*

opera|ble [ope'raƀle] operierbar; **~ción** [-'θĭɔn] *f* Operation *f* (*a mil u med*); **~** ***retorno*** *Esp* Rückreiseverkehr *m*; **~r** (*1a*) operieren; **~rse** *med* sich operieren lassen

operativo [opera'tiƀo] wirksam; *inform* ***sistema*** *m* **~** Betriebssystem *n*

opereta *mús* [ope'reta] *f* Operette *f*

opin|ar [opi'nar] (*1a*) meinen, glauben; **~ión** [-'nĭɔn] *f* Meinung *f*

opio ['opĭo] *m* Opium *n*

opone|nte [opo'nente] *su* Gegner(in) *m*(*f*); **~r** [-'nɛr] (*2r*) entgegensetzen, -stellen; (*resistencia*) leisten; **~rse** sich widersetzen

oportu|nidad [opɔrtuni'đađ] *f* Gelegenheit *f*; Chance *f*; **~nista** [-'nista] *m* Opportunist *m*; **~no** [-'tuno] gelegen; angebracht; günstig

oposición [oposi'θĭɔn] *f* Widerstand *m*; *pol* Opposition *f*; ***oposiciones*** *pl Esp* Auswahlprüfung *f für Staatsstellen*

opre|sión [opre'sĭɔn] *f* Unterdrückung *f*; **~sor** [-'sɔr] *m* Unterdrücker *m*

oprimir [opri'mir] (*3a*) (be-, unter-) drücken

optar [ɔp'tar] (*1a*) optieren, sich entscheiden (für ***por***)

ópti|ca ['ɔptika] *f* Optik *f*; **~co** [-ko] **1.** *adj* optisch; **2.** *su* Optiker(in) *m*(*f*)

optimis|mo [opti'mizmo] *m* Optimusmus *m*; **~ta** [-'mista] **1.** *adj* optimistisch; **2.** *su* Optimist(in) *m*(*f*)

óptimo ['ɔptimo] optimal

opuesto [o'pŭesto] entgegengesetzt; (*en frente*) gegenüberliegend

opulen|cia [opu'lenθĭa] *f* Üppigkeit *f*; Überfluss *m*; **~to** [-'lento] üppig

OPV *f* ***Oferta pública de venta*** öffentliches Veräußerungsangebot (von Aktien)

ora ['ora]: **~ … ~** bald … bald

oración [ora'θĭɔn] *f* Gebet *n*; *gram* Satz *m*

oráculo [o'rakulo] *m* Orakel *n*

orador [ora'đɔr] *m* Redner *m*

oral [o'ral] mündlich; *med* oral

orangután [oraŋgu'tan] *m* Orang-Utan *m*

orar [o'rar] (*1a*) beten

oratorio *mús* [ora'torĭo] *m* Oratorium *n*

órbita ['ɔrƀita] *f astr* Umlaufbahn *f*; *anat* Augenhöhle *f*

orden ['ɔrđen] **a)** *m* Ordnung *f*; Reihenfolge *f*; **~** ***del día*** Tagesordnung *f* **a)** *f* Befehl *m*; *com* Auftrag *m*; *rel*, *hist* Orden *m*; ***por*** **~** ***de*** im Auftrag von; **~ación** [-na'θĭɔn] *f rel* Priesterweihe *f*; **~ado** [-'nađo] ordentlich; **~ador(a)** [-'đɔr(a)] *m*(*f*) Computer *m*; **~** ***de a bordo*** *auto* Bordcomputer *m*; **~** ***personal*** Personal Computer *m*, PC *m*; **~** ***portátil*** Laptop *m*, Notebook *n*; **~anza** [-'nanθa] *f* Anordnung *f*; Verordnung; **~ar** [-'nar] (*1a*) ordnen, aufräumen; (*mandar*) anordnen, befehlen; (*sacerdote*) weihen

ordeñar [ɔrđe'ɲar] (*1a*) melken

ordinario [ɔrđi'narĭo] gewöhnlich; (*vulgar*) ordinär

orégano *bot* [o'regano] *m* Oregano *m*

oreja [o'rɛxa] *f* Ohr *n*

orfan|ato [ɔrfa'nato] *m* Waisenhaus *n*; **~dad** [-'dađ] *f* Verwaisung *f*; (***pensión f de***) **~** Waisenrente *f*

orfebre [ɔr'feƀre] *m* Goldschmied *m*; **~ría** [-ƀre'ria] *f* Goldschmiedekunst *f*

organero [ɔrga'nero] *m* Orgelbauer *m*

orgánico [ɔr'ganiko] organisch

organigrama [ɔrgani'grama] *m* Organisationsschema *n*

organillo [ɔrga'niʎo] *m* Drehorgel *f*; Leierkasten *m*

organis|mo [ɔrga'nizmo] *m* Organismus *m*; **~ta** [-'nista] *su* Organist(in) *m*(*f*)

organiza|ción [ɔrganiθa'θĭɔn] *f* Organisation *f*; **~dor** [-'đɔr] *m* Organisator *m*; Veranstalter *m*; **~r** [-'θar] (*1f*) organisieren; veranstalten

órgano ['ɔrgano] *m mús* Orgel *f*; *anat u fig* Organ *n*

orgasmo [ɔr'gazmo] *m* Orgasmus *m*

orgía [ɔr'xia] *f* Orgie *f*

orgullo [ɔr'guʎo] *m* Stolz *m*; Hochmut *m*; **~so** [-'ʎoso] stolz (auf ***de***); hochmütig

orien|tación [orĭenta'θĭɔn] *f* Orientierung *f*; **~** ***profesional*** Berufsberatung *f*; **~tal** [-'tal] orientalisch; östlich; Ost…; **~tar** [-'tar] (*1a*) orientieren; beraten; **~tarse** sich zurechtfinden

oriente [o'rĭente] *m* Osten *m*; Orient *m*; ***Extremo*** ♎ Ferner Osten *m*; ***Próximo*** ♎ Naher Osten *m*

orificio [ori'fiθĭo] *m* Öffnung *f*, Loch *n*

origen [o'rixen] *m* Ursprung *m*; Herkunft; *fig* Ursache *f*

origina|l [orixi'nal] **1.** *adj* ursprünglich; Original…; originell; **2.** *m* Original *n*; **~lidad** [-nali'đađ] *f* Ursprünglichkeit *f*; Originalität *f*; **~r** [-'nar] (*1a*) verursachen; **~rio** [-'narĭo] ursprünglich; (*nativo*) stammend (aus ***de***)
orilla [o'riʎa] *f* Rand *m*; Ufer *n*
orín [o'rin] *m* Rost *m*
orina [o'rina] *f* Urin *m*; **~l** [ori'nal] *m* Nachttopf *m*; **~r** [-'nar] (*1a*) urinieren
oriundo [o'rĭundo] stammend, gebürtig (aus ***de***)
orla ['ɔrla] *f* Borte *f*; Rand *m*
ornamen|tar [ɔrnamen'tar] (*1a*) verzieren; **~to** [-'mento] *m* Verzierung *f*, Ornament *n*; ***~s*** *pl* Priestergewänder *n/pl*
orna|r [ɔr'nar] (*1a*) schmücken; **~to** [ɔr'nato] *m* Schmuck *m*
ornitología [ɔrnitolɔ'xia] *f* Vogelkunde *f*
oro [oro] *m* Gold *n*; ***prometer el ~ y el moro*** das Blaue vom Himmel versprechen; ***~s*** *pl* (*naipes*) *etwa*: Karo *n*
orondo [o'rɔndo] dick; *fig* eingebildet
oropel [oro'pɛl] *m* Flittergold *n*
orquesta [ɔr'kesta] *f* Orchester *n*
orquídea *bot* [ɔr'kiđea] *f* Orchidee *f*
ortiga *bot* [ɔr'tiga] *f* Brennnessel *f*
orto|doncia *med* [ɔrto'đɔnθĭa] *f* Kieferorthopädie *f*; **~doxo** [-'đɔgso] orthodox; **~grafía** [-gra'fia] *f* Rechtschreibung *f*; **~pedia** [-'peđĭa] *f* Orthopädie *f*; **~pédico** [-'peđiko] orthopädisch
oruga [o'ruga] *f* Raupe *f*
orujo [o'ruxo] *m* Trester *pl*
orza ['ɔrθa] *f* Steintopf *m*
orzuelo *med* [ɔr'θŭelo] *m* Gerstenkorn *n*
os [ɔs] euch
osa ['osa] *f* Bärin *f*; ***♀ Mayor*** (***Menor***) *astr* Großer (Kleiner) Bär
osa|día [osa'đia] *f* Kühnheit *f*, Wagemut *m*; **~do** [o'sađo] kühn
osar [o'sar] (*1a*) wagen
oscila|ción [ɔsθila'θĭɔn] *f* Schwingung *f*; *a fig* Schwankung *f*; **~r** [-'lar] (*1a*) schwingen; schwanken

oscu|recer [ɔskure'θɛr] (*2d*) **1.** *v/t* verdunkeln; **2.** *v/i* dunkel werden; **~ridad** [-ri'đađ] *f* Dunkelheit *f*, *a fig* Dunkel *n*; **~ro** [ɔs'kuro] dunkel (*a fig y color*)
óseo ['oseo] knöchern; Knochen…
oso ['oso] *m* Bär *m*
osten|sible [ɔsten'siƀle] offensichtlich; deutlich; **~tación** [-ta'θĭɔn] *f* (Zur-) Schaustellung *f*; ***hacer ~ de*** sich brüsten mit; **~tar** [-'tar] (*1a*) zur Schau stellen; (*cargo*, *título*) innehaben
ostra ['ɔstra] *f* Auster *f*
OTAN *f* ***Organización del Tratado del Atlántico Norte*** NATO *f* (Nordatlantikpakt-Organisation)
otitis *med* [o'titis] *f* Ohrenentzündung *f*; ***~ media*** Mittelohrentzündung *f*
otoñ|al [oto'ɲal] herbstlich; **~o** [o'toɲo] *m* Herbst *m*
otorga|miento [otɔrga'mĭento] *m* Bewilligung *f*; Erteilung *f*; Gewährung *f*; **~r** [-'gar] (*1h*) bewilligen; gewähren
otorrinolaringólogo [otɔrrinolariŋ'gologo] *m* Hals-Nasen-Ohrenarzt *m*
otro ['otro] **1.** *adj* andere(r, s); **2.** *pron* ein anderer; noch ein; ***el ~ día*** neulich; ***al ~ día*** am nächsten Tag
ova|ción [oƀa'θĭɔn] *f* Ovation *f*; **~cionar** [-θĭo'nar] (*1a*) *j-m* zujubeln
oval [o'ƀal], **~ado** [-'lađo] oval
ovario *anat* [o'ƀarĭo] *m* Eierstock *m*
oveja [o'ƀɛxa] *f* Schaf *n*; ***~ negra*** *fig* schwarzes Schaf *n*
ovillo [o'ƀiʎo] *m* Knäuel *n*
ovino [o'ƀino] Schaf…
OVNI ***Objeto Volante No Identificado*** UFO *n* (Unbekanntes Flugobjekt)
ovulación [oƀula'θĭɔn] *f* Eisprung *m*
óvulo ['oƀulo] *m* Eizelle *f*
oxidar [ɔgsi'đar] (*1a*) oxidieren; **~se** rosten
óxido ['ɔgsiđo] *m* Oxid *n*
oxígeno [ɔg'sixeno] *m* Sauerstoff *m*
oyente [o'jente] *su* Hörer(in) *m*(*f*); Gasthörer(in) *m*(*f*)
ozono [o'θono] *m* Ozon *n*; ***agujero*** *m* (***en la capa***) ***de ~*** Ozonloch *n*

P

p. ***página*** S. (Seite)
P, p [pe] *f* P, p *n*
p.a. ***por autorización*** i. A. (im Auftrag)
pabellón [paƀe'ʎɔn] *m* Pavillon *m*; *mar* Flagge *f*; ~ (***de la oreja***) Ohrmuschel *f*
pacer [pa'θɛr] (*2d*) weiden
pacien|cia [pa'θĭenθĭa] *f* Geduld *f*; **~te** [-te] **1.** *adj* geduldig; **2.** *su* Patient(in) *m*(*f*)
pacifica|ción [paθifika'θĭɔn] *f* Befriedung *f*; **~r** [-'kar] (*1g*) befrieden; *fig* besänftigen
pa|cífico [pa'θifiko] friedfertig; friedlich; **~cifista** [-θi'fista] *m* Pazifist *m*
Pacífico [pa'θifiko] *m* (***Océano*** *m*) ~ Stiller Ozean *m*, Pazifik *m*
pacotilla [pako'tiʎa] *f* Schund *m*; ***de*** ~ minderwertig, Schund…
pac|tar [pak'tar] (*1a*) **1.** *v/t* vereinbaren; **2.** *v/i* paktieren; **~to** ['pakto] *m* Vertrag *m*; Pakt *m*
pade|cer [pađe'θɛr] (*2d*) **1.** *v/t* erleiden, erdulden; **2.** *v/i* leiden; **~cimiento** [-θi-'mĭento] *m* Leiden *n*
padra|stro [pa'đrastro] *m* Stiefvater *m*; *fig* Rabenvater *m*; **~zo** F [-'đraθo] *m* herzensguter Vater *m*
padre ['pađre] *m* Vater *m*; *rel* Pater *m*; ~ ***espiritual*** Beichtvater *m*; ***~s*** *pl* Eltern *pl*; **~nuestro** [-'nŭɛstro] *m* Vaterunser *n*
padrino [pa'đrino] *m* Taufpate *m*; ~ (***de boda***) Trauzeuge *m*
padrón [pa'đrɔn] *m* Einwohnerverzeichnis *n*
paella [pa'eʎa] *f* Paella *f* (*typisches Reisgericht*)
pág., págs. ***página***(***s***) S. (Seite, Seiten)
paga ['paga] *f* Zahlung *f*; Lohn *m*; *mil* Sold *m*; ~ ***y señal*** Anzahlung *f*; **~dero** [-'đero] zahlbar; **~duría** [-đu'ria] *f* Zahlstelle *f*
paga|na [pa'gana] *f* Heidin *f*; **~no** [-'gano] **1.** *adj* heidnisch; **2.** *m* Heide *m*
pagar [pa'gar] (*1h*) zahlen; bezahlen
pagaré [paga're] *m* Schuldschein *m*
página ['paxina] *f* Seite *f*
pago [pago] *m* (Be-)Zahlung *f*; ~ ***al contado*** Barzahlung *f*; ~ ***anticipado*** Vorauszahlung *f*; ~ ***a cuenta*** Akontozahlung *f*; ~ ***a plazos*** Ratenzahlung *f*; ~ ***suplementario*** Nachzahlung *f*
país [pa'is] *m* Land *n*; ~ ***de origen*** Herkunftsland *n*; ~ ***en*** (***vías de***) ***desarrollo*** Entwicklungsland *n*; ~ ***exportador*** Exportland *n*; ~ ***miembro*** Mitgliedsland *n*
paisa|je [paĭ'saxe] *m* Landschaft *f*; **~jista** [-'xista] *m* Landschaftsmaler *m*; **~no** [-'sano] *m* Zivilist *m*; (*del mismo país*) Landsmann *m*; ***de*** ~ in Zivil
Países Bajos [pa'ises 'ƀaxos] *m/pl* Niederlande *n/pl*
País Vasco [pa'is 'ƀasko] *m* Baskenland *n*
paja ['paxa] *f* Stroh *n*; (*para beber*) Strohhalm *m*; ***hombre*** *m* ***de*** ~ *fig* Strohmann *m*; **~r** [-'xar] *m* Scheune *f*
pajarita [paxa'rita] *f* (*corbata*) Fliege *f*
pájaro ['paxaro] *m* Vogel *m*; *fig* Schlaukopf *m*; ~ ***bobo*** Pinguin *m*
paje ['paxe] *m* Page *m*
Pakistán [pakis'tan] *m* Pakistan *n*
pakistaní [pakista'ni] **1.** *adj* pakistanisch; **2.** *su* Pakistaner(in) *m*(*f*), Pakistani *su*
pala ['pala] *f* Schaufel *f*; (*raqueta*) Schläger *m*
palabr|a [pa'laƀra] *f* Wort *n* (*a fig*); ~ ***clave*** *inform* Passwort *n*; ***bajo*** ~ auf Ehrenwort; ***coger a alg la*** ~ j-n beim Wort nehmen; ***tomar la*** ~ das Wort ergreifen; **~ería** [-ƀre'ria] *f* leeres Gerede *n*; **~ota** [-'ƀrota] *f* derber Ausdruck *m*; Schimpfwort *n*
palacio [pa'laθĭo] *m* Palast *m*, Schloss *n*; ~ ***de Justicia*** Justizpalast *m*
paladar [pala'đar] *m* Gaumen *m*; *fig* Geschmack *m*
palanca [pa'laŋka] *f* Hebel *m*
palanqueta [palaɲ'keta] *f* Brecheisen *n*, -stange *f*
Palatinado [palati'nađo] *m* Pfalz *f*
palatino [pala'tino] Palast…, Hof…; *anat* Gaumen…
palco ['palko] *m* *teat* Loge *f*
Palestina [pales'tina] *f* Palästina *n*
palestin|o [pales'tino] **1.** *adj* palästinensisch; **2.** **~o** *m*, **~a** *f* Palästinenser(in)

m(f)

paleta [pa'leta] **1.** *f pint* Palette *f*; *tec* Schaufel *f*; (*de albañil*) Kelle *f*; **2.** *m reg* Maurer *m*

paletilla [pale'tiʎa] *f* Schulterblatt *n*

palia|r [pa'lĭar] (*1b*) lindern; *fig* abhelfen (*dat*), beheben; **~tivo** [-'tiƀo] *m* Linderungsmittel *n*; *fig* Notbehelf *m*

palide|cer [paliđe'θɛr] (*2d*) erbleichen, erblassen; **~z** [-'đeθ] *f* Blässe *f*

pálido ['paliđo] bleich, blass

palillo [pa'liʎo] *m* Zahnstocher *m*; *mús* Trommelstock *m*; **~s** *pl* Essstäbchen *n/pl*

paliza [pa'liθa] *f* Tracht *f* Prügel; *fig* harte Arbeit *f*; **~da** [-'θađa] *f* Pfahlwerk *n*, Palisade *f*

palma ['palma] *f* Palme *f*; (*hoja*) Palm(en)zweig *m*; (*de la mano*) Handteller *m*, -fläche *f*; ***llevarse la ~*** den Sieg erringen; **~da** [-'mađa] *f* Schlag *m* (mit der flachen Hand); ***dar ~s*** in die Hände klatschen; **~rés** [-'res] *m* Siegerliste *f*; **~rio** [-'marĭo] offenkundig

palmera [pal'mera] *f* Palme *f*; (*gastr pasta*) Schweinsohr *n*

palmito [pal'mito] *m* Palmenherz *n*

palmo ['palmo] *m* Spanne *f*, Handbreit *f*

palo ['palo] *m* Stock *m*; Stab *m*; (*mango*) Stiel *m*; *mar* Mast *m*; (*naipes*) Farbe *f*; ***~ de golf*** Golfschläger *m*; **~s** *pl* Stockhiebe *m/pl*, Prügel *pl*

palo|ma [pa'loma] *f* Taube *f*; ***~ mensajera*** Brieftaube *f*; **~mitas** [-'mitas] *f/pl* Puffmais *m*, Popcorn *n*

palosanto *bot* [palo'santo] *m* Kakifrucht *f*

palpa|ble [pal'paƀle] tastbar, fühlbar; *fig* deutlich; **~r** [-'par] (*1a*) betasten, befühlen

palpita|ción [palpita'θĭɔn] *f* Herzklopfen *n*; **~nte** [-'tante] *fig* brennend; **~r** [-'tar] (*1a*) schlagen, klopfen

paludismo *med* [palu'đizmo] *m* Malaria *f*

palustre [pa'lustre] Sumpf…

pamela [pa'mela] *f* Florentiner Hut *m*

pampa ['pampa] *f* Pampa *f*

pan [pan] *m* Brot *n*; ***~ francés*** *Am* Brötchen *n*; ***~ integral*** Vollkornbrot *n*; ***~ de molde*** Kastenbrot *n*; ***~ rallado*** Paniermehl *n*; ***~ tostado*** Toastbrot *n*

pana ['pana] *f* Kord(samt) *m*

panacea [pana'θea] *f* Allheilmittel *n*

panade|ría [panađe'ria] *f* Bäckerei *f*; **~ro** [-'đero] *m* Bäcker *m*

panadizo *med* [pana'điθo] *m* Nagelbettentzündung *f*

panal [pa'nal] *m* Wabe *f*

Panamá [pana'ma] *m* Panama *n*

panameñ|o [pana'meɲo] **1.** *adj* panamaisch; **2.** **~o** *m*, **~a** *f* Panamaer(in) *m(f)*

pancarta [paŋ'karta] *f* Plakat *n*; Transparent *n*, Spruchband *n*

páncreas ['paŋkreas] *m* Bauchspeicheldrüse *f*, Pankreas *n*

pande|reta [pande'reta] *f*, **~ro** [-'dero] *m* Tamburin *n*

pandilla F [pan'diʎa] *f* Bande *f*, Clique *f*

panecillo [pane'θiʎo] *m* Brötchen *n*

panel [pa'nɛl] *m* Tafel *f*; *arqu* Paneel *n*

panera [pa'nera] *f* Brotkorb *m*

panfleto [pam'fleto] *m* Pamphlet *n*

pánico ['paniko] *m* Panik *f*

pano|cha [pa'notʃa] *f*, **~ja** [pa'nɔxa] *f* Maiskolben *m*

pano|rama [pano'rama] *m* Panorama *n*; Rundblick *m*; **~rámico** [-'ramiko]: ***vista f panorámica*** Rundblick *m*; Aussicht *f*

pantalla [pan'taʎa] *f* Lampenschirm *m*; *tv*, *inform* Bildschirm *m*; (*cine*) Leinwand *f*; ***~ (anti)sónica*** (*od* ***acústica***) Lärmschutzwand *f*; ***~ en color*** *tv*, *inform* Farbbildschirm *m*; ***~ grande*** Großbildschirm *m*; ***~ panorámica*** Breitwand *f*; ***~ plana*** *tv*, *inform* Flachbildschirm *m*; ***~ táctil*** Berührungsbildschirm *m*, Touchscreen *m*; ***pequeña ~*** *fig* Fernsehen *n*

pantalón [panta'lɔn] *m* Hose *f*; ***~ de peto*** Latzhose *f*; ***~ de pinzas*** Bundfaltenhose *f*; ***llevar los pantalones*** F *fig* die Hosen anhaben

pantano [pan'tano] *m* Sumpf *m*; (*embalse*) Stausee *m*

pantera [pan'tera] *f* Panther *m*

pantomi|ma [panto'mima] *f* Pantomime *f*; **~mo** [-'mimo] *m* Pantomime *m*

pantorrilla [pantɔ'rriʎa] *f* Wade *f*

panty ['panti] *m* Strumpfhose *f*

pan|za [panθa] *f* Bauch *m*, Wanst *m*; **~zudo** [-'θuđo] dickbäuchig

pañal [pa'ɲal] *m* Windel *f*; *fig* ***estar aún en ~es*** noch in den Kinderschuhen stecken

paño ['paɲo] *m* Tuch *n*; Stoff *m*

pañuelo [pa'ɲŭelo] *m* Taschentuch *n*; (*de cabeza*) Kopftuch *n*; (*de cuello*)

Halstuch *n*; ***el mundo es un ~*** die Welt ist ein Dorf
papa ['papa] **1.** *m* Papst *m*; **2.** *f Am* Kartoffel *f*
papá [pa'pa] *m* Papa *m*; F ***~s*** *pl* Eltern *pl*
papada [pa'pađa] *f* Doppelkinn *n*
papagayo [papa'ɡajo] *m* Papagei *m*
papal [pa'pal] päpstlich
papaya *bot* [pa'paja] *f* Papaya *f*
papel [pa'pɛl] *m* Papier *n*; (*hoja*) Zettel *m*; *teat u fig* Rolle *f*; ***~ carbón*** Kohlepapier *n*; ***~ de cartas*** Briefpapier *n*; ***~ continuo*** Endlospapier *n*; ***~ de embalar*** Packpapier *n*; ***~ higiénico*** Toilettenpapier *n*; ***~ de música*** (*od* ***pautado***) Notenpapier *n*; ***~ pintado*** Tapete *f*; ***~ secante*** Löschpapier *n*; ***hacer buen*** (***mal***) ***~*** e-e gute (schlechte) Figur machen; ***ser ~ mojado*** nichts wert sein; **~eo** [-'leo] *m* Papierkram *m*; -krieg *m*; **~era** [-'lera] *f* Papierkorb *m*; **~ería** [-'ria] *f* Schreibwarenhandlung *f*; **~eta** [-'leta] *f* Zettel *m*
paperas *med* [pa'peras] *f/pl* Mumps *m*
papilla [pa'piʎa] *f* Brei *m*
paquebote [pake'ƀote] *m* Passagierdampfer *m*
paquete [pa'kete] *m* Paket *n* (*a corr u fig*); F (*moto*) Beifahrer *m*; ***~ de ahorro*** *pol* Sparpaket *n*; *corr* ***pequeño ~*** Päckchen *n*
par [par] **1.** *adj* (*número*) gerade; ***a la ~*** gleichzeitig; *com* al pari; ***de ~ en ~*** sperrangelweit (offen); ***sin ~*** unvergleichlich; **2.** *m* Paar *n*; ***un ~ de*** zwei
para ['para] **1.** (*dirección*) nach; ***salir ~*** abreisen nach; **2.** (*tiempo*) für; bis; ***~ siempre*** für immer; ***~ Pascua*** zu Ostern; **3.** (*finalidad*) ***~*** (*inf*) um zu (*inf*); ***~ ti*** für dich; ***~ eso*** dafür, dazu; ***~ que*** (*subj*) damit; ***¿ ~ qué?*** wozu?
parabién [para'ƀien] *m* Glückwunsch *m*; ***dar el ~*** beglückwünschen
parábola [pa'raƀola] *f mat u fig* Parabel *f*; *rel* Gleichnis *n*
para|brisas [para'ƀrisas] *m* Windschutzscheibe *f*; **~caídas** [-ka'iđas] *m* Fallschirm *m*; **~caidista** [-kai'đista] *m* Fallschirmspringer *m*; **~choques** [-'tʃokes] *m auto* Stoßstange *f*
parada [pa'rađa] *f* Anhalten *n*; Stilllegung *f*; Aufenthalt *m*; (*de autobús, etc*) Haltestelle *f*; *mil* Parade *f*; ***~ de taxis*** Taxistand *m*
paradero [para'đero] *m* Verbleib *m*; Aufenthaltsort *m*
paradisíaco [parađi'siako] paradiesisch
parado [pa'rađo] **1.** *adj* stillstehend; (*persona*) arbeitslos; ***~ de larga duración*** langzeitarbeitslos; *Am* aufrecht; **2.** *m* Arbeitslose(r *m*)*f*; ***~ de larga duración*** Langzeitarbeitslose(r *m*)*f*
para|doja [para'đɔxa] *f* Paradox *n*; **~dójico** [-'đɔxiko] paradox
parador [para'đɔr] *m Esp* staatliches Hotel *n*
parafina [para'fina] *f* Paraffin *n*
par|afrasear [parafrase'ar] (*1a*) umschreiben; **~áfrasis** [-'rafrasis] *f* Umschreibung *f*
paraguas [pa'raɡŭas] *m* Regenschirm *m*
Paraguay [para'ɡŭaĭ] *f* Paraguay *n*
paraguay|o [para'ɡŭajo] **1.** *adj* paraguayisch; **2. ~o** *m*, **~a** *f* Paraguayer(in) *m*(*f*)
paragüero [para'ɡŭero] *m* Schirmständer *m*
paraíso [para'iso] *m* Paradies *n*
paraje [pa'raxe] *m* Gegend *f*
parale|la [para'lela] *f mat* Parallele *f*; *dep* ***~s*** *pl* Barren *m*; **~lo** [-'lelo] **1.** *adj* parallel; **2.** *m* Vergleich *m*, Parallele *f*; *geo* Breitengrad *m*
parálisis [pa'ralisis] *f* Lähmung *f*
para|lítico [para'litiko] **1.** *adj* gelähmt; **2.** *m* Gelähmte(r) *m*; **~lización** [-liθa'θĭɔn] *f* Lähmung *f* (*a fig*); **~lizar** [-li'θar] (*1f*) lähmen (*a fig*)
parámetro [pa'rametro] *m* Parameter *m*; *fig* Faktor *m*
parangón [paraŋ'ɡɔn] *m* Vergleich *m*; ***sin ~*** ohnegleichen
paraninfo [para'nimfo] *m* Aula *f*
parapente [para'pente] *m* Gleitschirmfliegen *n*, Paragliding *n*
parape|tarse [parape'tarse] (*1a*) sich verschanzen; **~to** [-'peto] *m* Brüstung *f*
parapléjico *med* [para'plɛxiko] querschnitt(s)gelähmt
parar [pa'rar] (*1a*) **1.** *v/t* anhalten, stoppen; *tec* abstellen, abschalten; **2.** *v/i* halten; (*cesar*) aufhören (zu ***de***); ***ir a ~ a*** auf *et* hinauswollen; F (irgendwo) landen; ***sin ~*** unaufhörlich; **~se** stehen bleiben; *Am* aufstehen
pararrayos [para'rrajos] *m* Blitzableiter *m*
parásito [pa'rasito] *m* Schmarotzer *m*,

Parasit *m* (*a fig*); **~s** *pl* (*radio*) Störgeräusche *n/pl*
parasol [para'sɔl] *m* Sonnenschirm *m*; *auto*, *fot* Sonnenblende *f*
parcela [par'θela] *f* Parzelle *f*
parche ['partʃe] *m* Flicken *m*; (*de ojo*) Augenklappe *f*; *fig* Notbehelf *m*
parcial [par'θĭal] teilweise; Teil...; *fig* parteiisch; **~idad** [-li'đađ] *f* Parteilichkeit *f*
parco ['parko] spärlich, karg; ***~ en palabras*** wortkarg
pardo ['parđo] (grau)braun
pare|cer [pare'θɛr] (*2d*) **1.** *v/i* scheinen; aussehen wie; ***me parece bien*** das finde ich richtig; ***a lo que parece*** anscheinend; ***¿qué te parece?*** was meinst du (dazu)?; ***~se*** sich gleichen; ***~se a alg*** j-m ähnlich sein; **2.** *m* Meinung *f*, Ansicht *f*; (*apariencia*) Aussehen *n*; ***al ~*** anscheinend; **~cido** [-'θiđo]; **3.** *adj* ähnlich; **4.** *m* Ähnlichkeit *f*
pared [pa'ređ] *f* Wand *f*; Mauer *f*
pareja [pa'rɛxa] *f* **1.** Paar *n*; ***~ con dos sueldos*** Doppelverdiener *pl*; ***~ de hecho*** eheähnliche Lebensgemeinschaft *f*; **2.** (Tanz-, *etc*) Partner *m*
parente|la [paren'tela] *f* Verwandtschaft *f*; **~sco** [-'tesko] *m* Verwandtschaft(sverhältnis *n*) *f*
paréntesis [pa'rentesis] *m* Klammer *f*; *fig* Unterbrechung *f*, Pause *f*; ***entre ~*** in Klammern; *fig* nebenbei bemerkt
paridad [pari'đađ] *f* Gleichheit *f*; *com* Parität *f*
pariente [pa'rĭente] **1.** *adj* verwandt; **2.** *su* Verwandte(r *m*) *f*
parir [pa'rir] (*3a*) gebären; (*animal*) werfen
París [pa'ris] *f* Paris *n*
parisiense [pari'sĭense] **1.** *adj* aus Paris; **2.** *su* Pariser(in) *m*(*f*)
parking ['parkiŋ] *m* Parkplatz *m*, -haus *n*
parlamen|tar [parlamen'tar] (*1a*) verhandeln; **~tario** [-'tarĭo] **1.** *adj* parlamentarisch; **2.** *m* Parlamentarier *m*; **~to** [-'mento] *m* Parlament *n*; ***♀ Europeo*** europäisches Parlament *n*
parné P [par'ne] *m* F Zaster *m*
paro ['paro] *m* Stillstand *m*; (*desempleo*) Arbeitslosigkeit *f*; ***~ (laboral)*** Streik *m*; *med* ***~ cardíaco*** Herzstillstand *m*; ***en ~*** arbeitslos; ***~ de larga duración*** Langzeitarbeitslosigkeit *f*
parodia [pa'rođĭa] *f* Parodie *f*; **~r** [-'đĭar] (*1b*) parodieren
parpade|ar [parpađe'ar] (*1a*) blinzeln; **~o** [-'đeo] *m* Blinzeln *n*
párpado ['parpađo] *m* Augenlid *n*
parque ['parke] *m* Park *m*; ***~ infantil*** Kinderspielplatz *m*; ***~ nacional*** Nationalpark *m*; ***~ natural*** Naturschutzpark *m*; ***~ tecnológico*** Technologiepark *m*
parqué, **parquet** [par'ke, -'kɛt] *m* Parkett *n*
parquímetro [par'kimetro] *m* Parkuhr *f*
parra ['parra] *f* Weinranke *f*; ***hoja f de ~*** *fig* Feigenblatt *n*
párrafo ['parrafo] *m* Paragraph *m*; *tip* Absatz *m*
parranda F [pa'rranda] *f*: ***andar*** (*od* ***irse***) ***de ~*** bummeln gehen
parrilla [pa'rriʎa] *f* Rost *m*; Grill *m*; Grillrestaurant *n*; ***a la ~*** gegrillt; **~da** [-'ʎađa] *f* Grillplatte *f*
párroco ['parrɔko] *m* Pfarrer *m*
parroquia [pa'rrɔkĭa] *f* Pfarrei *f*, Gemeinde *f*; *com* Kundschaft *f*; **~no** [-'kĭano] *m* Pfarrkind *n*; *com* (Stamm-) Kunde *m*
parte ['parte] **a**) *m* Bericht *m*; ***dar ~ a alg*** j-n benachrichtigen **a**) *f* Teil *m*; (*cantidad*) Anteil *m*; *jur* Seite *f*, Partei *f*; *mús*, *teat* Part *m*; ***~ del león*** Löwenanteil *m*; ***~ integrante*** Bestandteil *m*; ***estar de ~ de alg*** auf j-s Seite stehen; ***formar ~ de*** gehören zu; ***tomar ~ en*** teilnehmen an; ***de ~ de*** (im Namen) von; ***por mi ~*** meinerseits; ***en ~*** zum Teil, teilweise; ***en ninguna ~*** nirgends; ***en otra ~*** anderswo; ***la mayor ~ de*** die meisten; ***por otra ~*** andererseits; ***en todas ~s*** überall
partera [par'tera] *f* Hebamme *f*
parterre [par'tɛrre] *m* Blumenbeet *n*
partición [parti'θĭɔn] *f* Teilung *f*
participa|ción [partiθipa'θĭɔn] *f* Teilnahme *f*; *com* Beteiligung *f*, Anteil *m*; (*anuncio*) Anzeige *f*; **~nte** [-'pante] *su* Teilnehmer(in) *m*(*f*); **~r** [-'par] (*1a*) **1.** *v/t* mitteilen; **2.** *v/i* teilnehmen, beteiligt sein (an *dat* ***en***)
participio *gram* [parti'θipĭo] *m* Partizip *n*
partícula [par'tikula] *f* Teilchen *n*, Partikel *f*
particular [partiku'lar] **1.** *adj* besonders; (*privado*) Privat...; ***en ~*** im Besonderen; **2.** *m* Privatperson *f*; ***sin otro***

~ nichts weiter; ***sobre el ~*** darüber, hierzu; **~idad** [-lari'đađ] *f* Besonderheit *f*; Eigentümlichkeit *f*

parti|da [par'tiđa] *f* Abreise *f*, Abfahrt *f*; (*juego*) Partie *f*; *com* Posten *m*; ***~ de nacimiento*** (***defunción, matrimonio***) Geburts- (Sterbe-, Heirats-)urkunde *f*; **~dario** [-'đarĭo] *m* Anhänger *m*; ***ser ~ de*** dafür sein, dass; **~do** [-'tiđo] *m pol* Partei *f*; *dep* Spiel *n*; ***sacar ~ de*** Nutzen ziehen aus; ***tomar ~*** Partei ergreifen

partir [par'tir] (*3a*) **1.** *v/t* teilen; (*romper*) zerbrechen; (*nueces*) knacken; **2.** *v/i* abreisen; ***~ de*** *fig* ausgehen von; ***a ~ de hoy*** von heute an

partitura *mús* [parti'tura] *f* Partitur *f*

parto ['parto] *m* Geburt *f*

parturienta [partu'rĭenta] *f* Wöchnerin *f*

parvulario [parƀu'larĭo] *m* Kindergarten *m*; Vorschule *f*

párvulo ['parƀulo] *m* Kleinkind *n*

pasa ['pasa] *f* Rosine *f*; ***~ de Corinto*** Korinthe *f*

pasable [pa'saƀle] passabel

pasa|da [pa'sađa] *f* Durchgang *m*; ***de ~*** beiläufig; ***mala ~*** übler Streich *m*; **~dero** [-'đero] erträglich; **~dizo** [-'điθo] *m enger* Gang *m*; Steg *m*

pasado [pa'sađo] **1.** *adj* vergangen; (*comida*) verdorben; ***~ de moda*** veraltet; **2.** *m* Vergangenheit *f*

pasador [pasa'đɔr] *m* Spange *f*; *tec* Riegel *m*; (*colador*) Sieb *n*

pasaje [pa'saxe] *m* Durchgang *m*; (*fragmento*) Passage *f*, Stelle *f*; *mar, avia* Passagiere *m/pl*; ***~ de avión*** Flugschein *m*; **~ro** [-'xero] **1.** *adj* vorübergehend; **2.** *m* Reisende(r) *m*; Fahrgast *m*, Passagier *m*; *Am* Hotelgast *m*

pasa|mano(s) [pasa'mano(s)] *m* Geländer *n*; **~montañas** [-mɔn'taɲas] *m* Klappmütze *f*

pasante [pa'sante] *m* Praktikant *m*

pasaporte [pasa'pɔrte] *m* Reisepass *m*

pasar [pa'sar] (*1a*) **1.** *v/t* über-, durchqueren; *a fig* überschreiten; *auto* überholen; (*dar*) (über)geben, reichen; *gastr* passieren, (durch)sieben; (*soportar*) erdulden, durchmachen; (*tiempo*) verbringen; (*examen*) ablegen; ***~ a máquina*** abtippen; ***~lo bien*** sich gut amüsieren; **2.** *v/i* vorbei-, vorübergehen, -fahren; (*tiempo*) vergehen; (*en el juego*) passen; (*suceder*) geschehen, passieren; ***~ a*** übergehen auf, zu; ***~ de todo*** F auf alles pfeifen; ***~ por*** gehen (*od* kommen) durch; *fig* gelten als; ***dejar ~*** durchlassen; *fig* durchgehen lassen; ***poder ~ sin a/c*** et entbehren können; ***puede ~*** das geht (gerade noch); ***¡pase!*** herein!; ***¿qué pasa?*** was ist los?; ***¿qué te pasa?*** was ist mit dir (los?); **~se** (*al enemigo*) überlaufen; *fig* zu weit gehen; (*comida*) schlecht werden; ***~ de listo*** überschlau sein (wollen)

pasarela [pasa'rela] *f* Laufsteg *m*; *mar* Gangway *f*, Landungssteg *m*

pasatiempo [pasa'tĭempo] *m* Zeitvertreib *m*

Pascua ['paskŭa] *f* Ostern *n*; ***~ (de Navidad)*** Weihnachten *n*; ***¡felices ~s!*** fröhliche Weihnachten!; frohes Fest!

pase ['pase] *m* Passierschein *m*; Freikarte *f*; (*fútbol*) Pass *m*; ***~ de modelos*** Modenschau *f*

pase|ante [pase'ante] *m* Spaziergänger *m*; **~ar** [-'ar] (*1a*) **1.** *v/t* spazieren führen; **2.** *v/i u* **~arse** spazieren gehen; **~o** [pa'seo] *m* Spaziergang *m*; (*avenida*) Promenade *f*; ***~ marítimo*** Uferpromenade *f*; ***dar un ~*** e-n Spaziergang machen; F ***mandar a ~*** schroff abweisen

pasillo [pa'siʎo] *m* Flur *m*, Gang *m*; ***~ aéreo*** Flugschneise *f*

pasión [pa'sĭɔn] *f* Leidenschaft *f*; *a rel* Passion *f*

pasi|vidad [pasiƀi'đađ] *f* Passivität *f*; **~vo** [pa'siƀo] **1.** *adj* passiv; **2.** *m gram* Passiv *n*; *com* Soll *n*

pas|mar [paz'mar] (*1a*) verblüffen; **~marse** starr sein, (er)staunen; **~mo** ['pazmo] *m* Verblüffung *f*

paso ['paso] *m* Schritt *m* (*a fig*); (*huella*) (Fuß-)Spur *f*; (*acción*) Durchgang *m*; Durchreise *f*, -zug *m*; (*cruce*) Übergang *m*; *geo* (Berg-)Pass *m*; ***~ a nivel*** (schienengleicher) Bahnübergang *m*; ***~ (de contador)*** *tel* (Gebühren-)Einheit *f*; ***~ elevado*** Überführung *f*; ***~ ligero*** Laufschritt *m*; ***~ de peatones*** Fußgängerüberweg *m*; ***~ inferior*** *od* ***subterráneo*** Unterführung *f*; ***~ en falso*** Fehltritt *m*; ***a cada ~*** auf Schritt u Tritt; ***a dos ~s*** ganz in der Nähe; ***de ~*** beiläufig, nebenbei; ***salir al ~ a alg*** j-m entgegentreten

pasota F [pa'sota] *m* F Null-Bock-Typ *m*; Aussteiger *m*

pasta ['pasta] *f* Paste *f*; *gastr* Teig *m*; P (*dinero*) F Zaster *m*; **~s** *pl* Gebäck *n*; **~s** (***alimenticias***) Nudeln *f/pl*, Teigwaren *f/pl*; **~s de té** Teegebäck *n*

pastel [pas'tɛl] *m* Kuchen *m*; Pastete *f*; ***color*** *m* **~** Pastellfarbe *f*; (***pintura*** *f* ***al***) **~** Pastell *n*; **~ería** [-tele'ria] *f* Konditorei *f*; **~ero** [-'lero] *m* Konditor *m*

paste(u)rizar [paste(ŭ)ri'θar] (*1f*) pasteurisieren

pastilla [pas'tiʎa] *f* Pastille *f*; (*de chocolate*) Tafel *f*; (*de jabón*) Stück *n*

pasto ['pasto] *m* Weide *f*; (*alimento*) Futter *n*; ***ser* ~ *de las llamas*** ein Raub der Flammen werden; **~r** [-'tɔr] *m* Hirt *m*, Schäfer *m*; *rel* Pastor *m*; **~ *alemán*** *zo* Deutscher Schäferhund *m*

pata ['pata] *f* Pfote *f*, Tatze *f*, Pranke *f*; F Bein *n*; *fig* **~ *de gallo*** Krähenfüße *n*; F ***estirar la* ~** F abkratzen; F ***meter la* ~** sich blamieren; F ***mala* ~** Pech; ***a cuatro* ~s** auf allen vieren; **~da** [-'tađa] *f* Fußtritt *m*; **~lear** [-le'ar] (*1a*) strampeln; trampeln

patata [pa'tata] *f* Kartoffel *f*; **~s** *pl* ***fritas*** Pommes frites *pl*; Chips *pl*; F Fritten *pl*

paté [pa'te] *m* (Leber-)Pastete *f*

patear F [pate'ar] (*1a*) **1.** *v/t* mit Füßen treten; **2.** *v/i* trampeln

paten|tar [paten'tar] (*1a*) patentieren; **~te** [-'tente] **1.** *adj* offen; klar; **2.** *f* Patent *n*

pater|nal [patɛr'nal] väterlich; Vater…; **~nidad** [-ni'đađ] *f* Vaterschaft *f*; **~no** [-'tɛrno] väterlich; Vater…

pat|ético [pa'tetiko] pathetisch; **~etismo** [-'tizmo] *m* Pathos *n*

patíbulo [pa'tiƀulo] *m* Galgen *m*; Schafott *n*

patillas [pa'tiʎas] *f/pl* Backenbart *m*, F Koteletten *pl*

patín [pa'tin] *m* Schlittschuh *m*; **~ (*acuático*)** Tretboot *n*; **~ (*de ruedas*)** Rollschuh *m*

patina|dor *m* [patina'đɔr] Schlittschuh- *od* Rollschuhläufer *m*; **~je** [-'naxe] *m* Schlittschuhlaufen *n*; **~ *artístico*** Eiskunstlauf *m*; **~ (*sobre ruedas*)** Rollschuhlaufen *n*; **~ *de velocidad*** Eisschnelllauf *m*; **~r** [-'nar] (*1a*) Schlittschuh *od* Rollschuh laufen; *auto* schleudern; **~zo** [-'naθo] *m*: ***dar un* ~** *auto* ins Schleudern geraten; *fig* sich blamieren

patinete [pati'nete] *m* (Kinder-)Roller *m*

patio ['patĭo] *m* (Innen-)Hof *m*; **~ (*de recreo*)** Schulhof *m*; **~ *de butacas*** *teat* Parkett *n*, Parterre *n*

pato ['pato] *m* Ente *f*; F ***pagar el* ~** et ausbaden müssen

pato|logía [patolɔ'xia] *f* Pathologie *f*; **~lógico** [-'lɔxiko] krankhaft; pathologisch

patoso F [pa'toso] ungeschickt; F albern

patraña [pa'traɲa] *f* Schwindel *m*, Lüge(ngeschichte) *f*

patria ['patrĭa] *f* Vaterland *n*; F **~ *chica*** Heimat *f*

patriarca [pa'trĭarka] *m* Patriarch *m*; **~l** [-'kal] patriarchalisch (*a fig*)

patri|monio [patri'monĭo] *m* Erbe *n*; Vermögen *n*; **~ota** [-'trĭota] *su* Patriot(in) *m*(*f*); **~otismo** [-'tizmo] *m* Patriotismus *m*

patrocin|ador [patroθina'đɔr] *m* Sponsor *m*, Förderer *m*; **~ar** [-'nar] (*1a*) fördern, sponsern; **~io** [-'θinĭo] *m* Schirmherrschaft *f*; Förderung *f*

patrón [pa'trɔn] *m* *rel* Schutzheilige(r) *m*; *bsd Am* Arbeitgeber *m*, Chef *m*; (*dueño*) (Haus-)Wirt *m*; *mar* Schiffsführer *m*; (*de costura*) (Schnitt-)Muster *n*

patro|na [pa'trona] Arbeitgeberin *f*, Chefin *f*; *rel* Schutzheilige *f*; (*dueña*) Hauswirtin *f*; **~nal** [patro'nal] **1.** *adj* Arbeitgeber…; ***fiesta*** *f* **~** Patronatsfest *n*; **2.** *f* Arbeitgeberverband *m*; **~nato** [-'nato] *m* Patronat *n*; **~no** [-'trono] *m Esp* Arbeitgeber *m*

patrull|a [pa'truʎa] *f* Patrouille *f*; Streife *f*; **~ar** [-'ʎar] (*1a*) patrouillieren; **~ero** *mar* [-'ʎero] *m* Patrouillenboot *n*

paulatino [paŭla'tino] allmählich

pausa ['paŭsa] *f* Pause *f*; **~do** [-'sađo] ruhig; langsam

pauta ['paŭta] *f fig* Regel *f*, Norm *f*

pava ['paƀa] *f* Truthenne *f*, Pute *f*

pavimen|tar [paƀimen'tar] (*1a*) pflastern; **~to** [-'mento] *m* Bodenbelag *m*; Straßenpflaster *n*

pavo ['paƀo] *m* Truthahn *m*, Puter *m*; **~ *real*** Pfau *m*

pavonearse [paƀone'arse] (*1a*) sich brüsten

pavor [pa'ƀɔr] *m* Schreck *m*, Entsetzen

n; **~oso** [paƀo'roso] schrecklich, entsetzlich
payaso [pa'jaso] *m* Clown *m*
payés [pa'jes] *m* Bauer *m aus Katalonien od von den Balearen*
paz [paθ] *f* Friede(n) *m*; *fig* Ruhe *f*; ***dejar en ~*** in Ruhe lassen; ***quedar en ~*** quitt sein; ***hacer las paces*** sich versöhnen
p/c ***por cuenta*** auf Rechnung
PCE *m* ***Partido Comunista Español*** Kommunistische Partei Spaniens
p.d. ***por delegación*** i.V. (in Vertretung)
P.D. ***posdata*** PS (Postskriptum, Nachschrift)
peaje [pe'axe] *m* Autobahngebühr *f*
peatón [pea'tɔn] *m* Fußgänger *m*
peca ['peka] *f* Sommersprosse *f*
peca|do [pe'kađo] *m* Sünde *f*; ***~ mortal*** Todsünde *f*; **~dor** [-'đɔr] *m* Sünder *m*; **~r** [-'kar] (*1g*) sündigen
pecera [pe'θera] *f* Goldfischglas *n*
pecho ['petʃo] *m* Brust *f*, Busen *m*; ***dar el ~*** stillen; ***tomar a/c a ~*** sich et zu Herzen nehmen
pechuga [pe'tʃuga] *f* Bruststück *n des Geflügels*; F Busen *m*
pecoso [pe'koso] sommersprossig
pectoral [pɛkto'ral] Brust…
pecuario [pe'kŭarĭo] Vieh…
peculiar [peku'lĭar] eigen(tümlich); **~idad** [-ri'đađ] *f* Eigentümlichkeit *f*; Besonderheit *f*
pecuniario [peku'nĭarĭo] Geld…
peda|gogía [peđagɔ'xia] *f* Pädagogik *f*; **~gógico** [-'gɔxiko] pädagogisch
pedal [pe'đal] *m* Pedal *n*; ***~ de freno*** Bremspedal *n*; **~ear** [-le'ar] (*1a*) radeln
pedante [pe'đante] **1.** *adj* pedantisch; **2.** *m* Pedant *m*; **~ría** [-'ria] *f* Pedanterie *f*
pedazo [pe'đaθo] *m* Stück *n*; ***hacer ~s*** F kaputtmachen
pedestal [peđes'tal] *m* Sockel *m*
pedia|tra [pe'đĭatra] *su* Kinderarzt *m*, -ärztin *f*; **~tría** [-'tria] *f* Kinderheilkunde *f*
pedicura [peđi'kura] *f* Fußpflege *f*; (*persona*) Fußpflegerin *f*
pedi|do [pe'điđo] *m* Auftrag *m*, Bestellung *f*; **~r** [-'đir] (*3l*) (er)bitten; (*exigir*) fordern; verlangen; *com*, *gastr* bestellen; ***~ a/c a alg*** j-n um et bitten
pedo V ['peđo] *m* Furz *m*
pedrisco [pe'đrisko] *m* Hagel(schlag) *m*
pega ['pega] *f fig* Schwierigkeit *f*; ***poner ~s*** et auszusetzen haben; ***tener una ~*** e-n Haken haben; **~dizo** [-'điθo] klebrig; *mús* leicht ins Ohr gehend; **~joso** [-'xoso] klebrig; *fig* aufdringlich; **~mento** [-'mento] *m* Klebstoff *m*
pegar [pe'gar] (*1h*) **1.** *v/t* (an)kleben; (*golpear*) schlagen, (ver)prügeln; (*golpe*) versetzen; (*grito*) ausstoßen; (*tiro*) abgeben; *med* anstecken mit; ***no ~ ojo*** kein Auge zutun; **2.** *v/i* haften, kleben; ***~ con*** passen zu; **~se** festkleben; (*comida*) anbrennen; *mús* **~ (*al oído*)** ins Ohr gehen; ***~ un tiro*** sich erschießen
pegatina [pega'tina] *f* Aufkleber *m*
peina|do [pɛĭ'nađo] *m* Frisur *f*; **~r** [-'nar] (*1a*) kämmen
peine ['pɛĭne] *m* Kamm *m*; **~ta** [pɛĭ'neta] *f* Einsteckkamm *m*
p.ej. ***por ejemplo*** z.B. (zum Beispiel)
Pekín [pe'kin] *m* Peking *n*
pela F ['pela] *f hist* Pesete *f*; **~dilla** [-'điʎa] *f* Zuckermandel *f*; **~do** [-'lađo] geschoren; **~duras** [-'đuras] *f/pl* (Obst-)Schalen *f/pl*; **~je** [-'laxe] *m* Fell *n*
pelar [pe'lar] (*1a*) schälen; *fig* rupfen
peldaño [pɛl'daɲo] *m* Stufe *f*; (*de escalera*) Sprosse *f*
pelea [pe'lea] *f* Kampf *m*; Streit *m*; **~r** [-'ar] kämpfen; raufen; **~rse** sich streiten, sich zanken
pelele [pe'lele] *m* Strampelhose *f*
pelete|ría [pelete'ria] *f* Pelzwaren *f/pl*; (*tienda*) Pelzgeschäft *n*; **~ro** [-'tero] *m* Kürschner *m*, Pelzhändler *m*
peliagudo [pelĭa'guđo] *fig* heikel
pelícano [pe'likano] *m* Pelikan *m*
película [pe'likula] *f* Häutchen *n*; (*cine*) Film *m*; ***~ del Oeste*** Wildwestfilm *m*; ***~ en color*** Farbfilm *m*; ***~ muda*** Stummfilm *m*; ***~ policíaca*** Kriminalfilm *m*; ***~ sonora*** Tonfilm *m*; F ***de ~*** traumhaft
peligr|ar [peli'grar] (*1a*) in Gefahr sein; **~o** [-'ligro] *m* Gefahr *f*; ***correr ~*** Gefahr laufen; ***poner en ~*** gefährden; **~oso** [-'groso] gefährlich
pelirrojo [peli'rrɔxo] rothaarig
pellejo [pe'ʎɛxo] *m* Fell *n* (*a fig*); ***salvar el ~*** mit heiler Haut davonkommen
pelliz|car [peʎiθ'kar] (*1g*) kneifen; **~co** [pe'ʎiθko] *m* Kneifen *n*; *fig* Bissen *m*; (*de sal*, *etc*) Prise *f*
pelo ['pelo] *m* Haar *n*; ***no tener un ~ de tonto*** *fig* nicht auf den Kopf gefallen

sein; ***no tener ~s en la lengua*** *fig* nicht auf den Mund gefallen sein; ***por un ~*** um ein Haar; ***por los ~s*** gerade noch; ***tomar el ~ a alg*** *fig* j-n auf den Arm nehmen; ***los ~s se le ponen de punta*** *fig* die Haar stehen ihm zu Berge; *fig* ***con ~s y señales*** haargenau

pelo|ta [pe'lota] *f* Ball *m*; **~ (*vasca*)** Pelotaspiel *n*; P ***en ~(s)*** splitternackt; **~tari** [-'tari] *m* Pelotaspieler *m*; **~tilla** F [-'tiʎa] *f*: ***hacer la ~ a alg*** j-m um den Bart gehen; **~tón** [-'tɔn] *m mil* Trupp *m*; *dep* Feld *n*; ***~ de ejecución*** Erschießungskommando *n*

peluca [pe'luka] *f* Perücke *f*

peluche [pe'lutʃe] *m* Plüsch *m*

peludo [pe'luđo] (stark) behaart

peluqu|era [pelu'kera] *f* Friseurin *f*; **~ería** [-'ria] *f* Friseursalon *m*; ***~ de caballeros*** Herrenfriseur *m*; ***~ de señoras*** Damenfriseur *m*; **~ero** [-'kero] *m* Friseur *m*; **~ín** [-'kin] *m* Haarteil *n*, Toupet *n*

pelusa [pe'lusa] *f* Flaum *m*; Fussel *f*

pelvis *anat* ['pɛlƀis] *f* Becken *n*

pena ['pena] *f* Strafe *f*; *fig* Kummer *m*, Leid *n*; (*dificultad*) Mühe *f*; ***~ capital*** (*od* ***de muerte***) Todesstrafe *f*; ***vale*** (*od* ***merece***) ***la ~*** es lohnt sich; ***dar ~*** leidtun; ***sin ~ ni gloria*** sang- u klanglos; ***¡qué ~!*** wie schade!; ***a duras ~s*** mit knapper Not

penal [pe'nal] **1.** *adj* Straf…; **2.** *m* Strafanstalt *f*; **~ización** [-liθa'θĭɔn] *f* Bestrafung *f*; *dep* Strafpunkt *m*; **~izar** [-'θar] (*1f*) bestrafen

penalty [pe'nalti] *m dep* Strafstoß *m*, Elfmeter *m*

penar [pe'nar] (*1a*) (be)strafen

pendenci|a [pen'denθĭa] *f* Zank *m*; **~ero** [-'θĭero] streitsüchtig

pen|der [pen'dɛr] (*2a*) hängen; **~diente** [-'dĭente] **1.** *adj* hängend; *fig* unerledigt; *jur* schwebend, anhängig; ***~ de solución*** ungelöst; **2. a)** *m* Ohrring *m* **a)** *f* Abhang *m*; Gefälle *n*

péndulo ['pendulo] *m* Pendel *n*

pene *anat* ['pene] *m* Penis *m*

penetra|ción [penetra'θĭɔn] *f* Eindringen *n*; Durchdringung *f*; *fig* Scharfsinn *m*; **~nte** [-'trante] durchdringend; (*olor*) penetrant; *fig* scharf(sinnig); **~r** [-'trar] (*1a*) **1.** *v/t* durchdringen; **2.** *v/i* eindringen (in ***en***)

penicilina [peniθi'lina] *f* Penicillin *n*

península [pe'ninsula] *f* Halbinsel *f*

penitencia [peni'tenθĭa] *f* Buße *f*; **~rio** [-'θĭarĭo] Straf…; ***centro*** *m* **~** Strafanstalt *f*

penitente [peni'tente] *su* Büßer(in) *m*(*f*)

penoso [pe'noso] schmerzlich; (*trabajoso*) beschwerlich

pensa|dor [pensa'đɔr] *m* Denker *m*; **~miento** [-'mĭento] *m* Gedanke *m*; Denken *n*; *bot* Stiefmütterchen *n*; **~r** [-'sar] (*1k*) **1.** *v/t* denken; aus-, überdenken; (*proyectar*) vorhaben, zu tun gedenken; **2.** *v/i* denken (an *ac* ***en***); (*opinar*) meinen; ***sin ~(lo)*** unvermutet; **~tivo** [-'tiƀo] nachdenklich

pensi|ón [pen'sĭɔn] *f* Rente *f*; (*hotel*) Pension *f*; ***~ alimenticia*** Unterhalt *m*, Leibrente *f*; ***~ completa*** Vollpension *f*; ***media ~*** Halbpension *f*; **~onista** [-sĭo'nista] *su* Rentner(in) *m*(*f*)

pen|tágono [pen'tagono] *m* Fünfeck *n*; **~tagrama** [-ta'grama] *m mús* Liniensystem *n*; **Ꝫtecostés** [-tekos'tes] *m* Pfingsten *n*

penúltimo [pe'nultimo] vorletzte(r, -s)

penumbra [pe'numbra] *f* Halbschatten *m*; Halbdunkel *n*

penuria [pe'nurĭa] *f* Mangel *m*, Not *f*

peña ['peɲa] *f* Fels *m*; (*grupo*) Freundeskreis *m*; Stammtisch *m*, Stammtischrunde *f*; **~sco** [pe'ɲasko] *m* Felsblock *m*

peñón [pe'ɲɔn] *m* Felskuppe *f*

peón [pe'ɔn] *m* Hilfsarbeiter *m*; (*ajedrez*) Bauer *m*; *Am* Landarbeiter *m*; ***~ caminero*** Straßenwärter *m*

peonía *bot* [peo'nia] *f* Pfingstrose *f*

peonza [pe'ɔnθa] *f* Kreisel *m*

peor [pe'ɔr] *comparativo*: schlechter; schlimmer; ***tanto ~*** umso schlimmer

pepi|nillo [pepi'niʎo] *m* Essiggurke *f*; **~no** [pe'pino] *m* Gurke *f*

pepita [pe'pita] *f* Obstkern *m*

peque|ñez [peke'ɲeθ] *f* Kleinheit *f*; **~ño** [pe'keɲo] klein; *fig* gering; ***desde ~*** von klein auf; **~ñoburgués** [-bur'ges] klein-, spießbürgerlich

pera ['pera] *f* Birne *f*; **~l** [pe'ral] *m* Birnbaum *m*

perca *zo* ['pɛrka] *f* Barsch *m*

percance [pɛr'kanθe] *m* Zwischenfall *m*; Missgeschick *n*

percatarse [pɛrka'tarse] (*1a*): ***~ de*** wahrnehmen, bemerken

percebe *zo* [pɛr'θeƀe] *m* Entenmuschel *f*
percep|ción [pɛrθɛƀ'θĭɔn] *f* Wahrnehmung *f*; (*de dinero*) Bezug *m*; (*de impuestos*, *etc*) Erhebung *f*; **~tible** [-θɛp'tiƀle] wahrnehmbar
perch|a ['pɛrtʃa] *f* Stange *f*; (*colgador*) Kleiderbügel *m*; **~ero** [-'tʃero] *m* Garderobe(nständer *m*) *f*
percibir [pɛrθi'ƀir] (*3a*) wahrnehmen; (*sueldo*, *etc*) beziehen
percusión [pɛrku'sĭɔn] *f mús* Schlaginstrumente *n*/*pl*
perde|dor [pɛrđe'đɔr] *m* Verlierer *m*; **~r** [-'đɛr] (*2g*) verlieren; (*tren*, *ocasión*, *etc*) verpassen, versäumen; *fig* zugrunde richten, verderben; ***echar a ~*** ruinieren; zunichtemachen; ***echarse a ~*** (*alimentos*) verderben; ***~ de vista*** aus den Augen verlieren; **~rse** verloren gehen; (*extraviarse*) sich verirren; *fig* zugrunde gehen; verderben
perdición [pɛrđi'θĭɔn] *f* Verderben *n*
pérdida ['pɛrđiđa] *f* Verlust *m*; ***no tener ~*** nicht zu verfehlen sein
perdigón [pɛrđi'gɔn] *m* junges Rebhuhn *n*; ***perdigones*** *pl* Schrot *m*, *n*
perdiz [pɛr'điθ] *f* Rebhuhn *n*
perdón [pɛr'đɔn] *m* Verzeihung *f*; Vergebung *f*; ***pedir ~*** um Verzeihung bitten
perdona|ble [pɛrđo'naƀle] verzeihlich; **~r** [-'nar] (*1a*) verzeihen; vergeben; (*deuda*, *etc*) erlassen; (*vida*) schenken
perdura|ble [pɛrđu'raƀle] dauerhaft; **~r** [-'rar] (*1a*) (an)dauern, anhalten
perece|dero [pereθe'đero] vergänglich; (*alimentos*) (leicht) verderblich; **~r** [-'θɛr] (*2d*) umkommen, sterben
peregri|nación [peregrina'θĭɔn] *f* Wallfahrt *f*, Pilgerfahrt *f*; **~nar** [-'nar] (*1a*) pilgern; **~no** [-'grino] *m* Pilger *m*
perejil *bot* [perɛ'xil] *m* Petersilie *f*
perentorio [peren'torĭo] dringlich; unaufschiebbar
pere|za [pe'reθa] *f* Faulheit *f*; Trägheit *f*; **~zoso** [-'θoso] **1.** *adj* faul, träge; **2.** *m* F Faulpelz *m*, *a zo* Faultier *n*
perfec|ción [pɛrfɛg'θĭɔn] *f* Vollendung *f*; Vollkommenheit *f*; ***a la ~*** perfekt; **~cionamiento** [-θĭona'mĭento] *m* Vervollkommnung *f*; **~cionar** [-θĭo'nar] (*1a*) vervollkommnen; (*mejorar*) verbessern; **~to** [-'fɛkto] **1.** *adj* vollkommen, perfekt; **2.** *m gram* Perfekt *n*
perfidia [pɛr'fiđĭa] *f* Treulosigkeit *f*; Niedertracht *f*
pérfido ['pɛrfiđo] treulos; heimtückisch
perfil [pɛr'fil] *m* Profil *n* (*a tec*); Umriss *m*; **~ado** [-'lađo] profiliert (*a fig*); (*cara*) scharf geschnitten; **~ar** [-'lar] (*1a*) umreißen; **~arse** sich abzeichnen
perfora|ción [pɛrfora'θĭɔn] *f* Bohren *n*; Bohrloch *n*; *a med* Durchbruch *m*; **~dor** [-'đɔr] *m* Locher *m*; **~dora** [-'đora] *f* Bohrmaschine *f*; **~r** [-'rar] (*1a*) (durch)bohren; lochen
perfum|ar [pɛrfu'mar] (*1a*) parfümieren; **~e** [-'fume] *m* Parfüm *n*; *fig* Duft *m*; **~ería** [-'ria] *f* Parfümerie *f*
pergamino [pɛrga'mino] *m* Pergament *n*
pericia [pe'riθĭa] *f* Erfahrung *f*; Sachkenntnis *f*
periferia [peri'ferĭa] *f* Peripherie *f*; Stadtrand *m*
perifollo *bot* [peri'foʎo] *m* Kerbel *m*
perímetro [pe'rimetro] *m* Umfang *m*
periódico [pe'rĭođiko] **1.** *adj* periodisch; **2.** *m* Zeitung *f*
perio|dismo [perĭo'đizmo] *m* Journalismus *m*; **~dista** [-'đista] *su* Journalist(in) *m*(*f*); **~dístico** [-'đistiko] journalistisch
período [pe'riođo], **periodo** [-'rĭođo] *m* Periode *f* (*a med*); Zeitraum *m*; ***~ de incubación*** Inkubationszeit *f*; ***~ de prueba*** Testphase *f*; Probezeit *f*; ***~ de sesiones*** Sitzungsperiode *f*; ***~ de transición*** Übergangsphase *f*
peripecia [peri'peθĭa] *f* Wechselfall *m*; Zwischenfall *m*
peripuesto F [peri'pŭesto] geschniegelt
peri|quete F [peri'kete]: ***en un ~*** im Nu; **~quito** [-'kito] *m* Wellensittich *m*
periscopio [peris'kopĭo] *m* Sehrohr *n*, Periskop *n*
peri|taje [peri'taxe] *m* Gutachten *n*; **~to** [-'rito] **1.** *adj* erfahren; sachkundig; **2.** *m* Sachverständige(r) *m*; Gutachter *m*
perito|neo [perito'neo] *m* Bauchfell *n*; **~nitis** [-'nitis] *f* Bauchfellentzündung *f*
perju|dicar [pɛrxuđi'kar] (*1g*) schaden (*dat*), schädigen; **~dicial** [-'θĭal] schädlich; **~icio** [-'xŭiθĭo] *m* Schaden *m*; Nachteil *m*; ***sin ~ de*** unbeschadet (*gen*)
perju|rar [pɛrxu'rar] (*1a*) e-n Meineid schwören; **~rio** [-'xurĭo] *m* Meineid *m*
perla ['pɛrla] *f* Perle *f* (*a fig*); ***~ cultivada*** Zuchtperle *f*; F ***de ~s*** wie gerufen

permane|cer [pɛrmane'θɛr] (*2d*) bleiben; fortdauern; **~ncia** [-'nenθĭa] *f* Fortdauer *f*; Verweilen *n*; (*estancia*) Aufenthalt *m*; **~nte** [-'nente] **1.** *adj* bleibend; (*constante*) ständig; **2.** *f* Dauerwelle *f*

permeable [pɛrme'aƀle] durchlässig

permi|sible [pɛrmi'siƀle] zulässig; **~sivo** [-'siƀo] permissiv; **~so** [-'miso] *m* Erlaubnis *f*; Genehmigung *f*; *mil* Urlaub *m*; **~ *de circulación*** Kraftfahrzeug-, Kfz.-Schein *m*; **~ *de conducir*** Führerschein *m*; **~ *de residencia*** Aufenthaltsgenehmigung *f*; ***con* ~** mit Verlaub; ***estar con*** (*od* ***de***) **~** auf Urlaub sein; **~tir** [-'tir] (*3a*) erlauben, gestatten; zulassen

permuta [pɛr'muta] *f* Tausch *m*

pernicioso [pɛrni'θĭoso] schädlich

perno ['pɛrno] *m* Bolzen *m*

pernoctar [pɛrnɔk'tar] (*1a*) übernachten

pero ['pero] aber; jedoch

perogrullada F [perogru'ʎađa] *f* Binsenwahrheit *f*

peroné [pero'ne] *m* Wadenbein *n*

perpendicular [pɛrpendiku'lar] lot-, senkrecht

perpetrar *jur* [pɛrpe'trar] (*1a*) begehen

perpetu|ar [pɛrpe'tŭar] (*1e*) verewigen; **~idad** [-tŭi'đađ] *f* Fortdauer *f*; ***a* ~** auf Lebenszeit; lebenslänglich; **~o** [-'petŭo] fortdauernd; *jur* lebenslänglich; *fig* ewig

perple|jidad [pɛrplɛxi'đađ] *f* Bestürzung *f*; **~jo** [-'plɛxo] verblüfft, perplex

perr|a ['pɛrra] *f* Hündin *f*; **~era** [pɛ'rrɛra] *f* Hundezwinger *m*; **~ito** [pɛ'rrito] *m* Hündchen *n*; **~ *caliente*** Hot Dog *m*; **~o** ['pɛrro] *m* Hund *m*; **~ *de aguas*, ~ *de lanas*** Pudel *m*; **~ *de pelea*** Kampfhund *m*; *fig* **~ *caliente*** Hot Dog *m*

persa ['pɛrsa] **1.** *adj* persisch; **2.** *su* Perser(in) *m(f)*

perse|cución [pɛrseku'θĭɔn] *f* Verfolgung *f*; **~guidor** [-gi'đɔr] *m* Verfolger *m*; **~guir** [-'gir] (*3l u 3d*) verfolgen

persevera|ncia [pɛrseƀe'ranθĭa] *f* Beharrlichkeit *f*; Ausdauer *f*; **~nte** [-'rante] beharrlich; **~r** [-'rar] (*1a*) ausharren; **~ *en*** beharren auf (*dat*)

persiana [pɛr'sĭana] *f* Jalousie *f*; **~ (*enrollable*)** Rollladen *m*

persignarse [pɛrsig'narse] (*1a*) sich bekreuzigen

persis|tencia [pɛrsis'tenθĭa] *f* Andauern *n*, Fortbestand *m*; **~tente** [-'tente] andauernd; (*crecimiento*; *uso de materias primas*) nachhaltig; **~tir** [-'tir] (*3a*) andauern, anhalten

persona [pɛr'sona] *f* Person *f*; ***en* ~** persönlich; **~je** [-'naxe] *m* Persönlichkeit *f*; *teat*, *lit* Person *f*; **~l** [-'nal] **1.** *adj* persönlich; **2.** *m* Personal *n*; P Leute *pl*; *avia* **~ *de tierra*** Bodenpersonal *n*; **~lidad** [-li'đađ] *f* Persönlichkeit *f*; **~rse** [-'narse] (*1a*) *persönlich* erscheinen

personificar [pɛrsonifi'kar] (*1g*) personifizieren, verkörpern

perspectiva [pɛrspɛk'tiƀa] *f* Perspektive *f*; *fig* Aussicht *f*

perspica|cia [pɛrspi'kaθĭa] *f* Scharfblick *m*; **~z** [-'kaθ] scharfsinnig

persua|dir [pɛrsŭa'đir] (*3a*) überreden; (*convencer*) überzeugen; **~sión** [-'sĭɔn] *f* Überredung *f*; Überzeugung *f*; **~sivo** [-'siƀo] überzeugend

pertene|cer [pɛrtene'θɛr] (*2d*) gehören (zu *dat* ***a***); **~ciente** [-'θĭente] zugehörig (*dat* ***a***); **~ncia** [-'nenθĭa] *f* Zugehörigkeit *f*; **~*s pl*** Eigentum *n*

pérti|ga ['pɛrtiga] *f* Stange *f*; **~go** [-go] *m* Deichsel *f*

pertina|cia [pɛrti'naθĭa] *f* Hartnäckigkeit *f*; **~z** [-'naθ] hartnäckig

pertinente [pɛrti'nente] einschlägig; sachgemäß; (*oportuno*) treffend, passend

pertre|char [pɛrtre'tʃar] (*1a*) ausrüsten; herrichten; **~chos** [-'tretʃos] *m/pl* Geräte *n/pl*

perturba|ción [pɛrturƀa'θĭɔn] *f* Störung *f*; *pol* Unruhe *f*; **~do** [-'ƀađo]: **~ (*mental*)** geistesgestört; **~dor** [-'đɔr] **1.** *adj* störend; verwirrend; **2.** *m* Ruhestörer *m*; **~r** [-'ƀar] (*1a*) stören; verwirren; (*inquietar*) beunruhigen

Perú [pe'ru] *m* Peru *n*

peruan|o [peru'ano] **1.** *adj* peruanisch; **2. ~o** *m*, **~a** *f* Peruaner(in) *m(f)*

perver|sidad [pɛrƀɛrsi'đađ] *f* Verderbtheit *f*; Perversität *f*; **~sión** [-'sĭɔn] *f* Entartung *f*; Perversion *f*; **~so** [-'ƀɛrso] verderbt; pervers; **~tir** [-'tir] (*3i*) verderben; **~tirse** (sittlich) verkommen

pesa ['pesa] *f* Gewicht(stein *m*) *n*; *dep* Hantel *f*; **~bebés** [-ƀe'ƀes] *m* Säuglingswaage *f*; **~cartas** [-'kartas] *m* Briefwaage *f*; **~dez** [-'đeθ] *f* Schwere *f*; *fig* Schwerfälligkeit *f*; Beschwerlichkeit *f*; **~dilla** [-'điʎa] *f* Albdruck *m*, -traum *m*; **~do** [pe'sađo] schwer; (*molesto*) lästig; (*aburrido*) langweilig; (*persona*) aufdringlich; **~dumbre** [-'đumbre] *f* Kummer *m*

pésame ['pesame] *m* Beileid *n*; ***dar el ~*** sein Beileid aussprechen

pesar [pe'sar] (*1a*) **1.** *v/t* (ab)wiegen; *fig* abwägen; **2.** *v/i* wiegen; *fig* leidtun; ***a ~ de*** trotz; ***a ~ de todo*** trotz allem; **3.** *m* Leid *n*; Kummer *m*; Sorge *f*; Bedauern *n*

pesca ['peska] *f* Fischfang *m*; Fischerei *f*; ***~ submarina*** Unterwasserjagd *f*; **~dería** [-đe'ria] *f* Fischgeschäft *n*; **~dero** *m* [-'đero] Fischhändler *m*; **~dilla** [-'điʎa] *f* junger Seehecht *m*; **~do** [-'kađo] *m gastr* Fisch *m*; **~dor** [-'đɔr] *m* Fischer *m*; ***~ (de caña)*** Angler *m*; **~r** [-'kar] (*1g*) fischen; *fig* F erwischen; ***~ con caña*** angeln; *fig **~ en río revuelto*** im Trüben fischen

pescuezo [pes'kŭeθo] *m* Genick *n*, Nacken *m*

pese ['pese]: ***~ a*** trotz; ***~ a que*** obwohl

pesebre [pe'seƀre] *m* Krippe *f*

peseta [pe'seta] *f hist* Pesete *f*

pesimis|mo [pesi'mizmo] *m* Pessimismus *m*; **~ta** [-'mista] **1.** *adj* pessimistisch; **2.** *su* Pessimist(in) *m*(*f*)

pésimo ['pesimo] sehr schlecht

peso ['peso] *m* Gewicht *n* (*a fig*); *fig* Last *f*; (*balanza*) Waage *f*; ***~ pesado*** (*boxeo*) Schwergewicht *n*; ***~ pluma*** Federgewicht *n*; *fig **de ~*** (ge)wichtig

pesquero [pes'kero] **1.** *adj* Fisch…; Fischer…, Fischerei…; **2.** *m* Fischdampfer *m*

pesquisa [pes'kisa] *f* Nachforschung *f*; Fahndung *f*

pestañ|a [pes'taɲa] *f* Wimper *f*; **~ear** [-taɲe'ar] (*1a*) blinzeln; ***sin ~*** ohne mit der Wimper zu zucken

peste ['peste] *f med* Pest *f*; *fig* Gestank *m*; ***echar ~s*** schimpfen (auf ***contra***)

pesticida [pesti'θiđa] *m* Schädlingsbekämpfungsmittel *n*, Pestizid *n*

pestilen|cia [pesti'lenθĭa] *f* Gestank *m*; **~te** [-'lente] stinkend

pestillo [pes'tiʎo] *m* Riegel *m*

petaca [pe'taka] *f* Tabaksbeutel *m*

pétalo ['petalo] *m* Blütenblatt *n*

petardo [pe'tarđo] *m* Feuerwerkskörper *m*

petici|ón [peti'θĭɔn] *f* Bitte *f*; Gesuch *n*; ***a ~ de*** auf Wunsch (*gen*); **~onario** [-θĭo'narĭo] *m* Bittsteller *m*

petimetre [peti'metre] *m* Geck *m*

petirrojo [peti'rrɔxo] *m* Rotkehlchen *n*

peto ['peto] *m* Brustlatz *m*

pétreo ['petreo] Stein…, steinern

petrificar [petrifi'kar] (*1g*) versteinern (*a fig*)

petróleo [pe'troleo] *m* Erdöl *n*

petro|lero [petro'lero] **1.** *adj* Erdöl…; **2.** *m mar* (Öl-)Tanker *m*; **~química** [-'kimika] *f* Petrochemie *f*

petulan|cia [petu'lanθĭa] *f* Anmaßung *f*; **~te** [-'lante] anmaßend; dreist

peyorativo [pejora'tiƀo] pejorativ, abwertend

pez [peθ] **1.** *m* Fisch *m*; ***~ espada*** Schwertfisch *m*; F *fig **~ gordo*** F hohes Tier; **2.** *f* Pech *n*

pezón [pe'θɔn] *m* Brustwarze *f*

pezuña [pe'θuɲa] *f* Klaue *f*

piadoso [pĭa'đoso] barmherzig; (*devoto*) fromm

pia|nista [pĭa'nista] *su* Pianist(in) *m*(*f*), Klavierspieler(in) *m*(*f*); **~no** ['pĭano] *m* Klavier *n*; ***~ de cola*** Flügel *m*

piar [pi'ar] (*1c*) piep(s)en

PIB *m **Producto Interior Bruto*** BIP *n* (Bruttoinlandsprodukt)

pica ['pika] *f* Spieß *m*; **~dero** [-'đero] *m* Reitbahn *f*; **~dillo** [pika'điʎo] *m gastr* Haschee *n*; **~do** [pi'kađo] (*diente*) faul; (*fruta*) angefault; (*mar*) kabbelig; *fig* pikiert; **~dor** [-'đɔr] *m taur* Picador *m*; *min* Hauer *m*; **~dora** [-'đora] *f* Allesschneider *m*; ***~ de carne*** Fleischwolf *m*; **~dura** [-'đura] *f* Insektenstich *m*

picante [pi'kante] scharf, (*a fig*) pikant

pica|pedrero [pikape'đrero] *m* Steinmetz *m*; **~pleitos** F [-'plɛĭtos] *m* Winkeladvokat *m*; **~porte** [-'pɔrte] *m* Türklinke *f*, -klopfer *m*

picar [pi'kar] (*1g*) **1.** *v/t* stechen; (*serpiente*) beißen; (*ave*) picken; (*piedra*) behauen; (*carne*, *etc*) hacken; *fig* reizen; **2.** *v/i* brennen; jucken; (*sol*) stechen; (*pez*) anbeißen; ***~ muy alto*** hoch hinauswollen; **~se** (*comida*) schlecht werden; (*mar*) unruhig werden; F *fig* einschnappen; **~día** [-'đia] *f* Schlauheit *f*; Gerissenheit *f*; **~esco** [-'resko]: ***novela f picaresca*** Schelmenroman *m*

pícaro ['pikaro] **1.** *adj* spitzbübisch; durchtrieben; **2.** *m* Schelm *m* (*a lit*),

Schlingel *m*, F Lausbub *m*
pichi ['pitʃi] *m* Trägerrock *m*
pichón [pi'tʃɔn] *m* junge Taube *f*
pico ['piko] *m* Schnabel *m*; (*de una vasija*) Tülle *f*; (*punta*) Spitze *f*; (*herramienta*) Spitzhacke *f*; *geo* Bergspitze *f*; *zo* Specht *m*; ***cien euros y ~*** et über 100 Euro; ***a las tres y ~*** kurz nach drei Uhr
picor [pi'kɔr] *m* Jucken *n*; Brennen *n*
picota [pi'kota] *f* Schandpfahl *m*; *fig* ***poner en la ~*** an den Pranger stellen
picotear [pikote'ar] (*1a*) picken
pictograma [pikto'grama] *m* Piktogramm *n*
pictórico [pik'toriko] malerisch; Mal…
pido ['piđo] *s* ***pedir***
pie [pĭe] *m* Fuß *m*; ***~ plano*** Platt-, Senkfuß *m*; ***~ valgo*** Knickfuß *m*; ***a ~*** zu Fuß; ***a ~s juntillas*** mit beiden Füßen zugleich; *fig* felsenfest; ***de ~*** stehend; ***en ~ de guerra*** auf Kriegsfuß; ***de ~s a cabeza*** von Kopf bis Fuß; ***estar de ~*** stehen; ***no tener ni ~s ni cabeza*** weder Hand noch Fuß haben; ***ponerse de ~*** aufstehen; F ***poner ~s en polvorosa*** sich aus dem Staub machen; ***seguir en ~*** weiterhin bestehen
piedad [pĭe'đađ] *f* Frömmigkeit *f*; (*compasión*) Mitleid *n*; Erbarmen *n*
piedra ['pĭeđra] *f* Stein *m*; ***~ de escándalo*** Stein *m* des Anstoßes; ***~ filosofal*** Stein *m* der Weisen; ***~ preciosa*** Edelstein *m*; ***~ de toque*** Prüfstein *m*; ***colocar*** (*od* ***poner***) ***la primera ~*** den Grundstein legen
piel [pĭɛl] *f* Haut *f*; *zo* Fell *n*; Pelz *m*; *bot* Schale *f*; (*cuero*) Leder *n*
pienso ['pĭenso] **1.** *s* ***pensar***; **2.** *m* Viehfutter *n*
pierdo ['pĭɛrđo] *s* ***perder***
pierna ['pĭɛrna] *f* Bein *n*; *gastr* Keule *f*; ***~ de ternera*** Kalbshaxe *f*
pieza ['pĭeθa] *f* Stück *n* (*a teat*; *mús*); (*habitación*) Zimmer *n*; (*de juego*) Stein *m*, Figur *f*; ***~ de repuesto*** (*od* ***de recambio***) Ersatzteil *n*
pífano *mús* ['pifano] *m* Querpfeife *f*
pifia ['pifĭa] *f fig* Schnitzer *m*
pigmeo [pig'meo] *m* Pygmäe *m*
pignorar [pigno'rar] (*1a*) verpfänden
pijama [pi'xama] *m* Pyjama *m*, Schlafanzug *m*
pila ['pila] *f* (Spül-)Becken *n*; (*montón*) Stapel *m*; *el* Batterie *f*; ***~ bautismal*** Taufbecken *n*; ***~ botón*** Knopfbatterie *f*
pilar [pi'lar] *m* Pfeiler *m*; *fig* Stütze *f*
píldora ['pildora] *f* Pille *f*; ***~*** (***anticonceptiva***) (Antibaby-)Pille *f*; ***dorar la ~*** *fig* die Pille versüßen
pileta [pi'leta] *f Am* Schwimmbassin *n*
pilla|je [pi'ʎaxe] *m* Raub *m*; Plünderung *f*; **~r** [pi'ʎar] (*1a*) plündern; F erwischen
pill|o ['piʎo] **1.** *adj* schlau; durchtrieben; **2.** *m* Spitzbube *m*; **~uelo** [pi'ʎŭelo] *m* Schlingel *m*; F Lausbub *m*
pilo|tar [pilo'tar] (*1a*) *avia*, *auto* lenken; **~to** [-'loto] **1.** *m* Pilot *m*; (*de carreras*) Rennfahrer *m*; *el* Kontrolllampe *f*; ***~ antiniebla trasero*** *auto* Nebelschlussleuchte *f*; ***~ automático*** *avia* Autopilot *m*; ***~ de pruebas*** Testpilot *m*; **2.** *adj* Pilot…; ***programa*** *m* ***~*** Pilotprogramm *n*
piltrafa [pil'trafa] *f fig* Wrack *n*
pimentón [pimen'tɔn] *m* Paprika(pulver *n*) *m*
pimien|ta [pi'mĭenta] *f* Pfeffer *m*; **~to** [-to] *m* Paprikaschote *f*
pimpante F [pim'pante] forsch; (*elegante*) flott
pinacoteca [pinako'teka] *f* Pinakothek *f*
pinar [pi'nar] *m* Pinien-, Kiefernwald *m*
pincel [pin'θɛl] *m* Pinsel *m*
pincha|r [pin'tʃar] (*1a*) **1.** *v/t* stechen; *med* e-e Spritze geben; *fig* aufstacheln; F (*teléfono*) anzapfen; **2.** *v/i auto* e-n Platten haben; **~rse** F fixen; **~zo** [-'tʃaθo] *m* Einstich *m*; Stichwunde *f*; *auto* Reifenpanne *f*; *fig* Stichelei *f*
pinche ['pintʃe] *m* Küchenjunge *m*
pinchito [pin'tʃito] *m gastr* Spießchen *n*
pincho F ['pintʃo] *m* Stachel *m*
pingüino [piŋ'gŭino] *m* Pinguin *m*
pinitos [pi'nitos] *m/pl fig* erste Versuche *m/pl*
pino ['pino] *m* Pinie *f*; Kiefer *f*
pinta ['pinta] *f* F Aussehen *n*; ***tener buena ~*** gut aussehen; **~da** [pin'tađa] *f* Wandschmiererei *f*; *zo* Perlhuhn *n*; **~r** [-'tar] (*1a*) malen; (an)streichen; *fig* schildern; F ***no ~ nada*** nichts zu sagen haben; **~rse** sich schminken
pintor [pin'tɔr] *m* Maler *m*; ***~*** (***de brocha gorda***) Anstreicher *m*; **~esco** [-to'resko] malerisch
pintura [pin'tura] *f* Anstrich *m*; (*arte*) Malerei *f*; (*cuadro*) Gemälde *n*; (*material*) Farbe *f*

pinza ['pinθa] *f* (Wäsche-)Klammer *f*; *zo* Schere *f*; (*costura*) Abnäher *m*; **~s** *pl* Zange *f*; Pinzette *f*
pinzón *zo* [pin'θɔn] *m* Fink *m*
piña ['piɲa] *f* Tannen-, Kiefern-, Pinienzapfen *m*; *fig* Gruppe *f*; **~** (***tropical***) Ananas *f*
piñón [pi'ɲɔn] *m* Pinienkern *m*; *tec* kleines Zahnrad *n*
pío ['pio] *adj* fromm; F ***no decir ni ~*** keinen Piep sagen
piojo ['pĭɔxo] *m* Laus *f*
piolet [pĭo'lɛt] *m* Eispickel *m*
pionero [pĭo'nero] *m* Pionier *m* (*a fig*)
pipa ['pipa] *f* (Tabaks-)Pfeife *f*; *bot* Kern *m*; **~s** *pl* Sonnenblumenkerne *m/pl*
pipeta [pi'peta] *f* Pipette *f*
pipí F [pi'pi] *m*: ***hacer ~*** Pipi machen
pique ['pike] *m*: *mar* ***echar a ~*** versenken; *fig* zugrunde richten; ***irse a ~*** untergehen
piqué [pi'ke] *m* (*tejido*) Pikee *m*
piqueta [pi'keta] *f* Spitzhacke *f*; Pickel *m*
piquete [pi'kete] *m* Pfahl *m*; (Zelt-)Hering *m*; *mil* Trupp *m*; (*de huelga*) Streikposten *m*
pira ['pira] *f* Scheiterhaufen *m*
pira|gua *mar* [pi'ragŭa] *f* Kanu *n*; Paddelboot *n*; **~güismo** [-'gŭizmo] *m* Kanusport *m*
pirámide [pi'ramiđe] *f* Pyramide *f*
pira|ta [pi'rata] *m* Seeräuber *m*, Pirat *m*; ***~ aéreo*** Luftpirat *m*; ***edición f ~*** Raubdruck *m*; **~tería** [-te'ria] *f* Piraterie *f*
pirenaico [pire'naĭko] pyrenäisch, Pyrenäen…
Pirinieos [piri'neos] *m/pl* Pyrenäen *pl*
pirómano [pi'romano] *m* Pyromane *m*
piropo [pi'ropo] *m* Schmeichelei *f*, Kompliment *n*
piro|tecnia [piro'tɛgnĭa] *f* Pyrotechnik *f*, Feuerwerkerei *f*; **~técnico** [-'tɛgniko] *m* Feuerwerker *m*
pirueta [pi'rŭeta] *f* Pirouette *f*
pis F ['pis] *m*: ***hacer ~*** Pipi machen
pisa|da [pi'sađa] *f* Fußspur *f*; Fußstapfe *f*; **~papeles** [-pa'peles] *m* Briefbeschwerer *m*; **~r** [pi'sar] (*1a*) treten (auf *ac*); betreten
pisci|cultura [pisθikul'tura] *f* Fischzucht *f*; **~factoría** [-fakto'ria] *f* Fischzuchtanstalt *f*
piscina [pis'θina] *f* Schwimmbecken *n*, -bad *n*; ***~ cubierta*** Hallenbad *n*
Piscis *astr* ['pisθis] *m* Fische *m/pl*
piscolabis F [pisko'laƀis] *m* Imbiss *m*; *Am* Aperitif *m*
piso ['piso] *m* (Fuß-)Boden *m*; (*planta*) Stock(werk *n*) *m*; (*vivienda*) Wohnung *f*; ***~ bajo*** Erdgeschoss *n*; Untergeschoss *n*; ***~ franco*** konspirative Wohnung *f*
pisotear [pisote'ar] (*1a*) zertreten; *fig* mit Füßen treten
pista ['pista] *f* Spur *f*, Fährte *f*; *dep* Bahn *f*, Piste *f*; *avia* Rollfeld *n*; ***~ de aterrizaje*** *avia* Landebahn *f*; ***~ de baile*** Tanzfläche *f*; ***~ de circo*** Manege *f*; ***~ de despegue*** *avia* Startbahn *f*; ***~ de tenis*** Tennisplatz *m*; ***seguir la ~ a alg*** j-m nachspüren
pistacho [pis'tatʃo] *m* Pistazie *f*
pistilo *bot* [pis'tilo] *m* Stempel *m*
pisto|la [pis'tola] *f* Pistole *f*; **~lero** [-'lero] *m* Pistolenschütze *m*; Bandit *m*; **~letazo** [-'taθo] *m* Pistolenschuss *m*
pistón [pis'tɔn] *m* Kolben *m*; Ventil *n*
pita *bot* ['pita] *f* Agave *f*
pita|da [pi'tađa] *f* Pfiff *m*; *desp* Auspfeifen *n*; **~r** [-'tar] (*1a*) **1.** *v/t* auspfeifen; **2.** *v/i* pfeifen; F klappen; *Am* rauchen; ***salir pitando*** F abhauen
pitido [pi'tiđo] *m* Pfiff *m*
piti|llera [piti'ʎera] *f* Zigarettenetui *n*; **~llo** F [pi'tiʎo] *m* Zigarette *f*
pito ['pito] *m* (Triller-)Pfeife *f*; V Penis *m*
pitón [pi'tɔn] *m zo* Pythonschlange *f*
pitonisa [pito'nisa] *f* Wahrsagerin *f*
pitorro [pi'tɔrrɔ] *m* Tülle *f*
pizarra [pi'θarra] *f* Schiefer *m*; (*tablero*) (Schiefer-)Tafel *f*
pizca ['piθka] *f* Bisschen *n*; *gastr* Prise *f*; ***ni ~*** F keine Spur
placa ['plaka] *f* Platte *f*; (*letrero*) Schild *n*; (*chapa*) Plakette *f*; ***~ de matrícula*** *auto* Nummernschild *n*
placen|ta *anat* [pla'θenta] *f* Plazenta *f*, Mutterkuchen *m*; **~tero** [-'tero] behaglich, gemütlich
placer [pla'θɛr] **1.** *v/i* (*2x*) gefallen; **2.** *m* Lust *f*; Vergnügen *n*; Freude *f*
plácido ['plaθiđo] ruhig; gemütlich
plafón [pla'fɔn] *m* Deckenlampe *f*
plaga ['plaga] *f* Plage *f*; *agr* Schädling *m*; **~do** [-'gađo] verseucht; ***~ de*** wimmelnd von
plagi|ar [pla'xĭar] (*1b*) plagiieren, abschreiben; **~o** ['plaxĭo] *m* Plagiat *n*

plaguicida [plagi'θiđa] *m* Pflanzenschutzmittel *n*

plan [plan] *m* Plan *m*; ***en ~ de*** als; F ***a todo ~*** ganz groß

plana ['plana] *f* (Blatt-)Seite *f*; ***~ mayor*** *mil* Stab *m*; *fig* Mitarbeiterstab *m*; ***en primera ~*** auf der Titelseite

plancha ['plantʃa] *f* Platte *f*; (*utensilio*) Bügeleisen *n*; F Blamage *f*; ***~ de vapor*** Dampfbügeleisen *n*; F ***tirarse una ~*** sich blamieren; ***no precisa ~*** bügelfrei; **~do** [-'tʃađo] *m* Bügeln *n*; **~dora** [tʃa'đora] *f* Büglerin *f*; ***~ eléctrica*** Heimbügler *m*; **~r** [-'tʃar] (*1a*) bügeln

plane|ador [planea'đɔr] *m* Segelflugzeug *n*; **~ar** [-'ar] (*1a*) **1.** *v/t* planen; **2.** *v/i avia* gleiten

planeta [pla'neta] *m* Planet *m*; **~rio** [-'tarĭo] *m* Planetarium *n*

planicie [pla'niθĭe] *f* Ebene *f*

planifica|ción [planifika'θĭɔn] *f* Planung *f*; ***~ familiar*** Familienplanung *f*; **~r** [-'kar] (*1g*) planen

plano ['plano] **1.** *adj* eben; flach; ***de ~*** geradeheraus; **2.** *m* Fläche *f*; Ebene *f* (*a mat*); *arqu* Grundriss *m*; (*de la ciudad*) Stadtplan *m*; ***primer ~*** Vordergrund *m*; *fot* Nahaufnahme *f*; ***segundo ~*** Hintergrund *m* (*a fig*)

planta ['planta] *f bot* Pflanze *f*; (*del pie*) Fußsohle *f*; *arqu* Stock(werk *n*) *m*; *tec* Anlage *f*; ***~ baja*** Erdgeschoss *n*; ***edificio*** *m* ***de nueva ~*** Neubau *m*; ***~ recicladora*** Wiederaufbereitungsanlage *f*; **~ción** [-'θĭɔn] *f* Pflanzung *f*; Plantage *f*; **~r** [-'tar] (*1a*) (be)pflanzen; ***~ en la calle*** *fig* auf die Straße setzen; **~rse** F *fig* sich aufpflanzen

plante|amiento [plantea'mĭento] *m* (Frage-, Problem-)Stellung *f*; **~ar** [-'ar] (*1a*) (*problema, cuestión*) aufwerfen

plantilla [plan'tiʎa] *f* Einlegesohle *f*; *tec* Schablone *f*; (*personal*) Belegschaft *f*

plantón [plan'tɔn] *m*: F ***dar un ~ a alg*** j-n versetzen

plasma ['plazma] *m* Plasma *n*; **~r** [-'mar] (*1a*) formen, gestalten; **~rse** s-n Niederschlag finden (in *dat* ***en***); sich äußern in

plasticidad [plastiθi'đađ] *f* Plastizität *f*; *fig* Bildhaftigkeit *f*

plástico ['plastiko] **1.** *adj* plastisch (*a fig*); ***artes*** *f/pl* ***plásticas*** bildende Künste *f/pl*; **2.** *m* Kunststoff *m*, Plastik *n*

plata ['plata] *f* Silber *n*; *Am* Geld *n*

plataforma [plata'fɔrma] *f* Plattform *f*; ***~ de lanzamiento*** Abschussrampe *f*; ***~ petrolera*** (*od* ***de sondeo***) Bohrinsel *f*

plátano ['platano] *m* (*árbol*) Platane *f*; (*fruta*) Banane *f*

platea *teat* [pla'tea] *f* Parkett *n*

plate|ado [plate'ađo] versilbert; **~ría** [-'ria] *f* Silberzeug *n*; **~ro** [-'tero] *m* Silberschmied *m*

platicar [plati'kar] (*1g*) plaudern

platillo [pla'tiʎo] *m* Untertasse *f*; (*de la balanza*) Waagschale *f*; ***~ volante***, *Am* ***volador*** fliegende Untertasse *f*; *mús* ***~s*** *pl* Becken *n/pl*

platin|a [pla'tina] *f*: ***~ (a cassettes)*** Kassettendeck *n*; **~o** [-'tino] *m* Platin *n*

plato ['plato] *m* Teller *m*; *gastr* Gericht *n*; Gang *m*; ***~ combinado*** Tellergericht *n*; ***~ del día*** Tagesgericht *n*; ***~ preparado, ~ precocinado*** Fertiggericht *n*

plató [pla'to] *m* Filmkulisse *f*

platónico [pla'toniko] platonisch

plausible [plaŭ'siƀle] einleuchtend, plausibel

playa ['plaja] *f* Strand *m*

playero [pla'jero] Strand…

plaza ['plaθa] *f* Platz *m*; (*mercado*) Markt(platz) *m*; ***~ de toros*** Stierkampfarena *f*

plazo ['plaθo] *m* Frist *f*; (*pago*) Rate *f*; ***a corto*** (***largo, medio***) ***~*** kurz- (lang-, mittel)fristig; ***a ~s*** auf Raten; ***~ de entrega*** Lieferfrist *f*; ***~ de vencimiento*** Laufzeit *f*

pleamar [plea'mar] *f* Flut *f*

plebe ['pleƀe] *f* Plebs *m*; **~yo** [ple'ƀejo] plebejisch; gemein

plebiscito [pleƀis'θito] *m* Volksabstimmung *f*, -entscheid *m*

plega|ble [ple'gaƀle] (zusammen-)klappbar, Klapp…; **~r** [-'gar] (*1h u 1k*) (zusammen)falten; *tec* falzen; **~rse** sich fügen (*dat* ***a***)

plegaria [ple'garĭa] *f* (Bitt-)Gebet *n*

plei|tear [plɛĭte'ar] (*1a*) prozessieren; **~to** ['plɛĭto] *m* Prozess *m*, (Rechts-)Streit *m*; ***poner*** (***un***) ***~*** e-n Prozess anstrengen (gegen ***a***)

pleni|lunio [pleni'lunĭo] *m* Vollmond *m*; **~potenciario** [-poten'θĭarĭo] *m* Bevollmächtigte(r) *m*

plenitud [pleni'tuđ] *f* Fülle *f*; Vollkraft *f*

pleno ['pleno] **1.** *adj* voll; **~ empleo** *m* Vollbeschäftigung *f*; **en ~ día** am helllichten Tag; **en ~ invierno** mitten im Winter; **2.** *m* Vollversammlung *f*; Plenum *n*
pletórico [ple'toriko] strotzend (von *dat* **de**)
pleu|ra *anat* ['pleŭra] *f* Brustfell *n*; **~resía** [-re'sia] *f* Brustfellentzündung *f*
pliego ['plĭego] **1.** *s* **plegar**; **2.** *m* (*papel*) Bogen *m*
pliegue ['plĭege] *m* Falte *f*
plinto ['plinto] *m dep* Kasten *m*
plom|ada [plo'mađa] *f* Lot *n*; Senkblei *n*; **~ero** [-'mero] *m Am* Klempner *m*
plomo ['plomo] *m* Blei *n*; *el* Sicherung *f*; **con pies de ~** vorsichtig; **con ~** verbleit; **sin ~** bleifrei, unverbleit
pluma ['pluma] *f* Feder *f*; **~je** [-'maxe] *m* Gefieder *n*
plumero [plu'mero] *m* Staubwedel *m*; (*plumier*) Federkasten *m*
plumier [plu'mĭɛr] *m* Federkasten *m*
plural [plu'ral] *m* Plural *m*
pluripartidismo [pluriparti'đizmo] *m* Mehrparteiensystem *n*
plus [plus] *m* Zulage *f*; **~marca** [pluz'marka] *f dep* Rekord *m*; **~valía** [-ƀa'lia] *f* Mehrwert *m*; Wertzuwachs *m*
plutonio [plu'tonĭo] *m* Plutonium *n*
PM *f* **Policía Militar** MP *f* (Militärpolizei)
PMM *m* **Parque Móvil Ministerial** *Fuhrpark der span. Ministerien*
PNB *m* **Producto Nacional Bruto** BIP *n* (Bruttosozialprodukt)
PNV *m* **Partido Nacional Vasco** Baskische Nationalpartei
p.o. **por orden** i.A. (im Auftrag)
pobla|ción [poƀla'θĭɔn] *f* Bevölkerung *f*; (*poblado*) Ortschaft *f*; **~ activa** erwerbstätige Bevölkerung *f*; **~do** [po'ƀlađo] **1.** *adj* bevölkert, (dicht) bewohnt; **2.** *m* Ortschaft *f*; **~dor** [-'đɔr] *m* Siedler *m*; **~r** [-'ƀlar] (*1m*) bevölkern; besiedeln; *bot* bepflanzen (mit **de**)
pobre ['poƀre] **1.** *adj* arm; *fig* ärmlich, armselig; **2.** *su* Arme(r *m*) *f*; **~za** [-'ƀreθa] *f* Armut *f*
pocilga [po'θilga] *f* Schweinestall *m* (*a fig*)
pócima ['poθima] *f* Arzneitrank *m*
poco ['poko] wenig; **un ~** (**de**) ein bisschen, etwas; **~ a ~** allmählich, nach und nach; **dentro de ~** in Kürze, bald; **hace ~** vor kurzem; **por ~** beinahe, fast; **por si fuera ~** und obendrein
podar *agr* [po'đar] (*1a*) beschneiden
poder [po'đɛr] **1.** (*2t*) können; dürfen; **~ a alg** j-m überlegen sein; **no ~ con** nicht fertig werden mit; F nicht ausstehen können; **no ~ más** nicht mehr können; **no ~ menos de** *inf* nicht umhin können zu *inf*; **a más no ~** aus Leibeskräften, F was das Zeug hält; **puede ser** vielleicht; **¿se puede?** darf man eintreten?; **2.** *m* Macht *f*; *bsd pol* Gewalt *f*; (*capacidad*) Fähigkeit *f*; Kraft *f*; *jur* Vollmacht *f*
pode|río [pođe'rio] *m* Macht *f*; **~roso** [-'roso] mächtig
podio ['pođĭo] *m* Podium *n*
podólogo *med* [po'đologo] *m* Facharzt *m* für Fußleiden
podr|edumbre [pođre'đumbre] *f* Fäulnis *f*; **~ido** [po'đriđo] faul, verfault; *a fig* verdorben
poe|ma [po'ema] *m* Dichtung *f*; **~sía** [poe'sia] *f* Gedicht *n*; *a fig* Poesie *f*; **~ta** [po'eta] *m* Dichter *m*
poético [po'etiko] poetisch, dichterisch
poetisa [poe'tisa] *f* Dichterin *f*
polac|o [po'lako] **1.** *adj* polnisch; **2. ~o** *m*, **~a** *f* Pole *m*, Polin *f*
polar [po'lar] Polar…; Pol…; **~izar** [-ri'θar] (*1f*) polarisieren
polea *tec* [po'lea] *f* Riemenscheibe *f*; Laufrad *n*
polémi|ca [po'lemika] *f* Polemik *f*; **~co** [-'lemiko] polemisch
polen *bot* ['polen] *m* Blütenstaub *m*, Pollen *m*
poli|cía [poli'θia] **1.** *f* Polizei *f*; **2.** *su* Polizist(in) *m*(*f*); **~cíaco** [-'θiako] Polizei…; Kriminal…; **~cial** [-'θĭal] polizeilich, Polizei…
poli|clínica [poli'klinika] *f* Poliklinik *f*; **~cromo** [-'kromo] vielfarbig, bunt; **~deportivo** [-depɔr'tiƀo] *m* Sportanlage *f*; **~facético** [-fa'θetiko] vielseitig; **~fónico** [-'foniko] polyphon; **~gamia** [-'gamĭa] *f* Polygamie *f*; **~gloto** [-'gloto] vielsprachig, polyglott
polilla [po'liʎa] *f* Motte *f*
Polinesia [poli'nesĭa] *f* Polynesien *n*
polio(mielitis) *med* ['polĭo(mie'litis)] *f* Kinderlähmung *f*
pólipo ['polipo] *m* Polyp *m* (*med u zo*)
politécnico [poli'tɛgniko] polytech-

nisch
políti|ca [po'litika] *f* Politik *f*; ~ ***monetaria*** Währungspolitik *f*; **~co** [-'litiko] **1.** *adj* politisch; (*parentesco*) Schwieger…; **2.** *m* Politiker *m*
póliza ['poliθa] *f* Steuermarke *f*; ~ ***de seguro*** Versicherungspolice *f*
polizón [poli'θɔn] *m* blinder Passagier *m*
pollería [poʎe'ria] *f* Geflügelhandlung *f*
pollo ['poʎo] *m* junges Huhn *n*; *gastr* Hähnchen *n*
polluelo [po'ʎŭelo] *m* Küken *n*
polo ['polo] *m geo, el, fig* Pol *m*; *dep* Polo *n*; (*helado*) Eis *n* am Stiel; (*camisa*) Polohemd *n*
polonesa [polo'nesa] *f* Polonäse *f*
Polonia [po'lonĭa] *f* Polen *n*
poltrona [pɔl'trona] *f* Lehnstuhl *m*
polución [polu'θĭɔn] *f* Verschmutzung *f*
polvareda [pɔlƀa'ređa] *f* Staubwolke *f*; ***levantar una*** ~ Staub aufwirbeln (*a fig*)
polvera [pɔl'ƀera] *f* Puderdose *f*
polvo ['pɔlƀo] *m* Staub *m*; Pulver *n*; ~ ***fino*** *od* ***partículas*** *f/pl* ***de*** ~ Feinstaub *m*; **~s** *pl* Puder *m*
pólvora ['pɔlƀora] *f* Schießpulver *n*
polvo|riento [pɔlƀo'rĭento] staubig; **~rín** [-'rin] *m fig* Pulverfass *n*
pomada [po'mađa] *f* Salbe *f*
pomelo [po'melo] *m* Grapefruit *f*
Pomerania [pɔme'ranĭa] *f* Pommern *n*
pómez ['pomeθ]: (***piedra*** *f*) ~ Bimsstein *m*
pomo ['pomo] *m* Türknauf *m*
pomp|a ['pɔmpa] *f* Pracht *f*, Pomp *m*; ~ ***de jabón*** Seifenblase *f*; **~s** *pl* ***fúnebres*** Beerdigungsinstitut *n*; **~oso** [-'poso] pomphaft, pompös
pómulo ['pomulo] *m* Backenknochen *m*
ponche ['pɔntʃe] *m* Punsch *m*
poncho *Am* ['pɔntʃo] *m* Poncho *m*
pondera|do [pɔnde'rađo] überlegt; ausgewogen; **~r** [-'rar] (*1a*) abwägen
ponen|cia [po'nenθĭa] *f* Referat *n*; **~te** [-'nente] *m* Referent *m*
poner [po'nɛr] (*2r*) setzen; stellen; legen; (*nombre*) geben; (*cara*) machen; (*mesa*) decken; (*ropa*) anziehen; *tel* verbinden (mit ***con***); (*radio*, *etc*) anmachen; (*cine*, *teat*) bringen; ~ + *adj* machen, *p ej* ~ ***furioso*** wütend machen; ***pongamos que*** (*subj*) nehmen wir an, dass; **~se** (*ropa*) anziehen; (*sombrero*, *gafas*) aufsetzen; (*sol*) untergehen; ~ + *adj* werden, *p ej* ~ ***pálido*** blass werden; ~ ***a*** (*inf*) anfangen zu (*inf*); ~ ***a salvo*** (*producción*) auslagern
poney ['poni] *m* Pony *n*
pongo ['pɔŋgo] *s* ***poner***
pontifi|cado [pɔntifi'kađo] *m* Pontifikat *n*; **~cal** [-'kal] päpstlich; bischöflich
popa *mar* ['popa] *f* Heck *n*
popula|cho [popu'latʃo] *m* Pöbel *m*; **~r** [-'lar] volkstümlich, Volks…; populär; **~ridad** [-lari'đađ] *f* Popularität *f*; Beliebtheit *f*; **~rizar** [-lari'θar] (*1f*) populär machen
populoso [popu'loso] volkreich
póquer ['pokɛr] *m* Poker *n*
poquito [po'kito]: ***un*** ~ ein bisschen
por [pɔr] (*causa*) wegen, durch; (*pasivo*) durch, von; (*precio*) für; ~ ***Navidad*** zu Weihnachten; ~ ***un año*** für ein Jahr; ***…*** ~ ***hora …*** pro Stunde; (*lugar*) ~ ***Toledo*** über *bzw* durch Toledo; *mat* ***dos*** ~ ***dos*** zwei mal zwei; ~ ***mí*** meinetwegen; ***¿~ qué?*** warum?; ~ ***lo que,*** ~ ***lo cual*** weswegen, weshalb; ~ ***difícil que sea*** so schwierig es auch sein mag
porcelana [pɔrθe'lana] *f* Porzellan *n*
porcentaje [pɔrθen'taxe] *m* Prozentsatz *m*
porche ['pɔrtʃe] *m* Säulengang *m*; Vorhalle *f*
porcino [pɔr'θino] Schweine…
porción [pɔr'θĭɔn] *f* Portion *f*; (*parte*) Teil *m*
pordiosero *m* [pɔrđĭo'sero] Bettler *m*
porfia|do [pɔrfi'ađo] hartnäckig; **~r** [-'ar] (*1c*) beharren (auf ***en***)
pormenor [pɔrme'nɔr] *m* Einzelheit *f*; **~izar** [-nori'θar] (*1f*) genau beschreiben
porno ['pɔrno] Porno…; **~grafía** [-gra'fia] *f* Pornographie *f*; **~gráfico** [-'grafiko] pornographisch
poro ['poro] *m* Pore *f*; **~so** [-'roso] porös
poroto *Am* [po'roto] *m* Bohne *f*
porque ['pɔrke] weil
porqué [pɔr'ke] *m* Ursache *f*, Grund *m*
porquería [pɔrke'ria] *f* Schweinerei *f*; (*suciedad*) Dreck *m* (*a fig*)
porra ['pɔrra] *f* (Gummi-)Knüppel *m*
porrillo F [pɔ'rriʎo]: ***a*** ~ in Hülle und Fülle
porro F ['pɔrrɔ] *m* Joint *m*
porrón [pɔ'rrɔn] *m* *Trinkgefäß aus Glas mit langer Tülle*

portaaviones [pɔrtaa'ƀĭones] *m* Flugzeugträger *m*
porta|da [pɔr'tađa] *f* Portal *n*; *tip* Titelblatt *n*; **~dor** [-ta'đɔr] *m* Träger *m* (*a med*); *com* Inhaber *m*; Überbringer *m*
porta|equipajes [pɔrtaeki'paxes] *m auto* Gepäckträger *m*; **~esquís** [-es'kis] *m auto* Skiträger *m*; **~estandarte** [-estan'darte] *m* Fahnenträger *m*; **~folios** [-'folĭos] *m* Aktenkoffer *m*; **~fotos** [-'fotos] *m* Fotorahmen *m*
portal [pɔr'tal] *m* Portal *n*; Hauseingang *m*
porta|minas [pɔrta'minas] *m* Drehbleistift *m*; **~monedas** [-mo'neđas] *m* Geldbörse *f*, Portmonnaie *n*; **~objeto(s)** [-ɔƀ'xeto(s)] *m* Objektträger *m*
portarse [pɔr'tarse] (*1a*) sich benehmen
portátil [pɔr'tatil] tragbar; Reise…, Hand…
portaviones [pɔrta'ƀĭones] *m* Flugzeugträger *m*
portavoz [pɔrta'ƀɔθ] *su* Sprachrohr *n* (*a fig*); Sprecher(in) *m*(*f*)
portazo [pɔr'taθo] *m*: ***dar un ~*** die Tür zuschlagen
porte ['pɔrte] *m corr* Porto *n*; *com* Fracht *f*; *fig* Haltung *f*; *corr* ***a ~ debido*** unfrei
portento [pɔr'tento] *m* Wunder *n*; **~so** [-'toso] wunderbar
porteño [pɔr'teɲo] aus Buenos Aires
porte|ra [pɔr'tera] *f* Pförtnerin *f*; Hausmeisterin *f*; **~ría** [-'ria] *f* Pförtnerloge *f*; *dep* Tor *n*; **~ro** [-'tero] *m* Pförtner *m*; Hausmeister *m*; *dep* Torwart *m*; ***~ electrónico*** automatischer Türöffner *m* (mit Sprechanlage)
pórtico ['pɔrtiko] *m* Säulengang *m*
portorriqueñ|o [pɔrtɔrri'keɲo] **1.** *adj* aus Puerto Rico, puerto-ricanisch; **2.** **~o** *m*, **~a** *f* Puerto-Ricaner(in) *m*(*f*)
portuario [pɔr'tŭarĭo] Hafen…
Portugal [pɔrtu'gal] *m* Portugal *n*
portugu|és [pɔrtu'ges] **1.** *adj* portugiesisch; **2.** **~és** *m*, **~esa** [-'gesa] *f* Portugiese *m*, Portugiesin *f*
porvenir [pɔrƀe'nir] *m* Zukunft *f*
pos [pɔs]: ***en ~ de alg*** hinter j-m her
posada [po'sađa] *f* Gasthaus *n*
posaderas [posa'đeras] *f/pl* Gesäß *n*
posar [po'sar] (*1a*) Modell stehen, posieren; **~se** (*ave, etc*) sich setzen; *avia* aufsetzen

posdata [pɔz'đata] *f* Nachschrift *f*
pose ['pɔse] *f* Pose *f*
pose|edor [posee'đɔr] *m* Besitzer *m*, Inhaber *m*; **~er** [-'ɛr] (*2e*) besitzen; **~ído** [-'iđo] besessen; **~sión** [-'sĭɔn] *f* Besitz *m*; ***tomar ~ de*** Besitz ergreifen von; (*cargo*) antreten; **~sivo** [-'siƀo] besitzergreifend; *gram* ***pronombre*** *m* **~** Possessivpronomen *n*; **~so** [-'seso] *m* Besessene(r) *m*
posguerra [pɔz'gɛrra] *f* Nachkriegszeit *f*
posibili|dad [posiƀili'đađ] *f* Möglichkeit *f*; **~tar** [-'tar] (*1a*) ermöglichen
posible [po'siƀle] möglich; ***hacer*** (***todo***) ***lo ~*** sein Möglichstes tun
posición [posi'θĭɔn] *f* Stellung *f*; Position *f*
positivo [posi'tiƀo] **1.** *adj* positiv; **2.** *m fot* Positiv *n*
poso ['poso] *m* Bodensatz *m*
posponer [pɔspo'nɛr] (*2r*) hintansetzen
postal [pɔs'tal] **1.** *adj* Post…; **2.** (***tarjeta*** *f*) **~** Postkarte *f*
poste ['poste] *m* Pfosten *m*; Pfeiler *m*; Mast *m*
póster ['pɔstɛr] *m* Poster *n*, *m*
postergar [pɔstɛr'gar] (*1a*) zurücksetzen, -stellen; übergehen
posteri|dad [pɔsteri'đađ] *f* Nachwelt *f*; **~or** [-'rĭɔr] spätere(r, -s); hintere(r, -s); **~oridad** [-rĭori'đađ] *f*: ***con ~*** nachträglich
postguerra [pɔz'gɛrra] *s* ***posguerra***
postigo [pɔs'tigo] *m* Fensterladen *m*
postizo [pɔs'tiθo] **1.** *adj* falsch, künstlich; **2.** *m* Haarteil *n*, Toupet *n*
postor [pɔs'tɔr] *m* Bieter *m*; ***al mejor ~*** meistbietend
postra|ción [pɔstra'θĭɔn] *f* Kniefall *m*; *fig* Niedergeschlagenheit *f*; **~r** [-'trar] (*1a*) niederwerfen; **~rse** niederknien
postre ['pɔstre] *m* Nachtisch *m*; ***a la ~*** zu guter Letzt
postrero [pɔs'trero] letzte(r, -s)
postulado [pɔstu'lađo] *m* Postulat *n*; Forderung *f*
póstumo ['pɔstumo] post(h)um; (*obra*) nachgelassen
postura [pɔs'tura] *f* Stellung *f*; Haltung *f*; (*subasta*) Gebot *n*; *fig* Einstellung *f*
potable [po'taƀle] trinkbar
potaje [po'taxe] *m* Gemüseeintopf *m*, -suppe *f*

potasio [po'tasĭo] *m* Kalium *n*
pote ['pote] *m* Topf *m*
potencia [po'tenθĭa] *f* Macht *f*; *tec* Stärke *f*, Kraft *f*; Leistung *f*; *biol* Potenz *f*; ***en ~*** potenziell; ***gran ~*** Großmacht *f*; **~l** [-'θĭal] **1.** *adj* möglich; potenziell; **2.** *m* Potenzial *n*
potente [po'tente] stark; *biol* potent
potestad [potes'tađ] *f*: ***patria ~*** elterliche Gewalt *f*
potro ['potro] *m* Fohlen *n*; *dep* Bock *m*
pozo ['poθo] *m* Brunnen *m*; *min* Schacht *m*; ***~ negro*** Abortgrube *f*; *fig* ***~ sin fondo*** Fass *n* ohne Boden
p.p. ***por poder*** pp., p. pa. (per Prokura)
PP *m* ***Partido Popular*** Volkspartei *f* (*rechtskonservative span. Partei*)
práctica ['praktika] *f* Übung *f*; Praxis *f*; ***~s*** *pl* Praktikum *n*; ***poner en ~*** verwirklichen
practica|ble [prakti'kaƀle] ausführbar; (*camino*) befahrbar; **~nte** [-'kante] *m* *etwa*: Arztgehilfe *m*; **~r** [-'kar] (*1g*) ausüben, betreiben, praktizieren; *dep* treiben
práctico ['praktiko] **1.** *adj* praktisch; **2.** *m* Praktiker *m*; *mar* Lotse *m*
pra|dera [pra'đera] *f* Wiese *f*; *Am* Prärie *f*; **~do** ['prađo] *m* Wiese *f*
Praga ['praga] *f* Prag *n*
pragmático [prag'matiko] pragmatisch
pral. ***principal*** erster Stock
preámbulo [pre'ambulo] *m* Präambel *f*, Einleitung *f*; ***sin ~s*** ohne Umschweife
preaviso [prea'ƀiso] *m* Vorankündigung *f*; ***sin ~*** fristlos
prebenda [pre'ƀenda] *f* Pfründe *f*
precario [pre'karĭo] prekär; heikel
precaución [prekaŭ'θĭɔn] *f* Vorsicht *f*; ***por ~*** vorsorglich; ***tomar precauciones*** Vorsichtsmaßnahmen treffen
precav|er [preka'ƀɛr] (*2a*) vorbeugen (*dat*); **~erse** sich schützen (gegen ***de***); **~ido** [-'ƀiđo] vorsichtig
precede|ncia [preθe'đenθĭa] *f* Vorrang *m*; Vortritt *m*; **~nte** [-'đente] **1.** *adj* vorhergehend; **2.** *m* Präzedenzfall *m*; **~r** [-'đɛr] (*2a*) vorhergehen, vorangehen
precepto [pre'θɛpto] *m* Gebot *n*
preciarse [pre'θĭarse] (*1b*): ***~ de*** sich rühmen (*gen*)
precin|tar [preθin'tar] (*1a*) versiegeln; plombieren; **~to** [-'θinto] *m* Verschluss *m*; (Zoll-)Plombe *f*
precio ['preθĭo] *m* Preis *m*; ***~ al contado*** Barzahlungspreis *m*; ***~ al por mayor*** Großhandelspreis *m*; ***~ de compra*** Einkaufspreis *m*; ***~ de coste*** Selbstkostenpreis *m*; ***~ de lanzamiento*** Einführungspreis *m*; ***~ de venta al público*** Ladenpreis *m*; ***a buen ~*** preiswert; ***no tener ~*** unbezahlbar sein; **~sidad** [-si'đađ] *f* Kostbarkeit *f*; **~so** [-'θĭoso] kostbar, wertvoll; (*bonito*) reizend
precipi|cio [preθi'piθĭo] *m* Abgrund *m*; **~tación** [-pita'θĭɔn] *f* Übereilung *f*, Hast *f*; *met* Niederschlag *m*; **~tado** [-'tađo] **1.** *adj* übereilt, hastig; **2.** *m* *quím* Niederschlag *m*; **~tar** [-'tar] (*1a*) hinabstürzen; *fig* übereilen; **~tarse** (sich) stürzen; *fig* sich überstürzen
preci|samente [preθisa'mente] genau; gerade; **~sar** [-'sar] (*1a*) genau angeben, präzisieren; (*necesitar*) brauchen; **~sión** [-'sĭɔn] *f* Genauigkeit *f*; Präzision *f*; **~so** [-'θiso] nötig, notwendig; (*exacto*) genau; präzis(e)
precocidad [prekoθi'đađ] *f* Frühreife *f*
preconcebido [prekɔnθe'ƀiđo] vorbedacht; ***idea f preconcebida*** vorgefasste Meinung *f*
precoz [pre'kɔθ] frühreif; Früh…
precursor [prekur'sɔr] *m* Vorläufer *m*, Vorbote *m*
prede|cesor [prečeθe'sɔr] *m* Vorgänger *m*; **~cir** [-'θir] (*3p*) voraussagen
predestinar [prečesti'nar] (*1a*) vorherbestimmen
predica|do *gram* [prečі'kađo] *m* Prädikat *n*; **~dor** [-'đɔr] *m* Prediger *m*; **~r** [-'kar] (*1g*) predigen
predicción [prečig'θĭɔn] *f* Vorhersage *f*
predilec|ción [prečilɛg'θĭɔn] *f* Vorliebe *f*; **~to** [-'lɛkto] Lieblings…; bevorzugt
predis|posición [prečisposi'θĭɔn] *f* Anlage *f*; *med* Anfälligkeit *f*; **~puesto** [-'pŭesto] voreingenommen (gegen ***contra***); *med* anfällig (für ***a***)
predomin|ante [prečomi'nante] vorherrschend; **~ar** [-'nar] (*1a*) vorherrschen, überwiegen; **~io** [-'minĭo] *m* Vorherrschaft *f*; Übergewicht *n*
preescolar [preesko'lar] Vorschul…
prefabricado [prefaƀri'kađo] vorgefertigt, Fertig…
prefacio [pre'faθĭo] *m* Vorwort *n*
prefe|rencia [prefe'renθĭa] *f* Vorzug *m*; Vorliebe *f*; ***~ (de paso)*** Vorfahrt *f*; ***de ~*** vornehmlich; **~rente** [-'rente] bevorrechtigt; bevorzugt; **~rible** [-'riƀle] vor-

zuziehen; **~rido** [-'riđo] Lieblings…; **~rir** [-'rir] (*3i*) vorziehen

prefijo [pre'fixo] *m gram* Vorsilbe *f*, Präfix *n*; *tel* Vorwahl *f*

pre|gón [pre'gɔn] *m* öffentliches Ausrufen *n*; (*discurso*) Fest-, Eröffnungsrede *f*; **~gonar** [-go'nar] (*1a*) öffentlich ausrufen; *fig* ausposaunen

pregunta [pre'gunta] *f* Frage *f*; **~r** [-'tar] (*1a*) fragen (nach *dat* ***por***)

prehistórico [preis'toriko] vorgeschichtlich, prähistorisch

prejubilación [prexuƀila'θĭɔn] *f* Vorruhestand *m*

prejuicio [prɛ'xŭiθĭo] *m* Vorurteil *n*; ***sin ~ de*** unbeschadet (*gen*)

prelado [pre'lađo] *m* Prälat *m*

preliminar [prelimi'nar] einleitend, Vor…

preludio [pre'luđĭo] *m mús* Vorspiel *n* (*a fig*), Präludium *n*; *fig* Einleitung *f*

prematuro [prema'turo] **1.** *adj* verfrüht; vorzeitig; **2.** *m* Frühgeburt *f*

premedita|ción [premeđita'θĭɔn] *f* Vorbedacht *m*; ***con ~*** vorsätzlich; **~r** [-'tar] (*1a*) vorher überlegen

premi|ar [pre'mĭar] (*1b*) belohnen; mit e-m Preis auszeichnen; **~o** ['premĭo] *m* Preis *m*; (*recompensa*) Belohnung *f*, Prämie *f*; (*lotería*) Gewinn *m*; ***~ gordo*** Hauptgewinn *m*; ***♀ Nobel*** Nobelpreis *m*;

premonición [premoni'θĭɔn] *f* Vorgefühl *n*, Vorahnung *f*

premura [pre'mura] *f* Dringlichkeit *f*; Eile *f*; ***~ de tiempo*** Zeitdruck *m*

prenda ['prenda] *f* Pfand *n*; (*ropa*) Kleidungsstück *n*; ***no soltar ~*** sehr verschwiegen sein

prendedor [prende'đor] *m* Brosche *f*

prender [pren'dɛr] (*2a*; *part a* ***preso***) **1.** *v/t* festnehmen; (*sujetar*) befestigen; **2.** *v/i* Feuer fangen; *agr* Wurzel fassen

prensa ['prensa] *f* Presse *f*; ***~ del corazón*** (*od* ***amarilla***) F Regenbogenpresse *f*; ***en ~*** im Druck; **~r** [-'sar] (*1a*) pressen; (*uva*) keltern

preña|do [pre'nađo] schwanger; (*animal*) trächtig; **~r** [-'ɲar] (*1a*) schwängern

preñez [pre'ɲeθ] *f* Schwangerschaft *f*; *zo* Trächtigkeit *f*

preocupa|ción [preokupa'θĭɔn] *f* Besorgnis *f*, Sorge *f*; **~do** [-'pađo] besorgt; **~r** [-'par] (*1a*) Sorgen machen; **~rse** sich Sorgen machen (um ***por***); ***~ de*** sich kümmern um; ***¡no se preocupe!*** seien Sie unbesorgt!

prepara|ción [prepara'θĭɔn] *f* Vorbereitung *f*; **~do** [-'rađo] *m* Präparat *n*; **~r** [-'rar] (*1a*) vorbereiten; (*comida*) zubereiten; **~tivos** [-ra'tiƀos] *m/pl* Vorbereitungen *f/pl*; **~torio** [-ra'torĭo] vorbereitend

preponderar [prepɔnde'rar] (*1a*) überwiegen; vorherrschen

preposición *gram* [preposi'θĭɔn] *f* Präposition *f*

prepoten|cia [prepo'tenθĭa] *f* Vorherrschen *n*; Übermacht *f*; **~te** [-'tente] übermächtig

prepucio *anat* [pre'puθĭo] *m* Vorhaut *f*

presa ['presa] *f* Beute *f*; (*de agua*) Staudamm *m*, Talsperre *f*

presag|iar [presa'xĭar] (*1b*) vorher-, voraussagen; **~io** [-'saxĭo] *m* Vorbedeutung *f*; Vorzeichen *n*

presbicia [prez'ƀiθĭa] *f* Alters(weit)-sichtigkeit *f*

présbita ['prezƀita] weitsichtig

prescin|dible [presθin'diƀle] entbehrlich; **~dir** [-'dir] (*3a*): ***~ de*** absehen von; verzichten auf

prescri|bir [preskri'ƀir] (*3a*; *part* ***prescrito***) **1.** *v/t* vorschreiben; *med* verschreiben; **2.** *v/i jur* verjähren; **~pción** [-kriƀ'θĭɔn] *f* Vorschrift *f*; *jur* Verjährung *f*; *med* Verordnung *f*

presencia [pre'senθĭa] *f* Gegenwart *f*; Anwesenheit *f*; ***de buena ~*** gut aussehend; **~r** [-'θĭar] (*1b*) beiwohnen (*dat*), dabei sein bei (*dat*)

presenta|ción [presenta'θĭɔn] *f* Vorstellung *f*; Präsentierung *f*; (*aspecto*) Aufmachung *f*; **~dor** [-'đɔr] *m TV*, *etc* Ansager *m*; **~r** [-'tar] (*1a*) vorstellen; (*mostrar*) bieten; auf-, vorweisen; **~rse** erscheinen; auftreten

presente [pre'sente] **1.** *adj* gegenwärtig; anwesend; **2.** *m* Gegenwart *f*; *gram* Präsens *n*

presen|timiento [presenti'mĭento] *m* Vorgefühl *n*, Ahnung *f*; **~tir** [-'tir] (*3i*) ahnen

preserva|ción [presɛrƀa'θĭɔn] *f* Bewahrung *f*; Schutz *m*; **~r** [-'ƀar] (*1a*) bewahren, schützen (vor ***de***); **~tivo** [-ƀa'tiƀo] *m* Präservativ *n*

presiden|cia [presi'đenθĭa] *f* Präsidentschaft *f*; Vorsitz *m*; **~ta** [-'đenta] *f* Präsidentin *f*; **~te** [-'đente] *m* Vorsitzende(r) *m*; Präsident *m*; **♀ del Banco Central** (*EU*) Zentralbankpräsident *m*; **♀ del Consejo** Ministerpräsident *m*; **~ de la junta directiva** Vorstandsvorsitzende(r) *m*

presi|diario [presi'điarĭo] *m* Sträfling *m*; **~dio** [-'siđĭo] *m* Zuchthaus *n*

presidir [presi'đir] (*3a*) den Vorsitz führen bei (*dat*); vorstehen (*dat*)

presi|ón [pre'sĭɔn] *f* Druck *m*; **~ sanguínea** Blutdruck *m*; **~ de los neumáticos** Reifendruck *m*; **~onar** [-sĭo'nar] (*1a*) drücken; *fig* unter Druck setzen

preso ['preso] **1.** *part v* **prender**; **2.** *m* Häftling *m*; **~ preventivo** Untersuchungshäftling *m*

prestación [presta'θĭɔn] *f* Leistung *f*; **~ social** Sozialleistung *f*

préstamo ['prestamo] *m* Darlehen *n*

prestar [pres'tar] (*1a*) (aus-, ver)leihen; (*servicio, ayuda*) leisten; **~se** sich anbieten; sich hergeben (zu **a**)

presteza [pres'teθa] *f* Schnelligkeit *f*

prestidigitador [prestiđixita'đɔr] *m* Zauberer *m*, Taschenspieler *m*

prestigio [pres'tixĭo] *m* Ansehen *n*, Prestige *n*; **~so** [-'xĭoso] angesehen

presumi|ble [presu'miƀle] vermutlich; **~do** [-'miđo] eingebildet; **~r** [-'mir] (*3a*) **1.** *v/t* vermuten, annehmen; **2.** *v/i* angeben (mit *dat* **de**)

presun|ción [presun'θĭɔn] *f* Vermutung *f*; (*engreimiento*) Überheblichkeit *f*, Dünkel *m*; **~to** [-'sunto] vermeintlich; angeblich; **~tuoso** [-'tŭoso] eingebildet, überheblich

presu|poner [presupo'nɛr] (*2r*) voraussetzen; **~puesto** [-'pŭesto] *m* Kostenvoranschlag *m*; *com* Haushalt *m*, Budget *n*

presuroso [presu'roso] eilig

preten|cioso [preten'θĭoso] anmaßend; angeberisch; **~der** [-'dɛr] (*2a*) fordern, beanspruchen; (*afirmar*) vorgeben, behaupten; (*intentar*) versuchen; **~diente** [-'dĭente] *m* Bewerber *m*; **~sión** [-'sĭɔn] *f* Anspruch *m*; *Am* Dünkel *m*; **~sioso** *Am* [-'sĭoso] dünkelhaft, eingebildet

pretex|tar [pretes'tar] (*1a*) vorgeben, vorschützen; **~to** [-'testo] *m* Vorwand *m*; Ausrede *f*

prevaricación [preƀarika'θĭɔn] *f* Amts-, Pflichtverletzung *f*

preven|ción [preƀen'θĭɔn] *f* Vorkehrung *f*; *a med* Vorbeugung *f*, Verhütung *f*; **~ del cáncer** Krebsvorsorge *f*; **~ido** [-ƀe'niđo] vorbereitet; (*cauto*) vorsichtig; **~ir** [-'nir] (*3s*) verhüten; vorbeugen (*dat*); (*avisar*) warnen

prever [pre'ƀɛr] (*2v*) voraussehen

previo ['preƀĭo] vorhergehend

previs|ible [preƀi'siƀle] voraussehbar; **~ión** [-'sĭɔn] *f* Voraussicht *f*; **~ (privada) para la tercera edad** (private) Altersvorsorge *f*; **~ del tiempo** Wettervorhersage *f*; **~or** [-'sɔr] vorsichtig; **~to** [-'ƀisto] vor(aus)gesehen; **tener ~** vorsehen, vorhaben

prieto ['prĭeto] eng; knapp; *Am* dunkel

prima ['prima] *f* Kusine *f*; *com* Prämie *f*

prima|cía [prima'θia] *f* Vorrang *m*; **~r** [-'mar] (*1a*) vorherrschen, überwiegen

primario [pri'marĭo] primär

primavera [prima'ƀera] *f* Frühling *m*; *bot* Primel *f*, Schlüsselblume *f*; **~l** [-'ral] Frühlings…, frühlingshaft

primero [pri'mero] **1.** *adj* erste(r, -s); **de primera** erstklassig; **a ~s de enero** Anfang Januar; **2.** *adv* zuerst

primitivo [primi'tiƀo] ursprünglich; primitiv

primo ['primo] *m* Vetter *m*; **~génito** [-'xenito] *m* Erstgeborene(r) *m*

primordial [primɔr'đĭal] grundlegend, wesentlich

primoroso [primo'roso] vorzüglich; vortrefflich

prímula *bot* ['primula] *f* Primel *f*

prin|cesa [prin'θesa] *f* Fürstin *f*; Prinzessin *f*; **~cipado** [-θi'pađo] *m* Fürstentum *m*

principal [prinθi'pal] **1.** *adj* Haupt…, hauptsächlich; **lo ~** die Hauptsache *f*; **2.** *m* erster Stock *m*

príncipe ['prinθipe] *m* Fürst *m*; Prinz *m*; **~ azul** *fig* Märchenprinz *m*; **~ heredero** Erb-, Kronprinz *m*

princi|piante [prinθi'pĭante] *m* Anfänger *m*; **~pio** [-'θipĭo] *m* Anfang *m*; (*concepto*) Grundsatz *m*, Prinzip *n*; **~ activo** Wirkstoff *m*; **al ~** anfangs; **en ~** grundsätzlich, im Prinzip; **a ~s de mayo** Anfang Mai

pringoso [prin'goso] fettig; schmierig

priori|dad [prĭori'đađ] *f* Vorrang *m*, Priorität *f*; *auto* Vorfahrt *f*; **~tario** [-'tarĭo] vorrangig

prisa ['prisa] *f* Eile *f*; **a toda ~** in aller

Eile; ***darse ~*** sich beeilen; ***correr ~*** eilig sein; ***tener ~*** es eilig haben

prisi|ón [pri'sĭɔn] *f* Gefängnis *n*; ***~ incomunicada*** Einzelhaft *f*; ***~ preventiva*** Untersuchungshaft *f*; **~onero** [-sĭo'nero] *m* Gefangene(r) *m*; ***caer ~*** in Gefangenschaft geraten

prismáticos [priz'matikos] *m/pl* Feldstecher *m*; Fernglas *n*

priva|ción [priƀa'θĭɔn] *f* Beraubung *f*; Entzug *m*; (*carencia*) Entbehrung *f*; **~do** [-'ƀađo] privat, Privat…; **~r** [-'ƀar] (*1a*) berauben; entziehen; **~rse**: ***~ de a/c*** auf et verzichten; **~tizar** [-ti'θar] (*1f*) privatisieren

privile|giar [priƀilɛ'xĭar] (*1b*) bevorzugen; privilegieren; **~gio** [-'lɛxĭo] *m* Vorrecht *n*, Privileg *n*

pro [pro] *m*: ***en ~ de*** zum Nutzen von; ***el ~ y el contra*** das Für und Wider

proa *mar* ['proa] *f* Bug *m*

proba|bilidad [proƀaƀili'đađ] *f* Wahrscheinlichkeit *f*; **~ble** [-'ƀaƀle] wahrscheinlich

proba|do [pro'ƀađo] erprobt, bewährt; **~dor** [-'đɔr] *m* Anproberaum *m*; **~r** [-'ƀar] (*1m*) **1.** *v/t* erproben, ausprobieren; (*a comida*) probieren; (*ropa*) (*mst* ***~se***) anprobieren; (*demostrar*) beweisen; **2.** *v/i* (gut) bekommen

probeta [pro'ƀeta] *f* Reagenzglas *n*

proble|ma [pro'ƀlema] *m* Problem *n*; *mat* Aufgabe *f*; **~mática** [-'matika] *f* Problematik *f*; **~mático** [-'matiko] problematisch

probo ['proƀo] rechtschaffen

procaz [pro'kaθ] unverschämt, frech

proce|dencia [proθe'đenθĭa] *f* Herkunft *f*; **~dente** [-'đente] (her)stammend, kommend (aus ***de***); (*oportuno*) angebracht; **~der** [-'đɛr] **1.** (*2a*) (her-)kommen, stammen (aus ***de***); (*actuar*) vorgehen; (*ser oportuno*) angebracht sein; ***~ a*** übergehen zu; **2.** *m* Verhalten *n*; Vorgehen *n*; **~dimiento** [-đi'mĭento] *m* Verfahren *n* (*a jur*, *tec*)

procesa|do [proθe'sađo] *m* Angeklagte(r) *m*; **~dor** [-'đɔr] *m inform* Prozessor *m*; ***~ de textos*** Textverarbeitungssystem *n*; **~miento** [-'mĭento] *m* Gerichtsverfahren *n*; gerichtliche Verfolgung *f*; **~r** [-'sar] (*1a*) gerichtlich verfolgen

procesión [proθe'sĭɔn] *f* Prozession *f*

proceso [pro'θeso] *m* Prozess *m*; ***~ de datos*** (***textos***) Daten- (Text-)verarbeitung *f*

proclama|ción [proklama'θĭɔn] *f* Proklamation *f*, Verkündigung *f*; **~r** [-'mar] (*1a*) ausrufen, proklamieren

procre|ación [prokrea'θĭɔn] *f* Fortpflanzung *f*; **~ar** [-'ar] (*1a*) zeugen, fortpflanzen

procura|dor [prokura'đɔr] *m jur* Prozessbevollmächtigter *m*; **~r** [-'rar] (*1a*) besorgen, verschaffen; **~** *inf* versuchen zu

prodigalidad [prođigali'đađ] *f* Verschwendung *f*; Überfluss *m*

prodigio [pro'đixĭo] *m* Wunder *n*; ***niño*** *m* **~** Wunderkind *n*; **~so** [-đi'xĭoso] wunderbar

pródigo ['prođigo] verschwenderisch; ***el hijo ~*** der verlorene Sohn

produc|ción [prođug'θĭɔn] *f* Erzeugung *f*, Produktion *f*, Herstellung *f*; **~ir** [-'θir] (*3o*) erzeugen, herstellen, produzieren; (*causar*) hervorrufen; **~irse** sich ereignen, eintreten; **~tividad** [-đuktiƀi'đađ] *f* Produktivität *f*; **~tivo** [-'tiƀo] produktiv; **~to** [-'đukto] *m* Produkt *n*, Erzeugnis *n*; ***~ ecológico*** Bioprodukt *n*; ***~ nacional bruto*** Bruttosozialprodukt *n*; ***~ natural*** Naturprodukt *n*; **~tor** [-'tɔr] **1.** *adj* erzeugend; **2.** *m* Erzeuger *m*; Hersteller *m*; (*a cine*) Produzent *m*

proeza [pro'eθa] *f* Heldentat *f*

prof. ***profesor*** Prof. (Professor)

profa|nación [profana'θĭɔn] *f* Entweihung *f*; Schändung *f*; **~nar** [-'nar] (*1a*) entweihen; schänden; **~no** [-'fano] **1.** *adj* profan; weltlich; **2.** *m* Laie *m*

profe|cía [profe'θia] *f* Prophezeiung *f*; **~rir** [-'rir] (*3i*) aussprechen; (*grito, etc*) ausstoßen; **~sar** [-'sar] (*1a*) (*profesión*) ausüben; *rel* bekennen; **~sión** [-'sĭɔn] *f* Beruf *m*; **~sional** [-sĭo'nal] **1.** *adj* berufsmäßig, Berufs…; **2.** *su* Fachmann *m*, Fachfrau *f*; *dep* F Profi *m*; ***~ liberal*** Freiberufler *m*; **~sor** *m* [-fe'sɔr] Lehrer *m*; ***~ universitario*** (Universitäts-)Dozent *m*; **~sorado** [-so'rađo] *m* Lehramt *n*; (*profesores*) Lehrerschaft *f*, Lehrkörper *m*

profe|ta [pro'feta] *m*, **~tisa** [-'tisa] *f* Prophet(in) *m*(*f*); **~tizar** [-'θar] (*1f*) prophezeien

profético [pro'fetiko] prophetisch

profiláctico *med* [profi'laktiko] vorbeugend, prophylaktisch

prófugo ['profugo] **1.** *adj* flüchtig; **2.** *m mil* Fahnenflüchtige(r) *m*

profun|didad [profundi'đađ] *f* Tiefe *f*; **~dizar** [-'θar] *(1f)* vertiefen; *fig* auf den Grund gehen *(dat)*; **~do** [-'fundo] tief

profu|sión [profu'sĭɔn] *f* Übermaß *n*; Überfluss *m*; **~so** [-'fuso] verschwenderisch; reichlich

progenitor [prɔxeni'tɔr] *m* Erzeuger *m*; **~es** *pl* Eltern *pl*

programa [pro'grama] *m* Programm *n*; **~ *antivirus*** *Inform* Antivirenprogramm *n*; **~ *de estudios*** Lehrplan *m*; **~ *de traducción*** Übersetzungsprogramm *n*; **~ *de verificación ortográfica*** Rechtschreib(prüf)programm *n*; **~ción** [-'θĭɔn] *f* Programmierung *f*; **~dor** [-'đɔr] *m* Programmierer *m*; **~r** [-'mar] *(1a)* planen; *inform* programmieren

progre|sar [progre'sar] *(1a)* Fortschritte machen; fortschreiten; **~sivo** [-'sibo] progressiv; fortschreitend; **~so** [-'greso] *m* Fortschritt *m*

prohibi|ción [proiƀi'θĭɔn] *f* Verbot *n*; **~r** [-'ƀir] *(3a)* verbieten; **~tivo** [-ƀi'tiƀo] prohibitiv; *(precio)* unerschwinglich

prohombre [pro'ɔmbre] *m* Prominente(r) *m*

prójimo ['proximo] *m* Nächste(r) *m*, Mitmensch *m*

prole ['prole] *f* Nachkommenschaft *f*; **~tariado** [-ta'rĭađo] *m* Proletariat *n*; **~tario** [-'tarĭo] **1.** *adj* proletarisch; **2.** *m* Proletarier *m*

prolifera|ción [prolifera'θĭɔn] *f med* Wucherung *f*; *fig* Zunahme *f*; **~r** [-'rar] *(1a)* sich vermehren

prolífico [pro'lifiko] fruchtbar

prolijo [pro'lixo] weitschweifig

prólogo ['prologo] *m* Vorwort *n*, Prolog *m*

prolonga|ción [prolɔŋga'θĭɔn] *f* Verlängerung *f*; **~do** [-'gađo] ausgedehnt, lang(e dauernd); **~r** [-'gar] *(1h)* verlängern; **~rse** lange dauern

promedio [pro'međĭo] *m* Durchschnitt *m*; ***en ~*** durchschnittlich

prome|sa [pro'mesa] *f* Versprechen *n*; **~tedor** [-te'đɔr] vielversprechend; **~ter** [-'tɛr] *(2a)* versprechen; **~terse** sich verloben; **~tida** [-'tiđa] *f* Verlobte *f*, Braut *f*; **~tido** [-'tiđo] *m* Verlobte(r) *m*, Bräutigam *m*

prominen|cia [promi'nenθĭa] *f* (Boden-)Erhebung *f*; *med* Auswuchs *m*; **~te** [-'nente] vorstehend, vorspringend; *(ilustre)* prominent

promo|ción [promo'θĭɔn] *f* Beförderung *f*; *fig* Förderung *f*; **~cionar** [-θĭo'nar] *(1a)* fördern; **~tor** [-'tɔr] *m* Förderer *m*, Promotor *m*

promulgar [promul'gar] *(1h)* verkünden; *fig* verbreiten

pronombre *gram* [pro'nɔmbre] *m* Fürwort *n*, Pronomen *n*

pro|nosticar [pronɔsti'kar] *(1g)* vorhersagen; **~nóstico** [-'nɔstiko] *m* Vorhersage *f*; *med* Prognose *f*; **~ *del tiempo*** Wettervorhersage *f*

pron|titud [prɔnti'tuđ] *f* Schnelligkeit *f*; **~to** ['prɔnto] **1.** *adj* schnell; ***de ~*** plötzlich; ***por lo ~*** vorläufig; **2.** *adv* bald; *(temprano)* früh; ***¡hasta ~!*** bis bald!

pronuncia|ción [pronunθĭa'θĭɔn] *f* Aussprache *f*; **~do** [-'θĭađo] deutlich, betont; **~r** [-'θĭar] *(1b)* aussprechen; *(discurso)* halten; **~rse** sich äußern; *mil* sich erheben

propaga|ción [propaga'θĭɔn] *f* Ver-, Ausbreitung *f*; **~nda** [-'ganda] *f* Propaganda *f*, Werbung *f*; **~r** [-'gar] *(1h)* verbreiten; *biol* fortpflanzen

propalar [propa'lar] *(1a)* verbreiten; F ausposaunen

propasarse [propa'sarse] *(1a)* zu weit gehen

propen|sión [propen'sĭɔn] *f* Neigung *f*; Hang *m*; **~so** [-'penso] geneigt (zu ***a***); ***ser ~ a*** neigen zu; *med* anfällig sein für

propiamente [propĭa'mente] eigentlich

propicio [pro'piθĭo] günstig

propie|dad [propĭe'đađ] *f* Eigentum *n*; Besitz *m*; *(cualidad)* Eigenschaft *f*; **~tario** *m* [-'tarĭo] Eigentümer *m*; Besitzer *m*

propina [pro'pina] *f* Trinkgeld *n*; **~r** [-'nar] *(1a)* *(paliza, etc)* verpassen

propio ['propĭo] eigen; *(mismo)* selbst; **~ *de*** bezeichnend für

proponer [propo'nɛr] *(2r)* vorschlagen; **~se** sich vornehmen

propor|ción [propɔr'θĭɔn] *f* Verhältnis *n*; Proportion *f*; ***en ~ a*** im Verhältnis zu; **~cional** [-θĭo'nal] verhältnismäßig; proportional; **~cionar** [-'nar] *(1a)* verschaffen, besorgen

proposición [proposi'θĭɔn] *f* Vorschlag

m; Antrag m
propósito [pro'posito] m Absicht f; Vorsatz m; ***a ~*** übrigens; (*adecuado*) gelegen, erwünscht; beiläufig gesagt; ***de ~*** absichtlich; ***fuera de ~*** ungelegen
propuesta [pro'pŭesta] f Vorschlag m
propugnar [propug'nar] (*1a*) eintreten für, verfechten
propuls|ar [propul'sar] (*1a*) antreiben; *fig* fördern; **~ión** [-'sĭɔn] f Antrieb m; ***~ a reacción*** Düsenantrieb m
prorra|ta [prɔ'rrata] f: ***a ~*** anteilmäßig; **~tear** [-te'ar] (*1a*) anteilmäßig verteilen
prórroga ['prɔrrɔga] f Verlängerung f; Aufschub m
prorrogar [prɔrrɔ'gar] (*1h*) verlängern; aufschieben
prorrumpir [prɔrrum'pir] (*3a*) ausbrechen (in *ac* ***en***)
prosa ['prosa] f Prosa f; **~ico** [-'saĭko] prosaisch; banal
proscribir [prɔskri'ƀir] (*3a*; *part* ***proscrito***) ächten; (*prohibir*) verbieten
proseguir [prose'gir] (*3d u 3l*) **1.** *v/t* fortsetzen; **2.** *v/i* weitermachen
prospecto [prɔs'pɛkto] m Prospekt m
prospe|rar [prospe'rar] (*1a*) gedeihen, florieren; Erfolg haben; boomen; **~ridad** [-ri'đađ] f Gedeihen n; Wohlstand m
próspero ['prɔspero] blühend; erfolgreich
próstata *anat* ['prɔstata] f Prostata f
prostíbulo [prɔs'tiƀulo] m Bordell n
prostitu|ción [prɔstitu'θĭɔn] f Prostitution f; **~ir(se)** [-'ir(se)] (*3g*) (sich) prostituieren; **~ta** [-'tuta] f Prostituierte f
protagoni|sta [protago'nista] *su* Held(in) m(f); Hauptdarsteller(in) m(f), Hauptperson f; **~zar** [-ni'θar] (*1f*) die Hauptrolle spielen
protec|ción [protɛg'θĭɔn] f Schutz m; ***~ al consumidor*** Verbraucherschutz m; ***~ de datos*** Datenschutz m; **~tor** [-tɛk'tɔr] **1.** *adj* schützend; Schutz…; **2.** m (Be-)Schützer m
prote|ger [protɛ'xɛr] (*2c*) (be)schützen (vor ***de***); **~gido** [-'xiđo] m Schützling m
proteína [prote'ina] f Protein n
protésico [pro'tesiko] m: ***~ dental*** Zahntechniker m
prótesis ['protesis] f Prothese f
protesta [pro'testa] f Protest m; **~nte** [-'tante] **1.** *adj* protestantisch; **2.** *su* Protestant(in) m(f); **~ntismo** [-'tizmo] m Protestantismus m; **~r** [-'tar] (*1a*) protestieren; *com* (*letra*) zu Protest gehen lassen
protocolo [proto'kolo] m Protokoll n
prototipo [proto'tipo] m Prototyp m
provecho [pro'ƀetʃo] m Vorteil m, Nutzen m; *com* Profit m; ***¡buen ~!*** guten Appetit!; ***sacar ~ de*** Nutzen ziehen aus; **~so** [-'tʃoso] nützlich; einträglich
provee|dor [proƀee'đɔr] m Lieferant m; *Internet* Provider m; **~r** [-'ɛr] (*2e*; *part* ***provisto***) beliefern, versehen (mit ***de***); **~rse** sich versorgen (mit ***de***)
provenir [proƀe'nir] (*3s*) (her)kommen, stammen (von, aus ***de***)
Provenza [pro'ƀenθa] f Provence f
prover|bial [proƀɛr'ƀĭal] sprichwörtlich; **~bio** [-'ƀɛrƀĭo] m Sprichwort n
providencia [proƀi'đenθĭa] f Vorsehung f
provincia [pro'ƀinθĭa] f Provinz f; **~l** [-'θĭal] Provinz…; **~no** [-'θĭano] **1.** *adj* Provinz…, provinziell (*a desp*); **2.** m Provinzler m
provi|sión [proƀi'sĭɔn] f Vorrat m; *com* ***~ de fondos*** Deckung f; ***provisiones*** *pl* Proviant m; **~sional** [-sĭo'nal], **~sorio** *Am* [-'sorĭo] vorläufig, provisorisch
provisto [pro'ƀisto] *s* ***proveer***
provoca|ción [proƀoka'θĭɔn] f Herausforderung f, Provokation f; **~dor** [-'đɔr] *s* ***~tivo***; **~r** [-'kar] (*1g*) herausfordern, provozieren; (*causar*) verursachen, bewirken; **~tivo** [-ka'tiƀo] herausfordernd, provozierend
proxeneta [prɔgse'neta] m Zuhälter m
próximamente [prɔgsima'mente] demnächst
proximidad [prɔgsimi'đađ] f Nähe f
próximo ['prɔgsimo] nahe; nächste(r, -s)
proyec|ción [projɛg'θĭɔn] f Projektion f; **~tar** [-jɛk'tar] (*1a*) projizieren; (*película*) vorführen; (*planear*) planen; **~til** [-'til] m Geschoss n; **~to** [-'jɛkto] m Entwurf m; Projekt n, Plan m; ***en ~*** geplant; **~tor** [-'tɔr] m Projektor m
pruden|cia [pru'đenθĭa] f Klugheit f; (*cautela*) Vorsicht f; **~cial** [-'θĭal] klug, vernünftig; (*plazo, etc*) angemessen; **~te** [-'đente] klug, vernünftig; (*cauto*) vorsichtig
prueba ['prŭeƀa] f Beweis m, Nachweis

m; (*ensayo*) Probe *f*, Versuch *m*; *tip* Abzug *m*; **~ *genética*** Gentest *m*; ***a*** (***título de***) **~** auf Probe, probeweise; ***a* ~ *de agua*** wasserdicht; ***a* ~ *de bala*** (***de bomba***) kugel- (bomben)sicher; ***a* ~ *de fuego*** feuerfest; ***poner a* ~** auf die Probe stellen
pruebo ['prŭeƀo] *s* ***probar***
prurito [pru'rito] *m med* Hautjucken *n*, Juckreiz *m*; *fig* Kitzel *m*
prusiano [pru'sĭano] **1.** *adj* preußisch; **2.** *m* Preuße *m*
P.S. ***post scriptum*** PS (Postskriptum, Nachschrift)
psic|oanálisis [psikoa'nalisis] *f* Psychoanalyse *f*; **~ología** [-lɔ'xia] *f* Psychologie *f*; **~ológico** [-'lɔxiko] psychologisch; **~ólogo** [-'kologo] *m*, **~óloga** *f* Psychologe *m*,Psychologin *f*; **~ópata** [-'kopata] *su* Psychopath(in) *m*(*f*); **~osis** [-'kosis] *f* Psychose *f*
psiquia|tra [psi'kĭatra] *su* Psychiater(in) *m*(*f*); **~tría** [-'tria] *f* Psychiatrie *f*
psíquico ['psikiko] psychisch, seelisch
PSOE *m* ***Partido Socialista Obrero Español*** Sozialistische Arbeiterpartei Spaniens
pta(s). *hist* ***peseta*(*s*)** Pta(s) (Pesete[n])
pts. *hist* ***pesetas*** Ptas. (Peseten)
púa ['pua] *f* Stachel *m*; (*de peine*) Zinke *f*, Zahn *m*; *mús* Plektron *n*
pubertad [puƀɛr'tađ] *f* Pubertät *f*
publi|cación [puƀlika'θĭɔn] *f* Veröffentlichung *f*; Herausgabe *f*; **~car** [-'kar] (*1g*) veröffentlichen, herausgeben; **~cidad** [-θi'đađ] *f* Öffentlichkeit *f*; *com* Werbung *f*, Reklame *f*; **~ *luminosa*** Neon-, Lichtreklame *f*; **~cista** [-'θista] *m* Publizist *m*; **~citario** [-θi'tarĭo] Werbe…
público ['puƀliko] **1.** *adj* öffentlich; ***en* ~** öffentlich; ***hacer* ~** bekannt machen; **2.** *m* Publikum *n*
puchero [pu'tʃero] *m* Kochtopf *m*; *gastr* Eintopf(gericht *n*) *m*
pucho *Am* ['putʃo] *m* Zigarettenstummel *m*
pude ['puđe] *s* ***poder***
púdico ['puđiko] schamhaft
pudiente [pu'đĭente] wohlhabend
pudín [pu'đin] *m* Pudding *m*
pudo ['puđo] *s* ***poder***
pudor [pu'đɔr] *m* Scham(haftigkeit) *f*; **~oso** [-đo'roso] schamhaft
pudrirse [pu'đrirse] (*3a*) (ver)faulen
pueblo ['pŭeƀlo] *m* Volk *n*; (*poblado*) Dorf *n*
puedo ['pŭeđo] *s* ***poder***
puente ['pŭente] *m* Brücke *f* (*a med*); *mar* Deck *n*; *mús* Steg *m*; **~ *aéreo*** Luftbrücke *f*; **~ *colgante*** Hängebrücke *f*; **~ *levadizo*** Zugbrücke *f*; ***hacer* ~** an e-m Werktag zwischen zwei Feiertagen nicht arbeiten
puerco ['pŭɛrko] **1.** *adj* schweinisch; schmutzig; **2.** *m* Schwein *n* (*a fig*); **~ *espín*** Stachelschwein *n*
puericul|tora [pŭerikul'tora] *f* Säuglingspflegerin *f*; **~tura** [-'tura] *f* Säuglings-, Kinderpflege *f*
pueril [pŭe'ril] kindisch
puerro *bot* ['pŭɛrrɔ] *m* Lauch *m*, Porree *m*
puerta ['pŭɛrta] *f* Tür *f*; Tor *n*; **~ *de servicio*** Hintertür *f*; ***a* ~ *cerrada*** unter Ausschluss der Öffentlichkeit
puerto ['pŭɛrto] *m* Hafen *m*; (*de montaña*) (Berg-)Pass *m*; **~ *de destino*** Zielhafen *m*; **~ *fluvial*** Binnenhafen *m*
puertorriqueñ|o [pøʕ!!ʔɛrtorri'keɲo] **1.** *adj* aus Puerto Rico; **2.** **~o**, **~a** *m*, *f* Puertoricaner(in) *m*(*f*)
pues [pŭes] *cj* da; denn; also; ***¡~ bien!*** also gut!; **~ *sí*** freilich, doch
puesta ['pŭesta] *f* Einsatz *m*; *astr* Untergang *m*; **~ *en escena*** *teat* Inszenierung *f*; **~ *en marcha*** *tec* Inbetriebnahme *f*; *auto* Anlassen *n*; **~ *en práctica*** Verwirklichung *f*
puesto ['pŭesto] **1.** *s* ***poner***; **2.** *m* (*lugar*) Platz *m*; (*empleo*) Stelle *f*, Posten *m*; (*de venta*) (Verkaufs-)Stand *m*; **~ *de socorro*** Unfallstation *f*; **~ *de trabajo*** Arbeitsplatz *m*; **~ *de trabajo en el monitor*** Bildschirmarbeitsplatz *m*; **3.** *cj* **~ *que*** weil, da (ja)
púgil ['puxil] *m* Boxer *m*
pugilato [puxi'lato] *m* Boxkampf *m*
pugna ['pugna] *f fig* Kampf *m*, Streit *m*; **~r** [-'nar] (*1a*) kämpfen
puja|nte [pu'xante] *com* aufstrebend; **~r** [-'xar] (*1a*) (*subasta*) höher bieten
pul|critud [pulkri'tuđ] *f* Sauberkeit *f*; Sorgfalt *f*; **~cro** ['pulkro] sauber; sorgfältig
pulga ['pulga] *f* Floh *m*; **~da** [-'gađa] *f* (*medida*) Zoll *m*
pulgar [pul'gar] *m* Daumen *m*
pulgón [pul'gɔn] *m* Blattlaus *f*
puli|do [pu'liđo] poliert, blank; **~men-**

tar [-men'tar] (*1a*) polieren; **~mento** [-'mento] *m* Politur *f*; **~r** [-'lir] (*3a*) polieren; *fig* ausfeilen

pulla ['puʎa] *f* Stichelei *f*

pulm|ón [pul'mɔn] *m* Lunge *f*; **~onar** [-mo'nar] Lungen…; **~onía** [-'nia] *f* Lungenentzündung *f*

pulpa ['pulpa] *f* Fruchtfleisch *n*

púlpito ['pulpito] *m* Kanzel *f*

pulpo ['pulpo] *m* Polyp *m*

pul|sación [pulsa'θĭɔn] *f* Pulsschlag *m*; (*piano, máquina de escribir*) Anschlag *m*; **~sador** [-'đɔr] *m tec* Knopf *m*; **~sar** [-'sar] (*1a*) **1.** *v/t* (*botón, tecla*) drücken; **2.** *v/i* pulsieren, schlagen; **~sera** [-'sera] *f* Armband *n*; **~so** ['pulso] *m* Puls(-schlag) *m*; *fig* Kraftprobe *f*; *med* ***tomar el ~*** den Puls fühlen

pulular [pulu'lar] (*1a*) wimmeln

pulveriza|dor [pulƀeriθa'đɔr] *m* Zerstäuber *m*; **~r** [-'θar] (*1f*) zerstäuben

puna *Am* ['puna] *f* Höhenkrankheit *f*

punción *med* [pun'θĭɔn] *f* Punktion *f*

pundonor [pundo'nɔr] *m* Ehrgefühl *n*

puni|ble [pu'niƀle] strafbar; **~ción** [-'θĭɔn] *f* Bestrafung *f*

punta ['punta] *f* Spitze *f*; (*extremo*) Ende *n*; *fig* Spur *f*; *Am* Anzahl *f*; ***a ~ de pistola*** mit vorgehaltener Pistole; ***de ~ en blanco*** F piekfein; ***sacar ~ a*** anspitzen; **~da** [-'tađa] *f* (Nadel-)Stich *m*

puntal [pun'tal] *m* Stützbalken *m*; *fig* Stütze *f*

puntapié [punta'pĭe] *m* Fußtritt *m*

punte|ría [punte'ria] *f* Zielen *n*; ***tener buena ~*** ein guter Schütze sein; **~ro** [-'tero] Spitzen…

puntiagudo [puntĭa'guđo] scharf, spitz

puntill|a [pun'tiʎa] *f* (*encaje*) Spitze *f*; *taur* Genickstoß *m*; ***de ~s*** auf Zehenspitzen; **~oso** [-'ʎoso] (über)empfindlich

punto ['punto] *m* Punkt *m* (*a fig*); (*puntada*) Stich *m*; ***~ de enlace en la red*** *tel* Einwahlknoten *m*; ***~ de partida*** Ausgangspunkt *m*; ***~ de vista*** Gesichts-, Standpunkt *m*; ***~ muerto*** *auto* Leerlauf *m*; ***~ y coma*** Semikolon *n*; ***a ~*** bereit; ***estar a ~*** fertig sein; *gastr* gar sein; ***a ~ de nieve*** (*clara*) steif geschlagen; ***estar a ~ de*** *inf* im Begriff sein zu; ***hacer ~*** stricken; ***hasta cierto ~*** bis zu e-m gewissen Grade; ***hasta qué ~*** inwieweit; ***a las tres en ~*** Punkt drei Uhr; ***géneros*** *m/pl* ***de ~*** Strick-, Wirkwaren *f/pl*; ***dos ~s*** Doppelpunkt *m*

puntua|ción [puntŭa'θĭɔn] *f* Zeichensetzung *f*; *dep* Punktwertung *f*; **~l** [-'tŭal] pünktlich; (*medidas, etc*) gezielt; **~lidad** [-li'đađ] *f* Pünktlichkeit *f*; **~lizar** [-'θar] (*1f*) klarstellen

punzante [pun'θante] (*dolor*) stechend; ***herida*** *f* ***~*** Stichwunde *f*

puñado [pu'ɲađo] *m* Hand voll *f* (*a fig*)

puñal [pu'ɲal] *m* Dolch *m*; **~ada** [-'lađa] *f* Dolchstich *m*, -stoß *m*

puñetazo [puɲe'taθo] *m* Faustschlag *m*

puño ['puɲo] *m* Faust *f*; (*de camisa*) Manschette *f*; (*de bastón, etc*) Griff *m*; ***de*** (***su***) ***~ y letra*** eigenhändig

pupi|la [pu'pila] *f* Pupille *f*; **~laje** [-'laxe] *m auto* (laufende) Wartung *f*; **~lo** [-'pilo] *m* Mündel *n*; Zögling *m*

pupitre [pu'pitre] *m* Pult *n*

puré [pu're] *m* Püree *n*

pureza [pu'reθa] *f* Reinheit *f*

purga ['purga] *f pol* Säuberung *f*; **~nte** [-'gante] *m* Abführmittel *n*; **~r** [-'gar] (*1h*) *med* abführen; *pol* säubern; **~torio** *rel* [-'torĭo] *m* Fegefeuer *n*

purificar [purifi'kar] (*1g*) reinigen

puritano [puri'tano] **1.** *adj* puritanisch; **2.** *m* Puritaner *m*

puro ['puro] **1.** *adj* rein; (*casto*) keusch; (*mero*) bloß, lauter; **2.** *m* Zigarre *f*

púrpura ['purpura] *f* Purpur *m*

purpúreo [pur'pureo] purpurfarben

purulento [puru'lento] eiternd

pus [pus] *m* Eiter *m*

puse ['puse] *s* ***poner***

pusilánime [pusi'lanime] kleinmütig; verzagt

pústula *med* ['pustula] *f* Pustel *f*

puta P ['puta] *f* Hure *f*, Nutte *f*

putativo vermeintlich

putre|facción [putrefag'θĭɔn] *f* Fäulnis *f*; Verwesung *f*; **~facto** [-'fakto] verfault, verwest

pútrido ['putriđo] verfault; faulig

p.v. ***pequeña velocidad*** Frachtgut *n*

PVP *m* ***precio de venta al público*** Verkaufspreis *m*

PYME *f/pl* ***Pequeñas y Medianas Empresas*** Klein- und Mittelbetriebe *pl*

Q

Q, **q** [ku] *f* Q, q *n*
q.e.p.d. ***que en paz descanse*** R.I.P. (ruhe in Frieden)
que [ke] **1.** *pron relat* welche(r, -s); der, die, das; ***el*** (***la, lo***) **~** der- (die-, das)jenige, welcher (welche, welches); **2.** *cj* dass; *comparativo* als; ***¡~ entre!*** er soll eintreten!; ***¡~ usted descanse!*** schlafen Sie gut!; ***~ sí*** bestimmt; ja (doch)!; ***~ no*** bestimmt nicht; nein (doch)!; ***eso sí ~ no*** das bestimmt nicht; ***yo ~ tú*** ich an deiner Stelle; ***¡a ~ no!*** wetten, dass nicht!
qué [ke] *pron interr* welche(r, -s)?; was?; ***¡~!*** welch!, was für ein!; ***¡~ guapo!*** wie hübsch!; ***¡~ va!*** ach was!; ***¡y ~!*** na und?; ***¿a mí ~?*** was geht mich das an?; ***un no sé ~*** ein gewisses Etwas; ***el ~ dirán*** das Gerede (der Leute)
quebra|dero [keƀra'đero] *m*: ***~(s) de cabeza*** Kopfzerbrechen *n*; **~do** [-'ƀrađo] *m mat* Bruch *m*
quebranta|huesos *zo* [keƀranta'ŭesos] *m* Bart-, Lämmergeier *m*; **~r** [-'tar] (*1a*) zerbrechen, zerschlagen; (*ley*, *etc*) brechen; *fig* zerrütten; **~rse** zerbrechen
quebrar [ke'ƀrar] (*1k*) **1.** *v/t* (zer)brechen; **2.** *v/i* Bankrott machen; **~se** zerbrechen
quedar [ke'đar] (*1a*) bleiben; (*sobrar*) übrig bleiben; ***~ bien*** (***mal***) gut (schlecht) abschneiden *od* ausfallen; (*vestido*) gut (schlecht) stehen; ***~ bien con alg*** e-n guten Eindruck bei j-m machen; ***~ en*** verabreden; ***~ por hacer*** noch zu tun sein; ***por mí que no quede*** an mir soll's nicht liegen; ***queda mucho*** es fehlt noch viel; ***¿en qué quedamos?*** wie wollen wir nun verbleiben?; **~se** bleiben; ***~ con a/c*** et behalten; (*comprar*) et nehmen; ***~ ciego*** blind werden; ***~ sin dinero*** kein Geld mehr haben; ***~ sin comer*** nichts zu essen bekommen
quedo ['keđo] ruhig; still; leise
quehacer [kea'θɛr] *m* Arbeit *f*; Aufgabe *f*; **~es** *pl* Beschäftigung *f*
quej|a ['kɛxa] *f* Klage *f*; Beschwerde *f*; **~arse** [kɛ'xarse] (*1a*) sich beklagen *od* beschweren (bei ***a***; über ***de***); **~ido** [kɛ'xiđo] *m* Jammern *n*; **~umbroso** [kɛxum'broso] jämmerlich; wehleidig
quema ['kema] *f* Verbrennung *f*; **~dura** *med* [-'đura] *f* Brandwunde *f*, Verbrennung *f*; ***~ de sol*** Sonnenbrand *m*; **~r** [ke'mar] (*1a*) **1.** *v/t* verbrennen; versengen; **2.** *v/i* brennen; brennend heiß sein; **~rse** sich verbrennen; (*comida*) anbrennen; (*casa*, *etc*) abbrennen; **~rropa** [kema'rrɔpa]: ***a ~*** aus nächster Nähe
quepo ['kepo] *s* ***caber***
queque *Am* ['keke] *m* Kuchen *m*
querella [ke'reʎa] *f* Streit *m*; *jur* Strafantrag *m*; **~rse** [-'ʎarse] (*1a*) *jur* klagen; Strafantrag stellen (gegen ***contra***)
querer [ke'rɛr] (*2u*) wollen; mögen; (*amar*) lieben; ***~ decir*** bedeuten, heißen; ***sin ~*** unabsichtlich; ***sea como quiera*** wie dem auch sei; ***como quiera que*** da, weil
queri|da [ke'riđa] *f* Geliebte *f*; **~do** [-'riđo] **1.** *adj* geliebt; lieb; **2.** *m* Geliebte(r) *m*
queroseno [kero'seno] *m* Kerosin *n*
queso ['keso] *m* Käse *m*; ***~ de bola*** Edamer Käse *m*; ***~ para untar*** Streichkäse *m*; F ***darla con ~*** *j-n* anschmieren
quicio ['kiθĭo] *m* Türangel *f*; ***sacar a alg de ~*** F j-n aus dem Häuschen bringen
quiebra *com* ['kĭeƀra] *f* Bankrott *m*, Konkurs *m*
quien [kĭen] *pron relat* wer; welche(r, -s); der, die, das; ***hay ~*** manch einer; einige
quién [kĭen] *pron interr* wer?
quienquiera [kĭeŋ'kĭera] irgendwer; wer auch immer
quiero ['kĭero] *s* ***querer***
quie|to ['kĭeto] ruhig; **~tud** [kĭe'tuđ] *f* Ruhe *f*
quijada [ki'xađa] *f* Kiefer *m*; Kinnbacken *m*, -lade *f*
quilate [ki'late] *m* Karat *n*
quilla *mar* ['kiʎa] *f* Kiel *m*
quimera [ki'mera] *f* Hirngespinst *n*
quími|ca ['kimika] *f* Chemie *f*; **~co** [-ko]

1. *adj* chemisch; ***producto*** *m* ~ Chemikalie *f*; **2.** *m* Chemiker *m*
quimioterapia [kimĭote'rapĭa] *f* Chemotherapie *f*
quina ['kina] *f* Chinarinde *f*
quincalla [kiŋ'kaʎa] *f* Eisen-, Blechwaren *f/pl*
quince ['kinθe] fünfzehn; ***dentro de ~ días*** in vierzehn Tagen; **~na** [-'θena] *f* vierzehn Tage *m/pl*
quiniela [ki'nĭela] *f* Totoschein *m*; **~s** *pl* Toto *n*
quinientos [ki'nĭentos] fünfhundert
quinina [ki'nina] *f* Chinin *n*
quinta ['kinta] *f* Landhaus *n*; *mil* Jahrgang *m*; *mús* Quint(e) *f*
quintaesencia [kintae'senθĭa] *f* Quintessenz *f*
quintal [kin'tal] *m*: ~ ***métrico*** Doppelzentner *m*
quinteto *mús* [kin'teto] *m* Quintett *n*
quintillizos [kinti'ʎiθos] *m/pl* Fünflinge *m/pl*
quinto ['kinto] **1.** *adj* fünfte(r, -s); **2.** *m* Rekrut *m*
quíntuplo ['kintuplo] fünffach
quiosco ['kĭɔsko] *m* Kiosk *m*
quirófano [ki'rofano] *m* Operationssaal *m*
quiromancia [kiro'manθĭa] *f* Chiromantie *f*, Handlesekunst *f*
quirúrgico [ki'rurxiko] chirurgisch
quise ['kise] *s* ***querer***
quisquilloso [kiski'ʎoso] kleinlich; (*susceptible*) empfindlich
quiste *med* ['kiste] *m* Zyste *f*
quita|esmalte [kitaez'malte] *m* Nagellackentferner *m*; **~manchas** [-'mantʃas] *m* Fleckenentferner *m*; **~nieves** [-'nĭeƀes] *m* Schneepflug *m*
quitar [ki'tar] (*1a*) (weg)nehmen; entfernen; (*mesa*) abdecken; ***~ el polvo*** Staub wischen; **~se** (*ropa*) ausziehen; (*sombrero*) abnehmen; ***~ a alg de encima*** F sich j-n vom Halse schaffen; ***se me quitó un peso de encima*** mir fiel ein Stein vom Herzen
quitasol [kita'sɔl] *m* Sonnenschirm *m*
quizá(s) [ki'θa(s)] vielleicht
quórum ['korun] *m* Quorum *n*; ***alcanzar el ~*** beschlussfähig sein

R

R, r ['ere] *f* R, r *n*
rabanito [rraƀa'nito] *m* Radieschen *n*
rábano *bot* ['rraƀano] *m* Rettich *m*; ***~ picante*** Meerrettich *m*
rabia ['rraƀĭa] *f* Wut *f*; *med* Tollwut *f*; ***dar ~*** wütend machen; **~r** [-'ƀĭar] (*1b*) wüten, toben
rabino [rra'ƀino] *m* Rabbiner *m*
rabioso [rra'ƀĭoso] wütend; *med* tollwütig
rabo ['rraƀo] *m* Schwanz *m*
RACE *m* ***Real Automóvil Club de España*** span. Automobilclub *m*
rach|a ['rratʃa] *f* Windstoß *m*, Bö *f*; ***buena*** (***mala***) ~ Glücks- (Pech-)strähne *f*; **~eado** [-tʃe'aƀo] (*viento*) böig
racial [rra'θĭal] Rassen…
racimo [rra'θimo] *m* Büschel *n*; (*de uvas*) Traube *f*
ración [rra'θĭɔn] *f* Ration *f*; Portion *f*
raciona|l [rraθĭo'nal] vernünftig, rational; rationell; **~miento** [-'mĭento] *m* Rationierung *f*; **~r** [-'nar] (*1a*) rationieren
rada ['rrađa] *f* Reede *f*
radar [rra'đar] *m* Radar *m od n*
radia|ción [rradĭa'θĭɔn] *f* Strahlung *f*; **~ctividad** [-ktiƀi'đađ] *f* Radioaktivität *f*; **~ctivo** [-'tiƀo] radioaktiv; **~dor** [-'đɔr] *m* Heizkörper *m*; *auto* Kühler *m*; **~nte** [-'điante] strahlend (*a fig*); **~r** [-'đĭar] (*1b*) ausstrahlen; (*radio*) senden
radica|l [rrađi'kal] **1.** *adj* gründlich; *a pol* radikal; *agr* Wurzel…; **2.** *m pol* Radikale(r) *m*; *gram* Stamm *m*; **~lismo** [-'lizmo] *m* Radikalismus *m*; **~r** [-'kar] (*1g*) wurzeln; ***~ en*** beruhen auf (*dat*)
radio ['rrađĭo] **1.** *m mat* Radius *m*; *tec, anat* Speiche *f*; *quím* Radium *n*; *fig* Umkreis *m*; **2.** *f* Radio *n*; Rundfunk *m*; **~aficionado** [-afiθĭo'nađo] *m* Funkamateur *m*; **~cassette** [-ka'sɛt] *m* Radiorekorder *m*; **~difusión** [-đifu'sĭɔn] *f* Rundfunk *m*; **~escucha** [-es-

'kutʃa] *su* Rundfunkhörer(in) *m(f)*; **~fónico** [-'foniko] Rundfunk…, Radio…; **~grafía** [-gra'fia] *f* Röntgenbild *n*; **~grafiar** [-gra'fĭar] *(1b)* röntgen, durchleuchten; **~grama** [-'grama] *m* Funkspruch *m*; **~logía** *med* [-lɔ'xia] *f* Röntgenologie *f*; **~novela** [-no'ƀela] *f* Hörspiel *n*; **~patrulla** [-pa'truʎa] *f* Funkstreife *f*; **~scopia** *med* [-đĭɔs'kopĭa] *f* Durchleuchtung *f*; **~taxi** [-đio-'taksi] *m* Funktaxi *n*; **~teléfono** [-te'lefono] *m* Funksprechgerät *n*; **~telegrafista** [-telegra'fista] *m* Funker *m*; **~terapia** [-te'rapĭa] *f* Strahlentherapie *f*; **~yente** [-'jente] *su* Rundfunkhörer(in) *m(f)*

R.A.E. *f* ***Real Academica Española*** Königliche Spanische Akademie

ráfaga ['rrafaga] *f* Windstoß *m*; *mil* (Geschoss-)Garbe *f*

rafia ['rrafĭa] *f* Bast *m*

raído [rra'iđo] abgeschabt; abgetragen

raíl [rra'il] *m* Eisenbahnschiene *f*

raíz [rra'iθ] *f* Wurzel *f* *(a fig)*; ***~ cuadrada*** *mat* Quadratwurzel *f*; ***a ~ de*** aufgrund von; ***echar raíces*** Wurzeln schlagen *(a fig)*

ralentí *auto* [rralen'ti] *m* Leerlauf *m*

ralla|dor [rraʎa'đɔr] *m* Reibe *f*; **~r** [-'ʎar] *(1a)* reiben

rally(e) ['rrali] *m* Rallye *f*

ralo ['rralo] spärlich; dünn

rama ['rrama] *f* Ast *m*; Zweig *m* *(a fig)*; ***andarse por las ~s*** sich verzetteln; **~je** [-'maxe] *m* Geäst *n*; **~l** [-'mal] *m ferro* Nebenstrecke *f*

rambla ['rrambla] *f* ausgetrocknetes Flussbett; *reg* Promenade *f*

ramera [rra'mera] *f* Dirne *f*

ramifi|cación [rramifika'θĭɔn] *f* Verzweigung *f*; **~carse** [-'karse] *(1g)* sich verzweigen

ramo ['rramo] *m* Zweig *m* *(a fig)*; *com* Branche *f*; **~** (***de flores***) (Blumen-)Strauß *m*

rampa ['rrampa] *f* Rampe *f*; *(cuesta)* Steigung *f*

ramplón [rram'plɔn] schäbig; geschmacklos

rana ['rrana] *f* Frosch *m*; ***salir ~*** missraten; ***hombre*** *m* **~** Froschmann *m*

rancho ['rrantʃo] *m mil* Verpflegung *f*; *Am* Viehfarm *f*, Ranch *f*

rancio ['rranθĭo] ranzig; *(viejo)* alt

rango ['rraŋgo] *m* Rang *m*

ranura [rra'nura] *f* Nut(e) *f*, Rille *f*; *(para monedas)* Schlitz *m*

rapapolvo F [rrapa'pɔlƀo] *m* Rüffel *m*

rapar [rra'par] *(1a)* abrasieren; ganz kurz schneiden

rapaz [rra'paθ] **1.** *adj* raubgierig; (***ave*** *f*) **~** Raubvogel *m*; **2.** *m* Junge *m*

rape ['rrape] *m* *(pez)* Seeteufel *m*

rapé [rra'pe] *m* Schnupftabak *m*

rapidez [rrapi'đeθ] *f* Schnelligkeit *f*

rápido ['rrapiđo] **1.** *adj* schnell; **2.** *m* Eilzug *m*; *(de río)* Stromschnelle *f*

rapiña [rra'piɲa] *f* Raub *m*

raposa [rra'posa] *f* Fuchs *m*

rap|tar [rrap'tar] *(1a)* entführen; **~to** ['rrapto] *m* Entführung *f*; Raub *m*

raqueta [rra'keta] *f* (Tennis-)Schläger *m*

raqu|ítico [rra'kitiko] rachitisch; *fig* verkümmert; **~itismo** [-'tizmo] *m* Rachitis *f*

rareza [rra'reθa] *f* Seltenheit *f*; *fig* Seltsamkeit *f*

raro ['rraro] selten; *(extraño)* seltsam, sonderbar

ras [rras] *m*: ***a ~ de*** dicht über

rasante [rra'sante] rasant, flach; ***vuelo*** *m* **~** Tiefflug *m*

rasca|cielos [rraska'θĭelos] *m* Wolkenkratzer *m*; **~r(se)** [rras'kar(se)] *(1g)* (sich) kratzen

ras|gado [rraz'gađo] geschlitzt; *(ojos)* mandelförmig; **~gar** [-'gar] *(1h)* zerreißen; (auf)schlitzen; **~go** ['rrazgo] *m* Strich *m*; *fig* (Wesens-, Charakter-)Zug *m*; ***~s*** *pl* Gesichtszüge *m/pl*; ***a grandes ~s*** in großen Zügen; **~gón** [-'gɔn] *m* Riss *m*

rasguñ|ar [rrazgu'ɲar] *(1a)* (zer)kratzen; schrammen; **~o** [-'guɲo] *m* Kratzer *m*, Schramme *f*; *med* Kratzwunde *f*

raso ['rraso] **1.** *adj* flach; *(liso)* glatt; *(cielo)* wolkenlos; ***soldado*** *m* **~** Gemeine(r) *m*; **2.** *m* Satin *m*; ***al ~*** im Freien

raspa ['rraspa] *f* Gräte *f*; **~do** *med* [-'pađo] *m* Auskratzung *f*; **~r** [-'par] *(1a)* ab-, auskratzen; ausradieren

rastre|ar [rrastre'ar] *(1a)* nachspüren; *(terreno)* durchkämmen; **~ro** [-'trero] schleppend; kriechend; *fig* niederträchtig; ***perro*** *m* **~** Spürhund *m*

rastri|llar [rrastri'ʎar] *(1a)* harken; eggen; **~llo** [-'triʎo] *m* Rechen *m*, Harke *f*

rastro ['rrastro] *m* Spur *f*; *agr* Rechen *m*, Harke *f*; ♀ Trödelmarkt *m*; ***sin dejar ~*** spurlos; **~jo** [-'trɔxo] *m* Stoppeln *f/pl*; (*campo*) Stoppelfeld *n*

rasurar [rrasu'rar] (*1a*) rasieren

rata ['rrata] *f* Ratte *f*

rate|ar [rrate'ar] (*1a*) F klauen; **~ro** [-'tero] *m* Taschendieb *m*

raticida [rrati'θiđa] *m* Rattengift *n*

ratifica|ción [rratifika'θĭɔn] *f* Ratifizierung *f*; **~r** [-'kar] (*1g*) bestätigen; *pol* ratifizieren

Ratisbona [rratiz'ƀona] *f* Regensburg *n*

rato ['rrato] *m* Weile *f*; Augenblick *m*; ***a ~s*** hin u wieder; ***a cada ~*** ständig; ***al poco ~*** kurz darauf; ***hay para ~*** das kann noch (länger) dauern; ***pasar el ~*** sich die Zeit vertreiben

rat|ón [rra'tɔn] *m a inform* Maus *f*; **~onera** [-to'nera] *f* Mausefalle *f*

raudo ['rraŭđo] schnell, ungestüm

raya ['rraja] *f* Strich *m*, Linie *f*; (*del pelo*) Scheitel *m*; (*guión*) Gedankenstrich *m*; *zo* Rochen *m*; **~** (***del pantalón***) Bügelfalte *f*; ***a ~s*** gestreift; ***tener a ~*** in Schach halten; ***pasar de*** (***la***) **~** zu weit gehen; **~do** [rra'jađo] gestreift; **~r** [-'jar] (*1a*) **1.** *v/t* schraffieren; lin(i)ieren; **2.** *v/i a fig* grenzen (an ***en***)

rayo ['rrajo] *m* Strahl *m*; (*relámpago*) Blitz *m*; ***~s X*** Röntgenstrahlen *m/pl*

raza ['rraθa] *f* Rasse *f*

razón [rra'θɔn] *f* Vernunft *f*; Verstand *m*; (*motivo*) Grund *m*; (*derecho*) Recht *n*; ***dar la ~*** recht geben; ***entrar en ~*** zur Vernunft kommen; ***perder la ~*** den Verstand verlieren; (***no***) ***tener ~*** (un-) recht haben

razona|ble [rraθo'naƀle] vernünftig; (*precio*) angemessen; **~miento** [-'mĭento] *m* Gedankengang *m*; Überlegung *f*

RDA *f hist* ***República Democrática Alemana*** DDR *f* (Deutsche Demokratische Republik)

RDSI *f* ***Red Digital de Servicios Integrados*** ISDN *n*; ***conexión*** *f* **~** ISDN-Anschluss *m*

re *mús* [rrɛ] *m* D *n*

rea ['rrɛa] *f* Angeklagte *f*

reacci|ón [rrɛag'θĭɔn] *f* Reaktion *f*; ***~ en cadena*** Kettenreaktion *f*; **~onar** [-θĭo'nar] (*1a*) reagieren (auf *ac* ***a***); **~onario** [-'narĭo] reaktionär

reacio [rrɛ'aθĭo] widerspenstig; ***~ a*** abgeneigt (*dat*)

reac|tivar [rrɛakti'ƀar] (*1a*) reaktivieren; *bsd com* ankurbeln; **~tor** [-'tɔr] *m* Reaktor *m*; *avia* Düsenflugzeug *n*

readapta|r [rrɛađaptar] (*1a*): **~** (***profesionalmente***) umschulen; **~ción** *f*: **~** *f* (***profesional***) Umschulung *f*

reagrupar [rrɛagru'par] (*1a*) umgruppieren

reaju|star [rrɛaxus'tar] (*1a*) angleichen; **~ste** [-'xuste] *m* Angleichung *f*; ***~ ministerial*** *pol* Kabinettsumbildung *f*

real [rrɛ'al] wirklich, tatsächlich, real; (*del rey*) königlich

realeza [rrɛa'leθa] *f* Königtum *n*

reali|dad [rrɛali'dad] *f* Wirklichkeit *f*, Realität *f*; ***en ~*** in Wirklichkeit; eigentlich; **~smo** [-'lizmo] *m* Realismus *m*; **~sta** [-'lista] **1.** *adj* realistisch; **2.** *m* Realist *m*; **~zable** [-li'θaƀle] ausführbar; **~zación** [-θa'θĭɔn] *f* Verwirklichung *f*; Durchführung *f*; **~zador** [-'đɔr] *m* Regisseur *m*; **~zar** [-'θar] (*1f*) verwirklichen, ausführen; *Am* ausverkaufen; **~zarse** sich verwirklichen, wahr werden

realquilar [rrɛalki'lar] (*1a*) untervermieten

realzar [rrɛal'θar] (*1f*) hervorheben

reanimar [rrɛani'mar] (*1a*) wieder beleben; **~se** wieder aufleben

reanudar [rrɛanu'đar] (*1a*) wieder aufnehmen

reaparecer [rrɛapare'θɛr] (*2d*) wieder erscheinen

reapertura [rrɛapɛr'tura] *f* Wiedereröffnung *f*; *jur* Wiederaufnahme *f* (des Verfahrens)

rearme [rrɛ'arme] *m* (Wieder-)Aufrüstung *f*; Nachrüstung *f*

rebaja [rrɛ'ƀaxa] *f* Rabatt *m*; Ermäßigung *f*; ***~s*** *pl* Schlussverkauf *m*; **~r** [-'xar] (*1a*) (*precio*) herabsetzen; *fig* erniedrigen; **~rse** sich erniedrigen

rebanada [rrɛƀa'nađa] *f* (Brot-)Scheibe *f*

rebaño [rrɛ'ƀaɲo] *m* Herde *f* (*a fig*)

rebasar [rrɛƀa'sar] (*1a*) überschreiten (*a fig*)

rebati|ble [rrɛƀa'tiƀle] widerlegbar; **~r** [-'tir] (*3a*) widerlegen

rebato [rrɛ'ƀato] *m* Sturmläuten *n*; ***tocar a ~*** Sturm läuten

rebeca [rrɛ'ƀeka] *f* Strickjacke *f*

rebeco [rrɛ'ƀeko] *m* Gämse *f*

rebel|arse [rrɛƀe'larse] *(1a)* sich empören, rebellieren; **~de** [-'ƀɛlde] **1.** *adj* rebellisch, widerspenstig; *med* hartnäckig; **2.** *m* Rebell *m*; **~día** [-'dia] *f* Rebellion *f*; Widerspenstigkeit *f*; *jur* Nichterscheinen *n des Angeklagten*; ***en ~*** *jur* in Abwesenheit; **~ión** [rrɛƀe'li̯ɔn] *f* Rebellion *f*, Aufstand *m*

rebosar [rrɛƀo'sar] *(1a)* überlaufen; ***~ de*** strotzen vor

rebo|tar [rrɛƀo'tar] *(1a)* **1.** *v/t* zurückschlagen; **2.** *v/i* auf-, abprallen; **~te** [-'ƀote] *m* Rückprall *m*; ***de ~*** als Folge

rebozar [rrɛƀo'θar] *(1f) gastr* panieren

rebuscado [rrɛƀus'kađo] gekünstelt

rebuznar [rrɛƀuð'nar] *(1a)* *(asno)* schreien, iahen

recabar [rrɛka'ƀar] *(1a)* ansuchen um, ersuchen

reca|dero [rrɛka'đero] *m* Bote(ngänger) *m*; **~do** [-'kađo] *m* Bestellung *f*; Nachricht *f*; Besorgung *f*; ***dejar un ~*** e-e Nachricht hinterlassen

recaída [rrɛka'iđa] *f* Rückfall *m*

recal|car [rrɛkal'kar] *(1g)* betonen; **~citrante** [-θi'trante] störrisch, verstockt

recalentar [rrɛkalen'tar] *(1k)* überhitzen; *(comida)* aufwärmen

recam|biar [rrɛkam'ƀi̯ar] *(1b)* austauschen; auswechseln; **~bio** [-'kambi̯o] *m* Umtausch *m*; Ersatz *m*; ***de ~*** Ersatz…; ***(pieza** f **de) ~*** Ersatzteil *n*

recapacitar [rrɛkapaθi'tar] *(1a)* überdenken; genau überlegen

recapitular [rrɛkapitu'lar] *(1a)* kurz wiederholen, zusammenfassen

recar|gar [rrɛkar'gar] *(1h)* überladen (*a fig*), überlasten; *(precio)* aufschlagen; **~go** [-'kargo] *m* Aufschlag *m*

reca|tado [rrɛka'tađo] zurückhaltend; **~to** [-'kato] *m* Zurückhaltung *f*; *(pudor)* Sittsamkeit *f*

recauchutar [rrɛkaŭtʃu'tar] *(1a)* *(neumático)* runderneuern

recau|dación [rrɛkaŭđa'θi̯ɔn] *f* Erhebung *f*; Einnahme *f*; **~dar** [-'đar] *(1a)* *(impuestos)* erheben; *(dinero)* einnehmen; **~do** [-'kaŭđo] *m*: ***a buen ~*** wohlverwahrt

rece|lar [rrɛθe'lar] *(1a)* argwöhnen; ***~ de*** misstrauen *(dat)*; **~lo** [-'θelo] *m* Argwohn *m*; Misstrauen *n*; **~loso** [-'loso] argwöhnisch; misstrauisch

recep|ción [rrɛθɛƀ'θi̯ɔn] *f* Empfang *m*; Aufnahme *f*; Rezeption *f*; **~cionista** [-θi̯o'nista] *su* Empfangschef *m*, -dame *f*; **~tación** *jur* [-θɛpta'θi̯ɔn] *f* Hehlerei *f*; **~tor** [-'tɔr] *m* Empfänger *m* *(a radio)*

recesión [rrɛθe'si̯ɔn] *f* Rezession *f*

receta [rrɛ'θeta] *f* Rezept *n* *(a med)*; ***con ~ médica*** rezeptpflichtig; ***sin ~ médica*** rezeptfrei; **~r** [-θe'tar] *(1a)* *med* verschreiben

recha|zar [rrɛtʃa'θar] *(1f)* ab-, zurückweisen; ablehnen; **~zo** [-'tʃaθo] *m* Zurückweisung *f*; Ablehnung *f*

rechinar [rrɛtʃi'nar] *(1a)* quietschen, knarren; knirschen

rechistar F [rrɛtʃis'tar] *(1a)*: ***sin ~*** ohne Widerspruch

recibi|da *Am* [rrɛθi'ƀiđa] *f* Empfang *m*, Aufnahme *f*; **~miento** [-'mi̯ento] *m* Empfang *m*; **~r** [-'ƀir] *(3a)* empfangen, erhalten; *(acoger)* aufnehmen

recibo [rrɛ'θiƀo] *m* Empfang *m*; *(documento)* Quittung *f*

recicla|je [rrɛθi'klaxe] *m* Recycling *n*; **~r** [-'klar] *(1a)* wieder verwerten, wieder aufbereiten

recién [rrɛ'θi̯en] neu…, frisch…; *Am* soeben; kürzlich; ***~ nacido*** neugeboren; ***~ pintado*** frisch gestrichen

reciente [rrɛ'θi̯ente] jüngst; frisch, neu; ***de ~ publicación*** soeben erschienen; **~mente** [-'mente] kürzlich; neulich

recinto [rrɛ'θinto] *m* Bereich *m*, Gebiet *n*; ***~ ferial*** Messegelände *n*

recio ['rrɛθi̯o] stark, kräftig

recipiente [rrɛθi'pi̯ente] *m* Gefäß *n*; Behälter *m*

recíproco [rrɛ'θiproko] gegenseitig

reci|tal [rrɛθi'tal] *m* (Solo-)Konzert *n*; ***~ poético*** Dichterlesung *f*; **~tar** [-'tar] *(1a)* vortragen, rezitieren

reclama|ción [rrɛklama'θi̯ɔn] *f* Reklamation *f*, Beanstandung *f*; **~r** [-'mar] *(1a)* **1.** *v/t* reklamieren, beanstanden; *(exigir)* (zurück)fordern; **2.** *v/i* Einspruch erheben; sich beschweren

reclamo [rrɛ'klamo] *m* Lockvogel *m*; Lockruf *m*; *Am* Reklamation *f*; ***~ publicitario*** Reklame *f*

reclinar [rrɛkli'nar] *(1a)* (an-, zurück)lehnen; **~se** sich (an)lehnen

reclu|ir [rrɛklu'ir] *(3g)* einschließen, -sperren; **~sión** [-'si̯ɔn] *f jur* Haft *f*; **~so** [-'kluso] *m* Häftling *m*; Sträfling *m*

recluta [rrɛ'kluta] *m* Rekrut *m*; **~mien-**

to [-'mĭento] *m mil* Aushebung *f*; **~r** [-'tar] (*1a*) *mil* rekrutieren; (*trabajadores*) anwerben

recobrar [rrɛko'ƀrar] (*1a*) wiederbekommen, -erlangen; **~se** sich erholen (von ***de***)

recodo [rrɛ'kođo] *m* Biegung *f*

recoge|dor [rrɛkɔxe'đɔr] *m* Kehrschaufel *f*; **~pelotas** [-pe'lotas] *m* Balljunge *m*; **~r** [rrɛkɔ'xɛr] (*2c*) aufheben; (*reunir*) sammeln; (*guardar*) weg-, aufräumen; (*acoger*) aufnehmen; (***ir a***) **~** abholen

recogi|da [rrɛkɔ'xiđa] *f* Sammeln *n*, Abholen *n*; *corr* Leerung *f*; ***~ de la basura*** Müllabfuhr *f*; ***~ selectiva de la basura*** Mülltrennung *f*; **~miento** [-'mĭento] *m* Zurückgezogenheit *f*

recolec|ción [rrɛkolɛg'θĭɔn] *f* Sammlung *f*; *agr* Ernte *f*; **~tar** [-lɛk'tar] (*1a*) sammeln; *agr* ernten

recomenda|ble [rrɛkomen'daƀle] empfehlenswert; **~ción** [-'θĭɔn] *f* Empfehlung *f*; **~r** [-'dar] (*1k*) empfehlen

recompensa [rrɛkɔm'pensa] *f* Belohnung *f*; ***en ~ de*** zum Lohn für; **~r** [-'sar] (*1a*) belohnen; entschädigen

reconcilia|ción [rrɛkɔnθilĭa'θĭɔn] *f* Versöhnung *f*; **~r(se)** [-'lĭar(se)] (*1b*) (sich) versöhnen

reconfortar [rrɛkɔmfɔr'tar] (*1a*) stärken; trösten

recono|cer [rrɛkono'θɛr] (*2d*) (wieder) erkennen; *med* untersuchen; (*terreno*) erkunden; (*admitir*) anerkennen (als ***por***); (*confesar*) zugeben; **~cido** [-'θiđo] dankbar (für ***por***); **~cimiento** [-θi'mĭento] *m* Anerkennung *f*; *med* Untersuchung *f*; (*gratitud*) Dankbarkeit *f*; *mil* Aufklärung *f*; ***~ de voz*** *inform* Spracherkennung *f*

reconquista [rrɛkɔŋ'kista] *f* Wiedereroberung *f*; **~r** [-'tar] (*1a*) zurückerobern

reconstru|cción [rrɛkɔnstrug'θĭɔn] *f* Wiederaufbau *m*; **~ir** [-'ir] (*3g*) wieder aufbauen; *fig* rekonstruieren

recopila|ción [rrɛkopila'θĭɔn] *f* Zusammenstellung *f*; **~r** [-'lar] (*1a*) zusammenstellen, zusammentragen

récord ['rrɛkɔr] *m* Rekord *m*

recordar [rrɛkɔr'đar] (*1m*) sich erinnern an (*ac*); ***~ a/c a alg*** j-n an et (*ac*) erinnern

recorr|er [rrɛkɔ'rrɛr] (*2a*) durchlaufen, -fahren; bereisen; (*texto*) überfliegen; (*trayecto*) zurücklegen; **~ido** [-'rriđo] *m* Strecke *f*

recor|tar [rrɛkɔr'tar] (*1a*) beschneiden, ausschneiden; **~tarse** sich abzeichnen; **~te** [-'kɔrte] *m* Ausschnitt *m*

recostar(se) [rrɛkɔs'tar(se)] (*1m*) (sich) an-, zurücklehnen

recre|ar [rrɛkre'ar] (*1a*) ergötzen, erquicken; **~ativo** [-a'tiƀo] unterhaltend; Vergnügungs…; ***salón m ~*** Spielhalle *f*; **~o** [-'kreo] *m* Erholung *f*, Entspannung *f*; (Schul-)Pause *f*

recrimina|ción [rrɛkrimina'θĭɔn] *f* An-, Beschuldigung *f*; **~r** [-'nar] (*1a*) Vorwürfe machen; beschuldigen

recrude|cer(se) [rrɛkruđe'θɛr(se)] (*2d*) (sich) verschlimmern, (sich) verschlechtern; **~cimiento** [-θi'mĭento] *m* Verschlimmerung *f*; Verschärfung *f*

recta ['rrɛkta] *f* Gerade *f*; ***~ final*** *dep* Zielgerade *f*; *fig* Endrunde *f*

rec|tangular [rrɛktaŋgu'lar] rechteckig; *mat* rechtwinklig; **~tángulo** [-'taŋgulo] *m* Rechteck *n*

recti|ficar [rrɛktifi'kar] (*1g*) berichtigen; verbessern; (*río*, *etc*) begradigen; **~tud** [-'tuđ] *f* Richtigkeit *f*; *fig* Rechtschaffenheit *f*

recto ['rrɛkto] **1.** *adj* gerade; *fig* redlich; **2.** *m* Mastdarm *m*

rector [rrɛk'tɔr] *m* Rektor *m*

recubrir [rrɛku'ƀrir] (*3a*; *part* ***recubierto***) überziehen (mit ***de***)

recuento [rrɛ'kŭento] *m* Zählung *f*; (*de votos*) Auszählung *f*

recuerdo [rrɛ'kŭɛrđo] *m* Erinnerung *f*; (*objeto*) Andenken *n*, Souvenir *n*; ***dar ~s*** Grüße ausrichten; ***muchos ~s a …*** viele Grüße an …

recupera|ción [rrɛkupera'θĭɔn] *f* Wiedererlangung *f*; Rückgewinnung *f*; *med* Genesung *f*; ***curso*** *m* ***de ~*** Nachholkurs *m*; **~r** [-'rar] (*1a*) wiedererlangen; (*tiempo*) nach-, aufholen; **~rse** sich erholen

recurrir [rrɛku'rrir] (*3a*) sich wenden (an *ac* ***a***); greifen (zu *dat* ***a***); *jur* Berufung einlegen

recurso [rrɛ'kurso] *m* Zuflucht *f*; *fig* Ausweg *m*; *jur* ***~ de apelación*** Berufung *f*; **~s** *pl* (Geld-)Mittel *n/pl*; ***sin ~s*** mittellos

recusar [rrɛku'sar] (*1a*) verwerfen; *jur* ablehnen

red [rređ] *f* Netz *n* (*a fig*); **~ *de telefonía móvil*** Mobil(funk)netz; *fig* ***caer en la ~*** ins Garn gehen

redac|ción [rrɛđag'θǐɔn] *f* Abfassung *f*; Redaktion *f*; (*escolar*) Aufsatz *m*; **~tar** [-đak'tar] (*1a*) ver-, abfassen, redigieren; **~tor** [-'tɔr] *m* Verfasser *m*; Redakteur *m*

redada [rrɛ'đađa] *f* Fischzug *m*; (*de policía*) Razzia *f*

redil [rrɛ'đil] *m* Pferch *m*; Hürde *f*

redimir [rrɛđi'mir] (*3a*) *rel* erlösen

rédito ['rrɛđito] *m* Rendite *f*

redob|lar [rrɛđo'ƀlar] (*1a*) **1.** *v/t* verdoppeln; **2.** *v/i mús* Trommelwirbel schlagen; **~le** [-'đoble] *m* Trommelwirbel *m*

redomado [rrɛđo'mađo] gerissen

redon|da [rrɛ'đɔnda] *f mús* ganze Note *f*; ***a la ~*** rundherum; im Umkreis; **~dear** [-de'ar] (*1a*) abrunden; **~do** [-'đɔndo] rund; *fig* glatt; eindeutig; ***en ~*** rundherum; *fig* rundweg

redu|cción [rrɛđug'θǐɔn] *f* Verminderung *f*; Herabsetzung *f*; *med* Einrenkung *f*; **~ *de las áreas agrarias*** Flächenstilllegung *f*; **~ *de empleo*** Stellenabbau *m*; **~cido** [-'θiđo] klein; gering; **~cir** ['θir] (*3o*) vermindern; herabsetzen; ein-, beschränken, reduzieren; *mil* niederwerfen; *med* einrenken, einrichten; **~cirse** sich einschränken; sich beschränken (auf *ac* ***a***)

redun|dancia [rrɛđun'danθǐa] *f* Überfluss *m*; *lit* Redundanz *f*; **~dante** [-'dante] weitschweifig; überflüssig; **~dar** [-'dar] (*1a*) sich auswirken, gereichen (zu *dat* ***en***)

reduplicar [rrɛđupli'kar] (*1g*) verdoppeln; verstärken

reeducar [rrɛeđu'kar] (*1g*) umschulen

reele|cción [rrɛelɛg'θǐɔn] *f* Wiederwahl *f*; **~gir** [-'xir] (*3c u 3l*) wieder wählen

reembol|sar [rrɛembɔl'sar] (*1a*) zurückzahlen; erstatten; **~so** [-'bɔlso] Rückzahlung *f*; ***contra ~*** gegen Nachnahme

reempla|zar [rrɛempla'θar] (*1f*) ersetzen; vertreten; **~zo** [-'plaθo] *m* Ersatz *m*

reestructura|ción [rrɛestruktura'θǐɔn] *f* Umstrukturierung *f*; **~r** [-'rar] (*1a*) umstrukturieren

reexpedir [rrɛespe'đir] (*3l*) nachsenden

referencia [rrɛfe'renθǐa] *f* Hinweis *m*, Verweis *m*; *com* Bezug *m*; **~s** *pl* Referenzen *f/pl*; ***con ~ a*** mit Bezug auf (*ac*)

referéndum [rrɛfe'rendun] *m* Volksabstimmung *f*, Referendum *n*

refer|ente [rrɛfe'rente]: **~ *a*** bezüglich (*gen*), mit Bezug auf (*ac*); **~ir** [-'rir] (*3i*) erzählen, berichten; **~irse** sich beziehen (auf *ac* ***a***)

refina|do [rrɛfi'nađo] raffiniert (*a fig*); **~miento** [-'mǐento] *m* Verfeinerung *f*; *fig* Raffinement *n*; **~r** [-'nar] (*1a*) verfeinern; *tec* raffinieren

refinería *tec* [rrɛfine'ria] *f* Raffinerie *f*

refle|jar [rrɛflɛ'xar] (*1a*) (wider)spiegeln; (*a fig*) reflektieren; **~jo** [-'flɛxo] **1.** *adj* Reflex…; **2.** *m* Reflex *m*; **~xión** [-flɛg'sǐɔn] *f* Spiegelung *f*, Reflexion *f*; *fig* Überlegung *f*; **~xionar** [-sǐo'nar] (*1a*) überlegen, nachdenken; **~xivo** [-'siƀo] nachdenklich; *gram* reflexiv

reflujo [rrɛ'fluxo] *m* Rückfluss *m*

refocilarse [rrɛfoθi'larse] (*1a*) sich weiden (an *dat* ***en***)

reforesta|ción *bsd Am* [rrɛforesta'θǐɔn] *f* Aufforstung *f*; **~r** [-'tar] (*1a*) (wieder-)aufforsten

reforma [rrɛ'fɔrma] *f* Reform *f*; *rel* Reformation *f*; **~ *monetaria*** Währungsreform *f*; Währungsumstellung *f*; **~ *ortográfica*** Rechtschreibreform *f*; **~s** *pl* Umbau *m*; **~r** [-'mar] (*1a*) umgestalten; reformieren; *arqu* umbauen; **~rse** sich bessern; **~torio** [-ma'torǐo] *m* Erziehungsanstalt *f*

reformismo [rrɛfɔr'mizmo] *m* Reformpolitik *f*

reforzar [rrɛfɔr'θar] (*1f u 1m*) verstärken

refrac|ción *fís* [rrɛfrag'θǐɔn] *f* Brechung *f*; **~tar** [-frak'tar] (*1a*) (*rayos*) brechen; **~tario** [-'tarǐo] widerspenstig; *tec* feuerfest

refrán [rrɛ'fran] *m* Sprichwort *n*

refranero [rrɛfra'nero] *m* Sprichwörtersammlung *f*

refregar [rrɛfre'gar] (*1h u 1k*) reiben, scheuern

refrendar [rrɛfren'dar] (*1a*) gegenzeichnen; *fig* bestätigen

refres|cante [rrɛfres'kante] erfrischend; **~car** [-'kar] (*1g*) **1.** *v/t* erfrischen; (ab)kühlen; **2.** *v/i* sich abkühlen; **~co** [-'fresko] *m* Erfrischung(sgetränk *n*) *f*

refrige|ración [rrɛfrixera'θǐɔn] *f* Kühlung *f*; **~rar** [-'rar] (*1a*) (ab)kühlen;

~rio [-'xerĭo] *m* Imbiss *m*
refuerzo [rrɛ'fŭɛrθo] *m* Verstärkung *f*
refu|giado [rrɛfu'xĭađo] *m* Flüchtling *m*; **~giarse** [-'xĭarse] (*1b*) (sich) flüchten; **~gio** [-'fuxĭo] *m* Zuflucht *f*; (*casa*) Schutzhütte *f*; (*tráfico*) Verkehrsinsel *f*; **~ (*anti*)*atómico*** Atombunker *m*
refun|dición [rrɛfundi'θĭɔn] *f* Neubearbeitung *f*; **~dir** [-'dir] (*3a*) neu bearbeiten; umarbeiten
refunfuñar [rrɛfumfu'ɲar] (*1a*) brummen; murren
refutar [rrɛfu'tar] (*1a*) widerlegen
rega|dera [rrɛga'đera] *f* Gießkanne *f*; **~dío** [-'đio] *m* Bewässerungsland *n*
regala|do [rrɛga'lađo] geschenkt (*a fig*); (*vida*) bequem; **~r** [-'lar] (*1a*) schenken; (*deleitar*) beschenken; bewirten
regaliz [rrɛga'liθ] *m* Lakritze *f*
regalo [rrɛ'galo] *m* Geschenk *n*
regaña|dientes [rrɛgaɲa'đientes]: ***a ~*** zähneknirschend; **~r** [-'ɲar] (*1a*) ausschimpfen
regar [rrɛ'gar] (*1h u 1k*) bewässern; (be)gießen; (*calle*) sprengen
regata [rrɛ'gata] *f* Regatta *f*
regat|ear [rrɛgate'ar] (*1a*) feilschen; *dep* dribbeln; **~eo** [-'teo] *m* Feilschen *n*; *dep* Dribbeln *n*
regazo [rrɛ'gaθo] *m* Schoß *m* (*a fig*)
regenerar [rrɛxene'rar] (*1a*) regenerieren; erneuern
regen|tar [rrɛxen'tar] (*1a*) verwalten; leiten; **~te** [-'xente] *su* Verwalter(in) *m*(*f*); *pol* Regent(in) *m*(*f*)
régimen ['rrɛximen] *m pol* Regime *n*; *med* Diät *f*
regimiento *mil* [rrɛxi'mĭento] *m* Regiment *n*
regio ['rrɛxĭo] königlich; *fig* prächtig
regi|ón [rrɛ'xĭɔn] *f* Region *f*, Gegend *f*; Gebiet *n*; **~onal** [-xĭo'nal] regional
regir [rrɛ'xir] (*3l u 3c*) **1.** *v/t* regieren; leiten; **2.** *v/i* gültig sein
regis|trar [rrɛxis'trar] (*1a*) durchsuchen; (*anotar*) registrieren, eintragen; (*grabar*) aufnehmen; **~trarse** zu verzeichnen sein; **~tro** [-'xistro] *m* Verzeichnis *n*; Register *n* (*a mús*); (*policial*) Durchsuchung *f*; *tec* Klappe *f*; Schieber *m*; ***~ civil*** Standesamt *n*; ***~ domiciliario*** Haussuchung *f*; ***~ de la propiedad*** Grundbuch *n*
regla ['rrɛgla] *f* Regel *f* (*a med*); Norm *f*; (*utensilio*) Lineal *n*; ***en ~*** in Ordnung; ***por ~ general*** im Allgemeinen
reglamen|tación [rrɛglamenta'θĭɔn] *f* Regelung *f*; Ordnung *f*; **~tar** [-'tar] (*1a*) regeln; **~tario** [-'tarĭo] vorschriftsmäßig; **~to** [-'mento] *m* Vorschrift *f*; (Haus-, Betriebs-)Ordnung *f*
regoci|jar [rrɛgoθi'xar] (*1a*) erfreuen; **~jo** [-'θixo] *m* Freude *f*; Jubel *m*
regodearse F [rrɛgođe'arse] (*1a*) sich weiden (an *dat* ***en***)
regrabable [rrɛgra'ƀaƀle] (*CD*, *DVD*) wieder beschreibbar
regre|sar [rrɛgre'sar] (*1a*) zurückkehren; **~so** [-'greso] *m* Rückkehr *f*
reguero [rrɛ'gero] *m* Rinnsal *n*; *fig* ***~ de pólvora*** Lauffeuer *n*
regula|ble [rrɛgu'laƀle] regulierbar; **~ción** [-'θĭɔn] *f* Regulierung *f*; Regelung *f*; **~r** [-'lar] **1.** *adj* regelmäßig; geordnet; (*normal*) normal, regulär; (*mediano*) (mittel)mäßig; **2.** *v/t* (*1a*) regeln, ordnen; *tec* einstellen, regulieren; **~ridad** [-ri'đađ] *f* Regelmäßigkeit *f*; **~rizar** [-'θar] (*1f*) regeln, ordnen
regusto [rrɛ'gusto] *m* Nachgeschmack *m* (*a fig*)
rehabilita|ción [rrɛaƀilita'θĭɔn] *f* Rehabilitation *f* (*a med*); *arqu* Renovierung *f*; **~r** [-'tar] (*1a*) rehabilitieren
rehén [rrɛ'en] *m* Geisel *f*; ***toma*** *f* ***de rehenes*** Geiselnahme *f*
rehogar [rrɛo'gar] (*1h*) schmoren, dünsten
rehuir [rrɛu'ir] (*3g*) vermeiden; aus dem Weg gehen (*dat*)
rehusar [rrɛu'sar] (*1a*) ablehnen
reimpresión [rrɛimpre'sĭɔn] *f tip* Nachdruck *m*
reina ['rrɛĭna] *f* Königin *f*; (*ajedrez*) Dame *f*; **~do** [-'nađo] *m* Regierung(szeit) *f*; **~nte** [-'nante] regierend; *a fig* herrschend; **~r** [-'nar] (*1a*) regieren; *a fig* herrschen
reinci|dente *jur* [rrɛinθi'đente] rückfällig; **~dir** [-'đir] (*3a*) rückfällig werden
reincorporar [rrɛiŋkɔrpo'rar] (*1a*) wieder eingliedern; **~se** zurückkehren (an, in, auf *ac* ***a***)
reino ['rrɛĭno] *m* Königreich *n*; *fig* Reich *n*
reinte|grar [rrɛinte'grar] (*1a*) wieder einsetzen; (*devolver*) zurückerstatten; **~grarse** zurückkehren (an, in *ac* ***a***); **~gro** [-'tegro] *m* Rückkehr *f*; (*devolu-*

ción) Rückzahlung *f*
reír [rrɛ'ir] *(3m)* lachen; **~se** lachen; **~ de** sich lustig machen über *(ac)*
reiterar [rreite'rar] *(1a)* wiederholen
reivindica|ción [rreĭbindika'θĭɔn] *f* Forderung *f*; **~r** [-'kar] *(1g)* fordern, beanspruchen
rej|a ['rrɛxa] *f* Gitter *n*; *agr* Pflugschar *f*; **~illa** [-'xiʎa] *f* Gitter *n*; *ferro* Gepäcknetz *n*
rejoneador [rrɛxonea'đɔr] *m* Stierkämpfer *m* zu Pferd
rejuvene|cer [rrɛxuƀene'θɛr] *(2d)* verjüngen; **~cimiento** [-θi'mĭento] *m* Verjüngung *f*
relaci|ón [rrɛla'θĭɔn] *f* Beziehung *f*; Verhältnis *n*; *(informe)* Bericht *m*; *(lista)* Aufstellung *f*, Verzeichnis *n*; ***relaciones económicas*** Wirtschaftsbeziehungen *f/pl*; ***relaciones públicas*** Öffentlichkeitsarbeit *f*, Public Relations *pl*; **~onar** [-θĭo'nar] *(1a)* in Verbindung bringen (mit *dat* ***con***)
relaja|ción [rrɛlaxa'θĭɔn] *f* Entspannung *f*; **~r** [-'xar] *(1a)* entspannen *(a fig)*; (auf)lockern; **~rse** erschlaffen; sich entspannen
relamer [rrɛla'mɛr] *(2a)* ablecken; **~se** sich die Lippen lecken
relámpago [rrɛ'lampago] *m* Blitz *m*
relampaguear [rrɛlampage'ar] *(1a)* (auf)blitzen; wetterleuchten
relatar [rrɛla'tar] *(1a)* erzählen, schildern
relati|vidad [rrɛlatiƀi'đađ] *f* Relativität *f*; **~vo** [-'tiƀo] relativ *(a gram)*; **~ a** bezüglich *(gen)*
relato [rrɛ'lato] *m* Erzählung *f*; Bericht *m*; **~r** [-'tɔr] *m Am* Berichterstatter *m*
relegar [rrɛle'gar] *(1h)* verweisen, verbannen
rele|vante [rrɛle'ƀante] bedeutend; hervorragend; **~var** [-'ƀar] *(1a)* befreien (von ***de***); *(destituir)* entlassen; *(sustituir)* ablösen; **~vo** [rrɛ'leƀo] *m* Ablösung *f*; ***carrera*** *f* ***de ~s*** Staffellauf *m*
relieve [rrɛ'lĭeƀe] *m* Relief *n*; ***poner de ~*** hervorheben
religi|ón [rrɛli'xĭɔn] *f* Religion *f*; **~osa** [-'xĭoso] *f* Nonne *f*; **~osidad** [-si'đađ] *f* Frömmigkeit *f*; **~oso** [-'xĭoso] **1.** *adj* religiös; fromm; **2.** *m* Mönch *m*
relinchar [rrɛlin'tʃar] *(1a)* wiehern
reliquia [rrɛ'likĭa] *f* Reliquie *f*
rellano [rrɛ'ʎano] *m* Treppenabsatz *m*
relle|nar [rrɛʎe'nar] *(1a)* füllen *(a gastr)*; *(impreso)* ausfüllen; **~no** [-'ʎeno] **1.** *adj* voll; gefüllt; **2.** *m* Füllung *f* *(a gastr)*
reloj [rrɛ'lɔx] *m* Uhr *f*; ***~ de arena*** Sanduhr *f*; ***~ digital*** Digitaluhr *f*; ***~ de pulsera*** Armbanduhr *f*; ***~ de sol*** Sonnenuhr *f*; **~ería** [-lɔxe'ria] *f* Uhrengeschäft *n*; **~ero** [-'xero] *m* Uhrmacher *m*
reluc|iente [rrɛlu'θĭente] glänzend; **~ir** [-'θir] *(3f)* glänzen, strahlen
remache [rrɛ'matʃe] *m* Niete *f*
remanente [rrɛma'nente] *m* Überrest *m*; *com* Restbetrag *m*
remar [rrɛ'mar] *(1a)* rudern
rema|tar [rrɛma'tar] *(1a)* abschließen, vollenden; *Am* versteigern; **~te** [-'mate] *m* Abschluss *m*; *(fútbol)* Schuss *m* aufs Tor; *com* Ausverkauf *m*; *Am* Versteigerung *f*; ***de ~*** völlig
remedar [rrɛme'đar] *(1a)* nachahmen
reme|diar [rrɛme'đĭar] *(1b)* abhelfen *(dat)*; *fig* ändern; (ver)hindern; **~dio** [-'međĭo] *m* Abhilfe *f*; *med* Heilmittel *n*; ***no hay más ~ que*** es bleibt nichts anderes übrig als
remendar [rrɛmen'dar] *(1k)* flicken
remero [rrɛ'mero] *m* Ruderer *m*
remesa [rrɛ'mesa] *f* Sendung *f*
remiendo [rrɛ'mĭendo] *m* Flicken *m*
remil|gado [rrɛmil'gađo] zimperlich; geziert; **~go** [-'milgo] *m* Ziererei *f*; Getue *n*
reminiscencia [rrɛminis'θenθĭa] *f* Erinnerung *f*; Anklang *m*
remi|sión [rrɛmi'sĭɔn] *f* Nachlassen *n*; *rel* Vergebung *f*; *(envío)* Übersendung *f*; **~te** [-'mite] *m* Absender *m*; **~tente** [-'tente] *su* Absender(in) *m(f)*; **~tir** [-'tir] *(3a)* **1.** *v/t* verweisen (auf *ac* ***a***); *(enviar)* (über)senden; **2.** *v/i* nachlassen; **~tirse** sich berufen (auf *ac* ***a***)
remo ['rrɛmo] *m* Ruder *n*; *(deporte)* Rudern *n*
remodelar [rrɛmođe'lar] *(1a)* umgestalten
remo|jar [rrɛmɔ'xar] *(1a)* einweichen; **~jo** [-'mɔxo] *m* Einweichen *n*; ***poner en ~*** einweichen
remolacha [rrɛmo'latʃa] *f* Rübe *f*; ***~ azucarera*** Zuckerrübe *f*; ***~ roja*** Rote Bete *f*
remol|cador *mar* [rrɛmɔlka'đɔr] *m* Schlepper *m*; **~car** [-'kar] *(1g)* *mar* schleppen; *auto* abschleppen
remolino [rrɛmo'lino] *m* Wirbel *m* *(a*

fig)

remolque [rrɛ'mɔlke] *m* Abschleppen *n*; *auto* Anhänger *m*; ***llevar a ~*** (ab-)schleppen

remontarse [rrɛmɔn'tarse] (*1a*) *fig* zurückgehen (auf *ac* ***a***)

remordimiento [rrɛmɔrđi'mĭento] *m* Gewissensbiss *m*

remoto [rrɛ'moto] entlegen; (weit) entfernt

remover [rrɛmo'ƀɛr] (*2h*) umrühren; (*quitar*) entfernen; *fig* aufwühlen

remplazar [rrempla'θar] (*1f*) *s* ***reemplazar***

remunera|ción [rrɛmunera'θĭɔn] *f* Bezahlung *f*; Vergütung *f*; **~r** [-'rar] (*1a*) vergüten; (*recompensar*) belohnen

rena|cer [rrɛna'θɛr] (*2d*) *fig* wieder aufleben; **~cimiento** [-θi'mĭento] *m* Wiedergeburt *f*; ♀ Renaissance *f*

renacuajo [rrɛna'kŭaxo] *m* Kaulquappe *f*

renal [rrɛ'nal] Nieren…

Renania [rrɛ'nanĭa] *f* Rheinland *n*

rencilla [rren'θiʎa] *f* Streiterei *f*

rencor [rreŋ'kɔr] *m* Groll *m*; ***guardar ~ a alg*** j-m et nachtragen; **~oso** [-ko'roso] nachtragend

rendi|ción [rrendi'θĭɔn] *f* Bezwingung *f*; Übergabe *f*; ***~ de cuentas*** Abrechnung *f*; **~do** [-'điđo] erschöpft; (*sumiso*) ergeben; **~ja** [-'dixa] *f* Spalt *m*; **~miento** [-di'mĭento] *m* Leistung(sfähigkeit) *f*; *com* Ertrag *m*; **~r** [-'dir] (*3l*) **1.** *v/t* (*vencer*) bezwingen; *mil* übergeben; (*beneficio*) abwerfen, einbringen; **2.** *v/i* sich rentieren; **~rse** sich ergeben

renega|do [rrɛne'gađo] **1.** *adj* abtrünnig; **2.** *m* Renegat *m*; **~r** [-'gar] (*1h u 1k*) ableugnen

RENFE *m* ***Red Nacional de Ferrocarriles Españoles*** Spanische Eisenbahnen *f/pl*

renglón [rreŋ'glɔn] *m* Zeile *f*; *com* Posten *m*; ***a ~ seguido*** gleich danach

renitente [rrɛni'tente] widerspenstig, renitent

reno ['rrɛno] *m* Ren(tier) *n*

renom|brado [rrɛnɔm'brađo] berühmt; **~bre** [-'nɔmbre] *m* Ruhm *m*, Ruf *m*

renova|ción [rrɛnoƀa'θĭɔn] *f* Erneuerung *f*; Renovierung *f*; **~r** [-'ƀar] (*1m*) erneuern; renovieren

renquear [rreŋke'ar] (*1a*) hinken

renta ['rrenta] *f* Rente *f*, Ertrag *m*; (*ingresos*) Einkommen *n*; (*alquiler*) Miete *f*; ***de ~ fija*** festverzinslich; ***~ per cápita*** Pro-Kopf-Einkommen *n*; **~bilidad** [-ƀili'đađ] *f* Rentabilität *f*; **~ble** [-'taƀle] rentabel; lohnend; **~r** [-'tar] (*1a*) einbringen

renuncia [rrɛ'nunθĭa] *f* Verzicht *m*; **~r** [-'θĭar] (*1b*) verzichten (auf *ac* ***a***)

reñi|do [rrɛ'ɲiđo] zerstritten; (*combate*) erbittert; ***estar ~ con*** F verkracht sein mit; *fig* unvereinbar sein mit; **~r** [rrɛ'ɲir] (*3h u 3l*) **1.** *v/t* ausschimpfen; **2.** *v/i* sich zanken, sich streiten

reo ['rrɛo] *m* Angeklagte(r) *m*

reojo [rrɛ'ɔxo]: ***mirar de ~*** verstohlen ansehen

reorganizar [rrɛɔrgani'θar] (*1f*) neugestalten; umorganisieren

reorientación [rrɛorĭenta'θĭɔn] *f* Umstellung *f*; Neuorientierung *f*

repara|ble [rrɛpa'raƀle] ersetzbar; wieder gutzumachen(d); **~ción** [-'θĭɔn] *f* Reparatur *f*; *fig* Wiedergutmachung *f*; **~r** [-'rar] (*1a*) ausbessern, reparieren; (*daño*) (wieder) gutmachen; ***~ en a/c*** et bemerken; ***no ~ en gastos*** keine Kosten scheuen

reparo [rrɛ'paro] *m* Bedenken *n*; Einwand *m*; ***poner ~s a*** Einwände erheben gegen (*ac*)

repar|tición [rrɛparti'θĭɔn] *f* Verteilung *f*; **~tida** *Am* [-'tiđa] *f s* ***reparto***; **~tidor** [-ti'đɔr] *m* Verteiler *m*; (*de periódicos*) Austräger *m*; **~tir** [-'tir] (*3a*) ver-, austeilen; (*correo*) zustellen, austragen; (*beneficio*) ausschütten; **~to** [-'parto] *m* Verteilung *f*; *com* Ausschüttung *f*; *corr* Zustellung *f*; *teat* Besetzung *f*

repa|sar [rrɛpa'sar] (*1a*) durchsehen; (*lección*) wiederholen; *tec* überprüfen; **~so** [rrɛ'paso] *m* Durchsicht *f*; *tec* Überprüfung *f*

repatriar [rrɛpa'trĭar] (*1b*) repatriieren; **~se** heimkehren

repele|nte [rrɛpe'lente] **1.** *adj* abstoßend (*a fig*); **2.** *m* Insektenschutzmittel *n*; **~r** [-'lɛr] (*2a*) abweisen; *fig* abstoßen

repen|te [rrɛ'pente] *m*: ***de ~*** plötzlich; **~tino** [-'tino] plötzlich

repercu|sión [rrɛpɛrku'sĭɔn] *f* Widerhall *m* (*a fig*); Rückwirkung *f*; **~tir** [-'tir] (*3a*) widerhallen; *fig* sich auswirken (auf *ac* ***en***)

repertorio [rrɛpɛr'torĭo] *m* Verzeichnis *n*; *teat* Repertoire *n*

repe|tición [rrɛpeti'θĭɔn] *f* Wiederholung *f*; **~tir** [-'tir] (*3l*) wiederholen
repi|car [rrɛpi'kar] (*1g*) (*campanas*) läuten; **~que** [-'pike] *m* Glockenläuten *n*
repisa [rrɛ'pisa] *f* Konsole *f*
replegarse [rrɛple'garse] (*1h u 1k*) *mil* sich zurückziehen
repleto [rrɛ'pleto] (bis oben hin) voll
réplica ['rrɛplika] *f* Erwiderung *f*; (*copia*) Replik *f*, Nachbildung *f*
replicar [rrɛpli'kar] (*1g*) erwidern
repliegue [rrɛ'plĭege] *m* Falte *f*; Knick *m*; *mil* Rückzug *m*
repobla|ción [rrɛpoƀla'θĭɔn] *f* Wiederbevölkerung *f*; **~ *forestal*** Wiederaufforstung *f*; **~r** [-'ƀlar] (*1m*) wiederbevölkern; wiederaufforsten
repollo [rrɛ'poʎo] *m* (Weiß-)Kohl *m*; **~ *morado*** *Am* Rotkohl *m*
reponer [rrɛpo'nɛr] (*2r*) ersetzen; (*replicar*) antworten; *teat* wieder aufführen; **~se** sich (wieder) erholen
repor|taje [rrɛpɔr'taxe] *m* Reportage *f*; **~ *gráfico*** Bildbericht *m*; **~tero** [-'tero] *m* Reporter *m*; **~ *gráfico*** Bildberichterstatter *m*
repo|sacabezas [rrɛposaka'ƀeθas] *m* *auto* Kopfstütze *f*; **~sado** [-'sađo] ruhig, gelassen; **~sar** [-'sar] (*1a*) ruhen; sich ausruhen; **~sera** *Am* [-'sera] *f* Liege *f*
reposición [rrɛposi'θĭɔn] *f* Wiedereinsetzung *f*; (*cine*) Wiederaufführung *f*; *teat* Neuinszenierung *f*
reposo [rrɛ'poso] *m* Ruhe *f*
repostar [rrɛpɔs'tar] (*1a*) (*gasolina*) auf-, nachtanken
repostería [rrɛpɔste'ria] *f* Konditoreiwaren *f/pl*
repren|der [rrɛpren'dɛr] (*2a*) tadeln; vorwerfen; **~sión** [-'sĭɔn] *f* Tadel *m*, Rüge *f*
represa [rrɛ'presa] *f Am* Staudamm *m*
represalia [rrɛpre'salĭa] *f* Vergeltung(smaßnahme) *f*, Repressalie *f*
represar [rrɛpre'sar] (*1a*) stauen
representa|ción [rrɛpresenta'θĭɔn] *f* Darstellung *f*; *teat* Aufführung *f*; *com* Vertretung *f*; **~ *proporcional*** Verhältniswahlrecht *n*; **~nte** [-'tante] *m* Vertreter *m*; *teat* Darsteller *m*; **~r** [-'tar] (*1a*) vertreten; (*significar*) bedeuten; *a teat* darstellen; (*obra*) aufführen; **~tivo** [-ta'tiƀo] repräsentativ
represi|ón [rrɛpre'sĭɔn] *f* Unterdrückung *f*; *psic* Verdrängung *f*; **~vo** [-'siƀo] repressiv
repri|menda [rrɛpri'menda] *f* Verweis *m*; **~mir** [-'mir] (*3a*) unterdrücken; *psic* verdrängen
reproba|ble [rrɛpro'ƀaƀle] verwerflich; **~ción** [-'θĭɔn] *f* Missbilligung *f*; **~r** [-'ƀar] (*1m*) missbilligen
repro|chable [rrɛpro'tʃaƀle] tadelnswert; **~char** [-'tʃar] (*1a*) vorwerfen; **~che** [-'protʃe] *m* Vorwurf *m*; Tadel *m*; ***sin* ~** tadellos
reprodu|cción [rrɛprođug'θĭɔn] *f* Reproduktion *f*; Wiedergabe *f*; *biol* Fortpflanzung *f*; **~cir** [-'θir] (*3o*) nachbilden, reproduzieren; wiedergeben; **~cirse** sich fortpflanzen
reptil [rrɛp'til] *m* Reptil *n*
república [rrɛ'puƀlika] *f* Republik *f*; **~ *federal*** Bundesrepublik *f*; **♀ *Checa*** Tschechische Republik *f*; **♀ *Dominicana*** Dominikanische Republik *f*
republicano [rrɛpuƀli'kano] **1.** *adj* republikanisch; **2.** *m* Republikaner *m*
repu|diar [rrɛpu'đĭar] (*1b*) ablehnen; (*mujer*) verstoßen; (*herencia*) ausschlagen; **~dio** [-'puđĭo] *m* Verstoßung *f*; Ablehnung *f*
repuesto [rrɛ'pŭesto] *m* Vorrat *m*; *tec* Ersatzteil *n*; ***de* ~** Ersatz…, Reserve…
repugna|ncia [rrɛpug'nanθĭa] *f* Widerwille *m*, Ekel *m*; **~nte** [-'nante] abstoßend, widerlich; **~r** [-'nar] (*1a*) abstoßen, anekeln
repul|sa [rrɛ'pulsa] *f* Ablehnung *f*; **~sión** [-'sĭɔn] *f* Abneigung *f*, Widerwille *m*; **~sivo** [-'siƀo] abstoßend, widerlich, ekelhaft
reputa|ción [rrɛputa'θĭɔn] *f* Ruf *m*; Name *m*; **~do** [-'tađo] angesehen; berühmt
reque|rimiento [rrɛkeri'mĭento] *m* Aufforderung *f*; Bitte *f*; **~rir** [-'rir] (*3i*) auffordern; bitten; (*necesitar*) erfordern
requesón [rrɛke'sɔn] *m* Quark *m*
réquiem ['rrɛkĭen] *m* Requiem *n*
requisa [rrɛ'kisa] *f* Inspektion *f*; *mil* Requisition *f*; **~r** [-'sar] (*1a*) *mil* requirieren; *Am* durchsuchen
requisito [rrɛki'sito] *m* Erfordernis *n*; Formalität *f*
res [rres] *f* Stück *n* Vieh; *Am* Rind *n*
resabio [rrɛ'saƀĭo] *m* Nachgeschmack *m*

resaca [rrɛ'saka] *f* Dünung *f*; Sog *m*; F Kater *m*
resaltar [rrɛsal'tar] (*1a*) hervor-, herausragen (*a fig*); (***hacer***) ~ hervorheben
resarcir [rrɛsar'θir] (*3b*) entschädigen (für ***de***); **~se** sich schadlos halten (für ***de***)
resba|ladizo [rrezƀala'điθo] rutschig; **~lar** [-'lar] (*1a*) ausrutschen; *auto* schleudern; **~lón** [-'lɔn] *m fig* Ausrutscher *m*
resca|tar [rreska'tar] (*1a*) loskaufen; auslösen; *fig* retten, bergen; **~te** [-'kate] *m* Rettung *f*, Bergung *f*; (*dinero*) Lösegeld *n*
resci|ndir [rresθin'dir] (*3a*) (*contrato*) aufheben, kündigen; **~sión** [-θi'sĭɔn] *f* Aufhebung *f*, Kündigung *f*
resenti|do [rrɛsen'tiđo] nachtragend; **~miento** [-'mĭento] *m* Groll *m*; Ressentiment *n*; **~rse** [-'tirse] (*3i*): ~ ***de*** (noch) spüren; die Nachwirkungen spüren
reseña [rrɛ'seɲa] *f* Beschreibung *f*; *lit* Rezension *f*; **~r** [-'ɲar] (*1a*) beschreiben; *lit* besprechen, rezensieren
reserva [rrɛ'sɛrƀa] *f* Reserve *f* (*a mil*); (*de plaza, etc*) Reservierung *f*; Buchung *f*; *fig* Zurückhaltung *f*; (*zona*) Reservat *n*; ~ (***biológica***) Naturschutzgebiet *n*; ***sin ~s*** vorbehaltlos; **~do** [-'ƀađo] reserviert (*a fig*); zurückhaltend; **~r** [-'ƀar] (*1a*) reservieren; buchen; (*guardar*) aufsparen; **~rse** sich *et* vorbehalten
resfria|do [rresfri'ađo] *m* Erkältung *f*; Schnupfen *m*; **~rse** [-'arse] (*1c*) sich erkälten; *fig* sich abkühlen
resfrío *Am* [rres'frio] *m* Erkältung *f*
resguar|dar [rrezgŭar'đar] (*1a*) bewahren, schützen (vor ***de***); **~do** [-'gŭarđo] *m* Schutz *m*; (*documento*) Beleg *m*, Schein *m*
resi|dencia [rrɛsi'đenθĭa] *f* Wohnsitz *m*; Residenz *f*; ~ ***de ancianos*** Altersheim *n*; ~ ***de estudiantes*** Studentenheim *n*; **~dencial** [-'θĭal] Wohn…; **~dente** [-'đente] **1.** *adj* wohnhaft; **2.** *m* Bewohner *m*; *com* Deviseninländer *m*; **~dir** [-'đir] (*3a*) wohnen; residieren; ~ ***en*** *fig* liegen in; **~duo** [-'siđŭo] *m* Rest *m*; Rückstand *m*; ***~s*** *pl* Abfall *m*; ***~s radiactivos*** Atommüll *m*
resigna|ción [rrɛsigna'θĭɔn] *f* Resignation *f*; **~rse** [-'narse] (*1a*) sich abfinden (mit ***con***); resignieren
resina [rrɛ'sina] *f* Harz *n*
resis|tencia [rrɛsis'tenθĭa] *f* Widerstand *m* (*a el*); Widerstandskraft *f*; **~tente** [-'tente] widerstandsfähig; *tec* haltbar; beständig (gegen ***a***); **~tir** [-'tir] (*3a*) **1.** *v/i* widerstehen (*dat*); **2.** *v/t* ertragen, aushalten; **~tirse** sich sträuben (gegen *ac* ***a***)
resolu|ción [rrɛsolu'θĭɔn] *f* (Auf-)Lösung *f*; (*decisión*) Entscheidung *f*, Beschluss *m*; *fig* Entschlossenheit *f*; **~to** [-'luto] entschlossen
resolver [rrɛsɔl'ƀɛr] (*2h*; *part* ***resuelto***) (auf)lösen; (*decidir*) beschließen; **~se** sich entschließen (zu ***a***)
resona|ncia [rrɛso'nanθĭa] *f* Resonanz *f*; *fig* Anklang *m*, Echo *n*; **~r** [-'nar] (*1m*) widerhallen (*a fig*)
resoplar [rrɛso'plar] (*1a*) schnauben
resorte [rrɛ'sɔrte] *m* Sprungfeder *f*; *fig* Triebfeder *f*; Mittel *n*
respal|dar [rrespal'dar] (*1a*) unterstützen; **~darse** sich anlehnen; **~do** [-'paldo] *m* Rückenlehne *f*; *fig* Rückendeckung *f*, Unterstützung *f*
respec|tar [rrespɛk'tar] (*1a*) angehen; ***por lo que respecta a …*** was … betrifft; **~tivo** [-'tiƀo] betreffend; jeweilig; **~to** [-'pɛkto] *m*: (***con***) ~ ***a*** hinsichtlich (*gen*); ***a este ~*** in dieser Hinsicht
respe|table [rrespe'taƀle] achtbar; ansehnlich; **~tar** [-'tar] (*1a*) achten, respektieren; **~to** [-'peto] *m* Achtung *f*; Respekt *m*; **~tuoso** [-'tŭoso] respektvoll
respi|ración [rrespira'θĭɔn] *f* Atmung *f*; **~rar** [-'rar] (*1a*) atmen; *fig* aufatmen; **~ratorio** [-'torĭo] Atmungs…; Atem…; **~ro** [-'piro] *m fig* Atem-, Verschnaufpause *f*
resplan|decer [rresplande'θɛr] (*2d*) glänzen, strahlen; **~dor** [-'dɔr] *m* Glanz *m*; Schein *m*
respon|der [rrespɔn'dɛr] (*2a*) antworten, erwidern; ~ ***a*** antworten auf (*ac*), beantworten; (*corresponder*) entsprechen (*dat*); *med* reagieren auf (*ac*); ~ ***de*** verantwortlich sein für; haften für; **~dón** F [-'dɔn] F schnippisch
responsa|bilidad [rresponsaƀili'đađ] *f* Verantwortlichkeit *f*; Verantwortung *f* (für ***de***); *jur* Haftung *f*; ~ ***civil*** Haftpflicht *f*; **~bilizarse** [-'θarse] (*1f*) die

Verantwortung übernehmen (für *ac* ***de***); **~ble** [-'saƀle] verantwortlich (für ***de***); haftbar
respuesta [rres'pŭesta] *f* Antwort *f*; ***en ~ a*** in Beantwortung (*gen*)
resquemor [rreske'mɔr] *m* Groll *m*
resta *mat* ['rresta] *f* Subtrahieren *n*
restable|cer [rrestaƀle'θɛr] (*2d*) wieder herstellen; **~cerse** sich erholen, genesen; **~cimiento** [-θi'mĭento] *m* Wiederherstellung *f*; *med* Genesung *f*
resta|nte [rres'tante] **1.** *adj* restlich; **2.** *m* Überrest *m*; **~r** [-'tar] (*1a*); **3.** *v/t* subtrahieren, abziehen; **4.** *v/i* übrig bleiben
restaura|ción [rrestaŭra'θĭɔn] *f* Wiederherstellung *f*; Restaurierung *f*; **~nte** [-'rante] *m* Restaurant *n*; ***~ de autoservicio*** Selbstbedienungsrestaurant *n*; **~r** [-'rar] (*1a*) wiederherstellen; restaurieren
restitu|ción [rrestitu'θĭɔn] *f* Rückerstattung *f*; **~ir** [-tu'ir] (*3g*) zurückerstatten, -geben
resto ['rresto] *m* Rest *m*; ***los ~s mortales*** die sterbliche Hülle *f*
restregar [rrestre'ɡar] (*1h u 1k*) reiben, scheuern
restricción [rrestriɡ'θĭɔn] *f* Einschränkung *f*; ***restricciones*** *pl* ***a la importación*** Importbeschränkungen *f/pl*
restringir [rrestriŋ'xir] (*3c*) ein-, beschränken
resucitar [rrɛsuθi'tar] (*1a*) **1.** *v/t* wieder erwecken; **2.** *v/i* (wieder) auferstehen
resuelto [rrɛ'sŭɛlto] **1.** *part v* ***resolver***; **2.** *adj* entschlossen; beherzt
resulta|do [rrɛsul'tađo] *m* Ergebnis *n*, Resultat *n*; **~r** [-'tar] (*1a*) sich ergeben; sich herausstellen (als)
resu|men [rrɛ'sumen] *m* Zusammenfassung *f*; **~mir** [-su'mir] (*3a*) zusammenfassen
resu|rgir [rrɛsur'xir] (*3c*) wieder erscheinen; **~rrección** [-surrɛɡ'θĭɔn] *f* Auferstehung *f*
retablo [rrɛ'taƀlo] *m* Altarbild *n*
retaguardia *mil* [rrɛta'ɡŭarđĭa] *f* Nachhut *f*
retal [rrɛ'tal] *m* Stoffrest *m*
retama *bot* [rrɛ'tama] *f* Ginster *m*
retar [rrɛ'tar] (*1a*) herausfordern
retar|dar [rrɛtar'đar] (*1a*) verzögern; aufschieben; **~darse** sich verspäten; **~do** [-'tarđo] *m* Aufschub *m*; Verzögerung *f*
retén [rrɛ'ten] *m* Brandwache *f*
reten|ción [rrɛten'θĭɔn] *f* Zurückbehaltung *f*; Einbehaltung *f*; ***retenciones*** *pl* (Verkehrs-)Stau *m*; **~er** [-te'nɛr] (*2l*) zurück(be)halten; einbehalten
retina [rrɛ'tina] *f* Netzhaut *f*
retira|da [rrɛti'rađa] *f* Rückzug *m* (*a mil*); Entzug *m*; **~do** [-'rađo] außer Dienst; (*alejado*) abgelegen; (*vida*) zurückgezogen; **~r** [-'rar] (*1a*) zurückziehen; (*quitar*) wegnehmen; (*dinero*) abheben
retiro [rrɛ'tiro] *m* Ruhestand *m*; (*pensión*) Ruhegeld *n*; *fig* Zurückgezogenheit *f*; *mil* Abschied *m*
reto ['rrɛto] *m* Herausforderung *f*
retocar [rrɛto'kar] (*1g*) überarbeiten; *fot* retuschieren
retoño [rrɛ'toɲo] *m bot* Schössling *m*, Spross *m*; *fig* Sprössling *m*
retoque [rrɛ'toke] *m* Überarbeitung *f*; *fot* Retusche *f*
retorcer [rrɛtɔr'θɛr] (*2b u 2h*) verdrehen (*a fig*); (*ropa*) (aus)wringen; **~se** sich krümmen, sich winden
retóri|ca [rrɛ'torika] *f* Rhetorik *f*; **~co** [-'toriko] rhetorisch
retor|nar [rrɛtɔr'nar] (*1a*) **1.** *v/t* zurückgeben; **2.** *v/i* zurückkehren; **~no** [-'tɔrno] *m* Rückkehr *f*; (*devolución*) Rückgabe *f*
retozar [rrɛto'θar] (*1f*) hüpfen; (herum-)tollen
retracta|ción [rrɛtrakta'θĭɔn] *f* Widerruf *m*; **~r** [-'tar] (*1a*) widerrufen; **~rse** (sein Wort) zurücknehmen
retra|er [rrɛtra'ɛr] (*2p*) zurückziehen; (*devolver*) wiederbringen; **~erse** sich zurückziehen; **~ído** [-'iđo] zurückgezogen; *fig* zurückhaltend
retransmi|sión [rrɛtranzmi'sĭɔn] *f* Übertragung *f*; ***~ en diferido*** Aufzeichnung *f*; ***~ en directo*** Direktübertragung *f*, Livesendung *f*; **~tir** [-'tir] (*3a*) übertragen
retra|sado [rrɛtra'sađo] zurückgeblieben (*a med*); **~sar** [-'sar] (*1a*) verzögern; aufschieben; (*reloj*) zurückstellen; **~sarse** sich verzögern; (*reloj*) nachgehen; *ferro, etc* sich verspäten; **~so** [-'traso] *m* Verzögerung *f*; *ferro* Verspätung *f*
retra|tar [rrɛtra'tar] (*1a*) porträtieren; *fot* aufnehmen; *fig* schildern; **~to**

[-'trato] *m* Porträt *n*; **~-robot** Phantombild *n*

retre|ta *mil* [rrɛ'treta] *f* Zapfenstreich *m*; **~te** [-'trete] *m* Klosett *n*

retribu|ción [rrɛtriƀu'θĭɔn] *f* Vergütung *f*; Entlohnung *f*; **~ir** [-'ir] (*3g*) vergüten; bezahlen

retro|activo [rrɛtroak'tiƀo] rückwirkend; **~ceder** [-θe'đɛr] (*2a*) zurückweichen; **~ceso** [-'θeso] *m* Zurückweichen *n*; *fig* Rückschritt *m*; Rückschlag *m*

retrógrado [rrɛ'trɔgrađo] *fig* rückständig, rückschrittlich

retro|spectiva [rrɛtrɔspɛk'tiƀa] *f* Rückschau *f*, Retrospektive *f*; **~spectivo** [-'tiƀo] rückblickend, -schauend; **~visor** [-ƀi'sɔr] *m* Rückspiegel *m*

retumbar [rrɛtum'bar] (*1a*) dröhnen

reuma(tismo) *med* ['rrɛŭma('tizmo)] *m* Rheuma(tismus *m*) *n*; **~ articular** Gelenkrheumatismus *m*

reunifi|cación [rrɛŭnifika'θĭɔn] *f pol* Wiedervereinigung *f*; **~car** [-'kar] (*1g*) wieder vereinigen

reuni|ón [rrɛŭ'nĭɔn] *f* Versammlung *f*; Sitzung *f*; **~r** [-'nir] (*3a*) sammeln, zusammentragen; (*personas*) versammeln; **~rse** sich treffen, zusammenkommen

revaloriza|ción [rrɛƀaloriθa'θĭɔn] *f* Aufwertung *f*; **~r** [-'θar] (*1f*) aufwerten

revaluar [rrɛƀa'lŭar] (*1e*) aufwerten

revancha [rrɛ'ƀantʃa] *f* Revanche *f*

revela|ción [rrɛƀela'θĭɔn] *f* Enthüllung *f*; **~do** *fot* [-'lađo] *m* Entwickeln *n*; **~dor** [-'đɔr] **1.** *adj* aufschlussreich; **2.** *m fot* Entwickler *m*; **~r** [-'lar] (*1a*) enthüllen; *fot* entwickeln

reven|der [rrɛƀen'dɛr] (*2a*) weiterverkaufen; **~ta** [-'ƀenta] *f* Weiterverkauf *m*

reventar [rrɛƀen'tar] (*1k*) **1.** *v/i* platzen (*a fig* vor **de**), bersten; **2.** *v/t* zum Platzen bringen; kaputtmachen; (*molestar*) rasend machen; **~se** zerplatzen

reventón [rrɛƀen'tɔn] *m auto* Reifenpanne *f*

reveren|cia [rrɛƀe'renθĭa] *f* Ehrfurcht *f*; (*inclinación*) Verbeugung *f*; **~do** [-'rendo] *rel* ehrwürdig; **~te** [-'rente] ehrerbietig, respektvoll

rever|sible [rrɛƀɛr'siƀle] umkehrbar; (*ropa*) beidseitig tragbar; **~so** [-'ƀɛrso] *m* Rückseite *f*; Kehrseite *f* (*a fig*)

revés [rrɛ'ƀes] *m* Rückseite *f*; *fig* Missgeschick *n*; (*tenis*) Rückhand(schlag *m*) *f*; **al ~** umgekehrt

revesti|miento [rrɛƀesti'mĭento] *m tec* Verkleidung *f*; Belag *m*; Überzug *m*; **~r** [-'tir] (*3l*) verkleiden; belegen; überziehen (mit **de**)

revi|sar [rrɛƀi'sar] (*1a*) nach-, durchsehen; nachprüfen; *tec* überholen; **~sión** [-'sĭɔn] *f* Überprüfung *f*; Revision *f*; *auto* Inspektion *f*; *tec* Überholung *f*; **~sor** [-'sɔr] *m* Kontrolleur *m*; *ferro* Schaffner *m*; **~sta** [-'ƀista] *f* Zeitschrift *f*; *teat* Revue *f*; *mil* (Truppen-) Besichtigung *f*; **pasar ~** *a mil* besichtigen; (die Front) abschreiten; **~stero** [-'tero] *m* Zeitungsständer *m*

revoca|ble [rrɛƀo'kaƀle] widerruflich; **~ción** [-ka'θĭɔn] *f* Widerruf *m*; Aufhebung *f*; **~r** [-'kar] (*1g*) widerrufen, aufheben; (*pared*) tünchen

revolcar [rrɛƀɔl'kar] (*1g u 1m*) zu Fall bringen; **~se** sich (herum)wälzen

revol|tijo [rrɛƀɔl'tixo] *m* Wirrwarr *m*; **~toso** [-'toso] aufsässig; (*niño*) ungezogen

revolu|ción [rrɛƀolu'θĭɔn] *f* Revolution *f*; *astr* Umlauf *m*; *tec* Umdrehung *f*; **~cionar** [-θĭo'nar] (*1a*) revolutionieren; **~cionario** [-θĭo'narĭo] **1.** *adj* revolutionär; **2.** *m* Revolutionär *m*

revolver [rrɛƀɔl'ƀɛr] (*2h*; *part* **revuelto**) umrühren; umwühlen; (*desordenar*) durcheinanderbringen; *fig* aufwühlen

revólver [rrɛ'ƀɔlƀɛr] *m* Revolver *m*

revoque [rrɛ'ƀoke] *m* Verputz *m*

revuelo [rrɛ'ƀŭelo] *m* Durcheinander *n*; Aufruhr *m*

revuel|ta [rrɛ'ƀŭɛlta] *f* Aufruhr *m*, Revolte *f*; **~to** [rrɛ'ƀŭɛlto] **1.** *part v* **revolver**; **2.** *adj* unruhig; (*desordenado*) durcheinander; (*mar*) aufgewühlt

rey [rrɛĭ] *m* König *m* (*a ajedrez*)

reyerta [rrɛ'jɛrta] *f* Streit *m*, Zank *m*

rez *f* Netz *n*; **~ fija** *tel* Festnetz *n*

rezaga|do [rrɛθa'gađo] *m* Nachzügler *m*; **~rse** [-'garse] (*1h*) zurückbleiben

re|zar [rrɛ'θar] (*1f*) beten; (*texto*) lauten; **~zo** ['rrɛθo] *m* Beten *n*; Gebet *n*

rezumarse [rrɛθu'marse] (*1a*) durchsickern (*a fig*)

RFA *f* **República Federal de Alemania** BRD *f* (Bundesrepublik Deutschland)

ría ['rria] *f fjordähnliche* Flussmündung *f*

ria|chuelo [rria'tʃŭelo] *m* Flüsschen *n*; Bach *m*; **~da** [rri'đađa] *f* Hochwasser *n*
ribera [rri'ƀera] *f* Ufer *n*
ribete [rri'ƀete] *m* Saum *m*; Besatz *m*; *fig* **~s** *pl* Anzeichen *n/pl*; Anflug *m*
ricino *bot* [rri'θino] *m* Rizinus *m*
rico ['rriko] **1.** *adj* reich (an **en**); (*comida*) köstlich, F lecker; (*niño*) niedlich; **2.** *m* Reiche(r) *m*; ***nuevo ~*** Neureiche(r) *m*
ridicu|lez [rriđiku'leθ] *f* Lächerlichkeit *f*; **~lizar** [-li'θar] (*1f*) lächerlich machen
ridículo [rri'đikulo] lächerlich; ***hacer el ~*** sich lächerlich machen, sich blamieren; ***poner en ~*** lächerlich machen
ríe ['rrie] *s* ***reír***
riego ['rrĭego] *m* Bewässerung *f*; ***~ sanguíneo*** Durchblutung *f*
riel [rrĭɛl] *m* (Gardinen-)Stange *f*; *ferro* Schiene *f*
rienda ['rrĭenda] *f* Zügel *m* (*a fig*); ***dar ~ suelta*** freien Lauf lassen
riesgo ['rrĭezgo] *m* Risiko *n*; Gefahr *f*; ***~ de tipo de cambio*** Wechselkursrisiko *n*; a ***~ de*** auf die Gefahr hin, zu; ***correr (el) ~*** Gefahr laufen; **~so** *Am* [rrĭez'goso] riskant
rifa ['rrifa] *f* Verlosung *f*, Tombola *f*; **~r** [rri'far] (*1a*) verlosen
rifle ['rrifle] *m* Büchse *f*, Gewehr *n*
rigidez [rrixi'đeθ] *f* Starrheit *f*; *fig* Strenge *f*
rígido ['rrixiđo] starr; *fig* streng
rigor [rri'gɔr] *m* Strenge *f*, Härte *f*; ***en ~*** streng genommen; ***ser de ~*** unerlässlich (*od* Vorschrift) sein
riguro|sidad [rrigurosi'đađ] *f* Strenge *f*; **~so** [-'roso] streng; rigoros; unerbittlich
rima ['rrima] *f* Reim *m*; **~s** *f/pl* Verse *m/pl*; **~r** [rri'mar] (*1a*) reimen; sich reimen (auf *ac* **con**)
rimbombante [rrimbɔm'bante] hochtönend; bombastisch
rímel ['rrimɛl] *m* Wimperntusche *f*
Rin [rrin] *m* Rhein *m*
rin|cón [rriŋ'kɔn] *m* Winkel *m*, Ecke *f*; **~conera** [-ko'nera] *f* Ecktisch *m*; Eckschrank *m*
ring [rriŋ] *m* (Box-)Ring *m*
rinoceronte [rrinoθe'rɔnte] *m* Nashorn *n*
riña ['rriɲa] *f* Zank *m*, Streit *m*
riñón [rri'ɲɔn] *m* Niere *f*; ***costar un ~*** ein Heidengeld kosten

río ['rrio] **1.** *m* Fluss *m*, Strom *m*; **2.** *s* ***reír***
R.I.P. ***requiescat in pace*** R.I.P. (ruhe in Frieden)
ripio ['rripĭo] *m fig* Flickwort *n*; ***no perder ~*** sich nichts entgehen lassen
riqueza [rri'keθa] *f* Reichtum *m*; ***~s del subsuelo*** Bodenschätze *m/pl*
risa ['rrisa] *f* Lachen *n*; ***dar ~*** zum Lachen sein; ***tomar a ~*** nicht ernst nehmen
risotada [rriso'tađa] *f* schallendes Gelächter *n*
ristra ['rristra] *f* Schnur *f* (*mit Knoblauch, Zwiebeln usw*)
risueño [rri'sŭeɲo] lachend; heiter
rítmico ['rriđmiko] rhythmisch
ritmo ['rriđmo] *m* Rhythmus *m*
rito ['rrito] *m* Ritus *m*
ritual [rri'tŭal] **1.** *adj* rituell; **2.** *m* Ritual *n*
rival [rri'ƀal] *su* Rivale *m*, Rivalin *f*; **~idad** [-ƀali'đađ] *f* Rivalität *f*; **~izar** [-'θar] (*1f*) wetteifern, rivalisieren
riza|do [rri'θađo] lockig; kraus; **~r** [-'θar] (*1f*) kräuseln
rizo ['rriθo] *m* Locke *f*; (*tela*) Frottee *n*, *m*
RNE *f* ***Radio Nacional de España*** Staatliche Span. Rundfunkgesellschaft
robar [rrɔ'ƀar] (*1a*) stehlen; (be)rauben
roble *bot* ['rrɔƀle] *m* Eiche *f*
roblón *tec* [rrɔ'ƀlɔn] *m* Niet *m*
robo ['rrɔƀo] *m* Raub *m*; Diebstahl *m*; ***~ con fractura*** Einbruch(diebstahl) *m*; ***~ con homicidio*** Raubmord *m*
robot ['rrɔƀɔt] *m* Roboter *m*
robótica [rrɔ'ƀotika] *f* Robotik *f*
robus|tecer [rrɔƀuste'θɛr] (*2d*) stärken; **~tez** [-'teθ] *f* Kraft *f*; Stärke *f*; **~to** [-'ƀusto] stark, robust
roca ['rrɔka] *f* Fels(en) *m*
roce ['rrɔθe] *m* Reibung *f*; *fig* Reiberei *f*
rociar [rrɔ'θĭar] (*1c*) besprengen
rocín [rrɔ'θin] *m* Gaul *m*, Klepper *m*
rocío [rrɔ'θio] *m* Tau *m*
rococó [rrɔko'ko] *m* Rokoko *n*
rocoso [rrɔ'koso] felsig
rodaballo *zo* [rrɔđa'ƀaʎo] *m* Steinbutt *m*
rodada [rrɔ'đađa] *f* Radspur *f*, Wagenspur *f*
roda|ja [rrɔ'đaxa] *f* Scheibe *f*; **~je** [-'đaxe] *m* (*cine*) Drehen *n*, Dreharbeiten *f/pl*; *auto* Einfahren *n*; ***en ~*** wird eingefahren

rodamiento *tec* [rrɔđa'mĭento] *m* Lager *n*; **~ *de bolas*** Kugellager *n*
Ródano ['rrɔđano] *m* Rhone *f*
rodapié *arqu* [rrɔđa'pĭe] *m* Fußleiste *f*
rodar [rrɔ'đar] (*1m*) **1.** *v/i* rollen; (*caer*) herunterrollen; (*dar vueltas*) sich drehen; **2.** *v/t* (*cine*) drehen; *auto* einfahren
rode|ar [rrɔđe'ar] (*1a*) umgeben (mit ***de***); umringen; **~o** [-'đeo] *m* Umweg *m*; *fig* Ausflucht *f*; *Am* Rodeo *m od n*; ***sin* ~*s*** ohne Umschweife
rodi|lla [rrɔ'điʎa] *f* Knie *n*; ***de* ~*s*** kniend; ***hincarse*** (*od* ***ponerse***) ***de* ~*s*** niederknien; **~llera** [-đi'ʎera] *f* Knieschützer *m*; **~llo** [-'điʎo] *m* Rolle *f*; Walze *f*; *gastr* Nudelholz *n*
rododendro *bot* [rrɔđo'đendro] *m* Rhododendron *m*
Rodríguez F [rrɔ'đriɡeθ]: ***estar de* ~** Strohwitwer sein
roe|dor [rrɔe'đɔr] *m* Nagetier *n*; **~r** [-'ɛr] (*2za*) (ab)nagen; nagen an (*a fig*)
roga|r [rrɔ'ɡar] (*1h u 1m*) bitten; ***hacerse*** (***de***) **~** sich bitten lassen; **~tiva** [-ga'tiƀa] *f* Bittgebet *n*
ro|jizo [rrɔ'xiθo] rötlich; **~jo** ['rrɔxɔ] rot
rol [rrɔl] *m* Rolle *f*
rollizo [rrɔ'ʎiθo] rundlich; stramm
rollo ['rrɔʎo] *m* Rolle *f*; *fot* Rollfilm *m*; F ***es un* ~** das ist stinklangweilig
Roma ['rrɔma] *f* Rom *n*
romance [rrɔ'manθe] *m* Romanze *f* (*a fig*)
románico [rrɔ'maniko] **1.** *m* Romanik *f*; **2.** *adj* romanisch
romanista [rrɔma'nista] *m* Romanist *m*
roman|o [rro'mano] **1.** *adj* römisch; **2.** **~o** *m*, **~a** *f* Römer(in) *m*(*f*)
rom|anticismo [rrɔmanti'θizmo] *m* Romantik *f*; **~ántico** [-'mantiko] romantisch
rombo ['rrɔmbo] *m* Rhombus *m*, Raute *f*
rome|ría [rrɔme'ria] *f* Wallfahrt *f*; **~ro** [-'mero] *m* Pilger *m*; *bot* Rosmarin *m*
romo ['rrɔmo] stumpf
rompe|cabezas [rrɔmpeka'ƀeθas] *m* Puzzle *n*; **~hielos** *mar* [-'ĭelos] *m* Eisbrecher *m*; **~huelgas** *Am* [-'ŭɛlgas] *m* Streikbrecher *m*; **~olas** [-'olas] *m* Wellenbrecher *m*
romper [rrɔm'pɛr] (*2a*; *part* ***roto***) **1.** *v/t* (zer)brechen, F kaputtmachen; zerreißen; abbrechen (*a fig*); **2.** *v/i*: **~ *a*** (plötzlich) anfangen zu; **~ *con alg*** mit j-m brechen, F mit j-m Schluss machen; **~se** zerbrechen, F kaputtgehen
ron [rrɔn] *m* Rum *m*
roncar [rrɔŋ'kar] (*1g*) schnarchen
ronco ['rrɔŋko] heiser, rau
ronda ['rrɔnda] *f* Runde *f*; (*patrulla*) Streife *f*; **~r** [-'dar] (*1a*) die Runde machen; bummeln; **~ *las cien euros*** etwa hundert Euro betragen
ron|quera [rrɔŋ'kera] *f* Heiserkeit *f*; **~quido** [-'kiđo] *m* Schnarchen *n*
ronronear [rrɔnrrɔne'ar] (*1a*) schnurren
roñ|a ['rrɔɲa] *f* Räude *f*, Krätze *f*; **~oso** [rrɔ'ɲoso] räudig; *fig* knauserig
ropa ['rrɔpa] *f* Kleidung *f*; **~ *de cama*** Bettwäsche *f*; **~ *interior*** Unterwäsche *f*
ropero [rrɔ'pero] *m* Kleiderschrank *m*
rorro F ['rrɔrrɔ] *m* Baby *n*
ros *mil* [rrɔs] *m* Käppi *n*
rosa ['rrɔsa] **1.** *adj* rosa; **2.** *f* Rose *f*; ***verlo todo de color de* ~** alles in rosigem Licht sehen; **~do** [rrɔ'sađo]; **3.** *adj* rosenrot; **4.** *m* Rosé(wein) *m*
rosal [rrɔ'sal] *m* Rosenstrauch *m*
rosario *rel* [rrɔ'sarĭo] *m* Rosenkranz *m*
rosbif [rrɔz'ƀif] *m* Roastbeef *n*
rosca ['rrɔska] *f tec* Gewinde *n*; *gastr* Kranz *m*; ***pasarse de* ~** *fig* zu weit gehen
rosetón *arqu* [rrɔse'tɔn] *m* Rosette *f*
rosquilla [rrɔs'kiʎa] *f* Brezel *f*
rostro ['rrɔstro] *m* Gesicht *n*, Antlitz *n*
rota|ción [rrɔta'θĭɔn] *f* Drehung *f*; Umdrehung *f*; **~ *de cultivos*** *agr* Fruchtwechsel *m*; **~torio** [-'torĭo] rotierend
roto ['rrɔto] **1.** *s* ***romper***; **2.** *adj* zerbrochen, F kaputt
rótula ['rrɔtula] *f* Kniescheibe *f*
rotula|dor [rrɔtula'đɔr] *m* Filzstift *m*; **~ *fluorescente*** Leuchtstift *m*; **~r** [-'lar] (*1a*) beschriften
rótulo ['rrɔtulo] *m* Aufschrift *f*; (*letrero*) Schild *n*
rotun|damente [rrɔtunda'mente] rundweg, -heraus; **~do** [-'tundo] entschieden, kategorisch
rotura [rrɔ'tura] *f* (Zer-)Brechen *n*; Bruch *m*; *a med* Riss *m*
roturar *agr* [rrɔtu'rar] (*1a*) urbar machen; roden
roya *bot* ['rrɔja] *f* Rost *m*
roza|dura [rrɔθa'đura] *f* Schramme *f*, Kratzer *m*; **~r** [-'θar] (*1f*) streifen;

(leicht) berühren
r.p.m. ***revoluciones por minuto*** U/min (Umdrehungen pro Minute)
rte. ***remite(nte)*** Abs. (Absender)
RTVE *f* ***Radiotelevisión Española*** Staatliche Span. Rundfunk- und Fernsehanstalt
rubéola *med* [rru'ƀeola] *f* Röteln *pl*
rubí [rru'ƀi] *m* Rubin *m*
rubi|a ['rruƀĭa] *f* Blondine *f*; **~o** ['rruƀĭo] blond; *fig* hell
rublo ['rruƀlo] *m* Rubel *m*
rubor [rru'ƀɔr] *m* (Scham-)Röte *f*; Scham(gefühl *n*) *f*; **~izarse** [-ƀori'θarse] *(1f)* (scham)rot werden, erröten
rúbrica ['rruƀrika] *f* Schnörkel *m am Namenszug*; *fig* Überschrift *f*
rubricar [rruƀri'kar] *(1g)* abzeichnen
ruda *bot* ['rruđa] *f* Raute *f*
rudeza [rru'đeθa] *f* Rauheit *f*; Derbheit *f*; Schroffheit *f*
rudimen|tario [rrudimen'tarĭo] rudimentär; **~to** [-'mento] *m* Rudiment *n*; ***~s*** *pl* Grundbegriffe *m/pl*
rudo ['rruđo] roh; plump; (*duro*) rau
rueca ['rrŭeka] *f* Spinnrocken *m*
rue|da ['rrŭeđa] *f* Rad *n*; ***~ de prensa*** Pressekonferenz *f*; **~do** [-đo] *m taur* Arena *f*
ruego ['rrŭego] **1.** *s* ***rogar***; **2.** *m* Bitte *f*
rufián [rru'fĭan] *m* Zuhälter *m*; *fig* Gauner *m*
rugby ['rrugƀi] *m* Rugby *n*
rugi|do [rru'xiđo] *m* Brüllen *n*; **~r** [-'xir] *(3c)* brüllen; toben
rugo|sidad [rrugosi'đa(đ)] *f* Runzel *f*; *fig* Unebenheit *f*; **~so** [-'goso] runz(e)lig
ruibarbo *bot* [rrŭi'ƀarƀo] *m* Rhabarber *m*
ruido ['rrŭiđo] *m* Lärm *m*; Geräusch *n*; ***~ de fondo*** Geräuschkulisse *f*; **~so** [-'đoso] lärmend, geräuschvoll; *fig* aufsehenerregend
ruin [rrŭin] niederträchtig; (*avaro*) schäbig
ruin|a ['rrŭina] *f* Ruine *f* (*a fig*); *com* Ruin *m*; ***amenazar ~*** einzustürzen drohen; **~oso** [-'noso] baufällig; *com* ruinös
ruiseñor [rrŭise'ɲɔr] *m* Nachtigall *f*
ruleta [rru'leta] *f* Roulett *n*
rulo ['rrulo] *m* Lockenwickler *m*
Rumania [rru'manĭa] *f* Rumänien *n*
ruman|o [rru'mano] **1.** *adj* rumänisch; **2.** **~o** *m*, **~a** *f* Rumäne *m*, Rumänin *f*
rumbo ['rrumbo] *m* Kurs *m*; *fig* Weg *m*; Richtung *f*; (*esplendor*) Prunk *m*, Pracht *f*; (*generosidad*) Freigebigkeit *f*; **~so** [-'boso] prächtig, prunkhaft; (*generoso*) freigebig
rumia|nte [rru'mĭante] *m* Wiederkäuer *m*; **~r** [-'mĭar] *(1b)* wiederkäuen
rumor [rru'mɔr] *m* Gerücht *n*; **~ear** [-more'ar] *(1a)* munkeln
rupestre [rru'pestre]: ***pintura*** *f* ***~*** Höhlenmalerei *f*
ruptura [rrup'tura] *f* (Ab-)Bruch *m*
rural [rru'ral] ländlich; Land…
Rusia ['rrusĭa] *f* Russland *n*
rus|o ['rruso] **1.** *adj* russisch; **2.** **~o** *m*, **~a** *f* Russe *m*, Russin *f*
rústico ['rrustiko] ländlich, Land…; rustikal; ***en rústica*** (*libro*) broschiert
ruta ['rruta] *f* Weg *m*; Route *f*
rutilante [rruti'lante] glänzend, schimmernd
rutina [rru'tina] *f* Routine *f*; **~rio** [-'narĭo] routine-, gewohnheitsmäßig

S

s. ***siglo*** Jh. (Jahrhundert)
S[1], **s** ['ese] *f* S, s *n*
S[2] ***Sur*** S (Süden)
S.[3] ***San, Santo*** hl. (Heilig)
s.a. ***sin año*** o.J. (ohne Jahr)
S.A. *f* ***Sociedad Anónima*** AG *f* (Aktiengesellschaft)
sábado ['saƀađo] *m* Sonnabend *m*, Samstag *m*; ***♀ Santo*** (*od* ***de Gloria***) Kar-, Ostersamstag *m*
sabana [sa'ƀana] *f* Savanne *f*
sábana ['saƀana] *f* Betttuch *n*; ***~ ajustable*** Spannbetttuch *n*
sabandija [saƀan'dixa] *f* Gewürm *n*
sabañón [saƀa'ɲɔn] *m* Frostbeule *f*
sabelotodo [saƀelo'tođo] *m* Besserwisser *m*
saber [sa'ƀɛr] *(2n)* **1.** *v/t* wissen; kön-

nen; (*tener noticia*) erfahren; ***hacer ~*** mitteilen; ***¡qué sé yo!*** keine Ahnung!; ***no que yo sepa*** nicht, dass ich wüsste; ***a ~*** nämlich; **2.** *v/i* schmecken (nach ***a***); ***me sabe mal*** es ist mir unangenehm; **3.** *m* Wissen *n*; Können *n*

sabi|do [sa'ƀiđo] bekannt; **~duría** [-đu'ria] *f* Weisheit *f*; Wissen *n*; **~endas** [sa'ƀĭendas]: ***a ~*** wissentlich; **~hondo** F [-'ɔndo] *m* Besserwisser *m*

sabio ['saƀĭo] **1.** *adj* weise; gelehrt; **2.** *m* Weise(r) *m*, Gelehrte(r) *m*

sab|lazo [sa'ƀlaθo] *m* Säbelhieb *m*; F ***dar un ~ a alg*** F j-n anpumpen; **~le** ['saƀle] *m* Säbel *m*

sabor [sa'ƀɔr] *m* Geschmack *m*; **~ear** [saƀore'ar] (*1a*) genießen

sabot|aje [saƀo'taxe] *m* Sabotage *f*; **~ear** [-te'ar] (*1a*) sabotieren

sabroso [sa'ƀroso] schmackhaft; *Am* herrlich

sabueso [sa'ƀŭeso] *m* Spürhund *m*; *fig* Schnüffler *m*

saca ['saka] *f* Post-, Geldsack *m*; **~corchos** [-'kɔrtʃos] *m* Korkenzieher *m*; **~puntas** [-'puntas] *m* Bleistiftanspitzer *m*

sacar [sa'kar] (*1g*) herausziehen, -nehmen, -holen; entnehmen; (*libro*, *etc*) herausbringen; (*lengua*) herausstrecken; (*muela*) ziehen; (*billete*) lösen; (*foto*) machen; ***~ adelante*** vorantreiben; durchbringen; ***~ a bailar*** zum Tanz auffordern; ***~ en claro*** klarstellen; ***~ de paseo*** spazieren führen

sacarina [saka'rina] *f* Sa(c)charin *n*, Süßstoff *m*

sacerdo|te [saθɛr'đote] *m* Priester *m*; **~tisa** [-đo'tisa] *f* Priesterin *f*

saci|ar [sa'θĭar] (*1b*) sättigen; *fig* befriedigen; **~edad** [saθĭe'đađ] *f* Sättigung *f*; ***hasta la ~*** bis zum Überdruss

saco ['sako] *m* Sack *m*; *Am* Sakko *m*; ***~ de dormir*** Schlafsack *m*; ***no echar a/c en ~ roto*** et beherzigen

sacramento [sakra'mento] *m* Sakrament *n*

sacrifica|do [sakrifi'kađo] aufopfernd; **~r** [-'kar] (*1g*) opfern; (*res*) schlachten; **~rse** sich aufopfern (für *ac* ***por***)

sacri|ficio [sakri'fiθĭo] *m* Opfer *n*; **~legio** [-'lɛxĭo] *m* Sakrileg *n*; Frevel *m*

sacrílego [sa'krilego] gotteslästerlich; frevelhaft

sacris|tán [sakris'tan] *m* Küster *m*; **~tía** [-'tia] *f* Sakristei *f*

sacro ['sakro] heilig

sacudi|da [saku'điđa] *f* Erschütterung *f*; Stoß *m*; **~r** [-'đir] (*3a*) schütteln, rütteln; erschüttern; (*alfombra*) (aus-) klopfen

sádico ['sađiko] **1.** *adj* sadistisch; **2.** *m* Sadist *m*

sadismo [sa'đizmo] *m* Sadismus *m*

saeta [sa'eta] *f* Pfeil *m*

safari [sa'fari] *m* Safari *f*

saga ['saga] *f* Sage *f*

saga|cidad [sagaθi'đađ] *f* Scharfsinn *m*; Spürsinn *m*; **~z** [sa'gaθ] schlau; scharfsinnig

Sagitario *astr* [saxi'tarĭo] *m* Schütze *m*

sagra|do [sa'građo] heilig; **~rio** [sa'grarĭo] *m* Tabernakel *n*

sagú [sa'gu] *m* Sago *m*

sainete [saĭ'nete] *m* Schwank *m*

saj|ón [sa'xɔn] **1.** *adj* sächsisch; **2. ~ón** *m*, **~ona** *f* [-'xona] Sachse *m*, Sächsin *f*

Sajonia [sa'xonĭa] *f* Sachsen *n*; ***Baja ~*** Niedersachsen *n*

sal [sal] *f* Salz *n*; *fig* Mutterwitz *m*; ***~ común*** Kochsalz *n*

sala ['sala] *f* Saal *m*; *jur* Kammer *f*; ***~ de espera*** Wartesaal *m*, -zimmer *n*; ***~ de estar*** Wohnzimmer *n*; ***~ de fiestas*** Vergnügungslokal *n*

salado [sa'lađo] salzig; *fig* witzig; geistreich

salaman|dra [sala'mandra] *f* Salamander *m*; **~quesa** [-maŋ'kesa] *f* (Mauer-) Gecko *m*

salar [sa'lar] (*1a*) salzen

sala|rial [sala'rĭal] Lohn…; **~rio** [-'larĭo] *m* Lohn *m*; ***~ base*** Grundlohn *m*; ***~ mínimo*** Mindestlohn *m*

salazón [sala'θɔn] *f* Einsalzen *n*

salchi|cha [sal'tʃitʃa] *f* Würstchen *n*; **~chón** [-tʃi'tʃɔn] *m* Hartwurst *f*

sal|dar [sal'dar] (*1a*) *com* begleichen; (*vender*) ausverkaufen; *fig* beilegen; **~do** ['saldo] *m com* Saldo *m*; (*venta*) Ausverkauf *m*; ***~ acreedor*** (***deudor***) Haben- (Soll-)Saldo *m*

salero [sa'lero] *m* Salzstreuer *m*; *fig* Anmut *f*; **~so** F [-'roso] anmutig; charmant; witzig

salida [sa'lida] *f* Ausgang *m*; Ausfahrt *f*; (*partida*) Abfahrt *f*; *avia* Abflug *m*; *dep* Start *m*; *com* Absatz *m*; (*ocurrencia*) (witziger) Einfall *m*; ***~ del sol*** Sonnenaufgang *m*; ***~ de emergencia*** Notausgang *m*; ~ ***de tono*** ungehörige Bemerkung *f*

saliente [sa'lĭente] **1.** *adj* vorspringend; *fig* hervorstechend; *pol* ausscheidend; **2.** *m* Vorsprung *m*

sali|na [sa'lina] *f* Salzbergwerk *n*, Saline *f*; **~nidad** [-lini'đađ] *f* Salzgehalt *m*; **~no** [-'lino] salzig

salir [sa'lir] (*3r*) ausgehen; hinausgehen; weggehen; abreisen; abfahren; *astr* aufgehen; (*libro*) erscheinen; ~ ***adelante*** vorwärtskommen; ~ ***bien*** (***mal***) gut (schlecht) ablaufen *od* geraten; ~ ***caro*** teuer zu stehen kommen; ~ ***ileso*** unverletzt bleiben; ~ ***a alg*** j-m ähneln; ~ ***con alg*** F mit j-m gehen; ~ ***del armario*** sich outen; ~ ***perdiendo*** den Kürzeren ziehen; ***a lo que salga*** auf gut Glück; **~se** (*líquido*) auslaufen; ~ ***de*** abweichen von (*dat*); ~ ***con la suya*** s-n Kopf durchsetzen

saliva [sa'liƀa] *f* Speichel *m*

salmo ['salmo] *m* Psalm *m*

salmón [sal'mɔn] *m* Lachs *m*

salmonelas [salmo'nelas] *f/pl* Salmonellen *f/pl*

salmonete *zo* [salmo'nete] *m* Rotbarbe *f*

salmuera [sal'mŭera] *f* Salzlake *f*

salobre [sa'loƀre] salzig; ***agua*** *f* ~ Brackwasser *n*

salón [sa'lɔn] *m* Saal *m*; Salon *m*; (*sala de estar*) Wohnzimmer *n*; ~ ***de actos*** Festsaal *m*; Aula *f*; ~ ***de baile*** Ballsaal *m*; ~ ***de belleza*** Kosmetiksalon *m*

salpica|dero [salpika'đero] *m auto* Instrumentenbrett *n*; **~dura** [-'đura] *f* Spritzer *m*; **~r** [-'kar] (*1g*) bespritzen

salpimentar [salpimen'tar] (*1k*) mit Salz u Pfeffer würzen

sal|sa ['salsa] *f* Soße *f*; *fig* Würze *f*; **~sera** [-'sera] *f* Soßenschüssel *f*

saltamontes [salta'mɔntes] *m* Heuschrecke *f*

saltar [sal'tar] (*1a*) **1.** *v/i* springen, hüpfen; (*romperse*) zerspringen; ~ ***a la vista*** *fig* ins Auge springen; **2.** *v/t* überspringen (*a fig*); (***hacer***) ~ (in die Luft) sprengen; **~se** *fig* überspringen

saltea|dor [saltea'đɔr] *m* Straßenräuber *m*; **~r** [-'ar] (*1a*) überfallen; *gastr* (an)braten

saltimbanqui [saltim'baŋki] *m* Gaukler *m*

salto ['salto] *m* Sprung *m*; ~ ***de agua*** Wasserfall *m*; ~ ***de altura*** Hochsprung *m*; ~ ***de caballo*** Rösselsprung *m*; ~ ***de longitud*** Weitsprung *m*; ~ ***con pértiga*** Stabhochsprung *m*; ~ ***triple*** Dreisprung *m*

saltón [sal'tɔn] hervorstehend; ***ojos*** *m/pl* ***saltones*** Glotzaugen *n/pl*

salubre [sa'luƀre] gesund

salud [sa'luđ] *f* Gesundheit *f*; ***¡(a su) ~!*** auf Ihr Wohl!, prost!; **~able** [-'đaƀle] heilsam; gesund

salu|dar [salu'đar] (*1a*) (be)grüßen; **~do** [-'luđo] *m* Gruß *m*; Begrüßung *f*; **~tación** [-ta'θĭɔn] *f* Begrüßung *f*

salva *mil* ['salƀa] *f* Salve *f*; ***~s de ordenanza*** Salutschüsse *m/pl*

salva|ción [salƀa'θĭɔn] *f* Rettung *f*; ***ejército*** *m* ***de*** ~ Heilsarmee *f*; **~do** [-'ƀađo] *m* Kleie *f*; **~dor** [-'đɔr] **1.** *adj* rettend; **2.** *m* Retter *m*; *rel* Heiland *m*; **~doriano** [-đo'rĭano]; **3.** *adj* salvadorianisch; **4. ~doriano** *m*, **~doriana** *f* Salvadorianer(in) *m*(*f*); **~guardar** [-gŭar'đar] (*1a*) bewahren; schützen; **~guardia** [-'gŭarđĭa] *f* Geleitbrief *m*; *fig* Schutz *m*

Salvador, El [ɛl salƀa'đɔr] El Salvador *n*

salvaje [sal'ƀaxe] wild; *fig* roh, brutal

salva|manteles [salƀaman'teles] *m* Untersetzer *m*; **~mento** [-'mento] *m* Rettung *f*; Bergung *f*; **~pantallas** *inform* [-panta'ʎas] *m/pl* Bildschirmschoner *m*

salvar [sal'ƀar] (*1a*) retten; bergen; (*distancia*) zurücklegen; (*obstáculo, etc*) überwinden

salvavidas [salƀa'ƀiđas] *m* Rettungsring *m*; (***chaleco*** *m*) ~ Schwimmweste *f*

salvia *bot* ['salƀĭa] *f* Salbei *m od f*

salvo ['salƀo] **1.** *adj* unbeschädigt, heil; ***a*** ~ in Sicherheit; **2.** *adv*, *prp* außer; ~ ***que*** es sei denn (,dass); **~conducto** [-kɔn'dukto] *m* Passierschein *m*

San [san] *vor Namen*: heilig

sana|r [sa'nar] (*1a*) **1.** *v/t* heilen; **2.** *v/i* gesund werden; **~torio** [-'torĭo] *m* Sanatorium *n*

sanci|ón [san'θĭɔn] *f* Bestätigung *f*; Genehmigung *f*; *jur* Strafe *f*; **~onar** [-θĭo'nar] (*1a*) bestätigen; *jur* bestrafen

sandalia [san'dalĭa] *f* Sandale *f*

sandez [san'deθ] *f* Dummheit *f*

sandía *bot* [san'dia] *f* Wassermelone *f*

sandwich ['sanbitʃ] *m* Sandwich *n*
sane|amiento [sanea'mĭento] *m* Sanierung *f*; **~ *de suelos contaminados*** Altlastensanierung *f*; **~ar** [-'ar] (*1a*) sanieren
San Gotardo [saŋ go'tarđo] *m* Sankt Gotthard *m*
san|grar [saŋ'grar] (*1a*) **1.** *v/t* zur Ader lassen; **2.** *v/i* bluten; **~gre** ['saŋgre] *f* Blut *n*; ***a ~ fría*** kaltblütig; ***echar ~*** bluten; ***pura ~*** Vollblut *n*; **~gría** [-'gria] *f* Aderlass *m* (*a fig*); (*bebida*) Rotweinbowle *f*; **~griento** [-'grĭento] blutig; **~guijuela** [-gi'xŭela] *f* Blutegel *m*; **~guina** [-'gina] *f*: (***naranja f***) **~** Blutorange *f*; **~guinario** [-gi'narĭo] blutdürstig, grausam; **~guíneo** [-'gineo] Blut…; **~guinolento** [-gino'lento] blutbefleckt; blutig
sani|dad [sani'đa(đ)] *f* Gesundheit *f*; Gesundheitswesen *n*; **~tario** [-'tarĭo] **1.** *adj* gesundheitlich, Gesundheits…; sanitär; **2.** *m mil* Sanitäter *m*; **~s** *pl* sanitäre Einrichtungen *f/pl*
sano ['sano] gesund; ***~ y salvo*** wohlbehalten
santa ['santa] *f* Heilige *f*
santiamén F [santĭa'men] *m*: ***en un ~*** im Nu
santidad [santi'đađ] *f* Heiligkeit *f*
santificar [santifi'kar] (*1g*) heiligen
santiguarse [santi'gŭarse] (*1i*) sich bekreuzigen
santo ['santo] **1.** *adj* heilig; **2.** *m* Heilige(r) *m*; (*fiesta*) Namenstag *m*; ***~ y seña*** Losungswort *n*; ***¿a ~ de qué?*** wieso?; ***Todos los ♀s*** Allerheiligen *n*
santuario [san'tŭarĭo] *m* Heiligtum *n*
saña ['saɲa] *f* (blinde) Wut *f*
sapo ['sapo] *m* Kröte *f*
saque ['sake] *m* (*fútbol*) Anstoß *m*; (*tenis*) Aufschlag *m*; ***~ de esquina*** Eckstoß *m*; **~ar** [-'ar] (*1a*) plündern; **~o** [-'keo] *m* Plünderung *f*
S.A.R. ***Su Alteza Real*** Seine (Ihre) Königliche Hoheit
sarampión *med* [saram'pĭɔn] *m* Masern *pl*
sar|casmo [sar'kazmo] *m* Sarkasmus *m*; **~cástico** [-'kastiko] sarkastisch
sarcófago [sar'kofago] *m* Sarkophag *m*
sardina [sar'đina] *f* Sardine *f*
sardónico [sar'đoniko] sardonisch
sargento [sar'xento] *m* Unteroffizier *m*
sarmiento [sar'mĭento] *m* Weinrebe *f*; Rebholz *n*
sarna *med* ['sarna] *f* Krätze *f*
Sarre ['sarrɛ] *m* Saar *f*
sarro ['sarrɔ] *m* Zahnstein *m*
sartén [sar'ten] *f* Pfanne *f*; F ***tener la ~ por el mango*** das Heft in der Hand haben
sastr|a ['sastra] *f* Schneiderin *f*; **~e** ['sastre] *m* Schneider *m*; **~ería** [-'ria] *f* Schneiderei *f*
satánico [sa'taniko] teuflisch
satélite [sa'telite] *m* Satellit *m*; ***~ de comunicaciones*** Nachrichtensatellit *m*; ***~ meteorológico*** Wettersatellit *m*
satén [sa'ten] *m* Satin *m*
sátira ['satira] *f* Satire *f*
sat|írico [sa'tiriko] satirisch; **~irizar** [-'θar] (*1f*) verspotten
satis|facción [satisfag'θĭɔn] *f* Genugtuung *f*; (*contento*) Befriedigung *f*, Zufriedenheit *f*; **~facer** [-fa'θɛr] (*2s*) zufriedenstellen; befriedigen; (*pagar*) bezahlen; **~factorio** [-fak'torĭo] befriedigend, zufrieden stellend; **~fecho** [-'fetʃo] zufrieden; befriedigt; ***darse por ~*** sich zufriedengeben
satura|ción [satura'θĭɔn] *f* Sättigung *f*; **~r** [-'rar] (*1a*) sättigen
sauce *bot* ['saŭθe] *m* Weide *f*; ***~ llorón*** Trauerweide *f*
saúco [sa'uko] *m* Holunder *m*
sauna ['saŭna] *f* Sauna *f*
savia ['sabĭa] *f* Pflanzensaft *m*
saxofón [sagso'fɔn] *m*, **saxófono** [-'sofono] *m* Saxophon *n*
saz|ón [sa'θɔn] *f* Reife *f*; ***a la ~*** damals; **~onar** [saθo'nar] (*1a*) *gastr* würzen
scooter ['skutɛr] *m* Motorroller *m*
se [se] sich; ***~ dice*** man sagt
S.E. ***Su Excelencia*** Seine (Ihre) Exzellenz
SE ***sudeste*** SO (Südost)
sé [se] *véase* ***saber***
SEAT *f* ***Sociedad Española de Automóviles Turismo*** *span. Automobilwerk, heute in VW-Besitz*
sebo ['sebo] *m* Talg *m*
seca|dor [seka'đɔr] *m tec* Trockner *m*; Trockenhaube *f*; **~** (***de mano***) Fön *m*; **~dora** [-'đora] *f* (Wäsche-)Trockner *m*; **~no** [se'kano] *m* unbewässertes Land *n*
secar [se'kar] (*1g*) trocknen; abtrocknen; **~se** (ver-, aus)trocknen
secci|ón [sɛg'θĭɔn] *f* Einschnitt *m* (*a*

med); (*parte*) Abschnitt *m*; *mat* Querschnitt *m*; *com* Abteilung *f*; **~onar** [-θĭo'nar] (*1a*) durchtrennen, -schneiden

seco ['seko] trocken; *fig* kurz angebunden; ***parar en ~*** plötzlich anhalten

secre|ción [sekre'θĭɔn] *f* Absonderung *f*; Sekret *n*; **~tar** [-'tar] (*1a*) absondern

secreta|ria [sekre'tarĭa] *f* Sekretärin *f*; ***~ de dirección*** Chefsekretärin *f*; **~ría** [-'ria] *f*, **~riado** [-'rĭađo] *m* Sekretariat *n*; **~rio** [-'tarĭo] *m* Sekretär *m*

secre|ter [sekre'tɛr] *m* (*mueble*) Sekretär *m*; **~to** [se'kreto] **1.** *adj* geheim, heimlich; Geheim...; **2.** *m* Geheimnis *n*; ***~ a voces*** offenes Geheimnis *n*; ***en ~*** insgeheim, heimlich

secta ['sɛkta] *f* Sekte *f*

sector [sɛk'tɔr] *m* Sektor *m* (*a fig*); ***~ servicios*** Dienstleistungssektor *m*

secuela [se'kŭela] *f* Folge *f* (*a med*)

secuencia [se'kŭenθĭa] *f* Sequenz *f*

secuest|rador [sekŭestra'đɔr] *m* Entführer *m*; ***~ aéreo*** Flugzeugentführer *m*; **~rar** [-'trar] (*1a*) entführen; *jur* beschlagnahmen; **~ro** [se'kŭestro] *m* Entführung *f*; *jur* Beschlagnahme *f*

secular [seku'lar] hundertjährig; *rel* weltlich

secundar [sekun'dar] (*1a*) unterstützen; **~io** [-'darĭo] zweitrangig, sekundär

sed [seđ] *f* Durst *m*; *fig* Gier *f*, Drang *m*

seda ['seđa] *f* Seide *f*; *fig* ***como una ~*** wie am Schnürchen

sedal [se'đal] *m* Angelschnur *f*

sedante [se'đante] *m* Beruhigungsmittel *n*

sede ['seđe] *f* Sitz *m*; ***la Santa ~*** der Heilige Stuhl; **~ntario** [seđen'tarĭo] sesshaft

sediento [se'đĭento] durstig

sedimento [seđi'mento] *m* Bodensatz *m*; Ablagerung *f*

sedoso [se'đoso] seidig

seduc|ción [seđug'θĭɔn] *f* Verführung *f*; **~ir** [-'θir] (*3o*) verführen; *fig* verlocken; **~tor** [-đuk'tɔr] **1.** *adj* verführerisch; **2.** *m* Verführer *m*

sega|dora [sega'đora] *f* Mähmaschine *f*; ***~-trilladora*** *f* Mähdrescher *m*; **~r** [se'gar] (*1h u 1k*) mähen; *fig* zerstören

seglar [se'glar] **1.** *adj* weltlich; **2.** *m* Laie *m*

segmento [sɛg'mento] *m* Segment *n*

segui|da [se'giđa]: ***en ~*** sofort; **~do** [se'giđo] hinter-, nacheinander; **~dor** [segi'đɔr] *m* Anhänger *m*; **~miento** [-'mĭento] *m* Verfolgung *f*; Beteiligung *f*; Observierung *f*

seguir [se'gir] (*3l u 3d*) **1.** *v/t* folgen (*dat*); befolgen; **2.** *v/i* fortfahren, weitermachen; andauern; (noch) bleiben; ***~ haciendo a/c*** et weiter *bzw* immer noch tun

según [se'gun] **1.** *prp* nach (*dat*), gemäß (*dat*); ***~ él*** nach s-r Meinung; **2.** *adv* je nachdem; ***~ y como*** je nachdem

segun|dero [segun'dero] *m* Sekundenzeiger *m*; **~do** [se'gundo] **1.** *adj* zweite(r); **2.** *m* Sekunde *f*

segu|ridad [seguri'đađ] *f* Sicherheit *f*; ***~ Social*** Sozialversicherung *f*; **~ro** [se'guro] **1.** *adj* sicher, gewiss; **2.** *adv* bestimmt; **3.** *m* Versicherung *f*; *tec* Sicherung *f*; ***~ a todo riesgo*** (Voll-)Kaskoversicherung *f*; ***~ de equipajes*** Reisegepäckversicherung *f*; ***~ de ocupantes*** Insassenversicherung *f*; ***ir sobre ~*** ganz sichergehen

seis [sɛĭs] sechs; **~cientos** [sɛĭs'θĭentos] sechshundert

seísmo [se'izmo] *m* Erdbeben *n*

selec|ción [selɛg'θĭɔn] *f* Auswahl *f*; *dep* ***~ nacional*** Nationalmannschaft *f*; **~cionar** [-θio'nar] (*1a*) auswählen; **~to** [se'lɛkto] ausgewählt; *fig* erlesen

sellar [se'ʎar] (*1a*) (ver)siegeln; stempeln; *fig* besiegeln

sello ['seʎo] *m* Siegel *n*; (*de goma*) Stempel *m* (*a fig*); *corr* Briefmarke *f*

selva ['sɛlƀa] *f* Wald *m*; ***~ virgen*** Urwald *m*

Selva Negra ['sɛlƀa 'negra] *f* Schwarzwald *m*

semáforo [se'maforo] *m* Verkehrsampel *f*; *ferro* Signal *n*; ***~ para peatones*** Fußgängerampel *f*

semana [se'mana] *f* Woche *f*; ***~ inglesa*** Fünftagewoche *f*; ***~ Santa*** Karwoche *f*; ***entre ~*** wochentags; **~l** [-'nal] wöchentlich; **~rio** [-'narĭo] *m* Wochenschrift *f*

semblante [sem'blante] *m* Antlitz *n*; Gesicht *n*; *fig* Miene *f*, Gesichtsausdruck *m*; Aspekt *m*

sembra|do [sem'brađo] *m* Saatfeld *n*; **~dora** [-'đora] *f* Drill-, Sämaschine *f*; **~r** [-'brar] (*1k*) (aus)säen; *fig* verbreiten

semejan|te [semɛ'xante] ähnlich; (*tal*)

solch, so ein; **~za** [-'xanθa] *f* Ähnlichkeit *f*

semen *biol* ['semen] *m* Samen *m*; **~tal** [semen'tal] *m* Zuchttier *n*; (*caballo*) Hengst *m*

semes|tral [semes'tral] halbjährlich; halbjährig; **~tre** [-'mestre] *m* Semester *n*, Halbjahr *n*

semi|circular [semiθirku'lar] halbkreisförmig; **~círculo** [-'θirkulo] *m* Halbkreis *m*; **~conductor** *el* [-kɔnduk'tɔr] *m* Halbleiter *m*; **~corchea** *mús* [-kɔr'tʃea] *f* Sechzehntelnote *f*; **~final** [-fi'nal] *f dep* Halbfinale *n*

semill|a *bot* [se'miʎa] *f* Samen *m*; **~ero** [-'ʎero] *m* Pflanzschule *f*; *fig* Brutstätte *f*

seminari|o [semi'narĭo] *m* Seminar *n*; **~sta** [-na'rista] *m* Seminarist *m*

sémola ['semola] *f* Grieß *m*

sempiterno [sempi'tɛrno] ewig

Sena ['sena] *m* Seine *f*

senado [se'nađo] *m* Senat *m*; **~r** [-'đɔr] *m* Senator *m*

senci|llez [senθi'ʎeθ] *f* Einfachheit *f*; Schlichtheit *f*; **~llo** [-'θiʎo] einfach; schlicht

sen|da ['senda] *f*, **~dero** [-'dero] *m* Fußweg *m*, Pfad *m*

sen|dos ['sendos], **~das** ['sendas] je ein

senectud [senɛk'tuđ] *f* Greisenalter *n*

senil [se'nil] greisenhaft, senil

seno ['seno] *m* Busen *m*; *mat* Sinus *m*; *fig* Schoß *m*; *anat* ~ ***frontal*** Stirnhöhle *f*

sensaci|ón [sensa'θĭɔn] *f* Empfindung *f*; Gefühl *n*; *fig* Sensation *f*; ***causar*** ~ Aufsehen erregen; **~onal** [-θĭo'nal] aufsehenerregend, sensationell; **~onalista** [-'lista] sensationslüstern; ***prensa*** *f* ~ Skandalpresse *f*

sensa|tez [sensa'teθ] *f* Besonnenheit *f*; **~to** [-'sato] vernünftig

sensi|bilidad [sensiƀili'đađ] *f* Empfindlichkeit *f*; Empfindsamkeit *f*; **~ble** [-'siƀle] empfindlich (gegen ***a***); *a fig* fühlbar

sensual [sen'sŭal] sinnlich; **~idad** [-li'đađ] *f* Sinnlichkeit *f*

senta|da [sen'tađa] *f* Sitzblockade *f*; **~do** [-'tađo] sitzend; ***estar*** ~ sitzen; **~r** [-'tar] (*1k*) **1.** *v/t* setzen; **2.** *v/i* ~ ***bien*** (***mal***) gut (schlecht) bekommen; (*vestido*) gut (schlecht) stehen; **~rse** sich setzen

sentencia [sen'tenθĭa] *f jur* Urteil *n*; (*dicho*) Ausspruch *m*

senti|do [sen'tiđo] **1.** *adj* tief empfunden; innig; **2.** *m* Sinn *m*; Bedeutung *f*; (*dirección*) Richtung *f*; ~ ***común*** gesunde(r) Menschenverstand *m*; ~ ***del deber*** Pflichtgefühl *n*; ~ ***de giro obligatorio*** Kreisverkehr *m*; ~ ***del humor*** Sinn *m* für Humor; ***perder el*** ~ das Bewusstsein verlieren; **~mental** [-men'tal] gefühlvoll, sentimental; **~miento** [-'mĭento] *m* Gefühl *n*, Empfindung *f*

sentir [sen'tir] (*3i*) *v/t* fühlen; empfinden; spüren; (*lamentar*) bedauern; ***lo siento*** es tut mir leid; **~se** sich fühlen

seña ['seɲa] *f* Zeichen *n*; **~s** *pl* Anschrift *f*, Adresse *f*; **~s *personales*** Personenbeschreibung *f*; ***hacer*** **~s** winken

señal [se'ɲal] *f* Zeichen *n*; Signal *n*; *com* Anzahlung *f*; ~ ***de llamada*** (***de ocupado***) *tel* Frei-(Besetzt-)zeichen *n*; ~ ***de prioridad*** (*od* ***preferencia***) Vorfahrt(s)schild *n*; ~ ***de prohibición*** Verbotsschild *n*; ~ ***de tráfico*** Verkehrszeichen *n*; ***en*** ~ ***de*** zum Zeichen *gen*; **~ado** [-'lađo] *fig* bedeutsam; **~ar** [-'lar] (*1a*) kennzeichnen; (*indicar*) anzeigen; aufweisen; zeigen auf; (*fijar*) festsetzen; **~izar** [-li'θar] (*1f*) be-, ausschildern

señor [se'ɲɔr] *m* Herr *m*; (*dueño*) Besitzer *m*; **~a** [se'ɲora] *f* Frau *f*; (*dama*) Dame *f*; **~ial** [-'rĭal] herrschaftlich; **~ita** [-'rita] *f* Fräulein *n*; junge Dame *f*; **~ito** [-'rito] *m* junger Herr *m*

señuelo [se'ɲŭelo] *m* Lockvogel *m*; Köder *m*

separa|ción [separa'θĭɔn] *f* Trennung *f*; ~ ***de bienes*** Gütertrennung *f*; **~do** [-'rađo] getrennt, einzeln; ***por*** ~ *corr* mit getrennter Post; **~r** [-'rar] (*1a*) trennen; (*del cargo*) entlassen; **~rse** sich trennen; **~ta** [-'rata] *f* Sonderdruck *m*; **~tista** [-'tista] *m* Separatist *m*

sepelio [se'pelĭo] *m* Begräbnis *n*

sepia ['sepĭa] *f* Tintenfisch *m*

septentrional [sɛptentrĭo'nal] nördlich, Nord…

septicemia *med* [sɛpti'θemĭa] *f* Blutvergiftung *f*

septiembre [se'tĭembre] *m* September *m*

séptimo ['sɛptimo] siebente(r, -s)

sepul|cro [se'pulkro] *m* Grab(stätte *f*) *n*; **~tar** [-'tar] (*1a*) begraben (*a fig*); **~tu-**

ra [-'tura] *f* Bestattung *f*; (*tumba*) Grab *n*; **~turero** [-'rero] *m* Totengräber *m*

sequedad [seke'đađ] *f* Trockenheit *f*; *fig* Unfreundlichkeit *f*

sequía [se'kia] *f* Dürre *f*

séquito ['sekito] *m* Gefolge *n*

ser [sɛr] **1.** *v/i* (*2w*) sein; (*pasivo*) werden; **~ de** (*pertenecer*) gehören (zu) (*dat*); ***de no ~ así*** andernfalls; ***a no ~ que*** falls nicht; ***o sea*** das heißt; ***¡eso es!*** (das) stimmt!; gut so!; ***¿a cómo es?*** was kostet es?; ***sea lo que sea*** wie dem auch sei; **2.** *m* Sein *n*; Wesen *n*

SER *f **Sociedad Española de Radiodifusión** private span. Rundfunkgesellschaft*

Serbia ['sɛrƀĭa] *f* Serbien *n*

serbi|o [sɛr'ƀĭo] **1.** *adj* serbisch; **2. ~o** *m*, **~a** *f* Serbe *m*, Serbin *f*

sere|nar(se) [sere'nar(se)] (*1a*) (sich) beruhigen; **~nata** *mús* [-'nata] *f* Serenade *f*; **~nidad** [-ni'đađ] *f* Gelassenheit *f*; **~no** [se'reno] **1.** *m* Nachtwächter *m*; **2.** *adj* gelassen; (*tiempo*) heiter

serial [se'rĭal] **1.** *adj* seriell; **2.** *m TV, radio* Serie *f*; Sendereihe *f*

serie ['serĭe] *f* Serie *f*; Reihe *f*; ***de ~*** serienmäßig; ***en ~*** Serien…; ***fuera de ~*** außergewöhnlich

ser|iedad [serĭe'đađ] *f* Ernst *m*; (*formalidad*) Zuverlässigkeit *f*; **~io** ['serĭo] ernst; (*formal*) seriös, zuverlässig; ***en ~*** im Ernst; ***tomar en ~*** ernst nehmen

sermón [sɛr'mɔn] *m* Predigt *f*; F Standpauke *f*

sero|negativo [seronega'tiƀo] *med* HIV-negativ; **~positivo** [-posi'tiƀo] HIV-positiv, aidsinfiziert

serpen|tear [sɛrpente'ar] (*1a*) sich schlängeln; **~tina** [-'tina] *f* Serpentine *f*; (*papel*) Luft-, Papierschlange *f*

serpiente [sɛr'pĭente] *f* Schlange *f*

serra|nía [sɛrra'nia] *f* Bergland *n*; **~no** [sɛ'rrano] **1.** *adj* Berg…; **2.** *m* Gebirgsbewohner *m*

serr|ar [sɛ'rrar] (*1k*) sägen; **~ín** [sɛ'rrin] *m* Sägemehl *n*; **~ucho** *tec* [sɛ'rrutʃo] *m* Fuchsschwanz *m*

servi|ble [sɛr'ƀiƀle] brauchbar; **~cial** [-ƀi'θĭal] hilfsbereit, gefällig; **~cio** [-'ƀiθĭo] *m* Dienst *m*; *gastr etc* Bedienung *f*, Service *m*; ***~ de averías*** Pannendienst *m*; ***~ discrecional*** Sonderfahrt *f*; ***~ a domicilio*** Heimservice *m*; Partyservice *m*; ***~ en línea*** Online-Dienst *m*; ***~ militar*** Wehrdienst *m*; ***~ pos(t)venta*** Kundendienst *m*; ***~ sustitutorio*** (Wehr-)Ersatzdienst *m*; ***~ de traducción*** Übersetzungsdienst *m*; ***~ de urgencias*** Notdienst *m*; ***fuera de ~*** *tec* außer Betrieb; **~s** *pl* Toilette *f*; ***~s mínimos*** Notdienst *m* (*bei Streiks usw*); **~dor** [-'đɔr] *m* Diener *m*; ***~ de Internet*** (***de red***) Internet-(Netzwerk)-Server *m*; **~l** [-'ƀil] knechtisch; sklavisch; unterwürfig

servillelta [sɛrƀi'ʎeta] *f* Serviette *f*; **~tero** [-'tero] *m* Serviettenring *m*

servir [sɛr'ƀir] (*3l*) **1.** *v/t* bedienen; (*comida*) auftragen, servieren; **2.** *v/i* dienen (*a mil*); ***~ de*** dienen als; ***~ para*** taugen zu (*dat*); **~se** sich bedienen, zugreifen

sésamo *bot* ['sesamo] *m* Sesam *m*

sesenta [se'senta] sechzig

sesión [se'sĭɔn] *f* Sitzung *f*; (*cine*) Vorstellung *f*

seso ['seso] *m* Gehirn *n*; *fig* Verstand *m*; **~s** *pl gastr* Hirn *n*

seta *bot* ['seta] *f* Pilz *m*

setecientos [sete'θĭentos] siebenhundert

setenta [se'tenta] siebzig

setiembre [se'tĭembre] *m* September *m*

seto ['seto] *m* Zaun *m*; ***~ vivo*** Hecke *f*

seudo… ['seŭđo] Pseudo…

seudónimo [seŭ'đonimo] *m* Pseudonym *n*

seve|ridad [seƀeri'đađ] *f* Strenge *f*; **~ro** [se'ƀero] streng; (*serio*) ernst

sexo ['sɛgso] *m* Geschlecht *n*; (*sexualidad*) Sex *m*; ***del mismo ~*** gleichgeschlechtlich

sexto ['sesto] **1.** *adj* sechste(r, -s); **2.** *m* Sechstel *n*

sexual [sɛg'sŭal] sexuell; Geschlechts…; **~idad** [-li'đađ] *f* Sexualität *f*

shock [ʃɔk] *m* Schock *m*; ***~ cultural*** Kulturschock *m*

si [si] **1.** *cj* wenn; ob; ***~ no*** falls nicht; sonst; ***como ~*** als ob; **2.** *m mús* H *n*; ***~ bemol*** B *n*

sí [si] **1.** *pron* sich; ***por ~ solo*** von selbst; ***seguro de ~ mismo*** selbstsicher; **2.** *adv* ja; **3.** *m* Ja(wort) *n*

Siberia [si'ƀerĭa] *f* Sibirien *n*

Sicilia [si'θilĭa] *f* Sizilien *n*

sico… *s **psicoanálisis** etc*

sida *med* ['siđa] *m* Aids *n*
SIDA, **sida** *m* ***Síndrome de Immunodeficienca Adquirida*** Aids *n*
sidecar [siđe'kar] *m* Beiwagen *m*
sideral [siđe'ral] Stern(en)…
siderurgia [siđe'rurxĭa] *f* Eisen- u Stahlindustrie *f*
sidra ['siđra] *f* Apfelwein *m*
siembra ['sĭembra] *f* Saat *f*
siempre ['sĭempre] immer; ***de ~*** von jeher; ***lo de ~*** immer wieder dasselbe; ***~ que*** sofern; (*cada vez*) immer wenn
sien [sĭen] *f* Schläfe *f*
siento ['sĭento] *s* ***sentar***, ***sentir***
sierra ['sĭɛrra] *f* Säge *f*; *geo* Bergkette *f*; ***~ circular*** Kreissäge *f*
siervo ['sĭɛrƀo] *m* Leibeigene(r) *m*
siesta ['sĭesta] *f* Mittagsruhe *f*, Siesta *f*
siete ['sĭete] sieben
sífilis *med* ['sifilis] *f* Syphilis *f*
sifón [si'fɔn] *m* Siphon *m*
sigla ['sigla] *f* Sigel *n*; Abkürzung *f*
siglo ['siglo] *m* Jahrhundert *n*
signa|r [sig'nar] (*1a*) unterzeichnen; **~rse** sich bekreuzigen; **~tario** [-na'tarĭo] *m* Unterzeichner *m*
significa|ción [signifika'θĭɔn] *f*, **~do** [-'kađo] *m* Bedeutung *f*; Sinn *m*; **~r** [-'kar] (*1g*) bedeuten; **~tivo** [-'tiƀo] bezeichnend; bedeutsam
signo ['signo] *m* Zeichen *n*
siguiente [si'gĭente] folgend; ***¡el ~!*** der Nächste, bitte!
sílaba ['silaƀa] *f* Silbe *f*
silb|ar [sil'ƀar] (*1a*) pfeifen; **~ato** [-'ƀato] *m* Pfeife *f*; **~ido** [-'ƀiđo] *m* Pfiff *m*
silenci|ador [silenθĭa'đɔr] *m* Schalldämpfer *m*; *auto* Auspufftopf *m*; **~ar** [-'θĭar] (*1b*) verschweigen; **~o** [si'lenθĭo] *m* Schweigen *n*; *fig* Ruhe *f*, Stille *f*; **~oso** [-'θĭoso] still, schweigsam
Silesia [si'lesĭa] *f* Schlesien *n*
silicio *quím* [si'liθĭo] *m* Silizium *n*
silicona *quím* [sili'kona] *f* Silikon *n*
silla ['siʎa] *f* Stuhl *m*; **~** (***de montar***) Sattel *m*; **~r** [si'ʎar] *m* Quaderstein *m*
sillín [si'ʎin] *m* Fahrradsattel *m*
sillón [si'ʎɔn] *m* Sessel *m*; ***~ de ruedas*** Rollstuhl *m*
silo ['silo] *m* Silo *m*
silueta [si'lŭeta] *f* Silhouette *f*
silvestre [sil'ƀestre] wild
silvicultura [silƀikul'tura] *f* Forstwirtschaft *f*
simbólico [sim'boliko] symbolisch
símbolo ['simbolo] *m* Symbol *n*
sim|etría [sime'tria] *f* Symmetrie *f*; **~étrico** [si'metriko] symmetrisch
simiente [si'mĭente] *f* Samen *m*
simi|lar [simi'lar] ähnlich; (*análogo*) gleichartig; **~litud** [-li'tuđ] *f* Ähnlichkeit *f*
sim|patía [simpa'tia] *f* Sympathie *f*; **~pático** [-'patiko] sympathisch, nett
sim|ple ['simple] einfach; (*mero*) bloß; (*ingenuo*) einfältig; **~pleza** [-'pleθa] *f* Einfalt *f*; **~plicidad** [-pliθiđađ] *f* Einfachheit *f*; **~plificar** [-fi'kar] (*1g*) vereinfachen
simposio [sim'posĭo] *m* Symposium *n*
simula|ción [simula'θĭɔn] *f* Vortäuschung *f*; **~cro** [-'lakro] *m* Trugbild *n*; ***~ de*** Schein…, vorgetäuscht; **~r** [-'lar] (*1a*) vortäuschen; simulieren
simultáneo [simul'taneo] gleichzeitig; Simultan…
sin [sin] ohne; ***~ clorofluorocarbono*** FCKW-frei; ***~ más*** ohne weiteres; ***~ que*** ohne dass
sinagoga [sina'goga] *f* Synagoge *f*
since|rarse [sinθe'rarse] (*1a*) sich aussprechen; **~ridad** [-ri'đađ] *f* Aufrichtigkeit *f*; **~ro** [-'θero] aufrichtig, ehrlich
sincronizar [siŋkroni'θar] (*1f*) synchronisieren
sindica|l [sindi'kal] Gewerkschafts…; **~lista** [-ka'lista] *su* Gewerkschafter(in) *m*(*f*); **~to** [-'kato] *m* Gewerkschaft *f*
síndico ['sindiko] *m* Justiziar *m*
síndrome ['sindrome] *m* Syndrom *n*; ***~ burn out*** *od* ***del quemado*** *med* Burn-out Syndrom *n*
sinfín [sim'fin] *m* Unmenge *f*
sinf|onía *mús* [simfo'nia] *f* Sinfonie *f*; **~ónico** [-'foniko] sinfonisch
singular [siŋgu'lar] **1.** *adj* einzeln; *fig* einzig(artig); außergewöhnlich; **2.** *m gram* Singular *m*; **~idad** [-ri'đađ] *f* Eigenart *f*
sinies|trado [sinĭes'trađo] verunglückt; be-, geschädigt; **~tro** [si'nĭestro] **1.** *adj fig* unheilvoll; unheimlich; **2.** *m* Unglück(sfall *m*) *n*, Schadensfall *m*
sinnúmero [sin'numero] *m* Unzahl *f*
sino ['sino] **1.** *m* Schicksal *n*; **2.** *prp* außer; **3.** *cj* sondern; ***no sólo … ~ también*** nicht nur … sondern auch
sinónimo [si'nonimo] *m* Synonym *n*

sintaxis [sin'tagsis] *f* Syntax *f*
síntesis ['sintesis] *f* Synthese *f*
sintético [sin'tetiko] synthetisch
síntoma ['sintoma] *m* Symptom *n*
sintomático [sinto'matiko] symptomatisch; bezeichnend
sintoniza|dor [sintoniθa'đɔr] *m* Tuner *m*; **~r** [-'θar] *(1f)* *(emisora)* einstellen
sinuoso [si'nŭoso] gewunden
sinusitis *med* [sinu'sitis] *f*: **~ (*frontal*)** Stirnhöhlenentzündung *f*
sinvergüenza [simbɛr'gŭenθa] *m* unverschämter Kerl *m*
siquiera [si'kĭera] **1.** *cj* auch wenn; **2.** *adv* wenigstens; ***ni* ~** nicht einmal
sirena [si'rena] *f* Sirene *f*
Siria ['siria] *f* Syrien *n*
siri|o ['sirĭo] **1.** *adj* syrisch; **2. ~o** *m*, **~a** *f* Syrer(in) *m*(*f*)
sirve ['sirƀe] *s* ***servir***
sirvien|ta [sir'ƀĭenta] *f* Dienstmädchen *n*; **~te** [-'ƀĭente] *m* Diener *m*
sisar [si'sar] *(1a)* F Schmu machen
sisear [sise'ar] *(1a)* auszischen
sismógrafo [siz'mografo] *m* Seismograph *m*
▸**sistema** [sis'tema] *m* System *n*; **~ *de alarma*** Alarmanlage *f*; **~ *digestivo* (*nervioso*)** *anat* Verdauungs-(Nerven-)system *n*; **~ *inmunológico*** Immunsystem *n*; **~ *de manos libres*** *tel* Freisprechanlage *f*; **~ *de navegación* (*por satélite*)** *auto* (Satelliten)Navigationssystem *n*; Routenplaner *m*; ▸ **~ *operativo*** *inform* Betriebssystem *n*; **~ *social*** Gesellschaftssystem *n*
sistemático [siste'matiko] systematisch
sitiar [si'tĭar] *(1b)* belagern
sitio ['sitĭo] *m* Platz *m*; Ort *m*; Stelle *f*; *mil* Belagerung *f*
situa|ción [sitŭa'θĭɔn] *f* Lage *f*; Situation *f*; **~do** [si'tŭađo] gelegen; ***bien* ~** gut situiert; ***estar* ~** liegen; **~r** [si'tŭar] *(1e)* legen; stellen; **~rse** *(acción)* sich abspielen; *dep* sich platzieren
slalom ['slalɔm] *m* Slalom *m*
S.M. ***Su Majestad*** Seine (Ihre) Majestät
SME *m* ***Sistema Monetario Europeo*** EWS *n* (Europäisches Währungssystem)
smog [smog] *m* Smog *m*
SMS [eseeme'ese] *m* *tel* SMS *f*; ***enviar*** (*od* ***mandar***) ***un* ~** e-e SMS schicken (***a alg*** j-m)
s/n ***sin número*** ohne Hausnummer
SO ***sudoeste*** SW (Südwesten)
sobaco [so'ƀako] *m* Achselhöhle *f*
soba|do [so'ƀađo] abgegriffen; abgedroschen; **~r** [so'ƀar] *(1a)* F befummeln
sobera|nía [soƀera'nia] *f* Souveränität *f*; **~no** [-'rano] **1.** *adj* souverän; *fig* erhaben; **2.** *m* Souverän *m*, Herrscher *m*
sober|bia [so'ƀɛrƀĭa] *f* Stolz *m*, Hochmut *m*; **~bio** [-ƀĭo] stolz, hochmütig; *fig* prächtig
sobor|nar [soƀɔr'nar] *(1a)* bestechen; **~no** [-'ƀɔrno] *m* Bestechung *f*; **~s** *pl* Bestechungsgelder *n/pl*, Schmiergelder *n/pl*
sobra ['soƀra] *f*: ***de* ~** im Überfluss; ***saber de* ~** nur allzu gut wissen; **~s** *pl* (Speise-)Reste *m/pl*, Überbleibsel *n/pl*; **~nte** [so'ƀrante] **1.** *adj* übrig(bleibend); **2.** *m* Überrest *m*; *(excedente)* Überschuss *m*; **~r** [so'ƀrar] *(1a)* übrig bleiben, übrig sein; *a fig* überflüssig sein
sobre ['soƀre] **1.** *m* Briefumschlag *m*; **2.** *prp* auf; *(encima de)* über; **~ *todo*** vor allem; **~ *las tres*** gegen drei Uhr
sobre|alimentación [soƀrealimenta'θĭɔn] *f* Überernährung *f*; **~calentar** [-kalen'tar] *(1k)* überhitzen; **~capacidad** [-kapaθi'đađ] *f* Überkapazität *f*; **~cargar** [-kar'gar] *(1h)* überladen, überlasten; **~cogedor** [-kɔxe'đɔr] erschreckend; **~cogerse** [-kɔ'xɛrse] *(2c)* zusammenfahren, erschrecken; **~cubierta** [-ku'ƀĭɛrta] *f* Schutzumschlag *m*; **~dosis** [-'đosis] *f* Überdosis *f*; **~estimar** [-esti'mar] *(1a)* überschätzen; **~exponer** [-espo'nɛr] *(2r)* *fot* überbelichten; **~humano** [-u'mano] übermenschlich; **~impresión** [-impre'sĭɔn] *f* *TV* Einblenden *n*; **~llevar** [-ʎe'ƀar] ertragen; **~manera** [-ma'nera] außerordentlich; **~mesa** [-'mesa] *f*: ***de* ~** nach Tisch; Tisch…; **~natural** [-natu'ral] übernatürlich; **~nombre** [-'nɔmbre] *m* Beiname *m*
sobrentenderse [soƀrenten'dɛrse] *(2g)* sich von selbst verstehen
sobre|pasar [soƀrepa'sar] *(1a)* übertreffen, übersteigen; **~peso** [-'peso] *m* Übergewicht *n*; **~ponerse** [-po'nɛrse] *(2r)*: **~ *a*** sich hinwegsetzen über; **~precio** [-'preθĭo] *m* Aufpreis *m*; **~producción** [-prođug'θĭɔn] *f* Überpro-

duktion *f*; **~saliente** [-sa'lĭente] hervorragend; (*nota*) sehr gut; **~salir** [-sa'lir] (*3r*) heraus-, hervorragen; **~saltar(se)** [-sal'tar(se)] (*1a*) erschrecken; **~salto** [-'salto] *m* jäher Schrecken *m*; **~tasa** [-'tasa] *f* Aufschlag *m*, Zuschlag *m*; **~todo** [-'tođo] *m bsd Am* Mantel *m*; **~valorar** [-ƀalo'rar] (*1a*) überbewerten; **~venir** [-ƀe'nir] (*3s*) plötzlich geschehen *od* eintreten; **~vivir** [-ƀi'ƀir] (*3a*) überleben; **~volar** [-ƀo'lar] (*1m*) überfliegen

sobriedad [soƀrĭe'đađ] *f* Genügsamkeit *f*; Nüchternheit *f*

sobri|na [so'ƀrina] *f* Nichte *f*; **~no** [-'ƀrino] *m* Neffe *m*

sobrio ['soƀrĭo] mäßig; nüchtern

socarrón [soka'rrɔn] schlau; verschmitzt

socavón [soka'ƀɔn] *m* Erdeinsturz *m*

socia ['soθĭa] *f* Partnerin *f*, Teilhaberin *f*, Gesellschafterin *f*; **~ble** [so'θĭaƀle] gesellig; umgänglich; **~l** [so'θĭal] gesellschaftlich; sozial; **~lismo** [soθĭa'lizmo] *m* Sozialismus *m*; **~lista** [-'lista] **1.** *adj* sozialistisch; **2.** *su* Sozialist(in) *m*(*f*)

sociedad [soθĭe'đađ] *f* Gesellschaft *f*; (*asociación*) Verein *m*; ***~ anónima*** Aktiengesellschaft *f*; ***~ del bienestar*** Wohlstandsgesellschaft *f*; ***~ de consumo*** Konsumgesellschaft *f*; ***~ del despilfarro*** Wegwerfgesellschaft *f*; ***~ multicultural*** multikulturelle Gesellschaft *f*; Multikultigesellschaft *f*

socio *m* ['soθĭo] Mitglied *n*; *com* Teilhaber *m*; Gesellschafter *m*

soci|ología [soθĭolɔ'xia] *f* Soziologie *f*; **~ólogo** [so'θĭologo] *m*, **~óloga** Soziologe *m*, Soziologin *f*

socorr|er [sokɔ'rrɛr] (*2a*) unterstützen; helfen (*dat*); **~ismo** [-'rrizmo] *m* Erste Hilfe *f*; Rettungswesen *n*; **~ista** [-'rrista] *su* (Lebens-)Retter(in) *m*(*f*); Helfer(in) *m*(*f*); **~o** [so'kɔrrɔ] *m* Hilfe *f*

soda ['sođa] *f* Soda(wasser) *n*

sodio ['sođĭo] *m* Natrium *n*

soez [so'eθ] gemein; obszön

sofá [so'fa] *m* Sofa *n*; ***~-cama*** Bett-, Schlafcouch *f*

sofisticado [sofisti'kađo] affektiert; raffiniert

sofo|cante [sofo'kante] erstickend; **~car** [-'kar] (*1g*) ersticken; *fig* beschämen; **~co** [so'foko] *m* Erstickungsanfall *m*; Atemnot *f*; *fig* Verdruss *m*

software ['softwea] *m* Software *f*; ***~ de traducción*** Übersetzungssoftware *f*

soga ['soga] *f* Seil *n*; Strick *m*

soja *bot* ['sɔxa] *f* Soja(bohne) *f*

sol [sɔl] *m* Sonne *f*; *mús* G *n*; ***tomar el ~*** sich sonnen

solamente [sola'mente] nur; erst

solapa [so'lapa] *f* Klappe *f*, Revers *n od m*; **~do** [-'pađo] hinterhältig

solar [so'lar] **1.** *m* Baugelände *n*, Bauplatz *m*; **2.** *adj* Sonnen…

solari|o, ~um [so'larĭo, -'larĭun] *m* Solarium *n*

solda|da *mil* [sɔl'dađa] *f* Wehrsold *m*; **~do** [-'dađo] *m* Soldat *m*

solda|dor [sɔlda'đɔr] *m* Lötkolben *m*; (*persona*) Schweißer *m*; **~dura** [-'đura] *f* Löten *n*; Schweißen *n*; **~r** [-'dar] (*1m*) schweißen; löten

soleado [sole'ađo] sonnig

soledad [sole'đađ] *f* Einsamkeit *f*

solem|ne [so'lemne] feierlich; **~nidad** [-ni'đađ] *f* Feierlichkeit *f*

soler [so'lɛr] (*2h*) pflegen (zu)

solfeo [sɔl'feo] *m* Musiklehre *f*

solicita|ción [soliθita'θĭɔn] *f* Gesuch *n*; Bewerbung *f*; **~do** [-'tađo] begehrt; umworben; **~nte** [-'tante] *m* Antragsteller *m*; ***~ de asilo*** Asylbewerber *m*; **~r** [-'tar] (*1a*) beantragen; (*empleo, etc*) sich bewerben um

solícito [so'liθito] eifrig; hilfsbereit

solicitud [soliθi'tuđ] *f* Gesuch *n*; Antrag *m*; *fig* Sorgfalt *f*; Eifer *m*; ***~ enviada a ciegas*** Blindbewerbung *f*

solidari|dad [solिđari'đađ] *f* Solidarität *f*; **~o** [-'đarĭo] solidarisch; **~zarse** [-đari'θarse] (*1f*) sich solidarisch erklären (mit *dat* ***con***)

solidez [soli'đeθ] *f* Festigkeit *f*; Solidität *f*; *fig* Zuverlässigkeit *f*

sólido ['solіđo] fest; haltbar; solide

solista *mús* [so'lista] *su* Solist(in) *m*(*f*)

solita|ria [soli'tarĭa] *f* Bandwurm *m*; **~rio** [-'tarĭo] **1.** *adj* einsam; **2.** *m* Einzelgänger *m*; (*joya*) Solitär *m*; ***hacer ~s*** Patiencen legen

soliviantar [soliƀĭan'tar] (*1a*) aufreizen, -hetzen; empören

solla *zo* ['soʎa] *f* Scholle *f*

sollo|zar [soʎo'θar] (*1f*) schluchzen; **~zo** [so'ʎoθo] *m* Schluchzen *n*

solo ['solo] **1.** *adj* allein; (*único*) einzig; ***a solas*** (ganz) allein; **2.** *m mús* Solo *n*

sólo ['solo] nur; erst

solomillo [solo'miʎo] *m* Filet *n*
solsticio [sɔls'tiθĭo] *m* Sonnenwende *f*
soltar [sɔl'tar] (*1m*) losmachen; loslassen; (*preso*) freilassen; (*palabra*) ausstoßen; **~se** sich lösen, aufgehen; *fig* aus sich herausgehen
solte|ra [sɔl'tera] *f* Junggesellin *f*; **~ro** [-'tero] **1.** *adj* ledig, unverheiratet; **2.** *m* Junggeselle *m*; **~rona** [-'rona] *f* alte Jungfer *f*
soltura [sɔl'tura] *f* Gewandtheit *f*
solu|ble [so'luƀle] löslich; **~ción** [-'θĭɔn] *f* Lösung *f* (*a fig*); **~cionar** [-θĭo'nar] (*1a*) lösen
solven|cia [sɔl'ƀenθĭa] *f* Zahlungsfähigkeit *f*; **~te** [-'ƀente] zahlungsfähig, solvent
sombra ['sɔmbra] *f* Schatten *m*; **~ *de ojos*** Lidschatten *m*; F ***estar a la ~*** im Kittchen sitzen
sombrero [sɔm'brero] *m* Hut *m*; **~ *de copa*** Zylinder *m*
som|brilla [sɔm'briʎa] *f* Sonnenschirm *m*; **~brío** [-'brio] schattig; *fig* düster
somero [so'mero] oberflächlich
someter [some'tɛr] (*2a*) unterwerfen; (*exponer*) vorlegen, unterbreiten; **~se** sich fügen; **~ a** sich unterziehen (*dat*)
somier [so'mĭɛr] *m* Sprungfedermatratze *f*
som|nífero [sɔm'nifero] *m* Schlafmittel *n*; **~nolencia** [-no'lenθĭa] *f* Schläfrigkeit *f*
son [sɔn] *m* Klang *m*; ***en ~ de paz*** in friedlicher Absicht
sonado [so'nađo] aufsehenerregend; F (*loco*) verrückt
sonajero [sona'xero] *m* (Kinder-)Rassel *f*
sonámbulo [so'nambulo] **1.** *adj* mondsüchtig; **2.** *m* Schlaf-, Nachtwandler *m*
sonar [so'nar] (*1m*) klingen; (er)tönen; (*timbre*) klingeln, läuten; ***me suena*** das kommt mir bekannt vor; **~se** sich die Nase putzen
sonata *mús* [so'nata] *f* Sonate *f*
sond|a ['sɔnda] *f* Sonde *f* (*a med*); *mar* Lot *n*; **~(e)ar** [-'dar, -de'ar] (*1a*) sondieren (*a fig*); *mar* loten; **~eo** [-'deo] *m* Sondierung *f*; Lotung *f*; **~ (*de opinión*)** Umfrage *f*; Meinungsforschung *f*
soneto [so'neto] *m* Sonett *n*
sonido [so'niđo] *m* Ton *m*, Laut *m*; Klang *m*; Schall *m*
sono|ridad [sonori'đađ] *f* Klangfülle *f*; **~ro** [so'noro] klangvoll; wohlklingend
son|reír [sɔnrrɛ'ir] (*3m*) lächeln; **~riente** [-'rrĭente] lächelnd; **~risa** [-'rrisa] *f* Lächeln *n*
sonro|jarse [sɔnrrɔ'xarse] (*1a*) erröten; **~jo** [-'rrɔxo] *m* Schamröte *f*; Erröten *n*
sonsacar [sɔnsa'kar] (*1g*) entlocken; *fig j-n* ausholen
soña|dor [soɲa'đɔr] **1.** *adj* träumerisch; verträumt; **2.** *m* Träumer *m*; **~r** [so'ɲar] (*1m*) träumen (von *dat* ***con***)
soñoliento [soɲo'lĭento] schläfrig
sopa ['sopa] *f* Suppe *f*
sopapo F [so'papo] *m* Ohrfeige *f*
sope|ra [so'pera] *f* Suppenschüssel *f*; **~ro** [-ro] Suppen…
sopesar [sope'sar] (*1a*) *fig* abwägen
sopetón [sope'tɔn]: ***de ~*** unversehens; plötzlich
sop|lar [so'plar] (*1a*) **1.** *v/i* blasen, pusten; (*viento*) wehen; **2.** *v/t* vorsagen; (*delatar*) F verpfeifen; (*quitar*) F klauen; **~lete** *tec* [so'plete] *m* Gebläse *n*; (Schweiß-)Brenner *m*; **~lo** ['soplo] *m* Hauch *m*; *fig* Wink *m*; ***en un ~*** im Nu; **~lón** [so'plɔn] *m* F Petzer *m*
sopor [so'pɔr] *m* Benommenheit *f*; **~ífero** [sopo'rifero] einschläfernd
sopor|table [sopɔr'taƀle] erträglich; **~tar** [-'tar] (*1a*) stützen, tragen; *fig* ertragen; **~te** [so'pɔrte] *m* Stütze *f* (*a fig*); *tec* Träger *m*; Ständer *m*
soprano *mús* [so'prano] **a)** *m* Sopran *m* **a)** *f* Sopranistin *f*
sorb|er [sɔr'ƀɛr] (*2a*) schlürfen; *fig* auf-, einsaugen; **~ete** [-'ƀete] *m* Sorbett *n*; Fruchteis *n*; **~o** ['sɔrƀo] *m* Schluck *m*
sordera [sɔr'đera] *f* Taubheit *f*
sordidez [sɔrđi'đeθ] *f* Schmutz *m*; *fig* Schäbigkeit *f*
sórdido [sɔrđiđo] schmutzig; (*avaro*) geizig
sordo ['sɔrđo] taub; schwerhörig; *fig* dumpf; **~mudo** [-'muđo] *m* taubstumm
sorna ['sɔrna] *f* hämischer Tonfall *m*; Ironie *f*; ***con ~*** hämisch
soroche *Am* [sɔ'rotʃe] *m* Höhenkrankheit *f*
sorpre|ndente [sɔrpren'dente] überraschend; erstaunlich; **~nder** [-'dɛr] (*2a*) überraschen; **~sa** [-'presa] *f* Überraschung *f*; **~sivo** *Am* [-pre'siƀo] überraschend
sor|tear [sɔrte'ar] (*1a*) aus-, verlosen; *fig* ausweichen, aus dem Wege gehen

(*dat*); **~teo** [-'teo] *m* Verlosung *f*, Auslosung *f*; (*lotería*) Ziehung *f*
sortija [sɔr'tixa] *f* (Finger-)Ring *m*; (*rizo*) Locke *f*
sortilegio [sɔrti'lɛxĭo] *m* Zauberei *f*, Hexerei *f*
sosa ['sosa] *f* Soda *f od n*; Natron *n*
sose|gado [sose'gađo] ruhig; gelassen; **~gar** [-'gar] (*1h u 1k*) beruhigen
sosia(s) ['sosĭa(s)] *m* Doppelgänger *m*
sosiego [so'sĭego] *m* Ruhe *f*; Gelassenheit *f*
soso ['soso] fade (*a fig*)
sospech|a [sɔs'petʃa] *f* Verdacht *m*; Argwohn *m*; **~ar** [-pe'tʃar] (*1a*) vermuten; argwöhnen; **~ *de alg*** j-n verdächtigen; **~oso** [-pe'tʃoso] verdächtig
sostén [sɔs'ten] *m* Stütze *f* (*a fig*); (*prenda*) Büstenhalter *m*
soste|ner [sɔste'nɛr] (*2l*) (unter)stützen; (unter)halten; (*afirmar*) behaupten; **~nerse** sich halten; **~nido** *mús* [-'niđo] **1.** *adj* erhöht; ***fa* ~** Fis *n*; **2.** *m* Kreuz *n*
sota ['sota] *f* (*naipe*) Bube *m*
sotana [so'tana] *f* Soutane *f*
sótano ['sotano] *m* Keller(geschoss *n*) *m*
sotavento *mar* [sota'ƀento] *m* Lee(seite) *f*
soterrar [sotɛ'rrar] (*1k*) vergraben
soto ['soto] *m* Gehölz *n*, Wäldchen *n*
soviético *hist* [so'ƀĭetiko] sowjetisch
soy [sɔi] *s* ***ser***
soya *Am* ['soja] *f* Sojabohne *f*
SP *m* ***Servicio Público*** öffentlicher Dienst
Sr. *Señor* Hr. (Herr)
Sra. *Señora* Fr. (Frau)
Sras. *Señoras* Frauen
Sres. *Señores* Herren
S.R.L. *f* ***Sociedad de Responsabilidad limitada*** GmbH *f* (Gesellschaft mit beschränkter Haftung)
Srta. *Señorita* Frl. (Fräulein)
SS *f* ***Seguridad Social*** Sozialversicherung *f*
S.S. *Su Santidad* Seine Heiligkeit
SS.MM. *Sus Majestadas* Ihre Majestäten
Sta. *Santa* Heilige
stand [stand] *m* (Messe-)Stand *m*
Sto. *Santo* Heiliger
stock [stɔk] *m* Lagerbestand *m*; ***tener en* ~** auf Lager haben
su, **sus** [su, sus] sein(e); ihr(e); Ihr(e)
Suabia ['sŭaƀĭa] *f* Schwaben *n*
sua|ve ['sŭaƀe] weich; sanft; mild; **~vidad** [-ƀi'đađ] *f* Weichheit *f*; Sanftheit *f*; Milde *f*; **~vizante** [-'θante] *m* Weichspüler *m*; **~vizar** [-ƀi'θar] (*1f*) *fig* mildern
subarrendar [suƀarren'dar] (*1k*) unterverpachten
subasta [su'ƀasta] *f* Versteigerung *f*, Auktion *f*; **~r** [-'tar] (*1a*) versteigern
subcampeón [suƀkampe'ɔn] *m dep* Vizemeister *m*
subconsciente [suƀkɔns'θĭente] **1.** *adj* unterbewusst; **2.** *m* Unterbewusstsein *n*
subcutáneo *med* [suƀku'taneo] subkutan
subdesarrollado [suƀđesarrɔ'ʎađo] unterentwickelt
subdirector [suƀđirɛk'tɔr] *m* stellvertretender Direktor *m*
súbdito ['suƀđito] *m* Untergebene(r) *m*; Staatsangehörige(r) *m*
subdivi|dir [suƀđiƀi'đir] (*3a*) unterteilen; **~sión** [-'sĭɔn] *f* Unterabteilung *f*; Unterteilung *f*
subestimar [suƀesti'mar] (*1a*) unterschätzen
subi|da [su'ƀiđa] *f* (An-)Steigen *n*; Aufstieg *m*; **~ *de precios*** Preissteigerung *f*; **~do** [-'ƀiđo] (*precio*) hoch; (*color*) kräftig, intensiv
subinquilin|o *m*, **~a** *f* [suƀiŋki'lino, -'lina] Untermieter(in) *m*(*f*)
subir [su'ƀir] (*3a*) **1.** *v/t* hinauftragen, -bringen, -fahren; (*precio*) erhöhen; **2.** *v/i* (an)steigen; hinaufgehen, -fahren, -steigen; (*a un vehículo*) einsteigen; (*suma*) sich belaufen (auf *ac* ***a***)
súbito ['suƀito] plötzlich
subjetivo [suƀxe'tiƀo] subjektiv
subjuntivo *gram* [suƀxun'tiƀo] *m* Konjunktiv *m*
subleva|ción [suƀleƀa'θĭɔn] *f* Aufstand *m*; **~r** [-'ƀar] (*1a*) aufwiegeln; empören; **~rse** sich erheben
sublime [su'ƀlime] erhaben
submari|nismo [suƀmari'nizmo] *m* Unterwassersport *m*; **~nista** [-'nista] *m* Sporttaucher *m*; **~no** [-'rino] **1.** *adj* unterseeisch; **2.** *m* Unterseeboot *n*
subnormal [suƀnɔr'mal] (geistig) zurückgeblieben
suboficial *mil* [suƀofi'θĭal] *m* Unterof-

fizier *m*
subordina|do [suƀɔrđi'nađo] **1.** *adj* untergeordnet; **2.** *m* Untergebene(r) *m*; **~r** [-'nar] *(1a)* unterordnen
subproducto [suƀpro'đukto] *m* Nebenprodukt *n*
subrayar [suƀrra'jar] *(1a)* unterstreichen; *fig a* hervorheben
subsanar [suƀsa'nar] *(1a)* wieder gutmachen; beheben
subscr... [suskrz̧] *s* ***suscribir*** *etc*
subsecretario [suƀsekre'tario̯] *m pol* Staatssekretär *m*
subsidio [suƀ'siđio̯] *m* Beihilfe *f*; Zuschuss *m*; ***~ de paro*** Arbeitslosengeld *n*; ***~ por hijos*** Kindergeld *n*
subsist|encia [suƀsis'tenθi̯a] *f* Lebensunterhalt *m*; *(permanencia)* Fortbestand *m*; **~ir** [-'tir] *(3a)* (fort)bestehen, anhalten; *(vivir)* leben
subst... [sustz̧] *s* ***sustancia*** *etc*
sub|suelo [suƀ'sŭelo] *m* Untergrund *m*; **~teniente** [-te'ni̯ente] *m* Leutnant *m*; **~terfugio** [-tɛrfuxi̯o] *m* Ausflucht *f*; Vorwand *m*; **~terráneo** [-tɛ'rraneo] **1.** *adj* unterirdisch; **2.** *m Am* Untergrundbahn *f*; **~título** [-'titulo] *m* Untertitel *m*; **~tropical** [-tropi'kal] subtropisch; **~urbano** [-ur'ƀano] vorstädtisch; Vorort...; **~urbio** [su'ƀurƀi̯o] *m* Vorort *m*; Vorstadt *f*
subvenci|ón [suƀƀen'θi̯ɔn] *f* Subvention *f*; Zuschuss *m*; **~onar** [-θi̯o'nar] *(1a)* subventionieren
subversi|ón [suƀƀɛr'si̯ɔn] *f* Umsturz *m*; **~vo** [-'siƀo] subversiv
sub|yacente [suƀja'θente] darunter liegend; **~yugar** [-ju'gar] *(1h)* unterjochen; bezwingen
sucedáneo [suθe'đaneo] *m* Ersatz(-produkt *n*) *m*
suce|der [suθe'đɛr] *(2a)* folgen (auf *ac* ***a***); *(ocurrir)* geschehen; zustoßen; ***¿qué sucede?*** was ist los?; **~sión** [-'si̯ɔn] *f* Folge *f*; **~** ***(al trono)*** Thronfolge *f*; **~sivo** [-'siƀo] folgend; ***en lo ~*** von nun an, künftig; **~so** [su'θeso] *m* Ereignis *n*; Vorfall *m*; **~sor** [suθe'sɔr] *m* Nachfolger *m*
suciedad [suθi̯e'đađ] *f* Schmutz *m*
sucinto [su'θinto] kurz, knapp
sucio ['suθi̯o] schmutzig; dreckig
suculento [suku'lento] saftig; nahrhaft
sucumbir [sukum'bir] *(3a)* unterliegen; erliegen
sucursal [sukur'sal] *f* Zweigstelle *f*, Filiale *f*
Sudáfrica [su'đafrika] *f* Südafrika *n*
Sudamérica [suđa'merika] *f* Südamerika *n*
sudamericano [suđameri'kano] südamerikanisch
sudar [su'đar] *(1a)* schwitzen
sud|este [su'đeste] *m* Südosten *m*; **~oeste** [suđo'este] *m* Südwesten *m*
sudor [su'đɔr] *m* Schweiß *m*; **~oso** [-'roso] verschwitzt
sue|ca ['sŭeka] *f* Schwedin *f*; **~co** ['sŭeko] **1.** *adj* schwedisch; **2.** *m* Schwede *m*; F ***hacerse el ~*** sich dumm stellen
Suecia ['sŭeθi̯a] *f* Schweden *n*
sueg|ra ['sŭegra] *f* Schwiegermutter *f*; **~ro** ['sŭegro] *m* Schwiegervater *m*; **~s** *pl* Schwiegereltern *pl*
suela ['sŭela] *f* (Schuh-)Sohle *f*
sueldo ['sŭɛldo] *m* Gehalt *n*
suelo ['sŭelo] **1.** *s* ***soler***; **2.** *m* Boden *m*; Fußboden *m*
suelto ['sŭɛlto] **1.** *adj* lose; frei; *(pelo)* offen; *(separado)* einzeln; **2.** *m* Kleingeld *n*
sueño ['sŭeɲo] **1.** *s* ***soñar***; **2.** *m* Schlaf *m*; Traum *m*; ***tener ~*** müde sein
suero *med* ['sŭero] *m* Serum *n*
suerte ['sŭɛrte] *f* Schicksal *n*; Los *n*; *(fortuna)* Glück *n*; ***mala ~*** Pech *n*; ***de ~ que*** sodass; ***por ~*** zum Glück; ***toda ~ de*** jede Art von; **~ro** *Am* [-'tero] *m* Glückspilz *m*
suéter ['sŭetɛr] *m* Pullover *m*
suficiente [sufi'θi̯ente] genügend, ausreichend
sufijo *gram* [su'fixo] *m* Suffix *n*
sufra|gar [sufra'gar] *(1h)* *(gastos)* bestreiten; **~gio** [su'fraxi̯o] *m* Wahlrecht *n*; *(voto)* Stimme *f*
sufri|do [su'friđo] geduldig; **~miento** [-'mi̯ento] *m* Leiden *n*; **~r** [-'frir] *(3a)* leiden; *(tolerar)* dulden, ertragen
suge|rencia [suxe'renθi̯a] *f* Anregung *f*, Vorschlag *m*; **~rir** [-'rir] *(3i)* anregen, vorschlagen; nahelegen; **~stión** [suxes'ti̯ɔn] *f* Beeinflussung *f*, Suggestion *f*; **~stionar** [-ti̯o'nar] *(1a)* suggerieren
suici|da [sŭi'θida] *su* Selbstmörder(in) *m(f)*; **~darse** [-'đarse] *(1a)* Selbstmord begehen; **~dio** [-'θiđi̯o] *m* Selbstmord *m*
Suiza ['sŭiθa] *f* Schweiz *f*
suiz|o ['sŭiθo] **1.** *adj* schweizerisch; **2.**

~o *m*, **~a** *f* Schweizer(in) *m*(*f*); **3. ~o** *m* (*Getränk*) Kakao *m* mit Sahne

sujeta|dor [suxeta'đɔr] *m* Büstenhalter *m*; **~r** [-'tar] (*1a*) unterwerfen; (*fijar*) befestigen; fest halten

sujeto [su'xeto] **1.** *adj* befestigt; **~ *a*** unterworfen; **2.** *m* (*tema*) Stoff *m*, Gegenstand *m*; (*persona*) Person *f*; *gram* Subjekt *n*

sulfamida [sulfa'miđa] *f* Sulfonamid *n*

sultán [sul'tan] *m* Sultan *m*

suma ['suma] *f* Summe *f*; Betrag *m*; *mat* Addition *f*; ***en* ~** kurz (und gut); **~mente** [-'mente] höchst, äußerst; **~r** [su'mar] (*1a*) zusammenzählen, addieren; betragen; **~rse** sich anschließen (*dat* ***a***); **~rio** [-rĭo] **1.** *adj* zusammengefasst; summarisch; **2.** *m* Zusammenfassung *f*; *jur* Ermittlungsverfahren *n*

sumergi|ble [sumɛr'xible] *m* Unterseeboot *n*; **~r** [-'xir] (*3c*) ein-, untertauchen; **~rse** tauchen; versinken; *fig* sich versenken (in *ac* ***en***)

sumidero [sumi'đero] *m* Abfluss *m*; Gully *m*

suminis|trador [suministra'đɔr] *m* Lieferant *m*; **~trar** [-'trar] (*1a*) liefern; **~tro** [-'nistro] *m* Lieferung *f*

sumi|sión [sumi'sĭɔn] *f* Unterwerfung *f*; *fig* Ergebenheit *f*; **~so** [-'miso] unterwürfig; gehorsam

sumo ['sumo] höchste(r, -s); äußerste(r, -s); ***a lo* ~** höchstens

suntuoso [sun'tŭoso] prächtig; prunkvoll

supeditar [supeđi'tar] (*1a*) abhängig machen (von *dat* ***a***)

super|able [supe'rable] überwindbar; **~ar** [-'rar] (*1a*) übertreffen; überwinden

superávit [supe'rabit] *m* Überschuss *m*

superchería [supɛrtʃe'ria] *f* Betrug *m*

superdotado [supɛrdo'tađo] hoch begabt

superfi|cial [supɛrfi'θĭal] oberflächlich (*a fig*); **~cialidad** [-θĭali'đađ] *f* Oberflächlichkeit *f*; **~cie** [-'fiθĭe] *f* Oberfläche *f*; Fläche *f*; **~ *de utilización*** *Inform* Benutzeroberfläche *f*

superfluo [su'pɛrfluo] überflüssig

superior [supe'rĭɔr] **1.** *adj* höher; höchst; Ober…; *fig* überlegen; ***ser* ~ *a*** übertreffen (*ac*); **2.** *m* Vorgesetzte(r) *m*; **~idad** [-rĭori'đađ] *f* Überlegenheit *f*

super|lativo [supɛrla'tibo] *gram m* Superlativ *m*; **~mercado** [-mɛr'kađo] *m* Supermarkt *m*; **~numerario** [-nume'rarĭo] überzählig; außerplanmäßig; **~sónico** [-'soniko] Überschall…

supersti|ción [supɛrsti'θĭɔn] *f* Aberglaube *m*; **~cioso** [-'θĭoso] abergläubisch

supervisar [supɛrbi'sar] (*1a*) überwachen

supervi|vencia [supɛrbi'benθĭa] *f* Überleben *n*; **~viente** [-'bĭente] **1.** *adj* überlebend; **2.** *m* Überlebende(r) *m*

suplemen|tario [suplemen'tarĭo] zusätzlich; **~to** [-'mento] *m* Ergänzung *f*; (*de periódico*) Beilage *f*; *ferro* Zuschlag *m*; **~ *por horas extra*** Überstundenzuschlag *m*

suplen|cia [su'plenθĭa] *f* Stellvertretung *f*; **~te** [-'plente] *m* Stellvertreter *m*

supletorio [suple'torĭo] zusätzlich; (***teléfono*** *m*) **~** Nebenapparat *m*

suplicar [supli'kar] (*1g*) bitten, flehen

suplicio [su'pliθĭo] *m* Folter *f*; *fig* Qual *f*

supo ['supo] *s* ***saber***

supo|ner [supo'nɛr] (*2r*) voraussetzen; annehmen, vermuten; (*significar*) bedeuten; **~sición** [-si'θĭɔn] *f* Vermutung *f*; **~sitorio** *med* [-si'torĭo] *m* Zäpfchen *n*

supranacional [supranaθĭo'nal] übernational

supre|macía [suprema'θia] *f* Überlegenheit *f*; **~mo** [su'premo] oberste(r, -s); höchste(r, -s)

supresión [supre'sĭɔn] *f* Abschaffung *f*; Aufhebung *f*; Streichung *f*

suprimir [supri'mir] (*3a*) abschaffen; aufheben; streichen

supuesto [su'pŭesto] **1.** *adj* vermeintlich; angeblich; **~ *que*** vorausgesetzt, dass; ***por* ~** selbstverständlich; **2.** *m* Annahme *f*

supurar [supu'rar] (*1a*) eitern

sur [sur] *m* Süden *m*

sur|car [sur'kar] (*1g*) furchen; *fig* durchqueren; **~co** ['surko] *m* Furche *f*; (*disco*) Rille *f*

surf|(ing) ['surf(iŋ)] *m* Surfen *n*; **~ *a vela*** Windsurfen *n*; ***practicar el* ~** surfen; **~ista** [-'fista] *su* Surfer(in) *m*(*f*)

surgir [sur'xir] (*3c*) *fig* auftauchen, erscheinen

surti|do [sur'tiđo] **1.** *adj com* sortiert; gemischt; **2.** *m* Sortiment *n*; Auswahl *f*; **~dor** [-'đɔr] *m* Springbrunnen *m*; **~** (***de gasolina***) Zapfsäule *f*; **~r** [-'tir] (*3a*) versorgen, beliefern; **~ *efecto*** wirken; **~rse** sich eindecken (mit *dat* ***de***)

suscepti|bilidad [susθɛptiƀili'đađ] *f* Empfindlichkeit *f*; **~ble** [-'tiƀle] empfindlich

suscitar [susθi'tar] (*1a*) hervorrufen

suscri|bir [suskri'ƀir] (*3a*; *part* ***suscrito***) unterschreiben; *com* zeichnen; ***~se a a/c*** et abonnieren; **~pción** [-'θĭɔn] *f* Abonnement *n*; *com* Zeichnung *f*; **~ptor** [-krip'tɔr] *m* Abonnent *m*

suspen|der [suspen'dɛr] (*2a*) aufhängen; (*obras etc*) einstellen; (*del cargo*) suspendieren; (*estudiante*) durchfallen lassen; (*sesión*) aufheben; **~se** [-'pense] *m* Spannung *f*; **~sión** [-'sĭɔn] *f* Aufhängen *n*; *fig* Einstellung *f*; Unterbrechung *f*; *tec* Federung *f*; **~ *de pagos*** Zahlungseinstellung *f*; **~so** [-'penso] **1.** *adj* (*estudiante*) durchgefallen; ***en ~*** in der Schwebe; ***tener en ~*** auf die Folter spannen; **2.** *m* (*nota*) nicht bestanden

suspi|cacia [suspi'kaθĭa] *f* Misstrauen *n*; **~caz** [-'kaθ] argwöhnisch; misstrauisch

suspi|rar [suspi'rar] (*1a*) seufzen; **~ *por*** *et* ersehnen; **~ro** [-'piro] *m* Seufzer *m*

sustanci|a [sus'tanθĭa] *f* Substanz *f*; Stoff *m*; **~al** [-'θĭal] wesentlich; **~oso** [-'θĭoso] nahrhaft; gehaltvoll

sustantivo [sustan'tiƀo] *m* Hauptwort *n*, Substantiv *n*

susten|tar [susten'tar] (*1a*) stützen, tragen; (*mantener*) unterhalten; **~to** [-'tento] *m* Lebensunterhalt *m*

sustitu|ción [sustitu'θĭɔn] *f* (Stell-)Vertretung *f*; Ersetzung *f*; Ersatz *m*; **~ir** [-tu'ir] (*3g*) ersetzen; **~to** [-'tuto] *m* (Stell-)Vertreter *m*

susto ['susto] *m* Schreck(en) *m*

sustra|cción [sustrag'θĭɔn] *f* Entwendung *f*; *mat* Subtraktion *f*; **~er** [-'ɛr] (*2p*) entwenden; *mat* subtrahieren; **~erse** sich entziehen

susurr|ar [susu'rrar] (*1a*) flüstern; *fig* murmeln, säuseln; **~o** [su'surrɔ] *m* Flüstern *n*; Säuseln *n*, Murmeln *n*

sutil [su'til] dünn, fein; (*agudo*) scharfsinnig; **~eza** [-ti'leθa] *f* Feinheit *f*; Scharfsinn *m*; Spitzfindigkeit *f*

sutura *med* [su'tura] *f* Naht *f*

suyo, **suya** ['sujo, 'suja] sein(e); ihr(e); Ihr(e); ***hacer ~*** sich zu eigen machen; ***ir a lo ~*** auf s-n Vorteil bedacht sein

T

t., **T.** ***tomo*** Bd. (Band)

T, **t** [te] *f* T, t *n*

tabaco [ta'ƀako] *m* Tabak *m*

tábano *zo* ['taƀano] *m* Bremse *f*

taberna [ta'ƀɛrna] *f* Schenke *f*, Taverne *f*

tabique [ta'ƀike] *m* Zwischen-, Trennwand *f*; *anat* Scheidewand *f*

tabla ['taƀla] *f* Brett *n*; Platte *f*; Tafel *f*; (*lista*) Tabelle *f*; **~ *de materias*** Inhaltsverzeichnis *n*; **~ *de multiplicar*** Einmaleins *n*; **~ *de planchar*** Bügelbrett *n*; **~ *de salvación*** *fig* letzte Rettung *f*; **~ *de surf*** Surfbrett *n*; ***hacer ~ rasa*** reinen Tisch machen; ***~s pl*** Bühne *f*, *fig* Bretter *n/pl*; (*ajedrez*) Remis *n*; **~do** [ta'ƀlađo] *m* Gerüst *n*; Podium *n*

table|ro [ta'ƀlero] *m* Tafel *f*; Platte *f*; (*de juego*) Spielbrett *n*; **~ *de mandos*** Schalttafel *f*; *auto* Armaturenbrett *n*; **~ta** [ta'ƀleta] *f* (*de chocolate*) Tafel *f*; *med* Tablette *f*

tablón [ta'ƀlɔn] *m*: **~ *de anuncios*** schwarze(s) Brett *n*, Anschlagbrett *n*

tabú [ta'ƀu] *m* Tabu *n*

taburete [taƀu'rete] *m* Schemel *m*, Hocker *m*

tacaño [ta'kaɲo] knauserig

tacha ['tatʃa] *f* Fehler *m*; Makel *m*; **~r** [ta'tʃar] (*1a*) tadeln; (*borrar*) ausstreichen

tácito ['taθito] stillschweigend

taciturno [taθi'turno] schweigsam

taco ['tako] *m tec* Dübel *m*; (*billar*) Stock *m*; (*bloc*) (Abreiß-)Block *m*; (*de queso, etc*) Würfel *m*; (*palabrota*) Schimpfwort *n*; *Am* (Schuh-)Absatz *m*

tacógrafo *auto* [ta'kografo] *m* Fahrtenschreiber *m*

tacón [ta'kɔn] *m* (Schuh-)Absatz *m*

táctic|a ['taktika] *f* Taktik *f*; **~o** ['taktiko] taktisch
tacto ['takto] *m* Tastsinn *m*; *fig* Takt *m*; ***falta** f **de** ~* Taktlosigkeit *f*
tafetán [tafe'tan] *m* Taft *m*
tafilete [tafi'lete] *m* Saffian(-leder *n*) *m*
tahona [ta'ona] *f* Bäckerei *f*
tahúr [ta'ur] *m* (Gewohnheits-)Spieler *m*; Falschspieler *m*
Tailandia [taĭ'landĭa] *f* Thailand *n*
taimado [taĭ'mađo] schlau; F gerieben
taja|da [ta'xađa] *f* Schnitte *f*, Scheibe *f*; **~nte** [-'xante] *fig* scharf, schneidend, kategorisch
tal [tal] **1.** *pron* solche(r, -s); derartige(r, -s); ***un** ~* ein gewisser; **2.** *adv* so, derart; *~ **como*** genauso wie; *~ **vez*** vielleicht; ***¿qué ~?*** wie geht's?; *~ **cual*** so wie; **3.** *cj **con ~ que** subj* vorausgesetzt, dass
tala ['tala] *f* Fällen *n*; Abholzen *n*
tala|dradora [talađra'đora] *f* Bohrmaschine *f*; **~drar** [-'đrar] (*1a*) (durch-) bohren; **~dro** [ta'lađro] *m* Bohrer *m*
talante [ta'lante] *m* Art *f*, Wesen *n*; ***de buen*** (***mal***) *~* gut (schlecht) gelaunt
talar [ta'lar] (*1a*) (*árbol*) fällen
talco ['talko] *m* Talk *m*
talento [ta'lento] *m* Talent *n*; Begabung *f*
TALGO *m **Tren Articulado Ligero Goicoechea Oriol** spanischer Leichtmetallzug*
talismán [taliz'man] *m* Talisman *m*
talla ['taʎa] *f* Wuchs *m*; Gestalt *f*; (*de vestido, etc*) Größe *f*; (*de diamantes*) Schliff *m*; (*escultura*) Schnitzerei *f*; *mil* Musterung *f*; **~r** [ta'ʎar] (*1a*) (*madera*) schnitzen; (*piedra*) meißeln; (*diamantes*) schleifen; *mil* mustern
tallarín [taʎa'rin] *m* Bandnudel *f*
talle ['taʎe] *m* Taille *f*; (*figura*) Figur *f*
taller [ta'ʎɛr] *m* Werkstatt *f*; Atelier *n*; Workshop *m*; *~ **concesionario*** Vertragswerkstatt *f*; *~ **de reparación*** Reparaturwerkstatt *f*
tallo *bot* ['taʎo] *m* Stängel *m*; Stiel *m*
talón [ta'lɔn] *m* Ferse *f*; *com* Abschnitt *m*; Schein *m*; F Scheck *m*; *~ **de entrega*** Lieferschein *m*
talonario [talo'narĭo] *m*: *~ **de cheques*** Scheckheft *n*; *~ **de recibos*** Quittungsblock *m*
talud [ta'luđ] *m* Böschung *f*
tamaño [ta'maɲo] **1.** *adj* so groß; derartig; **2.** *m* Größe *f*; Format *n*
tambalearse [tambale'arse] (*1a*) hin und her schwanken, taumeln
también [tam'bĭen] auch
tambor [tam'bɔr] *m* Trommel *f* (*a tec*); (*persona*) Trommler *m*; (*de bordar*) Stickrahmen *m*; **~il** [-bo'ril] *m* Handtrommel *f*; **~ilear** [-rile'ar] (*1a*) trommeln (*a fig*)
Támesis ['tamesis] *m* Themse *f*
tamiz [ta'miθ] *m* (feines) Sieb *n*; **~ar** [tami'θar] (*1f*) sieben
tampoco [tam'poko] auch nicht
tampón [tam'pɔn] *m* Stempelkissen *n*; *med* Tampon *m*
tan [tan] so, so sehr; *~ **siquiera*** wenigstens; *~ **sólo*** nur
tanda ['tanda] *f* Reihe *f*, Serie *f*; (*turno*) Schicht *f*; *Am* (Serien-)Vorstellung *f*
tanga ['taŋga] *m* Tanga *m*
tang|ente *mat* [taŋ'xente] *f* Tangente *f*; ***salirse por la** ~* F sich drücken; **~ible** [-'xiƀle] greifbar (*a fig*)
Tánger ['taŋxɛr] *m* Tanger *n*
tango ['taŋgo] *m* Tango *m*
tanque ['taŋke] *m* Tank *m*; *mil* Panzer *m*
tante|ar [tante'ar] (*1a*) *fig* sondieren; **~o** [tan'teo] *m dep* Spielstand *m*
tanto ['tanto] **1.** *adj u pron* so viel; so groß; **~s** *pl* einige, etliche; ***a ~s del mes*** den soundsovielten des Monats; ***otro** ~* noch einmal so viel; dasselbe; **2.** *adv* so, so sehr; ebenso (viel, sehr); derart; so lange; *~ **más*** (***menos***) umso mehr (weniger); *~ **mejor*** umso besser; ***no es*** (*od* ***hay***) ***para** ~* es ist nicht so schlimm; ***estar al** ~* auf dem Laufenden sein; ***por*** (***lo***) *~* daher; ***¡y ~!*** und ob!; **3.** *cj **en ~ que*** während; *~ **… como …*** sowohl … als auch …; **4.** *m* (bestimmte) Menge *f od* Summe *f*; *dep* Punkt *m*; Tor *n*; *~ **por ciento*** Prozentsatz *m*
tapa ['tapa] *f* Deckel *m*; *gastr* **~s** *pl* Appetithappen *m/pl*; ***ir de ~s*** Tapas *f/pl* essen gehen; **~cubos** [-'kuƀos] *m auto* Radkappe *f*; **~dera** [-'đera] *f* (Topf-)Deckel *m*; *fig* Deckmantel *m*; **~dillo** [-'điʎo]: ***de** ~* heimlich; **~do** *Am* [ta'pađo] *m* (Damen-)Mantel *m*; **~r** [ta'par] (*1a*) zudecken; (*agujero*) stopfen; (*ocultar*) verhüllen, verdecken
tapeo [ta'peo] *m **ir de** ~* auf Tapa-Tour gehen
tapete [ta'pete] *m* Tischdecke *f*; ***poner***

sobre el ~ *fig* aufs Tapet bringen
tapia ['tapĭa] *f* Lehmwand *f*; Mauer *f*; **~r** [ta'pĭar] (*1b*) zumauern
tapice|ría [tapiθe'ria] *f* Wandbehang *m*; Tapisserie *f*; (*tienda*) Polsterei *f*; **~ro** [-'θero] *m* Polsterer *m*
tapioca [ta'pĭoka] *f* Tapioka *f*
tapiz [ta'piθ] *m* (Wand-)Teppich *m*; **~ar** [tapi'θar] (*1f*) beziehen; polstern
tapón [ta'pɔn] *m* Korken *m*, Pfropfen *m*, Stöpsel *m*; ***~ de rosca*** Schraubverschluss *m*
taponar [tapo'nar] (*1a*) verkorken; *med* tamponieren
tapujo [ta'puxo] *m*: ***sin ~s*** klipp u klar
taqu|igrafía [takigra'fia] *f* Stenographie *f*; **~igrafiar** [-fi'ar] (*1c*) stenographieren; **~ígrafo** [ta'kigrafo] *m* Stenograph *m*
taquilla [ta'kiʎa] *f* (Karten-)Schalter *m*
taquimecanógrafa [takimeka'nografa] *f* Stenotypistin *f*
taquímetro [ta'kimetro] *m auto* Tacho (-meter) *m*
tara ['tara] *f com* Tara *f*, Leergewicht *n*; *fig* Mangel *m*; **~do** [ta'rađo] fehlerhaft
tarántula *zo* [ta'rantula] *f* Tarantel *f*
tararear [tarare'ar] (*1a*) trällern
tard|anza [tar'đanθa] *f* Verzögerung *f*, Verspätung *f*; **~ar** [-'đar] (*1a*) zögern; lange ausbleiben; (lange) dauern *od* brauchen; ***a más ~*** spätestens; ***sin ~*** unverzüglich
tarde ['tarđe] **1.** *adv* spät, zu spät; ***de ~ en ~*** von Zeit zu Zeit; **2.** *f* Nachmittag *m*; *früher* Abend *m*; ***¡buenas ~s!*** guten Tag!; guten Abend!
tardío [tar'đio] spät; Spät…
tardo ['tarđo] langsam; schwerfällig
tarea [ta'rea] *f* Arbeit *f*; Aufgabe *f*
tarifa [ta'rifa] *f* Tarif *m*; Gebühr *f*; *tel* ***~ urbana*** Ortstarif *m*
tarima [ta'rima] *f* Podium *n*
tarjeta [tar'xeta] *f* Karte *f*; ***~ chip*** Chipkarte *f*; ***~ de crédito*** Kreditkarte *f*; ***~ de embarque*** *avia* Bordkarte *f*; ***~ gráfica*** Grafikkarte *f*; ***~ maestro*** *corresponde a* EC-Karte *f en Alemania*; ***~ monedero*** Geldkarte *f*; ***~ postal*** Postkarte *f*; ***~ de prepago*** *tel* Prepaid-Karte *f*; ***~ SIM*** SIM-Karte *f*; ***~ de sonido*** Soundkarte *f*; ***~ de teléfono*** Telefonkarte *f*; ***~ de visita*** Visitenkarte *f*
tarro ['tarrɔ] *m* Topf *m*, Tiegel *m*
tarso *anat* ['tarso] *m* Fußwurzel *f*
tarta ['tarta] *f* Torte *f*
tartamu|dear [tartamuđe'ar] (*1a*) stottern; **~do** [-'muđo] *m* Stotterer *m*
tártaro *quím* ['tartaro] *m* Weinstein *m*
tartera [tar'tera] *f* Tortenform *f*
tarugo [ta'rugo] *m* Pflock *m*, Dübel *m*, Zapfen *m*
tasa ['tasa] *f* Gebühr *f*, Taxe *f*; ***~ de inflación*** Inflationsrate *f*; **~ción** [-'θĭɔn] *f* Schätzung *f*, Taxierung *f*; **~r** [ta'sar] (*1a*) schätzen, taxieren
tasca F ['taska] *f* Kneipe *f*
tatara|buelo *m*, **-a** *f* [tatara'ƀŭelo, -'ƀŭela] Ururgroßvater *m*, -mutter *f*; **~nieto** [-'nĭeto] *m* Ururenkel *m*
tatua|je [ta'tŭaxe] *m* Tätowierung *f*; **~r** [-'tŭar] (*1d*) tätowieren
taurino [taŭ'rino] Stier(kampf)…
Tauro *astr* ['taŭro] *m* Stier *m*; **≗maquia** [-'makĭa] *f* Stierkämpferkunst *f*
TAV *m* ***Tren de Alta Velocidad*** Hochgeschwindigkeitszug *n*
taxi ['tagsi] *m* Taxi *n*; ***~ aéreo*** Lufttaxi *n*
taxímetro [tag'simetro] *m* Fahrpreisanzeiger *m*
taxista [tag'sista] *su* Taxifahrer(in) *m*(*f*)
taza ['taθa] *f* Tasse *f*
tazón [ta'θɔn] *m* große Tasse *f*
TC *m* ***Tribunal Constitucional*** Verfassungsgericht *n*
te [te] dir, dich
té [te] *m* Tee *m*
tea ['tea] *f* Fackel *f*; Kienspan *m*
tea|tral [tea'tral] Theater…; *fig* theatralisch; **~tro** [te'atro] *m* Theater *n*; *fig* Schauplatz *m*; ***~ al aire libre*** Freilichtbühne *f*
tebeo [te'ƀeo] *m* Comicheft *n*
teca ['teka] *f* Teakholz *n*
techo ['tetʃo] *m* Dach *n*; (*interior*) Zimmerdecke *f*; *fig* Obergrenze *f*; ***~ solar*** *auto* Sonnendach *n*
tecla ['tekla] *f* Taste *f*; ***~ de marcación rápida*** *od* ***directa*** Kurzwahltaste *f*; **~do** [te'klađo] *m* Tastatur *f*
teclear [tekle'ar] (*1a*) die Tasten anschlagen; F klimpern
técni|ca ['tɛgnika] *f* Technik *f*; ***~ láser*** Lasertechnik *f*; **~co** ['tɛgniko] **1.** *adj* technisch; **2.** *m* Techniker *m*
tecnología [tɛgnolɔ'xia] *f* Technologie *f*; ***~ del ordenador, ~ del computador*** Computertechnik *f*; Computertechnologie *f*; ***alta ~, ~ punta*** Spitzentechno-

logie *f*, High tech *n*

tedio ['teđĭo] *m* Langeweile *f*; Überdruss *m*

teja ['tɛxa] *f* Dachziegel *m*; **~do** [tɛ'xađo] *m* Dach *n*

tejano [tɛ'xano] texanisch; **~s** *m/pl* Jeans *pl*

Tejas ['texas] *m* Texas *n*

teje|dor *m* [tɛxe'đɔr] Weber *m*; **~maneje** F [-ma'nɛxe] *m* Intrigenspiel *n*; **~r** [tɛ'xɛr] (*2a*) weben; *Am* stricken

tejido [tɛ'xiđo] *m* Gewebe *n* (*a anat*); **~s** *pl* Textilien *pl*

tejo *bot* ['tɛxo] *m* Taxus *m*, Eibe *f*

tejón *zo* [tɛ'xɔn] *m* Dachs *m*

Tel. ***teléfono*** Tel. (Telefon)

tela ['tela] *f* Stoff *m*; Gewebe *n*; (*lienzo*) Leinwand *f*; **~ *metálica*** Maschendraht *m*; ***poner en ~ de juicio*** anzweifeln

telar [te'lar] *m* Webstuhl *m*; *teat* Schnürboden *m*

telaraña [tela'raɲa] *f* Spinnwebe *f*

tele|arrastre [telea'rrastre] *m* Schlepplift *m*; **~cabina** [-ka'ƀina] *f* Kabinenlift *m*; **~comunicaciones** [-komunika'θĭones] *f/pl* Fernmeldewesen *n*; **~copiadora** [-kopĭa'đora] *f* Fernkopierer *m*; **~diario** *TV* [-'đĭarĭo] *m* Tagesschau *f*; **~dirigido** [-điri'xiđo] ferngelenkt, -gesteuert; **~férico** [-'feriko] *m* Drahtseilbahn *f*; **~film(e)** [-'film(e)] *m* Fernsehfilm *m*

tele|fonear [telefone'ar] (*1a*) telefonieren; **~fonema** *Am* [-fo'nema] *m* Telefongespräch *n*; **~fónico** [-'foniko] telefonisch; **~fonista** [-fo'nista] *su* Telefonist(in) *m*(*f*)

teléfono [te'lefono] *m* Telefon *n*; **~ *móvil*** Handy *n*; **~ (*móvil*) *con cámara integrada*** Fotohandy *n*; **~ (*móvil*) *plegable*** Klapphandy *n*; **~ *público*** Münzfernsprecher *m*; **~ *de tarjeta*** Kartentelefon *n*

telegr|afía [telegra'fia] *f* Telegrafie *f*; **~afiar** [-'fĭar] (*1c*) telegrafieren; **~áfico** [-'grafiko] telegrafisch; **~afista** [-gra'fista] *su* Telegrafist(in) *m*(*f*)

telégrafo [te'legrafo] *m* Telegraf *m*

telegrama [tele'grama] *m* Telegramm *n*

tele|novela [teleno'ƀela] *f* Fernsehspiel(serie *f*) *n*; **~objetivo** [-ɔƀxe'tiƀo] *m* Teleobjektiv *n*; **~patía** [-pa'tia] *f* Telepathie *f*, Gedankenübertragung *f*

teles|cópico [teles'kopiko] ausziehbar; **~copio** [-'kopĭo] *m* Teleskop *n*

tele|silla [tele'siʎa] *f* Sessellift *m*; **~spectador** [-spɛkta'đɔr] *m* Fernsehzuschauer *m*; **~squí** [-s'ki] *m* Skilift *m*; **~texto** [-'testo] *m* Videotext *m*; **~tipo** [-'tipo] *m* Fernschreiber *m*; **~vidente** [-ƀi'đente] *m* Fernsehzuschauer *m*; **~visar** [-'sar] (*1a*) *im Fernsehen* senden, übertragen; **~visión** [-'sĭɔn] *f* Fernsehen *n*; **~ *por cable*** Kabelfernsehen *n*; **~ *en color*** Farbfernsehen *n*; **~ *de pago*** Pay-TV *n*; **~ *vía satélite*** Satellitenfernsehen *n*; **~visivo** [-'siƀo] Fernseh…; **~visor** [-'sɔr] *m* Fernsehgerät *n*; **~ *en color*** Farbfernseher *m*

télex ['telegs] *m* Telex *n*, Fernschreiben *n*

telón [te'lɔn] *m teat* Vorhang *m*; **~ *de fondo*** *fig* Hintergrund *m*

tema ['tema] *m* Thema *n*

temática [te'matika] *f* Thematik *f*

tembl|ar [tem'blar] (*1k*) zittern; **~or** [-'blɔr] *m* Zittern *n*; **~ *de tierra*** Erdbeben *n*; **~oroso** [-blo'roso] zitt(e)rig

temer [te'mɛr] (*2a*) fürchten; **~ario** [teme'rarĭo] verwegen, tollkühn; **~idad** [-ri'đađ] *f* Verwegenheit *f*, Tollkühnheit *f*; **~oso** [-'roso] furchtsam, ängstlich

temible [te'miƀle] furchterregend

temor [te'mɔr] *m* Furcht *f*, Angst *f*

tempera|mento [tempera'mento] *m* Temperament *n*; **~tura** [-ra'tura] *f* Temperatur *f*

tempes|tad [tempes'tađ] *f* Sturm *m*; Unwetter *n*; **~tuoso** [-'tŭoso] stürmisch

templa|do [tem'plađo] maßvoll, gemäßigt; (*agua*) lauwarm; (*clima*) mild; **~nza** [-'planθa] *f* Mäßigung *f*; (*del clima*) Milde *f*; **~r** [-'plar] (*1a*) mäßigen; temperieren; *tec* härten

templo ['templo] *m* Tempel *m*; Kirche *f*

tempo|rada [tempo'rađa] *f* Zeitraum *m*; Jahreszeit *f*; Saison *f*; *teat* Spielzeit *f*; **~ *alta*** Hoch-, Hauptsaison *f*; **~ *baja*** Vor- *od* Nachsaison *f*; **~ral** [-'ral] **1.** *adj* zeitweilig; *rel* weltlich; **2.** *m* Sturm *m*; Unwetter *n*; *anat* Schläfenbein *n*

temporero [tempo'rero]: (***trabajador*** *m*) **~** Saisonarbeiter *m*

temprano [tem'prano] frühzeitig; Früh…; *adv* (zu) früh

tenacidad [tenaθi'đađ] *f* Zähigkeit *f*; Hartnäckigkeit *f*

tenaz [te'naθ] zäh; hartnäckig

tenazas [te'naθas] *f/pl* Zange *f*
tenca *zo* ['teŋka] *f* Schleie *f*
tenden|cia [ten'denθĭa] *f* Neigung *f*; Tendenz *f*; Trend *m*; **~cioso** [-den'θĭoso] tendenziös
tender [ten'dɛr] (*2g*) **1.** *v/t* ausbreiten; (*cuerda*) spannen; (*cable*) verlegen; (*ropa*) aufhängen; **2.** *v/i* neigen (zu ***a***); **~se** sich hinlegen, sich ausstrecken
tende|rete [tende'rete] *m* Verkaufsstand *m*; **~ro** [-'dero] *m* Ladeninhaber *m*
tendido [ten'diđo] *m taur* Sperrsitz *m*; *el* Verlegung *f v Leitungen*; Leitung *f*
tendón *anat* [ten'dɔn] *m* Sehne *f*
tenebroso [tene'ƀroso] finster; düster (*a fig*)
tenedor [tene'đɔr] *m* Gabel *f*; *com* Inhaber *m*
tenencia [te'nenθĭa] *f* Besitz *m*; **~ *(ilícita) de armas*** (unerlaubter) Waffenbesitz *m*
tener [te'nɛr] (*2l*) haben, besitzen; (*sostener*) (fest) halten; ***~ puesto*** (*vestido, etc*) anhaben; ***~ 10 años*** 10 Jahre alt sein; ***~ a bien*** *inf* so freundlich sein, zu; ***~ por*** halten für; ***~ que*** müssen; ***no ~ que*** nicht brauchen; ***(no) ~ que ver con*** (nichts) zu tun haben mit (*dat*); **~se** sich festhalten; ***~ por*** sich halten für
tenería [tene'ria] *f* Gerberei *f*
Tenerife [tene'rife] *f* Teneriffa *n*
tengo ['teŋgo] *s* ***tener***
tenia ['tenĭa] *f* Bandwurm *m*
teniente [te'nĭente] *m mil* Oberleutnant *m*; ***~ de alcalde*** zweiter Bürgermeister *m*; ***~ coronel*** Oberstleutnant *m*; ***~ general*** Generalleutnant *m*
tenis ['tenis] *m* Tennis *n*; ***~ de mesa*** Tischtennis *n*; **~ta** [te'nista] *su* Tennisspieler(in) *m*(*f*)
tenor [te'nɔr] *m* Wortlaut *m*, Tenor *m*; *mús* Tenor *m*; ***a ~ de*** laut, gemäß
ten|sar [ten'sar] (*1a*) spannen, straffen; **~sión** [-'sĭɔn] *f* Spannung *f* (*a el u fig*); *med* **~ *(arterial)*** Blutdruck *m*; **~so** ['tenso] gespannt (*a fig*)
tentación [tenta'θĭɔn] *f* Versuchung *f*
tentáculo *zo* [ten'takulo] *m* Fangarm *m*
tenta|dor [tenta'đɔr] verführerisch, verlockend; **~r** [-'tar] (*1k*) betasten; (*atraer*) (ver)locken; versuchen; **~tiva** [-ta'tiƀa] *f* Versuch *m*
tentempié F [tentem'pĭe] *m* Imbiss *m*
tenue ['tenŭe] dünn; schwach
teñir [te'ɲir] (*3h u 3l*) färben; *fig* tönen
teología [teolɔ'xia] *f* Theologie *f*
teológico [teo'lɔxiko] theologisch
teólogo [te'ologo] *m* Theologe *m*
teorema [teo'rema] *m* Lehrsatz *m*
teoría [teo'ria] *f* Theorie *f*
teórico [te'oriko] theoretisch
tera|péutico [tera'peŭtiko] therapeutisch; **~pia** [te'rapĭa] *f* Therapie *f*
tercer [tɛr'θer] *s* ***tercero***; **~a** *mús* [-'θera] *f* Terz *f*; **~mundista** [-mun'dista] der Dritten Welt; **~o** [-'θero] dritte(r, -s); ***el Tercer Mundo*** die Dritte Welt
terceto *mús* [tɛr'θeto] *m* Terzett *n*
ter|ciar [tɛr'θĭar] (*1b*) (*mediar*) vermitteln; (*intervenir*) eingreifen; **~ciario** [-'θĭarĭo] tertiär; **~cio** ['tɛrθĭo] *m* Drittel *n*
terciopelo [tɛrθĭo'pelo] *m* Samt *m*
terco ['tɛrko] starrköpfig; zäh
tergiversa|ción [tɛrxiƀɛrsa'θĭɔn] *f* (Wort-)Verdrehung *f*; **~r** [-'sar] (*1a*) verdrehen
terma|l [tɛr'mal] Thermal…; **~s** ['tɛrmas] *f/pl* Thermalquellen *f/pl*
térmico ['tɛrmiko] thermisch, Wärme…
termina|ción [tɛrmina'θĭɔn] *f* Beendigung *f*; *gram* Endung *f*; **~l** [-'nal] **1.** *adj* End…, Schluss…; **2.** *m inform* Terminal *n*; **3.** *f* Endstation *f*; *avia* Terminal *n*; ***~ de autobuses*** Busbahnhof *m*; **~nte** [-'nante] entscheidend; kategorisch; **~r** [-'nar] (*1a*); **4.** *v/t* beenden; abschließen; **5.** *v/i* zu Ende gehen, enden; **~rse** zu Ende sein
término ['tɛrmino] *m* Ende *n*, Schluss *m*; (*plazo*) Frist *f*; Termin *m*; (*palabra*) Ausdruck *m*; ***por ~ medio*** im Durchschnitt; ***~ municipal*** Gemeindegebiet *n*; ***~ técnico*** Fachausdruck *m*; ***en último ~*** letzten Endes; notfalls
terminología [tɛrminolɔ'xia] *f* Terminologie *f*
termo ['tɛrmo] *m* Thermosflasche *f*
termómetro [tɛr'mometro] *m* Thermometer *n*; ***~ clínico*** Fieberthermometer *n*
termostato [tɛrmɔs'tato] *m* Thermostat *m*
terne|ra [tɛr'nera] *f* Kalbfleisch *n*; *zo* (Kuh-)Kalb *n*; **~ro** [-'nero] *m* (Stier-) Kalb *n*
terno ['tɛrno] *m* dreiteiliger (Herren-)

Anzug *m*
ternura [tɛr'nura] *f* Zartheit *f*; Zärtlichkeit *f*
terquedad [tɛrke'đađ] *f* Hartnäckigkeit *f*; Eigensinn *m*
terrado [tɛ'rrađo] *m* flaches Dach *n*; (Dach-)Terrasse *f*
Terranova [tɛrra'noƀa] *f* Neufundland *n*
terraplén [tɛrra'plen] *m* (Bahn-, Straßen-)Damm *m*
terrateniente [tɛrrate'nĭente] *m* (Groß-) Grundbesitzer *m*
terraza [tɛ'rraθa] *f* Terrasse *f*
terremoto [tɛrrɛ'moto] *m* Erdbeben *n*
terre|nal [tɛrrɛ'nal] irdisch; **~no** [tɛ'rrɛno] *m* Boden *m*; Gelände *n*; Grundstück *n*; *fig* Bereich *m*, Gebiet *n*
terrestre [tɛ'rrestre] Erd…; Land…; irdisch
terrible [tɛ'rriƀle] schrecklich; furchtbar
territo|rial [tɛrrito'rĭal] Gebiets…; **~rio** [-'torĭo] *m* Gebiet *n*
terrón [tɛ'rrɔn] *m* Erdklumpen *m*; (*de azúcar*) Stück *n*
terror [tɛ'rrɔr] *m* Schrecken *m*; Entsetzen *n*; Terror *m*; **~ífico** [tɛrrɔ'rifiko] schreckenerregend; **~ismo** [-'rizmo] *m* Terrorismus *m*; **~ista** [-'rista] *su* Terrorist(in) *m(f)*; **~ *suicida*** Selbstmordattentäter(in) *m(f)*
terso ['tɛrso] glatt; (*estilo*) flüssig
tertulia [tɛr'tulĭa] *f* Gesellschaft *f*; Stammtisch *m*
tesina [te'sina] *f* Diplomarbeit *f*
tesis ['tesis] *f* These *f*; **~ *doctoral*** Doktorarbeit *f*
tesitura [tesi'tura] *f mús* Stimmlage *f*
tesón [te'sɔn] *m* Beharrlichkeit *f*
teso|rería [tesore'ria] *f* Schatzamt *n*; **~rero** [-'rero] *m* Schatzmeister *m*; Kassenwart *m*; **~ro** [te'soro] *m* Schatz *m*; **~ (*público*)** Staatskasse *f*
test [test] *m* Test *m*
testaferro [testa'fɛrrɔ] *m fig* Strohmann *m*
testamen|tario [testamen'tarĭo] testamentarisch, Testaments…; **~to** [-'mento] *m* Testament *n*; ***Antiguo* ♀, *Nuevo* ♀** Altes, Neues Testament *n*
testaru|dez [testaru'đeθ] *f* Starrköpfigkeit *f*; **~do** [-'ruđo] starrköpfig
testículo [tes'tikulo] *m* Hoden *m*
testi|ficar [testifi'kar] (*1g*) bezeugen, bekunden; **~go** [-'tigo] *su* Zeuge *m*, Zeugin *f*; *dep* (Staffel-)Stab *m*; **~ *de cargo*** Belastungszeuge *m*; **~ *ocular*** (*od* ***presencial***) Augenzeuge *m*; **~moniar** [-timo'nĭar] (*1b*) bezeugen; aussagen; **~monio** [-'monĭo] *m* Zeugnis *n*; Zeugenaussage *f*
teta ['teta] *f* Zitze *f*; P Brust *f*
tétanos *med* ['tetanos] *m* Wundstarrkrampf *m*, Tetanus *m*
tetera [te'tera] *f* Teekanne *f*
tétrico ['tetriko] trübselig; finster
textil [tes'til] **1.** *adj* Textil…; **2. ~es** *m/pl* Textilien *pl*
tex|to ['testo] *m* Text *m*; **~ *completo*** *inform* Volltext *m*; **~tual** [tes'tŭal] wörtlich
textura [tes'tura] *f* Gewebe *n*; *tec* Textur *f*; *fig* Struktur *f*
tez [teθ] *f* Gesichtsfarbe *f*, Teint *m*
ti [ti] dir, dich, *en cartas*: Dir, Dich
tía ['tia] *f* Tante *f*; *desp* Weib(sbild) *n*; **~ *abuela*** Großtante *f*
tibia *anat* ['tiƀĭa] *f* Schienbein *n*
tibio ['tiƀĭo] lau(warm); *fig* lau
tiburón [tiƀu'rɔn] *m* Hai(fisch) *m*
tic *med* [tik] *m* Tick *m*
TIC *f/pl* ***Tecnologías de la Información y Comunicación*** IT *f* (*Informationstechnik*)
ticket [ti'kɛt] *m* Kassenzettel *m*, Bon *m*
tiempo ['tĭempo] *m* Zeit *f*; *met* Wetter *n*; **~ *libre*** Freizeit *f*; ***primer* ~** *dep* erste Halbzeit *f*; ***a* ~** rechtzeitig; ***a su* ~** zu gegebener Zeit; ***antes de* ~** vorzeitig; ***con* ~** früh genug, rechtzeitig; ***de un* ~ *a esta parte*** seit einiger Zeit; ***desde hace mucho* ~** seit langem; ***hace buen* (*mal*) ~** es ist gutes (schlechtes) Wetter
tienda ['tĭenda] *f* Laden *m*, Geschäft *n*; **~ *de bricolaje*** Baumarkt *m* **~ *de campaña*** Zelt *n*; ***ir de* ~s** e-n Einkaufsbummel machen
tierno ['tĭerno] zart, weich; *fig* zärtlich
tierra ['tĭɛrra] *f* Erde *f*; Land *n*; (*suelo*) Boden *m*; (*patria*) Heimat *f*; **~ *firme*** Festland *n*; **♀ *del Fuego*** Feuerland *n*; ***echar por* ~** zunichtemachen; ***echar* ~ *a a/c*** et vertuschen; ***tomar* ~** *avia* landen
tieso ['tĭeso] steif, starr
tiesto ['tĭesto] *m* Blumentopf *m*
tifón [ti'fɔn] *m* Taifun *m*
tifus *med* ['tifus] *m* Typhus *m*
tigre ['tigre] *m* Tiger *m*; *Am* Jaguar *m*; **~sa** [ti'gresa] *f* Tigerin *f*

tije|ra [ti'xera] *f* (*mst pl* **~s**) Schere *f*; **de ~** Klapp…; **~reta** *zo* [-'reta] *f* Ohrwurm *m*
tila ['tila] *f* Lindenblütentee *m*
til|dar [til'dar] (*1a*) bezeichnen (als **de**); **~de** ['tilde] *m od f gram* Tilde *f*
tilo *bot* ['tilo] *m* Linde *f*
tima|dor [tima'đɔr] *m* Schwindler *m*; **~r** [ti'mar] (*1a*) F übers Ohr hauen; neppen
timbal [tim'bal] *m mús* Kesselpauke *f*; **~ero** [-ba'lero] *m* Paukenschläger *m*
tim|brar [tim'brar] (*1a*) stempeln; **~bre** ['timbre] *m* Stempel *m*; Stempelmarke *f*; *Am* Briefmarke *f*; (*campanilla*) Klingel *f*; *mús* Klangfarbe *f*, Timbre *n*; **tocar el ~** klingeln, läuten
timidez [timi'đeθ] *f* Schüchternheit *f*
tímido ['timiđo] schüchtern, scheu
timo ['timo] *m* Schwindel *m*; Betrug *m*
timón [ti'mɔn] *m mar, avia u fig* Steuer *n*, Ruder *n*
timonel *mar* [timo'nɛl] *m* Steuermann *m*
tímpano ['timpano] *m arqu* Giebelfeld *n*; *anat* Trommelfell *n*
tina ['tina] *f* Bottich *m*; Wanne *f*; **~ja** [ti'naxa] *f großer* Tonkrug *m*
tinerfeño [tinɛr'feɲo] aus Teneriffa
tinglado [tiŋ'glađo] *m* (Bretter-)Schuppen *m*; *fig* Intrige *f*; Klüngel *m*
tinieblas [ti'nĭeƀlas] *f/pl* Finsternis *f*
tino ['tino] *m* Geschick *n*; Treffsicherheit *f*; *fig* Fingerspitzengefühl *n*
tinta ['tinta] *f* Tinte *f*; **~ china** Tusche *f*; **de buena ~** aus sicherer Quelle
tinte ['tinte] *m* Färben *n*; (*colorante*) Farbstoff *m*; F (chemische) Reinigung *f*; **~ro** [-'tero] *m* Tintenfass *n*
tintinear [tintine'ar] (*1a*) klirren; bimmeln
tinto ['tinto] gefärbt; (**vino** *m*) **~** Rotwein *m*; **~rería** [-re'ria] *f* Färberei *f*; chemische Reinigung *f*
tintura [tin'tura] *f* Tinktur *f*
tiña *med* ['tiɲa] *f* Grind *m*
tío ['tio] *m* Onkel *m*; F Kerl *m*; **~ abuelo** Großonkel *m*
tiovivo [tĭo'ƀiƀo] *m* Karussell *n*
típico ['tipiko] typisch (für **de**)
tipo ['tipo] *m* Typ *m* (*a* F *fig*); Art *f*; **~ de cambio** Wechselkurs *m*; **~ de descuento** Diskontsatz *m*; **~ impositivo** Steuersatz *m*; **~ de interés** Zinssatz *m*; **tener buen ~** e-e gute Figur haben; **~grafía** [-gra'fia] *f* Buchdruckerkunst *f*; **~gráfico** [-'grafiko] typographisch
tipógrafo [ti'pografo] *m* Buchdrucker *m*
tira ['tira] *f* Streifen *m*; **~chinas** [-'tʃinas] *m* (Stein-)Schleuder *f*
tira|da [ti'rađa] *f* Wurf *m*; *tip* Auflage *f*; **de una ~** in e-m Zug; **~do** [ti'rađo] *fig* spottbillig; **~dor** [-'đɔr] *m* Schütze *m*; *tec* Griff *m*; **~je** *Am* [ti'raxe] *m tip* Auflage *f*
tiranía [tira'nia] *f* Tyrannei *f*
tiránico [ti'raniko] tyrannisch
tira|nizar [tirani'θar] (*1f*) tyrannisieren; **~no** [ti'rano] *m* Tyrann *m*
tirante [ti'rante] **1.** *adj* gespannt (*a fig*); straff; **2.** *m* Träger *m*; **~s** *pl* Hosenträger *m/pl*; **~z** [-'teθ] *f* Spannung *f* (*a fig*)
tirar [ti'rar] (*1a*) **1.** *v/t* werfen; weg-, umwerfen; (*casa*) abreißen; (*disparar*) abfeuern; (*línea*) ziehen; (*dinero*) verschleudern; *tip* drucken; abziehen; **2.** *v/i* ziehen; (*disparar*) schießen; **~ a la derecha** nach rechts einbiegen; **~ a** neigen zu; **a todo ~** höchstens; **ir tirando** sich durchschlagen; **~se** sich stürzen
tiritar [tiri'tar] (*1a*) frösteln, zittern
tiro ['tiro] *m* Wurf *m*; (*disparo*) Schuss *m*; **~ con arco** Bogenschießen *n*; **~ al blanco** Scheibenschießen *n*; **~ al plato** Tontaubenschießen *n*; **~ de pichón** Taubenschießen *n*; **de ~s largos** F piekfein
tiroides [ti'rɔĭđes] *m* Schilddrüse *f*
tirón [ti'rɔn] *m* Zug *m*, Ruck *m*; **de un ~** auf einmal
tiroteo [tiro'teo] *m* Schießerei *f*
tisana [ti'sana] *f* Kräutertee *m*
títere ['titere] *m* Marionette *f*; *a fig* Hampelmann *m*; (**teatro** *m* **de**) **~s** *pl* Kasperletheater *n*; **no dejar ~ con cabeza** alles kurz u klein schlagen
titiritero [titiri'tero] *m* Puppenspieler *m*
titubear [tituƀe'ar] (*1a*) schwanken; *fig* zögern
titula|do [titu'lađo] *m* Inhaber *m* e-s (akademischen) Titels; **~r** [-'lar] **1.** (*1a*) betiteln; **2.** *m* Inhaber *m*; *tip* Schlagzeile *f*; *auto* Fahrzeughalter *m*
título ['titulo] *m* Titel *m*; *com* Wertpapier *n*; **a ~ de** (in der Eigenschaft) als; **~s** *pl* **de crédito** (*cine*) Vorspann *m*
tiza ['tiθa] *f* Kreide *f*
toall|a [to'aʎa] *f* Handtuch *n*; *fig* **tirar la**

~ das Handtuch werfen; **~ero** [toa'ʎero] *m* Handtuchhalter *m*
tobera [to'ƀera] *f* Düse *f*
tobillo [to'ƀiʎo] *m* Fußknöchel *m*
tobogán [toƀo'gan] *m* Rutschbahn *f*
toca|discos [toka'điskos] *m* Plattenspieler *m*; **~do** [to'kađo] *m* Frisur *f*; Kopfputz *m*
tocante [to'kante]: ***(en lo) ~ a*** was … anbetrifft; bezüglich (*gen*)
tocar [to'kar] (*1g*) **1.** *v/t* berühren (*a fig*), anfassen; *mús* spielen; **2.** *v/i* gebühren, zukommen; (*concernir*) betreffen; ***me toca a mí*** ich bin an der Reihe
tocay|o *m*, **~a** *f* [to'kajo, -ja] Namensvetter *m*, -schwester *f*
tocino [to'θino] *m* Speck *m*
tocólogo *med* [to'kologo] *m* Geburtshelfer *m*
tocón [to'kɔn] *m* Baumstumpf *m*
todavía [tođa'ƀia] noch (immer)
todo ['tođo] **1.** *adj* ganze(r, -s); jeder; alles; **~s** *pl* alle; ***~ cuanto*** alles was; ***~s los días*** jeden Tag; **2.** *adv* ganz, völlig; ***ante ~, sobre ~*** vor allem; ***con ~*** jedoch, trotzdem; ***del ~*** ganz u gar; ***no del ~*** nicht ganz; **3.** *m* Ganze(s) *n*
todopoderoso [tođopođe'roso] allmächtig; *rel* ***el*** ♀ der Allmächtige
toga ['toga] *f* Toga *f*; Robe *f*
toldo ['tɔldo] *m* Sonnendach *n*
tolera|ble [tole'raƀle] erträglich; **~ncia** [-'ranθĭa] *f* Toleranz *f*; **~nte** [-'rante] tolerant; **~r** [-'rar] (*1a*) dulden, tolerieren; (*aguantar*) er-, vertragen
Tolón [to'lɔn] *m* Toulon *n*
Tolosa [to'losa] *f* Toulouse *n*
toma ['toma] *f* Nehmen *n*; *mil* Einnahme *f*; ***~ de corriente*** Stromanschluss *m*; ***~ del poder*** Machtergreifung *f*; ***~ hostil*** feindliche Übernahme *f*; ***~ de posesión*** Besitznahme *f*, Amtsantritt *m*; ***~ de posición*** Stellungnahme *f*; ***~ de tierra*** *el* Erdung *f*; *avia* Landung *f*; **~dura** [-'đura] *f* F: ***~ de pelo*** Neckerei *f*; (*timo*) Schwindel *m*; **~r** [to'mar] (*1a*) nehmen; annehmen; einnehmen (*a mil*); (*café*, *etc*) trinken; ***~ por*** halten für
tomate [to'mate] *m* Tomate *f*; ***ponerse como un ~*** puterrot werden
tomavistas [toma'ƀistas] *m* Filmkamera *f*
tomillo *bot* [to'miʎo] *m* Thymian *m*
tomo ['tomo] *m* Band *m*
tona|da [to'nađa] *f* Lied *n*, Weise *f*; **~lidad** [-li'đađ] *f* *mús* Tonart *f*
tonel [to'nɛl] *m* Tonne *f*; Fass *n*; **~ada** [tone'lađa] *f* Tonne *f*; **~aje** *mar* [-'laxe] *m* Tonnage *f*; **~ero** [-'lero] *m* Böttcher *m*
tongo ['tɔŋgo] *m* *dep* Schiebung *f*
tóni|ca ['tonika] *f* *mús* Tonika *f*; *gastr* Tonikwasser *n*; **~co** ['toniko] **1.** *adj* *mús* tonisch; *med* stärkend; **2.** *m* *med* Tonikum *n*
tono ['tono] *m* Ton *m* (*a fig*); Tonart *f*; *tel* Klingelton *m*; ***a ~*** (dazu) passend; ***de buen (mal) ~*** (un)schicklich; ***darse ~*** sich wichtigmachen; ***~ de marcar*** *tel* Freizeichen *n*
ton|tear [tɔnte'ar] (*1a*) (herum)albern; flirten; **~tería** [-'ria] *f* Dummheit *f*, Albernheit *f*; *fig* Lappalie *f*; **~to** ['tɔnto] **1.** *adj* dumm; albern; **2.** *m* Dummkopf *m*; ***hacer el ~*** sich albern benehmen; ***hacerse el ~*** sich dumm stellen
topacio [to'paθĭo] *m* Topas *m*
topar [to'par] (*1a*) zusammenstoßen; ***~ con*** stoßen auf (*ac*)
tope ['tope] *m* Spitze *f*; *ferro* Puffer *m*; Prellbock *m*; *tec* Anschlag(stift) *m*; ***a ~, hasta los ~s*** bis obenhin voll
tópico ['topiko] **1.** *adj* *med* äußerlich, örtlich; **2.** *m* Gemeinplatz *m*
topo ['topo] *m* Maulwurf *m*
topografía [topogra'fia] *f* Topographie *f*
topónimo [to'ponimo] *m* Ortsname *m*
toque ['toke] *m* Berührung *f*; *mús* Tusch *m*; Signal *n*; *fig* Note *f*, Touch *m*; ***~ de queda*** Sperrstunde *f*; *mil* Zapfenstreich *m*; *fig* ***dar el último ~ a*** den letzten Schliff geben
tórax ['toraɡs] *m* Brustkorb *m*
torbellino [tɔrƀe'ʎino] *m* Wirbel *m*; Strudel *m*; Wirbelwind *m* (*a fig*)
torce|dura [tɔrθe'đura] *f* Krümmung *f*; *med* Zerrung *f*; **~r** [tɔr'θɛr] (*2b u 2h*) drehen; krümmen; verbiegen; (*ropa*) (aus)wringen; (*palabras*, *etc*) verdrehen; ***~ a la derecha*** rechts abbiegen; **~rse** sich verbiegen; *fig* F schiefgehen; ***~ el pie*** sich den Fuß verstauchen
torcido [tɔr'θiđo] krumm; schief
tordo ['tɔrđo] *m* Drossel *f*
tore|ar [tore'ar] (*1a*) mit Stieren kämpfen; **~o** [to'reo] *m* Stierkampf *m*; **~ro** [to'rero] *m* Stierkämpfer *m*, Torero *m*
toril [to'ril] *m* Stierzwinger *m*

Torino [to'rino] *m* Turin *n*
tormen|ta [tɔr'menta] *f* Gewitter *n*; *a fig* Sturm *m*; **~to** [-'mento] *m* Folter *f*; *fig* Qual *f*; **~toso** [-'toso] stürmisch
tornear *tec* [tɔrne'ar] (*1a*) drechseln; drehen
torneo [tɔr'neo] *m* Turnier *n*
tornero [tɔr'nero] *m* Drechsler *m*; Dreher *m*
tornillo [tɔr'niʎo] *m* Schraube *f*
torniquete [tɔrni'kete] *m* Drehkreuz *n*; *med* Aderpresse *f*
torno *tec* ['tɔrno] *m* Drehbank *f*; Töpferscheibe *f*; ***en ~ a*** über; um … herum
toro ['toro] *m* Stier *m*, Bulle *m*; ***~ de lidia*** Kampfstier *m*; **~s** *pl* Stierkampf *m*
toronja [to'rɔŋxa] *f* Pomeranze *f*, Bitterorange *f*; *bsd Am* Grapefruit *f*
torpe ['tɔrpe] ungeschickt; schwerfällig
torpe|dear [tɔrpeđe'ar] (*1a*) torpedieren (*a fig*); **~dero** *mar* [-'đero] *m* Torpedoboot *n*; **~do** [-'peđo] *m zo* Zitterrochen *m*; *mar* Torpedo *m*
torpeza [tɔr'peθa] *f* Ungeschicklichkeit *f*; Schwerfälligkeit *f*
torre ['tɔrrɛ] *f* Turm *m* (*tb ajedrez*); *reg* Villa *f*; ***~ de comunicaciones*** Funk- (und Fernseh)turm *m*; ***~ de control*** *avia* Kontrollturm *m*
torrefac|ción [tɔrrɛfag'θĭɔn] *f* Rösten *n*; **~to** [-'fakto] geröstet
torren|cial [tɔrren'θĭal]: ***lluvia** f* **~** strömender Regen *m*; **~te** [tɔ'rrente] *m* Sturzbach *m*; *fig* Flut *f*, Strom *m*
tórrido ['tɔrriđo] heiß
torsión [tɔr'sĭɔn] *f* Drehung *f*
torta ['tɔrta] *f* Kuchen *m*; Fladen *m*; F Ohrfeige *f*
tortícolis *med* [tɔr'tikolis] *m* steifer Hals *m*
tortilla [tɔr'tiʎa] *f* Omelett *n*; *Am* Maisfladen *m*; ***~ española*** Kartoffelomelett *n*
tórtola ['tɔrtola] *f* Turteltaube *f*
tortuga [tɔr'tuga] *f* Schildkröte *f*; ***a paso de ~*** im Schneckentempo
tortuoso [tɔr'tŭoso] gewunden; geschlängelt; krumm
tortura [tɔr'tura] *f* Folter *f*; *fig* Qual *f*; **~r** [-'rar] (*1a*) foltern, quälen (*a fig*)
tos [tɔs] *f* Husten *m*; ***~ ferina*** Keuchhusten *m*
tosco ['tɔsko] unbearbeitet, roh; *fig* ungehobelt
toser [to'sɛr] (*2a*) husten
tosta|da [tɔs'tađa] *f* Toast *m*; **~do** [-'tađo] geröstet; (*persona*) braun (gebrannt); **~dor** [-'đɔr] *m* Toaster *m*; **~r** [-'tar] (*1m*) rösten; bräunen
tostón [tɔs'tɔn] *m* gebratenes Spanferkel *n*; F *fig* Schinken *m*
total [to'tal] **1.** *adj* ganz, völlig, total; Gesamt…; ***en ~*** insgesamt; **2.** *adv* alles in allem; kurz (und gut); **3.** *m* Gesamtsumme *f*; **~idad** [-li'đađ] *f* Gesamtheit *f*; **~izar** [-'θar] (*1f*) zusammenzählen; insgesamt betragen
touroperador [turopera'đɔr] *m* Reiseveranstalter *m*
tóxico ['tɔgsiko] **1.** *adj* giftig; **2.** *m* Gift *n*
toxicómano [tɔgsi'komano] **1.** *adj* rauschgiftsüchtig; **2.** *m* Süchtige(r) *m*
tozudo [to'θuđo] dickköpfig
traba ['trađa] *f* Band *n*, Fessel *f*; *fig* Hindernis *n*
traba|jador [trađaxa'đɔr] **1.** *adj* arbeitsam, fleißig; **2.** *m* Arbeiter *m*; ***~ eventual*** Gelegenheitsarbeiter *m*; ***~ extranjero*** Gast-, Fremdarbeiter *m*; ***~ semicualificado*** angelernter Arbeiter *m*; **~jar** [-'xar] (*1a*); **3.** *v/i* arbeiten; **4.** *v/t* verarbeiten; **~jillo** [trađa'xiʎo] *m* F Minijob *m*, Billigjob *m*; **~jo** [-'đaxo] *m* Arbeit *f*; *fig* Mühe *f*; ***~ a destajo*** Akkordarbeit *f*; ***~ a domicilio*** Heimarbeit *f*; ***~ en equipo*** Teamarbeit *f*; ***~ en el monitor*** Bildschirmarbeit *f*; ***~s** pl **forzados*** Zwangsarbeit *f*; ***~ temporal*** Zeitarbeit *f*; ***~ por turnos*** Schichtarbeit *f*; **~joso** [-'xoso] mühsam
traba|lenguas [trađa'leŋgŭas] *m* Zungenbrecher *m*; **~r** [tra'đar] (*1a*) verbinden; *fig* anknüpfen
tracción [trag'θĭɔn] *f* Ziehen *n*, Zug *m*; *tec* Zugkraft *f*; Antrieb *m*; ***~ delantera*** (***trasera***) Vorder- (Hinter)radantrieb *m*
tracoma *med* [tra'koma] *m* Trachom *n*
tractor [trak'tɔr] *m* Traktor *m*; **~ista** [-to'rista] *su* Traktorfahrer(in) *m*(*f*)
tradi|ción [tradi'θĭɔn] *f* Tradition *f*, Überlieferung *f*; **~cional** [-θĭo'nal] überliefert, traditionell
traduc|ción [tradug'θĭɔn] *f* Übersetzung *f*; **~ir** [-đu'θir] (*3o*) übersetzen; **~tor** [-đuk'tɔr] *m*, **~tora** [-'tora] *f* Übersetzer(in) *m*(*f*)
traer [tra'ɛr] (*2p*) (her)bringen; mitbringen; *fig* mit sich bringen; ***~ entre manos*** vorhaben

trafica|nte *desp* [trafi'kante] *m* Händler *m*; **~ *de drogas*** Drogenhändler *m*; **~r** [-'kar] (*1g*) handeln (mit ***en***)
tráfico ['trafiko] *m* Verkehr *m*; *com* Handel *m*; **~ *aéreo*** Flugverkehr *m*; **~ *de drogas*** Drogenhandel *m*; **~ *de influencias*** Vetternwirtschaft *f*, F Filz *m*; **~ *pesado*** Schwerverkehr *m*; **~ *rodado*** Fahrverkehr *m*
traga|luz [traga'luθ] *m* Dachfenster *n*; Luke *f*; Oberlicht *n*; **~perras** F [-'pɛrras] *su* Spielautomat *m*
tragar [tra'gar] (*1h*) (ver)schlucken; (ver)schlingen; ***no poder ~ a alg*** j-n nicht ausstehen können
tragedia [tra'xeđĭa] *f* Tragödie *f* (*a fig*)
trágico ['traxiko] tragisch
tragicomedia [traxiko'međĭa] *f* Tragikomödie *f*
trago ['trago] *m* Schluck *m*; ***pasar un mal ~*** Schweres durchmachen
tragón F [tra'gɔn] gefräßig
trai|ción [traĭ'θĭɔn] *f* Verrat *m*; ***alta ~*** Hochverrat *m*; **~cionar** [-θĭo'nar] (*1a*) verraten; **~cionero** [-θĭo'nero] verräterisch; **~dor** [-'đɔr] **1.** *adj* verräterisch; treulos; **2.** *m* Verräter *m*
traigo ['traĭgo] *s* ***traer***
trailer ['traĭlɛr] *m* (Film-)Vorschau *f*; *auto* Sattelschlepper *m*
traje ['traxe] *m* Anzug *m*; Kleid *n*; **~ *de baño*** Badeanzug *m*; **~ (*de*) *chaqueta*** Damenkostüm *n*; **~ *de etiqueta*** Gesellschaftsanzug *m*; **~ *hecho*** Konfektionsanzug *m*; **~ *de luces*** Stierkämpfertracht *f*; **~ *de noche*** Abendkleid *n*; **~*-pantalón*** Hosenanzug *m*; **~ *regional*** Tracht *f*; **~ *sastre*** Kostüm *n*
trajín [tra'xin] *m fig* Betrieb *m*, Hektik *f*
trajinar [traxi'nar] (*1a*) sehr beschäftigt sein; herumwirtschaften
trajo ['traxo] *s* ***traer***
trama ['trama] *f fig* Komplott *n*; **~r** [tra'mar] (*1a*) *fig* anzetteln
tramita|ción [tramita'θĭɔn] *f* (amtliche) Erledigung *f*; Formalitäten *f/pl*; ***en ~*** in Bearbeitung; **~r** [-'tar] (*1a*) (amtlich) erledigen; betreiben; bearbeiten
trámite ['tramite] *m* Dienstweg *m*; Formalität *f*
tramo ['tramo] *m* Strecke *f*; Abschnitt *m*
tramo|ya [tra'moja] *f teat* Bühnenmaschinerie *f*; **~yista** [-'jista] *m teat* Maschinist *m*; Kulissenschieber *m*
trampa ['trampa] *f* Falle *f* (*a fig*); (*puerta*) Falltür *f*; F ***hacer ~s*** mogeln
trampolín [trampo'lin] *m* Sprungbrett *n* (*a fig*); (*esquí*) Sprungschanze *f*
tramposo [tram'poso] **1.** *adj* betrügerisch; **2.** *m* Betrüger *m*, Schwindler *m*
tranca ['traŋka] *f* Sperrbalken *m*; ***a ~s y barrancas*** mit Ach u Krach
trance ['tranθe] *m* kritischer Augenblick *m*; (*hipnosis*, *etc*) Trance *f*; ***a todo ~*** auf jeden Fall, unbedingt
tranqui|lidad [traŋkili'đađ] *f* Ruhe *f*; Stille *f*; Gelassenheit *f*; **~lizante** [-'θante] *m* Beruhigungsmittel *n*; **~lizar** [-'θar] (*1f*) beruhigen; **~lo** [-'kilo] ruhig; still; gelassen
trans|... [trans] *s a* ***tras...***; **~acción** [-sag'θĭɔn] *f com* Geschäft *n*; **~atlántico** [-sat'lantiko] **1.** *adj* überseeisch; **2.** *m* Überseedampfer *m*; **~bordador** [tranzƀorđa'đɔr] *m mar* Fähre *f*; **~ *espacial*** Raumfähre *f*; **~bordo** [-'ƀɔrđo] *m* Umsteigen *n*; ***hacer ~*** umsteigen; **~cripción** [-kriƀ'θĭɔn] *f* Ab-, Umschrift *f*; **~ *fonética*** Lautschrift *f*; **~currir** [-ku'rrir] (*3a*) verstreichen, vergehen; **~curso** [-'kurso] *m* Verlauf *m*; **~eúnte** [-se'unte] *m* Passant *m*; Durchreisende(r) *m*
transfer|encia [transfe'renθĭa] *f* Übertragung *f*; *com* Überweisung *f*; **~ *de datos*** *inform* Datentransfer *m*; **~ *de tecnología*** Technologietransfer *m*; **~ible** [-'riƀle] übertragbar; **~ir** [-'rir] (*3i*) übertragen; *com* überweisen
transforma|ción [transfɔrma'θĭɔn] *f* Umbildung *f*; Verwandlung *f*; **~dor** *el* [-'đɔr] *m* Transformator *m*; **~r** [-'mar] (*1a*) verwandeln; ändern
transfronterizo [transfrɔnte'riθo] grenzüberschreitend
tránsfuga ['transfuga] *m* Überläufer *m*; *mil* Deserteur *m*
transfusión [transfu'sĭɔn] *f*: *med* **~ *de sangre*** Blutübertragung *f*
transgénico [trans'xeniko] transgen
transgre|dir *jur* [tranzgre'đir] übertreten, verstoßen gegen; **~sión** [-'sĭɔn] *f* Übertretung *f*
transición [transi'θĭɔn] *f* Übergang *m*; ***de ~*** Übergangs…
transi|gente [transi'xente] nachgiebig; versöhnlich; **~gir** [-'xir] (*3c*) nachgeben
Transilvania [transil'ƀanĭa] *f* Siebenbürgen *n*

transi|stor [transis'tɔr] *m* Transistor *m*; **~table** [-'taƀle] gangbar, befahrbar; **~tar** [-'tar] *(1a)* durchgehen, -reisen; verkehren; **~tivo** [-'tiƀo] *gram* transitiv

tránsito ['transito] *m* Verkehr *m*; Transit *m*; ***de ~*** auf der Durchreise

transitorio [transi'torĭo] vorübergehend; Übergangs…

transmi|sible [transmi'siƀle] übertragbar; **~sión** [-'sĭɔn] *f* Übertragung *f* (*a med*); ***~ en directo*** Livesendung *f*, Direktübertragung *f*; **~tir** [-'tir] *(3a)* übertragen; senden

transparen|cia [transpa'renθĭa] *f* Durchsichtigkeit *f*; **~te** [-'rente] durchsichtig

transpira|ción [transpira'θĭɔn] *f* Ausdünstung *f*; Schwitzen *n*; **~r** [-'rar] *(1a)* schwitzen

transpor|tar [transpɔr'tar] *(1a)* befördern, transportieren; *mús* transponieren; **~te** [-'pɔrte] *m* Transport *m*; Beförderung *f*; ***~s públicos*** öffentliche Verkehrsmittel *n/pl*; **~tista** [-'tista] *m* Transportunternehmer *m*, Spediteur *m*

transversal [tranzƀɛr'sal] quer, Quer…

tranvía [tram'bia] *m* Straßenbahn *f*

trape|cio [tra'peθĭo] *m* Trapez *n*; **~cista** [-'θista] *su* Trapezkünstler(in) *m(f)*

trapero [tra'pero] *m* Lumpensammler *m*

trapiche|ar [trapitʃe'ar] *(1a)* schachern; **~os** [-'tʃeos] *m/pl* Schliche *m/pl*, Kniffe *m/pl*

trapo ['trapo] *m* Lappen *m*; (Staub-, Wisch-)Tuch *n*; F ***poner a alg como un ~*** j-n herunterputzen

tráquea *anat* ['trakea] *f* Luftröhre *f*

traqueotomía *med* [trakeoto'mia] *f* Luftröhrenschnitt *m*

traquetear [trakete'ar] *(1a)* rütteln, schütteln

tras [tras] (*después*) nach; (*detrás*) hinter; ***uno ~ otro*** hintereinander; ***andar ~ a/c*** hinter et (*dat*) her sein

tras… [tras] *s a* ***trans…***

trascend|encia [trasθen'denθĭa] *f* Bedeutung *f*; Tragweite *f*; **~ental** [-'tal] bedeutend; weit reichend; **~er** [-'dɛr] *(2g)* (*noticia*) durchsickern; ***~ a*** sich auswirken auf (*ac*)

trasegar [trase'gar] *(1h u 1k)* (*líquido*) umfüllen

trasero [tra'sero] **1.** *adj* hintere(r, -s); Hinter…, Rück…; **2.** *m* F Hintern *m*

trasfondo [tras'fɔndo] *m fig* Hintergrund *m*

trashumante *agr* [trasu'mante] Wander…

trasla|dar [trazla'đar] *(1a)* (*mueble*) verrücken; (*persona*) versetzen; (*cadáver, etc*) überführen; (*fecha*) verschieben, verlegen; **~darse** sich begeben (nach ***a***); umziehen; **~do** [-'lađo] *m* Versetzung *f*; Verlegung *f*; Umzug *m*; (*turismo*) Transfer *m*

trasnocha|do [trazno'tʃađo] *fig* veraltet, überholt; **~dor** [-'đɔr] *m* Nachtschwärmer *m*; **~r** [-'tʃar] *(1a)* sich die Nacht um die Ohren schlagen; durchmachen

traspapelar [traspape'lar] *(1a)* verlegen; **~se** abhandenkommen

traspa|sar [traspa'sar] *(1a)* überschreiten (*a fig*); (*atravesar*) durchbohren; *jur* übertragen; **~so** [-'paso] *m* Überschreitung *f*; *jur* Übertragung *f*; Abtretung *f*; (*precio*) Abstandssumme *f*

traspié [tras'pĭe] *m* Stolpern *n*; ***dar un ~*** e-n Fehltritt tun (*a fig*)

trasplan|tar *agr* [trasplan'tar] *(1a)* verpflanzen; *med a* transplantieren; **~te** [-'plante] *m* Verpflanzung *f*; Transplantation *f*

traste ['traste] *m mús* Bund *m*; F ***dar al ~ con a/c*** et kaputtmachen

traste|ría [traste'ria] *f* Trödelladen *m*; **~ro** [-'tero]: (***cuarto*** *m*) ~ Rumpelkammer *f*; Abstellraum *m*

trastienda [tras'tĭenda] *f* Raum *m* hinter dem Laden

trasto ['trasto] *m* (altes) Möbelstück *n*; *fig* Nichtsnutz *m*; ***~s*** *pl* Zeug *n*, Kram *m*; ***~s viejos*** altes Gerümpel *n*

trastor|nar [trastɔr'nar] *(1a)* umstürzen; durcheinanderbringen; (*perturbar*) verwirren; **~narse** verrückt werden; **~no** [-'tɔrno] *m* Störung *f* (*a med*); ***~ circulatorio*** Kreislaufstörung *f*

trasvasar [traz'ƀasar] *(1a)* umfüllen

trata ['trata] *f* Sklavenhandel *m*; ***~ de blancas*** Mädchenhandel *m*; **~ble** [tra'taƀle] umgänglich; **~do** [-'tađo] *m* Abhandlung *f*; *com, pol* Vertrag *m*; **~miento** [-'mĭento] *m* Behandlung *f* (*a med*); (*título*) Anrede *f*; ***~ de datos*** (***textos***) Daten- (Text)verarbeitung *f*; ***~ de residuos*** Abfallaufbereitung *f*; **~nte** [-'tante] *m* Händler *m*

tratar [tra'tar] (*1a*) **1.** *v/t* behandeln (*a med*); **2.** *v/i*: **~ *con alg*** mit j-m verkehren; **~ *de*** handeln von (*dat*); **~ *de*** (*inf*) versuchen zu (*inf*); **~ *en*** handeln mit (*dat*); **~se** sich handeln (um *ac* ***de***)
trato ['trato] *m* Behandlung *f*; *com* Abmachung *f*, Vertrag *m*; *fig* Umgang *m*; ***malos ~s*** Misshandlung *f*; ***¡~ hecho!*** abgemacht!
trauma *psic* ['traŭma] *m* Trauma *n*; **~tismo** *med* [-'tizmo] *m* Trauma *n*, Verletzung *f*; **~tología** [-tolɔ'xia] *f* Unfallheilkunde *f*
través [tra'ƀes] *m*: ***a ~ de*** (quer) über; *a fig* durch; ***de ~*** schräg
travesaño [traƀe'saɲo] *m* Querbalken *m*
travesía [traƀe'sia] *f* Querstraße *f*; (*viaje*) Überfahrt *f*
travestí [traƀes'ti] *m* Transvestit *m*
travesura [traƀe'sura] *f* Streich *m*
travie|sa *ferro* [tra'ƀĭesa] *f* Schwelle *f*; **~so** [-'ƀĭeso] mutwillig; ausgelassen; (*niño*) unartig
trayecto [tra'jɛkto] *m* Strecke *f*; Weg *m*; ***~ de tránsito*** Transitstrecke *f*; **~ria** [-'torĭa] *f* Flug-, Geschossbahn *f*; *fig* (Lebens-)Weg *m*, Bahn *f*
traza ['traθa] *f* Plan *m*; Trasse *f*; **~do** [tra'θađo] *m* Entwurf *m*; Aufriss *m*; Verlauf *m*; **~r** [-'θar] (*1f*) entwerfen; (*línea, etc*) ziehen; *fig* umreißen
trazo ['traθo] *m* Strich *m*; Schriftzug *m*
trébol *bot* ['treƀɔl] *m* Klee *m*
trece ['treθe] dreizehn; F ***mantenerse en sus ~*** hartnäckig bei s-r Meinung bleiben
trecho ['tretʃo] *m* Strecke *f*; Stück *n*; ***a ~s*** streckenweise; zeitweise
tregua ['tregŭa] *f* Waffenruhe *f*; *fig* Pause *f*; ***sin ~*** unablässig
treinta ['trɛĭnta] dreißig
trekking ['trekiŋ] *m* Trekking *n*
tremendo [tre'mendo] fürchterlich, schrecklich, furchtbar; F riesig, toll
trementina [tremen'tina] *f* Terpentin *n*
tren [tren] *m ferro* Zug *m*; ***~ de aterrizaje*** *avia* Fahrgestell *n*; ***~ directo*** Schnellzug *m*; ***~ de laminación*** *tec* Walzstraße *f*; ***~ de mercancías*** Güterzug *m*; ***~ de pasajeros*** Personenzug *m*, Reisezug *m*; ***~de vida*** Lebensweise *f*
trenca ['treŋka] *f* Dufflecoat *m*
Trento ['trento] *m* Trient *n*
trenza ['trenθa] *f* Zopf *m*; **~r** [-'θar] (*1f*) flechten
trepador [trepa'đɔr] **1.** *adj* kletternd, Kletter…; **2.** *m* Kletterer *m*; *fig* Karrieremacher *m*
trepanar *med* [trepa'nar] (*1a*) trepanieren
trepar [tre'par] (*1a*) klettern
trepidar [trepi'đar] (*1a*) beben, zittern
tres [tres] drei; **~cientos** [-'θĭentos] dreihundert
tresillo [tre'siʎo] *m* Couchgarnitur *f*; *mús* Triole *f*
treta ['treta] *f* List *f*; Kniff *m*
Tréveris ['treƀeris] *m* Trier *n*
triangular [trĭaŋgu'lar] dreieckig
triángulo ['trĭaŋgulo] *m* Dreieck *n*; *mús* Triangel *m*
tribal [tri'ƀal] Stammes…
tribu ['triƀu] *f* Stamm *m*
tribulación [triƀula'θĭɔn] *f* Drangsal *f*; Leid *n*
tribuna [tri'ƀuna] *f* Tribüne *f*, Empore *f*
tribunal [triƀu'nal] *m* Gericht(shof *m*) *n*; Prüfungsausschuss *m*; ***~ de cuentas*** Rechnungshof *m*; ***~ de menores*** Jugendgericht *n*
tribu|tar [triƀu'tar] (*1a*) (Steuer) zahlen; *fig* zollen; **~tario** [-'tarĭo] Steuer…; steuerpflichtig; **~to** [tri'ƀuto] *m* Steuer *f*, Abgabe *f*; *fig* Tribut *m*
tri|ciclo [tri'θiklo] *m* Dreirad *n*; **~color** [-ko'lɔr] dreifarbig; **~cotar** [-'tar] (*1a*) stricken; **~cotosa** [-'tosa] *f* Strickmaschine *f*
trienio [tri'enĭo] *m* Zeitraum *m* von drei Jahren
trigésimo [tri'xesimo] dreißigste(r, -s)
trigo ['trigo] *m* Weizen *m*; ***~ sarraceno*** Buchweizen *m*
trigonometría *mat* [trigonome'tria] *f* Trigonometrie *f*
trilla|do [tri'ʎađo] *fig* abgedroschen; **~dora** [-ʎa'đora] *f* Dreschmaschine *f*; **~r** [tri'ʎar] (*1a*) dreschen
trillizos [tri'ʎiθos] *m/pl* Drillinge *m/pl*
trimestr|al [trimes'tral] vierteljährlich; **~e** [-'mestre] *m* Vierteljahr *n*, Quartal *n*
trinca ['triɲka] *f* Dreiergruppe *f*
trinch|ar [trin'tʃar] (*1a*) transchieren; **~era** [-'tʃera] *f* Schützengraben *m*; (*gabardina*) Trenchcoat *m*; **~ero** [-'tʃero] *m* Anrichte *f*
trineo [tri'neo] *m* Schlitten *m*
trinidad *rel* [trini'đađ] *f* Dreifaltigkeit *f*

trino ['trino] *m* Triller *m*
trinquete [triŋ'kete] *m mar* Fockmast *m*; *tec* Sperrklinke *f*
trío ['trio] *m* Trio *n*
tripa ['tripa] *f* Darm *m*; F Bauch *m*; ***hacer de ~s corazón*** sich ein Herz fassen
triple ['triple] **1.** *adj* dreifach; **2.** *m das* Dreifache *n*
triplica|do [tripli'kađo]: ***por ~*** in dreifacher Ausfertigung; **~r** [-'kar] (*1g*) verdreifachen
trípode ['tripođe] *m* Stativ *n*
tríptico ['triptiko] *m* Triptychon *n*
tripula|ción [tripula'θĭɔn] *f mar, avia* Besatzung *f*; **~nte** [-'lante] *m* Besatzungsmitglied *n*; **~r** [-'lar] (*1a*) bemannen
triqui|na [tri'kina] *f* Trichine *f*; **~nosis** *med* [-ki'nosis] *f* Trichinose *f*
triste ['triste] traurig; betrübt; **~za** [-'teθa] *f* Traurigkeit *f*
triturar [tritu'rar] (*1a*) zerkleinern, zermahlen
triun|fador [trĭumfa'đɔr] **1.** *adj* triumphierend; siegreich; **2.** *m* Sieger *m*; **~fal** [-'fal] Triumph…; **~far** [-'far] (*1a*) triumphieren; *dep* siegen; **~fo** [-'trĭumfo] *m* Triumph *m*; *dep* Sieg *m*; (*naipes*) Trumpf *m*
trivial [tri'ƀĭal] trivial, banal; **~idad** [-li'đađ] *f* Plattheit *f*; Gemeinplatz *m*
triza ['triθa] *f*: ***hacer ~s*** F kaputtmachen; ***hecho ~s*** F kaputt
trocar [tro'kar] (*1g u 1m*) (ein-, ver)tauschen (gegen ***por***)
trocha ['trotʃa] *f* Pfad *m*; *Am ferro* Spurweite *f*
trofeo [tro'feo] *m* Trophäe *f*
troglodita [troglo'đita] *m* Höhlenbewohner *m*
tromba ['trɔmba] *f* Wasserhose *f*
trombón *mús* [trɔm'bɔn] *m* Posaune *f*; (*persona*) Posaunist *m*
trombosis *med* [trɔm'bosis] *f* Thrombose *f*
trompa ['trɔmpa] *f mús* (Wald-)Horn *n*; *zo* Rüssel *m*; F *fig* Rausch *m*; **~zo** [-'paθo] *m* Stoß *m*; Zusammenstoß *m*
trompe|ta *mús* [trɔm'peta] **1.** *f* Trompete *f*; **2.** *m* Trompeter(in) *m(f)*; **~tista** [-'tista] *m* Trompeter(in) *m(f)*
trompicar [trɔmpi'kar] (*1g*) straucheln
tronar [tro'nar] (*1m*) donnern; *fig* wettern
troncho ['trɔntʃo] *m* Strunk *m*
tronco ['trɔŋko] *m* Baumstamm *m*; *anat* Rumpf *m*
trono ['trono] *m* Thron *m*
tropa ['tropa] *f mil* Truppe *f*; *fig* Trupp *m*
tropel [tro'pɛl] *m* (Menschen-)Menge *f*, Haufen *m*; ***en ~*** haufenweise
trope|zar [trope'θar] (*1f u 1k*) stolpern; ***~ con*** stoßen an, auf (*ac*); **~zón** [-'θɔn] *m*: ***dar un ~*** stolpern
tropical [tropi'kal] tropisch, Tropen…
trópico *geo* ['tropiko] *m* Wendekreis *m*; **~s** *pl* Tropen *pl*
tropiezo [tro'pĭeθo] *m* Hindernis *n*; Schwierigkeit *f*; *fig* Entgleisung *f*
trota|mundos [trota'mundos] *m* Globetrotter *m*; **~r** [-'tar] (*1a*) traben, trotten (*a fig*)
trote ['trote] *m* Trab *m*; ***al ~*** im Trab
trotón *zo* [tro'tɔn] *m* Traber *m*
trozo ['troθo] *m* Stück *n*
trucha ['trutʃa] *f* Forelle *f*; ***~ asalmonada*** Lachsforelle *f*
truco ['truko] *m* Trick *m*
truculento [truku'lento] schaurig; blutrünstig
trueno ['trŭeno] *m* Donner *m*
trueque ['trŭeke] *m* Tausch *m*
trufa *bot* ['trufa] *f* Trüffel *f*; **~do** [-'fađo] getrüffelt
truhán [tru'an] *m* Gauner *m*
truncar [truŋ'kar] (*1g*) abschneiden; *fig* zunichtemachen
tu, **tus** [tu, tus] dein(e)
tú [tu] du, *en cartas*: Du; ***tratar de ~*** duzen
tuberculo|sis *med* [tuƀɛrku'losis] *f* Tuberkulose *f*; **~so** [-'loso] tuberkulös
tubería [tuƀe'ria] *f* (Rohr-)Leitung *f*
tubo ['tuƀo] *m* Röhre *f*, Rohr *n*; Tube *f*; (*flexible*) Schlauch *m*; ***~ de ensayo*** Reagenzglas *n*; ***~ de escape*** *auto* Auspuffrohr *n*; ***~ fluorescente*** Leuchtstoffröhre *f*
tuerca *tec* ['tŭɛrka] *f* Schraubenmutter *f*
tuerto ['tŭɛrto] einäugig
tuétano ['tŭetano] *m* (Knochen-)Mark *n*
tufo ['tufo] *m* Gestank *m*, F Mief *m*
tugurio [tu'gurĭo] *m* F Bruchbude *f*
tul [tul] *m* Tüll *m*
tulipán *bot* [tuli'pan] *m* Tulpe *f*
tullido [tu'ʎiđo] **1.** *adj* gelähmt; **2.** *m* Krüppel *m*
tumba ['tumba] *f* Grab(stätte *f*) *n*

tum|bar [tum'bar] (*1a*) umwerfen; **~barse** sich hinlegen; **~bo** ['tumbo] *m*: ***dar ~s*** taumeln; **~bona** [-'bona] *f* Liege(-stuhl *m*) *f*

tumor *med* [tu'mɔr] *m* Geschwulst *f*, Tumor *m*

tumult|o [tu'multo] *m* Aufruhr *m*, Tumult *m*; **~uoso** [-'tŭoso] stürmisch; lärmend

tuna ['tuna] *f bot* Feigenkaktus *m*; *mús* Studentenkapelle *f*; **~nte** [tu'nante] *m* Spitzbube *m*, Gauner *m*

tunecin|o [tune'θino] **1.** *adj* tunesisch; **2. ~o** *m*, **~a** *f* Tunesier(in) *m(f)*

túnel ['tunɛl] *m* Tunnel *m*; ***~ aerodinámico*** (*od* ***del viento***) Windkanal *m*; ***~ de lavado*** *auto* Waschstraße *f*

Túnez ['tuneθ] *m* Tunis *n*; Tunesien *n*

tungsteno [tuŋgs'teno] *m* Wolfram *n*

túnica ['tunika] *f* Tunika *f*

Tunicia [tu'niθĭa] *f* Tunesien *n*

tuntún [tun'tun]: ***al*** (***buen***) **~** aufs Geratewohl

tupido [tu'piđo] dicht

turba ['turƀa] *f* Torf *m*; *fig* Haufen *m*, (Menschen-)Menge *f*

turbación [turƀa'θĭɔn] *f* Störung *f*; *fig* Bestürzung *f*

turbante [tur'ƀante] *m* Turban *m*

turbar [tur'ƀar] (*1a*) stören; *fig* bestürzen; **~se** in Aufregung *bzw* Verlegenheit geraten; sich beunruhigen

turbina [tur'ƀina] *f* Turbine *f*

turbio ['turƀĭo] trübe; *fig* unsauber

turbo|... [turƀo] Turbo...; **~propulsor** [-propul'sɔr] *m* Turboproptriebwerk *n*

turbulen|cia [turƀu'lenθĭa] *f* Turbulenz *f*; Unruhe *f*; Verwirrung *f*; **~to** [-'lento] ungestüm, wild, turbulent

turc|o ['turko] **1.** *adj* türkisch; **2. ~o** *m*, **~a** *f* Türke *m*, Türkin *f*

Turingia [tu'riŋxĭa] *f* Thüringen *n*

turis|mo [tu'rizmo] *m* Tourismus *m*, Fremdenverkehr *m*; *auto* Personenwagen *m*; ***~ de mochila*** Rucksacktourismus *m*; **~ta** [tu'rista] *su* Tourist(in) *m(f)*

turístico [tu'ristiko] touristisch, Touristen..., Fremdenverkehrs...

turnarse [tur'narse] (*1a*) sich abwechseln, sich ablösen

turno ['turno] *m* Reihe(nfolge) *f*; (*de trabajo*) Schicht *f*; ***estar de ~*** Dienst haben; ***por ~(s)*** abwechselnd; ***es mi ~*** ich bin an der Reihe

turón *zo* [tu'rɔn] *m* Iltis *m*

turquesa [tur'kesa] *f* Türkis *m*

Turquía [tur'kia] *f* Türkei *f*

turrón [tu'rrɔn] *m span Süßigkeit zu Weihnachten*

tutear [tute'ar] (*1a*) duzen

tutela [tu'tela] *f* Vormundschaft *f*; *fig* Schutz *m*; ***poner bajo ~*** entmündigen

tuteo [tu'teo] *m* Duzen *n*

tutor [tu'tɔr] *m* Tutor *m*; *jur* Vormund *m*; *agr* Stützpfahl *m*; **~ía** [tuto'ria] *f* Vormundschaft *f*

tuyo, tuya ['tujo, 'tuja] dein(e)

TV *f* ***Televisión*** Fernsehen *n*

TVE *f* ***Televisión Española*** span. Fernsehen *n*

TVG *f* ***Televisión de Galicia*** galicisches Fernsehen *n*

U

u [u] (*vor* ***o*** *od* ***ho***) oder

U, u [u] *f* U, u *n*

ubi|cación [uƀika'θĭɔn] *f Am* Unterbringung *f*; *bsd Am* Lage *f*, Standort *m*; **~cado** [-'kađo] gelegen; ***estar ~*** liegen; **~car** *Am* [-'kar] (*1g*) unterbringen; **~carse** *Am* sich befinden; **~cuo** [u'ƀikŭo] allgegenwärtig

ubre ['uƀre] *f* Euter *n*

UCI *f* ***Unidad de Cuidados Intensivos*** Intensivstation *f*

Ucrania [u'kranĭa] *f* Ukraine *f*

Ud. ***Usted*** Sie *sg*

Uds. ***Ustedes*** Sie *pl*

UE *f* ***Unión Europea*** EU *f* (Europäische Union)

ufa|narse [ufa'narse] (*1a*) sich brüsten, sich rühmen; **~no** [u'fano] eingebildet

UGT *f* ***Unión General de Trabajadores*** *sozialistische span. Gewerkschaft*

UHT [u'atʃe'te] ***Ultra High Temperature***; ***leche*** *f* **~** H-Milch *f*

ujier [u'xĭɛr] *m* Gerichtsdiener *m*

úlcera ['ulθera] *f* Geschwür *n*

ulterior [ulte'rĭɔr] weiter, ferner; später

últimamente ['ultima'mente] in letzter

Zeit

ulti|mar [ulti'mar] (*1a*) beenden, abschließen; *Am* töten; **~mátum** [-'matun] *m* Ultimatum *n*

último ['ultimo] letzte(r, -s); ***por ~*** zuletzt; schließlich

ultra... [ultra] *in Zssgn* ultra...

ultra|derechismo [ultrađere'tʃizmo] *m* Rechtsextremismus *m*; **~izquierdismo** [-iθkĭɛr'đizmo] *m* Linksextremismus *m*

ultra|jar [ultra'xar] (*1a*) beleidigen; **~je** [ul'traxe] *m* Beleidigung *f*

ultramar [ultra'mar] *m* Übersee *f*; ***de ~*** überseeisch

ultramarino [ultrama'rino] **1.** *adj* überseeisch; **2. ~*s*** *m/pl* Kolonialwaren *f/pl*

ultranza [ul'tranθa]: ***a ~*** aufs Äußerste

ultra|sonido [ultraso'niđo] *m* Ultraschall *m*; **~violeta** [-ƀĭo'leta] ultraviolett

ulular [ulu'lar] (*1a*) heulen

umbilical [umbili'kal] Nabel...

umbral [um'bral] *m* Türschwelle *f*; *fig* Schwelle *f*

umbr|ío [um'brio], **~oso** [-'broso] schattig

UME *f* ***Unión Monetaria Europea*** EWU *f* (Europäische Währungsunion)

un, **una** [un, 'una] ein(e)

unánime [u'nanime] einmütig; einstimmig

unanimidad [unanimi'đađ] *f* Einmütigkeit *f*, Einstimmigkeit *f*; ***por ~*** einstimmig

unción [un'θĭɔn] *f* Salbung *f*

undécimo [un'deθimo] elfte(r, -s)

UNED *f* ***Universidad Nacional de Educación a Distancia*** *span. Fernuniversität*

ungir [uŋ'xir] (*3c*) salben

ungüento [uŋ'gŭento] *m* Salbe *f*

úni|camente ['unikamente] nur, lediglich; **~co** ['uniko] einzig; *fig* einzigartig, einmalig

unicornio [uni'kɔrnĭo] *m* Einhorn *n*

uni|dad [uni'đađ] *f* Einheit *f*; *com* Stück *n*; *med* ***~ de cuidados intensivos*** (*od* ***de vigilancia intensiva***) Intensivstation *f*; *inform* ***~ de disco*** Diskettenlaufwerk *n*; **~do** [u'niđo] vereinigt; verbunden

unifamiliar [unifami'lĭar] Einfamilien...

unifi|cación [unifika'θĭɔn] *f* Vereinheitlichung *f*; Vereinigung *f*; **~car** [-'kar] (*1g*) vereinen; vereinheitlichen

unifor|mar [unifɔr'mar] (*1a*) vereinheitlichen; **~me** [-'fɔrme] **1.** *adj* gleichförmig; gleichmäßig; einheitlich; **2.** *m* Uniform *f*; **~midad** [-mi'đađ] *f* Gleichförmigkeit *f*; Gleichmäßigkeit *f*

unilateral [unilate'ral] einseitig

unión [u'nĭɔn] *f* Vereinigung *f*; Einigkeit *f*; Verbindung *f*; ***Ձ Europea*** (***UE***) Europäische Union (EU); ***Ձ*** (***Económica y***) ***Monetaria Europea*** (***UME***) Europäische (Wirtschafts- und) Währungsunion *f* (EWU)

unir [u'nir] (*3a*) vereinigen; verbinden; zusammenfügen; **~se** sich zusammenschließen; ***~ a*** sich anschließen an *ac*

unísono [u'nisono]: ***al ~*** einstimmig

univer|sal [uniƀɛr'sal] allgemein; universal; weltweit; **~sidad** [-si'đađ] *f* Universität *f*; ***~ a distancia*** Fernuniversität *f*; **~sitario** [-si'tarĭo] **1.** *adj* Universitäts...; **2.** *m* Akademiker *m*; Student *m*; **~so** [-'ƀɛrso] *m* Weltall *n*

uno ['uno] **1.** *pron* eine(r, -s); jemand, man; (*número*) eins; ***~ por ~*** einer nach dem andern; ***a una*** gemeinsam; gleichzeitig; **~*s*** *pl* einige; ***unos veinte euros*** etwa zwanzig Euro; **2.** *m* Eins *f*

untar [un'tar] (*1a*) (ein)schmieren; (*pan*) bestreichen; *fig* bestechen, F schmieren

uña ['uɲa] *f anat* Nagel *m*; *zo* Huf *m*; Klaue *f*; ***ser ~ y carne*** ein Herz u e-e Seele sein

Urales [u'rales] *m/pl* Ural *m*

uranio [u'ranĭo] *m* Uran *n*

urba|nidad [urƀani'đađ] *f* Höflichkeit *f*; **~nismo** [-'nizmo] *m* Städtebau *m*; Stadtplanung *f*; **~nización** [-θa'θĭɔn] *f* Bebauung *f*; (*casas*) (Villen-, Häuser-)Kolonie *f*; ***plan*** *m* ***de ~*** Bebauungsplan *m*; **~nizar** [-'θar] (*1f*) (*terreno*) erschließen, bebauen; **~no** [ur'ƀano] städtisch; Stadt...; (***guardia*** *m*) ***~*** Stadtpolizist *m*

urbe ['urƀe] *f* Groß-, Weltstadt *f*

urdir [ur'đir] (*3a*) anzetteln (*a fig*)

urea [u'rea] *f* Harnstoff *m*

uréter *anat* [u'retɛr] *m* Harnleiter *m*

uretra *anat* [u'retra] *f* Harnröhre *f*

urgen|cia [ur'xenθĭa] *f* Dringlichkeit *f*; *med* Notfall *m*; ***de ~*** Not...; Eil...; **~te** [-te] dringend; eilig

urgir [ur'xir] (*3c*) dringend sein

urinario [uri'narĭo] **1.** *adj* Harn...; **2.** *m* Pissoir *n*
urna ['urna] *f* Urne *f*; **~ *electoral*** Wahlurne *f*
urogallo *zo* [uro'gaʎo] *m* Auerhahn *m*
urólogo *med* [u'rologo] *m* Urologe *m*
urraca [u'rraka] *f* Elster *f*
URSS *f hist* ***Unión de Repúblicas Socialistas Soviéticas*** UdSSR *f* (Union der Sozialistischen Sowjetrepubliken)
urticaria *med* [urti'karĭa] *f* Nesselfieber *n*
Uruguay [uru'gŭaĭ] *m* Uruguay *n*
uruguay|o [uru'gŭajo] **1.** *adj* uruguayisch; **2. ~o** *m*, **~a** *f* Uruguayer(in) *m(f)*
usado [u'sađo] gebraucht; abgenutzt
usanza [u'sanθa] *f* Brauch *m*, Sitte *f*
usar [u'sar] (*1a*) gebrauchen, benutzen; (*ropa*) tragen; **~ *de*** Gebrauch machen von (*dat*); **~se** gebräuchlich sein
uso ['uso] *m* Gebrauch *m*, Benutzung *f*, Verwendung *f*; (*usanza*) Brauch *m*, Sitte *f*
USO *f* ***Unión Sindical Obrera*** *span. Gewerkschaft*
usted [us'teđ] Sie; ***tratar de*** **~** siezen
usual [u'sŭal] gebräuchlich, üblich
usuario [u'sŭarĭo] *m* Benutzer *m*; *inform* Nutzer *m*
usufructo [usu'frukto] *m* Nießbrauch *m*, Nutznießung *f*
usu|ra [u'sura] *f* Wucher *m*; **~rero** [-'rero] *m* Wucherer *m*
usurpa|ción [usurpa'θĭɔn] *f* Usurpation *f*; **~r** [-'par] (*1a*) usurpieren
utensilio [uten'silĭo] *m* Gerät *n*; **~s** *pl* Handwerkszeug *n*; Utensilien *pl*
útero *anat* ['utero] *m* Uterus *m*, Gebärmutter *f*
útil ['util] **1.** *adj* nützlich; tauglich; **2. ~es** *m/pl* Gerät *n*, Werkzeug *n*
utili|dad [utili'đađ] *f* Nutzen *m*; ***de*** **~ *pública*** gemeinnützig; **~zable** [-'θaƀle] brauchbar, verwendbar; **~zación** [-θa'θĭɔn] *f* Benutzung *f*; Verwendung *f*; Verwertung *f*; **~zar** [-'θar] (*1f*) benutzen; ver-, anwenden; verwerten
utillaje [uti'ʎaxe] *m* Geräte *n/pl*; Ausrüstung *f*
utopía [uto'pia] *f* Utopie *f*
utópico [u'topiko] utopisch
uva ['uƀa] *f* Traube *f*
UVI *f* ***Unidad de Vigilancia Intensiva*** Intensivstation *f*

V

v. ***véase*** s. (siehe)
V, v ['uƀe] *f* V, v *n*
va [ba] *s* ***ir***
vaca ['baka] Kuh *f*; (*carne*) Rindfleisch *n*; **~ *lechera*** Milchkuh *f*; ***las ~s flacas*** (***gordas***) die mageren (fetten) Jahre *n/pl*
vaca|ciones [baka'θĭones] *f/pl* Ferien *pl*; Urlaub *m*; ***¡buenas ~!*** schöne Ferien!; **~nte** [-'kante] **1.** *adj* unbesetzt, frei; **2.** *f* offene Stelle *f*; ***cubrir una*** **~** e-e Stelle besetzen
vacada *f* Rinderherde *f*
vacia|do [ba'θĭađo] *m* Entleerung *f*; (*en molde*) Abguss *m*; **~r** [ba'θĭar] (*1c*) (aus)leeren; (aus)räumen
vacila|ción [baθila'θĭɔn] *f* Schwanken *n*; Unentschlossenheit *f*; **~nte** [-'lante] schwankend; **~r** [-'lar] (*1a*) schwanken; zaudern
vacío [ba'θio] **1.** *adj* leer; *fig* nichtssagend; hohl; **2.** *m* Leere *f*; (*hueco*) Lücke *f*; *fís* Vakuum *n*; ***dejar un*** **~** *fig* e-e Lücke reißen
vacuna [ba'kuna] *f* Impfstoff *m*; **~ción** [-'θĭɔn] Impfung *f*; **~ *preventiva*** Schutzimpfung *f*; **~r** [-'nar] (*1a*) impfen
vacuno [ba'kuno] **1.** *adj* Rind(er)...; **2.** *m* Rind *n*
vacuo ['bakŭo] *fig* leer
vado ['bađo] *m* Furt *f*; **~ *permanente*** Halteverbot *n vor Ausfahrten*
vagabun|dear [bagaƀunde'ar] (*1a*) umherstreichen, vagabundieren; **~do** [-'ƀundo] **1.** *adj* vagabundierend; (*perro*) streunend; **2.** *m* Landstreicher *m*, Vagabund *m*
vaga|ncia [ba'ganθĭa] *f* Landstreicherleben *n*; (*pereza*) Faulheit *f*; **~r** [-'gar] (*1h*) umherstreifen; faulenzen
vagina *anat* [ba'xina] *f* Scheide *f*
vago ['bago] **1.** *adj* faul; *fig* unbestimmt, vage; **2.** *m* Faulpelz *m*
vagón [ba'gɔn] *m* (Eisenbahn-)Wagen

m, Waggon *m*; ~ ***cisterna*** Tankwagen *m*; ~ ***directo*** Kurswagen *m*; ~ ***frigorífico*** Kühlwagen *m*; ~ ***de mercancías*** Güterwagen *m*; ~ ***restaurante*** Speisewagen *m*

vagoneta [bago'neta] *f* Lore *f*

vaho ['bao] *m* Dampf *m*, Dunst *m*

vaina ['baĭna] *f* (Degen-, Messer-)Scheide *f*; *bot* Hülse *f*, Schote *f*

vainica [baĭ'nika] *f* Hohlsaum *m*

vainilla [baĭ'niʎa] *f* Vanille *f*

vaivén [baĭ'ƀen] *m* Hin und Her *n*; Auf und Ab *n*

vajilla [ba'xiʎa] *f* Geschirr *n*

vale ['bale] *m* Gutschein *m*; **~dero** [-'đero] gültig

valen|cia *quím* [ƀa'lenθĭa] *f* Valenz *f*, Wertigkeit *f*; **~tía** [-'tia] *f* Mut *m*, Tapferkeit *f*

valer [ba'lɛr] (*2q*) **1.** *v/t* (*costar*) kosten; *fig* einbringen; **2.** *v/i* wert sein; (*ser válido*) gelten, gültig sein; (*ser útil*) nützen, taugen; ***más vale ...*** es ist besser ...; ***¡vale!*** in Ordnung!; **~se**: ~ ***de a/c*** sich e-r Sache bedienen; zurückgreifen auf et (*ac*)

valeriana *bot* [bale'rĭana] *f* Baldrian *m*

valía [ba'lia] *f* Wert *m*

validez [bali'đeθ] *f* Gültigkeit *f*

válido ['baliđo] gültig

valiente [ba'lĭente] tapfer, mutig

valija [ba'lixa] *f* Handkoffer *m*; ~ ***diplomática*** Diplomatengepäck *n*

valioso [ba'lĭoso] wertvoll

valla ['baʎa] *f* Zaun *m*; *f*; *dep* Hürde *f*; ~ ***protectora*** Leitplanke *f*; ~ ***publicitaria*** Reklametafel *f*; **~do** [ba'ʎađo] *m* Zaun *m*; Einzäunung *f*; **~r** [ba'ʎar] (*1a*) einzäunen

valle ['baʎe] *m* Tal *n*

valor [ba'lɔr] *m* Wert *m*; (*coraje*) Mut *m*; ~ ***cívico*** Zivilcourage *f*; **~es** *pl com* Wertpapiere *n/pl*, Effekten *pl*; **~ación** [balora'θĭɔn] *f* Bewertung *f*; Schätzung *f*; **~ar** [-'rar] (*1a*) schätzen; bewerten

vals [bals] *m* Walzer *m*

válvula ['balƀula] *f* Ventil *n*; Klappe *f* (*a anat*)

vampiro [bam'piro] *m* Vampir *m*

vanagloriarse [banaglo'rĭarse] (*1b*) prahlen (mit *dat* **de**)

vandalismo [banda'lizmo] *m* Vandalismus *m*

vándalo ['bandalo] *m* Vandale *m* (*a fig*)

vanguardia [baŋ'gŭarđĭa] *f mil* Vorhut *f*; *fig* Avantgarde *f*

vani|dad [bani'đađ] *f* Eitelkeit *f*; **~doso** [-'đoso] eitel, eingebildet

vano ['bano] eitel; nichtig; (*inútil*) vergeblich, unnütz; ***en*** ~ vergebens

vapor [ba'pɔr] *m* Dampf *m*; Dunst *m*; *mar* Dampfer *m*; ***al*** ~ *gastr* gedämpft, gedünstet; **~ización** [baporiθa'θĭɔn] *f* Verdunstung *f*; **~izador** [-'đɔr] *m* Zerstäuber *m*; **~izar** [-'θar] (*1f*) zerstäuben; **~izarse** verdunsten; **~oso** [-'roso] *fig* leicht, duftig

vapulear F [bapule'ar] (*1a*) durchprügeln; F fertigmachen

vaquero [ba'kero] *m* Rinderhirt *m*; *Am* Cowboy *m*; **~s** *pl* Jeans *pl*

vara ['bara] *f* Stab *m*; Stange *f*

varia|ble [ba'rĭaƀle] veränderlich; unbeständig; **~ción** [-'θĭɔn] *f* Veränderung *f*, Wechsel *m*; *mús* Variation *f*; ***variaciones f/pl de tipo de cambio*** Wechselkursschwankungen *f/pl*; **~do** [-'rĭađo] verschieden(artig); abwechslungsreich; **~nte** [-'rĭante] *f* Variante *f*, Abwandlung *f*; **~r** [-'rĭar] (*1c*) **1.** *v/t* (ab-, ver)ändern; variieren; **2.** *v/i* wechseln; sich ändern

varicela *med* [bari'θela] *f* Windpocken *f/pl*

varices *med* [ba'riθes] *f/pl* Krampfadern *f/pl*

variedad [barĭe'đađ] *f* Vielfalt *f*; *agr* Sorte *f*; **~es** *pl* Varieté *n*

varilla [ba'riʎa] *f* Gerte *f*; (dünne) Stange *f*; (Brillen-)Bügel *m*

vario ['barĭo] verschieden; **~s** *pl* mehrere; **~pinto** F [-'pinto] bunt

varita [ba'rita] *f* kleiner Stab *m*; ~ ***mágica*** Zauberstab *m*

var|ón [ba'rɔn] *m* männliche(s) Wesen *n*, Mann *m*; **~onil** [baro'nil] männlich

Varsovia [bar'soƀĭa] *f* Warschau *n*

vasallo [ba'saʎo] *m* Vasall *m*

vasc|o ['basko] **1.** *adj* baskisch; **2. ~o** *m*, **~a** *f* Baske *m*, Baskin *f*; **~uence** [-'kŭenθe] *m* baskische Sprache *f*

Vascongadas [baskɔŋ'gađas] *f/pl* Baskische Provinzen *f/pl*

vascular *anat* [basku'lar] Gefäß…

vasija [ba'sixa] *f* Gefäß *n*

vaso ['baso] *m* Glas *n*; *anat* Gefäß *n*

vástago ['bastago] *m bot* Schössling *m*; *fig* Sprössling *m*; *tec* ~ ***del émbolo*** Kolbenstange *f*

vasto ['basto] weit; ausgedehnt; umfas-

send
Vaticano [bati'kano] *m* Vatikan *m*
vatici|nar [batiθi'nar] (*1a*) wahrsagen, prophezeien; **~nio** [-'θinĭo] *m* Prophezeiung *f*, Voraussage *f*
vatio *el* ['batĭo] *m* Watt *n*
vaya ['baja] *s* ***ir***
V.B. ***Visto Bueno*** gesehen u. genehmigt
Vd. ***usted*** Sie *sg*
Vda. ***viuda*** Wwe. (Witwe)
Vds. ***Ustedes*** Sie *pl*
V.E. ***Vuestra Excelencia*** Euer Exzellenz
vea ['bea] *s* ***ver***; ***véase más arriba*** (***abajo***) siehe oben (unten)
vecin|al [beθi'nal] nachbarlich; **~dad** [beθin'dađ] *f* Nachbarschaft *f*; (*alrededores*) Umgebung *f*; **~dario** [-'darĭo] *m* Einwohnerschaft *f*
vecino [be'θino] **1.** *adj* benachbart; **2.** *m* Nachbar *m*; (*habitante*) Einwohner *m*
veda ['beđa] *f* Schonzeit *f*; **~do** [be'đađo] *m* Gehege *n*; **~r** [be'đar] (*1a*) verbieten
vega ['bega] *f* Aue *f*; fruchtbare Ebene *f*
vegeta|ción [bɛxeta'θĭɔn] *f* Pflanzenwuchs *m*, Vegetation *f*; **~l** [-'tal] **1.** *adj* pflanzlich, Pflanzen…; **2.** *m* Pflanze *f*; **~r** [-'tar] (*1a*) *fig* vegetieren; **~riano** [-ta'rĭano]; **3.** *adj* vegetarisch; **4.** *m* Vegetarier *m*
vehemen|cia [bee'menθĭa] *f* Heftigkeit *f*; Ungestüm *n*; **~te** [-'mente] heftig; ungestüm
vehículo [be'ikulo] *m* Fahrzeug *n*; *fig* Träger *m*; **~ *todo terreno*** Geländefahrzeug *n*
veinte ['bɛĭnte] zwanzig
veja|ción [bɛxa'θĭɔn] *f* Belästigung *f*; Schikane *f*; **~r** [bɛ'xar] (*1a*) schikanieren; drangsalieren; **~torio** [-'torĭo] demütigend; schikanös
vejez [bɛ'xeθ] *f* (hohes) Alter *n*
vejiga *anat* [bɛ'xiga] *f* Blase *f*
vela ['bela] *f* Kerze *f*; *mar* Segel *n*; *dep* Segeln *n*; ***en ~*** schlaflos, wach(end)
vela|da [be'lađa] *f* Abendveranstaltung *f*; Abendgesellschaft *f*; **~dor** [-'đɔr] *m* Wächter *m*; **~r** [be'lar] (*1a*) **1.** *v/t* bewachen, wachen bei (*dat*); (*cubrir con un velo*) verschleiern (*a fig*); **2.** *v/i* wachen (über *ac* ***por***); **~torio** [-'torĭo] *m* Totenwache *f*
veleid|ad [belɛĭ'đađ] *f* Anwandlung *f*; Laune *f*; **~oso** [-'đoso] wankelmütig; launisch
velero [be'lero] *m* Segelschiff *n*
veleta [be'leta] *f* Wetterfahne *f*
vell|o ['beʎo] *m* Flaum *m*; (Körper-) Haar *n*; **~udo** [be'ʎuđo] haarig; zottig
velo ['belo] *m* Schleier *m*
velo|cidad [beloθi'đađ] *f* Geschwindigkeit *f*; *auto* Gang *m*; **~ *de crucero*** *mar*, *avia* Reisegeschwindigkeit *f*; **~ *máxima*** Höchstgeschwindigkeit *f*; **~címetro** [-'θimetro] *m* Geschwindigkeitsmesser *m*; **~cista** [-'θista] *m dep* Sprinter *m*
velódromo [be'lođromo] *m* Radrennbahn *f*
velomotor [belomo'tɔr] *m* Mofa *n*
veloz [be'lɔθ] schnell
vena ['bena] *f* Vene *f*; *a fig* Ader *f*
venado [be'nađo] *m* Hirsch *m*; Rotwild *n*
venal [be'nal] käuflich; *fig* bestechlich; **~idad** [-li'đađ] *f* Bestechlichkeit *f*
vencedero *com* [benθe'đero] fällig
vencedor [benθe'đɔr] **1.** *adj* siegreich; **2.** *m* Sieger *m*
venc|er [ben'θɛr] (*2b*) **1.** *v/t* besiegen; *fig* überwinden; **2.** *v/i* siegen; *com* (*plazo, etc*) ablaufen; (*pago*) fällig sein; **~imiento** [-θi'mĭento] *com m* Verfall(s-tag) *m*; Fälligkeit *f*
venda ['benda] *f* Binde *f*; **~je** [ben'daxe] *m* Verband *m*; **~r** [-'dar] (*1a*) verbinden
vendaval [benda'ƀal] *m* Sturm *m*
vende|dor [bende'đɔr] *m* Verkäufer *m*; **~r** [-'dɛr] (*2a*) verkaufen
vendimia [ben'dimĭa] *f* Weinlese *f*; **~dor** [-dimĭa'dɔr] *m* Weinleser *m*; **~r** [-'mĭar] (*1b*) Weinlese halten
Venecia [be'neθĭa] *f* Venedig *n*
veneno [be'neno] *m* Gift *n* (*a fig*); **~so** [-'noso] giftig
venera|ble [bene'raƀle] ehrwürdig; **~ción** [-'θĭɔn] *f* Verehrung *f*; **~r** [-'rar] (*1a*) verehren
venéreo *med* [be'nereo]: ***enfermedad*** *f* ***venérea*** Geschlechtskrankheit *f*
venezolan|o [beneθo'lano] **1.** *adj* venezolanisch; **2.** **~o** *m*, **~a** *f* Venezolaner(in) *m*(*f*)
Venezuela [bene'θŭela] *f* Venezuela *n*
venga ['beŋga] *s* ***venir***
venga|dor [beŋga'đɔr] *m* Rächer *m*; **~nza** [-'ganθa] *f* Rache *f*; **~r** [-'gar] (*1h*) rächen; **~rse** sich rächen (an *dat* ***de***; für *ac* ***por***); **~tivo** [-'tiƀo] rachsüch-

tig

vengo ['beŋgo] *s* ***venir***

venia ['benĭa] *f* Erlaubnis *f*; **~l** [be'nĭal] verzeihlich; (*pecado*) lässlich

veni|da [be'niđa] *f* Ankunft *f*; **~dero** [-'đero] kommend, (zu)künftig

venir [be'nir] (*3s*) kommen; *fig* herrühren, (ab)stammen (von ***de***); **~ *bien*** (***mal***) gut (schlecht) passen; **~ *a menos*** *fig* herunterkommen; ***el año que viene*** nächstes Jahr; ***viene a ser lo mismo*** das läuft auf dasselbe hinaus; **~ *por*** (F ***a por***) (ab)holen; ***¡venga!*** los!; ***¿a qué viene eso?*** was soll das?; **~se**: **~ *abajo*** einstürzen; *fig* fehlschlagen

venoso [be'noso] venös, Venen…

venta ['benta] *f* Verkauf *m*, Absatz *m*; **~ *anticipada*** Vorverkauf *m*; **~ *por correspondencia*** Versandhandel *m*; ***en*** **~** zu verkaufen; **~ja** [-'taxa] *f* Vorteil *m*; **~ *competitiva*** *f com* Wettbewerbsvorteil *m*; **~ *fiscal*** Steuervergünstigung *f*; ***llevar*** **~ *a alg*** e-n Vorsprung vor j-m haben; **~joso** [-'xoso] vorteilhaft

venta|na [ben'tana] *f* Fenster *n*; *inform* Bildschirmfenster *n*; **~nilla** [-'niʎa] *f* Schalter *m*; *avia, auto* Fenster *n*

ventila|ción [bentila'θĭɔn] *f* Lüftung *f*; **~dor** [-'đɔr] *m* Ventilator *m*; **~r** [-'lar] (*1a*) lüften; *a fig* ventilieren

ventisca [ben'tiska] *f* Schneesturm *m*

vento|sa [ben'tosa] *f* Saugnapf *m* (*a zo*); **~sidad** [-si'đađ] *f* Blähung *f*; **~so** [-'toso] windig

ventral *anat* [ben'tral] Bauch…

ventrílocuo [ben'trilokŭo] *m* Bauchredner *m*

ventu|ra [ben'tura] *f* Glück *n*; **~roso** [-'roso] glücklich

ver [bɛr] (*2v*) *v/t* sehen; ***hacer*** **~** zeigen; ***ir*** (*od* ***venir***) ***a*** **~** besuchen; ***no poder*** **~ *a alg*** j-n nicht riechen können; (***no***) ***tener*** (***nada***) ***que*** **~ *con*** (nichts) zu tun haben mit; ***volver a*** **~** wieder sehen; ***vamos a*** **~** (wir wollen) mal sehen; ***¡a*** **~*!*** mal sehen!; zeig mal!

vera ['bera] *f* Rand *m*; Ufer *n*

veracidad [beraθi'đađ] *f* Wahrhaftigkeit *f*

vera|neante [berane'ante] *m* Sommerfrischler *m*; **~near** [-'ar] (*1a*) den Sommer(urlaub) verbringen; **~neo** [-'neo] *m* Sommerfrische *f*; **~niego** [-'nĭego] sommerlich, Sommer…; **~nillo** [-'niʎo] *m* Nachsommer *m*; **~ *de San Martín*** Altweibersommer *m*; **~no** [be'rano] *m* Sommer *m*

veras ['beras] *f/pl*: ***de*** **~** im Ernst; wirklich

veraz [be'raθ] wahrheitsliebend; wahrhaft

verbal [bɛr'ƀal] mündlich; *gram* verbal, Verb…

verbena [bɛr'ƀena] *f* Volksfest *n*; *bot* Eisenkraut *n*

verbo ['bɛrƀo] *m* Verb *n*; **~rrea** [-'rrea] *f* Geschwätzigkeit *f*; **~sidad** [-si'đađ] *f* Wortschwall *m*

verdad [bɛr'đađ] *f* Wahrheit *f*; ***a decir*** **~** eigentlich; offen gesagt; ***de*** **~** im Ernst; wirklich; ***¿*****~*?*** nicht wahr?; ***es*** **~** das stimmt; **~ero** [-đa'đero] wahr; wahrhaftig; wirklich

verde ['bɛrđe] **1.** *adj* grün; (*fruta*) unreif; (*chiste*) unanständig; F ***viejo*** *m* **~** alter Lustgreis *m*; **2.** *m* Grün *n*; ***los*** **~*s*** *pol* die Grünen; **~ar** [-đe'ar] (*1a*) grün werden; **~rón** *zo* [-'rɔn] *m* Grünfink *m*

verdo|r [bɛr'đɔr] *m* (frisches) Grün *n*; **~so** [-'đoso] grünlich

verdugo [bɛr'đugo] *m* Henker *m* Scharfrichter *m*

verdu|lero *m* [bɛrđu'lero] Gemüsehändler *m*; **~ra** [-'đura] *f* Gemüse *n*

vereda [be'ređa] *f* Fußweg *m*; *Am* Geh-, Bürgersteig *m*

veredicto [bere'đikto], *m jur* Spruch *m der Geschworenen*; *fig* Urteil *n*

vergel [bɛr'xɛl] *m* Ziergarten *m*

vergonzoso [bɛrgɔn'θoso] schändlich, beschämend; (*tímido*) schamhaft; schüchtern

vergüenza [bɛr'gŭenθa] *f* Scham *f*; (*infamia*) Schande *f*; ***me da*** **~** ich schäme mich; ***tener*** **~** sich schämen

verídico [be'riđiko] wahr; wahrheitsgetreu

verifica|ción [berifika'θĭɔn] *f* (Über-, Nach-)Prüfung *f*, Kontrolle *f*; **~r** [-'kar] (*1g*) nach-, überprüfen; **~rse** sich bewahrheiten; (*tener lugar*) stattfinden

verja ['bɛrxa] *f* Gitter *n*

vermut [bɛr'mut] *m* Wermut *m*

vernáculo [bɛr'nakulo]: ***lengua*** *f* ***vernácula*** Landessprache *f*

verosímil [bero'simil] wahrscheinlich; glaubhaft

verraco [bɛ'rrako] *m* Eber *m*
verruga [bɛ'rruga] *f* Warze *f*
versado [bɛr'sađo] bewandert, beschlagen (in ***en***)
Versailles [bɛr'saʎes] *f* Versailles *n*
versar [bɛr'sar] (*1a*) handeln (von *dat* ***sobre***)
vers|átil [bɛr'satil] vielseitig; (*voluble*) wankelmütig; **~atilidad** [-satili'đađ] *f* Vielseitigkeit *f*; Wankelmut *m*
versículo [bɛr'sikulo] *m* Bibelvers *m*
versión [bɛr'sĭɔn] *f* Version *f*, Fassung *f*
verso ['bɛrso] *m* Vers *m*
vértebra *anat* ['bɛrteƀra] *f* Wirbel *m*
vertebral [bɛrte'ƀral] Wirbel…
vertedero [bɛrte'đero] *m*: **~** (***de basura***) Müllabladeplatz *m*, Mülldeponie *f*; **~** ***de residuos tóxicos*** (***y peligrosos***) Sondermülldeponie *f*
verter [bɛr'tɛr] (*2g*) (ein-, aus-, ver)gießen; (ver)schütten; auskippen; **~** ***al mar*** verklappen
vertical [bɛrti'kal] senkrecht
vertido [bɛr'tiđo] *m* **~** ***al mar*** Verklappung *f*
vertiente [bɛr'tĭente] *f* Abhang *m*; Gefälle *n*; *fig* Seite *f*, Aspekt *m*
vertiginoso [bɛrtixi'noso] schwindelerregend (*a fig*); *fig* atemberaubend
vértigo *med* ['bɛrtigo] *m* Schwindel *m*
vesícula [be'sikula] *f* Bläschen *n*; **~** ***biliar*** Gallenblase *f*
vespertino [bespɛr'tino] Abend…; (***periódico*** *m*) **~** Abendzeitung *f*
vestíbulo [bes'tiƀulo] *m* Vorhalle *f*; Diele *f*; *teat* Foyer *n*
vesti|do [bes'tiđo] *m* Kleid *n*; *Am* Anzug *m*; **~dura** [-'đura] *f* Kleidung *f*; ***rasgarse las ~s*** *fig* sich entrüsten
vestigio [bes'tixĭo] *m* Spur *f*
vesti|menta [besti'menta] *f* Kleidung *f*; **~r** [-'tir] (*3l*) **1.** *v/t* anziehen, (be)kleiden; (*llevar*) anhaben, tragen; **2.** *v/i* sich kleiden; **~rse** sich ankleiden, -ziehen
vestuario [bes'tŭarĭo] *m* Kleidung *f*, Garderobe *f*; *dep* Umkleideraum *m*
Vesubio [be'suƀĭo] *m* Vesuv *m*
veta ['beta] *f* Maserung *f*; *min* Gang *m*, Ader *f*
vetar *pol* [be'tar] (*1a*) sein Veto einlegen gegen
veterano [bete'rano] **1.** *adj* altgedient; **2.** *m* Veteran *m*
veterina|ria [beteri'narĭa] *f* Tierheilkunde *f*; **~rio** [-'narĭo] *m* Tierarzt *m*
veto ['beto] *m* Einspruch *m*, Veto *n*
vetusto [be'tusto] uralt
vez [beθ] *f* Mal *n*; (*turno*) Reihe(nfolge) *f*; ***a la ~*** gleichzeitig; ***a su ~*** seinerseits; ***cada ~ que*** jedes Mal wenn; ***de una ~*** auf einmal; ***de ~ en cuando*** ab und zu; ***en ~ de*** statt, anstelle von; ***érase una ~*** es war einmal; ***otra ~*** ein andermal; noch mal; ***rara ~*** selten; ***tal ~*** vielleicht; ***a veces*** zuweilen, manchmal; ***muchas veces*** oft; ***tantas veces*** so oft; ***varias veces*** mehrmals
v.gr. ***verbigracia*** z.B. (zum Beispiel)
vía ['bia] **1.** *f* Weg *m* (*a anat u fig*); Bahn *f*; Straße *f*; Gleis *n*; **~** ***de agua*** *mar* Leck *n*; **~** ***estrecha*** *ferro* Schmalspur *f*; **~** ***lenta*** *auto* Kriechspur *f*; ***por ~ de*** mittels, durch; ***por ~ aérea*** mit Luftpost; auf dem Luftweg; **2.** *prp* über, via
viable ['bĭaƀle] lebensfähig; *fig* durchführbar
viaducto [bia'đukto] *m* Viadukt *m*
via|jante [bia'xante] *m* (Geschäfts-) Reisende(r) *m*; **~jar** [-'xar] (*1a*) reisen; fahren; **~** ***por autostop*** trampen; **~je** [bi'axe] *m* Reise *f*, Fahrt *f*; **~** ***colectivo*** Gesellschaftsreise *f*, Gruppenreise *f*; ***estar de ~*** verreist sein; ***irse*** (*od* ***salir***) ***de ~*** verreisen; **~jero** [bia'xero] *m* Reisende(r) *m*; Fahrgast *m*
vial [bi'al] Straßen…
viandante [bian'dante] *m* Wanderer *m*; Fußgänger *m*
viario ['bĭarĭo] Straßen…
víbora ['biƀora] *f* Viper *f*; Kreuzotter *f*; *Am* Schlange *f*
vibra|ción [biƀra'θĭɔn] *f* Schwingung *f*; Vibration *f*; **~dor** [-'đɔr] *m* Vibrator *m*; **~r** [bi'ƀrar] (*1a*) schwingen, vibrieren
vicario [bi'karĭo] *m* Vikar *m*
vice… [biθe…] Vize…
viceversa [biθe'ƀɛrsa] umgekehrt
vici|ado [bi'θĭađo] verdorben; (*aire*) schlecht; **~ar** [bi'θĭar] (*1b*) verderben
vicio ['biθĭo] *m* Laster *n*; Fehler *m*; schlechte Angewohnheit *f*; **~so** [bi'θĭoso] fehlerhaft; lasterhaft
vicisitud [biθisi'tuđ] *f* Wechselfall *m*
víctima ['biktima] *f* Opfer *n*
victori|a [bik'torĭa] *f* Sieg *m*; **~oso** [-'rĭoso] siegreich
vid [biđ] *f* Weinstock *m*, Rebe *f*
vida ['biđa] *f* Leben *n*; ***de por ~*** auf Le-

benszeit; ***en** ~* bei Lebzeiten; ***en mi** ~* noch nie (in m-m Leben); ***ganarse la** ~* s-n Lebensunterhalt verdienen; ***salir con** ~* mit dem Leben davonkommen
vidente [bi'đente] *su* (Hell-)Seher(in) *m(f)*
vídeo ['biđeo] *m* Video *n*, Videorekorder *m*
video|cámara [biđeo'kamara] *f* Videokamera *f*; **~cassette** [-ka'sɛt] *f* Videokassette *f*; **~film(e)** [-'film(e)] *m* Videofilm *m*; **~teca** [-'teka] *f* Videothek *f*; **~teléfono** [-te'lefono] *m* Bildtelefon *n*; **~tex** [-'tɛks] *m* Bildschirmtext *m*
vidri|era [bi'đrĭera] *f* Glasfenster *n*; *Am* Schaufenster *n*; **~ería** [biđrĭe'ria] *f* Glaserei *f*; **~ero** [bi'đrĭero] *m* Glaser *m*; **~o** ['biđrĭo] *m* Glas *n*; Glas-, Fensterscheibe *f*; **~oso** [bi'đrĭoso] glasig
viej|o ['bĭɛxo] **1.** *adj* alt; abgenutzt; **2. ~o** *m*, **~a** *f* Alte(r) *m*, Alte *f*
Viena ['bĭena] *f* Wien *n*
vien|és [bĭe'nes] **1.** *adj* wienerisch; **2. ~és** *m*, **~esa** [-'nesa] *f* Wiener(in) *m(f)*
viento ['bĭento] *m* Wind *m*; ***hace** ~* es ist windig
vientre ['bĭentre] *m* Bauch *m*; Leib *m*; ***bajo** ~* Unterleib *m*
viernes ['bĭɛrnes] *m* Freitag *m*; ***♀ Santo*** Karfreitag *m*
Vietnam [bĭɛt'nam] *n* Vietnam *n*
viga ['biga] *f* Balken *m*; Träger *m*
vigen|cia [bi'xenθĭa] *f* Gültigkeit *f*; **~te** [-te] gültig
vigésimo [bi'xesimo] zwanzigste(r, -s)
vigila|ncia [bixi'lanθĭa] *f* Wachsamkeit *f*; Be-, Überwachung *f*; **~nte** [-'lante] **1.** *adj* wachsam; **2.** *m* Wächter *m*; Aufseher *m*; ***~ nocturno*** Nachtwächter *m*; **~r** [-'lar] *(1a)* (be)wachen; überwachen
vigilia [bi'xilĭa] *f* Nachtwache *f*; *rel* Abstinenz *f*
vigor [bi'gɔr] *m* Kraft *f*; *jur* Gültigkeit *f*; ***entrar en** ~* in Kraft treten; **~oso** [-'roso] kräftig, stark
VIH *m* ***Virus de Inmunodeficiencia Humana*** HIV *m*, Aids-Virus *m*
vil [bil] niederträchtig, gemein; **~eza** [bi'leθa] *f* Gemeinheit *f*
villa ['biʎa] *f* Kleinstadt *f*; *reg* Villa *f*
villancico [biʎan'θiko] *m span* Weihnachtslied *n*
vilo ['bilo]: ***en** ~* in der Schwebe *(a fig)*; *fig **estar en** ~* in Ungewissheit schweben; ***tener a alg en** ~* j-n auf die Folter spannen
vinagre [bi'nagre] *m* Essig *m*; **~ras** [-'greras] *f/pl* Essig- und Ölgestell *n*
vinate|ría [binate'ria] *f* Weinhandlung *f*; **~ro** ['tero] *m* Weinhändler *m*
vincu|lación [biŋkula'θĭɔn] *f* Verknüpfung *f*; Bindung *f*; **~lar** [-'lar] *(1a)* (ver)binden; (ver)knüpfen
vínculo ['biŋkulo] *m* Bindung *f*, Band *n*
vine ['bine], **vino** ['bino] *s **venir***
vinícola [bi'nikola] Weinbau…
vino ['bino] *m* Wein *m*; ***~ blanco*** Weißwein *m*; ***~ espumoso*** Schaumwein *m*; ***~ de postre*** Dessertwein *m*; ***~ tinto*** Rotwein *m*
viñ|a ['biɲa] *f*, **~edo** [bi'ɲeđo] *m* Weinberg *m*
vio ['bĭo] *s **ver***
viola *mús* ['bĭola] *f* Bratsche *f*, Viola *f*
violáceo [bĭo'laθeo] violett
viola|ción [bĭola'θĭɔn] *f* Vergewaltigung *f*; *jur* Verletzung *f*; **~r** [-'lar] *(1a)* vergewaltigen; *(ley, etc)* verletzen
violen|cia [bĭo'lenθĭa] *f* Gewalt *f*; Heftigkeit *f*; **~to** [-'lento] heftig; gewaltsam; *(embarazoso)* peinlich, unangenehm; ***estar** ~* sich gehemmt fühlen
violeta *bot* [bĭo'leta] *f* Veilchen *n*
vio|lín [bĭo'lin] *m* Geige *f*; **~linista** [-li'nista] *su* Geiger(in) *m(f)*, Geigenspieler(in) *m(f)*
violon|celista [bĭolɔnθe'lista] *su* Cellist(in) *m(f)*; **~celo** [-'θelo], **~chelo** [-'tʃelo] *m* Cello *n*
vira|je [bi'raxe] *m* Kurve *f*, Wendung *f*; **~r** [-'rar] *(1a)* drehen, wenden
vir|gen ['birxen] **1.** *adj* jungfräulich, unberührt; **2.** *f* Jungfrau *f*; **~ginidad** [-xini'đađ] *f* Jungfräulichkeit *f*
Virgo *astr* ['birgo] *m* Jungfrau *f*
viril [bi'ril] männlich; mannhaft; **~idad** [birili'đađ] *f* Männlichkeit *f*
virrey [bi'rrɛĭ] *m* Vizekönig *m*
virtual [bir'tŭal] virtuell; möglich
virtud [bir'tuđ] *f* Tugend *f*; *(facultad)* Fähigkeit *f*; ***en ~ de*** aufgrund *(gen)*
virtuo|sismo [birtŭo'sizmo] *m* Virtuosität *f*; **~so** [-'tŭoso] **1.** *adj* tugendhaft; *mús* virtuos; **2.** *m* Virtuose *m*
viruela *med* [bi'rŭela] *f* Pocken *f/pl*
virulen|cia [biru'lenθĭa] *f med* Virulenz *f*; *fig* Boshaftigkeit *f*; **~to** [-'lento] *med* virulent, bösartig; *fig* boshaft
virus *med* ['birus] *m* Virus *m*, *n*
viruta [bi'ruta] *f* Span *m*

visa *Am* ['bisa] *f*, **~do** [bi'sađo] *m* Visum *n*
víscera ['bisθera] *f* Eingeweide *n*
visceral [bisθe'ral] Eingeweide…; *fig* tief (sitzend)
viscoso [bis'koso] klebrig; zäh(flüssig)
visera [bi'sera] *f* Mützenschirm *m*; *hist* Visier *n*
visib|ilidad [bisiƀili'đađ] *f* Sicht *f*; **~le** [bi'siƀle] sichtbar, wahrnehmbar; offenkundig
visigodo [bisi'gođo] *m* Westgote *m*
visillo [bi'siʎo] *m* Scheibengardine *f*
visión [bi'sĭɔn] *f* Sehen *n*; Sehvermögen *n*; (*aparición*) Vision *f*; Erscheinung *f*; *fig* Ansicht *f*
visita [bi'sita] *f* Besuch *m*; Besichtigung *f*; *med* Visite *f*; **~ de cumplido** Anstandsbesuch *m*; **~nte** [-'tante] *su* Besucher(in) *m*(*f*); **~r** [-'tar] (*1a*) besuchen; besichtigen; *med* untersuchen
vislumbrar [bizlum'brar] (*1a*) *undeutlich* sehen; *fig* ahnen
visón [bi'sɔn] *m* Nerz *m*
visor *fot* [bi'sɔr] *m* Sucher *m*
víspera ['bispera] *f* Vorabend *m*; ***en ~s de*** am Vorabend von; kurz vor
vista ['bista] *f* Gesichtssinn *m*; Sehvermögen *n*; (*mirada*) Blick *m*, Anblick *m*; Ansicht *f*; Aussicht *f*; *jur* (Gerichts-)Verhandlung *f*; ***a primera ~*** auf den ersten Blick; ***con ~s a*** im Hinblick auf; ***de ~*** vom Sehen; ***en ~ de*** in Anbetracht (*gen*); ***estar a la ~*** auf der Hand liegen; ***hasta la ~*** auf Wiedersehen; ***hacer la ~ gorda*** *fig* ein Auge zudrücken; **~zo** [bis'taθo] *m*: ***echar un ~ a*** e-n (flüchtigen) Blick werfen auf (*ac*)
visto ['bisto] **1.** *adj* gesehen; ***está ~ que*** es ist offensichtlich, dass; ***~ que*** in Anbetracht, dass; ***bien*** (***mal***) **~** (un)beliebt; ***por lo ~*** offenbar; **2.** *m*: ***~ bueno*** Sicht-, Genehmigungsvermerk *m*; ***dar el ~ bueno*** genehmigen, gutheißen; **~so** [bis'toso] auffällig; prächtig
Vístula ['bistula] *m* Weichsel *f*
visual [bi'sŭal] Seh…; visuell
vital [bi'tal] Lebens…; *fig* lebenswichtig; (*persona*) vital; **~icio** [-'liθĭo] lebenslänglich; **~idad** [-li'đađ] *f* Lebensfähigkeit *f*; *fig* Vitalität *f*
vitamina [bita'mina] *f* Vitamin *n*
vitícola [bi'tikola] Weinbau…
viticul|tor [bitikul'tɔr] *m* Winzer *m*; **~tura** [-'tura] *f* Weinbau *m*
vítores ['bitores] *m/pl* Hochrufe *m/pl*
vítreo ['bitreo] gläsern, Glas…
vitrina [bi'trina] *f* Glasschrank *m*; Vitrine *f*; *Am* Schaufenster *n*
vitrocerámica [bitroθe'ramika] *f* Glaskeramik *f*
viu|da ['bĭuđa] *f* Witwe *f*; **~dez** [bĭu'đeθ] *f* Witwen-, Witwerstand *m*; **~do** ['bĭuđo] **1.** *adj* verwitwet; **2.** *m* Witwer *m*; ***quedarse ~*** verwitwen
viva ['biƀa] **1.** ***¡~!*** hurra!, hoch!; es lebe …!; **2.** *m* Hoch *n*, Hochruf *m*
vivacidad [biƀaθi'đađ] *f* Lebhaftigkeit *f*
vivaracho [biƀa'ratʃo] sehr lebhaft; lebenslustig
vivaz [bi'ƀaθ] lebhaft; *bot* ausdauernd
vivencia [bi'ƀenθĭa] *f* Erlebnis *n*
víveres ['biƀeres] *m/pl* Lebensmittel *pl*, Proviant *m*
vivero [bi'ƀero] *m* Baumschule *f*; (*de peces*) Fischteich *m*
viveza [bi'ƀeθa] *f* Lebhaftigkeit *f*
vivienda [bi'ƀĭenda] *f* Wohnung *f*
viviente [bi'ƀĭente] lebend, lebendig
vivir [bi'ƀir] (*3a*) **1.** *v/t* erleben; verleben; **2.** *v/i* leben; wohnen; ***~ al día*** in den Tag hineinleben
vivo ['biƀo] lebendig, lebhaft; (*listo*) schlau, clever
vizcaíno [biθka'ino] biskayisch
Vizcaya [biθ'kaja] *f* Biscaya *f*
voca|blo [bo'kaƀlo] *m* Wort *n*; Vokabel *f*; **~bulario** [-ƀu'larĭo] *m* Vokabular *n*, Wortschatz *m*
vocación [boka'θĭɔn] *f* Berufung *f*
vocal [bo'kal] **1.** *adj* Stimm…, Vokal…; **2. a**) *m* Beisitzer *m* **a**) *f* Vokal *m*
voce|ar [boθe'ar] (*1a*) **1.** *v/t* (*mercancía*) ausrufen; F ausposaunen; **2.** *v/i* schreien; **~río** [-'rio] *m* Geschrei *n*; **~ro** *bsd Am* [-'θero] *m* Sprecher *m*
vociferar [boθife'rar] (*1a*) schreien, zetern
voladura [bola'đura] *f* Sprengung *f*
volante [bo'lante] **1.** *adj* fliegend; **2.** *m auto* Lenkrad *n*; (*del vestido*) Volant *m*
volar [bo'lar] (*1m*) **1.** *v/i* fliegen; *fig* eilen; verfliegen; **2.** *v/t* (in die Luft) sprengen
volatería [bolate'ria] *f* Geflügel *n*
volátil [bo'latil] *quím* flüchtig; *fig* flatterhaft
volatilizar(se) [bolatili'θar(se)] (*1f*) (sich) verflüchtigen (*a fig*)
volcán [bɔl'kan] *m* Vulkan *m*; **~ico**

[-'kaniko] vulkanisch
volcar [bɔl'kar] (*1g u 1m*) **1.** *v/t* umwerfen; **2.** *v/i* umkippen; **~se** *fig* sein Bestes tun
voleibol [bolɛi'ƀɔl] *m* Volleyball *m*
Volga ['bɔlga] *m* Wolga *f*
volquete [bɔl'kete] *m* Kippwagen *m*
vol(s). ***volumen*** (***volúmenes***) Bd(e). (Band, Bände)
voltaje *el* [bɔl'taxe] *m* Spannung *f*
volte|ar [bɔlte'ar] (*1a*) herumdrehen; umkehren; *Am* umwerfen; **~reta** [-'reta] *f* Purzelbaum *m*; Luftsprung *m*
voltio *el* ['bɔltĭo] *m* Volt *n*
volub|ilidad [boluƀili'đađ] *f* Unbeständigkeit *f*; **~le** [-'luƀle] unbeständig
volum|en [bo'lumen] *m* Umfang *m*; Volumen *n*; *tip* Band *m*; *mús* Lautstärke *f*; ***~ de ventas*** *com* Umsatz *m*; **~inoso** [-mi'noso] umfangreich
volunta|d [bolun'tađ] *f* Wille *m*; ***a ~*** nach Belieben; ***la última ~*** der Letzte Wille *m*; **~rio** [-'tarĭo] **1.** *adj* freiwillig; **2.** *m* Freiwillige(r) *m*; **~rioso** [-'rĭoso] zielstrebig; (*obstinado*) eigenwillig
voluptuo|sidad [boluptŭosi'đađ] *f* Wollust *f*; **~so** [-'tŭoso] wollüstig, sinnlich
volver [bɔl'ƀɛr] (*2h*; *part* ***vuelto***) **1.** *v/t* drehen, (um)wenden, umkehren; ***~ loco*** verrückt machen; **2.** *v/i* umkehren; zurückkommen, -kehren, -fahren, -gehen; ***~ a hacer a/c*** et wieder tun; ***~ sobre a/c*** auf et zurückkommen; **~se** sich umdrehen; *con adj*: werden, *p ej* ***~ pálido*** blass werden
vomitar [bomi'tar] (*1a*) (er)brechen, sich übergeben; *fig* ausspeien
vómito ['bomito] *m* (Er-)Brechen *n*
vora|cidad [boraθi'đađ] *f* Gefräßigkeit *f*; **~z** [bo'raθ] gefräßig; *fig* gierig
vos [bos] *Am* du, *en cartas*: Du; **~otros** [bo'sotros] ihr, *en cartas*: Ihr; *dat*, *ac* euch, *en cartas*: Euch
Vosgos ['bɔzgɔs] *m/pl* Vogesen *pl*
vota|ción [bota'θĭɔn] *f* Abstimmung *f*; **~nte** [-'tante] *m* Stimmberechtigte(r) *m*; **~r** [bo'tar] (*1a*) (ab)stimmen; wählen
voto ['boto] *m* Gelübde *n*; *pol* Stimme *f*; ***~ de censura*** Misstrauensvotum *n*
voy [bɔĭ] *s* ***ir***
voz [bɔθ] *f* Stimme *f*; (*palabra*) Wort *n*; *mil* ***~ de mando*** Kommando *n*; ***a ~ en cuello*** (*od* ***en grito***) aus vollem Halse; ***a media ~*** halblaut; ***en ~ alta*** (***baja***) laut (leise); ***corre la ~*** es geht das Gerücht; ***llevar la ~ cantante*** *fig* den Ton angeben; ***dar voces*** laut rufen, schreien
vuelco ['bŭɛlko] **1.** *s* ***volcar***; **2.** *m*: ***dar un ~*** umstürzen
vuelo ['bŭelo] *m* Flug *m*; (*de la falda*) Weite *f*; ***~ acrobático*** Kunstflug *m*; ***~ de bajo coste*** Billigflug *m*; ***~ internacional*** Ausland(s)flug *m*; ***~ nacional*** Inland(s)flug *m*; ***~ nocturno*** Nachtflug *m*; ***~ regular*** Linienflug *m*; ***~ sin escala*** Nonstopflug *m*; ***~ sin motor*** Segelflug *m*;
vuelta ['bŭɛlta] *f* (Um-)Drehung *f*; (*regreso*) Rückkehr *f*; Rückfahrt *f*; (*dinero*) Wechselgeld *n*; *dep* Tour *f*; Runde *f*; ***~ al mundo*** Weltreise *f* ***a la ~ de la esquina*** gleich um die Ecke; ***a ~ de correo*** postwendend; ***dar la ~*** umwenden, umkehren; ***dar media ~*** kehrtmachen; ***dar una ~*** e-n kleinen Spaziergang machen; ***estar de ~*** zurück sein
vuelto ['bŭɛlto] **1.** *s* ***volver***; **2.** *m* *Am* Wechselgeld *n*
vuelvo ['bŭɛlƀo] *s* ***volver***
vuestr|o, **~a** ['bŭestro, -tra] euer, *en cartas*: Euer
vulcanizar [bulkani'θar] (*1f*) vulkanisieren
vulgar [bul'gar] vulgär, gewöhnlich; **~idad** [-gari'đađ] *f* Vulgarität *f*, Gewöhnlichkeit *f*; **~izar** [-'θar] (*1f*) allgemein verbreiten; **~mente** [-gar'mente] gemeinhin
vulgo ['bulgo] *m* gemeines Volk *n*, Pöbel *m*
vulne|rable [bulne'raƀle] verwundbar, verletzlich; **~rar** [-'rar] (*1a*) verletzen (*a fig*)

W

W, w [doƀle'uƀe] *f* W, w *n*
water ['batɛr] *m* Klo(sett) *n*, WC *n*
waterpolo [batɛr'polo] *m* Wasserball *m*
western ['bestɛrn] *m* Wildwestfilm *m*
Westfalia [best'falĭa] *f* Westfalen *n*
whisky ['gŭiski] *m* Whisky *m*
wolframio [bɔl'framĭo] *m* Wolfram *n*

X

X, x ['ekis] *f* X, x *n*; ***rayos*** *m/pl* **~** Röntgenstrahlen *m/pl*
xen|ofobia [kseno'foƀĭa] *f* Fremdenfeindlichkeit *f*; **~ófobo** [kse'nofoƀo] fremdenfeindlich
xilófono *mús* [ksi'lofono] *m* Xylofon *n*
xilografía [ksilogra'fia] *f* Holzschneidekunst *f*

Y

y [i] und
Y, y [i'grĭega] *f* Y, y *n*
ya [ja] schon; (*ahora*) jetzt; gleich; ***~ lo creo*** das will ich meinen!; ***~ no*** nicht mehr; ***~ que*** da (ja); ***¡~!*** ach so!; ***~ … ~ …*** bald … bald …
yacer [ja'θɛr] (*2y*) liegen; (*muerto*) begraben sein; ***aquí yace*** hier ruht
yacimiento *min* [jaθi'mĭento] *m* Fundort *m*, Lager *n*; Vorkommen *n*
yanqui ['jaŋki] *m* Yankee *m*
yapa *Am* ['japa] *f* Zugabe *f*
yate ['jate] *m* Jacht *f*
yegua ['jegŭa] *f* Stute *f*
yema ['jema] *f* Eigelb *n*, Dotter *m*, *n*; *bot* Knospe *f*; ***~ del dedo*** Fingerkuppe *f*
Yemen ['jemen] *m* Jemen *m*
yermo ['jɛrmo] **1.** *adj* öde, wüst; **2.** *m* Ödland *n*
yerno ['jɛrno] *m* Schwiegersohn *m*
yerro ['jɛrrɔ] **1.** *s* ***errar***; **2.** *m* Irrtum *m*
yesca ['jeska] *f* Zunder *m*
yesero [je'sero] *m* Stuckateur *m*
yeso ['jeso] *m* Gips *m*
yo [jo] ich
yodo ['jođo] *m* Jod *n*
yoga ['joga] *m* Joga *n*, Yoga *n*
yogur(t) [jo'gur] *m* Joghurt *m*
yuca *bot* ['juka] *f* Yucca *f*
yugo ['jugo] *m* Joch *n* (*a fig*)
Yugoslavia [jugos'laƀĭa] *f* Jugoslawien *n*
yugoslav|o [jugos'laƀo] **1.** *adj* jugoslawisch; **2. ~o** *m*, **~a** *f* Jugoslawe *m*, -slawin *f*
yunque ['juŋke] *m* Amboss *m* (*a anat*)
yunta ['junta] *f* Gespann *n*
yuppie *od* **yuppy** ['yupi] *m* Yuppie *m*
yute ['jute] *m* Jute *f*
yuxta|poner [justapo'nɛr] (*2r*) nebeneinanderstellen; **~posición** [-posi'θĭɔn] *f* Nebeneinanderstellung *f*
yuyo *Am* ['jujo] *m* Unkraut *n*

Z

Z, **z** ['θeta] *f* Z, z *n*
zafarrancho *mar* [θafa'rrantʃo] *m* Klarmachen *n*, Klarschiff *n*; *fig* Streit *m*, F Krach *m*; **¡~ de combate!** klar zum Gefecht!
zafarse [θa'farse] (*1a*) sich drücken (vor **de**)
zafio ['θafĭo] grob; derb
zafiro [θa'firo] *m* Saphir *m*
zafra ['θafra] *f* Zucker(rohr)ernte *f*
zaga ['θaga] *f*: **a la ~** hintenan; **ir a la ~** zurückbleiben; **no quedarse a la ~ a alg** j-m nicht nachstehen
zagal [θa'gal] *m* Hirtenjunge *m*; Bursche *m*; **~a** [θa'gala] *f* Hirtenmädchen *n*; junges Mädchen *n*
zaguán [θa'gŭan] *m* Diele *f*, Flur *m*
zaherir [θae'rir] (*3i*) F herunterputzen, abkanzeln
zahorí [θao'ri] *m* (Wünschel-)Rutengänger *m*
zalame|ría [θalame'ria] *f* Schmeichelei *f*; **~ro** [-'mero] **1.** *adj* schmeichlerisch; **2.** *m* Schmeichler *m*
zambo ['θambo] krumm-, x-beinig
zambomba *mús* [θam'bɔmba] *f* Reibtrommel *f*
zambra ['θambra] *f* Volksfest *n* der Zigeuner; *fig* Trubel *m*; F Rummel *m*
zambulli|da [θambu'ʎiđa] *f* Untertauchen *n*; Kopfsprung *m*; **~rse** [-'ʎirse] (*3h*) (unter)tauchen; ins Wasser springen
zampar(se) [θam'par(se)] (*1a*) (hinunter)schlingen, F verdrücken
zanahoria [θana'ɔrĭa] *f* Mohrrübe *f*
zanca|da [θaŋ'kađa] *f* langer Schritt *m*; **~dilla** [-ka'điʎa] *f* Beinstellen *n*; **echar la ~ a alg** j-m ein Bein stellen (*a fig*)
zanco ['θaŋko] *m* Stelze *f*
zancudo [θaŋ'kuđo] **1.** *adj* stelzbeinig; **2.** *m Am* Stechmücke *f*
zanganear [θaŋgane'ar] (*1a*) herumlungern
zángano ['θaŋgano] *m zo* Drohne *f*; *fig* Faulenzer *m*
zanja ['θaŋxa] *f* Graben *m*; **~r** [-'xar] (*1a*) (*fosa*) ausheben; *fig* beseitigen; beilegen
zapa|llo [θa'paʎo] *m Am* Kürbis *m*; **~pico** [-'piko] *m* Spitzhacke *f*
zapa|ta *tec* [θa'pata] *f* Hemmschuh *m*; Bremsklotz *m*; **~teado** [-te'ađo] *m andalusischer* Tanz *m*; **~tería** [-'ria] *f* Schuhmacherwerkstatt *f*; (*tienda*) Schuhgeschäft *n*; **~tero** [-'tero] *m* Schuhmacher *m*; **~tilla** [-'tiʎa] *f* Pantoffel *m*, Hausschuh *m*; *dep* Turnschuh *m*; **~to** [θa'pato] *m* Schuh *m*
zar [θar] *m* Zar *m*
zarabanda [θara'ƀanda] *f mús* Sarabande *f*
Zaragoza [θara'goθa] *f* Saragossa *n*
zarandear [θarande'ar] (*1a*) sieben; *fig* schütteln
zarina [θa'rina] *f* Zarin *f*
zarpa ['θarpa] *f* Tatze *f*, Pranke *f*
zar|par *mar* [θar'par] (*1a*) die Anker lichten; auslaufen; **~pazo** [-'paθo] *m* Prankenhieb *m*
zarza ['θarθa] *f* Brombeerstrauch *m*; **~mora** *bot* [-θa'mora] *f* Brombeere *f*
zarzuela [θar'θŭela] *f* spanisches Singspiel *n*
zigzag [θig'θag] *m* Zickzack *m*; **~uear** [-θage'ar] (*1a*) im Zickzack gehen (*od* fahren)
Zimbabue [θim'baƀŭe] *m* Simbabwe *n*
zinc [θiŋk] *m* Zink *n*
zócalo ['θokalo] *m* Sockel *m*; Fußleiste *f*
zodíaco *astr* [θo'điako] *m* Tierkreis *m*
zona ['θona] *f* Zone *f*; **~ ajardinada** (*od* **verde**) Grünzone *f*; **~ azul** Kurzparkzone *f*; **~ (del) euro** Euroland *n*; **~ peatonal** Fußgängerzone *f*; **~ de librecambio** Freihandelszone *f*; **~ de recreo** Erholungsgebiet *n*; **~ residencial** Wohngebiet *n*; **~ SPA** (*Hotel*) Wellnessbereich *m*
zonzo *bsd Am* ['θɔnθo] geschmacklos; reizlos; dumm
zoo [θoo] *m* Zoo *m*; **~logía** [-lɔ'xia] *f* Zoologie *f*; **~lógico** [-'lɔxiko] zoologisch; **parque** *m* **~** Zoo *m*, Tierpark *m*
zoólogo [θo'ologo] *m* Zoologe *m*
zopenco [θo'peŋko] *m* Trottel *m*
zoquete [θo'kete] *m* Holzklötzchen *n*;

fig Dummkopf *m*

zorr|a ['θɔrra] *f* Füchsin *f*; P Dirne *f*; **~o** ['θɔrrɔ] **1.** *adj* listig, gerissen; **2.** *m* Fuchs *m*; *fig* schlauer Fuchs *m*

zorzal *zo* [θɔr'θal] *m* Drossel *f*

zozobra [θo'θoƀra] *f mar* Kentern *n*; *fig* Aufregung *f*; Angst *f*; **~r** [-'ƀrar] (*1a*) *mar* kentern; *fig* scheitern

zueco ['θŭeko] *m* Holzschuh *m*

zulo ['θulo] *m* Waffenversteck *n*

zum|bar [θum'bar] (*1a*) **1.** *v/i* summen; (*motor*) brummen; ***me zumban los oídos*** es saust mir in den Ohren; **2.** *v/t* verprügeln; **~bido** [θum'biđo] *m* Summen *n*; *med* Ohrensausen *n*

zumo ['θumo] *m* (Frucht-)Saft *m*

ZUR *f* ***Zona de Urgente Reindustrialización*** Zone *f* dringender Reindustrialisierung

zurci|do [θur'θiđo] *m* Stopfen *n*; Flicken *n*; **~r** [-'θir] (*3b*) flicken; stopfen

zurdo ['θurđo] **1.** *adj* linkshändig; **2.** *m* Linkshänder *m*

Zúrich ['θurik] *m* Zürich *n*

zurra ['θurra] *f* Tracht *f* Prügel; **~r** [θu'rrar] (*1a*) *fig* verprügeln

zurrón [θu'rrɔn] *m* Hirtentasche *f*

zutano [θu'tano] *m* ein gewisser Herr X; ***fulano y ~*** Herr X und Herr Y

Sección de actividades & referencias

La siguiente sección contiene tres partes, cada una de las cuales le ayudará en su aprendizaje:

Juegos y puzzles para ayudarle a aprender a usar este diccionario y practicar sus habilidades en la lengua alemana. Aprenderá a conocer las diferentes características de este diccionario y cómo buscar algo de forma efectiva.

Palabras y expresiones básicas para reforzar su aprendizaje y ayudarle a dominar los conocimientos básicos.

Una breve referencia gramatical para ayudarle a utilizar el idioma de forma correcta.

Cómo utilizar el diccionario

Saber utilizar un diccionario bilingüe es importante, si quiere hablar, leer o escribir en el idioma extranjero. Desafortunadamente, si no entiende los símbolos de su diccionario o la estructura de las entradas, cometerá errores.

¿Qué tipo de errores? Piense en algunas palabras en español que crea puedan sonar o escribirse de forma parecida. Por ejemplo, piense en la palabra *pasar*. ¿Cuántos significados conoce de la palabra *pasar*? Intente enumerar al menos tres:

a. ____________________________________

b. ____________________________________

c. ____________________________________

Ahora busque *pasar* en la parte española del diccionario. Hay más de diez palabras alemanas que corresponden a la única palabra española *pasar*. Algunas de estas palabras alemanas están recogidas en la lista más abajo de forma desordenada.

Ponga las letras de las palabras alemanas en orden, después trace una línea conectando cada palabra alemana con su significado o contexto español apropiado.

Palabras alemanas en desorden	***significados en español***
1. QÜRNEBERUE	**a.** suceder
2. REVEGENH	**b.** atravesar
3. SSPEIRAEN	**c.** adelantar
4. LOHÜBREEN	**d.** copiar un texto (a máquina)
5. CENIHRE	**e.** transcurrir (el tiempo)
6. PITAPEBN	**f.** dar

Con tantas palabras alemanas para elegir, y cada una con un significado tan diferente, hay que tener mucho cuidado en elegir la palabra correcta que encaje con el contexto de la traducción. Si utiliza la palabra equivocada, la gente lo tendrá muy difícil para entenderle. Imagine las frases confusas que puede construir, si elige una traducción cualquiera.

Por ejemplo:

Mi prima me atravesó la sal.

Sucedo el tiempo leyendo.

El coche me copió a máquina a cien por hora.

Si elige el término equivocado, simplemente no le entenderán. Errores como éstos son muy fáciles de evitar, cuando sepa a qué tiene que prestar atención, cuando utilice el diccionario. Las próximas páginas repasan la estructura del diccionario y le enseñan a elegir la palabra correcta para su contexto. Lea los consejos y las directrices, complete los puzzles y ejercicios para practicar lo que ha aprendido.

Identificando lemas

Si está buscando una palabra en el diccionario, simplemente búsquela dentro del orden alfabético. La presentación de las palabras con tilde y raya se explica detalladamente en la pág. 5. Sin embargo, si lo que busca es una expresión, o un objeto descrito por varias palabras, tendrá que decidirse por qué palabra buscar.

En general, los términos compuestos de un sustantivo y un adjetivo se encuentran bajo el sustantivo. Por ejemplo, si está buscando el término *chaleco reflectante*, lo encontrará bajo *chaleco*, mientras que no habrá ninguna entrada para *reflectante*. En cambio, algunas veces, estos términos se encuentran bajo el adjetivo, p.e. el término *chaleco antibalas*, lo encontrará bajo *antibalas*. Con lo cual, si quiere buscar un término de ese tipo, mire primero bajo el sustantivo y después, si no lo ha encontrado, bajo el adjetivo.

Los términos compuestos de dos sustantivos se encuentran bajo el primer sustantivo. Por ejemplo, si está buscando el término *traje de baño*, lo encontrará bajo *traje*, mientras que el término *baño de azúcar* lo encontrará bajo *baño*.

Los verbos con partículas, e.d. verbos utilizados en combinación con otras palabras, se encuentran en un bloque bajo el verbo determinado. Los verbos con partículas *ir a*, *ir en, ir de*, *ir para* e *ir (a) por* se encuentran todos en bloque bajo *ir*.

Expresiones idiomáticas se encuentran bajo la palabra clave de la expresión. La expresión *no dar golpe*, que significa hacer el vago, se encuentra en la entrada *golpe*.

Lemas que se refieren específicamente a hombres o mujeres con la misma profesión o nacionalidad, van juntas, por orden alfabético. En alemán, un bailarín se llama **Tänzer** y una bailarina es una **Tänzerin**. Las dos palabras se encuentran en orden alfabético bajo la forma masculina, **Tänzer**.

Busque las palabras y expresiones que siguen en el diccionario bilingüe. Identifique el lema bajo el que se encuentran. Después, intente encontrar todos los lemas en la sopa de letras de la siguiente página.

1. dejar un mensaje
2. estar en todo
3. estirar la pata
4. quedarse dormido
5. tener sueño
6. echarse a perder
7. llave en mano
8. estar conforme con
9. me lleva dos años
10. llevar ventaja a alguien
11. vor zwei Jahren
12. Vorfahrt beachten!
13. Hund
14. sich die Waage halten
15. Apotheke

V	D	X	R	T	G	F	Z	A	V	L	N	I	J	L
C	O	N	F	O	R	M	E	N	G	H	O	F	L	R
G	R	R	N	U	M	J	T	G	X	D	S	A	A	M
T	M	C	F	G	P	I	J	K	E	E	V	J	H	P
C	I	F	E	A	R	A	O	J	B	E	M	A	P	L
Q	D	W	T	E	H	R	P	T	Z	E	S	T	A	R
U	O	A	I	R	O	R	P	O	A	S	D	N	F	R
G	H	D	N	U	H	J	T	K	T	L	Y	E	A	X
C	V	B	M	N	M	Q	W	E	R	H	T	V	Z	U
I	O	P	E	G	A	A	W	A	S	D	E	F	G	H
J	K	L	N	Y	X	C	V	B	N	L	M	K	Q	W
E	R	T	S	U	E	Ñ	O	Z	L	U	I	O	E	P
A	S	D	A	F	G	H	U	J	K	L	Y	X	C	V
B	N	M	J	Q	A	Y	W	S	X	E	D	C	R	F
V	T	P	E	R	D	E	R	G	B	Z	H	N	U	J

Alfabetización

Las entradas en un diccionario bilingüe están ordenadas alfabéticamente. En el caso de palabras que empiecen por la misma letra o las mismas letras, éstas irán ordenadas alfabéticamente de la A a la Z, siguiendo el orden de cada letra de las palabras.

Las vocales con diéresis **ä, ö,** and **ü** se tratan igual que las vocales simples **a, o**, and **u**. Si están juntas en una lista, la forma simple irá antes que la forma con diéresis (**schon**, **schön**). La "**eszet**" (**ß**) se alfabetiza como si fuera **ss**.

Vuelva a escribir las siguientes palabras alfabéticamente. Añada el número que está al lado de cada palabra. Siga el orden, conectando los puntos en la página siguiente. Sólo se utilizarán aquellos puntos cuyo número aparece en la lista de palabras.

zu	1	langsam	54
anrufen	4	jährlich	56
zusammen	8	Regenmantel	64
schön	11	Gasthaus	65
Jacke	16	schon	68
Gast	22	Ministerin	72
Tante	28	Museum	73
interessant	33	Flughafen	76
hin und zurück	34	Bäckerei	78
Badehose	35	können	47
Öl	37	Computer	84
Weißwein	38	Elefant	87
Regenschirm	40	danke	90
trinken	46	wissen	93
kommen	82	Bad	98
fahren	49	Video	99
Ohrring	53		

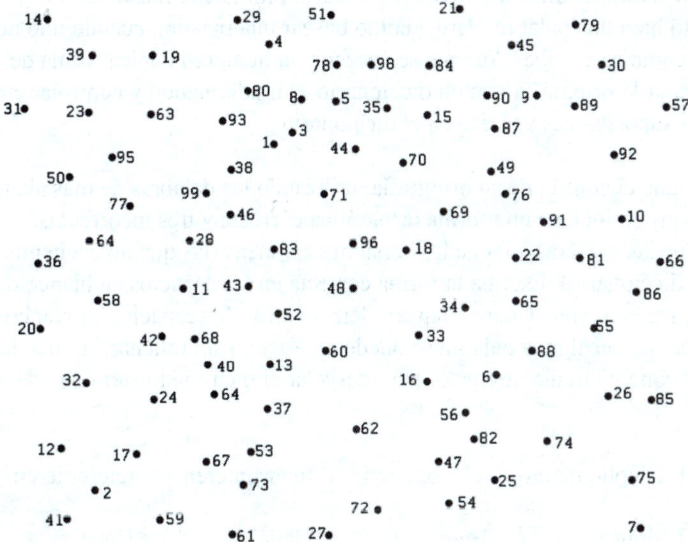

Welches Land sehen Sie?

____ ____ ____ ____ ____ ____ ____ ____ ____ ____ ____

Ortografía

Como cualquier diccionario, un diccionario bilingüe le mostrará si ha escrito bien una palabra. Pero, ¿cómo buscar una palabra, cuando uno no sabe cómo se escribe? Aunque se necesite un tiempo, la única forma de controlar la ortografía con un diccionario es ir adivinando y controlar cuál de las suposiciones aparece en el diccionario.

Practique el control de su ortografía, utilizando las palabras de más abajo. Cada grupo incluye una forma ortográfica correcta y tres incorrectas. Busque las palabras y tache las versiones erróneas (las que no encuentre en el diccionario). Escriba la forma correcta en los espacios en blanco de la página siguiente. Cuando haya rellenado todos los espacios en blanco (puede que en alguna palabra se quede un espacio sin rellenar), utilice las letras con un círculo alrededor para desvelar el mensaje misterioso.

1. telephonieren	televonieren	telewonieren	telefonieren
2. Hout	Haut	Häut	Howt
3. gruhn	gruin	grün	greun
4. Universität	Universitat	Universitaat	Universiteet
5. Addrese	Addresse	Adrässe	Adresse
6. Meßer	Mezser	Mezzer	Messer
7. Räzel	Retsel	Rätsel	Reezel
8. Hilfe	Hülfe	Hilpe	Helfe
9. Esszimmer	Ässzimmer	Eßzimmer	Eszimmer
10. Tish	Tisch	Tich	Tichs
11. Shild	Schildt	Schild	Schilt

1. ___ ___ ___ ___ ___ ___ ___ ___ ___ ___ ___ ___

2. ___ ___ ___ ___

3. ___ ___ ___ ___

4. ___ ___ ___ ___ ___ ___ ___ ___ ___ ___ ___

5. ___ ___ ___ ___ ___ ___ ___

6. ___ ___ ___ ___ ___ ___

7. ___ ___ ___ ___ ___ ___

8. ___ ___ ___ ___ ___

9. ___ ___ ___ ___ ___ ___ ___ ___ ___

10. ___ ___ ___ ___ ___

11. ___ ___ ___ ___ ___ ___

___	___	___	___	___	___	___	___	___	___	___ !
1	2	3	4	5	6	7	8	9	10	11

Entradas en contexto

Además de la traducción literal de cada lema en el diccionario, las entradas a veces incluyen palabras compuestas o expresiones con esa palabra.

Resuelva el crucigrama más abajo utilizando la palabra correcta en ese contexto.

Consejo: Cada clave contiene palabras clave que le ayudarán a encontrar la respuesta. Busque las palabras clave de cada clave. Encontrará las respuestas en las expresiones de cada entrada.

Horizontal

4. Lo siento. **Es tut mir** ________.

5. Cuando hacemos algo prohibido, uno de nosotros tiene que estar de guardia por si alguien viene: Er **steht** ______________.

7. __________ (hoy en día), muchas mujeres tienen una carrera profesional. Esto no era el caso en generaciones anteriores.

9. Dar la razón a alguien se dice _____________ **geben**.

10. Cuando algo está muy cerca, a la vuelta de la esquina, decimos que está **gleich um die** ______.

12. Los pájaros empiezan a cantar al amanecer, al alba, **bei** ______________________________.

14. Te lo agradezco de todo corazón, **von ganzem** _______.

15. En una carta formal nos dirijimos al remitente de manera educada: ______________________ **Herr X** (2 palabras).

Vertical

1. Por último: __________ ; **schließlich**.
2. Estos adornos de colores tan vivos saltan a la vista. Ellos **springen ins** __________ .
3. Como no sabía qué hora era, le pregunté a un amigo: **„Wie** ________ **ist es?“** (1 palabra)
5. Me he enterado que un amigo ha estado enfermo, así que le pregunto cómo está. Digo: **“** ________ **?”** (4 palabras).
6. Cuando los alemanes se enamoran, ellos **sich** ______________.
8. Prefiero comer en la terraza, al aire libre, **im** ____________.
11. ¡qué lastima! **Wie** __________**!**
13. Cuando comemos por la noche, decimos wir **essen zu** ____________.

Familias de palabras

Algunas palabras españolas tienen varios significados relacionados que se representan por diferentes palabras en alemán. Estos significados relacionados pertenecen a la misma familia y se agrupan juntos bajo una entrada en español. Otras palabras, si bien parecen iguales, no pertenecen a la misma familia, por lo que se encuentran en lemas separados o las traducciones están clasificadas por números bajo el mismo lema.

Piense por ejemplo en *circular*. Las traducciones **kreisförmig** y **Rundschreiben** se refieren a significados relacionados a *circular* en español, la primera traducción se refiere al adjetivo parecido a redondo, el sustantivo se refiere a la carta. En cambio, **(umher)gehen, zirkulieren, fahren, verkehren** y **weitergehen** se refieren a otro significado completamente diferente de *circular* en español: la acción de movimiento de personas, coches o trenes.

La familia de adjetivos y sustantivos está agrupada bajo *circular¹*. La familia de verbos está agrupada bajo *circular²*.

Mire con atención la lista de más abajo. Cada grupo incluye 2 o 3 traducciones alemanas que pertenecen a un grupo de familia y una traducción alemana de una palabra española, que se parece, pero no tiene relación. Elimine la palabra que no sea de la misma familia. Escriba la palabra eliminada en los espacios en blanco correspondientes. Cuando haya escrito todas, utilice las palabras con un círculo alrededor para descifrar el mensaje.

Consejo: Busque las palabras alemanas para saber lo que significan. Después, busque las traducciones en la parte español-alemán del diccionario para encontrar la familia de palabras que contenga las palabras alemanas.

1. Stand	Zustand	Lage	Staat
2. Rundschreiben	umhergehen	zirkulieren	verkehren
3. summen	verprügeln	brummen	
4. streichen	annulieren	Ringfinger	rückgängig machen
5. Präsens	gegenwärtig	anwesend	

1. ___ ___ ___ ___ ___

2. ___ ___ ___ ___ ___ ___ ___ ___ ___ ___ ___ ___ ___

3. ___ ___ ___ ___ ___ ___ ___ ___ ___ ___

4. ___ ___ ___ ___ ___ ___ ___ ___ ___ ___

5. ___ ___ ___ ___ ___ ___ ___

_________ _________ _________ _________ _________ !

1 2 3 4 5

Pronunciación

La pronunciación del alemán se diferencia bastante del español, sobre todo en las vocales, ya que en alemán tenemos vocales largas y cortas, mientras en español no se hace esta diferenciación. Lea el texto sobre la pronunciación de las palabras alemanas en las páginas 16 y 17 para familiarizarse con el tema y con los símbolos fonéticos utilizados en el diccionario.

Practique la lectura de la pronunciación así como está escrito en el diccionario después de los lemas. Observe las pronunciaciones más abajo en la parte izquierda y conéctelos con la palabra correcta española o alemana.

1. [frun'θir]	A. Imbiss
2. [esθɛƀ'θĭɔn]	B. langwierig
3. ['rrajo]	C. Bad
4. [xa'keka]	D. excepción
5. ['laŋ'viːriç]	E. selig
6. [baːt]	F. fruncir
7. ['imbis]	G. Fang
8. ['zeːliç]	H. jaqueca
9. [faŋ]	I. Erwägung
10. [ɛr'vɛːguŋ]	J. rayo

Títulos de página

Los títulos de página son las palabras impresas en azul en la parte superior de cada página. El título de página a la izquierda hace referencia al primer lema con el que empieza la parte izquierda de la página. El título de página a la derecha hace referencia al último lema en la parte derecha de la página. Todas las palabras que están en orden alfabético entre estos dos títulos de página aparecen en estas dos páginas del diccionario.

Descubra cuál es el título de página en la página, donde aparece cada de estas palabras y escríbalas en los espacios vacíos. Después ponga en orden las letras de las palabras a la derecha y únalas con las palabras escritas, siguiendo el ejemplo.

lema	*título de página*	*título desordenado*
1. Kreis	KRONPRINZ	GASTNOSTEß
2. einscannen	__________	MEMRAJ
3. Geschäft	__________	POKRUTIRNO
4. Jugend	__________	SICHGARMEN
5. Kollaps	__________	STHICNETIN
6. konventionell	__________	NUGTALZHEIL
7. mitbringen	__________	RAUQK
8. niemals	__________	CELIHUN
9. pauken	__________	MATTIBERIER
10. Quatsch	__________	ZOPRKNINR
11. Straßenbahn	__________	ZENETPOMK
12. Taxistand	__________	RASIELECHUSPA

Clases de palabras

En alemán y en español las palabras están clasificadas en diferentes **clases de palabras**. Estas categorías nos dicen qué función tiene una palabra en una frase. En este diccionario la clase de palabra está antepuesta a la definición, en el caso de que resulte necesaria una diferenciación. Cuando los dos idiomas concuerdan entre sí, no se señala la clase de palabra.

Los ***sustantivos*** son personas, animales, sitios o cosas. Los ***verbos*** describen acciones. Los ***adjetivos*** describen los sustantivos en las frases. El adjetivo *guapa,* por ejemplo, nos dice algo sobre el sustantivo *chica* en el sintagma *una chica guapa*. Los ***adverbios*** también describen, pero en este caso modifican los verbos, adjetivos y otros adverbios. El adverbio *velozmente* nos dice más sobre cómo se desarrolla la acción en el sintagma *corrió velozmente*. Los adjetivos normalmente tienen una terminación cuando se utilizan en una frase alemana, mientras que los adverbios no. La mayoría de los adjetivos también se usan como adverbios. *Los atletas rápidos (adj.) corrían rápido (adv.) a la meta.* La única manera de identificar si una palabra en particular es un adjetivo o un adverbio es observar su uso en la frase.

Las ***preposiciones*** especifican relaciones en tiempo y en espacio. Son palabras como *en*, *encima*, *antes* o *con*. Los ***artículos*** son palabras que acompañan los sustantivos. Palabras como *el, la, los, las* y *un, una, unos, unas* modifican el sustantivo, marcándolo como específico o general, conocido o desconocido.

Las ***conjunciones*** son palabras como *y*, *pero*, y *si* que juntan sintagmas o frases. Los ***pronombres*** sustituyen a los sustantivos en la frase.

En la siguiente actividad se utilizan palabras del diccionario como en un puzzle al estilo sudoku. En el juego del sudoku se utilizan los números del 1 al 9 para rellenar los campos vacíos. Tienen que aparecer todos los dígitos del 1 al 9, pero no se pueden repetir ni en los cuadrados, ni en las filas o columnas.
En el siguiente sudoku se da una lista de palabras para cada sección. Busque las palabras para saber de qué clase de palabra se trata. Después ordene las palabras en cada cuadrado de tal modo, que no se repita ninguna clase de palabra en una columna o en una fila.

Consejo: Si una de las palabras dadas en el sudoku es un sustantivo, entonces ya se sabe que no se puede colocar otro sustantivo en esa fila o columna de esa sección. Utilice el proceso de eliminación para deducir dónde colocar las otras clases de palabras.

Utilice las categorías SUSTANTIVO *s*, VERBO *v*, ADJETIVO/ADVERBIO *adj/adv* y PREPOSICIÓN *prp* para resolver este puzzle. Cada sección corresponde a una cuarta parte del puzzle.

Sección 1
wissen, Hund, allein, auf

Sección 2
Euro, an, machen, gerade

Sección 3
glatt, vor, Schrank, spielen

Sección 4
Lotterie, nieder, **schaden**, nach

wissen (v)			**Euro** (n)
		schaden (v)	
glatt (adj/adv)			

El plural de los sustantivos

En alemán existen 16 formas diferentes de formar el plural de los sustantivos. En cada sustantivo alemán se indica el genitivo y el plural entre paréntesis, después del género. Entre paréntesis viene siempre primero la forma del genitivo, que es una **–s**, **-(e)s** o **–es** (la forma de decir *del* o *de la*...). Después viene el indicador abreviado de la forma del plural. El símbolo **–e** significa que hay que añadir una **–e,** cuando se forma el plural. Muchos sustantivos femeninos añaden **–en** en el plural. Muchos sustantivos masculinos y neutros tienen una vocal modificada, añaden una diéresis a la vocal de la raíz y después una **–e**.

Escriba los plurales de los sustantivos en la lista y controle las soluciones, buscando las palabras en la sopa de letras.

Singular	***Plural***
1. Kind	____________
2. Mutter	____________
3. Hund	____________
4. Bruder	____________
5. Auto	____________
6. Frau	____________
7. Haus	____________
8. Gericht	____________
9. Arbeiter	____________
10. Lehrerin	____________

A	F	A	B	E	S	M	J	Z	M	O	D	R	Q	T
D	R	L	A	U	T	O	S	K	C	C	G	E	Z	G
F	A	I	V	X	E	H	T	E	M	O	K	T	H	A
P	U	E	D	N	U	H	C	U	W	K	E	I	Y	T
U	E	I	Z	Q	M	H	A	I	A	S	O	E	H	Q
K	N	L	I	M	Ü	T	T	E	R	V	F	B	X	H
X	H	I	N	B	Q	B	F	Q	D	E	D	R	N	J
J	I	M	Z	Z	F	S	A	G	B	S	G	A	R	H
W	Q	V	W	F	B	K	R	V	M	R	A	O	Ä	O
N	E	N	N	I	R	E	R	H	E	L	Ü	U	T	B
B	E	U	T	A	D	S	J	L	S	L	S	D	Y	T
B	B	J	W	N	V	M	Z	N	N	E	R	A	E	X
D	T	D	I	W	P	L	E	Q	R	Z	S	J	H	R
K	P	K	Q	B	V	K	A	K	J	E	T	P	T	B
D	P	Y	O	X	T	C	J	Y	L	V	Y	Y	I	R

El género

Los sustantivos alemanes se reconocen fácilmente. Siempre van en mayúscula, incluso en medio de la frase. Pertenecen a uno de estos tres grupos: masculino, femenino o neutro. El género de cada sustantivo se indica en cada entrada después del lema o la pronunciación con **m** para masculino, **f** para femenino y **n** para neutro.

Mire la siguiente lista y marque el género de cada palabra. Después utilice los géneros para moverse a través del laberinto: Si una palabra es masculina, diríjase a la izquierda; si la palabra es femenina, vaya a la derecha y, si es neutra, siga recto.

	m (vaya a la izquierda)	*f* (vaya a la derecha)	*n* (siga recto)
1. Gericht			
2. Katze			
3. Kind			
4. Sonne			
5. Auto			
6. Kuchen			
7. Holz			
8. Freundschaft			
9. Bett			
10. Person			
11. Brot			
12. Bestellung			
13. Pferd			

Start

Los adjetivos

En alemán los adjetivos tienen diferentes terminaciones para coincidir en género, número y caso con el sustantivo, que modifican. En muchos casos se añade una –**e** al adjetivo en la forma femenina y una –**n** a la forma plural.

Utilice el diccionario para determinar si los sustantivos en los siguientes sintagmas son masculinos, femeninos o neutros y si están en singular o plural. Después, escriba la forma correcta del adjetivo para completar el sintagma. Ya hemos añadido la terminación correcta. Controle sus respuestas en el crucigrama. Ahí encontrará las formas correctas con sus terminaciones.

1. una sonrisa amable = ein ____________es Lächeln
2. una mujer rubia = eine ____________e Frau
3. una noticia importante = eine _______________e Nachricht
4. escuela pública = eine _________________e Schule
5. el coche verde = der ______________e Wagen
6. un picnic inolvidable = ein _______________es Picknick
7. una chica hermosa = ein _________es Mädchen
8. en un buen libro = in einem ______________en Buch
9. un orador interesante = ein _____________er Redner
10. un pianista alemán = ein ___________er Klavierspieler
11. una mochila pesada = ein ____________er Rucksack

U	E	T	R	Y	G	M	I	E	S	X	O	V	J	X
K	N	H	O	E	A	C	N	F	C	V	H	L	Z	M
S	H	V	M	D	N	N	T	R	H	D	V	V	C	D
F	L	X	E	X	O	Ü	E	Y	W	G	R	G	Z	E
W	W	Q	F	R	Y	P	R	X	E	F	Q	S	G	H
L	I	M	T	N	G	S	E	G	R	N	M	V	O	C
W	L	C	M	N	C	E	S	R	E	E	G	N	B	I
F	M	N	H	H	K	I	S	S	R	T	R	F	J	L
Q	B	W	Ö	T	B	X	A	S	L	U	J	D	L	T
Z	C	N	Q	H	I	H	N	F	L	G	Y	S	E	N
Q	E	X	Q	J	F	G	T	W	O	I	E	K	T	E
S	E	D	N	O	L	B	E	V	Z	I	C	F	C	F
N	D	U	R	F	U	S	R	M	B	T	O	H	X	F
S	E	H	C	I	L	D	N	U	E	R	F	I	E	Ö
D	E	U	T	S	C	H	E	R	K	L	E	B	C	S

Los verbos

Los verbos aparecen en el diccionario en infinitivo. Para utilizar un verbo en una frase, tiene que conjugarlo y elegir la forma que coincida con el sujeto de la frase.

Muchos verbos son regulares, pero algunos son irregulares y requieren un cambio vocálico, cuando se utilizan en presente. Al final del diccionario encontrará una lista de verbos irregulares alemanes (pg. 576).

Para solucionar este crucigrama, conjugue los verbos en presente. Fíjese en el contexto y en el sujeto (sea sustantivo o pronombre) para determinar la persona y el número. Ponga la respuesta correcta en los huecos vacíos.

Horizontal

2. Am Samstag ________ es auch einen Gemüsemarkt in der Marburger Straße. (geben)

4. Das Kind ______ mit seinen Freunden ins Kino. (gehen)

6. Zur gleichen Zeit ______ ich in die Stadt einkaufen. (fahren)

7. Der Film ___________ den Kindern gut. Sie wollen ihn ein zweites Mal sehen. (gefallen)

9. Die Nachbarin ____________ dem Ehepaar zum Hochzeitstag. (gratulieren)

12. Was ___________ ich meinen Eltern zum Hochzeitstag? Zwei Schiffskarten für eine Kreuzfahrt im Mittelmeer. (schenken)

13. Wir __________ drei Dutzend Eier, da wir backen wollen. (kaufen)

14. Mein Vater ________ seine neue Digitalkamera auf die Reise mit. (nehmen)

17. Die Suppe _______________ der Familie sehr gut und ist sehr gesund. (schmecken)

18. Die Feier war so toll, dass alle Gäste nächstes Jahr wieder kommen __________. (wollen)

Vertical

1. Die Kinder ___________ den Film “Superman" am Samstag an. (sehen)

3. Der Supermarkt ______ Eier zum halben Preis an. (bieten)

5. Mein Mann __________ den Kindern immer bei den Hausaufgaben. Er ist Lehrer. (helfen)

6. Die Großeltern _________ am Sonntag ihren fünfzigsten Hochzeitstag. (feiern)

8. Meine Nachbarn ___________ den Brokkoli vom Leoni-Markt. (mögen)

10. Bevor sie wegfahren, __________ sie uns immer an und verabschieden sich. (rufen)

11. Katarina___________ früh nach Hause gehen und ihre Hausaufgaben für Montag machen. (müssen)

15. Morgen ______ die ganze Familie nach Ulm zu den Großeltern. (fahren)

16. Meine 10-jährige Tochter _________ jeden Abend in ihr Tagebuch. (schreiben)

17. Seine Bilder ________ sehr gut geworden. (sein)

19. Mein Babysitter muss heute schon früh gehen, also _______ ich nur 15 Minuten auf der Fete. (bleiben)

1 2 3 4 5 6 7 8 9 10 11 12 13 14 15 16 17 18 19

Cuando lea un texto en alemán, tendrá que partir del verbo conjugado y determinar cómo es el infinitivo para poder encontrarlo en el diccionario y así entender su significado.

Muchas veces se encontrará con una preposición al final de la frase sin ningún objeto detrás. A esto se le llama prefijo separable y se considera parte del verbo. En el ejemplo **„Ich rufe meine Mutter jetzt an.“** el verbo es **anrufen**. El prefijo **an** se separa del verbo en la frase, pero debe ser añadido otra vez al infinitivo para poder encontrar el significado correcto.

En el siguiente crucigrama hay verbos conjugados en las frases. Debe sacar, qué tipo de verbo representa la conjugación subrayada, si se trata de un verbo separable o no separable, y escribir el infinitivo en el crucigrama.

Horizontal

2. Das Kind **versteckte** seinen Teddybär unter seinem Kopfkissen.
3. Machst du eine Diät? Du **siehst** gut **aus.**
6. Das brave Kind **gehorcht** seinen Eltern immer.
8. Gerd und Gerlinde **kamen** drei Stunden zu spät **an**.
10. Matthias **weiß**, wie wir hinkommen.
11. Wir **rufen** unsere Tante um sechs Uhr **an**.
13. Sie **steht** jeden Morgen um 7.30 **auf**.
16. Der Film **gefällt** den Kindern.
17. Sie **isst** jeden Abend zusammen mit ihrer Familie.
18. Das Telefon **klingelt** sehr laut.

Vertical

1. Carsten **bestellt** ein Käsebrot mit einem Glas Bier.
4. Die Katze **schläft** in der Sonne.
5. Ich **versteht** nicht, was der Lehrer sagt.
7. Der König **heiratet** seine Prinzessin am Dienstag in der Schlosskapelle.
9. **Kannst** du mir helfen?
12. Du hast **verloren**!
14. Ich **sehe** dich hinter der Couch!
15. Die Schauspielerinnen **sind** sehr hübsch.

Adivinanzas

Resuelva las siguientes adivinanzas en español. Después, escriba la traducción alemana de la respuesta en los huecos.

1. A esta estación fría le sigue la primavera.

___ ___ ___ ___ ___ ___
6 9 12 5 18 10

2. No hay que olvidar este tipo de gafas, cuando se va a la playa.

___ ___ ___ ___ ___ ___ ___ ___ ___ ___ ___ ___
3 17 12 12 18 12 11 10 9 1 1 18

3. Este objeto lo protege de la lluvia, pero trae mala suerte abrirlo en sitios cerrados.

___ ___ ___ ___ ___ ___ ___ ___ ___ ___ ___
10 18 23 18 12 3 24 25 9 10 21

4. Este número precede al número uno. Lo necesita para escribir los números diez, veinte y un millón.

___ ___ ___ ___
12 14 1 1

5. Debe abrochárselo en el coche o en el avión para viajar seguro.

___ ___ ___ ___ ___ ___ ___ ___ ___ ___ ___ ___ ___ ___ ___
3 9 24 25 18 10 25 18 9 5 3 23 14 10 5

6. Cuando alguien está herido o enfermo va a este sitio.

___ ___ ___ ___ ___ ___ ___ ___ ___ ___ ___
7 10 15 12 7 18 12 25 15 14 3

7. Este medio de transporte sólo tiene dos ruedas. Y es una buena forma de hacer ejercicio.

___ ___ ___ ___ ___ ___ ___
13 15 25 10 10 15 2

8. Este gran mamífero vive en el océano.

___ ___ ___
6 15 1

9. Esta persona es la madre de su madre.

___ ___ ___ ___ ___ ___ ___ ___ ___ ___
23 10 17 27 21 14 5 5 18 10

10. El año se divide en doce.

___ ___ ___ ___ ___ ___
21 17 12 15 5 18

11. Blancanieves mordió una roja y calló en un sueño profundo.

___ ___ ___ ___ ___
15 4 13 18 1

12. Este señor le trae las cartas y los paquetes a su casa.

___ ___ ___ ___ ___ ___ ___ ___ ___ ___ ___
11 10 9 18 13 5 10 8 23 18 10

13. Así se llama la comida del mediodía, que cae entre desayuno y cena.

___ ___ ___ ___ ___ ___ ___ ___ ___ ___ ___
21 9 5 5 15 23 18 3 3 18 12

14. Lo usamos para hacer más dulce el café.

___ ___ ___ ___ ___ ___
16 14 24 7 18 10

15. Un arquero utiliza un arco y esto.

___ ___ ___ ___ ___
4 13 18 9 1

16. Mi madre se casó con este familiar mío, cuando tenía veintitrés años.

___ ___ ___ ___ ___
19 15 5 18 10

Criptograma

Escriba la letra que corresponde a cada número en los espacios en blanco. Cuando haya terminado, lea el mensaje en alemán. Es una cita de un autor alemán famoso y expresa nuestro deseo de que se lo pase bien con sus experiencias en la lengua alemana.

21	15	12		21	14	3	3		9	21	21
18	10		18	5	6	15	3		25	15	11
18	12		6	17	10	15	14	13		21	15
12		3	9	24	25		13	10	18	14	5
	16	9	5	15	5		19	17	12		18
2	14	15	10	2		21	Ö	10	9	7	18

„___ ___ ___ ___ ___ ___ ___ ___ ___ ___ ___ ___

___ ___ ___ ___ ___ ___ ___ ___ ___ ___,

___ ___ ___ ___ ___ ___ ___ ___ ___ ___ ___ ___ ___

___ ___ ___ ___ ___.“

___ ___ ___ ___ ___ ___ ___ ___

___ ___ ___ ___ ___ ___ ___ ___ ___ ___ ___ ___.

Soluciones

Cómo utilizar el diccionario

a. – c. Las respuestas pueden variar.

1. überqueren, b
2. vergehen, e
3. passieren, a
4. überholen, c
5. reichen, f
6. abtippen, d

Identificando lemas

V	D	X	R	T	G	F	Z	A	V	L	N	I	J	L
C	O	N	F	O	R	M	E	N	G	H	O	E	L	R
G	R	R	N	U	M	J	T	G	X	D	S	A	A	M
T	M	C	F	G	P	I	J	K	E	E	V	J	H	P
C	I	F	E	A	R	A	O	J	B	E	M	A	P	L
Q	D	W	T	E	H	R	P	T	Z	E	S	T	A	R
U	O	A	I	R	O	R	P	O	A	S	D	N	F	R
G	H	D	N	U	H	J	T	K	T	L	Y	E	A	X
C	V	B	M	N	M	Q	W	E	R	H	T	V	Z	U
I	O	P	E	G	A	A	W	A	S	D	E	F	G	H
J	K	L	N	Y	X	C	V	B	N	L	M	K	Q	W
E	R	T	S	U	E	Ñ	O	Z	L	U	I	O	E	P
A	S	D	A	F	G	H	U	J	K	L	Y	X	C	V
B	N	M	J	Q	A	Y	W	S	X	E	D	C	R	F
V	T	P	E	R	D	E	R	G	B	Z	H	N	U	J

Alfabetización

anrufen, Bäckerei, Bad, Badehose, Computer, danke, Elefant, fahren, Flughafen, Gast, Gasthaus, hin und zurück, interessant, Jacke, jährlich, kommen, können, langsam, Ministerin, Museum, Ohrring, Öl, Regenmantel, Regenschirm, schon, schön, Tante, trinken, Video, Weißwein, wissen, zu, zusammen

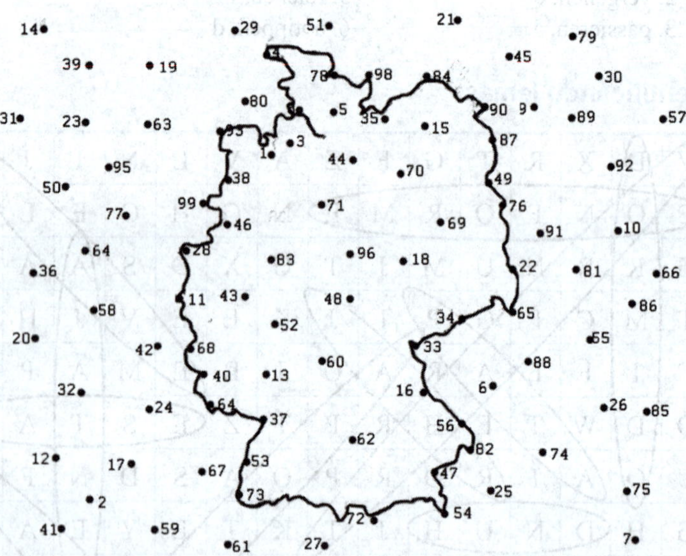

D E U T S C H L A N D

Ortografía

1. tele**f**onieren
2. H**a**ut
3. grü**n**
4. Universi**t**ät
5. **A**dresse
6. Me**s**ser
7. Rä**t**sel
8. H**i**lfe
9. Es**s**zimmer
10. Tis**c**h
11. Sc**h**ild

F A N T A S T I S C H !

Entradas en contexto

			Z																	
	A		U																	S
	U		L	E	I	D			W	A	C	H	E			V				P
	G		E						I							E				Ä
H	E	U	T	Z	U	T	A	G	E			F				R	E	C	H	T
			Z						G			R				L				
			T						E	C	K	E				I				
									H			I				E				
		S							T	A	G	E	S	A	N	B	R	U	C	H
		C							E			N		B		E				
		H	E	R	Z	E	N		S					E		N				
		A							D					N						
		D							I					D						
	S	E	H	R	G	E	E	H	R	T	E	R								

Familias de palabras

1. **S**taat
2. R**u**ndschreiben
3. ver**p**rügeln
4. Ringfing**e**r
5. P**r**äsens

S U P E R!

Pronunciación

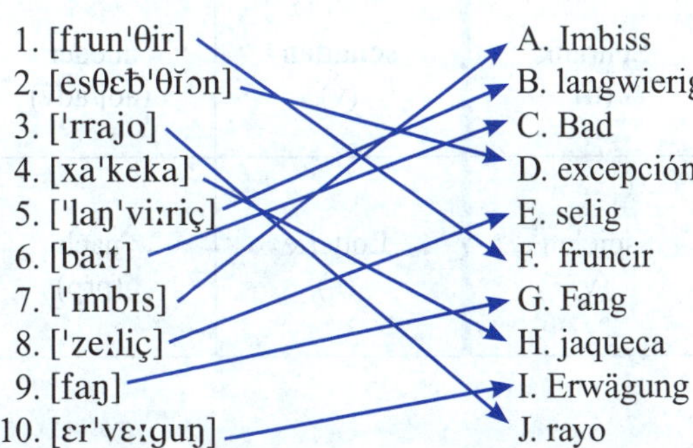

1. [frun'θir]
2. [esθɛƀ'θĭɔn]
3. ['rrajo]
4. [xa'keka]
5. ['laŋ'viːriç]
6. [baːt]
7. ['ɪmbɪs]
8. ['zeːliç]
9. [faŋ]
10. [ɛr'vɛːguŋ]

A. Imbiss
B. langwierig
C. Bad
D. excepción
E. selig
F. fruncir
G. Fang
H. jaqueca
I. Erwägung
J. rayo

Títulos de página

lema	*título de página*	*título desordenado*
1. Kreis	KRONPRINZ	GASTNOSTEß
2. einscannen	EINSCHNITT	MEMRAJ
3. Geschäft	GERMANISCH	POKRUTIRNO
4. Jugend	JAMMER	SICHGARMEN
5. Kollaps	KOMPETENZ	STHICNETIN
6. konventionell	KORRUPTION	NUGTALZHEIL
7. mitbringen	MITARBEITER	RAUQK
8. niemals	NEULICH	CELIHUN
9. pauken	PAUSCHALREISE	MATTIBERIER
10. Quatsch	QUARK	ZOPRKNINR
11. Straßenbahn	STOßSTANGE	ZENETPOMK
12. Taxistand	TEILZAHLUNG	RASIELECHUSPA

Clases de palabras

Hund (s)	allein (adj/adv)	an (prp)	machen (v)
wissen (v)	auf (prp)	gerade (adj/adv)	**Euro** (n)
vor (prp)	Schrank (n)	**schaden** (v)	nieder (adj/adv)
glatt (adj/adv)	spielen (v)	Lotterie (n)	nach (prp)

El plural de los sustantivos

A	F	A	B	E	S	M	J	Z	M	O	D	R	Q	T
D	R	L	A	U	T	O	S	K	C	C	G	E	Z	G
F	A	I	V	X	E	H	T	E	M	O	K	T	H	A
P	U	E	D	N	U	H	C	U	W	K	E	I	Y	T
U	E	I	Z	Q	M	H	A	I	A	S	O	E	H	Q
K	N	L	I	M	Ü	T	T	E	R	V	F	B	X	H
X	H	I	N	B	Q	B	F	Q	D	E	D	R	N	J
J	I	M	Z	Z	F	S	A	G	B	S	G	A	R	H
W	Q	V	W	F	B	K	R	V	M	R	A	O	Ä	O
N	E	N	N	I	R	E	R	H	E	L	Ü	U	T	B
B	E	U	T	A	D	S	J	L	S	L	S	D	Y	T
B	B	J	W	N	V	M	Z	N	N	E	R	A	E	X
D	T	D	I	W	P	L	E	Q	R	Z	S	J	H	R
K	P	K	Q	B	V	K	A	K	J	E	T	P	T	B
D	P	Y	O	X	T	C	J	Y	L	V	Y	Y	I	R

Kinder, Mütter, Hunde, Brüder, Autos, Frauen, Häuser, Gerichte, Arbeiter, Lehrerinnen

El género

1. Gericht *n* 2. Katze *f* 3. Kind *n* 4. Sonne *f* 5. Auto *n* 6. Kuchen *m*
7. Holz *n* 8. Freundschaft *f* 9. Bett *n* 10. Person *f* 11. Brot *n*
12. Bestellung *f* 13. Pferd *n*

Los adjetivos

1. ein freundliches Lächeln
2. eine blonde Frau
3. eine wichtige Nachricht
4. öffentliche Schule
5. der grüne Wagen
6. ein unvergessliches Picknick

7. ein schönes Mädchen
8. in einem guten Buch
9. ein interessanter Redner
10. ein deutscher Klavierspieler
11. ein schwerer Rucksack

U	E	T	R	Y	G	M	I	E	S	X	O	V	J	X
K	N	H	O	E	A	C	N	F	C	V	H	L	Z	M
S	H	V	M	D	N	N	T	R	H	D	V	V	C	D
F	L	X	E	X	O	Ü	E	Y	W	G	R	G	Z	E
W	W	Q	F	R	Y	P	R	X	E	F	Q	S	G	H
L	I	M	T	N	G	S	E	G	R	N	M	V	O	C
W	L	C	M	N	C	E	S	R	E	E	G	N	B	I
F	M	N	H	H	K	I	S	S	R	T	R	F	J	L
Q	B	W	Ö	T	B	X	A	S	L	U	J	D	L	T
Z	C	N	Q	H	I	H	N	F	L	G	Y	S	E	N
Q	E	X	Q	J	F	G	T	W	O	I	E	K	T	E
S	E	D	N	O	L	B	E	V	Z	I	C	F	C	F
N	D	U	R	F	U	S	R	M	B	T	O	H	X	F
S	E	H	C	I	L	D	N	U	E	R	F	I	E	Ö
D	E	U	T	S	C	H	E	R	K	L	E	B	C	S

Los verbos

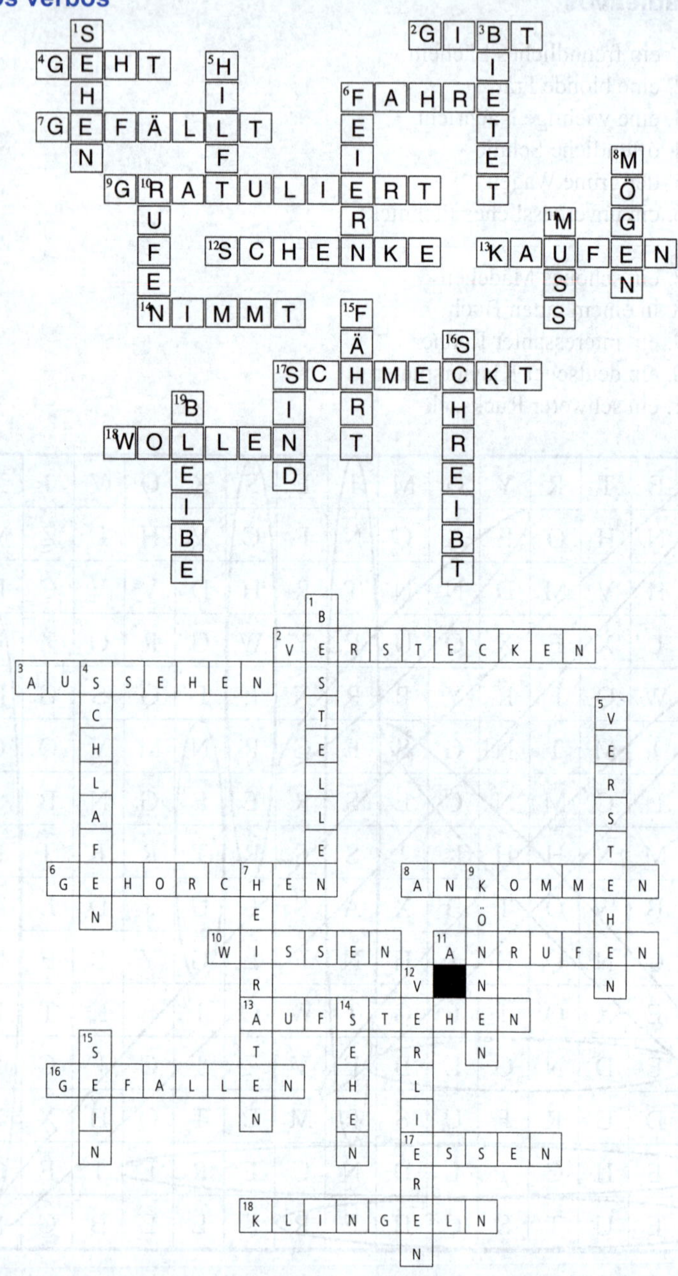

2 GIBT
4 GEHT
6 FAHRE
7 GEFÄLLT
9 GRATULIERT
12 SCHENKE
13 KAUFEN
14 NIMMT
17 SCHMECKT
18 WOLLEN
1 SEHEN
3 BIETET
5 HILFT
6 FEIERN
8 MÖGEN
10 RUFEN
11 MUSS
15 FÄHRT
16 SCHREIBT
17 SIND
19 BLEIBE
2 VERSTECKEN
3 AUSSEHEN
6 GEHORCHEN
8 ANKOMMEN
10 WISSEN
11 ANRUFEN
13 AUFSTEHEN
16 GEFALLEN
17 ESSEN
18 KLINGELN
1 BESTELLEN
4 SCHLAFEN
5 VERSTEHEN
7 HEIRATEN
9 KÖNNEN
12 VERLIEREN
14 SEHEN
15 SEIN

Adivinanzas

1. Winter
2. Sonnenbrille
3. Regenschirm
4. Null
5. Sicherheitsgurt
6. Krankenhaus
7. Fahrrad
8. Wal
9. Großmutter
10. Monate
11. Apfel
12. Briefträger
13. Mittagessen
14. Zucker
15. Pfeil
16. Vater

Criptograma

21 M	15 A	12 N	■	21 M	14 U	3 S	3 S	■	9 I	21 M	21 M
18 E	10 R	■	18 E	5 T	6 W	15 A	3 S	■	25 H	15 A	11 B
18 E	12 N	■	6 W	17 O	10 R	15 A	14 U	13 F	■	21 M	15 A
12 N	■	3 S	9 I	24 C	25 H	■	13 F	10 R	18 E	14 U	5 T
■	16 Z	9 I	5 T	15 A	5 T	■	19 V	17 O	12 N	■	18 E
2 D	14 U	15 A	10 R	2 D	■	21 M	Ö	10 R	9 I	7 K	18 E

„Man muss immer etwas haben, worauf man sich freut.“ Zitat von Eduard Mörike.

Eduard Mörike fue un poeta alemán que vivió de 1805-1875 y escribió lo siguiente, “Siempre hay que tener algo de lo que alegrarse.” Esperamos que tenga muchas alegrías aprendiendo alemán y trabajando con este diccionario.

EXPRESIONES ALEMANAS BÁSICAS & GRAMÁTICA

Pronunciación

En esta sección hemos utilizado un sistema de fonética simplificado para representar los sonidos en alemán. Léalo como si fuese español.

El acento

Normalmente, en alemán se acentúa la primera sílaba, excepto cuando se han añadido prefijos cortos no separables. En ese caso, se acentúa la segunda sílaba (p.e. **bewegen** *moverse*, **gesehen** *visto*).

EXPRESIONES BÁSICAS

Lo más importante

¡Buenos días!	**Guten Tag!**	gúuten taak
¡Buenas tardes!	**Guten Abend!**	gúuten Áabent
¡Adiós!	**Auf Wiedersehen!**	auf víiderseen
…, por favor!	**…, bitte!**	bíte
¡Gracias!	**Danke!**	dángke
Sí.	**Ja.**	yaa
No.	**Nein.**	nain
¡Perdón!	**Entschuldigung!**	ent-tshúldigung
¿Dónde están los servicios?	**Wo ist die Toilette?**	voo ist dii toaléte
¿Cuándo?	**Wann?**	van
¿Qué?	**Was?**	vas
¿Dónde?	**Wo?**	voo
Aquí.	**Hier.**	jiir
Allí.	**Dort.**	dort
A la derecha.	**Rechts.**	rejts
A la izquierda.	**Links.**	lingks
¿Tiene (usted) …?	**Haben Sie …?**	jáaben sii
Quisiera …	**Ich möchte …**	ij mœjte
¿Cuánto cuesta?	**Was kostet das?**	Vas kóstet das
¿Dónde está …?	**Wo ist …?**	voo ist
¿Dónde hay …?	**Wo gibt es …?**	voo guiipt es

Hacerse entender

¿Habla español?	**Sprechen Sie Spanisch?**	shpréjen sii shpáanish
¿Hay alguien aquí que hable español?	**Spricht hier jemand Spanisch?**	shprijt jiir yéemant shpáanish
¿Lo ha entendido?	**Haben Sie das verstanden?**	jáaben sii das fershtánden
Lo he entendido.	**Ich habe verstanden.**	ij jáabe fershtánden
No lo he entendido.	**Ich habe das nicht verstanden.**	ij jáabe das nijt fershtánden
¿Podría hablar más despacio, por favor?	**Könnten Sie bitte etwas langsamer sprechen?**	kœnten sii bíte étvas lángsamer shpréjen
¿Podría repetirlo, por favor?	**Könnten Sie das bitte wiederholen?**	kœnten sii das bíte viiderjóolen
¿Cómo se llama esto en alemán?	**Wie heißt das auf Deutsch?**	vii jaist das auf doitsh
¿Qué significa …?	**Was bedeutet …?**	vas bedóitet
¿Podría escribírmelo, por favor?	**Könnten Sie es mir bitte aufschreiben?**	kœnten sii es miir bíte áufshraiben

Saludos

¡Buenos días! (por la mañana)	**Guten Morgen!**	gúuten mórguen
¡Buenos días! (hasta media tarde)	**Guten Tag!**	gúuten taak
¡Buenas tardes! (hasta media tarde)	**Guten Tag!**	gúuten taak
¡Buenas tardes! (hasta el anochecer)	**Guten Abend!**	gúuten áabent
¡Buenas noches! (antes de acostarse)	**Gute Nacht!**	gúute najt
¡Hola!	**Hallo!**	jálo
¿Cómo está usted / Cómo estás?	**Wie geht es Ihnen / dir?**	vii gueet es íinen / diir
Bien, gracias. ¿Y usted / tú?	**Danke, gut. Und Ihnen / dir?**	dángke guut unt íinen / diir
Lo siento, pero tengo que irme.	**Es tut mir leid, aber ich muss gehen.**	es tuut miir lait áaber ij mus guée-en
¡Adiós!	**Auf Wiedersehen!**	auf víiderseen

¡Hasta pronto / mañana!	**Bis bald / morgen!**	bis balt / mórguen
¡Adiós! (coloquial)	**Tschüs!**	chius
Encantado/a de conocerte.	**Schön, Sie / dich kennengelernt zu haben.**	shœhn sii / dij kénen guelérnt tsuu jáaben
¡Buen viaje!	**Gute Reise!**	gúute ráise

Conversaciones

¿Cómo se llama / te llamas?	**Wie heißen Sie / heißt du?**	vii jáisen sii / jaist duu
Me llamo …	**Ich heiße …**	ij jáise
Permítame que le presenta a …	**Darf ich bekannt machen? Das ist …**	daaf ij bekánt májen das ist
– mi marido.	**mein Mann.**	main man
– mi mujer.	**meine Frau.**	máine frau
– mi novio.	**mein Freund.**	main froint
– mi novia.	**meine Freundin.**	máine fróindin
¿De dónde es usted?	**Woher sind Sie?**	vojér sint sii
Soy de …	**Ich komme aus …**	ij kóme aus
– España.	**Spanien.**	shpáanien
– Argentina.	**Argentinien.**	arguentíinien
– México.	**Mexiko.**	méksikoo

Expresar opinions

¡Muy bien!	**Sehr gut!**	seer gut
Estoy muy contento.	**Ich bin sehr zufrieden!**	ij bin seer tsufríiden
Me gusta.	**Das gefällt mir.**	das guefélt miir
¡Qué pena!	**Wie schade!**	vii sháade
Preferiría …	**Ich würde lieber …**	ij viúrde líiber
No me gusta.	**Das gefällt mir nicht.**	das guefélt miir nijt
Preferiría no hacerlo.	**Das möchte ich lieber nicht.**	das mœjte ij líiber nijt
De ninguna manera.	**Auf keinen Fall.**	auf káinen fal

Por favor y gracias

Muchas gracias.	**Vielen Dank.**	fiilen dangk
Gracias, igualmente.	**Danke, gleichfalls.**	dángke gláijfals
¿Me permite?	**Darf ich?**	darf ij
Por favor, …	**Bitte, …**	bíte
No, gracias.	**Nein, danke.**	Nain dángke
¿Podría ayudarme, por favor?	**Könnten Sie mir bitte helfen?**	kœnten sii miir bíte jélfen
Muchas gracias, es muy amable de su parte.	**Vielen Dank, das ist sehr nett von Ihnen.**	fiilen dangk das ist seer nct fon íinen
Muchas gracias por su ayuda.	**Vielen Dank für Ihre Hilfe.**	fiilen dangk fiur íire jílfe
No hay de qué.	**Gern geschehen.**	guern gueshée-en
¡Perdón!	**Entschuldigung!**	ent-shúldigung
¡Perdone!	**Entschuldigen Sie!**	ent-shúldigen sii
Lo siento.	**Das tut mir leid.**	das tut miir lait
¡No pasa nada!	**Macht nichts!**	majt nijts
¡Me sabe muy mal!	**Das ist mir sehr unangenehm.**	das ist miir seer únangeneem
Ha sido un malentendido.	**Das war ein Missverständnis.**	das vaar ain mísfer-shténdins

GRAMÁTICA

Los verbos regulares y sus tiempos

El pasado suele expresarse con *tener* **haben** + participio pasado. El futuro se forma con **werden** + infinitivo.

Infinitivo:	**kaufen** *comprar*	**arbeiten** *trabajar*
Past Participle:	**gekauft** *comprado*	**gearbeitet** *trabajado*

	Presente	Pasado	Futuro
ich *yo*	**kaufe**	**habe gekauft**	**werde kaufen**
du *tú*	**kaufst**	**hast gekauft**	**wirst kaufen**
Sie *usted*	**kaufen**	**haben gekauft**	**werden kaufen**
er/sie/es *él/ella*	**kauft**	**hat gekauft**	**wird kaufen**
wir *nosotros/-as*	**kaufen**	**haben gekauft**	**werden kaufen**
ihr *vosotros/-as*	**kauft**	**habt gekauft**	**werdet kaufen**
Sie *ustedes*	**kaufen**	**haben gekauft**	**werden kaufen**
sie *ellos/-as*	**kaufen**	**haben gekauft**	**werden kaufen**

Los verbos irregulares hay que aprendérselos de memoria. Los verbos que indican movimiento se conjugan con *ser* **sein**, p.e. *ir* **gehen**:

	Presente	Pasado	Futuro
ich *yo*	**gehe**	**bin gegangen**	**werde gehen**
du *tú*	**gehst**	**bist gegangen**	**wirst gehen**
Sie *usted*	**gehen**	**sind gegangen**	**werden gehen**
er/sie/es *él/ella*	**geht**	**ist gegangen**	**wird gehen**
wir *nosotros/-as*	**gehen**	**sind gegangen**	**werden gehen**
ihr *vosotros/-as*	**geht**	**seid gegangen**	**werdet gehen**
Sie *ustedes*	**gehen**	**sind gegangen**	**werden gehen**
sie *ellos/-as*	**gehen**	**sind gegangen**	**werden gehen**

Para expresar el futuro se suele utilizar el presente con un adverbio de tiempo: *Trabajaré mañana.* **Ich arbeite morgen.**

Los sustantivos y los artículos

Todos los sustantivos se escriben con mayúscula. Los artículos definidos indican el género: **der** (masculino = m), **die** (femenino = f), **das** (neutro = n). El artículo en plural siempre es **die**, independientemente del género.

Ejemplos:	Singular	Plural
	der Mann *el hombre*	**die Männer** *los hombres*
	die Frau *la mujer*	**die Frauen** *las mujeres*
	das Baby *el bebé*	**die Babys** *los bebés*

El artículo indefinido también indica el género del sustantivo: **ein** (m, n), **eine** (f). No existe el artículo indefinido en plural.

Ejemplos:	Singular	Plural
	ein Zug *un tren*	**Züge** *trenes*
	eine Karte *un mapa*	**Karten** *mapas*

Los posesivos también indican el género de los sustantivos como sigue.

Nominativo (m,n/f)	Acusativo (n/f/m)	Dativo (m,n / f)
mein/e *mi*	**mein/e/en** *mi*	**meinem / meiner** *mi*
dein/e *tu*	**dein/e/en** *tu*	**deinem / deiner** *tu*
Ihr/e *su (de usted)*	**Ihr/e/en** *su*	**Ihrem / Ihrer** *su*
sein/e *su (de él)*	**sein/e/en** *su*	**seinem / seiner** *su*
ihr/e *su (de ella)*	**ihr/e/en** *su*	**ihrem / ihrer** *su*
sein/e *su (de ello)*	**sein/e/en** *su*	**seinem / seiner** *su*
unser/e *nuestro/-a*	**unser/e/en** *nuestro/a*	**unserem / unserer** *nuestro/a*
euer/e *vuestro/-a*	**euer/e/en** *vuestro/a*	**eurem / eurer** *vuestro/a*
Ihr/e *su (de ustedes)*	**Ihr/e/en** *su*	**Ihrem / Ihrer** *su*
ihr/e *su (de ellos/as)*	**ihr/e/en** *su*	**ihrem / ihrer** *su*

Ejemplos:		
	Wo ist meine Fahrkarte?	*¿Dónde está mi billete?*
	Ihr Taxi ist hier.	*Su taxi está aquí.*
	Hier ist euer Pass.	*Aquí está vuestro pasaporte.*

El orden en la frase

El verbo conjugado viene después del sujeto y antes del objeto. Si una frase no empieza con el sujeto, el orden de las palabras cambia.

Ejemplos:	**Er ist in Berlin.**	*Él está en Berlin.*
	Heute ist er in Berlin.	*Hoy está en Berlin.*
	Wir sind in Berlin gewesen.	*Nosotros hemos estado en Berlin.*

En las preguntas se invierte el orden del sujeto y el verbo.

Ejemplos:	**Haben Sie Bücher?**	*¿Tiene libros?*
	Wie ist das Wetter?	*¿Cómo es el tiempo?*
	Seid ihr in Köln gewesen?	*¿Habéis estado en Colonia?*

Las negaciones

Las frases negativas se forman añadiendo **nicht** (*no*) delante de la parte de la frase que se niega. Si se niega toda la frase, el **nicht** está al final de la frase.

Ejemplos:	**Wir rauchen nicht.**	*Nosotros no fumamos.*
	Der Bus fährt nicht ab.	*El autobús no sale.*
	Warum schreibst du nicht?	*¿Por qué no escribes?*

Si lo que se niega es un sustantivo, se añade **kein**. La terminación depende del género del sustantivo.

Ejemplos:	**Ich trinke kein Bier.**	*No bebo cerveza.*
	Wir haben keine Einzelzimmer.	*No tenemos habitaciones individuales.*
	Gibt es keinen Zimmerservice?	*¿No hay servicio de habitaciones?*

El imperativo

du *tú*	**Geh!** *¡Ve!*	**Sei still!** *¡Cállate!*
ihr *vosotros/-as*	**Geht!** *¡Id!*	**Seid still!** *¡Callaos!*
Sie *usted/-es*	**Gehen Sie!** *¡Vaya!/¡Vayan!*	**Seien Sie still!** *¡Cállese!/¡Cállense!*
wir *nosotros/-as*	**Gehen wir!** *¡Vamos!*	**Seien wir still!** *¡Callémonos!*

Ejemplos:	**Hört mal alle zu!**	*¡Escuchad todos!*
	Seid nicht so laut!	*¡No habléis tan alto!*

Los pronombres

Los pronombres sirven para sustituir los sustantivos y relacionarlos con su género.

Nominativo	Acusativo	Dativo
ich *yo*	**mich** *me*	**mir** *me*
du *tú*	**dich** *te*	**dir** *te*
Sie *usted*	**Sie** *lo/la*	**Ihnen** *le*
er *él*	**ihn** *lo*	**ihm** *le*
sie *ella*	**sie** *la*	**ihr** *le*
es *ello*	**es** *lo*	**ihm** *le*
wir *nosotros/-as*	**uns** *nos*	**uns** *nos*
ihr *vosotros/-as*	**euch** *os*	**euch** *os*
Sie *ustedes*	**Sie** *los/las*	**Ihnen** *les*
sie *ellos/-as*	**sie** *los/las*	**ihnen** *les*

Ejemplos:	**Ich sehe ihn.**	*Lo veo.*
	Hören Sie mich?	*¿Me escucha?*

Los adjetivos

Los adjetivos describen los sustantivos. Sus terminaciones dependen del caso.

Ejemplos:	**Wir haben ein altes Auto.**	*Tenemos un coche viejo.*
	Wo ist mein neuer Koffer?	*¿Dónde está mi maleta nueva?*
	Gute Arbeit, Richard!	*¡Buen trabajo, Richard!*

Los adverbios y las expresiones adverbiales

En alemán, los adverbios suelen ser idénticos a los adjetivos. Describen los verbos, pero, a diferencia de los adjetivos, sus terminaciones no cambian.

Ejemplos:	**Linda fährt sehr langsam.**	*Linda conduce muy despacio.*
	Robert ist sehr nett.	*Robert es muy simpático.*
	Sie sprechen gut Deutsch.	*Habla muy bien alemán.*

Algunas expresiones adverbiales de tiempo comunes:

zurzeit	*por el momento*
bald	*pronto*
immer noch	*aún*
nicht mehr	*ya no*

Las comparaciones y los superlativos

La mayoría de los adjetivos alemanes añaden **–er** a la forma comparativa y **–(e)st** al superlativo. La siguiente lista contiene una pequeña selección para ilustrar la formación y las irregularidades.

Adjetivo	Comparativo	Superlativo
klein *pequeño*	**kleiner** *más pequeño*	**am kleinsten** *el más pequeño*
billig *barato*	**billiger** *más barato*	**am billigsten** *el más barato*
neu *nuevo*	**neuer** *más nuevo*	**am neusten** *el más nuevo*
schlecht *malo*	**schlechter** *peor*	**am schlechtesten** *el peor*
groß *grande*	**größer** *más grande*	**am größten** *el más grande*
alt *viejo*	**älter** *más viejo*	**am ältesten** *el más viejo*
lang *largo*	**länger** *más largo*	**am längsten** *el más largo*
kurz *corto*	**kürzer** *más corto*	**am kürzesten** *el más corto*
gut *bueno*	**besser** *mejor*	**am besten** *el mejor*
teuer *caro*	**teurer** *más caro*	**am teuersten** *el más caro*

Ejemplos:	**Diese Postkarten sind billiger.**	*Estas postales son más baratas.*
	Wo ist der beste Buchladen?	*¿Dónde está la mejor librería?*

Deutsch-Spanisch/Alemán-Español

A

A[1], **a** [aː] *n* (-; -) A, a *f*; ***von A bis Z*** de pe a pa, de cabo a rabo

A[2] [aː] (*Austria, Österreich*) A (*Austria*);

AA *n* ***Auswärtiges Amt*** Ministerio Alemán de Asuntos Exteriores

Aachen ['aːxən] *n* Aquisgrán *m*

Aal [aːl] *m* (-[*e*]*s*; -*e*) anguila *f*

a. a. O. ***am angeführten Ort*** en el lugar citado

Aas [aːs] *n* (-*es*; *sin pl*) carroña *f*; F *fig* (*pl Äser*) mal bicho *m*

ab [ap] **1.** *zeitlich*: a partir de, desde; **~ *und zu*** de vez en cuando; **2.** *örtlich*: desde, de; **~ *Werk*** puesto en fábrica

'**abändern** (*sep*, -*ge*-, *h*) modificar, cambiar

'**Abart** *f* (-; -*en*) variedad *f*

Abb. ***Abbildung*** figura

'**Abbau** *m* (-[*e*]*s*; *sin pl*) *min* explotación *f*; *tec* desmontaje *m*; *Preise*, *Personal*: reducción *f*; **2en** (*sep*, -*ge*-, *h*) *min* explotar; *tec* desmontar; *Preise*, *Personal*: reducir

'**ab|beißen** (*irr*, *sep*, -*ge*-, *h*, → ***beißen***) arrancar con los dientes; mordisquear; **~berufen** (*irr*, *sep*, *h*, → ***berufen***) llamar, retirar; **~bestellen** (*sep*, *h*) anular; *Zeitung*: dar de baja; **~biegen** (*irr*, *sep*, -*ge*-, *sn*, → ***biegen***): ***nach links*** **~** girar *od* torcer a la izquierda

'**Abbildung** *f* (-; -*en*) ilustración *f*

'**ab|binden** (*irr*, *sep*, -*ge*-, *h*, → ***binden***) *med* ligar; **~blasen** (*irr*, *sep*, -*ge*-, *h*, → ***blasen***) *fig* F anular, desconvocar

'**abblend|en** (*sep*, -*ge*-, *h*) *auto* bajar las luces; **2licht** *n* luz *f* corta *od* de cruce

'**abbrechen** (*irr*, *sep*, -*ge*-, → ***brechen***) **1.** *v/t* (*h*) romper (*a fig Beziehungen usw*); *Gebäude*: derribar; *Zelt*: levantar; (*unterbrechen*) interrumpir; **2.** *v/i* (*sn*) romperse

'**ab|bremsen** (*sep*, -*ge*-, *h*): (***scharf***) **~** frenar (en seco); **~brennen** (*irr*, *sep*, -*ge*-, → ***brennen***) **1.** *v/t* (*h*) quemar; **2.** *v/i* (*sn*) quemarse; **~bringen** (*irr*, *sep*, -*ge*-, *h*, → ***bringen***) *vom Weg*: apartar; desviar (*a fig*); *vom Vorhaben*: disuadir; **~bröckeln** (*sep*, -*ge*-, *sn*) *Verputz*, *Glasur etc*: desconcharse

'**Abbruch** *m* (-[*e*]*s*; *sin pl*) derribo *m*, demolición *f*; *der Beziehungen*: ruptura *f*

'**ab|buchen** (*sep*, -*ge*-, *h*) *com* cargar en cuenta; **~bürsten** (*sep*, -*ge*-, *h*) *Kleidung*: cepillar; *Staub*: quitar

Abc [abeː'tseː] *n* (-; -) abecé *m*, alfabeto *m*

'**abdank|en** (*sep*, -*ge*-, *h*) abdicar; **2ung** *f* (-; -*en*) abdicación *f*

'**ab|decken** (*sep*, -*ge*-, *h*) descubrir; destapar; *Tisch*: quitar; (*bedecken*) cubrir, tapar; **~dichten** (*sep*, -*ge*-, *h*) tapar; *mar* calafatear; **~drehen** (*sep*, -*ge*-, *h*) **1.** *v/t Gas*, *Wasser*: cerrar; *el* apagar; **2.** *v/i mar*, *avia* cambiar de rumbo

'**Abdruck** *m* (-[*e*]*s*; *sin pl*) impresión *f*; (*pl* -*e*) reproducción *f*; (*pl* **~***e*) (*Finger***2**) huella *f*

'**abdrücken** (*sep*, -*ge*-, *h*) *Waffe*: disparar

'**Abend** [aːbənt] *m* (-*s*; -*e*) (*früher*) tarde *f*; (*später*) noche *f*; (*Veranstaltung*) velada *f*; ***am*** **~** por la noche *bzw* tarde; ***zu*** **~** ***essen*** cenar; **~brot**, **~essen** *n* cena *f*; **~kasse** *f* taquilla *f*; **~kleid** *n* traje *m* de noche; **~kurs** *m* curso *m* de noche, clases *f/pl* nocturnas; **~mahl** *n rel* comunión *f*; *Bibel*: Cena *f*; **2s** ['-bənts] por la tarde *bzw* noche; **~veranstaltung** *f* velada *f*

'**Abenteu|er** ['aːbəntɔʏər] *n* (-*s*; -) aventura *f*; **2erlich** aventurero; **~rer** *m* ['-rər] (-*s*; -), **~rerin** *f* (-; -*nen*) aventurero *m*, -a *f*

'**aber** ['aːbər] *cj* pero; **~** ***sicher!*** ¡claro que sí!, *bsd Am* ¡cómo no!

'**Aber|glaube** *m* (-*ns*; *sin pl*) superstición *f*; **2gläubisch** ['-glɔʏbiʃ] supersticioso

'**aberkennen** ['apʔ-] (*irr*, *sep*, *h*, → ***erkennen***): ***j-m et*** **~** privar a alg de a/c

'**abermals** [aːbərmaːls] de nuevo, otra vez

Abf. ***Abfahrt*** salida

'**abfahren** ['ap-] (*irr*, *sep*, -*ge*-, → ***fahren***) **1.** *v/t* (*h*) *Strecke*: recorrer; *Reifen*: gastar; **2.** *v/i* (*sn*) salir, partir (***nach*** para); *mar* zarpar (***nach*** para)

'**Abfahrt** *f* (-; -*en*) salida *f*, partida *f*

(**nach** para); *Schi*: descenso *m*; '**2(s)bereit** listo para salir; '**~slauf** *m* *Schi*: (carrera *f* de) descenso *m*; '**~szeit** *f* hora *f* de salida

'**Abfall** *m* (-[*e*]*s*; *Abfälle*) desechos *m*/*pl*; (*Müll*) basura *f*; **~aufbereitung** *f* (-; *sin pl*) tratamiento *m* de residuos; **~beseitigung** *f* eliminación *f* de residuos; **~eimer** *m* cubo *m* de la basura; **2en** (*irr*, *sep*, *-ge-*, *sn*, → ***fallen***) caer; *Gelände*: ir en declive; **~management** *n* gestión *f* de residuos; **~verwertung** *f* (-; *sin pl*) aprovechamiento *m* de residuos

'**abfällig** desfavorable; despectivo

'**ab|fangen** (*irr*, *sep*, *-ge-*, *h*, → ***fangen***) *Brief usw*: interceptar; *avia* enderezar; **~färben** (*sep*, *-ge-*, *h*) desteñir

'**abfass|en** (*sep*, *-ge-*, *h*) redactar; **2ung** *f* (-; *-en*) redacción *f*

'**abfertig|en** (*sep*, *-ge-*, *h*) despachar; *Gepäck*: facturar; **2ung** *f* (-; *-en*) despacho *m*; facturación *f*

'**abfeuern** (*sep*, *-ge-*, *h*) disparar

'**abfind|en** (*irr*, *sep*, *-ge-*, *h*, → ***finden***) compensar, indemnizar; ***sich mit et ~*** conformarse con a/c; **2ung** *f* (-; *-en*) indemnización *f*

'**ab|flauen** ['-flaʊən] (*sep*, *-ge-*, *sn*) *Wind*: amainar; **~fliegen** (*irr*, *sep*, *-ge-*, *sn*, → ***fliegen***) *avia* despegar; *j*: partir en avión

'**Abflug** *m* (-[*e*]*s*; *Abflüge*) *avia* despegue *m*; *j-s*: salida *f* (en avión); **~halle** *f* sala *f* de embarque; **~(s)zeit** *f* hora *f* de salida

'**Abfluss** *m* (*-es*; *Abflüsse*) salida *f*; desagüe *m*; **~rohr** *n* tubo *m* de desagüe

Abfuhr ['apfuːr] *f* (-; *-en*) *Müll*: recogida *f*; *fig* desaire *m*, desplante *m*

'**abführ|en** (*sep*, *-ge-*, *h*) *Geld*: pagar; *med* purgar; *Verbrecher*: llevar detenido; **2mittel** *n* laxante *m*, purgante *m*

'**Abgabe** *f* (-; *-n*) entrega *f*; (*Steuer*) impuesto *m*; *Fußball*: pase *m*

'**Abgang** *m* (*-s*; *sin pl*) salida *f*; (*pl Abgänge*) *teat* mutis *m*; **~szeugnis** *n* certificado *m* *od* diploma *m* de fin de estudios

'**Abgas** *n* (*-es*; *-e*) gas *m* de escape; **2arm** de bajo nivel contaminante; **~katalysator** *m* catalizador *m* de gases de escape; **~untersuchung** *f* *auto* control *m* de (los) gases de escape

'**abgeben** (*irr*, *sep*, *-ge-*, *h*, → ***geben***) entregar; *Gepäck*: consignar; *Schuss*: disparar; *Stimme*: emitir; *Fußball*: pasar; ***sich ~ mit*** ocuparse en *od* de

abge|brannt ['apgəbrant] F *fig*: ***~ sn*** estar sin blanca; **~droschen** ['-drɔʃən] *fig* trillado; **~härtet** ['-hɛrtət] endurecido; aguerrido

'**abgehen** (*irr*, *sep*, *-ge-*, *sn*, → ***gehen***) salir; *mar* zarpar; (*sich lösen*) desprenderse; *Knopf*: caerse; *fig* ***~ von*** desistir de

'**abge|kartet** ['apgəkartət]: ***~e Sache*** *f* golpe *m* tramado; **~laufen** *Pass usw* caducado; **~legen** apartado, aislado; **~macht** ['-maxt]: ***~!*** ¡de acuerdo!

'**Abgeordnete** ['-gəʔɔrdnətə] *m*/*f* (*-n*; *-n*) diputado *m*, -a *f*

'**Abgesandte** *m*/*f* (*-n*; *-n*) enviado *m*, -a *f*, delegado *m*, -a *f*

'**abgeschieden** ['-gəʃiːdən] solitario, aislado

'**abgesehen**: ***~ von*** prescindiendo de, abstracción hecha de; ***davon ~*** aparte de eso

'**abge|spannt** cansado, fatigado; **~tragen** gastado; **~wöhnen** desacostumbrar, deshabituar (***j-m et ~*** a alg de a/c); ***sich*** (*dat*) ***das Rauchen ~*** dejar de fumar

'**Ab|gott** *m* (-[*e*]*s*; *Abgötter*) ídolo *m*; **2göttisch** ['-gœtiʃ]: ***~ lieben*** idolatrar

'**abgrenzen** (*sep*, *-ge-*, *h*) delimitar; deslindar

'**Abgrund** *m* (-[*e*]*s*; *Abgründe*) abismo *m* (*a fig*), precipicio *m*

'**ab|hacken** (*sep*, *-ge-*, *h*) cortar (a hachazos); **~haken** (*sep*, *-ge-*, *h*) *in e-r Liste*: marcar, puntear; **~halten** (*irr*, *sep*, *-ge-*, *h*, → ***halten***) (*hindern*) impedir; estorbar; *Sitzung*: celebrar

'**abhandeln** (*sep*, *-ge-*, *h*) *Thema*: tratar; ***vom Preis ~*** regatear el precio

ab'handenkommen [ap'handən-] (*irr*, *sep*, *-ge-*, *sn*) perderse, extraviarse

'**Abhandlung** *f* (-; *-en*) tratado *m*; disertación *f*

'**Abhang** *m* (-[*e*]*s*; *Abhänge*) cuesta *f*, pendiente *f*; declive *m*

'**abhäng|en** **1.** *v/t* (*sep*, *-ge-*, *h*) descolgar (*a fig Verfolger*); desenganchar; **2.** *v/i* (*irr*, *sep*, *-ge-*, *h*, → ***hängen***) depender (***von*** de); **~ig** dependiente (***von*** de); **2igkeit** *f* (-; *sin pl*) dependencia *f*

'**ab|härten** (*sep*, *-ge-*, *h*): (***sich***) ***~*** (***gegen***) curtir(se) (contra); **~hauen** *v/i* (*sep*, *-ge-*, *sn*) F largarse

'abheb|en (*irr, sep, -ge-, h,* → ***heben***) **1.** *v/t* levantar; *Karten*: cortar; *Geld*: retirar; *tel* descolgar; *fig* ***sich ~*** destacarse (***von*** de); **2.** *v/i avia* despegar; **2ung** *f* (-; *-en*) *Geld*: retirada *f*

'ab|heften (*sep, -ge-, h*) archivar; **~heilen** (*sep, -ge-, sn*) cicatrizarse; **~helfen** (*irr, sep, -ge-, h,* → ***helfen***) (*dat*) remediar (*ac*), poner remedio a; **~hetzen** (*sep, -ge-, h*): ***sich ~*** ajetrearse

'Abhilfe *f* (-; *sin pl*) remedio *m*; ***~ schaffen*** poner remedio (***für*** *ac* a)

'ab|holen (*sep, -ge-, h*) (ir a) buscar; recoger; ***~ lassen*** enviar por; **~holzen** (*sep, -ge-, h*) talar; desforestar; **~horchen** (*sep, -ge-, h*) *med* auscultar; **~hören** (*sep, -ge-, h*) escuchar; *tel* intervenir

Abitu|r [abi'tuːr] *n* (*-s*; *sin pl*) bachillerato *m*; **~'rient** [-tu'rjɛnt] *m* (*-en*; *-en*), **~'rientin** *f* (-; *-nen*) bachiller *m*, *f*

Abk. ***Abkürzung*** abr. (abreviatura)

'ab|kanzeln (*sep, -ge-, h*) F sermonear; **~kaufen** (*sep, -ge-, h*) comprar (***j-m et*** a/c a alg); F *fig* creer; **~kehren** (*sep, -ge-, h*) (*fegen*) barrer; ***sich ~*** apartarse

'ab|klingen (*irr, sep, -ge-, sn,* → ***klingen***) *Ton*: ir extinguiéndose; *Schmerz*: ir disminuyendo; **~klopfen** (*sep, -ge-, h*) *med* percutir; **~kochen** (*sep, -ge-, h*) *v/t* hervir; **~kommen** (*irr, sep, -ge-, sn,* → ***kommen***): ***vom*** *Thema* ***~*** apartarse de; ***vom Weg ~*** perderse, extraviarse; ***von*** *e-r Absicht* ***~*** abandonar

'Abkommen *n* (*-s*; -) convenio *m*, arreglo *m*

'abkratzen (*sep, -ge-*) **1.** *v/t* (*h*) raspar, rascar; **2.** *v/i* (*sn*) F *fig* diñarla

'abkühl|en (*sep, -ge-, h*) refrigerar; ***sich ~*** refrescarse; *fig* enfriarse; **2ung** *f* (-; *sin pl*) enfriamiento *m*; refrigeración *f*

'abkürz|en (*sep, -ge-, h*) acortar (*a Weg*); *Wort*: abreviar; **2ung** *f* (-; *-en*) abreviatura *f*; acortamiento *m*; (*Weg*) atajo *m*

'abladen (*irr, sep, -ge-, h,* → ***laden***) descargar

'Ablage *f* (-; *-n*) *für Kleider*: guardarropa *m*; *v Akten*: archivo *m*

'Ablagerung *f* (-; *-en*) *geol* sedimento *m*

'ablassen (*irr, sep, -ge-, h,* → ***lassen***) **1.** *v/t Wasser, Dampf*: dejar escapar; *vom Preis*: rebajar; **2.** *v/i* desistir (***von*** de), renunciar (a)

'Ablauf *m* (-[*e*]*s*; *Abläufe*) salida *f*; desagüe *m*; (*Verlauf*) desarrollo *m*; (*sin pl*) (*Frist usw*) expiración *f*; ***nach ~ e-s Jahres*** al cabo de un año; **~datum** *n* fecha *f* de expiración (*od* de vencimiento); **2en** (*irr, sep, -ge-,* → ***laufen***) **1.** *v/i* (*sn*) correr, salir; *Frist, Vertrag*: caducar; expirar; *Handlung*: desarrollarse; ***gut ~*** salir bien; ***schlecht ~*** acabar mal; **2.** *v/t* (*h*) *Schuhe*: gastar

'ablecken (*sep, -ge-, h*) lamer, chupar(-se)

'ableg|en (*sep, -ge-, h*) deponer; *Kleider*: quitarse; *Briefe*: archivar; *Fehler*: corregir; *Eid*: prestar; *Prüfung*: hacer, pasar; **2er** *bot* ['-leːgər] *m* (*-s*; -) vástago *m*

'ablehn|en (*sep, -ge-, h*) rechazar, rehusar; *Einladung*: declinar; **2ung** *f* (-; *-en*) negativa *f*

'ableiten (*sep, -ge-, h*) desviar (*a Fluss*); *fig* deducir, derivar

'ablenk|en (*sep, -ge-, h*) apartar, desviar; *fig* distraer; **2ung** *f* (-; *-en*) distracción *f*

'ab|lesen (*irr, sep, -ge-, h,* → ***lesen***) leer (***aus, von*** en); *Zähler usw*: efectuar la lectura (de); **~liefern** (*sep, -ge-, h*) entregar

'ablös|en (*sep, -ge-, h*) desprender; despegar; ***sich ~*** turnarse; **2ung** *f* (-; *-en*) desprendimiento *m*; *mil* relevo *m*

'abmach|en (*sep, -ge-, h*) (*losmachen*) quitar; (*vereinbaren*) convenir, acordar; **2ung** *f* (-; *-en*) acuerdo *m*, convenio *m*; ***e-e ~ treffen*** llegar a un acuerdo

'abmager|n (*sep, -ge-, sn*) adelgazar; **2ungskur** *f* cura *f* de adelgazamiento

'abmeld|en (*sep, -ge-, h*): (***sich***) ***~*** dar (-se) de baja; **2ung** *f* (-; *-en*) baja *f*

'abmess|en (*irr, sep, -ge-, h,* → ***messen***) medir; **2ungen** *f/pl* dimensiones *f/pl*

'ab|montieren (*sep, h*) desmontar; **~mühen** (*sep, -ge-, h*): ***sich ~*** afanarse, ajetrearse; **~nagen** (*sep, -ge-, h*) roer

Abnahme ['-nɑːmə] *f* (-; *-n*) *com* compra *f*; *med* amputación *f*; (*Verminderung*) disminución *f*; ***bei ~ von*** tomando una partida de

'abnehm|bar ['-neːmbɑːr] desmontable; amovible; **~en** (*irr, sep, -ge-, h,* → ***nehmen***) **1.** *v/t* quitar; *Hut*: quitarse; *tel* descolgar; *med* amputar; *Ware*: comprar; **2.** *v/i* disminuir; *Mond*: menguar; *an Gewicht*: adelgazar; *Tage*: acortarse; **2er** *m* (*-s*; -) comprador *m*

'Abneigung *f* (-; *-en*) antipatía *f*, aversión *f* (***gegen*** a)

'**abnutzen** (*sep*, *-ge-*, *h*) (des)gastar

Abonn|ement [abɔnəˈmɑ̃] *n* (*-s*; *-s*) abono *m*; suscripción *f*; **~ent** [-ˈnɛnt] *m* abonado *m*, suscriptor *m*; **2'ieren** (*h*) abonarse, suscribirse (***et*** a a/c)

Abordnung [ap-] *f* (-; *-en*) delegación *f*

'**abpacken** (*sep*, *-ge-*, *h*) empaquetar, envasar

'**ab|pfeifen** (*irr*, *sep*, *-ge-*, *h*, → ***pfeifen***) *Spiel*: dar la pitada final; **~pflücken** (*sep*, *-ge-*, *h*) (re)coger; **~prallen** (*sep*, *-ge-*, *sn*) rebotar; **~quälen** (*sep*, *-ge-*, *h*): ***sich ~*** bregar; **~raten** (*irr*, *sep*, *-ge-*, *h*, → ***raten***): ***j-m*** (***v***) ***et ~*** desaconsejar a/c a alg; **~räumen** (*sep*, *-ge-*, *h*) quitar (***den Tisch*** la mesa); *Schutt*: des(es)combrar

'**abrechn|en** (*sep*, *-ge-*, *h*) *v/i* pasar cuentas; *fig* ***mit j-m ~*** ajustar las cuentas a alg; **2ung** *f* (-; *-en*) (*Konto2*) liquidación *f*; *fig* ajuste *m* de cuentas; **2ungszeitraum** *m* periodo *m* de liquidación

'**abreiben** (*irr*, *sep*, *-ge-*, *h*, → ***reiben***) frotar; *med* friccionar

'**Abreise** *f* (-; *-n*) salida *f*, partida *f*; **2n** (*sep*, *-ge-*, *sn*) salir, partir (***nach*** para); **~tag** *m* fecha *f* de salida

'**abreißen** (*irr*, *sep*, *-ge-*, → ***reißen***) **1.** *v/t* (*h*) arrancar; *arqu* derribar, demoler; **2.** *v/i* (*sn*) romperse

'**ab|richten** (*sep*, *-ge-*, *h*) *Tier*: amaestrar, adiestrar; **~riegeln** [ˈ-riːgəln] (*sep*, *-ge-*, *h*) echar el cerrojo a; *durch Polizei*: acordonar

'**Abriss** *m* (*-es*; *-e*) *v Gebäuden*: derribo *m*; (*Buch*) compendio *m*

'**Abruf** *m* (-[*e*]*s*; *sin pl*) llamamiento *m*; ***auf ~*** a demanda

'**abrunden** (*sep*, *-ge-*, *h*) redondear (*a fig*)

abrupt [-ˈrupt] abrupto

'**abrüst|en** (*sep*, *-ge-*, *h*) desarmar; **2ung** *f* (-; *sin pl*) desarme *m*

Abs. ***Absatz*** párr. (párrafo); ***Absender*** rte. (remitente)

ABS *n* ***Antiblockiersystem*** ABS *m*; Sistema *m* Antibloqueo de Frenos

'**Absage** [ˈ-zɑːgə] *f* (-; *-n*) negativa *f*; **2n** (*sep*, *-ge- h*) *Veranstaltung*: suspender, desconvocar

'**absägen** (*sep*, *-ge-*, *h*) (a)serrar

'**Absatz** *m* (*-es*; *Absätze*) (*Schuh*) tacón *m*; *Text*: párrafo *m*; *com* venta *f*; **~förderung** *f* promoción *f* de ventas; **~gebiet** *n* mercado *m*, zona *f* de venta

'**abschaff|en** (*sep*, *-ge-*, *h*) suprimir, abolir; **2ung** *f* (-; *sin pl*) supresión *f*, abolición *f*

'**ab|schalten** (*sep*, *-ge-*, *h*) *el* desconectar; *Maschine*: parar; F *fig* relajarse; **~schätzen** (*sep*, *-ge-*, *h*) *Wert*: (e)valuar

'**Abscheu** *m* (*-s*; *sin pl*) horror *m* (***vor dat*** de); asco *m* (de); **2lich** [-ˈʃɔʏliç] abominable, horrible

'**ab|schicken** (*sep*, *-ge-*, *h*) enviar, expedir; **~schieben** (*irr*, *sep*, *-ge-*, *h*, → ***schieben***) apartar; *Ausländer*: expulsar

'**Abschied** [ˈ-ʃiːt] *m* (-[*e*]*s*; *-e*) despedida *f*; ***~ nehmen*** despedirse (***von*** de)

'**abschießen** (*irr*, *sep*, *-ge-*, *h*, → ***schießen***) disparar; *Rakete*, *Pfeil*: lanzar; *Flugzeug*, *Panzer*: derribar

'**Abschlag** *m* (-[*e*]*s*; *Abschläge*) descuento *m*, rebaja *f*; **2en** (*irr*, *sep*, *-ge-*, *h*, → ***schlagen***) cortar; *Angriff*: rechazar; *Bitte*: rehusar, (de)negar

'**Abschlagszahlung** *f* pago *m* a cuenta *bzw* a plazos

'**abschleifen** (*irr*, *sep*, *-ge-*, *h*, → ***schleifen***) pulir, rebajar

'**Abschlepp|dienst** *m* servicio *m* de grúa; **2en** (*sep*, *-ge-*, *h*) remolcar; **~wagen** *m* grúa *f*

'**abschließen** (*irr*, *sep*, *-ge-*, *h*, → ***schließen***) **1.** *v/t* (*beenden*) concluir, terminar; *Tür*: cerrar con llave; *Vertrag*: concluir; **2.** *v/i* terminarse; **~d** definitivo; final; *adv* en conclusión

'**Abschluss** *m* (*-es*; *Abschlüsse*) fin *m*; *com* transacción *f*; *Vertrag*: conclusión *f*; **~prüfung** *f* examen *m* final

'**abschneiden** (*irr*, *sep*, *-ge-*, *h*, → ***schneiden***) cortar (*a fig*); ***gut ~*** salir airoso

'**Abschnitt** *m* (-[*e*]*s*; *-e*) sección *f*; *mat* segmento *m*; *tip* párrafo *m*; pasaje *m*; (*Kontroll2*) talón *m*; (*Zeit*) periodo *m*

'**ab|schrauben** (*sep*, *-ge-*, *h*) destornillar; **~schrecken** (*sep*, *-ge-*, *h*) intimidar, escarmentar; *pol* disuadir; *gastr* pasar por agua fría

'**abschreib|en** (*irr*, *sep*, *-ge-*, *h*, → ***schreiben***) copiar (***von*** de); *com* amortizar; **2ung** *com f* (-; *-en*) amortización *f*

'**Abschrift** *f* (-; *-en*) copia *f*

'**Abschürfung** *f* (-; *-en*) excoriación *f*

'**Abschuss** *m* (*-es*; *Abschüsse*) disparo *m*; *avia* derribo *m*; *Rakete*: lanzamiento *m*

abschüssig ['-ʃʏsiç] en declive, escarpado

'**ab|schwächen** (*sep*, *-ge-*, *h*) *Stoß*, *Schall*: amortiguar; *fig* atenuar, suavizar; **~schweifen** (*sep*, *-ge-*, *sn*) apartarse (***von*** de); **~schwellen** (*irr*, *sep*, *-ge-*, *sn*, → ***schwellen***) deshincharse

'**abseh|bar** ['-zeːbaːr]: ***in ~er Zeit*** dentro de poco, en breve; **~en** (*irr*, *sep*, *-ge-*, *h*, → ***sehen***) prever, ver; ***es abgesehen haben auf*** (*ac*) poner la vista en; ***von et ~*** prescindir de a/c

abseits ['-zaɪts] aparte; apartado; *dep* fuera de juego

'**absend|en** (*irr*, *sep*, *-ge-*, *h*, → ***senden***) mandar, enviar; remitir; **≗er** *m* (*-s*; *-*) remitente *m*, expedidor *m*; *corr* ***an ~ zurück*** devuelto al remitente

'**absetz|bar** ['apzɛtsbaːr] *com von der Steuer*: deducible; **~en** *v/t* (*sep*, *-ge-*, *h*) poner en el suelo; depositar; *j-n*: dejar (***am Bahnhof*** en la estación); *Beamten*: destituir; *com Waren*: dar salida a, colocar; *Betrag*: deducir

'**Absicht** *f* (*-*; *-en*) intención *f*, propósito *m*; **≗lich** intencionado; *adv* adrede, de propósito

'**absitzen** (*irr*, *sep*, *-ge-*, *h*, → ***sitzen***): ***e-e Strafe ~*** cumplir (una) condena

absolut [-zo'luːt] absoluto; ***~ nicht*** (no) … en absoluto

absonder|lich [-'zɔndərliç] raro, extraño; '**~n** (*sep*, *-ge-*, *h*) separar, apartar; aislar; *med* secretar; '**≗ung** *f* (*-*; *-en*) separación *f*; *med* secreción *f*

'**abspeichern** (*sep*, *-ge-*, *h*) *inform* almacenar

abspenstig ['-ʃpɛnstiç]: ***~ machen*** quitar; sonsacar

'**absperr|en** (*sep*, *-ge-*, *h*) cerrar (con llave); *Wasser*, *Gas*, *el*: cortar; *Straße*: cerrar; **≗ung** *f* (*-*; *-en*) cierre *m*; corte *m*

'**abspielen** (*sep*, *-ge-*, *h*) *mus* tocar; *Ball*: pasar; ***sich ~*** suceder, ocurrir

'**Absprache** *f* (*-*; *-n*) acuerdo *m*, convenio *m*

'**ab|sprechen** (*irr*, *sep*, *-ge-*, *h*, → ***sprechen***) *Recht*, *Verdienst usw*: negar; (*verabreden*) concertar; **~springen** (*irr*, *sep*, *-ge-*, *h*, → ***springen***) saltar; *Knopf usw*: desprenderse; *fig* retirarse

'**Absprung** *m* (*-[e]s*; *Absprünge*) salto *m*

'**abspülen** (*sep*, *-ge-*, *h*) lavar; *Geschirr*: fregar

'**abstamm|en** (*sep*, *h*) descender (***von*** de); **≗ung** *f* (*-*; *sin pl*) descendencia *f*, origen *m*

'**Abstand** *m* (*-[e]s*; *Abstände*) *a fig* distancia *f* (***halten*** guardar); intervalo *m*; *fig* ***mit ~*** con mucho

abstatten ['-ʃtatən] (*sep*, *-ge-*, *h*) *Besuch*: hacer; ***s-n Dank ~ für*** dar las gracias por

'**abstauben** (*sep*, *-ge-*, *h*) quitar el polvo (a), desempolvar; F *fig* birlar

'**abstech|en** (*irr*, *sep*, *-ge-*, *h*, → ***stechen***): ***~ von*** contrastar con; **≗er** *m* (*-s*; *-*): ***e-n ~ machen nach*** dar una vuelta por

'**abstehend** *Ohr*: separado

'**absteigen** (*irr*, *sep*, *-ge-*, *sn*, → ***steigen***) bajar, descender; *v Pferd*, *Fahrzeug*: apearse; *im Hotel*: hospedarse

'**abstell|en** (*sep*, *-ge-*, *h*) dejar (*a Wagen*), depositar; *Radio*, *TV*: apagar; *Maschine*: parar; *Wasser*, *Gas*: cerrar, cortar; *Missstand*: suprimir; **≗gleis** *n* apartadero *m*; **≗raum** *m* trastero *m*

'**abstempeln** (*sep*, *-ge-*, *h*) timbrar; *Marken*: matasellar

Abstieg ['-ʃtiːk] *m* (*-[e]s*; *-e*) bajada *f*; descenso *m* (*a dep*); *fig* decadencia *f*

'**abstimm|en** (*sep*, *-ge-*, *h*) **1.** *v/t* (*aufeinander*) armonizar; **2.** *v/i* ***~ über*** (*ac*) votar (*ac*); **≗ung** *f* (*-*; *-en*) votación *f*

Abstinenzler [-sti'nɛntslər] *m* (*-s*; *-*) abstemio *m*

'**abstoß|en** (*irr*, *sep*, *-ge-*, *h*, → ***stoßen***) repeler; *fig* repugnar; **~end** repugnante

abstrakt [-'strakt] abstracto

'**abstreiten** (*irr*, *sep*, *-ge-*, *h*, → ***streiten***) desmentir, negar

'**Abstrich** *m* (*-[e]s*; *-e*) *med* frotis *m*; *Abzug*: deducción *f*

'**abstuf|en** ['-ʃtuːfən] (*sep*, *-ge-*, *h*) graduar; matizar; **≗ung** *f* (*-*; *-en*) graduación *f*; matización *f*

'**Ab|sturz** *m* (*-es*; *Abstürze*); caída *f*; **≗stürzen** (*sep*, *-ge-*, *sn*) caer(se); *avia a* estrellarse; *im Gebirge*: despeñarse; *inform* colgarse

'**absuchen** (*sep*, *-ge-*, *h*) registrar; *Gelände*: batir

absurd [-'zurt] absurdo

Abszess [aps'tsɛs] *m* (*-es*; *-e*) absceso *m*

Abt [apt] *m* (-[*e*]*s*; ⸗*e*) abad *m*

Abt. ***Abteilung*** sección; dpto. (departamento)

'**abtauen** *v/t* (*sep*, *-ge-*, *h*) descongelar

Abtei [-'taɪ] *f* (-; *-en*) abadía *f*

Abteil *ferro* [-'taɪl] *n* (-[*e*]*s*; *-e*) compartim(i)ento *m*; '**~ung** *f* (-; *-en*) **1.** separación *f*; división *f*; **2.** [-'taɪluŋ] sección *f*; departamento *m*; **~ungsleiter** *m*, **~ungsleiterin** *f* jefe *m*, -a *f* de departamento

'**abtippen** F (*sep*, *-ge-*, *h*) pasar a máquina

Äbtissin [ɛp'tisin] *f* (-; *-nen*) abadesa *f*

'**abtransportieren** ['ap-] (*sep*, *h*) transportar

'**abtreib|en** (*irr*, *sep*, *-ge-*, → ***treiben***) **1.** *v/t* (*h*) *med* abortar; **2.** *v/i* (*sn*) *mar*, *avia* desviarse, ir a la deriva; **2ung** *med f* (-; *-en*) aborto *m* (provocado)

'**abtrennen** (*sep*, *-ge-*, *h*) separar; *Genähtes*: descoser

'**abtret|en** (*irr*, *sep*, *-ge-*, → ***treten***) **1.** *v/t* (*h*) ceder; *Füße*: limpiarse; **2.** *v/i* (*sn*) retirarse; **2er** *m* (*-s*; -) felpudo *m*; **2ung** *f* (-; *-en*) cesión *f*

'**ab|trocknen** (*sep*, *-ge-*, *h*) enjugar, secar; **~tropfen** (*sep*, *-ge-*, *sn*) escurrir(se)

'**ab|urteilen** (*sep*, *-ge-*, *h*) juzgar; **~wägen** (*wog ab*, *abgewogen*, *h*) ponderar; *Worte*: medir; **~warten** (*sep*, *-ge-*, *h*) esperar, aguardar

abwärts ['-vɛrts] (hacia *od* cuesta) abajo

'**abwasch|bar** lavable; **~en** (*irr*, *sep*, *-ge-*, *h*, → ***waschen***) lavar; *Geschirr*: fregar

'**Abwasser** *n* (*-s*; *Abwässer*) (*mst pl*) aguas *f/pl* residuales; **~aufbereitung** *f* depuración *f* de aguas residuales

'**abwechs|eln** (*sep*, *-ge-*, *h*) variar; *regelmäßig*: alternar; ***sich ~*** turnarse; **~elnd** *adv* por turno; **2lung** *f* (-; *-en*) variedad *f*; cambio *m*; ***zur ~*** para variar; **~lungsreich** variado

'**Abwehr** *f* (-; *sin pl*) defensa *f* (*a dep*); **2en** (*sep*, *-ge-*, *h*) rechazar; *Schlag*: parar

'**abweich|en** (*irr*, *sep*, *-ge-*, *sn*, → ***weichen***) apartarse, desviarse; (*anders sein*) diferir; **~end** diferente; **2ung** *f* (-; *-en*) desviación *f*; divergencia *f*; *fig* discrepancia *f*

'**ab|weisen** (*irr*, *sep*, *-ge-*, *h*, → ***weisen***) rechazar; **~wenden** (*irr*, *sep*, *-ge-*, *h*, → ***wenden***) apartar; *fig* evitar, prevenir; **~werfen** (*irr*, *sep*, *-ge-*, *h*, → ***werfen***) lanzar; *Reiter*: derribar; *Gewinn*: producir, arrojar; *Zinsen*: devengar

'**abwert|en** (*sep*, *-ge-*, *h*) devaluar (*a Währung*); **2ung** *f* (-; *-en*) devaluación *f*

'**abwesen|d** ['-veːzənt] ausente; **2heit** *f* (-; *-en*) ausencia *f*

'**ab|wickeln** (*sep*, *-ge-*, *h*) *Garn*: devanar; *fig* realizar; *fig* ***sich ~*** desarrollarse; **~wiegen** (*irr*, *sep*, *-ge-*, *h*, → ***wiegen***) pesar; **~wischen** (*sep*, *-ge-*, *h*) limpiar; *Nasses*: enjugar, secar

'**Abwurf** *m* (-[*e*]*s*; *Abwürfe*) lanzamiento *m*

'**abwürgen** (*sep*, *-ge-*, *h*) *Motor*: estrangular

'**abzahl|en** (*sep*, *-ge-*, *h*) pagar a plazos; *Schuld*: saldar, liquidar; **2ung** *f* (-; *-en*) pago *m* a plazos; ***auf ~*** a plazos

'**abzählen** (*sep*, *-ge-*, *h*) contar

'**Abzeichen** *n* (*-s*; -) distintivo *m*

'**ab|zeichnen** (*sep*, *-ge-*, *h*) copiar, dibujar; *Schriftstück*: rubricar; *fig* ***sich ~*** perfilarse; vislumbrarse; **~ziehen** (*irr*, *sep*, *-ge-*, → ***ziehen***) **1.** *v/t* (*h*) quitar (***das Bett*** las sábanas); *tip* tirar; *mat* restar, sustraer; *com* deducir; *vom Lohn*: retener; *Truppen*: retirar; **2.** *v/i* (*sn*) irse, marcharse; *Rauch*: salir

'**Abzug** *m* (-[*e*]*s*; *Abzüge*) *fot* copia *f*; *tip* prueba *f*; *am Gewehr*: gatillo *m*; *com* deducción *f*; *v Preis*: descuento *m*; *v Lohn*: retención *f*; (*sin pl*) *mil* retirada *f*

abzüglich ['-tsyːkliç] menos

Abzweigung ['-tsvaiguŋ] *f* (-; *-en*) bifurcación *f*

ach [ax] ¡ah!; ***~ so!*** ¡(ah,) ya!

Achse ['aksə] *f* (-; *-n*) eje *m*; (*Welle*) árbol *m*

Achsel ['aksəl] *f* (-; *-n*) hombro *m*; ***mit den ~n zucken*** encogerse de hombros; '**~höhle** *f* sobaco *m*, axila *f*

acht [axt] **1.** ocho; ***in ~ Tagen*** dentro de ocho días; **2.** **2** *f* (-; *-en*) ocho *m*

Acht [axt] *f*: ***~ geben*** tener cuidado; ***~ geben auf*** (*ac*) cuidar de; ***sich in ~ nehmen*** tener cuidado; ***außer ~ lassen*** descuidar

'**achte** octavo; ***am*** (*od* ***den***) ***~n März*** el ocho de marzo

'**Achteck** *n* (-[*e*]*s*; *-e*) octágono *m*

'**Achtel** ['axtəl] *n* (*-s*; -) octavo *m*; **~finale** *n dep* octavos *m/pl* de final

achten ['-tən] (*ge-*, *h*) **1.** *v/t* estimar, apreciar; respetar; **2.** *v/i* **~ auf** (*ac*) fijarse en
achtens ['axtəns] en octavo lugar
'**Achter** ['-tər] *mar m* (*-s*; -) bote *m* de a ocho; **~bahn** *f* montaña *f* rusa
'**achtgeben** → ***Acht***
'**acht|hundert** ochocientos; '**~los** descuidado; **ᘓ'stundentag** *m* jornada *f* de ocho horas
Achtung ['axtuŋ] *f* (-; *sin pl*) estima (-ción) *f*; **~ vor** (*dat*) respeto *m* a; **~!** ¡cuidado!, *a mil* ¡atención!; ***alle ~!*** F ¡chapó!
achtzehn ['axtseːn] dieciocho
achtzig ['-siç] ochenta; ***in den ~er Jahren*** en los años ochenta
ächzen ['ɛçtsən] (*ge-*, *h*) gemir
'**Acker** ['akər] *m* (*-s*; ⸚) campo *m*; **~bau** *m* (*-[e]s*; *sin pl*) agricultura *f*
a. d. ***an der*** (*bei Ortsnamen*) del
a. D. ***außer Dienst*** jubilado, retirado
ADAC *m* ***Allgemeiner Deutscher Automobil-Club*** Automóvil Club General de Alemania
addieren [a'diːrən] (*h*) sumar, adicionar
'**Adel** ['ɑːdəl] *m* (*-s*; *sin pl*) nobleza *f*
Ader ['ɑːdər] *f* (-; *-n*) vena *f* (*a fig u min*), arteria *f*
Adjektiv ['atjɛktiːf] *n* (*-s*; *-e*) adjetivo *m*
Adler ['ɑːdlər] *m* (*-s*; -) águila *f*
adlig ['ɑːdliç] noble
Admiral [atmi'rɑːl] *m* (*-s*; *-e*) almirante *m*
adopt|ieren [adɔp'tiːrən] (*h*) adoptar; **ᘓion** [-'tsjoːn] *f* (-; *-en*) adopción *f*; **ᘓivkind** [-'tiːfkint] *n* hijo *m* adoptivo
Adr. ***Adresse*** dirección
Adressbuch [a'drɛsbuːx] *n* guía *f* comercial, *Am* directorio *m*
A'dress|e [a'drɛsə] *f* (-; *-n*) dirección *f*, señas *f/pl*; **~enänderung** *f* cambio *m* de señas; **~enliste** *f* relación *f* de direcciones; **ᘓ'ieren** (*h*) dirigir (***an*** *ac* a); poner las señas; **~'iermaschine** *f* máquina *f* para imprimir direcciones
Adria [ɑːdria] *f* (Mar *m*) Adriático *m*
ADS [aːdeː'ˀɛs] *n* ***Aufmerksamkeits-Defizit-Syndrom*** *med* síndrome *m* de déficit de atención; síndrome *m* de hiperactividad
Advent [at'vɛnt] *m* (*-[e]s*; *raro -e*) Adviento *m*
Adverb [-'vɛrp] *n* (*-s*; *-ien*) adverbio *m*
Affäre [a'fɛːrə] *f* (-; *-n*) asunto *m*
Affe ['afə] *m* (*-n*; *-n*) mono *m*
affektiert [afɛk'tiːrt] afectado
Afghanistan [af'gɑːnistɑːn] *n* Afganistán *m*
Afrika ['ɑːfrika] *n* África *f*
Afrika|ner [afri'kɑːnər] *m* (*-s*; -), **~nerin** *f* (-; *-nen*) africano *m*, -a *f*; **ᘓnisch** africano
After ['aftər] *m* (*-s*; -) ano *m*
AG *f* ***Aktiengesellschaft*** S.A. *f* (Sociedad Anónima)
Ägäis [ɛ'gɛːis] *f* (Mar *m*) Egeo *m*
Agave *bot* [a'gɑːvə] *f* (-; *-n*) agave *m/f*, pita *f*
Agent [a'gɛnt] *m* (*-en*; *-en*), **~in** *f* (-; *-nen*) agente *su*; representante *su*; **~ur** [-'tuːr] *f* (-; *-en*) agencia *f*
aggressiv [agre'siːf] agresivo
A'grar|land [a'grɑːrlant] *n* país *m* agrícola; **~markt** *m* mercado *m* agrícola; **~politik** *f* política *f* agraria
Ägypten [ɛ'gyptən] *n* Egipto *m*
Ägypt|er [ɛ'gyptər] *m* (*-s*; -), **~erin** *f* (-; *-nen*) egipcio *m*, -a *f*; **ᘓisch** egipcio
ähneln ['ɛːnəln] (*ge-*, *h*) parecerse a, (a)semejarse a
ahnen [ɑːnən] (*ge-*, *h*) sospechar; (*Vorgefühl haben*) presentir
'**Ahnen** *m/pl* antepasados *m/pl*
'**ähnlich** ['ɛːnliç] parecido, semejante; ***j-m ~ sehen*** parecerse a alg; **ᘓkeit** *f* (-; *-en*) parecido *m*, semejanza *f*; *fig* **~sehen** (*irr*, *sep*, *-ge-*, *h*, → ***sehen***): *fig iron* ***das sieht ihm ähnlich!*** es una de las suyas
'**Ahnung** ['ɑːnuŋ] *f* (-; *-en*) presentimiento *m*; (*Vorstellung*) idea *f*; F ***keine ~!*** no tengo idea; **ᘓslos** desprevenido
Ahorn *bot* ['ɑːhɔrn] *m* (*-s*; *-e*) arce *m*
Ähre ['ɛːrə] *f* (-; *-n*) espiga *f*
'**Aids** ['eɪdz] *n* (-; *sin pl*) SIDA *m*, sida *m*; **ᘓkrank** enfermo de sida; **~test** *m* prueba *f* del sida
'**Air|bag** ['ɛːrbɛg] *m* (*-s*; *-s*) *auto* bolsa *f* de aire; **~bus** *m* aerobús *m*, airbus *m*
Akadem|ie [akade'miː] *f* (-; *-n*) academia *f*; **~iker** [-'deːmikər] *m* (*-s*; -), **~ikerin** *f* (-; *-nen*) universitario *m*, -a *f*; **ᘓisch** [-'-miʃ] académico; universitario
akklimatisieren [aklimati'ziːrən] (*h*) *a fig* aclimatar
Ak'kord [a'kɔrt] *m* (*-[e]s*; *-e*) *mus* acorde *m*; ***im ~ arbeiten*** trabajar a destajo; **~arbeit** *f* trabajo *m* a destajo
Akkordeon [-'-deɔn] *n* (*-s*; *-s*) acordeón

m

Akkordlohn [-'-tloːn] *m* salario *m* a destajo

Akku F ['aku] *m* (*-s*; *-s*), **~mulator** [-muˈlaːtɔr] *m* (*-s*; *-en* [-la'toːren]) acumulador *m*

Akkusativ ['-zatiːf] *m* (*-s*; *-e*) acusativo *m*

Akne ['aknə] *f* (-; *sin pl*) acné *m*

Akrobat [akro'baːt] *m* (*-en*; *-en*), **~in** *f* (-; *-nen*) acróbata *su*

Akt [akt] *m* (-[*e*]*s*; *-e*) acto *m* (*a teat*); *Malerei*: desnudo *m*; '**~e** *f* (-; -) expediente *m*; acta *f*; ***zu den ~n legen*** archivar (*a fig*)

'**Akten|deckel** *m* carpeta *f*; **~koffer** *m* portafolios *m*, attaché *m*; **~mappe**, **~tasche** *f* cartera *f*; **~notiz** *f* apunte *m*; **~ordner** *m* clasificador *m*; **~schrank** *m* archivador *m*, clasificador *m*; **~zeichen** *n* referencia *f*

'**Aktie** ['aktsjə] *f* (-; *-n*) acción *f*; **~ngesellschaft** *f* sociedad *f* anónima; **~nmarkt** *m* mercado *m* de acciones; **~nmehrheit** *f* mayoría *f* de acciones

Aktion [ak'tsjoːn] *f* (-; *-en*) acción *f*; *Werbe*≈ *usw*: campaña *f*; **~är** [-jo'nɛːr] *m* (*-s*; *-e*), **~ärin** *f* (-; *-nen*) accionista *su*

aktiv [ak'tiːf] activo; **≈ität** [-tivi'tɛːt] *f* (-; *-en*) actividad *f*

aktuell [aktu'ɛl] actual, de actualidad

akustisch [a'kustiʃ] acústico

akut [a'kuːt] agudo (*a med*)

Akzent [ak'tsɛnt] *m* (-[*e*]*s*; *-e*) acento *m*

akzept|abel [-tsɛp'taːbəl] aceptable; **~'ieren** (*h*) aceptar

A'larm [a'larm] *m* (-[*e*]*s*; *-e*) alarma *f*, alerta *f*; ***blinder ~*** falsa alarma *f*; *a fig* ***~ schlagen*** dar la (voz de) alarma; **~anlage** *f* sistema *m od* dispositivo *m* de alarma; **≈'ieren** (*h*) alarmar (*a fig*)

Alaun [a'laʊn] *m* (*-s*; *sin pl*) alumbre *m*

Albanien [al'baːnjən] *n* Albania *f*

Albdruck ['albdruk] *m* (-[*e*]*s*; *sin pl*) pesadilla *f*

albern ['albərn] necio, tonto

Album ['-bum] *n* (*-s*; *Alben*) álbum *m*

Alexandria [alɛ'ksandria] *n* Alejandría *f*

Alge ['-gə] *f* (-; *-n*) alga *f*

Algebra ['-gebraː] *f* (-; *sin pl*) álgebra *f*

Algerien [al'geːrjən] *n* Argelia *f*

Algeri|er [-'geːrjər] *m* (*-s*; -), **~erin** *f* (-; *-nen*) argelino *m*, -a *f*; **≈sch** argelino

Algier ['alʒiːr] *n* Argel *m*

Alibi ['aːlibi] *n* (*-s*; *-s*) coartada *f*

'**Alkohol** ['-kohoːl] *m* (-[*e*]*s*; *-e*) alcohol *m*; **≈frei** sin alcohol; **~gehalt** *m* graduación *f* alcohólica; **~iker** [-'hoːlikər] *m* (*-s*; -), **~ikerin** *f* (-; *-nen*) alcohólico *m*, -a *f*; **≈isch** [-'hoːliʃ] alcohólico; **~spiegel** *m* alcoholemia *f*; **~test** *m* prueba *f* de alcoholemia

all [al] **1.** todo (-a); **~e** *pl* todos (-as), todo el mundo; ***~e Länder*** todos los países; ***vor ~em*** sobre todo; ***~e drei Jahre*** cada tres años; ***~es*** todo; ***~es, was*** (todo) cuanto; todo lo que; **2.** ≈ *n* (*-s*; *sin pl*) universo *m*

'**alle** F acabado; ***~ werden*** acabarse

Allee [a'leː] *f* (-; *-n*) avenida *f*, paseo *m*

allein[1] [a'laɪn] *adj u adv* solo; ***ganz ~*** completamente solo; ***~ erziehend*** → ***alleinerziehend***; *fig* ***~ stehend*** → ***alleinstehend***; ***einzig und ~*** tan sólo, únicamente; ***du ~ bist schuld!*** ¡la culpa es sólo tuya!; (***schon***) ***~ der Gedanke*** sólo de pensarlo; ***der Schmerz ist von ~ weggegangen*** el dolor se pasó solo

al'lein|erziehend *adj* ***~e Mutter*** madre *f* soltera; **~stehend** *adj* soltero

allenfalls ['alən'fals] a lo más

aller|... ['alərẓ]: *in Zssgn mit Superlativ*: el más … (de todos); '**~'beste** el mejor de todos; **~dings** ['-'diŋs] en efecto; (*einschränkend*) sin embargo; ***~!*** ¡ya lo creo!; *Am* ¿cómo no?

Allerg|ie [alɛr'giː] *f* (-; *-n*) alergia *f*; **≈isch** [-'-giʃ] alérgico (***gegen*** a)

aller|hand ['alər'hant] toda clase de; ***das ist ~!*** ¡esto es el colmo!; **≈heiligen** [-'haɪligən] *n* (-; *sin pl*) Todos los Santos; '**~'höchstens** a lo sumo; '**~'lei** toda clase de; **≈'seelen** *n* (-; *sin pl*) día *m* de los (Fieles) Difuntos; **~seits** ['-'zaɪts] por todas partes

alles *s* ***all***

alle|samt ['alə'zamt] todos juntos; '**≈skleber** *m* (*-s*; -) pegamento *m* universal, F pegalotodo *m*; '**~'zeit** siempre

allg. ***allgemein*** gral. (general[mente])

allge'mein general; ***im ≈en*** por lo (*od* en) general; ***~ gültig*** universal; ***~ verständlich*** comprensible para todos; **≈arzt** *m* médico *m* de medicina general; **≈befinden** *n* estado *m* general; **≈bildung** *f* cultura *f* general; **≈heit** *f* (-; *sin pl*) generalidad *f*; público *m* (en general)

allge'mein general; ***im* ***~en*** por lo (*od* en) general; **~ *gültig* → *allgemeingültig***; **~ *verständlich*** comprensible para todos; **~arzt** *m* médico *m* de medicina general; **~befinden** *n* estado *m* general; **~bildung** *f* cultura *f* general; **~gültig** universal; **~heit** *f* (-; *sin pl*) generalidad *f*; público *m* (en general); **~verständlich → *allgemein***

Alli|anz [ali'ants] *f* (-; *-en*) alianza *f*; **~ierte** [-'iːrtə] *m* (*-n*; *-n*) aliado *m*

all|'jährlich anual; *adv* todos los años; **~mählich** [-'mɛːliç] paulatino; *adv* poco a poco; **'~radantrieb** *m* tracción *f* sobre las cuatro ruedas; **'~tag** *m fig* vida *f* cotidiana; **~'täglich** diario, cotidiano; *fig* corriente; **'~zu**, **'~zu sehr**, **'~zu viel** demasiado

Alm [alm] *f* (-; *-en*) pasto *m* alpino

Almosen ['-moːzən] *n* (*-s*; -) limosna *f*

Alpdruck → *Albdruck*

Alpen ['alpən] *pl* Alpes *m/pl*

alpin [-'piːn] alpino, alpestre

als [als] *zeitlich*: cuando; *nach Komparativ*: que; *vor Zahlen*: de; ***nichts* ~** nada más que; **~ *ob*** como si; **~ *Ausländer*** como extranjero; ***schon* ~ *Kind*** ya de niño

also ['alzoː] *cj* por tanto, por consiguiente; **~ *gut!*** pues bien!

alt [alt] **1.** *adj* viejo; (*antik*, *ehemalig*) antiguo; (*gebraucht*) usado; ***wie* ~ *bist du?*** ¿qué edad *od* cuántos años tienes?; ***ich bin 20 Jahre* ~** tengo 20 años (de edad); ***gleich* ~ *sn*** tener la misma edad; **2.** **~** *mus m* (*-s*; *sin pl*) contralto *m*

Al'tar [al'taːr] *m* (-[*e*]*s*; *Altäre*) altar *m*; **~bild** *n* retablo *m*

'Alte ['altə] *m/f* (*-n*; *-n*) anciano *m*, -a *f*, viejo *m*, -a *f*; **~nheim** *n* residencia *f* de ancianos *od* para la tercera edad

'Alter *n* (*-s*; *sin pl*) edad *f*; (*Greisen~*) vejez *f*; ***im* ~ *von*** a la edad de

älter ['ɛltər] más viejo; *Person*: mayor; ***ein* ~*er Herr*** un señor de (cierta) edad; **~ *sn als*** tener más años que

alterna'tiv [altɛrna'tiːf] alternativo; **~e** [-'-və] *f* (-; *-n*) alternativa *f*, opción *f*; **~energie** *f* energía *f* alternativa

'Alters|diskriminierung ['altərsdiskriminiːruŋ] *f* discriminación *f* de la tercera edad; **~heim** *n* asilo *m od* residencia *f* de ancianos; **~rente** *f* pensión *f* de vejez; **~versicherung** *f* seguro *m* de vejez; **~versorgung** *f* pensiones *f/pl* de vejez; **~vorsorge** *f* previsión *f* para la tercera edad; ***private* ~** previsión *f* privada para la tercera edad

'Alter|tum ['-tuːm] *n* (*-s*; *sin pl*) antigüedad *f*; **~tümer** ['-tyːmər] *n/pl* antigüedades *f/pl*; **~tümlich** antiguo, arcaico

'Alt|glas ['altglas] *n* (*-es*; *sin pl*) vidrio *m* reciclable; **'~glascontainer** *m* contenedor *m* de vidrio; **'~lasten** *f/pl* suelos *m/pl* contaminados; **'~lastensanierung** *f* saneamiento *m* de suelos contaminados

'alt|modisch ['altmoːdiʃ] pasado de moda; anticuado; **~papier** *n* papel *m* viejo; **~stadt** *f* casco *m* antiguo; **~stadtsanierung** *f* saneamiento *m* del casco antiguo

Alu|folie [alu'foːljə] *f* hoja *f* de aluminio; **~minium** [-'miːnjum] *n* (*-s*; *sin pl*) aluminio *m*

am [am] = an dem

a. M. ***am Main*** del Meno

Amateur [ama'tøːr] *m* (*-s*; *-e*) aficionado *m*; *bsd dep*: amateur *m*

Amazonas [ama'tsoːnas] *m* Amazonas *m*

ambulan|t [-bu'lant] *med* ambulatorio; *com* ambulante; **~z** [-'lants] *f* (-; *-en*) (*Klinik*) ambulatorio *m*, dispensario *m*

'Ameise ['aːmaɪzə] *f* (-; *-n*) hormiga *f*; **~nhaufen** *m* hormiguero *m*

Amerika [a'meːrika] *n* América *f*

Amerika|ner [ameri'kaːner] *m* (*-s*; -), **~nerin** *f* (-; *-nen*) americano *m*, -a *f*; **~nisch** americano

Amnestie [amnɛs'tiː] *f* (-; *-n*) amnistía *f*

Ampel ['ampəl] *f* (-; *-n*) (*Verkehrs~*) semáforo *m*, disco *m*

Ampere [-'pɛːr] *n* (*-s*; -) amperio *m*

Amphitheater [am'fiːteaːtər] *n* anfiteatro *m*

Ampulle [-'pulə] *f* (-; *-n*) ampolla *f*

Ampu|tation [amputa'tsjoːn] *f* (-; *-en*) amputación *f*; **~'tieren** (*h*) amputar

Amsel ['-zəl] *f* (-; *-n*) mirlo *m*

Amt [amt] *n* (-[*e*]*s*; *¨er*) oficina *f*; (*Posten*) cargo *m*; (*Tätigkeit*) función *f*; (*Aufgabe*) misión *f*; (*Behörde*) servicio *m*; negociado *m*; **~'ieren** (*h*) actuar (***als*** de); **~'ierend** en funciones; **'~lich** oficial

'Amts|arzt *m* médico *m* oficial; **~gericht** *n* juzgado *m* de primera instancia; **~zeit** *f* duración *f* del cargo

amüs|ant [amy'zant] divertido; **~'ieren** (*h*) (**sich**) **~** divertir(se)

an [an] *prp* **1.** *örtlich*: ***am Tisch*** a la mesa; ***~ der Wand*** en la pared; ***~ der Straße*** junto a la carretera; ***am Tajo*** a orillas del *od* sobre el Tajo; ***~ e-m Ort*** en un sitio; **2.** *zeitlich*: ***am Tage*** de día; ***am Abend*** por la noche; ***am nächsten Montag*** el lunes que viene; ***am 5. April*** el cinco de abril; ***am folgenden Tag*** al día siguiente

Analphabet [an?alfa'be:t] *m* (*-en*; *-en*) analfabeto *m*

Analyse [ana'ly:zə] *f* (-; *-n*) análisis *m*

Ananas ['ananas] *f* (-; -[*se*]) piña *f* (de América); *Am* ananá(s) *m*

Anarchie [anar'çi:] *f* (-; *-n*) anarquía *f*

Anatomie [anato'mi:] *f* (-; *sin pl*) anatomía *f*

'Anbau *m* (-[*e*]*s*; *sin pl*) *agr* cultivo *m*; cultivo *m*; ***biologischer, ökologischer ~*** cultivo *m* biológico, ecológico, producción *f* biológica, ecológica; (*pl -ten*) *arqu* anexo *m*; **2en** (*sep*, *-ge-*, *h*) *agr* cultivar; *arqu* añadir; ampliar; **~möbel** *n/pl* muebles *m/pl* por elementos

'anbehalten (*irr*, *sep*, *h*, → ***behalten***) *Kleid usw*: dejar puesto

an'bei adjunto

'anbeißen (*irr*, *sep*, *-ge-*, *h*, → ***beißen***) *v/t* morder (en)

'anbelangen: ***was … anbelangt*** en cuanto a …

'anbeten (*sep*, *-ge-*, *h*) adorar

'Anbetracht: ***in ~*** (*gen*) en consideración a, teniendo en cuenta

'an|bieten (*irr*, *sep*, *-ge-*, *h*, → ***bieten***) ofrecer; **2bieter** *m* (*-s*; -) oferente *m*; **~binden** (*irr*, *sep*, *-ge-*, *h*, → ***binden***) atar (***an*** *ac* a)

'Anblick *m* (-[*e*]*s*; *-e*) vista *f*; (*Aussehen*) aspecto *m*; **2en** (*sep*, *-ge-*, *h*) mirar

'an|brechen (*irr*, *sep*, *-ge-*, → ***brechen***) **1.** *v/t* (*h*) empezar; **2.** *v/i* (*sn*) empezar; *Tag*: despuntar; *Nacht*: entrar; **~brennen** (*irr*, *sep*, *-ge-*, *sn*, → ***brennen***) *v/i Speisen*: quemarse; pegarse; ***angebrannt riechen*** oler a quemado; **~bringen** (*irr*, *sep*, *-ge-*, *h*, → ***bringen***) traer; (*befestigen*) fijar, colocar

'Anbruch *m* (-[*e*]*s*; *sin pl*) comienzo *m*; ***bei ~ des Tages*** al amanecer; ***bei ~ der Nacht*** al anochecer.

Anchovis → ***Anschovis***

An|dacht ['-daxt] *f* (-; *sin pl*) recogimiento *m*; (*pl -en*) (*Gottesdienst*) oficio *m* divino; **2dächtig** ['-dɛçtiç] devoto; *fig* atento

Andalusien [anda'lu:zjən] *n* Andalucía *f*

Andalus|ier [-da'lu:zjər] *m* (*-s*; -), **~ierin** *f* (-; *-nen*) andaluz(a) *m*(*f*); **2isch** andaluz

'andauern (*sep*, *-ge-*, *h*) continuar, persistir; **~d** continuo, permanente

Anden ['andən] *pl* Andes *m/pl*

'Andenken *n* (*-s*; -) memoria *f*; recuerdo *m*; ***zum ~ an*** (*ac*) en recuerdo de

'andere ['andərə] otro; **~** otros; ***et ~s*** otra cosa; ***et ganz ~s*** algo muy distinto; ***nichts ~s als*** nada más que; ***alles ~*** todo lo demás; ***alles ~ als*** todo menos que; ***unter ~m*** entre otras cosas; **~rseits** ['-rzaɪts] por otra parte

ändern ['ɛndərn] (*ge-*, *h*) cambiar, modificar; ***s-e Meinung ~*** cambiar de parecer; ***sich ~*** cambiar

andernfalls ['andərnfals] de lo contrario

'anders ['-dərs] de otro modo, de otra manera; ***jemand ~*** otra persona; **~wo** en otra parte; **~wohin** a otra parte

anderthalb ['-dərthalp] uno y medio; ***~ Meter*** un metro y medio

Änderung ['ɛndəruŋ] *f* (-; *-en*) cambio *m*, modificación *f*

'andeut|en ['andɔʏtən] (*sep*, *-ge-*, *h*) indicar; dar a entender; **2ung** *f* (-; *-en*) indicación *f*; alusión *f*

Andorra [an'dɔra] *n* Andorra *f*

'Andrang *m* (-[*e*]*s*; *sin pl*) afluencia *f*

'andrehen (*sep*, *-ge-*, *h*) *Gas*, *Heizung*: abrir; ***das Licht ~*** dar la luz

aneignen ['-?aɪgnən] (*sep*, *-ge-*, *h*): **sich** (*dat*) **~** apropiarse; *Kenntnisse*: adquirir

anein'ander uno a *bzw* con otro; **~geraten** (*irr*, *sep*, sn, → ***geraten***) tener un altercado (***mit*** con)

anerkannt ['-kant] reconocido; *fig* renombrado

'anerkenn|en (*irr*, *sep*, *h*, → ***erkennen***) reconocer, admitir; (*loben*) elogiar; **~end** elogioso; **2ung** *f* (-; *sin pl*) reconocimiento *m*

'anfahren (*irr*, *sep*, *-ge-*, → ***fahren***) **1.** *v/t* (*h*) *Fußgänger*: atropellar; *fig* increpar; **2.** *v/i* (*sn*) *auto* arrancar

'Anfall *med m* (-[*e*]*s*; *Anfälle*) acceso *m*, ataque *m*; **2en** (*irr*, *sep*, *-ge-*, *h*, → ***fal-***

len) *v/t* atacar, acometer
'anfällig *med* propenso (***für*** a)
'Anfang *m* (-[*e*]*s*; *Anfänge*) principio *m*, comienzo *m*; ***~ Januar*** a principios de enero; ***von ~ an*** desde un principio; **≈en** (*irr*, *sep*, *-ge-*, *h*, → ***fangen***) empezar, comenzar (***zu*** *inf* a)
Anfänger ['-fɛŋər] *m* (*-s*; -), **~in** *f* (-; *-nen*) principiante *su*
'anfangs ['-faŋs] al principio
'an|fassen (*sep*, *-ge-*, *h*) (*berühren*) tocar; ***mit ~*** echar una mano; **~fechten** (*irr*, *sep*, *-ge-*, *h*, → ***fechten***) *jur* impugnar; **~fertigen** (*sep*, *-ge-*, *h*) hacer, fabricar, elaborar; **~feuchten** ['-fɔyçtən] (*sep*, *-ge-*, *h*) humedecer, mojar; **~feuern** (*sep*, *-ge-*, *h*) *fig* alentar, animar; **~fliegen** (*irr*, *sep*, *-ge-*, *h*, → ***fliegen***) *avia* hacer escala en
'Anflug *m* (-[*e*]*s*; *Anflüge*) *avia* vuelo *m* de aproximación; *fig* deje *m*
'anforder|n (*sep*, *-ge-*, *h*) pedir (***von*** *j-m* a); exigir; **≈ung** *f* (-; *-en*) demanda *f*; exigencia *f*
'Anfrage *f* (-; *-n*) pregunta *f*; *pol* interpelación *f*; **≈n** (*sep*, *-ge-*, *h*) preguntar (***bei*** a); pedir informes (a)
'an|freunden ['-frɔyndən] (*sep*, *-ge-*, *h*): ***sich ~ mit*** hacerse amigo de; **~fügen** (*sep*, *-ge-*, *h*) juntar, añadir
'anführ|en dirigir; *Liste*: encabezar; (*erwähnen*) mencionar; *Gründe*: alegar; *Zitat*: citar; (*täuschen*) F tomar el pelo a; **≈er** *m* jefe *m*; *bsd pol*, *dep* líder *m*; **≈ungszeichen** *n*/*pl* comillas *f*/*pl*
'Angabe *f* (-; *-n*) indicación *f*; información *f*; (*Anweisung*) instrucción *f*; F (*Prahlerei*) fanfarronada *f*; **~n** *pl* datos *m*/*pl*; ***nach amtlichen ~n*** según datos oficiales
'angeb|en (*irr*, *sep*, *-ge-*, *h*, → ***geben***) **1.** *v/t* indicar; (*aussagen*) declarar; *Namen*, *Ton*: dar; **2.** *v/i* F (*prahlen*) fanfarronear; **≈er** *m* (*-s*; -) F fanfarrón *m*, farolero *m*; **~lich** ['-geːpliç] supuesto, presunto; *adv* según dicen
'angeboren [-gəboːrən] innato; *med* congénito
'Angebot *n* (-[*e*]*s*; *-e*) *a com* oferta *f*
ange|bracht ['-braxt] oportuno, conveniente; **~heitert** ['-haɪtərt] achispado, F piripi
'angehen (*irr*, *sep*, *-ge-*, *h*) *v/t* (*betreffen*) referirse a; ***was ... angeht*** en cuanto a; ***das geht mich nichts an*** eso no me importa nada
'angehör|en (*sep*, *h*) (*dat*) pertenecer a, ser de; **≈ige** ['-rigə] *m* (*-n*; *-n*) miembro *m*; (*Verwandte*) familiar *m*; ***m-e ~n*** los míos, mi familia
Angeklagte ['-gəklaːktə] *m*/*f* (*-n*; *-n*) acusado *m*, -a *f*
Angel ['aŋəl] *f* (-; *-n*) caña *f* (de pescar); (*Tür≈*) gozne *m*, quicio *m*
Angelegenheit ['angəleːgənhaɪt] *f* (-; *-en*) asunto *m*
angelernt ['angəlɛrnt]: ***~er Arbeiter*** *m* trabajador *m* semicalificado
'Angel|haken ['aŋəlhaːkən] *m* anzuelo *m*; **≈n** (*ge-*, *h*) pescar (con caña); **~rute** *f* caña *f* de pescar; **~schnur** *f* sedal *m*
'ange|messen ['angə-] adecuado; *Preis*: razonable; **~nehm** agradable, grato; *j*: simpático; **~nommen** ['-noːmən]: ***~, dass*** supuesto que (*subj*)
'angesehen respetado; *com* acreditado
'angesichts (*gen*) en vista de, delante de
Angestellte ['-ʃtɛltə] *m*/*f* (*-n*; *-n*) empleado *m*, -a *f*; **'~nversicherung** *f* seguro *m* de empleados
'ange|wiesen ['-viːzən]: ***~ sn auf*** (*ac*) depender de; **~wöhnen** (*sep*, *-ge-*, *h*) acostumbrar (***j-m et*** a alg a a/c); ***sich*** (*dat*) ***et ~*** acostumbrarse a a/c; **≈wohnheit** *f* (-; *-en*) costumbre *f*; ***schlechte ~*** vicio *m*
Angina [aŋ'giːna] *f* (-; *Anginen*) angina(s) *f*(*pl*); ***~ pectoris*** angina *f* de pecho
'angleichen ['an-] (*irr*, *sep*, *-ge-*, *h*, → ***gleichen***) adaptar, ajustar
Angler ['aŋlər] *m* (*-s*; -), **~in** *f* (-; *-nen*) pescador(a) *m*(*f*) de caña
'angreif|en ['an-] (*irr*, *sep*, *-ge-*, *h*, → ***greifen***) atacar (*a fig*); **≈er** *m* (*-s*; -), **≈erin** *f* (-; *-nen*) agresor(a) *m*(*f*)
'angrenzen (*sep*, *-ge-*, *h*): ***~ an*** (*ac*) lindar con
'Angriff *m* (-[*e*]*s*; *-e*) ataque *m* (*a fig*); ***in ~ nehmen*** acometer, abordar
Angst [aŋst] *f* (-; *⸗e*) miedo *m* (***vor*** a)
'ängst|igen ['ɛŋstigən] (*ge-*, *h*): (***sich***) **~** inquietar(se); **~lich** ['-liç] miedoso; (*beunruhigt*) inquieto; (*scheu*) tímido
'an|gucken ['an-] (*sep*, *-ge-*, *h*) mirar; **~haben** (*irr*, *sep*, *-ge-*, *h*, → ***haben***) *Kleidung*: llevar (puesto)
Anh. ***Anhang*** apéndice
'anhalt|en (*irr*, *sep*, *-ge-*, *h*, → ***halten***) **1.**

v/t parar, detener; *Atem*: contener; **2.** *v/i* parar(se); (*dauern*) durar; **≈er** *m* (*-s*; -), '**≈erin** *f* (-; *-nen*) autostopista *su*; ***per ~ fahren*** viajar por *od* hacer autostop; **≈spunkt** *m* punto *m* de referencia

'**Anhang** *m* (-[*e*]*s*; *Anhänge*) apéndice *m*; (*sin pl*) *fig* partidarios *m/pl*; ***ohne ~*** sin familia

'**anhäng|en** (*sep*, *-ge-*, *h*) *v/t* colgar (***an*** *ac* de, en); *Wagen*: enganchar; **≈er** *m* (*-s*; -) *pol* partidario *m*; *dep* aficionado *m*; (*Wagen*) remolque *m*; (*Schmuck*) colgante *m*; *am Koffer usw*: etiqueta *f*; **≈erin** *f* (-; *-nen*) partidaria *f*; aficionada *f*; **≈erkupplung** *f* enganche *m* para remolque; **~lich** fiel; afecto (a)

'**an|häufen** (*sep*, *-ge-*, *h*) acumular, amontonar; **~heften** (*sep*, *-ge-*, *h*) fijar, pegar (***an*** *ac* en); sujetar (a)

'**Anhieb** *m*: ***auf ~*** de golpe

'**Anhöhe** *f* (-; *-n*) colina *f*, cerro *m*

'**anhören** (*sep*, *-ge-*, *h*) escuchar; ***sich gut ~*** sonar bien

animieren [-'miːrən] (*h*) animar, estimular

A'nis [a'niːs] *m* (-[*es*]; *-e*) anís *m*

Ank. ***Ankunft*** Ll. (llegada)

'**Ankauf** *m* (-[*e*]*s*; *Ankäufe*) compra *f*

'**Anker** ['aŋkər] *m* (*-s*; -) *mar* ancla *f*; *Uhr*: áncora *f*; ***vor ~ gehen, ~ werfen*** echar anclas; ***vor ~ liegen*** estar anclado *od* surto; **≈n** (*ge-*, *h*) anclar, fondear; **~platz** *m* fondeadero *m*

'**Anklage** ['an-] *f* (-; *-n*) acusación *f*; **≈n** (*sep*, *-ge-*, *h*) acusar (***wegen*** de)

'**anklammern** (*sep*, *-ge-*, *h*): ***sich ~ an*** (*ac*) agarrarse a; *a fig* aferrarse a

'**Anklang** *m*: ***~ finden*** hallar buena acogida, ser bien acogido

'**an|kleben** (*sep*, *-ge-*, *h*) pegar, fijar; **~kleiden** (*sep*, *-ge-*, *h*): (***sich***) ***~*** vestir(-se); **~klicken** (*sep*, *-ge-*, *h*) *inform* hacer clic; '**~klopfen** (*sep*, *-ge-*, *h*) llamar (a la puerta); '**~knüpfen** (*sep*, *-ge-*, *h*) **1.** *v/t* anudar; *Gespräch*: entablar; ***Beziehungen ~*** entrar en relaciones (***zu j-m*** con alg); **2.** *v/i* ***~ an*** (*ac*) partir de

'**ankommen** (*irr*, *sep*, *-ge-*, *sn*, → ***kommen***) llegar (***in*** *dat* a); ***das kommt darauf an*** depende; ***darauf kommt es nicht an*** eso es lo de menos

'**ankündig|en** (*sep*, *-ge-*, *h*) anunciar; **≈ung** *f* (-; *-en*) anuncio *m*, aviso *m*

'**Ankunft** ['-kunft] *f* (-; *sin pl*) llegada *f*; **~stag** *m* fecha *f* de llegada

'**an|kurbeln** (*sep*, *-ge-*, *h*) *Wirtschaft*: relanzar, reactivar; **~lächeln** (*sep*, *-ge-*, *h*) sonreír a

Anl. ***Anlage*** *im Brief* anejo

'**Anlage** *f* (-; *-n*) (*Anordnung*) disposición *f*; (*Geld*) inversión *f*; *tec* instalación *f*; *arqu* construcción *f*; (*Park*) jardín *m* público; (*Ferien≈*) complejo *m* turístico; (*Talent*) disposición *f*; talento *m*; (*Beilage*) anexo *m*; ***in der ~*** adjunto; **~berater** *com m* asesor *m* de inversión; **~kapital** *n* capital *m* invertido *bzw* fijo

Anlass ['-las] *m* (*-es*; *Anlässe*) motivo *m*; (*Gelegenheit*) ocasión *f*; ***~ geben zu*** dar lugar para

'**anlass|en** (*irr*, *sep*, *-ge-*, *h*, → ***lassen***) *Kleider*: dejar puesto; *Licht*: no apagar; *auto* arrancar; **≈er** *m* (*-s*; -) arranque *m*

anlässlich ['-lɛsliç] (*gen*) con motivo *od* ocasión de

'**Anlauf** *m* (-[*e*]*s*; *Anläufe*) arranque *m*; *dep* (**e-n**) ***~ nehmen*** tomar impulso; **≈en** (*irr*, *sep*, *-ge-*, → ***laufen***) **1.** *v/t* (*h*) *mar* hacer escala en; **2.** *v/i* (*sn*) *Maschine*: ponerse en marcha (*a fig*); *Glas*: empañarse

'**anlege|n** (*sep*, *-ge-*, *h*) **1.** *v/t* poner, colocar (***an*** *ac* contra); *Gewehr*: apuntar; *Kapital*: invertir; *med* aplicar; **2.** *v/i* *mar* atracar; **≈platz** *m*, **≈stelle** *f* *mar* embarcadero *m*; **≈r** *com m* (*-s*; -) inversor *m*

'**anlehnen** (*sep*, *-ge-*, *h*) adosar (***an*** *ac* a), arrimar (a), apoyar (contra); *Tür*: entornar

Anleihe ['-laɪə] *f* (-; *-n*) empréstito *m*

'**anleit|en** (*sep*, *-ge-*, *h*) guiar, instruir; **≈ung** *f* (-; *-en*) instrucciones *f/pl*

'**Anlieg|en** *n* (*-s*; -) deseo *m*, ruego *m*; petición *f*; **≈end** *Kleid*: ceñido, ajustado; *Brief*: adjunto; **~er** *m* (*-s*; -) vecino *m*

'**an|locken** (*sep*, *-ge-*, *h*) atraer; **~lügen** (*irr*, *sep*, *-ge-*, *h*, → ***lügen***): ***j-n ~*** mentir a alg; **~machen** (*sep*, *-ge-*, *h*) fijar; *Feuer*, *Licht*: encender; *Salat*: aderezar

Anm. ***Anmerkung*** N. (nota)

'**Anmache** F *f* (-) F guiño *m*, ligue *m*

'**anmachen** F *v/t* (*sep*) **1.** (*festmachen*) fijar (***an*** *+dat* a); **2.** *Feuer*, *Licht*, *radio usw* encender; **3.** *Salat* aliñar, aderezar; **4.** F (*reizen*, *verlocken*) ***j-n ~*** atraer a alg; ***das macht mich nicht an*** no me provoca *od* atrae; no me apetece; **5.** F (*aufreißen*) ***j-n ~*** ligarse a alg; **6.** F (*provozieren*) ***j-n ~*** provocar a alg, excitar a alg

'anmaß|en ['-maːsən] (*sep, -ge-, h*): ***sich*** (*dat*) *et* **~** arrogarse; **~end** presuntuoso, arrogante; **≈ung** *f* (-; *-en*) presunción *f*, arrogancia *f*

'Anmeld|eformular ['-mɛldə-] *n* formulario *m* de inscripción; **≈en** (*sep, -ge-, h*) avisar, anunciar; *auto* matricular; *beim Zoll*: declarar; ***sich ~*** inscribirse; *polizeilich*: darse de alta; *beim Arzt*: pedir hora; **~ung** *f* (-; *-en*) aviso *m*; inscripción *f*; alta *f*

'anmerk|en (*sep, -ge-, h*): ***man merkt es ihm an*** se le nota; ***sich*** (*dat*) ***nichts ~ lassen*** disimular; **≈ung** *f* (-; *-en*) nota *f*

'Anmut *f* (-; *sin pl*) gracia *f*; **≈ig** gracioso

'an|nageln (*sep, -ge-, h*) clavar; **~nähen** (*sep, -ge-, h*) coser

'annäher|nd *adv* aproximadamente; **≈ung** *f* (-; *-en*) acercamiento *m*

Annahme ['anaːmə] *f* (-; *sin pl*) aceptación *f*; *Kind, Antrag usw*: adopción *f*; (*pl -n*) (*Vermutung*) suposición *f*

'annehm|bar ['aneːmbaːr] aceptable; **~en** (*irr, sep, -ge-, h,* → ***nehmen***) aceptar, recibir; (*zulassen*) admitir; (*vermuten*) suponer; ***sich e-r Sache ~*** encargarse de a/c; **≈lichkeit** *f* (-; *-en*) comodidad *f*

Annonc|e [a'nɔ̃sə] *f* (-; *-n*) anuncio *m*; **≈'ieren** (*h*) poner un anuncio

annullieren [anu'liːrən] (*h*) anular

anonym [ano'nyːm] anónimo

Anorak ['-rak] *m* (*-s*; *-s*) anorak *m*

'anordn|en (*sep, -ge-, h*) disponer; (*befehlen*) ordenar; **≈ung** *f* (-; *-en*) disposición *f* (***treffen*** tomar); (*Befehl*) orden *f*

'anpass|en (*sep, -ge-, h*) ajustar; ***sich ~*** adaptarse (***an*** *ac* a); **≈ung** *f* (-; *-en*) adaptación *f*; **~ungsfähig** adaptable

'Anpfiff *m* (-[*e*]*s*; *-e*) *dep* pitada *f* inicial; F *fig* bronca *f*

'an|pflanzen (*sep, -ge-, h*) plantar; cultivar; **'~preisen** (*irr, sep, -ge-, h,* → ***preisen***) elogiar, alabar

'Anprob|e *f* (-; *-n*) prueba *f*, ensayo *m*; **≈ieren** (*sep, h*) probarse

'an|pumpen (*sep, -ge-, h*) F dar un sablazo a; **~rechnen** (*sep, -ge-, h*) cargar en cuenta; ***hoch ~*** agradecer mucho

'Anrecht *n* (-[*e*]*s*; *-e*) derecho *m* (***auf*** *ac* a)

'Anrede *f* (-; *-n*) tratamiento *m*; **≈n** (*sep, -ge-, h*) dirigir la palabra a; ***mit Sie ~*** tratar de usted; ***mit Du ~*** tutear

'anreg|en (*sep, -ge-, h*) animar; *a med* estimular; (*vorschlagen*) sugerir; *Appetit*: abrir; **~end** excitante; *a med* estimulante; **≈ung** *f* (-; *-en*) estímulo *m*; sugerencia *f*

'Anreiz *m* (*-es*; *-e*) estímulo *m*, incentivo *m*

'Anrichte ['-riçtə] *f* (-; *-n*) aparador *m*; **≈n** (*sep, -ge-, h*) *Speisen*: aderezar; *Schaden usw*: ocasionar, causar

'Anruf *m* (-[*e*]*s*; *-e*) llamada *f*; **~beantworter** *m* (*-s*; -) contestador *m* automático (de llamadas); **≈en** (*irr, sep, -ge-, h,* → ***rufen***) llamar

'anrühren (*sep, -ge-, h*) tocar; *Farbe usw*: mezclar; *Teig*: amasar

'Ansage ['-zaːgə] *f* (-; *-n*) *TV usw*: presentación *f*; **≈n** (*sep, -ge-, h*) avisar, anunciar; **~r** *m* (*-s*; -), **'~rin** *f* (-; *-nen*) *Radio*: locator(a)*m*(*f*); *TV* presentador(a) *m*(*f*)

'Ansammlung *f* (-; *-en*) reunión *f*; aglomeración *f* (*a v Menschen*)

'ansässig ['-zɛsiç] domiciliado (***in*** *dat* en)

'anschaff|en (*sep, -ge-, h*) adquirir, comprar; **≈ung** *f* (-; *-en*) adquisición *f*

'anschalten (*sep, -ge-, h*) *Licht*: encender; *Gerät*: conectar

'anschau|en (*sep, -ge-, h*) mirar; contemplar; **~lich** expresivo; **≈ung** *f* (-; *-en*) (*Meinung*) opinión *f*; modo *m* de ver

'Anschein *m* (-[*e*]*s*; *sin pl*) apariencia *f*; **≈end** *adv* por lo visto, al parecer

'Anschlag *m* (-[*e*]*s*; *Anschläge*) *tec* tope *m*; *mus u Schreibmaschine*: pulsación *f*; (*Plakat*) letrero *m*, cartel *m*; (*Mord≈*) atentado *m* (***auf*** *ac* a); **~brett** *n* tablón *m* de anuncios; cartelera *f*; **≈en** (*irr, sep, -ge-,* → ***schlagen***) **1.** *v/t* (*h*) fijar (*a Plakat*); **2.** *v/i* (*h u sn*) dar (***an*** *ac* contra); *Hund* (*h*): ladrar; (*wirken*) surtir efecto; **~tafel** *f* tablón *m* de anuncios

'anschließen (*irr, sep, -ge-, h,* → ***schließen***) unir; *el* conectar, enchufar (***an*** *ac* a, con); ***sich ~ an*** (*ac*) unirse, adherirse a; **~d** siguiente; *adv* a continuación

'Anschluss *m* (*-es*; *Anschlüsse*) *tec* conexión *f* (*a el*); *tel* comunicación *f*; *Gas, Wasser*: acometida *f*; *ferro, avia* enlace *m*, correspondencia *f*; ***~ suchen***

(**finden**) buscar (encontrar) compañía; **~flug** *m* vuelo *m* de enlace; **~zug** *m* tren *m* de enlace

'**anschnall|en** (*sep, -ge-, h*) sujetar, atar; *auto, avia* **sich ~** abrocharse el cinturón; **2gurt** *m* cinturón *m* (de seguridad); **2pflicht** *f* uso *m* obligatario del cinturón de seguridad

'**an|schnauzen** (*sep, -ge-, h*) F echar una bronca a; **~schneiden** (*irr, sep, -ge-, h,* → ***schneiden***) empezar; *fig* abordar

Anschovis [-'ʃoːvis] *f* (-; -) anchoa *f*

'**an|schrauben** (*sep, -ge-, h*) atornillar; **~schreiben** (*irr, sep, -ge-, h,* → ***schreiben***) *j-n*: escribir a; ***~ lassen*** comprar fiado; **~schreien** (*irr, sep, -ge-, h,* → ***schreien***): ***j-n ~*** gritar a alg

'**Anschrift** *f* (-; *-en*) dirección *f*, señas *f/pl*

'**anschwellen** (*irr, sep, -ge-, sn,* → ***schwellen***) *med* hincharse

'**ansehen 1.** *v/t* (*irr, sep, -ge-, h,* → ***sehen***) mirar; ***~ für** od **als*** (*ac*) considerar como; ***man sieht es ihm an*** se le ve en la cara; **2.** 2 *n* (*-s; sin pl*) *fig* reputación *f*, prestigio *m*

ansehnlich ['-zeːnliç] de buena presencia, vistoso; considerable

'**an|seilen** ['-zaɪlən] (*sep, -ge-, h*): ***sich ~*** encordarse; **~setzen** (*sep, -ge-, h*) juntar, unir; *Termin*: señalar, fijar; ***Fett ~*** echar carnes

'**Ansicht** *f* (-; *-en*) vista *f*; (*Meinung*) parecer *m*, opinión *f*; *com* ***zur ~*** como muestra; **~skarte** *f* postal *f* (ilustrada)

'**ansiedeln** (*sep, -ge-, h*) (***sich***) **~** asentar(se), establecer(se)

'**anspann|en** (*sep, -ge-, h*) *Pferd*: enganchar; ***s-e Kräfte ~*** hacer un esfuerzo; **2ung** *f* (-; *-en*) tensión *f*

'**anspiel|en** (*sep, -ge-, h*) *dep* hacer el saque; *fig* ***~ auf*** (*ac*) aludir a; **2ung** *f* (-; *-en*) alusión *f*

'**Ansporn** *m* (-[*e*]*s*; *sin pl*) estímulo *m*

'**Ansprache** *f* (-; *-n*) alocución *f*

'**ansprechen** (*irr, sep, -ge-, h,* → ***sprechen***) dirigir la palabra a; **~d** simpático, agradable

'**anspringen** *v/i* (*irr, sep, -ge-, sn,* → ***springen***) *Motor*: arrancar

'**Anspruch** *m* (-[*e*]*s*; *Ansprüche*) (*Recht*) derecho *m* (***auf*** a); pretensión *f* (a); ***~ erheben auf*** (*ac*) reclamar (*a/c*); reivindicar; ***in ~ nehmen*** recurrir a; **2slos** modesto, sin pretensiones; **2svoll** exigente

Anstalt ['-ʃtalt] *f* (-; *-en*) establecimiento *m*; institución *f*, instituto *m*

'**An|stand** *m* (-[*e*]*s*; *sin pl*) decencia *f*, decoro *m*; **2ständig** decente, decoroso

'**anstandshalber** ['-halbər] para guardar el decoro

'**anstarren** (*sep, -ge-, h*) mirar fijamente

anstatt [-'ʃtat] (*gen*, ***zu** inf*) en vez de

'**ansteck|en** (*sep, -ge-, h*) *v/t* prender; *Ring*: ponerse; *Zigarette*: encender; *med* contagiar; **~end** contagioso; **2ung** *med f* (-; *-en*) contagio *m*, infección *f*

'**anstehen** (*irr, sep, -ge-, h u sn,* → ***stehen***) (*Schlange stehen*) hacer cola

'**ansteigen** (*irr, sep, -ge-, sn,* → ***steigen***) subir; *fig a* aumentar

an'stelle (*gen*) en lugar de, en vez de

'**anstell|en** (*sep, -ge-, h*) *Radio usw*: poner; *Personal*: emplear; **sich** (**hinten**) **~** hacer cola; **sich** (**un**)**geschickt ~** darse buena (mala) maña; **2ung** *f* (-; *-en*) empleo *m*, colocación *f*

Anstieg ['-ʃtiːk] *m* (-[*e*]*s*; *-e*) subida *f* (*a fig*)

'**anstift|en** (*sep, -ge-, h*) *j-n*: instigar (***zu** ac* a); **2ung** *f* (-; *-en*) instigación *f*

'**anstimmen** (*sep, -ge-, h*) *Lied*: entonar

'**Anstoß** *m* (*-es*; *Anstöße*) (*Antrieb*) impulso *m*; *dep* saque *m* inicial; ***~ erregen*** causar escándalo; ***~ nehmen*** escandalizarse (***an** dat* de, con); **2en** (*irr, sep, -ge-, sn,* → ***stoßen***) *v/i* tropezar (***an** ac* con), chocar (contra); ***auf j-n ~*** brindar por alg

anstößig ['-ʃtøːsiç] chocante, escandaloso

'**anstreichen** (*irr, sep, -ge-, h,* → ***streichen***) pintar; *Stelle*: marcar

'**anstreng|en** ['-ʃtrɛŋən] (*sep, -ge-, h*) cansar; ***sich ~*** esforzarse; **~end** fatigoso, penoso; **2ung** *f* (-; *-en*) esfuerzo *m*

'**Anstrich** *m* (-[*e*]*s*; *-e*) (capa *f* de) pintura *f*

'**Ansturm** *m* (-[*e*]*s*; *Anstürme*) *fig* afluencia *f*

Antarktis [ant'arktis] *f* Antártida *f*

'**Anteil** *m* (-[*e*]*s*; *-e*) parte *f*, *fig* interés *m*; **~nahme** ['-naːmə] *f* (-; *sin pl*) interés *m*; simpatía *f*

Antenne [-'tɛnə] *f* (-; *-n*) antena *f*

Anti|... ['antiː]: *in Zssgn* anti...; **~'babypille** *f* píldora *f* (anticonceptiva); **~biotikum** [-bi'oːtikum] *n* (*-s*; *Antibiotika*)

antibiótico *m*; **~blo'ckiersystem** *n auto* sistema *m* antibloqueo (de frenos)
an'tik [-'tiːk] antiguo; **²e** *f* (-; *sin pl*) edad *f* antigua, antigüedad *f*
Antillen [an'tilən] *pl* Antillas *f/pl*
Anti|lope [-ti'loːpə] *f* (-; *-n*) antílope *m*; **~pathie** [-pa'tiː] *f* (-; *sin pl*) antipatía *f*
Anti|quariat [-kvar'jaːt] *n* (-[*e*]*s*; *-e*) librería *f* de lance *od* de ocasión; **~quitätengeschäft** [-kvi'tɛːtən-] *n* tienda *f* de antigüedades
Antisemitismus [-zemi'tismus] *m* (-; *sin pl*) antisemitismo *m*
Anti'viren|programm *n inform* programa *m* antivirus; **~software** *f inform* software *m* antivirus
'Antrag ['-traːk] *m* (-[*e*]*s*; *Anträge*) (*Gesuch*) solicitud *f*; instancia *f*; **~sformular** *n* modelo *m* de instancia; **~steller** ['-ʃtɛlər] *m* (-*s*; -) solicitante *m*
'an|treffen (*irr*, *sep*, *-ge-*, *h*, → ***treffen***) encontrar; **~treiben** (*irr*, *sep*, *-ge-*, *h*, → ***treiben***) *tec* accionar; *jur*, *avia* propulsar; *fig* estimular; **~treten** (*irr*, *sep*, *-ge-*, *h*, → ***treten***) *Reise*: emprender; *Arbeit*: empezar
'Antrieb *m* (-[*e*]*s*; *-e*) *tec* accionamiento *m*; impulso *m* (*a fig*); *avia*, *mar* propulsión *f*; ***aus eigenem ~*** espontáneamente
'Antritt *m*: ***vor ~ der Reise*** antes de emprender el viaje
'antun (*irr*, *sep*, *-ge-*, *h*, → ***tun***) *Gewalt*, *Ehre*: hacer; ***sich*** (*dat*) ***et~*** atentar contra la propia vida
Antwerpen [ant'vɛrpən] *n* Amberes *f*
'Antwort ['antvɔrt] *f* (-; *-en*) contestación *f*, respuesta *f*; **²en** (*ge-*, *h*) contestar, responder (***auf*** *ac* a)
'an|vertrauen (*sep*, *h*) confiar; ***sich j-m ~*** confiarse a alg; **~wachsen** (*irr*, *sep*, *-ge-*, *sn*, → ***wachsen***) *fig* crecer
Anwalt ['-valt] *m* (-[*e*]*s*; *Anwälte*) abogado *m*
Anwältin ['anvɛltin] *f* (-; *-nen*) abogada *f*
'anwärmen (*sep*, *-ge-*, *h*) calentar
'Anwärter *m* (-*s*; -) aspirante *m*, candidato *m* (***auf*** *ac* a)
'anweis|en (*irr*, *sep*, *-ge-*, *h*, → ***weisen***) ordenar; (*anleiten*) instruir; *Geld*: consignar, girar; *Platz*: indicar; **²ung** *f* (-; *-en*) instrucciones *f/pl*; (*Geld*) giro *m*
'anwend|en ['-vɛndən] (*irr*, *sep*, *-ge-*, *h*, → ***wenden***) emplear, utilizar; aplicar (***auf*** *ac* a); **'²ersoftware** *f* software *m* aplicativo *od* de usuario; **²ung** *f* (-; *-en*) empleo *m*; aplicación *f*
'anwesen|d presente; ***~ sein bei*** asistir a; **²heit** *f* (-; *sin pl*) presencia *f*
anwidern ['-viːdərn] (*sep*, *-ge-*, *h*) repugnar
'Anzahl *f* (-; *sin pl*) número *m*, cantidad *f*; **²en** (*sep*, *-ge-*, *h*) pagar a cuenta; **~ung** *f* (-; *-en*) pago *m* a cuenta
'Anzeichen *n* (-*s*; -) señal *f*; (*Vorzeichen*) presagio *m*; *med* síntoma *m*
'Anzeige ['-tsaɪgə] *f* (-; *-n*) *com* aviso *m*; (*Zeitungs²*) anuncio *m*; *jur* denuncia *f*; **²n** (*sep*, *-ge-*, *h*) indicar; (*ankündigen*) anunciar; avisar; *jur* denunciar
'anzieh|en (*irr*, *sep*, *-ge-*, *h*, → ***ziehen***) *v/t* atraer (*a fig*); *Kleidung*: ponerse; *Schraube*, *Bremse*: apretar; ***sich ~*** vestirse; **~end** atrayente, atractivo; **²ung** *f* (-; *sin pl*) atracción *f* (*a fig*)
'Anzug *m* (-[*e*]*s*; *Anzüge*) traje *m*; conjunto *m*
anzüglich ['-tsyːkliç] picante
'anzünd|en (*sep*, *-ge-*, *h*) encender; *Haus*: incendiar; **²er** *m* (-*s*; -) encendedor *m*
AOK *f* ***Allgemeine Ortskrankenkasse*** *caja local de enfermedad*
apathisch [a'paːtiʃ] apático
Aperitif [aperi'tiːf] *m* (-*s*; *-s*) aperitivo *m*
'Apfel ['apfəl] *m* (-*s*; ⸚) manzana *f*; **~baum** *m* manzano *m*; **~mus** *n* puré *m* de manzana; **~sine** [-'ziːnə] *f* (-; *-n*) naranja *f*; **~'sinenbaum** *m* naranjo *m*; **~wein** *m* sidra *f*
Apostel [a'pɔstəl] *m* (-*s*; -) apóstol *m*
Apo'theke [apo'teːkə] *f* (-; *-n*) farmacia *f*; **~r** *m* (-*s*; -), **~rin** *f* (-; *-nen*) farmacéutico *m*, -a *f*
Apparat [apa'raːt] *m* (-[*e*]*s*; *-e*) aparato *m*; *fot* máquina *f*; *tel* teléfono *m*; ***bleiben Sie am ~!*** ¡no cuelgue!
Appartement [apart(ə)'mãː] *n* (-*s*; *-s*) apartamento *m*; estudio *m*
Appell [a'pɛl] *m* *mil* llamada *f*; *fig* llamamiento *m*
Appe'tit [apə'tiːt] *m* (-[*e*]*s*; *-e*) apetito *m*; ***guten ~!*** ¡que aproveche!; **²lich** apetitoso; **~losigkeit** *f* falta *f* de apetito
Applaus [a'plaʊs] *m* (-*es*; *sin pl*) aplauso *m*
Apri'kose [apri'koːzə] *f* (-; *-n*) albaricoque *m*, *Am* damasco *m*
A'pril [a'pril] *m* (-[*s*]; *raro -e*) abril *m*

Aquädukt [akvɛ'dukt] *m* (-[*e*]*s*; -*e*) acueducto *m*
Aquarell [akva'rɛl] *n* (-*s*; -*e*) acuarela *f*
Aquarium [a'kvɑːrjum] *n* (-*s*; *Aquarien*) acuario *m*
Äquator [ɛ'kvɑːtɔr] *m* (-*s*; *sin pl*) ecuador *m*
Äquatorialguinea [ɛkvato'rjɑːlgineːa] *n* Guinea *f* Ecuatorial
Ar [ɑːr] *n* (-[*e*]*s*; -*e*, *después de números inv*) área *f*
Ära ['ɛːra] *f* (-; *Ären*) era *f*
Arab|er ['arabər] *m* (-*s*; -), **~erin** *f* (-; -*nen*) árabe *su*; **≗isch** [a'rɑːbiʃ] árabe
Arabien [a'rɑːbjən] *n* Arabia *f*
Aragonien [ara'goːnjən] *n* Aragón *m*
'**Arbeit** ['arbaɪt] *f* (-; -*en*) trabajo *m*; (*Werk*) obra *f*; (*Aufgabe*) tarea *f*; **≗en** (*ge*-, *h*) trabajar; *Maschine*: funcionar, marchar
'**Arbeiter** *m* (-*s*; -), '**~in** *f* (-; -*nen*) trabajador(a) *m*(*f*); obrero *m*, -a *f*; **~...** *in Zssgn mst* obrero
'**Arbeit|geber** *m* patrono *m*; **~geberanteil** *m* cuota *f* patronal; **~geberverband** *m* (asociación *f*) patronal *f*; **~nehmer** ['-neːmər] *m* (-*s*; -) empleado *m*; **~nehmeranteil** *m* cuota *f* del empleado
Arbeits|agentur *f BRD*: oficina *f* de empleo; *Span etwa* Instituto *m* Nacional de Empleo; **~bedingungen** *f*/*pl* condiciones *f*/*pl* de trabajo; **~beschaffung** *f* creación *f* de empleo; **~erlaubnis** *f* permiso *m* de trabajo; **~essen** *n* comida *f* (almuerzo *m*, cena *f*) de trabajo; **≗fähig** capaz de trabajar; **~kampf** *m* lucha *f* laboral; **~kräfte** ['-krɛftə] *f*/*pl* mano *f* de obra; **≗los** sin trabajo, parado, en paro; **~losengeld** *n* (-[*e*]*s*; -*er*) subsidio *m* de paro *od* de desempleo; **~losenversicherung** *f* seguro *m* contra el paro; **~losigkeit** *f* paro *m* (forzoso), desempleo *m*; **~platz** *m* puesto *m* de trabajo; (*Stelle*) empleo *m*; (*Ort*) lugar *m* de trabajo; **~speicher** *m inform* memoria *f* RAM; **~tag** *m* jornada *f* laboral; **~teilung** *f* división *f* del trabajo; **≗unfähig** incapaz para el trabajo; inválido; **~unfall** *m* accidente *m* de trabajo; **~zeit** *f* horas *f*/*pl* de trabajo, jornada *f* laboral; **~zeitverkürzung** *f* reducción *f* del horario laboral
Archäologie [arçɛolo'giː] *f* (-; *sin pl*) arqueología *f*
Architekt [-çi'tɛkt] *m* (-*en*; -*en*), **~in** *f* (-; -*nen*) arquitecto *m*, -a *f*; **~ur** [-'tuːr] *f* (-; -*en*) arquitectura *f*
Archiv [-'çiːf] *n* (-*s*; -*e*) archivo *m*
ARD *f* ***Arbeitsgemeinschaft der öffentlich-rechtlichen Rundfunkanstalten der Bundesrepublik Deutschland*** *Asociación de las estaciones de radio de la República Federal de Alemania*
Arena [a'reːna] *f* (-; *Arenen*) arena *f*; *taur* plaza *f* de toros
arg [ark] malo; grave; (*sehr*) muy
Argentinien [argɛn'tiːnjən] *n* (la) Argentina
Argentin|ier [argɛn'tiːnjər] *m* (-*s*; -), **~ierin** *f* (-; -*nen*) argentino *m*, -a *f*; **≗isch** argentino
'**Ärger** ['ɛrgər] *m* (-*s*; *sin pl*) disgusto *m*; (*Unmut*) enfado *m*, enojo *m*; **≗lich** *et*: enojoso; *j*: enfadado (***über** ac* por); **≗n** (*ge*-, *h*) enfadar, disgustar; ***sich ~*** enfadarse; **~nis** *n* (-*ses*; -*se*) escándalo *m*; contrariedad *f*
'**arg|listig** ['arklistiç] malicioso; *jur* doloso; **~los** ingenuo
Argument [-gu'mɛnt] *n* (-[*e*]*s*; -*e*) argumento *m*
Arg|wohn ['arkvoːn] *m* (-*s*; *sin pl*) sospecha *f*; recelo *m*; **≗wöhnisch** ['-vøːniʃ] receloso, suspicaz
a. Rh. ***am Rhein*** del Rin
Arie ['ɑːrjə] *f* (-; -*n*) aria *f*
arktisch ['arktiʃ] ártico
arm [arm] pobre (***an** dat* en)
Arm [arm] *m* (-[*e*]*s*; -*e*) brazo *m*; F *fig j-n* ***auf den ~ nehmen*** tomar el pelo a
Armaturenbrett [arma'tuːrənbrɛt] *n* tablero *m* de instrumentos, cuadro *m* de mandos
'**Arm|band** ['armbant] *n* (-[*e*]*s*; *Armbänder*) pulsera *f*; **~banduhr** *f* reloj *m* de pulsera; **~binde** *f* brazalete *m*; *med* cabestrillo *m*
Armee [ar'meː] *f* (-; -*n*) ejército *m*
Ärmel ['ɛrməl] *m* (-*s*; -) manga *f*
Ärmelkanal ['ɛrməlkanɑːl] *m* Canal *m* de La Mancha
Armenien [ar'meːnjən] *n* Armenia *f*
Armleuchter ['arm-] *m* candelabro *m*; P *fig* gilipollas *m* P
ärmlich ['ɛrmliç] *s* ***armselig***
'**Arm|reif** ['armraɪf] *m* brazalete *m*; **≗selig** pobre, miserable, mísero
Armut ['armuːt] *f* (-; *sin pl*) pobreza *f*
Aroma [a'roːma] *n* (-*s*; *Aromen*) aroma

m
Arrest [a'rɛst] *m* (-[*e*]*s*; -*e*) arresto *m*
arrogant [aro'gant] arrogante
Arsch [arʃ] V *m* (-[*e*]*s*; ⸚*e*) P culo *m*; '**~loch** V *fig n* P cabrón *m*
Art [ɑːrt] *f* (-; -*en*) (*Weise*) manera *f*; (*Gattung*) clase *f*, categoría *f*; *a biol* especie *f*; (*Eigen*&) índole *f*
Art. ***Artikel*** art. (artículo)
Ar'terie [ar'teːrjə] *f* (-; -*n*) arteria *f*; **~nverkalkung** *f* arteriosclerosis *f*
artig ['ɑːrtiç] *Kind*: formal, bueno
Artikel [ar'tiːkəl] *m* (-*s*; -) artículo *m*
Artillerie [-tilə'riː] *f* (-; -*n*) artillería *f*
Artischocke *bot* [-ti'ʃɔkə] *f* (-; -*n*) alcachofa *f*
Artist [-'tist] *m* (-*en*; -*en*), **~in** *f* (-; -*nen*) artista *su* de circo, acróbata *su*
Arznei [arts'naɪ] *f* (-; -*en*), **~mittel** *n* medicamento *m*, fármaco *m*
Arzt [artst] *m* (-*es*; ⸚*e*) médico *m*
Arzthelferin ['artsthɛlfərin] *f* auxiliar *f* de médico
'**Ärzt|in** ['ɛrtstin] *f* (-; -*nen*) médica *f*; **&lich** médico, facultativo
As → ***Ass***
Asbest [-'bɛst] *m* (-[*e*]*s*; -*e*) amianto *m*
'**Asche** ['aʃə] *f* (-; -*n*) ceniza *f*; **~nbecher** *m* cenicero *m*
Aschermittwoch [aʃər'mitvɔx] *m* miércoles *m* de ceniza
Asiat [az'jɑːt] *m* (-*en*; -*en*), **~in** *f* (-; -*nen*) asiático *m*, -a *f*; **&isch** asiático
Asien ['ɑːzjən] *n* Asia *f*
asozial ['azotsjɑːl] antisocial
Aspekt [as'pɛkt] *m* (-[*e*]*s*; -*e*) aspecto *m*
Asphal|t [-'falt] *m* (-[*e*]*s*; -*e*) asfalto *m*; **&'tieren** (*h*) asfaltar
Aspirin® [aspi'riːn] *n* (-*s*; *sin pl*) aspirina® *f*
Ass [as] *n* (-*es*; -*e*) *Karten u fig* as *m*
Assist|ent [asis'tɛnt] *m* (-*en*; -*en*), **~entin** *f* (-; -*nen*) asistente *su*, ayudante *su*; **~enzarzt** [-'-sʔartst] *m* médico *m* ayudante
Ast [ast] *m* (-[*e*]*s*; ⸚*e*) rama *f*
AStA *m* ***Allgemeiner Studentenausschuss*** *asociación general de estudiantes*
Aster *bot* ['astər] *f* (-; -*n*) aster *m*
Asthma ['astma] *n* (-*s*; *sin pl*) asma *f*
Astro|logie [astrolo'giː] *f* (-; *sin pl*) astrología *f*; **~naut** [-'naʊt] *m* (-*en*; -*en*) astronauta *m*; **~nomie** [-no'miː] *f* (-; *sin pl*) astronomía *f*
Asturien [as'tuːrjən] *n* Asturias *f/pl*
A'syl [a'zyːl] *n* (-*s*; *sin pl*) asilo *m*; **~ant** [-zy'lant] *oft neg! m* (-*en*; -*en*) asilado *m*; **~antrag** *m* petición *f* de asilo; **~bewerber** *m* solicitante *m* de asilo
Atelier [atəl'jeː] *n* (-*s*; -*s*) taller *m*; *Malerei, Film*: estudio *m*
'**Atem** ['ɑːtəm] *m* (-*s*; *sin pl*) aliento *m*; respiración *f*; ***außer* ~** sin aliento; **~beschwerden** *f/pl* molestias *f/pl* respiratorias; **&los** sin aliento; **~pause** *f fig* respiro *m*; **~zug** *m* inspiración *f*
Atheist [ate'ist] *m* (-*en*; -*en*), **~in** *f* (-; -*nen*) ateo *m*, -a *f*; **&isch** ateo
Athen [a'teːn] *n* Atenas *f*
Äther ['ɛːtər] *m* (-*s*; *sin pl*) éter *m*
Äthiopien [ɛ'tjoːpjən] *n* Etiopía *f*
Athlet [at'leːt] *m* (-*en*; -*en*), **~in** *f* (-; -*nen*) atleta *su*
Atlantik [at'lantik] *m* (Océano *m*) Atlántico *m*
Atlas ['-las] *m* **a)** (*Landkarte*) (-[*ses*]; *Atlanten*, -*se*) atlas *m* **a)** (*Stoff*) (-[*ses*]; -*se*) raso *m*; satén *m*
atmen ['ɑːtmən] (*ge*-, *h*) respirar
Atmosphäre [atmɔs'fɛːrə] *f* (-; -*n*) atmósfera *f*; *fig* ambiente *m*
Atmung ['ɑːtmuŋ] *f* (-; *sin pl*) respiración *f*
A'tom [a'toːm] *n* (-*s*; -*e*) átomo *m*; **&ar** [ato'mɑːr] atómico; **~bombe** *f* bomba *f* atómica; **~energie** *f* energía *f* atómica; **~kraftgegner** *m/pl* antinucleares *m/pl*; **~kraftwerk** *n* central *f* atómica *od* nuclear
Attaché [ata'ʃeː] *m* (-*s*; -*s*) agregado *m*
'**Atten|tat** ['atəntɑːt] *n* (-[*e*]*s*; -*e*) atentado *m*; **~täter** *m* autor *m* de un atentado
Attest [a'tɛst] *n* (-[*e*]*s*; -*e*) certificado *m*
attraktiv [atrak'tiːf] atractivo
Attrappe [a'trapə] *f* (-; -*n*) objeto *m* simulado *od* F de pega
au! [aʊ] *int* ¡ay!
AU *f* ***Abgasuntersuchung*** *Auto*: *control de emisiones contaminantes*
Aubergine [obɛr'ʒiːnə] *f* (-; -*n*) berenjena *f*
auch [aʊx] también; **~ *nicht*** tampoco; ***oder* ~** o sea; ***sowohl … als* ~** tanto … como; **~ *wenn*** aun cuando
Audienz [aʊ'djɛnts] *f* (-; -*en*) audiencia *f*
audiovisuell [aʊdjovizu'ɛl] audiovisual
auf [aʊf] **1.** *prp* sobre; en, encima de; **~ *dem Tisch*** sobre la mesa; **~ *dem Bo-***

den en el suelo; **~ *dem Land*** en el campo; **~ *der Straße*** en la calle; **~ *dieser Seite*** por *od* de este lado; **~ *Besuch*** de visita; **~ *Deutsch*** en alemán; **2.** *adv* (*offen*) abierto; (*aufgestanden*) levantado

'auf|arbeiten (*sep*, *-ge-*, *h*) (*beenden*) terminar; (*erneuern*) renovar; **~atmen** (*sep*, *-ge-*, *h*) respirar (*a fig*)

'Aufbau *m* (-[*e*]*s*; *sin pl*) construcción *f*; *tec* montaje *m*; (*Gliederung*) estructura *f*; organización *f*; *mar pl* **~ten** superestructura *f*; **2en** (*sep*, *-ge-*, *h*) construir; *tec* montar; *fig* organizar

'auf|bauschen (*sep*, *-ge-*, *h*) hinchar (*a fig*); **~begehren** (*sep*, *h*) protestar, rebelarse (***gegen*** contra); **~bessern** (*sep*, *-ge-*, *h*) *Gehalt*: aumentar

'aufbewahr|en (*sep*, *h*) guardar, conservar; *für später*: reservar; **2ung** *f* (-; *sin pl*) conservación *f*; (*Gepäck*) consigna *f*

'auf|bieten (*irr*, *sep*, *-ge-*, *h*, → ***bieten***) *fig* movilizar; *Mittel*: poner en juego; ***alle Kräfte* ~** emplearse a fondo; **~blasen** (*irr*, *sep*, *-ge-*, *h*, → ***blasen***) inflar, hinchar; **~bleiben** (*irr*, *sep*, *-ge-*, *sn*, → ***bleiben***) quedar abierto; *nachts*: no acostarse, velar; **~blenden** (*sep*, *-ge-*, *h*) *auto* poner las luces de carretera; **~blicken** (*sep*, *-ge-*, *h*) alzar la vista; **~blühen** (*sep*, *-ge-*, *sn*) abrirse; *fig* florecer; prosperar; **~brauchen** (*sep*, *-ge-*, *h*) apurar; agotar; **~brechen** (*irr*, *sep*, *-ge-*, → ***brechen***) **1.** *v/t* (*h*) abrir, romper; *gewaltsam*: forzar; **2.** *v/i* (*sn*) abrirse; (*fortgehen*) marcharse (***nach*** para); **~bringen** (*irr*, *sep*, *-ge-*, *h*, → ***bringen***) *Geld*: reunir; *Gerücht*: inventar; *Mode usw*: lanzar; *fig* irritar, enojar

'Aufbruch *m* (-[*e*]*s*; *Aufbrüche*) salida *f*, marcha *f*

'auf|brühen (*sep*, *-ge-*, *h*) *Tee*: hacer; **~decken** (*sep*, *-ge-*, *h*) destapar; *fig* descubrir, desvelar; **~drängen** (*sep*, *-ge-*, *h*): ***sich j-m* ~** importunar a alg; **~drehen** (*sep*, *-ge-*, *h*) *Hahn*: abrir

'aufdringlich importuno, pesado

aufei'nander [-ʔaɪ'nʔandər] uno(s) sobre otro(s); *zeitlich*: uno tras otro; **~ *folgen*(*d*)** → ***aufeinanderfolgen*(*d*)**; **~folgen** (*sep*, *-ge-*, *sn*) seguirse, sucederse; **~folgend** sucesivo; **~prallen** (*sep*, *-ge-*, *sn*), **~stoßen** (*irr*, *sep*, *-ge-*, *sn*, → ***stoßen***) entrechocarse; chocar (*a fig*)

'Aufenthalt ['aʊfʔɛnthalt] *m* (-[*e*]*s*; *-e*) estancia *f*; *ferro* parada *f*; **~sgenehmigung** *f* permiso *m* de residencia; **~sort** *m* paradero *m*

'auferlegen (*sep*, *h*) imponer

'aufersteh|en (*erstand auf*, *auferstanden*, *sn*) resucitar; **'2ung** *f* (-; *sin pl*) resurrección *f*

'aufessen (*irr*, *sep*, *-ge-*, *h*, → ***essen***): ***alles* ~** comérselo todo

'auffahr|en *v/i* (*irr*, *sep*, *-ge-*, *sn*, → ***fahren***) chocar (***auf*** *ac* con); **2t** *f* (-; *-en*) (*Rampe*) rampa *f*; (*Autobahn*) acceso *m*; **2unfall** *m* accidente *m* por alcance

'auffallen (*irr*, *sep*, *-ge-*, *sn*, → ***fallen***) *fig* llamar la atención; **~d**, **'auffällig** vistoso, llamativo

'auffangen (*irr*, *sep*, *-ge-*, *h*, → ***fangen***) coger (al vuelo); *Funkspruch*: captar

'auffass|en (*sep*, *-ge-*, *h*) comprender, interpretar; **~ *als*** considerar como; **2ung** *f* (-; *-en*) concepción *f*; interpretación *f*; modo *m* de ver

'auffinden (*irr*, *sep*, *-ge-*, *h*, → ***finden***) hallar, encontrar

'aufforder|n (*sep*, *-ge-*, *h*) invitar (***zu*** a); *amtlich*: requerir; ***zum Tanz* ~** sacar a bailar; **2ung** *f* (-; *-en*) invitación *f*; requerimiento *m*

aufforst|en ['-fɔrstən] (*sep*, *-ge-*, *h*) repoblar; **'2ung** *f* (-; *-en*) repoblación *f* forestal

'auf|fressen (*irr*, *sep*, *-ge-*, *h*, → ***fressen***) devorar; F comerse; **~frischen** ['-friʃən] (*sep*, *-ge-*, *h*) refrescar (*a fig*)

'aufführ|en (*sep*, *-ge-*, *h*) (*nennen*) citar, mencionar; *teat* representar; *mus* ejecutar; ***sich* ~** conducirse, portarse; ***aufgeführt sn*** *in e-r Liste*: figurar; **2ung** *f* (-; *-en*) representación *f*; *mus* ejecución *f*

'Aufgabe *f* **a)** (-; *-n*) tarea *f*, función *f* **a)** (-; *sin pl*) *Gepäck*: facturación *f*; *corr* envío *m*; (*Verzicht*) abandono *m*, renuncia *f*

'aufgabeln (*sep*, *-ge-*, *h*) F *fig* pescar

'Aufgang *m* (-[*e*]*s*; *Aufgänge*) (*Treppe*) escalera *f*; (*sin pl*) *astr* salida *f*

'aufgeben (*irr*, *sep*, *-ge-*, *h*, → ***geben***) *Brief*: echar al correo; *Telegramm*, *Annonce*: poner; *Gepäck*: facturar; *Rätsel*: (pro)poner; (*verzichten*) renunciar a; *Plan*: abandonar (*a v/i dep*); *v/i* resignarse; ***die Hoffnung* ~** desesperar

'Aufgebot *n* (-[*e*]*s*; *-e*) (*Ehe2*) amonestaciones *f/pl*

'aufgehen (*irr*, *sep*, *-ge-*, *sn*, → ***gehen***) abrirse; *astr* salir; *Vorhang*: levantarse; *Knoten*: deshacerse; *Naht*: descoserse

aufge|kratzt F ['-gəkratst] muy alegre; **~legt** ['-leːkt]: ***~ sn zu*** estar de humor para; ***gut*** (***schlecht***) **~** de buen (mal) humor; **~regt** ['-reːkt] agitado, excitado; **~schlossen** ['-ʃlɔsən] *fig* abierto (***für*** a); **~weckt** ['-vɛkt] *fig* (d)espabilado

'aufgießen (*irr*, *sep*, *-ge-*, *h*, → ***gießen***) *Tee*: hacer, preparar

auf'grund: **~** (***von***) por razón de, a raíz de

'Aufguss *m* (*-es*; *Aufgüsse*) infusión *f*

'aufhaben (*irr*, *sep*, *-ge-*, *h*, → ***haben***) *Hut*: tener puesto; *Geschäft*: tener abierto

aufhalten (*irr*, *sep*, *-ge-*, *h*, → ***halten***) dejar *od* tener abierto; (*stoppen*) parar, detener; (*verzögern*) retardar; ***sich ~*** permanecer

'aufhäng|en (*sep*, *-ge-*, *h*) colgar (***an*** *dat* de *od* en); *Wäsche*: tender; **2ung** *f* (*-*; *-en*) *tec* suspensión *f*

'auf|heben (*irr*, *sep*, *-ge-*, *h*, → ***heben***) levantar (*a fig Tafel*, *Sitzung*, *Belagerung*); *vom Boden*: recoger; (*abschaffen*) abolir; (*aufbewahren*) guardar, conservar; ***viel 2s machen von*** hacer mucho ruido por; **~heitern** ['-haɪtərn] (*sep*, *-ge-*, *h*) animar; ***sich ~*** despejarse; **~hellen** ['-hɛlən] (*sep*, *-ge-*, *h*): ***sich ~*** aclararse; *Himmel*: despejarse; **~hetzen** (*sep*, *-ge-*, *h*) incitar, instigar (***zu*** a); **~holen** (*sep*, *-ge-*, *h*) ganar terreno; *Zeit*: recuperar; **~hören** (*sep*, *-ge-*, *h*) terminar, acabar; ***~ zu*** cesar de, dejar de; **~kaufen** (*sep*, *-ge-*, *h*) acaparar; **~klaren** (*sep*, *-ge-*, *h*) *Wetter*: despejarse

'aufklär|en (*sep*, *-ge-*, *h*) aclarar, esclarecer; *j-n*: abrir los ojos (a); **2ung** *f* (*-*; *-en*) aclaración *f*, esclarecimiento *m*

'aufklebe|n (*sep*, *-ge-*, *h*) pegar (***auf*** *ac* en); **2r** *m* (*-s*; *-*) pegatina *f*

'auf|knöpfen (*sep*, *-ge-*, *h*) desabotonar, desabrochar; **~kochen** (*sep*, *-ge-*, *h*) hervir; **~kommen** (*irr*, *sep*, *-ge-*, *sn*, → ***kommen***) levantarse (*a Wind usw*); *Mode*, *Brauch*: introducirse; ***~ für*** *Kosten*: sufragar, *Schäden*: resarcir; **~laden** (*irr*, *sep*, *-ge-*, *h*, → ***laden***) cargar (*a el*)

Aufl. ***Auflage*** ed. (edición); tirada

'Auflage *f* (*-*; *-n*) *tip* edición *f*; (*Bedingung*) condición *f*

'auflassen (*irr*, *sep*, *-ge-*, *h*, → ***lassen***) *Tür*: dejar abierto; *Hut*: dejar puesto

'Auflauf *m* (*-[e]s*; *Aufläufe*) agolpamiento *m*, tumulto *m*; *gastr* soufflé *m*

'auflegen (*sep*, *-ge-*, *h*) poner, colocar; *tel* colgar; *Buch*: editar

'auflehn|en (*sep*, *-ge-*, *h*): ***sich ~*** rebelarse, sublevarse (***gegen*** contra); **2ung** *f* (*-*; *-en*) rebelión *f*, sublevación *f*

'aufleuchten (*sep*, *-ge-*, *h*) resplandecer, iluminarse

'auflös|en (*sep*, *-ge-*, *h*) deshacer, desatar; *Versammlung*, *Ehe*, *quím*: disolver; *in Wasser*: desleír, diluir; *Geschäft*: liquidar; ***sich ~*** descomponerse; **2ung** *f* (*-*; *-en*) solución *f*; disolución *f*; descomposición *f*

'aufmach|en (*sep*, *-ge-*, *h*) abrir; ***sich ~ nach*** ponerse en camino hacia; **2ung** *f* (*-*; *-en*) presentación *f*

'aufmerksam ['-mɛrkzaːm] atento (***auf*** a); ***j-n auf et ~ machen*** llamar la atención de alg sobre a/c; **2keit** *f* (*-*; *-en*) atención *f*

aufmuntern ['-muntərn] (*sep*, *-ge-*, *h*) animar, estimular

'Aufnahme ['-naːmə] *f* (*-*; *-n*) acogida *f*; (*Zulassung*) admisión *f*; *e-s Kredits*: obtención *f*; *fot* foto *f*, vista *f*; (*Ton2*) grabación *f*; (*Film2*) toma *f*; **~prüfung** *f* examen *m* de ingreso

'aufnehmen (*irr*, *sep*, *-ge-*, *h*, → ***nehmen***) (*aufheben*) recoger; *als Gast*: acoger, recibir; (*zulassen*) admitir; *in Listen*, *Wörterbücher*: incluir; *fot* fotografiar; *Ton*: grabar; *Gelder*: tomar prestado; *Protokoll*: levantar; *Arbeit*: comenzar; *Verbindung*: establecer

'aufpassen (*sep*, *-ge-*, *h*) prestar atención (***auf*** a); tener cuidado (con); ***auf j-n ~*** cuidar de alg; ***pass auf!*** ¡cuidado!

'Aufprall ['-pral] *m* (*-[e]s*; *sin pl*) choque *m*; (*Einschlag*) impacto *m*; **2en** (*sep*, *-ge-*, *sn*) chocar (***auf*** *ac* contra)

'aufpumpen (*sep*, *-ge-*, *h*) inflar

'aufputsch|en (*sep*, *-ge-*, *h*) amotinar; ***sich ~*** tomar estimulantes; **2mittel** *n* estimulante *m*, excitante *m*

'aufraffen (*sep*, *-ge-*, *h*) *fig*: ***sich ~*** hacer un esfuerzo

'aufräumen (*sep*, *-ge-*, *h*) ordenar, arreglar

'aufrecht derecho, *a fig* recto; (*stehend*) en pie; **~erhalten** (*irr*, *sep*, *h*, → ***erhal-***

***ten*)** sostener, mantener

'aufreg|en (*sep*, *-ge-*, *h*) agitar, excitar; ***sich* ~** excitarse (***über*** *ac* por); **~end** excitante; **≈ung** *f* (-; *-en*) agitación *f*, excitación *f*

'aufreibend agotador

'aufreißen (*irr*, *sep*, *-ge-*, *h*, → ***reißen***) *v/t Tür*: abrir bruscamente; *Pflaster*, *Straße*: levantar

'aufrichten (*sep*, *-ge-*, *h*) poner derecho; levantar; (*trösten*) alentar

'aufrichtig sincero, franco; **≈keit** *f* (-; *sin pl*) sinceridad *f*

'Aufruf *m* (-[*e*]*s*; *-e*) proclamación *f*; llamamiento *m*; *avia* llamada *f*

'Auf|ruhr *m* (*-s*; *sin pl*) alboroto *m*, revuelta *f*; **~rührer** *m* (*-s*; -) rebelde *m*

'aufrunden (*sep*, *-ge-*, *h*) redondear

'aufrüst|en (*sep*, *-ge-*, *h*) rearmar; **≈ung** *f* (-; *sin pl*) rearme *m*

aufsässig ['-zɛsiç] rebelde, levantisco

'Aufsatz *m* (*-es*; *Aufsätze*) (*Zeitungs≈*) artículo *m*; *lit* ensayo *m*

'aufschieben (*irr*, *sep*, *-ge-*, *h*, → ***schieben***) *fig* aplazar

'Aufschlag *m* (-[*e*]*s*; *Aufschläge*) choque *m*, impacto *m*; *Ball*: rebote *m*; *Tennis*: servicio *m*; (*Zuschlag*) recargo *m*, suplemento *m*; **≈en** (*irr*, *sep*, *-ge-*, → ***schlagen***) **1.** *v/t* (*h*) (*öffnen*) abrir; *Zelt*, *Bett*: armar; **2.** *v/i* (*sn*) chocar (***auf*** *ac* contra), caer (en); (*h*) *Tennis*: servir; *Preis*: subir

'auf|schließen *v/t* (*irr*, *sep*, *-ge-*, *h*, → ***schließen***) abrir (con llave); **~schlussreich** instructivo

'auf|schneiden (*irr*, *sep*, *-ge-*, *h*, → ***schneiden***) **1.** *v/t* cortar; **2.** *v/i* fanfarronear; **≈schnitt** *gastr m* fiambres *m/pl*

'aufschrecken (*sep*, *-ge-*) **1.** *v/t* (*h*) asustar; **2.** *v/i* (*sn*) sobresaltarse

'aufschreiben (*irr*, *sep*, *-ge-*, *h*, → ***schreiben***) apuntar, anotar

'Aufschrift *f* (-; *-en*) inscripción *f*

'Aufschub *m* (-[*e*]*s*; *Aufschübe*) aplazamiento *m*; *com* demora *f*, prórroga *f*

'Aufschwung *m* (-[*e*]*s*; *sin pl*) *fig* auge *m*

'Aufseh|en *n*: **~ *erregen*** hacer sensación; **~ *erregend*** → ***aufsehenerregend***; **≈enerregend** sensacional, espectacular; **~er** *m* (*-s*; -) vigilante *m*; *Museum*: celador *m*

'aufsetzen (*sep*, *-ge-*, *h*) **1.** *v/t* poner (*a Miene*); *Hut usw*: ponerse; *Text*: redactar; ***sich* ~** incorporarse; **2.** *v/i avia* tomar tierra, posarse

'Aufsicht *f* (-; *sin pl*) vigilancia *f*

'auf|sitzen (*irr*, *sep*, *-ge-*, *sn*, → ***sitzen***) *Reiter*: montar (a caballo); **~spannen** (*sep*, *-ge-*, *h*) tender; *Schirm*: abrir; **~sperren** (*sep*, *-ge-*, *h*) abrir (***weit*** de par en par); **~spielen** (*sep*, *-ge-*, *h*): ***sich* ~** F darse tono; ***sich* ~ *als*** echárselas de; **~spießen** (*sep*, *-ge-*, *h*) espetar; (*durchbohren*) atravesar con; *taur* coger; **~springen** (*irr*, *sep*, *-ge-*, *sn*, → ***springen***) *j*: levantarse de pronto; *Tür*: abrirse de golpe; *Haut*: agrietarse; **~spüren** (*sep*, *-ge-*, *h*) dar con la pista de; (*finden*) descubrir, localizar

'Auf|stand *m* (-[*e*]*s*; *Aufstände*) sublevación *f*, insurrección *f*; **≈ständisch** ['-ʃtɛndiʃ] sedicioso; ***die* ≈*en*** los insurrectos

'auf|stecken (*sep*, *-ge-*, *h*) *Haar*: sujetar con horquillas; F (*aufgeben*) abandonar; **~stehen** (*irr*, *sep*, *-ge-*, *sn*, → ***stehen***) levantarse; *Tür*: estar abierto

'aufsteige|n (*irr*, *sep*, *-ge-*, *sn*, → ***steigen***) *a fig* subir, *a dep u fig* ascender; *avia* tomar altura; *Reiter usw*: montar; **≈r** *m* (*-s*; -) *fig* trepador *m*

'aufstell|en colocar, poner; *tec* montar, instalar; *Mannschaft*: formar; *Liste*, *Rechnung*: hacer; *Rekord*: establecer; *Kandidaten*: designar; **≈ung** *f* (-; *-en*) (*Liste*) lista *f*; relación *f*

Aufstieg ['-ʃti:k] *m* (-[*e*]*s*; *-e*) subida *f*, ascensión *f*; *beruflich*: ascenso *m* (*a dep*)

'auf|stoßen (*irr*, *sep*, *-ge-*, *h*, → ***stoßen***) **1.** *v/t* abrir (de un empujón); **2.** *v/i* (*rülpsen*) eructar; **~stützen** (*sep*, *-ge-*, *h*): (***sich***) apoyar(se) (***auf*** *ac* en); **~suchen** (*sep*, *-ge-*, *h*) *j-n*: ir a ver, visitar; **~tanken** (*sep*, *-ge-*, *h*) echar gasolina; **~tauchen** (*sep*, *-ge-*, *sn*) emerger; *fig* surgir; **~tauen** (*sep*, *-ge-*); **3.** *v/t* (*h*) *Tiefkühlkost*: descongelar; **4.** *v/i* (*sn*) derretirse; *Flüsse*: deshelarse

'aufteilen (*sep*, *-ge-*, *h*) repartir

'Auftrag ['-tra:k] *m* (-[*e*]*s*; *Aufträge*) encargo *m*; *com* orden *f*, pedido *m*; (*Aufgabe*) cometido *m*, misión *f*; ***im* ~** por poder, por orden (de); ***im* ~ *von*** de parte de; **≈en** (*irr*, *sep*, *-ge-*, *h*, → ***tragen***) *Speisen*: servir; *Farbe*: aplicar; ***j-m et* ~** encargar a/c a alg; **~geber** *m com* cliente *m*, comitente *m*; **~sbestäti-**

gung *f* confirmación *f* del pedido
'**auf|treiben** (*irr*, *sep*, *-ge-*, → ***treiben***) F (*beschaffen*) conseguir; **~trennen** (*sep*, *-ge-*, *h*) deshacer; *Naht*: descoser
'**auftreten 1.** *v/i* (*irr*, *sep*, *-ge-*, *sn*, → ***treten***) sentar el pie; *teat* entrar en escena; (*spielen*) actuar; (*vorkommen*) producirse; (*sich benehmen*) (com)portarse; **~ *als*** hacer de; **2.** ♀ *n* (*-s*; *sin pl*) aparición *f*; (*Benehmen*) comportamiento *m*
'**Auftritt** *m* (-[*e*]*s*; *-e*) *teat u fig* escena *f*; *des Schauspielers*: entrada *f* (en escena)
'**auf|wachen** (*sep*, *-ge-*, *sn*) despertar(-se); **~wachsen** (*irr*, *sep*, *-ge-*, *sn*, → ***wachsen***) criarse
'**Aufwand** ['-want] *m* (-[*e*]*s*; *sin pl*) *an Geld*: dispendio *m*; (*Prunk*) boato *m*, lujo *m*
aufwändig → ***aufwendig***
'**aufwärmen** (*sep*, *-ge-*, *h*) recalentar; *fig* desenterrar; ***sich* ~** calentarse
aufwärts ['-vɛrts] (hacia) arriba
'**auf|wecken** (*sep*, *-ge-*, *h*) despertar; **~weichen** (*sep*, *-ge-*, *h*) *v/t* reblandecer; **~weisen** (*irr*, *sep*, *-ge-*, *h*, → ***weisen***) mostrar
'**aufwend|en** (*irr*, *sep*, *-ge-*, *h*, → ***wenden***) emplear, *Geld*: *a* gastar; **~ig** costoso; lujoso; **♀ungen** *f/pl* gastos *m/pl*
'**aufwert|en** (*sep*, *-ge-*, *h*) revalorizar; **♀ung** *f* (*-*; *-en*) revalorización *f*
'**aufwickeln** (*sep*, *-ge-*, *h*) arollar, enrollar; *Garn*: devanar; (*auswickeln*) desenrollar; *Haar*: poner los rulos a
Aufwiegler ['-viːglər] *m* (*-s*; -) agitador *m*, alborotador *m*
'**auf|wirbeln** (*sep*, *-ge-*, *h*) *Staub*: levantar; **~wischen** (*sep*, *-ge-*, *h*) limpiar
'**aufzähl|en** (*sep*, *-ge-*, *h*) enumerar; *im Einzelnen*: detallar; **♀ung** *f* (*-*; *-en*) enumeración *f*
'**aufzeichn|en** (*sep*, *-ge-*, *h*) dibujar; (*notieren*) apuntar; *TV* grabar; **♀ung** *f* (*-*; *-en*) apunte *m*, nota *f*; *TV usw*: grabación *f*; ***in e-r* ~** en diferido
'**aufzieh|en** (*irr*, *sep*, *-ge-*, → ***ziehen***) **1.** *v/t* (*h*) *Vorhang*: descorrer; *Schublade*: abrir; *Uhr*: dar cuerda a; *Kind*: criar; F (*foppen*) tomar el pelo a; **2.** *v/i* (*sn*) *Gewitter*: amenazar; *Wache*: relevarse
'**Aufzug** *m* (-[*e*]*s*; *Aufzüge*) (*Fahrstuhl*) ascensor *m*; *teat* acto *m*; *desp Kleidung*: atavío *m*, atuendo *m*
'**aufzwingen** (*irr*, *sep*, *-ge-*, *h*, → ***zwingen***) imponer
Augapfel ['aʊkˀapfəl] *m* globo *m* del ojo
Auge ['aʊgə] *n* (*-s*; *-n*) ojo *m*; (*Würfel*) punto *m*; (*Sehkraft*) vista *f*; ***kein* ~ *zutun*** no pegar (el) ojo; ***mit bloßem* ~** a simple vista; ***unter vier* ~n** a solas; ***ins* ~ *fallen*** saltar a la vista
'**Augen|arzt** *m*, **~ärztin** *f* oculista *su*, oftalmólogo *m*, -a *f*; **~blick** *m* momento *m*, instante *m*; ***im* ~** de momento; ***jeden* ~** de un momento a otro; **♀blicklich** momentáneo; *adv* en seguida; (*vorläufig*) de momento; **~braue** *f* ceja *f*; **~brauenstift** *m* lápiz *m* de cejas; **~klinik** *f* clínica *f* oftalmológica; **~licht** *n* vista *f*; **~lid** *n* párpado *m*; **~maß** *n*: ***nach* ~** a ojo (de buen cubero); **~zeuge** *m* testigo *m* presencial *od* ocular
Augsburg ['aʊksbʊrk] *n* Augsburgo *m*
August [-'gʊst] *m* (*-*; *raro -e*) agosto *m*
Auktion [aʊk'tsjoːn] *f* (*-*; *-en*) subasta *f*; **~ator** [-jo'nɑːtɔr] *m* (*-s*; *-en* [-na'toːrən]) subastador *m*
Aula ['aʊla] *f* (*-*; *Aulen*) salón *m* de actos; *Universität*: paraninfo *m*
Aupairmädchen [o'pɛːr-] *n* chica *f* au pair
aus [aʊs] **1.** *prp* (*dat*) **a)** *örtlich*, *zeitlich*, *Stoff*: de; **~ *Berlin*** de Berlín; **~ *Gold*** de oro; **~ *dem Fenster*** por la ventana; **~ *e-m Glas trinken*** beber en un vaso **a)** *Ursache*: por; **~ *Furcht*** por miedo; **~ *diesem Grunde*** por esta razón; **2.** *adv* acabado, terminado; *Licht*: apagado; ***alles ist* ~** todo se acabó; **3.** ♀ *dep n* (*-*; -) fuera *m* (de juego)
'**ausarbeit|en** (*sep*, *-ge-*, *h*) elaborar; **♀ung** *f* (*-*; *-en*) elaboración *f*
'**aus|arten** (*sep*, *-ge-*, *sn*) degenerar (***in*** *ac* en); '**~atmen** (*sep*, *-ge-*, *h*) espirar
'**Ausbau** *m* (-[*e*]*s*; *sin pl*) ampliación *f* (*a fig*); **♀en** (*sep*, *-ge-*, *h*) ampliar; *fig* desarrollar; intensificar; *tec* desmontar
'**ausbessern** (*sep*, *-ge-*, *h*) reparar, arreglar; *Kleidung*: remendar
'**ausbeut|en** ['-bɔʏtən] (*sep*, *-ge-*, *h*) explotar (*a j-n*); **♀er** *m* (*-s*; -) explotador *m*; '**♀ung** *f* (*-*; *sin pl*) explotación *f*; aprovechamiento *m*
'**ausbild|en** (*sep*, *-ge-*, *h*) formar, instruir; **♀ung** *f* (*-*; *-en*) formación *f*, instrucción *f*
'**ausbleiben** (*irr*, *sep*, *-ge-*, *sn*, → ***bleiben***) no venir; faltar

'Ausblick *m* (-[*e*]*s*; -*e*) vista *f*
'ausbrechen (*irr, sep, -ge-, sn,* → ***brechen***) evadirse; *Krieg*: estallar; *Brand, Krankheit*: declararse; *Vulkan*: entrar en erupción; ***in Tränen ~*** romper a llorar
'aus|breiten ['-braɪtən] (*sep, -ge-, h*) extender; *fig* difundir, propagar; **~brennen** (*irr, sep, -ge-,* → ***brennen***) **1.** *v/t* (*h*) *med* cauterizar; **2.** *v/i* (*sn*) quemarse
'Ausbruch *m* (-[*e*]*s*; *Ausbrüche*) (*Vulkan*) erupción *f*; *jur* evasión *f*; *med* aparición *f*
'aus|brüten (*sep, -ge-, h*) incubar, empollar (*a fig*); **~bürgern** ['-byrgərn] (*sep, -ge-, h*) desnaturalizar; **~bürsten** (*sep, -ge-, h*) cepillar
'auschecken ['aʊstʃɛkən] (*sep, -ge-, h*) *v/i u v/t* desembarcar
'Ausdauer *f* (-; *sin pl*) perseverancia *f*, constancia *f*; **≈nd** perseverante, constante
'ausdehn|en (*sep, -ge-, h*) extender; *zeitlich*: alargar; **≈ung** *f* (-; -*en*) extensión *f*; expansión *f*; (*Größe*) dimensión *f*
'aus|denken (*irr, sep, -ge-, h,* → ***denken***): ***sich*** (*dat*) **~** imaginarse, figurarse; **~drehen** (*sep, -ge-, h*) *Licht*: apagar
'Ausdruck *m* **1.** (-[*e*]*s*; *sin pl*) expresión *f*; ***zum ~ bringen*** expresar; **2.** (*pl* ⸚*e*) (*Wort*) término *m*; **3.** *inform* -[*e*]*s*; -*e* impreso *m*
'ausdrück|en (*sep, -ge-, h*) exprimir; *Zigarette*: apagar; *fig* expresar; **~lich** expreso; *adv* expresamente
'ausdrucks|los inexpresivo; **~voll** expresivo; **≈weise** *f* manera *f* de expresarse; estilo *m*
ausei'nander separado; **~fallen** (*irr, sep, -ge-, sn,* → ***fallen***) caer en pedazos; *a fig* desmoronarse; **~gehen** (*irr, sep, -ge-, sn,* → ***gehen***) separarse; *Menge*: dispersarse; *Meinungen*: discrepar; **~nehmen** (*irr, sep, -ge-, h,* → ***nehmen***) deshacer; desmontar; **~setzen** (*sep, -ge-, h,* → ***setzen***) *fig* explicar, exponer; ***sich ~ mit*** enfrentarse con; **≈setzung** *f* (-; -*en*) (*Streit*) disputa *f*, discusión *f*
'Ausfahrt *f* (-; -*en*) *a Autobahn*: salida *f*; ***~ frei halten*** *etwa*: vado permanente
'Ausfall *m* (-[*e*]*s*; *Ausfälle*) (*Haar*≈) caída *f*; (*Verlust*) pérdida *f*; *tec* avería *f*; **≈en** (*irr, sep, -ge-, sn,* → ***fallen***) *Haar*: caerse; *Ergebnis*: resultar, salir; (*weggefallen*) no tener lugar, suspenderse; **≈end** agresivo; **~straße** *f* carretera *f* de salida
'ausfertig|en (*sep, -ge-, h*) extender, redactar; **≈ung** *f* (-; -*en*) extensión *f*, redacción *f*; ***in doppelter ~*** por duplicado
'aus|findig: ***~ machen*** descubrir, localizar, dar con; **~fließen** (*irr, sep, -ge-, sn,* → ***fließen***) salir, derramarse
'Ausflüchte *f/pl*: ***~ machen*** buscar subterfugios
'Ausflug *m* (-[*e*]*s*; *Ausflüge*) excursión *f*
'ausfragen (*sep, -ge-, h*) interrogar
Ausfuhr ['-fuːr] *f* (-; -*en*) exportación *f*
'ausführen (*sep, -ge-, h*) ejecutar, realizar; *Auftrag*: cumplir; *com* exportar; (*darlegen*) exponer, explicar
'Ausfuhrgenehmigung *f* permiso *m* de exportación
'ausführ|lich ['-fyːrlɪç] detallado; *adv* con todo detalle; **≈ung** *f* (-; -*en*) ejecución *f*, realización *f*; (*Modell*) versión *f*; **~en** *pl* declaraciones *f/pl*
'Ausfuhrzoll *m* derecho *m* de exportación
'ausfüllen (*sep, -ge-, h*) llenar (*a fig*); *Formular*: rellenar
Ausg. ***Ausgabe*** ed. (edición)
'Ausgabe *f* (-; -*n*) distribución *f*, reparto *m*; (*Geld*) gasto *m*; (*Aktien*) emisión *f*; (*Buch*) edición *f*
'Ausgang *m* (-[*e*]*s*; *Ausgänge*) salida *f*; (*sin pl*) (*Ergebnis*) resultado *m*; *fig* desenlace *m*; **~spunkt** *m* punto *m* de partida
'ausgeben (*irr, sep, -ge-, h,* → ***geben***) distribuir; *Geld*: gastar; *Aktien*: emitir; *Fahrkarten*: expender; ***sich ~ für*** hacerse pasar por
'ausge|bucht ['-gəbuːxt] completo; **~dehnt** ['-gədeːnt] extenso; **~fallen** raro, excéntrico; **~glichen** ['-glɪçən] equilibrado (*a fig*)
'ausgehen (*irr, sep, -ge-, sn,* → ***gehen***) salir; *Ware*: agotarse; *Feuer, Licht*: apagarse; *Haare*: caerse; *Geld, Geduld*: acabarse; ***gut*** (***schlecht***) **~** acabar bien (mal); ***leer ~*** quedarse con las ganas; ***~ von*** partir de
ausge|lassen ['-gə-] travieso, retozón; **~nommen** ['-nɔmən] (*ac*) excepto, menos; **~rechnet** ['-'rɛçnət] *adv* precisamente; **~schlossen** ['-'ʃlɔsən] excluido; ***~!*** ¡imposible!; **~sucht** ['-zuːxt] se-

lecto; exquisito; **~zeichnet** ['-'tsaɪçnət] excelente; F estupendo

ausgiebig ['-giːbiç] abundante; *adv* ampliamente

'**ausgießen** (*irr*, *sep*, *-ge-*, *h*, → ***gießen***) verter; (*leeren*) vaciar

'**Ausgleich** *m* (-[*e*]*s*; *raro -e*) compensación *f*; *dep* empate *m*; **≈en** (*irr*, *sep*, *-ge-*, *h*, → ***gleichen***) compensar; *dep* empatar; **~ung** igualación *f*

'**ausgleiten** (*irr*, *sep*, *-ge-*, *sn*, → ***gleiten***) resbalar

'**ausgrab|en** (*irr*, *sep*, *-ge-*, *h*, → ***graben***) desenterrar (*a fig*); **≈ung** *f* (-; *-en*) excavación *f*

'**Ausguss** *m* (*-es*; *Ausgüsse*) *Küche*: pila *f*

'**aushalten** (*irr*, *sep*, *-ge-*, *h*, → ***halten***) resistir; (*ertragen*) aguantar, soportar

aushändigen ['-hɛndigən] (*sep*, *-ge-*, *h*) entregar

'**Aushang** *m* (-[*e*]*s*; *Aushänge*) cartel *m*

'**ausharren** (*sep*, *-ge-*, *h*) perseverar

'**aushelfen** (*irr*, *sep*, *-ge-*, *h*, → ***helfen***) (*dat*) ayudar; sacar de apuros

'**Aushilf|e** *f* (-; *-n*) ayuda *f*; *Person*: auxiliar *su*; sustituto *m*; **~skraft** *f* auxiliar *su*

'**aus|horchen** (*sep*, *-ge-*, *h*) sondear; **~kehren** (*sep*, *-ge-*, *h*) barrer; **~kennen** (*irr*, *sep*, *-ge-*, *h*, → ***kennen***): ***sich ~ in*** (*dat*) estar familiarizado con, conocer (*a/c*) (a fondo); **~klammern** (*sep*, *-ge-*, *h*) *fig* dejar a un lado; **~klopfen** (*sep*, *-ge-*, *h*) sacudir

'**auskommen** (*irr*, *sep*, *-ge-*, *sn*, → ***kommen***): ***mit j-m ~*** entenderse con alg; ***gut mit j-m ~*** llevarse bien con alg; ***mit et ~*** tener bastante de a/c; ***~ ohne*** pasarse sin

'**auskosten** (*sep*, *-ge-*, *h*) saborear

auskundschaften ['-kuntʃaftən] (*sep*, *-ge-*, *h*) explorar; *fig* espiar

Auskunft ['-kunft] *f* (-; *Auskünfte*) informe *m* (***erteilen*** dar); (*a Schalter*) información *f*; **~sbüro** *n* agencia *f* de informes

'**aus|kuppeln** (*sep*, *-ge-*, *h*) *v/t u v/i tec* desembragar; **~lachen** (*sep*, *-ge-*, *h*) reírse de; **~laden** (*irr*, *sep*, *-ge-*, *h*, → ***laden***) descargar; *mar* desembarcar

'**Auslage** *f* (-; *-n*) (*Waren≈*) escaparate *m*; *pl* **~n** (*Geld*) gastos *m/pl*

'**auslagern** (*sep*, *-ge-*, *h*) *v/t* poner a salvo

'**Ausland** *n* (-[*e*]*s*; *sin pl*) extranjero *m*

'**Ausländ|er** ['-lɛndər] *m* (*-s*; -), **~erin** *f* (-; *-nen*) extranjero *m*, -a *f*; **≈isch** extranjero

'**Auslands|aufenthalt** *m* estancia *f* en el extranjero; **~auftrag** *m* pedido *m* del extranjero; **~einsatz** *m von Soldaten, Journalisten* misión *f* en el extranjero; **~gespräch** *n tel* conferencia *f* internacional; **~krankenschein** *m* volante *m* del seguro para el extranjero; **~markt** *m* mercado *m* exterior

'**auslassen** (*irr*, *sep*, *-ge-*, *h*, → ***lassen***) omitir; *Fett*: derretir; *fig Ärger usw*: descargar (***an*** *dat* en, sobre)

'**aus|laufen** (*irr*, *sep*, *-ge-*, *sn*, → ***laufen***) *Flüssigkeit*: derramarse; *mar* salir, zarpar; (*enden*) acabar (***in*** *ac* en); *Vertrag usw*: expirar; **~leeren** (*sep*, *-ge-*, *h*) vaciar; *Glas*: apurar

'**ausleg|en** (*sep*, *-ge-*, *h*) revestir, cubrir (***mit*** de); *Geld*: adelantar; (*deuten*) interpretar; **≈eware** *f* moqueta *f*; **≈ung** *f* (-; *-en*) interpretación *f*

'**aus|leihen** (*irr*, *sep*, *-ge-*, *h*, → ***leihen***) prestar; ***sich*** (*dat*) **~** tomar prestado; **~lernen** (*sep*, *-ge-*, *h*) terminar el aprendizaje; ***man lernt nie aus*** siempre se aprende algo nuevo

'**Auslese** *f* (-; *-n*) selección *f*; *fig* élite *f*

'**ausliefer|n** (*sep*, *-ge-*, *h*) entregar; *jur* extraditar; **≈ung** *f* (-; *-en*) entrega *f*; *jur* extradición *f*

'**auslosen** (*sep*, *-ge-*, *h*) sortear

'**auslös|en** (*sep*, *-ge-*, *h*) *Pfand*: desempeñar; *fig* desencadenar; **≈er** *m* (*-s*; -) *fot* disparador *m*

'**ausmachen** (*sep*, *-ge-*, *h*) *Licht*, *Radio*, *TV*: apagar; (*vereinbaren*) convenir; (*bedeuten*) importar

'**Ausmaß** *n* (*-es*; *-e*) dimensión *f*

'**ausmessen** (*irr*, *sep*, *-ge-*, *h*, → ***messen***) medir

Ausnahme ['-naːmə] *f* (-; *-n*) excepción *f*; ***mit ~ von*** a excepción de, excepto

ausnahmsweise excepcionalmente

'**ausnehmen** (*irr*, *sep*, *-ge-*, *h*, → ***nehmen***) *Tier*: destripar; (*ausschließen*) exceptuar

'**aus|nutzen** (*sep*, *-ge-*, *h*) aprovechar, aprovecharse de; (*missbrauchen*) explotar; **~packen** (*sep*, *-ge-*, *h*) desembalar; *Koffer*: deshacer; F *fig* desembuchar; **~pfeifen** (*irr*, *sep*, *-ge-*, *h*, → ***pfeifen***) silbar, abuchear; **~plaudern** (*sep*, *-ge-*, *h*) propalar; **~plündern** (*sep*,

-ge-, h) desvalijar; **~probieren** (*sep*, *h*) probar, ensayar

'**Auspuff** *auto m* (-*s*; -*e*) escape *m*; **~gas** *n* gas *m* de escape; **~rohr** *n* tubo *m* de escape; **~topf** *m* silenciador *m*

'**aus|pumpen** (*sep*, -*ge*-, *h*) achicar; *med Magen*: lavar; **~radieren** (*sep*, *h*) borrar; **~rauben** (*sep*, -*ge*-, *h*) robar, desvalijar; **~räumen** (*sep*, -*ge*-, *h*) vaciar; *Zimmer*: desamueblar; **~rechnen** (*sep*, -*ge*-, *h*) calcular

'**Ausrede** *f* (-; -*n*) excusa *f*; pretexto *m*; **2n** (*sep*, -*ge*-, *h*) **1.** *v/t*: ***j-m et ~*** disuadir a alg de a/c; **2.** *v/i* acabar de hablar; ***~ lassen*** dejar hablar

'**ausreichen** (*sep*, -*ge*-, *h*) bastar, ser suficiente; **~d** suficiente

'**Ausreise** *f* (-; -*n*) salida *f*; **~erlaubnis** *f* permiso *m* de salida; **2n** (*sep*, -*ge*-, *sn*) salir; **~visum** *n* visado *m* de salida

'**aus|reißen** (*irr*, *sep*, -*ge*-, → ***reißen***) **1.** *v/t* (*h*) arrancar; **2.** *v/i* (*sn*) desgarrarse; F *fig* escaparse; **~renken** ['-rɛŋkən] (*sep*, -*ge*-, *h*) dislocar; **~richten** (*sep*, -*ge*-, *h*) alinear; (*erreichen*) conseguir; *Fest usw*: organizar; (*bestellen*) dar un recado; ***e-n Gruß ~*** dar recuerdos

'**ausrott|en** ['-rɔtən] (*sep*, -*ge*-, *h*) *fig* exterminar; **2ung** *f* (-; -*en*) exterminio *m*

'**ausrücken** (*sep*, -*ge*-, *sn*) F (*davonlaufen*) escaparse

'**Ausruf** *m* (-[*e*]*s*; -*e*) exclamación *f*; **2en** (*irr*, *sep*, -*ge*-, *h*, → ***rufen***) exclamar; (*verkünden*) proclamar; **~ezeichen** *n* (signo *m* de) admiración *f*; **~ung** *f* (-; -*en*) proclamación *f*

'**ausruhen** (*sep*, -*ge*-, *h*) (*a* ***sich***) descansar

'**ausrüst|en** (*sep*, -*ge*-, *h*) equipar; *fig* proveer (***mit*** de); **2ung** *f* (-; -*en*) equipo *m*

'**ausrutschen** (*sep*, -*ge*-, *sn*) resbalar

'**Aussage** ['-zaːgə] *f* (-; -*n*) declaración *f* (*a jur*); **2n** (*sep*, -*ge*-, *h*) afirmar, *a jur* declarar

'**Aussatz** *med m* (-*es*; *sin pl*) lepra *f*

'**ausschalten** (*sep*, -*ge*-, *h*) *el* desconectar; *Licht*, *Radio*: apagar; *fig* eliminar

Ausschank ['-ʃank] *m* (-[*e*]*s*; *sin pl*) despacho *m* de bebidas

'**ausscheid|en** (*irr*, *sep* -*ge*-, → ***scheiden***) **1.** *v/t* (*h*) eliminar; *Physiologie*: excretar; **2.** *v/i* (*sn*) retirarse (***aus*** de); darse de baja (***aus*** de); *dep* ser eliminado; **2ung** *f* (-; -*en*) *Physiologie*: excreción *f*; **2ungskampf** *m*, **2ungsspiel** *n* eliminatoria *f*

'**aus|schiffen** (*sep*, -*ge*-, *h*) desembarcar; **~schimpfen** (*sep*, -*ge*-, *h*) reñir, regañar; **~schlafen** (*irr*, *sep*, -*ge*-, *h*, → ***schlafen***) (*a* ***sich***) dormir a su gusto

'**Ausschlag** *m* (-[*e*]*s*; *Ausschläge*) *med* erupción *f*; *fís* desviación *f*; ***den ~ geben*** ser decisivo; **2en** (*irr*, *sep*, -*ge*-, *h*, → ***schlagen***) **1.** *v/t Auge*, *Zähne*: saltar; (*ablehnen*) rehusar, rechazar; **2.** *v/i bot* brotar, retoñar; *Pferd*: cocear, dar coces; *fís* oscilar; **2gebend** decisivo

'**ausschließ|en** (*irr*, *sep*, -*ge*-, *h*, → ***schließen***) excluir; **~lich** exclusivo; *adv* exclusivamente

'**Ausschluss** *m* (-*es*; *Ausschlüsse*) exclusión *f*

'**aus|schneiden** (*irr*, *sep*, -*ge*-, *h*, → ***schneiden***) (re)cortar; *Bäume*: podar; **2schnitt** *m* (-[*e*]*s*; -*e*) recorte *m* (*a Zeitungs2*); *Kleid*: escote *m*

'**ausschreib|en** (*irr*, *sep*, -*ge*-, *h*, → ***schreiben***) escribir en letra(s); *com* (*ausstellen*) extender; *Aufträge*: sacar a concurso; **2ung** *f* (-; -*en*) concurso-subasta *m*

'**Ausschreitungen** *f/pl* excesos *m/pl*

'**Ausschuss** *m* (-*es*; *Ausschüsse*) comité *m*, comisión *f*; *tec* (*sin pl*) desecho *m*; **~ware** *f* pacotilla *f*

'**aus|schütteln** (*sep*, -*ge*-, *h*) sacudir; **~schütten** (*sep*, -*ge*-, *h*) verter; vaciar; *com Dividende*: repartir; ***j-m sein Herz ~*** desahogarse con alg

ausschweifend ['-ʃvaɪfənt] licencioso, libertino; *Fantasie*: exuberante

'**aussehen** **1.** *v/i* (*irr*, *sep*, -*ge*-, *h*, → ***sehen***) tener cara (***wie*** de); parecerse (***wie*** a); ***gut*** (***schlecht***) ***~*** tener buena (mala) cara; **2.** **2** *n* (-*s*; *sin pl*) aspecto *m*; apariencia *f*

'**außen** ['aʊsən] (a)fuera; ***von ~*** de (*od* por) fuera; ***nach ~*** hacia fuera; **2aufnahmen** *f/pl* exteriores *m/pl*; **2bordmotor** *m* (motor *m*) fueraborda *m*; **2dienst**(**leiter** *m*) *m* (jefe *m* del) servicio *m* exterior

'**Außenhandel** *m* comercio *m* exterior; **~sdefizit** *n* déficit *m* del comercio exterior; **~süberschuss** *m* excedente *m* del comercio exterior

'**Außen|minister** *m* ministro *m* de Asuntos Exteriores; **~politik** *f* política *f* exterior; **~seite** *f* exterior *m*; **~seiter**

['-zaɪtər] *m* (-*s*; -) solitario *m*; *dep* outsider *m*; **~spiegel** *auto m* retrovisor *m* exterior; **~stürmer** *m dep* (delantero *m*) extremo *m*

'**außer** ['aʊsər] **1.** *prp* (*dat*) fuera de; (*neben*) además de; (*ausgenommen*) excepto, menos; *fig* **~ sich sn** estar fuera de sí; **2.** *cj* **~ dass** excepto que; **~ wenn** a menos que, a no ser que (*subj*); **~dem** además

äußere ['ɔʏsərə] **1.** *adj* exterior; **2.** **ˁ** *n* (-*n*; *sin pl*) exterior *m*

'**außer|ehelich** ['aʊsərʔ-] extraconyugal; *Kind*: ilegítimo, natural; **~gewöhnlich** extraordinario, excepcional; **~halb 1.** *prp* (*gen*) fuera de; **2.** *adv* fuera, al exterior; **~irdisch** extraterrestre

äußerlich ['ɔʏsərlɪç] exterior; *a med* externo; *adv* por fuera

äußern ['-sərn] (*ge-*, *h*) expresar; **sich ~** expresarse, manifestarse

außerordentlich ['aʊsərʔɔrdəntlɪç] extraordinario

äußerst ['ɔʏsərst] *adj* extremo; *Preis*: último; *adv* sumamente

außerstande [aʊsər'ʃtandə]: **~ sein zu** ser incapaz de

Äußerung ['ɔʏsərʊŋ] *f* (-; -*en*) expresión *f*; manifestación *f*, declaración *f*

'**aussetzen** ['aʊs-] (*sep*, *-ge-*, *h*) **1.** *v/t* exponer (*e-r Gefahr usw*: a); *Belohnung*: ofrecer; ***et auszusetzen haben an*** (*dat*) poner reparos a; **2.** *v/i tec* pararse

'**Aussicht** *f* (-; *sin pl*) vista *f*; (*pl -en*) *fig* probabilidad *f*; perspectiva *f* (*mst pl*) (***auf*** *ac* de); **ˁslos** inútil; **~spunkt** *m* mirador *m*; **ˁsreich** prometedor

aussöhn|en ['-zøːnən] (*sep*, *-ge-*, *h*) reconciliar; **ˁung** *f* (-; -*en*) reconciliación *f*

'**aus|sortieren** (*sep*, *h*) separar; (*auswählen*) seleccionar; **~spannen** (*sep*, *-ge-*, *h*) *v/i fig* descansar

'**aussperr|en** (*sep*, *-ge-*, *h*) *j-n*: cerrar la puerta a; **ˁung** *f* (-; -*en*) cierre *m* patronal, lock-out *m*

'**aus|spielen** (*sep*, *-ge-*, *h*) **1.** *v/t* jugar (*a fig* ***gegeneinander*** el uno contra el otro); **2.** *v/i* ser mano, salir; **~spionieren** (*sep*, *h*) espiar

'**Aussprache** *f* (-; -*n*) pronunciación *f*; (*Gespräch*) discusión *f*, debate *m*

'**aussprechen** (*irr*, *sep*, *-ge-*, *h*, → ***sprechen***) pronunciar; *Gedanken*: expresar; ***sich mit j-m ~*** explicarse con alg; ***sich ~ für*** declararse en favor de

'**Ausspruch** *m* (-[*e*]*s*; *Aussprüche*) dicho *m*

'**aus|spucken** (*sep*, *-ge-*, *h*) escupir; **~spülen** (*sep*, *-ge-*, *h*) enjuagar (*a Mund*); *Wäsche*: aclarar

'**Ausstand** *m* (-[*e*]*s*; *Ausstände*) huelga *f*; ***in den ~ treten*** declararse en huelga

'**ausstatt|en** ['-ʃtatən] (*sep*, *-ge-*, *h*) equipar (***mit*** de); **ˁung** *f* (-; -*en*) equipo *m*; *teat*, *Film*: decoración *f*, decorado *m*; *auto* equipamiento *m*

'**aus|stehen** (*irr*, *sep*, *-ge-*, *h*, → ***stehen***) *v/t* sufrir, soportar; ***j-n nicht ~ können*** no poder aguantar a alg; **~steigen** (*irr*, *sep*, *-ge-*, *sn*, → ***steigen***) bajar, apearse; *mar* desembarcar; *fig* retirarse; **ˁsteiger** *m etwa*: pasota *m*

'**ausstell|en** (*sep*, *-ge-*, *h*) exponer, exhibir; *Schriftstück*, *Scheck*: extender; *com Wechsel*: librar, girar (***auf*** *ac* contra); **ˁer** *m* (-*s*; -) expositor *m*; *com* librador *m*; girador *m*; **ˁung** *f* (-; -*en*) exposición *f*; **ˁungsgelände** *n* recinto *m* ferial; **ˁungsraum** *m* sala *f* de exposiciones

'**aussterben** (*irr*, *sep*, *-ge-*, *sn*, → ***sterben***) *a zo* desaparecer

Ausstieg ['-ʃtiːk] *m* (-[*e*]*s*; -*e*) salida *f*; *Kernenergie*: abandono *m*

'**aus|stopfen** (*sep*, *-ge-*, *h*) rellenar (***mit*** de); *Tier*: disecar; **~stoßen** (*irr*, *sep*, *-ge-*, *h*, → ***stoßen***) *Schrei*: lanzar, dar; *j-n*: expulsar, excluir; **~strahlen** (*sep*, *-ge-*, *h*) irradiar (*a fig*); *Radio*, *TV*: emitir; **~strecken** (*sep*, *-ge-*, *h*) extender, estirar; **~streichen** (*irr*, *sep*, *-ge-*, *h*, → ***streichen***) tachar, borrar; **~strömen** (*sep*, *-ge-*, *sn*) *v/i* salir, derramarse; *Gas*: escaparse; **~suchen** (*sep*, *-ge-*, *h*) escoger

'**Austausch** *m* (-[*e*]*s*; *sin pl*) intercambio *m*; *tec* recambio *m*; **ˁbar** (inter-) cambiable; **ˁen** (*sep*, *-ge-*, *h*) (inter-) cambiar; *tec* recambiar; **~student** *m* estudiante *m* de intercambio

'**austeilen** (*sep*, *-ge-*, *h*) distribuir, repartir

Auster ['aʊstər] *f* (-; -*n*) ostra *f*

'**austrag|en** (*irr*, *sep*, *-ge-*, *h*, → ***tragen***) *a Briefe*: repartir; *dep* disputar; **ˁung** *f* (-; -*en*) *dep* disputa *f*

Australien [aʊs'traːljən] *n* Australia *f*

Austral|ier [-'traːljər] *m* (-*s*; -), **~ierin** *f* (-; -*nen*) australiano *m*, -a *f*; **ˁisch** aus-

traliano
'aus|treiben (*irr, sep, -ge-, h,* → ***treiben***) expulsar; **~treten** (*irr, sep, -ge-, sn,* → ***treten***) *Gas usw*: escaparse, salir; *j*: darse de baja; retirarse (***aus*** de); (*Toilette*) ir al lavabo; **~trinken** (*irr, sep, -ge-, h,* → ***trinken***) beberlo todo; *Glas*: apurar
'Austritt *m* (-[*e*]*s*; *-e*) salida *f*; retirada *f*, baja *f*; *Gas usw*: escape *m*
'aus|trocknen (*sep, -ge-, h, v/i sn*) (de-) secar(se); **~üben** (*sep, -ge-, h*) ejercer; *Amt*: desempeñar; *dep usw*: practicar
'Ausverkauf *m* (-[*e*]*s*; *Ausverkäufe*) venta *f* total, liquidación *f*; **2t** agotado
'Auswahl *f* (-; *sin pl*) selección *f* (*a dep*), elección *f* (***treffen*** hacer)
'auswählen (*sep, -ge-, h*) escoger
'Auswander|er *m* (-*s*; -) emigrante *m*; **2n** (*sep, -ge-, sn*) emigrar; **~ung** *f* (-; *-en*) emigración *f*
'auswärt|ig ['-vɛrtiç] de fuera; forastero; *pol* exterior; **~s** ['-vɛrts] fuera
'auswechseln (*sep, -ge-, h*) cambiar; *tec* recambiar
'Ausweg *m* (-[*e*]*s*; *-e*) salida *f* (*a fig*); **2los** sin salida
'ausweich|en (*irr, sep, -ge-, sn,* → ***weichen***) (*dat*) *Schlag*: esquivar (*ac*); *fig* eludir (*ac*); **~end** evasivo
'Ausweis ['-vaɪs] *m* (-*es*; *-e*) carnet *m*, carné *m*; (*Personal2*) documento *m* de identidad; **2en** ['-zən] (*irr, sep, -ge-, h,* → ***weisen***) expulsar; ***sich ~*** identificarse; **~papiere** *n/pl* documentación *f*; **~ung** *f* (-; *-en*) expulsión *f*
'auswendig de memoria
'aus|werfen (*irr, sep, -ge-, h,* → ***werfen***) arrojar; *Angel*: lanzar; *Anker*: echar; **~werten** (*sep, -ge-, h*) aprovechar, utilizar; *Daten*: evaluar
'auswirk|en (*sep, -ge-, h*): ***sich ~*** repercutir (***auf*** *ac* en); **2ung** *f* (-; *-en*) repercusión *f*, efecto *m*
'aus|wischen limpiar; *Schrift*: borrar; **~wuchten** (*sep, -ge-, h*) *Rad*: equilibrar; **~zahlen** (*sep, -ge-, h*) pagar; **~zählen** (*sep, -ge-, h*) contar; *Stimmen*: escrutar; **2zahlung** *f* (-; *-en*) pago *m*
'auszeichn|en (*sep, -ge-, h*) *a Waren*: marcar; *j-n*: condecorar; ***sich ~*** distinguirse; **2ung** *f* (-; *-en*) distinción *f*; condecoración *f*
'Auszeit *f* (-; *-en*) *Sport* tiempo *m* muerto; *fig, beruflich* ***e-e ~ brauchen, nehmen*** necesitar, tomar un respiro
'auszieh|bar ['-tsiːbɑːr] extensible; **~en** (*irr, sep, -ge-,* → ***ziehen***) **1.** *v/t* (*h*) sacar; *Kind*: desnudar; *Kleid*: quitarse; (*verlängern*) extender; ***sich ~*** desnudarse; **2.** *v/i* (*sn*) mudarse (de casa); marchar(-se)
Auszubildende ['-tsubildəndə] *m/f* (-*n*; -*n*) aprendiz(a) *m*(*f*)
'Auszug *m* (-[*e*]*s*; *Auszüge*) *Buch, Konto*: extracto *m*; (*Wohnung*) mudanza *f*
Autarkie [aʊtar'kiː] *f* (-; *-n*) autarquía *f*
authentisch [-'tɛntiʃ] auténtico
'Auto ['aʊto] *n* (-*s*; -*s*) auto(móvil) *m*, coche *m*; **~bahn** *f* autopista *f*; **~bahnauffahrt** *f* entrada *f* a la autopista; **~bahnausfahrt** *f* salida *f* de la autopista; **~bahndreieck** *n* cruce *m* de autopistas; **~bahngebühr** *f* peaje *m*; **~bahnzubringer** *m* (via *f* de) acceso *m* a la autopista; **~biogra'fie, ~biograO'phie** *f* autobiografía *f*; **~bus** *m* autobús *m*; (*Reisebus*) autocar *m*; **~fähre** *f* transbordador *m*; **~fahrer** *m*, **~fahrerin** *f* automovilista *su*; **~'gramm** *n* (-*s*; *-e*) autógrafo *m*; **~karte** *f* mapa *m* de carreteras; **~kino** *n* autocine *m*; **~mat** [-'mɑːt] *m* (-*en*; *-en*) *für Waren*: expendedora *f* automática; **~matik** [-'mɑːtik] *f* (-; *tec -en*) automatismo *m*; *auto* cambio *m* automático; **~mation** [-ma'tsjoːn] *f* (-; *sin pl*) automatización *f*; **2'matisch** automático; **~mechaniker** *m* mecánico *m* de automóviles; **~moO'bilklub** *m* Automóvil Club *m*; **2nom** [-'noːm] autónomo; **~nomie** [-no'miː] *f* (-; *-n*) autonomía *f*
Autor ['-tɔr] *m* (-*s*; *-en* [-'toːrən]), **~in** [-'toːrin] *f* (-; *-nen*) autor(a) *m*(*f*)
'Auto|radio *n* autorradio *f*; **~reisezug** *m* autotrén *m*, autoexpreso *m*; **~rennen** *n* carrera *f* de automóviles
autoritä|r [-ri'tɛːr] autoritario; **2t** [-'tɛːt] *f* (-; *sin pl*; *j*: *-en*) autoridad *f*
'Auto|schalter *m* *Bank*: autobanco *m*; **~schlüssel** *m* llave *f* del coche; **~skooter** ['-skuːtər] *m* (-*s*; -) auto *m* choque; **~vermietung** *f* alquiler *m* de coches; **~waschanlage** *f* tren *m* *od* túnel *m* de lavado
Avignon [avin'jɔ̃ː] *n* Aviñón *m*
Avocado [avo'kɑːdo] *f* (-; -*s*) aguacate *m*
Axt [akst] *f* (-; *Äxte*) hacha *f*
Az. ***Aktenzeichen*** ref. (referencia)
Azalee [atsa'le] *f* azalea *f*
Azoren [a'tsoːrən] *pl* Azores *f/pl*

B

b. ***bei***; *bei Ortsangaben*: cerca de; *Adresse*: en casa de

B[1], **b** [beː] *n* (-; -) B, b *f*; *mus* si *m* bemol; ***B-Dur*** si *m* bemol mayor; ***b-Moll*** si *m* bemol menor

B[2] [beː] ***Bundesstraße*** *f* carretera *f* federal;

Baby [ˈbeːbɪ] *n* (-*s*; -*s*) nene *m*, bebé *m*; **~pause** F *f* (-; -*n*) *der Mutter bsd Am* período *m* pos(t)natal (de la madre); **⁓sitten** [ˈ-zɪtən] F *v/i* F hacer de canguro; **~sitter** [ˈ-sitər] *m* (-*s*; -) F canguro *su*

Bach [bax] *m* (-[*e*]*s*; ⸚*e*) arroyo *m*, riachuelo *m*

Backbord [ˈbak-] *mar n* (-*s*; *sin pl*) babor *m*

Backe [ˈbakə] *f* (-; -*n*) mejilla *f*

backen [ˈ-kən] (*buk*, *backte*, *gebacken*, *h*) cocer; *in der Pfanne*: freír; *Kuchen*: hacer

ˈ**Backen|bart** *m* patillas *f/pl.*; **~knochen** *m* pómulo *m*; **~zahn** *m* muela *f*

Bäcker [ˈbɛkər] *m* (-*s*; -) panadero *m*; **~ei** [-ˈraɪ] *f* (-; -*en*) panadería *f*

ˈ**Back|huhn** [ˈbak-] *n* pollo *m* asado; **~ofen** *m* horno *m*; **~pflaume** *f* ciruela *f* pasa; **~pulver** *n* levadura *f* en polvo; **~stein** *m* ladrillo *m*

Bad [baːt] *n* (-[*e*]*s*; ⸚*er*) baño *m* (*a fot*); (*Ort*) balneario *m*

ˈ**Bade|anzug** [ˈbaːdə-] *m* traje *m* de baño, bañador *m*; **~gast** *m* bañista *m*; **~gel** [ˈ-geːl] *n* (-*s*; -*e*) gel *m* de baño; **~hose** *f* bañador *m*; **~kappe** *f* gorro *m* de baño; **~mantel** *m* albornoz *m*; **~meister** *m* bañero *m*; **⁓n** (*ge*-, *h*) *v/t* bañar; *v/i* bañarse; **~ort** *m* balneario *m*; **~strand** *m* playa *f*; **~tuch** *n* (-[*e*]*s*; *Badetücher*) toalla *f* de baño; **~wanne** *f* bañera *f*; **~zimmer** *n* (cuarto *m* de) baño *m*

Baden-Württemberg [ˈbaːdən ˈvyrtəmbɛrk] *n* Baden-Wurtemberg *m*

Bagatelle [bagaˈtɛlə] *f* (-; -*n*) bagatela *f*

Bagger [ˈbagər] *m* (-*s*; -) excavadora *f*

Bahn [baːn] *f* (-; -*en*) camino *m*, vía *f*; *Geschoss*: trayectoria *f*; *dep* pista *f*; *ferro* ferrocarril *m*; ***mit der ~*** en tren; ˈ**~anschluss** *m* enlace *m* ferroviario; ˈ**~beamte** *m* ferroviario *m*; ˈ**~damm** *m* terraplén *m*; ˈ**⁓en** (*ge*-, *h*) (*ebnen*) allanar, aplanar; ***sich e-n Weg ~*** abrirse paso; ˈ**~fahrt** *f* viaje *m* en tren; ˈ**~hof** *m* estación *f*; ˈ**~linie** *f* línea *f* férrea; ˈ**~polizei** *f* policía *f* de ferrocarriles; ˈ**~steig** *m* andén *m*; ˈ**~übergang** *m* paso *m* a nivel (***beschrankt*** con barrera; ***unbeschrankt*** sin barrera)

Bahre [baːrə] *f* (-; -*n*) camilla *f*

Baiser [bɛˈzeː] *n* (-*s*; -*s*) merengue *m*

Baisse [ˈbɛːs(ə)] *f* (-; -*n*) baja *f*

Bakterie [bakˈteːrjə] *f* (-; -*n*) bacteria *f*

balancieren [balɑ̃ˈsiːrən] (*h*) balancear

bald [balt] pronto, dentro de poco; ***~ darauf*** poco después; ***so ~ wie möglich*** cuanto antes, lo más pronto posible

Baldrian [ˈ-driaːn] *m* (-*s*; -*e*) valeriana *f*

Balearen [baleˈaːrən] *pl* Baleares *f/pl*

balg|en [ˈbalgən] (*ge*-, *h*): ***sich ~*** pelearse; **⁓eˈrei** *f* (-; -*en*) pelea *f*

Balkan [ˈbalkaːn] *m* Balcanes *m/pl*

Balken [ˈ-kən] *m* (-*s*; -) viga *f*, madero *m*; travesaño *m*

Balkon [-ˈkɔŋ, -ˈkoːn] *m* (-*s*; -*s*, -*e*) balcón *m*

Ball[1] [bal] *m* (-[*e*]*s*; ⸚*e*) pelota *f*; (*Fuß⁓*) balón *m*; ***~ spielen*** jugar a la pelota

Ball[2] (-[*e*]*s*; ⸚*e*) (*Tanz*) baile *m*

Ballast [ˈ-last] *m* (-[*e*]*s*; -*e*) lastre *m*

Ballett [-ˈlɛt] *n* (-[*e*]*s*; -*e*) ballet *m*

Ballon [baˈlɔ̃] *m* (-*s*; -*s*) globo *m*

ˈ**Ballungs|gebiet** [ˈbaluŋsgəbiːt] *n*, **~raum** *m* aglomeración *f* urbana

Balt|e [ˈbaltə] *m* (-*n*; -*n*), **~in** *f* (-; -*nen*) báltico *m*, -a *f*; **⁓isch** báltico

Bambus [ˈbambus] *m* (-[*ses*]; -*se*) bambú *m*

banal [baˈnaːl] trivial, banal

Banane [-ˈnaːnə] *f* (-; -*n*) plátano *m*, *Am* banana *f*

Band[1] [bant] *m* (-[*e*]*s*; ⸚*e*) tomo *m*, volumen *m*

Band[2] [bant] *n* (-[*e*]*s*; ⸚*er*) cinta *f*; *anat* ligamento *m*; ***auf ~ aufnehmen*** grabar en cinta

Band[3] [bant] *n* (-[*e*]*s*; -*e*) *fig* vínculo *m*, lazo *m*

Band[4] [bɛnt] *f* (-; *-s*) *mus* grupo *m*
Bandag|e [-'dɑːʒə] *f* (-; *-n*) vendaje *m*
Bande ['-də] *f* (-; *-n*) *a desp* banda *f*, pandilla *f*, cuadrilla *f*
bändigen ['bɛndigən] (*ge-*, *h*) domar; *fig* refrenar
Bandit [ban'diːt] *m* (*-en*; *-en*) bandido *m*, bandolero *m*
'Band|maß ['bantmɑːs] *n* cinta *f* métrica; **~scheibe** *anat f* disco *m* intervertebral; **~wurm** *m* tenia *f*, solitaria *f*
bang(e) [baŋ(ə)] inquieto; ***mir ist ~*** tengo miedo (***vor*** *dat* a)
Bank[1] [baŋk] *f* (-; *⸚e*) (*Möbel*) banco *m*; *ohne Lehne*: banqueta *f*
Bank[2] [baŋk] *f* (-; *-en*) *com* banco *m*; (*Spiel*≗) banca *f*; **'~beamte** *m*, **'~beamtin** *f* empleado *m*, –a *f* de banco
Bankett [-'kɛt] *n* (-[*e*]*s*; *-e*) banquete *m*, festín *m*
Bank|ier [-'jeː] *m* (*-s*; *-s*) banquero *m*; **'~konto** *n* cuenta *f* bancaria; **'~leitzahl** *f* clave *f* bancaria; **'~note** *f* billete *m* de banco; **~omat** [-o'mɑːt] *m* (*-en*; *-en*) cajero *m* automático; **≗rott** [-'rɔt] en quiebra; **~'rott** *m* (-[*e*]*s*; *-e*) bancarrota *f*, quiebra *f*; ***~ machen*** quebrar; **~verbindung** *f* (*Konto*) cuenta *f* bancaria
bar [bɑːr]: ***~es Geld*** dinero *m* contante; ***gegen ~, in ~*** al contado; en efectivo, en metálico
Bar *f* (-; *-s*) bar *m* (americano); (*Theke*) barra *f*
Bär [bɛːr] *m* (*-en*; *-en*) oso *m*
Baracke [ba'rakə] *f* (-; *-n*) barraca *f*
Bardame ['bɑːr-] camarera *f* de bar
'bar|fuß ['bɑːrfuːs] descalzo; **≗geld** *n* (-[*e*]*s*; *sin pl*) dinero *m* (en) efectivo; **~geldlos** por cheque, a través de cuentas
Bariton *mus* ['bɑːritɔn] *m* (*-s*; *-e*) barítono *m*
Barkasse *mar* [bar'kasə] *f* (-; *-n*) lancha *f*
Barkeeper ['bɑːrkiːpər] *m* (*-s*; -) barman *m*
barm'herzig [barm'hɛrtsiç] misericordioso, caritativo; **≗keit** *f* (-; *sin pl*) misericordia *f*
Barmittel ['bɑːrmitəl] *n/pl* fondos *m/pl* líquidos
'Barmixer *m* (*-s*; -) barman *m*
ba'rock [ba'rɔk] barroco; ≗ *n*, *m* (-[*s*]; *sin pl*), **≗stil** *m* (estilo *m*) barroco *m*; *in Spanien*: estilo *m* churrigueresco
Barometer [-ro'meːtər] *n* (*-s*; -) barómetro *m*
Ba'ron [-'roːn] *m* (*-s*; *-e*) barón *m*; **~in** *f* (-; *-nen*) baronesa *f*
Barren ['-rən] *m* (*-s*; -) (*Gold*≗) barra *f*; (*Turn*≗) (barras) paralelas *f/pl*
Barriere [-r'jɛːrə] *f* (-; *-n*) barrera *f*
Barrikade [-ri'kɑːdə] *f* (-; *-n*) barricada *f*
barsch brusco, seco
Barsch [barʃ] *zo m* (-[*e*]*s*; *-e*) perca *f*
Barscheck ['bɑːr-] *m* cheque *m* no cruzado
Bart [bɑːrt] *m* (-[*e*]*s*; *⸚e*) barba *f*
'Barzahlung ['bɑːr-] *f* pago *m* al contado; **~spreis** *m* precio *m* al contado
Basar [ba'zaːr] *m* (*-s*; *-e*) bazar *m*
Base ['bɑːzə] *f* (-; *-n*) *quím* base *f*
Baseball ['beːsbɔːl] *m* (*-s*; *sin pl*) béisbol *m*
Basel ['bɑːzəl] n Basilea *f*
basieren [ba'ziːrən] (*h*) basarse (***auf*** *dat* en)
Basilika [-'zilikɑː] *f* (-; *Basiliken*) basílica *f*
Basis ['bɑːzis] *f* (-; *Basen*) base *f* (*a fig*)
'Bask|e ['baskə] *m* (*-n*; *-n*) vasco *m*; **~enmütze** *f* boina *f*; **~in** *f* (-; *-nen*) vasca *f*; **≗isch** vasco; *Provinzen*: vascongado; ***das ≗e*** el vascuence, el euskera
Baskenland ['baskənlant] *n* País *m* Vasco
Bass *mus* [bas] *m* (*-es*; *⸚e*) bajo *m*; **'~geige** *f* contrabajo *m*
Bast [bast] *m* (-[*e*]*s*; *-e*) *bot* líber *m*; rafia *f*
'basteln ['-təln] (*ge-*, *h*) dedicarse al bricolaje; ≗ *n* (*-s*; *sin pl*) bricolaje *m*
Batist [-'tist] *m* (-[*e*]*s*; *-e*) batista *f*
Batterie [-tə'riː] *f* (-; *-n*) *mil*, *el* batería *f*; *el kleine*: pila *f*
Bau [baʊ] *m* (-[*e*]*s*; *sin pl*) construcción *f*; (*pl -ten*) (*Gebäude*) edificio *m*; (*Bauarbeiten*) obras *f/pl*; **'~arbeiten** *f/pl* obras *f/pl*; **'~arbeiter** *m* obrero *m* de la construcción; **'~art** *f* estilo *m*; *tec* tipo *m*
Bauch [baʊx] *m* (-[*e*]*s*; *Bäuche*) vientre *m*; **'~fellentzündung** *f* peritonitis *f*; **'~höhle** *f* cavidad *f* abdominal; **'~schmerzen** *m/pl* dolor *m* de vientre; **'~speicheldrüse** *f* páncreas *m*; **'~tanz** *m* danza *f* de vientre
bauen ['baʊən] (*ge-*, *h*) construir; *arqu* edificar; *agr* cultivar
Bauer ['-ər] **1.** *m* (*-n*; *-n*) campesino *m*;

Schach: peón *m*; **2.** *n* (-*s*; -) jaula *f*
'Bäuer|in ['bɔʏərin] *f* (-; -*nen*) campesina *f*; **~lich** campesino, rústico
'Bauern|haus ['baʊərn-] *n* casa *f* de campo; **~hof** *m* finca *f*, granja *f*
'bau|fällig ruinoso; **~ *sn*** amenazar ruina; **~firma** *f* empresa *f* constructora; **~genehmigung** *f* permiso *m* de construcción; **~gerüst** *n* andamio *m*, andamiaje *m*; **~gewerbe** *n* (ramo *m* de la) construcción *f*; **~kunst** *f* arquitectura *f*
Baum [baʊm] *m* (-[*e*]*s*; *Bäume*) árbol *m*
'Baumarkt *m* mercado *m* de materiales para la construcción; (*Heimwerkermarkt*) mercado *m od* tienda *f* de bricolaje
Baumeister ['-maɪstər] *m* aparejador *m*, arquitecto *m*
baumeln ['-məln] (*ge*-, *h*) bambolear(-se)
'Baum|stamm *m* tronco *m* (de árbol); **~wolle** *f* algodón *m*
'Bauplatz ['baʊplats] *m* solar *m*
Bausch [baʊʃ] *m* (-[*e*]*s*; *Bäusche*) (*Watte~*) tampón *m*
'Bau|sparkasse *f* caja *f* de ahorros para la construcción; **~stelle** *f* obras *f*/*pl*; **~stil** *m* estilo *m* (arquitectónico); **~unternehmer** *m* contratista *m* (de obras); **~werk** *n* edificio *m*, construcción *f*
Bay|er ['baɪər] *m* (-*n*; -*n*), **'~erin** *f* (-; -*nen*), bávaro *m*, -a *f*; **'~risch** bávaro
Bayern ['baɪərn] *n* Baviera *f*
Bazillus [ba'tsilus] *m* (-; *Bazillen*) bacilo *m*
Bd. ***Band*** t. (tomo), vol. (volumen)
BDI *m* ***Bundesverband der Deutschen Industrie*** Unión *f* Federal de la Industria Alemana
be'absichtig|en [bə'ʔapziçtigən] (*h*) tener la intención (***zu*** de), proponerse (*inf*); **~t** intencionado, intencional
be'acht|en (*h*) fijarse en; (*berücksichtigen*) tener en cuenta; (*befolgen*) observar; ***nicht* ~** no hacer caso de; **~lich** considerable; **~ung** *f* (-; *sin pl*) atención *f*, consideración *f*; observancia *f*
'Beamer ['biːmər] *m* (**~***s*; **~**) *inform* cañón *m* (de proyección)
Beamt|e [bə'ʔamtə] *m* (-*n*; -*n*), **~in** *f* (-; -*nen*) funcionario *m*, -a *f*
beanspruchen [-'ʔanʃpruxən] (*h*) pretender, exigir; *Zeit*: requerir
be'anstand|en [-'ʔanʃtandən] (*h*) protestar, reclamar (***et*** contra a/c); **~ung** *f* (-; -*en*) objeción *f*; reclamación *f*
beantragen [-'ʔantraːgən] (*h*) solicitar, pedir
be'antwort|en (*h*) contestar (a), responder a; **~ung** *f*: ***in* ~** (*gen*) en contestación a
be'arbeit|en (*h*) trabajar; *tec* labrar; *Buch*: refundir; *teat*, *Film usw*.: adaptar; **~ung** *f* (-; -*en*) *tec* labrado *m*; *Buch*: refundición *f*; *teat usw*.: adaptación *f*; **~ungsgebühr** *f* cuota *f* de gestión
Be'atmung *f* (-; -*en*): (***künstliche***) **~** respiración *f* artificial
beaufsichtigen [-'ʔaʊfziçtigən] (*h*) vigilar, inspeccionar
beauftrag|en [-'ʔaʊftrɑːgən] (*h*): ***j-n mit et* ~** encargar a/c a alg; **~te** [-'-trɑːktə] *m*/*f* (-*n*; -*n*) encargado *m*, -a *f*
be'bauen (*h*) *arqu* edificar; (*erschließen*) urbanizar; *agr* cultivar
beben ['beːbən] (*ge*-, *h*) temblar
Becher ['bɛçər] *m* (-*s*; -) vaso *m*
Becken ['bɛkən] *n* (-*s*; -) pila *f*; (*Wasch~*) lavabo *m*; *geo* cuenca *f*; *anat* pelvis *f*; (*Schwimm~*) piscina *f*
be'danken [bə-] (*h*): ***sich bei j-m für et* ~** dar las gracias a alg por a/c
Be'darf [-'darf] *m* (-[*e*]*s*; *sin pl*) necesidades *f*/*pl* (***an*** *dat* de); ***bei* ~** si es necesario; **~shaltestelle** *f* parada *f* discrecional
be'dauer|lich [-'daʊərliç] deplorable; **~n** (*h*) sentir; *j-n*: compadecer; **~n** *n* (-*s*; *sin pl*) sentimiento *m*; ***zu m-m*** (***großen***) **~** (muy) a pesar mío; **~nswert** *j*: digno de lástima; *et*: lamentable
be'deck|en (*h*) cubrir (***mit*** de, con); tapar; **~t** *a Himmel*: cubierto
be'denk|en (*bedachte*, *bedacht*, *h*) considerar, pensar en; tener en cuenta; **~en** *n*/*pl* dudas *f*/*pl*, escrúpulos *m*/*pl*; **~enlos** sin escrúpulos; **~lich** grave; (*gewagt*) arriesgado
be'deut|en (*h*) significar, querer decir; ***das hat nichts zu* ~** no tiene importancia; **~end** importante, considerable; *j*: eminente; **~ung** *f* (-; -*en*) (*Sinn*) sentido *m*, significado *m*; (*sin pl*) (*Wichtigkeit*) importancia *f*; **~ungslos** insignificante
be'dien|en (*h*) servir; *com* atender; *tec* manejar; ***sich* ~** servirse (*gen* de) (*a bei Tisch*); **~ung** *f* (-; *sin pl*) servicio *m*; *tec* manejo *m*; (*pl* -*en*) (*Kellnerin*) camarera *f*; **~ungsanleitung** *f* instruc-

ciones *f/pl* para el uso

Be'dingung [-'diŋuŋ] *f* (-; *-en*) condición *f* (***stellen*** poner); ***unter der ~, dass*** a condición de que (*subj*); **2slos** incondicional; *adv* sin reservas

be'droh|en (*h*) amenazar (***mit*** con); **~lich** amenazador; crítico

be'drück|en (*h*) oprimir, agobiar; **~end** opresivo, vejatorio; deprimente

be'dürfen [bə'dyrfən] (*bedurfte, bedurft, h*) necesitar (***e-r Sache*** a/c), hacer falta (a/c a alg)

Be'dürf|nis *n* (*-ses*; *-se*) necesidad *f*; **2tig** necesitado, menesteroso

Beefsteak ['biːfsteːk] *n* (*-s*; *-s*) bistec *m*, bisté *m*

be'eilen [bə'ʔaɪlən] (*h*): ***sich ~*** darse prisa; apresurarse (***zu*** a)

be'ein|drucken [-'ʔaɪndrukən] (*h*) impresionar; **~flussen** [-'-flusən] (*h*) influir (en); influenciar; **~trächtigen** (*h*) perjudicar, mermar

be'enden (*h*) acabar, terminar

be'erben (*h*): ***j-n ~*** ser heredero de alg

be'erdig|en [-'ʔeːrdigən] (*h*) enterrar; **2ung** *f* (-; *-en*) entierro *m*; **2ungsinstitut** *n* funeraria *f*

Beere ['beːrə] *f* (-; *-n*) baya *f*

Beet [beːt] *n* (*-[e]s*; *-e*) bancal *m*; (*Blumen2*) cuadro *m*, macizo *m*

befähig|en [bə'fɛːigən] (*h*) habilitar, capacitar (***zu*** para); **~t** [-'-içt] habilitado, capaz (***zu, für*** para)

be'fahr|bar [-'fɑːrbɑːr] transitable; **~en** (*befuhr, befahren, h*) circular por

be'fallen (*befiel, befallen, h*) acometer (*a Schlaf*); *med* afectar

be'fangen (*scheu*) tímido; (*voreingenommen*) parcial; **2heit** *f* (-; *sin pl*) timidez *f*; parcialidad *f*

be'fassen (*h*): ***sich ~ mit*** ocuparse de

Be'fehl [-'feːl] *m* (*-[e]s*; *-e*) orden *f*; (*~sgewalt*) mando *m* (***führen*** tener, ***über*** *ac* de); **2en** (*befahl, befohlen, h*) mandar, ordenar; **~shaber** [-'-hɑːbər] *m* (*-s*; -) jefe *m*; comandante *m*

be'festigen (*h*) fijar, sujetar

befeuchten [-'fɔʏçtən] (*h*) humedecer, mojar

be'finden **1.** *v/refl* (*befand, befunden, h*): ***sich ~*** hallarse, encontrarse; (*sich fühlen*) sentirse, estar; **2.** **2** *n* (*-s*; *sin pl*) (estado *m* de) salud *f*

be'folgen (*h*) seguir; *Befehl, Gesetz*: cumplir; *Vorschrift*: observar

be'förder|n (*h*) *com* transportar; *im Rang*: promover, ascender; **2ung** *f* (-; *-en*) transporte *m*; promoción *f*, ascenso *m*

be'frag|en (*h*) preguntar (***wegen*** por); consultar; *jur* interrogar; **2ung** *f* (-; *-en*) consulta *f*; (*Umfrage*) encuesta *f*

be'frei|en [-'fraɪən] (*h*) liberar; *v Pflichten usw*: dispensar, eximir; ***sich ~*** deshacerse (***von*** de); **2er** *m* (*-s*; -) libertador *m*; **~t** exento (***von*** de); **2ung** *f* (-; *-en*) liberación *f*; exención *f*

befreunden [-'frɔʏndən] (*h*): ***sich ~ mit j-m***: trabar amistad con; *et*: familiarizarse con; ***befreundet sn mit*** ser amigo de

be'fried|en [-'friːdən] (*h*) pacificar; **~igen** [-'-digən] (*h*) satisfacer, contentar; **~igend** satisfactorio; **~igt** [-'-diçt] satisfecho, contento; **2igung** *f* (-; *sin pl*) satisfacción *f*

be'fristet a plazo fijo

be'frucht|en (*h*) fecundar (*a fig*); **2ung** *f* (-; *-en*) fecundación *f*

Be'fug|nis [-'fuːknis] *f* (-; *-se*) competencia *f*, autorización *f*; **2t** autorizado (***zu*** para)

Be'fund *m* (*-[e]s*; *-e*) *a med* resultado *m*; comprobación *f*

be'fürcht|en (*h*) recelar, temer; **2ung** *f* (-; *-en*) recelo *m*, temor *m*

befürworten [-'fyːrvɔrtən] (*h*) abogar por

begab|t [-'gɑːpt] talentoso; ***~ für*** dotado para; **2ung** [-'-buŋ] *f* (-; *-en*) talento *m*, dotes *f/pl* (***für*** para)

be'geben (*begab, begeben, h*): ***sich ~*** ir, dirigirse (***nach*** a); **2heit** *f* (-; *-en*) suceso *m*, acontecimiento *m*

be'gegn|en [-'geːgnən] (*sn*) encontrar (***j-m*** a alg); **2ung** *f* (-; *-en*) encuentro *m*

be'gehen (*beging, begangen, h*) *Fest*: celebrar; *Fehler, Verbrechen*: cometer

be'gehr|en [-'geːrən] (*h*) desear, codiciar; ***sehr begehrt*** muy solicitado; **~enswert** deseable, apetecible

be'geister|n [-'gaɪstərn] (*h*): (***sich***) **~** entusiasmar(se), apasionar(se) (***für*** por); **~t** entusiasmado (***von*** con); **2ung** *f* (-; *sin pl*) entusiasmo *m*

begierig [-'giːriç] ávido, ansioso (***nach*** de)

be'gießen (*begoss, begossen, h*) *agr* regar; F (*feiern*) remojar

Be'ginn [-'gin] *m* (*-[e]s*; *sin pl*) comienzo *m*, principio *m*; ***bei ~*** al comienzo; **2en** (*begann*, *begonnen*, *h*) empezar, comenzar (***mit*** con; ***zu*** a)

be'glaubig|en [-'glaubigən] (*h*) certificar, atestar; *jur Unterschrift*, *Urkunde*: legalizar; **2ung** *f* (-; *-en*) legalización *f*; **2ungsschreiben** *n* (cartas *f/pl*) credenciales *f/pl*

be'gleichen (*beglich*, *beglichen*, *h*) arreglar, pagar

be'gleit|en (*h*) acompañar (*a mus*); **2er** *m* (*-s*; -), **2erin** *f* (-; *-nen*) acompañante *su*; (*Gefährte*) compañero *m*, -a *f*; **2papiere** *n/pl* documentación *f* (anexa); **2schreiben** *n* carta *f* adjunta; **2ung** *f* (-; *-en*) acompañamiento *m* (*a mus*); ***in ~ von*** en compañía de, acompañado de

beglückwünschen [bə'glyk-] (*h*) felicitar, dar la enhorabuena (***zu*** por)

be'gnadig|en [-'gna:digən] (*h*) indultar; **2ung** *f* (-; *-en*) indulto *m*

begnügen [-'gny:gən] (*h*): ***sich ~ mit*** contentarse con

be|'graben (*begrub*, *begraben*, *h*) enterrar (*a fig*); **2'gräbnis** [-'grɛ:pnis] *n* (*-ses*; *-se*) entierro *m*

be'greif|en (*begriff*, *begriffen*, *h*) comprender, entender; **~lich** comprensible

be'grenz|en (*h*) limitar; reducir (***auf*** *ac* a); **2ung** *f* (-; *-en*) limitación *f*

Be'griff *m* (-[*e*]*s*; *-e*) concepto *m*, idea *f*; ***im ~ sn zu*** estar a punto de

be'gründ|en (*h*) fundar; *fig* motivar (***mit*** por); **2ung** *f* (-; *-en*) fundación *f*; motivación *f*

be'grüß|en (*h*) saludar; *fig* celebrar; **2ung** *f* (-; *-en*) salutación *f*; (*Willkommen*) bienvenida *f*

be'günstig|en [-'gynstigən] (*h*) favorecer; **2ung** *f* (-; *-en*) protección *f*

be'gutachten (*h*) dictaminar sobre; (*prüfen*) examinar

begütert [-'gy:tərt] acaudalado

behag|en [-'ha:gən] (*h*) gustar, agradar; **~lich** [-'ha:kliç]: ***sich ~ fühlen*** sentirse a sus anchas

behalten (*behielt*, *behalten*, *h*) guardar; quedarse con; *im Gedächtnis*: retener

Behälter [-'hɛltər] *m* (*-s*; -) recipiente *m*

be'hand|eln (*h*) tratar (*a med*); **2lung** *f* (-; *-en*) tratamiento *m* (*a med*)

be'harr|en (*h*) perseverar, persistir (***auf*** *dat* en); **~lich** perseverante, tenaz

be'haupt|en [-'hauptən] (*h*) afirmar; ***sich ~*** mantenerse; **2ung** *f* (-; *-en*) afirmación *f*

be'helf|en (*behalf*, *beholfen*, *h*): ***sich ~*** arreglarse; **~smäßig** provisional, improvisado

beherbergen [-'hɛrbɛrgən] (*h*) hospedar, alojar

be'herrsch|en (*h*) dominar (*a fig*); ***sich ~*** dominarse, contenerse; **2ung** *f* (-; *sin pl*) dominación *f*

be'herz|igen [-'hɛrtsigən] (*h*) tomar a pecho; **~t** [-'hɛrtst] valiente, arrojado

behilflich [-'hilfliç]: ***j-m bei et ~ sn*** ayudar a alg en a/c

be'hinder|n (*h*) estorbar; *a Verkehr*: obstaculizar; **2te** *m/f* (*-n*; *-n*) impedido *m*, -a *f*, minusválido *m*, -a *f*; **~tengerecht** apto para minusválidos

Behörde [-'hø:rdə] *f* (-; *-n*) autoridad *f*, administración *f*

be'hüten (*h*) guardar, preservar (***vor*** *dat* de)

behutsam [-'hu:tza:m] cauteloso; (*sorgsam*) cuidadoso

bei [baɪ] (*dat*) **1.** *örtlich*: junto a, cerca de; ***~*** *j-m* en casa de; ***~m Bäcker*** en la panadería; ***~ sich haben*** llevar consigo; ***~ Calderón*** en Calderón; **2.** *zeitlich*: durante; ***~m Essen*** durante *od* en la comida; ***~ Nacht*** de noche; ***~ m-r Ankunft*** a mi llegada; **3.** (*Umstände*) ***~ der Arbeit sn*** estar trabajando; ***~ diesem Wetter*** con este tiempo

'beibringen (*irr*, *sep*, *-ge-*, *h*, → ***bringen***) *Niederlage*: infligir; (*lehren*) enseñar

'Beicht|e ['baɪçtə] *f* (-; *-n*) confesión *f*; **2en** (*ge-*, *h*) **1.** *v/t* confesar; **2.** *v/i* confesarse; **~stuhl** *m* confes(i)onario *m*

beide ['-də] *pl* ambos, los dos; ***~s*** las dos cosas; ***keiner von ~n*** ni uno ni otro; **wir ~** nosotros dos

beiderseits ['-dərzaɪts] a ambos lados de; recíprocamente

beiein'ander juntos (-as)

'Beifahrer(in) *m*(*f*) acompañante *su*

'Beifall *m* (-[*e*]*s*; *sin pl*) aplauso *m*; ***j-m ~ spenden*** aplaudir a alg; ***~ finden*** *fig* tener gran aceptación (***bei*** entre)

'beifügen (*sep*, *-ge-*, *h*) añadir; *e-m Schreiben*: acompañar, incluir

'Beigeschmack *m* gustillo *m*, saborcillo *m*; *fig* deje *m*

'Beihilfe *f* ayuda *f*, subsidio *m*; *jur* complicidad *f*

beil. ***beiliegend*** adjunto

Beil ['baɪl] *n* (-[*e*]*s*; -*e*) hacha *f*
'**Beilage** *f* suplemento *m*; *zum Brief*: anexo *m*; *gastr* guarnición *f*
'**beiläufig** *adv* de paso
'**beilegen** (*sep*, -*ge*-, *h*) *e-m Brief*: acompañar, adjuntar; *Streit*: dirimir, zanjar
'**Beileid** *n* (-[*e*]*s*; *sin pl*): ***sein ~ aussprechen*** dar el pésame
'**beiliegend** adjunto
beim [baɪm] = bei dem
'**beimessen** (*irr*, *sep*, -*ge*-, *h*, → ***messen***) atribuir; ***Wert ~*** dar importancia
Bein [baɪn] *n* (-[*e*]*s*; -*e*) pierna *f*; (*Tier*\~, *Tisch*\~) pata *f*; (*Knochen*) hueso *m*
'**beinah(e)** casi; *bei vb*: por poco
'**Beinbruch** *m* fractura *f* de (la) pierna
be'inhalten [bə'ʔinhaltən] (*h*) contener
beipflichten ['baɪpfliçtən] (*sep*, -*ge*-, *h*) (*dat*) aprobar (*ac*); ***j-m ~*** adherirse a la opinión de alg
bei'sammen [baɪ'zamən] juntos, reunidos; \~**sein** *n* (-*s*; *sin pl*) reunión *f*; *geselliges*: tertulia *f*
'**Beisein** *n*: ***im ~ von*** en presencia de
bei'seitelassen (*irr*, *sep*, -*ge*-, *h*, → ***lassen***) dejar a un lado
'**beisetz|en** (*sep*, -*ge*-, *h*) sepultar, dar sepultura a; \~**ung** *f* (-; -*en*) sepelio *m*
'**Beispiel** *n* (-[*e*]*s*; -*e*) ejemplo *m* (***zum*** por); \~**haft** ejemplar; \~**sweise** por ejemplo
'**beißen** ['-sən] (*biss*, *gebissen*, *h*) morder; *Insekten*, *Rauch*: picar
'**Bei|stand** *m* (-[*e*]*s*; *sin pl*) ayuda *f*, asistencia *f*; \~**stehen** (*irr*, *sep*, -*ge*-, *h*, → ***stehen***): ***j-m ~*** ayudar *od* asistir a alg
'**beisteuern** (*sep*,-*ge*-, *h*) contribuir (***zu*** a)
'**Beitrag** ['-traːk] *m* (-[*e*]*s*; ¨-*e*) contribución *f*; (*Mitglieds*\~) cuota *f*; \~**en** (*irr*, *sep*, -*ge*-, *h*, → ***tragen***) contribuir (***zu*** a)
'**bei|treten** (*irr*, *sep*, -*ge*-, *sn*, → ***treten***) *e-m Verein*: ingresar en; *e-r Partei*: afiliarse a; \~**tritt** *m* (-[*e*]*s*; -*e*) afiliación *f* (***zu*** a); ingreso *m* (en)
'**Beiwagen** *m Motorrad*: sidecar *m*
Beize ['-tsə] *f* (-; -*n*) *für Holz*: barniz *m*; *gastr* adobo *m*
beizeiten [-'tsaɪtən] a tiempo
be'jahen [bə'jaːən] (*h*) *Frage*: responder afirmativamente a; \~**d** afirmativo
bejahrt [-'jaːrt] entrado en años
be'kämpfen (*h*) luchar contra
be'kannt [-'kant] conocido (***bei*** de); sabido (de); ***~ machen*** dar a conocer, publicar; ***~ sn mit*** conocer (*ac*); ***mit j-m ~ machen*** presentar a alg; \~**e** *m*/*f* (-*n*; -*n*) conocido *m*, -a *f*; \~**gabe** *f* (-; *sin pl*) → ***Bekanntmachung***; \~**machen** → ***machen***; \~**machung** [-'-maxuŋ] *f* (-; -*en*) publicación *f*; (*Mitteilung*) aviso *m*; *amtlich*: bando *m*; \~**lich** como es sabido; \~**schaft** *f* (-; *sin pl*) conocimiento *m*; ***j-s ~ machen*** conocer a alg
be'kehr|en (*h*) convertir (***zu*** a); \~**ung** *f* (-; -*en*) conversión *f*
be'kenn|en (*bekannte*, *bekannt*, *h*) confesar; ***sich schuldig ~*** reconocerse culpable; ***sich ~ zu*** declararse partidario de; \~**tnis** *n* (-*ses*; -*se*) confesión *f*; *des Glaubens*: profesión *f*
be'klag|en (*h*) lamentar; ***sich ~*** quejarse (***über*** *ac* de, ***bei*** *j-m* a); \~**enswert** deplorable; \~**te** [-'klaːktə] *m*/*f* (-*n*; -*n*) *jur* demandado *m*, -a *f*
be'kleckern (*h*) manchar
be'kleid|en (*h*) vestir; *Amt*: desempeñar; \~**ung** (-; -*en*) vestidos *m*/*pl*
Be'klemmung *f* (-; -*en*) opresión *f*, congoja *f*
be'kommen (*bekam*, *bekommen*) **1.** *v*/*t* (*h*) recibir; (*erlangen*) obtener, conseguir; *Krankheit*: contraer; *Schreck*: llevarse; ***wie viel ~ Sie?*** ¿cuánto le debo?; **2.** *v*/*i* (*sn*): ***gut*** (***schlecht***) ***~*** probar *od* sentar bien (mal)
be|'kräftigen (*h*) corroborar, confirmar; \~'**kümmern** (*h*) afligir; \~**kunden** [-'kundən] (*h*) manifestar; \~'**laden** (*belud*, *beladen*, *h*): ***~ mit*** cargar de
Belag [-'laːk] *m* (-[*e*]*s*; ¨-*e*) (*Zahn*\~) sarro *m*; (*Brot*\~) fiambre *m*
be'lager|n (*h*) sitiar; *fig* asediar; \~**ung** *f* (-; -*en*) sitio *m*
Be'lang|e [-'laŋə] *m*/*pl* intereses *m*/*pl*; \~**los** insignificante, irrelevante
be'lasten (*h*) cargar (***mit*** de); *mit Abgaben*: gravar (con); ***j-s Konto mit et ~*** cargar a/c en cuenta a alg
be'lästig|en [-'lɛstigən] (*h*) importunar, molestar; \~**ung** *f* (-; -*en*) molestia *f*
Belastung [-'lastuŋ] *f* carga *f* (*a tec u fig*); *Konto*: adeudo *m*; *jur* gravamen *m*
be'laufen (*belief*, *belaufen*, *h*): ***sich ~ auf*** (*ac*) ascender a, importar (*ac*)
be'leb|en (*h*) (re)animar; \~**t** [-'leːpt] animado; *Ort*: concurrido
Be'leg [-'leːk] *m* (-[*e*]*s*; -*e*) justificante *m*, comprobante *m*; \~**en** [-'leːgən] (*h*) cubrir (***mit*** con, de); *Sitz*: reservar; *Vor-*

lesung: matricularse para; (*beweisen*) probar; **~schaft** [-'leːkʃaft] *f* (-; *-en*) personal *m*; **2t** [-'leːkt] *Platz*: ocupado; *Zunge*: sucio; ***~es Brot*** bocadillo *m*; sandwich *m*

be'lehr|en (*h*) instruir; **2ung** *f* (-; *-en*) instrucción *f*

be'leidig|en [-'laɪdigən] (*h*) ofender, insultar; **~end** ofensivo, insultante; **2ung** *f* (-; *-en*) ofensa *f*, insulto *m*, injuria *f*

be'lesen leído

be'leucht|en (*h*) alumbrar, iluminar; **2ung** *f* (-; *-en*) alumbrado *m*; iluminación *f*

Belgien ['bɛlgjən] *n* Bélgica *f*

Belg|ier ['bɛlgjər] *m* (*-s*; -), **~ierin** *f* (-; *-nen*) belga *su*; **2isch** belga

Belgrad ['bɛlgraːt] *n* Belgrado *m*

be'licht|en (*h*) [bə'liçtən] *fot* exponer; **2ung** *f* (-; *-en*) exposición *f*; **2ungsmesser** *m* fotómetro *m*

Be'lieb|en *n*: ***nach ~*** a discreción; **2ig** cualquiera; **2t** [-'liːpt] *j*: popular; *et*: en boga; **~theit** *f* (-; *sin pl*) popularidad *f*

be'liefern (*h*) proveer, abastecer (***mit*** de)

bellen ['bɛlən] (*ge-*, *h*) ladrar

be'lohn|en [bə'-] (*h*) recompensar; **2ung** *f* (-; *-en*) recompensa *f*

be'lügen (*belog*, *belogen*, *h*) mentir (***j-n*** a alg)

be'lustig|end [-'lustigənt] divertido; **2ung** *f* (-; *-en*) diversión *f*

be|mächtigen [-'mɛçtigən] (*h*): ***sich e-r Sache*** (*gen*) ***~*** apoderarse de a/c; **~'malen** (*h*) pintar (***blau*** de azul); **~mängeln** [-'mɛŋəln] (*h*) criticar, censurar

be'merk|bar: ***sich ~ machen*** hacerse sentir, manifestarse; **~en** (*h*) notar, darse cuenta de; (*sagen*) observar, decir; **~enswert** notable; **2ung** *f* (-; *-en*) observación *f*

be'mitleiden [-'mitlaɪdən] (*h*): ***ich bemitleide ihn*** me da lástima; **~swert** digno de compasión

be'müh|en (*h*): ***sich ~*** esforzarse (***um*** por), procurar (*inf*); ***~ Sie sich nicht!*** ¡no se moleste!; **2ung** *f* (-; *-en*) esfuerzo *m* (***um*** por); ***~en*** *pl* gestiones *f*/*pl*

benachbart [-'naxbaːrt] vecino

be'nachrichtig|en [-'naːxriçtigən] (*h*) avisar, informar, enterar; **2ung** *f* (-; *-en*) información *f*, aviso *m*

benachteiligen [-'-taɪligən] (*h*) perjudicar

benehmen [bə'neːmən] **1.** *v*/*refl* (*benahm*, *benommen*, *h*): ***sich ~*** conducirse, (com)portarse; **2.** **2** *n* (*-s*; *sin pl*) conducta *f*, comportamiento *m*

be'neiden (*h*): ***j-n um et ~*** envidiar a/c a alg; **~swert** envidiable

Beneluxstaaten [beːne'luksʃtaːtən] *m*/*pl* (Estados *m*/*pl*) Benelux *m*

Bengel ['bɛŋəl] *m* (*-s*; -) rapaz *m*

benommen [bə'nɔmən] aturdido, atontado

be'nötigen (*h*) necesitar

be'nutz|en (*h*) usar, utilizar, *a Gelegenheit*: aprovechar; **2er** *m* (*-s*; -) usuario *m a inform*; **~erfreundlich** fácil de usar; **2eroberfläche** *f inform* superficie *f* de utilización; **2ung** *f* (-; *sin pl*) empleo *m*, uso *m*

Ben'zin [bɛn'tsiːn] *n* (*-s*; *-e*) *auto* gasolina *f*; *quím* bencina *f*; **~kanister** *m* bidón *m* de gasolina; **~tank** *m* depósito *m* de gasolina; **~uhr** *f* indicador *m* de gasolina

be'obacht|en [bə'ʔoːbaxtən] (*h*) observar; **2er** *f* (*-s*; -) observador *m*; **2ung** (-; *-en*) observación *f*

be'pflanzen (*h*) plantar (***mit*** de)

be'quem [-'kveːm] cómodo, confortable; *j*: perezoso; **2lichkeit** *f* (-; *sin pl*) comodidad *f*; (*Trägheit*) pereza *f*

be'rat|en (*beriet*, *beraten*, *h*) **1.** *v*/*t* aconsejar; **2.** *v*/*i* deliberar; **2er** *m* (*-s*; -) consejero *m*; **2ung** *f* (-; *-en*) deliberación *f*; *a med* consulta *f*

be'rauben (*h*) robar (***j-n e-r Sache*** a/c a alg); *fig* privar (de)

be'rechn|en (*h*) calcular; *com* cargar (en cuenta); **2ung** *f* (-; *-en*) cálculo *m*; (*sin pl*) *fig* egoísmo *m*

be'rechtig|en [-'rɛçtigən] (*h*) autorizar, habilitar (***zu*** para); **~t** autorizado; *Sache*: fundado; **2ung** (-; *sin pl*) autorización *f*; derecho *m*

beredt [-'reːt] elocuente

Be'reich *m* (-[*e*]*s*; *-e*) ámbito *m*; *fig* esfera *f*

bereichern [-'raɪçərn] (*h*): (***sich***) ***~*** enriquecer(se) (***an*** *dat* con)

Be'reifung *f* (-; *-en*) neumáticos *m*/*pl*

be'reisen (*h*) viajar por, recorrer

be'reit [-'raɪt] dispuesto (***zu*** a); (*fertig*) listo; **~en** (*h*) *Essen*: preparar; *Freude*, *Schmerz usw*: causar, dar; **~halten**

(*irr, sep, -ge-, h,* → ***halten***) tener preparado; **sich ~machen** (*sep, -ge-, h,* → ***machen***) prepararse, disponerse (***zu*** a); **~s** ya; **ᘐschaft** *f* (-; *sin pl*) disposición *f* (***zu*** a); **ᘐschaftsdienst** *m* guardia *f*; **~stellen** (*sep, -ge-, h*) preparar; poner a disposición; **~willig** gustoso

be'reuen (*h*) arrepentirse de

Berg [bɛrk] *m* (-[*e*]*s*; -*e*) montaña *f*; **ᘐ'ab** cuesta abajo; **ᘐ'auf** cuesta arriba; **'~bahn** *f* ferrocarril *m* de montaña; **'~bau** *m* (-[*e*]*s*; *sin pl*) industria *f* minera

bergen ['bɛrgən] (*barg, geborgen, h*) salvar, rescatar

'Berg|führer ['bɛrk-] *m* guía *m* (de montaña); **ᘐig** ['-giç] montañoso; **~kette** *f* sierra *f*; **~mann** *m* (-[*e*]*s*; -*leute*) minero *m*; **~rutsch** *m* desprendimiento *m* de tierras; **~spitze** *f* pico *m*; **~steigen** *n* alpinismo *m*, montañismo *m*; **~steiger** *m* (-*s*; -), **~steigerin** *f* (-; -*nen*) alpinista *su*, montañero *m*, -a *f*; **~ung** ['-guŋ] *f* salvamento *m*, rescate *m*; **~wacht** *f* servicio *m* de salvamento en la montaña; **~wandern** *n* excursión *f* a la montaña; **~werk** *n* mina *f*

Be'richt [bə'riçt] *m* (-[*e*]*s*; -*e*) relación *f*, informe *m*; (*Zeitungs*ᘐ) crónica *f*; (*Erzählung*) relato *m*; **ᘐen** (*h*) informar (***über*** *ac* de, sobre); (*erzählen*) relatar; **~erstatter** [-'-ˀɛrʃtatər] *m* (-*s*; -) reportero *m*; *auswärtiger*: corresponsal *m*; **ᘐigen** [-'-tigən] (*h*) rectificar, corregir; **~igung** *f* (-; -*en*) rectificación *f*

Berlin [bɛr'liːn] *n* Berlín *m*

Berliner [bɛr'liːnər] *m* (-*s*; -), **~in** *f* (-; -*nen*) berlinés *m*, -esa *f*

Bern [bɛrn] *n* Berna *f*

Bernstein ['bɛrnʃtaɪn] *m* (-[*e*]*s*; *sin pl*) ámbar *m*

berüchtigt [bə'ryçtiçt] de mala fama

be'rücksichtig|en [-'rykziçtigən] (*h*) considerar, tener en cuenta; **ᘐung** *f* (-; *sin pl*) consideración *f*

Be'ruf [-'ruːf] *m* (-[*e*]*s*; -*e*) profesión *f*, oficio *m*; ***von ~*** de profesión; **ᘐen** (*berief, berufen, h*) nombrar (***zu*** para); ***sich ~ auf*** (*ac*) referirse a; **ᘐlich** profesional; **~sausbildung** *f* formación *f* profesional; **~sberatung** *f* orientación *f* profesional; **ᘐstätig** que ejerce una profesión; activo; **~ung** *f* (-; -*en*) vocación *f*; (*Ernennung*) nombramiento *m* (***zu*** para); *jur* apelación *f*; ***~ einlegen*** apelar (***gegen*** de)

be'ruhen (*h*): **~ *auf*** (*dat*) basarse en

be'ruhig|en [-'ruːigən] (*h*): (***sich***) **~** calmar(se), tranquilizar(se); **~end** tranquilizador; **ᘐung** *f* (-; *sin pl*) calma *f*; **ᘐungsmittel** *med n* calmante *m*, sedante *m*

be'rühmt [-'ryːmt] famoso, célebre; **ᘐheit** *f* (-; *sin pl*) renombre *m*

be'rühr|en (*h*) tocar (*a fig*); *Gemüt*: afectar; **ᘐung** *f* (-; -*en*) tacto *m*; *a fig* contacto *m*

bes. ***besonders*** especialmente; en particular

be'sagen (*h*) (querer) decir, significar

besänftigen [-'zɛnftigən] (*h*) apaciguar, calmar

Be'satz *m* (-*es*; ⸗*e*) guarnición *f*; **~ung** *f* (-; -*en*) *mar, avia* tripulación *f*

be'saufen P (*besoff, besoffen, h*): ***sich ~*** F coger una trompa *od* una mona

be'schädig|en (*h*) deteriorar (*a com*), estropear; *mar, avia* averiar; **ᘐung** *f* (*h*) deterioro *m*, desperfecto *m*

be'schaffen (*h*) proporcionar, procurar, facilitar; **ᘐheit** *f* (-; *sin pl*) condición *f*, estado *m*; índole *f*

be'schäftig|en [-'ʃɛftigən] (*h*) dar trabajo a; *fig* preocupar; ***sich ~*** ocuparse (***mit*** de, en); **ᘐung** *f* (-; -*en*) ocupación *f*; empleo *m*

be'schäm|end vergonzoso; humillante; **~t** avergonzado; **ᘐung** *f* (-; *sin pl*) vergüenza *f*, confusión *f*

Bescheid [-'ʃaɪt] *m* (-[*e*]*s*; -*e*) respuesta *f*; ***j-m ~ geben*** informar a alg; ***~ wissen über*** (*ac*) estar enterado de

be'scheiden modesto; **ᘐheit** *f* (-; *sin pl*) modestia *f*

be'scheinig|en [-'ʃaɪnigən] (*h*) certificar; **ᘐung** *f* (-; -*en*) certificado *m*

be'schenken (*h*) obsequiar

Bescherung [-'ʃeːruŋ] *f* (-; -*en*) reparto *m* de regalos; ***schöne ~!*** ¡estamos listos!

be|'schieß|en (*beschoss, beschossen, h*) hacer fuego *od* tirar sobre; **~'schimpfen** (*h*) insultar, injuriar

Be'schlag *m*: ***in ~ nehmen, mit ~ belegen*** incautarse de; *fig* acaparar (*a j-n*); **ᘐen 1.** (*beschlug, beschlagen, h*) **a)** *v/t Pferd*: herrar **a)** *v/i u* ***sich ~*** *Glas*: empañarse; **2.** *adj* entendido, versado; **~nahme** [-'-knaːmə] *f* (-; -*n*) embargo *m*, confiscación *f*; **ᘐnahmen** (*h*) confis-

car, embargar
be'schleunig|en [-'ʃlɔʏnigən] (*h*) acelerar; **2ung** *f* (-; -*en*) aceleración *f*
be'schließen (*beschloss, beschlossen, h*) concluir, terminar; (*entscheiden*) resolver, decidir
Be'schluss *m* (-*es*; ⸚*e*) resolución *f*, decisión *f*; acuerdo *m* (***fassen*** tomar)
be|'schmieren (*h*) untar; (*besudeln*) embadurnar; **~'schmutzen** (*h*) ensuciar, manchar; **~'schönigen** [-'ʃøːnigən] (*h*) cohonestar, colorear
be'schränk|en [-'ʃrɛŋkən] (*h*) limitar (***auf*** *ac* a); restringir, reducir; **~t** limitado; (*eng*) estrecho; *j*: de pocos alcances; **2ung** *f* (-; -*en*) limitación *f*, restricción *f*
be'schreib|en (*beschrieb, beschrieben, h*) describir; **2ung** *f* (-; -*en*) descripción *f*
be'schuldig|en [-'ʃuldigən] (*h*) culpar (*gen* de); inculpar; **2ung** *f* (-; -*en*) inculpación *f*
be'schütz|en (*h*) proteger (***vor*** *dat* de, contra); **2er** *m* (-*s*; -) protector *m*
Be'schwer|de [-'ʃvɛːrdə] *f* (-; -*n*) *com* queja *f*, reclamación *f*; *med* **~n** *pl* dolores *m/pl*; molestias *f/pl*; **2en** (*h*): ***sich ~ über*** quejarse de (***bei j-m*** a alg)
be|'schwichtigen [-'ʃviçtigən] (*h*) calmar, apaciguar; **~'schwindeln** (*h*) engañar; mentir (***j-n*** a alg)
beschwipst [-'ʃvipst] F achispado, piripi
be'schwören (*beschwor, beschworen, h*) afirmar bajo juramento, jurar; *Geister*: conjurar
be'seitigen [-'zaɪtigən] (*h*) eliminar (*a j-n*); *Hindernis*: allanar
Besen ['beːzən] *m* (-*s*; -) escoba *f*
besessen [bə'zɛsən] obsesionado (***von*** con), poseso
be'setz|en (*h*) *Stelle*: cubrir; *mil, Platz*: ocupar; **~t** ocupado; *Bus usw*: completo; *tel* **~ *sn*** estar comunicando; **2tzeichen** *n tel* señal *f* de ocupado; **2ung** *f* (-; -*en*) ocupación *f*; *teat* reparto *m*
be'sichtig|en [-'ziçtigən] (*h*) visitar; inspeccionar; **2ung** *f* (-; -*en*) visita *f*
be'siede|ln (*h*) poblar; colonizar; **~lt**: ***dicht ~*** densamente poblado
be'siegen (*h*) vencer
be'sinn|en [-'zinən] (*besann, besonnen, h*): ***sich ~*** acordarse (***auf*** *ac* de); ***sich anders ~*** cambiar de parecer; **2ung** *f* (-; *sin pl*) conocimiento *m*, sentido *m*; ***wieder zur ~ kommen*** volver en sí
Be'sitz [-'zits] *m* (-[*e*]*s*; *sin pl*) posesión *f*; **2en** (*besaß, besessen, h*) poseer; **~er** *m* (-*s*; -), **~erin** *f* (-; -*nen*) poseedor(a) *m*(*f*); dueño *m*, -a *f*; (*Eigentümer*) propietario *m*, -a *f*
besoffen P [-'zɔfən] borracho
besohlen [-'zoːlən] (*h*) poner suelas a
Besoldung [-'zɔlduŋ] *f* (-; -*en*) sueldo *m*
be'sonder [-'zɔndər] particular, especial; **2heit** *f* (-; -*en*) particularidad *f*; **~s** especialmente, sobre todo
be'sonnen [-'zɔnən] prudente
be'sorg|en (*h*) (*verschaffen*) procurar; (*kaufen*) comprar; (*erledigen*) hacer; **2nis** [-'zɔrknis] *f* (-; -*se*) preocupación *f*; **~ *erregend*** alarmante; **~t** preocupado (***um*** por); **2ung** *f* (-; -*en*) recado *m*
be'sprech|en (*besprach, besprochen, h*) discutir; ***sich mit j-m ~*** conferenciar con alg (***über*** *ac* sobre); **2ung** *f* (-; -*en*) entrevista *f*, conferencia *f*; (*Buch*2) reseña *f*
be'spritzen (*h*) rociar; *mit Schmutz*: salpicar
'besser ['bɛsər] (*Komparativ v* ***gut***) mejor; ***umso ~*** tanto mejor; ***~ werden*** mejorar; ***es wäre ~*** más valdría (*inf*); **~n** (*ge-, h*): ***sich ~*** mejorar(se); **2ung** *f* (-; *sin pl*) mejora *f*; *med* mejoría *f*; ***gute ~!*** ¡que se mejore!
best [bɛst] (*Superlativ v* ***gut***) mejor; ***am ~en, das 2e*** lo mejor; ***der erste 2e*** el primero que llegue; ***zu Ihrem 2en*** para su bien
Be'stand [bə'ʃtant] *m* (-[*e*]*s*; *sin pl*) (*Dauer*) duración *f*; (*pl* ⸚*e*) *com* existencias *f/pl*; ***von ~*** durable
be'ständig estable (*a Wetter*), constante; (*andauernd*) continuo
Be'standteil *m* componente *m*, parte *f* integrante, elemento *m*
be'stätig|en [-'ʃtɛːtigən] (*h*) confirmar; **2ung** *f* (-; -*en*) confirmación *f*
be'statt|en [-'ʃtatən] (*h*) sepultar, inhumar; **2ungsinstitut** *n* funeraria *f*, pompas *f/pl* fúnebres
be'stech|en (*bestach, bestochen, h*) sobornar, corromper; **~lich** corruptible; **2ung** *f* (-; -*en*) soborno *m*; corrupción *f*; **2ungsgelder** *n/pl* sobornos *m/pl*
Besteck [-'ʃtɛk] *n* (-[*e*]*s*; -*e*) cubierto *m*
be'stehen (*bestand, bestanden, h*) **1.** *v/t Kampf*: sostener; *Examen*: aprobar; **2.** *v/i* existir; ***~ auf*** (*dat*) insistir en; ***~ in***

(*dat*) consistir en; ~ ***aus*** constar de, componerse de
be'stehlen (*bestahl*, *bestohlen*, *h*) robar
be'steigen (*bestieg*, *bestiegen*, *h*) subir a, *Berg a*: escalar; *Pferd*: montar a
be'stell|en (*h*) *com* encargar, pedir (***bei j-m*** a alg); *Zimmer*: reservar; *Grüße*: dar; ***j-n*** ~ hacer venir a alg; ***j-m et*** ~ dar un recado a alg; **2er** *m* (*-s*; -) comprador *m*; **2formular** *n*, **2schein** *m* formulario *m od* nota *f od* hoja *f* de pedido; **2ung** *f* (-; *-en*) *com* pedido *m*
bestenfalls ['bɛstənfals] en el mejor de los casos
be'steuer|n [bə'-] (*h*) gravar con impuestos; **2ung** *f* (-; *sin pl*) imposición *f*
be'stimm|en (*h*) determinar; (*entscheiden*) decidir; (*festsetzen*) fijar; (*ausersehen*) destinar, designar; (*anordnen*) disponer; **~t** determinado; (*sicher*) cierto, seguro; (*energisch*) categórico, terminante; *adv* seguramente; **2ung** *f* (-; *-en*) destino *m*; (*Vorschrift*) prescripción *f*; **2ungsort** *m* lugar *m* de destino
Best.-Nr. ***Bestellnummer*** número de pedido
be'straf|en (*h*) castigar; **2ung** *f* (-; *-en*) castigo *m*; pena *f*
be'strahl|en (*h*) *med* irradiar; **2ung** *med f* (-; *-en*) irradiación *f*; radioterapia *f*
be|'streichen (*bestrich*, *bestrichen*, *h*) pintar; *Brot*: untar; **~'streiken** (*h*) hacer huelga contra (*una empresa*); **~'streiten** (*bestritt*, *bestritten*, *h*) negar; (*anfechten*) impugnar; *Kosten*: cubrir; **~'streuen** (*h*) espolvorear (***mit*** de); **~'stürmen** (*h*) *fig* asediar
be'stürz|t [-'ʃtyrtst] consternado, perplejo; **2ung** *f* (-; *sin pl*) consternación *f*
Be'such [-'zuːx] *m* (-[*e*]*s*; *-e*) visita *f*; **2en** (*h*) visitar; *j-n*: *a* ir a ver; *Schule*: ir a; *Versammlung*: asistir a; **~er** *m* (*-s*; -), **~erin** *f* (-, *-nen*) visitante *su*; **~szeit** *f* horas *f/pl* de visita
be'tätig|en (*h*) *tec* accionar; ***sich*** ~ actuar (***als*** de); **2ung** *f* (-; *-en*) actividad *f*; actuación *f*
be'täub|en [-'tɔʏbən] (*h*) *med* anestesiar, narcotizar; *fig* aturdir; **2ung** *f* (-; *-en*) anestesia *f*; **2ungsmittel** *n* narcótico *m*
Bete *bot* ['beːtə] *f* (-; *-n*): ***Rote*** ~ remolacha *f* roja
be'teilig|en [bə'taɪligən] (*h*) hacer participar (***an*** *dat* en); ***sich*** ~ ***an*** (*dat*) tomar parte en, participar en; **2te** [-'-liçtə] *m/f* (*-n*; *-n*) interesado *m*, -a *f*; **2ung** *f* (-; *-en*) participación *f*
beten ['beːtən] (*ge-*, *h*) orar, rezar
beteuern [bə'tɔʏərn] (*h*) aseverar
Bethlehem ['beːtlehɛm] *n* Belén *m*
Beton [be'tɔ̃] *m* (*-s*; *-s*) hormigón *m*
be'ton|en [bə'toːnən] (*h*) acentuar, *fig a* subrayar; **2ung** *f* (-; *-en*) acento *m* (*a fig*); acentuación *f*
betr. ***betreffend, betreffs*** concerniente a, con respecto a
Betr. ***Betreff*** ref. (referencia); objeto
Be'tracht [-'traxt] *m*: ***in ~ ziehen*** tomar en consideración; ***in*** ~ ***kommen*** venir al caso; **2en** (*h*) contemplar; *fig* considerar (***als*** como)
beträchtlich [-'trɛçtliç] considerable
Be'trag [-'trɑːk] *m* (-[*e*]*s*; *⸚e*) importe *m*, cantidad *f*; **2en** [-'-gən] **1.** *v/t* (*betrug*, *betragen*, *h*) ascender a, elevarse a; ***sich*** ~ (com)portarse; **2.** 2 *n* (*-s*; *sin pl*) comportamiento *m*, conducta *f*
Be'treff [-'trɛf] *m im Brief*: asunto *m*, objeto *m*; **2s** (*gen*) respecto a, en cuanto a; **2en** (*betraf*, *betroffen*, *h*) concernir, afectar; ***was mich betrifft*** en cuanto a mí; **2end** respectivo, en cuestión
be'treiben (*betrieb*, *betrieben*, *h*) (*ausüben*) practicar, ejercer
be'treten **1.** *v/t* (*betrat*, *betreten*, *h*) *Raum*: entrar en; **2.** *adj* confuso
be'treu|en [-'trɔʏən] (*h*) atender a; cuidar (a, de); **2er** *m* (*-s*; -) *a dep* cuidador *m*; **2ung** *f* (-; *sin pl*) cuidado *m*
Be'trieb [-'triːp] *m* (-[*e*]*s*; *-e*) empresa *f*; (*sin pl*) *tec* funcionamiento *m*, marcha *f*; servicio *m*; *fig* F jaleo *m*; ***in ~ sn*** funcionar; ***außer*** ~ fuera de servicio; no funciona; ***in ~ setzen*** poner en marcha; **2lich**: ***~e Mitbestimmung*** *f* cogestión *f* empresarial
Be'triebs|ausgaben *f/pl* gastos *m/pl* de producción; **~gewinn** *m* beneficios *m/pl* empresariales; **~kapital** *n* capital *m* de explotación; **~leitung** *f* dirección *f* (de la empresa); **~rat** *m* comité *m* de empresa; **~system** *n inform* sistema *m* operativo
be'trinken (*betrank*, *betrunken*, *h*): ***sich*** ~ emborracharse, embriagarse
betroffen [-'trɔfən] *fig* confuso
be'trübt [-'tryːpt] afligido, triste

Betrug [-'tru:k] *m* (-[*e*]*s*; *sin pl*) estafa *f*, engaño *m*; *jur* fraude *m*
be'trüg|en (*betrog*, *betrogen*, *h*) engañar; *im Spiel*: hacer trampas; **2er** *m* (-*s*; -), **2erin** *f* (-; -*nen*) estafador(a) *m*(*f*)
be'trunken borracho
Bett [bɛt] *n* (-[*e*]*s*; -*en*) cama *f*; (*Fluss2*) cauce *m*; ***zu ~ gehen*** irse a la cama; ***das ~ hüten*** guardar cama; '**~couch** *f* sofá-cama *m*; '**~decke** *f* manta *f*; (*Überdecke*) colcha *f*
betteln ['-təln] (*ge*-, *h*) mendigar
'bett|lägerig ['-lɛ:gəriç]: **~ *sn*** guardar cama; **2laken** *n* sábana *f*
Bettler ['-lər] *m* (-*s*; -), **~in** *f* (-; -*nen*) mendigo *m*, -a *f*
'Bett|ruhe *f* reposo *m* en cama; **~tuch** *n* sábana *f*; **~vorleger** *m* alfombrilla *f*, pie *m* de cama; **~wäsche** *f* ropa *f* de cama
betucht [bə'tu:xt] F forrado de dinero
beugen ['bɔʏgən] (*ge*-, *h*) doblar; *fig* doblegar; ***sich ~*** *fig* rendirse
Beule ['-lə] *f* (-; -*n*) bollo *m*, abolladura *f*; *med* chichón *m*
be'unruhig|en [bə'ʔunru:igən] (*h*) inquietar, preocupar
be'urlauben [-'ʔu:rlaʊbən] (*h*) dar permiso a; *vom Amt*: suspender
be'urteil|en (*h*) juzgar (de); **2ung** *f* (-; -*en*) juicio *m*, dictamen *m*
Beute ['bɔʏtə] *f* (-; *sin pl*) botín *m*; presa *f* (*a fig*)
Beutel ['-təl] *m* (-*s*; -) bolsa *f*
be'völker|n [bə'fœlkərn] (*h*) poblar; **2ung** *f* (-; -*en*) población *f*
be'vollmächtig|en [-'fɔlmɛçtigən] (*h*) apoderar, autorizar; **2te** [-tiçtə] *m*/*f* (-*n*; -*n*) apoderado *m*, -a *f*; *jur* mandatario *m*
be'vor antes (de) que (*subj*); antes de (*inf*); **~stehen** (*irr*, *sep*, -*ge*-, *h*, → ***stehen***) estar próximo; **~zugen** [-tsu:gən] (*h*) preferir (***vor*** *dat* a)
be'wach|en (*h*) vigilar; **~t** vigilado; **2ung** *f* (-; *sin pl*) vigilancia *f*
be'waffn|en [-'wafnən] (*h*) armar; **2ung** *f* (-; *sin pl*) armamento *m*
be'wahren (*h*) guardar; (*erhalten*) conservar; **~ *vor*** (*dat*) preservar de
be'währ|en (*h*): ***sich ~*** dar buen resultado; *j*: acreditarse; **~t** probado, acreditado; **2ung** *f*: *jur* ***mit ~*** condicional
bewältigen [-'vɛltigən] (*h*) dominar; superar; *Arbeit*: llevar a cabo
bewandert [-'vandərt] versado, entendido (***in*** *dat* en)
be'wässer|n [-'vɛsərn] (*h*) regar; **2ung** *f* (-; -*en*) riego *m*
be'weg|en [-'ve:gən] *v/t* **a**) (*h*) mover; *Gemüt*: conmover **a**) (*bewog*, *bewogen*, *h*) (*veranlassen*) inducir, determinar; **2grund** [-'ve:kgrunt] *m* móvil *m*; **~lich** [-'ve:kliç] móvil; *Fest*: movible; *fig* ágil; **~t** *See*: agitado; (*gerührt*) emocionado; **2ung** [-'-guŋ] *f* (-; -*en*) movimiento *m* (*a pol*); (*sin pl*) *fig* emoción *f*; **~ungslos** inmóvil
Be'weis [-'vaɪs] *m* (-*es*; -*e*) prueba *f* (***für*** de); **2en** [-'-zən] (*bewies*, *bewiesen*, *h*) probar, demostrar; (*feststellen*) comprobar
be'werb|en (*bewarb*, *beworben*, *h*): ***sich ~ um*** solicitar (*ac*); **2er** *m* (-*s*; -), **2erin** *f* (-; -*nen*) candidato *m*, -a *f*; solicitante *su*, aspirante *su*; **2ung** *f* (-; -*en*) solicitud *f* (***um*** de); **2ungsgespräch** *n* entrevista *f* personal; **2ungsschreiben** *n* solicitud *f* (de empleo)
bewerkstelligen [-'vɛrkʃtɛligən] (*h*) realizar, conseguir
be'wert|en (*h*) valorar; **2ung** *f* (-; -*en*) valoración *f*
be'willig|en [-'viligən] (*h*) conceder, otorgar; **2ung** *f* (-; -*en*) concesión *f*
be'wirken (*h*) causar, originar; (*erreichen*) conseguir
be'wirt|en [-'virtən] (*h*) obsequiar; **~schaften** (*h*) explotar; *Waren*: racionar; **2ung** *f* (-; -*en*) agasajo *m*
be'wohn|en (*h*) habitar; **2er** *m* (-*s*; -), **2erin** *f* (-; -*nen*) habitante *su*; *e-s Hauses*: vecino *m*, -a *f*
be'wölk|en [-'vœlkən] (*h*): ***sich ~*** nublarse; **~t** nublado, nuboso; **2ung** *f* (-; *sin pl*) nubosidad *f*
be'wunder|n [-'vundərn] (*h*) admirar; **~nswert** admirable; **2ung** *f* (-; *sin pl*) admiración *f*
be'wusst [-'vust] consciente; (*bekannt*) consabido, en cuestión; **~los** sin conocimiento; **~ *werden*** desmayarse; **2losigkeit** *f* (-; *sin pl*) desmayo *m*; **2sein** *n* (-*s*; *sin pl*) conciencia *f*; *med* conocimiento *m*
bez. *bezahlt* pagado
be'zahl|en (*h*) pagar; **2fernsehen** (-*s*; *sin pl*) *n* televisión *f* de pago; **2ung** *f* (-; *sin pl*) pago *m*

be'zaubernd encantador
be'zeichn|en (*h*) marcar, señalar; (*bestimmen*) designar; **~ als** calificar de; **~end** significativo; **~ für** característico de; **2ung** *f* (-; *-en*) denominación *f*, nombre *m*
be'zeugen (*h*) atestiguar, dar fe de
bezichtigen [-'tsiçtigən] (*h*) (*gen*) inculpar de
be'zieh|en (*bezog, bezogen, h*) **1.** *v/t Wohnung*: instalarse en, ocupar; *Gehalt*: cobrar, percibir; *Zeitung*: estar suscrito a; *Waren*: comprar (**aus** en, **von** a); *Bett*: poner ropa a; **2.** *v/refl Himmel*: encapotarse; **sich ~ auf** (*ac*) referirse a; **2er** *m* (*-s*; -), **2erin** *f* (-; *-nen*) comprador(a) *m*(*f*); suscriptor(a) *m*(*f*); **2ung** *f* (-; *-en*) relación *f*; (*Hinsicht*) respecto *m*; **in jeder ~** por todos conceptos; **in ~ stehen zu** estar relacionado con; **~ungsweise** o sea, o bien
Bezirk [-'tsirk] *m* (-[*e*]*s*; *-e*) *m* distrito *m*
Be|zug [-'tsu:k] *m* (-[*e*]*s*; *⸚e*) (*Überzug*) funda *f*; *fig* referencia *f*; (*sin pl*) (*Waren2*) compra *f*; *e-r Zeitung*: suscripción *f* a; **Bezüge** *pl* (*Gehalt*) emolumentos *m/pl*; **in ~ auf** (*ac*) respecto a *od* de; **2züglich** [-'tsy:kliç] (*gen*) referente a, relativo a; **~zugnahme** [-'tsu:knɑ:mə] *f*: **unter ~ auf** (*ac*) con referencia a
be'zweifeln (*h*) dudar (**et** de a/c)
Bf. ***Bahnhof*** estación
BGB *n* ***Bürgerliches Gesetzbuch*** Código *m* civil
BH *m* ***Büstenhalter*** sujetador *m*
Bhf. ***Bahnhof*** estación
Bibel ['bi:bəl] *f* (-; *-n*) Biblia *f*
Biber ['-bər] *m* (*-s*; -) castor *m*
Bibliothe|k [biblio'te:k] *f* (-; *-en*) biblioteca *f*; **~kar** [-te'kɑ:r] *m* (*-s*; *-e*), **~karin** *f* (-; *-nen*) bibliotecario *m*, -a *f*
biblisch ['bi:bliʃ] bíblico
bieg|en ['-gən] (*bog, gebogen*) **1.** *v/t* (*h*) torcer, doblar; (*krümmen*) encorvar; **2.** *v/i* (*sn*): **um die Ecke ~** doblar la esquina; **~sam** ['bi:kzɑ:m] flexible; **2ung** ['-guŋ] *f* (-; *-en*) recodo *m*, revuelta *f*
'Biene ['-nə] *f* (-; *-n*) abeja *f*; **~nkorb**, **~nstock** *m* colmena *f*
Bier [bi:r] *n* (-[*e*]*s*; *-e*) cerveza *f* (**helles** rubia; **dunkles** negra; **vom Fass** de barril); **'~brauerei** *f*, **'~lokal** *n* cervecería *f*; **'~garten** *m* cervecería *f* al aire libre
bieten ['bi:tən] (*bot, geboten, h*) ofrecer; *Versteigerung*: licitar, (*höher* **~**) pujar; **sich ~** presentarse; *fig* **sich** (*dat*) **et nicht ~ lassen** no tolerar a/c; **~lassen** → **lassen**
Bikini [bi'ki:ni] *m* (*-s*; *-s*) bikini *m*
Bilanz [-'lants] *f* (-; *-en*) balance *m*; (*Handels2*) balanza *f*
bilateral [-latə'rɑ:l] bilateral
Bild [bilt] (-[*e*]*s*; *-er*) imagen *f*; (*Gemälde*) cuadro *m*, pintura *f*; *Buch*: ilustración *f*; **im ~e sn** estar enterado *od* al corriente; **2en** ['-dən] (*ge-, h*) formar; *geistig*: instruir; **'2end** *Kunst*: plástico, gráfico
'Bilder|buch ['-dərbu:x] *n* libro *m* de estampas; **~galerie** *f* galería *f* de pintura
'Bild|hauer ['bilthaʊər] *m* (*-s*, -), **~hauerin** *f* (-; *-nen*) escultor(a) *m*(*f*); **2lich** plástico; *Sinn*: figurado; **~nis** *n* (*-ses*; *-se*) retrato *m*; **~platte** *f* videodisco *m*; **~röhre** *f TV* tubo *m* de imagen; **~schirm** *m* pantalla *f*; **~schirmarbeit** *f* trabajo *m* frente al monitor; **~schirmschoner** *m* salvapantallas *m*; **~schirmtext** *m* videotexto *m*
Bildung ['-duŋ] *f* (-; *-en*) formación *f*; (*sin pl*) *geistige*: cultura *f*; (*Aus2*) formación *f*, instrucción *f*
'Billard ['biljart] *n* (*-s*; *-e*) billar *m*; **~stock** *m* taco *m*
'billig ['biliç] barato, económico; **~en** ['-gən] (*ge-, h*) aprobar; **2flug** *m* vuelo *m* barato; **2job** *desp m* empleo *m* basura; **2lohnland** *n* país *m* de bajo nivel salarial; **2ware** *f* gama *f* baja
Bimsstein ['bimsʃtaɪn] *m* piedra *f* pómez
'Binde ['-də] *f* (-; *-n*) *med* venda *f*; (*Damen2*) compresa *f*; **~hautentzündung** *f* conjuntivitis *f*; **2n** (*band, gebunden, h*) atar; ligar (*a mus*); *Buch*: encuadernar; *Krawatte*: anudar; **2nd** *fig* obligatorio; **~strich** *m* guión *m*
Bindfaden ['bintfɑ:dən] *m* cordel *m*
Bindung ['-duŋ] *f* (-; *-en*) (*Ski*) fijación *f*; *fig* obligación *f*, compromiso *m* (**eingehen** contraer)
'binnen ['-ən] (*dat, a gen*) dentro de; **~ kurzem** dentro de poco; **2hafen** *m* puerto *m* interior *bzw* fluvial; **2markt** *m* mercado *m* interior; *EG*: mercado *m* único; **2wanderung** *f Gesellschaft* migración *f* interna, movimientos *m/pl* migratorios internos
Bio|grafie, **~graphie** [biogra'fi:] *f* (-; *-n*)

biografía *f*; '**~laden** *m* tienda *f* de productos naturales; **~logie** [-lo'giː] *f* (-; *sin pl*) biología *f*; **Ձlogisch** [-'loːgiʃ] biológico; **~ *abbaubar*** biodegradable; **~müll** *m* basura *f* orgánica; **~produkt** *n* producto *m* orgánico; **~tonne** *f* contenedor *m* para la basura orgánica; **~top** [-toːp] *n* (-*s*; -*e*) biotopo *m*

'**Bio|müll** *m* (-*s*) basura *f* orgánica; residuos *m/pl od* desperdicios *m/pl* biológicos; **~müllcontainer** *m* (-*s*; -) contenedor *m* de desperdicios orgánicos; **~physik** *f* (-) biofísica *f*; **~produkt** *n* (-(*e*)*s*; -*e*) producto *m* ecológico

Birke ['birkə] *f* (-; -*n*) abedul *m*

Birn|baum ['birnbaʊm] *m* peral *m*; **~e** (-; -*n*) pera *f*; *el* bombilla *f*

bis [bis] **1.** *prp* **~** (***zu, nach***) hasta; ***von*** **…** **~** de … a, desde … hasta; ***zwei ~ drei Tage*** dos o tres días; **~ *auf*** (*ac*) (*außer*) excepto, menos, salvo; **2.** *cj* hasta que

Bischof ['biʃɔf] *m* (-*s*; ⸚*e*) obispo *m*

bischöflich ['-ʃøːfliç] episcopal

bisher [bis'heːr] hasta ahora, hasta la fecha

Biskaya [bis'kaːja] *f* Vizcaya *f*; ***Golf*** *m* ***von ~*** Golfo *m* de Vizcaya

Biskuit [-'kvit] *n*, *m* (-*s*; -*s*) bizcocho *m*

Bison ['biːzɔn] *m* (-*s*; -*s*) bisonte *m*

Biss [bis] *m* (-*es*; -*e*) mordedura *f* (*a med*)

bisschen [' bis çən]: ***ein ~*** un poco

'**Biss|en** ['bisən] *m* (-*s*; -) bocado *m*; **Ձig** mordedor; *fig* mordaz; **~wunde** *f* mordedura *f*

Bistum ['bistuːm] *n* (-*s*; ⸚*er*) obispado *m*

bisweilen [-'vaɪlən] a veces

'**Bitte** ['bitə] **1.** *f* (-; -*n*) ruego *m*; ***ich habe e-e ~ an Sie*** quisiera pedirle un favor; **2.** Ձ *adv* por favor; *nach Dank*: de nada; ***wie ~?*** ¿cómo dice(s)?; **Ձn** (*bat*, *gebeten*, *h*) pedir (***j-n um et*** a/c a alg); **~ *zu*** (*inf*), **~, *dass*** rogar que (*subj*)

'**bitter** ['bitər] amargo, agrio (*beide a fig*); *Kälte*: intenso; **Ձkeit** *f* (-; *sin pl*) *fig* amargura *f*

Bitt|gesuch ['bit-] *n*, **~schrift** *f* solicitud *f*, súplica *f*

Bl. ***Blatt*** hoja

Blähungen ['blɛːuŋən] *f/pl* flatos *m/pl*

Blam|age [bla'maːʒə] *f* (-; -*n*) vergüenza *f*; **Ձ'ieren** (*h*): ***sich ~*** F tirarse una plancha

blank [blaŋk] reluciente; brillante; F *fig* **~ *sn*** estar sin blanca; **Ձoscheck** ['-ko-] *m* cheque *m* en blanco

Bläschen ['blɛːsçən] *n* (-*s*; -) *med* vesícula *f*

'**Blase** ['blaːzə] *f* (-; -*n*) (*Wasser*Ձ, *Luft*Ձ) burbuja *f*; (*Harn*Ձ) vejiga *f*; (*Haut*Ձ) ampolla *f*; **~balg** *m* fuelle *m*; **Ձn** (*blies*, *geblasen*, *h*) soplar; *mus* tocar; **~nentzündung** *f* cistitis *f*

Blasinstrument ['blaːsʔ-] *n* instrumento *m* de viento

blass [blas] pálido; **~ *werden*** palidecer

Blatt [blat] *n* (-[*e*]*s*; ⸚*er*) hoja *f*; (*Zeitung*) periódico *m*

'**blätter|n** ['blɛtərn] (*ge*-, *h*) hojear (***in*** *dat a/c*); **Ձteig** *m* hojaldre *m*

blau [blaʊ] *adj* azul (*a Blut*); F (*betrunken*) borracho; **~*er Fleck*** cardenal *m*; **~äugig** ['-ʔɔʏgiç] de ojos azules; *fig* cándido; '**Ձbeere** *bot f* arándano *m*; '**Ձhelm** *m* casco *m* azul

bläulich ['blɔʏliç] azulado

blaumachen F ['blaʊmaxən] (*sep*, -*ge*-, *h*) hacer fiesta

Blech [blɛç] *n* (-[*e*]*s*; -*e*) chapa *f*; lámina *f*; (*Weiß*Ձ) hojalata *f*; '**~büchse**, '**~dose** *f* lata *f*; '**Ձen** F (*ge*-, *h*) pagar, F aflojar la mosca; '**~schaden** *m* daños *m/pl* en la carrocería

Blei [blaɪ] *n* (-[*e*]*s*; *sin pl*) plomo *m*

'**Bleibe** ['-bə] F *f* (-; *raro* -*n*) alojamiento *m*; **Ձn** (*blieb*, *geblieben*, *sn*) quedar(se); (*weiterhin* ~) seguir, continuar; (*aus*~) tardar (***lange*** mucho); ***lassen*** dejar; guardarse de (*inf*); ***es bleibt dabei*** quedamos en lo convenido; **Ձnd** permanente, duradero

bleich [blaɪç] pálido; '**~en** (*ge*-, *h*) blanquear

'**blei|frei** sin plomo; **Ձstift** *m* lápiz *m*; **Ձstiftspitzer** *m* sacapuntas *m*

'**Blend|e** ['blɛndə] *f* (-; -*n*) *fot* diafragma *m*; **Ձen** (*ge*-, *h*) cegar; *fig* deslumbrar; **Ձend** deslumbrante

Blick [blik] *m* (-[*e*]*s*; -*e*) mirada *f*; *flüchtiger*: ojeada *f*, vistazo *m*; (*Aussicht*) vista *f*; ***auf den ersten ~*** a primera vista; ***e-n ~ werfen auf*** echar una mirada a; '**Ձen** (*ge*-, *h*) mirar (***auf*** *ac* a); ***sich ~ lassen*** dejarse ver

blind [blint] ciego (*a fig*); *Glas*: opaco; *Alarm*: falso; **~*er Passagier*** polizón *m*; '**Ձbewerbung** *f* solicitud *f* enviada a ciegas; '**Ձdarm** *m* intestino *m* ciego; '**Ձdarmentzündung** *f* apendicitis *f*;

2heit *f* (-; *sin pl*) ceguedad *f* (*a fig*), ceguera *f*; **~lings** ['-liŋs] a ciegas
'blink|en ['bliŋkən] (*ge-*, *h*) centellear; hacer señales luminosas; **2er** *m* (-*s*; -) *auto* intermitente *m*; **2feuer** *n*, **2licht** *n* luz *f* intermitente
blinzeln ['blintsəln] (*ge-*, *h*) parpadear; guiñar
Blitz [blits] *m* (-*es*; -*e*) relámpago *m*; *einschlagender*: rayo *m*; **'~ableiter** ['-ʔaplaɪtər] *m* (-*s*; -) pararrayos *m*; **'2en** (*ge-*, *h*) relampaguear; *fig* brillar; *auto* ***geblitzt werden*** caer en un control de radar; **'~licht** *fot n* flash *m*; **'~schlag** *m* rayo *m*
Block [blɔk] *m* (-[*e*]*s*; -*s*, ⸚*e*) bloque *m* (*a pol*); (*Häuser2*) manzana *f*; (*Schreib2*) bloc *m*; **~ade** [-'kɑːdə] *f* (-; -*n*) bloqueo *m*; **'~flöte** *f* flauta *f* dulce; **2'ieren** (*h*) bloquear
'blöd|(e) ['bløːt, ('-də)] estúpido, tonto, bobo; **2sinn** *m* (-*s*; *sin pl*) tontería *f*; **~sinnig** idiota
blöken ['bløːkən] (*ge-*, *h*) *Schaf*: balar
blond ['blɔnt] rubio; **2ine** [-'diːnə] *f* (-; -*n*) rubia *f*
bloß [bloːs] **1.** *adj* desnudo; (*nichts als*) mero, solo; ***mit ~em Auge*** a simple vista; **2.** *adv* (tan) sólo, solamente
Blöße ['bløːsə] *f* (-; -*n*) desnudez *f*; ***sich e-e ~ geben*** descubrir su punto flaco
bloßstellen ['bloːs-] (*sep*, -*ge*-, *h*) *fig* comprometer
Blouson [blu'zɔ̃ː] *n* (-*s*; -*s*) cazadora *f*
Bluff [bluf, blœf] *m* (-*s*; -*s*) bluff *m*
blühen ['blyːən] (*ge-*, *h*) florecer (*a fig*)
Blume ['bluːmə] *f* (-; -*n*) flor *f*; *Wein*: buqué *m*
'Blumen|geschäft *n* floristería *f*; **~händler(in)** *m*(*f*) florista *su*; **~kohl** *m* coliflor *f*; **~strauß** *m* ramo *m* de flores; **~topf** *m* maceta *f*, tiesto *m*; **~vase** *f* florero *m*
Bluse ['-zə] *f* (-; -*n*) blusa *f*
Blut [bluːt] *n* (-[*e*]*s*; *sin pl*) sangre *f*; **'~alkohol** *m* alcoholemia *f*; **'~bank** *f* (-; -*en*) banco *m* de sangre; **'~bild** *n* cuadro *m* hemático; **'~druck** *m* tensión *f* arterial; ***den ~ messen*** tomar la tensión
Blüte ['blyːtə] *f* (-; -*n*) flor *f* (*a fig*); (*sin pl*) *fig* prosperidad *f*
'Blut|egel ['bluːtʔeːgəl] *m* sanguijuela *f*; **2en** (*ge-*, *h*) echar sangre, *a fig* sangrar; **~erguss** *m* hematoma *m*; **~gefäß** *n* vaso *m* sanguíneo; **~gerinnsel** *n* coágulo *m*; **~gruppe** *f* grupo *m* sanguíneo; **2ig** sangriento (*a fig*); **~kreislauf** *m* circulación *f* sanguínea; **~orange** *f* naranja *f* sanguina; **~probe** *f* análisis *m* de sangre; **~spender(in)** *m*(*f*) donante *su* de sangre; **2stillend** ['-ʃtilənt] hemostático; **~übertragung** *f* transfusión *f* de sangre; **~ung** *f* (-; -*en*) hemorragia *f*; **~vergiftung** *f* septicemia *f*; **~wurst** *f* morcilla *f*
'Blutzucker *m* (-*s*) *med* glucemia *f*; **~messgerät** *n* glucómetro *m*
BLZ *f* ***Bankleitzahl*** código *m* de identificación de la entidad bancaria
BND *m* ***Bundesnachrichtendienst*** Servicio *m* Federal de Inteligencia
Bö [bøː] *f* (-; -*en*) ráfaga *f*, racha *f*
Bob [bɔp] *m* (-*s*; -*s*) bob(sleigh) *m*
Bock[1] [bɔk] *m* (-(*e*)*s*; ⸚*e*) **1.** (*Schaf2*) carnero *m*; (*Ziegen2*) macho *m* cabrío; F *fig* ***e-n ~ schießen*** F meter la pata; F *fig*; **2.** F *fig* ***null ~ auf etw haben*** no tener ningunas ganas de a/c
'Boden ['boːdən] *m* (-*s*; ⸚) suelo *m*; tierra *f*; *e-s Gefäßes*: fondo *m*; (*Dach2*) desván *m*; **~personal** *avia n* personal *m* de tierra; **~reform** *f* reforma *f* agraria; **~schätze** *m*/*pl* riquezas *f*/*pl* del subsuelo; **~turnen** *n* ejercicios *m*/*pl* en el suelo
Bodensee ['boːdənzeː] *m* Lago *m* de Constanza
Body-Building ['bɔdibildiŋ] *n* (-*s*; *sin pl*) culturismo *m*
'Bogen ['boːgən] *m* (-*s*; - *od* ⸚) arco *m* (*a mus*); (*Biegung*) curva *f*; (*Papier2*) hoja *f*, pliego *m*; **~gang** *m* (-[*e*]*s*; ⸚*e*) arcada *f*; **~schießen** *n* tiro *m* con arco
Bohle ['boːlə] *f* (-; -*n*) tablón *m*
Böhmen ['bøːmɛn] *n* Bohemia *f*
Bohne ['boːnə] *f* (-; -*n*) judía *f*, alubia *f*; ***grüne ~n*** judías *f*/*pl* verdes; ***dicke ~*** haba *f*
bohnern ['-nərn] (*ge-*, *h*) encerar
'bohr|en ['-rən] (*ge-*, *h*) taladrar, horadar; *Brunnen*, *Schacht*: perforar; **2er** *m* (-*s*; -) taladro *m*, barrena *f*; *med* torno *m*; **2insel** *f* plataforma *f* petrolera; **2maschine** *f* taladradora *f*; **2turm** *m* torre *f od* castillete *m* de sondeo; **2ung** *f* (-; -*en*) perforación *f*; sondeo *m*
Boiler ['bɔʏlər] *m* (-*s*; -) termo(sifón) *m*, calentador *m* de agua
Boje ['boːjə] *f* (-; -*n*) boya *f*, baliza *f*

Bolivian|er [bolivi'ɑːnər] *m* (*-s*; -), **~erin** *f* (-; *-nen*) boliviano *m*, -a *f*; **≈isch** *adj* boliviano

Bolivien [bo'liːvjən] *n* Bolivia *f*

Bolzen ['bɔltsən] *m* (*-s*; -) *tec* perno *m*

bombardieren [bɔmbar'diːrən] (*h*) bombardear (*a fig*)

Bombe ['-bə] *f* (-; *-n*) bomba *f*; **~nanschlag** *m* atentado *m* con bomba; **~r** *m* (*-s*; -) bombardero *m*

Bon [bɔ̃ː] *m* (*-s*; *-s*) vale *m*, bono *m*; (*Kassenzettel*) ticket *m*

Bonbon [-'bɔ̃ː] *m u n* (*-s*; *-s*) caramelo *m*

Bonus ['boːnus] *m* (*-*[*ses*]; *-se*, *Boni*) gratificación *f*

'boomen *v/i* prosperar, experimentar un auge; ***das Geschäft boomt*** el negocio prospera

Boot [boːt] *n* (*-*[*e*]*s*; *-e*) bote *m*, barca *f*

booten [buːtən] (*h*) *inform* inicializar

Boots|fahrt *f* paseo *m* en barca; **'~verleih** *m* alquiler *m* de botes

Bord[1] [bɔrt] *n* (*-*[*e*]*s*; *-e*) anaquel *m*; estante *m*

Bord[2] [bɔrt] *m* (*-*[*e*]*s*; *sin pl*) *mar* ***an ~*** a bordo; ***an ~ gehen*** subir a bordo, embarcarse; ***über ~ werfen*** echar por la borda (*a fig*); **'~computer** *m auto* ordenador *m* de a bordo *od* de viaje

Bordeaux [bɔr'doː] *n* Burdeos *f*

Bordell [-'dɛl] *n* (*-s*; *-e*) burdel *m*

Bordkarte ['bɔrt-] *avia f* tarjeta *f* de embarque

borgen ['bɔrgən] (*ge-*, *h*) (*ausleihen*) prestar; (*entleihen*) tomar prestado

Borke ['-kə] *f* (-; *-n*) corteza *f*

Borsalbe ['boːrzalbə] *f* ungüento *m* bórico

Börse ['bœrzə] *f* (-; *-n*) bolsa *f*; (*Geld≈*) monedero *m*; (*Waren≈*) lonja *f*

'Börsen|bericht *m* información *f* bursátil; **~makler** *m* corredor *m* de bolsa

Borste ['bɔrstə] *f* (-; *-n*) cerda *f*

Borte ['-tə] *f* (-; *-n*) ribete *m*; (*Tresse*) galón *m*

'bösartig ['bøːsˀɑːrtiç] maligno (*a med*); **≈keit** *f* (-; *sin pl*) malignidad *f*

Böschung ['bœʃuŋ] *f* (-; *-en*) repecho *m*; *steile*: talud *m*

böse ['bøːzə] malo; (*ärgerlich*) disgustado, enfadado (***auf*** *ac* con)

'bos|haft ['boːshaft] malicioso; **≈heit** *f* (-; *sin pl*) maldad *f*, malicia *f*

Bosnien ['bɔsnjən] *n* Bosnia *f*; ***~-Herzegowina*** [- hɛrtse'goːvina] *n* Bosnia y Herzegovina *f*

böswillig ['bøːsviliç] malévolo

Bo'tan|ik [bo'tɑːnik] *f* (-; *sin pl*) botánica *f*; **≈isch** botánico

Bote ['boːtə] *m* (*-n*; *-n*) mensajero *m*; *für Gänge*: recadero *m*

'Botschaft ['-ʃaft] *f* (-; *-en*) mensaje *m*; *pol* embajada *f*; **~er** *m* (*-s*; -), **~erin** *f* (-; *-nen*) embajador(a) *m*(*f*)

Bouillon [bul'jɔ̃ː] *f* (-; *-s*) caldo *m*, consomé *m*

Boule'vard [bulə'vaːr] *m* (*-s*; *-s*) avenida *f*; **~presse** *f* prensa *f* amarilla

Boutique [bu'tiːk] *f* (-; *-n*) boutique *f*

Bowle [boːlə] *f* (-; *-n*) ponche *m*; (*Gefäß*) ponchera *f*

Box [bɔks] *f* (-; *-en*) box *m*; **'≈en** (*ge-*, *h*) boxear; **'~en** *n* (*-s*; *sin pl*) boxeo *m*; **'~er** *m* (*-s*; -) boxeador *m*; **'~kampf** *m* boxeo *m*

Boy [bɔʏ] *m* (*-s*; *-s*) *Hotel*: botones *m*

Boykott [-'kɔt] *m* (*-*[*e*]*s*; *-s*) boicot(eo) *m*; **≈'ieren** (*h*) boicotear

'Branche ['brɑ̃ʃə] *f* (-; *-n*) ramo *m*; **~nverzeichnis** *n* índice *m* comercial

Brand [brant] *m* (*-*[*e*]*s*; *≈e*) incendio *m*; *med* gangrena *f*; ***in ~ geraten*** inflamarse, incendiarse; ***in ~ stecken*** pegar fuego a; **'~blase** *f* ampolla *f*; **'~gefahr** *f* peligro *m* de incendio; **'~salbe** *f* pomada *f* para quemaduras; **'~schaden** *m* daño *m* causado por un incendio; **'~stiftung** *f* incendio *m* provocado; **~ung** ['-duŋ] *f* (-; *sin pl*) oleaje *m*; **~wunde** *f* quemadura *f*

Brandenburg ['brandənburk] *n* Brande(n)burgo *m*

Branntwein ['brant-] *m* aguardiente *m*

Brasilian|er [brazil'jɑːnər] *m* (*-s*; -), **~erin** *f* (-; *-nen*) brasileño *m*, -a *f*; **≈isch** brasileño

Brasilien [bra'ziːljən] *n* Brasil *m*

'brat|en ['brɑːtən] (*briet*, *gebraten*, *h*) asar; *in der Pfanne*: freír; **≈en** *m* (*-s*; -) asado *m*; **≈fisch** *m* pescado *m* frito; **≈huhn** *n* pollo *m* asado; **≈kartoffeln** *f/pl* patatas *f/pl* doradas; **≈ofen** *m* horno *m*; **≈pfanne** *f* sartén *f*; **≈rost** *m* parrilla *f*

Bratsche ['-ʃə] *f* (-; *-n*) *mus* viola *f*

'Brat|spieß *m* asador *m*; **~wurst** *f* salchicha *f* (frita)

Brauch [braʊx] *m* (*-*[*e*]*s*; *Bräuche*) costumbre *f*, uso *m*; **'≈bar** *et*: utilizable, útil; *j*: apto, útil (***zu, für*** para); '**&en** (*ge-, h*) necesitar; *Zeit*: tardar; ***man braucht nur zu*** (*inf*) no hay más que (*inf*); '**~tum** *n* (*-s; sin pl*) costumbres *f/pl*

Braue ['brauə] *f* (*-; -n*) ceja *f*

Brauerei [-'raɪ] *f* (*-; -en*) cervecería *f*

braun [braʊn] **1.** *adj* marrón, pardo; *Haut*: moreno; *Haar*: castaño; **2.** *adv* ***~ gebrannt*** bronceado

'**Bräune** ['brɔʏnə] *f* (*-; sin pl*) (*Sonnen&*) bronceado *m*; **&n** (*ge-, h*) *gastr* dorar; tostar; *Haut*: broncear

Braunkohle ['braʊn-] *f* lignito *m*

Braunschweig ['braʊnʃvaɪk] *n* Brunswick *f*

'**Brause** ['braʊzə] *f* (*-; -n*) ducha *f*; (*Gießkannen&*) roseta *f*; (*~limonade*) gaseosa *f*; **~limonade** *f* gaseosa *f*; **&n** (*ge-, h*) *Wind*: soplar; *Sturm, Meer*: bramar

Braut [braʊt] *f* (*-; Bräute*) novia *f*

Bräutigam ['brɔʏtigam] *m* (*-s; -e*) novio *m*

Brautpaar ['braʊt-] *n* novios *m/pl*

brav [brɑːf] (*ehrenhaft*) honrado; (*artig*) bueno, formal

bravo! ['-voː] ¡bravo!, ¡olé!

BRD *f* ***Bundesrepublik Deutschland*** RFA *f* (República Federal de Alemania)

'**Brech|durchfall** ['brɛç-] *med m* colerina *f*; **&en** (*brach, gebrochen*) **1.** *v/t* (*h*) romper (*a fig Schweigen, Blockade*), quebrar; *med* fracturar; *Widerstand*: vencer; *Wort, Vertrag*: faltar a; *Gesetz, Frieden*: violar; *Rekord*: superar; **2.** *v/i* (*sn*) romperse, quebrarse; (*h*) (*er~*) vomitar; ***mit j-m ~*** romper con alg; **~mittel** *n* vomitivo *m*; **~reiz** *m* náuseas *f/pl*

Brei [braɪ] *m* (*-[e]s; -e*) (*Kinder&*) papilla *f*; *v Erbsen, Kartoffeln*: puré *m*

breit [braɪt] ancho; ***drei Meter ~*** tres metros de ancho; '**&e** *f* (*-; -n*) anchura *f*, ancho *m*; *geo* latitud *f*; '**&engrad** *m* grado *m* de latitud; '**&wand** *f* pantalla *f* panorámica

Bremen ['breːmən] *n* Brema *f*

'**Brems|belag** ['brɛms-] *m* forro *m* de(l) freno; **~e** ['-zə] *f* (*-; -n*) freno *m*; *zo* tábano *m*; **&en** (*ge-, h*) frenar (*a fig*); **~licht** ['-sliçt] *n* luz *f* de frenado; **~pedal** *n* pedal *m* de freno; **~spur** *f* huella *f* de frenado; **~weg** *m* distancia *f* de frenado

'**brenn|bar** ['brɛnbɑːr] combustible, inflamable; **~en** (*brannte, gebrannt, h*) **1.** *v/t Branntwein*: destilar; *Ziegel*: cocer; **2.** *v/i* arder, quemar; *Licht*: estar encendido; *Sonne*: abrasar; *med* escocer; **&e'rei** *f* destilería *f*; **&holz** *n* leña *f*; **&nessel** *f* ortiga *f*; **&punkt** *m* foco *m*; **&spiritus** *m* alcohol *m* de quemar; **&stoff** *m* combustible *m*

Bretagne [bre'tanjə] *f* Bretaña *f*

Brett [brɛt] *n* (*-[e]s; -er*) tabla *f*; *dickes*: tablón *m*; (*Spiel&*) tablero *m*; ***Schwarzes ~*** tablón *m* de anuncios

Brezel ['breːtsəl] *f* (*-; -n*) rosquilla *f*

Brief [briːf] *m* (*-[e]s; -e*) carta *f*; '**~bogen** *m* pliego *m*; '**~bombe** *f* carta-bomba *f*; '**~freund** *m* amigo *m* por correspondencia; '**~geheimnis** *n* secreto *m* postal; '**~kasten** *m* buzón *m*; '**~kastenfirma** *f* empresa *f* ficticia *od* fantasma; '**~kopf** *m* membrete *m*; (*Anrede*) encabezamiento *m*; '**&lich** por escrito *od* carta; '**~marke** *f* sello *m* (postal), *Am* estampilla *f*; '**~markensammler** *m* filatelista *m*; '**~öffner** *m* abrecartas *m*; '**~papier** *n* papel *m* de cartas; '**~porto** *n* franqueo *m*; '**~tasche** *f* cartera *f*; '**~träger** *m* cartero *m*; '**~umschlag** *m* sobre *m*; '**~wahl** *f* voto *m* por correo; '**~wechsel** *m* correspondencia *f*

Brikett [bri'kɛt] *n* (*-s; -s*) briqueta *f*

Brillant [bril'jant] *m* (*-en; -en*), **&** *adj* brillante (*m*)

Brille ['brilə] *f* (*-; -n*) gafas *f/pl*; **~nfassung** *f*, **~ngestell** *n* montura *f*

bringen ['briŋən] (*brachte, gebracht, h*) (*her~*) traer; (*fort~*) llevar; (*begleiten*) acompañar; *Opfer*: hacer; *Glück, Unglück*: traer; *Film usw*: echar, dar; *fig* ***mit sich ~*** llevar consigo; ***es zu et ~*** abrirse camino, hacer carrera; ***zum Lachen*** (***Schweigen, Sprechen***) ***~*** hacer reír (callar, hablar)

Brise ['briːzə] *f* (*-; -n*) brisa *f*

Brit|e ['britə] *m* (*-; -*), **~in** *f* (*-; -nen*) británico *m*, -a *f*; **&isch** británico

Brocken ['brɔkən] *m* (*-s; -*) pedazo *m*, trozo *m*

Brokat [bro'kɑːt] *m* (*-[e]s; -e*) brocado *m*

Brokkoli ['brɔkoli] *pl* brécoles *m/pl*

Brom *quím* [broːm] *n* (*-s; sin pl*) bromo *m*

'**Brombeer|e** *bot* ['brɔmbeːrə] *f* (zar-

za-)mora *f*; **~strauch** *m* zarza *f*
Bronch|ien ['brɔnçiən] *f/pl* bronquios *m/pl*; **~itis** [-'çiːtis] *f* (-; *Bronchitiden* [-çi-'tiːdən]) bronquitis *f*
Bronze ['brɔ̃ːsə] *f* (-; *-n*) bronce *m*
brosch. ***broschiert*** en rústica
Brosch|e ['brɔʃə] *f* (-; *-n*) broche *m*; **~üre** [-'ʃyːrə] *f* (-; *-n*) folleto *m*
Brot [broːt] *n* (-[*e*]*s*; *-e*) pan *m*
Brötchen ['brøːtçən] *n* (*-s*; -) panecillo *m*
'**Brot|korb** ['broːt-] *m* panera *f*; **~schneidemaschine** *f* máquina *f* de cortar pan; **~schnitte** *f* rebanada *f* (de pan)
BRT ***Bruttoregistertonne*** tonelada de registro bruto
Bruch [brux] *m* (-[*e*]*s*; *¨-e*) rotura *f*; *fig* ruptura *f*; *med* fractura *f*; (*Leisten*♀ *usw*) hernia *f*; *mat* quebrado *m*, fracción *f*; '**~band** *n* (-[*e*]*s*; *-bänder*) braguero *m*; '**~bude** F *f* chabola *f*, cuchitril *m*
'**Bruch|rechnung** ['bruxrɛçnuŋ] *f* cálculo *m* de fracciones; **~stück** *n* fragmento *m*; **~teil** *m* fracción *f*; **~zahl** *f* número *m* quebrado
Brücke ['brykə] *f* (-; *-n*) puente *m* (*a Zahn*♀)
Bruder ['bruːdər] *m* (*-s*; *¨*) hermano *m* (*a rel*)
brüderlich ['bryːdərliç] fraternal
Brügge ['brygə] *n* Brujas *f*
'**Brüh|e** ['bryːə] *f* (-; *-n*) caldo *m*; **~würfel** *m* cubito *m* de caldo
brüllen ['brylən] (*ge-*, *h*) bramar (*a Stier*); *Rind*: mugir; *j*: vociferar
'**brumm|en** ['brumən] (*ge-*, *h*) gruñir, rezongar; (*summen*) zumbar; **~ig** gruñón, regañón, rezongón
brünett [bry'nɛt] moreno
Brunft [brunft] *f* (-; *¨-e*) brama *f*
'**Brunnen** ['brunən] *m* (*-s*; -) pozo *m*; (*Quelle*) fuente *f*; **~kresse** *bot f* berro *m*
Brunst [brunst] *f* (-; *¨-e*) celo *m*
brüsk [brysk] brusco
Brüssel ['brysəl] *n* Bruselas *f*
Brust [brust] *f* (-; *¨-e*) pecho *m*; (*Geflügel*♀) pechuga *f*; '**~bein** *n* esternón *m*; '**~bild** *n* retrato *m* de medio cuerpo
brüsten ['brystən] (*ge-*, *h*): ***sich*** **~** pavonearse, jactarse (***mit*** de)
'**Brust|fell** ['brustfɛl] *n* pleura *f*; **~fellentzündung** *f* pleuresía *f*; **~korb** *m* tórax *m*; **~krebs** *m* cáncer *m* de mama; **~schwimmen** *n* braza *f*
Brüstung ['brystuŋ] *f* (-; *-en*) parapeto *m*, baranda *f*
'**Brust|warze** ['brustvartsə] *f* pezón *m*; **~weite** *f* perímetro *m* torácico
Brut ['bruːt] *f* (-; *-en*) cría *f*; (*sin pl*) (*Brüten*) incubación *f*; *fig desp* engendro *m*
brutal [bru'tɑːl] brutal
brüten ['bryːtən] *v/t u v/i* (*ge-*, *h*) empollar, incubar
Brutkasten ['bruːt-] *m* incubadora *f*
'**brutto** ['bruto] bruto; **♀einkommen** *n* ingresos *m/pl* brutos; **♀sozialprodukt** *n* producto *m* nacional bruto
Bub ['buːp] *m* (*-en*; *-en*) muchacho *m*; **~e** ['-bə] *m* (*-n*; *-n*) (*Karte*) sota *f*
Buch [buːx] *n* (-[*e*]*s*; *¨-er*) libro *m*; '**~binder** *m* (*-s*; -) encuadernador *m*; **~drucke'rei** *f* (taller *m* de) imprenta *f*
Buche ['buːxə] *f* (-; *-n*) haya *f*
'**buchen** (*ge-*, *h*) *com* (a)sentar, contabilizar; *Flug*, *Hotel usw*: reservar
'**Bücher|brett** ['byːçər-] *n* estantería *f*; **~ei** [-'raɪ] *f* (-; *-en*) biblioteca *f*; **~regal** *n* estantería *f*, librería *f*; **~schrank** *m* armario *m* para libros
'**Buch|führung** ['buːx-] *f* teneduría *f* de libros; **~halter** *m* (*-s*; -), **~halterin** *f* (-; *-nen*) contable *su*; **~haltung** *f* contabilidad *f*; **~handel** *m* comercio *m* de libros; **~händler** *m*, **~händlerin** *f* librero *m*, -a *f*; **~handlung** *f* librería *f*; **~prüfer** *m*, **~prüferin** *f* revisor(a) *m*(*f*) de cuentas
Büchse ['byksə] *f* (-; *-n*) caja *f*, bote *m*; (*Blech*♀) lata *f*; (*Gewehr*) rifle *m*; **~nfleisch** *n* carne *f* en conserva; **~nmilch** *f* leche *f* condensada; **~nöffner** *m* abrelatas *m*
Buch|stabe ['buːxʃtɑːbə] *m* (*-n*; *-n*) letra *f*, carácter *m*; ***großer*** **~** mayúscula *f*; ***kleiner*** **~** minúscula *f*; **♀stabieren** [-ʃta'biːrən] (*h*) deletrear
Bucht [buxt] *f* (-; *-en*) bahía *f*, ensenada *f*; *kleine*: abra *f*, cala *f*
'**Buchung** ['buːxuŋ] *f* (-; *-en*) *com* asiento *m*; *Reise usw*: reserva *f*; **~sbestätigung** *f* confirmación *f* de la reserva; **~smaschine** *f* contabilizadora *f*
Buckel ['bukəl] *m* (*-s*; -) joroba *f*, giba *f*
bück|en ['bykən] (*ge-*, *h*): ***sich*** **~** bajarse, agacharse; **♀ling** ['-liŋ] *m gastr* (*-s*; *-e*) arenque *m* ahumado
Bude ['buːdə] *f* (-; *-n*) puesto *m*, caseta *f*;

F (*Zimmer*) cuarto *m*
Budget [by'dʒeː] *n* (*-s*; *-s*) presupuesto *m*
Büfett [by'feː] *n* (*-s*; *-s*) (*Möbel*) aparador *m*; (*Schanktisch*) mostrador *m*; ***kaltes*** **~** bu(f)fet *m* frío
'Büff|el ['byfəl] *m* (*-s*; *-*) *zo* búfalo *m*; **~eln** F (*ge-*, *h*) empollar
Bug *mar* [buːk] *m* (*-*[*e*]*s*; *raro -e*) proa *f*
'Bügel ['byːgəl] *m* (*-s*; *-*) (*Kleider~*) colgador *m*, percha *f*; (*Brillen~*) varilla *f*; **~brett** *n* tabla *f* de planchar; **~eisen** *n* plancha *f*; **~falte** *f* raya *f* (del pantalón); **~frei** no necesita plancha; **~n** (*ge-*, *h*) planchar
Bühne ['byːnə] *f* (*-*; *-n*) escenario *m*, escena *f*; *fig* teatro *m*
Bühnen|bild *n* escenografía *f*, decorado *m*; **~bildner** ['-biltnər] *m* (*-s*; *-*) escenógrafo *m*
Bulgar|e [bul'gɑːrə] *m* (*-n*; *-n*), **~in** *f* (*-*; *-nen*) búlgaro *m*, -a *f*; **~isch** búlgaro
Bulgarien [bul'gɑːrjən] *n* Bulgaria *f*
'Bull|auge *mar* ['bulʔ-] *n* portilla *f*; ojo *m* de buey; **~e** ['-lə] *m* (*-n*; *-n*) *zo* toro *m*; F *desp* polizonte *m*, P bofia *m*
'Bummel F ['buməl] *m* (*-s*; *-*) paseíto *m*; ***e-n ~ machen*** dar un garbeo; **~n** (*ge-*, *h*) (*trödeln*) remolonear, ser lento; (*sn*) ***~ gehen*** irse de juerga; (***durch die Straßen***) **~** callejear; **~streik** *m* huelga *f* de celo
bumsen ['-zən] (*ge-*, *h*) *vulgär*: joder
Bund [bunt] **1.** *m* (*-*[*e*]*s*; *¨-e*) unión *f*; *pol* alianza *f*; (con)federación *f*; (*Hosen~*) pretina *f*; **2.** *n* (*-*[*e*]*s*; *-e*) haz *m*
'Bündel ['byndəl] *n* (*-s*; *-*) lío *m*; (*Kleider~*) hato *m*; (*Banknoten*) fajo *m*
'Bundes|bank ['bundəs-] *f* (*-*; *sin pl*) Banco *m* Federal; **~kanzler** *m*, **~kanzlerin** *f* canciller *m*, cancillera *f* federal; **~liga** *f dep* primera división *f*; **~republik** *f* República *f* Federal; ***die ~ Deutschland*** la República Federal de Alemania; **~staat** *m* Estado *m* federal; **~wehr** *f* fuerzas *f/pl* armadas de la República Federal
Bündnis ['byntnis] *n* (*-ses*; *-se*) alianza *f*
Bungalow ['buŋgaloː] *m* (*-s*; *-s*) bungalow *m*, chalet *m*
bunt [bunt] en *od* de colores, multicolor; **'~stift** *m* lápiz *m* de color
Burg [burk] *f* (*-*; *-en*) castillo *m*
'Bürge ['byrgə] *m* (*-n*; *-n*) fiador *m*, garante *m*; **~n** (*ge-*, *h*) responder (***für*** *j-n* por; ***für*** *et* de); garantizar (*ac*)
'Bürger ['byrgər] *m* (*-s*; *-*), **~in** *f* (*-*; *-nen*) (*Staats~*, *-in*) ciudadano *m*, -a *f*; *pol* burgués *m*, -esa *f*; **~initiative** *f* iniciativa *f* ciudadana; **~krieg** *m* guerra *f* civil; **~lich** civil (*a jur*), cívico; *pol* burgués; ***~e Küche*** cocina *f* casera; **~meister** *m*, **~meisterin** *f* alcalde *m*,-desa *f*; **~steig** *m* acera *f*; **~tum** *n* (*-s*; *sin pl*) burguesía *f*
Bürgschaft ['byrkʃaft] *f* (*-*; *-en*) fianza *f*, caución *f* (***leisten*** dar, prestar); garantía *f*
Burgund [bur'gunt] *n* Borgoña *f*
Burn-Out-Syndrom ['bœrnaut-] *n med* síndrome *m* burn out, síndrome *m* del quemado
Bü'ro [by'roː] *n* (*-s*; *-s*) oficina *f*; despacho *m*; **~angestellte** *m/f* (*-n*; *-n*) oficinista *su*; **~arbeit** *f* trabajo *m* de oficina; **~bedarf** *m* material *m* de oficina; **~klammer** *f* sujetapapeles *m*, clip *m*
Bürokrat [-ro'krɑːt] *m* (*-en*; *-en*) burócrata *m*; **~ie** [-kra'tiː] *f* (*-*; *-n*) burocracia *f*; **~isch** [-'krɑːtiʃ] burocrático
Bursche ['burʃə] *m* (*-n*; *-n*) mozo *m*
'Bürste ['byrstə] *f* (*-*; *-n*) cepillo *m*; **~n** (*ge-*, *h*) cepillar
Bus [bus] *m* (*-ses*; *-se*) autobús *m*; (*Reise~*) autocar *m*; (*Überland~*) coche *m* de línea; **'~bahnhof** *m* terminal *f* de autobuses
Busch [buʃ] *m* (*-*[*e*]*s*; *¨-e*) mata *f*, arbusto *m*
Büschel ['byʃəl] *n* (*-s*; *-*) mechón *m*; *Gras usw*: manojo *m*
Buschmesser ['buʃ-] *n* machete *m*
'Busen ['buːzən] *m* (*-s*; *-*) pecho *m*; *fig* seno *m*; **~freund** *m* amigo *m* íntimo
'Bus|fahrer *m*, **'~fahrerin** *f* conductor(a) *m*(*f*) de(l) autobús; **'~haltestelle** *f* parada *f* de autobuses
Buße ['buːsə] *f* (*-*; *-n*) penitencia *f*; (*Geld~*) multa *f*
büßen ['byːsən] (*ge-*, *h*) expiar (***für et*** a/c); *fig* pagar
'Buß|geld ['buːs-] *n* multa *f*; **~- und Bettag** *m* día *m* de oración y penitencia
Büste ['bystə] *f* (*-*; *-n*) busto *m*; **~nhalter** *m* sujetador *m*
Busverbindung ['bus-] *f* servicio *m* de autobuses
'Butter ['butər] *f* (*-*; *sin pl*) mantequilla *f*, *Am* manteca *f*; **~brot** *n* pan *m* con mantequilla; **~brotpapier** *n* papel *m*

parafinado; **~dose** *f* mantequera *f*; **~milch** *f* suero *m* de manteca
b. w. ***bitte wenden*** véase al dorso
Byte ['baɪt] *n* (-[*s*]; -[*s*]) byte *m*
bzw. ***beziehungsweise*** o bien; respectivamente

C

C[1], **c** [tseː] *n* (-; -) C, c *f*; *mus* do *m*; ***C-Dur*** do *m* mayor; ***c-Moll*** do *m* menor
C[2] ***Celsius*** centígrado; Celsius
ca. ***circa, ungefähr, etwa*** aproximadamente; *vor Zahlen*: unos
Cabrio → ***Kabrio***
Café [ka'feː] *n* (-*s*; -*s*) café *m*
Cafeteria *f* [kafetə'riːa] *f* (-; -*s*,*Cafeterien*) cafetería *f*
Calcium → ***Kalzium***
Call|boy ['koːlbɔʏ] *m* (-*s*; -*s*) call-boy *m*; **~center** [-sɛntər] *n* (-*s*; -) centro *m* de llamadas; **~girl** [-gœrl] *n* (-*s*; -*s*) call-girl *f*
'**camp|en** ['kɛmpən] (*ge*-, *h*) acampar, hacer camping; **ꝏer** *m* (-*s*; -) campista *m*; **ꝏing** ['-piŋ] *n* (-*s*; *sin pl*) camping *m*; **ꝏingbus** *m* autocaravana *f*; **ꝏingplatz** *m* (terreno *m* de) camping *m*
Cape [keːp] *n* (-*s*; -*s*) capa *f*
Casino [ka'ziːno] *österr n* (-*s*; -*s*) casino *m*
'**Carvingski** *m dep* esquí *m* carving
Catering-Service *m* (-; -*s*) servicio *m* catering (*od* de abastecimiento)
CD [tseː'deː] *f* (-; -*s*) *Abk* (*Compact Disk*) CD *m*, disco *m* compacto; **~-Brenner** *m* grabador(a) *m* (*f*) de CD; **~-ROM** [-'rɔm] *f* (-; -*s*) CD-ROM *m*, cederrón *m*; **~-ROM-Laufwerk** *n* (-(*e*)*s*; -*e*) lector *m* (de) CD-ROM *od* cederrón
CDU *f BRD* ***Christlich-Demokratische Union*** Unión *f* Cristiano-Demócrata
Cello ['tʃɛlo] *n* (-*s*; -*s*, *Celli*) violonc(h)elo *m*
Celsius ['tsɛlzjus]: ***Grad ~*** grado(s) *m* (*pl*) centígrado(s)
Cent [sɛnt] *m* (-(*s*); -(*s*)) **1.** (*Eurocent*) céntimo *m* (de euro); **2.** *andere Währungen mst* centavo *m*
CH ***Confoederatio Helvetica*** Confederación *f* Helvética
Champagner [ʃam'panjər] *m* (-*s*; -) champán *m*, champaña *f*
Champignon ['-pinjɔ̃] *m* (-*s*; -*s*) champiñón *m*
'**Chance** ['ʃɑ̃sə] *f* (-; -*n*) posibilidad *f*, oportunidad *f*; **~ngleichheit** *f* igualdad *f* de oportunidades
Chao|s ['kaːɔs] *n* (-; *sin pl*) caos *m*; **ꝏtisch** [ka'oːtiʃ] caótico
Charakter [ka'raktər] *m* (-*s*; -*e* [-'teːrə]) carácter *m*; **ꝏ'istisch** característico (***für*** de)
charm|ant [ʃar'mant] encantador; **ꝏe** [ʃarm] *m* (-[*e*]*s*; *sin pl*) encanto *m*, atractivo *m*
'**Charter** ['tʃartər] *m* (-*s*; -*s*) fletamento *m*; **~flug** *m* vuelo *m* chárter; **~gesellschaft** *f* compañía *f* chárter; **~maschine** *f* avión *m* chárter; **ꝏn** (*ge*-, *h*) fletar
Chat [tʃɛt] *m* (-*s*; -*s*) *inform* charla *f* (por internet); chat *m*; '**~room** [-ruːm] *m* (-*s*; -*s*) sala *f* de chat, canal *m* (de chat *od* de charla)
Chauffeur [ʃo'føːr] *m* (-*s*; -*e*) conductor *m*, chófer *m*
checken [tʃɛkən] (*ge*-, *h*) *F* examinar, probar, verificar
'**Checkliste** *f* lista *f* de control; *avia* lista *f* de embarque
Chef [ʃɛf] *m* (-*s*; -*s*) jefe *m*; '**~arzt** *m* médico *m* jefe; **~in** *f* (-; -*nen*) jefa *f*; **~redakteur** *m* redactor *m* jefe; **~sekretärin** *f* secretaria *f* de dirección
Che'mie [çe'miː] *f* (-; *sin pl*) química *f*; **~faser** *f* fibra *f* sintética
Chem|ikalien [-mi'kaːljən] *f*/*pl* productos *m*/*pl* químicos; **~iker** ['çeːmikər] *m* (-*s*; -), **~ikerin** *f* (-; -*nen*) químico *m*, -a *f*; **ꝏisch** químico
Chicorée ['ʃikoreː] *f* (-; *sin pl*) endibia *f*
Chiffr|e ['ʃifər, 'ʃifrə] *f* (-; -*n*) cifra *f*; **ꝏieren** [-'friːren] (*h*) cifrar
Chile ['tʃiːlə, 'çiːlə] *n* Chile *m*
Chilen|e [tʃi'leːnə] *m* (-*n*; -*n*), **~in** *f* (-; -*nen*) chileno *m*, -a *f*; **ꝏisch** chileno
China ['çiːna] *n* China *f*
Chines|e [çi'neːzə] *m* (-*n*; -*n*), **~in** *f* (-; -*nen*) chino *m*, -a *f*; **ꝏisch** chino
Chinin *med* [-'niːn] *n* (-*s*; *sin pl*) quinina

f

Chip ['tʃip] *m* (*-s*; *-s*) *inform*: chip *m*; **~karte** *f inform* tarjeta *f* chip; **~s** *pl gastr* patatas *f*/*pl* fritas

Chirurg [çi'rurk] *m* (*-en*; *-en*) cirujano *m*; **~ie** [-'giː] *f* (-; *sin pl*) cirugía *f*; **~in** [-'rurgin] *f* (-; *-nen*) cirujana *f*; **&isch** ['-giʃ] quirúrgico

Chlor *quím* [kloːr] *n* (*-s*; *sin pl*) cloro *m*

Cholera *med* ['koləra] *f* (-; *sin pl*) cólera *m*

Cholesterin [çolɛste'riːn] *n* (*-s*) *med* colesterol *m*; **&frei** *adj* sin colesterol

Chor [koːr] *m* (-[*e*]*s*; *¨e*) coro *m*

Choreographie ['koreogra'fiː] *f* (-; *-n*) coreografía *f*

Christ [krist] *m* (*-en*; *-en*) cristiano *m*; '**~baum** *m* árbol *m* de Navidad; '**~enheit** *f* (-; *sin pl*) cristiandad *f*; '**~entum** *n* (*-s*; *sin pl*) cristianismo *m*; '**~fest** *n* (fiesta *f* de) Navidad *f*; '**~in** *f* (-; *-nen*) cristiana *f*; '**~kind** *n* Niño *m* Jesús; '**&lich** cristiano; **~us** ['-tus] *m* (*Christi*; *sin pl*) Cristo *m*, Jesucristo *m*

Chrom *quím* [kroːm] *n* (*-s*; *sin pl*) cromo *m*

Chromosom [kromo'zoːm] *n* (*-s*; *-e*) cromosoma *m*

'**Chron|ik** ['kroːnik] *f* (-; *-en*) crónica *f*; **&isch** crónico; **&ologisch** [krono'loːgiʃ] cronológico

Cie. ***Kompanie*** Cía. (compañía)

circa ['tsirka] → ***zirka***

cl ***Zentiliter*** cl (centilitro)

Cliché → ***Klischee***

'**Clique** ['klikə] *f* (-; *-n*) pandilla *f*; camarilla *f*; **~nwirtschaft** *f* pandillaje *m*, nepotismo *m*

Clown [klaʊn] *m* (*-s*; *-s*) payaso *m*

Club → ***Klub***

cm ***Zentimeter*** cm (centímetro)

Co. ***Compagnie*** Cía. (compañía)

Cocktail ['kɔkteːl] *m* (*-s*; *-s*) cóctel *m*, combinado *m*

Code → ***Kode***

Coffein → ***Koffein***

Cognac ['kɔnjak] *m* (*-s*; *-s*) coñac *m*

Comic ['kɔmik] *m* (*-s*; *-s*) cómic *m*

Com'puter [-'pjuːtər] *m* (*-s*; -) computadora *f*, ordenador *m*; **~ausdruck** *m* listado *m* del ordenador; **&gesteuert** [-gəʃtɔʏərt] con control por ordenador; **&gestützt** [-'-gəʃtytst] asistido por computador(a); **&i'sieren** (*h*) computerizar; **~kriminalität** *f* delincuencia *f* informática; **~spiel** *n* juego *m* electrónico; **~steuerung** *f* control *m* por ordenador; **~technik** *f* tecnología *f* de la computadora, del ordenador; **&unterstützt** asistido por computador(a), ordenador

Con'tainer [kɔn'teːnər] *m* (*-s*; -) contenedor *m*; **~schiff** *n* buque *m* portacontenedores

cool [kuːl] F *adj* **1.** (*ruhig*) tranquilo; **2.** (*prima*) **(*echt*) ~** genial

Copilot → ***Kopilot***

Copyright [kɔpi'raɪt] *n* (*-s*; *-s*) copyright *m*

Cord → ***Kord***

Costa Rica ['kɔsta 'riːka] *n* Costa Rica *f*

Côte d'Azur [kot da'zyːr] *f* Costa *f* Azul

Couch [kaʊtʃ] *f* (-; *-es*, *-en*) sofá *m*

Coupé [ku'peː] *n* (*-s*; *-s*) *auto* cupé *m*

Coupon → ***Kupon***

Cousin [ku'zɛ̃] *m* (*-s*; *-s*) primo *m*; **~e** [-'ziːnə] *f* (-; *-n*) prima *f*

Cowboy ['kaʊbɔʏ] *m* (*-s*; *-s*) vaquero *m*

Creme [krɛːm] *f* (-; *-s*) crema *f*; *fig* ***die* ~** la flor y nata

Croupier [kru'pjeː] *m* (*-s*; *-s*) cr(o)upier *m*

CSU *f BRD* ***Christlich-Soziale Union*** Unión *f* Social-Cristiana

Cursor ['kœrsər] *m* (*-s*; -) *inform* cursor *m*

CVP *f Schweiz* ***Christlichdemokratische Volkspartei*** Partido *m* Demócrata Cristiano

D

D, d [deː] *n* (-; -) D, d *f*; *mus* re *m*; ***D-Dur*** re *m* mayor; ***d-Moll*** re *m* menor

da [daː] **1.** *adv* **a)** *örtlich*: (*dort*) ahí, allí; (*hier*) aquí; ***~ bleiben*** quedarse; ***~ sein*** estar presente, haber venido; (*vorhanden sn*) existir; ***nichts ~!*** ¡nada de eso! **a)** *zeitlich*: entonces; ***von ~ an*** desde entonces; **2.** *cj* (*weil*) porque; ***~ (ja)*** como, puesto que, ya que

da'bei [da'baɪ] (*nahe*) cerca, junto; (*außerdem*) además; (*doch*) sin embargo; con todo eso; ***~ sein*** asistir (***bei*** a), participar (en); ***~ sn zu*** (*inf*) estar a punto de; estar (*ger*); ***er bleibt ~*** insiste en ello

Dach [dax] *n* (-[*e*]*s*; ⸚*er*) tejado *m*; techo *m*; **'~boden** *m* desván *m*; **~decker** ['-dɛkər] *m* (-*s*; -) tejador *m*; **'~gepäckträger** *m auto* baca *f*; **'~geschoss**, *österr* **'~geschoß** *n* ático *m*; **'~gesellschaft** *f* holding *m*; **'~pappe** *f* cartón *m* piedra; **'~rinne** *f* canalón *m*; **'~verband** *m* organización *f* central; **'~ziegel** *m* teja *f*

Dackel ['dakəl] *m* (-*s*; -) (perro *m*) pachón *m*

dadurch [da'durç, 'daːdurç] así, de es(-t)e modo; ***~, dass*** debido a que

dafür [da'fyːr, 'daːfyr] por es(t)o; (*Tausch*) en cambio; (*Belohnung*) en recompensa; (*Zweck*) para eso; ***~ sn*** estar a *od* en favor de; ***ich kann nichts ~*** no es culpa mía

dagegen [da'geːgən] contra eso; (*Vergleich*) comparado con eso; ***~ sn*** estar en contra; ***nichts ~ haben*** no tener inconveniente

daheim [-'haɪm] en casa

daher ['daːheːr, da'heːr] **1.** *adv* de allí; de ahí; **2.** *cj* por eso, por lo tanto

dahin ['daːhin, da'hin] (hacia) allí; ***bis ~*** hasta allí; *zeitlich*: hasta entonces

da'hinter detrás

damals ['daːmaːls] (en aquel) entonces

Dame ['daːmə] *f* (-; -*n*) señora *f*; *Schach*: reina *f*; *Brettspiel*: dama *f*; *Spielkarte*: caballo *m*; ***junge ~*** señorita *f*; ***~ spielen*** jugar a las damas

'Damen|bekleidung *f* ropa *f* de señoras; **~binde** *f* compresa *f*; **~doppel** (**~einzel**) *n Tennis*: doble *m* (individual *m*) femenino; **~friseur** *m* peluquero *m* para señoras; **~mode** *f* moda *f* femenina; **~moden** *f/pl* modas *f/pl* para señoras; **~toilette** *f* servicio *m* de señoras

damit [da'mit] **1.** *adv* [a 'daːmit] con eso; **2.** *cj* para que (*subj*)

dämlich F ['dɛːmliç] imbécil, tonto

Damm [dam] *m* (-[*e*]*s*; ⸚*e*) dique *m*; (*Erd*♀) terraplén *m*

Dämmerung ['dɛməruŋ] *f* (-; *sin pl*) crepúsculo *m*; ***in der ~*** entre dos luces

Dampf [dampf] *m* (-[*e*]*s*; ⸚*e*) vapor *m*; (*Dunst*) vaho *m*; **'♀en** (*ge-, h*) echar humo

dämpfen ['dɛmpfən] (*ge-, h*) *Stimme*: bajar; *tec* amortiguar (*a Stoß, Schall usw*)

'Dampf|er ['dampfər] *m* (-*s*; -) vapor *m*; **~erfahrt** *f* viaje *m* en barco (de vapor); **~kessel** *m* caldera *f*; **~kochtopf** *m* olla *f* exprés *od* de vapor; **~maschine** *f* máquina *f* de vapor; **~schiff** *n* vapor *m*

danach [da'naːx, 'daːnaːx] *zeitlich*: después (de esto), luego

Däne ['dɛːnə] *m* (-*n*; -*n*) danés *m*

da'neben [da'neːbən] junto, cerca, al lado; (*außerdem*) además; **~gehen** (*irr, sep, -ge-, sn,* → ***gehen***) F fracasar, fallar

Dänemark ['dɛːnəmark] *n* Dinamarca *f*

'Dän|in ['dɛːnin] *f* (-; -*nen*) danesa *f*; **♀isch** danés

Dank [daŋk] **1.** *m* (-[*e*]*s*; *sin pl*) gracias *f/pl*; agradecimiento *m*; ***vielen ~!*** ¡muchas gracias!; **2.** ♀ *prp* (*dat od gen*) gracias a; **'♀bar** agradecido; **'~brief** *m* carta *f* de agradecimiento

'danke ['daŋke] *int* gracias; ***~ sehr*** *od* ***schön!*** ¡muchas gracias!; ***~, gleichfalls!*** ¡gracias, igualmente!; **'~n** (*ge-, h*): ***j-m für et ~*** dar las gracias a alg por a/c, agradecer a/c a alg;

dann [dan] luego, después; (*daraufhin*) entonces; ***~ und wann*** de vez en cuando

daran [da'ran, 'daːran] en ello; ***dicht*** (*od* ***nahe***) ***~*** muy cerca; ***nahe ~ sn, zu*** (*inf*) estar a punto de (*inf*); ***ich bin***

dran es mi turno, me toca a mí

darauf [da'raʊf, 'da:raʊf] **1.** *zeitlich*: después (de esto), luego; ***ein Jahr ~*** un año después; ***am Tage ~*** al día siguiente; **2.** *örtlich*: encima; **~hin** [-'hin] a lo cual, en vista de ello; (*dann*) entonces

daraus [da'raʊs, 'da:raʊs] de ahí, de eso

Darbietungen ['da:rbituŋən] *f/pl* programa *m*

darin [da'rin, 'da:rin] en eso; dentro

'darleg|en ['da:rle:gən] (*sep*, *-ge-*, *h*) exponer, explicar; **≈ung** *f* (-; *-en*) explicación *f*, exposición *f*

'Darlehen ['-le:ən] *n* (*-s*; -) préstamo *m*; **~ssumme** *f* importe *m* del préstamo

Darm [darm] *m* (-[*e*]*s*; *⸚e*) intestino *m*

'darstell|en ['da:r-] (*sep*, *-ge-*, *h*) representar; *teat a* interpretar; (*beschreiben*) describir; **≈er** *m* (*-s*; -) *teat* actor *m*, intérprete *m*; **≈erin** *f* (-; *-nen*) actriz *f*, intérprete *f*; **≈ung** *f* (-; *-en*) representación *f*; *teat a* interpretación *f*; (*Beschreibung*) descripción *f*

darüber [da'ry:bər, 'da:ry:bər] sobre eso; *örtlich*: encima

darum [da'rum, 'da:rum] *cj* por es(t)o

darunter [da'runtər] (por) debajo; (*weiter unten*) más abajo; (*dazwischen*) entre ellos

das [das] es(t)o, ello, aquello; ***~ alles*** todo es(t)o; **~, *was*** lo que

dass [das] que; ***so ~*** de modo que

Datei [da'taɪ] *f* (-; *-en*) fichero *m* de datos

'Daten ['da:tən] *pl* datos *m/pl*; **~autobahn** *f* (-; *-en*) autopista *f* de datos; **~bank** *f* (-; *-en*) banco *m* de datos; **~material** *n* datos *m/pl*; **~schutz** *m* protección *f* de datos; **~träger** *m* portador *m* de datos; **~transfer** *m* tra(n)sferencia *f* de datos; **~typist** *m* (*-en*; *-en*), **~typistin** *f* (-; *-nen*) perforista *su*; **~verarbeitung** *f* proceso *m* (*od* tratamiento *m*) de datos; ***elektronische ~*** proceso *od* tratamiento de datos electrónico

datieren [da'ti:rən] (*h*) fechar; datar (***von*** de)

Dativ ['da:ti:f] *m* (*-s*; *-e*) dativo *m*

'Dattel ['datəl] *f* (-; *-n*) dátil *m*; **~palme** *f* palmera *f* datilera

'Datum ['da:tum] *n* (*-s*; *pl Daten*) fecha *f*; **~sangabe** *f* indicación *f* de la fecha; **~sstempel** *m* fechador *m*

'Dauer ['daʊər] *f* (-; *sin pl*) duración *f*; (*Fort≈*) continuidad *f*; ***auf die ~*** a la larga; **~arbeitslosigkeit** *f* paro *m* permanente; **~auftrag** *m* orden *f* permanente; **≈haft** duradero; *Stoff*: resistente; **~karte** *f* abono *m*; pase *m*; **≈n** (*ge-*, *h*) durar; ***lange ~*** tardar mucho; **≈nd** continuo, permanente; **~welle** *f* permanente *f*

Daumen ['-mən] *m* (*-s*; -) pulgar *m*; *fig* ***j-m die ~ drücken*** desear(le) suerte a alg, hacer votos por alg

'Daune ['daʊnə] *f* (-; *-n*) plumón *m*; **~ndecke** *f* edredón *m*

da'von [da'fɔn] de ello, de esto; **~kommen** (*irr*, *sep*, *-ge-*, *sn*, → ***kommen***) escapar; ***mit dem Leben ~*** salir con vida; **~laufen** (*irr*, *sep*, *-ge-*, *sn*, → ***laufen***) echar a correr, huir

davor [-'fo:r] delante

da'zu [-'tsu:] a es(t)o; (*Zweck*) para esto, con este fin; (***noch***) **~** además; ***nicht ~ kommen*** no tener tiempo (para ello); **~gehören** (*sep*, *h*): ***~ zu*** formar parte de; **~kommen** (*irr*, *sep*, *-ge-*, *sn*, → ***kommen***) *et*: sobrevenir; (***noch***) **~** añadirse

dazwischen [-'tsviʃən] entre (*od* en medio de) ellos *bzw* esto; de por medio

DBAG *f* ***Deutsche Bahn AG*** Ferrocarriles Alemanes

DDR *f hist* ***Deutsche Demokratische Republik*** RDA *f* (República Democrática Alemana)

Debatte [de'batə] *f* (-; *-n*) debate *m*, discusión *f*

debattieren [debati:rən] debatir

Deck *mar* [dɛk] *n* (*-s*; *-s*) cubierta *f*

Decke ['dɛkə] *f* (-; *-n*) cubierta *f*; *wollene*: manta *f*; (*Bett≈*) colcha *f*; (*Tisch≈*) mantel *m*; (*Zimmer≈*) techo *m*

Deckel ['-kəl] *m* (*-s*; -) tapa *f*, tapadera *f*

'deck|en ['-kən] (*ge-*, *h*) cubrir (*a com*, *mil*, *zo*); *Tisch*: poner; *dep* marcar; **≈ung** *f* (-; *sin pl*) cobertura *f*, provisión *f* de fondos; *dep* marcaje *m*

Decoder [di'koudər] *m* (*-s*; -) *TV* descodificador *m*

defekt [de'fɛkt] **1.** *adj* defectuoso; (*beschädigt*) deteriorado; **2.** **≈** *m* (-[*e*]*s*; *-e*) defecto *m*; desperfecto *m*

Defensive [-fɛn'zi:və] *f* (-; *sin pl*) defensiva *f*

defin|ieren [-fi'ni:rən] (*h*) definir; **≈ition** [-ni'tsjo:n] *f* (-; *-en*) definición *f*

Defizit ['de:fitsit] *n* (*-s*; *-e*) déficit *m*
Degen ['de:gən] *m* (*-s*; *-*) espada *f*
degradieren [degra'di:rən] (*h*) degradar
'**dehn|en** ['de:nən] (*ge-*, *h*) dilatar, extender; **&ung** *f* (*-*; *-en*) dilatación *f*, extensión *f*
Deich [daıç] *m* (*-*[*e*]*s*; *-e*) dique *m*
dein [daın] (*in Briefen* **Dein**) tu; ***der ~e*** (el) tuyo; **~erseits** ['-nərzaıts] por tu parte; **~esgleichen** ['-nəs'glaıçən] tu(s) igual(es); **~etwegen** por ti; (*negativ*) por tu culpa
Dekan [de'ka:n] *m* (*-s*; *-e*) decano *m*
Deklination [-klina'tsjo:n] *f* (*-*; *-en*) declinación *f*
Dekor|ateur [-kora'tø:r] *m* (*-s*; *-e*) decorador *m*; **~ation** [-'tsjo:n] *f* (*-*; *-en*) decoración *f*; *teat* decorado *m*
Dele|gation [-lega'tsjo:n] *f* (*-*; *-en*) delegación *f*; **~'gierte** *m/f* (*-n*; *-n*) delegado *m*, -a *f*
Delfin → ***Delphin***
Delika'tesse [delika'tɛsə] *f* (*-*; *-n*) (*Speise*) manjar *m od* plato *m* exquisito; **~ngeschäft** *n* tienda *f* de comestibles finos
Delikt [-'likt] *n* (*-s*; *-e*) delito *m*
Delphin [dɛl'fi:n] *m* (*-s*; *-e*) delfín *m*
Delta ['-ta] *n* (*-s*; *-s*) delta *m*
Dementi [de'mɛnti] *n* (*-s*; *-s*) mentís *m*
'**dem|entsprechend** ['de:mˀɛnt'ʃprɛçənt] conforme a eso; en consecuencia; **~nach** según eso; **~nächst** dentro de poco
Demokrat [demo'kra:t] *m* (*-en*; *-en*) demócrata *m*; **~ie** [-kra'ti:] *f* (*-*; *-n*) democracia *f*; **&isch** [-'kra:tiʃ] democrático; (*Person*) demócrata
demolieren [-'li:rən] (*h*) demoler
Demonstr|ant [-mɔn'strant] *m* (*-en*; *-en*) manifestante *m*; **~ation** [-stra'tsjo:n] *f* (*-*; *-en*) demonstración *f*; *pol* manifestación *f*; **&'ieren** (*h*) demostrar; *pol* manifestarse
'**demütig** ['de:my:tiç] humilde; **~en** [-gən] (*ge-*, *h*) humillar; **&ung** *f* (*-*; *-en*) humillación *f*
Den Haag [den ha:k] *n* La Haya
'**denk|bar** ['dɛŋkba:r] imaginable; **~en** (*dachte*, *gedacht*, *h*) pensar (***an*** *ac* en); ***sich*** *et* **~** figurarse, imaginarse; ***ich denke nicht daran!*** ¡ni pensarlo!; ***~ Sie nur!*** ¡imagínese!
'**Denkmal** *n* (*-*[*e*]*s*; *⸚er*) monumento *m*; **~(s)schutz** *m* (*-es*; *sin pl*): ***unter ~ stellen*** declarar monumento nacional
'**denk|würdig** memorable; **&zettel** *m* (*-s*; *-*) lección *f*
den|n [dɛn] pues, porque; ***mehr ~ je*** más que nunca; **~noch** ['-nɔx] sin embargo, no obstante, a pesar de todo
Denunz|iant [denun'tsjant] *m* (*-en*; *-en*), **~iantin** *f* (*-*; *-nen*) delator(a) *m*(*f*), denunciante *su*; **&'ieren** (*h*) delatar, denunciar
Deo ['deo] *n* (*-s*; *-s*), **Deodorant** [deˀodo'rant] *n* (*-s*; *-s*, *-e*) desodorante *m*; **~roller** *m* desodorante *m* de bola
Depo'nie [-po'ni:] *f* (*-*; *-n*) vertedero *m* (de basuras)
Depot [-'po:] *n* (*-s*; *-s*) depósito *m*
Depres|sion [-prɛ'sjo:n] *f* (*-*; *-en*) depresión *f* (*a com*); **&siv** [-'si:f] depresivo
der, **die**, **das** [de:r, di:, das] **1.** *Artikel*: el, la, lo; **2.** *Relativpronomen*: que, quien; el (la) que, el (la) cual
DER *n* ***Deutsches Reisebüro*** Agencia Alemana de Viajes
derartig ['de:rˀa:rtiç] tal, semejante
derb [dɛrp] (*grob*) rudo, grosero
deren ['de:rən] cuyo (-a); del cual, de la cual
der'gleichen tal, semejante
derjenige, **diejenige**, **dasjenige** ['de:r-, 'di:-, 'dasje:nigə] el, la, lo que
dermaßen ['-ma:sən] tanto; *vor adj u adv*: tan
derselbe, **dieselbe**, **dasselbe** [de:r-, di:-, das'zɛlbə] el mismo, la misma, lo mismo (***wie*** que)
Desert|eur [dezɛr'tø:r] *m* (*-s*; *-e*) desertor *m*; **&'ieren** (*sn*) desertar
desgl. ***desgleichen*** ídem
des|gleichen [dɛs'glaıçən] igualmente, asimismo; '**~halb** por eso
Design [di'zaın] *n* (*-s*; *-s*) diseño *m*; **~er(in)** *m* (*-s*; *-*) (*f*) (*-*; *-innen*) diseñador, -a *m*,*f*; **~ermode** *f* moda *f* de diseño
Desinfektion [dɛsˀinfɛk'tsjo:n] *f* (*-*; *-en*) desinfección *f*; **~smittel** *n* desinfectante *m*
desinfi'zieren (*h*) desinfectar
Desktop-Publishing ['dɛsktɔp'pabliʃiŋ] *n* (*-*; *sin pl*) desktop publishing *m*
dessen ['dɛsən] *s* ***deren***; **~'ungeachtet** no obstante
Dessert [dɛ'sɛ:r] *n* (*-s*; *-s*) postre *m*
destillieren [dɛsti'li:rən] (*h*) destilar

desto ['-to] tanto; ~ ***besser!*** ¡(tanto) mejor!
deswegen ['-veːgən] por eso
Detail [de'taj] *n* (*-s*; *-s*) detalle *m*, pormenor *m*
Detektiv [detɛk'tiːf] *m* (*-s*; *-e*) detective *m*
'**deut|en** ['dɔʏtən] (*ge-*, *h*) **1.** *v/t* interpretar; **2.** *v/i* ~ ***auf*** (*ac*) indicar, señalar; **~lich** distinto, claro; **2lichkeit** *f* (*-*; *sin pl*) claridad *f*
deutsch [dɔʏtʃ] alemán; ***auf*** 2 en; '**2e** *m/f* (*-n*; *-n*) alemán *m*, -ana *f*
Deutschland [dɔʏtʃlant] *n* Alemania *f*
Deutung ['-tuŋ] *f* (*-*; *-en*) interpretación *f*
De'visen [de'viːzən] *pl* divisas *f/pl*; **~kontrolle** *f* control *m* de divisas; **~kurs** *m* cotización *f* de moneda extranjera
Dezember [-'tsɛmbər] *m* (*-[s]*; *raro -*) diciembre *m*
dezent [-'tsɛnt] decoroso; *Farbe*, *Kleid*: discreto
DFB *m* ***Deutscher Fußballbund*** Federación *f* Alemana de Fútbol
DGB *m* ***Deutscher Gewerkschaftsbund*** Confederación *f* de Sindicatos Alemanes
dgl. ***dergleichen*** tal; semejante; análogo
d. h. ***das heißt*** es decir; o sea
Dia ['diːa] *n* (*-s*; *-s*) diapositiva *f*
Diabet|es *med* [dia'beːtɛs] *m* (*-*; *sin pl*) diabetes *f*; **~iker** ['-tikər] *m* (*-s*; *-*), **~ikerin** *f* (*-*; *-nen*) diabético *m*, -a *f*
Diagnose [-'gnoːzə] *f* (*-*; *-n*) diagnóstico *m*
diagonal [diago'nɑːl] diagonal; **2e** (*-*; *-n*) *f* diagonal *f*
Diagramm [-'gramm] *n* (*-s*; *-e*) diagrama *m*
Dialekt [-'lɛkt] *m* (*-[e]s*; *-e*) dialecto *m*
Dialog [-'loːk] *m* (*-s*; *-e*) diálogo *m*
Diamant [dia'mant] *m* (*-en*; *-en*) diamante *m*
Diapositiv [-pozi'tiːf] *n* (*-s*; *-e*) diapositiva *f*
Diät [di'ɛːt] *f* (*-*; *-en*) dieta *f*, régimen *m* (***halten*** observar); **~en** *pl* dietas *f/pl*
dich [diç] (*in Briefen* **Dich**) te; *betont*: (a) ti
dicht [diçt] denso; *Gebüsch*, *Haar*, *Gewebe*: tupido, espeso; (*undurchlässig*) impermeable; ~ ***bei***, ~ ***an*** (muy) cerca de; '**~en** (*ge-*, *h*) *v/i* hacer versos; '**2er** *m* (*-s*; *-*) poeta *m*; '**2erin** *f* (*-*; *-nen*) poetisa *f*; '**2ung** *f* (*-*; *-en*) poesía *f*; *tec* junta *f*
dick [dik] grueso; (*beleibt*) gordo; (*geschwollen*) hinchado; ~ ***werden*** *Person*: engordar; '**~flüssig** espeso; '**2kopf** *m*, **~köpfig** ['-kœpfiç] cabezudo (*m*)
die [diː] *s* ***der***
Dieb [diːp] *m* (*-[e]s*; *-e*) ladrón *m*; **~in** ['-bin] *f* (*-*; *-nen*) ladrona *f*; **~stahl** ['diːpʃtɑːl] *m* (*-[e]s*; *⸚e*) robo *m*, hurto *m*; '**~stahlversicherung** *f* seguro *m* contra el robo
Diele ['-lə] *f* (*-*; *-n*) (*Vorraum*) vestíbulo *m*, zaguán *m*
dien|en ['-nən] (*ge-*, *h*) servir (***als*** de; ***zu*** para); **2er** *m* (*-s*; *-*) criado *m*
Dienst [diːnst] *m* (*-es*; *-e*) servicio *m*; ***außer*** ~ (*Abk* ***a D***) jubilado, *mil* retirado; ~ ***haben*** estar de servicio; ***j-m e-n*** (***schlechten***) ~ ***erweisen*** hacer un favor (un flaco servicio) a alg
Dienstag ['-tɑːk] *m* (*-s*; *-e*) martes *m*
'**Dienst|alter** ['diːnstʔ-] *n* antigüedad *f*; **2bereit** *Apotheke*: de guardia; **~boten** *m/pl* servidumbre *f*; **2frei** libre (de servicio); **~grad** *mil m* grado *m*
'**Dienstleistung** *f* (prestación *f* de) servicio *m*; **~sgewerbe** *n* sector *m* de servicio; **~ssektor** *m* sector *m* servicios; **~sunternehmen** *n* empresa *f* de servicios
'**dienst|lich** oficial, de oficio; **2mädchen** *n* criada *f*; **2reise** *f* viaje *m* oficial; **2stelle** *f* delegación *f*, negociado *m*; **2stunden** *f/pl* horas *f/pl* de servicio; **2vorschrift** *f* reglamento *m* (de servicio); **2wagen** *m* coche *m* oficial; **2weg** *m* vía *f od* trámite *m* oficial
dies *s* ***dieser***; '**~bezüglich** correspondiente; *adv* (con) respecto a es(t)o
'**Diesel|motor** ['diːzəlmoːtɔr] *m* (motor *m*) diesel *m*; **~öl** *n* gasoil *m*, gasóleo *m*
dieser, **diese**, **die(se)s** ['diːzər, '-zə, '-(zə)s] este, -a; *su* éste, -a, esto; ese, -a; *su* ése, -a, eso
dies|jährig ['diːsjɛːriç] de este año; **~mal** ['-mɑːl] esta vez; **~seits** ['-zaɪts] de este lado
Dietrich ['diːtriç] *m* (*-s*; *-e*) ganzúa *f*
Differenz [-'rɛnts] *f* (*-*; *-en*) diferencia *f* (*a Streit*); **~ial** *auto* [difərɛn'tsjɑːl] *n* (*-s*; *-e*), **~getriebe** *n* diferencial *m*
digi'tal [-gi'tɑːl] digital; **2kamera** *f*

cámara *f* digital; ≈**rechner** *m* calculadora *f* digital; ≈**uhr** *f* reloj *m* digital

Diktat [dik'ta:t] *n* (-[*e*]*s*; -*e*) dictado *m* (***nach*** al); **~or** [-'-tɔr] *m* (-*s*; -*en* [-ta-'to:rən]) dictador *m*; **~ur** [-ta'tu:r] *f* (-; -*en*) dictadura *f*

diktieren [-'ti:rən] (*h*) dictar

Dill *bot* [dil] *m* (-[*e*]*s*; -*e*) eneldo *m*

Dimmer ['dɪmər] *m* (-*s*; -) interruptor *m* con regulador

DIN **1.** *f* ***Deutsche Industrie-Norm***) norma industrial alemana; **2.** *n* ***Deutsches Institut für Normung*** Instituto alemán de estandarización

'DIN|-Format ['di:n-] *n* formato *m* DIN; **~-Norm** *f* norma *f* DIN

Ding [diŋ] *n* (-[*e*]*s*; -*e*, F -*er*) cosa *f*; objeto *m*; ***vor allen ~en*** ante todo; **'~sda** F *m*/*f* (-; *sin pl*) F fulano *m*, -a *f*

Diözese [diø'tse:zə] *f* (-; -*n*) diócesis *f*

Diphtherie [diftə'ri:] *f* (-; *sin pl*) difteria *f*

Dipl.-Ing. ***Diplomingenieur*** ingeniero diplomado

Diplom [di'plo:m] *n* (-[*e*]*s*; -*e*) diploma *m*

Diplomat [-plo'ma:t] *m* (-*en*; -*en*), ≈**isch** diplomático (*m*); **~ie** [-ma'ti:] *f* (-; *sin pl*) diplomacia *f*

dir [di:r] (*in Briefen* **Dir**) te; *betont*: a ti; ***mit ~*** contigo

di'rekt [di'rɛkt] directo; ≈**flug** *m* vuelo *m* directo; ≈**ion** [-'tsjo:n] *f* (-; -*en*) dirección *f*, *com a* gerencia *f*; ≈**or** [-'-tɔr] *m* (-*s*; -*en* [-'to:rən]), ≈**orin** [-'to:rin] *f* (-; -*nen*) director(a) *m*(*f*); *com* gerente *su*; ≈**übertragung** *f Radio*, *TV*: (re)transmisión *f* en directo; ≈**verkauf** *m* venta *f* directa; ≈**werbung** *f* publicidad *f* directa

Dirig|ent [diri'gɛnt] *m* (-*en*; -*en*), **~entin** *f* (-; -*nen*) director(a) *m*(*f*) de orquesta; ≈**'ieren** (*h*) dirigir

Dirne ['dirnə] *f* (-; -*n*) prostituta *f*

Discjockey ['diskdʒɔki] *m* (-*s*; -*s*) disc-jockey *m*, F pinchadiscos *m*

Dis'kette [dis'kɛtə] *f* (-; -*n*) disquete *m*; **~nlaufwerk** *n* unidad *f* de disco

Diskjockey → ***Discjockey***

Disko ['disko] *f* (-; -*s*) disco *f*

Dis'kont [-'kɔnt] *m* (-*s*; -*e*) descuento *m*; **~satz** *m* tipo *m* de descuento

Diskothek [-ko'te:k] *f* (-; -*en*) discoteca *f*

diskret [-'kre:t] discreto

diskrimi'nier|en [-krimi'ni:rən] (*h*) discriminar; ≈**ung** *f* (-; -*en*) discriminación *f*

Diskussion [-ku'sjo:n] *f* (-; -*en*) discusión *f*

'Diskuswerfen *n* (-*s*; *sin pl*) lanzamiento *m* de disco

diskutieren [-ku'ti:rən] (*h*) discutir

disqualifizieren [-kvalifi'tsi:rən] (*h*) descalificar

Distanz [-'tants] *f* (-; -*en*) distancia *f*

Distel ['-təl] *f* (-; -*n*) cardo *m*

Disziplin [distsi'pli:n] *f* (-) **1.** (*sin pl*) disciplina *f*; **2.**; (*pl* -*en*) (*Fach*) asignatura *f*

Divi|dende *com* [divi'dɛndə] *f* (-; -*n*) dividendo *m*; ≈**dieren** [-'di:rən] (*h*) dividir (***durch*** por); **~sion** [-'zjo:n] *f* (-; -*en*) división *f*

DJ ['didʒe:] *m* (-(*s*); -*s*) (*Diskjockey*) pinchadiscos *m*, disk-jockey *m*

d.M. ***dieses Monats*** del (mes) corriente

DM *f hist* ***Deutsche Mark*** marco *m* alemán

D-Mark ['de:mark] *f hist* marco *m* alemán

doch [dɔx] pues; (*indessen*) sin embargo; (*bejahend*) sí; ***ja ~*** que sí

Dock *mar* [dɔk] (-*s*; -*s*) dársena *f*; dique *m*

Dogge ['dɔgə] *f* (-; -*n*) dogo *m*

'Doktor ['dɔktɔr] *m* (-*s*; -*en* [-'to:rən]) doctor *m*

Dokument [doku'mɛnt] *n* (-[*e*]*s*; -*e*) documento *m*; **~arfilm** [-'ta:rfilm] *m* documental *m*

Dolch [dɔlç] *m* (-[*e*]*s*; -*e*) puñal *m*

Dollar ['-lar] *m* (-*s*; -*s*) dólar *m*

'dolmetsch|en ['-mɛtʃən] (*ge*-, *h*) interpretar; ≈**er** *m* (-*s*; -), ≈**erin** *f* (-; -*nen*) intérprete *su*

Dom [do:m] *m* (-*s*; -*e*) catedral *f*

Domäne [do'mɛ:nə] *f* (-; -*n*) *fig* dominio *m*

dominikanisch: ≈***e Republik*** República *f* Dominicana

Domino ['do:mino] *n* (-*s*; -*s*) dominó *m*

Donau ['do:nau] *f* Danubio *m*

'Donner ['dɔnər] *m* (-*s*; -) trueno *m*; ≈**n** (*ge*-, *h*) tronar; **~stag** *m* jueves *m*; **~wetter!** ¡caramba!

doof F [do:f] tonto, imbécil

dopen ['do:pən] (*ge*-, *h*) dopar

Doping ['do:pɪŋ] *n* (-*s*; -*s*) doping *m*; **~kontrolle** *f*, **~test** *m* control *m* antidoping

'**Doppel** ['dɔpəl] *n* (-*s*; -) doble *m* (*a dep*); duplicado *m*; **~besteuerung** *f* doble imposición *f*; **~besteuerungsabkommen** *n* convenio *m* para evitar la doble imposición; **~bett** *n* cama *f* de matrimonio; **~punkt** *m* dos puntos *m/pl*; **2t** doble; por duplicado; ***das* 2e** el doble; **~verdiener** *m Person*: persona *f* con dos sueldos; *Paar*: matrimonio *m* con dos sueldos; **~zentner** *m* quintal *m* métrico; **~zimmer** *n* habitación *f* doble

Dorf [dɔrf] *n* (-[*e*]*s*; ¨*er*) pueblo *m*, aldea *f*

Dorn [dɔrn] *m* (-[*e*]*s*; -*en*) espina *f*; (*pl* -*e*) *tec* espiga *f*

Dörrobst ['dœrʔoːpst] fruta *f* pasa *od* seca

Dorsch [dɔrʃ] *m* (-*es*; -*e*) bacalao *m*

dort [dɔrt] allí, allá; ahí; '**~hin** (hacia) allí, allá

'**Dose** ['doːzə] *f* (-; -*n*) caja *f*; (*Konserven*2) lata *f*; **~nöffner** *m* abrelatas *m*

Dosis ['doːzis] *f* (-; *Dosen*) dosis *f*, toma *f*

Dotter ['dɔtər] *m u n* (-*s*; -) yema *f* (de huevo)

'**downloaden** ['daʊnloːdən] (*sep*, -*ge*-, *h*) *inform* bajar, descargar

Dozent [do'tsɛnt] *m* (-*en*; -*en*), **~in** *f* (-; -*nen*) profesor(a) *m*(*f*)

dpa *f* ***Deutsche Presse-Agentur*** Agencia Alemana de Prensa

Dr. ***Doktor*** doctor

'**Drache** ['draxə] *m* (-*ns*; -*n*) dragón *m*; **~n** *m* (-*s*; -) (*Papier*2) cometa *f*; **~nfliegen** *n* vuelo *m* en ala-delta

Dragee [dra'ʒeː] *n* (-*s*; -*s*) gragea *f*

Draht [draːt] *m* (-[*e*]*s*; ¨*e*) alambre *m*; *dünner*: hilo *m*; '**~bürste** *f* cepillo *m* metálico; '**~seilbahn** *f* teleférico *m*

Drama ['draːma] *n* (-*s*; *Dramen*) drama *m* (*a fig*); **~tiker** [dra'maːtikər] *m* (-*s*; -) autor *m* dramático, dramaturgo *m*; **2tisch** [-'maːtiʃ] dramático

dran F [dran] *s* ***daran***

Drang [draŋ] *m* (-[*e*]*s*; *sin pl*) (*Trieb*) afán *m*, sed *f* (***nach*** de)

'**dräng|eln** F ['drɛŋəln] (*ge*-, *h*) apretujar; **~en** (*ge*-, *h*) **1.** *v/t* empujar; *fig* atosigar; *zur Eile*: meter prisa; ***sich* ~** agolparse; **2.** *v/i Zeit*: apremiar; *et*: correr prisa

drauf F [draʊf] *s* ***darauf***; **2gänger** ['-gɛŋər] *m* (-*s*; -) hombre *m* de rompe y rasga

draußen ['draʊsən] (a)fuera; (*im Freien*) al aire libre

drechseln ['drɛksəln] (*ge*-, *h*) tornear

Dreck F [drɛk] *m* (-[*e*]*s*; *sin pl*) (*Schlamm*) barro *m*; (*Schmutz*) suciedad *f*; *fig* porquería *f*; '**2ig** sucio

'**Dreh|arbeiten** ['dreː-] *f/pl Film*: rodaje *m*; **~bank** *f* (-; ¨*e*) torno *m*; **2bar** giratorio; **~buch** *n Film*: guión *m*; **2en** (*ge*-, *h*) volver, dar vueltas a; *Zigarette*: liar; *Film*: rodar; *im Kreis*: hacer girar; ***sich* ~** girar (***um*** sobre); *Unterhaltung*: versar sobre; **~kreuz** *n* torniquete *m*; **~orgel** *f* organillo *m*; **~tür** *f* puerta *f* giratoria; **~ung** *f* (-; -*en*) vuelta *f*; rotación *f*; **~zahl** *f* número *m* de revoluciones; **~zahlmesser** *m* (-*s*; -) cuentarrevoluciones *m*

drei [draɪ] **1.** tres; **~ *Viertel*** tres cuartos; **2.** **2** *f* (-; -*en*) tres *m*; '**2bettzimmer** *n* habitación *f* de tres camas; **2eck** ['-ʔɛk] *n* (-[*e*]*s*; -*e*) triángulo *m*; '**~eckig** triangular; **~erlei** ['-ərlaɪ] de tres clases; **~fach** ['-fax] triple; '**~farbig** tricolor; '**~hundert** trescientos; **~jährig** ['-jɛːriç] de tres años, trienal; **2'königstag** *m* (fiesta *f* de los) Reyes *m/pl*; **~mal** ['-maːl] tres veces

'**Drei|rad** *n* triciclo *m*; **2sprachig** ['-ʃpraːxiç] trilingüe; **2spurig** ['-ʃpuːriç] de tres carriles

'**dreißig** ['-siç] treinta; **~ste** trigésimo

dreist [draɪst] atrevido, F fresco

dreistellig ['-ʃtɛliç] de tres dígitos

Drei'sternehotel *n* hotel *m* de tres estrellas

'**drei|stöckig** ['-ʃtœkiç] de tres pisos; **~tägig** ['-tɛgiç] de tres días; **~zehn** trece; **~zehnte** décimo tercero

'**dresch|en** (*drosch*, *gedroschen*, *h*) trillar; **2maschine** *f* trilladora *f*

Dresden ['dreːsdən] *n* Dresde *f*

dress|ieren [drɛ'siːrən] (*h*) amaestrar, adiestrar; **2ur** [-'suːr] *f* (-; -*en*) amaestramiento *m*, adiestramiento *m*

dribbeln ['dribəln] (*ge*-, *h*) *dep* regatear, driblar

Drilling ['driliŋ] *m* (-*s*; -*e*) trillizo *m*

drin F [drin] *s* ***darin***

Dr.-Ing. ***Doktor der Ingenieurwissenschaft*** doctor en ingeniería

'**dringen** ['driŋən] (*drang*, *gedrungen*) **a)** (*sn*): **~ *aus*** salir de; **~ *durch*** (***in*** *ac*) penetrar por (en); **~ bis** llegar hasta **a)** (*h*): **~ auf** (*ac*) insistir en; **~d** urgente; *Verdacht*: fundado

drinnen ['drinən] (por) dentro

dritt [drit]: **zu ~** entre los tres; **zu ~ sn** ser tres; **'~e** tercero; **≗ Welt** *f* Tercer Mundo *m*; **'≗el** *n* (-*s*; -) tercio *m*; **'~ens** tercero, en tercer lugar

Dr. jur. ***Doktor der Rechte*** doctor en derecho

DRK *n* ***Deutsches Rotes Kreuz*** Cruz *f* Roja Alemana

Dr. med. ***Doktor der Medizin*** doctor en medicina

Dr. med. dent. ***Doktor der Zahnheilkunde*** doctor en odontología

Dr. med. vet. ***Doktor der Tierheilkunde*** doctor en veterinaria

'Droge ['dro:gə] (-; -*n*) droga *f* (***weiche*** blanda; ***harte*** dura); **~nberatungsstelle** *f* centro *m* de asistencia a los drogadictos; **~nhandel** *m* narcotráfico *m*; **~nhändler** *m* narcotraficante *m*; **~nkonsum** *m* consumo *m* de drogas; **~nsüchtige** *su* (-*n*; -*n*) drogadicto *m*, -a *f*; **~rie** [drogə'ri:] *f* (-; -*n*) droguería *f*

drohen ['dro:ən] (*ge*-, *h*) amenazar

dröhnen ['drø:nən] (*ge*-, *h*) retumbar, resonar

Drohung ['dro:uŋ] *f* (-; -*en*) amenaza *f*

drollig ['drɔliç] gracioso; chusco

drosseln ['drɔsəln] (*ge*-, *h*) *fig* frenar, reducir

Dr. phil. ***Doktor der Philosophie*** doctor en filosofía (y letras)

Dr. rer. nat. ***Doktor der Naturwissenschaften*** doctor en ciencias (físicas, químicas y naturales)

Dr. rer. pol. ***Doktor der Staatswissenschaften*** doctor en ciencias políticas

Dr. theol. ***Doktor der Theologie*** doctor en teologíca

drüben ['dry:bən] al otro lado

Druck[1] [druk] *m* (-[*e*]*s*; ⸚*e*) presión *f* (*a fig*)

Druck[2] *m* (-[*e*]*s*); -*e*) *tip* imprenta *f*; (*Bild*) estampa *f*

drucken ['drukən] (*ge*-, *h*) imprimir

'drücken ['drykən] (*ge*-, *h*) apretar (*a Schuh usw*); *Knopf*, *Taste*: pulsar; *Hand*: estrechar; (*schieben*) empujar; ***sich ~*** zafarse (***vor*** de); escurrir el bulto; **~d** abrumador (*a fig*); *Hitze*: sofocante

Drucker ['drukər] *m* (-*s*; -) impresor *m*; (*Computer*) impresora *f*

Drücker ['drykər] *m* (-*s*; -) (*Tür*≗) picaporte *m*

Druck|erei [drukə'raɪ] *f* (-; -*en*) imprenta *f*; **'~fehler** *m* errata *f*; **'~knopf** *m* botón *m* automático; *tec* botón *m*, pulsador *m*; **'~luft** *f* aire *m* comprimido; **'~sache** *cor f* impreso *m*; **'~schrift** *f*: ***in ~*** en letra de molde

drum F [drum] *s* ***darum***

'drunt|en ['druntən] (allá) abajo; **~er**: ***es geht alles ~ und drüber*** todo está patas arriba

Drüse ['dry:zə] *f* (-; -*n*) glándula *f*

Dschungel ['dʒuŋəl] *m* (-*s*; -) jungla *f*

DSL [de:ˀɛs'ˀɛl] *n* (-) ***Digital Subscriber Line*** *tel* DSL *f* (*línea de suscriptor digital*); **DSL-Router** *m* (-*s*; -) router *m* (*od* encaminador *m*) DSL

dt(sch). ***deutsch*** alemán, alemana

Dtz(d). ***Dutzend*** docena

du [du:] (*in Briefen* **Du**) tú

Dübel ['dy:bəl] *m* (-*s*; -) tarugo *m*; taco *m*

ducken ['dukən] (*ge*-, *h*): ***sich ~*** acurrucarse, agazaparse; *fig* doblegarse

Dudelsack ['du:dəlzak] *m* gaita *f*

Duft [duft] *m* (-[*e*]*s*; ⸚*e*) olor *m*; (*Wohlgeruch*) perfume *m*; **'≗en** (*ge*-, *h*) oler bien; ***~ nach*** oler a

dulden ['duldən] (*ge*-, *h*) (*ertragen*) aguantar; (*gestatten*) tolerar

dumm [dum] tonto, estúpido; **'≗heit** (-; *sin pl*) tontería *f*, estupidez *f*; (*Handlung*) (*pl* -*en*) bobada *f*, tontería *f*; **'≗kopf** *m* imbécil *m*

dumpf [dumpf] *Stimme*, *Schmerz*: sordo; *Luft*: pesado

'Dumping *com* ['dampiŋ] *n* (-*s*; *sin pl*) dumping *m*; **~preis** *m* precio *m* de dumping

Düne ['dy:nə] *f* (-; -*n*) duna *f*

'dünge|n ['dyŋən] (*ge*-, *h*) abonar, fertilizar; estercolar; **≗r** *m* (-*s*; -) abono *m*, fertilizante *m*; (*Mist*) estiércol *m*

dunkel ['duŋkəl] oscuro (*a fig u in Zssgn mit Farben*); *Teint*: moreno; (*finster*) tenebroso; ***~ werden*** oscurecer

Dünkel ['dyŋkəl] *m* (-*s*; *sin pl*) presunción *f*

'Dunkel|heit ['duŋkəl-] *f* (-; *sin pl*) oscuridad *f*; **~kammer** *f* cámara *f* oscura; **≗rot** rojo oscuro

Dünkirchen ['dy:nkirçən] *n* Dunquerque *m*

dünn [dyn] **1.** *adj* delgado; *Kaffee*: flojo; *Luft*: enrarecido; (*fein*) fino, débil; **2.** *adv* ~ ***besiedelt*** poco poblado

Dunst [dunst] *m* (-[*e*]*s*; *sin pl*) vapor *m*; (*pl* ⸗*e*) vaho *m*

dünsten ['dynstən] (*ge-*, *h*) estofar

dunstig ['dunstiç] brumoso

Duplikat [dupli'kɑːt] *n* (-[*e*]*s*; -*e*) duplicado *m*; copia *f*

Dur *mus* [duːr] *n* (-; *sin pl*) modo *m* mayor

durch [durç] **1.** *prp* (*ac*) por; (***quer*** ~) a través de; (*mittels*) mediante; **2.** *adv* ~ ***und*** ~ de parte a parte; a fondo; ***die ganze Nacht*** ~ (durante) toda la noche; '~**arbeiten** (*sep*, *-ge-*, *h*); **3.** *v/t* estudiar (a fondo); **4.** *v/i* trabajar sin descanso; '~'**aus** del todo; a todo trance; ~ ***nicht*** de ningún modo; ~ ***nicht leicht*** nada fácil; '~**blättern** (*sep*, *-ge-*, *h*) hojear; ⸗'**blutung** *f* (-; *sin pl*) riego *m* sanguíneo; ~'**bohren** (*h*) traspasar, atravesar; '~**braten**: ***gut durchgebraten*** bien hecho; ~'**brechen** (*durchbrach*, *durchbrochen*, *h*) romper; atravesar; *fig* infringir; '~**brennen** (*irr*, *sep*, *-ge-*, *sn*, → ***brennen***) *Sicherung*: fundirse; *fig* fugarse, escaparse; '~**drehen** (*sep*, *-ge-*, *h*); **5.** *v/t Fleisch*: picar; **6.** *v/i* F *fig* perder los nervios; ~'**dringen** (*durchdrang*, *durchdrungen*, *h*) penetrar; '~**dringend** penetrante

durchei'nander 1. *adv* mezclado(s), revuelto(s); *fig* confuso; ~**bringen** (*irr*, *sep*, *-ge-*, *h*, → ***bringen***) desordenar; *fig* confundir; **2.** ⸗ *n* (-*s*; *sin pl*) confusión *f*; jaleo *m*, F follón *m*, caos *m*

'durch|fahren (*irr*, *sep*, *-ge-*, *sn*, → ***fahren***) pasar por; (*nicht halten*) no parar; '⸗**fahrt** *f* paso *m*; travesía *f*; '⸗**fall** *m med* diarrea *f*; *fig* fracaso *m*; '~**fallen** (*irr*, *sep*, *-ge-*, *sn*, → ***fallen***) fracasar; *Examen*: ***ich bin durchgefallen*** me han suspendido; '~**finden** (*irr*, *sep*, *-ge-*, *h*, → ***finden***): (***sich***) ~ orientarse; ~**führbar** ['-fyːrbɑr] realizable; '~**führen** (*sep*, *-ge-*, *h*) *fig* llevar a cabo, realizar; '⸗**führung** *f* (-; -*en*) realización *f*; '⸗**gang** *m* (-[*e*]*s*; *Durchgänge*) paso *m*; '~**gehen** (*irr*, *sep*, *-ge-*, → ***gehen***) **1.** *v/i* (*sn*) pasar (***durch*** por); *Pferd*: desbocarse; *fig* ***et*** ~ ***lassen*** F hacer la vista gorda; **2.** *v/t* (*h u sn*) repasar; '~**gehend** *ferro* directo; ~ ***geöffnet*** abierto a mediodía; ~***e Arbeitszeit*** jornada *f* intensiva; '~**greifen** (*irr*, *sep*, *-ge-*, *h*, → ***greifen***) *fig* tomar medidas eficaces; '~**halten** (*irr*, *sep*, *-ge-*, *h*, → ***halten***) no cejar, mantenerse firme; '~**kommen** (*irr*, *sep*, *-ge-*, *sn*, → ***kommen***) (lograr) pasar; *fig* salir airoso (de); *med* curarse; *Examen*: aprobar; (*auskommen*) defenderse; ~'**kreuzen** (*h*) *fig* desbaratar, contrariar; '~**lassen** (*irr*, *sep*, *-ge-*, *h*, → ***lassen***) dejar pasar; '~**lässig** permeable; '~**laufen**[1] (*irr*, *sep*, *-ge-*, *sn*, → ***laufen***) *Wasser*: pasar; ~'**laufen**[2] (*durchlief*, *durchlaufen*, *h*) recorrer; '⸗**lauferhitzer** *m* (-*s*; -) calentador *m* continuo; '~**lesen** (*irr*, *sep*, *-ge-*, *h*, → ***lesen***) recorrer, leer; ~'**leuchten** (*h*) *med* examinar con rayos X; ⸗'**leuchtung** *med f* (-; -*en*) radioscopia *f*; ~**löchern** [-'lœçərn] (*h*) agujerear; '⸗**messer** *m* (-*s*; -) diámetro *m*; ~**nässt** [-'nɛst] mojado, calado; ~**queren** [-'kveːrən] (*h*) atravesar; '~**rechnen** (*sep*, *-ge-*, *h*) calcular; '⸗**reise** *f*: ***auf der*** ~ de paso, de tránsito; '⸗**reisende** *m* transeúnte *m*; '⸗**reisevisum** *n* visado *m* de tránsito; '~**reißen** (*irr*, *sep*, *-ge-*, → ***reißen***); **3.** *v/t* (*h*) rasgar, romper; **4.** *v/i* (*sn*) rasgarse, romperse; '⸗**sage** *f* (-; -*n*) mensaje *m* personal; ~'**schauen** (*h*) *fig* calar las intenciones de; '⸗**schlag** *m* (-[*e*]*s*; *Durchschläge*) *com* copia *f*; '~**schlagen** (*irr*, *sep*, *-ge-*, *h*, → ***schlagen***) *v/t* cortar, partir; ***sich*** ~ *fig* defenderse; '~**schlagend** eficaz; *Erfolg*: completo, rotundo; '~**schneiden** (*irr*, *sep*, *-ge-*, *h*, → ***schneiden***) cortar, partir en dos

'Durchschnitt *m* (-[*e*]*s*; -*e*) promedio *m*, término *m* medio (***im*** por); ⸗**lich** medio; (*mittelmäßig*) regular, mediocre; *adv* por término medio; ~**seinkommen** *n* ingresos *m*/*pl* medios; ~**stemperatur** *f* temperatura *f* media

'durch|sehen (*irr*, *sep*, *-ge-*, *h*, → ***sehen***) **1.** *v/i* mirar (***durch*** por); **2.** *v/t* examinar, revisar; '~**setzen** (*sep*, *-ge-*, *h*) conseguir; *Willen*: imponer; ***sich*** ~ imponerse; '⸗**sicht** *f* revisión *f*, repaso *m*; '~**sichtig** transparente; '~**sickern** (*sep*, *-ge-*, *sn*) *a fig* filtrarse, rezumar; '~**sprechen** (*irr*, *sep*, *-ge-*, *h*, → ***sprechen***) discutir punto por punto; '~**streichen** (*irr*, *sep*, *-ge-*, *h*, → ***streichen***) tachar, borrar; ~'**suchen** (*h*) registrar; *j-n*: cachear; ⸗'**suchung** *f* (-; -*en*) registro *m*; cacheo *m*; ~**trieben**

[-ˈtriːbən] taimado; ~ˈ**wachsen** *Speck*: entreverado; ˈ**≈wahl(nummer** *f*) *tel f* (-; *sin pl*) extensión *f*; ˈ**~wählen** (*sep*, *-ge-*, *h*) *tel* marcar directamente; **~weg** [ˈ-vɛk] sin excepción; ~ˈ**wühlen** (*h*) revolver; ˈ**~zählen** (*sep*, *-ge-*, *h*) recontar; ˈ**~ziehen** (*irr*, *sep*, *-ge-*, → ***ziehen***); **3.** *v/t* (*h*) hacer pasar (***durch*** por); **4.** *v/i* (*sn*) pasar (***durch*** por); ˈ**≈zug** *m* (-[*e*]*s*; *sin pl*) (*Luft*) corriente *f* de aire

dürfen [ˈdyrfən] (*durfte*, *gedurft*, *h*) poder; ***darf ich?*** ¿puedo?, ¿me permite?; ***nicht ~*** no deber

dürftig [ˈ-tiç] escaso; (*ärmlich*) pobre; mezquino

dürr [dyr] árido; *Holz*: seco; *j*: flaco; ˈ**≈e** *f* (-; *-n*) aridez *f*; sequía *f*

Durst [durst] *m* (*-es*; *sin pl*) sed *f* (***nach*** de); ˈ**≈ig**: ***~ sn*** tener sed

ˈ**Dusche** [ˈduːʃə, ˈduʃə] *f* (-; *-n*) ducha *f*; **≈n** (*ge-*, *h*) ducharse, tomar una ducha

ˈ**Düse** *tec* [ˈdyːzə] *f* (-; *-n*) tobera *f*; **~nantrieb** *m* propulsión *f* a reacción *od* a chorro; **~nflugzeug** *n* avión *m* a reacción

düster [ˈdyːstər] tenebroso; *fig* sombrío

ˈ**Dutzend** [ˈdutsənt] *n* (*-s*; *-e*) docena *f*; **≈weise** por docenas

duzen [ˈduːtsən] (*ge-*, *h*) tutear

DVD [deːvaʊˈdeː] *f* (-; *-s*) ***Digital Versatile Disc*** DVD *m*; **~-Player** *m* (*-s*; -) (reproductor *m* de) DVD *m*; **~-Rekorder** *m* (*-s*; -) (grabadora *f* de) DVD *m*

Dyˈna|mik [dyˈnaːmik] *f* (-; *sin pl*) *fig* dinamismo *m*; **≈misch** dinámico; **~mit** [-naˈmiːt] *n* (*-s*; *sin pl*) dinamita *f*; **~mo** [-ˈnaːmo] *m* (*-s*; *-s*) dínamo *f*

D-Zug [ˈdeːtsuːk] *m* tren *m* directo, rápido *m*

E

E, **e** [eː] *n* (-; -) E, e *f*; *mus* mi *m*; ***E-Dur*** mi *m* mayor; ***e-Moll*** mi *m* menor

Ebbe [ˈɛbə] *f* (-; *-n*) marea *f* baja

ˈ**eben** [ˈeːbən] **1.** *adj* plano; *bsd Boden*: llano; ***zu ~er Erde*** en el piso bajo; **2.** *adv* precisamente, justamente; ***er ist ~ angekommen*** acaba de llegar; **≈e** *f* (-; *-n*) llanura *f*; *mat* plano *m*; *fig* nivel *m*; **~falls** igualmente, también; **~so** lo mismo (***wie*** que); ***~ groß wie*** tan grande como; ***~ viel*** tanto (***wie*** como); ***~ wenig*** tan poco (***wie*** como)

ebnen [ˈeːbnən] (*ge-*, *h*) allanar (*a fig*), aplanar

E-Business [ˈiːbɪznɪz] *n* (-) *com* comercio *m* electrónico, e-business *m*

EC **1.** *m ferro* (*Eurocity*) Eurocity *m*; **2.** *com* ***~-Karte*** *f* tarjeta *f* EC (*in Spanien etw* tarjeta maestro)

Echo [ˈɛço] *n* (*-s*; *-s*) eco *m* (*a fig*)

echt [ɛçt] auténtico; verdadero; *Haar*: natural

ˈ**Eck|ball** [ˈɛkbal] *m dep* córner *m*, saque *m* de esquina; **~e** *f* (-; *-n*) *innen*: rincón *m*; *außen*: esquina *f*; ***gleich um die ~*** a la vuelta de la esquina; **≈ig** angular, anguloso; **~lohn** *m* salario *m* de referencia; **~zahn** *m* colmillo *m*, (diente *m*) canino *m*

Economyklasse [iˈkɔnəmiklasə] *f* clase *f* económica

Ecuador [ekuaˈdoːr] *n* Ekuador *m*

Ed. ***Edition*** Ed. (edición)

ˈ**edel** [ˈeːdəl] noble; *Metall*: precioso; **≈metall** *n* metal *m* precioso; **≈stahl** *m* acero *m* inoxidable; **≈stein** *m* piedra *f* preciosa

Edinburg [ˈeːdinburk] *n* Edimburgo *m*

EDV *f* ***Elektronische Datenverarbeitung*** procesamiento *m* electrónico de datos

Efeu [ˈeːfɔʏ] *m* (*-s*; *sin pl*) yedra *f*

Effekt [ɛˈfɛkt] *m* (-[*e*]*s*; *-e*) efecto *m*

effizien|t [ɛfiˈtsjɛnt] eficiente; **≈z** [-ˈtsjɛnts] *f* (-; *-en*) eficiencia *f*

EFTA *f* ***European Free Trade Association*** (*Europäische Freihandelszone*) AELC *f* (Asociación Europea de Libre Comercio)

EG *f hist* ***Europäische Gemeinschaft*** CE *f* (Comunidad Europea)

EG-... [eːgeː] comunitario, de la CE(E)

egal [eˈgaːl] igual; ***das ist mir ~*** me da igual *od* lo mismo

Egel *zo* [ˈeːgəl] *m* (*-s*; -) sanguijuela *f*

Egge [ˈɛgə] *f* (-; *-n*) rastra *f*, grada *f*

Ego|ismus [egoˈʔismus] *m* (-; *sin pl*) egoísmo *m*; **~ˈist** *m* (*-en*; *-en*), **~ˈistin**

f (-; *-nen*) egoísta *su*; ⁓'**istisch** egoísta

ehe ['eːə] antes de que (*subj*)

'**Ehe** ['eːə] *f* (-; *-n*) matrimonio *m*; ⁓**bruch** *m* adulterio *m*; ⁓**frau** *f* esposa *f*, mujer *f*; ⁓**leute** *pl* esposos *m*/*pl*; *jur* cónyuges *m*/*pl*; ⁓**lich** conyugal, matrimonial; *Kind*: legítimo

ehem., **ehm.** ***ehemals*** antes; antiguamente

ehemalig [-mɑːliç] antiguo

'**Ehe|mann** *m* marido *m*, esposo *m*; ⁓**paar** *n* matrimonio *m*

eher ['eːər] antes (***als*** que); más temprano; (*lieber*) más bien; ***je ⁓, desto besser*** cuanto antes mejor

'**Ehe|ring** *m* anillo *m* de boda, alianza *f*; ⁓**scheidung** *f* divorcio *m*; ⁓**schließung** *f* casamiento *m*

ehrbar ['eːrbɑːr] honrado, honesto

'**Ehre** ['eːrə] *f* (-; *-n*) honor *m*, honra *f*; (*Ruf*) reputación *f*; ***zu ⁓n von*** en honor de; ⁓**n** (*ge-*, *h*) honrar, respetar; ***sehr geehrter Herr X, …*** estimado señor (X): …

'**Ehren|amt** *n* cargo *m* honorífico; ⁓**amtlich** a título honorífico; ⁓**bürger** *m* ciudadano *m* de honor; ⁓**gast** *m* huésped *m od* invitado *m* de honor; ⁓**haft** honorable, decoroso; ⁓**mitglied** *n* miembro *m* honorario; ⁓**rechte** *n*/*pl*: ***bürgerliche ⁓*** derechos *m*/*pl* civiles *od* cívicos; ⁓**sache** *f* cuestión *f* de honor; ⁓**voll** honroso, honorífico; ⁓**wort** *n* (-[*e*]*s*; *sin pl*) palabra *f* de honor (***auf*** bajo)

'**ehr|erbietig** ['eːrˀɛrbiːtiç] respetuoso, reverente; ⁓**furcht** *f* respeto *m*, veneración *f*; ⁓**fürchtig** ['-fyrçtiç] respetuoso; ⁓**gefühl** *n* (-[*e*]*s*; *sin pl*) pundonor *m*; ⁓**geiz** *m* ambición *f*; ⁓**geizig** ambicioso; ⁓**lich** honrado; (*aufrichtig*) sincero; ***⁓ gesagt*** a decir verdad; ⁓**lichkeit** *f* (-; *sin pl*) honradez *f*; ⁓**ung** *f* (-; *-en*) homenaje *m*; ⁓**würdig** venerable; respetable; *Geistlicher*: reverendo

Ei [aɪ] *n* (-[*e*]*s*; *-er*) huevo *m* (***weiches*** pasado por agua; ***hartes*** duro)

EIB *f* ***Europäische Investitionsbank*** BEI *m* (Banco Europeo de Inversiones)

'**Eich|e** ['aɪçə] *f* (-; *-n*) roble *m*; (*Stein*⁓) encina *f*; ⁓**el** *f* (-; *-n*) *bot* bellota *f*; ⁓**en** (*ge-*, *h*) *Maße*, *Gewichte*: contrastar; ⁓**hörnchen** *n* ardilla *f*

Eid [aɪt] *m* (-[*e*]*s*; *-e*) juramento *m*; ***e-n ⁓ leisten*** prestar juramento

Eidechse ['-dɛksə] *f* (-; *-n*) lagarto *m*; *kleine*: lagartija *f*

eidesstattlich ['-dəsʃtatliç]: ***⁓e Erklärung*** *f* declaración *f* jurada

Eidgenosse ['aɪtgənɔsə] *m* confederado *m*

Eidotter ['aɪdɔtər] *m* yema *f*

'**Eier|becher** ['-ərbɛçər] *m* huevera *f*; ⁓**kuchen** *m* tortilla *f*; ⁓**likör** *m* licor *m* de huevos; ⁓**schale** *f* cáscara *f* (de huevo); ⁓**stock** *m* *anat* ovario *m*

'**Eifer** ['-fər] *m* (-*s*; *sin pl*) celo *m*, empeño *m*; (*Streben*) afán *m*; ⁓**sucht** *f* (-; *sin pl*) celos *m*/*pl*; ⁓**süchtig** celoso (***auf*** de)

eifrig ['-friç] solícito; celoso; aplicado; *adv* con empeño *od* ahínco

eig., **eigtl.** ***eigentlich*** propiamente

Eigelb ['-gɛlp] *n* (-*s*; -) yema *f*

'**eigen** ['-gən] propio; (*eigentümlich*) particular, peculiar; ***auf ⁓e Rechnung*** *com* por cuenta propia; ⁓**art** *f* (-; *-en*) particularidad *f*; ⁓**artig** particular; (*seltsam*) raro; ⁓**bedarf** *m* necesidades *f*/*pl* personales; ⁓**finanzierung** *f* autofinanciación *f*; ⁓**händig** [-hɛndiç]: ⁓ (***geschrieben***) (escrito) de mi *usw* puño y letra; ***⁓ übergeben*** entregar en propia mano; ⁓**heim** *n* casa *f* propia; ⁓**heit** *f* (-; *-en*) particularidad *f*; singularidad *f*; ⁓**kapital** *n* capital *m* propio; ⁓**mächtig** arbitrario; ⁓**name** *m* nombre *m* propio; ⁓**nützig** [-nytsiç] interesado, egoísta; ⁓**schaft** *f* (-; *-en*) propiedad *f*; *j-s*: cualidad *f*; ***in s-r ⁓ als*** en su calidad de; ⁓**sinnig** obstinado, terco; ⁓**tlich** ['-tliç] **1.** *adj* verdadero; **2.** *adv* en el fondo, a decir verdad; ⁓**tum** *n* (-*s*; *sin pl*) propiedad *f*; ⁓**tümer** [-tyːmər] *m* (-*s*; -), ⁓**tümerin** *f* (-; *-nen*) propietario *m*, -a *f*; ⁓**tümlich** [-tyːmliç] (*seltsam*) raro; ⁓**tumswohnung** *f* piso *m* de propiedad; ⁓**willig** voluntarioso; obstinado

'**eign|en** ['aɪgnən] (*ge-*, *h*): ***sich ⁓ zu*** *od* ***für*** ser apropiado *od* adecuado para; ⁓**ung** *f* (-; *sin pl*) aptitud *f*; ⁓**ungstest** *m* test *m od* prueba *f* de aptitud

'**Eil|bote** ['aɪlboːtə] *m*: *corr* ***durch ⁓n*** por expreso; ⁓**brief** *m* carta *f* urgente; ⁓**e** *f* (-; *sin pl*) prisa *f* (*oft pl*); ***es hat keine ⁓*** no corre prisa; ***ich bin in ⁓*** tengo prisa; ⁓**en** ['-lən] (*ge-*, *sn*) correr; (*h*) *Sache*: urgir, correr prisa; ***sich ⁓*** darse prisa; ***eilt!*** ¡urgente!; ⁓**gut** *n*: ***als ⁓*** por gran velocidad; ⁓**ig** apresurado; (*dringlich*) urgente; ***es ⁓ haben*** tener prisa;

~zug *ferro m* rápido *m*
Eimer ['-mər] *m* (*-s*; -) cubo *m*
ein [aɪn] un(o), -a; ***es ist ~ Uhr*** es la una; ***der ~e oder andere*** uno que otro; ***~ und derselbe*** el mismo
einander [aɪ'nandər] uno(s) a otro(s)
'**einarbeit|en** (*sep*, *-ge-*, *h*): ***sich ~ in*** (*ac*) iniciarse en, familiarizarse con; **ˆung** *f* (-; *-en*) iniciación *f*
Einäscherung ['-ˀɛʃəruŋ] *f* (-; *-en*) incineración *f*, cremación *f*
'**einatmen** (*sep*, *-ge-*, *h*) inspirar, aspirar
'**Einbahnstraße** *f* calle *f* de dirección única
'**Ein|band** *m* (-[*e*]*s*; ¨*e*) encuadernación *f*; **ˆbändig** ['-bɛndiç] de *od* en un tomo
'**einbau|en** (*sep*, *-ge-*, *h*) montar, instalar; *in die Wand*: empotrar; **ˆküche** *f* cocina *f* funcional; **ˆschrank** *m* armario *m* empotrado
'**einberuf|en** (*irr*, *sep*, *h*, → ***berufen***) convocar; *mil* llamar a filas; **ˆung** *f* (-; *-en*) convocación *f*; *mil* llamamiento *m* a filas
'**Einbettzimmer** *n* habitación *f* individual
'**einbeziehen** (*irr*, *sep*, *h*, → ***beziehen***) incluir
'**einbiegen** (*irr*, *sep*, *-ge-*, *sn*, → ***biegen***) torcer (***nach*** a)
'**einbild|en** (*sep*, *-ge-*, *h*): ***sich*** (*dat*) ~ imaginarse, figurarse; ***sich et ~ auf*** (*ac*) presumir de; **ˆung** *f* (-; *sin pl*) imaginación *f*; ilusión *f*; (*Dünkel*) presunción *f*
'**einbrech|en** (*irr*, *sep*, *-ge-*, *sn*, → ***brechen***) *v/i Dieb*: cometer un robo con fractura; ***~ in*** (*ac*) escalar (*ac*); **ˆer** *m* (*-s*; -) ladrón *m*, desvalijador *m* de pisos
'**einbringen** (*irr*, *sep*, *-ge-*, *h*, → ***bringen***) *Ernte*: recoger; *Nutzen*: rendir, producir; *Antrag*: presentar
'**Einbruch** *m* (-[*e*]*s*; ¨*e*) robo *m* con fractura; ***bei ~ der Nacht*** al anochecer
'**einbürger|n** ['-byrgərn] (*sep*, *-ge-*, *h*) naturalizar; ***sich ~*** *fig* generalizarse; **ˆung** *f* (-; *-en*) naturalización *f*
'**Ein|buße** *f* (-; *-n*) pérdida *f*; **ˆbüßen** (*sep*, *-ge-*, *h*) perder
'**ein|checken** ['-tʃɛkən] (*sep*, *-ge-*, *h*) *v/t u v/i* facturar; embarcar; **~cremen** (*sep*, *-ge-*, *h*) poner(se) crema
'**ein|dämm|en** ['-dɛmən] (*sep*, *-ge-*, *h*) contener (*a fig*); **~decken** (*sep*, *-ge-*, *h*): ***sich ~ mit*** aprovisionarse de
eindeutig ['-dɔʏtiç] inequívoco, claro
'**eindring|en** (*irr*, *sep*, *-ge-*, *sn*, → ***dringen***) penetrar (***in*** *ac* en, *a fig*); *mil* invadir (*ac*); **~lich** insistente; *adv* encarecidamente; **ˆling** ['-driŋliŋ] *m* (*-s*; *-e*) intruso *m*
'**Ein|druck** *m* (-[*e*]*s*; ¨*e*) impresión *f*; **ˆdrücken** (*sep*, *-ge-*, *h*) (*zerbrechen*) romper; *Tür*: forzar; **ˆdrucksvoll** ['-druksfɔl] impresionante
einengen ['-ˀɛŋən] (*sep*, *-ge-*, *h*) estrechar; *fig* coartar; limitar
einer ['aɪnər] **1.** uno, alguno; **2.** ˆ *m* (*-s*; -) *mat* unidad *f*; *mar* esquife *m*; **~lei** [-'laɪ]: ***das ist ~*** es lo mismo, es igual; 'ˆ'**lei** *n* (*-s*; *sin pl*) monotonía *f*, uniformidad *f*; **~seits** [-'zaɪts] por un lado, por una parte
einfach ['-fax] sencillo, simple; *fig* modesto; ***~e Fahrt*** *f ferro* ida *f*
'**einfahr|en** (*irr*, *sep*, *-ge-*, → ***fahren***) **1.** *v/t* (*h*) rodar (*a fig*); **2.** *v/i* (*sn*): ***~ in*** (*ac*) entrar en; *min* bajar a; **ˆt** *f* (-; *-en*) entrada *f*; (*Tor*) puerta *f* cochera
'**Einfall** *m* (-[*e*]*s*; ¨*e*) *mil* invasión *f*; *fig* idea *f*; **ˆen** (*irr*, *sep*, *-ge-*, *sn*, → ***fallen***) (*einstürzen*) derrumbarse; *mil* invadir (***in*** *ac*); ***es fällt mir ein*** se me ocurre; ***was fällt Ihnen ein!*** ¡cómo se atreve!
einfältig ['-fɛltiç] ingenuo, simple
'**Einfamilienhaus** *n* casa *f* unifamiliar
'**einfarbig** unicolor; *Kleidung*: liso
'**ein|fetten** (*sep*, *-ge-*, *h*) engrasar, untar; **~finden** (*irr*, *sep*, *-ge-*, *h*, → ***finden***): ***sich ~*** acudir, personarse; **~flößen** (*sep*, *-ge-*, *h*) *Arznei*: administrar; *Furcht*: infundir
'**Einflugschneise** *f* corredor *m* de entrada
'**Einfluss** *m* (*-es*; ¨*e*) influencia *f*, influjo *m* (***auf*** *ac* en, sobre); **ˆreich** influyente
einförmig ['-fœrmiç] uniforme; *fig* monótono
'**ein|frieren** (*irr*, *sep*, *-ge-*, *h*, → ***frieren***) *v/t* congelar (*a fig*); **~fügen** (*sep*, *-ge-*, *h*) insertar
'**Einfuhr** ['-fuːr] *f* (-; *-en*) importación *f*; *Zoll*: *a* entrada *f*; **~beschränkungen** *f/pl* restricciones *f/pl* a la importación
'**einführen** (*sep*, *-ge-*, *h*) introducir; *com* importar; *Mode*, *neue Artikel*: lanzar; *j-n*: iniciar (***in*** *ac* en); *in ein Amt*: instalar
'**Einfuhr|genehmigung** ['aɪnfuːr-] *f*

permiso *m* de importación; **~land** *n* país *m* importador

'**Einführung** *f* (-; *-en*) introducción *f*; **~sangebot** *n* oferta *f* de lanzamiento; **~spreis** *m* precio *m* de lanzamiento

'**Einfuhrzoll** ['-fu:r-] *m* derecho *m* de entrada

'**einfüllen** (*sep*, *-ge-*, *h*) envasar; *in Flaschen*: embotellar

'**Eingabe** *f* (-; *-n*) solicitud *f*; *Computer*: entrada *f*; **~gerät** *n* dispositivo *m* de entrada

'**Eingang** *m* (-[*e*]*s*; *⸚e*) entrada *f* (*a v Waren*); *v Geld*: ingreso *m*; **~sbestätigung** *f* acuse *m* de recibo; **~sdatum** *n* fecha *f* de entrada; **~sstempel** *m* sello *m* de entrada

'**eingeben** (*irr*, *sep*, *-ge-*, *h*, → ***geben***) *Arznei*: dar; *fig* inspirar; *inform* introducir

'**eingebildet** imaginario; *j*: presumido

'**Eingeborene** *m/f* (*-n*; *-n*) indígena *su*

Eingebung ['-ge:buŋ] *f* (-; *-en*) inspiración *f*

'**eingehen** (*irr*, *sep*, *-ge-*, → ***gehen***) **1.** *v/t* (*h*, *sn*) *Ehe*, *Verpflichtung*: contraer; *Wette*: hacer; **2.** *v/i* (*sn*) *Briefe*: llegar; *Gelder*: ingresar (en caja); *bot*, *Tier*: morirse; *Stoff*: encogerse; **~ *auf*** (*ac*) consentir en; aceptar (*ac*); **~d** *fig* detallado; *adv* a fondo

'**ein|geschrieben** *corr* certificado, *Am* registrado; **²geweide** ['-vaɪdə] *n/pl* vísceras *f/pl*; tripas *f/pl*; **~geschweißt** *Bücher etc* sellado, envuelto en plástico; en blíster; **~gewöhnen** (*sep*, *h*): ***sich* ~** acostumbrarse

'**ein|gießen** (*irr*, *sep*, *-ge-*, *h*, → ***gießen***) echar, verter; **~gipsen** (*sep*, *-ge-*, *h*) enyesar; **~gleisig** *ferro* ['-glaɪzɪç] de vía única; **~gliedern** (*sep*, *-ge-*, *h*) incorporar (***in*** *ac* a), integrar (en); **~graben** (*irr*, *sep*, *-ge-*, *h*, → ***graben***) enterrar; **~greifen** (*irr*, *sep*, *-ge-*, *h*, → ***greifen***) intervenir (***in*** *ac* en); **²griff** *m* (-[*e*]*s*; *-e*) intervención *f*; *med a* operación *f*; **~halten** (*irr*, *sep*, *-ge-*, *h*, → ***halten***) *v/t* (*beachten*) cumplir (con); observar, respetar; *Richtung*: seguir

einhändig ['-hɛndɪç] manco

'**einhängen** (*sep*, *-ge-*, *h*) colgar (*a tel*)

'**einheimisch** del país, nacional; *zo*, *bot* indígena; autóctono; **²e** *m/f* (*-n*; *-n*) indígena *su*

'**Einheit** ['-haɪt] *f* (-; *-en*) unidad *f*; *tel* paso *m*; (*sin pl*) (*Ganzes*) conjunto *m*; **²lich** uniforme; **~spreis** *m* precio *m* único

'**ein|holen** (*sep*, *-ge-*, *h*) **1.** *v/t* (*erreichen*) alcanzar; *Zeit*: recuperar; *Auskunft*: tomar; *Erlaubnis*: pedir; **2.** *v/i*: **~ (*gehen*)** ir de compras; **~hüllen** (*sep*, *-ge-*, *h*) envolver

'**einig** ['aɪnɪç] acorde, conforme; (*geeint*) unido; ***sich* ~ *sn* (*werden*)** estar (ponerse) de acuerdo; **~e** [-gə] *pl* algunos, unos; **~en** [-gən] (*ge-*, *h*) unir; ***sich* ~** ponerse de acuerdo (***über*** *ac* sobre); **~ermaßen** [-gər'ma:sən] en cierto modo; (*leidlich*) F regular; **~es** algo; **²keit** *f* (-; *sin pl*) conformidad *f*; (*Eintracht*) concordia *f*; **²ung** [-guŋ] *f* (-;*-en*) acuerdo *m*

einjährig ['-jɛ:rɪç] de un año; *bot* anual

'**Einkauf** *m* (-[*e*]*s*; *Einkäufe*) compra *f*; ***Einkäufe machen*** hacer compras; **²en** (*sep*, *-ge-*, *h*) comprar; **~ *gehen*** ir de compras

'**Einkaufs|bummel** F *m*: ***e-n ~ machen*** ir de tiendas; **~preis** *m* precio *m* de compra; **~wagen** *m* carrito *m* de compras; **~zentrum** *n* centro *m* comercial

'**ein|kehren** (*sep*, *-ge-*, *sn*) entrar (en un restaurante, *etc*); **~klammern** (*sep*, *-ge-*, *h*) poner entre paréntesis

'**Einklang** *m* (-[*e*]*s*; *sin pl*) acorde *m*; ***in* ~ *bringen*** concertar, armonizar

'**ein|kleiden** (*sep*, *-ge-*, *h*) vestir; **~klemmen** (*sep*, *-ge-*, *h*) apretar, coger (***in*** *ac* entre); ***eingeklemmter Bruch*** hernia *f* estrangulada

'**Einkommen** *n* (*-s*; -) ingresos *m/pl*, renta *f*; **~steuer** *f* impuesto *m* sobre la renta

Einkünfte ['-kynftə] *pl* ingresos *m/pl*

'**einlad|en** (*irr*, *sep*, *-ge-*, *h*, → ***laden***) *et*: cargar; *j-n*: invitar (***zu*** a); *zum Essen*: *a* convidar; **²ung** *f* (-; *-en*) invitación *f*

'**Einlage** *f* (-; *-n*) *im Brief*: anexo *m*; (*Kapital*) aportación *f*; (*Bank²*) imposición *f*; (*Schuh²*) plantilla *f* ortopédica

'**Ein|lass** ['-las] *m* (*-es*; *⸚e*) entrada *f*, admisión *f*; **²lassen** (*irr*, *sep*, *-ge-*, *h*, → ***lassen***) dejar entrar; ***sich* ~ *auf*** (*ac*) meterse en, embarcarse en

'**Einlauf** *m* (-[*e*]*s*; *Einläufe*) *med* lavativa *f*, enema *m*; **²en** (*irr*, *sep*, *-ge-*, *sn*, → ***laufen***) entrar, llegar; *Stoff*: encogerse

'**einleben** (*sep*, *-ge-*, *h*): ***sich* ~** aclimatarse

'einlege|n (*sep*, *-ge-*, *h*) poner, meter (***in*** *ac* en); (***in Essig***) ~ poner en vinagre; **&sohle** *f* plantilla *f*

'einleit|en (*sep*, *-ge-*, *h*) iniciar; *Verhandlungen*: *a* entablar; **~end** preliminar; **&ung** *f* (*-*; *-en*) introducción *f*

'einliefer|n (*sep*, *-ge-*, *h*) *med* hospitalizar, ingresar (en el hospital); **&ung** *f* (*-*; *-en*) *med* hospitalización *f*

'einloggen (*sep*, *-ge-*, *h*) *inform* entrar

'einlösen (*sep*, *-ge-*, *h*) *Scheck*: cobrar; *Pfand*: rescatar; *Versprechen*: cumplir

'einmal una vez; (*künftig*) un día; ***auf*** ~ de una vez; (*plötzlich*) de repente; ***noch*** ~ otra vez; ***nicht*** ~ ni siquiera; **~ig** único (*a fig*)

'Einmarsch *m* entrada *f*

'einmieten (*sep*, *-ge-*, *h*): ***sich*** ~ alquilar una habitación

'einmisch|en (*sep*, *-ge-*, *h*): ***sich*** ~ mezclarse (***in*** *ac* en), intervenir (en); **&ung** *f* (*-*; *-en*) intervención *f*

'ein|münden (*sep*, *-ge-*, *sn*) desembocar (*a Straße*); **~mütig** ['-my:tiç] unánime

'Ein|nahme ['-nɑ:mə] *f* (*-*; *-n*) *mil* toma *f*; *com* ingreso *m*; *a v Steuern*: recaudación *f*; **&nehmen** (*irr*, *sep*, *-ge-*, *h*, → ***nehmen***) tomar (*a mil u med*); *Stelle*, *Platz*: ocupar; *Geld*: recibir, cobrar; *a Steuern*: recaudar; *fig* prevenir (***für*** a favor de)

'Einöde *f* (*-*; *-n*) desierto *m*, soledad *f*

'ein|ordnen (*sep*, *-ge-*, *h*) clasificar; *auto* ***sich rechts*** ~ tomar la fila de la derecha; **~packen** (*sep*, *-ge-*, *h*) empaquetar, embalar; **~parken** (*sep*, *-ge-*, *h*) aparcar; **~pflanzen** (*sep*, *-ge-*, *h*) plantar; *fig* implantar

'ein|prägen (*sep*, *-ge-*, *h*) estampar; grabar (*a fig*); ***sich*** (*dat*) ***et*** ~ grabarse a/c en la memoria; **~programmieren** (*sep*, *h*) programar; **~quartieren** ['-kvarti:rən] (*sep*, *h*) alojar; *mil a* acantonar; **~rahmen** (*sep*, *-ge-*, *h*) encuadrar (*a fig*), poner un marco a; **~räumen** (*sep*, *-ge-*, *h*) colocar (en su sitio); (*zugestehen*) conceder; (*zugeben*) admitir; **~reden** (*sep*, *-ge-*, *h*) hacer creer (***j-m et*** a/c a alg); **~reiben** (*irr*, *sep*, *-ge-*, *h*, → ***reiben***) frotar, friccionar; **~reichen** (*sep*, *-ge-*, *h*) presentar

einreihig ['-raɪiç] de una (sola) fila

'Einreise *f* (*-*; *-n*) entrada *f*; **&n** (*sep*, *-ge-*, *sn*) entrar; **~visum** *n* visado *m* (*Am* visa *f*) de entrada

'ein|reißen (*irr*, *sep*, *-ge-*, → ***reißen***) **1.** *v/t* (*h*) rasgar; *Mauer*: derribar; **2.** *v/i* (*sn*) *fig* extenderse, arraigarse; **~renken** ['-rɛŋkən] (*sep*, *-ge-*, *h*) *med* reducir; *fig* arreglar

'einricht|en (*sep*, *-ge-*, *h*) arreglar; organizar; disponer; (*ausstatten*) equipar; **&ung** *f* (*-*; *-en*) institución *f*; (*Wohnungs&*) mobiliario *m*; *tec* dispositivo *m*

eins [aɪns] **1.** uno; ***um*** ~ a la una; **2.** **&** *f* (*-*; *-en*) uno *m*; (*Note*) sobresaliente *m*

'einsam ['-zɑ:m] solitario, solo; aislado; **&keit** *f* (*-*; *sin pl*) soledad *f*

'Einsatz *m* (*-es*; *¨-e*) *Spiel*: puesta *f*; (*Verwendung*) empleo *m*; ***unter*** ~ ***des Lebens*** arriesgando la vida

'einscannen (*sep*, *-ge-*, *h*) *v/t inform* escanear

'einschalt|en (*sep*, *-ge-*, *h*) insertar; *el* conectar; *Licht*: dar; *Radio*: poner; *tec* poner en marcha; *j-n*: acudir a; *auto* ***den ersten Gang*** ~ poner la primera; **"e** *f TV* índice *m* de audiencia

'ein|schätzen (*sep*, *-ge-*, *h*) tasar (*a Steuer*); evaluar, valorar; **~schenken** (*sep*, *-ge-*, *h*) echar (de beber); **~schicken** (*sep*, *-ge-*, *h*) enviar; **~schieben** (*irr*, *sep*, *-ge-*, *h*, → ***schieben***) interponer, intercalar

'einschiff|en (*sep*, *-ge-*, *h*): (***sich***) ~ embarcar(se) (***nach*** para); **&ung** *f* (*-*; *-en*) embarque *m*; *j-s*: embarco *m*

einschl. ***einschließlich*** incl. (inclusive)

'ein|schlafen (*irr*, *sep*, *-ge-*, *sn*, → ***schlafen***) *a Glied*: dormirse; **~schläfern** ['-ʃlɛ:fərn] (*sep*, *-ge-*, *h*) adormecer

'Einschlag *m* (*-[e]s*; *¨-e*) *Blitz*: caída *f*; *Kugel*: impacto *m*; **&en** (*irr*, *sep*, *-ge-*, *h*, → ***schlagen***) **1.** *v/t Tür*: derribar; *Nagel*: clavar; *Paket*: envolver; *Laufbahn*, *Weg*: seguir; **2.** *v/i Blitz*: caer; *Geschoss*: hacer impacto

einschlägig ['-ʃlɛ:giç] pertinente; *Geschäft*: del ramo

'einschleichen (*irr*, *sep*, *-ge-*, *h*, → ***schleichen***): ***sich*** ~ colarse; *Fehler*: deslizarse

'einschließ|en (*irr*, *sep*, *-ge-*, *h*, → ***schließen***) encerrar; *fig* comprender; **~lich** (*gen*) incluso, inclusive

'einschnappen (*sep*, *-ge-*, *sn*) cerrarse de golpe; *fig* picarse, amoscarse

'ein|schneidend *fig* radical; **&schnitt** *m*

(-[*e*]*s*; *-e*) incisión *f* (*a med*); corte *m*; *fig* momento *m* crucial

'**einschränk|en** ['-ʃrɛŋkən] (*sep*, *-ge-*, *h*) reducir, limitar; restringir; ***sich*** **~** reducir los gastos; **~end** restrictivo; **≗ung** *f* (-; *-en*) reducción *f*, limitación *f*; restricción *f*

'**Einschreib|ebrief** *m*, **~en** *n* (-*s*; -) carta *f* certificada; **≗en** (*irr*, *sep*, *-ge-*, *h*, → ***schreiben***) inscribir (***in*** *ac* en); *corr* certificar, *Am* registrar; ***sich*** **~** inscribirse; *Universität*, *Kurs*: matricularse; **~ung** *f* (-; *-en*) inscripción *f*; matrícula *f*

'**ein|schreiten** (*irr*, *sep*, *-ge-*, *sn*, → ***schreiten***) intervenir; **~schüchtern** (*sep*, *-ge-*, *h*) intimidar, amedrentar; **~sehen** (*irr*, *sep*, *-ge-*, *h*, → ***sehen***) (*begreifen*) comprender; *Irrtum*: reconocer

einseitig ['-zaɪtɪç] unilateral; (*parteiisch*) parcial

'**einsend|en** (*irr*, *sep*, *-ge-*, *h*, → ***senden***) remitir, enviar; **≗er** *m* (-*s*; -) remitente *m*; **≗eschluss** *m* cierre *m* de admisión; **≗ung** *f* (-; *-en*) envío *m*

'**einsetz|en** (*sep*, *-ge-*, *h*) **1.** *v/t* poner, colocar; *Leben*: arriesgar; *Anzeige*: insertar; *in ein Amt*: instalar; *Ausschuss*: constituir; (*anwenden*) emplear; ***sich*** **~ *für*** abogar por, interceder a favor de; **2.** *v/i* empezar; **≗ung** *f* (-; *sin pl*) colocación *f*; institución *f*; instalación *f*

'**Einsicht** *f* (-; *sin pl*) (*Prüfung*) examen *m*; (*pl -en*) (*Verständnis*) comprensión *f*; **~ *nehmen in*** (*ac*) examinar (*ac*); ***zur* ~ *kommen*** entrar en razón; **≗ig** razonable; comprensivo

'**Einsiedler** *m* (-*s*; -) ermitaño *m*

'**einspar|en** (*sep*, *-ge-*, *h*) economizar, ahorrar; **≗ung** *f* (-; *-en*) economía *f*, ahorro *m* (***an*** *dat* de)

'**ein|sperren** (*sep*, *-ge-*, *h*) encerrar; *in ein Gefängnis*: encarcelar; **~spielen** (*sep*, *-ge-*, *h*) *mus* (*aufnehmen*) grabar; *Film*: dar en taquilla; ***gut aufea eingespielt sn*** formar un buen equipo; **~springen** (*irr*, *sep*, *-ge-*, *sn*, → ***springen***): ***für j-n* ~** sustituir a alg

'**einspritz|en** (*sep*, *-ge- h*) *med* inyectar; **≗motor** *m* motor *m* de inyección; **≗ung** *f* (-; *-en*) inyección *f*

'**Einspruch** *m* (-[*e*]*s*, *⸚e*) reclamación *f*; protesta *f*; *pol* veto *m*; **~ *erheben*** protestar

einst [aɪnst] (*zukünftig*) algún día; (*früher*) en otros tiempos

'**Einstand** *m* (-[*e*]*s*; *sin pl*) *Tennis*: igualdad *f*

'**ein|stecken** (*sep*, *-ge-*, *h*) *Geld*: embolsar; *Brief*: echar; *Hieb usw*: encajar; **~steigen** (*irr*, *sep*, *-ge-*, *sn*, → ***steigen***) subir (***in*** *ac* a); **~*!*** ¡viajeros, al tren!

'**einstell|en** (*sep*, *-ge-*, *h*) *Arbeiter*: contratar; (*aufhören*) parar, cesar; suspender (*a Zahlung usw*); *tec* regular, ajustar; *Vergaser usw*: poner a punto; *fot* enfocar; *Rekord*: igualar; ***sich* ~ *auf*** (*ac*) prepararse para, adaptarse a; **≗ung** *f* (-; *-en*) *tec* ajuste *m*, regulación *f*; *fot* enfoque *m*; (*Ende*) suspensión *f*; *v Arbeitern*: contratación *f*; *fig* actitud *f*; **≗ungsgespräch** *n* entrevista *f* personal

Einstieg ['-ʃtiːk] *m* (-[*e*]*s*; *-e*) entrada *f*

'**einstimmig** *fig* unánime; *adv* por unanimidad

'**einstufen** (*sep*, *-ge-*, *h*) clasificar

'**Ein|sturz** *m* (*-es*; *⸚e*) hundimiento *m*; **≗stürzen** (*sep*, *-ge-*, *sn*) hundirse, derrumbarse

einstweilen ['aɪnst'vaɪlən] por de pronto

eintägig ['aɪntɛːgiç] de un día

'**ein|tauchen** (*sep*, *-ge-*, *h*) *v/t* mojar; sumergir; **~tauschen** (*sep*, *-ge-*, *h*) trocar, cambiar (***gegen*** por)

'**einteil|en** (*sep*, *-ge-*, *h*) dividir (***in*** *ac* en); clasificar; *Zeit*: disponer; **~ig** de una pieza; **≗ung** *f* (-; *-en*) división *f*; clasificación *f*; disposición *f*

eintönig ['-tøːniç] monótono

'**Eintopf** *m* (-[*e*]*s*; *⸚e*), **~gericht** *n* plato *m* único; puchero *m*

'**Ein|tracht** *f* (-; *sin pl*) concordia *f*, armonía *f*; **≗trächtig** *adv* en armonía

Ein|trag ['-trɑːk] *m* (-[*e*]*s*; *⸚e*) *s* ***Eintragung***; **≗tragen** [-gən] (*irr*, *sep*, *-ge-*, *h*, → ***tragen***) inscribir, registrar; *fig* ocasionar; ***sich*** **~** inscribirse; **≗träglich** ['-trɛːkliç] lucrativo; **~tragung** ['-trɑːguŋ] *f* (-; *-en*) inscripción *f*

'**ein|treffen** (*irr*, *sep*, *-ge-*, *sn*, → ***treffen***) llegar; (*geschehen*) realizarse, cumplirse; **~treten** (*irr*, *sep*, *-ge-*, *sn*, → ***treten***) entrar; *fig* ingresar (***in*** *ac* en); (*geschehen*) suceder; **~ *für*** abogar por

'**Eintritt** *m* (-[*e*]*s*; *-e*) entrada *f* (*a fig*); *in Verein usw*: ingreso *m*; **~skarte** *f* entrada *f*, localidad *f*, *Am* boleto *m*; **~spreis**

m precio *m* de entrada
'ein|trocknen (*sep*, *-ge-*, *h*) secarse; **~üben** (*sep*, *-ge-*, *h*) estudiar; *teat* ensayar
'Einver|nehmen *n* (*-s*; *sin pl*) acuerdo *m*; ***im ~ mit*** de acuerdo con; **2standen** conforme, de acuerdo (***mit*** con); **~ständnis** *n* (*-ses*; *sin pl*) acuerdo *m*; consentimiento *m*
'Einwahlknoten *m* (*-s*; *-*) *inform* punto *m* de enlace en la red
'Einwand *m* (*-[e]s*; *⸚e*) objeción *f*
'Einwander|er *m* (*-s*; *-*), **~in** *f* (*-*; *-nen*) inmigrante *su*; **2n** (*sep*, *-ge-*, *sn*) inmigrar; **~ung** *f* (*-*; *-en*) inmigración *f*
einwandfrei ['-vantfraɪ] impecable
'einwechseln (*sep*, *-ge-*, *h*) cambiar
'Einweg|flasche *f* botella *f* no retornable; **~verpackung** *f* envase *m od* embalaje *m* de un solo uso *od* no recuperable
'einweih|en (*sep*, *-ge-*, *h*) inaugurar; *j-n*: iniciar (***in*** *ac* en); **2ung** *f* (*-*; *-en*) inauguración *f*
'ein|weisen (*irr*, *sep*, *-ge-*, *h*, → ***weisen***) *ins Krankenhaus*: ingresar, internar; (*anleiten*) iniciar (***in*** *ac* en); **~wenden** (*irr*, *sep*, *-ge-*, *h*, → ***wenden***) objetar (***gegen*** a); **~werfen** (*irr*, *sep*, *-ge-*, *h*, → ***werfen***) *Fenster*: romper; *Brief*: echar; *fig Bemerkung*: deslizar; **~wickeln** (*sep*, *-ge-*, *h*) envolver
'einwillig|en ['-viligən] (*sep*, *-ge-*, *h*) consentir (***in*** *ac* en); **2ung** *f* (*-*; *-en*) consentimiento *m*
'einwirken (*sep*, *-ge-*, *h*) actuar, influir (***auf*** *ac* en, sobre)
Einwohner ['-voːnər] *m* (*-s*; *-*), **~in** *f* (*-*; *-nen*) habitante *su*; *e-r Ortschaft*: vecino *m*, -a *f*; **~'meldeamt** *n* oficina *f* de empadronamiento
'Einwurf *m* (*-[e]s*; *⸚e*) *corr* (boca *f* del) buzón *m*; *für Münzen*: ranura *f*; *dep* saque *m* de banda
'Einzahl *f* (*-*; *sin pl*) *gram* singular *m*; **2en** (*sep*, *-ge-*, *h*) pagar, ingresar; **~ung** *f* (*-*; *-en*) pago *m*, ingreso *m*; **~ungsbeleg** *m* resguardo *m* de ingreso
Einzäunung ['-tsɔʏnuŋ] *f* (*-*; *-en*) cerca *f*, vallado *m*
'Einzel ['-tsəl] *n* (*-s*; *-*) *Tennis*: individual *m*; **~bett** *n* cama *f* individual; **~handel** *m* comercio *m* al por menor; **~handelsgeschäft** *n* tienda *f* de venta al por menor; **~händler** *m* detallista *m*; **~heit** *f* detalle *m*, pormenor *m*; **2n** singular; (*besonder*) particular; (*lose*) suelto; (*abseits*) aislado; ***im ~en*** en detalle; ***ins ~e gehen*** entrar en detalles; ***jeder ~e*** cada uno; **~zimmer** *n* habitación *f* individual; **~zimmerzuschlag** *m* suplemento *m* por habitación individual
'einziehen (*irr*, *sep*, *-ge-*, → ***ziehen***) **1.** *v/t* (*h*) *Steuern*: recaudar; *Geld*: cobrar; *jur* confiscar; *mil* llamar a filas; *avia Fahrgestell*: replegar; **2.** *v/i* (*sn*) entrar; *Wohnung*: instalarse
einzig ['-tsiç] solo, único; ***~ u allein*** (única y) exclusivamente; **~artig** singular; único
'Einzug *m* (*-[e]s*; *⸚e*) entrada *f* (***in*** *ac* en); *Wohnung*: instalación *f* (en); **~sbereich** *m* área *f* de influencia; perímetro *m*
Eis [aɪs] *n* (*-es*; *sin pl*) hielo *m*; (*Speise2*) helado *m*; ***~ am Stiel*** polo *m*; ***~ laufen*** → ***eislaufen***; **'~bahn** *f* pista *f* de hielo; **'~becher** *m* copa *f* de helado; **'~berg** *m* iceberg *m*; **'~creme** *f* helado *m*; **'~diele** *f* heladería *f*
Eisen ['aɪzən] *n* (*-s*; *sin pl*) hierro *m*
'Eisenbahn *f* ferrocarril *m*; **~er** *m* (*-s*; *-*) ferroviario *m*; **~fähre** *f* transbordador *m*; **~knotenpunkt** *m* nudo *m* ferroviario; **~schiene** *f* carril *m*, rail *m*; **~wagen** *m* coche *m*, vagón *m*
'eisen|haltig [-haltiç] ferruginoso; **2waren(handlung** *f*) *f/pl* ferretería *f*
eisern ['-zərn] de hierro; férreo (*a fig*); ***~er Vorhang*** *teat* telón *m* metálico; *pol* telón *m* de acero
'eis|gekühlt ['aɪsgəkyːlt] helado; **2hockey** *n* hockey *m* sobre hielo; **~ig** ['aɪziç] glacial (*a fig*); **2kaffee** *m* café *m* con helado; blanco y negro *m*; **~kalt** helado; glacial (*a fig*); **2(kunst)lauf** *m* patinaje *m* (artístico) sobre hielo; **~laufen** (*irr*, *sep*, *-ge-*, *sn*, → ***laufen***) patinar sobre hielo; **2läufer** *m*, **2läuferin** *f* patinador(a) *m*(*f*); **2meer** ['aɪsmeːr] *n* Océano *m* Glacial; **2pickel** *m* piolet *m*; **2revue** *f* revista *f* sobre hielo; **2würfel** *m* cubito *m* de hielo; **2zeit** *f* período *m* glacial
'eitel ['aɪtəl] vanidoso; **2keit** *f* (*-*; *raro -en*) vanidad *f*
Eiter ['-tər] *m* (*-s*; *sin pl*) pus *m*; **2n** (*ge-*, *h*) supurar
Eiweiß ['-vaɪs] *n* (*-es*; *-e*) clara *f* (del huevo); *quím* proteína *f*

'Ekel ['eːkəl] **1.** *m* (*-s*; *sin pl*) asco *m*; (*Widerwille*) repugnancia *f* (***vor*** *dat* a, de); **2.** F *n* (*-s*; -) tío *m* asqueroso; **2haft**, **2ig** asqueroso; **2n** (*ge-*, *h*) *j-n*: dar asco a; ***sich ~ vor*** tener asco de

EKG *n* ***Elektrokardiogramm*** ECG *m* (electrocardigrama)

Ekzem *med* [ɛk'tseːm] *n* (*-s*; *-e*) eczema *m*

elastisch [e'lastiʃ] elástico

Elbe ['ɛlbə] *f* Elba *m*

Elefant [ele'fant] *m* (*-en*; *-en*) elefante *m*

elegant [-'gant] elegante

Elektri|ker [e'lɛktrikər] *m* (*-s*; -) electricista *m*; **2sch** ['-triʃ] eléctrico; **~zität** [-tsi'tɛːt] *f* (-; *sin pl*) electricidad *f*; **~zi'tätswerk** *n* central *f* eléctrica

E'lektro|gerät ['-tro-] *n* (aparato *m*) electrodoméstico *m*; **~geschäft** *n* (tienda *f* de) electrodomésticos *m*/*pl*; **~herd** *m* cocina *f* eléctrica

Elek'tron [-'troːn] *n* (*-s*; *-en*) electrón *m*; **~enblitz**(**gerät** *n*) *m fot* flash *m* electrónico; **~ik** [-'-nik] *f* (-; *sin pl*) electrónica *f*; **2isch** electrónico

Elektro'techni|k [-tro'tɛçnik] *f* electrotecnia *f*; **2sch** electrotécnico

Element [ele'mɛnt] *n* (*-[e]s*; *-e*) elemento *m*; **2ar** [-'tɑːr] elemental

Elend ['eːlɛnt] **1.** *n* (*-s*; *sin pl*) miseria *f*; (*Unglück*) desgracia *f*; **2.** 2 *adj* mísero, miserable; desgraciado

elf [ɛlf] once; 2 *f* (-; *-en*) once *m* (*a dep*); **'2enbein** *n* (*-s*; *sin pl*) marfil *m*; **2'meter** *m dep* penalty *m*; **'~te** undécimo

Elfenbeinküste ['ɛlfənbaɪnkystə] *f* Costa *f* de Marfil

Elite [e'liːtə] *f* (-; *-n*) lo más selecto, crema *f*, élite *f*

Ell(en)bogen ['ɛl(ən)-] *m* (*-s*; -) codo *m*

Ellipse [ɛ'lipsə] *f* (-; *-n*) elipse *f*

El Salvador [ɛl salva'doːr] *n* El Salvador

Elsass ['ɛlzas] *n* Alsacia *f*

Elsäss|er ['ɛlzɛsər] *m* (*-s*; -), **~erin** *f* (-; *-nen*) alsaciano *m*, -a *f*; **2isch** alsaciano

'Eltern ['-tərn] *pl* padres *m*/*pl*; **~haus** *n* casa *f* paterna; **2los** huérfano; **~zeit** *f* permiso *m* por el nacimiento de un hijo

Email [e'mɑːj] *n* (*-s*; *-s*) esmalte *m*

E-Mail [i'meːl] *f* (-; *-s*) *od n* (*-s*; *-s*) *System* correo *m* electrónico; *Nachricht* mail *m*, mensaje *m*; **~-Adresse** *f* dirección *f* electrónica

Emanzipation [emantsipa'tsjoːn] *f* (-; *-en*) emancipación *f*

Embargo [ɛm'bargo] *n* (*-s*; *-s*) embargo *m*

Emis'sion [emi'sjoːn] *f* (-; *-en*) emisión *f*; **~swerte** *m*/*pl* valores *m*/*pl* de emisión

Emoticon [imoːtikən] *n* (-[*s*]; *-s*) *inform* emoticón *m*

Emp'fang [ɛm'pfaŋ] *m* (-[*e*]*s*; *⸚e*) recepción *f*; (*sin pl*) *com* recibo *m*; (*Aufnahme*) acogida *f*; ***den ~ bestätigen*** acusar recibo; **2en** (*empfing*, *empfangen*, *h*) recibir; acoger

Emp'fäng|er [-'pfɛŋər] *m* (*-s*; -), **~erin** *f* (-; *-nen*) **1.** *corr* destinatario *m*, -a *f*; **2.** *m Radio*: receptor *m*; **2lich** susceptible, sensible (***für*** a); **2nisverhütend**: ***~es Mittel*** anticonceptivo *m*, contraceptivo *m*

Emp'fangs|bestätigung [-'pfaŋs-] *f* acuse *m* de recibo; **~chef** *m* jefe *m* de recepción, recepcionista *m*; **~dame** *f* recepcionista *f*

empfehl|en [-'pfeːlən] (*empfahl*, *empfohlen*, *h*) recomendar; **~enswert** recomendable; **2ung** *f* (-; *-en*) recomendación *f*; **2ungsschreiben** *n* carta *f* de recomendación

empfind|en [-'pfindən] (*empfand*, *empfunden*, *h*) sentir, experimentar; **~lich** [-'pfintliç] sensible (***gegen*** a); (*leicht gekränkt*) susceptible; **2ung** *f* (-; *-en*) (*Sinne*) sensación *f*; (*Gemüt*) sentimiento *m*

empor [-'poːr] (hacia) arriba

Empore [-'poːrə] *f* (-; *-n*) (*Kirche*) coro *m* (alto)

empörend [-'pøːrənt] escandaloso

Em'porkömmling [-'poːrkœmliŋ] *m* (*-s*; *-e*) advenedizo *m*, arribista *m*

em'pör|t [-'pøːrt] escandalizado; **2ung** *f* (-; *sin pl*) indignación *f*

emsig ['-ziç] asiduo

'End|e ['ɛndə] *n* (*-s*; *-n*) *örtlich*: extremo *m*, final *m*; *zeitlich*: fin *m*, final *m*, término *m*; ***am ~*** al final; por fin; ***am ~ des Monats*** a fines del mes; ***letzten ~s*** al fin y al cabo; ***zu ~ gehen*** tocar a su fin; **2en** (*ge-*, *h*) acabar(se), terminar (*-se*); *Frist*: expirar; **2gültig** ['ɛntgyltiç] definitivo

Endivie *bot* [-'diːvjə] *f* (-; *-n*) escarola *f*

'End|lagerung ['ɛnt-] *f* almacenamiento *m* final; **2lich** *adv* finalmente, en fin, por fin; **2los** infinito; interminable;

~spiel *n* final *f*; **~station** *f* (estación *f*) terminal *f od* final *f*; **~ung** ['-duŋ] *f* (-; -*en*) desinencia *f*, terminación *f*
Ener'gie [enɛr'giː] *f* (-; -*n*) energía *f* (*a fig*); **~quelle** *f* fuente *f* de energía; **~versorgung** *f* abastecimiento *m* energético
energisch [e'nɛrgiʃ] enérgico
eng [ɛŋ] **1.** *adj* estrecho; angosto; *Freundschaft*: íntimo; *Kleid*: ceñido; ***~er machen*** estrechar; **2.** *adv* ***~ anliegend*** ajustado, ceñido; **'≈e** *f* (-; *sin pl*) estrechez *f*; ***in die ~ treiben*** poner entre la espada y la pared
Engel ['-əl] *m* (-*s*; -) ángel *m*
England ['ɛŋlant] *n* Inglaterra *f*
'Engländer ['-lɛndər] *m* (-*s*; -) inglés *m*; *tec* llave *f* inglesa; **~in** *f* (-; -*nen*) inglesa *f*
englisch ['-liʃ] inglés
'Engpass *m* desfiladero *m*; *fig* cuello *m* de botella
Enkel ['ɛŋkəl] *m* (-*s*; -), **~in** *f* (-; -*nen*) nieto *m*, -a *f*
enorm [e'nɔrm] enorme
Ensemble [ɑ̃'sɑ̃blə] *n* (-*s*; -*s*) conjunto *m* (*a mus u Mode*); *teat* compañía *f*
entartet [ɛnt'ʔɑːrtət] degenerado
ent'behr|en [-'beːrən] (*h*) (*nicht haben*) carecer de; (*vermissen*) echar de menos; ***~ können*** poder prescindir de; **~lich** superfluo
Ent'bindung *f* (-; -*en*) *med* alumbramiento *m*, parto *m*; **~sheim** *n* casa *f* de maternidad
entblößen [-'bløːsən] (*h*) desnudar, descubrir
ent'deck|en (*h*) descubrir; **≈er** *m* (-*s*; -) descubridor *m*; **≈ung** *f* (-; -*en*) descubrimiento *m*
Ente ['ɛntə] *f* (-; -*n*) pato *m*, ánade *m*; *fig* bulo *m*
ent'eign|en [ɛnt'aɪgnən] (*h*) expropiar; **≈ung** *f* (-; -*en*) expropiación *f*
ent|'erben (*h*) desheredar; **~'fallen** (*entfiel*, *entfallen*, *sn*) caer; *Name*: olvidarse; (*wegfallen*) quedar suprimido; *Anteil*: tocar (***auf*** *ac* a); **~'falten** (*h*) desplegar (*a fig*); *fig* ***sich ~*** desarrollarse
ent'fern|en [-'fɛrnən] (*h*) alejar, apartar; (*beseitigen*) quitar; **~t** alejado, apartado; *a Verwandte*: lejano; ***10 km ~ von*** a diez kilómetros de; **≈ung** *f* (-; -*en*) distancia *f*; alejamiento *m*; *fig* eliminación *f*; **≈ungsmesser** *m* (-*s*; -) telémetro *m*
ent|'fesseln (*h*) desencadenar; **~'fliehen** (*entfloh*, *entflohen*, *sn*) huir, fugarse
ent'führ|en (*h*) secuestrar; *Mädchen*: raptar; **≈er** *m* (-*s*; -) secuestrador *m*; raptor *m*; **≈ung** *f* (-; -*en*) secuestro *m*; rapto *m*
ent'gegen (*dat*) al encuentro de, hacia; *fig* en contra de, contrario a; **~gehen** (*irr*, *sep*, -*ge*-, *sn*, → ***gehen***) (*dat*) ir al encuentro de; **~gesetzt** opuesto, contrario (a); **≈kommen** *n* (-*s*; *sin pl*) complacencia *f*; **~nehmen** (*irr*, *sep*, -*ge*-, *h*, → ***nehmen***) recibir, aceptar; **~stellen** (*sep*, -*ge*-, *h*) oponer; **~treten** (*irr*, *sep*, -*ge*-, *sn*, → ***treten***) (*dat*) *fig* hacer frente a; oponerse a
ent'gegn|en [-'geːgnən] (*h*) replicar; **≈ung** *f* (-; -*en*) réplica *f*
ent'gehen (*entging*, *entgangen*, *sn*) (*dat*) escapar de; ***sich et*** (***nicht***) ***~ lassen*** (no) perderse a/c
Entgelt [-'gɛlt] *n* (-[*e*]*s*; -*e*) remuneración *f*
ent'gleis|en [-'glaɪzən] (*sn*) descarrilar; **≈ung** *f* (-; -*en*) descarrilamiento *m*; *fig* desliz *m*, plancha *f*
ent'halt|en (*enthielt*, *enthalten*, *h*) contener; encerrar; *fig* comprender; ***sich ~*** (*gen*) abstenerse de; **~sam** abstemio; **≈ung** *f* (-; -*en*) *pol* abstención *f*
ent|'härten (*h*) *Wasser*: ablandar; **~heben** (*enthob*, *enthoben*, *h*) dispensar (*gen* de); *des Amtes*: relevar (de)
ent'hüll|en (*h*) descubrir; *fig* revelar; **≈ung** *f* (-; -*en*) revelación *f*
ent|'kalken (*h*) descalcificar; **~'kleiden** (*h*) desnudar; **~koffeiniert** [-kɔfei'niːrt] descafeinado; **~'kommen** (*entkam*, *entkommen*, *sn*) escaparse; **~'korken** (*h*) descorchar, destapar; **~kräften** [-'krɛftən] (*h*) debilitar, extenuar
ent'lad|en (*entlud*, *entladen*, *h*) descargar (*a el*); **≈ung** *f* (-; -*en*) descarga *f*
ent'lang a lo largo de
entlarven [-'larfən] (*h*) desenmascarar
ent'lass|en (*entließ*, *entlassen*, *h*) despedir; *Beamte*: separar (del cargo), destituir; *med* dar de alta; ***aus dem Gefängnis ~*** poner en libertad; **≈ung** *f* (-; -*en*) despido *m*; *Beamte*: separación *f*; *med* alta *f*; **≈ungswelle** *f Arbeitsmarkt* ola *f* de despidos
ent'last|en (*h*) descargar; *Verkehr*: des-

congestionar; **≈ung** *f* (-; *-en*) descarga *f*; descongestión *f*

ent|'laufen (*entlief*, *entlaufen*, *sn*) evadirse, escaparse; **~ledigen** [-'leːdigən] (*h*): ***sich*** **~** deshacerse, desembarazarse (*gen* de); **~'legen** remoto, alejado; **~'leihen** (*entlieh*, *entliehen*, *h*) tomar prestado; **~locken** (*h*) sonsacar, arrancar

entmündig|en [-'myndigən] (*h*) poner bajo tutela; **≈ung** *f* (-; *-en*) interdicción *f* civil

entmutig|en [-'muːtigən] (*h*) desalentar, desanimar; **≈ung** *f* (-; *-en*) desaliento *m*, desánimo *m*

ent|'nehmen (*entnahm*, *entnommen*, *h*) tomar, sacar; *Geld*: retirar; *fig* concluir (***aus*** de); **~rahmt** [-'raːmt] desnatado; **~'rätseln** (*h*) descifrar; **~'reißen** (*entriss*, *entrissen*, *h*) arrebatar, arrancar; **~'richten** (*h*) satisfacer, pagar; **~'rinnen** (*entrann*, *entronnen*, *sn*) escaparse (*dat* de)

ent'rüst|en (*h*): ***sich*** **~** indignarse; **≈ung** *f* (-; *sin pl*) indignación *f*

Entsafter [-'zaftər] *m* (*-s*; -) licuadora *f*

ent'sagen (*h*) (*dat*) renunciar a, desistir de

ent'schädig|en (*h*) indemnizar; compensar; **≈ung** *f* (-; *-en*) indemnización *f*; compensación *f*

ent'schärfen (*h*) *Bombe usw*: desactivar; *fig* quitar hierro a

ent'scheid|en (*entschied*, *entschieden*, *h*) decidir (***über*** *ac* de, sobre); ***sich*** **~** ***für*** decidirse por; **~end** decisivo; **≈ung** *f* (-; *-en*) decisión *f* (***treffen*** tomar)

entschieden [-'ʃiːdən] decidido; enérgico; firme

ent'schließen (*entschloss*, *entschlossen*, *h*): ***sich*** **~** decidirse, resolverse (***zu*** a)

entschlossen [-'ʃlɔsən] resuelto, decidido; **≈heit** *f* (-; *sin pl*) resolución *f*, firmeza *f*

Ent'schluss *m* (*-es*; *⸚e*) resolución *f*, decisión *f* (***fassen*** tomar)

ent'schuldig|en [-'ʃuldigən] (*h*) disculpar, excusar; perdonar; ***sich*** **~** disculparse, excusarse; **~** ***Sie!*** ¡perdone!; **≈ung** *f* (-; *-en*) disculpa *f*, excusa *f*; **~!** ¡perdón!; ***j-n um*** **~** ***bitten*** pedir perdón a alg

Ent'sendegesetz *n* Ley *f* sobre el desplazamiento (de trabajadores)

ent'setz|en (*h*): (***sich***) **~** horrorizar(se), espantar(se) (***über*** *ac* de); **≈en** *n* (*-s*; *sin pl*) horror *m*, espanto *m*; **~lich** horrible, espantoso, *a* F *fig* terrible

ent'sinnen (*entsann*, *entsonnen*, *h*): ***sich*** **~** (*gen*) acordarse de

Entsorgung [-'zɔrguŋ] *f* (-; *-en*) eliminación *f* de desechos

ent'spann|en (*h*): *fig* ***sich*** **~** relajarse; **≈ung** *f* (-; *-en*) relajación *f*; *pol* distensión *f*

entspr. ***entsprechend*** correspondiente

ent'sprech|en (*entsprach*, *entsprochen*, *h*) (*dat*) corresponder a; *e-r Erwartung*: responder a; **~end** correspondiente; **≈ung** *f* (-; *-en*) correspondencia *f*; equivalente *m*

ent'springen (*entsprang*, *entsprungen*, *sn*) *Fluss*: nacer; *fig* proceder (***aus*** de)

ent'steh|en (*entstand*, *entstanden*, *sn*) nacer, originarse; **≈ung** *f* (-; *-en*) nacimiento *m*; origen *m*

ent'stellen (*h*) desfigurar

ent'täusch|en (*h*) desengañar, desilusionar; decepcionar; **≈ung** *f* (-; *-en*) desengaño *m*, desilusión *f*; decepción *f*

ent'waffn|en (*h*) desarmar (*a fig*); **≈ung** *f* (-; *-en*) desarme *m*

Ent'warnung *f* (-; *-en*) fin *m* de alarma

ent'wässern (*h*) desaguar, drenar

'entweder: **~ ...** ***oder*** o … o …; sea … o sea …

ent|'weichen (*entwich*, *entwichen*, *sn*) escapar(se); **~'wenden** (*h*) hurtar, robar; **~'werfen** (*entwarf*, *entworfen*, *h*) bosquejar, esbozar; *Plan*: trazar

ent'wert|en (*h*) depreciar; *Briefmarken*: matasellar, inutilizar; *Fahrschein*: cancelar; **≈er** *m* (*-s*; -) cancelador *m* de billetes; **≈ung** *f* (-;*-en*) depreciación *f*

ent'wick|eln (*h*) desarrollar (*a fig*); *fot* revelar; ***sich*** **~** desarrollarse; **≈lung** *f* (-; *-en*) desarrollo *m*; evolución *f*; **≈lungshelfer** *m* cooperante *m*; **≈lungshilfe** *f* ayuda *f* al desarrollo; **≈lungsland** *n* país *m* en vías de desarrollo; **≈lungspolitik** *f* política *f* de desarrollo

ent|wirren [-'virən] (*h*) desenredar, desenmarañar; **~'wischen** F (*sn*) escaparse; **~wöhnen** [-'vøːnən] (*h*) *Kind*: destetar; *Süchtige*: desintoxicar

ent'würdigend degradante; humillante

Ent'wurf *m* (-[*e*]*s*; *⸚e*) bosquejo *m*, esbozo *m*; (*Plan*) plan *m*, proyecto *m*

ent'wurzeln (*h*) desarraigar
ent'zieh|en (*entzog*, *entzogen*, *h*) retirar; ***j-m et ~*** privar a alg de a/c; ***sich ~*** sustraerse a; **²ung** *f* (-; *-en*) privación *f*; **²ungskur** *f* cura *f* de desintoxicación
entziffern [-'tsifərn] (*h*) descifrar
ent'zücken 1. *v/t* (*h*) encantar; **2.** ² *n* (*-s*; *sin pl*) encanto *m*; **~d** encantador
Ent'zug *m* (-[*e*]*s*; *sin pl*) retirada *f*; **~serscheinungen** *f/pl* síndrome *m* de abstinencia, F mono *m*
ent'zünd|en (*h*) encender; inflamar (*a med u fig*); **²ung** *med f* (-; *-en*) inflamación *f*
ent'zwei [-'tsvaɪ] roto; **~gehen** (*irr*, *sep*, *-ge-*, *sn*, → ***gehen***) romperse
Enzian *bot* ['ɛntsjɑːn] *m* (*-s*; *-e*) genciana *f*
Epi|demie [epide'miː] *f* (-; *-n*) epidemia *f*; **~sode** [-'zoːdə] *f* (-; *-n*) episodio *m*
Epoche [e'pɔxə] *f* (-; *-n*) época *f*
Epos ['eːpɔs] *n* (-; *Epen*) epopeya *f*
er [eːr] él
Erachten [ɛr'ʔaxtən] *n*: ***m-s ~s*** a mi parecer
erbarmen [ɛr'barmən] **1.** *v/t* (*h*): ***sich ~*** (*gen*) compadecerse de; **2.** ² *n* (*-s*; *sin pl*) lástima *f*, compasión *f*
erbärmlich [-'bɛrmliç] deplorable; miserable
erbarmungslos [-'barmuŋsloːs] despiadado; *adv* sin piedad
er'bau|en (*h*) construir, levantar; *fig* (***sich***) ~ edificar(se) (***an*** *dat* con); **²er** *m* (*-s*; -) constructor *m*; **²ung** *f* (-; *sin pl*) construcción *f*; edificación *f* (*a fig*)
'Erbe ['ɛrbə] **a)** *m* (*-n*; *-n*) heredero *m* **a)** *n* (*-s*; *sin pl*) herencia *f*; **²n** (*ge-*, *h*) heredar
erbeuten [-'bɔʏtən] (*h*) apresar
erbieten [ɛr'biːtən] (*erbot*, *erboten*, *h*): ***sich ~ zu*** ofrecerse a
Erbin ['-bin] *f* (-; *-nen*) heredera *f*
er'bitten (*erbat*, *erbeten*, *h*) pedir, solicitar
erbittert [-'bitərt] irritado, exasperado; *Kampf*: encarnizado
erblich ['ɛrpliç] hereditario
er'blicken (*h*) ver, divisar
er'blind|en [-'blindən] (*sn*) perder la vista, quedar(se) ciego; **²ung** *f* (-; *-en*) pérdida *f* de la vista
erbrechen [ɛr'brɛçən] **1.** *v/t* (*erbrach*, *erbrochen*, *h*) *med* (*a* ***sich ~***) vomitar; **2.** ² *n* (*-s*; *sin pl*) *med* vómito *m*
'Erbschaft ['ɛrpʃaft] *f* (-; *-en*) herencia *f*; **~ssteuer** *f* impuesto *m* sobre sucesiones
Erbse ['-sə] *f* (-; *-n*) guisante *m*, *Am* arveja *f*
'Erbstück *n* objeto *m* heredado
'Erd|ball ['eːrt-] *m* globo *m* terráqueo; **~beben** *n* terremoto *m*, temblor *m* de tierra; seísmo *m*; **~beere** *f* fresa *f*; (*Garten*²) fresón *m*; *Am* frutilla *f*; **~boden** *m* (*-s*; *sin pl*) suelo *m*, tierra *f*; ***dem ~ gleichmachen*** arrasar
'Erde ['eːrdə] *f* (-; *raro -n*) tierra *f*; (*Boden*) suelo *m*; **²n** (*ge-*, *h*) *el* poner *od* conectar a tierra
erdenklich [ɛr'dɛŋkliç] imaginable, concebible
Erderwärmung *f* calentamiento *m* (*od* aumento *m* de la temperatura) de la Tierra
'Erd|gas ['eːrtgɑːs] *n* gas *m* natural; **~geschoss**, *österr* **~geschoß** *n* piso *m* bajo, planta *f* baja; **~halbkugel** *f* hemisferio *m*
erdicht|en [ɛr'diçtən] (*h*) imaginar, fingir, inventar; **~et** ficticio, fingido
erdig ['eːrdiç] terroso, térreo; *Geschmack*: a tierra
'Erd|karte ['eːrt-] *f* mapamundi *m*; **~kugel** *f* globo *m*; **~kunde** *f* geografía *f*; **~mandel** *bot f* chufa *f*; **~nuss** *f* cacahuete *m*, *Am* maní *m*
'Erdöl *n* petróleo *m*; **~gesellschaft** *f* compañía *f* petrolera; **~industrie** *f* industria *f* petrolífera
erdrosseln [ɛr'drɔsəln] (*h*) estrangular
er'drücken (*h*) aplastar (*a fig*); **~d** aplastante (*a Mehrheit*); *Beweis*: contundente
'Erd|rutsch ['eːrtrutʃ] *m* (-[*e*]*s*; *-e*) corrimiento *m od* desprendimiento *m* de tierras; **~teil** *m* continente *m*
erdulden [ɛr'duldən] (*h*) sufrir; soportar
er'eig|nen [ɛr'ʔaɪgnən] (*h*): ***sich ~*** suceder, acontecer, ocurrir; **²nis** *n* (*-ses*; *-se*) suceso *m*, acontecimiento *m*
er'fahr|en 1. *v/t* (*erfuhr*, *erfahren*, *h*) saber, enterarse de; (*erleben*) experimentar; **2.** *adj* experimentado, versado; **²ung** *f* (-; *-en*) experiencia *f* (***aus*** por)
er'fassen (*h*) coger, *Am* agarrar; *Daten usw*: fichar; *Text*: capturar; *fig* comprender
er'find|en (*erfand*, *erfunden*, *h*) inven-

tar; ²er *m* (-*s*; -) inventor *m*; **~erisch** inventivo, ingenioso; **²ung** *f* (-; -*en*) invento *m*; invención *f*

Er'folg [-'fɔlk] *m* (-[*e*]*s*; -*e*) éxito *m*; resultado *m*; **²en** [-'-gən] (*sn*) suceder, tener lugar; efectuarse; verificarse; **²los** sin éxito; **²reich** eficaz; feliz; *adv* con éxito

er'forder|lich [-'fɔrdərliç] preciso, necesario; **~n** (*h*) requerir, exigir, necesitar; **²nis** *n* (-*ses*; -*se*) necesidad *f*; requisito *m*

er'forsch|en (*h*) explorar; (*untersuchen*) investigar; **²ung** *f* (-; -*en*) exploración *f*; investigación *f*

er'freu|en (*h*) alegrar, regocijar; ***sich ~*** (*gen*) *bzw* ***sich~ an*** (*dat*) gozar, disfrutar de; **~lich** agradable

er'frieren (*erfror*, *erfroren*, *sn*) morir de frío

erfrisch|en [-'friʃən] (*h*): (***sich***) **~** refrescar(se); **²ung** *f* (-; -*en*) refresco *m*

er'füll|en (*h*) llenar (***mit*** de; *a fig*); *Pflicht usw*: cumplir (con); *Bitte usw*: corresponder a; ***sich ~*** cumplirse; **²ung** *f* (-; -*en*) cumplimiento *m*, realización *f*

erg. ***ergänze*** complétese; añádase

er'gänz|en [-'gɛntsən] (*h*) completar; **~end** complementario; **²ung** *f* (-; -*en*) complemento *m*

er'geb|en 1. *v/t* (*ergab*, *ergeben*, *h*) *a mat* dar (por resultado); ***sich ~*** resultar (***aus*** de); *mil* rendirse; **2.** *adj* adicto; devoto; leal; **²nis** [-'geːpnis] *n* (-*ses*; -*se*) resultado *m*; *fig* fruto *m*; **~nislos** sin resultado

er'gehen (*erging*, *ergangen*, *sn*): ***über sich ~ lassen*** soportar (con paciencia); ***wie ist es Ihnen ergangen?*** ¿cómo le ha ido?

ergiebig [-'giːbiç] productivo, lucrativo

er'gießen (*ergoss*, *ergossen*, *h*): ***sich ~*** derramarse; *Fluss*: desembocar (***in*** *ac* en)

er'greifen (*ergriff*, *ergriffen*, *h*) coger, *Am* agarrar; *Maßnahmen*, *Wort*: tomar; *Gelegenheit*: aprovechar; *Gemüt*: conmover, emocionar

ergriffen [-'grifən] conmovido

er'gründen (*h*) (*ermitteln*) averiguar

er'haben *fig* sublime; ***~ über*** (*ac*) superior a; (por) encima de

Er'halt *m* (-[*e*]*s*; *sin pl*) recibo *m*, recepción *f*; **²en** (*erhielt*, *erhalten*, *h*) (*bewahren*) conservar; mantener; (*bekommen*) recibir

erhältlich [-'hɛltliç] en venta (***bei*** en)

er'hängen (*h*): (***sich***) **~** ahorcar(se)

er'heb|en (*erhob*, *erhoben*, *h*) levantar (*a Stimme*), alzar; *fig* elevar; *Steuern*: recaudar; ***sich ~*** levantarse; *pol* sublevarse; **~lich** [-'heːpliç] considerable; **²ung** [-'-buŋ] *f* (-; -*en*) (*Aufstand*) insurrección *f*; (*Umfrage*) encuesta *f*

erhellen [-'hɛlən] (*h*) iluminar

erhitzen [-'hitsən] (*h*) calentar

er'höh|en [-'høːən] (*h*) (*steigern*) aumentar (***um*** en); **²ung** *f* (-; -*en*) aumento *m*, subida *f*

er'holen (*h*): ***sich ~*** reposar, descansar; *med*, *com* recuperarse

Erholung [-'hoːluŋ] *f* (-; *sin pl*) reposo *m*, descanso *m*; *med*, *com* recuperación *f*; **~surlaub** *m* vacaciones *f/pl* de reposo

er'inner|n [-'ˀinərn] (*h*): ***j-n an et*** (*ac*) **~** recordar a/c a alg; ***sich ~ an*** (*ac*) acordarse de, recordar (*ac*); **²ung** *f* (-; -*en*) recuerdo *m*; (*Gedächtnis*) memoria *f*; ***zur ~ an*** en recuerdo *od* memoria de

erkält|en [-'kɛltən] (*h*): ***sich~*** resfriarse, constiparse; **²ung** *f* (-; -*en*) resfriado *m*, constipado *m*

er'kenn|en (*erkannte*, *erkannt*, *h*) reconocer (***an*** *dat*, ***als*** por); (*wahrnehmen*) percibir, distinguir; ***sich zu ~ geben*** darse a conocer; **~tlich** [-'kɛntliç]: ***sich ~ zeigen*** mostrarse reconocido (***für*** por); **²tnis** *f* (-; -*se*) conocimiento *m*

Erker ['ɛrkər] *m* (-*s*; -) mirador *m*

er'klär|en (*h*) explicar; (*äußern*) declarar; **~lich** explicable; **²ung** *f* (-; -*en*) explicación *f*; declaración *f* (***abgeben*** hacer)

er'klingen (*erklang*, *erklungen*, *sn*) (re-)sonar

er'krank|en (*sn*) caer enfermo, enfermar; **²ung** *f* (-; -*en*) enfermedad *f*

er'kund|en [-'kundən] (*h*) explorar; **~igen** [-'-digən] (*h*): ***sich ~*** informarse (***nach*** *dat*, ***über*** *ac* de, sobre); **²igung** *f* (-; -*en*) información *f*; informe *m* (***einziehen*** tomar)

erlangen [-'laŋən] (*h*) obtener, conseguir, lograr

Erlass [-'las] *m* (-*es*; -*e*) decreto *m*; *Schuld*, *Strafe*: remisión *f*

er'lassen (*erließ*, *erlassen*, *h*) *Gesetz*: promulgar; ***j-m et ~*** dispensar a alg de a/c

erlaub|en [-'laubən] (*h*) permitir; **2nis** [-'laupnis] *f* (-; *sin pl*) permiso *m*

er'läuter|n (*h*) explicar; **2ung** *f* (-; *-en*) explicación *f*

er'leb|en (*h*) ver, presenciar; (*erfahren*) experimentar; **2nis** [-'leːpnis] *n* (*-ses*; *-se*) aventura *f*; experiencia *f*; **2nisgastronomie** *f* evento *m* gastronómico

er'ledig|en [-'leːdigən] (*h*) terminar, arreglar; *Arbeit*: despachar; *Auftrag*: ejecutar; **~t** F *fig* (*erschöpft*) F hecho polvo; **2ung** *f* (-; *sin pl*) despacho *m*; arreglo *m*; ejecución *f*

er'leichter|n [-'laıçtərn] (*h*) *Schmerz usw*: aliviar; (*vereinfachen*) facilitar; **2ung** *f* (-; *-en*) alivio *m*; **~en** *pl* facilidades *f/pl*

er|'leiden (*erlitt*, *erlitten*, *h*) sufrir, experimentar; **~'lernen** (*h*) aprender; **~'logen** [-'loːgən] falso, inventado

Erlös [-'løːs] *m* (*-es*; *-e*) producto *m*

er'löschen (*erlosch*, *erloschen*, *sn*) apagarse; *jur* expirar, extinguirse

er'lös|en salvar; *rel a* redimir; *fig* librar (***von*** de); **2ung** *f* (-; *sin pl*) liberación *f*; *rel* redención *f*, salvación *f*

er'mächtig|en [-'mɛçtigən] (*h*) autorizar (***zu*** para); **2ung** *f* (-; *-en*) autorización *f*, poder *m*

er'mahn|en (*h*) exhortar, amonestar; **2ung** *f* (-; *-en*) exhortación *f*, amonestación *f*

er'mäßig|en (*h*) reducir, rebajar; **2ung** *f* (-; *-en*) reducción *f*, rebaja *f*

Er'messen *n* (*-s*; *sin pl*) juicio *m*, criterio *m*; ***nach freiem ~*** a discreción

er'mitt|eln [-'mitəln] (*h*) averiguar, indagar; **2lung** *f* (-; *-en*) indagación *f*; pesquisa *f* (***anstellen*** hacer)

er|möglichen [-'møːkliçən] (*h*) hacer posible, facilitar; **~'morden** (*h*) asesinar; **~müden** [-'myːdən] *v/t* (*h*) (*v/i sn*) cansar(se), fatigar(se); **~muntern** [-'muntərn] (*h*) animar

er'mutig|en [-'muːtigən] (*h*) alentar, animar; **2ung** *f* (-; *-en*) animación *f*

er'nähr|en (*h*) nutrir; alimentar; **2ung** *f* (-; *sin pl*) nutrición *f*, alimentación *f*

er'nenn|en (*ernannte*, *ernannt*, *h*) nombrar (***zum General*** general); **2ung** *f* (-; *-en*) nombramiento *m*

er'neu|ern [-'nɔyərn] (*h*) renovar, restaurar; (*wiederholen*) reiterar; **2erung** *f* (-; *-en*) renovación *f*; **~t** de nuevo

erniedrigen [-'niːdrigən] (*h*) envilecer, humillar

Ernst [ɛrnst] **1.** *m* (*-es*; *sin pl*) seriedad *f*; gravedad *f*; ***im ~*** en serio, de veras; ***das ist mein ~*** hablo en serio; **2.** 2 *adj* serio; grave; ***~ nehmen*** tomar en serio; **'2haft**, **'2lich** serio; grave

'Ernte ['ɛrntə] *f* (-; *-n*) cosecha *f*; recolección *f*; **2n** (*ge-*, *h*) cosechar (*a fig*)

ernüchtern [ɛr'nyçtərn] (*h*) desembriagar; *fig* desilusionar

Er'ober|er [-'ʔoːbərər] *m* (*-s*; -) conquistador *m*; **2n** (*h*) conquistar (*a fig*); **~ung** *f* (-; *-en*) conquista *f*

er'öffn|en (*h*) abrir; *feierlich*: inaugurar; **2ung** *f* (-; *-en*) apertura *f*; inauguración *f*

er'örter|n [-'ʔœrtərn] (*h*) discutir; **2ung** *f* (-; *-en*) discusión *f*

E'rot|ik [e'roːtik] *f* (-; *sin pl*) erotismo *m*; **2isch** erótico

er'press|en [ɛr'-] (*h*) hacer chantaje (a), extorsionar; **2er** *m* (*-s*; -), **2erin** *f* (-; *-nen*) chantajista *su*; **2ung** *f* (-; *-en*) chantaje *m*, extorsión *f*

er'proben (*h*) probar, ensayar

er'raten (*erriet*, *erraten*, *h*) adivinar, acertar

er'reg|en (*h*) excitar; irritar; **2er** *med m* (*-s*; -) agente *m* patógeno; **~t** [-'-kt] excitado; *Debatte*: acalorado; **2ung** *f* (-; *-en*) excitación *f*; irritación *f*

er'reich|bar [-'raıçbaːr] asequible; al alcance (***für*** de); **~en** (*h*) alcanzar; *fig* conseguir, lograr; *Ort*: llegar a

er|'richten (*h*) erigir, levantar; (*gründen*) establecer, fundar; **~'ringen** (*errang*, *errungen*, *h*) conseguir; ganar; **~'röten** (*sn*) ruborizarse

Errungenschaft [-'ruŋənʃaft] *f* (-; *-en*) *fig* progreso *m*, avance *m*

Er'satz *m* (*-es*; *sin pl*) sustitución *f* (***als … für*** en … de); re(e)mplazo *m*; (*Entschädigung*) compensación *f*; (*Produkt*) sucedáneo *m*; **~dienst** *mil m* servicio *m* sustitutorio; **~reifen** *m* neumático *m* de repuesto; **~teil** *n* (pieza *f* de) recambio *m*, repuesto *m*

er'schein|en (*erschien*, *erschienen*, *sn*) parecer; aparecer; presentarse; *jur* comparecer; *Buch*: publicarse; **2ung** *f* (-; *-en*) aparición *f* (*a Geist*); fenómeno *m*; (*Aussehen*) aspecto *m*

er|'schießen (*erschoss*, *erschossen*, *h*) fusilar; **~'schlagen** (*erschlug*, *erschla-*

gen, *h*) matar (a golpes)
er'schließ|en (*erschloss*, *erschlossen*, *h*) *Märkte*: abrir; *Gelände*: urbanizar; **≗ung** *f* (-; *-en*) urbanización *f*; **≗ungskosten** *pl* gastos *m*/*pl* de urbanización
er'schöpf|en (*h*) agotar (*a fig*); **≗ung** *f* (-; *sin pl*) agotamiento *m*
er|'schrecken **1.** *v*/*t* (*h*) asustar; **2.** *v*/*i* (*erschrak*, *erschrocken*, *sn*) asustarse (***über*** *ac* de), espantarse; **~schrocken** [-'ʃrɔkən] asustado
er'schütter|n [-'ʃytərn] (*h*) sacudir; *fig* conmover; **≗ung** *f* (-; *-en*) sacudida *f*; conmoción *f* (*a fig*)
erschweren [-'ʃveːrən] (*h*) dificultar
erschwinglich [-'ʃviŋliç] *Preis*: razonable
er|'sehen (*ersah*, *ersehen*, *h*) ver (***aus*** de); **~'setzen** (*h*) re(e)mplazar, sustituir; *Schaden*: reparar
er'sichtlich evidente, manifiesto
er'spar|en (*h*) ahorrar (*a fig*); economizar; **≗nis** *f* (-; *-se*) ahorro *m*, economía *f* (***an*** *dat* de)
erst [eːrst] **1.** *adj* ***~e*** primer(o); ***~e(r) Klasse*** (de) primera clase; ***am ~en Mai*** el primero de mayo; ***fürs ≗e*** de momento; **2.** *adv* (*zuerst*) primero; (*vorher*) antes; ***~ morgen*** sólo mañana
er'starr|en [ɛr'-] (*sn*) ponerse rígido; *med* entumecerse; **~t** *vor Kälte*: transido
er'statt|en [-'ʃtatən] (*h*) *Kosten*: re(e)mbolsar; ***Anzeige ~*** presentar una denuncia; **≗ung** *f* (-; *-en*) re(e)mbolso *m*
Erstaufführung ['eːrstˀ-] *f* estreno *m*
er'staun|en [ɛr'-] *v*/*t* (*h*) (*v*/*i sn*) asombrar(se), admirar(se) (***über*** *ac* de); **≗en** *n* (*-s*; *sin pl*) asombro *m*, sorpresa *f*; **~lich** asombroso, sorprendente
erste ['eːrst] *s* ***erst***
erstechen [ɛr'-] (*erstach*, *erstochen*, *h*) acuchillar, apuñalar
erstens ['eːrstəns] primero, en primer lugar
erstick|en [ɛr'ʃtikən] *v*/*t* (*h*) (*v*/*i sn*) ahogar(se); asfixiar(se); *fig* sofocar (*-se*) (***an*** *dat* de)
erstklassig ['eːrstklasiç] de primera categoría *od* calidad
er'streben [ɛr'ʃtreːbən] (*h*) aspirar a; **~swert** deseable
er'strecken (*h*): ***sich ~*** extenderse (***auf***, ***über*** *ac* por, sobre)
er|'tappen (*h*) coger, sorprender; **~'tönen** (*sn*) (re)sonar
Ertrag [-'trɑːk] *m* (-[*e*]*s*; *¨e*) rendimiento *m*; **≗en** [-'-gən] (*ertrug*, *ertragen*, *h*) soportar, sufrir, aguantar
erträglich [-'trɛːkliç] soportable
er|'tränken (*h*): (***sich***) **~** ahogar(se); **~'trinken** (*ertrank*, *ertrunken*, *sn*) ahogarse
erübrigen [-'ˀyːbrigən] (*h*) ahorrar; ***sich ~*** no ser necesario
er'wachen (*sn*) despertar(se)
er'wachsen *adj* adulto, mayor; **≗e** *m*/*f* (*-n*; *-n*) adulto *m*, -a *f*
Erwägung [-'vɛːguŋ] *f* (-; *-en*) consideración *f*; ***in ~ ziehen*** tomar en consideración
er'wähn|en (*h*) mencionar; **≗ung** *f* (-; *-en*) mención *f*
er'wärmen (*h*) calentar
er'wart|en (*h*) esperar; contar con; **≗ung** *f* (-; *-en*) espera *f*
er'wecken (*h*) despertar (*a fig*)
er'weisen (*erwies*, *erwiesen*, *h*) probar; *Ehre*: rendir; *Dienst*: hacer; ***sich ~ als*** resultar
er'weiter|n [-'vaɪtərn] (*h*) ensanchar; *fig* ampliar, extender; **≗ung** *f* (-; *-en*) ensanche *m*; extensión *f*
Er'werb [-'vɛrp] *m* (-[*e*]*s*; *-e*) adquisición *f*; **≗en** [-'-bən] (*erwarb*, *erworben*, *h*) adquirir; *a fig* ganar; **≗slos** [-'vɛrpsloːs] parado; **≗stätig** asalariado; ***~e Bevölkerung*** población *f* activa
er'wider|n [-'viːdərn] (*h*) replicar (***auf*** *ac* a); *Besuch*, *Gruß*: devolver; **≗ung** *f* (-; *-en*) réplica *f*
er'wischen (*h*) atrapar, coger
erwünscht [-'vynʃt] deseado; oportuno
er'würgen (*h*) estrangular
Erz [ɛrts] *n* (*-es*; *-e*) mineral *m*
er'zähl|en [ɛr'tsɛːlən] (*h*) contar; **≗ung** *f* (-; *-en*) narración *f*; *lit* cuento *m*
'Erz|bischof ['ɛrtsbiʃɔf] *m* arzobispo *m*; **~bistum** *n* arzobispado *m*
er'zeug|en (*h*) (*herstellen*) producir; (*hervorrufen*) provocar; **≗er** *m* (*-s*; -) *com* productor *m*; **≗erland** *n* país *m* productor; **≗erpreis** *m* precio *m* al productor; **≗nis** [-'tsɔyknis] *n* (*-ses*; *-se*) producto *m*; **≗ung** [-'-guŋ] *com f* (-; *sin pl*) producción *f*
er'zieh|en [ɛr'tsiːən] (*erzog*, *erzogen*, *h*) educar; **≗er** *m* (*-s*; -), **≗erin** *f* (-; *-nen*) pedagogo *m*, -a *f*; educador(a) *m*(*f*)
Er'ziehung *f* (-; *sin pl*) educación *f*

er'zielen (*h*) obtener, conseguir
er'zürnen (*h*) irritar, enojar
er'zwingen (*erzwang, erzwungen, h*) obtener por la fuerza
es [ɛs] le, la, lo; *betont*: e(s)to; ello; ***ich weiß*** ~ lo sé; *oft unübersetzt*: ~ ***scheint*** parece; ~ ***schneit*** está nevando; ***so ist*** ~ así es; ***ich bin*** ~ soy yo; ~ ***gibt*** hay
Esel ['eːzəl] *m* (-*s*; -) asno *m*, burro *m* (*a fig*)
Eskimo ['ɛskimo] *m* (-*s*; -*s*) esquimal *m*
Espresso [-'prɛso] *m* (-[*s*]; -*s*) *etwa*: café *m* solo
Essay ['ɛseː] *m* (-*s*; -*s*) ensayo *m*
'ess|bar ['ɛsbaːr] comestible; **&besteck** *n* cubierto *m*
'essen ['ɛsən] **1.** *v/t*, *v/i* (*aß, gegessen, h*) comer; ***zu Mittag*** ~ comer, almorzar; ***zu Abend*** ~ cenar; **2.** & *n* (-*s*; -) comida *f*; **&szeit** *f* hora *f* de comer
'Essig ['ɛsiç] *m* (-*s*; -*e*) vinagre *m*; **~gurke** *f* pepinillo *m* en vinagre
'Ess|löffel ['ɛslœfəl] *m* cuchara *f*; **~tisch** *m* mesa *f* de comedor; **~zimmer** *n* comedor *m*
Est|e ['ɛstə] (-*n*; -*n*), **~in** (-; -*nen*), **&nisch** ['-niʃ] estoniano *m*, -a *f*
Estland ['eːstlant] *n* Estonia *f*
Estragon *bot* ['ɛstragɔn] *m* (-*s*; *sin pl*) estragón *m*
E'tage [e'taːʒə] *f* (-; -*n*) piso *m*; **~nbett** *n* litera *f*
Etappe [-'tapə] *f* (-; -*n*) etapa *f*
Etat [-'taː] *m* (-*s*; -*s*) presupuesto *m*
Eti'kett [eti'kɛt] *n* (-[*e*]*s*; -*e*[*n*], -*s*) rótulo *m*, etiqueta *f*; **~e** *f* (-; *sin pl*) etiqueta *f*
etliche ['ɛtliçə] *pl* algunos; unos
Etui [e'tviː] *n* (-*s*; -*s*) estuche *m*
'etwa ['ɛtva] aproximadamente; ~ ***dreißig*** unos treinta; **~ig** eventual
etwas ['-vas] algo; un poco (de)
EU *f* ***Europäische Union*** UE *f* (Unión Europea)
euch [ɔʏç] (*in Briefen* **Euch**) (a) vosotros (-as); *unbetont*: os
euer ['ɔʏər] (*in Briefen* **Euer**) vuestro (-a)
Eule ['-lə] *f* (-; -*n*) lechuza *f*
E'U-Osterweiterung *f* ampliación *f* de la UE hacia el Este (*od* al Este)
EUR ***Euro*** euro
EURATOM *f* ***Europäische Atomgemeinschaft*** EURATOM *f* (Comunidad Europea de Energía Atómica)
euretwegen ['-rət-] por vosotros
'Euro *m* euro *m*; ***die Einführung des*** ~ el lanzamiento *m* del euro
'Euro|... ['ɔʏro] euro..., ... comunitario; **~cent** *m* céntimo *m*; **~'krat** *m* eurócrata *m*; **~land** *n* zona *f* (del) euro; **~norm** *f* norma *f* europea
Europa [ɔʏ'roːpa] *n* Europa *f*
Euro'pä|er [-'pɛːər] *m* (-*s*; -), **~erin** *f* (-; -*nen*) europeo *m*, -a *f*
europäisch europeo; **&er *Börsenverband*** *m* Federación *f* Europea de Bolsas; **&er *Gerichtshof*** *m* Tribunal *m* Europeo de Justicia; **&e *Investitionsbank*** *f* Banco *m* Europeo de Inversiones; **&e *Kommission*** *f* Comisión *f* Europea; **&es *Parlament*** *n* Parlamento *m* Europeo; **&er *Rat*** *m* Consejo *m* Europeo; **&er *Rechnungshof*** *m* Tribunal *m* de Cuentas Europeo; **&e *Union*** *f* Unión *f* Europea; **~e *Währungseinheit*** *f* unidad *f* monetaria europea; **&es *Währungsinstitut*** *n* Instituto *m* Monetario Europeo ; **&es *Währungssystem*** *n* Sistema *m* Monetario Europeo; **&e (*Wirtschafts- und*) *Währungsunion*** *f* Unión *f* (Económica y) Monetaria Europea; **&e *Zentralbank*** *f* Banco *m* Central Europeo
Eu'ropa|abgeordnete(r) *f*(*m*) eurodiputado, -a *m,f*; **~cup** [-kap] *m* (-*s*; -*s*) *dep* copa *f* de Europa, Eurocopa *f*; **~parlament** *n* Parlamento *m* Europeo (PE); **~rat** *m* Consejo *m* de Europa; **~wahlen** *f/pl* elecciones *f/pl* europeas
Eurowährung *f* moneda *f* euro
Euter ['-tər] *n* (-*s*; -) ubre *f*
EU-Verordnung *f* decreto *m* de la UE
ev. ***evangelisch*** protestante
e.V. ***eingetragener Verein*** asociación registrada
evangel|isch [evaŋ'geːliʃ] protestante; **&ium** [-'geːljum] *n* (-*s*;*Evangelien*) evangelio *m*
eventuell [evɛntu'ɛl] eventual
evtl. ***eventuell*** eventualmente
EWA *n* ***Europäisches Währungabkommen*** AME *m* (Acuerdo Monetario Europeo)
EWI *n* ***Europäisches Währungsinstitut*** IME *m* (Instituto Monetario Europeo)
'ewig ['eːviç] eterno, perpetuo; **&keit** *f* (-; *raro* -*en*) eternidad *f*
EWR *m* ***Europäischer Wirtschaftsraum*** EEE *m* (Espacio Económico Europeo)

EWS *n* ***Europäisches Währungssystem*** SME *m* (Sistema Montetario Europeo)
EWU *f* ***Europäische Währungsunion*** UME *f* (Unión Monetaria Europea)
exakt [ɛ'ksakt] exacto
Examen [ɛ'ksɑːmən] *n* (*-s*; *-,Examina*) examen *m*; ***ein ~ ablegen*** pasar un examen, examinarse
Exekutive [ɛkseku'tiːvə] *f* (*-*; *-n*) (poder *m*) ejecutivo *m*
Exemplar [ɛksɛm'plɑːr] *n* (*-s*; *-e*) ejemplar *m*
'Exfrau *f* ex mujer *f*
Exil [ɛ'ksiːl] *n* (*-s*; *-e*) destierro *m*, exilio *m*; ***ins ~ gehen*** exiliarse
Exi'stenz [ɛksis'tɛnts] *f* (*-*; *-en*) existencia *f*; **~minimum** *n* mínimo *m* vital
existieren [-'tiːrən] (*h*) existir
exkl. ***exklusive*** excluido; excepto
'Exmann *m* ex marido *m*
Expansion [ɛkspan'zjoːn] *f* (*-*; *-en*) expansión *f*
Expedition [-pedi'tsjoːn] *f* (*-*; *-en*) expedición *f*
Experiment [-ri'mɛnt] *n* (*-*[*e*]*s*; *-e*) experimento *m*
Experte [-'pɛrtə] *m* (*-n*; *-n*) perito *m*, experto *m*
Expl. ***Exemplar*** ejemplar
explo|dieren [-plo'diːrən] (*sn*) estallar, explosionar; **⁀sion** [-'zjoːn] *f* (*-*; *-en*) explosión *f*
Ex'port [-'pɔrt] *m* (*-*[*e*]*s*; *-e*) exportación *f*; **~eur** [-'tøːr] *m* (*-s*; *-e*) exportador *m*; **⁀ieren** [-'tiːrən] (*h*) exportar; **~land** *n* país *m* exportador; **~überschuss** *m* excedente *m* de exportación
'extra ['-tra] extra; por separado, aparte; (*absichtlich*) expresamente; **⁀blatt** *n* edición *f* especial
ex'trem [ɛks'treːm] extremo; **⁀** *n* (*-s*; *-e*) extremo *m*; **⁀ist** [-tre'mist] *m* (*-en*; *-en*), **⁀istin** *f* (*-*; *-nen*) extremista *su*
exzentrisch [-'tsɛntriʃ] excéntrico
Exzess [-'tsɛs] *m* (*-es*; *-e*) exceso *m*
EZB *f* ***Europäische Zentralbank*** BCE *m* (Banco Central Europeo)

F

f. ***folgende Seite*** página siguiente; ***für*** para
F, f [ɛf] *n* (*-*; *-*) F, f *f*; *mus* fa *m*; ***F-Dur*** fa *m* mayor; ***f-Moll*** fa *m* menor
Fa. ***firma*** casa, razón social
'Fabel ['fɑːbəl] *f* (*-*; *-n*) fábula *f*; **⁀haft** excelente, F estupendo
Fa'brik [fa'briːk] *f* (*-*; *-en*) fábrica *f*; factoría *f*; **~ant** [-bri'kant] *m* (*-en*; *-en*) fabricante *m*; **~arbeiter** *m*, **~arbeiterin** *f* trabajador(a) *m*(*f*) fabril *od* de fábrica; **~at** [-'kɑːt] *n* (*-*[*e*]*s*; *-e*) producto *m*; **~ation** [-ka'tsjoːn] *f* (*-*; *-en*) fabricación *f*
Fach [fax] *n* (*-*[*e*]*s*; *⁼er*) compartim(i)ento *m*; *im Schrank*: casilla *f*; (*Lehr⁀*) asignatura *f*, disciplina *f*; (*Branche*) ramo *m*; **'~arbeiter** *m*, **'~arbeiterin** *f* trabajador(a) *m*(*f*) especializado (-a); **'~arbeitermangel** *m* falta *f* de trabajadores especializados; **'~arzt** *m*, **'~ärztin** *f* especialista *su*; **'~ausdruck** *m* (*-*[*e*]*s*; *-ausdrücke*) término *m* técnico
Fächer ['fɛçər] *m* (*-s*; *-*) abanico *m*
'Fach|frau ['fax-] *f* especialista *f*, profesional *f*; **~gebiet** *n* especialidad *f*; **~geschäft** *n* establecimiento *m* especializado *od* del ramo; **~kräfte** *f/pl* personal *m* cualificado; **~kräftemangel** *m* (*Arbeitsmarkt*) falta *f* de personal cualificado; **~mann** *m* (*-*[*e*]*s*; *Fachleute*) profesional *m*, especialista *m*; **~messe** *f* feria *f* monográfica
'Fackel ['fakəl] *f* (*-*; *-n*) antorcha *f*; **~zug** *m* desfile *m* de antorchas
fad(e) [fɑːt, '-də] soso, insípido (*a fig*)
'Faden ['-dən] *m* (*-s*; *⁼*) hilo *m* (*a fig*)
'fähig ['fɛːiç] capaz (***zu*** de); apto (***zu*** para); **⁀keit** *f* (*-*; *-en*) capacidad *f*; aptitud *f*
'fahnd|en ['fɑːndən] (*h*): ***nach j-m ~*** buscar a alg; **⁀ung** *f* (*-*; *-en*) búsqueda *f*
Fahne ['fɑːnə] *f* (*-*; *-n*) bandera *f*
'Fahr|ausweis ['fɑːrˀ-] *m* billete *m*, *Am* boleto *m*; **~bahn** *f* calzada *f*; **~bereitschaft** *f* parque *m* móvil
Fähre ['fɛːrə] *f* (*-*; *-n*) transbordador *m*, ferry(-boat) *m*
'fahr|en ['fɑːrən] (*fuhr, gefahren*) **1.** *v/t* (*h*) *auto* conducir; *Last*: acarrear; transportar; *j-n*: llevar; **2.** *v/i* (*sn*) ir

(**mit** en), viajar (en); (*ab~*) salir; ***rechts** ~* circular por la derecha; *~ **durch*** atravesar (*ac*), pasar por; **≈er** *m* (*-s*; -), **≈erin** *f* (-; *-nen*) conductor(a) *m*(*f*); **≈erflucht** *f* fuga *f* del conductor (después de un accidente); **≈erlaubnis** *f* permiso *m* de conducir; **≈gast** *m* viajero *m*; pasajero *m*; *Taxi*: cliente *m*; **≈gemeinschaft** *f* viaje *m* compartido; **≈gestell** *n* chasis *m*; *avia* tren *m* de aterrizaje

'**Fahrkarte** *f* billete *m*, *Am* boleto *m*; **~nautomat** *m* máquina *f* expendedora de billetes; **~nschalter** *m* despacho *m* de billetes, *Am* boletería *f*

'**fahrlässig** negligente; imprudente

'**Fahr|lehrer** *m* profesor *m* de autoescuela; **~plan** *m* horario *m*; **≈planmäßig** regular; **~preis** *m* precio *m* del viaje; **~prüfung** *f* examen *m* de conducción; **~rad** *n* bicicleta *f*, F bici *f*; **~radverleih** *m* alquiler *m* de bicicletas; **~radweg** *m* carril-bici *m*; **~schein** *m* billete *m*, *Am* boleto *m*; **~schule** *f* autoescuela *f*; **~spur** *f* carril *m*; **~stuhl** *m* ascensor *m*

Fahrt [faːrt] *f* (-; *-en*) viaje *m*; recorrido *m*; (*Ausflug*) excursión *f*

Fährte ['fɛːrtə] *f* (-; *-n*) rastro *m*, huella *f*, pista *f*

'**Fahr|tenschreiber** ['faːrtən-] *m* tacógrafo *m*; **~trichtung** *f* dirección *f*; **~werk** *n avia* tren *m* de aterrizaje; **~zeug** *n* vehículo *m*; **~zeughalter** *m* titular *m* del vehículo

fair [fɛːr] leal, correcto; *dep* limpio

Faksimile [fak'ziːmilə] *n* (*-s*; *-s*) facsímil(e) *m*

Faktor ['faktɔr] *m* (*-s*; *-en* [-'toːrən]) factor *m*

Fakultät [fakul'tɛːt] *f* (-; *-en*) facultad *f*

Falke ['falkə] *m* (*-n*; *-n*) halcón *m* (*a fig*)

Falklandinseln ['falklantinzəln] *f/pl* (Islas *f/pl*) Malvinas *f/pl*

Fall [fal] *m* (-[*e*]*s*) **1.** (*sin pl*) caída *f* (*a fig*); **2.**(*pl* ⸚*e*) (*Angelegenheit*) caso *m*; ***auf jeden*** *~* en todo caso; ***auf keinen*** *~* de ningún modo; ***für alle Fälle*** por si acaso

Falle ['falə] *f* (-; *-n*) trampa *f* (*a fig*)

fallen ['falən] (*fiel*, *gefallen*, *sn*) caer; (*stürzen*) caerse; (*sinken*) bajar

fällen ['fɛlən] (*ge-*, *h*) *Baum*: cortar, talar; *Urteil*: dictar

'**fällig** ['fɛliç] vencedero, pagadero; *~ **werden*** vencer; **≈keit** *f* (-; *-en*) vencimiento *m*

falls [fals] (en) caso (de) que (*subj*); si

'**Fallschirm** *m* paracaídas *m*; **~springer** *m*, **~springerin** *f* paracaidista *su*

falsch [falʃ] falso (*a fig*); *Haar*, *Zähne*: postizo; (*künstlich*) artificial; (*unehrlich*) pérfido, alevoso; *adv* mal; *~ **gehen*** *Uhr* andar mal

'**fälsch|en** ['fɛlʃən] (*ge-*, *h*) falsear; falsificar; **≈er** *m* (*-s*; -) falsificador *m*

'**Falsch|geld** ['falʃgɛlt] *n* moneda *f* falsa; **~heit** *f* (-; *sin pl*) falsedad *f*

fälschlich ['fɛlʃliç] *adv* por error

Fälschung ['fɛlʃuŋ] *f* (-; *-en*) falsificación *f*; imitación *f*

Faltboot ['faltboːt] *n* bote *m* plegable

'**Falte** ['faltə] *f* (-; *-n*) pliegue *m* (***werfen*** hacer); (*Runzel*) arruga *f*; **≈n** (*ge-*, *h*) plegar, doblar; *Hände*: juntar; **~nrock** *m* falda *f* plisada

Falter ['-tər] *m* (*-s*; -) *zo* mariposa *f*

faltig ['-tiç] plisado; *Haut*: arrugado

familiär [famil'jɛːr] familiar

Familie [-'miːljə] *f* (-; *-n*) familia *f*

Fa'milien|betrieb *m* empresa *f* familiar; **~mitglied** *n* miembro *m* de la familia, familiar *m*; **~name** *m* apellido *m*; **~stand** *m* (-[*e*]*s*; *sin pl*) estado *m* civil

Fan [fɛn] *m* (*-s*; *-s*) fan *m*; *bsd dep* hincha *m*, forofo *m*

Fanat|iker [fa'naːtikər] *m* (*-s*; -), **~ikerin** *f* (-; *-nen*) fanático *m*, -a *f*; **≈isch** fanático

Fang [faŋ] *m* (-[*e*]*s*; *sin pl*) (*Fangen*) captura *f*; (*Gefangenes*) presa *f*; (*Fisch≈*) pesca *f*; '**≈en** (*fing*, *gefangen*, *h*) coger, *Am* agarrar; *Dieb*: capturar, prender

Fanta'sie [fanta'ziː] *f* (-; *-n*) imaginación *f*, fantasía *f*; **≈ren** (*h*) fantasear, *a med* desvariar

'**Farb|band** ['farpbant] *n* cinta *f*; **~bild** *n* foto *f* en color; **~bildschirm** *m tv*, *inform* pantalla *f* en color; *inform a* monitor *m* en color; **~drucker** *m* impresora *f* de color; **~e** ['-bə] *f* (-; *-n*) color *m*; (*Anstrich≈*) pintura *f*; (*Färbung*) colorido *m*; *Kartenspiel*: palo *m*; **≈echt** de color sólido

färben ['fɛrbən] (*ge-*, *h*) teñir (***blau*** de azul); colorar, colorear

'**farben|blind** ['farbənblint] daltoniano; **~froh** vistoso, variopinto

'**Farb|fernsehen** *n* televisión *f* en color; **~fernseher** *m* televisor *m* en color; **~film** *m* película *f* en color; **~foto** *n* foto *f* en color; **≈ig** ['-biç] de color; coloreado; **≈los** incoloro; **~stift** *m* lápiz *m* de color; **~stoff** *m* colorante *m*

Färbung ['fɛrbuŋ] *f* (-; *-en*) coloración *f*, tinte *m*

Farn [farn] *m* (-[*e*]*s*; *-e*) helecho *m*

Fasan [fa'zaːn] *m* (-[*e*]*s*; *-e*[*n*]) faisán *m*

Fasching ['-ʃiŋ] *m* (*-s*; *raro -e*, *-s*) carnaval *m*

Fa'schis|mus [-'ʃismus] *m* (-; *sin pl*) fascismo *m*; **~t** *m* (*-en*; *-en*), **~tin** *f* (-; *-nen*) fascista *su*; **≈tisch** fascista

Faser ['-zər] *f* (-; *-n*) fibra *f*

Fass ['fas] *n* (*-es*; *⸚er*) tonel *m*; barril *m*

Fassade [fa'saːdə] *f* (-; *-n*) fachada *f*

'Fassbier *n* cerveza *f* de barril

fassen ['fasən] (*ge-*, *h*) coger (***an*** *dat* de, por), *Am* agarrar; *Plan*: concebir; *fig* (*verstehen*) comprender; ***der Saal fasst 300 Personen*** en la sala caben 300 personas; ***sich kurz ~*** ser breve

'Fassung ['fasuŋ] *f* (-; *-en*) *el* portalámpara *m*; (*Wortlaut*) versión *f*; (*sin pl*) *seelische*: serenidad *f*; ***aus der ~ bringen*** (***geraten***) desconcertar(se); **≈slos** desconcertado; **~svermögen** *n* capacidad *f*, cabida *f*; *fig* comprensión *f*

fast [fast] casi; cerca de

'fasten ['-tən] **1.** *v/i* (*ge-*, *h*) ayunar; **2.** **≈** *n* (*-s*; *sin pl*) ayuno *m*; **≈zeit** *f* cuaresma *f*

'Fast|nacht *f* (martes *m* de) carnaval *m*; **~tag** *m* día *m* de ayuno

fatal [fa'taːl] fatal

fauchen ['faʊxən] (*ge-*, *h*) bufar

faul [faʊl] (*verfault*) podrido; (*träge*) perezoso, vago; *fig* dudoso; **'~en** (*ge-*, *sn*) pudrirse, corromperse

'faulenz|en ['-lɛntsən] (*h*) holgazanear; **≈er** *m* (*-s*; -) holgazán *m*

'Faul|heit ['-haɪt] *f* (-; *sin pl*) pereza *f*; **~pelz** F *m* perezoso *m*, holgazán *m*, gandul *m*

Faust [faʊst] *f* (-; *Fäuste*) puño *m*; ***auf eigene ~*** por su (propia) cuenta; **'~handschuh** *m* manopla *f*; **'~schlag** *m* puñetazo *m*

Fax [faks] *n* (-; *-e*) fax *m*; ***per ~*** por fax; ***j-m ein ~ schicken*** mandar un fax a alg

Fazit ['faːtsit] *n* (*-s*; *-s*) resultado *m*

F. C. *m* ***Fußballclub*** club *m* de fútbol

FCKW [ɛftseːkaː'veː] *pl* ***Fluorchlorkohlenwasserstoffe*** CFC *m/pl* (*clorofluorocarbonados*); **~-frei** sin CFC

F.D.P. *f BRD*, *Schweiz* ***Freie Demokratische Partei*** Partido *m* Liberal Demócrata

Februar ['feːbruar] *m* (-[*s*]; *raro -e*) febrero *m*

'fecht|en ['fɛxtən] (*focht*, *gefochten*, *h*) esgrimir; **≈en** *n* (*-s*; *sin pl*) esgrima *f*; **≈er** *m* (*-s*; -), **≈erin** *f* (-; *-nen*) esgrimidor(a) *m*(*f*)

'Feder ['feːdər] *f* (-; *-n*) pluma *f*; *tec* resorte *m*, muelle *m*; **~ball** *m* volante *m*; *Spiel*: badmintón *m*; **~bett** *n* edredón *m*; **~gewicht** *n dep* peso *m* pluma; **~halter** *m* portaplumas *m*; **≈n** (*ge-*, *h*) *tec* ser elástico; **≈nd** *tec* elástico; **~ung** *tec f* (-; *-en*) suspensión *f*; **~zeichnung** *f* dibujo *m* a la pluma

Fee [feː] *f* (-; *-n*) hada *f*

'Fege|feuer ['feːgəfɔʏər] *n* purgatorio *m*; **≈n** (*ge-*, *h*) barrer

fehl [feːl]: ***~ am Platz sn*** estar fuera de lugar; **'≈betrag** *m* déficit *m*

fehlen ['-lən] **1.** *v/i* (*ge-*, *h*) hacer falta; (*abwesend sein*) estar ausente; ***was fehlt Ihnen?*** ¿qué le pasa?; ***es fehlt uns an*** (*dat*) nos (hace) falta *a/c*; ***das fehlte*** (***gerade***) ***noch!*** ¡sólo faltaba eso!; ***du fehlst mir sehr*** te echo mucho de menos; **2.** **≈** *n* (*-s*; *sin pl*) falta *f*; ausencia *f*

'Fehler ['-lər] *m* (*-s*; -) falta *f*, error *m*; defecto *m*; *moralischer*: vicio *m*; **≈frei**, **≈los** sin defecto; sin falta; correcto; **≈haft** defectuoso; incorrecto

'Fehl|geburt *f* aborto *m* (espontáneo); **~schlag** *m* fallo *m*, fracaso *m*; **≈schlagen** (*irr*, *sep*, *-ge-*, *sn*, → ***schlagen***) fallar, fracasar; frustrarse; **~tritt** *m* paso *m* en falso; *fig* desliz *m*; **~zündung** *tec f* encendido *m* defectuoso

'Feier ['faɪər] *f* (-; *-n*) celebración *f*; (*Fest*) fiesta *f*; festividad *f*, ceremonia *f*; **~abend** *m* fin *m* del trabajo; ***~ machen*** terminar el trabajo; **≈lich** solemne; **≈n** (*ge-*, *h*) **1.** *v/t* celebrar; **2.** *v/i* hacer fiesta; **~tag** *m* día *m* festivo, (día *m* de) fiesta *f*

feig(e) [faɪk, '-gə] cobarde

'Feige *bot* ['-gə] *f* (-; *-n*) higo *m*; **~nbaum** *m* higuera *f*

'Feig|heit ['faɪkhaɪt] *f* (-; *sin pl*) cobardía *f*; **~ling** [-liŋ] *m* (*-s*; *-e*) cobarde *m*

'Feile ['-lə] *f* (-; *-n*) lima *f*; **≈n** (*ge-*, *h*) limar (*a fig*)

feilschen ['-ʃən] *v/i* (*ge-*, *h*) regatear

(***um et*** a/c)
fein [faɪn] fino (*a fig*); (*dünn*) delgado; sutil; (*zart*) delicado
Feind [faɪnt] *m* (-[*e*]*s*; -*e*), **~in** *f* (-; -*nen*) enemigo *m*, -a *f*; **'2lich** enemigo; **'~schaft** *f* enemistad *f*; **'2selig** hostil
'fein|fühlig ['-fy:lɪç] sensible, delicado; **2gefühl** *n* delicadeza *f*; **2kostgeschäft** *n* tienda *f* de comestibles finos; **2mechanik** *f* mecánica *f* de precisión; **2schmecker** ['-ʃmɛkər] *m* (-*s*; -) gastrónomo *m*; **2staub** *m* partículas *f/pl* de polvo, polvo *m* fino; **2waschmittel** *n* detergente *m* para ropa delicada
Feld [fɛlt] *n* (-*es*; -*er*) campo *m* (*a fig*); *Schach*: casilla *f*; *dep* pelotón *m*; *fig* dominio *m*; **~bett** *n* catre *m*; **~webel** ['-ve:bəl] *m* (-*s*; -) sargento *m* primero; **'~weg** *m* camino *m* vecinal; **'~zug** *m* campaña *f*
Felge ['fɛlgə] *f* (-; -*n*) llanta *f*
Fell [fɛl] *n* (-[*e*]*s*; -*e*) piel *f*; pellejo *m*; *fig* ***ein dickes ~ haben*** tener buenas espaldas
'Fels [fɛls] *m* (-*en*; -*en*), **~en** [-zən] *m* (-*s*; -) roca *f*; (*Block*) peña *f*; **~enküste** *f* acantilado *m*; **2ig** rocoso
femi'n|in [femi'ni:n] femenino; **2istin** *f* (-; -*nen*) feminista *f*; **~istisch** feminista
Fenchel *bot* ['fɛnçəl] *m* (-*s*; *sin pl*) hinojo *m*
'Fenster ['fɛnstər] *n* (-*s*; -) ventana *f*; *e-s Wagens*: ventanilla *f*; **~brett** *n* alféizar *m*; **~glas** *n* vidrio *m* (común); **~laden** *m* contraventana *f*; postigo *m*; **~leder** *n* gamuza *f*; **~platz** *m* asiento *m* de ventanilla; **~rahmen** *m* bastidor *m*; **~scheibe** *f* cristal *m*, vidrio *m*
'Ferien ['fe:rjən] *pl* vacaciones *f/pl*; **~arbeit** *f* trabajo *m* durante las vacaciones; **~dorf** *n* pueblo *m* de vacaciones; **~haus** *n* casa *f* de vacaciones *bzw* de verano; **~kurs** *m* cursillo *m* de vacaciones; **~ort** *m* lugar *m* de vacaciones *bzw* de verano; **~wohnung** *f* apartamento *m* de vacaciones
Ferkel ['fɛrkəl] *n* (-*s*; -) cochinillo *m*, lechón *m*
fern [fɛrn] lejano, distante; *adv* lejos; ***der 2e Osten*** el Extremo Oriente
'Fern|amt *corr n* central *f* interurbana; **~bedienung** *f* mando *m* a distancia
'Fern|e *f* (-; *raro* -*n*) lejanía *f*; ***aus der ~*** de lejos; ***in der ~*** a lo lejos; **2er** además; **~fahrer** *m* camionero *m* de grandes rutas; **~gespräch** *corr n* conferencia *f* interurbana; **2gesteuert** teledirigido; **~glas** *n* gemelos *m/pl*, prismáticos *m/pl*; **~heizung** *f* calefacción *f* a distancia; **~licht** *auto n* (-[*e*]*s*; *sin pl*) luz *f* de carretera; **~meldetechnik** *f* técnica *f* de telecomunicaciones; **~rohr** *n* telescopio *m*
'Fernseh|... ['-ze:ə]: *in Zssgn oft* televisivo; **~en** *n* (-*s*; *sin pl*) televisión *f*, F tele *f*; ***im ~ übertragen*** televisar; **2en** (*irr*, *sep*, -*ge*, *h*, → ***sehen***) mirar *od* ver la televisión; **~er** (-*s*; -) *m* televisor *m*; **~film** *m* telefilm *m*; **~gerät** *n* televisor *m*; **~sendung** *f* emisión *f* televisiva; **~spiel** *n* película *f* (de televisión); **~zuschauer** *m*, **~zuschauerin** *f* telespectador(a) *m*(*f*), televidente *su*
'Fernsicht *f* vista *f* (panorámica)
'Fernsprech|... ['-ʃprɛçə]: *in Zssgn oft* telefónico; *s a* ***Telefon*** *etc*; **~amt** *n* central *f* telefónica
'Fern|steuerung *f* mando *m* a distancia, control *m* remoto; **~verkehr** *m* transporte *m* a gran distancia; **~verkehrsstraße** *f* vía *f* interurbana; **~zug** *m* tren *m* de largo recorrido
Ferse ['fɛrzə] *f* (-; -*n*) talón *m*
'fertig ['fɛrtɪç] acabado, hecho; (*bereit*) dispuesto, listo; F (*erschöpft*) hecho polvo; ***~!*** ¡ya está!; ***~ bringen*** lograr (hacer), conseguir; ***~ machen*** terminar, acabar; ***sich ~ machen*** prepararse, disponerse; ***mit et ~ sein*** haber terminado a/c; **~bringen** → ***fertig***; **'2gericht** *n* plato *m* precocinado; **'2haus** *n* casa *f* prefabricada; **'2keit** *f* (-; -*en*) destreza *f*, habilidad *f*; **~machen** → ***fertig machen***; *fig* ***j-n ~*** acabar con alg; **'2produkt** *n* producto *m* acabado; **'2ung** [-iguŋ] *f* (-; *sin pl*) fabricación *f*
'Fessel ['fɛsəl] *f* (-; -*n*) traba *f* (*a fig*); **2n** (*ge*-, *h*) atar, encadenar; *fig* cautivar, fascinar; **2nd** cautivador, fascinante
fest [fɛst] firme (*a fig*); sólido; fijo (*a Preis*); *Schlaf*: profundo
Fest *n* (-[*e*]*s*; -*e*) fiesta *f*; ***frohes ~!*** ¡felices Pascuas!; **'~beleuchtung** *f* iluminación *f*; **'~essen** *n* banquete *m*; **'~geld** *n* depósito *m* a plazo fijo; **'2halten** (*irr*, *sep*, -*ge*-, *h*, → ***halten***) **1.** *v/t* retener; ***sich ~ an*** (*dat*) agarrarse a; **2.** *v/i* perseverar (***an*** *dat* en)
'festig|en ['-igən] (*ge*-, *h*) consolidar; *fig* estabilizar; **2er** *m* (-*s*; -) (*Haar2*) fijape-

lo *m*; **⁀keit** ['-içkaɪt] *f* (-; *sin pl*) solidez *f*; estabilidad *f*; *fig* firmeza *f*
'Fest|land *n* (-[e]*s*; *sin pl*) tierra *f* firme, continente *m*; **⁀legen** (*sep*, *-ge-*, *h*) fijar; ***sich ~*** comprometerse (***auf*** *ac* a)
'festlich ['-liç] de fiesta; solemne; **⁀keit** *f* (-; *-en*) fiesta *f*, festividad *f*
'fest|machen (*sep*, *-ge-*, *h*) sujetar; *mar* amarrar; *fig* concretar; **⁀nahme** ['-nɑːmə] *f* (-; *-n*) detención *f*; **~nehmen** (*irr*, *sep*, *-ge-*, *h*, → ***nehmen***) detener; **⁀netz** *n tel* red *f* fija; **⁀netztelefon** *n* teléfono *m* fijo; **⁀platte** *f* disco *m* duro; **⁀preis** *com m* precio *m* fijo; **⁀saal** *m* salón *m* de fiestas; **~setzen** (*sep*, *-ge-*, *h*) fijar; *vertraglich*: estipular; **⁀speicher** *m inform* memoria *f* dura; **⁀spiele** *n*/*pl* festival *m*; **~stehen** (*irr*, *sep*, *-ge-*, *h*, → ***stehen***) *fig* ser seguro; **~stellen** (*sep*, *-ge-*, *h*) *fig* averiguar, comprobar, constatar; **⁀stellung** *f* (-; *-en*) averiguación *f*, comprobación *f*; constatación *f*; **⁀tag** *m* (día *m* de) fiesta *f*
Festung ['fɛstuŋ] *f* (-; *-en*) fortaleza *f*
'fest|verzinslich de renta fija; **⁀zug** *m* desfile *m*
Fete ['feːtə] F *f* (-; *-n*) fiesta *f*
fett [fɛt] **1.** *adj* graso; *j*: gordo; *tip* en negrita; **2.** ⁀ *n* (-[e]*s*; *-e*) grasa *f*; **'~arm** pobre en grasa(s); **'~ig** grasiento
feucht [fɔyçt] húmedo; **'⁀biotop** *n* biotopo *m* húmedo; **'⁀igkeit** *f* (-; *sin pl*) humedad *f*
'Feuer ['fɔyər] *n* (-*s*; -) fuego *m* (*a mil u fig*); (*Brand*) incendio *m*; *fig* ardor *m*; ***~ fangen*** inflamarse; *fig* entusiasmarse; **~bestattung** *f* cremación *f*, incineración *f*; **⁀fest** refractario; **⁀gefährlich** inflamable; **~leiter** *f* escalera *f* de incendios; **~löscher** *m* extintor *m* (de incendios); **~melder** *m* avisador *m* de incendios; **⁀n** (*ge-*, *h*) hacer fuego (*a mil*); **~wehr** *f* (-; *-en*) (cuerpo *m* de) bomberos *m*/*pl*; **~wehrmann** *m* bombero *m*; **~werk** *n* fuegos *m*/*pl* artificiales; **~zeug** *n* encendedor *m*, mechero *m*
Feuerland ['fɔyərlant] *n* Tierra *f* del Fuego
feurig ['fɔyriç] ardiente; *fig* fogoso, impetuoso; *Wein*: generoso
ff. ***folgende Seiten*** páginas siguientes
Fichte ['fiçtə] *f* (-; *-n*) abeto *m* rojo
'Fieber ['fiːbər] *n* (-*s*; *sin pl*) fiebre *f*; **⁀haft** febril (*a fig*); **~mittel** *n* febrífugo *m*; **⁀n** (*ge-*, *h*) tener fiebre; **~thermometer** *n* termómetro *m* clínico
fiebrig [fiːpriç] *s* ***fieberhaft***
Figur [fi'guːr] *f* (-; *-en*) figura *f*; *Schach*: pieza *f*; ***e-e gute ~ haben*** tener buen tipo
figürlich [-'gyːrliç] figurado
Filet [-'leː] *n* (-*s*; -*s*) (*Fisch⁀*) filete *m*; (*Lende*) lomo *m*; **~steak** *n* bistec *m* de solomillo
Filiale [fil'jɑːlə] *f* (-; *-n*) sucursal *f*
Film [film] *m* (-[e]*s*; *-e*) película *f*, film(e) *m*; *fot* carrete *m*; **'~atelier** *n* estudio *m* cinematográfico; **'⁀en** (*ge-*, *h*) rodar, filmar; **'~festspiele** *n*/*pl* festival *m* cinematográfico; **'~kamera** *f* tomavistas *m*; **'~schauspieler** *m*, **'~schauspielerin** *f* actor *m*, actriz *f* de cine; **'~star** *m* estrella *f* de cine; **'~verleih** *m* (*Firma*) (casa *f*) distribuidora *f*
'Filter ['filtər] *m u n* (-*s*; -) filtro *m*; **⁀n** (*ge-*, *h*) filtrar; **~papier** *n* papel *m* (de) filtro; **~zigarette** *f* cigarrillo *m* de filtro
Filz [filts] *m* (-*es*; *-e*) fieltro *m*; **'⁀en** (*ge-*, *h*) F *fig* registrar, cachear; **'~stift** *m* rotulador *m*
Final|e [fi'nɑːlə] *n* (-*s*; -) *mus* final *m*; *dep* final *f*; **~ist** [-na'list] *m* (*-en*; *-en*), **~istin** *f* (-; *-nen*) finalista *su*
Fi'nanz|amt [-'nantsˀamt] *n* Delegación *f* de Hacienda; **~ausgleich** *m* (-*s*; *sin pl*) compensación *f* financiera; **~en** *f*/*pl* finanzas *f*/*pl*; **⁀iell** [-'tsjɛl] financiero; **⁀ieren** [-'tsiːrən] (*h*) financiar; **~ierung** [-'tsiːruŋ] *f* (-; *-en*) financiación *f*, financiamiento *m*; **~minister** *m* ministro *m* de Hacienda; **~ministerium** *n* ministerio *m* de Hacienda
'find|en (*fand*, *gefunden*, *h*) hallar, encontrar; ***~ Sie nicht?*** ¿no le parece?; **⁀erlohn** *m* gratificación *f*
'Finger ['fiŋər] *m* (-*s*; -) dedo *m*; ***kleine(r) ~*** meñique *m*; **~abdruck** *m* (-[e]*s*; *-abdrücke*) huella *f* dactilar; ***genetischer ~*** característica *f* genética; **~food** [-fuːt] *n* (-*s*) *etwa* tapas *f*/*pl*; canapés *m*/*pl*; **~hut** *m* dedal *m*; *bot* digital *f*; **~nagel** *m* uña *f*
Fink [fiŋk] *m* (*-en*; *-en*) pinzón *m*
Finn|e ['finə] *m* (-*n*; -*n*), **~in** *f* (-; *-nen*) finlandés *m*, -esa *f*; **⁀isch** finlandés
Finnland ['finlant] *n* Finlandia *f*
'finster ['-stər] oscuro; *fig* sombrío; **⁀nis** *f* (-; *-se*) oscuridad *f*; tinieblas *f*/*pl*
'Firm|a ['firma] *f* (-; *Firmen*) casa *f*, em-

presa *f*; **~enname** *m* razón *f* social
Firmung *rel* ['-muŋ] *f* (-; *-en*) confirmación *f*
Firnis ['-nis] *m* (*-ses*; *-se*) barniz *m*
Fisch [fiʃ] *m* (-[*e*]*s*; *-e*) pez *m*; *als Speise*: pescado *m*; '**2en** (*ge-*, *h*) pescar
'**Fischer** ['fiʃər] *m* (*-s*; -) pescador *m*; **~boot** *n* barco *m* pesquero; **~dorf** *m* pueblo *m* de pescadores; **~'ei** [-'raɪ] *f* (-; *sin pl*) pesca *f*; **~'eihafen** *m* puerto *m* pesquero
'**Fisch|fang** *m* (-[*e*]*s*; *sin pl*) pesca *f*; **~gericht** *n* plato *m* de pescado; **~geschäft** *n* pescadería *f*; **~händler** *m*, **~händlerin** *f* pescadero *m*, -a *f*; **~markt** *m* mercado *m* de pescado; **~suppe** *f* sopa *f* de pescado; **~zucht** *f* piscicultura *f*
Fistel ['fistəl] *f* (-; *-n*) *med* fístula *f*
fit [fit] en buena forma; **2ness** ['fɪtnɛs] *f* (-) buena forma *f*, fitness *m*; '**2ness-center** [-sɛntər] *n* (*-s*; -) gimnasio *m*; '**2nessraum** *m* sala *f* de gimnasia
fix [fiks] *com* fijo; F ligero, rápido; ***~ und fertig*** listo; ***~e Idee*** idea *f* fija; '**~en** F (*ge-*, *h*) pincharse; '**2er** F *m* (*-s*; -) yonqui *m*
fixieren [-'ksiːrən] (*h*) fijar; (*scharf ansehen*) mirar fijamente
FKK [ɛfkaː'kaː] *f* (-; *sin pl*) (des)nudismo *m*; **~-Camp** [-kɛmp] *n* (*-s*; *-s*) campamento *m* nudista; **~-Strand** *m* playa *f* nudista; **~-Urlaub** *m* vacaciones *f/pl* en una playa nudista
flach [flax] (*eben*) llano (*a Teller*); plano; (*seicht*) poco profundo; *fig* trivial; **2bildschirm** *m inform*, *tv* pantalla *f* plana
Fläche ['flɛçə] *f* (-; *-n*) superficie *f*; **~nstilllegung** *f agr* reducción *f* de las áreas agrarias
Flachland ['flax-] *n* (-[*e*]*s*; *sin pl*) llanura *f*
Flachs *bot* [flaks] *m* (*-es*; *sin pl*) lino *m*
flackern ['flakərn] (*ge-*, *h*) vacilar, titilar; *Feuer*: flamear
Fladen ['flaːdən] *m* (*-s*; -) torta *f*
Flagge ['flagə] *f* (-; *-n*) bandera *f*; *mar* pabellón *m*
Flak [flak] *f* (-; -[*s*]) defensa *f* antiaérea
Flakon [fla'kɔ̃ː] *m* (*-s*; *-s*) frasquito *m*
Flame ['flaːmə] *m* (*-n*; *-n*), **Flämin** ['flɛːmin] *f* (-; *-nen*) flamenco *m*, -a *f*
flämisch ['flɛːmiʃ] flamenco
Flamme ['flamə] *f* (-; *-n*) llama *f*
Flandern ['flandərn] *n* Flandes *m*
Flanell [fla'nɛl] *m* (*-s*; *-e*) franela *f*
Flanke ['flaŋkə] *f* (-; *-n*) flanco *m* (*a mil*); *Fußball*: centro *m*
Fläschchen ['flɛʃçən] *n* (*-s*; -) frasco *m*
'**Flasche** ['flaʃə] *f* (-; *-n*) botella *f*; (*Säuglings2*) biberón *m*; F *fig* berzotas *m*; **~nbier** *n* cerveza *f* embotellada; **~nöffner** *m* abridor *m*; **~npfand** *n* depósito *m*; **~nwein** *m* vino *m* embotellado
flattern ['flatərn] (*ge-*, *h u sn*) *Vogel*: aletear; (*h*) *Fahne*: ondear
flau [flaʊ] flojo (*a com*)
Flaum [flaʊm] *m* (-[*e*]*s*; *sin pl*) vello *m*; *Vögel*: plumón *m*; *bot* pelusilla *f*
Flaute ['-tə] *f* (-; *-n*) *mar* calma *f* (chicha); *com* estancamiento *m*
'**Flecht|e** ['flɛçtə] *f* (-; *-n*) (*Haar*) trenza *f*; *med* herpe(s) *m*; *bot* liquen *m*; **2en** (*flocht*, *geflochten*, *h*) trenzar
Fleck [flɛk] *m* (-[*e*]*s*; *-en*) mancha *f*; (*Stelle*) sitio *m*, punto *m*; '**~enentferner** *m* (*-s*; -) quitamanchas *m*; '**~fieber** *n* tifus *m* exantemático; '**2ig** manchado
Fledermaus ['fleːdər-] *f* murciélago *m*
Flegel ['-gəl] *m* (*-s*; -) *fig* bruto *m*, mal educado *m*
flehen ['fleːən] (*ge-*, *h*) suplicar, implorar (***um*** *et ac*)
Fleisch [flaɪʃ] *n* (-[*e*]*s*; *sin pl*) carne *f*; '**~brühe** *f* caldo *m*, consomé *m*; '**~er** *m* (*-s*; -) carnicero *m*; '**~klößchen** *n* albóndiga *f*; '**2los** *Kost*: vegetariano, sin carne; '**~vergiftung** *f* botulismo *m*; '**~wolf** *m* triturador *m* de carne
Fleiß [flaɪs] *m* (*-es*; *sin pl*) aplicación *f*, diligencia *f*; '**2ig** aplicado, trabajador
flexibel [flɛ'ksiːbəl] flexible (*a fig*)
'**flick|en** ['flikən] (*ge-*, *h*) remendar; **2en** *m* (*-s*; -) remiendo *m*; *Reifen*: parche *m*; **2zeug** *n* caja *f* de parches
Flieder ['fliːdər] *m* (*-s*; -) lila *f*
Fliege ['-gə] *f* (-; *-n*) *zo* mosca *f* (*a Bart*); (*Krawatte*) lazo *m*, pajarita *f*
'**fliegen** ['-gən] (*flog*, *geflogen*, *sn*) *v/i* volar; ir en avión; F *fig* ser despedido; ***in die Luft ~*** hacer explosión; **2gewicht** *n dep* peso *m* mosca; **2klatsche** *f* matamoscas *m*; **2pilz** *bot m* oronja *f* falsa
'**Flieger** ['-gər] *m* (*-s*; -) aviador *m*, piloto *m*; (*Flugzeug*) avión *m*; **~in** *f* (-; *-nen*) aviadora *f*
fliehen ['fliːən] (*floh*, *geflohen*, *sn*) huir (***vor*** *dat* de), fugarse
Fliese ['-zə] *f* (-; *-n*) baldosa *f*; (*Kachel*)

azulejo *m*
ˈ**Fließ|band** [ˈfliːs-] *n* (-[*e*]*s*; ⸚*er*) cadena *f* de montaje; **&en** (*floss*, *geflossen*, *sn*) correr, fluir; **~ *durch*** pasar por; **&end** *Wasser*: corriente; *Stil*, *Verkehr*: fluido; **~ *sprechen*** hablar con soltura
flimmern [ˈflimərn] (*ge*-, *h*) titilar, vibrar
flink [fliŋk] ágil; vivo
Flinte [ˈflintə] *f* (-; -*n*) escopeta *f*
flippern [ˈflipərn] (*ge*-, *h*) F jugar al millón
Flirt [flœrt, flirt] *m* (-*s*; -*s*) flirteo *m*; ˈ**&en** (*ge*-, *h*) flirtear
ˈ**Flitter** [ˈflitər] *m* (-*s*; *sin pl*) lentejuela *f*; **~wochen** *f/pl* luna *f* de miel
Flocke [ˈflɔkə] *f* (-; -*n*) copo *m*
Floh [floː] *m* (-[*e*]*s*; ⸚*e*) pulga *f*; ˈ**~markt** *m* mercadillo *m* (de viejo)
Flora [ˈfloːra] *f* (-; *Floren*) flora *f*
Florenz [floˈrɛnts] *n* Florencia *f*
Florett [floˈrɛt] *n* (-[*e*]*s*; -*e*) florete *m*
Floß [floːs] *n* (-*es*; ⸚*e*) balsa *f*
Flosse [ˈflɔsə] *f* (-; -*n*) aleta *f*
Flöte [ˈfløːtə] *f* (-; -*n*) flauta *f*
flott [flɔt] *fig* elegante; (*schnell*) ágil; rápido; *Leben*: alegre; ˈ**&e** *f* (-; -*n*) flota *f*; (*Kriegs&*) armada *f*
Fluch [fluːx] *m* (-[*e*]*s*; ⸚*e*) maldición *f*; (*Kraftwort*) palabrota *f*, taco *m*; ˈ**&en** (*ge*-, *h*) jurar, maldecir
Flucht [fluxt] *f* (-; -*en*) huida *f*, fuga *f*; ***in die ~ schlagen*** poner en fuga
ˈ**flücht|en** [ˈflyçtən] (*ge*-, *sn*) huir, escaparse; ***sich ~*** refugiarse; **~ig** *fig* fugaz, pasajero; (*oberflächlich*) superficial; **&ling** [ˈ-liŋ] *m* (-*s*; -*e*) *pol* refugiado *m*
Flug [fluːk] *m* (-[*e*]*s*; ⸚*e*) vuelo *m*; ˈ**~abwehr** *mil f* defensa *f* antiaérea; ˈ**~bahn** *f* trayectoria *f*; ˈ**~ball** *m* *Tennis*: volea *f*; ˈ**~blatt** *n* octavilla *f*
Flügel [ˈflyːgəl] *m* (-*s*; -) ala *f*; (*Tür&*, *Fenster&*) hoja *f*, batiente *m*; *mus* piano *m* de cola
ˈ**Flug|gast** [ˈfluːk-] *m* pasajero *m*; **~gesellschaft** *f* compañía *f* aérea; **~hafen** *m* aeropuerto *m*; **~kapitän** *m* comandante *m* (de a bordo); **~linie** *f* línea *f* aérea; **~lotse** *m* controlador *m* aéreo; **~lotsenstreik** *m* huelga *f* de (los) controladores aéreos; **~plan** *m* horario *m* de vuelo; **~platz** *m* aeródromo *m*; **~reise** *f* viaje *m* en avión; **~schein** *m* pasaje *m*, billete *m* de avión; **~schreiber** *m* caja *f* negra; **~sicherung** *f* control *m* aéreo *od* de vuelo; **~steig** *m* área *f* de embarque; **~ticket** *n* pasaje *m*; **~zeit** *f* duración *f* del vuelo
ˈ**Flugzeug** *n* avión *m*; **~entführer** *m* secuestrador *m* aéreo; **~entführung** *f* secuestro *m* aéreo; **~träger** *m* porta-(a)viones *m*
Flunder [ˈflundər] *f* (-; -*n*) *zo* platija *f*
Fluorchlorkohlenwasserstoff *m* (**FCKW**) clorofluorocarbono *m* (CFC)
Flur [fluːr] *m* (-[*e*]*s*; -*e*) pasillo *m*
Fluss [flus] *m* (-*es*; ⸚*e*) río *m*; **&ˈabwärts** (**&ˈaufwärts**) río *od* aguas abajo (arriba); ˈ**~bett** *n* cauce *m*, lecho *m*; ˈ**~fisch** *m* pez *m* de río
ˈ**flüssig** [ˈflysiç] líquido (*a com*); fluido (*a Stil*, *Verkehr*); *com* disponible; **&keit** *f* (-;-*en*) líquido *m*
flüstern [ˈflystərn] (*ge*-, *h*) cuchichear
Flut [fluːt] *f* (-; -*en*) marea *f* alta, pleamar *f*; *fig* torrente *m*, profusión *f*; ˈ**~licht** *n* luz *f* difusa; ˈ**~welle** *f* ola *f* de la marea
Föderalismus [fœderaˈlismus] *m* (-; *sin pl*) federalismo *m*
Fohlen [ˈfoːlen] *n* (-*s*; -) potro *m*
Föhn [føːn] *m* (-[*e*]*s*; -*e*) viento *m* cálido del sur, foehn *m*
Föhre *bot* [ˈføːrə] *f* (-; -*n*) pino *m* (silvestre)
ˈ**Folge** [ˈfɔlgə] *f* (-; -*n*) (*Reihe*) serie *f*; (*Aufeinander&*) sucesión *f*; (*Fortsetzung*) continuación *f*; (*Ergebnis*) consecuencia *f*; ***zur ~ haben*** tener por consecuencia; **&n** (*ge*-, *sn*) (*dat*) seguir; (*nachfolgen*) suceder (***auf*** *ac* a); (*gehorchen*) obedecer; (*sich ergeben*) resultar (***aus*** de); **&nd** siguiente; **&ndermaßen** [-dərmɑːsən] como sigue; **&rn** (*ge*-, *h*) concluir, deducir (***aus*** de); **~rung** *f* (-; -*en*) conclusión *f*, deducción *f*
ˈ**folg|lich** [ˈfɔlkliç] por consiguiente, por (lo) tanto; **~sam** obediente
Folie [ˈfoːljə] *f* (-; -*n*) hoja *f*
Folk [ˈfɔlk] *m* (-*s*; *sin pl*) folk *m*; **~lore** [-ˈloːrə] *f* (-; *sin pl*) folklore *m*; **~ˈloreabend** *m* velada *f* folklórica; ˈ**~musik** *f* música *f* folk
ˈ**Folter** [ˈfɔltər] *f* (-; -*n*) tortura *f*, tormento *m* (*a fig*); *fig* ***auf die ~ spannen*** tener en suspenso; **&n** (*ge*-, *h*) torturar
Fön® → ***Föhn***
Fonds *com* [fõ] *m* (-; - [fõs]) fondo *m*
fönen [ˈføːnən] (*ge*-, *h*) secar con seca-

dor de pelo *od* de mano

Fontäne [fɔn'tɛːnə] *f* (-; -*n*) surtidor *m*

fordern ['fɔrdərn] (*ge-*, *h*) pedir (***et von j-m*** a/c a alg); *stärker*: exigir; *pol* reivindicar

'**förder|n** ['fœrdərn] (*ge-*, *h*) fomentar, promover; *j-n*: favorecer; *min* extraer; **᷈ung** *f* (-; -*en*) fomento *m*; *min* extracción *f*

Forderung ['fɔrdəruŋ] *f* (-; -*en*) exigencia *f*; *pol* reivindicación *f*; *com* (***ausstehende***) ***~en*** créditos *m*/*pl*

Forelle [fo'rɛlə] *f* (-; -*n*) trucha *f*

Form [fɔrm] *f* (-; -*en*) forma *f*; (*Kuchen*᷈) molde *m*; (***gut, schlecht***) ***in ~ sn*** estar en (buena, baja) forma; **~alität** [-mali'tɛːt] *f* (-; -*en*) formalidad *f*; *pl* trámites *m*/*pl*; **~at** [-'maːt] *n* (-[*e*]*s*; -*e*) tamaño *m*; formato *m*; **᷈atieren** (*h*) *v*/*t inform* formatear; **~atierung** *f inform* formateo *m*; '**~blatt** *n* formulario *m*; '**~el** *f* (-; -*n*) fórmula *f*; **᷈ell** [-'mɛl] formal, ceremonioso; '**᷈en** (*ge-*, *h*) formar (*a fig*)

förmlich ['fœrmliç] formal, ceremonioso

Formu|lar [fɔrmu'laːr] *n* (-[*e*]*s*; -*e*) impreso *m*, formulario *m*; **᷈'lieren** (*h*) formular

'**forsch|en** ['fɔrʃən] (*ge-*, *h*) investigar, buscar (***nach j-m*** a alg); **᷈er** *m* (-*s*; -), **᷈erin** *f* (-; -*nen*) investigador(a) *m*(*f*); explorador(a) *m*(*f*); **᷈ung** *f* (-; -*en*) investigación *f*; exploración *f*; **᷈ungsauftrag** *m* encargo *m* de investigación; **᷈ungszentrum** *n* centro *m* de investigación

Forst [fɔrst] *m* (-[*e*]*s*; -*e*[*n*]) bosque *m*; monte *m*

Förster ['fœrstər] *m* (-*s*; -) guarda *m* forestal, guardabosque *m*

Forstwirtschaft ['fɔrst-] *f* (-; *sin pl*) silvicultura *f*

fort [fɔrt]: ***~ sn*** *j*: haberse ido *od* marchado; *et*: haber desaparecido; ***in e-m ~*** sin interrupción, continuamente; ***und so ~*** y así sucesivamente; etcétera; '**~bestehen** (*irr*, *sep*, *h*, → ***bestehen***) persistir, perdurar, subsistir; '**᷈bildung(skurs** *m*) *f* (curs(ill)o *m* de) perfeccionamiento *m*; '**᷈dauer** *f* continuación *f*; '**~fahren** (*irr*, *sep*, *-ge-*, → ***fahren***) **a)** (*sn*) salir (***nach*** para) **a)** (*h*) continuar, seguir (***mit*** con, ***zu*** *ger*); **~gehen** (*irr*, *sep*, *-ge-*, *sn*, → ***gehen***) marcharse; '**~geschritten** adelantado, avanzado; '**~laufend** seguido, continuo; '**᷈pflanzung** *f* (-; *sin pl*) *biol* reproducción *f*; '**~schaffen** (*sep*, *-ge-*, *h*) (*befördern*) llevar; '**᷈schritt** *m* (-[*e*]*s*; -*e*) progreso *m*; '**~schrittlich** avanzado; progresista; '**~setzen** (*sep*, *-ge-*, *h*) continuar, seguir; '**᷈setzung** *f* (-; -*en*) continuación *f*; ***~ folgt*** continuará; '**~während** continuo, perpetuo; '**~werfen** (*irr*, *sep*, *-ge-*, *h*, → ***werfen***) tirar

Forts. ***Fortsetzung*** continuación

'**Foto** ['foːto] *n* (-*s*; -*s*) foto *f*; '**~apparat** *m* máquina *f* fotográfica; '**~geschäft** *n* tienda *f* de artículos fotográficos; **~'graf** [-'graːf] *m* (-*en*; -*en*) fotógrafo *m*; **~gra'fie** [-gra'fiː] *f* fotografía *f*; **᷈gra'fieren** (*h*) fotografiar; **~'grafin** *f* (-; -*nen*) fotógrafa *f*; **~handy** *n* teléfono *m* con cámara integrada; **~ko'pie** *f* fotocopia *f*; **᷈ko'pieren** (*h*) fotocopiar

Foul [faul] *n* (-*s*; -*s*) *dep* falta *f*

Foyer [foa'jeː] *n* (-*s*; -*s*) foyer *m*

Fr. ***Frau*** Sra. (señora)

Fracht [fraxt] *f* (-; -*en*) *mar*, *avia* flete *m*; *ferro* transporte *m*; (*Ladung*) carga *f*; *mar* cargamento *m*; (*Gebühr*) porte *m*; '**~brief** *m* carta *f* de porte; *mar* conocimiento *m*; '**~er** *m* (-*s*; -) carguero *m*, buque *m* de carga; '**᷈frei** franco de porte *bzw mar* de flete; '**~kosten** *pl* gastos *m*/*pl* de transporte; *mar* flete *m*; '**~schiff** *n s* ***Frachter***

Frack [frak] *m* (-[*e*]*s*; ⸚*e*) frac *m*

'**Frage** ['fraːgə] *f* (-; -*n*) pregunta *f* (***stellen*** hacer); (*Problem*) cuestión *f*, problema *m*; ***in ~ stellen*** poner en duda; ***in ~ kommen*** entrar en consideración; ***das kommt nicht in ~!*** ¡nada de eso!, ¡ni hablar!; **~bogen** *m* cuestionario *m*; **᷈n** (*ge-*, *h*) preguntar (***nach*** por); (*ausfragen*) interrogar; ***es fragt sich*** queda por saber; **~zeichen** *n* (signo *m* de) interrogación *f*

'**frag|lich** ['fraːkliç] en cuestión; (*unsicher*) incierto; **~würdig** dudoso

Frak'tion [frak'tsjoːn] *f* (-; -*en*) *pol* grupo *m* parlamentario; **~svorsitzende** *m* (-*n*; -*n*) jefe *m* del grupo parlamentario; **~szwang** *m* disciplina *f* del voto

Franc ['frɑ̃] *m* (-; -[*s*]) *hist* franco *m*; ***französischer, belgischer ~*** franco francés, belga

Franken[1] ['fraŋkən] *m* (-*s*; -): ***Schweizer ~*** franco *m* suizo

Franken[2] ['fraŋkən] *n* Franconia *f*
Frankfurt ['fraŋkfurt] *n* Francfort *m* (***am Main*** del Meno; ***an der Oder*** del Oder)
fran'kier|en [-'kiːrən] (*h*) franquear; **♀maschine** *f* máquina *f* de franquear
franko ['-ko] libre de porte
Frankreich ['frankraıç] *n* Francia *f*
Franse ['franzə] *f* (-; *-n*) franja *f*
Franz|ose [fran'tsoːzə] *m* (*-n*; *-n*) francés *m*; **~ösin** [-'tsøːzin] *f* (-; *-nen*) francesa *f*; **♀ösisch** [-'tsøːziʃ] francés
Frau [fraʊ] *f* (-; *-en*) mujer *f*; señora *f* (*a Anrede*)
'Frauen|arzt *m*, **~ärztin** *f* ginecólogo *m*, -a *f*; **~bewegung** *f* feminismo *m*; **~klinik** *f* clínica *f* ginecológica
Fräulein ['frɔylaın] *n* (*-s*; -) señorita *f*
frdl. ***freundlich*** amable
frech [frɛç] descarado, F fresco; '**♀heit** *f* (-; *-en*) desfachatez *f*, F frescura *f*
frei [fraı] libre (***von*** de); exento (de); *Stelle*: vacante; *Beruf*: liberal; (*kostenlos*) gratuito; *com* ***~ Haus*** franco (a) domicilio; ***~er Tag*** día *m* libre *od* de asueto; ***~ geben*** desembargar, desbloquear; ***für den Verkehr ~ geben*** abrir al tráfico; ***im ♀en*** al aire libre
'Frei|bad *n* piscina *f* al aire libre; **~berufler** *m* (*-s*; -) profesional *m* liberal; **♀beruflich**: ***~ tätig sn*** ejercer una profesión liberal; **~exemplar** *n* ejemplar *m* gratuito; **~gabe** *f* desembargo *m*, desbloqueo *m*; **♀geben** (*irr*, *sep*, *-ge-*, *h* → ***geben***); *fig Urlaub*, *Schule* dar libre; **♀gebig** ['-geːbiç] liberal, generoso; **~gepäck** *n* equipaje *m* libre, franquicia *f* de equipaje; **♀haben** (*irr*, *sep*, *-ge-*, *h*, → ***haben***) *Urlaub*, *Schule* tener libre; **~hafen** *m* puerto *m* franco; **~handel** *m* librecambio *m*; **~handelszone** *f* zona *f* de librecambio
Freiburg ['fraıburk] *n* Friburgo *m*
'Freiheit *f* (-; *-en*) libertad *f*; **♀lich** liberal; **~sstrafe** *f* pena *f* privativa de libertad
'Frei|karte *f* entrada *f* gratuita; **~körperkultur** *f* (-; *sin pl*) (des)nudismo *m*; **♀lassen** (*irr*, *sep*, *-ge-*, *h*, → ***lassen***) poner en libertad, soltar; **~lassung** *f* (-; *-en*) puesta *f* en libertad; **~lauf** *m am Fahrrad*: rueda *f* libre; **♀lich** claro, desde luego; **~lichtbühne** *f* teatro *m* al aire libre; **♀machen** (*sep*, *-ge-*, *h*) *corr* franquear; **~maurer** *m* masón *m*; **♀mütig** ['-myːtiç] franco, sincero; *adv* con franqueza; **~spruch** *m* absolución *f*; **~stoß** *m dep* golpe *m* franco; **~tag** *m* viernes *m*; **~treppe** *f* escalinata *f*; **~umschlag** *m* sobre *m* franqueado; **♀willig** voluntario; **~willige** ['-viligə] *su* (*-n*; *-n*) voluntario *m*, -a *f*; **~zeichen** *n tel* (*Wählton*) señal *f* para marcar
Freizeit *f* tiempo *m* libre, (ratos *m/pl* de) ocio *m*; **~angebot** *n* ofertas *f/pl* para el tiempo libre; **~gestaltung** *f* aprovechamiento *m* del tiempo libre; **~kleidung** *f* ropa *f* de tiempo libre
fremd [frɛmt] (*unbekannt*) desconocido; (*seltsam*) extraño; (*orts~*) forastero; (*ausländisch*) extranjero; '**~artig** extraño, raro; **♀e** ['-də] **1.** *f*: ***in der ~*** en el extranjero; **2.** *m/f* (*-n*; *-n*) forastero *m*, -a *f*; (*Ausländer*) extranjero *m*, -a *f*
'Fremden|führer ['frɛmdən-] *m*, **~führerin** *f* guía *su*; **~verkehr** *m* turismo *m*; **~verkehrsamt** *n* oficina *f* de turismo; **~zimmer** *n* habitación *f*
Fremd|finanzierung ['frɛmt-] *f* financiación *f* ajena; **~kapital** *n* capital *m* ajeno; **~sprache** *f* idioma *m* extranjero, lengua *f* extranjera; **~sprachensekretärin** *f* secretaria *f* con idiomas; **♀sprachlich** en idioma extranjero; *Unterricht*: de idiomas; **~währung** *f* moneda *f* extranjera; **~wort** *n* (-[*e*]*s*; *⸚er*) extranjerismo *m*
Frequenz [fre'kvɛnts] *f* (-; *-en*) frecuencia *f*
Fresko ['frɛsko] *n* (*-s*; *Fresken*) fresco *m*
fressen ['frɛsən] (*fraß*, *gefressen*, *h*) *Tiere*: comer; P tragar; *Raubtier*: devorar; **♀** *n* (*-s*; *sin pl*) comida *f*; P bazofia *f*
'Freud|e ['frɔydə] *f* (-; *-n*) alegría *f* (***machen*** dar); placer *m*; ***mit ~n*** con mucho gusto; **♀ig** alegre; *adv* de buena gana
freuen ['-ən] (*ge-*, *h*): ***sich ~*** alegrarse (***über*** *ac* de); ***sich ~ auf*** (*ac*) esperar con ilusión; ***es freut mich, dass …*** me alegro que …; ***das freut mich*** lo celebro
Freund [frɔynt] *m* (-[*e*]*s*; *-e*) amigo *m*; (*Anhänger*) aficionado *m* (*gen* a); **~in** ['-din] *f* (-; *-nen*) amiga *f*; **♀lich** ['frɔyntliç] amable; *Wetter*: agradable; *Farbe*: alegre; ***das ist sehr ~ von Ihnen*** es usted muy amable; '**~lichkeit** *f* (-; *sin pl*) amabilidad *f*, afabilidad *f*; '**~schaft** *f* (-; *-en*) amistad *f*; '**♀schaftlich** amistoso
Frieden ['friːdən] *m* (*-s*; *sin pl*) paz *f* (*a*

fig); ***im ~*** en tiempos de paz

'Friedens|bewegung *f* movimiento *m* pacifista; **~nobelpreis** *m* Premio *m* Nobel de la Paz; **~politik** *f* política *f* de paz

'fried|fertig ['fri:tfɛrtiç] pacífico; **²hof** *m* cementerio *m*; **~lich** pacífico, tranquilo; **~liebend** amante de la paz

frieren ['fri:rən] (*fror, gefroren, h*) helar(se); *j*: tener frío; ***es friert*** hiela; ***mich friert*** tengo frío

Fries [fri:s] *m* (*-es; -e*) *arqu* friso *m*

Friesland ['fri:slant] *n* Frisia *f*

Frika|delle [frika'dɛlə] *f* (*-; -n*) hamburguesa *f*; **~ssee** [-'se:] *n* (*-s; -s*) fricasé *m*

frisch [friʃ] fresco (*a fig Wetter*); (*neu*) nuevo; *Wäsche*: limpio; ***~ gestrichen!*** ¡recién pintado!; **'²e** *f* (*-; sin pl*) frescura *f*, fresco *m*; *fig* vigor *m*

Friseu|r [fri'zø:r] *m* (*-s; -e*) peluquero *m*; **~rin** *f* (*-; -nen*), **~** [-'zø:zə] *f* (*-; -*) peluquera *f*

fri'sier|en [-'zi:rən] (*h*) peinar; **²salon** *m* salón *m* de peluquería

Frist [frist] *f* (*-; -en*) plazo *m*; (*Termin*) término *m*; **'²los** sin (pre)aviso

Frisur [fri'zu:r] *f* (*-; -en*) peinado *m*

Fritt|euse [-'tø:zə] *f* (*-; -n*) freidora *f*; **²ieren** [-'ti:rən] (*h*) freír

Frl. ***Fräulein*** Srta. (señorita)

froh [fro:] contento (***über*** *ac* de); (*fröhlich*) alegre; (*glücklich*) feliz

'fröhlich ['frø:liç] alegre; **²keit** *f* (*-; sin pl*) alegría *f*

fromm [frɔm] piadoso; devoto

Fron'leichnam(sfest *n*) *m* [fro:n-] (*-[e]s; sin pl*) (día *m* del) Corpus *m*

Front [frɔnt] *f* (*-; -en*) *arqu* fachada *f*; *mil* frente *m* (*a Wetter*); **'~antrieb** *m* tracción *f* delantera

Frosch [frɔʃ] *m* (*-[e]; ⸚e*) rana *f*; **'~mann** *m* (*-[e]s; -männer*) hombre-rana *m*

Frost [frɔst] *m* (*-[e]s; ⸚e*) helada *f*; **'~beule** *f* sabañón *m*

frösteln ['frœstəln] (*ge-, h*) tiritar de frío

'frost|ig ['frɔstiç] frío (*a fig*); **²schutzmittel** *n* anticongelante *m*

Frottee [frɔ'te:] *n od m* (*-[s]; -s*), *österr* **Frotté** (tejido *m* de) rizo *m*

frot'tier|en [-'ti:rən] (*h*) frotar; **²tuch** *n* toalla *f* de rizo (esponjoso)

Frucht [fruxt] *f* (*-; ⸚e*) fruto *m* (*a fig*); **'²bar** fértil, fecundo (*a fig*); **'~barkeit** *f* (*-; sin pl*) fertilidad *f*, fecundidad *f*; **'~eis** *n* sorbete *m*; **'²los** *fig* inútil, infructuoso; **'~saft** *m* zumo *m* de fruta

früh [fry:] temprano; ***heute*** (***morgen***) **~** esta (mañana por la) mañana; ***zu ~ kommen*** llegar antes de tiempo; **'²e** *f*: ***in aller ~*** muy de madrugada; **'~er** **1.** *adj* (*ehemalig*) antiguo, ex…; (*vorhergehend*) precedente, anterior; **2.** *adv* antes; **'~estens** lo más pronto; ***~ morgen*** no antes de mañana; **'²jahr** *n*, **²ling** ['-liŋ] *m* (*-s; -e*) primavera *f*; **~'morgens** de madrugada; **'~reif** precoz

'Frühstück *n* (*-[e]s; -e*) desayuno *m*; **'²en** (*ge-, h*) desayunar; **'~sbüfett** *n* buffet *m* de desayuno; **'~sfernsehen** *n* televisión *f* matutina

'frühzeitig temprano; (*rechtzeitig*) a tiempo

Frust F [frust] *m* (*-[e]s; sin pl*) F frustre *m*; **²rieren** [-'tri:rən] (*h*) frustrar

frz. ***französisch*** fr. (francés)

Fuchs [fuks] *m* (*-es; ⸚e*) zorro *m*; (*Pferd*) alazán *m*; **'~schwanz** *m tec* serrucho *m*

Fuge ['fu:gə] *f* (*-; -n*) *tec* juntura *f*; *mus* fuga *f*; ***aus den ~n gehen*** deshacerse (*a fig*)

'füg|en ['fy:gən] (*ge-, h*): ***sich ~*** someterse (***in*** *ac* a); **~sam** ['fy:kza:m] dócil

'fühl|bar ['fy:lba:r] palpable; *fig* sensible; perceptible; **~en** (*ge-, h*) (*tasten*) palpar; (*empfinden*) sentir; ***sich wohl ~*** sentirse bien; **²er** *m* (*-s; -*) *zo* antena *f*

'führen ['fy:rən] (*ge-, h*) **1.** *v/t* conducir (*a auto*); llevar (*a Namen, Bücher, Leben usw*); (*leiten*) dirigir, guiar; *avia* pilotar; *mil u mar* mandar; *Ware*: tener, vender; **2.** *v/i* llevar, conducir; *bsd dep* estar en (*od* ir a la) cabeza; ***zu nichts ~*** no conducir a ninguna parte; **~d** dirigente, líder

'Führer ['fy:rər] *m* (*-s; -*) conductor *m*; *avia* piloto *m*; (*Fremden²*) guía *m*; (*Buch*) guía *f*; (*Leiter*) jefe *m*; *pol* líder *m* (*a dep*); **~in** *f* (*-; -nen*) conductora *f*; (*Fremden²*) guía *f*; *pol* líder *m*; **~schein** *m* carnet *m od* permiso *m* de conducir

'Führung ['fy:ruŋ] *f* (*-; sin pl*) dirección *f*; (*Geschäfts²*) gerencia *f*; gestión *f*; *pol u dep* liderato *m*; *mil u mar* mando *m*; (*pl -en*) (*Besichtigung*) visita *f* guiada; ***in ~ liegen*** (***gehen***) estar (ponerse)

en cabeza; **~szeugnis** *n* certificado *m* de buena conducta

Fuhrunternehmen ['fuːrʔ-] *n* empresa *f* de transportes

'Füll|e ['fylə] *f* (-; *sin pl*) abundancia *f*; **≈en** (*ge-*, *h*) llenar; *gastr* rellenar; **~en** *n* (-*s*; -) *zo* potro *m*; **~er** F *m* (-*s*; -), **~federhalter** *m* (pluma *f*) estilográfica *f*; **~ung** *f* (-; -*en*) relleno *m* (*a gastr*); (*Zahn≈*) empaste *m*

Fund [funt] *m* (-[*e*]*s*; -*e*) hallazgo *m*

Fundament [-da'mɛnt] *n* (-[*e*]*s*; -*e*) fundamento *m* (*a fig*)

'Fund|büro ['funt-] *n* oficina *f* de objetos perdidos; **~sache** *f* objeto *m* hallado

fünf [fynf] **1.** cinco; **2.** ≈ *f* (-; -*en*) cinco *m*; **'~fach** quíntuplo; **'~hundert** quinientos; **'≈kampf** *m dep* pentatlón *m*; **'~mal** cinco veces; **≈'sternehotel** *n* hotel *m* de cinco estrellas; **≈'tagewoche** *f* semana *f* inglesa; **'≈tel** *n* (-*s*; -) quinto *m*; **'~tens** (en) quinto (lugar); **'~te** quinto; **'~zehn** quince; **~zig** ['-tsiç] cincuenta

Funk [fuŋk] *m* (-*s*; *sin pl*) radio *f*; **'~amateur** *m* radioaficionado *m*

'Funke ['fuŋkə] *m* (-*ns*; -*n*) chispa *f* (***sprühen*** echar); **≈ln** (*ge-*, *h*) brillar, centellear; **≈n** (*ge-*, *h*) transmitir por radio; **~n** *m* (-*s*; -) chispa *f*; **~r** *m* (-*s*; -) radio(telegrafista) *m*

'Funk|haus *n* estación *f* emisora; **~loch** *n tel* lugar *m* sin cobertura; **~maus** *f inform* ratón *m* inalámbrico, (*optische*) *a* ratón *m* óptico; **~spruch** *m* radiograma *m*; **~streife**(**nwagen** *m*) *f* (coche *m*) radiopatrulla *f*

Funktion [-'tsjoːn] *f* (-; -*en*) función *f*; **≈ieren** [-tsjo'niːrən] (*h*) funcionar

für [fyːr] *Zweck*, *Bestimmung*, *Ziel*: para; (*um … willen*) por; *Preis*: por; (*anstelle von*) en lugar de, en vez de; (*zugunsten von*) a *od* en favor de; ***Wort ~ Wort*** palabra por palabra; ***Tag ~ Tag*** día tras día; ***was ~ ein?*** ¿qué (clase de)? (*a als Ausruf*); ***das ≈ und Wider*** el pro y el contra

Furche ['furçə] *f* (-; -*n*) surco *m*

Furcht [furçt] *f* (-; *sin pl*) temor *m*, miedo *m* (***vor*** a, de); **'≈bar** terrible, horrible, tremendo

fürcht|en ['fyrçtən] (*ge-*, *h*) temer; ***sich ~*** tener miedo (***vor*** *dat* a); **~erlich** ['-tərliç] terrible, horrible

'furcht|los ['furçtloːs] sin miedo; **~sam** miedoso, medroso

füreinander [fyrʔaɪn'andər] el uno para el otro; unos para otros

Furnier [fur'niːr] *n* (-*s*; -*e*) chapa *f* de madera

Für|sorge ['fyːrzɔrgə] *f* (-; *sin pl*) asistencia *f*; *öffentliche*: asistencia *f* pública *bzw* social; **~sorger** *m* (-*s*; -), **~sorgerin** *f* (-; -*nen*) asistente *su* social; **~sprache** *f* intercesión *f*

Fürst [fyrst] *m* (-*en*; -*en*) príncipe *m*; **'~entum** *n* (-*s*; -*tümer*) principado *m*; **'~in** *f* (-; -*nen*) princesa *f*

Furt [furt] *f* (-; -*en*) vado *m*

Furunkel *med* [fu'ruŋkəl] *m* (-*s*; -) furúnculo *m*, divieso *m*

Fürwort ['fyːr-] *n* (-[*e*]*s*; ⸚*er*) pronombre *m*

Furz V [furts] *m* (-*es*; ⸚*e*) pedo *m*; **'≈en** V (*ge-*, *h*) soltar un pedo

Fusion [fu'zjoːn] *f* (-; -*en*) fusión *f*; **≈ieren** [-zjo'niːrən] (*h*) fusionar

Fuß [fuːs] *m* (-*es*; ⸚*e*) pie *m* (*a fig*); *Tier*, *Möbel*: pata *f*; ***zu ~*** a pie; **'~abtreter** *m* limpiabarros *m*

'Fußball *m* balón *m*; (*Spiel*) fútbol *m*; **~er** F *m* (-*s*; -) futbolista *m*; **~mannschaft** *f* equipo *m* de fútbol; **~platz** *m* campo *m* de fútbol; **~spiel** *n* partido *m* de fútbol; **~spieler** *m*, **~spielerin** *f* futbolista *su*; **~toto** *n* quinielas *f*/*pl*

'Fuß|boden *m* piso *m*, suelo *m*; **~bremse** *f* freno *m* de pie; **~gänger** ['-gɛŋər] *m* (-*s*; -) peatón *m*; **~gängerampel** *f* semáforo *m* para peatones; **~gängerüberweg** *m* paso *m* de peatones; **~gängerzone** *f* zona *f* peatonal; **~marsch** *m* marcha *f* a pie, caminata *f*; **~note** *f* nota *f* (al pie de la página); **~pflege** *f* pedicura *f*; **~sohle** *f* planta *f* del pie; **~spur** *f* huella *f*, pisada *f*; **~tritt** *m* puntapié *m*, F patada *f*; **~weg** *m* camino *m* para peatones

Futter ['futər] *n* (-*s*; *sin pl*) alimento *m*; (*pl* -) (*Stoff≈*) forro *m*

Futteral [-'rɑːl] *n* (-*s*; -*e*) estuche *m*

'fütter|n ['fytərn] (*ge-*, *h*) *Vieh*: echar de comer a; *Kind*: dar de comer a; *Kleid*: forrar; **≈ung** *f* (-; -*en*) alimentación *f*

Futur [fu'tuːr] *n* (-*s*; *sin pl*) futuro *m*

Futurismus *m* futurismo *m*

G

g ***Gramm*** gr. (gramo)
G, g [geː] *n* (-; -) G, g *f*; *mus* sol *m*; ***G-Dur*** sol mayor; ***g-Moll*** sol menor
Gabe [gɑːbə] *f* (-; *-n*) regalo *m*; donativo *m*; *fig* don *m*, talento *m*
'Gabel ['-bəl] *f* (-; *-n*) *agr* horca *f*, horquilla *f* (*a Fahrrad*♀); (*Ess*♀) tenedor *m*; **♀n** (*ge-, h*): ***sich ~*** bifurcarse
gackern ['gakərn] (*ge-, h*) cacarear
'gaff|en ['gafən] (*ge-, h*) mirar boquiabierto; **♀er** *m* (*-s*; -) mirón *m*
Gage ['gɑːʒə] *f* (-; *-n*) sueldo *m*, *fr* cachet *m*
gähnen ['gɛːnən] (*ge-, h*) bostezar
Galaabend ['galaʔ-] *m* gala *f*; *teat* función *f* de gala
galant [-'lant] galante
Galeere [-'leːrə] *f* (-; *-n*) galera *f*
Galerie [-lə'riː] *f* (-; *-n*) galería *f*
'Galgen ['galgən] *m* (*-s*; -) horca *f*, patíbulo *m*; **~frist** *f* plazo *m* de gracia
Galicien [ga'liːtsjən] *n* Galicia *f* (*en España*)
Galic|ier [ga'liːtsjər] *m* (*-s*; -), **~ierin** *f* (-; *-nen*) gallego *m*, -a *f*; **♀isch** gallego
Galizien [ga'liːtsjən] *n* Galicia *f* (*en Europa oriental*)
'Galle ['galə] *f* (-; *sin pl*) bilis *f*, hiel *f*; **~nblase** *f* vesícula *f* biliar; **~nstein** *m* cálculo *m* biliar
Galopp [-'lɔp] *m* (*-s*; *-e*, *-s*) galope *m*; **♀'ieren** (*sn*) galopar
gamm|eln ['gaməln] (*ge-, h*) gandulear; **♀ler** ['-lər] *m* (*-s*; -) melenudo *m*
Gämse ['gɛmzə] *f* (-; *-n*) gamuza *f*
Gang [gaŋ] *m* **1.** (-[*e*]*s*; *sin pl*) (*Verlauf*) curso *m*; (*Gangart*) (modo *m* de) andar *m*;(*Bewegung, bsd tec*) marcha *f*; ***in ~ bringen, setzen*** poner en marcha; ***in vollem ~e sein*** estar en plena actividad; **2.**(*pl* ⸚*e*) (*Flur*) pasillo *m*; (*Spazier*♀) vuelta *f*; (*Besorgung*) recado *m*; *auto* velocidad *f*; (*Mahlzeit*) plato *m*; *auto* ***im zweiten ~ fahren*** ir en segunda
gängig ['gɛŋiç] corriente; *com* de fácil salida
Gangschaltung ['gaŋʃaltuŋ] *f* cambio *m* de marchas
Gangster ['gɛŋstər] *m* (*-s*; -) gángster *m*
Gangway ['-vɛi] *f* (-; *-s*) *avia* escalerilla *f*; *mar* pasarela *f*
Ganove [ga'noːvə] *m* (*-n*; *-n*) tunante *m*, truhán *m*
Gans [gans] *f* (-; ⸚*e*) ganso *m*, oca *f*
'Gänse|blümchen ['gɛnzeblyːmçən] *n* (*-s*; -) margarita *f*; **~braten** *m* ganso *m* asado; **~füßchen** [-fyːsçən] *n/pl* comillas *f/pl*; **~haut** *f* *fig* carne *f* de gallina; **~leberpastete** *f* paté *m* de fuagrás; **~marsch** *m*: ***im ~*** en fila india
ganz [gants] **1.** *adj* entero; todo; (*heil*) intacto; (*vollständig*) completo; (*völlig*) total; ***den ~en Tag*** todo el día; ***e-e ~e Woche*** una semana entera; **2.** *adv* enteramente; completamente; totalmente; *vor adj u adv* muy; (*ziemlich*) bastante; ***~ und gar*** absolutamente; totalmente; ***~ und gar nicht*** de ningún modo, en absoluto; ***nicht ~*** no del todo; **'♀e** *n* (*-n*; *sin pl*) conjunto *m*; todo *m*
Ganztagsarbeit ['gantstɑːksʔarbaɪt] *f* trabajo *m* de jornada entera
gar [gɑːr] **1.** *adj*: ***~ sn*** estar en su punto; **2.** *adv*: ***~ nicht*** en absoluto, de ningún modo; ***~ nicht einfach*** nada fácil; ***~ nichts*** absolutamente nada
Garage [ga'rɑːʒə] *f* (-; *-n*) garaje *m*
Garan'tie [-ran'tiː] *f* (-; *-n*) garantía *f*; **♀ren** (*h*) garantizar; **~schein** *m* certificado *m* de garantía
Garbe ['garbə] *f* (-; *-n*) gavilla *f*
Garde'robe [-də'roːbə] *f* (-; *-n*) (*Raum*) guardarropa *m*; (*Flur*♀) recibidor *m* (mural); (*sin pl*) (*Kleider*) ropa *f*, vestidos *m/pl*; **~nmarke** *f* ficha *f* del guardarropa; **~nständer** *m* percha *f*
Gardine [-'diːnə] *f* (-; *-n*) cortina *f*
gären ['gɛːrən] (*gärte, gor, gegoren, h*) fermentar
Garn [garn] *n* (-[*e*]*s*; *-e*) hilo *m*
Garnele *zo* [gar'neːlə] *f* (-; *-n*) camarón *m*; *größere*: gamba *f*
Garnison [-ni'zoːn] *f* (-; *-en*) guarnición *f*
Garnitur [-'tuːr] *f* (-; *-en*) (*Zs.gehöriges*) juego *m*; ***~ Bettwäsche*** juego *m* de ca-

ma

Garonne [ga'rɔn] *f* Garona *m*

'Garten ['-tən] *m* (*-s*; ⸚) jardín *m*; (*Nutz*♀) huerto *m*; **~geräte** *n/pl* útiles *m/pl* de jardinería; **~lokal** *n* restaurante *m* con jardín; **~möbel** *n/pl* muebles *m/pl* de jardín

Gärtner ['gɛrtnər] *m* (*-s*; *-*), **~in** *f* (*-*; *-nen*) jardinero *m*, -a *f*; (*Handels*♀, *-in*) horticultor(a) *m*(*f*); **~ei** [-'raɪ] *f* (*-*; *-en*) horticultura *f*; jardinería *f*

Gärung ['gɛːruŋ] *f* (*-*; *-en*) fermentación *f*; *fig* efervescencia *f*

Gas [gɑːs] *n* (*-es*; *-e*) gas *m*; *auto* **~ geben** acelerar; **~ wegnehmen** cortar *od* quitar el gas; **'~anzünder** *m* encendedor *m* de gas; **'~brenner** *m* mechero *m* de gas; **'~flasche** *f* bombona *f* de gas; **'~hahn** *m* llave *f* del gas; **'~hebel** *m auto* acelerador *m*; **'~heizung** *f* calefacción *f* de gas; **'~herd** *m* cocina *f* de gas; **'~maske** *f* careta *f* antigás; **'~pedal** *n auto* acelerador *m*

Gasse ['gasə] *f* (*-*; *-n*) calleja *f*, callejón *m*

Gast [gast] *m* (*-[e]s*; *⸚e*) huésped *m*; invitado *m*; (*im Restaurant*, *Hotel*) cliente *m*; **'~arbeiter** *m* trabajador *m* extranjero

'Gäste|buch ['gɛstəbuːx] *n* álbum *m* de visitantes; **~haus** *n* casa *f* de huéspedes; **~zimmer** *n* cuarto *m* de huéspedes

'gast|freundlich ['gast-] hospitalario; **♀freundschaft** *f* (*-*; *sin pl*) hospitalidad *f*; **♀geber** *m* anfitrión *m*; **♀geberin** *f* anfitriona *f*; **♀haus** *n*, **♀hof** *m* fonda *f*, hostería *f*; **♀land** *n* país *m* de acogida; **~lich** hospitalario

Gastronomie [gastrono'miː] *f* (*-*; *sin pl*) gastronomía *f*

'Gast|stätte ['gastʃtɛtə] *f* restaurante *m*; **~wirt** *m* fondista *m*; hostelero *m*; **~wirtschaft** *f* restaurante *m*

'Gas|uhr ['gɑːsʔuːr] *f* contador *m* de gas; **~vergiftung** *f* intoxicación *f* por gas(es); **~werk** *n* fábrica *f* de gas

'Gatt|e ['gatə] *m* (*-n*; *-n*) esposo *m*; **~in** *f* (*-*; *-nen*) esposa *f*

Gaul [gaʊl] *m* (*-[e]s*; *Gäule*) caballo *m*; *desp* rocín *m*

Gaumen ['gaʊmən] *m* (*-s*; *-*) paladar *m*

Gauner ['-nər] *m* (*-s*; *-*) truhán *m*, estafador *m*, timador *m*; **~ei** [-'raɪ] *f* (*-*; *-en*) estafa *f*, timo *m*

Gazelle [ga'tsɛlə] *f* (*-*; *-n*) gacela *f*

geb. ***geboren*** nacido; ***gebunden*** encuadernado

Gebäck [gə'bɛk] *n* (*-[e]s*; *-e*) pastelería *f*, pasteles *m/pl*

Gebärde [-'bɛːrdə] *f* (*-*; *-n*) ademán *m*

ge'bär|en [-'bɛːrən] (*gebar*, *geboren*, *h*) parir; *Mensch*: dar a luz; **♀mutter** *f anat* matriz *f*, útero *m*

Gebäude [-'bɔʏdə] *n* (*-s*; *-*) edificio *m*

Gebell [-'bɛl] *n* (*-[e]s*; *sin pl*) ladrido *m*

geben ['geːbən] (*gab*, *gegeben*, *h*) dar; (*reichen*) a pasar; (*über~*) entregar; (*gewähren*) conceder; *teat* representar; *Film*: poner; ***es gibt*** hay; ***was gibt's?*** ¿qué hay?; ¿qué pasa?; ***es wird Regen ~*** va a llover; ***sich ~*** (*aufhören*) cesar; calmarse

Geber ['gebər] *m* (*-s*; *-*), **~in** *f* (*-*; *-nen*) (*Spender*, *-in*) donador(a) *m*(*f*)

Gebet [gə'beːt] *n* (*-[e]s*; *-e*) oración *f*

Gebiet [-'biːt] *n* (*-[e]s*; *-e*) región *f*, zona *f*, territorio *m*; *fig* campo *m*, terreno *m*; **♀erisch** [-'-təriʃ] imperioso, categórico

Gebilde [-'bildə] *n* (*-s*; *-*) forma(ción) *f*; figura *f*; (*Erzeugnis*) creación *f*

ge'bildet culto, instruido

Ge'birg|e [-'birgə] *n* (*-s*; *-*) montaña *f*; sierra *f*; **♀ig** montañoso

Ge'birgs|bewohner [-'birksbəwoːnər] *m* montañés *m*; **~zug** *m* cordillera *f*

Gebiss [-'bis] *n* (*-es*; *-e*) dentadura *f* (***künstliches*** postiza)

Gebläse [-'blɛːzə] *n* (*-s*; *-*) *tec* soplete *m*; ventilador *m*

ge|blümt [-'blyːmt] floreado; **~bogen** [-'boːgən] curvo, encorvado

geboren [-'boːrən] nacido; ***~ in a*** natural de; ***~ werden*** nacer

Gebot [-'boːt] *n* (*-[e]s*; *-e*) mandamiento *m* (*a rel*); orden *f*; *Auktion*: postura *f*, *höheres*: puja *f*

Gebr. ***Gebrüder*** Hnos. (Hermanos)

ge'braten asado; *in der Pfanne*: frito

Ge'brauch [gə'braʊx] *m* **1.** (*-[e]s*; *sin pl*) uso *m*; utilización *f*, empleo *m*; ***~ machen von*** servirse de; **2.** (*pl ⸚e*) (*Sitte*) costumbre *f*; **♀en** (*h*) usar; utilizar, emplear; servirse de; ***zu ~ sn*** servir (***zu*** para)

gebräuchlich [-'brɔʏçliç] usual, en uso; (*allgemein*) corriente

Ge'brauchs|anweisung [-'braʊxsʔ-] *f* instrucciones *f/pl* para el uso, modo *m* de empleo; **♀fertig** listo para el uso

ge'braucht [-'braʊxt] usado; de oca-

sión; de segunda mano; **≀wagen** *m* coche *m* usado *od* de segunda mano
Gebrüder [-'bryːdər] *pl* hermanos *m/pl*
Gebrüll [-'bryl] *n* (-[*e*]*s*; *sin pl*) *Löwe*: rugido *m*; *fig* griterío *m*, vocerío *m*
Gebühr [-'byːr] *f* (-; *-en*) derecho *m*; tarifa *f*, tasa *f*; ~ ***bezahlt*** porte pagado
ge'bühren (*h*) *j-m*: corresponder a; **~d** debido; conveniente; *adv* debidamente; **≀einheit** *f tel* paso *m* (de contador); **≀erhöhung** *f* aumento *m* de tasas; **~frei** exento de tasas; **≀ordnung** *f* tarifa *f*; *com* arancel *m*; **~pflichtig** [-pfliçtiç] sujeto a derechos; *Autobahn*: de peaje
gebunden [-'bundən] *Buch*: encuadernado; *fig* ligado
Ge'burt [-'buːrt] *f* (-; *-en*) nacimiento *m*; ***vor*** (***nach***) ***Christi*** ~ antes (después) de Jesucristo; **~enkontrolle** *f* control *m* de natalidad; **~enrückgang** *m* disminución *f* de la natalidad; **≀enschwach** de baja natalidad; **≀enstark** de alta natalidad; **~enziffer** *f* natalidad *f*
gebürtig [-'byrtiç] natural (***aus*** de)
Ge'burts|datum [ge'buːrts-] *n* fecha *f* de nacimiento; **~ort** *m* lugar *m* de nacimiento; **~tag** *m* cumpleaños *m*; ~ ***haben*** cumplir años; **~urkunde** *f* partida *f* de nacimiento
Gebüsch [-'byʃ] *n* (-[*e*]*s*; *-e*) matorral *m*
Ge'dächtnis [-'dɛçtnis] *n* (*-ses*; *-se*) memoria *f*; (*Andenken*) recuerdo *m*; ***zum*** ~ ***an*** (*ac*) en memoria de; **~feier** *f* acto *m* conmemorativo
Gedanke [-'daŋkə] *m* (*-ns*; *-n*) pensamiento *m*; idea *f*; ***kein*** ~! ¡ni pensarlo!; ¡ni por pienso!; ***sich*** **~*n machen über*** (*ac*) preocuparse por
ge'danken|los irreflexivo, inconsiderado; **≀strich** *m* raya *f*
Gedärme [-'dɛrmə] *n/pl* intestinos *m/pl*, F tripas *f/pl*
Gedeck [-'dɛk] *n* (-[*e*]*s*; *-e*) cubierto *m*
gedeihen [-'daɪən] (*gedieh*, *gediehen*, *sn*) prosperar, desarrollarse
ge'denk|en (*gedachte*, *gedacht*, *h*) (*gen*) acordarse de; *ehrend*: conmemorar *ac*; (*beabsichtigen*) pensar (***zu*** *inf*); **≀feier** *f* acto *m* conmemorativo; **≀stein** *m* (**≀tafel** *f*) lápida *f* (placa *f*) conmemorativa; **≀tag** *m* aniversario *m*
Gedicht [gə'diçt] *n* (-[*e*]*s*; *-e*) poesía *f*, poema *m*
gediegen [-'diːgən] *fig* sólido; formal
Gedränge [-'drɛŋə] *n* (*-s*; *sin pl*) (*Menschen*≀) gentío *m*, muchedumbre *f*
Ge'duld [-'dult] *f* (-; *sin pl*) paciencia *f*; **≀en** [-'-dən] (*h*): ***sich*** ~ tener paciencia; **≀ig** paciente, sufrido
geeignet [-'ʔaɪgnət] apropiado, adecuado; *j*: apto (***für, zu*** para)
Gefahr [-'faːr] *f* (-; *-en*) peligro *m*; (*Risiko*) riesgo *m*; ~ ***laufen zu*** correr peligro *od* el riesgo de; ***in*** ~ ***sn*** estar en peligro; ***auf die*** ~ ***hin, zu*** a riesgo de
ge'fähr|den [-'fɛːrdən] (*h*) poner en peligro; comprometer; **~lich** peligroso, arriesgado
Gefährt|e [-'fɛːrtə] *m* (*-n*; *-n*), **~in** *f* (-; *-nen*) compañero *m*, -a *f*
Gefälle [-'fɛlə] *n* (*-s*; -) declive *m*, pendiente *f*; *a fig* desnivel *m*
gefallen [-'falən] **1.** *v/i* (*gefiel*, *gefallen*, *h*) gustar, agradar; ***wie gefällt es Ihnen?*** ¿qué le parece?; ***sich et*** ~ ***lassen*** tolerar a/c; **2.** ≀[1] *n*: ~ ***finden an*** tomar gusto a; **3.** ≀[2] *m* (*-s*; -) favor *m*; ***j-m e-n*** ~ ***tun*** hacer un favor a alg
ge'fällig [-'fɛliç] complaciente; agradable; ***j-m*** ~ ***sn*** complacer a alg; **≀keit** *f* (-; *sin pl*) complacencia *f* (***aus*** por); (*pl -en*) (*Dienst*) favor *m*
ge'fangen [-'faŋən] prisionero; cautivo; ~ ***nehmen*** *mil* hacer prisionero; **≀e** *m* (*-n*; *-n*) prisionero *m* (*a mil*); *jur* preso *m*; **≀schaft** *f* (-; *sin pl*) *mil* cautividad *f*, cautiverio *m*
Ge'fängnis [-'fɛŋnis] *n* (*-ses*; *-se*) cárcel *f*, prisión *f*; **~strafe** *f* (pena *f* de) prisión *f*; **~wärter** *m* carcelero *m*
Gefäß [-'fɛːs] *n* (*-es*; *-e*) vaso *m* (*a med*), recipiente *m*
gefasst [-'fast] sereno; ***sich*** ~ ***machen auf*** (*ac*) prepararse para
Gefecht [-'fɛçt] *n* (-[*e*]*s*; *-e*) combate *m*
Gefieder [-'fiːdər] *n* (*-s*; -) plumaje *m*
Geflecht [-'flɛçt] *n* (-[*e*]*s*; *-e*) trenzado *m*; (*Draht*≀) enrejado *m*
Ge'flügel [-'flyːgəl] *n* (*-s*; *sin pl*) aves *f/pl* (de corral); **~handlung** *f* pollería *f*; **~zucht** *f* avicultura *f*
Geflüster [-'flystər] *n* (*-s*; *sin pl*) cuchicheo *m*
Gefolge [-'fɔlgə] *n* (*-s*; -) séquito *m*
ge|fragt [-'fraːkt] *com* solicitado; **~fräßig** [-'frɛːsiç] voraz, glotón
Gefreite *mil* [-'fraɪtə] *m* (*-n*; *-n*) cabo *m*
ge'frier|en (*gefror*, *gefroren*, *sn*) helar(se), congelarse; **≀fach** *n* congelador *m*; **≀punkt** *m*: ***unter dem*** ~ bajo cero;

&truhe *f* congelador *m*
gefügig [-'fy:giç] dócil; dúctil
Ge'fühl [-'fy:l] *n* (-[*e*]*s*; -*e*) sentimiento *m*; sensación *f*; (*Ahnung*) presentimiento *m*; (~*ssinn*) tacto *m*; (*Sinn*) sentido *m* (**für** de); **&los** insensible (**gegen** a); **&voll** sensible; sentimental
ge'gebenenfalls [-'ge:bənən-] dado el caso, eventualmente
gegen ['ge:gən] (*ac*) contra; *Richtung, Zeit*: hacia; *Verhalten*: con, para con; *Tausch*: en cambio de; *Vergleich*: en comparación con; **~ *Abend*** hacia la noche; **(*gut*) ~ ...** *Mittel*: (bueno) para *od* contra
'Gegen|angriff *m* contraataque *m*; **~befehl** *m* contraorden *f*; **~besuch** *m*: ***j-m e-n ~ machen*** devolver la visita a alg
Gegend ['ge:gənt] *f* (-; -*en*) región *f*; comarca *f*; (*Landschaft*) paisaje *m*
gegenein'ander uno(s) contra otro(s)
'Gegen|fahrbahn *f* carril *m* contrario; **~gewicht** *n* contrapeso *m* (*a fig*); **~gift** *n* contraveneno *m*, antídoto *m*; **~licht** *n*: ***bei ~*** a contraluz; **~mittel** *n* remedio *m*; antídoto *m* (*a fig*); **~partei** *jur f* parte *f* contraria; **~satz** *m* contraste *m*; oposición *f*; ***im ~ zu*** en contraposición a; **&sätzlich** ['-zɛtsliç] opuesto, contrario; **~seite** *f* lado *m* opuesto; *jur* parte *f* contraria; **&seitig** mutuo, recíproco; **~seitigkeit** *f* (-; *sin pl*) reciprocidad *f*; mutualidad *f*; ***auf ~*** mutuo; **~spieler** *m*, **~spielerin** *f* adversario *m*, -a *f*; **~stand** *m* objeto *m*; (*Thema*) asunto *m*, tema *m*; **&ständlich** ['-ʃtɛntliç] concreto; material; **~stimme** *f* voto *m* en contra; **~teil** *n* lo contrario; ***im ~*** al contrario
gegen'über **1.** *adv* enfrente; **2.** *prp* (*dat*) enfrente de, frente a; (*verglichen mit*) comparado con; (*Verhalten*) para con, con; **~liegend** [-li:gənt] de enfrente; **~stehen** (*irr, sep, -ge-, h,* → ***stehen***) (*dat*) estar enfrente de; ***sich ~*** estar frente a frente; **~stellen** (*sep, -ge-, h*) oponer; *jur* confrontar; **&stellung** *f* *jur* confrontación *f*
'Gegen|verkehr *m* circulación *f* en sentido contrario; **~wart** ['-vart] *f* (-; *sin pl*) *j-s*: presencia *f*; (*Zeit*) actualidad *f*; *gram* presente *m*; **&wärtig** [-vɛrtiç] presente; (*jetzt*) actual; *adv* actualmente; **~wehr** *f* (-; *sin pl*) defensa *f*, resistencia *f*; **~wert** *m* contravalor *m*, equivalente *m*; **~wind** *m* viento *m* contrario; **&zeichnen** (*sep, -ge-, h*) refrendar
'Gegner ['ge:gnər] *m* (-*s*; -), **~in** *f* (-; -*nen*) adversario *m*, -a *f* (*a dep*); rival *su*
gegr. ***gegründet*** fundado
Gehackte [-'haktə] *n* (-*n*; *sin pl*) carne *f* picada
Gehalt [-'halt] **1.** *m* (-[*e*]*s*; -*e*) contenido *m* (**an** *dat* de); *fig* valor *m*, sustancia *f*; **2.** *n* (-[*e*]*s*; ⸚*er*) sueldo *m*; **~sabrechnung** *f* nómina *f*; **~sansprüche** *m/pl* pretensiones *f/pl* económicas; **~sempfänger** *m* asalariado *m*; **~serhöhung** *f* aumento *m* de sueldo; **~sgruppe** *f* categoría *f* de sueldo; **~skonto** *n* domiciliación *f* de la nómina; **&voll** sustancioso, sustancial
gehässig [-'hɛsiç] hostil; odioso
Gehäuse [-'hɔʏzə] *n* (-*s*; -) caja *f* (*a Uhr&*); (*Etui*) estuche *m*; *auto* cárter *m*
ge'heim [-'haɪm] secreto; (*verborgen*) oculto; (*heimlich*) clandestino; **&dienst** *m* servicio *m* secreto
Ge'heimnis [-nis] *n* (-*ses*; -*se*) secreto *m* (***offenes*** a voces); misterio *m*; **&voll** misterioso
Ge'heim|nummer *f* número *m* personal; **~polizei** *f* policía *f* secreta
'gehen ['ge:ən] **1.** *v/i* (*ging, gegangen, sn*) ir (**nach, zu** a; **zu** *j-m* a casa de, a vera); andar, marchar, caminar; *tec* funcionar; (*weg~*) irse, marcharse, salir; ***rechts ~*** tomar la derecha; ***gut ~*** *com Ware*: venderse bien; ***es geht mir gut*** estoy bien; ***falsch ~*** *Uhr*: andar mal; ***wie geht es Ihnen?*** ¿cómo está Vd.?, ¿cómo le va?; ***wie geht's?*** ¿qué tal?; ***das geht nicht*** no puede ser; ***~ auf*** *Fenster*: dar a; ***~ durch*** pasar por; ***~ in*** (*ac*) entrar en; ***ins Theater ~*** ir al teatro; *fig* ***sich ~ lassen*** descuidarse; ***~ über*** (*ac*) atravesar; cruzar (*ac*); *ferro* pasar por; ***es geht nichts über ...*** (no hay) nada mejor que ...; ***es geht um ...*** se trata de ...; **2. &** *n* (-*s*; *sin pl*) marcha *f*; *dep* marcha *f* atlética; ***das ~ fällt ihm schwer*** le cuesta andar
Geheul [-'hɔʏl] *n* (-[*e*]*s*; *sin pl*) aullido *m*
Gehilf|e [-'hilfə] *m* (-*n*; -*n*), **~in** *f* (-; -*nen*) ayudante *m*, -a *f*, asistente *m*, -a *f*
Ge'hirn [-'hirn] *n* (-[*e*]*s*; -*e*) cerebro *m*; *med* encéfalo *m*; **~erschütterung** *f* conmoción *f* cerebral; **~haut** *f* meninge *f*; **~hautentzündung** *f* meningitis *f*; **~schlag** *m* apoplejía *f*; **~wäsche** *f* la-

vado *m* de cerebro
gehoben [-'hoːbən] *Stellung, Stil*: elevado
Gehör [-'høːr] *n* (-[*e*]*s*; *sin pl*) oído *m*; *~ schenken* dar oídos; *~ finden* ser escuchado
gehorchen [-'hɔrçən] (*h*) (*dat*) obedecer
ge'hör|en [-'høːrən] (*h*) (*dat*) ser de, pertenecer a; formar parte (*zu* de); *das gehört mir* es mío; *das gehört nicht hierher* no es del caso; *das gehört sich nicht* eso no se hace; *wie es sich gehört* como es debido; **~ig** (*passend*) conveniente; (*gebührend*) debido
gehorsam [-'hoːrzaːm] **1.** *adj* obediente; **2.** ♀ *m* (-*s*; *sin pl*) obediencia *f*
Geh|steig ['geːʃtaɪk] *m*, **~weg** *m* acera *f*
Geier ['gaɪər] *m* (-*s*; -) buitre *m*
'Geige ['gaigə] *f* (-; -*n*) violín *m*; *~ spielen* tocar el violín; **~r** *m* (-*s*; -), **~rin** *f* (-; -*nen*) violinista *su*
geil [gaɪl] *j*: lascivo; F cachondo; (*toll*) chupi
Geisel ['-zəl] *f* (-; -*n*) rehén *m*; **~nahme** [-naːmə] *f* (-; -*n*) toma *f* de rehenes
Geißel ['-səl] *f* (-; -*n*) *fig* azote *m*
Geist [gaɪst] *m* (-[*e*]*s*; *sin pl*) espíritu *m*; mente *f*; (*Witz*) ingenio *m*; (*pl* -*er*) (*Gespenst*) fantasma *m*, espectro *m*; *den ~ aufgeben* entregar el alma a Dios; *der Heilige ~* el Espíritu Santo
'Geister|bahn *f* túnel *m* de los sustos; **~fahrer** *m* conductor *m* suicida *bzw* homicida
'geistes|abwesend ['-stəsˀ-] distraído; **♀blitz** *m* salida *f*, ocurrencia *f*; **♀gegenwart** *f* presencia *f* de ánimo; **~gestört** [-gəʃtøːrt] perturbado (mental); **~krank** enfermo mental; **♀wissenschaften** *f*/*pl* letras *f*/*pl*; humanidades *f*/*pl*; **♀zustand** *m* estado *m* mental
geistig ['-iç] espiritual; mental, intelectual; *Getränk*: espirituoso
'geistlich ['-liç] espiritual; (*kirchlich*) eclesiástico, clerical; *mus* sagrado; **♀e** *m* (-*n*; -*n*) sacerdote *m*; clérigo *m*; *protestantischer*: pastor *m*
'geist|los ['-loːs] falto de ingenio, insípido; **~reich** ingenioso
Geiz [gaɪts] *m* (-*es*; *sin pl*) avaricia *f*; **'~hals** *m* avaro *m*; **'♀ig** avaro
Gejammer [gə'jamər] *n* (-*s*; *sin pl*) lamentaciones *f*/*pl*
Geklapper [-'klapər] *n* (-*s*; *sin pl*) tableteo *m*
gekocht [-'kɔxt] cocido
gekonnt [-'kɔnt] *fig* logrado, bien hecho
Gekritzel [-'kritsəl] *n* (-*s*; *sin pl*) garrapatos *m*/*pl*, garabatos *m*/*pl*
gekünstelt [-'kynstəlt] artificial; afectado, amanerado
Gelächter [-'lɛçtər] *n* (-*s*; -) risa *f*, carcajada *f*; *in ~ ausbrechen* soltar una carcajada
gelähmt [-'lɛːmt] paralizado
Ge'lände [-'lɛndə] *n* (-*s*; -) terreno *m*; **~fahrzeug** *n* vehículo *m* (para) todo terreno; **♀gängig** para todo terreno
Geländer [-'-dər] *n* (-*s*; -) (*Treppen*♀) pasamano *m*
gelangen [-'-ən] (*sn*) llegar (*zu* a); conseguir, lograr (*zu et* a/c)
ge'lassen [-'lasən] sereno, impasible; **♀heit** *f* (-; *sin pl*) serenidad *f*
Gelatine [ʒela'tiːnə] *f* (-; -*n*) gelatina *f*
geläufig [gə'lɔʏfiç] corriente; (*vertraut*) familiar; *sprechen*: con soltura
gelaunt [-'laʊnt]: *gut* (*schlecht*) *~* de buen (mal) humor
gelb [gɛlp] amarillo; **'~lich** amarillento; **'♀sucht** *med f* (-; *sin pl*) ictericia *f*
Geld [gɛlt] *n* (-[*e*]*s*; -*er*) dinero *m*, *Am* plata *f*; **~er** *pl* fondos *m*/*pl*; **'~anlage** *f* inversión *f*; **~automat** *m* cajero *m* automático; **'~beutel** *m* monedero *m*; **'~buße** *f* multa *f*; **'~einwurf** *m* ranura *f* (para echar la moneda); **~geber** *m* socio *m* capitalista; inversor *m*; **'~institut** *n* instituto *m* bancario; **'~karte** *f* tarjeta *f* monedero; **'~schein** *m* billete *m* de banco; **'~strafe** *f* multa *f*; **'~stück** *n* moneda *f*; **'~umlauf** *m* circulación *f* monetaria; **'~umtausch** *m* cambio *m* de moneda; **~wäsche** F *fig f* blanqueo *m* de dinero; **'~wechsel** *m* cambio *m* (de moneda); **'~wert** *m* valor *m* monetario
Gelee [ʒə'leː] *n* (-*s*; -*s*) jalea *f*
gelegen [gə'leːgən] *örtlich*: situado, *bsd Am* ubicado; (*passend*) a propósito; *das kommt mir sehr ~* me viene de perlas
Ge'legenheit *f* (-; -*en*) ocasión *f*; *bei dieser ~* con este motivo; **~sarbeit** *f* trabajo *m* ocasional *od* eventual; **~skauf** *m* ocasión *f*, F ganga *f*
gelegentlich [-tliç] *adj* ocasional; eventual; *adv* en ocasiones

gelehr|ig [gə'leːriç] dócil; **~t** sabio, erudito; **2te** *su* (*-n*; *-n*) sabio *m*, -a *f*, erudito *m*, -a *f*

Geleit [-'laɪt] *n* (*-[e]s*; *-e*) séquito *m*; *mil* escolta *f*; ***freies ~*** salvoconducto *m*; **2en** (*h*) acompañar; *mil* escoltar

Ge'lenk [-'lɛŋk] *n* (*-[e]s*; *-e*) *med* articulación *f*; *tec* juntura *f*

gelernt [-'lɛrnt] (*von Beruf*) de oficio

Geliebte [-'liːptə] *m*/*f* (*-n*; *-n*) amado *m*, -a *f*; *desp* amante *su*, querida *f*

gelingen [-'liŋən] **1.** *v*/*i* (*gelang*, *gelungen*, *sn*) salir bien; ***es gelingt mir, zu*** (*inf*) consigo (*inf*); ***ihm gelingt alles*** todo le sale bien; **2.** 2 *n* (*-s*; *sin pl*) éxito *m*

gellend ['gɛlənt] estridente

geloben [gə'loːbən] (*h*) prometer (solemnemente)

'gelten ['gɛltən] (*galt*, *gegolten*, *h*) valer, ser válido; *Gesetz*: estar en vigor; ***~ lassen*** admitir, dejar pasar; ***~ als*** pasar por; ***das gilt dir*** eso va por ti; ***das gilt nicht*** eso no vale; **~d** vigente; ***~ machen*** hacer valer, alegar

'Geltung *f* (*-*; *sin pl*) valor *m*; (*Gültigkeit*) validez *f*; (*Ansehen*) crédito *m*, prestigio *m*, autoridad *f*; ***zur ~ bringen*** hacer valer; ***zur ~ kommen*** resaltar

Gelübde [gə'lypdə] *n* (*-s*; *-*) voto *m*

ge'lungen [-'luŋən] logrado

gemächlich [-'mɛːçliç] *adv* despacio

Ge'mälde [-'mɛːldə] *n* (*-s*; *-*) cuadro *m*, pintura *f*; **~ausstellung** *f* exposición *f* de pinturas *f*; **~galerie** *f* museo *m* (galería *f*) de pinturas

ge'mäß [-'mɛːs] **1.** *adj* adecuado (a); **2.** *prp* (*dat*) según, conforme a; **~igt** [-'-siçt] moderado; *Klima*: templado

gemein [-'maɪn] común; (*gewöhnlich*) ordinario, vulgar; (*niedrig*) vil, infame

Ge'meinde ['-də] *f* (*-*; *-n*) *Verwaltung*: municipio *m*; (*Pfarr2*) parroquia *f*; **~amt** *n* ayuntamiento *m*; **~rat** *m* concejo *m* municipal; (*Person*) concejal *m*; **~verwaltung** *f* administración *f* municipal; **~wahlen** *f*/*pl* elecciones *f*/*pl* municipales

Ge'mein|heit *f* (*-*; *sin pl*) bajeza *f*, infamia *f*; (*pl -en*) (*Handlung*) mala jugada *f*; **2nützig** [-'-nytsiç] de utilidad pública; **~platz** *m* tópico *m*, lugar *m* común; **2sam** común; colectivo; *adv* en común

Ge'meinschaft *f* comunidad *f*, colectividad *f*; **2lich** común, colectivo; **~santenne** *f* antena *f* colectiva

gemessen [-'mɛsən] mesurado; (*ernst*) grave

Ge'misch [-'miʃ] *n* (*-[e]s*; *-e*) mezcla *f*; **2t** mezclado, mixto

Gemse *s* ***Gämse***

Ge'müse [gə'myːzə] *n* (*-s*; *-*) verdura *f*; hortalizas *f*/*pl*, legumbres *f*/*pl*; **~garten** *m* huerto *m*; **~laden** *m* verdulería *f*

Ge'müt [-'myːt] *n* (*-[e]s*; *sin pl*) alma *f*, ánimo *m*, corazón *m*; **2lich** *et*: agradable, acogedor, íntimo; (*bequem*) confortable; *j*: jovial; ***es sich ~ machen*** ponerse cómodo; **~sart** *f* carácter *m*; índole *f*, temperamento *m*

Gen [geːn] *biol n* (*-s*; *-e*) gen(e) *m*

ge'nau [gə'naʊ] exacto, preciso; (*sorgfältig*) minucioso; ***~ um 8 Uhr*** a las ocho en punto; ***~ wie*** lo mismo que, igual que; ***es ~ nehmen*** ser escrupuloso; ***~ kennen*** conocer a fondo; **2igkeit** *f* (*-*; *sin pl*) exactitud *f*, precisión *f*; **~so**: ***~ ... wie*** tan ... como

ge'nehmi|gen [-'neːmigən] (*h*) autorizar, permitir; **2gung** *f* (*-*; *-en*) autorización *f*, aprobación *f*, permiso *m*; **~gungspflichtig** [-pfliçtiç] sujeto a autorización

geneigt [-'naɪkt] inclinado, *fig a* dispuesto (***zu*** a)

Gene'ral [gene'rɑːl] *m* (*-s*; *-e*, *⸗e*) general *m*; **~direktor** *m* director *m* general; **~probe** *teat f* ensayo *m* general; **~streik** *m* huelga *f* general

Generation [-ra'tsjoːn] *f* (*-*; *-en*) generación *f*; **~envertrag** *m* (*-[e]s*; *Generationenverträge*) contrato *m* generacional

Generator [-'rɑːtɔr] *m* (*-s*; *-en* [-ra-'toːrən]) generador *m*

generell [-'rɛl] general

Genesung [gə'neːzuŋ] *f* (*-*; *sin pl*) convalecencia *f*

genetisch [gə'neːtiʃ] genético

Genf [gɛnf] *n* Ginebra *f*; **~er See** *m* Lago *m* Lemán

'Gen|food [-fuːt] *n* alimentos *m*/*pl* genéticamente modificados; **~forschung** *f* investigación *f* genética

genial [gen'jɑːl] genial

Genick [gə'nik] *n* (*-[e]s*; *-e*) nuca *f*, cerviz *f*

Genie [ʒe'niː] *n* (*-s*; *-s*) ingenio *m*, genio *m* (*a Person*)

genieren [-'niːrən] (*h*): ***sich ~*** avergonzarse

genießen [gə'niːsən] (*genoss, genossen, h*) saborear; paladear; *fig* disfrutar de, gozar de

Genitiv ['geːnitiːf] *m* (*-s*; *-e*) genitivo *m*

Genmanipul|ation *f* (*-*; *-en*) manipulación *f* genética; **≗iert** manipulado genéticamente

Ge'noss|e [gə'nɔsə] *m* (*-n*; *-n*), **~in** *f* (*-*; *-nen*) compañero *m*, -a *f*; camarada *su* (*a pol*); **~enschaft** *f* (*-*; *-en*) cooperativa *f*; **≗enschaftlich** cooperativo; **~enschaftsbank** *f* banco *m* cooperativo

Gent [gɛnt] *n* Gante *f*

gen|technisch: ***~verändert*** modificado genéticamente; **≗technik** *f* ingeniería *f* genética; **≗test** *m med* test *m* genético, prueba *f* genética

Genua ['geːnua] *n* Génova *f*

genug [-'nuːk] bastante, suficiente; ***~!*** ¡basta!; ***~ haben von*** estar harto de

Ge'nüge [-'nyːgə] *f*: ***zur ~*** lo suficiente; **≗n** (*h*) bastar, ser suficiente; **≗nd** suficiente, bastante

genügsam [-'nyːkzaːm] contentadizo, modesto

Genugtuung [-'nuːktuːuŋ] *f* (*-*; *sin pl*) satisfacción *f* (***leisten*** dar)

Genuss [gə'nus] *m* (*-es*; *⸗e*) goce *m*, placer *m*, gozo *m*

Geograf|ie, **Geograph|ie** [geogra'fiː] *f* (*-*; *sin pl*) geografía *f*; **≗isch** [-'grɑːfiʃ] geográfico

Geo|logie [-lo'giː] *f* (*-*; *sin pl*) geología *f*; **~metrie** [-me'triː] *f* (*-*; *sin pl*) geometría *f*

Georgien [ge'ɔrgjən] *n* Georgia *f*

Ge'päck [gə'pɛk] *n* (*-[e]s*; *sin pl*) equipaje *m*; **~abfertigung** *f* facturación *f* de equipajes; **~annahme** *f* recepción *f* de equipajes; **~aufbewahrung** *f* consigna *f*; **~ausgabe** *f* entrega *f* de equipajes; **~kontrolle** *f* control *m* de equipajes; **~netz** *n* rejilla *f*; **~schalter** *f* taquilla *f* de equipajes; **~schein** *m* resguardo *m* (de consigna); **~stück** *n* bulto *m*; **~träger** *m* portaequipajes *m*; (*Person*) mozo *m* (de estación); **~versicherung** *f* seguro *m* de equipajes; **~wagen** *m* furgón *m*

gepfeffert [-'pfɛfərt] *fig Preis*: exorbitante; *Witz*: verde

ge'rade [-'rɑːdə] **1.** *adj* recto (*a fig*); *Haltung*: derecho (*a fig*); (*unmittelbar*) directo; *Zahl*: par; **2.** *adv* (*genau*) precisamente; (*soeben*) ahora mismo; ***~ dabei sn zu*** *inf* estar + *ger*; ***ich wollte ~ ...*** estaba a punto de ...; ***er ist ~ (an)gekommen*** acaba de llegar; **3.** **≗** *f* (*-n*; *-n*) *mat u dep* recta *f*; **~'aus**: (***immer***) **~** (todo) derecho, todo seguido; **~he'raus** francamente, con franqueza; **~stehen** (*irr, sep, -ge-, h,* → ***stehen***) *fig* responder (***für*** de); **~wegs** [-veːks] derecho, directamente; **~zu** verdaderamente

Geranie *bot* [-'rɑːnjə] *f* (*-*; *-n*) geranio *m*

Gerät [-'rɛːt] *n* (*-[e]s*; *-e*) utensilio *m*; (*Apparat*) aparato *m*

geraten [-'rɑːtən] (*geriet, geraten, sn*) (*gelangen*) llegar (***nach*** *dat*, ***in*** *ac* a), ir a parar (a); (*gelingen*) salir bien; ***außer sich ~*** perder los estribos; ***~ in*** (*ac*) caer en; ***in Schwierigkeiten ~*** encontrar dificultades

Geräteturnen [-'rɛːtəturnən] *n* gimnasia *f* con aparatos

Geratewohl [-rɑːtə'voːl] *n*: ***aufs ~*** al azar, a lo que salga

geräumig [-'rɔʏmiç] espacioso; amplio

Ge'räusch [-'rɔʏʃ] *n* (*-[e]s*; *-e*) ruido *m*; **≗los** silencioso, sin ruido; **≗voll** ruidoso

gerben ['gɛrbən] (*ge-*, *h*) curtir

gerecht [gə'rɛçt] justo; *Strafe*: merecido; ***~ werden*** *j-m*: hacer justicia a alg; **≗igkeit** *f* (*-*; *sin pl*) justicia *f*

Gerede [-'reːdə] *n* (*-s*; *sin pl*) habladurías *f/pl*, chismes *m/pl*

gereizt [-'raɪtst] irritado

Ge'richt [-'riçt] *n* (*-[e]s*; *-e*) **1.** *jur* tribunal *m*; *niederes*: juzgado *m*; *höheres*: audiencia *f*, *Am* corte *f*; ***vor ~*** en juicio; ***vor ~ bringen*** llevar a juicio; **2.** (*Speise*) plato *m*; **≗lich** *jur* judicial

Ge'richts|akten [-'riçtsˀaktən] *f/pl* autos *m/pl*; **~barkeit** *f* (*-*; *sin pl*) jurisdicción *f*; **~gebäude** *n* Palacio *m* de Justicia; **~stand** *m* tribunal *m* competente; **~verhandlung** *f* vista *f* (de una causa); **~vollzieher** [-'-fɔltsiːər] *m* (*-s*; *-*) agente *m* ejecutivo; **~weg** *m* vía *f* judicial

ge'ring [-'riŋ] pequeño; (*~fügig*) insignificante; (*wenig*) poco, escaso; **~er** menor; inferior (***als*** a); ***nicht im ~sten*** de ninguna manera; **~schätzig** [-'ʃɛtsiç] desdeñoso; *Ton*: despectivo

gerinnen [-'rinən] (*gerann, geronnen, sn*) *Blut*: coagularse; *Milch*: cuajarse

gerissen [-'risən] *fig* taimado, astuto, zorro

Ger'man|en [gɛr'mɑːnən] *m/pl* germa-

nos *m/pl*; ♀**isch** germano; germánico
gern|(e) [gɛrn(ə)] con mucho gusto, de buena gana; ***ich lese ~*** me gusta leer; ***~ geschehen!*** de nada; ***ich möchte ~*** quisiera; **~haben** (*irr, sep, -ge-, h,* → ***haben***): ***j-n ~ haben*** querer a alg
Gerste ['gɛrstə] *f* (-; *-n*) cebada *f*
Gerte ['-tə] *f* (-; *-n*) vara *f*
Geruch [gə'rux] *m* (-[*e*]*s*; *⸚e*) olor *m*; (*sin pl*) (*Sinn*) olfato *m*
Gerücht [-'ryçt] *n* (-[*e*]*s*; *-e*) rumor *m*; ***es geht das ~*** corre el rumor *od* la voz
Gerümpel [-'rympəl] *n* (*-s*; *sin pl*) cachivaches *m/pl*, trastos *m/pl* viejos
Gerundium *gram* [ge'rundjum] *n* (*-s*;*Gerundien*) gerundio *m*
Gerüst [-'ryst] *n* (-[*e*]*s*; *-e*) (*Bau*♀) andamio *m*, *a fig* armazón *f*
Ges. ***Gesellschaft*** sociedad; ***Gesetz*** ley
gesalzen [-'zaltsən] salado
ge'samt [-'zamt] total, entero; ♀**ausgabe** *f* edición *f* completa; ♀**heit** *f* (-; *sin pl*) totalidad *f*, conjunto *m*; ♀**schule** *f* escuela *f* integrada; ♀**summe** *f* total *m*
Ge'sandt|e [-'zantə] *m* (*-n*; *-n*) enviado *m*; *pol* ministro *m* (plenipotenciario); **~schaft** *f* (-; *-en*) legación *f*
Ge'sang [-'zaŋ] *m* (-[*e*]*s*; *⸚e*) canto *m*; **~verein** *m* orfeón *m*, coral *f*
Gesäß [-'zɛːs] *n* (*-es*; *-e*) nalgas *f/pl*
gesch. ***geschieden*** divorciado
Ge'schäft [-'ʃɛft] *n* (-[*e*]*s*; *-e*) (*Handel*) negocio *m*; transacción *f*; (*Laden*) tienda *f*; (*Firma*) casa *f*; ***ein ~ abschließen*** cerrar un trato; ♀**lich** comercial; *adv* por asuntos de negocio
Ge'schäfts|abschluss *m* conclusión *f* de un negocio; **~anteil** *m* participación *f*; **~aufgabe** *f* liquidación *f od* cese *m* del negocio; **~brief** *m* carta *f* comercial; **~essen** *n* comida *f* (almuerzo *m*, cena *f*) de negocios; **~frau** *f* mujer *f* de negocios; **~freund** *m* corresponsal *m*; **~führer** *m*, **~führerin** *f* gerente *su*, administrador(a) *m*(*f*); **~führung** *f* gerencia *f*, gestión *f*; **~jahr** *n* ejercicio *m*; **~leitung** *f* dirección *f*; **~mann** *m* (-[*e*]*s*; *Geschäftsleute*) hombre *m* de negocios, comerciante *m*; **~ordnung** *f* reglamento *m*; **~papiere** *n/pl* papeles *m/pl* de negocio; **~reise** *f* viaje *m* de negocios; **~stelle** *f* oficina *f*; **~stunden** *f/pl* horas *f/pl* de oficina *od* de despacho; horario *m* comercial; **~träger** *m pol* encargado *m* de negocios; **~verbindung** *f* relación *f* comercial; **~viertel** *n* barrio *m* comercial; **~zeit** *f s **~stunden***
geschehen [-'ʃeːən] **1.** *v/i* (*geschah*, *geschehen*, *sn*) suceder, ocurrir, pasar; ***was auch ~ mag*** pase lo que pase; **2.** ♀ *n* (*-s*; *sin pl*) suceso *m*, acontecimiento *m*
gescheit [-'ʃaɪt] inteligente, sensato
Geschenk [-'ʃɛŋk] *n* (-[*e*]*s*; *-e*) regalo *m*
Ge'schicht|e [-'ʃiçtə] *f* (-; *sin pl*) historia *f*; (*Erzählung*) cuento *m*; ♀**lich** histórico
Ge'schick|lichkeit [-'ʃikliçkaɪt] *f* (-; *sin pl*) habilidad *f*, destreza *f*; ♀**t** hábil, mañoso; ***sich ~ anstellen*** darse maña
geschieden [gə'ʃiːdən] divorciado
Ge'schirr [-'ʃir] *n* (-[*e*]*s*; *-e*) vajilla *f*; (*Kaffee*♀, *Tee*♀) juego *m*, servicio *m*; **~spülmaschine** *f* lavaplatos *m*, lavavajillas *m*; **~tuch** *n* paño *m* de cocina
Ge'schlecht [-'ʃlɛçt] *n* (-[*e*]*s*; *-er*) sexo *m*; *gram* género *m*; (*Abstammung*) familia *f*, linaje *m*, raza *f*; ♀**lich** sexual
Ge'schlechts|krankheit *f* enfermedad *f* venérea; **~teile** *m/pl* genitales *m/pl*; **~verkehr** *m* relaciones *f/pl* sexuales; **~wort** *n* (-[*e*]*s*; *⸚er*) *gram* artículo *m*
geschlossen [-'ʃlɔsən] cerrado; *teat* **~!** no hay función
Ge'schmack [-'ʃmak] *m* (-[*e*]*s*; *⸚e*, F *⸚er*) sabor *m*; gusto *m* (*a fig*); ***~ finden an*** (*dat*) tomar gusto a; ♀**los** insípido, soso; *fig* cursi, de mal gusto; **~losigkeit** *f* (-; *sin pl*) *fig* mal gusto *m*, falta *f* de gusto; **~(s)sache** *f* cuestión *f* de gusto; **~(s)sinn** *m* gusto *m*; ♀**voll** de buen gusto
geschmeidig [-'ʃmaɪdiç] flexible; ágil
Geschöpf [-'ʃœpf] *n* (-[*e*]*s*; *-e*) criatura *f*
Ge'schoss [-'ʃɔs] *n* (*-es*; *-e*), *österr* **Geschoß** (*-es*; *-e*) proyectil *m*; *arqu* piso *m*, planta *f*
Geschrei [-'ʃraɪ] *n* (-[*e*]*s*; *sin pl*) gritos *m/pl*, voces *f/pl*
Geschütz [-'ʃyts] *n* (*-es*; *-e*) cañón *m*
Geschwader [-'ʃvaːdər] *n* (*-s*; -) *mar* escuadra *f*; *avia* escuadrón *m*
Ge'schwätz [-'ʃvɛts] *n* (*-es*; *sin pl*) parloteo *m*; chismes *m/pl*; ♀**ig** locuaz, hablador, parlanchín
geschweige [-'ʃvaɪgə]: ***~ denn*** y mucho menos; por no hablar de
ge'schwind [-'ʃvint] rápido, veloz; ♀**igkeit** [-'-diçkaɪt] *f* (-; *-en*) velocidad *f*, rapidez *f*; ♀**igkeitsbeschränkung** *f* limi-

tación *f* de velocidad; **ᴥigkeitsmesser** *m auto* tacómetro *m*; **ᴥigkeitsüberschreitung** *f* exceso *m* de velocidad

Geschwister [-'ʃvistər] *pl* hermanos *m/pl*

geschwollen [-'ʃvɔlən] *fig* ampuloso

Geschworene [-'ʃvoːrənə] *m/f* (*-n*; *-n*) jurado *m*, -a *f*

Geschwulst *med* [-'ʃvulst] *f* (-; *¨e*) tumor *m*; (*Schwellung*) hinchazón *f*

Geschwür *med* [-'ʃvyːr] *n* (*-[e]s*; *-e*) úlcera *f*

Ge'sell|e [-'zɛlə] *m* (*-n*; *-n*) compañero *m*; (*Handwerks*ᴥ) oficial *m*; **~enbrief** *m etwa*: certificado *m* de oficial; **~enprüfung** *f etwa*: examen *m* de oficial; **ᴥig** sociable; social

Ge'sellschaft [-'zɛlʃaft] *f* (-; *-en*) compañía *f* (*a com*); sociedad *f* (*a com*); (*Vereinigung*) reunión *f*; (*Abend*ᴥ) velada *f*; **~ *leisten*** hacer compañía; **~er** *m* (*-s*; -) *com* socio *m*, asociado *m*; **ᴥlich** social

Ge'sellschafts|ordnung *f* orden *m* social; **~politik** *f* política *f* social; **~reise** *f* viaje *m* colectivo; **~schicht** *f* capa *f od* estrato *m* social; **~spiel** *n* juego *m* de sociedad; **~system** *n* sistema *m* social

Ge'setz [-'zɛts] *n* (*-es*; *-e*) ley *f*; **~buch** *n* código *m*; **~eskraft** *f* fuerza *f* legal; **ᴥgebend** legislativo; **~geber** *m* legislador *m*; **~gebung** *f* (-; *-en*) legislación *f*; **ᴥlich** legal; **ᴥlos** anárquico; **ᴥmäßig** legítimo; *fig* regular

gesetzt [-'zɛtst] *fig* serio, grave; **~ (*den Fall*), *dass*** supongamos que (*subj*)

ge'setzwidrig ilegal

ges. gesch. ***gesetzlich geschützt*** registrado legalmente, patentado

Gesicht [-'ziçt] *n* (*-[e]s*; *-er*) cara *f*; ***zu ~ bekommen*** (llegar a) ver; ***ein langes ~ machen*** quedar con un palmo de narices; ***das ~ wahren*** salvar la cara

Ge'sichts|farbe *f* tez *f*; **~kreis** *m* horizonte *m*; **~punkt** *m* punto *m* de vista; **~wasser** *n* loción *f* facial; **~zug** *m* rasgo *m*; *pl* facciones *f/pl*

Gesindel [-'zindəl] *n* (*-s*; *sin pl*) chusma *f*, canalla *f*

gesinnt [-'zint]: ***j-m freundlich ~ sn*** sentir simpatía hacia alg; ***feindlich ~*** hostil

Gesinnung [-'zinuŋ] *f* (-; *-en*) opinión *f*, convicción *f*

gesittet [-'zitət] civilizado

Gesöff [-'zœf] F *n* (*-[e]s*; *-e*) brebaje *m*

gespannt [-'ʃpant] *a fig* tenso, tirante; **~ *sn auf*** (*ac*) estar curioso por saber; estar ansioso de

Gespenst [-'ʃpɛnst] *n* (*-[e]s*; *-er*) fantasma *m*, espectro *m*

Gespött [-'ʃpœt] *n* (*-[e]s*; *sin pl*) burla *f*; ironía *f*; **(*sich*) *zum ~ machen*** poner (-se) en ridículo

Ge'spräch [-'ʃprɛːç] *n* (*-[e]s*; *-e*) conversación *f*; *tel* conferencia *f*; llamada *f*; **ᴥig** comunicativo, locuaz; **~spartner** *m*, **~spartnerin** *f* interlocutor(a) *m*(*f*)

gest. ***gestorben*** difunto; fallecido

Ge'stalt [-'ʃtalt] *f* (-; *-en*) forma *f*; figura *f*; (*Wuchs*) estatura *f*; *lit* personaje *m*; **ᴥen** (*h*) formar; crear; organizar; **~ung** *f* (-; *sin pl*) formación *f*; creación *f*; organización *f*

geständ|ig [-'ʃtɛndiç] confeso; **~ *sn*** confesar; **ᴥnis** [-'ʃtɛntnis] *n* (*-ses*; *-se*) confesión *f*; ***ein ~ ablegen*** confesar

Gestank [-'ʃtaŋk] *m* (*-[e]s*; *sin pl*) hedor *m*, mal olor *m*

gestatten [-'ʃtatən] (*h*) permitir, autorizar; **~ *Sie!*** con su permiso

Geste ['gɛstə] *f* (-; *-n*) ademán *m*; *fig* detalle *m*, rasgo *m*

gestehen [gə'ʃteːən] (*gestand*, *gestanden*, *h*) confesar

Gestein [-'ʃtaɪn] *n* (*-s*; *-e*) roca *f*

Gestell [-'ʃtɛl] *n* (*-[e]s*; *-e*) (*Bock*) caballete *m*; (*Fuß*ᴥ) pedestal *m*; (*Regal*) estante *m*

gestern ['gɛstərn] ayer; **~ *Morgen*** ayer por la mañana; **~ *Abend*** anoche

Gestirn [gə'ʃtirn] *n* (*-[e]s*; *-e*) astro *m*

gestorben [-'ʃtɔrbən] muerto

gestreift [-'ʃtraɪft] rayado, listado

gestrig ['gɛstriç] de ayer

Gestrüpp [gə'ʃtryp] *n* (*-[e]s*; *-e*) matorral *m*, maleza *f*

Gestüt [-'ʃtyːt] *n* (*-[e]s*; *-e*) acaballadero *m*

Ge'such [-'zuːx] *n* (*-[e]s*; *-e*) instancia *f*, solicitud *f*; (*Bittschrift*) petición *f*; **ᴥt** *com* demandado, solicitado; (*geziert*) rebuscado

ge'sund [gə'zunt] sano; (*heilsam*) saludable (*a fig*), salubre; **~ *werden*** sanar, curarse; **~en** (*sn*) sanar, curarse

Ge'sundheit [-'zunthaɪt] *f* (-; *sin pl*) salud *f*; salubridad *f*; **~!** *beim Niesen*: ¡Jesús!; ***bei guter ~*** bien de salud; **ᴥlich** higiénico, sanitario; ***wie geht's Ihnen ~?*** ¿cómo va de salud?; **~samt** *n* delegación *f* de sanidad; **2sgefährdend**, **2sschädlich** perjudicial para la salud; **~spolitik** *f* política *f* sanitaria; **~swesen** *n* sanidad *f*; **~szeugnis** *n* certificado *m* de sanidad; **~szustand** *m* estado *m* de salud

Gesundung [-ˈ-duŋ] *f* (-; *sin pl*) restablecimiento *m*; *fig* saneamiento *m*

Getöse [-ˈtøːzə] *n* (-*s*; *sin pl*) estrépito *m*, estruendo *m*, fragor *m*

Geˈtränk [-ˈtrɛŋk] *n* (-[*e*]*s*; -*e*) bebida *f*; **~eautomat** *m* máquina *f* automática de bebidas; **~ekarte** *f* carta *f* de vinos

getrauen [-ˈtraʊən] (*h*): ***sich ~ zu*** atreverse a

Geˈtreide [-ˈtraɪdə] *n* (-*s*; -) cereales *m/pl*; **~bau** *m* (-[*e*]*s*; *sin pl*) cultivo *m* de cereales; **~ernte** *f* cosecha *f* de cereales

getrennt [-ˈtrɛnt] separado; *adv* aparte; *zahlen*: por separado; ***~ leben*** vivir separados

getreu(lich) [-ˈtrɔʏ(liç)] fiel, leal

Geˈtriebe [-ˈtriːbə] *n* (-*s*; -) *tec* engranaje *m*; *auto* caja *f* de cambios; **~öl** *n* aceite *m* de la caja de cambios; **~schaden** *m* avería *f* de la caja de cambios

Getue [gəˈtuːe] *n* (-*s*; *sin pl*) afectación *f*, aspavientos *m/pl*

Gewächs [-ˈvɛks] *n* (-*es*; -*e*) planta *f*; *med* tumor *m*

gewachsen [-ˈvaksən]: ***gut ~ sn*** tener buen tipo; *fig* ***j-m (e-r Sache) ~ sn*** estar a la altura de alg (a/c)

Gewächshaus [-ˈvɛkshaʊs] *n* invernadero *m*

gewagt [-ˈvɑːkt] arriesgado, atrevido

Gewähr [-ˈvɛːr] *f* (-; *sin pl*) garantía *f*; seguridad *f*; ***ohne ~*** sin garantía, sin compromiso

geˈwähr|en [-ˈvɛrən] (*h*) conceder, otorgar; *Bitte*: acceder a; ***~ lassen*** dejar hacer; **~leisten** (*h*) garantizar

Gewahrsam [-ˈvɑːrzɑːm] *m* (-*s*; *sin pl*) custodia *f*; ***in ~*** bajo custodia

Geˈwalt [-ˈvalt] *f* (-; -*en*) (*Macht*) poder *m*; autoridad *f*; (*sin pl*) (*Zwang*) fuerza *f*, violencia *f*; ***höhere ~*** fuerza *f* mayor; ***mit ~*** a la fuerza; ***mit aller ~*** *fig* a todo trance; ***~ anwenden*** valerse de la fuerza; ***die ~ verlieren über*** (*ac*) perder el control de; **2ig** poderoso; *fig* enorme; **2sam** violento, brutal; *adv* a la fuerza; **2tätig** violento, brutal

geˈwandt [-ˈvant] (*flink*) ágil, ligero; (*geschickt*) hábil, diestro; **2heit** *f* (-; *sin pl*) agilidad *f*; habilidad *f*, destreza *f*

Geˈwässer [-ˈvɛsər] *n* (-*s*; -) aguas *f/pl*; **~schutz** *m* protección *f* de las aguas

Gewebe [-ˈveːbə] *n* (-*s*; -) tejido *m*

Gewehr [-ˈveːr] *n* (-[*e*]*s*; -*e*) fusil *m*; (*Jagd2*) escopeta *f*

Geweih [-ˈvaɪ] *n* (-[*e*]*s*; -*e*) cornamenta *f*

Geˈwerbe [-ˈvɛrbə] *n* (-*s*; -) industria *f*; (*Beruf*) oficio *m*; **~aufsicht** *f* inspección *f* industrial; **~freiheit** *f* libertad *f* profesional; **~genehmigung** *f* licencia *f* profesional; **~schein** *m* licencia *f* (de oficio)

geˈwerb|lich [-ˈvɛrpliç] industrial; **~smäßig** profesional

Geˈwerkschaft [gəˈvɛrkʃaft] *f* (-; -*en*) sindicato *m*; **~er** *m* (-*s*; -), **~erin** *f* (-; -*nen*) sindicalista *su*; **2lich** sindical(ista); **~sbund** *m* confederación *f* de sindicatos; **~svertreter** *m*, **~svertreterin** *f* representante *su* sindical

Geˈwicht [-ˈviçt] *n* (-[*e*]*s*; -*e*) peso *m*; (*~sstein*) pesa *f*; ***nach ~*** al peso; ***~ legen auf*** (*ac*) dar importancia a; **~heben** *n* *dep* levantamiento *m* de pesos, halterofilia *f*; **2ig** *fig* de (mucho) peso, importante

Gewimmel [-ˈviməl] *n* (-*s*; *sin pl*) hormigueo *m*, hervidero *m*

Gewinde [-ˈvində] *n* (-*s*; -) *tec* rosca *f*, filete *m*

Geˈwinn [-ˈvin] *m* (-[*e*]*s*; -*e*) ganancia *f*; *com* beneficio *m*; (*Lotterie2*) premio *m*; ***~ bringend → gewinnbringend***; **~ausschüttung** *f* reparto *m* de beneficios; **~beteiligung** *f* participación *f* en los beneficios; **2bringend** provechoso, lucrativo; **2en** (*gewann*, *gewonnen*, *h*) ganar; *min* extraer; (*erlangen*) conseguir, obtener; **2end** *fig* simpático; **~er** *m* (-*s*; -), **~erin** *f* (-; -*nen*) ganador(a) *m*(*f*); vencedor(a) *m*(*f*); *bei Preisausschreiben*, *Toto usw*: acertante *su*; **~spanne** *f* margen *f* de beneficios; **~ung** *f* (-; *sin pl*) obtención *f*; *min* extracción *f*

gewiss [-ˈvis] **1.** *adj* cierto, seguro; ***ein gewisser Martínez*** un tal Martínez; **2.** *adv* seguramente; ***aber ~!*** ¡claro que sí!

Geˈwissen [-ˈvisən] *n* (-*s*; -) conciencia

f; **♀haft** escrupuloso, concienzudo; *adv* a conciencia; **♀los** sin escrúpulo(s); **~sbisse** *m/pl* remordimientos *m/pl*
gewissermaßen [-visər'maːsən] en cierto modo
Gewissheit [-'vishaɪt] *f* (-; *sin pl*) certeza *f*, seguridad *f*
Ge'witt|er [-'vitər] *n* (-*s*; -) tormenta *f*; **♀rig** [-'-riç] tormentoso
gewitzt [-'vitst] listo, astuto
gewöhnen [-'vøːnən] (*h*): **(*sich*) ~ *an*** (*ac*) acostumbrar(se) a, habituar(se) a
Ge'wohnheit [-'voːnhaɪt] *f* (-; -*en*) costumbre *f*; ***aus*** **~** por costumbre; **♀smäßig** habitual; **~srecht** *n* derecho *m* consuetudinario; **~strinker** *m* bebedor *m* habitual
gewöhnlich [-'vøːnliç] ordinario, corriente; (*üblich*) usual, habitual; (*unfein*) vulgar; *adv* de ordinario, normalmente; ***wie*** **~** como de costumbre
gewohnt [-'voːnt] acostumbrado (*et*, ***an*** *ac* a), habituado (a)
Gewöhnung [-'vøːnuŋ] *f* (-; *sin pl*) habituación *f*
Gewölbe [-'vœlbə] *n* (-*s*; -) bóveda *f*
gewollt [-'vɔlt] intencionado
Gewühl [-'vyːl] *n* (-[*e*]*s*; *sin pl*) muchedumbre *f*, gentío *m*; (*Durcheinander*) barullo *m*
gewunden [-'vundən] *a fig* sinuoso, tortuoso
Ge'würz [-'vyrts] *n* (-*es*; -*e*) condimento *m*, especia *f*; **~gurke** *f* pepinillo *m* en vinagre; **~nelke** *f* clavo *m*
gez. ***gezeichnet*** firmado
Gezeiten [-'tsaɪtən] *pl* marea *f*
geziert [-'tsiːrt] afectado
Gezwitscher [-'tsvitʃər] *n* (-*s*; *sin pl*) gorjeo *m*
gezwungen [-'tsvuŋən] *fig* forzado; (*geziert*) afectado
GG *n* ***Grundgesetz*** ley *f* fundamental
ggf. ***gegebenenfalls*** si fuera preciso, eventualmente
Gicht [giçt] *f* (-; *sin pl*) *med* gota *f*
Giebel ['giːbəl] *m* (-*s*; -) frontón *m*
Gier [giːr] *f* (-; *sin pl*) avidez *f* (***nach*** de), codicia *f*; **'♀ig** ávido (***nach*** de)
'gieß|en ['giːsən] (*goss*, *gegossen*, *h*) verter, echar; *tec* fundir; *in Formen*: vaciar; *agr* regar; ***es gießt*** **(*in Strömen*)** F llueve a cántaros; **♀e'rei** *f* (-; -*en*) fundición *f*; **♀kanne** *f* regadera *f*
Gift [gift] *n* (-[*e*]*s*; -*e*) veneno *m* (*a fig*); tóxico *m*; **'~gas** *n* gas *m* tóxico *od* asfixiante; **'♀ig** venenoso; *med* tóxico; *fig* mordaz; **'~müll** *m* desechos *m/pl* tóxicos; **'~pilz** *m* hongo *m* venenoso; **'~schlange** *f* serpiente *f* venenosa
Gi'gant [gi'gant] *m* (-*en*; -*en*) gigante *m*; **♀isch** gigantesco
'Gipfel [gipfəl] *m* (-*s*; -) cumbre *f* (*a pol*), cima *f* (*a fig*); *fig* ***das ist der ~!*** ¡es el colmo!; **~konferenz** *f* (conferencia *f* en la) cumbre *f*; **~punkt** *m* punto *m* culminante (*a fig*); **~treffen** *n* cumbre *f*
Gips [gips] *m* (-*es*; -*e*) *a med* yeso *m*, escayola *f*; **'♀en** (*ge*-, *h*) enyesar; **'~verband** *med m* vendaje *m* enyesado, escayola *f*
Giraffe [gi'rafə] *f* (-; -*n*) jirafa *f*
Girlande [gir'landə] *f* (-; -*n*) guirnalda *f*
'Giro ['ʒiːro] *n* (-*s*; -*s*) giro *m*, transferencia *f*; **~konto** *n* cuenta *f* corriente; **~verkehr** *m* operaciones *f/pl* en cuenta corriente
Gitarr|e [gi'tarə] *f* (-; -*n*) guitarra *f*; **~ist** [-'rist] *m* (-*en*; -*en*) guitarrista *m*
'Gitter ['gitər] *n* (-*s*; -) reja *f*, verja *f*; **~fenster** *n* ventana *f* enrejada
Glanz [glants] *m* (-*es*; *sin pl*) brillo *m*, lustre *m*; *fig* esplendor *m*
'glänzen ['glɛntsən] (*ge*-, *h*) brillar (*a fig*); resplandecer; **~d** brillante; *fig* magnífico, espléndido
Glas [glaːs] *n* (-*es*; *sin pl*) vidrio *m*, cristal *m*; (*pl* ⁼*er*) (*Trink*♀) vaso *m*, *mit Fuß*: copa *f*; **'~aal** *zo m* angula *f*; **~er** ['-zər] *m* (-*s*; -) vidriero *m*; **~e'rei** *f* (-; -*en*) vidriería *f*
gläsern ['glɛːzərn] de cristal, de vidrio
glas|ieren [gla'ziːrən] (*h*) *gastr Kuchen*: glasear; *Früchte*: garapiñar; *Keramik*: vidriar; **~ig** ['glaːziç] vidrioso (*a fig*)
'Glas|scheibe ['glaːs-] *f* cristal *m*, vidrio *m*; **~scherbe** *f*, **~splitter** *m* casco *m* de vidrio; **~tür** *f* puerta *f* vidriera *od* de cristal
Glasur [gla'zuːr] *f* (-; -*en*) vidriado *m*; *gastr* baño *m* de azúcar
glatt [glat] **1.** *adj* liso (*a Haar*); pulido; (*schlüpfrig*) resbaladizo; **2.** *adv* sin dificultad; (*rundweg*) rotundamente
Glätte ['glɛtə] *f* (-; *sin pl*) (*Straßen*♀) estado *m* resbaladizo
Glatteis ['glatˀaɪs] *n* hielo *m* (resbaladizo)
glätten ['glɛtən] (*ge*-, *h*) alisar
glatt rasiert ['glatraziːrt] apurado

'Glatz|e ['glatsə] *f* (-; *-n*) calva *f*; ***e-e ~ bekommen*** ponerse calvo; **~kopf** *m*, **2köpfig** ['-kœpfiç] calvo (*m*)

'Glaube ['glaʊbə] *m* (*-ns*; *sin pl*) fe *f* (***an*** *ac* en), creencia *f* (en); (*Religion*) religión *f*; **2n** (*ge-*, *h*) creer (***an*** *ac* en); (*meinen*) pensar; ***ich glaube, ja*** (***nein***) creo que sí (no); ***es ist nicht zu ~*** parece mentira

'Glaubensbekenntnis *n* confesión *f*; credo *m* (*a pol*)

glaubhaft ['glaʊphaft] digno de crédito, creíble

'gläubig ['glɔʏbiç] creyente; **2e** ['-bigə] *m* (*-n*; *-n*) creyente *m*; *pl a* fieles *m*/*pl*; **2er** *com m* (*-s*; -) acreedor *m*

glaubwürdig ['glaup-] digno de crédito, fidedigno

gleich [glaɪç] **1.** *adj* igual; mismo; ***das 2e*** lo mismo; ***das ist mir ~*** me da igual, me da lo mismo; **2.** *adv* ***~ bleibend*** invariable; ***~ lautend*** idéntico; *Abschrift*: conforme; **3.** *adv* (*sofort*) en seguida, ahora mismo; ***ich komme ~!*** ¡ya voy!; ***~ darauf*** al poco rato, acto seguido; ***~ heute*** hoy mismo; ***bis ~!*** ¡hasta luego!

'gleich|altrig ['-ʔaltriç] de la misma edad; **~artig** similar, semejante; **~bedeutend** idéntico (***mit*** *dat* a), equivalente (a); **~berechtigt** con los mismos derechos; **2berechtigung** *f* igualdad *f* de derechos; **~en** (*glich*, *geglichen*, *h*) (*dat*) parecerse a, semejar a; **~falls** ['-fals] asimismo, igualmente; ***danke, ~!*** ¡gracias, igualmente!; **~förmig** ['-fœrmiç] uniforme; **~geschlechtlich** del mismo sexo; **2gewicht** *n* (*-[e]s*; *sin pl*) equilibrio *m*; ***ins ~ bringen*** equilibrar; **~gültig** indiferente; **2gültigkeit** *f* indiferencia *f*; **2heit** *f* (-; *sin pl*) igualdad *f*; **2heitsgrundsatz** *m* principio *m* de igualdad; **~machen** (*sep*, *-ge-*, *h*) igualar, *a fig* nivelar; **~mäßig** simétrico; regular; **2mut** *m* (*-[e]s*; *sin pl*) ecuanimidad *f*; (*Ruhe*) serenidad *f*; **~setzen** (*sep*, *-ge-*, *h*), **~stellen** (*sep*, *-ge-*, *h*) (*dat*) equiparar a; **2strom** *el m* corriente *f* continua; **2ung** *mat f* (-; *-en*) ecuación *f*; **~wertig** ['-veːrtiç] equivalente; **~zeitig** simultáneo; *adv* al mismo tiempo

Gleis *ferro* [glaɪs] *n* (*-es*; *-e*) vía *f*

'gleit|en ['glaɪtən] (*glitt*, *geglitten*, *sn*) resbalar, deslizarse; *avia* planear; ***~de Arbeitszeit*** *f* horario *m* flexible; **2flug** *m* vuelo *m* planeado; **2schutz** *m* antideslizante *m*; **2zeit** *f* horario *m* flexible

'Gletscher ['glɛtʃər] *m* (*-s*; -) glaciar *m*; **~spalte** *f* grieta *f* (de glaciar)

Glied [gliːt] *n* (*-[e]s*; *-er*) miembro *m*; (*Ketten2*) eslabón *m*; ***männliches ~*** miembro *m* viril; **2ern** ['-dərn] (*ge-*, *h*) dividir (***in*** *ac* en); desglosar (en); clasificar; **'~erung** *f* (-; *-en*) división *f*; desglose *m*; clasificación *f*; **~maßen** ['gliːtmaːsən] *pl* miembros *m*/*pl*, extremidades *f*/*pl*

glimmen ['glimən] (*glomm*, *geglommen*, *h*) arder sin llama

Glimmer ['glimər] *m* mica *f*

glitschig ['glitʃiç] resbaladizo; *Aal usw*: escurridizo

'glitzern ['glitsərn] (*ge-*, *h*) centellear, brillar; **~d** centelleante, brillante

global [glo'baːl] global; **2isierung** *f* (-; *-en*) globalización *f*; **2isierungsgegner(in)** *m*(*f*) antiglobalista *su*, antiglobalizador(a) *m*(*f*)

Globus ['gloːbus] *m* (*-[ses]*; *Globen*) globo *m* (terráqueo)

Glocke ['glɔkə] *f* (-; *-n*) campana *f*; (*Vieh2*) esquila *f*; *el* timbre *m*

'Glocken|blume *bot f* campánula *f*; **~geläut(e)** *n* toque *m od* repique *m* de campanas; **~spiel** *n* carillón *m*; **~turm** *m* campanario *m*

'Glotz|e ['glɔtsə] F *f* (-; *-n*) caja *f* tonta; **2en** (*ge-*, *h*) mirar boquiabierto

Glück [glyk] *n* (*-[e]s*; *sin pl*) dicha *f*, felicidad *f*; (*~sfall*) suerte *f*, fortuna *f*; ***zum ~*** por suerte, afortunadamente; ***auf gut ~*** a la buena de Dios; *j-m* ***~ wünschen*** felicitar a, dar la enhorabuena a; ***viel ~!*** ¡que tenga(s) suerte!; **'2en** (*ge-*, *sn*) salir bien; ***es glückt mir zu*** logro (*inf*); **'2lich** feliz, dichoso; **'2licherweise** afortunadamente

'Glücks|fall ['glyksfal] *m* suerte *f*; **~kind** *n*, **~pilz** *m*: ***er ist ein ~*** ha nacido de pie; **~spiel** *n* juego *m* de azar

'glück|strahlend radiante de felicidad; **2wunsch** *m* felicitación *f*; ***herzlichen ~!*** ¡enhorabuena!, ¡mis felicitaciones!; **2wunschtelegramm** *n* telegrama *m* de felicitación

'Glüh|birne *el* ['glyːbirnə] *f* bombilla *f*; **2en** (*ge-*, *h*) *v*/*i* arder (*a fig*, ***vor*** *dat* de); estar incandescente; **2end** incandescente; *fig* ardiente (*a Gesicht*), ferviente; *Hitze*: abrasador; **~lampe** *f* bombilla *f*; **~wein** *m* vino *m* caliente; **~würmchen** ['-vyrmçən] *n* (*-s*; -) *zo* luciérnaga *f*

Glut [glu:t] *f* (-; *-en*) ardor *m* (*a fig*); (*Kohlen*♀) brasa *f*, ascua *f*

Gluten [glu'te:n] *n* (*-s*) *biol* gluten *m*; ♀**frei** (*Nahrungsmittel*) sin gluten, libre de gluten; **~unverträglichkeit** *f* celiaquía *f*

Glyzerin [glitsə'ri:n] *n* (*-s*; *sin pl*) glicerina *f*

GmbH *f* ***Gesellschaft mit beschränkter Haftung*** S.R.L. *f* (sociedad de responsabilidad limitada)

Gnade ['gnɑ:də] *f* gracia *f* (*a rel*); (*Gunst*) favor *m*; ***um ~ bitten*** pedir perdón

'**Gnaden|frist** *f* plazo *m* de gracia; ♀**los** sin piedad; **~stoß** *m* golpe *m* de gracia (*a fig*)

gnädig ['gnɛ:diç] (*nachsichtig*) indulgente; ***~e Frau!*** ¡señora!

Gobelin [gobə'lɛ̃] *m* (*-s*; *-s*) tapiz *m*

Gold [gɔlt] *n* (*-es*; *sin pl*) oro *m*; '**~barren** *m* lingote *m* de oro; '**~barsch** *m* gallineta *f* nórdica; ♀**en** ['-dən] de oro; dorado; ***~e Hochzeit*** bodas *f/pl* de oro; '**~fisch** *m* pez *m* rojo; '♀**gelb** (amarillo) dorado; '**~grube** *f* mina *f* de oro; *fig a* filón *m*; ♀**haltig** ['-haltiç] aurífero; ♀**ig** ['-diç] mono, encantador; '**~medaille** *f* medalla *f* de oro; '**~plombe** *f* empaste *m* de oro; '**~preis** *m* precio *m* del oro; '**~schmied** *m* orfebre *m*

Golf [gɔlf] **a)** *m* (*-s*; *-e*) *geo* golfo *m* **a)** *n* (*-s*; *sin pl*) *dep* golf *m*; '**~ball** *m* pelota *f* de golf; '**~spieler** *m* golfista *m*; '**~platz** *m* campo *m* de golf

Golfstrom ['gɔlfʃtro:m] *m* Corriente *f* del Golfo

Gondel ['gɔndəl] *f* (-; *-n*) góndola *f*; *e-s Ballons*: barquilla *f*

Gong [gɔŋ] *m* (*-s*; *-s*) gong *m*, batintín *m*

'**gönn|en** ['gœnən] (*ge-*, *h*): ***nicht ~*** envidiar; ***sich et ~*** regalarse con a/c; ***ich gönne es dir*** me alegro por ti; ♀**er** *m* (*-s*; -), ♀**erin** *f* (-; *-nen*) protector(a) *m*(*f*); bienhechor(a) *m*(*f*)

Gorilla [go'rila] *m* (*-s*; *-s*) gorila *m* (*a fig*)

Gosse ['gɔsə] *f* (-; *-n*) arroyo *m* (*a fig*)

'**Got|ik** ['go:tik] *f* (-; *sin pl*) (estilo *m*) gótico *m*; ♀**isch** gótico

Gott [gɔt] *m* (*-es*; *⸚er*) Dios *m*; *heidnisch*: dios *m*; ***mein ~!*** ¡Dios mío!; ***um ~es willen!*** ¡por (amor de) Dios!; ***~ sei Dank!*** ¡gracias a Dios!

'**Gottes|dienst** *m* culto *m*, oficio *m* divino; **~lästerung** *f* blasfemia *f*

Gött|in ['gœtin] *f* (-; *-nen*) diosa *f*; ♀**lich** divino (*a fig*)

Göttingen ['gœtiŋən] *n* Gotinga *f*

gott|lob! [gɔt'lo:p] ¡gracias a Dios!; '**~los** ateo, impío; '**~verlassen** *Ort*: perdido; '♀**vertrauen** *n* confianza *f* en Dios

Götze ['gœtsə] *m* (*-n*; *-n*), **~nbild** *n* ídolo *m*

Grab [grɑ:p] *n* (*-es*; *⸚er*) tumba *f*, fosa *f*, sepultura *f*; '♀**en** [grɑ:bən] (*ge-*, *h*) cavar; '**~en** *m* (*-s*; ⸚) foso *m*; zanja *f*; (*Straßen*♀) cuneta *f*; *mil* trinchera *f*; **~mal** ['grɑ:p-] *n* (*-s*; *Grabmäler*, *-e*) monumento *m* fúnebre; '**~stätte** *f* sepulcro *m*, sepultura *f*; '**~stein** *m* lápida *f* sepulcral

Grad [grɑ:t] *m* (*-*[*e*]*s*; *-e*) grado *m*; ***5 ~ Wärme*** (***Kälte***) cinco grados sobre (bajo) cero

Graf [grɑ:f] *m* (*-en*; *-en*) conde *m*

Graffito [gra'fito] *m*, *n* (-; *Graffiti*) pintada *f*

'**Graf|ik** [grɑ:fik] *f* (-; *-en*) artes *f/pl* gráficas; (*Zeichnung*) gráfico *m*; **~iker** *m* (*-s*; -) dibujante *m* (publicitario), grafista *m*; ♀**ikfähig** *inform* (*Bildschirm*) capaz de representación gráfica; **~ikkarte** *f* tarjeta *f* de gráficos; **~ikprogramm** *n* programa *m* de gráficos; ♀**isch** gráfico

Gräfin ['grɛ:fin] *f* (-; *-nen*) condesa *f*

Gram [grɑ:m] *m* (*-*[*e*]*s*; *sin pl*) pena *f*, pesar *m*

grämen ['grɛ:men] (*ge-*, *h*): ***sich ~*** afligirse (***über*** *ac* de)

Gramm [gram] *n* (*-*[*e*]*s*; *-e*) gramo *m*; ***100 ~*** cien gramos

Gram'mati|k [gra'matik] *f* (-; *-en*) gramática *f*; ♀**sch** gramatical

Gra'nat [-'nɑ:t] *m* (*-*[*e*]*s*; *-e*) *min* granate *m*; **~apfel** *m* granada *f*; **~e** *mil f* (-; *-n*) granada *f*

Granit [gra'ni:t] *m* (*-*[*e*]*s*; *-e*) granito *m*

Grapefruit ['gre:pfru:t] *f* (-; *-s*) pomelo *m*

Graphik → ***Grafik***

Graphologie [grafolo'gi:] *f* (-; *sin pl*) grafología *f*

Gras [grɑ:s] *n* (*-es*; *⸚er*) hierba *f* (*a* F *Marihuana*); '♀**en** ['grɑ:zən] (*ge-*, *h*) pacer, pastar

grässlich ['grɛsliç] horrible, atroz

Grat [grɑːt] *m* (-[*e*]*s*; *-e*) cresta *f*
Gräte ['grɛːtə] *f* (-; *-n*) espina *f*
Gratifikation [gratifika'tsjoːn] *f* (-; *-en*) gratificación *f*
gratiniert [-'niːrt] *gastr* gratinado
gratis ['grɑːtis] gratis, gratuitamente
Gratul|ant [gratu'lant] *m* (*-en*; *-en*) congratulante *m*, felicitante *m*; **~ation** [-la'tsjoːn] *f* (-; *-en*) felicitación *f*; **≗'ieren** (*h*) felicitar (***j-m zu et*** a alg por a/c)
grau [graʊ] gris (*a fig*); *Haar*: cano; **'≗brot** *n* pan *m* moreno; **'~en** (*ge-*, *h*) *Tag*: apuntar; ***der Morgen graut*** amanece; ***mir graut vor*** tengo horror a
Graubünden [graʊ'byndən] *n* Grisones *m/pl*
'Gräuel ['grɔʏəl] *m* (*-s*; -), **~tat** *f* atrocidad *f*
'Grau|en *n* (*-s*; -) horror *m*; **≗enhaft**, **≗envoll** horrible, espantoso; **≗haarig** cano(so)
gräulich[1] ['grɔʏliç] (*schrecklich*) horrible, atroz, espantoso
'gräulich[2] *Farbe*: grisáceo
Graupeln ['graʊpəln] *f/pl* granizo *m* menudo
'grausam cruel; **≗keit** *f* (-; *-en*) crueldad *f*
gravieren [gra'viːrən] (*h*) grabar; **~d** grave
Graz|ie ['grɑːtsjə] *f* (-; *sin pl*) gracia *f*; **≗iös** [gra'tsjøːs] gracioso
'greif|bar ['graɪfbɑːr] tangible (*a fig*); *com* disponible; **~en** (*griff*, *gegriffen*, *h*) coger, *Am reg* tomar, agarrar; ***~ zu e-m Mittel*** recurrir a; ***um sich ~*** propagarse
Greis [graɪs] *m* (*-es*; *-e*) anciano *m*; **'≗enhaft** ['graɪzən-] senil; **'~in** *f* (-; *-nen*) anciana *f*
grell [grɛl] *Licht*: deslumbrante; *Farbe*: llamativo, chillón; *Ton*: estridente
Gremium ['greːmjum] *n* (*-s*; *-mien*) entidad *f*, organismo *m*
'Grenz|e ['grɛntsə] *f* (-; *-n*) límite *m* (*a fig*); (*Landes≗*) frontera *f*; **≗en** (*ge-*, *h*) lindar, confinar (***an*** *ac* con); *fig* rayar (en); **≗enlos** ilimitado; inmenso; **~formalitäten** *f/pl* formalidades *f/pl* al pasar la frontera; **~gebiet** *n* región *f od* zona *f* fronteriza; **~kontrolle** *f* control *m* fronterizo; **~polizei** *f* policía *f* de fronteras; **~schutz** *m* protección *f* de la frontera; **~stein** *m* mojón *m* fronterizo; **~übergang** *m* paso *m* fronterizo; **≗überschreitend** transfronterizo; **~verkehr** *m* tráfico *m* fronterizo
'Greuel *s* ***Gräuel***
greulich *s* ***gräulich1***
Griebe ['griːbə] *f* (-; *-n*) chicharrón *m*
Griech|e ['griːçə] *m* (*-n*; *-n*), **~in** *f* (-; *-nen*) griego *m*, -a *f*; **≗isch** griego
Griechenland ['griːçənlant] *n* Grecia *f*
Grieß [griːs] *m* (*-es*; *-e*) sémola *f*; *med* arenillas *f/pl*
Griff [grif] *m* (-[*e*]*s*; *-e*) asidero *m*; empuñadura *f*; (*Messer≗*) mango *m*; *e-r Schublade*: tirador *m*; (*Koffer≗*) asa *f*; ***im ~ haben*** dominar; **'≗bereit** al alcance de la mano
Grill [gril] *m* (-[*e*]*s*; *-e*) parrilla *f*; (*Garten≗*) barbacoa *f*; **'~e** *f* (-; *-n*) *zo* grillo *m*; *fig* capricho *m*; **'≗en** (*ge-*, *h*) asar a la parrilla; **'~fest** *n* barbacoa *f*; **'~restaurant** *n* parrilla *f*, asador *m*
Grimasse [gri'masə] *f* (-; *-n*) mueca *f*, gesto *m* (***schneiden*** hacer)
grinsen ['-zən] (*ge-*, *h*) (son)reír irónicamente
'Grippe *med* ['gripə] *f* (-; *-n*) gripe *f*; **~welle** *f* epidemia *f* de gripe
grob [groːp] grueso; (*roh*) bruto; (*plump*) tosco, grosero; *Ton*: bronco; *Fehler*: grave; **'≗heit** *f* (-; *-en*) grosería *f*
Grog [grɔk] *m* (*-s*; *-s*) grog *m*
grölen ['grøːlən] F (*ge-*, *h*) berrear
Groll [grɔl] *m* (-[*e*]*s*; *sin pl*) rencor *m*; **'≗en** (*ge-*, *h*): ***j-m ~*** guardar rencor a alg
Grönland ['grønlant] *n* Groenlandia *f*
Groschen [grɔʃən] *m* (*-s*; -) moneda *f* de 10 pfennigs
groß [groːs] gran(de); (*weit*) extenso, amplio; (*hoch*) alto (*a v Wuchs*); ***mein ~er Bruder*** mi hermano mayor; ***im ≗en*** (***und***) ***Ganzen*** en general, en conjunto; ***größer werden*** crecer, aumentar; **'≗aktionär** *m* accionista *m* mayoritario; **'~artig** grandioso, magnífico; **'≗aufnahme** *f Film*: primer plano *m*; **'≗bank** *f* gran banco *m*; **'≗betrieb** *m* (-[*e*]*s*; *-e*) gran empresa *f*; **'≗buchstabe** *m* mayúscula *f*
Groß|bildschirm ['groːs-] *m inform* pantalla *f* grande; **~eltern** *pl* abuelos *m/pl*
Großbritannien [groːsbri'tanjən] *n* Gran Bretaña *f*
Größe ['grøːsə] *f* (-; *-n*) grandeza *f*; (*Ausdehnung*) extensión *f*; (*Umfang*) tamaño *m*, dimensión *f*; (*Höhe*) altura

f; (*Körper*≈, *Kleider*≈) talla *f*; (*Person*) celebridad *f*

Größenwahn ['grøːsən-] *m* megalomanía *f*

'**Groß|grundbesitz** ['groːsgruntbəzits] *m* latifundio *m*; **~grundbesitzer** *m* terrateniente *m*, latifundista *m*; **~handel** *m* comercio *m* al por mayor; **~handelspreis** *m* precio *m* al por mayor; **~händler** *m* mayorista *m*, comerciante *m* al por mayor; **~industrie** *f* gran industria *f*

'**groß|jährig** [groːsjɛːriç] mayor de edad; **≈macht** *f* gran potencia *f*; **≈mama** F *f* abuelita *f*; **≈mut** *f* (-; *sin pl*) generosidad *f*; **≈mutter** *f* abuela *f*; **≈papa** F *m* abuelito *m*; **≈raum** *m*: ***der ~ Madrid*** el gran Madrid; **≈raumbüro** *n* despacho *m* colectivo; **≈schreibung** *f* empleo *m* de mayúsculas; **~spurig** ['-ʃpuːriç] arrogante; **≈stadt** *f* gran ciudad *f*; urbe *f*; **~städtisch** de gran ciudad; **≈stadtverkehr** *m* tráfico *m* de gran ciudad; **≈tankstelle** *f* estación *f* de servicio

größtenteils ['grøːstəntaɪls] por la mayor parte

'**groß|tun** ['groːstuːn] (*irr*, *sep*, *-ge-*, *h*, → ***tun***): (***sich***) **~ *mit*** jactarse de; '**≈unternehmen** *n* gran empresa *f*; '**≈vater** *m* abuelo *m*; '**≈wetterlage** *f* situación *f* meteorológica general; '**~zügig** generoso, liberal; '**≈zügigkeit** *f* (-; *sin pl*) generosidad *f*, liberalidad *f*

Grotte ['grɔtə] *f* (-; *-n*) gruta *f*

Grübchen ['gryːpçən] *n* (*-s*; -) hoyuelo *m*

Grube ['gruːbə] *f* (-; *-n*) hoyo *m*; *min* mina *f*, pozo *m*

grübeln ['gryːbəln] (*ge-*, *h*) cavilar

Gruft [gruft] *f* (-; *¨e*) cripta *f*

grün [gryːn] verde; ***~e Versicherungskarte*** *f* carta *f* verde; (***wieder***) ***~ werden*** (re)verdecer; ***die ≈en*** los verdes; ***ins ≈e*** al campo; '**≈anlage** *f* zona *f* verde

Grund [grunt] *m*-[*e*]*s* **1.** (*sin pl*) fondo *m*; (*Boden*) suelo *m*; ***~ und Boden*** bienes *m*/*pl* raíces; ***zu ~e*** → ***zugrunde***; **2.** (*¨e*) (*Vernunft*≈) razón *f*, argumento *m*; (*Beweg*≈) motivo *m*; (*Ursache*) causa *f*; ***aus diesem ~e*** por esta razón; ***auf ~ von*** en razón de, en virtud de; ***im ~e genommen*** en el fondo; '**~bedingung** *f* condición *f* fundamental; **~begriff** *m* noción *f* fundamental; '**~besitz** *m* bienes *m*/*pl* raíces, terrenos *m*/*pl*; '**~besitzer** *m*, '**~besitzerin** *f* propietario *m*, -a *f* (de tierras); '**~buch** *n* registro *m* de la propiedad

'**gründ|en** ['gryndən] (*ge-*, *h*) fundar; **≈er** *m* (*-s*; -), **≈erin** *f* (-; *-nen*) fundador(a) *m*(*f*)

'**Grund|gebühr** ['grunt-] *f* tarifa *f* básica; **~gesetz** *n* ley *f* fundamental; **~kapital** *n* capital *m* social; **~lage** *f* base *f*, fundamento *m*; **≈legend** fundamental

'**gründlich** ['gryntliç] profundo; (*gewissenhaft*) minucioso; *adv* a fondo; **≈keit** *f* (-; *sin pl*) minuciosidad *f*

'**grund|los** ['grunt-] *fig* infundado, inmotivado; *adv* sin fundamento; **≈nahrungsmittel** *n*/*pl* alimentos *m*/*pl* básicos

Gründonnerstag [gryːn'dɔnərstaːk] *m* Jueves *m* Santo

'**Grund|rechte** ['grunt-] *n*/*pl* derechos *m*/*pl* fundamentales; **~riss** *m* *arqu* plano *m*, planta *f*; **~satz** *m* principio *m*; **≈sätzlich** ['-zɛtsliç] fundamental; *adv* en *od* por principio; **~schule** *f* escuela *f* primaria; **~stein** *m*: ***den ~ legen*** poner la primera piedra (*a fig*); **~steuer** *f* impuesto *m* sobre bienes inmuebles; **~stück** *n* finca *f*; (*Bauplatz*) terreno *m*, solar *m*; (*bebaut*) inmueble *m*

Gründung ['grynduŋ] *f* (-; *-en*) fundación *f*

grund|verschieden ['grunt-] completamente distinto; '**≈wasser** *n* (*-s*; *sin pl*) agua *f* subterránea; '**≈zahl** *f* número *m* cardinal

'**Grün|fläche** ['gryːn-] *f* espacio *m* verde; **~gürtel** *m* cinturón *m* verde; **~kohl** *m* col *f* verde; **≈lich** verdoso; **~span** *m* (-[*e*]*s*; *sin pl*) cardenillo *m*; **~streifen** *m* *Autobahn*: (franja *f*) mediana *f*

grunzen ['gruntsən] (*ge-*, *h*) gruñir

'**Grupp|e** ['grupə] *f* (-; *-n*) grupo *m*; **~enaufnahme** *f*, **~enbild** *n* (retrato *m* en) grupo *m*; **~enreise** *f* viaje *m* colectivo *od* en grupo; **≈'ieren** (*h*) agrupar

gruselig ['gruːzəliç] horripilante, escalofriante

Gruß [gruːs] *m* (*-es*; *¨e*) saludo *m*, salutación *f*; ***viele Grüße!*** muchos recuerdos; ***mit herzlichen Grüßen*** con un cordial saludo

grüßen ['gryːsən] (*ge-*, *h*) saludar; ***j-n*** (***vielmals***) ***~ lassen*** dar (muchos) recuerdos a alg; **~ *Sie ihn von mir*** salúdele de mi parte

Guatemala [guate'mɑla] *n* Guatemala *f*

'guck|en ['gukən] F (*ge-*, *h*) mirar; **≈loch** *n* mirilla *f*

Guinea [gi'neːa] *n* Guinea *f*

Gulasch ['gulaʃ] *n* (-[*e*]*s*; -*s*, -*e*) estofado *m* a la húngara

Gulden ['guldən] *m* (-*s*; -) florín *m*

'gültig ['gyltiç] valedero; *jur* válido; *Münze*: de curso legal; **≈keit** *f* (-; *sin pl*) validez *f*

'Gummi ['gumi] *m u n* (-*s*; *sin pl*) goma *f*, caucho *m*; **~band** *n* (-[*e*]*s*; *Gummibänder*) cinta *f* elástica, elástico *m*; **~handschuh** *m* guante *m* de goma; **~knüppel** *m* porra *f*; **~stiefel** *m/pl* botas *f/pl* de goma; **~zug** *m* elástico *m*

Gunst [gunst] *f*: ***zu m-n ~en*** en mi favor; ***zu ~en → zugunsten***

günstig ['gynstiç] favorable; (*vorteilhaft*) ventajoso

'Gurgel ['gurgəl] *f* (-; -*n*) garganta *f*; **≈n** (*ge-*, *h*) hacer gárgaras

Gurke [-'kə] *f* (-; -*n*) pepino *m*; ***saure ~*** pepinillo *m* en vinagre

Gurt [gurt] *m* (-[*e*]*s*; -*e*) cinturón *m*; *a tec* correa *f*

'Gürtel ['gyrtəl] *m* (-*s*; -) cinturón *m* (*a fig*); **~reifen** *m* neumático *m* radial

'Gurt|muffel ['gurtmufəl] *m* (-*s*; -) persona *f* que se niega a utilizar el cinturón de seguridad; **~pflicht** *f s* ***Anschnallpflicht***

GUS *f* ***Gemeinschaft Unabhängiger Staaten*** CEI *f* (Comunidad de Estados Independientes)

Guss [gus] *m* (-*es*; ⸚*e*) (*Regen*) aguacero *m*, chaparrón *m*; (*Zucker≈*) baño *m* de azúcar; **'~eisen** *n* hierro *m* colado

gut [guːt] buen(o); *adv* bien; ***es ist*** (***schon***) **~** (ya) está bien; ***sei so ~ und …*** haz el favor de (*inf*); ***es wird alles ~ gehen*** todo saldrá bien; ***es sich ~ gehen lassen*** darse buena vida; ***~ gelaunt*** de buen humor; ***~ machen*** reparar; *Unrecht*: desagraviar; ***~ sn für*** servir para; ***~ tun*** hacer *od* sentar *od* probar bien; ***e-e ~e Stunde*** una hora larga; ***im ≈en*** por las buenas; ***du hast es ~!*** ¡qué suerte tienes!; ***das ist ~ möglich*** es muy posible

Gut [guːt] *n* (-[*e*]*s*; ⸚*er*) bien *m*; propiedad *f*; (*Land≈*) finca *f*; *Am* hacienda *f*; **'~achten** *n* (-*s*; -) dictamen *m*, peritaje *m*; **'~achter** *m* (-*s*; -) perito *m*; **'≈artig** *med* benigno; **'~dünken** *n*: ***nach ~*** a discreción; **'~e** *n* (-*n*; *sin pl*): ***das ~*** lo bueno; ***~s tun*** hacer bien; ***alles ~!*** ¡mucha suerte!

Güte ['gyːtə] *f* (-; *sin pl*) bondad *f*; *com* calidad *f*

'Güter ['-tər] *n/pl* bienes *m/pl*; *com* mercancías *f/pl*; **~bahnhof** *m* estación *f* de mercancías; **~verkehr** *m* transporte *m* de mercancías; **~zug** *ferro m* tren *m* de mercancías

'gut|gläubig de buena fe; **≈haben** *n* (-*s*; -) haber *m*, saldo *m* activo

'güt|ig ['gyːtiç] bueno; bondadoso; **~lich** amistoso, amigable

'gut|mütig ['-myːtiç] bondadoso, bonachón; **≈sbesitzer** *m*, **≈sbesitzerin** *f* propietario *m*, -a *f* de una finca; **≈schein** *m* vale *m*; **~schreiben** (*irr*, *sep*, -*ge*-, *h*, → ***schreiben***) *com* abonar (en cuenta); **≈schrift** *f* abono *m* (en cuenta); **≈shof** *m* granja *f*

Gymnas|ium [gym'nɑːzjum] *n* (-*s*; *Gymnassien*) instituto *m* de bachillerato; **~tik** [-'nastik] *f* (-; *sin pl*) gimnasia *f*

Gynäkolog|e [gynɛko'loːgə] *m* (-*n*; -*n*), **~in** *f* (-; -*nen*) ginecólogo *m*, -a *f*

H

H, **h** [hɑː] *n* (-; -) H, h *f*; *mus* si *m*; ***H-Dur*** si mayor; ***h-Moll*** si menor.

ha ***Hektar*** hectárea

Haar [hɑːr] *n* (-[*e*]*s*; -*e*) pelo *m*; (*Kopf≈*) *a* cabello *m*; ***sich die ~e schneiden lassen*** cortarse el pelo; ***um ein ~*** por un pelo; **'~ausfall** *m* caída *f* del pelo; **'~bürste** *f* cepillo *m* para el cabello; **'≈en** (*ge-*, *h*) perder el pelo; **'~entferner** *m* (-*s*; -) depilatorio *m*; **'~festiger** *m* fijador *m*, fijapelo *m*; **'≈genau** exactamente; con pelos y señales; **'≈ig** peludo; *am Körper*: velloso; F *fig* peliagudo; **'~klammer** *f* clip *m*; **'~nadel** *f* horquilla *f*; '**~nadelkurve** *f* curva *f* en herradura; '**~netz** *n* redecilla *f*; '**~schneiden** *n*, '**~schnitt** *m* corte *m* de pelo; '**~spange** *f* pasador *m*; '**~spray** *m od n* laca *f*, spray *m*; '**2sträubend** espeluznante, horripilante; '**~teil** *n* bisoñé *m*, peluquín *m*; '**~trockner** *m* (*-s*; -) secador *m*; '**~waschmittel** *n* champú *m*; '**~wasser** *n* loción *f* capilar; '**~zopf** *m* trensa *f*

Habe ['ha:bə] *f* (-; *sin pl*) bienes *m/pl*, fortuna *f*

haben ['habən] **1.** *Hilfsverb* (*hatte, gehabt, h*) haber; **2.** *v/t* (*besitzen*) tener; ***was hast du?*** ¿qué te pasa?; ***da ~ wir's!*** ¡ya lo decía yo!, ¡aquí estamos!; ***nichts zu essen ~*** no tener nada que comer; **3.** + *inf* ***~ wollen*** querer, desear; ***~ zu*** (*müssen*) tener que, haber de

'**Haben** *n* (*-s*; *sin pl*) *com* haber *m*, crédito *m*; **~saldo** *com m* saldo *m* acreedor; **~seite** *f* lado *m* acreedor, haber *m*; **~zinsen** *m/pl* intereses *m/pl* acreedores

'**Habgier** ['ha:pgi:r] *f* codicia *f*; **2ig** codicioso

Habicht ['ha:biçt] *m* (*-[e]s*; *-e*) azor *m*

'**Habseligkeiten** ['ha:pze:liçkaitən] *f/pl* efectos *m/pl*, trastos *m/pl*

'**Hack|braten** ['hak-] *m* asado *m* de carne picada; **~e** *f* (-; *-n*) azada *f*, azadón *m*; (*Spitz2*) pico *m*; **2en** (*ge-*, *h*) *Vogel*: picotear; *Fleisch*: picar; *Holz*: cortar; **~fleisch** *n* carne *f* picada

'**Hafen** ['ha:fən] *m* (*-s*; ¨) puerto *m* (*a fig*); **~anlagen** *f/pl* instalaciones *f/pl* portuarias; **~behörde** *f* autoridad *f* portuaria; **~gebühren** *f/pl* derechos *m/pl* portuarios; **~polizei** *f* policía *f* del puerto; **~stadt** *f* ciudad *f* portuaria, puerto *m*; **~viertel** *n* barrio *m* portuario

'**Hafer** ['-fər] *m* (*-s*; -) avena *f*; **~flocken** *f/pl* copos *m/pl* de avena

Haft [haft] *f* (-; *sin pl*) detención *f*; '**2bar** responsable (***für*** de); '**~befehl** *m* orden *f* de detención; '**2en** (*ge-*, *h*) (*kleben*) estar pegado a; ***~ für*** responder de

Häftling ['hɛftliŋ] *m* (*-s*; *-e*) detenido *m*, preso *m*

'**Haftpflicht** ['haft-] *f* responsabilidad *f* civil; **~versicherung** *f* seguro *m* de responsabilidad civil

'**Haft|schalen** *f/pl* lentes *f/pl* de contacto, lentillas *f/pl*; **~ung** *f* (-; *-en*) responsabilidad *f*

Hagebutte ['ha:gəbutə] *f* (-; *-n*) escaramujo *m*, agavanza *f*

'**Hagel** ['-gəl] *m* (*-s*; *sin pl*) granizo *m*; **~korn** *n* grano *m* de granizo; **2n** (*ge-*, *h*) granizar

hager ['-gər] enjuto, flaco

Hahn [ha:n] *m* (*-[e]s*; ¨*e*) gallo *m*; (*Wasser2*) grifo *m*; (*Gas2*) llave *f*

Hähnchen ['hɛ:nçən] *n* (*-s*; -) pollo *m*

Hai [haɪ] *m* (*-[e]s*; *-e*), '**~fisch** *m* tiburón *m*

Haiti [ha'i:ti] *n* Haití *m*

'**Häkel|arbeit** ['hɛ:kəlˀarbaɪt] *f* labor *f* de ganchillo; **2n** (*ge-*, *h*) hacer ganchillo; **~nadel** *f* ganchillo *m*

'**Haken** ['ha:kən] *m* (*-s*; -) gancho *m* (*a Boxen*); garfio *m*; *für Kleider*: percha *f*; *für Öse*: corchete *m*; ***~ u Öse*** broche *m*; **~kreuz** *n* cruz *f* gamada

halb [halp] medio; *adv* a medias; ***~ drei*** (***Uhr***) las dos y media; ***e-e ~e Stunde*** media hora; ***~ angezogen*** a medio vestir; '**~amtlich** oficioso

'**Halbe** ['-bə] *f* (*-n*; *-[n]*) medio litro *m* de cerveza

'**Halb|fabrikat** *n* producto *m* semiacabado; **2fertig** a medio hacer; **2fett** *Käse*: semigraso; **~finale** *n dep* semifinal *f*; **2ieren** [-'bi:rən] (*h*) dividir en dos partes iguales, partir por la mitad; **~insel** *f* península *f*; **~jahr** *n* semestre *m*; **2jährig** ['-jɛ:riç] de seis meses; **2jährlich** semestral; *adv* cada seis meses; **~kreis** *m* semicírculo *m*; hemiciclo *m*; **~kugel** *f* hemisferio *m*; **2laut** a media voz; **~mast**: ***auf ~*** a media asta; **~messer** *m* radio *m*; **2monatlich** quincenal, bimensual; **~mond** *m* media luna *f*; **~pension** *f* media pensión *f*; **~schatten** *m* penumbra *f*; **~schlaf** *m* duermevela *m*; **~schuh** *m* zapato *m* (bajo); **~starke** *m* (*-n*; *-n*) gamberro *m*; **2stündig** ['-ʃtyndiç] de media hora; **2tags**: ***~ arbeiten*** hacer media jornada; **~tagsarbeit** *f* trabajo *m* de media jornada; **~tagskraft** *f* empleado *m*, -a *f* de media jornada; **2trocken** semiseco; **2voll** a medio llenar; **2wegs** ['-ve:ks] a medio camino; *fig* casi; F (*leidlich*) regular; **~zeit** *f dep* medio tiempo *m*; ***erste*** (***zweite***) **~** primer (segundo) tiempo

Hälfte ['hɛlftə] *f* (-; *-n*) mitad *f*; ***zur ~*** a mitad; a medias

Halle ['halə] *f* (-; *-n*) sala *f*; vestíbulo *m*;

(*Hotel*) hall *m*; (*Ausstellung*) pabellón *m*
Halleluja [hale'luːjɑː] *n* (*-s*; *-s*) aleluya *f*
'**hallen** ['halən] (*ge-*, *h*) resonar; **≗bad** *n* piscina *f* cubierta
hallo ['halo]: **~!** ¡oiga!; (*Gruß*) ¡hola!; *tel* ¡diga!
Halm [halm] *m* (*-[e]s*; *-e*) tallo *m*
Halo'gen|lampe [halo'geːn-] *f* lámpara *f* halógena; **~scheinwerfer** *m* faro *m* halógeno
Hals [hals] *m* (*-es*; *⸚e*) cuello *m*; (*Kehle*) garganta *f*; ***aus vollem ~e*** a voz en cuello, *lachen*: a carcajadas; F ***es hängt mir zum ~(e) heraus*** F estoy hasta la coronilla; '**~band** *n* (*-[e]s*; *Halsbänder*) collar *m*; '**~entzündung** *med f* inflamación *f* de la garganta, angina(s) *f*(*/pl*); '**~kette** *f* collar *m*; '**~-Nasen--'Ohren-Arzt** *m* otorrinolaringólogo *m*; '**~schmerzen** *m/pl* dolor *m* de garganta; **≗starrig** ['-ʃtariç] tozudo, obstinado; '**~tuch** *n* bufanda *f*; pañuelo *m* (de cuello); '**~weh** *n* (*-s*; *sin pl*) dolor *m* de garganta
Halt [halt] **1.** *m* (*-[e]s*; *-e*) parada *f*, alto *m*; (*sin pl*) (*Stütze*) apoyo *m*, sostén *m* (*a fig*); **2. ≗!** ¡alto!; ***~ machen*** pararse, hacer alto
'**haltbar** ['-bɑːr] sólido; resistente; **≗keitsdatum** *n* fecha *f* de caducidad
halten ['-tən] (*hielt*, *gehalten*, *h*) **1.** *v/t* tener; (*zurück~*) retener; (*ein~*) observar; *Rede*: pronunciar; *Zeitung*: estar suscrito a; *Versprechen*, *Wort*: cumplir; ***~ für*** creer, considerar como, tomar por; ***~ von*** pensar de; ***was ~ Sie davon?*** ¿qué le parece?; ***viel von j-m ~*** tener a alg en gran aprecio; **2.** *v/i* (*Halt machen*) parar(se), detenerse; (*festsitzen*) estar fijo; ***zu j-m ~*** estar de parte de alg; **3.** *v/refl*: ***sich ~*** (*frisch bleiben*) conservarse; *a Wetter*: mantenerse; ***sich an et*** (*ac*) ***~*** atenerse a; ***sich rechts ~*** llevar la derecha; ***sich ~ für*** tenerse por
Halter ['-tər] *m* (*-s*; *-*) (*Griff*) asidero *m*; (*Besitzer*) dueño *m*; *auto* titular *m*
'**Halte|stelle** *f* parada *f*; **~verbot** *auto n* prohibición *f* de parar; **~verbotsschild** *n* señal *f* de prohibición de parar
'**haltmachen** → ***Halt***
Haltung ['haltuŋ] *f* (*-*; *raro -en*) posición *f*, postura *f*; (*Auftreten*) actitud *f*
Hamburg ['hamburk] *n* Hamburgo *m*
hämisch ['hɛːmiʃ] malicioso
'**Hammel** ['haməl] *m* (*-s*; *-*) carnero *m*; **~braten** *m* asado *m* de carnero; **~keule** *f* pierna *f* de carnero
Hammer ['hamər] *m* (*-s*; *⸚*) martillo *m*
hämmern ['hɛmərn] (*ge-*, *h*) martill(e)ar
Hämorrhoiden, **Hämorriden** *med* [hɛːmɔro'iːdən] *pl* hemorroides *f/pl*, almorranas *f/pl*
Hampelmann ['hampəlman] *m* (*-[e]s*; *Hampelmänner*) títere *m*, *a fig* fantoche *m*
'**Hamster** ['-stər] *m* (*-s*; *-*) *zo* hámster *m*; **~er** *m* (*-s*; *-*) acaparador *m*; **≗n** (*ge-*, *h*) acaparar
Hand [hant] *f* (*-*; *⸚e*) mano *f*; ***mit der ~*** a mano; ***an ~ von*** por medio de; a base de; ***zu Händen von*** a la atención de; ***j-s rechte ~ sn*** ser el brazo derecho de alg; ***weder ~ noch Fuß haben*** no tener ni pies ni cabeza; ***auf der ~ liegen*** ser evidente; ***eine ~ voll*** *f* (*-*; *-*) puñado *m* (*a fig*); '**~arbeit** *f* trabajo *m* manual; *weibliche*: labor *f*; '**~ball** *m* balonmano *m*; '**~bremse** *f* freno *m* de mano; '**~buch** *n* manual *m*
'**Hände|druck** ['hɛndədruk] *m* (*-[e]s*; *Händedrücke*) apretón *m* de manos; **~klatschen** *n* palmas *f/pl*
Handel ['handəl] *m* (*-s*; *sin pl*) comercio *m*; (*~sverkehr*) tráfico *m* (***mit*** de); ***im ~*** en venta; ***~ treiben*** negociar, tratar (***mit et*** en a/c)
handeln ['handəln] (*ge-*, *h*) obrar, actuar; *com* comerciar, tratar, negociar (***mit*** en); (*feilschen*) regatear; ***~ von*** tratar de; ***sich ~ um*** tratarse de
'**Handels|abkommen** *n* acuerdo *m* comercial; **~bank** *f* (*-*; *-en*) banco *m* comercial; **~beziehungen** *f/pl* relaciones *f/pl* comerciales
Handelsbilanz *f* balanza *f* comercial; **~defizit** *n* déficit *m* de la balanza; **~überschuss** *m* excedente *m* de la balanza
Handels|gesellschaft *f* sociedad *f od* compañía *f* mercantil; **~kammer** *f* Cámara *f* de Comercio; **~korrespondenz** *f* correspondencia *f* comercial; **~marine** *f* marina *f* mercante; **~recht** *n* derecho *m* mercantil; **~register** *n* registro *m* mercantil; **~schiff** *n* buque *m* mercante; **~schranken** *f/pl* barreras *f/pl* comerciales; **~schule** *f* escuela *f* de comercio; **~spanne** *f* margen *m* co-

mercial; **Ձüblich** usual en el comercio; **~unternehmen** *n* empresa *f* mercantil *od* comercial; **~vertrag** *m* tratado *m* comercial; **~vertreter** *m* representante *m* (de comercio); **~vertretung** *f* agencia *f* comercial

'**Hand|feger** ['hantfe:gər] *m* escobilla *f*; **~fläche** *f* palma *f* (de la mano); **~gelenk** *n* muñeca *f*; **Ձgemacht** hecho a mano; **~gemenge** *n* pelea *f* (cuerpo a cuerpo); **~gepäck** *n* equipaje *m* de mano; **~granate** *f* granada *f* de mano; **Ձhaben** (*handhabte, gehandhabt, h*) manejar, manipular; **~karren** *m* carretilla *f*; **~koffer** *m* maleta *f*; **~kuss** *m* besamanos *m*; **~langer** ['-laŋər] *m* (*-s*; -) peón *m*

Händler ['hɛndlər] *m* (*-s*; -), **~in** *f* (-; *-nen*) comerciante *su*, negociante *su*

handlich ['hant-] manejable

'**Handlung** ['handluŋ] *f* (-; *-en*) acción *f*; acto *m*; *teat, lit* argumento *m*; *com* comercio *m*, tienda *f*; **~sreisende** *m* viajante *m*; **~sweise** *f* modo *m* de obrar

'**Hand|rücken** ['hant-] *m* dorso *m* de la mano; **~schellen** *f/pl* esposas *f/pl*; **~schlag** *m* apretón *m* de manos; ***per ~*** con un apretón de manos

'**Handschrift** *f* letra *f*, escritura *f*; (*Werk*) manuscrito *m*; **Ձlich** escrito a mano

'**Handschuh** *m* guante *m*; **~fach** *n auto* guantera *f*; **~nummer** *f* número *m* de la mano

'**Hand|stickerei** *f* bordado *m* a mano; **~tasche** *f* bolso *m* (de mano); **~tuch** *n* toalla *f*; **~umdrehen** *n*: ***im ~*** en un santiamén

'**Hand|stickerei** *f* bordado *m* a mano; **~tasche** *f* bolso *m* (de mano); **~tuch** *n* toalla *f*; **~umdrehen** *n*: ***im ~*** en un santiamén; **~voll** → ***Hand***

'**Handwerk** *n* (-[*e*]*s*; *-e*) oficio *m*; artesanía *f*; **~er** *m* (*-s*; -), **~erin** *f* (-; *-nen*) artesano *m*, -a *f*; **Ձlich** artesanal; **~sbetrieb** *m* empresa *f* artesanal; **~szeug** *n* útiles *m/pl*

'**Handy** ['hɛndi] *n* (-[*s*]; *-s*) (teléfono *m*) móvil *m*

Hanf [hanf] *m* (-[*e*]*s*; *sin pl*) cáñamo *m*

Hang [haŋ] *m* (-[*e*]*s*; *⸗e*) pendiente *f*; (*sin pl*) *fig* inclinación *f* (***zu*** a)

Hangar *m* hangar *m*

'**Hänge|brücke** ['hɛŋə-] *f* puente *m* colgante; **~lampe** *f* lámpara *f* colgante; **~matte** *f* hamaca *f*

'**hängen** ['-ən] **1.** *v/i* (*hing, gehangen, h*) colgar, pender (***an*** *dat* de); estar colgado *od* suspendido; *fig* ***~ an*** (*dat*) tener apego a; ***~ bleiben*** quedar enganchado (***an*** *dat* en); *fig* → ***hängenbleiben***; **2.** *v/t* (*ge-, h*) colgar, suspender; (*an den Galgen*) ahorcar; **~bleiben** (*irr, sep, -ge-, h,* → ***bleiben***) *fig bei einer Prüfung* suspender

Hannover [ha'no:fər] *n* Hanóver *m*

Hansestadt ['hanzəʃtat] *f* ciudad *f* (*h*)anseática

Hanswurst [hans'vurst] *m* (-[*e*]*s*; *Hanswürste*) bufón *m*, payaso *m*

Hanteln ['hantəln] *f/pl* pesas *f/pl*

hantieren [-'ti:rən] (*h*) manejar, manipular (***mit et*** a/c)

Happen ['hapən] *m* (*-s*; -) bocado *m*

Hardware [hɑ:(r)dwɛ:(r)] *f* (-; *-s*) hardware *m*

Harfe ['harfə] *f* (-; *-n*) arpa *f*

Harke ['-kə] *f* (-; *-n*) rastrillo *m*

harmlos ['harmlo:s] inofensivo (*a Person u med*), in(n)ocuo

Harmon|ie [harmo'ni:] *f* (-; *-n*) armonía *f* (*a fig*); **Ձisch** [-'mo:niʃ] *mus* armónico; *fig a* armonioso; **~i'sierung** [-moni'zi:ruŋ] *f* (-; *sin pl*) armonización *f*

Harn [harn] *m* (-[*e*]*s*; *-e*) orina *f*; '**~blase** *f* vejiga *f*; '**~röhre** *f* uretra *f*

Harpune [-'pu:nə] *f* (-; *-n*) arpón *m*

hart [hart] duro (*a fig u Ei*); (*fest*) firme; (*streng*) riguroso (*a Winter*), severo; *Währung*: duro, fuerte; ***~ gekocht*** *Ei*: duro

Härte ['hɛrtə] *f* (-; *-n*) dureza *f* (*a fig*); rigor *m*

'**Hart|faserplatte** ['hartfɑ:zərplatə] *f* plancha *f* de fibra dura; **~geld** *n* (*-es; sin pl*) moneda *f* metálica; **Ձherzig** duro de corazón; **Ձnäckig** ['-nɛkiç] terco, obstinado; *Krankheit*: persistente; **~näckigkeit** *f* (-; *sin pl*) terquedad *f*, obstinación *f*

Harz [harts] *n* (*-es*; *-e*) resina *f*

Haschee [ha'ʃe:] *n* (*-s*; *-s*) picadillo *m* (de carne)

'**hasch|en** ['-ʃən] (*ge-, h*) F fumar porros; ***~ nach et*** tratar de atrapar a/c; **Ձisch** *n* (-[*s*]; *sin pl*) hachís *m*, F chocolate *m*

Hase ['hɑ:zə] *m* (*-n*; *-n*) liebre *f*

'**Hasel|nuss** ['-zəlnus] *f* avellana *f*; **~strauch** *m* avellano *m*

'**Hasen|braten** ['-zənbrɑ:tən] *m* asado

m de liebre; **~fuß** *m* cobarde *m*, gallina *m*

Hass [has] *m* (*-es*; *sin pl*) odio *m* (***gegen, auf*** *ac* a)

hassen ['hasən] (*ge-*, *h*) odiar

hässlich ['hɛsliç] feo (*a fig*); **⁀keit** *f* (*-*; *sin pl*) fealdad *f*

Hast [hast] *f* (*-*; *sin pl*) prisa *f*, precipitación *f*; '**⁀en** (*ge-*, *sn*) precipitarse; '**⁀ig** precipitado; *adv* a toda prisa

Haube ['haʊbə] *f* (*-*; *-n*) cofia *f*; (*Nonnen⁀*) toca *f*; *auto* capó *m*

Hauch [haʊx] *m* (*-[e]s*; *sin pl*) (*Atem*) aliento *m*; (*Wind⁀*) soplo *m*; *fig* (*Spur*) toque *m*; asomo *m*; '**⁀en** (*ge-*, *h*) soplar

hauen ['haʊən] (*hieb*, *haute*, *gehauen*, *h*) (*schlagen*) golpear, pegar; ***sich ~*** pelear, reñir

Haufen ['haʊfən] *m* (*-s*; *-*) montón *m* (*a fig*); (*Leute*) tropel *m*

'**häuf|en** ['hɔʏfən] (*ge-*, *h*): (***sich***) **~** amontonar(se), *a fig* acumular(se); *Fälle*: ***sich ~*** menudear; **~ig** frecuente; *adv* con frecuencia; **⁀igkeit** *f* (*-*; *sin pl*) frecuencia *f*

Haupt ['haʊpt] *n* (*-[e]s*; *Häupter*) cabeza *f*; (*Führer*) jefe *m*, cabeza *m*; '**~aktionär** *m* accionista *m* mayoritario *bzw* principal; '**~bahnhof** *m* estación *f* central; '**~bestandteil** *m* elemento *m* principal; '**~darsteller** *m*, '**~darstellerin** *f* protagonista *su*; '**~eingang** *m* entrada *f* principal; '**~gericht** *gastr n* plato *m* principal *od* fuerte; '**~geschäftsstraße** *f* calle *f* comercial principal; '**~gewinn** *m* primer premio *m*, F gordo *m*

Häuptling ['hɔʏptliŋ] *m* (*-s*; *-e*) jefe *m* de tribu; (*Indianer⁀*) cacique *m*

'**Haupt|mann** ['haʊpt-] *mil m* (*-s*;*Hauptleute*) capitán *m*; **~person** *f a fig* personaje *m* principal, protagonista *m*; **~postamt** *n* Central *f* de Correos; **~quartier** *n* cuartel *m* general; **~reisezeit** *f* temporada *f* alta; **~rolle** *f a fig* papel *m* principal; **~sache** *f* lo esencial, lo principal; **⁀sächlich** principal; esencial; *adv* principalmente, sobre todo; **~saison** *f* temporada *f* alta; **~schulabschluss** *m etwa*: certificado *m* de escolaridad; **~schule** *f etwa*: Educación *f* General Básica (EGB), segundo ciclo; **~stadt** *f* capital *f*; **~straße** *f* calle *f* principal *od* mayor; **~verkehrsstraße** *f* arteria *f* (principal); **~verkehrszeit** *f* horas *f/pl* punta; **~versammlung** *f* junta *f* general; **~wohnsitz** *m* domicilio *m* principal

Haus [haʊs] *n* (*-es*; *Häuser*) casa *f*; *teat* sala *f*; *Parlament*: Cámara *f*; ***nach ~(e)*** a casa; ***zu ~(e)*** en casa; ***außer ~*** fuera de casa; '**~angestellte** *f* empleada *f* de hogar, criada *f*; '**~apotheke** *f* botiquín *m*; '**~arbeit** *f* tareas *f/pl* domésticas, trabajos *m/pl* caseros; (*Schule*) deberes *m/pl*; **~'arzt** *m* médico *m* de cabecera; '**~besetzer** *m* ocupante *m* ilegal de casas, F ocupa *m*; '**~besetzung** *f* ocupación *f* ilegal de casas; '**~besitzer** *m*, '**~besitzerin** *f* propietario *m*, -a *f*; **~diener** *m* mozo *m*

hausen ['haʊzən] (*ge-*, *h*) vivir; (*wüten*) hacer estragos

'**Haus|flur** ['haʊsfluːr] *m* vestíbulo *m*, zaguán *m*; **~frau** *f* ama *f* de casa; **~gast** *m im Hotel*: cliente *m*; **~gehilfin** *f s* ***~angestellte***; **⁀gemacht** casero; de fabricación casera; **~halt** *m* (*-[e]s*; *-e*) casa *f*; (*Etat*) presupuesto *m*; ***den ~ führen*** llevar la casa; **~hälterin** ['-hɛltərin] *f* (*-*;*-nen*) ama *f* de llaves; **~haltsdefizit** *n* déficit *m* presupuestario; **~haltsplan** *m* presupuesto *m*; **~herr** *m* amo *m od* dueño *m* de la casa

Hausierer [haʊ'ziːrər] *m* (*-s*; *-*) vendedor *m* ambulante, buhonero *m*

häuslich ['hɔʏsliç] doméstico; *a Person*: casero; *Leben*: hogareño

'**Haus|mädchen** ['haʊs-] *n* criada *f*; **~mannskost** *f* comida *f* casera; **~marke** *f* marca *f* de la casa; **~meister** *m*, **~meisterin** *f* conserje *su*, portero *m*, -a *f*; **~mittel** *n* remedio *m* casero; **~nummer** *f* número *m* de (la) casa; **~ordnung** *f* reglamento *m* interior; **~rat** *m* enseres *m/pl* domésticos; **~schlüssel** *m* llave *f* de (la) casa; **~schuh** *m* zapatilla *f*

Hausse *com* ['hoːs(ə)] *f* (*-*; *-n*) alza *f*

'**Haus|suchung** ['haʊszuːxuŋ] *f* (*-*; *-en*) *jur f* registro *m* domiciliario; **~tier** *n* animal *m* doméstico; **~tür** *f* puerta *f* de la calle; **~verwalter** *m* administrador *m*; **~wirt** *m*, **~wirtin** *f* casero *m*, -a *f*; **~wirtschaft** *f* economía *f* doméstica; **~zelt** *n* tienda *f* chalet

Haut [haʊt] *f* (*-*; *Häute*) piel *f* (*a v Obst*); (*bsd Gesichts⁀*) cutis *m*; ***bis auf die ~ durchnässt*** calado hasta los huesos; '**~abschürfung** *f* desolladura *f*, excoriación *f*; '**~arzt** *m* dermatólogo *m*;

'**~ausschlag** *m* exantema *m*; '**~creme** *f* crema *f* cutánea; '**~eng** muy ceñido, pegado al cuerpo; '**~farbe** *f* color *m* de la piel; '**~pflege** *f* cuidado *m* de la piel

Havanna [ha'vana] *n* La Habana

Havarie *mar* [hava'ri:] *f* (-; *-n*) avería *f*

Hawaii [ha'vai(i)] *n* Hawai *m*

Hbf. ***Hauptbahnhof*** estación central

h. c. ***honoris causa*** honoris causa

Hebamme ['he:pʔamə] *f* (-; *-n*) comadrona *f*, partera *f*

'**Hebe|bühne** ['he:bə-] *f* plataforma *f* elevadora; **~l** *m* (-*s*; -) palanca *f*; **~n** (*hob*, *gehoben*, *h*) levantar, alzar; *tec* elevar; *fig* favorecer; aumentar; F ***e-n ~*** (*trinken*) empinar el codo; ***sich ~*** *Vorhang*: levantarse; *fig Stimmung*: animarse; **~r** *m* (-*s*; -) sifón *m*; *auto* gato *m*

hebräisch [he'brɛ:iʃ] hebreo

Hecht [hɛçt] *m* (-[*e*]*s*; *-e*) lucio *m*; '**~sprung** *m* salto *m* de carpa

Heck [hɛk] *n* (-[*e*]*s*; *-e*, *-s*) *mar* popa *f*; *auto* parte *f* trasera; '**~e** *f* (-; *-n*) seto *m* (vivo); '**~enrose** *f* escaramujo *m*; '**~klappe** *f auto* portón *m* trasero; '**~motor** *m* motor *m* trasero; '**~scheibe** *f auto* lun(et)a *f* trasera (***heizbare*** térmica); '**~scheibenwischer** *m* limpiaparabrisas *m* trasero

Heer [he:r] *n* (-[*e*]*s*; *-e*) ejército *m*

Hefe ['he:fə] *f* (-; *-n*) levadura *f*

Heft [hɛft] *n* (-[*e*]*s*; *-e*) (*Schreib~*) cuaderno *m*; (*Zeitschrift*) número *m*; (*Griff*) mango *m*; '**~en** (*ge-*, *h*) sujetar; fijar (***an*** *ac* en); (*nähen*) hilvanar; '**~faden** *m* hilo *m* de hilvanar

'**heftig** ['-tiç] violento, vehemente; **~keit** *f* (-; *sin pl*) violencia *f*, vehemencia *f*

'**Heft|klammer** *f* grapa *f*; **~maschine** *f* grapadora *f*, cosedora *f*; **~pflaster** *n* esparadrapo *m*; **~zwecke** *f* chincheta *f*

hegen ['he:gən] (*ge-*, *h*) cuidar de; *Hoffnung*: abrigar

Hehle|r ['he:lər] *m* (-*s*; -), **~rin** *f* (-; *-nen*) encubridor(a) *m*(*f*); **~'rei** *f* (-; *-en*) encubrimiento *m*

Heide[1] ['haidə] *m* (-*n*; *-n*) *rel* pagano *m*

'**Heide**[2] *f* (-; *-n*) brezal *m*; landa *f*; **~kraut** *n* brezo *m*

Heidelbeere ['-dəlbe:rə] *f* arándano *m*

'**Heiden|angst** F ['-dənʔaŋst] *f* miedo *m* cerval; **~geld** F *n* dineral *m*; **~lärm** F *m* ruido *m* infernal

heidnisch ['-dniʃ] pagano

heikel ['haikəl] delicado, precario; *Person*: exigente, delicado

Heil [hail] **1.** *n* (-[*e*]*s*; *sin pl*) salud *f*; *rel* salvación *f*; ***sein ~ versuchen*** probar fortuna; **2.** ~ *adj* entero, intacto; (*gesund*) sano (y salvo)

Heiland ['-lant] *m* (-[*e*]*s*; *sin pl*) Salvador *m*

'**Heil|bad** *n* estación *f* termal, balneario *m*; **~bar** curable; **~butt** *m* (-[*e*]*s*; *-e*) hipogloso *m*, halibut *m*; **~en** (*ge-*) **1.** *v/t* (*h*) curar; **2.** *v/i* (*sn*) curarse, sanar; **~gymnastik** *f* gimnasia *f* terapéutica; fisioterapia *f*; **~gymnastin** *f* (-; *-nen*) fisioterapeuta *f*

'**heilig** ['hailiç] santo; sagrado; ***die ~en Drei Könige*** los Reyes Magos; ***der ~e Abend*** la Nochebuena; **~'abend** *m* Nochebuena *f*; **~e** ['-ligə] *m/f* (-*n*; *-n*) santo *m*, -a *f*; **~enschein** *m* nimbo *m*, aureola *f*; **~keit** *f* (-; *sin pl*) santidad *f*; **~sprechung** *f* (-; *-en*) canonización *f*; **~tum** *n* (-*s*; *⸚er*) santuario *m*; **~ung** *f* santificación *f*

'**Heil|kraft** *f* virtud *f* curativa; **~kraut** *n* hierba *f* medicinal; **~mittel** *n* remedio *m*; medicamento *m*; **~praktiker** *m etwa*: naturópata *m*; **~quelle** *f* aguas *f/pl* mineromedicinales; **~sam** saludable (*a fig*); **~sarmee** *f* Ejército *m* de Salvación; **~ung** *f* (-; *-en*) cura(ción) *f*

Heim [haim] **1.** *n* (-[*e*]*s*; *-e*) hogar *m*, casa *f*; (*Anstalt*) asilo *m*; (*Wohn~*) residencia *f*; **2.** ~ *adv* a casa; '**~arbeit** *f* trabajo *m* a domicilio

'**Heimat** ['-ma:t] *f* (-; *sin pl*) patria *f*, país *m* (natal); *engere*: patria *f* chica; **~adresse** *f* dirección *f* habitual; **~hafen** *mar m* puerto *m* de matrícula; **~land** *n* patria *f*

'**Heim|chen** ['-çən] *n* (-*s*; -) *zo* grillo *m*; **~computer** *m* ordenador *m* doméstico; **~fahrt** *f* viaje *m* de vuelta; **~gehen** (*irr*, *sep*, *-ge-*, *sn*, → ***gehen***) volver a casa; **~isch** local; del país; *fig* familiar; **~kehr** ['-ke:r] *f* (-; *sin pl*) vuelta *f*, regreso *m* (a casa); **~kehren** (*sep*, *-ge-*, *sn*), **~kommen** (*irr*, *sep*, *-ge-*, *sn*, → ***kommen***) volver a casa

heimlich ['-liç] secreto; clandestino; *adv* en secreto

'**Heim|reise** *f* viaje *m* de vuelta; **~service** *m* servicio *m* a domicilio; **~spiel** *n dep* partido *m* en casa; **~tückisch** pérfido; *jur* alevoso; **~wärts** ['-vɛrts] a casa; **~weg** ['-veːk] *m* vuelta *f*; **~weh** *n* (*-[e]s*; *sin pl*) nostalgia *f*, añoranza *f*; **~werker** *m* (*-s*; -) bricolador *m*

'**Heirat** ['haɪrɑːt] *f* (-; *-en*) casamiento *m*; **2en** (*ge-*, *h*) casarse (***j-n*** con alg)

'**Heirats|antrag** *m* petición *f* de mano; **~schwindler** *m* timador *m* de matrimonio; **~urkunde** *f* acta *f* de matrimonio; **~vermittlung** *f* agencia *f* matrimonial

'**heiser** ['-zər] ronco; **2keit** *f* (-; *sin pl*) ronquera *f*

heiß [haɪs] (muy) caliente; *Klima*: cálido; *Wetter*: caluroso; *fig* ardiente; ***mir ist ~*** tengo calor; ***es ist*** (***sehr***) ***~*** hace (mucho) calor?; ***~ laufen*** *Motor* (re)calentarse

heißen ['-sən] (*hieß*, *geheißen*, *h*) llamarse; (*mit Familiennamen*) apellidarse; (*bedeuten*) querer decir, significar; ***das heißt*** es decir; ***es heißt, dass*** se dice que; ***wie heißt das auf Spanisch?*** ¿cómo se dice eso en español

'**heißlaufen** → ***heiß***

'**heiter** ['haɪtər] sereno; (*fröhlich*) alegre; despejado; **2keit** *f* (-; *sin pl*) serenidad *f*; alegría *f*; (*Gelächter*) risas *f|pl*

'**heiz|en** ['-tsən] (*ge-*, *h*) calentar; *Ofen*: encender; **2er** *m* (*-s*; -) fogonero *m*; **2gerät** *n* calefactor *m*; **2kissen** *n* almohadilla *f* eléctrica; **2körper** *m* radiador *m*; **2lüfter** *m* termoventilador *m*; **2material** *n* combustible *m*; **2öl** *n* fuel(-oil) *m*; **2ung** *f* (-; *-en*) calefacción *f*

Hektar [hɛk'tɑːr] *n* (*-s*; *-[e]*) hectárea *f*

hektisch ['-tiʃ] febril, agitado

Held [hɛlt] *m* (*-en*; *-en*) héroe *m*

'**helden|haft** ['hɛldən-] heroico; **2tat** *f* hazaña *f*

Heldin ['-din] *f* (-; *-nen*) heroína *f*

'**helf|en** ['-fən] (*half*, *geholfen*, *h*) (*dat*) ayudar; (*beistehen*) socorrer, asistir; (*nützen*) servir, ser útil (***zu*** para); ***es hilft*** (***alles***) ***nichts!*** no hay remedio; ***sich*** (*dat*) ***zu ~ wissen*** arreglárselas, defenderse; **2er** *m* (*-s*; -), **2erin** *f* (-; *-nen*) ayudante *su*, asistente *su*

hell [hɛl] claro (*a Farbe*, *Stimme*, *Haar*); (*erleuchtet*) iluminado; *fig* (*gescheit*) espabilado; ***am ~en Tage*** en pleno día; '**~blau** azul claro; '**~blond** rubio claro; '**2igkeit** *f* (-; *sin pl*) claridad *f*; luminosidad *f*; '**2seher** *m*, '**2seherin** *f* vidente *su*

Helm [hɛlm] *m* (*-[e]s*; *-e*) casco *m*

Hemd [hɛmt] *n* (*-[e]s*; *-en*) camisa *f*; '**~bluse** *f* blusa *f* camisera; '**~blusenkleid** *n* (vestido *m*) camisero *m*

Hemisphäre [hemi'sfɛːrə] *f* (-; *-n*) hemisferio *m*

'**hemm|en** ['hɛmən] (*ge-*, *h*) detener, parar; frenar; (*hindern*) impedir; *seelisch*: cohibir; **2nis** *n* (*-ses*; *-se*) obstáculo *m*; traba *f*; **2ung** *f* (-; *-en*) *seelische*: cohibición *f*; (*Bedenken*) escrúpulo *m*; **~ungslos** desenfrenado; sin escrúpulos

Hengst [hɛŋst] *m* (*-es*; *-e*) caballo *m* padre, semental *m*

Henkel ['hɛŋkəl] *m* (*-s*; -) asa *f*

Henker ['-kər] *m* (*-s*; -) verdugo *m*

Henne ['hɛnə] *f* (-; *-n*) gallina *f*

her [heːr] aquí, acá; ***~ damit!*** ¡démelo!; ***von … ~*** desde; ***es ist lange ~, dass*** hace mucho tiempo que

he'rab [hɛ'rap] hacia abajo; ***von oben ~*** de arriba (abajo); *fig* altanero; **~lassen** (*irr*, *sep*, *-ge-*, *h*, → ***lassen***) bajar, descender; **~lassend** condescendiente, altanero; **~setzen** (*sep*, *-ge-*, *h*) reducir, bajar (*a Preis*); *fig* desacreditar; denigrar; **2setzung** *f* (-; *-en*) reducción *f*; *fig* denigración *f*; **~steigen** (*irr*, *sep*, *-ge-*, *sn*, → ***steigen***) descender, bajar

he'ran [hɛ'ran] por aquí; ***näher ~*** más cerca; **~kommen** (*irr*, *sep*, *-ge-*, *sn*, → ***kommen***) acercarse; *fig* ***an sich ~lassen*** (*irr*, *sep*, *ließ*, *-ge-*, *h*) aguardar (con paciencia); **~treten** (*irr*, *sep*, *-ge-*, *sn*, → ***treten***): *fig* ***an j-n ~*** dirigirse a alg

he'rauf [hɛ'raʊf] hacia arriba; **~holen** (*sep*, *-ge-*, *h*) subir; **~kommen** (*irr*, *sep*, *-ge-*, *sn*, → ***kommen***) subir; **~setzen** (*sep*, *-ge-*, *h*) *Preis*: aumentar, subir

he'raus [hɛ'raʊs] fuera; afuera; ***von innen ~*** desde dentro; ***~ mit der Sprache!*** ¡explíquese!, F ¡desembucha!; **~bekommen** (*irr*, *sep*, *h*, → ***bekommen***) lograr sacar; (*entdecken*) descubrir; averiguar; *Geld*: recibir la vuelta; **~bringen** (*irr*, *sep*, *-ge-*, *h*, → ***bringen***) sacar; *Buch*: publicar; *fig* averiguar; **~finden** (*irr*, *sep*, *-ge-*, *h*, → ***finden***) descubrir; **~fordern** (*sep*, *-ge-*, *h*) provocar, desafiar; **~fordernd** provocador, provocativo; **2forderung** *f* (-; *-en*) provocación *f*, desafío *m*; **2gabe** *f* (-; *-n*) entrega *f*; restitución *f*; *e-s Buches*: publicación *f*; **~geben** (*irr*, *sep*, *-ge-*, *h*, → ***geben***) devolver, restituir; *Buch*: publicar, editar; *Geld*: dar la vuelta; ***können Sie ~?*** ¿tiene cambio?; **∾geber** *m* editor *m*; **~holen** (*sep*, *-ge-*, *h*) sacar (***aus*** de); **~kommen** (*irr*, *sep*, *-ge-*, *sn*, → ***kommen***) salir (*a com*); (*bekannt werden*) descubrirse; *Ergebnis*: resultar; *Buch*: publicarse; **~nehmen** (*irr*, *sep*, *-ge-*, *h*, → ***nehmen***) sacar; retirar; ***sich*** (*dat*) ***et ~*** permitirse a/c; **~rücken** (*sep*, *-ge-*, *h*): ***Geld ~*** F aflojar la mosca; **~stellen** (*sep*, *-ge-*, *h*) (*hervorheben*) hacer resaltar, subrayar; ***sich ~ als*** resultar; **~strecken** (*sep*, *-ge-*, *h*) sacar (*a Zunge*); ***den Kopf zum Fenster ~*** asomar la cabeza a la ventana

herb [hɛrp] acerbo; *a fig* áspero; *Wein*: seco

her'bei [hɛr'baɪ] (por) aquí, acá; **~holen** (*sep*, *-ge-*, *h*) ir a buscar

Herberge ['hɛrbɛrgə] *f* (-; *-n*) albergue *m*, posada *f*

herbringen ['heːr-] (*irr*, *sep*, *-ge-*, *h*, → ***bringen***) traer

Herbst [hɛrpst] *m* (-[*e*]*s*; *-e*) otoño *m*; ***im ~*** en otoño; **'∾lich** otoñal

Herd [heːrt] *m* (-[*e*]*s*; *-e*) (*Küchen∾*) cocina *f*; *fig u med* foco *m*

Herde ['heːrdə] *f* (-; *-n*) rebaño *m*, manada *f*; *fig* tropel *m*

he'rein [hɛ'raɪn] (hacia) adentro, hacia el interior; ***~!*** ¡adelante!; **~fallen** (*irr*, *sep*, *-ge-*, *sn*, → ***fallen***) F llevarse un chasco; **~kommen** (*irr*, *sep*, *-ge-*, *sn*, → ***kommen***) entrar; pasar; **~legen** (*sep*, *-ge-*, *h*) F tomar el pelo (a)

'Her|fahrt ['heːr-] *f* viaje *m* de ida; **∾fallen** (*irr*, *sep*, *-ge-*, *sn*, → ***fallen***): ***~ über*** (*ac*) abalanzarse sobre; *fig* arremeter contra; **~gang** *m* (-[*e*]*s*; *sin pl*) lo ocurrido; (*Verlauf*) desarrollo *m*; **∾geben** (*irr*, *sep*, *-ge-*, *h*, → ***geben***) entregar, dar; *fig* ***sich ~ zu*** prestarse a

Hering ['heːrɪŋ] *m* (*-s*; *-e*) arenque *m*; (*Zelt∾*) piquete *m*

'her|kommen ['heːrkɔmən] (*irr*, *sep*, *-ge-*, *sn*, → ***kommen***) venir; acercarse; *fig* provenir de; ***komm her!*** ¡ven acá!; ¡acércate!; **~kömmlich** ['-kœmlɪç] tradicional; **∾kunft** ['-kunft] *f* (-; *sin pl*) origen *m*, procedencia *f*; **∾kunftsland** *n* país *m* de origen

hermetisch [hɛr'meːtɪʃ] hermético

Hero'in [hero'iːn] *n* (*-s*; *sin pl*) heroína *f*; **∾süchtig** heroinómano

hero|isch [-'roːɪʃ] heroico; **∾'ismus** [-ro'ismus] *m* (-; *sin pl*) heroísmo *m*

Herr [hɛr] *m* (-[*e*]*n*; *-en*) señor *m* (*a Anrede*), caballero *m*; (*Besitzer*) dueño *m*, amo *m*; ***meine*** (***Damen und***) ***~en!*** ¡(señoras y) señores!

'Herren|anzug *m* traje *m* de caballero; **~bekleidung** *f* ropa *f* para caballeros; **~doppel** (**~einzel**) *n Tennis*: doble (individual) *m* masculino; **~friseur** *m* peluquería *f* de caballeros; **∾los** sin dueño; abandonado; **~mode** *f* moda *f* masculina; **~schneider** *m* sastre *m* para caballeros; **~toilette** *f* servicio *m* de caballeros

Herrgott ['-gɔt] *m* (-[*e*]*s*; *sin pl*): ***unser ~*** Nuestro Señor

herrichten ['heːrrɪçtən] (*sep*, *-ge-*, *h*) preparar; *Zimmer*: arreglar; ***sich ~*** arreglarse

'Herr|in ['hɛrin] *f* señora *f*; dueña *f*; **∾isch** imperioso, autoritario; **∾lich** magnífico, espléndido; **~schaft** *f* **a)** (-; *sin pl*) dominio *m*, dominación *f*; *e-s Fürsten*: reinado *m*; *pol* soberanía *f*; ***die ~ verlieren über*** (*ac*) perder el control de **a)** *pl*: ***die ~en*** los señores

'herrsch|en ['hɛrʃen] (*ge-*, *h*) dominar; reinar (*a fig*); **∾er** *m* (*-s*; -), **∾erin** *f* (-; *-nen*) soberano *m*, -a *f*; **∾erhaus** *n* dinastía *f*; **~süchtig** autoritario, despótico

herrühren ['heːrryːren] (*sep*, *-ge-*, *h*) (pro)venir (***von*** de)

'herstell|en (*sep*, *-ge-*, *h*) hacer, fabricar, producir; *Verbindung*: establecer; **∾er** *m* (*-s*; -) fabricante *m*, productor *m*; **∾ung** *f* (-; *sin pl*) producción *f*, fabricación *f*

herüber [hɛ'ryːbər] hacia aquí *od* acá

he'rum [-'rum] alrededor de (*a zeitlich*); ***hier*** (***dort***) ***~*** por aquí (allí); **~drehen** (*sep*, *-ge-*, *h*) dar la vuelta a; *Kopf*: volver; ***sich ~*** volverse; **~fahren** (*irr*, *sep*, *-ge-*, *sn*, → ***fahren***): ***~ um*** dar la vuelta a; **~führen** (*sep*, *-ge-*, *h*) acompañar, hacer de guía para; ***~ in*** (*dat*) llevar por; **~gehen** (*irr*, *sep*, *-ge-*, *sn*, → ***gehen***) *j*: pasearse (por); *et*: circular; *Zeit*: pasar; ***~ um*** dar la vuelta a; **~kommen** (*irr*, *sep*, *-ge-*, *sn*, → ***kommen***) correr mundo; ***weit ~*** ver mucho mundo; ***nicht ~ um*** no poder evitar (*ac*); **~laufen** (*irr*, *sep*, *-ge-*, *sn*, → ***laufen***) correr de un lado a otro; ***~ um*** correr alrededor de; ***frei ~*** andar suelto; **~lungern** (*sep*,

-ge-, h) holgazanear, gandulear; **~reichen** (sep, -ge-, h) hacer circular, pasar; **~reisen** (sep, -ge-, sn) viajar mucho; **~ in** (dat) recorrer (ac); **~sprechen** (irr, sep, -ge-, h, → **sprechen**): **sich ~** divulgarse; **~treiben** (irr, sep, -ge-, h, → **treiben**): **sich ~** andar vagando (**in** dat por), vagabundear

he'runter [-'runtər] (hacia) abajo; **~bringen** (irr, sep, -ge-, h, → **bringen**) bajar; **~hauen** (sep, -ge-, h): **j-m e-e ~** pegarle una bofetada a alg; **~laden** (irr, sep, -ge-, h, → **laden**) v/t inform descargar; **~lassen** (irr, sep, -ge-, h, → **lassen**) bajar

her'vor [hɛr'foːr] adelante; (heraus) fuera; **hinter …** (dat) **~** (por) detrás de; **~bringen** (irr, sep, -ge-, h, → **bringen**) producir, crear; Worte: proferir; **~gehen** (irr, sep, -ge-, sn, → **gehen**) (sich ergeben) resultar (**aus** de); **als Sieger ~** salir vencedor; **~heben** (irr, sep, -ge-, h, → **heben**) fig poner de relieve, hacer resaltar, subrayar; **~ragen** (sep, -ge-, h) a fig sobresalir; fig distinguirse (**aus** de); **~ragend** saliente; fig excelente; **~rufen** (irr, sep, -ge-, h, → **rufen**) fig ocasionar, provocar; **~tun** (irr, sep, -ge-, h, → **tun**): **sich ~** distinguirse

Herweg ['heːrveːk] m: **auf dem ~** al venir

Herz [hɛrts] n (-ens; -en) corazón m (a fig u Karten); **von ganzem ~en** de todo corazón; **am ~en liegen** preocupar, interesar mucho; **sich et zu ~en nehmen** tomar a/c a pecho; **'~anfall** m ataque m cardíaco od al corazón; **'~beschwerden** f/pl trastornos m/pl cardíacos

'Herzens|lust f: **nach ~** a mis (tus, sus) anchas; **~wunsch** m vivo deseo m

'herz|ergreifend conmovedor; **Ձfehler** m lesión f cardíaca; **~haft** valiente, resuelto; **~er Schluck** buen trago

herzig ['hɛrtsiç] mono

'Herz|infarkt m infarto m de miocardio; **~klopfen** n palpitaciones f/pl (del corazón); **Ձkrank** cardíaco; **~leiden** n afección f cardíaca; **Ձlich** cordial, afectuoso; **~ gern** con mucho gusto; **~lichkeit** f (-; sin pl) cordialidad f; **Ձlos** sin corazón, insensible

'Herzog ['hɛrtsoːk], **~in** [-gin] f (-; -nen) duque(sa) m(f)

'Herz|schlag m latido m del corazón; (Anfall) apoplejía f; **~schrittmacher** m marcapasos m; **~spezialist** m cardiólogo m; **~verpflanzung** f trasplante m de corazón

Hessen ['hɛsən] n Hesse f

'Hetz|e ['hɛtsə] f (-; sin pl) (Eile) prisas f/pl, precipitación f; fig instigación f; pol agitación f; **Ձen** (ge-, h) **1.** v/t Hund: azuzar; (antreiben) dar prisa a; **2.** v/i (sich beeilen) apresurarse, darse prisa; **gegen j-n ~** agitar los ánimos contra alg; **Ձerisch** agitador; **~jagd** f cacería f

Heu [hɔʏ] n (-[e]s; sin pl) heno m

Heuch|elei [-çə'laɪ] f (-; sin pl) hipocresía f; **~ler** ['-çlər] m (-s; -), **~lerin** f (-; -nen) hipócrita su

heulen ['-lən] (ge-, h) aullar; (weinen) llorar

'Heu|schnupfen med m fiebre f del heno; **~schrecke** ['-ʃrɛkə] f (-; -n) langosta f, saltamontes m

'heut|e ['-tə] hoy; **~ Morgen** (**Abend**) esta mañana (noche); **~ vor acht Tagen** hace ocho días; **~ in acht Tagen** de hoy en ocho días; **noch ~** hoy mismo; **~ig** de hoy; actual; **~zutage** hoy (en) día

'Hexe ['hɛksə] f (-; -n) bruja f; **~njagd** f fig caza f de brujas; **~nschuss** med m lumbago m; **~'rei** f (-; -en) brujería f

hg. **herausgegeben** editado

HGB n **Handelsgesetzbuch** Código m de Comercio

Hieb [hiːp] m (-[e]s; -e) golpe m

hier [hiːr] aquí; (Adresse) en ésta; ciudad; **~!** bei Aufruf: ¡presente!; **~ (nimm)!** ¡toma!; **~ bin ich** aquí estoy; **~ ist** (**sind**) aquí está(n); **von ~ aus** de(sde) aquí

'hier|auf ['hiːrauf] örtlich: sobre esto; zeitlich: después de esto, luego; **~aus** de aquí, de esto; **~bei** en esto; **~bleiben** (irr, sep, -ge-, sn, → **bleiben**) quedarse (aquí); **~durch** por od con esto; así; **~her** aquí, acá; **~herum** por aquí; **~hin** aquí; **~ u dorthin** por aquí allá; **~in** en esto od ello; **~mit** con esto od ello; Brief: con la presente

'hier|über ['hiːryːbər] de od sobre esto; **~unter** debajo de esto; entre estos; **~von** de esto; **~zu** a esto

hiesig ['hiːziç] de aquí; com de esta plaza

Hi-Fi-Anlage ['haɪfiʔ-, 'haɪfaɪʔ-] f equipo m de alta fidelidad

'Hilfe ['hilfə] *f* (-; *-n*) ayuda *f*, asistencia *f*; auxilio *m*, socorro *m*; ***Erste*** ~ primeros auxilios; **(*zu*)** ~**!** ¡socorro!; ***mit*** ~ ***von*** con (la) ayuda de; por medio de; ~ ***leisten*** prestar auxilio (***j-m*** a alg); ***um*** ~ ***bitten*** *bzw* ***rufen*** pedir auxilio; '**~ruf** *m* grito *m* de socorro

'hilflos desamparado, desvalido

'Hilfs|arbeiter *m* peón *m*; **~bedürftig** necesitado, menesteroso; **~bereit** servicial; **~bereitschaft** *f* complacencia *f*; **~kraft** *f* auxiliar *su*; **~mittel** *n* (re)medio *m*; **~verb** *n* verbo *m* auxiliar

Himbeere ['himbe:rə] *f* (-; *-n*) frambuesa *f*

'Himmel ['himəl] *m* (*-s*; -) cielo *m*; ***um*** **~*s willen!*** ¡por (el amor de) Dios!; ***unter freiem*** ~ al aire libre; **~blau** (azul) celeste; **~fahrt** *f* (-; *sin pl*) Ascensión *f*; ***Mariä*** ~ Asunción *f*; **~reich** *n* (-[*e*]*s*; *sin pl*) reino *m* de los cielos

'Himmelsrichtung *f* punto *m* cardinal

'himmlisch celeste, celestial; *fig* magnífico, divino

hin [hin] hacia allí *od* allá; F (*kaputt*) estropeado; ~ ***und zurück*** ida y vuelta; ~ ***und wieder*** a veces, de vez en cuando; ~ ***und her*** de un lado para otro, de acá para allá; ~ ***und her gehen*** ir y venir

hi'nab [hi'nap] hacia abajo; **~gehen** (*irr*, *sep*, *-ge-*, *sn*, → ***gehen***) bajar, descender

hi'nauf [hi'nauf] hacia arriba; **~fahren** (*irr*, *sep*, *-ge-*, *sn*, → ***fahren***), **~gehen** (*irr*, *sep*, *-ge-*, *sn*, → ***gehen***) subir; **~setzen** *Preis*: aumentar, subir; **~steigen** (*irr*, *sep*, *-ge-*, *sn*, → ***steigen***) subir (***auf*** *ac* a); ascender; **~tragen** (*irr*, *sep*, *-ge-*, *h*, → ***tragen***) subir

hi'naus [hi'naus] (hacia) afuera; **~*!*** ¡fuera (de aquí)!; ***zum Fenster*** ~ por la ventana; ***über …*** ~ más allá de; **~gehen** (*irr*, *sep*, *-ge-*, *sn*, → ***gehen***) salir; ~ ***auf*** (*ac*) *Fenster*: dar a; ~ ***über*** (*ac*) pasar de, rebasar (*ac*); **~laufen** (*irr*, *sep*, *-ge-*, *sn*, → ***laufen***) salir corriendo; *fig* ~ ***auf*** (*ac*) ir a parar a *od* en, acabar en; ***auf dasselbe*** ~ ser lo mismo; **~lehnen** (*sep*, *-ge-*, *h*): ***sich*** ~ asomarse; **~schieben** (*irr*, *sep*, *-ge-*, *h*, → ***schieben***) *fig* aplazar; **~werfen** (*irr*, *sep*, *-ge-*, *h*, → ***werfen***) echar, tirar; *j-n*: echar a la calle

'Hinblick *m*: ***im*** ~ ***auf*** (*ac*) en atención a, en vista de

'hinder|lich ['-dərliç] embarazoso; molesto; contrario; **~n** (*ge-*, *h*) impedir (***j-n an et*** *dat* a alg hacer a/c); (*stören*) estorbar; **~nis** *n* (*-ses*; *-se*) obstáculo *m*; **~nislauf** *m*, **~nisrennen** *n* carrera *f* de obstáculos

hindeuten ['-dɔʏtən] (*ge-*, *h*): ~ ***auf*** (*ac*) señalar a, *a fig* indicar (*ac*)

hindurch [-'durç] *zeitlich*: durante; ***durch*** (*ac*) ~ a través de; por; ***den ganzen Tag*** ~ (durante) todo el día

hi'nein [hi'naɪn] (hacia) adentro; ***in*** (*ac*) ***…*** ~ en; ***bis tief in die Nacht*** ~ hasta muy entrada la noche; **~fahren** (*irr*, *sep*, *-ge-*, *sn*, → ***fahren***) entrar; **~gehen** (*irr*, *sep*, *-ge-*, *sn*, → ***gehen***) entrar; *fig* caber; **~passen** (*sep*, *-ge-*, *h*) caber; **~ziehen** (*irr*, *sep*, *-ge-*, *h*, → ***ziehen***) *fig* implicar (***in*** *ac* en)

'hin|fahren ['hinfa:rən] (*irr*, *sep*, *-ge-*, → ***fahren***) **1.** *v/t* (*h*) llevar; transportar; **2.** *v/i* (*sn*) ir (a); **~fahrt** *f* viaje *m* de ida; **~fallen** (*irr*, *sep*, *-ge-*, *sn*, → ***fallen***) caer al suelo, caerse; **~fällig** caduco, decrépito; (*ungültig*) nulo, sin validez; **~flug** *m* vuelo *m* de ida

'Hin|gabe ['hinga:bə] *f* (-; *sin pl*) abnegación *f*, devoción *f*; **~geben** (*irr*, *sep*, *-ge-*, *h*, → ***geben***) dar; ***sich*** ~ entregarse a (*a Frau*), abandonarse a; (*sich widmen*) dedicarse a; **~'gegen** en cambio; **~gehen** (*irr*, *sep*, *-ge-*, *sn*, → ***gehen***) ir (a)

'hinken ['hiŋkən] (*ge-*, *h*) cojear (*a fig*); **~d** cojo

'hin|knien ['hinkni:ən] (*sep*, *-ge-*, *sn*) (*a* ***sich*** [h]) ponerse de rodillas; **~kriegen** F (*sep*, *-ge-*, *h*) arreglar, lograr; ***ich kriege es nicht hin*** no me sale; **~legen** (*sep*, *-ge-*, *h*) poner, colocar; ***sich*** ~ echarse, tenderse; **~nehmen** (*irr*, *sep*, *-ge-*, *h*, → ***nehmen***) *fig* tolerar, soportar; **~reise** *f* viaje *m* de ida; **~reißend** arrebatador, irresistible; **~richten** (*sep*, *-ge-*, *h*) ejecutar; **~richtung** *f* (-; *-en*) ejecución *f*; **~schicken** (*sep*, *-ge-*, *h*) enviar, mandar; **~setzen** (*sep*, *-ge-*, *h*) poner, colocar; ***sich*** ~ sentarse; **~sicht** *f*: ***in dieser*** ~ a este respecto; **~sichtlich** (*gen*) con respecto a, en cuanto a; **~spiel** *n dep* partido *m* de ida; **~stellen** (*sep*, *-ge-*, *h*) poner, colocar; ~ ***als*** presentar como; *j-n*: tachar, tildar de

'hinten ['hintən] (por) detrás, atrás; (*im*

Hintergrund) en el fondo; ***von ~*** por detrás; ***nach ~*** hacia atrás; **~herum** por detrás; *fig* a escondidas

'hinter ['-tər] **1.** *prp* (*wo? dat*, *wohin? ac*) detrás de, tras; ***~ et kommen*** descubrir a/c; ***~ sich lassen*** dejar atrás; adelantar; *fig* ***~ j-m stehen*** respaldar a alg; **2.** *adj* trasero, posterior; **≈achse** *f* eje *m* trasero; **≈bliebene** [-'bliːbənə] *m/pl* deudos *m/pl*; **~ein'ander** uno tras otro; ***drei Tage ~*** tres días seguidos; **≈gedanke** *m* segunda intención *f*; **~'gehen** (*hinterging*, *hintergangen*, *h*) engañar, embaucar; **≈grund** *m* fondo *m*; *teat* foro *m*; *fot* segundo plano *m*; **≈halt** *m* (-[*e*]*s*; -*e*) emboscada *f*; **~'her** después, posteriormente; **≈hof** *m* patio *m* trasero; **≈kopf** *m* occipucio *m*; **~'lassen** (*hinterließ*, *hinterlassen*, *h*) dejar; *im Testament*: legar; ***e-e Nachricht ~*** dejar recado; **~'legen** (*h*) depositar; **~listig** pérfido, alevoso; **≈n** F *m* (-; -) trasero *m*; **≈rad** *n* rueda *f* trasera; **≈radantrieb** *m* tracción *f* trasera; **~rücks** [-ryks] por detrás; *fig* con alevosía, a traición; **≈seite** *f* lado *m* posterior; **≈teil** *n* parte *f* posterior *od* trasera; F trasero *m*; **≈treppe** *f* escalera *f* de servicio; **≈tür** *f* puerta *f* trasera; **~'ziehen** (*hinterzog*, *hinterzogen*, *h*) defraudar; **≈'ziehung** *f* defraudación *f*, fraude *m*

hi'nüber [hi'nyːbər] al otro lado; *fig* ***~ sn*** estar estropeado; **~gehen** (*irr*, *sep*, *-ge-*, *sn*, → ***gehen***) pasar al otro lado

Hin- und 'Rückfahrt *f* ida *f* y vuelta

hi'nunter [hi'nuntər] (hacia) abajo; **~gehen** (*irr*, *sep*, *-ge-*, *sn*, → ***gehen***) bajar; **~schlucken** (*sep*, *-ge-*, *h*) tragar (*a fig*)

hin'weg [-'vɛk]: ***über ...*** (*ac*) **~** por encima de; **~setzen** (*sep*, *-ge-*, *h*): ***sich ~ über*** (*ac*) sobreponerse a, no hacer caso de

Hinweg ['hinveːk] *m*: ***auf dem ~*** a la ida

'Hin|weis ['-vais] *m* (-*es*; -*e*) indicación *f*; (*Verweis*) referencia *f* (***auf*** *ac* a); **≈weisen** (*irr*, *sep*, *-ge-*, *h*, → ***weisen***): ***~ auf*** (*ac*) indicar (*ac*); ***darauf ~, dass*** señalar *od* observar que; **~weisschild** *n* rótulo *m* indicador; **≈werfen** (*irr*, *sep*, *-ge-*, *h*, → ***werfen***) tirar (al suelo); *Arbeit*: abandonar; *Wort*: dejar caer; **≈ziehen** (*irr*, *sep*, *-ge-*, *h*, → ***ziehen***): ***sich ~*** *zeitlich*: prolongarse

hin'zu además; **~fügen** (*sep*, *-ge-*, *h*) añadir; **~kommen** (*irr*, *sep*, *-ge-*, *sn*, → ***kommen***) sobrevenir; añadirse

Hirn [hirn] *n* (-[*e*]*s*; -*e*) cerebro *m*; *gastr* sesos *m/pl*; **'~haut** *f* meninge *f*; **'~hautentzündung** *f* meningitis *f*

Hirsch [hirʃ] *m* (-[*e*]*s*; -*e*) ciervo *m*

Hirse ['hirzə] *f* (-; -*n*) mijo *m*

Hirt [hirt] *m* (-*en*; -*en*), **'~in** *f* (-*n*; -*nen*) pastor(a) *m*(*f*)

Hispanist [hispa'nist] *m* (-*en*; -*en*), **~in** *f* (-; -*nen*) hispanista *su*

Hispanoamerika [his'panoa'meːrika] *n* Hispanoamérica *f*

hissen ['-ən] (*ge-*, *h*) izar, enarbolar

Hi'stori|ker [-'toːrikər] *m* (-*s*; -) historiador *m*; **≈sch** histórico

Hit [hit] *m* (-[*s*]; -*s*) (canción *f* de) éxito *m*; *com* éxito *m* de venta; **'~liste** *f* lista *f* de éxitos; **'~parade** *f* hit-parade *m*

'Hitz|e ['-sə] *f* (-; *sin pl*) calor *m*; *fig a* ardor *m*; **~ewelle** *f* ola *f* de calor; **≈ig** fogoso, impetuoso; *Debatte*: acalorado; **~kopf** *m* hombre *m* colérico; **~schlag** *med m* insolación *f*

HIV *m* ***Human Immundeficiency Virus*** VIH *m* (Virus de Immunodeficiencia Humana)

HI'V-|negativ [haːiː'fau-] seronegativo, VIH negativo; **~positiv** seropositivo, VIH positivo

Hobby ['hɔbi] *n* (-*s*; -*s*) hobby *m*

'Hobel ['hoːbəl] *m* (-*s*; -) cepillo *m* (de carpintero); **≈n** (*ge-*, *h*) (a)cepillar

hoch [hoːx] **1.** *adj* (*s a* ***höher***, ***höchst***) alto; *a Stellung*, *Preis*: elevado; *Ton*: agudo; *Alter*: avanzado; *adv* (*sehr*) muy; ***wie ~ ist ...?*** ¿qué altura tiene ...?; ***wie ~ ist der Preis?*** ¿qué precio tiene?; ***~ empfindlich*** → ***hochempfindlich***; ***~ gewachsen*** → ***hochgewachsen***; ***~ oben*** en lo alto; ***drei Meter ~*** tres metros de alto; (***er lebe***) ***~!*** ¡viva!; F ***das ist mir zu ~*** no lo comprendo; **2. ≈** *n* (-*s*; -*s*) (*Wetter*) zona *f* de alta presión, anticiclón *m*

'Hoch|achtung *f* gran estima *f*, respeto *m*; ***mit vorzüglicher ~*** *im Brief*: le saluda atentamente; **≈achtungsvoll** *im Brief*: atentamente; **~altar** *m* altar *m* mayor; **~bau** *m* construcción *f* sobre tierra; **~betrieb** *m* (-[*e*]*s*; *sin pl*) actividad *f* intensa; **≈deutsch** alto alemán; **~druck** *m* (-[*e*]*s*; *sin pl*) alta presión *f*; **~druckgebiet** *n* zona *f* de alta presión; **~ebene** *f* altiplanicie *f*; meseta *f*;

ℒempfindlich *fot* suprasensible; **ℒerfreut** encantado; **~form** *f*: ***in ~ sein*** estar en plena forma; **~frequenz** *f* alta frecuencia *f*; **~gebirge** *n* alta montaña *f*; **~genuss** *m* delicia *f*; **ℒgeschlossen** *Kleid*: cerrado; **~geschwindigkeitszug** *m* tren *m* de alta velocidad; **ℒgewachsen** alto de estatura; **~haus** *n* edificio *m* singular; **ℒheben** (*irr*, *sep*, *-ge- h*, → ***heben***) levantar, alzar; **~konjunktur** *f* gran prosperidad *f*; alta coyuntura *f*; **~land** *n* tierra *f* alta; **~mut** *m* orgullo *m*, altanería *f*; **ℒmütig** ['-myːtiç] orgulloso, altanero; **ℒnäsig** ['-nɛːziç] F encopetado; **~ofen** *tec m* alto horno *m*; **~rufe** *m/pl* vivas *m/pl*, vítores *m/pl*; **~saison** *f* temporada *f* alta; **~schulabschluss** *m* título *m* universitario; **~schule** *f* escuela *f* superior; universidad *f*; **~schulreife** *f* madurez *f* universitaria; **~seefischerei** *f* pesca *f* de altura; **~sommer** *m* pleno verano *m*; **~spannung** *el f* alta tensión *f*; **~sprung** *m* salto *m* de altura

höchst [høːçst] (*Superlativ v* ***hoch***) el más alto; *fig* sumo, máximo; *adv* sumamente, altamente

Hochstapler ['hoːxʃtɑːplər] *m* (*-s*; -) estafador *m*, caballero *m* de industria

'höchst|ens ['høːçstəns] a lo más, a lo sumo; **ℒgeschwindigkeit** *f* velocidad *f* máxima *od* punta; **ℒleistung** *f* rendimiento *m* máximo; **ℒmaß** *n* máximo *m* (***an*** *dat* de); **ℒpreis** *m* precio *m* máximo *od* tope; **ℒstand** *m* (*-[e]s*; *Höchststände*) nivel *m* máximo

'hoch|trabend ['hoːx-] altisonante; **ℒverrat** *m* alta traición *f*; **ℒwasser** *n* inundación *f*, crecida *f*; **~wertig** de gran valor

'Hochzeit ['hɔxtsaɪt] *f* (-; *-en*) boda *f*; **~sreise** *f* viaje *m* de boda(s) *od* de novios

'hocke|n ['hɔkən] (*ge-*, *h*) estar en cuclillas; **ℒr** *m* (*-s*; -) taburete *m*

Höcker ['hœkər] *m* (*-s*; -) giba *f* (*a Kamel*), corcova *f*

Hockey ['hɔke] *n* (*-s*; *sin pl*) hockey *m* (sobre hierba)

'Hode ['hoːdə] *f* (-; *-n*), **~n** *m* (*-s*; -) testículo *m*

Hof [hoːf] *m* (*-[e]s*; *⸚e*) patio *m*; (*Bauern*ℒ) granja *f*; (*Fürsten*ℒ) corte *f*

hoffen ['hɔfən] (*ge-*, *h*) esperar (***auf et*** a/c); **~tlich** [-tliç]: ***~ kommt er*** espero que venga

'Hoffnung ['-nuŋ] *f* (-; *-en*) esperanza *f* (***auf*** *ac* en); ***in der ~ zu*** (*inf*) en espera de (*inf*); **ℒslos** desesperado; sin esperanza

'höflich ['høːfliç] cortés; **ℒkeit** *f* (-; *sin pl*) cortesía *f*

Höhe ['høːə] *f* (-; *-n*) altura *f* (*a mat*, *mar u avia*); altitud *f* (*a über dem Meeresspiegel*); ***auf der ~ von*** a la altura de; ***in gleicher ~*** al mismo nivel; ***in die ~*** (hacia) arriba; *com* ***in ~ von*** por el importe de; ***das ist die ~!*** ¡es el colmo!

'Hoheit ['hoːhaɪt] *f* (-; *sin pl*) *pol* soberanía *f*; (*pl -en*) *Titel*: Alteza *f*; **~sgebiet** *n* territorio *m* (de soberanía); **~sgewässer** *n/pl* aguas *f/pl* territoriales *od* jurisdiccionales; **~szeichen** *n* emblema *m* nacional

'Höhen|krankheit ['høːən-] *f* mal *m* de las alturas, *Am* puna *f*, soroche *m*; **~kurort** *m* estación *f* de altura; **~messer** *m* altímetro *m*; **~sonne** *med f* lámpara *f* de rayos ultravioletas; **~unterschied** *m* diferencia *f* de nivel

'Höhepunkt *m* punto *m* culminante (*a fig*)

höher ['høːər] (*Komparativ v* ***hoch***) más alto; *fig* superior, mayor; ***~e Schule*** instituto *m* de segunda enseñanza

hohl [hoːl] hueco, vacío; *fig* huero

Höhle ['høːlə] *f* (-; *-n*) caverna *f*, cueva *f*; gruta *f*; *anat* cavidad *f*; (*Tier*ℒ) madriguera *f*, *größere*: guarida *f* (*a Räuber*ℒ)

'Hohl|maß ['hoːl-] *n* medida *f* de capacidad; **~raum** *m* hueco *m*; **~weg** *m* desfiladero *m*, cañada *f*

Hohn [hoːn] *m* (*-[e]s*; *sin pl*) (*Spott*) escarnio *m*, sarcasmo *m*; (*Verachtung*) desdén *m*; ***j-m zum ~*** a despecho de alg

höhnisch ['høːniʃ] irónico, sarcástico

Holdinggesellschaft ['hoːldiŋ-] *f* (sociedad *f*) holding *m*

holen ['hoːlən] (*ge-*, *h*) ir a buscar, ir (a) por; *Arzt*: llamar; ***~ lassen*** mandar buscar, mandar (a) por; *Krankheit*: ***sich*** (*dat*) ***~*** pescar

Holland ['hɔlant] *n* Holanda *f*

Holländ|er ['hɔlɛndər] *m* (*-s*; -), **~erin** *f* (-; *-nen*) holandés *m*, -esa *f*; **ℒisch** holandés

'Hölle ['hœlə] *f* (-; *-n*) infierno *m* (*a fig*); **~nlärm** *m* ruido *m* infernal

höllisch ['-liʃ] infernal; ***~ aufpassen*** andar con muchísimo cuidado

Hollywoodschaukel ['hɔlivud-] *f* balancín *m*
holp(e)rig ['hɔlp(ə)riç] áspero, desigual, fragoso
Holunder [ho'lundər] *m* (*-s*; -) saúco *m*
Holz [hɔlts] *n* (*-es*; *⸗er*) madera *f*; (*Brenn*⁀) leña *f*
hölzern ['hœltsərn] de madera; *fig* torpe
'**Holz|fäller** ['hɔltsfɛlər] *m* (*-s*; -) leñador *m*; **⁀ig** leñoso; **~industrie** *f* industria *f* maderera; **~kohle** *f* carbón *m* vegetal; **~schnitt** *m* grabado *m* en madera; **~schnitzer** *m* tallista *m*; **~schuh** *m* zueco *m*; **~weg** ['-veːk] *m*: ***auf dem ~ sn*** estar equivocado; **~wolle** *f* virutas *f*/*pl*
'**Homo** *m* (*~s*; *~s*) F marica *m*, P maricón *m*; **~-Ehe** *f* F matrimonio *m* homosexual (*od* entre homosexuales)
Homöo'path [homøo'pɑːt] *m* (*-en*; *-en*) homeópata *m*; **⁀isch** homeopático
homosexuell [homozɛksu'ɛl] homosexual, invertido; **⁀e** *m* (*-n*; *-n*) homosexual *m*, invertido *m*
Honduras [hɔn'duːras] *n* Honduras *f*
'**Honig** ['hoːniç] *m* (*-s*; *-e*) miel *f*; **~kuchen** *m* pan *m* de especias
Honor|ar [hono'rɑːr] *n* (*-s*; *-e*) honorarios *m*/*pl*; **⁀'ieren** (*h*) pagar, remunerar; *fig* apreciar
Hopfen *bot* ['hɔpfən] *m* (*-s*; *sin pl*) lúpulo *m*
hopsen ['hɔpsən] (*ge-*, *sn*) brincar
'**hör|bar** ['høːr-] oíble, audible, perceptible; **⁀brille** *f* gafas *f*/*pl* acústicas
horchen ['hɔrçən] (*ge-*, *h*) escuchar (***auf et ac*** a/c)
'**hören** ['høːrən] (*ge-*, *h*) oír; (*zu~*) escuchar; (*gehorchen*) obedecer; (*erfahren*) oír decir, enterarse; ***auf j-n ~*** hacer caso a alg; ***hör mal!*** ¡escucha!; ¡oye!; ***von sich ~ lassen*** dar noticias suyas; **⁀sagen** *n*: ***vom ~*** de oídas
'**Hör|er**[1] ['høːrer] *m* (*-s*; -) *tel* auricular *m*; **~er**[2] *m*, **~erin** *f* (-; *-nen*) oyente *su*; **~funk** *m* radio *f*; **~gerät** *n* audífono *m*
Horizont [hori'tsɔnt] *m* (*-[e]s*; *-e*) horizonte *m* (*a fig*); **⁀al** [-'tɑːl] horizontal
Hormon [hɔr'moːn] *n* (*-s*; *-e*) hormona *f*
Horn [hɔrn] *n* (*-[e]s*; *⸗er*) cuerno *m*, asta *f*; *mus* trompa *f*
Hörnchen ['hœrnçən] *n* (*-s*; -) (*Gebäck*) croissant *m*
Hornhaut ['hɔrnhaʊt] *f* callosidad *f*; *Auge*: córnea *f*
Hornisse [hɔr'nisə] *f* (-; *-n*) avispón *m*
Horoskop [horɔs'koːp] *n* (*-s*; *-e*) horóscopo *m*
'**Hör|saal** ['høːr-] *m* aula *f*; *großer*: paraninfo *m*; **~spiel** *n* pieza *f* radiofónica
horten ['hɔrtən] (*ge-*, *h*) atesorar
Hörweite ['høːr-] *f*: ***in*** (***außer***) ***~*** al (fuera del) alcance del oído
'**Hose** ['hoːzə] *f* (-; *-n*) pantalón *m*; **~nanzug** *m* traje *m* pantalón; **~nrock** *m* falda *f* pantalón; **~nschlitz** *m* bragueta *f*; **~nträger** *m*/*pl* tirantes *m*/*pl*
Hostess [hɔs'tɛs] *f* (-; *-en*) azafata *f* de relaciones públicas
Hostie ['-tjə] *f* (-; *-n*) *rel* hostia *f*
Ho'tel [ho'tɛl] *n* hotel *m*; **~gewerbe** *n* industria *f* hotelera; **~halle** *f* vestíbulo *m*, hall *m*; **~ier** [-təl'jeː] *m* (*-s*; *-s*) hotelero *m*; **~verzeichnis** *n* lista *f* de hoteles; **~zimmer** *n* habitación *f* de hotel
Hr., **Hrn.** ***Herr***(***n***) Sr. (señor)
HR *f* ***Hessischer Rundfunk*** Radio de Hesse
hrsg. ***herausgegeben*** ed. (editado)
Hrsg. ***Herausgeber*** editor
Hubraum ['huːp-] *m* cilindrada *f*, cubicaje *m*
hübsch [hypʃ] bonito; *j*: guapo
'**Hubschrauber** ['huːpʃraʊbər] *m* (*-s*; -) helicóptero *m*; **~landeplatz** *m* helipuerto *m*
'**huckepack** ['hukəpak] a cuestas; **⁀-Verkehr** *m* transporte *m* combinado ferrocarril-carretera
Huf [huːf] *m* (*-[e]s*; *-e*) uña *f*; (*Pferde*⁀) casco *m*; '**~eisen** *n* herradura *f*; '**~schmied** *m* herrador *m*
'**Hüft|e** ['hyftə] *f* (-; *-n*) cadera *f*; **~gelenk** *n* articulación *f* de la cadera; **~gürtel** *m*, **~halter** *m* faja *f*
'**Hügel** ['hyːgəl] *m* (*-s*; -) colina *f*, cerro *m*; **⁀ig** accidentado
Huhn ['huːn] *n* (*-[e]s*; *⸗er*) gallina *f*
Hühnchen ['hyːnçən] *n* (*-s*; -) pollo *m*; ***mit j-m ein ~ zu rupfen haben*** tener una cuenta pendiente con alg
'**Hühner|auge** *med* ['-nər?aʊgə] *n* callo *m*; **~brühe** *f* caldo *m* de gallina; **~ei** *n* huevo *m* de gallina; **~farm** *f* granja *f* avícola; **~stall** *m* gallinero *m*
Hülle ['hylə] *f* (-; *-n*) envoltura *f*; (*Schutz*⁀) funda *f*; (*Umschlag*) cubierta *f*; ***in ~ und Fülle*** en abundancia
Hülse ['hylzə] *f* *bot* vaina *f*; (*Schale*)

cáscara *f*; **~nfrüchte** *f/pl* legumbres *f/pl* secas

human [hu'maːn] humano; **~itär** [-mani'tɛːr] humanitario

Hummel ['-əl] *f* (-; *-n*) *zo* abejorro *m*

Hummer ['-ər] *m* (-*s*; -) bogavante *m*

Hu'mor [hu'moːr] *m* (-*s*; *sin pl*) humor *m*; humorismo *m*; **~ist** [-mo'rist] *m* (-*en*; *-en*) humorista *m*; **ꝸistisch** [-'ristiʃ] humorístico; **ꝸlos** sin humor; **ꝸvoll** humorístico, lleno de humor

humpeln ['humpəln] (*ge*-, *h u sn*) cojear

Hund [hunt] *m* (-[*e*]*s*; -*e*) perro *m*

'Hunde|futter ['hundə-] *n* alimento *m* *od* comida *f* para perros; **~hütte** *f* perrera *f*; **'ꝸ'müde** F hecho polvo

'hundert ['-dərt] cien(to); ***zu ꝸen*** a centenares; **~fach**, **~fältig** [-fɛltiç] céntuplo; **ꝸ'jahrfeier** *f* centenario *m*; **~jährig** [-jɛːriç] centenario; **~prozentig** [-protsɛntiç] cien por cien (*a fig*); **~ste** centésimo

Hündin ['hyndin] *f* (-; *-nen*) perra *f*

Hundstage ['hunts-] *m/pl* canícula *f*

Hüne ['hyːnə] *m* (-*n*; *-n*) gigante *m*

'Hunger ['huŋər] *m* (-*s*; *sin pl*) hambre *f* (***nach*** de); ***~ haben*** tener hambre; **~kur** *f* dieta *f* absoluta; **~lohn** *m* sueldo *m* de hambre; ***für e-n ~*** por una miseria; **ꝸn** (*ge*-, *h*) pasar hambre; (*fasten*) ayunar; **~snot** *f* hambre *f*; **~streik** *m* huelga *f* de hambre

hungrig ['-riç] hambriento; ***~ sein*** tener hambre

'Hupe ['huːpə] *f* (-; *-n*) bocina *f*, claxon *m*; **ꝸn** (*ge*-, *h*) tocar la bocina *od* el claxon

hüpfen ['hypfən] (*ge*-, *sn*) brincar, dar brincos

Hupverbot ['huːpfɛrboːt] *n* prohibición *f* de señales acústicos

'Hürde ['hyrdə] *f* (-; *-n*) *dep* valla *f*; *fig* obstáculo *m*; **~nlauf** *m* carrera *f* de vallas

Hure ['huːrə] P *f* (-; *-n*) ramera *f*, P puta *f*

hur'ra! [hu'rɑː] ¡hurra!; **ꝸruf** *m* hurra *m*

hüsteln ['hyːstəln] (*ge*-, *h*) toser ligeramente

'husten ['huːstən] **1.** *v/i* (*ge*-, *h*) toser; **2.** **ꝸ** *m* (-*s*; -) tos *f*; **ꝸmittel** *n* pectoral *m*; **ꝸsaft** *m* jarabe *m* pectoral

Hut[1] [huːt] *m* (-[*e*]*s*; *⸚e*) sombrero *m*; *fig* ***~ ab!*** F ¡chapó!

Hut[2] *f*: ***auf der ~ sn*** estar sobre aviso

hüten ['hyːtən] (*ge*-, *h*) guardar; ***sich vor et ~*** guardarse de a/c; F ***ich werde mich ~!*** ¡ni hablar!

Hut|geschäft ['huːtgeʃɛft] *n*, **~laden** *m* sombrerería *f*

'Hütte ['hytə] *f* (-; *-n*) choza *f*, cabaña *f*; *tec* planta *f* metalúrgica; (*Bergꝸ*) refugio *m*; **~nwerk** *n* planta *f* metalúrgica

Hyäne [hy'ɛːnə] *f* (-; *-n*) hiena *f*

Hyazinthe [-a'tsintə] *f* (-; *-n*) jacinto *m*

Hydrant [-'drant] *m* (-*en*; *-en*) boca *f* de riego

hydraulisch [-'draʊliʃ] hidráulico

Hy'gien|e [-'gjeːnə] *f* (-; *sin pl*) higiene *f*; **ꝸisch** higiénico

Hymne ['hymnə] *f* (-; *-n*) himno *m*

hyper|ak'tiv [hypər-] *psic* hiperactivo; **ꝸaktivi'tät** *f psic* hiperactividad *f*

Hypno|se [hyp'noːzə] *f* (-; *-n*) hipnosis *f*; **ꝸti'sieren** [-noti'ziːrən] (*h*) hipnotizar

Hypo'thek [-po'teːk] *f* (-; *-en*) hipoteca *f*; ***mit e-r ~ belasten*** hipotecar; **ꝸarisch** [-te'kɑːriʃ] hipotecario; **~enzinsen** *m/pl* intereses *m/pl* hipotecarios

Hyster|ie [hyste'riː] *f* (-; *sin pl*) histerismo *m*; **ꝸisch** [-'teːriʃ] histérico

I

I, i [iː] *n* (-; -) I, i *f*; ***i wo!*** ¡qué va!

i. A. ***im Auftrag*** p.o. (por orden)

IAO *f* ***Internationale Arbeitsorganisation*** OIT *f* (Organización Internacional de Trabajo)

IATA *f* ***International Air Transport Association*** (*Internationaler Luftverkehrsverband*) ATAI *f* (Asociación de Transporte Aéreo Internacional)

ib(d). ***ibidem, ebendort*** ib. (ibídem)

I'ber|er [i'beːrər] *m* (-*s*; -) ibero *m*; **ꝸisch** ibérico; ***ꝸe Halbinsel*** Península *f* ibérica

Iberoamerika [ibeːroa'meːrika] *n* Iberoamérica *f*

IC *m* ***Intercity-Zug*** tren *m* Intercity

ICE *m* ***Intercity Express*** tren *m* de alta velocidad
ich [iç] yo; **~ *bin es*** soy yo
'Ich-AG *f etwa* empresa *f* unipersonal
Id. ***idem*** íd. (ídem)
ideal [ide'ɑːl] ideal; **2** *n (-s; -e)* ideal *m*; **2ismus** [-a'lismus] *m (-; sin pl)* idealismo *m*; **2ist** [-'list] *m* idealista *m*
Idee [i'deː] *f (-; -n)* idea *f*; *(Einfall)* ocurrencia *f*
identi|fizieren [idɛntifi'tsiːrən] *(h)* identificar; **~sch** [-'-tiʃ] idéntico (***mit*** a); **2tät** [-'tɛːt] *f (-; sin pl)* identidad *f*
Ideolog|ie [ideolo'giː] *f (-; -n)* ideología *f*; **2isch** [-'loːgiʃ] ideológico
idiomatisch [idjo'mɑːtiʃ] idiomático
Idiot [i'djoːt] *m (-en; -en)*, **2isch** idiota *(m)*
Idol [i'doːl] *n (-[e]s; -e)* ídolo *m*
I'dyll [i'dyl] *n (-s; -e)*, **~e** *f (-; -n)* idilio *m*; **2isch** idílico
IG *f* ***Industriegewerkschaft*** sindicato industrial
Igel ['iːgəl] *m (-s; -)* erizo *m*
ignorieren [igno'riːrən] *(h) et*: no hacer caso de; *j-n*: fingir no conocer
IHK *f* ***Industrie- und Handelskammer*** Cámara *f* de Industria y Comercio
ihm [iːm] a él; *tonlos*: le
ihn [iːn] a él; *tonlos*: le, lo
ihnen ['iːnən] **1.** a ellos (-as); *tonlos*: les; **2. 2** a usted(es); *tonlos*: le(s)
ihr [iːr] **1.** a ella; *tonlos*: le; **2.** (*Nominativ pl von* ***du***) vosotros (-as); **3.** *besitzanzeigend*: su, *pl* sus; **2*(e)*** su(s); ***der, die, das ~e*** el suyo, la suya, lo suyo; **'~er** (*gen v* ***sie***) *sg* de ella, *pl* de ellos (-as)
ihrerseits ['iːrərzaɪts], **2** de *od* por su parte
ihresgleichen ['iːrəs'glaɪçən] su(s) igual(es)
ihretwegen por (causa de) ella, ellos, ellas; **2** por usted(es)
i.J. ***im Jahre*** en el año
illegal ['ilegɑːl] ilegal
illegitim [-gitiːm] ilegítimo
illoyal ['iloɑjɑːl] desleal
Illusion [ilu'zjoːn] *f (-; -en)* ilusión *f*
Illustr|ation [ilustra'tsjoːn] *f (-; -en)* ilustración *f*; **~'ierte** [-'triːrtə] *f (-n; -n)* revista *f* (ilustrada)
im [im] = in dem
'Image ['imidʒ] *n (-s; -s)* imagen *f* (pública); **~kampagne** *f com* campaña *f* de imagen; **~pflege** *f* cuidado *m* de la imagen
'Imbiss ['imbis] *m (-es; -e)* bocado *m*, colación *f*; **~bude** *f* chiringuito *m*; **~stube** *f* cafetería *f*, (snack-)bar *m*
Imitation [imita'tsjoːn] *f (-; -en)* imitación *f*
Imker ['imkər] *m (-s; -)* apicultor *m*
immer ['imər] siempre; ***auf*** *od* ***für ~*** para siempre; **~ *besser*** (***mehr***; ***weniger***) cada vez mejor (más; menos); **~ *noch*** todavía; **~'hin** de todos modos; (*wenigstens*) al menos; **~'zu** sin parar
Immo'bilien [imo'biːljən] *pl* bienes *m/pl* inmuebles; **~makler** *m* agente *m* de la propiedad inmobiliaria
immun [i'muːn] inmune, inmunizado (***gegen*** contra); **2ität** [imuni'tɛːt] *f (-; sin pl)* inmunidad *f*
Imperialismus [-perja'lismus] *m (-; sin pl)* imperialismo *m*
'impf|en ['-pfən] *(ge-, h)* vacunar (***gegen*** contra); **2pass** *m* (**2schein** *m*) carnet *m* (certificado *m*) de vacunación; **2stoff** *m* vacuna *f*; **2ung** *f (-; -en)* vacunación *f*
impo'nieren [-po'niːrən] *(h)* infundir respeto, imponer; **~d** imponente
Im'port [-'pɔrt] *m (-s; -e)* importación *f*; **~beschränkungen** *f/pl* restricciones *f/pl* a la importación; **~eur** [-'tøːr] *m (-s; -e)* importador *m*; **2'ieren** *(h)* importar
imposant [-po'zant] imponente
impotent ['-tɛnt] impotente
imprägnieren [-prɛːg'niːrən] *(h)* impermeabilizar
Impressionismus [-prɛsjo'nismus] *m (-; sin pl)* impresionismo *m*
improvisieren [improvi'ziːrən] *(h)* improvisar
Impuls [-'puls] *m (-es; -e)* impulso *m*
imstande [-'ʃtandə]: **~ *sn zu*** ser capaz de; estar en condiciones de
in [in] **1.** *örtlich*: en; (*innerhalb*) dentro de; **~ *die Schule gehen*** ir a la escuela; **2.** *zeitlich*: en; dentro de; **~ *der Nacht*** durante la noche; ***im Winter*** en invierno; **~ *diesen Tagen*** estos días
inbegriffen ['inbəgrifən] incluido, inclusive
in'dem mientras; **~ *er dies sagte*** diciendo esto
Inder ['indər] *m (-s; -)*, **~in** *f (-; -nen)* indio *m*, -a *f*

Index ['indɛks] *m* (*-es*; *-e*, *Indizes* ['-ditseːs]) índice *m*
Indian|er [-'djɑːnər] *m* (*-s*; -), **~erin** *f* (-; *-nen*), **ꝸisch** indio *m*, -a *f*
Indien ['indjən] *n* la India
indirekt ['-dirɛkt] indirecto
indisch ['-diʃ] indio
indiskret ['-diskreːt] indiscreto
individuell [-dividu'ɛl] individual
Indonesien [indo'neːzjən] *n* Indonesia *f*
industrialisieren [-dustriali'ziːrən] (*h*) industrializar
Indus'trie [-'triː] *f* (-; *-n*) industria *f*; ***~- und Handelskammer*** *f* Cámara *f* de Comercio e Industria; **~gebiet** *n* región *f* industrial
industriell [industri'ɛl] industrial; **ꝸe** *m* (*-n*; *-n*) industrial *m*
Indus'triestaat [indus'triː-] *m* Estado *m* industrial(izado)
inein'ander uno(s) en (*od* dentro de) otro(s)
Infarkt *med* [-'farkt] *m* (-[*e*]*s*; *-e*) infarto *m*
Infek'tion [-fɛk'tsjoːn] *f* (-; *-en*) infección *f*; **~skrankheit** *f* enfermedad *f* infecciosa
Infinitiv ['-finitiːf] *m* (*-s*; *-e*) infinitivo *m*
infizieren [-'tsiːrən] (*h*) infectar, contagiar
Infla'tion [-fla'tsjoːn] *f* (-; *-en*) inflación *f*; **~srate** *f* tasa *f od* índice *m* de inflación
infolge [-'fɔlge] (*gen*) debido a, a consecuencia de; **~'dessen** por consiguiente, por lo tanto
Infor'matik [-fɔr'mɑːtik] *f* (-; *sin pl*) informática *f*; **~er** *m* (*-s*; -) informático *m*
Informa'tion [-ma'tsjoːn] *f* informe *m*, información *f*; **~sbüro** *n* oficina *f* de información; **~smaterial** *n* material *m* informativo; **~sschalter** *m* ventanilla *f* de información; **~stechnik** *f*, **~stechnologie** *f* tecnología *f* de la información
infor'mieren (*h*): (***sich***) **~** informar(se) (***über*** *ac* de *od* sobre), enterar(se) (de)
'Info|schalter *m* ventanilla *f* de información; **~stand** F *m* información *f*
infrage *adv* **~ *stellen*** poner en duda; **~ *kommen*** entrar en consideración
'infra|rot ['-fraroːt] infrarrojo; **ꝸstruktur** *f* infraestructura *f*
Ing. ***Ingenieur*** ing. (ingeniero)
Ingenieur [-ʒen'jøːr] *m* (*-s*; *-e*) ingeniero *m*
Ingwer *bot* ['iŋvər] *m* (*-s*; *sin pl*) jengibre *m*
Inh. ***Inhaber*** proprietario; ***Inhalt*** contenido
Inhaber ['inhɑːbər] *m* (*-s*; -), **~in** *f* (-; *-nen*) titular *su*; *e-s Geschäfts usw*: propietario *m*, -a *f*, dueño *m*, -a *f*; *com e-s Papiers*: portador(a) *m*(*f*), tenedor(a) *m*(*f*)
inhalieren [-ha'liːrən] (*h*) inhalar
'Inhalt ['-halt] *m* (-[*e*]*s*; *-e*) contenido *m*; (*Raum*ꝸ) capacidad *f*, volumen *m*; (*Gesprächs*ꝸ) tema *m*; **~sverzeichnis** *n* tabla *f* de materias, índice *m*
Initiativ|e [initsja'tiːvə] *f* (-; *-n*) iniciativa *f* (***ergreifen*** tomar); **~bewerbung** *f* solicitud *f* de empleo por iniciativa propia
Injektion [injɛk'tsjoːn] *f* inyección *f*
inkl. ***inklusive*** inclusive
inklu'siv|e [-klu'ziːvə] inclusive, incluido; **ꝸpreis** [-'ziːf-] *m* precio *m* global
inkonsequent ['-kɔnzekvɛnt] inconsecuente
'Inland ['-lant] *n* (-[*e*]*s*; *sin pl*) interior *m* (del país); **~flug** *m* vuelo *m* nacional
inländisch ['-lɛndiʃ] nacional, del país; interior
'Inlands|geschäft ['inlants-] *n* transacción *f* en el mercado interior; **~gespräch** *n* conferencia *f* nacional; **~markt** *m* mercado *m* interior
inmitten [-'mitən] (*gen*) en medio de
'innen ['inən] dentro, en el interior; ***nach* ~** adentro; **'ꝸarchitekt** *m*, **'ꝸarchitektin** *f* decorador(a) *m*(*f*) de interiores; **'ꝸminister** *m* ministro *m* del Interior; **'ꝸministerium** *n* ministerio *m* del Interior; **'ꝸpolitik** *f* política *f* interior; **'ꝸstadt** *f* centro *m od* casco *m* urbano
'inner ['inər] interior; *a med* interno; **~betrieblich** intraempresarial; **ꝸeien** [-'raɪən] *f*/*pl* tripas *f*/*pl*; *Geflügel*: menudillos *m*/*pl*; **ꝸe** *n* (*-n*; *sin pl*) interior *m*; **~halb** (*gen*) *örtlich*: dentro de; *zeitlich*: en; en el plazo de; **~lich** interior, interno; *adv* por dentro
'inoffiziell no oficial; oficioso
Inquisition [inkvizi'tsjoːn] *f* (-; *sin pl*) inquisición *f*
ins [ins] = in das
'Insasse ['inzasə] *m* (*-n*; *-n*) ocupante *m*; *e-s Hauses*: inquilino *m*; **~nversi-**

cherung *f* seguro *m* de ocupantes
insbesondere [insbə'zɔndərə] especialmente, particularmente, en particular
Inschrift ['inʃrift] *f* (-; *-en*) inscripción *f*
In'sekt [-'zɛkt] (-[*e*]*s*; *-en*) insecto *m*; **~enmittel** *n* insecticida *m*; **~enschutzmittel** *n* repelente *m*; **~enstich** *m* picadura *f* de insecto
Insel ['-zəl] *f* (-; *-n*) isla *f*
Inser|at [-zə'rɑːt] *n* (-[*e*]*s*; *-e*) anuncio *m*; **≗'ieren** (*h*) poner un anuncio
insgesamt [insgə'zamt] en total, en conjunto
Insider|informationen *pl*, **~wissen** *n* información *f* privilegiada
insofern [-'zoːfɛrn], [-zo'fɛrn] en eso; en tanto que
'insolven|t ['-zɔlvɛnt] insolvente; **≗z** [-vɛnts] *f* (-; *-en*) insolvencia *f*
Inspekt|ion [-ʃpɛk'tsjoːn] *f* (-; *-en*) inspección *f*; *auto* revisión *f*
Installateur [-stala'tøːr] *m* (*-s*; *-e*) instalador *m*; (*Wasser*) fontanero *m*
instand [-'ʃtant]: **~ *halten*** mantener, entretener; **~ *setzen*** arreglar, reparar
inständig ['-ʃtɛndiç]: **~ *bitten*** instar
Instantgetränk [in'stant-] *n* bebida *f* instantánea
In'stanz *jur* [-'stants] *f* (-; *-en*) instancia *f*; **~enweg** *m* trámite *m*; ***auf dem*** **~** por vías de trámite
Instinkt [-'stiŋkt] *m* (-[*e*]*s*; *-e*) instinto *m*
Institut [-sti'tuːt] *n* (-[*e*]*s*; *-e*) instituto *m*; **~ion** [-tu'tsjoːn] *f* (-; *-en*) institución *f*
Instru'ment [-stru'mɛnt] *n* (-[*e*]*s*; *-e*) instrumento *m*; **~enbrett** *n* tablero *m* de mando *od* de instrumentos
Insulin [-zu'liːn] *n* (*-s*; *sin pl*) insulina *f*
Inszenierung [-stse'niːruŋ] *f* (-; *-en*) puesta *f* en escena
intakt [-'takt]intacto, íntegro
intellektuell [intɛlɛktu'ɛl] intelectual
intelligen|t [-li'gɛnt] inteligente; **≗z** [-'gɛnts] *f* (-; *sin pl*) inteligencia *f*
Intendant [-tɛn'dant] *m* (*-en*; *-en*) *teat*, *TV*, *Radio*: director *m*
inten'siv [-'ziːf] intenso; *agr* intensivo; **≗station** *f* unidad *f* de vigilancia intensiva
interaktiv interactivo
Inter'city [intɛr'siti] *m* (-[*s*]; -[*s*]) Intercity *m*; **~netz** *n* red *f* de trenes Intercity; **~zug** *m* tren *m* Intercity; **~zuschlag** *m* suplemento *m* de Intercity
interess|ant [-t(ə)rɛ'sant] interesante; **≗e** [-t(ə)'rɛsə] *n* (*-s*; *-n*) interés *m* (***für*** por); **≗ent** [-'sɛnt] *m* (*-en*; *-en*) interesado *m*; **~ieren** [-'siːrən] (*h*): (***sich***) **~** interesar(se) (***für*** por)
intern [-'tɛrn] interno; **~ational** [-tərnatsjo'nɑːl] internacional
Internet *inform* ['intɛrnet] *n* Internet *n*; **~adresse** *f* dirección *f* en Internet; **~anschluss** *m* acceso *m* a Internet; **~-Auktion** *f* subasta *f* en *od* por Internet; **~café** *n* ciberbar *m*; cibercafé *m*
Internist *med* [-'nist] *m* (*-en*; *-en*) (médico *m*) internista *m*
Interrailkarte [-'reɪl-] *f* tarjeta *f* Interrail
Inter|vention [-vɛn'tsjoːn] *f* (-; *-en*) intervención *f*; **~view** ['-vjuː] *n* (*-s*; *-s*) entrevista *f*, interviú *f*; **≗'viewen** (*h*) entrevistar
intim [-'tiːm] íntimo
intolerant ['-tɔlərant] intolerante
Intranet *inform* ['intranɛt] *n* Intranet *m*
intransitiv ['-tranzitiːf] intransitivo
Intrig|e [-'triːgə] *f* (-; *-n*) intriga *f*; **≗ieren** [-tri'giːrən] (*h*) intrigar
Invalide [-va'liːdə] *m* (*-n*; *-n*) inválido *m*
Invasion [-va'zjoːn] *f* (-; *-en*) invasión *f*
Inven|tar [-vɛn'tɑːr] *n* (*-s*; *-e*) inventario *m*; **~tur** [-'tuːr] *f* (-; *-en*) inventario *m*; **~ *machen*** hacer el inventario
investieren [-vɛs'tiːrən] (*h*) invertir
Investi'tion [-ti'tsjoːn] *f* (-; *-en*) inversión *f*; **~sgüter** *n/pl* bienes *m/pl* de equipo; **~shilfe** *f* subvención *f* para inversiones; **~sprogramm** *n* programa *m* de inversiones
inwie|'fern, **~'weit** hasta qué punto; en qué medida
in'zwischen entretanto
IOK *n* ***Internationales Olympisches Komitee*** COI *m* (Comité Olímpico Internacional)
ionisch ['joːniʃ] jónico; **≗*es Meer*** *n* Mar *m* Jónico
i.R. ***im Ruhestand*** jubilado, retirado
Irak [i'rɑːk] *m* Irak *m*
Iran [i'rɑːn] *m* Irán *m*
irdisch ['irdiʃ] terrestre
Ire ['iːrə] *m* (*-n*; *-n*) irlandés *m*
'irgend|'ein ['irgənt'-] algún; **'~'einer** alguno; alguien; **'~'etwas** algo; **'~'jemand** alguien; **'~'wann** algún día; **'~'welche** algunos; **'~'wie** de cualquier modo; **'~'wo** en alguna parte

'Ir|in ['iːrin] *f* (-; *-nen*) irlandesa *f*; **ᛟisch** irlandés

Irland ['irlant] *n* Irlanda *f*

Iron|ie [iro'niː] *f* (-; *sin pl*) ironía *f*; **ᛟisch** [i'roːniʃ] irónico

ironisieren ironizar

'irr|(e) ['ir(ə)] *med* enajenado, demente, *a fig* loco; **ᛟe** *m/f* (*-n*; *-n*) loco *m*, -a *f*; **~eführen** (*sep*, *-ge-*, *h*) engañar, desorientar; **~en** (*ge-*, *sn*) errar (*a herum~*); (*h*) (*a* ***sich***) **~** estar equivocado, equivocarse; **ᛟenanstalt** *f* manicomio *m*

irrig ['iriç] equivocado, erróneo

'Irr|licht *n* fuego *m* fatuo; **~sinn** *m* (-[*e*]*s*; *sin pl*) demencia *f*, locura *f*; **~tum** *m* (*-s*; *⸚er*) error *m*, equivocación *f*; ***im ~ sn*** estar equivocado; **ᛟtümlich** ['-tyːmliç] erróneo; *adv* por equivocación

Ischias *med* ['iʃjas] *m od n* (-; *sin pl*) ciática *f*

ISDN [iːˀɛsdeːˈˀɛn] *n* (-) ***Integrated Services Digital Network*** RDSI *f* (*Red Digital de Servicios Integrados*); **~-Anschluss** *m* conexión *f* RDSI

Islam ['islam, -'laːm] *m* (-; *sin pl*) islam(ismo) *m*

Island ['iːslant] *n* Islandia *f*

Isländ|er ['iːslɛndər] *m* (*-s*; -), **~erin** *f* (-; *-nen*) islandés *m*, -esa *f*; **ᛟisch** islandés

Iso'lier|band [izo'liːr-] *n* (-[*e*]*s*; *Isolierbänder*) cinta *f* aislante; **ᛟen** (*h*) aislar; *Gefangene*: *a* incomunicar; **~ung** (-; *-en*) *f* aislamiento *m*

Israel ['israeːl] *n* Israel *m*

Israeli [isra'eːli] *m* (-; *-s*), **ᛟisch** israelí (*m*)

Istanbul ['istambuːl] *n* Estambul *f*

IT [aɪ'tiː] *f* (-) ***Informationstechnik*** TIC *f/pl* (*Tecnologías de la Información y Comunicación*)

Italien [i'taːljən] *n* Italia *f*

Italien|er [ital'jeːnər] *m* (*-s*; -), **~erin** *f* (-; *-nen*) italiano *m*, -a *f*; **ᛟisch** italiano

i.V. ***in Vertretung*** p.a. (por autorización); ***in Vollmacht*** p.p. (por poder)

IWF *m* ***Internationaler Währungsfonds*** FMI *m* (Fondo Monetario Internacional)

J

J, **j** [jɔt] *n* (-; -) J, j *f*

ja [jaː] *adv* sí; ***~ doch*** (claro) que sí; ***~ sagen*** decir que sí; ***~ sogar*** incluso; ***wenn ~*** si es así; ***da ist er ~!*** ¡ahí viene!

Jacht [jaxt] *f* (-; *-en*) yate *m*; **'~klub** *m* club *m* náutico

'Jacke ['jakə] *f* (-; *-n*) chaqueta *f*, *Am* saco *m*; **~nkleid** *n* traje *m* de chaqueta

Jackett [ʒa'kɛt] *n* (*-s*; *-s*) chaqueta *f*, americana *f*, *Am* saco *m*

Jagd [jaːkt] *f* (-; *-en*) caza *f*; ***auf die ~ gehen*** ir de caza; **'~flugzeug** *n* (avión *m* de) caza *m*; **'~hund** *m* perro *m* de caza; **'~revier** *n* coto *m*; **'~schein** *m* licencia *f* de caza

jagen ['jaːgən] (*ge-*, *h*) cazar; *fig* (*sn*) correr (***nach*** tras); (*eilen*) correr a toda velocidad

Jäger ['jɛːgər] *m* (*-s*; -) cazador *m*; *avia* caza *m*

Jahr [jaːr] *n* (-[*e*]*s*; *-e*) año *m*; ***voriges*** *od* ***letztes ~*** el año pasado; ***nächstes ~*** el año que viene; ***nach ~en*** después de muchos años; ***vor zwei ~en*** hace dos años; **'~buch** *n* anuario *m*; **'ᛟelang** durante muchos años

'Jahres|abonnement *n* abono *m bzw* suscripción *f* anual; **~abschluss** *com m* balance *m* anual; **~ausgleich** *m* reajuste *m* anual de impuestos; **~bericht** *m* informe *m* anual; **~bilanz** *f* balance *m* anual; **~einkommen** *n* renta *f* anual; **~hauptversammlung** *f* junta *f* general ordinaria; **~tag** *m* aniversario *m*; **~umsatz** *m* cifra *f* anual de ventas; **~zahl** *f* año *m*; **~zeit** *f* estación *f* (del año)

'Jahr|gang *m* (*-s*; *Jahrgänge*) año *m*; *Universität*: promoción *f*; *Wein*: cosecha *f*; **~'hundert** *n* (*-s*; *-e*) siglo *m*; **~'hundertwende** *f* fin *m* de siglo

jährlich ['jɛːrliç] anual; *adv* al año

Jahr|markt ['jaːrmarkt] *m* feria *f*; **~'tausend** *n* (*-s*; *-e*) milenio *m*; **~'tausendwende** *f* fin *m* de milenio; **~'zehnt** [-'tseːnt] *n* (-[*e*]*s*; *-e*) década *f*, decenio *m*

jähzornig ['jɛːtsɔrniç] irascible

Jalousie [ʒalu'ziː] *f* (-; *-n*) celosía *f*, persiana *f*

Jamaika [ja'maɪka] *n* Jamaica *f*

Jammer ['jamər] *m* (*-s*; *sin pl*) (*Elend*) miseria *f*; ***es ist ein ~*** es una lástima
jämmerlich ['jɛmərliç] lastimoso, lamentable; (*elend*) miserable
jammern ['jamərn] (*ge-*, *h*) quejarse, lamentarse (***über*** *ac* de)
Januar ['janua:r] *m* (*-[s]*; *-e*) enero *m*
Japan ['ja:pan] *n* (el) Japón
Japan|er [-'pa:nər] *m* (*-s*; *-*), **~erin** *f* (*-*; *-nen*) japonés *m*, -esa *f*; **≗isch** japonés
jäten ['jɛ:tən] (*ge-*, *h*) escardar
Jauche ['jauxə] *f* (*-*; *-n*) estiércol *m* líquido
jauchzen ['-tsən] (*ge-*, *h*) lanzar gritos de júbilo
jawohl [ja'vo:l] sí, ciertamente
Jazz [dʒɛs] *m* (*-*; *sin pl*) jazz *m*; '**~band** *f* conjunto *m* de jazz
je [je:] (*jemals*) nunca, jamás; (*pro*) cada uno; ***~ zwei*** de dos en dos; (*von jedem*) dos de cada uno; ***~ Person*** por persona; ***~ … desto …*** cuanto más … (tanto) más …; ***~ nach*** según; ***~ nachdem, ob*** según que
Jeans [dʒi:ns] *pl* tejanos *m/pl*, (pantalones *m/pl*) vaqueros *m/pl*
jede|nfalls ['je:dən'fals] en todo caso, de todas maneras; '**~r**, '**~**, '**~s** *adj* cada; *substantivisch*: cada uno; (*irgendein*) cualquier(a); '**~rmann** todo el mundo; '**~rzeit** en todo momento; a cualquier hora; '**~smal** → ***Mal***
je'doch sin embargo, no obstante
Jeep® [dʒi:p] *m* (*-s*; *-s*) jeep® *m*
jeher ['je:'he:r]: ***von ~*** (desde) siempre
jein [jaɪn] *part* ni sí ni no
jemals ['-ma:ls] jamás; (*schon einmal*) alguna vez
jemand ['-mant] alguien, alguno; *verneint*: nadie, ninguno
Jemen ['je:mən] *m* (el) Yemen
jene|r ['-nər], **~**, **~s** aquél, aquélla, aquello (*adj ohne Akzent*)
'**jenseit|ig** ['jɛnzaɪtiç] del otro lado; opuesto; **~s** (*gen*) al otro lado de; más allá de
Jerusalem [je'ru:zalɛm] *n* Jerusalén *m*
Jesu'it [jezu'i:t] *m* (*-en*; *-en*) jesuita *m*; **~enorden** *m* Compañía *f* de Jesús
Jesus ['je:zus] *m* (*Jesu*; *sin pl*) Jesús *m*; ***~ Christus*** *m* Jesucristo *m*
Jet [dʒɛt] *m* (*-[s]*; *-s*) jet *m*; **~-set** ['-sɛt] *m* (*-s*; *sin pl*) jet *f*
jetzig ['jɛtsiç] actual
jetzt [jɛtst] ahora, actualmente; ***bis ~*** hasta la fecha; ***eben ~*** ahora mismo; ***von ~ an*** (de ahora) en adelante
'**jeweil|ig** ['je:vaɪliç] respectivo, correspondiente; **~s** respectivamente
Jg. ***Jahrgang*** año
Jh. ***Jahrhundert*** s. (siglo)
JH *f* ***Jugendherberge*** albergue *m* juvenil
Job [dʒɔp] F *m* (*-s*; *-s*) trabajo *m*; empleo *m* (provisional); **≗ben** ['dʒɔbən] F (*ge-*, *h*) trabajar, F currar; **~ber** ['-bər] *m* (*-s*; *-*) F currante *m*; **~-Sharing** ['dʒɔpʃɛ:riŋ] *n* (*-[s]*; *sin pl*) trabajo *m* compartido; '**~vermittlung** *f* agencia *f* de colocación
Jockey ['dʒɔki] *m* (*-s*; *-s*) jockey *m*
Jod [jo:t] *n* (*-[e]s*; *sin pl*) yodo *m*
Joga ['-ga] *n od m* (*-[s]*; *sin pl*) yoga *m*
Jogging ['dʒɔgiŋ] *n* (*-s*; *sin pl*) footing *m*
Joghurt ['jo:gurt] *m od n* (*-[e]s*; *sin pl*) yogur(t) *m*
Jo'hannis|beere *bot* [jo'hanisbe:rə] *f* grosella *f*; **~käfer** *m* luciérnaga *f*
johlen ['jo:lən] (*ge-*, *h*) dar voces, chillar
Joint [dʒɔɪnt] *m* (*-s*; *-s*) F porro *m*; **~ Venture** ['-vɛntʃər] *n* (*-[s]*; *-[s]*) joint-venture *f*
Jo-Jo-Effekt *m med* efecto *m* yoyó
Jordan ['jɔrdan] *m* Jordán *m*
Jordanien [jɔr'da:njən] *m* Jordania *f*
Journalist [ʒurna'list] *m* (*-en*; *-en*), **~in** *f* (*-*; *-nen*) periodista *su*
jr., **jun.** ***junior*** hijo, junior
'**Jubel** ['ju:bəl] *m* (*-s*; *sin pl*) (gritos *m/pl* de) alegría *f*; **≗n** (*ge-*, *h*) dar gritos de alegría
Jubiläum [jubi'lɛ:um] *n* (*-s*; *Jubiläen*) aniversario *m*
'**juck|en** ['jukən] (*ge-*, *h*) picar; escocer; **≗reiz** *m* picor *m*
Jude ['ju:də] *m* (*-n*; *-n*) judío *m*
'**Jüd|in** ['jy:din] *f* (*-*; *-nen*) judía *f*; **≗isch** judío; *Religion*: judaico
'**Jugend** ['ju:gənt] *f* (*-*; *sin pl*) juventud *f*; **~arbeitslosigkeit** *f* paro *m* juvenil; **≗frei** *Film*: apto para menores; **~herberge** *f* albergue *m* juvenil; **~kriminalität** *f* delincuencia *f* juvenil; **≗lich** juvenil; **~liche** *m/f* (*-n*; *-n*) menor *su*; adolescente *su*; **~stil** *m* (*-s*; *sin pl*) modernismo *m*; **~zentrum** *n* centro *m* juvenil
Jugoslaw|e [jugo'sla:və] *m* (*-n*; *-n*), **~in** *f* (*-*; *-nen*) yugoslavo *m*, -a *f*; **≗isch** yugoslavo

Jugoslawien [jugo'slaːvjən] *n* Yugoslavia *f*
Juli ['juːli] *m* (-[*s*]; -*s*) julio *m*
Jumbojet ['jumbo-] *m* Jumbo *m*
jung [juŋ] joven; *Aktie, Wein*: nuevo; ***~er Mann*** (***~es Mädchen***) joven *m* (*f*)
Junge ['juŋə] **a)** *m* (-*n*; -*n*) muchacho *m*, chico *m*; ***kleiner ~*** chiquillo *m* **a)** *n* (-*n*; -*n*) cría *f*; *Hund, Raubtiere*: cachorro *m*; ***~ werfen*** *od* ***bekommen*** parir
Jünger ['jyŋər] **1.** *m* (-*s*; -) discípulo *m*; **2.** ≗ (*Komparativ v* ***jung***) más joven; *Bruder usw*: menor
'**Jung|frau** *f* virgen *f*; *astr* Virgo *m*; **~geselle** *m* soltero *m*; **~gesellin** *f* (-; -*nen*) soltera *f*
Jüngling ['jyŋliŋ] *m* (-*s*; -*e*) adolescente *m*, joven *m*
jüngst [jyŋst] *adj* (*Superlativ v* ***jung***) el (la) más joven; *Bruder usw*: menor; *zeitlich*: reciente, último; ***das ~e Gericht*** el juicio final
Jungunternehmer ['juŋʔ-] *m* joven empresario *m*
Juni ['juːni] *m* (-[*s*]; -*s*) junio *m*
'**junior** ['juːniɔr] hijo, *a dep* junior; **≗chef** *m* hijo *m* del jefe
Junkfood ['dʒankfuːt] *n* (-*s*) comida *f* basura
Jura ['juːra] *jur pl*: ***~ studieren*** estudiar derecho
Ju'rist [ju'rist] *m* (-*en*; -*en*), **~in** *f* (-; -*nen*) jurista *su*; **≗isch** jurídico
Jury ['ʒyːri] *f* (-; -*s*) jurado *m*
Justitiar [justi'tsjaːr] *m* (-*s*; -*e*) síndico *m*, asesor *m* jurídico
Ju'stiz [-'tiːts] *f* (-; *sin pl*) justicia *f*; **~minister(ium** *n*) *m* ministro *m* (ministerio *m*) de Justicia
Juwel [ju'veːl] *n* (-*s*; -*en*) joya *f* (*a fig*); **~ier** [-və'liːr] *m* (-*s*; -*e*) joyero *m*; **~ierkunst** *f* orfebrería *f*
Jux F [juks] *m* (-*es*; -*e*) broma *f*; ***aus ~*** de (en, por) broma, F de cachondeo

K

K, k [kaː] *n* (-; -) K, k *f*
Kabarett [kaba'rɛt] *n* (-*s*; -*s*, -*e*) cabaret *m* (literario)
'**Kabel** ['kaːbəl] *n* (-*s*; -) cable *m*; **~anschluss** *m* cableado *m*; **~fernsehen** *n* televisión *f* por cable
Kabeljau [-jaʊ] *m* (-*s*; -*s*, -*e*) bacalao *m* (fresco)
Kabine [ka'biːnə] *f* (-; -*n*) cabina *f*; *mar* camarote *m*
Kabinett [-bi'nɛt] *n* (-*s*; -*e*) gabinete *m* (*a pol*)
Kabrio ['kaːbrio] *n* (-*s*; -*s*), **~lett** [kabrio'lɛt] *n* (-*s*; -*s*) descapotable *m*
Kachel ['kaxəl] *f* (-; -*n*) azulejo *m*; (*Boden*≗) baldosa *f*
Käfer ['kɛːfər] *m* (-*s*; -) escarabajo *m*
'**Kaffee** ['kafeː, ka'feː] *m* (-*s*; -*s*) café *m*; ***schwarzer ~*** café *m* solo; ***~ mit Milch*** cortado *m*; **~fahrt** *f etwa*: excursión *f* publicitaria; **~kanne** *f* cafetera *f*; **~maschine** *f* cafetera *f* eléctrica; **~mühle** *f* molinillo *m* de café; **~tasse** *f* taza *f* de café
Käfig ['kɛːfiç] *m* (-*s*; -*e*) jaula *f*
kahl [kaːl] calvo; (*geschoren*) pelado; *bot* deshojado; *Wand usw*: desnudo
Kahn [kaːn] *m* (-[*e*]*s*; ≃*e*) bote *m*, barca *f*
Kai [kaɪ] *m* (-*s*; -*s*) muelle *m*
Kairo ['kaɪro] *n* El Cairo
'**Kaiser** ['-zər] *m* (-*s*; -) emperador *m*; **~in** *f* (-; -*nen*) emperatriz *f*; **≗lich** imperial; **~reich** *n* imperio *m*; **~schnitt** *med m* (operación *f*) cesárea *f*
Ka'jüt|boot [ka'jyːt-] *m* barco *m* con camarote(s); **~e** *f* (-; -*n*) camarote *m*
Kakao [-'kaːo] *m* (-*s*; -*s*) cacao *m*; (*Getränk*) chocolate *m*
'**Kaktus** ['kaktus] *m* (-; *Kakteen* [-'teːən]) cacto *m*, cactus *m*; **~feige** *f* higo *m* chumbo
Kalb [kalp] *n* (-[*e*]*s*; ≃*er*) ternero *m*; '**~fleisch** *n* ternera *f*; '**~sbraten** *m* asado *m* de ternera; **~shachse** ['-haksə] *f* (-; -*n*) pierna *f* de ternera
Ka'lender [ka'lɛndər] *m* (-*s*; -) calendario *m*; (*Termin*≗) agenda *f*; **~jahr** *n* año *m* civil
Kaliber [ka'liːbər] *n* (-*s*; -) calibre *m* (*a fig*)
Kalif [ka'liːf] *m* (-*en*; -*en*) califa *m*
Kalifornien [kali'fɔrnjən] *n* California *f*
Kalium ['kaːljum] *n* (-*s*; *sin pl*) potasio *m*

Kalk [kalk] *m* (-[*e*]*s*; *-e*) cal *f*; '**~stein** *m* (piedra *f*) caliza *f*
Kalkul|ation [-kula'tsjoːn] *f* (-; *-en*) cálculo *m*; **?ieren** [-'liːrən] (*h*) calcular
kalt [kalt] frío (*a fig*); ***es ist ~*** hace frío; ***mir ist ~*** tengo frío; ***~ werden*** enfriarse; ***~e Küche*** platos *m/pl* fríos; **~blütig** ['-blyːtiç] *adv* a sangre fría
'**Kälte** ['kɛltə] *f* (-; *sin pl*) frío *m*; *fig* frialdad *f*; ***zehn Grad ~*** diez grados bajo cero; **~periode** *f* periodo *m* de frío; **~welle** *f* ola *f* de frío
'**Kalt|front** ['kaltfrɔnt] *f* frente *m* frío; **~miete** *f* alquiler *m* neto
Kalzium ['kaltsjum] *n* (*-s*; *sin pl*) calcio *m*
Kambodscha [kam'bɔdʒa] *n* Camboya *f*
Kamel [ka'meːl] *n* (-[*e*]*s*; *-e*) camello *m*; F *fig* burro *m*
Kamera ['-məra] *f* (-; *-s*) cámara *f*
Kame'rad [-'rɑːt] *m* (*-en*; *-en*), **~in** ['-din] *f* (-; *-nen*) camarada *su*, compañero *m*, -a *f*; **~schaft** *f* (-; *-en*) compañerismo *m*
Kameramann ['-raman] *m* (-[*e*]*s*; *Kameramänner*, *Kameraleute*) operador *m*, cámara *m*
Ka'mille *bot* [-'milə] *f* (-; *-n*) manzanilla *f*; **~ntee** *m* (infusión *f* de) manzanilla *f*
Kamin [-'miːn] *m* (*-s*; *-e*) chimenea *f*
Kamm [kam] *m* (-[*e*]*s*; *⸗e*) peine *m*; (*Zier?*) peineta *f*; (*zo*, *Gebirgs?*) cresta *f*
kämmen ['kɛmən] (*ge-*, *h*) peinar
'**Kammer** ['kamər] *f* (-; *-n*) cuarto *m*; *pol*, *tec* cámara *f*; *jur* sala *f*; **~musik** *f* música *f* de cámara
Kammgarn ['-garn] *n* estambre *m*
Kampf [kampf] *m* (-[*e*]*s*; *⸗e*) lucha *f* (*a fig*); combate *m*; *dep* encuentro *m*
'**kämpfe|n** ['kɛmpfən] (*ge-*, *h*) combatir; *a fig* luchar (***um*** por); (*sich schlagen*) pelear; **?r** *m* (*-s*; -) combatiente *m*; *a fig* luchador *m*
'**Kampf|richter** ['kampf-] *m* árbitro *m*; **~stier** *m* toro *m* de lidia; **?unfähig** fuera de combate
kampieren [kam'piːrən] (*h*) acampar
Kanada ['kanada] *n* (el) Canadá
Kanad|ier [ka'nɑːdjər] *m* (*-s*; -), **~ierin** *f* (-; *-nen*) canadiense *su*; **?isch** canadiense
Kanal [-'nɑːl] *m* (-[*e*]*s*; *Kanäle*) *a TV* canal *m*; (*Bewässerungs?*) acequia *f*; (*Abfluss?*) alcantarilla *f*; **~isation** [-nalizaˈtsjoːn] *f* (-; *-en*) canalización *f*; **?isieren** (*h*) canalizar
Kanarienvogel [-'nɑːrjən-] *m* canario *m*
kanarisch [ka'nɑːriʃ] canario; ***?e Inseln*** *f/pl* (Islas *f/pl*) Canarias *f/pl*
Kandid|at [-di'dɑːt] *m* (*-en*; *-en*), **~atin** *f* (-; *-nen*) candidato *m*, -a *f*; **~atur** [-daĭ'tuːr] *f* (-; *-en*) candidatura *f*; **?ieren** [-'diːrən] (*h*) presentar su candidatura (***für*** a, para)
kandieren [-'diːrən] (*h*) escarchar, garapiñar
Kandiszucker ['kandis-] *m* azúcar *m* cande
Känguru, **Känguruh** ['kɛŋguruː] *n* (*-s*; *-s*) canguro *m*
Kaninchen [ka'niːnçən] *n* (*-s*; -) conejo *m*
Kanister [-'nistər] *m* (*-s*; -) lata *f*, bidón *m*
Kanne ['kanə] *f* jarro *m*; jarra *f*
Kanon ['kɑːnɔn] *m* (*-s*; *-s*) canon *m*
Ka'none [ka'noːnə] *f* (-; *-n*) cañón *m*; F *fig* as *m*; **~nschuss** *m* cañonazo *m*
Kantate *mus* [kan'tɑːtə] *f* (-; *-n*) cantata *f*
'**Kant|e** ['-tə] *f* (-; *-n*) canto *m*; (*Rand*) borde *m*; **?ig** anguloso (*a Gesicht*)
Kantine [-'tiːnə] *f* (-; *-n*) (*Betriebs?*) comedor *m* colectivo
Kanton [-'toːn] *m* (*-s*; *-e*) cantón *m*
Kanu ['kɑːnu, ka'nuː] *n* (*-s*; *-s*) canoa *f*, piragua *f*; **~fahrer** *m*, **~fahrerin** *f* piragüista *su*
Kanüle *med* [ka'nyːlə] *f* (-; *-n*) cánula *f*
Kanzel ['kantsəl] *f* (-; *-n*) púlpito *m*
Kanzlei [kants'laɪ] *f* (-; *-en*) *pol* cancillería *f*; (*Anwalts?*) bufete *m*
'**Kanzler** *m* (*~s*; *~*) *pol* canciller *m*; *e-r Hochschule a*: presidente *m*; **~amt** *n* (*Posten*, *Dienststelle*) cancillería *f*; **~in** *f* (*~*; *~nen*) canciller(a) *f*
Kap [kap] *n* (*-s*; *-s*) cabo *m*
Kap. ***Kapitel*** cap. (capítulo)
Kapazi'tät [kapatsi'tɛːt] *f* (-; *-en*) capacidad *f*; *fig* autoridad *f*; **~sauslastung** *f* utilización *f* de la capacidad
Ka'pell|e [-'pɛlə] *f* (-; *-n*) capilla *f*; *mus* banda *f* (de música); conjunto *m* (musical); **~meister** *m* director *m* de orquesta
Kaper *bot* ['kɑːpər] *f* (-; *-n*) alcaparra *f*
kapern ['-pərn] (*ge-*, *h*) apresar, captu-

rar
kapieren F [ka'piːrən] (*h*) F caer
Kapi'tal [kapi'tɑːl] *n* (*-s*; *-ien*) capital *m*; **~anlage** *f* inversión *f* de capital; **~aufwand** *m* aportación *f* de capital; **~erhöhung** *f* ampliación *f* de capital; **~ertrag** *m* renta *f* del capital; **~ertrag(s)-steuer** *f* impuesto *m* sobre la renta del capital; **~flucht** *f* evasión *f od* fuga *f* de capitales; **~hilfe** *f* ayuda *f* en forma de capital; **≈i'sieren** (*h*) capitalizar; **~ismus** [-ta'lismus] *m* (-; *sin pl*) capitalismo *m*; **~ist** [-'list] *m* (*-en*; *-en*), **≈istisch** [-'listiʃ] capitalista (*m*); **~markt** *m* mercado *m* de capitales
Kapitän [-'tɛːn] *m* (*-s*; *-e*) capitán *m* (*a dep*); *avia* comandante *m*
Kapitel [-təl] *n* (*-s*; -) capítulo *m*
Kapitul|ation [-tula'tsjoːn] *f* (-; *-en*) capitulación *f*; **≈'ieren** (*h*) capitular
Kaplan [-'plɑːn] *m* (*-s*; *Kapläne*) capellán *m*; coadjutor *m*
Kappe ['kapə] *f* (-; *-n*) gorra *f*; (*Bade≈*) gorro *m*
Kapsel ['kapsəl] *f* (-; *-n*) cápsula *f*
Kapstadt ['kapʃtat] *n* Ciudad *f* del Cabo
ka'putt F [ka'put] roto; (*müde*) rendido, hecho polvo; **~gehen** (*irr*, *sep*, *-ge-*, *sn*, → ***gehen***) romperse; **~machen** (*sep*, *-ge-*, *h*) estropear, romper
ka'putt F [ka'put] roto; (*müde*) rendido, hecho polvo; **~ *machen*** estropear, romper, fig → ***kaputtmachen***; **~gehen** (*irr*, *sep*, *-ge-*, *sn*, → ***gehen***) romperse; **~machen** (*sep*, *-ge-*, *h* → ***machen***) *fig* ***j-n ~*** *ruinieren* arruinar a alg
Kapuze [-'puːtsə] *f* (-; *-n*) capucha *f*
Karaffe [-'rafe] *f* (-; *-n*) garrafa *f*
Karambolage [-rambo'lɑːʒə] *f* (-; *-n*) choque *m*, colisión *f*
Karamell [-ra'mɛl] *m* (*-s*; *sin pl*) caramelo *m*
Karat [-'rɑːt] *n* (-[*e*]*s*; -[*e*]) quilate *m*; **~e** ['-tə] *n* (-; *sin pl*) karate *m*
Karawane [-ra'vɑːnə] *f* (-; *-n*) caravana *f* (*a fig*)
Kardanwelle [kar'dɑːn-] *f* árbol *m* cardán
Kardi'nal [-di'nɑːl] *m* (*-s*; *Kardinäle*) cardenal *m*; **~zahl** *f* número *m* cardinal
Karfreitag [kɑːr'-] *m* Viernes *m* Santo
Karibik [ka'riːbik] *f* Caribe *m*
kariert [ka'riːrt] cuadriculado; *Stoff*: a *od* de cuadros
Karies ['kɑːriɛs] *f* (-; *sin pl*) caries *f*
Karikatur [karika'tuːr] *f* (-; *-en*) caricatura *f*
Karneval ['-nəval] *m* (*-s*; *-e*) carnaval *m*
Kärnten ['kɛrntən] *n* Carintia *f*
Karo ['kɑːro] *n* (*-s*; *-s*) cuadro *m*; *Kartenspiel*: oros *m*/*pl*
Karosserie [karɔsə'riː] *f* (-; *-n*) carrocería *f*
Karotte [-'rɔtə] *f* (-; *-n*) zanahoria *f*
Karpaten [kar'pɑːtən] *pl* Cárpatos *m*/*pl*
Karpfen ['karpfən] *m* (*-s*; -) carpa *f*
'Karre ['karə] *f* (-; *-n*), **~n** *m* (*-s*; -) carro *m*; (*Schub≈*) carretilla *f*
Karriere [kar'jɛːrə] *f* (-; *-n*) carrera *f*
Karsamstag [kɑːr'-] *m* Sábado *m* de Gloria
kart. ***kartoniert*** empastado
Karte ['kartə] *f* (-; *-n*) (*Fahr≈*) billete *m*; *Am* boleto *m* (*Besuchs≈*, *Post≈*) tarjeta *f* (*a Fußball*); (*Spiel≈*, *Speise≈*) carta *f*; (*Land≈*, *Straßen≈*) mapa *m*; (*Eintritts≈*) entrada *f*; ***nach der ~ essen*** comer a la carta; ***~n spielen*** jugar a las cartas
Kar'tei [-'taɪ] *f* (-; *-en*) fichero *m*; **~karte** *f* ficha *f*; **~kasten** *m* fichero *m*; **~leiche** *f etwa*: ficha *f* inútil
Kar'tell *com* [-'tɛl] *n* (*-s*; *-e*) cártel *m*; **~gesetz** *n* ley *f* sobre cárteles
'Karten|spiel ['kartən-] *n* juego *m* de naipes *od* de cartas; (*Karten*) baraja *f*; **~telefon** *n* teléfono *m* de tarjeta; **~verkauf** *m* venta *f* de localidades; **~vorverkauf** *m* venta *f* anticipada de localidades
Kar'toffel [-'tɔfəl] *f* (-; *-n*) patata *f*, *Am* papa *f*; **~brei** *m*, **~püree** *n* puré *m* de patatas; **~chips** *m*/*pl* patatas *f*/*pl* fritas; **~salat** *m* ensalada *f* de patatas
Karton [-'tɔ̃] *m* (*-s*; *-s*) cartón *m*; (*Schachtel*) caja *f* de cartón; **≈iert** [-tõ'niːrt] encartonado
Karussell [karu'sɛl] *n* (*-s*; *-e*, *-s*) tiovivo *m*, caballitos *m*/*pl*
Karwoche ['kɑːr-] *f* Semana *f* Santa
'Käse ['kɛːzə] *m* (*-s*; -) queso *m*; **~glocke** *f* quesera *f*; **~kuchen** *m* tarta *f* de queso
Kaserne [ka'zɛrnə] *f* (-; *-n*) cuartel *m*
Kasino [ka'ziːno] *n* (*-s*; *-s*) casino *m*
Kasperletheater ['kaspərlə-] *n* (teatro *m* de) guiñol *m*
kaspisch ['kaspiʃ] caspio; ***≈es Meer*** *n* (Mar *m*) Caspio *m*

Kasse ['kasə] *f* (-; -*n*) caja *f*; *teat usw*: taquilla *f*
'**Kassen|arzt** *m* médico *m* del seguro; **~bestand** *m* dinero *m* en caja; **~bon** *m* ticket *m*; **~patient** *m*, **~patientin** *f* paciente *su* del seguro; **~zettel** *m* ticket *m*
Kas'sette [ka'sɛtə] *f fot* chasis *m*; *mus*, *TV* cassette *su*, casete *su*; *Bücher*: estuche *m*; **~nrecorder** [-re'kɔrdər] *m* (magnetófono *m* a) cassette *m*
kas'sier|en [ka'siːrən] (*h*) *com* cobrar; **²er** *m* (-*s*; -), **²erin** *f* (-; -*nen*) cajero *m*, -a *f*
Kastagnette [kastan'jɛtə] *f* (-; -*n*) castañuela *f*
Ka'stanie [-'tɑːnjə] *f* (-; -*n*) castaña *f*; **~nbaum** *m* castaño *m*
Kasten ['-tən] *m* (-*s*; ¨) caja *f*
Kastilien [kas'tiːljən] *n* Castilla *f*
Ka'stil|ier [-'tiːljər] *m* (-*s*; -), **~ierin** *f* (-; -*nen*) castellano *m*, -a *f*; **²isch** castellano
Kat [kat] *m* (-*s*; -*s*) *auto* catalizador *m*
Katalan|e [kata'lɑːnə] *m* (-*n*; -*n*), **~in** *f* (-;-*nen*) catalán *m*, -ana *f*; **²isch** catalán
Kata'log [-'loːk] *m* (-[*e*]*s*; -*e*) catálogo *m*; **~preis** *m* precio *m* de catálogo
Katalonien [kata'loːnjən] *n* Cataluña *f*
Kataly'sator [-ly'zɑːtɔr] *m* (-*s*; -*en* [-za-'toːrən]) catalizador *m*; **~auto** *n* coche *m* con catalizador
Katarr, **Katarrh** [-'tar] *m* (-*s*; -*e*) catarro *m*
katastroph|al [-tastro'fɑːl] catastrófico; **²e** [-'stroːfə] *f* (-; -*n*) catástrofe *f*
Kategor|ie [-tego'riː] *f* (-; -*n*) categoría *f*; **²isch** [-'goːriʃ] categórico
Kater ['kɑːtər] *m* (-*s*; -) gato *m*; F *fig* ***e-n ~ haben*** tener resaca
kath. ***katholisch*** católico
Kathedrale [-te'drɑːlə] *f* (-; -*n*) catedral *f*
Kathol|ik [kato'liːk] *m* (-*en*; -*en*), **~ikin** *f* (-; -*nen*) católico *m*, -a *f*; **²isch** [-'toːliʃ] católico
Kätzchen ['kɛtsçən] *n* (-*s*; -) gatito *m*, minino *m*; *bot* amento *m*
Katze ['katsə] *f* (-; -*n*) gato *m*; (*Weibchen*) gata *f*
'**Katzen|auge** *tec n* catafoto *m*, ojo *m* de gato; **~sprung** *m*: *fig* ***es ist nur ein ~*** (***von hier***) está a dos pasos de aquí
kauen ['kaʊən] (*ge*-, *h*) mascar, masticar
Kauf [kaʊf] *m* (-[*e*]*s*; *Käufe*) compra *f*; '**~anreiz** *m* incentivo *m* comercial; '**²en** (*ge*-, *h*) comprar
Käufer ['kɔyfər] *m* (-*s*; -), **~in** *f* (-; -*nen*) comprador(a) *m*(*f*)
'**Kauf|frau** ['kaʊf-] *f* comerciante *f*; **~haus** *n* grandes almacenes *m*/*pl*; **~kraft** *f* (-; *sin pl*) poder *m* adquisitivo
'**Kauf|mann** ['kaʊfman] *m* (-[*e*]*s*; *Kaufleute*) comerciante *m*, negociante *m*; **²männisch** ['-mɛniʃ] comercial, mercantil; **~preis** *m* precio *m* de compra; **~vertrag** *m* contrato *m* de compraventa
Kaugummi ['kaʊgummi] *m od n* (-*s*; -*s*) goma *f* de mascar, chicle *m*
Kaukasus ['kaʊkazus] *m* Cáucaso *m*
kaum [kaʊm] apenas; ***wohl ~!*** no lo creo
Kautabak ['kaʊtɑːbak] *m* tabaco *m* de mascar
Kaution [-'tsjoːn] *f* (-; -*en*) fianza *f*, caución *f*
Kautschuk ['kaʊtʃuk] *m* (-*s*; -*e*) caucho *m*
Kaval|ier [kava'liːr] *m* (-*s*; -*e*) caballero *m*; **~lerie** [-lə'riː] *f* (-; -*n*) caballería *f*
Kaviar ['kɑːviar] *m* (-*s*; -*e*) caviar *m*
'**Kegel** ['keːgəl] *m* (-*s*; -) *mat* cono *m*; *Spiel*: bolo *m*; **~bahn** *f* bolera *f*; **²n** (*ge*-, *h*) jugar a los bolos
'**Kehl|e** ['keːlə] *f* (-; -*n*) garganta *f*; **~kopf** *m* laringe *f*
'**kehr|en** ['keːrən] (*ge*-, *h*) (*fegen*) barrer; (*wenden*) volver; ***j-m den Rücken ~*** volver la espalda a alg (*a fig*); **²reim** *m* estribillo *m*; **²seite** *f* revés *m*; *fig* ***die ~ der Medaille*** el reverso de la medalla
Keil [kaɪl] *m* (-[*e*]*s*; -*e*) cuña *f*; '**~absatz** *m* tacón *m* cuña; **~e'rei** F *f* (-; -*en*) pelea *f*, camorra *f*; '**~riemen** *tec m* correa *f* trapezoidal
Keim [kaɪm] *m* (-[*e*]*s*; -*e*) germen *m* (*a fig*); '**²en** (*ge*-, *h u sn*) germinar (*a fig*); '**²frei** esterilizado; *med* aséptico
kein [kaɪn] no + *Verb*; (no …) ningún; ***ich habe ~e Zeit*** no tengo tiempo; ***ich habe ~ Buch*** no tengo ningún libro; '**~er** ninguno; **~erlei** ['-nərlaɪ] ningún; '**~esfalls** en ningún caso; **~eswegs** ['-nəs'veːks] de ninguna manera, de ningún modo; '**~mal** ni una sola vez, nunca
Keks [keːks] *m od n* (-[*es*]; -*e*) galleta *f*
Kelle ['kɛlə] *f* (-; -*n*) cucharón *m*
Keller ['-lər] *m* (-*s*; -) sótano *m*; **~ei**

[-'raɪ] *f* (-; *-en*) bodega *f*
Kellner ['kɛlnər] *m* (*-s*; -), **~in** *f* (-; *-nen*) camarero *m*, -a *f*
keltisch ['-tiʃ] celta
'**kenn|en** ['kɛnən] (*kannte*, *gekannt*, *h*) conocer; (*wissen*) saber; **~ *lernen*** → ***kennenlernen***; **~enlernen** (*sep*, *-ge-*, *h*, → ***lernen***) (llegar a) conocer; **2er** *m* (*-s*; -), **2erin** *f* (-; *-nen*) conocedor(a) *m*(*f*); **2tnis** ['-tnis] *f* (-; *-se*) conocimiento *m*; ***zur* ~ *nehmen*** tomar (buena) nota de
'**Kenn|ung** *f* (-; *-en*) (*Passwort*) clave *f*; **~wort** *n* contraseña *f*, clave *f*; *bei Inseraten usw* referencia *f*; **~zeichen** *n* característica *f*; *auto* matrícula *f*; ***besondere* ~** señas *f*/*pl* particulares; **2zeichnend** característico (***für*** de); **~ziffer** *f* *bei Inseraten usw*: referencia *f*
kentern *mar* ['kɛntərn] (*ge-*, *sn*) zozobrar
Keramik [ke'ra:mik] *f* (-; *-en*) cerámica *f*
Kerbe ['kɛrbə] *f* (-; *-n*) muesca *f*
Kerl F [kɛrl] *m* (*-s*; *-e*) tío *m*, tipo *m*; *desp* individuo *m*, sujeto *m*
Kern [kɛrn] *m* (-[*e*]*s*; *-e*) (*Kirsch2 usw*) hueso *m*; (*Apfel2 usw*) pepita *f*; (*Zell2*, *Atom2*) núcleo *m* (*a fig*); *fig* esencia *f*; '**~energie** *f* energía *f* nuclear; '**~forschung** *f* investigación *f* nuclear; '**~fusion** *f* fusión *f* nuclear; '**2gesund** rebosando salud; '**~kraftgegner** *m*/*pl* antinucleares *m*/*pl*; '**~kraftwerk** *n* central *f* nuclear; '**~reaktor** *m* reactor *m* nuclear; '**~spaltung** *f* fisión *f* nuclear; '**~waffe** *f* arma *f* nuclear; '**2waffenfrei** desnuclearizado
'**Kerze** ['kɛrtsə] *f* (-; *-n*) vela *f*; *rel* cirio *m*; (*Zünd2*) bujía *f*; **~nhalter** *m* candelero *m*
Kessel ['kɛsəl] *m* (*-s*; -) *tec* caldera *f*; (*Koch2*) olla *f*, marmita *f*
'**Kette** ['kɛtə] *f* (-; *-n*) cadena *f*; (*Hals2*) collar *m*; **~nreaktion** *f* reacción *f* en cadena
Ketzer ['kɛtsər] *m* (*-s*; -) hereje *m*
'**keuch|en** ['kɔʏçən] (*ge-*, *h*) jadear; **2husten** *med* *m* tos *f* ferina
Keule ['-le] *f* (-; *-n*) maza *f*; *gastr* pierna *f*; (*Wild2*) pernil *m*
keusch [kɔʏʃ] casto
Kfm. ***Kaufmann*** comerciante
Kfz. ***Kraftfahrzeug*** automóvil; vehículo de motor
Kfz|-Brief [kaˀɛf'tsɛt-] *m* carta *f* de vehículo; **~-Schein** *m* permiso *m* de circulación; **~-Steuer** *f* impuesto *m* sobre los vehículos de motor; **~-Werkstatt** *f* taller *m* de reparación de automóviles
kg ***Kilogramm*** kg. (kilogramo[s])
KG *f* ***Kommanditgesellschaft*** S. en C. *f* (sociedad en comandita)
kgl. ***königlich*** real
'**Kicher|erbse** ['kiçərˀ-] *f* garbanzo *m*; **2n** (*ge-*, *h*) reírse a socapa
'**Kiefer** ['ki:fər] **1.** *m* (*-s*; -) *anat* mandíbula *f*, quijada *f*; **2.** *bot* *f* (-; *-n*) pino *m*; **~höhle** *anat* *f* seno *m* maxilar
Kiel [ki:l] *m* (-[*e*]*s*; *-e*) *mar* quilla *f*; '**~wasser** *mar* *n* (*-s*; -) estela *f*
Kieme ['ki:mə] *f* (-; *-n*) branquia *f*
Kies [ki:s] *m* (*-es*; *-e*) grava *f*; gravilla *f*; F (*Geld*) pasta *f*; **~el** ['ki:zəl] *m* (*-s*; -), '**~elstein** *m* guijarro *m*; canto *m*
Kilo ['ki:lo] *n* (*-s*; -[*s*]), **~'gramm** *n* kilo (-gramo) *m*; **~'meter** *m* kilómetro *m*; **~'meterzähler** *m* cuentakilómetros *m*; **~'watt** *n* kilovatio *m*; **~'wattstunde** *f* kilovatio-hora *m*
Kind [kint] *n* (-[*e*]*s*; *-er*) niño *m*; ***m-e* ~*er*** mis hijos
'**Kinder|arzt** ['-dərˀartst] *m*, **~ärztin** *f* pediatra *su*; **~betreuung** *f* cuidado *m* de los niños; **~fahrkarte** *f* billete *m* infantil; **~freibetrag** *m* deducción *f* (fiscal) por hijos; **~garten** *m* parvulario *m*, jardín *m* de infancia; **~gärtnerin** *f* maestra *f* de párvulos; **~geld** *n* subsidio *m* por hijos; **~heilkunde** *f* pediatría *f*; **~krankheit** *f* enfermedad *f* de la infancia; **~lähmung** *med* *f* parálisis *f* infantil, poliomielitis *f*; '**2'leicht** facilísimo; ***das ist* ~** es coser y cantar; **~mädchen** *n* niñera *f*; '**~pornografie** *f* pornografía *f* infantil; '**~prostitution** *f* prostitución *f* infantil; **2reich**: **~*e Familie*** familia *f* numerosa; **~spiel** *n* juego *m* de niños (*a fig*); **~spielplatz** *m* parque *m* infantil; **~wagen** *m* cochecito *m* de niño
'**Kindes|alter** ['-dəsˀaltər] *n* niñez *f*; **~entführung** *f* rapto *m* de menores
'**Kind|heit** ['kinthaɪt] *f* (-; *sin pl*) niñez *f*, infancia *f*; **2isch** ['-diʃ] infantil, pueril; *im Alter*: chocho; **2lich** infantil, de niño; *fig* ingenuo; *Liebe*: filial
Kinn [kin] *n* (-[*e*]*s*; *-e*) barbilla *f*; '**~haken** *m* gancho *m* a la mandíbula
Kino ['ki:no] *n* (*-s*; *-s*) cine *m*
Kiosk [ki'ɔsk] *m* (-[*e*]*s*; *-e*) kiosko *m*,

quiosco *m*

'Kipp|e ['kipə] *f* (-; *-n*) F (*Zigaretten*2) colilla *f*; ***auf der ~ stehen*** *fig* estar en el alero; **2en** (*ge-*) **1.** *v/t* (*h*) volcar; **2.** *v/i* (*sn*) perder el equilibrio

Kirche ['kirçə] *f* (-; *-n*) iglesia *f*

'Kirchen|musik *f* música *f* sacra; **~steuer** *f* impuesto *m* eclesiástico

'Kirch|hof *m* cementerio *m*; **2lich** eclesiástico; **~turm** *m* campanario *m*; **~weih** *f* (-; *-en*) fiesta *f* patronal

Kirmes ['kirməs] *f* kermes *f*, verbena *f*; (*Messe*) feria *f*

Kirsch [kirʃ] *m* (-[*e*]*s*; -) kirsch *m*; **'~e** *f* (-; *-n*) cereza *f*; ***saure ~*** guinda *f*; **'~wasser** *n* (*-s*; ⸗) kirsch *m*

'Kissen ['kisən] *n* (*-s*; -) almohada *f*; (*Sofa*2) cojín *m*; **~bezug** *m* funda *f*

Kiste ['kistə] *f* (-; *-n*) caja *f*

Kite-Surfen, **Kitesurfen** ['kaɪtsœːfn] *n dep* flysurf *m*, kitesurf *m*

Kitsch [kitʃ] *m* (-[*e*]*s*; *sin pl*) cursilería *f*; **'2ig** cursi, de mal gusto

Kitt [kit] *m* (-[*e*]*s*; *-e*) masilla *f*

Kittchen F ['-çən] *n* (*-s*; -) chirona *f*; ***ins ~ stecken*** meter en chirona

Kittel ['-əl] *m* (*-s*; -) bata *f*

kitten ['-ən] (*ge-*, *h*) enmasillar; *fig* arreglar

'Kitz|el ['kitsəl] *m* (*-s*; *sin pl*) cosquilleo *m*, cosquillas *f/pl*; *a fig* comezón *f*; **2(e)lig** cosquilloso; *fig* peliagudo, delicado; **2eln** (*ge-*, *h*) cosquillear, hacer cosquillas

Kiwi ['kiːvi] *f* (-; *-s*) kiwi *m*

Kl. ***Klasse*** clase

kläffen ['klɛfən] (*ge-*, *h*) dar ladridos agudos

'Klage ['klɑːgə] *f* (-; *-n*) lamentación *f*; (*Beschwerde*) queja *f*; *jur* querella *f*, demanda *f*, acción *f*, pleito *m*; ***~ erheben gegen j-n*** poner pleito a alg, presentar una demanda contra alg; **2n** (*ge-*, *h*) quejarse (***über*** *ac* de); (*weh~*) lamentarse (***über*** *ac* de); *jur* poner pleito (***gegen*** a, ***wegen*** por)

'Kläger ['klɛːgər] *m* (*-s*; -), **~in** *f* (-; *-nen*) *jur* demandante *su*

kläglich ['klɛːkliç] lastimero; lastimoso; *Rolle usw*: lamentable; triste

klamm [klam] **1.** *adj* (*feucht*) mojado; *vor Kälte*: rígido; **2.** 2 *f* (-; *-en*) barranco *m*

'Klammer ['-mər] *f* (-; *-n*) grapa *f*; (*Wäsche*2) pinza *f*; (*Büro*2) clip *m*; *tip runde*: paréntesis *m*, *eckige*: corchete *m*; ***in ~n setzen*** poner entre paréntesis; **~affe** *m* (*@-Zeichen*) *inform* arroba *f*; **2n** (*ge-*, *h*): ***sich ~ an*** (*ac*) agarrarse a

Klang [klaŋ] *m* (-[*e*]*s*; ⸗*e*) sonido *m*; *harmonischer*: son *m*; (*Stimme*) timbre *m*; **'~farbe** *f* timbre *m*; **'2voll** sonoro

'Klapp|bett ['klap-] *n* cama *f* plegable; **~e** *f* (-; *-n*) (*Deckel*) tapa *f*; *tec u anat* válvula *f*; F ***halt die ~!*** ¡cierra el pico!; **2en** (*ge-*, *h*) F *fig* ir *od* marchar bien; ***das klappt prima*** esto va que chuta

'Klapper ['-pər] *f* (-; *-n*) carraca *f*, matraca *f*; (*Kinder*2) sonajero *m*; **2n** (*ge-*, *h*) tabletear; **~schlange** *f* serpiente *f* de cascabel

'Klapp|handy ['klaphɛndi] *n* teléfono *m* (móvil) plegable; **~messer** *n* navaja *f* de muelle; **~rad** *n* bicicleta *f* plegable; **~sitz** *m* asiento *m* plegable; **~stuhl** *m* silla *f* plegable

Klaps [klaps] *m* (*-es*; *-e*) palmadita *f*

klar [klɑːr] claro (*a fig*); *Himmel*: despejado; ***sich über et im 2en sein*** darse cuenta de a/c

'Klär|anlage ['klɛːrʔ-] *f* planta *f* depuradora; **2en** (*ge-*, *h*) clarificar; *fig* aclarar

Klarheit ['klɑːrhaɪt] *f* (-; *sin pl*) claridad *f*

Klarinette *mus* [klari'nɛtə] *f* (-; *-n*) clarinete *m*

'klar|machen ['klɑːr-] (*sep*, *-ge-*, *h*) aclarar, explicar; **~stellen** (*sep*, *-ge-*, *h*) poner en claro, puntualizar

Klärung ['klɛːruŋ] *f* (-; *-en*) clarificación *f*; *fig* aclaración *f*

Klasse ['klasə] *f* (-; *-n*) clase *f*; F ***2!*** ¡estupendo!

'Klassi|k ['-sik] *f* (-; *sin pl*) clasicismo *m*; **~ker** *m* (*-s*; -), **2sch** clásico (*m*)

Klatsch [klatʃ] *m* (*-es*; *-e*) chismes *m/pl*; **'2en** (*ge-*, *h*): F *fig* (*schwatzen*) chismorrear; (***in die Hände***) ~ dar palmadas; (***Beifall***) ~ aplaudir; **'2'nass** F hecho una sopa

'Klaue ['klaʊə] *f* (-; *-n*) uña *f*; *Raubtiere*, *Vögel*: garra *f*; *fig* mala letra *f*; **2n** (*ge-*, *h*) F soplar, birlar, mangar

Klausel ['-zəl] *f* (-; *-n*) cláusula *f*

Kla'vier [kla'viːr] *n* (-[*e*]*s*; *-e*) piano *m*; ***~ spielen*** tocar el piano; **~konzert** *n* (*Stück*) concierto *m* para piano; (*Veranstaltung*) recital *m* de piano; **~spieler** *m*, **~spielerin** *f* pianista *su*

'Kleb|eband ['kleːbə-] *n* cinta *f* (auto-)

adhesiva; **≈en** (*ge-, h*) **1.** *v/t* pegar; F ***j-m e-e ~*** pegarle un tortazo a alg; **2.** *v/i* pegar, estar pegado (***an*** *dat* a); **≈rig** pegajoso; **~stoff** ['kle:pʃtɔf] *m* pegamento *m*, adhesivo *m*; **~streifen** *m* cinta *f* adhesiva

Klecks [klɛks] *m* (*-es; -e*) mancha *f*; (*Tinten≈*) borrón *m*

Klee [kle:] *m* (*-s; sin pl*) trébol *m*; '**~blatt** *n* hoja *f* de trébol

Kleid [klaɪt] *n* (*-es; -er*) vestido *m*, traje *m*

'**Kleider|ablage** ['klaɪdər?-] *f* guardarropa *m*; **~bügel** *m* percha *f*, colgador *m*; **~bürste** *f* cepillo *m* (para ropa); **~haken** *m* colgadero *m*; **~schrank** *m* ropero *m*, guardarropa *m*; **~ständer** *m* percha *f*, perchero *m*

'**Kleidung** ['-duŋ] *f* (*-; sin pl*) ropa *f*; vestidos *m/pl*; **~sstück** *n* prenda *f* de vestir

Kleie ['klaɪə] *f* (*-; sin pl*) salvado *m*

klein [klaɪn] pequeño; menudo; (*unbedeutend*) insignificante; *Wuchs*: bajo; ***von ~ auf*** desde niño; '**≈anzeigen** *f/pl* anuncios *m/pl* por palabras; '**≈buchstabe** *m* minúscula *f*; '**≈bus** *m* microbús *m*; '**≈gedruckte** *n* (*-n; sin pl*) letra *f* menuda; '**≈geld** *n* (*-[e]s; sin pl*) calderilla *f*; (dinero *m*) suelto *m*; '**≈händler** *m* detallista *m*; '**≈igkeit** *f* (*-; -en*) menudencia *f*, bagatela *f*; '**≈kind** *n* niño *m* de corta edad; '**~laut** apocado; '**~lich** (*genau*) meticuloso; (*geizig*) mezquino; **≈od** ['-?o:t] *n* (*-[e]s; -e*) joya *f* (*a fig*), alhaja *f*; '**≈stadt** *f* ciudad *f* pequeña; '**~städtisch** provinciano; '**≈wagen** *m* coche *m* pequeño

Kleinasien [klaɪn'ɑ:zjən] *n* Asia *f* Menor

'**Klemme** ['klɛmə] *f* (*-; -n*) pinza *f*; *el* borne *m*; F *fig* ***in der ~ sitzen*** estar en un apuro; **≈n** (*ge-, h*) *Tür usw*: encajar mal; ***sich den Finger ~*** pillarse el dedo

Klempner ['klɛmpnər] *m* (*-s; -*) hojalatero *m*; (*Installateur*) fontanero *m*; lampista *m*

Klerus ['kle:rus] *m* (*-; sin pl*) clero *m*

Klette *bot* ['klɛtə] *f* (*-; -n*) lampazo *m*, bardana *f*

'**kletter|n** ['-tərn] (*ge-, sn*) trepar (***auf*** *ac* a); ***auf*** *e-e Mauer*: escalar (*ac*); **≈pflanze** *bot f* planta *f* trepadora

Klient [kli'ɛnt] *m* (*-en; -en*), **~in** *f* (*-; -nen*) cliente *su*

'**Klima** ['kli:ma] *n* (*-s; -s*) clima *m* (*a fig*); **~anlage** *f* aire *m* acondicionado; **~katastrophe** *f* catástrofe *f* climática; **≈tisch** [kli'mɑ:tiʃ] climático; **~veränderung** *f* cambio *m* climático

Klinge ['kliŋə] *f* (*-; -n*) hoja *f*, cuchilla *f*

'**Klingel** ['-əl] *f* (*-; -n*) campanilla *f*; (*Tür≈*) timbre *m*; **~knopf** *m* botón *m* del timbre; **≈n** (*ge-, h*) tocar el timbre; *an der Tür*: llamar; *tel* sonar; **~ton** *m tel* tono *m*

klingen ['-ən] (*klang, geklungen, h*) sonar

Klinik ['kli:nik] *f* (*-; -en*) clínica *f*

Klinke ['kliŋkə] *f* (*-; -n*) picaporte *m*

Klippe ['klipə] *f* (*-; -n*) peña *f*, roca *f*; *mar* escollo *m* (*a fig*)

klirren ['klirən] (*ge-, h*) sonar; *Gläser usw*: tintinear; *Fenster*: vibrar

Kli'schee [kli'ʃe:] *n* (*-s; -s*) clisé *m*, cliché *m* (*a fig*); **~vorstellung** *f* idea *f* tipificada

Klo F [klo:] *n* (*-s; -s*) *s* ***Klosett***

klopfen ['klɔpfən] (*ge-, h*) golpear; *Herz*: latir; *Motor*: picar; *an die Tür*: llamar; ***es klopft*** llaman

Klops [klɔps] *m* (*-es; ⸚e*) albóndiga *f*

Klo'sett [klo'zɛt] *n* (*-s; -s*) retrete *m*, excusado *m*; **~bürste** *f* escobilla *f* de retrete; **~papier** *n* papel *m* higiénico

Kloß [klo:s] *m* (*-es; ⸚e*) albóndiga *f*

Kloster ['klo:stər] *n* (*-s; ⸚*) convento *m*; monasterio *m*

Klotz [klɔts] *m* (*-es; ⸚e*) bloque *m*; (*Hack≈*) tajo *m*; *fig* zoquete *m*

Klub [klup] *m* (*-s; -s*) club *m*, círculo *m*; '**~sessel** *m* sillón *m*

Kluft [kluft] *f* (*-; ⸚e*) abismo *m* (*a fig*)

klug [klu:k] inteligente; (*vernünftig*) sensato; (*vorsichtig*) prudente; '**≈heit** *f* (*-; sin pl*) inteligencia *f*; prudencia *f*; sensatez *f*

Klumpen ['klumpən] *m* (*-s; -*) (*Erde*) terrón *m*; *gastr* grumo *m*

km ***Kilometer*** km. (kilómetro)

knabbern ['knabərn] (*ge-, h*) mordisquear (***an et*** *dat* a/c)

Knabe ['knɑ:bə] *m* (*-n; -n*) muchacho *m*

Knäckebrot ['knɛkəbro:t] *n* pan *m* crujiente

knacken ['knakən] (*ge-, h*) **1.** *v/t* cascar; *Geldschrank*: forzar; **2.** *v/i* crujir

Knall [knal] *m* (*-[e]s; -e*) estallido *m*; (*Schuss*) estampido *m*, detonación *f*; F *fig* ***e-n ~ haben*** estar chiflado; '**≈en** (*ge-, h*) estallar; hacer detonación; ***es***

knallt se oye un disparo; '⁓rot rojo subido
knapp [knap] (*eng*) estrecho, justo, apretado; (*dürftig*) escaso; *adv* apenas; ***mit ⁓er Not*** a duras penas; ***⁓ sn*** escasear; '⁓heit *f* (-; *sin pl*) escasez *f*; (*Enge*) estrechez *f*
knarren ['knarən] (*ge-*, *h*) *Tür, Räder*: chirriar, rechinar
Knast F [knast] *m* (-[*e*]*s*; *-e*, *⁓e*) F chirona *f*
knattern ['knatərn] (*ge-*, *h*) crepitar; *Motorrad*: petardear
Knäuel ['knɔʏəl] *n od m* (-*s*; -) ovillo *m*; *v Menschen*: aglomeración *f*
'**knautsch|en** ['knaʊtʃən] (*ge-*, *h*) *v/i* arrugarse; **⁓zone** *f auto* zona *f* de absorción de impactos
Knebel ['kne:bəl] *m* (-*s*; -) (*Mund⁓*) mordaza *f*
'**kneif|en** ['knaɪfən] (*kniff, gekniffen, h*) **1.** *v/t* pellizcar; **2.** F *v/i* rajarse; **⁓zange** *f* alicates *m/pl*, tenazas *f/pl*
Kneipe ['-pə] *f* (-; *-n*) tasca *f*
kneten ['kne:tən] (*ge-*, *h*) amasar; *Ton usw*: modelar
Knick [knik] *m* (-[*e*]*s*; *-e*) codo *m*; (*Falte*) doblez *m*; '**⁓en** (*ge-*, *h*) doblar
Knie [kni:] *n* (-; - ['kni:ə]) rodilla *f*; *tec* codo *m*; ***auf ⁓n*** de rodillas; **⁓beuge** ['-bɔʏgə] *f* (-; *-n*) flexión *f* de rodillas; **⁓n** ['kni:(ə)n] (*ge-*, *h*) estar de rodillas; (***sich ⁓***) arrodillarse; '**⁓scheibe** *f* rótula *f*; '**⁓strumpf** *m* media *f* corta *od* de sport
Kniff [knif] *m* (-[*e*]*s*; *-e*) (*Falte*) pliegue *m*; *fig* truco *m*
knipsen ['knipsən] (*ge-*, *h*) picar, perforar; *fot* hacer *od* sacar una foto
knirschen ['knirʃən] (*ge-*, *h*) crujir; ***mit den Zähnen ⁓*** rechinar los dientes
knistern ['knistərn] (*ge-*, *h*) crujir; *Feuer*: crepitar
'**knitter|frei** ['-tərfraɪ] inarrugable; **⁓n** (*ge-*, *h*) arrugarse
'**Knoblauch** ['kno:p, 'knɔb-] *m* (-[*e*]*s*; *sin pl*) ajo *m*; **⁓zehe** *f* diente *m* de ajo
Knöchel ['knœçəl] *m* (-*s*; -) (*Finger⁓*) nudillo *m*; (*Fuß⁓*) tobillo *m*
'**Knochen** ['knɔxən] *m* (-*s*; -) hueso *m*; **⁓bruch** *m* fractura *f*
Knödel ['knø:dəl] *m* (-*s*; -) albóndiga *f*
Knolle ['knɔlə] *f* (-; *-n*) tubérculo *m*; (*Zwiebel*) bulbo *m*
Knopf [knɔpf] *m* (-[*e*]*s*; *⁓e*) botón *m*; *tec a* pulsador *m*; '**⁓loch** *n* ojal *m*
Knorpel ['knɔrpəl] *m* (-*s*; -) cartílago *m*
Knospe ['knɔspə] *f* (-; *-n*) botón *m*
'**knot|en** ['kno:tən] (*ge-*, *h*) anudar; **⁓en** *m* (-*s*; -) nudo *m* (*a mar u fig*); **⁓enpunkt** *ferro m* empalme *m*, nudo *m* (ferroviario)
knüpfen ['knypfən] (*ge-*, *h*) anudar; (*binden*) atar; *Knoten*: hacer
Knüppel ['knypəl] *m* (-*s*; -) garrote *m*, palo *m*; (*Gummi⁓*) porra *f*
knurren ['knurən] (*ge-*, *h*) gruñir
knusprig ['knuspriç] crujiente
knutschen F ['knu:tʃən] (*ge-*, *h*) besuquear
k.o. [ka'o:]: ***j-n ⁓ schlagen*** noquear a alg; F ***⁓ sein*** F estar hecho polvo
Koali'tion [ko:ali'tsjo:n] *f* (-; *-en*) coalición *f*; **⁓sregierung** *f* gobierno *m* de coalición
Koblenz ['ko:blɛnts] *n* Coblenza *f*
Koch [kɔx] *m* (-[*e*]*s*; *⁓e*) cocinero *m*; '**⁓buch** *n* libro *m* de cocina; '**⁓en** (*ge-*, *h*) **1.** *v/t* cocer; cocinar; guisar; *Tee usw*: preparar, hacer; **2.** *v/i* cocinar, guisar; *Wasser usw*: hervir; '**⁓er** *m* (-*s*; -) hornillo *m* (eléctrico); '**⁓fertig** listo para cocinar; '**⁓gelegenheit** *f* derecho *m* a cocina
Köchin ['kœçin] *f* (-; *-nen*) cocinera *f*
'**Koch|kunst** ['kɔxkunst] *f* arte *m* culinario; **⁓löffel** *m* cucharón *m*; **⁓nische** *f* rincón *m* cocina; **⁓topf** *m* olla *f*, marmita *f*
Kode [ko:d] *m* (-*s*; *-s*) código *m*; clave *f*
Köder ['kø:dər] *m* (-*s*; -) cebo *m*
Koffe'in [kɔfe'i:n] *n* (-*s*; *sin pl*) cafeína *f*; **⁓frei** descafeinado, sin cafeína
'**Koffer** ['kɔfər] *m* (-*s*; -) maleta *f*; **⁓kuli** *m* (-*s*; *-s*) carrito *m* (para equipajes); **⁓radio** *n* radio *f* portátil; **⁓raum** *m auto* maletero *m*
Kognak → ***Cognac***
Kohl [ko:l] *m* (-[*e*]*s*; *-e*) col *f*, berza *f*
Kohle ['-lə] *f* (-; *-n*) carbón *m*
'**Kohlen|becken** *n* brasero *m*; **⁓bergwerk** *n* mina *f* de carbón; **⁓dioxid** ['-di:ɔksi:t] *n* dióxido *m* de carbono; **⁓hydrat** ['-hydrɑ:t] *n* (-[*e*]*s*; *-e*) hidrato *m* de carbono; **⁓(mon)oxid** *n* (mon)óxido *m* de carbono; **⁓säure** *f* ácido *m* carbónico; **⁓stoff** *quím m* carbono *m*; **⁓'wasserstoff** *m* hidrocarburo *m*
'**Kohle|papier** *n* papel *m* carbón; **⁓tablette** *f* comprimido *m* de carbón;

~zeichnung *f* dibujo *m* al carbón
'Kohl|kopf *m* repollo *m*; **~rabi** [-'rɑːbi] *m* (-[*s*]; -[*s*]) colinabo *m*; **~rübe** *f* naba *f*
Koka'in [koka'iːn] *n* (-*s*; *sin pl*) cocaína *f*; **≈süchtig, ~süchtige** *m*/*f* cocainómano *m*, -a *f*
kokettieren [kokɛ'tiːrən] (*h*) coquetear
Kokosnuss ['koːkɔs-] *f* coco *m*
Koks [koːks] *m* (-*es*; -*e*) coque *m*; (*sin pl*) F (*Kokain*) nieve *f*
Kolben ['kɔlbən] *m* (-*s*; -) (*Gewehr≈*) culata *f*; *tec* émbolo *m*, pistón *m*; *bot* mazorca *f*
Kolik *med* [koːlik] *f* (-; -*en*) cólico *m*
Kollaps *med* ['kɔlaps] *m* (-*es*; -*e*) colapso *m*
Kolleg [ko'leːk] *n* (-*s*; -*s*, -*ien*) curso *m*, clase *f*; **~e** [-'-gə] *m* (-*n*; -*n*), **~in** *f* (-; -*nen*) colega *su*; **~ium** [-'-gjum] *n* (-*s*; *Kollegien*) colegio *m*; *v Lehrern*: *a* claustro *m*, cuerpo *m* docente
Kollek|te [-'lɛktə] *f* (-; -*n*) cuestación *f*, colecta *f*; **~tion** [-'tsjoːn] *f* (-; -*en*) colección *f*; **≈tiv** [-'tiːf] colectivo; **~tiv** *n* (-*s*; -*e*) colectividad *f*, grupo *m*
Kollision [kɔli'zjoːn] *f* (-; -*en*) colisión *f*, choque *m*
Köln [kœln] *n* Colonia *f*
Kölnischwasser [kœlniʃ'vasər] *n* (agua *f* de) colonia *f*
kolon|ial [kolo'njɑːl] colonial; **≈ie** [-'niː] *f* (-; -*n*) colonia *f*; **~isieren** [-ni'ziːrən] (*h*) colonizar; **≈ist** [-'nist] *m* (-*en*; -*en*) colono *m*
Kolonne [-'lɔnə] *f* (-; -*n*) columna *f*; (*Arbeits≈*) brigada *f*; (*Auto≈*) fila *f*, caravana *f*; (*Fahrzeug≈*) convoy *m*
Koloss [-'lɔs] *m* (-*es*; -*e*) coloso *m*
Kolumbian|er [kolum'bjɑːnər] *m* (-*s*; -), **~erin** *f* (-; -*nen*) colombiano *m*, -a *f*; **≈isch** colombiano
Kolumbien [ko'lumbjən] *n* Columbia *f*
Kombi ['kɔmbi] *m* (-*s*; -*s*) camioneta *f*; **~nation** [-na'tsjoːn] *f* (-; -*en*) combinación *f*; *Skisport*: combinada *f*; **≈'nieren** (*h*) combinar
Komet [ko'meːt] *m* (-*en*; -*en*) cometa *m*
Komfort [kɔm'foːr] *m* (-*s*; *sin pl*) comodidades *f*/*pl*, confort *m*; **≈abel** [-fɔr-'tɑːbəl] confortable, cómodo
'Kom|ik ['koːmik] *f* (-; *sin pl*) comicidad *f*; **~iker** *m* (-*s*; -) cómico *m*; **≈isch** cómico; *fig* extraño, raro
Komitee [kɔmi'teː] *n* (-*s*; -*s*) comité *m*
Komma ['kɔma] *n* (-*s*; -*s*, -*ta*) coma *f*
Kommand|ant [kɔman'dant] *m* (-*en*; -*en*), **~eur** [-'døːr] *m* (-*s*; -*e*) comandante *m*; **≈'ieren** (*h*) **1.** *v*/*t* (co)mandar; **2.** *v*/*i* tener el mando
Kommando [-do] *n* (-*s*; -*s*) mando *m*; (*Abteilung*) comando *m*, destacamento *m*; (*Ruf*) voz *f* de mando
'kommen ['kɔmən] (*kam*, *gekommen*, *sn*) (*zum Sprechenden hin*) venir; (*vom Sprechenden weg*) ir; (*an~*) llegar; (*zurück~*) volver; ***ich komme (schon)!*** ¡(ya) voy!; ***wie kommt es, dass …?*** ¿cómo es posible que …?; ***~ lassen*** hacer venir; mandar por; ***~ auf*** (*ac*) *Anteil*: tocar a; (*sich entsinnen*) recordar *a*/*c*; (*kosten*) venir a costar; ***~ durch*** pasar por; ***hinter et ~*** descubrir a/c; ***um et ~*** perder a/c; ***das kommt von …*** eso se debe a; ***das kommt davon!*** ahí lo ves; así aprenderás; ***(wieder) zu sich ~*** volver en sí; **~d** *zeitlich*: venidero, futuro; (*nächster*) que viene, próximo
Kommentar [-mɛn'tɑːr] *m* (-*s*; -*e*) comentario *m*
Kommerz [-'mɛrts] *m* (-*es*; *sin pl*) comercio *m*; **≈ialisieren** [-tsjali'ziːrən] (*h*) comercializar; **≈iell** [-'tsjɛl] comercial
Kommiss|ar [-mi'sɑːr] *m* (-*s*; -*e*) comisario *m*; **~ion** [-'sjoːn] *f* (-; -*en*) comisión *f*
Kommode [-'moːdə] *f* (-; -*n*) cómoda *f*
Kommun|alwahlen [-mu'nɑːl-] *f*/*pl* elecciones *f*/*pl* municipales *od* comunales; **~e** [-'muːnə] *f* (-; -*n*) comuna *f*
Kommuni|kation [-munika'tsjoːn] *f* (-; -*en*) comunicación *f*; **~on** [-mun'joːn] *f* (-; -*en*) comunión *f*; **~smus** [-mu'nismus] *m* (-; *sin pl*) comunismo *m*; **~st** [-'nist] *m* (-*en*; -*en*), **~stin** *f* (-; -*nen*) comunista *su*; **≈stisch** comunista
Komödie [-'møːdjə] *f* (-; -*n*) comedia *f*
Kompa|gnon [kɔmpa'njɔ̃] *m* (-*s*; -*s*) socio *m*; **~nie** [-'niː] *f* (-; -*n*) compañía *f*
Komparativ *gram* [-ratiːf] *m* (-*s*; -*e*) comparativo *m*
Kompass ['-pas] *m* (-*es*; -*e*) brújula *f*; *mar* compás *m*
kompatibel [-pa'tiːbəl] compatible
Kompensation [-pɛnza'tsjoːn] *f* (-; -*en*) *f* compensación *f*
kompe'ten|t [-pə'tɛnt] competente; **≈z** [-'tɛnts] *f* (-; -*en*) competencia *f*; **≈zbe-**

reich *m* (ámbito *m* de) competencia *f*
komplett [-'plɛt] completo
Komplex [-'plɛks] *m* (*-es*; *-e*) complejo *m* (*a psic*); conjunto *m*
Kompli|kation [-plika'tsjoːn] *f* (*-*; *-en*) complicación *f*; **~ment** [-'mɛnt] *n* (*-[e]s*; *-e*) cumplido *m*; **≗zieren** [-'tsiːrən] (*h*) complicar
kompo|nieren [-po'niːrən] (*h*) componer; **≗nist** [-'nist] *m* (*-en*; *-en*), **≗nistin** *f* (*-*; *-nen*) compositor(a) *m*(*f*)
Kompott [-pɔt] *n* (*-[e]s*; *-e*) compota *f*
Kompresse *med* [-'prɛsə] *f* (*-*; *-n*) compresa *f*
Kompro|miss [-pro'mis] *m* (*-es*; *-e*) compromiso *m*, arreglo *m*; **≗mittieren** [-mi'tiːrən] (*h*) comprometer
Kondensmilch [kɔn'dɛns-] *f* leche *f* condensada
Kondition [-di'tsjoːn] *f* (*-*; *-en*) condición *f*; (*sin pl*) *dep a* forma *f* física
Konditorei [-dito'raɪ] *f* (*-*; *-en*) pastelería *f*
Kondom [-'doːm] *n* (*-s*; *-e*) condón *m*
Konfekt [-fɛkt] *n* (*-[e]s*; *-e*) bombones *m/pl*; confites *m/pl*
Konfektion [-'tsjoːn] *f* (*-*; *sin pl*) confección *f*; **~s...** *in Zssgn*: de confección
Konferenz [-fə'rɛnts] *f* (*-*; *-en*) conferencia *f*
Konfession [-fɛ'sjoːn] *f* (*-*; *-en*) confesión *f*; religión *f*
Konfitüre [-fi'tyːrə] *f* (*-*; *-n*) confitura *f*
Konflikt [-'flikt] *m* (*-[e]s*; *-e*) conflicto *m*
Kongo ['kɔŋgo] *m* (el) Congo
Kongress [-'grɛs] *m* (*-es*; *-e*) congreso *m*
'König ['køːniç] *m* (*-s*; *-e*) rey *m* (*a Schach u Karte*); **~in** [-gin] *f* (*-*; *-nen*) reina *f*; **≗lich** ['-nikliç] real; **~reich** *n* reino *m*
Konju|gation [kɔnjuga'tsjoːn] *f* (*-*; *-en*) conjugación *f*; **≗'gieren** (*h*) conjugar
Konjunkt|ion [-juŋk'tsjoːn] *f* (*-*; *-en*) conjunción *f*; **~iv** [-tiːf] *m* (*-s*; *-e*) subjuntivo *m*; **~ur** [-'tuːr] *f* (*-*; *-en*) coyuntura *f*; **≗urell** [-tu'rɛl] coyuntural
konkret [-'kreːt] concreto
Konkur'r|ent [-ku'rɛnt] *m* (*-en*; *-en*) competidor *m*; **~enz** [-'rɛnts] *f* (*-*; *sin pl*) competencia *f*; (*pl -en*) (*Konkurrenten*) competidores *m/pl*; **≗enzfähig** capaz de competir, competitivo; **~enzkampf** *m* lucha *f* competitiva; **≗ieren** [-'riːrən] (*h*) competir (***mit*** *dat* con)
Kon'kurs [-'kurs] *m* (*-es*; *-e*) quiebra *f*; ***~ machen*** quebrar; ***~ anmelden*** declararse en quiebra; **~masse** *f* masa *f od* activo *m* de la quiebra; **~verwalter** *m* síndico *m* de la quiebra
können ['kœnən] **1.** (*konnte*, *gekonnt*, *h*) poder; (*gelernt haben*) saber; ***Deutsch ~*** saber alemán; ***es kann sein, dass*** puede ser *od* es posible que; ***so gut ich kann*** lo mejor que pueda; **2.** **≗** *n* (*-s*; *sin pl*) capacidad *f*; habilidad *f*
konse'quen|t [kɔnze'kvɛnt] consecuente; **≗z** [-'kvɛnts] *f* (*-*; *-en*) consecuencia *f*
konservat|iv ['kɔnzɛrva'tiːf] conservador; **≗ive** *m/f* (*-n*; *-n*) conservador(a) *m*(*f*); **≗orium** [-'toːrjum] *n* (*-s*; *Konservatorien*) conservatorio *m*
Kon'ser|ve [-'-və] *f* (*-*; *-n*) conserva *f*; **~nbüchse** *f*, **~ndose** *f* lata *f* (de conservas); **≗'vieren** (*h*) conservar; **~'vierung** *f* (*-*; *raro -en*) conservación *f*; **~'vierungsmittel** *n* conservante *m*
Konsonant [-zo'nant] *m* (*-en*; *-en*) consonante *f*
konstant [-'stant] constante
Konstanz ['kɔnstants] *n* Constanza *f*
konstru|ieren [-stru'iːrən] (*h*) construir; **≗ktion** [-struk'tsjoːn] *f* (*-*; *-en*) construcción *f*; **~ktiv** [-'tiːf] constructivo
Konsul ['-zul] *m* (*-s*; *-n*) cónsul *m*; **~at** [-'laːt] *n* (*-[e]s*; *-e*) consulado *m*
Kon'sum [-'zuːm] *m* (*-s*; *sin pl*) consumo *m*; **~artikel** *m* artículo *m* de consumo; **~ent** [-zu'mɛnt] *m* (*-en*; *-en*), **~entin** *f* (*-*; *-nen*) consumidor(a) *m*(*f*); **~genossenschaft** *f* cooperativa *f* de consumo; **~güter** *n/pl* bienes *m/pl* de consumo; **~verhalten** *n*: comportamiento *m*de consumo, actitud *f* ante el consumo
Kon'takt [-'takt] *m* (*-[e]s*; *-e*) contacto *m*; **~linse** *f* lente *f* de contacto, lentilla *f*
Kontinent ['-tinɛnt] *m* (*-[e]s*; *-e*) continente *m*
'Konto ['-to] *n* (*-s*; *Konten*) cuenta *f*; **~auszug** *m* extracto *m* de cuenta; **~inhaber** *m* titular *m* de una cuenta; **~nummer** *f* número *m* de la cuenta
Kontoristin *f* [-to'ristin] (*-*; *-nen*) oficinista *f*
Kontostand ['-toʃtant] *m* estado *m* de la cuenta

Kontrast [-'trast] *m* (-[*e*]*s*; -*e*) contraste *m*

Kon'troll|abschnitt [-'trɔlʔapʃnit] *m* talón *m* de control; **~e** *f* (-; -*n*) control *m*; inspección *f*, revisión *f*; *Zoll*: registro *m*; **~eur** [-'løːr] *m* (-*s*; -*e*) inspector *m*; *ferro* revisor *m*; **2'ieren** (*h*) controlar, comprobar; revisar; **~lampe** *f* piloto *m*

Konvention [-vɛn'tsjoːn] *f* (-; -*en*) convención *f*; **~alstrafe** [-tsjo'nɑːl-] *f* sanción *f* contractual; **2ell** [-'nɛl] convencional

Konvergenz [-vɛr'gɛnts] *f* (-; -*en*) convergencia *f*; **~kriterien** *n/pl* (*Euro*) criterios *m/pl* de convergencia

Konversati'on [-vɛrza'tsjoːn] *f* (-; -*en*) conversación *f*; **~slexikon** *n* diccionario *m* enciclopédico

konver'tier|bar [-'tiːrbɑːr] convertible; **2barkeit** *f* (-; *sin pl*) convertibilidad *f*; **~en** (*h*) convertir; **2ung** *f* (-; -*en*) *inform* conversión *f*

Konzentr|ation [-tsɛntra'tsjoːn] *f* (-; -*en*) concentración *f*; **~ati'onslager** *n* campo *m* de concentración; **2ieren** [-'triːrən] (*h*) concentrar

Konzern [-'tsɛrn] *m* (-*s*; -*e*) consorcio *m*; grupo *m*

Konzert [-'tsɛrt] *n* (-[*e*]*s*; -*e*) concierto *m*; (*Solisten2*) recital *m*

Konzession [-tsɛ'sjoːn] *f* (-; -*en*) concesión *f* (*a fig*), licencia *f*

Konzil [-'tsiːl] *n* (-[*e*]*s*; -*e*) concilio *m*

Kooper|ation [koʔɔpera'tsjoːn] *f* (-; *sin pl*) cooperación *f*; **2ativ** [-'tiːf] cooperativo; **2'ieren** (*h*) cooperar

Koordin|ation [-ʔɔrdina'tsjoːn] *f* (-; -*en*) coordinación *f*; **2'ieren** (*h*) coordinar

Kopenhagen [koːpən'hɑgən] *n* Copenhague *f*

Kopf [kɔpf] *m* (-[*e*]*s*; ⸚*e*) cabeza *f*; ***~ hoch!*** ¡ánimo!; *fig* ***den ~ verlieren*** perder la cabeza; ***sich et in den ~ setzen*** meterse a/c en la cabeza; ***von ~ bis Fuß*** de pies a cabeza; **'~bahnhof** *m* estación *f* terminal; **'~ende** *n* cabecera *f*; **'~hörer** *m* auricular *m*; **'~kissen** *n* almohada *f*; **'2los** *fig* atolondrado; **'~rechnen** *n* cálculo *m* mental; **~salat** *m* lechuga *f*; **'~schmerzen** *m/pl* dolor *m* de cabeza; **'~schmerztablette** *f* analgésico *m*; **'~sprung** *m* zambullida *f* de cabeza; **'~stütze** *f* *auto* reposacabezas *m*; **'~tuch** *n* pañuelo *m* (de cabeza); **2'über** de cabeza; **'~zerbrechen** *n* (-*s*; *sin pl*) quebradero *m* de cabeza

Ko'pie [ko'piː] *f* (-; -*n*) copia *f*; **2ren** (*h*) copiar (*a fig*); **~rer** *m* (-*s*; -), **~rgerät** *n* copiadora *f*

Kopilot ['koːpiloːt] *m* copiloto *m*

'Koppel ['kɔpəl] *f* (-; -*n*) (*Weide*) dehesa *f*; **2n** (*ge-*, *h*) *a tec u el* acoplar

Koproduktion ['koː-] *f* coproducción *f*

Koralle [ko'ralə] *f* (-; -*n*) coral *m*

Koran [ko'rɑːn] *m* (-*s*; *sin pl*) Corán *m*

Korb [kɔrp] *m* (-[*e*]*s*; ⸚*e*) (*Hand2*) cesta *f*; *hoher*: cesto *m*, canasto *m*; *flacher*: canasta *f*; *fig* ***e-n ~ geben*** dar calabazas; **'~ball** *m* (-*s*; *sin pl*) baloncesto *m*; **'~flasche** *f* bombona *f*, damajuana *f*; **'~möbel** *n/pl* (**'~sessel** *m*) muebles *m/pl* (sillón *m*) de mimbre

Kord [kɔrt] *m* (-[*e*]*s*; -*e*, -*s*) pana *f*; **'~hose** *f* pantalón *m* de pana

Korea [ko'reːa] *n* Corea *f*

Kork [kɔrk] *m* (-[*e*]*s*; -*e*) corcho *m*; **'~en** *m* (-*s*; -) tapón *m* (de corcho), corcho *m*; **~enzieher** ['-tsiːər] *m* (-*s*; -) sacacorchos *m*

Korn [kɔrn] **I** *n* (-[*e*]*s*; ⸚*er*) grano *m*; (*sin pl*) (*Getreide*) cereales *m/pl*; **II** *m* (-[*e*]*s*; -) (*Schnaps*) aguardiente *m* de trigo; **'~blume** *f* aciano *m*

'Körper ['kœrpər] *m* (-*s*; -) cuerpo *m*; **~bau** *m* (-[*e*]*s*; *sin pl*) constitución *f*; **2behindert** minusválido, impedido; **~größe** *f* estatura *f*, talla *f*; **2lich** corporal, físico; **~pflege** *f* higiene *f*, aseo *m* personal; **~schaft** *f* (-; -*en*) corporación *f*; **~schaftssteuer** *f* impuesto *m* de sociedades; **~teil** *m* parte *f* del cuerpo

Korps [koːr] (-; - [koːrs]) cuerpo *m*

korrekt [kɔ'rɛkt] correcto

Korrek'tur [-'tuːr] *f* (-; -*en*) corrección *f*; **~band** *n* (-[*e*]*s*; *Korrekturbänder*) cinta *f* correctora; **~fahne** *f* prueba *f*, galerada *f*

Korrespond|ent [kɔrɛspɔn'dɛnt] *m* (-*en*; -*en*), **~entin** *f* (-; -*nen*) encargado *m*, -a *f* de la correspondencia; (*Zeitungs2*, -*in*) corresponsal *su*; **~enz** [-'dɛnts] *f* (-; -*en*) correspondencia *f*; **2'ieren** (*h*) mantener correspondencia (***mit*** con)

Korridor ['-ridoːr] *m* (-*s*; -*e*) corredor *m*, pasillo *m*

korrigieren [-'giːrən] (*h*) corregir

korrupt [-'rupt] corrupto; **2ion**

[-'tsjoːn] *f* (-; *-en*) corrupción *f*

Kors|e ['kɔrzə] *m* (*-n*; *-n*), **~in** *f* (-; *-nen*) corso *m*, -a *f*; **²isch** corso

Korsett [-'zɛt] *n* (-[*e*]*s*; *-s*, *-e*) corsé *m*

Korsika ['kɔrzika] *n* Córcega *f*

Kos'met|ik [kɔs'meːtik] *f* (-; *sin pl*) cosmética *f*; **~ikerin** *f* esteticista *f*; **~ikkoffer** *m* neceser *m*; **~iksalon** *m* salón *m* de belleza; **²isch** cosmético

Kost [kɔst] *f* (-; *sin pl*) alimentación *f*; comida *f*; dieta *f*

'kostbar ['-baːr] precioso; costoso; **²keit** *f* (-; *-en*) preciosidad *f*

'kosten ['kɔstən] (*ge-*, *h*) **1.** *v/i* costar, valer; **2.** *v/t* gustar, probar; **3.** **²** *pl* gastos *m/pl*; coste *m*, costos *m/pl*; *jur* costas *f/pl*; **~ *deckend*** → ***kostendeckend***; ***auf ~ von*** a expensas (*od* costas) de; **²dämpfung** *f* (-; *-en*) moderación *f od* contención *f* de los gastos; **~deckend** que cubre los gastos; **²erstattung** *f* devolución *f* de los gastos; **²explosion** *f* explosión *f* de gastos; **²faktor** *m* factor *m* coste; **~günstig** económico; **~los** gratuito; *adv* gratis; **~pflichtig** ['-pfliçtiç] de pago (obligatorio); **²voranschlag** *m* presupuesto *m*

köstlich ['kœstliç] delicioso, exquisito

'Kost|probe ['kɔst-] *f* degustación *f*; *fig* prueba *f*; **²spielig** ['-ʃpiːliç] costoso

Kostüm [kɔs'tyːm] *n* (*-s*; *-e*) traje *m*; (*Damen²*) traje *m* de chaqueta; (*Masken²*) disfraz *m*

Kot [koːt] *m* (-[*e*]*s*; *sin pl*) barro *m*, lodo *m*; (*Exkremente*) excrementos *m/pl*

Kote'lett [kot(ə)'lɛt] *n* (*-s*; *-s*) chuleta *f*, *Am* costeleta *f*; **~en** *f/pl* (*Bart*) patillas *f/pl*

Kotflügel ['koːt-] *m* guardabarros *m*

kotzen P ['kɔtsən] (*ge-*, *h*) vomitar, arrojar

KP *f* ***Kommunistische Partei*** PC *m* (Partido *m* Comunista)

Kr. ***Kreis*** distrito

Krabbe ['krabə] *f* (-; *-n*) camarón *m*; gamba *f*

Krach [krax] *m* (-[*e*]*s*; *sin pl*) ruido *m*, estrépito *m*; (*pl* *¨e*) (*Streit*) bronca *f*; **'²en** (*ge-*, *h*) dar estampidos, estallar

krächzen ['krɛçtsən] (*ge-*, *h*) graznar

Kraft [kraft] *f* (-; *¨e*) fuerza *f*; *a jur* vigor *m*; *bsd tec* potencia *f*; *a el u fig* energía *f*; ***in ~ sein*** (***treten, setzen***) estar (entrar, poner) en vigor; **'~brühe** *f* caldo *m*, consomé *m*; **'~fahrer** *m*, **'~fahrerin** *f* automovilista *su*; **'~fahrzeug** *n* automóvil *m*; *s a* ***Kfz-Brief*** *etc*; **'~fahrzeugsteuer** *f* impuesto *m* sobre los vehículos de motor; **'~fahrzeugversicherung** *f* seguro *m* del automóvil

kräftig ['krɛftiç] fuerte, vigoroso; (*nahrhaft*) sustancioso

'kraft|los ['kraftloːs] débil, flojo; **²probe** *f* prueba *f* (de fuerza); **²stoff** *m* carburante *m*; **²wagen** *m* automóvil *m*, coche *m*; **²werk** *el n* central *f* eléctrica

'Kragen ['kraːgən] *m* (*-s*; *¨*) cuello *m*; **~weite** *f* medida *f* del cuello

'Krähe ['krɛːə] *f* (-; *-n*) corneja *f*; **²n** (*ge-*, *h*) *Hahn*: cantar

Krake *zo* ['kraːkə] *m* (*-n*; *-n*) pulpo *m*

Kralle ['kralə] *f* (-; *-n*) uña *f*, garra *f*

Kram [kraːm] *m* (-[*e*]*s*; *sin pl*) trastos *m/pl*, chismes *m/pl*; **'~laden** *m* tenducho *m*

Krampf [krampf] *m* (-[*e*]*s*; *¨e*) espasmo *m*, calambre *m*; **'~ader** *f* variz *f*; **'²haft** convulsivo, espasmódico; *adv fig* por todos los medios

Kran [kraːn] *m* (-[*e*]*s*; *¨e*) grúa *f*

krank [kraŋk] enfermo; **~ *werden*** ponerse enfermo; **'²e** *m/f* (*-n*; *-n*) enfermo *m*, -a *f*

kränken ['krɛŋkən] (*ge-*, *h*) ofender, herir

'Kranken|geld ['kraŋkən-] *n* subsidio *m* de enfermedad; **~haus** *n* hospital *m*; ***ins ~ bringen*** ingresar en un hospital; **~kasse** *f* caja *f* de enfermedad; **~pfleger** *m* enfermero *m*; **~schein** *m* volante *m* del seguro; **~schwester** *f* enfermera *f*; **~versicherung** *f* seguro *m* de enfermedad; **~wagen** *m* ambulancia *f*

'krank|haft morboso, enfermizo; patológico; **²haftigkeit** *f* morbosidad *f*; **²heit** *f* (-; *-en*) enfermedad *f*

kränklich ['krɛŋkliç] enfermizo

'krankmelden *v/t*: ***sich ~*** darse de baja (por enfermo)

Kränkung ['krɛŋkuŋ] *f* (-; *-en*) ofensa *f*, agravio *m*

Kranz [krants] *m* (*-es*; *¨e*) corona *f*

Krapfen ['krapfən] *m* (*-s*; -) buñuelo *m*

Krater ['kraːtər] *m* (*-s*; -) cráter *m*

Krätze *med* ['krɛtsə] *f* (-; *sin pl*) sarna *f*

'kratz|en ['kratsən] (*ge-*, *h*) rascar; (*ritzen*) arañar; (*schaben*) raspar; **²er** *m* (*-s*; -) arañazo *m*, rasguño *m*; *auf Möbeln*: raya *f*

kraulen ['kraʊlən] (*ge-*, *h*) rascar suave-

mente; *Schwimmen*: nadar a crol
kraus [kraʊs] crespo, rizado
Kraut [kraʊt] *n* (-[*e*]*s*; *Kräuter*) hierba *f*; (*sin pl*) (*Kohl*) col *f*
Kräutertee ['krɔʏtər-] *m* infusión *f* de hierbas, tisana *f*
Krawall [kra'val] *m* (-[*e*]*s*; -*e*) tumulto *m*, alboroto *m*
Krawatte [-'vatə] *f* (-; -*n*) corbata *f*
Krebs [kre:ps] *m* (-*es*; -*e*) cangrejo *m*; *med* cáncer *m*; *astr* Cáncer *m*; **~erregend** cancerígeno; **'~geschwulst** *f* tumor *m* canceroso; **~vorsorge** *f* (-; *sin pl*) prevención *f* del cáncer; **~vorsorgeuntersuchung** *f* (-; -*en*) chequeo *m* oncológico
Kre'dit [kre'di:t] *m* (-[*e*]*s*; -*e*) crédito *m*; ***auf*** **~** a crédito; **~hai** *m* tiburón *m* financiero; **~institut** *n* instituto *m* de crédito; **~karte** *f* tarjeta *f* de crédito; **~rahmen** *m* límites *m/pl* del crédito; **Ձwürdig** digno de crédito, solvente
Kreide ['kraɪdə] *f* (-; -*n*) tiza *f*
Kreis [kraɪs] *m* (-*es*; -*e*) círculo *m*; (*Bezirk*) distrito *m*
'Kreise|l ['-zəl] *m* (-*s*; -) peonza *f*; **Ձn** (*ge-*, *sn*) girar; *Blut*, *Geld*: circular
'kreis|förmig ['kraɪsfœrmiç] circular; **Ձlauf(mittel** *n*) *m* (medicamento *m* para la) circulación *f*; **Ձlaufstörung** *f* trastorno *m* circulatorio; **Ձverkehr** *m* sentido *m* de giro obligatorio
Krematorium [krema'to:rjum] *n* (-*s*; *Krematorien*) crematorio *m*
Kreml [kre:ml] *m* Kremlin *m*
Krempe ['krɛmpə] *f* (-; -*n*) ala *f*
Kreol|e [kre'o:lə] *m* (-*n*; -*n*), **~in** *f* (-; -*nen*) criollo *m*, -a *f*; **Ձisch** criollo
krepieren [-'pi:rən] (*sn*) *Tier*: reventar; P *Mensch*: P diñarla
Kresse *bot* ['krɛsə] *f* (-; -*n*) berro *m*
Kreta ['kre:ta] *n* Creta *f*
Kreuz [krɔʏts] *n* (-*es*; -*e*) cruz *f* (*a fig*); *anat* riñones *m/pl*; *mus* sostenido *m*; *Kartenspiel*: bastos *m/pl*; **'~band** *corr n* (-[*e*]*s*; *Kreuzbänder*): ***unter*** **~** bajo faja; **'Ձen** (*ge-*, *h*): (***sich***) **~** cruzar(se) (*a biol*); **'~er** *mar m* (-*s*; -) crucero *m*; **'~fahrt** *mar f* crucero *m*; **Ձförmig** ['-fœrmiç] cruciforme; **'~gang** *m* (-[*e*]*s*; *Kreuzgänge*) claustro *m*; **'~igung** ['-iguŋ] *f* (-; -*en*) crucifixión *f*; **'~otter** *f* víbora *f* (común); **'~ung** *f* (-; -*en*) cruce *m* (*a biol*); **'~worträtsel** *n* crucigrama *m*

'kriech|en ['kri:çən] (*kroch*, *gekrochen*, *sn*) arrastrarse; deslizarse (***durch*** por); *Tier*: reptar; *desp* adular (***vor j-m*** a alg); **~erisch** rastrero, servil; **Ձspur** *f* carril *m* para vehículos lentos; **Ձtempo** *n*: ***im*** **~** a paso de tortuga
Krieg [kri:k] *m* (-[*e*]*s*; -*e*) guerra *f*; **~** ***führen*** hacer la guerra; **~** ***führend*** beligerante; **Ձen** F ['-gən] (*ge-*, *h*) obtener, recibir; *Krankheit*: F pescar; **'Ձerisch** belicoso, guerrero
'Kriegs|beschädigte ['kri:ksbəʃɛ:diçtə] *m* mutilado *m* de guerra; **~dienst** *m* servicio *m* militar; **~dienstverweigerer** *m* (-*s*; -) objetor *m* de conciencia; **~erklärung** *f* declaración *f* de guerra; **~gefangene** *m* prisionero *m* de guerra; **~schiff** *n* buque *m* de guerra; **~verbrecher** *m* criminal *m* de guerra
Krimi ['krimi] F *m* (-*s*; -*s*) novela *f* *bzw* película *f* policíaca
Krimi'nal|beamte [-'nɑ:lbəʔamtə] *m* agente *m* de la policía criminal; **~film** *m* película *f* policíaca; **~ität** [-nali'tɛ:t] *f* (-; *sin pl*) delincuencia *f*, criminalidad *f*; **~polizei** *f* brigada *f* de investigación criminal; **~roman** *m* novela *f* policíaca
kriminell [-'nɛl] criminal
Kripo *f* ***Kriminalpolizei*** policía *f* de investigación criminal
Krippe ['kripə] *f* (-; -*n*) pesebre *m*; (*Weihnachts*Ձ) *a* belén *m*; (*Kinder*Ձ) guardería *f* infantil
'Krise ['kri:zə] *f* (-; -*n*) crisis *f*; **~nstab** *m* Estado *m* mayor de crisis
Kristall [kris'tal] *n* (-[*e*]*s*; *sin pl*) *u Mineralogie*: *m* (*pl* -*e*) cristal *m*
Kriti|k [kri'ti:k] *f* (-; -*en*) crítica *f*; (*Rezension*) reseña *f*; **~ker** ['kri:tikər] *m* (-*s*; -), **~kerin** *f* (-; -*nen*) crítico, *m* -a *f*; **Ձsch** crítico; **Ձsieren** [kriti'zi:rən] (*h*) criticar; reseñar
kritzeln ['kritsəln] (*ge-*, *h*) garabatear, garrapatear
Kroat|e [kro'ɑ:tə] *m* (-*n*; -*n*), **~in** *f* (-; -*nen*) croata *su*; **Ձisch** croata
Kroatien [kro'ɑtsjən] *n* Croacia *f*
Krokette [krɔ'kɛtə] *f* (-; -*n*) *gastr* croqueta *f*
Krokodil [-ko'di:l] *n* (-[*e*]*s*; -*e*) cocodrilo *m*
'Kron|e ['kro:nə] *f* (-; -*n*) corona *f*; (*Zahn*Ձ) funda *f*; **~leuchter** *m* araña *f*; **~prinz** *m* príncipe *m* heredero

Krönung ['krøːnuŋ] *f* (-; *-en*) coronación *f* (*a fig*)
Kropf [krɔpf] *m* (-[*e*]*s*; *⸗e*) buche *m*, papo *m*; *med* bocio *m*
Kröte ['krøːtə] *f* (-; *-n*) sapo *m*
Krücke ['krykə] *f* (-; *-n*) muleta *f*
Krug [kruːk] *m* (-[*e*]*s*; *⸗e*) jarra *f*, cántaro *m*; (*Wasser*2, *Kühl*2) botijo *m*
Krümel ['kryːməl] *m* (*-s*; -) miga(ja) *f*
krumm [krum] corvo; *Rücken*: encorvado; *Beine*, *Nase*: torcido; *fig* tortuoso
'**krümm|en** ['krymən] (*ge-*, *h*) encorvar; doblar; torcer; ***sich vor Schmerzen*** (***Lachen***) ~ retorcerse de dolor (risa); **2ung** *f* (-; *-en*) (*Weg*2, *Fluss*2) recodo *m*
Kruste ['krustə] *f* (-; *-n*) costra *f* (*a med*); (*Brot*2) corteza *f*
Kruzifix [krutsi'fiks] *n* (*-es*; *-e*) crucifijo *m*
Krypta ['krypta] *f* (-; *Krypten*) cripta *f*
KSZE *f* ***Konferenz über Sicherheit und Zusammenarbeit in Europa*** CSCE *f* (Conferencia de Seguridad y Cooperación en Europa)
Kto. ***Konto*** cta. (cuenta)
Kuba ['kuːba] *n* Cuba *f*
Kuban|er [ku'bɑːnər] *m* (*-s*; -), **~erin** *f* (-; *-nen*) cubano *m*, -a *f*; **2isch** cubano
Kübel ['kyːbəl] *m* (*-s*; -) cubo *m*
Kubik... [ku'biːkʐ]: *in Zssgn*: cúbico
Kubismus [ku'bismus] *m* (-; *sin pl*) cubismo *m*
Küche ['kyçə] *f* (-; *-n*) cocina *f*
'**Kuchen** ['kuːxən] *m* (*-s*; -) pastel *m*; **~form** *f* molde *m* (para pasteles)
'**Küchen|geschirr** ['kyçən-] *n* batería *f* de cocina; **~herd** *m* cocina *f*; **~kräuter** *n*/*pl* hierbas *f*/*pl* culinarias
'**Kuckuck** *zo* ['kukuk] *m* (*-s*; *-e*) cuclillo *m*, cuco *m*; **~suhr** *f* reloj *m* de cucú
Kufe ['kuːfə] *f* (-; *-n*) (*Schlitten*2) patín *m*
'**Kugel** ['kuːgəl] *f* (-; *-n*) bola *f*; *mat* esfera *f*; (*Geschoss*) bala *f*; *dep* peso *m*; **2förmig** [-fœrmiç] esférico; **~kopf** *m* bola *f* portatipos; **~lager** *n* rodamiento *m* de bolas; **~schreiber** *m* bolígrafo *m*; **~stoßen** *n* *dep* lanzamiento *m* de peso
Kuh [kuː] *f* (-; *⸗e*) vaca *f*
kühl [kyːl] fresco; *fig* frío, reservado; **~(*er*)** ***werden*** refrescar; '**~en** (*ge-*, *h*) enfriar; *a tec* refrigerar; '**2er** *auto* *m* (*-s*; -) radiador *m*; '**2erhaube** *f* capó *m*; '**2flüssigkeit** *f* líquido *m* de refrigeración; '**2schrank** *m* nevera *f*, frigorífico *m*; '**2tasche** *f* nevera *f* portátil, bolsa *f* termo; '**2truhe** *f* congelador *m* (horizontal); '**2wasser** *n* *auto* agua *f* del radiador
kühn [kyːn] atrevido, osado
Küken ['kyːkən] *n* (*-s*; -) polluelo *m*
Kuli ['kuːli] *m* (*-s*; *-s*) culi *m*; (*Kugelschreiber*) F boli *m*
kulinarisch [kuli'nɑːriʃ] culinario
'**kultig** F (*in*) de moda, in
Kultstatus *m* (*Popgruppe etc*) estatus *m* de culto; **~** ***haben*** tener un estatus de culto
Kul'tur [-'tuːr] *f* (-; *sin pl*) *agr* cultivo *m*; *fig* cultura *f*; (*pl -en*) *e-s Volkes*: civilización *f*; **~abkommen** *n* acuerdo *m* cultural; **~angebot** *n* oferta *f* cultural; **~austausch** *m* intercambio *m* cultural; **~beutel** *m* bolsa *f* de aseo; **2ell** [-tu'rɛl] cultural; **~programm** *n* programa *m* cultural; **~schock** *m* shock *m* cultural
Kultusminister(**ium** *n*) *m* ['kultus-] ministro *m* (ministerio *m*) de Cultura
Kümmel ['kyməl] *m* (*-s*; -) comino *m*
Kummer ['kumər] *m* (*-s*; *sin pl*) pena *f*
kümmern ['kymərn] (*ge-*, *h*) preocupar; ***sich ~ um*** ocuparse de
Kumpel ['kumpəl] *m* (*-s*; -) *min* minero *m*; F compañero *m*
kündbar ['kyntbɑːr] revocable; *Vertrag*: rescindible
'**Kunde** ['kundə] *m* (*-n*; *-n*) cliente *m*; **~ndienst** *m* servicio *m* pos(t)venta; asistencia *f* técnica
Kundgebung ['kuntgeːbuŋ] *f* (-; *-en*) manifestación *f*
'**kündig|en** ['kyndigən] (*ge-*, *h*) *j-m*: despedir (*ac*); *j*: despedirse; *Vertrag*: rescindir; **2ung** *f* (-; *-en*) despido *m*; (*Vertrag*) rescisión *f*; **2ungsfrist** *f* plazo *m* de denuncia; **2ungsschutz** *m* protección *f* contra el despido
Kund|in ['kundin] *f* (-; *-nen*) clienta *f*; **~schaft** ['kuntʃaft] *f* (-; *sin pl*) clientela *f*
künftig ['kynftiç] venidero; futuro; *adv* de ahora en adelante
Kunst [kunst] *f* (-; *⸗e*) arte *m* (*pl f*); *fig* ***das ist keine*** **~** eso lo hace cualquiera; '**~akademie** *f* escuela *f* de Bellas Artes; '**~ausstellung** *f* exposición *f* de arte; '**~dünger** *m* abono *m* químico; '**~faser** *f* fibra *f* sintética; '**2fertig** hábil; '**~geschichte** *f* historia *f* del arte; '**~griff** *m* artificio *m*, truco *m*; '**~handwerk** *n*

artesanía *f*; '~**leder** *n* cuero *m* artificial
'**Künstler** ['kynstlər] *m* (-*s*; -), ~**in** *f* (-; -*nen*) artista *su*; 𝔖**isch** artístico
künstlich ['-liç] artificial; *tec a* sintético; (*unecht*) falso; *Gebiss*: postizo
'**Kunst|sammlung** ['kunst-] *f* colección *f* de arte; ~**schätze** *m/pl* tesoros *m/pl* artísticos; *e-s Landes*: patrimonio *m* artístico; ~**stoff** *m* plástico *m*; ~**stück** *n* muestra *f* de habilidad; ***das ist kein*** ~ así cualquiera; ~**werk** *n* obra *f* de arte
'**Kupfer** ['kupfər] *n* (-*s*; *sin pl*) cobre *m*; ~**stich** *m* grabado *m* (en cobre)
Kupon [-'pɔ̃:] *m* (-*s*; -*s*) cupón *m*
Kuppe ['kupə] *f* (-; -*n*) (*Berg*𝔖) cima *f*, cumbre *f*; (*Finger*𝔖) yema *f*
Kuppel ['-pəl] *f* (-; -*n*) cúpula *f*; ~**ei** [-'laɪ] *f* (-; *sin pl*) *jur* proxenetismo *m*; alcahuetería *f*
'**kupp|eln** (*ge*-, *h*) *auto* embragar; 𝔖**lung** ['-luŋ] *f* (-; -*en*) *tec* acoplamiento *m*; *auto* embrague *m*
Kur [ku:r] *f* (-; -*en*) cura *f*
Kür [ky:r] *f* (-; -*n*) *dep* ejercicios *m/pl* libres; *Eislauf*: figuras *f/pl* libres
'**Kur|aufenthalt** ['kurˀ-] *m* (estancia *f* con fines de) cura *f*; ~**bad** *n* balneario *m*
'**Kurbel** ['kurbəl] *f* (-; -*n*) manivela *f*; ~**welle** *f* cigüeñal *m*
Kürbis ['kyrbis] *m* (-*ses*; -*se*) calabaza *f*
'**Kur|gast** ['ku:r-] *m* bañista *m*; ~**haus** *n* establecimiento *m* balneario; 𝔖**ieren** [ku'ri:rən] (*h*) curar
'**Kur|ort** ['ku:rˀɔrt] *m* estación *f* balnearia *bzw* termal; ~**pfuscher** *m* curandero *m*, charlatán *m*
Kurs [kurs] *m* (-*es*; -*e*) *mar*, *avia* rumbo *m* (*a fig*); (*Lehrgang*) curso *m*, cursillo *m*; *com* cambio *m*, cotización *f*; '~**abfall** *m* descenso *m* de las cotizaciones; '~**anstieg** *m* alza *f* de las cotizaciones; '~**buch** *ferro n* guía *f* de ferrocarriles
Kürschner ['kyrʃnər] *m* (-*s*; -) peletero *m*
'**Kurs|teilnehmer** ['kurs-] *m*, ~**teilnehmerin** *f* cursillista *su*; ~**wagen** *ferro m* coche *m* directo
Kurtaxe ['ku:rtaksə] *f* tasa *f* sobre los bañistas.
Kurve ['kurvə] *f* (-; -*n*) curva *f*
kurz [kurts] corto; *a zeitlich*: breve; *fig* sucinto, conciso; ~ ***und gut*** en suma, en fin; ~ ***darauf*** poco después; ***nach*** ~***er Zeit*** al poco rato; ~ ***nach 7*** a las siete y pico; (***bis***) ***vor*** 𝔖***em*** (hasta) hace poco; ***zu*** ~ ***kommen*** quedarse con las ganas; '𝔖**arbeit** *f* jornada *f* reducida; ~**ärmelig** ['-ˀɛrməliç] de manga corta
'**Kürze** ['kyrtsə] *f* (-; *sin pl*) brevedad *f*; ***in*** ~ en breve, dentro de poco; 𝔖**n** (*ge*-, *h*) acortar; (*mindern*) reducir; *Text*: abreviar
kurz|erhand ['kurtsər'hant] sin más ni más; ~**fristig** ['-fristiç] a corto plazo; '𝔖**geschichte** *f* relato *m* corto
kürzlich ['kyrtsliç] recientemente
'**Kurz|parkzone** ['kurts-] *f* zona *f* azul; ~**schluss** *el m* cortocircuito *m*; ~**schrift** *f* taquigrafía *f*; 𝔖**sichtig** ['-ziçtiç] miope, corto de vista; 𝔖'**um** en una palabra
Kürzung ['kyrtsuŋ] *f* (-; -*en*) abreviación *f*; reducción *f*
'**Kurzwahl** *tel* ['kurtswa:l] *f* (-; *sin pl*) *tel* marcación rápida; ~**taste** [-tastə] tecla *f* de marcación rápida
'**Kurz|waren** ['kurts-] *f/pl* mercería *f*; 𝔖**weilig** divertido; ~**welle** *f* onda *f* corta
Kusine [-'zi:nə] *f* (-; -*n*) prima *f*
Kuss [kus] *m* (-*es*; ⸚*e*) beso *m*; '𝔖**echt** indeleble, a prueba de besos
küssen ['kysən] (*ge*-, *h*) besar
'**Küste** ['kystə] *f* (-; -*n*) costa *f*; (*Gebiet*) litoral *m*; ~**ngewässer** *n/pl* aguas *f/pl* costaneras; ~**nschifffahrt** *f* cabotaje *m*; ~**nschutz** *m* protección *f* de las costas
Küster ['kystər] *m* (-*s*; -) sacristán *m*
'**Kutsch|e** ['kutʃə] *f* (-; -*n*) coche *m* (de caballos); ~**er** *m* (-*s*; -) cochero *m*
Kutteln ['kutəln] *f/pl* callos *m/pl*
Kuvert [ku'vɛ:r] *n* (-*s*; -*s*) sobre *m*
Kuwait [ku'vaɪt] *n* Kuwait *m*
kW ***Kilowatt*** kw. (kilovatio)
kWh ***Kilowattstunde*** kwh (kilovatio-hora)
KZ *n* ***Konzentrationslager*** campo *m* de concentración

L

l ***Liter*** l (litro)
L, l [ɛl] *n* (-; -) L, l *f*
labil [la'biːl] inestable
Labor [la'boːr] *n* (-*s*; -*s*, -*e*) laboratorio *m*; **~ant** [-bo'rant] *m* (-*en*; -*en*), **~antin** *f* (-; -*nen*) auxiliar *su* de laboratorio
Lache ['laːxə] *f* (-; -*n*) charco *m*
'**lächeln** ['lɛçəln] **1.** *v/i* (*ge*-, *h*) sonreír; **2.** ♀ *n* (-*s*; *sin pl*) sonrisa *f*; **~d** sonriente
lachen ['laxən] **1.** *v/i* (*ge*-, *h*) reír(se) (***über*** *ac* de); ***laut ~*** soltar una carcajada; **2.** ♀ *n* (-*s*; *sin pl*) risa *f*; ***mir ist nicht zum ~*** no estoy para bromas
lächerlich ['lɛçərliç] ridículo; ***~ machen*** poner en ridículo; ***sich ~ machen*** hacer el *od* quedar en ridículo
Lachs [laks] *m* (-*es*; -*e*) salmón *m*
Lack [lak] *m* (-[*e*]*s*; -*e*) laca *f*; barniz *m*; *auto* pintura *f*; **♀'ieren** (*h*) barnizar; '**~leder** *n* charol *m*
'**Lade|fläche** ['laːdə-] *f* superficie *f* de carga; **~gerät** *el n* cargador *m*; **~gewicht** *n* peso *m* en carga; *mar* tonelaje *m*
laden ['-dən] (*lud*, *geladen*, *h*) cargar (*a el u Waffe*)
'**Laden** *m* (-*s*; ≃) tienda *f*; (*Fenster*♀) contraventana *f*, persiana *f*; **~dieb** *m* ladrón *m* de tiendas; **~diebin** *f* F mechera *f*; **~diebstahl** *m* robo *m* en tiendas; **~preis** *m* precio *m* de venta al público; **~schluss** *m* (-*es*; *sin pl*) cierre *m* de los comercios; **~schlussgesetz** *n* ley *f* (sobre el horario) de cierre de los comercios; **~schlusszeit** *f* (horario *m* de) cierre *m* de los comercios; **~tisch** *m* mostrador *m*
'**Lad|eraum** *mar m* bodega *f*; **~ung** *f* (-; -*en*) carga *f* (*a el*); *bsd mar* cargamento *m*; *jur* citación *f*
Lage ['laːgə] *f* (-; -*n*) situación *f*; (*Stellung*) posición *f*; (*Zustand*) estado *m*; (*Standort*) sitio *m*; (*Schicht*) capa *f*; ***in der ~ sn zu*** estar en condiciones de
'**Lager** ['-gər] *n* (-*s*; -) *a pol* campo *m*; *com* almacén *m*, depósito *m*; ***auf ~ haben*** *com* tener en almacén; **~bestand** *m* existencias *f/pl* en almacén; **~feuer** *n* hoguera *f*; **~haltung** *f* almacenaje *m*; **~haltungskosten** *pl* gastos *m/pl* de almacenaje; **~haus** *n* almacén *m*; **♀n** (*ge*-, *h*) **1.** *v/i* acampar; *com* estar almacenado; *Wein*: estar en bodega; **2.** *v/t* *com* almacenar; **~raum** *m* depósito *m*; **~ung** *f* (-; *sin pl*) almacenamiento *m*, almacenaje *m*
Lagune [la'guːnə] *f* (-; -*n*) laguna *f*
lahm [laːm] cojo; *fig* flojo, débil
'**lähm|en** ['lɛːmən] (*ge*-, *h*) paralizar (*a fig*); **♀ung** *f* (-; -*en*) parálisis *f*; *fig* paralización *f*
Laib [laɪp] *m* (-[*e*]*s*; -*e*): ***~ Brot*** pan *m*
Laie ['laɪə] *m* (-*n*; -*n*) *rel* laico *m*, lego *m*; *fig* profano *m*, lego *m*
Laken ['laːkən] *n* (-*s*; -) sábana *f*
Lakritze [la'kritsə] *f* (-; -*n*) regaliz *m*
Laktose [lak'toːzə] *f* *quím* lactosa *f*; **~intoleranz** *f* intolerancia *f* a la lactosa
lallen ['lalən] (*ge*-, *h*) balbucear
Lama ['laːma] *n* (-*s*; -*s*) *zo* llama *f*
Lamm [lam] *n* (-[*e*]*s*; ≃*er*) cordero *m*
'**Lampe** ['lampə] *f* (-; -*n*) lámpara *f*; **~nfieber** *n*: ***~ haben*** tener nervios; **~nschirm** *m* pantalla *f*
Lampion [-'pjɔ̃] *m* (-*s*; -*s*) farolillo *m*
Land [lant] *n* (-[*e*]*s*; ≃*er*) (*Fest*♀) tierra *f*; (*Grundstück*) terreno *m*; (*Gegensatz Stadt*) campo *m*; *pol* país *m*; ***auf dem ~*** en el campo; ***an ~ gehen*** desembarcar
'**Land|ebahn** *avia* ['landəbaːn] *f* pista *f* de aterrizaje; **~eerlaubnis** *f* permiso *m* de aterrizaje; **♀en** (*ge*-, *sn*) *mar* arribar, tomar puerto; *j*: desembarcar; *avia* aterrizar, tomar tierra; **~enge** ['lant-ˀɛŋə] *f* istmo *m*; **~eplatz** ['-dəplats] *m* desembarcadero *m*
Länderspiel ['lɛndər-] *n* partido *m* internacional
'**Landes|farben** ['landəs-] *f/pl* colores *m/pl* nacionales; **~innere** *n* interior *m* (del país); **~sprache** *f* lengua *f* nacional; **~verrat** *m* alta traición *f*
'**Land|gericht** ['lant-] *n* *etwa*: audiencia *f* provincial; **~gut** *n* finca *f*, *Am* hacienda *f*; **~haus** *n* casa *f* de campo; **~karte** *f* mapa *m*; **~kreis** *m* distrito *m*
ländlich ['lɛntliç] rural, campesino

Landschaft ['lantʃaft] *f* (-; *-en*) paisaje *m*

Lands|mann ['lants-] *m* (-[*e*]*s*; *Landsleute*), **~männin** ['-mɛnin] *f* (-; *-nen*) compatriota *su*, paisano *m*, -a *f*

'**Land|straße** ['lant-] *f* carretera *f*; **~streicher** ['-ʃtraɪçər] *m* (-*s*; -) vagabundo *m*; **~streitkräfte** *f/pl* fuerzas *f/pl* terrestres; **~tag** *m* dieta *f*

'**Landung** ['landuŋ] *f* (-; *-en*) *mar* arribada *f*; *j-s*: desembarco *m*; *avia* aterrizaje *m*; **~sbrücke** *f* desembarcadero *m*; **~steg** *m* pasarela *f*

'**Land|weg** ['lant-] *m*: ***auf dem ~*** por vía terrestre; **~wein** *m* vino *m* del país; **~wirt** *m* agricultor *m*; **~wirtschaft** *f* agricultura *f*; **2wirtschaftlich** agrícola

lang [laŋ] largo; ***ein(en) Meter ~ sn*** tener un metro de largo; ***ein Jahr ~*** durante un año; **~ärmelig** ['-ˀɛrməliç] de manga larga

lange ['laŋə] *adv* mucho tiempo; ***wie ~?*** ¿cuánto tiempo?; ***seit ~m*** desde hace mucho tiempo; ***~ brauchen*** tardar mucho

Länge ['lɛŋə] *f* (-; *-n*) largo *m*; *mat fís, geo* longitud *f*; (*Dauer*) duración *f*; ***in die ~ ziehen*** dar largas a

langen ['laŋən] (*ge-*, *h*) (*genügen*) bastar, ser suficiente; F ***jetzt langt's mir aber!*** ¡estoy harto!

Längengrad ['lɛŋəngraːt] *m* grado *m* de longitud

länger ['lɛŋər] más largo; *zeitlich*: más (tiempo)

Langeweile ['laŋəvaɪlə] *f* (-; *sin pl*) aburrimiento *m*; ***~ haben*** aburrirse

'**lang|fristig** ['-fristiç] a largo plazo; **~jährig** de muchos años; **2lauf** *m* esquí *m* de fondo; **2laufski** *m* esquí *m* de fondo; **~lebig** ['-leːbiç] *com* duradero

länglich ['lɛŋliç] oblongo, alargado

längs [lɛŋs] (*gen od dat*) a lo largo de

'**lang|sam** ['laŋzaːm] lento; *adv* despacio; **2samkeit** *f* (-; *sin pl*) lentitud *f*; **2spielplatte** *f* (disco *m*) microsurco *m*, elepé *m*

längst [lɛŋst] desde hace mucho tiempo; ***~ nicht*** ni con mucho

Languste [laŋ'gustə] *f* (-; *-n*) langosta *f*

'**lang|weilen** ['-vaɪlən] (*ge-*, *h*): (***sich***) ***~*** aburrir(se); **~weilig** ['-vaɪliç] aburrido, pesado; **2welle** *f el* onda *f* larga; **~wierig** ['-viːriç] largo; *Krankheit*: lento

langzeitarbeitslos parado de larga duración; '**2igkeit** *f* paro *m* de larga duración

Lappen ['-pən] *m* (-*s*; -) trapo *m*

Lappland ['laplant] *n* Laponia *f*

Laptop ['lɛptɔp] *m* (-*s*; -*s*) (ordenador *m*) portátil *m*

Lärche *bot* ['lɛrçə] *f* (-; *-n*) alerce *m*

Lärm [lɛrm] *m* (-[*e*]*s*; *sin pl*) ruido *m*; *v Menschen*: bullicio *m*, alboroto *m*, barullo *m*; '**2en** (*ge-*, *h*) hacer ruido; '**2end** ruidoso; '**~schutz** *m* protección *f* contra el ruido; '**~schutzwall** *m* pantalla *f* antirruidos

Laser ['leːzər] *m* (-*s*; -) láser *m*; **~chirurgie** *f* cirugía *f* con rayos láser; **~drucker** *m inform* impresora *f* láser; **~technik** *f* técnica *f* láser

lassen ['lasən] (*ließ*, *gelassen*, *h*) dejar; (*zu~*) permitir; (*unter~*) abstenerse de; (*veran~*) hacer, mandar; ***lass uns gehen!*** ¡vámonos!; ***lass das sein!*** ¡déjalo!; ***sich ein Kleid machen ~*** hacerse un vestido

Last [last] *f* (-; *-en*) carga *f* (*a fig*); *fig* peso *m*; ***j-m zur ~ fallen*** ser una carga para alg; ***zu ~en von*** a cargo de; '**~auto** *n* camión *m*; '**2en** (*ge-*, *h*) pesar (***auf*** *dat* sobre); '**~enaufzug** *m* montacargas *m*; '**~er a)** *n* (-*s*; -) vicio *m* **a)** F *m* (-*s*; -) camión *m*

lasterhaft ['lastərhaft] vicioso

lästern ['lɛstərn] (*ge-*, *h*): ***~ über j-n*** difamar a alg, hablar mal de alg

lästig ['lɛstiç] molesto; (*aufdringlich*) importuno

'**Last|(kraft)wagen** ['last-] *m* camión *m*; **~schrift** *com f* adeudo *m*, cargo *m* (en cuenta); **~wagenfahrer** *m* camionero *m*; **~zug** *m* camión *m* con remolque

La'tein [la'taɪn] *n* (-*s*; *sin pl*) latín *m*; **2amerikanisch** latinoamericano; **2isch** latino

Lateinamerika [la'taɪnameːrika] *n* América *f* Latina

Laterne [-'tɛrnə] *f* (-; *-n*) linterna *f*; (*Straßen2*) farol *m*, farola *f*; **~npfahl** *m* poste *m* de farol

latschen ['laːtʃən] (*ge-*, *sn*) F arrastrar los pies

'**Latte** ['latə] *f* (-; *-n*) listón *m* (*a Hochsprung*); (*Zaun2*) ripia *f*; **~nzaun** *m* empalizada *f*

Lätzchen ['lɛtsçən] *n* (-*s*; -) babero *m*

Latzhose ['lats-] *f* pantalón *m* de peto

lau [laʊ] tibio (*a fig*)
Laub [laʊp] *n* (-[*e*]*s*; *sin pl*) follaje *m*, hojas *f/pl*; '**~baum** *m* árbol *m* de hoja caduca *bzw* de fronda; **~e** ['-bə] *f* (-; *-n*) cenador *m*, glorieta *f*; **~frosch** ['laʊpfrɔʃ] *m* rana *f* verde
Lauch *bot* [laʊx] *m* (-*s*; -*e*) puerro *m*
lauern ['laʊərn] (*ge-*, *h*): **~ *auf*** (*ac*) acechar (*ac*)
Lauf [laʊf] *m* (-[*e*]*s*; *Läufe*) carrera *f* (*a dep*); (*Gewehr*2) cañón *m*; (*Fluss*2) curso *m*; (*sin pl*) (*Ver*2) curso *m*; ***im ~e der Zeit*** con el tiempo; '**~bahn** *f* carrera *f*; '**2en** (*lief*, *gelaufen*, *sn*) correr (*a Wasser*); *Strecke*: recorrer; (*zu Fuß gehen*) andar, ir andando *od* a pie; *Maschine*: marchar; *Film*: proyectarse; '**2end** corriente; ***auf dem 2en sein*** (***halten***) estar (tener) al corriente, estar (poner) al tanto
Läufer ['lɔʏfər] *m dep* corredor *m*; (*Teppich*) alfombra *f* de escalera *bzw* de pasillo; *Schach*: alfil *m*
Lauffeuer ['laʊf-] *n fig*: ***sich wie ein ~ verbreiten*** difundirse como un reguero de pólvora
läufig ['lɔʏfiç] *zo* en celo
'**Lauf|masche** ['laʊf-] *f* carrera *f*; **~pass** *m*: ***j-m den ~ geben*** mandar a alg a paseo; **~schritt** *m* paso *m* de carrera; **~stall** *m für Kinder*: parque *m*; **~steg** *m* pasarela *f*; **~werk** *n inform* unidad *f* de disco; **~zeit** *f* plazo *m* de vencimiento
Lauge ['laʊgə] *f* (-; *-n*) lejía *f*; (*Wasch*2) colada *f*
'**Laun|e** ['-nə] *f* (-; *-n*) humor *m*; (*Grille*) capricho *m*; ***gute*** (***schlechte***) ***~ haben*** estar de buen (mal) humor; **2enhaft**, **2isch** caprichoso, veleidoso
Laus [laʊs] *f* (-; *Läuse*) piojo *m*; '**~bub** ['-buːp] *m* (-*s*; -*en*) pilluelo *m*
Lausanne [loː'zan] *n* Lausana *f*
lauschen ['laʊʃən] (*ge-*, *h*) escuchar; *heimlich*: estar a la escucha
lausig ['laʊziç] miserable; *Kälte*: que pela
laut [laʊt] **1.** *adj* alto; sonoro; (*lärmend*) ruidoso; *adv* en voz alta; **2.** *prp* (*gen*) según; **3.** 2 *m* (-[*e*]*s*; -*e*) sonido *m*; ***keinen ~ von sich geben*** F no decir ni pío; '**2e** *mus f* (-; *-n*) laúd *m*; '**~en** (*ge-*, *h*) *Text*: decir, rezar
läuten ['lɔʏtən] **1.** *v/i u v/t* (*ge-*, *h*) tocar; *Glocken*: repicar; (*klingeln*) llamar; **2.** 2 *n* (-*s*; *sin pl*) toque *m* de campanas
'**laut|los** ['laʊt-] silencioso; **2schrift** *f* transcripción *f* fonética; **2sprecher** *m* altavoz *m*, *Am* altoparlante *m*; **2stärke** *f* intensidad *f* (de sonido); potencia *f*; *Radio*: volumen *m*
lauwarm ['laʊvarm] templado
Lava ['lɑːva] *f* (-; *Laven*) lava *f*
Lavendel *bot* [la'vɛndəl] *m* (-*s*; -) espliego *m*, lavanda *f*
Lawine [-'viːnə] *f* (-; *-n*) alud *m*, avalancha *f* (*beide a fig*)
Lazarett [latsa'rɛt] *n* (-[*e*]*s*; -*e*) hospital *m* militar
Leasing ['liːzɪŋ] *n* (-*s*; -*s*) alquiler *m* con opción a compra, leasing *m*; **~auto** *m* coche *m* en leasing; **~firma** *f* empresa *f* de leasing; **~rate** *f* cuota *f* de arrendamiento *od* de leasing
'**leben** ['leːbən] **1.** *v/i* vivir; existir; ***~ Sie wohl!*** ¡adiós!; ***es lebe …!*** ¡viva …!; **2.** 2 *n* (-*s*; -) vida *f*; existencia *f*; (*Geschäftigkeit*) animación *f*, movimiento *m*; ***am ~ sn*** estar con vida; ***ums ~ kommen*** perder la vida; ***am ~ bleiben*** quedar con vida; sobrevivir; ***sich das ~ nehmen*** suicidarse; ***sein ~ lang*** (durante) toda su vida; **~d** vivo
lebendig [le'bɛndiç] viviente; vivo (*a fig*); (*rege*) vivaz; **2keit** *f* (-; *sin pl*) viveza *f*; vivacidad *f*
'**Lebens|abend** ['leːbəns-] *m* vejez *f*; **~alter** *n* edad *f*; **~bedingungen** *f/pl* condiciones *f/pl* de vida; **~dauer** *f* (duración *f* de la) vida *f*; *tec* duración *f*; **~erwartung** *f* esperanza *f od* expectativa *f* de vida; **2fähig** viable; **~freude** *f* alegría *f* de vivir; **~gefahr** *f* peligro *m* de muerte; ***unter ~*** con riesgo de la vida; **2gefährlich** muy peligroso; **~gefährte** *m*, **~gefährtin** *f* compañero *m*, -a *f* de vida; **~haltungskosten** *pl* coste *m* de la vida; **2länglich** *Strafe*: perpetuo; *Rente usw*: vitalicio; **~lauf** *m* currículum *m* vitae
'**Lebensmittel** *n/pl* víveres *m/pl*, comestibles *m/pl*; **~abteilung** *f* sección *f* de alimentación; **~geschäft** *n* tienda *f* de comestibles; **~preise** *m/pl* precios *m/pl* de los alimentos; **~vergiftung** *f* intoxicación *f* alimenticia
'**lebens|müde** cansado *od* harto de vivir; **~notwendig** de primera necesidad; vital; **2partner(in)** *m*(*f*) compañero *m*, -a *f* (de vida); **2standard** *m* nivel

m de vida; **≈unterhalt** *m* subsistencia *f*; sustento *m*; **(*sich*) *sn* ~ *verdienen*** ganarse la vida; **≈versicherung** *f* seguro *m* de vida; **≈wandel** *m* conducta *f*; vida *f*; **≈weise** *f* modo *m* de vivir; ***gesunde* ~** vida *f* sana; **~wichtig** vital; **≈zeichen** *n* señal *f* de vida; **≈zeit** *f* vida *f*; ***auf* ~** a perpetuidad, de por vida

'Leber ['-bər] *f* (-; -*n*) hígado *m*; **~entzündung** *f* hepatitis *f*; **~fleck** *m* lunar *m*; **~pastete** *f* foie-gras *m*; **~wurst** *f* embutido *m* de hígado

'Lebewesen *n* (-*s*; -) ser *m* vivo

'leb|haft ['le:phaft] vivo; *fig* animado; *Verkehr*: intenso; **≈haftigkeit** *f* (-; *sin pl*) viveza *f*; vivacidad *f*; animación *f*; **≈kuchen** *m* pan *m* de especias; **~los** sin vida, inanimado

leck [lɛk]: **~ *sn*** *mar* hacer agua; *Gefäß*: tener agujeros; **'~en** (*ge*-, *h*) *v/t u v/i* lamer; *fig* ***sich die Finger* ~ *nach*** chuparse los dedos por

'lecker ['-kər] sabroso; apetitoso; **≈bissen** *m* manjar *m* exquisito

led. ***ledig*** soltero

'Leder ['le:dər] *n* (-*s*; -) cuero *m* (*a* F *Fußball*); *weiches*: piel *f*; **~(ein)band** *m* encuadernación *f* en piel; **~handschuh** *m* guante *m* de piel; **~hose** *f* pantalón *m* de cuero; **~jacke** *f* chaqueta *f* de cuero; **~waren** *f/pl* artículos *m/pl* de piel; marroquinería *f*

ledig ['-diç] soltero; **≈e** [-gə] *m/f* (-*n*; -*n*) soltero *m*, -a *f*; **~lich** [-kliç] solamente

Lee *mar* [le:] *f* (-; *sin pl*) sotavento *m*

leer [le:r] vacío; *Papier*: en blanco; *Platz*: libre, desocupado; *el Batterie*: descargado; *fig* vano; **~ *stehen*** *Haus usw*: estar desocupado; **'~ *stehend*** desocupado; **~ *werden*** vaciarse; **'≈e** *f* (-; *sin pl*) vacío *m*; **'~en** (*ge*-, *h*) vaciar; *Glas*: *a* apurar; ***den Briefkasten* ~** recoger las cartas; **'≈gut** *n* (-[*e*]*s*; *sin pl*) envases *m/pl* vacíos; **'≈lauf** *m* (-[*e*]*s*; *sin pl*) *tec* marcha *f* en vacío; *auto* ralentí *m*, punto *m* muerto *fig* actividad *f* inútil; **'≈taste** *f* *Schreibmaschine*: espaciador *m*; **'≈ung** *f* (-; -*en*) *corr* recogida *f*

legal [le'gɑ:l] legal

Legasthenie [-gaste'ni:] *f* (-; *sin pl*) dislexia *f*

Legat [-'gɑ:t] **1.** *m* (-*en*; -*en*) legado *m*; **2.** *n* (-[*e*]*s*; -*e*) legado *m*

legen ['le:gən] (*ge*-, *h*) poner (*a Eier*); colocar; meter; *Haare*: marcar; ***sich* ~** echarse; (*nachlassen*) calmarse; *Wind*: amainar; (*aufhören*) cesar

Legende [le'gɛndə] *f* (-; -*n*) leyenda *f*

leger [-'ʒɛ:r] informal, desenvuelto

Legierung [le'gi:ruŋ] *f* (-; -*en*) aleación *f*

Legislat|ive [le:gisla'ti:və] *f* (-; -*n*) (poder *m*) legislativo *m*; **~urperiode** [-'tu:rpɛrjo:də] *f* legislatura *f*

legitim [-gi'ti:m] legítimo

Lehm [le:m] *m* (-[*e*]*s*; -*e*) barro *m*; **'~ziegel** *m* adobe *m*

'Lehn|e ['le:nə] *f* (-; -*n*) respaldo *m*; (*Arm*≈) brazo *m*; **≈en** (*ge*-, *h*): **(*sich*) ~ *an*** (*ac*) *od* ***gegen*** apoyar(se) contra, arrimar(se) contra; ***sich* ~ *aus*** asomarse a; **~sessel** *m* sillón *m*, butaca *f*

'Lehr|buch ['le:r-] *n* libro *m* de texto; (*Handbuch*) manual *m*; **~e** *f* (-; -*n*) *rel*, *fil* doctrina *f*; (*Lehrzeit*) aprendizaje *m*; (*Warnung*) lección *f*; ***das wird mir e-e* ~ *sn*** me servirá de lección; **≈en** (*ge*-, *h*) enseñar (***zu*** a; ***j-n et*** a/c a alg); **~er** *m* (-*s*; -), **~erin** *f* (-; -*nen*) profesor(a) *m*(*f*); (*Volksschule*) maestro *m*, -a *f*; **~erschaft** *f* (-; *sin pl*) profesorado *m*, cuerpo *m* docente; **~fach** *n* asignatura *f*; **~gang** *m* (-[*e*]*s*; ⸚*e*) curso *m*, cursillo *m*; **~gangsteilnehmer** *m*, **~gangsteilnehmerin** *f* cursillista *su*; **~jahr** *n* año *m* de aprendizaje; **~kraft** *f* profesor *m*; **~ling** ['-liŋ] *m* (-*s*; -*e*) aprendiz(a) *m*(*f*); **~mittel** *n/pl* material *m* didáctico; **~pfad** *m* itinerario *m* didáctico; **~plan** *m* plan *m od* programa *m* de estudios; **≈reich** instructivo; **~stelle** *f* plaza *f od* puesto *m* de aprendiz(aje); **~stuhl** *m* cátedra *f*; **~zeit** *f* aprendizaje *m*

Leib [laɪp] *m* (-[*e*]*s*; -*er*) cuerpo *m*; (*Bauch*) vientre *m*; abdomen *m*; ***bei lebendigem* ~*e*** vivo; ***mit* ~ *u Seele*** con cuerpo y alma

'Leibes|kräfte *f/pl* ['-bəskrɛftə]: ***aus* ~*n*** a más no poder; **~übungen** *f/pl* gimnasia *f*, ejercicios *m/pl* físicos; **~visitation** [-vizitatsjo:n] *f* (-; -*en*) cacheo *m*

'Leib|gericht ['laip-] *n* plato *m* favorito; **≈haftig** [-'haftiç] mismo; en persona; **~wächter** *m* guardaespaldas *m*

Leiche ['laɪçə] *f* (-; -*n*) cadáver *m*

'leichen|blass cadavérico, lívido; **≈schauhaus** *n* depósito *m* de cadáveres, *gal* morgue *f*; **≈wagen** *m* coche *m* fúnebre; **≈zug** *m* cortejo *m od* comitiva

f fúnebre
Leichnam ['laɪçnaːm] *m* (*-s*; *-e*) cadáver *m*
leicht [laiçt] ligero (*a fig*), *bsd Am* liviano; *Fehler, Krankheit*: leve; (*einfach*) fácil (***zu*** *inf* de), sencillo; ***~ bekleidet*** ligero de ropa; ***~ entzündlich*** fácilmente inflamable; ***~ verdaulich*** fácil de digerir; ***~ verderblich*** perecedero; '**≈athlet** *m*, '**≈athletin** *f* atleta *su*; '**≈athletik** *f* atletismo *m* (ligero); '**~entzündlich** → ***leicht***; '**~fallen** (*irr, sep, -ge-, sn,* → ***fallen***) *fig* resultar fácil; '**~fertig** ligero; descuidado; frívolo; '**≈gewicht** *n dep* peso *m* ligero; '**~gläubig** crédulo; '**≈igkeit** *f* (-; *sin pl*) facilidad *f*; (*Behändigkeit*) ligereza *f*, agilidad *f*; '**≈metall** *n* metal *m* ligero; '**≈sinn** *m* (*-s*; *sin pl*) ligereza *f*; '**~sinnig** ligero; imprudente; '**~verdaulich** → ***leicht***; '**~verderblich** → ***leicht***
Leid [laɪt]: ***es tut mir ~*** lo siento; ***er tut mir ~*** me da pena; '**≈en** ['-dən] (*litt, gelitten, h*) **1.** *v/i* sufrir (***an*** *dat* de); *med* padecer (***an*** *dat* de); **2.** *v/t* ***gut ~ können*** querer bien; ***nicht ~ können*** no poder tragar; **~en** *n* (*-s*; -) sufrimiento *m*; *med* afección *f*
'**Leidenschaft** *f* (-; *-en*) pasión *f* (***für*** por); **≈lich** apasionado
leid|er ['-dər] desgraciadamente, por desgracia; **≈tragende** ['laɪttraːgəndə] *m/f*: ***die ~n*** la familia del difunto; *fig* ***der ~ sn*** ser la víctima
Leierkasten ['laɪər-] *m* organillo *m*
'**Leih|bibliothek** ['laɪ-] *f*, **~bücherei** *f* biblioteca *f* con servicio de préstamo; **≈en** (*lieh, geliehen, h*): ***j-m et ~*** prestar a/c a alg; ***et von j-m ~*** tomar prestado a/c de alg; **~gebühr** *f* (derechos *m/pl* de) alquiler *m*; **~haus** *n* casa *f* de préstamos; **~mutter** *f* madre *f* alquilada *od* de alquiler; **~wagen** *m* coche *m* de alquiler (sin chófer); **≈weise** prestado
Leim [laɪm] *m* (*-[e]s*; *-e*) cola *f*
Leine ['-nə] *f* (-; *-n*) cuerda *f*; ***an der ~ führen*** *Hund*: llevar atado
'**Lein|en** ['-nən] *n* (*-s*; -) lino *m*, tela *f*; **~samen** *m* linaza *f*; **~wand** *f* lienzo *m* (*a pint*); *Film*: pantalla *f*
leise ['-zə] silencioso; *Stimme*: bajo, *adv* en voz baja; (*schwach*) ligero (*a Schlaf*); *adv* sin (hacer) ruido; ***~(r) stellen*** *Radio*: bajar
Leiste ['-stə] *f* (-; *-n*) listón *m*; *arqu* filete *m*; *anat* ingle *f*
leisten ['-stən] (*ge-, h*) hacer; *Zahlung*: efectuar; *tec* rendir; producir; *Arbeit*: ejecutar; *Dienst, Eid, Hilfe*: prestar; *Sicherheit*: ofrecer; ***sich*** (*dat*) ***et ~*** permitirse a/c; ***das kann ich mir nicht ~*** no puedo permitirme este lujo
'**Leistenbruch** *med m* hernia *f* inguinal
'**Leistung** ['-stuŋ] *f* (-; *-en*) *allgemein*: rendimiento *m* (*a tec, com u e-r Person*); *tec a* potencia *f*; (*Arbeit*) trabajo *m*; (*Dienst*) prestación *f* (*a e-r Versicherung*); (*Erfolg*) resultado *m*; **≈sfähig** productivo; eficaz; *j*: eficiente; **~sgesellschaft** *f* sociedad *f* de rendimiento; **~sprinzip** *n* principio *m* del rendimiento; **~ssport** *m* deporte *m* de competición
Leitartikel ['laɪtˀartiːkəl] *m* editorial *m*, artículo *m* de fondo
'**leiten** ['-tən] (*ge-, h*) conducir (*a el*), guiar; *fig* dirigir; **~d** *el* conductor; *com* directivo; ***~er Angestellter*** *m* alto empleado *m*
'**Leiter**[1] ['laɪtər] *f* (-; *-n*) escalera *f* (de mano)
'**Leiter**[2] *m* (*-s*; -) *fís* conductor *m*
'**Leiter**[3] *m* (*-s*; -),**~in** *f* (-;*-nen*) director(a) *m*(*f*) (*a mus*); jefe *m*; *com* gerente *su*
'**Leit|faden** *m* (*Buch*) manual *m*, compendio *m*; **~planke** *f* valla *f* protectora
'**Leitung** *f* (-; *sin pl*) dirección *f*; (*pl -en*) *tec* conducción *f*; (*Rohr≈*) tubería *f*; *el, tel* línea *f*; **~srohr** *n* tubo *m*; **~swasser** *n* agua *f* del grifo
Lektion [lɛk'tsjoːn] *f* (-; *-en*) lección *f* (*a fig*)
Lektüre ['-tyːrə] *f* (-; *-n*) lectura *f*
'**Lende** ['lɛndə] *f* (-; *-n*) lomo *m* (*a gastr*); **~nbraten** *m*, **~nstück** *n* solomillo *m*
'**lenk|en** ['lɛŋkən] (*ge-, h*) dirigir; *auto* conducir, guiar (*a fig*); **≈rad** *n* volante *m*; **≈radschloss** *n* cerradura *f* de dirección; **≈stange** *f* guía *f*, manillar *m*; **≈ung** *f* (-; *-en*) *auto* dirección *f*
Lepra ['leːpra] *f* (-; *sin pl*) lepra *f*
Lerche ['lɛrçə] *f* (-; *-n*) alondra *f*
lernen ['lɛrnən] (*ge-, h*) aprender; estudiar; ***lesen*** *usw* **~** aprender a leer, *etc*
lesbar ['leːsbaːr] legible, leíble
lesbisch ['lɛsbiʃ] lesbiano
Lese ['leːzə] *f* (-; *-n*) (*Wein≈*) vendimia *f*
'**lese|n** ['lezən] (*las, gelesen, h*) leer; *Messe*: decir; ***Trauben ~*** vendimiar;

2r *m* (-*s*; -), **2rin** *f* (-; *-nen*) lector(a) *m*(*f*); **~rlich** legible; **2rzuschrift** *f* carta *f* al director; **2saal** *m* sala *f* de lectura; **2stoff** *m* lectura *f*; **2zeichen** *n* señal *f*, registro *m*

'Lesung *f* (-; *-en*) lectura *f*

'Lett|e ['lɛtə] *m* (*-n*; *-n*), **~in** *f* (-; *-nen*) letón *m*, -ona *f*; **2isch** letón

Lettland ['lɛtlant] *n* Letonia *f*

letzt [lɛtst] último; (*äußerst*) extremo; ***~es Jahr*** el año pasado; ***in ~er Zeit*** últimamente; ***zu guter 2*** por último; F ***das ist das 2e!*** ¡es lo último!; **'~ere(r)** este último

'Leucht|e ['lɔʏçtə] *f* (-; *-n*) lámpara *f*; **2en** (*ge-*, *h*) lucir; (*glänzen*) brillar, resplandecer; **~en** *n* (*-s*; *sin pl*) brillo *m*, resplandor *m*; **2end** luminoso (*a fig*); radiante; **~er** *m* (*-s*; -) candelabro *m*; **~feuer** *n* fanal *m*; **~käfer** *m* luciérnaga *f*; **~reklame** *f* publicidad *f* luminosa; anuncio *m* luminoso; **~stoffröhre** *f* tubo *m* fluorescente; **~turm** *m* faro *m*; **~zifferblatt** *n* esfera *f* luminosa

leugnen ['lɔʏgnən] **1.** *v/t* (*ge-*, *h*) negar; **2.** 2 *n* (*-s*; *sin pl*) negación *f*

Leukämie [-kɛ'miː] *f* (-; *-n*) leucemia *f*

Leute ['-tə] *pl* gente *f*; ***die jungen ~*** los jóvenes; ***die kleinen ~*** la gente humilde

Leutnant ['lɔʏtnant] *m* (*-s*; *-s*) segundo teniente *m*; alférez *m*

Lexikon ['lɛksikɔn] *n* (*-s*; *-ka*) diccionario *m*; (*Konversations2*) enciclopedia *f*

lfd. ***laufend*** cte. (corriente)

lfd. Nr. ***laufende Nummer*** número de orden

Lfg., **Lfrg.** ***Lieferung*** entrega *f*

Liane [li'ɑːnə] *f* (-; *-n*) bejuco *m*, liana *f*

Libanes|e [liba'neːzə] *m* (*-n*; *-n*), **~in** *f* (-; *-nen*) libanés *m*, -esa *f*; **2isch** libanés

Libanon ['liːbanɔn] *m* Líbano *m*

Libelle [-'bɛlə] *f* (-; *-n*) libélula *f*

liberal [libə'rɑːl] liberal; **2e** *m/f* (*-n*; *-n*) liberal *su*

Libero ['liːbəro] *m* (*-s*; *-s*) líbero *m*

Libretto [li'brɛto] *n* (*-s*; *-s*, *Libretti*) libreto *m*, letra *f*

Libyen ['liːbyən] *n* Libia *f*

Licht [liçt] *n* (*-[e]s*; *-er*, *fís sin pl*) luz *f*; (*Beleuchtung*) *a* alumbrado *m*; ***~ machen*** dar la luz; ***ans ~ bringen*** (***kommen***) sacar (salir) a la luz; *fig* ***j-n hinters ~ führen*** engañar a alg; **'~bild** *n* foto(grafía) *f*; **'~bildervortrag** *m* conferencia *f* con proyecciones; **'~blick** *m* rayo *m* de esperanza; **'2durchlässig** tra(n)slúcido; **'2echt** resistente a la luz; **'2empfindlich** sensible a la luz; **'2en** (*ge-*, *h*): ***die Anker ~*** levar anclas; **'~hupe** *f* bocina *f* luminosa; **'~maschine** *f* dínamo *f*; **'~reklame** *f* publicidad *f* luminosa; **'~schacht** *m* patio *m* de luces; **'~schalter** *m* interruptor *m*; **'~schutzfaktor** *m* factor *m* de protección solar; **'~signal** *n* señal *f* luminosa *od* óptica; **'~strahl** *m* rayo *m* de luz; **'2undurchlässig** opaco; **'~ung** *f* (-; *-en*) calvero *m*, claro *m*

Lid [liːt] *n* (*-[e]s*; *-er*) párpado *m*; **'~schatten** *m* sombra *f* de ojos

lieb [liːp] querido; (*angenehm*) agradable; (*liebenswürdig*) amable; ***~ gewinnen*** tomar cariño a; ***~ haben*** querer; ***es wäre mir ~, wenn …*** me gustaría que (*subj*); ***seien Sie so ~ und …*** hágame el favor de (*inf*)

Liebe ['liːbə] *f* (-; *sin pl*) amor *m* (***zu*** a, por); cariño *m*; ***aus ~ zu*** por amor a; **~lei** [-'laɪ] *f* (-; *-en*) amorío *m*, flirteo *m*

'lieben ['-bən] (*ge-*, *h*) querer; amar; ***ich liebe es nicht, dass*** no me gusta que (*subj*); **2de** [-də] *m/f* (*-n*; *-n*) amante *su*, enamorado *m*, -a *f*; **~swürdig** amable; **2swürdigkeit** *f* (-; *sin pl*) amabilidad *f*

lieber ['-bər] *adv* más bien; ***~ haben*** *od* ***mögen*** *od* ***wollen*** preferir

'Liebes|brief ['liːbəs-] *m* carta *f* de amor; **~erklärung** *f* declaración *f* (de amor); **~kummer** *m* penas *f/pl* de amor; **~paar** *n* amantes *m/pl*, pareja *f* de enamorados

'liebevoll afectuoso, cariñoso

'Lieb|haber ['-hɑːbər] *m* (*-s*; -) amante *m*; (*Kunst2 usw*) aficionado *m*; **~habe'rei** *f* (-; *-en*) afición *f*; **~haberin** *f* (-; *-nen*) amante *f*; aficionada *f*; **2lich** *j*: lindo, gracioso; *Gegend*: ameno; **~ling** ['-liŋ] *m* (*-s*; *-e*) favorito *m*; (*Kosewort*) cariño *m*; **~lings…**: *in Zssgn* favorito, predilecto; **2los** sin cariño, duro; **~reiz** *m* atractivo *m*, encanto *m*; **~schaft** *f* (-; *-en*) amores *m/pl*, amorío *m*

liebst [liːpst] preferido, favorito

Liechtenstein ['liçtənʃtaɪn] *n* Liechtenstein *m*

Lied [liːt] *n* (*-[e]s*; *-er*) canción *f*; (*Kunst2*) lied *m*

Lieder|abend ['liːdər?-] *m* recital *m*; **~buch** *n* cancionero *m*
liederlich [-liç] desordenado; *Arbeit*: desaliñado; *Leben*: disoluto; *adv* sin esmero, superficialmente
'**Liedermacher** *m*,**~in** *f* cantautor(a) *m*(*f*)
Liefer|ant [liːfə'rant] *m* (*-en*; *-en*) suministrador *m*, proveedor *m*; '**2bar** disponible; '**~frist** *f* plazo *m* de entrega; **2n** ['-fərn] (*ge-*, *h*) suministrar; (*übergeben*) entregar; '**~schein** *m* talón *m* de entrega; '**~ung** *f* (-; *-en*) suministro *m*; entrega *f*; *cien* fascículo *m*; '**~wagen** *m* camioneta *f* de reparto, furgoneta *f*
Liege ['liːgə] *f* (-; *-n*) tumbona *f*
'**liegen** ['-gən] (*lag*, *gelegen*, *h*) *Sachen*: estar (puesto); *Person*: estar echado; (*sich befinden*) hallarse, encontrarse; *Stadt usw.*: estar situado; **~ *bleiben*** quedarse acostado; *fig* → ***liegenbleiben***; **~ *lassen*** dejar; *fig* → ***liegenlassen***; ***das Zimmer liegt zur Straße*** la habitación da a la calle; ***10 km von … ~*** estar a diez kilómetros de …; ***die Schwierigkeit liegt darin, dass*** la dificultad reside *od* consiste en que; ***woran liegt es?*** ¿a qué se debe?; ***es liegt an ihm*** depende de él; (*Schuld*) es culpa suya; ***mir liegt daran*** me importa; ***das liegt mir*** se me da bien; es lo mío; **~bleiben** (*irr*, *sep*, *-ge-*, *sn*, → ***bleiben***) *fig Arbeit*: quedar sin acabar; *auto* tener una avería; **~lassen** (*irr*, *sep*, *-ge-*, *h*, → ***lassen***) *fig* (*vergessen*) olvidar
'**Liege|platz** *m mar* atracadero *m*; *ferro* litera *f*; **~sitz** *m* asiento *m* reclinable *bzw* abatible; **~stuhl** *m* hamaca *f*, gandula *f*; **~wagen** *ferro m* coche-literas *m*, litera *f*
Lift [lift] *m* (-[*e*]*s*; *-e*) ascensor *m*; '**~boy** *m* (*-s*; *-s*) ascensorista *m*
Liga ['liːga] *f* (-; *Ligen*) liga *f* (*a dep*)
Likör [li'køːr] *m* (*-s*; *-e*) licor *m*
lila ['liːla] (de color) lila
Lilie ['liːljə] *f* (-; *-n*) lirio *m* blanco
Limonade [limo'nɑːdə] *f* (-; *-n*) limonada *f*
Limousine [limu'ziːnə] *f* (-; *-n*) limusina *f*, sedán *m*
'**Linde** ['lində] *f* (-; *-n*) tilo *m*; **~nblütentee** *m* tila *f*
'**linder|n** ['-dərn] (*ge-*, *h*) suavizar, mitigar; (*erleichtern*) aliviar; *Schmerz*: calmar; **2ung** *f* (-; *sin pl*) mitigación *f*; alivio *m*
Lineal [line'ɑːl] *n* (*-s*; *-e*) regla *f*
'**Linie** ['liːnjə] *f* (-; *-n*) línea *f*; *fig* ***in erster ~*** en primer lugar; ***auf die ~ achten*** cuidar la línea; **~nbus** *m* coche *m* de línea; **~nflug** *m* vuelo *m* (de línea) regular; **~nflugzeug** *n*, **~nmaschine** *f* avión *m* de línea; **~nrichter** *m dep* juez *m* de línea, linier *m*; **~ntaxi** *n* taxi *m* de línea
lin(i)ieren [lin(i)'iːrən] (*h*) rayar
link [liŋk] izquierdo; ***~er Hand*** a la izquierda; '**2e** *f* (*-n*; *-n*) izquierda *f* (*a pol*); '**2e** *m*/*f* (*-n*; *-n*) izquierdista *su*; '**~isch** torpe
links [liŋks] a la izquierda; '**2abbieger** ['-apbiːgər] *m* (*-s*; -) vehículo *m* que gira a la izquierda; '**2'außen** *m* (-; -) *dep* extremo *m* izquierda; '**2extremismus** *m* ultraizquierdismo *m*; **2händer** ['-hɛndər] *m* (*-s*; -) zurdo *m*; '**~radikal** de la extrema izquierda
Linse ['linzə] *f* (-; *-n*) *bot* lenteja *f*; *Optik*: lente *f*
'**Lippe** ['lipə] *f* (-; *-n*) labio *m*; **~nstift** *m* lápiz *m* labial *od* de labios
lispeln ['lispəln] *v/i* (*ge-*, *h*) cecear
Lissabon ['lisabɔn] *n* Lisboa *f*
List [list] *f* (-; *-en*) astucia *f*
Liste ['listə] *f* (-; *-n*) lista *f*, relación *f*
listig ['listiç] astuto
Litauen ['litaʊən] *n* Lituania *f*
Litau|er ['litaʊər] *m* (*-s*; -), **~erin** *f* (-; *-nen*) lituano *m*, -a *f*; **2isch** lituano
Liter ['liːtər] *m od n* (*-s*; -) litro *m*
litera|risch [litə'rɑːriʃ] literario; **2tur** [-ra'tuːr] *f* (-; *-en*) literatura *f*
Litfaßsäule ['litfaszɔʏlə] *f* columna *f* de anuncios
Livesendung ['laɪfzɛnduŋ] *f* (re)transmisión *f* en directo
Lizenz [li'tsɛnts] *f* (-; *-en*) licencia *f*
Lkw [ɛlka'veː] *m* (*-s*; *-s*) *s* ***Last*(*kraft*)*wagen***; **~-Maut** *f* peaje *m* para camiones; **~-Verkehr** *m* tráfico *m* de camiones
Lob [loːp] *n* (-[*e*]*s*; *sin pl*) elogio *m*, alabanza *f*; '**2en** ['-bən] (*ge-*, *h*) alabar; '**2enswert** laudable; '**~rede** *f* elogio *m*, panegírico *m*
Loch [lɔx] *n* (-[*e*]*s*; *⸚er*) agujero *m*; (*Öffnung*) abertura *f*, orificio *m*; (*Höhlung*) hoyo *m* (*a Golf*); hueco *m*; F (*Kerker*) calabozo *m*; F (*Wohnung*) tugurio *m*; '**2en** (*ge-*, *h*) perforar; *Fahrkarte*: picar; '**~er** *m* (*-s*; -) *Büro*: taladro

m
'Loch|karte ['lɔxkartə] *f* ficha *f* perforada; **~streifen** *m* cinta *f* perforada
Locke ['lɔkə] *f* (-; *-n*) rizo *m*, bucle *m*
'locken ['-kən] (*ge-*, *h*) *Haar*: (**sich**) ~ rizar(se); (*an~*) atraer; **≗wickel** *m* rulo *m*, bigudí *m*
'locker ['-kər] flojo; (*lose*) suelto; *fig* laxo; **~n** (*ge-*, *h*) aflojar; *fig* relajar; **≗ung** *f* (-; *-en*) aflojamiento *m*; relajamiento *m*
lockig ['-kiç] rizado
Loden ['loːdən] *m* (*-s*; -) loden *m*
Löffel ['lœfəl] *m* (*-s*; -) cuchara *f*; *größerer*: cucharón *m*
Loge ['loːʒə] *f* (-; *-n*) palco *m*
'Logi|k ['loːgik] *f* (-; *sin pl*) lógica *f*; **≗sch** lógico
Lo'gist|ik *f* (-) logística *f*; **≗isch** logístico
'Logo *m od n* (*-s*; *-s*) emblema *m*; (*Firmen≗*) logotipo *m*
Lohn [loːn] *m* (*-[e]s*; *⸗e*) salario *m*; (*sin pl*) *fig* recompensa *f*, premio *m*; **'~empfänger** *m* asalariado *m*; **'≗en** (*ge-*, *h*) pagar; ***es lohnt sich*** vale *od* merece la pena; **'≗end** ventajoso; lucrativo, rentable; **'~erhöhung** *f* aumento *m* de sueldo; **'~forderung** *f* reivindicación *f* salarial; **'~gruppe** *f* categoría *f* salarial; **'~liste** *f* nómina *f*; **'~steuer** *f* impuesto *m* sobre los salarios; **'~steuerjahresausgleich** *m* reajuste *m* anual de impuestos (sobre el salario); **'~steuerkarte** *f* tarjeta *f* de impuestos sobre el salario; **'~stopp** *m* congelación *f* salarial
Loipe ['lɔʏpə] *f* (-; *-n*) pista *f* de fondo
Loire [lo'aːr] *f* Loira *m*
Lok [lok] *f* (-; *-s*) *s* ***Lokomotive***
Lo'kal [lo'kaːl] **1.** *n* (*-[e]s*; *-e*) local *m*; (*Gaststätte*) restaurante *m*; café *m*; **2.** ≗ *adj* local; **~blatt** *n* periódico *m* local *m*; **~presse** *f* prensa *f* local; **~verbot** *n* prohibición *f* de admisión
Lokomotiv|e [lokomo'tiːvə] *f* (-; *-n*) locomotora *f*; **~führer** [-'tiːffyːrər] *m* maquinista *m*
London ['lɔndɔn] *n* Londres *m*
Lorbeer ['lɔrbeːr] *m* (*-s*; *-en*) laurel *m*
los [loːs] suelto; (*frei*) libre; ***~!*** ¡vamos!; ***was ist ~?*** ¿qué pasa?
Los [loːs] *n* (*-es*; *-e*) (*Lotterie≗*) billete *m* de lotería; (*Schicksal*) suerte *f*, destino *m*; ***das große ~ ziehen*** sacar el gordo
losbinden ['loːsbindən] (*irr*, *sep*, *-ge-*, *h*, → ***binden***) desatar; soltar
'Lösch|blatt ['lœʃblat] *n* (papel *m*) secante *m*; **≗en** (*ge-*, *h*) *Licht*, *Durst*: apagar; *Brand*: *a* extinguir; *Schrift*, *Tonband*: borrar; *mar Ladung*: desembarcar; *Schuld*, *Konto*: cancelar
lose ['loːzə] suelto; (*beweglich*) movible; (*unverpackt*) a granel
Lösegeld ['løːzə-] *n* (*-[e]s*; *-er*) rescate *m*
losen ['loːzən] (*ge-*, *h*) echar suertes
lösen ['løːzən] (*ge-*, *h*) soltar (*a Bremse*); *Knoten usw*: deshacer; *quím* disolver; *Aufgabe*, *Problem*: resolver, solucionar; *Rätsel*: adivinar; *Vertrag*: anular; *Fahrkarte*: sacar; *Verbindung*: romper
'los|gehen (*irr*, *sep*, *-ge-*, *sn*, → ***gehen***) partir, ponerse en marcha; (*sich lösen*) desprenderse; *Schuss*: dispararse; F (*anfangen*) empezar; ***auf j-n ~*** arremeter contra alg (*a fig*); **~lassen** (*irr*, *sep*, *-ge-*, *h* → ***lassen***) soltar (*a fig*)
löslich ['løːsliç] soluble
los|lösen ['loːsløːzən] (*sep*, *-ge-*, *h*): (**sich**) ~ desprender(se); **~reißen** (*irr*, *sep*, *-ge-*, *h*, → ***reißen***) arrancar
'Lösung ['løːzuŋ] *f* (-; *-en*) solución *f* (*a quím*); separación *f*; *Vertrag*: anulación *f*; **~smittel** *n* disolvente *m*
loswerden ['loːsveːrdən] (*irr*, *sep*, *-ge-*, *sn*, → ***werden***) desembarazarse de; deshacerse de
Lot [loːt] *n* (*-[e]s*; *-e*) *mat* perpendicular *f*; *arqu* plomada *f*; *mar* sonda *f*
löten ['løːtən] (*ge-*, *h*) soldar
Lothringen ['loːtriŋən] *n* Lorena *f*
Lotion [lo'tsjoːn od 'louʃən] *f* (-; *-en od -s*) loción *f*
Lotse ['loːtsə] *m* (*-n*; *-n*) *mar* práctico *m*
Lotterie [lɔtə'riː] *f* (-; *-n*) lotería *f*
Lotto ['-toː] *n* (*-s*; *-s*) lotería *f*
'Löw|e ['løːvə] *m* (*-n*; *-n*) león *m*; **~enzahn** *bot m* diente *m* de león; **~in** ['-vin] *f* (-; *-nen*) leona *f*
Löwen ['løːvən] *n* Lovaina *f*
loyal [loa'jaːl] leal; **≗ität** [-jali'tɛːt] *f* (-; *sin pl*) lealtad *f*
LP *f* ***Langspielplatte*** elepé *m*
lt. ***laut*** según
Luchs [luks] *m* (*-es*; *-e*) lince *m* (*a fig*)
'Lücke ['lykə] *f* (-; *-n*) vacío *m*; hueco *m*; *fig a* laguna *f*; *fig* ***e-e ~ reißen*** (***füllen***) dejar (llenar) un vacío; **~nbüßer** *m* tapagujeros *m*
Luder ['luːdər] *n* (*-s*; -) carroña *f*; P *fig*

bestia *f*, mal bicho *m*

Luft [luft] *f* (-; *⸗e*) aire *m*; ***in frischer ~*** al aire libre; (***frische***) ***~ schöpfen*** tomar el aire; F ***in die ~ gehen*** subirse a la parra; ***an die ~ setzen*** echar a la calle; **'~angriff** *m* ataque *m* aéreo; **'~aufnahme** *f*, **'~bild** *n* fotografía *f* aérea; **'~ballon** *m* globo *m*; **'⁀dicht** impermeable al aire; **'~druck** *m* (-[*e*]*s*; *sin pl*) presión *f* atmosférica

lüften ['lyftən] (*ge-*, *h*) airear, ventilar; *Geheimnis*: revelar, desvelar

'Luft|fahrt ['luftfɑːrt] *f* (-; *sin pl*) aeronáutica *f*, aviación *f*; **~feuchtigkeit** *f* humedad *f* atmosférica; **~fracht** *f* carga *f* aérea; **⁀gekühlt** ['-gəkyːlt] refrigerado por aire; **~gewehr** *n* escopeta *f* de aire comprimido; **~kissen** *n* colchón *m* de aire; **~kissenboot** *n* aerodeslizador *m*; **⁀krank** mareado; ***~ werden*** marearse; **~krankheit** *f* mareo *m*; **~kurort** *m* estación *f* climática; **⁀leer** vacío; **~linie** *f* línea *f* directa; *avia* línea *f* aérea; **~loch** *n avia* bache *m*; **~matratze** *f* colchón *m* neumático; **~pirat** *m* pirata *m* aéreo; **~post** *f*: ***mit ~*** por avión; **~postbrief** *m* aerograma *m*; **~pumpe** *f Fahrrad etc*: bomba *f* de inflar; **~raum** *m* espacio *m* aéreo; **~reifen** *m* neumático *m*; **~röhre** *anat f* tráquea *f*; **~schiff** *n* aeronave *f*; **~schifffahrt** *f* navegación *f* aérea; **~schutzkeller** *m* refugio *m* antiaéreo; **~streitkräfte** *f*/*pl* fuerzas *f*/*pl* aéreas; **~stützpunkt** *mil m* base *f* aérea; **~taxi** *n* taxi *m* aéreo; **~temperatur** *f* temperatura *f* del aire

Lüftung ['lyftuŋ] *f* (-; *-en*) ventilación *f*

'Luft|veränderung ['luft-] *f* cambio *m* de aires; **~verkehr** *m* tráfico *m* aéreo; **~verschmutzung** *f* contaminación *f* atmosférica; **~waffe** *f* fuerza *f* aérea; **~weg** ['-veːk] *m* vía *f* aérea; ***auf dem ~*** por vía aérea; **~widerstand** *m* resistencia *f* del aire; **~zug** *m* (-[*e*]*s*; *sin pl*) corriente *f* del aire

'Lüg|e ['lyːgə] *f* (-; *-n*) mentira *f*; **⁀en** (*log*, *gelogen*, *h*) mentir; **~ner** [-nər] *m* (*-s*; -), **~nerin** *f* (-; *-nen*) mentiroso *m*, -a *f*; **⁀nerisch** mentiroso

Luke ['luːkə] *f* (-; *-n*) tragaluz *m*; *mar* escotilla *f*

Lump [lump] *m* (*-en*; *-en*) canalla *m*

Lumpen ['-pən] *m* (*-s*; -) harapo *m*, andrajo *m*; (*Putz⁀*) trapo *m*

Lunchpaket ['lan(t)ʃ-] *n* bolsa *f* de merienda

Lunge ['luŋə] *f* (-; *-n*) pulmón *m*

'Lungen|entzündung *f* pulmonía *f*, neumonía *f*; **~flügel** *m* lóbulo *m* pulmonar; **~krebs** *med m* cáncer *m* de pulmón

Lupe ['luːpə] *f* (-; *-n*) lupa *f*; *fig* ***unter die ~ nehmen*** pasar por el tamiz

Lust [lust] *f* (-; *sin pl*) ganas *f*/*pl*; (*Vergnügen*) placer *m*; (***keine***) ***~ haben zu*** (no) tener ganas de; ***hättest du ~ auszugehen?*** ¿te gustaría salir?

lüstern ['-tərn] voluptuoso, lascivo

'lust|ig ['lustiç] alegre; (*belustigend*) divertido, gracioso; ***sich ~ machen über*** (*ac*) burlarse de; **~los** desanimado; *com* poco animado; **⁀spiel** *n* comedia *f*

lutherisch ['lutəriʃ] luterano

'lutsch|en ['lutʃən] (*ge-*, *h*) chupar; ***am Daumen ~*** chuparse el dedo; **⁀er** *m* (*-s*; -) pirulí *m*

Lüttich ['lytiç] *n* Lieja *f*

Luv *mar* [luːf] *f* (-; *sin pl*) barlovento *m*

Luxemburg ['luksəmburk] *n* Luxemburgo *m*

luxuriös [luksur'jøːs] lujoso

'Luxus ['-ksus] *m* lujo *m*; **~artikel** *m* artículo *m* de lujo; **~hotel** *n* hotel *m* de lujo

Luzern [lu'tsɛrn] *n* Lucerna *f*

Lymphknoten ['lymf-] *m* ganglio *m* linfático

lynch|en ['lynçən] (*ge-*, *h*) linchar; **⁀justiz** *f* linchamiento *m*

'Lyri|k ['lyːrik] *f* (-; *sin pl*) (poesía *f*) lírica *f*; **~ker** *m* (*-s*; -) poeta *m* lírico; **⁀sch** lírico

M

m ***Meter*** m (metro)
M, m [ɛm] *n* (-; -) M, m *f*
'Mach|art ['max?a:rt] *f* hechura *f*; forma *f*; **≗bar** factible, practicable
machen ['-ən] (*ge-, h*) *v/t* hacer; poner, volver (+ *adj*); *Appetit, Freude usw*: dar; ***das macht nichts*** no importa; ***da kann man nichts ~*** no hay nada que hacer; ***was macht …?*** ¿qué es de …?; ***wie viel macht das?*** ¿cuánto es?
Macher ['maxər] *m* (-*s*; -) cerebro *m*
Macht [maxt] *f* (-; *sin pl*) poder *m*; (*pl* *≃e*) (*Staat*) potencia *f*; ***an der ~ sn*** estar en el poder; **'~apparat** *m* aparato *m* del poder; **'~befugnis** *f* poder *m*; autoridad *f*; **'~bereich** *m* esfera *f* de influencia; **~haber** ['-ha:bər] *m* (-*s*; -) dirigente *m*; potentado *m*
mächtig ['mɛçtiç] poderoso, potente; *F fig* enorme
'Macht|kampf ['maxt-] *m* lucha *f* por el poder; **≗los** sin poder, impotente
MAD *m* ***Militärischer Abschirmdienst*** Servicio *m* Militar de Contraespionaje
'Mädchen ['mɛ:tçən] *n* (-*s*; -) chica *f*, muchacha *f*; (*Kind*) niña *f*; (*Dienst≗*) criada *f*; ***junges ~*** joven *f*; **~name** *m* apellido *m* de soltera
'Mad|e ['ma:də] *f* (-; -*n*) cresa *f*, gusano *m*; **≗ig** agusanado
made in ['meɪd in] made in
Madonna [ma'dɔna] *f* (-; *Madonnen*) Virgen *f*
Mafia ['mafja] *f* (-; *sin pl*) mafia *f*
Magazin [maga'tsi:n] *n* (-*s*; -*e*) almacén *m*, depósito *m*; (*Zeitschrift*) revista *f* ilustrada
'Magen ['ma:gən] *m* (-*s*; *≃*) estómago *m*; **~bitter** *m* (-*s*; -) estomacal *m*; **~geschwür** *n* úlcera *f* gástrica *od* del estómago; **~krebs** *med m* cáncer *m* de(l) estómago; **~schmerzen** *m/pl* dolor(es) *m*(*pl*) de estómago
'mager ['-gər] flaco; *Fleisch*: magro; **≗keit** *f* (-; *sin pl*) flaqueza *f*; **≗milch** *f* leche *f* desnatada
Mag|ie [ma'gi:] *f* (-; *sin pl*) magia *f*; **≗isch** ['ma:giʃ] mágico (*a fig*)
Ma'gnet [ma'gne:t] *m* (-*en*, -[*e*]*s*; -*e*[*n*]) imán *m*; **~band** *n* cinta *f* magnética; **≗isch** magnético; **~karte** *f* tarjeta *f* magnética; **~nadel** *f* aguja *f* iman(-t)ada; **~platte** *f* disco *m* magnético
Mahagoni [maha'go:ni] *n* (-*s*; *sin pl*) caoba *f*
'Mäh|drescher ['mɛ:drɛʃər] *m* (-*s*; -) segadora-trilladora *f*; **≗en** (*ge-, h*) segar; *Gras*: *a* cortar
mahlen ['ma:lən] (*mahlte, gemahlen, h*) moler
'Mahlzeit *f* comida *f*; (***gesegnete***) ***~!*** ¡que aproveche!
Mähmaschine ['mɛ:-] *f* segadora *f*; (*Gras≗*) guadañadora *f*
Mahnbescheid ['ma:n-] *m* carta *f* admonitoria
Mähne ['mɛ:nə] *f* (-; -*n*) melena *f* (*a fig*); (*Pferde≗*) crines *f/pl*
'mahn|en ['ma:nən] (*ge-, h*) advertir; exhortar (***zu*** a); ***j-n an et ~*** recordar a/c a alg; **≗gebühr** *f* recargo *m* de apremio; **≗ung** *f* (-; -*en*) advertencia *f*; *com* reclamación *f*
Mähren ['mɛ:rən] *n* Moravia *f*
Mai [maɪ] *m* (-[*e*]*s*; *raro* -*e*) mayo *m*; **'~glöckchen** *n* (-*s*; -) muguete *m*; **'~käfer** *m* abejorro *m*
Mail [me:l] *f* (-; -*s*) *inform* mail *m*; ***etw per ~ schicken*** mandar *od* enviar a/c por e-mail;
Mailand ['maɪlant] *n* Milano *m*
Mailbox ['me:lbɔks] *f* (-; -*en*) *inform* buzón *m* (electrónico), mail-box *m*; *tel* buzón *m* de voz
'mailen ['me:lən] (*ge-, h*) *inform* ***j-m etw ~*** mandar a/c a alg por correo electrónico; ***j-m ~*** mandar un mail a alg
Main [maɪn] *m* Meno *m*
Mainz [maɪnts] *n* Maguncia *f*
Mais [maɪs] *m* (-*es*; -*e*) maíz *m*; **'~kolben** *m* mazorca *f*
Majestät [majɛs'tɛ:t] *f* (-; -*en*) majestad *f*
Majonäse → ***Mayonnaise***
Major [-'jo:r] *m* (-*s*; -*e*) comandante *m*; **~an** *bot* [-jo'ra:n od 'ma:joran] *m* (-*s*; -*e*) mejorana *f*

makaber [-'kaːbər] macabro
'Makel [maːkəl] *m* (-*s*; -) mancha *f*, tacha *f*; **≗los** intachable
Make-up [meik'ʔap] *n* (-*s*; -*s*) maquillaje *m*
Makkaroni [maka'roːni] *pl* macarrones *m*/*pl*
'Makler ['maːklər] *m* (-*s*; -) corredor *m*, agente *m*; **~gebühr** *f* corretaje *m*
Makrele [ma'kreːlə] *f* (-; -*n*) caballa *f*
Makrone [-'kroːnə] *f* (-; -*n*) macarrón *m*
Mal [maːl] **1.** *n* (-[*e*]*s*; -*e*) vez *f*; ***zum ersten*** **~** por primera vez; ***jedes*** **~** cada vez (***wenn*** que); ***zwei≗ zwei*** dos por dos; ***mit e-m*** **~** de repente; **2.** *n* (-[*e*]*s*; ⸗*er*) (*Zeichen*) marca *f* (*Denk≗*) monumento *m*; **3.** ≗ *adv* F = ***einmal***
Malaria [-'laːrja] *f* (-; *sin pl*) paludismo *m*, malaria *f*
Malediven [male'diːvən] *pl* Maldivas *f*/*pl*
'mal|en ['maːlən] (*ge*-, *h*) pintar (*a fig*); **≗er** *m* (-*s*; -) pintor *m*; (*Anstreicher*) pintor *m* (de brocha gorda); **≗e'rei** *f* (-; -*en*) pintura *f*; **≗erin** *f* (-; -*nen*) pintora *f*; **~erisch** pintoresco; **≗kasten** *m* caja *f* de colores *od* de pinturas
Mali *n* Malí *m*
Malve *bot* ['malvə] *f* (-; -*n*) malva *f*
'Malz|bier ['malts-] *n* cerveza *f* de malta; **~kaffee** *m* (café *m* de) malta *f*
Mama [ma'maː F 'mama] *f* (-; -*s*) mamá *f*
man [man] se; uno; **~** ***spricht Deutsch*** se habla alemán; **~** ***wundert sich*** uno se extraña; **~** ***sagt*** dicen; **~** ***muss*** hay que
'Manag|ement ['mɛnidʒmənt] *n* (-; *sin pl*) dirección *f*, gerencia *f*; **≗en** (*ge*-, *h*) manejar, organizar; **~er** *m* (-*s*; -) ejecutivo *m*; *dep usw* mánager *m*
manch [manç] alguno; más de un(o); **~e** algunos; varios; **~es** mucho, muchas cosas; **'~mal** algunas veces, a veces, de vez en cuando
Mandarine [manda'riːnə] *bot f* (-; -*n*) mandarina *f*
Mandat [-'daːt] *n* (-[*e*]*s*; -*e*) mandato *m*
'Mandel ['-dəl] *f* (-; -*n*) *bot* almendra *f*; *med* amígdala *f*; **~baum** *m* almendro *m*; **~entzündung** *f* amigdalitis *f*
Mandoline *mus* [-do'liːnə] *f* (-; -*n*) mandolina *f*
Manege [ma'neːʒə] *f* (-; -*n*) pista *f* de circo
'Mangel ['maŋəl] *m* (-*s*; ⸗) (*Fehler*) defecto *m*; (*Fehlen*) falta *f*, escasez *f* (***an*** *dat* de); ***aus*** **~** ***an*** (*dat*) por falta de; **~beruf** *m* profesión *f* con escasez de personal; **≗haft** defectuoso; insuficiente; **≗n** (*ge*-, *h*) (*fehlen*) faltar, hacer falta (***j-m an et*** a/c a alg); **≗s** (*gen*) por falta de; **~ware** *f* artículo *m* escaso; **~** ***sn*** escasear
Mangold *bot* ['maŋgɔlt] *m* (-[*e*]*s*; -*e*) acelga(s) *f*(*pl*)
Manie [ma'niː] *f* (-; -*n*) manía *f*
Manieren [-'niːrən] *f*/*pl* modales *m*/*pl*
Manifest [-ni'fɛst] *n* (-[*e*]*s*; -*e*) manifiesto *m*
Mani'küre [-'kyːrə] *f* (-; -*n*) manicura *f* (*a Person*); **≗n** (*h*) hacer la manicura
Manipul|ation [-pula'tsjoːn] *f* (-; -*en*) manipulación *f*; **≗'ieren** (*h*) manipular
Mann [man] *m* (-[*e*]*s*; ⸗*er*) hombre *m*; (*Ehe≗*) marido *m*
Männchen ['mɛnçən] *n* (-*s*; -) hombrecillo *m*; *zo* macho *m*
Mannequin [manə'kɛ̃] *n* (-*s*; -*s*) maniquí *f*, modelo *f*
mannigfaltig ['maniçfaltiç] vario, variado, diverso
männlich ['mɛnliç] masculino (*a gram*); *zo* macho
'Mannschaft ['manʃaft] *f* (-; -*en*) equipo *m* (*a dep*); *mar*, *avia* tripulación *f*; **~skapitän** *m dep* capitán *m* (del equipo)
Manöver [ma'nøːvər] *n* (-*s*; -) maniobra *f* (*a fig*)
Man'sarde [man'zardə] *f* (-; -*n*) buhardilla *f*, mansarda *f*; **~nwohnung** *f* ático *m*
Man'schette [-'ʃɛtə] *f* (-; -*n*) puño *m*; **~nknopf** *m* gemelo *m*
'Mantel ['-təl] *m* (-*s*; ⸗) abrigo *m*; **~tarif** *m* convenio *m* tipo; **~tarifvertrag** *m* convenio *m* colectivo tipo
manuell [manu'ɛl] manual
Manuskript [-'skript] *n* (-[*e*]*s*; -*e*) manuscrito *m*
Mappe ['mapə] *f* (-; -*n*) (*Akten≗*, *Schul≗*) cartera *f*; (*Ordner*) carpeta *f*
'Märchen ['mɛːrçən] *n* (-*s*; -) cuento *m* (de hadas); **~buch** *n* libro *m* de cuentos; **≗haft** fabuloso
Marder ['mardər] *m* (-*s*; -) marta *f*
Margarine [-ga'riːnə] *f* (-; -*n*) margarina *f*
Marienbild [ma'riːənbilt] *n* imagen *f* de la Virgen, madona *f*
Marihuana [-rihu'aːna] *n* (-*s*; *sin pl*) ma-

rihuana *f*
Marinade [-'nɑːdə] *f* (-; -*n*) escabeche *m*
Ma'rine [-'riːnə] *f* (-; -*n*) marina *f*; **~stützpunkt** *m* base *f* naval
marinieren [-ri'niːrən] (*h*) poner en escabeche, escabechar
Mario'nette [mario'nɛtə] *f* (-; -*n*) títere *m*, marioneta *f* (*a fig*); **~ntheater** *n* teatro *m* de títeres
Mark [mark] **1.** *n* (-[*e*]*s*; *sin pl*) tuétano *m*, meollo *m* (*alle a fig*); (*Frucht*≈) pulpa *f*; **2.** *f inv hist com* marco *m*
'Marke ['markə] *f* (-; -*n*) marca *f* (*a com*); (*Spiel*≈) ficha *f*, (*Brief*≈) sello *m*, *Am* estampilla *f*
Marken|artikel *com m* artículo *m* de marca; **~bewusstsein** *n* conciencia *f* de marca; **~erzeugnis** *n* artículo *m* de marca; **~image** *n* imagen *f* de una marca; **~treue** *f* fidelidad *f* a una marca; **~zeichen** *n* marca *f* (comercial)
'Marketing ['markətiŋ] *n* (-*s*; *sin pl*) marketing *m*; **~abteilung** *f* sección *f* de marketing
markier|en [-'kiːrən] (*h*) marcar (*a com*); señalar; (*beschriften*) rotular; F simular; **≈ung** *f* (-; -*en*) marca *f*; marcación *f*; señalización *f*
Markise [-'kiːzə] *f* (-; -*n*) toldo *m*; marquesina *f*
Markknochen ['mark-] *m* hueso *m* con tuétano
Markt [markt] *m* (-[*e*]*s*; ⸚*e*) mercado *m*; ***Gemeinsamer ~*** Mercado *m* Común; ***auf den ~ bringen*** lanzar al mercado; ***zum ~ gehen*** ir a la plaza; **'~analyse** *f* análisis *m* del mercado; **'~anteil** *m* cuota *f* de mercado; **'≈beherrschend** que domina el mercado; **'~forschung** *f* estudio *m* del mercado; **'~führer** *m* líder *m* (en el mercado); **'~halle** *f* mercado *m* cubierto; **'~lücke** *f* hueco *m* de la demanda; **'~platz** *m* mercado *m*, plaza *f*; **'~wert** *m* valor *m* de mercado; **'~wirtschaft** *f*: (***freie***) **~** economía *f* de mercado (libre); **≈wirtschaftlich** de (la) economía de mercado
Marmelade [marmə'lɑːdə] *f* (-; -*n*) mermelada *f*
'Marmor ['-mɔr] *m* (-*s*; -*e*) mármol *m*
Marok'kan|er [-rɔ'kɑːnər] *m* (-*s*; -), **~erin** *f* (-; -*nen*) marroquí *su*; **≈isch** marroquí
Marokko [ma'rɔko] *n* Marruecos *m*
Marone [-'roːnə] *f* (-; -*n*) castaña *f*
Marsch [marʃ] *m* (-[*e*]*s*; ⸚*e*) marcha *f* (*a mus*); **≈'ieren** (*sn*) marchar
Marseille [mar'sɛːj] *n* Marsella *f*
Märtyrer ['mɛrtyrər] *m* (-*s*; -), **~in** *f* (-; -*nen*) mártir *su*
Mar'xis|mus [mar'ksismus] *m* (-; *sin pl*) marxismo *m*; **~t** *m* (-*en*; -*en*), **~tin** *f* (-; -*nen*) marxista *su*; **≈tisch** marxista
März [mɛrts] *m* (-; *raro* -*e*) marzo *m*
Marzipan [martsi'pɑːn] *n* (-*s*; -*e*) mazapán *m*
Masche ['maʃə] *f* (-; -*n*) malla *f*; (*Strick*≈) punto *m*; F *fig* truco *m*
Maschin|e [-'ʃiːnə] *f* (-; -*n*) máquina *f*; *avia* avión *m*; ***mit der ~ schreiben*** escribir a máquina; **≈ell** [-ʃi'nɛl] a máquina
Ma'schinen|bau [-ʃiːnən-] *m* (-[*e*]*s*; *sin pl*) construcción *f* de máquinas; **~fabrik** *f* fábrica *f* de maquinaria; **≈geschrieben** escrito a máquina, mecanografiado; **~gewehr** *n* ametralladora *f*; **~pistole** *f* metralleta *f*, pistola *f* ametralladora
Ma'schineschreiben *n* (-*s*; *sin pl*) mecanografía *f*
Maschinist [maʃi'nist] *m* (-*en*; -*en*) maquinista *m*
'Maser|n [mɑːzərn] *med pl* sarampión *m*; **~ung** *f* (-; -*en*) vetas *f*/*pl*
'Mask|e ['maskə] *f* (-; -*n*) máscara *f*; (*Schutz*≈) careta *f*; (*Verkleidung*) disfraz *m*; **~enbildner** *m* (-*s*; -) maquillador *m*; **≈'ieren** (*h*) disfrazar (***als*** de)
Maß [mɑːs] *n* (-*es*; -*e*) medida *f*; (*Mäßigung*) moderación *f*; ***nach ~*** a (la) medida; ***in hohem ~e*** en alto grado; ***in dem ~e wie*** a medida que, conforme; ***~ nehmen*** tomar medida
Massage [ma'sɑːʒə] *f* (-; -*n*) masaje *m*
Masse ['masə] *f* (-; -*n*) masa *f*; *v Menschen*: *a* muchedumbre *f*
'Massen|abfertigung ['masən-] *f* tratamiento *m* masificado; **~absatz** *m* venta *f* en gran escala; **~andrang** *m* afluencia *f* masiva; **~arbeitslosigkeit** *f* desempleo *m* masivo; **~entlassung** *f* despido *m* masivo; **≈haft** en grandes cantidades, en masa; **~karambolage** *f* choque *m od* colisión *f* en cadena; **~medien** *n*/*pl* medios *m*/*pl* de comunicación social; **~tierhaltung** *f* cría *f* de animales en gran escala; **~tourismus** *m* turismo *m* de masas; **~verkehrsmittel** *n*/*pl* medios *m*/*pl* de transporte colectivo;

≈weise en masa
Mas'seur [ma'søːr] *m* (*-s*; *-e*), **~in** *f* (*-*; *-nen*) masajista *su*
'maß|gebend ['mɑːs-], **~geblich** ['-geːpliç] *j*: competente; *et*: decisivo, determinante
massieren [ma'siːrən] (*h*) *med* dar un masaje (a)
'mäßig ['mɛːsiç] moderado; *Preis*: módico; *im Essen*: frugal; *im Trinken*: sobrio; (*mittel~*) mediocre, regular; **~en** [-gən] (*ge-*, *h*): (***sich***) **~** moderar(se); (*mildern*) suavizar; **≈ung** *f* (*-*; *sin pl*) moderación *f*
Massiv [ma'siːf] *n* (*-s*; *-e*) macizo *m*
'Maß|krug ['mɑːs-] *m* jarro *m* de litro; **≈los** desmesurado; inmenso; **~nahme** ['-nɑːmə] *f* (*-*; *-n*) medida *f*; **~nahmenkatalog** *m* catálogo *m* de medidas; **~stab** *m auf Karten usw*: escala *f*; *fig* ***in großem*** **~** en gran escala
Mast [mast] **1.** *f* (*-*; *-en*) engorde *m*, ceba *f*; **2.** *m* (*-*[*e*]*s*; *-e*[*n*]) *mar* palo *m*, mástil *m*; (*Leitungs≈*) poste *m*; **'~darm** *m* recto *m*
mästen ['mɛstən] (*ge-*, *h*) engordar, cebar
Materi'al [mater'jɑːl] *n* (*-s*; *-ien* [-jən]) material *m*; **~fehler** *m* defecto *m* de material
Materie [-'teːrjə] *f* (*-*; *-n*) materia *f*
materiell [-ter'jɛl] material
Mathema|tik [-təma'tiːk] *f* (*-*; *sin pl*) matemáticas *f*/*pl*; **≈tisch** [-'mɑːtiʃ] matemático
Matinee [-ti'neː] *f* (*-*; *-n*) función *f* matinal
Matratze [-'tratsə] *f* (*-*; *-n*) colchón *m*
Matrize [-'triːtsə] *f* (*-*; *-n*) matriz *f*
Matrose [-'troːzə] *m* (*-n*; *-n*) marinero *m*
matt [mat] débil, flojo, fatigado; (*glanzlos*) mate (*a fot*); *Stimme*, *Augen*, *Farbe*: apagado; *Glas*: opaco; *Schach*: mate; **'≈e** *f* (*-*; *-n*) estera *f*; (*Fuß≈*) felpudo *m*; **'≈scheibe** *f TV* pequeña pantalla *f*
Mauer ['maʊər] *f* (*-*; *-n*) muro *m*; (*Stadt≈*) muralla *f*; (*Wand*) pared *f*
Maul [maʊl] *n* (*-*[*e*]*s*; *Mäuler*) boca *f*; (*Schnauze*) hocico *m*; **'~esel** *m* burdégano *m*; **'~korb** *m* bozal *m*; **'~tier** *n* mulo *m*, macho *m*; **'~ und 'Klauenseuche** *f* glosopeda *f*, fiebre *f* aftosa; **'~wurf** *m* (*-*[*e*]*s*; *Maulwürfe*) topo *m*
Maure ['maʊrə] *m* (*-n*; *-n*) moro *m*
Maurer ['-rər] *m* (*-s*; *-*) albañil *m*
'Maur|in ['-rin] *f* (*-*; *-nen*) mora *f*; **≈isch** moro
Maus [maʊs] *f* (*-*; *Mäuse*) *a inform* ratón *m*; **'~efalle** ['maʊzə-] *f* ratonera *f*; **~klick** *m inform* clic *m* con el ratón; ***per*** **~** por un clic con el ratón
Maut ['maʊt] *f* (*-*; *-en*) peaje *m*; **'~gebühr** *f* peaje *m*; **'~stelle** *f* estación *f* de peaje; **'~straße** *f* carretera *f* de peaje
maxi|mal [maksi'mɑːl] máximo; *adv* como máximo; a lo sumo; **≈mierung** [-'miːruŋ] *f* (*-*; *-en*) maximización *f*
Mayonnaise [majɔ'nɛːzə] *f* (*-*; *-n*) mayonesa *f*
Mazedonien [matse'doːnjən] *n* Macedonia *f*
Mäzen [mɛ'tseːn] *m* (*-s*; *-e*) mecenas *m*
MdB *m* ***Mitglied des Bundestages*** Miembro *m* del Bundestag
MdL *m* ***Mitglied des Landtags*** Miembro *m* del Landtag
MDR *m* ***Mitteldeutscher Rundfunk*** Radio *f* de Alemania del Centro
m.E. ***meines Erachtens*** a mi parecer
Me'chani|ker [me'çɑːnikər] *m* (*-s*; *-*) mecánico *m*; **≈sch** mecánico; *fig a* maquinal; **~'sierung** [-'ziːruŋ] *f* (*-*; *-en*) mecanización *f*; **~smus** [-'nismus] *m* (*-*; *Mechanismen*) mecanismo *m*
meckern ['mɛkərn] (*ge-*, *h*) *Ziege*: balar; F *fig* poner reparos a todo; quejarse
Mecklenburg-Vorpommern ['meːklənburk-foːrpɔmərn] *n* Mecklemburgo-Pomerania Occidental *m*
Medaille [me'daljə] *f* (*-*; *-n*) medalla *f*
'Medien ['meːdjən] *n*/*pl* medios *m*/*pl* de comunicación; **~spektakel** *n* (*-s*; *-*) espectáculo *m* multimedia
Medikament [medika'mɛnt] *n* (*-*[*e*]*s*; *-e*) medicamento *m*, medicina *f*
Medium ['meːdjum] *n* (*-s*; *Medien*) medio *m*
Medi'zin [medi'tsiːn] *f* (*-*; *-en*; *als Fach sin pl*) medicina *f*; **≈isch** médico; (*arzneilich*) medicinal
Meer [meːr] *n* (*-*[*e*]*s*; *-e*) mar *su*; **'~aal** *m* congrio *m*; **'~blick** *m* vista *f* al mar; **'~enge** *f* estrecho *m*; **'~esfrüchte** *f*/*pl* mariscos *m*/*pl*; **'~esspiegel** *m* nivel *m* del mar; **'~rettich** *m* rábano *m* picante; **'~salz** *n* sal *f* marina; **'~schweinchen** ['-ʃvaɪnçən] *n* (*-s*; *-*) conejillo *m* de Indias, cobayo *m*; **'~wasser** *n* agua *f* de

mar

Mehl [meːl] *n* (-[*e*]*s*; -*e*) harina *f*

mehr [meːr] más (***als*** que, *vor Zahlen*: de); ***nicht ~*** *zeitlich*: ya no; ***nichts ~*** nada más; ***~ oder weniger*** más o menos; ***et nicht ~*** (*wieder*) ***tun*** no volver a hacer a/c

'**Mehr|arbeit** *f* trabajo *m* adicional; **~aufwand** *m*, **~ausgabe** *f* aumento *m* de gastos; gasto *m* adicional; **~einnahme** *f* aumento *m* de ingresos; (*Überschuss*) excedente *m*; **2ere** ['-rərə] varios, diversos; **2fach** múltiple; *adv* repetidas veces; **~fahrtenkarte** *f* tarjeta *f* multiviaje; *für Bus auch* bonobús *m*; *für U-Bahn* bonometro *m*; **~familienhaus** *n* casa *f* de vecindad; **~heit** *f* (-; -*en*) mayoría *f*; **~heitswahlrecht** *n* sistema *m* mayoritario; **~kosten** *pl* gastos *m/pl* suplementarios *od* adicionales; **2mals** ['-mɑːls] varias *od* repetidas veces; **~parteiensystem** *n* pluripartidismo *m*; **2stimmig** ['-ʃtimiç] de varias voces; **~wegflasche** *f* botella *f* recuperable; **~wertsteuer** *f* impuesto *m* sobre el valor añadido; **~zahl** *f* (-; *sin pl*) mayoría *f*; *gram* plural *m*

Meile ['maɪlə] *f* (-; -*n*) legua *f*; (*See2*) milla *f*

mein [maɪn] mi; ***der meine*** el mío; ***die 2en*** los míos

Meineid ['-ˀaɪt] *m* perjurio *m*; ***e-n ~ leisten*** jurar en falso, perjurar

meinen ['-nən] (*ge-*, *h*) pensar, creer, opinar; (*sagen wollen*) querer decir; ***was ~ Sie dazu?*** ¿qué le parece?; ***das will ich ~!*** ¡ya lo creo!; ***wie Sie ~*** como Vd. quiera; ***er meint es gut*** tiene las mejores intenciones

meinerseits ['-nərzaɪts] por (*od* de) mi parte

'**meinet|wegen** ['-nət-] por mí (***kann er gehen*** que se vaya); ***~!*** ¡sea!; **~willen**: ***um ~*** por mí

'**Meinung** ['-nuŋ] *f* (-; -*en*) opinión *f*, parecer *m*; ***m-r ~ nach*** en mi opinión; a mi modo de ver; **~sforschung** *f* sondeo *m* de opinión; **~sforschungsinstitut** *n* instituto *m* de sondeo; **~sumfrage** *f* encuesta *f* demoscópica

Meise ['-zə] *zo f* (-; -*n*) paro *m*

Meißel ['-səl] *m* (-*s*; -) escoplo *m*; *des Bildhauers*: cincel *m*

meist [maɪst]: ***das ~e, die ~en*** la mayoría *od* mayor parte (de); ***am ~en*** más; *s a* ***~ens***; '**2begünstigungsklausel** *f* cláusula *f* de nación más favorecida; '**~ens** la mayoría de las veces, en general

'**Meister** ['-stər] *m* (-*s*; -) maestro *m*; *dep* campeón *m*; **2haft** magistral; *adv* con maestría; **~in** *f* (-; -*nen*) *dep* campeona *f*; **~schaft** *f* (-; *sin pl*) maestría *f*; *dep* (*pl* -*en*) campeonato *m*; **~stück** *n* obra *f* maestra; **~werk** *n* obra *f* maestra

'**Melde|behörde** ['mɛldə-] *f* oficina *f* de registro; **2n** (*ge-*, *h*) declarar; (*ankündigen*) anunciar; (*anzeigen*) denunciar; (*mitteilen*) informar, dar parte (***j-m et*** a alg de a/c); ***sich ~*** presentarse (***bei*** a); *tel* contestar; *polizeilich*: registrarse; (*an~*) inscribirse; **~pflicht** *f* declaración *f* obligatoria (*a med*); *amtlich*: registro *m* obligatorio; **~zettel** *m* hoja *f* de inscripción *bzw* de registro

Meldung ['-duŋ] *f* (-; -*en*) (*Nachricht*) noticia *f*; (*Anzeige*) denuncia *f*; (*Mitteilung*) aviso *m*; parte *m*; (*Bericht*) informe *m*; (*An2*) inscripción *f*

Melisse *bot* [me'lisə] *f* (-; -*n*) melisa *f*

melken ['mɛlkən] (*molk*, *gemolken*, *h*) ordeñar

Melodie [melo'diː] *f* (-; -*n*) melodía *f*

Melone [-'loːnə] *f* (-; -*n*) melón *m*; (*Wasser2*) sandía *f*

Memoiren [memo'ɑːrən] *pl* memorias *f/pl*

'**Menge** ['mɛŋə] *f* (-; -*n*) cantidad *f*; (*große Anzahl*) multitud *f*; (*Menschen2*) *a* muchedumbre *f*; ***e-e ~*** (*su*) gran número de; **~nrabatt** *m* descuento *m* por cantidad

Mensa ['mɛnza] *f* (-; -*s*, *Mensen*) comedor *m* universitario

Mensch [mɛnʃ] *m* (-*en*; -*en*) hombre *m*; persona *f*; ***jeder ~*** todo el mundo; ***kein ~*** nadie

'**Menschen|freund** *m* filántropo *m*; **~kenntnis** *f* conocimiento *m* de los hombres; **2leer** despoblado; desierto; **~menge** *f* multitud *f*, muchedumbre *f*, gentío *m*; **~rechte** *n/pl* derechos *m/pl* humanos *od* del hombre; **2scheu** huraño; **~seele** *f*: ***keine ~*** ni un alma (viviente); **~skind!** F ¡hombre!; **2unwürdig** inhumano; **~verstand** *m*: ***gesunder ~*** sentido *m* común; **2würdig** humano

'**Mensch|heit** *f* (-; *sin pl*) humanidad *f*; **2lich** humano; **~lichkeit** *f* (-; *sin pl*) hu-

manidad *f*
Menstruation [mɛnstrua'tsjo:n] *f* (-; *-en*) menstruación *f*
Mentalität [-tali'tɛ:t] *f* (-; *-en*) mentalidad *f*
Menü [me'ny:] *n* (*-s*; *-s*) menú *m* (*a inform*), minuta *f*; (*Gedeck*) cubierto *m* (fijo); **~leiste** *f inform* barra *f* de menús
Menuett [menu'ɛt] *n* (-[*e*]*s*; *-e*) minué *m*
Meridian [meri'djɑ:n] *m* (*-s*; *-e*) meridiano *m*
'Merk|blatt ['mɛrk-] *n* hoja *f* informativa *od* explicativa; **≗en** (*ge-*, *h*) notar, darse cuenta de; ***sich et ~*** recordar a/c; **≗lich** perceptible; (*beträchtlich*) considerable; **~mal** *n* (*-s*; *-e*) señal *f*; (*Kennzeichen*) característica *f*; **≗würdig** curioso, raro, extraño
Mesner → ***Messner***
'Mess|band ['mɛs-] *n* (-[*e*]*s*; *≈er*) cinta *f* métrica; **≗bar** mensurable
'Messe ['mɛsə] *f* (-; *-n*) *rel* misa *f*; *com* feria *f*; **~ausweis** *m* pase *m* (de la feria); **~besucher** *m*, **~besucherin** *f* *com* feriante *su*; **~gelände** *n* recinto *m* ferial
messen ['-sən] (*maß*, *gemessen*, *h*) medir; ***sich ~ mit*** competir con
'Messeneuheit *f* novedad *f* de la feria
'Messer ['-sər] *n* (*-s*; -) cuchillo *m*; (*Klapp≗*) navaja *f*; **~stich** *m* cuchillada *f*
'Messe|stadt *f* ciudad *f* de ferias; **~stand** *m* stand *m*
Messing ['mɛsiŋ] *n* (*-s*; *sin pl*) latón *m*
Messner ['mɛsnər] *m* (*-s*; -) sacristán *m*
Messung ['mɛsuŋ] *f* (-; *-en*) medición *f*
Me'tall [me'tal] *n* (*-s*; *-e*) metal *m*; ***~ verarbeitend*** metalúrgico; **~arbeiter** *m* (obrero *m*) metalúrgico *m*; **~industrie** *f* industria *f* metalúrgica; **~urgie** [-ur-ĭ'gi:] *f* (-; *sin pl*) metalurgia *f*
Meteor [-te'o:r] *m* (*-s*; *-en*) meteorito *m*; **~ologe** [-oro'lo:gə] *m* (*-n*; *-n*) meteorólogo *m*; **~ologie** [-lo'gi:] *f* (-; *sin pl*) meteorología *f*
'Meter ['me:tər] *m*, *a n* (*-s*; -) metro *m*; **~maß** *n* (*-es*; *-e*) (*Band*) cinta *f* métrica; (*Zollstock*) metro *m* (plegable)
Me'thod|e [me'to:də] *f* (-; *-n*) método *m*; **≗isch** metódico
metrisch ['me:triʃ] métrico
Metropole [metro'po:lə] *f* (-; *-n*) metrópoli *f*
Mette ['mɛtə] *f* (-; *-n*) maitines *m*/*pl*
Mettwurst ['mɛtvurst] *f especie de butifarra ahumada*
Metzge|r ['mɛtsgər] *m* (*-s*; -) carnicero *m*; **~'rei** *f* (-; *-en*) carnicería *f*
Meuterei [mɔʏtə'raɪ] *f* (-; *-en*) motín *m*
Mexikan|er [mɛksi'kɑ:nər] *m* (*-s*; -), **~erin** *f* (-; *-nen*) mejicano *m*, -a *f*; **≗isch** mejicano
Mexiko ['mɛksiko] *n* Méjico, *Am* México *m*
MEZ *f* ***Mitteleuropäische Zeit*** hora *f* de la Europa Central
mg ***Milligramm*** mg. (miligramo[s])
MG *n* ***Maschinengewehr*** ametralladora *f*
miauen [mi'aʊən] (*h*) maullar
mich [miç] me; *betont*: a mí
Mieder ['mi:dər] *n* (*-s*; -) corpiño *m*; (*Korsett*) corsé *m*, faja *f*
Miene ['mi:nə] *f* (-; *-n*) cara *f*
mies F [mi:s] malo, feo; **'≗muschel** *f* mejillón *m*
'Miet|dauer ['mi:t-] *f* duración *f* del alquiler; **~e** *f* (-; *-n*) alquiler *m*; **≗en** (*ge-*, *h*) alquilar; **~er** *m* (*-s*; -), **~erin** *f* (-; *-nen*) inquilino *m*, -a *f*; **~kauf** *m* alquiler-venta *m*; **~vertrag** *m* contrato *m* de alquiler (*Wohnung*: de inquilinato); **~wagen** *m* coche *m* de alquiler; **~wohnung** *f* piso *m* de alquiler
Migräne [mi'grɛ:nə] *f* (-; *-n*) jaqueca *f*
'Mikro|chip ['mi:krotʃip] *m* microchip *m*; **~elektronik** *f* microelectrónica *f*; **~faser** *f* microfibra *f*; **'~film** *m* microfilm(e) *m*; **~'fon** [mikro'fo:n] *n* (*-s*; *-e*) micrófono *m*; **~'skop** [mikros'ko:p] *n* (*-s*; *-e*) microscopio *m*; **'~wellenherd** *m* horno *m* microondas
Milch [milç] *f* (-; *sin pl*) leche *f*; **'~glas** *n* cristal *m* opalino; **'~kaffee** *m* café *m* con leche; **'~mixgetränk** *n* batido *m*; **'~pulver** *n* leche *f* en polvo; **'~reis** *m* arroz *m* con leche; **'~straße** *astr f* vía *f* láctea; **'~tüte** *f* bolsa *f* de leche; **'~zahn** *m* diente *m* de leche
mild [milt], **~e** ['-də] suave; *Wetter*: apacible; *Klima*: templado; *j*: indulgente; *Strafe*: leve; **≗e** ['-də] *f* (-; *sin pl*) suavidad *f*; *j-s*: indulgencia *f*; **'~ern** (*ge-*, *h*) templar, suavizar; (*lindern*) mitigar, aliviar; ***~der Umstand*** circunstancia *f* atenuante
Milieu [mil'jø:] *n* (*-s*; *-s*) ambiente *m*, medio *m*

Deutschland: Politische Karte
SCHWEDEN
KOPENHAGEN
DÄNEMARK
Nordsee
Ostsee
Kiel
Schleswig-Holstein
Mecklenburg-Vorpommern
Hamburg
Hamburg
Schwerin
Bremen
Bremen
Elbe
POLEN
NIEDER-
LANDE
Niedersachsen
Oder
BERLIN
Berlin
Potsdam
Hannover
Magdeburg
Brandenburg
Weser
Nordrhein-Westfalen
Sachsen-Anhalt
DEUTSCHLAND
Dresden
Düsseldorf
Erfurt
Sachsen
Rhein
Hessen
Thüringen
GIEN
Rheinland-Pfalz
PRAG
Wiesbaden
Main
Mainz
Mosel
TSCHECHIEN
Luxem-burg
Saarland
EMBURG
Saarbrücken
Bayern
Stuttgart
Donau
Baden-Württemberg
RANKREICH
Rhein
München
1 : 6 000 000
50
100
150 km
SCHWEIZ
ÖSTERREICH
VADUZ
Liechten-stein

ISLAND
Reykjavík
Nördlicher Polarkreis
Europäisches Nordmeer
ATLANTISCHER OZEAN
Färöer
(DK.)
NORWEGEN
Skandinavien
Shetland-
inseln
SCHWE
Orkney-
inseln
Hebriden
Schottland
Oslo
Stoc
Nordirland
Belfast
Man
Nordsee
DÄNEMARK
Dublin
Irische
See
IRLAND
GROSSBRITANNIEN
England
Kopenhagen
Seeland
Bornholm
Ost
Wales
Keltische
See
Friesische Inseln
NIEDERLANDE
Amsterdam
London
Themse
Rhein
Berlin
Der Kanal
BELGIEN
Kanalinseln
(Brit.)
Brüssel
DEUTSCHLAND
Elbe
Oder
LUXEMBURG
Luxemburg
Seine
Paris
Meuse
Prag
TSCHECHISCHE
REPUBLIK
Loire
Donau
FRANKREICH
Wien
Golf von
Biscaya
Bern
SCHWEIZ
Vaduz
LIECHTENSTEIN
ÖSTERREICH
Buda
ALPEN
4807
Mt. Blanc
SLOWENIEN
Ljubljana
Zagreb
Garonne
Rhône
Po
PYRENÄEN
3404 Pico
de Aneto
ANDORRA
Andorra
MONACO
Ligurisches
Meer
SAN MARINO
KROATIEN
BOSNIEN
HERZEG
Sarajevo
Douro
PORTUGAL
Lissabon
Tagus
Madrid
Duero
Ebro
SPANIEN
Guadiana
Korsika
(Frankr.)
Elba
ITALIEN
Adriatisches Meer
VATIKANSTADT
Rom
Balearen
Menorca
Ibiza
Mallorca
Sardinien
Tyrrhenisches Meer
Mittelmeer
Rabat
Er Rif
2456
MAROKKO
Algier
ALGERIEN
Tunis
TUNESIEN
Sizilien
Ioni
MALTA
Valletta
1 : 24 000 000
0 200 400 600 km
West 0° Ost

Europa: Politische Karte
Barentssee
Halbinsel Kola
Weißes Meer
Lappland
Karelien
FINNLAND
Onegasee
Ladogasee
Helsinki
RUSSLAND
URAL
Tallinn
ESTLAND
Peipussee
Wolga
Riga
LETTLAND
Moskwa
Moskau
LITAUEN
Wilna
Minsk
Dnjepr
WEISSRUSSLAND
Don
KASACHSTAN
Kaspische Senke
Kiew
UKRAINE
Dnjepr
Wolga
Don
Dnister
KARPATEN
MOLDAWIEN
Chişinău
Asowsches Meer
Krim
Kaspisches Meer
RUMÄNIEN
KAUKASUS
5642 Elbrus
GEORGIEN
Tiflis
Baku
Bukarest
Donau
Schwarzes Meer
BALKAN
BULGARIEN
Sofia
Skopje
ARMENIEN
ASERBAIDSCHAN
Eriwan
ASERBAIDSCHAN
Marmarameer
Ankara
IRAN
Ägäisches Meer
TÜRKEI
GRIECHENLAND
Athen
Sporaden
Kykladen
Euphrat
Tigris
IRAK
SYRIEN
Bagdad
ZYPERN
Nikosia
Kreta
LIBANON

Österreich und Schweiz: Politische Kart
FRANKREICH
DEUTSCHLAND
TSCHECHIEN
ITALIEN
SLOWENIEN
KROATIEN
UNGARN
SCHWEIZ
ÖSTERREICH
Rhein
Donau
Bodensee
Lac Neuchâtel
Genfer See
Lago Maggiore
Comer See
Gardasee
Luzerner See
Basel Stadt
Basel
Schaffhausen
Basel Land
Aargau
Zürich
Thurgau
Jura
Delémont
Solothurn
Appenzell Ausserrhoden
Appenzell Innerrhoden
St Gallen
Bregenz
Vorarlberg
VADUZ
Liechtenstein
Neuchâtel
Luzern
Zug
Schwyz
Glarus
BERN
Nidw.
Unterwalden
Altdorf
Chur
Fribourg
Vaud
Lausanne
Uri
Bern
Graubünden
Tessin
Bellinzona
Genf
Sion
Wallis
Innsbruck
Tirol
Osttirol
Salzburg
Linz
Ober-
österreich
Nieder-
österreich
St. Pölten
WIEN
Wien
BRATISLAVA
Eisenstadt
Burgenland
Steiermark
Graz
Kärnten
Klagenfurt
LJUBLJANA
ZAGREB
1 Schaffhausen
2 Frauenfeld
3 Appenzell
4 Herisau
5 Aarau
6 Zug
7 Schwyz
8 Glarus
9 Stans
10 Sarnen
11 Solothurn
12 St. Gallen
1 : 5 500 000
0 50 100 km

Mili'tär [mili'tɛːr] *n (-s; sin pl)* ejército *m*; soldados *m/pl*; ***er ist beim ~*** está en filas; **~attaché** *m* agregado *m* militar; **2isch** militar

Militarismus [-ta'rismus] *m (-; sin pl)* militarismo *m*

Mill. ***Million(en)*** millón, millones

Milli|arde [mil'jardə] *f (-; -n)* mil millones *m/pl*; **~meter** [mili'-] *m, a n* milímetro *m*

Million [mil'joːn] *f (-; -en)* millón *m*; **~är** [-jo'nɛːr] *m (-s; -e)*, **~ärin** *f (-; -nen)* millonario *m*, -a *f*

Milz [milts] *f (-; -en)* bazo *m*

Mimose *bot* [mi'moːzə] *f (-; -n)* mimosa *f*, sensitiva *f*

Min. ***Minute*** minuto

Minarett [mina'rɛt] *n (-s; -e)* alminar *m*, minarete *m*

'minder ['mindər] menor; *(geringer)* inferior; *adv* menos; **2einnahme** *f* déficit *m* de ingresos; **2heit** *f (-; -en)* minoría *f*; **2heitsregierung** *f* gobierno *m* minoritario; **~jährig** menor (de edad); **~n** *(ge-, h)* reducir, disminuir; **2ung** *f (-;-en)* reducción *f*, disminución *f*; **~wertig** [-veːrtiç] (de calidad) inferior; de escaso valor

'mindest ['-dəst]: ***das 2e*** lo menos; ***nicht das 2e*** ni lo más mínimo; ***nicht im 2en*** de ningún modo; **~ens** por lo *(od* al) menos; como mínimo; **2gebot** *n* postura *f* mínima; **2lohn** *m* salario *m* mínimo; **2rente** *f* pensión *f* mínima de jubilación

Mine ['miːnə] *f (-; -n) a Kugelschreiber*: mina *f*

Mine'ral [mine'raːl] *n (-s; -e)* mineral *m*; **~öl** *n* aceite *m* mineral; **~ölsteuer** *f* impuesto *m* sobre los aceites minerales; **~quelle** *f* fuente *f* de aguas minerales; **~wasser** *n* agua *f* mineral

'Mini|bus ['mini-] *m* microbús *m*; **~golf** *n a Anlage*: minigolf *m*; **~job** *m* trabajillo *m*; **~rock** *m* minifalda *f*

Mi'nister [-'nistər] *m (-s; -)*, **~in** *f (-; -nen)* ministro *m*, -a *f*; **~ium** [-'teːrjum] *n (-s; Ministerien)* ministerio *m*; **~präsident** *m*, **~präsidentin** *f* primer(a) ministro(-a) *m(f)*; *Esp* presidente *m* del gobierno

'minus ['miːnus] *adv* menos; ***3 Grad ~*** tres grados bajo cero

'Minus *n inv com* déficit *m*; **2betrag** *m com* déficit *m*; **2zeichen** *n* (signo *m* de) menos *m*

Mi'nute [mi'nuːtə] *f (-; -n)* minuto *m*; **~nzeiger** *m* minutero *m*

Mio. ***Million(en)*** millón, millones

mir [miːr] me; *betont*: a mí; ***mit ~*** conmigo; ***ein Freund von ~*** un amigo mío

Mirabelle *bot* [miːra'bɛlə] *f (-; -n)* ciruela *f* amarilla *od* mirabel

'Misch|brot ['miʃ-] *n* pan *m* integral; **2en** *(ge-, h)* mezclar; *Karten*: barajar; ***sich ~ in*** *(ac)* (entre)meterse en; **~gemüse** *n* macedonia *f* de verduras; **~ung** *f (-; -en)* mezcla *f*

miserabel [mizə'raːbəl] miserable; malísimo, pésimo

'Miss|achtung ['misˀ-] *f (-; sin pl)* desprecio *m*, desdén *m*; **~bildung** *f (-; -en)* deformación *f*; deformidad *f*; **2'billigen** *(h)* desaprobar; **'~brauch** *m (-s; Missbräuche)* abuso *m*; **2'brauchen** *(h)* abusar de *(a Frau)*; **2bräuchlich** ['-brɔyçliç] abusivo; **~erfolg** *m* fracaso *m*; **~ernte** *f* mala cosecha *f*

'Miss|fallen ['misfalən] *n (-s; sin pl)* desagrado *m*, disgusto *m*; **~geschick** *n* mala suerte *f*, desgracia *f*, adversidad *f*; **2'glücken** *(sn)* fracasar, malograrse; salir mal; **2'handeln** *(h)* maltratar; **~'handlung** *f* malos tratos *m/pl*

Mission [mis'joːn] *f (-; -en)* misión *f*; **~ar** [-jo'naːr] *m (-s; -e)* misionero *m*

'Miss|klang ['misklaŋ] *m* disonancia *f* *(a fig)*; **2lingen** [-'liŋən] *(misslang, misslungen, sn)* fracasar; ***j-m ~*** salir mal a alg; **~mut** *m* mal humor *m*; **2'trauen** *(h) (dat)* desconfiar de; **~trauen** *n (-s; sin pl)* desconfianza *f*; **~trauensvotum** *n* voto *m* de censura; **2trauisch** desconfiado (***gegen*** de); receloso; **2verständlich** equívoco; **~verständnis** *n (-ses; -se)* equivocación *f*, malentendido *m*; **2verstehen** *(missverstand, missverstanden, h)* entender *od* interpretar mal; **~wirtschaft** *f (-; sin pl)* desgobierno *m*, mala gestión *f*

Mist [mist] *m (-[e]s; sin pl)* estiércol *m*; F *fig* porquería *f*; *(Unsinn)* tonterías *f/pl*; **'~haufen** *m* estercolero *m*

mit [mit] *(dat)* con; *Mittel*: por; por medio de; ***~ der Post*** por correo; ***~ dem Zug*** en tren; ***~ 20 Jahren*** a los veinte años; ***~ blonden Haaren*** de cabellos rubios

'Mit|arbeit *f* colaboración *f*, cooperación *f*; **2arbeiten** *(sep, -ge-, h)* colaborar, cooperar (***bei*** en); **~arbeiter** *m*, **~arbeiterin** *f* colaborador(a) *m(f)*; **~arbeiterstab** *m* equipo *m* de colaboradores; **~bestimmung** *f* (-; *sin pl*) cogestión *f*; **ℒbringen** (*irr, sep, -ge-, h,* → ***bringen***) traer; **~bringsel** ['-briŋzəl] *n* (-*s*; -) pequeño regalo *m*; **~eigentümer** *m*, **~eigentümerin** *f* copropietario *m*, -a *f*; **ℒein'ander** uno(s) con otro(s); juntos; **~esser** *med m* comedón *m*, espinilla *f*; **ℒfahren** (*irr, sep, -ge-, sn,* → ***fahren***) ir (***mit*** con), acompañar (a); **~fahrerzentrale** *f* central *f* de viajes compartidos; **~fahrgelegenheit** *f* viaje *m* compartido; **~gefühl** *n* simpatía *f*; (*Beileid*) pésame *m*; **~glied** *n* miembro *m*; *e-s Vereins usw*: socio *m*; **~gliedsbeitrag** *m* cuota *f* (de socio); **~gliedskarte** *f* carnet *m* de socio; **~gliedsland** *n* país *m* miembro; **ℒhilfe von,** *auch* **mit Hilfe** con (la) ayuda de; por medio de; **ℒkommen** (*irr, sep, -ge-, sn,* → ***kommen***) ir (***mit*** con), acompañar (a); *fig* (poder) seguir; **~laut** *gram m* consonante *f*; **~leid** *n* (-[*e*]*s*; *sin pl*) compasión *f*; piedad *f*; **ℒleidig** compasivo; **ℒmachen** (*sep, -ge, h*) ser de la partida; participar (***bei*** en); *Mode usw*: seguir; (*ertragen*) sufrir; **ℒnehmen** (*irr, sep, -ge-, h,* → ***nehmen***) llevarse, llevar consigo; ***hart, arg ~*** dejar malparado; **~reisende** *m/f* compañero *m*, -a *f* de viaje; **ℒreißen** (*irr, sep, -ge-, h,* → ***reißen***) arrastrar; *fig* entusiasmar; apasionar; **ℒschreiben** (*irr, sep, -ge-, h,* → ***schreiben***) tomar apuntes; **ℒschuldig** cómplice (***an*** *dat* en); **ℒspielen** (*sep, -ge-, h*) tomar parte en el juego; ***j-m übel ~*** jugar una mala partida a alg

'Mittag ['mitaːk] *m* (-[*e*]*s*; -*e*) mediodía *m*; ***zu ~ essen*** almorzar, comer; **~essen** *n* almuerzo *m*, comida *f*; **ℒs** a mediodía; **~shitze** *f* calor *m* de mediodía; **~spause** *f* hora *f* de almorzar; **~sruhe** *f*, **~sschlaf** *m* siesta *f*; ***~ halten*** dormir la siesta; **~szeit** *f* (hora *f* del) mediodía *m*

Mitte ['mitə] *f* (-; -*n*) medio *m*, centro *m*; ***~ Mai*** a mediados de mayo

'mitteil|en ['mit-taɪlən] (*sep, -ge-, h*) comunicar, participar; avisar, informar (de); **ℒung** *f* (-; -*en*) comunicación *f*, participación *f*

'Mittel ['mitəl] *n* (-*s*; -) medio *m*; (*Ausweg*) recurso *m*; *med* remedio *m*; *pl* (*Geld*ℒ) *a* recursos *m/pl*, fondos *m/pl*; **~alter** *n* (-*s*; *sin pl*) Edad *f* Media; **ℒalterlich** medieval; **ℒamerikanisch** centroamericano; **~finger** *m* dedo *m* medio *od* del corazón; **ℒfristig** a medio plazo; **ℒgroß** de tamaño mediano; *j*: de estatura mediana; **~klasse** *f* categoría *f* media; **~klassewagen** *m* coche *m* de categoría media; **ℒlos** sin medios *od* recursos; **ℒmäßig** mediocre; mediano, regular; **~meerklima** *n* clima *m* mediterráneo; **~meerraum** *m* región *f* mediterránea; **~ohrentzündung** *f* otitis *f* media; **~punkt** *m* centro *m* (*a fig*); **ℒs** (*gen*) por medio de, mediante; **~stand** *m* clase *f* media; **~streifen** *m Autobahn*: (franja *f*) mediana *f*; **~welle** *f* onda *f* media

Mittelamerika ['mitəlameːrika] *n* América *f* Central, Centroamérica *f*

Mittelmeer ['mitəlmeːr] *n* (mar *m*) Mediterráneo *m*

mitten ['mitən]: ***~ in*** en medio de; en el centro de; ***~ im Winter*** en pleno invierno

Mitternacht ['-tərnaxt] *f* medianoche *f* (***um*** a)

mittler ['-lər] *adj* medio; central; (*durchschnittlich*) mediano

Mittwoch ['-vɔx] *m* miércoles *m*

mit|unter [mit'ʔuntər] de vez en cuando; **'ℒwirkung** *f* (-; *sin pl*) cooperación *f*, concurso *m*, participación *f*; ***unter ~ von*** con la colaboración de

'Mix|er ['miksər] *m* (-*s*; -) barman *m*; (*Gerät*) batidora *f*; **~getränk** *n* batido *m*

mm ***Millimeter*** mm (milímetro)

MMS *f* ***Multimedia Message System*** MMS *m*

'mobb|en [mɔbən] (*ge-, h*) *v/t* hacer mobbing; **ℒing** *n* (-[*s*]; *sin pl*) mobbing *m*

'Möbel ['møːbəl] *n* (-*s*; -) mueble *m*; **~wagen** *m* camión *m* de mudanzas

Mo'bilfunk *m* (-*s*) telefonía *f* móvil; **~netz** *n tel* red *f* de telefonía móvil

mobilisieren [mobili'ziːrən] (*h*) *a fig* movilizar

möbl. ***möbliert*** amueblado

möbliert [mø'bliːrt] amueblado

'Mode ['moːdə] *f* (-; -*n*) moda *f*; ***neueste ~*** última moda; (***in***) ***~ sn*** estar de moda *od fig* en boga; **~farbe** *f* color *m* de moda; **~geschäft** *n* tienda *f* de modas

Modell [mo'dɛl] *n* (*-s*; *-e*) modelo *m*; (*Person*) modelo *su*; *arqu* maqueta *f*

'**Mode|macher** ['moːdə-] *m* modisto *m*; **~nschau** *f* desfile *m* de modelos

Moder|ator [mode'rɑːtɔr] *m* (*-s*; *-en* [-'toːrən]), **~a'torin** [-ra'toːrin] *f* (*-*; *-nen*) *TV usw*: moderador(a) *m*(*f*), presentador(a) *m*(*f*); **⁀ieren** [-'riːrən] (*h*) moderar, presentar

modern [mo'dɛrn] moderno; **⁀i'sierung** *f* (*-*; *-en*) modernización *f*

'**Mode|salon** ['moːdəzalɔŋ] *m* salón *m* de modas; **~schmuck** *m* bisutería *f*; **~schöpfer** *m* modisto *m*; **~zeitschrift** *f* revista *f* de modas

modisch ['-diʃ] de moda

Mofa ['moːfa] *n* (*-s*; *-s*) velomotor *m*

mogeln ['moːgəln] F (*ge-*, *h*) hacer trampa

mögen ['møːgən] (*mochte*, *gemocht*, *h*) (*können*, *dürfen*) poder; (*wünschen*) querer; *a Speise*: gustar; ***lieber* ~** preferir; ***ich mag ihn sehr gern*** le aprecio mucho; ***ich möchte*** (***gern***) quisiera; (***es***) ***mag sn*** puede ser, es posible

'**möglich** ['møːkliç] posible; ***alles* ⁀*e*** todo lo posible; ***das ist gut*** *od* ***leicht* ~** es muy posible; **~er'weise** posiblemente; a lo mejor; **⁀keit** *f* (*-*; *-en*) posibilidad *f*; **~st**: ***sein* ⁀*es tun*** hacer todo lo posible; **~ *bald*** cuanto antes

Mohammedan|er [mohame'dɑːnər] *m* (*-s*; *-*), **~erin** *f* (*-*; *-nen*) *neg* mahometano *m*, -a *f*; **⁀isch** *neg* mahometano

Mohn *bot* [moːn] *m* (*-*[*e*]*s*; *-e*) adormidera *f*; (*Klatsch⁀*) amapola *f*

Möhre *bot* ['møːrə] *f* (*-*; *-n*), **Mohrrübe** ['moːryːbə] *f* zanahoria *f*

Mokka ['mɔka] *m* (*-s*; *-s*) moca *m*

Moldau ['mɔldaʊ] *f* Moldáu *m*, Moldava *m*

Mole *mar* ['moːlə] *f* (*-*; *-n*) muelle *m*

Molkerei [mɔlkə'raɪ] *f* (*-*; *-en*) lechería *f*

Moll *mus* [mɔl] *n* (*-*; *sin pl*) modo *m* menor

mollig ['-liç] (*rundlich*) regordete

Moment [mo'mɛnt] *m* (*-*[*e*]*s*; *-e*) momento *m*, instante *m*; **⁀an** [-'tɑːn] momentáneo; *adv* de momento

Monaco [mo'nako] *n* Mónaco *m*

Monarchie [monar'çiː] *f* (*-*; *-n*) monarquía *f*

'**Monat** ['moːnat] *m* (*-*[*e*]*s*; *-e*) mes *m*; **⁀lich** mensual; *adv* por (*od* al) mes; ***100 Mark* ~** cien marcos mensuales; **~seinkommen** *n* ingresos *m*/*pl* mensuales; sueldo *m* mensual; **~skarte** *f* billete *m od* abono *m* mensual; **~srate** *f* mensualidad *f*; **~sschrift** *f* revista *f* mensual

Mönch [mœnç] *m* (*-*[*e*]*s*; *-e*) monje *m*, fraile *m*

Mond [moːnt] *m* (*-*[*e*]*s*; *-e*) luna *f*; '**~finsternis** *f* eclipse *m* lunar; '**~schein** *m* claro *m* de luna; ***im* ~** a la luz de la luna

mone|tär [mone'tɛːr] monetario; **⁀ten** [-'neːtən] F *pl* F pasta *f*

Mongolei [mɔŋgo'laɪ] *f* Mongolia *f*

Monitor ['moːnitɔr] *m* (*-s*; *-en* [-'toːrən]) monitor *m*

Mono|gramm [mono'gram] *n* (*-s*; *-e*) monograma *m*; **~log** [-'loːk] *m* (*-*[*e*]*s*; *-e*) monólogo *m*; **~pol** [-'poːl] *n* (*-s*; *-e*) monopolio *m*; **⁀ton** [-'toːn] monótono

Mon|stranz [mɔn'strants] *f* (*-*; *-en*) custodia *f*; **~strum** ['-strum] *n* (*-s*; *Monstren*) monstruo *m*

Montag ['moːntɑːk] *m* lunes *m*

Mon|tage [mɔn'tɑːʒə] *f* (*-*; *-n*) montaje *m* (*a Film*); ensamblaje *m*; **~tanindustrie** [mɔn'tɑːn-] *f* industria *f* del carbón y del acero; **~'tanunion** *f* Comunidad *f* Europea del Carbón y del Acero; **~teur** [-'tøːr] *m* (*-s*; *-e*) montador *m*; mecánico *m*; **⁀'tieren** (*h*) montar, ensamblar; instalar

Moor [moːr] *n* (*-*[*e*]*s*; *-e*) pantano *m*; '**~bad** *n* baño *m* de lodo *od* fango

Moos *bot* [moːs] *n* (*-es*; *-e*) musgo *m*; (*sin pl*) F (*Geld*) F pasta *f*

Moped ['moːpeːt] *n* (*-s*; *-s*) ciclomotor *m*

Mopp [mɔp] *m* (*-s*; *-s*) mopa *f*

Mo'ral [mo'rɑːl] *f* (*-*; *sin pl*) (*Sittenlehre*) moral *f* (*a mil der Truppe*); *e-r Fabel*: moraleja *f*; (*Tugend*) moralidad *f*; **⁀isch** moral

Mo'rast [-'rast] *m* (*-*[*e*]*s*; *-e*) fango *m*, lodo *m*, cieno *m*; **⁀ig** fangoso

Morchel ['mɔrçəl] *f* (*-*; *-n*) colmenilla *f*

Mord [mɔrt] *m* (*-*[*e*]*s*; *-e*) asesinato *m*; **⁀en** ['-dən] (*ge-*, *h*) asesinar

Mörder ['mœrdər] *m* (*-s*; *-*), **~in** *f* (*-*; *-nen*) asesino *m*, -a *f*

'**Mord|kommission** ['mɔrt-] *f* brigada *f* de homicidios; **~skrach** F *m* ruido *m* infernal; **~versuch** *m* tentativa *f* de asesinato

'**Morgen** ['mɔrgən] **1.** *m* (*-s*; *-*) mañana *f*;

guten ~ buenos días; ***heute ~*** esta mañana; ***gestern ~*** ayer por la mañana; **2.** ≈ *adv* mañana; ***~ in 14 Tagen*** de mañana en quince días; **~grauen** *n*: ***im ~*** al amanecer; **~rock** *m* bata *f*; **≈s** por la mañana, de (la) mañana; **~zeitung** *f* (periódico *m*) matutino *m*
morgig ['-giç] de mañana
Morphium ['mɔrfium] *n* (*-s*; *sin pl*) morfina *f*
morsch [mɔrʃ] podrido
Mörtel ['mœrtəl] *m* (*-s*; -) mortero *m*
Mosaik [moza'i:k] *n* (*-s*; *-en*) mosaico *m*
Moschee [mɔ'ʃe:] *f* (-; *-n*) mezquita *f*
Mosel [mo:zəl] *f* Mosela *m*
Moskau [mɔskaʊ] *n* Moscú *m*
Mos'kito [mɔs'ki:to] *m* (*-s*; *-s*) mosquito *m*; **~netz** *n* mosquitero *m*
Moslem ['-lɛm] *m* (*-s*; *-s*) musulmán *m*
Most [mɔst] *m* (*-[e]s*; *-e*) mosto *m*; (*Apfel≈*) sidra *f*
Mostrich ['-triç] *m* (*-s*; *sin pl*) mostaza *f*
Motel [mo'tɛl] *n* (*-s*; *-s*) motel *m*
Motiv [-'ti:f] *n* (*-s*; *-e*) motivo *m* (*a mus*)
Motor ['mo:tɔr, mo'to:r] *m* (*-s*; *-en* [-'to:rən]) motor *m*; **~boot** *n* gasolinera *f*, (lancha *f*) motora *f*; **~haube** *f* capó *m*; **≈isieren** [-tori'zi:rən] (*h*) motorizar; **~öl** *n* aceite *m* para motores; **~rad** *n* motocicleta *f*, F moto *f*; ***~ fahren*** ir en moto(cicleta); **~radfahrer** *m*, **~radfahrerin** *f* motociclista *su*; **~roller** *m* escúter *m*; **~schaden** *m* avería *f* del motor; **~sport** *m* motorismo *m*
'Motte ['mɔtə] *f* (-; *-n*) polilla *f*
Möwe ['mø:və] *f* (-; *-n*) gaviota *f*
MP *f* ***Maschinenpistole*** metralleta *f*; ***Militärpolizei*** PM *f* (policía militar)
MP'3 *n inform Format zum Speichern von Audio-Dateien*: MP3 *m*; **~-Player** [-ple:ər] *m inform* reproductor *m* MP3
Mrd. ***Milliarde(n)*** mil milones
m/s ***Meter pro Sekunde*** metros por segundo
Ms., **Mskr.** ***Manuskript*** manuscrito
mtl. ***monatlich*** mensual
'Mücke ['mykə] *f* (-; *-n*) mosquito *m*; **~nstich** *m* picadura *f* de mosquito
'müd|e ['my:də] cansado, fatigado; **≈igkeit** *f* (-; *sin pl*) cansancio *m*, fatiga *f*
muffig ['mufiç]: ***~ riechen*** oler a encerrado
'Mühe ['my:ə] *f* (-; *-n*) trabajo *m*, esfuerzo *m*; molestia *f*; ***sich*** (*dat*) ***~ geben zu*** (*inf*) esforzarse por; ***sich*** (*dat*) ***die ~ machen zu*** (*inf*) tomarse la molestia de; **≈los** sin esfuerzo
muhen ['mu:ən] (*ge-*, *h*) mugir
Mühle ['my:lə] *f* (-; *-n*) molino *m*
mühsam ['-zɑ:m] penoso; laborioso
Mulatt|e [mu'latə] *m* (*-n*; *-n*), **~in** *f* (-; *-nen*) mulato *m*, -a *f*
Mulde ['muldə] *f* (-; *-n*) (*Erd≈*) hondonada *f*
Müll [myl] *m* (*-s*; *sin pl*) basura(s) *f*(*pl*); **'~abfuhr** *f* recogida *f* de basuras; **'~beutel** *m* bolsa *f* de basura
Mullbinde ['mulbində] *f* venda *f* de gasa
'Müll|container ['myl-] *m* contenedor *m* de basuras; **~deponie** *f* vertedero *m* de basuras; **~eimer** *m* cubo *m* de (la) basura
Müller ['-lər] *m* (*-s*; -) molinero *m*
'Müll|fahrer *m*, **~mann** F *m* basurero *m*; **~schlucker** *m* (*-s*; -) evacuador *m* de basuras; **~tonne** *f* cubo *m* de basura; **~trennung** *f* recogida *f* selectiva de basuras; **~verbrennungsanlage** *f* planta *f* incineradora de basuras
'multi|... ['multi] multi...; ≈ F *m* (*-s*; *-s*) multinacional *f*; **≈kulti** *m* multicultural *m*; **≈kultigesellschaft** *f* sociedad *f* multicultural; **~kulturell** multicultural; **~lateral** [-latə'ra:l] multilateral
Multimedia|... [mʊlti'me:dia-] *in Zssgn* multimedia; **~anwendung** *f inform* aplicación *f* multimedia
multi|medi'al multimedia; **~national** multinacional
multiplizieren [-pli'tsi:rən] (*h*) multiplicar
Mumie ['mu:mjə] *f* (-; *-n*) momia *f*
Mumps *med* [mumps] *m* (-; *sin pl*) paperas *f*/*pl*, parotiditis *f*
München ['mynçən] *n* Múnich *f*
Mund [munt] *m* (*-[e]s*; *⸚er*) boca *f*; ***den ~ halten*** callar la boca; **'~art** *f* dialecto *m*
münden ['myndən] (*ge-*, *sn*, *h*) desembocar (***in*** *ac* en)
Mundharmonika ['munt-] *f* armónica *f*
mündig ['myndiç] mayor de edad
mündlich ['myntliç] oral; verbal
M-und-S-Reifen ['ɛmʔunt'ɛs-] *m*/*pl* neumáticos *m*/*pl* para barro y nieve
Mundstück ['munt-] *n* boquilla *f* (*a mus*)
Mündung ['myndʊŋ] *f* (-; *-en*) (*Fluss≈*) desembocadura *f*; (*Gewehr≈*) boca *f*
'Mund|wasser ['munt-] *n* agua *f* dentífrica; **~werk** *n*: ***ein gutes ~ haben*** tener

mucha labia; **~-zu-'Mund-Beatmung** *f* (respiración *f* de) boca a boca *m*

Munition [muni'tsjoːn] *f* (-; *sin pl*) munición *f*

Münster ['mynstər] *n* (-*s*; -) catedral *f*

munter ['muntər] alegre, vivo; (*wach*) despierto

'Münz|e ['myntsə] *f* (-; -*n*) moneda *f*; (*Gedenk*≈) medalla *f*; **~(en)sammler** *m* numismático *m*; **~fernsprecher** *m* teléfono *m* público de monedas; **~tankstelle** *f* gasolinera *f* de monedas

'mürbe ['myrbə] (*brüchig*) frágil; (*zart*) tierno (*a Fleisch*); (*durchgekocht*) bien cocido; **≈teig** *m* pastaflora *f*

'Murmel ['murməl] *f* (-; -*n*) canica *f*; **≈n** (*ge*-, *h*) murmurar; **~tier** *n* marmota *f*

murren ['murən] (*ge*-, *h*) murmurar, quejarse (***über*** *ac* de)

mürrisch ['myriʃ] gruñón, malhumorado

Mus [muːs] *n* (-*es*; -*e*) compota *f*

'Muschel ['muʃəl] *f* (-; -*n*) concha *f*; *gastr* (*Mies*≈) mejillón *m*; (*Venus*≈) almeja *f*; *tel* auricular *m*; **~schale** *f* concha *f*

Museum [mu'zeːum] *n* (-*s*; *Museen*) museo *m*

Musik [mu'ziːk] *f* (-; *sin pl*) música *f*

Musika|lienhandlung [muzi'kɑːljən-] *f* casa *f* de música; **≈lisch** [-'kɑːliʃ] musical; ***~ sn*** tener talento musical

Mu'sik|box [-'ziːkbɔks] *f* máquina *f* tocadiscos; **~er** ['muːzikər] *m* (-*s*; -), **~erin** *f* (-; -*nen*) músico *m*, -a *f*; **~instrument** *n* instrumento *m* de música; **~stück** *n* pieza *f* de música

musizieren [-zi'tsiːrən] (*h*) hacer música

Muskat [mus'kɑːt] *m* (-[*e*]*s*; -*e*), **~nuss** *f* nuez *f* moscada

Muskateller [-ka'tɛlər] *m* (-*s*; -), **~wein** *m* (vino *m*) moscatel *m*

'Muskel ['-kəl] *m* (-*s*; -*n*) músculo *m*; **~kater** F *m* agujetas *f/pl*; **~krampf** *m* calambre *m*; **~zerrung** *med f* distensión *f* muscular

muskulös [-ku'løːs] muscoloso

Muße ['muːsə] *f* (-; *sin pl*) ocio *m*

müssen ['mysən] (*musste*, *gemusst*, *h*) (*äußerer Zwang*) tener que; (*innerer Zwang*) deber; (*Annahme*) ***er muss zu Hause sn*** debe de estar en casa; ***man muss*** hay que (*inf*)

müßig ['myːsiç] desocupado; (*nutzlos*) inútil

'Muster ['mustər] *n* (-*s*; -) modelo *m* (*a fig*); (*Stoff*≈) dibujo *m*; *com* muestra *f* (***ohne Wert*** sin valor); **≈gültig**, **≈haft** ejemplar; **~kollektion** *f* muestrario *m*; **~messe** *f* feria *f* de muestras; **≈n** (*ge*-, *h*) examinar; F tallar; **~ung** *f* (-; -*en*) *mil* revisión *f* médica

Mut [muːt] *m* (-[*e*]*s*; *sin pl*) ánimo *m*, valor *m*; ***j-m ~ machen*** alentar a alg; ***den ~ verlieren*** desanimarse; ***nur ~!*** ¡ánimo!; **'≈ig** animoso, valiente; **'≈los** desanimado, desalentado

'mutmaß|lich ['-mɑːsliç] presunto, supuesto, probable; **≈ung** *f* (-; -*en*) conjetura *f*, presunción *f*

'Mutter ['mutər] *f* **1.** (-; ¨) madre *f*; **2.** (-; -*n*) (*Schrauben*≈) tuerca *f*; **~'gottes** *f* (-; *sin pl*) Nuestra Señora *f*

'mütterlich ['mytərliç] maternal; materno; **~erseits** [-çərzaɪts] (por el lado) materno

'Mutter|liebe ['mutər-] *f* amor *m* maternal; **~mal** *n* lunar *m*; **~milch** *f* leche *f* materna; **~schaft** *f* (-; *sin pl*) maternidad *f*; **~schaftsurlaub** *m* vacaciones *f/pl* por maternidad; **~schutz** *m* protección *f* de la maternidad; **~sprache** *f* lengua *f* materna; **~tag** *m* día *m* de la Madre

Mutti F ['muti] *f* (-; -*s*) mamá *f*, mamaíta *f*

mutwillig ['muːt-] malicioso; travieso; (*vorsätzlich*) intencionado

Mütze ['mytsə] *f* (-; -*n*) gorro *m*; (*Schirm*≈) gorra *f*

MwSt. *f* ***Mehrwertsteuer*** IVA *m* (impuesto sobre el valor añadido)

mysteri|ös [myster'jøːs] misterioso; **≈um** [-'teːrjum] *n* (-*s*; *Mysterien* [-jən]) misterio *m*

'Mysti|k ['mystik] *f* (-; *sin pl*) mística *f*; **≈sch** místico

Myth|ologie [mytolo'giː] *f* (-; -*n*) mitología *f*; **~os** ['myːtɔs] *m* (-; *Mythen*) mito *m*

N

N[1], **n** [ɛn] *n* (-; -) N, n *f*
N[2] ***Norden*** norte
na! F [na] ¡pues!; **~ *so was!*** ¡vaya!; ¡hombre!; **~ *und?*** ¿y qué?; **~ *ja!*** ¡bueno!
Nabe *tec* ['nɑːbə] *f* (-; *-n*) cubo *m*
Nabel ['-bəl] *m* (*-s*; -) ombligo *m*
nach [nɑːx] **1.** *prp* (*dat*) *räumlich*: a; para; hacia; **~ *Spanien fahren*** ir a España; **~ *Madrid* (*ab*)*reisen*** salir para Madrid; **~ *Osten*** hacia el este; **2.** *prp* (*dat*) *zeitlich u Reihenfolge*: después de; **~ *drei Tagen*** a los tres días; **~ *zehn Jahren*** al cabo de diez años; ***zehn Minuten* ~ *drei*** (a) las tres y diez; **~ *Ihnen!*** ¡Vd. primero!; ***einer* ~ *dem ander*(*e*)*n*** uno tras otro; **3.** *prp* (*dat*) (*gemäß*) según, conforme a; **~ *m-r Meinung*** en mi opinión; **~ *m-m Geschmack*** a mi gusto; **~ *der neuesten Mode*** a la última moda; **4.** *adv*: **~ *und* ~** poco a poco; **~ *wie vor*** ahora (*od* hoy) como antes; ***das ist* ~ *wie vor interessant*** esto sigue siendo interesante
'nachahm|en ['-ʔɑːmən] (*sep*, *-ge-*, *h*) imitar; **≗ung** *f* (-; *-en*) imitación *f*; (*Fälschung*) falsificación *f*
'Nachbar ['naxbɑːr] *m* (*-n*; *-n*), **~in** *f* (-; *-nen*) vecino *m*, -a *f*; **~schaft** *f* (-; *sin pl*) vecindad *f*; vecinos *m*/*pl*
'nach|bestellen ['nɑːx-] (*sep*, *h*) hacer un pedido suplementario; **≗bestellung** *f* pedido *m* suplementario; **≗bildung** *f* (-; *-en*) copia *f*, imitación *f*; reproducción *f*; **~blicken** (*sep*, *-ge-*, *h*) (*dat*) seguir con los ojos
nachdem [nax'deːm] después (de) que; después de (*inf*)
'nach|denken ['nɑːxdɛŋkən] reflexionar (***über*** *ac* sobre); meditar (sobre); pensar (*ac*); **~denklich** pensativo; **≗druck** *m* (*-s*; *sin pl*) ahínco *m*, énfasis *m*; *tip* (*pl -e*) reproducción *f*, reimpresión *f*; **~ *legen auf*** (*ac*) poner énfasis en, insistir en; **~drücklich** ['-dryklıç] enérgico; **~eifern** (*sep*, *-ge-*, *h*) (*dat*) emular; **'~ei'nander** uno tras otro
N(a)chf. ***Nachfolger*** sucesor
'Nach|folge *f* (-; *sin pl*) sucesión *f*; **≗folgen** (*sep*, *-ge-*, *sn*) suceder a; **≗folgend** siguiente; consecutivo; **~folger** *m* (*-s*; -), **~folgerin** *f* (-; *-nen*) sucesor(a) *m*(*f*); **≗forschen** (*sep*, *-ge-*, *h*) investigar, indagar; **~forschung** *f* (-; *-en*) investigación *f*, indagación *f*; pesquisa *f*; **~frage** *com f* (-; *-n*) demanda *f* (***nach*** de); **≗fragen** (*sep*, *-ge-*, *h*) preguntar; **≗füllen** (*sep*, *-ge-*, *h*) rellenar; **≗geben** (*irr*, *sep*, *-ge-*, *h*, → ***geben***) ceder; *Preise*: bajar; *Stoff*: dar de sí; *tec* ser elástico; **~gebühr** *f* sobretasa *f*; **≗gehen** (*irr*, *sep*, *-ge-*, *sn*, → ***gehen***) *j-m*: ir tras, seguir (*ac*); *e-r Sache*: ocuparse de; *Geschäften*: dedicarse a; *Vergnügungen*: entregarse a; *Uhr*: ir atrasado; **~geschmack** *m* gustillo *m*, resabio *m*; *fig* deje *m*; **≗giebig** ['-giːbıç] flexible, elástico; *fig* indulgente, transigente (***gegenüber*** con); **'≗haltig** *Wachstum*, *Nutzung von Rohstoffen*: persistente, duradero; **≗'hause** a casa; **'≗'her** después; más tarde; ***bis* ~!** ¡hasta luego!; **~hilfestunde** *f* clase *f* particular (de repaso); **≗holen** (*sep*, *-ge-*, *h*) recuperar
'Nachkomme ['-kɔmə] *m* (*-n*; *-n*) descendiente *m*; **≗n** (*irr*, *sep*, *-ge-*, *sn*, → ***kommen***) (*dat*) seguir (*a fig*); *später*: llegar más tarde; *e-r Pflicht*: cumplir con; *e-r Bitte*: acceder a
'Nach|kriegszeit *f* posguerra *f*; **~lass** ['-las] *m* (*-es*; *Nachlässe*) *com* rebaja *f*, descuento *m*; *jur* herencia *f*; **≗lassen** (*irr*, *sep*, *-ge-*, *h*, → ***lassen***) *v/i* (*sich vermindern*) disminuir; *Wind*: amainar; *Schmerz*: ceder
nachlässig ['-lɛsıç] negligente, descuidado
Nachlassverwalter ['nɑːxlas-] *m* administrador *m* de la herencia
'nach|laufen (*irr*, *sep*, *-ge-*, *sn*, → ***laufen***) (*dat*) correr tras; perseguir; **~liefern** (*sep*, *-ge-*, *h*) entregar más tarde; enviar lo que falta; **~lösen** (*sep*, *-ge-*, *h*) *Fahrkarte*: tomar un suplemento; **~machen** (*sep*, *-ge-*, *h*) imitar, copiar
nachm. ***nachmittags*** por la tarde
'Nachmittag *m* (*-s*; *-e*) tarde *f*; ***heute* ~** esta tarde; ***morgen* ~** mañana por la

tarde; **♀s** por la tarde; **~s...**: *in Zssgn* de la tarde

'**Nach|nahme** ['-nɑːmə] *f* (-; *-n*) re(e)mbolso *m* (***gegen*** contra); **~name** *m* apellido *m*; **♀prüfen** (*sep*, *-ge-*, *h*) verificar, comprobar; **♀rechnen** (*sep*, *-ge-*, *h*) repasar (una cuenta); **♀reisen** (*sep*, *-ge-*, *sn*) (*dat*) seguir (*ac*)

'**Nachricht** ['-riçt] *f* (-; *-en*) noticia *f*, información *f*; **~en** *pl TV*, *Radio*: noticias *f*/*pl*; **~enagentur** *f* agencia *f* de noticias; **~ensatellit** *m* satélite *m* de comunicaciones

'**Nach|saison** *f* temporada *f* baja; **♀schicken** (*sep*, *-ge-*, *h*) *s* ***nachsenden***; **~schlagewerk** *n* obra *f* de consulta; **~schlüssel** *m* llave *f* falsa; **♀sehen** (*irr*, *sep*, *-ge-*, *h*, → ***sehen***) (*prüfen*) examinar; ***~, ob*** ir a ver si; ***j-m et ~*** (*verzeihen*) dejar pasar, perdonar a/c a alg; **~sendeantrag** *m* solicitud *f* de reexpedición; **♀senden** (*irr*, *sep*, *-ge-*, *h*, → ***senden***) reexpedir, hacer seguir; **♀sichtig** ['-ziçtiç] indulgente; **~speise** *f* postre *m*; **♀sprechen** (*irr*, *sep*, *-ge-*, *h*, → ***sprechen***) repetir

nächst [nɛːçst] *Entfernung*: el más cercano; *Reihenfolge*: próximo (*a zeitlich*); *Verwandte*: más cercano; *Weg*: más corto; ***~e Woche*** la semana que viene (*od* próxima); ***in ~er Zeit*** próximamente; ***der ~e, bitte!*** ¡el siguiente!; '**♀e** *m*/*f* (*-n*; *-n*) (*Mitmensch*) prójimo *m*, -a *f*

'**nachstellen** (*sep*, *-ge-*, *h*) *Uhr*: retrasar; *tec* ajustar

Nacht [naxt] *f* (-; *⸚e*) noche *f*; ***bei ~*** de noche; ***heute ~*** esta noche; ***gute ~!*** ¡buenas noches!; '**~dienst** *m* servicio *m* nocturno

'**Nachteil** ['nɑːxtaɪl] *m* desventaja *f*, inconveniente *m*; ***zum ~ von*** en perjuicio de; **♀ig** desventajoso, perjudicial

'**Nacht|essen** ['naxtˀ-] *n* cena *f*; **~fahrverbot** *n* prohibición *f* de circular de noche; **~flug** *m* vuelo *m* nocturno; **~hemd** *n* camisón *m*

Nachtigall ['-tigal] *f* (-; *-en*) ruiseñor *m*

Nachtisch ['nɑːxtiʃ] *m* postre *m*

'**Nacht|leben** ['naxt-] *n* vida *f* nocturna; **~lokal** *n* club *m* nocturno; **~portier** *m* portero *m* de noche

'**nach|tragen** ['nɑːx-] (*irr*, *sep*, *-ge-*, *h*, → ***tragen***) (*hinzufügen*) añadir; ***j-m et ~*** guardar rencor a alg por a/c; **~tragend** rencoroso; **~träglich** ['-trɛːkliç] ulterior, posterior; *adv* posteriormente

Nacht|ruhe ['naxt-] *f* reposo *m* nocturno; **♀s** de noche, durante la noche

'**Nacht|schicht** *f* turno *m* de noche; **~schwester** *f* enfermera *f* de noche; **~tisch** *m* mesita *f* de noche; **~tischlampe** *f* lámpara *f* de cabecera; **~wächter** *m* vigilante *m* nocturno, sereno *m*

'**Nachweis** ['nɑːxvaɪs] *m* (*-es*; *-e*) prueba *f*; **~barkeit** *f* demostrabilidad *f*; (*von Gift etc.*) detectabilidad *f*; **♀en** (*irr*, *sep*, *-ge-*, *h*, → ***weisen***) probar, demostrar

'**Nach|wirkung** *f* consecuencia *f*; repercusión *f*; **~wuchs** *m* (*-es*; *sin pl*) *fig* nueva generación *f*; *bsd dep* cantera *f*; F (*Kinder*) prole *f*; **♀zahlen** (*sep*, *-ge-*, *h*) pagar un suplemento; **♀zählen** (*sep*, *-ge-*, *h*) recontar; **~zahlung** *f* pago *m* suplementario; **~zügler** ['-tsyːglər] *m* (*-s*; -) rezagado *m*

Nacken ['nakən] *m* (*-s*; -) nuca *f*, cerviz *f*

nackt [nakt] desnudo (*a fig*); F en cueros; '**♀badestrand** *m* playa *f* nudista

'**Nadel** ['nɑːdəl] *f* (-; *-n*) aguja *f* (*a tec*); (*Steck♀*) alfiler *m*; *bot* pinocha *f*; **~baum** *m* conífera *f*; **~öhr** *n* ojo *m* de la aguja; **~stich** *m* alfilerazo *m* (*a fig*); **~wald** *m* bosque *m* de coníferas

'**Nagel** ['-gəl] *m* (*-s*; *⸚*) *anat* uña *f*; *tec* clavo *m*; ***den ~ auf den Kopf treffen*** dar en el clavo; **~bürste** *f* cepillo *m* de uñas; **~feile** *f* lima *f* de uñas; **~lack** *m* laca *f* de uñas, esmalte *m* para uñas; **~lackentferner** *m* quitaesmalte *m*; **♀n** (*ge-*, *h*) clavar; '**♀'neu** flamante; **~schere** *f* tijeras *f*/*pl* para uñas; **~zange** *f* cortaúñas *m*

'**nage|n** ['-gən] (*ge-*, *h*) roer (***an et*** *dat* a/c); **♀tier** *n* roedor *m*

nah [nɑː] cercano; próximo (*a zeitlich*); *adv* cerca; ***~ bei*** *od* ***an*** (*dat*) cerca de, junto a; ***von ~em*** de cerca; '**♀aufnahme** *f* primer plano *m*; '**~e** *s* ***nah***; ***~ legen*** → ***nahelegen***; ***~ liegend*** *fig* evidente; '**♀bereich** *m S-*, *U-ferro*: ámbito *m* periférico

Nähe ['nɛːə] *f* (-; *sin pl*) proximidad *f*, cercanía *f*; ***in der ~*** (***von***) cerca (de)

nahe|legen (*sep*, *-ge-*, *h*, → ***legen***) *fig* sugerir, recomendar; **~liegend** *fig* evidente

nähen ['nɛːən] (*ge-*, *h*) coser; *med* suturar

'**näher** ['-ər] (*Komparativ v* ***nahe***) más cercano *od* próximo; más cerca; *Weg*:

más corto; ~ **kennen** conocer de cerca; **♀e** *n* (-*n*; *sin pl*) más detalles *m*/*pl*

Naherholungsgebiet ['nɑːʔ-] *n* zona *f* periférica de recreo

nähern ['nɛːərn] (*ge*-, *h*): (**sich**) ~ acercar(se), aproximar(se)

nahezu ['nɑːətsuː] casi

'**Näh|garn** ['nɛːgarn] *n* hilo *m* (de coser); ~**maschine** *f* máquina *f* de coser; ~**nadel** *f* aguja *f*

nahrhaft ['nɑːrhaft] nutritivo, sustancioso

'**Nahrung** ['nɑːruŋ] *f* (-; *sin pl*) alimento *m*; (*Kost*) comida *f*; dieta *f*; ~**smittel** *n* alimento *m*; *pl a* víveres *m*/*pl*; ~**smittelvergiftung** *f* intoxicación *f* alimenticia

Nährwert ['nɛːr-] *m* valor *m* nutritivo

Naht [nɑːt] *f* (-; ⸗*e*) costura *f*; *med* sutura *f*; '**♀los** sin costura; *fig* sin fisura; ~ **braun** completamente moreno

'**Nahverkehr** ['nɑːfɛrkeːr] *m* tráfico *m* a corta distancia; *ferro* tráfico *m* de cercanías; ~**szug** *m* tren *m* de cercanías

Nähzeug ['nɛːtsɔʏk] *n* útiles *m*/*pl bzw* neceser *m* de costura

naiv [na'iːf] ingenuo; *Kunst*: naif

Name ['nɑːmə] *m* (-*ns*; -*n*) nombre *m*; (*Familien♀*) apellido *m*; **im ~n von** en nombre de; **dem ~n nach** de nombre

'**Namenstag** *m* (día *m* del) santo *m*

'**nam|entlich** ['-məntliç] nominal; *adv* (*besonders*) particularmente; ~**haft** renombrado, notable

nämlich ['nɛːmliç] *adv* a saber, es decir; *begründend*: es que …

nanu! [na'nuː] ¡hombre!; ¡atiza!

Napf [napf] *m* (-[*e*]*s*; ⸗*e*) (*Fress♀*) comedero *m*

Narbe ['narbə] *f* (-; -*n*) cicatriz *f*

Närboden *m* medio *m* de cultivo

Narkose *med* [-'koːzə] *f* (-; -*n*) narcosis *f*, anestesia *f*

Narr [nar] *m* (-*en*; -*en*) loco *m*; '**♀ensicher** a toda prueba

'**Närr|in** ['nɛrin] *f* (-; -*nen*) loca *f*; **♀isch** loco

Narzisse [nar'tsisə] *f* (-; -*n*) narciso *m*

'**nasch|en** ['naʃən] (*ge*-, *h*) ser goloso; ~ **von** comer de; ~**haft** goloso

Nase ['nɑːzə] *f* (-; -*n*) nariz *f*; F **pro ~** porbarba; **j-n an der ~ herumführen** tomar el pelo a alg; **s-e ~ in alles stecken** meter las narices en todo; **die ~ voll haben** F estar hasta las narices

'**Nasen|bluten** *n*: ~ **haben** sangrar por la nariz; ~**loch** *n* ventana *f* de la nariz; ~**spitze** *f* punta *f* de la nariz

Nashorn ['nɑːs-] *n* rinoceronte *m*

nass [nas] mojado; (*feucht*) húmedo; ~ **machen** (**werden**) mojar(se); ~**machen** → **nass**

Nassauer F ['-saʊər] *m* (-*s*; -) gorrón *m*

Nässe ['nɛsə] *f* (-; *sin pl*) humedad *f*

nasskalt ['naskalt] frío y húmedo

Nation [na'tsjoːn] *f* (-; -*en*) nación *f*

natio'nal [-tsjo'nɑːl] nacional; **♀feiertag** *m* fiesta *f* nacional; **♀gericht** *n* plato *m* nacional; **♀getränk** *n* bebida *f* nacional; **♀hymne** *f* himno *m* nacional; **♀ität** [-nali'tɛːt] *f* (-; -*en*) nacionalidad *f*; **♀mannschaft** *f dep* selección *f* nacional; **♀park** *m* parque *m* nacional; **♀sozialismus** *m hist* nacionalsocialismo *m*; **♀tracht** *f* traje *m* nacional

NATO *f* ***North Atlantic Treaty Organization*** (*Nordatlantikpakt-Organisation*) OTAN *f* (Organización del Tratado del Atlántico Norte)

Natr|ium ['nɑːtrium] *n* (-*s*; *sin pl*) sodio *m*; ~**on** ['-trɔn] *n* (-*s*; *sin pl*) sosa *f*, F bicarbonato *m*

Natter ['natər] *f* (-; -*n*) culebra *f*

Na'tur [na'tuːr] *f* (-; *raro* -*en*) naturaleza *f* (*a Wesensart*); (*Körperbeschaffenheit*) constitución *f*; **von ~** (**aus**) por naturaleza; **♀alisieren** [-turali'ziːrən] (*h*) naturalizar, nacionalizar; ~**erscheinung** *f* fenómeno *m* natural; ~**katastrophe** *f* catástrofe *f* natural, cataclismo *m*; ~**lehrpfad** *m* itinerario *m* pedagógico *od* didáctico

natürlich [-'tyːrliç] natural; *adv* naturalmente; (**aber**) **~!** ¡claro que sí!

Na'tur|park [na'tuːr-] *m* parque *m* natural; ~**schutz** *m* protección *f* de la naturaleza; ~**schützer** *m* (-*s*; -), ~**schützerin** *f* (-; -*nen*) protector(a) *m*(*f*) *od* defensor(a) *m*(*f*) de la naturaleza; ~**schutzgebiet** *n* reserva *f* natural *od* ecológica; ~**schutzpark** *m* parque *m* natural; ~**wissenschaften** *f*/*pl* ciencias *f*/*pl* naturales

Navigation [navigatsi'oːn] *f* (-) navegación *f*; ~**ssystem** *n bsd Internet* sistema *m* de navegación; *auto a* sistema *m* de asistencia al conductor

Nazi ['nɑːtsi] *m* (-*s*; -*s*) nazi *m*

NB ***nota bene*** nota bene

n.Chr. ***nach Christus*** d.C. (depués de

Jesucristo)

NDR *m* ***Norddeutscher Rundfunk*** Radio *f* de la Alemania del Norte

Neapel [ne'ɑːpəl] *n* Nápoles *m*

'Nebel ['neːbəl] *m* (*-s*; -) niebla *f*; (*Dunst*) bruma *f*; **≈ig** *s* **neblig**; **~scheinwerfer** *auto m* faro *m* antiniebla; **~schlussleuchte** *f* luz *f* antiniebla trasera

'neben ['-bən] (*wo? dat, wohin? ac*) junto a, al lado de; (*dazu*) (*dat*) además de; **~'an** al lado; **≈anschluss** *m tel* extensión *f*; **~'bei** de paso; (*außerdem*) además; **≈beschäftigung** *f* ocupación *f* accesoria; **~ein'ander** uno al lado de otro; **≈eingang** *m* entrada *f* lateral; **≈erwerb** *m* ganancia *f* adicional; **≈fluss** *m* afluente *m*; **≈gebäude** *n* dependencia *f*, anexo *m*; **≈job** F *m* F trabajillo *m*; **≈kosten** *pl* gastos *m/pl* accesorios; **≈produkt** *n* subproducto *m*; **≈rolle** *f* papel *m* secundario; **≈sache** *f* cosa *f* de poca importancia; ***das ist ~*** eso es lo de menos; **≈stelle** *f e-r Behörde*: delegación *f*; *tel* extensión *f*; **≈straße** *f* calle *f* lateral; *Landstraße*: carretera *f* secundaria; **≈wirkung** *f* efecto *m* secundario

neblig ['-bliç] nebuloso; ***es ist ~*** hace niebla

necken ['nɛkən] (*ge-, h*) embromar, burlarse de

Neffe ['nɛfə] *m* (*-n*; *-n*) sobrino *m*

negativ ['neːgatiːf] negativo; **≈** *fot n* (*-s*; *-e*) negativo *m*

nehmen ['-mən] (*nahm, genommen, h*) tomar (*a Bus, Taxi*); coger, *in Am reg nur* agarrar; (*an~*) aceptar; (*weg~*) quitar; *beim Einkauf*: quedarse (con); ***mit sich*** (*dat*) **~** llevarse; *et*: ***zu sich*** (*dat*) **~** tomar

Neid [naɪt] *m* (*-[e]s*; *sin pl*) envidia *f* (***erregen*** dar); **'≈isch** ['-diʃ] envidioso (***auf*** *ac* de)

'neig|en ['naɪgən] (*ge-, h*): (***sich***) **~** inclinar(se); *fig* tender (***zu*** a); **≈ung** *f* (*-*; *-en*) inclinación *f*; *fig* propensión *f*, tendencia *f*

Nein [naɪn] no; **~ *sagen*** decir que no

Nelke ['nɛlkə] *f* (*-*; *-n*) clavel *m*; (*Gewürz≈*) clavo *m*

'nenn|en ['nɛnən] (*nannte, genannt, h*) llamar; (*erwähnen*) mencionar; (*bezeichnen als*) calificar de; **~enswert** notable; **≈wert** *com m* valor *m* nominal

'Neon ['neːɔn] *n* (*-s*; *sin pl*) neón *m*; **~reklame** *f* publicidad *f* luminosa; **~röhre** *f* tubo *m* de neón

Nepp F [nɛp] *m* (*-s*; *sin pl*) timo *m*; **'≈en** (*ge-, h*) timar

Nerv [nɛrf] *m* (*-s*; *-en*) nervio *m*; ***j-m auf die ~en fallen*** F dar la lata a alg

'Nerven|arzt *m* neurólogo *m*; **~entzündung** *f* neuritis *f*; **~heilanstalt** *f* clínica *f* mental *od* psiquiátrica; **≈krank** neurótico; **~säge** F *f* pelma(zo *m*) *su*, pesado *m*; **~zusammenbruch** *m* crisis *f* nerviosa

nerv|ös [-'vøːs] nervioso (***machen*** poner); **≈osität** [-vozi'tɛːt] *f* (*-*; *sin pl*) nerviosismo *m*

Nerz [nɛrts] *m* (*-es*; *-e*) visón *m* (*a Pelz*)

Nesselfieber ['nɛsəl-] *med n* urticaria *f*

Nest [nɛst] *n* (*-[e]s*; *-er*) nido *m*; *fig* (*Ort*) poblacho *m*

Netikette *inform* [nɛtikɛtə] *f* (*-*; *sin pl*) netiqueta *f*

nett [nɛt] (*angenehm*) agradable; (*freundlich*) simpático; (*hübsch*) bonito; ***das ist ~ von dir*** eres muy amable

'netto ['-to], **≈...**: *in Zssgn* neto; **≈einkommen** *n* ingresos *m/pl* netos

Netz [nɛts] *n* (*-es*; *-e*) red *f* (*a fig*); (*Haar≈*) redecilla *f*; (*Gepäck≈*) rejilla *f*; **'~anschluss** *el m* conexión *f* a la red; **'~haut** *anat f* retina *f*; **'~hemd** *n* camiseta *f* de malla; **'~karte** *f* abono *m*

'Netzwerk *n inform* red *f*; **~-Administrator** *m* administrador *m* de redes; **~-Server** *m* servidor *m* de red

neu [nɔʏ] nuevo; (*kürzlich*) reciente; fresco; moderno; F (*unerfahren*) novel; ***~este Mode*** última moda *f*; ***was gibt es ≈es?*** ¿qué hay de nuevo?; ***von ~em*** de nuevo; **'~artig** nuevo; moderno; **'≈bau** *m* (*-[e]s*; *-ten*) construcción *f* nueva; **'≈bauviertel** *n* barrio *m* de edificios nuevos; **'≈bauwohnung** *f* vivienda *f* de nueva construcción *od* planta; **'≈erung** *f* (*-*; *-en*) innovación *f*; **≈gier(de)** ['-giːr(də)] *f* (*-*; *sin pl*) curiosidad *f*; **'~gierig** curioso (***auf*** *ac* por saber); **'≈heit** *f* (*-*; *-en*) novedad *f*; **'≈igkeit** *f* (*-*; *-en*) noticia *f*

Neufundland [nɔʏ'funtlant] *n* Terranova *f*

Neuguinea [nɔʏgi'neːa] *n* Nueva Guinea *f*

'Neujahr *n* año *m* nuevo; **~stag** *m* día *m* de año nuevo

'neu|lich el otro día; **≈mond** *m* luna *f* nueva
neun [nɔʏn] **1.** nueve; **2.** ≈ *f* (-; *-en*) nueve *m*; **'~hundert** novecientos; **'~tausend** nueve mil; **'~te** noveno; **'~tens** en noveno lugar; **'~zehn** diecinueve; **'~zehnte** décimonoveno; **~zig** ['-tsiç] noventa; **'~zigste** nonagésimo
Neuralgie *med* [nɔʏral'giː] *f* (-; *-n*) neuralgia *f*
Neuseeland [nɔʏ'zeːlant] *n* Nueva Zelanda *f*
neutral [-'trɑːl] neutro; *pol* neutral; **≈ität** [-trali'tɛːt] *f* (-; *sin pl*) neutralidad *f*
New York [njuː 'jɔː(r)k] *n* Nueva York *f*
nicht [niçt] no; **~ *wahr?*** ¿verdad?; ***auch* ~** tampoco; ***wenn* ~** si no
Nichte ['niçtə] *f* (-; *-n*) sobrina *f*
'nichtig *jur* nulo; ***für ~ erklären*** declarar nulo
'Nichtraucher *m* no fumador *m*; **~abteil** *n* compartimiento *m* de no fumadores; **~in** *f* no fumadora *f*; **~** *f* zona *f* de no fumadores
nichts [niçts] (no…) nada; ***für ~ und wieder ~*** por nada; **~ *mehr*** nada más; **~ *sagend* → *nichtssagend***
'Nichtschwimmer *m* no nadador *m*; **~becken** *n* piscina *f* para no nadadores
nichts|destoweniger [niçtsdɛsto'veːnigər] sin embargo, no obstante; **~sagend** insignificante; **≈tuer** ['-tuːər] *m* (*-s*; -) gandul *m*, vago *m*
'Nichtzutreffende *n*: **~*s streichen*** táchese lo que no proceda
Nickel ['nikəl] *n* (*-s*; *sin pl*) níquel *m*
nicken ['nikən] (*ge-*, *h*) inclinar la cabeza; *zustimmend*: asentir con la cabeza
nie [niː] (*bei Verben* no …) nunca, jamás; **~ *mehr*** nunca jamás
'nieder ['-dər] **1.** *adj* bajo; **2.** *adv* abajo; **~ *mit …!*** ¡abajo …!; **~geschlagen** abatido, deprimido; **~knien** (*sep*, *-ge-*, *sn*) arrodillarse; **≈lage** *f* derrota *f*
Niederlande ['niːdərlandə] *n/pl* Países *m/pl* Bajos
Niederländ|er ['niːdərlɛndər] *m* (*-s*; -), **≈erin** *f* (-; *-nen*), **~isch** neerlandés *m*, -esa *f*
nieder|lassen (*irr*, *sep*, *-ge-*, *h* → ***lassen***) bajar; ***sich* ~** instalarse; establecerse; **≈lassung** *f* (-; *-en*) establecimiento *m*; (*Zweig≈*) sucursal *f*; **~legen** (*sep*, *-ge-*, *h*) poner en el suelo; *Arbeit*: abandonar; ***sein Amt* ~** dimitir de su cargo; ***sich* ~** acostarse; **≈schlag** *m* *quím* precipitado *m*; *mst pl* (*Regen*) precipitaciones *f/pl*; **~schlagen** (*irr*, *sep*, *-ge-*, *h*, → ***schlagen***) *j-n*: derribar; *Augen*: bajar; *Aufstand*: reprimir; **~schlagsarm** de escasas precipitaciones; **~schlagsreich** de abundantes precipitaciones; **~trächtig** vil, infame; **≈ung** *f* (-; *-en*) terreno *m* bajo; (*Ebene*) llanura *f*; **~werfen** (*irr*, *sep*, *-ge-*, *h*, → ***werfen***) derribar; *Aufstand*: reprimir
Niedersachsen ['niːdərzaksən] *n* Baja Sajonia *f*
niedlich ['niːtliç] bonito, lindo; F mono
niedrig ['niːdriç] bajo; *fig a* vil; infame
nie|mals ['-mɑːls] (*bei Verben* no…) nunca, jamás; **~mand** ['-mant] (no …) nadie; ninguno; ***es ist* ~ *da*** no hay nadie
Niere ['-rə] *f* (-; *-n*) riñón *m* (*a gastr*)
'Nieren|entzündung *f* nefritis *f*; **~stein** *m* cálculo *m* renal
'niesel|n ['-zəln] (*ge-*, *h*) lloviznar; **≈regen** *m* llovizna *f*
niesen ['-zən] **1.** *v/i* (*ge-*, *h*) estornudar; **2.** ≈ *n* (*-s*; *sin pl*) estornudo *m*
Niete ['niːtə] *f* (-; *-n*) billete *m* de lotería no premiado; F *fig* cero *m* a la izquierda
Niger ['niːgər] *n* Níger *m*
Nigeria [ni'geːrja] *n* Nigeria *f*
Nikaragua [nika'ragua] *n* Nicaragua *f*
Niko'tin [niko'tiːn] *n* (*-s*; *sin pl*) nicotina *f*; **≈arm** bajo en nicotina
Nil [niːl] *m* Nilo *m*
Nilpferd ['niːl-] *n* hipopótamo *m*
nipp|en ['nipən] (*ge-*, *h*) probar (***an*** *dat* a/c); **≈sachen** *f/pl* chucherías *f/pl*, bibelots *m/pl*
nirgend|s ['nirgənts], **~(s)wo** (*bei Verben* no…) en ninguna parte
Nische ['niːʃə] *f* nicho *m*; hornacina *f*
Nitrat [ni'trɑːt] *n* (-[*e*]*s*; *-e*) nitrato *m*
Niveau [ni'voː] *n* (*-s*; *-s*) nivel *m* (*a fig*)
Nizza ['nitsa] *n* Niza *f*
n.J. *nächsten Jahres* del año próximo
N. N. *nomen nescio*, *Name unbekannt* señor X
NO *Nordosten* NE (nordeste)
'Nobelhotel ['noːbəl-] *n* hotel *m* de lujo
Nobelpreis(träger) [no'bɛlpraɪs(trɛːgər)] *m* premio *m* Nobel
noch [nɔx] todavía, aún; **~ *immer*** todavía; **~ *nicht*** aún no; **~ *nie*** nunca, jamás; **~ *ein*(*er*)** otro; **~ *et*** otra cosa; **~ *et?*** ¿al-

go más?; ~ ***heute*** hoy mismo; ***auch das ~!*** ¡lo que faltaba!; **~mals** ['-ma:ls] otra vez, una vez más

Nockenwelle ['nɔkən-] *f* árbol *m* de levas

NOK *n* ***Nationales Olympisches Komitee*** CON *m* (Comité Olímpico Nacional)

Nomad|e [no'ma:də] *m* (*-n*; *-n*), **ꝸisch** nómada (*m*)

nomi'nal [nomi'na:l] nominal; **ꝸeinkommen** *n* renta *f* nominal; **ꝸwert** *m* valor *m* nominal

Nomi|nativ [-nati:f] *m* (*-s*; *-e*) nominativo *m*; **ꝸ'nieren** (*h*) nombrar

No-Name-Produkt ['noʊneim-] *n* producto *m* sin marca (registrada)

Nonne ['nɔnə] *f* (-; *-n*) monja *f*

Non-Stop-Flug [nɔn'stɔpflu:k] *m* vuelo *m* sin escala

Nord|... [nɔrtʒ]: *in Zssgn* septentrional, del Norte; **~amerika** [nɔrta'me:rika] *n* América *f* del Norte; **~ameri'kaner** *m*, **~ameri'kanerin** *f* norteamericano *m*, -a *f*; **ꝸameri'kanisch** norteamericano

Nord|en ['nɔrdən] *m* (*-s*; *sin pl*) norte *m*; **~ic Walking** ['nɔrdik 'wɔ:kiŋ] *n dep* caminata *f* con bastones; **'ꝸisch** nórdico

Nordirland [nɔrt'irlant] *n* Irlanda *f* del Norte

Nordkorea ['nɔrtko're:a] *n* Corea *f* del Norte

nördlich ['nœrtliç] del norte, septentrional; ~ ***von*** al norte de

'Nord|licht ['nɔrtliçt] *n* aurora *f* boreal; **~'ost(en)** *m* nordeste *m*; **~pol** *m* polo *m* norte *od* ártico; **~'west(en)** *m* noroeste *m*; **~wind** *m* viento *m* del norte

Nordrhein-Westfalen ['nɔrtraɪn-vestˈfa:lən] *n* Renania del Norte-Westfalia *f*

Nordsee ['nɔrtze:] *f* Mar *m* del Norte

nörgeln ['nœrgəln] (*ge-*, *h*) criticarlo todo

Norm [nɔrm] *f* (-; *-en*) norma *f*; regla *f*

nor'mal ['-ma:l], **ꝸ...**: *in Zssgn* normal; **ꝸbenzin** *n* gasolina *f* normal; **~isieren** [-mali'zi:rən] (*h*) normalizar; **ꝸverbraucher** F *m* ciudadano *m* de a pie

Normandie [nɔrman'di:] *f* Normandía *f*

Norwegen ['nɔrve:gən] *n* Noruega *f*

Norweg|er ['-ve:gər] *m* (*-s*; -), **~erin** *f* (-; *-nen*) noruego *m*, -a *f*; **ꝸisch** noruego

Not [no:t] *f* (-; *sin pl*) (*Mangel*) necesidad *f*; (*Elend*) miseria *f*; (*pl* ⸚*e*) (*Bedrängnis*) apuro *m*; ~ ***leiden*** estar en la miseria; ~ ***leidend*** necesitado, indigente; ***zur ~*** si no hay más remedio

Notar [no'ta:r] *m* (*-s*; *-e*) notario *m*; **~iat** [-tar'ja:t] *n* (*-[e]s*; *-e*) notaría *f*; **ꝸiell** [-'jɛl] notarial; *adv* ante notario

'Not|arzt ['no:tˀ-] *m* médico *m* de urgencia *bzw* de guardia; **~arztwagen** *m* coche *m* del médico de urgencia; **~ausgang** *m*, **~ausstieg** *m* salida *f* de emergencia; **~bremse** *ferro f* freno *m* de alarma; **~dienst** *m* servicio *m* de urgencias; **ꝸdürftig** apenas suficiente; provisional

Note ['no:tə] *f* (-; *-n*) nota *f* (*a mus u fig*); (*Bank*ꝸ) billete *m* (de banco); *mus* **~n** *pl* música *f*

Notebook ['no:tbʊk] *n* (*-s*; *-s*) (ordenador *m*) portátil *m*

'Noten|pult *n*, **~ständer** *m* atril *m*

'Not|fall ['no:tfal] *m* caso *m* de apuro *od* de emergencia; *med* urgencia *f*; **ꝸfalls** en caso de apuro; **ꝸgedrungen** forzoso; *adv* por fuerza; **~hafen** *m* puerto *m* de refugio

no'tier|en [no'ti:rən] (*h*) apuntar; *com* cotizar; **ꝸung** *com f* (-; *-en*) cotización *f*

'nötig ['nø:tiç] preciso, necesario; ~ ***haben*** necesitar, precisar; **~en** [-gən] (*ge-*, *h*) obligar, forzar (***zu*** *inf* a); ***sich ~ lassen*** hacerse de rogar; **'~en'falls** si es preciso

No'tiz [no'ti:ts] *f* (-; *-en*) nota *f*, apunte *m*; (*Zeitungs*ꝸ) noticia *f*; ***sich ~en machen*** tomar apuntes; ~ ***nehmen von*** tomar nota de; **~block** *m* bloc *m* de notas; **~buch** *n* libreta *f*, agenda *f*

'Not|lage ['no:tla:gə] *f* apuro *m*; emergencia *f*; **ꝸlanden** *avia* (*-ge-*, *sn*) hacer un aterrizaje forzoso; **~landung** *avia f* aterrizaje *m* forzoso *od* de emergencia; **~lösung** *f* solución *f* provisional; **~lüge** *f* mentira *f* disculpable

'Not|ruf ['no:tru:f] *m tel* llamada *f* de socorro; **~rufnummer** *f* número *m* de emergencia; **~rufsäule** *f* poste *m* de socorro; **~signal** *n* señal *f* de alarma; **~sitz** *m* traspontín *m*; **~stand** *m pol* estado *m* de emergencia; **~standsgebiet** *n* zona *f* siniestrada *bzw* catastrófica; **~verband** *med m* vendaje *m* provisional; **~wehr** *f* (-; *sin pl*) legítima defensa *f* (***aus*** en); **ꝸwendig** preciso, necesario; **~wendigkeit** *f* (-; *-en*) necesidad *f*

Nougat ['nu:gat] *m*, *n* → ***Nugat***

Novelle [no'vɛlə] *f* (-; *-n*) novela *f* corta
November [-'vɛmbər] *m* (*-s*; -) noviembre *m*
Nr. ***Nummer*** núm. (número)
Nu [nuː] *m*: ***im ~*** en un abrir y cerrar de ojos, en un santiamén
Nuance [ny'ɑ̃sə] *f* (-; *-n*) matiz *m*
'**nüchtern** ['nyçtərn] en ayunas; (*nicht betrunken*) que no está bebido; (*mäßig*) sobrio; (*sachlich*) realista, objetivo; (*unromantisch*) prosaico; (*besonnen*) sensato
'**Nudel** ['nuːdəl] *f* (-; *-n*): **~n** *pl* pastas *f/pl* (alimenticias); (*Faden*≈) *f* fideos *m/pl*; **~holz** *n* rodillo *m*; **~suppe** *f* sopa *f* de fideos
Nudist [nu'dist] *m* (*-en*; *-en*) (des)nudista *m*
Nugat ['nuːgat] *m od n* (*-s*; *-s*) turrón *m* de chocolate
nuklear [nukle'ɑːr], **≈...**: *in Zssgn* nuclear
null [nul] **1.** cero; **2.** ≈ *f* (-; *-en*) cero *m*; *fig* nulidad *f*, cero *m* a la izquierda; '**≈punkt** *m* (punto *m*) cero *m*; '**≈tarif** *m* tarifa *f* cero; '**≈wachstum** *com n* crecimiento *m* cero
'**Nummer** ['-mər] *f* (-; *-n*) número *m*; *auto* matrícula *f*; **≈ieren** (*h*) numerar; **~nkonto** *n* cuenta *f* numerada *od* cifrada; **~nschild** *auto n* placa *f* de matrícula
nun [nuːn] (*jetzt*) ahora; *ein- bzw überleitend*: pues (bien); ***und ~?*** ¿y ahora qué?; ***von ~ an*** de ahora en adelante; '**~mehr** (desde) ahora
nur [nuːr] sólo, solamente; ***~ noch*** tan sólo; no … más que; ***nicht ~, sondern auch*** no sólo, sino también; ***~ zu!*** ¡adelante!
Nürnberg ['nyrnbɛrk] *n* Nuremberg *m*
Nuss [nus] *f* (-; *¨e*) nuez *f*; (*Hasel*≈) avellana *f*; '**~baum**(**holz** *n*) *m* nogal *m*; **~knacker** ['-knakər] *m* (*-s*; -) cascanueces *m*
Nutte P ['nutə] *f* (-; *-n*) P ramera *f*, fulana *f*, puta *f*
'**nutz|en** ['nutsən] (*a* **nützen** ['nytsən]) (*ge-*, *h*) **1.** *v/i* servir, ser útil (***zu*** para); ***es nützt nichts*** es inútil; **2.** *v/t* aprovechar, utilizar; **≈en** *m* (*-s*; *sin pl*) utilidad *f*; (*Vorteil*) provecho *m*; *com* beneficio *m*; ***~ ziehen aus*** sacar provecho de; ***zum ~ von*** a beneficio de; **≈fahrzeug** *n* vehículo *m* industrial; **≈last** *f* carga *f* útil
'**nützlich** ['nytsliç] útil, provechoso; **≈keit** *f* (-; *sin pl*) utilidad *f*
'**nutz|los** ['nutsloːs] inútil; **≈losigkeit** *f* (-; *sin pl*) inutilidad *f*; **≈nießer** ['-niːsər] *m* (*-s*; -) beneficiario *m*; **≈ung** *f* (-; *-en*) aprovechamiento *m*, utilización *f*; *a agr* explotación; **≈ungsbedingungen** *f/pl* ***allgemeine ~*** condiciones *f/pl* generales de uso
NW ***Nordwesten*** NO (noroeste)
Nylon® ['naɪlɔn] *n* (*-s*; *sin pl*) nilón *m*; **~strümpfe** *m/pl* medias *f/pl* de nilón
Nymphe ['nymfə] *f* (-; *-n*) ninfa *f*

O

o. ***oben*** arriba; ***ohne*** sin
O[1], **o** [oː] *n* (-; -) O, o *f*
O[2] ***Osten*** E (este)
o. Ä. ***oder Ähnliches*** o algo parecido
OAS *f* ***Organisation der amerikanischen Staaten*** OEA *f* (Organización de los Estados Americanos)
Oase [o'ʔɑːzə] *f* (-; *-n*) oasis *m* (*a fig*)
ob [ɔp] si; ***als ~*** como si (*subj*); ***so tun als ~*** fingir (*inf*); ***und ~!*** ¡ya lo creo!
o. B. *med* ***ohne Befund*** sin hallazgo
OB *m* ***Oberbürgermeister*** (primer) alcalde *m*
ÖBB *pl* ***Österreichische Bundesbahnen*** Ferrocariles *pl* Federales de Austria
'**Obdach** ['ɔpdax] *n* (-[*e*]*s*; *sin pl*) abrigo *m*, refugio *m*; **≈los** sin hogar; **~lose** *m/f* (*-n*; *-n*) persona *f* sin hogar
Obduktion *med* [-duk'tsjoːn] *f* (-; *-en*) autopsia *f*
'**oben** ['oːbən] arriba; ***~ erwähnt*** arriba mencionado; ***nach ~*** hacia arriba; ***von ~ herab*** *fig* con altivez; ***von ~ bis unten*** de arriba abajo; **~'auf** (por) encima; **~'drein** además, por añadidura; '**~'hin** superficialmente
ober ['oːbər] **1.** superior; **2.** ≈ *m* (*-s*; -) ca-

marero *m*

'**Ober|...**: *in Zssgn oft* superior; **~arm** *m* brazo *m*; **~arzt** *m* médico *m* adjunto; **~befehl** *m* mando *m* supremo; **~bürgermeister** *m* (primer) alcalde *m*; **~deck** *n mar* cubierta *f* superior; *Bus*: imperial *f*; **~fläche** *f* superficie *f*; **&flächlich** [-flɛçliç] superficial; **&halb** (*gen*) por encima de, más arriba de; **~haupt** *n* jefe *m*; **~hemd** *n* camisa *f* (de vestir); **~in** *f* (-; *-nen*) *rel* superiora *f*; **&irdisch** *tec* aéreo; **~kellner** *m* jefe *m* de comedor; *französisch*: maître *m*; **~kiefer** *m* maxilar *m* superior; **~körper** *m* busto *m*; **~leder** *n* pala *f*; **~leitung** *f* dirección *f* general; *el* línea *f* aérea; **~leutnant** *m* teniente *m*; **~lippe** *f* labio *m* superior; **~schenkel** *m* muslo *m*; **~schule** *f* Instituto *m* de Enseñanza Media; **~schwester** *f* jefe *f* de enfermeras; **~st** *mil m* (*-en*; *-en*) coronel *m*; **&ste** superior; supremo; **~teil** *n* parte *f* superior; *v Kleidung a*: cuerpo *m*

obgleich [ɔp'glaɪç] aunque, bien que

Obhut ['-huːt] *f* (-; *sin pl*) guardia *f*, protección *f*; ***j-n in s-e ~ nehmen*** proteger a alg

obig ['oːbiç] arriba mencionado

Objekt [ɔp'jɛkt] *n* (-[*e*]*s*; *-e*) objeto *m*; *gram* complemento *m*; *fig* proyecto *m*; **&iv** [-'tiːf] objetivo; **~iv** *fot n* (*-s*; *-e*) objetivo *m*

Obligation [ɔbliga'tsjoːn] *f* (-; *-en*) obligación *f*

Oboe [o'boːə] *f* (-; *-n*) oboe *m*

Observatorium [ɔpzɛrva'toːrjum] *n* (*-s*; *Observatorien*) observatorio *m*

Obst [oːpst] *n* (-[*e*]*s*; *sin pl*) fruta *f*; '**~bau** *m* (-[*e*]*s*; *sin pl*) fruticultura *f*; '**~baum** *m* (árbol *m*) frutal *m*; '**~garten** *m* huerto *m* (frutal); '**~händler** *m*, '**~händlerin** *f* frutero *m*, -a *f*; '**~handlung** *f* frutería *f*; '**~kuchen** *m* tarta *f* de frutas; '**~messer** *n* cuchillo *m* para frutas; '**~plantage** *f* plantación *f* frutal; '**~salat** *m* macedonia *f* (de frutas)

obszön [ɔps'tsøːn] obsceno

Obus ['oːbus] *m* (*-ses*; *-se*) trolebús *m*

obwohl [ɔp'voːl] = ***obgleich***

'**Ochse** ['ɔksə] *m* (*-n*; *-n*) buey *m*; **~nschwanzsuppe** *f* sopa *f* de rabo de buey

od. ***oder*** o

öde ['øːdə] *adj* desierto; *fig* aburrido

oder ['oːdər] o, *vor* o *u* ho: u; ***~ aber*** o bien

OECD *f* ***Organization for Economic Cooperation and Development*** (*Organisation für wirtschaftliche Zusammenarbeit und Entwicklung*) OCDE (Organización de Cooperación y Desarrollo Económico)

OEZ *f* ***Osteuropäische Zeit*** hora *f* de la Europa del Este

Ofen ['oːfən] *m* (*-s*; *⸚*) estufa *f*; (*Back&*) horno *m*

offen ['ɔfən] abierto; *Stelle*: vacante; (*freimütig*) franco; (*unentschieden*) pendiente; ***~ gesagt*** dicho con franqueza, a decir verdad; ***~ lassen*** dejar abierto; *fig* → ***offenlassen***

'**Offen|heit** *f* (-; *sin pl*) franqueza *f*, sinceridad *f*; **&herzig** franco, sincero; **&kundig** manifiesto, notorio; **&lassen** (*irr*, *sep*, *-ge-*, *h*, → ***lassen***) *fig* dejar en suspenso; **&'sichtlich** manifiesto, evidente

Offensive [ɔfɛn'ziːvə] *f* (-; *-n*) ofensiva *f*

'**öffentlich** ['œfəntliç] público; *adv* en público; **&keit** *f* (-; *sin pl*) público *m*; *a jur* publicidad *f*; **&keitsarbeit** *f* relaciones *f*/*pl* públicas; '**~'rechtlich** de derecho público

Offerte [ɔ'fɛrtə] *f* (-; *-n*) oferta *f*

offiziell [ɔfi'tsjɛl] oficial

Offizier [-'tsiːr] *m* (*-s*; *-e*) oficial *m*

'**öffn|en** ['œfnən] (*ge-*, *h*) abrir; **&er** *m* (*-s*; -) abridor *m*; **&ung** *f* (-; *-en*) abertura *f* (*a Loch*); *bsd pol u fig* apertura *f*; **&ungszeiten** *f*/*pl* horas *f*/*pl* de apertura

oft [ɔft] a menudo, con frecuencia; ***nicht ~*** pocas veces; ***wie ~?*** ¿cuántas veces?; **~mals** ['-maːls] *s* ***oft***

OHG *f* ***offene Handelsgesellschaft*** sociedad *f* colectiva

ohne ['oːnə] *prp* (*ac*) sin; ***~ zu*** (*inf*) sin (*inf*); *cj* ***~ dass*** sin que (*subj*); **~'gleichen** sin igual, sin par; **~'hin** de todos modos

'**Ohn|macht** ['oːnmaxt] *f* (-; *-en*) *med* desmayo *m*, desvanecimiento *m*; ***in ~ fallen*** desmayarse; **&mächtig** *med* desmayado; ***~ werden*** desmayarse

Ohr [oːr] *n* (-[*e*]*s*; *-en*) oreja *f*; (*Innen&*, *Gehör*) oído *m*; ***bis über beide ~en verliebt sein*** estar perdidamente enamorado; ***j-n übers ~ hauen*** dar gato por liebre a alg

Öhr [øːr] *n* (-[*e*]*s*; *-e*) ojo *m* (de la aguja)

'**Ohren|arzt** ['oːrənˀaːrtst] *m* otólogo

m; **2betäubend** ensordecedor; **~sausen** *n* zumbido *m* de los oídos; **~schmerzen** *m/pl* dolor *m* de oídos

'Ohr|feige ['o:rfaɪgə] *f* bofetada *f*, F torta *f*; **2feigen** (*ge-*, *h*) abofetear; **~läppchen** ['-lɛpçən] *n* (*-s*; -) lóbulo *m* de la oreja; **~ring** *m* pendiente *m*

o.J. ***ohne Jahr*** sin año

'Öko|bewegung ['øko-] *f* movimiento *m* ecologista; **~laden** *m* tienda *f* ecológica; **~loge** [-lo:gə] *m* (*-n*; *-n*) ecólogo *m*; **~logie** [-lo'gi:] *f* (-; *sin pl*) ecología *f*; **2logisch** [-lo:giʃ] ecológico; **~nomie** [-no'mi:] *f* (-; *-n*) economía *f*; **2nomisch** [-'no:miʃ] económico; **~system** *n* ecosistema *m*

Ok'tan [ɔk'tɑ:n] *n* (*-s*; *sin pl*) octano *m*; **~zahl** *f* octanaje *m*

Oktave [-'tɑ:və] *f* (-; *-n*) octava *f*

Oktober [-'to:bər] *m* (*-*[*s*]; -) octubre *m*

ökumenisch [øku'me:niʃ] ecuménico

Öl [ø:l] *n* (*-*[*e*]*s*; *-e*) aceite *m*; (*Erd2*) petróleo *m*; *pint* óleo *m*; **'~baum** *m* olivo *m*

Oldtimer ['ouldtaɪmər] *m* (*-s*; -) coche *m* antiguo *od* de época

'öl|en ['ø:lən] (*ge-*, *h*) aceitar; *tec* engrasar; **2farbe** *f* pintura *f* al óleo; **2gemälde** *n* (pintura *f* al) óleo *m*; **2heizung** *f* calefacción *f* de fuel-oil

O'live [o'li:və] *f* (-; *-n*) aceituna *f*; **~nbaum** *m* olivo *m*; **~nöl** *n* aceite *m* de oliva

olivgrün [o'li:fgry:n] verde oliva

'Öl|kanister ['ø:l-] *m* bidón *m* de aceite; **~kanne** *f* aceitera *f*; **~leitung** *f* oleoducto *m*; **~pest** *f* marea *f* negra; **~sardine** *f* sardina *f* en aceite; **~stand(anzeiger)** *m* (indicador *m* del) nivel *m* de aceite; **~tanker** *m* petrolero *m*; **~teppich** *m* capa *f* de aceite; **~wechsel** *m* *auto* cambio *m* de aceite

Olympi|ade [olym'pjɑ:də] *f* (-; *-n*) Olimpíada *f*; **2sch** [-'lympiʃ] olímpico; ***~e Spiele*** *n/pl* juegos *m/pl* olímpicos

Oma F ['o:ma] *f* (-; *-s*) abuelita *f*

Omelett [ɔm(ə)'lɛt] *n* (*-*[*e*]*s*; *-s*) tortilla *f*

Omnibus ['ɔmnibus] *m* (*-ses*; *-se*) autobús *m*; (*Reise2*) autocar *m*

Onkel ['ɔŋkəl] *m* (*-s*; -) tío *m*

'Onlinedienst *inform* [ɔnlaɪndi:nst] *m* (*-es*; *-e*) servicio *m* en línea

op. ***Opus, Werk*** obra

OP *m* ***Operationssaal*** quirófano *m*

Opa F ['o:pa] *m* (*-s*; *-s*) abuelito *m*

Open-Air-Konzert ['o:pən'ʔɛ:r-] *n* concierto *m* al aire libre

Oper ['o:pər] *f* (-; *-n*) ópera *f*

Operati'on [opəra'tsjo:n] *f* (-; *-en*) operación *f*; **~ssaal** *m* quirófano *m*

Operette [-'rɛtə] *f* (-; *-n*) opereta *f*

ope'rieren (*h*) operar; ***sich ~ lassen*** operarse

Opernsänger ['o:pərn-] *m*, **~in** *f* cantante *su* de ópera

'Opfer ['ɔpfər] *n* (*-s*; -) (*das man bringt*) sacrificio *m* (*a fig*); (*das man wird*) víctima *f* (*a fig*); **2n** (*ge-*, *h*) sacrificar (*a fig*); **~stock** *m* cepillo *m*

Opium ['o:pjum] *n* (*-s*; *sin pl*) opio *m*

Opportunismus [ɔpɔrtu'nismus] *m* (-; *sin pl*) oportunismo *m*

Oppositi'on [ɔpozi'tsjo:n] *f* (-; *-en*) oposición *f*; **2ell** [-tsjo'nɛl] de la oposición; **~spartei** *f* partido *m* de oposición

Optiker ['ɔptikər] *m* (*-s*; -), **~in** *f* (-; *-nen*) óptico *m*, -a *f*

Optimist [-'mist] *m* (*-en*; *-en*), **~in** *f* (-; *-nen*) optimista *su*; **2isch** optimista

optisch ['-tiʃ] óptico

O'range [o'rɑ̃ʒə] *f* (-; *-n*) naranja *f*; **2** (de color) naranja; **~ade** [-'ʒɑ:də] *f* (-; *-n*) naranjada *f*; **~nbaum** *m* naranjo *m*; **~nsaft** *m* zumo *m* de naranja

Oratorium [ora'to:rjum] *n* (*-s*; *Oratorien*) *mus* oratorio *m*

Orchester [ɔr'kɛstər] *n* (*-s*; -) orquesta *f*

Orchidee [-çi'de:ə] *f* (-; *-n*) orquídea *f*

'Orden ['-dən] *m* (*-s*; -) *rel* orden *f*; (*Ehrenzeichen*) condecoración *f*; **~sschwester** *f* religiosa *f*, monja *f*

ordentlich ['-tliç] ordenado (*a Person*); (*anständig*) formal, decente; *Mitglied*, *Professor*: numerario; *adv* como es debido

'Order *com* ['-dər] *f* (-; *-n*) orden *f*; **2n** (*ge-*, *h*) pedir

ordinär [ɔrdi'nɛ:r] vulgar

'ordn|en ['ɔrdnən] (*ge-*, *h*) ordenar, *a Haar*: arreglar; (*an~*) disponer; (*sortieren*) clasificar; **2er** *m* (*-s*; -) (*Mappe*) clasificador *m*, archivador *m*

'Ordnung ['-nuŋ] *f* (-; *sin pl*) orden *m*; ***in ~ bringen*** poner en orden; *fig* arreglar; ***in ~*** en orden; *Papiere*: en regla; ***in ~!*** ¡conforme!; **2sgemäß** debidamente; **~sstrafe** *f* multa *f*; **2swidrig** contrario al orden, irregular; **~szahl** número *m* ordinal

Or'gan [ɔr'gɑ:n] *n* (*-s*; *-e*) órgano *m* (*a*

fig); **~bank** *f* (-; *-en*) banco *m* de órganos; **~isation** [-ganiza'tsjo:n] *f* (-; *-en*) organización *f*; **2isch** orgánico; **2i'sieren** (*h*) organizar; **~ist** *mus* [-ga'nist] *m* (*-en*; *-en*), **~istin** *f* (-; *-nen*) organista *su*; **~spender(in)** *m*(*f*) donante *su* de órganos; **~transplantation** *f* trasplante *m* de órganos

Orgasmus [ɔr'gasmʊs] *m* (-; *Orgasmen*) orgasmo *m*

Orgel ['-gəl] *f* (-; *-n*) órgano *m*

Orient ['o:rjɛnt] *m* (*-s*; *sin pl*) oriente *m*; **2'alisch** [orjɛn'tɑ:liʃ] oriental; **2'ieren** (*h*); ***(sich)*** **~** orientar(se) (***über*** *ac* sobre); **~'ierung** *f* (-; *sin pl*) orientación *f*

origi'n|al [origi'nɑ:l] original; **2al** *n* (*-s*; *-e*) *a fig* original *m*; **2alverpackung** *f* envase *m* original; **~ell** [-'nɛl] original; raro; singular

Orkan [ɔr'kɑ:n] *m* (-[*e*]*s*; *-e*) huracán *m*

Ornament [-na'mɛnt] *n* (-[*e*]*s*; *-e*) ornamento *m*, adorno *m*

Ort [ɔrt] *m* (-[*e*]*s*; *-e*) lugar *m*, sitio *m*; *s a* ***~schaft***

Orthogra|fie, **~phie** [ɔrtogra'fi:] *f* (-; *-n*) ortografía *f*

Ortho'päd|e [-'pɛ:də] *m* (*-n*; *-n*), **~in** *f* (-; *-nen*) ortopedista *su*; **2isch** ortopédico

örtlich ['œrtliç] local (*a med*)

ortsansässig ['ɔrts-] domiciliado en el lugar

Ortschaft ['ɔrtʃaft] *f* (-; *-en*) población *f*, lugar *m*

'orts|fremd ['ɔrts-] forastero; **2gespräch** *n tel* conferencia *f* urbana; **2schild** *n* señal *f* indicadora de población; **2tarif** *m* tarifa *f* urbana; **2zeit** *f* hora *f* local

Öse ['ø:zə] *f* (-; *-n*) corchete *m*

Ost [ɔst] *m inv* este *m*; **'~...**: *in Zssgn* oriental; **'~block** *m hist pol* bloque *m* oriental; **'~en** *m* (*-s*; *sin pl*) este *m*; oriente *m*; ***der Ferne ~*** el Extremo Oriente; ***der Nahe ~*** el Próximo Oriente

'Oster|ei ['o:stərʔaɪ] *n* huevo *m* de Pascua; **~'montag** *m* lunes *m* de Pascua; **~n** *n inv*, *a pl* Pascua *f* (de Resurrección)

Österreich ['ø:stəraɪç] *n* Austria *f*

Österreich|er ['ø:stəraɪçər] *m* (*-s*; -), **~erin** *f* (-; *-nen*) austríaco *m*, -a *f*; **2isch** austríaco

Oster|samstag [o:stər'zamstɑ:k] *m* Sábado *m* Santo *od* de Gloria; **~'sonntag** *m* Domingo *m* de Resurrección *od* de Pascua; **'~woche** *f* Semana *f* Santa

östlich ['œstliç] oriental, del este; ***~ von*** al este de

Ostsee ['ɔstze:] *f* (Mar *m*) Báltico *m*

Ostwind ['ɔstvint] *m* viento *m* del este

OSZE *f* ***Organisation über Sicherheit und Zusammenarbeit in Europa*** OSCE *f* (Organización de Seguridad y Cooperación en Europa)

Otter ['ɔtər] *f* (-; *-n*) víbora *f*

ÖTV *f hist* ***Öffentliche Dienste, Transport und Verkehr*** (*Gewerkschaft*) servicios públicos y transportes (*sindicato*)

'outen [aʊtən] (*ge-*, *h*): ***sich ~*** salir del armario

Outfit ['aʊtfɪt] *n* (*-(s)*; *-s*) (*Kleidung*) imagen *f*; F look *m*; (*Ausrüstung*) equipamiento *m*

outsourc|en ['autsɔsn] (*sep*, *-ge-*, *h*) *Wirtschaft* externalizar; **2ing** ['autsɔsɪŋ] *n Wirtschaft* outsourcing *m*, externalización *f*

Ouvertüre [uvɛr'ty:rə] *f* (-; *-n*) obertura *f*

oval [o'vɑ:l] oval

Overall ['ovərɔ:l] *m* (*-s*; *-s*) mono *m*

ÖVP *f* ***Österreichische Volkspartei*** Partido *m* Popular Austriaco

Oxid [ɔ'ksi:t] (*-s*; *-e*), **Oxyd** [ɔ'ksy:t] *n* (*-s*; *-e*) óxido *m*; **2ieren** [ɔksi'di:rən] *v/i* (*sn*) oxidarse

Ozean ['o:tseɑ:n] *m* (*-s*; *-e*) océano *m*; ***Indischer ~*** Océano *m* Índico; ***Stiller*** *od* ***Pazifischer ~*** Océano *m* Pacífico

O'zon [o'tso:n] *m* (*-s*; *sin pl*) ozono *m*; **~alarm** *m* alarma *f* por ozono; **~loch** *n* agujero *m* (en la capa) de ozono; **~schicht** *f* capa *f* de ozono

P

P, **p** [peː] *n* (-; -) P, p *f*
p. A. ***per Adresse*** en casa de
Paar [paːr] **1.** *n* (-[*e*]*s*; *-e*) *et*: par *m*; *j*: pareja *f*; **2.** ♀ *adj*: ***ein ~*** unos cuantos, algunos, unos; **'~lauf** *m dep* patinaje *m* por parejas; **'♀mal**: ***ein ~*** algunas veces; **'♀weise** de dos en dos, a pares; por parejas
Pacht [paxt] *f* (-; *sin pl*) arriendo *m*, arrendamiento *m*; **'♀en** (*ge-*, *h*) arrendar; tomar en arrendamiento
Pächter ['pɛçtər] *m* (*-s*; -), **~in** *f* (-; *-nen*) arrendatario *m*, -a *f*
Pachtvertrag ['paxt-] *m* contrato *m* de arrendamiento
Pack [pak] *n* (*-s*; *sin pl*) gentuza *f*, chusma *f*
Päckchen ['pɛkçən] *n* (*-s*; -) *corr* pequeño paquete *m*; *Zigaretten*: paquete *m*
'pack|en ['pakən] (*ge-*, *h*) (*ein~*) empaquetar, embalar; *Koffer*: hacer (la maleta); (*fassen*) agarrar; *fig* cautivar; **♀en** *m* (*-s*; -) bulto *m*; paquete *m*; **~end** *fig* cautivador; **♀er** *m* (*-s*; -) embalador *m*; **♀papier** *n* papel *m* de embalar *od* de estraza; **♀ung** *f* (-; *-en*) paquete *m*; *med* envoltura *f*
'Paddel ['padəl] *n* (*-s*; -) canalete *m*; **~boot** *n* piragua *f*, canoa *f*; **♀n** (*ge-*, *h*) ir en piragua
Page ['paːʒə] *m* (*-n*; *-n*) (*Hotel♀*) botones *m*
Pa'ket [pa'keːt] *n* (-[*e*]*s*; *-e*) paquete *m*; bulto *m*; **~karte** *f* boletín *m* de expedición; **~post** *f* servicio *m* de paquetes postales
Pakistan ['pakistan] *n* Pakistán *m*
Pakt [pakt] *m* (-[*e*]*s*; *-e*) pacto *m*
Palast [pa'last] *m* (-[*e*]*s*; *Paläste*) palacio *m*
Palästina [palɛ'stiːna] *n* Palestina *f*
Palm|e ['palmə] *f* palmera *f*; F *fig* ***j-n auf die ~ bringen*** sacar a alg de quicio; **~'sonntag** *m* Domingo *m* de Ramos
Pampelmuse [pampəl'muːzə] *f* (-; *-n*) toronja *f*, pomelo *m*
Panama ['panama] *n* Panamá *m*
Pandemie [pande'miː] *f* pandemia *f*
pa'nier|en [pa'niːrən] (*h*) rebozar, empanar; **♀mehl** *n* pan *m* rallado
'Pan|ik ['paːnik] *f* (-; *-en*), **♀isch** pánico (*m*)
'Panne ['panə] *f* (-; *-n*) avería *f*; *fig* contratiempo *m*; F plancha *f*; **~ndienst** *m* servicio *m* de averías; **~nhilfe** *f* auxilio *m* en carretera
Panorama [pano'raːma] *n* (*-s*; *Panoramen*) panorama *m*
panschen ['panʃən] (*ge-*, *h*) F *mit Wasser* F bautizar
Pan'toffel [-'tɔfəl] *m* (*-s*; *-n*) zapatilla *f*; **~held** F *m* bragazas *m*
Pantomime *f* pantomima *f*
'Panzer ['-tsər] *m* (*-s*; -) (*Rüstung*) coraza *f*; *zo* caparazón *m*; *mil* tanque *m*; **~...**: *in Zssgn oft* blindado, acorazado; **♀n** (*ge-*, *h*) blindar, acorazar; **~schrank** *m* caja *f* fuerte
Papa [pa'paː, '-pa] *m* (*-s*; *-s*) papá *m*
Papagei [-pa'gaɪ] *m* (*-s*; *-en*) papagayo *m*, loro *m*
Pa'pier [pa'piːr] *n* (*-s*; *-e*) papel *m*; (*Urkunde*) documento *m*; ***~e pl a*** documentación *f*; *com* valores *m*/*pl*; **~geld** *n* papel *m* moneda; **~korb** *m* papelera *f*; **~serviette** *f* servilleta *f* de papel; **~taschentuch** *n* pañuelo *m* de papel
Pappe ['-pə] *f* (-; *-n*) cartón *m*
'Pappel *bot* ['-pəl] *f* (-; *-n*) álamo *m*, chopo *m*; **~allee** *f* alameda *f*
'Papp|karton *m*, **~schachtel** *f* caja *f* de cartón
'Paprika ['paprika] *m* (*-s*; -[*s*]) pimiento *m*; *gemahlen*: pimentón *m*; **~schote** *f* pimiento *m*
Papst [paːpst] *m* (-[*e*]*s*; *⸚e*) papa *m*
päpstlich ['pɛːpstliç] papal, pontificio
Parabol... [para'boːl-]: *in Zssgn* parabólico
Parade [-'raːdə] *f* (-; *-n*) *mil* desfile *m*, revista *f*
Paradies [-ra'diːs] *n* (*-es*; *-e*) paraíso *m*; **♀isch** [-ziʃ] paradisíaco
paradox [-'dɔks] paradójico
Paragraph [-'graːf] *m* (*-en*; *-en*) párrafo *m*; *jur* artículo *m*
Paraguay [para'guaɪ] *n* Paraguay *m*

parallel [-'leːl] paralelo (***zu*** a); **≈e** *f* (-; -*n*) paralela *f*; *fig* paralelo *m*

Paratyphus ['-ratyːfus] *m* paratifoidea *f*

Parfüm [par'fyːm] *n* (-*s*; -*s*, -*e*) perfume *m*; **~erie** [-fymə'riː] *f* (-; -*n*) perfumería *f*

pari *com* ['pɑːri] a la par

Paris [pa'riːs] *n* París *m*

Parität [pari'tɛːt] *f* (-; *sin pl*) paridad *f*

Park [park] *m* (-*s*; -*s*) parque *m*; **~-and--ride-System** [pɑːrkənd'raɪd-] *n* sistema *m* „park-and-ride", aparcamientos *m/pl* de disuasión; **'≈en** (*ge-*, *h*) *v/t u v/i* aparcar; **'~en** *n* (-*s*; *sin pl*) aparcamiento *m*, estacionamiento *m*

Parkett [par'kɛt] *n* (-*s*; -*e*) parqué *m*, entarimado *m*; *teat* patio *m* de butacas, platea *f*

'Park|haus ['park-] *n* garaje-aparcamiento *m*, parking *m*; **~kralle** *f* cepo *m*; **~lücke** *f* hueco *m* (para aparcar); **~möglichkeit** *f* posibilidad *f* de aparcar; **~scheibe** *f* disco *m* de estacionamiento; **~uhr** *f* parquímetro *m*; **~verbot** *n* prohibición *f* de estacionamiento

Parlament [parla'mɛnt] *n* (-[*e*]*s*; -*e*) parlamento *m*; **≈arisch** [-'tɑːriʃ] parlamentario

Parodie [paro'diː] *f* (-; -*n*) parodia *f* (***auf*** *ac* de)

Par'tei [par'taɪ] *f* (-; -*en*) partido *m*; *jur* parte *f*; **~ *ergreifen*** tomar partido (***für*** por); **≈isch** parcial

Parterre [-'tɛr] *n* (-*s*; -*s*) piso *m* bajo, planta *f* baja; *teat* platea *f*

Partie [-'tiː] *f* (-; -*n*) partida *f* (*a Schach usw*); *dep* partido *m*; *com* lote *m*

Partizip [-ti'tsiːp] *n* (-*s*; -*ien*) participio *m*

'Partner ['partnər] *m* (-*s*; -), **~in** *f* (-; -*nen*) *com* socio *m*, -a *f*; *dep* compañero *m*, -a *f*; (*Tanz≈ usw*) pareja *f*; **~schaft** *f* (-;-*en*) cooperación *f*; participación *f*; **~städte** *f/pl* ciudades *f/pl* gemelas

Party ['pɑːrti] *f* (-*s*; -*s*) guateque *m*; **~service** *m* servicio *m* a domicilio

Pass [pas] *m* (-*es*; ⸚*e*) *geo* puerto *m*, paso *m*; (*Reise≈*) pasaporte *m*

Passage [-'sɑːʒə] *f* (-; -*n*) pasaje *m*

Passa'gier [-sa'ʒiːr] *m* (-*s*; -*e*) viajero *m*; *mar*, *avia* pasajero *m*; *pl a* pasaje *m*; **~schiff** *n* buque *m* de pasajeros; paquebote *m*

Passant [-'sant] *m* (-*en*; -*en*), **~in** *f* (-; -*nen*) transeúnte *su*

Passbild ['pasbilt] *n* foto(grafía) *f* de pasaporte

'passen ['pasən] (*ge-*, *h*) convenir (***für***, ***zu*** a); ir bien (con); *Kleidung*: sentar *od* ir bien; *Spiel*: pasar; ***in et*** (*ac*) **~** caber en; ***zueinander* ~** → ***zueinanderpassen***; ***das passt mir*** (***nicht***) (no) me viene bien; **~d** conveniente, apropiado

pas'sier|en [-'siːrən] **1.** *v/i* (*sn*) (*geschehen*) pasar, suceder, ocurrir; **2.** *v/t* (*h*) pasar (*a gastr*), atravesar; **≈schein** *m* pase *m*

Passion [-'sjoːn] *f* (-; -*en*) pasión *f*; *rel* Pasión *f*

passiv ['-siːf, -'siːf] **1.** *adj* pasivo; **2.** **≈** *gram n* (-*s*; -*e*) voz *f* pasiva; **≈a** [-'-va] *pl com* pasivo *m*; **≈ität** [-sivi'tɛːt] *f* (-; *sin pl*) pasividad *f*; **≈rauchen** *n* fumar *m* pasivamente

'Pass|kontrolle ['paskɔntrɔlə] *f* control *m* de pasaportes; **~straße** *f* carretera *f* de puerto de montaña

Passwort *n* (-[*e*]*s*; *Passwörter*) palabra *f* clave; *inform* contraseña *f*

Paste ['pastə] *f* (-; -*n*) pasta *f*

Pastell [-'tɛl] *n* (-[*e*]*s*; -*e*) pastel *m*

Pastete [-'teːtə] *f* (-; -*n*) (*Teig≈*) empanada *f*; (*Fleisch≈*, *Leber≈*) paté *m*

Pastor ['-tɔr] *m* (-*s*; -*en* [-'toːrən]) pastor *m*

'Pate ['pɑːtə] *m* (-*n*; -*n*) padrino *m*; **~nkind** *n* ahijado *m*, -a *f*

Pa'tent [pa'tɛnt] *n* (-[*e*]*s*; -*e*) patente *f*; **~amt** *n* oficina *f* de patentes; *Esp* registro *m* de la propiedad industrial; **≈'ieren** (*h*) patentar

Pater ['pɑːtər] *m* (-*s*; -, *Patres*) padre *m*

pathetisch [pa'teːtiʃ] patético

Patient [-'tsjɛnt] *m* (-*en*; -*en*), **~in** *f* (-; -*nen*) paciente *su*

Patin ['pɑːtin] *f* (-; -*nen*) madrina *f*

patriotisch [patri'oːtiʃ] patriótico

Patron [-'troːn] *m* (-*s*; -*e*) *rel* patrono *m*, patrón *m*; F *fig* tío *m*

Patrone [-'-nə] *f* (-; -*n*) cartucho *m*

Patsche ['patʃə] *f*: ***in der* ~ *sitzen*** estar en un apuro

patzig ['-tsiç] insolente; F fresco

'Pauke *mus* ['paʊkə] *f* (-; -*n*) bombo *m*; **≈n** (*ge-*, *h*) F *fig* empollar

pau'schal [paʊ'ʃɑːl], **≈...**: *in Zssgn mst* global; **≈e** *f* (-; -*n*) suma *f* global; **≈reise** *f* viaje *m* (con) todo incluido

'Paus|e ['-zə] *f* (-; *-n*) pausa *f*; *mus a* silencio *m*; *Konzert usw*: descanso *m*; *teat a* entreacto *m*; *Schule*: recreo *m*; **2enlos** continuamente, sin cesar
Pavillon ['paviljɔ̃] *m* (*-s*; *-s*) pabellón *m*; (*Verkaufs2*) quiosco *m*
'Paybackkarte ['peːbɛk-] *f* tarjeta *f* de descuento
Pazifik [pa'tsiːfik] *m* (Océano *m*) Pacífico *m*
Pazi'fis|mus [patsi'fismus] *m* (-; *sin pl*) pacifismo *m*; **2tisch** pacifista
PC *m* ***Personal Computer*** PC *m* (ordenador personal)
PDS *f* *BRD* ***Partei des Demokratischen Sozialismus*** partido *m* del socialismo democrático
Pech [pɛç] *n* (*-s*; *-e*) pez *f*; (*sin pl*) *fig* mala suerte *f*, F mala pata *f*; **'~strähne** *f* mala racha *f*; **'~vogel** *m* F cenizo *m*; ***ein ~ sn*** tener mala pata
Pedal [pe'dɑːl] *n* (-[*e*]*s*; *-e*) pedal *m*
Pe'dant [-'dant] *m* (*-en*; *-en*) hombre *m* meticuloso; **2isch** meticuloso
Pediküre [-di'kyːrə] *f* (-; *-n*) pedicura *f* (*a Person*)
'Pegel ['peːgəl] *m* (*-s*; -) fluviómetro *m*;(*~stand*) nivel *m* del agua; **~stand** *m* nivel *m* del agua
peilen ['paɪlən] (*ge-*, *h*) sondear; *mar a* marcar; *fig* ***die Lage ~*** tantear el terreno
peinlich ['paɪnliç] penoso; *Frage*: delicado; *Lage*: precario, embarazoso; (*unangenehm*) desagradable; ***~ genau*** meticuloso
Peitsche ['paɪtʃə] *f* (-; *-n*) látigo *m*
Peking ['peːkiŋ] *n* Pekín *m*
Pelikan ['peːlikɑːn] *m* (*-s*; *-e*) pelícano *m*
'Pell|e ['pɛlə] *f* (-; *-n*) piel *f*; **2en** (*ge-*, *h*) pelar; **~kartoffeln** *f/pl* patatas *f/pl* cocidas sin pelar
Pelz [pɛlts] *m* (*-es*; *-e*) piel *f*; **'~geschäft** *n* peletería *f*; **'~händler** *m* peletero *m*; **'~jacke** *f* chaquetón *m* de piel; **'~mantel** *m* abrigo *m* de piel(es)
'Pendel ['pɛndəl] *n* (*-s*; -) péndulo *m*; *der Uhr*: péndola *f*; **'2n** (*ge-*, *h u sn*) oscilar; *fig* ir y venir; **~verkehr** *m* tráfico *m* de vaivén
Pendler ['pɛndlər] *m* (*-s*; -) trabajador *m* que diariamente viaja entre su casa y su lugar de trabajo
Penis ['peːnis] *m* (-; *-se*) pene *m*
Penizillin [penitsi'liːn] *n* (*-s*; *sin pl*) penicilina *f*
'penne|n F ['pɛnən] (*ge-*, *h*) dormir; **2r** *m* (*-s*; -) vagabundo *m*
Pension [pɑ̃'zjoːn] *f* (-; *-en*) pensión *f* (*a Heim*); (*Alters2*) *a* jubilación *f*; *mil* retiro *m*; **~är** [-zjo'nɛːr] *m* (*-s*; *-e*), **~ärin** *f* (-; *-nen*) pensionista *su*; **2'ieren** (*h*): (***sich***) **~** (***lassen***) jubilar(se); **2'iert** jubilado; **~'ierung** *f* (-; *-en*) jubilación *f*; *mil* retiro *m*
per [pɛr] por; ***~ Adresse*** en casa de
perfekt [-'fɛkt] *adj* perfecto
Pergament [-ga'mɛnt] *n* (-[*e*]*s*; *-e*) pergamino *m*
Periode [per'joːdə] *f* (-; *-n*) periodo *m*, período *m*; *med a* regla *f*
Periphe'rie [perife'riː] *f* (-; *-n*) periferia *f*; **~geräte** *n/pl* *inform* periféricos *m/pl*
'Perl|e ['pɛrlə] *f* (-; *-n*) perla *f* (*a fig Person*); *Rosenkranz*: cuenta *f*; **2en** (*ge-*, *h*) burbujear (*a Sekt*); **'~mutt** *n* (*-s*; *sin pl*) nácar *m*
Pers|er ['-zər] *m* (*-s*; -) persa *m*; (*Teppich*) alfombra *f* persa; **~ianer** [-'zjɑːnər] *m* (*-s*; -) astracán *m*
Persien ['pɛrzjən] *n* Persia *f*
Person [-'zoːn] *f* (-; *-en*) persona *f*; *teat* personaje *m*
Perso'nal [-zo'nɑːl] *n* (*-s*; *sin pl*) personal *m*; **~abbau** *m* reducción *f* del personal *od* de la plantilla; **~abteilung** *f* departamento *m* de personal; **~ausweis** *m* documento *m* nacional de identidad, *Am* cédula *f* personal; **~ Computer** *m* ordenador *m* personal; **~ien** [-'-jən] *pl* datos *m/pl* personales; **~mangel** *m* escasez *f* de personal; **~vertretung** *f* representación *f* del personal
Per'sonen|aufzug [-'zoːnənʔ-] *m* ascensor *m*; **~(kraft)wagen** *m* turismo *m*; **~schaden** *m* daño *m* personal; **~zug** *m* (tren *m*) correo *m*; (*Reisezug*) tren *m* de viajeros
per'sönlich [-'zøːnliç] personal; *adv* en persona; **2keit** *f* (-; *-en*) personalidad *f*; (*bedeutender Mensch*) personaje *m*
Perspektive [-spɛk'tiːvə] *f* (-; *-n*) perspectiva *f*
Peru [pe'ruː] *n* (el) Perú
Peru'an|er [peru'ɑːnər] *m* (*-s*; -), **~erin** *f* (-; *-nen*) peruano *m*, -a *f*; **2isch** peruano
Perücke [pɛ'rykə] *f* (-; *-n*) peluca *f*

pervers [pɛr'vɛrs] perverso
Pesete [pe'zeːtə] *f* (-; *-n*) *hist* peseta *f*
Pessi'mist [pɛsi'mist] *m* (*-en*; *-en*), **~in** *f* (-; *-nen*) pesimista *su*; **&isch** pesimista
Pest *med* [pɛst] *f* (-; *sin pl*) peste *f* (*a fig*)
Petersilie [petər'ziːljə] *f* (-; *-n*) perejil *m*
Pe'troleum [-'troːleum] *n* (*-s*; *sin pl*) petróleo *m*; **~lampe** *f* quinqué *m*
Pf ***Pfennig*** *hist* pfennig *m*
Pfad [pfaːt] *m* (*-[e]s*; *-e*) senda *f*, sendero *m*; '**~finder** *m* explorador *m*
Pfahl [pfaːl] *m* (*-[e]s*; *¨-e*) palo *m*
Pfalz [pfalts] *f* Palatinado *m*
Pfand [pfant] *n* (*-[e]s*; *¨-er*) prenda *f*; (*Flaschen&*) depósito *m* (para el envase); '**~flasche** *f* botella *f* retornable
pfänden ['pfɛndən] (*ge-*, *h*) embargar
'**Pfand|haus** ['pfant-] *n* monte *m* de piedad, casa *f* de empeños; **~leiher** *m* (*-s*; -) prestamista *m*
Pfändung ['pfɛnduŋ] *f* (-; *-en*) embargo *m*
'**Pfann|e** ['pfanə] *f* (-; *-n*) sartén *f*; **~kuchen** *m* crepe *m*; ***Berliner ~*** buñuelo *m* berlinés
Pfarr|ei [pfa'raɪ] *f* (-; *-en*) parroquia *f*; '**~er** *m* (*-s*; -) pastor *m*; *katholisch*: cura *m*, párroco *m*; '**~haus** *n* casa *f* parroquial
Pfau [pfaʊ] *m* (*-[e]s*; *-en*) pavo *m* real
Pfd. ***Pfund*** libra *f*
'**Pfeffer** ['pfɛfər] *m* (*-s*; -) pimienta *f*; **~kuchen** *m* pan *m* de especias; **~minze** *bot f* menta *f*; **~minztee** *m* infusión *f* de menta; **&n** (*ge-*, *h*) echar pimienta a
'**Pfeif|e** ['pfaɪfə] *f* (-; *-n*) pito *m*; (*Tabaks&*) pipa *f*; ***~ rauchen*** fumar en pipa; **&en** (*pfiff*, *gepfiffen*, *h*) silbar, pitar; F *fig* ***ich pfeife darauf*** me importa un pito
Pfeil [pfaɪl] *m* (*-[e]s*; *-e*) flecha *f*; (*Wurf&*) dardo *m*; '**~er** *m* (*-s*; -) pilar *m*
Pfennig ['pfɛniç] *m* (*-s*; *-e*, *después de números en pl inv*) pfennig *m*
Pferd [pfeːrt] *n* (*-[e]s*; *-e*) caballo *m* (*a Schach*); *Turnen*: potro *m* con aros; ***zu ~e*** a caballo
'**Pferde|rennen** ['pfeːrdə-] *n* carrera *f* de caballos, concurso *m* hípico; **~schwanz** *m* cola *f* de caballo (*a Frisur*); **~stall** *m* cuadra *f*, caballeriza *f*; **~stärke** *f* (*Abk* ***PS***) caballo *m* de vapor
Pfiff [pfif] *m* (*-[e]s*; *-e*) silbido *m*; pitada *f*, pitido *m*; *fig* truco *m*; '**~erling** *bot* ['-fərliŋ] *m* (*-s*; *-e*) cantarela *f*; ***keinen ~ wert sn*** no valer nada; '**&ig** astuto, ladino; '**~igkeit** *f* (-; *sin pl*) astucia *f*
Pfingst|en ['pfiŋstən] *n* (-; -) Pentecostés *m*; **~rose** *bot f* peonía *f*
Pfirsich ['pfirziç] *m* (*-s*; *-e*) melocotón *m*, *Am* durazno *m*; **~baum** *m* melocotonero *m*; duraznero *m*
'**Pflanz|e** ['pflantsə] *f* (-; *-n*) planta *f*; vegetal *m*; **~en...**: *in Zssgn oft* vegetal; **&en** (*ge-*, *h*) plantar; **~er** *m* (*-s*; -) colono *m*; plantador *m*; **&lich** vegetal; **~ung** *f* (-; *-en*) plantación *f*
'**Pflaster** ['pflastər] *n* (*-s*; -) pavimento *m*; empedrado, adoquinado *m*; *med* emplasto *m*, parche *m*; (*Heft&*) esparadrapo *m*; '**~maler** *m* persona *f* que pinta sobre la acera; **&n** (*ge-*, *h*) empedrar, adoquinar; **~stein** *m* adoquín *m*
'**Pflaume** ['pflaʊmə] *f* (-; *-n*) ciruela *f*; **~nbaum** *m* ciruelo *m*
'**Pfleg|e** ['pfleːgə] *f* (-; *sin pl*) cuidados *m/pl*; *med* asistencia *f*; *tec* mantenimiento *m*; *fig* cultivo *m*; **&eleicht** de fácil lavado; **&en** (*ge-*, *h*) cuidar (de); atender a (*a med*); *fig* cultivar; ***~ zu*** (*inf*) soler, acostumbrar (*inf*); **~er** *m* (*-s*; -), **~erin** *f* (-; *-nen*) cuidador(a) *m*(*f*); *med* enfermero *m*, -a *f*
Pflicht [pfliçt] *f* (-; *-en*) deber *m*, obligación *f*; '**~...**: *in Zssgn oft* obligatorio; '**&bewusst** cumplidor; '**~bewusstsein** *n* sentido *m* del deber; '**~erfüllung** *f* cumplimiento *m* del deber; '**~fach** *n* asignatura *f* obligatoria; '**&gemäß** debido; *adv* conforme a su deber; '**&vergessen** descuidado; desleal; '**~versicherung** *f* seguro *m* obligatorio
Pflock [pflɔk] *m* (*-[e]s*; *¨-e*) estaquilla *f*
pflücken ['pflykən] (*ge-*, *h*) coger
Pflug [pfluːk] *m* (*-[e]s*; *¨-e*) arado *m*
pflügen ['pflyːgən] (*ge-*, *h*) arar
Pforte ['pfɔrtə] *f* (-; *-n*) puerta *f*
'**Pförtner** ['pfœrtnər] *m* (*-s*; -) portero *m*; conserje *m*; **~loge** *f* portería *f*
Pfosten ['pfɔstən] *m* (*-s*; -) poste *m*
Pfote ['pfoːtə] *f* (-; *-n*) pata *f*
Pfropfen ['pfrɔpfən] *m* (*-s*; -) tapón *m*
pfui! ['pfui] ¡qué asco!
Pfund [pfunt] *n* (*-[e]s*; *-e*, *después de números en pl inv*) libra *f* (***Sterling*** esterlina); *beim Einkauf*: medio kilo *m*
'**pfusch|en** ['pfuʃən] (*ge-*, *h*) chapucear; **&er** *m* (*-s*; -) chapucero *m*
Pfütze ['pfytsə] *f* (-; *-n*) charco *m*
PH *f* ***Pädagogische Hochschule*** Es-

cuela *f* Normal

Phantasie → ***Fantasie***

phantastisch [-'tastiʃ] *a fig* fantástico

pharmazeutisch [farma'tsɔʏtiʃ] farmacéutico

Phase ['fɑːzə] *f* (-; *-n*) fase *f*

Philippinen [fili'piːnən] *pl* Filipinas *f*/*pl*

Philolog|e [filo'loːgə] *m* (*-n*; *-n*), **~in** *f* (-; *-nen*) filólogo *m*, -a *f*; **~ie** [-lo'giː] *f* (-; *-n*) filología *f*

Philosoph [-'zoːf] *m* (*-en*; *-en*) filósofo *m*; **~ie** [-zo'fiː] *f* (-; *-n*) filosofía *f*; **2isch** [-'zoːfiʃ] filosófico

Photo ['foːto] *n u Zssgn* → ***Foto***

Phrase ['frɑːzə] *f* (-; *-n*) frase *f*; *pl a* palabrería *f*

Physik [fy'ziːk] *f* (-; *sin pl*) física *f*; **2alisch** [fyzi'kɑːliʃ] físico; **~er** ['fyːzikər] *m* (*-s*; -), **~erin** *f* (-; *-nen*) físico *m*, -a *f*

physisch ['fyːziʃ] físico

Pianist [pia'nist] *m* (*-en*; *-en*), **~in** *f* (-; *-nen*) pianista *su*

picheln F ['piçəln] (*ge-*, *h*) F empinar el codo

'**Pick|el** ['pikəl] *m* (*-s*; -) pico *m*; *med* grano *m*; **2en** (*ge-*, *h*) picotear; (*hacken*) picar

'**Picknick** *n* ['-nik] *n* (*-s*; *-s*) merienda *f* al aire libre, picnic *m*; **2en** (*ge-*, *h*) hacer (un) picnic

piep(s)en ['piːp(s)ən] (*ge-*, *h*) piar; F ***bei dir piept's wohl?*** ¿estás loco?

Pier *mar* [piːr] *m* (*-s*; *-e*) desembarcadero *m*

Pik [piːk] **1.** *n* (*-s*; *-s*) *Kartenspiel*: espadas *f*/*pl*; **2.** *m* F ***e-n ~ auf j-n haben*** tener tirria a alg; **2ant** [pi'kant] picante

'**Pilger** ['pilgər] *m* (*-s*; -), **~in** *f* (-; *-nen*) peregrino *m*, -a *f*, romero *m*, -a *f*; **~fahrt** *f* peregrinación *f*, romería *f*

Pille ['pilə] *f* (-; *-n*) píldora *f* (*a die* **~**)

Pi'lot [pi'loːt] *m* (*-en*; *-en*) piloto *m*; **~projekt** *n* proyecto *m* piloto

Pilz [pilts] *m* (*-es*; *-e*) hongo *m*, seta *f*

pingelig F ['piŋəliç] meticuloso

Pinie *bot* ['piːnjə] *f* (-; *-n*) pino *m*

pinkeln P ['piŋkəln] (*ge-*, *h*) P mear

'**PIN-Nummer** [pɪn-] *f fin* número *m* de identificación personal

'**Pinsel** ['pinzəl] *m* (*-s*; -) pincel *m*; *grober*: brocha *f*; **2n** (*ge-*, *h*) pincelar (*a med*)

Pinzette [-'tsɛtə] *f* (-; *-n*) pinzas *f*/*pl*

Pionier [pio'niːr] *m* (*-s*; *-e*) *mil* zapador *m*; *fig* pionero *m*

Pipeline ['paɪplaɪn] *f* (-; *-s*) oleoducto *m*; (*Gas*) gasoducto *m*

Pirat [pi'rɑːt] *m* (*-en*; *-en*) pirata *m*

Pistazie *bot* [pis'tɑːtsjə] *f* (-; *-n*) pistacho *m*

Piste ['-tə] *f* (-; *-n*) pista *f*

Pistole [-'toːlə] *f* (-; *-n*) pistola *f*

Pixel ['pɪksəl] *n* (*-(s)*; -) (*Bildpunkt*) píxel *m*; punto *m* de imagen

Pizz|a ['pitsa] *f* (-; *-s*) pizza *f*; **~eria** [-tsə'riːa] *f* (-; *-s*) pizzería *f*

Pkt. ***Punkt*** punto

Pkw *m* ***Personenkraftwagen*** turismo *m*

'**Plage** ['plɑːgə] *f* (-; *-n*) molestia *f*; **2n** (*ge-*, *h*) molestar, fastidiar; ***sich ~*** ajetrearse

Plakat [pla'kɑːt] *n* (-[*e*]*s*; *-e*) cartel *m*

Plakette [-'kɛtə] *f* (-; *-n*) placa *f*; (*Aufkleber*) pegatina *f*

Plan [plɑːn] *m* (-[*e*]*s*; *¨e*) plan *m*, proyecto *m*; *arqu* plano *m* (*a Stadt2*); '**~e** *f* (-; *-n*) toldo *m*, lona *f*; '**2en** (*ge-*, *h*) planear, proyectar

Planet [pla'neːt] *m* (*-en*; *-en*) planeta *m*

planieren [-'niːrən] (*h*) aplanar, nivelar

Planke ['plaŋkə] *f* (-; *-n*) tabla *f*, tablón *m*

'**plan|los** ['plɑːnloːs] sin método; **~mäßig** metódico; *ferro*, *avia* regular

Planschbecken ['planʃ-] *n* piscina *f* para niños

Plantage [plan'tɑːʒə] *f* (-; *-n*) plantación *f*

'**Plan|ung** ['plɑːnuŋ] *f* (-; *-en*) planificación *f*; **~wirtschaft** *f* economía *f* dirigida, dirigismo *m*

plappern ['plapərn] (*ge-*, *h*) charlar, parlotear

plärren ['plɛrən] (*ge-*, *h*) berrear; (*heulen*) lloriquear

'**Plast|ik** ['plastik] **1.** *f* (-; *-en*) (*Kunstwerk*) escultura *f*; **2.** *n* (*-s*; *sin pl*) plástico *m*; **~iktüte** *f* bolsa *f* de plástico; **2isch** plástico (*a fig*)

Platane [pla'tɑːnə] *f* (-; *-n*) plátano *m*

Platin ['plɑːtin] *n* (*-s*; *sin pl*) platino *m*

plätschern ['plɛtʃərn] (*ge-*, *h*) chapalear; *Bach*: murmurar

platt [plat] llano, plano; aplastado; *fig* trivial, banal; F (*erstaunt*) perplejo; F ***e-n 2en haben*** tener un reventón *bzw* un pinchazo

Platte ['platə] *f* (-; *-n*) placa *f*, plancha *f*;

(*Stein*∼) losa *f*; (*Schall*∼) disco *m*; (*Gericht*) plato *m*; F (*Glatze*) calva *f*
'Plätt|eisen ['plɛtˀ-] *n* (*-s*; -) plancha *f*; **∼en** (*ge-*, *h*) planchar
'Plattenspieler ['platən-] *m* tocadiscos *m*
'Platt|form ['platfɔrm] *f* plataforma *f* (*a fig*); **∼fuß** *m* pie *m* plano; F *auto* pinchazo *m*
Platz [plats] *m* (*-es*; *∸e*) plaza *f*; (*Sitz*∼) *a* asiento *m*; (*Stelle*) sitio *m*, lugar *m*; *dep* campo *m*; ***∼ nehmen*** tomar asiento; ***∼ machen*** hacer sitio; abrir paso; **'∼anweiser** [-ˀanvaɪzər] *m* (*-s*; -), **∼anweiserin** *f* (-; *-nen*) acomodador(a) *m*(*f*)
Plätzchen ['plɛtsçən] *n* (*-s*; -) rincón *m*; *gastr* pasta *f*
'platz|en ['platsən] (*ge-*, *sn*) estallar (*a mil*); *Reifen usw*: reventar (*a fig vor Lachen, Stolz usw*); F *fig* (*scheitern*) frustrarse; **∼karte** *f* reserva *f* de asiento; **∼regen** *m* chaparrón *m*, aguacero *m*, chubasco *m*; **∼wunde** *f* herida *f*
plaudern ['plaʊdərn] (*ge-*, *h*) charlar, F estar de palique
plausibel [plaʊ'zibəl]plausible
Playboy ['pleː-] *m* (*-s*; *-s*) play-boy *m*
Pleite ['plaɪtə] *f* (-; *-n*) quiebra *f*; *fig* fracaso *m*; ***∼ machen*** quebrar; ***∼ sn*** estar en quiebra; F estar sin blanca
Pleuelstange ['plɔʏəl-] *f* biela *f*
Plisseerock [pli'seːrɔk] *m* falda *f* plisada
Plomb|e ['plɔmbə] *f* (-; *-n*) precinto *m*; (*Zahn*∼) empaste *m*; **∼'ieren** (*h*) precintar; *Zahn*: empastar
plötzlich ['plœtsliç] repentino, súbito; *adv* de repente
plump [plump] grosero; (*schwerfällig*) pesado; (*ungeschickt*) torpe; **∼sen** ['-sən] (*ge-*, *sn*) caer(se) pesadamente; **'∼sklo** *n* letrina *f*
Plunder ['plundər] *m* (*-s*; *sin pl*) trastos *m/pl*, cachivaches *m/pl*
'plünder|n ['plyndərn] (*ge-*, *h*) pillar, saquear; **∼ung** *f* (-; *-en*) pillaje *m*, saqueo *m*
Plural ['pluːrɑːl] *m* (*-s*; *-e*) plural *m*
plus [plus] **1.** *adv* más; ***3 Grad ∼*** tres grados sobre cero; **2.** ∼ *n* (-; -) superávit *m*, excedente *m*; *fig* ventaja *f*
Plüsch [plyːʃ] *m* (*-[e]s*; *-e*) felpa *f*
Pluszeichen ['plus-] *n* (signo *m* de) más *m*
PLZ *f* ***Postleitzahl*** C.P. *m* (código postal)
Po F [poː] *m* (*-s*; *-s*) *s* ***Popo***
Pöbel ['pøːbəl] *m* (*-s*; *sin pl*) populacho *m*, chusma *f*
pochen ['pɔxən] (*ge-*, *h*) *Herz*: latir, palpitar; *fig* ***∼ auf*** (*ac*) insistir en; (*fordern*) reclamar (*ac*)
'Pocken *med* ['pɔkən] *f/pl* viruela *f*; **∼(schutz)impfung** *f* vacunación *f* antivariólica
Podium ['poːdjum] *n* (*-s*; *Podien*) podio *m*, estrado *m*
Poesie [poe'ziː] *f* (-; *-n*) poesía *f*
Po'et [-'eːt] *m* (*-en*; *-en*) poeta *m*; **∼in** *f* (-;*-nen*) poetisa *f*; **∼isch** poético
Pointe [po'ɛ̃tə] *f* (-; *-n*) agudeza *f*; *e-s Witzes*: gracia *f*
Pokal [po'kɑːl] *m* (*-[e]s*; *-e*) copa *f*
'Poker ['poːkər] *n* (*-s*; *sin pl*) póker *m*, póquer *m*; **∼n** (*ge-*, *h*) jugar al póker
Pol [poːl] *m* (*-[e]s*; *-e*) polo *m* (*a el*)
Polarkreis [po'lɑːr-] *m* círculo *m* polar (***nördlicher*** ártico; ***südlicher*** antártico)
Pole ['poːlə] *m* (*-n*; *-n*) polaco *m*
Polen ['poːlən] *n* Polonia *f*
Police [po'liːsə] *f* (-; *-n*) póliza *f*
polieren [-'liːrən] (*h*) pulir, sacar brillo a; *Möbel*: lustrar
Poliklinik ['poːli-] *f* policlínica *f*
Polin ['-lin] *f* (-; *-nen*) polaca *f*
Politesse [poli'tɛsə] *f* (-; *-n*) auxiliar *f* de policía
Polit|ik [poli'tiːk] *f* (-; *-en*) política *f*; **∼iker** [-'liːtikər] *m* (*-s*; -), **∼ikerin** *f* (-; *-nen*) político *m*, (mujer *f*) política *f*; **∼isch** [-'-tiʃ] político
Politur [-'tuːr] *f* (-; *-en*) lustre *m*, brillo *m*; *Mittel*: abrillantador *m*
Poli'zei [-'tsaɪ] *f* (-; *-en*) policía *f*; **∼beamte** *m* agente *m* de policía; **∼revier** *n* comisaría *f*; **∼staat** *m* Estado *m* policía; **∼streife** *f* patrulla *f* de policía; **∼stunde** *f* hora *f* de cierre; **∼wache** *f* puesto *m* de policía; comisaría *f*
Poli'zist [-'tsist] *m* (*-en*; *-en*) policía *m*; **∼in** *f* (-; *-nen*) (mujer *f*) policía *f*
Pollen *bot* ['pɔlən] *m* (*-s*; -) polen *m*
polnisch ['pɔlniʃ] polaco
'Polo ['poːlo] *n* (*-s*; *-s*) polo *m*; **∼hemd** *n* (camisa *f*) polo *m*
'Polster ['pɔlstər] *n* (*-s*; -) acolchado *m*; (*Kissen*) cojín *m*; **∼möbel** *n/pl* muebles *m/pl* tapizados
poltern ['pɔltərn] (*ge-*, *h*) hacer ruido

Poly|… ['polyz̧]: *in Zssgn mst* poli…; **~gamie** [-ga'miː] *f* (-; *sin pl*) poligamia *f*

Polyp [-'lyːp] *m* (*-en*; *-en*) *med u zo* pólipo *m*; F (*Polizist*) polizonte *m*

Pomade [-'mɑːdə] (-; *-n*) pomada *f*

Pommern ['pɔmərn] *n* Pomerania *f*

Pommes ['pɔməs] *od* **~ frites** *fr* [pɔm-ĭ'frit] *pl* patatas *f/pl* fritas

Pomp [pɔmp] *m* (-[*e*]*s*; *sin pl*) pompa *f*

Pony ['pɔni] **a)** *n* (*-s*; *-s*) poney *m* **a)** *m* (*-s*; *-s*) (*Frisur*) flequillo *m*

Pool ['puːl] *m* (*-s*; *-s*) pool *m*; '**~billard** *n* billar *m* americano

'**Pop|gruppe** ['pɔp-] *f* grupo *m* pop; **~musik** *f* música *f* pop

Popo F [po'poː] *m* (*-s*; *-s*) pompis *m*

populär [-pu'lɛːr] popular

Pop-up-Menü ['pɔpˀap-] *n inform* menú *m* pop-up

Pore ['poːrə] *f* (-; *-n*) poro *m*

Pornograph|ie [pɔrnogra'fiː] *f* (-; *sin pl*) pornografía *f*; **⁓isch** [-'grɑːfiʃ] pornográfico

porös [po'røːs] poroso

Porree *bot* ['pɔreː] *m* (*-s*; *-s*) puerro *m*

Portal [pɔr'tɑːl] *n* (*-s*; *-e*) portal *m*

Portemonnaie [pɔrtmɔ'neː] *n* (*-s*; *-s*) monedero *m*

Portier [pɔr'tjeː] *m* (*-s*; *-s*) portero *m*, conserje *m*

Portion [-'tsjoːn] *f* ración *f*; porción *f*

'**Porto** ['-to] *n* (*-s*; *-s*, *Porti*) porte *m*, franqueo *m*; ***~ bezahlt*** porte pagado; **⁓frei** franco de porte

Porträt [-'trɛː] *n* (*-s*; *-s*) retrato *m*

Portugal ['pɔrtugal] *n* Portugal *m*

Portugies|e [-tu'giːzə] *m* (*-n*; *-n*), **~in** *f* (-;*-nen*) portugués *m*, -esa *f*; **⁓isch** portugués

Portwein ['pɔrt-] *m* oporto *m*

Porzellan [pɔrtsə'lɑːn] *n* (*-s*; *-e*) porcelana *f*

Posaune *mus* [po'zaʊnə] *f* (-; *-n*) trombón *m*

Position [pozi'tsjoːn] *f* (-; *-en*) posición *f*; *mar* situación *f*

positiv [-tiːf] **1.** *adj* positivo; **2.** **⁓** *fot n* (*-s*; *-e*) positivo *m*

Posse ['pɔsə] *f* (-; *-n*) farsa *f*

Post® [pɔst] *f* (-; *sin pl*) correo *m*; (*Gebäude*) (oficina *f* de) correos *m/pl*; ***auf die ~ bringen*** llevar al correo; ***mit der ~*** por correo; ***mit getrennter ~*** por (correo) separado

'**Post|amt** *n* oficina *f od* estafeta *f* de correos; **~anweisung** *f* giro *m* postal; **~bank** *f* banco *m* postal, banco *m* de Correos; **~bote** *m* cartero *m*

Posten ['pɔstən] *m* (*-s*; -) puesto *m*, empleo *m*; *com* partida *f*, lote *m*; *mil* centinela *m*; ***~ stehen*** montar la guardia; *fig* ***nicht auf dem ~ sn*** no sentirse bien

Poster ['postər] *m*, *n* (*-s*; -) póster *m*

'**Post|fach** *n* apartado *m* de correos, *Am* casilla *f*; **~girokonto** *n* cuenta *f* corriente postal; **~karte** *f* (tarjeta *f*) postal *f*; **⁓lagernd** lista de correos; **~leitzahl** *f* código *m* postal; **~scheck** *m* cheque *m* postal; **~schließfach** *n s* ***~fach***; **~sparbuch** *n* libreta *f od* cartilla *f* de ahorro postal; **~stempel** *m* matasellos *m*; **⁓wendend** a vuelta de correo; **~wertzeichen** *n* sello *m* (de correo), *Am* estampilla *f*; **~wurfsendung** *f* envío *m* colectivo; impresos *m/pl* sin dirección

Poularde [pu'lardə] *f* (-; *-n*) pularda *f*

pp., **ppa.** ***per procura*** p.p. (por poder)

Pracht [praxt] *f* (-; *sin pl*) esplendor *m*; suntuosidad *f*

prächtig ['prɛçtiç] magnífico, espléndido, suntuoso

Prag [prɑːk] *n* Praga *f*

prägen ['prɛːgən] (*ge-*, *h*) imprimir, estampar; *Münzen*, *Wort*: acuñar; *fig* marcar

'**prahl|en** ['prɑːlən] (*ge-*, *h*) vanagloriarse, jactarse (***mit*** de); **⁓erei** [-lə'raɪ] *f* (-; *-en*) fanfarronería *f*, jactancia *f*

Prakti|kant [prakti'kant] *m* (*-en*; *-en*), **~kantin** *f* (-; *-nen*) practicante *su*; (*Rechtsanwalts⁓*) pasante *su*; **~kum** [-kum] *n* (*-s*; *Praktika*) prácticas *f/pl*; '**⁓sch** práctico; ***~er Arzt*** médico *m* (de medicina) general; **⁓zieren** [-'tsiːrən] (*h*) practicar; *Arzt*: ejercer

Praline [pra'liːnə] *f* (-; *-n*) bombón *m*

prall [pral] (*straff*) tirante; (*voll*) repleto, relleno; *Ballon usw*: henchido; ***in der ~en Sonne*** a pleno sol; '**~en** (*ge-*, *sn*) chocar (***auf*** *ac*, ***gegen*** contra, con)

Prämie ['prɛːmjə] *f* (-; *-n*) premio *m*; *com* prima *f*

prämi(i)eren [prɛ'miːrən, -mi'iːrən] (*h*) premiar

Pranke ['praŋkə] *f* (-; *-n*) garra *f*, pata *f*

Präposition [prɛpozi'tsjoːn] *f* (-; *-en*) preposición *f*

Präsens *gram* ['prɛːzɛns] *n* (-; *Präsentia*

[prɛ'zɛntsja]) presente *m*
Präservativ [prɛzɛrva'tiːf] *n* (*-s*; *-e*) preservativo *m*
Präsi'dent [-zi'dɛnt] *m* (*-en*; *-en*), **~in** *f* (-; *-nen*) presidente *m*, -a *f*; **~schaft** *f* (-; *-en*) presidencia *f*
Praxis ['praksis] *f* (-; *sin pl*) práctica *f*; (*pl Praxen*) *jur* bufete *m*; *med* consultorio *m*; (*Sprechstunde*) consulta *f*; **~gebühr** *f med etwa* tasas *f/pl* (*od* honorarios *m/pl*) de consulta
präzis [prɛ'tsiːs] preciso, exacto; **2ion** [-tsi'zjoːn] *f* (-; *sin pl*) precisión *f*
'predig|en ['preːdigən] (*ge-*, *h*) predicar; **2er** *m* (*-s*; -) predicador *m*; **2t** ['-diçt] *f* (-; *-en*) sermón *m* (*a fig*)
Preis [prais] *m* (*-es*; *-e*) precio *m*; (*Belohnung*) premio *m*; ***um jeden ~*** a toda costa, cueste lo que cueste; ***um keinen ~*** de ningún modo; **'~anstieg** *m* aumento *m od* subida *f* de precios; **'~ausschreiben** *n* concurso *m*
Preiselbeere ['praizəl-] *f* arándano *m* encarnado
preisen ['praizən] (*pries*, *gepriesen*) alabar, celebrar
'Preis|erhöhung ['prais?-] *f* aumento *m* de precios; **~ermäßigung** *f* reducción *f* de precios; **2gekrönt** ['-gəkrøːnt] premiado; **~lage** *f* categoría *f* de precios; **~liste** *f* lista *f* de precios; **~nachlass** *m* rebaja *f*, descuento *m*; **~niveau** *n* nivel *m* de precios; **~richter** *m* miembro *m* del jurado; juez *m*; **~senkung** *f* disminución *f od* rebaja *f* de (los) precios; **~stabilität** *f* estabilidad *f* de precios; **2wert** barato; *adv* a buen precio
'prell|en ['prɛlən] (*ge-*, *h*) *med* contusionar; *fig* estafar (***j-n um et*** a/c a alg); **2ung** *med f* (-; *-en*) contusión *f*
Premier|e [prəm'jɛːrə] *f* (-; *-n*) estreno *m*; **~minister** *m*, **~ministerin** *f* [prəmĭ'jeː-] primer(a) ministro(-a) *m(f)*
Prepaid-Karte ['priːpeːt-] *f tel* tarjeta *f* prepago
'Presse ['prɛsə] *f* (-; *-n*) prensa *f* (*a tec*); **~agentur** *f* agencia *f* de prensa; **~freiheit** *f* libertad *f* de prensa; **~konferenz** *f* conferencia *f od* rueda *f* de prensa; **2n** (*ge-*, *h*) apretar; *a tec* prensar
'Pressluft ['prɛs-] *f* (-; *sin pl*) aire *m* comprimido; **~hammer** *m* martillo *m* neumático
'prickeln ['prikəln] (*ge-*, *h*) picar; *Sekt*: burbujear; *Glieder*: hormiguear; **~d** picante; excitante
'Priester ['priːstər] *m* (*-s*; -) sacerdote *m*, cura *m*; **~in** *f* (-; *-nen*) sacerdotisa *f*
prima ['priːma] *com* de primera calidad; F estupendo, formidable
primär [pri'mɛːr], **2...** primario
Primel *bot* ['priːməl] *f* (-; *-n*) primavera *f*
primitiv [primi'tiːf] primitivo
Prinz [prints] *m* (*-en*; *-en*) príncipe *m*; **~essin** [-'tsɛsin] *f* (-; *-nen*) princesa *f*
Prinzip [-'tsiːp] *n* (*-s*; *-ien* [jen]) principio *m*; ***im ~*** en principio; **2iell** [-tsi'pjɛl] en *od* por principio
Priorität [priori'tɛːt] *f* (-; *-en*) prioridad *f*
Prise ['priːzə] *f* (-; *-n*) *mar* presa *f*; (*Salz*) pellizco *m*, chispa *f*
pri'vat [pri'vaːt] particular, privado; **2besitz** *m*, **2eigentum** *n* propiedad *f* privada; **2fernsehen** *n* televisión *f* privada; **2leben** *n* vida *f* privada; **2patient** *m*, **2patientin** *f* paciente *su* particular; **2person** *f* particular *m*; **2quartier** *n* alojamiento *m* en una casa particular; **2sache** *f* asunto *m* particular; **~versichert**: ***~ sn*** tener un seguro privado; **2wirtschaft** *f* (-; *sin pl*) economía *f* privada
Privileg [-vi'leːk] *n* (-[*e*]*s*; *-ien* [-gjən]) privilegio *m*
pro [proː] por; ***~ Kopf*** por cabeza; per cápita; ***~ Person*** por persona; ***~ Stück*** por (*od* la) pieza; ***~ Tag*** al día
'Probe ['proːbə] *f* (-; *-n*) prueba *f*; *com* muestra *f*; ***auf ~*** a prueba; ***auf die ~ stellen*** poner *od* someter a prueba; **~fahrt** *f* viaje *m* de prueba; **2n** (*ge-*, *h*) ensayar; **2weise** a (título de) prueba; **~zeit** *f* período *m* de ensayo *od* de prueba
probieren [pro'biːrən] (*h*) probar (*a Speise*), ensayar
Problem [-'bleːm] *n* (*-s*; *-e*) problema *m*; **2atisch** [-ble'maːtiʃ] problemático
Produkt [-'dukt] *n* (-[*e*]*s*; *-e*) producto *m*; **~ion** [-'tsjoːn] *f* (-; *-en*) producción *f*; **~ionskosten** *pl* costes *m/pl* de producción; **2iv** [-'tiːf] productivo; **~ivität** [-tivi'tɛːt] *f* (-; *sin pl*) productividad *f*
Produz|ent [-du'tsɛnt] *m* (*-en*; *-en*) productor *m*; fabricante *m*; **2ieren** [-'tsiːrən] (*h*) producir, fabricar
Prof. ***Professor*** catedrático; prof. (profesor)

Professor [-'fɛsɔr] *m* (*-s*; *-en* [-'soːrən]), **~in** [-'soːrin] *f* (*-*; *-nen*) catedrático *m*, -a *f* (de universidad); *als Titel*: profesor(a) *m*(*f*)

Profi F ['proːfi] *m* (*-s*; *-s*) profesional *m*

Profil [pro'fiːl] *n* (*-s*; *-e*) perfil *m*; (*Reifen*②) dibujo *m*; *ferro* gálibo *m*

profilieren [-iːrən] perfilar

Pro'fit [-'fiːt] *m* (*-*[*e*]*s*; *-e*) provecho *m*; beneficio *m*; ②**ieren** [-fi'tiːrən] (*h*) ganar, salir ganando (***von, bei*** en); aprovecharse (de); ②**orientiert** con ánimo de lucro

Prognose [-'gnoːzə] *f* (*-*; *-n*) pronóstico *m* (*a med*)

Pro'gramm [-'gram] *n* (*-s*; *-e*) programa *m*; **~gestaltung** *f* programación *f*; ②**ieren** [-'miːrən] (*h*) programar; **~'ierer** *m* (*-s*; *-*) programador *m*; **~'iersprache** *f* lenguaje *m* de programación

progressiv [-grɛ'siːf] progresivo

Projekt [-'jɛkt] *n* (*-*[*e*]*s*; *-e*) proyecto *m*, plan *m*

Prokurist [-ku'rist] *m* (*-en*; *-en*) apoderado *m*

Prolet|ariat [-letar'jɑːt] *n* (*-*[*e*]*s*; *-e*) proletariado *m*; **~arier** [-'tɑːrjər] *m* (*-s*; *-*) proletario *m*

Promenade [-mə'nɑːdə] *f* (*-*; *-n*) paseo *m*

Promille [-'milə] *n* (*-*[*s*]; *-*) tanto *m* por mil

promi'nen|t [-mi'nɛnt] prominente, eminente, destacado; ②**te** *su* (*-n*; *-n*) celebridad *f*; eminencia *f*

Promo|tion [-mo'tsjoːn] *f* (*-*; *-en*) doctorado *m*; ②**vieren** [-'viːrən] (*h*) doctorarse

Pronomen [pro'noːmən] *n* (*-s*; *-*, *Pronomina*) pronombre *m*

Propaganda [-pa'ganda] *f* (*-*; *sin pl*) propaganda *f*

Propeller [-'pɛlər] *m* (*-s*; *-*) hélice *f*, propulsor *m*

prophezeien [-fe'tsaɪən] (*h*) profetizar; predecir; pronosticar

prophylaktisch [-fy'laktiʃ] profiláctico, preventivo

Proportion [-pɔr'tsjoːn] *f* (*-*; *-en*) proporción *f*; ②**al** [-tsjo'nɑːl] proporcional

Prosa ['proːza] *f* (*-*; *sin pl*) prosa *f*

prosit! ['proːzit] ¡(a su) salud!; ***~ Neujahr!*** ¡feliz año nuevo!

Prospekt [pro'spɛkt] *m* (*-*[*e*]*s*; *-e*) prospecto *m*, folleto *m*

Prostata *anat* ['prɔstata] *f* (*-*; *Prostatae* ['-tɛː]) próstata *f*

Prostitu|ierte [-stitu'iːrtə] *f* (*-n*; *-n*) prostituta *f*; **~tion** [-'tsjoːn] *f* (*-*; *sin pl*) prostitución *f*

Protest [pro'tɛst] *m* (*-*[*e*]*s*; *-e*) protesta *f*; *com* protesto *m*; **~ant** [-'tant] *m* (*-en*; *-en*), **~'antin** *f* (*-*; *-nen*) protestante *su*; ②**'antisch** protestante; ②**'ieren** (*h*) protestar; **~wähler** *m* elector *m* que emite un voto de castigo

Prothese *med* [-teːzə] *f* (*-*; *-n*) prótesis *f*

Protokoll [-to'kɔl] *n* (*-s*; *-e*) acta *f*; *a diplomatisches*: protocolo *m*; ***(das) ~ führen*** redactar el acta; ②**'ieren** (*h*) levantar acta; protocolizar

Provence [prɔ'vɑ̃ːs] *f* Provenza *f*

Proviant [pro'vjant] *m* (*-s*; *-e*) provisiones *f*/*pl*, víveres *m*/*pl*

Provinz [-'vints] *f* (*-*; *-en*) provincia *f*

Provis|ion [-vi'zjoːn] *f* (*-*; *-en*) *com* comisión *f*; ②**orisch** [-'zoːriʃ] provisional

provozieren [-vo'tsiːrən] (*h*) provocar

Pro'zent [-'tsɛnt] *n* (*-*[*e*]*s*; *-e*) (tanto *m*) por ciento; **~satz** *m* porcentaje *m*

Prozess [-'tsɛs] *m* (*-es*; *-e*) proceso *m*; *jur a* pleito *m*; ***e-n ~ führen*** seguir una causa

prozessieren [-'siːrən] (*h*) pleitear, litigar

Prozession [-'sjoːn] *f* (*-*; *-en*) procesión *f*

Pro'zesskosten *pl* costas *f*/*pl* procesales

'prüf|en ['pryːfən] (*ge-*, *h*) examinar; (*nach~*) revisar; comprobar; verificar; *tec* ensayar; ②**er** *m* (*-s*; *-*) examinador *m*; ②**ling** ['-liŋ] *m* (*-s*; *-e*) examinando *m*

'Prüfung ['-fuŋ] *f* (*-*; *-en*) examen *m*; prueba *f* (*a fig*); *tec* ensayo *m*; ***e-e ~ machen*** pasar un examen; **~sausschuss** *m*, **~skommission** *f* comisión *f* examinadora

'Prügel ['-gəl] *m* (*-s*; *-*) palo *m*; *pl* (*Schläge*) paliza *f*, palos *m*/*pl*; ②**n** (*ge-*, *h*) pegar, dar una paliza; ***sich ~*** andar a palos

Prunk [pruŋk] *m* (*-*[*e*]*s*; *sin pl*) fasto *m*, boato *m*, suntuosidad *f*; **'②voll** suntuoso, fastuoso

PS **1.** *f* ***Pferdestärke*** CV *m* (caballo de vapor); **2.** *n* ***Postskriptum*** P.D. (postdata)

Pseudonym [psɔʏdo'nyːm] *n* (*-s*; *-e*) seudónimo *m*

'Psych|e ['psyːçə] *f* (-; *-n*) (p)sique *f*; **&isch** (p)síquico
Psycho|'loge [psyço'loːgə] *m* (*-n*; *-n*) (p)sicólogo *m*; **~logie** [-lo'giː] *f* (-; *sin pl*) (p)sicología *f*; **~'login** *f* (-; *-nen*) (p)sicóloga *f*; **~thera'pie** *f* (p)sicoterapia *f*
Pubertät [pubɛr'tɛːt] *f* (-; *sin pl*) pubertad *f*
Publi|kation [publika'tsjoːn] *f* (-; *-en*) publicación *f*; **~kum** [-kum] *n* (*-s*; *sin pl*) público *m*; **&kumswirksam** con gran éxito entre el público; **&zieren** [-'tsiːrən] (*h*) publicar
Pudding ['pudiŋ] *m* (*-s*; *-e*, *-s*) pudín *m*
Pudel ['puːdəl] *m* (*-s*; -) perro *m* de aguas *od* de lanas, caniche *m*
Puder ['-dər] *m* (*-s*; -) polvos *m/pl*
Puerto Rico ['puɛrto 'riko] *n* Puerto Rico *m*
Puff [puf] *m* **1.** (-[*e*]*s*; *⸚e*) (*Stoß*) empujón *m*, empellón *m*; **2.** P (*-s*; *-s*) (*Bordell*) casa *f* de putas
Pullover [pu'loːvər] *m* (*-s*; -) jersey *m*
Puls [puls] *m* (*-es*; *-e*) pulso *m*; ***den ~ fühlen*** tomar el pulso (*a fig*); **'~ader** *f* arteria *f*; **'~schlag** *m* pulsación *f*
Pult [pult] *n* (-[*e*]*s*; *-e*) pupitre *m*
'Pulver ['pulfər] *n* (*-s*; -) polvo *m*; *mil* pólvora *f*; **~kaffee** *m* café *m* en polvo; **~schnee** *m* nieve *f* polvo
'Pump|e ['pumpə] *f* (-; *-n*) bomba *f*; **&en** (*h*) bombear; F *fig* prestar
Punkt [puŋkt] *m* (-[*e*]*s*; *-e*) punto *m*; *im Stoff*: lunar *m*; ***~ für ~*** punto por punto; ***~ drei Uhr*** a las tres en punto; **&ieren** [-'tiːrən] (*h*) puntear; *med* puncionar
pünktlich ['pyŋktliç] puntual; *adv* con puntualidad
Punsch [punʃ] *m* (-[*e*]*s*; *-e*) ponche *m*
Pupille [pu'pilə] *f* (-; *-n*) pupila *f*, F niña *f* del ojo
'Puppe ['pupə] *f* (-; *-n*) muñeca *f*; *teat* títere *m*, marioneta *f*; **~nspiel** *n* (teatro *m* de) guiñol *m*; **~nwagen** *m* cochecito *m* de muñeca
pur [puːr] puro
purpurrot ['purpur-] purpúreo
'Puste F ['puːstə] *f* (-; *sin pl*) aliento *m*; **&n** (*ge-*, *h*) soplar
'Pute ['puːtə] *f* (-; *-n*) pava *f*; **~r** *m* (*-s*; -) pavo *m*
Putsch [putʃ] *m* (-[*e*]*s*; *-e*) intentona *f*; golpe *m* (de Estado)
Putz [puts] *m* (*-es*; *sin pl*) atavío *m*; adorno *m*; *arqu* revoque *m*; **'&en** (*ge-*, *h*) limpiar; fregar; *Zähne*: lavar; ***sich*** (*dat*) ***die Nase ~*** sonarse; **'~frau** *f* mujer *f* de limpieza *od* de faenas; asistenta *f*; **'~mittel** *n* producto *m* de limpieza; limpiador *m*
Puzzle ['pazl] *n* (*-s*; *-s*) rompecabezas *m*, puzzle *m*
Pyjama [py'dʒɑːma, -'jɑːma] *m* (*-s*; *-s*) pijama *m*
Pyramide [-ra'miːdə] *f* (-; *-n*) pirámide *f*
Pyrenäen [pyre'nɛːən] *pl* Pirineos *m/pl*

Q

Q, q [kuː] *n* (-; -) Q, q *f*
Qua'drat [kva'drɑːt] *n* (-[*e*]*s*; *-e*) cuadrado *m*; **~...**, *in Zssgn* cuadrado; **&isch** cuadrado; **~meter** *m u n* metro *m* cuadrado; **~meterpreis** *m* precio *m* por metro cuadrado
Qual [kvɑːl] *f* (-; *-en*) pena *f*; tormento *m*, tortura *f*; martirio *m*
quälen ['kvɛːlən] (*ge-*, *h*) atormentar, torturar, molestar
Quali|fikation [kvalifika'tsjoːn] *f* (-; *-en*) calificación *f*; (*Fähigkeit*) capacidad *f*, aptitud *f*; **&fi'zieren** [-'tsiːrən] (*h*) calificar; **&fi'ziert** calificado, cualificado; **~tät** [-'tɛːt] *f* (-; *-en*) *com* calidad *f*; (*Eigenschaft*) cualidad *f*; **&tativ** [-ta'tiːf] cualitativo; **~tätskontrolle** *f* control *m* de calidad; **~tätssicherung** *f* garantía *f* de calidad; **~tätssteigerung** *f* mejora *f* de calidad
Qualle ['-lə] *f* (-; *-n*) medusa *f*
Qualm [kvalm] *m* (-[*e*]*s*; *sin pl*) humo *m* espeso; humareda *f*; **'&en** (*ge-*, *h*) humear, echar humo
qualvoll ['kvɑːlfɔl] doloroso; angustioso, congojoso; atormentador
Quant|ität [kvanti'tɛːt] *f* (-; *-en*) cantidad *f*; **&itativ** [-ta'tiːf] cuantitativo
Quarantäne [karan'tɛːnə] *f* (-; *-n*) cuarentena *f*

Quark [kvark] *m* (*-s*; *sin pl*) requesón *m*
Quart|al [kvar'tɑːl] *n* (*-s*; *-e*) trimestre *m*; **~ett** *mus* [-'tɛt] *n* (*-[e]s*; *-e*) cuarteto *m*
Quartier [-'tiːr] *n* (*-s*; *-e*) alojamiento *m*; habitación *f*; *mil* acantonamiento *m*, cuartel *m*
Quarz [kvarts] *m* (*-es*; *-e*) cuarzo *m*; '**~uhr** *f* reloj *m* de cuarzo
Quatsch F [kvatʃ] *m* (*-es*; *sin pl*) tonterías *f*/*pl*, pamplinas *f*/*pl*, F chorradas *f*/*pl*
Quecksilber ['kvɛkzilbər] *n* (*-s*; *sin pl*) mercurio *m*, azogue *m*
'**Quell|e** ['kvɛlə] *f* (*-*; *-n*) manantial *m*, fuente *f* (*a fig*); ***aus sicherer ~*** de fuente fidedigna, de buena tinta; **≗en** (*quoll*, *gequollen*, *sn*) brotar, manar; (*auf~*) hincharse; *fig* emanar, proceder; **~ensteuer** *f* retención *f* fiscal en la fuente *od* en origen; **~wasser** *n* agua *f* de manantial
quer [keːr] transversal; *adv* a (*od* de) través; ***~ über*** *et* (*ac*) ***gehen*** atravesar, cruzar (*ac*); **~feldein** [-fɛlt'ʔaɪn] a campo traviesa; '**≗schnitt** *m* corte *m od* sección *f* transversal; '**~schnitt(s)gelähmt** parapléjico (por corte medular); '**≗straße** *f* travesía *f*
'**quetsch|en** ['kvɛtʃən] (*ge-*, *h*) magullar; (*breit~*) aplastar; **≗ung** *med f* (*-*; *-en*) contusión *f*; magulladura *f*
quietschen ['kviːtʃən] (*ge-*, *h*) chillar; *Tür*: rechinar
Quintett *mus* [kvin'tɛt] *n* (*-[e]s*; *-e*) quinteto *m*
'**Quitt|e** *bot* ['kvitə] *f* (*-*; *-n*) membrillo *m*; **≗'ieren** (*h*) dar recibo de; **~ung** *f* (*-*; *-en*) recibo *m*; **~ungsblock** *m* talonario *m* de recibos
Quiz [kvis] *n* (*-*; *-*) concurso *m* radiofónico *od* televisivo; '**~master** ['-mɑːstər] *m* (*-s*; *-*) presentador *m* de concursos
'**Quote** ['kvoːtə] *f* (*-*; *-n*) cuota *f*; (*Anteil*) contingente *m*; cupo *m*; **~nfrau** *f pol* mujer *f* cuota; **~nregelung** *f* reparto *m* por cuotas
Quotient [kvo'tsjɛnt] *m* (*-en*; *-en*) cociente *m*

R

R, r [ɛr] *n* (*-*; *-*) R, r *f*
Ra'batt *com* [ra'bat] *m* (*-[e]s*; *-e*) descuento *m*, rebaja *f*; **~e** *agr f* (*-*; *-n*) arriate *m*
Rabe ['rɑːbə] *m* (*-n*; *-n*) cuervo *m*
rabiat [ra'bjɑːt] furioso
Rache ['raxə] *f* (*-*; *sin pl*) venganza *f*
Rachen ['-xən] *m* (*-s*; *-*) faringe *f*; (*Maul*) boca *f*; *a fig* fauces *f*/*pl*
rächen ['rɛçən] (*ge-*, *h*): (***sich***) ~ vengar (*-se*) (***an*** *dat* de; ***für*** por)
Rad [rɑːt] *n* (*-[e]s*; *¨er*) rueda *f*; (*Fahr≗*) bicicleta *f*; ***~ fahren*** ir en bicicleta
Ra'dar [ra'dɑːr] *m od n* (*-s*; *sin pl*) radar *m*; **~falle** *Vkw f* control *m* por (*od* de) radar; **~kontrolle** *f* control *m* por radar
Radau F [-'daʊ] *m* (*-s*; *sin pl*) alboroto *m*, ruido *m*; jaleo *m*
radebrechen ['radəbrɛçən] chapurrear
Rädelsführer ['rɛːdəlsfyːrər] *m* (*-s*; *-*) cabecilla *m*
radfahren → ***Rad***
'**Radfahrer** *m*, **~in** *f* ciclista *su*
ra'dier|en [ra'diːrən] (*h*) borrar; **≗gummi** *m* (*-s*; *-s*) goma *f* de borrar; **≗ung** *f* (*-*; *-en*) *pint* aguafuerte *m*
Radieschen *bot* [-'diːsçən] *n* (*-s*; *-*) rabanito *m*
radikal [-di'kɑːl] radical; *pol a* extremista
'**Radio** ['rɑːdjo] *n* (*-s*; *-s*) radio *f*; *in Zssgn*; '**≗ak'tiv** radiactivo; '**~aktivi'tät** *f* (*-*; *sin pl*) radiactividad *f*; '**~apparat** *m* aparato *m* de radio; '**~gerät** *n* radio *f*; '**~recorder** [-rekɔrdər] *m* (*-s*; *-*) radiocassette *m*; '**~sender** *m* emisora *f* de radio; '**~sendung** *f* emisión *f* radiofónica
Radius ['-djus] *m* (*-*; *Radien*) radio *m*
'**Rad|kappe** ['ratkapə] *f* tapacubos *m*; **~rennbahn** *f* velódromo *m*; **~rennen** *n* carrera *f* ciclista; **~sport** *m* ciclismo *m*; **~tour** *f* excursión *f* en bicicleta; **~wanderung** *f* cicloturismo *m*; **~weg** *m* pista *f* para ciclistas, F carril-bici *m*
raffiniert [rafi'niːrt] *fig* astuto; *et*: sofisticado
ragen ['rɑːgən] (*ge-*, *h*) elevarse

Ragout [ra'guː] *n* (*-s*; *-s*) *gastr* ragú *m*
'**Rahmen** ['rɑːmən] *m* (*-s*; -) marco *m* (*a fig*); *tec* armazón *m u f*; *am Fahrrad*: cuadro *m*; **~bedingungen** *f/pl* condiciones *f/pl* básicas; **~gesetz** *n* ley *f* marco *od* básica; **~vertrag** *m* acuerdo *m* marco
Rakete [ra'keːtə] *f* (-; *-n*) cohete *m*; *mil a* misil *m*
Rallye ['rali] *f* (-; *-s*) rally(e) *m*
rammen ['ramən] (*ge-*, *h*) (*ein~*) pisar; *mar* embestir (*a auto*), abordar
Rampe ['-pə] *f* (-; *-n*) *ferro* rampa *f*, muelle *m* (de carga)
Ramsch [ramʃ] *m* (*-es*; *-e*) pacotilla *f*
Rand [rant] *m* (-[*e*]*s*; *⸗er*) borde *m*, orilla *f*; (*Buch*) margen *m*; (*Saum*) orla *f*; (*Stadt*) periferia *f*; (*Wald*) linde *m*; ***zu ~e kommen mit et*** poder con a/c; **℮alieren** [-da'liːrən] (*h*) alborotar; '**~bemerkung** *f* nota *f* marginal, anotación *f*; *fig* glosa *f*, comentario *m*; **~erscheinung** *f* fenómeno *m* secundario; '**~löser** ['-løːzər] *m* (*-s*; -) *Schreibmaschine*: desbloqueador *m* de márgenes; '**~notiz** *f* acotación *f*; '**~steller** ['-ʃtɛlər] *m* (*-s*; -) *Schreibmaschine*: marginador *m*; '**~streifen** *Vkw m* arcén *m*
Rang [raŋ] *m* (-[*e*]*s*; *⸗e*) categoría *f*; clase *f*; rango *m*; (*~stufe*) grado *m* (*a mil*); (*Stand*) condición *f*; *teat* anfiteatro *m*; galería *f*
rangieren *ferro* [rɑ̃'ʒiːrən] (*h*) maniobrar, hacer maniobras
'**Ranke** ['-kə] *f* (-; *-n*) zarcillo *m*; (*Wein℮*) pámpano *m*, sarmiento *m*; **℮n** (*ge-*, *h*) echar pámpanos; (*a **sich ~***) trepar
ranzig ['rantsiç] rancio
Rap [rɛp] *m* (-(*s*); *-s*) *mus* rap *m*; **~per** ['rɛpər] *m* (*-s*; -) *mus* rapero *m*, cantante *m* de rap
rar [rɑːr] raro, escaso; **℮ität** [rari'tɛːt] *f* (-; *-en*) objeto *m* raro; curiosidad *f*
rasch [raʃ] veloz; rápido; *adv a* pronto, de prisa; **~eln** ['-ʃəln] (*ge-*, *h*) crujir; *Laub*: susurrar
'**rasen** ['rɑːzən] (*ge-*, *h*) rabiar; *Sturm*: desencadenarse; (*sn*) (*schnell fahren*) correr a toda velocidad; **℮** *m* (*-s*; -) césped *m*; **~d** rabioso; *Schmerz*: atroz; *Geschwindigkeit*: vertiginoso; **℮mäher** [-mɛːər] *m* (*-s*; -) cortacésped(es) *m*
Raserei [-'raɪ] *f* (-; *-en*) *auto* velocidad *f* vertiginosa
Ra'sier|apparat [ra'ziːr?-] *m* máquina *f* de afeitar; **~creme** *f* crema *f* de afeitar; **℮en** (*h*) afeitar; **~klinge** *f* hoja *f* de afeitar; **~messer** *n* navaja *f* de afeitar; **~pinsel** *m* brocha *f* de afeitar; **~seife** *f* jabón *m* de afeitar; **~wasser** *n* loción *f* (para después) del afeitado; **~zeug** *n* (-[*e*]*s*; *sin pl*) utensilios *m/pl* de afeitar
'**Rasse** ['-sə] *f* (-; *-n*) raza *f*; **~ntrennung** *f* segregación *f* racial; ***Gegner der ~*** integracionista *m*; **~nunruhen** *f/pl* disturbios *m/pl* raciales
'**rass|ig** castizo; *Tier*: de casta; **~isch** racial
Ras'sis|mus [-'sismus] *m* (-; *sin pl*) racismo *m*; **℮tisch** racista
Rast [rast] *f* (-; *sin pl*) descanso *m*; (*Halt*) parada *f*, alto *m*; '**℮en** (*ge-*, *h*) descansar; hacer (un) alto; '**~platz** *m* área *f* de descanso; '**~stätte** *f* restaurante *m* de carretera; *Autobahn*: área *f* de servicio
Rasur [ra'zuːr] *f* (-; *-en*) afeitado *m*
Rat [rɑːt] *m* **1.** (-[*e*]*s*; *sin pl*) (*~schlag*) consejo *m*; ***zu ~e ziehen*** (*ac*) aconsejarse con; consultar a; ***um ~ fragen*** (*ac*) pedir consejo a; **2.**; (*pl ⸗e*) (*Berater*) consejero *m*; (*Stadt℮*) concejo *m*; (*Person*) concejal *m*
'**Rate** ['-tə] *f* (-; *-n*) plazo *m*; **℮n** (*riet*, *geraten*, *h*) aconsejar; (*er~*) adivinar; **~nkauf** *m* compra *f* a plazos; **℮nweise** a plazos; **~nzahlung** *f* pago *m* a plazos
'**Rathaus** *n* ayuntamiento *m*
ratifizieren [ratifi'tsiːrən] (*h*) ratificar
Ration [ra'tsjoːn] *f* (-; *-en*) ración *f*; porción *f*; **℮al** [-jo'nɑːl] racional; **℮alisieren** [-nali'ziːrən] (*h*) racionalizar; **~ali-0'sierung** *f* (-; *-en*) racionalización *f*; **℮ell** [-'nɛl] racional, económico; **℮ieren** [-'niːrən] (*h*) racionar
'**rat|los** ['rɑːtloːs] perplejo; **~sam** aconsejable; indicado, conveniente
Rätsel ['rɛːtsəl] *n* (*-s*; -) acertijo *m*, adivinanza *f*; *fig* enigma *m*
Ratte ['ratə] *f* (-; *-n*) rata *f*
rau [raʊ] áspero; *Klima*: rudo; *Stimme*: ronco; *fig* rudo, duro
Raub [raʊp] *m* (-[*e*]*s*; *sin pl*) robo *m*; (*Entführung*) secuestro *m*; rapto *m*; (*Überfall*) atraco *m*; (*Beute*) presa *f*; '**~bau** *m* (-[*e*]*s*; *sin pl*) explotación *f* abusiva; '**℮en** ['-bən] (*ge-*, *h*) robar; *fig* quitar; **~kopie** *f* copia *f* pirata; **~tier** *n* animal *m* de presa, fiera *f*; '**~überfall** *m* atraco *m* a mano armada; '**~vogel** *m*

ave *f* de rapiña *od* de presa; (ave *f*) rapaz *f*

Rauch [raʊx] *m* (-[*e*]*s*; *sin pl*) humo *m*; ˈ**2en** (*ge-*, *h*) **1.** *v/i* echar (*Ofen*: hacer) humo; humear; **2.** *v/t u v/i* fumar; **2** ***verboten!*** prohibido fumar; ˈ**~er** *m* (*-s*; -), ˈ**~erin** *f* (-; *-nen*) fumador(a) *m*(*f*); ˈ**~erabteil** *n* compartimiento *m* de fumadores

ˈ**Räucher|kerze** [ˈrɔʏçər-] *f* pebete *m*; **2n**(*ge-*, *h*) ahumar

ˈ**rauch|ig** [ˈraʊxiç] lleno de humo; humoso, humeante; **2verbot** *n* prohibición *f* de fumar; **2vergiftung** *f* intoxicación *f* por humo; **2waren** *f/pl* tabacos *m/pl*; (*Pelze*) peletería *f*; **2wolke** *f* humareda *f*

rauh → ***rau***

Raum [raʊm] *m* (-[*e*]*s*; *Räume*) espacio *m*; (*Platz*) sitio *m*, lugar *m*; (*Gebiet*) zona *f*; *abgegrenzt*: recinto *m*; (*Räumlichkeit*) local *m*; (*Zimmer*) pieza *f*, habitación *f*, cuarto *m*

räumen [ˈrɔʏmən] (*ge-*, *h*) quitar; *Gebiet*: evacuar (*a mil*); *Saal etc*: desalojar; *Wohnung*: desocupar; *com Lager*: vaciar; (*frei machen*) despejar

ˈ**Raum|fähre** [ˈraʊmfɛːrə] *f* transbordador *m od* lanzadera *f* espacial; **~fahrer** *m* astronauta *m*; **~fahrt** *f* (-; *sin pl*) astronáutica *f*; **~flug** *m* vuelo *m* espacial; **~inhalt** *m* volumen *m*, capacidad *f*

ˈ**räumlich** [ˈrɔʏmliç] espacial; **~ *begrenzt*** localizado; **2keit** *f* (-; *-en*) local *m*

ˈ**Raum|schiff** [ˈraʊm-] *n* astronave *f*, nave *f* espacial; **~station** *f* estación *f* espacial *od* orbital

ˈ**Räumung** [ˈrɔʏmʊŋ] *f* (-; *-en*) evacuación *f*; desalojamiento *m*; despejo *m*; *jur* desahucio *m*; **~sverkauf** *com m* liquidación *f* de (las) existencias; liquidación *f* total

ˈ**Raupe** [ˈraʊpə] *f* (-; *-n*) *zo* oruga *f*; **~nschlepper** *tec m* tractor-oruga *m*

raus! F [raʊs] ¡fuera!

Rausch [raʊʃ] *m* (-[*e*]*s*; *Räusche*) borrachera *f*; *a fig* embriaguez *f*; ***s-n ~ ausschlafen*** F dormir la mona; ˈ**2en** (*ge-*, *h*) murmurar; susurrar; crujir; ˈ**~gift** *n* estupefaciente *m*, droga *f*; ˈ**~giftbekämpfung** [ˈ-bəkɛmpfʊŋ] *f* (-; *sin pl*) lucha *f* antidroga; ˈ**~gifthandel** *m* tráfico *m* de drogas, narcotráfico *m*; ˈ**~gifthändler** *m* traficante *m* de drogas, narcotraficante *m*; ˈ**~giftkriminalität** *f* delincuencia *f* en relación con la droga; ˈ**2giftsüchtig** toxicómano, drogadicto

räuspern [ˈrɔʏspərn] (*ge-*, *h*): ***sich ~*** carraspear

Razzia [ˈratsja] *f* (-; *Razzien*) batida *f*, redada *f*

rd. ***rund*** (***gerechnet***) alrededor de; en números redondos

reagieren [reˀaˈgiːrən] (*h*) reaccionar (***auf*** *ac* a)

Reaktion [-ˀakˈtsjoːn] *f* (-; *-en*) reacción *f*; **2är** [-tsjoˈnɛːr] reaccionario

Reaktor [-ˈˀaktɔr] *m* (*-s*; *-en* [-ˈtoːrən]) reactor *m*

reˈal [-ˈɑːl] real; efectivo; **2einkommen** *n* renta *f* real; **~isieren** [-aliˈziːrən] (*h*) realizar; **2ˈismus** *m* (-; *sin pl*) realismo *m*; **~ˈistisch** realista; **2ität** [-aliˈtɛːt] *f* (-; *-en*) realidad *f*; **2schule** *f* escuela *f* secundaria con seis cursos

Rebe [ˈreːbə] *f* (-; *-n*) vid *f*; (*Zweig*) sarmiento *m*

Rebell [reˈbɛl] *m* (*-en*; *-en*) rebelde *m*; **2ˈieren** (*h*) rebelarse; sublevarse

ˈ**Rechen** *agr* [ˈrɛçən] **1.** *m* (*-s*; -) rastrillo *m*; **2. 2** *v/i* (*ge-*, *h*) rastrillar

ˈ**Rechen|fehler** *m* error *m* de cálculo; **~maschine** *f* (máquina *f*) calculadora *f*; **~schaft** *f* (-; *sin pl*) cuenta *f*; ***~ ablegen über*** dar cuenta de; rendir cuentas de; ***zur ~ ziehen wegen*** pedir cuenta(s) por; **~schaftsbericht** *m* informe *m*

ˈ**rechn|en** [ˈrɛçnən] (*ge-*, *h*) calcular; computar; (*zählen*) contar; ***~ mit*** (*dat*) contar con; **2er** *m* (*-s*; -) (*Gerät*) calculadora *f*; **~erisch** aritmético; calculatorio; **2ung** *f* (-; *-en*) cálculo *m*, operación *f* aritmética; *com* cuenta *f*; (*Waren2*) factura *f*; ***auf ~ von*** por cuenta de; ***in ~ stellen*** poner en cuenta

ˈ**Rechnungs|ablage** *f* archivo *m* de facturas; **~betrag** *com m* importe *m* de la factura; **~führung** *f* (-; *sin pl*) contabilidad *f*; **~jahr** *n* ejercicio *m*; **~legung** *f* (-; *-en*) rendición *f* de cuentas; **~prüfer** *m* (*-s*; -) auditor *m*

recht [rɛçt] derecho; *mat* recto; (*richtig*) justo; (*passend*) conveniente, oportuno; ***die* 2** *Hand*, *a pol* la derecha; ***zur ~en Zeit*** a tiempo; ***ganz ~*** exactamente, exacto

Recht [rɛçt] *n* (-[*e*]*s*; *-e*, *a sin pl*) derecho *m*; ***von ~s wegen*** de derecho; ***ein ~ ha-***

ben auf, das ~ haben zu tener derecho a; ***zu ~ bestehen*** ser legal; ***≗ haben*** tener razón; ***j-m ≗ geben*** dar (la) razón a alg; **'≗eckig** rectangular; **'≗fertigen** (*h*) justificar; **'≗haberisch** ergotista; **'≗lich** *jur* jurídico; legal; **'≗los** sin derecho(s); **'≗mäßig** legítimo; legal

rechts [rɛçts] a (*od* por) la derecha; **'≗abbieger** ['-apbiːgər] *m* (*-s*; -) *Vkw* vehículo *m* que gira a la derecha

'Rechts|anspruch *jur m* derecho *m* (***auf*** *ac* a); **~anwalt** *m*, **~anwältin** *f* abogado *m*, -a *f*; **~'außen** *m* (*-s*; -) *dep* extremo *m* derecha; **~berater** *m* asesor *m* jurídico

'Rechtschreib|(prüf)programm *n* programa *m* de verificación ortográfica; **~reform** *f* reforma *f* ortográfica; **~ung** ['rɛçt-] *f* ortografía *f*

'rechts|extrem ['rɛçtsʔ-] de la extrema derecha; **≗extremismus** ['-ɛkstremismus] *m* (-; *sin pl*) extremismo *m* de derecha, ultraderechismo *m*; **≗fall** *m* caso *m* jurídico; **≗frage** *f* cuestión *f* jurídica; **≗händer** ['-hɛndər] *m* (*-s*; -)diestro *m*; **~kräftig** válido; **≗mittel** *jur n* recurso *m* (***einlegen*** interponer)

Rechtsprechung ['rɛçtʃprɛçuŋ] *f* (-; *-en*) jurisprudencia *f*; jurisdicción *f*

'rechts|radikal ['rɛçtsradikaːl] ultraderechista; **≗schutz** *m* protección *f* jurídica *od* legal; **≗schutzversicherung** *f* seguro *m* de asistencia jurídica; **≗staat** *m* Estado *m* de derecho; **≗streit** *m* litigio *m*; **≗weg** ['-veːk] *m* vía *f* judicial; ***den ~ beschreiten*** tomar medidas judiciales; **~widrig** ilegal

'recht|winklig ['rɛçtviŋk(ə)liç] rectangular; **~zeitig** oportuno; *adv* a tiempo

Redak't|eur [redak'tøːr] *m* (*-s*; *-e*), **~eurin** *f* (-; *-nen*) redactor(a) *m*(*f*); **~ion** [-'tsjoːn] *f* (-; *-en*) redacción *f*

'Rede ['reːdə] *f* (-; *-n*) discurso *m*; *feierliche*: oración *f*; alocución *f*; (*Worte*) palabras *f*/*pl*; (*Ausdrucksweise*) lenguaje *m*; ***die ~ sn von*** tratarse de; ***j-n zur ~ stellen*** pedir explicaciones a alg; ***nicht der ~ wert sn*** no tener importancia; ***davon kann keine ~ sn*** no hay que pensarlo; **~freiheit** *f* (-; *sin pl*) libertad *f* de palabra; **≗gewandt** diserto, elocuente; **≗n** (*ge-*, *h*) hablar (***über*** *ac* de); (***nicht***) ***mit sich ~ lassen*** ser tratable (intransigente); **~wendung** *f* locución *f*, modismo *m*, giro *m*

Redner ['reːdnər] *m* (*-s*; -) orador *m*

redselig ['reːtzeːliç] locuaz

reduzieren [redu'tsiːrən] (*h*) reducir (***auf*** *ac* a)

'Reede *mar* ['reːdə] *f* (-; *-n*) rada *f*; **~r** *m* (*-s*; -) armador *m*; **~rei** [-'raɪ] *f* (-; *-en*) compañía *f* naviera

reell [re'ɛl] efectivo, real; *Ware*: bueno; *Geschäft*: serio, sólido; *Preis*: razonable

Refer|at [refə'raːt] *n* (-[*e*]*s*; *-e*) informe *m*, ponencia *f*; (*Verwaltungsabteilung*) negociado *m*; **~ent** [-'rɛnt] *m* (*-en*; *-en*) ponente *m*; **~enz** [-'rɛnts] *f* (-; *-en*) referencia *f*; **~en** *pl bei Bewerbung*: *a* informes *m*/*pl*

reffen *mar* ['rɛfən] (*ge-*, *h*) arrizar

reflektieren [reflɛk'tiːrən] (*h*) *fís* reflejar; **~** ***auf*** (*ac*) interesarse por

Reflex [-'flɛks] *m* (*-es*; *-e*) reflejo *m*

Re'form [-'fɔrm] *f* (-; *-en*) reforma *f*; **~ation** [-ma'tsjoːn] *f* (-; *sin pl*) Reforma *f*; **~ator** [-'maːtɔr] *m* (*-s*; *-en* [-ma'toːrən]) reformador *m*; **≗'ieren** (*h*) reformar; **~politik** *f* política *f* reformista, reformismo *m*

Refrain [rə'frɛ̃] *m* (*-s*; *-s*) estribillo *m*

Regal [re'gaːl] *n* (*-s*; *-e*) estante *m*; *großes*: estantería *f*

Regatta *mar* [-'gata] *f* (-;*Regatten*) regata *f*

Reg.-Bez. ***Regierungsbezirk*** distrito administrativo

rege ['reːgə] activo; vivo; *Unterhaltung*: animado; *Geist*: despierto

'Regel ['-gəl] *f* (-; *-n*) regla *f* (*a med*); norma *f*; ***in der ~*** por regla general; **≗mäßig** regular; regulado; periódico; **≗n** (*ge-*, *h*) regular (*a Verkehr*); arreglar; *gesetzlich*: reglamentar; **~ung** *f* (-; *-en*) regulación *f*; arreglo *m*; reglamentación *f*; **≗widrig** irregular

'Regen ['-gən] *m* (*-s*; -) lluvia *f*; **~bogen** *m* arco *m* iris; **~mantel** *m* impermeable *m*; **~schauer** *m* chubasco *m*; **~schirm** *m* paraguas *m*; **~tag** *m* día *m* lluvioso *od* de lluvia; **~tropfen** *m* gota *f* de lluvia; **~wetter** *n* (*-s*; *sin pl*) tiempo *m* lluvioso; **~wolke** *f* nube *f* de lluvia; **~wurm** *m* lombriz *f* de tierra; **~zeit** *f* estación *f* de las lluvias

Regensburg ['reːgənsburk] *n* Ratisbona *f*

Regie *teat*, *Film* [re'ʒiː] *f* (-; *sin pl*) dirección *f*; **~** ***führen*** dirigir

re'gier|en [re'giːrən] (*h*) *v/t*, *v/i* ~ (*ï¿½?ber ac*) gobernar; (*herrschen*) reinar; **♀ung** *f* (-; -*en*) gobierno *m*

Re'gierungs|bezirk *m* distrito *m*; **~form** *f* régimen *m* político; **~krise** *f* crisis *f* gubernamental; **~partei** *f* partido *m* gubernamental; **~zeit** *f* reinado *m*

Regime [-'ʒiːm] *n* (-*s*; - [-mə]) régimen *m*

Regiment [-gi'mɛnt] *n* (-[*e*]*s*; -*er*) *mil* regimiento *m*

Region [-'gjoːn] *f* (-; -*en*) región *f*; **♀al** [-gjo'nɑːl] regional

Regisseur [-ʒi'søːr] *m* (-*s*; -*e*) director *m*, *Film*: *a* realizador *m*

Regist|er [-'gistər] *n* (-*s*; -) registro *m* (*a mus*); *im Buch*: tabla *f* de materias, índice *m*; **~ratur** [-tra'tuːr] *f* (-; -*en*) archivo *m*; **♀'rieren** (*h*) registrar

Regler ['reːglər] *m* (-*s*; -) *tec* regulador *m*

'regn|en ['reːgnən] (*ge*-, *h*) llover; **~erisch** lluvioso

Re'gress *jur* [re'grɛs] *m* (-*es*; -*e*) recurso *m*; **♀pflichtig** [-'-pfliçtiç] obligado a indemnización

regul|är [regu'lɛːr] regular; normal; **~'ieren** (*h*) reglar, regular; *tec* ajustar

Reh [reː] *n* (-[*e*]*s*; -*e*) corzo *m*

Rehabili|tation [rehabilita'tsjoːn] *f* (-; -*en*) rehabilitación *f* (*a med*); **♀tieren** [-'tiːrən] (*h*) rehabilitar

Reha-Klinik ['reːhaːkliːnɪk] *f med* unidad *f* de rehabilitación

'reib|en ['raɪbən] (*rieb*, *gerieben*, *h*) frotar; *leicht*: rozar; *gastr* rallar; (*ab*~) restregar; **♀e'reien** *f/pl fig* roces *m/pl*, fricciones *f/pl*; **~ungslos** *fig* sin dificultades

reich [raɪç] **1.** *adj* rico (***an*** *dat* en); ***~ werden*** enriquecerse; **2.** ♀ *n* (-[*e*]*s*; -*e*) imperio *m*; reino *m* (*a fig*); **'~en** (*ge*-, *h*); **3.** *v/t* pasar, alargar, tender; **4.** *v/i* llegar, extenderse; (*genügen*) ser suficiente; **~haltig** ['-haltiç] abundante; **'~lich** copioso; abundante; *adv* bastante; en abundancia; **'♀tum** *m* (-*s*; ⸚*er*) riqueza *f*; **'♀weite** *f* alcance *m*; ***außer*** **~** fuera de alcance

reif [raɪf] maduro; ***~ werden*** madurar

Reif *m* (-[*e*]*s*; *sin pl*) (*Rau*♀) escarcha *f*; **'~e** *f* (-; *sin pl*) madurez *f*; **'♀en** (*ge*-) **a)** (*sn*) madurar **a)** (*h*) ***es reift*** hay escarcha

'Reifen *m* (-*s*; -) aro *m*, cerco *m*; (*Rad*♀) neumático *m*; **~druck** *m* presión *f* de los neumáticos; **~panne** *f* pinchazo *m*, reventón *m*; **~wechsel** *m* cambio *m* de neumático

'Reife|prüfung *f* examen *m* de bachillerato (superior); **~zeugnis** *n* certificado *m od* título *m* de bachiller

reiflich ['-liç]: ***es sich ~ überlegen*** pensarlo bien

'Reihe ['raɪə] *f* (-; -*n*) fila *f* (*a mil*); *Bäume*, *Knöpfe etc*: hilera *f*; (*Serie*) serie *f*; (*Linie*) línea *f*; ***der ~ nach*** por turno; **~nfolge** *f* sucesión *f*, orden *m*; turno *m*; **~nhaus** *n* chalet *m* adosado

Reim [raɪm] *m* (-[*e*]*s*; -*e*) rima *f*; **'♀en** (*ge*-, *h*): (***sich***) **~** rimar (***auf*** *ac* con)

rein [raɪn] limpio; puro (*a fig*); claro; ***ins ♀e kommen mit*** *et* resolver (*ac*), *j-m*: arreglarse con; ***ins ♀e schreiben*** poner *od* sacar en limpio

'Rein|fall F *m* fracaso *m*, F chasco *m*; **~gewinn** *m* beneficio *m* neto; **~heit** *f* (-; *sin pl*) limpieza *f*; pureza *f* (*a fig*); nitidez *f*; **♀igen** (*ge*-, *h*) limpiar; *a fig* purificar; ***chemisch ~*** limpiar *od* lavar en seco; **~igung** *f* (-; -*en*) limpieza *f*; purificación *f*; ***chemische ~*** limpieza *f od* lavado *m* en seco; (*Laden*) tintorería *f*, F tinte *m*; **~igungsmittel** *n* limpiador *m*; detergente *m*; **♀rassig** de raza pura, castizo; **~schrift** *f* copia *f* en limpio

Reis *bot* [raɪs] *m* (-*es*; *sin pl*) arroz *m*

'Reise ['raɪzə] *f* (-; -*n*) viaje *m*; **~andenken** *n* recuerdo *m* (de viaje); **~apotheke** *f* botiquín *m* (de viaje); **~büro** *n* agencia *f* de viajes; **~fieber** *n* nerviosismo *m* ante el viaje; **~führer** *m* (*Buch*) guía *f*; (*Person*) guía *m*; **~gepäck** *n* equipaje *m*; **~gepäckversicherung** *f* seguro *m* de equipajes; **~gesellschaft** *f* grupo *m* de turistas; **~leiter** *m*, **~leiterin** *f* guía *su* (turístico, -a); (guía *su*) acompañante *su*; **♀n** (*ge*-, *sn*) viajar; ***~ nach*** ir a; **~nde** *m/f* (-*n*; -*n*) viajero *m*, -a *f*; *com* viajante *m*; **~pass** *m* pasaporte *m*; **~route** *f* itinerario *m*; ruta *f*; **~ruf** *auto m* mensaje *m* para automovilistas que se encuentran de viaje; **~scheck** *m* cheque *m* de viaje; **~spesen** *pl* gastos *m/pl* de viaje; **~tasche** *f* bolsa *f* de viaje; **~verkehr** *m* tráfico *m* de viajeros; turismo *m*; **~versicherung** *f* seguro *m* de viaje; **~wetterbericht** *m* previsión *f* meteorológica (para el viaje); **~ziel** *n* destino *m* (del viaje)

'**Reiß|brett** ['raɪs-] *n* tablero *m* de dibujo; **②en** (*riss, gerissen*) **1.** *v/t* (*h*) arrancar; ***an sich ~*** arrebatar; *fig* apoderarse de; ***in Stücke ~*** hacer pedazos; ***sich ~ um*** (*ac*) disputarse *a/c*; **2.** *v/i* (*sn*) romperse; quebrarse; **②end** *Tier:* feroz; *Strom*: impetuoso; *Schmerz*: lancinante; **②erisch** chillón; **~verschluss** *m* (cierre *m* de) cremallera *f*; **~zwecke** *f* (-; *-n*) chincheta *f*

'**reit|en** ['raɪtən] (*ritt, geritten, sn*) *v/i* ir *od* montar a caballo; cabalgar; **②er** *m* (*-s*; -) jinete *m*; (*Kartei*) guión *m* de fichero; **②erin** *f* (-; *-nen*) amazona *f*; **②hose** *f* pantalón *m* de montar; **②lehrer** *m* maestro *m* de equitación; **②pferd** *n* caballo *m* de silla; **②peitsche** *f* látigo *m*; **②sport** *m* deporte *m* hípico, equitación *f*; **②stiefel** *m* bota *f* de montar; **②weg** ['-veːk] *m* camino *m* de herradura

Reiz [raɪts] *m* (*-es*; *-e*) excitación *f* (*a med*); (*An②*) estímulo *m*; (*Lieb②*) atractivo *m*, encanto *m*; '**②en** (*ge-, h*) estimular, excitar; (*erzürnen*) irritar; (*locken*) atraer; tentar; '**②end** encantador, atractivo; '**~klima** *n* (*-s*; *sin pl*) clima *m* estimulante; '**②los** sin atractivo; '**~ung** *f* (-; *-en*) excitación *f*; irritación *f* (*a med*)

Reklamation [reklama'tsjoːn] *f* (-; *-en*) reclamación *f*

Reklam|e [-'klɑːmə] *f* (-; *-n*) propaganda *f*; publicidad *f*; **②ieren** [-kla'miːrən] (*h*) reclamar (***bei*** *j-m* a)

rekonstru|ieren [-kɔnstru'iːrən] (*h*) reconstruir; **②ktion** [-k'tsjoːn] *f* (-; *-en*) reconstrucción *f*

Rekonvaleszent [-kɔnvalɛs'tsɛnt] *m* (*-en*; *-en*) convaleciente *m*

Rekord [-'kɔrt] *m* (-[*e*]*s*; *-e*) (plus)marca *f*, récord *m* (*a in Zssgn*; ***aufstellen*** establecer; ***brechen, schlagen*** batir)

Rektor ['rɛktɔr] *m* (*-s*; *-en* [-'toːrən]) *Universität*: rector *m*; *Schule*: director *m*

Rel. ***Religion*** religión

relativ [rela'tiːf] relativo

Relief [rə'ljɛf] *n* (*-s*; *-s*, *-e*) relieve *m*

Relig|ion [reli'gjoːn] *f* (-; *-en*) religión *f*; **②iös** [-'gjøːs] religioso; *Kunst*: sacro

Reling *mar* ['reːliŋ] *f* (-; *-s*) borda *f*

Reliquie [re'liːkvjə] *f* (-; *-n*) reliquia *f*

Renaissance [rənɛ'sɑ̃s] *f* (-; *sin pl*) Renacimiento *m*

Rendez'vous [rɑ̃de'vuː] *n* (-; - [-'vuːs]) cita *f*; **~manöver** *n Raumfahrt*: maniobra *f* de encuentro

Rendite *com* [rɛn'diːtə] *f* (-; *-n*) rédito *m*; rentabilidad *f*

'**Renn|bahn** ['rɛn-] *f* pista *f*; **~boot** *n* bote *m* de carreras; **②en** (*rannte, gerannt, sn*) correr; ***gegen et ~*** dar contra a/c; **~en** *n* (*-s*; -) carrera *f*; **~fahrer** *m* corredor *m*, piloto *m* de carreras; **~pferd** *n* caballo *m* de carreras; **~sport** *m* carreras *f/pl*; **~strecke** *f* pista *f*, recorrido *m*; **~wagen** *m* coche *m* de carreras

renommiert [renɔ'miːrt] renombrado; famoso

reno'vier|en [-no'viːrən] (*h*) renovar; **②ung** *f* (-; *-en*) renovación *f*

rent|abel [rɛn'tɑːbəl] rentable; **②abilität** [-tabili'tɛːt] *f* (-; *sin pl*) rendimiento *m*; rentabilidad *f*; '**②e** *f* (-; *-n*) (*aus Kapital*) renta *f*; (*soziale*) pensión *f*; '**②enversicherung** *f* seguro *m* de pensión; **~'ieren** (*h*): ***sich ~*** ser rentable; *fig* valer la pena; '**②ner** *m* (*-s*; -), '**②nerin** *f* (-; *-nen*) pensionista *su*

Repar|a'tur [repara'tuːr] *f* (-; *-en*) reparación *f*; **~aturwerkstatt** *f* taller *m* de reparaciones; **②'ieren** (*h*) reparar

Report|age [-pɔr'tɑːʒə] *f* (-; *-n*) reportaje *m*; **~er** [-'pɔrtər] *m* (*-s*; -) reportero *m*

Repräsen|tant [-prɛzɛn'tant] *m* (*-en*; *-en*) representante *m*; **②tativ** [-'tiːf] representativo; **②'tieren** (*h*) reprensentar

Repressalien [-prɛ'sɑːljən] *f/pl* represalias *f/pl*

reprivati'sier|en *com* [-privati'ziːrən] (*h*) desnacionalizar; **②ung** *com f* (-; *-en*) desnacionalización *f*

Repro|duktion [-produk'tsjoːn] *f* (-; *-en*) reproducción *f*; **②du'zieren** (*h*) reproducir

Reptil [rɛp'tiːl] *n* (-[*e*]*s*; *-lien*) reptil *m*

Republik [repu'bliːk] *f* (-; *-en*) república *f* ***die ~ Österreich*** la República de Austria; **②'anisch** [-bli'kɑːniʃ] republicano

Reservat [-zɛr'vɑːt] *n* (-[*e*]*s*; *-e*) reserva *f*

Re'serv|e [-'-və] *f* (-; *-n*) reserva *f*; *in Zssgn mil u com* de reserva; *tec* de recambio, de repuesto; **~erad** *n auto* rueda *f* de repuesto; **~etank** *m* depósito *m* de reserva; **②'ieren** (*h*) reservar; **②'iert** *a fig* reservado; **~'ierung** *f* (-; *-en*) reserva *f*

Resid|enz [-zi'dɛnts] *f* (-; *-en*) residen-

cia *f*; 2'**ieren** (*h*) residir
resignieren [-zig'niːrən] (*h*) resignarse
resolut [-zo'luːt] resuelto, decidido
resp. ***respective*** respectivamente
Respekt [res'pɛkt] *m* (-[*e*]*s*; *sin pl*) respeto *m* (**vor** *dat* a); 2'**ieren** (*h*) respetar
Ressort [-'soːr] *n* (-*s*; -*s*) negociado *m*, departamento *m*; sección *f*; (*Zuständigkeit*) incumbencia *f*
Rest [rɛst] *m* (-[*e*]*s*; -*e*) resto *m*; *quím*, *tec* residuo *m*; (*Speise*) sobras *f*/*pl*; (*Stoff*) retal *m*
Restaur|ant [rɛsto'rɑ̃] *n* (-*s*; -*s*) restaurante *m*; 2**ieren** [-taʊ'riːrən] (*h*) restaurar
'**Rest|bestand** ['rɛst-] *com m* existencias *f*/*pl* restantes; **~betrag** *com m* saldo *m*, remanente *m*; 2**los** entero, total; **~müll** *m* residuos *m*/*pl* restantes; **~posten** *com m* restante *m*; **~urlaub** *m* vacaciones *f*/*pl* no gastadas; **~zahlung** *com f* pago *m* restante
Resul|tat [rezul'tɑːt] *n* (-[*e*]*s*; -*e*) resultado *m*; 2'**tieren** (*h*) resultar
Retro-|Look *m* look *m* retro; **~Sound** *m* sonido *m* retro
retten ['rɛtən] (*ge-*, *h*) salvar
Rettich *bot* ['-tiç] *m* (-*s*; -*e*) rábano *m*
'**Rettung** *f* (-; -*en*) salvación *f*, *a mar* salvamento *m*, rescate *m*; **~saktion** *f* operación *f* de rescate; **~sboot** *n* bote *m* salvavidas; **~sring** *m* salvavidas *m*
Revanch|e [rə'vɑ̃ʃə] *f* (-; -*n*) desquite *m*, *gal* revancha *f*; 2'**ieren** (*h*): ***sich ~ für*** tomar el desquite *od* la revancha de; *für e-e Einladung etc*: devolver
revidieren [revi'diːrən] (*h*) revisar
Revier [-'viːr] *n* (-*s*; -*e*) *Forst*: coto *m*; *min* distrito *m*; *Polizei*: comisaría *f*
Revision [-vi'zjoːn] *f* (-; -*en*) revisión *f*; (*Zoll*) registro *m*; *jur* recurso *m* de casación (***einlegen*** interponer)
Revolt|e [-'vɔltə] *f* (-; -*en*) revuelta *f*, motín *m*; 2'**ieren** (*h*) rebelarse (*a fig*), amotinarse
Revolution [-volu'tsjoːn] *f* (-; -*en*) revolución *f*; 2**är** [-jo'nɛːr] revolucionario
Revolver [-'vɔlvər] *m* (-*s*; -) revólver *m*
Revue [rə'vyː] *f* (-; -*n*) *teat* revista *f*
Re'zept *med* [re'tsɛpt] *n* (-[*e*]*s*; -*e*) receta *f*; 2**frei** sin receta médica; **~ion** [-'tsjoːn] *f* (-; -*en*) *Hotel*: recepción *f*; 2**pflichtig** [-'-pfliçtiç] con receta médica
R-Gespräch ['ɛrgəʃprɛːç] *n tel* conferencia *f* de cobro revertido
rh, **Rh** ***Rhesusfaktor*** factor Rhesus
Rhabarber *bot* [ra'barbər] *m* (-*s*; *sin pl*) ruibarbo *m*
Rhein [raɪn] *m* Rin *m*
Rheinland ['raɪnlant] *n* Renania *f*; **~-Pfalz** *n* Renania-Palatinado *m*
Rheumatismus *med* [rɔʏma'tismus] *m* (-;*Rheumatismen*) reumatismo *m*
Rhld. ***Rheinland*** Renania
Rhone ['roːnə] *f* Ródano *m*
Rhythmus ['rytmus] *m* (-; *Rhythmen*) ritmo *m*
'**richt|en** ['riçtən] (*ge-*, *h*) dirigir (**auf, an** *ac* a); *Aufmerksamkeit*: fijar (**auf** en, sobre); *Waffe*: apuntar (**auf** sobre); *tec* ajustar; arreglar; *jur* juzgar; sentenciar; ***sich ~ nach*** ajustarse a; atenerse a; 2**er** *jur m* (-*s*; -) juez *m*; **~ig** justo; correcto; exacto; (*echt*) verdadero, auténtico; ***~!*** ¡eso es!; ***ganz ~!*** ¡perfectamente!; ***für ~ halten*** aprobar; ***~ gehen*** *Uhr*: andar bien; ***~ stellen*** rectificar; 2**linien** *f*/*pl* directivas *f*/*pl*; 2**preis** *com m* precio *m* indicativo *od* de orientación; 2**ung** *f* (-; -*en*) dirección *f*; *fig* orientación *f*; tendencia *f*; **~ungsweisend** orientador; normativo
riechen ['riːçən] (*roch*, *gerochen*, *h*) oler (***nach*** a)
Riegel ['-gəl] *m* (-*s*; -) cerrojo *m*; (*Tür*2 *etc*) pasador *m*; *am Schloss*: pestillo *m*; *Schokolade*: barra *f*; ***e-r Sache e-n ~ vorschieben*** poner coto a a/c
Riese ['-zə] *m* (-*n*; -*n*) gigante *m*
rieseln ['-zəln] (*ge-*, *sn*) correr; *Bach*: *a* murmurar; *Quelle*: manar
'**Riesen|rad** *n* noria *f*; **~schlange** *f* boa *f*; **~slalom** *m* slalom *m* gigante
'**ries|ig** ['-ziç] gigantesco; *fig* colosal, enorme; 2**in** *f* (-; -*nen*) giganta *f*
Riff [rif] *n* (-[*e*]*s*; -*e*) arrecife *m*
rigoros [rigo'roːs] riguroso
Rille ['rilə] *f* (-; -*n*) ranura *f*; *der Schallplatte*: surco *m*
Rind [rint] *n* (-[*e*]*s*; -*er*) bovino *m*, vacuno *m*; **~e** ['-də] *f* (-; -*n*) corteza *f* (*a Brot*2); '**~erbraten** *m* asado *m* de vaca *od* de buey; '**~erwahn**(**sinn**) *m* (**BSE**) encefalopatía *f* espongiforme bovina (EEB); '**~fleisch** *n* carne *f* de buey *od* de vaca; '**~sleder** *n* vaqueta *f*
Ring [riŋ] *m* (-[*e*]*s*; -*e*) anillo *m*; aro *m*; (*Eisen*2) argolla *f*; (*Schmuck*2) sortija *f*; (*Ehe*2) alianza *f*; *tec* anilla *f*; *Boxen*:

ring *m*; (*Kreis*) círculo *m*; *dep* **~e** *pl* anillas *f/pl*; ***~e** pl **um die Augen*** ojeras *f/pl*; **'~buch** *n* cuaderno *m* de anillas

'ringel|n ['riŋəln] (*ge-*, *h*): ***sich ~*** enroscarse; *Haar*: ensortijarse; **&natter** *f zo* culebra *f* de agua

'ring|en ['riŋən] (*rang*, *gerungen*, *h*) luchar (*a fig*; ***um*** por); ***nach Atem ~*** respirar con dificultad; **&er** *m* (*-s*; -) *dep* luchador *m*; **&finger** *m* anular *m*; **&kampf** *m* lucha *f*; **&richter** *m dep* árbitro *m*

rings [riŋs], **'~herum** alrededor (de)

Ringstraße ['riŋ-] *f* cinturón *m*; ronda *f*

'Rinn|e ['rinə] *f* (*-*; *-n*) (*Dach&*) canal *m*; **&en** (*rann*, *geronnen*, *sn*) correr, fluir; (*tropfen*) gotear

'Rippe ['ripə] *f* (*-*; *-n*) *anat* costilla *f*; **~nfellentzündung** *f* pleuresía *f*

Ris|iko ['riːziko] *n* (*-s*; *-s*,*Risiken*) riesgo *m* (***eingehen*** correr); **&kant** [ris'kant] arriesgado; **&'kieren** (*h*) arriesgar

Riss [ris] *m* (*-es*; *-e*) rotura *f*; desgarro *m* (*beide a med*); *im Stoff*: roto *m*, desgarrón *m*; *Haut*, *Mauer*: grieta *f*; (*Spalt*) hendidura *f*, rendija *f*

rissig ['-siç] agrietado

Ritter ['ritər] *m* (*-s*; -) caballero *m*

Ritus ['riːtus] *m* (*-*; *Riten*) rito *m*

'Rival|e [ri'vɑːlə] *m* (*-n*; *-n*), **~in** *f* (*-*; *-nen*) rival *su*, competidor(a) *m*(*f*); **&isieren** [-vali'ziːrən] (*h*) rivalizar, competir

r.-k. ***römisch-katholisch*** católico romano

Roastbeef ['roːstbiːf] *n* (*-s*; *-s*) rosbif *m*

Robbe ['rɔbə] *f* (*-*; *-n*) foca *f*

Roboter ['-bɔtər] *m* (*-s*; -) robot *m*

robust [ro'bust] robusto

röcheln ['rœçəln] *v/i* (*ge-*, *h*) respirar con dificultad

Rock [rɔk] *m* (*-*[*e*]*s*; *¨-e*) (*Sakko*) chaqueta *f*; (*Frauen&*) falda *f*, *Am* pollera *f*; **'~musik** *f* música *f* rock(era)

'Rodel|bahn ['roːdəl-] *f* pista *f* de trineos *od* de luge; **&n** (*ge-*, *h od sn*) ir en trineo; **~(schlitten)** *m* (*-s*; -) tobogán *m*, trineo *m* (pequeño), *dep a gal* luge *f*

roden ['-dən] (*ge-*, *h*) roturar; *Wald*: desmontar, talar

Rogen ['-gən] *m* (*-s*; -) huevas *f/pl*

Roggen ['rɔgən] *m* (*-s*; *sin pl*) centeno *m*

roh [roː] crudo; (*unbearbeitet*) bruto; *fig* rudo, grosero; brutal; **'&bau** *arqu m* (*-*[*e*]*s*; *-ten*) obra *f* bruta; **'&kost** *f* régimen *m* crudo; **'&material** *n* materia *f* prima; **'&öl** *n* (petróleo *m*) crudo *m*

Rohr [roːr] *n* (*-*[*e*]*s*; *-e*) *bot* caña *f*; *tec* tubo *m*

Röhre ['røːrə] *f* (*-*; *-n*) tubo *m*; caño *m*; *el* válvula *f*, lámpara *f*; (*Back&*) horno *m*

'rohstoff|arm ['roːʃtɔfʔ-] pobre en materias primas; **&e** *m/pl* materias *f/pl* primas; **~reich** rico en materias primas

'Roll|bahn ['rɔl-] *avia f* pista *f* de rodadura; **~e** *f* (*-*; *-n*) rollo *m*; (*Walze*) rodillo *m*, cilindro *m*; (*Garn&*) carrete *m*; (*Flaschenzug*) polea *f*; *teat* papel *m* (*a fig*); rol *m*; ***e-e ~ spielen*** desempeñar un papel; ***das spielt keine ~*** no tiene importancia; **&en** (*ge-*) **1.** *v/i* (*sn*) rodar; **2.** *v/t* (*h*) (*auf~*) arrollar; (*ein~*) enrollar; *Wäsche*: calandrar; **~er** *m* (*-s*; -) (*Spielzeug*) patinete *m*; *auto* escúter *m*; **~film** *m* carrete *m*, rollo *m*; **~kragen** *m* cuello *m* cisne *od* alto; **~kragenpullover** *m* jersey *m* de cuello cisne *od* alto; **~laden** *m* persiana *f* (enrollable); **~mops** *m gastr* arenque *m* enrollado; **~schuh** *m* patín *m* de ruedas; **~stuhl** *m* sillón *m* de ruedas; **~stuhlfahrer** *m*, **~stuhlfahrerin** *f* persona *f* en sillón de ruedas; **~treppe** *f* escalera *f* mecánica (*od* automática)

Rom [roːm] *n* Roma *f*

Ro'man [ro'mɑːn] *m* (*-*[*e*]*s*; *-e*) novela *f*; **~ik** [-'-nik] *f* (*-*; *sin pl*) (estilo *m*) románico *m*; **&isch** *arqu* románico; *Sprache*: *a* romance

Ro'man|tik [-'mantik] *f* (*-*; *sin pl*) romanticismo *m*; **&tisch** romántico (*a fig*)

~er ['røːmər] *m* (*-s*; -), **~erin** *f* (*-*; *-nen*) romano *m*, -a *f*; **&isch** romano

'röntgen *med* ['rœntgən] (*ge-*, *h*) radiografiar; hacer una radiografía; **&aufnahme** *f*, **&bild** *n* radiografía *f*; **&strahlen** *m/pl* rayos *m/pl* X

'rosa ['roːza] *inv*, **~farben** rosa

'Rose ['-zə] *f* (*-*; *-n*) *bot* rosa *f*; *med* erisipela *f*; **~nkohl** *m* col *f* de Bruselas; **~nkranz** *rel m* rosario *m*; **~nmontag** [-zən'moːntɑːk] *m* lunes *m* de carnaval

Rosine [ro'ziːnə] *f* (*-*; *-n*) pasa *f*

Rost [rɔst] *m* (*-*[*e*]*s*; *sin pl*) orín *m*, herrumbre *f*, óxido *m*; (*pl -e*) (*Brat&*) parrilla *f*, gril *m*; (*Gitter&*) rejilla *f*; **'&en** (*ge-*, *sn od h*) oxidarse

rösten ['rœstən] (*ge-*, *h*) tostar

'**rost|frei** ['rɔst-] inoxidable; **~ig** oxidado, tomado de orín; **²schutzmittel** *n* anticorrosivo *m*

rot [roːt] rojo; encarnado; ***~e Zahlen*** *com* números *m/pl* rojos; ***das ²e Kreuz*** la Cruz Roja; ***das ²e Meer*** el Mar Rojo

'**Röte|ln** ['røːtəln] *med pl* rubéola *f*; **²n** (*ge-*, *h*): (***sich***) ~ enrojecer(se)

'**Rot|käppchen** ['roːtkɛpçən] *n* (*-s*; *sin pl*) Caperucita *f* Roja; **~kohl** *m* (col *f*) lombarda *f*; **~stift** *m* lápiz *m* rojo; **~wein** *m* vino *m* tinto; **~wild** *n* venado *m*

Rouge ['ruːʒ] *n* (*-s*; *-s*) colorete *m*

Roulade [ru'laːdə] *f* (*-*; *-n*) filete *m* relleno

Roulett [-'lɛt] *n* (*-*[*e*]*s*; *-e*) ruleta *f*

Route ['ruːtə] *f* (*-*; *-n*) ruta *f*, itinerario *m*; **~nplaner** *m auto*, *Internet* sistema *m* de navegación

Rou'ti|ne [ru'tiːnə] *f* (*-*; *sin pl*) rutina *f*; **~nekontrolle** *f* control *m* rutinario; **²niert** [-ti'niːrt] experto, versado

Rowdy ['raʊdi] *m* (*-s*; *-s*) camorrista *m*, gamberro *m*

Rübe ['ryːbə] *f* (*-*; *-n*) remolacha *f*; ***Weiße*** ~ nabo *m*; ***Gelbe*** ~ zanahoria *f*; ***Rote*** ~ remolacha *f* colorada

Rubel ['ruːbəl] *m* (*-s*; *-*) rublo *m*

Rubin [ru'biːn] *m* (*-s*; *-e*) *min* rubí *m*

Rubrik [ru'briːk] *f* (*-*; *-en*) rúbrica *f*; *e-r Zeitung*: sección *f*, columna *f*

Ruck [ruk] *m* (*-*[*e*]*s*; *-e*) arranque *m*; (*Stoß*) empujón *m*; (*Erschütterung*) sacudida *f*

'**Rück|antwort** ['rykʔ-] *f*: ~ ***bezahlt*** respuesta *f* pagada; **~antwortkarte** *f* tarjeta *f* de respuesta; **~blick** *fig m* (mirada *f*) retrospectiva *f*; **²datieren** (*h*) antedatar

rücken ['rykən] (*ge-*) **1.** *v/t* (*h*) mover; empujar; **2.** *v/i* (*sn*) moverse; (*Platz machen*) correrse

'**Rücken** *m* (*-s*; *-*) *anat* espalda *f*; (*Buch²*) lomo *m*; (*Berg²*) loma *f*; **~mark** *n* médula *f* espinal; **~schwimmen** *n* natación *f* de espalda; **~wind** *m* viento *m* por atrás *od mar* en popa

'**rück|erstatten** (*h*) devolver; restituir; **²erstattung** *f* devolución *f* (*a v Steuern*); restitución *f*; reintegro *m*; **²fahrkarte** *f* billete *m* de ida y vuelta; **²fahrscheinwerfer** *m auto* luz *f* de marcha atrás; **²fahrt** *f* viaje *m* de regreso; **²fall** *m med* recaída *f*, recidiva *f*; *jur* reincidencia *f*; **~fällig** reincidente; ~ ***werden*** reincidir; **²flug** *avia m* vuelo *m* de regreso; **²frage** *f* demanda *f* de nuevos informes; **²gabe** *f* (*-*; *sin pl*) devolución *f*, restitución *f*; **²gang** *m* retroceso *m*; descenso *m*; baja *f*; *com* recesión *f*; **~gängig**: ~ ***machen*** anular; **²gewinnung** *f* recuperación *f*; **²grat** *n* (*-*[*e*]*s*; *-e*) *anat* espina *f* dorsal; *a fig* columna *f* vertebral; **²halt** *m* (*-*[*e*]*s*; *sin pl*) apoyo *m*, sostén *m*, respaldo *m*; **²kauf** *m* readquisición *f*, rescate *m*; **²kehr** ['-keːr] *f* (*-*; *sin pl*) vuelta *f*, regreso *m*; **²lage** *f* reserva *f*; **²lauf** *tec m* (*-*[*e*]*s*; *sin pl*) retroceso *m*; **~läufig** retrógrado; inverso; **²licht** *n* (*-*[*e*]*s*; *-er*) *auto* luz *f* trasera; **²marsch** *mil m* retirada *f*; **²porto** *n* porte *m* de vuelta; **²reise** *f* vuelta *f*; viaje *m* de regreso; **²reiseverkehr** *m Esp* operación *f* retorno

'**Rucksack** ['rukzak] *m* mochila *f*; **~tourist** *m* turista *m* de mochila

'**Rück|schlag** ['ryk-] *m fig* revés *m*; contratiempo *m*; **²schrittlich** reaccionario; **~seite** *f* parte *f* posterior *od* trasera; *e-s Blattes*: dorso *m*, vuelta *f*; *e-r Münze*: reverso *m*; **~sendung** *f* devolución *f*; **~sicht** *f* (*-*; *-en*) consideración *f*; ~ ***nehmen auf j-n*** respetar a alg; ~ ***nehmen auf et*** tomar en consideración a/c; **²sichtslos** ['-ziçtsloːs] desconsiderado; brutal; **²sichtsvoll** atento; considerado; **~sitz** *m* asiento *m* trasero; **~spiegel** *m auto* (espejo *m*) retrovisor *m*; **~spiel** *n dep* partido *m* de vuelta; **~sprache** *f* (*-*; *-n*) consulta *f*; ~ ***nehmen mit*** ponerse al habla con; **²ständig** atrasado (*a fig*); **~stau** *Vkw m* (*-s*; *-s*) retención *f*; **~taste** *f Schreibmaschine*: tecla *f* de retroceso; **~tausch** *com m* cambio *m*; **~tritt** *m* renuncia *f*; dimisión *f*; **~vergütung** *f* re(e)mbolso *m*; **~wand** *f* pared *f* del fondo; **²wärts** ['-vɛrts] hacia atrás; **~wärtsgang** *auto m* marcha *f* atrás; **~weg** ['-veːk] *m* vuelta *f*; ***auf dem*** ~ al volver

'**rück|wirkend** ['rykvirkənt] (de efecto) retroactivo; **~zahlbar** re(e)mbolsable; **²zahlung** *f* re(e)mbolso *m*; **²zug** *mil m* (*-*[*e*]*s*; *sin pl*) retirada *f*; repliegue *m*

Rudel ['ruːdəl] *n* (*-s*; *-*) tropa *f*; (*Wild*) manada *f*

'**Ruder** ['-dər] *n* (*-s*; *-*) remo *m*; (*Steuer*)

timón *m* (*a fig*); **~boot** *n* barco *m od* bote *m* de remos; **2n** (*ge-*) *v/t* (*h*), *v/i* (*a sn*) remar; bogar; **~sport** *m* (deporte *m* del) remo *m*

Ruf [ruːf] *m* (-[*e*]*s*; -*e*) grito *m*; llamada *f*; (*sin pl*) (*Ansehen*) reputación *f*; **'2en** (*rief, gerufen, h*) llamar; (*schreien*) gritar; ***wie gerufen*** *fig* de perilla; **'~name** *m* nombre *m* de pila; **'~nummer** *f* número *m* de teléfono; **'~umleitung** *f tel* desvío *m* de llamadas; **'~zeichen** *n tel* señal *f* de llamada

'Ruhe ['ruːə] *f* (-; *sin pl*) (*Stille*) silencio *m*, calma *f*; tranquilidad *f*; ***in ~ lassen*** dejar tranquilo *od* en paz; ***sich zur ~ setzen*** retirarse; *Beamte*: jubilarse; ***~!*** ¡silencio!; ***angenehme ~!*** ¡que descanse!; **2n** (*ge-, h*) descansar, reposar; *Verkehr etc*: estar paralizado; ***~ lassen*** *Arbeit*: suspender; **~stand** *m* (-[*e*]*s*; *sin pl*) jubilación *f*; retiro *m*; ***im ~*** jubilado, retirado; ***in den ~ versetzen*** jubilar; **~stätte** *f* retiro *m*, lugar *m* de descanso; ***letzte ~*** última morada *f*; **~störung** *f* perturbación *f* del orden público; **~tag** *m* día *m* de descanso

ruhig ['ruːiç] tranquilo, quieto; (*still*) silencioso

Ruhm [ruːm] *m* (-[*e*]*s*; *sin pl*) gloria *f*

rühmen ['ryːmən] (*ge-, h*) elogiar, alabar, ensalzar

'ruhm|reich ['ruːm-], **~voll** glorioso

Ruhr *med* [ruːr] *f* (-; *raro -en*) disentería *f*

'Rühr|ei ['ryːrˀaɪ] *n* huevos *m/pl* revueltos; **2en** (*ge-, h*) **1.** *v/t* mover; (*um~*) revolver, remover; *fig* conmover; **2.** *v/i* tocar (***an*** *ac* en); **3.** *v/refl*: ***sich ~*** moverse; **2end** conmovedor, emocionante; **~ung** *f* (-; *sin pl*) enternecimiento *m*, emoción *f*

'Ruin [ru'iːn] *m* (-*s*; *sin pl*) ruina *f*; **~e** *f* (-; -*n*) ruina *f* (*a fig*); **2'ieren** [rui'niːrən] (*h*) arruinar; F estropear

Rum [rum] *m* (-*s*; -*s*) ron *m*

Ru'män|e [ru'mɛːnə] *m* (-*n*; -*n*), **~in** *f* (-; -*nen*) rumano *m*, -a *f*; **2isch** rumano

Rumänien [ru'mɛːnjən] *n* Rumania *f*

'Rummel F ['ruməl] *m* (-*s*; *sin pl*) F jaleo *m*; (*Jahrmarkt*) feria *f*; **~platz** *m* parque *m* de atracciones

Rumpf [rumpf] *m* (-*es*; ⸚*e*) *anat* tronco *m*; *mar* casco *m*; *avia* fuselaje *m*

rund [runt] redondo; circular; *adv* en cifras redondas; **'2blick** *m* (-[*e*]*s*; -*e*) panorama *m*; **2e** ['-də] *f* (-; -*n*) *dep* vuelta *f*; *Boxen*: asalto *m*; **2fahrt** *f* vuelta *f*; circuito *m*

'Rundfunk ['-fuŋk] *m* (-*s*; *sin pl*) radio(-difusión) *f*; **~gerät** *n* radio *f*; **~sender** *m* emisora *f* de radio; **~sendung** *f* emisión *f* radiofónica

'Rund|gang *m* (-[*e*]*s*; *Rundgänge*) vuelta *f* (***machen*** dar); ronda *f*; **2herum** ['-hɛ'rum] en redondo; **~reise** *f* viaje *m* circular, circuito *m*, gira *f*; **~schreiben** *n* circular *f*; **~ung** ['-duŋ] (-; -*en*) *f* redondez *f*; curva *f*; **~wanderweg** *m* circuito *m*

Rüsche ['ryːʃə] *f* (-; -*n*) volante *m*

Ruß [ruːs] *m* (-*es*; *sin pl*) hollín *m*, tizne *m*

Russe ['rusə] *m* (-*n*; -*n*) ruso *m*

Rüssel ['rysəl] *m* (-*s*; -) trompa *f*; *Schwein*: hocico *m*

Rußfilter *m* filtro *m* de partículas (*od* de hollín)

rußig ['ruːsiç] lleno de hollín

'Russ|in ['rusin] *f* (-; -*nen*) rusa *f*; **2isch** ruso

Russland ['ruslant] *n* Rusia *f*

'rüst|en ['rystən] (*ge-, h*) preparar; *mil* armar; **~ig** vigoroso; robusto; **2ung** *f* (-; -*en*) armamento *m*; (*Harnisch*) armadura *f*; **2ungsindustrie** *f* industria *f* de armamentos

'Rutsch|bahn ['rutʃ-] *f* deslizadero *m*; tobogán *m*; **2en** (*ge-, sn*) deslizarse; resbalar; *auto a* patinar; **~gefahr** *f* (-; *sin pl*) *Vkw* calzada *f* deslizante; **2ig** resbaladizo; **2sicher** antideslizante

rütteln ['rytəln] (*ge-, h*) sacudir, agitar

S

s. *siehe* v. (véase)
S¹, s [ɛs] *n* (-; -) S, s *f*
S² *Süden* S (sur)
S. *Seite* pág. (página)
s. a. *siehe auch* véase también
Saal [zaːl] *m* (-[*e*]*s*; *Säle*) sala *f*; salón *m*
Saar [zaːr] *f* Sarre *m*
Saarbrücken [zaːr'brykən] *n* Sarrebruck *m*
Saarland ['zaːrlant] *n* Saarland *m*
Saat [zaːt] *f* (-; *-en*) (*Säen*) siembra *f*; (*Samen*) semillas *f/pl*, simientes *f/pl*
Säbel ['zɛːbəl] *m* (*-s*; -) sable *m*
Sabot|age [zabo'taːʒə] *f* (-; *-n*) sabotaje *m*; **~eur** [-'tøːr] *m* (*-s*; *-e*) saboteador *m*; **≈'ieren** (*h*) sabotear
'Sach|bearbeiter ['zaxbəˀarbaɪtər] *m*, **~bearbeiterin** *f* encargado *m*, -a *f*; **~beschädigung** *f* daño *m* material; **~buch** *n* libro *m* de divulgación científica
'Sach|e ['zaxə] *f* (-; *-n*) cosa *f*; (*Gegenstand*) objeto *m*; (*Angelegenheit*) asunto *m*; *jur* causa *f*; (*Fall*) caso *m*; (*Begebenheit*) suceso *m*; *pl* **~n** (*Habe*) efectos *m/pl*; ***zur ~ kommen*** ir al grano; ***in ~n*** (*gen*) en materia de, *jur* en la causa; **≈gemäß** apropiado; **~kenntnis** *f* conocimiento *m* de causa; pericia *f*; **≈kundig** experto, competente; **≈lich** objetivo; imparcial
sächlich *gram* ['zɛçliç] neutro
Sachschaden ['zax-] *m* daño *m* material
Sachse ['zaksə] *m* (*-n*; *-n*) sajón *m*
Sachsen ['zaksən] *n* Sajonia *f*; **~-Anhalt** [-'anhalt] *n* Sajonia-Anhalt *f*
'Sächs|in ['zɛksin] *f* (-; *-nen*) sajona *f*; **≈isch** sajón
'Sach|verhalt ['zaxfɛrhalt] *m* (-[*e*]*s*; *-e*) estado *m* de cosas; circunstancias *f/pl*; **≈verständig** experto, perito; **~verständige** *m/f* (*-n*; *-n*) experto *m*, -a *f*, perito *m*, -a *f*; **~wert** *m* valor *m* real
Sack [zak] *m* (-[*e*]*s*; *≈e*) saco *m*; (*Post≈*, *Geld≈*) saca *f*; ***mit ~ und Pack*** con armas y bagajes; **'~gasse** *f* callejón *m* sin salida (*a fig*)
säen ['zɛːən] (*ge-*, *h*) *v/t u v/i* sembrar (*a fig*)
Safari [za'faːri] *f* (-; *-s*) safari *m*
Safe [seːf] *m* (*-s*; *-s*) caja *f* fuerte *od* de caudales; (*Bank≈*) caja *f* de seguridad
Saft [zaft] *m* (-[*e*]*s*; *≈e*) jugo *m*; (*Frucht≈*) zumo *m*; *bot* savia *f*; **'≈ig** jugoso; suculento; F *fig* fuerte
Sage ['zaːgə] *f* (-; *-n*) leyenda *f*
Säge ['zɛːgə] *f* (-; *-n*) sierra *f*
sagen ['zaːgən] (*ge-*, *h*) decir; ***sich*** (*dat*) ***nichts ~ lassen*** no hacer caso de nadie
sägen ['zɛːgən] (*ge-*, *h*) (a)serrar
Sahara [za'haːra] *f* Sáhara *m*
'Sahne ['zaːnə] *f* (-; *sin pl*) nata *f*, crema *f*; **~torte** *f* tarta *f* de crema
Sai'son [zɛ'zɔ̃] *f* (-; *-s*) temporada *f*; (*Jahreszeit*) estación *f*; **≈abhängig** estacional; **~arbeiter** *m* temporero *m*; **~ausverkauf** *m* liquidación *f* por fin de temporada
'Saite *mus* ['zaɪtə] *f* (-; *-n*) cuerda *f*; **~ninstrument** *n* instrumento *m* de cuerda
Sakko ['zako] *m od n* (*-s*; *-s*) chaqueta *f*, americana *f*, *Am* saco *m*
Sakrament [-kra'mɛnt] *n* (-[*e*]*s*; *-e*) sacramento *m*
Salami [-'laːmi] *f* (-; -[*s*]) salami *m*
Salat [-'laːt] *m* (-[*e*]*s*; *-e*) ensalada *f*
Salbe ['zalbə] *f* (-; *-n*) pomada *f*; ungüento *m*
'Saldo *com* ['-do] *m* (*-s*; *Salden*) saldo *m*; **~übertrag** *m* transporte *m* del saldo a nueva cuenta
Saline [za'liːnə] *f* (-; *-n*) salina *f*
Salmonellen [zalmo'nɛlən] *pl* salmonelas *f/pl*
Sa'lon [za'lɔ̃] *m* (*-s*; *-s*) salón *m*; **~wagen** *ferro m* coche *m* salón
salopp [-'lɔp] descuidado; (*ungezwungen*) desenvuelto
Salpeter [zal'peːtər] *m* (*-s*; *sin pl*) salitre *m*, nitro *m*
Salut *mil* [za'luːt] *m* (-[*e*]*s*; *-e*) salva *f*; ***~ schießen*** disparar una salva
Salvador, El [zalva'doːr] *n* El Salvador
Salve ['zalvə] *f* (-; *-n*) descarga *f*
Salz [zalts] *n* (*-es*; *-e*) sal *f*; **'≈en** (*pp mst gesalzen*, *h*) salar; **'≈ig** salado; **'~kartoffeln** *f/pl* patatas *f/pl* hervidas; **'~säure** *f* ácido *m* clorhídrico; **'~wasser** *n* agua *f*

salada

Salzburg ['zaltsburk] *n* Salzburgo *m*

'**Samen** ['zɑːmən] *m* (-*s*; -) *bot* semilla *f*; simiente *f*; *Physiologie*: semen *m*, esperma *m*; **~erguss** *m* eyaculación *f*

'**Sammel|anschluss** ['zaməlʔ-] *tel m* línea *f* colectiva; **~bestellung** *com f* pedido *m* colectivo; **~büchse** *f* hucha *f*, alcancía *f*; **ﬥn** (*ge*-, *h*) coleccionar; (*ein~*) recoger; (*anhäufen*) acumular; amontonar; *Geld*: colectar, recaudar; ***sich ~*** *fig* (re)concentrarse; **~platz**, **~punkt** *m* lugar *m* de reunión; **~transport** *m* transporte *m* colectivo

'**Samml|er** ['-lər] *m* (-*s*; -), **~erin** *f* (-; -*nen*) coleccionista *su*; **~ung** *f* (-; -*en*) colección *f*; (*Geldﬥ*) recaudación *f*, colecta *f*; cuestación *f*; *fig* (re)concentración *f*

Samstag ['-stɑːk] *m* sábado *m*

Samt [zamt] *m* (-[*e*]*s*; -*e*) terciopelo *m*

sämtliche ['zɛmtliçə] *pl* todos; ***~ Werke*** *n*/*pl* obras *f*/*pl* completas

Sanatorium [zana'toːrjum] *n* (-*s*; *Sanatorien* [rjən]) sanatorio *m*

Sand [zant] *m* (-[*e*]*s*; *⸚e*) arena *f*; *fig* ***den Kopf in den ~ stecken*** esconder la cabeza bajo el ala

Sandale [-'dɑːlə] *f* (-; -*n*) sandalia *f*

'**Sand|bank** ['zantbaŋk] *f* (-; *Sandbänke*) banco *m* de arena; **ﬥig** ['-diç] arenoso; **~kasten** *m* cajón *m* de arena; **~stein** *m* (-[*e*]*s*; *sin pl*) (piedra *f*) arenisca *f*; gres *m*; **~strand** *m* playa *f* de arena

sanft [zanft] suave; (*zart*) tierno; (*mild*) dulce

'**Sänger** ['zɛŋər] *m* (-*s*; -), **~in** *f* (-; -*nen*) *teat* cantante *su*

sa'nier|en [za'niːrən] (*h*) sanear; **ﬥung** *f* (-; -*en*) saneamiento *m*

sani|'tär [-ni'tɛːr] sanitario; **ﬥ'täranlagen** *f*/*pl* instalaciones *f*/*pl* sanitarias; **ﬥ'täter** *m* (-*s*; -) enfermero *m*; sanitario *m*

Sankt [zaŋkt] *vor Eigennamen*: San *od* Santo (*m*), Santa (*f*)

Sankt Gotthard [zaŋkt 'gɔthart] *m* San Gotardo *m*

Sanktion [-'tsjoːn] *f* (-; -*en*) sanción *f*; **ﬥ'ieren** [-tsjo'niːrən] (*h*) sancionar

Saphir ['zɑːfir, za'fiːr] *m* (-*s*; -*e*) zafiro *m*

Saragossa [zara'gɔsa] *n* Zaragoza *f*

Sar|delle [zar'dɛlə] *f* (-; -*n*) anchoa *f*; **~dine** [-'diːnə] *f* (-; -*n*) sardina *f*

Sardinien [zar'diːnjən] *n* Cerdeña *f*

Sarg [zark] *m* (-[*e*]*s*; *⸚e*) ataúd *m*, féretro *m*

SARS *n* ***Severe Acute Respiratory Syndrome*** (*schweres akutes Atemwegsyndrom*) SRAS *m od SRAG m* (*síndrome respiratorio agudo severo od grave*)

Satan ['zɑːtan] *m* (-*s*; -*e*) satanás *m*

Satel'lit [zatɛ'liːt] *m* (-*en*; -*en*) satélite *m* (*a fig*); **~enfernsehen** *n* televisión *f* vía satélite; **~enstadt** *f* ciudad *f* satélite

Satire [-'tiːrə] *f* (-; -*n*) sátira *f*

satt [zat] harto; *Farbe*: intenso; ***sich ~ essen*** (comer hasta) saciarse; ***et ~ sn*** *fig* estar harto de a/c; **~haben** (*irr*, *sep*, -*ge*-, *h*, → **haben**): ***et ~*** *fig* estar harto de a/c

'**Sattel** ['-təl] *m* (-*s*; *⸚*) silla *f*; (*Fahrradﬥ*) sillín *m*; **ﬥfest** firme en la silla; *fig* ***~ in*** (*dat*) versado en; **~schlepper** *m* semirremolque *m*

sättigen ['zɛtigən] (*ge*-, *h*) saciar, hartar

Sattler ['zatlər] *m* (-*s*; -) guarnicionero *m*

Satz [zats] *m* (-*es*; *⸚e*) (*Sprung*) brinco *m*, salto *m*; (*Bodenﬥ*) sedimento *m*; (*zs.-gehörende Gegenstände*) juego *m*; *v Waren*: surtido *m*; *gram* frase *f*, oración *f*; *mus* movimiento *m*; *Tennis*: set *m*; '**~ung** *f* (-; -*en*) estatuto *m*; reglamento *m*; '**~zeichen** *n* signo *m* de puntuación

Sau [zaʊ] *f* (-; -*en u Säue*) cerda *f*; puerca *f*; *a fig* guarra *f*, marrana *f*; P *fig* cerdo *m*, cochino *m*

sauber ['-bər] limpio, aseado; pulcro; (*sorgfältig*) esmerado

'**säuber|n** ['zɔʏbərn] (*ge*-, *h*) limpiar, asear; *pol* depurar; **ﬥung** *f* (-; -*en*) limpieza *f*, aseo *m*; *pol* depuración *f*

Saudi-Arabien ['zaʊdiarɑːbjən] *n* Arabia *f* Saudita *od*. Saudí

'**sauer** ['zaʊər] agrio; ácido (*a quím u Regen*); (*mühsam*) penoso, duro; ***~ werden*** agriarse; *Milch*: cuajarse; **ﬥbraten** *m* carne *f* adobada; **ﬥkirsche** *f* guinda *f*; **ﬥkraut** *n* (-[*e*]*s*; *sin pl*) chucrut *m*

säuerlich ['zɔʏərliç] acídulo; avinagrado

'**Sauer|stoff** ['zaʊər-] *m* (-[*e*]*s*; *sin pl*) oxígeno *m*; **~teig** *m* levadura *f*

saufen ['-fən] (*soff*, *gesoffen*, *h*) *Tier*: beber; P *j*: beber con exceso

'Säufer ['zɔʏfər] *m* (-*s*; -), **~in** *f* (-; -*nen*) borracho *m*, -a *f*

saugen ['zaʊgən] (*sog*, *gesogen*, *h*) chupar; *Kind*: mamar; (*ge*-, *h*) *tec* aspirar, absorber; ***Staub*** **~** pasar la aspiradora

säugen ['zɔʏgən] (*ge*-, *h*) amamantar, lactar; *a Tier*: criar

'Säugetier *n* mamífero *m*

'Säugling ['zɔʏkliŋ] *m* (-*s*; -*e*) niño *m* de pecho, lactante *m*; **~spflege** *f* puericultura *f*; **~ssterblichkeit** *f* mortalidad *f* infantil

'Säule ['zɔʏlə] *f* (-; -*n*) columna *f*; (*Pfeiler*) pilar *m*; **~ngang** *m* (-[*e*]*s*; *Säulengänge*) columnata *f*; **~nhalle** *f* pórtico *m*

Saum [zaʊm] *m* (-[*e*]*s*; *Säume*) *am Kleid*: dobladillo *m*

'säum|en ['zɔʏmən] (*ge*-, *h*) **1.** *v/t* hacer un dobladillo en; orlar, ribetear; **2.** *v/i* tardar; retrasarse; **~ig** *Zahler*: *com* moroso

Sauna ['zaʊna] *f* (-; -*s*, *Saunen*) sauna *f*

Säure ['zɔʏrə] *f* (-; -*n*) acidez *f*; *quím* ácido *m*

sausen ['zaʊzən] (*ge*-, *h*) *Wind*: silbar; F (*sn*) correr

Savanne [za'vanə] *f* (-; -*n*) sabana *f*

Saxo|fon [zakso'fo:n] *n* (-*s*; -*e*) saxofón *m*, saxófono *m*

'S-Bahn ['ɛsbɑ:n] *f* (tren *m*) suburbano *m*; **~hof** *m* estación *f* de(l) suburbano

SBB *pl* ***Schweizerische Bundesbahnen*** Ferrocarriles *pl* Federales de Suiza

'scanne|n ['skɛnən] (*ge*-, *h*) escanear; **≈r** *m* (-*s*; -) escáner *m*

'Schabe *zo* ['ʃɑ:bə] *f* (-; -*n*) cucaracha *f*; **≈n** (*ge*-, *h*) raer, raspar, rascar

schäbig ['ʃɛ:biç] gastado, usado; *fig* mezquino, sórdido

Schablone [ʃa'blo:nə] *f* (-; -*n*) patrón *m*

Schach [ʃax] *n* (-*s*; *sin pl*) ajedrez *m*; **~ *bieten*** dar jaque; ***in*** **~ *halten*** *fig* tener en jaque; **'~brett** *n* tablero *m* de ajedrez; **'~figur** *f* pieza *f* de ajedrez; **≈'matt** jaque mate; *fig* rendido; **'~spiel** *n* juego *m* de ajedrez

Schacht [ʃaxt] *m* (-[*e*]*s*; *⸚e*) pozo *m* (*a min*); **'~el** *f* (-; -*n*) caja *f*; cartón *m*; *Zigaretten*: cajetilla *f*

Schachzug ['ʃaxtsu:k] *m* jugada *f* de ajedrez; *fig* ***ein guter*** **~** una buena jugada

schade ['ʃɑ:də] lástima; ***wie*** **~*!*** ¡qué lástima!

'Schädel ['ʃɛ:dəl] *m* (-*s*; -) cráneo *m*; **~bruch** *m* fractura *f* del cráneo

'schaden ['ʃɑ:dən] **1.** *v/i* (*ge*-, *h*) dañar, perjudicar, causar daño; ***das schadet ihm gar nichts*** bien se lo merece; **2.** **≈** *m* (-*s*; *⸚*) daño *m*; perjuicio *m*, detrimento *m*; *tec* avería *f*; **≈ersatz** *m* indemnización *f* (por daños y perjuicios); **≈freiheitsrabatt** *m* descuento *m* por libre de accidente; **≈sfall** *m* (caso *m* de) siniestro *m*; **≈sregulierung** *f* arreglo *m* de los daños

schadhaft ['ʃɑ:thaft] deteriorado; defectuoso; *Zahn*: cariado

schäd|igen ['ʃɛ:digən] (*ge*-, *h*) perjudicar; dañar; **~lich** ['-tliç] nocivo, perjudicial, dañino; **≈ling** ['-liŋ] *m* (-*s*; -*e*) parásito *m* (animal *od* vegetal), plaga *f*

'Schad|stoff ['ʃɑ:t-] *m* sustancia *f* nociva, contaminante *m*; **≈stoffarm** poco contaminante; **≈stofffrei** no contaminante

Schaf [ʃɑ:f] *n* (-[*e*]*s*; -*e*) oveja *f*; *fig* borrico *m*; ***schwarzes*** **~** oveja *f* negra

'Schäfer ['ʃɛfər] *m* (-*s*; -) pastor *m*; **~hund** *m* perro *m* pastor

schaffen ['ʃafən] **1.** (*ge*-, *h*) (*befördern*) llevar, transportar; (*arbeiten*) trabajar; (*fertig bringen*) lograr, conseguir; **2.** (*schuf*, *geschaffen*, *h*) (*er*~) crear; producir

'Schaffner ['-nər] *m* (-*s*; -), **~in** *f* (-; -*nen*) cobrador(a) *m*(*f*); *ferro* revisor(a) *m*(*f*)

Schafott [ʃa'fɔt] *n* (-[*e*]*s*; -*e*) patíbulo *m*, cadalso *m*

Schafpelz ['ʃɑ:fpɛlts] *m* zalea *f*

Schaft [ʃaft] *m* (-[*e*]*s*; *⸚e*) mango *m*, cabo *m*; (*Lanzen*≈, *Fahnen*≈) asta *f*; (*Stiefel*≈) caña *f*; (*Säulen*≈) fuste *m*; (*Gewehr*≈) caja *f*

Schafzucht ['ʃɑ:ftsuxt] *f* cría *f* de ganado lanar

Schal [ʃɑ:l] *m* (-*s*; -*s*, -*e*) chal *m*, bufanda *f*

Schale ['-lə] *f* (-; -*n*) (*Eier*≈, *Nuss*≈) cáscara *f*; *v Früchten*: piel *f*

schälen ['ʃɛ:lən] (*ge*-, *h*) mondar, pelar

Schall [ʃal] *m* (-[*e*]*s*; -*e*, *⸚e*) sonido *m*, son *m*; **≈dämmend** ['-dɛmənt] insonorizante; **'~dämpfer** *m* silenciador *m*; **'≈dicht** insonorizado; **'≈en** (*ge*-, *h*) (re-) sonar; **'~geschwindigkeit** *f* velocidad *f* del sonido; **'~mauer** *f* barrera *f* del sonido; **'~platte** *f* disco *m* '**schalt|en** ['ʃaltən] (*ge-, h*) *el* conmutar; conectar; *tec* mandar; *auto* cambiar de velocidad *od* de marcha; F *fig* (*begreifen*) caer (en la cuenta); **2er** *m* (*-s*; -) ventanilla *f*; *ferro etc* taquilla *f*, despacho *m* de billetes; *el* conmutador *m*, interruptor *m*; **2erbeamte** *m* empleado *m* de la ventanilla; *ferro* taquillero *m*; **2erschluss** *m* cierre *m* de las ventanillas *od* taquillas; **2erstunden** *f/pl* horas *f/pl* de despacho; **2hebel** *auto m* palanca *f* de cambio de marchas; **2jahr** *n* año *m* bisiesto; **2pult** *n* pupitre *m* de mando *od* de control; **2tafel** *el f* cuadro *m* de distribución; **2ung** *f* (-; *-en*) *el* conmutación *f*, conexión *f*; *auto* cambio *m* de velocidad

Scham [ʃaːm] *f* (-; *sin pl*) vergüenza *f*; pudor *m*; *anat* partes *f/pl* (vergonzosas)

schämen ['ʃɛːmən] (*ge-, h*): ***sich ~*** tener vergüenza (*gen* de); avergonzarse (de); ***ich schäme mich, zu*** me da vergüenza (*inf*)

'**Scham|gefühl** ['ʃaːmgəfyːl] *n* (*-s*; *sin pl*) pudor *m*; **~haar** *n* vello *m* pubiano; **2los** impúdico, indecente; (*frech*) desvergonzado, sinvergüenza

Schande ['ʃandə] *f* (-; *sin pl*) deshonra *f*; vergüenza *f*

schänden ['ʃɛndən] (*ge-, h*) deshonrar; *Frau*: violar; *rel* profanar

'**Schand|fleck** ['ʃant-] *m* mancha *f*, mancilla *f*; **~tat** *f* infamia *f*

Schänke → ***Schenke***

Schanze ['ʃantsə] *f* (-; *-n*) *Skisport*: trampolín *m* (de saltos)

Schar [ʃaːr] *f* (-; *-en*) multitud *f*; grupo *m*; (*Vögel*) bandada *f*

scharf [ʃarf] cortante; afilado; agudo (*a Blick, Verstand*); *Kritik*: mordaz; *Geruch*: acre, penetrante; *Speise*: picante; *Kurve*: cerrado; *Luft*: frío; *Wind*: cortante; *Ton*: estridente; *Gehör*: fino; (*deutlich*) nítido; ***~ bremsen*** frenar en seco; ***~ sn auf*** (*ac*) codiciar (*ac*); '**2blick** *m* (-[*e*]*s*; *sin pl*) perspicacia *f*

'**Schärfe** ['ʃɛrfə] *f* (-; *sin pl*) agudeza *f* (*a fig*); (*Schliff*) corte *m*, filo *m*; **2n** (*ge-, h*) afilar; *a fig* aguzar

'**Scharf|schütze** ['ʃarf-] *mil m* tirador *m* de precisión; **~sinn** *m* (-[*e*]*s*; *sin pl*) sagacidad *f*, perspicacia *f*

Scharlach ['ʃarlax] *m* (*-s*; *sin pl*) (*Farbe*) escarlata *f*; *med* escarlatina *f*

Scharnier [-'niːr] *n* (*-s*; *-e*) bisagra *f*, charnela *f*

scharren ['ʃarən] (*ge-, h*) rascar; *bsd Tier*: escarbar

'**Schatt|en** ['ʃatən] *m* (*-s*; -) sombra *f*; ***im ~*** a la sombra; ***in den ~ stellen*** *fig* hacer sombra a, eclipsar; **~enkabinett** *n* gobierno *m* fantasma *od* en la sombra; **~enseite** *f* lado *m* de la sombra; *fig* inconveniente *m*; **~'ierung** [-tiːruŋ] *f* (-;*-en*) sombreado *m*; matiz *m*; **2ig** sombroso, umbroso; sombrío

Schatz [ʃats] *m* (*-es*; *⸚e*) tesoro *m* (*a fig u Anrede*)

schätzen ['ʃɛtsən] (*ge-, h*) apreciar, estimar; evaluar, tasar; ***wie alt schätzt du ihn?*** ¿cuántos años le echas?

Schatzmeister ['ʃats-] *m* tesorero *m*

'**Schätz|preis** ['ʃɛts-] *m* precio *m* estimado; **~ung** *f* (-; *-en*) apreciación *f*, estimación *f*; tasación *f*, evalúo *m*; (*Hoch2*) estima *f*; **2ungsweise** aproximadamente; **~wert** *m* valor *m* estimativo

Schau [ʃaʊ] *f* (-; *-en*) vista *f*, aspecto *m*; visión *f*; ***zur ~ stellen*** exhibir; *fig* ostentar

schaudern ['-dərn] (*ge-, h*) estremecerse; ***mich schaudert*** siento escalofríos

schauen ['-ən] (*ge-, h*) mirar, ver

Schauer ['-ər] *m* (*-s*; -) estremecimiento *m*; (*Regen2*) aguacero *m*, chubasco *m*

'**Schaufel** ['-fəl] *f* (-; *-n*) pala *f*; **2n** (*ge-, h*) trabajar *od* mover con la pala; *Grab(en)*: abrir; *Schnee*: quitar

'**Schaufenster** ['-fɛnstər] *n* escaparate *m*, *Am* vidriera *f*; **~bummel** *m*: ***e-n ~ machen*** ir a ver escaparates

'**Schaukel** ['-kəl] *f* (-; *-n*) columpio *m*; **2n**(*ge-, h*) *v/t* (*v/i u* ***sich***) columpiar(se), balancear(se)

Schaum [ʃaʊm] *m* (-[*e*]*s*; *Schäume*) espuma *f*; ***zu ~ schlagen*** *Eiweiß*: batir a punto de nieve

schäumen ['ʃɔymən] (*ge-, h*) hacer espuma, espumar

'**Schaum|gummi** ['ʃaʊm-] *m* goma *f* espuma; **2ig** espumoso; **~löscher** *m* extintor *m* de espuma; **~stoff** *m* espuma *f*; **~wein** *m* vino *m* espumoso

'**Schau|platz** ['ʃaʊ-] *m* escenario *m*; teatro *m*; **2rig** horripilante; **~spiel** *n* espectáculo *m*; pieza *f* de teatro, drama *m*; **~spieler** *m*, **~spielerin** *f* actor *m* (actriz *f*); **~spielhaus** *n* teatro *m*

Scheck *com* [ʃɛk] *m* (*-s*; *-s*) cheque *m*; F talón *m*; '**~heft** *n* talonario *m* de cheques; '**~karte** *f* tarjeta *f* de cheques; '**~verkehr** *com m* operaciones *f/pl* de cheques

'**Scheibe** ['ʃaɪbə] *f* (-; *-n*) disco *m*; *tec* rodaja *f*; *Wurst*: *a* tajada *f*; *Brot*: rebanada *f*; *Schinken*: lonja *f*; *Zitrone etc*: raja *f*; (*Glas*Ձ) vidrio *m*, cristal *m*; (*Schieß*Ձ) blanco *m*; **~nwaschanlage** *auto f* lavaparabrisas *m*; **~nwischer** *auto m* (*-s*; -) limpiaparabrisas *m*

'**Scheide** ['ʃaɪdə] *f* (-; *-n*) (*Degen*Ձ) vaina *f*; *anat* vagina *f*; Ձ**n** (*schied*, *geschieden*) **1.** *v/t* (*h*) separar; dividir; *Ehe*: divorciar; ***sich ~ lassen*** divorciarse (***von*** de); **2.** *v/i* (*sn*) despedirse, irse; ***aus dem Amt ~*** cesar en el cargo

Scheidung ['-duŋ] *f* (-; *-en*) separación *f*; *jur* divorcio *m*

Schein [ʃaɪn] *m* (-[*e*]*s*) **1.** (*sin pl*) luz *f*; claridad *f*; (*Glanz*) brillo *m*; *fig* apariencia *f*; ***den ~ wahren*** salvar las apariencias; ***der ~ trügt*** las apariencias engañan; **2.** (*pl- e*) (*Bescheinigung*) certificado *m*; (*Beleg*) resguardo *m*; (*Geld*Ձ) billete *m*; '**~asylant** *m* (*-en*; *-en*) asilado *m* ficticio; 'Ձ**bar** aparente; *adv* en apariencia; 'Ձ**en** (*schien*, *geschienen*, *h*) brillar, lucir; *fig* parecer; ***die Sonne scheint*** hace sol; **~werfer** ['-vɛrfər] *m* (*-s*; -) proyector *m*; *teat a* foco *m*; reflector *m*; *auto* faro *m*

Scheiße P ['ʃaɪsə] *f* (-; *sin pl*) mierda *f* (*a fig*)

'**Scheit|el** ['-təl] *m* (*-s*; -) coronilla *f*; *mat* vértice *m*; (*Haar*Ձ) raya *f*; Ձ**ern** (*ge-*, *sn*) *mar* naufragar (*a fig*); *fig* fracasar

Schellfisch ['ʃɛlfiʃ] *m* eglefino *m*

Schelm [ʃɛlm] *m* (-[*e*]*s*; *-e*) pícaro *m*; bribón *m*; 'Ձ**isch** pícaro

schelten ['-tən] (*schalt*, *gescholten*, *h*) reñir, reprender

Schema ['ʃeːma] *n* (*-s*; *-s*, *-ta* [ata] *u Schemen*) esquema *m*; Ձ**tisch** [ʃe'mɑːtiʃ] esquemático

Schemel ['-məl] *m* (*-s*; -) taburete *m*; escabel *m*

Schenke ['ʃɛŋkə] *f* (-; *-n*) taberna *f*; bar *m*; F tasca *f*

Schenkel ['-kəl] *m* (*-s*; -) *anat* muslo *m*

'**schenk|en** ['-kən] (*ge-*, *h*) regalar; (*erlassen*) perdonar, dispensar; *Aufmerksamkeit*: dedicar; Ձ**ung** *f* (-; *-en*) donación *f*; 'Ձ**ungssteuer** *f* impuesto *m* sobre donaciones; Ձ**ungsurkunde** *f* acta *f* de donación

Scherbe ['ʃɛrbə] *f* (-; *-n*) casco *m*, pedazo *m*

Schere ['ʃeːrə] *f* (-; *-n*) tijeras *f/pl*

Scherz [ʃɛrts] *m* (*-es*; *-e*) broma *f*; ***im ~*** en broma; 'Ձ**en** (*ge-*, *h*) bromear; burlarse, divertirse

scheu [ʃɔʏ] *adj* tímido; (*menschen*~) huraño; *Pferd*: desbocado; espantadizo; ***~ machen*** (***werden***) espantar(se); '**~en** (*ge-*, *h*) **1.** *v/t* temer; ***keine Mühe ~*** no regatear *od* escatimar esfuerzos; ***keine Kosten ~*** no reparar en gastos; **2.** *v/i Pferd*: desbocarse; espantarse; ***sich ~ vor*** (*dat*) recelarse de

scheu [ʃɔʏ] *adj* tímido; (*menschen*~) huraño; *Pferd*: desbocado; espantadizo; ***~ machen*** (***werden***) espantar(se); '**~en** (*ge-*, *h*) **1.** *v/t* temer; ***keine Mühe ~*** no regatear *od* escatimar esfuerzos; ***keine Kosten ~*** no reparar en gastos; **2.** *v/i Pferd*: desbocarse; espantarse; ***sich ~ vor*** (*dat*) recelarse de; '**~machen** → ***scheu***

'**Scheuer|bürste** ['-ərbyrstə] *f* cepillo *m* de fregar; **~lappen** *m*, **~tuch** *n* bayeta *f*; Ձ**n** (*ge-*, *h*) fregar; (*reiben*) frotar

Scheuklappe ['-klapə] *f* anteojera *f*

Scheune ['-nə] *f* (-; *-n*) granero *m*; pajar *m*

Schi [ʃiː] *m* → ***Ski***

Schicht [ʃiçt] *f* (-; *-en*) capa *f*; (*Arbeiter*) equipo *m*; '**~arbeit** *f* trabajo *m* por turnos; '**~dienst** *m*: ***~ haben*** estar de turno; 'Ձ**en** (*ge-*, *h*) apilar

schick [ʃik] elegante, chic; '**~en** (*ge-*, *h*) enviar, expedir, mandar; ***nach j-m ~*** enviar por alg, mandar buscar a alg; Ձ**eria** [ʃikə'riːa] *f* (-; *sin pl*) la gente guapa

Schicksal ['-zɑːl] *n* (*-s*; *-e*) destino *m*; suerte *f*; fortuna *f*

'**Schieb|edach** ['ʃiːbə-] *n* techo *m* corredizo; Ձ**en** (*schob*, *geschoben*, *h*) **1.** *v/t* mover, empujar; **2.** *v/i fig* hacer chanchullos, traficar; **~er** *m* (*-s*; -) *tec* distribuidor *m*; corredera *f*; *fig* traficante *m*; F estraperlista *m*; **~etür** *f* puerta *f* corrediza; **~ung** *f* (-; *-en*) chanchullo *m*

'**Schieds|gericht** ['ʃiːtsgəriçt] *n* tribunal *m* arbitral *od* de arbitraje; **~richter** *m* árbitro *m*; **~spruch** *m* arbitraje *m*; sentencia *f* arbitral; '**~verfahren** *n* pro-

cedimiento *m* arbitral
schief [ʃiːf] oblicuo; (*geneigt*) inclinado; *fig* torcido; *adv* de soslayo, de reojo
Schiefer ['-ər] *m* (-*s*; -) pizarra *f*; *geo* esquisto *m*
schielen ['ʃiːlən] (*ge*-, *h*) *v/i* bizcar, ser bizco
'Schien|bein ['ʃiːn-] *n* tibia *f*; **~e** *f* (-; -*n*) *a ferro* carril *m*, riel *m*, raíl *m*; *med* tablilla *f*, férula *f*; **2en** *med* (*ge*-, *h*) entablillar; **~enverkehr** *m* tráfico *m* ferroviario
'Schieß|bude ['ʃiːs-] *f* barraca *f* de tiro; **2en** (*schoss*, *geschossen*, *h*) disparar, tirar; *Fußball*: *a* chutar; *Jagd*: cazar; *fig* (*sn*) (*stürzen*) precipitarse; ***in die Höhe ~*** crecer rápidamente; *Kind*: F dar un estirón; **~e'rei** *f* (-; -*en*) tiroteo *m*; **~platz** *m* campo *m* de tiro; **~pulver** *n* pólvora *f*; **~scharte** ['-ʃartə] *f* (-; -*n*) aspillera *f*; **~scheibe** *f* blanco *m*; **~stand** *m* (polígono *m* de) tiro *m*
Schiff [ʃif] *n* (-[*e*]*s*; -*e*) buque *m*, barco *m*; navío *m*; *a arqu* nave *f*
'schiff|bar ['-baːr] navegable; **2bau** *m* (-[*e*]*s*; *sin pl*) construcción *f* naval; **2bruch** *m* naufragio *m*; ***~ erleiden*** *a fig* naufragar; **~brüchig** ['-bryçiç] náufrago; **2er** *m* (-*s*; -) navegante *m*; (*Fluss2*) batelero *m*, barquero *m*
'Schifffahrt ['-aːrt] *f* (-; *sin pl*) navegación *f*; **~sgesellschaft** *f* compañía *f* naviera *od* de navegación
'Schiffs|arzt *m* médico *m* de a bordo; **~junge** *m* grumete *m*; **~reise** *f* crucero *m*; viaje *m* marítimo
Schikan|e [ʃi'kaːnə] *f* (-; -*n*) vejación *f*; **2ieren** [-ka'niːrən] (*h*) vejar; F hacer la pascua (a alg)
Schikoree → ***Chicorée***
Schild [ʃilt] **1.** *m* (-[*e*]*s*; -*e*) escudo *m*; ***im ~e führen*** *fig* tramar, maquinar; **2.** *n* (-[*e*]*s*; -*er*) letrero *m*, rótulo *m*; (*Tür2*) placa *f*; (*Plakat*) cartel *m*; (*Etikett*) etiqueta *f*; **'~drüse** *anat f* (glándula *f*) tiroides *m*; **2ern** ['-dərn] (*ge*-, *h*) pintar, describir; explicar; **~erung** ['-dəruŋ] *f* (-; -*en*) descripción *f*; **'~kröte** *f* tortuga *f*
Schilf [ʃilf] *n* (-[*e*]*s*; -*e*) caÃ±averal *m*; juncal *m*; (*~rohr*) caÃ±a *f*, junco *m*; **'~rohr** *n* caÃ±a *f*, junco *m*
schillern ['ʃilərn] (*ge*-, *h*) tornasolar; irisar; *Stoff*: hacer visos
Schilling ['-liŋ] *m* (-*s*; -*e*, *después de números inv*) chelín *m*
'Schimmel[1] ['ʃiməl] *m* (-*s*; -) *zo* caballo *m* blanco
'Schimmel[2] ['ʃiməl] *m* (-*s*; *sin pl*) *bot* moho *m*; **2ig** mohoso, enmohecido; ***~ werden***:; **2n** (*ge*-, *h*) enmohecer(se)
'Schimmer ['-mər] *m* (-*s*; -) vislumbre *f*; resplandor *m*; **2n** (*ge*-, *h*) brillar, relucir
Schimpanse [ʃim'panzə] *m* (-*n*; -*n*) chimpancé *m*
schimpfen ['ʃimpfən] (*ge*-, *h*) insultar; reñir; renegar, maldecir (***über*** *ac* de)
Schindel ['ʃindəl] *f* (-; -*n*) ripia *f*
schinden ['-dən] (*schindete*, *geschunden*, *h*) *fig* vejar; ***sich ~*** trabajar como un negro
Schinken ['ʃiŋkən] *m* (-*s*; -) jamón *m* (***gekochter*** dulce *od* York; ***roher*** serrano)
Schippe ['ʃipə] *f* (-; -*n*) pala *f*
Schirm [ʃirm] *m* (-[*e*]*s*; -*e*) pantalla *f*; (*Mützen2*) visera *f*; (*Regen2*) paraguas *m*; *fig* abrigo *m*; amparo *m*; **'~herrschaft** *f* patronato *m*, patrocinio *m*; **'~mütze** *f* gorra *f* de visera
Schiss P [ʃis] *m* (-*es*; *sin pl*) P cagueta *f*; ***~ haben*** F estar acojonado
Schlacht [ʃlaxt] *f* (-; -*en*) batalla *f*; **'2en** (*ge*-, *h*) matar; **'~enbummler** *m dep* F hincha *m*; **'~er** *m* (-*s*; -) carnicero *m*; *im Schlachthof*: matarife *m*; **~e'rei** *f* (-; -*en*) carnicería *f*; **'~feld** *n* campo *m* de batalla; **'~hof** *m* matadero *m*
Schlacke ['ʃlakə] *f* (-; -*n*) *tec* escoria *f*; (*Eisen2*) cagafierro *m*
Schlaf [ʃlaːf] *m* (-[*e*]*s*; *sin pl*) sueño *m*; **'~anzug** *m* pijama *m*
Schläfe ['ʃlɛːfə] *f* (-; -*n*) sien *f*
schlafen ['ʃlaːfən] (*schlief*, *geschlafen*, *h*) dormir; ***~ gehen*** acostarse; ***~ Sie gut!*** que (usted) descanse
schlaff [ʃlaf] flojo; *a Haut*: fláccido; *a fig* laxo; *fig* decaído, lánguido
'Schlaf|gelegenheit ['ʃlaːfgəleːgənhaɪt] *f* alojamiento *m*; **2los** insomne; ***~e Nacht*** noche *f* en blanco; **~losigkeit** *f* (-; -*en*) insomnio *m*; **~mittel** *n* somnífero *m*; **~raum** *m* dormitorio *m*
schläfrig ['ʃlɛːfriç] soñoliento
'Schlaf|sack ['ʃlaːf-] *m* saco *m* de dormir; **~stadt** *f* ciudad *f* dormitorio; **~wagen** *ferro m* coche *m* cama, *Am* vagón *m* dormitorio; **~zimmer** *n* dormitorio *m*
Schlag [ʃlaːk] *m* (-[*e*]*s*; ⸚*e*) golpe *m*;

med ataque *m* de apoplejía; (*Herz*≈) latido *m*; *el* descarga *f*; (*Art*) especie *f*; *fig* **harter** (*od* **schwerer**) ~ rudo golpe *m*; F *fig* **ich dachte, mich trifft der ~** me quedé de una pieza; '**~ader** *f* arteria *f*; '**~anfall** *med m* ataque *m* de apoplejía; '**≈artig** brusco; *adv* de (un) golpe; '**~baum** *m* barrera *f*

schlagen ['ʃlɑːgən] (*schlug*, *geschlagen*, *h*) **1.** *v/t* golpear; (*prügeln*) pegar; (*besiegen*) vencer; derrotar, batir; *Schlacht*: librar; *Eier*: batir; *Sahne*: montar; ***sich*** **~** reñir, pelearse; batirse; **2.** *v/i Herz*: latir, palpitar; *Uhr*: dar la hora; ***es schlägt drei*** dan las tres

Schlager ['-gər] *m* (*-s*; *-*) *mus* canción *f* de moda; *com* gran éxito *m*

Schläger ['ʃlɛːgər] *m* (*-s*; *-*) pala *f*; *Tennis*: raqueta *f*; (*Person*) matón *m*; **~'ei** *f* (*-*; *-en*) riña *f*, pelea *f*

Schlagersänger ['ʃlɑːgər-] *m*, **~in** *f* intérprete *su* de la canción moderna

'**schlag|fertig** ['ʃlɑːkfɛrtiç] que sabe replicar; **≈fertigkeit** *f* (*-*; *sin pl*) prontitud *f* en la réplica; **≈instrument** *mus n* instrumento *m* de percusión; **≈loch** *n* bache *m*; **≈sahne** *f* nata *f* batida *od* montada; **≈seite** *mar f* inclinación *f*; ***~ haben*** dar labanda; **≈stock** *m* porra *f*; **≈wort** *n* (*-[e]s*; *-e*, *Schlagwörter*) lema *m*; slogan *m*; **≈zeile** *tip f* titular *m*; **≈zeug** *mus n* batería *f*

Schlamm [ʃlam] *m* (*-[e]s*; *-e*, *⸗e*) lodo *m*, barro *m*, cieno *m*; fango *m* (*a med*); '**≈ig** lodoso, fangoso

'**Schlamp|e** ['ʃlampə] *f* (*-*; *-n*) mujer *f* desaseada; F puerca *f*; **~e'rei** *f* (*-*; *-en*) negligencia *f*; desorden *m*; dejadez *f*; (*Arbeit*) chapuza *f*; **≈ig** desaseado; desordenado, desaliñado; *Arbeit*: chapucero

Schlange ['ʃlaŋə] *f* (*-*; *-n*) serpiente *f*, culebra *f*; *fig* víbora *f*; *tec* serpentín *m*; (*Reihe*) cola *f*; ***~ stehen*** hacer cola

schlängeln ['ʃlɛŋəln] (*ge-*, *h*): ***sich ~*** serpentear; enroscarse (***um*** en)

'**Schlangen|biss** ['ʃlaŋən-] *m* picadura *f* de serpiente; **~linie** *f* línea *f* sinuosa

schlank [ʃlaŋk] delgado, esbelto; ***~ werden*** adelgazar

schlapp [ʃlap] flojo; enervado; ***~ werden*** aflojarse; fatigarse; '**~machen** F (*sep*, *-ge-*, *h* → ***machen***) desfallecer, desmayarse

schlau [ʃlaʊ] listo, astuto; avispado

Schlauch [ʃlaʊx] *m* (*-[e]s*; *Schläuche*) tubo *m* (flexible); *auto*, *Fahrrad*: cámara *f* (de aire); (*Garten*≈) mang(uer)a *f*; '**~boot** *n* bote *m* neumático

schlecht [ʃlɛçt] malo, *Kurzform u adv* mal; *Luft*: viciado; (*verdorben*) podrido; ***~ aussehen*** tener mala cara; ***~ werden*** echarse a perder; ***mir ist ~*** me siento mal; **~machen** (*sep*, *-ge-*, *h*, → ***machen***) hablar mal de; denigrar; **≈'wetterperiode** *f* periodo *m* de mal tiempo

Schlegel ['ʃleːgəl] *m* (*-s*; *-*) mazo *m*; *mus* palillo *m*, baqueta *f*

Schlehe ['ʃleːə] *f* (*-*; *-n*) *bot* endrina *f*

'**schleich|en** ['ʃlaɪçən] (*schlich*, *geschlichen*, *sn*) andar furtivamente *od* a hurtadillas; (*h*) ***sich ~ in*** (*ac*) colarse en; **≈werbung** *f* publicidad *f* cubierta

Schleier ['-ər] *m* (*-s*; *-*) velo *m* (*a fig*); mantilla *f*

Schleife ['-fə] *f* (*-*; *-n*) lazo *m*, nudo *m*; (*Kurve*) viraje *m*

'**schleif|en** ['-fən] **1.** (*schliff*, *geschliffen*, *h*) afilar, amolar, aguzar; *Glas*: pulir (*a fig*); *Diamant*: tallar; **2.** (*ge-*, *h*) arrastrar; *mil* arrasar, desmantelar; **≈maschine** *f* afiladora *f*; **≈scheibe** *f* muela *f*; **≈stein** *m* piedra *f* de afilar

Schleim [ʃlaɪm] *m* (*-[e]s*; *-e*) mucosidad *f*, moco *m*; '**~haut** *f* mucosa *f*; '**≈ig** mucoso, viscoso

'**schlemm|en** ['ʃlɛmən] (*ge-*, *h*) regalarse; **≈erlokal** *n* restaurante *m* para sibaritas

schlenkern ['ʃlɛnkərn] bambolear

'**Schlepp|e** ['ʃlɛpə] *f* (*-*; *-n*) cola *f* (de vestido); **≈en** (*ge-*, *h*) arrastrar; *mar*, *auto* remolcar, llevar a remolque; ***sich ~*** arrastrarse; **~er** *m* (*-s*; *-*) tractor *m*; *mar* remolcador *m*; **~lift** *m* telearrastre *m*; **~tau** *n* cable *m* de remolque; *mar* sirga *f*; ***ins ~ nehmen*** *a fig* llevar a remolque

Schlesien ['ʃleːzjən] *n* Silesia *f*

'**Schleuder** ['ʃlɔʏdər] *f* (*-*; *-n*) honda *f*; (*Katapult*) catapulta *f*; *tec* centrífuga *f*; **≈n** (*ge-*, *h*) **1.** *v/t* arrojar, lanzar; *Wäsche*: centrifugar; **2.** *v/i* (*a sn*) *auto* resbalar, patinar; **~n** *n*: ***ins ~ geraten*** dar un patinazo, derrapar; **~preis** *m* precio *m* ruinoso; **~sitz** *avia m* asiento *m* catapulta *od* eyectable

Schleuse ['-zə] *f* (*-*; *-n*) esclusa *f*

schlicht [ʃliçt] sencillo, simple; modesto; '**~en** (*ge-*, *h*) alisar; *Streit*: dirimir; arreglar; '**2er** *m* (*-s*; -) mediador *m*; árbitro *m*; '**2ung** *f* (-; *sin pl*) conciliación *f*

'**schließ|en** ['ʃliːsən] (*schloss*, *geschlossen*, *h*) cerrar; *Veranstaltung*: clausurar; *Vertrag*: concluir; *Frieden*: concertar, hacer; *Ehe*: contraer; *Freundschaft*: trabar; *Sitzung*: levantar; (*folgern*) deducir, concluir, inferir (***aus*** de); **2fach** *n corr* apartado *m* (de correos), *Am* casilla *f*; *Bahnhof*: consigna *f* automática; *Bank*: caja *f* de seguridad; **~lich** finalmente, al *od* por fin; **2ung** *f* (-; *-en*) cierre *m*

Schliff [ʃlif] *m* pulimento *m*; *Messer*, *Klinge*: filo *m*; *Edelstein*: talla *f*

schlimm [ʃlim] malo; *Kurzform u adv* mal

'**Schling|e** ['ʃliŋə] *f* (-; *-n*) lazo *m* (*a Jagd*); **2en** (*schlang*, *geschlungen*, *h*) (*flechten*) enlazar, entrelazar; (*herunter~*) tragar

Schlips [ʃlips] *m* (*-es*; *-e*) corbata *f*

Schlitten ['ʃlitən] *m* (*-s*; -) trineo *m*; (*Rodel2*) tobogán *m*, *bsd dep* luge *f*; ***~ fahren*** ir en trineo

'**Schlitter|bahn** ['-tərbaːn] *f* resbaladero *m*; **2n** (*ge-*, *sn*) resbalar

'**Schlittschuh** ['-ʃuː] *m* patín *m*; ***~ laufen*** patinar (sobre hielo); **~laufen** *n* patinaje *m* (sobre hielo); **~läufer** *m*, **~läuferin** *f* patinador(a) *m*(*f*)

Schlitz [ʃlits] *m* (*-es*; *-e*) raja *f*; rendija *f*; abertura *f*, ranura *f*: *am Kleid*: cuchillada *f*

Schloss [ʃlɔs] *n* (*-es*; *⸚er*) **1.** (*Verschluss*) cerradura *f*; (*Gewehr2*) cerrojo *m*; **2.** *arqu* palacio *m*; castillo *m*; alcázar *m*

Schlosser ['-ər] *m* (*-s*; -) cerrajero *m*

Schlot [ʃloːt] *m* (*-[e]s*; *-e*) chimenea *f*; F ***rauchen wie ein ~*** fumar más que una chimenea

Schlucht [ʃluxt] *f* (-; *-en*) barranco *m*

schluchzen ['-tsən] (*ge-*, *h*) *v/i* sollozar

Schluck [ʃluk] *m* (*-[e]s*; *-e*) trago *m*, sorbo *m*; '**2en** (*ge-*, *h*) tragar (*a fig*); deglutir; '**~impfung** *f* vacunación *f* oral

schlummern ['ʃlumərn] (*ge-*, *h*) dormitar; dormir

Schlund [ʃlunt] *m* (*-es*; *⸚e*) garganta *f*; fauces *f/pl*; *fig* abismo *m*

'**schlüpf|en** ['ʃlypfən] (*ge-*, *sn*) deslizarse; ***aus dem Ei ~*** salir del huevo; **2er** *m* (*-s*; -) bragas *f/pl*

Schlupfwinkel ['ʃlupf-] *m* guarida *f*; escondrijo *m*

Schluss [ʃlus] *m* (*-es*; *⸚e*) fin *m*; final *m*; término *m*; (*Folgerung*) conclusión *f*; ***~ machen mit*** acabar con; poner fin *od* término a; '**~bilanz** *com f* balance *m* final

'**Schlüssel** ['ʃlysəl] *m* (*-s*; -) llave *f*; *fig* clave *f* (*a mus*); **~bein** *n* clavícula *f*; **~bund** *m od n* (*-[e]s*; *-e*) manojo *m* de llaves; **~industrie** *f* industria *f* clave; **~loch** *n* ojo *m* de la cerradura; **~stellung** *f* posición *f* clave

'**Schluss|folgerung** ['ʃlus-] *f* conclusión *f*; consecuencia *f*; **~kurs** *m* cotización *f* de cierre

'**Schluss|licht** ['ʃlusliçt] *n auto* luz *f* trasera; *fig* farolillo *m* rojo; **~strich** *m fig*: ***e-n ~ ziehen unter*** poner punto final a; **~verkauf** *m* venta *f* de fin de temporada

schmackhaft ['ʃmakhaft] sabroso

schmal [ʃmaːl] estrecho; *Gestalt*: delgado, esbelto; *Gesicht*: afilado; *fig* escaso, exiguo

schmälern ['ʃmɛːlərn] (*ge-*, *h*) reducir, disminuir

'**Schmal|film** ['ʃmaːlfilm] *m* película *f* estrecha; **~spurbahn** *f* ferrocarril *m* de vía estrecha

Schmalz [ʃmalts] *n* (*-es*; *-e*) manteca *f* (de cerdo)

schmarotz|en [ʃma'rɔtsən] (*h*) parasitar; *fig* vivir de gorra; **2er** *m* (*-s*; -), **2erin** (-; *-nen*) parásito *m*, -a *f*; *fig a* zángano *m*, gorrón *m*

schmecken ['ʃmɛkən] (*ge-*, *h*) **1.** *v/i* saber, tener gusto *od* sabor (***nach*** a); ***gut ~*** saber bien, tener buen gusto; **2.** *v/t* (de)gustar

Schmeich|elei [ʃmaiçə'lai] *f* (-; *-en*) lisonja *f*; halago *m*; adulación *f*, zalamería *f*; '**2elhaft** lisonjero; halagüeño; '**2eln** (*ge-*, *h*) (*dat*) adular, lisonjear, halagar; *Bild*: favorecer

schmeißen F ['-sən] (*schmiss*, *geschmissen*, *h*) arrojar, lanzar

'**schmelz|en** ['ʃmɛltsən] (*schmolz*, *geschmolzen*) **1.** *v/t* (*h*) fundir; **2.** *v/i* (*sn*) fundirse; derretirse; **2punkt** *m* punto *m* de fusión

Schmerz [ʃmɛrts] *m* (*-es*; *-en*) dolor *m*; (*Kummer*) pena *f*, pesar *m*; '**2en** (*ge-*, *h*) causar dolor; doler; *fig* afligir, apenar; '≗lich doloroso; penoso; '≗lindernd, '≗stillend analgésico, calmante, sedativo; '~tablette *f* analgésico *m*, calmante *m*

'Schmetter|ling ['ʃmɛtərlɪŋ] *m* (*-s*; *-e*) mariposa *f*; **≗n** (*ge-*, *h*) **1.** *v/t* lanzar con violencia; *Lied*: cantar con brío; ***zu Boden ~*** arrojar al suelo; **2.** *v/i mus* resonar

Schmied [ʃmiːt] *m* (*-[e]s*; *-e*) herrero *m*

'Schmiede ['-də] *f* (*-*; *-n*) herrería *f*; forja *f*; **≗n** (*ge-*, *h*) forjar; *Pläne*: hacer

schmiegen ['-gən] (*ge-*, *h*): ***sich ~*** amoldarse, ajustarse (***an*** *ac* a); ***sich an j-n ~*** estrecharse contra alg

'Schmier|e ['-rə] *f* (*-*; *-n*) grasa *f*; sebo *m*; (*Schmutz*) mugre *f*; **≗en** (*ge-*, *h*) (*bestreichen*) untar; *tec* lubri(fi)car, engrasar; (*kritzeln*) garabatear; F ***j-n ~*** untar la mano a alg; **~e'rei** *f* (*-*; *-en*) garabatos *m/pl*; **~geld** F *n* soborno *m*; **~mittel** *n* lubri(fi)cante *m*

'Schminke ['ʃmiŋkə] *f* (*-*; *-n*) maquillaje *m*; afeite *m*; **≗n** (*ge-*, *h*) maquillar

'schmirgel|n ['ʃmirgəln] (*ge-*, *h*) esmerilar; **≗papier** *n* papel *m* de lija

'Schmöker F ['ʃmøːkər] *m* (*-s*; *-*) libraco *m*; **≗n** F (*ge-*, *h*) hojear, leer

'Schmor|braten ['ʃmoːrbraːtən] *m* estofado *m*; **≗en** (*ge-*, *h*) estofar, guisar; *v/i fig* asarse

Schmuck [ʃmuːk] *m* (*-[e]s*; *sin pl*) adorno *m*; (*Juwelen*) joyas *f/pl*

schmücken ['ʃmykən] (*ge-*, *h*) adornar; decorar

'Schmuck|kästchen ['ʃmukkɛstçən] *n* (*-s*; *-*) joyero *m*; **≗los** sencillo; sin adorno; **~stück** *n* joya *f* (*a fig*), alhaja *f*

'Schmugg|el ['ʃmugəl] *m* (*-s*; *sin pl*) contrabando *m*; **≗eln** (*ge-*, *h*) **1.** *v/t* pasar *od* introducir de contrabando; **2.** *v/i* hacer contrabando; **~ler** *m* (*-s*; *-*), **~lerin** *f* (*-*; *-nen*) contrabandista *su*

Schmutz [ʃmuts] *m* (*-es*; *sin pl*) suciedad *f*; (*Straßen≗*) barro *m*; *fig* ***in den ~ ziehen*** arrastar por el lodo; **'~fink** F *m* cochino *m*; **'~fleck** *m* mancha *f* (de barro); **'≗ig** sucio; *fig* sórdido

Schnabel ['ʃnaːbəl] *m* (*-s*; *¨*) pico *m* (*a e-r Kanne u fig*)

Schnalle ['ʃnalə] *f* (*-*; *-n*) hebilla *f*; broche *m*

Schnäppchen ['ʃnɛpçən] *n* (*-s*; *-*) F ganga *f*, chollo *m*

'schnapp|en ['ʃnapən] (*ge-*, *h*) **1.** atrapar, F pescar; *Dieb*: P trincar; **2.** *Schloss*: cerrarse; ***nach Luft ~*** jadear; **≗schuss** *fot m* instantánea *f*

Schnaps [ʃnaps] *m* (*-es*; *¨e*) aguardiente *m*

schnarchen ['ʃnarçən] (*ge-*, *h*) roncar

schnauben ['ʃnaubən] (*ge-*, *h*) resoplar; bufar (*a vor Wut*); ***sich die Nase ~*** sonarse

'Schnauz|bart F ['ʃnauts-] *m* mostacho *m*; **~e** *f* (*-*; *-n*) hocico *m* (*a* P *fig*); **~er** *m* (*-s*; *-*) *zo* schnauzer *m*

schnäuzen ['ʃnɔytsən] (*ge-*, *h*): ***sich ~*** sonarse

'Schnecke ['ʃnɛkə] *f* (*-*; *-n*) caracol *m* (*a anat*); (*Nackt≗*) babosa *f*, limaza *f*; *tec* (tornillo *m*) sinfín *m*; rosca *f* (*a Gebäck*); **~npost** *f* correo *m* a paso de tortuga; **~ntempo** *n*: *fig* ***im ~*** a paso de tortuga

Schnee [ʃneː] *m* (*-s*; *sin pl*) nieve *f* (*a* F *Kokain*); **'~ball** *m* bola *f* de nieve; *bot* viburno *m*; **'~fall** *m* nevada *f*; **'~flocke** *f* copo *m* de nieve; **'~gestöber** *n* ventisca *f*; nevasca *f*; **'~glöckchen** *bot n* campanilla *f* de las nieves; **'~grenze** *f* límite *m* de las nieves; **'~kette** *f* cadena *f* antideslizante; **'~mann** *m* muñeco *m od* monigote *m* de nieve; **'~pflug** *m* quitanieves *m*; *Skisport*: barrenieve *m*; **'≗sicher** con garantía de nieve; **'~sturm** *m* temporal *m* de nieve; **'≗'weiß** blanco como la nieve, níveo; **~wittchen** [-'vitçən] *n* (*-s*; *sin pl*) Blancanieves *f*

'Schneid|e ['ʃnaɪdə] *f* (*-*; *-n*) corte *m*; filo *m*; **≗en** (*schnitt*, *geschnitten*, *h*) cortar; *Fleisch*: tajar; *Braten*: trinchar; *Bäume*: podar; *in Holz*: grabar; *Film*: montar

'Schneider ['-dər] *m* (*-s*; *-*) sastre *m*; (*Damen≗*) modisto *m*; **~in** *f* (*-*; *-nen*) modista *f*; sastra *f*; **≗n** (*ge-*, *h*) hacer vestidos; trabajar de sastre

'Schneidezahn *m* (diente *m*) incisivo *m*

schneien ['-ən] (*ge-*, *h*) nevar

schnell [ʃnɛl] rápido, pronto; veloz; *adv* de prisa; ***mach ~!*** ¡date prisa!; **'~en** (*ge-*, *sn*): ***in die Höhe ~*** saltar; *Preis*: dispararse; **'≗gaststätte** *f* restaurante *m* rápido; snack(-bar) *m*; **'≗gericht** *n jur* tribunal *m* de urgencia; *gastr* plato *m* rápido; **'≗hefter** *m* carpeta *f* (flexible); **'≗imbiss** *m* refrigerio *m*, tentempié *m*; **'≗straße** *f* autovía *f*, vía *f* de circulación rápida; **'≗zug** *m* (tren *m*) expreso *m*

schneuzen → ***schnäuzen***

'Schnipp|chen ['ʃnipçən] *n*: ***j-m ein ~ schlagen*** burlarse de, dar chasco a alg; **2isch** respondón

Schnipsel ['-səl] *m u n* (-*s*; -) recortadura *f*, recorte *m*

Schnitt [ʃnit] *m* (-[*e*]*s*; -*e*) corte *m* (*a Schneiderei*); sección *f*; *med* incisión *f*; (*Wunde*) cortadura *f*, corte *m*; (*Muster*) patrón *m*; ***im ~*** por término medio; ***s-n ~ machen*** hacer su agosto; **'~blumen** *f/pl* flores *f/pl* cortadas; **'~e** *f* (-; -*n*) *Brot*: rebanada *f*; **'~fläche** *f* superficie *f* de corte; **'2ig** elegante; **'~lauch** *m* cebollino *m*; **'~stelle** *inform f* interface *m*, interfaz *f*; **'~wunde** *f* cortadura *f*, corte *m*, herida *f* incisa

'Schnitz|el ['ʃnitsəl] *n* (-*s*; -) **1.** *gastr* escalopa *f*, escalope *m*; **2.** (*a m*) (*Papier*) recorte *m*; **2en** (*ge-*, *h*) tallar en madera; **~e'rei** *f* (-; -*en*) talla *f* (en madera) (*a Werk*)

Schnorchel ['ʃnɔrçəl] *m* (-*s*; -) esnórquel *m*; (tubo *m*) respirador *m*

Schnörkel ['ʃnœrkəl] *m* (-*s*; -) rasgo *m* (ornamental); F ringorrango *m*; *am Namenszug*: rúbrica *f*

'schnüff|eln ['ʃnyfəln] (*ge-*, *h*) oliscar, olfatear; *fig* husmear; fisg(one)ar; **2ler** *m* (-*s*; -) husmeador *m*; fisgón *m*

'schnupf|en ['ʃnupfən] (*ge-*, *h*) tomar rapé; **2en** *m* (-*s*; -) constipado *m*, resfriado *m*; ***e-n ~ haben*** estar resfriado

schnuppern ['-pərn] (*ge-*, *h*) oliscar, olfatear

Schnur [ʃnuːr] *f* (-; ⸚*e*) cordón *m*; cuerda *f*, cordel *m*; (*Bindfaden*) bramante *m*; *el* flexible *m*

schnüren ['ʃnyːrən] (*ge-*, *h*) atar, liar

'Schnurr|bart ['ʃnurbɑːrt] *m* bigote *m*; **2en** *Katze*: ronronear

'Schnür|schuh ['ʃnyːrʃuː] *m* zapato *m* de cordones; **~senkel** ['-zɛŋkəl] *m* (-*s*; -) cordón *m*

Schober ['ʃoːbər] *m* (-*s*; -) pajar *m*; (*Heu2*) henil *m*

Schock [ʃɔk] *med m* (-[*e*]*s*; -*s*) choc *m*, choque *m*, shock *m*; **2'ieren** (*h*) chocar, escandalizar; **2'ierend** chocante, escandaloso

Schokolade [ʃoko'lɑːdə] *f* (-; -*n*) chocolate *m*

Scholle ['ʃɔlə] *f* (-; -*n*) gleba *f* (*a fig*); (*Eis2*) témpano *m*; *zo* solla *f*

schon [ʃoːn] ya; ***~ jetzt*** ahora mismo; ***~ lange*** desde hace tiempo; ***~ wieder*** otra vez

schön [ʃøːn] **1.** hermoso; bello; *iron* valiente; *Wetter*: bueno; ***e-s ~en Tages*** algún día; ***~en Dank!*** ¡muchas gracias!; **2.** *adv* bien; ***~!*** ¡está bien!

schonen ['ʃoːnən] (*ge-*, *h*) tratar con cuidado; ***sich ~*** cuidarse

'Schönheit [ʃøːnhaɪt] *f* (-; -*en*) hermosura *f*, belleza *f*; **~spflege** *f* cosmética *f*

Schonkost ['ʃoːn-] *f* dieta *f od* régimen *m* suave

'Schon|ung ['ʃoːnuŋ] *f* (-; *sin pl*) cuidado *m*; (*Rücksicht*) miramientos *m/pl*; (*Nachsicht*) indulgencia *f*; **2ungslos** desconsiderado; sin miramiento

Schön'wetter|lage *f* situación *f* de buen tiempo; **~periode** *f* periodo *m* de buen tiempo

'schöpf|en ['ʃœpfən] (*ge-*, *h*) sacar; **2er** *m* (-*s*; -) creador *m*; **~erisch** creador, creativo; **2kelle** *f*, **2löffel** *m* cucharón *m*; **2ung** *f* (-; -*en*) creación *f*

Schorf [ʃɔrf] *m* (-[*e*]*s*; -*e*) costra *f*, escara *f*

'Schornstein ['ʃɔrn-] *m* chimenea *f*; **~feger** [-feːgər] *m* (-*s*; -) deshollinador *m*

Schoß [ʃoːs] *m* (-*es*; ⸚*e*) regazo *m*; *bsd fig* seno *m*; (*Rock2*) faldón *m*

Schote *bot* ['ʃoːtə] *f* (-; -*n*) vaina *f*

'Schott|e ['ʃɔtə] *m* (-*n*; -*n*) escocés *m*; **~er** *m* (-*s*; -) grava *f*, gravilla *f*; *ferro* balasto *m*; **~in** *f* (-; -*nen*) escocesa *f*; **2isch** escocés

Schottland ['ʃɔtlant] *n* Escocia *f*

schräg [ʃrɛːk] oblicuo, sesgo; diagonal; (*quer laufend*) transversal; (*geneigt*) inclinado; *adv* de través

Schrank ['ʃraŋk] *m* (-[*e*]*s*; ⸚*e*) armario *m*; **'~e** *f* (-; -*n*) barrera *f* (*a fig*); *jur* barra *f*; **'~enwärter** *m* guardabarrera *m*; **'~wand** *f* librería *f* mural

'Schraub|e ['ʃraʊbə] *f* (-; -*n*) tornillo *m*; *mar*, *avia* hélice *f*; **2en** (*ge-*, *h*) atornillar; ***in die Höhe ~*** *Preis*: hacer subir; **~enschlüssel** *m* llave *f* de tuercas; **~enzieher** [-ntsiːər] *m* (-*s*; -) destornillador *m*; **~stock** ['ʃraʊpʃtɔk] *m* torno *m*; **~verschluss** *m* cierre *m* roscado

Schreck [ʃrɛk] *m* (-[*e*]*s*; -*e*), **'~en** *m* (-*s*; -) susto *m* (***einjagen*** dar); sobresalto *m*; espanto *m*; ***e-n ~ bekommen*** asustarse, llevarse un susto; **'2lich** terrible;

espantoso; '~schuss *m* tiro *m* al aire

Schrei [ʃraɪ] *m* (-[*e*]*s*; -*e*) grito *m* (***ausstoßen*** dar)

'**Schreib|arbeit** ['ʃraɪpˀarbaɪt] *f* trabajo *m* mecanográfico; **~block** *m* bloc *m*; **~büro** *n* oficina *f* de trabajos mecanográficos; **≗en** ['-bən] (*schrieb*, *geschrieben*, *h*) escribir; **~en** *n* (-*s*; -) carta *f*, escrito *m*; **~fehler** *m* falta *f* de escritura; **~heft** *n* cuaderno *m*; **~kraft** *f* mecanógrafa *f*; **~maschine** *f* máquina *f* de escribir; ***mit der ~ schreiben*** mecanografiar; **~papier** *n* papel *m* de escribir; **~tisch** *m* escritorio *m*; **~ung** ['-buŋ] *f* (-; -*en*) ortografía *f*; **~waren** *f/pl* artículos *m/pl* de escritorio *od* de papelería; **~warengeschäft** *n* papelería *f*

schreien ['ʃraɪən] (*schrie*, *geschrien*, *h*) gritar; vociferar; ***um Hilfe ~*** dar gritos de auxilio

schreiten ['ʃraɪtən] (*schritt*, *geschritten*, *sn*) andar, caminar

Schrift [ʃrift] *f* (-; -*en*) escritura *f*; (*Hand≗*) letra *f*; (*~stück*) escrito *m*, documento *m*; *tip* caracteres *m/pl*, tipo *m*, letra *f*; ***die Heilige ~*** la Sagrada Escritura; '**~deutsch** *n* alemán *m* literario; '**≗lich** escrito; *adv* por escrito; '**~probe** *f* prueba *f* de escritura; '**~sprache** *f* lenguaje *m* culto; **~steller** ['-ʃtɛlər] *m* (-*s*; -), '**~stellerin** *f* (-; -*nen*) escritor(a) *m*(*f*); '**≗stellerisch** literario; '**~stück** *n* escrito *m*, documento *m*; '**~verkehr** *m*, '**~wechsel** *m* (-*s*; *sin pl*) correspondencia *f*; '**~zeichen** *tip n* letra *f*, *pl a* caracteres *m/pl*

schrill [ʃril] estridente, agudo

Schritt [ʃrit] *m* (-[*e*]*s*; -*e*) paso *m*; *der Hose*: entrepierna *f*; *fig* gestión *f*; ***~ halten mit*** llevar el paso a; *fig* adaptarse a; '**~macher** *m* (-*s*; -) *dep* guía *m*; *fig* pionero *m*; *med* marcapasos *m*; '**≗weise** paso a paso

schroff [ʃrɔf] escarpado; *fig* brusco, rudo

Schrot [ʃroːt] *m u n* (-[*e*]*s*; -*e*) grano *m* triturado; *Jagd*: perdigones *m/pl*

Schrott [ʃrɔt] *m* (-[*e*]*s*; -*e*) chatarra *f*; '**≗reif** para desguace

schrumpfen ['ʃrumpfən] (*ge*-, *sn*) contraerse; encogerse; *fig* disminuir, reducirse; *med* atrofiarse

Schub [ʃuːp] *m* (-[*e*]*s*; ⸚*e*) empujón *m*, empellón *m*; *tec* empuje *m*; '**~fach** *n*, '**~kasten** *m*, **~lade** ['-laːdə] *f* cajón *m*, gaveta *f*; '**~karren** *m* carretilla *f*

schüchtern ['ʃyçtərn] tímido

Schuft [ʃuft] *m* (-[*e*]*s*; -*e*) canalla *m*, infame *m*; '**≗en** F (*ge*-, *h*) trabajar como un negro, bregar

Schuh [ʃuː] *m* (-[*e*]*s*; -*e*) zapato *m*; *fig* ***j-m et in die ~e schieben*** imputarle a/c a alg; **~anzieher** ['-ˀantsiːər] *m* (-*s*; -) calzador *m*; '**~bürste** *f* cepillo *m* para los zapatos; '**~creme** *f* crema *f* para el calzado, betún *m*; '**~geschäft** *n* zapatería *f*; '**~größe** *f* número *m*; ***welche ~ haben Sie?*** ¿qué número calza?; '**~macher** *m* (-*s*; -) zapatero *m*; **~sohle** *f* suela *f*

'**Schul|abschluss** ['ʃuːlˀapʃlus] *m* graduación *f* escolar; **~arbeiten** *f/pl* deberes *m/pl*; **~bildung** *f* (-; *sin pl*) formación *f* escolar; **~buch** *n* libro *m* de texto

Schuld [ʃult] *f* (-; -*en*) culpa *f*; *bsd jur* culpabilidad *f*; *com* deuda *f*; ***≗ sn an*** (*dat*) tener la culpa de; '**≗bewusst** consciente de su culpabilidad; → ***zuschulden***

'**schulden** ['-dən] (*ge*-, *h*) deber; **≗berg** *m* montón *m* de deudas; **~frei** libre de deudas; **≗tilgung** *f* amortización *f* (de deudas)

'**Schuldienst** ['ʃuːl-] *m*: ***im ~ tätig sein*** ejercer de profesor *bzw* de maestro

'**schuld|ig** ['ʃuldiç] culpable; ***j-m et ~ sn*** deber a/c a alg; **~los** inocente; **≗ner** ['ʃuldnər] *m* (-*s*; -) deudor *m*

'**Schul|e** ['ʃuːlə] *f* (-; -*n*) escuela *f*; ***zur ~ gehen*** ir a la escuela; ***aus der ~ plaudern*** cometer una indiscreción; irse de la lengua; **≗en** (*ge*-, *h*) instruir, entrenar; formar; **~englisch**, **~französisch** *etc* inglés, francés, *etc* aprendido en la escuela

'**Schüler** ['ʃyːlər] *m* (-*s*; -) alumno *m*; discípulo *m*; **~austausch** *m* intercambio *m* de alumnos; **~in** *f* (-; -*nen*) alumna *f*; discípula *f*

'**Schul|ferien** ['ʃuːl-] *pl* vacaciones *f/pl* escolares; **~funk** *m* emisión *f* escolar; **~geld** *n* matrícula *f*; **~hof** *m* patio *m* de la escuela; **~jahr** *n* año *m* escolar; curso *m*; **~kamerad** *m*, **~kameradin** *f* condiscípulo *m*, -a *f*; **~leiter** *m*, **~leiterin** *f* director(a) *m*(*f*); **~pflicht** *f* (-; *sin pl*) escolarización *f od* escolaridad *f* obligatoria; **~schiff** *n* buque *m* escuela; **~schluss** *m* (-*es*; *sin pl*) clausura *f* del curso; salida *f* de clase; **~stunde** *f* clase *f*, lección *f*; **~tasche** *f* cartera *f*

Schulter ['ʃʊltər] *f* (-; *-n*) hombro *m*; ***et auf die leichte ~ nehmen*** tomar a/c a la ligera

'**Schul|ung** ['ʃuːlʊŋ] *f* (-; *-en*) instrucción *f*; formación *f*; **~zeit** *f* años *m/pl* escolares; escolaridad *f*; **~zeugnis** *n* boletín *m* de calificaciones

schummeln F ['ʃʊməln] (*ge-*, *h*) hacer trampa

Schund [ʃʊnt] *m* (-[*e*]*s*; *sin pl*) baratija *f*, pacotilla *f*

'**Schupp|e** ['ʃʊpə] *f* (-; *-n*) escama *f*; (*Kopf*≈) caspa *f*; **~en** *m* (*-s*; -) cobertizo *m*; tinglado *m*; *avia* hangar *m*

schüren ['ʃyːrən] (*ge-*, *h*) atizar (*a fig*)

'**Schürf|ung** ['ʃyrfʊŋ] *f* (-; *-en*) *min* prospección *f*; *med* excoriación *f*; **~wunde** *f* excoriación *f*

Schurke ['ʃʊrkə] *m* (*-n*; *-n*) canalla *m*, infame *m*

Schurwolle ['ʃuːr-] *f* lana *f* virgen

'**Schürze** ['ʃyrtsə] *f* (-; *-n*) delantal *m*; **≈n** (*ge-*, *h*) arremangar

Schuss [ʃʊs] *m* (*-es*; *¨-e*) tiro *m*, disparo *m*; *Fußball*: *a* chut *m*; ***weit vom ~*** fuera de peligro

Schüssel ['ʃysəl] *f* (-; *-n*) fuente *f*; plato *m* (*a Gericht*)

'**Schuss|fahrt** ['ʃʊsfaːrt] *f* *Ski*: descenso *m* en línea recta; **~linie** *f* línea *f* de tiro; **~waffe** *f* arma *f* de fuego; **~wunde** *f* herida *f* de bala *od* por arma de fuego; balazo *m*

Schuster ['ʃuːstər] *m* (*-s*; -) zapatero *m*

Schutt [ʃʊt] *m* (-[*e*]*s*; *sin pl*) escombros *m/pl*; (*Bau*≈) cascotes *m/pl*; ***in ~ und Asche legen*** reducir a cenizas; '**~abladeplatz** *m* escombrera *f*, vertedero *m* de escombros

'**Schüttel|frost** ['ʃytəlfrɔst] *m* escalofríos *m/pl*; **≈n** (*ge-*, *h*) sacudir; agitar; *Kopf*: menear; *Hand*: estrechar

schütten ['ʃytən] (*ge-*, *h*) echar, verter; *fig* ***es schüttet*** está diluviando

Schutz [ʃʊts] *m* (*-es*; *sin pl*) protección *f*; amparo *m*; (*Verteidigung*) defensa *f*; (*Zuflucht*) refugio *m*; abrigo *m*; ***in ~ nehmen*** salir en defensa de; '**~blech** *n* guardabarros *m*; **~brief** *m etwa*: talonario *m* de bono-cheques (para automovilistas); '**~brille** *f* gafas *f/pl* protectoras; '**~dach** *n* alero *m*; marquesina *f*

'**Schütze** ['ʃytsə] *m* (*-n*; *-n*) tirador *m*; *mil* cazador *m*; *astr* Sagitario *m*; **≈n** (*ge-*, *h*) proteger (***vor*** de, contra); defender; preservar (de), resguardar (de)

Schutzengel ['ʃʊtsˀɛŋəl] *m* ángel *m* custodio *od* de la guarda

Schützengraben ['ʃytsən-] *m* trinchera *f*

'**Schutz|gebiet** ['ʃʊts-] *n* zona *f* protegida; *pol* protectorado *m*; **~hütte** *f* refugio *m*; **~impfung** *f* vacunación *f* preventiva; **≈los** desamparado; indefenso; **~marke** *com f* marca *f* registrada; **~maßnahme** *f* medida *f* preventiva

Schwaben ['ʃvaːbən] *n* Suabia *f*

schwach [ʃvax] débil; *bsd fig* flojo (*a Getränk*); *Gesundheit*: delicado, frágil; *Gedächtnis*: flaco

'**Schwäche** ['ʃvɛçə] *f* (-; *-n*) debilidad *f* (*a fig*; ***für*** por); flojedad *f*; flaqueza *f*; *fig* (punto *m*) flaco *m*; **≈n** (*ge-*, *h*) debilitar; aflojar

Schwachheit ['ʃvaxhaɪt] *f* (-; *sin pl*) debilidad *f*

schwächlich ['ʃvɛçlɪç] débil; delicado

'**Schwach|sinn** ['ʃvax-] *m* (-[*e*]*s*; *sin pl*) debilidad *f* mental; imbecilidad *f* (*a fig*); **≈sinnig** imbécil; **~strom** *el m* corriente *f* de baja tensión

Schwächung ['ʃvɛçʊŋ] *f* (-; *-en*) debilitación *f*; extenuación *f*

Schwager ['ʃvaːgər] *m* (*-s*; *¨-*) cuñado *m*, hermano *m* político

Schwägerin ['ʃvɛːgərɪn] *f* (-; *-nen*) cuñada *f*, hermana *f* política

Schwalbe ['ʃvalbə] *f* (-; *-n*) golondrina *f*

Schwall [ʃval] *m* (-[*e*]*s*; *-e*) aluvión *m* (*a v Menschen*); *v Worten*: cascada *f*, torrente *m*

Schwamm [ʃvam] *m* (-[*e*]*s*; *¨-e*) esponja *f*; *bot* hongo *m*, seta *f*; '**≈ig** esponjoso; *Gesicht*: fofo

Schwan [ʃvaːn] *m* (-[*e*]*s*; *¨-e*) cisne *m*

'**schwanger** ['ʃvaŋər] encinta, embarazada; **≈e** *f* (*-n*; *-n*) embarazada *f*

'**Schwangerschaft** [-ʃaft] *f* (-; *-en*) embarazo *m*; **~sabbruch** *m* interrupción *f* del embarazo

'**schwank|en** ['ʃvaŋkən] (*ge-*, *h*) vacilar (*a fig*); oscilar; *com* fluctuar; **≈ung** *f* (-; *-en*) vacilación *f*; oscilación *f*; fluctuación *f*

Schwanz [ʃvants] *m* (*-es*; *¨-e*) cola *f*, rabo *m*

'**schwänzen** F ['ʃvɛntsən] (*ge-*, *h*) fumarse; ***die Schule ~*** hacer novillos

Schwarm [ʃvarm] *m* (-[*e*]*s*; *¨-e*) (*Bienen*)

enjambre *m*; (*Insekten*) nube *f*; (*Vögel*) bandada *f*; (*Fische*) banco *m*, cardumen *m*; *v Menschen*: enjambre *m*, nube *f*, tropel *m*

'schwärm|en ['ʃvɛrmən] (*ge-*, *h u sn*) *Bienen*: enjambrar; (*h*) *fig* entusiasmarse (***für*** por); **~erisch** exaltado, entusiástico

schwarz [ʃvarts] negro; ***das ≈e Meer*** el Mar Negro; ***~e Zahlen*** *f/pl* números *m/pl* negros; ***~ werden*** ennegrecer; **'≈arbeit** *f* trabajo *m* clandestino; **'~arbeiten** (*sep*, *-ge-*, *h*) trabajar clandestinamente; **'≈arbeiter** *m*, **'≈arbeiterin** *f* trabajador(a) *m*(*f*) clandestino(-a); **~ärgern** (*sep*, *-ge-*, *h*): ***sich ~*** reventar de rabia; **'≈brot** *n* pan *m* negro

'Schwarz|e ['ʃvartsə] *m/f* (*-n*, *-n*) negro *m*, -a *f*; **≈fahren** (*irr*, *sep*, *-ge-*, *sn*, → ***fahren***) viajar sin billete; **~fahrer** *m*, **~fahrerin** *f* viajero *m*, -a *f* sin billete; **~handel** *m* comercio *m od* tráfico *m* clandestino; F estraperlo *m*; **~händler** *m* traficante *m* clandestino, F estraperlista *m*; **~markt** *m* mercado *m* negro; **~marktpreise** *m/pl* precios *m/pl* en el mercado negro; **~'weißfilm** *m* película *f* en blanco y negro; **~wurzel** *bot f* escorzonera *f*, salsifí *m* negro

Schwarzwald ['ʃvartsvalt] *m* Selva *f* Negra

schwatzen ['ʃvatsən] (*ge-*, *h*) parlotear, charlar, F estar de palique

'Schwebe ['ʃveːbə] *f*: ***in der ~*** en vilo, en suspenso; **~bahn** *f* ferrocarril *m* colgante; **≈n** (*ge-*, *sn*) flotar (en el aire); (*h*) estar suspendido, colgar; *Vögel*: cernerse; *jur* estar pendiente; ***in Gefahr ~*** estar en peligro

'Schwed|e ['ʃveːdə] *m* (*-n*, *-n*), **~in** *f* (*-*; *-nen*) sueco *m*, -a *f*; **≈isch** sueco

Schweden ['ʃveːdən] *n* Suecia *f*

'Schwefel ['-fəl] *m* (*-s*; *sin pl*) azufre *m*; **~säure** *f* ácido *m* sulfúrico

Schweif [ʃvaɪf] *m* (*-*[*e*]*s*; *-e*) cola *f*; *astr a* cabellera *f*; **'≈en** (*ge-*, *sn*) *v/i* vagar, vagabundear; errar; (*h*) ***~ lassen*** *Blick*: pasear la mirada (***über*** *ac* por)

'schweig|en ['ʃvaɪgən] (*schwieg*, *geschwiegen*, *h*) callar(se); guardar silencio; **≈en** *n* (*-s*; *sin pl*) silencio *m*; ***zum ~ bringen*** hacer callar; acallar; **≈epflicht** *f* (*-*; *sin pl*) secreto *m* profesional; **~sam** ['-kzaːm] taciturno

Schwein [ʃvaɪn] *n* (*-*[*e*]*s*; *-e*) cerdo *m*, puerco *m*, cochino *m* (*alle a fig desp*); *Am* chancho *m*; F (*Glück*) suerte *f*, chamba *f*; P churra *f*; **'~ebraten** *m* asado *m* de cerdo; **'~efleisch** *n* (carne *f* de) cerdo *m*; **~e'rei** *f* (*-*; *-en*) porquería *f*; **'~estall** *m* pocilga *f* (*a fig*); **'≈isch** cochino; **'~sleder** *n* cuero *m* de cerdo

Schweiß [ʃvaɪs] *m* (*-es*; *-e*) sudor *m*, transpiración *f*; **'≈en** *tec* (*ge-*, *h*) soldar; **'~er** *m* (*-s*; *-*) soldador *m*

Schweiz ['ʃvaɪts] *f* Suiza *f*

'Schweizer ['ʃvaɪtsər] *m* (*-s*; *-*) suizo *m*; ***~ Käse*** gruyère *m*; **~in** *f* (*-*; *-nen*) suiza *f*; **≈isch** suizo

schwelen ['ʃveːlən] (*ge-*, *h*) arder sin llama

schwelgen ['ʃvɛlgən] (*ge-*, *h*) darse la gran vida, regalarse

'Schwell|e ['ʃvɛlə] *f* (*-*; *-n*) umbral *m*; *ferro* traviesa *f*; **≈en** (*schwoll*, *geschwollen*, *sn*) hincharse, inflarse; **~enland** *n* país *m* umbral; **~ung** *f* (*-*; *-en*) hinchazón *f*; *med a* tumefacción *f*

'Schwemme ['ʃvɛmə] *f* (*-*; *-n*) abrevadero *m*; *fig* aluvión *f*

schwenken ['ʃvɛŋkən] (*ge-*, *h*) *v/t* agitar; (*spülen*) enjuagar; *gastr* saltear

schwer [ʃveːr] pesado; (*schwierig*) difícil; (*mühevoll*) duro, penoso; (*ernst*) grave (*a med*); *Wein*, *Tabak*: fuerte; *Strafe*: severo; ***3 Kilo ~ sn*** pesar tres kilos; ***~ arbeiten*** trabajar mucho; ***~ krank*** gravemente enfermo; **'≈arbeiter** *m* obrero *m* de trabajos duros; **'≈behinderte** *m/f* (*-n*; *-n*) gran inválido *m*, -a *f*; **'≈e** *f* (*-*; *- sin pl*) (*Gewicht*) peso *m*; pesadez *f*; *fís* gravedad *f* (*a fig*); *der Strafe*: severidad *f*; **'≈elosigkeit** *f* (*-*; *sin pl*) ingravidez *f*; **'~fallen** (*irr*, *sep*, *-ge-*, *sn*, → ***fallen***) *fig* costar (mucho); **'~fällig** pesado, torpe; **'~hörig** duro *od* tardo de oído, sordo; **≈industrie** *f* industria *f* pesada; **'≈kraft** *f* (*-*; *sin pl*) gravitación *f*; **'~krank** → ***schwer***; **~mütig** ['-myːtiç] melancólico; **'≈punkt** *m* centro *m* de gravedad; *fig a* punto *m* esencial

Schwert [ʃveːrt] *n* (*-*[*e*]*s*; *-er*) espada *f*

'schwer|tun ['ʃveːrtuːn] (*irr*, *sep*, *-ge-*, *h*, → ***tun***): ***sich ~*** tener dificultades (***mit*** con); **'≈|verbrecher** *m* criminal *m* peligroso; **'≈|verletzte** *m* herido *m* grave; **'~wiegend** *fig* (muy) serio; de mucho peso

Schwester ['ʃvɛstər] *f* (*-*; *-n*) hermana *f*;

med enfermera *f*; *rel* religiosa *f*, *Anrede*: sor
'**Schwieger|eltern** ['ʃviːgərˀɛltərn] *pl* suegros *m/pl*, padres *m/pl* políticos; **~mutter** *f* suegra *f*, madre *f* política; **~sohn** *m* yerno *m*, hijo *m* político; **~tochter** *f* nuera *f*, hija *f* política; **~vater** *m* suegro *m*, padre *m* político
'**schwierig** ['-riç] difícil; **ꝍkeit** *f* (-; *-en*) dificultad *f*
'**Schwimm|bad** ['ʃvim-] *n* piscina *f*; **~becken** *n* piscina *f*; **ꝍen** (*schwamm, geschwommen, h u sn*) nadar; *Gegenstand*: flotar; **~en** *n* (*-s*; *sin pl*) natación *f*; **~er** *m* (*-s*; -) nadador *m*; *tec*, *avia* flotador *m*; *Angel*: veleta *f*; **~erin** *f* (-; *-nen*) nadadora *f*; **~flosse** *f* aleta *f* (*a dep*); **~weste** *f* chaleco *m* salvavidas
'**Schwindel** ['ʃvindəl] *m* (*-s*; *sin pl*) *med* vértigo *m*, vahído *m*; mareo *m*; *fig* patraña *f*; (*Betrug*) estafa *f*, embuste *m*, engaño *m*; timo *m*; **ꝍfrei** que no se marea; **ꝍn** (*ge-*, *h*) mentir; ***mir schwindelt*** me da vértigo
schwinden ['-dən] (*schwand, geschwunden, sn*) (*ver~*) desaparecer
'**Schwind|ler** ['ʃvindlər] *m* (*-s*; -), **~lerin** *f* (-; *-nen*) estafador(a) *m*(*f*); **ꝍlig** mareado; ***mir wird*** (*od* ***ist***) **~** se me va la cabeza; me mareo
'**schwing|en** ['ʃviŋən] (*schwang, geschwungen, h*) **1.** *v/t* agitar; **2.** *v/i* vibrar; *Pendel*: oscilar; **ꝍung** *f* (-; *-en*) vibración *f*; oscilación *f*
schwirren ['ʃvirən] (*ge-*, *h u sn*) silbar; *Insekt*: zumbar
schwitzen ['ʃvitsən] (*ge-*, *h*) sudar, transpirar
schwören ['ʃvøːrən] (*schwor, geschworen, h*) jurar (***bei*** por); prestar juramento; *fig* tener absoluta confianza (***auf*** *ac* en)
schwul F [ʃvuːl] homosexual, F gay
schwül [ʃvyːl] cargado; sofocante, bochornoso
Schwund [ʃvunt] *m* (*-es*; *sin pl*) disminución *f*; merma *f*; *med* atrofia *f*
Schwung [ʃvuŋ] *m* (-[*e*]*s*; *⸚e*) impulso *m*, empuje *m*, arranque *m*; *fig a* ímpetu *m*; brío *m*; énfasis *m*; '**~rad** *n* volante *m*
Schwur [ʃvuːr] *m* (-[*e*]*s*; *⸚e*) juramento *m*
SDR *m* ***Süddeutscher Rundfunk*** Radio *f* de Alemania del Sur
sec ***Sekunde*** segundo
sechs [zɛks] **1.** seis; **2.** **ꝍ** *f* (-; *-en*) seis *m*; '**~eckig** hexagonal; '**ꝍerpack** *m* lote *m* de seis unidades; '**~fach** séxtuplo; '**~'hundert** seiscientos; '**~te** *adj* sexto; '**ꝍtel** *n* (*-s*; -) sexto *m*; '**~tens** en sexto lugar; sexto
sechzehn ['zɛçtseːn] dieciséis
'**sechzig** ['-tsiç] sesenta; **~ste** sexagésimo
SED *f hist DDR* ***Sozialistische Einheitspartei Deutschlands*** Partido *m* Socialista Unificado de Alemania
See[1] [zeː] *m* (*-s*; *-n*) lago *m*
See[2] [zeː] *f* (-; *sin pl*) mar *m* (*bsd mar f*); ***auf hoher*** **~** en alta mar; ***in*** **~** ***stechen*** hacerse a la mar; '**~bad** *n* playa *f*; balneario *m* de mar; '**~blick** *m* vista *f* al mar; '**~gang** *m* (-[*e*]*s*; *sin pl*) oleaje *m*; ***hoher*** **~** marejada *f*; '**~hafen** *m* puerto *m* marítimo; '**~handel** *m* comercio *m* marítimo; '**~herrschaft** *f* (-; *sin pl*) soberanía *f* marítima; '**~igel** *m* erizo *m* de mar; '**~karte** *f* carta *f* marina; '**ꝍkrank** mareado; **~** ***werden*** marearse; '**~krankheit** *f* (-; *sin pl*) mal *m* de mar; '**~lachs** *zo m* carbonero *m*
Seele ['-lə] *f* (-; *-n*) alma *f* (*a fig*); *rel* ánima *f*
'**Seelen|heil** ['zeːlənhaɪl] *n* salvación *f*; **~ruhe** *f* quietud *f*, serenidad *f*; **ꝍruhig** sereno; *adv* con mucha calma
Seelsorge ['zeːlzɔrgə] *f* (-; *sin pl*) cura *f* de almas
See|luft ['zeːluft] *f* aire *m* de mar; **~macht** *f* potencia *f* naval *od* marítima; **~mann** *m* (*pl Seeleute*) marinero *m*; marino *m*; **~meile** *f* milla *f* marina; **~not** *f* (-; *sin pl*) peligro *m* marítimo; ***in*** **~** en peligro de naufragar; **~räuber** *m* pirata *m*; **~reise** *f* viaje *m* por mar; crucero *m*; **~schlacht** *f* batalla *f* naval; **~streitkräfte** *f/pl* fuerzas *f/pl* navales; **ꝍtüchtig** en (perfecto) estado de navegar; marinero; **~weg** ['-veːk] *m* vía *f* marítima; ***auf dem*** **~** por mar; por vía marítima; **~zeichen** *n* señal *f* marítima
'**Segel** ['zeːgəl] *n* (*-s*; -) vela *f*; **~boot** *n* barco *m* de vela, velero *m*; **~flieger** *m* aviador *m* a vela, volovelista *m*; **~flug** *m* vuelo *m* sin motor; **~flugzeug** *n* planeador *m*; avión *m* sin motor; **ꝍn** (*ge-*, *h u sn*) navegar a vela; **~schiff** *n* buque *m* de vela, velero *m*
Segen ['-gən] *m* (*-s*; -) bendición *f*; *fig* felicidad *f*; prosperidad *f*

Segler ['-glər] *m* (*-s*; *-*) deportista *m* de la vela; (*Schiff*) velero *m*
segnen ['zeːgnən] (*ge-*, *h*) bendecir
'**sehen** ['zeːən] (*sah*, *gesehen*, *h*) *v/t* ver; (*an~*) mirar; ***siehe …*** véase …; **~swert**, **~swürdig** digno de verse; curioso; **2swürdigkeit** *f* (*-*; *-en*) curiosidad *f*; monumento *m* artístico; lugar *m* de interés
'**Sehkraft** *f* (*-*; *sin pl*) facultad *f* visual
'**Sehne** ['-nə] *f* (*-*; *-n*) *anat* tendón *m*; **2n** (*ge-*, *h*): ***sich nach et ~*** anhelar, ansiar a/c; ***sich nach j-m ~*** ansiar ver a alg; suspirar por alg
'**Sehnerv** *m* nervio *m* óptico
sehnig ['-niç] tendinoso
'**sehn|lich** ['zəːnliç] ardiente, vivo; *adv* con ardor; **2sucht** *f* (*-*; *⸗e*) anhelo *m*, ansia *f*; nostalgia *f*; añoranza *f* (***nach*** de); **~süchtig** ansioso, anheloso; nostálgico; añorante
sehr [zeːr] mucho; *vor adj u adv* muy; ***so ~, dass*** tanto que; ***wie ~ auch*** por más que; ***zu ~*** demasiado
'**Seh|störung** ['zeː-] *f* trastorno *m* de la vista; **~test** *m* test *m* visual
Seide ['zaɪdə] *f* (*-*; *-n*) seda *f*
Seidenpapier ['-dən-] *n* papel *m* de seda
seidig ['-diç] sedoso; *Stoff*: sedeño
Seife ['-fə] *f* (*-*; *-n*) jabón *m*
'**Seifen|blase** *f* pompa *f* de jabón; **~dose** *f* jabonera *f*; **~lauge** *f* lejía *f* de jabón; **~pulver** *n* jabón *m* en polvo
seifig ['-fiç] jabonoso
Seil [zaɪl] *n* (*-[e]s*; *-e*) cuerda *f*; soga *f*; (*Tau*) cabo *m*, cable *m*; '**~bahn** *f* teleférico *m*; funicular *m* aéreo; '**~schaft** *f* (*-*; *-en*) cordada *f*
sein[1] [zaɪn] **1.** (*war*, *gewesen*, *sn*) *dauernd*: ser; *vorübergehend*: estar; (*vorhanden ~*) existir; ***es ist schönes Wetter*** hace buen tiempo; ***es ist drei Uhr*** son las tres; ***was ist?*** ¿qué hay?; ***da ist*** (***sind***) hay; **2.** **2** *n* (*-s*; *sin pl*) ser *m*; existencia *f*
sein[2] [zaɪn] *pron* su; ***die 2en*** los suyos; **~erseits** ['-nər'zaɪts] de su lado *od* parte; '**~es'gleichen** su igual; sus semejantes; '**~et'wegen** por él; por culpa suya
Seine ['zɛːn(ə)] *f* Sena *m*
seit [zaɪt] **1.** *prp* desde, a partir de; *Zeitraum*: desde hace; ***~ kurzem*** desde hace poco; ***~ langem*** desde hace tiempo; ***~ einer Woche …*** hace una semana que …; **2.** *cj* desde que; **~'dem**; **3.** *adv* desde entonces; **4.** *cj* desde que
Seite ['-tə] *f* (*-*; *-n*) lado *m*; (*Körper2*) costado *m* (*a mar*); (*Buch2*) página *f*; *e-r Münze*, *Schallplatte*: cara *f*; ***auf die ~ legen*** apartar; *Geld*: ahorrar; ***auf beiden ~n*** de ambos lados
'**Seiten|airbag** *m* airbag *m* lateral; **~ansicht** ['zaɪtənˀansiçt] *f* vista *f* lateral; **~blick** *m* mirada *f* de soslayo; **~sprung** *fig m* escapada *f*; **~stechen** *med n* (*-s*; *sin pl*) dolores *m/pl* de costado; **~straße** *f* calle *f* lateral; **~streifen** *m* arcén *m*
'**seit|lich** ['-liç] lateral; de lado; **~wärts** ['-vɛrts] de lado; al lado (de)
Sekre't|är [zekre'tɛːr] *m* (*-s*; *-e*) secretario *m*; (*Möbel*) secreter *m*; **~ariat** [-tar'jaːt] *n* (*-[e]s*; *-e*) secretaría *f*; **~ärin** *f* (*-*; *-nen*) secretaria *f*
Sekt [zɛkt] *m* (*-[e]s*; *-e*) champán *m*, cava *m*; '**~e** *f* (*-*; *-n*) secta *f*; **~ion** [-'tsjoːn] *f* (*-*; *-en*) sección *f*; *med* disección *f*, autopsia *f*; **~or** ['-tɔr] *m* (*-s*; *-en* [-'toːrən]) sector *m*
Sekunde [ze'kundə] *f* (*-*; *-n*) segundo *m*
sekundieren secundar, ayudar
selbst [zɛlpst] mismo; (*sogar*) hasta, aun; ***ich ~*** yo mismo; ***von ~*** por sí mismo; espontáneamente
'**selbständig** ['-ʃtɛndiç] → ***selbstständig***
'**Selbst|auslöser** ['zɛlpstˀaʊsløːzər] *fot m* autodisparador *m*; **~bedienung** *f* autoservicio *m*; **~bedienungsladen** *m* (tienda *f* de) autoservicio *m*; **~bedienungsrestaurant** *n* restaurante *m* de autoservicio; **~beherrschung** *f* dominio *m* de sí mismo, autodominio *m*; **~bestätigung** *f* autoafirmación *f*; **~bestimmung** *f* autodeterminación *f*; **~bestimmungsrecht** *n* derecho *m* de autodeterminación; **2bewusst** consciente de su propio valor; (*anmaßend*) presumido; **~bewusstsein** *n* conciencia *f* de sí mismo; **~gespräch** *n* soliloquio *m*, monólogo *m*; **~hilfe** *f* (*-*; *sin pl*) defensa *f* propia; **~kostenpreis** *m* precio *m* de coste; **~kritik** *f* (*-*; *sin pl*) autocrítica *f*; **~laut** *m* vocal *f*; **2los** desinteresado, abnegado; **~mord** *m* suicidio *m*; **~mordanschlag** *m* atentado *m* suicida; **~mordattentäter** *m*, **~mordattentäterin** *f* terrorista *su* suicida; **~mörder** *m*, **~mörderin** *f* suicida *su*; **2mörde-**

risch suicida
'selbstständig ['-ʃtɛndiç] independiente; *Arbeiter*: autónomo; ***sich ~ machen*** independizarse; **≈e** *m/f* (*-n*, *-n*) trabajador(a) *m(f)* autónomo (-a); **≈keit** *f* (-; *sin pl*) independencia *f*
'selbst|tätig automático; **≈unterricht** *m* enseñanza *f* autodidáctica; **≈versorger** *m*: ***~ sein*** autoabastecerse; **≈versorgung** *f* (-; *sin pl*) autoabastecimiento *m*; autarquía *f*; **~verständlich** natural, evidente; *adv* por supuesto, desde luego; claro que sí, *bsd Am* ¿cómo no?; **≈verteidigung** *f* autodefensa *f*; **≈vertrauen** *n* confianza *f* en sí mismo, autoconfianza *f*; **≈verwaltung** *f* autonomía *f* (administrativa), autogestión *f*; **≈wähldienst** *tel m* servicio *m* telefónico automático; **≈zweck** *m* (-[*e*]*s*; *sin pl*) fin *m* absoluto; finalidad *f* en sí
selig ['zeːliç] bienaventurado; *fig* feliz; (*verstorben*) fallecido, difunto
Sellerie ['zɛləriː] *m* (-*s*; -[*s*]) apio *m*
'selten ['zɛltən] raro; escaso; ***nicht ~*** a menudo; **≈heit** *f* (-; -*en*) rareza *f*; escasez *f*
Selterswasser ['-tərsvasər] *n* (-*s*; *sin pl*) agua *f* de Seltz, sifón *m*
seltsam ['zɛltzaːm] raro, extraño; extravagante
Se'mester [ze'mɛstər] *n* (-*s*; -) semestre *m*; **~ferien** *pl* vacaciones *f/pl* semestrales
Semikolon [-mi'koːlɔn] *n* (-*s*; -*s*, *Semikola*) punto *m* y coma
Seminar [-'naːr] *n* (-*s*; -*e*) *rel u Universität*: seminario *m*
Semmel ['zɛməl] *f* (-; -*n*) panecillo *m*
sen. ***senior*** padre, senior
Senat [ze'naːt] *m* (-[*e*]*s*; -*e*) senado *m*; *jur* sala *f*
'Send|egebiet ['zɛndə-] *n* alcance *m* de las emisiones; **≈en** (*sandte*, *gesandt*, *h*) enviar, mandar; *com* remitir; (*ge-*, *h*) *TV*, *Radio*: emitir; **~er** *m* (-*s*; -) emisora *f*; (*Gerät*) emisor *m*; **~eschluss** *m* cierre *m* de las emisiones; **~ung** *f* (-; -*en*) envío *m*; (*Auftrag*) misión *f*; *TV*, *Radio*: emisión *f*
Senf [zɛnf] *m* (-[*e*]*s*; -*e*) mostaza *f*
'senior ['zeːnjɔr] **1.** *adj*: ***Herr X ~*** el señor X padre; **2.** **≈** *m* (-*s*; -*en* [zeː'njoːrən]) decano *m*; *dep* senior *m*; ***die ~en*** la tercera edad; **≈enpass** *m Esp* tarjeta *f* dorada
'Senk|e ['zɛŋkə] *f* (-; -*n*) hondonada *f*; **≈en** (*ge-*, *h*) bajar; *Preise usw*: *a* reducir; ***sich ~*** *Gebäude*: hundirse; **≈recht** vertical; **~rechtstarter** *m* (-*s*; -) avión *m* de despegue vertical; **~ung** *f* (-; -*en*) declive *m*, pendiente *f*; *com* baja *f*, reducción *f*; *geo* depresión *f*
Sensation [zɛnza'tsjoːn] *f* (-; -*en*) sensación *f*
Sense ['-zə] *f* (-; -*n*) guadaña *f*
sensibel [-'ziːbəl] sensible
sentimental [-timɛn'taːl] sentimental
Separatismus [zepara'tismus] *m* (-; *sin pl*) separatismo *m*
September [zɛp'tɛmbər] *m* (-[*s*]; -) se(p)tiembre *m*
'Serb|e ['zɛrbə] *m* (-*n*; -*n*), **~in** *f* (-; -*nen*) serbio *m*, -a *f*; **≈isch** serbio
Serbien ['zɛrbjən] *n* Serbia *f*, Servia *f*
'Serie ['zeːrjə] *f* (-; -*n*) serie *f*; **~nherstellung** *f* fabricación *f* en serie; **≈nmäßig** de serie; **~nproduktion** *f* producción *f* en serie; **≈nreif** apto para fabricar en serie
Serpentine [zɛrpɛn'tiːnə] *f* (-; -*n*) serpentina *f*
Serum ['zeːrum] *n* (-*s*; *Seren*) suero *m*
Server ['zøːrvər] *m* (-*s*; -) *inform* servidor *m*
Service **a**) [zɛr'viːs] *n* (-; -['viːs(ə)]) servicio *m od* juego *m* de mesa **a**) ['søːrvis] *m od n* (-; -s [-vis(is)]) servicio *m*
ser'vier|en [zɛr'viːrən] (*h*) servir (a la mesa); **≈erin** *f* (-; -*nen*) camarera *f*
Serviette [-'vjɛtə] *f* (-; -*n*) servilleta *f*
'Sessel ['zɛsəl] *m* (-*s*; -) sillón *m*; butaca *f*; **~lift** *m* telesilla *m*
sesshaft ['zɛshaft] sedentario
'setz|en ['zɛtsən] (*ge-*, *h*) colocar; poner; (*nieder~*) (a)sentar; (*wetten*) apostar (***auf*** *ac* por); *tip* componer; *Frist*: fijar, señalar; ***sich ~*** sentarse, tomar asiento; **≈er** *m* (-*s*; -) cajista *m*; **≈e'rei** *f* (-; -*en*) taller *m* de composición
'Seuche ['zɔʏçə] *f* (-; -*n*) epidemia *f*; *fig* plaga *f*
Sex [zɛks] *m* (-[*es*]; *sin pl*) sexo *m*; **~ualität** [-uali'tɛːt] *f* (-; *sin pl*) sexualidad *f*; **≈uell** [-u'ɛl] sexual
sezieren [ze'tsiːrən] (*h*) disecar, hacer la autopsia
Shorts [ʃɔːts] *pl* pantalones *m/pl* cortos
Show [ʃou] *f* (-; -*s*) espectáculo *m*, show *m*; **~master** ['-maːstər] *m* (-*s*; -) presentador *m*; animador *m*

Shuttle ['ʃatəl] *m* (*-s*; *-s*), **~bus** *m* lanzadera *f*

Sibirien [zi'biːrjən] *n* Siberia *f*

sibirisch [zi'biːriʃ] siberiano

sich [ziç] *betont*: sí; *unbetont*: se; ***an*** (***und für***) ~ en sí, de por sí; ***bei*** ~ consigo; ***von*** ~ ***aus*** espontáneamente; por sí solo

Sichel ['-çəl] *f* (-; *-n*) hoz *f*

'sicher ['-çər] seguro; (*fraglos*) indudable; *adv* con toda seguridad; ***e-r Sache*** ~ ***sein*** estar seguro de a/c; **≈heit** *f* (-; *-en*) seguridad *f*; certidumbre *f*; *com* garantía *f*; **≈heitsabstand** *m* distancia *f* de seguridad; **≈heitsgurt** *m* cinturón *m* de seguridad; **≈heitskopie** *f* copia *f* de seguridad; **≈heitsleistung** *f* garantía *f*; **≈heitsnadel** *f* imperdible *m*; **≈heitsrat** *m* Consejo *m* de Seguridad; **≈heitsschloss** *n* cerradura *f* de seguridad; **~n** (*ge-*, *h*) *v/t* asegurar; garantizar; (*schützen*) proteger (***gegen, vor*** contra); preservar (de); **~stellen** (*sep*, *-ge-*, *h*) poner en seguro; asegurar; (*beschlagnahmen*) confiscar; incautarse de; **≈ung** *f* (-; *sin pl*) protección *f*; (*pl -en*) *el* fusible *m*; **≈ungsdiskette** *f inform* disquete *m* de seguridad

Sicht [ziçt] *f* (-; *sin pl*) vista *f*; **'≈bar** visible; *fig* evidente, manifiesto; **'≈en** (*ge-*, *h*) avistar, divisar; (*ordnen*) ordenar, clasificar; **'~vermerk** *m* visto *m* bueno, visado *m*; **'~weite** *f* alcance *m* visual *od* de la vista

sickern ['zikərn] (*ge-*, *sn*) rezumar, filtrarse

sie [ziː] *pron 3. Pers sg* ella; *ac* la; *3. Pers pl* ellos, -as; *ac* los (les), las; ≈ (*Anrede*) usted(es *pl*)

Sieb [ziːp] *n* (-[*e*]*s*; *-e*) colador *m*, cedazo *m*; (*feines*) tamiz *m*; (*grobes*) criba *f*

sieben ['ziːbən] siete; **~'hundert** setecientos

Siebenbürgen [ziːbən'byrgən] *n* Transilvania *f*

'siebt|e ['ziːptə] *adj* sé(p)timo (*m*); **≈el** *n* (*-s*; -), **~ens** en sé(p)timo lugar

'siebzehn ['ziːptseːn] diecisiete; **~te** décimosé(p)timo

'siebzig ['-tsiç] setenta; **~ste** septuagésimo

'siede|ln ['ziːdəln] (*ge-*, *h*) establecerse; **~n** (*ge-*, *h*) hervir; (*kochen*) cocer; **≈punkt** *m* (-[*e*]*s*; *sin pl*) punto *m* de ebullición

'Sied|ler ['ziːdlər] *m* (*-s*; -) colono *m*, poblador *m*; **~lung** *f* (-; *-en*) colonia *f*; urbanización *f*

Sieg [ziːk] *m* (-[*e*]*s*; *-e*) victoria *f*, triunfo *m* (*a fig*)

Siegel ['ziːgəl] *n* (*-s*; -) sello *m*

'sieg|en ['-gən] (*ge-*, *h*) vencer (***über j-n*** a alg); *a fig* triunfar (de); **≈er** *m* (*-s*; -), **≈erin** *f* (-; *-nen*) vencedor(a) *m*(*f*); *a fig* triunfador(a) *m*(*f*)

Signal [zig'nɑːl] *n* (-[*e*]*s*; *-e*) señal *f*; **≈isieren** [-nali'ziːrən] (*h*) señalar, dar señales

'signieren [-'niːrən] (*h*) marcar, señalar; (*unterzeichnen*) firmar

'Silbe ['zilbə] *f* (-; *-n*) sílaba *f*; **~ntrennung** *f* separación *f* de sílabas

'Silber ['-bər] (*-s*; *sin pl*) plata *f*; **~hochzeit** *f* bodas *f/pl* de plata; **≈n** de plata; plateado

Silhouette [zilu'ɛtə] *f* (-; *-n*) silueta *f*

Silo ['ziːlo] *m* (*-s*; *-s*) silo *m*

Silvester [zil'vɛstər] *m od n* (*-s*; -) nochevieja *f*

SIM-Karte *f tel* tarjeta *f* SIM

Sims [zims] *m u n* (*-es*; *-e*) *arqu* cornisa *f*; (*Fenster≈*) moldura *f*; (*Wandbrett*) estante *m*, anaquel *m*

Simu|lation [zimula'tsjoːn] *f* (-; *-en*) simulación *f*; **≈'lieren** (*h*) simular, fingir

simul'tan [-'tɑːn] simultáneo; **≈dolmetscher** *m*, **≈dolmetscherin** *f* intérprete *su* simultáneo

Sinfo'nie [zinfo'niː] *f* (-; *-n* ['niːən]) sinfonía *f*; **~orchester** *n* orquesta *f* sinfónica

'sing|en ['ziŋən] (*sang*, *gesungen*, *h*) cantar; **≈ular** ['-gulɑːr] *m* (*-s*; *-e*) *gram* singular *m*; **≈vogel** *m* pájaro *m* cantor, ave *f* canora

sinken ['-kən] (*sank*, *gesunken*, *sn*) *v/i* caer; descender; *Preise*: bajar; *Sonne*: ponerse; *Schiff*: hundirse, irse a pique

Sinn [zin] *m* (-[*e*]*s*; *-e*) sentido *m*; (*sin pl*) (*Bedeutung*) significación *f*; *e-s Wortes*: acepción *f*, significado *m*; ~ ***für*** interés *m* (*od* gusto *m*) por; ~ ***für Humor haben*** tener sentido del humor; ***im*** ~ ***haben*** tener (la) intención (de hacer a/c); ***das geht mir nicht aus dem*** ~ no se me quita de la cabeza; ***sich*** (*dat*) ***et aus dem*** ~ ***schlagen*** quitarse a/c de la cabeza; **'~bild** *n* símbolo *m*; alegoría *f*; **'~estäuschung** *f* alucinación *f*; **'≈gemäß** conforme al sentido; **'≈lich** sensual; voluptuoso; (*wahrnehmbar*) físico, material; '**~lichkeit** *f* (-; *sin pl*) sensualidad *f*; voluptuosidad *f*; '**2los** absurdo; insensato, desatinado; (*zwecklos*) inútil; '**2verwandt**: ***~es Wort*** *n* sinónimo *m*; '**2voll** ingenioso; (*zweckmäßig*) oportuno; razonable

Sintflut ['zintflu:t] *f* (-; *sin pl*) diluvio *m*

Siphon ['zi:fɔn] *m* (-*s*; -*s*) sifón *m*

Sippe ['zipə] *f* (-; -*n*) estirpe *f*, clan *m*

Sirene [-'re:nə] *f* (-; -*n*) sirena *f*

Sirup ['zi:rup] *m* (-*s*; -*e*) jarabe *m*

Sitte ['zitə] *f* (-; -*n*) costumbre *f*; (*Brauch*) uso *m*; usanza *f*

'**Sitten|losigkeit** *f* (-; *sin pl*) inmoralidad *f*; **~polizei** *f* brigada *f* contra el vicio

sitt|lich ['-liç] moral; **2lichkeit** *f* (-; *sin pl*) moralidad *f*; **2lichkeitsverbrechen** *n* delito *m* contra la honestidad

Situation [zitua'tsjo:n] *f* (-; -*en*) situación *f*

Sitz [zits] *m* (-*es*; -*e*) asiento *m*; (*Amts2 etc*) sede *f*; '**2en** (*saß*, *gesessen*, *h*) estar sentado; *Kleid*: sentar *od* caer bien; F (*im Gefängnis sn*) F estar a la sombra *od* en chirona; (*sn*) ***~ bleiben*** quedar sentado; *Schüler*: suspender un curso; ***~ lassen*** abandonar; F dejar plantado; ***et auf sich ~ lassen*** tragar(se) a/c; '**~platz** *m* asiento *m*; plaza *f* sentada

Sitz [zits] *m* (-*es*; -*e*) asiento *m*; (*Amts2 etc*) sede *f*; '**2en** (*saß*, *gesessen*, *h*) estar sentado; *Kleid*: sentar *od* caer bien; F (*im Gefängnis sn*) F estar a la sombra *od* en chirona; (*sn*) ***~ bleiben*** quedar sentado; *fig* → ***sitzenbleiben***; ***~ lassen*** *fig* → ***sitzenlassen***; '**2enbleiben** (*irr*, *sep*, -*ge*-, *sn*, → ***bleiben***) *fig Schüler*: suspender un curso; '**2enlassen** (*irr*, *sep*, -*ge*-, *h*, → ***lassen***) abandonar; F dejar plantado; ***et auf sich ~*** tragar(se) a/c; '**~platz** *m* asiento *m*; plaza *f* sentada

'**Sitzung** ['-tsuŋ] *f* (-; -*en*) sesión *f*; junta *f*; reunión *f*; *jur* audiencia *f*; **~sprotokoll** *n* acta *f* (de la sesión); **~ssaal** *m* sala *f* de sesiones

Sizilien [zi'tsi:ljən] *n* Sicilia *f*

Skala ['ska:la] *f* (-; *Skalen*, -*s*) escala *f*

Skan'dal [skan'da:l] *m* (-*s*; -*e*) escándalo *m*; (*Lärm*) alboroto *m*, barullo *m*; **~presse** *f* prensa *f* sensacionalista

Skandinavien [skandi'na:vjən] *n* Escandinavia *f*

Skandi'nav|ier [-di'na:vjər] *m* (-*s*; -), **~ierin** *f* (-; -*nen*) escandinavo *m*, -a *f*; **2isch** escandinavo

Skateboard ['skeitbɔ:d] *n* (-*s*; -*s*) monopatín *m*

Skelett [ske'lɛt] *n* (-[*e*]*s*; -*e*) esqueleto *m*

skeptisch ['skɛptiʃ] escéptico

Ski [ʃi:] *m* (-*s*; -[*er*]) esquí *m*; ***~ laufen*** esquiar; '**~ausrüstung** *f* equipo *m* de esquiador; '**~fahrer** *m*, '**~fahrerin** *f* esquiador(a) *m*(*f*); '**~gebiet** *n* estación *f* de esquí; '**~langlauf** *m* esquí *m* de fondo; '**~lauf** *m* esquí *m*; '**~läufer** *m*, '**~läuferin** *f* esquiador(a) *m*(*f*); '**~lehrer** *m* profesor *m od* monitor *m* de esquí; '**~lift** *m* telesquí *m*; '**~springen** *n* salto *m* de esquís; '**~stiefel** *m*/*pl* botas *f*/*pl* de esquí; '**~urlaub** *m* vacaciones *f*/*pl* destinadas a esquiar

Skizz|e ['skitsə] *f* (-; -*n*) bosquejo *m*; esbozo *m*, boceto *m*; croquis *m*; **2'ieren** (*h*) bosquejar, esbozar

'**Sklave** [skla:və] *m* (-*n*; -*n*) esclavo *m*

skon|tieren [skɔn'ti:rən] (*h*) descontar; **2to** ['skɔnto] *n u m* (-*s*; -*s*) descuento *m*

Skorbut *med* [skɔr'bu:t] *m* (-[*e*]*s*; *sin pl*) escorbuto *m*

'**Skrupel** ['skru:pəl] *m* (-*s*; -) escrúpulo *m*; **2los** sin escrúpulos

Skulptur [skulp'tu:r] *f* (-; -*en*) escultura *f*

Slalom ['sla:lɔm] *m* (-*s*; -*s*) slalom *m*

'**Slaw|e** ['sla:və] *m* (-*n*; -*n*), **~in** *f* (-; -*nen*) eslavo *m*, -a *f*; **2isch** eslavo

Slip [slip] *m* (-*s*; -*s*) slip *m*

Slogan ['slo:gən] *m* (-*s*; -*s*) (e)slogan *m*

Slowak|e [slo'va:kə] *m* (-*n*; -*n*), **~in** *f* (-; -*nen*) eslovaco *m*, -a *f*; **2isch** eslovaco

Slowakei [slova'kaı] *f* Eslovaquia *f*

Slowen|e [slo've:nə] *m* (-*n*; -*n*), **~in** *f* (-; -*nen*) esloveno *m*, -a *f*; **2isch** esloveno

Slowenien [slo've:njən] *n* Eslovenia *f*

Smaragd [sma'rakt] *m* (-[*e*]*s*; -*e*) *min* esmeralda *f*

Smog [smɔk] *m* (-[*s*]; -*s*) smog *m*; '**~alarm** *m* alerta *f* de smog

Smoking ['smo:kiŋ] *m* (-*s*; -*s*) smoking *m*, esmoquin *m*

SMS [ɛsˀɛm'ˀɛs] *f* (-; -) ***Short Message System*** *tel* SMS *m*; mensaje *m* (corto); ***ich schicke dir e-e ~*** te mando un mensaje (SMS)

Snob [snɔp] *m* (-*s*; -*s*) (e)snob *m*

so [zo:] así; *vor adj u adv* tan; (*solch*) tal; ***~?*** ¿de veras?, ¿es posible?; ***ach ~!*** ¡ah, bueno!; ¡ya!; ~ ***sehr,*** ~ ***viel*** tanto (***wie*** como); ***noch einmal*** ~ ***viel*** otro tanto; ~ (***et***)***was!*** ¡parece mentira!; ¡qué barbaridad!; ~ ***genannt*** → ***sogenannt***; ~ ***gut wie möglich*** lo mejor posible; ***wir sind*** ~ ***weit*** ya estamos; ~***wenig*** tan poco; → ***sodass***

s.o. ***siehe oben*** véase más arriba

SO ***Südosten*** SE (sudeste)

sobald [zo'balt] tan pronto como, en cuanto

'**Socke** ['zɔkə] *f* (-; *-n*) calcetín *m*

Sockel ['zɔkəl] *m* (*-s*; -) pedestal *m*, zócalo *m*; base *f*

so'dass [zoː das] de modo que, de manera que

Sofa ['zoːfa] *n* (*-s*; *-s*) sofá *m*, canapé *m*; diván *m*

sofern [zo'fɛrn] en tanto que, (en) caso que (*subj*); si es que

so'fort [-'fɔrt] en seguida, en el acto, al instante; ≗**bildkamera** *f* cámara *f* para fotos al instante; ~**ig** inmediato

Software ['sɔftwɛːr] *f* (-; *-s*) software *m*

sog. ***sogenannt*** llamado

sogar [-'gɑːr] hasta, aun, incluso

sogenannt ['zoːgənant] llamado, dicho; (*angeblich*) pretendido

Sohle ['zoːlə] *f* (-; *-n*) (*Fuß*≗) planta *f*; (*Schuh*≗) suela *f*; (*Boden*) fondo *m*

Sohn [zoːn] *m* (-[*e*]*s*; ≃*e*) hijo *m*

solange [zo'laŋə] mientras, en tanto que; ~ ***bis*** hasta que

So'lar|ium [-'lɑːrjum] *n* (*-s*; *Solarien*) solario *m*, solárium *m*; ~**strom** *m elec* electricidad *f* por energía solar; ~**zelle** *f* célula *f* solar

solch [zɔlç] tal, semejante; ~ ***ein ...!*** ¡qué ...!

Soldat [-'dɑːt] *m* (*-en*; *-en*), ~**in** *f* soldado *su*, militar *su*

Söldner ['zœltnər] *m* (*-s*; -) mercenario *m*

solidari|sieren [zolidari'ziːrən] (*h*): ***sich*** ~ ***mit*** solidarizarse con; ≗'**tät** [-'tɛːt] *f* (-; *sin pl*) solidaridad *f*

solid(e) [-'liːt, -'-də] sólido; *Person*: formal, serio; *Firma*: solvente

So'list [-'list] *m* (*-en*; *-en*), ~**in** *f* (-; *-nen*) solista *su*

Soll *com* [zɔl] *n* (-[*s*]; -[*s*]) debe *m*; pasivo *m*; ~ ***und Haben*** debe y haber; '~**-Bestand** *m* efectivo *m* teórico *od* previsto; '≗**en** (*sollte*, *gesollt*, *h*) *Pflicht*: deber; *Notwendigkeit*: haber de; *Annahme*: deber de; ***du hättest es sagen*** ~ debieras haberlo dicho; ***was soll ich tun?*** ¿qué quieres que haga?, ¿qué he de hacer?; ***ich weiß nicht, was ich tun soll*** no sé qué hacer; ***was soll das*** (***heißen***)***?*** ¿qué significa esto?; ***sollte er kommen, falls er kommen sollte*** (en) caso que venga, si viniera; '~**seite** *f* debe *m*; '~**zinsen** *m*/*pl* intereses *m*/*pl* deudores

Solo ['zoːlo] *n* (*-s*; *-s*, *Soli*) solo *m*

'**Sommer** ['zɔmər] *m* (*-s*; -) verano *m*; ***im*** ~ en verano; ~**anfang** *m* comienzo *m* del verano; ~**fahrplan** *ferro m* horario *m* de verano; ~**ferien** *pl* vacaciones *f*/*pl* de verano; ~**gast** *m* veraneante *m*; ≗**lich** veraniego, de verano; ~**reifen** *auto m* neumático *m* de verano; ~**schlussverkauf** *m* rebajas *f*/*pl* de verano; ~**sprosse** *f* peca *f*; ~**urlaub** *m* vacaciones *f*/*pl* de verano; ~**zeit** *f* (-; *sin pl*) (*Uhrzeit*) horario *m* de verano

Sonde ['zɔndə] *f* (-; *-n*) sonda *f* (*a med*)

'**Sonder|angebot** *com* ['-dərʔ-] *n* oferta *f* especial; ~**ausgabe** *f* edición *f* especial; (*Zeitung*) número *m* extraordinario; ≗**bar** singular, extraño; curioso, raro; ~**fahrt** *Vkw f* servicio *m* discrecional; ~**fall** *m* caso *m* excepcional; ~**maschine** *avia f* avión *m* especial; ≗**n** *cj* sino; ~**preis** *com m* precio *m* especial; ~**recht** *n* privilegio *m*; ~**zeichen** *n tip* carácter *m* especial; ~**zug** *m* tren *m* especial

Sonnabend ['zɔnʔabənt] *m* sábado *m*; ≗***s*** los sábados

'**Sonne** ['zɔnə] *f* (-; *sin pl*) sol *m*; ***in der*** ~ al sol; ≗**n** (*ge-*, *h*): ***sich*** ~ tomar el sol

'**Sonnen|aufgang** *m* salida *f* del sol; ~**bad** *n* baño *m* de sol; ~**blume** *f* girasol *m*; ~**brand** *m* (-[*e*]*s*; *sin pl*) quemadura *f* de sol; ~**brille** *f* gafas *f*/*pl* de sol; ~**creme** *f* crema *f* bronceadora; ~**deck** *mar n* cubierta *f* solar; ~**energie** *f* energía *f* solar; ~**finsternis** *f* eclipse *m* solar; ~**öl** *n* aceite *m* solar; ~**schein** *m* (-[*e*]*s*; *sin pl*) (luz *f* del) sol *m*; ~**schirm** *m* sombrilla *f*, parasol *m*; ~**stich** *med m* insolación *f*; ~**strahl** *m* rayo *m* de sol; ~**uhr** *f* reloj *m* de sol; ~**untergang** *m* puesta *f* del sol; ~**wende** *f* solsticio *m*

sonnig ['-niç] expuesto al sol, soleado; *fig* alegre; radiante

'**Sonntag** ['-tɑːk] *m* domingo *m*; ~**s-dienst** *m* guardia *f* de domingo

sonst [zɔnst] (*andernfalls*) de lo contrario, si no; (*übrigens*) por lo demás; (*außerdem*) además; **~ noch etwas?** ¿alguna otra cosa?; **~ nichts** nada más; **~ niemand** ningún otro, nadie más; **mehr als ~** más que de ordinario; **'~ig** otro
sooft [zo'ˀɔft] cada vez que; cuando, siempre que
Sopran [zo'prɑːn] *m* (*-s*; *-e*) soprano *m*
Sorge ['zɔrgə] *f* (*-*; *-n*) preocupación *f*; *stärker*: inquietud *f*, alarma *f*; (*Für*≈) cuidado *m*; (*Kummer*) aflicción *f*, pena *f*; **sich ~n machen** preocuparse; **keine ~!** ¡descuide!
'sorgen ['-gən] (*ge-*, *h*): **~ für** cuidar de; atender a; (*beschaffen*) procurar; **sich ~** preocuparse, inquietarse (**um** de, por); **~frei** libre de cuidados
'sorg|fältig ['zɔrkfɛltiç] cuidadoso; esmerado; *adv* con esmero; **~los** despreocupado; descuidado
Sort|e ['zɔrtə] *f* (*-*; *-n*) clase *f*, especie *f*; *bot* variedad *f*; **≈'ieren** (*h*) clasificar; (*auswählen*) seleccionar, escoger; **~iment** [-ti'mɛnt] *n* (*-[e]s*; *-e*) surtido *m*
sosehr [zo'zeːr] por más (*od* mucho) que
Soße ['zoːsə] *f* (*-*; *-n*) salsa *f*
'Soundkarte ['zaʊndkartə] *f* tarjeta *f* de sonido
Souvenir [zuvə'niːr] *n* (*-s*; *-s*) recuerdo *m*
souverän [-və'rɛːn] soberano; **≈ität** [-ni'tɛːt] *f* (*-*; *sin pl*) soberanía *f*
so'viel [zo'fiːl] **1.** tanto (**wie** como); **noch einmal ~** otro tanto; **2.** *cj* **~ ich weiß** que yo sepa
so'weit [zo'vaɪt] en cuanto; **~ nicht** a menos que; → **so**
so'wie [zo'viː] (así) como; tan pronto como, en cuanto; **~'so** en todo caso, de todos modos
sowjetisch [zɔ'vjɛtiʃ] *hist* soviético
Sowjetunion [zɔ'vjɛtunjoːn] *f hist* Unión *f* Soviética
sowohl [zo'voːl]: **~ … als auch** tanto … como
so'zial [zo'tsjɑːl] social; **≈abgaben** *f/pl* cargas *f/pl* sociales; **≈arbeiter** *m*, **≈arbeiterin** *f* asistente *su* social; **≈demokrat** *m*, **≈demokratin** *f* socialdemócrata *su*; **~demokratisch** socialdemócrata; **≈hilfe** *f* (*-*; *sin pl*) asistencia *f* social; **~isieren** [-tsjali'ziːrən] (*h*) socializar; **≈ismus** [-'lismus] *m* (*-*; *sin pl*) socialismo *m*; **~istisch** [-'listiʃ] socialista; **≈leistungen** *f/pl* prestaciones *f/pl* sociales; **≈politik** *f* política *f* social; **≈produkt** *n* (*-[e]s*; *-e*) producto *m* nacional *od* social; **≈versicherung** *f* seguridad *f* social; **≈wohnung** *f* vivienda *f* de protección oficial
Soziolog|e [zotsjo'loːgə] *m* (*-n*; *-n*), **~in** *f* (*-*; *-nen*) sociólogo *m*, -a *f*
sozusagen [zoːtsu'-] por decirlo así
Spaceshuttle ['speːsʃatl] *n* (*-s*; *-s*) (*Raumfahrt*) lanzadera *f* (*od* transportador *m*) espacial
Spag(h)etti [ʃpa'gɛti] *pl* espagueti *m*
Spalt [ʃpalt] *m* (*-[e]s*; *-e*) hendedura *f*, raja *f*, grieta *f*; fisura *f*; **'~e** *f* (*-*; *-n*) = **Spalt**; *tip* columna *f*; **'≈en** (*pp gespalten*, *h*) dividir, partir; *pol* escindir; *quím* disociar; *fís* desintegrar; **'~ung** *f* (*-*; *-en*) *quím* disociación *f*; *fís* fisión *f*; *fig* división *f*; escisión *f* (*a pol*)
Spam [spɛm] *m* (*-s*; *-s*) (*per E-Mail versandte unerwünschte Werbung etc*) correo *m* basura, spam *m*; **~filter** *m* filtro *m* de correo basura, filtro *m* de spam
Spange ['ʃpaŋə] *f* (*-*; *-n*) prendedero *m*; pasador *m*
Spanien [ʃpɑːnjən] *n* España *f*
'Span|ier ['ʃpɑːnjər] *m* (*-s*; *-*), **~ierin** *f* (*-*; *-nen*) español(a) *m*(*f*); **≈isch** español; *Sprache a* castellano
'Spann|e ['ʃpanə] *f* (*-*; *-n*) (*Zeit*) lapso *m*, espacio *m*; *com* margen *m*; **≈en** *v/t* (*ge-*, *h*) tender; (*straffen*) estirar; *Waffe*: amartillar; **≈end** *fig* (de interés) palpitante; cautivador; *Film etc*: de suspense; **'~ung** *f* (*-*; *-en*) *el* tensión *f* (*a fig*), voltaje *m*; *fig* impaciencia *f*; *Film etc*: suspense *m*
'Spar|buch ['ʃpɑːrbuːx] *n* libreta *f od* cartilla *f* de ahorro; **≈en** (*ge-*, *h*) ahorrar; economizar, hacer economías; **~er** *m* (*-s*; *-*), **~erin** *f* (*-*; *-nen*) ahorrador(a) *m*(*f*)
Spargel ['ʃpargəl] *m* (*-s*; *-*) espárrago *m*
'Spar|guthaben ['ʃpɑːr-] *n* ahorro *m*; **~kasse** *f* caja *f* de ahorros; **~konto** *n* cuenta *f* de ahorro; **~kurs** *m* política *f* de ahorro; **auf ~ gehen** comenzar *od* iniciar una política de ahorro; **~maßnahme** *f* medida *f* de economía; **~paket** *n* (*-[e]s*; *-e*) *pol* paquete *m* de ahorro; **≈sam** económico; ahorrativo; **~samkeit** *f* (*-*; *sin pl*) economía *f*; **~zins**

m interés *m* sobre el ahorro

Spaß [ʃpa:s] *m* (*-es*; *⸗e*), *österr a* **Spass** broma *f*, burla *f*; (*Witz*) chiste *m*; (*Vergnügen*) diversión *f*; ***zum ~*** en broma; ***viel ~!*** ¡que te diviertas!; (***keinen***) ***~ verstehen*** (no) aguantar *od* consentir las bromas; **'𝔖en** (*ge-*, *h*) bromear; **'~vogel** *fig m* bromista *m*

spät [ʃpɛ:t] tardío; *adv* tarde; ***wie ~ ist es?*** ¿qué hora es?; ***zu ~ kommen*** venir tarde

Spaten ['ʃpa:tən] *m* (*-s*; *-*) laya *f*

'spät|er ['ʃpɛ:tər] posterior, ulterior (***als*** a); *adv* más tarde; ***eine Stunde ~*** una hora después; **~estens** lo más tarde, a más tardar

Spatz [ʃpats] *m* (*-en*; *-en*) gorrión *m*

spa'zieren [ʃpa'tsi:rən] (*sn*) pasear(se); ***~ fahren*** dar un paseo en coche; ***~ gehen*** pasear(se), dar un paseo

Spa'ziergang *m* (*-[e]s*; *Spaziergänge*) paseo *m*

SPD *f* ***Sozialdemokratische Partei Deutschlands*** Partido *m* Socialdemócrata de Alemania

Specht [ʃpɛçt] *m* (*-[e]s*; *-e*) pájaro *m* carpintero, pico *m*

Speck [ʃpɛk] *m* (*-[e]s*; *-e*) tocino *m*; *geräucherter*: bacon *m*

Spedit|eur [ʃpedi'tø:r] *m* (*-s*; *-e*) agente *m* de transportes; transportista *m*; **~ion** [-'tsjo:n] *f* (*-*; *-en*) expedición *f*, transporte *m*; *Firma*: agencia *f* de transportes

Speer [ʃpe:r] *m* (*-[e]s*; *-e*) lanza *f*; (*Wurf𝔖*) jabalina *f*; **'~werfen** *n* (*-s*; *sin pl*) *dep* lanzamiento *m* de jabalina

Speiche ['ʃpaiçə] *f* (*-*; *-n*) *tec* rayo *m*

Speichel ['-çəl] *m* (*-s*; *sin pl*) saliva *f*

'Speicher ['-çər] *m* (*-s*; *-*) (*Lager*) almacén *m*; (*Getreide𝔖*) granero *m*; silo *m*; *Computer*: memoria *f*; **~kapazität** *f inform* capacidad *f* de almacenamiento *od* de memoria; **𝔖n** (*ge-*, *h*) almacenar (*a Daten*), *Daten*: memorizar; *el u fig* acumular

'Speise ['-zə] *f* (*-*; *-n*) comida *f*; alimento *m*; (*Gericht*) plato *m*, manjar *m*; **~eis** *n* helado *m*; **~karte** *f* lista *f* de platos; menú *m*, minuta *f*; **~lokal** *n* restaurante *m*; **𝔖n** (*ge-*, *h*) **1.** *v/t* alimentar (*a tec*); dar de comer a; **2.** *v/i* comer; **~saal** *m* comedor *m*; **~wagen** *ferro m* coche *m od* vagón *m* restaurante

Spektakel [ʃpɛk'ta:kəl] *m* (*-s*; *sin pl*) jaleo *m*

Spekul|ant [ʃpeku'lant] *m* (*-en*; *-en*) especulador *m*; **~ation** [-la'tsjo:n] *f* (*-*; *-en*) especulación *f*; **𝔖'ieren** (*h*) especular (***auf*** *ac* sobre); ***an der Börse ~*** jugar a la bolsa

'Spend|e ['ʃpɛndə] *f* (*-*; *-n*) donativo *m*; **𝔖en** (*ge-*, *h*) dar; *a Blut*: donar; **~enkonto** *n* cuenta *f* para donativos; **𝔖'ieren** (*h*) regalar, ofrecer

Sperling ['ʃpɛrliŋ] *m* (*-s*; *-e*) gorrión *m*

Sperma ['-ma] *n* (*-s*; *Spermen*) esperma *m*

'Sperr|e ['ʃpɛrə] *f* (*-*; *-n*) cierre *m*; (*Schranke*) barrera *f*; (*Blockade*) bloqueo *m*; **𝔖en** (*ge-*, *h*) cerrar; *Gas, Strom, Wasser, Straße*: cortar; *com Kredit, Scheck*: bloquear; *Konto*: *a* congelar; **~gebiet** *n* zona *f* prohibida; **~gut** *n* mercancías *f/pl* de gran bulto; **~holz** *n* (*-[e]s*; *sin pl*) madera *f* contrachapeada *od* terciada; **𝔖ig** voluminoso, abultado; **~konto** *n* cuenta *f* bloqueada *od* congelada; **~müll** *m* residuos *m/pl* voluminosos

Spesen ['ʃpe:zən] *pl* gastos *m/pl*

Spe'zial|gebiet [ʃpe'tsja:l-] *n* especialidad *f*; **~geschäft** *n* comercio *m* del ramo, tienda *f* especializada; **𝔖isieren** [-tsjali'zi:rən] (*h*) especializar (***auf*** *ac* en); **~'ist** *m* (*-en*; *-en*), **~istin** *f* (*-*; *-nen*) especialista *su* (*a med*); **~ität** [-'tɛ:t] *f* (*-*; *-en*) especialidad *f*; **~i'tätenrestaurant** *n* restaurante *m* de especialidades

speziell [-'tsjɛl] especial, particular

spezifisch [-tsi:fiʃ] específico

'Sphär|e ['sfɛ:rə] *f* (*-*; *-n*) esfera *f*; *fig a* ambiente *m*; **𝔖isch** esférico

Sphinx [sfiŋks] *f* (*-*; *-e*) esfinge *f*

'Spiegel ['ʃpi:gəl] *m* (*-s*; *-*) espejo *m*; (*Schrank𝔖*) luna *f*; **~bild** *n* imagen *f* reflejada, reflejo *m*; **~ei** *gastr n* huevo *m* frito *od* al plato; **𝔖n** (*ge-*, *h*) reflejar (*a fig*); ***sich ~*** reflejarse

Spiel [ʃpi:l] *n* (*-[e]s*; *-e*) juego *m*; *Schach etc*: partida *f*; *dep* partido *m*; (*Karten*) baraja *f*; *teat* interpretación *f*; ***aufs ~ setzen*** arriesgar, poner en juego; jugarse *a/c*; ***auf dem ~ stehen*** estar en juego; **~automat** *m* (máquina *f*) tragaperras *m/f*; **'~bank** *f* (*-*; *-en*) casa *f* de juego; casino *m*; **'~casino** *österr* → ***Spielkasino***; **'𝔖en** (*ge-*, *h*) **1.** *v/t* jugar; *Instrument*: tocar; *teat* representar;

Rolle: interpretar; (*vorgeben*) simular; **2.** *v/i* jugar; *teat* actuar; *Handlung*: pasar; '**2end** *fig* fácilmente; sin dificultades; '**~er** *m* (*-s*; -), '**~erin** *f* (-; *-nen*) jugador(a) *m*(*f*); *teat* actor *m*, actriz *f*; '**~feld** *n* campo *m od* terreno *m* de juego, *Am* cancha *f*; '**~film** *m* largometraje *m*; '**~halle** *f* salón *m* recreativo; '**~karte** *f* naipe *m*, carta *f*; '**~kasino** *n* casino *m* de juego; '**~marke** *f* ficha *f*; '**~plan** *teat m* programa *m*, repertorio *m*; cartelera *f*; '**~platz** *m für Kinder*: parque *m* infantil; '**~raum** *m tec* juego *m*; *fig* libertad *f* (de movimiento); '**~regel** *f* regla *f* de(l) juego; '**~sachen** *f/pl* juguetes *m/pl*; '**~uhr** *f* reloj *m* de música; '**~zeit** *f teat* temporada *f*; *dep* duración *f* del partido; '**~zeug** *n* (-[*e*]*s*; *sin pl*) juguete *m*

Spieß [ʃpiːs] *m* (*-es*; *-e*) pica *f*; (*Brat*2) asador *m*

Spinat [ʃpi'nɑːt] *m* (-[*e*]*s*; *-e*) espinaca(s) *f*(/*pl*)

Spind [ʃpint] *m u n* (-[*e*]*s*; *-e*) armario *m*

'**Spinn|e** ['ʃpinə] *f* (-; *-n*) araña *f*; **2en** (*spann*, *gesponnen*, *h*) hilar; *fig* tramar, urdir; F estar chiflado; **~(en)gewebe** *n* telaraña *f*; **~rad** *n* torno *m* de hilar

Spi'on [ʃpi'oːn] *m* (*-s*; *-e*), **~in** *f* (-; *-nen*) espía *su*; **~age** [-o'nɑːʒə] *f* (-; *sin pl*) espionaje *m*; **2'ieren** (*h*) espiar

Spirale [-'rɑːlə] *f* (-; *-n*) espiral *f*

Spirituosen [-ritu'oːzən] *pl* bebidas *f/pl* espirituosas

Spiritus ['ʃpiːritus] *m* (-; *-se*) alcohol *m*

spitz [ʃpits] *adj* agudo (*a mat*); puntiagudo; *fig* picante, mordaz; '**2e** *f* (-; *-n*) punta *f*; (*Ende*) extremidad *f*, cabo *m*; (*Berg*2) pico *m*, cima *f*; (*Turm*2) flecha *f*; (*Gewebe*) encaje *m*, puntilla *f*; *fig* cabeza *f*; (*Höchstwert*) tope *m*; (*Bosheit*) indirecta *f*; ***an der*** **~** al frente; en (*od* a la) cabeza; '**2el** *m* (*-s*; -) espía *m*; confidente *m*; F soplón *m*; '**~en** (*ge-*, *h*) afilar, aguzar; ***die Ohren*** **~** aguzar el oído

'**Spitzen|klasse** *f* (-; *sin pl*) primera calidad *f*; **~leistung** *f dep* récord *m*; *tec* rendimiento *m* máximo

'**spitz|findig** ['-findiç] sutil; **2name** *m* apodo *m*, mote *m*

Spleen F [ʃpliːn] *m* (*-s*; *-e*, *-s*) esplín *m*; manía *f*; '**2ig** excéntrico

Splitt [ʃplit] *m* (-[*e*]*s*; *-e*) gravilla *f*

'**Splitter** ['ʃplitər] *m* (*-s*; -) astilla *f*; *in der Haut*: espina *f*; (*Bruchstück*) fragmento *m*; **2frei** inastillable; **2n** (*ge-*, *h u sn*) astillarse

SPÖ *f* ***Sozialdemokratische Partei Österreichs*** Partido *m* Socialdemócrata de Austria

'**spons|ern** ['ʃpɔnzərn] (*ge-*, *h*) patrocinar; **2or** ['-zɔr] *m* (*-s*; *-s*, *-en* [-'zoːrən]) patrocinador *m*

spontan [-'tɑːn] espontáneo

sporadisch [ʃpo'rɑːdiʃ] esporádico

Sport [ʃpɔrt] *m* (-[*e*]*s*; *sin pl*) deporte *m*; **~ *treiben*** practicar un deporte; '**~art** *f* deporte *m*; '**~flugzeug** *n* avioneta *f*; '**~geschäft** *n* tienda *f* de artículos de deporte; '**~hotel** *n* hotel *m* de deporte; '**~ler** *m* (*-s*; -), '**~lerin** *f* (-; *-nen*) deportista *su*; '**2lich** deportivo; '**~möglichkeiten** *f/pl* posibilidades *f/pl* para practicar deportes; '**~platz** *m* campo *m* de deportes; '**~verein** *m* sociedad *f* deportiva, club *m* deportivo; '**~wagen** *m auto* coche *m* deportivo

Spott [ʃpɔt] *m* (-[*e*]*s*; *sin pl*) burla *f*; mofa *f*; escarnio *m*; '**2en** (*ge-*, *h*) reírse (***über*** *ac* de); mofarse (de)

spöttisch ['ʃpœtiʃ] burlón; sarcástico

'**Sprach|e** ['ʃprɑːxə] *f* (-; *-n*) lengua *f*, idioma *m*; (*Sprechfähigkeit*) habla *f*; palabra *f*; (*Sprechart*) lenguaje *m*; (*Ausdrucksweise*) dicción *f*; ***zur* ~ *bringen*** poner sobre el tapete; ***zur* ~ *kommen*** (llegar a) discutirse; **~enschule** *f* escuela *f* de idiomas; **~erkennung** *f inform* reconocimiento *m* de voz; **~führer** *m* manual *m* de conversación; **~gebrauch** *m* (-[*e*]*s*; *sin pl*) uso *m* del idioma; **2gewandt** elocuente; de palabra fácil; **2kundig** experto en idiomas; **~kurs** *m* curs(ill)o *m* de idiomas; **~labor** *n* laboratorio *m* de idiomas; **~lehrer** *m*, **~lehrerin** *f* profesor(a) *m*(*f*) de idiomas; **2lich** lingüístico; **2los** *fig* atónito; **~reise** *f* viaje *m* para aprender idiomas; **~unterricht** *m* enseñanza *f* de idiomas; **~wissenschaft** *f* filología *f*; lingüística *f*

Spray [ʃpre, spreː] *m od n* (*-s*; *-s*) spray *m*

'**Sprech|anlage** ['ʃprɛçˀanlɑːgə] *f* interfono *m*; **~blase** *f* globito *m*; **2en** (*sprach*, *gesprochen*, *h*) hablar (***über*** *ac* de); (*sagen*) decir; ***dafür*** **~** hablar en favor *od* en pro de; ***zu* ~ *sn*** recibir; **~er** *m* (*-s*; -), **~erin** *f* (-; *-nen*) orador(a) *m(f)*; (*Wortführer*) portavoz *m*; *Radio*: locutor(a) *m(f)*; **~funk** *m* radiotelefonía *f*; **~stunde** *f* hora *f* de despacho; *med* (hora *f* de) consulta *f*; '**~stundenhilfe** *f* auxiliar *f* de médico, enfermera *f*; **~zimmer** *n* locutorio *m*; *med* sala *f* de consulta, consultorio *m*

spreizen ['ʃpraɪtsən] (*ge-*, *h*) abrir; extender; *Beine*: separar

'**spreng|en** ['ʃprɛŋən] (*ge-*, *h*) *Garten etc*: regar; *Schloss*: forzar; *Spielbank*: hacer saltar; (***in die Luft***) **~** hacer saltar, volar; **ⸯkörper** *m* (cuerpo *m*) explosivo *m*; **ⸯstoff** *m* explosivo *m*; **ⸯung** *f* (-; *-en*) voladura *f*

Sprichwort ['ʃpriç-] *n* (-[*e*]*s*; *¨er*) refrán *m*, proverbio *m*

'**Spring|brunnen** ['ʃpriŋbrunən] *m* surtidor *m*, fuente *f*; **ⸯen** (*sprang*, *gesprungen*, *sn*) saltar; (*hüpfen*) brincar; (*platzen*) reventar, estallar; *Glas*: rajarse; **ⸯend**: ***der ~e Punkt*** el punto esencial, F el busilis, el quid; **~er** *m* (*-s*; -), **~erin** *f* (-; *-nen*) *dep* saltador(a) *m(f)*; *Schach*, *nur m*: caballo *m*; **~reiten** *n* concurso *m* de saltos

Sprit [ʃprit] *m* (-[*e*]*s*; *-e*) alcohol *m*; F gasolina *f*

'**Spritz|e** ['-sə] *f* -; *-n*) jeringa *f*, *med a* jeringuilla *f*; (*Einspritzung*) inyección *f*; **ⸯen** (*ge-*, *h*) **1.** *v/t* rociar, regar; *med* inyectar; **2.** *v/i* (*a sn*) saltar, brotar; *Schmutz*: salpicar; **~er** *m* (*-s*; -) salpicadura *f*; **~tour** F *f* vuelta *f*, escapada *f*

spröde ['ʃprøːdə] frágil, quebradizo; *Haut*: áspero; *fig* esquivo

Spross [ʃprɔs] *m* (*-es*; *-e*) *bot* retoño *m*, vástago *m* (*beide a fig*); renuevo *m*

Sprosse ['-sə] *f* (-; *-n*) escalón *m*, peldaño *m*

Spruch [ʃprux] *m* (-[*e*]*s*; *¨e*) (*Ausⸯ*) dicho *m*, sentencia *f*; (*Sinnⸯ*) adagio *m*, proverbio *m*; *jur* fallo *m*, sentencia *f*; '**ⸯreif** maduro; *jur* concluso para sentencia

'**Sprudel** ['ʃpruːdəl] *m* (*-s*; -) (*Getränk*) gaseosa *f*, agua *f* mineral con gas; **ⸯn** (*ge-*, *sn u h*) brotar a borbotones, surtir; (*sieden*) hervir; *Sekt*: burbujear

'**Sprüh|dose** ['ʃpryːdoːzə] *f* spray *m*; **ⸯen** (*ge-*, *sn u h*) chispear (*a fig*); (*Regen*) lloviznar; **~regen** *m* llovizna *f*

Sprung [ʃpruŋ] *m* (-[*e*]*s*; *¨e*) salto *m*; (*Satz*) brinco *m*; (*Riss*) raja *f*, grieta *f*; '**~brett** *n* trampolín *m* (*a fig*); '**ⸯhaft** *fig* inconstante; veleidoso; '**~schanze** *f* trampolín *m* de saltos

SPS *f* ***Sozialdemokratische Partei der Schweiz*** Partido *m* Socialdemocrata de Suiza

'**Spuck|e** F ['ʃpukə] *f* (-; *sin pl*) saliva *f*; **ⸯen** (*ge-*, *h*) escupir

spuken ['ʃpuːkən] (*ge-*, *h*) trasguear; ***es spukt*** andan duendes

Spülbecken ['ʃpyːlbɛkən] *n* fregadero *m*, pila *f*

Spule ['ʃpuːlə] *f* (-; *-n*) *el* bobina *f*; (*Rolle*) carrete *m*

'**spül|en** ['ʃpyːlən] (*ge-*, *h*) lavar; *med* irrigar; *Mund*, *Gläser*: enjuagar; *Wäsche*: aclarar; **ⸯmittel** *n* detergente *m*

Spur [ʃpuːr] *f* (-; *-en*) huella *f* (*a fig*); (*Fußⸯ*) pisada *f*; (*Radⸯ*) rodada *f*; *ferro* vía *f*; *Vkw* carril *m*; (*Tonband*) canal *m*; (*Fährte*) pista *f* (*a fig*); *fig* indicio *m*

'**spür|bar** ['ʃpyːrbɑːr] perceptible; *fig* sensible; **~en** *v/t* (*ge-*, *h*) sentir; (*wahrnehmen*) notar, percibir

spurlos ['ʃpuːrloːs] sin dejar rastro

Spürsinn ['ʃpyːr-] *m* (-[*e*]*s*; *sin pl*) olfato *m*

Spurt [ʃpurt] *m* (-[*e*]*s*; *-s*) sprint *m*

Spurweite *ferro* ['ʃpuːrvaɪtə] *f* ancho *m* de vía, *Am* trocha *f*

SS *n* ***Sommersemester*** semestre *m* de verano

St. 1. (*Sankt*) S. (*santo*); **2.** (*Stück*) pieza *f*; **3.** (*Stunde*) h. (*hora*)

St., **Std.** ***Stunde*** h (hora)

Staat [ʃtɑːt] *m* (-[*e*]*s*; *-en*) Estado *m*; '**ⸯenlos** apátrida; '**ⸯlich** del Estado; estatal; nacional; **~** ***geprüft*** diplomado

'**Staats|akt** ['-sˀakt] *m* ceremonia *f* oficial; **~angehörige** *su* súbdito *m*, -a *f*; ciudadano *m*, -a *f*; **~angehörigkeit** *f* (-; *-en*) nacionalidad *f*; ciudadanía *f*; **~anwalt** *m* fiscal *m*; **~bürger** *m*, **~bürgerin** *f* ciudadano *m*, -a *f*; **~dienst** *m* (-[*e*]*s*; *sin pl*) servicio *m* público; **~examen** *n* examen *m* de Estado; licenciatura *f*; **ⸯgefährdend** subversivo; **~haushalt** *m* presupuesto *m* del Estado; **~kasse** *f* Tesoro *m* público, fisco *m*; **~mann** *m* (-[*e*]*s*; *Staatsmänner*) hombre *m* de Estado, estadista *m*; **~oberhaupt** *n* jefe *m* de Estado; **~sekretär** *m* secretario *m* de Estado; *Esp* subsecretario *m*; **~streich** *m* golpe *m* de Estado

Stab [ʃtaːp] *m* (-[*e*]*s*; ⸚*e*) bastón *m*; (*Stange*) vara *f*; (*Metall*⁓) barra *f*; *dep* pértiga *f*; (*Mitarbeiter*⁓) plana *f* mayor; *mil* Estado *m* Mayor; '**~hochsprung** *m* salto *m* con pértiga

stabil [ʃta'biːl] estable; **⁓isator** *m* (-*s*; -*en*) estabilizador *m*; **~isieren** [-bili'ziːrən] (*h*) estabilizar; **⁓ität** [-'tɛːt] *f* (-; *sin pl*) estabilidad *f*; **⁓itätspolitik** *f* política *f* estabilizadora

'**Stachel** ['ʃtaxəl] *m* (-*s*; -*n*) pincho *m*; *bot a* espina *f*; *zo* púa *f*; (*Insekten*⁓) aguijón *m* (*a fig*); **~beere** *f* grosella *f* espinosa; **~draht** *m* (-[*e*]*s*; *sin pl*) alambre *m* de espino; **⁓ig** espinoso; erizado; **~schwein** *n* puerco *m* espín

Stad|ion ['ʃtaːdjɔn] *n* (-*s*; *Stadien*) estadio *m*; **~ium** ['-djum] *n* (-*s*; *Stadien*) fase *f*, estad(i)o *m*

Stadt [ʃtat] *f* (-; ⸚*e*) ciudad *f*; '**~autobahn** *f* autopista *f* urbana; '**~bahn** *f* ferrocarril *m* metropolitano; '**~bezirk** *m* distrito *m*; '**~bild** *n* aspecto *m* urbano, fisonomía *f* de la ciudad; '**~bummel** *m* paseo *m* por la ciudad

'**Städte|bau** ['ʃtɛtə-] *m* (-[*e*]*s*; *sin pl*) urbanismo *m*; **~partnerschaft** *f* hermanamiento *m* *od* gemelación *f* de ciudades; **~r** *m* (-*s*; -) hombre *m* de ciudad; ciudadano *m*

'**Stadt|gas** ['ʃtat-] *n* (-*es*; *sin pl*) gas *m* ciudad; **~gebiet** *n* término *m* municipal

städtisch ['ʃtɛːtiʃ] urbano; (*Verwaltung*) municipal

'**Stadt|kern** ['ʃtat-] *m* casco *m* urbano; **~mauer** *f* muralla *f*; **~mitte** *f* centro *m* urbano; **~plan** *m* plano *m* de la ciudad; **~rand** *m* (-[*e*]*s*; *sin pl*) periferia *f*, afueras *f*/*pl*; **~rundfahrt** *f* visita *f* de la ciudad; **~teil** *m* barrio *m*; **~zentrum** *n* centro *m* de la ciudad

'**Staffel** ['ʃtafəl] *f* (-; -*n*) escalón *m*; *dep* relevo *m*; *avia* escuadrilla *f*; **~lauf** *dep* *m* carrera *f* de relevos; **⁓n** (*ge*-, *h*) escalonar; graduar

Stag|nation [ʃtagna'tsjoːn] *f* (-; -*en*) estancamiento *m*; **⁓'nieren** (*h*) estancarse

Stahl [ʃtaːl] *m* (-[*e*]*s*; ⸚*e*) acero *m*; '**~beton** *m* hormigón *m* armado; '**⁓hart** duro como acero; '**~industrie** *f* industria *f* del acero; '**~kammer** *f* cámara *f* acorazada; '**~werk** *n* acería *f*, fábrica *f* de acero

Stalking ['stɔːkɪŋ] *n* *jur* stalking *m* *Fortgesetzte Verfolgung, Belästigung oder Bedrohung einer anderen Person gegen deren Willen.*

Stall [ʃtal] *m* (-[*e*]*s*; ⸚*e*) establo *m*; (*Pferde*⁓) cuadra *f*; **~pflicht** *f* *etwa* obligación *f* de mantener las aves encerradas

Stamm [ʃtam] *m* (-[*e*]*s*; ⸚*e*) tronco *m*; (*Geschlecht*) linaje *m*, estirpe *f*; (*Volks*⁓) tribu *f*; '**~aktie** *com* *f* acción *f* ordinaria; '**~baum** *m* árbol *m* genealógico; '**⁓en** (*ge*-, *h*) provenir, proceder (***aus*** de); (*ab*~) descender (***von*** de); ***~ aus*** ser natural de; '**~gast** *m* cliente *m* habitual; parroquiano *m*; '**~haus** *n* casa *f* matriz

stämmig ['ʃtɛmiç] robusto, vigoroso

'**Stamm|kapital** ['ʃtam-] *n* capital *m* social; **~kunde** *m* cliente *m* fijo; **~lokal** *n* bar *m* habitual; **~personal** *n* personal *m* de plantilla; **~tisch** *m* tertulia *f*; peña *f*; **~zellen** *pl biol*, *med* células *f*/*pl* madre; **~zellenforschung** *f* *med* investigación *f* de las células madre

Stand [ʃtant] *m* (-[*e*]*s*; ⸚*e*) (*Verkaufs*⁓) puesto *m*; (*Messe*⁓) stand *m*; (*sin pl*) (*Höhe*) nivel *m*; (*Zu*⁓) estado *m*; (*Rang*) rango *m*, categoría *f*; ***auf den neuesten ~ bringen*** poner al día, actualizar; ***außer ~e*** → ***außerstande***; ***im ~e*** → ***imstande***; ***in ~*** → ***instand***; ***zu ~e*** → ***zustande***

Standard ['-dart] *m* (-*s*; -*s*) standard *m*, estándar *m*; patrón *m*; tipo *m*; **⁓isieren** [-di'ziːrən] (*h*) estandarizar

Standbild ['ʃtant-] *n* estatua *f*

Ständ|chen ['ʃtɛntçən] *n* (-*s*; -) serenata *f* (***bringen*** dar); **~er** ['-dər] *m* (-*s*; -) soporte *m*; (*Regal*) estante *m*; *tec* montante *m*

'**Standesamt** ['ʃtandəsˀamt] *n* registro *m* civil; **⁓lich** *Trauung*: civil; ***~ heiraten*** casarse por lo civil

'**stand|haft** ['ʃtant-] constante; **~halten** (*irr*, *sep*, -*ge*-, *h*, → ***halten***) resistir

ständig ['ʃtɛndiç] permanente

'**Stand|licht** *auto* ['ʃtant-] *n* (-[*e*]*s*; -*er*) luz *f* de población; **~ort** *m* lugar *m*, sitio *m*; emplazamiento *m*; **~punkt** *m* punto *m* de vista; ***auf dem ~ stehen, dass*** opinar que; **~spur** *Vkw* *f* carril *m* de aparcamiento

Stange ['ʃtaŋə] *f* (-; -*n*) vara *f*; pértiga *f*; palo *m*; (*Kleider*⁓) percha *f*; (*Metall*⁓) barra *f*; *Zigaretten*: cartón *m*

'Stapel ['ʃtaːpəl] *m* (*-s*; *-*) pila *f*, montón *m*; *mar* grada *f*; ***vom ~ lassen*** botar; **~lauf** *mar m* botadura *f*; **≗n** (*ge-*, *h*) amontonar, apilar

Star [ʃtaːr] *m* (*-*[*e*]*s*; *-e*) **a**) *zo* estornino *m* **a**) *med*: ***grauer ~*** catarata *f*; ***grüner ~*** glaucoma *m* **a**) [a staːr] (*-s*; *-s*) *teat*, *Film*: estrella *f*

stark [ʃtark] fuerte; robusto; vigoroso; *Kaffee*: cargado; *tec* potente; (*dick*) grueso, gordo, obeso; *Verkehr etc*: intenso; *adv* mucho

'Stärke ['ʃtɛrkə] *f* (*-*; *sin pl*) fuerza *f*; robustez *f*; vigor *m*; (*pl -n*) intensidad *f*; *tec* potencia *f*; (*Wäsche≗*) almidón *m*; **≗n** (*ge-*, *h*) fortalecer, fortificar; robustecer; *med* tonificar; ***sich ~*** confortarse

Starkstrom ['ʃtark-] *el m* (*-*[*e*]*s*; *sin pl*) corriente *f* de alta tensión

Stärkung ['ʃtɛrkuŋ] *f* (*-*; *-en*) confortación *f*; (*Imbiss*) refrigerio *m*

starr [ʃtar] rígido, tieso; (*unbeweglich*) fijo, inmóvil; ***~ vor Kälte*** transido *od* aterido de frío; **'~en** (*ge-*, *h*) mirar fijamente (***auf*** *ac*); ***~ von*** estar cubierto de; **'~sinnig** obstinado

Start [ʃtart] *m* (*-*[*e*]*s*; *-s*) salida *f* (*a dep*), arranque *m*; *avia* despegue *m*; **'~automatik** *auto f* arranque *m* automático; **'~bahn** *avia f* pista *f* de despegue; **'≗bereit** *avia* listo para el despegue; *fig* listo para partir; **'≗en** (*ge-*) **1.** *v/i* (*sn*) salir, arrancar; *avia* despegar; **2.** *v/t* (*h*) *Rakete etc*: lanzar; *a fig* poner en marcha; **'~hilfekabel** *n* cable *m* de emergencia; **'~nummer** *f dep* dorsal *m*

Statik ['ʃtaːtik] *f* (*-*; *sin pl*) estática *f*

Station [ʃta'tsjoːn] *f* (*-*; *-en*) estación *f*; *med* sección *f*; (*Halt*) parada *f*; **≗är** [-tsjo'nɛːr] estacionario; *med* ***~e Behandlung*** tratamiento *m* clínico; **≗'ieren** (*h*) estacionar; *Raketen*: instalar, desplegar

Sta'tist|ik [-'tistik] *f* (*-*; *-en*) estadística *f*; **≗isch** estadístico

Stativ [-'tiːf] *n* (*-s*; *-e*) trípode *m*

statt [ʃtat] *prp* (*gen*, ***zu*** + *inf*) en lugar de, en vez de

Stätte ['ʃtɛtə] *f* (*-*; *-n*) lugar *m*, sitio *m*

stattfinden ['ʃtatfindən] (*irr*, *sep*, *-ge-*, *h*, → ***finden***) tener lugar, celebrarse; verificarse, realizarse

Statue ['ʃtaːtuə] *f* (*-*; *-n*) estatua *f*

Statur [ʃta'tuːr] *f* (*-*; *-en*) estatura *f*, talla *f*

Status ['ʃtaːtus] *m* (*-*; *-*) estado *m*; estatus *m* (social)

Statut [ʃta'tuːt] *n* (*-*[*e*]*s*; *-en*) estatuto *m*

Stau [ʃtau] *m* (*-*[*e*]*s*; *-s*, *-e*) *a Vkw* retención *f*

Staub [ʃtaup] *m* (*-*[*e*]*s*; *sin pl*) polvo *m*; ***~ saugen*** pasar la aspiradora; **≗en** ['-bən] (*ge-*, *h*) levantar polvo; ***es staubt*** hay polvo; **'≗ig** ['-biç] polvoriento; **'~sauger** *m* (*-s*; *-*) aspiradora *f*; **'~tuch** *n* trapo *m* quitapolvo; **'~wolke** *f* polvareda *f*

'Staudamm *m* presa *f*; dique *m* (de contención)

'staue|n (*ge-*, *h*) estancar; *Wasser*: represar; *mar* estibar; ***sich ~*** *Verkehr*: congestionarse

staunen ['-nən] *v/i* (*ge-*, *h*) asombrarse, admirarse (***über*** *ac* de)

'Stausee *m* pantano *m*

Steak [steːk] *n* (*-s*; *-s*) bistec *m*

'stech|en ['ʃteçən] (*stach*, *gestochen*, *h*) pinchar; punzar; *Insekt*, *Sonne*: picar; *Kartenspiel*: hacer baza; **~end** punzante; *Schmerz*: *a* lancinante; *Geruch*: penetrante; **≗mücke** *f* mosquito *m*; *Am* zancudo *m*

'Steck|brief ['ʃtɛk-] *m* (carta *f*) requisitoria *f*; orden *f* de búsqueda y captura; **~dose** *f* (caja *f* de) enchufe *m*

'steck|en ['ʃtɛkən] (*ge-*, *h*) **1.** *v/t* meter, poner; *Geld in et*: invertir; (*fest~*) prender, fijar; **2.** *v/i* estar (metido), hallarse; *Schlüssel*: estar puesta; ***~ bleiben*** atascarse; *Fahrzeug*: quedarse parado; quedar detenido (***im Schnee*** por la nieve); *fig* → ***steckenbleiben***; ***~ lassen*** *Schlüssel*: dejar puesto; ***dahinter steckt etwas*** F aquí hay gato encerrado; **~enbleiben** (*irr*, *sep*, *-ge-*, *sn*, → ***bleiben***) *fig* atascarse; *in der Rede* perder el hilo; **≗er** *el m* (*-s*; *-*) clavija *f*, enchufe *m*; **≗nadel** *f* alfiler *m*

Steg [ʃteːk] *m* (*-*[*e*]*s*; *-e*) pasadera *f*; pasarela *f*; **'~reif** *m*: ***aus dem ~ sprechen*** improvisar (un discurso)

'steh|en ['ʃteːən] *v/i* (*stand*, *gestanden*, *h*) estar de *od* en pie; (*sich befinden*) estar, encontrarse; *in e-m Text*: figurar en; *Uhr*, *Verkehr*: estar parado; *Kleidung*: ir, sentar; ***~ bleiben*** pararse (*a Uhr*), detenerse, quedarse parado; ***~ lassen*** dejar (*j-n*: plantado); (*vergessen*) olvidar; ***wie stehst du dazu?*** ¿qué opinas de esto?; ***sich gut mit***

j-m ~ llevarse bien con alg; *fig* ***hinter j-m ~*** respaldar a alg; ***wie steht es mit ...?*** ¿qué hay de ...?; **~end** de pie; derecho; *Wasser*: estancado, muerto

'steh|en ['ʃteːən] *v/i* (*stand*, *gestanden*, *h*) estar de *od* en pie; (*sich befinden*) estar, encontrarse; *in e-m Text*: figurar en; *Uhr*, *Verkehr*: estar parado; *Kleidung*: ir, sentar; ***~ bleiben*** detenerse, quedarse parado; *fig* → ***stehenbleiben***; ***~ lassen*** dejar en su sitio; *fig* → ***stehenlassen***; ***wie stehst du dazu?*** ¿qué opinas de esto?; ***sich gut mit j-m ~*** llevarse bien con alg; *fig* ***hinter j-m ~*** respaldar a alg; ***wie steht es mit ...?*** ¿qué hay de ...?; **'~enbleiben** (*irr*, *sep*, *-ge-*, *sn*, → ***bleiben***) *fig* pararse (*a Uhr*); **~end** de pie; derecho; *Wasser*: estancado, muerto; **'~enlassen** (*irr*, *sep*, mst sin -ge-, sn, → ***lassen***) *fig* dejar (*j-n*: plantado); (*vergessen*) olvidar

'Steh|lampe *f* lámpara *f* de pie; **~leiter** *f* escalera *f* de tijera

stehlen ['-lən] (*stahl*, *gestohlen*, *h*) hurtar, robar

Stehplatz ['-plats] *m teat* localidad *f* de pie

Steiermark ['ʃtaɪərmark] *f* Estiria *f*

steif [ʃtaɪf] tieso, rígido; *Grog*, *Wind*: fuerte; *Glieder*: entumecido; *Benehmen*: formal, ceremonioso

'steig|en ['ʃtaɪgən] (*stieg*, *gestiegen*, *sn*) subir (***auf, in*** *ac* a); (*zunehmen*) aumentar, crecer; **~end** en alza; creciente; **~ern** (*ge-*, *h*) acrecentar, aumentar; elevar, alzar; *Preis a* subir; (*Auktion*) pujar; ***sich ~*** aumentar, ir en aumento; **2erung** *f* (-; *-en*) aumento *m*, subida *f*; **2erungsrate** *f* tasa *f* de incremento; **2ung** *f* (-; *-en*) subida *f*; cuesta *f*, pendiente *f*

steil [ʃtaɪl] escarpado, empinado; *Küste*: acantilado; **'2hang** *m* despeñadero *m*; tajo *m*; **'2küste** *f* acantilado *m*; **'2wandzelt** *n* tienda *f* canadiense

Stein [ʃtaɪn] *m* (-[*e*]*s*; *-e*) piedra *f*; *med* cálculo *m*; (*Spiel2*) pieza *f*, peón *m*; (*Obst2*) hueso *m*; **'~bock** *m zo* cabra *f* montés; *astr* Capricornio *m*; **'~bruch** *m* cantera *f*; **'2ern** de piedra; **'~gut** *n* (-[*e*]*s*; *sin pl*) loza *f*; gres *m*; **'2ig** pedregoso; **'~kohle** *f* hulla *f*; **~metz** ['-mɛts] *m* (*-en*; *-en*) cantero *m*, picapedrero *m*; **'~pilz** *bot m* boleto *m* comestible; **'~schlag** *m* caída *f* de piedras; **'~zeit** *f* (-; *sin pl*) edad *f* de piedra

Steiß [ʃtaɪs] *m* (*-es*; *-e*) trasero *m*

Stelle ['ʃtɛlə] *f* (-; *-n*) sitio *m*, lugar *m*; (*Anstellung*) empleo *m*, puesto *m*, colocación *f*; *in Büchern*: pasaje *m*; (*Behörde*) servicio *m*; centro *m* (oficial); ***an ~ von*** en lugar de; ***ich an deiner ~*** yo que tú

'stellen ['-lən] (*ge-*, *h*) **1.** *v/t* colocar; poner, meter; *tec* ajustar; *Uhr*: poner en hora; *Aufgabe*: proponer; *Antrag*, *Frage*: hacer; **2.** *v/refl*: ***sich ~*** colocarse, ponerse, meterse; *Täter*: entregarse; (*so tun als ob*) fingir, simular *inf*; **2abbau** *m* reducción *f* de empleo; **2angebot** *n* oferta *f* de empleo *od* colocación; **2gesuch** *n* demanda *f od* solicitud *f* de empleo; **2vermittlung** *f* agencia *f* de colocaciones; **~weise** aquí y allá; en parte

'Stellplatz *m* plaza *f* de parking

'Stellung ['-luŋ] *f* (-; *-en*) posición *f* (*a mil*); (*An2*) empleo *m*, puesto *m*, colocación *f*; ***~ nehmen zu*** tomar posición *od* opinar sobre; **~nahme** ['-naːmə] *f* (-; *-n*) toma *f* de posición; parecer *m*, opinión *f*; **~(s)suche** *f* busca *f* de empleo; **~(s)suchende** *m/f* (*-n*; *-n*) solicitante *su* de empleo

'Stellvertreter *m*, **~in** *f* sustituto *m*, -a *f*, suplente *su*; representante *su*

stemmen ['ʃtɛmən] (*ge-*, *h*): ***sich ~ gegen*** apoyarse contra; *fig* resistirse a

'Stempel ['-pəl] *m* (*-s*; -) sello *m* (*a fig*); timbre *m*; (*Namens2*) estampilla *f*; *corr* matasellos *m*; *tec* punzón *m*; **~kissen** *n* tampón *m*, almohadilla *f*; **2n** (*ge-*, *h*) sellar; timbrar; *corr Marke*: matasellar, inutilizar

Steno'graf [-'graːf] *m* (*-en*; *-en*), **~in** *f* (-; *-nen*) taquígrafo *m*, -a *f*; **~ie** [-gra'fiː] *f* (-; *-n*) taquigrafía *f*; **2ieren** [-'fiːrən] (*h*) taquigrafiar

Steno'gramm [ʃteno'gram] *n* (*-s*; *-e*) taquigrama *m*; **~block** *m* (-[*e*]*s*; *-s*) bloc *m* de taquigrafía

Stenotypistin [-ty'pistin] *f* (-; *-nen*) taquimecanógrafa *f*, F taquimeca *f*

'Stepp|decke ['ʃtɛp-] *f* colcha *f* pespunteada; edredón *m*; **~e** *f* (-; *-n*) estepa *f*

'Sterbe|bett ['ʃtɛrbə-] *n* lecho *m* de muerte; **~fall** *m* fallecimiento *m*; **2n** (*starb*, *gestorben*, *sn*) morir (***an*** *dat* de), fallecer; ***im 2 liegen*** estar muriéndose; **~urkunde** *f* partida *f* de defunción

'sterblich ['ʃtɛrpliç] mortal; **⁀keit** *f* mortalidad *f*

Stereo|anlage ['ʃteːreoˀ-] *f* equipo *m* estereofónico *od* estéreo; **⁀typ** [-'tyːp] estereotípico, estereotipado (*a fig*)

steril [ʃte'riːl] estéril; **~isieren** [-rili'siːrən] (*h*) esterilizar

Stern [ʃtɛrn] *m* (-[*e*]*s*; -*e*) estrella *f*, *astr a* astro *m*; **'~bild** *n* constelación *f*; **'~enbanner** *n* bandera *f* estrellada; **'~enhimmel** *m* (-*s*; *sin pl*) firmamento *m*; **⁀förmig** ['-fœrmiç] estrellado, radiado; **'~schnuppe** *f* (-; -*n*) estrella *f* fugaz; **'~warte** *f* observatorio *m* (astronómico)

'stet|ig ['ʃteːtiç] constante, continuo; **~s** siempre

'Steuer¹ ['ʃtɔʏər] *f* (-; -*n*)*pol* impuesto *m*, contribución *f*

'Steuer² ['ʃtɔʏər] *n* (-*s*; -) *mar*, *avia* timón *m* (*a fig*); *auto* volante *m*; **~aufkommen** *n* recaudación *f* fiscal; **~befreiung** *f* exención *f* fiscal; **~berater** *m* asesor *m* fiscal; **~bord** *mar n* (-[*e*]*s*; *sin pl*) estribor *m*; **~erklärung** *f* declaración *f* de impuestos; **⁀frei** libre de impuestos; **~freibetrag** *m* importe *m* exento de impuestos; **~hinterziehung** *f* (-; -*en*) fraude *m* fiscal; **~klasse** *f* categoría *f* impositiva; **~knüppel** *avia m* palanca *f* de mando; **⁀lich** fiscal; **⁀n** (*ge-*, *h*) *mar* gobernar; *avia* pilotar; *auto* conducir, guiar; *tec* mandar; **⁀pflichtig** sujeto a impuestos; **~rad** *n auto* volante *m*; *mar* timón *m*; **~recht** *n* (-[*e*]*s*; *sin pl*) derecho *m* fiscal; **~rückvergütung** *f* devolución *f* de impuestos; **~satz** *m* tipo *m* impositivo; **~ung** *f* (-; *sin pl*) *mar* gobierno *m*; *avia* pilotaje *m*; *auto* conducción *f*; *tec* mando *m*; control *m*; **~vergünstigung** *f* ventaja *f* fiscal; **~vorauszahlung** *f* pago *m* anticipado de impuestos; **~zahler** *m* (-*s*; -) contribuyente *m*

'Steward ['stjuːərt] *m* (-*s*; -*s*) *avia* auxiliar *m* de vuelo; *mar* camarero *m*; **~ess** [-dɛs] *f* (-; -*en*) *avia* azafata *f*, *Am* aeromoza *f*; *mar* camarera *f*

StGB *n* ***Strafgesetzbuch*** Código *m* penal

Stich [ʃtiç] *m* (-[*e*]*s*; -*e*) pinchazo *m*; punzada *f* (*a Schmerz*); *e-s Insekts*: picadura *f*; *Kartenspiel*: baza *f*; (*Bild*) grabado *m*, lámina *f*, estampa *f*; ***im ~ lassen*** abandonar; **'⁀eln** *fig* (*ge-*, *h*) echar indirectas *od* pullas; **'⁀haltig** concluyente; fundado; **'~probe** *f* prueba *f* (hecha) al azar; **'~tag** *m* día *m* fijado; fecha *f* tope; ***~ zur Einführung des Euro*** día *m* fijado para la introducción del euro; **'~wahl** *f* votación *f* de desempate, balotaje *m*; **'~wort** *n* (*Notiz*) apunte *m*; *tip* voz *f* guía, entrada *f*

'stick|en ['ʃtikən] (*ge-*, *h*) bordar; **⁀e'rei** *f* (-; -*en*) bordado *m*; **~ig** sofocante; **⁀stoff** *quím m* (-[*e*]*s*; *sin pl*) nitrógeno *m*

Stiefbruder ['ʃtiːf-] *m* hermanastro *m*

Stiefel ['-fəl] *m* (-*s*; -) bota *f*

'Stief|mutter ['ʃtiːf-] *f* madrastra *f*; **~mütterchen** *bot n* (-*s*; -) pensamiento *m*; **~schwester** *f* hermanastra *f*; **~sohn** *m* hijastro *m*; **~tochter** *f* hijastra *f*; **~vater** *m* padrastro *m*

Stiege ['ʃtiːgə] *f* (-; -*n*) escalera *f* (estrecha)

Stiel [ʃtiːl] *m* (-[*e*]*s*; -*e*) mango *m*; *bot* tallo *m*; *a zo* pedúnculo *m*

Stier [ʃtiːr] *m* (-[*e*]*s*; -*e*) toro *m*; *astr* Tauro *m*; *fig* ***den ~ bei den Hörnern packen*** agarrar el toro por los cuernos; **'~kampf** *m* corrida *f* de toros; **'~kampfarena** *f* plaza *f* de toros; **'~kämpfer** *m* torero *m*

Stift [ʃtift] *m* (-[*e*]*s*; -*e*) clavija *f*, espiga *f*; (*Nagel*) tachuela *f*; (*Blei⁀*) lápiz *m*; **'⁀en** (*ge-*, *h*) fundar, crear; (*schenken*) donar, regalar; **'~ung** *f* (-; -*en*) fundación *f*; (*Schenkung*) donación *f*

Stil [ʃtiːl] *m* (-[*e*]*s*; -*e*) estilo *m*; ***in großem ~*** por todo lo alto; **⁀isieren** [ʃtili'ziːrən] (*h*) estilizar; **⁀istisch** [-'listiʃ] estilístico

still [ʃtil] (*ruhig*) tranquilo, quieto; (*lautlos*) silencioso; (*unbeweglich*) inmóvil; (*schweigend*) tácito, taciturno; ***~er Teilhaber*** socio *m* tácito *od* participante; **'⁀e** *f* (-; *sin pl*) tranquilidad *f*; silencio *m*; calma *f*; ***in aller ~*** en la (más estricta) intimidad

'still|en ['ʃtilən] (*ge-*, *h*) *Schmerz*: calmar; *Hunger*: matar; *Durst*: apagar; *Blut*: restañar; *Kind*: dar el pecho, amamantar; **~halten** (*irr*, *sep*, -*ge*-, *h*, → ***halten***) no moverse, quedarse quieto

Stiller Ozean ['ʃtilər 'oːtseɑːn] *m s.* ***Pazifik***

Stillleben *pint* ['ʃtil-] *n* (*-s*; *-*) naturaleza *f* muerta, bodegón *m*
'**stilllegen** (*sep*, *-ge-*, *h*) parar; cerrar; paralizar
'**Still|schweigen** *n* (*-s*; *sin pl*) silencio *m*; mutismo *m*; **♀schweigend** callado, tácito; ~ ***übergehen*** silenciar; **~stand** *m* (*-[e]s*; *sin pl*) parada *f*; suspensión *f*, paro *m*; paralización *f*; **♀stehen** (*irr*, *sep*, *-ge-*, *h*, → ***stehen***) quedarse parado *od* quieto, no moverse; *Betrieb*: estar parado
'**Stil|möbel** ['ʃti:l-] *n/pl* muebles *m/pl* de estilo; **♀voll** de buen gusto; de estilo refinado
'**Stimm|bänder** *anat* ['ʃtim-] *n/pl* cuerdas *f/pl* vocales; **♀berechtigt** con derecho a votar; **~e** *f* (*-*; *-n*) voz *f*; *pol* voto *m*; *mus* parte *f*; ***s-e ~ abgeben*** votar
'**stimmen** ['-mən] (*ge-*, *h*) **1.** *v/t mus* afinar; *fig* ***traurig ~*** entristecer; ***gut*** (***schlecht***) ***gestimmt*** de buen (mal) humor; **2.** *v/i* (*zutreffen*) ser exacto *od* cierto *od* justo; *pol* ***~ für*** votar por; **♀mehrheit** *f* mayoría *f* de votos
'**Stimm|enthaltung** abstención *f*; **~recht** *n* (*-[e]s*; *sin pl*) derecho *m* de voto; **~ung** *f* (*-*; *-en*) *fig* disposición *f*; humor *m*; estado *m* de ánimo; ambiente *m*, atmósfera *f*; ***in ~ kommen*** animarse; **♀ungsvoll** (muy) expresivo; (muy) animado; **~zählung** *f* recuento *m* de votos, escrutinio *m*; **~zettel** *m* papeleta *f* de votación
stinken ['ʃtiŋkən] (*stank*, *gestunken*, *h*) heder (***nach*** a); oler mal, apestar
Stipendi|at [ʃtipɛn'dja:t] *m* (*-en*; *-en*), **~atin** *f* (*-*; *-nen*) becario *m*, -a *f*; **~um** [-'pɛndjum] *n* (*-s*; *Stipendien*) beca *f*; bolsa *f* de estudios
Stirn [ʃtirn] (*-*; *-en*) frente *f*
Stock[1] [ʃtɔk] *m* (*-[e]s*; *⸚e*) (*Stab*) bastón *m*; palo *m*; (*Billard♀*) taco *m*
Stock[2] [ʃtɔk] *m* (*-[e]s*; *-*, *a -werke*) *arqu* piso *m*, planta *f*
'**stock|en** ['ʃtɔkən] (*ge-*, *h*) interrumpirse; pararse, detenerse; *Verkehr*: congestionarse; *beim Reden*: atascarse, cortarse; **♀ung** *f* (*-*; *-en*) interrupción *f*; detención *f*; estancamiento *m*; (*Verkehr*) congestión *f*; **♀werk** *n* piso *m*, planta *f*
Stockholm ['ʃtɔkhɔlm] *n* Estocolmo *m*
Stoff [ʃtɔf] *m* (*-[e]s*; *-e*) materia *f*, sustancia *f*; (*Tuch*) paño *m*, tela *f*, tejido *m*; (*Thema*) tema *m*, asunto *m*; F (*Rauschgift*) polvo *m*; '**♀lich** material; '**~wechsel** *med m* (*-s*; *sin pl*) metabolismo *m*
stöhnen ['ʃtø:nən] *v/i* (*ge-*, *h*) gemir; *fig* quejarse (***über*** *ac* de)
Stollen ['ʃtɔlən] *m* (*-s*; *-*) *min* galería *f*; (*Gebäck*) bollo *m* de Navidad
stolpern ['-pərn] (*ge-*, *sn*) tropezar (***über*** *ac* con); dar un traspié
stolz [ʃtɔlts] **1.** *adj* orgulloso (***auf*** *ac* de); soberbio, altanero; **2. ♀** *m* (*-[e]s*; *sin pl*) orgullo *m*; soberbia *f*, altanería *f*
'**stopf|en** ['ʃtɔpfən] (*ge-*, *h*) meter (***in*** *ac* en); *Loch*: tapar; *Strumpf*: zurcir; **♀garn** *n* hilo *m* de zurcir; **♀nadel** *f* aguja *f* de zurcir
Stopp [ʃtɔp] **1.** *m* (*-s*; *-s*) parada *f*; **2. ♀!** ¡alto!
'**Stoppel** ['-pəl] *f* (*-*; *-n*) rastrojo *m*; **~bart** *m* barba *f* de varios días
'**stopp|en** ['-pən] (*ge-*, *h*) **1.** *v/t* (hacer) parar; detener; *Zeit*: cronometrar; **2.** *v/i* parar(se), detenerse; **♀schild** *Vkw n* señal *f* de parada *od* de stop; **♀uhr** *f* cronómetro *m*
Stöpsel ['ʃtœpsəl] *m* (*-s*; *-*) tapón *m* (*a* F *fig*); *el* clavija *f*
Storch [ʃtɔrç] *m* (*-[e]s*; *⸚e*) cigüeña *f*
'**stör|en** ['ʃtø:rən] (*ge-*, *h*) estorbar; perturbar; (*belästigen*) molestar, incomodar; **~end** molesto; perturbador
stor'nier|en *com* [ʃtɔr'ni:rən] (*h*) anular; cancelar; **♀ungsgebühr** *f* gastos *m/pl* de anulación
'**Storno** *com* ['ʃtɔrno] *n* (*-s*; *Storni*) anulación *f*, cancelación *f*; **~gebühr** *f* tasa *f* de cancelación
störrisch ['ʃtœriʃ] terco, recalcitrante
'**Störung** ['ʃtø:ruŋ] *f* (*-*; *-en*) estorbo *m*; molestia *f*; perturbación *f*; *med* trastorno *m*; *el* interferencia *f*; *tec* avería *f*; **~sstelle** *f* servicio *m* de averías
Stoß [ʃto:s] *m* (*-[e]s*; *⸚e*) golpe *m*; empujón *m*; *mit dem Ellenbogen*: codazo *m*; (*Erschütterung*) sacudida *f*; (*Anprall*) choque *m*; (*Haufen*) pila *f*, montón *m*; (*Akten♀*) legajo *m*; '**~dämpfer** *auto m* (*-s*; *-*) amortiguador *m*
'**stoß|en** ['ʃto:sən] (*stieß*, *gestoßen*, *h*) **1.** *v/t* empujar; ***sich ~*** darse un golpe; hacerse daño; **2.** *v/i Stier*: dar cornadas; (*sn*) ***~ auf*** (*ac*) dar *od* topar con; (*h u sn*) ***~ an*** (*ac*) chocar (*od* dar) contra; tropezar con; (*h*) (*angrenzen*) lindar

con; ♀**stange** *auto f* parachoques *m*; ♀**verkehr** *m* tráfico *m* en horas punta; ♀**zahn** *m* colmillo *m*; ♀**zeit** *f* horas *f/pl* punta

stottern ['ʃtɔtərn] (*ge-*, *h*) tartamudear

StPO *f* ***Strafprozessordnung*** Ley *f* de enjuiciamiento criminal

Str. ***Straße*** C/, c/ (calle)

'**Straf|anstalt** ['ʃtrɑːfʔ-] *f* penal *m*; centro *m* penitenciario; **~anzeige** *f* denuncia *f* (***erstatten*** presentar); ♀**bar** punible, delictivo; criminal; ***sich ~ machen*** incurrir en una pena; delinquir; **~e** *f* (-; -*n*) castigo *m*; *jur* pena *f*; (*Geld*♀) multa *f*; ♀**en** (*ge-*, *h*) castigar; multar

straff [ʃtraf] tieso, tirante; *fig* enérgico; riguroso, severo

straffällig ['ʃtrɑːffɛlliç] culpable; ***~ werden*** delinquir

straffen ['ʃtrafən] (*ge-*, *h*) estirar, atiesar

'**straf|frei** ['ʃtrɑːf-] impune; ***für ~ erklären*** despenalizar; ♀**gefangene** *m/f* preso *m*, -a *f*; ♀**gesetzbuch** *n* código *m* penal; ♀**kammer** *jur* sala *f* de lo criminal; ♀**mandat** *n* multa *f*; ♀**maß** *jur n* (-[*e*]*s*; *sin pl*) (cuantía *f* de la) pena *f*; **~mildernd** atenuante; ♀**porto** *corr n* sobretasa *f* de franqueo; ♀**prozess** *m* proceso *m* penal; ♀**punkt** *m dep* penalización *f*; ♀**recht** *n* derecho *m* penal; **~rechtlich** penal; ♀**stoß** *m dep* penalty *m*; ♀**tat** *f* hecho *m* delictivo; acción *f* punible; ♀**zettel** F *m* (hoja *f* de la) multa *f*

Strahl [ʃtrɑːl] *m* (-[*e*]*s*; -*en*) rayo *m*; (*Wasser*♀) chorro *m*; '♀**en** (*ge-*, *h*) radiar; (*aus~*) irradiar; *fig* estar radiante (***vor*** de); '**~enschädigung** *f* radiolesión *f*; '**~enschutz** *m* protección *f* contra las radiaciones; '**~ung** *f* (-; -*en*) radiación *f*

'**Strähn|e** ['ʃtrɛːnə] *f* (-; -*n*) *Haar*: mechón *m*; ♀**ig** lacio

strampeln ['ʃtrampəln] (*ge-*, *h*) patalear; F (*Rad fahren*) pedalear

Strand [ʃtrant] *m* (-[*e*]*s*; ⸚*e*) playa *f*; '**~bad** *n* playa *f*; '**~korb** *m* sillón *m* de mimbre (para la playa); **~nähe** *f*: ***in ~*** cerca de la playa; '**~promenade** *f* paseo *m* marítimo

Strang [ʃtraŋ] *m* (-[*e*]*s*; ⸚*e*) cuerda *f*, soga *f*; (*Schienen*♀) vía *f*; *fig* ***an e-m ~ ziehen*** tirar de la misma cuerda

Strapaz|e [ʃtra'pɑːtsə] *f* (-; -*n*) fatiga *f*; ♀**ieren** [-pa'tsiːrən] (*h*) fatigar, cansar; *et*: gastar (mucho); ♀'**ierfähig** resistente

Straßburg ['ʃtrasburk] *n* Estrasburgo *m*

Straße ['ʃtrɑːsə] *f* (-; -*n*) calle *f*; (*Land*♀) carretera *f*; vía *f*; *mar* estrecho *m*; *fig* ***auf die ~ setzen*** poner en la calle

'**Straßen|arbeiten** *f/pl* obras *f/pl* viales; **~bahn** *f* tranvía *m*; **~bahnhaltestelle** *f* parada *f* de tranvía; **~beleuchtung** *f* alumbrado *m* público; **~benutzungsgebühr** *f* peaje *m*; **~café** *n* café *m* con terraza; **~ecke** *f* esquina *f*; **~graben** *m* cuneta *f*; **~händler** *m*, **~händlerin** *f* vendedor(a) *m*(*f*) ambulante; **~karte** *f* mapa *m* de carreteras; **~kreuzung** *f* cruce *m*; **~laterne** *f* farol *m*; farola *f*; **~mädchen** *n* ramera *f*; F fulana *f*; **~reinigung** *f* limpieza *f* pública; **~schild** *n* rótulo *m* de calle; **~sperre** *f* barrera *f*; **~verhältnisse** *n/pl* estado *m* de las carreteras; **~verkehr** *m* tráfico *m*, circulación *f*; **~verkehrsordnung** *f* código *m* de la circulación

Strateg|ie [ʃtrate'giː] *f* (-; -*n*) estrategia *f*; ♀**isch** [-'teːgiʃ] estratégico

sträuben ['ʃtrɔʏbən] (*ge-*, *h*): (***sich***) **~** erizar(se); ***sich ~*** *fig* oponerse, resistirse (***gegen*** a)

Strauch [ʃtraʊx] *m* (-[*e*]*s*; *Sträucher*) arbusto *m*, mata *f*

Strauß [ʃtraʊs] *m* (-*es*) **a)** (*Blumen*♀) (*pl* ⸚*e*) ramo *m*, ramillete *m* **a)** *zo* (*pl* -*e*) avestruz *m*

streben ['ʃtreːbən] (*ge-*, *h*): ***~ nach*** aspirar a; ambicionar (*ac*)

'**Streck|e** ['ʃtrɛkə] *f* (-; -*n*) recorrido *m* (*a dep*), trayecto *m*; (*Entfernung*) distancia *f*; (*Teilstück*) trecho *m*; *ferro* línea *f* (***nach*** de); ♀**en** (*ge-*, *h*) estirar, extender; *Waffen*: rendir; *Vorräte*: alargar; ♀**enweise** a trechos; **~verband** *m* vendaje *m* de extensión

Streich [ʃtraɪç] *m* (-[*e*]*s*; -*e*) golpe *m*; *fig* travesura *f*; ***dummer ~*** tontería *f*; '♀**eln** (*ge-*, *h*) acariciar; '♀**en** (*strich*, *gestrichen*, *h*) **1.** *v/i* pasar (***über*** *ac* por); **2.** *v/t* pintar; (*aus~*) borrar, tachar; *Text*: suprimir; *Auftrag*: anular; *Butter*: extender; '**~holz** *n* cerilla *f*, fósforo *m*; '**~instrument** *n* instrumento *m* de arco; '**~ung** *f* (-; -*en*) supresión *f*; anulación *f*; cancelación *f*

'**Streif|e** ['ʃtraɪfə] *f* (-; -*n*) patrulla *f*; ronda *f*; **~en** *m* (-*s*; -) raya *f*; tira *f*; (*Film*)

cinta *f*; (*Gelände*~) faja *f*; ~**en** (*ge-*) **1.** *v/t* (*h*) rozar, *a fig* tocar; (*ab*~) quitar (***von*** de); **2.** *v/i* (*sn*) vagar (***durch*** por); ~**enwagen** *m* coche *m* patrulla; ~**schuss** *m* rozadura *f* (causada por un balazo); ~**zug** *m* correría *f*, incursión *f*

Streik [ʃtraɪk] *m* (-[*e*]*s*; -*s*) huelga *f*; ~**brecher** ['-brɛçər] *m* (-*s*; -) esquirol *m*; '~**en** (*ge-*, *h*) estar en huelga; *fig* pasar; *Motor etc*: fallar; '~**ende** *m/f* (-*n*; -*n*) huelguista *su*; '~**posten** *m* piquete *m*; ~**recht** *n* (-[*e*]*s*; *sin pl*) derecho *m* de huelga

Streit [ʃtraɪt] *m* (-[*e*]*s*; -*e*) querella *f*, conflicto *m*; riña *f*, pendencia *f*; (*Wort*~) disputa *f*, controversia *f*; *jur* litigio *m*; '~**en** (*stritt*, *gestritten*, *h*) disputar (***über*** *ac* sobre); reñir (***um*** por); luchar, combatir; *jur* litigar; ***sich um et*** ~ disputarse a/c; '~**frage** *f* punto *m* litigioso; '~**kräfte** *f/pl* fuerzas *f/pl* armadas; '~**süchtig** pendenciero

streng [ʃtrɛŋ] severo; riguroso; *Kälte*: intenso; *Sitte*: austero; *adv* estrictamente; ~(***stens***) ***verboten*** terminantemente prohibido

Stress [ʃtrɛs] *m* (-*es*; *sin pl*) stress *m*, estrés *m*

'**stress|en** (*ge-*, *h*) estresar; ~**ig** estresante

streuen ['ʃtrɔʏən] (*ge-*, *h*) esparcir; echar; dispersar

Strich [ʃtriç] *m* (-[*e*]*s*; -*e*) raya *f*; línea *f*; (*Land*~) comarca *f*, región *f*; *fig* ***e-n*** ~ ***unter et machen*** hacer borrón y cuenta nueva; P ***auf den*** ~ ***gehen*** hacer la calle *od* la carrera; ~**code** *m* código *m* de barras; '~**eln** (*ge-*, *h*) rayar; ***gestrichelte Linie*** línea *f* discontinua

Strick [ʃtrik] *m* (-[*e*]*s*; -*e*) cuerda *f*, soga *f*; *fig* pilluelo *m*; '~**en** (*ge-*, *h*) hacer calceta *od* punto, tricotar; ***gestrickt*** de punto; '~**jacke** *f* chaqueta *f* de punto; '~**nadel** *f* aguja *f* para labores de punto; '~**waren** *f/pl* géneros *m/pl* de punto

Striemen ['ʃtriːmən] *m* (-*s*; -) cardenal *m*, verdugón *m*

Stroh [ʃtroː] *n* (-[*e*]*s*; *sin pl*) paja *f*; '~**halm** *m* brizna *f* de paja; *zum Trinken*: paja *f*; '~**hut** *m* sombrero *m* de paja; '~**sack** *m* jergón *m*

Strom [ʃtroːm] *m* (-[*e*]*s*; ⸗*e*) río *m*; (*Strömung*, *el*) corriente *f*; *fig* torrente *m*; *fig* ***mit dem*** (***gegen den***) ~ ***schwimmen*** irse con (ir contra) la corriente; ~'**ab**(**wärts** [vɛrts]) aguas abajo; '~**anschluss** *m* conexión *f* a la red eléctrica; toma *f* de corriente; ~'**auf**(**wärts**) aguas arriba; '~**ausfall** *m* apagón *m*

strömen ['ʃtrøːmən] (*ge-*, *sn*) correr (***aus*** por); chorrear; *Regen*: caer a chorros; *fig* afluir (***nach*** a); acudir en masa

'**Strom|kreis** *el* ['ʃtroːm-] circuito *m*; ~**linienförmig** aerodinámico; ~**netz** *el n* red *f* de corriente; ~**schnelle** *f* (-; -*n*) rápido *m*; ~**stärke** *el f* intensidad *f* de la corriente

Strömung ['ʃtrøːmuŋ] *f* (-; -*en*) corriente *f* (*a fig*)

Stromverbrauch *el* ['ʃtroːm-] *m* consumo *m* de corriente

Strophe ['ʃtroːfə] *f* (-; -*n*) estrofa *f*

Strudel ['ʃtruːdəl] *m* (-*s*; -) remolino *m*, torbellino *m*, vorágine *f* (*alle a fig*)

Struktur [ʃtruk'tuːr] *f* (-; -*en*) estructura *f*

Strumpf [ʃtrumpf] *m* (-[*e*]*s*; ⸗*e*) media *f*; '~**hose** *f* leotardos *m/pl*, panty *m*

Stube ['ʃtuːbə] *f* (-; -*n*) cuarto *m*, habitación *f*, pieza *f*

Stück [ʃtyk] *n* (-[*e*]*s*; -*e*; *como medida después de números inv*) pieza *f* (*a teat*, *mus*); trozo *m*, pedazo *m*; (*Bruch*~) fragmento *m*; *Seife*: pastilla *f*; *Zucker*: terrón *m*; *Brot*: mendrugo *m*; ~ ***Land*** (lote *m* de) terreno *m*; ~ ***Vieh*** res *f*; ~ ***für*** ~ pieza por pieza; '~**weise** a trozos; '~**werk** *n* (-[*e*]*s*; *sin pl*) obra *f* imperfecta; chapuza *f*; '~**zahl** *f* número *m* de piezas

Stu'dent [ʃtu'dɛnt] *m* (-*en*; -*en*), ~**in** *f* (-; -*nen*) estudiante *su*; universitario *m*, -a *f*; ~**enausweis** *m* carnet *m* de estudiante; ~**enheim** *n* residencia *f* de estudiantes

'**Studie** ['ʃtuːdjə] *f* (-; -*n*) estudio *m*; ~**nabbrecher** *m* (-*s*; -), ~**nabbrecherin** *f* (-; -*nen*) estudiante *m* que abandona los estudios; ~**nabschluss** *m* grado *m* universitario; ~**naufenthalt** *m* estancia *f* por estudios; ~**nfach** *n* asignatura *f*; ~**nplatz** *m* plaza *f* universitaria *od* en la universidad; ~**nrat** *m* catedrático *m* de Instituto; ~**nreise** *f* viaje *m* de estudios

studieren [ʃtu'diːrən] (*h*) estudiar

Stud|io ['ʃtuːdjo] *n* (-*s*; -*s*) estudio *m*; ~**ium** ['-jum] *n* (-*s*; *Studien*) estudios *m/pl*

'**Stufe** ['-fə] *f* (-; *-n*) escalón *m* (*a fig*); peldaño *m*; grada *f*; **2nweise** gradualmente

Stuhl [ʃtu:l] *m* (-[*e*]*s*; *⸗e*) silla *f*; '**~gang** *med m* (-[*e*]*s*; *sin pl*) deposiciones *f/pl*; defecación *f*

stülpen ['ʃtylpən] (*ge-*, *h*) (*um~*) volver; (*auf~*, *über~*) poner

stumm [ʃtum] mudo; '**2el** *m* (*-s*; -) muñón *m*; (*Kerzen2*) cabo *m*; (*Zigaretten2*) colilla *f*, *Am* pucho *m*; '**2film** *m* película *f* muda, cine *m* mudo

stumpf [ʃtumpf] **1.** *adj* sin filo; romo; **2.** **2** *m* (-[*e*]*s*; *⸗e*) (*Glied*) muñón *m*; (*Baum*) tronco *m*; '**2sinn** *m* (-[*e*]*s*; *sin pl*) estupidez *f*

'**Stunde** ['ʃtundə] *f* (-; *-n*) hora *f*; (*Unterrichts2*) lección *f*, clase *f*; **2n** (*ge-*, *h*) aplazar (el pago de); conceder un plazo; **~ngeschwindigkeit** *f* velocidad *f* por hora; **~nkilometer** *m/pl* kilómetros *m/pl* por hora; **~nlohn** *m* salario *m* por hora; **~nplan** *m* horario *m*; **~nzeiger** *m* horario *m*

stündlich ['ʃtyntliç] cada hora

Stundung ['ʃtunduŋ] *f* (-; *-en*) aplazamiento *m* de pago; prórroga *f*

stur [ʃtu:r] testarudo, terco

Sturm [ʃturm] *m* (-[*e*]*s*; *⸗e*) tempestad *f* (*a fig*); (*Gewitter2*) tormenta *f* (*a fig*); temporal *m*; *mar a* borrasca *f*; '**~angriff** *m* asalto *m*

stürm|en ['ʃtyrmən] (*ge-*, *h*) **1.** *v/t mil* tomar por asalto; **2.** *v/i mil* dar el asalto; *fig* lanzarse (***auf*** *ac* sobre); ***es stürmt*** hay tempestad *od* temporal; **2er** *m* (*-s*; -) *dep* delantero *m*

Sturmflut ['ʃturm-] *f* marea *f* viva

stürmisch ['ʃtyrmiʃ] tempestuoso; borrascoso, tormentoso; *fig* turbulento; impetuoso; *Beifall*: delirante, frenético

Sturmwarnung *f* ['ʃturm-] aviso *m* de tempestad

Sturz [ʃturts] *m* (*-es*; *⸗e*) caída *f*; *arqu* dintel *m*

stürzen ['ʃtyrtsən] (*ge-*) **1.** *v/t* (*h*) derribar (*a fig*); *pol a* derrocar; (*hinab~*) arrojar, precipitar; **2.** *v/refl* (*h*): ***sich ~*** arrojarse (***aus dem Fenster*** por la ventana); **3.** *v/i* (*sn*) caer(se); (*eilen*) precipitarse; ***~ auf*** (*ac*) *avia* estrellarse contra

Sturzhelm ['ʃturts-] *m* casco *m* protector

Stute ['ʃtu:tə] *f* (-; *-n*) yegua *f*

'**Stütze** ['ʃytsə] *f* (-; *-n*) apoyo *m*, soporte *m* (*beide a fig*); *agr* rodrigón *m*; *fig* pilar *m*, puntal *m*; **2n** (*ge-*, *h*) apoyar (*a fig*), sostener; *arqu* apuntalar; *fig* ***sich ~ auf*** (*ac*) basarse *od* fundarse en

stutzig ['ʃtutsiç] perplejo; (*argwöhnisch*) suspicaz; ***~ machen*** (***werden***) escamar(se)

'**Stütz|pfeiler** ['ʃtyts-] *m* pilar *m* de sostén; **~punkt** *m* punto *m* de apoyo; *mil*, *mar* base *f*

StVO *f* ***Straßenverkehrsordnung*** Código *m* de la circulación

s.u. ***siehe unten*** véase más abajo

Subjekt [zup'jɛkt] *n* (-[*e*]*s*; *-e*) sujeto *m* (*a fig desp*); **2iv** [-'ti:f] subjetivo

Substantiv ['-stanti:f] *n* (*-s*; *-e*) sustantivo *m*

Substanz [-'stants] *f* (-; *-en*) sustancia *f*

subtra|hieren [-tra'hi:rən] (*h*) restar, sustraer; **2ktion** [-trak'tsjo:n] *f* (-; *-en*) sustracción *f*, resta *f*

subtropisch ['-tro:piʃ] subtropical

Subventio|n [-vɛn'tsjo:n] *f* (-; *-en*) subvención *f*; **2'nieren** [-tsjo'ni:rn] (*h*) subvencionar

'**Such|e** ['zu:xə] *f* (-; *-n*) busca *f*, búsqueda *f*; **2en** (*ge-*, *h*) buscar; (*ver~*) ***~ zu*** *inf* tratar de; **~maschine** *f inform* motor *m* de búsqueda

Sucht [zuxt] *f* (-; *⸗e*) manía *f*, pasión *f*; afán *m*; *med* adicción *f*; **~prävention** *f* prevención *f* de la adicción a drogas

süchtig ['zyçtiç] toxicómano; adicto

Südafrika [zy:t'ɑ:frika] *n* Sudáfrica *f*

Südamerika [zy:ta'me:rika] *n* América *f* del Sur

'**Süd|en** ['zy:dən] *m* (*-s*; *sin pl*) sur *m*, mediodía *m*; **~früchte** ['zy:tfryçtə] *f/pl* frutos *m/pl* meridionales; **2lich** meridional, del sur; austral; ***~ von*** al sur de; **~'osten** *m* sudeste *m*; **~pol** *m* polo *m* sur *od* antártico; **~'westen** *m* sudoeste *m*; **~wind** *m* viento *m* del sur

Suezkanal ['su:ɛtskanɑ:l] *m* Canal *m* de Suez

suggerieren [zuge'ri:rən] (*h*) sugerir, insinuar

'**Sühn|e** ['zy:nə] *f* (-; *-n*) expiación *f*; **2en** (*ge-*, *h*) expiar

Suite ['svi:t(ə)] *f* (-; *-n*) *mus u Hotel*: suite *f*

Sülze ['zyltsə] *f* (-; *-n*) carne *f* en gelatina

'**Summ|e** ['zumə] *f* (-; *-n*) suma *f*; total

m; cantidad *f*; **≈en** (*ge-*, *h*) zumbar; *Lied*: canturrear; **~er** *el m* (*-s*; *-*) vibrador *m*; zumbador *m*; **≈'ieren** (*h*) sumar; ***sich ~*** acumularse
Sumpf [zumpf] *m* (*-[e]s*; *⸗e*) pantano *m*; **'≈ig** pantanoso
'Sünd|e ['zyndə] *f* (*-*; *-n*) pecado *m*; **~er** *m* (*-s*; *-*), **~erin** *f* (*-*; *-nen*) pecador(a) *m*(*f*); **≈igen** ['-digən] (*ge-*, *h*) pecar
'super F ['zu:pər] F estupendo; bárbaro; **≈(benzin)** *n* (*-s*; *Super(benzine)*) (gasolina *f*) super *m*; **~klug** que se pasa de listo; **≈lativ** ['-lati:f] *m* (*-s*; *-e*) superlativo *m*; **≈markt** *m* supermercado *m*
'Suppe ['zupə] *f* (*-*; *-n*) sopa *f*; *fig* ***die ~ auslöffeln*** pagar los vidrios *od* platos rotos; **~nkelle** *f* cucharón *m*; **~nteller** *m* plato *m* sopero *od* hondo
'Surf|brett ['sœ:fbrɛt] *n* tabla *f* deslizadora *od* de surf; **≈en** (*ge-*, *h u sn*) practicar el surf; ***im Internet ~*** *inform* navegar por la red; **~er** *m* (*-s*; *-*), **~erin** *f* (*-*; *-nen*) surfista *su*, practicante *su* del surf(ing)
suspendieren [zuspɛn'di:rən] (*h*) suspender (de sus funciones)
süß [zy:s] dulce; *Kind*: F mono; **'~en** (*ge-*, *h*) endulzar; edulcorar; **'≈igkeit** *f* (*-*; *-en*) dulzura *f*; ***~en*** *pl* dulces *m/pl*; golosinas *f/pl*; **'~lich** dulzón (*a fig*); **'~sauer** agridulce; **'≈speise** *f* dulce *m*; **'≈stoff** *m* edulcorante *m*; sacarina *f*; **'≈wasser** *n* (*-s*; *-*) agua *f* dulce
SVP *f* ***Schweizerische Volkspartei*** Partido *m* del Pueblo Suizo
SW ***Südwesten*** SO (sudoeste)
Swimmingpool ['sviminpu:l] *m* (*-s*; *-s*) piscina *f*
Sym'bol [zym'bo:l] *n* (*-s*; *-e*) símbolo *m*; emblema *m*; **≈isch** simbólico
symmetrisch [-'me:triʃ] simétrico
sympathi|sch [-'pɑ:tiʃ] simpático; **~sieren** [-pati'zi:rən] (*h*) simpatizar
Symphonie [-fo'ni:] *f* → ***Sinfonie***
Symptom [-p'to:m] *n* (*-s*; *-e*) síntoma *m*
Synagoge [zyna'go:gə] *f* (*-*; *-n*) sinagoga *f*
Synchron|isation [-kroniza'tsjo:n] *f* (*-*; *-en*) sincronización *f*; *Film*: doblaje *m*; **≈i'sieren** (*h*) sincronizar; *Film*: doblar
Synode *rel* [-'no:də] *f* (*-*; *-n*) sínodo *m*
Synonym [-no'ny:m] *n* (*-s*; *-e*), **≈** *adj* sinónimo (*m*)
synthetisch [-'te:tiʃ] sintético
Syphilis *med* ['zy:filis] *f* (*-*; *sin pl*) sífilis *f*
'Syr|er ['sy:rər] *m* (*-s*; *-*), **~erin** *f* (*-*; *-nen*) sirio *m*, -a *f*; **≈isch** sirio
Syrien ['zy:rjən] *n* Siria *f*
System [zys'te:m] *n* (*-s*; *-e*) sistema *m*; **≈atisch** [-ste'mɑ:tiʃ] sistemático
Szene ['stse:nə] *f* (*-*; *-n*) **1.** *thea* escena *f*; *film* secuencia *f*; **2.** *fig* (*Auseinandersetzung*) escena *f*, numerito *m*; ***j-m e-e ~ machen*** hacer una escena a alg, montar(le) un numerito a alg; **3.** F *fig Gesellschaftsgruppe* ambiente *m*; ***die ~*** la movida; ***die politische ~*** las esferas políticas

T

t ***Tonne*** tonelada
T, t [te:] *n* (*-*; *-*) T, t *f*
'Tabak ['tɑ:bak] *m* (*-s*; *-e*) tabaco *m*; **~(waren)laden** *m* tabaquería *f*, *Esp* estanco *m*; **~spfeife** *f* pipa *f*
tabell|arisch [tabɛ'lɑ:riʃ] en forma de cuadro *od* de tabla; sinóptico; **≈e** [-'-lə] *f* (*-*; *-n*) cuadro *m*; tabla *f*
Tablette [-'blɛtə] *f* (*-*; *-n*) tableta *f*; comprimido *m*
Tacho *auto* F ['taxo] *m* (*-s*; *-s*), **~'meter** *m u n* (*-s*; *-*) taquímetro *m*; tacómetro *m*
'Tadel ['tɑ:dəl] *m* (*-s*; *-*) censura *f*; reprensión *f*, reprimenda *f*; **≈n** (*ge-*, *h*) censurar, criticar (***wegen*** por); (*rügen*) reprender, reprochar (***j-n wegen et*** a/c a alg)
Tafel ['-fəl] *f* (*-*; *-n*) tablero *m*, tabla *f*; (*Schild*) letrero *m*; (*Tisch*) mesa *f*; (*Schokolade*) tableta *f*
Täfelung ['tɛ:fəluŋ] *f* (*-*; *-en*) (*Wand≈*) revestimiento *m* de madera; (*Decken≈*) artesonado *m*
'Tafelwein ['tɑ:fəl-] *m* vino *m* de mesa
Tag [tɑ:k] *m* (*-[e]s*; *-e*) día *m*; *als Dauer*: jornada *f*; ***bei ~e*** de día; ***am ~(e) danach*** al día siguiente; ***am ~(e) zuvor***

el día antes, la víspera; ***e-s*** (***schönen***) ***~es*** (*Vergangenheit*) un (buen) día, (*Zukunft*) algún día; ***in 14 ~en*** dentro de quince días; ***guten ~!*** ¡buenos días!, *nachmittags*: ¡buenas tardes!

'Tage|buch ['-gə-] *n* diario *m*; **~geld** *n* dietas *f/pl*; **2lang** días y días; **2n** (*ge-, h*) (*beraten*) celebrar sesión; reunirse (en sesión)

'Tages|anbruch ['-gəsʔ-] *m*: ***bei ~*** al amanecer; al alba; **~fahrt** *f* excursión *f* de un día; **~gericht** *gastr n* plato *m* del día; **~karte** *f* ticket *m* diario; *gastr* carta *f* del día; **~kurs** *m* clases *f/pl* diurnas; *com* cambio *m bzw* cotización *f* del día; **~licht** *n* (-[*e*]*s*; *sin pl*) luz *f* del día; **~ordnung** *f* orden *m* del día; **~zeit** *f* hora *f* del día; **~zeitung** *f* diario *m*

täglich ['tɛːkliç] diario, cotidiano; *adv* todos los días, cada día

tagsüber ['tɑːksʔ-] durante el día

Tagung ['-guŋ] *f* (-; *-en*) sesión *f*; congreso *m*; jornada(s) *f*(*/pl*)

Taifun [taɪ'fuːn] *m* (*-s*; *-e*) tifón *m*

Taille ['taljə] *f* (-; *-n*) talle *m*, cintura *f*

Takelage *mar* [takə'lɑːʒə] *f* (-; *-n*) *n* jarcias *f/pl*, aparejo *m*

Takt [takt] *m* (-[*e*]*s*; *-e*) *mus* compás *m*; (*Motor*) tiempo *m*; **'~gefühl** *fig n* (-[*e*]*s*; *sin pl*) tacto *m*; delicadeza *f*; discreción *f*; **~ik** ['-ik] *f* (-; *-en*) táctica *f*; **'2isch** táctico; **'2los** indiscreto; sin tacto; **'2voll** delicado, discreto

Tal [tɑːl] *n* (-[*e*]*s*; *⸚er*) valle *m*

Talent [ta'lɛnt] *n* (-[*e*]*s*; *-e*) talento *m*; **2'iert** de talento, dotado

Talisman ['tɑːlisman] *m* (*-s*; *-e*) talismán *m*

Talsperre ['tɑːl-] *f* presa *f*

Tampon *med* ['tampɔn] *m* (*-s*; *-s*) tapón *m*, tampón *m*

Tang *bot* [taŋ] *m* (-[*e*]*s*; *-e*) alga *f* marina

Tanger ['taŋər] *n* Tánger *m*

Tank [taŋk] *m* (-[*e*]*s*; *-s*) depósito *m*; cisterna *f*; *a mil* tanque *m*; (*Wasser2*) *a* aljibe *m*; **'~anzeige** *f* indicador *m* del nivel de gasolina; **~e** *f* (*~*; *~n*) F gasolinera *f*; **'2en** (*ge-, h*) echar gasolina; repostar; **'~er** *mar m* (*-s*; -) petrolero *m*, buque *m* cisterna; **'~stelle** *f* gasolinera *f*, estación *f* de servicio; **'~wart** *m* (-[*e*]*s*; *-e*) empleado *m* de gasolinera, gasolinero *m*

'Tanne ['tanə] *f* (-; *-n*), **~nbaum** *m* abeto *m*; **~nzapfen** *m* piña *f* (de abeto)

Tante ['tantə] *f* (-; *-n*) tía *f*; **~-Emma-Laden** [-'ʔɛmalɑːdən] *m* pequeño comercio *m* del barrio

Tanz [tants] *m* (-[*e*]*s*; *⸚e*) baile *m*; danza *f*; **'~abend** *m* (velada *f* de) baile *m*; **'2en** (*ge-, h*) bailar

'Tänzer ['tɛntsər] *m* (*-s*; -), **~in** *f* (-; *-nen*) bailador(a) *m*(*f*); (*Berufs2*, *-in*) bailarín *m*, -ina *f*

'Tanz|lokal ['tants-] *n* salón *m* de baile; **~musik** *f* música *f* de baile, bailable *m*

Tape|te [ta'peːtə] *f* (-; *-n*) papel *m* pintado; **2zieren** [-pe'tsiːrən] (*h*) empapelar

tapfer ['tapfər] valiente; intrépido

Ta'rif [-'riːf] *m* (*-s*; *-e*) tarifa *f*; **~autonomie** *f* autonomía *f* en materia de tarifas; **~erhöhung** *f* aumento *m* de (las) tarifas; **~konflikt** *m* conflicto *m* salarial; **2lich** tarifario; según tarifa; **~lohn** *m* salario *m* según convenio; **~partner** *m/pl* partes *f/pl* contratantes de un convenio colectivo; **~verhandlungen** *f/pl* negociaciones *f/pl* colectivas; **~vertrag** *m* convenio *m* colectivo

tarnen ['tarnən] (*ge-, h*) disimular; enmascarar; *bsd mil* camuflar

'Tasche ['taʃə] *f* (-; *-n*) bolsillo *m*; (*Beutel*) bolsa *f*; (*Hand2*) bolso *m*; **~nbuch** *n* libro *m* de bolsillo; **~ndieb** *m* ratero *m*, carterista *m*; **~ngeld** *n* (-[*e*]*s*; *sin pl*) dinero *m* para gastos menudos; **~nlampe** *f* linterna *f* de bolsillo; **~nmesser** *n* navaja *f*; **~nrechner** *m* calculadora *f* de bolsillo; **~ntuch** *n* pañuelo *m*

Tasse ['tasə] *f* (-; *-n*) taza *f*; *große*: tazón *m*

Tast|atur [tasta'tuːr] *f* (-; *-en*) teclado *m*; **'~e** *f* (-; *-n*) tecla *f*; **'2en** (*ge-, h*) tentar, palpar; **~enkombination** *f inform* combinación *f* de teclas; **~entelefon** *n* teléfono *m* de teclado

Tat [tɑːt] *f* (-; *-en*) hecho *m*; acción *f*, acto *m*; (*Helden2*) hazaña *f*, proeza *f*; (*Straf2*) crimen *m*; ***in die ~ umsetzen*** realizar, llevar a efecto; **'2enlos** inactivo; *adv* con los brazos cruzados

'Täter ['tɛːtər] *m* (*-s*; -), **~in** *f* (-; *-nen*) autor(a) *m*(*f*); *jur* culpable *su*

'tätig ['-tiç] activo; (*beschäftigt*) ocupado; ***~ sein als*** actuar de; **2keit** *f* (-; *-en*) actividad *f*; (*Beschäftigung*) ocupación *f*; (*Beruf*) profesión *f*; *in e-m Amt*: actuación *f*; funciones *f/pl*; *tec* ***in ~ setzen*** poner en marcha

tatkräftig ['taːt-] enérgico; activo

'**tätlich** ['tɛːtliç]: ~ ***werden*** pasar a las vías de hecho; venir *od* llegar a las manos; **≈keiten** *f/pl* vías *f/pl* de hecho

Tatort ['taːtˀɔrt] *m* lugar *m* del suceso *od* del crimen; *jur* lugar *m* de autos

täto'wier|en [tɛto'viːrən] (*h*) tatuar; **≈ung** *f* (-; *-en*) tatuaje *m*

'**Tat|sache** ['taːtzaxə] *f* hecho *m*; **≈sächlich** real, positivo, efectivo; *adv* de hecho, en efecto

Tau [taʊ] **a)** *n* (-[*e*]*s*; *-e*) cuerda *f*, maroma *f*, cable *m*; *mar* cabo *m* **a)** *m* (-[*e*]*s*; *sin pl*) rocío *m*

taub [taʊp] sordo; *Glied*: entumecido

Taube ['-bə] *f* (-; *-n*) paloma *f*

taubstumm ['taʊp-] sordomudo

'**tauch|en** ['taʊxən] (*ge-*, *h*) *v/t* (*v/i a sn*) sumergir(se); zambullir(se); *Taucher*: bucear; **≈er** *m* (*-s*; -) buceador *m*; (*Berufs≈*) buzo *m*; **≈gerät** *n* escafandra *f*; (*Tiefsee≈*) batiscafo *m*; **≈sieder** ['-ziːdər] *m* (*-s*; -) calentador *m* de inmersión; **≈sport** *m* submarinismo *m*

tauen ['taʊən] (*ge-*, *h u sn*) caer rocío; (*auf~*) deshelarse; *Schnee*: derretirse; ***es taut*** hay deshielo

'**Tauf|e** ['-fə] *f* (-; *-n*) (*Sakrament*) bautismo *m*; (*Handlung*) bautizo *m*; **≈en** (*ge-*, *h*) bautizar (*a fig*); **~pate** *m* padrino *m*; **~patin** *f* madrina *f*; **~schein** *m* partida *f* de bautismo

'**taug|en** ['taʊgən] (*ge-*, *h*) valer; ~ ***zu*** servir para; **~lich** ['-kliç] útil, apto, idóneo (***zu*** para); **≈lichkeit** *f* (-; *sin pl*) aptitud *f*, idoneidad *f*

taumeln ['-məln] (*ge-*, *sn*) vacilar; tambalearse; dar traspiés *od* tumbos

Tausch [taʊʃ] *m* (-[*e*]*s*; *raro -e*) cambio *m*; (*Aus≈*) trueque *m*; (*Um≈*) canje *m*; (*bsd Ämter≈*, *Wohnungs≈*) permuta *f*; '**≈en** (*ge-*, *h*) cambiar (***gegen*** por); trocar; canjear; permutar

täuschen ['tɔʏʃən] (*ge-*, *h*) engañar; embaucar; ***sich*** ~ engañarse; estar equivocado

'**Tausch|geschäft** ['taʊʃ-] *n*, **~handel** *m* trueque *m*

Täuschung ['tɔʏʃuŋ] *f* (-; *-en*) (*Betrug*) engaño *m*; (*Irrtum*) equivocación *f*; error *m*

'**tausend** ['taʊzənt] **1.** mil; **2.** ≈ *n* (*-s*; *-e*) millar *m*; ***zu ~en*** por millares; **~jährig** [-jɛːriç] milenario; **~mal** mil veces; **~ste** milésimo; **≈stel** *n* (*-s*; -) milésima parte *f*

'**Tauwetter** *n* deshielo *m* (*a pol*)

Taverne *f* taberna *f*

'**Tax|i** ['taksi] *n* (*-s*; *-s*) taxi *m*; **≈'ieren** (*h*) tasar, evaluar, estimar; **~ifahrer** *m*, **~ifahrerin** *f* taxista *su*; **~istand** *m* parada *f* de taxis

TB(c) *f* ***Tuberkulose*** tuberculosis *f*

Team [tiːm] *n* (*-s*; *-s*) equipo *m*; '**~arbeit** *f*, **~work** ['-vœːk] *n* (*-s*; *sin pl*) trabajo *m* en equipo

'**Techni|k** ['tɛçnik] *f* (-; *-en od sin pl*) técnica *f*; **~ker** *m* (*-s*; -), **~kerin** *f* (-; *-nen*) técnico *m*, -a *f*; **≈sch** técnico

Technolo'g|ie [-nolo'giː] *f* (-; *-n*) tecnología *f*; **~iepark** *m* parque *m* tecnológico; **~ietransfer** *m* transferencia *f* de tecnología; **≈isch** [-'loːgiʃ] tecnológico

Techtelmechtel [-təl'mɛçtəl] *n* (*-s*; -) amorío *m*, lío *m* (amoroso)

Teddybär ['tɛdi-] *m* osito *m* de trapo *od* de peluche

Tee [teː] *m* (*-s*; *-s*) té *m*; *med* tisana *f*, infusión *f*; ~ ***trinken*** tomar té; '**~beutel** *m* bolsita *f* de té; '**~gebäck** *n* pastas *f/pl* (de té); '**~kanne** *f* tetera *f*; '**~löffel** *m* cucharilla *f*

Teer [teːr] *m* (-[*e*]*s*; *-e*) alquitrán *m*, brea *f*

Teich [taɪç] *m* (-[*e*]*s*; *-e*) estanque *m*

Teig [taɪk] *m* (-[*e*]*s*; *-e*) masa *f*; pasta *f*; '**~waren** *f/pl* pastas *f/pl* alimenticias

Teil [taɪl] *m u n* (-[*e*]*s*; *-e*) parte *f*; (*An≈*) porción *f*; cuota *f*; (*Bruch≈*) trozo *m*, fracción *f*; *tec* pieza *f*; ***zum*** ~ en parte; '**≈en** (*ge-*, *h*) dividir (*a mat*); partir; *Meinung*, *Zimmer*: compartir; **~haber** ['-haːbər] *m* (*-s*; -), '**~haberin** *f* (-; *-nen*) socio *m*, -a *f*; '**~kaskoversicherung** *f* seguro *m* contra riesgos parciales; **~nahme** ['-naːmə] *f* (-; *sin pl*) participación *f* (***an*** *dat* en); (*Beileid*) pésame *m*; '**≈nahmslos** indiferente; apático; '**≈nehmen** (*irr*, *sep*, *-ge-*, *h*, → ***nehmen***): ~ ***an*** (*dat*) participar en, tomar parte en; (*anwesend sein*) asistir a; **~nehmer** ['-neːmər] *m* (*-s*; -), '**~nehmerin** *f* (-; *-nen*) participante *su*; *tel* abonado *m*, -a *f*; (*Anwesende*) asistente *su*, concurrente *su*

teils [taɪls] en parte; **~ …, ~ …** ya …, ya …; medio …, medio …

'**Teil|ung** *f* (-; *-en*) división *f*; partición *f*; **≈weise** parcial; *adv* en parte; **~zahlung** *f* pago *m* parcial *od* fraccionado;

pago *m* a plazos; (*Rate*) plazo *m*; **~zeitarbeit** *f* trabajo *m* a tiempo parcial; **~zeitjob** *m* trabajo *m* a tiempo parcial *od* de jornada reducida; **~zeitkraft** *f* empleado *m*, -a *f* a tiempo parcial

Teint [tɛ̃ː] *m* (*-s*; *-s*) tez *f*; (color *m* del) cutis *m*

Tel. ***Telefon*** tel. (teléfono)

Tele ['teːle] *n* (-[*s*]; -[*s*]) F → ***Teleobjektiv***

Telefax [-'faks] *n* (-; -[*e*]) telefax *m*

Tele'fon [tele'foːn] *n* (*-s*; *-e*) teléfono *m*; **~anruf** *m* llamada *f* telefónica; **~anschluss** *m* conexión *f* (a la red) telefónica; **~-Banking** [-'bɛŋkɪŋ] *n* telebanca *f*; **~buch** *n* guía *f* telefónica, listín *m*; **~gespräch** *n* conversación *f* telefónica; **≗'ieren** [-fo'niːrən] (*h*) telefonear; **≗isch** telefónico; *adv* por teléfono; **~karte** *f* tarjeta *f* telefónica *od* de teléfono; **~konferenz** *f* conferencia *f* telefónica; **~marke** *f* ficha *f*; **~nummer** *f* número *m* de teléfono; **~zelle** *f* cabina *f* telefónica; **~zentrale** *f* central *f* telefónica; *in Betrieben*: centralita *f*

tele|grafieren [-gra'fiːrən] (*h*) telegrafiar; **≗'gramm** *n* (*-s*; *-e*) telegrama *m*; **≗kommunikation** ['teːləkɔmunikatsjoːn] *f* (-; *sin pl*) telecomunicación *f*; **'≗objektiv** *fot n* teleobjetivo *m*; **≗skop** [tele'skoːp] *n* (*-s*; *-e*) telescopio *m*

Telex ['teːlɛks] *n* (-; -[*e*]) télex *m*

Teller ['tɛlər] *m* (*-s*; -) plato *m*; ***flacher*** (***tiefer***) **~** plato llano (hondo)

Tempel ['tɛmpəl] *m* (*-s*; -) templo *m*

Tempera'ment [-pəra'mɛnt] *n* (-[*e*]*s*; *-e*) temperamento *m*; brío *m*, vivacidad *f*; **≗voll** brioso; vivo

Temperatur [-'tuːr] *f* (-; *-en*) temperatura *f*

'Tempo ['-po] *n* (*-s*; *-s*) ritmo *m*; velocidad *f*; **~limit** *auto* [-limit] *n* (*-s*; *-s*, *-e*) límite *m* de velocidad

Tend|enz [tɛn'dɛnts] *f* (-; *-en*) tendencia *f*; **≗'ieren** (*h*) tender (***zu*** a)

Teneriffa [tene'rifa] *n* Tenerife *f*

'Tennis ['-nis] *n* (-; *sin pl*) tenis *m*; **~platz** *m* pista *f* (*bsd Am* cancha *f*) de tenis; **~schläger** *m* raqueta *f*; **~spieler** *m*, **~spielerin** *f* tenista *su*; **~turnier** *n* campeonato *m od* torneo *m* de tenis

Tenor *mus* [te'noːr] *m* (*-s*; *⸚e*) tenor *m*

'Teppich ['tɛpiç] *m* (*-s*; *-e*) alfombra *f*; (*Wand≗*) tapiz *m*; **~boden** *m* moqueta *f*, *Am* alfombrado *m*

Ter'min [tɛr'miːn] *m* (*-s*; *-e*) término *m*; (*Frist*) plazo *m*; (*Datum*) fecha *f*; *beim Arzt*: hora *f* (de visita); *jur* (*Verhandlung*) vista *f*; juicio *m* oral; **~kalender** *m* agenda *f*

Terrasse [tɛ'rasə] *f* (-; *-n*) terraza *f*; (*Dach≗*) azotea *f*

Territorium [tɛri'toːrjum] *n* (*-s*; *Territorien*) territorio *m*

Terror ['-rɔr] *m* (*-s*; *sin pl*) terror *m*; **~ismus** [-'rismus] *m* (-; *sin pl*) terrorismo *m*; **~ist** [-'rist] *m* (*-en*; *-en*), **~istin** *f* (-; *-nen*) terrorista *su*; **≗istisch** terrorista; **~verdacht** *m* sospecha *f* de terrorismo; ***unter*** **~** bajo sospecha de terrorismo

Test [tɛst] *m* (-[*e*]*s*; *-s*, *a -e*) prueba *f*, test *m*

Testa'ment [-ta'mɛnt] *n* (-[*e*]*s*; *-e*) testamento *m*; *rel* ***Altes*** (***Neues***) **~** Antiguo (Nuevo) Testamento *m*; **≗arisch** [-'taːriʃ] testamentario; *adv* por testamento; **~seröffnung** *f* apertura *f* del testamento

'testen (*ge-*, *h*) probar, ensayar

Testphase *f* (*von Produkten*, *Programmen*) período *m* de prueba

'teuer ['tɔyər] caro (*a fig*); ***wie ~ ist …?*** ¿cuánto vale *od* cuesta …?; **≗ung** *f* (-; *-en*) carestía *f*; **≗ungsrate** *f* tasa *f* de incremento de precios

'Teufel ['-fəl] *m* (*-s*; -) diablo *m*; demonio *m*; **~skreis** *m* círculo *m* vicioso

Texas ['tɛksas] *n* Tejas *m*

Text [tɛkst] *m* (-[*e*]*s*; *-e*) texto *m*

Tex'til|ien [-'tiːljən] *pl* textiles *m*/*pl*; tejidos *m*/*pl*; **~industrie** *f* industria *f* textil

'Textverarbeitung *f* tratamiento *m od* proceso *m* de textos; **~ssystem** *inform n* procesador *m* de textos

TH *f* ***Technische Hochschule*** Escuela Superior Técnica

Thailand ['taɪlant] *n* Tailandia *f*

The'ater [te'ɑːtər] *n* (*-s*; -) teatro *m*; **~aufführung** *f* representación *f* teatral *od* de teatro; **~karte** *f* entrada *f*, localidad *f*; **~stück** *n* pieza *f od* obra *f* de teatro

Theke ['teːkə] *f* (-; *-n*) mostrador *m*; (*Bar*) barra *f*

Thema ['-ma] *n* (*-s*; *Themen*) tema *m* (*a mus*); asunto *m*

Themse ['tɛmzə] *f* Támesis *m*

Theolog|e [teo'loːgə] *m* (*-n*; *-n*) teólogo *m*; **~ie** [-lo'giː] *f* (-; *-n*) *f* teología *f*

theor|etisch [-'reːtiʃ] teórico; **≗ie** [-'riː]

f (-; *-n*) teoría *f*
Thera|peut [tera'pɔʏt] *m* (*-en*; *-en*), **~peutin** *f* (-; *-nen*) terapeuta *su*; **~pie** [-'piː] *f* (-; *-n*) terapia *f*
Ther'mal|bad [tɛr'maːlbaːt] *n* baño *m* termal; (*Ort*) estación *f* termal; **~schwimmbad** *n* piscina *f* termal
Thermometer [-mo'meːtər] *n* (*-s*; -) termómetro *m*
Thermos|flasche ['-mɔsflaʃə] *f* termo *m*; **~tat** [-mo'staːt] *m* (*-[e]s*, *-en*; *-e[n]*) termostato *m*
These ['teːzə] *f* (-; *-n*) tesis *f*
Thron [troːn] *m* (*-[e]s*; *-e*) trono *m*; **~folger** *m* ['-fɔlgər] *m* (*-s*; -) heredero *m* al trono
Thunfisch ['tuːnfiʃ] *m* atún *m*
Thüringen ['tyːriŋən] *n* Turingia *f*
Tick [tik] *m* (*-[e]s*; *-e*) *med* tic *m*; *fig* F chifladura *f*; ***e-n ~ haben*** tener vena de loco; **'2en** (*ge-*, *h*) *Uhr*: hacer tic tac; **'~et** *mar*, *avia* ['-kət] *n* (*-s*; *-s*) ticket *m*
tief [tiːf] **1.** *adj* hondo, profundo (*a fig*); (*niedrig*) bajo; ***~ greifend*** profundo; ***2 Meter ~*** dos metros de profundidad *od* de fondo; **2.** 2 *met n* (*-s*; *-s*) zona *f* de baja presión; **'2bau** *m* (*-[e]s*; *sin pl*) obras *f/pl* públicas; **'2druckgebiet** *met n* zona *f* de baja presión; **'2e** *f* (-; *-n*) profundidad *f* (*a fig*); (*Abgrund*) abismo *m*; **'2ebene** *f* llano *m*, llanura *f*; **'2flug** *m* vuelo *m* rasante; **'2garage** *f* garaje *m od* aparcamiento *m* subterráneo; **'~gekühlt** congelado; **'2kühltruhe** *f* arca *f* congeladora, congelador *m* (horizontal); **'2punkt** *m fig* bache *m*; **'2stand** *m* (*-[e]s*; *sin pl*) nivel *m* más bajo; depresión *f*
Tiegel ['tiːgəl] *m* (*-s*; -) cacerola *f*
Tier [tiːr] *n* (*-[e]s*; *-e*) animal *m*; **'~arzt** *m*, **'~ärztin** *f* veterinario *m*, -a *f*; **'~kreiszeichen** *n*signo *m* del zodíaco *m*; **~quäle'rei** *f* (-; *-en*) crueldad *f* con los animales; **'~welt** *f* (-; *sin pl*) fauna *f*
Tiger ['tiːgər] *m* (*-s*; -) tigre *m*
'tilg|en ['tilgən] (*ge-*, *h*) *com* amortizar; anular; cancelar; (*auslöschen*) borrar; **2ung** *f* (-; *-en*) amortización *f*; anulación *f*; cancelación *f*; **2ungsfonds** *com m* fondo *m* de amortización
Tinktur [tiŋk'tuːr] *f* (-; *-en*) tintura *f*
Tinnitus ['tinitus] *m* (-, *kein Pl*) *med* tinnitus *m*
'Tinte ['tintə] *f* (-; *-n*) tinta *f*; **~nfisch** *m* sepia *f*; calamar *m*
Tipp [tip] *m* (*-s*; *-s*) *dep* pronóstico *m*; (*Wink*) aviso *m* (secreto); pista *f*; F soplo *m*; ***ein guter ~*** un buen consejo; **2en** (*ge-*, *h*) escribir a máquina; **'~fehler** *m* error *m* de máquina
Tirol [ti'roːl] *n* (el) Tirol
Tisch [tiʃ] *m* (*-[e]s*; *-e*) mesa *f*; ***bei ~*** a la mesa; ***den ~ (ab)decken*** poner (quitar) la mesa; **'~decke** *f* mantel *m*; **'~ler** *m* (*-s*; -) carpintero *m*; (*Kunst2*) ebanista *m*; **'~tennis** *n* pingpong *m*, tenis *m* de mesa; **'~wein** *m* vino *m* de mesa
'Titel ['tiːtəl] *m* (*-s*; -) título *m*; **~blatt** *n* portada *f*; **~geschichte** *f* reportaje *m* de portada; **~verteidiger** *m dep* defensor *m* del título
Toast [toːst] *m* (*-[e]s*; *-e*, *-s*) *gastr* tostada *f*; (*Trinkspruch*) brindis *m*; ***e-n ~ auf j-n ausbringen*** brindar por alg; **'~brot** *n* pan *m* tostado *bzw* para tostar; **'2en** (*ge-*, *h*) tostar; **'~er** *m* (*-s*; -) tostador *m* de pan
toben ['toːbən] (*ge-*, *h*) rabiar, estar furioso; *Kind*: retozar; *Sturm*, *See*: bramar
'Tochter ['tɔxtər] *f* (-; ⸚) hija *f*; **~gesellschaft** *com f* (sociedad *f*) filial *f*
Tod [toːt] *m* (*-es*; *-e*) muerte *f*; fallecimiento *m*, defunción *f*
'Todes|anzeige ['-dəsˀ-] *f* esquela *f* de defunción; **~fall** *m* defunción *f*; ***im ~*** en caso de muerte; **~strafe** *f* pena *f* capital *od* de muerte
todkrank ['toːt'-] enfermo de muerte
tödlich ['tøːtliç] mortal; fatal; (*todbringend*) mortífero; ***~ verunglücken*** sufrir un accidente mortal
'tod|'müde ['toːt'myːdə] muerto de cansancio *od* sueño; **~'schick** muy elegante *od* chic; **2sünde** *f* pecado *m* mortal
Toi'lette [toa'lɛtə] *f* (-; *-n*) (*Kleid*) vestido *m*; (*Abort*) lavabo *m*, servicios *m/pl*; **~npapier** *n* papel *m* higiénico
toler|ant [tole'rant] tolerante; **2'anz** *f* (-; *sin pl*) tolerancia *f*; **~'ieren** (*h*) tolerar
toll [tɔl] loco; frenético; furioso; F *fig* fantástico, F estupendo; **'~en** (*ge-*, *h u sn*) retozar; alborotar; **'2wut** *med f* rabia *f*, hidrofobia *f*
To'mate [to'maːtə] *f* (-; *-n*) tomate *m*; **~nsaft** *m* jugo *m od* zumo *m* de tomate
Tombola ['tɔmbola] *f* (-; *-s*) tómbola *f*,

rifa *f*

Ton [toːn] *m* **1.** (-[*e*]*s*; ⸗*e*) (*Klang*) sonido *m*; *mus u fig* tono *m*; (*Klangfarbe*) timbre *m*; (*Betonung*) acento *m*; **2.** (-[*e*]*s*; -*e*) *min* arcilla *f*, barro *m*; '**⸗angebend** *fig* que da el tono; '**~art** *f* tonalidad *f*; tono *m*; '**~band** *n* cinta *f* magnetofónica; '**~bandgerät** *n* magnetofón *m*, magnetófono *m*

tönen ['tøːnən] (*ge-*, *h*) **1.** *v/i mus* (re)sonar; **2.** *v/t* matizar; *Haar*: dar reflejos

Toner ['toːnər] *m* (-*s*; -) tóner *m*

'**Ton|ingenieur** ['toːnʔ-] *m* ingeniero *m* del sonido; **~kopf** *m* cabeza *f* fonocaptora; **~leiter** *f* escala *f* (musical), gama *f*

Tonnage [tɔ'nɑːʒə] *f* (-; -*n*) tonelaje *m*

Tonne ['-nə] *f* (-; -*n*) tonel *m*; barril *m*; *mar* boya *f*; (*Maß*) tonelada *f*

Tontaubenschießen ['toːntaʊbənʃiːsən] *n* tiro *m* al plato

Tönung ['tøːnuŋ] *f* (-; -*en*) colorido *m*; matiz *m*

Topf [tɔpf] *m* (-[*e*]*s*; ⸗*e*) olla *f*; marmita *f*; cacerola f; F *fig* ***in e-n ~ werfen*** meter en el mismo saco

'**Töpfer** ['tœpfər] *m* (-*s*; -), **~in** *f* (-; -*nen*) alfarero *m*, -a *f*; **~waren** *f/pl* (objetos *m/pl* de) alfarería *f*; cacharrería *f*

topfit ['tɔp'fit] en plena forma, en perfectas condiciones físicas

topographisch [topo'grɑːfiʃ] topográfico

Toppsegel ['tɔp-] *n* juanete *m*

Tor [toːr] *n* (-[*e*]*s*; -*e*) puerta *f*; portal *m*; *dep* portería *f*; *erzieltes*: gol *m*, tanto *m* (***schießen*** marcar)

Torf [tɔrf] *m* (-[*e*]*s*; *sin pl*) turba *f*; '**~mull** *m* serrín *m* de turba

Torhüter ['toːrhyːtər] *dep m* (-*s*; -) portero *m*, (guarda)meta *m*

töricht ['tøːriçt] tonto, necio; estúpido

torkeln ['tɔrkəln] (*ge-*, *sn*, *h*) tambalearse; F ir haciendo eses

Torlinie *dep* ['toːr-] *f* línea *f* de gol *od* de meta

torped|ieren [tɔrpe'diːrən] (*h*) torpedear (*a fig*); **⸗o** [-'peːdo] *m* (-*s*; -*s*) torpedo *m*; **⸗oboot** *n* torpedero *m*

Torschütze *dep* ['toːr-] *m* autor *m* del gol; goleador *m*

Torso ['tɔrzo] *m* (-*s*; -*s*) torso *m*

Torte ['-tə] *f* (-; -*n*) tarta *f*

Torwart *dep* ['toːrvart] *m* (-[*e*]*s*; -*e*) portero *m*, (guarda)meta *m*

'**tosen** ['toːzən] (*ge-*, *h u sn*) bramar, rugir; **~d** *Beifall*: atronador

tot [toːt] muerto; (*verstorben*) difunto, fallecido; (*leblos*) inanimado; *Kapital*: inactivo; ***das ⸗e Meer*** el Mar Muerto

to'tal [to'tɑːl] total; entero, completo; **⸗ausverkauf** *m* liquidación *f* total; **~itär** [-tali'tɛːr] totalitario; **⸗schaden** *m auto* siniestro *m* total

'**tot|arbeiten** F ['toːtʔarbaɪtən] (*sep*, -*ge-*, *h*): ***sich ~*** matarse trabajando; **~ärgern** F (*sep*, -*ge-*, *h*): ***sich ~*** reventar de rabia; **⸗e** *m/f* (-*n*; -*n*) muerto *m*, -a *f*; difunto *m*, -a *f*

töten ['tøːtən] (*ge-*, *h*) matar

'**Toten|bett** ['toːtən-] *n* (-[*e*]*s*; *sin pl*) lecho *m* mortuorio; **~kopf** *m* calavera *f*; **~messe** *f* misa *f* de réquiem *od* de difuntos; **~schein** *m med* certificado *m* de defunción; **~starre** *f* rigidez *f* cadavérica

'**totlachen** (*sep*, -*ge-*, *h*): ***sich ~*** morirse de risa

'**Toto** ['toːto] *m u n* (-*s*; -*s*) quinielas *f/pl*; **~schein** *m* quiniela *f*

'**Totschlag** *jur* ['toːt-] *m* (-[*e*]*s*; *sin pl*) homicidio *m*; **⸗en** (*irr*, *sep*, -*ge-*, *h*, → ***schlagen***) matar (*a fig Zeit*)

Touchscreen ['tatʃskriːn] *m* (-*s*; -*s*) *inform* pantalla *f* táctil

Tou|pet [tu'peː] *n* (-*s*; -*s*) bisoñé *m*; **⸗'pieren** (*h*) cardar

Tour [tuːr] *f* (-; -*en*) (*Umdrehung*) revolución *f*, *a dep* vuelta *f*; (*Ausflug*) excursión *f*; gira *f*

Tou'ris|mus [tu'rismus] *m* (-; *sin pl*) turismo *m*; **~t** *m* (-*en*; -*en*) turista *m*; **~tenklasse** *f* clase *f* turista; **~tin** *f* (-; -*nen*) turista *f*; **⸗tisch** turístico

Tournee [tur'neː] *f* (-; -*s*, -*n*) gira *f*; tournée *f*

Trabrennen ['trɑːp-] *n* carrera *f* al trote

Tracht [traxt] *f* (-; -*en*) traje *m* regional; (*Schwestern⸗ etc*) uniforme *m*; '**⸗en** (*ge-*, *h*): ***~ nach*** aspirar a; pretender, anhelar (*ac*); '**~enfest** *n* fiesta *f* folklórica; '**~engruppe** *f* grupo *m* folklórico

Tradition [tradi'tsjoːn] *f* (-; -*en*) tradición *f*; **⸗ell** [-tsjo'nɛl] tradicional

'**trag|bar** ['trɑːk-] portátil; **⸗e** ['-gə] *f* (-; -*n*) angarillas *f/pl*, andas *f/pl*

träge ['trɛːgə] perezoso; indolente

tragen ['trɑːgən] (*trug*, *getragen*, *h*) **1.** *v/t* llevar; *Brille*, *Bart*: *a* gastar; *Zinsen*: producir; *Früchte*: dar; (*stützen*) sostener; ***die Kosten ~*** correr con los gastos, costear (a/c); **2.** *v/i Eis*: resistir; *Baum*: dar fruto

'Träger ['trɛːgər] *m* (*-s*; -) portador *m*; *arqu* soporte *m*, sostén *m*; *an Kleidungsstücken*: tirante *m*; **'~rakete** *f* cohete *m* portador

'Trag|etasche ['trɑːgə-] *f* bolsa *f*; **~fläche** *avia* ['trɑːk-] *f* ala *f*; **~flügelboot** *n* hidroala *m*, hidrofoil *m*

'Tragi|k ['trɑːgik] *f* (-; *sin pl*) lo trágico; **≗sch** trágico

Tragödie [tra'gøːdjə] *f* (-; *-n*) tragedia *f* (*a fig*)

Tragweite ['trɑːk-] *f* (-; *sin pl*) alcance *m*; *fig a* tra(n)scendencia *f*, envergadura *f*

'Train|er ['trɛːnər] *m* (*-s*; -), **~erin** *f* (-; *-nen*) entrenador(a) *m*(*f*); **≗'ieren** [trɛ-ĭ'niːrən] (*h*) *v/t* (*v/i*) entrenar(se); **~ing** ['-niŋ] *n* (*-s*; *-s*) entrenamiento *m*; **~ingsanzug** *m* chándal *m*

Traktor ['traktɔr] *m* (*-s*; *-en* [-'toːrən]) tractor *m*

trampeln ['trampəln] (*ge-*, *h*) pat(al)ear

'tramp|en ['trɛmpən] (*ge-*, *sn*) hacer autostop, viajar por autostop; **≗er** *m* (*-s*; -), **≗erin** *f* (-; *-nen*) autostopista *su*

'Träne ['trɛːnə] *f* (-; *-n*) lágrima *f*; **≗n** (*ge-*, *h*) lagrimear; **~ngas** *n* gas *m* lacrimógeno

'Tränke ['trɛŋkə] *f* (-; *-n*) abrevadero *m*; **≗n** (*ge-*, *h*) abrevar; (*durch~*) empapar, impregnar (***mit*** de)

Transaktion [trans'ʔak'tsjoːn] *f* transacción *f*

Trans|fer [trans'feːr] *m* (*-s*; *-s*) transferencia *f*; *v Personen*: traslado *m*; **≗ferieren** [-fe'riːrən] (*h*) transferir; **~formator** [-fɔr'mɑːtɔr] *el m* (*-s*; *-en* [-maĭ'toːrən]) transformador *m*; **≗gen** transgénico

Tran'sistor *tec* [-'zistɔr] *m* (*-s*; *-en* [-'toːrən]), **~radio** *n* transistor *m*

Tran'sit [-'ziːt] *m* (*-s*; *-e*) tránsito *m*; **~strecke** *f* trayecto *m* de tránsito; **~visum** *n* visado *m* de tránsito

Trans|parent [transpa'rɛnt] *n* (-[*e*]*s*; *-e*) transparente *m*; (*Spruchband*) pancarta *f*; **~plantation** *med* [-planta'tsjoːn] *f* (-; *-en*) trasplante *m*

Trans'port [-'pɔrt] *m* (-[*e*]*s*; *-e*) transporte *m*; **≗abel** [-'tɑːbəl] transportable; **~eur** [-'tøːr] *m* (*-s*; *-e*) transportista *m*; *tec*, *mat* transportador *m*; **≗fähig** transportable; **≗'ieren** (*h*) transportar; **~kosten** *pl* gastos *m*/*pl* de transporte; **~mittel** *n* medio *m* de transporte; **~unternehmen** *n* empresa *f od* agencia *f* de transportes; **~unternehmer** *m* transportista *m*; agente *m* de transportes; **~versicherung** *f* seguro *m* de transporte; **~wesen** *n* transportes *m*/*pl*

Trapez [tra'peːts] *n* (*-es*; *-e*) trapecio *m*

Trasse *f* ['trasə]trazado *m*

'Traube ['traʊbə] *f* (-; *-n*) racimo *m* (*a fig*); (*Wein≗*) uva *f*; **~nsaft** *m* zumo *m* de uva; **~nzucker** *m* glucosa *f*

trauen (*h*) **1.** *v/i* (*ge-*) confiar (***j-m*** en alg); fiarse (de); ***s-n Augen*** (***Ohren***) ***nicht ~*** no dar crédito a sus ojos (oídos); **2.** *v/t* (***sich ~ lassen***) casar (*-se*); **3.** *v/refl* (*ge-*): ***sich ~ zu*** atreverse a

'Trauer *f* (-; *sin pl*) tristeza *f*; (*Toten≗*) duelo *m*, luto *m*; **~fall** *m* defunción *f*; **~feier** *f* funerales *m*/*pl*, exequias *f*/*pl*; **~kleidung** *f* luto *m*; **~marsch** *m* marcha *f* fúnebre; **≗n** (*ge-*, *h*): ***~ um*** llorar la muerte de; estar de luto por; **~zug** *m* cortejo *m* fúnebre

träufeln ['trɔʏfəln] (*ge-*, *h*) echar gota a gota; *med* instilar

Traum [traʊm] *m* (-[*e*]*s*; *Träume*) sueño *m*; ensueño *m*

träumen ['trɔʏmən] (*ge-*, *h*) soñar (***von*** con)

Traumwelt ['traʊm-] *f* mundo *m* fantástico *od* imaginario

traurig ['traʊriç] triste; afligido

'Trau|ring *m* alianza *f*; **~schein** *m* acta *f* de matrimonio; **~ung** *f* (-; *-en*) matrimonio *m* (***kirchliche*** religioso; ***standesamtliche*** civil); **~zeuge** *m* padrino *m* de boda; **~zeugin** *f* madrina *f* de boda

Travellerscheck ['trɛvələr-] *m* cheque *m* de viaje

Trecking → ***Trekking***

'treff|en ['-fən] (*traf*, *getroffen*, *h*) **1.** *v/t u v/i* alcanzar; (*begegnen*) encontrar; *zufällig*: tropezar con; *Maßnahmen*: tomar; *Vorbereitungen*: hacer; *Verabredung*: concertar; (*sn*) ***~ auf*** (*ac*) dar con; **2.** *v/refl* (*h*): ***sich ~*** reunirse; darse cita; encontrarse; **≗en** *n* (*-s*; -) encuentro *m* (*a dep*); reunión *f*; cita *f*; *mil* combate *m*; **~end** acertado; exacto; justo; **≗er** *m* (*-s*; -) *mil* impacto *m*; *dep* gol *m*, tanto *m*; *Lotterie*: billete *m* premiado; *fig* gran éxito *m*; **≗punkt** *m* punto *m* de reunión; lugar *m* de (la) cita

'treib|en ['traɪbən] (*trieb*, *getrieben*) **1.** *v/t* (*h*) empujar; impeler; (*an*~) *tec* accionar; impulsar; *Vieh*: conducir; (*be*~) practicar, ejercitar, ejercer; (*ver*~) expulsar, echar (***aus*** de); *fig* (*drängen*) atosigar; *Preis*: (***in die Höhe***) ~ hacer subir; ***es zu weit*** *od* ***zu bunt*** ~ ir demasiado lejos, (pro)pasarse; **2.** *v/i* (*h u sn*) flotar; *mar* ir a la deriva; *bot* brotar; germinar; ***~de Kraft*** fuerza *f* motriz; *j*: iniciador *m*, propulsor *m*; **Ձen** *n* (*-s*; *sin pl*) (*Tun*) actividad *f*; (*Bewegung*) movimiento *m*; animación *f*; **Ձhaus** *n* invernadero *m*; **Ձhauseffekt** *m* efecto *m* invernadero; **Ձjagd** *f* batida *f*; caza *f* en ojeo; **Ձstoff** *m* carburante *m*

Trekking ['trɛkiŋ] *n* (*-s*; *-s*) trekking *m*

Trend [trɛnt] *m* (*-s*; *-s*) tendencia *f* (***zu*** a)

'trenn|en ['trɛnən] (*ge-*, *h*) separar; *a quím* disociar; (*entzweien*) desunir; *tel* cortar; ***sich*** ~ separarse (*a Eheleute*); **Ձung** *f* (*-*; *-en*) separación *f*; división *f*

'Treppe ['trɛpə] *f* (*-*; *-n*) escalera *f*; ***drei ~n hoch*** en el tercer piso; **~nabsatz** *m* descansillo *m*, rellano *m*; **~ngeländer** *n* pasamano(s) *m*; **~nhaus** *n* caja *f od* hueco *m* de la escalera

Tre'sor [tre'zoːr] *m* (*-s*; *-e*) *in Banken*: cámara *f* acorazada; (*Geldschrank*) caja *f* fuerte *od* de caudales; **~raum** *m* cámara *f* acorazada

'Tret|boot ['treːt-] *n* patín *m* (acuático); **Ձen** (*trat*, *getreten*) **1.** *v/i* (*h u sn*): ***auf*** *od* ***in et*** ~ pisar a/c; ~ ***in*** *e-n Raum* entrar en; ***aus*** *et* ~ salir de; ***zu j-m*** ~ acercarse a alg; **2.** *v/t* (*h*) pisar; ***j-n*** ~ dar un puntapié *od* una patada a alg

treu [trɔʏ] fiel (*a fig*), leal; **'Ձe** *f* (*-*; *sin pl*) fidelidad *f*; lealtad *f*; **Ձhänder** *com* ['-hɛndər] *m* (*-s*; *-*) (agente *m*) fiduciario *m*; **'Ձhandgesellschaft** *com f* sociedad *f* fiduciaria; **'~los** desleal, infiel; pérfido

Tribunal [tribu'nɑːl] *n* (*-s*; *-e*) tribunal *m*

Tribüne [-'byːnə] *f* (*-*; *-n*) tribuna *f*

Trichter ['triçtər] *m* (*-s*; *-*) embudo *m*; (*Füll*Ձ) tolva *f*; (*Vulkan*Ձ) cráter *m*

Trick [trik] *m* (*-s*; *-s*) truco *m*; **'~film** *m* dibujos *m/pl* animados

Trieb [triːp] *m* (*-[e]s*; *-e*) (*Antrieb*) impulso *m*; (*Instinkt*) instinto *m*; (*Neigung*) inclinación *f*; *bot* brote *m*, retoño *m*; **'~kraft** *f* fuerza *f* motriz; **'~wagen** *ferro m* automotor *m*; **'~werk** *n* mecanismo *m* de accionamiento; *a avia* propulsor *m*

'triefen ['triːfən] (*ge-*, *h*) chorrear; *Nase*: moquear; *Auge*: lagrimear; **~d** empapado (***vor*** de)

Trient [tri'ɛnt] *n* Trento *m*

Trier [triːr] *n* Tréveris *m*

triftig ['triftiç] concluyente, plausible; (bien) fundado

Trikot [tri'koː] *n* (*-s*; *-s*) (*Kleidungsstück*) malla *f*, tricot *m*

'Trimm|-dich-Pfad ['trimdiçpfɑːt] *m* circuito *m* natural; **Ձen** (*ge-*, *h*): ***sich*** ~ hacer ejercicio; entrenarse

'trink|bar ['triŋk-] potable; **Ձbecher** *m* vaso *m*; **~en** (*trank*, *getrunken*, *h*) beber (***aus*** en); *Tee*, *Kaffee*: tomar; ***auf et*** *od* ***j-n*** ~ brindar por a/c *od* alg; **Ձer** *m* (*-s*; *-*), **Ձerin** *f* (*-*; *-nen*) bebedor(a) *m*(*f*); alcohólico *m*, -a *f*; **Ձgeld** *n* propina *f*; **Ձspruch** *m* brindis *m*; ***e-n ~ ausbringen auf*** (*ac*) brindar por; **Ձwasser** *n* (*-s*; *⸚*) agua *f* potable

Trio ['triːo] *n* (*-s*; *-s*) trío *m* (*a fig*)

'tripp|eln ['tripəln] (*ge-*, *sn*) andar a pasitos cortos y rápidos; **Ձer** *med m* (*-s*; *-*) gonorrea *f*, blenorragia *f*

Tritt [trit] *m* (*-[e]s*; *-e*) paso *m*; (*Fuß*Ձ) puntapié *m*; **'~brett** *n* estribo *m*; **'~brettfahrer** *m fig desp* aprovechado *m*; **'~leiter** *f* escalerilla *f*

Triumph [tri'umf] *m* (*-[e]s*; *-e*) triunfo *m*; **Ձ'ieren** (*h*) triunfar (***über*** *ac* de)

'trocken ['trɔkən] seco (*a fig*); (*dürr*) árido; ~ ***legen*** desecar; *Gelände*: desaguar; *Kind*: cambiar los pañales a; ~ ***werden*** secarse; **Ձdock** *n* dique *m* seco; **Ձhaube** *f* (casco *m*) secador *m*; **Ձheit** *f* (*-*; *sin pl*) sequedad *f* (*a fig*); sequía *f*; (*Dürre*) aridez *f*; **Ձzeit** *f* temporada *f* seca, sequía *f*

trocknen ['-nən] (*ge-*) *v/t* (*h*) secar; *v/i* (*h u sn*) secarse

'Trödel ['trøːdəl] *m* (*-s*; *sin pl*) baratijas *f/pl*; trastos *m/pl* viejos; **~markt** *m* mercadillo *m* (de viejo); **Ձn** (*ge-*, *h*) perder el tiempo; rezagarse

'Trommel ['trɔməl] *f* (*-*; *-n*) tambor *m* (*a tec*); **~fell** *n anat* tímpano *m*; **Ձn** (*ge-*, *h*) tocar el tambor

Trommler ['-lər] *m* (*-s*; *-*) tambor *m*

Trom'pete [-'peːtə] *f* (*-*; *-n*) trompeta *f*; **Ձn** (*h*) tocar la trompeta; **~r** *m* (*-s*; *-*) trompeta *m*, trompetista *m*

'Tropen ['troːpən] *pl* trópicos *m/pl*; **~helm** *m* salacot *m*

Tropf *med* [trɔpf] *m* (-[*e*]*s*; -*e*) gota a gota *m*; '**⁓en** *v/i* (*ge-*, *h*) gotear; '**⁓en** *m* (-*s*; -) gota *f*; '**⁓stein** *m an der Decke*: estalactita *f*; *am Boden*: estalagmita *f*; '**⁓steinhöhle** *f* gruta *f* de estalactitas
Trophäe [trɔ'fɛːə] *f* (-; -*n*) trofeo *m*
tropisch ['troːpiʃ] tropical
Trosse *mar* ['trɔsə] *f* (-; -*n*) cable *m*; amarra *f*
Trost [troːst] *m* (-[*e*]*s*; *sin pl*) consuelo *m*
trösten ['trøːstən] (*ge-*, *h*) consolar
'**trost|los** ['troːstloːs] desconsolado; desesperado; (*öde*) desolado; **⁓preis** *m* premio *m* de consolación
trotz [trɔts] **1.** *prp* (*gen u dat*) a pesar de, no obstante, pese a; **2.** ⁓ *m* (-*es*; *sin pl*) obstinación *f*, terquedad *f*; ***j-m zum*** **⁓** a despecho de alg; '**⁓dem** sin embargo, no obstante, a pesar de todo; '**⁓ig** obstinado, terco, porfiado
trübe ['tryːbə] *Flüssigkeit*: turbio, borroso; *Licht*: mortecino; (*glanzlos*) deslucido; *Glas*: empañado; *Tag*: gris; *Wetter*: nuboso; *Himmel*: nublado; *fig* sombrío, triste
Trubel ['truːbəl] *m* (-*s*; *sin pl*) jaleo *m*, barullo *m*; bulla *f*
'**trüb|en** ['tryːbən] (*ge-*, *h*) enturbiar (*a fig*); (*verdunkeln*) oscurecer; *Glas*: empañar (*a fig Freude*); *Verstand* turbar; **⁓selig** ['tryːp-] triste; afligido; **⁓sinnig** melancólico
Trüffel ['tryfəl] *f* (-; -*n*) trufa *f*
Trugbild ['truːk-] *n* fantasma *m*, espejismo *m*
'**trüg|en** ['tryːgən] (*trog*, *getrogen*, *h*) engañar; **⁓erisch** engañoso; falaz
Trugschluss ['truːk-] *m* conclusión *f* errónea
Truhe ['truːə] *f* (-; -*n*) arca *f*; cofre *m*
Trümmer ['trymər] *pl* escombros *m/pl*; ruinas *f/pl*
Trumpf [trumpf] *m* (-[*e*]*s*; ⁓*e*) triunfo *m*; *fig* baza *f*
'**Trunkenheit** ['truŋkən-] *f* (-; *sin pl*) embriaguez *f*; ***wegen*** **⁓** ***am Steuer*** por conducir en estado de embriaguez
Trupp [trup] *m* (-*s*; -*s*) grupo *m*; *Arbeiter*: brigada *f*, equipo *m*; '**⁓e** *f* (-; -*n*) *mil* tropa *f*; '**⁓enübungsplatz** *m* campo *m* de maniobras
Trust *com* [trast] *m* (-[*e*]*s*; -*e*, -*s*) trust *m*
Truthahn ['truːt-] *m* pavo *m*
Tschad [tʃat] *m* el Chad
'**Tschech|e** ['tʃɛçə] *m* (-*n*; -*n*), **⁓in** *f* (-; -*nen*) checo *m*, -a *f*; **⁓isch** checo
Tschechien [tʃɛçjən] *n* República Checa *f*
Tschechoslowakei [tʃɛçoslova'kaɪ] *f* *hist* Checoslovaquia *f*
tschüs F [tʃys, tʃyːs] chao
Tsd. ***Tausend*** mil
T-Shirt ['tiːʃœːt] *n* (-*s*; -*s*) camiseta *f*
TU *f* ***Technische Universität*** Universidad *f* Técnica
Tube ['tuːbə] *f* (-; -*n*) tubo *m*
Tuberkulose *med* [tubɛrku'loːzə] *f* (-; -*n*) tuberculosis *f*
Tuch [tuːx] *n* (-[*e*]*s*; ⁓*er*) (*Wisch*⁓) trapo *m*; (*Hals*⁓, *Kopf*⁓ *etc*) pañuelo *m*
tüchtig ['tyçtiç] hábil; capaz, eficiente; bueno; *adv* de lo lindo
tückisch ['tykiʃ] pérfido; malicioso; traidor (*a Tier*); (*Krankheit*) insidioso
tüfteln ['tyftəln] (*ge-*, *h*) sutilizar
Tugend ['tuːgənt] *f* (-; -*en*) virtud *f*
Tulpe ['tulpə] *f* (-; -*n*) tulipán *m*
tummeln ['tuməln] (*ge-*, *h*): ***sich*** **⁓** *Kinder*: retozar
Tumor *med* ['tuːmɔr] *m* (-*s*; -*en* [tu'moːrən]) tumor *m*
Tumult [tu'mult] *m* (-[*e*]*s*; -*e*) tumulto *m*; alboroto *m*
tun [tuːn] (*tat*, *getan*, *h*) hacer; ***in*** *et* (***hinein***)**⁓** introducir, meter, poner en; echar en; (***viel***) ***zu*** **⁓** ***haben*** estar (muy) ocupado; tener (mucho) que hacer; ***mit j-m zu*** **⁓** ***haben*** (tener que) tratar con alg; ***nichts zu*** **⁓** ***haben mit*** no tener nada que ver con; ***so*** **⁓**, ***als ob*** hacer como si; fingir
Tunesien [tu'neːzjən] *n* Túnez m, Tunicia *f*
Tu'nes|ier [tu'neːzjər] *m* (-*s*; -), **⁓ierin** *f* (-; -*nen*) tunecino *m*, -a *f*; **⁓isch** tunecino
Tunfisch *s* ***Thunfisch***
Tunis ['tuːnis] *n* Túnez *m*
Tunke ['tuŋkə] *f* (-; -*n*) salsa *f*; **⁓n** (*ge-*, *h*) mojar (***in*** *ac* en)
Tunnel ['tunəl] *m* (-*s*; -) túnel *m*
tupfen ['tupfən] (*ge-*, *h*) tocar ligeramente
Tür [tyːr] *f* (-; -*en*) puerta *f*; (*Wagen*⁓) portezuela *f*; ***hinter verschlossenen*** **⁓*en*** a puerta cerrada; ***vor die*** **⁓** ***setzen*** echar a la calle; '**⁓angel** *f* gozne *m*
Turban ['turbaːn] *f* (-*s*; -*e*) turbante *m*
Turbine [-'biːnə] *f* (-; -*n*) turbina *f*
turbulent [-bu'lɛnt] turbulento

Türflügel ['tyːr-] *m* hoja *f* de puerta

Turin [tu'riːn] *n* Torino *m*

'**Türk|e** ['tyrkə] *m* (-*n*; -*n*), **~in** *f* (-; -*nen*), **⁀isch** turco *m*, -a *f*; **⁀isch** turco

Türkei [tyr'kaɪ] *f* Turquía *f*

'**Tür|klinke** ['tyːr-] *f* picaporte *m*; **~klopfer** *m* (-*s*; -) aldaba *f*

Turm [turm] *m* (-[*e*]*s*; ⸚*e*) torre *f* (*a Schach*); (*Glocken⁀*) campanario *m*; (*Festungs⁀*) torreón *m*; (*Wacht⁀*) atalaya *f*; '**~spitze** *f* aguja *f*, flecha *f*; '**~springen** *n* (-*s*; *sin pl*) saltos *m*/*pl* de palanca; '**~uhr** *f* reloj *m* de torre

'**turn|en** ['turnən] (*ge*-, *h*) hacer gimnasia; **⁀en** *n* (-*s*; *sin pl*) gimnasia *f* (deportiva); **⁀er** *m* (-*s*; -), **⁀erin** *f* (-; -*nen*) gimnasta *su*; **⁀gerät** *n* aparato *m* gimnástico; **⁀halle** *f* gimnasio *m*; **⁀hose** *f* pantalón *m* de gimnasia; **⁀ier** [-'niːr] *n* (-*s*; -*e*) torneo *m*; **⁀schuhe** *m*/*pl* zapatillas *f*/*pl*

'**Turnus** ['-nus] *m* (-; -*se*) turno *m*; **⁀mäßig** por turno(s)

'**Tür|öffner** ['tyːrʔ-] *m*: ***automatischer ~*** portero *m* electrónico; **~schild** *n* placa *f*; **~schließer** *m* (-*s*; -) (*Apparat*) cierre *m* (de puertas) automático; **~schloss** *n* cerradura *f*

Tusch|e ['tuʃə] *f* (-; -*n*) tinta *f* china; '**⁀eln** (*ge*-, *h*) cuchichear

Tüte ['tyːtə] *f* (-; -*n*) cucurucho *m*, bolsa *f* (de papel)

tuten ['tuːtən] (*ge*-, *h*) tocar (la sirena; la bocina, *etc*); (hacer) sonar

TÜV [tyf] *m* (-; *sin pl*) ***Technischer Überwachungsverein*** *m* Inspección *f* Técnica de Vehículos (ITV)

TV **1.** *m* ***Turnverein*** Club *m* de gimnasia; **2.** *f* ***Television*** TV *f* (televisión)

Typ [tyːp] *m* (-*s*; -*en*) tipo *m*; '**~e** *f* (-; -*n*) *tip* tipo *m* (de imprenta); letra *f* de molde; F *fig* tío *m*, tipejo *m*; '**~enrad** *f* margarita *f*

Typhus *med* ['tyːfus] *m* (-; *sin pl*) tifus *m*, fiebre *f* tifoidea

typisch ['-piʃ] típico

Tyrann [ty'ran] *m* (-*en*; -*en*) tirano *m*; **⁀i'sieren** (*h*) tiranizar

U

u. ***und*** y

U, **u** [uː] *n* (-; -) U, u *f*

u. a. ***unter anderem*** entre otras cosas; ***unter anderen*** entre otros; ***und andere(s)*** y otro(s)

u. Ä. ***und Ähnliche(s)*** y cosas semejantes

u. A. w. g. ***um Antwort wird gebeten*** se ruega contestación

'**U-Bahn** ['uːbɑːn] *f* (-; -*en*) metro *m*, *Am* subterráneo *m*; **~hof** *m* estación *f* de metro; **~netz** *n* red *f* de metro

'**übel** ['yːbəl] *adj* mal(o); *adv* mal; ***~ nehmen*** tomar a mal; **~übelnehmen** → ***übel*** ; **⁀täter** *m*, **⁀täterin** *f* malhechor(a) *m*(*f*)

üben ['yːbən] (*ge*-, *h*) **1.** *v*/*t* ejercitar, practicar, ejercer; *mus* estudiar; **2.** *v*/*i* hacer ejercicios; entrenarse

über ['yːbər] **1.** *prp* (*wo? dat*; *wohin? ac*) sobre; encima de; (*~ … hinweg*) por encima de; (*~ … hinaus*) más allá de; (*während*) durante; (*mehr als*) más de; (*von*) de, sobre; *ferro* vía, por; ***ein Scheck ~ 100 Mark*** un cheque (por valor) de cien marcos; **2.** *adv*: ***~ und ~*** completamente

über|'all [-'ʔal] en *od* por todas partes; '**⁀angebot** *com n* (-[*e*]*s*; -*e*) oferta *f* excesiva; **~'anstrengen** (*h*) fatigar excesivamente; **~'arbeiten** (*h*) revisar; retocar; ***sich ~*** trabajar demasiado

über|'backen (*irr*, *sin ge*-, *h*, → ***backen***) gratinar; '**~belichten** (*h*) *fot* sobreexponer; **~'bieten** (*irr*, *sin ge*-, *h*, → ***bieten***) sobrepujar (*a fig*); '**⁀blick** *m* (-[*e*]*s*; -*e*) *a fig* vista *f* general *od* de conjunto; (*Zusammenfassung*) resumen *m*; sumario *m*; **~'blicken** (*h*) abarcar con la vista; *a fig* dominar; **~'dauern** (*h*) sobrevivir a; **~'denken** (*irr*, *sin ge*-, *h*, → ***denken***) reflexionar sobre; recapacitar; '**⁀dosis** *f* (-; *Überdosen*) sobredosis *f*; '**~durchschnittlich** superior al promedio; extraordinario; **~eilen** (*h*) precipitar

überein'ander [-ʔaɪn'ʔandər] uno sobre otro; ***~schlagen*** (*irr*, *sep*, -*ge*-, *h*, → ***schlagen***) *Beine*: cruzar

über'ein|kommen [-'ʔaɪnkɔmən] (*irr*,

sep, *-ge-*, *sn*, → ***kommen***) ponerse de acuerdo (***über*** *ac* sobre); convenir (en); **2kommen** *n* (*-s*; -), **2kunft** [-'-kunft] *f* (-; *Übereinkünfte*) convenio *m*, acuerdo *m*, arreglo *m*; **~stimmen** (*sep*, *-ge-*, *h*) coincidir; concordar; estar conforme *od* de acuerdo; **2stimmung** *f* (-; *-en*) concordancia *f*; armonía *f*; conformidad *f*

'überempfindlich hipersensible

über|'fahren (*irr*, *sin ge-*, *h*, → ***fahren***) atropellar, arrollar; *Signal*: pasar; **'2fahrt** *f* (-; *-en*) travesía *f*; pasaje *m*; **'2fall** *m* (-[*e*]*s*; *Überfälle*) agresión *f*; (*Raub2*) atraco *m*; **~'fallen** (*irr*, *sin ge-*, *h*, → ***fallen***) atracar, asaltar; *fig* sorprender; **'~fällig** retrasado; *com* vencido (y no pagado); **'2fluss** *m* (*-es*; *sin pl*) abundancia *f*, profusión *f* (***an*** *dat* de); **'2flussgesellschaft** *f* sociedad *f* opulenta; **'~flüssig** superfluo; **~ *sn*** sobrar, estar de sobra *od* de más; **~'fordern** (*h*) exigir demasiado de; **~'führen** (*h*) *jur* convencer; **2'führung** *f* (-; *-en*) traslado *m*; transporte *m*; *e-r Leiche*: conducción *f*; *Verkehr*: paso *m* superior *od* elevado; *jur* convicción *f*; **~'füllt** [-'fylt] repleto, atestado, F de bote en bote

'Über|gabe *f* (-; *-n*) entrega *f*; *mil* rendición *f*; **~gang** *m* (-[*e*]*s*; *Übergänge*) paso *m*; *fig* transición *f*; **~gangsphase** *f* período *m* de transición; **2'geben** (*irr*, *sin ge-*, *h*, → ***geben***) entregar; *mil* rendir; ***sich ~*** vomitar; **2'gehen** (*irr*, *sin ge-*, *h*, → ***gehen***) pasar por alto; (*auslassen*) omitir; *bei der Beförderung*: postergar; **~gepäck** *n* (-[*e*]*s*; *sin pl*) exceso *m* de equipaje; **~gewicht** *n* (-[*e*]*s*; *sin pl*) sobrepeso *m*, exceso *m* de peso; *fig* preponderancia *f*; **2glücklich** muy feliz; loco de alegría; **~größe** talla *f* grande, talla *f* especial

über'handnehmen (*irr*, *sep*, *-ge-*, *h*, → ***nehmen***) llegar a ser excesivo; aumentar demasiado; menudear

über|häufen (*h*) colmar (***mit*** de); *mit Arbeit etc*: agobiar, abrumar (de); **~'haupt** generalmente; en suma; ***~ nicht*** de ningún modo; ***~ nichts*** absolutamente nada; **~heblich** [-'heːpliç] presuntuoso, arrogante; **~'höht** [-'høːt] *Preis*: abusivo; **~'holen** (*h*) adelantar; pasar; *fig* aventajar; *tec* revisar; repasar; **2'holspur** *f* carril *m* de adelantamiento; **2'holverbot** *n* prohibición *f* de adelantar; **~'hören** (*h*) no oír; *absichtlich*: hacerse el desentendido; **'2kapazität** *f* sobrecapacidad *f*; **'~kochen** (*sep*, *-ge-*, *sn*) rebosar al hervir; *Milch*: salirse

über|'laden (*irr*, *sin ge-*, *h*, → ***laden***) sobrecargar; *fig* recargar; **~'lagern** (*h*) superponer; **'2landbus** *m* coche *m* de línea; **~'lassen** (*irr*, *sin ge-*, *h*, → ***lassen***) (*abtreten*) ceder; (*anheimstellen*) dejar; **~'lasten** (*h*) sobrecargar; *fig* agobiar, abrumar (***mit*** de); **'~laufen** (*irr*, *sep*, *-ge-*, *sn*, → ***laufen***) derramarse, rebosar; salirse; *mil* pasarse al enemigo; **~'leben** (*h*) sobrevivir a; **2lebende** *m/f* (*-n*; *-n*) superviviente *su*; **~'legen 1.** *v/t* (*h*) pensar, considerar; reflexionar; **2.** *adj* superior; **~'liefern** (*h*) transmitir

'Über|macht *f* (-; *sin pl*) *mil* superioridad *f* de fuerzas *bzw* numérica; **2mäßig** excesivo; desmesurado; *adv* demasiado; **2'mitteln** (*h*) transmitir; **2morgen** pasado mañana; **2mütig** [-myːtiç] loco de alegría; petulante, travieso

'über|nächst: ***am ~en Tag*** dos días después *od* más tarde; **~nachten** [-'naxtən] (*h*) pasar la noche (***in*** *dat* en), pernoctar; **2'nachtung** *f* (-; *-en*) pernoctación *f*; ***~ mit Frühstück*** alojamiento *m* con desayuno; **2nahme** [-nɑːmə] *f* (-; *-n*) aceptación *f*; recepción *f*; *e-s Amtes*: toma *f* de posesión; ***feindliche ~*** toma *f* hostil; **2nahmeangebot** *n* oferta *f* pública de adquisición (de acciones), opa *f*; **~national** supranacional; **~'nehmen** (*irr*, *sin ge-*, *h*, → ***nehmen***) tomar, aceptar; recibir; *Amt*: tomar posesión de; *Arbeit*, *Auftrag*: encargarse de; *Stelle*, *Firma*: hacerse cargo de; *Verantwortung*: asumir; **2produktion** *f* (-; *-en*) sobreproducción *f*; **~'prüfen** (*h*) examinar; revisar, comprobar; **~queren** [-'kveːrən] (*h*) atravesar, cruzar

über'rasch|en [-'raʃən] (*h*) sorprender; **~end** sorprendente; inesperado; **2ung** *f* (-; *-en*) sorpresa *f*

über'reden (*h*) persuadir

'über|regional suprarregional; **~reich** abundante; ***~ sn an*** (*dat*) abundar en; **~'reichen** (*h*) entregar; presentar; **~'rumpeln** (*h*) coger desprevenido; sorprender; **~'runden** (*h*) tomar la delantera (*a fig*)

'über|satt repleto; **2schallflugzeug** *n*

avión *m* supersónico; **≈schallgeschwindigkeit** *f* velocidad *f* supersónica; **~'schätzen** (*h*) sobr(e)estimar; **≈schlag** *m* (-[*e*]*s*; *Überschläge*) cálculo *m* aproximativo; (*Turnen*) paloma *f*; **~'schlagen** (*irr*, *sin ge-*, *h*, → ***schlagen***) (*auslassen*) pasar por alto, omitir; (*berechnen*) calcular; ***sich ~*** dar una vuelta de campana; *a avia* capotar; **~'schneiden** (*irr*, *sin ge-*, *h*, → ***schneiden***): ***sich ~*** cruzarse; (*zeitlich*) coincidir; **~'schreiten** (*irr*, *sin ge-*, *h*, → ***schreiten***) atravesar, cruzar, pasar; *fig* exceder, pasar de, rebasar; *Gesetz*, *Gebot*: violar, infringir; **≈schrift** *f* (-; *-en*) título *m*; **≈schuss** *m* (*-es*; *Überschüsse*) excedente *m*, sobrante *m*; (*Kassen≈*) superávit *m*, saldo *m* activo; **≈schussproduktion** *f* producción *f* excedentaria; **~'schütten** (*h*) cubrir (***mit*** de); *fig a* colmar (de); **~'schwemmen** (*h*) *a fig* inundar (***mit*** de); **≈'schwemmung** *f* (-; *-en*) inundación *f*

'Über|see *f* ultramar *m*; **~seedampfer** *m* transatlántico *m*; **≈'sehen** (*irr*, *sin ge-*, *h*, → ***sehen***) abarcar con la vista; (*nicht sehen*) no ver; omitir; (*nicht beachten*) no hacer caso de, desatender; **≈'senden** (*irr*, *sin ge-*, *h*, → ***senden***) enviar, mandar, remitir; **'≈setzen**[1] (*sep*, *-ge-*, *h*) *über e-n Fluss etc*: pasar (a la otra orilla); **≈'setzen**[2] (*h*) *Text*: traducir; **~'setzer** *m*, **~'setzerin** *f* traductor(a) *m*(*f*); **~'setzung** *f* (-; *-en*) traducción *f*; *in die Muttersprache*: versión *f*; *tec* transmisión *f*; *am Fahrrad*: multiplicación *f*; **~'setzungsbüro** *n* agencia *f* de traducción; **~'setzungsdienst** *m* servicio *m* de traducción; **~'setzungsprogramm** *n* programa *m* de traducción; **~'setzungssoftware** *f* software *m* de traducción; **'~sicht** *f* (-; *-en*) vista *f* general *od* de conjunto; cuadro *m* sinóptico; **'≈sichtlich** claro; *Gelände*: abierto; **'~sichtskarte** *f* mapa *m* general; **'≈siedeln** (*sep*, *-ge-*, *sn*) trasladarse; **≈'spannt** *fig* exagerado, exaltado, extravagante; **≈'spielen** (*h*) *Schallplatte*: regrabar; *fig* disimular; **≈'springen** (*irr*, *sin ge-*, *h*, → ***springen***) saltar (por encima de); *fig* saltarse; **≈'stehen** (*irr*, *sin ge-*, *h*, → ***stehen***) pasar; vencer; ***glücklich ~*** salir airoso de; **≈'steigen** (*irr*, *sin ge-*, *h*, → ***steigen***) pasar por encima de; *fig* exceder; desbordar; **≈'stimmen** (*h*) vencer por mayoría de votos; **'~stunde** *f* hora *f* extraordinaria; **'~stundenzuschlag** *m* (*Aufschlag*) suplemento *m* por horas extra(ordinaria)s

'Über|trag [-trɑːk] *com m* (-[*e*]*s*; *Überträge*) suma *f* anterior, suma *f* y sigue; ***~ auf neue Rechnung*** saldo *m od* traslado *m* a cuenta nueva; **≈'tragbar** transferible; *a med* transmisible; ***nicht ~*** intransferible; **≈'tragen** (*irr*, *sin ge-*, *h*, → ***tragen***) trasladar; *a med*, *tec* transmitir (***auf*** *ac* a); *jur*, *com* transferir; *Steno*: transcribir; *Radio*, *TV*: (re-) transmitir; *Amt*, *Aufgabe*: encargar, confiar; ***in ~er Bedeutung*** en sentido figurado; **~'tragung** *f* (-; *-en*) *jur*, *com* transferencia *f*; transmisión *f* (*a tec*); *med a* contagio *m*; (*Steno*) transcripción *f*; *Radio*, *TV*: (re)transmisión *f*; **≈'treffen** (*irr*, *sin ge-*, *h*, → ***treffen***) exceder, superar; *j-n*: aventajar (***an*** *dat* en); llevar ventaja a; **≈'treiben** (*irr*, *sin ge-*, *h*, → ***treiben***) exagerar; **≈'treten** *jur* (*irr*, *sin ge-*, *h*, → ***treten***) contravenir a, infringir, violar

übervölkert [-'fœlkərt] superpoblado

über|'wachen (*h*) vigilar, inspeccionar, controlar; **~weisen** [-'vaɪzən] (*irr*, *sin ge-*, *h*, → ***weisen***) transferir; *Geld*: *a* girar; **≈'weisung** *f* (-; *-en*) transferencia *f*; giro *m*; **≈'weisungsformular** *n* formulario *m* de transferencia; **~'wiegen** (*irr*, *sin ge-*, *h*, → ***wiegen***) preponderar, predominar, prevalecer (sobre); **~'winden** (*irr*, *sin ge-*, *h*, → ***winden***) vencer; superar; *Hindernisse*: *a* allanar; *Gefühle*: dominar; ***sich ~*** (*et zu tun*) hacer de tripas corazón

'Über|zahl *f* (-; *sin pl*) superioridad *f* numérica; **≈'zeugen** (*h*) convencer (***von*** de); **~'zeugung** *f* (-; *-en*) convencimiento *m*, convicción *f*; **≈'ziehen** (*irr*, *sin ge-*, *h*, → ***ziehen***) revestir, (re)cubrir; forrar (***mit*** de); *Möbel*: tapizar; *Kissen*: enfundar; *Konto*: dejar en descubierto; *Kredit*, *Zeit*: rebasar; ***das Bett frisch ~*** mudar la ropa de la cama; **~'ziehungskredit** *m* crédito *m* por descubierto; **~zug** *m* (-[*e*]*s*; *Überzüge*) *tec* revestimiento *m*; (*Hülle*) funda *f*

üblich ['yːpliç] usual; acostumbrado; ***wie ~*** como de costumbre

U-Boot ['uːboːt] *n* submarino *m*

'übrig ['yːbriç] sobrante, restante; ***das***

2e el resto; lo demás; ***die 2en*** los demás; **~ *bleiben*** quedar, sobrar; *fig* → ***übrigbleiben***; **~ *haben*** tener de sobra; **~ *sn*** sobrar; **~ *lassen*** dejar; **~bleiben** (*irr, sep, -ge-, sn,* → ***bleiben***): *fig* ***was bleibt mir anderes übrig?*** ¡qué remedio!

Übung ['-buŋ] *f* (-; *-en*) ejercicio *m*; práctica *f*; (*Training*) entrenamiento *m*

ü.d.M. ***über dem Meeresspiegel*** sobre el nivel del mar

UdSSR *f hist* ***Union der Sozialistischen Sowjetrepubliken*** URSS *f* (Unión de Repúblicas Socialistas Soviéticas)

u.E. ***unseres Erachtens*** a nuestro parecer

'**Ufer** ['uːfər] *n* (*-s*; -) orilla *f*; borde *m*; (*Fluss2*) *a* ribera *f*; ***über die ~ treten*** desbordarse; **~promenade** *f* paseo *m* marítimo *bzw* ribereño; **~straße** *f* carretera *f* ribereña *od* del litoral

UFO *n* ***Unbekanntes Flugobjekt*** OVNI *m* (objeto volante no identificado)

Uhr [uːr] *f* (-; *-en*) reloj *m*; *Zeit*: hora *f*; ***wie viel ~ ist es?*** ¿qué hora es?; ***es ist ein ~*** es la una; ***es ist zwei ~*** son las dos; '**~macher** [-maxər] *m* (*-s*; -) relojero *m*; '**~zeiger** *m* aguja *f*, manecilla *f*; '**~zeigersinn** *m*: ***im ~*** en el sentido de las agujas del reloj; '**~zeit** *f* hora *f*

Uhu *zo* ['uːhu] *m* (*-s*; *-s*) búho *m*

Ukraine [u'kraɪnə] *f* Ucrania *f*

UKW *f* ***Ultrakurzwelle*** FM *f* (frecuencia modulada)

Ulme *bot* ['ulmə] *f* (-; *-n*) olmo *m*

Ultimatum [-ti'maːtum] *n* (*-s*; *Ultimaten*) ultimátum *m* (***stellen*** poner)

Ultra|'kurzwelle [-tra'-] *f el* onda *f* ultracorta; *Radio*: frecuencia *f* modulada; '**~schall** *m* ultrasonido *m*; '**2violett** ultravioleta

um [um] **1.** *prp* (*ac*) *örtlich*: (*~ … herum*) alrededor de; *zeitlich*: a; (*ungefähr*) hacia, a eso de; *Grund*: (*~ … willen*) por, a causa de; *Preis*: por, al precio de; **2.** *cj*: ***~ zu*** (*inf*) para; **3.** *adv*: ***~ und ~*** por todos lados

umarmen [-'ʔarmən] (*h*) abrazar, dar un abrazo a

'**Umbau** *m* (-[*e*]*s*; *-ten*) *arqu* reformas *f/pl*, transformación *f*; *teat* cambio *m* de decorados; *fig* reorganización *f*; **2en** (*sep, -ge-, h*) reformar, transformar; *fig* reorganizar

'**umbilden** (*sep, -ge-, h*) transformar; remodelar; *fig* reorganizar

'**um|binden** (*irr, sep, -ge-, h,* → ***binden***) *Schürze, Krawatte*: ponerse; **~bringen** (*irr, sep, -ge-, h,* → ***bringen***) matar, asesinar

'**umbuch|en** (*sep, -ge-, h*) *com* pasar a otra cuenta; *Reise*: cambiar la reserva (de); **2ung** *f* (-; *-en*) cambio *m* de asiento (*Reise*: de reserva)

'**um|datieren** (*sep, h*) cambiar la fecha; **~disponieren** (*sep, h*) cambiar las disposiciones; **~drehen** (*sep, -ge-, h*) volver; dar vuelta a; *Hals*: torcer; ***sich ~*** volverse, volver la cabeza; **~fahren** (*irr, sep, -ge-, h,* → ***fahren***) derribar; *j-n*: atropellar; **~fallen** (*irr, sep, -ge-, sn,* → ***fallen***) caerse; *Wagen etc*: volcar; *fig* cambiar bruscamente de opinión

'**Umfang** *m* (-[*e*]*s*; *sin pl*) circunferencia *f*; *mat* perímetro *m*; periferia *f*; (*Dicke*) espesor *m*; *fig* extensión *f*; envergadura *f*; proporciones *f/pl*; **2reich** voluminoso; extenso

umfassend [-'fasənd] amplio, extenso; completo

'**Umfrage** *f* (-; *-n*) encuesta *f* (***halten*** hacer)

'**umfüllen** (*sep, -ge-, h*) tra(n)svasar, trasegar

'**Umgangs|sprache** ['-gaŋs-] *f* lenguaje *m* familiar *od* coloquial; **2sprachlich** coloquial

Um|'gebung [-'geːbuŋ] *f* (-; *-en*) alrededores *m/pl*; *a fig* entorno *m*, medio *m*; *nähere*: inmediaciones *f/pl*, cercanías *f/pl*; (*Milieu*) ambiente *m*; '**~gegend** *f* (-; *-en*) alrededores *m/pl*; *nähere*: cercanías *f/pl*

umgeh|en (*irr* → ***gehen***) **1.** ['-geːən] *v/i* (*sep, -ge-, sn*) *Gerücht*: circular; ***~ mit j-m*** tratar a alg; **2.** [-'-] *v/t* (*sin ge-, h*) dar la vuelta alrededor de; *fig* evitar, eludir; **2ungsstraße** ['-uŋs-] *f* carretera *f* de circunvalación

umgekehrt ['-gəkeːrt] invertido, inverso; contrario; *adv* al revés, por el (*od* al) contrario

'**um|graben** (*irr, sep, -ge-, h,* → ***graben***) cavar; remover; **2hang** *m* (-[*e*]*s*; *Umhänge*) mantón *m*; capa *f*

'**umhänge|n** (*sep, -ge-, h*) colgar; *Mantel*: ponerse sobre los hombros; *Bild*: colocar de otro modo; *über die Schulter*: poner en bandolera; **2tasche** *f* bolso *m* en bandolera

um'her alrededor, en torno; **~streifen** (*sep, -ge-, sn*) andar vagando (***in*** *dat* por); **~ziehen** (*irr, sep, -ge-, sn,* → ***ziehen***) vagar, errar

U/min ***Umdrehungen pro Minute*** r.p.m. (revoluciones por minuto)

'Umkehr ['-keːr] *f* (-; *sin pl*) vuelta *f*; **2en** (*sep, -ge-*) **1.** *v/t* (*h*) volver, dar vuelta a; *mat, el* invertir; **2.** *v/i* (*sn*) volver; dar media vuelta

um'klammern (*h*) abrazar; agarrar; *mil* envolver

'umkleide|n *v/refl* (*sep, -ge-, h*): ***sich ~*** cambiarse, mudarse de ropa; **2raum** *m* vestuario *m*

'um|kommen (*irr, sep, -ge-, sn,* → ***kommen***) perecer; (*verderben*) desperdiciarse; echarse a perder; **2kreis** *m* (*-es*; *sin pl*) periferia *f*, circunferencia *f*; (*Bereich*) ámbito *m*; ***im ~ von 10 km*** en diez kilómetros a la redonda; **~laden** (*irr, sep, -ge-, h,* → ***laden***) transbordar; **~'lagern** (*h*) sitiar, cercar; **2land** *n* (-[*e*]*s*; *sin pl*) alrededores *m/pl*

'Umlauf *m* (-[*e*]*s*; *Umläufe*) circulación *f*; (*Schreiben*) circular *f*; ***in ~ bringen*** poner en circulación; ***im ~ sn*** circular, estar en circulación

'Umlaut *m* (-[*e*]*s*; *-e*) metafonía *f*

'umlegen (*sep, -ge-, h*) (*anders legen*) colocar de otro modo; *Mantel, Schmuck*: ponerse; (*umwerfen*) derribar; P (*töten*) dejar tieso

'umleit|en (*sep, -ge-, h*) desviar; **2ung** *f* (-; *-en*) desviación *f*; **2ungsschild** *n* señal *f* de desviación

'um|packen (*sep, -ge-, h*) empaquetar de nuevo; *Koffer*: volver a hacer; *Ware*: cambiar el embalaje; **~quartieren** ['-kvartiːrən] (*sep, h*) cambiar de alojamiento; **~räumen** (*sep, -ge-, h*) disponer de otro modo

'umrechn|en (*sep, -ge-, h*) convertir (***in*** en); **2ungskurs** *m* tipo *m* de cambio

um|'reißen (*irr, sin ge-, h,* → ***reißen***) perfilar; esbozar; **~'ringen** (*h*) rodear; *mil a* cercar; **'2riss** *m* (*-es*; *-e*) contorno *m*; **'~rühren** (*sep, -ge-, h*) remover, agitar

'Umsatz *com m* (*-es*; *Umsätze*) volumen *m* de negocios, cifra *f* de ventas, facturación *f*; (*Absatz*) (volumen *m* de) ventas *f/pl*; **~provision** *f* comisión *f* sobre la cifra de ventas; **~rückgang** *m* descenso *m* de las ventas; **~steigerung** *f* incremento *m od* aumento *m* de las ventas; **~steuer** *f* impuesto *m* sobre el volumen de negocios

'um|schalten (*sep, -ge-, h*) *el* conmutar; *TV* cambiar de canal; **~schauen** (*sep, -ge-, h*): ***sich ~*** volver la cabeza

'Umschlag *m* (-[*e*]*s*; *Umschläge*) (*Hülle*) envoltura *f*; (*Buch2*) cubierta *f*; forro *m*; (*Brief2*) sobre *m*; *fig* (*Wendung*) cambio *m* repentino *od* brusco; *com* movimiento *m*; (*Umladen*) transbordo *m*; **2en** (*irr, sep, -ge-,* → ***schlagen***) **1.** *v/i* (*sn*) (*kippen*) volcar; *Wetter*: cambiar bruscamente; **2.** *v/t* (*h*) *Stoff*: doblar; *Ärmel*: arremangar; *Seite*: volver; *com* transbordar; **~hafen** (**~platz**) *com m* puerto *m* (lugar *m*) de transbordo

um'schließen (*irr, sin ge-, h,* → ***schließen***) circundar; encerrar; *com* cercar

umschreib|en (*irr, h,* → ***schreiben***) **1.** ['-] *v/t* (*sep, -ge-*) transcribir; refundir; *jur* transferir (***auf*** *ac* a, en); **2.** [-'-] *v/t* (*sin ge-*) circunscribir; *fig* parafrasear; **2ung** [-'-] *f* (-; *-en*) circunscripción *f*; circunlocución *f*, perífrasis *f*

'um|schulden *com* (*sep, -ge-, h*) convertir una deuda; **2schuldung** *f* (-; *-en*) conversión *f* de una deuda

'um|schulen (*sep, -ge-, h*) *beruflich*: readaptar (profesionalmente); **2schüler** *m*, **2schülerin** *f* readaptor(a) *m(f)*; **2schulung** *f* (-; *-en*) readaptación *f* profesional; **2schulungsmaßnahme** *f* medida *f* de readaptación profesional

'Um|schwung *m* (-[*e*]*s*; *Umschwünge*) cambio *m* brusco *od* repentino; revolución *f*; **2sehen** (*irr, sep, -ge-, h,* → ***sehen***): ***sich ~*** mirar (hacia) atrás, volver la cabeza; mirar alrededor; *fig* ***sich ~ nach*** buscar

'um|setzen (*sep, -ge-, h*) cambiar de sitio; trasladar; *com* vender, colocar; *agr* trasplantar; ***~ in*** transformar en; **~siedeln** (*sep, -ge-, h*) reasentar

'umso: ***~ besser*** (***schlimmer***) tanto mejor (peor)

um'sonst (*kostenlos*) gratis, de balde; (*vergeblich*) en vano, en balde; inútil(mente)

'Umstand *m* (-[*e*]*s*; *Umstände*) circunstancia *f*; hecho *m*; ***besonderer ~*** particularidad *f*

Umständ|e ['-ʃtɛndə] *m/pl* circunstancias *f/pl*; (*Lage*) situación *f*; ***unter ~n*** tal vez, eventualmente; ***unter allen ~n*** en todo caso, a todo trance; ***unter keinen ~n*** en ningún caso, de ningún modo; ***in anderen ~n*** encinta, embarazada; **°lich** ['-ʃtɛntliç] circunstanciado; (*genau*) minucioso

'**Umstandskleidung** *f* vestidos *m/pl* para futura mamá

'**um|steigen** (*irr, sep, -ge-, sn,* → ***steigen***) cambiar (de tren, *etc*); hacer tra(n)sbordo; **~stellen** (*sep, -ge-, h*) colocar en otro sitio; cambiar de sitio; *fig* reorganizar; ***sich ~ auf*** (*ac*) (re)adaptarse a; **°stellung** *f* (-; *-en*) reorganización *f*; (re)adaptación *f*; *a com* reconversión *f*; **~stimmen** (*sep, -ge-, h*) hacer cambiar de opinión; **~stoßen** (*irr, sep, -ge-, h,* → ***stoßen***) derribar; volcar; *fig* anular; invalidar; **~strukturieren** ['-ʃtrukturiːrən] (*sep, h*) reestructurar; **°strukturierung** *f* (-; *-en*) reestructuración *f*; **°sturz** (*-es*; *⸗e*) *pol m* subversión *f*; revolución *f*; **~stürzen** (*sep, -ge-*) **1.** *v/t* (*h*) volcar, derribar; **2.** *v/i* (*sn*) volcar, derrumbarse

'**Umtausch** *m* (-[*e*]*s*; *-e*) cambio *m*; canje *m*; **°en** (*sep, -ge-, h*) cambiar; canjear; **~kurs** *m* tipo *m* de cambio *m*

Umwälzung ['-vɛltsuŋ] *f* (-; *-en*) revolución *f*

'**umwand|eln** (*sep, -ge-, h*) transformar; cambiar; *com* convertir; **°lung** *f* (-; *-en*) transformación *f*; cambio *m*; *com* conversión *f*

Umweg ['-veːk] *m* (-[*e*]*s*; *-e*) rodeo *m* (*a fig*)

'**Umwelt** *f* (-; *sin pl*) medio *m* ambiente, ambiente *m*; entorno *m*; **~belastung** *f* impacto *m* ambiental *od* ecológico; **°bewusst** consciente de los problemas medioambientales; **~bewusstsein** *n* conciencia *f* ecológica; **~einfluss** *m* influencia *f* ambiental; **°feindlich** contaminante del medio ambiente; **°freundlich** ecológico; **~schäden** ['-ʃɛːdən] *m/pl* daños *m/pl* ecológicos *od* del medio ambiente; **°schädlich** que daña el medio ambiente; **~schutz** *m* protección *f* del medio ambiente; **~schützer** *m* [-ʃytsər] (*-s*; *-*) ecologista *m*; **~verschmutzung** *f* contaminación *f* ambiental; **°verträglich** compatible con el medio ambiente

'**um|wenden** (*irr, sep, -ge-, h,* → ***wenden***) volver; ***sich ~*** volverse; volver la cabeza; **~werfen** (*irr, sep, -ge-, h,* → ***werfen***) derribar, volcar; **~ziehen** (*irr, sep, -ge-,* → ***ziehen***) **1.** *v/i* (*sn*) mudarse de casa, trasladarse; **2.** *v/refl* (*h*): ***sich ~*** mudarse de ropa, cambiarse

'**Umzug** *m* (-[*e*]*s*; *Umzüge*) mudanza *f* (de casa); traslado *m*; (*Festzug*) desfile *m*; cabalgata *f*

'**unabhängig** ['unʔaphɛŋiç] independiente; **°keit** *f* (-; *sin pl*) independencia *f*

unab|kömmlich [-'kœmliç] insustituible; '**~sichtlich** involuntario; *adv* sin intención, sin querer(lo)

'**unachtsam** distraído, inadvertido; (*nachlässig*) descuidado

unan|'fechtbar incontestable, indiscutible; '**~genehm** desagradable; molesto; ***es ist mir ~*** me sabe mal; '**~ständig** indecente, indecoroso; **~tastbar** [-'tastbaːr] intangible; inviolable

'**unappetitlich** poco apetitoso; repugnante

'**Unart** *f* (-; *-en*) mala costumbre *f*; vicio *m*; *e-s Kindes*: travesura *f*; **°ig** *Kind*: travieso, malo

'**unauf|dringlich**, **~fällig** discreto; **~gefordert** ['-gəfɔrdərt] espontáneo; **~merksam** desatento; distraído; **~richtig** insincero

'**unaus|gefüllt** ['-ʔausgəfylt] *Formular*: en blanco; *fig* vacío; **~stehlich** [-'ʃteːliç] insoportable

'**unbe|absichtigt** ['-bəʔapziçtiçt] involuntario; *adv* sin querer(lo); **~achtet** [-ʔaxtət] inadvertido (***bleiben*** pasar); ***~ lassen*** no hacer caso de; **~antwortet** ['-ʔantvɔrtət] sin respuesta, sin contestación; **~dacht** inconsiderado; irreflexivo; **~deutend** insignificante; de poca monta; **~dingt** incondicional; absoluto; *adv* a toda costa; **~'fahrbar** intransitable, impracticable; *mar* innavegable; **~fangen** imparcial; sin prejuicios; (*arglos*) ingenuo, cándido; **~friedigend** poco satisfactorio; insuficiente; **~friedigt** descontento, poco satisfecho; **~fristet** ilimitado; **~fugt** no autorizado; ilícito; **~gabt** poco inteligente; poco apto; sin talento; **~'greiflich** incomprensible, inconcebible; **~grenzt** [-grɛntst] ilimitado; **~gründet** [-gryndət] infundado; **~helligt** [-'hɛliçt] sin ser molestado; **~herrscht** [-hɛrʃt] que no sabe dominarse; **~holfen** [-hɔlfən] torpe; **~irrt** [-ˈʔirt] firme; imperturbable; *adv* sin turbarse; **~kannt** desconocido; **~kleidet** [-klaɪdət] desnudo; **~kümmert** despreocupado; descuidado; indiferente; **~lehrbar** [-ˈleːrbaːr] incorregible; **~liebt** impopular; **~mannt** [-mant] sin tripulación, no tripulado; **~merkt** [-mɛrkt] inadvertido, sin ser visto; **~nutzt** [-nutst] sin utilizar; **~quem** incómodo; (*lästig*) molesto; engorroso; **~ˈrechenbar** [-ˈrɛçənbaːr] incalculable; *j*: caprichoso, veleidoso; **~rechtigt** injustificado; infundado; *adv* sin autorización; **~rührt** [-ryːrt] intacto; *a fig* virgen; **~schädigt** intacto; *com* en buenas condiciones; **~schränkt** ilimitado; absoluto; **~schreiblich** [-ˈʃraɪpliç] indescriptible; **~sehen** *adv* sin reparo; **~siegbar** [-ˈziːkbaːr] invencible; **~sonnen** atolondrado; irreflexivo; **~ständig** inconstante, inestable; *a Wetter*: variable; **~stechlich** incorruptible; **~stimmt** indeterminado, indefinido (*a gram*); indeciso, vago; **~streitbar** [-ˈʃtraɪtbaːr] incontestable, indiscutible; **~stritten** [-ˈʃtritən] incontestado, indiscutido; **~teiligt** [-taɪliçt] desinteresado; ajeno (***an*** a); **~tont** [-toːnt] átono

unbeugsam [-ˈbɔʏkzaːm] inflexible; rígido

ˈunbe|wacht [ˈ-bəvaxt] no vigilado; sin guarda; **~weglich** inmóvil; fijo (*a Fest*); rígido; ***~e Güter*** *n/pl* bienes *m/pl* inmuebles; **~wohnt** [-voːnt] inhabitado; *Gebäude*: deshabitado; **~wusst** inconsciente; instintivo; involuntario; *adv* sin darse cuenta; **~zahlbar** [-ˈtsaːlbaːr] impagable (*a fig*)

ˈunbrauchbar inutilizable; inservible; *j*: inútil; incapaz; ***~ machen*** inutilizar

und [unt] y, (*vor* i *od* hi) e

ˈUndank *m* (-[*e*]*s*; *sin pl*) ingratitud *f*; desagradecimiento *m*; **≗bar** ingrato (*a fig*); desagradecido

un|definierbar [-defiˈniːrbaːr] indefinible; **~ˈdenkbar** inimaginable; impensable; **ˈ~deutlich** indistinto; vago; *Laut*: inarticulado; *Schrift*: ilegible; *Bild*: borroso; **ˈ~dicht** permeable; ***~ sn*** *Fenster etc*: juntar mal; *Gefäß*: salirse, rezumar; **ˈ~duldsam** intolerante

undurch|dringlich [-durçˈdriŋliç] impenetrable (*a fig*); impermeable; **~ˈführbar** irrealizable, impracticable; **ˈ~lässig** impermeable; **ˈ~sichtig** opaco; *fig* impenetrable; ambiguo

ˈuneben desigual; *Gelände*: escabroso; accidentado; *Weg*: áspero; **≗heit** *f* (-; -*en*) desigualdad *f*; aspereza *f*; escabrosidad *f*; ***~en des Geländes*** accidentes *m/pl* del terreno

ˈunecht falso; falsificado; imitado

ˈunehelich ilegítimo

ˈunehrlich falso; insincero; desleal

ˈuneigennützig desinteresado

uneingeschränkt [ˈ-ʔaɪngəʃrɛŋkt] ilimitado; absoluto

ˈunempfindlich *a fig* insensible (***gegen*** a); apático, indiferente; *med* anestesiado

unˈendlich infinito (*a mat*); *fig a* inmenso

unent|ˈbehrlich indispensable, imprescindible; **~geltlich** [-ˈgɛltliç] gratuito; *adv* gratis; **ˈ~schieden** indeciso; *Spiel, Wahl*: empatado; ***~ spielen*** empatar; **ˈ~schlossen** irresoluto

ˈuner|fahren [ˈ-ʔɛrfaːrən] inexperto, sin experiencia; **~forschlich** [-ˈfɔrʃliç] impenetrable; inescrutable; **~freulich** desagradable; **~giebig** improductivo; **~ˈgründlich** insondable (*a fig*); **~hört** [-ˈhøːrt] inaudito; increíble; ***das ist ~!*** ¡habráse visto!; **~kannt** [-kant] *adv* sin ser reconocido; de incógnito; **~ˈklärlich** inexplicable; **~lässlich** [-ˈlɛsliç] indispensable, imprescindible; **~laubt** [-laʊpt] ilícito; **~messlich** [-ˈmɛsliç] inmenso; **~müdlich** [-ˈmyːtliç] infatigable; **~ˈreichbar** inalcanzable; inaccesible; *fig* inasequible; **~sättlich** [-ˈzɛtliç] insaciable (*a fig*); **~schöpflich** [-ˈʃœpfliç] inagotable; **~schrocken** intrépido, denodado; **~schütterlich** [-ˈʃytərliç] imperturbable; impávido; *Wille*: inquebrantable; **~ˈschwinglich** inasequible; *Preis*: exorbitante; **~setzlich** [-ˈzɛtsliç] insustituible; *Verlust*: irreparable; **~ˈträglich** insoportable, inaguantable; intolerable; **~wartet** [-vartət] inesperado, imprevisto; *adv* de improviso; **~wünscht** indeseable

ˈunfähig incapaz (***zu*** de); inepto (***zu*** para)

unfair [ˈ-fɛːr] desleal; injusto; *dep* sucio

ˈUnfall *m* (-[*e*]*s*; *Unfälle*) accidente *m*; **~flucht** *f* huida *f* en caso de accidente; **~hergang** *m* desarrollo *m* del accidente; **~station** *f* puesto *m* de socorro; **~verhütung** *f* prevención *f* de accidentes; **~versicherung** *f* seguro *m* de accidentes

un'fassbar inconcebible

unfehlbar [-'feːlbaːr] infalible

'unfolgsam desobediente

unförmig ['-fœrmiç] informe, deforme

unfrankiert ['-fraŋkiːrt] no franqueado; sin franquear

'unfrei *Person* que no es libre; *corr* (a) porte debido; **~willig** involuntario

'unfreundlich poco amable *od* amigable; *Gesicht*: F de pocos amigos; *Wetter*: desapacible

'unfruchtbar estéril (*a fig*); infecundo; *Boden*: árido; **&keit** *f* (-; *sin pl*) esterilidad *f*; infecundidad *f*; aridez *f*

Unfug ['-fuːk] *m* (-[*e*]*s*; *sin pl*) (*Streich*) travesura *f*

'Ungar ['uŋgar] *m* (-*n*; -*n*), **~in** *f* (-; -*nen*) húngaro *m*, -a *f*; **&isch** húngaro

Ungarn ['uŋgarn] *n* Hungría *f*

'unge|achtet ['ungəʔaxtət] **1.** *adj* poco apreciado *od* respetado; **2.** *prp* (*gen*) no obstante, a pesar de; **~ahnt** ['-ʔaːnt] insospechado; **~beten** ['-beːtən] no invitado; **~er Gast** intruso *m*; **~bildet** inculto; **~boren** no nato; **~bräuchlich** poco usado; **~braucht** no usado; (completamente) nuevo

'unge|bunden *Buch*: en rústica; *fig* libre, independiente; **~deckt** ['-dɛkt] *com* descubierto; **&duld** *f* (-; *sin pl*) impaciencia *f*; **~duldig** impaciente; **~ werden** impacientarse; **~eignet** inadecuado, impropio (**für** para)

'ungefähr [-fɛːr] aproximativo; *adv* aproximadamente, (poco) más o menos; **von ~** por casualidad; **~lich** inofensivo

'Unge|heuer [-hɔʏər] *n* (-*s*; -) monstruo *m*; **&heuer** monstruoso; enorme; **&hindert** [-hindərt] sin ser molestado; **&horsam** desobediente; **&kündigt** [-kyndiçt] no despedido; **&künstelt** natural; sin afectación; **&kürzt** [-kyrtst] *Text*: completo, íntegro; **&legen** inoportuno, intempestivo; *adv* a deshora, a destiempo; **&lernt** *Arbeiter*: no cualificado; **&mein** extraordinario; *adv* extremadamente; sobremanera; **&mütlich** desagradable; poco confortable; *j*: poco simpático; *Wetter*: desapacible; **&nau** inexacto, impreciso; **~nauigkeit** *f* (-; -*en*) inexactitud *f*; imprecisión *f*; **&niert** ['-ʒeniːrt] desenvuelto, desenfadado; sin cumplidos; **&nießbar** incomible; imbebible; *fig* insoportable; **&nügend** insuficiente; *Prüfungsnote*: suspenso; **&pflegt** ['-pfleːgt] descuidado; *Person*: *a* desaseado, desaliñado; **&rade** *Zahl*: impar

'ungerecht injusto; **~fertigt** injustificado

'ungern de mala gana; a disgusto; con desgana; ***ich tue es ~*** no me gusta hacerlo

'ungeschehen: **~ *machen*** deshacer lo hecho

'Ungeschick *n* (-[*e*]*s*; *sin pl*), **~lichkeit** *f* (-; *sin pl*) torpeza *f*; **&t** torpe, desmañado

'unge|schminkt [-ʃmiŋkt] *fig Bericht*: verídico; *Wahrheit*: crudo; **~schrieben** [-ʃriːbən]: *fig* **~*es Gesetz*** convenio *m* tácito; **~setzlich** ilegal; ilegítimo; **~sittet** inculto; indecente; **~spritzt** [-ʃpritst] *Obst etc*: no tratado; **~stört** [-ʃtøːrt] tranquilo; *adv* sin ser molestado; sin ningún estorbo; **~straft** [-ʃtraːft] impune; **~stüm** [-ʃtyːm] impetuoso, fogoso; **~sund** malsano; insalubre; **~trübt** [-tryːpt] *fig* inalterable; *Glück*: puro; **&tüm** [-tyːm] *n* (-*s*; -*e*) monstruo *m*; **~wiss** incierto; dudoso; **&wissheit** *f* (-; *sin pl*) incertidumbre *f*; **~wöhnlich** poco común; insólito; extraordinario; (*seltsam*) raro, extraño; **~wohnt** desacostumbrado, insólito

Ungeziefer [-tsiːfər] *n* (-*s*; *sin pl*) bichos *m/pl*

'unge|zogen [-tsoːgən] mal educado; *Kind*: travieso; malo; (*frech*) impertinente; **~zwungen** *fig* desenvuelto; natural; informal; sin afectación

'ungläubig incrédulo, descreído; *rel* infiel; no creyente

un'glaublich increíble

'unglaubwürdig inverosímil; *Person*: de poco crédito

'ungleich desigual; diferente; *adv* (*viel*) infinitamente, mucho; **~mäßig** desigual

'Unglück *n* (-[*e*]*s*; -*e*) desgracia *f*, desdicha *f*; (*Missgeschick*) infortunio *m*; ***ins ~ stürzen*** perder, arruinar; **&lich** desgraciado, infeliz; **&licher'weise** desgraciadamente, por desgracia

'un|gültig nulo; inválido; caducado; ***für***

~ erklären, ~ machen cancelar, anular, invalidar; **~günstig** desfavorable; *Aussicht*: poco prometedor; **~haltbar** insostenible

'Unheil *n* (-*s*; *sin pl*) mal *m*; desgracia *f*; desastre *m*; **2bar** [-ba:r] irremediable; *med* incurable

'un|heimlich inquietante, fatídico; lúgubre; F *fig* enorme; F *adv* enormemente; **~höflich** descortés; **~'hörbar** imperceptible, inaudible; **~hygienisch** antihigiénico

Uniform [uni'fɔrm] *f* (-; -*en*) uniforme *m*

'uninteressant poco interesante

Union [un'jo:n] *f* (-; -*en*) unión *f*

universal [univɛr'za:l] universal

Univers|ität [-zi'tɛ:t] *f* (-; -*en*) universidad *f*; **2um** [-zum] *n* (-*s*; *Universen*) universo *m*

'unkennt|lich irreconocible; desfigurado; **~ machen** desfigurar; **2nis** *f* (-; *sin pl*) ignorancia *f*

'unklar poco claro; confuso; (*trübe*) turbio; *Bild*: borroso; ***im 2en sein über*** (*ac*) no ver claro en; **2heit** *f* (-; *sin pl*) falta *f* de claridad; confusión *f*

'un|klug poco inteligente; imprudente; **~konzentriert** distraído

'Unkosten *pl* gastos *m*/*pl*; ***sich in ~ stürzen*** meterse en gastos

'Unkraut *n* (-[*e*]*s*; *Unkräuter*) mala hierba *f*, *Am* yuyo *m*; ***~ vergeht nicht*** mala hierba nunca muere

'un|kündbar *Vertrag*: irrevocable, irrescindible; *Stellung*: permanente; **~längst** hace poco, recientemente; **~lauter** *Geschäft*: sucio; turbio; *Wettbewerb*: desleal; **~leserlich** ilegible; **~logisch** ilógico

un'lös|bar, **~lich** insoluble

'un|männlich afeminado; poco varonil; **~mäßig** inmoderado; desmesurado; *im Genuss*: intemperante

'Unmenge *f* (-; -*n*) cantidad *f* enorme; ***e-e ~ von*** F la mar de

'Unmensch *m* (-*en*; -*en*) monstruo *m*; **2lich** inhumano; **~lichkeit** *f* (-; *sin pl*) inhumanidad *f*

un|'merklich imperceptible; **'~missverständlich** inequívoco; categórico; **'~mittelbar** inmediato; directo; **~möbliert** ['-møbli:rt] sin amueblar; **'~modern** pasado de moda, anticuado

'unmöglich imposible (*a fig*); ***das ist ~*** *a* no puede ser; **2keit** *f* (-; *raro* -*en*) imposibilidad *f*

'un|moralisch inmoral; **~mündig** menor de edad; **~musikalisch** sin talento *od* sentido musical

'unnach|ahmlich ['-na:x'ʔa:mliç] inimitable; **~giebig** inflexible, intransigente; **~sichtig** severo

unnahbar [-'na:ba:r] inaccesible; intratable

'un|natürlich poco natural; afectado; **~nötig** inútil, superfluo

UNO *f* ***Organisation der Vereinten Nationen*** ONU *f* (Organización de las Naciones Unidas)

'unord|entlich en desorden; *j*: desordenado; descuidado; **2nung** *f* (-; *sin pl*) desorden *m*; desarreglo *m*

'un|parteiisch imparcial; **~passend** impropio (***für*** de); inconveniente; (*unschicklich*) incorrecto; (*ungelegen*) inoportuno; **~passierbar** intransitable, impracticable; *mar* innavegable

unpässlich ['-pɛsliç] indispuesto

'un|persönlich impersonal; **~politisch** apolítico; **~populär** impopular; **~praktisch** poco práctico; *j*: poco hábil; **~produktiv** improductivo; **~pünktlich** poco puntual; **~rationell** poco racional

'unrecht 1. *adj* injusto; (*unrichtig*) equivocado, falso; (*übel*) malo; *adv* mal; ***~ haben*** no tener razón; estar equivocado; ***j-m ~ tun*** ser injusto con alg; **2. 2** *n* (-[*e*]*s*; *sin pl*) injusticia *f*; *angetanes*: agravio *m*; ***zu ~*** injustamente; sin razón; ***im ~ sein*** no tener razón; **~mäßig** ilegítimo; ilegal

'un|regelmäßig irregular; *Leben*: desordenado; **~reif** inmaduro (*a fig*); *Obst*: *a* verde; **~rentabel** no rentable

'Unruh|e *f* (-; *sin pl*) inquietud *f*, desasosiego *m*; intranquilidad *f*; (*Besorgnis*) preocupación *f*; alarma *f*; (*pl* -*en*) (*Aufruhr*) agitación *f*, disturbio *m*; **2ig** inquieto; intranquilo; agitado

uns [uns] nos; *betont*: a nosotros (-as); ***ein Freund von ~*** un amigo nuestro

'unsach|gemäß inadecuado; no apropiado; **~lich** subjetivo; parcial; que no viene al caso

'un|schädlich inofensivo; in(n)ocuo; ***~ machen*** *Gift*: neutralizar; *Mine etc*: desactivar; *Person*: eliminar; **~scharf** *fot* borroso, poco nítido; **~schätzbar** [-'ʃɛtsba:r] inestimable; incalculable; **~scheinbar** de poca apariencia; poco

vistoso; insignificante; (*zurückhaltend*) discreto; **~schicklich** indecoroso, indecente
unschlagbar [-ˈʃlaːkbaːr] imbatible
ˈunschlüssig irresoluto, indeciso
ˈUnschuld *f* (-; *sin pl*) inocencia *f*; **≈ig** inocente
ˈunselbstständig dependiente; *fig* (*unbeholfen*) falto de iniciativa
ˈunser [ˈ-zər] nuestro, -a; **~einer**, **~eins** uno; (gente como) nosotros
ˈunsicher inseguro; incierto; dudoso; *Lage*: precario; *~ **machen*** *Gegend*: infestar; **≈heit** *f* (-; *sin pl*) inseguridad *f*; incertidumbre *f*; dudas *f/pl*
ˈunsichtbar invisible
ˈUnsinn *m* (-[*e*]*s*; *sin pl*) absurdo *m*; (*dummes Zeug*) disparates *m/pl*, tonterías *f/pl*; *~ **reden*** desatinar, disparatar; **≈ig** absurdo; insensato
ˈUnsitt|e *f* (-; -*n*) mala costumbre *f*; vicio *m*; **≈lich** inmoral
ˈun|sozial antisocial; **~sportlich** antideportivo
unˈsterblich inmortal; *~ **machen*** inmortalizar
ˈUn|stimmigkeit [ˈ-ʃtimiçkaɪt] *f* (-; -*en*) desacuerdo *m*; divergencia *f*, discrepancia *f*; **≈sympatisch** antipático; **≈tätig** ocioso; inactivo; **≈tauglich** inútil (*a mil*); no apto (***für*** para); incapaz (de)
unˈteilbar indivisible
unten [ˈuntən] abajo; ***nach*** ~ hacia abajo; ***von*** ~ de abajo; ***weiter*** ~ más abajo; ***siehe*** **~!** véase más abajo *od* más adelante
unter [ˈ-tər] **1.** *prp* (*wo? dat*; *wohin? ac*) debajo de; bajo; (*zwischen*) entre; (*während*) durante; (*weniger*) menos de; *fig* bajo; *~ … **hervor*** de debajo de; **2.** *adj* inferior; de debajo; bajo
ˈUnter|arm (-[*e*]*s*; -*e*) *m* antebrazo *m*; **≈belichten** (*h*) subexponer; **~bewusstsein** *n* (-*s*; *sin pl*) subconsciente *m*; **≈ˈbieten** (*irr*, *sin ge-*, *h*, → ***bieten***) ofrecer mejor precio que; *Rekord*: mejorar; **≈ˈbinden** (*irr*, *sin ge-*, *h*, → ***binden***) *med* ligar; *fig* prohibir; impedir; **≈ˈbrechen** (*irr*, *sin ge-*, *h*, → ***brechen***) interrumpir; *zeitweilig*: suspender; *el* cortar; **~ˈbrechung** *f* (-; -*en*) interrupción *f*; suspensión *f*; *el* corte *m*; **≈bringen** (*irr*, *sep*, -*ge*-, *h*, → ***bringen***) colocar (*a com*); *Gast*: alojar, hospedar; **~ˈbringung** *f* (-; *sin pl*) colocación *f*; alojamiento *m*; **≈ˈdrücken** (*h*) suprimir; *Volk*: oprimir; *Aufstand*: reprimir; (*vertuschen*) disimular; **~ˈdrückung** *f* (-; -*en*) supresión *f*; represión *f*; opresión *f*; **≈einˈander** entre sí; entre nosotros; (*gegenseitig*) mutuamente, recíprocamente; **≈entwickelt** [ˈ-ʔɛntvikəlt] subdesarrollado; **≈ernährt** [ˈ-ʔɛrnɛːrt] insuficientemente *od* mal alimentado; desnutrido; **~ˈführung** *f* (-; -*en*) paso *m* inferior *od* subterráneo; **~gang** *m* (-[*e*]*s*; *Untergänge*) *mar* hundimiento *m*; *astr* puesta *f*; *fig* ruina *f*; decadencia *f*; ocaso *m*; **~ˈgebene** *m/f* (-*n*; -*n*) subordinado *m*, -a *f*; **≈gehen** (*irr*, *sep*, -*ge*-, *sn*, → ***gehen***) *mar* irse a pique, hundirse; *astr* ponerse; *fig* perderse; perecer; **≈geordnet** [ˈ-gəʔɔrdnət] subordinado; subalterno; *an Bedeutung*: inferior, secundario; **~gewicht** *n* (-[*e*]*s*; *sin pl*) falta *f* de peso; **≈ˈgraben** (*irr*, *sin ge-*, *h*, → ***graben***) socavar; *a fig* minar; **~grund** *m* (-[*e*]*s*; *Untergründe*) subsuelo *m*; **~grundbahn** *f* metro *m*; *Am* subterráneo *m*; **≈halb** (*gen*) (por) debajo de
ˈUnterhalt *m* (-[*e*]*s*; *sin pl*) sustento *m*; mantenimiento *m*, manutención *f*; (*Lebens≈*) subsistencia *f*; *jur* alimentos *m/pl*; pensión *f* alimenticia; *jur ~ **zahlen*** pagar una pensión; **≈en** [-ˈ-] (*irr*, *sin ge-*, *h*, → ***halten***) conservar (en buen estado); (*ernähren*) sustentar, mantener; (*vergnügen*) divertir, distraer; ***sich*** ~ divertirse, entretenerse; (*plaudern*) conversar; **~ung** [-ˈhaltuŋ] *f* (-; -*en*) conversación *f*; (*Zerstreuung*) entretenimiento *m*, diversión *f*, distracción *f*
ˈUnter|händler *m* (-*s*; -) negociador *m*; mediador *m*; **ˈ~haus** *n* (-*es*; *sin pl*) Cámara *f* de los Comunes; **ˈ~hemd** *n* (-[*e*]*s*; -*en*) camiseta *f*; **ˈ~hose** *f* (-; -*n*) calzoncillos *m/pl*; **ˈ≈irdisch** subterráneo; **ˈ~kiefer** *m* (-*s*; -) maxilar *m* inferior; **ˈ≈kommen** (*irr*, *sep*, -*ge*-, *sn*, → ***kommen***) hallar alojamiento; alojarse; (*Anstellung*) colocarse; **ˈ~kunft** [-kunft] *f* (-; *Unterkünfte*) alojamiento *m*; **ˈ~lage** *f* (-; -*n*) base *f* (*a fig*); *tec* soporte *m*; apoyo *m*; (*Schreib≈*) carpeta *f*; (*Beleg*) documento *m*; *pl* ***~n*** documentación *f*; **≈ˈlassen** (*irr*, *sin ge-*, *h*, → ***lassen***) dejar, dejarse de; omitir; **~ˈlassung** *f* (-; -*en*) omisión *f*; **≈legen**[1]

v/t (*sep*, *-ge-*, *h*) poner *od* colocar debajo; **2'legen²** *adj* inferior (***j-m*** a alg; ***an*** *dat* en); **~'legenheit** *f* (*-*; *sin pl*) inferioridad *f*; **'~leib** *m* (*-[e]s*; *-e*) (bajo) vientre *m*; abdomen *m*; **2'liegen** (*irr*, *sin ge-*, *sn*, → ***liegen***) sucumbir; ser vencido; *fig* estar sujeto a; **'~lippe** *f* (*-*; *-n*) labio *m* inferior; **'~mieter** *m* (*-s*; *-*), **'~mieterin** *f* (*-*; *-nen*) subinquilino *m*, -a *f*, realquilado *m*, -a *f*

unter'nehm|en (*irr*, *sin ge-*, *h*, → ***nehmen***) emprender; **2en** *n* (*-s*; *-*) empresa *f*; **2ensberater** *m* asesor *m* de empresas; **2ensberatung** *f* asesoramiento *m*, *Büro*: asesoría *f* de empresas; **2er** [-'neːmər] *m* (*-s*; *-*), **2erin** *f* (*-*; *-nen*) empresario *m*, -a *f*; **~ungslustig** emprendedor; activo, dinámico

'Unter|offizier *m* (*-s*; *-e*) suboficial *m*; **~ordnung** *f* (*-*; *-en*) subordinación *f*; **~redung** [-'reːduŋ] *f* (*-*; *-en*) conversación *f*; entrevista *f*

'Unterricht [-riçt] *m* (*-[e]s*; *sin pl*) enseñanza *f*; instrucción *f*; (*Stunden*) clases *f/pl*, lecciones *f/pl*; **2en** [-'riçtən] (*h*) enseñar, dar clases; *j-n*: instruir; *fig* **~ über** (*ac*) informar sobre, enterar de

'Unter|rock *m* (*-[e]s*; *Unterröcke*) combinación *f*; enaguas *f/pl*; **~satz** *m* (*-es*; *Untersätze*) soporte *m*; base *f*; pie *m*; (*Sockel*) zócalo *m*, pedestal *m*; (*Teller*) platillo *m*; *für Gläser*: posavasos *m*

unter'schätzen (*h*) subestimar

unter'scheid|en (*irr*, *sin ge-*, *h*, → ***scheiden***) distinguir; discernir; diferenciar; **2ung** *f* (*-*; *-en*) distinción *f*; diferenciación *f*

'Unterschied [-ʃiːt] *m* (*-[e]s*; *-e*) diferencia *f*; distinción *f*; ***im ~ zu*** a diferencia de; **2lich** distinto, diferente

unter|'schlagen (*irr*, *sin ge-*, *h*, → ***schlagen***) *Geld*: sustraer, malversar, defraudar; *Brief*: interceptar; **2'schlagung** *f* (*-*; *-en*) sustracción *f*, malversación *f*, defraudación *f*; **~'schreiben** (*irr*, *sin ge-*, *h*, → ***schreiben***) firmar; *fig* suscribir; **'2schrift** *f* (*-*; *-en*) firma *f*; *e-s Bildes*: leyenda *f*; **'2seeboot** *n* submarino *m*; **'2seite** *f* (*-*; *-n*) lado *m* inferior; **~'setzt** [-'zɛtst] regordete, rechoncho; **~'stehen** (*irr*, *sin ge-*, *h*, → ***stehen***) *j-m*: estar subordinado a; depender de; ***sich ~ zu*** atreverse a; **'~stellen¹** (*sep*, *-ge-*, *h*) poner *od* colocar debajo de; (***sich***) **~** poner(se) al abrigo; **~'stellen²** (*h*) subordinar; (*annehmen*) suponer; (*zuschreiben*) atribuir, imputar; **~'streichen** (*irr*, *sin ge-*, *h*, → ***streichen***) subrayar (*a fig*)

unter'stütz|en (*h*) apoyar, respaldar; (*helfen*) ayudar, socorrer; (*fördern*) favorecer; fomentar; subvencionar; **2ung** *f* (*-*; *-en*) apoyo *m*; respaldo *m*; ayuda *f*, socorro *m*; fomento *m*; *finanzielle*: subsidio *m*, subvención *f*

unter'suchen (*h*) examinar; *med a* reconocer; *Gepäck*: registrar; (*erforschen*) investigar; *jur* indagar, pesquisar

Unter'suchung [-'zuːxuŋ] *f* (*-*; *-en*) examen *m*; registro *m*; investigación *f*; *med* reconocimiento *m*; *jur* indagación *f*, pesquisa *f*; **~shaft** *f* prisión *f* preventiva

'Unter|tan [-taːn] *m* (*-s*, *-en*; *-en*) súbdito *m*; **~tasse** *f* (*-*; *-n*) platillo *m* (***fliegende*** volante); **2tauchen** (*sep*, *-ge-*, *h*) sumergir; zambullir; (*sn*) *fig* desaparecer; esconderse; **~teil** *n od m* (*-[e]s*; *-e*) parte *f* inferior; **2'teilen** (*h*) subdividir; **~titel** *m* (*-s*; *-*) subtítulo *m* (*a Film*); **2versichert** insuficientemente asegurado; **2'wandern** (*h*) infiltrarse en; **~wäsche** *f* (*-*; *sin pl*) ropa *f* interior; **2wegs** [-'veːks] en el camino; durante el viaje; **2'weisen** (*irr*, *sin ge-*, *h*, → ***weisen***) instruir; **~'weisung** *f* (*-*; *-en*) instrucción *f*; **2'werfen** (*irr*, *sin ge-*, *h*, → ***werfen***): (***sich***) **~** someter(se); *fig* sujetar; **2würfig** [-'vyrfiç] sumiso, servil

unter'zeichn|en (*h*) firmar; **2ung** *f* (*-*; *-en*) firma *f*

unter'ziehen (*irr*, *sin ge-*, *h*, → ***ziehen***) someter; ***sich ~*** (*dat*) someterse a; *e-r Aufgabe*: encargarse de

un|'tragbar ['untraːgbaːr] insoportable; **~'trennbar** inseparable

'untreu desleal; infiel; **2e** *f* (*-*; *sin pl*) deslealtad *f*; infidelidad *f*

un'tröstlich inconsolable

'unüber|legt ['-ˀyːbərleːkt] irreflexivo; atolondrado; inconsiderado; **~'sehbar** inmenso; incalculable; **~sichtlich** poco claro; complejo; intrincado; *Gelände*: de difícil orientación; **~windlich** [-'vintliç] invencible; *Schwierigkeit*: insuperable, insalvable

unumgänglich ['-ˀum'gɛŋliç] indispensable, imprescindible

ununterbrochen ['-ˀuntər'brɔxən]

continuo; *adv* sin interrupción

unver'änderlich ['unfɛrˀɛndərliç] invariable, inalterable; inmutable; constante

unver'antwortlich irresponsable; imperdonable

'unver|bindlich sin compromiso; (*unfreundlich*) poco amable; **~bleit** ['-fɛrblaɪt] (*Benzin*) sin plomo; **~daulich** indigesto (*a fig*); **~dient** inmerecido; **~dorben** en buen estado; *fig* incorrupto; puro; inocente; **~dünnt** ['-dynt] sin diluir; **~'einbar** incompatible; **~fälscht** [-fɛlʃt] verdadero; legítimo, auténtico; puro; **~gänglich** imperecedero; inmortal; **~'gesslich** inolvidable; **~gleichlich** [-'glaɪçliç] incomparable; inigualable; **~heiratet** [-haɪratət] soltero; **~hofft** [-hɔft] inesperado; imprevisto; *adv* de improviso; **~käuflich** invendible; **~kennbar** [-'kɛnbaːr] inequívoco; evidente; **~letzt** ileso; sano y salvo; **~meidlich** [-'maɪtliç] inevitable; **~mittelt** [-mitəlt] súbito; brusco; *adv* de repente; **~mutet** [-muːtət] imprevisto; **~nünftig** irracional; insensato; imprudente; **~schämt** desvergonzado, descarado, insolente; ***~er Kerl*** sinvergüenza *m*; **~sehrt** [-zɛːrt] ileso, incólume; intacto; **~söhnlich** irreconciliable; implacable, intransigente; **~standen** [-ʃtandən] incomprendido; **~ständlich** ininteligible, incomprensible; **~steuert** [-ʃtɔʏərt] libre de impuestos *od* derechos; **~sucht** [-zuːxt]: ***nichts ~ lassen*** no perdonar medio; **~wechselbar** [-'vɛksəlbaːr] inconfundible; **~wüstlich** [-'vyːstliç] indestructible; muy robusto; **~'zeihlich** imperdonable; **~zollt** [-tsɔlt] sin pagar derechos; **~züglich** [-'tsyːkliç] inmediato; *adv* en el acto, sin demora

'unvoll|endet inacabado; incompleto; **~kommen** imperfecto; defectuoso; **~ständig** incompleto

'unvor|bereitet ['-foːrbəraɪtət] desprevenido; improvisado; *adv* sin preparación; **~eingenommen** sin prejuicios; imparcial; **~hergesehen** [-heːrgəzeːən] imprevisto; **~sichtig** imprudente, incauto; **~stellbar** [-'ʃtɛlbaːr] inimaginable

'unwahrscheinlich improbable, inverosímil; F *fig* increíble

un|'weigerlich [-'vaɪgərliç] inevitable; *adv* sin falta; **'~wesentlich** insignificante; irrelevante; de poca importancia; **'♀wetter** *n* (*-s*; -) temporal *m*; borrasca *f*; tempestad *f*; (*Gewitter*) tormenta *f*; **'~wichtig** insignificante; irrelevante; de poca importancia; **~ *sn*** no tener importancia

unwider|'legbar irrefutable; **~'ruflich** irrevocable

'un|willkürlich involuntario; maquinal, automático; *adv a* sin querer; **~wirksam** ineficaz, inoperante; **~wirtschaftlich** poco económico; antieconómico

'unwissen|d ['-visənt] ignorante; **~schaftlich** poco científico

'unwohl indispuesto; ***ich fühle mich ~*** no me siento bien; **♀sein** *n* (*-s*; *sin pl*) indisposición *f*

'un|würdig indigno (*gen* de); **~zählig** [-'tsɛːliç] innumerable, incontable

'unzeitgemäß pasado de moda; anacrónico

unzer|'brechlich, **~'reißbar** irrompible; **~trennlich** [-tsɛr'trɛnliç] inseparable

'Unzucht *f* (-; *sin pl*) impudi(ci)cia *f*, deshonestidad *f*

'unzu|frieden descontento; **♀friedenheit** *f* (-; *sin pl*) descontento *m*; **~gänglich** inaccesible; **~lässig** inadmisible; ilícito; *jur* improcedente; **~rechnungsfähig** irresponsable (de sus acciones); **~reichend** ['-tsuːraɪçənt] insuficiente; **~verlässig** inseguro, dudoso; *j*: informal; de poca confianza

Update ['apdeːt] *n* (*-s*; *-s*) *inform* actualización *f*; (*Ergebnis*) *a* versión *f* actualizada; **♀n** [-deːtən] (*sep*, *-ge-*, *h*) *inform* actualizar

üppig ['ypiç] exuberante; abundante; opulento; *Mahl*: opíparo; (*schwelgerisch*) voluptuoso; ***~ leben*** vivir a cuerpo de rey

'Ur|abstimmung ['uːrˀ-] *f* (-; *-en*) referéndum *m*; **♀alt** muy viejo; vetusto

Ural [u'raːl] *m* (*Gebirge*) Urales *m/pl*

Uran *quím* [u'raːn] *n* (*-s*; *sin pl*) uranio *m*

Uraufführung ['uːrˀaufyːruŋ] *f* (-; *-en*) estreno *m* absoluto

'Ur|bevölkerung *f* (-; *-en*), **~einwohner** *m/pl* habitantes *m/pl* primitivos; aborígenes *m/pl*; **~enkel** *m*, **~enkelin** *f* bisnieto *m*, -a *f*; **~großmutter** *f* bisabuela *f*; **~großvater** *m* bisabuelo *m*

'Urheber ['-heːbər] *m* (*-s*; -), **~in** *f* (-; *-nen*) autor(a) *m*(*f*); **~recht** *n* derechos *m*/*pl* de autor; derecho *m* de la propiedad intelectual; **~schutz** *m* protección *f* de la propiedad intelectual
Urin [u'riːn] *m* (*-s*; *-e*) orina *f*
'Urkund|e ['uːrkundə] *f* (-; *-n*) documento *m*; título *m*; instrumento *m*; *notarielle*: escritura *f*; **~enfälschung** *f* falsedad *f* en documentos; falsificación *f* de documentos
'Urlaub ['-laʊp] *m* (*-*[*e*]*s*; *-e*) vacaciones *f*/*pl*; ***auf ~ sn*** estar de vacaciones; **~er** ['-bər] *m* (*-s*; -), **~erin** *f* (-; *-nen*) turista *su*; vacacionista *su*; **~erstrom** *m* afluencia *f* (masiva) de turistas; **~sanschrift** *f* dirección *f* de vacaciones; **~sgeld** *n* suplemento *m* por vacaciones; **~sort** *m* lugar *m* de vacaciones; **~sreise** *f* viaje *m* turístico *od* de vacaciones; **~svertretung** *f* suplencia *f* durante las vacaciones; **~szeit** *f* tiempo *m od* periodo *m* de vacaciones
'Ur|sache *f* (-; *-n*) causa *f*; (*Anlass*) motivo *m*; ***keine ~!*** de nada, no hay de qué; **2sächlich** causal; **~sprung** *m* (-[*e*]*s*; *Ursprünge*) origen *m*; procedencia *f*; **2sprünglich** primitivo, original; *fig* natural
urspr. ***ursprünglich*** originalmente
'Urteil ['urtaɪl] *n* (*-s*; *-e*) juicio *m*; (*Meinung*) parecer *m*, opinión *f*; *jur* sentencia *f*, fallo *m*; (*Gutachten*) dictamen *m*; **2en** (*ge-*, *h*) juzgar (***über*** *ac* de); *jur* sentenciar, fallar; (*meinen*) opinar; **2sfähig** competente (para juzgar)
Uruguay [uru'gvaɪ] *n* Uruguay *m*
'Ur|wald ['uːr-] *m* (-[*e*]*s*; *Urwälder*) selva *f* virgen; **2wüchsig** ['-vyːksiç] primitivo; original; *j*: de pura cepa; natural; **~zeit** *f* (-; *-en*) tiempos *m*/*pl* primitivos; **~zustand** *m* estado *m* primitivo
USA *pl* ***United States of America*** (*Vereinigte Staaten von Nordamerika*) EE.UU. *m*/*pl* (Estados Unidos de América)
usf. ***und so fort*** y así secesivamente; etc. (etcétera)
Usus *m* uso *m*, costumbre *f*
usw. ***und so weiter*** etc. (etcétera)
Utop|ie [uto'piː] *f* (-; *-n*) utopía *f*; **2isch** [-'toːpiʃ] utópico
u.U. ***unter Umständen*** tal vez, eventualmente

V

v. ***von*** de
V[1], **v** [faʊ] *n* (-; -) V, v *f*
V[2] ***Volt*** v. (voltio)
Vagabund [vaga'bunt] *m* (*-en*; *-en*) vagabundo *m*
vage ['vɑːgə] impreciso, vago
vakant [va'kant] vacante
'Vakuum ['vɑːkuʔum] *n* (*-s*; *Vakua*, *Vakuen*) vacío *m*; **2verpackt** envasado al vacío
Valuta [va'luːta] *f* (-; *Valuten*) moneda *f* extranjera
Vanille [va'nil(j)ə] *f* (-; *sin pl*) vainilla *f*
Varieté [varie'teː] *n* (*-s*; *-s*) teatro *m* de variedades, music-hall *m*
Vase ['vɑːzə] *f* (-; *-n*) florero *m*; *große*: jarrón *m*
Vaseline [vazə'liːnə] *f* (-; *sin pl*) vaselina *f*
'Vater ['fɑːtər] *m* (*-s*; ⸚) padre *m*; **~land** *n* (-[*e*]*s*; *Vaterländer*) patria *f*
väterlich ['fɛːtərliç] paterno, paternal
Vater'unser *n* (*-s*; -) Padrenuestro *m*
Vatikan [vati'kɑːn] *m* Vaticano *m*; **~stadt** *f* Ciudad *f* del Vaticano
v.Chr. ***vor Christus*** a.C. (antes Jesucristo)
VEB *m hist DDR* ***Volkseigener Betrieb*** empresa *f* socializada
Vege|tarier [vege'tɑːrjər] *m* (*-s*; -), **~tarierin** (-; *-nen*) vegetariano *m*, -a *f*; **2'tarisch** vegetariano; **~tation** [-ta'tsjoːn] *f* (-; *-en*) vegetación *f*
Veilchen ['faɪlçən] *n* (*-s*; -) violeta *f*
'Vene ['veːnə] *f* (-; *-n*) vena *f*; **~nentzündung** *f* flebitis *f*
Venedig [ve'neːdiç] *n* Venecia *f*
Venezuela [venetsu'eːla] *n* Venezuela *f*
Ventil [vɛn'tiːl] *n* (*-s*; *-e*) válvula *f*; *mus* pistón *m*; **~ation** [-tila'tsjoːn] *f* (-; *-en*) ventilación *f*; **~ator** [-'lɑːtɔr] *m* (*-s*; *-en* [-la'toːrən]) ventilador *m*
ver'ab|reden [fɛr'ʔapreːdən] (*h*) concertar; convenir; ***sich ~*** apalabrarse;

citarse; **2redung** *f* (-; *-en*) cita *f*; **~schieden** [-'-ʃiːdən] (*h*) despedir; *Gesetz*: votar; ***sich ~*** despedirse (***von*** de)

ver|'achten (*h*) despreciar, menospreciar; **~ächtlich** [-'ʔɛçtliç] despreciable; **2'achtung** *f* (-; *sin pl*) desprecio *m*, menosprecio *m*, desdén *m*

verallge'meinern (*h*) generalizar

veraltet [-'ʔaltət] anticuado, pasado de moda

Veranda [ve'randa] *f* (-; *-den*) veranda *f*

ver'änder|lich [fɛr'ʔɛndərliç] variable; **~n** (*h*) cambiar, modificar; ***sich ~*** cambiar; **2ung** *f* (-; *-en*) cambio *m*

ver'an|lagen [-'ʔanlaːgən] (*h*) *Steuer*: tasar, estimar; **2lagung** *f* (-; *-en*) *Steuer*: tasación *f*, estimación *f*; *med* predisposición *f*; *geistige*: disposición *f*; **~lassen** (*h*) ocasionar, originar; motivar; (*anordnen*) disponer; **2lassung** *f* (-; *-en*) causa *f*, motivo *m*; **~stalten** [-'-ʃtaltən] (*h*) organizar; **2staltung** *f* (-; *-en*) organización *f*; *feierliche*: acto *m*; *gesellschaftliche*: reunión *f*; *sportliche*: concurso *m*; **2staltungskalender** *m* calendario *m* de actos; *in Zeitungen etc*: cartelera *f*

ver'antwort|en (*h*) responder de; ***sich ~*** justificarse (***wegen*** de); **~lich** responsable (***für*** de); **2ung** *f* (-; *sin pl*) responsabilidad *f*; ***j-n zur ~ ziehen*** pedir cuentas a alg

ver'arbeit|en (*h*) elaborar, transformar; **2ung** *f* (-; *-en*) elaboración *f*

Verb [vɛrp] *n* (*-s*; *-en*) verbo *m*

Ver'band [fɛr'-] *m* (-[*e*]*s*; *⸚e*) (*Verein*) asociación *f*; federación *f*; *med* vendaje *m*; **~(s)kasten** *m* botiquín *m*; **~(s)watte** *f* algodón *m* hidrófilo; **~(s)zeug** *n* vendajes *m*/*pl*

ver'bann|en (*h*) desterrar; **2ung** *f* (-; *-en*) destierro *m*

ver'bergen (*irr*, *sin ge-*, *h*, → ***bergen***) esconder, ocultar

ver'besser|n (*h*) mejorar; perfeccionar; corregir; **2ung** *f* (-; *-en*) mejora(miento *m*) *f*; perfeccionamiento *m*; corrección *f*

ver'beug|en (*h*): ***sich ~*** hacer una reverencia, inclinarse; **2ung** *f* (-; *-en*) reverencia *f*, inclinación *f*

ver|'beulen (*h*) abollar; **~'biegen** (*irr*, *sin ge-*, *h*, → ***biegen***) torcer, deformar; **~'bieten** (*irr*, *sin ge-*, *h*, → ***bieten***) prohibir

ver'billigen (*h*) abaratar

ver'bind|en (*irr*, *sin ge-*, *h*, → ***binden***) unir, juntar; *med u Augen*: vendar; *el* conectar; *tec* ensamblar; *tel* poner (en comunicación); **~lich** [-'bintliç] obligatorio; (*gefällig*) complaciente, amable; **2ung** *f* (-; *-en*) unión *f*; enlace *m* (*a ferro*); reunión *f*; (*Beziehung*) relación *f*, contacto *m*; *quím* combinación *f*; *tel* comunicación *f*; *el* conexión *f*; ***sich mit j-m in ~ setzen*** ponerse al habla *od* en contacto con alg

verbittert [-'bitərt] amargado

verblassen [-'blasən] (*sn*) perder el color, desteñirse

verbleit [-'blaɪt] con plomo

ver'blüff|en [-'blyfən] (*h*) desconcertar; **~t** perplejo, estupefacto

ver|'blühen (*sn*) marchitarse; **~'bluten** (*sn*) desangrarse

ver'borgen *adj* escondido, oculto; secreto

Ver'bot [-'boːt] *n* (-[*e*]*s*; *-e*) prohibición *f*; **~sschild** *n* señal *f* de prohibición

Ver'brauch *m* (-[*e*]*s*; *sin pl*) consumo *m*; **2en** (*h*) consumir; gastar; **~er** *m* (*-s*; -) consumidor *m*; **~ermarkt** *m* mercado *m* de consumo; hipermercado *m*; **~erschutz** *m* protección *f* del consumidor; **~erzentrale** *f* asociación *f* de consumidores; **~sgüter** *n*/*pl* bienes *m*/*pl* de consumo; **~ssteuer** *f* impuesto *m* sobre el consumo

Ver'breche|n *n* (*-s*; -) crimen *m*; **~r** *m* (*-s*; -), **~rin** *f* (-; *-nen*) criminal *su*, delincuente *su*; **2risch** criminal

ver'breit|en (*h*) difundir; propagar; *Geruch*: despedir; **~ern** (*h*) ensanchar; **2ung** *f* (-; *sin pl*) difusión *f*; propagación *f*

ver'brenn|en (*irr*, *sin ge-*, → ***brennen***) *v*/*t* (*h*) (*v*/*i sn*) quemar(se); *Tote*: incinerar; **2ung** *f* (-; *-en*) *med* quemadura *f*; (*Leichen2*) incineración *f*, cremación *f*

ver'bringen (*irr*, *sin ge-*, *h*,→ ***bringen***) pasar

ver|'brühen (*h*): (***sich***) **~** escaldar(se); **~'buchen** (*h*) *com* sentar (en los libros); *fig* apuntarse; **~bünden** [-'byndən] (*h*): ***sich ~*** aliarse, unirse; **2'bündete** *m* (*-n*; *-n*) aliado *m*; **2'bundglas** *n* vidrio *m* laminado; **2'bundsystem** *n* red *f* de transporte público

ver'bürgen (*h*) garantizar; ***sich ~ für***

responder de

Verdacht [-ˈdaxt] *m* (-[*e*]*s*; *sin pl*) sospecha *f* (***auf*** *ac* de); recelo *m*; ***j-n in ~ haben*** sospechar de alg; ***~ erregen*** (***schöpfen***) inspirar (concebir) sospechas

verdächtig [-ˈdɛçtiç] sospechoso; **~en** [-gən] (*h*) sospechar de; ***j-n e-r Sache ~*** imputar a/c a alg

verˈdamm|en [-ˈdamən] (*h*) condenar; **~t** maldito

verˈdampfen *v/t* (*h*) (*v/i sn*) evaporar (-se)

verˈdanken (*h*) deber (***j-m et*** a/c a alg)

verˈdau|en [-ˈdaʊən] (*h*) digerir (*a fig*); **~lich**: ***leicht ~*** de fácil digestión; ***schwer ~*** indigesto; **𝔖ung** *f* (-; *sin pl*) digestión *f*; **𝔖ungsbeschwerden** *f/pl*, **𝔖ungsstörung** *f* indigestión *f*

Verˈdeck *n* (-*s*; -*e*) *auto* capota *f*; **𝔖en** (*h*) cubrir, tapar; *fig* ocultar

verderb|en [-ˈdɛrbən] (*verdarb*, *verdorben*) **1.** *v/t* (*h*) deteriorar, estropear; *Freude*: turbar; *fig* pervertir, corromper; ***sich den Magen ~*** coger una indigestión; **2.** *v/i* (*sn*) deteriorarse, echarse a perder; **~lich** [-ˈ-pliç] *Ware*: perecedero, corruptible

ver.di *f* ***Vereinte Dienstleistungs-Gewerkschaft*** Sindicato *m* Alemán del sector de servicios

verˈdiene|n (*h*) ganar; *fig* merecer; ***sein Brot ~*** ganarse la vida; **𝔖r** *m* (-*s*; -) el que gana el dinero

Verdienst [-ˈdiːnst] (-*es*; -*e*) **a)** *n* mérito *m* **a)** *m* ganancia *f*, beneficio *m*; (*Lohn*) sueldo *m*, salario *m*

verdoppeln [-ˈdɔpəln] (*h*) doblar, (re-) duplicar; *a fig* redoblar

verdorben [-ˈdɔrbən] *Lebensmittel*: podrido; *Luft*: viciado; *fig* corrupto, perverso; ***e-n ~en Magen haben*** tener una indigestión

verˈdräng|en (*h*) desalojar; expulsar; *a mar* desplazar; *psic* reprimir; **𝔖ung** *f* (-; -*en*) *psic* represión *f*

verˈdreh|en (*h*) torcer; *fig* tergiversar, falsear; **~t** excéntrico; F chiflado; **𝔖ung** *f* (-; -*en*) *fig* tergiversación *f*, falseamiento *m*

verdreifachen [-ˈdraɪfaxən] (*h*) triplicar

verdrießlich [-ˈdriːsliç] malhumorado, de mal humor; *et*: molesto

verdrossen [-ˈdrɔsən] malhumorado

ver|ˈdrücken (*h*) *Kleid*: arrugar; F (*essen*) tragar; F ***sich ~*** escabullirse; **𝔖druss** [-ˈdrus] *m* (-*es*; *sin pl*) disgusto *m*; **~ˈduften** F (*sn*) esfumarse

verˈdunkeln (*h*) oscurecer; *Glanz*: deslucir; *astr u fig* eclipsar

verdünnen [-ˈdynən] (*h*) diluir; *Luft*: enrarecer

ver|dunsten [-ˈdunstən] (*sn*) evaporarse; **~ˈdursten** (*sn*) morir(se) de sed; **~dutzt** [-ˈdutst] perplejo

veredeln [-ˈʔeːdəln] (*h*) refinar (*a tec*); *Güter*: elaborar

verˈehr|en (*h*) venerar, respetar; adorar; ***j-m et ~*** obsequiar a alg con a/c; **𝔖er** *m* (-*s*; -), **𝔖erin** *f* (-; -*nen*) admirador(a) *m*(*f*); adorador(a) *m*(*f*); **𝔖ung** *f* (-; *sin pl*) veneración *f*, respeto *m*; adoración *f*

vereidig|en [-ˈʔaɪdigən] (*h*) juramentar; **~t** jurado

Verein [-ˈʔaɪn] *m* (-[*e*]*s*; -*e*) unión *f*; asociación *f*; círculo *m*, club *m*

verˈeinbar [-ˈaɪnbaːr] compatible; **~en** (*h*) convenir, concertar

verˈein|en (*h*) (re)unir; ***die Vereinten Nationen*** las Naciones Unidas; **~fachen** [-ˈ-faxən] (*h*) simplificar; **~heitlichen** [-ˈ-haɪtliçən] (*h*) unificar; estandarizar; **~igen** (*h*): (***sich***) **~** unir(se); juntar(se); asociar(se); **𝔖igung** *f* (-; -*en*) unión *f*; **~zelt** [-ˈ-tsəlt] aislado

Verˈeinigte Aˈrabische Emiˈrate [-emiˈraːtə] *pl* Emiratos *m/pl* Árabes Unidos

Verˈeinigte ˈStaaten *m/pl* ***~ von Amerika*** Estados *m/pl* Unidos de América

vereisen [-ˈʔaɪzən] (*sn*) helarse, cubrirse de hielo

ver|eiteln [-ˈʔaɪtəln] (*h*) frustrar; hacer fracasar; **~ˈenden** (*sn*) morir; *Tier*: *a* reventar

verenge(r)n [-ˈʔɛŋə(r)n] (*h*) estrechar

verˈerb|en (*h*) dejar en herencia: *testamentarisch*: legar; **𝔖ung** *f* (-; *sin pl*) transmisión *f* hereditaria

Verf. ***Verfasser*** autor

verˈfahren **1.** (*irr*, *sin ge-*, → ***fahren***) *v/i* (*sn u h*) proceder, obrar; **2.** *v/refl* (*h*): ***sich ~*** extraviarse, errar el camino; **3.** **𝔖** *n* (-*s*; -) *tec*, *quím*, *jur* procedimiento *m*

Verˈfall *m* (-*s*; *sin pl*) decaimiento *m*; decadencia *f*; **𝔖en** **1.** *v/i* (*irr*, *sin ge-*, *sn*, → ***fallen***) decaer (*a med u fig*); *arqu* des-

moronarse; *com* vencer; (*ungültig werden*) caducar; **2.** *pp* decaído; en ruinas; (*ungültig*) caducado; **~sdatum** *n* fecha *f* de caducidad; **~(s)tag** *com m* fecha *f* *od* día *m* de vencimiento
verfälschen (*h*) falsificar
verfänglich [-ˈfɛŋliç] *Frage*: capcioso; *Lage*: embarazoso
verˈfass|en (*h*) componer; redactar; **ˆer** *m* (*-s*; -), **ˆerin** *f* (-; *-nen*) autor(a) *m*(*f*)
Verˈfassung *f* (-; *sin pl*) estado *m*, condición *f*; (*pl -en*) *pol* constitución *f*; **ˆsmäßig** constitucional; **ˆswidrig** anticonstitucional
verˈfaulen (*sn*) pudrirse
verˈfehl|en (*h*) *Ziel*: errar; *Zug*: perder; *j-n*: no encontrar; **~t** equivocado; fracasado
verˈfilmen (*h*) llevar a la pantalla, filmar
ver|ˈfliegen (*irr*, *sin ge-*, *sn*, → ***fliegen***) *Zeit*: pasar volando; (*h*) *avia* ***sich ~*** desorientarse, perder el rumbo; **~ˈfließen** (*irr*, *sin ge-*, *sn*, → ***fließen***) *Zeit*: pasar, transcurrir; **~flixt** [-ˈflikst] maldito; *iron* dichoso
verˈfluch|en (*h*) maldecir; **~t** *adj* maldito; ***~!*** ¡maldita sea!
verˈfolg|en [-ˈfɔlgən] (*h*) perseguir (***gerichtlich*** judicialmente); *fig* proseguir; (*beobachten*) seguir de cerca, observar; *Spur*: seguir; **ˆung** *f* (-; *-en*) persecución *f*
verˈfüg|bar [-ˈfyːkbaːr] disponible; **~en** [-ˈ-gən] (*h*) **1.** *v/t* disponer, ordenar; **2.** *v/i*: ***~ über*** (*ac*) disponer de; (*besitzen*) contar con; **ˆung** *f* (-; *-en*) disposición *f*; ***j-m zur ~ stellen*** (***stehen***) poner (estar) a la disposición de alg
verˈführ|en (*h*) seducir; **~erisch** seductor, tentador; **ˆung** *f* (-; *-en*) seducción *f*
verˈgangen [-ˈgaŋən] pasado; **ˆheit** *f* (-; *sin pl*) pasado *m*; *gram* pretérito *m*
Vergaser [-ˈgaːzər] *auto m* (*-s*; -) carburador *m*
verˈgeb|en (*irr*, *sin ge-*, *h*, → ***geben***) (*weggeben*) dar; (*verzeihen*) perdonar; **~ens** en vano; **~lich** [-ˈgeːpliç] vano, inútil; *adv* en vano; **ˆung** [-ˈ-buŋ] *f* (-; *sin pl*) perdón *m*; *der Sünden*: remisión *f*
verˈgehen 1. (*irr*, *sin ge-*, → ***gehen***) *v/i* (*sn*) *Zeit*: pasar, transcurrir; (*verschwinden*) desaparecer; *fig* ***~ vor*** morirse de; (*h*) ***sich ~ an*** (*dat*) violar (*ac*); ***sich ~ gegen*** faltar a; **2.** **ˆ** *n* (*-s*; -) falta *f*; *jur* delito *m*
verˈgelt|en (*irr*, *sin ge-*, *h*, → ***gelten***) *Dienst*: devolver; pagar; ***Gleiches mit Gleichem ~*** pagar con la misma moneda; **ˆung** *f* (-; *sin pl*) desquite *m*
ver|gessen [-ˈgɛsən] (*vergaß*, *vergessen*, *h*) olvidar; ***~ et zu tun*** olvidarse de hacer a/c; **~ˈgesslich** [-ˈgɛsliç] olvidadizo
vergeuden [-ˈgɔʏdən] (*h*) *Geld*: despilfarrar, derrochar; *Zeit*: desperdiciar
vergeˈwaltig|en [-gəˈvaltigən] (*h*) violar; **ˆung** *f* (-; *-en*) violación *f*
vergewissern [-ˈvisərn] (*h*): ***sich ~*** cerciorarse, asegurarse
verˈgießen (*irr*, *sin ge-*, *h*, → ***gießen***) derramar, verter
vergift|en [-ˈgiftən] (*h*) intoxicar; *a fig* envenenar; **ˆung** *f* (-; *-en*) intoxicación *f*; envenenamiento *m*
Vergissmeinnicht [-ˈgismaɪnniçt] *n* (-[*e*]*s*; -[*e*]) nomeolvides *f*
Verˈgleich *m* (-[*e*]*s*; *-e*) comparación *f*; *com* arreglo *m*, acuerdo *m*; *jur* conciliación *f*; ***im ~ zu*** en comparación con; **ˆbar** comparable; **ˆen** (*irr*, *sin ge-*, *h*, → ***gleichen***) comparar (***mit*** con, a); ***vergleiche S. 12*** véase pág. 12
verˈgnüg|en [-ˈgnyːgən] (*h*): (***sich***) **~** divertir(se), distraer(se); **ˆen** *n* (*-s*; -) placer *m*; ***zum ~*** para divertirse; ***mit ~!*** ¡con mucho gusto!; ***viel ~!*** ¡que se divierta!; **~t** [-ˈ-kt] alegre; contento
Verˈgnügung [-ˈ-guŋ] *f* (-; *-en*) diversión *f*; **~spark** *m* parque *m* de atracciones; **~sviertel** *n* barrio *m* de diversiones
verˈgoldet [-ˈgɔldət] dorado
verˈgraben (*irr*, *sin ge-*, *h*, → ***graben***) enterrar, soterrar
vergriffen [-ˈgrifən] *Buch*, *Ware*: agotado
verˈgrößer|n [-ˈgrøːsərn] (*h*) agrandar, engrandecer; aumentar; ampliar (*a fot*); **ˆung** *f* (-; *-en*) engrandecimiento *m*; aumento *m*; ampliación *f* (*a fot*)
Vergünstigung [-ˈgynstiguŋ] *f* (-; *-en*) privilegio *m*, ventaja *f*
Vergütung [-ˈgyːtuŋ] *f* (-; *-en*) remuneración *f*; (*Entschädigung*) indemnización *f*
verh. ***verheiratet*** casado
verˈhaft|en (*h*) detener; **ˆung** *f* (-; *-en*) detención *f*
verˈhalten 1. *v/t* (*irr*, *sin ge-*, *h*, → ***hal-***

ten): ***sich ~*** conducirse, portarse; ***sich ruhig ~*** quedarse *od* estarse quieto; **2. ≗** *n* (*-s*; *sin pl*) conducta *f*, comportamiento *m*

Ver'hältnis [-'hɛltnis] *n* (*-ses*; *-se*) relación *f*, proporción *f*; (*Liebes≗*) lío *m* (amoroso); ***~se*** *pl* circunstancias *f/pl*, condiciones *f/pl*; (*Lage*) situación *f*; ***im ~ zu*** en proporción *od* relación a; en comparación con; **≗mäßig** *adj* relativo; **~wahl** *f* elección *f* según el sistema proporcional; **~wahlrecht** *n* representación *f* proporcional

ver'hand|eln (*h*) negociar (***über et*** (*ac*) a/c); discutir (sobre *od* a/c); *jur* ver una causa; **≗lung** *f* (-; *-en*) negociación *f*; discusión *f*; *jur* vista *f* (de la causa)

verheerend [-'heːrənt] asolador; *fig* desastroso

ver|'heilen (*sn*) cicatrizarse; curarse; **~heimlichen** [-'haɪmliçən] (*h*) disimular, ocultar

ver'heirate|n (*h*): (***sich***) **~** casar(se); **~t** casado

ver'helfen (*irr*, *sin ge-*, *h*, → ***helfen***): ***j-m zu et ~*** proporcionar a/c a alg

verherrlichen [-'hɛrliçən] (*h*) glorificar, ensalzar

ver'hindern (*h*) impedir; (*vorbeugen*) evitar; ***verhindert sn*** no poder asistir

ver'höhnen (*h*) escarnecer, burlar(se)

Ver'hör [-'høːr] *n* (*-s*; *-e*) interrogatorio *m*; **≗en** (*h*) interrogar; *Zeugen*: oír; ***sich ~*** entender mal

ver|'hüllen (*h*) cubrir; *a fig* velar; **~'hungern** (*sn*) morir(se) de hambre; **~hunzen** F [-'huntsən] (*h*) estropear; **~'hüten** (*h*) evitar, prevenir

Ver'hütung *f* (-; *sin pl*) prevención *f*; *med a* profilaxis *f*; **~smittel** *n* anticonceptivo *m*

ver'irren (*h*): ***sich ~*** extraviarse, perderse

ver'jagen (*h*) ahuyentar (*a fig*)

ver'jähr|en [-'jɛːrən] (*sn*) *jur* prescribir; **≗ung** *f* (-; *-en*) (**≗ungsfrist** *f*) (plazo *m* de) prescripción *f*

verjüngen [-'jyŋən] (*h*) rejuvenecer

ver'kabeln (*h*) cablear

ver'kalk|t [-'kalkt] calcificado; *med* esclerótico; F *fig* chocho; **≗ung** *f* (-; *-en*) calcificación *f*; *med* esclerosis *f*

verkatert [-'kaːtərt]: ***~ sn*** F tener resaca

Ver'kauf *m* (*-[e]s*; *Verkäufe*) venta *f*; **≗en** (*h*) vender; ***zu ~*** en venta

Ver'käuf|er *m* (*-s*; -), **~erin** *f* (-; *-nen*) vendedor(a) *m*(*f*); **≗lich** vendible, en venta; ***leicht ~*** de venta fácil

Ver'kaufs|... [-'kaʊfs-]: *in Zssgn oft* de venta; **~leiter** *m* jefe *m* de ventas; **≗offen** abierto; **~preis** *m* precio *m* de venta; **~stand** *m* puesto *m*

Ver'kehr [-'keːr] *m* (*-s*; *sin pl*) circulación *f*, tráfico *m*; (*Umgang*) trato *m*; relaciones *f/pl*; ***aus dem ~ ziehen*** *Banknoten*: retirar de la circulación; **≗en** (*h*) *v/i* circular; ***mit j-m ~*** tener trato con alg

Ver'kehrs|ader *f* arteria *f*; **~aufkommen** *n* volumen *m* de tráfico; **≗beruhigt** de tráfico reducido; **~betriebe** *m/pl* transportes *m/pl* públicos; **~chaos** *n* caos *m* circulatorio; **~funk** *m* información *f* viaria; **~mittel** *n* medio *m* de transporte; **~polizei** *f* policía *f* de tráfico; **~regel** *f* norma *f* de circulación; **~schild** *m* señal *f* (vertical) de circulación; **~stau** *m*, **~stauung** *f*, **~stockung** *f* embotellamiento *m*, atasco *m*; **~unfall** *m* accidente *m* de tráfico; **~verbindungen** *f/pl* comunicaciones *f/pl*; **~verein** *m* oficina *f* de turismo; **~zeichen** *n* señal *f* de tráfico

verkehrt [-'keːrt] invertido; (*falsch*) falso; *adv* al revés

verklagen (*h*) *jur* demandar a, poner pleito a

verklapp|en (*h*) verter al mar; **≗ung** *f* (-; *-en*) vertido *m* al mar

ver'kleid|en (*h*) disfrazar; *tec* revestir (***mit*** de); **≗ung** *f* (-; *-en*) disfraz *m*; *tec* revestimiento *m*

ver'kleiner|n [-'klaɪnərn] (*h*) empequeñecer (*a fig*); disminuir; *mat* reducir; **≗ung** *f* (-; *-en*) disminución *f*; reducción *f*

verklemmt [-'klɛmt] atascado; *fig* reprimido

Verknappung [-'knapuŋ] *f* (-; *-en*) escasez *f*

ver'knittern (*h*) arrugar

ver'knoten (*h*) anudar

ver'kommen **1.** *v/i* (*irr*, *sin ge-*, *sn*, → ***kommen***) echarse a perder, depravarse; **2.** *adj* depravado

verkörpern [-'kœrpərn] (*h*) personificar, *a teat* encarnar

ver|krampft [-'krampft] crispado; **~krüppelt** [-'krypəlt] lisiado; contrahecho; **~'kühlen** (*h*): ***sich ~*** coger frío

ver'künd|(ig)en (*h*) anunciar; publicar; *Gesetz*: promulgar; *jur Urteil*: pronunciar; **2igung** *f* (-; *-en*) anuncio *m*; publicación *f*; ***Mariä ~*** Anunciación *f*; **2ung** *f* (-; *-en*) promulgación *f*

ver'kürz|en (*h*) acortar; (*vermindern*) reducir (*a Arbeitszeit*); **2ung** *f* (-; *-en*) acortamiento *m*; reducción *f*

ver'laden (*irr, sin ge-, h,* → ***laden***) cargar; *mar* embarcar

Verlag [-'la:k] *m* (-[*e*]*s*; *-e*) editorial *f*

ver'langen 1. (*h*) pedir (***von*** *j-m* a), exigir; ***nach j-m ~*** desear ver a alg; **2.** **2** *n* (*-s*; *sin pl*) deseo *m*; ***auf ~*** a petición, a requerimiento

ver'länger|n [-'lɛŋərn] (*h*) alargar; *zeitlich*: prolongar; *jur* prorrogar; **2ung** *f* (-; *-en*) alargamiento *m*; prolongación *f*; *jur* prórroga *f*; **2ungsschnur** *el f* prolongación *f*

verlangsamen [-'laŋza:mən] (*h*) retardar; *Geschwindigkeit*: reducir

ver'lassen 1. *v/t* (*irr, sin ge-, h,* → ***lassen***) dejar, abandonar; ***sich ~ auf*** (*ac*) fiarse de, contar con; **2.** *adj* abandonado; *Ort*: desierto

Ver'lauf *m* (-[*e*]*s*; *Verläufe*) curso *m*, transcurso *m*; (*Entwicklung*) desarrollo *m*; ***nach ~ von*** al cabo de; **2en** (*irr, sin ge-, sn,* → ***laufen***) pasar; (*h*) ***sich ~*** perderse, perder el camino

ver'leben (*h*) pasar

ver'leg|en 1. *v/t* (*h*) trasladar; *irrtümlich*: extraviar, *Papiere*: *a* traspapelar; (*aufschieben*) aplazar; *Buch*: publicar, editar; *Leitung*: colocar; **2.** *adj* azorado, turbado; ***~ werden*** turbarse, cortarse; **2enheit** *f* (-; *-en*) confusión *f*, turbación *f*; (*Geld2*) apuro *m*; ***in ~ bringen*** poner en un apuro; ***aus der ~ helfen*** sacar del apuro; **2er** *m* (*-s*; -) editor *m*; **2ung** *f* (-; *-en*) traslado *m*; *zeitlich*: aplazamiento *m*

Ver'leih [-'laɪ] *m* (-[*e*]*s*; *-e*) alquiler *m*; *Film*: distribución *f*; **2en** (*irr, sin ge-, h,* → ***leihen***) prestar; (*vermieten*) alquilar; *Titel*: conferir; *Preis*: conceder; *Recht*: otorgar; **~ung** *f* (-; *-en*) concesión *f*

ver|'leiten (*h*) inducir (***zu*** a); **~'lernen** (*h*) desaprender, olvidar

ver'letz|en (*h*) herir (*a fig*); lesionar (*a Interessen*); (*kränken*) ofender; **~end** hiriente; ofensivo; **2te** *m/f* (*-n*; *-n*) herido *m*, -a *f*; **2ung** *f* (-; *-en*) herida *f*

ver'leumd|en [-'lɔʏmdən] (*h*) calumniar, difamar; **2ung** *f* (-; *-en*) calumnia *f*, difamación *f*

ver'lieb|en (*h*): ***sich ~ in*** (*ac*) enamorarse de; **~t** [-'-pt] enamorado

verlier|en [-'li:rən] (*verlor, verloren, h*) perder; **2er** *m* (*-s*; -), **2erin** *f* (-; *-nen*) perdedor(a) *m*(*f*)

ver'lob|en (*h*): ***sich ~*** prometerse; **~t** [-'lo:pt] prometido; **2te** *m/f* prometido *m*, -a *f*, F novio *m*, -a *f*; **2ung** [-'-buŋ] *f* (-; *-en*) esponsales *m/pl*

ver'lockend seductor, tentador

verlogen [-'lo:gən] mentiroso

ver'loren [-'lo:rən] perdido; ***~ gehen*** perderse, extraviarse; **~gehen** → ***verloren***

ver'los|en (*h*) sortear; **2ung** *f* (-; *-en*) sorteo *m*

Verlust [-'lust] *m* (-[*e*]*s*; *-e*) pérdida *f*

ver'machen (*h*) legar

Vermarktung [-'marktuŋ] *f* (-; *-en*) comercialización *f*

ver'mehr|en (*h*) aumentar, acrecentar; ***sich ~*** aumentar; *biol* multiplicarse; **2ung** *f* (-; *-en*) aumento *m*, incremento *m*; multiplicación *f*

ver'meiden (*vermied, vermieden, h*) evitar

Ver'merk [-'mɛrk] *m* (*-s*; *-e*) nota *f*; apunte *m*; **2en** (*h*) anotar, apuntar

ver'messen 1. *v/t* (*irr, sin ge-, h,* → ***messen***) medir; **2.** *adj* temerario

ver'miet|en (*h*) alquilar; ***zu ~*** se alquila; **2er** *m* (*-s*; -), **2erin** *f* (-; *-nen*) alquilador(a) *m*(*f*); **2ung** *f* (-; *-en*) alquiler *m*

ver'minder|n (*h*) disminuir; reducir; **2ung** *f* disminución *f*; reducción *f*

ver'mischen (*h*) mezclar

ver'missen (*h*) echar de menos

ver'mitt|eln [-'mitəln] (*h*) **1.** *v/i* mediar, intervenir; **2.** *v/t* procurar, proporcionar; **2ler** *m* (*-s*; -) intermediario *m*; *bei Konflikt*: mediador *m*; **2lung** *f* (-; *-en*) intervención *f*; mediación *f*; *tel* central *f*

Ver'mögen [-'mø:gən] *n* (*-s*; -) (*Besitz*) fortuna *f*, bienes *m/pl*, patrimonio *m*; **2d** adinerado, acaudalado; **~sberatung** *f* gestión *f* de patrimonio; **~ssteuer** *f* impuesto *m* sobre el patrimonio; **~swerte** *m/pl* bienes *m/pl*

vermummt [-'mumt] embozado

vermut|en [-'mu:tən] (*h*) suponer; **~lich** presunto; **2ung** *f* (-; *-en*) suposición *f*

vernachlässigen [-ˈnaːxlɛsigən] (*h*) descuidar
verˈnehm|en (*irr, sin ge-, h,* → ***nehmen***) percibir, oír; *jur* interrogar; **2ung** *f* (-; -*en*) *jur* interrogatorio *m*; toma *f* de declaración
verˈneigen (*h*): ***sich ~*** inclinarse
verˈnein|en [-ˈnaɪnən] (*h*) negar; **~end** negativo; **2ung** *f* (-; -*en*) negación *f*
ver|ˈnetzen (*h*) (*wissenschaftlich*) interconectar; *inform* integrar a la red; (*untereinander*) conectar en red; **~ˈnetzt** interconectado
verˈnicht|en [-ˈniçtən] (*h*) destruir; **2ung** *f* (-; -*en*) destrucción *f*
Vernunft [-ˈnunft] *f* (-; *sin pl*) razón *f*; ***zur ~ bringen*** poner en razón; ***zur ~ kommen*** entrar en razón
vernünftig [-ˈnynftiç] razonable; *j*: sensato
verˈöffentlich|en [-ˈʔœfəntliçən] (*h*) publicar; **2ung** *f* (-; -*en*) publicación *f*
verˈordn|en (*h*) ordenar; *med* prescribir; **2ung** *f* orden *f*; *med* prescripción *f*
verˈpacht|en (*h*) arrendar; **2ung** *f* (-; -*en*) arrendamiento *m*
verˈpack|en (*h*) embalar, envasar; **2ung** *f* (-; -*en*) embalaje *m*, envase *m*; **2ungsmaterial** *n* material *m* de embalaje
ver|ˈpassen (*h*) perder; **~ˈpflanzen** (*h*) trasplantar
verˈpfleg|en (*h*) alimentar; **2ung** *f* (-; *sin pl*) alimentación *f*, comida *f*
verˈpflicht|en [-ˈpfliçtən] (*h*) obligar; ***sich ~ zu*** comprometerse a; **2ung** (-; -*en*) obligación *f*, compromiso *m*
ver|plempern F [-ˈplɛmpərn] (*h*) malgastar, desperdiciar; **~pönt** [-ˈpøːnt] mal visto; **~ˈprügeln** (*h*) dar una paliza; **~ˈputzen** (*h*) *arqu* revocar, enlucir; F (*essen*) tragar
Verˈrat [-ˈraːt] *m* (-[*e*]*s*; *sin pl*) traición *f*; **2en** (*irr, sin ge-, h,* → ***raten***) traicionar; *Geheimnis*: descubrir
Verˈräter [-ˈrɛːtər] *m* (-*s*; -), **~in** *f* (-; -*nen*) traidor(a) *m*(*f*)
verˈrechn|en (*h*) poner en cuenta; compensar; ***sich ~*** equivocarse en sus cálculos; *fig* equivocarse; **2ung** *f* (-; -*en*) compensación *f*; *com* ***nur zur ~*** para abonar en cuenta; **2ungsscheck** *m* cheque *m* cruzado *od* barrado
ver|ˈrecken P (*sn*) reventar, P diñarla; **~regnet** [-ˈreːgnət] lluvioso
verˈreis|en (*sn*) salir *od* irse de viaje; **~t**: ***~ sn*** estar de viaje
verˈrenk|en [-ˈrɛŋkən] (*h*): (***sich den Arm***) ***~*** dislocar(se el brazo); **2ung** *f* (-; -*en*) dislocación *f*
verriegeln [-ˈriːgəln] (*h*) echar el cerrojo a
verˈringer|n [-ˈriŋərn] (*h*) disminuir, reducir; **2ung** *f* (-; -*en*) disminución *f*, reducción *f*
verˈrosten (*sn*) corroerse, oxidarse
verˈrückt loco; ***~ machen*** volver loco; **2heit** *f* (-; -*en*) locura *f*
Vers [fɛrs] *m* (-*es*; -*e*) verso *m*
verˈsag|en [fɛrˈzaːgən] (*h*) **1.** *v/t* (de)negar, rehusar; **2.** *v/i* fallar, no funcionar; *Person*: fracasar; **2en** *n* (-*s*; *sin pl*) fallo *m*; ***menschliches ~*** fallo *m* humano; **2er** *m* (-*s*; -) (*Person*) fracasado *m*
Versailles [vɛrˈzaɪ] *n* Versalles *f*
verˈsalzen (*pp versalzt od versalzen, h*) salar demasiado
verˈsamm|eln (*h*) reunir; **2lung** *f* (-; -*en*) reunión *f*; asamblea *f*; *pol* mitin *m*
Verˈsand [-ˈzant] *m* (-[*e*]*s*; *sin pl*) expedición *f*, envío *m*; **~abteilung** *f* (departamento *m* de) expedición *f*; **~haus** *n* casa *f* de venta(s) por correo *od* por catálogo; **~hauskatalog** *m* catálogo *m* (de una casa de ventas por correo)
ver|ˈsäumen (*h*) omitir; (*verpassen*) perder; *Pflicht*: faltar a; **~ˈschaffen** (*h*) proporcionar, procurar, facilitar; **~ˈschärfen** (*h*) agravar, agudizar; intensificar; **~ˈscharren** (*h*) enterrar; **~ˈschenken** (*h*) regalar, dar; **~scheuchen** [-ˈʃɔʏçən] (*h*) ahuyentar (*a fig*), espantar; **~ˈschicken** (*h*) enviar, expedir; **~ˈschieben** (*irr, sin ge-, h,* → ***schieben***) cambiar de sitio (*a refl*), desplazar; *zeitlich*: aplazar
verˈschieden [-ˈʃiːdən] *adj* diferente, distinto; (*pl -e*) (*mehrere*) diversos, varios; **~artig** distinto; **2heit** *f* (-; -*en*) diferencia *f*, diversidad *f*
verˈschiff|en (*h*) embarcar; **2ung** *f* (-; -*en*) embarque *m*
ver|ˈschimmeln (*sn*) enmohecerse; **~ˈschlafen 1.** *v/t* (*irr, sin ge-, h,* → ***schlafen***): (***sich***) **~** levantarse *bzw* despertarse tarde; **2.** *adj* soñoliento; **~ˈschlagen**; **3.** *v/t* (*irr, sin ge-, h,* → ***schlagen***): ***~ werden nach*** ir a parar a; ***es verschlug ihm die Sprache*** se quedó de una pieza; **4.** *adj* taimado, as-

tuto

ver'schlechter|n [-'ʃlɛçtərn] (*h*) empeorar; ***sich*** ~ empeorarse; **2ung** *f* (-; *-en*) empeoramiento *m*

verschleiern [-'ʃlaɪərn] (*h*) velar; *fig* encubrir

ver'schlepp|en (*h*) *j-n*: secuestrar; deportar; *et*: dar largas a; *med* descuidar; **2ung** *f* (-; *-en*) secuestro *m*; deportación *f*

ver'schleudern (*h*) dilapidar; *com* malbaratar

ver'schließ|bar [-'ʃliːsbaːr] con cerradura; **~en** (*irr, sin ge-, h,* → ***schließen***) cerrar (con llave); (*einschließen*) encerrar

ver'schlimmer|n [-'ʃlimərn] (*h*): (***sich***) ~ agravar(se); **2ung** *f* (-; *-en*) agravación *f*

ver'schlingen (*irr, sin ge-, h,* → ***schlingen***) (*essen*) devorar (*a fig*), tragarse

ver'schlossen [-'ʃlɔsən] cerrado; *fig a* reservado; **2heit** *f* (-; *sin pl*) reserva *f*

ver|'schlucken (*h*) tragar; ***sich*** ~ atragantarse (***an*** *dat* con); **2'schluss** *m* (*-es*; *⸚e*) cierre *m*; *fot* obturador *m*; **~'schmähen** (*h*) despreciar, desdeñar; **~'schmelzen** (*irr, sin ge-,* → ***schmelzen***) **1.** *v/t* (*h*) fundir; **2.** *v/i* (*sn*) fundirse

ver'schmutz|en *v/t* (*h*) (*v/i sn*) ensuciar(se); *Umwelt*: contaminar; **2ung** *f* (-; *-en*) *der Umwelt*: contaminación *f*, polución *f*

Ver|schnitt [-'ʃnit] *m* (-[*e*]*s*; *-e*) (*Wein usw*) mezcla *f*; **2schnupft** [-'ʃnupft] constipado; *fig* amoscado, picado; **2'schnüren** (*h*) atar (con cuerda); **2schönern** [-'ʃøːnərn] (*h*) embellecer, hermosear

ver|schossen [-'ʃɔsən] *Farbe*: desteñido; F *fig* ~ ***in*** (*ac*) chalado por; **~'schrauben** (*h*) atornillar; **~'schreiben** (*irr, sin ge-, h,* → ***schreiben***) *med* recetar, prescribir; ***sich*** ~ equivocarse al escribir; **~'schreibungspflichtig** con receta médica; **~schrotten** [-'ʃrɔtən] (*h*) desguazar

ver'schuld|en (*h*) tener la culpa de; causar; **2en** *n* (*-s*; *sin pl*) culpa *f*, falta *f*; **~et** endeudado; **2ung** *f* (-; *-en*) endeudamiento *m*

ver|'schütten (*h*) derramar; **~'schweigen** (*irr, sin ge-, h,* → ***schweigen***) callar

ver'schwend|en [-'ʃvɛndən] (*h*) prodigar, disipar; derrochar; *a Zeit*: desperdiciar; **2ung** *f* (-; *-en*) disipación *f*, derroche *m*, despilfarro *m*

verschwiegen [-'ʃviːgən] callado; discreto

ver|'schwinden (*irr, sin ge-, sn,* → ***schwinden***) desaparecer; F eclipsarse; **~'schwitzen** (*h*) F *fig* olvidarse de

verschwommen [-'ʃvɔmən] vago; nebuloso; *Bild usw*: borroso

Ver'schwörung [-'ʃvøːruŋ] *f* (-; *-en*) conjuración *f*, conspiración *f*

ver'sehen 1. *v/t* (*irr, sin ge-, h,* → ***sehen***): ~ ***mit*** dotar de, proveer de; **2. 2** *n* (*-s*; -) equivocación *f*, error *m*; descuido *m*, inadvertencia *f*; ***aus*** ~: por descuido; **~tlich** por descuido

ver'send|en (*irr, sin ge-, h,* → ***senden***) expedir, enviar; **2ung** *f* (-; *-en*) expedición *f*, envío *m*

ver|'sengen (*h*) chamuscar; **~'senken** (*h*) sumergir; *mar* hundir; ***sich*** ~ ***in*** (*ac*) sumirse *od* abismarse en; **~'setzen** (*h*) trasladar (*a Beamte*); *Schlag*: asestar, propinar; (*entgegnen*) replicar; *als Pfand*: empeñar; F ***j-n*** ~ dar esquinazo *od* un plantón a alg

verseuch|en [-'zɔʏçən] (*h*) infestar, contaminar; **2ung** *f* (-; *-en*) contaminación *f*

Ver'sicher|er [fɛr'ziçərər] *m* (*-s*; -) asegurador *m*; **2n** (*h*) *com* asegurar; (*behaupten*) aseverar, afirmar; **~te** *m/f* (*-n*; *-n*) asegurado *m*, -a *f*; **~ung** *f* (-; *-en*) *com* seguro *m*; (*Behauptung*) aseveración *f*, afirmación *f*

Ver'sicherungs|... [-ruŋs-]: *in Zssgn oft* de seguro; **~agent** *m*, **~agentin** *f* agente *su* de seguros; **~nehmer** *m*, **~nehmerin** *f* contratante *su*; **~police** *f* póliza *f* de seguro

ver|'siegeln (*h*) sellar; **~'siegen** (*sn*) secarse; *fig* agotarse; **~'sinken** (*irr, sin ge-, sn,* → ***sinken***) hundirse, sumergirse; *mar* irse a pique; ***in Gedanken*** ~ ensimismarse

ver'söhn|en [fɛr'zøːnən] (*h*) reconciliar; **2ung** *f* (-; *-en*) reconciliación *f*

ver'sorg|en (*h*) proveer, abastecer (***mit*** de); *com* surtir (***mit*** de); **2ung** *f* (-; *sin pl*) abasto *m*, abastecimiento *m*, aprovisionamiento *m*; **2ungsengpass** *m*, **2ungslücke** *f* desabastecimiento *m*

ver'spät|en [-'ʃpɛːtən] (*h*): ***sich*** ~ retrasarse, llegar tarde; **~et** con retraso;

≈ung *f* (-; *-en*) retraso *m*; **~ *haben*** llevar retraso

ver|'sperren (*h*) cerrar; obstruir; *Weg*: atajar; *Aussicht*: quitar; **~'spielen** (*h*) perder en el juego; **~'spotten** (*h*) burlarse de, mofarse de

ver'sprech|en (*irr, sin ge-, h,* → ***sprechen***) prometer; ***sich ~*** equivocarse (al hablar); ***sich viel ~ von*** esperar mucho de; **≈en** *n* (*-s*; -), **≈ung** *f* (-; *-en*) promesa *f*

ver'staatlich|en [-'ʃtɑːtliçən] (*h*) nacionalizar; **≈ung** *f* (-; *-en*) nacionalización *f*

Verstand [-'ʃtant] *m* (*-[e]s; sin pl*) inteligencia *f*; intelecto *m*; (*Vernunft*) razón *f*; (*Urteilskraft*) juicio *m*; ***den ~ verlieren*** perder el juicio

ver'ständig|en [-'ʃtɛndigən] (*h*) enterar, informar (***von*** de); ***sich ~*** entenderse; (*sich einigen*) ponerse de acuerdo; **≈ung** *f* (-; *sin pl*) acuerdo *m*, arreglo *m*; *tel* comunicación *f*

verständlich [-'ʃtɛntliç] inteligible; comprensible; ***sich ~ machen*** hacerse entender

Ver'ständnis [-'-nis] *n* (*-ses; sin pl*) comprensión *f*, entendimiento *m*; **≈voll** comprensivo

ver'stärk|en (*h*) reforzar (*a tec u mil*); *el* amplificar; intensificar; **≈er** *el m* (*-s*; -) amplificador *m*; **≈ung** *f* (-; *-en*) refuerzo *m* (*a mil*); intensificación *f*; *el* amplificación *f*

ver'stauch|en [-'ʃtaʊxən] (*h*): ***sich den Fuß ~*** torcerse el pie; **≈ung** *f* (-; *-en*) torcedura *f*

Versteck [-'ʃtɛk] *n* (*-[e]s; -e*) escondrijo *m*; **≈en** (*h*) esconder (***vor*** *dat* de); ***sich ~*** esconderse

ver'stehen (*irr, sin ge-, h,* → ***stehen***) entender (***unter*** *dat* por); comprender; (*können*) saber; ***sich ~*** entenderse; ***zu ~ geben*** dar a entender; ***sich auf et ~*** entender de a/c; ***das versteht sich von selbst*** eso se sobrentiende

ver'steiger|n (*h*) subastar, rematar; **≈ung** *f* (-; *-en*) subasta *f*, remate *m*

ver'stell|bar ajustable, regulable; **~en** (*h*) ajustar, regular; (*versperren*) obstruir; cerrar; *Schrift, Stimme*: desfigurar; ***sich ~*** disimular, fingir; **≈ung** *f* (-; *sin pl*) disimulo *m*

ver'steuern (*h*) pagar impuestos por

verstimmt [-'ʃtimt] *mus* desafinado; *fig* de mal humor, disgustado

ver'stopf|en (*h*) obstruir; *Loch*: tapar; **≈ung** *f* (-; *-en*) *med* estreñimiento *m*; *Verkehr*: embotellamiento *m*, atasco *m*

verstorben [-'ʃtɔrbən] fallecido

Ver'stoß *m* (*-es; ⸗e*) falta *f* (***gegen*** a); **≈en** (*irr, sin ge-, h,* → ***stoßen***) **1.** *v/t* expulsar; **2.** *v/i*: ***~ gegen*** faltar a, contravenir a

ver|'streichen (*irr, sin ge-, sn,* → ***streichen***) *v/i* transcurrir, pasar; *Frist*: vencer; **~'streuen** (*h*) dispersar, esparcir; **~'stümmeln** [-'ʃtyməln] (*h*) mutilar (*a fig*); **~'stummen** [-'ʃtumən] (*sn*) enmudecer; *Lärm*: cesar

Ver'such [-'zuːx] *m* (*-[e]s; -e*) tentativa *f*, intento *m* (*a jur*); (*Probe*) prueba *f*, ensayo *m*; *fís usw*: experimento *m*; **≈en** (*h*) probar (*a kosten*), ensayar; ***~ zu*** (*inf*) intentar, procurar (*inf*); tratar de; **≈sweise** a título de ensayo *od* prueba; **~ung** *f* (-; *-en*) tentación *f*; ***in ~ führen*** tentar

ver|sunken [-'zuŋkən] *fig*: ***~ in*** (*ac*) absorto en; **~'süßen** (*h*) endulzar; *fig Pille*: dorar

ver'tag|en (*h*) aplazar (***auf*** *ac* hasta); **≈ung** *f* (-; *-en*) aplazamiento *m*

ver'tauschen (*h*) cambiar (***gegen*** por); (*verwechseln*) confundir (***mit*** con)

ver'teidig|en [-'taɪdigən] (*h*) defender; **≈er** *m* (*-s*; -) defensor *m* (*a jur*); *dep* defensa *m*; **≈ung** *f* (-; *sin pl*) defensa *f*; **≈ungs...**: *in Zssgn* defensivo; **≈ungsminister(ium** *n*) *m* ministro *m* (ministerio *m*) de Defensa

ver'teil|en (*h*) distribuir, repartir; ***sich ~*** dispersarse; **≈er** *m* (*-s*; -) repartidor *m*; *a tec* distribuidor *m*; **≈ung** *f* (-; *-en*) distribución *f*; reparto *m*

ver'tief|en [-'tiːfən] (*h*) ahondar, profundizar; ***sich ~ in*** (*ac*) absorberse en; **≈ung** *f* (-; *-en*) (*Mulde*) hondonada *f*; (*Höhlung*) hueco *m*

vertikal [vɛrti'kɑːl] vertical

vertilgen [fɛr'tilgən] (*h*) destruir, exterminar; F comerse

Ver'trag [-'trɑːk] *m* (*-[e]s; ⸗e*) contrato *m*; *pol* tratado *m*; **≈en** [-'-gən] (*irr, sin ge-, h,* → ***tragen***) (*ertragen*) aguantar, resistir; (*dulden*) soportar; ***sich (gut) ~*** llevarse bien; **≈lich** [-'trɑːkliç] contractual; *adv* por contrato

Ver'trags|händler *m* concesionario *m*; **~werkstatt** *f* taller *m* concesionario

ver'trauen (*h*) **1.** *v/i* confiar (**j-m** *od* **auf** *ac* en alg *od* a/c); **2.** ♀ *n* (*-s*; *sin pl*) confianza *f* (**auf** *ac*, **zu** en); **im ~** en confianza, confidencialmente; **♀sstellung** *f* puesto *m* de confianza; **~swürdig** (digno) de confianza
ver'traulich confidencial; (*familiär*) familiar, íntimo
vertraut [-'traʊt] íntimo; familiar; ***sich ~ machen mit*** familiarizarse con
ver'treiben (*irr*, *sin ge-*, *h*, → ***treiben***) expulsar; *fig* ahuyentar; *com* vender, distribuir; ***sich*** (*dat*) ***die Zeit ~*** pasar *od* matar el tiempo
ver'tret|en (*irr*, *sin ge-*, *h*, → ***treten***) representar; (*ersetzen*) re(e)mplazar, sustituir; *Meinung*: sostener; defender; F ***sich*** (*dat*) ***die Beine ~*** F estirar las piernas; ***sich den Fuß ~*** torcerse el pie; **♀er** *m* (*-s*; *-*), **♀erin** *f* (*-*; *-en*) representante *su* (*a com*); (*Stell♀*, *-in*) sustituto *m*, -a *f*, suplente *su*; **♀ung** *f* representación *f*; sustitución *f*
Vertrieb [-'triːp] *com m* (*-[e]s*; *sin pl*) venta *f*; distribución *f*; **~ene** [-'-benə] *m* (*-n*; *-n*) expulsado *m*; **~sabteilung** [-'triːps-] *f* sección *f od* departamento *m* de ventas; **~sleiter** *m* jefe *m* de ventas
ver|'trocknen (*sn*) secarse; **~'trödeln** (*h*) *Zeit*: perder; **~'tuschen** (*h*) disimular, encubrir; **~'üben** (*h*) cometer, perpetrar
ver'un|glücken [-'ʔunglykən] (*sn*) *j*: tener *od* sufrir un accidente; *et*: fracasar; **♀glückte** *m* (*-n*; *-n*) accidentado *m*; **♀reinigung** *f* (*-*; *-en*) polución *f*, contaminación *f*; **~sichern** (*h*) confundir; **♀treuung** *f* (*-*; *-en*) defraudación *f*, malversación *f*
ver'ur|sachen [-'ʔuːrzaxən] (*h*) causar, ocasionar; **~teilen** (*h*) condenar (*a fig*); **♀teilung** *f* (*-*; *-en*) condena *f*
vervielfältigen [-'fiːlfɛltigən] (*h*) *fot usw*: reproducir; (*abziehen*) multicopiar
vervoll|kommnen [-'fɔlkɔmnən] (*h*) perfeccionar; **~ständigen** [-'ʃtɛndigən] (*h*) completar
verw. ***verwitwet*** viudo
verwackelt [-'vakəlt] *fot* movido
verwählen (*h*): ***sich ~*** *tel* marcar mal
ver'wahr|en [-'vaːrən] (*h*) guardar; ***sich ~*** protestar (***gegen*** contra); **~lost** [-'-loːst] abandonado; **♀ung** *f* (*-*; *sin pl*) custodia *f*; ***in ~ geben*** dar en depósito
verwaist [-'vaɪst] huérfano; *fig* abandonado
ver'walt|en (*h*) administrar; *Amt*: desempeñar; **♀er** *m* (*-s*; *-*), **♀erin** *f* (*-*; *-nen*) administrador(a) *m*(*f*); **♀ung** *f* (*-*; *-en*) administración *f*; **♀ungs...**: *in Zssgn oft* administrativo; **♀ungskosten** *pl* gastos *m/pl* de administración
ver'wand|eln (*h*) transformar, cambiar (***in*** *ac* en); **♀lung** *f* (*-*; *-en*) transformación *f*; cambio *m*
ver'wandt [-'vant] pariente (***mit*** de); *fig* semejante (a); **♀e** *m/f* (*-n*; *-n*) pariente *su*, familiar *su*; **♀schaft** *f* parentesco *m*; (*die Verwandten*) parentela *f*
Ver'warnung *f* (*-*; *-en*) amonestación *f*
ver'wechs|eln (*h*) confundir; **♀lung** *f* (*-*; *-en*) confusión *f*; equivocación *f*
verwegen [-'veːgən] temerario
ver'weigern (*h*) rehusar, (de)negar
Verweis [-'vaɪs] *m* (*-es*; *-e*) (*Tadel*) reprensión *f*, reprimenda *f*; (*Hinweis*) remisión *f* (***auf*** *ac* a); **♀en** [-'-zən] (*irr*, *sin ge-*, *h*, → ***weisen***) (*hinweisen*) remitir (***an, auf*** *ac* a); ***des Landes ~*** expulsar
ver'welken (*sn*) marchitarse
ver'wend|en (*irr*, *sin ge-*, *h*, → ***wenden***) utilizar, emplear; *Geld*, *Zeit*, *Sorgfalt*: gastar (***für, auf*** *ac* en); **♀ung** *f* (*-*; *-en*) empleo *m*, uso *m*, utilización *f*
ver'wert|en (*h*) utilizar, aprovechar; **♀ung** *f* (*-*; *-en*) utilización *f*, aprovechamiento *m*
verwes|en [-'veːzən] (*sn*) pudrirse, corromperse; **♀ung** *f* (*-*; *sin pl*) putrefacción *f*, descomposición *f*
ver'wick|eln (*h*) enredar, enmarañar; *fig* complicar; ***sich in Widersprüche ~*** incurrir en contradicciones; **~elt** *fig* complicado; enredado; ***~ sn in*** (*ac*) estar implicado *od* envuelto en; **♀lung** *f* complicación *f*
ver'wirklich|en (*h*) realizar; **♀ung** *f* (*-*; *-en*) realización *f*
ver'wirr|en [-'virən] (*h*) enmarañar, enredar; *fig* desconcertar, confundir; **~t** confuso, desconcertado; **♀ung** *f* (*-*; *sin pl*) embrollo *m*, confusión *f*
ver|'wischen (*h*) borrar (*a fig*); **~witwet** [-'vitvət] viudo; **~wöhnen** [-'vøːnən] (*h*) mimar
verworren [-'vɔrən] embrollado
verwunden [-'vundən] (*h*) herir (*a fig*)

ver'wunder|lich extraño, sorprendente; **~n** (*h*) extrañar, sorprender; **≗ung** *f* (-; *sin pl*) admiración *f*, asombro *m*
Ver'wundete *m/f* (*-n*; *-n*) herido *m*, -a *f*
ver|'wünschen (*h*) maldecir, imprecar; **~wüsten** [-'vyːstən] (*h*) devastar, asolar; **~'zählen** (*h*): ***sich ~*** equivocarse (al contar); **~zaubern** (*h*) encantar, hechizar
Ver'zehr [-'tseːr] *m* (*-s*; *sin pl*) consumo *m*; **≗en** (*h*) consumir (*a fig*), comer(se)
Ver'zeichnis [-'tsaıçnis] *n* (*-ses*; *-se*) lista *f*, relación *f*
ver'zeih|en (*verzieh*, *verziehen*, *h*) perdonar, disculpar; **~lich** perdonable; **≗ung** *f* (-; *sin pl*) perdón *m*; ***~!*** ¡perdone!, ¡perdón!; ***j-n um ~ bitten*** pedir perdón a alg
ver'zerren (*h*) deformar; *a Ton*, *Bild*: distorsionar
Ver'zicht [-'tsiçt] *m* (-[*e*]*s*; *sin pl*) renuncia *f* (***auf*** *ac* a); **≗en** (*h*) renunciar (***auf*** *ac* a)
verziehen (*irr*, *sin ge-*, *h*, → ***ziehen***) *v/t Kind*: mimar; ***das Gesicht ~*** torcer el gesto; ***sich ~*** *Holz*: alabearse; *Wolken*: disiparse; F *Person*: esfumarse
Ver'zierung *f* (-; *-en*) adorno *m*; *arqu* ornamento *m*
ver'zins|en [-'tsinzən] (*h*) pagar intereses; ***sich ~*** devengar intereses; ***mit 5% ~*** pagar un 5% de interés; **≗ung** [-'-zuŋ] *f* (-; *-en*) rédito *m*
ver'zöger|n (*h*) retardar; ***sich ~*** retrasarse; **≗ung** *f* (-; *-en*) retraso *m*; demora *f*
verzollen [-'tsɔlən] (*h*) pagar aduana; ***haben Sie et zu ~?*** ¿tiene usted algo que declarar?
Verzug [-'tsuːk] *m* (-[*e*]*s*; *sin pl*) demora *f*; ***in ~ geraten*** retrasarse
ver'zweif|eln (*sn*) desesperar (***an*** *dat* de); **≗lung** *f* (-; *sin pl*) desesperación *f*; ***zur ~ bringen*** desesperar
verzwickt F [-'tsvikt] complicado
'Vetter ['fɛtər] *m* (*-s*; -) primo *m*; **~nwirtschaft** *f* nepotismo *m*
vgl. ***vergleiche*** compárese
v.H. ***vom Hundert*** por ciento
VHS *f* ***Volkshochschule*** universidad *f* popular
vibrieren [vi'briːrən] (*h*) vibrar
'Video ['viːdeo] *n* (*-s*; *-s*) vídeo *m*; **~film** *m* videofilm(e) *m*; **~kamera** *f* videocámara *f*; **~kassette** *f* videocassette *f*; **~recorder** [-rekɔrdər] *m* (*-s*; -) videocassette *m*, F vídeo *m*; **~spiel** *n* videojuego *m*; **~thek** [-'teːk] *f* (-; *-en*) videoteca *f*
Vieh [fiː] *n* (*-s*; *sin pl*) ganado *m*; (***Stück*** *n*) **~** res *f*; **'~wagen** *ferro m* vagón *m* para ganado; **'~zucht** *f* cría *f* de ganado
viel [fiːl] (*Komparativ*: ***mehr***, *Superlativ*: ***meist***) mucho; ***~ sagend*** → ***vielsagend***; ***~ versprechend*** → ***vielversprechend***; ***sehr ~*** muchísimo; ***so ~*** tanto; ***ziemlich ~*** bastante; **~erlei** ['-lər'laı] *inv* toda clase de; **'~fach** múltiple; (*wiederholt*) reiterado, repetido; *adv* a menudo, con frecuencia; **≗falt** ['-falt] *f* (-; *sin pl*) diversidad *f*; variedad *f*; **'~farbig** multicolor; **~'leicht** quizá(s), tal vez; **~mals** ['-maːls]: ***danke ~!*** ¡muchísimas gracias!; **'~mehr** más bien; **~sagend** significativo; **~seitig** ['-zaıtiç] variado; universal; *Person*: polifacético; *Gerät*: versátil; **~versprechend** muy prometedor; **'≗völkerstaat** *m* Estado *m* multinacional
vier [fiːr] cuatro; ***unter ~ Augen*** a solas; ***auf allen ~en*** a gatas; **≗eck** ['-ʔɛk] *n* (-[*e*]*s*; *-e*) cuadrángulo *m*, cuadrilátero *m*; **'~eckig** cuadrangular; **'~fach** cuádruplo; **≗füß(l)er** ['-fyːs(l)ər] *m* (*-s*; -) cuadrúpedo *m*; **'~'hundert** cuatrocientos; **'~jährig** de cuatro años; **≗linge** ['-liŋə] *m/pl* cuatrillizos *m/pl*; **'~mal** cuatro veces; **~rädrig** ['-rɛːdriç] de cuatro ruedas; **'~stellig** de cuatro cifras *od* dígitos; **'≗taktmotor** *m* motor *m* de cuatro tiempos; **'~'tausend** cuatro mil; **'~te** cuarto
'Viertel ['firtəl] *n* (*-s*; -) cuarto *m*; (*Stadt≗*) barrio *m*; ***~ nach fünf*** las cinco y cuarto; ***~ vor fünf*** las cinco menos cuarto; **~'jahr** *n* trimestre *m*; **≗jährlich** trimestral; **~note** *mus f* negra *f*; **~'stunde** *f* cuarto *m* de hora
'vier|tens ['fiːrtəns] en cuarto lugar; **~zehn** ['firtseːn] catorce; ***~ Tage*** quince días; **~zehntägig** quincenal; **~zehnte** décimo cuarto
Vierwaldstätter See [fiːr'valtʃtɛtər zeː] *m* Lago *m* de los Cuatro Cantones
'vierzig ['firtsiç] cuarenta; **~ste** cuadragésimo
Vietnam [viɛt'nam] *n* Vietnam *m*
Vignette [vın'jɛtə] *f* (-; *-n*) (*Autobahn≗*) pegatina *f* del peaje
Villa ['vila] *f* (-; *Villen*) chalet *m*, torre *f*

Viola *mus* [vi'oːla] *f* (-; *Violen*) viola *f*
violett [vio'lɛt] violeta
Violine [-'liːnə] *f* (-; *-n*) violín *m*
virtuell [vɪrtu'ɛl] virtual
Virus ['viːrus] *n*, *m* (-; *Viren*) virus *m*
Vision [vi'zjoːn] *f* (-; *-en*) visión *f*
Vi'site [-'ziːtə] *f* (-; *-n*) visita *f* (*a med*); **~nkarte** *f* tarjeta *f* (de visita)
Visum ['viːzum] *n* (*-s*; *Visa*, *Visen*) visado *m*, *Am* visa *f*
Vitamin [vita'miːn] *n* (*-s*; *-e*) vitamina *f*
'Vizekanzler ['fiːtsə-, 'viːtsə-] *m* vicecanciller *m*
v.J. ***vorigen Jahres*** del año pasado
v.M. ***vorigen Monats*** del mes pasado
'Vogel ['foːgəl] *m* (*-s*; ⸚) ave *f*; *kleiner*: pájaro *m*; F ***e-n ~ haben*** estar chiflado; **~futter** *n* alpiste *m*; **~grippe** *f* gripe *f* aviar; **~perspektive**, **~schau** *f*: ***aus der ~*** a vista de pájaro; **~scheuche** *f* [-ʃɔʏçə] *f* (-; *-n*) espantajo *m* (*a fig*), espantapájaros *m*
Vogesen [vo'geːzən] *pl* Vosgos *m/pl*
Vokab|el [vo'kaːbəl] *f* (-; *-n*) vocablo *m*, voz *f*; **~ular** [-kabu'laːr] *n* (*-s*; *-e*) vocabulario *m*
Vokal [-'kaːl] *m* (*-s*; *-e*) vocal *f*
Volk [fɔlk] *n* (*-[e]s*; ⸚*er*) pueblo *m*, nación *f*
'Völker|kunde ['fœlkər-] *f* etnología *f*; **~recht** *n* derecho *m* internacional; **≈rechtlich** del derecho internacional; **~wanderung** *hist f* Invasión *f* de los Bárbaros
'Volks|abstimmung ['fɔlks-] *f* plebiscito *m*; referéndum *m*; **~fest** *n* fiesta *f* popular; **~hochschule** *f* universidad *f* popular; **~lied** *n* canción *f* popular; **~republik** *f* républica *f* popular; **~tanz** *m* danza *f* popular; **~tracht** *f* traje *m* nacional *bzw* regional; **≈tümlich** ['-tyːmliç] popular; **~wirtschaft** *f* economía *f* política; **~wirt(schaftler** *m* (*-s*; -)) *m* economista *m*
voll [fɔl] lleno (de); *fig* pleno; (*ganz*) completo, entero; P (*betrunken*) borracho; ***~ machen*** llenar; completar; F ensuciar; ***~ tanken*** llenar el depósito; ***~ und ganz*** totalmente; (***nicht***) ***für ~ nehmen*** (no) tomar en serio; **'~auf** completamente; **'~automatisch** completamente automático; **'≈bart** *m* barba *f* (cerrada); **'≈beschäftigung** *f* pleno empleo *m*; **'≈blut(pferd)** *n* (caballo *m* de) pura sangre *m*; **~'bringen** (*irr*, *sin ge-*, *h*, → ***bringen***) llevar a cabo, realizar; **'≈dampf** *m*: ***mit ~*** a toda máquina (*a fig*); **~'enden** (*h*) acabar, terminar; **~'endet** (*vollkommen*) perfecto; ***~e Tatsache*** hecho *m* consumado; **~ends** ['-lɛnts] por completo, completamente
Volleyball ['vɔlibal] *m* voleibol *m*, balonvolea *m*
voll|führen [fɔl'fyːrən] (*h*) realizar, ejecutar; **'≈gas** *n*: ***mit ~*** a todo gas, a toda marcha; ***~ geben*** pisar a fondo
völlig ['fœliç] completo, entero
'voll|jährig ['fɔljɛːriç] mayor de edad; **≈kasko(versicherung** *f*) *n* seguro *m* a todo riesgo; **~'kommen** perfecto; **≈'kommenheit** *f* (-; *sin pl*) perfección *f*; **≈kornbrot** *n* pan *m* integral; **≈macht** *f* (-; *-en*) poder *m*; (plenos) poderes *m/pl*; **≈milch** *f* leche *f* entera *od* completa; **≈mond** *m* luna *f* llena, plenilunio *m*; **≈pension** *f* pensión *f* completa; **~ständig** completo, entero; íntegro; **~'strecken** (*h*) ejecutar; **≈'streckung** *f* (-; *-en*) ejecución *f*; **≈text** *m inform* texto *m* completo; **≈textsuche** *f inform* búsqueda *f* por texto completo; **~wertig** ['-veːrtiç] de valor integral; **~zählig** ['-tsɛːliç] completo; **~'ziehen** (*irr*, *sin ge-*, *h*, → ***ziehen***) ejecutar, efectuar
Volontär [volɔn'tɛːr] *m* (*-s*; *-e*) practicante *m*
Volt [vɔlt] *n* (-, *-[e]s*; -) voltio *m*; **'~zahl** *f* voltaje *m*
Volumen [vo'luːmən] *n* (*-s*; -, *Volumina*) volumen *m*
vom [fɔm] = von dem
von [fɔn] *prp* (*dat*) de; *beim Passiv mst* por; ***~ ... ab, an*** desde, a partir de; ***~ jetzt*** (*od* ***nun***) ***an*** de ahora en adelante; ***~ ... bis*** de … a, desde … hasta; ***ein Freund ~ mir*** un amigo mío; ***~ mir aus*** por mí; por mi parte; **~ein'ander** uno(s) de otro(s)
vor [foːr] **1.** *prp örtlich* (*wo? dat*; *wohin? ac*): delante de; *a fig* ante; *fig* ***~ sich gehen*** tener lugar; ocurrir; **2.** *prp zeitlich*: *dat* antes de; ***~ fünf Jahren*** hace cinco años; ***fünf Minuten ~ drei*** las tres menos cinco; **3.** *prp kausal*: (*dat*) de; ***~ Freude*** de alegría; **4.** *adv* ***nach wie ~*** ahora como antes; **'≈abend** *m* víspera *f*; ***am ~ von*** en vísperas de; **'≈ahnung** *f* presentimiento *m*
vor'an [fo'ran] delante, adelante; **~ge-**

hen (*irr, sep, -ge-, sn,* → ***gehen***) ir delante (***j-m*** de alg); tomar la delantera; *zeitlich*: preceder; **~kommen** (*irr, sep, -ge, sn,* → ***kommen***) adelantar, avanzar

'**Voran|meldung** ['foːrˀanmɛlduŋ] *f tel* preaviso *m*; **~schlag** *m* presupuesto *m*

Voranzeige ['foːrˀantsaɪɡə] *f* previo aviso *m*; *TV, Film*: avance *m* (de programa)

'**Vorarbeiter** *m* capataz *m*

vor'aus [fo'raʊs] hacia adelante; ***j-m ~ sn*** llevar ventaja a alg; ***im*** **2** ['-] de antemano, con anticipación, por adelantado; **~datieren** (*h*) poner posfecha; **~gehen** (*irr, sep, -ge-, sn,* → ***gehen***) ir delante; preceder; **~gesetzt**: ***~, dass ...*** suponiendo que ...; a condición de que (*subj*); **~sagen** (*sep, -ge-, h*) predecir, pronosticar; **~sehen** (*irr, sep, -ge-, h,* → ***sehen***) prever; **~setzen** (*sep, -ge-, h*) (pre)suponer; **2setzung** *f* (-; *-en*) suposición *f*; (*Bedingung*) condición *f* (previa); **~sichtlich** probable; **2zahlung** *f* pago *m* por adelantado

'**Vorbe|deutung** ['foːr-] *f* (-; *-en*) presagio *m*, agüero *m*; **~dingung** *f* (-; *-en*) condición *f* previa

Vorbehalt ['-bəhalt] *m* (-[*e*]*s*; *-e*) reserva *f*

vor'bei [for'baɪ] por delante (***an*** *dat* de); junto a; *zeitlich*: pasado; ***es ist ~*** ya pasó; ***es ist alles ~*** todo se acabó; **~fahren** (*irr, sep, -ge-, sn,* → ***fahren***), **~gehen** (*irr, sep, -ge-, sn,* → ***gehen***) pasar (***an*** *dat* por delante de, junto a); **~lassen** (*irr, sep, -ge-, h,* → ***lassen***) dejar pasar

'**vorbereit|en** ['foːr-] (*sep, h*) preparar; **~end**, **2ungs...** preparatorio; **2ung** *f* preparación *f*; ***~en*** *pl* preparativos *m/pl*

'**vorbe|stellen** (*sep, h*) reservar; **2stellung** *f* (-; *-en*) reserva *f*; **~straft**: (***nicht***) **~** con (sin) antecedentes penales

'**vorbeug|en** (*sep, -ge-, h*) **1.** *v/refl*: ***sich ~*** inclinarse hacia adelante; **2.** *v/i* prevenir (***e-r Sache*** a/c); **~end**, **2ungs...** preventivo; *med a* profiláctico; **2ung** *f* (-; *sin pl*) prevención *f*; *med a* profilaxis *f*

'**Vorbild** *n* (-[*e*]*s*; *-er*) modelo *m*, ejemplo *m*; ideal *m*; **2lich** ejemplar, modelo (*inv*)

'**vordatieren** (*sep, h*) poner posfecha

'**vorder** ['fɔrdər] de delante, delantero; anterior; **2achse** *f* eje *m* delantero; **2bein** *n*, **2fuß** *m* pata *f* delantera; **2grund** *m* primer plano *m* (*a fig*); **2rad** *n* rueda *f* delantera; **2radantrieb** *m* tracción *f* delantera; **2seite** *f* parte *f* anterior *od* delantera; *Münze*: cara *f*; *arqu* fachada *f*; **2sitz** *m* asiento *m* delantero; **2teil** *n od m* parte *f* delantera

Vorderasien ['fɔrdərɑːzjən] *n* Asia *f* Menor

'**vor|drängen** ['foːr-] (*sep, -ge-, h*): ***sich ~*** abrirse paso a codazos; **~dringlich** urgente; **2druck** *m* (-[*e*]*s*; *-e*) formulario *m*, impreso *m*

'**voreilig** precipitado; prematuro

'**voreingenommen** parcial; prevenido (***gegen*** contra)

Vorfahr ['-fɑːr] *m* (*-en*; *-en*) antepasado *m*

Vorfahrt|(srecht *n*) *f* prioridad *f od* preferencia *f* de paso; ***Vorfahrt beachten!*** ceda el paso; **~sschild** *n* señal *f* de prioridad; **~sstraße** *f* calle *f bzw* carretera *f* con preferencia (de paso)

'**Vorfall** *m* (-[*e*]*s*; *Vorfälle*) suceso *m*, acontecimiento *m*; *med* prolapso *m*

'**vorfinden** (*irr, sep, -ge-, h,* → ***finden***) encontrar

'**vorführ|en** (*sep, -ge-, h*) exhibir, presentar, demostrar; *Film*: proyectar; **2ung** *f* (-; *-en*) exhibición *f*, presentación *f*, demostración *f*; *e-s Films*: proyección *f*; **2'wagen** *m* coche *m od* modelo *m* de demonstración

'**Vor|gang** *m* (-[*e*]*s*; *Vorgänge*) suceso *m*, acontecimiento *m*; *tec, quím, med* proceso *m*; (*Akten*2) expediente *m*; **~gänger** ['-ɡɛŋər] *m* (*-s*; -), **~gängerin** *f* (-; *-nen*) antecesor(a) *m*(*f*), predecesor(a) *m*(*f*); **~gebirge** *n* cabo *m*, promontorio *m*; **2gefertigt** prefabricado

'**vorgehen** (*irr, sep, -ge-, sn,* → ***gehen***) pasar adelante; *Uhr*: ir adelantado; (*den Vorrang haben*) tener preferencia; (*geschehen*) ocurrir, pasar; (*handeln*) proceder

'**Vorge|schmack** *m fig* prueba *f*; anticipo *m*; **~setzte** [-zɛtstə] *m/f* (*-n*; *-n*) superior(a) *m*(*f*)

'**vorgestern** anteayer; ***~ Abend*** anteanoche

'**vor|haben** (*irr, sep, -ge-, h,* → ***haben***) tener la intención de, pensar (*inf*); proponerse (*inf*); ***et*** (***nichts***) **~** (no) tener un (ningún) compromiso; **2haben** *n* (*-s*; -) intención *f*; proyecto *m*; **2halle**

f vestíbulo *m*
vorhanden [-'handən] existente; presente; *com* disponible; **~ *sn*** existir
'**Vor|hang** *m* (-[*e*]*s*; *Vorhänge*) cortina *f*; *teat* telón *m*
'**Vorhängeschloss** *n* candado *m*
'**vorher** antes; (*im voraus*) con anticipación; ***kurz*** (***lang***) **~** poco (mucho) antes
vor'her|gehend, **~ig** precedente, anterior
Vor'hersage *f* (-; -*n*) predicción *f*, pronóstico *m*
vor'hin hace un momento
'**vor|ig** precedente, anterior; pasado; **≈jahr** *n* año *m* pasado
'**Vor|kasse** *f* pago *m* por anticipado; **~kenntnisse** *f*/*pl* conocimientos *m*/*pl* preliminares
'**vorkomm|en** (*irr*, *sep*, -*ge*-, *sn*, → ***kommen***) (*geschehen*) ocurrir, pasar, suceder; (*auftreten*) encontrarse, existir; (*scheinen*) parecer; **≈en** *n* (-*s*; -) presencia *f*, existencia *f*; *geo* yacimientos *m*/*pl*; **≈nis** *n* (-*ses*; -*se*) suceso *m*, incidente *m*
'**Vorladung** *f* (-; -*en*) citación *f*, emplazamiento *m*
'**Vor|lage** *f* (-; -*n*) presentación *f*; (*Gesetz*) proyecto *m*; (*Muster*) muestra *f*, modelo *m*; **≈läufig** provisional; *adv* por ahora, por de pronto
'**vorleg|en** (*sep*, -*ge*-, *h*) presentar; enseñar, mostrar; someter; *Speise*: servir; **≈er** *m* (-*s*; -) alfombrilla *f*
'**vorles|en** (*irr*, *sep*, -*ge*-, *h*, → ***lesen***) leer (en voz alta); **≈ung** *f* (-; -*en*) clase *f*, curso *m*; ***~en halten*** dar *od* impartir clases
'**vor|letzt** penúltimo; **≈liebe** *f* (-; -*n*) predilección *f* (***für*** por), preferencia *f*
vorm. ***vormals*** antes; antaño; ***vormittags*** por la mañana
'**vormal|ig** ['-mɑːliç] anterior, precedente; **~s** antes
'**vormerken** (*sep*, -*ge*-, *h*) apuntar, anotar; tomar nota de
'**Vormittag** *m* (-*s*; -*e*) mañana *f*; ***morgen* ~** mañana por la mañana; **≈s** por la mañana
'**Vormund** *m* (-[*e*]*s*; -*e*, *Vormünder*) tutor *m*; **~schaft** *f* (-; -*en*) tutela *f*
vorn [fɔrn] (por) delante; ***von* ~** por delante, de frente; *zeitlich*: de nuevo; ***nach* ~** hacia adelante; (***wieder***) ***von* ~ *anfangen*** volver a empezar
'**Vorname** *m* nombre *m* de pila
'**vornehm** ['-neːm] noble; distinguido; elegante; **~en** (*irr*, *sep*, -*ge*-, *h*, → ***nehmen***) efectuar; ***sich*** (*dat*) ***et* ~** proponerse a/c; **≈heit** *f* (-; *sin pl*) nobleza *f*; distinción *f*
vornherein ['fɔrnhɛ'raɪn]: ***von* ~** desde un principio
'**Vorort** ['foːrˀɔrt] *m* (-[*e*]*s*; -*e*) suburbio *m*; **~zug** *m* tren *m* suburbano
'**Vor|platz** *m* entrada *f*; explanada *f*; **≈programmiert** preprogramado; **~rang** *m* (-[*e*]*s*; *sin pl*) primacía *f* (***vor*** *dat* sobre); preferencia *f*; **~rat** *m* (-[*e*]*s*; *Vorräte*) provisión *f*; *com* existencias *f*/*pl*, stock *m*; **≈rätig** ['-rɛːtiç] disponible; **~recht** *n* privilegio *m*; prerrogativa *f*
'**Vorrichtung** *f* (-; -*en*) dispositivo *m*, mecanismo *m*
'**Vor|ruhestand** *m* (-[*e*]*s*; *sin pl*) prejubilación *f*, jubilación *f* anticipada; **~runde** *f* *dep* eliminatoria *f*; **~saison** *f* temporada *f* baja; **~satz** *m* propósito *m*, intención *f*; **≈sätzlich** ['-zɛtsliç] premeditado; *adv* de propósito; *a jur* con premeditación; **~schau** *f* *TV* avance *m* de programa; *Film*: *a* trailer *m*; **~schein** *m*: ***zum* ~ *kommen*** salir a la luz, aparecer
Vors. ***Vorsitzender*** presidente
'**Vorschlag** *m* (-[*e*]*s*; *Vorschläge*) proposición *f*; propuesta *f*; **≈en** (*irr*, *sep*, -*ge*-, *h*, → ***schlagen***) proponer
'**Vor|schlussrunde** *f* *dep* semifinal *f*; **≈schreiben** (*irr*, *sep*, -*ge*-, *h*, → ***schreiben***) *fig* prescribir
'**Vorschrift** *f* (-; -*en*) prescripción *f* (*a med*); reglamento *m*; **≈smäßig** reglamentario; *adv* en (su) debida forma
Vorschuss *m* (-*es*; *Vorschüsse*) anticipo *m*, adelanto *m*
'**vorsehen** (*irr*, *sep*, -*ge*-, *h*, → ***sehen***) prever; ***sich* ~** tener cuidado; guardarse (***vor*** *dat* de)
'**Vorsicht** *f* (-; *sin pl*) precaución *f*; cuidado *m*; **~!** ¡cuidado!; F ¡ojo!; **≈ig** prudente, cauto; *adv* con cuidado; **~ *sn*** tener cuidado
'**Vorsilbe** *f* (-; -*n*) prefijo *m*
'**Vorsitz** *m* (-*es*; *sin pl*) presidencia *f*; ***den* ~ *führen*** presidir (*ac*); **~ende** *m*/*f* (-*n*; -*n*) presidente *m*, -a *f*
'**Vorsorg|e** *f* (-; *sin pl*) previsión *f*; ***~ treffen*** tomar (sus) precauciones *bzw* las medidas necesarias; **~euntersuchung**

med f chequeo *m* preventivo; **♀lich** ['-zɔrkliç] previsor; *adv* por precaución

'Vor|spann *m* (-[*e*]*s*; -*e*) *Film*: títulos *m*/*pl* (de crédito); **~speise** *f* (-; -*n*) entrada *f*, entremés *m*, entrante *m*

'Vorspiel *n* (-[*e*]*s*; -*e*) preludio *m* (*a fig*); *teat* prólogo *m*

'vor|springend saliente; *Kinn*: prominente; **♀sprung** *m* (-[*e*]*s*; *Vorsprünge*) *arqu* resalto *m*, saledizo *m*; *fig* ventaja *f*; ***e-n ~ haben vor*** llevar ventaja a; **♀stadt** *f* arrabal *m*

'Vorstand *m* (-[*e*]*s*; *Vorstände*) junta *f* directiva; (*Vorsteher*) jefe *m*, director *m*; **~setage** *f* planta *f* de los directivos; **~svorsitzende** *m* presidente *m* de la junta directiva

'vorstehend saliente

'vorstell|en (*sep*, -*ge*-, *h*) *Uhr*: adelantar; *j-n*: presentar; (*darstellen*) representar; (*bedeuten*) significar; ***sich j-m ~*** presentarse a alg; ***sich*** (*dat*) *et* **~** figurarse, imaginarse; **♀ung** *f* (-; -*en*) *j-s*: presentación *f*; *teat* representación *f*, función *f*; *Kino*: sesión *f*; (*Begriff*) idea *f*; concepto *m*; **♀ungsgespräch** *n* entrevista *f* personal; **♀ungskraft** *f* imaginación *f*

'Vor|strafen *f*/*pl* antecedentes *m*/*pl* penales; **♀strecken** (*sep*, -*ge*-, *h*) *Geld*: adelantar

'Vorteil ['fɔrtaɪl] *m* (-*s*; -*e*) ventaja *f*; (*Gewinn*) provecho *m*; **♀haft** ventajoso

Vortrag ['foːrtrɑːk] *m* (-[*e*]*s*; *Vorträge*) conferencia *f* (***halten*** dar); **♀en** [-gən] (*irr*, *sep*, -*ge*-, *h*, → ***tragen***) exponer; declamar, recitar; *mus* interpretar

vor'trefflich excelente

vor'über [fo'ryːbər] pasado; **~gehen** (*irr*, *sep*, -*ge*-, *sn*, → ***gehen***) pasar (***an*** *dat* por delante de); **~gehend** pasajero; (*zeitweilig*) temporario; *adv* de paso

'Vorurteil ['foːr-] *n* prejuicio *m*

'Vor|verkauf *teat m* venta *f* anticipada; **~verkaufsstelle** *f* (taquilla *f* para la) venta *f* anticipada; **♀vorgestern** hace tres días; **~wahl** *f* (-; *sin pl*), **~wählnummer** *f* prefijo *m*; **~wand** *m* (-[*e*]*s*; *Vorwände*) pretexto *m*

'vorwärts ['fɔrvɛrts] (hacia) adelante; **~gehen** (*irr*, *sep*, -*ge*-, *sn*, → ***gehen***) avanzar; **~kommen** (*irr*, *sep*, -*ge*-, *sn*, → ***kommen***) *fig* salir adelante; progresar

vorweg [foːr'vɛk] de antemano

'vor|werfen ['foːr-] (*irr*, *sep*, -*ge*-, *h*, → ***werfen***) echar; *fig* reprochar, echar en cara; **~wiegend** predominante, preponderante; *adv* en su mayoría

'Vorwort *n* (-[*e*]*s*; -*e*) prefacio *m*, prólogo *m*

'Vorwurf *m* (-[*e*]*s*; *Vorwürfe*) reproche *m*; ***zum ~ machen*** reprochar

'Vor|zeichen *n* (-*s*; -) augurio *m*, presagio *m*, agüero *m*; *mat* signo *m*; **♀zeigen** (*sep*, -*ge*-, *h*) presentar; enseñar; **♀zeitig** prematuro, anticipado; *adv* antes de tiempo; **♀ziehen** (*irr*, *sep*, -*ge*-, *h*, → ***ziehen***) *Vorhang*: correr; *fig* preferir; ***vorzuziehen*** preferible; **~zimmer** *n* antesala *f*; **~zug** *m* (-[*e*]*s*; *Vorzüge*) preferencia *f*; (*Vorteil*) ventaja *f*; (*gute Eigenschaft*) mérito *m*

vorzüglich [-'tsyːkliç] excelente, exquisito; superior

'Vorzugspreis *m* precio *m* de favor

Votivbild [vo'tiːfbilt] *n* exvoto *m*

v.T. ***vom Tausend*** por mil

vulgär [vul'gɛːr] vulgar; grosero

Vul'kan [-'kɑːn] *m* (-[*e*]*s*; -*e*) volcán *m*; **♀isch** volcánico; **♀isieren** [-kani'ziːrən] (*h*) vulcanizar; *auto* recauchutar

VW *m* ***Volkswagen*** Volkswagen *m*

W

W¹, **w** [veː] *n* (-; -) W, w *f*

W² ***Westen*** O (oeste)

'Waage ['vɑːgə] *f* (-; -*n*) balanza *f*; báscula *f*; ***sich die ~ halten*** equilibrarse; **♀recht** horizontal

Wabe ['vɑːbə] *f* (-; -*n*) panal *m*

wach [vax] despierto; *fig a* espabilado, vivo; ***~ werden*** despertarse; *fig* → ***wachwerden***; **'♀e** *f* (-; -*n*) guardia *f*; (*Mannschaft*) cuerpo *m* de guardia; ***~ stehen*** estar de guardia; **'~en** (*ge*-, *h*) estar despierto; ***~ bei*** velar (*ac*); ***~ über*** (*ac*) vigilar (*ac*), velar por

Wacholder *bot* [va'xɔldər]*m* (-*s*; -) ene-

bro *m*
Wachs [vaks] *n* (*-es*; *-e*) cera *f*
wachsam ['vaxzaːm] vigilante
wachsen ['vaksən] **1.** *v/i* (*wuchs*, *gewachsen*, *sn*) crecer; *fig a* aumentar; acrecentar; **2.** *v/t* (*ge-*, *h*) encerar; **~d** creciente
Wachstuch *n* hule *m*
'**Wachstum** *n* (*-s*; *sin pl*) crecimiento *m*; **~srate** *f* tasa *f* de crecimiento
Wachtel ['vaxtəl] *f* (*-*; *-n*) codorniz *f*
Wächter ['vɛçtər] *m* (*-s*; *-*) guarda *m*, guardián *m*
Wachtturm ['vaxt-] *m* vigía *f*, atalaya *f*
wachwerden [vax-] (*irr*, *sep*, *-ge-*, *sn*, → ***werden***) *fig* despertarse
'**wack|(e)lig** ['vak(ə)liç] tambaleante; movedizo; *Möbel*: cojo; *fig* inseguro; **2elkontakt** *el m* contacto *m* flojo *od* intermitente; **~eln** (*ge-*, *h*) tambalear(se); moverse (*a Zahn*); (*Möbel*) cojear
Wade ['vaːdə] *f* (*-*; *-n*) pantorrilla *f*
Waffe ['vafə] *f* (*-*; *-n*) arma *f*
Waffel ['-fəl] *f* (*-*; *-n*) barquillo *m*
'**Waffen|schein** *m* licencia *f* de armas; **~stillstand** *m* armisticio *m*
Wagemut ['vaːgəmuːt] *m* osadía *f*, temeridad *f*, audacia *f*
wagen ['-gən] (*ge-*, *h*) atreverse a, osar (*inf*); (*riskieren*) arriesgar, aventurar
'**Wagen** *m* (*-s*; *-*) coche *m* (*a ferro*, *auto*); (*Karren*) carro *m*; *ferro* vagón *m*; **~heber** *m* (*-s*; *-*) gato *m*; **~papiere** *n/pl* documentación *f* del coche
Waggon [va'gɔŋ] *m* (*-s*; *-s*) vagón *m*
waghalsig ['vaːkhalziç] temerario, atrevido
Wagnis ['-nis] *n* (*-ses*; *-se*) riesgo *m*
Wahl [vaːl] *f* (*-*; *-en*) elección *f* (*a pol*); *zwischen zwei Möglichkeiten*: alternativa *f*, opción *f*; *com* ***erste ~*** primera calidad
wählbar ['vɛːlbaːr] elegible
'**wahl|berechtigt** ['vaːl-] con derecho a votar; ***~ sn*** tener voto; **2beteiligung** *f* participación *f* electoral
'**wähl|en** ['vɛːlən] (*ge-*, *h*) elegir; (*aus~*) escoger, seleccionar; (*abstimmen*) votar; *tel* marcar; **2er** ['-lər] *m* (*-s*; *-*), **2erin** *f* (*-*; *-nen*) elector(a) *m*(*f*), votante *su*
Wahlergebnis ['vaːlˀ-] *n* resultado *m* de las elecciones
'**wähler|isch** ['vɛːləriʃ] difícil (de contentar); **2liste** *f* censo *m* electoral
'**Wahl|heimat** ['vaːl-] *f* patria *f* adoptiva; **~kampf** *m* lucha *f* electoral; **~kreis** *m* distrito *m* electoral; **~lokal** *n* colegio *m* electoral; **2los** confuso; *adv* al azar; sin orden ni concierto; **~recht** *n* (*-[e]s*; *sin pl*) derecho *m* de votar; ***allgemeines ~*** sufragio *m* universal
'**Wählton** *m tel* señal *f* de llamada, tono *m* de marcar
Wahlzettel *m* papeleta *f* electoral
'**Wahnsinn** ['vaːn-] *m* (*-s*; *sin pl*) locura *f* (*a fig*); *med* demencia *f*; **2ig** loco (*a fig*); *med* demente
wahr [vaːr] verdadero, verídico; (*echt*) auténtico; (*aufrichtig*) sincero; ***das ist ~*** es verdad; ***nicht ~?*** ¿verdad?
wahren ['vaːrən] (*ge-*, *h*) cuidar de; *Rechte*, *Interessen*: defender
'**währen** ['vɛːrən] (*ge-*, *h*) durar; continuar; **~d 1.** *prp* (*gen*) durante; **2.** *cj* mientras; *Gegensatz*: mientras que
wahr|haftig [vaːr'haftiç] *adv* verdaderamente; realmente; **2heit** ['-haɪt] *f* (*-*; *-en*) verdad *f*
'**wahrnehm|bar** ['-neːmbaːr] perceptible; **~en** (*irr*, *sep*, *-ge-*, *h*, → ***nehmen***) percibir; (*bemerken*) notar, observar; *Gelegenheit*: aprovechar
wahrsagen (*h*) profetizar
Wahrsagerin ['-zaːgərin] *f* (*-*; *-nen*) adivina *f*
wahr'scheinlich [-'ʃaɪnliç] probable; ***er wird ~*** (***nicht***) ***kommen*** (no) es probable que venga; **2keit** *f* (*-*; *sin pl*) probabilidad *f*
'**Währung** ['vɛːruŋ] *f* (*-*; *-en*) moneda *f*
Währungs|buchhaltung *f*: ***doppelte ~*** contabilidad *f* doble de la moneda; **~fonds** *m* fondo *m* monetario; **~kurs** *m* tipo *m* de cambio; **~ordnung** *f* sistema *m* monetario; **~politik** *f* política *f* monetaria; **~reform** *f* reforma *f* monetaria; **~schlange** *f* serpiente *f* monetaria; **~system** *n* sistema *m* monetario; **~umstellung** *f Euro*: reforma *f* monetaria; **~union** *f* unión *f* monetaria
Wahrzeichen ['vaːrtsaɪçən] *n* símbolo *m*
'**Waise** ['vaɪzə] *f* (*-*; *-n*) huérfano *m*, *-a f*; **~nhaus** *n* orfanato *m*
Wal [vaːl] *m* (*-[e]s*; *-e*) ballena *f*
Wald [valt] *m* (*-[e]s*; *⸚er*) bosque *m*, monte *m*; '**~brand** *m* incendio *m* forestal; '**~erdbeere** *f* fresa *f* (de los bosques); **2ig** ['-diç], '**2reich** poblado de

bosques, boscoso; '**~sterben** *n* muerte *f* lenta de los bosques; **~weg** *m* camino *m* forestal

Wales ['weilz] *n* Gales *m*

Wall [val] *m* (-[*e*]*s*; ⸚*e*) (*Erd*♀) terraplén *m*; (*Mauer*) muralla *f*

'**Wallfahr|er** *m* (-*s*; -) peregrino *m*, romero *m*; **~t** *f* peregrinación *f*, romería *f*

Walnuss ['-nus] *f* nuez *f*

Walze ['valtsə] *f* (-; -*n*) rodillo *m*; *tec* cilindro *m*

wälzen ['vɛltsən] (*ge*-, *h*) hacer rodar, arrollar; *Bücher*: manejar; *Probleme*: dar vueltas a; ***sich ~*** revolcarse (***in*** *dat* en)

Walzer ['valtsər] *m* (-*s*; -) vals *m*

Wand [vant] *f* (-; ⸚*e*) pared *f* (*a Berg*♀); (*Mauer*) muro *m*

'**Wandel** ['vandəl] *m* (-*s*; *sin pl*) cambio *m*; transformación *f*; ♀**n** (*ge*-) **1.** *v/i* (*sn*) caminar, deambular; **2.** *v/t* (*h*) cambiar (*a **sich***); transformar

'**Wander|ausstellung** ['vandər-] *f* exposición *f* ambulante; **~er** *m* (-*s*; -) excursionista *m*, caminante *m*; **~karte** *f* mapa *m* excursionista; ♀**n** (*ge*-, *sn*) caminar, viajar a pie; hacer excursiones; **~pokal** *m* copa *f* ambulante; **~ung** *f* (-; -*en*) excursión *f*, caminata *f*; **~weg** *m* itinerario *m*; **~zirkus** *m* circo *m* ambulante

'**Wand|kalender** ['vant-] *m* calendario *m* de pared; **~lung** ['-dluŋ] *f* (-; -*en*) transformación *f*; **~male'rei** *f* pintura *f* mural; **~schrank** *m* armario *m* empotrado; **~uhr** *f* reloj *m* de pared; **~zeitung** *f* periódico *m* mural

Wange ['vaŋə] *f* (-; -*n*) mejilla *f*

wann [van] cuando; **~?** ¿cuándo?

'**Wanne** ['vanə] *f* (-; -*n*) *tec* tina *f*; (*Bade*♀) bañera *f*

Wanze ['vantsə] *f* (-; -*n*) chinche *f*; F *fig* micro-espía *m*

Wappen ['vapən] *n* (-*s*; -) armas *f/pl*, blasón *m*

Ware ['vɑːrə] *f* (-; -*n*) mercancía *f*, *Am* mercadería *f*

'**Waren|angebot** *n* oferta *f* de artículos; **~automat** *m* máquina *f* automática de venta, expendedora *f* automática; **~haus** *n* grandes almacenes *m/pl*, *Am* emporio *m*; **~korb** *m* *Statistik*: cesta *f* de la compra; **~probe** *f* muestra *f*; **~sendung** *f* envío *m* (de mercancías); remesa *f*; **~test** *m* control *m* de productos; **~zeichen** *n* marca *f* (***eingetragenes*** registrada)

warm [varm] caliente; *Klima*: cálido (*a fig*); *Wetter*: caluroso (*a fig Empfang usw*); *Kleidung*: de abrigo; ***es ist ~*** hace calor; ***mir ist ~*** tengo calor

'**Wärme** ['vɛrmə] *f* (-; *sin pl*) calor *m* (*a fig*); **~kraftwerk** *n* central *f* térmica; ♀**n** (*ge*-, *h*): (***sich***) **~** calentar(se)

'**Wärmflasche** *f* bolsa *f* de agua caliente

'**Warm|front** ['varmfrɔnt] *f* frente *m* cálido; **~luft** *f* aire *m* caliente

Warm'wasser|bereiter *m* calentador *m* de agua; **~speicher** *m* termo *m*

'**Warn|anlage** ['varnʔ-] *f* dispositivo *m* de alarma; **~blinkanlage** *f*, **~blinker** *m* luz *f* intermitente de alarma; **~dreieck** *n* triángulo *m* de peligro; ♀**en** (*ge*-, *h*) advertir, prevenir (***vor*** contra); ***vor … wird gewarnt*** cuidado con …; **~schuss** *m* tiro *m* al aire *od* de aviso; **~streik** *m* huelga *f* de advertencia; **~ung** *f* (-; -*en*) advertencia *f*, aviso *m*; *abschreckende*: escarmiento *m*; **~weste** *f* *auto* chaleco *m* reflectante

Warschau ['varʃaʊ] *n* Varsovia *f*

'**Warte|liste** ['vartə-] *f* lista *f* de espera; ♀**n** (*ge*-, *h*) **1.** *v/i* esperar (***auf j-n*** a alg, ***auf et*** a/c); **2.** *v/t* cuidar de

Wärter ['vɛrtər] *m* (-*s*; -) guardián *m*

'**Warte|raum** *m*, **~saal** *m*, **~zimmer** *n* ['vartəʐ] sala *f* de espera

'**Wartung** *f* (-; -*en*) *tec* mantenimiento *m*, entretenimiento *m*

warum? [va'rum] ¿por qué?

Warze ['vartsə] *f* (-; -*n*) verruga *f*

was [vas] **1.** *pron interr* ¿qué?; **2.** *pron relativo* que; lo que, lo cual; ***~ für*** (***ein***) qué (clase de); **3.** F (*etwas*) algo

'**Wasch|anlage** ['vaʃ-] *f* *auto*: tren *m* *od* túnel *m* de lavado; **~automat** *m* lavadora *f* automática; ♀**bar** lavable; **~becken** *n* lavabo *m*

'**Wäsche** ['vɛʃə] *f* (-; *sin pl*) ropa *f*; (*Waschen*) lavado *m*; ***in die ~ geben*** dar a lavar; **~geschäft** *n* lencería *f*; (*Herren*♀) camisería *f*; **~klammer** *f* pinza *f* (para la ropa); **~leine** *f* cuerda *f* (para tender la ropa)

waschen ['vaʃən] **1.** *v/t* (*wusch*, *gewaschen*, *h*) lavar; ***sich ~*** lavarse; **2.** ♀ *n* (-*s*; *sin pl*) lavado *m*

Wäsche|rei [vɛʃə'raɪ] *f* (-; -*en*) lavandería *f*; '**~schleuder** *f* secadora *f* centrífuga

'Wasch|lappen ['vaʃ-] *m* manopla *f* para baño; F *fig* calzonazos *m*; **~maschine** *f* lavadora *f*; **~mittel** *n*, **~pulver** *n* detergente *m*; **~raum** *m* lavabo *m*, cuarto *m* de aseo; **~salon** *m* lavandería *f*; **~schüssel** *f* jofaina *f*, palangana *f*

'Wasser ['vasər] *n* (*-s*; -, ⸚) agua *f*; ***kölnisch ~*** agua *f* de Colonia, colonia *f*; ***zu ~ und zu Lande*** por tierra y por mar; *fig* ***ins ~ fallen*** aguarse; **~ball(spiel** *n*) *m* waterpolo *m*; **≈dicht** impermeable; **~fall** *m* salto *m* de agua, cascada *f*; *großer*: catarata *f*; **~farbe** *f* aguada *f*; **~flugzeug** *n* hidroavión *m*; **~glas** *n* vaso *m* para agua; **~hahn** *m* grifo *m*

wässerig ['vɛsəriç] acuoso; ***den Mund ~ machen*** dar dentera

'Wasser|kanne ['vasərkanə] *f* jarro *m* para agua; **~kessel** *m* hervidor *m*; *tec* caldera *f*; **~klosett** *n* wáter *m*, inodoro *m*; **~kraftwerk** *n* central *f* hidroeléctrica; **~kühlung** *f* refrigeración *f* por agua; **~kur** *f* cura *f* hidroterápica; **~lauf** *m* corriente *f* de agua; **~leitung** *f* tubería *f* de agua; **≈löslich** soluble en agua, hidrosoluble; **~mann** *astr m* Acuario *m*; **~melone** *f* sandía *f*; **≈n** *avia* (*ge-*, *h*) amarar, amerizar

wässern ['vɛsərn] (*ge-*, *h*) regar; (*einweichen*) poner a remojo

'wasser|scheu ['vasər-] que tiene miedo al agua; *med* hidrófobo; **≈ski** *m* esquí *m* acuático *od* náutico; **≈sport** *m* deporte *m* acuático *od* náutico; **≈stand** *m* nivel *m* del agua; **≈stoff** *m* hidrógeno *m*; **≈turm** *m* arca *f* de agua; **≈uhr** *f* contador *m* de agua; **≈versorgung** *f* abastecimiento *m* de agua; **≈weg** ['-veːk] *m*: ***auf dem ~*** por vía fluvial *bzw* marítima; **≈welle** *f* ondulación *f*; **≈zähler** *m* contador *m* de agua

waten ['vaːtən] (*ge-*, *sn*) vadear (***durch*** *ac*); caminar (***in*** *dat* por)

Watt [vat] *n* **1.** *geo* (*-[e]s*; *-en*) marisma *f*; **2.** *el* (*-s*; -) vatio *m*; **'~e** *f* (*-*; *-n*) algodón *m*; **'~enmeer** *n* aguas *f/pl* bajas de la costa; **≈'ieren** (*h*) enguatar

WC [veː'tseː] *n* (*-s*; *-s*) wáter *m*

WDR *m* ***Westdeutscher Rundfunk*** Radio *f* de la Alemania del Oeste

'web|en ['veːbən] (*ge-*, *h*) tejer; **≈e'rei** *f* (*-*; *-en*) tejeduría *f*; fábrica *f* de tejidos; **≈stuhl** ['veːpʃtuːl] *m* telar *m*

'Wechsel ['vɛksəl] *m* (*-s*; -) cambio *m*; variación *f*; *regelmäßiger*: alternación *f*; *Jagd*: pista *f*; *com* letra *f* de cambio; ***gezogener ~*** giro *m*; **~fieber** *n* fiebre *f* intermitente; **~geld** *n* cambio *m*, vuelta *f*; **~getriebe** *tec n* engranaje *m* de cambio (de velocidades); **≈haft** cambiante; *Wetter*: inestable; **~jahre** *n/pl* climaterio *m*, menopausia *f*; **~kurs** *m* tipo *m* de cambio; **~kursrisiko** *n* riesgo *m* de tipo de cambio; **~kursschwankungen** *f/pl* variaciones *f/pl* de tipo de cambio; **≈n** (*ge-*, *h*) cambiar (*a Geld u fig*); variar; ***die Stellung ~*** cambiar de empleo; ***die Kleider, die Wohnung ~*** mudarse de ropa, de casa; ***können Sie ~?*** ¿tiene Vd. cambio?; **≈seitig** [-zaɪtiç] mutuo, recíproco; **~strom** *el m* corriente *f* alterna; **~stube** *f* oficina *f od* casa *f* de cambio

'Weck|auftrag ['vɛkʔ-] *m* encargo *m* para despertar; **~dienst** *m tel* servicio *m* de despertador; **≈en** (*ge-*, *h*) despertar (*a fig*); *im Hotel*: llamar; *fig* evocar; **~er** *m* (*-s*; -) despertador *m*; F *fig* ***j-m auf den ~ fallen*** dar la lata a alg

wedeln ['veːdəln] (*ge-*, *h*): ***mit dem Schwanz ~*** menear la cola

weder ['-dər]: ***~ … noch*** ni … ni

weg [vɛk] (*abwesend*) ausente; (*verloren*) perdido; ***er ist ~*** (*gegangen*) ha salido; se ha ido; ***~ da!*** ¡fuera de aquí!; F *fig* ***ganz ~ sn*** no caber en sí (***vor*** *dat* de)

Weg [veːk] *m* (*-[e]s*; *-e*) camino *m* (*a fig*); vía *f* (*a fig*); (*Strecke*) recorrido *m*; (*Route*) itinerario *m*; ***auf halbem ~e*** a medio camino; ***auf dem ~e nach*** camino de; ***sich auf den ~ machen nach*** ponerse en camino para; ***aus dem ~e gehen*** *j-m*: evitar un encuentro con; *e-r Frage*: eludir; ***im ~e sn*** *od* ***stehen*** estorbar

wegen ['veːgən] (*gen od dat*) por, a *od* por causa de; (*anlässlich*) con motivo de; (*infolge*) debido a

'weg|fahren ['vɛk-] (*irr*, *sep*, *-ge-*, *sn*, → ***fahren***) irse, marcharse; salir (***nach*** para); **~fallen** (*irr*, *sep*, *-ge-*, *sn*, → ***fallen***) quedar suprimido, omitirse; **~gehen** (*irr*, *sep*, *-ge-*, *sn*, → ***gehen***) irse, marcharse; **~kommen** (*irr*, *sep*, *-ge-*, *sn*, → ***kommen***) (*abhandenkommen*) perderse; ***gut*** (***schlecht***) ***bei et ~*** salir bien (mal) librado de a/c; **~laufen** (*irr*, *sep*, *-ge-*, *sn*, → ***laufen***) irse corriendo, huir; **~nehmen** (*irr*, *sep*, *-ge-*, *h*, → ***nehmen***) quitar; **~räumen** (*sep*,

-ge-, h) quitar; **~reißen** *(irr, sep, -ge-, h,* → ***reißen****)* arrancar; arrebatar; **~rennen** *(irr, sep, -ge-, sn,* → ***rennen****)* salir corriendo, huir; **~schicken** *(sep, -ge-, h)* enviar, mandar; *Person*: despedir; **~sehen** *(irr, sep, -ge-, h,* → ***sehen****)* apartar la vista

Wegweiser ['veːkvaɪzər] *m (-s; -)* indicador *m* (de camino); poste *m* indicador

'**Wegwerf|...** ['vɛkvɛrf-]: *in Zssgn mst* desechable; **2en** *(irr, sep, -ge-, h,* → ***werfen****)* tirar; **~gesellschaft** *f* sociedad *f* del despilfarro

wegziehen *(irr, sep, -ge-,* → ***ziehen****)* **1.** *v/t (h)* retirar; *Vorhang*: descorrer; **2.** *v/i (sn)* mudarse de casa, cambiar de domicilio

weh [veː]: **~** ***tun*** → ***wehtun***; ***o ~!*** ¡vaya!; **~tun** *(irr, sep, -ge-, h,* → ***tun****)* doler, hacer daño; *j-m*: causar dolor; *fig* afligir; ***sich ~*** hacerse daño

'**wehen** *(ge-, h)* soplar; *Fahne*: ondear, flotar

Wehen ['veːən] *med f/pl* dolores *m/pl* del parto

wehmütig ['-myːtiç] melancólico; nostálgico

Wehr [veːr] *n (-[e]s; -e)* presa *f*; '**~dienst** *m* servicio *m* militar; '**~dienstverweigerer** *m* objetor *m* de conciencia; '**~dienstverweigerung** *f* objeción *f* de conciencia; '**2en** *(ge-, h)*: ***sich ~*** defenderse (***gegen*** contra); '**2los** indefenso; '**~pflicht** *f* servicio *m* militar obligatorio; '**2pflichtig** sujeto al servicio militar obligatorio

Weib [vaɪp] *n (-[e]s; -er) mst desp* mujer *f*; **~chen** *zo* ['-çən] *n (-s; -)* hembra *f*; **~erheld** ['vaɪbər-] *m* tenorio *m*, (hombre *m*) mujeriego *m*; **2isch** ['-biʃ] afeminado, mujeril; **2lich** ['-pliç] femenino

weich [vaɪç] blando *(a Wasser, Droge)*; *(zart)* tierno *(a Fleisch)*; *fig* sensible, impresionable; *(sanft)* suave; *Ei*: pasado por agua; ***~ gekocht*** *Ei*: pasado por agua; ***~ machen*** (***werden***) ablandar(se); *fig* → ***weichmachen*** ; '**2e** *f (-; -n) ferro* aguja *f*; '**~en** *(wich, gewichen, sn) (nachgeben)* ceder; '**~lich** blando, flojo; *fig* débil; F blandengue; '**~machen** *(sep, -ge-, h,* → ***machen****)* *fig* ***j-n ~*** ablandar a alg; '**2spüler** *m (-s; -)* suavizante *m*

Weichsel ['vaɪçsəl] *f* Vístula *m*

'**Weide** ['vaɪdə] *f (-; -n) agr* pasto *m*, dehesa *f*; *bot* sauce *m*; **2n** *(ge-, h) v/i* pacer, pastar; **~nkorb** *m* cesto *m* de mimbre

'**weiger|n** ['vaɪgərn] *(ge-, h)*: ***sich ~*** negarse (***zu*** a); **2ung** *f (-; -en)* negativa *f*

'**Weihe** [vaiə] *f (-; -n) rel* consagración *f*; '**2n** *(ge-, h)* consagrar; *Priester*: ordenar; *(widmen)* dedicar (a); '**~r** *m (-s; -)* estanque *m*

'**Weihnacht** ['-naxt] *f inv*, **~en** *n inv* Navidad(es) *f(pl)*; ***Fröhliche ~!*** ¡feliz Navidad!; **~sabend** *m* Nochebuena *f*; **~sbaum** *m* árbol *m* de Navidad; **~sferien** *pl* vacaciones *f/pl* de Navidad; **~sgeld** *n* gratificación *f* navideña; **~sgeschäft** *n* negocio *m* navideño; **~sgeschenk** *n* regalo *m* de Navidad; **~slied** *n* villancico *m*; **~smann** *m* Papá *m* Noel

'**Weih|rauch** *m (-[e]s; sin pl)* incienso *m*; **~wasser** *n (-s; sin pl)* agua *f* bendita; **~wasserbecken** *n* pila *f* del agua bendita

weil [vaɪl] porque

Weil|chen ['-çən] *n (-s; sin pl)* ratito *m*; **~e** *f (-; sin pl)* rato *m*; ***e-e ganze ~*** un buen rato; **~er** *m (-s; -)* caserío *m*

Wein [vaɪn] *m (-[e]s; -e)* vino *m*; *(Rebe)* vid *f*; '**~bau** *m (-[e]s; sin pl)* viticultura *f*; '**~beere** *f* uva *f*; '**~berg** *m* viña *f*, viñedo *m*; '**~brand** *m* aguardiente *m* de vino

'**wein|en** ['-ən] *(ge-, h)* llorar (***vor*** *dat* de; ***um*** por); **~erlich** llorón

'**Wein|essig** *m* vinagre *m* de vino; **~flasche** *f* botella *f* de vino; **~garten** *m* viña *f*; **~gegend** *f* región *f* vitícola; **~glas** *n* vaso *m bzw* copa *f* para vino; **~händler** *m* tratante *m* en vinos, vinatero *m*; **~handlung** *f* bodega *f*; vinatería *f*; **~karte** *f* carta *f* de vinos; **~keller** *m* bodega *f*; **~lese** *f* vendimia *f*; **~lokal** *n* taberna *f*; **~probe** *f* degustación *f od* cata *f* de vinos; **~rebe** *f* vid *f*; **~stock** *m* cepa *f*; **~traube** *f* racimo *m* de uvas; *einzelne*: uva *f*

'**weise** ['vaɪzə] **1.** *adj* sabio; **2. 2** *f (-; -n)* manera *f*, modo *m*; *mus* melodía *f*, aire *m*; ***auf diese ~*** de esta manera, de este modo; **~n** *(wies, gewiesen, h)* señalar, indicar; mostrar; ***von sich ~*** rechazar

'**Weis|heit** ['vaɪshaɪt] *f (-; -en)* sabiduría *f*; **~heitszahn** *m* muela *f* del juicio; **2machen** *(sep, -ge-, h)* hacer creer;

mach das e-m andern weis! ¡a otro perro con ese hueso!

weiß [vaɪs] *adj* blanco; ***~e Haare*** canas *f/pl*

'Weiß|bier *n* cerveza *f* de trigo; **~brot** *n* pan *m* blanco; **~e** *m/f* (*-n*; *-n*) blanco *m*, -a *f*; **~glut** *f* incandescencia *f*; F *fig* ***j-n zur ~ bringen*** sacar a alg de quicio; **~kohl** *m*, **~kraut** *n* repollo *m*; **~wein** *m* vino *m* blanco

Weisung ['vaɪzʊŋ] *f* (-; *-en*) orden *f*, instrucción *f*

weit [vaɪt] (*geräumig*) espacioso, amplio; ancho (*a Kleid*); (*ausgedehnt*) extenso, vasto; *Weg*, *Reise*: largo; (*fern*) lejano, *adv* lejos; ***2 Kilometer ~ vom Meer entfernt*** a dos kilómetros del mar; ***wie ~ ist es bis …?*** ¿cuánto falta para *od* hasta …?; ***bei ~em*** (***nicht***) (ni) con mucho; ***~ größer*** mucho mayor; ***von ~em*** desde lejos; *fig* ***zu ~ gehen*** (pro)pasarse, extralimitarse; ***das geht zu ~*** esto pasa de la raya; ***es ~ bringen*** llegar lejos; ***~ reichend*** extenso; ***~ und breit*** a la redonda; ***~ verbreitet*** muy frecuente *od* corriente; **'~'ab** muy lejos; **'~'aus** con mucho; **'2blick** *m* (-[*e*]*s*; *sin pl*) perspicacia *f*; visión *f* de futuro; **'2e** *f* (-; *-n*) anchura *f*; (*Ausdehnung*) extensión *f*; (*Länge*) largo *m*; (*Entfernung*) distancia *f*; (*Ferne*) lejanía *f*

'weiter ['-ər] **1.** *Komparativ v* **weit**; **2.** *fig* (*sonstig*) otro; ulterior; (*außerdem*) además; ***~!*** ¡adelante!; ***bitte ~!*** ¡siga Vd.!; ***~ nichts*** nada más; ***ohne ~es*** sin más ni más; ***bis auf ~es*** por ahora; hasta nuevo aviso *od* nueva orden; ***und ~?*** ¿qué más?; ***und so ~*** etcétera; ***~ et tun*** seguir haciendo a/c; ***alles 2e*** todo lo demás; **~bilden** (*sep*, *-ge-*, *h*): ***sich ~*** perfeccionarse, ampliar estudios; **2bildung** *f* perfeccionamiento *m*, ampliación *f* de estudios; ***berufliche ~*** perfeccionamiento *m* profesional; **2fahrt** *f* continuación *f* del viaje; **2flug** *m* continuación *f* del vuelo; **~geben** (*irr*, *sep*, *-ge-*, *h*, → ***geben***) transmitir; pasar (***an*** *ac* a); **~hin** (*außerdem*) además; **~kommen** (*irr*, *sep*, *-ge-*, *sn*, → ***kommen***) adelantar; **~machen** (*sep*, *-ge-*, *h*) seguir, continuar; **2reise** *f* continuación *f* del viaje

'weit|gehend ['-ge:ənt] amplio; considerable; *adv* en gran parte; **~sichtig** ['-zɪçtɪç] *med* présbita; *fig* perspicaz; **2sprung** *m* salto *m* de longitud; **2winkelobjektiv** *n* objetivo *m* granangular

Weizen ['vaɪtsən] *m* (*-s*; -) trigo *m*

welch [vɛlç]: ***~ (ein[e]) …!*** ¡qué …!; ***~e(r)*** *fragend*: ¿qué?; ¿cuál (de)?; *relativ*: que; el (la) cual; *pl* ***~e*** (*einige*) unos, algunos

welk [vɛlk] marchito, ajado (*a fig*)

'Well|blech ['vɛlblɛç] *n* chapa *f* ondulada; **~e** *f* (-; *-n*) ola *f* (*a fig*); *a fís* onda *f*; *tec* árbol *m*

'Wellen|bereich *m* gama *f* de ondas; **~brecher** [-brɛçər] *m* (*-s*; -) rompeolas *m*; **~gang** *m* (-[*e*]*s*; *sin pl*) oleaje *m*; **~länge** *f* longitud *f* de onda; **~reiten** *n* surf *m*; **~sittich** [-zitiç] *m* (*-s*; *-e*) periquito *m*

Wellness ['wellnes] *f* (-; *sin pl*) bienestar *m*; **~-Bereich** *m* (*Hotel*) zona *f* spa

Welpe ['vɛlpə] *m* cachorro *m*

Welt [vɛlt] *f* (-; *-en*) mundo *m*; universo *m*; ***alle ~*** todo el mundo; ***auf der ~*** en el mundo; ***zur ~ bringen*** dar a luz

'Welt|… ['vɛlt-]: *in Zssgn oft* universal, mundial; del mundo; **~all** *n* universo *m*; **~anschauung** *f* ideología *f*; concepción *f* del mundo; **~ausstellung** *f* exposición *f* universal; **~bank** *f* Banco *m* Mundial; **2berühmt** de fama mundial; **~handel** *m* comercio *m* internacional; **~karte** *f* mapamundi *m*; **~krieg** *m* guerra *f* mundial; **2lich** mundano, mundanal; *rel* seglar; **~macht** *f* potencia *f* mundial; **~markt** *m* mercado *m* mundial; **~meister** *m* campeón *m* del mundo; **~meisterschaft** *f* campeonato *m* del mundo; **~raum** *m* espacio *m* interplanetario; **~reise** *f* vuelta *f* al (*od* viaje *m* alrededor del) mundo; **~rekord** *m* marca *f od* récord *m* mundial; **~ruf** *m* (-[*e*]*s*; *sin pl*), **~ruhm** *m* fama *f* mundial; **~sprache** *f* lengua *f* universal; **~stadt** *f* metrópoli *f*; **2weit** universal

wem? [ve:m] (*s* ***wer***) ¿a quién?; ***von ~?*** ¿de quién?

wen? [ve:n] (*s* ***wer***) ¿a quién? (*a* = ***an ~?***)

'Wende ['vɛndə] *f* (-; *-n*) vuelta *f*; **~kreis** *m* trópico *m*; *auto* radio *m* de giro; **~ltreppe** *f* escalera *f* de caracol

'wend|en ['-dən] **1.** *v/t* (*ge-*, *h*) volver, dar la vuelta a; ***bitte ~!*** ¡véase al dorso!; **2.** *v/i* (*ge-*, *h*) *auto u mar* virar; dar la vuelta; **3.** *v/refl* (*wandte*, *gewandt*, *h*)

sich* ~ *an dirigirse a; ***sich* ~ *gegen*** volverse contra; **~ig** ágil; *auto* de fácil manejo, manejable; **≈ung** *f* (-; *-en*) vuelta *f*; *auto* viraje *m*; *sprachliche*: giro *m*, locución *f*; (*Wechsel*) cambio *m*

'wenig ['veːniç] poco; ***ein* ~** un poco; **~*er*** menos (***als*** que; *vor Zahlen* de); ***~er werden*** disminuir; **~st** [-çst]: ***das ~e, am ~en*** lo menos; ***die ~en*** (***Leute***) muy poca gente; **~stens** al (*od* por lo) menos

wenn [vɛn] *Bedingung*: si; *zeitlich*: cuando; **~ *auch*** si bien; aun cuando, aunque (*subj*); **~ *nur*** con tal que; ***als* ~** como si (*subj*); ***selbst* ~** aun cuando (*subj*); **~ *man ihn trifft*** al encontrarle; **~ *er doch käme!*** ¡ojalá viniera!

wer [veːr] **1.** *fragend*: ¿quién?; **~ *da?*** ¿quién vive?; **~ *von beiden?*** ¿cuál de los dos?; **2.** *relativ*: el que, quien; **~ *auch immer*** quienquiera que (*subj*)

'Werbe|abteilung ['vɛrbəˀ-] *f* sección *f* de publicidad; **~agentur** *f* agencia *f* publicitaria *od* de publicidad; **~geschenk** *n* regalo *m* de empresa; **≈n** (*warb*, *geworben*, *h*): **~ *für*** hacer propaganda *od* publicidad por; **~slogan** *m* slogan *m* publicitario; **~spot** [-spɔt] *m* (*-s*; *-s*) spot *m* publicitario, cuña *f* publicitaria

'Werbung *f* (-; *sin pl*) *com* publicidad *f*, propaganda *f*; **~skosten** *pl* gastos *m*/*pl* de publicidad

werden ['-dən] **1.** *v*/*i* (*wurde*, *geworden*, *sn*) *mit su*: llegar a ser, hacerse; *mit adj*: volverse, ponerse, quedar, resultar; *selbstständiges Verb*: ***was willst du ~?*** ¿qué quieres ser (de mayor)?; ***was ist aus ihm geworden?*** ¿qué ha sido de él?; ***was soll daraus ~?*** ¿dónde va a parar eso?; ***es wird schon ~!*** ¡ya se arreglará!; **2.** *Hilfsverb Futur*: ***sie ~ es tun*** lo harán, lo van a hacer; **3.** *Hilfsverb Passiv* (*wurde*, *worden*, *sn*) ser (*a* quedar, resultar) *od refl* (***es wurde getan*** se hizo)

werfen ['vɛrfən] (*warf*, *geworfen*, *h*) echar, tirar; (*schleudern*) arrojar, lanzar; *Junge*: parir

Werft [vɛrft] *f* (-; *-en*) astillero(s) *m*(/*pl*)

Werk [vɛrk] *n* (-[*e*]*s*; *-e*) obra *f*; (*Arbeit*) trabajo *m*; (*Fabrik*) fábrica *f*, talleres *m*/*pl*; planta *f*; (*Getriebe*) mecanismo *m*; **'~bank** *f* (-; *⸚e*) banco *m* (de trabajo); **'~meister** *m* capataz *m*, contramaestre *m*; jefe *m* de taller; **'~statt** *f* (-; *⸚en*) taller *m*; **'~tag** *m* día *m* laborable; **'≈tags** en días laborables; **'≈tätig**: ***~e Bevölkerung*** población *f* activa; **'~zeug** *n tec* herramienta *f*; *fig* instrumento *m*

Wermut ['veːrmuːt] *m* (-[*e*]*s*; *sin pl*) *bot* ajenjo *m*; (*Wein*) vermut *m*

wert [veːrt] **1.** **~ *sn*** valer; ***er ist es* ~** se lo merece; **2.** **≈** *m* (-[*e*]*s*; *-e*) valor *m*; *fig* mérito *m*; ***im ~e von*** por valor de; **~ *legen auf*** (*ac*) dar importancia a; **'≈angabe** *f* declaración *f* de valor; **'≈brief** *m* valores *m*/*pl* declarados; **'≈gegenstand** *m* objeto *m* de valor; **'~los** sin valor; **'≈paket** *n* envío *m* con valor declarado; **'≈papier** *n* título *m*, valor *m*; **'≈papiermärkte** *m*/*pl* mercados *m*/*pl* de valores; **'≈sachen** *f*/*pl* objetos *m*/*pl* de valor; **≈stoffhof** *m* estación *f* de selección de residuos reciclables; **'≈ung** *f* (-; *-en*) valoración *f*; *dep* calificación *f*; **'~voll** precioso, valioso, de mucho valor

'Wesen ['veːzən] *n* (*-s*; -) ser *m*; (*sin pl*) (*Gehalt*) sustancia *f*; esencia *f*; (*Wesensart*) carácter *m*, naturaleza *f*; **≈tlich** esencial, sustancial; *adv vor Komparativ*: mucho; ***im ≈en*** en sustancia

weshalb [vɛs'halp] **1.** *fragend*: ¿por qué?; **2.** *relativ*: por lo que, por lo cual

Wespe ['-pə] *f* (-; *-n*) avispa *f*

wessen ['vɛsən] *fragend*: ¿de quién?; **~ *Haus ist dies?*** ¿de quién es esta casa?

Weste ['vɛstə] *f* (-; *-n*) chaleco *m*

'West|en ['-tən] *m* (*-s*; *sin pl*) oeste *m*; occidente *m*; **~gote** *m*, **≈gotisch** visigodo (*m*); **≈lich** occidental, del oeste; *adv* al oeste; **≈wärts** hacia el oeste; **~wind** *m* viento *m* del oeste

Westfalen [vɛst'faːlən] *n* Westfalia *f*

weswegen [vɛs'veːgən] *s* ***weshalb***

'Wett|bewerb ['vɛtbəvɛrp] *m* (*-s*; *-e*) concurso *m*, competición *f*; *com* competencia *f*; **~bewerbsfähigkeit** *f* competitividad *f*; **~bewerbsnachteil** *m* desventaja *f* competitiva; **~bewerbsvorteil** *m* ventaja *f* competitiva; **~e** *f* (-; *-n*) apuesta *f*; ***um die* ~** a porfía, a cual más *od* mejor; **≈en** (*ge-*, *h*) apostar (***auf, um*** *ac* por); ***~, dass ich Recht habe?*** F ¿a que yo tengo razón?

'Wetter ['vɛtər] *n* (*-s*; -) tiempo *m*; ***es ist schönes*** (***schlechtes***) **~** hace buen (mal) tiempo; **~bericht** *m* boletín *m* *od* parte *m* meteorológico; **﹏fest** resistente a la intemperie; impermeable; **﹏fühlig** [-fyːliç] sensible a los cambios del tiempo; **~karte** *f* mapa *m* meteorológico; **~kunde** *f* meteorología *f*; **~lage** *f* situación *f* meteorológica; **~leuchten** *n* relampagueo *m*; **~satellit** *m* satélite *m* meteorológico; **~vorhersage** *f* previsión *f od* pronóstico *m* del tiempo

'**Wett|kampf** ['vɛt-] *m dep* competición *f*; campeonato *m*; **~lauf** *m* carrera *f*; **~rennen** *n* carrera *f*; **~rüsten** *n* (-*s*; *sin pl*) carrera *f* armamentista *od* de armamentos; **~streit** *m* rivalidad *f*; competición *f*

wetzen ['vɛtsən] (*ge-*, *h*) afilar

WEZ *f* ***Westeuropäische Zeit*** hora *f* de la Europa Occidental

Whisky ['viski] *m* (-*s*; -*s*) whisky *m*, güisqui *m*

'**wichtig** ['viçtiç] importante; **﹏keit** *f* (-; *sin pl*) importancia *f*; **~machen** (*sep*, *-ge-*, *h*, → ***machen***): ***sich*** **~** F darse importancia *od* tono; **﹏tuer** [-tuːər] *m* (-*s*; -) presumido *m*, F farolero *m*; **~tun** (*irr*, *sep*, *-ge-*, *h*, → ***tun***) F darse importancia *od* tono

'**Wickel** ['-kəl] *m* (-*s*; -) (*Haar﹏*) bigudí *m*, rulo *m*; *med* envoltura *f*; compresa *f*; **﹏n** (*ge-*, *h*) arrollar; *Kind*: fajar; poner *bzw* cambiar los pañales a; **~rock** *m* falda *f* cruzada

Widder ['vidər] *m* (-*s*; -) morueco *m*; *astr* Aries *m*

'**wider** ['viːdər] (*ac*) contra; **~'fahren** (*irr*, *sin ge-*, *sn*, → ***fahren***) ocurrir, suceder; **﹏haken** *m* garfio *m*; **﹏hall** *m* (-[*e*]*s*; -*e*) eco *m*, resonancia *f* (*a fig*); **~'legen** (*h*) refutar; **~lich** repugnante, asqueroso; **~rechtlich** ilegal; contrario a la ley; **~'rufen** (*irr*, *sin ge-*, *h*, → ***rufen***) revocar; *Aussage*: retractarse de, desmentir; **﹏sacher** [-zaxər] *m* (-*s*; -) adversario *m*; **﹏schein** *m* reflejo *m*; **~'setzen** (*h*): ***sich*** **~** oponerse (*dat* a); **~sinnig** absurdo; **~spenstig** [-ʃpɛnstiç] reacio, terco; rebelde; **~spiegeln** (*sep*, *-ge-*, *h*) reflejar (*a fig*); **~'sprechen** (*irr*, *sin ge-*, *h*, → ***sprechen***) (*dat*) contradecir (*ac*); **﹏spruch** *m* contradicción *f*; (*Einspruch*, *Protest*) protesta *f*, oposición *f*; ***im ~ stehen zu*** estar en contradicción con; **~sprüchlich** contradictorio; **﹏stand** *m* (-[*e*]*s*; ⸚*e*) resistencia *f* (*a el*); **~ *leisten*** resistirse a; **~standsfähig** resistente; **~'stehen** (*irr*, *sin ge-*, *h*, → ***stehen***) resistir (*dat a*/*c*); (*zuwider sn*) repugnar; **~'streben** (*h*): ***es widerstrebt mir, zu …*** me repugna (*inf*); **~wärtig** [-vɛrtiç] antipático, repugnante; **﹏wille** *m* repugnancia *f* (***gegen*** a, por), aversión *f* (a); antipatía *f* (contra, a, por); **~willig** de mala gana, a disgusto

'**widm|en** ['vitmən] (*ge-*, *h*): (***sich***) **~** dedicar(se); *Zeit*: consagrar; **﹏ung** *f* (-; -*en*) dedicatoria *f*

wie [viː] **1.** *adv fragend*: ¿cómo?; ***~ bitte?*** ¿cómo (dice)?; *Ausruf*: ***und ~!*** ¡y tanto!; ***~ hübsch sie ist!*** ¡qué bonita es!; ***~ dumm!*** ¡qué tontería!; ***~ ich mich freue!*** ¡cuánto me alegro!; *Menge*: ***~ viel?*** ¿cuánto?; *pl* ***~ viel(e)?*** ¿cuántos?; **2.** *cj* como; ***ich denke ~ du*** pienso como (*od* igual que) tú; ***~ ich sehe*** según veo; por lo que veo

'**wieder** ['-dər] de nuevo, nuevamente; otra vez; *in Zssgn oft Umschreibung mit* volver a (*inf*); ***~ erkennen*** reconocer; ***~ finden*** hallar, encontrar; ***~ gutmachen*** reparar; ***nicht ~ gutzumachen*** irreparable; ***immer ~*** una y otra vez; ***nie ~*** nunca más; ***ich bin gleich ~ da*** vuelvo enseguida; '**﹏'aufbau** *m* reconstrucción *f*; **﹏'aufbereitung** *tec f* reciclaje *m*; **﹏'aufbereitungsanlage** *f* planta *f* recicladora; '**~bekommen** (*irr*, *sep*, *h*, → ***bekommen***) recobrar, recuperar; '**﹏belebung** *f* reanimación *f*; *fig* relanzamiento *m*, reactivación *f*; '**~bringen** (*irr*, *sep*, *-ge-*, *h*, → ***bringen***) devolver; '**﹏eröffnung** *f* reapertura *f*; '**﹏gabe** *f* reproducción *f*; *mus* interpretación *f*; '**~geben** (*irr*, *sep*, *-ge-*, *h*, → ***geben***) devolver, restituir; reproducir; interpretar; '**﹏geburt** *f* renacimiento *m*; *fig a* regeneración *f*; **﹏'gutmachung** *f* (-; -*en*) reparación *f*; '**~holen**[1] (*sep*, *-ge-*, *h*) ir a recoger, recuperar; **~'holen**[2] (*h*) repetir, reiterar; **~'holt** repetido, reiterado; *adv* repetidas veces; **﹏'holung** *f* (-; -*en*) repetición *f*; recapitulación *f*; '**﹏kehr** ['-keːr] *f* (-; *sin pl*) vuelta *f*, regreso *m*; '**~kommen** (*irr*, *sep*, *-ge-*, *sn*, → ***kommen***) volver, regresar; '**~sehen** (*irr*, *sep*, *-ge-*, *h*, → ***sehen***) volver a ver; '**﹏sehen** *n* (-*s*; *sin pl*) reencuentro *m*; ***auf ~!*** ¡adiós!; ***auf baldiges ~!*** ¡hasta pronto!; '**~um** de nuevo; (*andererseits*) por otra parte; '**﹏vereini-**

gung *f* reunificación *f*; '**2verwendung** *f* reutilización *f*; '**2verwertung** *f* recuperación *f*; reciclaje *m*; '**2wahl** *f* reelección *f*

'**Wiege** ['vi:gə] *f* (-; *-n*) cuna *f*; **2n** *v/t u v/i* (*wog, gewogen, h*) pesar; **~nlied** *n* canción *f* de cuna

wiehern ['-ərn] (*ge-, h*) relinchar

Wien [vi:n] *n* Viena *f*

'**Wiener** ['vi:nər] *m* (*-s*; -), **~in** *f* (-; *-nen*) vienés *m*, -esa *f*; **2isch** vienés

Wiese ['vi:zə] *f* (-; *-n*) prado *m*

Wiesel ['-zəl] *zo n* (*-s*; -) comadreja *f*

wie|so? [-'zo:] ¿cómo?; **~ *denn?*** ¿por qué?; **~ *nicht?*** ¿cómo que no?

wieviel *s* ***wie*** 1

wie'vielte: ***den 2n haben wir heute?*** ¿a cuántos estamos hoy?

wild [vilt] **1.** salvaje (*a Streik*); *Stier*: bravo; *bot* silvestre; *Tier u fig*: feroz; (*heftig*) violento; *Kind*: travieso, revoltoso; *Gerücht*: fantástico; F *fig* **~ *sn auf*** (*ac*) estar loco por; ***das ist halb so ~*** no es para tanto; **2.** 2 *n* (-[*e*]*s*; *sin pl*) caza *f*; venado *m*; '**2bach** *m* torrente *m*; **2e** ['-də] *m/f* (*-n*; *-n*) salvaje *su*; '**2erer** *m* (*-s*; -) cazador *m* furtivo; '**~ern** (*ge-, h*) hacer caza furtiva; '**2hüter** *m* guardabosque(s) *m*; '**2leder** *n* gamuza *f*; ante *m*; '**2nis** *f* (-; *-se*) desierto *m*; selva *f*; '**2schwein** *n* jabalí *m*; **2'westfilm** *m* película *f* del Oeste, western *m*

'**Will|e** ['vilə] *m* (*-ns*; *sin pl*) voluntad *f*; ***freier ~*** libre albedrío *m*; ***aus freiem ~n*** de buen grado, de buena voluntad; ***letzter ~*** última voluntad *f*; ***gegen m-n ~n*** a pesar mío; ***wider ~n*** de mala gana; sin quererlo; **2en**: ***um ... ~*** por; **2enlos** sin energía; **~enlosigkeit** *f* falta *f* de energía; **~ensfreiheit** *f* libre albedrío *m*; **~enskraft** *f* fuerza *f* de voluntad, energía *f*; **2ig** servicial, solícito; dócil; *adv* de buena voluntad; **2'kommen** *adj j*: bienvenido; *et*: oportuno; ***j-n ~ heißen*** dar la bienvenida a alg; **2kürlich** arbitrario

'**wimm|eln** ['viməln] (*ge-, h*) hormiguear, pulular; **~ *von*** rebosar de; estar plagado de; **~ern** ['-mərn] (*ge-, h*) gemir, gimotear

'**Wimp|el** ['-pəl] *m* (*-s*; -) banderín *m*; *mar* gallardete *m*; **~er** *f* (-; *-n*) pestaña *f*; **~erntusche** *f* rímel *m*

Wind [vint] *m* (-[*e*]*s*; *-e*) viento *m*; '**~beutel** *m* buñuelo *m* de viento; *fig* F calavera *m*

Winde ['-də] *f* (-; *-n*) *tec* torno *m*, cabrestante *m*; *bot* enredadera *f*

Windel ['-dəl] *f* (-; *-n*) pañal *m*

winden ['-dən] (*wand, gewunden, h*) *Kranz*: tejer; ***sich ~*** retorcerse; *Fluss*: serpentear

Windenergie *f* energía *f* eólica

'**Wind|hose** ['vint-] *f* manga *f* de viento; **~hund** *m* lebrel *m*, galgo *m*; *fig* calavera *m*; **2ig** ['-diç] expuesto al viento; *fig* casquivano; ***es ist ~*** hace viento; **~mühle** *f* molino *m* de viento; **~pocken** *f/pl* varicela *f*; **~richtung** *f* dirección *f* del viento; **~schutzscheibe** *f* parabrisas *m*; **~seite** *f* lado *m* expuesto al viento; **~stärke** *f* fuerza *f* del viento; **~stille** *f* calma *f*; ***völlige ~*** calma *f* chicha; **~stoß** *m* ráfaga *f* de viento; **~surfen** ['-sœ:fən] *n* windsurfing *m*, surf *m* a vela; **~ung** ['-duŋ] *f* (-; *-en*) (*Schrauben2*) vuelta *f*, espira *f*; *e-s Weges*: sinuosidad *f*; *e-s Flusses*: *a* meandro *m*

Wink [viŋk] *m* (-[*e*]*s*; *-e*) seña(l) *f*; *fig* advertencia *f*, aviso *m*

'**Winkel** ['-kəl] *m* (*-s*; -) ángulo *m*; (*Ecke*) rincón *m*

winken ['-kən] (*ge-, h*) hacer señas

winseln ['vinzəln] (*ge-, h*) *Hund*: ladrar lastimeramente

'**Winter** ['vintər] *m* (*-s*; -) invierno *m*; ***im ~*** en invierno; **~anfang** *m* comienzo *m* del invierno; **~einbruch** *m* irrupción *f* del invierno; **~fahrplan** *m* horario *m* de invierno; **~kurort** *m* estación *f* de invierno; **2lich** invernal; **~reifen** *m* neumático *m* de invierno; **~schlussverkauf** *m* rebajas *f/pl* de invierno; **~spiele** *n/pl*: ***Olympische ~*** juegos *m/pl* olímpicos de invierno; **~sport** *m* deporte(s) *m*(*pl*) de invierno; **~urlaub** *m* vacaciones *f/pl* de invierno

Winzer ['-tsər] *m* (*-s*; -) viñador *m*, viticultor *m*

winzig ['-tsiç] diminuto, minúsculo

Wipfel ['vipfəl] *m* (*-s*; -) cima *f*

wir [vi:r] nosotros (-as)

'**Wirbel** ['virbəl] *m* (*-s*; -) torbellino *m*; remolino *m* (*a Haar2*); *anat* vértebra *f*; F *fig* (*Trubel*) jaleo *m*; **~säule** *f* columna *f* vertebral; **~sturm** *m* ciclón *m*, tornado *m*

'**wirk|en** ['virkən] (*ge-, h*) *v/i* obrar; *a med* actuar, producir efecto (***auf*** *ac* sobre); *tec* accionar (***auf*** sobre); **~ *als*** actuar de; ***gut*** **~** hacer buen efecto; **²en** *n* (*-s; sin pl*) actuación *f*; **~lich** real, efectivo; (*echt*) verdadero; ***~?*** ¿de veras?; **²lichkeit** *f* (-; *sin pl*) realidad *f*; **~sam** eficaz; **~ *sn*** surtir efecto; **²samkeit** *f* (-; *sin pl*) eficacia *f*

'Wirkung ['-kuŋ] *f* (-; *-en*) efecto *m*; **²slos** ineficaz; **²svoll** eficaz

Wirkwaren ['virkvɑːrən] *f/pl* géneros *m/pl* de punto

wirr [vir] confuso (*a fig*); *Haar:* desgreñado; **'²warr** *m* (*-s; sin pl*) confusión *f*, caos *m*; barullo *m*

'Wirsing ['virziŋ] *m* (*-s; sin pl*), **~kohl** *m* col *f* rizada

Wirt [virt] *m* (-[*e*]*s*; *-e*) (*Gast²*) dueño *m*; (*Haus²*) *a* patrón *m*; **'~in** *f* (-; *-nen*) dueña *f*, patrona *f*

'Wirtschaft ['-ʃaft] *f* (-; *-en*) economía *f*; (*Gast²*) restaurante *m*; cervecería *f*, taberna *f*; **²en** (*ge-, h*) administrar; llevar la casa; **²lich** económico; rentable; **~lichkeit** *f* rentabilidad *f*; **~s...**: *in Zssgn oft* económico; **~sabkommen** *n* acuerdo *m* económico; **~sasylant** *m* asilado *m* por razones económicas; **~saufschwung** *m* auge *m od* despegue *m* económico; **~sbeziehungen** *f/pl* relaciones *f/pl* económicas; **~skrise** *f* crisis *f* económica; **~slage** *f* situación *f* económica; **~sministerium** *n* ministerio *m* de Economía; **~spolitik** *f* política *f* económica; **~swachstum** *n* crecimiento *m* económico

Wirtshaus ['virtshaʊs] *n* restaurante *m*; mesón *m*

'wisch|en ['viʃən] (*ge-, h*) (*putzen*) fregar; (*ab~*) limpiar; ***Staub*** **~** quitar el polvo; **²lappen** *m*, **²tuch** *n* trapo *m*; bayeta *f*

wissbegierig deseoso de aprender; curioso

wissen ['visən] **1.** *v/t* (*wusste, gewusst, h*) saber; ***nicht*** **~** ignorar; ***soviel ich weiß*** que yo sepa; ***nicht, dass ich wüsste*** no que yo sepa; ***man kann nie*** **~** nunca se sabe; **2.** **²** *n* (*-s; sin pl*) saber *m*, conocimientos *m/pl*; ***m-s*** **~s** que yo sepa

'Wissenschaft *f* (-; *-en*) ciencia *f*; **~ler** *m* (*-s*; -) hombre *m* de ciencia, científico *m*; **~lerin** *f* científica *f*; **²lich** científico

wissentlich [-tliç] *adv* a sabiendas; a propósito

wittern ['vitərn] (*ge-, h*) olfatear (*a fig*), husmear; *fig* oler

Witterung [-ruŋ] *f* (-; *-en*) **a)** (*Wetter*) tiempo *m* **a)** *Wild u fig* olfato *m*

'Witwe ['vitvə] *f* (-; *-n*) viuda *f*; **~r** *m* (*-s*; -) viudo *m*

Witz [vits] *m* (*-es; sin pl*) gracia *f*, salero *m*; (*pl -e*) (*Scherz*) chiste *m*, broma *f*; ***~e machen*** gastar bromas; **'~blatt** *n* revista *f* humorística; **'~bold** ['-bɔlt] *m* (-[*e*]*s*; *-e*) bromista *m*; **'²ig** chistoso; gracioso; **~ *sn*** tener gracia

wo [voː] donde; ***~?*** ¿dónde?; **~'anders** en otro sitio; **~'bei** en *od* con lo cual; ***~ es möglich ist, dass*** siendo posible que

Woche ['vɔxə] *f* (-; *-n*) semana *f*; ***heute in zwei ~n*** hoy en quince días

'Wochen|arbeitszeit *f* horario *m* semanal de trabajo; **~ende** *n* fin *m* de semana; **~karte** *f* abono *m* semanal; **~markt** *m* mercado *m* semanal; **²lang** durante semanas enteras; **~tag** *m* día *m* de (la) semana; (*Werktag*) día *m* laborable; ***an ~en*** los días laborables; **²tags** los días laborables

wöchentlich ['vœçəntliç] semanal; hebdomadario; ***einmal*** **~** una vez a la *od* por semana

wo|durch [voː'durç] por donde; por lo que; ***~?*** ¿por qué medio?, ¿cómo?; **~'für** por (*od* para) lo cual; ***~?*** ¿para qué?

Woge ['voːgə] *f* (-; *-n*) onda *f*, ola *f*

wo|her? [-'heːr] ¿de dónde?; **~'hin?** ¿(a)dónde?, ¿hacia dónde?; **~hin'gegen** mientras que

wohl [voːl] **1.** *adv* bien; ***~ oder übel*** por las buenas o por las malas; ***sich ~ fühlen*** → ***wohlfühlen***; ***ob er ~ krank ist?*** ¿estará enfermo?; **2.** **²** *n* (-[*e*]*s*; *sin pl*) bien *m*; bienestar *m*; ***auf Ihr ~!*** ¡a su salud!; **~'auf** bien de salud; **'²befinden** *n* bienestar *m*; **'~behalten** sano y salvo; **'²fahrtsstaat** *m* Estado *m* providencia; **'~fühlen** (*sep, ge-, h* → ***fühlen***): ***sich ~*** estar bien; **'~gemerkt!** bien entendido; **'~gesinnt** bienintencionado; ***j-m ~ sn*** estar bien dispuesto hacia alg; **'~habend** acomodado; pudiente, adinerado; **'~ig** agradable; muy cómodo; **'²klang** *m* armonía *f*; **'²stand** *m* (-[*e*]*s*; *sin pl*) bienestar *m*; prosperidad *f*; **'²standsgesellschaft** *f* sociedad *f* de bienestar; **'²tat** *f* beneficio *m*; *fig* alivio *m*; **'²täter** *m*, **'²täterin** *f* bienhechor(a) *m*(*f*); '**~tätig** benéfico; caritativo; '**Ꝏtätigkeit** *f* (-; *sin pl*) beneficencia *f*; caridad *f*; '**Ꝏtätigkeits...** de beneficencia, benéfico; **~tuend** ['-tu:ənt] agradable; benéfico; '**~verdient** bien merecido; '**Ꝏwollen** *n* (-*s*; *sin pl*) benevolencia *f*; (*Gunst*) favor *m*; '**~wollend** benévolo; *adv* con buenos ojos

'**Wohn|block** ['vo:nblɔk] *m* bloque *m* de viviendas, polígono *m* residencial; **Ꝏen** (*ge*-, *h*) vivir, habitar; *vorübergehend*: estar alojado; **~gemeinschaft** *f* comuna *f*; **Ꝏhaft** domiciliado; residente; **~mobil** *n* coche-vivienda *m*, autocaravana *f*; **~sitz** *m* domicilio *m*

'**Wohnung** ['vo:nuŋ] *f* (-; -*en*) vivienda *f*, casa *f*; (*Etagen*Ꝏ) piso *m*, *Am* departamento *m*; **~sbau** *m* (-[*e*]*s*; *sin pl*) construcción *f* de viviendas (***sozialer*** de protección oficial); **~snot** *f* (-; *sin pl*) escasez *f* de viviendas

'**Wohn|viertel** *n* barrio *m* residencial; **~wagen** *m* caravana *f*, *gal* roulotte *f*; **~zimmer** *n* cuarto *m* de estar

Wölbung *f* (-; -*en*) (*Gewölbe*) bóveda *f*

Wolf [vɔlf] *zo m* (-[*e*]*s*; ⸚*e*) lobo *m*

Wölfin ['vœlfin] *f* (-; -*nen*) loba *f*

Wolga ['vɔlga] *f* Volga *m*

'**Wolk|e** ['vɔlkə] *f* (-; -*n*) nube *f*; F *fig* ***aus allen ~n fallen*** quedarse perplejo *od* atónito; **~enbruch** *m* aguacero *m*; **~enkratzer** *m* rascacielos *m*; **Ꝏenlos** despejado; **Ꝏig** nublado, nuboso

'**Woll|decke** ['vɔldɛkə] *f* manta *f* de lana; **~e** *f* (-; -*n*) lana *f*; '**Ꝏen**[1] *adj* de lana

wollen[2] ['-lən] (*wollte*, *gewollt*, *h*) querer; (*wünschen*) desear; (*beabsichtigen*) tener la intención de, pensar; (*behaupten*) afirmar, pretender; ***lieber ~*** preferir; ***wir ~ essen*** vamos a comer; ***wir ~ gehen*** vámonos; ***wir ~ sehen*** ya veremos; ***wie du willst*** como quieras

wo|mit [vo:'mit] con que; con lo cual; ***~?*** ¿con qué?; **~'möglich** si es posible; F a lo mejor

Wonne ['vɔnə] *f* (-; -*n*) delicia *f*, deleite *m*

wo'r|an [vo:'ran] a que; ***~ denkst du?*** ¿en qué estás pensando?; ***er weiß nicht, ~ er ist*** no sabe a qué atenerse; **~auf** sobre que, sobre lo cual; *zeitlich*: después de lo cual; ***~ wartest du?*** ¿(a) qué esperas?; **~aus** de que, de lo cual; de donde; **~in** en que, en el cual, donde

Work|aholic [vœrka'hɔlik] *m* (-*s*; -*s*) adicto *m* al trabajo, trabajólico *m*; **~shop** ['-ʃɔp] *m* (-*s*; -*s*) taller *m*

Wort [vɔrt] *n* (-[*e*]*s*; -*e*, ⸚*er*) palabra *f*; (*Ausdruck*) término *m*, voz *f*; (*Ausspruch*) frase *f*, dicho *m*; *rel* Verbo *m*; ***~ für ~*** palabra por palabra; ***aufs ~ glauben*** creer a pies juntillas; ***in ~en*** en letra(s); ***mit anderen ~en*** en otras palabras; ***mit e-m ~*** en una palabra; en resumen; ***sein ~ geben*** (***halten***) dar (cumplir) su palabra; ***zu ~e kommen lassen*** dejar hablar; ***j-n beim ~ nehmen*** coger la palabra a alg; F ***hast du ~e?*** ¿será posible?

Wörterbuch ['vœrtər-] *n* diccionario *m*

'**Wort|führer** ['vɔrt-] *m* portavoz *m*; **~laut** *m* texto *m*, tenor *m*; ***im ~*** textualmente

wörtlich ['vœrtliç] literal, textual; *adv* al pie de la letra

'**Wort|schatz** ['vɔrt-] *m* vocabulario *m*; **~spiel** *n* juego *m* de palabras; **~wechsel** *m* disputa *f*, altercado *m*

wo|rüber [vo:'ry:bər] sobre que, de que; **~'rum** de que; **~'von** de que, de lo cual; ***~?*** ¿de qué?; **~'vor** delante de que; ***~?*** ¿de qué?; **~'zu** a que, a lo cual; ***~?*** ¿para qué?

Wrack [vrak] *n* (-[*e*]*s*; -*s*) buque *m* naufragado; *fig* piltrafa *f*

wringen ['vriŋən] (*wrang*, *gewrungen*, *h*) *Wäsche*: torcer

WS *n* ***Wintersemester*** semestre *m* de invierno

'**Wucher** ['vu:xər] *m* (-*s*; *sin pl*) usura *f*; **~er** *m* (-*s*; -) usurero *m*; **Ꝏn** (*ge*-, *h*) *bot* multiplicarse rápidamente; *med* proliferar (*a fig*); **~preis** *m* precio *m* abusivo; **~zinsen** *m*/*pl* intereses *m*/*pl* usurarios

Wuchs [vu:ks] *m* (-*es*; *sin pl*) (*Wachstum*) crecimiento *m*; (*Gestalt*) estatura *f*, talla *f*

Wucht [vuxt] *f* (-; *sin pl*) empuje *m*, ímpetu *m*; ***mit voller ~*** con toda fuerza; '**Ꝏig** pesado; macizo; *Schlag*: violento

wühlen ['vy:lən] (*ge*-, *h*) *Schwein*: hozar; *a fig* hurgar (***in*** *dat* en); *in Papieren usw*: revolver (*a*/*c*)

Wulst [vulst] *m* (-*es*; ⸚*e*) abombamiento *m*, bulto *m*

wund [vunt] excoriado, desollado; ***~ reiben*** excoriar; *fig* ***~er Punkt*** punto *m* delicado *od* flaco; **Ꝏe** ['-də] *f* (-; -*n*) he-

rida *f*, llaga *f* (*a fig*); **~reiben** → ***wund***
'**Wunder** ['-dər] *n* (*-s*; -) milagro *m* (*a rel*); (*~werk*) maravilla *f*; ***das ist kein ~*** no es nada sorprendente; **2bar** maravilloso, milagroso; (*großartig*) estupendo; *adv* a maravilla; **~kind** *n* niño *m* prodigio; **2lich** extravagante, raro; **2n** (*ge-*, *h*): ***sich ~*** asombrarse, extrañarse (***über*** *ac* de); **2'schön** hermosísimo; maravilloso; **2voll** maravilloso, magnífico; **~werk** *n* maravilla *f*
Wundstarrkrampf ['vuntʃtarkrampf] *m* (*-[e]s*; *sin pl*) tétanos *m*
Wunsch [vunʃ] *m* (*-es*; *⸚e*) deseo *m*; ***auf ~*** a petición; ***nach ~*** a voluntad, a pedir de boca; ***haben Sie noch e-n ~?*** ¿desea algo más?
'**wünschen** ['vynʃən] (*ge-*, *h*) desear; ***j-m Glück ~*** desear (buena) suerte a alg; ***was ~ Sie?*** ¿qué desea?, *com* ¿qué se le ofrece?; ***ganz wie Sie ~*** como Vd. quiera; **~swert** deseable
'**Würde** ['vyrdə] *f* (*-*; *-n*) dignidad *f*; (*Titel*) título *m*; **2los** indigno; **~nträger** *m* dignatario *m*; **2voll** grave, solemne
'**würdig** ['-diç] digno; ***sich e-r Sache ~ erweisen*** hacerse digno de a/c; **~en** [-gən] (*ge-*, *h*) apreciar; ***j-n keiner Antwort*** (***keines Blickes***) ***~*** no dignarse contestar (mirar) a alg; **2ung** [-guŋ] *f* (*-*; *-en*) apreciación *f*
Wurf [vurf] *m* (*-[e]s*; *⸚e*) tiro *m*; *a dep* lanzamiento *m*; *zo* camada *f*
'**Würfel** ['vyrfəl] *m* (*-s*; -) dado *m*; *mat* cubo *m*; (*Zucker*) terrón *m*; *auf Stoffen*: cuadro *m*; **2n** (*ge-*, *h*) jugar a (*od* echar) los dados; **~spiel** *n* juego *m* de dados; **~zucker** *m* azúcar *m* en terrones
würgen ['vyrgən] (*ge-*, *h*) **1.** *v/t* estrangular; **2.** *v/i* atragantarse
Wurm [vurm] (*-[e]s*; *⸚er*) *m* gusano *m*; '**2en** (*ge-*, *h*): ***das wurmt mich*** me sabe mal, me da rabia; **2stichig** ['-ʃtiçiç] carcomido; *Obst*: agusanado
Wurst [vurst] *f* (*-*; *⸚e*) embutido *m*; (*Hart2*) salchichón *m*; ***das ist mir ~*** F me importa un comino
Würstchen ['vyrstçən] *n* (*-s*; -) salchicha *f* (***Frankfurter*** de Francfort)
Württemberg ['vyrtəmbɛrk] *n* Wurtemberg *m*
Würze ['vyrtsə] *f* (*-*; *-n*) condimento *m*; (*Gewürz*) especia *f*; *fig* sal *f*
Wurzel ['vurtsəl] *f* (*-*; *-n*) raíz *f* (*a fig*); ***~(n) schlagen*** *a fig* echar raíces
'**würz|en** ['vyrtsən] (*ge-*, *h*) condimentar, sazonar; **~ig** aromático
wüst [vyːst] (*öde*) desierto, desolado; (*unordentlich*) desordenado; (*ausschweifend*) libertino; '**2e** *f* (*-*; *-n*) desierto *m*
Wut [vuːt] *f* (*-*; *sin pl*) furia *f*, rabia *f*; ***in ~ bringen*** poner furioso; ***in ~ geraten*** ponerse furioso, enfurecerse; '**~anfall** *m* ataque *m* de rabia
'**wüten** ['vyːtən] (*ge-*, *h*) *Sturm*: desencadenarse; *Seuche*: causar estragos; **~d** furioso, enfurecido; ***auf j-n ~ sn*** tener rabia a alg
Wüterich *m* hombre furioso
Wwe. ***Witwe*** Vda. (viuda)

X

X, **x** [iks] *n* (*-*; -) X, x *f*
'**X-|Beine** *n/pl* piernas *f/pl* en X; '**2beinig** ['-baɪniç] (pati)zambo; '**2beliebig** cualquier(a)
x-mal ['iksmaːl] mil veces
x-te ['-tə]: ***zum ~n Mal*** por enésima vez
Xylophon *mus* [ksylo'foːn] *n* (*-s*; *-e*) xilófono *m*, xilofón *m*

Y, **y** ['ypsilɔn] *n* (*-*; -) Y, y *f*
Yacht ['jaxt]→ ***Jacht***
Yankee ['jɛŋki] *m* (*-s*; *-s*) yanqui *m*
Yuppie ['jupi] *m* (*-s*; *-s*) yuppie *m*

Z

Z, **z** [tsɛt] *n* (-; -) Z, z *f*
Zacke ['tsakə] *f* (-; *-n*), **~n** *m* (*-s*; -) punta *f*; *tec* diente *m*
'**zaghaft** ['tsɑːkhaft] tímido, temeroso; **≗igkeit** *f* (-; *sin pl*) timidez *f*
zäh [tsɛː] resistente; *Fleisch*: duro; *fig* tenaz, pertinaz; '**~flüssig** viscoso; *Verkehr*: lento; '**≗igkeit** *f* (-; *sin pl*) tenacidad *f*, dureza *f*
Zahl [tsɑːl] *f* (-; *-en*) número *m*; (*Ziffer*) cifra *f*; '**≗bar** pagadero; '**≗en** (*ge-*, *h*) pagar; ***bitte ~!*** la cuenta, por favor; ***was habe ich zu ~?*** ¿cuánto le debo?
zählen ['tsɛːlən] (*ge-*, *h*) contar (***auf*** *ac* con); **~ *zu*** figurar entre
Zähler ['tsɛːlər] *m* (*-s*; -) *mat* numerador *m*; *el*, *tec* contador *m*
'**Zahl|grenze** ['tsɑːl-] *f* límite *m* de zona *bzw* de tarifa; **~karte** *corr f* impreso *m* para giro postal; **≗los** innumerable, sin número; **≗reich** numeroso; ***~e*** *pl a* gran número de; **~ung** *f* (-; *-en*) pago *m*; ***in ~ nehmen*** (***geben***) aceptar (dar) en pago
Zählung ['tsɛːluŋ] *f* (-; *-en*) numeración *f*; *v Stimmen usw*: recuento *m*
'**Zahlungs|anweisung** ['tsɑːluŋs-] *f* orden *f* de pago; **~aufforderung** *f* requerimiento *m* de pago; **~aufschub** *m* prórroga *f*, moratoria *f*; **~bedingungen** *f*/*pl* condiciones *f*/*pl* de pago; **~befehl** *m* orden *f* de pago
Zahlungsbilanz *f* balanza *f* de pagos; **~defizit** *n* déficit *m* de la balanza de pagos; **~überschuss** *m* excedente *m* de la balanza de pagos
zahlungs|fähig solvente; **~unfähig** insolvente; **≗verkehr** *m* servicio *m* de pagos; ***elektronischer ~*** servicio *m* de pagos electrónico; **≗weise** *f* modo *m* de pago
'**Zahlwort** *n* numeral *m*
zahm [tsɑːm] manso; *fig* dócil
zähmen ['tsɛːmən] (*ge-*, *h*) amansar, *a fig* domar
Zahn [tsɑːn] *m* (-[*e*]*s*; *⸗e*) diente *m* (*a tec*); '**~arzt** *m*, '**~ärztin** *f* odontólogo *m*, -a *f*, dentista *su*; '**~bürste** *f* cepillo *m* de dientes; '**~creme** *f* crema *f* dental
zahnen ['tsɑːnən] (*ge-*, *h*) echar los dientes
'**Zahn|ersatz** *m* prótesis *f* dental; **~fleisch** *n* encía(s *pl*) *f*; **~lücke** *f* mella *f*; **~pasta** *f* (-; *Zahnpasten*), **~paste** *f* pasta *f* dentífrica, dentífrico *m*; **~rad** *n* rueda *f* dentada; *kleines*: piñón *m*; **~radbahn** *f* ferrocarril *m* de cremallera; **~schmerzen** *m*/*pl* dolor *m* de muelas; **~spange** *f* aparato *m* ortodóncico; **~stocher** ['-ʃtɔxər] *m* (*-s*; -) palillo *m*; **~techniker** *m* protésico *m* dental, mecánico *m* dentista
Zander ['tsandər] *m* (*-s*; -) lucioperca *f*
Zange ['tsaŋə] *f* (-; *-n*) tenazas *f*/*pl*; (*Flach≗*) alicates *m*/*pl*
Zank [tsaŋk] *m* (-[*e*]*s*; *sin pl*) disputa *f*, riña *f*; '**≗en** (*ge-*, *h*): ***sich ~*** reñir, pelearse, disputarse (***um et*** a/c)
Zäpfchen ['tsɛpfçən] *n* (*-s*; -) (*Gaumen≗*) úvula *f*; *med* supositorio *m*
Zapfen ['tsapfən] *m* (*-s*; -) *tec* (*Stift*) espiga *f*, clavija *f*, tarugo *m*; (*Fass≗*) espita *f*; *bot* cono *m*
'**Zapfsäule** *f* surtidor *m* (de gasolina)
zappeln (*ge-*, *h*) agitarse
zappen ['tsapən] (*ge-*, *h*) *tv* hacer zapping
Zar [tsɑːr] *m* (*-en*; *-en*) zar *m*; **~in** ['-rin] *f* (-; *-nen*) zarina *f*
zart [tsɑːrt] tierno (*a Fleisch*); *Haut*, *Gesundheit*: delicado; (*dünn*) delgado, fino; (*sanft*) suave; '**≗gefühl** *n* delicadeza *f*; '**≗heit** *f* (-; *sin pl*) ternura *f*; delicadeza *f*; finura *f*
'**zärtlich** ['tsɛːrtliç] cariñoso (***zu*** con); **≗keit** *f* (-; *sin pl*) cariño *m*; (*pl -en*) (*Liebkosung*) caricia *f*
'**Zauber** ['tsaʊbər] *m* (*-s*; *sin pl*) encanto *m*; **~er** *m* (*-s*; -) hechicero *m*; (*Künstler*) mago *m*; **≗haft** encantador; **~künstler** *m* prestidigitador *m*; **~kunststück** *n* juego *m* de manos; **≗n** (*ge-*, *h*) hacer juegos de manos; **~spruch** *m* fórmula *f* mágica; **~stab** *m* varita *f* mágica
zaudern ['-dərn] (*ge-*, *h*) vacilar, titubear
Zaum [tsaʊm] *m* (-[*e*]*s*; *Zäume*) brida *f*,

freno *m*; *fig* ***im ~ halten*** refrenar
Zaun [tsaʊn] *m* (-[*e*]*s*; *Zäune*) cerca *f*, cercado *m*; (*Holz*⁁) vallado *m*, valla *f*
z.B. ***zum Beispiel*** p.ej. (por ejemplo)
ZDF *n* ***Zweites Deutsches Fernsehen*** Segundo canal *m* de la televisión alemana
'Zebra *zo* ['tseːbra] *n* (-*s*; -*s*) cebra *f*; **~streifen** *m* paso *m* cebra
Zeche ['tsɛçə] *f* (-; -*n*) *min* mina *f*; (*Rechnung*) cuenta *f*; *fig* ***die ~ bezahlen*** pagar el pato
Zecke *zo* ['tsɛkə] *f* (-; -*n*) garrapata *f*
Zeder *bot* ['tseːdər] *f* (-; -*n*) cedro *m*
Zeh [tseː] *m* (-*s*; -*en*), **'~e** *f* (-; -*n*) dedo *m* del pie; ***große(r) ~*** dedo *m* gordo; **'~enspitze** *f*: ***auf ~n*** de puntillas
zehn [tseːn] **1.** diez; (***etwa***) **~ ...** una decena de; **2.** ⁁ *f* (-; -*en*) diez *m*; **'⁁er** *mat m* (-*s*; -) decena *f*; **'⁁erkarte** *f* abono *m* de diez viajes *bzw* entradas; **'~fach** décuplo; **'⁁kampf** *m* decat(*h*)lón *m*; **'~te** décimo; **'⁁tel** *n* (-*s*; -) décimo *m*, décima parte *f*; **'~tens** (en) décimo (lugar)
'Zeichen ['tsaɪçən] *n* (-*s*; -) signo *m*; (*Signal*) señal *f*; (*Wink*) seña *f*; (*Kenn*⁁) marca *f*; (*An*⁁) indicio *m*, *a med* síntoma *m*; ***j-m ein ~ geben*** hacer señas a alg; *com* ***Ihr ~*** su referencia; **~block** *m* bloc *m* de dibujo; **~brett** *n* tablero *m* de dibujo; **~papier** *n* papel *m* para dibujar; **~setzung** *gram f* (-; *sin pl*) puntuación *f*; **~sprache** *f* (-; *sin pl*) lenguaje *m* por señas; **~(trick)film** *m* dibujos *m*/*pl* animados
'zeichn|en ['-çnən] (*ge-*, *h*) dibujar; (*kenn~*) marcar; (*unter~*) firmar; *Anleihe*: suscribir; **⁁en** *n* (-*s*; *sin pl*) dibujo *m*; **⁁er** *m* (-*s*; -), **⁁erin** *f* (-; -*nen*) dibujante *su*, delineante *su*; *com* suscritor(a) *m*(*f*); **⁁ung** *f* dibujo *m*; **~ungsberechtigt** autorizado para firmar
'Zeige|finger ['-gəfiŋər] *m* índice *m*; **⁁n** (*ge-*, *h*) enseñar, mostrar; (*beweisen*) demostrar, probar; ***~ auf*** (*ac*) señalar (*ac*); ***sich ~*** mostrarse, aparecer; ***das wird sich ~*** eso se verá; **~r** *m* (-*s*; -) aguja *f*
Zeile ['-lə] *f* (-; -*n*) línea *f*, renglón *m*; ***j-m ein paar ~n schreiben*** poner cuatro letras a alg
Zeit [tsaɪt] *f* (-; -*en*) tiempo *m*; (*~raum*) período *m*; (*~alter*) era *f*, época *f*, edad *f*; (*Uhr*⁁) hora *f*; ***für alle ~en*** para siempre; ***von ~ zu ~*** de vez en cuando; ***vor langer ~*** hace mucho tiempo; ***seit einiger ~*** desde hace algún tiempo; ***es ist*** (***höchste***) **~** ya es (más que) hora; ***zur ~*** (*gegenwärtig*) → ***zurzeit***; ***sich*** (*dat*) ***~ lassen*** *od* ***nehmen*** tomarse tiempo, no precipitarse; ***das hat ~*** no corre prisa; ***mit der ~*** con el tiempo; ***mit der ~ gehen*** ir con el tiempo; **'~abschnitt** *m* período *m*; época *f*; **'~alter** *n* era *f*; edad *f*; siglo *m*; época *f*; **'~arbeit** *f* trabajo *m* temporal; **~arbeitsfirma** *f* empresa *f* de trabajo temporal; **'~fahren** *n dep* carrera *f* contra reloj; **'⁁gemäß** de actualidad, moderno; **'~genosse** *m*, **⁁genössisch** ['-gənœsiʃ] contemporáneo (*m*); **'⁁ig** temprano; a tiempo; **'~karte** *f* abono *m*; **'~lang** *f*: ***e-e ~*** (por) algún tiempo; **⁁'lebens** durante toda mi (tu, su) vida; **'⁁lich** temporal; **'~lohn** *m* salario *m* por unidad de tiempo; **'⁁los** independiente de la moda; **'~lupe** *f* cámara *f* lenta; ***in ~*** a cámara lenta, *gal* al ralentí; **'~mangel** *m*: ***aus ~*** por falta de tiempo; **'~plan** *m* calendario *m*; **'~punkt** *m* momento *m*; **'~raum** *m* espacio *m* de tiempo, período *m*; **'~rechnung** *f* cronología *f*; ***christliche ~*** era *f* cristiana; **'~schrift** *f* revista *f*; **'~spanne** *f* lapso *m* de tiempo
Zeitung ['-tʊŋ] *f* (-; -*en*) periódico *m*, diario *m*
'Zeitungs|abonnement *n* suscripción *f* a un periódico; **~anzeige** *f* anuncio *m* (en el periódico); **~artikel** *m* artículo *m* de periódico; **~ausschnitt** *m* recorte *m* de periódico; **~kiosk** *m* quiosco *m* de periódicos
'Zeit|unterschied *m* diferencia *f* horaria; **~vertreib** ['-fɛrtraɪp] *m* (-[*e*]*s*; -*e*) pasatiempo *m*; ***zum ~*** para pasar el rato; **⁁weise** por momentos; **~wort** *n* (-[*e*]*s*; *¨er*) verbo *m*; **~zeichen** *n Radio*: señal *f* horaria; **~zone** *f* huso *m* horario
'Zell|e ['tsɛlə] *f* (-; -*n*) célula *f*; *arqu* celda *f* (*a Kloster*⁁); *tel* cabina *f*; **~stoff** *m* celulosa *f*
Zelt [tsɛlt] *n* (-[*e*]*s*; -*e*) tienda *f* (de campaña); *großes*: entoldado *m*; **'⁁en** (*ge-*, *h*) acampar, hacer camping; **'~en** *n* (-*s*; *sin pl*) camping *m*; **'~lager** *n* campamento *m* (de tiendas); **~ler** ['-lər] *m* (-*s*; -) campista *m*; **'~platz** *m* (terreno *m* de) camping *m*
Zement [tse'mɛnt] *m* (-[*e*]*s*; -*e*) cemento

m

zens|ieren [tsɛn'ziːrən] (*h*) censurar; *Schule*: calificar; **℗ur** [-'zuːr] *f* (-; *sin pl*) censura *f*; (*pl -en*) *Schule*: nota *f*

Zentimeter [-ti'meːtər] *m od n* (-*s*; -) centímetro *m*

Zentner ['tsɛntnər] *m* (-*s*; -) cincuenta kilos *m*/*pl*

zen'tral [-'trɑːl] central; **~ *gelegen*** céntrico; **℗bank** *f* (-; -*en*) banco *m* central; **℗bankpräsident** *m EU* Presidente *m* del Banco Central; **℗e** *f* (-; -*n*) *com*, *el*, *tel* central *f*; **℗heizung** *f* calefacción *f* central; **~isieren** [-trali'ziːrən] centralizar; **℗ismus** [-'lismus] *m* (-; *sin pl*) centralismo *m*

Zentralafrika [tsɛn'trɑːlɑːfrika] *n* Centroáfrica *f*

Zentrum ['-trum] *n* (-*s*; *Zentren*) centro *m*

zer|beißen [tsɛr'baɪsən] (*irr*, *sin ge-*, *h*, → ***beißen***) romper con los dientes; **~'brechen** (*irr*, *sin ge-*, → ***brechen***) *v*/*t* (*h*) (*v*/*i sn*) romper(se), quebrar(se); **~'brechlich** frágil; quebradizo; **~'drücken** (*h*) aplastar; *Kleid usw*: arrugar

Zeremonie [tseremo'niː, -'moːnje] *f* (-; -*n*) ceremonia *f*

zer|'fallen [tsɛr'-] (*irr*, *sin ge-*, *sn*, → ***fallen***) descomponerse, *a fig* desintegrarse; **~ *in*** (*ac*) dividirse en; **~'fetzen** [-'fɛtsən] (*h*) desgarrar; **~'fressen** (*irr*, *sin ge-*, *h*, → ***fressen***) roer; *tec* corroer; **~'gehen** (*irr*, *sin ge-*, *sn*, → ***gehen***) derretirse; *in Flüssigkeit*: desleírse; **~'kauen** (*h*) masticar (bien); **~'kleinern** [-'klaɪnərn] (*h*) desmenuzar; **~'knittern** (*h*) arrugar; **~'kratzen** (*h*) rasgar, arañar; *Möbel*: rayar; **~'lassen** (*irr*, *sin ge-*, *h*, → ***lassen***) derretir; **~'legen** (*h*) dividir (en partes); descomponer; *Fleisch*: trinchar; *tec* desmontar, desarmar

zerlumpt [-'lumpt] harapiento, andrajoso

zer|malmen [-'malmən] (*h*) aplastar; *fig a* aniquilar; **~mürben** [-'myrbən] (*h*) agotar; desmoralizar; **~'platzen** (*sn*) reventar, estallar; **~'quetschen** (*h*) machacar, aplastar; **~reißen** (*irr*, *sin ge-*, → ***reißen***) **1.** *v*/*t* (*h*) romper, despedazar, rasgar; **2.** *v*/*i* (*sn*) romperse

zerren ['tsɛrən] (*ge-*, *h*) tirar (***an*** *dat* de); (*schleppen*) arrastrar; *med* distender

zerrissen [-'risən] roto

Zerrung *med* ['tsɛruŋ] *f* (-; -*en*) distensión *f*

zerrüttet [-'rytət] *Ehe*: desunido, desavenido

zer|schellen [-'ʃɛlən] (*sn*) estrellarse (***an*** *dat* contra); **~'schlagen** (*irr*, *sin ge-*, *h*, → ***schlagen***) romper, hacer pedazos; *fig* ***sich ~*** fracasar; **~'schneiden** (*irr*, *sin ge-*, *h*, → ***schneiden***) partir, cortar (en trozos)

zer'setz|en (*h*) descomponer; disolver; *fig* desmoralizar; **~end** *fig* desmoralizador; **℗ung** *f* (-; *sin pl*) descomposición *f*; disolución *f*; *fig* desmoralización *f*

zer|'splittern *v*/*t* (*h*) (*v*/*i sn*) hacer(se) astillas (*od* pedazos), astillar(se); **~'springen** (*irr*, *sin ge-*, *sn*, → ***springen***) romperse

zer'stör|en (*h*) destruir, destrozar (*a fig*); **℗ung** *f* (-; -*en*) destrucción *f*; demolición *f*; estragos *m*/*pl*

zer'streu|en (*h*) dispersar; *fig Bedenken*: disipar; (*erheitern*) distraer; ***sich ~ Menge***: dispersarse; **~t** *fig* distraído, F despistado; **℗theit** *f* (-; *sin pl*) distracción *f*, F despiste *m*; **℗ung** *f* (-; -*en*) *fig* distracción *f*, diversión *f*

zer'stückeln (*h*) desmenuzar, despedazar, descuartizar

Zertifikat [tsɛrtifikɑːt] *n* (-[*e*]*s*; -*e*) certificado *m*

zer|'treten (*irr*, *sin ge-*, *h*, → ***treten***) aplastar, pisar; **~'trümmern** [-'trymərn] (*h*) destruir, destrozar; *Atom*: desintegrar

zerzaust [-'tsaʊst] desgreñado

'Zettel ['tsɛtəl] *m* (-*s*; -) papel(ito) *m*; (*Blatt*) hoja *f*; (*Kartei*℗) ficha *f*; **~kasten** *m* fichero *m*

Zeug [tsɔʏk] *n* (-[*e*]*s*; *sin pl*) (*Material*) material *m*; (*Geräte*) útiles *m*/*pl*, utensilios *m*/*pl*; (*Sachen*) cosas *f*/*pl*, F chismes *m*/*pl*, trastos *m*/*pl*; ***dummes ~*** tonterías *f*/*pl*, disparates *m*/*pl*; ***das ~ haben zu*** tener madera de; ***sich ins ~ legen*** F arrimar el hombro

'Zeug|e ['-gə] *m* (-*n*; -*n*) testigo *m*; **℗en** (*ge-*, *h*) **1.** *v*/*i* declarar (como testigo); **~ *von*** demostrar, evidenciar (*ac*); **2.** *v*/*t* procrear, engendrar; **~enaussage** *f* declaración *f* testimonial; **~in** ['-gin] *f* (-; -*nen*) testigo *f*; **~nis** ['-knis] *n* (-*ses*; -*se*) *jur* testimonio *m*; (*Bescheinigung*) certificado *m*; (*Diplom*) diploma *m*; (*Schul*≈) boletín *m* de calificaciones

Zeugung ['-guŋ] *f* (-; *-en*) generación *f*, procreación *f*

z.H(d). ***zu Händen*** (***von***) a manos de

Zickzack ['tsiktsak] *m* (-[*e*]*s*; *-e*) zigzag *m*, eses *f/pl*; ***im ~ gehen*** zigzaguear

Ziege ['tsiːgə] *f* (-; *-n*) cabra *f*

'Ziegel ['-gəl] *m* (*-s*; -) ladrillo *m*; (*Dach*≈) teja *f*; **~ei** [-'laɪ] *f* (-; *-en*) fábrica *f* de tejas y ladrillos; tejar *m*; **~stein** *m* ladrillo *m*

'Ziegen|bock ['tsiːgən-] *m* macho *m* cabrío, cabrón *m*; **~käse** *m* queso *m* de cabra; **~peter** *med* [-peːtər] *m* (*-s*; *sin pl*) paperas *f/pl*

ziehen ['-ən] (*zog*, *gezogen*, *h*) **1.** *v/t* tirar; (*heraus*~) sacar, extraer (*a Zahn*, *mat Wurzel*); *Linie*: trazar; *Spielfigur*: mover; *agr* cultivar; *Hut*: quitarse; ***die Blicke auf sich ~*** atraer las miradas; ***die Aufmerksamkeit auf sich ~*** llamar la atención; *fig* ***nach sich ~*** acarrear; **2.** *v/i Ofen*, *Zigarre*, *auto*: tirar; *beim Schach usw*: jugar; ***~ an*** (*dat*) tirar de; ***~ lassen*** *Tee*: dejar reposar *od* en reposo; **3.** *v/i* (*sn*) ir (***nach*** a); *Vögel*, *Wolken*: pasar; ***zu j-m ~*** ir a vivir en casa de alg; **4.** *v/refl*: ***sich ~*** extenderse, estirarse; **5.** *v/impers* ***es zieht*** hay corriente

'Zieh|harmonika *f* acordeón *m*; **~ung** *f* (-; *-en*) (*Lotterie*) sorteo *m*

Ziel [tsiːl] *n* (-[*e*]*s*; *-e*) *dep* meta *f* (*a fig*); (*Zweck*) fin *m*; objetivo *m* (*a mil*); (*~scheibe*) blanco *m*; (*Reise*≈) destino *m*; *com* (*Frist*) término *m*, plazo *m*; ***das ~ treffen*** (***verfehlen***) dar en (errar) el blanco; *fig* ***sein ~ erreichen*** lograr su fin; ***sich et zum ~ setzen*** proponerse a/c; **'≈en** (*ge-*, *h*) apuntar (***auf*** *ac* a); **'~fernrohr** *n* mira *f* telescópica; **'~gruppe** *f* grupo *m* de destino; **'~hafen** *m* puerto *m* de destino; **'≈los** sin rumbo fijo; **'~scheibe** *f* blanco *m* (*a fig*); **'~sprache** *f* lengua *f* objetivo

ziemlich ['tsiːmliç] considerable; *adv* bastante

'zier|en ['tsiːrən] (*ge-*, *h*) (ad)ornar, decorar; ***sich ~*** hacer remilgos *od* melindres; **'~lich** grácil; delicado, fino; **≈pflanze** *f* planta *f* ornamental *od* de adorno

'Ziffer ['tsifər] *f* (-; *-n*) cifra *f*; guarismo *m*; **~blatt** *n* esfera *f*

Ziga'rette [tsiga'rɛtə] *f* (-; *-n*) cigarrillo *m*, F pitillo *m*; **~nautomat** *m* máquina *f* expendedora de cigarrillos; **~netui** *n* pitillera *f*; **~npapier** *n* papel *m* de fumar; **~nspitze** *f* boquilla *f*

Zigarillo [-'ril(j)o] *m* (*-s*; *-s*) purito *m*

Zi'garre [-'garə] *f* (-; *-n*) puro *m*, cigarro *m*; **~netui** *n* petaca *f*; **~nkiste** *f* caja de puros

'zig|mal F mil veces; **'~tausend** F miles *m/pl.*; F tropecientos mil

Zikade *zo* [-'kaːdə] *f* (-; *-n*) cigarra *f*

'Zimmer ['tsimər] *n* (*-s*; -) cuarto *m*, habitación *f*; **~kellner** *m* camarero *m* de piso; **~mädchen** *n* camarera *f* (de piso); **~nachweis** *m* información *f* sobre alojamientos; **~nummer** *f* número *m* de habitación; **~service** *m* servicio *m* de habitación

zimperlich ['tsimpərliç] melindroso

Zimt [tsimt] *m* (-[*e*]*s*; *-e*) canela *f*

Zink [tsiŋk] *n* (-[*e*]*s*; *sin pl*) cinc *m*, zinc *m*; **'~e** *f* (-; *-n*) diente *m*; púa *f*

Zinn [tsin] *n* (-[*e*]*s*; *sin pl*) estaño *m*; **'~e** *arqu f* (-; *-n*) almena *f*

Zins [tsins] *m* (*-es*; *-en*) *com* (*mst pl*) interés *m*, intereses *m/pl*; ***3% ~en bringen*** dar un interés del 3%; **~eszins** ['tsinzəstsins] *m* interés *m* compuesto; **'≈günstig** *Kredit etc*: a bajo interés; **'≈los** sin interés, libre de intereses; **'~satz** *m* tipo *m* de interés

Zipfel ['tsipfəl] *m* (*-s*; -) punta *f*

'zippen (*ge-*, *h*) *inform* zipear, comprimir

zirka ['tsirka] aproximadamente, cerca de

Zirkel ['-kəl] *m* (*-s*; -) compás *m*; *fig* círculo *m*

Zirkus ['-kus] *m* (-; *-se*) circo *m*

zischen ['tsiʃən] (*ge-*, *h*) silbar; *teat* sisear

Zitadelle [tsita'dɛlə] *f* (-; *-n*) ciudadela *f*

Zitat [-'taːt] *n* (-[*e*]*s*; *-e*) cita *f*

Zither ['-tər] *f* (-; *-n*) cítara *f*

zitieren [-'tiːrən] (*h*) citar

Zi'trone [-'troːnə] *f* (-; *-n*) limón *m*; **~nbaum** *m* limonero *m*; **~nlimonade** *f* limonada *f*; **~npresse** *f* exprimidor *m*; **~nsaft** *m* zumo *m* de limón

Zitrusfrüchte ['tsiːtrusfryçtə] *f/pl* agrios *m/pl*, cítricos *m/pl*

zittern ['tsitərn] (*ge-*, *h*) temblar (***vor*** *dat* de); ***vor Kälte ~*** tiritar de frío

zi'vil [tsi'viːl] civil; *Preis*: módico; ***in*** ≈

de paisano; ♀ ***tragen*** vestir de paisano; **♀bevölkerung** *f* población *f* civil; **♀dienst** *m* servicio *m* civil (sustitutorio); **♀isation** [-viliza'tsjo:n] *f* (-; -*en*) civilización *f*; **~i'sieren** (*h*) civilizar; **♀'ist** *m* (-*en*; -*en*) paisano *m*

Zobel ['tso:bəl] *m* (-*s*; -) cebellina *f*

zögern ['tsø:gərn] **1.** *v/i* (*ge-*, *h*) tardar (***mit*** en); (*schwanken*) titubear; vacilar (***zu*** *inf* en); **2.** ♀ *n* (-*s*; *sin pl*) tardanza *f*, demora *f*; vacilación *f*

Zölibat [tsø:li'bɑ:t] *n*, *m* (-[*e*]*s*; *sin pl*) celibato *m*

Zoll [tsɔl] *m* (-[*e*]*s*) **1.** (*pl* -) (*Maß*) pulgada *f*; **2.** (*pl Zölle*) (*Abgabe*) (derechos *m*/*pl* de) aduana *f*; **'~abfertigung** *f* despacho *m* aduanero; **'~amt** *n* aduana *f*; **'~beamte** *m* funcionario *m* de aduana, vista *m*; **'~bescheinigung** *f* certificado *m* de aduana; **'~erklärung** *f* declaración *f* de aduana; **'♀frei** exento de aduana; **'~gebühren** *f*/*pl* derechos *m*/*pl* de aduana; **'~kontrolle** *f* control *m* aduanero

'zoll|pflichtig ['tsɔlpfliçtiç] sujeto a aduana; **♀schranke** *f* barrera *f* arancelaria; **♀stock** *m* metro *m* plegable; **♀tarif** *m* arancel *m* (de aduana); **'♀union** *f* unión *f* aduanera

Zone ['tso:nə] *f* (-; -*n*) zona *f*

Zoo [tso:] *m* (-*s*; -*s*) zoo *m*

Zoolog|e [tsoˀo'lo:gə] *m* (-*n*; -*n*), **~in** *f* (-; -*nen*) zoólogo *m*, -a *f*; **~ie** [-lo'gi:] *f* (-; *sin pl*) zoología *f*; **♀isch** [-'lo:giʃ] zoológico

Zopf [tsɔpf] *m* (-[*e*]*s*; ⸗*e*) trenza *f*

Zorn [tsɔrn] *m* (-[*e*]*s*; *sin pl*) cólera *f*, ira *f*; **'♀ig** encolerizado, furioso

ZPO *f* ***Zivilprozessordnung*** Ley *f* de enjuiciamiento civil

z.T. ***zum Teil*** en parte

Ztr. ***Zentner*** (*50 kg*) quintal

zu [tsu:] **1.** *prp* **a)** *örtlich*: a; ***~m Arzt*** al médico; ***~ j-m gehen*** ir a casa de alg; ***der Weg ~m Bahnhof*** el camino de la estación; ***~r Tür hinaus*** por la puerta; ***~ Haus*(*e*)** en casa **a)** *zeitlich*: a, en, para, por; ***~ Anfang*** al principio; ***~ jener Zeit*** en aquella época; ***~ Ostern*** para Pascua **a)** *Art und Weise*, *Mittel*: ***~ Fuß*** a pie; ***~ Pferd*** a caballo **a)** *Bestimmung*, *Zweck*: para; ***zu s-m Geburtstag*** para su cumpleaños **a)** *bei Zahlen*: ***zu zwei Euro das Kilo*** a dos euros el kilo; ***3:0 siegen*** ganar por tres a cero; ***~ dreien*** de tres en tres; (*alle drei*) los tres juntos; **2.** *cj vor inf*: ***leicht ~ behalten*** fácil de recordar; ***ich habe ~ tun*** tengo que hacer; **3.** *adv* (*geschlossen*) cerrado; ***Tür ~!*** ¡cierre la puerta!; **4.** *adv* (*allzu*) demasiado; ***~ viel*** demasiado; ***~ wenig*** demasiado poco; **~'aller'erst** en primer lugar; **~'aller'letzt** en último lugar

Zubehör *tec* ['-bəhø:r] *n* (-*s*; -*e*) accesorios *m*/*pl*

'zubereit|en (*sep*, *h*) preparar; **'♀ung** *f* (-; -*en*) preparación *f*

'zubring|en (*irr*, *sep*, -*ge*-, *h*, → ***bringen***) *Zeit*: pasar; **♀er** *m* (-*s*; -) *Vkw* (vía *f* de) acceso; **♀erbus** *m* servicio *m* de autobuses; **♀erdienst** *m* servicio *m* de enlace; **♀erstraße** *f* carretera *f* de acceso

Zucchini [tsu'ki:ni] *m*/*pl* calabacines *m*/*pl*

Zucht [tsuxt] *f* (-; -*en*) *zo* cría *f*; *bot* cultivo *m*; (*sin pl*) *fig* disciplina *f*

'zücht|en ['tsyçtən] (*ge-*, *h*) *zo* criar; *bot* cultivar; **♀er** *m* (-*s*; -) criador *m*; cultivador *m*

Zuchthaus ['tsuxthaʊs] *n* presidio *m*

Zuchtperle ['tsuxt-] *f* perla *f* cultivada

Züchtung ['tsyçtuŋ] *f* (-; -*en*) cría *f*; *bot* cultivo *m*; selección *f*

zucken ['tsukən] (*ge-*, *h*) palpitar; contraerse (convulsivamente)

'Zucker ['tsukər] *m* (-*s*; -) azúcar *m*; *med* F ***~ haben*** tener diabetes; **~dose** *f* azucarero *m*; **♀krank** diabético; **~krankheit** *f* diabetes *f*; **♀n** (*ge-*, *h*) azucarar; **~rohr** *n* caña *f* de azúcar; **~rübe** *f* remolacha *f* azucarera; **~streuer** *m* azucarero *m*

zudecken ['tsu:dɛkən] (*sep*, -*ge*-, *h*) cubrir, tapar; ***sich ~*** cubrirse

zudem [tsu'de:m] además

'zudrehen ['tsu:-] (*sep*, -*ge*-, *h*) *Hahn*: cerrar; ***j-m den Rücken ~*** volver las espaldas a alg

'zudringlich importuno, impertinente; **♀keit** *f* (-; -*en*) importunidad *f*, (*sin pl*) impertinencia *f*

'zudrücken (*sep*, -*ge*-, *h*) cerrar; *fig* ***ein Auge ~*** hacer la vista gorda

zuein'ander uno(s) a *bzw* con otro(s); **~passen** (*sep*, -*ge*-, *h*, → ***passen***) llevarse bien

'zuerkennen (*irr*, *sep*, *h*, → ***erkennen***) adjudicar; conceder

zu'erst primero, en primer lugar; (*als*

erster) el primero
'Zufahrt *f* (-; *-en*) acceso *m*; **~sstraße** *f* vía *f* de acceso
'Zufall *m* (-[*e*]*s*; *Zufälle*) casualidad *f*
'zufällig casual, accidental, fortuito; *adv* por casualidad
'Zuflucht *f* (-; *-en*) refugio *m*; asilo *m*; *vor Unwetter*: abrigo *m*; *fig* recurso *m*
zufolge [tsu'fɔlgə] (*dat*) según, conforme a
zu'frieden [tsu'fri:dən] contento, satisfecho (***mit*** con, de); ***sich ~ geben*** darse por satisfecho (***mit*** con, de); ***~ lassen***) dejar en paz; ***~ stellen*** satisfacer, complacer; ***~ stellend*** satisfactorio; **꠸heit** *f* (-; *sin pl*) contento *m*, satisfacción *f*
zu'frieden [tsu'fri:dən] contento, satisfecho (***mit*** con, de); **~geben** (*irr*, *sep*, *-ge-*, *h*, → ***geben***): ***sich ~*** darse por satisfecho (***mit*** con, de); **~lassen** (*irr*, *sep*, *-ge-*, *h*, → ***lassen***) dejar en paz; ***~ stellen*** → ***zufriedenstellen***; **~stellen** (*sep*, *-ge-*, *h*, → ***stellen***) satisfacer, complacer; ***~d*** satisfactorio; **꠸heit** *f* (-; *sin pl*) contento *m*, satisfacción *f*
'zu|frieren ['tsu:fri:rən] (*irr*, *sep*, *-ge-*, *sn*, → ***frieren***) helarse; **~fügen** (*sep*, *-ge-*, *h*) *Schaden*: causar
Zufuhr [-'fu:r] *f* (-; *-en*) aprovisionamiento *m*, abastecimiento *m*; acarreo *m*
Zug [tsu:k] (-[*e*]*s*; *⸗e*) *ferro* tren *m*; (*Ruck*) tirón *m*; *tec* tracción *f*; (*Schluck*) trago *m*; *Rauchen*: chupada *f*; (*Luft*꠸) corriente *f* (de aire); (*Fest*꠸) procesión *f*; desfile *m*; *Vögel*: bandada *f*; (*Schach*꠸) jugada *f*; (*Gesichts*꠸, *Charakter*꠸) rasgo *m*; ***in e-m ~*** de un trago; *fig* de un tirón; ***e-n ~ tun*** echar un trago
Zugabe ['tsu:gɑ:bə] *f* (-; *-n*) añadidura *f*; *mus* bis *m*
Zugabteil ['tsu:kʔ-] *m* compartimiento *m*
'Zugang ['tsu:gaŋ] *m* (-[*e*]*s*; *Zugänge*) acceso *m*; entrada *f*
zugänglich ['-gɛŋliç] accesible; *fig* abierto (***für*** a); (*umgänglich*) tratable
'Zug|anschluss ['tsu:kʔ-] *m* enlace *m* (de trenes); **~begleiter** *m* revisor *m* (del tren); **~brücke** *f* puente *m* levadizo
zugeben ['tsu:ge:bən] (*irr*, *sep*, *-ge-*, *h*, → ***geben***) añadir; (*zulassen*) admitir; (*bekennen*) confesar
zugegen [tsu'ge:gən]: ***~ sn bei*** asistir a, presenciar (*ac*)
zugehen ['tsu:ge:ən] (*irr*, *sep*, *-ge-*, *sn* → ***gehen***) *Tür*: cerrarse; ***~ auf*** (*ac*) dirigirse a *od* hacia
'Zugehörigkeit *f* (-; *sin pl*) pertenencia *f*; *pol* (a)filiación *f*
'Zügel ['tsy:gəl] *m* (-*s*; -) rienda *f*; *a fig* freno *m*; **꠸los** desenfrenado (*a fig*); **꠸n** (*ge-*, *h*) refrenar
Zugereiste ['tsu:-] *m*/*f* (*-n*; *-n*) forastero *m*, -a *f*
'Zugeständnis *n* (*-ses*; *-se*) concesión *f*
Zugführer ['tsu:k-] *m* *ferro* jefe *m* de tren
zugig ['-giç] expuesto a la corriente de aire; ***es ist ~*** hay corriente de aire
zugleich [tsu'glaɪç] a la vez; al mismo tiempo (***mit mir*** que yo)
Zug|luft ['tsu:kluft] *f* corriente *f* de aire; **~maschine** *f* tractor *m*; **~personal** *n* personal *m* del tren
zugreifen ['tsu:graɪfən] (*irr*, *sep*, *-ge-*, *h*, → ***greifen***) *bei Tisch*: servirse; *fig* aprovechar la oportunidad
zugrunde [tsu'grundə]: ***~ gehen*** perecer, perderse; ***~ richten*** echar a perder, arruinar
'Zug|schaffner ['tsu:k-] *m* revisor *m*; **~telefon** *n* teléfono *m* (en el tren)
zugunsten [tsu'gunstən] *auch* **zu Gunsten** (*gen*) a *od* en favor de
Zugverbindung ['tsu:k-] *f* comunicación *f* ferroviaria
'zuhalten [tsu:-] (*irr*, *sep*, *-ge-*, *h*, → ***halten***) (man)tener cerrado
Zuhälter ['-hɛltər] *m* (-*s*; -) rufián *m*, *jur* proxeneta *m*
Zuhause [tsu'haʊzə] *n* (-*s*; *sin pl*) hogar *m*, casa *f*; ꠸ en casa
zuheilen ['tsu:haɪlən] (*sep*, *-ge-*, *sn*) cerrarse
'zuhör|en (*sep*, *-ge-*, *h*) escuchar; **꠸er** *m*, **꠸erin** *f* oyente *su*
'zu|jubeln (*sep*, *-ge-*, *h*) (*dat*) aclamar, vitorear; ovacionar (*ac*); **'~kleben** (*sep*, *-ge-*, *h*) pegar; **'~knallen** (*sep*, *-ge-*, *h*) F cerrar de golpe; ***die Tür ~*** dar un portazo; **'~knöpfen** (*sep*, *-ge-*, *h*) abotonar
'Zu|kunft ['-kunft] *f* (-; *sin pl*) porvenir *m*; futuro *m* (*a gram*); ***in ~*** en el futuro, (de aquí) en adelante; **꠸künftig** futuro, venidero; *adv* en el futuro; F ***m-e ꠸e*** mi futura; **~kunftsindustrie** *f* industria *f* del futuro
'Zulage *f* (-; *-n*) suplemento *m*; plus *m*

'zu|langen (*sep*, *-ge-*, *h*) *bei Tisch*: servirse; **'~lassen** (*irr*, *sep*, *-ge-*, *h*, → ***lassen***) dejar cerrado; *Person*: admitir (*a fig Zweifel usw*); (*erlauben*) permitir, tolerar; *auto* matricular
'zulässig admisible; autorizado, lícito
'Zulassung *f* (-; *-en*) admisión *f*; permiso *m*; *auto* permiso *m* de circulación
zulasten,**zu Lasten**: ~ (*od* ***zu Lasten***) ***von*** a cargo de
'zulegen (*sep*, *-ge-*, *h*) (*hinzufügen*) añadir; ***sich*** (*dat*) ***et*** ~ comprarse a/c; F ***sich e-e Braut*** ~ echarse novia
zuletzt [tsu'lɛtst] en último lugar; por último; al fin; (*als letzter*) el último
zu'liebe: ***j-m*** ~ por amor a alg
Zulieferindustrie ['tsu:li:fər?-] *f* industria *f* suministradora de componentes
zum [tsum] = zu dem
zumachen ['tsu:-] (*sep*, *-ge-*, *h*) cerrar; *Jacke usw*: abrochar
zu|meist [tsu'maɪst] la mayoría de las veces; en general; **~'mindest** por lo menos, al menos
Zumutung ['tsu:mu:tuŋ] *f* (-; *-en*) exigencia *f* exagerada; impertinencia *f*, F frescura *f*
zunächst [tsu'nɛ:çst] en primer lugar, ante todo; (*vorläufig*) por de pronto, de momento
'zunähen ['tsu:-] (*sep*, *-ge-*, *h*) coser
Zunahme ['-nɑ:mə] *f* (-; *-n*) aumento *m*, incremento *m*
'Zuname *m* (*-ns*; *-n*) apellido *m*
'zünd|en ['tsyndən] *v/i* (*ge-*, *h*) encenderse; prender; *fig* entusiasmar; electrizar; **~end** *fig* vibrante
'Zünd|er ['tsyndər] *m* (*-s*; -) espoleta *f*; detonador *m*; **~holz** ['-thɔlts] *n* cerilla *f*; **~kerze** *tec f* bujía *f*; **~schloss** *n* cerradura *f* de contacto; **~schlüssel** *m* llave *f* de contacto; **~ung** ['-duŋ] *f* (-; *-en*) encendido *m*
zunehmen ['tsu:-] (*irr*, *sep*, *-ge-*, *h*, → ***nehmen***) aumentar (***an*** *dat* de); crecer (*a Mond*); *an Gewicht*: engordar
'Zuneigung *f* (-; *-en*) cariño *m*, simpatía *f*
Zunge ['tsuŋə] *f* (-; *-n*) lengua *f*; ***es liegt mir auf der*** ~ lo tengo en la (punta de la) lengua
zunichtemachen (*sep*, *-ge-*, *h* → ***machen***) *Plan usw*: desbaratar; *Hoffnungen*: frustrar
zupfen ['tsupfən] (*ge-*, *h*) tirar (***an*** *dat* de); *mus* puntear
zur [tsu:r] = zu der
zurande, *auch* **zu Rande** *adv* ***mit et*** ~ (*od* ***zu Rande***) ***kommen*** poder con a/c
zurate, *auch* **zu Rate** (*ac*) ~ (*od* ***zu Rate***) ***ziehen*** aconsejarse con; consultar a
zurechnungsfähig ['tsu:rɛçnuŋs-] responsable de sus actos
zu'recht|kommen [tsu'rɛçt-] (*irr*, *sep*, *-ge-*, *sn*, → ***kommen***) *fig* arreglárselas; ***mit j-m*** ~ entenderse con alg; **~machen** (*sep*, *-ge-*, *h*) arreglar, disponer; ***sich*** ~ arreglarse; **2weisung** *f* (-; *-en*) reprimenda *f*
'zu|reden ['tsu:-] (*sep*, *-ge-*, *h*) (*dat*) tratar de persuadir; (***gut***) ~ animar (***zu*** a); **~richten** (*sep*, *-ge-*, *h*) preparar; ***übel*** ~ dejar maltrecho; *et*: echar a perder
Zürich ['tsy:riç] *n* Zúrich *m*
zu'rück [tsu'ryk] (hacia *od* para) atrás; (*im Rückstand*) retrasado, atrasado; ~ ***sn*** estar de vuelta; **~bekommen** (*irr*, *sep*, *h*, → ***bekommen***) recuperar, recobrar; *Wechselgeld*: recibir; ***ich habe es*** ~ me lo han devuelto; **~bleiben** (*irr*, *sep*, *-ge-*, *sn*, → ***bleiben***) quedarse atrás; rezagarse; *in Leistungen*: quedar retrasado; **~bringen** (*irr*, *sep*, *-ge-*, *h*, → ***bringen***) *j-n*: acompañar a casa; *et*: devolver, restituir; **~drängen** (*sep*, *-ge-*, *h*) hacer retroceder; *fig* contener; **~erstatten** (*sep*, *h*) devolver; restituir; **~fahren** *v/i* (*irr*, *sep*, *-ge-*, *sn*, → ***fahren***) regresar, volver; **~fordern** (*sep*, *-ge-*, *h*) reclamar, reivindicar; **~führen** (*sep*, *-ge-*, *h*): ~ ***auf*** (*ac*) atribuir a; **~geben** (*irr*, *sep*, *-ge-*, *h*, → ***geben***) devolver, restituir; **~geblieben** atrasado; *fig* retrasado; **~gehen** (*irr*, *sep*, *-ge-*, *sn*, → ***gehen***) volver; (*abnehmen*) bajar, disminuir; *fig* ~ ***auf*** (*ac*) remontarse a; ser debido a; ~ ***lassen*** devolver; **~gezogen** retirado; **~halten** (*irr*, *sep*, *-ge-*, *h*, → ***halten***) retener; *a fig* contener; ***sich*** ~ contenerse; **~haltend** reservado; **2haltung** *f* (-; *sin pl*) reserva *f*; **~kehren** (*sep*, *-ge-*, *sn*) volver, regresar; **~kommen** (*irr*, *sep*, *-ge-*, *sn*, → ***kommen***) volver, regresar; ~ ***auf*** (*ac*) volver a; **~lassen** (*irr*, *sep*, *-ge-*, *h*, → ***lassen***) dejar (atrás); abandonar; **~legen** (*sep*, *-ge-*, *h*) reservar; *Geld*: ahorrar; *Strecke*: recorrer; **~nehmen** (*irr*, *sep*, *-ge-*, *h*, → ***nehmen***) recoger; *fig* revocar; **~schicken** (*sep*, *-ge-*, *h*) devolver; *j-n*:

hacer volver; **~schlagen** (*irr, sep, -ge-, h,* → ***schlagen***) rechazar (*a mil*); *Ball*: devolver; **~setzen** (*sep, -ge-, h*) **1.** *v/i auto* hacer marcha atrás; **2.** *v/t fig* postergar; **~stellen** (*sep, -ge-, h*) poner en su sitio; *Uhr*: atrasar; *fig* aplazar, dejar para más tarde; **~treten** (*irr, sep, -ge-, sn,* → ***treten***) dar un paso atrás, retroceder; *vom Amt*: dimitir, renunciar a; **~weisen** (*irr, sep, -ge-, h,* → ***weisen***) rechazar; **~werfen** (*irr, sep, -ge-, h,* → ***werfen***) rechazar; *Ball*: devolver; *fig* poner en retraso; **~zahlen** (*sep, -ge-, h*) devolver, re(e)mbolsar; **~ziehen** (*irr, sep, -ge-, h,* → ***ziehen***): (***sich***) ~ retirar(se)

Zuruf ['tsu:ru:f] *m* (-[*e*]*s*; -*e*) grito *m*; llamada *f*; ***durch*** ~ por aclamación

zur'zeit *adv* de momento, actualmente

zus. ***zusammen*** junto

'Zusage *f* (-; -*n*) promesa *f*; (*Zustimmung*) consentimiento *m*; *auf e-e Einladung*: aceptación *f*; **Ձn** (*sep, -ge-, h*) **1.** *v/t* prometer; **2.** *v/i* aceptar (una invitación); (*gefallen*) gustar

zu'sammen [tsu'zamən] juntos; juntamente; (*im ganzen*) en total; ~ ***mit*** junto con; **Ձarbeit** *f* (-; *sin pl*) cooperación *f*, colaboración *f*; **~arbeiten** (*sep, -ge-, h*) cooperar, colaborar; **~bauen** (*sep, -ge-, h*) *tec* montar, ensamblar; **~binden** (*irr, sep, -ge-, h,* → ***binden***) atar, liar; **~brechen** (*irr, sep, -ge-, sn,* → ***brechen***) *a fig* derrumbarse, hundirse; *a Person*: desplomarse; **Ձbruch** *m* (-[*e*]*s*; *Zusammenbrüche*) *fig* derrumbamiento *m*, hundimiento *m*; *med* colapso *m*; *com* quiebra *f*; **~fallen** (*irr, sep, -ge-, sn,* → ***fallen***) hundirse; *zeitlich*: coincidir; **~fassen** (*sep, -ge-, h*) reunir; ***kurz*** ~ resumir; **Ձfassung** *f* (-; -*en*) resumen *m*; **Ձfluss** *m* confluencia *f*; **~fügen** (*sep, -ge-, h*) juntar; *tec a* ensamblar; **~gesetzt** compuesto; **Ձhang** *m* (-[*e*]*s*; *Zusammenhänge*) conexión *f*; (*Beziehung*) relación *f*; (*Text*) contexto *m*; ***in diesem*** ~ a este respecto; ***in*** ~ ***bringen mit*** relacionar con; **~hängen** (*irr, sep, -ge-, h,* → ***hängen***) estar unido (***mit*** a); estar relacionado (***mit*** con); **~hängend** coherente; **~klappbar** [-klapbaːr] plegable; **~kommen** (*irr, sep, -ge-, sn,* → ***kommen***) reunirse; *zu e-r Besprechung*: entrevistarse; *Umstände*: concurrir, coincidir; **Ձkunft** [-kunft] *f* (-; *Zusammenkünfte*) reunión *f*; (*Besprechung*) entrevista *f*; **~leben** (*sep, -ge-, h*) vivir juntos; (con)vivir (***mit j-m*** con alg); **Ձleben** *n* (-*s*; *sin pl*) vida *f* (en) comun; convivencia *f*; **~legen** (*sep, -ge-, h*) poner juntos; *Geld*: reunir; (*falten*) doblar, plegar; **~nehmen** (*irr, sep, -ge-, h,* → ***nehmen***) *Kräfte, Gedanken*: concentrar; ***s-n Mut*** ~ hacer acopio de valor; ***sich*** ~ contenerse, dominarse; **~passen** (*sep, -ge-, h*) *v/i* ir bien (***mit*** con); hacer juego; *a Personen*: armonizar; **~prallen** (*sep, -ge-, sn*) chocar, colisionar (*a fig*); **~rechnen** (*sep, -ge-, h*) sumar; **~reißen** (*irr, sep, -ge-, h,* → ***reißen***): ***sich*** ~ hacer un esfuerzo; **~schlagen** (*irr, sep, -ge-, h,* → ***schlagen***) *v/t* hacer pedazos, demoler; *j-n*: apalear; **~schließen** (*irr, sep, -ge-, h,* → ***schließen***): ***sich*** ~ unirse, asociarse; *pol, com* fusionarse; **Ձschluss** *m* (-*es*; *Zusammenschlüsse*) unión *f*, asociación *f*; fusión *f*; **~schrumpfen** (*sep, -ge-, sn*) encogerse, contraerse; *fig* disminuir; **~setzen** (*sep, -ge-, h*) juntar, (re)unir; *tec* montar, ensamblar; ***sich*** ~ sentarse juntos; ***sich*** ~ ***aus*** componerse de; **Ձsetzung** *f* composición *f*; **~stellen** (*sep, -ge-, h*) reunir, agrupar; componer (*a Menü*); *Daten*: compilar; *Programm*: organizar; *Liste*: hacer, confeccionar; **Ձstoß** *m* (-*es*; *Zusammenstöße*) choque *m*, colisión *f* (*a fig*); **~stoßen** (*irr, sep, -ge-, sn,* → ***stoßen***) chocar (*a fig*), entrar en colisión; *fig* tener un altercado; **~stürzen** (*sep, -ge-, sn*) hundirse, derrumbarse; **~treffen** (*irr, sep, -ge-, sn,* → ***treffen***) encontrarse, entrevistarse; *zeitlich*: coincidir; **Ձtreffen** *n* (-*s*; *sin pl*) encuentro *m*; coincidencia *f*; *v Umständen*: concurso *m*; **~treten** (*irr, sep, -ge-, sn,* → ***treten***) reunirse; **Ձtritt** *m* reunión *f*; **~zählen** (*sep, -ge-, h*) sumar; **~ziehen** (*irr, sep, -ge-,* → ***ziehen***) **1.** *v/t* (*h*) contraer; (*sammeln*) reunir; concentrar (*a mil*); ***sich*** ~ contraerse; **2.** *v/i* (*sn*) ir a vivir juntos

Zu|satz ['tsu:zats] *m* (-*es*; *Zusätze*) adición *f*, añadidura *f*; *quím* aditivo *m*; (*Nachtrag*) suplemento *m*; **Ձsätzlich** ['-zɛtsliç] adicional; suplementario; *adv* además

'zuschau|en (*sep, -ge-, h*) estar mirando; ser espectador (***bei*** de); **Ձer** *m* (-*s*;

-), ≈**erin** *f* (-; *-nen*) espectador(a) *m*(*f*); *pl* público *m*

'**zuschicken** enviar, mandar

'**Zuschlag** *m* (-[*e*]*s*; *Zuschläge*) *Auktion*, *Ausschreibung*: adjudicación *f*; (*Aufschlag*) recargo *m*, *a corr* sobretasa *f*; *a ferro* suplemento *m*; ≈**en** (*irr*, *sep*, *-ge-*, *h*, → ***schlagen***) **1.** *v/t* cerrar de golpe; *Auktion*, *Auftrag*: adjudicar; **2.** *v/i* pegar; *Tür*: cerrarse de golpe; ≈**pflichtig** sujeto a suplemento

'**zu|schließen** (*irr*, *sep*, *-ge-*, *h*, → ***schließen***) cerrar con llave; ~**schneiden** (*irr*, *sep*, *-ge-*, *h*, → ***schneiden***) cortar; ~**schreiben** (*irr*, *sep*, *-ge-*, *h*, → ***schreiben***) atribuir, imputar; ***zu~ sn*** ser debido a; ≈**schrift** *f* (-; *-en*) carta *f*; ~**schulden** [tsu'ʃuldən], *auch* **zu Schulden**: ***sich*** (*dat*) ***et*** (***nichts***) ~ ***kommen lassen*** (no) hacerse culpable de a/c (nada)

'**Zuschuss** ['tsu:ʃus] *m* (*-es*; *Zuschüsse*) ayuda *f*; *staatlich*: subvención *f*; ~**betrieb** *m* empresa *f* subvencionada *bzw* deficitaria

'**zusehen** (*irr*, *sep*, *-ge-*, *h*, → ***sehen***) *s* ***zuschauen***; ~**ds** a ojos vistas

'**zu|senden** (*irr*, *sep*, *-ge-*, *h*, → ***senden***) enviar, mandar; ~**setzen** (*sep*, *-ge-*, *h*) añadir; *Geld*: perder: ***j-m*** (***hart***) ~ apretar, acosar a alg

'**zusicher|n** (*sep*, *-ge-*, *h*) asegurar; ≈**ung** *f* (-; *-en*) seguridad *f*; promesa *f*

'**zu|spielen** (*sep*, *-ge-*, *h*) *Ball*: pasar; *fig* facilitar; ~**spitzen** (*sep*, *-ge-*, *h*): *fig* ***sich*** ~ agravarse, agudizarse

Zustand *m* (-[*e*]*s*; ⸚*e*) estado *m*; (*Lage*) situación *f*; ***in gutem*** ~ en buen estado

zustande [tsu'ʃtandə], *auch* **zu Stande**: ~ ***bringen*** llevar a cabo; ~ ***kommen*** realizarse, efectuarse

'**zuständig** ['tsu:ʃtɛndiç] competente; ≈**keit** *f* (-; *-en*) competencia *f*

'**zu|stehen** (*irr*, *sep*, *-ge-*, *h*, → ***stehen***) corresponder, incumbir a; ~**steigen** (*irr*, *sep*, *-ge-*, *sn*, → ***steigen***) subir (al tren, *etc*)

'**zustell|en** (*sep*, *-ge-*, *h*) entregar, enviar; *corr* repartir, distribuir; *jur* notificar; ≈**ung** *f* (-; *-en*) entrega *f*, envío *m*; *corr* reparto *m*, distribución *f*; *jur* notificación *f*

'**zustimm|en** (*sep*, *-ge-*, *h*) (*dat*) consentir (en); aprobar (*ac*); ~**end** afirmativo; ≈**ung** *f* (-; *sin pl*) consentimiento *m*, aprobación *f*

'**zustoßen** (*irr*, *sep*, *-ge-*, *sn*, → ***stoßen***) *v/i j-m*: suceder, pasar, ocurrir

Zutaten ['tsu:tɑ:tən] *f/pl gastr* ingredientes *m/pl*

'**zuteil|en** (*sep*, *-ge-*, *h*) asignar, adjudicar (***j-m et*** a/c a alg); *j-n*: agregar; ≈**ung** *f* (-; *-en*) asignación *f*; adjudicación *f*

'**zutragen** (*irr*, *sep*, *-ge-*, *h*, → ***tragen***) *fig* contar, delatar; ***sich*** ~ suceder, ocurrir

'**zutrau|en** (*sep*, *-ge-*, *h*): ***j-m et*** ~ creer a alg capaz de a/c; ***sich*** (*dat*) ***zu viel*** ~ excederse; ≈**en** *n* (*-s*; *sin pl*) confianza *f* (***zu*** en); ~**lich** confiado; *Kind*: cariñoso; *Tier*: manso

'**zutreffen** (*irr*, *sep*, *-ge-*, *h*, → ***treffen***) ser justo, ser verdad; ~ ***auf*** (*ac*) aplicarse a

'**Zutritt** *m* (-[*e*]*s*; *sin pl*) entrada *f*; acceso *m*; ~ ***verboten!*** ¡se prohibe la entrada!

'**zuverlässig** ['tsu:fɛr:lɛsiç] seguro; *Person*: formal; (digno) de confianza; *a tec* fiable; ≈**keit** *f* (-; *sin pl*) seguridad *f*; formalidad *f*; *a tec* fiabilidad *f*

'**Zuversicht** ['-fɛrziçt] *f* (-; *sin pl*) confianza *f*; ≈**lich** confiado, lleno de confianza

zuviel → ***zu***

zu'vor antes, primero

zu'vorkommen (*irr*, *sep*, *-ge-*, *sn*, → ***kommen***) *j-m*: adelantarse a; *e-r Gefahr*: prevenir (*ac*); ~**d** atento, solícito (***gegen*** con)

Zuwachs ['tsu:vaks] *m* (*-es*; *sin pl*) aumento *m*, incremento *m* (***an*** *dat* de); crecimiento *m*

zu'weilen [tsu'vaɪlən] a veces

'**zuweis|en** ['tsu:-] (*irr*, *sep*, *-ge-*, *h*, → ***weisen***) asignar, señalar; ≈**ung** *f* (-; *-en*) asignación *f*

'**zuwend|en** (*irr*, *sep*, *-ge-*, *h*, → ***wenden***) (*dat*) volver hacia; ***sich*** ~ dirigirse a; *fig* dedicarse a; ≈**ung** *f* (-; *-en*) donativo *m*; *jur* donación *f*

zuwenig → ***zu***

zuwerfen ['tsu:vɛrfən] (*irr*, *sep*, *-ge-*, *h*, → ***werfen***) *Blick*: lanzar, echar; *Ball*: tirar, pasar; *Tür*: cerrar de golpe; *Graben*: cegar

zu'wider [tsu'vi:dər]: ***er ist mir*** ~ me es antipático; ***es ist mir*** ~ me repugna; lo detesto; ≈**handlung** *f* (-; *-en*) contravención *f*, infracción *f*

'**zu|winken** ['tsu:viŋkən] hacer señas (***j-m*** a alg); ~**ziehen** (*irr*, *sep*, *-ge-*, →

ziehen) **1.** *v/t* (*h*) *Vorhang*: correr; (*fest* ~) apretar; ***sich*** (*dat*) ~ *Krankheit*: contraer; **2.** *v/i* (*sn*) establecerse; **~züglich** ['-tsy:kliç] (*gen*) más (*ac*)

zw. ***zwischen*** entre

Zwang [tsvaŋ] *m* (-[*e*]*s*; ⸗*e*) (*Gewalt*) fuerza *f*, violencia *f*; (*Druck*) presión *f*; *moralischer*: obligación *f*; *stärker*: coacción *f*; *jur* coerción *f*

zwanglos ['tsvaŋlo:s] *fig* informal; sin cumplidos

'Zwangs|jacke *f* camisa *f* de fuerza; **⁀läufig** *adv* forzosamente, a la *od* por fuerza; **~maßnahme** *f* medida *f* coercitiva; **~umtausch** *m* cambio *m* obligatorio (de divisas); **~versteigerung** *f* subasta *f* forzosa; **~vollstreckung** *f* ejecución *f* forzosa; **⁀weise** por (*od* a la) fuerza

'zwanzig ['tsvantsiç] veinte; ***etwa*** ~ una veintena; **~ste** vigésimo; **⁀stel** *n* (-*s*; -) veintavo *m*

zwar [tsva:r] en verdad; es cierto *od* verdad que; ***und*** ~ es decir, a saber

Zweck [tsvɛk] *m* (-[*e*]*s*; -*e*) fin *m*; finalidad *f*; (*Absicht*) intención *f*; (*Ziel*) objetivo *m*; objeto *m*; ***zu diesem*** ~ con este fin; ***zu welchem*** ~***?*** ¿para qué?; ***keinen*** ~ ***haben*** ser inútil; **'~e** *f* (-; -*n*) (*Reiß*⁀) chincheta *f*; **'⁀los** inútil; **'⁀mäßig** conveniente, oportuno; apropiado; **⁀s** (*gen*) con el fin (*od* objeto) de, para (*inf*)

zwei [tsvaɪ] **1.** dos; **2.** ⁀ *f* (-; -*en*) dos *m*; **'⁀bettzimmer** *n* habitación *f* de dos camas; **~deutig** ['-dɔʏtiç] equívoco, ambiguo; **'⁀deutigkeit** *f* doble sentido *m*, ambigüedad *f*; **~erlei** ['-ər'laɪ] de dos clases; ***das ist*** ~ son dos cosas distintas; **'~fach** doble; ***in*** **~*er Ausfertigung*** por duplicado

'Zweifel ['-fəl] *m* (-*s*; -) duda *f*; ***ohne*** ~ sin duda alguna; **⁀haft** dudoso; (*ungewiss*) incierto; (*verdächtig*) sospechoso; **⁀los** indudable; *adv* sin duda alguna; **⁀n** (*ge*-, *h*) dudar (***an*** *dat* de); **~sfall** *m*: ***im*** ~ en caso de duda

Zweig [tsvaɪk] *m* (-[*e*]*s*; -*e*) ramo *m*; rama *f* (*beide a fig*)

zweigleisig ['tsvaɪglaɪziç] de vía doble

'Zweigstelle ['tsvaɪk-] *f* sucursal *f*; agencia *f* (urbana); **~nleiter** *m*, **~nleiterin** *f* director(a) *m*(*f*) de la sucursal

'zwei|händig *mus* ['tsvaɪhɛndiç] a dos manos; **~'hundert** doscientos; **~jährig** ['-jɛ:riç] de dos años; bienal; **⁀kampf** *m* duelo *m*; **~mal** dos veces; ~ ***monatlich*** (***wöchentlich***) ***erscheinend*** bimensual (bisemanal); **~motorig** ['-mo-to:riç] bimotor; **⁀reiher** *m* traje *m* cruzado; **~schneidig** de dos filos (*a fig*); **~seitig** ['-zaɪtiç] bilateral; **⁀sitzer** ['-zitsər] *m* coche *m* de dos asientos; **~sprachig** ['-ʃpra:xiç] bilingüe; **~stöckig** ['-ʃtœkiç] de dos pisos; **~stündig** ['-ʃtyndiç] de dos horas; **~t** [tsvaɪt]: ***zu*** ~ dos a dos; de dos en dos; **⁀taktmotor** *m* motor *m* de dos tiempos; **~'tausend** dos mil; **~te** segundo; ***jeden*** **~*n Tag*** un día sí y otro no; **~teilig** de dos partes; *Kleid*: de dos piezas; **~tens** en segundo lugar; **⁀twohnung** *f* segunda residencia *f*

Zwerchfell *anat* ['tsvɛrçfɛl] *n* diafragma *m*

Zwerg [tsvɛrk] *m* (-[*e*]*s*; -*e*) enano *m* (*a fig*)

Zwetsch(g)e ['tsvɛtʃ(g)ə] *f* (-; -*n*) ciruela *f*

zwicken ['tsvikən] (*ge*-, *h*) pellizcar

Zwieback ['tsvi:bak] *m* (-*s*; -*e*) bizcocho *m* (seco)

'Zwiebel ['-bəl] *f* (-; -*n*) cebolla *f*; (*Blumen*⁀) bulbo *m*; **~suppe** *f* sopa *f* de cebolla

'Zwie|licht *n* (-[*e*]*s*; *sin pl*) media luz *f*; ***im*** ~ entre dos luces; **~tracht** *f* (-; *sin pl*) discordia *f* (***säen, stiften*** sembrar)

'Zwilling ['-liŋ] *m* (-*s*; -*e*) gemelo *m*, mellizo *m*; *astr* **~e** Géminis *m*; **~sbruder** *m* hermano *m* gemelo

'zwing|en ['tsviŋən] (*zwang*, *gezwungen*, *h*) obligar, *stärker*: forzar (***zu*** a); ***sich*** ~ forzarse (***zu*** a), hacer un esfuerzo (para); ***sich gezwungen sehen zu*** verse obligado a; **~end** obligatorio, forzoso; *Grund*: concluyente

zwinkern ['tsviŋkərn] (*ge*-, *h*): ***mit den Augen*** ~ guiñar los ojos

Zwirn [tsvirn] *m* (-*s*; -*e*) hilo *m*

'zwischen ['tsviʃən] entre; **⁀...**: *in Zssgn oft* intermediario; intermedio; **⁀aufenthalt** *m* parada *f*; escala *f*; **⁀deck** *mar n* entrepuente *m*; **~'durch** *zeitlich*: entretanto; *et* ~ ***essen*** comer entre horas; **⁀fall** *m* incidente *m*; **⁀geschoss**, *österr* **⁀geschoß** *arqu n* entresuelo *m*; **⁀handel** *m* comercio *m* intermediario; **~landen** (*sep*, -*ge*-, *sn*) *avia* hacer escala; **⁀landung** *avia f* escala *f*; ♀**raum** *m* espacio *m*; *zeitlich*: intervalo *m*; ♀**runde** *f dep* semifinal *f*; **~staatlich** internacional; ♀**stock** *m* entresuelo *m*; ♀**zeit** *f* intervalo *m*; ***in der ~*** entretanto, mientras tanto; **~zeitlich** interino, provisional

Zwist [tsvist] *m* (-[*e*]*s*; -*e*) discordia *f*; controversia *f*; desavenencia *f*

zwitschern ['tsvitʃərn] (*ge*-, *h*) gorjear, trinar

zwölf [tsvœlf] **1.** doce; ***~ Stück*** una docena; **2.** ♀ *f* (-; -*en*) doce *m*; ♀'**fingerdarm** *m* duodeno *m*; '**~te** duodécimo; '♀**tel** *n* (-*s*; -) dozavo *m*

Zyankali [tsyan'kɑːli] *n* (-*s*; *sin pl*) cianuro *m* de potasio

zyklisch ['tsyːkliʃ] cíclico

Zyklon [tsy'kloːn] *m* (-*s*; -*e*) ciclón *m*

Zyklus ['tsyːklus] *m* (-; *Zyklen*) ciclo *m*

Zy'linder [tsi'lindər] *m* (-*s*; -) *tec* cilindro *m*; (*Hut*) sombrero *m* de copa; **~kopf** *auto m* culata *f*

'**Zyn|iker** ['tsyːnikər] *m* (-*s*; -), **~ikerin** *f* (-; -*nen*) cínico *m*, -a *f*; ♀**isch** cínico; **~ismus** [tsy'nismus] *m* (-; *Zynismen*) cinismo *m*

Zypern ['tsyːpərn] *n* Chipre *m*

Zypresse *bot* [tsy'prɛsə] *f* (-; -*n*) ciprés *m*

Zyste *med* ['tsystə] *f* (-; -*en*) quiste *m*

zz(t)., **z. Zt.** ***zur Zeit*** actualmente

Apéndice

Die Konjugation der spanischen Verben

In den folgenden Konjugationsmustern sind die Stämme mit gewöhnlicher, die Endungen mit kursiver Schrift gedruckt. Unregelmäßigkeiten sind durch **fette** Schrift kenntlich gemacht.

Anweisung für die Bildung der Zeiten

Aus den nachstehenden Stammformen lassen sich folgende Ableitungen* bilden:

Stammformen	Ableitungen
I. Aus dem **Presente de Indicativo,** und zwar der 3. Pers. *sg.* (mand*a*, vend*e*, recib*e*)	**1.** der **Imperativo** 2. Pers. *sg.* (¡mand*a*! ¡vend*e*!, ¡recib*e*!)
II. Aus dem **Presente de subjuntivo,** und zwar der 2. und 3. Pers. *sg.* und dem ganzen *pl.* (mand*es*, mand*e*, mand*emos*, mand*éis*, mand*en* – vend*as*, vend*a*, vend*amos*, vend*áis*, vend*an* – recib*as*, recib*a*, recib*amos*, recib*áis*, recib*an*)	**2.** der **Imperativo** 1. Pers. *pl.*, 3. Person *sg.* und *pl.*, sowie die v e r n e i n t e 2. Person *sg.* u. *pl.* (no mand*es*, mand*e* Vd., mand*emos*, no mand*éis*, mand*en* Vds. – no vend*as*, vend*a* Vd., vend*amos*, no vend*áis*, vend*an* Vds. – no recib*as* usw.)
III. Aus dem **Pretérito Indefinido,** und zwar der 3. Person *pl.* (mand*aron*, vend*ieron*, recib*ieron*)	**3.** der **Imperf. de subj. I** durch Verwandlung von ...ron in ...*ra* (mand*ara*, vend*iera*, recib*iera*) **4.** der **Imperf. de subj. II** durch Verwandlung von ...ron in ...*se* (mand*ase*, vend*iese*, recib*iese*) **5.** der **Futuro de subj.** durch Verwandlung von ...ron in ...*re* (mand*are*, vend*iere*, recib*iere*)
IV. Aus dem **Infinitivo** (mand*ar*, vend*er*, recib*ir*)	**6.** der **Imperativo** 2. Person *pl.* durch Verwandlung von ...r in ...*d* (mand*ad*, vend*ed*, recib*id*) **7.** der **Gerundio** durch Verwandlung von ...ar in ...*ando*, von ...er und ...ir in ...*iendo* (zuweilen ...*yendo*) (mand*ando*, vend*iendo*, recib*iendo*) **8.** der **Futuro** durch Anhängen der Endung des *Pres.* von haber (mand*aré*, vend*eré*, recib*iré*) **9.** der **Condicional** durch Anhängen der Endungen des *Imperf.* von haber (mand*aria*, vend*eria*, recib*iria*)
V. Aus dem Participio (mand*ado*, vend*ido*, recib*ido*)	**10.** alle **zusammengesetzten Zeiten** durch Vorsetzung einer Form von haber oder ser.

---

* Diese Regeln entsprechen nur teilweise den sprachgeschichtlichen Zusammenhängen; sie sind als p r a k t i s c h e Hinweise für die Bildung der Zeiten zu verstehen.

Erste Konjugation

1 a mandar. Der Stamm bleibt in Schrift und Aussprache unverändert.

Einfache Zeiten

Indicativo

	Presente		*Imperfecto*		*Pretérito indefinido*
sg.	mand*o*	*sg.*	mand*aba*	*sg.*	mand*é*
	mand*as*		mand*abas*		mand*aste*
	mand*a*		mand*aba*		mand*ó*
pl.	mand*amos*	*pl.*	mand*ábamos*	*pl.*	mand*amos*
	mand*áis*		mand*abais*		mand*asteis*
	mand*an*		mand*aban*		mand*aron*

	Futuro		*Condicional*
sg.	mandar*é*	*sg.*	mandar*ía*
	mandar*ás*		mandar*ías*
	mandar*á*		mandar*ía*
pl.	mandar*emos*	*pl.*	mandar*íamos*
	mandar*éis*		mandar*íais*
	mandar*án*		mandar*ían*

Subjuntivo

	Presente		*Imperfecto I*		*Imperfecto II*
sg.	mand*e*	*sg.*	mand*ara*	*sg.*	mand*ase*
	mand*es*		mand*aras*		mand*ases*
	mand*e*		mand*ara*		mand*ase*
pl.	mand*emos*	*pl.*	mand*áramos*	*pl.*	mand*ásemos*
	mand*éis*		mand*arais*		mand*aseis*
	mand*en*		mand*aran*		mand*asen*

	Futuro		**Imperativo**
sg.	mand*are*	*sg.*	–
	mand*ares*		mand*a* (no mand*es)*
	mand*are*		mand*e* Vd.
pl.	mand*áremos*	*pl.*	mand*emos*
	mand*areis*		mand*ad (*no mand*éis)*
	mand*aren*		mand*en* Vds.

Infinitivo: mand*ar* **Gerundio:** mand*ando* **Participio:** mand*ado*

Zusammengesetzte Zeiten

1. Im Aktiv

(Durch Vorsetzung von haber vor unveränderliches *Part.)*

Infinitivo

perfecto: haber mand*ado*

Gerundio

perfecto: habiendo mand*ado*

Indicativo

pretérito perf.: he mand*ado*
pluscuamp: había mand*ado*
pret. anterior: hube mand*ado*
futuro perf.: habré mand*ado*
cond. perf.: habría mand*ado*

Subjuntivo

pretérito perf.: haya mand*ado*
pluscuamp: { *hubiera* mand*ado* / *hubiese* mand*ado* }
fut. perf.: hubiere mand*ado*

2. Im Passiv

(Durch Vorsetzen von ser [und haber] vor veränderliches *Part.)*

Infinitivo

presente: ser mand*ado* usw.
perfecto: haber sido mand*ado*

Gerundio

presente: siendo mand*ado*
perf.: habiendo sido mand*ado*

Indicativo

presente: soy mand*ado*
imperf.: era mand*ado*
pret. indef.: fui mand*ado*
pret. perf.: he sido mand*ado*
pluscp.: había sido mand*ado*
pret. ant.: hube sido mand*ado*
futuro: seré mand*ado*
fut. perf.: habré sido mand*ado*
condicional: sería mand*ado*
cond. pf.: habría sido mand*ado*

Subjuntivo

presente: sea mand*ado*
imperfecto: { *fuera* mand*ado* / *fuese* mand*ado* }
perf.: haya sido mand*ado*
pluscp.: { *hubiera sido* mand*ado* / *hubiese sido* mand*ado* }
futuro: fuere mand*ado*
fut. perf.: hubiere sido mand*ado*

Infinitivo	Presente de ind.	Presente de subj.	Pretérito indefinido
1b **cambiar.** Ebenso alle Verben auf *...iar,* soweit sie nicht wie *variar* (1c) gebildet werden	camb*io* camb*ias* camb*ia* camb*iamos* camb*iáis* camb*ian*	camb*ie* camb*ies* camb*ie* camb*iemos* camb*iéis* camb*ien*	camb*ié* camb*iaste* camb*ió* camb*iamos* camb*iasteis* camb*iaron*
1c **variar.** Das *i* wird in den stammbetonten Formen mit Akzent versehen	var**í***o* var**í***as* var**í***a* vari*amos* vari*áis* var**í***an*	var**í***e* var**í***es* var**í***e* vari*emos* vari*éis* var**í***en*	vari*é* vari*aste* vari*ó* vari*amos* vari*asteis* vari*aron*
1d **evacuar.** Ebenso alle Verben auf *...uar,* soweit sie nicht wie *acentuar* (1e) gebildet werden	evacu*o* evacu*as* evacu*a* evacu*amos* evacu*áis* evacu*an*	evacu*e* evacu*es* evacu*e* evacu*emos* evacu*éis* evacu*en*	evacu*é* evacu*aste* evacu*ó* evacu*amos* evacu*asteis* evacu*aron*
1e **acentuar.** Das *u* wird in den stammbetonten Formen mit Akzent versehen	acent**ú***o* acent**ú***as* acent**ú***a* acentu*amos* acentu*áis* acent**ú***an*	acent**ú***e* acent**ú***es* acent**ú***e* acentu*emos* acentu*éis* acent**ú***en*	acentu*é* acentu*aste* acentu*ó* acentu*amos* acentu*asteis* acentu*aron*
1f **cruzar.** Der Stammauslaut *z* wird *c* vor *e.* Ebenso alle Verben auf *...zar*	cruz*o* cruz*as* cruz*a* cruz*amos* cruz*áis* cruz*an*	cru**c***e* cru**c***es* cru**c***e* cru**c***emos* cru**c***éis* cru**c***en*	cru**c***é* cruz*aste* cruz*ó* cruz*amos* cruz*asteis* cruz*aron*

	Infinitivo	Presente de ind.	Presente de subj.	Pretérito indefinido
1 g	**tocar.** Der Stammauslaut *c* wird *qu* vor *e*. Ebenso alle Verben auf *...car*	toc*o* toc*as* toc*a* toc*amos* toc*áis* toc*an*	to**qu***e* to**qu***es* to**qu***e* to**qu***emos* to**qu***éis* to**qu***en*	to**qu***é* toc*aste* toc*ó* toc*amos* toc*asteis* toc*aron*
1 h	**pagar.** Der Stammauslaut *g* wird *gu* (*u* stumm!) vor *e*. Ebenso alle Verben auf *...gar*	pag*o* pag*as* pag*a* pag*amos* pag*áis* pag*an*	pa**gu***e* pa**gu***es* pa**gu***e* pa**gu***emos* pa**gu***éis* pa**gu***en*	pa**gu***é* pag*aste* pag*ó* pag*amos* pag*asteis* pag*aron*
1 i	**fraguar.** Der Stammauslaut *gu* wird *gü* (*u* mit Trema lautend) vor *e*. Ebenso alle Verben auf *...guar*	frag*uo* frag*uas* frag*ua* frag*uamos* frag*uáis* frag*uan*	fra**gü***e* fra**gü***es* fra**gü***e* fra**gü***emos* fra**gü***éis* fra**gü***en*	fra**gü***é* frag*uaste* frag*uó* frag*uamos* frag*uasteis* frag*uaron*
1 k	**pensar.** Betontes Stamm-*e* wird *ie*	p**ie**ns*o* p**ie**ns*as* p**ie**ns*a* pens*amos* pens*áis* p**ie**ns*an*	p**ie**ns*e* p**ie**ns*es* p**ie**ns*e* pens*emos* pens*éis* p**ie**ns*en*	pens*é* pens*aste* pens*ó* pens*amos* pens*asteis* pens*aron*
1 l	**errar.** Betontes Stamm-*e* wird (weil es am Anfang des Wortes steht) *ye*	**ye**rr*o* **ye**rr*as* **ye**rr*a* err*amos* err*áis* **ye**rr*an*	**ye**rr*e* **ye**rr*es* **ye**rr*e* err*emos* err*éis* **ye**rr*en*	err*é* err*aste* err*ó* err*amos* err*asteis* err*aron*
1 m	**contar.** Betontes Stamm-*o* wird *ue* (*u* lautend!)	c**ue**nt*o* c**ue**nt*as* c**ue**nt*a* cont*amos* cont*áis* c**ue**nt*an*	c**ue**nt*e* c**ue**nt*es* c**ue**nt*e* cont*emos* cont*éis* c**ue**nt*en*	cont*é* cont*aste* cont*ó* cont*amos* cont*asteis* cont*aron*
1 n	**agorar.** Betontes Stamm-*o* wird zu *üe* (*u* mit Trema lautend!)	a**güe**r*o* a**güe**r*as* a**güe**r*a* agor*amos* agor*áis* a**güe**r*an*	a**güe**r*e* a**güe**r*es* a**güe**r*e* agor*emos* agor*éis* a**güe**r*en*	agor*é* agor*aste* agor*ó* agor*amos* agor*asteis* agor*aron*
1 o	**jugar.** Betontes Stamm-*u* wird *ue*; Stammauslaut *g* wird vor *e* zu *gu*: s. (1 h); *conjugar, enjugar* und *enjugarse* sind regelmäßig	j**ue**g*o* j**ue**g*as* j**ue**g*a* jug*amos* jug*áis* j**ue**g*an*	j**ue**g**u***e* j**ue**g**u***es* j**ue**g**u***e* jug**u***emos* jug**u***éis* j**ue**g**u***en*	jug**u***é* jug*aste* jug*ó* jug*amos* jug*asteis* jug*aron*

Infinitivo	Presente de ind.	Presente de subj.	Pretérito indefinido
1p **estar.** *Pres. de ind.* 1. Pers. *sg.* auf ...*oy*, sonst regelm., aber mit betontem *a*; der *Pres. de subj.* hat durchweg betontes Endungs-*e*; *Pret. indef.* usw. wie (2l). Sonst regelmäßig	esto**y** est**á***s* est**á** est*amos* est*áis* est**á***n*	est**é** est**é***s* est**é** est*emos* est*éis* est**é***n*	est**uve** est**uvi***ste* est**uvo** est**uvi***mos* est**uvi***steis* est**uvie***ron*
1q **andar.** *Pret. indef.* und Ableitungen in Angleichung an *estar* wie (2l); sonst regelmäßig	and*o* and*as* and*a* and*amos* and*áis* and*an*	and*e* and*es* and*e* and*emos* and*éis* and*en*	and**uve** and**uvi***ste* and**uvo** and**uvi***mos* and**uvi***steis* and**uvie***ron*
1r **dar.** *Pres. de ind.* 1. Pers. *sg.* auf ...*oy*, sonst regelm. *Pres. de subj.* 1. u. 3. Pers. *sg.* mit Akzent. *Pret. indef.* usw. nach der zweiten regelm. Konjugation. Sonst regelmäßig	d**oy** d*as* d*a* d*amos* d*áis* d*an*	d**é** d*es* d**é** d*emos* d*éis* d*en*	d**i** d**i***ste* d**i***o* d**i***mos* d**i***steis* d**ie***ron*

Zweite Konjugation

2a vender. Der Stamm bleibt in Schrift und Aussprache unverändert.

Einfache Zeiten

Indicativo

	Presente		*Imperfecto*		*Pretérito idefinido*
sg.	vend*o*	*sg.*	vend*ía*	*sg.*	vend*í*
	vend*es*		vend*ías*		vend*iste*
	vend*e*		vend*ía*		vend*ió*
pl.	vend*emos*	*pl.*	vend*íamos*	*pl.*	vend*imos*
	vend*éis*		vend*íais*		vend*isteis*
	vend*en*		vend*ían*		vend*ieron*

	Futuro		*Condicional*
sg.	vend*eré*	*sg.*	vend*ería*
	vend*erás*		vend*erías*
	vend*erá*		vend*ería*
pl.	vend*eremos*	*pl.*	vend*eríamos*
	vend*eréis*		vend*eríais*
	vend*erán*		vend*erían*

Subjuntivo

	Presente		*Imperfecto I*		*Imperfecto II*
sg.	vend*a*	*sg.*	vend*iera*	*sg.*	vend*iese*
	vend*as*		vend*ieras*		vend*ieses*
	vend*a*		vend*iera*		vend*iese*
pl.	vend*amos*	*pl.*	vend*iéramos*	*pl.*	vend*iésemos*
	vend*áis*		vend*ierais*		vend*ieseis*
	vend*an*		vend*ieran*		vend*iesen*

	Futuro		**Imperativo**
sg.	vend*iere*	*sg.*	–
	vend*ieres*		vend*e* (no ...*as)*
	vend*iere*		vend*a* Vd.
pl.	vend*iéremos*	*pl.*	vend*amos*
	vend*iereis*		vend*ed (*no ...*áis)*
	vend*ieren*		vend*an* Vds.

Infinitivo: vend*er* **Gerundio:** vend*iendo* **Participio:** vend*ido*

Zusammengesetzte Zeiten: Vom *Participio* mithilfe von *haber* und *ser*; *s.* (1 a)

Infinitivo	Presente de ind.	Presente de subj.	Pretérito indefinido
2b **vencer.** Der Stammauslaut *c* wird *z* vor *a* und *o*. Ebenso alle Verben auf ...*cer* mit vorhergehendem Konsonanten	ven**z***o* vence*s* vence vence*mos* venc*éis* vence*n*	ven**z***a* ven**z***as* ven**z***a* ven**z***amos* ven**z***áis* ven**z***an*	venc*í* venc*iste* venc*ió* venc*imos* venc*isteis* venc*ieron*
2c **coger.** Der Stammauslaut *g* wird *j* vor *a* und *o*. Ebenso alle Verben auf ...*ger*	co**j***o* coge*s* coge coge*mos* cog*éis* coge*n*	co**j***a* co**j***as* co**j***a* co**j***amos* co**j***áis* co**j***an*	cog*í* cog*iste* cog*ió* cog*imos* cog*isteis* cog*ieron*
2d **merecer.** Der Stammauslaut *c* wird *zc* vor *a* und *o*	mere**zc***o* merece*s* merece merece*mos* merec*éis* merece*n*	mere**zc***a* mere**zc***as* mere**zc***a* mere**zc***amos* mere**zc***áis* mere**zc***an*	merec*í* merec*iste* merec*ió* merec*imos* merec*isteis* merec*ieron*
2e **creer.** Unbetontes *i* zwischen zwei Vokalen wird *y* Participio: *creído* Gerundio: *creyendo*	cre*o* cree*s* cree cree*mos* cre*éis* cree*n*	cre*a* cre*as* cre*a* cre*amos* cre*áis* cre*an*	cre*í* cre*íste* cre**y***ó* cre*ímos* cre*ísteis* cre**y***eron*
2f **tañer.** Unbetontes *i* nach *ñ* und *ll* fällt aus; vgl. (3h) Gerundio: *tañendo*	tañ*o* tañe*s* tañe tañe*mos* tañ*éis* tañe*n*	tañ*a* tañ*as* tañ*a* tañ*amos* tañ*áis* tañ*an*	tañ*í* tañ*iste* ta**ñó** tañ*imos* tañ*isteis* ta**ñe***ron*

	Infinitivo	Presente de ind.	Presente de subj.	Pretérito indefinido
2g	**perder.** Betontes Stamm-*e* wird *ie*; ebenso viele Verben	pierdo pierdes pierde perdemos perdéis pierden	pierda pierdas pierda perdamos perdáis pierdan	perdí perdiste perdió perdimos perdisteis perdieron
2h	**mover.** Betontes Stamm-*o* wird *ue*. Die Verben auf ...*olver* haben im *Participio ... uelto*	muevo mueves mueve movemos movéis mueven	mueva muevas mueva movamos mováis muevan	moví moviste movió movimos movisteis movieron
2i	**oler.** Betontes Stamm-*o* wird (wenn es am Anfang des Wortes steht) *hue...*	huelo hueles huele olemos oléis huelen	huela huelas huela olamos oláis huelan	olí oliste olió olimos olisteis olieron
2k	**haber.** Unregelmäßig in vielen Formen. Im *Fut.* u. *Cond.* fällt *e* hinter dem Stamm *hab...* aus Futuro: *habré* Imperativo: *2. Pers. sg. he*	he has ha hemos habéis han	haya hayas haya hayamos hayáis hayan	hube hubiste hubo hubimos hubisteis hubieron
2l	**tener.** Unregelmäßig in den meisten Formen. Im *Futuro* und *Cond.* Ausfall des dem Stamm folgenden *e* und Einfügung von *d* Futuro: *tendré* Imperativo: *2. Pers. sg. ten*	tengo tienes tiene tenemos tenéis tienen	tenga tengas tenga tengamos tengáis tengan	tuve tuviste tuvo tuvimos tuvisteis tuvieron
2m	**caber.** Unregelmäßig in vielen Formen. Im *Fut.* u. *Cond.* fällt das dem Stamm folgende *e* aus Futuro: *cabré*	quepo cabes cabe cabemos cabéis caben	quepa quepas quepa quepamos quepáis quepan	cupe cupiste cupo cupimos cupisteis cupieron
2n	**saber.** Unregelmäßig in vielen Formen. Im *Fut.* u. *Cond.* fällt das dem Stamm folgende *e* aus Futuro: *sabré*	sé sabes sabe sabemos sabéis saben	sepa sepas sepa sepamos sepáis sepan	supe supiste supo supimos supisteis supieron
2o	**caer.** Im *Pres.* Einschiebung von ...*ig* hinter dem Stamm. Unbetontes *i* zwischen Vokalen geht wie bei (2e) in *y* über Participio: *caído* Gerundio: *cayendo*	caigo caes cae caemos caéis caen	caiga caigas caiga caigamos caigáis caigan	caí caíste cayó caímos caísteis cayeron

	Infinitivo	Presente de ind.	Presente de subj.	Pretérito indefinido
2p	**traer.** Im *Pres.* Einschiebung von *...ig...* hinter dem Stamm. Endung des *Pret. indef. ...je.* Im *Gerundio* Übergang von *i* in *y* Participio: *traido* Gerundio: *trayendo*	traigo traes trae traemos traéis traen	traiga traigas traiga traigamos traigáis traigan	traje trajiste trajo trajimos trajisteis trajeron
2q	**valer.** Im *Pres.* Einschiebung von *...g...* hinter dem Stamm. Im *Futuro* u. *Cond.* Ausfall des dem Stamm folgenden *e* und Einführung von *...d...* Futuro: *valdré*	valgo vales vale valemos valéis valen	valga valgas valga valgamos valgáis valgan	valí valiste valió valimos valisteis valieron
2r	**poner.** Im *Pres.* Einfügung von *...g...* Unregelm. im *Pret. indef.* u. *Part.* Im *Futuro* u. *Cond.* Ausfall des dem Stamm folgenden *...e...* und Einfügung von *...d...* Futuro: *pondré* Participio: *puesto* Imperativo: *2. Pers. sg. pon*	pongo pones pone ponemos ponéis ponen	ponga pongas ponga pongamos pongáis pongan	puse pusiste puso pusimos pusisteis pusieron
2s	**hacer.** Im *Pres.* in der 1. Person des *Ind.* und im *Subj. g* für *c.* Unregelmäßig im *Pret. indef.* u. *Part.* Im *Fut.* u. *Cond.* Ausfall von *ce.* Im *Imperativo sg.* reiner Stamm unter Verwandlung von *...c* in *...z* Futuro: *haré* Imperativo: *2. Pers. sg. haz* Participio: *hecho*	hago haces hace hacemos hacéis hacen	haga hagas haga hagamos hagáis hagan	hice hiciste hizo hicimos hicisteis hicieron
2t	**poder.** Betontes Stamm-*o* geht (im *Pres.* u. im *Imper.*) in *...ue...* über. Unregelm. Im *Pret. indef.* u. *Gerundio.* Im *Fut.* u. *Cond.* Ausfall des dem Stamm folgenden *e* Futuro: *podré* Gerundio: *pudiendo*	puedo puedes puede podemos podéis pueden	pueda puedas pueda podamos podáis puedan	pude pudiste pudo pudimos pudisteis pudieron
2u	**querer.** Betontes Stamm-*e* geht (im *Pres.* u. im *Imper.*) in *ie* über. Unregelmäßig im *Pret. indef.* Im *Futuro* und *Cond.* Ausfall des dem Stamm folgenden *e* Futuro: *querré*	quiero quieres quiere queremos queréis quieren	quiera quieras quiera queramos queráis quieran	quise quisiste quiso quisimos quisisteis quisieron
2v	**ver.** *Pres. de ind.* 1. Pers. *sg., Pres. de subj.* und *Impf.* vom Stamm *ve...*, sonst regelm. vom verkürzten Stamm *v...* Unregelmäßig im *Participio* Participio: *visto*	veo ves ve vemos veis ven	vea veas vea veamos veáis vean	vi viste vio vimos visteis vieron

	Infinitivo	Presente de ind.	Presente de subj.	Imperf. de ind.	Pretérito indefinido
2w	**ser.** Ganz unregelmäßig, da verschiedene Stämme miteinander abwechseln Participio: *sido* Imperativo: *2. Pers. sg. sé* *2. Pers. pl. sed*	**soy** **er***es* **es** **so***mos* **so***is* **so***n*	se*a* se*as* se*a* se*amos* se*áis* se*an*	**er***a* **er***as* **er***a* **ér***amos* **er***ais* **er***an*	**fu***i* **fu***iste* **fue** **fu***imos* **fu***isteis* **fu***eron*

2x **placer.** Fast nur in der 3. Person *sg.* gebräuchlich. Unregelmäßige Formen: *Pres. de subj. pl***eg***a* und *pl***egue** *neben plazca; Pret. indef. pl***ugo** (oder *plació),* *pl***ugu***ieron* (oder *placieron); Imperf. de subj. pl***ugu***iera, pl***ugu***iese* (oder *placiera, placiese); Futuro de sub. pl***ugu***iere* (oder *placiere).*

2y **yacer.** Namentlich auf Grabschriften, daher vornehmlich in der 3. Person gebräuchlich. Im *Presente de ind.* 1. Person *sg.* und im *Pres. de subj.* drei Nebenformen. *Imper.* regelmäßig; daneben reiner Stamm mit Verwandlung von *c* in *z. Pres. de ind.: ya***zc***o, ya***zg***o, ya***g***o; yaces* usw.; *Pres. de subj.: ya***zc***a, ya***zg***a, ya***g***a* usw.; *Imperativo yace* und *ya***z**.

2z **raer.** *Pres. de ind.* 1. Person *sg.* und *Pres. de subj.* zeigen neben den weniger gebräuchlichen regelmäßigen Formen solche mit Einschiebungen von *...ig...* wie (2o): *ra***ig***o, ra***ig***a;* daneben *ra***y***o, ra***y***a* (weniger gebräuchlich). Sonst regelmäßig.

2za **roer.** *Pres. de ind.* 1. Person *sg.* und *Pres. de subj.* zeigen neben den regelmäßigen Formen weniger gebräuchliche: *ro***ig***o, ro***ig***a; ro***y***o, ro***y***a.*

Dritte Konjugation

3a **recibir.** Der Stamm bleibt in Schrift und Aussprache unverändert.

Einfache Zeiten

Indicativo

	Presente		*Imperfecto*		*Pretérito idefinido*
sg.	recib*o*	*sg.*	recib*ía*	*sg.*	recib*í*
	recib*es*		recib*ías*		recib*iste*
	recib*e*		recib*ía*		recib*ió*
pl.	recib*imos*	*pl.*	recib*íamos*	*pl.*	recib*imos*
	recib*ís*		recib*íais*		recib*isteis*
	recib*en*		recib*ían*		recib*ieron*

	Futuro		*Condicional*
sg.	recibir*é*	*sg.*	recibir*ía*
	recibir*ás*		recibir*ías*
	recibir*á*		recibir*ía*
pl.	recibir*emos*	*pl.*	recibir*íamos*
	recibir*éis*		recibir*íais*
	recibir*án*		recibir*ían*

Subjuntivo

	Presente		*Imperfecto I*		*Imperfecto II*
sg.	recib*a*	*sg.*	recib*iera*	*sg.*	recib*iese*
	recib*as*		recib*ieras*		recib*ieses*
	recib*a*		recib*iera*		recib*iese*
pl.	recib*amos*	*pl.*	recib*iéramos*	*pl.*	recib*iésemos*
	recib*áis*		recib*ierais*		recib*ieseis*
	recib*an*		recib*ieran*		recib*iesen*

	Futuro		**Imperativo**
sg.	recib*iere*	*sg.*	–
	recib*ieres*		recib*e* (no *...as)*
	recib*iere*		recib*a* Vd.
pl.	recib*iéremos*	*pl.*	recib*amos*
	recib*iereis*		recib*id (*no*...áis)*
	recib*ieren*		recib*an* Vds.

Infinitivo: recib*ir* **Gerundio:** recib*iendo* **Participio:** recib*ido*
Zusammengesetzte Zeiten: Vom *Participio* mithilfe von *haber* und *ser*; *s.* (1 a).

Infinitivo	Presente de ind.	Presente de subj.	Pretérito indefinido
3b **esparcir.** Der Stammauslaut *c* wird *z* vor *a* und *o*	esparz*o* esparc*es* esparc*e* esparc*imos* esparc*ís* esparc*en*	esparz*a* esparz*as* esparz*a* esparz*amos* esparz*áis* esparz*an*	esparc*í* esparc*iste* esparc*ió* esparc*imos* esparc*isteis* esparc*ieron*
3c **dirigir.** Der Stammauslaut *g* wird *j* vor *a* und *o*	dirij*o* dirig*es* dirig*e* dirig*imos* dirig*ís* dirig*en*	dirij*a* dirij*as* dirij*a* dirij*amos* dirij*áis* dirij*an*	dirig*í* dirig*iste* dirig*ió* dirig*imos* dirig*isteis* dirig*ieron*
3d **distinguir.** Der Stammauslaut *gu* wird *g* vor *a* und *o*	disting*o* distingu*es* distingu*e* distingu*imos* distingu*ís* distingu*en*	disting*a* disting*as* disting*a* disting*amos* disting*áis* disting*an*	distingu*í* distingu*iste* distingu*ió* distingu*imos* distingu*isteis* distingu*ieron*
3e **delinquir.** Der Stammauslaut *qu* wird *c* vor *a* und *o*	delinc*o* delinqu*es* delinqu*e* delinqu*imos* delinqu*ís* delinqu*en*	delinc*a* delinc*as* delinc*a* delinc*amos* delinc*áis* delinc*an*	delinqu*í* delinqu*iste* delinqu*ió* delinqu*imos* delinqu*isteis* delinqu*ieron*
3f **lucir.** Der Stammauslaut *c* wird *zc* vor *a* und *o*	luzc*o* luc*es* luc*e* luc*imos* luc*ís* luc*en*	luzc*a* luzc*as* luzc*a* luzc*amos* luzc*áis* luzc*an*	luc*í* luc*iste* luc*ió* luc*imos* luc*isteis* luc*ieron*

Infinitivo	Presente de ind.	Presente de subj.	Pretérito indefinido
3g **concluir.** Schiebt in allen Formen, deren Endung nicht mit einem silbenbildenden *i* beginnt, ein *y* hinter dem Stamm ein Participio: *concluido* Gerundio: *concluyendo*	concluy*o* concluy*es* concluy*e* conclu*imos* conclu*is* concluy*en*	concluy*a* concluy*as* concluy*a* concluy*amos* concluy*áis* concluy*an*	conclu*í* conclu*iste* concluy*ó* conclu*imos* conclu*isteis* concluy*eron*
3h **gruñir.** Unbetontes *i* nach *ñ, ll* und *ch* fällt aus. Dementsprechend von *mullir: mulló, mulleron, mullendo,* von *henchir: hinchó, hincheron, hinchendo* Gerundio: *gruñendo*	gruñ*o* gruñ*es* gruñ*e* gruñ*imos* gruñ*is* gruñ*en*	gruñ*a* gruñ*as* gruñ*a* gruñ*amos* gruñ*áis* gruñ*an*	gruñ*í* gruñ*iste* **gruñó** gruñ*imos* gruñ*isteis* gruñ*eron*
3i **sentir.** Betontes Stamm-*e* wird *ie;* unbetontes *e* bleibt vor silbenbildendem *i* der Endung, sonst geht es in *...i...* über; dementsprechend *adquirir:* betontes Stamm-*i* wird *ie;* unbetontes *i* bleibt überall erhalten Gerundio: *sintiendo*	sient*o* sient*es* sient*e* sent*imos* sent*is* sient*en*	sient*a* sient*as* sient*a* sint*amos* sint*áis* sient*an*	sent*í* sent*iste* sint*ió* sent*imos* sent*isteis* sint*ieron*
3k **dormir.** Betontes Stamm-*o* wird *ue;* unbetontes *o* bleibt, wenn die Endung ein silbenbildendes *i* hat; sonst geht es in *...u...* über Gerundio: *durmiendo*	duerm*o* duerm*es* duerm*e* dorm*imos* dorm*is* duerm*en*	duerm*a* duerm*as* duerm*a* durm*amos* durm*áis* duerm*an*	dorm*í* dorm*iste* durm*ió* dorm*imos* dorm*isteis* durm*ieron*
3l **medir.** Das Stamm-*e* bleibt, wenn in der Endung ein silbenbildendes *...i...* steht, sonst wird es, gleichviel ob betont oder nicht, zu *...i...* Gerundio: *midiendo*	mid*o* mid*es* mid*e* med*imos* med*is* mid*en*	mid*a* mid*as* mid*a* mid*amos* mid*áis* mid*an*	med*í* med*iste* mid*ió* med*imos* med*isteis* mid*ieron*
3m **reír.** Geht wie *medir* (3l); folgt unmittelbar auf das aus *e* entstandene *i* ein zweites *i* (der Endung), so fällt letzteres aus Participio: *reído* Gerundio: *riendo*	r*ío* r*íes* r*íe* re*ímos* re*ís* r*íen*	r*ía* r*ías* r*ía* r*íamos* r*íáis* r*ían*	re*í* re*íste* ri*ó* re*ímos* re*ísteis* ri*eron*
3n **erguir.** Geht wie *medir;* im *Pres. de ind.* und *subj.* und *Imper.* Nebenformen nach *sentir* mit Übergang von anleutendem *ie...* in *ye...* Gerundio: *irguiendo* Imperativo: *irgue, yergue*	irg*o*, yerg*o* irgu*es*, yergu*es* irgu*e*, yergu*e* ergu*imos* ergu*ís* irgu*en*, yergu*en*	irg*a*, yerg*a* irg*as*, yerg*as* irg*a*, yerg*a* irg*amos*, yerg*amos* irg*áis*, yerg*áis* irg*an*, yerg*an*	ergu*í* ergu*iste* irgu*ió* ergu*imos* ergu*isteis* irgu*ieron*

	Infinitivo	Presente de ind.	Presente de subj.	Pretérito indefinido
3o	**conducir.** Der Stammauslaut *c* wird wie bei *lucir* (3f) vor *a* und *o* zu *zc. Pretérito indef.* auf *...je* unregelmäßig	**conduzc***o* conduc*es* conduce conduc*imos* conduc*ís* conduc*en*	**conduzc***a* **conduzc***as* **conduzc***a* con-duz**c***amos* **conduzc***áis* **conduzc***an*	**conduje** **conduj***iste* **condujo** **conduj***imos* **conduj***isteis* **conduj***eron*
3p	**decir.** Im *Pres.* und *Imper.* Wechsel von *e* und *i* wie bei *medir*; im *Pres. de ind.* 1. Pers. *sg.* u. im *Pres. de subj.* wird *c* zu *g*. Unregelm. *Fut.* u. *Cond.* vom verkürzten *Inf. dir*; *Pret. indef.* auf *je* Futuro: *diré* Participio: *dicho* Gerundio: *diciendo* Imp. 2. Pers. *sg.: di*	**dig***o* **di***ces* **di***ce* dec*imos* dec*ís* **di***cen*	**dig***a* **dig***as* **dig***a* **dig***amos* **dig***áis* **dig***an*	**dije** **dij***iste* **dijo** **dij***imos* **dij***isteis* **dij***eron*
3q	**oír.** Im *Pres. de ind.* 1. Pers. *sg.* und im *Pres. de subj.* wird hinter dem Stamm *o...* die Verbindung *...ig...* eingeschoben. Unbetontes *...i...* geht zwischen zwei Vokalen in *...y...* über Participio: *oído* Gerundio: *oyendo*	**oig***o* **oy***es* **oy***e* o*ímos* o*ís* **oy***en*	**oig***a* **oig***as* **oig***a* **oig***amos* **oig***áis* **oig***an*	o*í* o*iste* **oy***ó* o*ímos* o*ísteis* **oy***eron*
3r	**salir.** Im *Pres. de ind.* 1. Pers. *sg.* und im *Pres. de subj.* wird *...g...* hinter dem Stamm eingeschoben. Im *Fut.* und *Cond.* wird *i* durch *d* ersetzt Futuro: *saldré* Imp. 2 Pers. *sg.: sal*	sal**g***o* sal*es* sal*e* sal*imos* sal*ís* sal*en*	sal**g***a* sal**g***as* sal**g***a* sal**g***amos* sal**g***áis* sal**g***an*	sal*í* sal*iste* sal*ió* sal*imos* sal*isteis* sal*ieron*

	Infinitivo	Presente de ind.	Presente de subj.	Imperf. de ind.	Pretérito indefinido
3s	**venir.** Im *Pres.* wird entweder *...g...* hinter dem Stamm eingeschoben, oder es zeigt denselben Wechsel von *e* und *ie* und *i* wie *sentir.* Im *Fut.* und *Cond.* fällt *i* aus und wird durch *d* ersetzt Futuro: *vendré* Gerundio: *viniendo* Imp. 2. Pers. *sg.: ven*	ven**g***o* **vien***es* **vien***e* ven*imos* ven*ís* **vien***en*	ven**g***a* ven**g***as* ven**g***a* ven**g***amos* ven**g***áis* ven**g***an*	ven*ía* ven*ías* ven*ía* ven*íamos* ven*íais* ven*ían*	**vine** **vin***iste* **vino** **vin***imos* **vin***isteis* **vin***ieron*

Infinitivo	Presente de ind.	Presente de subj.	Imperf. de ind.	Pretérito indefinido
3t **ir.** Ganz unregelmäßig, da verschiedene Stämme miteinander abwechseln Gerundio: *yendo* *Imperativo:* **ve** (no **vay***as*), **vay***a* Vd., **va***mos*, *i*d (no **vay***áis*), **vay***an* Vds.	**voy** **va***s* **va** **va***mos* **vai***s* **va***n*	**vay***a* **vay***as* **vay***a* **vay***amos* **vay***áis* **vay***an*	**ib***a* **ib***as* **ib***a* **íb***amos* **ib***ais* **ib***an*	**fu***i* **fu***iste* **fue** **fu***imos* **fu***isteis* **fue***ron*

Los verbos irregulares alemanes

backen – backte – hat gebacken
befehlen – befahl – hat befohlen
beginnen – begann – hat begonnen
beißen – biss – hat gebissen
bergen – barg – hat geborgen
bersten – barst – ist geborsten
bewegen – bewog – hat bewogen
biegen – bog – hat gebogen
bieten – bot – hat geboten
binden – band – hat gebunden
bitten – bat – hat gebeten
blasen – blies – hat geblasen
bleiben – blieb – ist geblieben
braten – briet – hat gebraten
brechen – brach – hat gebrochen
brennen – brannte – hat gebrannt
bringen – brachte – hat gebracht
denken – dachte – hat gedacht
dreschen – drosch – hat gedroschen
dringen – drang – ist/hat gedrungen
dürfen – durfte – hat gedurft
empfehlen – empfahl – hat empfohlen
essen – aß – hat gegessen
fahren – fuhr – ist/hat gefahren
fallen – fiel – ist gefallen
fangen – fing – hat gefangen
fechten – focht – hat gefochten
finden – fand – hat gefunden
flechten – flocht – hat geflochten
fliegen – flog – hat/ist geflogen
fliehen – floh – ist geflohen
fließen – floss – ist geflossen
fressen – fraß – hat gefressen
frieren – fror – hat/ist gefroren
gären – gor, gärte – hat/ist gegoren, gegärt
gebären – gebar – hat geboren
geben – gab – hat gegeben
gedeihen – gedieh – ist gediehen
gehen – ging – ist gegangen
gelingen – gelang – ist gelungen
gelten – galt – hat gegolten
genesen – genas – ist genesen
genießen – genoss – hat genossen
geschehen – geschah – ist geschehen
gewinnen – gewann – hat gewonnen
gießen – goss – hat gegossen
gleichen – glich – hat geglichen
gleiten – glitt – ist geglitten
glimmen – glomm, glimmte – hat geglommen, geglimmt
graben – grub – hat gegraben
greifen – griff – hat gegriffen
haben – hatte – hat gehabt
halten – hielt – hat gehalten
hangen – hing – ist gehangen
hängen *v/i* – hing, hängte – hat/ist gehangen, gehängt
hängen *v/t* – hängte, hing – hat gehängt, gehangen
hauen *v/t* – haute, hieb – hat gehauen
hauen *v/i* – hieb, haute – hat gehauen
heben – hob – hat gehoben
heißen – hieß – hat geheißen
helfen – half – hat geholfen
kennen – kannte – hat gekannt
klingen – klang – hat geklungen
kneifen – kniff – hat gekniffen
kommen – kam – ist gekommen
können – konnte – hat können, gekonnt
küren – kürte, kor – hat gekürt, gekoren
laden – lud – hat geladen
lassen – ließ – hat lassen, gelassen
laufen – lief – hat/ist gelaufen
leiden – litt – hat gelitten
leihen – lieh – hat geliehen
lesen – las – hat gelesen
liegen – lag – hat gelegen
lügen – log – hat gelogen
mahlen – mahlte – hat gemahlen
meiden – mied – hat gemieden
melken – melkte, molk – hat gemolken, gemelkt
messen – maß – hat gemessen
misslingen – misslang – ist misslungen
mögen – mochte – hat mögen, gemocht
müssen – musste – hat müssen, gemusst
nehmen – nahm – hat genommen
nennen – nannte – hat genannt
pfeifen – pfiff – hat gepfiffen
pflegen – pflog – hat gepflogen
preisen – pries – hat gepriesen
quellen – quoll – hat gequollen
raten – riet – hat geraten
reiben – rieb – hat gerieben
reißen – riss – hat gerissen
reiten – ritt – hat/ist geritten
rennen – rannte – hat/ist gerannt
riechen – roch – hat gerochen
ringen – rang – hat gerungen
rinnen – rann – ist/hat geronnen

rufen – rief – hat gerufen
salzen – salzte – hat gesalzen, gesalzt
saufen – soff – hat gesoffen
saugen – sog, saugte – hat gesogen, gesaugt
schaffen – schuf – hat geschaffen
scheiden – schied – hat/ist geschieden
scheinen – schien – hat geschienen
scheißen – schiss – hat geschissen
schelten – schalt – hat gescholten
scheren – schor, scherte – hat geschoren, geschert
schieben – schob – hat geschoben
schießen – schoss – hat geschossen
schinden – schindete – hat geschunden
schlafen – schlief – hat geschlafen
schlagen – schlug – hat geschlagen
schleichen – schlich – ist geschlichen
schleifen – schliff – hat geschliffen
schließen – schloss – hat geschlossen
schlingen – schlang – hat geschlungen
schmeißen – schmiss – hat geschmissen
schmelzen – schmolz – hat/ist geschmolzen
schneiden – schnitt – hat geschnitten
schreiben – schrieb – hat geschrieben
schreien – schrie – hat geschrie(e)n
schreiten – schritt – ist geschritten
schweigen – schwieg – hat geschwiegen
schwellen – schwoll – ist/hat geschwollen
schwimmen – schwamm – ist/hat geschwommen
schwinden – schwand – ist geschwunden
schwingen – schwang – hat geschwungen
schwören – schwor – hat geschworen
sehen – sah – hat gesehen
sein – war – ist gewesen
senden – sandte, sendete – hat gesandt, gesendet
sieden – sott, siedete – hat gesotten, gesiedet
singen – sang – hat gesungen
sinken – sank – ist gesunken
sinnen – sann – hat gesonnen
sitzen – saß – hat/ist gesessen
sollen – sollte – hat sollen, gesollt
spalten – spaltete – hat gespaltet, gespalten
speien – spie – hat gespie(e)n
spinnen – spann – hat gesponnen
sprechen – sprach – hat gesprochen
sprießen – spross – ist gesprossen
springen – sprang – ist/hat gesprungen
stechen – stach – hat gestochen
stehen – stand – hat/ist gestanden
stehlen – stahl – hat gestohlen
steigen – stieg – ist gestiegen
sterben – starb – ist gestorben
stieben – stob, stiebte – ist gestoben, gestiebt
stinken – stank – hat gestunken
stoßen – stieß – hat gestoßen
streichen – strich – hat gestrichen
streiten – stritt – hat gestritten
tragen – trug – hat getragen
treffen – traf – hat getroffen
treiben – trieb – hat/ist getrieben
treten – trat – hat getreten
triefen – triefte, troff – hat getrieft, getroffen
trinken – trank – hat getrunken
trügen – trog – hat getrogen
tun – tat – hat getan
verderben – verdarb – hat/ist verdorben
verdrießen – verdross – hat verdrossen
vergessen – vergaß – hat vergessen
verlieren – verlor – hat verloren
wachsen – wuchs – ist gewachsen
wägen – wog – hat gewogen
waschen – wusch – hat gewaschen
weben – webte, wob – hat gewebt, gewoben
weichen – wich – ist gewichen
weisen – wies – hat gewiesen
wenden – wendete, wandte – hat gewendet, gewandt
werben – warb – hat geworben
werden – wurde – ist worden, geworden
werfen – warf – hat geworfen
wiegen – wog – hat gewogen
winden – wand – hat gewunden
winken – winkte – hat gewinkt, gewunken
wissen – wusste – hat gewusst
wollen – wollte – hat wollen, gewollt
wringen – wrang – hat gewrungen
zeihen – zieh – hat geziehen
ziehen – zog – hat gezogen
zwingen – zwang – hat gezwungen

Zahlwörter – Numerales

Die spanischen **Ordnungszahlen** sowie die Grundzahlen *uno* und *die Hunderte von doscientos* ab haben für das weibliche Geschlecht eine besondere Form, die durch Verwandlung des auslautenden *-o* in *-a* (Mehrzahl *-as)* gebildet wird.

Wir geben im Folgenden nur die männliche Form ohne Artikel.

Die spanischen Ordnungszahlen 13te bis 19te werden mithilfe von *décimo* und der Ordnungszahl des betreffenden Einers gebildet. Von 20ste ab haben alle Ordnungszahlen die Endung *-ésimo.*

Grundzahlen – Números cardinales

0 null *cero*
1 eins *uno* (Kurzform: *un*), *una*
2 zwei *dos*
3 drei *tres*
4 vier *cuatro*
5 fünf *cinco*
6 sechs *seis*
7 sieben *siete*
8 acht *ocho*
9 neun *nueve*
10 zehn *diez*
11 elf *once*
12 zwölf *doce*
13 dreizehn *trece*
14 vierzehn *catorce*
15 fünfzehn *quince*
16 sechzehn *dieciséis*
17 siebzehn *diecisiete*
18 achtzehn *dieciocho*
19 neunzehn *diecinueve*
20 zwanzig *veinte*
21 einundzwanzig *veintiuno,* Kurzform: *veintiún*
22 zweiundzwanzig *veintidós*
30 dreißig *treinta*
31 einunddreißig *treinta y un(o)*
40 vierzig *cuarenta*
50 fünfzig *cincuenta*
60 sechzig *sesenta*
70 siebzig *setenta*
80 achtzig *ochenta*
90 neunzig *noventa*
100 hundert *ciento*, Kurzform: *cien*
101 (ein)hunderteins *ciento un(o)*
200 zweihundert *doscientos*
300 dreihundert *trescientos*
400 vierhundert *cuatrocientos*
500 fünfhundert *quinientos*
600 sechshundert *seiscientos*
700 siebenhundert *setecientos*
800 achthundert *ochocientos*
900 neunhundert *novecientos*
1000 tausend *mil*
1875 eintausendachthundertfünfundsiebzig *mil ochocientos setenta y cinco*
3000 dreitausend *tres mil*
5000 fünftausend *cinco mil*
10 000 zehntausend *diez mil*
100 000 hunderttausend *cien mil*
500 000 fünfhunderttausend *quinientos mil*
1 000 000 eine Million *un millón (de)*
2 000 000 zwei Millionen *dos millones (de)*

Ordnungszahlen – Números ordinales

Die spanischen Ordnungszahlen werden **1.°**, **2.°**, **3.°** usw. geschrieben, die Kurzform **1.er** und **3.er**, die weiblichen Formen **1.ª 2.ª** usw.

1. erste *primero,* Kurzform: *primer*

2. zweite *segundo*

3. dritte *tercero,* Kurzform: *tercer*

4. vierte *cuarto*

5. fünfte *quinto*

6. sechste *sexto*

7. siebte, siebente *sé(p)timo*

8. achte *octavo*

9. neunte *noveno, nono*

10. zehnte *décimo*

11. elfte *undécimo*

12. zwölfte *duodécimo*

13. dreizehnte *décimotercero, décimotercio*

14. vierzehnte *décimocuarto*

15. fünfzehnte *décimoquinto*

16. sechzehnte *décimosexto*

17. siebzehnte *décimosé(p)timo*

18. achtzehnte *décimoctavo*

19. neunzehnte *décimonono*

20. zwanzigste *vigésimo*

21. einundzwanzigste *vigésimo primero, vigésimo primo*

22. zweiundzwanzigste *vigésimo segundo*

30. dreißigste *trigésimo*

31. einunddreißigste *trigésimo prim(er)o*

40. vierzigste *cuadragésimo*

50. fünfzigste *quincuagésimo*

60. sechzigste *sexagésimo*

70. siebzigste *septuagésimo*

80. achtzigste *octogésimo*

90. neunzigste *nonagésimo*

100. hundertste *centésimo*

101. hunderterste *centésimo primero*

200. zweihundertste *ducentésimo*

300. dreihundertste *trecentésimo*

400. vierhundertste *cuadringentésimo*

500. fünfhundertste *quingentésimo*

600. sechshundertste *sexcentésimo*

700. siebenhundertste *septingentésimo*

800. achthundertste *octingentésimo*

900. neunhundertste *noningentésimo*

1000. tausendste *milésimo*

1875. eintausendachthundertfünfundsiebzigste *milésimo octingentésimo septuagésimo quinto*

3000. dreitausendste *tres milésimo*

100 000. hunderttausendste *cien milésimo*

500 000. fünfhunderttausendste *quinientos milésimo*

1 000 000. millionste *millonésimo*

2 000 000. zweimillionste *dos millonésimo*

Bruchzahlen – Números quebrados

$^1/_2$ ein halb *medio, media;* $1^1/_2$ eineinhalb *od.* anderthalb *uno y medio;* $^1/_2$ Meile *media legua;* $1^1/_2$ Meilen *legua y media;* $2^1/_2$ Meilen *dos leguas y media.*

$^1/_3$ ein Drittel *un tercio;* $^2/_3$ *dos tercios.*

$^1/_4$ ein Viertel *un cuarto;* $^3/_4$ *tres cuartos* od. *las tres cuartas partes;* $^1/_4$ Stunde *un cuarto de hora;* $1^1/_4$ Stunden *una hora y un cuarto.*

$^1/_5$ ein Fünftel *un quinto;* $3^4/_5$ *tres y cuatro quintos.*

$^1/_{11}$ ein Elftel *un onzavo;* $^5/_{12}$ *cinco dozavos;* $^7/_{13}$ *siete trezavos usw.*